6ª EDIÇÃO 2022

WANDER GARCIA, ANA PAULA GARCIA
E RENAN FLUMIAN
COORDENADORES

CONCURSOS VUNESP

QUESTÕES COMENTADAS | **3.200**

2022 © Editora Foco

Coordenadores: Wander Garcia, Ana Paula Garcia e Renan Flumian
Autores: Wander Garcia, Alice Satin, Ana Paula Garcia, André Barbieri, André Braga Nader Justo, André de Carvalho Barros, André Nascimento, Anna Carolina Bontempo, Ariane Wady, Arthur Trigueiros, Bruna Vieira, Eduardo Dompieri, Enildo Garcia, Fabiano Melo, Fabrício de Oliveira Barros, Felipe Maciel, Fernanda Camargo Penteado, Fernando Castellani, Flavia Barros, Gabriela R. Pinheiro, Gustavo Nicolau, Helder Satin, Henrique Subi, Hermes Arrais Alencar, Hermes Cramacon, José Antonio Apparecido Junior, José Renato Rocco Roland Gomes, Leni Mouzinho Soares, Licínia Rossi, Luis Mauricio Chierighini, Luiz Dellore, Magally Dato, Renan Flumian, Ricardo Quartim, Roberta Densa, Robinson Barreirinhas, Rodrigo Bordalo, Romeu Gonçalves Bicalho, Savio Chalita, Teresa Melo e Vanessa Tonolli Trigueiros
Diretor Acadêmico: Leonardo Pereira
Editor: Roberta Densa
Assistente Editorial: Paula Morishita
Revisora Sênior: Georgia Renata Dias
Revisora: Luciana Pimenta
Capa Criação: Leonardo Hermano
Diagramação: Ladislau Lima
Impressão miolo e capa: VIENA GRÁFICA E EDITORA LTDA.

Dados Internacionais de Catalogação na Publicação (CIP) de acordo com ISBD

C765
Como passar em Concursos da Vunesp / Alice Satin... [et al.] ; organizado por Wander Garcia, Ana Paula Garcia, Renan Flumian. - 6. ed. - Indaiatuba, SP : Editora Foco, 2022.
552 p. ; 17cm x 24cm.
Inclui bibliografia e índice.
ISBN: 978-65-5515-412-2

1. Metodologia de estudo. 2. Concursos Públicos. 3. Vunesp. I. Satin, Alice. II. Garcia, Ana Paula. III. Barbieri, André. IV. Justo, André Braga Nader. V. Barros, André de Carvalho. VI. Nascimento, André. VII. Bontempo, Anna Carolina. VIII. Wady, Ariane. IX. Trigueiros, Arthur. X. Vieira, Bruna. XI. Dompieri, Eduardo. XII. Garcia, Enildo. XIII. Melo, Fabiano. XIV. Barros, Fabrício de Oliveira. XV. Maciel, Felipe. XVI. Penteado, Fernanda Camargo. XVII. Castellani, Fernando. XVIII. Barros, Flavia M. XIX. Pinheiro, Gabriela R. XX. Nicolau, Gustavo. XXI. Satin, Helder. XXII. Subi, Henrique. XXIII. Alencar, Hermes Arrais. XXIV. Cramacon, Hermes. XXV. Apparecido Junior, José Antonio. XXVI. Gomes, José Renato Rocco Roland. XXVII. Soares, Leni Mouzinho. XXVIII. Rossi, Licínia. XXIX. Chierighini, Luis Mauricio. XXX. Dellore, Luiz. XXXI. Dato, Magally. XXXII. Destefenni, Marcos. XXXIII. Neves, Murilo Sechieri Costa. XXXIV. Flumian, Renan. XXXV. Sá, Renato Montans de. XXXVI. Bordalo, Rodrigo. XXXVII. Densa, Roberta. XXXVIII. Barreirinhas, Robinson Sakiyama. XXXIX. Bicalho, Romeu Gonçalves. XXXX. Chalita, Savio. XXXXI. Melo, Teresa. XXXXII. Oliveira, Tiago Queiroz de. XXXXIII. Trigueiros, Vanessa Tonolli. XXXXIV. Garcia, Wander. XXXXV. Título.
2021-4247   CDD 001.4   CDU 001.8

Elaborado por Odilio Hilario Moreira Junior – CRB-8/9949
Índices para Catálogo Sistemático:
1. Metodologia de estudo 001.4   2. Metodologia de estudo 001.8

DIREITOS AUTORAIS: É proibida a reprodução parcial ou total desta publicação, por qualquer forma ou meio, sem a prévia autorização da Editora FOCO, com exceção do teor das questões de concursos públicos que, por serem atos oficiais, não são protegidas como Direitos Autorais, na forma do Artigo 8º, IV, da Lei 9.610/1998. Referida vedação se estende às características gráficas da obra e sua editoração. A punição para a violação dos Direitos Autorais é crime previsto no Artigo 184 do Código Penal e as sanções civis às violações dos Direitos Autorais estão previstas nos Artigos 101 a 110 da Lei 9.610/1998. Os comentários das questões são de responsabilidade dos autores.

NOTAS DA EDITORA:

Atualizações e erratas: A presente obra é vendida como está, atualizada até a data do seu fechamento, informação que consta na página II do livro. Havendo a publicação de legislação de suma relevância, a editora, de forma discricionária, se empenhará em disponibilizar atualização futura.

Bônus ou Capítulo On-line: Excepcionalmente, algumas obras da editora trazem conteúdo no on-line, que é parte integrante do livro, cujo acesso será disponibilizado durante a vigência da edição da obra.

Erratas: A Editora se compromete a disponibilizar no site www.editorafoco.com.br, na seção Atualizações, eventuais erratas por razões de erros técnicos ou de conteúdo. Solicitamos, outrossim, que o leitor faça a gentileza de colaborar com a perfeição da obra, comunicando eventual erro encontrado por meio de mensagem para contato@editorafoco.com.br. O acesso será disponibilizado durante a vigência da edição da obra.

Impresso no Brasil (11.2021) – Data de Fechamento (11.2021)
2022
Todos os direitos reservados à
Editora Foco Jurídico Ltda.
Avenida Itororó, 348 – Sala 05 – Cidade Nova
CEP 13334-050 – Indaiatuba – SP

E-mail: contato@editorafoco.com.br
www.editorafoco.com.br

Acesse JÁ os conteúdos *ON-LINE*

  ATUALIZAÇÃO em PDF e VÍDEO para complementar seus estudos*

Acesse o link:
www.editorafoco.com.br/atualizacao

www. CAPÍTULOS ON-LINE

Acesse o link:
www.editorafoco.com.br/atualizacao

* As atualizações em PDF e Vídeo serão disponibilizadas sempre que houver necessidade, em caso de nova lei ou decisão jurisprudencial relevante.
* Acesso disponível durante a vigência desta edição.

AUTORES

SOBRE OS COORDENADORES

Wander Garcia – @wander_garcia

É Doutor, Mestre e Graduado em Direito pela PUC/SP. É professor universitário e de cursos preparatórios para Concursos e Exame de Ordem, tendo atuado nos cursos LFG e DAMASIO. Neste, foi Diretor Geral de todos os cursos preparatórios e da Faculdade de Direito. Foi diretor da Escola Superior de Direito Público Municipal de São Paulo. É um dos fundadores da Editora Foco, especializada em livros jurídicos e para concursos e exames. É autor best seller com mais de 50 livros publicados na qualidade de autor, coautor ou organizador, nas áreas jurídica e de preparação para concursos e exame de ordem. Já vendeu mais de 1,5 milhão de livros, dentre os quais se destacam "Como Passar na OAB", "Como Passar em Concursos Jurídicos", "Exame de Ordem Mapamentalizado" e "Concursos: O Guia Definitivo". É também advogado desde o ano de 2000 e foi procurador do município de São Paulo por mais de 15 anos. É Coach Certificado, com sólida formação em Coaching pelo IBC e pela International Association of Coaching.

Ana Paula Garcia

Procuradora do Estado de São Paulo, Pós-graduada em Direito, Professora do IEDI, Escrevente do Tribunal de Justiça por mais de 10 anos e Assistente Jurídico do Tribunal de Justiça. Autora de diversos livros para OAB e concursos

Renan Flumian – @renanflumian

Professor e Coordenador Acadêmico do IEDI. Mestre em Filosofia do Direito pela *Universidad de Alicante*, cursou a *Session Annuelle D'enseignement* do *Institut International des Droits de L'Homme*, a Escola de Governo da USP e a Escola de Formação da Sociedade Brasileira de Direito Público. Autor e coordenador de diversas obras de preparação para Concursos Públicos e o Exame de Ordem. Advogado.

SOBRE OS AUTORES

Alice Satin Calareso

Mestre em Direitos Difusos pela PUC/SP. Especialista em Direito Processual Civil pela PUC/SP. Palestrante e Professora Assistente na Graduação e Pós-Graduação em Direito da PUC/SP. Advogada.

André Barbieri

Mestre em Direito. Professor de Direito Público com mais de dez anos de experiência. Professor em diversos cursos pelo país. Advogado.

André Braga Nader Justo

Economista formado pela UNICAMP.

André de Carvalho Barros – @ProfAndreBarros

Mestre em Direito Civil Comparado pela PUC/SP. Professor de Direito Civil e de Direito do Consumidor exclusivo da Rede LFG. Membro do IBDFAM. Advogado.

André Moreira Nascimento

Advogado e especialista em Regulação de Petróleo e Derivados, Álcool Combustível e Gás Natural na ANP. Graduado em Direito pela Universidade Presbiteriana Mackenzie/SP. Graduado em Geografia pela USP. Coautor do livro Estudos de Direito da Concorrência, publicado pela Editora Mackenzie.

Anna Carolina Bontempo

Pós-graduada em Direito Público na Faculdade de Direito Prof. Damásio de Jesus. Professora e Gerente de Ensino a Distância no IEDI. Advogada.

Ariane Wady

Especialista em Direito Processual Civil (PUC-SP). Graduada em Direito pela PUC-SP (2000). Professora de pós-graduação e curso preparatório para concursos - PROORDEM - UNITÁ Educacional e Professora/Tutora de Direito Administrativo e Constitucional - Rede LFG e IOB. Advogada.

Arthur Trigueiros

Pós-graduado em Direito. Procurador do Estado de São Paulo. Professor da Rede LFG e do IEDI. Autor de diversas obras de preparação para Concursos Públicos e Exame de Ordem.

Bruna Vieira – @profa_bruna

Advogada. Mestre em Concretização de Direitos Sociais pelo UNISAL. Professora de Direito Constitucional em cursos de pós-graduação, concursos públicos e exame de ordem há 12 anos. Autora de diversas obras jurídicas pelas editoras FOCO e Saraiva. Atuou na coordenação acadêmica dos cursos de Pós-graduação da FGV (GVLAW) e foi aluna especial no Curso de Pós-graduação Stricto Sensu da USP (Faculdade de Direito - Universidade São Paulo), nas disciplinas: "Metodologia do Ensino Jurídico" com o Prof. José Eduardo Campos de Oliveira Faria e "Efetivação do Direito à Saúde em Estados Democráticos de Direito: Fundamentos, Evolução e Desafios do Direito Sanitário, com os professores Fernando Mussa Abujamra Aith e Sueli Dallari.

Eduardo Dompieri – @eduardodompieri
Pós-graduado em Direito. Professor do IEDI. Autor de diversas obras de preparação para Concursos Públicos e Exame de Ordem.

Enildo Garcia
Especialista em Matemática pura e aplicada (UFSJ). Professor tutor de Pós-graduação em Matemática (UFJS – UAB). Analista de sistemas (PUCRJ).

Fabiano Melo
Professor de cursos de graduação e pós-graduação em Direito e Administração da PUC-MG. Professor da Rede LFG.

Fabrício de Oliveira Barros
Pós-graduado em Gestão Financeira. Professor universitário. Auditor de Controle Interno do Governo do Distrito Federal. Ex-auditor da KPMG Auditores Independentes.

Felipe Maciel – @Felipemaciel
Pós-graduado em Direito Constitucional pela UFRN. Graduado pela UFRN. Professor Universitário (UFRN e UnP). Professor de Cursos Preparatórios para Exame de Ordem e Concursos Públicos do IEDI. Assessor Jurídico concursado do Município de Natal. Advogado.

Fernanda Camargo Penteado
Professora de Direito Ambiental da Fumesc-MG.

Fernando Castellani
Advogado. Professor de Direito Tributário e Empresarial. Coordenador do LLM do IBMEC. Professor do COGEAE/PUCSP, do IBET e da Rede LFG/Praetorium.

Flavia Barros
Procuradora do Município de São Paulo. Mestre em Direito Administrativo pela PUC/SP. Doutora em Direito Administrativo pela USP. Professora de Direito Administrativo.

Gabriela R. Pinheiro
Pós-Graduada em Direito Civil e Processual Civil pela Escola Paulista de Direito. Professora Universitária e do IEDI Cursos On-line e preparatórios para concursos públicos exame de ordem. Autora de diversas obras jurídicas para concursos públicos e exame de ordem. Advogada

Gustavo Nicolau – @gustavo_nicolau
Mestre e Doutor pela Faculdade de Direito da USP. Professor de Direito Civil da Rede LFG/Praetorium. Advogado.

Helder Satin
Graduado em Ciências da Computação, com MBA em Gestão de TI. Professor do IEDI. Professor de Cursos de Pós-graduação. Desenvolvedor de sistemas Web e gerente de projetos.

Henrique Subi – @henriquesubi
Agente da Fiscalização Financeira do Tribunal de Contas do Estado de São Paulo. Mestrando em Direito Político e Econômico pela Universidade Presbiteriana Mackenzie. Especialista em Direito Empresarial pela Fundação Getúlio Vargas e em Direito Tributário pela UNISUL. Professor de cursos preparatórios para concursos desde 2006. Coautor de mais de 20 obras voltadas para concursos, todas pela Editora Foco.

Hermes Arrais Alencar
Procurador Federal. Mestre em Direito Previdenciário pela Pontifícia Universidade Católica de São Paulo. Integrante da Advocacia-Geral da União. Professor de Direito Previdenciário nos principais cursos de Pós Graduação e preparatório para concursos.

Hermes Cramacon – @hermescramacon
Pós-graduado em Direito. Professor do Complexo Damásio de Jesus e do IEDI. Advogado.

José Antonio Apparecido Junior
Procurador do Município de São Paulo. Consultor em Direito Urbanístico. Especialista em Direito Público pela Escola Superior do Ministério Público do Estado de São Paulo. Mestre em Direito Urnabístico pela PUC/SP. Doutorando em Direito do Estado pela USP

José Renato Rocco Roland Gomes
Pós-graduado em Aperfeiçoamento em Direito pela Faculdade Professor Damásio de Jesus. Especialista em Ciências Criminais e em Metodologia do Ensino Superior pelo LFG. Especialista em Direito Processual Civil pela Pontifícia Universidade Católica de Campinas. Pós-graduando em Direito Tributário no LFG. Membro Honorário da Academia Limeirense de Letras. Procurador do Estado de São Paulo.

Leni Mouzinho Soares
Assistente Jurídico do Tribunal de Justiça do Estado de São Paulo.

Licínia Rossi – @liciniarossi
Mestre em Direito Constitucional pela PUC/SP. Especialista em Direito Constitucional pela Escola Superior de Direito Constitucional. Professora exclusiva de Direito Administrativo e Constitucional na Rede Luiz Flávio Gomes de Ensino. Professora de Direito na UNICAMP. Advogada.

Luis Mauricio Chierighini
Mestrando em Direito do Trabalho pela PUC-SP. Pós-graduado em Direito do Trabalho e Direito Tributário pela Faculdade de Direito de Itu FADITU. Professor de Direito do Trabalho na Faculdade de Direito de Itu (FADITU). Trabalhou na Alcoa Alumínio S/A, Cimento Itaú, Vera Cruz Seguradora S/A e no Grupo Gandini. Atua nas áreas Cível, Comercial, Trabalhista, Tributária e Sindical. Advogado.

Luiz Dellore – @dellore

Doutor e Mestre em Direito Processual Civil pela USP. Mestre em Direito Constitucional pela PUC/SP. Professor do Mackenzie, EPD, IEDI, IOB/Marcato e outras instituições. Advogado concursado da Caixa Econômica Federal. Ex-assessor de Ministro do STJ. Membro da Comissão de Processo Civil da OAB/SP, do IBDP (Instituto Brasileiro de Direito Processual), do IPDP (Instituto Panamericano de Derecho Procesal) e diretor do CEAPRO (Centro de Estudos Avançados de Processo). Colunista do portal jota.info.Facebook e LinkedIn: Luiz Dellore

Magally Dato

Professora de Língua Portuguesa. Agente de Fiscalização do Tribunal de Contas do Município de São Paulo.

Roberta Densa

Doutora em Direitos Difusos e Coletivos pela Pontifícia Universidade Católica de São Paulo (PUC/SP), mestre em Direito Político e Econômico pela Universidade Presbiteriana Mackenzie (2005). Editora Jurídica na Editora Foco. Professora da Universidade São Judas Tadeu. Autora do livro "Direito do Consumidor". Membro da Comissão dos Direitos da Criança e do Adolescente da OAB/SP desde 2007.

Robinson Barreirinhas

Secretário Municipal dos Negócios Jurídicos da Prefeitura de São Paulo. Professor do IEDI. Procurador do Município de São Paulo. Autor e coautor de mais de 20 obras de preparação para concursos e OAB. Ex-Assessor de Ministro do STJ.

Rodrigo Bordalo

Doutor e Mestre em Direito do Estado pela PUC-SP. Bacharel em Direito pela USP. Procurador do Município de São Paulo. Advogado. Professor da Universidade Presbiteriana Mackenzie (pós-graduação lato sensu), do CPJUR (Centro Preparatório Jurídico), da Escola Superior da Advocacia (OAB/SP) e do Damásio Educacional, entre outras instituições. É membro da Comissão de Direito Urbanístico da OAB/SP.

Romeu Gonçalves Bicalho

Mestre em Direito pela Unimep com Curso de extensão pela Université Laval – Quebec – Canadá. Doutorando em Direito pela PUC SP. Professor de Direito do Trabalho, Processo do Trabalho e Prática Trabalhista da FadItu. Professor de Pós-graduação da EPD – Escola Paulista de Direito e da ESA – Escola Superior da Advocacia de São Paulo. Membro da IX Turma do TED. Advogado.

Savio Chalita

Advogado. Mestre em Direitos Sociais, Difusos e Coletivos. Professor de cursos preparatórios para concurso público e Exame de Ordem (CPJUR, Complexo Andreucci de Ensino, IEDI). Autor de diversas obras (Editora Foco). Editor do blog Como Passar Na OAB!

Teresa Melo

Procuradora Federal. Assessora de Ministro do STJ. Professora do IEDI.

Vanessa Tonolli Trigueiros

Analista de Promotoria. Assistente Jurídico do Ministério Público do Estado de São Paulo. Graduação em Direto pela PUC-Campinas. Pós-graduada em Direito Processual Civil pela UNISUL. Pós-graduada em Direito Processual Civil e Civil pela UCDB.

Sumário

AUTORES V

COMO USAR O LIVRO? XXI

1. DIREITO CIVIL

1. LINDB 1
2. GERAL 3
3. OBRIGAÇÕES 17
4. CONTRATOS 21
5. RESPONSABILIDADE CIVIL 30
6. COISAS 32
7. FAMÍLIA 40
8. SUCESSÕES 46
9. QUESTÕES COMBINADAS 49

2. DIREITO PROCESSUAL CIVIL

I – PARTE GERAL 51

1. PRINCÍPIOS DO PROCESSO CIVIL 51
2. JURISDIÇÃO E COMPETÊNCIA 51
3. PARTES, PROCURADORES, SUCUMBÊNCIA, MINISTÉRIO PÚBLICO E JUIZ 53
4. PRAZOS PROCESSUAIS E ATOS PROCESSUAIS 54
5. LITISCONSÓRCIO E INTERVENÇÃO DE TERCEIROS 55
6. PRESSUPOSTOS PROCESSUAIS, ELEMENTOS DA AÇÃO E CONDIÇÕES DA AÇÃO ... 56
7. FORMAÇÃO, SUSPENSÃO E EXTINÇÃO DO PROCESSO. NULIDADES 56
8. TUTELA PROVISÓRIA 57

II – PROCESSO DE CONHECIMENTO 58

9. PETIÇÃO INICIAL 58
10. CONTESTAÇÃO E REVELIA 59
11. PROVAS 59

---

www. Acesse o conteúdo on-line. Siga as orientações disponíveis na página III.

12. SENTENÇA, COISA JULGADA E AÇÃO RESCISÓRIA...60

III – CUMPRIMENTO DE SENTENÇA E EXECUÇÃO..63

13. CUMPRIMENTO DE SENTENÇA..63

14. IMPUGNAÇÃO AO CUMPRIMENTO DE SENTENÇA 63

15. PROCESSO DE EXECUÇÃO E EXPROPRIAÇÃO DE BENS 64

16. EMBARGOS DO DEVEDOR / À EXECUÇÃO 67

17. EXECUÇÃO FISCAL...67

IV – RECURSOS 67

18. TEORIA GERAL DOS RECURSOS...67

19. RECURSOS EM ESPÉCIE...69

V – PROCEDIMENTOS ESPECIAIS 74

20. PROCEDIMENTOS ESPECIAIS PREVISTOS NO CPC..74

21. PROCEDIMENTOS ESPECIAIS PREVISTOS EM LEGISLAÇÃO EXTRAVAGANTE................................76

22. TEMAS COMBINADOS...82

3. DIREITO PENAL   85

1. CONCEITO, FONTES E PRINCÍPIOS..85

2. APLICAÇÃO DA LEI NO TEMPO...88

3. APLICAÇÃO DA LEI NO ESPAÇO..89

4. CONCEITO E CLASSIFICAÇÃO DOS CRIMES 89

5. FATO TÍPICO E TIPO PENAL...89

6. ERRO DE TIPO, DE PROIBIÇÃO E DEMAIS ERROS 91

7. TENTATIVA, CONSUMAÇÃO, DESISTÊNCIA, ARREPENDIMENTO E CRIME IMPOSSÍVEL 92

8. ANTIJURIDICIDADE E CAUSAS EXCLUDENTES 93

9. CONCURSO DE PESSOAS 94

10. CULPABILIDADE E CAUSAS EXCLUDENTES..96

11. PENAS E SEUS EFEITOS 97

12. APLICAÇÃO DA PENA..98

13. *SURSIS*, LIVRAMENTO CONDICIONAL, REABILITAÇÃO E MEDIDAS DE SEGURANÇA 99

14. AÇÃO PENAL..100

15. EXTINÇÃO DA PUNIBILIDADE EM GERAL..100

16. PRESCRIÇÃO..101

17. CRIMES CONTRA A PESSOA 101

18. CRIMES CONTRA O PATRIMÔNIO 104

19.	CRIMES CONTRA A DIGNIDADE SEXUAL	107
20.	CRIMES CONTRA A FÉ PÚBLICA	109
21.	CRIMES CONTRA A ADMINISTRAÇÃO PÚBLICA	112
22.	OUTROS CRIMES DO CÓDIGO PENAL	116
23.	CRIMES DA LEI DE DROGAS	116
24.	ESTATUTO DO DESARMAMENTO	117
25.	CRIMES CONTRA O MEIO AMBIENTE	118
26.	CRIMES DE TRÂNSITO	119
27.	CRIME DE TORTURA	120
28.	OUTROS CRIMES DO CÓDIGO PENAL E DA LEGISLAÇÃO EXTRAVAGANTE	120
29.	EXECUÇÃO PENAL	129
30.	TEMAS COMBINADOS DE DIREITO PENAL	129

4. PROCESSO PENAL — 131

1.	FONTES, PRINCÍPIOS GERAIS E EFICÁCIA DA LEI PROCESSUAL NO TEMPO E NO ESPAÇO	131
2.	INQUÉRITO POLICIAL E OUTRAS FORMAS DE INVESTIGAÇÃO CRIMINAL	133
3.	AÇÃO PENAL	135
4.	SUSPENSÃO CONDICIONAL DO PROCESSO	138
5.	AÇÃO CIVIL	139
6.	JURISDIÇÃO E COMPETÊNCIA. CONEXÃO E CONTINÊNCIA	139
7.	QUESTÕES E PROCESSOS INCIDENTES	141
8.	PROVAS	141
9.	SUJEITOS PROCESSUAIS	146
10.	CITAÇÃO, INTIMAÇÃO E PRAZOS	147
11.	PRISÃO, MEDIDAS CAUTELARES E LIBERDADE PROVISÓRIA	148
12.	PROCESSO E PROCEDIMENTOS	152
13.	PROCESSO DE COMPETÊNCIA DO JÚRI	154
14.	JUIZADOS ESPECIAIS	155
15.	SENTENÇA, PRECLUSÃO E COISA JULGADA	158
16.	NULIDADES	158
17.	RECURSOS	159
18.	*HABEAS CORPUS*, MANDADO DE SEGURANÇA E REVISÃO CRIMINAL	160
19.	EXECUÇÃO PENAL	161
20.	LEGISLAÇÃO EXTRAVAGANTE	165

5. DIREITO CONSTITUCIONAL • 171

1. PODER CONSTITUINTE 171
2. TEORIA DA CONSTITUIÇÃO E PRINCÍPIOS FUNDAMENTAIS 172
3. HERMENÊUTICA CONSTITUCIONAL E EFICÁCIA DAS NORMAS CONSTITUCIONAIS 175
4. DO CONTROLE DE CONSTITUCIONALIDADE 177
5. DOS DIREITOS E GARANTIAS FUNDAMENTAIS 184
6. DIREITOS SOCIAIS 195
7. NACIONALIDADE 195
8. DIREITOS POLÍTICOS 196
9. ORGANIZAÇÃO DO ESTADO 200
10. ORGANIZAÇÃO DO PODER EXECUTIVO 204
11. ORGANIZAÇÃO DO PODER LEGISLATIVO. PROCESSO LEGISLATIVO 206
12. DA ORGANIZAÇÃO DO PODER JUDICIÁRIO 209
13. DAS FUNÇÕES ESSENCIAIS À JUSTIÇA 213
14. DEFESA DO ESTADO 214
15. TRIBUTAÇÃO E ORÇAMENTO 215
16. ORDEM ECONÔMICA E FINANCEIRA 216
17. ORDEM SOCIAL 217
18. QUESTÕES COMBINADAS E OUTROS TEMAS 219

6. DIREITO ADMINISTRATIVO • 221

1. REGIME JURÍDICO ADMINISTRATIVO E PRINCÍPIOS DO DIREITO ADMINISTRATIVO 221
2. PODERES DA ADMINISTRAÇÃO PÚBLICA 223
3. ATOS ADMINISTRATIVOS 225
4. ORGANIZAÇÃO ADMINISTRATIVA 229
5. SERVIDORES PÚBLICOS 232
6. IMPROBIDADE ADMINISTRATIVA 237
7. BENS PÚBLICOS 244
8. INTERVENÇÃO DO ESTADO NA PROPRIEDADE 245
9. RESPONSABILIDADE DO ESTADO 248
10. LICITAÇÃO 251
11. CONTRATOS ADMINISTRATIVOS 258
12. SERVIÇOS PÚBLICOS 261
13. PROCESSO ADMINISTRATIVO 265

14.	CONTROLE DA ADMINISTRAÇÃO PÚBLICA	266
15.	LEI ANTICORRUPÇÃO	268
16.	LEI DE ACESSO À INFORMAÇÃO	270
17.	ORGANIZAÇÃO DA SOCIEDADE CIVIL	270
18.	OUTROS TEMAS	271

7. DIREITO TRIBUTÁRIO — 273

1.	COMPETÊNCIA TRIBUTÁRIA	273
2.	PRINCÍPIOS	276
3.	IMUNIDADES	276
4.	DEFINIÇÃO DE TRIBUTO E ESPÉCIES TRIBUTÁRIAS	278
5.	LEGISLAÇÃO TRIBUTÁRIA – FONTES	278
6.	VIGÊNCIA, APLICAÇÃO, INTERPRETAÇÃO E INTEGRAÇÃO	279
7.	FATO GERADOR E OBRIGAÇÃO TRIBUTÁRIA	280
8.	LANÇAMENTO E CRÉDITO TRIBUTÁRIO	281
9.	SUJEIÇÃO PASSIVA, CAPACIDADE E DOMICÍLIO	282
10.	SUSPENSÃO, EXTINÇÃO E EXCLUSÃO DO CRÉDITO	284
11.	IMPOSTOS E CONTRIBUIÇÕES EM ESPÉCIE	288
12.	GARANTIAS E PRIVILÉGIOS DO CRÉDITO	293
13.	ADMINISTRAÇÃO TRIBUTÁRIA, FISCALIZAÇÃO	295
14.	DÍVIDA ATIVA, INSCRIÇÃO, CERTIDÕES	295
15.	REPARTIÇÃO DE RECEITAS	296
16.	AÇÕES TRIBUTÁRIAS	297
17.	CRIMES CONTRA A ORDEM TRIBUTÁRIA	301
18.	TEMAS COMBINADOS E OUTRAS MATÉRIAS	301

8. DIREITO EMPRESARIAL — 303

1.	TEORIA GERAL	303
2.	DIREITO SOCIETÁRIO	306
3.	DIREITO CAMBIÁRIO	309
4.	DIREITO CONCURSAL – FALÊNCIA E RECUPERAÇÃO	310
5.	CONTRATOS EMPRESARIAIS	312
6.	PROPRIEDADE INDUSTRIAL	315
7.	TEMAS COMBINADOS E OUTROS TEMAS	316

9. DIREITO DO TRABALHO — 317

1. INTRODUÇÃO, FONTES E PRINCÍPIOS 317
2. CONTRATO INDIVIDUAL DE TRABALHO E ESPÉCIES DE EMPREGADOS E TRABALHADORES 318
3. CONTRATO DE TRABALHO COM PRAZO DETERMINADO 321
4. TRABALHO DA MULHER, DO MENOR E DOMÉSTICO 321
5. ALTERAÇÃO, INTERRUPÇÃO E SUSPENSÃO DO CONTRATO DE TRABALHO 322
6. REMUNERAÇÃO E SALÁRIO 324
7. JORNADA DE TRABALHO 326
8. AVISO-PRÉVIO, EXTINÇÃO DO CONTRATO DE TRABALHO E HAVERES RESCISÓRIOS 327
9. ESTABILIDADE 330
10. FGTS 330
11. SEGURANÇA E MEDICINA DO TRABALHO 331
12. DIREITO COLETIVO DO TRABALHO 332
13. TEMAS COMBINADOS 336

10. PROCESSO DO TRABALHO — 339

1. JUSTIÇA DO TRABALHO E MINISTÉRIO PÚBLICO DO TRABALHO 339
2. COMPETÊNCIA 339
3. NULIDADES 340
4. PROVAS 340
5. RESPOSTAS/INSTRUÇÃO PROCESSUAL/PROCEDIMENTOS 340
6. EXECUÇÃO 342
7. COISA JULGADA E AÇÃO RESCISÓRIA 343
8. DISSÍDIO COLETIVO / AÇÃO DE CUMPRIMENTO 344
9. RECURSOS 344
10. TEMAS COMBINADOS 347

11. DIREITO DO CONSUMIDOR — 349

1. PRINCÍPIOS E DIREITOS BÁSICOS 349
2. RESPONSABILIDADE PELO FATO DO PRODUTO OU DO SERVIÇO E PRESCRIÇÃO 350
3. RESPONSABILIDADE POR VÍCIO DO PRODUTO OU DO SERVIÇO E DECADÊNCIA 351
4. PRÁTICAS COMERCIAIS 353
5. PROTEÇÃO CONTRATUAL 354
6. RESPONSABILIDADE ADMINISTRATIVA 356
7. DEFESA DO CONSUMIDOR EM JUÍZO 357

8.	SNDC E CONVENÇÃO COLETIVA	358
9.	OUTRAS TEMAS E QUESTÕES COMBINADAS	359

12. DIREITO AMBIENTAL

1.	CONCEITOS BÁSICOS	363
2.	PATRIMÔNIO CULTURAL BRASILEIRO	363
3.	DIREITO AMBIENTAL CONSTITUCIONAL	364
4.	PRINCÍPIOS DO DIREITO AMBIENTAL	364
5.	COMPETÊNCIA EM MATÉRIA AMBIENTAL	365
6.	POLÍTICA NACIONAL DO MEIO AMBIENTE	367
7.	INSTRUMENTOS DE PROTEÇÃO DO MEIO AMBIENTE	368
8.	PROTEÇÃO DA FAUNA	373
9.	PROTEÇÃO DA FLORA. CÓDIGO FLORESTAL	374
10.	RESPONSABILIDADE CIVIL AMBIENTAL E PROTEÇÃO JUDICIAL DO MEIO AMBIENTE	377
11.	RESPONSABILIDADE ADMINISTRATIVA AMBIENTAL	380
12.	RESPONSABILIDADE PENAL AMBIENTAL	381
13.	BIOSSEGURANÇA	383
14.	RESÍDUOS SÓLIDOS	383
15.	DIREITO AMBIENTAL INTERNACIONAL	386
16.	LEI 7.802/1989 – LEI DOS AGROTÓXICOS	388
17.	TEMAS COMBINADOS E LEGISLAÇÕES ESPECÍFICAS	388
18.	RECURSOS HÍDRICOS	390

13. ESTATUTO DA CRIANÇA E DO ADOLESCENTE

1.	DIREITOS FUNDAMENTAIS	391
2.	ENTIDADES DE ATENDIMENTO	395
3.	MEDIDAS DE PROTEÇÃO	395
4.	MEDIDAS SOCIOEDUCATIVAS E ATO INFRACIONAL – DIREITO MATERIAL	396
5.	ATO INFRACIONAL – DIREITO PROCESSUAL	399
6.	CONSELHO TUTELAR	400
7.	CONSELHO MUNICIPAL DA CRIANÇA E DO ADOLESCENTE	401
8.	ACESSO À JUSTIÇA	401
9.	INFRAÇÕES ADMINISTRATIVAS	401
10.	TEMAS COMBINADOS	402

14. DIREITO FINANCEIRO — 407

1. PRINCÍPIOS E NORMAS GERAIS 407
2. LEI DE DIRETRIZES ORÇAMENTÁRIAS – LDO, LEI ORÇAMENTÁRIA ANUAL – LOA E PLANO PLURIANUAL – PPA 408
3. LEI DE RESPONSABILIDADE FISCAL – LRF 409
4. RECEITAS 410
5. RENÚNCIA DE RECEITA 411
6. DESPESAS 412
7. DESPESAS COM PESSOAL 414
8. EXECUÇÃO ORÇAMENTÁRIA, CRÉDITOS ADICIONAIS 415
9. OPERAÇÕES DE CRÉDITO, DÍVIDA PÚBLICA 416
10. OUTROS TEMAS E COMBINADOS 416

15. DIREITO PREVIDENCIÁRIO — 419

1. SEGURADOS DA PREVIDÊNCIA E DEPENDENTES 419
2. BENEFÍCIOS PREVIDENCIÁRIOS 419
3. PREVIDÊNCIA DOS SERVIDORES PÚBLICOS 420
4. ACIDENTES, DOENÇAS DO TRABALHO 424
5. ASSISTÊNCIA SOCIAL E SAÚDE 424
6. OUTROS TEMAS 425

16. DIREITOS HUMANOS — 427

1. TEORIA GERAL E DOCUMENTOS HISTÓRICOS 427
2. GERAÇÕES OU DIMENSÕES DOS DIREITOS HUMANOS 428
3. TRIBUNAL PENAL INTERNACIONAL 428
4. SISTEMA GLOBAL DE PROTEÇÃO DOS DIREITOS HUMANOS 429
5. SISTEMA REGIONAL DE PROTEÇÃO DOS DIREITOS HUMANOS 431
6. SISTEMA GLOBAL DE PROTEÇÃO ESPECÍFICA DOS DIREITOS HUMANOS 435
7. SISTEMA AMERICANO DE PROTEÇÃO ESPECÍFICA DOS DIREITOS HUMANOS 435
8. DIREITOS HUMANOS NO BRASIL 436
9. DIREITO DOS REFUGIADOS 440
10. DIREITO HUMANITÁRIO 441

17. DIREITO DO IDOSO — 443

1. DIREITOS FUNDAMENTAIS 443
2. MEDIDAS DE PROTEÇÃO 444

3. ACESSO À JUSTIÇA 444
4. TEMAS VARIADOS 444

18. DIREITO URBANÍSTICO — 447

1. NORMAS CONSTITUCIONAIS 447
2. PARCELAMENTO DO SOLO URBANO 447
3. ESTATUTO DAS CIDADES E INSTRUMENTOS DA POLÍTICA URBANA 448
4. TEMAS COMBINADOS 450

19. DIREITO INTERNACIONAL — 453

1. DIREITO INTERNACIONAL PÚBLICO 453
2. DIREITO INTERNACIONAL PRIVADO 454
3. OUTROS TEMAS 457

20. MATEMÁTICA E RACIOCÍNIO LÓGICO — 459

1. RACIOCÍNIO LÓGICO 459
2. MATEMÁTICA BÁSICA 465
3. MATEMÁTICA FINANCEIRA 477

21. LÍNGUA PORTUGUESA — 481

1. INTERPRETAÇÃO DE TEXTOS 481
2. SEMÂNTICA 495
3. PONTUAÇÃO 500
4. CONCORDÂNCIA VERBAL E NOMINAL 503
5. REGÊNCIA 506
6. CONJUNÇÃO 509
7. PRONOMES E COLOCAÇÃO PRONOMINAL 512
8. VERBO 515
9. CRASE 519
10. QUESTÕES COMBINADAS E OUTROS TEMAS 520

Capítulos On-Line

22. DIREITO ELEITORAL — 287

1. DIREITOS POLÍTICOS, ELEGIBILIDADE E ALISTAMENTO ELEITORAL 287
2. INELEGIBILIDADE 290
3. PARTIDOS POLÍTICOS, CANDIDATOS 291
4. ELEIÇÕES, VOTOS, APURAÇÃO, QUOCIENTES ELEITORAL E PARTIDÁRIO 293
5. PROPAGANDA ELEITORAL E RESTRIÇÕES NO PERÍODO ELEITORAL 293
6. PRESTAÇÃO DE CONTAS, DESPESAS, ARRECADAÇÃO, FINANCIAMENTO DE CAMPANHA 296
7. COMPETÊNCIA E ORGANIZAÇÃO DA JUSTIÇA ELEITORAL 297
8. JUSTIÇA ELEITORAL 299
9. RECURSOS E AÇÕES ELEITORAIS 300
10. CRIMES ELEITORAIS 301
11. TEMAS COMBINADOS E OUTRAS MATÉRIAS 303

23. INFORMÁTICA — 307

1. *HARDWARE* 307
2. *OFFICE* 307
3. INTERNET 317
4. SISTEMAS OPERACIONAIS 321
5. REDES 328
6. SEGURANÇA 328

24. CONTABILIDADE — 329

25. REGIMENTO INTERNO E LEGISLAÇÃO LOCAL — 331

26. MEDICINA LEGAL — 345

27. PROCESSO COLETIVO — 347

1. AÇÃO CIVIL PÚBLICA 347
2. COMPROMISSO DE AJUSTAMENTO 348
3. INQUÉRITO CIVIL E RECOMENDAÇÃO 349
4. AÇÃO POPULAR 351
5. MANDADO DE SEGURANÇA E *HABEAS DATA* 351
6. TEMAS COMBINADOS 352

28. PRINCÍPIOS E ATRIBUIÇÕES INSTITUCIONAIS DA DEFENSORIA PÚBLICA — 355

1. FUNÇÕES INSTITUCIONAIS 355

2. ESTRUTURA E ORGANIZAÇÃO DA DEFENSORIA PÚBLICA 355

3. GARANTIAS, PRERROGATIVAS, DEVERES, PROIBIÇÕES E IMPEDIMENTOS 355

4. JUSTIÇA GRATUITA – LEI 1.060/1950 356

5. COMBINADAS E OUTROS TEMAS 357

COMO USAR O LIVRO?

Para que você consiga um ótimo aproveitamento deste livro, atente para as seguintes orientações:

1º Tenha em mãos um **vademecum** ou **um computador** no qual você possa acessar os textos de lei citados.

Neste ponto, recomendamos o **Vade Mecum de Legislação FOCO** – confira em www.editorafoco.com.br.

2º Se você estiver estudando a teoria (fazendo um curso preparatório ou lendo resumos, livros ou apostilas), faça as questões correspondentes deste livro na medida em que for avançando no estudo da parte teórica.

3º Se você já avançou bem no estudo da teoria, leia cada capítulo deste livro até o final, e só passe para o novo capítulo quando acabar o anterior; vai mais uma dica: alterne capítulos de acordo com suas preferências; leia um capítulo de uma disciplina que você gosta e, depois, de uma que você não gosta ou não sabe muito, e assim sucessivamente.

4º Iniciada a resolução das questões, tome o cuidado de ler cada uma delas **sem olhar para o gabarito e para os comentários**; se a curiosidade for muito grande e você não conseguir controlar os olhos, tampe os comentários e os gabaritos com uma régua ou um papel; na primeira tentativa, é fundamental que resolva a questão sozinho; só assim você vai identificar suas deficiências e "pegar o jeito" de resolver as questões; marque com um lápis a resposta que entender correta, e só depois olhe o gabarito e os comentários.

5º **Leia com muita atenção o enunciado das questões**. Ele deve ser lido, no mínimo, duas vezes. Da segunda leitura em diante, começam a aparecer os detalhes, os pontos que não percebemos na primeira leitura.

6º **Grife as palavras-chave, as afirmações e a pergunta formulada.** Ao grifar as palavras importantes e as afirmações você fixará mais os pontos-chave e não se perderá no enunciado como um todo. Tenha atenção especial com as palavras "correto", "incorreto", "certo", "errado", "prescindível" e "imprescindível".

7º Leia os comentários e **leia também cada dispositivo legal** neles mencionados; não tenha preguiça; abra o *vademecum* e leia os textos de leis citados, tanto os que explicam as alternativas corretas, como os que explicam o porquê de ser incorreta dada alternativa; você tem que conhecer bem a letra da lei, já que mais de 90% das respostas estão nela; mesmo que você já tenha entendido determinada questão, reforce sua memória e leia o texto legal indicado nos comentários.

8º Leia também os **textos legais que estão em volta** do dispositivo; por exemplo, se aparecer, em Direito Penal, uma questão cujo comentário remete ao dispositivo que trata de falsidade ideológica, aproveite para ler também os dispositivos que tratam dos outros crimes de falsidade; outro exemplo: se aparecer uma questão, em Direito Constitucional, que trate da composição do Conselho Nacional de Justiça, leia também as outras regras que regulamentam esse conselho.

9º Depois de resolver sozinho a questão e de ler cada comentário, você deve fazer uma **anotação ao lado da questão**, deixando claro o motivo de eventual erro que você tenha cometido; conheça os motivos mais comuns de erros na resolução das questões:

DL – "desconhecimento da lei"; quando a questão puder ser resolvida apenas com o conhecimento do texto de lei;

DD – "desconhecimento da doutrina"; quando a questão só puder ser resolvida com o conhecimento da doutrina;

DJ – "desconhecimento da jurisprudência"; quando a questão só puder ser resolvida com o conhecimento da jurisprudência;

FA – "falta de atenção"; quando você tiver errado a questão por não ter lido com cuidado o enunciado e as alternativas;

NUT - "não uso das técnicas"; quando você tiver se esquecido de usar as técnicas de resolução de questões objetivas, tais como as da **repetição de elementos** ("quanto mais elementos repetidos existirem, maior a chance de a alternativa ser correta"), das **afirmações generalizantes** ("afirmações generalizantes tendem a ser incorretas" - reconhece-se afirmações generalizantes pelas palavras *sempre, nunca, qualquer, absolutamente, apenas, só, somente exclusivamente* etc.), dos **conceitos compridos** ("os conceitos de maior extensão tendem a ser corretos"), entre outras.

obs: se você tiver interesse em fazer um Curso de "Técnicas de Resolução de Questões Objetivas", recomendamos o curso criado a esse respeito pelo IEDI Cursos On-line: www.iedi.com.br.

10º Confie no **bom-senso**. Normalmente, a resposta correta é a que tem mais a ver com o bom-senso e com a ética. Não ache que todas as perguntas contêm uma pegadinha. Se aparecer um instituto que você não conhece, repare bem no seu nome e tente imaginar o seu significado.

11º Faça um levantamento do **percentual de acertos de cada disciplina** e dos **principais motivos que levaram aos erros cometidos**; de posse da primeira informação, verifique quais disciplinas merecem um reforço no estudo; e de posse da segunda informação, fique atento aos erros que você mais comete, para que eles não se repitam.

12º Uma semana antes da prova, faça uma **leitura dinâmica** de todas as anotações que você fez e leia de novo os dispositivos legais (e seu entorno) das questões em que você marcar "DL", ou seja, desconhecimento da lei.

13º Para que você consiga ler o livro inteiro, faça um bom **planejamento**. Por exemplo, se você tiver 30 dias para ler a obra, divida o número de páginas do livro pelo número de dias que você tem, e cumpra, diariamente, o número de páginas necessárias para chegar até o fim. Se tiver sono ou preguiça, levante um pouco, beba água, masque chiclete ou leia em voz alta por algum tempo.

14º Desejo a você, também, muita **energia, disposição, foco, organização, disciplina, perseverança, amor** e **ética**!

Wander Garcia, Ana Paula Garcia e Renan Flumian
Coordenadores

1. DIREITO CIVIL

Ana Paula Garcia, Gabriela Rodrigues, Gustavo Nicolau e Wander Garcia*

1. LINDB

1.1. EFICÁCIA DA LEI NO TEMPO

(Ministério Público/SP – 2012 – VUNESP) No que tange às normas do Direito Brasileiro:

I. Salvo disposição contrária, a lei começa a vigorar em todo o país trinta dias depois de oficialmente publicada.
II. As correções a texto de lei já em vigor consideram-se lei nova.
III. A lei do país em que domiciliada a pessoa determina as regras sobre o começo e o fim da personalidade, o nome, a capacidade e os direitos de família.
IV. Só à autoridade judiciária brasileira compete conhecer das ações relativas a imóveis de estrangeiros situados no Brasil.
V. As leis, atos e sentenças de outro país, bem como quaisquer declarações de vontade, não terão eficácia no Brasil enquanto não homologadas pelo Superior Tribunal de Justiça.

Está correto o que se afirma APENAS em
(A) I, II, III e V.
(B) II, III e IV.
(C) III, IV e V.
(D) I, II, IV e V.
(E) I, II e III.

I: incorreta, pois a *vacatio* na omissão da lei é de 45 dias; II: correta, pois de acordo com a regra estabelecida pelo art. 1º, § 4º da LINDB; III: correta, pois de acordo com o art. 7º da LINDB; IV: correta, pois de acordo com o art. 12, § 1º da referida lei; V: incorreta, pois o STJ homologa apenas sentenças estrangeiras. No que se refere às leis estrangeiras, elas só terão eficácia no Brasil se não ofenderem a soberania nacional, a ordem pública e os bons costumes.
Gabarito "B".

(Cartório/SP – 2012 – VUNESP) Acerca da vigência da lei federal em todo o território nacional, caso não mencionado expressamente nenhum prazo no ato de sua publicação, pode-se concluir que
(A) haverá *vacatio legis* de noventa dias, com prazo progressivo.
(B) sua vigência será imediata.
(C) haverá *vacatio legis* de quarenta e cinco dias, com vigência sincrônica.
(D) a vigência ocorrerá de forma sincrônica no dia útil seguinte ao da publicação.

Em regra, o prazo de *vacatio legis* vem previsto no próprio texto legal. Contudo, caso a lei seja omissa, aplica-se o art. 1º, *caput*, da LINDB, o qual prevê que "Salvo disposição contrária, a lei começa a vigorar em todo o país quarenta e cinco dias depois de oficialmente publicada".
Gabarito "C".

1.1.1. VACATIO LEGIS

(Procurador – SP – VUNESP – 2015) De acordo com o artigo 1º da Lei de Introdução às Normas de Direito Brasileiro (Decreto-lei 4.657 de 1942), "salvo disposição contrária, a lei começa a vigorar em todo o país quarenta e cinco dias depois de oficialmente publicada". Se, antes de entrar a lei em vigor, ocorrer nova publicação de seu texto, destinada à correção, a *vacatio legis* será
(A) igualmente de 45 (quarenta e cinco) dias e começará a correr da publicação do novo texto, qualquer que seja a alteração.
(B) de 90 (noventa) dias, a contar da publicação do texto original, se a alteração for substancial.
(C) igualmente de 45 (quarenta e cinco) dias e começará a correr da publicação do texto original, qualquer que seja a alteração.
(D) de 90 (noventa) dias, a contar da publicação do novo texto, se a alteração for substancial.
(E) de 90 (noventa) dias, a contar da publicação do novo texto, qualquer que seja a alteração.

Quem responde é o § 3º 3º do próprio art. 1º da Lei de Introdução. O dispositivo estabelece que "*se, antes de entrar a lei em vigor, ocorrer nova publicação de seu texto, destinada a correção, o prazo deste artigo e dos parágrafos anteriores começará a correr da nova publicação*". Logo, o prazo de quarenta e cinco dias será reiniciado a partir da publicação do novo texto.
Gabarito "A".

1.1.2. VIGÊNCIA DA LEI NO TEMPO

(Escrevente Técnico – TJM/SP – VUNESP – 2017) Quanto à vigência das leis, assinale a alternativa correta.
(A) Uma lei é revogada somente quando lei posterior declare expressamente sua revogação.
(B) Lei nova, que estabeleça disposições gerais ou especiais a par das já existentes, não revoga nem modifica a lei anterior.
(C) A lei revogada se restaura por ter a lei revogadora perdido a vigência.
(D) As correções a texto de lei já em vigor consideram-se a mesma lei.
(E) É expressamente proibida a revogação de uma lei repristinada.

A: incorreta, pois não é "somente" nesse caso. A lei posterior também revoga a anterior quando seja com ela incompatível ou quando regule

---

* Gustavo Nicolau (GN) comentou as questões de concursos Escrevente TJM/SP/17, Juiz TJM/SP/16, Juiz TJ/RJ/16, Procurador Sertãozinho/SP/16, Procurador/SP/16, Procurador IPSMI/SP/16, Juiz TJ/SP/15, Juiz TJ/MS/15, Procurador/SP/15, MP/ES/13, MAG/MT/06; **Wander Garcia** comentou as questões de concurso Tribunais Técnico; **Wander Garcia** e **Ana Paula Garcia** comentaram as demais questões, **Gabriela Rodrigues (GR) comentou as questões Juiz/Tj/RJ/19 e Advogado/SP/20.**

inteiramente a matéria de que tratava a lei anterior (Lei de introdução, art. 2º § 1º); **B:** correta, pois disposições "a par" são disposições paralelas, não contrárias e, portanto, não revogam a anterior (Lei de introdução, art. 2º § 2º); **C:** incorreta, pois tal fenômeno, conhecido como repristinação, só ocorre se a lei que revogou a revogadora expressamente determinar o retorno da primeira lei revogada (Lei de introdução, art. 2º § 3º); **D:** incorreta, pois as correções a texto de lei já em vigor consideram-se lei nova (Lei de introdução, art. 1º, § 4º).
Gabarito "B".

(Magistratura/SP – 179º – VUNESP) Considere as seguintes afirmações:

I. as leis, atos e sentenças de outro país terão eficácia no Brasil, quando não ofenderem a soberania nacional e a ordem pública, ainda que atentem contra os bons costumes;
II. a lei nova, que estabeleça disposições gerais e especiais a par das já existentes, não revoga nem modifica a lei anterior;
III. a lei destinada à vigência temporária terá vigor até que outra a revogue;
IV. as correções a texto de lei já em vigor consideram-se lei nova.

Pode-se afirmar que são corretas apenas

(A) I, II e III.
(B) II e IV.
(C) II.
(D) I, II e IV.

I: incorreta (art. 17 da Lei de Introdução às normas do Direito Brasileiro – LINDB); **II:** correta (art. 2º, § 2º, da LINDB); **III:** incorreta (art. 2º, *caput*, da LINDB); **IV:** correta (art. 1º, § 4º, da LINDB).
Gabarito "B".

(Magistratura/SP – 173º – VUNESP) Assinale a alternativa incorreta:

(A) É preciso não olvidar que uma norma não mais vigente, por ter sido revogada, não poderá continuar vinculante, nem com vigor para os casos anteriores à sua revogação. A norma não poderá ser eficaz, porque revogada.
(B) A irretroatividade da lei é um princípio constitucional, apesar de não ser absoluto, já que as normas poderão retroagir, desde que não ofendam coisa julgada, direito adquirido e ato jurídico perfeito.
(C) A nova lei sobre prazo prescricional aplica-se desde logo se o aumentar, embora deva ser computado o lapso temporal já decorrido na vigência da norma revogada. Se o encurtar, o novo prazo de prescrição começará a correr por inteiro a partir da lei revogadora. Se o prazo prescricional já se ultimou, a nova lei que o alterar não o atingirá.
(D) Quando o legislador derroga ou ab-roga uma lei que revogou a anterior, surge a questão de se saber se a norma que fora revogada fica restabelecida, recuperando sua vigência, independentemente de declaração expressa. Mas, pela LINDB, a lei revogadora de outra lei revogadora não terá efeito repristinatório sobre a velha norma abolida, a não ser que haja pronunciamento expresso da lei a esse respeito.

A: incorreta, devendo ser assinalada, pois esquece a ultratividade da lei; a lei revogada deixa de ter vigência, mas ainda tem vigor para regular, por exemplo, efeitos ocorridos sob sua égide; **B:** correta, a Constituição proíbe a retroação que prejudique, mas não a que beneficie

(art. 5º, XXXVI, da CF); **C:** correta, art. 2.028 do CC; **D:** correta, art. 2º, § 3º, da LINDB.
Gabarito "A".

(Ministério Público/SP – 79º – VUNESP) Do princípio da retroatividade das leis decorre:

(A) que a lei nova não preservará aquelas situações já consolidadas em que o interesse individual prevalece.
(B) impossibilidade de aplicação imediata da lei nova.
(C) que a lei velha continuará regrando os casos ainda não julgados.
(D) respeito ao direito adquirido, ao ato jurídico perfeito e à coisa julgada.
(E) repristinação dos efeitos da lei velha para alcançar negócios de execução já iniciada, mas ainda não concluída.

Artigos 6º da LINDB e 5º, XXXVI, da CF.
Gabarito "D".

(Ministério Público/SP – 85º – VUNESP) A Lei A, de vigência temporária, revoga expressamente a Lei B. Tendo a lei revogadora perdido a vigência, é certo que:

(A) a lei revogada é automaticamente restaurada, já que a lei revogadora é temporária, e, os seus efeitos estavam apenas suspensos.
(B) a lei revogada é automaticamente restaurada, já que não se pode ficar sem lei.
(C) a lei revogada não se restaura por ter a lei revogadora perdido a vigência, porque não é admitido o princípio da comoriência.
(D) a lei revogada não se restaura por ter a lei revogadora perdido a vigência, salvo disposição expressa neste sentido.
(E) como não existe lei de vigência temporária, a revogação da anterior nunca teria acontecido.

Art. 2º, § 3º, da LINDB.
Gabarito "D".

1.2. EFICÁCIA DA LEI NO ESPAÇO

(Ministério Público/ES – 2013 – VUNESP) Assinale a alternativa correta, de acordo com a Lei de Introdução às Normas do Direito Brasileiro.

(A) O começo e o fim da personalidade, o nome e a capacidade são regidos pelas leis do país onde nasceu a pessoa.
(B) Realizando-se o casamento no Brasil, será aplicada a lei brasileira quanto aos impedimentos dirimentes e quanto às formalidades de celebração.
(C) Para ser executada no Brasil, a sentença estrangeira deve ser homologada pelo Supremo Tribunal Federal.
(D) A sucessão de bens estrangeiros situados no Brasil será regulada pela lei brasileira, desconsiderando-se eventual lei pessoal do *de cujus*.
(E) Sendo um dos nubentes brasileiro, o regime de bens obedece à lei brasileira.

A: incorreta, pois a norma legal que será aplicada nesse caso é a lei "*do país em que domiciliada a pessoa*" (Lei de Introdução, art. 7º); **B:** correta, pois a assertiva reproduz a regra estabelecida pelo art. 7º, § 1º, da Lei de Introdução; **C:** incorreta, pois tal homologação ocorre perante o Superior Tribunal de Justiça (CF, art. 105, I, *i*); **D:** incorreta, pois a lei que será aplicada será a lei do país em que for domiciliado o (Lei de

Introdução, art. 10); **E:** incorreta, pois a Lei de Introdução usa como critério o domicílio dos nubentes (Lei de Introdução, art. 7º, § 3º, e 4º).

Gabarito "B".

1.3. INTERPRETAÇÃO DA LEI

(Procurador do Estado/SP – 2018 – VUNESP) A ausência de norma justa, caracterizada pela existência de um preceito normativo, que, se aplicado, resultará solução insatisfatória ou injusta, caracteriza lacuna

(A) ontológica ou *iure condendo*.
(B) axiológica ou *iure condendo*.
(C) axiológica ou *iure condito*.
(D) ideológica ou *iure condito*.
(E) ontológica ou *iure condito*.

A tradicional noção de lacuna do Direito envolve a ausência de norma para solucionar uma situação fática, o que é comum tendo em vista que as relações sociais são mais ágeis do que o processo de criação de leis. Sob as luzes da doutrina de Norberto Bobbio e Maria Helena Diniz, a lacuna axiológica não é rigorosamente uma lacuna nesse sentido. A lacuna axiológica envolve a ideia de que existe uma norma, mas a sua aplicação ao caso concreto levaria a uma solução insatisfatória ou injusta. Ainda sob a mesma doutrina, a lacuna ontológica envolve a ideia da existência de uma norma, mas que já se encontra obsoleta em vista do dinâmico progresso das relações sociais e avanço tecnológico. A lacuna ideológica consiste na falta de uma norma justa, que enseje uma solução satisfatória ao caso concreto. O "iure condito" é o Direito já constituído, já em vigor numa sociedade, significando que a solução do caso se daria com o Direito em vigor. Já a expressão "iure condendo" refere-se ao Direito ainda a ser construído.

Gabarito "B".

(Procurador do Município/Sorocaba-SP – 2012 – VUNESP) Método de interpretação que se baseia na investigação dos antecedentes da norma, do processo legislativo, a fim de descobrir o seu exato significado. É o método que apura a vontade do legislador e os objetivos que visava atingir.

Essa definição refere-se ao método de interpretação

(A) histórico.
(B) sistemático.
(C) teleológico.
(D) gramatical.
(E) sociológico.

A: correta. A hermenêutica é a ciência da interpretação, a qual traz diversas técnicas ou métodos interpretativos. As técnicas ou métodos clássicos são: a) gramatical; b) sistemático; c) histórico; d) teleológico; e) lógico; f) sociológico. A técnica histórica se preocupa em investigar os antecedentes da norma, desde as circunstâncias fáticas e valorativas que a precedem até o processo legislativo, com o escopo de verificar a razão de sua existência (Wander Garcia, **Super-Revisão**, Editora Foco); **B:** incorreta, pois a técnica sistemática *consiste em relacionar os vários dispositivos legais que guardam pertinência com o tema no sistema jurídico, de modo a buscar uma resposta única e trabalhada* (Wander Garcia, **Super-Revisão**, Editora Foco); **C:** incorreta, pois a técnica teleológica *consiste em averiguar o sentido e o alcance da lei partindo dos fins sociais a que ela se dirige, bem como adaptando-se às exigências do bem comum* (art. 5º, da LINDB) (Wander Garcia, **Super-Revisão**, Editora Foco); **D:** incorreta, pois a técnica gramatical ou literal *consiste em verificar o significado das palavras, isolada e sintaticamente, atendendo à pontuação e à colocação dos vocábulos* (Wander Garcia, **Super-Revisão**, Editora Foco); **E:** incorreta, pois a técnica sociológica busca alcançar a efetividade da norma jurídica, adaptando-a à realidade social.

Gabarito "A".

(Cartório/SP – 2012 – VUNESP) Quando o intérprete se defrontar com a necessidade de preencher lacuna da lei, de modo a proceder à aplicação de uma norma existente, destinada a reger caso semelhante, é correto afirmar que há

(A) interpretação extensiva.
(B) aplicação do direito alternativo.
(C) analogia *juris*.
(D) analogia *legis*.

A: incorreta, pois na utilização da técnica da interpretação extensiva não há falar-se em lacuna na lei. Isto se dá, pois neste caso há norma e o intérprete apenas amplia o seu sentido; **B:** incorreta, pois o direito alternativo não é utilizado como forma de integração de lacuna; **C:** incorreta, pois na *analogia iuris* tem-se a aplicação de um conjunto de normas próximas, visando extrair elementos que possibilitem a analogia; **D:** correta, pois na *analogia legis* segue-se exatamente este procedimento: não havendo para o caso concreto norma que se subsuma a sua resolução, recorre-se a uma norma semelhante do ordenamento, a fim de se preencher a lacuna, evitando-se, assim o *non liquet*.

Gabarito "D".

2. GERAL

2.1. PESSOAS NATURAIS

2.1.1. INÍCIO DA PERSONALIDADE E NASCITURO

(Ministério Público/SP – 83º – VUNESP) A personalidade civil inicia-se com o nascimento com vida, colocando-se a salvo os direitos do nascituro, sendo necessário, todavia, que a criança:

(A) se livre totalmente do ventre materno mantendo-se ligada ao cordão umbilical, mesmo que não apresentando de imediato sinais de respiração ou viabilidade de sobreviver, ostente forma humana.
(B) consiga separar-se por inteiro ou parcialmente do ventre materno respirando, mediante parto natural ou intervenção cirúrgica, pouco importando que o cordão umbilical não seja rompido, que seja viável ou não, e que não tenha necessariamente forma humana.
(C) se separe por inteiro, ou mesmo que parcialmente do ventre materno, e desligada necessariamente do cordão umbilical, o parto seja efetuado normalmente, ou por meio de cesariana, e que respire e tenha forma humana.
(D) venha à luz, ainda que se mantendo ligada ao cordão umbilical, mesmo que o parto se concretize através de cesariana ou pelo meio natural, e evidencie possibilidade de poder vir a respirar.
(E) necessariamente venha à luz, com o rompimento do cordão umbilical, por meio de parto cesariano ou natural, e que apresente aptidão vital.

A alternativa "B" está correta, pois, de fato, não é necessário o rompimento do cordão umbilical, nem a viabilidade de vida e a forma humana. Por outro lado, é necessária a separação do ventre materno ("nascimento") e a respiração ("com vida").

Gabarito "B".

2.1.2. CAPACIDADE

(Defensor Público/RO – 2017 – VUNESP) Recentemente, em São Paulo/SP, instalouse enorme discussão sobre a ação das autoridades públicas na denominada "Cracolândia". Em suma, a pretensão do Estado era internar, compulsoriamente, pessoas que estavam vagando aleatoriamente nas ruas, sob o efeito de entorpecentes.

Sobre a internação compulsória, de acordo com as disposições legais, é correto afirmar que

(A) termina com a solicitação escrita de algum familiar ou responsável legal.
(B) é aquela que se dá sem o consentimento do usuário e a pedido de terceiro.
(C) deve ser comunicada, pelo responsável técnico do estabelecimento no qual tenha ocorrido, ao Ministério Público, em até 24 (vinte e quatro) horas da internação.
(D) é aquela que se dá sem o consentimento do usuário, por recomendação de médico devidamente registrado no Conselho Regional de Medicina (CRM) do Estado onde se localize o estabelecimento.
(E) é determinada pela justiça e levará em conta as condições de segurança do estabelecimento quanto à salvaguarda do paciente, demais internados e funcionários.

A: incorreta, pois é a internação involuntária (que não se confunde com a internação compulsória) que termina desta forma (Lei 10.216/2001, art. 8º § 2º); **B:** incorreta, pois a internação compulsória é determinada pelo juiz, "*que levará em conta as condições de segurança do estabelecimento, quanto à salvaguarda do paciente, dos demais internados e funcionários*"; **C:** incorreta, pois tal prazo é de 72 horas e limitado aos casos de internação voluntária ou involuntária (Lei 10.216 art. 8º, § 1º), que não se confundem com a internação compulsória; **D:** incorreta, pois a autorização do médico registrado no CRM ocorre nos casos de internação voluntária ou involuntária e não na compulsória; **E:** correta, pois de pleno acordo com a definição de internação compulsória determinada pelo art. 9º da Lei 10.216/2001.
Gabarito "E".

(Juiz de Direito – TJ/RS – 2018 – VUNESP) Joaquina nasceu com o diagnóstico de síndrome de Down; aos 18 anos, conheceu Raimundo e decidiu casar. Os pais de Joaquina declararam que somente autorizam o casamento se o mesmo for celebrado sob o regime da separação convencional de bens, tendo em vista que a família é possuidora de uma grande fortuna e Raimundo é de origem humilde. Joaquina, que tem plena capacidade de comunicação, não aceitou a sugestão dos pais e deseja casar sob o regime legal (comunhão parcial de bens). Assinale a alternativa correta.

(A) Para que possa casar sob o regime da comunhão parcial de bens, deverá Joaquina ser submetida, mesmo contra sua vontade, ao procedimento de tomada de decisão apoiada.
(B) Joaquina poderá casar sob o regime de bens que melhor entender, tendo em vista que é dotada de plena capacidade civil.
(C) O juiz deverá nomear um curador para que possa analisar as pretensões do noivo em relação a Joaquina e decidir acerca do melhor regime patrimonial para o casal.
(D) Joaquina é relativamente incapaz e deve ser assistida no ato do casamento que somente pode ser celebrado sob o regime da separação legal.
(E) Joaquina somente poderá casar se obtiver autorização dos pais que poderá ser suprida pelo juiz, ouvido o Ministério Público.

A questão trata da capacidade das pessoas com deficiência, assunto que sofreu verdadeira revolução legislativa com o advento da Lei 13.146/2015. Referido diploma revogou o art. 3º, II do Código Civil, que determinava a incapacidade absoluta para os que, "por enfermidade ou deficiência mental", não tivessem o necessário discernimento para a prática dos atos da vida civil. Com isso, as pessoas com algum tipo de deficiência passaram a ser consideradas capazes, inclusive com o direito de casar, constituir união estável e exercer direitos sexuais e reprodutivos, exercendo também o direito à família e à convivência familiar e comunitária. Para manter o sistema coeso, a referida Lei revogou o art. 1.548, I do Código Civil, que tornava nulo o casamento contraído pelo enfermo mental sem o necessário discernimento para os atos da vida civil. Logo, Joaquina poderá casar sob o regime de bens que escolher.
Gabarito "B".

(Juiz de Direito – TJM/SP – VUNESP – 2016) Quanto à capacidade civil, assinale a alternativa correta.

(A) A incapacidade civil se presume, em se tratando de negócios jurídicos, levando à sua anulação.
(B) A emancipação do menor impúbere deve ocorrer por sentença judicial, transcrita no Registro Civil.
(C) Os viciados em tóxicos são incapazes absolutamente aos atos relativos à sua pessoa.
(D) A deficiência mental afeta a plena capacidade civil da pessoa para os atos da vida civil.
(E) Aquele que, por causa permanente, não puder exprimir sua vontade, é relativamente incapaz.

A: incorreta, pois a capacidade é que se presume; **B:** incorreta, pois a emancipação por sentença judicial se dá apenas nos casos em que o emancipado está sob regime de tutela e apenas quando já tiver dezesseis anos (CC, art. 5º parágrafo único, I); **C:** incorreta, pois tais pessoas são relativamente incapazes (CC, art. 4º, II); **D:** incorreta, pois o Estatuto da Pessoa com deficiência (Lei 13.146/2015) alterou esse cenário, retirando tais pessoas da condição de incapacidade; **E:** correta, pois de pleno acordo com o disposto no art. 4º, II, I do CC.
Gabarito "E".

2.1.3. EMANCIPAÇÃO

(Magistratura/SP – 174º – VUNESP) A emancipação civil, no regime legal ora vigente:

(A) é ato exclusivo dos pais, conjuntamente, ou, na falta de um deles, por morte ou interdição, ato do outro genitor, fazendo cessar a incapacidade relativa do filho.
(B) quando outorgada pelos pais, ou por um deles, depende de escritura pública.
(C) depende sempre de decisão judicial.
(D) pode ser outorgada por escritura pública ou particular.

Art. 5º, parágrafo único, I, do CC.
Gabarito "B".

(Ministério Público/SP – 82º – VUNESP) A emancipação do menor dependerá de sentença na hipótese de:

(A) colação de grau científico em curso de ensino superior.
(B) casamento.
(C) estar o menor sob tutela.
(D) concessão pela mãe, se morto o pai.
(E) concessão pela mãe, se interditado o pai.

Art. 5º, parágrafo único, I, do CC.
Gabarito "C".

2.2. PESSOAS JURÍDICAS

(Procurador Municipal – Sertãozinho/SP – VUNESP – 2016) É correto afirmar que

(A) as pessoas jurídicas de direito público interno não respondem objetivamente pelos danos causados por atos de seus agentes, no exercício de suas funções.
(B) a existência legal das pessoas jurídicas inicia-se, em regra, com o início de suas atividades.
(C) o sistema brasileiro admite a constituição de empresa individual de responsabilidade limitada.
(D) para a desconsideração da personalidade jurídica, o Código Civil de 2002 adotou a denominada teoria menor, pela qual haverá desconsideração sempre que a personalidade jurídica representar empecilho para saldar o crédito de terceiros.
(E) as fundações são pessoas jurídicas de direito privado, constituídas pela união de pessoas que se organizem para fins não econômicos.

A: incorreta, pois contrária aos termos do art. 37, § 6º, da Constituição Federal, segundo o qual: "*As pessoas jurídicas de direito público e as de direito privado prestadoras de serviços públicos responderão pelos danos que seus agentes, nessa qualidade, causarem a terceiros, assegurado o direito de regresso contra o responsável nos casos de dolo ou culpa*"; **B:** incorreta, pois a existência da pessoa jurídica inicia-se, em regra, "com a inscrição do ato constitutivo no respectivo registro" (CC, art. 45); **C:** correta, pois tal possibilidade surgiu no ano de 2011, com a publicação da Lei 12.441/2011; **D:** incorreta, pois o art. 50 do CC limitou a desconsideração da personalidade jurídica aos casos de desvio de finalidade ou confusão patrimonial; **E:** incorreta, pois a fundação é a reunião de bens organizados para uma finalidade.
Gabarito "C".

2.2.1. DESCONSIDERAÇÃO DA PERSONALIDADE JURÍDICA

(Magistratura/RJ – 2011 – VUNESP) Para ser reconhecida a desconsideração da personalidade jurídica, no Código Civil, é necessário:

(A) abuso da pessoa jurídica, mediante sua utilização por dolo do titular da empresa, caracterizado pela má administração.
(B) abuso da personalidade jurídica, caracterizado pelo desvio de finalidade ou pela confusão patrimonial.
(C) abuso da personalidade jurídica, caracterizado pelo desvio de finalidade e pela confusão patrimonial.
(D) negligência dos administradores, mesmo quando não exerçam o cargo de diretores, caracterizando-se no desvio de finalidade.

A: incorreta, pois a má administração por si só não é – para a letra da lei – motivo suficiente para se aplicar a desconsideração da personalidade jurídica; **B:** correta, pois a conjunção alternativa "ou" é a mesma utilizada no art. 50 do CC, a demonstrar que não se exige cumulação das hipóteses para aplicação da teoria da desconsideração; **C:** incorreta, pois a conjunção aditiva "e" não se adéqua à redação do art. 50; **D:** incorreta, pois a negligência dos administradores não se confunde com o desvio da finalidade da pessoa jurídica.
Gabarito "B".

2.2.2. CLASSIFICAÇÕES DAS PESSOAS JURÍDICAS

(Procurador do Município/Sorocaba-SP – 2012 – VUNESP) São pessoas jurídicas de direito público interno:

(A) os Estados; os partidos políticos.
(B) a União; as organizações religiosas.
(C) as entidades de caráter público, criadas por lei.
(D) a União; os Estados regidos pelo direito internacional público.
(E) os Municípios; as Autarquias, inclusive as associações públicas.

A: incorreta, pois os partidos políticos são pessoas jurídicas de direito privado (art. 44, V, do CC); **B:** incorreta, já que as organizações religiosas são pessoas jurídicas de direito privado (art. 44, IV, do CC); **C:** incorreta, pois a expressão "entidades de caráter público" é muito ampla e pode abranger entidades criadas pelo Estado que não realizam atividades típicas de Estado; **D:** incorreta, pois os Estados estrangeiros e todas as pessoas que forem regidas pelo direito internacional público são pessoas jurídicas de direito público externo (art. 42, do CC); **E:** correta (art. 41, III e IV, do CC).
Gabarito "E".

2.2.3. FUNDAÇÕES

(Cartório/SP – 2011 – VUNESP) Assinale a alternativa correta a respeito das fundações.

(A) Para criar uma fundação, o seu instituidor deverá lavrar escritura pública, vedado o testamento.
(B) Para que se possa alterar o estatuto da fundação, é mister que a reforma seja deliberada por unanimidade dos competentes para gerir e representar a fundação.
(C) A fundação somente poderá constituir-se para fins religiosos, morais, culturais ou de assistência.
(D) Velará pelas fundações o Ministério Público do Estado, mesmo se funcionarem no Distrito Federal ou em território.

A: incorreta (art. 62 do CC); **B:** incorreta (art. 67, I, do CC); **C:** correta (art. 62, parágrafo único, e Enunciado 8 do CJF); **D:** incorreta (art. 66, § 1º, do CC).
Gabarito "C".

(Juiz de Direito – TJ/RJ – 2019 – VUNESP) Pedro é sócio, juntamente com sua esposa Maria, da pessoa jurídica "PM LTDA". Maria, sem o conhecimento de Pedro, começou a desviar valores dos cofres da empresa, mediante a emissão de notas fiscais frias, para Ricardo, seu concubino. Em razão dos desvios realizados por Maria, a empresa "PM LTDA" parou de pagar seus fornecedores, que ajuizaram demanda visando receber os valores devidos. Pedro descobriu a traição e divorciou-se de Maria, que foi viver com seu concubino com todos os valores desviados da "PM LTDA". Os fornecedores requereram a desconsideração da personalidade jurídica, para que pudessem satisfazer seus créditos com o patrimônio pessoal de Maria e de Pedro.

Assinale a alternativa correta.

(A) Pode haver a desconsideração da personalidade jurídica e os bens de Pedro e Maria irão responder pelas dívidas da empresa, em razão do desvio de finalidade.
(B) Os bens pessoais de Pedro não podem responder pelas dívidas da empresa, tendo em vista que não houve ato

doloso de sua parte, bem como ele não se beneficiou direta ou indiretamente dos desvios.

(C) Apenas os bens de Ricardo podem ser alcançados pela desconsideração da personalidade jurídica, pois, apesar de não ser sócio, praticou atos dolosos de confusão patrimonial.

(D) Apenas se for comprovada a culpa grave de Pedro na administração da pessoa jurídica é que poderá ser realizada a desconsideração da personalidade jurídica e seus bens pessoais responderem pelas dívidas da "PM LTDA".

(E) A desconsideração da personalidade jurídica apenas pode ocorrer em caso de confusão patrimonial e, como não houve a transferência de valores para os sócios e sim para um terceiro, não podem os bens pessoais de Pedro e Maria responderem pelas obrigações da sociedade.

A: incorreta, pois embora o art. 50 CC preveja que no caso de abuso da personalidade jurídica, caracterizado pelo desvio de finalidade ou pela confusão patrimonial pode o juiz desconsiderá-la para que os efeitos de certas e determinadas relações de obrigações sejam estendidos aos bens particulares de administradores ou de sócios da pessoa jurídica beneficiados direta ou indiretamente pelo abuso, a interpretação mais recente do STJ é que "A desconsideração da personalidade jurídica, em regra, deve atingir somente os sócios administradores ou que comprovadamente contribuíram para a prática dos atos caracterizadores do abuso da personalidade jurídica" (REsp 1861306 – DECISÃO 25/02/2021). Logo, o patrimônio de Pedro não deve ser atingido; **B:** correta, nos termos da justificativa da letra A; **C:** incorreta, pois Ricardo não faz parte do quadro social, logo não há que se falar em desconsideração de personalidade jurídica frente a ele. A desconsideração apenas atingirá os sócios e no caso em específico alcançará Maria, pois apenas ela foi a diretamente beneficiada (art. 50 CC); **D:** incorreta, pois a lei não exige a comprovação de culpa grave de um dos sócios para que haja a desconsideração. Basta ficar provado o abuso da personalidade jurídica, caracterizado pelo desvio de finalidade ou pela confusão patrimonial com vantagem direta ou indireta para um dos sócios (art. 50 CC); **E:** incorreta, pois a desconsideração não se restringe a confusão patrimonial, mas também pode ocorrer quando há desvio de finalidade e ainda que haja desvio de bens para terceiros a personalidade pode ser desconsiderada, afinal houve benefício direto para a sócia Maria. **GR**

Gabarito "B".

2.3. DOMICÍLIO

(Procurador Municipal – Sertãozinho/SP – VUNESP – 2016) Sobre as regras de domicílio, é correto afirmar que

(A) se considera como domicílio da União todas as capitais dos Estados da federação.
(B) as sociedades empresárias possuem domicílio no endereço de qualquer de seus sócios.
(C) o marítimo e o militar, em razão de suas atribuições, possuem domicílio itinerante.
(D) o servidor público possui domicílio necessário.
(E) o domicilio do Município é eleito pelo seu prefeito.

A: incorreta, pois o domicílio da União é o Distrito Federal (CC, art. 75, I); **B:** incorreta, pois o domicílio das sociedades empresárias é "o lugar onde funcionarem as respectivas diretorias e administrações, ou onde elegerem domicílio especial no seu estatuto ou atos constitutivos" (CC, art. 75, IV); **C:** incorreta, pois o domicílio do marítimo é o local onde o navio estiver matriculado e o domicílio do militar é o local no qual servir (CC, art. 76, parágrafo único); **D:** correta, pois de acordo com a previsão do CC, art. 76; **E:** incorreta, pois o domicílio do Município é o local onde funciona a administração municipal (CC, art. 75, III).

Gabarito "D".

2.4. DIREITOS DA PERSONALIDADE E NOME

(Juiz – TJ/SP – VUNESP – 2015) No que tange aos direitos da personalidade, assinale a alternativa correta.

(A) A transmissão da palavra de determinada pessoa poderá, sempre e em qualquer circunstância, ser proibida a seu requerimento e sem prejuízo da indenização que couber, se lhe atingir a honra ou se destinada a fins comerciais.
(B) O pseudônimo licitamente utilizado goza da proteção que se dá ao nome.
(C) A proteção dos direitos da personalidade aplica-se igualmente às pessoas jurídicas.
(D) É garantia legal a irrestrita liberdade de disposição do próprio corpo.

A: incorreta, pois tal transmissão pode ser autorizada ou ainda "necessária à administração da justiça ou à manutenção da ordem pública", hipóteses nas quais é admitida e não ensejará indenização (CC, art. 20); **B:** correta. O pseudônimo é um nome alternativo, normalmente utilizado por escritores, autores de obras, artistas e poetas que não querem se identificar. Chico Buarque utilizava, por exemplo, o pseudônimo Julinho da Adelaide. Alexander Hamilton, James Madison e John Jay escreveram o famoso "O Federalista" sob o pseudônimo de Plubius. Desde que adotado para fins lícitos, o pseudônimo recebe da lei a mesma proteção dada ao nome (CC, art. 19); **C:** incorreta, pois a proteção dos direitos da personalidade aplica-se "no que couber" às pessoas jurídicas (CC, art. 52); **D:** incorreta, pois salvo por exigência médica, é proibido: "*o ato de disposição do próprio corpo, quando importar diminuição permanente da integridade física, ou contrariar os bons costumes*" (CC, art. 13).

Gabarito "B".

(Procurador Municipal/SP – VUNESP – 2016) Sobre o direito do autor, assinale a alternativa correta.

(A) Os direitos autorais reputam-se, para os efeitos legais, bens imóveis.
(B) Interpretam-se restritivamente os negócios jurídicos sobre os direitos autorais.
(C) Somente os estrangeiros domiciliados no Brasil gozarão da proteção assegurada nos acordos, convenções e tratados em vigor no Brasil.
(D) Não é titular de direitos de autor quem adapta, traduz, arranja ou orquestra obra caída no domínio público.
(E) Compete ao particular a defesa da integridade e autoria da obra caída em domínio público.

A: incorreta, pois os direitos autorais reputam-se, para os efeitos legais, bens móveis (Lei 9.610/1998, art. 3º); **B:** correta, pois de pleno acordo com o art. 4º da Lei 9.610/1998; **C:** incorreta, pois a lei de direitos autorais também protege "*os nacionais ou pessoas domiciliadas em país que assegure aos brasileiros ou pessoas domiciliadas no Brasil a reciprocidade na proteção aos direitos autorais ou equivalentes*" (Lei 9.610/1998, art. 2º, parágrafo único); **D:** incorreta, pois contrária aos termos do art. 14 da mencionada lei; **E:** incorreta, pois tal atribuição compete ao Estado (art. 24, § 2º, da Lei 9.610/1998).

Gabarito "B".

(Procurador Municipal – Sertãozinho/SP – VUNESP – 2016) Em regra, são objeto de proteção como direitos autorais, de acordo com a Lei 9.610/98,

(A) o aproveitamento industrial ou comercial das ideias contidas nas obras.
(B) os projetos concernentes à topografia.

1. DIREITO CIVIL

(C) os esquemas, planos ou regras para realizar jogos ou negócios.
(D) os textos de tratados ou convenções, leis, decretos e regulamentos.
(E) os nomes e títulos isolados.

O art. 8º da Lei 9.610/1998 traz um rol de institutos que não estão protegidos como direitos autorais, aí incluindo-se: "*o aproveitamento industrial ou comercial das ideias contidas nas obras*" (inciso VII); os "*esquemas, planos ou regras para realizar atos mentais, jogos ou negócios*" (inciso II); os "*textos de tratados ou convenções, leis, decretos, regulamentos, decisões judiciais e demais atos oficiais (inciso IV)*" e os "*nomes e títulos isolados*" (inciso VI). Por sua vez, os "*projetos concernentes à topografia*" estão expressamente protegidos como direitos autorais (art. 7º, X).
Gabarito "B".

(Magistratura/MG – 2012 – VUNESP) Assinale a alternativa correta com relação aos direitos da personalidade.

(A) Os direitos da personalidade são transmissíveis e renunciáveis, podendo seu exercício sofrer limitação voluntária, salvo se a lei excepcionar.
(B) Para proteção da utilização da imagem não autorizada de pessoa morta, nas hipóteses da lei civil, é parte legítima para requerer a medida judicial protetiva somente o cônjuge sobrevivo.
(C) É válida, com objetivo científico, ou altruístico, a disposição onerosa do próprio corpo, no todo ou em parte, para depois da morte.
(D) Terá legitimação para requerer medida judicial para que cesse lesão a direito da personalidade do morto o cônjuge sobrevivente, ou qualquer parente na linha reta, ou colateral até o quarto grau.

A: incorreta, tendo em vista que a alternativa afronta o art. 11 do Código Civil que estabelece que tais direitos são intransmissíveis e irrenunciáveis; **B:** incorreta, pois além do cônjuge sobrevivente, os descendentes e ascendentes também são partes legítimas a proteger a imagem de pessoa falecida nos termos do art. 20 parágrafo único; **C:** incorreta, pois admite-se apenas a disposição gratuita do próprio corpo, nos termos do art. 14 do CC; **D:** correta, pois a legitimidade ali mencionada coincide com a prevista no art. 12, parágrafo único, do CC.
Gabarito "D".

(Magistratura/SP – 2013 – VUNESP) Acerca da personalidade, é correto afirmar que

(A) embora não exista mais o instituto romano da morte civil, é possível renunciar-se a certos direitos da personalidade, na forma da lei.
(B) a morte pode ser real ou presumida, havendo a primeira quando cessam as funções vitais, e a segunda, somente quando alguém, desaparecido em campanha ou feito prisioneiro, não for encontrado até dois anos após o término da guerra.
(C) se dois ou mais indivíduos falecerem na mesma ocasião, não se podendo averiguar se algum dos comorientes precedeu aos outros, presume-se que a morte do mais velho precedeu a do mais jovem.
(D) não obstante a existência se extinguir com a morte, é tutelável a ameaça ou lesão aos direitos de personalidade do morto.

A: incorreta, pois os direitos da personalidade são irrenunciáveis (art. 11 do CC); **B:** incorreta, pois a morte presumida não se dá apenas no caso mencionado, mas também se for extremamente provável a morte de quem estava em perigo de vida (art. 7º, I, do CC) e nos casos em que a lei autoriza a abertura de sucessão definitiva (art. 6º do CC); **C:** incorreta, pois no caso de comoriência se presume que houve morte simultânea (art. 8º do CC); **D:** correta (arts. 12, parágrafo único, e 20, parágrafo único, ambos do CC).
Gabarito "D".

(Ministério Público/SP – 2012 – VUNESP) Por se tratar de direito da personalidade, é defeso o ato de disposição do próprio corpo, quando importar diminuição permanente da integridade física, ou contrariar os bons costumes, salvo na seguinte hipótese:

(A) Em vida, com objetivo científico ou altruístico e de forma gratuita.
(B) Para se submeter, mediante exigência da família e com risco de vida, a tratamento médico ou a intervenção cirúrgica.
(C) Mediante escritura pública irrevogável.
(D) Independentemente de exigência médica, visando salvar a vida de ascendente, descendente, cônjuge ou irmão.
(E) Para fins de transplante, na forma estabelecida em lei especial.

A: incorreta, pois tal hipótese de disposição é permitida apenas para após a morte (CC, art. 14); **B:** incorreta, pois ninguém é obrigado a submeter-se, com risco de vida, a tratamento médico ou a intervenção cirúrgica (CC, art. 15); **C:** incorreta, pois a mera escritura pública não é suficiente – por si só – a possibilitar a diminuição permanente da integridade física; **D:** incorreta, pois tal exceção não vem contemplada no Código Civil; **E:** correta, pois o transplante – na forma da lei n. 9.434/1997 – é uma hipótese válida de diminuição permanente da integridade física (art. 13, parágrafo único CC).
Gabarito "E".

(Procurador do Município/Cubatão-SP – 2012 – VUNESP) Leia as assertivas a seguir, a respeito dos direitos da personalidade.

I. Com exceção dos casos previstos em lei, os direitos da personalidade são intransmissíveis e irrenunciáveis, não podendo o seu exercício sofrer limitação voluntária.
II. Salvo por exigência médica, é defeso o ato de disposição do próprio corpo, quando importar diminuição permanente da integridade física, ou contrariar os bons costumes.
III. Toda pessoa tem direito ao nome, mas nele não se compreende o pseudônimo, que pode ser utilizado para fins comerciais, ainda que sem autorização de seu titular.
IV. É válida, com objetivo científico, a disposição gratuita do próprio corpo, no todo ou em parte, para depois da morte, não sendo revogável essa autorização se a disposição for onerosa.

Está correto o que se afirma em

(A) I e II.
(B) II e III.
(C) III e IV.
(D) I, II e IV.
(E) I, III e IV.

I: correta (art. 11 do CC); **II:** correta (art. 13 do CC). Importante ressaltar que "*não contraria os bons costumes a cessão gratuita de direitos de uso de material biológico para fins de pesquisa científica, desde que a manifestação de vontade tenha sido livre e esclarecida e puder ser revogada a qualquer tempo, conforme as normas éticas que regem a pesquisa científica e o respeito aos direitos fundamentais*" (Enunciado

401, CJF); **III:** incorreta, pois o pseudônimo adotado para atividades lícitas goza da proteção que se dá ao nome (art. 19 do CC); **IV:** incorreta, já que o ato de disposição pode ser livremente revogado a qualquer tempo (art. 14, parágrafo único, do CC).

Gabarito "A".

2.5. AUSÊNCIA

(Cartório/SP – 2011 – VUNESP) Assinale a alternativa correta.

(A) Cinco anos após o trânsito em julgado da sentença de sucessão provisória, poderão os interessados requerer a sucessão definitiva e o levantamento das cauções prestadas.
(B) A presunção de morte decorrente da ausência autoriza a viúva do ausente a casar-se novamente.
(C) O Código Civil não admite outras modalidades de presunção de morte além da ausência.
(D) Somente até o momento da abertura da sucessão definitiva o ausente poderá recuperar seus bens.

A: incorreta, pois o prazo previsto em lei são 10 anos (art. 37 do CC); **B:** correta. A viúva do ausente pode casar-se novamente, nos termos do art. 1.571, §1°, do CC. Entende-se que com relação ao ausente houve a morte presumida, o que dissolve o vínculo matrimonial liberando a viúva para novas núpcias; **C:** incorreta, pois além da morte presumida com a declaração de ausência, temos ainda casos em que a lei dispensa o procedimento, como o caso do indivíduo ter desaparecido por ter sido exposto a sério perigo de morte ou àquele que desapareceu em campanha ou foi feito prisioneiro, e não foi encontrado até dois anos após o término da guerra (art. 7° do CC); **D:** incorreta, pois após a abertura da sucessão definitiva a Lei ainda confere uma chance ao ausente de recuperar os seus bens. Nesta esteira, regressando o indivíduo nos dez anos seguintes à abertura da sucessão definitiva, terá ele direito em relação aos bens ainda existentes, no estado em que se encontrarem, ou em relação àqueles bens que foram comprados da venda dos bens que lhe pertenciam (art. 39 do CC).

Gabarito "B".

2.6. BENS

(Procurador – SP – VUNESP – 2015) Sobre a prescrição aquisitiva de bens públicos, é correto afirmar que

(A) todos os bens públicos estão sujeitos à prescrição aquisitiva.
(B) apenas os bens de uso especial estão sujeitos à prescrição aquisitiva.
(C) nenhum bem público está sujeito à prescrição aquisitiva.
(D) apenas os bens dominicais estão sujeitos à prescrição aquisitiva.
(E) apenas os bens de uso especial e os dominicais estão sujeitos à prescrição aquisitiva.

O Estado não teria condições de proteger e zelar por todos os bens de que é proprietário. Assim, a consumação de usucapião de bens públicos seria algo extremamente comum e prejudicial à sociedade de um modo geral. Por conta disso, a lei não deixou dúvidas e previu duas vezes na Constituição Federal que os bens públicos não estariam sujeitos à usucapião (CF, art. 183, § 3° e art. 191, parágrafo único). Como se ainda precisasse, o Código Civil repetiu a regra no art. 102. Vale, contudo, uma ressalva. O STJ consolidou entendimento no sentido da possibilidade de usucapião extraordinária do domínio útil de imóvel sob o regime da enfiteuse (com prazo de 15 anos). Nesse sentido foi o julgado no AgInt no AREsp 358.081/PE, Rel. Ministro Benedito Gonçalves, Primeira Turma, julgado em 20/09/2016, DJe 05/10/2016).

Gabarito "C".

(Procurador Municipal – Sertãozinho/SP – VUNESP – 2016) Sobre os bens dominicais, é correto afirmar que

(A) podem ser adquiridos por particulares, por meio da prescrição aquisitiva extraordinária.
(B) são aqueles destinados a serviço ou estabelecimento da Administração Pública, inclusive autarquias.
(C) não podem ser utilizados por particular, com exclusividade, por meio de institutos típicos de direito privado.
(D) constituem o patrimônio das pessoas jurídicas de direito público e podem ser alienados.
(E) são aqueles pertencentes às pessoas jurídicas de direito privado que prestam serviços de interesse público.

A: incorreta, pois os bens dominicais são públicos e, portanto, não sujeitos a usucapião (CC, art. 102, CF, art. 183, § 3°, art. 191, parágrafo único, CF); **B:** incorreta, pois a definição dada refere-se aos bens de uso especial (CC, art. 99, II); **C:** incorreta, pois os bens públicos dominicais são bens disponíveis, alienáveis, que constituem o patrimônio das pessoas jurídicas de Direito Público e, portanto, são mais flexíveis do que os demais bens públicos; **D:** correta, pois de pleno acordo com a previsão estabelecida pelo CC, art. 99, III; **E:** incorreta, pois traz conceito diverso do estabelecido em lei.

Gabarito "D".

(Magistratura/SP – 174° – VUNESP) O direito à sucessão aberta considera-se para os efeitos legais:

(A) bem imóvel.
(B) bem móvel.
(C) bem incorpóreo.
(D) bem móvel ou imóvel, conforme resulte de ser apreciado em si mesmo o que o integre, tendo em vista o fato de ser ou não suscetível de se mover.

Art. 80, II, do CC.

Gabarito "A".

(Ministério Público/SP – 82° – VUNESP) É um bem móvel:

(A) a enfiteuse.
(B) o penhor agrícola.
(C) a servidão predial.
(D) o direito de autor.
(E) o direito à sucessão aberta.

Art. 3° da Lei 9.610/1998.

Gabarito "D".

(Juiz de Direito – TJ/RJ – 2019 – VUNESP) Foi registrado um loteamento que, entretanto, nunca foi implantado. Judas e sua família construíram e começaram a morar numa área que seria destinada a ser um logradouro público. Após 10 anos de ocupação mansa e pacífica, mediante moradia com sua família, Judas ajuizou uma ação de usucapião.

É correto afirmar que a usucapião

(A) não poderá ser reconhecida, tendo em vista que não decorreu o prazo de 15 anos da usucapião extraordinária, quando então poderá ser reconhecida.
(B) poderá ser reconhecida, independentemente da dimensão da área ocupada, tendo em vista que se presume o justo título e boa-fé, em razão da longevidade da posse e da sua função social.
(C) poderá ser reconhecida, desde que o imóvel tenha dimensão inferior a 250 m2 e Judas não seja proprietário de outro imóvel urbano ou rural.

(D) somente poderá ser reconhecida a usucapião se houver a citação de todos os confrontantes e ausência de oposição do loteador e da Municipalidade.
(E) não poderá ser reconhecida, pois os bens públicos são imprescritíveis.

A: incorreta, pois ainda que o loteamento não tenha sido implantado a área já estava destinada a ser logradouro público, logo se trata de área pública. Assim, nos termos da Súmula 340 do STF os bens dominicais, como os demais bens públicos, não podem ser adquiridos por usucapião (art. 102 CC). Logo a ação será julgada improcedente por esse motivo; **B:** incorreta, pois trata-se de bem público que não pode ser adquirido por usucapião (Súmula 340 STF e art. 102 CC); **C:** incorreta, pois neste caso não se aplica as regras da usucapião urbana, uma vez que que o bem não pode ser adquirido por usucapião, afinal é bem público (Súmula 340 STF e art. 102 CC); **D:** incorreta, pois a citação dos confrontantes não é relevante neste caso, pois se trata de bem público que não pode ser usucapido (Súmula 340 STF e art. 102 CC); **E:** correta (Súmula 340 STF e art. 102 CC). Gabarito "E".

2.7. FATOS JURÍDICOS

2.7.1. ESPÉCIES, FORMAÇÃO E DISPOSIÇÕES GERAIS

(Procurador do Município/Sorocaba-SP – 2012 – VUNESP) Leia as seguintes afirmativas.

I. Os negócios jurídicos onerosos podem ser aleatórios, quando as prestações são equivalentes, certas e determinadas, e comutativos, quando a prestação de uma das partes depende de acontecimentos incertos e inesperados.
II. São negócios jurídicos causais (concretos ou materiais) os que estão vinculados à causa que deve constar do próprio negócio, como é o caso dos contratos, em geral.
III. Atos jurídicos meramente lícitos são os praticados pelo homem sem intenção direta de ocasionar efeitos jurídicos, tais como invenção de um tesouro, plantação em terreno alheio, construção, pintura sobre uma tela.
IV. Os atos ilícitos, que promanam direta ou indiretamente da vontade, são os que ocasionam efeitos jurídicos, mas contrários, lato sensu, ao ordenamento. Há ato ilícito civil somente nos casos em que, com intenção, alguém cause dano a outrem.

Estão corretas somente as afirmativas

(A) I e II.
(B) I e IV.
(C) II e III.
(D) II e IV.
(E) III e IV.

I: incorreta. Os negócios jurídicos classificam-se quanto ao sacrifício patrimonial das partes: a) oneroso; b) gratuito. Já quanto aos riscos que envolvem a prestação, os negócios jurídicos podem ser: a) comutativo (*aquele em que as partes já sabem quais são as prestações*); b) aleatório (*a prestação de uma das partes não é conhecida com exatidão no momento da celebração do negócio jurídico pelo fato de depender da sorte, da álea, que é um fator desconhecido*), conforme ensinamento de *Flávio Tartuce* (**Manual de Direito Civil**); **II:** correta. Os negócios jurídicos podem ser classificados quanto à sua causa determinante: a) causal ou material (quando o motivo está expresso no seu conteúdo, como, por exemplo, em um termo de divórcio); b) abstrato ou formal (quando o motivo não consta no contrato, como, por exemplo, na emissão de um título de crédito); **III:** correta. Fato jurídico em sentido amplo é todo acontecimento natural ou humano que produz um efeito jurídico. Pode ser dividido em: a) fato jurídico em sentido estrito (é o acontecimento natural que produz efeitos jurídicos); b) ato jurídico (é o acontecimento humano que produz efeitos jurídicos), que pode ser subdividido em: b.1) atos ilícitos; b.2) atos lícitos, que são de três espécies: b.2.1) atos jurídicos em sentido estrito (são comportamentos humanos voluntários, cujos efeitos são predeterminados por lei); b.2.2) negócio jurídico (são declarações de vontade, cujos efeitos são regulados pelos próprios interessados); b.2.3) ato-fato jurídico (são comportamentos humanos sem a intenção de produzir o efeito jurídico previsto em lei). A questão trata, em verdade, do ato-fato jurídico que *são os praticados pelo homem sem intenção direta de ocasionar efeitos jurídicos, tais como invenção de um tesouro, plantação em terreno alheio, construção, pintura sobre uma tela*; **IV:** incorreta. O ato ilícito é a conduta humana que está em desacordo com o ordenamento jurídico, causando danos a alguém (art. 186, do CC). Todavia, com o atual CC, ampliou-se a noção de ato ilícito, a fim de abarcar o exercício irregular de direitos ou abuso de direitos (art. 187), cuja responsabilidade civil independe da análise de culpa (enunciado n. 37, CJF), pois se baseia nos princípios da solidariedade, devido processo legal e proteção da confiança (enunciado n. 414, CJF). Gabarito "C".

2.7.2. CONDIÇÃO, TERMO E ENCARGO

(Procurador – SP – VUNESP – 2015) Assinale a alternativa correta sobre o instituto da condição, considerado como elemento acidental do negócio jurídico.

(A) No negócio jurídico, celebrado com vigência de condição suspensiva, a realização desta implica na ineficácia do negócio.
(B) Aposta condição resolutiva a um negócio jurídico de execução continuada ou periódica, a sua realização, em regra, tem eficácia sobre os atos já praticados.
(C) A incerteza não é elemento essencial da condição, mas o evento deve ser necessariamente futuro.
(D) São ilícitas as condições puramente potestativas, seja a condição de natureza suspensiva ou resolutiva.
(E) A condição incompreensível ou contraditória não implica na invalidade do negócio jurídico.

A: incorreta, pois a ocorrência da condição suspensiva gera a eficácia do negócio jurídico. É o que ocorre, por exemplo, quando o vendedor estabelece que o "negócio só será efetivado caso o comprador manifeste seu agrado em relação ao bem no prazo de 10 dias" (CC, art. 509); **B:** incorreta, pois o negócio perde seus efeitos a partir da ocorrência do evento futuro e incerto; **C:** incorreta, pois a incerteza é essencial para configurar a condição; **D:** correta, pois a condição puramente potestativa é considerada ilícita. Trata-se da condição que se verificará a depender puramente do arbítrio de uma das partes (CC, art. 122); **E:** incorreta, pois o art. 123 do Código Civil estabelece a invalidade do negócio jurídico quando a condição for incompreensível ou contraditória. Gabarito "D".

(Cartório/SP – 2012 – VUNESP) Nos negócios jurídicos, são vedadas as condições

(A) puramente potestativas.
(B) simplesmente potestativas.
(C) mistas.
(D) casuais.

A: correta. As condições puramente potestativas são aquelas que sujeitam o negócio jurídico a vontade unilateral de apenas uma das partes. São ilícitas, nos termos do art. 122, parte final, do CC; **B:** incorreta, pois diversamente alternativa anterior, as condições simplesmente potestativas são aquelas que são estipuladas com a vontade conjugada das partes; **C:** incorreta, pois as condições mistas são aquelas que dependem, ao mesmo tempo, de um ato volitivo somado a um ato natural (exemplo: "darei uma casa se você cuidar do meu filho, desde que ocorra um terremoto"); **D:** incorreta, pois condições causais são aquelas que têm origem em eventos naturais (exemplo: "te empresto meu carro, se chover").

Gabarito "A".

2.7.3. DEFEITOS DO NEGÓCIO JURÍDICO

(Delegado – PC/BA – 2018 – VUNESP) De acordo com a disciplina constante do Código Civil acerca dos vícios de vontade dos negócios jurídicos, assinale a alternativa correta.

(A) O erro de indicação da pessoa ou da coisa a que se referir a declaração de vontade viciará o negócio, mesmo se, por seu contexto e pelas circunstâncias, for possível identificar a coisa ou pessoa cogitada.

(B) O silêncio intencional de uma das partes a respeito de fato ou qualidade que a outra parte haja ignorado, nos negócios jurídicos bilaterais, constitui omissão culposa, provando-se que, sem ela, o negócio não teria sido celebrado, ou o seria de outro modo.

(C) A coação, para viciar o negócio jurídico, deve incutir ao paciente temor de dano iminente à sua pessoa, à sua família, aos seus bens ou a terceiros, devendo ser levados em conta o sexo, a idade, a condição, a saúde e, no temor referencial, o grau de parentesco.

(D) Configura-se o estado de perigo quando alguém, premido da necessidade de salvar-se, ou a pessoa pertencente ou não à sua família, de grave dano conhecido ou não pela outra parte, assume obrigação excessivamente onerosa.

(E) Se for oferecido suplemento suficiente, ou se a parte favorecida concordar com a redução do proveito, segundo os valores vigentes ao tempo em que foi celebrado o negócio jurídico, não se decretará a anulação do negócio, nos casos de lesão.

A: incorreta, pois tal erro de indicação da pessoa ou da coisa não viciará o negócio jurídico quando "por seu contexto e pelas circunstâncias, se puder identificar a coisa ou pessoa cogitada" (CC, art. 142); **B:** incorreta, pois tal silêncio intencional constitui omissão dolosa, configurando o dolo negativo (CC, art. 147); **C:** incorreta, pois o temor reverencial não vicia o negócio jurídico (CC, art. 153). Considera-se temor reverencial o exagerado respeito que se tem em relação a uma determinada pessoa e que conduz uma pessoa a praticar ato que não praticaria em condições normais. Ex: empregado em relação ao patrão, aluno em relação ao professor; **D:** incorreta, pois a lei exige que a outra parte tenha conhecimento da situação aflitiva pela qual passa a vítima (CC, art. 156); **E:** correta, pois – adotando o princípio da conservação do negócio jurídico – o § 2º do art. 157 estabelece que o negócio poderá ser mantido se "*a parte favorecida concordar com a redução do proveito*". Essa regra – da manutenção do negócio pela redução do proveito – também deve ser aplicada aos casos de Estado de Perigo, conforme o Enunciado 148 do Conselho da Justiça Federal.

Gabarito "E".

(Procurador do Estado/SP – 2018 – VUNESP) O ato de assumir obrigação excessivamente onerosa, premido pela necessidade de salvar-se ou a pessoa de sua família, de grave dano conhecido pela outra parte, caracteriza:

(A) lesão, sujeita ao prazo prescricional de 4 anos para declaração da sua nulidade, contado da cessação do risco.

(B) lesão, sujeita ao prazo decadencial de 4 anos para sua desconstituição, contado da data da celebração do negócio jurídico.

(C) lesão, que torna o negócio jurídico ineficaz enquanto não promovido o reequilíbrio econômico do contrato em sede judicial.

(D) estado de perigo, sujeito ao prazo decadencial de 4 anos para declaração da sua nulidade, contado da cessação do risco.

(E) estado de perigo, sujeito ao prazo decadencial de 4 anos para sua desconstituição, contado da data da celebração do negócio jurídico.

O enunciado da questão repete o disposto no art. 156 do Código Civil, que prevê o vício do consentimento denominado Estado de Perigo. O vício da lesão, por outro lado, ocorre quando "*uma pessoa, sob premente necessidade, ou por inexperiência, se obriga a prestação manifestamente desproporcional ao valor da prestação oposta*" (CC, art. 157). No que se refere ao prazo, sua natureza é decadencial (para todos os vícios do consentimento). O termo inicial do prazo decadencial para se pleitear a anulação do negócio nos casos de vícios do consentimento é a "*data da celebração do negócio jurídico*" (salvo na coação, quando o prazo só se inicia com a cessação da ameaça). CC, art. 178, I e II.

Gabarito "E".

(Juiz de Direito – TJ/RS – 2018 – VUNESP) Egídio descobre que sua esposa Joana está com um câncer. Ao iniciar o tratamento, o plano de saúde de Joana se recusa a cobrir as despesas, em razão da doença ser preexistente à contratação. Em razão disso, o casal coloca à venda um imóvel de propriedade do casal com valor de mercado de R$ 1.000.000,00 (um milhão de reais) por R$ 150.000,00 (cento e cinquenta mil reais), visando obter, de forma rápida, valores necessários para o pagamento do tratamento de saúde de Joana. Raimundo, tomando ciência da oferta da venda do imóvel de Egídio e Joana, não tendo qualquer intenção de auferir um ganho exagerado na compra e nem causar prejuízo aos vendedores, apenas aproveitando o que considera um excelente negócio, compra o imóvel em 01.01.2015. Em 02.01.2018, Egídio e Joana ajuízam uma ação judicial contra Raimundo, na qual questionam a validade do negócio jurídico.

Assinale a alternativa correta.

(A) O negócio jurídico é anulável. Em razão da doença de Joana, o casal estava numa situação que os levou à conclusão de um negócio jurídico eivado pelo vício da lesão que poderia ser decretada para restituir as partes à situação anterior, mas que não poderá ser realizada em razão do decurso do prazo decadencial de 3 (três) anos.

(B) O negócio jurídico é anulável. Em razão da doença de Joana, o casal estava numa situação que os levou à conclusão de um negócio jurídico eivado pelo vício do estado de perigo que, entretanto, não pode ser reconhecido em razão do decurso do prazo decadencial de 2 (dois) anos.

(C) O negócio jurídico é válido e eficaz. Não há qualquer norma que impeça um vendedor, por livre e espontânea vontade, de alienar um bem por valores abaixo dos praticados no mercado, em razão do princípio da autonomia da vontade que prevalece, principalmente no presente caso, onde não se verifica que uma das partes seja hipossuficiente em relação à outra.

(D) O negócio jurídico é nulo de pleno direito por ilicitude do objeto. Não existe uma contraprestação válida, tendo em vista o valor da prestação, comparada ao preço real do bem adquirido, bem como pela ausência de vontade válida, podendo a nulidade ser declarada a qualquer tempo.
(E) O negócio jurídico é anulável. Em razão da doença de Joana, o casal estava numa situação que os levou à conclusão de um negócio jurídico eivado pelo vício da lesão que pode ser desconstituído; caso Raimundo concorde em suplementar o valor anteriormente pago, o negócio pode ser mantido.

A questão envolve claramente situação de lesão, vício do consentimento previsto no art. 157 do Código Civil, segundo o qual: "*Ocorre a lesão quando uma pessoa, sob premente necessidade, ou por inexperiência, se obriga a prestação manifestamente desproporcional ao valor da prestação oposta*". Para sua configuração, a lei não exige que a outra parte (a que se beneficiou com a desproporção) soubesse da situação de necessidade alheia. Ademais, em consonância com o princípio da conservação do contrato, o parágrafo único do art. 157 estabelece que o negócio poderá ser mantido se "*a parte favorecida concordar com a redução do proveito*". Essa regra (da manutenção do negócio pela redução do proveito) também deve ser aplicada aos casos de Estado de Perigo, conforme o Enunciado 148 do Conselho da Justiça Federal.
Gabarito "E".

(Procurador – SP – VUNESP – 2015) Assinale a alternativa correta sobre os defeitos do negócio jurídico.

(A) Agindo o representante convencional com dolo, responderá o representado, solidariamente, por perdas e danos.
(B) O negócio jurídico celebrado com manifesta desproporção entre o valor da prestação e da contraprestação, por inexperiência de uma das partes, não enseja a possibilidade de anulação do negócio jurídico.
(C) No sistema brasileiro, é ineficaz o negócio jurídico praticado com a finalidade de fraudar credores, dispensando a necessidade de pleitear a anulação do negócio fraudulento.
(D) Nos casos de coação, erro, dolo e estado de perigo, o prazo decadencial para pleitear a anulação inicia-se da data em que foi celebrado o negócio jurídico.
(E) Não se configura a coação quando a ameaça de dano iminente é sobre os bens do coagido, e não sobre sua pessoa ou pessoas de sua família.

A: correta. No que se refere ao dolo praticado pelo representante, o Código Civil ofereceu duas soluções distintas. Se o dolo provier do representante legal, o representado só responde até a importância do proveito que teve. Se, por outro lado, o dolo for do representante convencional, o representado responderá solidariamente com ele por perdas e danos (CC, art. 149); **B:** incorreta, pois essa é justamente a hipótese da lesão, prevista no art. 157 do CC; **C:** incorreta, pois o Código Civil prevê que o negócio fraudulento é anulável (CC, arts. 158 e 171, II); **D:** incorreta, pois no caso de coação o prazo só começa quando cessar a ameaça (CC, art. 178, I); **E:** incorreta, pois o temor de dano pode recair sobre a pessoa da vítima, sua família, ou aos seus bens (CC, art. 151).
Gabarito "A".

(Procurador Municipal/SP – VUNESP – 2016) Quanto ao defeito dos atos jurídicos, está correta a afirmativa apresentada na alternativa:

(A) Se ambas as partes procederem com dolo, nenhuma pode alegá-lo para anular o negócio, ou reclamar indenização.
(B) Considera-se coação a ameaça do exercício normal de um direito e o temor reverencial.
(C) Ocorre a lesão quando uma pessoa, sob premente necessidade, ou por inexperiência, obriga-se a prestação que não pretendia.
(D) É anulável negócio jurídico quando não revestir a forma prescrita em lei ou o seu objeto for indeterminável.
(E) São os negócios jurídicos considerados nulos por dolo, quando este for a sua causa.

A: correta, pois a assertiva refere-se ao dolo bilateral, que ocorre quando ambas as partes agiram com dolo. Nessa hipótese, o negócio jurídico não poderá ser anulado, visto que ninguém pode alegar, em seu favor, a própria torpeza (CC, art. 150); **B:** incorreta, pois tanto a ameaça de exercício normal de direito quanto o temor reverencial não são considerados coação (CC, art. 153); **C:** incorreta, pois na lesão a pessoa se obriga – por premente necessidade ou inexperiência – a prestação manifestamente desproporcional (CC, art. 157); **D:** incorreta, pois a hipótese é de nulidade absoluta e não de mera anulabilidade (CC, art. 166, IV); **E:** incorreta, pois o dolo gera a anulabilidade do negócio jurídico (CC, art. 171, II).
Gabarito "A".

(Magistratura/SP – 2013 – VUNESP) Em matéria de ineficácia *lato sensu* do negócio jurídico, é correto afirmar-se:

(A) O erro de direito, consistente em falsa suposição decorrente do desconhecimento do direito aplicável, jamais configura erro substancial capaz de viciar o negócio jurídico.
(B) Uma vez demonstrada a simulação do negócio jurídico, seja ela absoluta ou relativa, será ele anulado na sua inteireza.
(C) No que concerne ao elemento subjetivo da fraude pauliana, não se exige intenção de prejudicar, tendo-se como presente quando houver motivo para que o contratante *in bonis* conheça a insolvência de sua contraparte, ou esta seja notória.
(D) O negócio jurídico celebrado mediante coação é absolutamente nulo, não sendo suscetível de confirmação.

A: incorreta, pois o erro de direito pode configurar um erro substancial, desde que não implique recusa à aplicação da lei e que seja o motivo único ou principal do negócio jurídico (art. 139, III, do CC); **B:** incorreta, pois, em sendo a simulação relativa (quando se encobre um negócio querido), o negócio simulado é nulo, mas o negócio dissimulado (o que se pretende de verdade) pode ser mantido, desde que válido na forma e na substância (art. 167, *caput*, do CC); **C:** correta, pois esse é o teor do art. 159, *caput*, do CC; **D:** incorreta, pois a coação (defeito do negócio jurídico) gera a anulabilidade (invalidade relativa) e não a nulidade (invalidade absoluta), nos termos do art. 171, II, do CC.
Gabarito "C".

(Magistratura/SP – 177º – VUNESP) Relativamente à fraude contra credores, assinale a resposta correta.

(A) A alienação de bem imóvel mediante compromisso de compra e venda não registrado, anteriormente à constituição da dívida pelo promissário vendedor, configura fraude contra credores, porque o compromisso não registrado não presume nem assegura conhecimento da alienação dos bens a terceiros, enquanto a constituição da dívida se deu na suposição de que ele tinha bens para garantir o débito.

(B) Fiador em contrato de locação que vende seus bens logo após a assinatura do contrato, se vier a ser acionado para responder pelo pagamento de locativos devidos e não pagos pelo locatário, se sujeitará à anulação, por fraude contra credores, da venda de seus bens que o reduziu à insolvência, porque, ao tempo da transmissão, a fiança já havia sido constituída.

(C) Fiador em contrato de locação que, logo após a assinatura do contrato, faz doação de seus bens aos filhos, não se sujeita à anulação do ato por fraude contra credores, ainda que seja reduzido à insolvência.

(D) A alienação de bem em fraude contra credores que, sucessivamente, é transmitido pelo adquirente para terceiro e deste para quarto adquirente, rende ensejo à anulação, porque a fraude nesse caso se presume e não é tolerada pelo ordenamento jurídico pátrio.

A: incorreta, art. 158, § 2°, do CC; **B e C:** incorreta a letra B, correta a letra C. No caso, a venda e a doação ocorreram logo após a celebração dos contratos de locação e de fiança, o que pressupõe que ainda não há débitos locatícios em aberto, o que faz incidir o disposto no art. 158, § 2°, do CC; **D:** incorreta, art. 161 do CC.
Gabarito "C".

(Cartório/SP – 2012 – VUNESP) Dois indivíduos pretendem realizar determinado negócio prejudicial a terceiro ou em fraude à lei. Para escondê-lo, ou dar-lhe aparência diversa, realizam outro negócio. Há, portanto, dois negócios: um deles é o aparente, destinado a enganar; o outro é o oculto, mas verdadeiramente desejado. Nesse caso, há

(A) dolo.
(B) simulação absoluta.
(C) simulação relativa.
(D) lesão.

A: incorreta, pois o dolo é um vício de consentimento conceituado como o vício provocado pela parte contrária ou por terceiro, por meio de expediente malicioso (arts. 145 a 150 do CC); **B:** incorreta, pois muito embora o caso configure hipótese de simulação, não se trata de simulação absoluta, isto é, aquela em que não se quer negócio algum; **C:** correta, pois a simulação relativa é justamente aquela em que, na aparência há um negócio, e na essência outro. Em outras palavras, o negócio desejado resta encoberto. Temos o negócio jurídico simulado (o que se declara, mas não se quer) e o dissimulado (o que se pretende de verdade). O instituto está regrado no art. 167 do CC; **D:** incorreta, pois a lesão corresponde a assunção de prestação manifestamente desproporcional ao valor da prestação oposta, por premente necessidade ou inexperiência (art. 157 do CC e Enunciados 149, 150, 290, 291 do CJF).
Gabarito "C".

2.7.4. INVALIDADE DO NEGÓCIO JURÍDICO

(Procurador Municipal – Sertãozinho/SP – VUNESP – 2016) Em 2 de janeiro de 2016, por meio de instrumento particular de confissão de dívida, Robson confessou dever a Rafael cinquenta mil reais, referente a um negócio jurídico celebrado entre eles. Ajustou-se que o pagamento seria realizado em 26 de fevereiro do mesmo ano. Robson, passando por grave dificuldade financeira, não possui patrimônio suficiente para saldar a dívida com Rafael, mas possui um crédito de trezentos mil reais com Júlio, que vencerá em 10 de fevereiro do mesmo ano, circunstância que é de conhecimento de Rafael. Na data do pagamento (10 de fevereiro), Robson combina com Júlio que o pagamento será feito direto para um terceiro (que também é credor de Robson, por dívida já vencida), como de fato ocorre. No entanto, Robson e Júlio assinam um documento que indica que Robson remiu a dívida de Júlio, sem qualquer participação do terceiro que efetivamente recebeu o valor. Em 26 de fevereiro, Rafael procura Robson para receber seu crédito e este informa que não tem condições de pagar. Ao questionar Robson sobre o crédito que este tinha com Júlio, Robson apresenta o documento que dispõe sobre a remissão. Nesse cenário, assinale a alternativa correta.

(A) A remissão é negócio jurídico anulável, em razão da fraude contra credores praticada por Robson.
(B) A remissão representa negócio jurídico nulo, pois houve o pagamento do crédito para um terceiro, indicado por Robson.
(C) O terceiro, que recebeu o crédito que pertencia originalmente a Robson, torna-se civilmente responsável pelo pagamento do crédito de Rafael.
(D) A remissão é negócio jurídico anulável, pois presente o dolo no comportamento de Robson e Júlio, viciando o negócio jurídico.
(E) Não há qualquer nulidade, absoluta ou relativa, na remissão praticada por Robson e no pagamento realizado por Júlio ao terceiro indicado por Robson.

O ato que realmente ocorreu na vida prática foi o pagamento praticado entre Júlio e o terceiro (também credor de Robson). O documento diz que houve um perdão de dívida praticado por Robson. Sempre que houver uma divergência entre o ato realmente praticado e o negócio jurídico apresentado, estaremos diante de uma simulação, o que torna o ato nulo (CC, art. 167). Nessa hipótese, ocorreu uma simulação relativa pois – para esconder o pagamento a terceiro – simulou-se um perdão de dívida. A simulação é absoluta quando ela não esconde um ato verdadeiramente praticado. Ela é puramente a declaração de um ato que simplesmente não ocorreu na prática. Ex: para pagar menos na partilha, marido finge dívida com um amigo.
Gabarito "B".

(Magistratura/SP – 179° – VUNESP) Assinale o único dos atos referidos que não tem sua nulidade ou anulabilidade prevista pela lei.

(A) A cessão de direitos à sucessão não aberta.
(B) A transação a respeito de litígio decidido por sentença passada em julgado, se dela não tinha ciência algum dos transatores.
(C) A exclusão de associado em associação civil, mediante procedimento que assegurou seu direito de defesa, mas não lhe conferiu o direito de recorrer.
(D) A compra e venda sem fixação de preço ou critério convencionado para a sua determinação.

A: incorreto (art. 426 c/c art. 166, VII, do CC); **B:** incorreto (art. 850 c/c art. 166, VII, do CC); **C:** incorreto (art. 57 c/c art. 166, VII, do CC); **D:** correto; esse tipo de venda não é proibido pela lei; a sanção legal para essa situação é a aplicação do preço habitual praticado pelo vendedor (art. 488 do CC).
Gabarito "D".

2.8. ATOS ILÍCITOS

(Juiz – TJ/SP – VUNESP – 2015) Em matéria de ilicitude dos atos jurídicos, é correto afirmar que

(A) o termo *a quo* da correção monetária na indenização por ato ilícito é a data do efetivo prejuízo, enquanto

que na indenização por dano moral é a data do seu arbitramento.
(B) o descumprimento da prática convencional da pós-datação não retira a obrigação do sacado de efetuar o pagamento de título de crédito à vista e não gera indenização por responsabilidade civil do beneficiário.
(C) a pessoa jurídica de direito público não tem direito à indenização por dano moral.
(D) depende de prova do prejuízo a indenização pela publicação não autorizada de imagem de pessoa com fins econômicos ou comerciais.

A: correta, pois a assertiva segue a orientação jurisprudencial quanto à incidência de correção monetária. A súmula 43 do STJ determina que: "Incide correção monetária sobre dívida por ato ilícito a partir da data do efetivo prejuízo", ao passo que a Súmula 362 do mesmo Tribunal impõe que: "A correção monetária do valor da indenização do dano moral incide desde a data do arbitramento"; **B:** incorreta, pois a apresentação antecipada do cheque pré-datado caracteriza dano moral, segundo a Súmula 370 do STJ; **C:** correta, pois de acordo com a orientação do STJ, ao menos no que se refere à violação de honra ou imagem. Nesse sentido: "A pessoa jurídica de direito público não tem direito à indenização por danos morais relacionados à violação da honra ou da imagem". REsp 1.258.389-PB, Rel. Min. Luis Felipe Salomão, julgado em 17/12/2013; **D:** incorreta, pois: "Independe de prova do prejuízo a indenização pela publicação não autorizada de imagem de pessoa com fins econômicos ou comerciais" (STJ, Súmula 403).
Gabarito "A e C"

(Procurador do Município/Cubatão-SP – 2012 – VUNESP) A consequência mais comum do exercício abusivo dos direitos é a obrigação de reparar danos. Assinale a alternativa que contém uma caracterização do denominado abuso de direito.
(A) Atos praticados em legítima defesa.
(B) Deterioração ou destruição de coisa alheia, para remover perigo iminente.
(C) Lesão à pessoa a fim de remover perigo iminente.
(D) Ato que exceda manifestamente os limites impostos pela boa-fé.
(E) Atos praticados no exercício regular de um direito reconhecido.

A: incorreta, pois o ato praticado em legítima defesa configura uma causa excludente da ilicitude, não havendo abuso de direito (art. 188, I, do CC); **B e C:** incorretas, pois o ato praticado em estado de necessidade configura uma causa excludente da ilicitude, não havendo abuso de direito (art. 188, II, do CC). Oportuno registrar que *o ato será legítimo somente quando as circunstâncias o tornarem absolutamente necessário, não excedendo os limites do indispensável para a remoção do perigo*; **D:** correta, pois, segundo o art. 187, do CC, *comete ato ilícito o titular de um direito que, ao exercê-lo, excede manifestamente os limites impostos pelo seu fim econômico ou social, pela boa-fé ou pelos bons costumes* (enunciados n. 412, 413 e 414, CJF); **E:** incorreta, pois o ato praticado no exercício regular de um direito configura uma causa excludente da ilicitude, não havendo abuso de direito (art. 188, I, do CC).
Gabarito "D"

2.9. PRESCRIÇÃO E DECADÊNCIA

(Delegado – PC/BA – 2018 – VUNESP) A respeito da prescrição e decadência, assinale a alternativa correta.
(A) Violado o direito, nasce para o titular a pretensão, a qual se extingue pela prescrição; a exceção prescreve nos prazos processuais previstos em lei especial, não havendo coincidência com os prazos da pretensão, em razão da sua disciplina própria.
(B) A renúncia à prescrição pode ser expressa ou tácita, e só valerá, sendo feita, sem prejuízo de terceiro, antes de a prescrição se consumar; tácita é a renúncia quando se presume de fatos do interessado, incompatíveis com a prescrição.
(C) Os prazos de prescrição podem ser alterados por acordo das partes; a prescrição pode ser alegada em qualquer grau de jurisdição pela parte a quem aproveita e, iniciada contra uma pessoa, continua a correr contra o seu sucessor.
(D) A interrupção da prescrição pode se dar por qualquer interessado, somente poderá ocorrer uma vez e, após interrompida, recomeça a correr da data do ato que a interrompeu, ou do último ato do processo para a interromper.
(E) Não corre a prescrição entre os cônjuges e/ou companheiros, na constância da sociedade conjugal, entre ascendentes e descendentes, durante o poder familiar, bem como contra os relativamente incapazes.

A: incorreta, pois de acordo com o art. 190, a exceção (o direito de se defender com base num crédito alegando, por exemplo, compensação) prescreve junto com a pretensão. Ou seja, no momento em que prescreve o prazo, o credor não só perde a pretensão (o ataque), como também a exceção (a defesa). Aquele crédito prescrito não vale nem para cobrar, nem para se defender (alegando compensação, por exemplo); **B:** incorreta, pois a renúncia da prescrição (seja expressa ou tácita) só poderá ser feita após a consumação da prescrição (CC, art. 191). Caso fosse permitida a renúncia da prescrição antes de sua consumação, isso se tornaria uma cláusula de estilo, contida em todos os contratos de mútuo, por exemplo, eliminando a segurança jurídica, que é justamente o objetivo maior do instituto da prescrição; **C:** incorreta, pois os prazos de prescrição não podem ser alterados por acordo entre as partes. Nem para aumentar, nem para diminuir. Trata-se de norma de ordem pública visando a segurança jurídica. Permitir a alteração geraria imensa insegurança jurídica nas relações privadas; **D:** correta, pois de pleno acordo com as regras estabelecidas pelo art. 202 e seu parágrafo único; **E:** incorreta, pois a proteção legal que impede ou suspende a prescrição beneficia apenas o absolutamente incapaz (CC, art. 198, I).
Gabarito "D"

(Defensor Público/RO – 2017 – VUNESP) Há anos Fábio mantém apólice de seguros em que uma das coberturas era a ocorrência de invalidez total e permanente por doença. No início do ano de 2015, Fábio começou a enfrentar diversos problemas de saúde, de índole psiquiátrica. Em 15 de julho de 2015, uma junta médica avaliou o paciente e constatou que a doença causou em Fábio consequências que o tornaram total e permanentemente inválido para toda e qualquer atividade laborativa. Do ponto de vista da capacidade civil, foi considerado relativamente incapaz, por não conseguir exprimir sua vontade de forma plena durante todo o tempo.

Em 1º de julho de 2016, Fábio reuniu e encaminhou à seguradora toda a documentação exigida pela apólice. De acordo com as condições contratuais, o prazo da seguradora para avaliar a documentação e efetuar o pagamento da indenização era de 30 (trinta) dias. Assim, no dia 29 de julho de 2016 a seguradora confeccionou e entregou carta ao segurado, informando que deixaria de pagar a indenização, na medida em que a pretensão do segurado estaria prescrita. Nesse contexto, é correto que

(A) a prescrição é ânua, a contar da data em que o segurado teve ciência da negativa de indenização (29 de julho de 2016).
(B) a prescrição é trienal, portanto a pretensão de Fábio não está prescrita.
(C) a prescrição é ânua e a pretensão de Fábio não está prescrita, pois o pedido de indenização à seguradora suspendeu o prazo prescricional.
(D) a prescrição é ânua e a pretensão de Fábio está prescrita, pois decorreu mais de um ano entre 15 de julho de 2015 e 29 de julho de 2016.
(E) não corre prazo prescricional em desfavor de Fábio, na medida em que foi constatada sua relativa incapacidade para exercer os atos da vida civil.

A questão envolve dois conceitos básicos de prescrição no contrato de seguro. O primeiro é o lapso prescricional em si, que é de um ano, conforme o artigo 206 § 1º, II, do Código Civil. O segundo conceito envolvido na questão é o momento no qual o prazo prescricional deixa de correr, em virtude de um comportamento solerte do segurado. Nesse sentido, a Súmula 229 do STJ preceitua que o "*O pedido do pagamento de indenização à seguradora suspende o prazo de prescrição até que o segurado tenha ciência da decisão*". No caso em questão, tal pedido ocorreu no dia 1º de julho de 2016.

Importante ressaltar ainda que a incapacidade relativa do segurado não gera qualquer interferência em relação à fluência do prazo prescricional. A incapacidade absoluta (CC, art. 3º) sim, é uma das causas de impedimento da prescrição (CC, art. 198, I). Gabarito "C".

(Juiz de Direito – TJ/RS – 2018 – VUNESP) Sobre a prescrição e a decadência, é correto afirmar:

(A) contra os ébrios habituais, os viciados em tóxico e aqueles que, por causa transitória ou permanente, não puderem exprimir sua vontade, a prescrição e a decadência correm normalmente.
(B) antes de sua consumação, a interrupção da prescrição pode ocorrer mais de uma vez; aplicam-se à decadência as normas que impedem, suspendem ou interrompem a prescrição, salvo disposição legal em contrário.
(C) a prescrição e a decadência legal e convencional podem ser alegadas em qualquer grau de jurisdição, podendo o juiz conhecê-las de ofício, não havendo necessidade de pedido das partes.
(D) é válida a renúncia à prescrição e à decadência fixada em lei, desde que não versem sobre direitos indisponíveis ou sobre questões de ordem pública ou interesse social.
(E) os relativamente incapazes e as pessoas jurídicas têm ação contra os seus assistentes ou representantes legais que derem causa à prescrição ou não a alegarem oportunamente; no que se refere à decadência, a lei não prevê a referida ação regressiva.

A: correta, pois os ébrios habituais, os viciados em tóxico e aqueles que – por causa transitória ou permanente – não puderem exprimir sua vontade são considerados relativamente incapazes (CC, art. 4º, II). A proteção legal que impede ou suspende a prescrição beneficia apenas o absolutamente incapaz (CC, art. 198, I); **B:** incorreta, pois – ao menos pela letra fria da lei – a interrupção da prescrição, somente poderá ocorrer uma vez (CC, art. 202). Ademais, salvo disposição em contrário, as normas que impedem, suspendem ou interrompem a prescrição não se aplicam à decadência (CC, art. 207); **C:** incorreta, pois o juiz – de ofício – só pode conhecer da decadência legal (CC, art. 210).

Ademais, "*Se a decadência for convencional, a parte a quem aproveita pode alegá-la em qualquer grau de jurisdição, mas o juiz não pode suprir a alegação*" (CC, art. 211); **D:** incorreta, pois "*É nula a renúncia à decadência fixada em lei*" (CC, art. 209); **E:** incorreta, pois referido mandamento, previsto no art. 195, tem sua aplicação estendida para os casos de decadência (CC, art. 208). Gabarito "A".

(Juiz – TJ/RJ – VUNESP – 2016) Kleber, renomado médico ortopedista, atendeu Bruno em uma emergência médica decorrente de um abalroamento de veículos. Bruno chegou ao hospital com grave fratura em sua perna e foi submetido a uma cirurgia capitaneada pelo ortopedista. Em consequência da natureza e extensão da fratura, após o período de convalescença, constatou-se que Bruno teria sua mobilidade reduzida. Inconformado com sua condição, acreditando ter ocorrido erro médico, Bruno voltou ao hospital em fevereiro de 2009 e desferiu 2 disparos de arma de fogo contra Kleber, um em seu peito e outro em seu rosto. Kleber foi prontamente atendido e sobreviveu ao atentado, permanecendo até fevereiro de 2010 em convalescença, sem poder trabalhar neste período. Sua recuperação foi integral, mas restou com grande e incômoda cicatriz em seu rosto. Em decorrência dos fatos, uma ação penal foi ajuizada em face de Bruno em março de 2011, sobrevindo definitiva sentença criminal condenatória em dezembro de 2012. Kleber relutou em buscar reparação pelos danos suportados, mas, em abril de 2015, ajuizou ação indenizatória em face de Bruno, que foi citado no mesmo mês. Sua pretensão consiste, em suma, nos cumulativos pedidos de reembolso das despesas com tratamento médico, de lucros cessantes, de danos morais e de dano estético.

Nesse cenário, é correto afirmar que a pretensão de Kleber

(A) está prescrita em relação aos danos materiais, mas não em relação aos danos imateriais.
(B) não está prescrita e deverá englobar todos os pedidos formulados.
(C) está integralmente prescrita.
(D) não está prescrita, mas os danos estéticos são quantificados a título de danos morais, não comportando cumulação desses pedidos.
(E) está prescrita em relação aos danos imateriais, mas não em relação aos danos materiais.

No caso concreto ocorreu uma causa impeditiva de fluência de prazo prescricional, prevista no art. 200 do CC. O ato ilícito praticado por Bruno também tem consequência penal e – por conta disso – o prazo para o Direito Civil só começa a correr a partir da sentença penal definitiva, a qual foi proferida em dezembro de 2012. É a partir daí que começa a contar o prazo de três anos para o ajuizamento da ação civil (CC, art. 206 § 3º, V). Assim, a vítima poderia ajuizar a ação até dezembro de 2015, mas decidiu fazê-lo em abril de 2015, razão pela qual o fez oportunamente. A cumulação de danos estéticos com danos morais é autorizada pela Súmula 385 do STJ. Gabarito "B".

(Juiz – TJ/RJ – VUNESP – 2016) Mark e Christina divorciaram-se consensualmente, estabelecendo a guarda unilateral para a mãe do único filho, Piero, em razão de sua tenra idade (3 anos). Estabeleceram, ainda, que o pai pagaria R$ 2.000,00 por mês a título de alimentos. Mark, aproveitando-se da boa situação financeira da ex-cônjuge, jamais pagou os alimentos ajustados, mas cumpria os demais deveres decorrentes da paternidade. Quando Piero completou 18 anos, ajuizou execução de alimentos em face de Mark.

Nesse cenário, é correto afirmar que

(A) Piero poderá executar apenas os últimos 5 anos das prestações alimentares.
(B) a inércia durante o longo período acarretou na exoneração de Mark, ressalvada a possibilidade de Piero ajuizar ação para constituir nova obrigação alimentar.
(C) Piero poderá executar as prestações alimentares devidas desde quando tinha 3 anos deidade.
(D) Piero poderá executar apenas os últimos 2 anos das prestações alimentares.
(E) estão prescritas as prestações alimentares, ressalvada a possibilidade de Piero pleitear perdas e danos de sua mãe, que detinha sua guarda e manteve-se inerte no período.

No caso concreto operou-se uma causa impeditiva de fluência de prazo prescricional. O fato de haver uma relação de poder familiar entre devedor e credor faz com que o prazo fique parado (CC, art. 197, II) até a extinção desse poder, o qual se dá aos dezoito anos (CC, art. 1.635, III). Desse modo, a prescrição (prazo de dois anos) das prestações alimentares devidas desde os três anos de idade até os dezoito anos só vai começar a correr quando Piero completar dezoito anos. Assim, ele teria até os 20 anos para executar tais prestações alimentares. Como ele propôs a execução logo que completou dezoito anos, nenhuma prestação está prescrita.
Gabarito "C".

(Procurador – SP – VUNESP – 2015) O envio de notificação extrajudicial do credor ao devedor, com o objetivo de cobrar dívida constante de instrumento particular de confissão de dívida,

(A) é causa de suspensão da prescrição, estendendo-se até que haja resposta por parte do devedor.
(B) não é causa de suspensão ou interrupção da prescrição.
(C) interrompe o prazo prescricional, independentemente da forma de envio.
(D) é causa de suspensão da prescrição, pelo prazo máximo de 30 (trinta) dias.
(E) interrompe o prazo prescricional, desde que a notificação tenha sido enviada por meio de cartório de títulos e documentos.

A: O art. 202 do Código Civil estabelece seis hipóteses nas quais o prazo de prescrição é interrompido, ou seja, retorna ao zero. São cinco condutas do credor que demonstram seu interesse e atenção em relação ao seu crédito (exs: protesto judicial, protesto cambial, ato judicial que constitua em mora o devedor, etc.) o, por isso, a lei considerou adequado premiá-lo com um novo prazo integral de prescrição. Há ainda uma atitude do próprio devedor que é capaz de interromper a prescrição, que é o reconhecimento do direito pelo devedor. O envio de notificação extrajudicial do credor ao devedor não é conduta suficiente para interromper a prescrição.
Gabarito "B".

(Juiz – TJ/SP – VUNESP – 2015) Assinale a alternativa correta.

(A) A interrupção da prescrição por um credor aproveita aos outros.
(B) A exceção possui prazo autônomo e diverso que a pretensão.

(C) A decadência convencional não é suprível por declaração judicial não provocada.
(D) A suspensão da prescrição em favor de um dos credores solidários aproveita incondicionalmente aos demais.

A: incorreta. A interrupção da prescrição por um credor somente aproveitará aos outros quando houver solidariedade ativa (CC, art. 204, § 1º); **B:** incorreta, pois "a exceção prescreve no mesmo prazo em que a pretensão (CC, art. 190). Isso significa que – uma vez consumada a prescrição – o credor perde não só a pretensão, como também eventual direito de se defender com base no direito prescrito; **C:** correta, pois o juiz não pode suprir a alegação de decadência convencional (CC, art. 211); **D:** incorreta, pois tal efeito suspensivo só ocorre se a obrigação – além de solidária – for também indivisível (CC, art. 204, § 2º).
Gabarito "C".

(Procurador Municipal – Sertãozinho/SP – VUNESP – 2016) Sobre os institutos da prescrição e da decadência, assinale a alternativa correta.

(A) Admite-se a renúncia à decadência fixada em lei, desde que expressa, não traga prejuízo a terceiros e realizada após a decadência consumar-se.
(B) Em regra, aplica-se à decadência as normas que impedem, suspendem ou interrompem a prescrição.
(C) Não corre o prazo prescricional contra os absolutamente incapazes, mas contra eles corre normalmente o prazo decadencial.
(D) Quando a lei não fixar prazo menor, a prescrição ocorre em 20 (vinte) anos.
(E) É lícito às partes convencionar a decadência do direito objeto da relação jurídica que celebram.

A: incorreta, pois é nula a renúncia à decadência fixada em lei (CC, art. 209); **B:** incorreta, pois "*salvo disposição legal em contrário, não se aplicam à decadência as normas que impedem, suspendem ou interrompem a prescrição*" (CC, art. 207). Vale mencionar que o art. 208 é uma "disposição legal em contrário"; **C:** incorreta, pois não corre decadência contra o absolutamente incapaz (CC, art. 208 combinado com 198, I); **D:** incorreta, pois o prazo geral de prescrição é de dez anos (CC, art. 205); **E:** correta, pois a decadência convencional tem previsão no art. 211 do Código Civil.
Gabarito "E".

(Juiz de Direito – TJM/SP – VUNESP – 2016) Sobre a decadência, assinale a alternativa correta.

(A) Não corre a decadência contra os que se acharem servindo nas Forças Armadas, em tempo de guerra.
(B) Deve o juiz, de ofício, conhecer da decadência convencional, desde que existam nos autos elementos para conhecê-la.
(C) Salvo disposição legal em contrário, não se aplicam à decadência as normas que impedem, suspendem ou interrompem a prescrição.
(D) Se a decadência for legal, a parte a quem aproveita deve alegá-la em qualquer grau de jurisdição, mas o juiz não pode suprir a alegação, em razão de renúncia tácita.
(E) A decadência fixada em lei poderá ser renunciada por sujeito maior e com plena capacidade.

A: incorreta, pois "*salvo disposição legal em contrário, não se aplicam à decadência as normas que impedem, suspendem ou interrompem a prescrição*" (CC, art. 207). Vale mencionar, todavia, que o art. 208 é uma "*disposição legal em contrário*". Vide art. 197, III, do CC; **B:** incorreta, pois o juiz só deve conhecer de ofício a decadência legal

(CC, art. 210); **C:** correta, pois de acordo com a previsão estabelecida pelo art. 207 do CC; **D:** incorreta, pois o juiz deve conhecer de ofício a decadência estabelecida em lei (CC, art. 210), sendo ademais nula a renúncia à decadência legal (CC, art. 209); **E:** incorreta, pois é nula a renúncia à decadência prevista em lei (CC, art. 209).
Gabarito "C".

(Magistratura/MG – 2012 – VUNESP) Assinale a alternativa que apresenta informação incorreta no que concerne à prescrição.

(A) A prescrição só pode ser alegada a quem aproveita em primeiro grau de jurisdição.
(B) A exceção prescreve no mesmo prazo em que a pretensão.
(C) A interrupção da prescrição, que somente poderá ocorrer uma vez, dar-se-á por qualquer ato judicial que constitua em mora o devedor.
(D) A prescrição pode ser interrompida por qualquer interessado.

A: incorreta, devendo ser assinalada, pois o art. 193 do CC permite a alegação em qualquer grau de jurisdição; **B:** correta, pois no momento no qual a prescrição se consuma, extingue-se de uma só vez a pretensão e também a possibilidade de o titular do direito se defender com base nele (CC, art. 190); **C:** correta, pois o ato judicial que constitui em mora o devedor é hipótese de interrupção de prescrição (CC, art. 202, V); **D:** correta, pois o art. 203 do CC permite que qualquer interessado interrompa a prescrição.
Gabarito "A".

(Magistratura/SP – 2013 – VUNESP) Acerca da prescrição e da decadência, é correto afirmar-se:

(A) Na forma do disposto no art. 202 do Código Civil, a prescrição e a decadência só podem ser interrompidas uma única vez.
(B) A pretensão para haver prestações de natureza alimentar é imprescritível.
(C) Quando a lei não fixar prazo menor, a prescrição ocorre em 10 anos.
(D) A prescrição deve ser alegada pelo réu na contestação, sob pena de preclusão.

A: incorreta, pois a prescrição é que pode ser interrompida e não a decadência, nos termos do citado art. 202 do CC; **B:** incorreta, pois a prescrição da pretensão para haver prestações alimentares (e não do direito de pedir alimentos, para o qual não há prazo enquanto os alimentos puderem ser exigidos) é de 2 anos, a partir da data em que se vencerem (art. 206, § 2º, do CC); **C:** correta (art. 205 do CC); **D:** incorreta, pois a prescrição pode ser alegada em qualquer grau de jurisdição, pela parte a quem aproveita (art. 193 do CC).
Gabarito "C".

(Ministério Público/SP – 2012 – VUNESP) Violado o direito, nasce para o titular a pretensão, a qual se extingue, pela prescrição, nos prazos do Código Civil. NÃO corre a prescrição

(A) entre tutelados e curatelados e seus tutores e curadores; entre ascendentes e descendentes, na linha reta e colateral e contra ausentes do País em razão de trabalho.
(B) contra os que se acharem servindo nas Forças Armadas; entre os cônjuges e companheiros de união estável e entre os tutelados e seus tutores durante a menoridade civil.
(C) entre os cônjuges, na constância da sociedade conjugal; entre ascendentes e descendentes, durante o poder familiar e contra os absolutamente incapazes.
(D) pendendo condição suspensiva, não estando vencido o prazo e entre os curatelados e seus curadores durante a menoridade civil do curatelado.
(E) por acordo das partes maiores e capazes; contra os sucessores da pessoa contra qual corria a prescrição enquanto não aberta a sucessão e entre os cônjuges.

A: incorreta, pois não há previsão legal de suspensão/impedimento de prazo prescricional entre parentes de linha colateral, fluindo normalmente o prazo entre eles (CC, art. 198); **B:** incorreta pois o impedimento/suspensão da prescrição entre tutelados e tutores se estende por toda tutela; **C:** correta, pois de acordo com os artigos 197 e 198 do Código Civil; **D:** incorreta, pois o impedimento/suspensão da prescrição entre curatelados e curadores se estende por toda curatela; **E:** incorreta, pois o falecimento do credor não é hipótese de suspensão de prazo prescricional, fluindo o prazo normalmente contra o sucessor (CC, art. 196).
Gabarito "C".

(Procurador do Município/São José dos Campos-SP – 2012 – VUNESP) Assinale a alternativa correta quanto à prescrição de um direito.

(A) As obrigações sujeitas à prescrição presuntiva estão subordinadas, nos termos gerais, às regras da prescrição ordinária.
(B) A presunção de cumprimento pelo decurso do prazo só pode ser ilidida por confissão do devedor originário.
(C) Os prazos de prescrição não podem ser alterados por acordo das partes, podendo ser alegada em qualquer grau de jurisdição, pela parte a quem aproveita.
(D) A prescrição geral ocorre em quinze anos, quando a lei não lhe haja fixado prazo menor ou maior para ocorrer.
(E) Prescreve em dois anos a pretensão dos tabeliães, auxiliares da justiça, serventuários judiciais, árbitros e peritos, pela percepção de seus honorários.

A e B: incorretas, pois a prescrição presuntiva não se sujeita às regras da prescrição ordinária. Conforme consta no acórdão do TJSP, "o tempo consolida situações e funciona como gerador de segurança jurídica, sendo que há a prescrição presuntiva, ou seja, aquela em que a inércia do titular em exercer direito confirma o cumprimento pela parte do devedor, como previsto no art. 312, do CC de Portugal e que é explicado pelo Professor PEDRO PAIS DE VASCONCELOS **(Teoria geral do direito civil**, Almedina, 2007, p. 382): 'A ratio legis é clara: passado certo tempo sem o credor exigir o cumprimento, presume-se que o devedor já cumpriu. O credor fica sujeito que lhe seja oposta a prescrição se tolerar a mora durante mais do que aquele tempo e convém-lhe, por isso, não manter a inércia para além desse limite do tempo'" (TJSP, apelação n. 990102996131); **C:** correta (art. 192 e 193, ambos do CC); **D:** incorreta, pois a prescrição ocorre em dez anos, quando a lei não lhe haja fixado prazo menor (art. 205, do CC); **E:** incorreta, pois a pretensão dos tabeliães, auxiliares da justiça, serventuários judiciais, árbitros e peritos, pela percepção de emolumentos, custas e honorários prescreve em um ano (art. 206, § 1º, III, do CC).
Gabarito "C".

(Procurador do Município/São José dos Campos-SP – 2012 – VUNESP) Quanto ao conceito de direito potestativo, assinale a alternativa correta.

(A) É o poder que a ordem jurídica confere a alguém de agir e de exigir de outrem determinado comportamento em nome próprio ou de terceiro interessado.

(B) É a proteção dos direitos subjetivos que se faz pelas vias previstas no direito para esse fim.
(C) É o ônus jurídico correspondente à faculdade de se comportar de determinado modo para a realização de interesse próprio.
(D) É a situação jurídica em que o direito não nascido está pendente de verificação de um requisito essencial a sua existência.
(E) Constitui um poder de agir de que certa pessoa é dotada para influir decisivamente na esfera jurídica de outrem, que deve se sujeitar a tal vontade.

A, B, C e D: incorretas, pois não trazem o conceito de direito potestativo; **E:** correta. Direito potestativo é o poder que o sujeito tem de agir, podendo alterar uma situação jurídica na qual se encontra outro sujeito, como, por exemplo, o direito de anular um negócio jurídico, em razão de um vício de consentimento. Oportuno ressaltar que o direito potestativo é insuscetível de violação, já que a ele não se opõe um dever de quem quer que seja, mas sim uma situação de sujeição. Portanto, não há que se falar em dever, obrigação, ônus ou débito, por se tratar de um estado de sujeição.
Gabarito "E".

(Advogado – Pref. São Roque/SP – 2020 – VUNESP) Foi celebrado um negócio (jurídico bilateral no qual uma das partes, intencionalmente, silenciou a respeito de fato que a outra parte ignorou e que, se fosse conhecido, não se teria celebrado o negócio jurídico. Constou no instrumento contratual que as partes renunciam ao prazo para pleitear a anulação do negócio por vício do consentimento.

Pode-se corretamente afirmar que

(A) em regra, aplicam-se à decadência as normas que impedem, suspendem ou interrompem a prescrição.
(B) é nula a renúncia ao prazo decadencial previsto em lei.
(C) não pode o juiz, em eventual litígio, conhecer de ofício da decadência, em razão da renúncia realizada no negócio jurídico.
(D) a decadência prevista em lei deve ser alegada na primeira oportunidade que falar nos autos, sob pena de preclusão.
(E) o prazo decadencial para se pleitear a anulação do negócio jurídico por vícios do consentimento é de 3 anos.

A: incorreta, pois salvo disposição legal em contrário, não se aplicam à decadência as normas que impedem, suspendem ou interrompem a prescrição (art. 207 CC); **B:** correta (art. 209 CC); **C:** incorreta, pois o negócio está eivado de dolo (art. 147 CC) e a lei prevê prazo legal de decadência de 4 anos para que o negócio seja anulado (art. 178, II CC). Por se tratar de prazo legal não está sujeito a renúncia pela vontade das partes (art. 209 CC) e juiz pode reconhecer de ofício (art. 210 CC); **D:** incorreta, pois pelo fato da decadência ser matéria de ordem pública não está sujeita a preclusão (art. 210 CC); **E:** incorreta, pois o prazo é de 4 anos (art. 178, *caput* CC).
Gabarito "B".

2.10. DA PROVA

(Juiz de Direito – TJM/SP – VUNESP – 2016) A escritura pública, lavrada em notas de tabelião, é documento dotado de fé pública, fazendo prova plena. Diante desta afirmação, assinale a alternativa correta.

(A) No sentido jurídico, a prova demonstrada por instrumento público é direta e recai sobre o fato nela estipulado, permitindo uma conclusão direta e objetiva, que não admite ser contrariada.
(B) As informações contidas em escritura pública, por se tratar de direito disponível, geram presunção absoluta quanto à declaração de vontade estipulada no instrumento.
(C) Independentemente dos negócios jurídicos representados por escritura pública, por ser instrumento dotado de fé pública, as consequências dela extraídas geram presunção absoluta de veracidade.
(D) A quitação dada em escritura pública gera presunção relativa do pagamento, admitindo prova em contrário que evidencie a invalidade do instrumento eivado de vício que o torne falso.
(E) Não há presunção relativa sobre os elementos constitutivos de uma escritura pública, exceto os que forem eivados de nulidade absoluta, tais como os elementos essenciais de sua formação válida.

A: incorreta, pois em que pese a escritura ostentar fé pública, existe a possibilidade de se provar contrariedade aos termos descritos; **B e C:** incorretas, pois tal presunção absoluta de veracidade não encontra previsão legal; **D:** correta, pois a ocorrência do vício pode gerar a invalidade do ato, como em qualquer outro negócio jurídico praticado; **E:** incorreta, pois sobre os elementos constitutivos existe presunção relativa.
Gabarito "D".

3. OBRIGAÇÕES

3.1. INTRODUÇÃO, CLASSIFICAÇÃO E MODALIDADES DAS OBRIGAÇÕES

(Juiz de Direito – TJ/RS – 2018 – VUNESP) João emprestou a José, Joaquim e Manuel o valor de R$ 300.000,00 (trezentos mil reais); foi previsto no instrumento contratual a solidariedade passiva. Manuel faleceu, deixando dois herdeiros, Paulo e André. É possível afirmar que João poderá

(A) cobrar de Paulo e André, reunidos, somente até o valor da parte relativa a Manuel, ou seja, R$ 100.000,00 (cem mil reais), tendo em vista que o falecimento de um dos devedores extingue a solidariedade em relação aos herdeiros do falecido.
(B) cobrar a totalidade da dívida somente se acionar conjuntamente todos os devedores, tendo em vista que o falecimento de um dos devedores solidários ocasiona a extinção da solidariedade em relação a toda a obrigação.
(C) cobrar de Paulo e André a totalidade da dívida, tendo em vista que ambos, reunidos, são considerados como um devedor solidário em relação aos demais devedores; porém, isoladamente, somente podem ser demandados pelo valor correspondente ao seu quinhão hereditário.
(D) cobrar o valor da totalidade da dívida de José, Joaquim, Paulo ou André, isolada ou conjuntamente, tendo em vista que, após o falecimento de Manuel, resultou numa obrigação solidária passiva com 4 (quatro) devedores.
(E) cobrar de Paulo ou André, isoladamente, a importância de R$ 100.000,00 (cem mil reais) tendo em vista que o quinhão hereditário de Manuel é uma prestação indivisível em relação aos herdeiros.

A questão aborda um dos temas mais difíceis dentro da solidariedade passiva e que é solucionado pelo art. 276 do CC. Iniciemos com a regra básica e fundamental da solidariedade passiva, que é a possibilidade de o credor cobrar qualquer um dos vários devedores pela dívida toda, ainda que cada um deles seja devedor de apenas uma fração. Em outras palavras, o devedor pode dever 1/3 da dívida, mas ele é responsável pelo todo perante o credor. No caso apresentado, um dos devedores faleceu deixando herdeiros. Se o credor quiser cobrar os herdeiros isoladamente, ele deverá se limitar não somente à quota devida pelo finado devedor, mas também ao quinhão hereditário daquele específico herdeiro cobrado. Assim, por exemplo, imagine uma dívida cujo valor total da dívida seja de R$ 600, com três devedores solidários e um deles faleça deixando apenas dois filhos. Se o credor pretender cobrar um filho do falecido devedor, ele só poderá cobrar R$ 100 (pois a dívida do pai era R$ 200 e o quinhão do filho é metade disso). Se, contudo, o credor optar por cobrar conjuntamente de todos os herdeiros do falecido devedor, ele pode cobrar o valor integral da dívida, ou seja, R$ 600. Isso porque a lei entende que esses herdeiros cobrados conjuntamente são considerados como um devedor solidário em relação aos demais. **GN**
Gabarito "C".

(Magistratura/SP – 2013 – VUNESP) Caio, Tício e Pompeu se fazem devedores solidários de um Credor pela quantia de R$ 3 milhões, sendo que esta obrigação interessa igualmente a todos os devedores, e todos são solventes. Considerada essa hipótese, assinale a opção correta.

(A) Paga a integralidade da dívida por Caio, nada poderá cobrar de Tício ou de Pompeu.
(B) Paga a integralidade da dívida por Caio, poderá cobrar R$ 2 milhões tanto de Tício quanto de Pompeu.
(C) Qualquer dos 3 codevedores pode, ao dele se exigir a integralidade da dívida, opor ao Credor tanto as exceções que lhe forem pessoais quanto as exceções pessoais aos outros codevedores não demandados.
(D) Paga a integralidade da dívida por Caio, poderá ele cobrar R$ 1 milhão de Tício e R$ 1 milhão de Pompeu.

A: incorreta, pois, segundo o art. 283 do CC, "o devedor que satisfez a dívida por inteiro tem direito a exigir de cada um dos codevedores a sua quota"; **B:** incorreta, pois o art. 283 do CC, em sua parte final, complementa a regra dispondo "presumindo-se iguais, no débito, as partes de todos os codevedores"; assim, Caio poderá cobrar R$ 1 milhão de Tício e R$ 1 milhão de Pompeu; **C:** incorreta, pois cada devedor só pode opor suas exceções pessoais e as exceções comuns a todos, não podendo alegar exceções pessoais de outro codevedor (art. 281 do CC); **D:** correta, nos termos do art. 283 do CC.
Gabarito "D".

(Magistratura/SP – 180º – VUNESP) Nas obrigações de coisa certa, é incorreto afirmar que

(A) culpado o devedor, poderá o credor exigir o equivalente, ou aceitar a coisa no estado em que se encontra.
(B) deteriorada a coisa, sendo culpado o devedor, poderá o credor resolver a obrigação, aceitando-a, mas sem abatimento de seu preço, arcando com o valor que perdeu.
(C) responsável o devedor pela danificação da coisa, mas sem destruição total, terá o credor o direito de reclamar indenização por perdas e danos.
(D) tendo o devedor deteriorado a coisa, poderá o credor desistir do negócio e receber a devolução do valor equivalente ao bem no estado em que recebeu.

A: assertiva correta (art. 236 do CC); **B:** assertiva incorreta, devendo ser assinalada (art. 236 do CC); **C:** assertiva correta (art. 236 do CC); **D:** assertiva correta (art. 235 do CC).
Gabarito "B".

(Juiz de Direito – TJ/RJ – 2019 – VUNESP) Uma dívida prescrita, o penhor oferecido por terceiro, uma dívida de jogo e a fiança representam, respectivamente, obrigação:

(A) com *Schuld* sem *Haftung*, com *Haftung* sem *Schuld* próprio, com *Schuld* sem *Haftung* e com *Haftung* sem *Schuld* atual.
(B) sem *Schuld* e sem *Haftung*, com *Haftung* sem *Schuld* próprio, com *Schuld* sem *Haftung* e com *Haftung* sem *Schuld* atual.
(C) com *Schuld* sem *Haftung*, com *Haftung* sem *Schuld* próprio, sem *Schuld* e sem *Haftung* e com *Haftung* sem *Schuld* atual.
(D) com *Haftung* sem *Schuld*, com *Haftung* sem *Schuld* atual, com *Schuld* sem *Haftung* e com *Haftung* sem *Schuld* próprio.
(E) com *Haftung* sem *Schuld*, com *Schuld* sem *Haftung*, com *Haftung* sem *Schuld* atual, e com *Haftung* sem *Schuld* próprio.

Primeiramente é importante definir os conceitos de Schuld e Haftung. O Schuld é o débito em si, a dívida. O Haftung é a responsabilização, a consequência pelo não cumprimento do Schuld.
A: correta, pois na dívida prescrita o débito (Schuld) ainda existe, mas não há obrigação de pagar (Haftung) – art. 882 CC; no penhor oferecido por terceiro existe a obrigação de pagar (Haftung), mas o débito (Schuld) não é do terceiro – art. 305 CC; na dívida de jogo existe o débito (Schuld), mas não há obrigação de pagar (Haftung) – art. 814 CC e na fiança há a obrigação de pagar (Haftung), mas sem débito (Schuld) atual – arts. 818 seguintes CC; **B:** incorreta, pois na dívida prescrita existe o Schuld (o débito); **C:** incorreta, pois na dívida de jogo existe o Schuld (débito); **D:** incorreta, no caso da dívida prescrita existe o débito (Schuld), mas não há obrigação de pagar (Haftung); no penhor oferecido por terceiro existe a obrigação de pagar (Haftung) e existe o débito (Schuld), porém ele não é do terceiro e sim do devedor original e no caso da fiança o débito (Schuld) ele não é atual; **E:** incorreta, pois no caso de dívida prescrita não há obrigação de pagar (Haftung), mas o débito ainda existe (Schuld); no penhor oferecido por terceiro há obrigação de pagar (Haftung) e há débito (Schuld), mas ele não é próprio; na dívida de jogo há débito (Schuld), mas não há a obrigação de pagar (Haftung), nem atual nem futura e na fiança há a obrigação de pagar (Haftung), há o débito (Haftung), mas ele não é atual. (GR)
Gabarito "A".

3.2. TRANSMISSÃO, ADIMPLEMENTO E EXTINÇÃO DAS OBRIGAÇÕES

(Juiz de Direito – TJ/RS – 2018 – VUNESP) André devia a quantia de R$ 50.000,00 (cinquenta mil reais) em dinheiro a Mateus. Maria era fiadora de André. Mateus aceitou receber em pagamento pela dívida um imóvel urbano de propriedade de André, avaliado em R$ 60.000,00 (sessenta mil reais) com área de 200 m² e deu regular quitação. Entretanto, o imóvel estava ocupado por Pedro, que o habitava há mais de cinco anos, nele estabelecendo sua moradia. Pedro ajuizou ação de usucapião para obter a declaração de propriedade do imóvel que foi julgada procedente. Na época em que se evenceu, o imóvel foi avaliado em R$ 65.000,00 (sessenta e cinco mil reais). A respeito dos efeitos da evicção sobre a obrigação originária, é possível afirmar que a obrigação originária

(A) foi extinta com a dação em pagamento. André será responsável perante Mateus pelo valor correspondente ao bem imóvel perdido, na época em que se evenceu. Maria está liberada da fiança anteriormente prestada.

(B) foi extinta com a dação em pagamento. André será responsável perante Mateus pelo valor correspondente ao bem imóvel perdido, na época em que houve a dação em pagamento. Maria está liberada da fiança anteriormente prestada.
(C) é restabelecida, mas não contará mais com a garantia pessoal prestada por Maria. Em razão da evicção, a obrigação repristinada terá por objeto o valor equivalente ao bem na época em que se evenceu.
(D) é restabelecida, pelo seu valor original, em razão da evicção da coisa dada em pagamento, mas sem a garantia pessoal prestada por Maria, tendo em vista que o credor aceitou receber objeto diverso do constante na obrigação originária.
(E) é restabelecida, em razão da evicção da coisa dada em pagamento, inclusive com a garantia pessoal prestada por Maria. Contudo, em razão da evicção, a obrigação repristinada terá por objeto o valor equivalente ao bem na época em que se evenceu.

A questão envolve a extinção de uma obrigação pela dação em pagamento. Visando adimplir uma obrigação, o credor aceita coisa diversa da que foi combinada. No caso apresentado, contudo, a coisa dada em pagamento se perdeu pela evicção. Em termos simples, quem *deu em pagamento não tinha condições jurídicas para tanto*, pois o imóvel dado já pertencia a terceiro (no caso Pedro, que a adquiriu pela usucapião). Com isso, a obrigação original ressurge ficando sem efeito a quitação dada (CC, art. 359). Contudo, nesse caso, o fiador não "ressurge", ou seja, ele continuará desobrigado, por força do art. 838, III, do Código Civil.

Gabarito "D".

(Juiz – TJ/MS – VUNESP – 2015) Considerando a cessão de créditos e de direitos, no contexto da transmissão das obrigações, de acordo com as disposições do Código Civil de 2002, é correto afirmar que

(A) se admite a cessão de direitos hereditários, por instrumento público ou particular, desde que registrado em cartório.
(B) é nula a cláusula que dispõe que o cedente não responde pela solvência do devedor.
(C) é dispensada a notificação da cessão ao devedor que declara, por escrito, ciência da cessão realizada.
(D) é vedada a realização de mais de uma cessão, tendo por objeto o mesmo crédito.
(E) os créditos de alimentos podem ser objeto de cessão.

A: incorreta, pois a lei exige escritura pública para tal cessão (CC, art. 1.793); **B:** incorreta, pois tal cláusula é válida. Ademais, no Direito Civil, como regra, o cedente não responde pela solvência do devedor (CC, art. 296); **C:** correta, pois de acordo com o disposto no art. 290 do Código Civil; **D:** incorreta, pois o Código admite diversas cessões do mesmo crédito, prevalecendo nesse caso a que se completar com a tradição do título do crédito cedido (CC, art. 291); **E:** incorreta, devido à sua natureza de subsistência (CC, art. 286).

Gabarito "C".

(Procurador Municipal – Sertãozinho/SP – VUNESP – 2016) Assinale a alternativa correta sobre novação, como forma de extinção das obrigações.

(A) Em regra, havendo novação, as garantias da dívida não são conservadas.
(B) A expromissão não representa modalidade de novação.
(C) As obrigações anuláveis não podem ser objeto de novação.
(D) A prorrogação do prazo de vencimento da dívida é hipótese de novação.
(E) Não se admite a novação tácita.

A: correta, pois: "*A novação extingue os acessórios e garantias da dívida, sempre que não houver estipulação em contrário*" (CC, art. 364); **B:** incorreta, pois a novação por expromissão é uma modalidade de novação subjetiva passiva. Ocorre quando o devedor original não participa da extinção da primeira obrigação, nem da criação da segunda (CC, art. 362); **C:** incorreta, pois as obrigações anuláveis podem ser objeto de novação (CC, art. 367); **D:** incorreta, pois a intenção de novar, ainda que tácita, é fundamental para a caracterização da novação (CC, art. 361); **E:** incorreta, pois a lei admite a novação tácita (CC, art. 361).

Gabarito "A".

(Magistratura/SP – 2013 – VUNESP) A respeito da mora, é certo afirmar que

(A) estando o devedor em mora, o credor só poderá dele exigir os encargos dela decorrentes, não se lhe facultando rejeitar a prestação em atraso se o devedor quiser adimpli-la.
(B) a caracterização da mora do devedor não dispensa a existência de culpa, mas prescinde da demonstração de prejuízo efetivo.
(C) nas obrigações de pagamento em dinheiro com data certa de vencimento, o inadimplemento constitui o devedor de pleno direito em mora; nas obrigações de dar e de fazer, ainda que líquidas e não cumpridas no termo estipulado, a constituição em mora dependerá de interpelação ao devedor, judicial ou extrajudicial.
(D) nas obrigações provenientes de ato ilícito, reputa-se o devedor em mora desde a citação do réu da ação de ressarcimento.

A: incorreta, pois o credor pode rejeitar a prestação caso esta não lhe seja mais útil (art. 395, parágrafo único, do CC); **B:** correta; segundo o art. 394 do CC, basta que não haja o pagamento para que se tenha mora, não sendo necessário que se demonstre prejuízo, daí porque está correto dizer que a caracterização da mora "prescinde da demonstração de prejuízo efetivo"; quanto à questão da mora, de fato ela não dispensa a existência de culpa, por força do disposto no art. 396 do CC, pelo qual "não havendo fato ou omissão imputável ao devedor, não incorre este em mora"; **C:** incorreta, pois, havendo termo de obrigação positiva e líquida, pouco importa se obrigação de pagamento em dinheiro ou se outra obrigação de dar ou obrigação de fazer, o inadimplemento da obrigação no termo (na data marcada) constitui de pleno direito em mora o devedor (art. 397, *caput*, do CC); a interpelação judicial ou extrajudicial só é necessária nos casos previstos em lei e quando não há termo (data para cumprimento da obrigação) estipulado entre as partes (art. 397, parágrafo único, do CC); **D:** incorreta, pois nesses casos considera-se o devedor em mora desde a data da prática do ato ilícito (art. 398 do CC).

Gabarito "B".

(Magistratura/SP – 2013 – VUNESP) No que se refere à compensação, pode-se afirmar que

(A) apesar da regra geral de que o devedor somente pode compensar com o credor o que este lhe dever, ao fiador é permitido compensar sua dívida com a de seu credor ao afiançado.
(B) tendo o art. 369 do Código Civil instituído a compensação legal, nula será a disposição contratual que não dê a uma das partes desse ajuste o direito de recorrer à

compensação, mantendo-a, todavia, facultada à outra parte.
(C) se duas partes são reciprocamente credoras de quantias líquidas, mas uma das dívidas não é exigível ainda, enquanto a outra já o é, o credor da dívida exigível não poderá cobrá-la enquanto a outra não se tornar exigível.
(D) se Caio deve a Tício R$ 100,00 por conta de um mútuo que este fez àquele, e Caio ganhou aposta de Tício no mesmo valor, a compensação entre os débitos não poderá ser recusada nem por um e nem por outro.

A: correta (art. 371 do CC); **B:** incorreta, pois o art. 375 do CC dispõe que "não haverá compensação quando as partes, por mútuo acordo, a excluírem, ou no caso de renúncia prévia de uma delas"; **C:** incorreta, pois se uma das dívidas já é exigível, não há proibição legal a que seja cobrada pelo simples fato de o devedor também ter um crédito quanto à outra parte, mas crédito esse ainda não exigível e que, portanto, não passível sequer de compensação, que exige que as duas dívidas sejam vencidas (art. 369 do CC); **D:** incorreta, pois a segunda dívida é de jogo, tratando-se, assim, de obrigação natural, a qual não pode ser exigida (art. 814, *caput*, do CC).
Gabarito "A".

(Advogado – Pref. São Roque/SP – 2020 – VUNESP) Acerca do pagamento das obrigações, assinale a alternativa correta.

(A) O terceiro não interessado pode pagar a dívida se o fizer em nome e à conta do devedor, salvo oposição deste, e se pagar a dívida em seu próprio nome, tem direito a reembolsar-se do que pagar, mas não se sub-rogar nos direitos do credor.
(B) O pagamento feito de boa-fé ao credor putativo é válido, salvo se provado depois que não era credor; se o devedor pagar ao credor, apesar de intimado da penhora feita sobre o crédito, ou da impugnação a ele oposta por terceiros, o pagamento não valerá contra estes, que poderão constranger o devedor a pagar de novo, ficando-lhe ressalvado o regresso contra o credor.
(C) É ilícito convencionar o aumento progressivo de prestações sucessivas e são nulas as convenções de pagamento em ouro ou em moeda estrangeira, bem como para compensar a diferença entre o valor desta e o da moeda nacional, excetuados os casos previstos na legislação especial.
(D) Efetuar-se-á o pagamento no domicílio do devedor, salvo se as partes convencionarem diversamente, ou se o contrário resultar da lei, da natureza da obrigação ou das circunstâncias, e, se designados dois ou mais lugares, cabe ao devedor escolher entre eles.
(E) Ao credor assistirá o direito de cobrar a dívida antes de vencido o prazo estipulado no contrato, no caso de falência do devedor, recuperação judicial ou estado notório de insolvência.

A: correta (arts. 304, parágrafo único e art. 305 *caput* CC); **B:** incorreta, pois o pagamento feito de boa-fé ao credor putativo é válido, *ainda* provado depois que não era credor (art. 309 CC); **C:** incorreta, pois é lícito convencionar o aumento progressivo de prestações sucessivas (art. 316 CC); **D:** incorreta, pois se designados dois ou mais lugares cabe ao credor escolher entre eles (art. 327 parágrafo único CC); **E:** incorreta, pois a lei não autoriza a cobrança da dívida antes do prazo no caso de recuperação judicial do devedor ou notória insolvência. Ela autoriza apenas no caso de falência e em outras hipóteses previstas no art. 333 CC.
Gabarito "A".

3.3. INADIMPLEMENTO DAS OBRIGAÇÕES

(Procurador do Estado/SP – 2018 – VUNESP) Quanto à proteção aos direitos do consumidor em contratos bancários, assinale a alternativa correta.

(A) A estipulação de juros remuneratórios superiores a 12% ao ano, por si só, não indica exigência de vantagem econômica excessiva pela instituição financeira.
(B) Os juros moratórios nos contratos bancários não regulados por legislação especial poderão ser pactuados livremente pelas partes, não caracterizando exigência de vantagem econômica excessiva.
(C) Propositura de ação revisional de contrato bancário, a pretexto de conter cláusulas contratuais abusivas, suspende os efeitos da mora do devedor, por revelar exercício regular do direito básico do consumidor à facilitação da defesa dos seus direitos em juízo, inclusive com inversão do ônus da prova.
(D) Pode o magistrado, de ofício, reconhecer a nulidade de cláusulas contratuais abusivas inseridas em contrato de mútuo bancário submetido ao seu exame.
(E) Exigência de pagamento de comissão de permanência, calculada pela taxa média do mercado apurada pelo Banco Central do Brasil, limitada à taxa do contrato, caracteriza exigência de vantagem econômica excessiva.

A: correta, pois de acordo com o entendimento pacífico do Superior Tribunal de Justiça, segundo o qual: "*A estipulação de juros remuneratórios superiores a 12% ao ano por si só, não indica abusividade*" (Súmula 382 do STJ; tese julgada sob o rito do artigo 543-C do CPC — tema 25); **B:** incorreta, pois a Súmula 379 do STJ estabelece um limite para tais juros, ao preceituar que: "*Nos contratos bancários não regidos por legislação específica, os juros moratórios poderão ser convencionados até o limite de 1% ao mês*"; **C:** incorreta, pois o STJ entende que: "*Não descaracteriza a mora o ajuizamento isolado de ação revisional, nem mesmo quando o reconhecimento de abusividade incidir sobre os encargos inerentes ao período de inadimplência contratual*" (REsp 1061530 / RS RECURSO ESPECIAL 2008/0119992-4); **D:** incorreta, pois contrária ao enunciado da Súmula 381 do STJ que dispõe: "*Nos contratos bancários, é vedado ao julgador conhecer, de ofício, da abusividade das cláusulas*"; **E:** incorreta, pois o STJ entende que: "*É possível a cobrança de comissão de permanência durante o período de inadimplemento contratual, à taxa média dos juros de mercado, limitada ao percentual fixado no contrato (Súmula 294/STJ), desde que não cumulada com a correção monetária (Súmula 30/STJ), com os juros remuneratórios (Súmula 296/STJ) e moratórios e multa contratual*" (REsp n. 1.058.114/RS, recurso representativo de controvérsia, Relator p/ Acórdão Ministro João Otávio de Noronha, Segunda Seção, julgado em 12/8/2009, DJe 16/11/2010).
Gabarito "A".

(Juiz – TJ/MS – VUNESP – 2015) É correto afirmar, a respeito do instituto da cláusula penal, que

(A) não se admite a cumulação de cláusula penal moratória e compensatória.
(B) nos contratos de locação de bem imóvel, em caso de devolução antecipada pelo locatário, a multa pactuada será proporcional ao período de cumprimento do contrato.
(C) a pena convencional exige a demonstração de prejuízo pelo credor.
(D) deve ser estipulada simultaneamente com a obrigação, não se admitindo estipulação em ato posterior.

(E) quando a obrigação principal tiver sido cumprida em parte, a penalidade ajustada pelas partes não poderá ser equitativamente reduzida pelo magistrado.

A: incorreta, tendo em vista que cada cláusula penal refere-se a uma espécie de inadimplemento; **B:** correta, pois de pleno acordo com o disposto no art. 4º da Lei de Locação (Lei 8.245/1991); **C:** incorreta, pois: "*para exigir a pena convencional, não é necessário que o credor alegue prejuízo*" (CC, art. 416); **D:** incorreta, pois a lei admite a convenção da cláusula penal em ato posterior (CC, art. 409); **E:** incorreta, pois a penalidade deve ser reduzida equitativamente pelo juiz se a obrigação principal tiver sido cumprida em parte (CC, art. 413).

Gabarito "B".

(Magistratura/SP – 178º – VUNESP) Relativamente ao inadimplemento das obrigações, indique a afirmativa equivocada.

(A) Nas obrigações provenientes de ato ilícito, os juros de mora se contam desde a citação.
(B) É inadmissível a concomitância de moras recíprocas.
(C) Não havendo fato ou omissão imputável ao devedor, não incorre ele em mora.
(D) Se por eles expressamente se responsabilizou, responde o devedor pelos prejuízos resultantes de caso fortuito e força maior.

A: incorreta, devendo ser assinalada (art. 398 do CC, Súmula 54 do STJ e Enunciado CJF 163); **B:** correta, pois há incompatibilidade lógica de mora recíproca; **C:** correta (art. 396 do CC); **D:** correta (art. 393 do CC).

Gabarito "A".

(Magistratura/SP – 177º – VUNESP) Sobre a constituição em mora do devedor, assinale a resposta correta.

(A) Não havendo termo prefixo, nem se cuidando de obrigação positiva e líquida, a mora se constitui mediante interpelação judicial ou extrajudicial, decorrente do princípio da mora "ex re" e da aplicação da regra "dies interpellat pro homine".
(B) O inadimplemento de obrigação positiva e líquida, no seu termo, constitui de pleno direito em mora o devedor, nos casos de mora "ex persona".
(C) Nas vendas a crédito com reserva de domínio, com cláusula resolutória expressa e termo prefixo de vencimento das parcelas correspondentes ao preço, o não pagamento de qualquer delas, na data e local estabelecidos no contrato, torna exigível a constituição em mora do devedor, através de interpelação judicial ou protesto, para ensejar procedimento judicial relativo ao "pactum reservati dominii".
(D) Não há, no ordenamento jurídico pátrio, válida constituição em mora do devedor, senão através de interpelação judicial ou da citação no âmbito do contencioso.

A e B: incorretas, v. art. 397 do CC; a mora do devedor pode ser dividida em duas espécies; mora *ex re* (ou de pleno direito) *é aquela em que o fato que a ocasiona está previsto objetivamente na lei*. Assim, a mora é automática; basta que ocorra o fato para que se configure a mora; ex.: quando a obrigação tem data de vencimento; o CC estabelece que "o inadimplemento da obrigação, positiva e líquida, no seu termo, constitui de pleno direito em mora o devedor" (art. 397 do CC); trata-se das chamadas obrigações impuras, em que se aplica a regra do *dies interpellat pro homine*; outra regra de mora automática *é a seguinte*: "nas obrigações provenientes de ato ilícito, considera-se o devedor em mora, desde que o praticou" (art. 398 do CC); mora *ex persona* (ou de por ato da parte) *é aquela que depende de providência por parte do credor, para que se caracterize*; por exemplo, a que depende de interpelação judicial ou extrajudicial, protesto ou mesmo citação do devedor; aliás, caso ainda não estiver configurada a mora num dado caso, a citação válida terá sempre o efeito de fazer configurá-la, segundo o art. 240 do CPC; o CC estabelece que "não havendo termo, a mora se constitui mediante interpelação judicial ou extrajudicial"; trata-se das chamadas obrigações perfeitas, em que, por não haver vencimento, a mora depende de notificação; mas há casos em que, mesmo havendo termo (vencimento) estabelecido, a lei determina que a mora só se configurará após notificação extrajudicial ou judicial; é o caso dos compromissos de compra de venda e da alienação fiduciária em garantia; **C:** correta, art. 525 do CC; **D:** incorreta, art. 397 do CC.

Gabarito "C".

4. CONTRATOS

4.1. CONCEITO, PRESSUPOSTOS, FORMAÇÃO E PRINCÍPIOS DOS CONTRATOS

(Juiz de Direito – TJ/RS – 2018 – VUNESP) Sobre os vícios redibitórios, assinale a alternativa correta.

(A) O adquirente que já estava na posse do bem decai do direito de obter a redibição ou abatimento no preço no prazo de trinta dias se a coisa for móvel, e de um ano se for imóvel.
(B) No caso de bens móveis, quando o vício, por sua natureza, só puder ser conhecido mais tarde, se ele aparecer em até 180 dias, terá o comprador mais 30 dias para requerer a redibição ou abatimento no preço.
(C) Somente existe o direito de obter a redibição se a coisa foi adquirida em razão de contrato comutativo, não se aplicando aos casos em que a aquisição decorreu de doação, mesmo onerosa.
(D) O prazo para postular a redibição ou abatimento no preço, quando o vício, por sua natureza, só puder ser conhecido mais tarde, somente começa a correr a partir do aparecimento do vício, o que pode ocorrer a qualquer tempo.
(E) No caso de bens imóveis, quando o vício, por sua natureza, só puder ser conhecido mais tarde, o prazo é de um ano para que o vício apareça, tendo o comprador, a partir disso, mais 180 dias para postular a redibição ou abatimento no preço.

A: incorreta, pois – quando o adquirente já está na posse do bem – o prazo mencionado na assertiva é reduzido à metade (CC, art. 445) e conta-se a partir da alienação. Vale adicionar que a hipótese é de *traditio brevi manus*, que se verifica quando a pessoa possuía em nome alheio e passa então a possuir em nome próprio (comodatário comprou o bem, por exemplo); **B:** correta, pois de pleno acordo com o disposto no art. 445, § 1º, do Código Civil; **C:** incorreta, pois as regras dos vícios redibitórios aplicam-se também às doações onerosas (CC, art. 441, parágrafo único); **D e E:** incorretas, pois – para os casos de vício que só se pode conhecer mais tarde – "*o prazo contar-se-á do momento em que dele tiver ciência, até o prazo máximo de cento e oitenta dias, em se tratando de bens móveis; e de um ano, para os imóveis*" (CC, art. 445, § 1º).

Gabarito "B".

(Juiz – TJ/RJ – VUNESP – 2016) Assinale a alternativa correta sobre o direito contratual e os princípios que regem a matéria.

(A) Em caso de revisão judicial de disposições contratuais, em razão de onerosidade excessiva decorrente de acontecimentos extraordinários e imprevisíveis, a eficácia da decisão será *ex tunc*, retroagindo à data da celebração do negócio jurídico.

(B) Na relação cível empresarial, é vedado ao Estado intervir nos negócios jurídicos celebrados entre particulares, disciplinando e/ou limitando a liberdade contratual e as consequências de determinadas previsões contratuais.

(C) É vedada na legislação brasileira a estipulação de cláusula limitativa do dever de indenizar, por violação ao princípio da reparação integral.

(D) A prolongada omissão de um dos contratantes em exigir da parte contrária o cumprimento de determinada cláusula contratual, que não vinha sendo cumprida ou respeitada, pode configurar motivo idôneo para tornar a cláusula juridicamente inexigível.

(E) Em contrato que versa sobre coisa futura, é nula a disposição contratual pela qual o alienante terá direito à integralidade do preço mesmo que o objeto da alienação venha a existir em quantidade inferior à esperada.

A: incorreta, pois nos termos do art. 478 do Código Civil, os efeitos da sentença que decretar a resolução do contrato pela onerosidade excessiva "retroagirão à data da citação"; **B:** incorreta, pois em alguns contratos o Estado precisa intervir, para evitar, por exemplo, a formação de grandes conglomerados econômicos que inviabilizem a livre concorrência; **C:** incorreta, pois tal estipulação não é vedada *a priori*. Há hipóteses específicas nas quais ela não será admitida, como é o caso da Súmula 302 do STJ, por exemplo: "*É abusiva a cláusula contratual de plano de saúde que limita no tempo a internação hospitalar do segurado*"; **D:** correta, pois a *supressio* é a perda da eficácia de um direito em virtude de sua não utilização por um prolongado período. Tal instituto é admitido e utilizado amplamente pela jurisprudência. Nesse sentido, decidiu o STJ, no REsp 1520995/SP, Rel. Ministro Paulo De Tarso Sanseverino, Terceira Turma, julgado em 13/06/2017, DJe 22/06/2017; **E:** incorreta, pois na compra e venda aleatória, da modalidade *emptio spei* é permitida a cláusula que estabeleça que – ainda que nada venha a existir – o vendedor terá direito à integralidade do preço (CC, art. 458). Gabarito "D".

(Juiz – TJ/MS – VUNESP – 2015) A respeito do direito contratual e os princípios que regem a matéria, afirma-se corretamente que

(A) nos contratos paritários, em relação diversa da relação de consumo, não se admite a declaração judicial de abusividade de cláusula contratual.

(B) a aplicação do instituto da *supressio* é vedada no direito brasileiro, sobrepondo-se o princípio da segurança jurídica.

(C) o dirigismo contratual é vedado pela legislação brasileira, como forma de preservação ao princípio da liberdade contratual.

(D) o credor tem o dever de evitar o agravamento do prejuízo que lhe causou o devedor.

(E) o adimplemento incompleto, mas significativo, das obrigações contratuais por uma das partes, não impede que a parte contrária resolva o contrato, com fundamento em descumprimento contratual.

A: incorreta, pois a declaração de nulidade absoluta não se limita aos contratos de consumo; **B:** incorreta, pois a *supressio* é a perda da eficácia de um direito em virtude de sua não utilização por um prolongado período. Tal instituto é admitido e utilizado amplamente pela jurisprudência. Nesse sentido, decidiu o STJ, no REsp 1520995/SP, Rel. Ministro Paulo De Tarso Sanseverino, Terceira Turma, julgado em 13/06/2017, DJe 22/06/2017; **C:** incorreta, pois em algumas hipóteses

o Estado intervém em contratos visando evitar injustiças e abusos contraparte vulnerável. Isso ocorre, por exemplo, nos contratos de locação, relações de trabalho, Código do Consumidor, etc.; **D:** correta, pois tal dever decorre da boa-fé objetiva. Nesse sentido foi o Enunciado 169 da III Jornada de Direito Civil "*O princípio da boa-fé objetiva deve levar o credor a evitar o agravamento do próprio prejuízo*"; **E:** incorreta, pois para esses casos adota-se a consagrada teoria do adimplemento substancial, pela qual a parte credora pode cobrar o que lhe é devido, mas sem o direito de extinguir o contrato. Gabarito "D".

(Procurador – IPSMI/SP – VUNESP – 2016) Nos contratos bilaterais, nenhum dos contratantes, antes de cumprida a sua obrigação, pode exigir o implemento da do outro. Tal disposição trata de

(A) resolução por onerosidade excessiva.

(B) cláusula resolutiva.

(C) extinção do contrato por distrato.

(D) exceção de contrato não cumprido.

(E) princípio que veda o enriquecimento ilícito.

A exceção do contrato não cumprido (CC, art. 476) é uma defesa atribuída a ambos os contratantes que celebram um contrato bilateral. Significa que – na hipótese de uma das partes descumprir suas obrigações contratuais – a outra está liberada de cumprir as suas. Caso a parte culpada acionar judicialmente a parte inocente, esta última terá uma defesa (exceção), cujo argumento central será o descumprimento do contrato pela outra parte. É o típico exemplo de uma defesa indireta, pois o réu não negará o fato alegado pelo autor, mas apenas alegará um fato impeditivo do direito alegado. Gabarito "D".

(Procurador Municipal – Sertãozinho/SP – VUNESP – 2016) Assinale a alternativa correta sobre direito contratual, conforme disposições do Código Civil de 2002.

(A) Nos contratos de adesão, são nulas as cláusulas ambíguas ou contraditórias, ainda que possível adotar interpretação mais favorável ao aderente.

(B) É nula a cláusula que dispõe que o evicto não tem direito à indenização dos frutos que tiver sido obrigado a restituir.

(C) Admite-se, nas doações com encargo, a rescisão contratual com fundamento na existência de vício redibitório.

(D) A resolução do contrato por onerosidade excessiva é possível nos contratos de execução imediata ou continuada, retroagindo os efeitos da sentença à data da citação.

(E) A proposta de contrato não obriga o proponente, se o contrário não resultar dos termos dela, da natureza do negócio, ou das circunstâncias do caso.

A: incorreta, pois a ambiguidade ou contradição não são causas de nulidade do contrato (CC, art. 423); **B:** incorreta, pois a lei admite estipulação em contrário no que se refere ao direito de indenização dos frutos (CC, art. 450); **C:** correta, pois as doações com encargo estão protegidas contra os vícios redibitórios (CC, art. 441, parágrafo único); **D:** incorreta, pois não se admite aplicação do instituto nos contratos de execução imediata; **E:** incorreta, pois a proposta de contrato obriga o proponente (CC, art. 427). Gabarito "C".

(Juiz de Direito – TJM/SP – VUNESP – 2016) A empresa Alegria Ltda., visando parceria comercial com a empresa Felicidade Ltda. na comercialização de produtos para festas, iniciou tratativas pré-contratuais, exigindo da segunda que comprasse equipamento para a produção desses produtos. O negócio não foi concluído, razão pela qual a empresa Felicidade Ltda., entendendo ter sofrido prejuízo, ingressou com ação de reparação de danos morais, materiais e lucros cessantes, assim como na obrigação de contratar, ante a expectativa criada pela empresa Alegria Ltda. Diante deste caso hipotético, assinale a alternativa correta.

(A) Quem negocia com outrem para conclusão de um contrato deve proceder segundo as regras da boa-fé, sob pena de responder apenas pelos danos que dolosamente causar à outra parte.
(B) A boa-fé a ser observada na responsabilidade pré-contratual é a objetiva, haja vista que esta diz respeito ao dever de conduta que as partes possuem, podendo a empresa desistente arcar com a reparação dos danos, se comprovados, sem qualquer obrigação de contratar.
(C) É assegurado o direito à contratação, em razão da boa-fé objetiva, e deverá a empresa que pretendia desistir arcar com os danos comprovados, mas em razão da contratação, estes poderão ser mitigados, principalmente quanto aos lucros cessantes.
(D) Em razão de conveniência e oportunidade, podem as contratantes desistir do negócio, por qualquer razão, considerando o princípio da liberdade contratual, o qual assegura às partes a desistência, motivo pelo qual não há que se falar em indenização.
(E) Não existe no direito brasileiro uma cláusula geral que discipline a responsabilidade pré-contratual, de modo que não há que se falar em quebra de expectativa, vigorando o princípio da livre contratação.

O problema das "tratativas" é bastante antigo no Direito. Por um lado, é normal e saudável que as partes – antes de assinar um contrato – passem por uma fase de maturação e compreensão geral dos ônus e bônus advindos daquela potencial avença. É nessa fase que as partes antecipam, negociam e estabelecem concessões recíprocas a fim de chegar a um denominador comum. Em princípio, não há obrigação contratual daí decorrente. Todavia, há dois aspectos que merecem ser destacados. O primeiro é que a boa-fé objetiva deve vigorar antes, durante e depois do contrato (vide Enunciado 25 do Conselho da Justiça Federal) e o segundo é que o direito de desistir das tratativas (como qualquer outro direito) deve ser exercido de forma razoável e equilibrado (CC, art. 187). No caso em questão, todavia, há um elemento adicional, pois a empresa Alegria Ltda. exigiu a aquisição de equipamento, o que sem dúvida gera o dever de reparar, ainda que sem a obrigação de contratar.
Gabarito "B".

(Juiz de Direito – TJM/SP – VUNESP – 2016) Buscando estabelecer a adequação e a aplicação do direito tal como previsto ao caso concreto, às circunstâncias do negócio jurídico no plano econômico e no plano de um determinado grupo social atingido pelo negócio jurídico concreto, o Código Civil privilegiou, com mais ênfase, o princípio norteador da

(A) operabilidade.
(B) eticidade.
(C) boa-fé objetiva.
(D) sociabilidade.
(E) autonomia privada.

A: correta, pois é justamente o princípio da operabilidade que busca tornar o Código Civil uma lei mais simples e de aplicação mais eficaz e concreta; B: incorreta, pois tal princípio busca estabelecer um comportamento ético entre as partes, tal qual ocorre na boa-fé objetiva (CC, art. 422); C: incorreta, pois o princípio da boa-fé objetiva é princípio contratual, voltado para o comportamento ético entre as partes; D: incorreta, pois a sociabilidade é princípio que busca o exercício de direitos de acordo com o melhor interesse social (CC, art. 421, 1.228, § 1º e 2.035 parágrafo único); E: incorreta, pois o princípio da autonomia privada destaca a liberdade que as partes têm de estabelecer contratos, cláusulas e formas de execução.
Gabarito "A".

(Magistratura/SP – 180º – VUNESP) Quando da formação do contrato,

I. deixa de ser obrigatória a proposta se, feita sem prazo à pessoa presente, não foi imediatamente aceita;
II. os contratos entre ausentes deixam de ser perfeitos se, antes da aceitação, ou com ela, chegar ao proponente a retratação do aceitante;
III. os contratos entre ausentes tornam-se perfeitos desde que a aceitação é expedida, mesmo se o proponente não houver se comprometido a esperar a resposta;
IV. a proposta é obrigatória quando, feita com prazo à pessoa ausente, tiver decorrido tempo suficiente para chegar a resposta ao conhecimento do proponente.

São verdadeiras as afirmativas

(A) I e II, somente.
(B) III e IV, somente.
(C) I, II e III, somente.
(D) II e III, somente.

I: verdadeira (art. 428, I, do CC); II: verdadeira (art. 434, I, c/c art. 433, ambos do CC); III: falsa (art. 434, II, do CC); IV: falsa, art. 428, II, do CC.
Gabarito "A".

(Ministério Público/ES – 2013 – VUNESP) Acerca dos contratos por adesão e de acordo com o Código Civil de 2002, é correto afirmar que

(A) cláusulas ambíguas ou contraditórias são nulas de pleno direito.
(B) não são permitidos no âmbito de relação civil diversa da relação de consumo.
(C) são admitidos pelo Código Civil de 2002 apenas para determinadas espécies de contratos.
(D) é nula a cláusula que estipule renúncia antecipada a direito resultante da natureza do negócio.
(E) em que pese sua natureza, não se admite o reconhecimento de abusividade de determinada cláusula.

A: incorreta, pois tais cláusulas não são nulas, apenas produzem o efeito de gerar interpretação mais favorável ao aderente (CC, art. 423); B: incorreta, pois há muitos contratos civis que tem a natureza de adesão. É o que ocorre, por exemplo, com o contrato de locação redigido pela administradora de imóveis; C: incorreta, pois não existe esta limitação material alegada pela assertiva; D: correta, pois a assertiva reproduz a vedação indicada no art. 424 do CC; E: incorreta, pois tal abusividade pode ser reconhecida no caso concreto.
Gabarito "D".

4.2. CLASSIFICAÇÃO DOS CONTRATOS

(Ministério Público/SP – 2012 – VUNESP) Contrato de adesão é aquele

(A) cujas cláusulas tenham sido aprovadas pela autoridade competente ou estabelecidas unilateralmente pelo fornecedor de produtos ou serviços, sem que o consumidor possa discutir ou modificar substancialmente seu conteúdo.

(B) em que todas as cláusulas deverão ser redigidas com destaque, permitindo sua imediata e fácil compreensão.
(C) em que as partes contratantes negociam cada uma das cláusulas contratuais isoladas e somente aderem àquelas onde houve consenso.
(D) em que sempre deve haver cláusula resolutória, com o intuito de resguardar o equilíbrio contratual na relação de consumo.
(E) escrito e redigido em termos claros e com caracteres ostensivos e legíveis, cujo tamanho da fonte modelo e da fonte das cláusulas que impliquem limitação de direito do consumidor não serão inferiores ao corpo doze, de modo a facilitar a leitura.

A: correta, pois de pleno acordo com o art. 54 do CDC; **B:** incorreta, pois apenas as cláusulas que limitarem direito do consumidor deverão ser redigidas com destaque (CDC, art. 54, § 4º); **C:** incorreta, pois o contrato de adesão não apresenta negociação de cláusulas; **D:** incorreta, pois a cláusula resolutória é admitida, mas não obrigatória; **E:** incorreta, pois essa não é uma boa definição do contrato de adesão, a despeito de ser uma característica dele (CDC, art. 54 § 3º).
Gabarito "A".

4.3. ONEROSIDADE EXCESSIVA

(Procurador do Município/Cubatão-SP – 2012 – VUNESP) Em relação ao entendimento sobre a resolução por onerosidade excessiva, assinale a alternativa correta.

(A) Somente se aplica aos contratos bilaterais.
(B) Pode ser invocada apenas quando a onerosidade atinja toda a prestação.
(C) Confere à parte prejudicada o direito de descumprir o pactuado.
(D) Aplicam-se aos contratos de execução instantânea.
(E) A onerosidade pode atingir apenas parte da prestação principal.

Nos termos do art. 478, do CC, para que haja a resolução do contrato por onerosidade excessiva ou sua revisão (enunciados 176, 367 e 440, CJF), exige-se o preenchimento dos seguintes requisitos: a) contrato de execução continuada ou diferida (e não de execução instantânea); b) a prestação de uma das partes deve se tornar excessivamente onerosa (parcial ou total); c) extrema vantagem para a outra parte; d) acontecimento extraordinário e imprevisível. Oportuno registrar que tanto a doutrina quanto a jurisprudência discutem se a teoria da imprevisão pode ser aplicada em contrato aleatório. Existem duas correntes a respeito: 1ª) não é possível, pois o desequilíbrio econômico é inerente aos contratos aleatórios (REsp 783.520/GO, STJ); 2ª) é possível, pois a *falta de equivalência entre as prestações de um contrato não impede a apreciação de um certo equilíbrio contratual* (Gustavo Tepedino e enunciado 440, CJF).
Gabarito "E".

4.4. EVICÇÃO

(Procurador – SP – VUNESP – 2015) Sobre o instituto da evicção, assinale a alternativa correta.

(A) A evicção parcial não garante ao adquirente direito à indenização ou à rescisão do contrato.
(B) O adquirente perde os direitos decorrentes da evicção, se a aquisição se deu em hasta pública.
(C) Admite-se a estipulação de cláusula contratual excluindo a responsabilidade pela evicção.
(D) Se houver dolo por parte do alienante, deverá restituir em dobro o valor recebido pela alienação.
(E) O adquirente pode demandar pela evicção, ainda que soubesse que a coisa era alheia ou litigiosa.

A: incorreta, pois quando a evicção é parcial, o Código prevê duas soluções. Se a evicção parcial foi considerável, o evicto poderá optar entre a rescisão do contrato e a restituição de parte do preço. Já se foi não considerável, caberá somente direito a indenização (CC, art. 455); **B:** incorreta, pois o art. 447 do Código Civil mantém a garantia contra a evicção, mesmo nas aquisições realizadas em hasta pública; **C:** correta, pois as partes podem, "por cláusula expressa, reforçar, diminuir ou excluir a responsabilidade pela evicção" (CC, art. 448); **D:** incorreta, pois não existe tal previsão legal; **E:** incorreta, pois nesse caso não assiste direito ao evicto de demandar pela evicção (CC, art. 457).
Gabarito "C".

(Procurador Municipal/SP – VUNESP – 2016) Quanto à evicção, é correto afirmar que

(A) é necessária a comprovação do trânsito em julgado da sentença que reconhece a evicção para que o evicto possa exercer os direitos dela resultantes.
(B) o direito do evicto de recobrar o preço que pagou pela coisa evicta depende do alienante participar na ação em que terceiro reivindique a coisa.
(C) para o exercício do direito de evicção, é suficiente que a parte fique privada do bem em decorrência de ato administrativo.
(D) as restrições decorrentes de tombamento do imóvel alienado ensejam evicção, mesmo que a adquirente tenha conhecimento do ato administrativo.
(E) nos contratos onerosos e gratuitos, o alienante responde pela evicção. Subsiste essa garantia ainda que a aquisição se tenha realizado em hasta pública.

A: incorreta. O STJ já pacificou o entendimento de que o evicto não precisa aguardar até o trânsito em julgado da sentença que reconhece a evicção a fim de que possa exercer os direitos daí resultantes (REsp 1332112/GO, Rel. Ministro Luis Felipe Salomão, Quarta Turma, julgado em 21/03/2013, DJe 17/04/2013); **B:** incorreta. Há muito se pacificou o entendimento de que – mesmo sem a denunciação da lide – o evicto mantém o direito de ajuizar ação autônoma contra o alienante do imóvel. Nesse sentido, o STJ decidiu que: "*O exercício do direito oriundo da evicção independe da denunciação da lide ao alienante na ação em que terceiro reivindica a coisa*" (REsp 1332112/GO, Rel. Ministro Luis Felipe Salomão, Quarta Turma, julgado em 21/03/2013, DJe 17/04/2013); **C:** correta, pois a privação administrativa do bem também proporciona ao adquirente uma perda suficiente para lhe conceder os direitos decorrentes da evicção; **D:** incorreta, pois "*Não pode o adquirente demandar pela evicção, se sabia que a coisa era alheia ou litigiosa*" (CC, art. 457); **E:** incorreta, pois as garantias contra a evicção limitam-se aos contratos onerosos.
Gabarito "C".

4.5. COMPRA E VENDA E TROCA

(Juiz – TJ/SP – VUNESP – 2015) No capítulo relativo ao contrato de compra e venda, é correta a seguinte hipótese:

(A) a fixação do preço pode ser deixada ao arbítrio de terceiro, à taxa de mercado ou de bolsa, em função de índices de subjetiva determinação, mas não ao arbítrio exclusivo de uma das partes.
(B) de regra, ficarão as despesas de escritura e registro a cargo do vendedor, mas as da tradição caberão ao comprador.
(C) juízes, serventuários e auxiliares da justiça não podem comprar bens sobre que se litigar em tribunal, juízo ou conselho, no lugar onde servirem, ou a que se estender a sua autoridade, sob pena de nulidade, hipótese inextensível à cessão de crédito.

(D) a venda realizada diretamente pelo mandante ao mandatário não é maculada de nulidade.

A: incorreta, pois os índices devem ser de objetiva determinação (CC, art. 487); **B:** incorreta, pois contrária ao disposto no art. 490 do Código Civil; **C:** incorreta, pois a cessão de crédito não se encaixa na referida limitação (CC, art. 497); **D:** correta, pois tal possibilidade é prevista no mandato com cláusula "em causa própria", pelo qual o comprador paga o valor do imóvel e – ao invés de receber a propriedade do bem – recebe um mandato com o poder de vender o bem para terceiros *ou para si próprio*. Há algumas vantagens práticas e de desburocratização negocial nesse ato, pois o comprador, por exemplo, poderá vender esse bem diretamente do comprador para o terceiro adquirente. Para que esse mandato funcione na prática, ele obviamente não pode ser revogado pelo mandante, não há prestação de contas e ele não se extinguirá com a morte do mandante (CC, art. 685).
Gabarito "D".

(Procurador – SP – VUNESP – 2015) É correto afirmar que a venda a contento

(A) é realizada sob condição resolutiva, atribuindo-se ao comprador a possibilidade de resolver o contrato, no prazo estabelecido, restituindo-se a coisa ao vendedor.
(B) é nula se o instrumento contratual não apresentar prazo para que o comprador declare sua aceitação.
(C) atribui ao comprador a condição de locatário, enquanto não declarar a aceitação da coisa.
(D) exige que o comprador preste caução idônea ao vendedor, caso haja perecimento da coisa durante o prazo em que é avaliada.
(E) atribui ao comprador a condição de comodatário, enquanto não declarar a aceitação da coisa.

A: incorreta, pois a venda a contento "*entende-se realizada sob condição suspensiva*", ainda que a coisa tenha sido entregue ao comprador (CC, art. 509). A ideia é que o contrato de compra e venda só produzirá seus regulares efeitos quando e se o possível comprador manifestar seu agrado quanto ao bem que lhe foi entregue; **B:** incorreta, pois a falta de prazo não anula o contrato. Ao contrário, o Código estabelece que caso não haja prazo estipulado, o vendedor terá direito de intimar o comprador para que se manifeste (CC, art. 512); **C:** incorreta, pois o Código (art. 511) é expresso ao equiparar o comprador ao comodatário enquanto não manifestar sua aceitação; **D:** incorreta, pois a lei não impõe esta exigência ao comprador; **E:** correta, pois de pleno acordo com o disposto no art. 511 do Código Civil. Vale ressaltar que – por conta dessa equiparação – eventual perda da coisa sem culpa resolve a obrigação, não havendo nenhuma responsabilidade para o comprador (CC, art. 238).
Gabarito "E".

(Procurador Municipal/SP – VUNESP – 2016) Sobre o contrato de compra e venda, assinale a alternativa correta.

(A) É válido contrato de compra e venda quando se deixa ao arbítrio exclusivo de uma das partes a fixação do preço.
(B) Até o momento da tradição, os riscos da coisa correm por conta do comprador, e os do preço, por conta do vendedor.
(C) A tradição da coisa vendida, na falta de estipulação expressa, dar-se-á no lugar do domicílio do comprador ao tempo da venda.
(D) É considerada inexistente a venda de ascendente a descendente, salvo se os outros descendentes e o cônjuge do alienante expressamente houverem consentido.
(E) Salvo cláusula em contrário, ficarão as despesas de escritura e de registro a cargo do comprador, e, a cargo do vendedor, as da tradição.

A: incorreta, pois a lei considera tal avença como nula de pleno direito (CC, art. 489); **B:** incorreta, pois a assertiva inverte os riscos legalmente estabelecidos (CC, art. 492); **C:** incorreta, pois "*a tradição da coisa vendida, na falta de estipulação expressa, dar-se-á no lugar onde ela se encontrava, ao tempo da venda*" (CC, art. 493); **D:** incorreta, pois tal venda é apenas anulável (CC, art. 496); **E:** correta, pois de pleno acordo com a previsão do art. 490 do Código Civil.
Gabarito "E".

(Magistratura/SP – 2013 – VUNESP) A respeito do contrato de compra e venda, é certo afirmar que

(A) nulo é o contrato de compra e venda quando se atrela o preço exclusivamente a taxas de mercado ou bolsa.
(B) o direito de preferência que tem o vendedor de uma coisa de adquiri-la do comprador é personalíssimo, não se podendo ceder e nem passar aos herdeiros.
(C) o contrato de compra de safra futura ficará sem efeito se esta, por razões climáticas, vier a se perder, sendo nula, nessa hipótese, a cláusula que permita ao vendedor ficar com o preço já recebido.
(D) será nula a venda feita sem a observância de direito de preferência estipulado em favor de terceiro.

A: incorreta, pois o Código Civil admite o contrato em que as partes deixam a fixação do preço à taxa de mercado e bolsa, desde que em certo e determinado lugar (art. 486 do CC); **B:** correta, pois, segundo o art. 520 do CC, "o direito de preferência não se pode ceder nem passa aos herdeiros"; **C:** incorreta, pois no caso de o adquirente das coisas ou fatos futuros assumir o "risco de não virem a existir", terá o alienante direito de receber integralmente o que lhe foi prometido, desde que não tenha agido com culpa ou dolo (art. 458 do CC); **D:** incorreta, pois o desrespeito ao direito de preferência impõe apenas a responsabilização por perdas e danos do comprador que alienar a coisa sem a sua observância (art. 518 do CC).
Gabarito "B".

(Magistratura/SP – 178º – VUNESP) Indique a asserção enganosa.

(A) Se, na venda *ad mensuram* de um imóvel, se verificar que há excesso superior a um vigésimo do total da área enunciada e se o vendedor comprovar que tinha motivos para ignorar a medida exata da área vendida, pode o comprador completar o valor correspondente ou simplesmente devolver o excesso.
(B) No caso de separação de bens convencional, é lícita a compra e venda, entre cônjuges, de bens excluídos da comunhão.
(C) É nula a venda de ascendente a descendente quando nem os outros descendentes nem o cônjuge do alienante deram expresso consentimento.
(D) É nulo o contrato de compra e venda em que se deixa ao arbítrio exclusivo de uma das partes a fixação do preço.

A: correta (art. 500, § 2º, do CC); **B:** correta (art. 499 do CC); **C:** incorreta, devendo ser assinalada, pois é anulável a venda (art. 496 do CC); **D:** correta (art. 489 do CC).
Gabarito "C".

4.6. COMPROMISSO DE COMPRA E VENDA

(Magistratura/SP – 178º – VUNESP) Destes assertos, só um é certo. Diga qual é.

(A) Com a promessa de compra e venda, de que não conste cláusula de arrependimento, adquire o promitente comprador, desde que inscrito o compromisso

no Cartório de Registro de Imóveis, o direito de sequela.
(B) Para que o promitente comprador adquira direito real à aquisição do imóvel, é imprescindível conste da promessa de compra e venda cláusula expressa de irrevogabilidade.
(C) Somente a promessa de compra e venda celebrada por instrumento público dá ao promitente comprador direito real.
(D) Na promessa de compra e venda de imóvel não loteado, é condição legal da constituição do direito real à aquisição do imóvel a quitação do preço no ato.

Art. 1.417 do CC.
Gabarito "A".

4.7. DOAÇÃO

(Procurador – IPSMI/SP – VUNESP – 2016) Sobre a doação, assinale a alternativa correta.

(A) A doação em forma de subvenção periódica ao beneficiado permanece como obrigação dos herdeiros, morrendo o doador.
(B) A doação de um cônjuge a outro importa adiantamento do que lhes cabe por herança.
(C) Não é possível a doação feita a nascituro, ainda que aceita por seu representante legal.
(D) A doação é sempre pura, ou seja, não é possível a estipulação de cláusula que onere o donatário.
(E) A doação far-se-á sempre por escritura pública, por ser uma liberalidade que transfere um patrimônio.

A: incorreta, pois tal doação *"extingue-se morrendo o doador'"* (CC, art. 545); B: correta, pois de pleno acordo com a regra estabelecida no art. 544 do Código Civil; C: incorreta, pois o Código Civil (art. 542) permite a doação ao nascituro, exigindo apenas a aceitação pelo representante legal; D: incorreta, pois é possível estabelecer a doação com encargo (CC, art. 553); E: incorreta, pois a lei não exige tal forma especial em todas as doações.
Gabarito "B".

4.8. MÚTUO, COMODATO E DEPÓSITO

(Cartório/SP – 2012 – VUNESP) No comodato precário,

(A) a mora é *ex re*, de modo que a qualquer tempo afigura-se viável o pedido de reintegração de posse do bem.
(B) a mora é *ex persona*, impondo-se como condição de procedibilidade à reintegração a prévia notificação do comodatário.
(C) o comodante poderá retomar a coisa a qualquer tempo, com o uso moderado dos meios necessários, prescindindo de intervenção judicial.
(D) o comodatário poderá opor a exceção de usucapião, com fundamento na continuidade da posse legítima.

A: incorreta, pois no comodato firmado por prazo indeterminado a mora é *ex persona*, de modo que o comodante deve notificar o comodatário acerca da sua intenção de retomada do bem. Caso o comodatário não o devolva, sua posse se tornará precária dando azo à propositura da ação de reintegração de posse ao comodante; B: correta, pois de fato a mora é *ex persona* "Ação possessória Comodato verbal por prazo indeterminado Notificação prévia do comodatário. Honorários advocatícios Advogado nomeado pelo Convênio PGE/OAB. 1. Em se tratando de comodato verbal por prazo indeterminado, é imprescindível a constituição *em mora do comodatário como condição da ação de reintegração de posse, por meio de notificação, sendo certo que, na ausência, o processo deve ser extinto sem apreciação do mérito. 2. O advogado nomeado pelo convênio OAB/PGE tem o direito de receber verba honorária pelos serviços que prestou, independentemente do resultado da demanda. Recurso parcialmente provido.* (TJSP, Ap. 990102090400); C: incorreta, pois enquanto não constituir o comodatário em mora, sua posse continuará sendo justa, retirando, portanto, a legitimidade do comodante de agir com desforço imediato ou legítima defesa. Apenas após a notificação é que estas medidas tornam-se possíveis, desde que o faça logo. Não o fazendo, necessitará da intervenção judicial, por meio da ação de reintegração de posse (art. 1.210, § 1º, do CC); D: incorreta, pois enquanto estava na posse como comodatário, o fazia com a anuência do comodante, e logo não teve início o prazo da usucapião. Daí impossível alegar a exceção, uma vez que ausente um de seus requisitos.
Gabarito "B".

(Cartório/SP – 2012 – VUNESP) O depósito necessário que se efetua por ocasião de alguma calamidade, como o incêndio, a inundação ou o naufrágio ou o saque, corresponde ao

(A) depósito miserável.
(B) depósito do hospedeiro.
(C) depósito legal.
(D) depósito irregular.

A: correta, na medida em que o depósito miserável é uma das espécies de depósito necessário, isto é, aquele decorre de obrigação legal. Está previsto no art. 647, II, do CC; B: incorreta, na medida em que o depósito do hospedeiro é a outra espécie de depósito necessário e se dá em relação às bagagens dos hóspedes nas hospedarias onde estiverem (art. 649 do CC); C: incorreta, pois muito embora esta espécie de depósito esteja prevista em lei, há regulamentação específica, no sentido de tratar-se de depósito miserável (art. 647, II, do CC); D: incorreta, pois o depósito irregular constitui espécie de depósito convencional que tem por objeto coisas fungíveis ou consumíveis, pelo qual fica o depositário autorizado a dispor da mesma e, inclusive consumi-las, liberando-se da sua obrigação mediante entrega, não da coisa depositada, mas de outra equivalente em espécie, qualidade e quantidade. Regula-se pelos mesmos dispositivos do mútuo, art. 1.280 CC.
Gabarito "A".

4.9. LOCAÇÃO

(Procurador do Estado/SP – 2018 – VUNESP) O Estado de São Paulo celebrou contrato de locação de bem imóvel de propriedade de Marcos, casado sob o regime da comunhão universal de bens com Luiza, pelo prazo de 5 anos e com o escopo de ali instalar uma unidade policial. O contrato contém cláusula de vigência e foi averbado junto à matrícula do imóvel. A minuta do contrato indica como locador apenas Marcos, com menção ao fato de ser casado com Luiza, que não subscreveu o instrumento e vem a falecer doze meses após sua celebração, deixando dois filhos maiores e capazes. Nesse caso,

(A) por serem adquirentes *causa mortis*, os herdeiros de Luiza poderão denunciar o contrato no prazo de 90 dias, contados da abertura da sucessão.
(B) tratando-se de negócio jurídico que recai sobre patrimônio do casal, o prosseguimento válido da locação dependerá da inserção, via aditamento contratual, dos herdeiros de Luiza como locadores.
(C) o contrato deve ser declarado nulo por falta de legitimação originária, pois tratando-se de ato de alienação do uso e gozo de bem de propriedade do casal, imprescindível era a prévia autorização de Luiza.

(D) o contrato é válido, mas dependerá da ratificação expressa dos herdeiros de Luiza para conservar sua eficácia.
(E) é desnecessário, sob o prisma da validade, o aditamento do contrato para inserção dos herdeiros de Luiza como locadores.

A questão envolve dois conceitos do contrato de locação de imóvel urbano. O primeiro refere-se à necessidade de vênia conjugal. O art. 3º da Lei 8.245/1991 estabelece que: "*O contrato de locação pode ser ajustado por qualquer prazo, dependendo de vênia conjugal, se igual ou superior a dez anos*". Ausente a vênia conjugal, "*o cônjuge não estará obrigado a observar o prazo excedente*". Assim, em sua origem, o contrato de locação é válido. Ademais, não há necessidade de aditamento do contrato para inserir os herdeiros de Luiz como locadores. O referido bem será inventariado normalmente e – após a atribuição da meação para cada cônjuge – os direitos hereditários serão transferidos e assegurados. O art. 10 da Lei 8.245/91 ainda salienta que: "*Morrendo o locador, a locação transmite-se aos herdeiros*".
Gabarito "E".

(Juiz – TJ/RJ – VUNESP – 2016) Nos contratos de locação não residencial em que há "construção sob medida", amplamente conhecidos pela expressão inglesa *built-to-suit* ou *build-to-suit*, é correto afirmar que

(A) o contrato deverá ser firmado por escrito e com prazo determinado, não podendo ser inferior a 5 (cinco) anos.
(B) a vigência da locação, em caso de alienação do imóvel pelo locador, independe de cláusula de vigência e averbação do instrumento contratual na matrícula do imóvel.
(C) é vedada a estipulação de mais de uma modalidade de garantia em benefício do locador.
(D) é nula a estipulação de cláusula de renúncia ao direito de revisão do valor dos aluguéis durante o prazo de vigência do contrato de locação.
(E) a cláusula penal estabelecida por denúncia antecipada do locatário poderá alcançar a soma dos valores dos aluguéis a receber até o termo final da locação.

A: incorreta, pois a lei de locação não impõe esse prazo mínimo de contrato; **B:** incorreta, pois – para alcançar esse relevante efeito de vigência da locação na hipótese de alienação – deve-se observar os requisitos do art. 8º da Lei 8.245/1991; **C:** incorreta, pois nessa espécie de locação "*prevalecerão as condições livremente pactuadas no contrato respectivo*" (Lei 8.245/91, art. 54-A); **D:** incorreta, pois tal renúncia poderá ser convencionada entre as partes (Lei 8.245/1991, art. 54-A § 1º); **E:** correta, pois "*Em caso de denúncia antecipada do vínculo locatício pelo locatário, compromete-se este a cumprir a multa convencionada, que não excederá, porém, a soma dos valores dos aluguéis a receber até o termo final da locação*" (Lei 8.245/1991, art. 54-A, § 2º).
Gabarito "E".

(Procurador – IPSMI/SP – VUNESP – 2016) Considerando um contrato de locação urbana, assinale a alternativa correta.

(A) Morrendo o locador, a locação é extinta, estipulando-se prazo de 90 dias para o locatário desocupar o imóvel.
(B) Em caso de dissolução da união estável, a locação residencial prosseguirá automaticamente com o companheiro que permanecer no imóvel.
(C) É livre a convenção do aluguel, podendo ser estipulado em moeda estrangeira quando o locador for pessoa jurídica sediada fora do país.
(D) O locatário poderá exercer o direito de preferência na aquisição do imóvel no caso de venda por decisão judicial.
(E) No contrato de locação, pode o locador exigir do locatário uma ou duas modalidades de garantia.

A: incorreta, pois morrendo o locador, a locação transmite-se aos herdeiros (Lei 8.245/1991, art. 10); **B:** correta, pois de pleno acordo com o teor do art. 12 da Lei 8.245/1991; **C:** incorreta, pois o art. 17 da Lei 8.245/1991 proíbe a estipulação em moeda estrangeira; **D:** incorreta, pois "o direito de preferência não alcança os casos de perda da propriedade ou venda por decisão judicial" (Lei 8.245/1991, art. 32); **E:** incorreta, pois "*é vedada, sob pena de nulidade, mais de uma das modalidades de garantia num mesmo contrato de locação*" (Lei 8.24519/91, art. 37, parágrafo único).
Gabarito "B".

(Magistratura/SP – 179º – VUNESP) Assinale a alternativa incorreta a respeito de locação residencial.

(A) Seja qual for o fundamento do término da locação, a ação do locador para reaver o imóvel é a de despejo.
(B) Extinto o usufruto e consolidada a propriedade em mãos do usufrutuário, a locação pode ser denunciada com prazo de trinta dias para a desocupação, desde que a denúncia seja exercitada no prazo de noventa dias contado da averbação da extinção do usufruto.
(C) Na falta de disposição contratual, as benfeitorias necessárias introduzidas pelo locatário serão indenizáveis e permitem o exercício do direito de retenção, ainda que não autorizadas pelo locador.
(D) Não estando a locação garantida, o locador poderá exigir do locatário o pagamento de aluguéis e encargos até o sexto dia do mês vincendo.

A: assertiva correta (art. 5º da Lei 8.245/1991); **B:** assertiva incorreta, devendo ser assinalada (art. 7º da Lei 8.245/1991); **C:** assertiva correta (art. 35 da Lei 8.245/1991); **D:** assertiva correta (art. 42 da Lei 8.245/1991).
Gabarito "B".

4.10. PRESTAÇÃO DE SERVIÇO

(Magistratura/SP – 179º – VUNESP) Considere as seguintes afirmações:

I. o prestador de serviços civil despedido por justa causa não terá direito à retribuição vencida;
II. quem prestar serviço sem possuir título de habilitação ou sem satisfazer outros requisitos estabelecidos pela lei não terá direito à compensação razoável pelo benefício propiciado a quem desfrutou do serviço, quando a proibição da prestação do serviço resultar de lei de ordem pública, ainda que tenha agido de boa-fé;
III. no transporte de pessoas, o usuário que deixar de embarcar terá direito ao reembolso do valor da passagem se provar que outra pessoa foi transportada em seu lugar, com retenção de até 5% da importância a ser restituída, a título de multa compensatória.

São verdadeiras as proposições

(A) I e III, apenas.
(B) I e II, apenas.
(C) II e III, apenas.
(D) I, II e III.

I: incorreta (art. 602, parágrafo único, parte final, do CC); **II:** correta (art. 606 do CC); **III:** correta (art. 740 do CC).
Gabarito "C".

4.11. MANDATO

(Procurador – IPSMI/SP – VUNESP – 2016) Antonio outorgou mandato a João para a compra de uma casa. No entanto, Antonio foi interditado depois dessa outorga. Diante desse fato, assinale a alternativa correta.

(A) O mandato permanece válido, por ter sido outorgado quando Antonio era capaz.
(B) O curador de Antonio deverá revogar o mandato por instrumento público.
(C) O juiz da interdição deverá revogar o mandato.
(D) A interdição equivale à renúncia do mandato.
(E) Cessa o mandato com a interdição, como ocorreria com a morte do mandatário.

No que se refere ao contrato de mandato, o Código Civil traz uma regra bastante clara e direta. A morte ou interdição de qualquer uma das partes extingue o contrato automaticamente (CC, art. 682, II), sem necessidade de intervenção judicial ou qualquer comportamento de eventual curador.
Gabarito "E".

(Ministério Público/ES – 2013 – VUNESP) Assinale a alternativa correta sobre o contrato de mandato.

(A) O menor púbere pode ser mandatário, ainda que não seja emancipado.
(B) O mandato por instrumento público não pode ser substabelecido por instrumento particular.
(C) A interdição do mandante não provoca a cessação do mandato, dependendo de expressa revogação por parte do curador.
(D) O mandato com a cláusula "em causa própria" pode ser revogado a qualquer tempo pelo mandante.
(E) O mandatário só poderá substabelecer seus poderes se houver expressa autorização do mandante.

A: correta, pois o Código permite que o maior de dezesseis anos seja mandatário (CC, art. 666); **B:** incorreta, pois o que determina a forma do mandato é o negócio principal que será praticado pelo mandatário. Caso o negócio principal não exija escritura pública, as partes poderão livremente escolher a forma pública ou particular, tanto para o mandato quanto para o substabelecimento (CC, art. 655); **C:** incorreta, pois a interdição de qualquer uma das partes acarreta na extinção do mandato (CC, art. 682); **D:** incorreta, pois a assertiva viola o disposto no art. 685 do Código Civil. Esta cláusula "em causa própria" permite ao mandatário representar o mandante, realizando negócio com terceiros ou consigo mesmo. Sua natureza não comporta a possibilidade de revogação por parte do mandante; **E:** incorreta, pois presume-se a permissão para o substabelecimento (CC, art. 667).
Gabarito "A".

(Magistratura/MG – 2012 – VUNESP) Com relação ao mandato, assinale a alternativa que apresenta informação incorreta.

(A) Ainda quando se outorgue mandato por instrumento público, pode substabelecer-se mediante instrumento particular.
(B) Opera-se o mandato quando alguém recebe de outrem poderes para, em seu nome, praticar atos ou administrar interesses.
(C) Na falta de previsão no contrato ou na lei, a retribuição no mandato oneroso poderá ser determinada pelos usos do lugar ou, na falta destes, por arbitramento.
(D) O mandatário não tem o direito de reter, do objeto da operação que lhe foi cometida, o que baste para pagamento do que lhe for devido em consequência do mandato.

A: correta, pois o que determina a forma do substabelecimento é a forma exigida em lei para a prática do ato principal e não a forma porventura utilizada para o mandato (CC, art. 655); **B:** correta, pois trata-se da definição do contrato de mandato estabelecida pelo CC, art. 653; **C:** correta, pois o art. 658, parágrafo único, do CC prevê a possibilidade de se utilizar usos do lugar e arbitramento para fixar a remuneração do mandato quando esta não foi expressamente convencionada; **D:** incorreta, devendo ser assinalada, pois a lei concede direito de retenção ao mandatário a fim de que possa receber a remuneração devida pelo exercício do mandato (CC, art. 664).
Gabarito "D".

4.12. SEGURO

(Magistratura/MG – 2012 – VUNESP) Quanto ao contrato de seguro, assinale a alternativa que apresenta informação incorreta.

(A) A apólice ou o bilhete de seguro serão nominativos, à ordem ou ao portador, e mencionarão os riscos assumidos, o início e o fim de sua validade, o limite da garantia e o prêmio devido.
(B) Pelo contrato de seguro, o segurador se obriga, mediante o pagamento da indenização, a garantir interesse legítimo de segurado, contra riscos pretederminados.
(C) O segurador, desde que o faça nos 15 (quinze) dias seguintes ao recebimento do aviso de agravação do risco sem culpa do segurado, poderá dar-lhe ciência, por escrito, de sua decisão de resolver o contrato.
(D) Somente pode ser parte no contrato de seguro, como segurador, entidade legalmente autorizada.

A: correta, pois de acordo com a redação do art. 760 do CC; **B:** incorreta, pois o segurador tem direito a pagamento de prêmio e não de indenização; **C:** correta, pois o segurador de fato ostenta tal direito, o qual vem consagrado no art. 769, § 1º, do CC; **D:** correta, pois a atividade de segurador envolve grande repercussão social, além de exigir estrutura financeira de monta para viabilização do negócio. Daí a regra do art. 757, parágrafo único, do CC.
Gabarito "B".

(Magistratura/SP – 2013 – VUNESP) Acerca do contrato de seguro, é correto afirmar que

(A) os credores do devedor insolvente que vem a falecer podem penhorar o capital estipulado em seguro de vida por ele próprio contratado e pago, independentemente de quem seja o beneficiário.
(B) por meio desse contrato, que se prova mediante a exibição da apólice ou bilhete de seguro, o segurado, mediante a paga de uma contraprestação, faz jus, na hipótese de se verificar determinado evento, a receber indenização denominada prêmio.
(C) no seguro de responsabilidade civil, o segurado não pode reconhecer sua responsabilidade sem anuência expressa do segurador.
(D) ao segurado que agrava intencionalmente o risco objeto do contrato a lei impõe multa e redução da garantia prevista na apólice.

A: incorreta, pois, de acordo com o art. 794 do CC, "no seguro de vida ou de acidentes pessoais para o caso de morte, o capital estipulado não está sujeito às dívidas do segurado, nem se considera herança para todos os efeitos de direito"; **B:** incorreta, pois o segurado paga o "prêmio" e a segurada paga a "indenização" (arts. 757 e 763 do CC); **C:** correta (art. 787, § 2º, do CC); **D:** incorreta, pois o segurado que agravar intencionalmente o risco perderá o direito à garantia (art. 768 do CC).
Gabarito "C".

(Advogado – Pref. São Roque/SP – 2020 – VUNESP) Considerando o entendimento da Jurisprudência sumulada do Superior Tribunal de Justiça sobre o contrato de seguro, pode-se corretamente afirmar:

(A) A embriaguez do segurado exime a seguradora do pagamento da indenização prevista em contrato de seguro de vida.
(B) O suicídio não é coberto nos dois primeiros anos de vigência do contrato de seguro de vida, não havendo o direito do beneficiário à devolução do montante da reserva técnica formada.
(C) Ressalvada a hipótese de efetivo agravamento do risco, a seguradora não se exime do dever de indenizar em razão da transferência do veículo sem a sua prévia comunicação.
(D) No seguro de responsabilidade civil facultativo, cabe o ajuizamento de ação pelo terceiro prejudicado direta e exclusivamente em face da seguradora do apontado causador do dano.
(E) Nas ações de indenização decorrente de seguro DPVAT, a ciência inequívoca do caráter permanente da invalidez, para fins de contagem do prazo prescricional, depende de laudo médico, mesmo nos casos em que o conhecimento anterior resulte comprovado na fase de instrução.

A: incorreta, pois a embriaguez do segurado *não* exime a seguradora do pagamento da indenização prevista em contrato de seguro de vida (Súmula 620 STJ); B: incorreta, pois o suicídio não é coberto nos dois primeiros anos de vigência do contrato de seguro de vida, *ressalvado* o direito do beneficiário à devolução do montante da reserva técnica formada (Súmula 610 STJ); C: correta (Súmula 465 STJ); D: incorreta, pois no seguro de responsabilidade civil facultativo, *não* cabe o ajuizamento de ação pelo terceiro prejudicado direta e exclusivamente em face da seguradora do apontado causador do dano (Súmula 529 STJ); E: incorreta, pois nas ações de indenização decorrente de seguro DPVAT, a ciência inequívoca do caráter permanente da invalidez, para fins de contagem do prazo prescricional, depende de laudo médico, *exceto* nos casos de invalidez permanente notória ou naqueles em que o conhecimento anterior resulte comprovado na fase de instrução (Súmula 573 STJ).
Gabarito "C".

4.13. FIANÇA

(Advogado – Pref. São Roque/SP – 2020 – VUNESP) Judas alugou uma casa de Pedro. José, casado sob o regime da comunhão universal de bens, foi o fiador do contrato de locação, sem a participação de sua esposa. Em razão de ter sido despedido de seu emprego, Judas deixou de pagar o aluguel. Após 12 meses sem pagamento, Judas e Pedro assinaram um aditamento do contrato, sem a participação de José, por meio do qual foram os valores em atraso perdoados e o aluguel aumentado em 50%. Judas continuou a não pagar o aluguel, e Pedro ajuizou uma ação de despejo contra Judas, cumulada com cobrança dos valores devidos. A ação foi julgada procedente e foi iniciado o cumprimento de sentença contra Judas e contra José, tendo sido penhorada a única casa deste, onde residia com sua família.

Pode-se corretamente afirmar que

(A) a fiança prestada sem autorização de um dos cônjuges implica a ineficácia total da garantia, mesmo no regime da comunhão universal de bens.

(B) o fiador que não integrou a relação processual na ação de despejo responde pela execução do julgado, visto que sua responsabilidade decorre do contrato.
(C) o fiador, na locação, responde por obrigações resultantes de aditamento ao qual não anuiu, visto que o dever de pagar decorre do contrato aditado.
(D) a interrupção da prescrição para a cobrança dos aluguéis e acessórios atinge o fiador, que não participou da ação de despejo.
(E) não é válida a penhora de bem de família pertencente a fiador de contrato de locação.

A: correta, pois para que a fiança tenha efeito no caso do regime da comunhão universal de bens é indispensável a anuência do cônjuge (art. 1.647, III CC); B: incorreta, pois o fiador que não integrou a relação processual na ação de despejo por falta de pagamento não responde pela execução do julgado (Súmula 268 STJ); C: incorreta, pois o fiador na locação não responde por obrigações resultantes de aditamento ao qual não anuiu (Súmula 214 STJ); D: incorreta, pois se o fiador não participou da ação de despejo, a interrupção da prescrição para a cobrança dos aluguéis e acessórios não o atinge (edição 104 da Jurisprudência em Teses do STJ); E: incorreta, pois é válida a penhora de bem de família pertencente a fiador de contrato de locação (Súmula 549 STJ).
Gabarito "A".

4.14. ATOS UNILATERAIS

(Magistratura/SP – 180º – VUNESP) Quanto ao enriquecimento sem causa, assinale a opção apropriada.

(A) A restituição é cabível.
(B) Seu nexo de causalidade consiste essencialmente no efetivo enriquecimento de alguém e na efetiva diminuição do patrimônio de outrem, independentemente de resultarem de um só fato.
(C) A restituição é devida mesmo quando sua causa justificadora deixou de existir.
(D) A causa jurídica é requisito essencial.

Art. 885 do CC.
Gabarito "C".

4.15. ENRIQUECIMENTO SEM CAUSA

(Procurador do Município/Sorocaba-SP – 2012 – VUNESP) Sobre enriquecimento sem causa, é correto afirmar que o Código Civil de 2.002 prevê, expressamente, que

(A) aquele que, sem justa causa, se enriquecer à custa de outrem, será obrigado a restituir o indevidamente auferido, feita a atualização dos valores monetários e calculados os juros legais.
(B) a restituição é devida só quando não tenha havido causa que justifique o enriquecimento.
(C) não caberá a restituição por enriquecimento, se a lei conferir ao lesado outros meios para se ressarcir do prejuízo sofrido.
(D) se o enriquecimento tiver por objeto coisa determinada, quem a recebeu é obrigado a restituí-la, e, se a coisa não mais subsistir, a restituição se fará pelo valor do bem na época em que foi cedido.
(E) não se pode repetir o que se pagou para solver dívida prescrita, ou cumprir obrigação judicialmente inexigível.

A: incorreta, pois não são calculados os juros legais, sendo o valor atualizado somente com a correção monetária (art. 884, do CC); B: incorreta, já que a restituição é devida, não só quando não tenha havido causa que justifique o enriquecimento, mas também se esta deixou de existir (art. 885, do CC); **C:** correta (art. 886, do CC); **D:** incorreta, pois a restituição se fará pelo valor do bem na época em que foi exigido (art. 884, parágrafo único, do CC); **E:** incorreta, pois a alternativa trata do pagamento indevido e não do enriquecimento sem causa (art. 882, do CC).

Gabarito "C".

5. RESPONSABILIDADE CIVIL

5.1. OBRIGAÇÃO DE INDENIZAR

(Delegado – PC/BA – 2018 – VUNESP) A respeito da responsabilidade civil, assinale a alternativa correta.

(A) A indenização mede-se pela extensão do dano, não podendo ser reduzida pelo juiz, mesmo na existência de excessiva desproporção entre a gravidade da culpa e o dano; se a vítima tiver concorrido culposamente para o evento danoso, a sua indenização será fixada tendo-se em conta a gravidade de sua culpa em confronto com a do autor do dano.

(B) A indenização por ofensa à liberdade pessoal consistirá no pagamento das perdas e danos que sobrevierem ao ofendido; se o ofendido não puder provar prejuízo material, caberá ao juiz fixar, equitativamente, o valor da indenização, na conformidade das circunstâncias do caso; considera-se ofensiva da liberdade pessoal a denúncia falsa e de má-fé.

(C) No caso de homicídio, a indenização consiste, sem excluir outras reparações, no pagamento das despesas com o tratamento da vítima, seu funeral e o luto da família e na prestação de alimentos às pessoas a quem o morto os devia, levando-se em conta a duração provável da vida do alimentado.

(D) No caso de lesão ou outra ofensa à saúde, o ofensor indenizará o ofendido das despesas do tratamento e dos danos emergentes, além de algum outro prejuízo que o ofendido prove haver sofrido, não sendo devidos lucros cessantes.

(E) Se da ofensa resultar defeito pelo qual o ofendido não possa exercer o seu ofício ou profissão, a indenização, além das despesas do tratamento e lucros cessantes até ao fim da convalescença, incluirá pensão correspondente à importância do trabalho para que se inabilitou, não podendo a indenização ser arbitrada e paga de uma só vez.

A: incorreta, pois o Código Civil admite a redução da indenização em virtude da "desproporção entre a gravidade da culpa e o dano" (art. 944, parágrafo único); **B:** correta, pois de pleno acordo com o disposto nos arts. 953, parágrafo único e 954 do Código Civil; **C:** incorreta, pois a prestação de alimentos às pessoas a quem o morto os devia levará em conta a duração provável da vida da vítima e não do alimentado (CC, art. 948, II); **D:** incorreta, pois a indenização pelos lucros cessantes está expressamente estabelecida no art. 949 do Código Civil; **E:** incorreta. Apesar de o cálculo da indenização estar correto, o parágrafo único do art. 950 permite que o prejudicado, se preferir, exija "*que a indenização seja arbitrada e paga de uma só vez*".

Gabarito "B".

(Procurador do Estado/SP – 2018 – VUNESP) Assinale a alternativa correta.

(A) Decisão criminal absolutória por insuficiência de provas impede rediscussão, em âmbito civil, de pretensão de reparação de danos.

(B) O incapaz responderá pelos danos que causar, se as pessoas por ele responsáveis não tiverem a obrigação de fazê-lo ou não dispuserem de meios suficientes.

(C) O magistrado, em caso de excessiva desproporção entre a gravidade da culpa e o dano, poderá reduzir o valor da indenização em até 2/3 do valor originalmente fixado.

(D) Pai que ressarce o dano causado por filho relativamente capaz pode buscar reembolso no prazo de 3 anos, contados da cessação da menoridade.

(E) Em caso de concurso de agentes causadores de dano, cada qual responde na medida da sua culpabilidade.

A: incorreta, pois a discussão no âmbito civil apenas é obstada quando a decisão criminal versar sobre existência do fato ou autoria (CC, art. 935). Assim, a decisão absolutória por falta de provas não impede a rediscussão no âmbito civil; **B:** correta, pois o enunciado repete a previsão do art. 928 do Código Civil, que estabelece a responsabilidade civil direta do incapaz; **C:** incorreta, pois – apesar de o Código Civil permitir a redução da indenização nesse caso – não existe a limitação de 2/3 na referida diminuição do valor indenizatório; **D:** incorreta, pois – na hipótese de responsabilização dos pais por atos ilícitos praticados pelos filhos incapazes – não haverá direito de regresso (CC, art. 934); **E:** incorreta, pois "*se a ofensa tiver mais de um autor, todos responderão solidariamente pela reparação*" (CC, art. 942).

Gabarito "B".

(Procurador – SP – VUNESP – 2015) Suprime-se o seguinte elemento, em casos de responsabilidade civil objetiva:

(A) ação ou omissão voluntária.
(B) nexo de causalidade.
(C) dano.
(D) culpa.
(E) ato ilícito.

A configuração da responsabilidade civil objetiva dispensa o requisito da culpa, que é justamente o elemento subjetivo normalmente exigido. A culpa, vale lembrar, é aqui tratada no sentido amplo, englobando tanto o dolo, quanto a culpa em sentido estrito, verificada por um comportamento negligente ou imprudente. Além dos casos especificados em lei, haverá responsabilidade objetiva quando a atividade normalmente desempenhada pelo autor do dano for de risco (CC, art. 927, parágrafo único).

Gabarito "D".

(Juiz – TJ/MS – VUNESP – 2015) De acordo com o Código Civil de 2002, é responsável pela reparação civil, independentemente de culpa, o

(A) que houver gratuitamente participado no produto de crime, até a concorrente quantia.
(B) síndico, pelos atos praticados pelo condômino.
(C) comandante de aeronave ou embarcação, pelos atos praticados pelos tripulantes.
(D) militar, pelos atos praticados pelos seus subordinados.
(E) relativamente incapaz, pelos atos praticados pelo absolutamente incapaz em sua companhia.

A responsabilidade civil subjetiva é a grande regra geral em nosso ordenamento. A responsabilidade civil será objetiva (independentemente de culpa) quando a lei expressamente determinar ou quando a atividade normalmente desenvolvida pelo autor do dano for de risco (CC, art. 927, parágrafo único). Dentre as hipóteses mencionadas, apenas a assertiva A é mencionada na lei como sendo de responsabilidade objetiva (CC, art. 932, V).

Gabarito "A".

(Juiz de Direito – TJM/SP – VUNESP – 2016) Considere o caso hipotético. Antonio e Maria contrataram a prestação de serviço de um laboratório particular para coletar células-tronco embrionárias do cordão umbilical de seu filho que iria nascer, pagando previamente pelo serviço de coleta. Por ocasião do parto, o laboratório foi avisado pelo casal, mas nenhum representante compareceu, deixando de coletar o material genético que poderia ser usado, no futuro, em eventual tratamento da saúde do nascituro. Proposta ação indenizatória pelos pais e a criança, assinale a alternativa que melhor soluciona a questão.

(A) Os pais têm direito à indenização por danos materiais e os três a danos morais, não se falando na perda de uma chance, ou dano hipotético, que só ocorreria se a criança fosse vir a necessitar do material coletado no futuro.
(B) Os pais têm direito à indenização por danos morais e materiais e a criança a ser reparada pela perda de uma chance de obter um proveito determinado ou de evitar uma perda, por ser a beneficiária do contrato celebrado.
(C) Apenas os pais são legitimados a receber indenização por danos morais, materiais e pela perda de uma chance, uma vez que a criança não participou do contrato, tratando-se de mero dano hipotético.
(D) Os três são legitimados a receber indenização por danos materiais, morais e pela perda de uma chance, em razão da potencialização do dano.
(E) Os pais têm direito apenas a serem reparados por danos materiais e a criança pelos danos morais ou pela perda de uma chance, que se confundem, evidenciada por um dano certo, por evitar determinado prejuízo.

É inegável que os pais da criança sofreram um abalo psicológico e emocional, que merece ser atenuado pela via dos danos morais. O dano material também é evidente, visto que houve pagamento prévio pelo serviço. Quanto ao nascituro, não houve um dano moral, muito menos material, mas apenas a perda de um possível tratamento no futuro, diante de um quadro que não é possível assegurar no momento atual. Esta é a principal característica da "perda de uma chance". A vítima não sofre um prejuízo líquido e certo, mas lhe é retirada uma potencialidade, uma possibilidade futura. O exemplo clássico é o do advogado que perde o prazo para ajuizar uma ação com alta probabilidade de êxito. O cliente não pode assegurar que teve um dano ou um prejuízo líquido e certo, mas certamente pode alegar que perdeu a chance de conquistar um ganho.
Gabarito "B".

(Magistratura/SP – 2013 – VUNESP) Acerca da responsabilidade civil, e considerada a jurisprudência assente, é certo afirmar que

(A) se sentença criminal definir que determinado fato existiu, a existência desse fato não pode mais ser discutida na ação de responsabilidade civil.
(B) aquele que cobra dívida já paga na sua inteireza é obrigado a pagar ao devedor o dobro do que houver pago, ainda que tenha agido de boa-fé.
(C) na responsabilidade objetiva não se exige culpa e nem nexo de causalidade.
(D) a perda de uma chance, por não se caracterizar como dano real e concreto, não pode ser indenizada.

A: correta (art. 935 do CC); B: incorreta, pois a jurisprudência exige má-fé do credor para impor a penalidade prevista no art. 940 do CC (STJ, REsp 1.195.792); C: incorreta, pois o nexo de causalidade é exigido; D: incorreta, pois a perda de uma chance – dano decorrente da possibilidade de buscar posição jurídica mais vantajosa que muito provavelmente ocorreria impõe indenização desde que a chance perdida seja séria e real, como é o caso de alguém que perde a posse em cargo público no qual fora aprovado por concurso público, em virtude de grande atraso em viagem aérea para a cidade onde a posse se daria.
Gabarito "A".

(Ministério Público/ES – 2013 – VUNESP) Os pais de Gabriel, por decisão judicial transitada em julgado, perderam o poder familiar sobre o menor. Assim, foi judicialmente designado tutor para garantir os interesses de Gabriel e representá-lo civilmente, nos termos da legislação vigente. Aos 16 anos, Gabriel já possui renda própria, fruto de sua atividade profissional como ator, possuindo condições financeiras melhores que de seu próprio tutor, pessoa humilde e com receita limitada à subsistência. O menor púbere furtou um veículo e, acidentalmente, atropelou uma pessoa, que veio a falecer dias depois. Diante do caso concreto apresentado, assinale a alternativa correta acerca da responsabilidade civil dos envolvidos.

(A) O tutor tem responsabilidade pelos danos causados pelo menor, desde que comprovada a ocorrência da culpa *in vigilando*.
(B) O tutor não responde pelos danos causados pelo menor, na medida em que sua atuação limita-se à gestão de patrimônio e assistência para os atos da vida civil.
(C) Considerando a existência de condições financeiras do menor, há responsabilidade solidária entre ele, seus pais e seu tutor.
(D) O menor responderá pessoalmente pelos prejuízos, devendo indenizar a família da vítima pelos danos decorrentes do homicídio.
(E) Os pais do menor, apesar de terem perdido o poder familiar, respondem objetivamente pela reparação do dano causado à família da vítima.

O art. 928 do Código Civil estabelece uma regra excepcional de responsabilização civil que recai sobre o próprio incapaz, desde que este tenha condições financeiras de arcar com tal indenização e desde que o responsável não tenha tal capacidade. O Código ainda estabelece que tal indenização não será devida se privar do necessário o incapaz.
Gabarito "D".

(Ministério Público/SP – 83º – VUNESP) É exato afirmar que as pessoas jurídicas de direito privado respondem pelos atos culposos de seus órgãos diretores, conselheiros e administradores. Para a apuração de eventual responsabilidade:

(A) não se admite a responsabilidade aquiliana da pessoa jurídica, mesmo que o fato seja decorrente de ato praticado por intermédio, de seus órgãos, representantes, empregados e prepostos.
(B) os empregados e prepostos estão livres de responsabilidade, porque os órgãos diretores, conselheiros e administradores serão sempre responsáveis.
(C) inexiste a responsabilidade solidária, e em tais circunstâncias a vítima não poderá acionar a pessoa jurídica ou os empregados ou prepostos.
(D) subsiste sempre a responsabilidade solidária e a vítima poderá optar por acionar tanto a pessoa jurídica como os empregados ou prepostos.

(E) no campo dos direitos do consumidor, a pessoa jurídica não responde de forma objetiva, dependendo previamente da apuração da culpa de seus empregados.

A alternativa "D" está correta, consoante o art. 932, III, do CC.
Gabarito "D".

(Advogado – Pref. São Roque/SP – 2020 – VUNESP) De acordo com a Jurisprudência sumulada, acerca do dano moral, pode-se corretamente afirmar que

(A) a simples devolução indevida de cheque caracteriza dano moral, mas não a apresentação antecipada de cheque pré-datado.
(B) são civilmente responsáveis pelo ressarcimento de dano, decorrente de publicação pela imprensa, o autor do escrito e subsidiariamente o proprietário do veículo de divulgação, caso demonstrada a existência de dolo ou culpa deste.
(C) a pessoa jurídica não pode sofrer dano moral.
(D) é lícita a cumulação das indenizações de dano estético e dano moral, mas não são cumuláveis as indenizações por dano moral e material oriundos do mesmo fato.
(E) da anotação irregular em cadastro de proteção ao crédito não cabe indenização por dano moral quando preexistente legítima inscrição, ressalvado o direito ao cancelamento.

A: incorreta, pois caracteriza dano moral a apresentação antecipada de cheque pré-datado (Súmula 370 STJ); **B:** incorreta, pois são civilmente responsáveis pelo ressarcimento de dano, decorrente de publicação pela imprensa, tanto o autor do escrito quanto o proprietário do veículo de divulgação (Súmula 221 STJ); **C:** incorreta, pois a pessoa jurídica pode sofrer dano moral (Súmula 227 STJ); **D:** incorreta, pois são cumuláveis as indenizações por dano material e dano moral oriundos do mesmo fato (Súmula 37 STJ); **E:** correta (Súmula 385 STJ). GR
Gabarito "E".

5.2. INDENIZAÇÃO

(Magistratura/SP – 179º – VUNESP) Considere as seguintes afirmações sobre responsabilidade civil:

I. a indenização devida pelo incapaz não terá lugar se privar do necessário as pessoas que dele dependem;
II. o empregador responde pelos atos dos seus empregados, no exercício do trabalho que lhes competir, ou em razão dele, ainda que não haja culpa de sua parte;
III. na hipótese de indenização que deva em princípio ser medida pela extensão do dano, se houver excessiva desproporção entre a gravidade da culpa e o dano, o juiz poderá reduzir, equitativamente, seu valor.

Pode-se dizer que são verdadeiras

(A) apenas as assertivas I e III.
(B) apenas as assertivas I e II.
(C) todas as assertivas.
(D) apenas as assertivas II e III.

I: verdadeira, art. 928 do CC; **II:** verdadeira, arts. 932, III, e 933, ambos do CC; **III:** verdadeira, art. 944, *caput* e parágrafo único, do CC.
Gabarito "C".

(Procurador do Município/Cubatão-SP – 2012 – VUNESP) É correto afirmar que os juros de mora em indenização por dano moral, por responsabilidade extracontratual, no entendimento sumular do Superior Tribunal de Justiça,

(A) incidem desde a citação válida.
(B) incidem desde a juntada do mandado de citação nos autos.
(C) incidem desde a data do evento danoso.
(D) incidem desde a data do arbitramento.
(E) não incidem juros de mora.

A, B, D e E: incorretas, já que estão em desacordo com o entendimento do STJ; **C:** correta, pois os juros moratórios são devidos desde a data do evento danoso (Súmula n. 54, do STJ). Importante ressaltar que a correção monetária é devida desde a data da fixação da indenização por dano moral.
Gabarito "C".

6. COISAS

6.1. POSSE

(Delegado – PC/BA – 2018 – VUNESP) Com relação à posse, assinale a alternativa correta.

(A) A posse direta, de pessoa que tem a coisa em seu poder, temporariamente, em virtude de direito pessoal, ou real, não anula a indireta, de quem aquela foi havida, podendo o possuidor direto defender a sua posse contra o possuidor indireto.
(B) Tendo em vista que a posse somente é defendida por ser um indício de propriedade, obsta à manutenção ou reintegração na posse a alegação de propriedade, ou de outro direito sobre a coisa.
(C) Não autorizam a aquisição da posse justa os atos violentos, senão depois de cessar a violência; entretanto, se a coisa obtida por violência for transferida, o adquirente terá posse justa e de boa-fé, mesmo ciente da violência anteriormente praticada.
(D) É de boa-fé a posse, se o possuidor ignora o vício, ou o obstáculo que impede a aquisição da coisa. O possuidor com justo título tem por si a presunção de boa-fé, mesmo após a ciência inequívoca que possui indevidamente.
(E) O possuidor turbado, ou esbulhado, poderá manter-se ou restituir-se por sua própria força, a qualquer tempo; os atos de defesa, ou de desforço, não podem ir além do indispensável à manutenção, ou restituição da posse.

A: correta, pois a alternativa reproduz o disposto no art. 1.197 do Código Civil. Esse desmembramento é muito comum e útil para o comércio jurídico. Assim, por exemplo, na locação, o locador mantém a posse indireta do bem, enquanto o locatário tem a posse direta, o mesmo ocorrendo respectivamente com o comodante e o comodatário. O desmembramento também ocorre nos direitos reais sobre coisa alheia. Assim, por exemplo, o nu-proprietário mantém a posse indireta do bem, enquanto o usufrutuário tem a posse direta. Vale lembrar que a proteção possessória (incluindo as ações possessórias) é conferida a ambos, tanto em face de terceiros, como um em relação ao outro; **B:** incorreta. A ação possessória foi concebida exatamente para ser uma ação rápida, dinâmica e de simples solução. Se fosse permitida a discussão sobre quem é o dono, as ações possessórias perderiam todo esse dinamismo. É por conta disso que o art. 557, parágrafo único, do Código de Processo Civil diz que: "*Não obsta à manutenção ou à reintegração de posse a alegação de propriedade ou de outro direito sobre a coisa*". O art. 1.210, § 1º, do CC repete o enunciado; **C:** incorreta, pois se o adquirente souber da violência com a qual a coisa foi obtida, ele é considerado um possuidor de má-fé, pois tem ciência do vício que macula a posse (CC, art. 1.201); **D:** incorreta, pois a presunção de boa-fé que o justo título cria é relativa, admitindo prova em contrário. É por isso que o parágrafo único do art. 1.201 preceitua: "*O possuidor com justo título tem por si a presunção de boa-fé, salvo prova em contrário, ou quando a lei expressamente não admite esta presunção*"; **E:** incorreta, pois a vítima pode se defender desde que "*o faça logo*" (art. 1.210, § 1º). A ideia é que a defesa ocorra no "*calor dos acontecimentos*".

Gabarito "A".

(Magistratura/SP – 2013 –VUNESP) Em relação à posse, é correto afirmar que

(A) o locatário não tem a posse direta do imóvel que ele aluga, mas sim a indireta.
(B) o motorista de um caminhão da empresa para a qual trabalha tem a posse *ad usucapionem* desse bem.
(C) o possuidor direto tem direito de lançar mão dos interditos contra turbação, esbulho e violência iminente, se tiver justo receio de ser molestado, inclusive contra o possuidor indireto.
(D) o possuidor responde pela perda da coisa, ainda que de boa-fé e sem ter dado causa à perda.

A: incorreta, pois a posse do locatário é direta, ao passo que do proprietário é indireta; vale lembrar que tanto o possuidor direto, como o possuidor indireto tem direito à proteção possessória; **B:** incorreta, pois falta o ânimo de dono; ademais, o motorista, por agir em nome do proprietário da coisa, não chega a ter posse, mas mera detenção; **C:** correta (art. 1.197, parte final, do CC); **D:** incorreta, pois o possuidor da coisa não responde pela perda desta quando não tiver dado causa à perda e estiver de boa-fé (art. 1.217 do CC).

Gabarito "C".

(Ministério Público/SP – 83º –VUNESP) De acordo com o que estabelece o art. 1.200 do Código Civil, é justa a posse que não for violenta, clandestina ou precária. E nos termos do art. 1.201 do mesmo diploma, está dito que é de boa-fé a posse, se o possuidor ignora o vício ou o obstáculo que impede a aquisição da coisa. Diante de tais enunciados:

(A) quem pacificamente ingressar em terreno de outrem, sem ter a preocupação de ocultar a invasão, estará praticando esbulho, apesar de sua conduta não se identificar com nenhum dos três vícios referidos no art. 1.200 do Código Civil.
(B) presume-se ser possuidor de boa-fé quem, de forma não violenta, obtiver e apresentar justo título para transferir o domínio ou posse, não se admitindo prova em contrário em nenhuma hipótese.
(C) a boa-fé mostra-se como sendo circunstância essencial para o uso das ações possessórias, mesmo que a posse seja justa, e o possuidor de má-fé não tem ação para proteger-se de eventual ataque à sua posse.
(D) obtida a posse por meio clandestino, será injusta em relação ao legítimo possuidor, e injusta também no que toca a um eventual terceiro que não tenha posse alguma.
(E) caso venha a ser produzida em juízo prova visando a mudança do caráter primitivo da posse, esta não perderá aquele caráter com que foi adquirida, ainda que alguém que tendo a posse injusta do bem obtido por meio de violência, venha a adquiri-lo posteriormente por meio de escritura de compra e venda.

De fato, o esbulho se caracteriza com a privação de alguém da posse de uma coisa. E, uma vez ocorrido o esbulho, cabe ação de reintegração de posse (art. 1.210 do CC), independentemente de ter ocorrido os três vícios que contrariam o disposto no art. 1.200 do CC.

Gabarito "A".

6.1.1. EFEITOS DA POSSE

(Procurador Municipal – Sertãozinho/SP –VUNESP – 2016) Assinale a alternativa correta sobre o instituto da posse e seus efeitos.

(A) Em regra, o possuidor com justo título tem em seu benefício a presunção *juris tantum* de posse de boa-fé.
(B) A posse é um direito real, considerando-se possuidor todo aquele que tem de fato o exercício de algum dos poderes inerentes à propriedade.
(C) O direito civil brasileiro não admite o desdobramento da posse como forma de atribuir a alguém a posse direta e a outro a posse indireta sobre determinado bem.
(D) Para aquisição de imóvel por meio da usucapião extraordinária é dispensado o exercício da posse *ad usucapionem*.
(E) Ao possuidor de má-fé não serão ressarcidas as benfeitorias por ele realizadas, seja de natureza necessária, útil ou voluptuária.

A: correta. O justo título é o documento que aparenta ter aptidão para transmitir a posse (ou mesmo a propriedade) mas que – por algum vício intrínseco – não carrega tal aptidão. A serventia dele é conceder ao portador uma presunção de boa-fé na posse, o que acarreta variadas consequências jurídicas benéficas, como prazo reduzido de usucapião (CC, art. 1.201, parágrafo único); **B:** incorreta, pois a posse não é direito real; **C:** incorreta, pois o Código Civil (art. 1.197) admite o desdobramento da posse em *direta e indireta*. Assim, por exemplo, tem posse direta o locatário, o usufrutuário, o comodatário, enquanto o locador, o nu-proprietário e o comodante mantém apenas a posse indireta; **D:** incorreta, porquanto tal requisito é essencial em qualquer espécie de usucapião; **E:** incorreta, pois o possuidor de má-fé tem direito à indenização pelas benfeitorias necessárias, sem retenção (CC, art. 1.220).

Gabarito "A".

(Magistratura/SP – 178º – VUNESP) Assinale a única afirmativa inteiramente correta.

(A) Ao possuidor de má-fé serão ressarcidas as benfeitorias úteis e necessárias, mas só lhe assiste o direito de retenção pela importância das necessárias.
(B) O possuidor de má-fé responde por todos os frutos colhidos e percebidos, bem como pelos que, por culpa sua, deixou de perceber, desde o momento em que se constituiu de má-fé; tem direito às despesas de produção e custeio.
(C) O possuidor de boa-fé tem direito à indenização das benfeitorias úteis, necessárias e voluptuárias e pode exercer direito de retenção pelo valor de todas elas.
(D) O reivindicante, obrigado a indenizar as benfeitorias, deve pagar o valor atualizado delas, valor esse que, apurado pela perícia, não poderá ultrapassar o reclamado pelo possuidor.

A: incorreta, o possuidor de má-fé não tem direito de ser ressarcido por benfeitorias úteis, mas apenas por benfeitorias necessárias e, em hipótese alguma, tem direito de retenção por benfeitorias realizadas (art. 1.220 do CC); **B:** correta, art. 1.216 do CC; **C:** incorreta, art. 1.219 do CC; **D:** incorreta, art. 1.222 do CC. Para facilitar o entendimento das questões atinentes aos efeitos da posse, segue texto doutrinário a respeito.

Gabarito "B".

(Magistratura/SP – 179º –VUNESP) Assinale a afirmação incorreta.

(A) O possuidor de má-fé responde pela perda ou deterioração da coisa, ainda que acidentais, salvo se provar que de igual modo se teriam dado, estando ela na posse do reivindicante.

(B) A pessoa não pode adquirir a posse por meio de terceiro que não disponha de mandato, ainda que depois ratifique o ato dele.
(C) O reivindicante, obrigado a indenizar as benfeitorias ao possuidor de má-fé, tem o direito de optar entre o seu valor atual e o seu custo.
(D) A posse de boa-fé só perde este caráter no caso e desde o momento em que as circunstâncias façam presumir que o possuidor não ignora que possui indevidamente.

A: correta, art. 1.218 do CC; **B:** incorreta, devendo ser assinalada, art. 1.205, II, do CC; **C:** correta, art. 1.222 do CC; **D:** correta, art. 1.202 do CC.
Gabarito "B".

6.2. PROPRIEDADE IMÓVEL

(Procurador do Estado/SP – 2018 – VUNESP) Desde novembro de 2007, Tício exerce posse mansa, pacífica, ininterrupta e com fim de moradia sobre imóvel urbano com área de 260 m², baseado em compromisso de compra e venda quitado, mas não registrado, celebrado com Caio.

Mévio, de boa-fé, adquiriu o mesmo imóvel de Caio em fevereiro de 2018, mediante pagamento à vista, seguido de posterior registro da escritura pública de compra e venda no Cartório de Imóveis.

Em seguida, Mévio move ação de imissão na posse em face de Tício. Nesse caso,

(A) mesmo ausentes os requisitos da usucapião ordinária, Tício poderá alegar a usucapião especial urbana como matéria de defesa, para impedir a procedência do pedido.
(B) se acolhida a usucapião como matéria de defesa, Tício deverá indenizar Mévio, pois este não teria adquirido o imóvel de Caio caso o compromisso de compra e venda tivesse sido levado a prévio registro.
(C) Tício não poderá invocar a usucapião como matéria de defesa, ante a vedação à *exceptio proprietatis* prescrita no art. 1.210, parágrafo 2º do Código Civil e o fato de Mévio ser adquirente de boa-fé.
(D) Tício poderá alegar a usucapião ordinária como matéria de defesa para impedir a procedência do pedido, mediante prova da existência de compromisso de compra e venda quitado, ainda que não registrado, e da posse prolongada exercida com boa-fé.
(E) a alegação de usucapião ordinária formulada por Tício, como matéria de defesa, não impedirá a procedência do pedido, por falta de prévio registro do compromisso de compra e venda, condição indispensável para torná-lo oponível *erga omnes*, em especial a Mévio, adquirente de boa-fé.

A questão trata da usucapião ordinária, prevista no art. 1.242 do Código Civil. Tício exerceu a posse sobre o imóvel de forma contínua, incontense e de boa-fé. O prazo para a consumação de tal usucapião é de dez anos e o compromisso de compra e venda caracteriza a existência do justo título. O STJ já firmou entendimento segundo o qual: "*reconhece como justo título, hábil a demonstrar a posse, o instrumento particular de compromisso de compra e venda, ainda que desprovido de registro*" (AgInt no AREsp 202871/MS Agravo Interno no Agravo em Recurso Especial 2012/0144045-5). Desta forma, ele tornou-se legítimo proprietário do bem em novembro de 2017, quando o prazo se consumou e tal direito real de propriedade pode ser utilizado em sede de defesa (STF, súmula 237). No que se refere a Mévio, ele poderá se voltar contra Caio, que

vendeu coisa que já não era sua. Para tanto, ele utilizará as regras legais da garantia contra a evicção (CC, arts. 447 e seguintes).
Gabarito "D".

(Juiz de Direito – TJ/RS – 2018 – VUNESP) José era proprietário de uma extensa área urbana não edificada, com mais de 50.000 m². Essa área não era vigiada e nem utilizada para qualquer finalidade. O imóvel foi ocupado, no mês de janeiro de 2010, por um considerável número de pessoas, que construíram suas moradias. Os ocupantes, por sua própria conta, em mutirão, além de construírem suas casas, realizaram a abertura de viários posteriormente reconhecidos pelo poder público municipal, bem como construíram espaços destinados a escolas e creches que estão em pleno funcionamento. Cada moradia tem área superior a 350 m². Em março de 2016, José ajuizou uma ação reivindicatória que deverá ser julgada

(A) improcedente, tendo em vista que o juiz deverá declarar que o proprietário perdeu o imóvel reivindicado, em razão das obras de interesse social realizadas pelos moradores, fixando a justa indenização devida ao proprietário; pago o preço, valerá a sentença como título para o registro do imóvel em nome dos possuidores.
(B) procedente, tendo em vista que ainda não houve o prazo para a aquisição mediante usucapião. Dessa forma, os moradores deverão ser retirados, sem qualquer direito a indenizações por benfeitorias e acessões, tendo em vista a posse de má-fé.
(C) procedente, tendo em vista que ainda não houve o prazo para a aquisição mediante usucapião constitucional. Dessa forma, os moradores deverão ser retirados, mas terão direito à retenção do imóvel até serem indenizados pelas benfeitorias e acessões, tendo em vista a posse de boa-fé.
(D) improcedente, tendo em vista que o imóvel foi adquirido por usucapião especial coletivo; José, assim, foi penalizado pelo não cumprimento da função social da propriedade, bem como em razão da preponderância do direito social à moradia sobre o direito de propriedade.
(E) improcedente, tendo em vista que o juiz deverá declarar que o proprietário perdeu o imóvel reivindicado, em razão das obras de interesse social realizadas pelos moradores, não havendo qualquer direito à indenização, tendo em vista o não cumprimento da função social da propriedade e a preponderância do direito social à moradia sobre o direito de propriedade.

A questão versa sobre o art. 1.228, §§ 4º e 5º, que trouxe para o ordenamento jurídico brasileiro uma modalidade específica de perda da propriedade, totalmente alicerçada na função social da propriedade. A ideia é que a utilização prolongada do bem (durante cinco anos) por um "*considerável número de pessoas*" que ali realizaram "obras e serviços [...] de interesse social e econômico relevante" se sobrepõe ao direito individual de propriedade do terreno. Nesse caso, a lei permite que o juiz prive o proprietário do direito de propriedade, fixando o pagamento de "*justa indenização*".
Gabarito "A".

(Juiz – TJ/RJ – VUNESP – 2016) Rony, há 6 (seis) anos ininterruptos e sem oposição, possui como sua uma pequena casa de 90 m², em área urbana, onde reside com sua família. Não é proprietário de outro imóvel, urbano ou rural. Anteriormente à sua posse, a casa era ocupada por um amigo seu que se mudou para outro Estado, mas Rony não sabe a que título seu amigo ocupava o imóvel. Dois anos após a ocupação por Rony, foi averbada na matrícula do imóvel uma certidão de distribuição de uma ação de execução em face do formal proprietário do bem. Rony não recebeu notícia da averbação realizada.

Diante dessas circunstâncias, é correto afirmar que

(A) se operou a prescrição aquisitiva em favor de Rony, pela denominada usucapião especial urbana residencial individual.
(B) Rony não usucapiu o imóvel na medida em que a averbação da certidão de distribuição da execução implica na impossibilidade de usucapir por modalidade diversa da usucapião extraordinária.
(C) não se operou a prescrição aquisitiva, por falta de lapso temporal suficiente.
(D) a averbação da certidão de distribuição da execução interrompeu o prazo para prescrição aquisitiva.
(E) a averbação da certidão de distribuição da execução suspende o prazo para prescrição aquisitiva, até que seja cancelada a averbação por algum motivo.

A hipótese encaixa-se com perfeição na hipótese prevista no art. 183 da Constituição Federal, segundo a qual: "Aquele que possuir como sua área urbana de até duzentos e cinquenta metros quadrados, por cinco anos, ininterruptamente e sem oposição, utilizando-a para sua moradia ou de sua família, adquirir-lhe-á o domínio, desde que não seja proprietário de outro imóvel urbano ou rural". A averbação da distribuição não é fato suficiente para interromper o prazo de usucapião. Nesse sentido, o STJ consolidou o entendimento segundo o qual: "*Num processo de usucapião tradicional, o prazo de prescrição aquisitiva só é interrompido pela atitude do proprietário que torne inequívoca sua intenção de retomar o bem*". (REsp 1133451/SP, Rel. Ministra Nancy Andrighi, Terceira Turma, julgado em 27/03/2012, DJe 18/04/2012).
Gabarito "A".

(Procurador – SP – VUNESP – 2015) Assinale a alternativa correta sobre a propriedade imóvel, seu uso e transmissão.

(A) O direito à aquisição da propriedade imóvel, pela usucapião extraordinária, não será reconhecido ao mesmo possuidor mais de uma vez.
(B) O proprietário causador de interferências prejudiciais ao sossego da vizinhança, com respaldo no interesse público, fica isento do pagamento de indenização aos vizinhos atingidos.
(C) A propriedade do solo abrange as jazidas, as minas e os demais recursos minerais nele existentes.
(D) De acordo com a sistemática adotada pelo direito brasileiro, em regra, transfere-se a propriedade imóvel no ato da assinatura da escritura pública de venda e compra.
(E) O abandono é uma das formas de perda da propriedade e, preenchidos os requisitos legais, poderá o imóvel ser arrecadado como bem vago.

A: incorreta, pois o requisito de "*não ser reconhecido ao mesmo possuidor mais de uma vez*" não se aplica à hipótese de usucapião extraordinária (CC, art. 1.238); B: incorreta, pois mesmo nesse caso o proprietário deverá pagar "indenização cabal" ao vizinho (CC, art. 1.278); C: incorreta, pois a propriedade do solo não abrange as jazidas, as minas e os demais recursos minerais nele existentes (CC, art. 1.230); D: incorreta, pois em nosso sistema, o que transfere a propriedade é o registro (bens imóveis) e a tradição (bens móveis) como estabelecido pelos artigos 1.245 e 1.267; E: correta, pois de acordo com a previsão do art. 1.276 do Código Civil.
Gabarito "E".

(Juiz – TJ/MS – VUNESP – 2015) Assinale a alternativa correta sobre a posse e o direito real de propriedade.

(A) A renúncia à propriedade de bem imóvel independe do registro do ato renunciativo no competente Registro de Imóveis.
(B) O credor hipotecário é possuidor indireto do bem objeto da garantia.
(C) Os bens públicos dominicais não estão sujeitos à prescrição aquisitiva.
(D) Não se admite a aquisição da posse por meio do constituto possessório.
(E) Na alienação fiduciária de bem imóvel, o fiduciário é titular da propriedade e o fiduciante é pleno possuidor do imóvel.

A: incorreta, pois a renúncia à propriedade imóvel está subordinada ao registro do título transmissivo ou do ato renunciativo no Registro de Imóveis (CC, art. 1.275, parágrafo único); B: incorreta, pois o devedor hipotecário permanece na posse do bem, não ocorrendo o fenômeno do desdobramento da posse; C: correta, pois os bens públicos não estão sujeitos à usucapião (CF, art. 183, § 3º e art. 191, parágrafo único e Código Civil art. 102); D: incorreta, pois o constituto possessório é admitido no Brasil. Ele pressupõe a realização de dois negócios simultâneos. Um de transferência de propriedade (ex: compra e venda, uma doação...) e simultaneamente um negócio que resulta no desmembramento da posse. Isso ocorre, por exemplo, quando o doador se reserva ao direito de usufruto. Ele transfere a propriedade, mas permanece como possuidor direto; E: incorreta, pois o fiduciante detém apenas a posse direta do bem.
Gabarito "C".

(Procurador – IPSMI/SP – VUNESP – 2016) João exerceu posse de uma propriedade imóvel, como se sua fosse, por quinze anos, sem interrupção, nem oposição. Consta no Registro de Imóveis que o imóvel pertence a Antonio e está hipotecado para o Banco X. Diante desse fato, assinale a alternativa correta.

(A) Prevalece a usucapião sobre a hipoteca, como modo de aquisição originária da propriedade.
(B) O Banco X tem o direito de executar a hipoteca, caso não paga, imitindo-se na posse.
(C) O Banco X tem o direito de excutir a propriedade, independentemente de quem seja o titular de sua posse.
(D) A hipoteca está cancelada desde o momento em que João passou a exercer a posse como se a propriedade fosse sua.
(E) Não há causa para a extinção da hipoteca, por falta de disposição legal que abranja a situação fática apresentada.

A usucapião é forma originária de aquisição de propriedade. Isso significa que eventual direito real de garantia estabelecido anteriormente não prevalece. Esse é o entendimento consolidado pelo STJ. Nesse sentido: "*A usucapião é forma de aquisição originária da propriedade, de modo que não permanecem os ônus que gravavam o imóvel antes da sua declaração*" (AgRg no REsp 647.240/DF, Rel. Ministro Ricardo Villas Bôas Cueva, Terceira Turma, julgado em 07/02/2013, DJe 18/02/2013).
Gabarito "A".

(Procurador Municipal/SP – VUNESP – 2016) Sobre a possibilidade de instituir-se a hipoteca e a usucapião, assinale a alternativa correta.

(A) A decisão que reconhece a aquisição da propriedade de bem imóvel por usucapião prevalece sobre a hipoteca que anteriormente tenha gravado o referido bem.

(B) É plenamente eficaz gravar o bem com hipoteca pelo proprietário que assim consta no registro de domínio, independentemente do tempo da posse *ad usucapionem* de terceiro.

(C) A prescrição aquisitiva – usucapião –, não poderá ser reconhecida se houver gravame hipotecário, ou outro direito real que importe em garantia, sobre o imóvel em que se exerce a posse *ad usucapionem*.

(D) A hipoteca, por dar o bem em garantia, e a usucapião, pela natureza jurídica da posse e de seu titular, não podem recair sobre imóvel considerado como bem de família.

(E) O direito a adquirir a propriedade por meio da prescrição aquisitiva é interrompido pela execução da hipoteca constituída sobre o imóvel em benefício do agente financeiro, por empréstimo contraído pelo promitente vendedor.

A: correta, pois a usucapião é forma originária de aquisição de propriedade. Isso significa que eventual direito real de garantia estabelecido anteriormente não prevalece. Esse é o entendimento consolidado pelo STJ. Nesse sentido: "*A usucapião é forma de aquisição originária da propriedade, de modo que não permanecem os ônus que gravavam o imóvel antes da sua declaração*" (AgRg no REsp 647.240/DF, Rel. Ministro Ricardo Villas Bôas Cueva, Terceira Turma, julgado em 07/02/2013, DJe 18/02/2013); **B:** incorreta, pois caso o prazo de usucapião já tenha se consumado, a garantia real será inócua; **C:** incorreta, pois a usucapião é forma originária de aquisição de propriedade e prevalecerá sobre eventual hipoteca; **D:** incorreta, pois nada impede hipoteca ou usucapião sobre bem de família; **E:** incorreta, pois a usucapião prevalece sobre a hipoteca.
Gabarito "A".

(Procurador Municipal – Sertãozinho/SP – VUNESP – 2016) Com relação à propriedade imóvel, é correto afirmar que

(A) não se admite a renúncia à propriedade imóvel quando há débitos de natureza *propter rem* perante a municipalidade.

(B) no caso de abandono do imóvel urbano pelo proprietário, havendo sua arrecadação como bem vago, o domínio passará ao Estado ou ao Distrito Federal, se achar-se nas respectivas circunscrições.

(C) a aquisição pelo registro do título somente tem eficácia a partir do efetivo registro pelo oficial do cartório competente, que não poderá ultrapassar o prazo de 30 (trinta) dias.

(D) na aquisição por usucapião, em regra não se admite que o possuidor acrescente à sua posse a dos seus antecessores, com o objetivo de cumprir o requisito temporal.

(E) a prescrição aquisitiva é forma originária de aquisição da propriedade.

A: incorreta, pois a renúncia à propriedade imóvel é válida, ainda que haja débitos de natureza *propter rem* perante a municipalidade, como é o caso típico do IPTU; **B:** incorreta, pois no caso de abandono, o bem poderá ser arrecadado e passará, após três anos, à propriedade do Município ou Distrito Federal onde localizado (CC, art. 1.276); **C:** incorreta, pois "*O registro é eficaz desde o momento em que se apresentar o título ao oficial do registro, e este o prenotar no protocolo*" (CC, art. 1.246); **D:** incorreta, pois o sucessor universal (ex: herdeiro único) continua de direito a posse do seu antecessor. Já o sucessor singular (ex: herdeiro legatário, a quem se deixou um terreno) tem a opção de unir sua posse à do antecessor (CC, art. 1.207); **E:** correta, pois a usucapião é forma originária de aquisição de propriedade. Isso significa que eventual direito real de garantia estabelecido anteriormente não prevalece. Esse é o entendimento consolidado pelo STJ. Nesse sentido: "*A usucapião é forma de aquisição originária da propriedade, de modo que não permanecem os ônus que gravavam o imóvel antes da sua declaração*" (AgRg no REsp 647.240/DF, Rel. Ministro Ricardo Villas Bôas Cueva, Terceira Turma, julgado em 07/02/2013, DJe 18/02/2013).
Gabarito "E".

6.3. USUCAPIÃO

(Magistratura/SP – 2013 – VUNESP) Sobre o imóvel urbano de 350 m² que, sem interrupção e nem oposição, está na posse de Cícero desde fevereiro de 2003, tanto que nele construiu casa pré-fabricada de madeira, onde habita com sua família, é correto dizer que

(A) em fevereiro de 2005, a usucapião especial se consumaria.

(B) em 2008, já poderia ter sido usucapido de acordo com a regra da usucapião especial urbana.

(C) poderia ser usucapido somente em 2018, de acordo com a regra da usucapião ordinária do Código Civil.

(D) em fevereiro de 2013, Cícero já pode ajuizar a ação de usucapião para ver reconhecido seu direito de propriedade sobre o imóvel.

A e B: incorretas, pois a usucapião especial reclama imóvel máximo de 250 m² (art. 1.240, *caput*, do CC); **C:** incorreta, pois o prazo da usucapião extraordinária, que seria de 15 anos, ficará reduzido para 10 anos se o possuidor houver estabelecido no imóvel sua moradia habitual (art. 1.238, parágrafo único, do CC), que foi o que aconteceu no caso, de modo que em fevereiro de 2013 (10 anos após o início da posse no imóvel), Cícero adquire o bem por usucapião e pode ajuizar a ação de usucapião respectiva; **D:** correta, nos termos do comentário feito à alternativa anterior.
Gabarito "D".

6.4. PROPRIEDADE MÓVEL

(Cartório/SP – 2012 – VUNESP) No regime da descoberta, uma vez encontrado o bem, é correto afirmar que

(A) qualquer que seja o valor, não há nenhuma obrigação de restituição, seguindo-se o brocardo popular de que "achado não é roubado".

(B) se de pequeno valor, desconhecendo-se o dono, a lei legitima a posse e domínio do descobridor.

(C) cumpre ao descobridor devolvê-lo ao seu verdadeiro proprietário ou possuidor, por determinação legal. Se não o encontrar, deverá entregá-lo à autoridade competente, fazendo jus à recompensa no valor mínimo de cinco por cento do bem.

(D) localizado o proprietário, o descobridor fará jus, no mínimo, à metade do valor do bem, qualquer que seja a sua natureza.

A: incorreta, pois encontrada coisa perdida, o descobridor tem a obrigação de tentar localizar o dono e, caso não o encontre deve entregar o bem à autoridade competente (art. 1.233 do CC); **B:** incorreta, pois ainda que de pequeno valor o descobridor deve levar o bem à autoridade caso não localize o seu dono, sendo que a autoridade terá 60 dias para tentar localizar o proprietário por meio de editais ou divulgação da notícia e outros meios de informação. Caso ninguém apareça, sendo de diminuto valor a coisa em questão, poderá o Município abandoná-

1. DIREITO CIVIL

-la em favor de quem a achou. Daí, note que é necessário todo esse procedimento para que o descobridor permaneça legitimamente com a coisa (art. 1.233, parágrafo único, e art. 1.237, parágrafo único, do CC); **C:** correta, pois conforme previsão dos arts. 1.233 e 1.234 do CC; **D:** incorreta, pois o descobridor tem direito a uma recompensa não inferior a cinco por cento do valor do bem, e não à metade do valor, nos termos do art. 1.234 do CC.
„Gabarito "C".

6.5. LEI DE REGISTROS PÚBLICOS

(Juiz de Direito – TJ/RS – 2018 – VUNESP) Sobre o registro de imóveis, assinale a alternativa correta.

(A) Apresentado título de segunda hipoteca, com referência expressa à existência de outra anterior, o oficial, depois de prenotá-lo, aguardará durante 15 (quinze) dias que os interessados na primeira promovam a inscrição.
(B) Se forem apresentadas no mesmo dia para registro duas escrituras públicas realizadas no mesmo dia, em que conste a hora da sua lavratura, prevalecerá, para efeito de prioridade, a que foi apresentada ao registro em primeiro lugar.
(C) Se o imóvel não estiver matriculado ou registrado em nome do outorgante, o oficial exigirá a prévia matrícula e o registro do título anterior, qualquer que seja a sua natureza, para manter a continuidade do registro.
(D) São admitidos a registro escritos particulares autorizados em lei, assinados pelas partes e testemunhas, tais como os atos praticados por entidades vinculadas ao Sistema Financeiro da Habitação, desde que com as firmas reconhecidas.
(E) Para o desmembramento, parcelamento ou remembramento de imóveis rurais, bem como para qualquer ato de transferência, o georreferenciamento do imóvel rural é facultativo.

A: incorreta, pois – para essa hipótese – o art. 189 da Lei de Registros Públicos (Lei 6.015/1973) estabelece o prazo de 30 dias; **B:** incorreta, pois nessa situação, a lei proíbe o registro (art. 190 da Lei 6.015/1973); **C:** correta, pois o enunciado da alternativa repete o disposto no art. 195 da referida Lei; **D:** incorreta, pois – no caso das entidades vinculadas ao Sistema Financeiro da Habitação – o reconhecimento de firma é dispensado (art. 221, II, da Lei 6.015/1973); **E:** incorreta, pois nesses casos, o art. 176, § 3º, da Lei 6.015/1973 apenas garante: "*isenção de custos financeiros aos proprietários de imóveis rurais cuja somatória da área não exceda a quatro módulos fiscais*". Não há dispensa de georreferenciamento.
„Gabarito "C".

(Procurador Municipal/SP – VUNESP – 2016) Considerando a necessidade de retificação do registro ou da averbação, que vise à indicação de rumos, ângulos de deflexão ou inserção de coordenadas georreferenciadas, em que não haja alteração das medidas perimetrais, em escritura pública, esta poderá ser feita somente

(A) a pedido do proprietário, por ação judicial.
(B) a pedido de qualquer interessado, por ação judicial.
(C) a pedido do Cartório, por ação judicial.
(D) de ofício ou a requerimento do interessado, por procedimento administrativo ou por ação judicial.
(E) a requerimento da municipalidade, por procedimento administrativo ou ação judicial.

Desde a publicação da Medida Provisória 759/2016, a retificação de registro que vise: "*indicação de rumos, ângulos de deflexão ou inserção de coordenadas georreferenciadas, em que não haja alteração das medidas perimetrais ou de área*" poderá ser feita de ofício ou a requerimento do interessado (Lei 6.015/1973, art. 213, I, *d*).
„Gabarito "D".

(Advogado – Pref. São Roque/SP – 2020 – VUNESP) O Município ocupa um imóvel de propriedade particular, onde funciona, há mais de 50 anos, um posto de saúde municipal. Foi apresentado pelo Município um pedido de usucapião extrajudicial para que fosse reconhecida a aquisição da propriedade pela prescrição aquisitiva.

A respeito do caso hipotético que trata da usucapião extrajudicial, é possível afirmar que

(A) o pedido será processado diretamente no Tabelião de Notas da Comarca em que estiver situado o imóvel usucapiendo.
(B) se a planta do imóvel não contiver a assinatura de qualquer um dos titulares de direitos registrados ou averbados na matrícula do imóvel usucapiendo, o titular será notificado pelo registrador competente e seu silêncio será interpretado como discordância.
(C) em caso de impugnação do pedido, o oficial de registro de imóveis remeterá os autos ao juízo competente da comarca da situação do imóvel, cabendo ao Município emendar a petição inicial para adequá-la ao procedimento comum.
(D) a rejeição do pedido extrajudicial impede o ajuizamento de ação de usucapião se for expressamente reconhecida a inexistência dos requisitos para a aquisição da propriedade pela prescrição aquisitiva.
(E) o oficial de registro de imóveis promoverá a publicação de edital em jornal de grande circulação, onde houver, para a ciência de terceiros eventualmente interessa- dos, que poderão se manifestar em 30 (trinta) dias.

A: incorreta, pois o pedido será processado diretamente no cartório de Registro de Imóveis em que estiver situado o imóvel usucapiendo (art. 216-A *caput* da Lei 6.015/73); **B:** incorreta, pois o silêncio será interpretado como concordância (art. 216-A, § 2º da Lei 6.015/73); **C:** correta (art. 216-A, § 10 da Lei 6.015/73); **D:** incorreta, pois a rejeição do pedido extrajudicial não impede o ajuizamento de ação de usucapião (art. 216-A, § 9º da Lei 6.015/73); **E:** incorreta, pois o prazo de manifestação é de 15 dias (art. 216-A, § 4º da Lei 6.015/73).
„Gabarito "C".

(Juiz de Direito – TJ/RJ – 2019 – VUNESP) O município tem um projeto de implantação de um conjunto habitacional popular que irá ocupar três áreas distintas e contíguas: i) matrícula X, de propriedade do Município; ii) matrícula Y, de propriedade particular, mas com imissão provisória na posse deferida em processo de desapropriação ajuizada pelo município e registrada a imissão na posse no Cartório de Registro de Imóveis; iii) área Z, destinada a edifícios públicos de um loteamento urbano. O município requereu a abertura de uma matrícula abrangendo as três áreas (X, Y e Z). Houve negativa do Cartório de Registro de Imóveis. Foi suscitada dúvida pelo Registrador de Imóveis que deverá ser julgada:

(A) procedente, pois poderia haver a unificação das glebas X e Y, mas não com a Gleba Z que deveria ser previamente discriminada, por não estar ainda registrada.

(B) improcedente, tendo em vista que não é possível a fusão de matrículas que não estão registradas em nome do mesmo proprietário, mesmo com o registro da imissão provisória na posse em nome do Município.

(C) improcedente, pois poderia haver a unificação das glebas Y e Z, mas não com a Gleba X, que somente poderia ser unificada àquelas após o registro da carta de adjudicação expedida na desapropriação referente à Gleba X.

(D) improcedente, tendo em vista que a unificação das matrículas poderá abranger um ou mais imóveis de domínio público que sejam contíguos à área objeto da imissão provisória na posse.

(E) procedente, tendo em vista que somente seria possível a abertura de uma matrícula única das três áreas após a finalização da desapropriação e o registro das áreas Y e Z no nome do Município.

A: incorreta, pois as três glebas podem ser unificadas (art. 235, III e §§ 2º e 3º da Lei 6.015/73); **B:** incorreta, pois a Lei apenas exige que os imóveis sejam de domínio público, mas não necessariamente da mesma pessoa (art. 235, III da Lei 6.015/73); **C:** incorreta, pois pode haver a unificação de um ou mais imóveis de domínio público que sejam contíguos a área de imissão na posse (art. 235, III e §§ 2º e 3º da Lei 6.015/73); **D:** correta (art. 235, § 3º da Lei 6.015/73); **E:** incorreta, não é necessária a finalização da desapropriação e o registro das áreas no nome do Município para a unificação (art. 235, III e §§ 2º e 3º da Lei 6.015/73).
Gabarito "D".

6.6. CONDOMÍNIO

(Magistratura/SP – 179º – VUNESP) Assinale a afirmação incorreta sobre o condomínio edilício.

(A) O terraço da cobertura é parte sujeita à propriedade exclusiva, desde que assim disponha o instrumento de constituição do condomínio.

(B) O condomínio não pode ser instituído por testamento.

(C) Qualquer condômino pode realizar obras ou reparações urgentes e necessárias nas áreas comuns, independentemente de autorização da assembleia, em caso de omissão ou impedimento do síndico, ainda que importem em despesas excessivas.

(D) A assembleia do condomínio poderá investir outra pessoa, em lugar do síndico, em poderes de representação.

A: assertiva correta (art. 1.331, § 5º, do CC); **B:** assertiva incorreta, devendo ser assinalada (art. 1.332 do CC); **C:** assertiva correta (arts. 1.341, §§ 1º e 2º, do CC); **D:** assertiva correta (art. 1.348, § 1º, do CC).
Gabarito "B".

(Juiz de Direito – TJ/RJ – 2019 – VUNESP) Assinale a alternativa correta, tendo em vista o entendimento sumulado vigente do Tribunal de Justiça do Rio de Janeiro sobre condomínios edilícios e incorporação imobiliária.

(A) O desconto por pagamento antecipado da cota condominial embute multa, que não admite aplicação de outra, e, muito menos, de percentual acima de 20% como previsto na Lei 4.591/64.

(B) Nas dívidas relativas a cotas condominiais, deliberadas em assembleia, incide o condômino em mora a partir da sua efetiva notificação, independentemente da utilização de meios de cobrança.

(C) O pagamento de despesas com decoração das áreas comuns, em incorporações imobiliárias, é de responsabilidade do incorporador, salvo se pactuada a transferência ao adquirente.

(D) Nos contratos de promessa de compra e venda decorrentes de incorporação imobiliária, é nula a cláusula de tolerância de prorrogação de 180 dias para a entrega do imóvel.

(E) A despesa pelo serviço de transporte coletivo prestado a condomínio pode ser objeto de rateio obrigatório entre os condôminos, desde que aprovado em assembleia, na forma da convenção.

A: incorreta, pois embora essa fosse a redação da Súmula 36 do TJRJ, ela foi cancelada em 15/04/2019 em acórdão do processo 0061605-49.2017.8.19.0000; **B:** incorreta, pois incide o condômino em mora a partir do seu *vencimento* (Súmula 372 TJRJ); **C:** incorreta, pois a responsabilidade é do incorporador sendo *vedada* sua transferência ao adquirente (Súmula 351 TJRJ); **D:** incorreta, pois nos contratos de promessa de compra e venda decorrentes de incorporação imobiliária, é *válida* a cláusula de tolerância de prorrogação de 180 dias para a entrega do imóvel (Súmula 350 TJRJ); **E:** correta (Súmula 346 TJRJ).
Gabarito "E".

6.7. DIREITOS REAIS NA COISA ALHEIA – FRUIÇÃO

(Procurador do Estado/SP – 2018 – VUNESP) Sobre o direito real de laje, é correto afirmar:

(A) pressupõe a coexistência de unidades imobiliárias, autônomas ou não, de titularidades distintas e situadas na mesma área, de modo a permitir que o proprietário ceda a superfície de sua construção a outrem para que ali construa unidade distinta daquela originalmente construída sobre o solo.

(B) a ruína da construção-base não implica extinção do direito real de laje se houver sua reconstrução no prazo de 10 anos.

(C) as unidades autônomas constituídas em matrícula própria poderão ser alienadas por seu titular sem necessidade de prévia anuência do proprietário da construção-base.

(D) confere ao seu titular o direito de sobrelevações sucessivas, mediante autorização expressa ou tácita do proprietário da construção-base, desde que observadas as posturas edilícias e urbanísticas vigentes.

(E) contempla espaço aéreo e subsolo, tomados em projeção vertical, atribuindo ao seu titular fração ideal de terreno que comporte construção.

A: incorreta, pois a unidade deve ser autônoma (CC, art. 1.510-A, §1º); **B:** incorreta, pois – nesse caso – a ruína da construção base somente não implicará extinção do direito real de laje se houver sua reconstrução no prazo de 5 anos (CC, art. 1.510-E); **C:** correta, pois o Código Civil não exige anuência, mas apenas confere direito de preferência ao titular da construção base e, na sequência, ao titular de outra laje. A consequência da não concessão de tal preferência é a possibilidade do preterido depositar o respectivo preço e haver para si a parte alienada, desde que o requeira no prazo decadencial de cento e oitenta dias, contado da data de alienação (CC, art. 1.510-D); **D:** incorreta, pois o Código exige "*autorização expressa dos titulares da construção-base e das demais lajes*" (CC, art. 1.510-A § 6º); **E:** incorreta, pois não se atribui ao titular de direito real de laje fração ideal do terreno (CC, art. 1.510-A, § 4º).
Gabarito "C".

(Defensor Público/RO – 2017 – VUNESP) A Medida Provisória 759/2016, convertida para a Lei 13.465/2017, instituiu o direito real de laje, que consiste

(A) na concessão a outrem do direito de usar o pavimento superior de sua construção, por tempo determinado, averbandose tal prerrogativa na matrícula do imóvel.
(B) na possibilidade de coexistência de unidades imobiliárias autônomas de titularidades distintas situadas em uma mesma área, de maneira a permitir que o proprietário ceda a superfície de sua construção a fim de que terceiro edifique unidade distinta daquela originalmente construída sobre o solo.
(C) na concessão a outrem do direito de construir em seu terreno, por tempo determinado, utilizandose a construção especificamente para fins de moradia.
(D) na possibilidade de divisão de unidades autônomas integrantes de condomínio edilício, desde que todas as unidades possuam isolamento funcional e acesso independente, devendo ser aberta matrícula própria para cada uma das referidas unidades.
(E) na possibilidade de construção de unidade imobiliária autônoma sobre a superfície de imóvel de outrem, com ou sem a autorização do proprietário da edificação originalmente construída sobre o solo, desde que não prejudique a construção original.

A: incorreta, pois o direito real de laje é mais amplo. Através dele, o dono da construção-base pode "*ceder a superfície superior ou inferior de sua construção a fim de que o titular da laje mantenha unidade distinta daquela originalmente construída sobre o solo*" (CC, art. 1.510-A); **B:** correta, pois o enunciado define de forma adequada o instituto do direito real de laje, previsto no art. 1.510-A do Código Civil; **C:** incorreta, pois o escopo não é apenas construir no terreno, mas sim sobre a "*superfície superior ou inferior*" da construção base. Ademais, a lei não limitou a utilização da laje apenas para fins de moradia; **D:** incorreta, pois o direito de laje não se confunde com a divisão de unidades autônomas de condomínio edilício; **E:** incorreta, pois o consentimento do proprietário da construção base é elementar para a noção do direito real de laje. Gabarito "B".

6.8 DIREITOS REAIS NA COISA ALHEIA – GARANTIA

(Defensor Público/RO – 2017 – VUNESP) José Roberto visitou o *stand* de vendas de uma construtora, em Porto Velho/RO, e adquiriu um dos apartamentos do empreendimento que seria construído. Assinou, portanto, um compromisso de venda e compra, pagando parte do valor à vista e o restante em 36 (trinta e seis) meses. Ao final do 36º mês, José Roberto quitou a última parcela, recebeu o termo de quitação e também recebeu as chaves do imóvel. Prometeu a construtora que outorgaria a escritura em até 30 (trinta) dias. Passado o prazo, José Roberto enviou notificação extrajudicial à construtora para requerer a outorga da escritura, recebendo como resposta que a construtora ainda não poderia outorgá-la, na medida em que o apartamento permanecia servindo de garantia (hipoteca) à instituição que financiou o empreendimento. O compromisso de venda e compra firmado entre a construtora e José Roberto não está registrado na matrícula do imóvel. Nesse panorama, assinale a alternativa correta.

(A) José Roberto não reúne todas as condições necessárias para pleitear judicialmente a adjudicação compulsória do imóvel, mas preenche os requisitos para prescrição aquisitiva originária.
(B) Para pleitear a adjudicação compulsória do imóvel, José Roberto primeiro deverá exercer a posse durante 1 (um) ano.
(C) José Roberto poderá pleitear judicialmente a adjudicação compulsória do imóvel, desde que proceda ao prévio registro do compromisso de venda e compra na matrícula.
(D) A existência de garantia hipotecária, em favor de terceiro, ilide a pretensão de José Roberto de pleitear a adjudicação compulsória em face da construtora.
(E) José Roberto já reúne todas as condições necessárias para pleitear judicialmente a adjudicação compulsória do imóvel.

A questão envolve o conhecimento de algumas regras básicas sobre hipoteca, adjudicação compulsória e compromisso de compra e venda. Em primeiro lugar, não prospera a alegação da construtora de que ainda pendia hipoteca em favor do agente financeiro, visto que a mesma não tem eficácia perante adquirentes do imóvel (Súmula 308 do STJ). Logo, José Roberto não é afetado pela existência deste direito real de garantia que – de resto – vincula apenas a construtora e o agente financeiro. Em virtude da quitação de sua dívida com a construtora, José Roberto tem direito à adjudicação compulsória do imóvel. Segundo entendimento sumulado do STJ, tal direito não se "*condiciona ao registro do compromisso de compra e venda no cartório de imóveis*" (Súmula 239 do STJ). Gabarito "E".

(Defensor Público/RO – 2017 – VUNESP) Em janeiro de 2017, Robson adquiriu um imóvel de R$ 300.000,00, pagando R$ 50.000,00 ao vendedor e financiando R$ 250.000,00 perante determinada instituição financeira. A operação de financiamento se deu por alienação fiduciária em garantia e o pagamento seria realizado em 10 anos.

Em maio de 2017, Robson foi desligado da empresa onde trabalhava, razão pela qual começou a passar por dificuldades financeiras. Assim, tomou emprestado de Clécio, seu amigo, R$ 80.000,00, que seriam pagos em 80 parcelas iguais, sem juros. O mútuo foi documentado por instrumento particular de confissão de dívida (assinado por duas testemunhas), prevendo o vencimento antecipado das parcelas vincendas em caso de inadimplemento de qualquer das parcelas. Robson honrou as 12 primeiras parcelas, mas, sem conseguir novo emprego, não teve mais condições de honrar as subsequentes. Com a inadimplência de Robson, Clécio ajuizou ação de execução em face do devedor para cobrar o valor. Nesse contexto, é correto afirmar que

(A) Clécio tem a prerrogativa legal de assumir a condição de fiduciante, em contrapartida da dívida, ressarcindo Robson caso o valor já pago pelo financiamento seja superior ao valor das parcelas inadimplidas do mútuo.
(B) a propriedade do imóvel é da instituição financeira, razão pela qual eventual penhora recairá sobre os direitos de Robson sobre o imóvel.
(C) na operação de alienação fiduciária em garantia, a propriedade é resguardada ao comprador, razão pela qual poderá ser objeto de regular penhora, em benefício de Clécio.
(D) no caso de alienação extrajudicial do imóvel, em hasta pública promovida pela instituição financeira, o produto servirá prioritariamente para saldar a dívida

de Clécio e, o que sobejar, para adimplir o crédito da fiduciária.

(E) para saldar sua dívida com Clécio, Robson pode ceder a ele seus direitos decorrentes da venda e compra com instituição de alienação fiduciária em garantia, sem a necessidade de anuência por parte da instituição financeira.

A: incorreta, pois inexiste tal prerrogativa na Lei de Alienação Fiduciária. A própria cessão dos direitos do devedor a terceiros dependeria de anuência do credor (art. 29 da Lei 9.514/97); **B:** correta, pois na alienação fiduciária em garantia, o credor (fiduciário) é dono do imóvel. Tal propriedade, contudo, está sujeita a condição resolutiva. Significa que um evento futuro (a saber, o pagamento total da dívida) extinguirá o direito de propriedade em favor do devedor fiduciante. Logo, eventual penhora só pode recair sobre eventuais direitos que Robson tenha sobre o imóvel (ex: eventual saldo credor que Robson tenha após a alienação extrajudicial do imóvel);**C:** incorreta, pois a propriedade (ainda que resolúvel) pertence ao credor (fiduciário) e não ao devedor (fiduciante);**D:** incorreta, pois o produto advindo da hasta pública servirá prioritariamente para pagar a instituição financeira; **E:** incorreta, pois o art. 29 da Lei 9.514/1997 exige anuência expressa do fiduciário para tal cessão.
„Gabarito "B".

(Juiz – TJ/MS – VUNESP – 2015) De acordo com a legislação aplicável e interpretação do Superior Tribunal de Justiça sobre a matéria, é possível ao fiduciante, em alienação fiduciária de bem imóvel, purgar a mora

(A) até a outorga da escritura pública de venda e compra ao arrematante, quando houver arrematação.
(B) até a concessão de decisão judicial que determine a imissão na posse pelo fiduciário ou pelo arrematante, conforme o caso.
(C) no prazo de 15 (quinze) dias após a intimação promovida pelo cartório, impreterivelmente.
(D) até que haja a arrematação do bem em hasta pública.
(E) até a averbação da consolidação da propriedade na matrícula do imóvel.

O STJ já consolidou o entendimento segundo o qual "*O devedor pode purgar a mora em 15 (quinze) dias após a intimação prevista no art. 26, § 1º, da Lei 9.514/1997, ou a qualquer momento, até a assinatura do auto de arrematação*" (AgInt no REsp 1567195/SP, Rel. Ministro Paulo De Tarso Sanseverino, Terceira Turma, julgado em 13/06/2017, DJe 30/06/2017).
„Gabarito "D".

(Juiz – TJ/RJ – VUNESP – 2016) Em 2010, no auge de um "*boom imobiliário*", Luciano adquiriu de uma construtora um apartamento já construído. Deu pequena entrada de R$ 20.000,00 e o saldo financiou junto à própria construtora, subscrevendo escritura pública de compra e venda com pacto de alienação fiduciária em garantia. Em 2015, com a crise financeira que assolou o país, Luciano deixou de pagar as parcelas junto à fiduciária. A esta altura, Luciano já havia pago valor equivalente a 50% do preço, faltando pagar R$ 250.000,00. Assim, a construtora intimou Luciano, via cartório, para que purgasse a mora no prazo legal. Sem meios para tanto, Luciano não pôde purgar a mora. Assim, a fiduciária procedeu à consolidação da propriedade em seu nome e promoveu o público leilão do imóvel, que foi arrematado por Mounir, em primeira hasta, por R$ 650.000,00, lavrando-se imediatamente o auto de arrematação. No dia seguinte, Luciano compareceu à sede da construtora para quitar integralmente sua dívida, mas a fiduciária recusou-se a receber, argumentando que já havia se encerrado o prazo para purgação da mora.

Nesse panorama fático, assinale a alternativa correta, de acordo com a legislação aplicável e jurisprudência sobre a matéria.

(A) O estágio do procedimento extrajudicial não mais admite que o fiduciante purgue a mora ou quite a dívida, assegurado seu direito de receber o valor que superar a dívida, acrescido de eventuais outras despesas e encargos.
(B) Não havendo desocupação voluntária por Luciano, Mounir poderá ajuizar ação de imissão na posse, não se admitindo a concessão de liminar, em razão do tempo de exercício da posse pelo fiduciante.
(C) Luciano pode requerer judicialmente a anulação da consolidação da propriedade, com fundamento da teoria do adimplemento substancial.
(D) É nula a alienação fiduciária em garantia avençada, na medida em que é modalidade de contratação privativa das entidades autorizadas a operar no Sistema de Financiamento Imobiliário – SFI.
(E) Luciano pode purgar a mora ou quitar sua dívida antes que haja determinação judicial para imissão do arrematante na posse do imóvel, assegurado ao arrematante a devolução do valor pago.

A: correta, pois o STJ já consolidou o entendimento segundo o qual o devedor só pode purgar a mora até a assinatura do auto de arrematação (AgInt no REsp 1567195/SP, Rel. Ministro Paulo De Tarso Sanseverino, Terceira Turma, julgado em 13/06/2017, DJe 30/06/2017); **B:** incorreta, pois a concessão de liminar na ação dominial de imissão na posse não sofre limitação em virtude do tempo de posse do adquirente; **C:** incorreta, pois o pagamento de metade do bem não é suficiente para aplicação da teoria do adimplemento substancial; **D:** incorreta, pois contrária ao permissivo legal previsto no art. 2º da Lei 9.514/1997; **E:** incorreta, pois a purgação da mora só é permitida até a assinatura do auto de arrematação.
„Gabarito "A".

7. FAMÍLIA

7.1. CASAMENTO

7.1.1. DISPOSIÇÕES GERAIS, CAPACIDADE, IMPEDIMENTOS, CAUSAS SUSPENSIVAS, HABILITAÇÃO, CELEBRAÇÃO E PROVA DO CASAMENTO

(Juiz – TJ/MS – VUNESP – 2015) Márcio e Caroline, ambos com 16 (dezesseis) anos de idade, decidiram que se casariam, considerando a gravidez de Caroline. Noticiaram sua decisão aos pais de ambos, mas o pai de Caroline recusou-se a autorizar o matrimônio, apesar da aquiescência da mãe de Caroline e dos pais de Márcio. Assim, foi ajuizada ação para solução do impasse, e, após regular tramitação, sobreveio sentença autorizando o casamento. Em relação ao caso concreto apresentado, assinale a alternativa correta.

(A) Judicialmente autorizado o casamento entre Márcio e Caroline, será obrigatório o regime legal da separação de bens.
(B) Não corriam prazos prescricionais em desfavor de Márcio e Caroline, em razão de sua idade, mas, com a celebração do casamento, cessará a causa impeditiva.

(C) Com o suprimento judicial, Márcio e Caroline poderão casar-se, vigorando condição suspensiva consistente no nascimento com vida do filho do casal.
(D) Com o suprimento judicial, Márcio e Caroline poderão casar-se, mas o casamento não fará cessar a incapacidade civil de ambos.
(E) A sentença é nula, na medida em que não se admite suprimento judicial em caso de falta de anuência de qualquer dos pais.

A: correta, pois o casal necessita de autorização dos pais para se casar e – sendo essa negada – o juiz poderá supri-la (CC, art. 1.519). Toda vez que um casamento for autorizado pelo juiz, vigorará o regime de separação obrigatória de bens (CC, art. 1.641, III); B: incorreta, pois os prazos começam a correr aos dezesseis anos, quando a pessoa se torna relativamente incapaz (CC, art. 198, I); C: incorreta, pois não há condição (no sentido de evento futuro e incerto que suspende os efeitos) que possa ser aposta a um casamento. A insegurança da condição não se coaduna com a estabilidade necessária do matrimônio; D: incorreta, pois o casamento gera emancipação, a qual traz capacidade de exercício para ambos (CC, art. 5º, parágrafo único, II); E: incorreta, pois a possibilidade de suprimento judicial está expressamente prevista no art. 1.519 do Código Civil.
Gabarito "A".

7.1.2. INVALIDADE

(Magistratura/SP – 180º – VUNESP) É nulo o casamento contraído, exceto:

(A) pelo interditado mentalmente enfermo que não possui o necessário discernimento para os atos da vida civil.
(B) pelo adotante com quem foi cônjuge do adotado e pelo adotado com quem o foi do adotante.
(C) pelo cônjuge sobrevivente com o condenado por homicídio culposo contra o seu próprio consorte.
(D) entre irmãos unilaterais ou bilaterais, e os demais colaterais, até o terceiro grau, inclusive.

A alternativa "c" está correta, pois reflete o disposto nos arts. 1.548, II e 1.521, VII, do CC.
Gabarito "C".

(Magistratura/SP – 177º – VUNESP) Sobre a invalidade do casamento, assinale a resposta correta.

(A) O prazo para propositura da ação de anulação do casamento, por erro essencial sobre a pessoa do outro cônjuge, é de decadência e opera-se em 02 (dois) anos.
(B) A anulabilidade do casamento, por procuração, com mandato revogado ou invalidado pelo mandante, desconhecida pelo mandatário e pelo outro cônjuge, convalidar-se-á se houver coabitação ou se a ação não for movida em 180 (cento e oitenta) dias pelo mandante.
(C) A sentença que decreta a nulidade do casamento retroage, para todos e quaisquer fins e efeitos, à data da sua celebração.
(D) O cônjuge coacto ou que foi induzido em erro, uma vez ciente do vício, aquiescendo à coabitação, convalida o ato, não mais podendo alegar outra hipótese de erro essencial ignorado antes do casamento.

A: incorreta (art. 1.560, III, do CC); B: correta (art. 1.560, I, do CC); C: incorreta (art. 1.563 do CC); D: incorreta (art. 1.559 do CC).
Gabarito "B".

7.1.3. EFEITOS E DISSOLUÇÃO DO CASAMENTO

Observação importante: mesmo com a edição da EC 66/10, mantivemos as questões sobre separação judicial, pois ainda há controvérsia sobre a existência ou não desse instituto após a entrada em vigor da Emenda. O próprio CNJ, chamado a se manifestar sobre assunto, preferiu apenas alterar sua Resolução nº 35, para admitir o divórcio extrajudicial mesmo que não cumpridos os prazos de 2 anos de separação de fato (antigo divórcio-direto) e de 1 ano de separação judicial (antigo divórcio-conversão), não entrando no mérito se ainda existe a possibilidade de alguém preferir, antes do divórcio, promover separação judicial. O fato é que a EC 66/10 vem sendo aplicada normalmente pelos Cartórios Extrajudiciais, para permitir o divórcio direto, sem necessidade de cumprir os prazos mencionados, tudo indicando que o instituto da separação judicial venha, no mínimo, a cair em desuso. De qualquer maneira, como não houve ainda revogação do Código Civil no ponto que trata desse instituto, mantivemos as questões sobre o assunto, que, quem sabe, podem ainda aparecer em alguns concursos públicos. Segue, para conhecimento, a decisão do CNJ sobre o assunto:

"EMENTA: PEDIDO DE PROVIDÊNCIAS. PROPOSTA DE ALTERAÇÃO DA RESOLUÇÃO Nº 35 DO CNJ EM RAZÃO DO ADVENTO DA EMENDA CONSTITUCIONAL Nº 66/2010. SUPRESSÃO DAS EXPRESSÕES "SEPARAÇÃO CONSENSUAL" E "DISSOLUÇÃO DA SOCIEDADE CONJUGAL". IMPOSSIBILIDADE. PARCIAL PROCEDÊNCIA DO PEDIDO.

- A Emenda Constitucional nº 66, que conferiu nova redação ao § 6º do art. 226 da Constituição Federal, dispõe sobre a dissolubilidade do casamento civil pelo divórcio, para suprimir o requisito de prévia separação judicial por mais de 01 (um) ano ou de comprovada separação de fato por mais de 02 (dois) anos.

- Divergem as interpretações doutrinárias quanto à supressão do instituto da separação judicial no Brasil. Há quem se manifeste no sentido de que o divórcio passa a ser o único meio de dissolução do vínculo e da sociedade conjugal, outros tantos, entendem que a nova disposição constitucional não revogou a possibilidade da separação, somente suprimiu o requisito temporal para o divórcio.

- Nesse passo, acatar a proposição feita, em sua integralidade, caracterizaria avanço maior que o recomendado, superando até mesmo possível alteração da legislação ordinária, que até o presente momento não foi definida.

- Pedido julgado parcialmente procedente para propor a modificação da redação da Resolução nº 35 do Conselho Nacional de Justiça, de 24 de abril de 2007, que disciplina a aplicação da Lei 11.441/2007 pelos serviços notariais e de registro, nos seguintes termos: **a)** seja retirado o artigo 53, que versa acerca do lapso temporal de dois anos para o divórcio direto e; b) seja conferida nova redação ao artigo 52, passando o mesmo a prever: "Os cônjuges separados judicialmente, podem, mediante escritura pública, converter a separação judicial ou extrajudicial em divórcio, mantendo as mesmas condições ou alterando-as. Nesse caso, é dispensável a apresentação de certidão atualizada do processo judicial, bastando a certidão da averbação da separação no assento do casamento." (CNJ, Pedido de Providências nº 0005060-32.2010.2.00.0000, j. 12/08/2010)"

(Ministério Público/SP – 2011 – VUNESP) Quando os cônjuges decidem por fim à sociedade conjugal, pretendendo divorciar-se consensualmente, eles devem levar em consideração:

(A) o prazo de 2 (dois) anos a contar da separação judicial por mútuo consentimento.
(B) a possibilidade de o divórcio ser formalizado perante o Cartório de Registro Civil, inclusive com relação aos filhos menores de 16 (dezesseis) anos.
(C) a guarda compartilhada, com previsão de visita do pai em dias e horários alternados e opção de a mãe decidir sobre a educação.
(D) o fato de as novas núpcias de um dos cônjuges não lhe retirar o direito de guarda antes fixado.
(E) a prestação de alimentos aos filhos, que poderá ser compensada com a proximidade e visitação do cônjuge.

A: incorreta, pois o advento da EC 66/2010 permite o divórcio direto, sem necessidade de cumprir prazos; **B:** incorreta, pois o divórcio não poderá ser realizado no Cartório de Registro Civil se houver filhos menores (art. 3º, da Lei 11.441/2007); **C:** incorreta, pois a guarda compartilhada pressupõe a responsabilidade conjunta e o exercício de direitos e deveres do pai e da mãe que não vivem sob o mesmo teto (art. 1.583 do CC); **D:** correta (art. 1.588 do CC); **E:** incorreta, pois a prestação de alimentos não pode ser objeto de compensação (art. 1.707 do CC).
„Gabarito "D".

7.1.4. REGIME DE BENS

(Juiz – TJ/SP – VUNESP – 2015) É correto afirmar que

(A) salvo no regime da separação, os cônjuges são obrigados a concorrer, na proporção de seus bens e rendimentos, para o sustento da família e a educação dos filhos.
(B) as causas suspensivas do casamento podem ser opostas por qualquer pessoa.
(C) se excluem da comunhão parcial de bens os proventos do trabalho pessoal de cada cônjuge.
(D) é obrigatório o regime da separação de bens aos que contraírem matrimônio com inobservância das cláusulas de impedimento da celebração do casamento.

A: incorreta, pois tal obrigação conjunta ocorre em qualquer regime de bens (CC, art. 1.568); B: incorreta, pois tal titularidade se confere apenas "aos parentes em linha reta de um dos nubentes, sejam consanguíneos ou afins, e pelos colaterais em segundo grau, sejam também consanguíneos ou afins" (CC, art. 1.524); **C:** correta. Pela letra fria da lei, os "proventos do trabalho pessoal de cada cônjuge" não se comunicam no regime da comunhão parcial de bens. A aplicação irrestrita desse dispositivo fulminaria de morte o regime, que se propõe a dividir as conquistas patrimoniais pós-matrimônio. Foi por isso que a jurisprudência atenuou o alcance do dispositivo, para dar limitada aplicação prática; **D:** incorreta, pois tal hipótese gera nulidade absoluta do matrimônio (CC, art. 1.548, II).
„Gabarito "C".

(Juiz – TJ/SP – VUNESP – 2015) Em tema de outorga marital ou uxória, é correto afirmar que

(A) é válida a fiança prestada durante união estável sem anuência do companheiro, conforme entendimento do Superior Tribunal de Justiça.

(B) o fiador tem legitimidade para arguir a invalidade da garantia fidejussória independentemente de tal consentimento.
(C) a assinatura do cônjuge, na qualidade de testemunha instrumental do contrato, supre a outorga exigida na garantia fidejussória, conforme o entendimento do Superior Tribunal de Justiça.
(D) é exigível em todos os regimes de bens, e sua ausência implica ineficácia total do contrato.

A: correta. O STJ pacificou o entendimento de que "*não é nula, nem anulável, a fiança prestada por fiador convivente em união estável sem a outorga uxória do outro companheiro*" (AgInt no AREsp 841.104/DF, Rel. Ministro Ricardo Villas Bôas Cueva, Terceira Turma, julgado em 16/06/2016, DJe 27/06/2016). Essa orientação do STJ baseia-se no fato de que o terceiro (com quem se contrata) não tem um mecanismo seguro e eficaz para ter ciência da união estável do seu contratante. Se a hipótese fosse de casamento, uma simples consulta no Cartório de Registro Civil seria suficiente para tomar ciência do estado civil; **B:** incorreta, pois se houve a outorga uxória, não há base para a alegação de nulidade por parte do fiador; **C:** incorreta, pois o STJ entende que "*A assinatura das testemunhas instrumentárias somente expressa a regularidade formal do instrumento particular, mas não evidencia sua ciência acerca do conteúdo do negócio jurídico*" (REsp 1185982/PE, Rel. Ministra Nancy Andrighi, Terceira Turma, julgado em 14/12/2010, DJe 02/02/2011). Tal orientação decorre do fato de que a fiança "*não admite interpretação extensiva*" (CC, art. 819); **D:** incorreta, pois não se exige outorga uxória quando o regime de bens for o da separação absoluta (CC, art. 1.647).
„Gabarito "A".

(Magistratura/SP – 2013 – VUNESP) Com relação ao regime de bens do casamento, é correto afirmar que

(A) qualquer que seja o regime de bens, nenhum cônjuge poderá, sem autorização do outro, alienar ou onerar bens imóveis.
(B) no regime da comunhão parcial, entram na comunhão todos os bens adquiridos na constância do casamento.
(C) excluem-se da comunhão parcial as obrigações provenientes de atos ilícitos, salvo reversão em proveito do casal.
(D) a falta de autorização de um cônjuge para que o outro preste fiança, quando o regime não é o da separação absoluta de bens, torna nula a garantia, podendo essa nulidade ser alegada a qualquer tempo.

A: incorreta, pois tal regra não se coloca no regime de separação absoluta (art. 1.647, I, do CC); **B:** incorreta, pois há bens adquiridos na constância do casamento que não entram na comunhão, como os recebidos por doação ou sucessão, e os sub-rogados em seu lugar (art. 1.659, I, do CC); **C:** correta (art. 1.659, IV, do CC); **D:** incorreta, pois a falta de autorização "tornará anulável o ato praticado, podendo o outro cônjuge pleitear-lhe a anulação, até dois anos depois de terminada a sociedade conjugal" (art. 1.649, *caput*, do CC), ou seja, não se trata de ato nulo e sem prazo para ser alegado.
„Gabarito "C".

(Magistratura/SP – 180º – VUNESP) No que toca ao regime de bens entre os cônjuges, aponte a assertiva válida.

(A) Qualquer que seja o regime de bens, nenhum dos cônjuges, sem autorização do outro, pode pleitear ou gravar de ônus real os bens imóveis.
(B) As ações fundadas nos incisos III, IV e V do art. 1.642 do Código Civil competem ao cônjuge prejudicado.
(C) nos casos dos incisos III e IV do artigo 1.642, o terceiro, prejudicado com a sentença favorável ao autor,

não terá regressivo contra o cônjuge que realizou o negócio jurídico ou seus herdeiros.
(D) no regime de separação absoluta de bens, não pode o cônjuge demandar a rescisão de fiança realizada pelo outro cônjuge com infração do disposto nos incisos III e IV, do art. 1.647 do Código Civil.

A: incorreta (art. 1.647, I, do CC); **B:** incorreta (art. 1.645 do CC – *e a seus herdeiros*); **C:** incorreta (art. 1.646 do CC – *terá o direito regressivo*); **D:** correta (art. 1.647, *caput*, do CC – quando se tratar de regime de separação de bens não há necessidade de outorga uxória).
Gabarito "D".

(Magistratura/SP – 179º – VUNESP) Assinale a afirmação incorreta.

(A) É válido o pacto antenupcial que for feito por instrumento particular, somente produzindo efeitos contra terceiro depois de levado a registro.
(B) No regime de separação de bens, quando um dos cônjuges não puder exercer a administração de bens que lhe incumbe, seus imóveis poderão ser alienados pelo outro com autorização judicial.
(C) No regime de comunhão universal de bens, são excluídas da comunhão as dívidas anteriores ao casamento, salvo se provierem de despesas com seus aprestos, ou reverterem em proveito comum.
(D) Segundo disposição do atual Código Civil, tanto no regime de comunhão parcial de bens, quanto no de comunhão universal, excluem-se da comunhão os proventos do trabalho pessoal de cada cônjuge.

A: incorreta, devendo ser assinalada (art. 1.653 do CC); **B:** correta (art. 1.651, III, do CC); **C:** correta (art. 1.668, III, do CC); **D:** correta (art. 1.659, VI, e 1.668, V, do CC).
Gabarito "A".

7.2. UNIÃO ESTÁVEL

(Magistratura/SP – 180º – VUNESP) Considere as afirmações a seguir, tendo em vista o reconhecimento da união estável nas seguintes situações:

I. não se constituirá, se a pessoa casada se achar separada de fato;
II. deixará de se caracterizar em relação ao divorciado, enquanto não houver sido homologada ou decidida a partilha dos bens do casal;
III. pode ser considerada a união estável entre o homem e a mulher como entidade familiar;
IV. aplica-se sempre às relações patrimoniais, no que couber, o regime da comunhão parcial de bens.

São incorretas apenas as afirmações
(A) I e II.
(B) II e IV.
(C) I, II e III.
(D) II e III.

I: incorreta (art. 1.723, § 1º, do CC); **II:** incorreta (art. 1.581 do CC); **III:** correta (art. 1.723, *caput*, do CC); **IV:** correta (art. 1.725 do CC).
Gabarito "A".

(Magistratura/SP – 178º – VUNESP) Indique a predicação verdadeira.

(A) Para o atual Código Civil, concubinato e união estável é a mesmíssima coisa.
(B) As causas suspensivas do casamento (impedimentos impedientes do direito anterior) impedem a caracterização da união estável.
(C) Na união estável, salvo escrito entre os companheiros, aplica-se às relações patrimoniais, no que couber, o regime da comunhão parcial de bens.
(D) A convivência sob o mesmo teto é requisito fundamental da união estável.

A: falsa (art. 1.727 do CC); **B:** falsa (art. 1.723, § 2º, do CC); **C:** verdadeira (art. 1.725 do CC); **D:** falsa (art. 1.723, *caput*, do CC).
Gabarito "C".

(Ministério Público/ES – 2013 – VUNESP) Considerando as normas que regem o instituto da união estável e o entendimento jurisprudencial dominante, assinale a alternativa correta.

(A) A pessoa casada, mas separada de fato, está impedida de constituir união estável até que se divorcie de seu cônjuge.
(B) A união estável constituída quando um dos companheiros é maior de 70 (setenta) anos não prejudica a comunicação dos bens adquiridos na constância da união.
(C) Ao contrário do casamento, os companheiros não podem pedir uns aos outros alimentos de que necessitem.
(D) Na união estável, aplica-se às relações patrimoniais o regime de comunhão universal de bens, salvo contrato escrito.
(E) As causas suspensivas para contrair casamento impedem a constituição de união estável.

A: incorreta, pois a pessoa casada, mas separada de fato, pode constituir união estável. É a única hipótese de impedimento matrimonial que não impede a união estável (CC, art. 1.723 § 1º); **B:** correta. O STJ entende que nesse caso o regime é o da separação obrigatória (RESP 646.259-RS). Contudo, incide a Súmula 377 do STF, segundo a qual, "*No regime de separação legal de bens, comunicam-se os adquiridos na constância do casamento*"; **C:** incorreta, pois o art. 1.694 do Código Civil permite aos companheiros da união estável pedir alimentos uns aos outros; **D:** incorreta, pois "*salvo contrato escrito entre os companheiros, aplica-se às relações patrimoniais, no que couber, o regime da comunhão parcial de bens*" (CC, art. 1.725); **E:** incorreta, pois apenas os impedimentos matrimoniais é que impedem a constituição da união estável (CC, art. 1.723, § 1º).
Gabarito "B".

7.3. PARENTESCO E FILIAÇÃO

(Magistratura/RJ – 2011 – VUNESP) Considerando a jurisprudência majoritária do Superior Tribunal de Justiça, assinale a alternativa correta quanto ao direito de ser reconhecido como filho, mediante a ação própria de investigação de paternidade.

(A) É imprescritível, por se tratar de direito personalíssimo.
(B) Prescreve em quatro anos, a contar da maioridade ou emancipação do filho.
(C) Somente pode ser intentada após a ação de anulação de registro.
(D) Somente pode ser proposta se vivo o pai.

O STJ se posiciona no sentido de que não há prazo para se pleitear a investigação de paternidade. Nesse sentido foi a decisão do REsp 1298576 que definiu: "A ação de investigação de paternidade é imprescritível, tratando-se de direito personalíssimo, e a sentença que reconhece o vínculo tem caráter declaratório, visando acertar a relação jurídica da paternidade do filho [...]". Não há que se falar também no requisito de o pai estar vivo para fins de se permitir o ajuizamento da investigação de paternidade.
Gabarito "A".

7.4. PODER FAMILIAR, ADOÇÃO, TUTELA E GUARDA

(Defensor Público/RO – 2017 – VUNESP) Sobre a tutela de menores, é correto afirmar que

(A) é possível a nomeação de tutor, pelos pais, via testamento.
(B) podem escusarse da tutela aqueles que já tiverem, sob sua autoridade, algum filho.
(C) ao tutor são concedidas as mesmas prerrogativas inerentes ao poder familiar.
(D) não podem ser tutores aqueles que já foram condenados pelo crime de furto ou roubo, salvo se já houverem cumprido a pena.
(E) o menor, com 16 (dezesseis) anos completos, sob tutela, não pode ser emancipado.

A: correta, pois os pais podem se valer do testamento como meio hábil para a nomeação de tutor (CC, art. 1.729, parágrafo único); **B:** incorreta. A alegação de filhos como escusa de tutela só é admitida quando houver mais de três (CC, art. 1. 736, III); **C:** incorreta, pois o poder familiar tem abrangência e autonomia muito superior ao exercício da tutela (CC, art. 1.630); **D:** incorreta, pois tais condenados não podem servir como tutores, "*tenham ou não cumprido pena*" (CC, art. 1.735, IV); **E:** incorreta, pois tal emancipação é permitida exigindo-se, todavia, autorização judicial (CC, art. 5º, parágrafo único, I).
Gabarito "A".

(Defensor Público/RO – 2017 – VUNESP) Assinale a alternativa correta sobre a alienação parental, de acordo com as disposições da Lei 12.318/2010.

(A) A mudança de Estado, pelo genitor que detém a guarda da criança ou do adolescente, gera presunção *juris tantum* de alienação parental.
(B) A utilização de terceiros, pelo genitor, para praticar ato considerado alienação parental, não descaracteriza esta, sujeitando o genitor às penalidades legais.
(C) A lei apresenta, em rol exaustivo, os atos que são considerados como prática de alienação parental.
(D) Para configurar alienação parental, o ato deve ser praticado pelos genitores ou avós, não abrangendo atos praticados por pessoas que tenham a criança apenas sob sua vigilância.
(E) A penalidade de inversão da guarda não poderá ser aplicada cumulativamente com outras penalidades.

A: incorreta, pois não existe na lei a previsão de que – a mudança de Estado por si só – seja fato que acarrete a presunção de alienação parental; **B:** correta, pois a alienação parental pode ser praticada pelo próprio genitor ou por terceiros (Lei 12.138/2010, art. 2º, parágrafo único); **C:** incorreta, pois o rol apresentado pelo art. 2º da mencionada lei é meramente exemplificativo; **D:** incorreta, pois o ato também pode ter sido praticado pelas pessoas que "tenham a criança apenas sob sua vigilância" (Lei 12.138/10, art. 2º); **E:** incorreta, pois tal punição pode ser cumulada com outras previstas na mencionada lei (art. 6º).
Gabarito "B".

(Magistratura/SP – 178º – VUNESP) Um só destes enunciados é verdadeiro em face do Estatuto da Criança e do Adolescente. Indique-o.

(A) A morte dos adotantes restabelece o poder familiar dos pais naturais.
(B) A adoção é irrevogável.
(C) A adoção do menor de dezesseis anos prescinde do seu consentimento.
(D) É inadmissível o deferimento de adoção a adotante falecido antes da sentença.

A: falso (art. 49 da Lei 8.069/1990); **B:** verdadeiro (art. 39, § 1º, da Lei 8.069/1990); **C:** falso (art. 45, § 2º, da Lei 8.069/1990); **D:** falso (art. 42, § 6º, da Lei 8.069/1990).
Gabarito "B".

(Juiz de Direito – TJ/RJ – 2019 – VUNESP) Pedro, criança de 4 anos, com pais desconhecidos, vive em uma instituição de menores abandonados. Em razão de sua aparência física (branco e de olhos claros) despertou o interesse na adoção por um casal alemão. Entretanto, outro casal brasileiro, regularmente cadastrado para adoção na forma da lei, também manifestou interesse em adotar Pedro. Acerca do caso hipotético, assinale a alternativa correta.

(A) Deverá ser dada preferência ao casal estrangeiro, tendo em vista que a adoção irá representar a Pedro a possibilidade de ser cidadão da comunidade europeia, o que significa uma manifesta vantagem em seu interesse.
(B) Deverá ser deferida a adoção ao casal que melhor apresentar condições de satisfazer os interesses da criança.
(C) Deverá ser dada preferência ao casal brasileiro, se este apresentar perfil compatível com a criança.
(D) Pedro deverá previamente ser inserido no programa de apadrinhamento e, apenas no caso de insucesso deste, poderá ser deferida a adoção, com preferência ao casal brasileiro.
(E) Caso seja deferida a adoção ao casal alemão, a saída de Pedro do território nacional somente poderá ocorrer a partir da publicação da decisão proferida pelo juiz em primeira instância, mesmo sem o trânsito em julgado, vedada a concessão de tutela provisória.

A: incorreta, pois a preferência é de casais brasileiros (art. Art. 51, § 1º, II da Lei 8.069/90), independentemente deste tipo de vantagem; **B:** incorreta, pois o casal brasileiro terá preferência ao casal estrangeiro, sendo autorizada a adoção por este último apenas quando não houver possibilidade de colocar a criança ou adolescente em família adotiva brasileira. Portanto a adoção por estrangeiro é sempre em último caso (art. Art. 51, § 1º, II da Lei 8.069/90; **C:** correta, pois para colocar em família estrangeira devem ter sido esgotadas todas as possibilidades de colocação da criança ou adolescente em família adotiva brasileira (art. Art. 51, § 1º, II da Lei 8.069/90); **D:** incorreta, pois o apadrinhamento consiste em programa para estabelecer vínculos fora da instituição onde a criança está, mas não é permanente, não interferindo na adoção (art. 19-B, § 1º da Lei 8.069/90); **E:** incorreta, pois a adoção só produz efeito a partir do transito em julgado da sentença constitutiva (art. 47, § 7º da Lei 8.069/90). Ademais é necessário que o casal tenha passado pelo estágio de convivência, que para casais estrangeiros é de 30 a 45 dias no máximo (art. 46, § 3º da Lei 8.069/90).
Gabarito "C".

7.5. ALIMENTOS

(Defensor Público/RO – 2017 – VUNESP) Assinale a alternativa correta sobre o direito de alimentos.

(A) Sendo várias as pessoas obrigadas a prestar alimentos, a obrigação é, em regra, solidária.
(B) Constatado que o suposto genitor não guarda relação de parentesco com aquele que, de boafé, recebeu

verbas alimentares, os valores pagos devem ser devolvidos.
(C) Havendo incapacidade ou insuficiência financeira do futuro pai, o dever de prestar alimentos gravídicos não pode se estender aos avós paternos.
(D) Durante o exercício do poder familiar não corre o prazo prescricional para exigir o pagamento de verba de natureza alimentar.
(E) A legislação traz a presunção *juris tantum* de que o valor correspondente a 30% (trinta por cento) dos rendimentos líquidos do alimentante não traz desfalque ao sustento deste.

A: incorreta, pois "*sendo várias as pessoas obrigadas a prestar alimentos, todas devem concorrer na proporção dos respectivos recursos*" (CC, art. 1.698); **B:** incorreta, pois a ideia central dos valores pagos a título de alimentos é sua utilização para fins de subsistência. Assim, por construção doutrinária e jurisprudencial, estabeleceu-se a regra da irrepetibilidade em caso de boa-fé de quem pleiteia. Foi nesse sentido, por exemplo, a decisão do STJ no AgInt no REsp 1689450/SP (Agravo Interno no Recurso Especial 2017/0189266-5, julgado em 2/8/2018); **C:** incorreta, pois "O direito à prestação de alimentos é recíproco entre pais e filhos, e extensivo a todos os ascendentes, recaindo a obrigação nos mais próximos em grau, uns em falta de outros" (CC, art. 1.696); **D:** correta, pois "*não corre prescrição entre ascendente e descendente durante o poder familiar*" (CC, art. 197, II). Trata-se, portanto, de causa impeditiva de fluência de prazo prescricional; **E:** incorreta, pois a fixação de 30% dos rendimentos líquidos do alimentante não está prevista em lei, sendo uma construção jurisprudencial. Gabarito "D".

(Juiz – TJ/SP – VUNESP – 2015) Acerca dos alimentos, é correto afirmar que
(A) considerando que se extingue o poder familiar pela maioridade (art. 1.635 do Código Civil), cessa desde logo o dever de prestar alimentos, dispensada decisão judicial a esse respeito.
(B) a obrigação alimentar dos ascendentes é subsidiária à obrigação alimentar entre irmãos, germanos ou unilaterais.
(C) o débito alimentar que autoriza a prisão civil do alimentante é o que compreende as prestações que se vencerem no curso do processo.
(D) se o cônjuge declarado culpado pela separação judicial vier a necessitar de alimentos e não tiver aptidão para o trabalho, o outro cônjuge será obrigado a assegurá-los, desde que inexistam parentes na condição de prestá-los, limitados ao *quantum* indispensável à sobrevivência.

A: incorreta, pois de acordo com a Súmula 358 do STJ, "*O cancelamento de pensão alimentícia de filho que atingiu a maioridade está sujeito à decisão judicial, mediante contraditório, ainda que nos próprios autos*"; **B:** incorreta, pois os irmãos só serão chamados a prestar alimentos na falta de ascendentes e descendentes (CC, art. 1.697); **C:** incorreta, pois segundo a Súmula 309 do STJ, "*O débito alimentar que autoriza a prisão civil do alimentante é o que compreende as três prestações anteriores ao ajuizamento da execução e as que vencerem no curso do processo*"; **D:** correta, pois a assertiva repete o disposto no art. 1.704 parágrafo único do Código Civil. Gabarito "D".

(Magistratura/SP – 2013 – VUNESP) Acerca de alimentos, assinale a alternativa correta.
(A) A lei permite que a mulher grávida postule alimentos, que compreendem os valores suficientes para cobrir as despesas adicionais do período de gravidez e que sejam dela decorrentes, da concepção ao parto.
(B) O cônjuge declarado culpado na ação de separação judicial perde definitivamente o direito de pleitear alimentos do outro cônjuge, ainda que não lhe reste qualquer outro meio de subsistência.
(C) Os alimentos provisórios são aqueles postulados liminarmente, ao passo que os provisionais são aqueles concedidos definitivamente.
(D) A obrigação de prestar alimentos é personalíssima, não se transmitindo aos herdeiros do devedor.

A: correta (art. 2º da Lei 11.804/2008); **B:** incorreta, pois, caso o cônjuge culpado não tiver outra forma de prover suas necessidades, terá direito de pedir alimentos para o cônjuge inocente, mas restrito ao indispensável à subsistência (art. 1.694, § 2º, do CC); **C:** incorreta, pois os alimentos provisórios de fato são os postulados liminarmente, mas em ação de alimentos de rito especial, ao passo que os alimentos provisionais são os fixados em medida cautelar, preparatória ou incidental, de ação de separação, divórcio ou invalidação de casamento ou em outros tipos de ação de alimentos, não se tratando, portanto, de alimentos concedidos definitivamente; **D:** incorreta, pois a obrigação de prestar alimentos transmite-se aos herdeiros do devedor (art. 1.700 do CC). Gabarito "A".

(Magistratura/SP – 180º – VUNESP) Em relação aos alimentos:
I. no cumprimento da obrigação alimentar pelos parentes, a solidariedade é relativa;
II. o direito aos alimentos é personalíssimo, imprescritível e intransmissível;
III. os alimentos são irrepetíveis e irrenunciáveis;
IV. têm os parentes, cônjuges ou companheiros, o dever de sustentar uns aos outros quando necessário.
São verdadeiras apenas as proposições
(A) I e II.
(B) II e IV.
(C) I, II e III.
(D) II e III.

I: incorreta (art. 1.698 do CC e Enunciado CJF 342); **II:** correta (de fato, o direito aos alimentos é (i) personalíssimo, pois tem como objetivo suprir as necessidades vitais daquele que não consegue supri-las com seus próprios meios; (ii) imprescritível, pois o direito a alimentos não cessa pelo seu não exercício e (iii) intransmissível, eis que falecido o beneficiário não se transmite aos herdeiros, somente a obrigação de prestar os alimentos transmite-se aos herdeiros); **III:** incorreta (os alimentos são, de fato, irrepetíveis; ocorre que, quando se tratar de alimentos devidos em razão de casamento ou união estável, há divergências no concernente a ser prestação irrenunciável. Para o STF, são igualmente irrenunciáveis, conforme se infere da Súmula 379. Posteriormente, o STJ passou a entender de modo diverso, no sentido de que é possível a renúncia aos alimentos, *verbis*: "REsp 701902/SP (15/09/2005). Direito civil e processual civil. Família. Recurso especial. Separação judicial. Acordo homologado. Cláusula de renúncia a alimentos. Posterior ajuizamento de ação de alimentos por ex-cônjuge. Carência de ação. Ilegitimidade ativa. A cláusula de renúncia a alimentos, constante em acordo de separação devidamente homologado, é válida e eficaz, não permitindo ao ex-cônjuge que renunciou, a pretensão de ser pensionado ou voltar a pleitear o encargo. Deve ser reconhecida a carência da ação, por ilegitimidade ativa do ex-cônjuge para postular em juízo o que anteriormente renunciara expressamente. Recurso especial conhecido e provido." Em 2007, consolidando este entendimento, o STJ editou a Súmula 336. *Vide* também enunciado CJF 263); **IV:** correta (art. 1.694 do CC). Gabarito "B".

7.6. BEM DE FAMÍLIA

(Magistratura/SP – 2013 – VUNESP) No que concerne ao bem de família, assinale a resposta correta consoante a Lei n. 8.009 e a jurisprudência do STJ.

(A) A vaga de garagem, ainda que possua matrícula própria no registro de imóveis, constitui bem de família para efeito de penhora.
(B) O conceito de impenhorabilidade do bem de família abrange as benfeitorias de qualquer natureza, equipamentos, inclusive veículos de transporte, móveis que guarnecem a casa e obras de arte.
(C) O conceito de impenhorabilidade do bem de família não abrange o imóvel pertencente a pessoas solteiras, viúvas e separadas.
(D) É impenhorável o único imóvel residencial do devedor que esteja locado a terceiros, desde que a renda obtida com a locação seja revertida para a subsistência ou a moradia da sua família.

A: incorreta, pois a Súmula STJ 449 dispõe que "a vaga de garagem que possui matrícula própria no registro de imóveis não constitui bem de família para efeito de penhora"; **B:** incorreta, pois não abrange veículos de transporte e obras de arte, não previstos no art. 1º, parágrafo único, da Lei 8.009/1990, que, inclusive vem sendo interpretado de modo mais estrito possível, sendo que equipamentos que se destinam unicamente a embelezar o ambiente, sem que se constituam em peça essencial à vida familiar, podem ser penhorados (STJ, REsp 300.411). *Vide* também o art. 2º da Lei 8.009/1990; **C:** incorreta, pois a Súmula STJ 364 dispõe que "o conceito de impenhorabilidade de bem de família abrange também o imóvel pertencente a pessoas solteiras, separadas e viúvas"; **D:** correta, pois retrata o exato teor da Súmula STJ 486.
Gabarito "D".

7.7. TEMAS COMBINADOS DE FAMÍLIA

(Magistratura/SP – 177º – VUNESP) Sobre filiação, regime de bens no casamento e poder familiar, pode-se afirmar que

(A) é imprescritível, mas também exclusiva do marido, a ação para contestar a paternidade dos filhos de sua mulher, na constância do casamento; no caso de impugná-la, seus herdeiros poderão prosseguir; mas se não o fizer em vida, subsistirá a presunção da paternidade sem que possa ser impugnada ou contestada por qualquer interessado de sua parte.
(B) o casamento pelo regime da comunhão universal importa na comunicação de todos os bens e dívidas passivas dos cônjuges, havidos por qualquer deles e a qualquer título, antes e durante o casamento, exigindo-se, porém, o pacto antenupcial.
(C) o pacto antenupcial é obrigatório nos regimes de separação total, da comunhão universal e no regime de ratificação final dos aquestos, podendo ser levado a efeito por instrumento público ou particular, neste último caso, com sua transcrição no processo de habilitação de casamento, mas levado a registro, em ambas as hipóteses, obrigatoriamente, no Registro de Imóveis.
(D) o poder familiar é exercido conjuntamente pelo pai e pela mãe, admitida a renúncia a ele por qualquer dos cônjuges em favor do outro consorte, quando a convivência entre os pais ou entre um destes e o filho se torne insuportável.

A: correta, art. 1.601 do CC; **B:** incorreta, arts. 1.667 e 1.668 do CC; **C:** incorreta, art. 1.653 do CC; **D:** incorreta, art. 1.631 do CC.
Gabarito "A".

8. SUCESSÕES

8.1. SUCESSÃO EM GERAL

(Procurador do Estado/SP – 2018 – VUNESP) Em razão de morte de policial militar, o Estado de São Paulo, por força de lei estadual, inicia processo administrativo para pagamento de indenização, no valor de R$ 200.000,00, aos "herdeiros na forma da lei". O extinto, solteiro, foi morto por um de seus dois filhos, a mando do crime organizado. O homicida, que teve sua indignidade declarada por sentença transitada em julgado, tem 1 filho menor. Nesse caso, a indenização é devida

(A) ao filho inocente, na proporção da metade do valor da indenização, podendo a Administração reter a outra metade por ausência de credor legítimo.
(B) ao filho inocente do falecido e ao filho do indigno, que recebe por cabeça.
(C) exclusivamente ao filho inocente do falecido, pois a cota-parte do indigno acresce à do outro herdeiro de mesma classe.
(D) ao filho inocente do falecido e ao filho do indigno, que recebe por estirpe.
(E) aos dois filhos do falecido, depositando-se a cota-parte do indigno em conta judicial, para posterior levantamento por seu filho quando completar a maioridade.

A questão trata exclusivamente do direito de herança e do instituto da indignidade, que afasta da herança o herdeiro que praticar um dos atos previstos no art. 1.814 do Código Civil, dentre eles o homicídio do *de cujus*. Assim, o filho que matou o pai estaria afastado da sucessão. Contudo, o filho do homicida (neto do *de cujus*) tem o direito de representação assegurado pelo art. 1.816 do Código Civil. Logo, a quantia oferecida pelo Estado será dividida em dois. Uma parte ao filho inocente e outra parte ao neto (filho do homicida). Ainda que não mencionado na questão, vale a ressalva de que o homicida não tem usufruto sobre os bens do filho menor, nem o direito à sucessão eventual desse valor herdado. Significa, portanto, que se o filho menor falecer antes do pai homicida, o valor não será herdado por este (CC, art. 1.816, parágrafo único). GN
Gabarito "D".

(Juiz – TJ/SP – VUNESP – 2015) Acerca do Direito das Sucessões, assinale a alternativa correta.

(A) Considera-se imóvel o direito à sucessão aberta, exigindo-se escritura pública para sua cessão, não se admitindo que a renúncia da herança conste de termo judicial.
(B) A morte do responsável cambiário é modalidade de transferência anômala da obrigação, repassável aos herdeiros, salvo se o óbito tiver ocorrido antes do vencimento do título.
(C) É eficaz a cessão, pelo coerdeiro, de seu direito hereditário sobre bem da herança singularmente considerado.
(D) É intransferível ao cessionário de direitos hereditários o direito de preferência inerente à qualidade de herdeiro.

A: incorreta. O direito à sucessão aberta é, de fato, um bem imóvel (CC, art. 80, II), a sua cessão exige escritura pública, mas a renúncia pode ser feita mediante termo judicial (CC, art. 1.806); **B:** incorreta. O responsável cambiário é o avalista, pessoa que garante o pagamento de um título de crédito. Sua morte (mesmo que antes do vencimento) simplesmente transfere aos herdeiros a responsabilidade pelo pagamento do título. Nesse sentido decidiu o STJ (REsp 260.004/SP, Rel. Ministro Castro Filho, Terceira Turma, julgado em 28/11/2006, DJ 18/12/2006, p. 358); **C:** incorreta, pois tal cessão é ineficaz por expressa determinação de lei (CC, art. 1.793, § 2º); **D:** correta, pois a cessão transfere as vantagens econômicas patrimoniais decorrentes da condição de herdeiro, mas não transfere as prerrogativas personalíssimas daí decorrentes, como, por exemplo, a preferência.
Gabarito "D".

(Magistratura/SP – 2013 – VUNESP) Assinale a alternativa correta.

(A) Somente ofensa física que resulte em lesão grave autoriza a deserdação de herdeiro necessário em testamento.
(B) A deserdação do herdeiro necessário pode ser feita em testamento sem que o testador declare sua causa, mas, nesse caso, caberá a quem aproveite a deserdação justificá-la.
(C) Uma vez excluído da sucessão por motivo de indignidade determinado herdeiro, seus descendentes também não sucedem.
(D) A exclusão de herdeiro ou legatário da sucessão nos casos de indignidade deverá sempre ser declarada por sentença.

A: incorreta, pois há outros casos previstos nos arts. 1.962 e 1.963 do CC; **B:** incorreta, pois o testador deve, necessariamente, declarar a causa em testamento (art. 1.964 do CC); **C:** incorreta, pois os efeitos da exclusão por indignidade são pessoais, atingindo apenas o excluído, sendo que seus herdeiros sucedem como se ele morto fosse antes da abertura da sucessão (art. 1.816, *caput*, do CC); **D:** correta (art. 1.815, *caput*, do CC).
Gabarito "D".

8.2. SUCESSÃO LEGÍTIMA

(Defensor Público/RO – 2017 – VUNESP) Dispõe o artigo 1.790 do Código Civil de 2002:

Art. 1.790. A companheira ou o companheiro participará da sucessão do outro, quanto aos bens adquiridos onerosamente na vigência da união estável, nas condições seguintes:

I. se concorrer com filhos comuns, terá direito a uma quota equivalente à que por lei for atribuída ao filho;
II. se concorrer com descendentes só do autor da herança, tocarlheá a metade do que couber a cada um daqueles;
III. se concorrer com outros parentes sucessíveis, terá direito a um terço da herança;
IV. não havendo parentes sucessíveis, terá direito à totalidade da herança.

A constitucionalidade do dispositivo legal foi objeto de recente análise pelo Supremo Tribunal Federal, que decidiu pela

(A) inconstitucionalidade, declarando que o companheiro não possui quaisquer direitos sucessórios.
(B) parcial inconstitucionalidade, que atinge apenas os incisos I, II e III do dispositivo legal.
(C) constitucionalidade, reconhecendo que o sistema jurídico vigente permite a diferenciação entre cônjuge e companheiro para fins sucessórios.
(D) inconstitucionalidade, reconhecendo que a sucessão do companheiro deve seguir a mesma regra estabelecida para o cônjuge.
(E) parcial inconstitucionalidade, que atinge apenas o inciso III do dispositivo legal.

Após anos de imensa insegurança jurídica, o STF concluiu, em maio de 2017, o julgamento do Recurso Extraordinário 878.694/MG. A partir desta decisão (que declarou inconstitucional o art. 1.790 do Código Civil) o convivente da união estável passou a titularizar os mesmos direitos hereditários previstos para o cônjuge, no art. 1.829 do Código Civil. Desta forma (na hipótese mais frequente) a companheira, que fora unida em comunhão parcial (CC, art. 1.725) e que disputa a herança com filhos do falecido, herdará apenas sobre os bens particulares do falecido. Sua quota será a mesma atribuída aos filhos, tendo direito no mínimo a ¼ dessa massa patrimonial, se concorrer com filhos comuns (CC, art. 1.832). Ainda que não abordado pela questão, vale mencionar que – devido ao regime de bens – a companheira terá também direito de meação sobre os bens adquiridos onerosamente na vigência da união estável (direito denominado de meação). Terá ainda direito real de habitação sobre o "*imóvel destinado à residência da família*" (CC, art. 1.831).
Gabarito "D".

(Juiz de Direito – TJ/RS – 2018 – VUNESP) Maria vivia em união estável com José, sob o regime da comunhão parcial de bens. Este possuía dois filhos decorrentes de relacionamento anterior e três filhos com Maria. José faleceu. Considerando a disciplina constante do Código Civil, bem como o entendimento do STF proferido em Repercussão Geral sobre o tema, podemos afirmar que caberá a Maria, na sucessão dos bens particulares de José,

(A) um sexto da herança.
(B) um terço da herança.
(C) metade do que couber a cada um dos filhos de José.
(D) um quarto da herança.
(E) metade da herança.

De acordo com a decisão proferida pelo STF no Recurso Extraordinário 878.694/MG, deve-se conceder à companheira de união estável os mesmos direitos previstos para a esposa no art. 1.829 e seguintes do Código Civil. Desta forma, os direitos sucessórios de Maria estão limitados aos bens particulares do seu marido (CC, art. 1.829, I), disputando com os filhos de José (cinco, no total). Aplicando a quota prevista no art. 1.832, Maria terá direito a 1/6 desse patrimônio. Vale mencionar que a hipótese é de filiação híbrida, pois há filhos comuns e filhos só do *de cujus*. Para essa situação, o Enunciado 527 do Conselho da Justiça Federal concluiu que: "Na concorrência entre o cônjuge e os herdeiros do de cujus, não será reservada a quarta parte da herança para o sobrevivente no caso de filiação híbrida".
Ainda que não abordado pela questão, vale mencionar que – devido ao regime de bens – Maria terá também direito de meação sobre os bens adquiridos onerosamente na vigência da união estável (direito denominado de meação).Terá ainda direito real de habitação sobre o "*imóvel destinado à residência da família*" (CC, art. 1.831).
Gabarito "A".

(Juiz de Direito – TJ/RS – 2018 – VUNESP) José e Maria (grávida de 9 meses) sofreram um acidente automobilístico. José faleceu no acidente. Maria foi levada com vida ao hospital e o filho que estava em seu ventre faleceu alguns minutos após o nascimento, tendo respirado.

Na manhã seguinte, Maria também faleceu em decorrência dos ferimentos causados pelo acidente. José e Maria não tinham outros filhos. O casal tinha uma fortuna de R$ 50.000.000,00 (cinquenta milhões de reais) em aplicações financeiras, numa conta conjunta, valores acumulados exclusivamente durante o período do casamento, sob o regime legal de bens (comunhão parcial). Os pais de José (Josefa e João) e os pais de Maria (Ana e Paulo) ingressaram em juízo postulando seus direitos hereditários. Assinale a alternativa correta.

(A) Os pais de Maria têm direito a 75% do valor da herança e os pais de José ao restante.
(B) Os pais de José têm direito a 75% do valor da herança e os pais de Maria ao restante.
(C) A herança deve ser atribuída totalmente aos pais de José, nada cabendo aos pais de Maria.
(D) A herança deve ser atribuída totalmente aos pais de Maria, nada cabendo aos pais de José.
(E) Os pais de José e os pais de Maria têm direito, cada um deles, à metade da herança.

Para a solução da questão sucessória em análise é imprescindível saber a sequência cronológica dos falecimentos. O primeiro a falecer foi o pai, seguido do filho e por último a mãe. É fundamental também separar patrimônios. O patrimônio do pai (25 milhões de reais) passou para o filho (quando casada em comunhão parcial a esposa não herda nos bens comuns) e – com a morte do filho – passou para sua mãe, Maria. Na manhã seguinte, Maria faleceu, passando o patrimônio para seus ascendentes (Ana e Paulo). O patrimônio de Maria passou diretamente para os seus ascendentes, porque – no momento que ela faleceu – ela já não tinha marido, nem filho. Assim, toda a herança será atribuída aos pais de Maria. Gabarito "D".

(Juiz – TJ/MS – VUNESP – 2015) É correto que no direito de representação, considerado como instituto do direito das sucessões,

(A) o descendente do herdeiro excluído da sucessão não poderá herdar representando o excluído.
(B) não há direito de representação na linha transversal.
(C) o renunciante à herança de uma pessoa não poderá representá-la na sucessão de outra.
(D) quando houver mais de um representante concorrendo à sucessão por estirpe, a herança caberá ao mais velho.
(E) há direito de representação na linha reta descendente, mas nunca na ascendente.

A: incorreta, pois "os descendentes do herdeiro excluído sucedem, como se ele morto fosse antes da abertura da sucessão" (CC, art. 1.816); **B:** incorreta, pois existe uma hipótese de representação na linha transversal, que é conferida ao sobrinho (CC, art. 1.853); **C:** incorreta, pois o renunciante à herança de uma pessoa poderá representá-la na sucessão de outra (CC, art. 1.856); **D:** incorreta, pois nessa hipótese a quota divide-se em partes iguais entre os representantes; **E:** correta, pois de pleno acordo com o disposto no art. 1.852 do CC. Gabarito "E".

(Juiz – TJ/SP – VUNESP – 2015) Assinale a alternativa correta, no que tange ao direito real de habitação, assegurado ao cônjuge sobrevivente.

(A) É irrenunciável.
(B) Não dá direito aos frutos.
(C) Exige registro imobiliário para a sua constituição.
(D) Não é extensivo o regime da separação de bens.

A: incorreta, pois é permitido ao cônjuge sobrevivente renunciar ao direito real de habitação; **B:** correta, pois o direito real de habitação limita-se a proporcionar moradia ao titular, não lhe possibilitando fazer seus os frutos daí decorrentes (CC, art. 1.414); **C:** incorreta, pois o próprio juiz do inventário pode estabelecer; **D:** incorreta, pois referido direito é concedido independentemente dos direitos sucessórios do cônjuge (CC, art. 1.831). Gabarito "B".

(Magistratura/SP – 2013 – VUNESP) Relativamente à ordem da vocação hereditária, assinale a alternativa correta.

(A) Concorrendo à herança irmãos bilaterais e unilaterais, cada um desses herdará apenas a metade do que cada um daqueles herdar.
(B) Concorrendo à herança somente um avô materno e dois avós paternos, a cada um tocará 1/3 (um terço) da herança.
(C) Se concorrerem à herança somente um filho de irmão pré-morto e duas filhas de irmã pré-morta, àquele tocará metade da herança e a cada uma destas, 1/4 (um quarto) dela.
(D) Incluem-se na sucessão legítima os colaterais até o terceiro grau.

A: correta (art. 1.841 do CC); **B:** incorreta, pois ficará metade para a linha materna (1/2 para o avô materno) e metade para a linha paterna (1/4 para o avô paterno e 1/4 para a avó paterna), nos termos do art. 1.836, § 2º, do CC; **C:** incorreta, pois, estando todos os irmãos pré-mortos (ou seja, concorrendo à herança somente filhos de irmãos falecidos), seus respectivos filhos herdarão por cabeça (e não por linha), ou seja, cada receberá 1/3, já que são três filhos concorrendo (art. 1.843, § 1º, do CC); **D:** incorreta, pois são chamados a suceder os colaterais até quarto grau (art. 1.839 do CC). Gabarito "A".

(Juiz de Direito – TJ/RJ – 2019 – VUNESP) João e Maria viviam em união estável, formalizada mediante escritura pública, em que elegeram o regime da comunhão parcial de bens. Da relação entre João e Maria, resultaram duas filhas, Madalena e Sara. João também tinha outros dois filhos, Mateus e Paulo, decorrentes de relações eventuais que manteve. João faleceu. Na data da sua morte, João possuía um patrimônio adquirido totalmente antes da constituição da união estável com Maria.

É correto afirmar que o patrimônio de João será dividido da seguinte forma:

(A) um quarto (1/4) para cada um dos filhos de João.
(B) um quarto (1/4) da herança para Maria e o restante dividido igualmente entre todos os filhos de João.
(C) Maria e todos os filhos de João receberão, cada um, um quinto (1/5) da herança.
(D) um terço (1/3) para Maria e o restante dividido igualmente entre todos os filhos de João.
(E) 10% para Maria e 15% para cada um dos filhos de João.

No caso em tela Maria não é meeira, mas apenas herdeira, tendo em vista que os bens de João foram adquiridos antes da constituição da união estável, portanto eram bens particulares, logo não se comunicam (art. 1.658 e art. 1.659, I primeira parte CC). Neste passo vale ressaltar a equiparação sucessória feita pelo Supremo Tribunal Federal, em julgamento encerrado no ano de 2017 que reconheceu a inconstitucionalidade do art. 1.790 do Código Civil (*decisum* publicado no Informativo n. 840 do STF), o que acarreta a aplicação dos mesmos direitos do cônjuge ao companheiro. Na hipótese em questão tem-se a sucessão híbrida, em que o *de cujus* deixou filhos com a companheira sobrevivente e filhos de outros relacionamentos. Neste caso entende-se que não se aplica a reserva da quarta parte prevista no art. 1.832 CC, nos termos do Enunciado 527 CJF: "na concorrência entre o cônjuge e os herdeiros do *de cujus*, não será reservada a quarta parte da herança para o sobrevivente no caso de filiação híbrida". Portanto, cada um receberá a mesma cota da herança, isto é 1/5. Logo, a alternativa correta é a letra C.

Gabarito "C".

8.3. SUCESSÃO TESTAMENTÁRIA

(Procurador – IPSMI/SP – VUNESP – 2016) No que diz respeito ao testamento, é correto afirmar que

(A) podem testar os maiores de dezesseis anos.
(B) a incapacidade superveniente do testador invalida o testamento.
(C) os absolutamente incapazes podem testar com anuência de seu representante legal e mediante instrumento público.
(D) o testamento conjuntivo é válido desde que testado por marido e mulher.
(E) o testamento do incapaz se valida com a superveniência da capacidade.

A: correta, pois a lei prevê capacidade plena para testar a partir dos dezesseis anos (CC, art. 1.860 parágrafo único); **B:** incorreta, pois: "*a incapacidade superveniente do testador não invalida o testamento*" (CC, art. 1.861); **C:** incorreta, pois não há tal permissivo legal; **D:** incorreta, pois o testamento conjuntivo não é permitido pela lei (CC, art. 1.863); **E:** incorreta, pois o testamento do incapaz não se valida com a superveniência da capacidade (CC, art. 1.861).

Gabarito "A".

(Magistratura/SP – 177º – VUNESP) Sobre sucessão testamentária, assinale a resposta correta.

(A) Em testamento, pode o testador dispor livremente de seus bens, dentro da quota do disponível e respeitada a legítima dos herdeiros necessários; mas, se a disposição testamentária extravasar, em valores ou bens, a quota do disponível, e alcançar a legítima dos herdeiros necessários, nulo será o testamento.
(B) O legado de usufruto, sem fixação de tempo, entende-se vitalício para o legatário; mas, se ele falecer antes do testador, caducará o legado, sem que os herdeiros dele, legatário, possam sucedê-lo, recolhendo o legado por representação a qualquer título.
(C) A pena cominada por sonegados, em que o herdeiro sonega bens da herança, não os descrevendo no inventário quando estejam em seu poder, ou omitindo-os à colação a que estiver obrigado a levá-los, é da perda, pelo herdeiro que assim proceder, da metade do seu quinhão hereditário, que lhe será aplicada, antes da partilha, nos próprios autos do inventário.
(D) As doações em vida, como antecipação da legítima a algum herdeiro necessário, estão sujeitas à colação, a fim de igualar as legítimas dos herdeiros, só podendo ser dispensadas em testamento e desde que expressamente assim disposto pelo testador.

A: incorreta (art. 1.967 do CC); **B:** correta (arts. 1.921 e 1.939, V, do CC); **C:** incorreta (arts. 1.992 e 1.993 do CC); **D:** incorreta (art. 2.006 do CC).

Gabarito "B".

(Ministério Público/ES – 2013 – VUNESP) Entende-se por testamento conjuntivo aquele

(A) realizado por duas ou mais pessoas, em instrumentos distintos, cada qual beneficiando o outro.
(B) realizado por pessoa sem capacidade de testar.
(C) que dispõe da totalidade dos bens do testador.
(D) que contenha disposições testamentárias eivadas de erro, dolo ou coação.
(E) feito por duas ou mais pessoas, no mesmo instrumento, em benefício recíproco ou de terceiro.

O sistema brasileiro não admite que duas pessoas façam suas disposições de última vontade no mesmo instrumento, ou seja, no mesmo testamento. Tal disposição chama-se testamento conjuntivo e sua proibição vem estabelecida no art. 1.863 do CC.

Gabarito "E".

9. QUESTÕES COMBINADAS

(Juiz – TJ/SP – VUNESP – 2015) Assinale a alternativa correta.

(A) Os direitos autorais não podem ser objeto de proteção por meio de interdito proibitório, dada a impossibilidade do exercício da posse sobre coisas incorpóreas.
(B) A via adequada para fazer cessar o esbulho é a ação de manutenção de posse, enquanto que o remédio para a turbação é a de reintegração de posse, conquanto as ações possessórias sejam fungíveis.
(C) É também possuidor aquele que, mesmo achando-se em situação de dependência para com o outro, conserva a posse em nome deste, sob suas instruções.
(D) De regra, a posse do imóvel não faz presumir a das coisas móveis que nele estiverem.

A: correta, pois o STJ já pacificou o entendimento segundo o qual "não se admite o interdito proibitório para a defesa dos direitos autorais" (REsp 222.941/SP, Rel. Ministro Carlos Alberto Menezes Direito, Terceira Turma, julgado em 28/03/2000, DJ 24/04/2000, p. 52); **B:** incorreta, pois a via correta para fazer cessar o esbulho é a reintegração de posse, enquanto a via adequada para cessar a turbação é a manutenção de posse; **C:** incorreta, pois a assertiva trata do fâmulo da posse, que é o possuidor que conserva a posse em nome de alguém com quem ele mantém situação de dependência. É o caso do caseiro em relação ao sítio e do motorista em relação ao carro (CC, art. 1.198); **D:** incorreta, pois "*A posse do imóvel faz presumir, até prova contrária, a das coisas móveis que nele estiverem*" (CC, art. 1.209).

Gabarito "A".

(Juiz de Direito – TJM/SP – VUNESP – 2016) Tem privilégio creditório quem

(A) era titular da coisa vendida anteriormente à insolvência.
(B) alegar fraude, simulação ou falsidade das dívidas e contratos.
(C) apresentar crédito real de qualquer espécie, em relação ao pessoal.
(D) ajuizou ação judicial primeiro.
(E) requereu penhora em primeiro lugar.

A ordem de privilégio creditório obedece a algumas regras básicas, dentre as quais apenas a letra c se enquadra. Nesse sentido, é claro o art. 961 do Código Civil: "O crédito real prefere ao pessoal de qualquer espécie; o crédito pessoal privilegiado, ao simples; e o privilégio especial, ao geral".

Gabarito "C".

(Advogado – Pref. São Roque/SP – 2020 – VUNESP) Os espaços livres de uso comum, as ruas e praças

(A) são de propriedade do loteador até a venda de todos os lotes, quando então passarão a pertencer a todos os adquirentes, em condomínio indiviso.
(B) poderão ser de propriedade dos adquirentes ou do município, a depender da vontade do loteador.
(C) mesmo após a aprovação do loteamento, podem ser alterados e transformados em lotes, desde que sejam previstas medidas compensatórias.
(D) não poderão ter sua destinação alterada pelo loteador, desde a aprovação do loteamento, salvo as hipóteses de caducidade da licença ou desistência do loteador.
(E) não podem integrar patrimônio do município, nos casos em que decorrem de parcelamento do solo implantado e não registrado.

A: incorreta, pois são de propriedade de Município desde a data do registro do loteamento (art. 22 da Lei 6.766/79); **B:** incorreta, pois a lei não abre a possibilidade de essas áreas serem de propriedade do adquirente, mas afirma que a propriedade é apenas do Município (art. 22 da Lei 6.766/79); **C:** incorreta, pois desde a aprovação do loteamento, não é permitido que sua destinação seja alterada pelo loteador, salvo as hipóteses de caducidade da licença ou desistência do loteador; **D:** correta (art. 17 da Lei 6.766/79); **E:** incorreta, pois na hipótese de parcelamento do solo implantado e não registrado, o Município poderá requerer, por meio da apresentação de planta de parcelamento elaborada pelo loteador ou aprovada pelo Município e de declaração de que o parcelamento se encontra implantado, o registro das áreas destinadas a uso público, que passarão dessa forma a integrar o seu domínio (art. 22, parágrafo único da Lei 6.766/79).

Gabarito "D".

2. DIREITO PROCESSUAL CIVIL

Luiz Dellore

I – PARTE GERAL

1. PRINCÍPIOS DO PROCESSO CIVIL

(Delegado – PC/BA – 2018 – VUNESP) O Poder Judiciário é um dos poderes constituídos da República Federativa do Brasil, cujo regime jurídico vem tratado nos artigos 92 e seguintes da Constituição Federal e assevera que

(A) os servidores receberão delegação para a prática de atos de mero expediente sem caráter decisório.
(B) a atividade jurisdicional será ininterrupta, sendo vedadas férias coletivas nos juízos de duplo grau de jurisdição e tribunais superiores, funcionando, nos dias em que não houver expediente forense normal, juízes em plantão permanente.
(C) todos os julgamentos dos órgãos do Poder Judiciário serão públicos, e as decisões judiciais fundamentadas, quando necessário.
(D) a distribuição de processos será imediata, em todos os graus de jurisdição, salvo se o jurisdicionado assim não o requerer.
(E) pelo voto da maioria simples dos membros do respectivo órgão especial poderão os tribunais declarar a inconstitucionalidade de lei ou ato normativo do Poder Público.

A: correta (CF, art. 93, XIV e CPC, art. 203, § 4º); **B:** incorreta, porque a vedação às férias coletivas aplica-se aos juízos e tribunais de segundo grau e não aos tribunais superiores (CF, art. 93, XII); **C:** incorreta, considerando que todas as decisões judiciais devem ser fundamentadas, sob pena de nulidade (CF, art. 93, IX e CPC, art. 11) e considerando ainda o próprio conteúdo da sentença (CPC, art. 489, § 1º); **D:** incorreta, porque o jurisdicionado não possui o referido poder de decidir a distribuição dos processos (CF, art. 93, XV); **E:** incorreta, tendo em vista que a denominada "cláusula de reserva de plenário" exige a declaração da *maioria absoluta* dos membros do respectivo órgão especial (CF, art. 97 e Súmula Vinculante 10).
Gabarito "A".

(Procurador Municipal/SP – VUNESP – 2016) Compreende-se pelo princípio da *perpetuatio iurisdictionis*:

(A) o mandamento constitucional que veda a instituição de tribunais para julgamento de fatos e condutas específicas.
(B) a regra geral que veda a modificação da competência, que é fixada no momento da propositura da ação.
(C) a extraordinária possibilidade de estabilização da competência em juízo absolutamente incompetente.
(D) a vedação à extinção de órgão judiciário em que ainda haja processos em trâmite.
(E) a vinculação do processo à pessoa física do magistrado, fixada no momento da distribuição da ação.

A: Incorreta. Isso está inserido no princípio do juiz natural (CF, art. 5º, XXXVII). **B:** Correta, sendo esse o comando decorrente da *perpetuatio jurisdictionis* (CPC, art. 43). **C:** Incorreta. O juiz incompetente passar a ser o juiz competente é a denominada prorrogação da competência (CPC, art. 64, §1º). **D:** Incorreta. Haverá neste caso a redistribuição do processo, tratando-se de uma exceção à *perpetuatio* (CPC, art. 43, parte final). **E:** Incorreta. A vinculação do juiz ao processo decorre da identidade física do juiz – que, inclusive, não consta do atual CPC (esse princípio constava do Código anterior).
Gabarito "B".

(Juiz de Direito – TJM/SP – VUNESP – 2016) Assinale a alternativa correta.

(A) A garantia do contraditório participativo impede que se profira decisão ou se conceda tutela antecipada contra uma das partes sem que ela seja previamente ouvida (decisão surpresa).
(B) A boa-fé no processo tem a função de estabelecer comportamentos probos e éticos aos diversos personagens do processo e restringir ou proibir a prática de atos atentatórios à dignidade da justiça.
(C) O princípio da cooperação atinge somente as partes do processo que devem cooperar entre si para que se obtenha, em tempo razoável, decisão de mérito justa e efetiva.
(D) Ao aplicar o ordenamento jurídico, o juiz atenderá aos fins sociais e econômicos e às exigências do bem público, resguardando e promovendo a dignidade da pessoa humana.
(E) Será possível, em qualquer grau de jurisdição, a prolação de decisão sem que se dê às partes oportunidade de se manifestar, se for matéria da qual o juiz deva decidir de ofício.

A: Incorreta. Ainda que se preveja, no CPC, o contraditório participativo ou efetivo (em que deve haver efetiva participação, sendo vedadas as decisões surpresa – arts. 9º e 10), isso não impede a concessão de liminares sem que se ouça o réu (CPC, art. 9º, parágrafo único); **B:** Correta (at. 5º do CPC); **C:** Incorreta, pois o princípio da cooperação a todos atinge, inclusive juízes (art. 6º do CPC); **D:** Incorreta para a banca, pois a redação da alternativa não reproduz o art. 8º do CPC ("Ao aplicar o ordenamento jurídico, o juiz atenderá aos fins sociais e às exigências do bem comum, resguardando e promovendo a dignidade da pessoa humana e observando a proporcionalidade, a razoabilidade, a legalidade, a publicidade e a eficiência"); **E:** Incorreta, exatamente pelo já mencionado princípio da vedação às decisões surpresa – art. 10 do CPC).
Gabarito "B".

2. JURISDIÇÃO E COMPETÊNCIA

(Procurador do Estado/SP – 2018 – VUNESP) Em relação aos diversos meios de solução de conflitos com a Administração Pública, é correto afirmar que

(A) é facultado aos Estados, ao Distrito Federal e aos Municípios suas autarquias e fundações públicas, bem como às empresas públicas e sociedade de economia mista federais, submeter seus litígios com órgãos ou entidades da Administração Pública federal

à Advocacia-Geral da União, para fins de composição extrajudicial do conflito.
(B) mesmo as controvérsias que somente possam ser resolvidas por atos ou concessão de direitos sujeitos a autorização do Poder Legislativo estão incluídas na competência das câmaras de prevenção e resolução administrativa de conflitos.
(C) os conflitos que envolvem equilíbrio econômico-financeiro de contratos celebrados pela Administração Pública com particulares não podem ser submetidos às câmaras de prevenção e resolução administrativa de litígios, exceto quando versarem sobre valores inferiores a quinhentos salários-mínimos.
(D) a instauração de procedimento administrativo para resolução consensual de conflito no âmbito da Administração Pública interrompe a prescrição, exceto se se tratar de matéria tributária.
(E) o procedimento de mediação coletiva, para solução negociada de conflitos, no âmbito da Administração Pública estadual, não pode versar sobre conflitos que envolvem prestação de serviços públicos, salvo se esses serviços públicos forem relacionados a transporte urbano.

A: Correta (Lei 13.140/2015, art. 37); **B:** Incorreta, porque a Lei de Mediação dispõe expressamente o contrário (Lei 13.140/15, art. 32, § 4º); **C:** Incorreta, considerando que conflitos dessa natureza poderão ser submetidos às câmaras de prevenção, não havendo restrição quanto ao valor inicial envolvido (Lei 13.140/15, art. 32, § 5º); **D:** Incorreta, porque a instauração do procedimento administrativo tem o condão de suspender a prescrição (ou seja, de cessar a fluência do prazo prescricional) e não de interrompê-la (Lei 13.140/16, art. 34); **E:** Incorreta, porque a Lei de Mediação possibilita que os procedimentos de mediação coletiva envolvam conflitos relacionados à prestação de serviços públicos em geral, inclusive para a Administração Pública Estadual (Lei 13.140/15, art. 33, parágrafo único).
Gabarito "A".

(Delegado – PC/BA – 2018 – VUNESP) As causas cíveis serão processadas e decididas pelo juiz nos limites de sua competência, ressalvado às partes o direito de instituir juízo arbitral, na forma da lei. A respeito do instituto da competência, é correto afirmar que
(A) as suas regras são exclusivamente determinadas pelas normas previstas no Código de Processo Civil ou em legislação especial.
(B) tramitando o processo perante outro juízo, os autos serão remetidos ao juízo federal competente se nele intervier a União, excluindo-se dessa regra, dentre outras, as ações de insolvência civil.
(C) a ação possessória imobiliária será proposta no foro de situação da coisa, cujo juízo tem competência relativa para sua análise.
(D) se o autor da herança não possuía domicílio certo, é competente o foro do domicílio do inventariante para análise do inventário.
(E) a ação em que o incapaz for réu será proposta no foro de seu domicílio.

A: Incorreta, porque a competência é regida, além das normas mencionadas, também pela Constituição Federal, pelas normas de organização judiciária e pelas Constituições Estaduais, no que couber (CPC, art. 44); **B:** Correta, pois a regra é a competência da Justiça Federal para julgar as ações envolvendo a União, sendo que a presença desse ente acarreta a remessa dos autos para a JF (CPC, art. 45); mas existem algumas exceções na própria CF, em que mesmo presente a União não será da competência da JF – como no caso de falência ou trabalhista (CF, art. 109, I, parte final); **C:** Incorreta, uma vez que a competência para apreciação da ação possessória imobiliária, por força de exceção expressamente prevista em lei, não permite o foro de eleição (CPC, art. 47, § 2º); **D:** Incorreta, tendo em vista que, na hipótese, o foro competente será o da situação dos bens imóveis ou, não havendo bens imóveis, o foro do local de qualquer dos bens do espólio (CPC, art. 48, parágrafo único); **E:** Incorreta, porque, no caso de réu incapaz, a ação deve ser proposta no foro do domicílio de seu representante ou assistente (CPC, art. 50).
Gabarito "B".

(Delegado – PC/BA – 2018 – VUNESP) A respeito dos critérios para a modificação da competência do juízo cível, é correto afirmar que
(A) a competência absoluta poderá modificar-se pela conexão ou pela continência.
(B) reputam-se continentes 2 (duas) ou mais ações quando lhes for comum o pedido ou a causa de pedir.
(C) antes da citação, a cláusula de eleição de foro, se abusiva, pode ser reputada ineficaz de ofício pelo juiz, que determinará a remessa dos autos ao juízo do foro de domicílio do réu.
(D) se dá a conexão entre 2 (duas) ou mais ações quando houver identidade quanto às partes e à causa de pedir, mas o pedido de uma, por ser mais amplo, abrange o das demais.
(E) a citação do réu torna prevento o juízo.

A: Incorreta, considerando que apenas a competência *relativa* pode modificar-se pela conexão ou continência (CPC, art. 54); **B:** Incorreta, porque a definição trazida pela alternativa aplica-se à conexão (CPC, art. 55); **C:** Correta, sendo uma situação excepcional de incompetência relativa conhecida de ofício (CPC, art. 63, § 3º); **D:** Incorreta, tendo em vista que a definição trazida pela alternativa aplica-se à continência (CPC, art. 56); **E:** Incorreta, porque a prevenção do juízo é fixada pelo registro ou distribuição da petição inicial (CPC, art. 59).
Gabarito "C".

(Juiz de Direito – TJ/SP – VUNESP – 2017) Em matéria de competência, assinale a alternativa correta.
(A) A prevenção é efeito da citação válida.
(B) A competência determinada por critério territorial é sempre relativa.
(C) Compete à autoridade judiciária brasileira julgar as ações em que as partes se submetam à jurisdição nacional, desde que o façam expressamente.
(D) No caso de continência, as demandas devem ser reunidas para julgamento conjunto, salvo se a ação continente preceder a propositura da ação contida, caso em que essa última terá seu processo extinto sem resolução do mérito.

A: Incorreta, pois a prevenção decorre da distribuição (CPC, art. 59); **B:** Incorreta, pois a competência territorial no caso de alguns direitos reais imobiliários não pode ser alterada, de modo que não é relativa (CPC, art. 47, § 1º); **C:** Incorreta (CPC, art. Art. 22. Compete, ainda, à autoridade judiciária brasileira processar e julgar as ações: (...) III – em que as partes, expressa ou *tacitamente*, se submeterem à jurisdição nacional); **D:** Correta, sendo essa uma expressa previsão de extinção prevista no CPC (art. 57).
Gabarito "D".

2. DIREITO PROCESSUAL CIVIL 53

(Juiz de Direito – TJ/RJ – VUNESP – 2016) O Ministério Público ingressou com ação civil pública em face da Administração Pública estadual perante uma das Varas da Fazenda Pública, para o cumprimento de obrigação de fazer no âmbito estadual. Conselho de Classe, considerado autarquia federal, requereu o ingresso no feito como litisconsorte ativo facultativo.

Diante desse fato, assinale a alternativa correta.

(A) O juiz estadual pode decidir pelo ingresso, mas remeter os autos à Justiça Federal, exceto nos casos de litisconsorte facultativo.
(B) A mera intervenção do órgão de classe não justifica o deslocamento do feito para a Justiça Federal, sendo competente a Justiça Estadual para julgar a ação.
(C) Considerando tratar-se de autarquia federal, compete à Justiça Federal processar e julgar o feito, ainda que na condição de litisconsorte facultativo.
(D) O juiz estadual pode decidir pelo ingresso e considerando a natureza jurídica do direito tutelado, julgar a ação.
(E) Eventual conflito de competência será dirimido pelo Tribunal Regional Federal, pois trata-se de litisconsórcio facultativo.

A: Incorreta. Compete a Justiça Federal apreciar a pertinência da participação de ente federal, ainda que no caso de litisconsórcio facultativo (CPC, art. 45). B: Incorreta, considerando o exposto em "A". C: Correta, sendo essa a previsão legal. (CPC, art. 45). D: Incorreta. A competência é da justiça federal (CPC, art. 45). E: Incorreta. A competência para julgamento de eventual conflito de competência é do STJ (CF, art. 105, I, "d").
Gabarito "C".

(Juiz de Direito – TJ/MS – VUNESP – 2015) Nas Comarcas que não sejam sede de Vara da Justiça Federal, é competente para processar e julgar ação civil pública, objetivando a proteção ao meio ambiente em que a União figure no processo,

(A) o juiz federal da Seção Judiciária Federal que tenha jurisdição sobre a área territorial onde ocorreu o dano.
(B) o juiz estadual da Comarca.
(C) o juiz federal designado pelo Tribunal Regional Federal.
(D) o juízo em que ocorreu o dano, mas não havendo juízo federal instalado, ao Tribunal Regional Federal.
(E) o juiz federal mais próximo, ainda que referente à Justiça do Trabalho.

Se a União é parte, deve a causa ser julgada pela Justiça Federal – salvo nas exceções da parte final do art. 109, I da CF, dentre as quais não está a ACP por dano ambiental. Sendo assim, a alternativa correta é a "A".
Gabarito "A".

(Magistratura/SP – VUNESP – 2013) Em matéria de competência, é correto afirmar que

(A) ainda que se verifique a identidade de partes, causa de pedir e pedidos, não haverá litispendência entre a ação intentada perante tribunal estrangeiro e aquela submetida à autoridade judiciária brasileira.
(B) a incompetência relativa se verifica quando há violação de critérios territoriais, de valor da causa, ou funcionais.
(C) na ação em que o réu for incapaz e tiver domicílio distinto do de seu representante, prevalecerá o foro do domicílio do incapaz.
(D) sendo o autor da ação domiciliado no Brasil e o réu domiciliado e residente exclusivamente no exterior, poderá ela ser ajuizada em qualquer foro.

A: correta (CPC, art. 24). Importante mencionar a ressalva do art. 24 do CPC: "ressalvadas as disposições em contrário de tratados internacionais e acordos bilaterais em vigor no Brasil"; B: incorreta, pois a competência relativa é em razão do território e valor (CPC, arts. 62 e 63); C: incorreta, pois o domicílio do incapaz é o do seu representante (CC, art. 76, parágrafo único); D: incorreta, porque essa situação não se enquadra nas hipóteses em que seria possível o ajuizamento no Brasil (CPC, art. 21).
Gabarito "A".

3. PARTES, PROCURADORES, SUCUMBÊNCIA, MINISTÉRIO PÚBLICO E JUIZ

(Advogado – Pref. São Roque/SP – 2020 – VUNESP) Assinale a alternativa correta sobre a Advocacia Pública.

(A) O Município goza de prazo em dobro para todas as suas manifestações processuais, nos casos em que a lei estabelecer, de forma expressa, prazo próprio para o ente público, cuja contagem terá início a partir da intimação pessoal.
(B) A intimação do Município será realizada perante o órgão de Advocacia Pública responsável por sua representação judicial.
(C) O membro da Advocacia Pública será civil e regressivamente responsável quando agir com dolo, fraude ou culpa, em qualquer de suas modalidades, no exercício de suas funções.
(D) A intimação pessoal da Advocacia Pública far-se-á apenas por carga ou remessa.
(E) O instrumento de transação referendado pela Advocacia Pública é título executivo judicial.

A: incorreta, pois o Município goza de prazo em dobro para todas as suas manifestações, salvo quando a lei estabelecer, de forma expressa, prazo próprio para o ente público (CPC, art. 183, § 2º); B: correta, por expressa previsão legal (CPC, art. 269, § 3º); C: incorreta, porque não haverá responsabilização do membro da Advocacia Pública em caso de culpa (CPC, art. 184); D: incorreta, já que a afirmação está incompleta – a intimação pessoal será feita por carga, remessa ou meio eletrônico (CPC, art. 183, § 1º); E: incorreta, tendo em vista que o instrumento de transação referendado pela Advocacia Pública é título executivo extrajudicial (CPC, art. 784, IV).
Gabarito "B".

(Juiz de Direito – TJ/RS – 2018 – VUNESP) São devidos honorários advocatícios, nos termos do Código de Processo Civil:

(A) por quem deu causa à extinção, nos casos de perda de objeto.
(B) nos procedimentos de jurisdição voluntária
(C) na apelação de sentença denegatória de mandado de segurança.
(D) pelo Fundo Público, no caso do vencido ser beneficiário da justiça gratuita.
(E) no cumprimento provisório de sentença.

A: Incorreta, porque nesse caso os honorários serão devidos por quem deu causa ao processo e não por quem deu causa à sua extinção (CPC, art. 85, § 10); B: Incorreta, visto que nos procedimentos (de jurisdição voluntária) as despesas processuais serão rateadas pelos interessados e não haverá condenação em honorários advocatícios, considerando a ausência de lide (CPC, art. 88); C: Incorreta, porque no mandado de segurança não há condenação ao

pagamento de honorários advocatícios (Lei Federal n. 12.016/2009, art. 25); **D:** Incorreta. No caso de concessão de gratuidade de justiça, as obrigações decorrentes da sucumbência ficarão sob condição suspensiva de exigibilidade por 5 anos e findo este período serão extintas (CPC, art. 98, § 3º); **E:** Correta, sendo conveniente destacar que o atual Código regulou em sentido contrário ao que era a jurisprudência do STJ quando do Código anterior (CPC, art. 85, § 1º).
Gabarito "E".

(Escrevente – TJ/SP – 2018 – VUNESP) Legalmente, incumbe ao escrivão ou ao chefe de secretaria:

(A) efetuar avaliações, quando for o caso.
(B) certificar proposta de autocomposição apresentada por qualquer das partes, na ocasião de realização de ato de comunicação que lhe couber.
(C) manter sob sua guarda e responsabilidade os bens móveis de pequeno valor penhorados.
(D) auxiliar o juiz na manutenção da ordem.
(E) comparecer às audiências ou, não podendo fazê-lo, designar servidor para substituí-lo.

A: Incorreta, porque essa atribuição cabe ao oficial de justiça (CPC, art. 154, V); **B:** Incorreta, também sendo essa atividade do oficial de justiça (CPC, art. 154, VI); **C:** Incorreta, porque incumbe ao escrivão ou chefe de cartório a guarda dos autos (CPC, art. 152, IV). Já a guarda de bens e conservação de bens penhorados incumbe ao depositário ou ao administrador (CPC, art. 159); **D:** Incorreta, sendo essa atividade do oficial de justiça (CPC, art. 154, IV); **E:** Correta (CPC, art. 152, III).
Gabarito "E".

(Juiz de Direito – TJ/RS – 2018 – VUNESP) O ente sem personalidade jurídica

(A) poderá ingressar em juízo por possuir personalidade judiciária.
(B) não poderá ingressar em juízo sem representação especial.
(C) não poderá ingressar em juízo em nome próprio.
(D) não poderá ingressar em juízo por não responder patrimonialmente.
(E) poderá ingressar em juízo desde que autorizado em seus estatutos.

Existem entes – como o espólio, condomínio, massa falida – que não têm personalidade jurídica. Sendo assim, em regra, esses entes não poderiam ser parte em processo judicial – considerando que a capacidade de ser parte é conceito ligado à personalidade jurídica. Porém, para resolver problemas de ordem prática, o legislador excepciona a regra e permite que alguns desses entes ingressem em juízo, como se vê de alguns incisos do art. 75 do CPC (incisos V, VII, XI). Isso é denominado, por alguns, de personalidade judiciária. **A:** Correta, considerando o acima exposto; **B:** Incorreta, pois não há essa figura de "representação especial", mas simplesmente, no art. 75, a pessoa de quem representará em juízo a entidade sem personalidade; **C:** incorreta, pois há o ingresso em juízo pelo próprio ente; **D:** incorreta, pois há a responsabilidade com o patrimônio que existir; **E:** Incorreta, pois isso decorre da lei, não dos estatutos.
Gabarito "A".

4. PRAZOS PROCESSUAIS E ATOS PROCESSUAIS

(Escrevente – TJ/SP – 2018 – VUNESP) Processa(m)-se durante as férias forenses, onde as houver, e não se suspendem pela superveniência delas:

(A) a homologação de desistência de ação.
(B) os procedimentos de jurisdição voluntária e os necessários à conservação de direitos, quando puderem ser prejudicados pelo adiamento.
(C) os processos que versem sobre arbitragem, inclusive sobre cumprimento de carta arbitral.
(D) o registro de ato processual eletrônico e a respectiva intimação eletrônica da parte.
(E) a realização de audiência cujas datas tiverem sido designadas.

A: Incorreta, porque a hipótese não se encontra no rol de atos processuais que são praticados durante as férias forenses (CPC, art. 215); **B:** Correta (CPC, art. 215, I); **C:** Incorreta, tendo em vista que os processos que versem sobre arbitragem correrão sob segredo de justiça, mas não se encontram no rol de atos processuais que são praticados durante as férias forenses (CPC, art. 189, IV e art. 215); **D:** Incorreta, porque a hipótese não se encontra no rol de atos processuais que são praticados durante as férias forenses (CPC, art. 215); **E:** Incorreta, porque, em regra, não serão designadas audiências durante o período de recesso forense (CPC, art. 215).
Gabarito "B".

(Escrevente Técnico – TJM/SP – VUNESP – 2017) Quanto aos prazos processuais, é correto afirmar que

(A) a Defensoria Pública terá prazo em dobro para todas as suas manifestações processuais.
(B) as fundações de direito público terão prazo em quádruplo para contestar as ações.
(C) a União terá prazo quádruplo para contestar e em dobro para recorrer.
(D) os Estados terão prazo em dobro para recorrer e simples para responder a recursos.
(E) o beneficiário da justiça gratuita terá prazo em dobro para contestar e recorrer.

A: Correta (art. 186 do CPC). **B:** Incorreta. As fundações de direito público, como os entes públicos em geral, terão prazo em dobro, e não em quadruplo (art. 183 do CPC). **C:** Incorreta. A União goza de prazo em dobro, para qualquer manifestação (art. 183 do CPC). **D:** Incorreta. Os Estados, assim como a União, gozam de prazo em dobro, e não em quadruplo (art. 183 do CPC). **E:** Incorreta. O benefício da justiça gratuita em nada altera o prazo processual para a parte, vez que não há qualquer previsão legal (não confundir com o prazo em dobro da Defensoria, e não dos beneficiários da justiça gratuita).
Gabarito "A".

(Escrevente Técnico – TJM/SP – VUNESP – 2017) Sobre a gratuidade dos atos processuais, assinale a alternativa correta.

(A) As multas processuais impostas ao beneficiário estão afastadas pela gratuidade concedida.
(B) Vencido o beneficiário na ação, este não será condenado nas obrigações decorrentes da sucumbência.
(C) A assistência de advogado particular impede a concessão do benefício da gratuidade.
(D) O direito à gratuidade se estende ao sucessor do beneficiário em caso de seu falecimento.
(E) A gratuidade poderá ser concedida em relação a algum ou a todos os atos processuais.

A: Incorreta. O beneficiário da justiça gratuita arcará ao final do processo com as multas que lhe forem impostas (art. 98, § 4º do CPC). **B:** Incorreta, pois haverá a condenação nas verbas sucumbenciais, porém ficará suspensa a exigibilidade; podendo ser exigidas caso o credor, nos 5 anos seguintes, comprove não ser o devedor mais hipossuficiente (art. 98, § 3º do CPC). **C:** Incorreta. Não há impedimento para a concessão de gratuidade à parte que estiver assistida por advogado particular (art.

99, § 4º do CPC). **D:** Incorreta. A gratuidade não se estende ao sucessor do beneficiário, mas isso não significa que o sucessor não pode ser beneficiário da gratuidade. Para tanto basta requerer e comprovar a sua necessidade de gratuidade (art. 99, § 6º do CPC). **E:** Correta. Pelo Código, não há obrigatoriedade de que a gratuidade se estenda a todos os atos do processo, podendo o juiz concedê-la apenas para alguns atos (art. 98, § 5º do CPC).
Gabarito "E".

(Escrevente Técnico – TJ/SP – VUNESP – 2015) Quanto aos atos do juiz, assinale a alternativa correta.

(A) São atos meramente ordinatórios, forma pela qual o juiz resolve questão incidente, quando praticados em decorrência de juntada de documento essencial para o deslinde da causa.
(B) Os atos meramente ordinatórios, como a juntada e a vista obrigatória, independem de despacho, devendo ser praticados de ofício pelo servidor e revistos pelo juiz quando necessários.
(C) Decisão interlocutória é o ato pelo qual o juiz, no curso do feito, põe fim ao processo, resolvendo todas as questões que deram causa à propositura da ação.
(D) Decisão interlocutória compreende todos os demais atos do juiz praticados no processo, de ofício ou a requerimento da parte, a cujo respeito a lei não estabelece outra forma.
(E) Recebe a denominação de acórdão o julgamento proferido pelos tribunais, desde que julguem o mérito da demanda e reformem a sentença.

A: incorreta, pois a hipótese é de decisão interlocutória; **B:** correta, pois se trata de transcrição literal do art. 203, § 4º, do CPC; **C:** incorreta, pois o fim ao processo é caso de sentença; **D:** incorreta, pois esse seria despacho; **E:** incorreta, pois o acórdão não depende de seu conteúdo, tratando-se de decisão colegiada, seja para manter ou reformar a sentença, seja de mérito ou processual.
Gabarito "B".

(Escrevente Técnico – TJ/SP – VUNESP – 2015) Incumbe ao escrivão

(A) dar certidão de qualquer ato ou termo do processo, desde que determinado por despacho exarado por juiz competente.
(B) fazer pessoalmente as penhoras e arrestos.
(C) estar presente às audiências e coadjuvar o juiz na manutenção da ordem.
(D) efetuar avaliações e executar as ordens do juiz a que estiver subordinado.
(E) redigir, em forma legal, os ofícios, mandados, cartas precatórias e mais atos que pertencem ao seu ofício.

A: Incorreta. Nos termos do art. 152, V, do CPC, o escrivão deverá fornecer certidão de qualquer ato ou termo do processo, independentemente de despacho, observadas as disposições referentes ao segredo de justiça; **B:** Incorreta, pois é atribuição do oficial de justiça, nos termos do art. 154 do CPC; **C:** Incorreta, pois é atribuição do oficial de justiça, nos termos do art. 154, IV, do CPC; **D:** Incorreta, pois é atribuição do Oficial de Justiça, nos termos do art. 154, V, do CPC; **E:** Correta, nos termos do art. 152, I, do CPC.
Gabarito "E".

(Escrevente Técnico – TJ/SP – VUNESP – 2015) Os atos processuais são atos das partes, do juiz e dos auxiliares da Justiça, e a eles são assinalados prazos para cumprimento. Nesse caso, assinale a alternativa correta.

(A) A parte não poderá renunciar ao prazo estabelecido exclusivamente em seu favor.

(B) Não havendo preceito legal nem assinação pelo juiz, será de cinco dias o prazo para a prática de ato processual a cargo da parte.
(C) Salvo disposição em contrário, computar-se-ão os prazos, incluindo-se o dia do começo e o do vencimento.
(D) Decorrido o prazo, extingue-se, mediante declaração judicial, o direito de praticar o ato.
(E) Os atos processuais realizar-se-ão nos prazos prescritos em lei. Quando esta for omissa, o juiz determinará que os prazos se cumpram em cinco dias.

A: Incorreta, nos termos do art. 225 do CPC; **B:** Correta, nos termos do art. 218, § 3º, do CPC; **C:** Incorreta, salvo disposição em contrário, os prazos serão contados excluindo o dia do começo e incluindo o dia do vencimento, nos termos do art. 224 do CPC; **D:** incorreta, pois decorrido o prazo, extingue-se o direito de praticar ou de emendar o ato processual, independentemente de declaração judicial, ficando assegurado, porém, à parte provar que não o realizou por justa causa, nos termos do art. 223 do CPC; **E:** Incorreta, pois quando a lei for omissa, o juiz fixará o prazo com base na complexidade do ato (art. 218, § 1º, do CPC).
Gabarito "B".

5. LITISCONSÓRCIO E INTERVENÇÃO DE TERCEIROS

(Juiz de Direito – TJ/RS – 2018 – VUNESP) Sobre o incidente de desconsideração da personalidade jurídica, é correto afirmar que

(A) como efeito do acolhimento do pedido de desconsideração, passarão a estar sujeitos à execução os bens do responsável limitado a sua cota social.
(B) é uma forma de intervenção de terceiros, podendo criar-se um litisconsórcio passivo facultativo.
(C) instaurado na petição inicial, ocorrerá a suspensão do processo, independentemente do requerimento do interessado.
(D) resolvido o incidente em sentença, que julgar o mérito da demanda, caberá agravo de instrumento quanto a esta questão.
(E) o Ministério Público poderá requerer o incidente, podendo ser instaurado de ofício pelo juiz, se o caso.

A: Incorreta. O acolhimento do pedido de desconsideração da personalidade jurídica permite que sejam atingidos os bens em geral dos sócios (CPC, art. 133 e seguintes; CC, art. 50); **B:** Correta, pois se o sócio ingressar ele passa a ser parte (CPC, art. 133 e seguintes); **C:** Incorreta, porque quando o pedido é feito na própria petição inicial não acarretará a suspensão do processo (CPC, art. 134, §§ 2º e 3º); **D:** Incorreta, porque a decisão que resolve o incidente tem natureza interlocutória e é recorrível via agravo de instrumento (CPC, art. 136 e art. 1.015, IV); **E:** Incorreta, uma vez que o incidente não poderá ser instaurado de ofício pelo magistrado (CPC, art. 133).
Gabarito "D".

(Juiz de Direito – TJ/SP – VUNESP – 2017) Haverá litisconsórcio necessário

(A) ativo, entre os cônjuges, na ação que verse sobre direito real imobiliário, salvo se casados sob regime de separação absoluta de bens.
(B) passivo, entre os cônjuges, na ação fundada em obrigação contraída por um deles, em proveito da família.
(C) entre alienante e adquirente quando ocorrer a alienação de coisa ou de direito litigioso.
(D) sempre que ele for unitário.

A: Incorreta, porque nesse caso não há obrigatoriedade de litisconsórcio ativo, mas sim de autorização do cônjuge (CPC, art. 73); **B:** Correta, pois obrigação em proveito da família acarreta litisconsórcio necessário (CPC, art. 73, § 1º); **C:** Incorreta, pois no caso de alienação de bem litigioso, o que ocorre é a sucessão das partes, e não necessariamente litisconsórcio (CPC, art. 109, § 2º); **D:** Incorreta, pois nem sempre o litisconsórcio necessário é unitário.
Gabarito "B".

(Juiz de Direito – TJ/SP – VUNESP – 2017) Considerando a denunciação da lide, assinale a alternativa correta.

(A) O direito regressivo poderá ser objeto de ação autônoma apenas no caso de não ser permitida pela lei ou no caso de ter sido indeferida pelo juiz.
(B) Pode ser determinada de ofício pelo juiz, nos casos em que a obrigação de indenizar decorra expressamente da lei.
(C) Considerando-se a cadeia dominial, a denunciação da lide sucessiva é admitida ao originariamente denunciado, mas vedada ao sucessivamente denunciado, ressalvada a propositura de ação autônoma.
(D) Pode ser requerida e deferida originariamente em grau de apelação, nos casos em que seja dado ao tribunal examinar o mérito desde logo, por estar o processo em condições de julgamento.

A: Incorreta, pois sempre será possível ação autônoma no lugar da denunciação (CPC, art. 125, § 1º); **B:** Incorreta, porque descabe a denunciação de ofício (CPC, art. 125, *caput* – que menciona as partes); **C:** Correta, pois a denunciação sucessiva é admitida, mas apenas uma única vez (CPC, art. 125, § 2º); **D:** Incorreta, pois descabe denunciação no âmbito do tribunal.
Gabarito "C".

(Juiz de Direito – TJM/SP – VUNESP – 2016) A respeito do *amicus curiae*, é correto afirmar que

(A) passou a ser modalidade de intervenção de terceiro no processo, com poder de interpor recurso de decisão que julgar o incidente de resolução de demandas repetitivas.
(B) é terceiro admitido no processo para fornecer subsídios instrutórios à solução de causa revestida de especial relevância ou complexidade, passando a titularizar posições subjetivas relativas às partes, como o assistente simples.
(C) é um auxiliar do juízo, equiparável a terceiros que prestam colaboração instrutória pontual no processo.
(D) assume papel de fiscal da lei ou do interesse público no curso do processo, ficando investido das prerrogativas processuais conferidas ao Ministério Público.
(E) sua admissibilidade não é pautada por seu interesse jurídico ou extrajurídico na solução da causa, sendo por este motivo vedado o ingresso quando houver interesse no resultado do processo.

A: Correta. – Há legitimidade recursal do *amicus curiae* somente via embargos de declaração ou no IRDR. (CPC, art. 138, § 3º). **B:** Incorreta. Não há interesse jurídico do *amicus curiae*, mas apenas interesse institucional (assim, não há posição subjetiva). **C:** Incorreta. Apesar de não ter interesse jurídico, não se equipara a perito ou tradutor (que apenas esclarecem um ponto), pois se manifesta nos autos e defende opinião, não necessariamente há imparcialidade – como no caso do Procon se manifestar a favor dos consumidores). **D:** Incorreta. O *amicus curiae* não é fiscal da lei, como exposto na alternativa anterior. **E:** Incorreta. Como exposto em "C", pode ser que o *amicus curiae* tenha claramente uma posição pela improcedência ou procedência do pedido.
Gabarito "A".

6. PRESSUPOSTOS PROCESSUAIS, ELEMENTOS DA AÇÃO E CONDIÇÕES DA AÇÃO

(Magistratura/SP – VUNESP – 2013) Acerca dos pressupostos processuais relativos às partes, é acertado dizer que

(A) a capacidade de ser parte depende da personalidade jurídica e dela é decorrente, de sorte que somente as pessoas naturais e as pessoas jurídicas dispõem de capacidade de ser parte.
(B) os incapazes dispõem de capacidade postulatória se devidamente representados ou assistidos por seus pais, tutores ou curadores.
(C) não obstante tenha capacidade de ser parte, faltará legitimidade processual àquele que intentar, sem consentimento do cônjuge, ações que versem sobre direitos reais de qualquer natureza.
(D) o nascituro tem capacidade de ser parte, mas se nascer morto, o processo se extinguirá.

A questão trata das três capacidades: de ser parte, processual e postulatória. **A:** incorreta. Em regra, correto – porém, há entes despersonalizados também dotados de capacidade de postular em juízo (capacidade processual) e, portanto, de ser parte (CPC, art. 75, V, VII e IX, por exemplo); **B:** incorreta, pois os incapazes têm suprida sua incapacidade processual quando representados ou assistidos (CPC, art. 71); **C:** incorreta, pois nesse caso haverá falta de autorização, não de capacidade (CPC, art. 73); **D:** correta, para a banca. Há um debate doutrinário quanto ao tema (se o nascituro tem capacidade de ser parte), mas algumas decisões admitem que o feto, antes do nascimento, poderá ser parte (inclusive acolhido pelo TJSP, em conhecido caso de indenização de cantora e seu bebê contra comediante por declaração em programa de TV). De qualquer forma, no caso, como erradas as demais alternativas, a alternativa seria esta. De qualquer forma, a lei apenas prevê a capacidade de ser parte para o bebê que nasce com vida (CC, art. 1º), mas a banca não adotou o expressamente previsto em lei.
Gabarito "D".

7. FORMAÇÃO, SUSPENSÃO E EXTINÇÃO DO PROCESSO. NULIDADES

(Juiz de Direito – TJ/RJ – 2019 – VUNESP) No que diz respeito ao julgamento antecipado parcial de mérito, é correto afirmar que o respectivo pronunciamento judicial

(A) deve ser objeto de confirmação quando da prolação da futura sentença, por se tratar de decisão de natureza provisória.
(B) configura-se em sentença, sendo, portanto, apelável.
(C) é passível de cumprimento provisório, mesmo que tenha sido julgado em definitivo o recurso dele interposto.
(D) pode ser executado, independentemente de caução, ainda que esteja pendente de julgamento recurso contra ele interposto.
(E) deve reconhecer a existência de obrigação líquida, não sendo cabível sua prévia liquidação.

A: incorreta, tendo em vista que a decisão é definitiva e proferida sob cognição exauriente, não se sujeitando a confirmação em futura sentença (CPC, art. 356); **B:** incorreta, considerando que, pelo Código, o julgamento antecipado parcial do mérito tem natureza de decisão

interlocutória, por ser impugnável por agravo de instrumento (CPC, art. 356, § 5º); **C:** incorreta, porque, se houver o trânsito em julgado da decisão, o cumprimento de sentença será *definitivo* (CPC, art. 356, § 3º); **D:** correta, por expressa previsão legal (CPC, art. 356, § 2º); **E:** incorreta, pois é possível que o julgamento antecipado parcial reconheça a existência de obrigação *ilíquida* (CPC, art. 356, § 1º).
Gabarito "D".

(Procurador – IPSMI/SP – VUNESP – 2016) Analise as assertivas a seguir e assinale a correta.

(A) Quando a lei prescrever determinada forma, sob pena de nulidade, a decretação desta pode ser requerida pela parte que lhe deu causa.
(B) Se o processo tiver corrido, sem conhecimento do Ministério Público, quando este tiver obrigatoriedade de intervir, o juiz tornará nulo todo o procedimento.
(C) O erro de forma do processo acarreta sua nulidade total não podendo ser aproveitados quaisquer atos praticados nos autos a fim de se observarem as prescrições legais, mantendo-se intacto o princípio do devido processo legal.
(D) A nulidade dos atos deve ser alegada na primeira oportunidade em que couber à parte falar nos autos, sob pena de preclusão, não se aplicando, porém, às nulidades que o juiz deva decretar de ofício, nem prevalece a preclusão, provando a parte legítimo impedimento.
(E) Mesmo quando puder decidir do mérito a favor da parte a quem aproveite a declaração da nulidade, o juiz deve se pronunciar sobre ela, mandando repetir o ato, ou suprir-lhe a falta, dependendo do caso.

A) incorreta, pois isso seria "alegar a própria torpeza", e é expressamente vedado pela lei (CPC, art. 276); B) incorreta, pois a nulidade vai depender de requerimento do MP e demonstração de prejuízo (CPC, art. 279, § 2º); C) incorreta. Considerando o princípio da instrumentalidade das formas, sendo possível, serão aproveitados atos processuais (CPC, art. 283. O erro de forma do processo acarreta unicamente a anulação dos atos que não possam ser aproveitados, devendo ser praticados os que forem necessários a fim de se observarem as prescrições legais); D) Correta. O enunciado reproduz o caput e parágrafo único do art. 278 do CPC; E) incorreta, pois se o juiz puder decidir o mérito a favor de quem aproveita a nulidade, a nulidade será desconsiderada (CPC, art. 282, § 2º Quando puder decidir o mérito a favor da parte a quem aproveite a decretação da nulidade, o juiz não a pronunciará nem mandará repetir o ato ou suprir-lhe a falta).
Gabarito "D".

(Juiz de Direito – TJ/RJ – VUNESP – 2016) A citação válida interrompe todos os prazos extintivos previstos em lei, exceto se a ação for extinta

(A) por inépcia da inicial.
(B) por perempção.
(C) pela ausência de pressupostos processuais.
(D) pela confusão entre autor e réu.
(E) pela desistência da ação.

Todas as hipóteses indicadas são de extinção sem resolução de mérito, previstas nos incisos do art. 485 do CPC – apenas não há, no atual Código, previsão específica de confusão, que se insere na falta de interesse superveniente. Assim, a resposta à questão não passa pela lei, mas sim pela jurisprudência. E o STJ já decidiu assim, à luz do CPC/1973: "Modernamente, a citação válida interrompe, não só a prescrição, mas "todos os prazos extintivos previstos em lei" (CPC, art. 220). Apenas em raros casos isso não será possível. Um deles é a perempção, fenômeno processual resultante da extinção do processo, por três vezes, por negligência do autor que, não promovendo os atos e diligências que lhe competirem, abandonar a causa por mais de trinta dias (CPC, art. 267, III, c/c art. 268, § 1º)." (REsp 1513244, DJ 25/03/2015). Questão que demandava um conhecimento muito específico desse julgado, o que não é adequado para uma prova teste.
Gabarito "B".

8. TUTELA PROVISÓRIA

(Advogado – Pref. São Roque/SP – 2020 – VUNESP) Foi decretada, liminarmente, a ordem de entrega do objeto custodiado, sob cominação de multa, em ação reipersecutória fundada em prova documental adequada de contrato de depósito. Essa decisão liminar tem natureza de

(A) tutela antecipada incidente.
(B) tutela antecipada antecedente.
(C) tutela de evidência.
(D) tutela cautelar antecedente.
(E) tutela cautelar incidente.

A questão trata das espécies de tutela provisória: urgência e evidência. O caso narrado é, literalmente, uma das hipóteses de concessão de tutela de evidência (CPC, art. 311, III). E se trata de tutela de evidência em ação de depósito (da qual não mais cabe prisão, conforme Súmula Vinculante 25/STF). Vale lembrar que a concessão da tutela de evidência independe da demonstração do perigo de dano ou risco ao resultado útil do processo.
Gabarito "C".

(Delegado – PC/BA – 2018 – VUNESP) As tutelas requeridas ao Poder Judiciário podem ter caráter definitivo ou provisório. No que diz respeito à tutela provisória de urgência, é correto afirmar que

(A) a tutela antecipada e a de evidência são suas espécies.
(B) quando requerida em caráter incidental, exige o pagamento de custas.
(C) a sua efetivação observará as normas referentes ao cumprimento definitivo da sentença.
(D) pode ser concedida liminarmente ou após justificação prévia.
(E) quando antecedente, como regra, será requerida ao juiz do foro do domicílio do autor.

A: Incorreta, tendo em vista que (i) o gênero é a tutela provisória, que (ii) se subdivide em duas espécies: tutela de urgência e evidência (CPC, art. 294), sendo que (iii) a tutela de urgência se divide nas subespécies tutela antecipada e a tutela cautelar (CPC, art. 294, parágrafo único); **B:** Incorreta, porque a tutela provisória, requerida em caráter incidental, independe do recolhimento de custas (CPC, art. 295); **C:** Incorreta, considerando o caráter precário da tutela provisória, sua efetivação observará as normas para cumprimento provisório de sentença (CPC, art. 297, parágrafo único); **D:** Correta (CPC, art. 300, § 2º); **E:** Incorreta, porque, quando antecedente, deve ser requerida perante o juízo competente para apreciação do pedido principal (CPC, art. 299).
Gabarito "D".

(Escrevente – TJ/SP – 2018 – VUNESP) Se a tutela antecipada for concedida nos casos em que a urgência for contemporânea à propositura da ação e a petição inicial limitar-se ao requerimento da tutela antecipada e à indicação do pedido de tutela final, com a exposição da lide, do direito que se busca realizar e do perigo de dano ou do risco ao resultado útil do processo, e a decisão se tornar estável, o juiz deverá

(A) mandar emendar a inicial.
(B) suspender a ação até seu efetivo cumprimento.

(C) julgar extinto o processo.
(D) determinar a contestação da ação.
(E) sanear o feito.

A: Incorreta, porque a estabilização da tutela pressupõe (i) que não haja a emenda da inicial para o pedido final e (ii) que o réu não tenha recorrido da decisão via agravo de instrumento (CPC, art. 304); **B:** Incorreta, considerando que a estabilização da tutela acarreta a extinção do feito e não sua suspensão (CPC, art. 304, § 1º); **C:** Correta, pois com a estabilização há a extinção do processo com acolhimento do pedido de tutela antecipada (CPC, art. 304, § 1º); **D:** Incorreta, porque, com a estabilização da tutela, não será oportunizado o oferecimento de contestação, pois o processo será extinto (CPC, art. 304); **E:** Incorreta, vide justificativa para a alternativa "B" (CPC, art. 304, § 1º).
Gabarito "C".

(Juiz de Direito – TJ/SP – VUNESP – 2017) A tutela provisória de urgência:

(A) não pode ser concedida na sentença porque, do contrário, a tutela perderia a natureza de provisória.
(B) só pode ser determinada pelo juiz estatal e não pelo árbitro, uma vez que falta a esse último poder de coerção para efetivar a medida.
(C) exige, além do perigo da demora, prova pré-constituída das alegações de fato em que se funda o autor.
(D) quando requerida na forma de tutela cautelar antecedente, poderá ser apreciada como tutela antecipada, caso o juiz entenda que essa é sua verdadeira natureza.

A: incorreta, pois a tutela de urgência pode ser proferida a qualquer momento, desde que presentes seus requisitos (CPC, art. 300); **B:** incorreta, pois se entende que árbitro pode conceder tutela de urgência – mas a efetivação é realizada pelo juiz estatal; **C:** incorreta, pois é possível que haja audiência de justificação quanto à probabilidade do direito (CPC, art. 300, § 2º); **D:** correta, pois o sistema prevê a fungibilidade entre cautelar e tutela antecipada (CPC, art. 305, parágrafo único).
Gabarito "D".

(Procurador – SP – VUNESP – 2015) O juiz poderá, a requerimento da parte, antecipar, total ou parcialmente, os efeitos da tutela pretendida no pedido inicial. Nesse caso, assinale a alternativa correta.

(A) Após concedida, a tutela antecipada não poderá ser revogada ou modificada, exceto se a parte interessada recorrer da decisão.
(B) Ainda que a antecipação de tutela seja deferida na sentença de mérito, a apelação será recebida no efeito devolutivo e suspensivo.
(C) O autor da ação não responde pelos danos sofridos pela parte adversa decorrentes da antecipação de tutela que não for confirmada em sentença.
(D) No caso de ação em face da Fazenda Pública, só haverá antecipação de tutela se ficar caracterizado o abuso de direito de defesa.
(E) É possível a antecipação da tutela em sede de recurso, desde que presentes os requisitos legais.

A: Incorreta, pois a TA pode ser revogada ou modificada a qualquer tempo, pelo juiz (CPC, art. 296); **B:** incorreta, pois nesse caso a apelação será recebida apenas no efeito devolutivo (CPC, art. 1.012, § 1º, V); **C:** incorreta, existindo responsabilidade caso a TA seja concedida e depois revogada (CPC, art. 302); **D:** incorreta, pois apesar de existir limitação à concessão de TA contra a Fazenda (Lei 9.494/1997), não há vedação; **E:** Correta, pois não há limitação, na lei, ao momento de concessão de TA (CPC, art. 300) e a jurisprudência se firmou no sentido dessa possibilidade.
Gabarito "E".

II – PROCESSO DE CONHECIMENTO

9. PETIÇÃO INICIAL

(Juiz de Direito – TJ/SP – VUNESP – 2017) Quanto à petição inicial, no procedimento comum,

(A) o autor tem o ônus de alegar eventual desinteresse na designação de audiência de conciliação ou mediação, sob pena de ser presumido seu interesse na tentativa de autocomposição.
(B) ela será inepta e, como tal, deverá ser indeferida se o juiz verificar desde logo a ocorrência de prescrição ou decadência.
(C) o autor, depois da citação, poderá aditar ou alterar o pedido ou causa de pedir, hipótese em que, desde que assegurado o contraditório mediante a possibilidade de manifestação no prazo mínimo de quinze (15) dias, não será exigido consentimento do demandado.
(D) o autor poderá cumular pedidos, desde que haja conexão entre eles.

A: Correta, pois existe a presunção de interesse na audiência, considerando que a lei prevê a não realização do ato apenas se "ambas as partes manifestarem expressamente" (CPC, art. 334, § 4º); **B:** Incorreta, pois o Código prevê, no caso de prescrição, a improcedência liminar do pedido (CPC, art. 332, § 1º); **C:** Incorreta, porque para alterar a causa de pedir, necessário o consentimento do réu (CPC, art. 329, II); **D:** Incorreta, pois cabe cumulação de pedidos mesmo sem conexão entre eles (CPC, art. 327).
Gabarito "A".

(Magistratura/SP – VUNESP – 2013) Acerca da petição inicial, diante dos termos do Código de Processo Civil, é correto afirmar que

(A) verificando o juiz que a petição inicial não preenche os requisitos exigidos nos arts. 282 e 283, ou que apresenta defeitos e irregularidades capazes de dificultar o julgamento de mérito, ele a indeferirá de plano. *Atenção:** no atual CPC, a remissão é aos arts. 319 e 320.
(B) deverá sempre indicar nome e qualificação das partes, os fatos e os fundamentos jurídicos do pedido, o pedido e o valor do pedido.
(C) nos litígios que tenham por objeto obrigações decorrentes de empréstimo, financiamento ou arrendamento mercantil, o autor deverá discriminar, na petição inicial, dentre as obrigações contratuais, aquelas que pretende controverter, quantificando o valor incontroverso.
(D) é lícito formular mais de um pedido em ordem sucessiva, a fim de que o juiz conheça do posterior, em não podendo acolher o anterior, mas é vedado formularem-se pedidos alternativos.

A: incorreta, pois há previsão de emenda (CPC, art. 321); **B:** incorreta, porque é requisito da inicial o *valor da causa* (CPC, art. 319, V); **C:** correta (CPC, art. 330, § 2º); **D:** incorreta. Admite-se também o pedido alternativo (CPC, art. 325).
Gabarito "C".

(Escrevente Técnico – TJ/SP – VUNESP – 2015) Quanto ao pedido feito pelo autor na petição inicial, assinale a alternativa correta.

(A) É ilícito formular mais de um pedido em ordem sucessiva, por não ser possível ao juiz conhecê-los de modo contínuo.

2. DIREITO PROCESSUAL CIVIL

(B) Os pedidos são interpretados extensivamente, devendo haver pedido explícito para o pagamento do principal e dos juros legais.
(C) Não é possível a formulação de mais de um pedido, quando cada um corresponder a tipo diverso de procedimento.
(D) Antes da sentença, o autor poderá aditar o pedido, correndo à sua conta as custas acrescidas em razão dessa iniciativa.
(E) É permitida a cumulação, num único processo, contra o mesmo réu, de vários pedidos, ainda que entre eles não haja conexão.

A: Incorreta, pois nesse caso é lícito formular mais de um pedido em *ordem subsidiária* (art. 326 do CPC); **B:** incorreta, pois o pedido deve ser interpretado de acordo com o "conjunto da postulação e a boa-fé (art. 322, § 2º do CPC); **C:** Incorreta, pois é possível a cumulação de pedidos em tipos diversos de procedimento (art. 327, § 2º, do CPC); **D:** Incorreta. O autor poderá aditar ou alterar o pedido até a citação, nos termos do art. 329, I, do CPC; **E:** Correta, nos termos do art. 327, § 2º, do CPC.
Gabarito "E".

10. CONTESTAÇÃO E REVELIA

(Defensor Público/RO – 2017 – VUNESP) O valor da causa poderá ser impugnado
(A) como preliminar de contestação.
(B) por meio de exceção.
(C) por meio de incidente processual.
(D) com recurso.
(E) a qualquer tempo, por se tratar de requisito essencial da petição inicial.

A: Correta, por expressa previsão legal (CPC, art. 293); **B:** Incorreta, considerando o exposto em "A". Vale destacar que no atual CPC não mais existe a figura da exceção; **C:** Incorreta. Na vigência do CPC/73, a impugnação ao valor da causa era processada em autos em apenso via incidente processual. No entanto, essa previsão deixou de existir no atual CPC (art. 293); **D:** Incorreta. O réu deve apresentar sua impugnação na própria peça da contestação, sob pena de preclusão. Vale frisar que a decisão sobre a impugnação ao valor da causa *não* se encontra no rol do art. 1.015, razão pela qual seria possível suscitar a pretensão apenas em sede de preliminar de eventual recurso de apelação (CPC, art. 293 e art. 1.015); **E:** Incorreta, considerando que a matéria se sujeita à preclusão, se não for apresentada em preliminar de contestação (CPC, 293).
Gabarito "A".

(Juiz de Direito – TJM/SP – VUNESP – 2016) No tocante ao tema resposta do réu, assinale a alternativa correta.
(A) O termo inicial para oferecimento de contestação será sempre a data da audiência de conciliação ou de mediação, ou da última sessão de conciliação, quando qualquer parte não comparecer ou, comparecendo, não houver autocomposição.
(B) Deve necessariamente ser alegado no bojo da contestação a denunciação da lide, o chamamento do processo, a incompetência relativa, a impugnação ao valor da causa e a arguição de impedimento ou suspeição.
(C) Os litisconsortes passivos sempre têm o mesmo prazo para apresentar contestação.
(D) O réu pode ser condenado a arcar com as despesas processuais e indenizar o autor pelos prejuízos decorrentes da falta de indicação do sujeito passivo, quando alegar sua ilegitimidade e não indicar o sujeito passivo, tendo conhecimento de quem o seja.
(E) A existência de convenção de arbitragem pode ser alegada a qualquer tempo pelo réu.

A: Incorreta. O termo inicial poderá se dar a partir do protocolo do pedido de cancelamento da audiência de conciliação ou da citação, caso não realizada a audiência (CPC, art. 335). **B:** Incorreta. A arguição de impedimento e suspeição deverá ocorrer no prazo de 15 dias do conhecimento do fato, em peça apartada (CPC, art. 146) – as demais alegações, de fato, são feitas em preliminar de contestação (art. 337). **C:** Incorreta. O prazo de cada litisconsorte será contado de forma separada (CPC, art. 335, §§ 1º e 2º). **D:** Correta, sendo essa a previsão legal (CPC, art. 339). **E:** Incorreta. O momento para o réu alegar a convenção de arbitragem é a preliminar de contestação, sob pena de renúncia à convenção arbitral (CPC, art. 337, § 6º).
Gabarito "D".

(Procurador do Município/São José dos Campos-SP – VUNESP – 2012) Assinale a alternativa correta sobre a revelia e as ações em que a Fazenda Pública for ré.
(A) Se a Fazenda Pública não contestar a ação, reputar-se-ão verdadeiros os fatos afirmados pelo autor, operando-se a revelia.
(B) Havendo a revelia da Fazenda Pública, o autor poderá alterar o pedido ou a causa de pedir.
(C) Operada a revelia, a Fazenda Pública não poderá mais ser intimada dos atos do processo.
(D) Não se aplicam os efeitos da revelia contra a Fazenda Pública, uma vez que indisponíveis os interesses discutidos em juízo.
(E) Não se aplicam os efeitos da revelia contra a Fazenda Pública, uma vez que a citação é feita em nome do Procurador-Geral.

A: incorreta. Não se aplica o efeito de presunção de veracidade por se tratar de direito indisponível (CPC, art. 345, II); **B:** incorreta. Sendo o réu a Fazenda ou particular, a alteração do pedido ou causa de pedir dependerá da concordância do réu (CPC, art. 329, II); **C:** incorreta: Havendo procurador constituído, deverá haver a intimação (CPC, art. 346); **D:** correta. Vide alternativa "A"; **E:** incorreta. Além do exposto na alternativa anterior, o Município é representado pelo Prefeito ou procurador (CPC, art. 75, III).
Gabarito "D".

11. PROVAS

(Procurador do Estado/SP – 2018 – VUNESP) No caso de recusa injustificada de exibição de documento, na fase de conhecimento de um processo, é correto afirmar que o juiz pode impor multa
(A) às partes, de ofício, mas, se o documento ou coisa estiver em poder de terceiros, o juiz poderá, também de ofício ou a requerimento das partes, ordenar a citação deles, com prazo de quinze dias para resposta, para que exibam o documento, sob pena de multa, dentre outras providências.
(B) de até 2% (dois por cento) do valor da causa apenas aos terceiros, quando verificar que eles não estão colaborando com o Poder Judiciário ao deixar de exibir determinado documento.
(C) às partes, aos terceiros e aos advogados privados, inclusive quando se tratar da Fazenda Pública, desde que assegure a todos ampla defesa e contraditório,

mediante prévia intimação pessoal de todos, com prazo de cinco dias para resposta.

(D) às partes, aos terceiros e também aos advogados ou procuradores que estiverem atuando no processo, de ofício, salvo se uma das partes for a Fazenda Pública, porque o valor dessas multas processuais é sempre revertido para ela mesma.

(E) somente aos terceiros, de ofício, mediante intimação por mandado, com prazo de dez dias para a resposta, visto que, em relação às partes, o juiz deverá aplicar a "confissão" quanto aos fatos que o documento poderia provar.

A: Correta, pois todas essas condutas estão no Código (CPC, art. 401 e 403, parágrafo único); **B:** Incorreta, pois a multa não é apenas aos terceiros, como visto em "A" (CPC, art. 403, parágrafo único); **C:** Incorreta, considerando que não há previsão de multa ao advogado (CPC, art. 401); **D:** Incorreta, considerando o exposto em "C"; **E:** Incorreta, pois o Código prevê expressamente multa às partes (CPC, art. 401), diferentemente do que estava sedimentado na jurisprudência anterior (está superada a Súmula 372/STJ).
Gabarito "A".

(Juiz de Direito – TJ/SP – VUNESP – 2017) Em matéria de prova, é **incorreto** afirmar:

(A) na audiência de instrução, as perguntas serão formuladas pelas partes (por seus advogados) diretamente à testemunha, mas o juiz poderá inquirir a testemunha tanto antes quanto depois da inquirição feita pelas partes.

(B) a falsidade de documento será resolvida como questão incidental e sobre a decisão não incidirá a autoridade da coisa julgada, salvo se a parte requerer que o juiz decida a falsidade como questão principal.

(C) desde que sejam capazes, e que a controvérsia comporte autocomposição, as partes podem escolher o perito, e a perícia, assim produzida, substituirá, para todos os efeitos, a que seria realizada por perito nomeado pelo juiz, sem prejuízo do convencimento motivado do magistrado.

(D) a parte pode requerer o depoimento pessoal da parte adversária, do litisconsorte e eventualmente dela própria.

A: Correta, considerando que a partir do atual CPC, são os advogados das partes que fazem as perguntas à testemunha (art. 459, *caput* e § 1º); **B:** Correta, pois a falsidade incidental pode vir a ser coberta pela coisa julgada, se houver pedido da parte e for decidida como questão principal (CPC, art. 19, II e 430, parágrafo único); **C:** Correta, trata-se da denominada perícia consensual (CPC, art. 471); **D:** incorreta, devendo esta ser assinalada. Não se pode requerer o depoimento pessoal da própria parte, mas apenas da outra (CPC, art. 385).
Gabarito "D".

(Juiz de Direito – TJM/SP – VUNESP – 2016) Quanto à audiência de instrução e julgamento em procedimento comum, assinale a alternativa correta.

(A) Será possível a gravação da audiência em imagem e em áudio pelas partes, em meio digital ou analógico, somente se houver autorização judicial.

(B) Enquanto depuserem o perito, os assistentes técnicos, as partes e as testemunhas, poderão os advogados e o Ministério Púbico intervir ou apartear, independentemente de licença do juiz.

(C) O juiz poderá dispensar a produção de provas requerida pelo Ministério Público ou pelo defensor público, se o promotor de justiça ou o defensor público não comparecerem à audiência.

(D) Nas provas orais produzidas em audiência, devem ser ouvidos, obrigatoriamente, nesta ordem: o perito e os assistentes técnicos; o autor e o réu que prestarem depoimentos pessoais; as testemunhas arroladas pelo autor e, por último, as testemunhas arroladas pelo réu.

(E) Instalada a audiência, o juiz pode deixar de tentar conciliar as partes se já tiver empregado anteriormente outros métodos de solução consensual de conflitos.

A: Incorreta. A gravação poderá ocorrer independente de autorização judicial (CPC, art. 367, § 6º). **B:** Incorreta. A intervenção só poderá ocorrer com a licença do juiz (CPC, art. 361, parágrafo único). **C:** Correta. (CPC, art. 362, § 2º). **D:** Incorreta. A ordem disposta no art. 361 do CPC é preferencial, e não obrigatória. **E:** Incorreta. O juiz tentará conciliar as partes, independentemente de outros métodos de autocomposição já terem sido utilizados entre as partes (CPC, art. 359).
Gabarito "C".

(Magistratura/SP – VUNESP – 2013) Acerca de provas, é correto afirmar que

(A) qualquer que seja o valor do contrato, é lícito à parte inocente provar exclusivamente com testemunhas a sua simulação.

(B) há presunção absoluta de veracidade e exatidão dos livros comerciais quando eles constituam prova contra seu autor, e relativa, quando provam a seu favor.

(C) somente a requerimento de algumas das partes, demonstrando que a matéria não está suficientemente esclarecida, poderá o juiz determinar a realização de nova perícia.

(D) para provar a verdade dos fatos, só se podem produzir as provas especificadas no Código de Processo Civil.

A: correta (CPC, art. 446, I); **B:** incorreta, pois admite-se prova contrária (CPC, art. 417); **C:** incorreta. A segunda perícia poderá ser determinada de ofício (CPC, arts. 371 e 480, § 1º); **D:** incorreta. Todos os meios legais, "ainda que não especificados neste Código" são aptos a provar a verdade dos fatos (CPC, art. 369).
Gabarito "A".

(Cartório/SP – VUNESP – 2012) Documento feito por oficial público incompetente ou sem a observância das formalidades legais, subscrito pelas partes,

(A) não tem eficácia probatória, não servindo como meio de prova.

(B) é prova bastante dos fatos declarados pelo oficial.

(C) é válido como início de prova a ser complementada por outras provas.

(D) tem a mesma eficácia probatória do documento particular.

O Código expressamente atribui eficácia de documento particular a esse documento (art. 407 do CPC).
Gabarito "D".

12. SENTENÇA, COISA JULGADA E AÇÃO RESCISÓRIA

(Juiz de Direito – TJ/RJ – 2019 – VUNESP) Denomina-se coisa julgada material a autoridade que torna imutável e indiscutível a decisão de mérito não mais sujeita a recurso.

No que pertine ao instituto da coisa julgada, segundo o regime estabelecido pelo diploma processual vigente, assinale a alternativa correta.

(A) O regime da formação de coisa julgada sobre questões prejudiciais somente é aplicável aos processos iniciados após a vigência do Código de Processo Civil de 2015.
(B) A sentença faz coisa julgada às partes entre as quais é dada, não prejudicando nem beneficiando terceiros.
(C) A tutela antecipada antecedente, se não for afastada por decisão que a revir, reformar ou invalidar, proferida em ação ajuizada por uma das partes no prazo de dois anos, faz coisa julgada, vez que se torna imutável e indiscutível.
(D) A coisa julgada aplica-se à resolução de questão preliminar, decidida expressa e incidentemente no processo, desde que a mesma conste do dispositivo da sentença.
(E) Fazem coisa julgada os motivos da sentença desde que importantes para determinar o alcance da parte dispositiva do pronunciamento judicial.

A: correta, por expressa previsão legal nas disposições finais e transitória do Código (CPC, arts. 1.054 e 503, § 1º); B: incorreta, pois pelo Código apenas há menção ao fato de a sentença não poder *prejudicar* terceiros (CPC, art. 506); C: incorreta, pois o Código expressamente afirma que a estabilização dos efeitos da tutela não equivale à coisa julgada (CPC, art. 304, § 6º) – o que é debatido por parte da doutrina; D: incorreta, porque o enunciado seria correto se houvesse a troca de *preliminar* por *prejudicial* – no que se se refere aos limites objetivos da coisa julgada (CPC, art. 503); E: incorreta, visto que não fazem coisa julgada os motivos, *ainda que* importantes para determinar o alcance da parte dispositiva da sentença (CPC, art. 504, I).
Gabarito "A".

(Juiz de Direito – TJ/RS – 2018 – VUNESP) O juiz resolverá o mérito da ação quando:

(A) homologar a desistência da ação.
(B) indeferir a petição inicial.
(C) verificar a ausência de legitimidade de parte.
(D) verificar a impossibilidade jurídica do pedido.
(E) em caso de morte da parte, a ação for considerada intransmissível por lei.

A: Incorreta, porque a hipótese acarreta a extinção do processo sem resolução do mérito (CPC, art. 485, VIII); B: Incorreta, pois esse é caso de extinção sem mérito (CPC, art. 485, I); C: Incorreta, pois esse é caso de extinção sem mérito (CPC, art. 485, VI); D: Correta. Com o atual CPC, a possibilidade jurídica do pedido deixou de ser uma das condições da ação (art. 485, VI). Porém, há algum debate na doutrina de como se trata uma hipótese de pedido impossível (se seria improcedência ou extinção sem mérito, por falta de interesse). De qualquer forma, pela letra da lei não se trata de extinção sem mérito nesse caso – por isso, e também por as demais estarem erradas, esta a melhor alternativa; E: Incorreta, pois esse é caso de extinção sem mérito (CPC, art. 485, IX).
Gabarito "D".

(Procurador do Estado/SP – 2018 – VUNESP) A ampliação objetiva dos limites da coisa julgada à questão prejudicial pode ser feita de ofício pelo juiz, desde que

(A) da resolução dessa questão não dependa o julgamento de mérito, e que o contraditório, nesse caso, seja prévio e efetivo e o juiz seja competente em razão da matéria e do lugar, mas essa ampliação não pode ocorrer em processos que possuam limitação da cognição ou restrições probatórias.
(B) exista contraditório prévio e efetivo, mesmo que o juiz não seja competente em razão da pessoa. Se houver limitação da cognição que impeça o aprofundamento da análise dessa questão prejudicial, o juiz deverá adaptar o procedimento para que essa limitação desapareça, mediante prévia consulta às partes.
(C) da resolução dessa questão dependa o julgamento de mérito, mas o contraditório precisa ser prévio e efetivo e o juiz precisa ser competente em razão da matéria e da pessoa, porém, essa ampliação não pode ocorrer se o réu for revel ou em processos que possuam limitações da cognição que impeçam o aprofundamento da análise da questão prejudicial ou restrição probatória.
(D) exista contraditório prévio e efetivo, mesmo que o juiz não seja competente em razão da matéria ou em razão do lugar, no entanto, se houver limitação da cognição que impeça o aprofundamento da análise dessa questão prejudicial, essa ampliação não pode ocorrer.
(E) exista contraditório prévio e efetivo, mesmo que o juiz não seja competente em razão da matéria ou da pessoa, porém, se houver limitação da cognição que impeça o aprofundamento da análise dessa questão prejudicial, essa ampliação não pode ocorrer.

Uma das inovações do atual CPC quanto à coisa julgada foi a ampliação de seus limites objetivos, não mais existindo a ação declaratória incidental, que existia no Código anterior. A inovação está no art. 503, § 1º, e há uma série de requisitos para que a questão prejudicial seja coberta pela coisa julgada. A: Incorreta, pois necessário que "da resolução dessa questão *dependa* o julgamento de mérito" (CPC, art. 503, § 1º, I); B: Incorreta, porque é preciso que o juiz "*seja* competente em razão da pessoa" (CPC, art. 503, § 1º, III); C: Correta, pois estão presentes todos os requisitos existentes previstos no CPC (nos incisos do art. 503, § 1º e, também, no § 2º); D: Incorreta, considerando que o juiz *precisa* ser competente em razão da matéria (CPC, art. 503, § 1º, III); E: Incorreta, pois o juiz precisa ser competente de forma absoluta (matéria e pessoa, como já visto em alternativas anteriores).
Gabarito "C".

(Escrevente – TJ/SP – 2018 – VUNESP) Nas causas que dispensem a fase instrutória, o juiz, independentemente da citação do réu, poderá julgar liminarmente improcedente o pedido

(A) que tiver petição inicial inepta.
(B) cujo autor carecer de interesse processual.
(C) que tenha parte manifestamente ilegítima.
(D) que não indicar o fundamento legal.
(E) que contrariar enunciado de súmula de tribunal de justiça sobre direito local.

A: Incorreta, porque a referida hipótese acarreta o indeferimento da petição inicial, que resultará na extinção do processo sem resolução do mérito (CPC, art. 330, I e art. 485, I); B: Incorreta, vide justificativa para a alternativa "A" (CPC, art. 330, III e art. 485, I); C: Incorreta, vide justificativa para a alternativa "A" (CPC, art. 330, II e art. 485, I); D: Incorreta, porque a não indicação dos fundamentos jurídicos configura inépcia da inicial por ausência de causa de pedir (CPC, art. 330, I e § 1º, I e art. 485, I); E: Correta, sendo essa a previsão legal (CPC, art. 332, IV).
Gabarito "E".

(Defensor Público/RO – 2017 – VUNESP) Faz coisa julgada:

(A) o argumento de fato que motivou a sentença, desde que relacionado ao mesmo caso e às mesmas partes.
(B) decisão que declara indevida a cobrança de determinado exercício em relação aos posteriores.
(C) decisão expressa ou incidental sobre questão prejudicial, se dela depender o julgamento de mérito.

(D) a fundamentação da sentença, se já houver ação que foi decidida por sentença, de que não caiba recurso.
(E) a sentença que está sujeita ao reexame necessário, se não houve recurso voluntário quanto ao mérito.

A: Incorreta, pois a verdade dos fatos não é coberta pela coisa julgada (CPC, art. 504, II); **B:** Incorreta, porque o entendimento predominante é que a coisa julgada, no âmbito tributário, caso a decisão se refira a um determinado exercício, não se aplica em relação aos demais; **C:** Correta, sendo essa uma inovação do Código em relação aos limites objetivos da coisa julgada (CPC, art. 503, § 1º); **D:** Incorreta, porque a fundamentação não é coberta pela coisa julgada (CPC, art. 503, § 1º); **E:** Incorreta, pois se está pendente reexame necessário, ainda não houve trânsito em julgado; apenas após o trânsito é que haverá a coisa julgada.
Gabarito "C".

(Juiz de Direito – TJ/SP – VUNESP – 2017) Sobre a coisa julgada material, é correto afirmar que

(A) se opera entre as partes entre as quais é dada, não podendo prejudicar ou beneficiar terceiros.
(B) pode abranger a resolução de questão prejudicial, desde que dessa resolução dependa o julgamento do pedido; que tenha sido facultado o contraditório; e que o órgão seja competente em razão da matéria e da pessoa para resolver a questão como se principal fosse.
(C) na ação de dissolução de sociedade, a coisa julgada se opera em relação à sociedade, ainda que a sociedade não tenha sido citada, desde que todos seus sócios o tenham sido.
(D) apenas decisões de mérito transitadas em julgado comportam ação rescisória.

A: incorreta, pois o artigo do Código que trata dos limites subjetivos da coisa julgada só fala que esta *não pode prejudicar* terceiros (CPC, art. 506); **B:** Incorreta para a banca. A única distinção entre o texto legal e a resposta é que o CPC aponta que tenha "havido contraditório prévio e efetivo", ao passo que o enunciado fala em "tenha sido *facultado* o contraditório" (CPC, art. 503, § 1º); **C:** correta, por expressa previsão legal (CPC, art. 601, Parágrafo único. A sociedade não será citada se todos os seus sócios o forem, mas ficará sujeita aos efeitos da decisão e à coisa julgada.); **D:** incorreta, pois cabe AR em alguns casos de decisão terminativa (CPC, art. 966, § 2º Nas hipóteses previstas nos incisos do *caput*, será rescindível a decisão transitada em julgado que, embora não seja de mérito, impeça: I – nova propositura da demanda; ou II – admissibilidade do recurso correspondente).
Gabarito "C".

(Procurador Municipal – Sertãozinho/SP – VUNESP – 2016) Assinale a alternativa correta.

(A) Faz coisa julgada a verdade dos fatos, estabelecida como fundamento da sentença.
(B) É possível que a sentença transitada em julgado atinja não só as partes do processo, mas também terceiros.
(C) Condenado o devedor a emitir declaração de vontade, uma vez transitado em julgado, compete ao condenado emitir a declaração de vontade sob pena de pagamento de multa diária.
(D) Publicada a sentença, o juiz só poderá alterá-la por meio de embargos de declaração.
(E) Faz coisa julgada toda apreciação de questão prejudicial, decidida incidentemente no processo.

A: Incorreta, pois a coisa julgada não atinge a verdade (CPC, art. 504, II). **B:** Correta. O art. 506 do CPC estabelece que a coisa julgada não *prejudicará* terceiros, não reproduzindo o comando "não beneficiará" que existia no CPC/1973. Além disso, no processo coletivo uma decisão pode beneficiar terceiros. **C:** Incorreta. Condenado o devedor a emitir a declaração de vontade, caso não emita, a sentença transitada em julgado produzirá todos os efeitos da declaração não emitida. (CPC, art. 501). **D:** Incorreta. O juiz também poderá corrigir a sentença de ofício ou a requerimento da parte, por inexatidões materiais ou erros de cálculo. (CPC, art. 494). **E:** Incorreta. A palavra toda torna incorreta a alternativa. O CPC estabelece que a resolução de questão prejudicial, de forma expressa e incidentemente no processo, pode ser coberta pela coisa julgada, desde que observados alguns requisitos previstos em lei (CPC, art. 503, §1º).
Gabarito "B".

(Juiz de Direito – TJM/SP – VUNESP – 2016) O carro de Paulo colidiu com a traseira do veículo pertencente a João, ocasionando danos de média monta em ambos os veículos. Em razão disso, entraram em discussão e a esposa de Paulo, Clarisse, adentrou na discussão e acabou desferindo uma paulada na cabeça de João, ocasionando ferimentos leves. João ingressou com ação indenizatória em face de Clarisse em razão da agressão, mas a ação foi julgada extinta por ilegitimidade de parte ao fundamento de que foi seu esposo quem colidiu com o veículo de João. A sentença transitou em julgado. Diante desses fatos hipotéticos, assinale a alternativa correta.

(A) Deve ser proposta ação anulatória em face da sentença, pois Clarisse tem legitimidade para figurar no polo passivo da ação, tendo ocorrido infração a uma norma de direito material.
(B) A ação pode ser reproposta em face de Paulo, embora o questionamento seja de ato praticado por Clarisse.
(C) Se João tivesse ingressado com ação contra Clarisse e Paulo e a ação tivesse sido julgada extinta somente em face de Clarisse, seria necessário aguardar o julgamento da ação que prossegue contra Paulo para a propositura da ação anulatória.
(D) A sentença pode ser objeto de ação rescisória, pois foi fundada em erro de fato verificável do exame dos autos e a decisão transitada em julgado impede a nova propositura da demanda em face de Clarisse.
(E) A sentença não pode ser objeto de ação rescisória, pois não houve decisão de mérito.

A: Incorreta. Uma vez que a sentença foi proferida e transitou em julgado, é cabível ação rescisória (CPC, art. 966). **B:** Incorreta. Não há que se falar em ilegitimidade passiva de Clarice, vez que foi ela a agressora – no que se refere à agressão. **C:** Incorreta. Considerando a existência de capítulos da sentença, cada tópico pode ser analisado e impugnado separadamente (CPC, art. 354, parágrafo único e 356, § 5º). Ademais, não há subsídios para saber a respeito do cabimento da ação anulatória, de modo que o mais adequado seria a AR (vide alternativa D). **D:** Correta para a banca. No contexto da questão, está a mais correta. O tema era polêmico no passado, mas o CPC traz a possibilidade de impugnar decisão sem mérito se ela impedir a repropositura. Assim, como reconhecida a ilegitimidade e necessária a correção para repropositura (CPC, art. 486, § 1º), e diante do interesse de se acionar a responsável pela agressão, o que se tem como solução mais adequada é a AR (CPC, art. 966, VIII e §2º, I). **E:** Incorreta. Como já exposto, há previsão legal para a propositura de ação rescisória mesmo quando a sentença não for de mérito (CPC, art. 966, § 2º, I). Questão que trata de vários temas polêmicos.
Gabarito "D".

(Juiz de Direito – TJ/SP – VUNESP – 2015) Em tema de ação rescisória, afirma-se corretamente que

(A) se admite sua propositura contra sentença transitada em julgado, mesmo que contra ela não se tenham esgotado todos os recursos.

(B) o prazo decadencial para a sua propositura só se inicia quando da intimação do pronunciamento rescindendo.
(C) estão impedidos juízes que participaram do julgamento rescindendo.
(D) é cabível contra a sentença que resolve o mérito, quando as partes transigirem.

A: Correta, a AR não é como recurso especial ou extraordinário, que demanda esgotamento dos recursos (não há previsão legal que assim determine). Logo, mesmo uma sentença da qual não foi interposta apelação pode ser objeto de rescisória. **B:** O prazo decadencial tem início com o trânsito em julgado (CPC, art. 975); **C:** incorreta, pois não há previsão legal nesse sentido (o art. 144, II do CPC faz menção a "outro grau de jurisdição", como no caso de desembargador que julgou a causa quando era juiz – mas isso não é a hipótese da alternativa); **D:** incorreta, pois nesse caso cabe ação anulatória (CPC, art. 966, § 4º).
Gabarito "A".

III – CUMPRIMENTO DE SENTENÇA E EXECUÇÃO

13. CUMPRIMENTO DE SENTENÇA

(Defensor Público/RO – 2017 – VUNESP) Considerando o cumprimento de sentença que condene ao pagamento de prestação alimentícia, assinale a alternativa correta.

(A) O cumprimento da decisão se dará no domicílio do devedor, caso haja pedido de prisão do executado.
(B) A pena de prisão somente está autorizada para o cumprimento dos alimentos definitivos e é o que compreende até as três prestações anteriores ao ajuizamento da execução.
(C) O cumprimento da pena de prisão exime o executado do pagamento das prestações vencidas, desde que se refira às últimas três anteriores ao julgamento.
(D) A decisão não poderá ser protestada, se houver a decretação da prisão do devedor.
(E) O exequente poderá promover o cumprimento definitivo, como obrigação de pagar quantia certa, desde logo, caso em que não será admissível a prisão do executado.

A: Incorreta, porque em regra o cumprimento da decisão de alimentos será realizado em regra no foro do domicílio do exequente (CPC, art. 528, § 9º); **B:** Incorreta, pois (i) é possível a decretação da prisão civil na execução de alimentos provisórios ou definitivos (CPC, art. 531), e (ii) o débito alimentar que autoriza a prisão civil abrange também as prestações que se vencerem no curso do processo (CPC, art. 528, § 7º); **C:** Incorreta. O cumprimento da pena não exime o executado do pagamento das parcelas vencidas e vincendas (CPC, art. 528, § 5º); **D:** Incorreta, considerando que é possível a cumulação do protesto com a decretação da prisão civil (CPC, art. 528, §§ 1º e 3º); **E:** Correta, sendo essa uma opção do exequente (CPC, art. 528, § 8º).
Gabarito "E".

(Procurador Municipal – Sertãozinho/SP – VUNESP – 2016) Quanto à liquidação de sentença, assinale a alternativa correta.

(A) Do requerimento de liquidação de sentença será a parte pessoalmente intimada.
(B) A liquidação somente poderá ser requerida após o trânsito em julgado da sentença exequenda.
(C) Da decisão proferida na liquidação caberá recurso de apelação.
(D) É possível, na liquidação, discutir de novo a lide ou modificar a sentença que a julgou.
(E) Far-se-á a liquidação por artigos quando, para determinar o valor da condenação, houver necessidade de alegar e provar fato novo.

A: Incorreta. A intimação será feita na pessoa de seu advogado (CPC, art. 511). **B:** Incorreta. O CPC permite liquidar a decisão ilíquida antes mesmo do trânsito em julgado (CPC, art. 509, § 1º). **C:** Incorreta, pois cabe agravo de instrumento, já que não se trata de decisão final (CPC, art. 1.015, parágrafo único); **D:** Incorreta. Não há possibilidade de se rediscutir a lide ou modificar a sentença em fase de liquidação, sob pena de violação à coisa julgada (CPC, art. 509, § 4º). **E:** Correta. (CPC, art. 509, II);
Gabarito "E".

(Juiz de Direito – TJ/MS – VUNESP – 2015) Sobre a chamada "liquidação zero", assinale a alternativa correta.

(A) Viola a coisa julgada, uma vez que, sempre que há condenação, é porque algo é devido, de modo que a perícia deverá apontar o valor da condenação.
(B) Aplica-se nas sentenças que julgam pedido declaratório, mas que possam ter teor condenatório.
(C) Trata-se de uma pena aplicada por excesso de execução, desde que reclamada em embargos do devedor.
(D) É possível sua aplicação nos casos em que a liquidação por artigos resultar negativa.
(E) Aplica-se a teoria quando a execução para cobrança de crédito fundar-se sempre em título de obrigação, embora certa, ilíquida e inexigível.

A liquidação zero é aquele em que, após sentença de procedência ilíquida, ao se proceder à liquidação, chega-se à conclusão de que nenhum valor é devido. A jurisprudência já se firmou no sentido de que é possível que isso ocorra, caso em que o exequente nada receberá. Caso contrário, haveria enriquecimento sem causa.
Gabarito "D".

14. IMPUGNAÇÃO AO CUMPRIMENTO DE SENTENÇA

(Juiz de Direito – TJ/RJ – 2019 – VUNESP) Segundo os contornos traçados pelo Código de Processo Civil de 2015 à impugnação ao cumprimento de sentença, assinale a alternativa correta.

(A) O executado pode alegar a ilegitimidade de parte advinda da fase de conhecimento tanto no que concerne ao polo ativo quanto ao passivo da demanda.
(B) Por ter natureza jurídica de ação, não se aplica o benefício do prazo em dobro em processos de autos físicos para os executados que tiverem diferentes procuradores.
(C) Tal defesa típica é exclusiva do cumprimento definitivo de sentença, sendo que, quando de cumprimento provisório se tratar, o executado poderá defender-se por meio de simples petição.
(D) O rol de matérias arguíveis pelo executado limita-se a alegações posteriores ao trânsito em julgado do pronunciamento judicial executado.
(E) O executado poderá alegar nesta defesa típica a nulidade da sentença arbitral, se houver execução judicial.

A: incorreta, considerando que o executado poderá alegar ilegitimidade de parte, mas referente à fase de execução (cumprimento de sentença não correspondente ao previsto no título executivo – CPC, art. 525, § 1º, II e VII) e *não de conhecimento* – pois isso seria violação à coisa julgada; **B:** incorreta, pois (i) não tem natureza de ação e (ii) aplica-se o prazo em dobro em processos físicos com procuradores distintos, pois não há ressalva na lei (CPC, arts. 229) – diferente do que se verifica quanto aos embargos à execução (CPC, art. 915, § 3º); **C:** incorreta, porque no cumprimento provisório – como no definitivo – o executado se defende por meio de impugnação ao cumprimento de sentença (CPC, art. 520, § 1º); **D:** incorreta, tendo em vista que uma das matérias arguíveis diz respeito à nulidade ou falta da citação na fase de conhecimento (CPC, art. 525, § 1º, I); **E:** correta, por expressa previsão legal – não no CPC, mas na lei específica (Lei 9.307/96, art. 33, § 3º).
Gabarito "E".

(Procurador do Estado/SP – 2018 – VUNESP) A decisão do Supremo Tribunal Federal que considera inconstitucional lei na qual se baseou, como único fundamento, uma sentença condenatória da Fazenda Pública proferida em outro processo, torna

(A) inexistente o título judicial que se formou, desde que a decisão tenha sido tomada em controle concentrado. Esse argumento pode ser arguido nos embargos da Fazenda, durante a execução civil, se a decisão que se pretende rescindir ainda não transitou em julgado.

(B) inexigível a obrigação contida no título judicial que se formou, desde que a decisão do Supremo tenha sido proferida em sede de controle difuso. Esse argumento pode ser arguido na impugnação da Fazenda, durante o cumprimento de sentença, se a decisão que se pretende rever ainda não transitou em julgado, e em ação anulatória, se já ocorreu o trânsito.

(C) inválido o título judicial que se formou, mesmo que a decisão tenha sido tomada em controle difuso ou concentrado. Esse argumento pode ser arguido na impugnação, durante a fase de cumprimento de sentença ou no processo de execução, mas não em ação rescisória.

(D) inexigível a obrigação contida no título judicial que se formou, desde que a decisão tenha sido tomada em controle concentrado. Esse argumento pode ser utilizado na impugnação da Fazenda, durante a fase de cumprimento de sentença, mas, se a decisão que condenou a Fazenda transitou em julgado, não é cabível ação rescisória com esse fundamento.

(E) inexigível a obrigação contida no título judicial que se formou, mesmo que essa decisão tenha sido tomada em controle concentrado ou difuso de constitucionalidade. Esse argumento pode ser utilizado na impugnação da Fazenda, durante a fase de cumprimento de sentença, se ainda não ocorreu o trânsito em julgado, ou em ação rescisória, se isso já ocorreu.

A: Incorreta, considerando que, no caso, (i) a obrigação reconhecida no título executivo será inexigível, (ii) a decisão do Supremo pode ter sido tomada em controle de constitucionalidade concentrado ou difuso, (iii) esse argumento deve ser levantado na impugnação ao cumprimento de sentença, e (iv) é cabível na via da impugnação apenas se a decisão do Supremo for anterior ao trânsito em julgado da decisão que se pretende rescindir (CPC, art. 525, § 1º, III e §§ 12 e 14); **B:** Incorreta, porque é possível que a decisão do Supremo tenha sido proferida em controle de constitucionalidade concentrado ou difuso (CPC, art. 525, § 1º, III e § 12); **C:** Incorreta, porque (i) a obrigação reconhecida no título executivo será inexigível, e (ii) o argumento pode ser arguido em ação rescisória, caso já tenha ocorrido o trânsito em julgado da decisão exequenda (CPC, art. 525, § 1º, III e § 15); **D:** Incorreta, pois (i) é possível que a decisão do Supremo tenha sido proferida em controle de constitucionalidade concentrado ou difuso, e (ii) o argumento pode ser arguido em ação rescisória, caso já tenha ocorrido o trânsito em julgado da decisão exequenda (CPC, art. 525, § 1º, III e § 15); **E:** Correta, pois essa alternativa traz todos os requisitos previstos na nova legislação processual em relação ao tema (CPC, art. 525, § 1º, III e §§ 12 a 15).
Gabarito "E".

(Juiz de Direito – TJ/SP – VUNESP – 2017) Na impugnação ao cumprimento de sentença,

(A) quando se alegar excesso de execução, é ônus da parte, sob pena de não ser conhecida a alegação, indicar desde logo o valor que entenda correto, mediante demonstrativo, ainda que entenda que a apuração dependa de prova pericial.

(B) a respectiva apresentação impedirá a penhora, sua substituição, reforço ou redução, se concedido efeito suspensivo pelo juiz.

(C) poderá, ainda que já tenha se operado o trânsito em julgado da sentença, ser alegada inexigibilidade da obrigação reconhecida no título, se ele estiver fundado em lei ou ato normativo considerado inconstitucional pelo Supremo Tribunal Federal, ou fundado em aplicação ou interpretação da lei ou do ato normativo, tido pelo Supremo Tribunal Federal como incompatível com a Constituição Federal, em controle de constitucionalidade concentrado ou difuso.

(D) o prazo para a apresentação não será contado em dobro, mesmo que, sendo físicos os autos, haja litisconsortes com procuradores diferentes, de escritórios de advocacia distintos.

A: Correta, considerando que, no caso de excesso, necessário apontar o valor devido, sob pena de indeferimento da impugnação (CPC, art. 525, §§ 4º e 5º); **B:** Incorreta, pois mesmo que haja efeito suspensivo, não fica impedida a penhora (CPC, art. 525, § 7º); **C:** Incorreta, pois apesar de a coisa julgada inconstitucional poder ser alegada na impugnação (CPC, art. 525, § 12), se já tiver havido o trânsito em julgado, necessário o ajuizamento de AR (§ 15); **D:** Incorreta, porque sendo processo físico, há prazo em dobro para advogado distintos, exatamente como a regra geral (art. 229).LD
Gabarito "A".

15. PROCESSO DE EXECUÇÃO E EXPROPRIAÇÃO DE BENS

(Advogado – Pref. São Roque/SP – 2020 – VUNESP) Com relação aos precatórios, pode-se corretamente afirmar:

(A) Os atos do presidente do tribunal que disponham sobre processamento e pagamento de precatório têm caráter jurisdicional, contra os quais cabe recurso especial e extraordinário, se houver, respectivamente, violação de norma federal ou constitucional.

(B) A Fazenda Pública não pode recusar a substituição do bem penhorado por precatório.

(C) Os honorários advocatícios incluídos na condenação ou destacados do montante principal devido ao credor não consubstanciam verba de natureza alimentar, e sua satisfação deverá ocorrer mediante a expedição de precatório ou requisição de pequeno valor.

(D) Se o precatório for apresentado até 1º de julho, e o pagamento for realizado no final do exercício seguinte, haverá a incidência de juros de mora.

(E) A cessão de precatórios realizada pelo credor a terceiros poderá ser realizada independentemente da concordância do devedor e produzirá efeitos após comunicação, por meio de petição protocolizada, ao tribunal de origem e à entidade devedora.

A: incorreta, pois os atos do presidente do tribunal referentes ao processamento e pagamento de precatórios têm caráter *administrativo*, logo não cabe recurso contra referidos atos, conforme jurisprudência dos Tribunais Superiores (STF, ADI 1.098/SP e Súmula 311/STJ: Os atos do presidente do tribunal que disponham sobre processamento e pagamento de precatório não têm caráter jurisdicional); **B:** incorreta, pois a Fazenda Pública *pode* recusar a substituição do bem penhorado por precatório, já que se trata de penhora de crédito e não de dinheiro (Lei 6.830/80, art. 15, I e Súmula 406/STJ); **C:** incorreta, tendo em vista ser pacífico o entendimento de que os honorários advocatícios têm natureza alimentar (SV 47/STF: Os honorários advocatícios incluídos na condenação ou destacados do montante principal devido ao credor consubstanciam verba de natureza alimentar cuja satisfação ocorrerá com a expedição de precatório ou requisição de pequeno valor, observada ordem especial restrita aos créditos dessa natureza); **D:** incorreta, pois nesse caso não haverá mora e, portanto, sobre o valor devido deverá incidir correção monetária, mas *não juros* (CF, art. 100, § 5º e SV 17/STF: Durante o período previsto no parágrafo 1º do artigo 100 da Constituição, não incidem juros de mora sobre os precatórios que nele sejam pagos); **E:** correta (CF, art. 100, §§ 13 e 14, na redação da EC 62/2009).

Gabarito "E".

(Juiz de Direito – TJ/RS – 2018 – VUNESP) O executado por título executivo extrajudicial, independentemente de penhora, depósito ou caução, poderá se opor à execução por meio de embargos, cujo prazo será contado, no caso de execuções por carta, da juntada

(A) na carta, da certificação da citação, quando versarem unicamente sobre vícios ou defeitos da penhora, da avaliação ou da alienação dos bens.

(B) do último comprovante de citação, quando houver mais de um executado.

(C) do último comprovante de citação, que será contado em dobro no caso de litisconsortes com advogados diversos.

(D) das respectivas citações, no caso de companheiros, sem contrato de união estável.

(E) nos autos de origem, quando versarem sobre a nulidade da citação na ação de obrigação de pagar.

A: Correta (CPC, art. 915, § 2º, I); **B:** Incorreta, já que, quando houver mais de um executado, o prazo para oposição de embargos é contado a partir da juntada do respectivo comprovante de citação em relação a cada um dos executados, e não do último – exceto no caso de cônjuges (CPC, art. 915, § 1º); **C:** Incorreta, tendo em vista que para a contagem do prazo para oposição de embargos à execução não se aplica a disposição do prazo em dobro para litisconsortes com advogados diversos (CPC, art. 915, § 3º); **D:** Incorreta, porque, no caso de cônjuges ou companheiros, o prazo será contado a partir da juntada do último comprovante de citação (CPC, art. 915, § 1º) – em relação aos não cônjuges, vide "B"; **E:** Incorreta. O que o CPC prevê é a contagem a partir da "juntada, na carta, da certificação da citação, quando versarem unicamente sobre vícios ou defeitos da penhora, da avaliação ou da alienação dos bens" (CPC, art. 915, § 2º, I).

Gabarito "A".

(Procurador do Estado/SP – 2018 – VUNESP) Em relação à fraude de execução, assinale a alternativa correta.

(A) O simples fato de alguém ter alienado seus bens após a citação, no processo de conhecimento, já caracteriza plenamente a fraude de execução, sejam os bens passíveis de registro ou não.

(B) Quanto aos bens imóveis, o ônus de provar sua existência pode ser satisfeito mediante averbação na matrícula do imóvel, prévia à alienação, da existência de uma ação, ainda que de natureza penal, dentre outras, que pode reduzir o devedor à insolvência.

(C) É sempre do exequente o ônus da prova da fraude de execução quando ocorrer a venda de bens não sujeitos a registro após a citação, na execução civil, ou após a intimação, no caso do cumprimento de sentença.

(D) Os atos praticados em fraude de execução são juridicamente inexistentes, independentemente de o executado ter ficado insolvente ou não.

(E) Caracteriza-se exclusivamente quando, após o início do cumprimento de sentença ou da execução civil, ocorre a alienação de bens por parte do executado, dispensados outros requisitos.

A: Incorreta, porque seria necessário que a ação ajuizada fosse capaz de reduzir o devedor à insolvência (CPC, art. 792, IV). No tocante ao registro, a caracterização da fraude à execução depende, ainda, do registro da penhora do bem alienado ou da prova da má-fé do terceiro adquirente (STJ, Súmula 375); **B:** Correta (CPC, art. 792, I, II e IV); **C:** Incorreta, considerando que, no caso de bens não sujeitos a registro, o ônus caberá ao terceiro adquirente e não ao exequente (CPC, art. 792, § 2º); **D:** Incorreta, porque os atos praticados em fraude à execução são *ineficazes* em relação ao exequente (CPC, art. 792, §1º); **E:** Incorreta, uma vez que a alienação de bem não caracteriza por si só fraude à execução (CPC, art. 792).

Gabarito "B".

(Juiz de Direito – TJ/RJ – VUNESP 2016) Tratando-se de execução de título extrajudicial, não tendo sido encontrado o executado para citação pelo Oficial de Justiça, assinale a alternativa correta.

(A) Somente se houver prova do *periculum in mora*, o juiz determinará o arresto dos bens do devedor até o limite da dívida.

(B) Não será possível o arresto de bens, até que o credor os indique e a sua localização.

(C) Deverão ser penhorados quantos bens forem necessários para a garantia da execução.

(D) Em razão da natureza do título e de sua força executiva extravagante, enquanto não houver a citação, não serão arrestados bens.

(E) Será possível o arresto bancário prévio por meio eletrônico, nos moldes da penhora, por interpretação analógica.

A questão trata do arresto executivo ou pré-penhora. Se o oficial de justiça não encontrar o executado para citar, mas encontrar bens penhoráveis, será possível a constrição desses bens (CPC, art. 830. Se o oficial de justiça não encontrar o executado, arrestar-lhe-á tantos bens quantos bastem para garantir a execução). Não se trata de penhora, pois esta somente ocorre após a citação. Segundo entendimento do STJ, é possível que esse arresto seja feito por meio eletrônico – ou seja, um arresto executivo online (REsp 1.370.687, informativo 519/STJ).

Gabarito "E".

(Procurador – IPSMI/SP – VUNESP – 2016) Ademar é devedor de um cheque, cujo credor é Manoel. Imaginando que Manoel ingresse com ação de execução, é correto afirmar que

(A) sendo citado Ademar, terá três dias para realizar o pagamento. Caso o faça nesse prazo, terá como bene-

fício deixar de pagar 10% de multa sobre os valores devidos.
(B) Manoel poderá em sua petição inicial declinar quais os bens de Ademar quer ver penhorados para garantir a dívida.
(C) a averbação da distribuição da ação nos cartórios, se realizada por Manoel, gerará presunção absoluta de fraude contra credores, caso ocorra a venda do bem averbado.
(D) Ademar, ao ser citado, poderá em 15 dias proceder ao pagamento, sob pena de ser-lhe aplicada multa de 10% sobre o valor do débito executado por Manoel.
(E) caso Ademar pague no prazo definido em lei, mas o faça de forma parcial, sobre o saldo restante recairá multa de 10%, que será revertida ao final em favor de Manoel.

A: incorreta. Tratando-se de execução de título, não há previsão de multa de 10% (somente existe no cumprimento de sentença). O benefício para pagamento no prazo de 3 dias é desconto de 50% nos honorários advocatícios (CPC, art. 827, § 1º); **B:** Correta (CPC, art. 829, § 2º); **C:** Incorreta, pois no caso de averbação, a presunção é de fraude à execução (CPC, art. 828, § 4º); **D:** incorreta, considerando o exposto em "A"; **E:** incorreta, considerando o exposto em "A".
Gabarito "B".

(Juiz de Direito – TJ/SP – VUNESP – 2015) No que se refere à execução de título extrajudicial, a jurisprudência do Superior Tribunal de Justiça é no sentido de que
(A) o instrumento de confissão de dívida originária de contrato de abertura de crédito em conta-corrente não constitui título executivo.
(B) o contrato de abertura de crédito em conta-corrente é título executivo quando acompanhado do respectivo extrato.
(C) a nota promissória vinculada a contrato de abertura de crédito em conta-corrente não goza de autonomia.
(D) o contrato de abertura de crédito em conta-corrente é título executivo.

A: Incorreta (Súmula 300/STJ: O instrumento de confissão de dívida, ainda que originário de contrato de abertura de crédito, constitui título executivo extrajudicial.); **B:** Incorreta (Súmula 233/STJ: O contrato de abertura de crédito, ainda que acompanhado de extrato da conta-corrente, não é título executivo); **C:** Correta (Súmula 258/STJ: A nota promissória vinculada a contrato de abertura de crédito não goza de autonomia em razão da iliquidez do título que a originou); **D:** Incorreta, pois esse documento não consta do rol dos títulos executivos (CPC, art. 784).
Gabarito "C".

(Magistratura/SP – VUNESP – 2013) Considerada a lei e a jurisprudência do STJ sobre execução, é correto afirmar que
(A) os contratos de mútuo com garantia real ou pessoal são títulos executivos extrajudiciais, independentemente de outras formalidades.
(B) a nota promissória vinculada a contrato de abertura de crédito não goza de autonomia e por isso não pode embasar a ação de execução.
(C) contra a Fazenda Pública não cabe a execução de título extrajudicial.
(D) o prévio protesto é requisito para a execução da debênture.

A: incorreta, pois depende de alguns requisitos. (Como exemplo, a Súmula 233/STJ: "O contrato de abertura de crédito, ainda que acompanhado de extrato da conta-corrente, não é título executivo"); **B:** correta (Súmula 258/STJ: "A nota promissória vinculada a contrato de abertura de crédito não goza de autonomia em razão da iliquidez do título que a originou"). Cabe destacar que, em relação à Cédula de Crédito Bancário (CCB, Lei 10.931/2004), o STJ entendeu pela viabilidade da execução; **C:** incorreta (Súmula 279/STJ: "É cabível execução por título extrajudicial contra a Fazenda Pública."); **D:** incorreta, pois não há previsão legal nesse sentido.
Gabarito "B".

(Cartório/SP – VUNESP – 2012) Para satisfação do débito reconhecido no título executivo, não pode(m) ser penhorado(s)
(A) os bens do sucessor do devedor a título singular, tratando-se de execução fundada em direito real ou obrigação reipersecutória.
(B) os bens do devedor, quando em poder de terceiros.
(C) a quantia depositada em caderneta de poupança até o limite de 40 (quarenta) salários mínimos.
(D) o bem móvel que guarnece a residência do executado, quando a execução referir-se ao crédito concedido para a aquisição do próprio bem.

A: incorreto, pois está enumerado como bem sujeito à execução (art. 790, I, do CPC); **B:** incorreto, pois está elencado como bem sujeito à execução (art. 790, III, do CPC); **C:** correto, pois esse valor é impenhorável (art. 833, X, do CPC); **D:** incorreto (art. 833, § 1º, do CPC).
Gabarito "C".

(Cartório/SP – VUNESP – 2012) A averbação no registro de imóveis da certidão comprobatória do ajuizamento da execução
(A) assegura ao exequente a preferência no recebimento do dinheiro por ocasião da venda do imóvel em hasta pública.
(B) faz presumir ter sido realizada em fraude de execução a alienação posterior do bem sobre o qual recaiu a averbação.
(C) autoriza o exequente a realizar, com prioridade sobre os demais credores, a penhora do bem imóvel sobre o qual recaiu a averbação.
(D) dispensa o exequente de realizar a penhora subsequente do bem imóvel sobre o qual recaiu a averbação.

Uma vez obtida a certidão de distribuição da execução, é possível averbá-la no registro de imóveis, e isso acarretará a presunção de fraude à execução no caso de alienação (CPC, art. 828, § 4º).
Gabarito "B".

(Magistratura/MG – VUNESP – 2012) Na execução contra devedor solvente, é correto afirmar que absolutamente
(A) impenhoráveis são os recursos públicos recebidos por instituições privadas de livre aplicação.
(B) impenhoráveis são os vestuários, bem como os pertences de uso pessoal do executado, ainda que de elevado valor.
(C) impenhorável é, até o limite de 40 (quarenta) salários mínimos, a quantia depositada em caderneta de poupança.
(D) impenhorável é a propriedade rural, desde que arrendada pela família.

A: incorreta, porque a lei fala na impenhorabilidade dos recursos públicos recebidos por instituição privada para aplicação compulsória em educação, saúde ou assistência social (CPC, art. 833, IX); **B:** incorreta, uma vez que a lei ressalva da impenhorabilidade os bens dessa natureza de *elevado valor* (CPC, art. 833, III); **C:** correta (CPC, art. 833, X); **D:** incorreta, porque a propriedade rural será impenhorável, desde que seja pequena e trabalhada pela família (CPC, art. 833, VIII).

Gabarito "C".

16. EMBARGOS DO DEVEDOR / À EXECUÇÃO

(Juiz de Direito – TJ/MS – VUNESP – 2015) Na execução por carta, os embargos serão oferecidos

(A) no juízo deprecado, desde que discutam o ato de arrematação.

(B) no juízo deprecado, em qualquer hipótese, a fim de garantir o juízo, com a penhora ou indicação de bens do embargante.

(C) no juízo deprecante ou no juízo deprecado, mas a competência para julgá-los é do juízo deprecante, salvo se versarem unicamente sobre vícios ou defeitos da penhora, avaliação ou alienação dos bens.

(D) impugnados e decididos no juízo requerido.

(E) apenas no juízo deprecante, que possui competência para julgá-los, salvo se versarem unicamente sobre vícios ou defeitos da penhora, avaliação ou alienação dos bens.

A competência para julgar embargos no caso de execução processada por carta precatória é expressamente prevista em lei (CPC, art. 914, § 2º). Na execução por carta, os embargos serão oferecidos no juízo deprecante ou no juízo deprecado, mas a competência para julgá-los é do juízo deprecante, salvo se versarem unicamente sobre vícios ou defeitos da penhora, da avaliação ou da alienação dos bens efetuadas no juízo deprecado). Assim, a alternativa correta é a "C".

Gabarito "C".

17. EXECUÇÃO FISCAL

(Procurador do Município/Sorocaba-SP – 2012 – VUNESP) Após distribuição de Execução Fiscal, e antes de proferida a sentença de 1.º grau, a Procuradoria Fiscal verificou que, por ocasião da inscrição do débito na dívida ativa, não foram abatidos valores pagos pelo contribuinte. Em razão disso, determinou-se, por intermédio de regular processo administrativo, a substituição da certidão de dívida ativa, sendo requerida ao Juízo da execução a sua substituição.

Nesse caso,

(A) o juiz deverá julgar extinta a execução fiscal, uma vez que o crédito executado é diverso da certidão de dívida ativa originária, sendo este o único título que embasa a execução, caracterizando-se assim a ausência de título executivo.

(B) o juiz deverá extinguir a execução fiscal sem resolução do mérito por falta de interesse de agir da Fazenda Pública.

(C) o juiz deverá indeferir o pedido de substituição da dívida ativa, prosseguindo-se a execução em relação ao título originário, que não poderá ser substituído nos mesmos autos.

(D) o juiz deverá acolher o pedido de substituição, prosseguindo-se a execução fiscal nos mesmos autos com a certidão de dívida ativa substituída, sendo, neste caso, concedido novo prazo para que o executado embargue a execução.

(E) a Fazenda Pública não poderá substituir a certidão de dívida ativa, devendo requerer a desistência da Execução Fiscal.

Até a decisão de 1º grau, cabe a substituição da CDA – com possibilidade de nova defesa por parte do executado (Lei 6.830/80, art. 2º, § 8º).

Gabarito "D".

IV – RECURSOS

18. TEORIA GERAL DOS RECURSOS

(Juiz de Direito – TJ/RJ – 2019 – VUNESP) A figura do relator é de relevância ímpar na condução dos recursos e dos processos de competência originária do tribunal, vez que lhe incumbe dirigir e ordenar os processos.

Sobre os poderes expressamente concedidos ao relator pelo Código de Processo Civil de 2015, é correto afirmar que poderá

(A) dar provimento ao recurso se a decisão recorrida for contrária a súmula do próprio tribunal, não sendo obrigatória a concessão de prazo para apresentação de contrarrazões pelo recorrido.

(B) considerar de plano inadmissível recurso interposto sem o respectivo preparo.

(C) negar provimento a recurso contrário a entendimento firmado em incidente de assunção de competência, não sendo obrigatório que se conceda previamente prazo para apresentação de contrarrazões.

(D) dar ou negar provimento ao recurso quando houver entendimento dominante acerca do tema.

(E) negar provimento ao recurso que estiver em confronto com a jurisprudência dominante do respectivo tribunal.

A: incorreta, pois nesse caso, antes de dar provimento ao recurso, o relator *deve* intimar a parte contrária para apresentar de contrarrazões pela parte contrária (CPC, art. 932, V, "a") – em homenagem ao princípio do contraditório e vedação de decisão surpresa; **B:** incorreta, já que deve ser oportunizado à parte *recolher em dobro* o preparo (CPC, art. 1.007, § 4º); **C:** correta, pois no caso de se negar provimento (em decisão favorável ao recorrido), não há necessidade de se intimar para as contrarrazões (CPC, art. 932, IV, "c"); **D:** incorreta para a banca, pois não há essa previsão no art. 932 do CPC. Contudo, isso está sumulado (Súmula 568/STJ: O relator, monocraticamente e no Superior Tribunal de Justiça, poderá dar ou negar provimento ao recurso quando houver entendimento dominante acerca do tema), de modo que essa alternativa também pode ser considerada correta, e a questão deveria ter sido anulada (mas não foi) – a banca não considerou a súmula, mas só a letra seca da lei; **E:** incorreta, tendo em vista que o CPC permite que seja negado provimento a recurso contrário a *entendimento sumulado* do próprio tribunal (CPC, art. 932, IV, "a") – mas vide comentário à alternativa "D".

Gabarito "C".

(Juiz de Direito – TJ/RJ – 2019 – VUNESP) A reclamação teve suas hipóteses de cabimento significativamente majoradas pelo Código de Processo Civil, inserindo-se de forma determinante no contexto de proteção aos precedentes judiciais.

Nesse sentido, é correto afirmar que cabe reclamação

(A) mesmo que proposta após o trânsito em julgado da decisão reclamada.

(B) para garantir a observância da orientação do plenário ou do órgão especial aos quais estiverem juízes e tribunais vinculados.

(C) para garantir a observância dos enunciados das súmulas do Supremo Tribunal Federal em matéria

constitucional e do Superior Tribunal de Justiça em matéria infraconstitucional.
(D) tanto para corrigir a aplicação indevida da tese jurídica fixada em incidente de assunção de competência quanto para sanar a sua não aplicação aos casos que a ela correspondam.
(E) para garantir a observância de acórdão proferido em julgamento de recurso especial repetitivo, quando a inobservância tenha se dado por decisão proferida em primeira instância.

A: incorreta, pois a reclamação deve ser proposta antes do trânsito em julgado da decisão reclamada (CPC, art. 988, § 5º, I); B: incorreta, já que não há essa previsão no rol das hipóteses de cabimento da reclamação (CPC, art. 988) – apenas nos precedentes que devem ser observados (CPC, art. 927, V); C: incorreta, porque não há essa previsão no rol das hipóteses de cabimento da reclamação (CPC, art. 988) – apenas nos precedentes que devem ser observados (CPC, art. 927, IV); D: correta, por expressa previsão legal (CPC, art. 988, IV, § 4º); E: incorreta, visto que, pela previsão do Código, no caso de acórdão proferido em RE ou REsp repetitivo, é necessário esgotar as instâncias ordinárias (CPC, art. 988, § 5º, II) – sendo que o STJ acabou restringindo o cabimento da reclamação nessa hipótese (cf. Rcl 36476, fev/20).
Gabarito "D".

(Escrevente – TJ/SP – 2018 – VUNESP) Com relação ao direito de recorrer, assinale a alternativa correta.
(A) A renúncia ao direito de recorrer depende da aceitação da outra parte.
(B) A parte que aceitar tacitamente a decisão poderá recorrer, se ainda no prazo recursal.
(C) Dos despachos cabem os recursos de agravo de instrumento ou embargos de declaração.
(D) A desistência do recurso não impede a análise de questão cuja repercussão geral já tenha sido reconhecida.
(E) O recorrente, para desistir do recurso, necessitará da anuência de seus litisconsortes.

A questão trata do requisito de admissibilidade recursal negativo "fato impeditivo ao recurso", que engloba a desistência, renúncia e concordância. A: Incorreta, porque a renúncia é ato de disposição da parte que independe de aceitação da parte contrária (CPC, art. 999); B: Incorreta, visto que a aceitação, expressa ou tácita, impossibilita a interposição de recurso, em decorrência da preclusão lógica – sendo esse caso de concordância (CPC, art. 1.000); C: Incorreta, porque os despachos não possuem conteúdo decisório, razão pela qual contra eles não é possível a interposição de qualquer recurso (CPC, art. 1.001); D: Correta, por expressa previsão legal (CPC, art. 998, parágrafo único); E: Incorreta, pois a desistência independe de concordância dos demais (CPC, art. 998, "caput").
Gabarito "D".

(Escrevente Técnico – TJM/SP – VUNESP – 2017) Assinale a alternativa correta no que diz respeito à mudança de lei que rege prazos e formas recursais no curso de uma ação.
(A) a lei a regular o recurso é aquela do momento da publicação da decisão recorrível.
(B) os prazos processuais serão contados de acordo com a lei que regulava o recurso ao tempo da propositura da ação.
(C) se o recurso foi suprimido por lei nova, valerá o direito adquirido no momento da propositura da ação.
(D) os prazos serão contados pela lei vigente ao tempo da propositura da ação e a forma nos termos da lei nova.
(E) se a lei nova diminuir o prazo recursal, ainda não em curso, valerá a contagem nos termos da lei anteriormente vigente.

A questão envolve direito intertemporal. Segundo o art. 1.046 do CPC: "Ao entrar em vigor este Código, suas disposições se aplicarão desde logo aos processos pendentes (...)". Para complementar isso, aplica-se a teoria do "isolamento dos atos processuais", que significa dizer que o ato processual anterior, enquanto não encerrado, segue regulado pela lei antiga. Do ponto de vista recursal, entende a jurisprudência que o critério para verificar o recurso cabível é a data da publicação da decisão a ser impugnada – publicação em cartório, não na imprensa oficial. Assim, a alterativa correta é a "A".
Gabarito "A".

(Juiz de Direito – TJ/RJ – VUNESP – 2016) Antonio ingressou com ação em face de José, requerendo o cumprimento de uma obrigação de fazer, peticionando na inicial a antecipação dos efeitos da tutela, mas este pedido lhe foi negado. Antonio agravou de instrumento e o Tribunal de Justiça, ao julgar o recurso, verificou que não estavam presentes todas as condições da ação, decidindo pela negativa de provimento ao agravo e a extinção da ação.
Diante desse fato, é correto afirmar que
(A) a interposição do recurso transferiu ao Tribunal o conhecimento da matéria impugnada, sendo nula a decisão que extinguiu o feito, o que deve ser objeto de recurso especial.
(B) o efeito devolutivo dos recursos atua em decisão que põe fim às fases do processo, o que não é o caso das decisões interlocutórias, que apenas decidem questões pontuais, não dando poder ao Tribunal para extinguir a ação em agravo.
(C) como o Tribunal está restrito a apreciar o conteúdo recursal, poderá, se o caso, recomendar a apreciação de eventual falta de uma ou mais condições de ação, pelo juízo *a quo*, após a apresentação de resposta do réu.
(D) em questões de ordem pública, o sistema processual autoriza o órgão *ad quem* a julgar fora do que consta das razões ou contrarrazões do recurso, sendo possível a extinção da ação no julgamento do agravo.
(E) considerando o princípio dispositivo, o Tribunal poderá extinguir a ação, em obediência ao contraditório, desde que invocada a questão pela parte agravada em suas contrarrazões.

A: Incorreta. Tratando-se de matéria de ordem pública, o tribunal pode dela conhecer – como é o caso das condições da ação. B: Incorreta. O Código não diferencia o efeito devolutivo quanto à natureza das decisões recorridas. Assim, tanto na interlocutória quanto na sentença, pode o tribunal analisar questão de ordem pública C: Incorreta. Não existe previsão legal de "recomendação" de um grau a outro. D: Correta, conforme exposto em "A" (CPC, arts. 485, § 3º e 933). E: Incorreta, considerando o exposto nas alternativas anteriores.
Gabarito "D".

(Juiz de Direito – TJM/SP – VUNESP – 2016) Considere o seguinte caso hipotético. Simprônio, Major da Polícia Militar, moveu ação indenizatória alegando danos morais e perdas e danos por não ter sido promovido ao posto superior no concurso de promoção, alegando que a promoção teria sido impedida em razão da existência de processo de cobrança ajuizada em face do mesmo, quando na realidade tratava-se de homônimo. A ação foi julgada procedente quanto ao pedido de danos morais, tendo sido fixada indenização no montante de R$ 30.000,00. Interposto recurso pela Fazenda do Estado, dois julgadores votaram dando provimento ao recurso do réu para julgar a ação improcedente porque o autor não teria comprovado que a dívida seria de homônimo, enquanto o terceiro desembargador deu provimento ao recurso entendendo que a ação seria improcedente em razão de prescrição da pretensão. Assinale a alternativa correta, nos termos do Código de Processo Civil vigente.

(A) Os julgadores que já tiverem votado, ocorrendo o novo julgamento na mesma sessão, não poderão rever seus votos, pois como ocorre prosseguimento do julgamento, somente serão colhidos os votos dos novos integrantes convocados para a sessão.
(B) O julgamento deve ter prosseguimento em sessão a ser designada com a presença de outros julgadores ou na mesma sessão, colhendo-se os votos de outros julgadores que porventura componham o órgão colegiado, pois o julgamento não foi unânime quanto ao fundamento da improcedência.
(C) O julgamento deve ser encerrado, não se aplicando a técnica de prosseguimento do julgamento, pois, embora com fundamentos diversos, foi dado provimento ao recurso da Fazenda do Estado em decisão unânime.
(D) Se o recurso interposto fosse de agravo de instrumento por decisão parcial de mérito, caberia a aplicação da técnica de prosseguimento do julgamento, pois houve julgamento divergente na fundamentação, fazendo-se necessário o prosseguimento da sessão para colheita de voto de outros julgadores.
(E) Seria possível o prosseguimento do julgamento em razão de julgamento não unânime mesmo se o julgamento tivesse sido proferido somente em razão de remessa necessária.

A: Incorreta, os julgadores que já tiverem proferido seus votos poderão revê-los quando do julgamento estendido (CPC, art. 942, § 2º). **B:** Incorreta. O artigo 942, "caput" do CPC, apenas estabelece que, se o julgamento da apelação for não unânime, será cabível julgamento estendido com mais julgadores – mas isso não se restringe à improcedência. **C:** Correta. O enunciado distingue os votos, mas note-se que os 3 votaram pelo provimento do recurso, mesmo que por fundamentos diferentes – e o julgamento estendido ocorre quando há divergência na conclusão dos votos (CPC, art. 942). **D:** Incorreta. A técnica de julgamento estendido também se aplica ao AI quando a decisão que julgar parcialmente o mérito for reformada (CPC, art. 942, § 3º, II). **E:** Incorreta. Em caso de remessa necessária não se aplica a técnica de julgamento estendido (CPC, art. 942, § 4º, II).
Gabarito "C".

(Juiz de Direito – TJ/MS – VUNESP – 2015) O recurso interposto por um dos litisconsortes

(A) a todos aproveita, salvo se distintos ou opostos os seus interesses.
(B) aproveita ao recorrente, pois os interesses nunca são comuns a todos.
(C) a todos aproveita, se não for o caso de *reformatio in pejus*.
(D) aproveita ao recorrente, se a natureza litisconsorcial for passiva.
(E) aproveita sempre a todos, pela natureza indistinta do litisconsórcio.

CPC, art. 1.005. O recurso interposto por um dos litisconsortes a todos aproveita, salvo se distintos ou opostos os seus interesses.
Gabarito "A".

(Magistratura/SP – VUNESP – 2013) No que concerne aos recursos, é acertado dizer que

(A) nos casos de extinção do processo sem julgamento do mérito, o tribunal só poderá julgar desde logo a lide se houver concordância expressa das partes.
(B) verificada a inexistência de preparo devido, o recorrente será intimado para efetuá-lo no prazo de 5 (cinco) dias, sob pena de deserção.
(C) o recurso interposto por um litisconsorte só a ele aproveitará.
(D) ainda que se limite a confirmar a decisão recorrida, a decisão que aprecia o recurso no tribunal substitui-se à primeira no que tiver sido objeto de recurso.

A: incorreta, pois a aplicação da "teoria da causa madura" depende de requisitos da causa, não da vontade das partes (CPC, art. 1.013, § 3º); **B:** incorreta. No caso de não reconhecimento, o recorrente será intimado para recolher *em dobro*, sob pena de deserção, (CPC, art. 1.007, § 4º); **C:** incorreta (CPC, art. 1.005); **D:** correta (CPC, art. 1.008).
Gabarito "D".

(Magistratura/MG – VUNESP – 2012) Quanto ao trato do sistema recursal na lei processual, assinale a alternativa correta.

(A) Havendo solidariedade passiva, o recurso interposto por um devedor aproveitará aos outros, quando as defesas opostas ao credor lhes forem comuns.
(B) Considera-se aceitação tácita a prática, com reserva, de um ato incompatível com a vontade de recorrer.
(C) A renúncia ao direito de recorrer depende da aceitação da outra parte.
(D) O recurso adesivo será conhecido ainda que o recurso principal seja declarado deserto.

A: correta (CPC, art. 1.005, parágrafo único); **B:** incorreta, porque a aceitação tácita decorre da prática de ato incompatível com a vontade de recorrer, sem qualquer reserva (CPC, art. 1.000, parágrafo único); **C:** incorreta (art. 999 do CPC); **D:** incorreta, porque o recurso adesivo não será conhecido se, por qualquer motivo, o principal não o for (CPC, art. 997, § 2º, III).
Gabarito "A".

19. RECURSOS EM ESPÉCIE

(Advogado – Pref. São Roque/SP – 2020 – VUNESP) Considerando o entendimento do Superior Tribunal de Justiça a respeito de recursos, pode-se corretamente afirmar:

(A) É admissível recurso especial quanto à questão que, a despeito da oposição de embargos declaratórios, não foi apreciada pelo Tribunal *a quo*.
(B) Não é necessário ratificar o recurso especial interposto na pendência do julgamento dos embargos de declaração, quando inalterado o resultado anterior.
(C) Enseja recurso especial a simples interpretação de cláusula contratual, mas não o simples reexame de prova.
(D) É admissível recurso especial sempre que o acórdão recorrido assenta em fundamento constitucional e infraconstitucional, e a parte vencida não manifesta recurso extraordinário.
(E) Não cabe recurso especial contra decisão proferida, nos limites de sua competência, por órgão de segundo grau dos Juizados Especiais.

A: incorreta, à luz do entendimento do STJ (Súmula 211/STJ: Inadmissível recurso especial quanto à questão que, a despeito da oposição de embargos declaratórios, não foi apreciada pelo Tribunal *a quo*). Vale lembrar, contudo, que pelo art. 1.025 do CPC, não prevaleceria essa súmula, considerando o prequestionamento ficto ou virtual; **B:** correta (CPC, art. 1.024, § 5º e Súmula 579/STJ); **C:** incorreta, sendo esse um dos fundamentos mais comuns de inadmissão de REsp (Súmula 5/STJ: A simples interpretação de cláusula contratual não enseja recurso especial); **D:** incorreta, pois o STJ entende que, nesse caso, o acórdão deve ser atacado simultaneamente por RE e REsp (Súmula 126/STJ: É inadmissível recurso especial, quando o acórdão recorrido assenta em fundamentos constitucional e infraconstitucional, qualquer deles suficiente, por si só, para mantê-lo, e a parte vencida não manifesta recurso extraordinário); **E:** incorreta, porque simplesmente não cabe REsp de acórdão de Colégio Recursal dos Juizados (Súmula 203/STJ: Não cabe recurso especial contra decisão proferida por órgão de segundo grau dos Juizados Especiais).
Gabarito "B".

(Juiz de Direito – TJ/RJ – 2019 – VUNESP) Com base no tratamento conferido pelo Código de Processo Civil de 2015 aos recursos direcionados para o Supremo Tribunal Federal e para o Superior Tribunal de Justiça, é correto afirmar:

(A) da decisão que inadmite recurso extraordinário ou recurso especial em decorrência da aplicação de entendimento firmado em regime de repercussão geral ou em julgamento de recursos repetitivos, cabe agravo em recurso extraordinário ou em recurso especial.

(B) nos processos promovidos perante a justiça federal de primeira instância em que forem partes organismo internacional e pessoa domiciliada no país, cabe agravo de instrumento dirigido ao Superior Tribunal de Justiça das decisões interlocutórias previstas no artigo 1.015 do diploma processual.

(C) se o Supremo Tribunal Federal considerar como reflexa a ofensa à Constituição afirmada no recurso extraordinário, por pressupor a revisão da interpretação de lei federal ou de tratado, inadmitirá o recurso interposto por se tratar de recurso exclusivamente cabível para corrigir ofensa direta ao texto constitucional.

(D) quando o recurso extraordinário ou especial fundar-se em dissídio jurisprudencial, o recorrente fará a prova da divergência com a certidão, cópia ou citação do repositório de jurisprudência, oficial ou credenciado em que houver sido publicado o acórdão divergente, bastando, nas razões recursais, transcrever a ementa do acórdão paradigma.

(E) na hipótese de interposição conjunta de recurso extraordinário e recurso especial, uma vez concluído o julgamento do recurso especial, os autos serão remetidos ao Supremo Tribunal Federal para apreciação do recurso extraordinário ainda que este estiver prejudicado, pois é da competência exclusiva do Supremo Tribunal Federal declarar a existência de prejudicialidade.

A: incorreta, pois nessa situação deve ser interposto agravo interno e não ARE ou AREsp (CPC, art. 1.030, I e § 2º); **B:** correta, sendo uma hipótese bem específica de agravo de instrumento prevista no capítulo de recurso ordinário (CPC, art. 1.027, II, "b" e § 1º) – para as hipóteses de ações envolvendo organismo internacional, com agravo para o STJ; **C:** incorreta, já que nessa hipótese deve haver a *conversão* do RE em REsp, por expressa previsão legal (CPC, art. 1.033); **D:** incorreta, pois (i) não é hipótese de cabimento de RE a divergência jurisprudencial (CF, art. 102, III) e (ii) visto que devem ser especificadas as circunstâncias que assemelham os casos confrontados (CPC, art. 1.029, § 1º); **E:** incorreta, pois o RE só será remetido ao STF se o recurso extraordinário não estiver prejudicado pelo julgamento do REsp (CPC, art. 1.031, §§ 1º ao 3º).
Gabarito "B".

(Procurador do Município/São José dos Campos-SP – VUNESP – 2012) Réu, ao apresentar sua contestação, alegou matéria preliminar quanto à condição da ação, rejeitada pelo despacho saneador. Deixou de apresentar recurso sobre este fato, contudo, em sede de apelação, novamente arguiu esta matéria preliminar. Diante desse fato, assinale a alternativa correta.

(A) Houve preclusão de seu direito, uma vez que deixou de apresentar recurso de agravo de instrumento ao despacho saneador.

(B) Houve preclusão de seu direito, uma vez que deixou de apresentar agravo retido ao despacho saneador.

(C) Não está precluso seu direito, pois trata-se de matéria de ordem pública, podendo ser suscitada em sede de apelação.

(D) Não está precluso seu direito, por tratar-se de matéria considerada de mérito por equiparação.

(E) Não está precluso seu direito, em razão da aplicação da teoria da asserção para verificar as condições da ação.

Condição da ação é matéria de ordem pública, de modo que não é objeto de preclusão, nos termos do art. 485, § 3º do CPC. Sendo assim, pode ser alegada em apelação. Assim, correta a alternativa "C". De se observar que, nesses casos, o juiz deve oportunizar manifestação às partes, para evitar decisão-surpresa (CPC, art. 10). Vale destacar que não há agravo retido no atual CPC.
Gabarito "C".

(Procurador Municipal/SP – VUNESP – 2016) João e Maria litigam em ação indenizatória movida pelo primeiro em face da segunda. Em sentença proferida em primeiro grau de jurisdição, a ação foi julgada parcialmente procedente, motivando a interposição de recurso de apelação por ambas as partes. O Tribunal de Justiça do Estado de São Paulo (TJ/SP), por meio de acórdão, confirmou a parcial procedência, mas omitiu-se com relação a um dos pedidos do recurso interposto por Maria, consistente na reavaliação e na redistribuição dos ônus da sucumbência. Assim, Maria opôs tempestivos embargos de declaração, na mesma data em que João interpôs recurso especial. Em novo acórdão, o TJ/SP manteve integralmente sua decisão. Nesse cenário, de acordo com o contemporâneo entendimento do Superior Tribunal de Justiça, é correto afirmar que o recurso especial interposto

(A) será normalmente processado, independentemente de qualquer nova providência por João.

(B) deverá ser ratificado por João no prazo de 15 (quinze) dias, a contar da publicação do acórdão que julgou os embargos de declaração.

(C) será considerado como não interposto, devendo ser novamente apresentado por João, no prazo legal, sem alterações em seu teor.

(D) é prematuro e não será admitido seu processamento, ressalvada a possibilidade de João interpor novo recurso especial na forma adesiva.

(E) deverá ser ratificado por João no prazo de 5 (cinco) dias, a contar da publicação do acórdão que julgou os embargos de declaração.

2. DIREITO PROCESSUAL CIVIL

A questão trata da (des)necessidade de se ratificar um recurso para outro grau de jurisdição caso haja embargos de declaração pela parte contrária. A questão está devidamente regulada pelo CPC, no sentido de não ser necessária qualquer retificação do recurso, caso os embargos não sejam providos (art. 1.024, § 5º Se os embargos de declaração forem rejeitados ou não alterarem a conclusão do julgamento anterior, o recurso interposto pela outra parte antes da publicação do julgamento dos embargos de declaração será processado e julgado independentemente de ratificação). Sendo assim, desnecessária qualquer ratificação. Desse modo, a alternativa correta é a "A".

Gabarito "A".

(Juiz de Direito – TJ/MS – VUNESP – 2015) Embargos de declaração opostos com a única finalidade de requerer um juízo de reconsideração

(A) interrompem o prazo recursal, se providos.
(B) não interrompem o prazo recursal em nenhum caso.
(C) interrompem o prazo recursal, se recebidos.
(D) ainda que rejeitados, interrompem o prazo recursal.
(E) não interrompem o prazo recursal, apenas se rejeitados.

Não há previsão legal a respeito de pedido de reconsideração; sendo assim, caso utilizados, não alteram em nada o prazo recursal. Porém, o enunciado fala em "embargos de declaração", recurso que tem o condão de interromper o prazo dos outros recursos (CPC, art. 1.026). A previsão legal para uso indevido de declaratórios é a multa (CPC, art. 1.026, § 2º), e não seu não conhecimento. Porém, alguns julgados do STJ concluem que se os embargos de declaração tiverem como "única finalidade" a reconsideração, então devem ser recebidos como pedido de reconsideração, sem interromper o prazo. Trata-se de entendimento contra a lei, mas que foi acolhido pela banca, a qual apontou como correta a alternativa que vai nesse sentido ("B").

Gabarito "B".

(Juiz de Direito – TJ/RS – 2018 – VUNESP) Recebida a petição do recurso extraordinário, o recorrido será intimado para apresentar contrarrazões no prazo de 15 (quinze) dias, findo o qual os autos serão conclusos ao presidente ou ao vice-presidente do tribunal recorrido, que deverá

(A) aplicar a súmula impeditiva de recurso, do tribunal local, se for o caso.
(B) remeter os autos ao STF, independentemente de juízo de admissibilidade.
(C) verificar se o recurso contraria súmula ou jurisprudência dominante do STF.
(D) reconhecer se há repercussão geral das questões constitucionais discutidas no caso, sob pena de não admiti-lo.
(E) sobrestá-lo se versar sobre controvérsia de caráter repetitivo ainda não decidida pelo STF.

A: Incorreta, pois não existe, no direito processual brasileiro, uma "súmula impeditiva de recursos"; **B:** Incorreta, considerando que o Código prevê a admissibilidade do recurso pelo tribunal de origem (CPC, art. 1.030, V, com a redação da Lei 13.256/2016); **C:** Incorreta, considerando que esse não é requisito de admissibilidade do REsp/RE – sendo que a alternativa não fala em repercussão geral ou recurso repetitivo; **D:** Incorreta, pois a apreciação da repercussão geral é de competência exclusiva do STF, e não do tribunal de origem (CPC, art. 1.035, "caput"); **E:** Correta (CPC, art. 1.030, III), sendo relevante destacar que repercussão geral e repetitivo são categorias distintas de jurisprudência dominante (alternativa "C").

Gabarito "E".

(Juiz de Direito – TJ/RS – 2018 – VUNESP) O pedido de suspensão ao recurso especial poderá ser formulado por requerimento dirigido

(A) ao presidente do tribunal local, no caso de prejuízo processual comprovado à parte recorrida.
(B) ao presidente ou ao vice-presidente do tribunal recorrido, no período compreendido entre a interposição do recurso e a publicação da decisão de admissão do recurso.
(C) ao relator original do acórdão recorrido, se já distribuído o recurso.
(D) ao tribunal superior respectivo, no período compreendido entre a interposição do recurso e sua distribuição, ficando o relator designado para seu exame prevento para julgá-lo.
(E) ao vice-presidente do tribunal local, após a admissão do recurso e antes de sua distribuição no STJ.

A: Incorreta, já que a situação narrada não encontra previsão no Código (CPC, art. 1.029, § 5º); **B:** Correta (CPC, art. 1.029, § 5º, III); **C:** Incorreta, pois se já distribuído o recurso, o pedido será direcionado ao relator do RE ou do REsp (CPC, art. 1.029, § 5º, II); **D:** Incorreta, já que, no caso, o pedido deve ser direcionado ao Presidente ou Vice-Presidente do Tribunal recorrido (CPC, art. 1.029, § 5º, III); **E:** Incorreta, porque, no caso, o pedido deve ser direcionado ao Tribunal Superior (CPC, art. 1.029, § 5º, I).

Gabarito "B".

(Procurador do Estado/SP – 2018 – VUNESP) Da decisão do Tribunal de Justiça de São Paulo, que nega seguimento a recurso especial sob o fundamento de que a decisão recorrida estaria de acordo com o posicionamento adotado pelo Superior Tribunal de Justiça, em julgamento de tema afetado ao sistema de recursos repetitivos, quando, na verdade, esse paradigma trata de assunto diverso daquele discutido no recurso especial mencionado, cabe, segundo a lei processual:

(A) embargos de declaração, com o exclusivo objetivo de prequestionar o tema veiculado no recurso especial.
(B) novo recurso especial, interposto diretamente no Superior Tribunal de Justiça.
(C) agravo interno, perante a Turma que proferiu o acórdão combatido.
(D) ação rescisória, após o trânsito em julgado.
(E) agravo em recurso especial.

A: Incorreta, pois na hipótese não se busca prequestionar, mas sim apontar o erro na decisão recorrida; **B:** Incorreta, considerando ser incabível a interposição de novo Recurso Especial por se tratar de decisão monocrática (CPC, art. 1.029 e seguintes); **C:** Incorreta para a banca. Da decisão monocrática cabe agravo – no caso, seria cabível o agravo interno, tendo em vista se tratar de aplicação de entendimento de repetitivo, sendo então hipótese de cabimento desse recurso, conforme previsto no Código (CPC, art. 1.030, § 1º). Porém, nesse caso, a competência para julgar esse agravo não é da turma, mas do órgão especial – por isso a banca apontou como incorreta a alternativa (detalhe bastante específico que possivelmente induziu muitos candidatos em erro); **D:** Correta, mais por exclusão (já que as demais estão erradas). Vale lembrar que a AR não é recurso, mas ação, a ser ajuizada após o trânsito em julgado (CPC, art. 966, § 5º); **E:** Incorreta, tendo em vista que a situação narrada configura hipótese de interposição de agravo interno e não agravo em recurso especial, como exposto em "C" (CPC, art. 1.030, § 1º).

Gabarito "D".

(Procurador do Estado/SP – 2018 – VUNESP) A respeito do julgamento do mandado de segurança de competência originária de tribunais, assinale a alternativa correta.

(A) Quando a competência originária for do Superior Tribunal de Justiça e a decisão colegiada for denegatória da segurança pretendida, cabe recurso extraordinário para o Supremo Tribunal Federal.
(B) Não compete ao Superior Tribunal de Justiça julgar, em recurso ordinário, os mandados de segurança decididos em única instância pelos tribunais regionais federais e pelos tribunais de justiça estaduais e do Distrito Federal e Territórios, salvo quando concedida a segurança pretendida.
(C) Indeferido, liminarmente, mandado de segurança de competência originária do Tribunal de Justiça de São Paulo, deve o impetrante interpor recurso especial, para o Superior Tribunal de Justiça ou o extraordinário, para o Supremo Tribunal Federal, conforme o caso.
(D) Indeferido, liminarmente, mandado de segurança de competência originária do Tribunal de Justiça de São Paulo, deve o impetrante interpor recurso especial para o Superior Tribunal de Justiça. Se o mandado se segurança for admitido e houver julgamento de mérito por órgão colegiado desse Tribunal de Justiça denegando a segurança pretendida, o recurso cabível também é o especial.
(E) Indeferido, liminarmente, mandado de segurança de competência originária do Tribunal de Justiça de São Paulo, deve o impetrante interpor agravo para órgão competente desse mesmo tribunal. Contudo, se houver julgamento colegiado de mérito, denegando a segurança, o recurso cabível, pelo impetrante, é o ordinário, exclusivamente para o Superior Tribunal de Justiça.

A: Incorreta, pois nesse caso seria cabível recurso ordinário para o STF (CPC, art. 1.027, I); **B:** Incorreta, pois cabe recurso ordinário exatamente quando a decisão for *denegatória* do MS de competência originária de tribunal, e não *concessiva* (CPC, art. 1.027, I e II); **C:** Incorreta, pois de decisão monocrática cabe agravo interno, não especial (CPC, art. 1.021); **D:** Incorreta, considerando o exposto em "C" e tendo em vista que, quanto à 2ª parte da alternativa o recurso cabível seria o ordinário (CPC, art. 1.027, II); **E:** Correta. Sendo ação originária de tribunal, o indeferimento liminar será uma decisão monocrática, a qual será impugnada por meio de agravo interno, a ser julgado pelo órgão fracionário competente para julgar o MS de forma colegiada. Sendo decisão denegatória do MS originário, o recurso cabível será o ordinário. É o que está no CPC (art. 1.021 e art. 1.027, II, "a") e na lei do MS (Lei 12.016/2009, art. 10, § 1º; art. 16, parágrafo único e art. 18). Vale destacar que o cabimento do recurso ordinário é bem restrito e que na 2ª parte da alternativa encontram-se presentes todos esses requisitos.
Gabarito "E".

(Procurador do Estado/SP – 2018 –VUNESP) Em relação ao recurso de embargos de divergência, é correto afirmar:

(A) cabem embargos de divergência quando o acórdão paradigma for da mesma turma que proferiu a decisão embargada, desde que sua composição tenha sofrido alteração em, no mínimo, um terço dos seus membros.
(B) é cabível nos processos de competência originária do Supremo Tribunal Federal.
(C) é embargável o acórdão de órgão fracionário que, em recurso especial ou extraordinário, divergir do julgamento de qualquer outro órgão do mesmo tribunal, sendo um acórdão de mérito e outro que não tenha conhecido do recurso, embora tenha apreciado a controvérsia.
(D) não poderão ser confrontadas teses jurídicas contidas em julgamento de recursos e de ações de competência originária.
(E) se os embargos de divergência forem desprovidos, o recurso extraordinário interposto pela outra parte antes da publicação do julgamento dos embargos de divergência sempre deverá ser ratificado.

A: Incorreta, porque a alteração na composição exigida pelo Código para permitir os embargos de divergência em relação à mesma turma é de mais da metade dos membros do órgão fracionário (CPC, art. 1.043, § 3º); **B:** Incorreta, considerando que o dispositivo que autorizava o cabimento dos embargos de divergência, nos processos de competência originária, foi revogado pela Lei 13.256/16 (CPC, art. 1.043); **C:** Correta, por expressa previsão legal (CPC, art. 1.043, III); **D:** Incorreta (CPC, art. 1.043, § 1º); **E:** Incorreta, porque nesse caso não haverá necessidade de ratificação (CPC, art. 1.044, §2º).
Gabarito "C".

(Procurador do Estado/SP – 2018 – VUNESP) A sentença proferida em sede de ação civil pública, que acolhe integralmente o pedido do autor e autoriza a liberação de remédios de uso proibido por órgãos administrativos fiscalizadores, todos potencialmente lesivos à saúde da população, enseja

(A) apenas pedido de suspensão de segurança que, por evidente prejudicialidade, suspende o prazo do recurso de agravo, mas não o do recurso de apelação.
(B) apelação, cujo efeito suspensivo deve ser pleiteado diretamente no Tribunal, por meio de medida cautelar autônoma e inominada.
(C) apelação, cujo efeito suspensivo é automático e impede a execução definitiva da decisão.
(D) apelação, com pedido de efeito suspensivo. Depois disso, a Fazenda de São Paulo deverá protocolar, no Tribunal de Justiça, um pedido de análise imediata desse efeito suspensivo pleiteado. Ao mesmo tempo, a Fazenda poderá pedir suspensão dos efeitos da sentença ao Presidente do Tribunal competente.
(E) agravo de instrumento contra o capítulo da decisão que concedeu a ordem de liberação imediata das mercadorias, com pedido de efeito ativo, e apelação do capítulo que julgou o mérito.

A: Incorreta, porque, embora seja possível o pedido de suspensão de segurança pela Fazenda Pública, também será possível interpor o recurso cabível no caso – a apelação (Lei 8.437/1992, art. 4º, § 6º); **B:** Incorreta, pois o pedido de concessão de efeito suspensivo será dirigido ao Tribunal mediante simples requerimento/petição (Lei 7.347/1985, art. 19 e CPC, art. 1.012, § 3º), não existindo mais, no âmbito do atual CPC, a figura de uma cautelar inominada; **C:** Incorreta, porque o recurso de apelação interposto em face de sentença proferida em sede de ação civil pública será recebido, como regra, apenas no efeito devolutivo. Poderá ser concedido, no entanto, o efeito suspensivo ao recurso, a fim de evitar dano irreparável à parte (Lei 7.347/1985, art. 14); **D:** Correta, sendo essa conduta correta à luz da legislação específica e das previsões do CPC (Lei 7.347, arts. 14 e 19; CPC, art. 1.009; Lei 8.437/1992, art. 4º, § 6º); **E:** Incorreta, tendo em vista que a sentença será impugnada via apelação (Lei 7.347, art. 19; CPC, art. 1.009), sendo que não cabe agravo e apelação ao mesmo tempo, por força do princípio da unirrecorribilidade.
Gabarito "D".

2. DIREITO PROCESSUAL CIVIL

(Defensor Público/RO – 2017 –VUNESP) A suspensão de liminares e de sentenças contrárias ao poder público

(A) condiciona a interposição do agravo de instrumento para atacar liminar concedida contra o Poder Público.
(B) deverá ser requerida em cinco dias a contar da decisão que ameaça de lesão a ordem, a saúde, a segurança e a economia públicas.
(C) deferida pelo Presidente do Tribunal vigorará até o trânsito em julgado da decisão de mérito na ação principal.
(D) não prevê recurso da decisão que a conceder, porém, da que negar será cabível agravo.
(E) não está prevista contra decisões proferidas no âmbito dos Juizados Especiais.

A: Incorreta, porque a interposição de agravo de instrumento em face de liminar concedida contra o Poder Público não prejudica nem é requisito para o pedido de suspensão (Lei 8.437/1992, art. 4º, § 6º), sendo conveniente destacar que o pedido não tem natureza recursal; **B:** Incorreta, pois não há previsão de prazo específico para a apresentação da suspensão de segurança; **C:** Correta (Lei 8.437/1992, art. 4º, § 9º); **D:** Incorreta, tendo em vista que caberá agravo tanto da decisão denegatória quanto da concessiva da suspensão (Lei 8.437/1992, art. 4º, § 3º); **E:** Incorreta, porque não há restrição quanto ao seu uso, na legislação (Lei 8.437/1992).
Gabarito "C".

(Juiz de Direito – TJ/SP – VUNESP – 2017) Em matéria recursal, é correto afirmar que

(A) do pronunciamento que julgar parcial e antecipadamente o mérito, caberá apelação desprovida de efeito suspensivo.
(B) a resolução da questão relativa à desconsideração da personalidade jurídica será sempre impugnável por agravo de instrumento.
(C) a apelação devolverá ao tribunal todas as questões suscitadas e debatidas, ainda que não decididas, mas a devolução em profundidade ficará limitada ao capítulo impugnado.
(D) se os embargos de declaração forem acolhidos com modificação da decisão embargada, ficará automaticamente prejudicado o outro recurso que o embargado já tiver interposto contra a decisão originária, ressalvada a interposição de novo recurso.

A: Incorreta, porque da decisão antecipada parcial de mérito cabe agravo (CPC, art. 356, § 5º); **B:** Incorreta, pois o IDPJ pode ser decidido não apenas em 1º grau; logo, não é *sempre* agravo (CPC, art. 136, *caput* e parágrafo único); **C:** Correta, sendo essa uma das previsões legais quanto à devolutividade da apelação (CPC, art. 1013, § 1º *Serão, porém, objeto de apreciação e julgamento pelo tribunal todas as questões suscitadas e discutidas no processo, ainda que não tenham sido solucionadas*, desde que relativas ao capítulo impugnado); **D:** Incorreta, pois após declaratórios providos, pode a outra parte complementar seu recurso; assim, não é *sempre* recurso prejudicado.
Gabarito "C".

(Juiz de Direito – TJ/SP – VUNESP – 2017) Quanto ao incidente de resolução de demandas repetitivas,

(A) poderá ser instaurado quando houver risco de multiplicação de processos como decorrência de controvérsia sobre questão unicamente de direito, de que possa resultar prejuízo à isonomia e à segurança jurídica.
(B) tanto que seja admitido, a suspensão dos processos pendentes em que se discuta a questão controvertida poderá ser determinada pelo relator ou eventualmente pelo tribunal superior competente para conhecer do recurso extraordinário ou especial.
(C) o órgão colegiado incumbido de julgá-lo fixará a tese e, para preservar o juiz natural, devolverá o julgamento do recurso, da remessa necessária ou do processo de competência originária para que se complete o julgamento perante o órgão de onde se originou o incidente.
(D) pode tramitar, paralela e concorrentemente, com a afetação, perante tribunal superior, de recurso para definição de tese sobre questão material ou processual repetitiva.

A: Incorreta, pois esses são requisitos *cumulativos* para o IRDR, de modo que um *não é* decorrente do outro (CPC, art. 976, I e II); **B:** Correta. Admitido o IRDR, cabe a suspensão de todos os processos que debatam o mesmo tema – deferida no tribunal intermediário ou mesmo pelo tribunal superior (CPC, art. 982, I e § 3º); **C:** Incorreta, porque não só a tese, mas a própria lide já é julgado – tanto que a parte tem direito a sustentação oral (CPC, art. 984, II, *a*); **D:** Incorreta, pois não pode haver IRDR e repetitivo ao mesmo tempo, pelo risco de conflito entre as decisões (CPC, art. 976, § 4º *É incabível o incidente de resolução de demandas repetitivas quando um dos tribunais superiores, no âmbito de sua respectiva competência, já tiver afetado recurso para definição de tese sobre questão de direito material ou processual repetitiva*).
Gabarito "B".

(Juiz de Direito – TJ/RJ – VUNESP – 2016) Caberão embargos de divergência perante o Superior Tribunal de Justiça:

(A) contra acórdão que, em agravo regimental, decide recurso especial.
(B) para discutir o valor de indenização por danos morais.
(C) no âmbito do agravo de instrumento que não admite recurso especial.
(D) com base em dissídio em acórdão de turma, ainda que não mais tenha competência para a matéria neles versada.
(E) ainda que jurisprudência do tribunal se firmou no mesmo sentido do acórdão embargado.

A: Correta. Súmula 316/STJ: "Cabem embargos de divergência contra acórdão que, em agravo regimental, decide recurso especial". **B:** Incorreta. Súmula 420/STJ: "Incabível, em embargos de divergência, discutir o valor de indenização por danos morais." **C:** Incorreta. Súmula 315/STJ: "Não cabem embargos de divergência no âmbito do agravo de instrumento que não admite recurso especial". **D:** Incorreta. Súmula 158/STJ: "Não se presta a justificar embargos de divergência o dissídio com acórdão de turma ou seção que não mais tenha competência para a matéria neles versada." **E:** Incorreta. Súmula 168/STJ: "Não cabem embargos de divergência, quando a jurisprudência do tribunal se firmou no mesmo sentido do acórdão embargado"./
Gabarito "A".

(Juiz de Direito – TJM/SP – VUNESP – 2016) Quanto ao pedido de suspensão de liminares e de sentenças, regulado pela Lei 8.437/1992, assinale a alternativa correta.

(A) O Ministério Público não tem legitimidade ativa para ajuizamento do pedido de suspensão de liminar ou de sentença.
(B) O pedido de suspensão de liminar somente se aplica a casos concretos, não sendo cabível em ações de controle abstrato de constitucionalidade.
(C) Contra decisão de Tribunal local cabe pedido de suspensão perante o STF ou STJ, ainda que a causa tenha por fundamento matéria regida por lei local.

(D) Empresas públicas e sociedades de economia mista prestadoras de serviço público, por serem equiparadas às empresas privadas, não têm legitimidade para requerer o pedido de suspensão de liminar e de sentença.
(E) A decisão do Presidente do Tribunal que suspender a execução de liminar ou sentença é irrecorrível.

A: Incorreta. O MP possui legitimidade para requerer a suspensão da liminar (Lei 8.437/1992, art. 4º). **B:** Correta, conforme entendimento jurisprudencial (por exemplo, no STF, SL 807). **C:** Incorreta. O pedido deverá ser, ao menos inicialmente, endereçado ao Presidente do próprio Tribunal onde deferida a medida (Lei 8.437/1992, art. 4º, § 4º). **D:** Incorreta, pois há legitimidade de empresas públicas para a medida. **E:** Incorreta. A decisão é impugnável por meio de agravo interno (Lei 8.437/1992, art. 4º, § 3º).
Gabarito "B".

(Juiz de Direito – TJM/SP – VUNESP – 2016) No que concerne à súmula vinculante, assinale a alternativa correta.

(A) A súmula com efeito vinculante sempre tem eficácia imediata, a partir da data do julgamento.
(B) Da decisão judicial ou do ato administrativo que contrariar enunciado de súmula vinculante, negar-lhe vigência ou aplicá-lo indevidamente somente cabe reclamação dirigida ao Supremo Tribunal Federal.
(C) O Procurador-Geral da República, ainda que seja autor da proposta, deve manifestar-se previamente à edição, revisão ou cancelamento de enunciado de súmula vinculante.
(D) Tanto matérias de natureza constitucional como infraconstitucional, após reiteradas decisões, poderão ser objeto de súmula vinculante.
(E) A proposta de edição, revisão ou cancelamento de enunciado de súmula vinculante não autoriza a suspensão dos processos em que se discuta a mesma questão.

A: Incorreta. A palavra *sempre* torna incorreta a alternativa, vez que a súmula vinculante possui eficácia imediata, mas poderá, por decisão de 2/3 dos membros do STF restringir os efeitos vinculantes ou determinar que a eficácia se dê a partir de outro momento (Lei 11.417/2006, art. 4º). **B:** Incorreta. A palavra *somente* torna incorreta a alternativa. Admite-se a reclamação, mas também o outro recurso cabível (CPC, art. 988, § 5º e Lei 11.417/2006, art. 7º). **C:** Incorreta. O PGR apenas se manifestará quando não for o autor da proposta (Lei 11.417/2006, art. 2º, § 2º). **D:** Incorreta. Apenas matéria constitucional poderá ser objeto de súmula vinculante (Lei 11.417/2006, art. 2º). **E:** Correta. Lei 11.417/2006, art. 6º).
Gabarito "E".

(Procurador do Município – São Paulo/SP – VUNESP – 2014) A decisão liminar de antecipação de tutela, concedida em primeira instância, sem contraditório, no sentido de promover milhares de servidores e determinar o consequente aumento imediato de seus subsídios, considerando inconstitucionais as normas que restringem a concessão de tutela antecipada contra o poder público, pode ser impugnada por meio de

(A) reclamação constitucional ao STF, desde que não seja cabível a interposição de agravo de instrumento.
(B) agravo de instrumento e pedido de suspensão dirigido ao Presidente do respectivo Tribunal, vedada reclamação constitucional para o STF.
(C) agravo de instrumento, ou pedido de suspensão dirigido ao Presidente do respectivo Tribunal, ou reclamação constitucional ao STF, vedada a adoção simultânea dessas medidas.
(D) agravo de instrumento, pedido de suspensão dirigido ao Presidente do respectivo Tribunal e reclamação constitucional ao STF, podendo ser essas medidas adotadas de forma concorrente.
(E) reclamação constitucional ao STF, desde que não tenha havido pedido de suspensão dirigido ao Presidente do respectivo Tribunal, mas sem prejuízo da interposição de agravo de instrumento.

A situação narrada apresenta uma decisão interlocutória que viola o entendimento do STF, proferido em controle concentrado, quanto à vedação de antecipação de tutela contra o Estado, se envolver pagamento de subsídios. A decisão interlocutória pode ser impugnada por agravo de instrumento (CPC, art. 1.015, I). Além disso, cabe também pedido de suspensão dirigido ao Presidente do respectivo Tribunal, nos termos do art. 4º da Lei nº 8.437/92. Veja-se, por fim, o cabimento de reclamação na hipótese, com fundamento do art. 988, III, CPC, com a alteração da Lei 13.256/2016; de se observar que o instituto veio a ser regulamentado inteiramente pelo Código, com a revogação dos arts. 13 a 18 da Lei 8.038/1990 (CPC, art. 1.072). E, como estamos diante de apenas 1 recurso (agravo), não há se falar em princípio da unirrecorribilidade, de modo que possível utilizar as 3 medidas ao mesmo tempo.
Gabarito "D".

V – PROCEDIMENTOS ESPECIAIS

20. PROCEDIMENTOS ESPECIAIS PREVISTOS NO CPC

(Advogado – Pref. São Roque/SP – 2020 –VUNESP) A respeito da ação monitória, pode-se corretamente afirmar:

(A) O contrato de abertura de crédito em conta-corrente, mesmo acompanhado do demonstrativo de débito, não constitui documento hábil para o ajuizamento da ação monitória.
(B) Cabe a citação por edital em ação monitória, mas não é admissível a ação monitória fundada em cheque prescrito.
(C) A reconvenção é cabível na ação monitória, após a conversão do procedimento em ordinário, bem como o oferecimento de reconvenção à reconvenção.
(D) Cabe ação monitória para haver saldo remanescente oriundo de venda extrajudicial de bem alienado fiduciariamente em garantia.
(E) Não é cabível ação monitória contra a Fazenda Pública.

A: incorreta, pois o STJ já sumulou o entendimento de que os referidos documentos são suficientes para a propositura da ação monitória – mas não de execução (Súmula 247/STJ); **B:** incorreta, porque é admissível citação por edital em ação monitória (CPC, art. 700, § 7º e Súmula 282/STJ), bem como ação monitória fundada em cheque prescrito (Súmula 299/STJ); **C:** incorreta; apesar de caber reconvenção em ação monitória, não cabe reconvenção da reconvenção (CPC, art. 702, § 6º e Súmula 292/STJ); **D:** correta (Súmula 384/STJ); **E:** incorreta, pois a lei prevê exatamente o cabimento de monitória contra a Fazenda Pública (CPC, art. 700, § 6º e Súmula 339/STJ).
Gabarito "D".

2. DIREITO PROCESSUAL CIVIL

(Juiz de Direito – TJ/RJ – 2019 – VUNESP) A monitória é ação de procedimento especial que apresenta contornos que a assemelham por vezes à execução e, em outras, ao processo de conhecimento.

Sobre a ação monitória, assinale a alternativa correta.

(A) É admitida a reconvenção na ação monitória sendo igualmente permitido o oferecimento de reconvenção à reconvenção.
(B) Por ser ação cabível com base em prova escrita sem eficácia de título executivo, não é possível ao réu, reconhecendo o crédito do autor e comprovando o depósito de trinta por cento do valor, exigir o parcelamento do restante em até seis vezes mensais.
(C) Cabe apelação sem efeito suspensivo automático contra a sentença que rejeita os embargos.
(D) Pelo fato de que se constitui de pleno direito o título executivo judicial, se não realizado o pagamento e não apresentados os embargos monitórios, somente é admitida a citação do réu na modalidade pessoal.
(E) O réu, para que possa opor embargos, deverá apresentar caução suficiente e idônea, arbitrada de plano pelo juiz e prestada nos próprios autos.

A: incorreta; apesar de caber reconvenção em ação monitória, não cabe reconvenção da reconvenção (CPC, art. 702, § 6º e Súmula 292/STJ); **B:** incorreta, pois o parcelamento é aplicável aos embargos monitórios (CPC, arts. 701, § 5º e 916); **C:** correta (CPC, arts. 702, § 4º e 1.012, § 1º, III); **D:** incorreta, porque na ação monitória admite-se qualquer dos meios de citação (CPC, art. 700, § 7º); **E:** incorreta, já que a oposição dos embargos monitórios independe do oferecimento de caução (CPC, art. 702).
Gabarito "C".

(Procurador Municipal – Sertãozinho/SP – VUNESP – 2016) Angelo Augusto possui usufruto vitalício de uma casa e no retorno de uma viagem de férias, que durou sete meses, soube por meio de vizinhos que Argos Silva, sobrinho do proprietário, havia informado que passaria a morar na residência, pois assim teria lhe prometido o proprietário do imóvel. Em razão disso, Angelo Augusto propôs ação possessória pertinente. Porém, antes do juiz apreciar a petição, enquanto estava novamente viajando por uma semana a trabalho, Argos Silva entrou na residência, retirou os pertences do morador e nela passou a residir. Diante disso, Angelo Augusto deverá

(A) desistir da ação de interdito proibitório anteriormente proposta, ingressando com ação de manutenção de posse.
(B) propor nova ação, visando ser reintegrado na posse do imóvel, que deve ser distribuído por dependência à ação de manutenção de posse já proposta.
(C) peticionar na ação de manutenção de posse já proposta, informando o esbulho possessório e nos mesmos autos pleitear liminar de manutenção na posse, podendo cumular pedido de condenação de Argos Silva em perdas e danos.
(D) desistir da ação de manutenção de posse anteriormente proposta, ingressando com ação de reintegração de posse.
(E) noticiar os novos fatos ao juiz na ação de interdito proibitório anteriormente proposta e nos mesmos autos formular o pedido de reintegração de posse.

A questão trata da fungibilidade das possessórias. No caso específico das ações possessórias, o sistema quer uma ação possa ser convertida em outra, considerando que os fatos relativos à posse são dinâmicos (CPC, art. 554). Sendo assim, inicialmente apenas havia ameaça (daí o uso do interdito proibitório), que se transformou em perda da posse (daí a conversão para reintegração de posse. Nesse contexto, a alternativa correta é a "E".
Gabarito "E".

(Procurador do Estado/SP – 2018 – VUNESP) A Fazenda Pública, citada em sede de ação monitória, deixa, propositadamente, de se manifestar, porque o valor e o tema expostos na inicial encontram pleno amparo em orientação firmada em parecer administrativo vinculante. O valor exigido nessa ação é superior a seiscentos salários-mínimos e a prova documental apresentada pelo autor é constituída por depoimentos testemunhais escritos, colhidos antes do processo, e por simples início de provas documentais que apenas sugerem, indiretamente, a existência da dívida narrada na inicial. Nesse caso, ante a certidão do cartório de que decorreu o prazo para manifestação da Fazenda, o juiz deve

(A) intimar o autor para que este indique as provas que deseja produzir, tendo em vista que os direitos tutelados pela Fazenda não estão sujeitos à revelia.
(B) intimar o autor, para que ele, mediante apresentação de planilha da dívida atualizada, dê início ao cumprimento de sentença.
(C) acolher, por sentença, o pedido do autor, ante a revelia da Fazenda.
(D) rejeitar o pedido do autor e intimar as partes dessa decisão, tendo em vista que não se admite, na monitória, prova testemunhal colhida antes do início do processo, mas apenas prova documental.
(E) intimar o autor para que ele tome ciência do início do reexame necessário.

A: Incorreta. De modo geral, a ausência de oposição de embargos monitórios pelo réu (com exceção da Fazenda Pública) acarreta, de plano, a constituição de título executivo judicial. No caso da Fazenda Pública, a ausência de manifestação induz o reexame necessário pelo Tribunal (a não ser que a situação se enquadre em uma das hipóteses de não aplicação do instituto). Em ambas as situações não haverá produção de outras provas (CPC, art. 701, §§ 2º e 4º); **B:** Correta, porque no caso em apreço não haverá reexame necessário, tendo em vista que a causa de pedir da petição inicial encontra amparo em orientação firmada em parecer administrativo vinculante (CPC, art. 496, § 4º, IV); **C:** Incorreta, porque a formação do título executivo judicial ocorre de plano, independentemente de manifestação judicial (CPC, art. 701, § 2º); **D:** Incorreta, uma vez que a produção de prova testemunhal é expressamente permitida pelo diploma processual (CPC, art. 700, § 1º); **E:** Incorreta, porque, no caso analisado, não haverá reexame necessário (CPC, art. 701, § 4º e art 496, § 4º, IV).
Gabarito "B".

(Magistratura/MG – VUNESP – 2012) Assinale a alternativa correta sobre o pagamento das dívidas do espólio.

(A) É lícito ao credor do espólio requerer ao juízo do inventário, até mesmo após a partilha, o pagamento das dívidas vencidas e exigíveis.
(B) O credor de dívida líquida e certa, ainda não vencida, pode requerer habilitação no inventário.
(C) A petição, com a prova literal da dívida, será juntada aos autos do processo de inventário.

(D) Não havendo concordância de todas as partes sobre o pedido de pagamento feito pelo credor, o juiz deferirá a adjudicação de bens do espólio ao credor.

A: incorreta, porque o requerimento, pelos credores do espólio, para o pagamento de dívidas, deve ser feito antes da partilha (art. 642 do CPC); B: correta, por expressa previsão legal (art. 644 do CPC); C: incorreta, porque "a petição, acompanhada da prova literal da dívida, será distribuída por dependência e autuada em apenso aos autos do processo de inventário (art. 642, § 1º, CPC); D: incorreta, porque se não houver concordância de todas as partes sobre o pedido de pagamento feito pelo credor, será ele remetido para os meios ordinários– ou seja, um novo processo judicial para discutir o tema, que não será apreciado de forma incidental ao inventário (art. 643 do CPC).
Gabarito "B".

(Defensor Público/RO – 2017 – VUNESP) João e Maria, em razão da idade, são casados pelo regime de separação de bens. Pretendendo se divorciar extrajudicialmente,

(A) poderão formalizar o divórcio por escritura pública, desde que não exista bens comuns a partilhar.
(B) poderão formalizar o divórcio por escritura pública, desde que autorizados judicialmente.
(C) poderão formalizar o divórcio por escritura pública, assistidos por advogado ou defensor público.
(D) poderão formalizar o divórcio por escritura pública, que dependerá de homologação judicial.
(E) não poderão formalizar o divórcio por escritura pública, ante a vedação legal.

A: Incorreta, porque essa restrição não encontra previsão no CPC, que, inclusive, exige que a escritura pública disponha sobre eventual partilha dos bens comuns (CPC, art. 731, I e art. 733); B: Incorreta, pois o divórcio consensual por escritura pública independe de autorização judicial (CPC, art. 733); C: Correta, sendo essa a previsão legal (CPC, art. 733, § 2º); D: Incorreta, tendo em vista que o divórcio extrajudicial não depende de homologação judicial (CPC, art. 733, § 1º); E: Incorreta, porque o CPC prevê expressamente a possibilidade de realização do divórcio consensual por escritura pública, contanto que o casal não possua filhos menores ou incapazes (CPC, art. 733).
Gabarito "C".

(Procurador – SP – VUNESP – 2015) Os embargos de terceiro devem ser opostos no processo de execução, desde que o embargante tenha conhecimento da ação

(A) a qualquer tempo, enquanto não transitada em julgado a sentença.
(B) até cinco dias depois da arrematação, adjudicação ou remição, mas sempre antes da assinatura da respectiva carta.
(C) até dez dias depois da arrematação, pois este é o ato que implica na perda da posse do bem.
(D) até dez dias da ciência de que o bem foi penhorado na execução.
(E) a qualquer tempo, caso não tenha havido nenhum ato que implique na perda da posse.

A resposta está expressa na legislação (CPC, Art. 675. Os embargos podem ser opostos a qualquer tempo no processo de conhecimento enquanto não transitada em julgado a sentença e, no cumprimento de sentença ou no processo de execução, até 5 (cinco) dias depois da adjudicação, da alienação por iniciativa particular ou da arrematação, mas sempre antes da assinatura da respectiva carta).
Gabarito "B".

21. PROCEDIMENTOS ESPECIAIS PREVISTOS EM LEGISLAÇÃO EXTRAVAGANTE

21.1 JUIZADOS ESPECIAIS

(Escrevente – TJ/SP – 2018 – VUNESP) Serão admitidos(as) a propor ação perante o Juizado Especial Cível regido pela Lei no 9.099/95:

(A) as sociedades de economia mista, por serem pessoas de direito privado.
(B) os insolventes civis, ante sua hipossuficiência devidamente comprovada.
(C) as pessoas jurídicas qualificadas como Organização da Sociedade Civil de Interesse Público.
(D) os incapazes, devidamente representados por procuração, por instrumento público.
(E) as pessoas enquadradas como microempreendedores individuais, cujo empreendedor individual tenha renunciado ao direito próprio.

A: Incorreta, porque as sociedades de economia mista não se encontram no restrito rol de pessoas jurídicas de direito privado admitidas como partes perante os Juizados Especiais Cíveis (Lei Federal n. 9.099/1995, art. 8º, § 1º); B: Incorreta, porque há vedação legal expressa à admissão do insolvente civil como parte perante o Juizado Especial (Lei Federal n. 9.099/1995, art. 8º); C: Correta, sendo esse um dos exemplos de PJ admitidas a ajuizar ação no JEC (Lei Federal n. 9.099/1995, art. 8º, § 1º, III); D: Incorreta, pois há vedação legal para incapaz ser parte (Lei Federal n. 9.099/1995, art. 8º); E: Incorreta, considerando que a lei não prevê essa condição de renúncia para ajuizamento no JEC (Lei Federal n. 9.099/1995, art. 8º, § 1º, II).
Gabarito "C".

(Escrevente – TJ/SP – 2018 – VUNESP) Diante do que prevê a Lei que regulamenta o Juizado Especial da Fazenda Pública, é correto afirmar:

(A) Os representantes judiciais dos réus presentes à audiência não poderão conciliar ou transigir.
(B) O pagamento de obrigação de pequeno valor deverá ser feito no prazo máximo de 90 dias a contar da entrega da requisição do juiz.
(C) Sendo o caso, haverá reexame necessário.
(D) Da sentença caberá apelação, não se admitindo agravo de instrumento por vedação legal.
(E) O juiz poderá, de ofício, deferir providências cautelares e antecipatórias, para evitar dano de difícil ou de incerta reparação.

A: Incorreta, porque a alternativa é exatamente o oposto à previsão da lei (Lei Federal n. 12.153/2009, art. 8º); B: Incorreta, considerando que o prazo máximo para pagamento nessa situação será de 60 dias (Lei Federal n. 12.153/2009, art. 13, I); C: Incorreta, porque as sentenças proferidas no âmbito dos Juizados Especiais da Fazenda Pública não se submetem ao reexame necessário (Lei Federal n. 12.153/2009, art. 11); D: Incorreta, uma vez que, no âmbito dos Juizados Especiais da Fazenda Pública, caberá recurso inominado e não apelação. No mais, seria possível a interposição de agravo de instrumento em face da decisão que conceder a tutela provisória (Lei Federal n. 12.153/2009, arts. 3º e 4º); E: Correta (Lei Federal n. 12.153/2009, art. 3º).
Gabarito "E".

(Juiz de Direito – TJ/MS – VUNESP – 2015) No que se refere à intervenção do advogado nos Juizados Especiais Cíveis, é correto afirmar que

2. DIREITO PROCESSUAL CIVIL

(A) nas causas de valor superior a cinco vezes o salário-mínimo, a assistência de advogado é obrigatória.
(B) nas causas de valor até dez salários-mínimos, as partes comparecerão pessoalmente, podendo ser assistidas por advogado; nas de valor superior, a assistência é obrigatória.
(C) nas causas de valor até vinte salários-mínimos, as partes comparecerão pessoalmente, podendo ser assistidas por advogado; nas de valor superior, a assistência é obrigatória.
(D) não é obrigatória a assistência de advogado em qualquer hipótese, com fundamento no princípio da informalidade.
(E) não é obrigatória a assistência de advogado em qualquer hipótese, com fundamento no princípio do acesso à justiça.

Lei 9.099/1995, art. 9º Nas causas de valor até vinte salários-mínimos, as partes comparecerão pessoalmente, podendo ser assistidas por advogado; nas de valor superior, a assistência é obrigatória.
Gabarito "C".

(Juiz de Direito – TJ/MS – VUNESP – 2015) Na execução, processada nos Juizados Especiais Cíveis, não serão contadas custas, salvo quando
(A) procedentes os embargos do devedor.
(B) improcedentes os embargos do devedor.
(C) procedentes os embargos do devedor em face da Fazenda Pública.
(D) afastada a litigância de má-fé.
(E) se tratar de execução de sentença que tenha sido objeto de recurso provido do devedor.

Lie 9.099/1995, art. 55, Parágrafo único. Na execução não serão contadas custas, salvo quando: I – reconhecida a litigância de má-fé; II – improcedentes os embargos do devedor; III – tratar-se de execução de sentença que tenha sido objeto de recurso improvido do devedor.
Gabarito "B".

(Escrevente Técnico – TJ/SP – VUNESP – 2015) Quanto aos processos que tramitam perante os Juizados Especiais da Fazenda Pública, assinale a alternativa correta.
(A) No foro em que estiverem instalados, a competência é relativa.
(B) Não é possível pedido para providências cautelatórias ou antecipatórias no curso do processo.
(C) O cumprimento da sentença com trânsito em julgado, que imponha obrigação de fazer, será efetuado mediante ofício do juiz à autoridade citada para a causa, com cópia da sentença ou do acordo.
(D) A Fazenda terá prazo em quádruplo para contestar e em dobro para recorrer.
(E) Nas causas que correm perante esse Juizado, haverá reexame necessário no caso de procedência do pedido do autor.

A: incorreta, pois onde instalados, a competência será absoluta, nos termos do art. 2º, § 4º, da Lei 12.153/2009; B: incorreta, nos termos do art. 3º da Lei 12.153/2009; C: Correta, nos termos do art. 12 da Lei 12.153/2009. D: incorreta, nos termos do art. 7º da Lei 12.153/2009; E: incorreta, nos termos do art. 11 da Lei 12.153/2009.
Gabarito "C".

(Procurador do Município – São Paulo/SP – VUNESP – 2014) Assinale a alternativa correta acerca do Juizado Especial da Fazenda Pública.

(A) Não podem ser ajuizadas perante o Juizado Especial da Fazenda Pública causas cujo valor supere 40 salários mínimos.
(B) Admite-se a interposição de mandado de segurança perante o Juizado Especial da Fazenda Pública, desde que respeitado o valor limite de sua competência.
(C) Todas as sentenças estão sujeitas a reexame necessário pela Turma Recursal.
(D) No foro onde estiver instalado, sua competência é absoluta.
(E) O prazo para recorrer da sentença será contado em dobro quando o recorrente for pessoa jurídica de direito público.

A: incorreta, pois o teto do JEFP é de 60 salários mínimos (Lei 12.153/2009, art. 2º); B: incorreta. A lei expressamente veda o MS (Lei 12.153/2009, art. 2º, § 1º, I); C: incorreta, porque não há reexame necessário no JEFP (Lei 12.153/2009, art. 11); D: correta (Lei 12.153/2009, art. 2º, § 4º); E: incorreta, não há prazo diferenciado no JEFP (Lei 12.153/2009, art. 7º).
Gabarito "D".

(Escrevente – TJ/SP – VUNESP – 2013) Dentre outras, não podem ser partes no processo instituído pela Lei n.º 9.099/1995:
(A) a massa falida e as sociedades de crédito ao microempreendedor.
(B) o incapaz e o preso.
(C) as empresas públicas da União e as microempresas.
(D) o insolvente civil e as pessoas físicas capazes.
(E) as pessoas jurídicas qualificadas como Organização da Sociedade Civil de Interesse Público.

A: incorreto. A massa falida não pode, mas as sociedades de crédito ao microempreendedor podem ser partes (art. 8º, § 1º, IV, Lei 9.099/1995); B: correto, pois o incapaz e o preso não podem ser partes no Juizado Especial estadual conforme art. 8º da Lei 9.099/95; C: incorreto. As empresas públicas não podem, mas as microempresas sim (art. 8º, § 1º, II, Lei 9.099/1995); D: incorreto. O insolvente civil não pode, mas as pessoas físicas capazes, sim (art. 8º, § 1º, I, Lei 9.099/95); E: incorreto. Podem ser parte conforme art. 8º, § 1º, III, Lei 9.099/1995.
Gabarito "B".

(Escrevente – TJ/SP – VUNESP – 2013) É correto afirmar que o conciliador, conforme previsto na Lei n.º 12.153/09,
(A) ficará impedido de exercer a advocacia perante todos os Juizados Especiais da Fazenda Pública instalados em território nacional.
(B) poderá compor as Turmas Recursais do Sistema dos Juizados Especiais, pelo prazo de 2 (dois) anos.
(C) poderá, para fins de encaminhamento da composição amigável, ouvir as partes e testemunhas sobre os contornos fáticos da controvérsia.
(D) é auxiliar da Justiça, recrutado, obrigatoriamente, entre advogados com mais de 2 (dois) anos de experiência.
(E) presidirá a instrução do processo, podendo dispensar novos depoimentos, se entender suficientes para o julgamento da causa os esclarecimentos já constantes dos autos.

A: incorreto, pois esta vedação se aplica aos juízes leigos e não aos conciliadores (art. 15, § 2º da Lei 12.153/2009); B: incorreto. Apenas juízes em exercício no primeiro grau de jurisdição é que participam do Colégio Recursal (art. 17 da Lei 12.153/2009); C: correto conforme art. 16, § 1º, da Lei 12.153/2009; D: incorreto. Esta exigência aplica-se apenas aos juízes leigos (art. 15, § 1º da Lei 12.153/2009) – sendo muito comum estudantes de Direito atuarem como conciliadores; **E:** incorreto, pois compete ao juiz presidir a instrução, conforme art. 16 da Lei 12.153/2009.

Gabarito "C".

21.2 PROCESSO COLETIVO

(Delegado – PC/BA – 2018 – VUNESP) A Lei 7.347, de 24 de julho de 1985, trata da ação civil pública de responsabilidade por danos causados ao meio-ambiente, ao consumidor, a bens e direitos de valor artístico, estético, histórico, turístico e paisagístico, dentre outros direitos difusos, disciplinando que

(A) poderá ter por objeto a condenação em dinheiro; o cumprimento de obrigação de fazer, não fazer ou dar; ou ainda a constituição ou desconstituição de ato ou negócio jurídico.
(B) na hipótese de desistência do autor, o Ministério Público assumirá a titularidade ativa, apenas se determinado pelo juiz da causa.
(C) qualquer pessoa poderá e o servidor público deverá provocar a iniciativa do Ministério Público para o seu ajuizamento, ministrando-lhe informações sobre fatos que constituam seu objeto, indicando-lhe os elementos de convicção.
(D) será cabível para veicular pretensões que envolvam tributos ou contribuições previdenciárias.
(E) o Ministério Público e a Defensoria Pública poderão instaurar, sob sua presidência, inquérito civil para apurar fatos que possam dar ensejo a sua propositura.

Para essa questão a banca foi absolutamente na linha do texto legal, como se verá. **A:** Incorreta, uma vez que o objeto da ACP, pelo texto legal, é a condenação em dinheiro ou ao cumprimento de obrigação de fazer/não fazer (Lei Federal n. 7.347/1985, art. 3º) – mas nada impede que outros pedidos sejam formulados; **B:** Incorreta, porque a assunção do polo ativo pelo MP independerá de determinação judicial, por não configurar mera faculdade do *parquet*, em observância aos princípios da indisponibilidade e da obrigatoriedade das demandas coletivas (Lei Federal n. 7.347/1985, art. 5º, § 3º); **C:** Correta, sendo a reprodução do texto legal (Lei Federal n. 7.347/1985, art. 6º); **D:** Incorreta, considerando vedação legal expressa em sentido contrário (Lei Federal n. 7.347/1985, art. 1º, parágrafo único) – ainda que, por vezes, sejam ajuizadas e processadas ACPs para discussão de questões tributárias; **E:** Incorreta. Segundo expressa previsão legal, apenas o MP tem competência para instaurar inquérito civil, embora a questão seja objeto de algum debate na doutrina (Lei Federal n. 7.347/1985, art. 8º, § 1º).

Gabarito "C".

(Delegado – PC/BA – 2018 – VUNESP) A ação popular, regulada pela Lei no 4.717, de 29 de junho de 1965, tem como objetivo a defesa do patrimônio público, assim entendido os bens e direitos de valor econômico, artístico, estético, histórico ou turístico. Acerca da ação popular, é correto afirmar que

(A) a prova da cidadania, para ingresso em juízo, será feita com a exibição de RG (Registro Geral de Identificação), ou com documento que a ele corresponda.
(B) é facultado a qualquer cidadão habilitar-se como litisconsorte ou assistente do autor, desde que o faça, até a citação do réu.
(C) o Ministério Público acompanhará a ação, podendo assumir a defesa do ato impugnado ou dos seus autores, se assim se convencer.
(D) as partes pagarão custas e preparo, quando da interposição de eventual recurso contra a sentença.
(E) a sentença incluirá sempre, na condenação dos réus, o pagamento, ao autor, das custas e demais despesas, judiciais e extrajudiciais, diretamente relacionadas com a ação e comprovadas, bem como o dos honorários de advogado.

A: Incorreta, porque a prova da cidadania deve ser feita por meio do título de eleitor ou de documento correspondente (Lei Federal n. 4.717/65, art. 1º, § 3º); **B:** Incorreta, tendo em vista que a lei não prevê a mencionada restrição temporal ao ingresso do litisconsorte ou do assistente (Lei Federal n. 4.717/65, art. 6º, § 5º); **C:** Incorreta, porque é expressamente vedado ao MP assumir a defesa do ato impugnado ou de seus autores (Lei Federal n. 4.717/65, art. 6º, § 4º); **D:** Incorreta, uma vez que as partes só deverão recolher as custas processuais e o preparo recursal ao final do processo (Lei Federal n. 4.717/65, art. 10); **E:** Correta, sendo essa a previsão legal (Lei Federal n. 4.717/65, art. 12).

Gabarito "E".

(Procurador do Município/São José dos Campos-SP – VUNESP – 2012) Cidadão ingressou com ação popular no domicílio em que é residente e eleitor. Ocorre que os fatos a serem apurados na ação aconteceram em outro município. Diante desse fato, assinale a alternativa correta.

(A) O autor não é parte legítima para a causa, uma vez que somente poderia indagar sobre fatos onde possui o domicílio eleitoral.
(B) O autor não é parte legítima para a causa, pois somente poderá contestar os fatos ocorridos no local em que é domiciliado.
(C) O autor não é parte legítima para a causa, porque deveria ser domiciliado e eleitor na municipalidade onde ocorreram os fatos.
(D) O autor é parte legítima para propor a demanda, porque qualquer pessoa tem legitimidade para propor essa ação.
(E) O autor é parte legítima para propor a demanda, porque basta ser eleitor para ter legitimidade para propor essa ação.

A legislação não restringe a legitimidade ao domicílio, por isso não pode o intérprete fazê-lo, nos termos da Lei 4.717/1965, art. 1º. A questão a ser apreciada nos autos será de competência, mas não de *legitimidade*.

Gabarito "E".

(Cartório/SP – VUNESP – 2012) Nas ações coletivas previstas no Código de Defesa do Consumidor, de acordo com o art. 103 do mencionado estatuto, a sentença faz coisa julgada

(A) *erga omnes*, na hipótese de interesses ou direitos coletivos, exceto se o pedido for julgado improcedente por insuficiência de provas.
(B) *ultra partes*, na hipótese de interesses ou direitos individuais homogêneos, apenas no caso de procedência da ação.
(C) *ultra partes*, na hipótese de interesses ou direitos difusos, salvo improcedência por insuficiência de provas.
(D) *erga omnes*, na hipótese de interesses ou direitos individuais homogêneos, apenas no caso de procedência da ação, para beneficiar as vítimas e seus sucessores.

A: incorreto (arts. 81, parágrafo único, I, e 103, I, do CDC); **B** e **C:** incorretos (art. 81, parágrafo único, II, e art. 103, II, do CDC); **D:** correto (arts. 81, parágrafo único, III, e 103, III, do CDC).

Gabarito "D".

2. DIREITO PROCESSUAL CIVIL

21.3 MANDADO DE SEGURANÇA E *HABEAS DATA*

(Juiz de Direito – TJ/RJ – 2019 – VUNESP) O mandado de segurança é instrumento que goza de dignidade constitucional, configurando-se em forma de exercício da cidadania.

Quanto ao mencionado remédio processual, segundo o entendimento sumulado pelo Supremo Tribunal Federal e pelo Superior Tribunal de Justiça, é correto afirmar que

(A) não cabe mandado de segurança contra ato praticado em licitação promovida por sociedade de economia mista, vez que ausente a figura da autoridade coatora.
(B) pelo fato de ser pressuposto para a concessão da segurança a existência de direito líquido e certo do impetrante, a controvérsia sobre matéria de direito impede seja a segurança concedida.
(C) se aplica a fungibilidade no caso de interposição de recurso extraordinário quando seria hipótese de cabimento de recurso ordinário de decisão denegatória de mandado de segurança, em virtude da existência de dúvida objetiva entre as referidas espécies recursais.
(D) não é cabível a impetração de mandado de segurança para convalidar a compensação tributária realizada pelo contribuinte.
(E) a entidade de classe não apresenta legitimação para impetrar mandado de segurança quando a pretensão veiculada interesse apenas a uma parte da respectiva categoria.

A: incorreta, pois, embora a sociedade de economia mista se sujeite ao regime jurídico de direito privado, os atos praticados em procedimento licitatório têm natureza pública e, portanto, são passíveis de controle via MS (Súmula 333/STJ: Cabe mandado de segurança contra ato praticado em licitação promovida por sociedade de economia mista ou empresa pública); **B:** incorreta, porque a matéria de direito independe de prova – e, portanto, nada impede que seja deferida em sede de MS que, exatamente, tem restrições para dilação probatória (No mais, vide Súmula 625/STF: Controvérsia sobre matéria de direito não impede concessão de mandado de segurança); **C:** incorreta, já que são hipóteses bem distintas de cabimento, sendo caso de erro grosseiro (Súmula 272/STF: Não se admite como ordinário recurso extraordinário de decisão denegatória de mandado de segurança); **D:** correta (Súmula 460/STJ: É incabível o mandado de segurança para convalidar a compensação tributária realizada pelo contribuinte); **E:** incorreta, pois a jurisprudência fixou-se no sentido inverso (Súmula 630/STF: A entidade de classe tem legitimação para o mandado de segurança ainda quando a pretensão veiculada interesse apenas a uma parte da respectiva categoria).
Gabarito "D".

(Juiz de Direito – TJ/RJ – 2019 – VUNESP) O instrumento processual cabível para que o locador retome legitimamente a posse do imóvel locado é a ação de despejo.

No que diz respeito à referida ação locatícia, é correto afirmar:

(A) uma vez concedida a liminar de desocupação do imóvel, em decorrência da falta de pagamento do aluguel e de estar o contrato desprovido de garantias, o locatário pode purgar a mora, desde que não tenha se utilizado desse benefício há menos de 24 meses contados da propositura da ação.
(B) o rol de hipóteses para concessão de liminar de desocupação do imóvel locado previsto na lei de locações é taxativo, não podendo o juiz se valer das disposições gerais das tutelas provisórias do Código de Processo Civil para ordenar de plano a retomada do imóvel.
(C) a concessão de liminar é possível com fundamento na lei de locações apenas quando a infração contratual alegada for a falta de pagamento dos aluguéis.
(D) por se tratar de espécies de tutela de urgência, todas as hipóteses de liminar previstas na lei de locações pressupõem a comprovação do risco de dano ao locador, sendo que, se tal requisito não restar demonstrado, deverá o juiz indeferir o pedido antecipatório.
(E) na hipótese de término da locação em decorrência de desapropriação, o autor da ação de despejo terá liminar em seu favor, desde que preste caução no valor equivalente a três meses de aluguel.

A: correta, sendo essa a previsão legal (Lei 8.245/91, arts. 59, § 3º e 62, p.u.); **B:** incorreta, pois o STJ, ainda na vigência do CPC/73, já havia fixado orientação no sentido de que o rol do art. 59, §1º, da Lei de Locações não é taxativo, podendo o magistrado se valer dos requisitos para concessão da tutela provisória para deferir a liminar (STJ, REsp 1.207.161, j. em 08/02/11); **C:** incorreta, já que o art. 59, § 1º prevê um rol – como dito não exauriente – de situações que permitem a concessão da liminar (Lei 8.245/91, arts. 59, § 1º), e não está presente o caso de inadimplemento; **D:** incorreta, porque a demonstração do risco de dano será relevante apenas se a liminar for requerida com base nos requisitos da tutela provisória de urgência (CPC, art. 300); **E:** incorreta, visto que a ação de despejo não é medida adequada quando a locação termina em decorrência de desapropriação (Lei 8.245/91, art. 5º, p.u.).
Gabarito "A".

(Delegado – PC/BA – 2018 – VUNESP) A Lei no 9.507, de 12 de novembro de 1997, disciplina o rito processual do habeas data, nos seguintes termos:

(A) o seu pedido não poderá ser renovado, em caso de decisão denegatória.
(B) o seu processo terá prioridade sobre todos os atos judiciais, exceto mandado de segurança e injunção.
(C) o impetrante fará jus à gratuidade de Justiça, tendo ou não recursos financeiros para arcar com as custas e as despesas processuais.
(D) ao despachar a inicial, se o juiz verificar que não é caso de habeas data, intimará o impetrante para que adite o seu pedido, convertendo-o em mandado de segurança.
(E) quando for hipótese de sentença concessiva, o recurso de apelação interposto terá efeito devolutivo e suspensivo.

A: Incorreta, tendo em vista que o pedido poderá ser renovado, na hipótese da decisão denegatória não ter apreciado o mérito da demanda (Lei Federal n. 9.507/1997, art. 18); **B:** Incorreta, porque as exceções à prioridade do habeas data são: *habeas corpus* e mandado de segurança (Lei Federal n. 9.507/1997, art. 19); **C:** Correta, pois a lei prevê que o procedimento do *habeas data* será gratuito (Lei Federal n. 9.507/1997, art. 21), **D:** Incorreta, uma vez que, na situação narrada, a petição inicial seria desde logo indeferida (Lei Federal n. 9.507/1997, art. 10); **E:** Incorreta, porque o recurso de apelação interposto em face de sentença concessiva será recebido apenas no efeito devolutivo (Lei Federal n. 9.507/1997, art. 15, parágrafo único).
Gabarito "C".

(Delegado – PC/BA – 2018 – VUNESP) Conceder-se-á mandado de segurança para proteger direito líquido e certo, não amparado por habeas corpus ou habeas data, sempre que, ilegalmente ou com abuso de poder, qualquer pessoa física ou jurídica sofrer violação ou houver justo receio de sofrê-la por parte de autoridade, seja de que categoria for e sejam quais forem as funções que exerça. No que concerne ao procedimento do mandado de segurança individual, assinale a afirmativa correta.

(A) Concedida a segurança, a sentença estará sujeita obrigatoriamente ao duplo grau de jurisdição.
(B) É cabível a condenação do contestante ao pagamento de honorários advocatícios.
(C) O vencido pode interpor recurso de embargos infringentes, quando a decisão da apelação for tomada por maioria de votos.
(D) O ingresso de litisconsorte ativo não será admitido após a prolação da sentença.
(E) Da decisão do juiz de primeiro grau que denegar a liminar caberá agravo de instrumento, mas a que conceder será recorrível quando da apelação.

A: Correta, pois existe na lei do MS a previsão de remessa necessária (Lei Federal n. 12.016/09, art. 14, § 1º); **B:** Incorreta, porque não há condenação ao pagamento de honorários advocatícios em sede de MS (Lei Federal n. 12.016/09, art. 25); **C:** Incorreta, considerando que não é cabível a oposição de embargos infringentes em sede de MS (Lei Federal n. 12.016/09, art. 25). Vale recordar, além disso, que os embargos infringentes foram extintos no atual CPC, sendo substituídos pela técnica de ampliação do colegiado (CPC, art. 942); **D:** Incorreta, porque o ingresso de litisconsorte ativo não é admitido após o despacho da petição inicial (Lei Federal n. 12.016/09, art. 10, § 2º); **E:** Incorreta. O agravo de instrumento é o recurso adequado para combater a decisão que concede ou que nega a liminar (Lei Federal n. 12.016/09, art. 7º, § 1º).
Gabarito "A".

(Defensor Público/RO – 2017 – VUNESP) Sobre o mandado de segurança, assinale a alternativa correta.

(A) Não deve ser admitida a emenda à petição inicial para corrigir equívoco na indicação da autoridade impetrada em mandado de segurança.
(B) O impetrante não pode desistir de mandado de segurança sem a anuência do impetrado, mesmo antes da sentença de mérito.
(C) É aceitável, quando for o caso, a sucessão de partes em processo de mandado de segurança.
(D) É possível a habilitação de herdeiro nos autos da execução promovida em mandado de segurança.
(E) Compete à Justiça Estadual processar e julgar qualquer mandado de segurança impetrado contra presidente de subseção da OAB.

A: Incorreta, pois, segundo entendimento do STJ, é possível a correção de indicação errônea da autoridade coatora via emeda à inicial, desde que a autoridade coatora indicada pertença à mesma pessoa jurídica de direito público (REsp 1251857/MG; AgRg no Ag 1076626/MA) – além de a emenda ser a regra procedimental (CPC, art. 321); **B:** Incorreta, tendo em vista o entendimento dos Tribunais Superiores no sentido de ser possível a desistência da ação sem a anuência do impetrado (STJ, Informativo n. 533); **C:** Incorreta, porque a jurisprudência do STJ consolidou-se no sentido de não aceitar a sucessão processual diante da natureza personalíssima do direito líquido e certo que fundamenta o pedido mandamental (STJ, REsp n. 703.594/MG); **D:** Correta, segundo entendimento jurisprudencial do STJ (STJ, ExeMS n. 786-DF); **E:** Incorreta, pois a competência será da Justiça Federal, considerando a natureza jurídica da OAB como "autarquia especial" (CF, art. 109, I e STF, RE n. 595.332-PR).
Gabarito "D".

(Magistratura/RJ – VUNESP – 2013) Em mandado de segurança, concedida a segurança ao impetrante, seja por liminar ou sentença, pode-se afirmar que

(A) não é possível a suspensão da execução da liminar ou da sentença pelo tribunal, na medida em que a decisão de primeira instância é plenamente válida e eficaz, não havendo previsão legal que permita a suspensão de sua eficácia.
(B) é possível a suspensão da execução da liminar ou da sentença pelo tribunal, mediante provocação, para evitar grave lesão à ordem econômica, à saúde, à segurança ou à economia.
(C) não é possível a suspensão da execução da liminar ou da sentença pelo tribunal, devendo-se aguardar o definitivo julgamento do recurso eventualmente interposto pela impetrada.
(D) é possível a suspensão da execução da liminar ou da sentença pelo tribunal, de ofício, desde que identifique a existência de grave lesão à ordem econômica, à saúde, à segurança ou à economia.

A: incorreta, pois a lei permite a suspensão de segurança conforme determina o art. 15 da Lei 12.016/2009; **B:** correta, conforme o art. 15 da Lei 12.016/2009; **C:** incorreta, pois a lei permite a suspensão de segurança conforme estabelece o art. 15 da Lei 12.016/2009; **D:** incorreta, pois a suspensão da segurança é medida preventiva e não repressiva, de modo que não é possível identificar a existência da grave lesão e sim a sua potencial ocorrência.
Gabarito "B".

(Ministério Público/SP – VUNESP – 2012) Quanto ao mandado de segurança, é correto afirmar:

(A) Quando a matéria de direito for controvertida não cabe mandado de segurança, pois não há direito líquido e certo.
(B) Quando o direito ameaçado ou violado couber a várias pessoas, será caso de mandado de segurança coletivo.
(C) No mandado de segurança coletivo, a sentença fará coisa julgada *erga omnes*.
(D) Não se aplica ao mandado de segurança coletivo o prazo decadencial de 120 dias.
(E) É cabível mandado de segurança coletivo para proteção de direitos individuais homogêneos.

A: incorreta (Súmula n. 625 do STF); **B:** incorreta, porque, nesse caso, poderá haver litisconsórcio entre os vários titulares, mas ainda assim o mandado de segurança será individual, porque os direitos tutelados terão natureza individual, e não coletiva; **C:** incorreta, porque "no mandado de segurança coletivo, a sentença fará coisa julgada limitadamente aos membros do grupo ou categoria substituída pelo impetrante" (art. 22 da Lei 12.016/2009); **D:** incorreta, porque o prazo também é aplicável ao mandado de segurança coletivo (art. 23 da Lei 12.016/2009); **E:** correta (art. 21, parágrafo único, II, Lei 12.016/2009).
Gabarito "E".

21.4 OUTROS PROCEDIMENTOS ESPECIAIS DE LEGISLAÇÃO EXTRAVAGANTE

(Juiz de Direito – TJ/RJ – VUNESP – 2016) Considere o controle de constitucionalidade e assinale a alternativa correta.

(A) A figura do *amicus curiae* no controle concentrado de constitucionalidade perante o STF, tem natureza jurídica de intervenção de terceiro, por colaborar com questões técnico-jurídicas.

(B) Proferida decisão pelo STF, no sentido da inconstitucionalidade de lei após o trânsito em julgado de decisão exequenda, caberá ação rescisória desta, cujo prazo será contado do trânsito em julgado da decisão proferida pela Suprema Corte.
(C) O STF possui entendimento no sentido de reconhecer a desnecessidade de submissão de demanda judicial à regra da reserva de plenário, na hipótese em que a decisão judicial estiver fundada em jurisprudência do plenário do STF ou em súmula da Corte.
(D) Levando-se em conta que o recurso especial possui efeito translativo, e de que inconstitucionalidade de norma é matéria de ordem pública, é possível ao STJ o controle concentrado de constitucionalidade.
(E) Como mecanismo de seleção dos processos submetidos ao exame do STF, como instância extraordinária na interpretação final das normas constitucionais, a repercussão geral deve estar presente no controle concentrado de constitucionalidade.

A: Incorreta para a banca. Na doutrina constitucional, não se entendia o *amicus curiae* como sendo uma forma de intervenção de terceiro. O entendimento pode vir a ser superado com o atual CPC, que insere o *amicus* no âmbito das intervenções. **B:** Incorreta. Em regra, o prazo da AR é de 2 anos contados do trânsito em julgado (CPC, art. 975). Há uma exceção quando houver título executivo judicial fundado em lei declarada inconstitucional – nesse caso, e somente aí, o prazo para a AR terá início com a decisão do STF acerca da lei inconstitucional (CPC, art. 525, § 15). **C:** Correta. Na verdade, há até previsão legal nesse sentido (CPC, art. 949, parágrafo único); **D)** incorreta, o controle concentrado é exclusivo do STF, com as ações de controle concentrado (como ADI, ADO, APDF); **E:** incorreta, pois a repercussão gral é exclusiva do controle difuso, no recurso extraordinário (CPC, art. 1.035).
Gabarito "C".

(Procurador – IPSMI/SP – VUNESP – 2016) Sobre o procedimento e regras que regulamentam a ação direta de inconstitucionalidade, é correto afirmar que
(A) pode ser proposta por entidade sindical ou órgão de classe no âmbito estadual.
(B) após sua propositura, é possível que o polo ativo requeira desistência, que poderá ou não ser acolhida pelo relator.
(C) não se admitirá, pelo texto normativo, intervenção de terceiros, salvo se houver autorização por decisão irrecorrível do relator para que se manifestem órgãos ou entidades.
(D) as informações, perícias e audiências a serem realizadas eventualmente nos autos da ação em referência, devem ser feitas no prazo máximo de sessenta dias contados da solicitação do relator.
(E) nessas ações, indeferida a petição inicial, é possível o manejo do recurso de apelação.

A: incorreta, deve ser órgão de âmbito nacional (CF, art. 103, IX); **B:** incorreta, descabe a desistência (Lei 9.868/1999, art. 5º); **C:** correta, sendo essa a previsão legal (Lei 9.868/1999, art. 7º) – e fica o debate, então, quanto ao *amicus curiae* no âmbito do controle concentrado ser considerado como modalidade de intervenção de terceiro (já que o CPC assim prevê – art. 138); **D:** incorreta (Lei 9.868/1999, art. 9º, § 3º); **E:** incorreta, pois o recurso cabível de decisão monocrática de indeferimento é o agravo interno (CPC, art. 1.021).
Gabarito "C".

(Juiz de Direito – TJ/RS – 2018 – VUNESP) Quanto à arbitragem em geral, assinale a alternativa correta.
(A) Terá efeito suspensivo a apelação contra sentença que julga procedente o pedido de instituição de arbitragem.
(B) O juiz poderá conhecer de ofício sua existência para extinguir a ação.
(C) Cabe agravo de instrumento contra decisão interlocutória que rejeita a alegação de convenção de arbitragem.
(D) Tramitam em segredo de justiça todos os processos que versem sobre arbitragem.
(E) Haverá julgamento de mérito quando o juiz colher a alegação de existência de convenção de arbitragem.

A: Incorreta, porque a sentença proferida nessa hipótese produz efeitos imediatamente após sua publicação, configurando exceção ao recebimento do recurso de apelação no duplo efeito (CPC, art. 1.012, § 1º, IV); **B:** Incorreta, pois o juiz não pode conhecer de ofício da existência de convenção de arbitragem. A ausência da alegação do réu, quando do oferecimento da contestação, acarreta a renúncia à arbitragem e aceitação da jurisdição estatal (CPC, art. 337, §§ 5º e 6º); **C:** Correta (CPC, art. 1.015, III); **D:** Incorreta, tendo em vista que os processos que versam sobre arbitragem apenas tramitarão em segredo de justiça caso seja comprovada perante o juízo a confidencialidade estipulada na arbitragem (CPC, art. 189, IV); **E:** Incorreta, pois, na hipótese, não haverá resolução do mérito da demanda (CPC, art. 485, VII).
Gabarito "C".

(Juiz de Direito – TJ/RS – 2018 – VUNESP) Quanto à ação revisional de aluguel, assinale a alternativa correta.
(A) Na ação o juiz poderá homologar acordo de desocupação, que será executado mediante expedição de mandado de despejo.
(B) O aluguel fixado na sentença retroage à data do reajuste anteriormente pactuado.
(C) A sentença não poderá estabelecer periodicidade de reajustamento do aluguel diversa daquela prevista no contrato revisando.
(D) No curso da ação, o aluguel provisório não será reajustado.
(E) Em ação proposta pelo locatário, o aluguel provisório não poderá ser inferior ao aluguel vigente.

A: Correta (Lei 8.245/1991, art. 70); **B:** Incorreta, porque o valor do aluguel fixado na sentença retroage à data da citação (Lei 8.245/1991, art. 69); **C:** Incorreta, pois é possível que a sentença reconheça periodicidade de reajustamento do aluguel diversa, contanto que tenha sido requerido pelo locador ou pelo sublocador (Lei 8.245/1991, art. 69, § 1º); **D:** Incorreta, tendo em vista que, no curso da demanda, o aluguel provisório será reajustado na periodicidade pactuada ou na fixada na lei (Lei 8.245/1991, art. 68, § 2º). **E:** Incorreta, pois, no caso das ações revisionais propostas pelo locatário, o aluguel provisório não poderá ser inferior a 80% do aluguel vigente (Lei 8.245/1991, art. 68, II, "b").
Gabarito "A".

(Defensor Público/RO – 2017 – VUNESP) Sobre a purgação de mora em ação de despejo por falta de pagamento, indique a alternativa correta.
(A) A correção monetária será aplicada para apuração do valor a ser purgado, desde que prevista contratualmente.
(B) As multas ou penalidades contratuais não podem ser exigidas do fiador para o fim de purgar a mora.

(C) As despesas do processo e os honorários advocatícios não se incluem no montante a ser purgado.
(D) O benefício da justiça gratuita não se aplica quando o réu tem condições de purgar a mora.
(E) Há incompatibilidade entre a contestação e o pedido integral de emenda da mora.

A: Incorreta, porque, segundo jurisprudência pacificada no STJ, a correção monetária será exigida, ainda que não haja previsão contratual (Lei 8.245/1991, art. 62, II e STJ, REsp n. 19.649/SP); **B:** Incorreta, tendo em vista haver previsão expressa para a cobrança de multa ou penalidades (Lei 8.245/1991, art. 62, II, "b"); **C:** Incorreta, vide justificativa para a alternativa "B" (Lei 8.245/1991, art. 62, II, "d"); **D:** Incorreta, porque, segundo entendimento do STJ, o beneficiário da justiça gratuita pode escusar-se do pagamento das custas e honorários advocatícios enquanto subsistir sua condição de necessitado (Lei 8.245/1991, art. 62, II, "d" e REsp n. 80.871/RJ); **E:** Correta, pois a purgação integral da mora é incompatível com a contestação, caracterizando preclusão lógica (Lei 8.245/1991, art. 62, I e II).
Gabarito "E".

(Magistratura/SP – VUNESP – 2013) Acerca da arbitragem, é correto dizer que

(A) é nula a sentença arbitral quando o julgamento de mérito nela contido contrariar lei federal ou alterar a verdade dos fatos.
(B) a nulidade do contrato no qual se estipulou a cláusula arbitral implica, necessariamente, a nulidade da cláusula compromissária.
(C) a sentença arbitral brasileira não fica sujeita a recurso ou a homologação pelo Poder Judiciário.
(D) somente o Poder Judiciário pode decidir acerca da validade e eficácia da convenção de arbitragem e do contrato que contenha a cláusula compromissária, de sorte que, em caso de tal alegação, o Tribunal Arbitral deve submeter a questão ao juiz togado competente.

A: incorreta, pois não se trata de situação presente no rol de situações de nulidade da sentença arbitral (Lei 9.307/1996, art. 32); **B:** incorreta. A cláusula é autônoma em relação ao contrato (Lei 9.307/1996, art. 8°); **C:** correta (Lei 9.307/1996, art. 31 e CPC, 485, VII); **D:** incorreta, conforme resposta à questão anterior e com base no princípio "competência-competência", do qual decorre que compete ao próprio tribunal arbitral avaliar eventual vício da cláusula (Lei 9.307/1996, art. 20, § 1°; vide também alternativa "B").
Gabarito "C".

(Cartório/SP – VUNESP – 2012) Na ação de despejo por falta de pagamento, admite-se a concessão de medida liminar para desocupação do imóvel desde que

(A) o atraso no pagamento dos aluguéis seja superior a três meses e preste o autor caução idônea.
(B) o atraso no pagamento dos aluguéis seja superior a seis meses, preste o autor caução no valor equivalente a três meses de aluguel e esteja o contrato garantido por fiança.
(C) preste o autor caução no valor equivalente a seis meses de aluguel e esteja o contrato garantido por seguro de fiança locatícia.
(D) preste o autor caução no valor equivalente a três meses de aluguel e esteja o contrato desprovido de garantia locatícia.

A única hipótese com previsão legal é a mencionada em "D" (Art. 59, § 1°, IX, da Lei 8.245/1991).
Gabarito "D".

(Cartório/SP – VUNESP – 2012) É possível a concessão de liminar para desocupação do imóvel locado em ação de despejo que tiver por fundamento o término do prazo de locação

(A) não residencial, tendo sido proposta a ação em até 60 (sessenta) dias do termo ou do cumprimento de notificação comunicando o intento de retomada.
(B) residencial, tendo sido proposta a ação em até 60 (sessenta) dias do termo ou do cumprimento de notificação comunicando o intento de retomada.
(C) não residencial, tendo sido proposta a ação em até 30 (trinta) dias do termo ou do cumprimento de notificação comunicando o intento de retomada.
(D) residencial, tendo sido proposta a ação em até 30 (trinta) dias do termo ou do cumprimento de notificação comunicando o intento de retomada.

A única hipótese com previsão legal é a mencionada em "C" (Art. 59, § 1°, VIII, da Lei 8.245/1991).
Gabarito "C".

(Cartório/SP – VUNESP – 2012) Na ação de busca e apreensão de automóvel alienado fiduciariamente em garantia, a comprovação da mora do devedor deve se dar pela juntada com a petição inicial de

(A) notificação realizada por intermédio de Cartório de Títulos e Documentos ou de termo de protesto do título representativo da dívida, a critério do credor.
(B) notificação realizada por intermédio de Cartório de Títulos e Documentos ou, se comprovada a impossibilidade de apresentação desta, de termo de protesto do título representativo da dívida.
(C) termo de protesto do título representativo da dívida ou, se comprovada a impossibilidade de apresentação deste, de notificação realizada por intermédio de Cartório de Títulos e Documentos.
(D) notificação realizada por intermédio de Cartório de Títulos e Documentos e de termo de protesto do título representativo da dívida, cumprindo ao credor apresentar ambos os documentos.

A única hipótese com previsão legal é a mencionada em "A" (Art. 2°, § 2°, do Decreto-Lei 911/1969).
Gabarito "A".

22. TEMAS COMBINADOS

(Defensor Público/RO – 2017 – VUNESP) Quanto ao procedimento da ação de usucapião de bem imóvel, assinale a alternativa correta.

(A) É ação de jurisdição voluntária, destinada a declarar a propriedade, cuja sentença terá efeito ex tunc.
(B) Tratando-se de unidade autônoma situada em condomínio, a citação dos confinantes é dispensada.
(C) Sendo cabível usucapião extrajudicial, não será possível a propositura de ação judicial.
(D) O procedimento é especial e a sentença tem natureza constitutiva.
(E) A citação dos confinantes poderá ser feita pessoalmente ou por edital, se o caso.

A: Incorreta, porque a ação de usucapião não está inserida no capítulo do Código que trata da jurisdição voluntária, que se iniciam no art. 719 do CPC; **B:** Correta (CPC, art. 246, § 3°); **C:** Incorreta, pois o CPC expressamente possibilita a propositura de ação de usucapião na

hipótese de ser rejeitado o pedido extrajudicial (CPC, art. 1.071 e Lei 6.015/73, art. 216-A, § 9º); **D:** Incorreta, considerando que (i) o CPC não prevê um procedimento especial para as ações de usucapião, e (ii) a sentença proferida na ação de usucapião tem natureza meramente declaratória (vide também STJ, REsp n. 118.360-SP). **E:** Incorreta, porque o diploma processual não prevê a possibilidade de citação dos confinantes por edital (CPC, art. 216, § 3º).
Gabarito "B".

(Procurador – IPSMI/SP – VUNESP – 2016) Minerva está há mais de 30 anos na posse de um terreno que fica na zona sul de Itaquaquecetuba. Decide então, preenchidos os requisitos para usucapir o bem, aforar a demanda competente. Nesse caso, é correto afirmar que

(A) o Ministério Público só deve atuar neste feito caso tenha interesse na área ocupada por Minerva.
(B) a ação deverá ser obrigatoriamente instruída com a certidão atualizada do imóvel a ser usucapido, sendo que quem figurar como proprietário do bem deverá obrigatoriamente ser citado por edital.
(C) a petição inicial da usucapião deverá obrigatoriamente vir instruída com a planta do imóvel e memorial descritivo, a fim de que se individualize o bem.
(D) a sentença que julgar improcedente a ação será transcrita, mediante mandado, no registro de imóveis, independentemente da satisfação das obrigações fiscais por parte de Minerva.
(E) não se faz necessária a citação das Fazendas Publicas Municipal, Estadual e da União quando estas, extrajudicialmente, manifestarem seu desinteresse no imóvel requerido por Minerva.

A: Incorreta, pois o MP deverá atuar nos casos em que a lei prevê sua participação como fiscal da ordem jurídica (CPC, art. 178); **B:** Incorreta, pois a citação por edital é excepcional, mesmo na usucapião (CPC, art. 246, § 3º e 259, I); **C:** Correta. Apesar de não existir mais o procedimento especial para a ação de usucapião, essa previsão está presente no pedido extrajudicial de usucapião, de modo que também se aplica ao judicial (CPC, art. 1.071, que inseriu o art. 216-A, § 2º à Lei 6.015/1973); **D:** incorreta, pois se o pedido foi julgado improcedente, nada há a ser levado à matrícula do imóvel; **E:** Incorreta. O art. 216-A, § 3º, da Lei 6.015/1973 prevê expressamente a oitiva da Fazenda no procedimento extrajudicial, de modo que mesmo se aplica ao judicial.
Gabarito "C".

(Procurador – IPSMI/SP – VUNESP – 2016) João ingressou com ação contra a Fazenda Pública de Itaquaquecetuba, requerendo indenização por danos morais com requerimento de concessão de tutela antecipada. Diante desse quadro, é correto afirmar que

(A) o prazo para a ré contestar deverá ser contado em dobro e caso venha a sucumbir nos autos, terá prazo quadruplicado para recorrer.
(B) o pedido de antecipação de tutela formulado por João é inepto, pois pelo princípio da reserva do possível não se admite concessão de liminares contra a Fazenda Pública.
(C) gozando a Fazenda Pública de gratuidade processual presumida, caso saia vitoriosa na ação movida por João, este não poderá ser condenado ao pagamento de custas e honorários advocatícios.
(D) caso a ação promovida por João seja julgada totalmente procedente, ainda que a Fazenda Pública não recorra, para que a sentença em regra possa produzir efeitos, necessário se fará a confirmação da decisão pelo Tribunal.
(E) a citação da Fazenda Pública no presente caso deverá ser realizada primeiramente pelo correio. Caso se veja frustrada a citação, João poderá requerer que a citação seja feita por Oficial de Justiça.

A: incorreta, pois o prazo para a Fazenda se manifestar é em dobro (CPC, art. 183); **B:** incorreta, pois é pacífico que cabem liminares contra a Fazenda Pública, apesar de existirem algumas limitações legais; **C:** incorreta, pois a Fazenda não paga custas, mas paga honorários (CPC, art. 85, § 3º); dessa forma, se pessoa física for vencida, será condenada ao pagamento de custas e honorários; **D:** correta, tratando-se da remessa necessária (CPC, art. 496); **E:** incorreta, pois não há citação pelo correio contra a Fazenda (CPC, art. 247, III).
Gabarito "D".

3. DIREITO PENAL

Arthur Trigueiros e Eduardo Dompieri *

1. CONCEITO, FONTES E PRINCÍPIOS

(Juiz de Direito – TJ/RJ – 2019 – VUNESP) O princípio da insignificância, que defende a não intervenção do Direito Penal para coibir ações típicas que causem ínfima lesão ao bem jurídico tutelado é afastado pela jurisprudência do Superior Tribunal de Justiça, por sua Súmula 599, em relação aos crimes

(A) praticados contra as mulheres ou em condição de violência de gênero.
(B) contra o meio ambiente.
(C) contra a Administração Pública.
(D) contra a criança e o adolescente.
(E) de menor potencial ofensivo.

Antes de mais nada, façamos algumas considerações acerca do princípio da insignificância (ou da criminalidade de bagatela) para, depois, analisar, uma a uma, as assertivas propostas. Conforme é sabido, este postulado tem sua origem no Direito Romano, derivado do brocardo *de minimis non curat praetor*, que significa, *grosso modo*, que fatos totalmente insignificantes devem ficar fora do alcance do Direito Penal. Em outras palavras, o Direito Penal não deve atuar diante de fatos insignificantes, desprezíveis, de forma que somente se deve recorrer a esse ramo do direito em casos relevantes, isto é, não pode ser considerada típica a conduta causadora de lesão insignificante ao bem jurídico tutelado pela norma penal. De acordo com a doutrina e jurisprudência consolidadas, o postulado da insignificância atua como causa de exclusão da tipicidade material. Somente passou a ser incorporado e aplicado a partir dos estudos do jurista alemão Claus Roxin, na década de 70 do século passado, que modernizou e aperfeiçoou o postulado. Calcado em valores de política criminal e derivado do princípio da intervenção mínima, o princípio da insignificância funciona como causa excludente da tipicidade (material) do fato, constituindo-se em instrumento de interpretação restritiva do tipo penal. De acordo com a doutrina e jurisprudência hoje sedimentadas, a sua incidência está condicionada ao reconhecimento conjugado de quatro vetores, a saber: i) mínima ofensividade da conduta do agente; ii) nenhuma periculosidade social da ação; iii) reduzido grau de reprovabilidade do comportamento; iv) inexpressividade da lesão jurídica provocada. Feitas essas ponderações, passemos às alternativas. **A:** incorreta. O simples fato de a infração penal ter como vítima a mulher não elide a incidência do princípio da insignificância. O que fez a Súmula 589, do STJ, foi consolidar o entendimento segundo o qual é vedada a aplicação do princípio da insignificância no contexto das infrações penais praticadas contra a mulher no âmbito da Lei Maria da Penha; **B:** incorreta. Tanto o STF quanto o STJ acolhem a possibilidade de incidência do princípio da insignificância no contexto dos crimes ambientais. Conferir: "AÇÃO PENAL. Crime ambiental. Pescador flagrado com doze camarões e rede de pesca, em desacordo com a Portaria 84/02, do IBAMA. Art. 34, parágrafo único, II, da Lei nº 9.605/98. *Rei furtivae* de valor insignificante. Periculosidade não considerável do agente. Crime de bagatela. Caracterização. Aplicação do princípio da insignificância. Atipicidade reconhecida. Absolvição decretada. HC concedido para esse fim. Voto vencido. Verificada a objetiva insignificância jurídica do ato tido por delituoso, à luz das suas circunstâncias, deve o réu, em recurso ou *habeas corpus*, ser absolvido por atipicidade do comportamento" (STF, HC 112563, Relator: Min. RICARDO LEWANDOWSKI, Relator p/ Acórdão: Min. CEZAR PELUSO, Segunda Turma, julgado em 21.08.2012). No mesmo sentido, o STJ: "1. Esta Corte Superior de Justiça e o Supremo Tribunal Federal reconhecem a atipicidade material de determinadas condutas praticadas em detrimento do meio ambiente, desde que verificada a mínima ofensividade da conduta do agente, a ausência de periculosidade social da ação, o reduzido grau de reprovabilidade do comportamento e a inexpressividade da lesão jurídica provocada. Precedentes. 2. Hipótese em que os recorridos foram denunciados pela pesca em período proibido, com utilização de vara e molinete, tendo sido apreendidos com ínfima quantidade extraída da fauna aquática, de maneira que não causaram perturbação no ecossistema a ponto de reclamar a incidência do Direito Penal, sendo, portanto, imperioso o reconhecimento da atipicidade da conduta perpetrada, devendo ser ressaltado que os recorridos não possuem antecedentes criminais. 3. Recurso desprovido" (REsp 1743980/MG, Rel. Ministro Jorge Mussi, Quinta Turma, julgado em 04/09/2018, DJe 12/09/2018); **C:** correta. É fato que, para o STJ, o princípio da insignificância é inaplicável aos crimes contra a Administração Pública. Tal entendimento, inclusive, está sedimentado na Súmula 599, do próprio STJ: *o princípio da insignificância é inaplicável aos crimes contra a Administração Pública*. Mas tal regra comporta uma exceção. Refiro-me ao delito de descaminho, em relação ao qual o STJ (e também o STF) entende pela aplicabilidade do mencionado postulado, desde que o tributo sonegado não ultrapasse R$ 20.000,00. Cuidado: a insignificância, embora se aplique ao descaminho, não tem incidência no crime de contrabando. Ademais, é importante que se diga que o STF tem precedentes no sentido de reconhecer a incidência de tal princípio aos crimes contra a Administração Pública. A conferir: "Delito de peculato-furto. Apropriação, por carcereiro, de farol de milha que guarnecia motocicleta apreendida. Coisa estimada em treze reais. *Res furtiva* de valor insignificante. Periculosidade não considerável do agente. Circunstâncias relevantes. Crime de bagatela. Caracterização. Dano à probidade da administração. Irrelevância no caso. Aplicação do princípio da insignificância. Atipicidade reconhecida. Absolvição decretada. HC concedido para esse fim. Voto vencido. Verificada a objetiva insignificância jurídica do ato tido por delituoso, à luz das suas circunstâncias, deve o réu, em recurso ou *habeas corpus*, ser absolvido por atipicidade do comportamento" (HC 112388, Relator(a): Min. Ricardo Lewandowski, Relator(a) p/ acórdão: Min. Cezar Peluso, Segunda Turma, julgado em 21/08/2012, Processo Eletrônico DJe-181 Divulg 13.09.2012 Public 14.09.2012); **D:** incorreta. Dada a relevância do bem jurídico sob tutela, aos crimes praticados contra a criança e o adolescente não incide o princípio da insignificância; **E:** incorreta. Não há óbice à incidência do princípio da insignificância nas infrações penais regidas por lei especial, como é o caso das infrações de menor potencial ofensivo (Lei 9.099/1995).

Gabarito "C".

(Investigador – PC/BA – 2018 – VUNESP) Acerca dos princípios da legalidade e da anterioridade insculpidos no art. 1º do Código Penal e no art. 5º, XXXIX, da Constituição Federal, analise as alternativas a seguir e assinale a correta.

(A) Uma das funções do princípio da legalidade é permitir a criação de crimes e penas pelos usos e costumes.

---

* **Eduardo Dompieri** comentou as demais questões de concursos jurídicos, **Arthur Trigueiros** comentou as questões do concurso MP/ES/2013.

(B) No Brasil, em um primeiro momento, a União Federal pode legislar sobre matéria penal. No entanto, de forma indireta e urgente, leis estaduais podem impor regras e sanções de natureza criminal.
(C) A lei penal incriminadora somente pode ser aplicada a um fato concreto desde que tenha tido origem antes da prática da conduta. Em situações temporárias e excepcionais, no entanto, admite-se a mitigação do princípio da anterioridade.
(D) Desdobramento do princípio da legalidade é o da taxatividade, que impede a edição de tipos penais genéricos e indeterminados.

A: incorreta. É que, segundo é consenso na doutrina e na jurisprudência, os usos e costumes não podem servir de fonte para a criação de crimes (e também contravenções) e suas respectivas penas. Pode, no entanto, atuar como instrumento interpretativo. Isso porque, segundo enuncia o princípio da *legalidade*, *estrita legalidade* ou *reserva legal* (arts. 1º do CP e 5º, XXXIX, da CF), os tipos penais só podem ser concebidos por lei em sentido estrito, ficando afastada, assim, a possibilidade de a lei penal ser criada por outras formas que não a lei em sentido formal. É também por essa razão que é excluída a possibilidade de a lei penal ser criada por meio de *medida provisória* (art. 62, § 1º, I, *b*, da CF); **B:** incorreta, já que a União é a fonte de produção do Direito Penal no Brasil. Entretanto, segundo estabelece o art. 22, parágrafo único, da CF, lei complementar Federal poderá autorizar os Estados-Membros a legislar em matéria penal sobre questões específicas, de interesse local, o que não inclui a incriminação de condutas; **C:** incorreta. A lei penal, como bem sabemos, deve ser anterior ao fato que se pretende punir. Ou seja, tal como estabelece o art. 2º, *caput*, do CP, *ninguém pode ser punido por fato que lei posterior deixa de considerar crime*. Nessa esteira, a CF, em seu art. 5º, XL, estabelece que a lei penal somente retroagirá para beneficiar o acusado. Dessa forma, a lei penal incriminadora somente terá incidência aos fatos ocorridos a partir de sua entrada em vigor. Mas há uma exceção: para beneficiar o réu. É o caso da *abolitio criminis* (art. 2º, *caput*, do CP), em que a lei posterior deixa de considerar crime determinado fato até então considerado como tal. Neste caso, o fato, embora anterior à edição da lei, será por ela regido. No que toca às leis de vigência temporária (tanto as temporárias quanto as excepcionais), estas são consideradas *ultra-ativas* e *autorrevogáveis*. Quer-se com isso dizer que tudo o que ocorrer na vigência de uma lei temporária ou excepcional será por ela regido, mesmo que não mais esteja em vigor, pois, se assim não fosse, nenhuma eficácia teria. Não se aplica às leis de vigência temporária, assim, o princípio da retroatividade benéfica; **D:** correta. De fato, tal como afirmado na proposição, o *princípio da taxatividade*, que constitui um desdobramento do postulado da legalidade, impõe ao legislador o dever de descrever as condutas típicas de maneira pormenorizada e clara, de forma a não deixar dúvidas por parte do aplicador da norma. ED

Gabarito "D".

(Juiz de Direito – TJM/SP – VUNESP – 2016) A respeito dos princípios penais e constitucionais penais, assinale a alternativa correta.

(A) O princípio da humanidade, previsto expressamente na Constituição Federal, proíbe a pena de morte (salvo caso de guerra declarada), mas não impede que dos presos se exijam serviços forçados.
(B) A pessoalidade da pena e a individualização da sanção penal são princípios constitucionais implícitos, já que não são enumerados expressamente na Constituição Federal, mas deduzidos das normas constitucionais nela contidas.
(C) O postulado da irretroatividade da lei penal, por expressa determinação constitucional, é excepcionado quando em causa lei penal benéfica ao réu. Isto importa que a lei penal retroage em favor do réu, desde que inexista sentença com trânsito em julgado.
(D) O princípio da intervenção mínima do direito penal desdobra-se no caráter subsidiário e fragmentário do direito penal. O primeiro impõe que apenas lesões graves a bens jurídicos dignos de tutela penal sejam objeto do direito penal. Já o segundo impõe que só se recorra ao direito penal quando outros ramos do direito mostrarem-se insuficientes à proteção de determinado bem jurídico.
(E) O princípio da legalidade desdobra-se nos postulados da reserva legal, da taxatividade e da irretroatividade. O primeiro impossibilita o uso de analogia como fonte do direito penal; o segundo exige que as leis sejam claras, certas e precisas, a fim de restringir a discricionariedade do aplicador da lei; o último exige a atualidade da lei, impondo que seja aplicada apenas a fatos ocorridos depois de sua vigência.

A: incorreta. É verdade que a pena de morte, que, em regra, é vedada, é admitida no caso de guerra declarada, tal como estabelece o art. 5º, XLVII, *a*, da CF, mas é incorreto afirmar-se – e aqui está o erro da assertiva – que é permitido que os presos sejam submetidos a trabalhos forçados. Tal previsão está contida, de forma textual, no art. 5º, XLVII, *c*, da CF; **B:** incorreta. Trata-se de princípios previstos expressamente no texto da Constituição Federal (art. 5º, XLV e XLVI); **C:** incorreta. A retroatividade da lei penal mais benéfica não está condicionada à ausência de trânsito em julgado da sentença. Quer-se com isso dizer que a superveniência de lei penal mais favorável, ainda que tal se dê depois de a sentença condenatória passar em julgado, alcançará o reeducando, beneficiando-o. Importante que se diga que, neste caso, caberá tal análise ao juízo da execução; **D:** incorreta. É que os conceitos atribuídos, na assertiva, aos princípios da subsidiariedade e fragmentariedade estão invertidos. Preconiza o postulado da fragmentariedade que o Direito Penal deve sempre ser visto como a *ultima ratio*, isto é, somente deve ocupar-se das condutas mais graves, mais deletérias. Representa, por isso, um *fragmento*, uma pequena parcela do ordenamento jurídico. De outro lado, afirmar que o Direito Penal tem *caráter subsidiário* significa dizer que ele somente terá lugar na hipótese de outros ramos do direito se revelarem ineficazes no controle de conflitos gerados no meio social; **E:** correta. O princípio da *reserva legal*, estampado no art. 5º, XXXIX, da CF, bem como no art. 1º do CP, preconiza que os tipos penais só podem ser criados por lei em sentido formal. É vedado, pois, ao legislador fazer uso de outras formas legislativas para conceber tipos penais bem como lançar mão da analogia como fonte do direito penal; o princípio da taxatividade, tal como se afirma, impõe ao legislador o dever de descrever as condutas típicas de maneira pormenorizada e clara, de forma a não deixar dúvidas por parte do aplicador da norma; por fim, temos que o princípio da irretroatividade enuncia que a lei penal será aplicada, em regra, aos fatos ocorridos sob a sua égide. ED

Gabarito "E".

(Juiz de Direito – TJ/MS – VUNESP – 2015) Assinale a alternativa correta.

(A) Norma penal em branco é aquela cujo preceito secundário do tipo penal é estabelecido por outra norma legal, regulamentar ou administrativa.
(B) A teoria da imputação objetiva consiste em destacar o resultado naturalístico como objeto do bem jurídico penalmente tutelado.
(C) Da Constituição Federal de 1988 pode-se extrair a garantia à sociedade pela aplicação do princípio da não fragmentariedade, consistente na proteção de todos os bens jurídicos e proteção dos interesses jurídicos.

(D) O Código Penal Brasileiro adotou a teoria do resultado para aferição do tempo do crime, conforme se depreende do art. 4º do mencionado Código.

(E) A tipicidade conglobante é um corretivo da tipicidade legal, posto que pode excluir do âmbito do típico aquelas condutas que apenas aparentemente estão proibidas.

A: incorreta. *Norma penal em branco* é aquela cujo preceito primário (e não o secundário!), porque incompleto, necessita ser integralizado por outra norma, do mesmo nível ou de nível diferente. Classifica-se em *norma penal em branco heterogênea* (em sentido estrito), assim considerada aquela em que o complemento deve ser extraído de uma norma infralegal. É o caso do delito de tráfico de drogas. Neste caso, o conceito de droga deve ser buscado em uma portaria da Anvisa. De outro lado, *norma penal em branco em sentido lato* ou *amplo* (ou homogênea) é aquela em que a norma complementar consiste numa *lei* (mesma fonte legislativa da norma que há de ser complementada). Vale o registro de que, na chamada lei penal em branco inversa ou ao avesso, o preceito primário é completo, mas o secundário, não, exigindo que a sua integralização seja feita por meio de uma lei. Neste caso, não há possibilidade de complementação por meio de norma infralegal, sob pena de violação ao princípio da reserva legal; **B:** incorreta. Em apertada síntese, para a chamada *teoria da imputação objetiva*, criada por Claus Roxin na década de 1970, o resultado somente poderá ser objetivamente imputado ao agente se este tiver criado um risco proibido e que este tenha se materializado no resultado típico; **C:** incorreta. Ao contrário do que se afirma, pode-se extrair da CF/1988 a garantia conferida à sociedade da aplicação do princípio da fragmentariedade, segundo o qual a proteção proporcionada aos bens jurídicos pelo direito penal deve ter caráter residual, fragmentário, ou seja, nem todas as condutas tidas por nocivas devem ser objeto do direito penal, mas somente uma parcela delas (um fragmento). É que o direito penal é a última etapa de proteção conferida ao bem jurídico, dada a sua severidade; se há outros mecanismos de controle menos traumáticos, deve-se deles lançar mão; agora, se se revelarem ineficazes e incapazes de promover a pacificação almejada, aí sim, pode-se cogitar do derradeiro recurso, que é direito penal; **D:** incorreta. Quanto ao *tempo do crime*, o art. 4º do CP acolheu a *teoria da ação* ou *da atividade*, segundo a qual considera-se praticado o crime no momento da ação ou omissão, ainda que outro seja o do resultado; **E:** correta. Pela *teoria da tipicidade conglobante*, concebida por Eugenio Raúl Zaffaroni, a tipicidade penal deve ser avaliada de forma conglobada, ou seja, deve ser cotejada com o ordenamento jurídico como um todo. Para esta teoria, é insuficiente a violação da lei penal. É ainda necessária a ofensa a todo o ordenamento jurídico (antinormatividade). **Gabarito "E".**

(Delegado/SP – VUNESP – 2014) Assinale a alternativa que apresenta o princípio que deve ser atribuído a Claus Roxin, defensor da tese de que a tipicidade penal exige uma ofensa de gravidade aos bens jurídicos protegidos.

(A) Insignificância.
(B) Intervenção mínima.
(C) Fragmentariedade.
(D) Adequação social.
(E) Humanidade.

A: correta. De fato, Claus Roxin, eminente doutrinador alemão, em 1964, abeberando-se nos ensinamentos do Direito Romano, desenvolveu a tese de que a tipicidade penal exige ofensa significativa aos bens jurídicos **tutelados** pelas normas penais incriminadoras. Em outras palavras, as lesões ínfimas aos referidos bens jurídicos, sem qualquer expressividade, serão materialmente atípicas, adotando-se, aqui, o princípio da insignificância; **B, C, D e E:** incorretas, pois, como visto no comentário antecedente, não se atribui a Claus Roxin o princípio da intervenção mínima, fragmentariedade, adequação social e humanidade, mas, sim, o da insignificância. **Gabarito "A".**

(Magistratura/SP – VUNESP – 2013) O crime de dano (CP, art. 163), norma menos grave, funciona como elemento do crime de furto qualificado pelo rompimento de obstáculo à subtração da coisa (CP, art. 155, § 4.º, inciso I).

Nesta hipótese, o crime de dano é excluído pela norma mais grave, em função do princípio da

(A) especialidade.
(B) consunção.
(C) subsidiariedade tácita ou implícita.
(D) subsidiariedade expressa ou explícita.

Para a perfeita compreensão da questão, faz-se necessário trazermos alguns esclarecimentos sobre o conflito aparente de normas. Pois bem. É possível que, apenas no *plano da aparência*, duas ou mais leis penais incidam sobre um mesmo fato. Na realidade, apenas uma delas deverá reger o ato praticado pelo agente. É o que se denomina *conflito aparente de leis ou conflito aparente de normas*. Para a resolução desse conflito, quatro princípios serão utilizados: **a) princípio da especialidade**: a lei especial prevalece sobre a geral. Será especial a lei que contiver todos os elementos da geral e mais alguns denominados especializantes. Ex.: homicídio (lei geral) e infanticídio (lei especial); **b) princípio da subsidiariedade**: a lei primária prevalece sobre a subsidiária. Lei subsidiária é aquela que descreve um grau menor de violação de um mesmo bem jurídico integrante da descrição típica de outro delito mais grave. Ex.: lesão corporal (lei primária) e periclitação da vida ou saúde de outrem (lei subsidiária). A subsidiariedade poderá ser *expressa*, quando da leitura do próprio tipo penal conseguir-se extrair que se trata de infração penal subsidiária (ex.: disparo de arma de fogo – art. 15 do Estatuto do Desarmamento – somente restará caracterizado se não for cometido para a prática de crime mais grave), ou tácita, quando "*o fato implicado na lei primária constituir-se como elemento constitutivo, qualificadora, causa de aumento da pena, agravante genérica ou meio de execução*" (Cleber Masson, **Direito Penal Esquematizado** – Parte Geral, 2ª edição, p. 119, Ed. Método, 2009); **c) princípio da consunção ou absorção**: o crime mais grave absorve outro menos grave quando este integrar a descrição típica daquele (quando for meio de execução de outro mais grave). É verificado em 3 hipóteses: c.1) **crime progressivo**: dá-se quando o agente pretende, desde o início, produzir resultado mais grave, praticando sucessivas violações ao mesmo bem jurídico. Ex.: querendo matar, o agente dá golpes de taco de beisebol em todo o corpo da vítima até matá-la. Pratica, portanto, lesões corporais até chegar ao resultado morte; c.2) **crime complexo**: é aquele composto de vários tipos penais autônomos. Prevalece o fato complexo sobre os autônomos. Ex.: para roubar, o agente furta o bem e emprega violência ou grave ameaça. Não responderá por furto, lesões corporais e/ou ameaça, mas só pelo roubo; c.3) **progressão criminosa**: o agente, de início, pretende produzir resultado menos grave. Contudo, no decorrer da conduta, decide por produzir resultado mais grave. Ex.: primeiro o agente pretendia lesionar e conseguiu seu intento. Contudo, após a prática das lesões corporais, decide matar a vítima, o que efetivamente faz. Nesse caso, o resultado final (mais grave) absorve o resultado inicial (menos grave). Atenta a doutrina, ainda, para o *princípio da alternatividade*, que, em verdade, não soluciona conflito aparente de normas, mas um *conflito interno de normas*. É o que ocorre nos *crimes de ação múltipla, de tipo alternativo misto ou de conteúdo variado*, que são aqueles formados por várias condutas típicas possíveis (vários verbos), tais como o art. 33 da Nova Lei de Drogas (tráfico de drogas), ou o art. 180, do CP (receptação). Se o agente praticar dois ou mais verbos do mesmo tipo penal, responderá por um único crime (ex.: Se "A" importar dez quilos de cocaína e vendê-los a "B", não responderá por dois tráficos de drogas, mas por um só crime de tráfico). Por todos os esclarecimentos ora trazidos, vê-se que, para a questão proposta, a solução será a aplicação do princípio da *subsidiariedade tácita*, visto que o dano, crime menos grave (art.

163 do CP – norma subsidiária), funciona como qualificadora do furto, que é crime mais grave (art. 155, § 4º, I, do CP – norma primária).
Gabarito "C".

2. APLICAÇÃO DA LEI NO TEMPO

(Investigador – PC/BA – 2018 – VUNESP) Assinale a alternativa que indica a teoria adotada pela legislação quanto ao tempo do crime.

(A) Retroatividade.
(B) Atividade.
(C) Territorialidade.
(D) Ubiquidade.
(E) Extraterritorialidade.

No que se refere ao *tempo do crime*, o Código Penal, em seu art. 4º, adotou a *teoria da ação* ou *da atividade*, segundo a qual se reputa praticado o delito no momento da ação ou omissão, ainda que outro seja o momento do resultado.
Gabarito "B".

(Escrevente Técnico – TJM/SP – VUNESP – 2017) Nos termos previstos no Código Penal, é correto afirmar que

(A) se considera praticado o crime no momento do resultado.
(B) a lei posterior, que de qualquer modo favorecer o agente, aplica-se aos fatos anteriores, salvo se decididos por sentença condenatória transitada em julgado.
(C) o dia do começo deve ser excluído no cômputo do prazo. Contam-se os dias, os meses e os anos pelo calendário comum.
(D) o funcionário público que se apropria, por negligência, de dinheiro, valor ou qualquer outro bem móvel, público ou particular, de que tem a posse em razão do cargo, ou o desvia, em proveito próprio, comete o crime de peculato-culposo.
(E) exigir, para outrem, indiretamente, fora da função mas em razão dela, vantagem indevida caracteriza o crime de concussão.

A: incorreta. No que diz respeito ao *tempo do crime*, reputa-se praticada a infração penal no momento da ação ou omissão, ainda que outro seja o do resultado. É a chamada *teoria da ação* ou *atividade*, presente no art. 4º do CP; **B:** incorreta. A lei posterior, que de qualquer modo favorecer o agente, deverá retroagir e ser aplicada aos fatos anteriores, ainda que já decididos por sentença condenatória com trânsito em julgado; **C:** incorreta. Isso porque, segundo estabelece o art. 10 do CP, na contagem do prazo penal, deve ser incluído, sim, o dia do começo. A segunda parte da proposição, em que se afirma que os dias, os meses e os anos contam-se pelo calendário comum, está correta; **D:** incorreta. O peculato culposo, modalidade prevista no art. 312, § 2º, do CP, pressupõe que o funcionário público concorra, de forma culposa, para o delito de terceiro, que pode ou não ser funcionário público e age sempre de forma dolosa, praticando crimes como, por exemplo, furto, peculato, apropriação indébita etc. A conduta descrita na alternativa corresponde ao peculato próprio, que é doloso e está previsto no art. 312, *caput*, do CP; **E:** correta. Crime previsto no art. 316, *caput*, do CP.
Gabarito "E".

(Procurador Municipal – Sertãozinho/SP – VUNESP – 2016) Rosa Margarida, apaixonada por Carlos Flores, imaginando que se os dois convivessem por alguns dias, ele poderia se apaixonar, resolveu sequestrá-lo. Sendo assim, o privou da sua liberdade e o levou para sua casa. Enquanto Carlos era mantido em cativeiro por Rosa, nova lei entrou em vigor, agravando a pena do crime de sequestro. Sobre a possibilidade de aplicação da nova lei, mais severa, ao caso exposto, assinale a alternativa correta.

(A) Não se aplica, tendo em vista a irretroatividade da lei penal mais severa.
(B) É aplicável, pois entrou em vigor antes de cessar a permanência.
(C) Não se aplica, tendo em vista o princípio da prevalência do interesse do réu.
(D) É aplicável, pois se trata de crime material e nesses casos deve ser aplicada a teoria da ubiquidade.
(E) Não se aplica, pois de acordo com a teoria da atividade, a lei a ser aplicada deve ser aquela em vigor no momento do crime.

Sendo o *sequestro e cárcere privado* – art. 148, CP crime permanente, em que a consumação se prolonga no tempo por vontade do agente, a sucessão de leis penais no tempo enseja a aplicação da lei vigente enquanto não cessado o comportamento ilícito, ainda que se trate de lei mais gravosa. É esse o entendimento firmado na Súmula 711 do STF: "A lei penal mais grave aplica-se ao crime continuado ou ao crime permanente, se a sua vigência é anterior à cessação da continuidade ou permanência".
Gabarito "B".

(Procurador – SP – VUNESP – 2015) De acordo com a teoria da aplicação da lei penal, pode-se afirmar:

(A) A lei penal, em razão das suas consequências, não retroage.
(B) A analogia, uma das fontes do direito, é vetada, no direito penal, em razão do princípio da legalidade.
(C) Considera-se o crime praticado no momento do resultado, e não da ação ou omissão (artigo 4º, CP).
(D) Considera-se o crime praticado no lugar em que ocorreu a ação ou omissão, bem como onde se produziu ou deveria produzir-se o resultado.
(E) No Brasil, os efeitos da lei penal não podem ultrapassar seus limites territoriais para regular fatos ocorridos além da sua soberania.

A: incorreta. A lei penal, é verdade, não retroage. Isso porque os fatos ocorridos sob a égide de determinada lei devem por ela ser regidos. Sucede que essa regra comporta exceção. Refiro-me à hipótese em que a lei nova é mais favorável ao agente do que aquela em vigor ao tempo em que a conduta foi praticada, seja porque deixou de considerar determinada conduta como infração penal (*abolitio criminis*), seja porque, de qualquer outra forma, revelou-se mais benéfica do que a lei anterior. Neste caso, embora o fato tenha se dado sob o império de determinada lei, certo é que o advento de lei nova mais favorável fará com que esta retroaja e atinja fatos ocorridos antes de ela (lei nova mais benéfica) entrar em vigor. Tal fenômeno, que constitui garantia de índole constitucional, se denomina retroatividade da lei penal mais benéfica e está contido no art. 2º, *caput* e parágrafo único, do CP e art. 5º, XL, da CF; **B:** incorreta. A analogia não é vedada de forma absoluta em matéria penal. Isso porque ela terá lugar se benéfica for ao réu. É a chamada analogia *in bonam partem*; **C:** incorreta, já que, no que se refere ao *tempo do crime*, o Código Penal, em seu art. 4º, adotou a *teoria da ação* ou *da atividade*, segundo a qual se reputa praticado o crime no momento da ação ou omissão, ainda que outro seja o momento do resultado; **D:** correta, dado que, quanto ao *lugar do crime*, o Código Penal, em seu art. 6º, acolheu, de fato, a teoria mista ou da ubiquidade, pois é considerado lugar do crime tanto o local em que foi praticada a conduta quanto aquele no qual o resultado foi ou deveria ser produzido; **E:** incorreta. Como bem sabemos, a lei penal brasileira será aplicada aos fatos praticados em território nacional (art. 5º, CP). Destarte, o Brasil adotou, como regra, o princípio da territorialidade, que, no entanto, comporta exceções, essas elencadas no art. 7º do CP,

que estabelecem situações em que a lei brasileira é aplicada a crimes ocorridos no estrangeiro.
Gabarito "D".

3. APLICAÇÃO DA LEI NO ESPAÇO

(Cartório/SP – VUNESP – 2011) Assinale a alternativa que indica hipótese de não aplicação da lei penal brasileira.

(A) Crime praticado em navio de cruzeiro italiano, navegando em mar territorial brasileiro.
(B) Crime praticado em navio de guerra brasileiro, navegando no mar territorial australiano.
(C) Crime praticado em lancha de recreio brasileira no mar territorial uruguaio.
(D) Falsificação de Reais (artigo 289 do Código Penal) praticada na China.

A: incorreta, pois um crime praticado em navio de cruzeiro italiano, navegando em mar territorial brasileiro, será punido de acordo com a lei brasileira (art. 5º, § 2º, do CP), tratando-se referida embarcação de território brasileiro por equiparação; **B:** incorreta, pois a embarcação brasileira, de natureza pública, ou a serviço do governo brasileiro, onde quer que se encontre, será considerada território nacional por extensão (art. 5º, § 1º, do CP); **C:** correta. De fato, se um crime for praticado em uma lancha de recreio (privada, portanto), em mar territorial uruguaio, não será considerada território nacional por equiparação (art. 5º, § 1º, do CP). Somente assim seria considerada referida embarcação se estivesse em alto-mar; **D:** incorreta, pois a falsificação de moeda nacional (art. 289 do CP), em qualquer país, gerará a possibilidade de imposição da lei penal brasileira, nos termos do art. 7º, I, "b", do CP (caso de extraterritorialidade incondicionada).
Gabarito "C".

4. CONCEITO E CLASSIFICAÇÃO DOS CRIMES

(Juiz de Direito – TJ/MS – VUNESP – 2015) Assinale a alternativa correta a respeito do entendimento do crime.

(A) O crime consunto é o delito que absorve o de menor gravidade.
(B) O crime comissivo por omissão é aquele em que o sujeito, por omissão, permite a produção de um resultado posterior que lhe é condicionante.
(C) É admissível a forma tentada no crime unissubsistente.
(D) Crime de ação múltipla é aquele em que o sujeito necessita percorrer várias ações do preceito fundamental para que consiga chegar ao resultado, sem a qual não há como se subsumir a conduta ao delito.
(E) Crime vago é aquele em que a ação do agente causa dúvida sobre a tipificação do fato ao delito realizado.

A: incorreta. No contexto da regra da consunção, que constitui um dos mecanismos de solução do conflito aparente de normas, *consunto* é o delito absorvido (e não o que *absorve*) por outro de maior gravidade (consuntivo); **B:** correta. A responsabilidade do agente, no chamado *crime comissivo por omissão* ou *omissão imprópria (omissão impuro)*, surge porque este deixou de evitar o resultado que podia ou devia ter evitado. Sua obrigação está consubstanciada no art. 13, § 2º, do CP. É crime material, cuja produção do resultado é necessária (condicionante) à consumação desta modalidade de crime omissivo. É o caso da mãe que propositadamente deixa de amamentar seu filho, que, em razão disso, vem a morrer. A configuração do crime de homicídio doloso, pela mãe, está condicionada ao resultado *morte*; **C:** incorreta. O crime *unissubsistente*, assim entendido aquele cuja conduta se desenvolve em ato único, não comporta a modalidade tentada, já que o comportamento do agente não é passível de fracionamento; **D:** incorreta. Crime de ação múltipla ou de conteúdo variado é aquele em que o tipo penal contempla várias condutas (vários verbos), sendo que a realização de uma delas já é o que basta para a consumação do crime. Assim, se o agente, no mesmo contexto fático, realiza mais de uma conduta descrita no tipo, responderá por crime único. Exemplo sempre lembrado pela doutrina é o tráfico de drogas, em que o legislador previu diversos verbos. Para a prática do crime, basta que o agente incorra em um deles. Outro exemplo é o delito de participação em suicídio ou em automutilação (art. 122, CP), cujo preceito primário da norma contempla três verbos nucleares: induzir, instigar e auxiliar; **E:** incorreta. Vago é o crime cujo sujeito passivo é desprovido de personalidade jurídica. É o que se dá nos crimes de violação de sepultura (art. 210, CP) e aborto consentido (art. 124, CP), nos quais a vítima é ente destituído de personalidade jurídica.
Gabarito "B".

(Magistratura/SP – VUNESP – 2013) Há crime em que a tentativa é punida com a mesma pena do crime consumado, sem a diminuição legal. Exemplo: art. 309 do Código Eleitoral ("votar ou tentar votar, mais de uma vez, ou em lugar de outrem").

Recebe, em doutrina, a denominação de

(A) crime consunto.
(B) crime de conduta mista.
(C) crime de atentado ou de empreendimento.
(D) crime multitudinário.

De fato, a doutrina denomina de "crime de atentado" ou "crime de empreendimento" aquele em que a punição abstratamente cominada é a mesma para as formas tentada ou consumada. É o que se verifica, por exemplo, no crime do art. 309 do Código Eleitoral, que pune aquele que vota, mais de uma vez, ou que o faça em lugar de outrem (forma consumada) ou, ainda, o agente que tenta votar mais de uma vez ou tenta votar em lugar de outrem (forma tentada). Repare, porém, que consumação e tentativa estão previstas no próprio tipo penal, daí incidindo punição abstrata igual. Por esse motivo, a doutrina afirma que os crimes de atentado não admitem tentativa (já que esta, repita-se, já será punida da mesma forma do crime consumado).
Gabarito "C".

5. FATO TÍPICO E TIPO PENAL

(Juiz de Direito – TJ/RJ – 2019 – VUNESP) João ministra veneno a Maria, em dose apta a causar-lhe a morte, pois ela iria informar à autoridade policial que João havia mantido relação sexual incestuosa e consentida com a filha dele, de 16 anos. Antes que o resultado se efetive, João socorre Maria, levando-a a um pronto-socorro. Lá, o médico de plantão deixa de atender Maria, sob a única razão de estar almoçando. Maria, que seria salva caso o médico interviesse, morre.

Diante desse cenário, que admite múltiplas qualificações jurídicas, assinale a alternativa que melhor se adeque à espécie.

(A) João cometeu homicídio; o médico cometeu lesão corporal seguida de morte.
(B) João cometeu homicídio qualificado; o médico cometeu omissão de socorro com pena triplicada pelo resultado morte.
(C) João será beneficiado pelo arrependimento posterior e não sofrerá qualquer reprimenda penal; o médico cometeu homicídio culposo, na modalidade negligência.

(D) João cometeu lesão corporal seguida de morte; o médico cometeu omissão de socorro em concurso com homicídio culposo, na modalidade negligência.
(E) João cometeu homicídio duplamente qualificado; o médico cometeu omissão de socorro, com a pena duplicada pelo resultado morte.

Pelo enunciado proposto, João, depois de ministrar veneno a Maria, imbuído do propósito de matá-la, arrepende-se do que acabara de fazer e, de forma voluntária, socorre a vítima ao pronto-socorro, onde ela vem a falecer por falta de atendimento, uma vez que o médico que ali se encontrava de plantão, ao argumento de que estava almoçando, negara socorro. O arrependimento posterior deve, de plano, ser afastado, eliminando-se a alternativa "C". Isso porque, segundo enuncia o art. 16 do CP, é pressuposto do arrependimento posterior que o agente repare o dano ou restitua a coisa até o recebimento da denúncia, o que, à evidência, não é possível ocorrer em se tratando de crime contra a vida consumado (homicídio). Além disso, exige-se, à configuração da causa de diminuição de pena do art. 16 do CP, que o crime não tenha sido praticado mediante violência ou grave ameaça. Também é importante que se diga que tanto o arrependimento eficaz quanto a desistência voluntária (art. 15 do CP) somente têm lugar na hipótese de o resultado visado pelo agente não ser implementado. No caso narrado no enunciado, para o reconhecimento dos institutos previstos no art. 15 do CP, de rigor que Maria não tivesse morrido. Considerando que ela morreu, ainda que João tenha se arrependido e a socorrido ao hospital, ele será responsabilizado por homicídio doloso. Perceba que, na desistência voluntária, como o próprio nome sugere, o sujeito ativo, ainda dispondo de meios para alcançar o resultado, resolve, por ato voluntário, interromper a execução do delito (conduta negativa); no arrependimento eficaz, diferentemente, ele faz tudo o que pretendia para atingir o resultado, que não é alcançado porque ele (agente) agiu (conduta positiva) para evitá-lo. Quero, com isso, que fique bem clara a diferença entre a desistência voluntária e o arrependimento eficaz, tema sempre presente em provas de concursos públicos em geral. No caso narrado no enunciado, se a vítima não tivesse morrido, seria o caso de reconhecer o arrependimento eficaz, respondendo João somente pelos atos realizados, na medida em que praticou na íntegra todos os atos necessários para atingir a consumação. Dessa forma, ficam excluídos a desistência voluntária, o arrependimento eficaz e o arrependimento posterior. Até aqui, temos que João cometeu contra Maria o crime de homicídio doloso qualificado pelo emprego de veneno (art. 121, § 2º, III, do CP). A grande celeuma que aqui pode surgir refere-se à conduta do médico, que, conforme relatado no enunciado, negou atendimento a Maria, sob a justificativa de que estaria almoçando. Ao apontar como correta a assertiva "B", a organizadora considerou que o médico incorreu no crime de omissão de socorro, com pena triplicada pelo resultado morte. Embora se trate de uma solução plausível, não representa, a nosso ver, a melhor tipificação da conduta do médico. Pensamos que este deve ser responsabilizado por crime omissivo impróprio (homicídio doloso). Com efeito, ao negar atendimento à pessoa que, em situação de risco de vida, dele necessitava, o médico, na condição de garante, deve ser responsabilizado pelo crime de homicídio doloso, já que sua omissão, que foi proposital, corresponde a uma ação, nos termos do art. 13, § 2º, CP. ED
Gabarito "B".

(Delegado – PC/BA – 2018 – VUNESP) Tendo em conta a teoria geral do crime, assinale a alternativa correta.

(A) Os partidários da teoria tripartida do delito consideram a culpabilidade como pressuposto da pena e não elemento do crime.
(B) Os partidários da teoria tripartida do delito consideram elementos do crime a tipicidade, a antijuricidade e a punibilidade.
(C) A tipicidade, elemento do crime, na concepção material, esgota-se na subsunção da conduta ao tipo penal.
(D) O dolo, na escola clássica, deixou de ser elemento integrante da culpabilidade, deslocando-se para a conduta, já que ação e intenção são indissociáveis.
(E) Os partidários da teoria funcionalista da culpabilidade entendem que a culpabilidade é limitada pela finalidade preventiva da pena; constatada a desnecessidade da pena, o agente não será punido.

A: incorreta. Ao contrário do que se afirma na alternativa, para os adeptos da teoria *tripartida*, a culpabilidade constitui um dos elementos do crime, ao lado do fato típico e da ilicitude; já para a teoria *bipartida*, a culpabilidade deve ser entendida como pressuposto para a aplicação da pena, ao passo que o fato típico e a ilicitude constituem os elementos do crime, na sua acepção analógica. Para esta última teoria, a culpabilidade deve ser excluída da composição do crime; **B:** incorreta, pois, como acima dito, os partidários da teoria tripartida do delito consideram elementos do crime o fato típico, a antijuricidade (ilicitude) e a culpabilidade; **C:** incorreta, já que o critério material ou substancial diz respeito à intensidade do mal produzido aos interesses considerados dignos de tutela penal. A tipicidade, assim entendida como o enquadramento da conduta à norma penal descrita em abstrato (subsunção da conduta ao tipo penal), constitui um dos elementos do fato típico, a ser analisado no contexto do critério analítico de crime, que se funda nos elementos que compõem a estrutura do delito; **D:** incorreta. O fenômeno descrito na assertiva (deslocamento do dolo – e também da culpa – da culpabilidade para a conduta) deu-se a partir da adoção da teoria finalista, que é a teoria atualmente adotada em substituição à teoria clássica, para a qual o dolo e a culpa residiam na culpabilidade; **E:** correta. Para a teoria funcional ou funcionalista da culpabilidade, que tem como expoente Gunther Jakobs, a culpabilidade calcada em um juízo de reprovabilidade deve dar lugar à análise das reais necessidades de prevenção. Com isso, deve-se questionar, ao analisar a culpabilidade, se, em atenção às finalidades da pena, deve ou não o agente ser responsabilizado por seus atos. ED
Gabarito "E".

(Defensor Público/RO – 2017 – VUNESP) Doutrinadores nacionais admitem que a reforma de 1984 da Parte Geral do Código Penal, especialmente no que concerne ao "conceito de crime", aderiu ao "finalismo". Quem é considerado o criador de tal sistema jurídicopenal?

(A) Hans Welzel.
(B) Claus Roxin.
(C) Von Liszt.
(D) Günther Jakobs.
(E) Cesare Beccaria.

A teoria finalista, incorporada ao direito pátrio com a reforma a que foi submetida a Parte Geral do Código Penal, de 1984, foi concebida por Hans Welzel no início da década de 30 do século passado. Em resumo, segundo esta teoria, não se pode apartar a ação da vontade do agente. Conduta, assim, deve ser entendida como o comportamento humano, voluntário e consciente, voltado a uma finalidade. Daí a denominação teoria *finalista*. A partir dessa nova concepção, o dolo e a culpa, até então inseridos no campo da culpabilidade, passaram a integrar a conduta, que constitui o primeiro elemento do fato típico. Dessa forma, se não há dolo nem culpa, não há conduta; se não há conduta, não há fato típico; se não há fato típico, logo não haverá crime. O dolo, com isso, ganhou novos contornos, deixando de ser normativo para ser natural, isto é, deixou de conter a consciência da ilicitude. O dolo, para a teoria finalista, destarte, passou a contar com os seguintes elementos: consciência da conduta, do resultado e do nexo causal e vontade de realizar a conduta e gerar o resultado. ED
Gabarito "A".

(Juiz de Direito – TJM/SP – VUNESP – 2016) A respeito da omissão própria e da omissão imprópria (também denominada crime comissivo por omissão), é correto afirmar que

(A) um dos critérios apontados pela doutrina para diferenciar a omissão própria da omissão imprópria é o tipológico, segundo o qual, havendo norma expressa criminalizando a omissão, estar-se-ia diante de uma omissão imprópria.
(B) nos termos do Código Penal, possui posição de garantidor e, portanto, o dever de impedir o resultado, apenas quem, por lei, tem a obrigação de cuidado, proteção ou vigilância.
(C) a ingerência, denominação dada à posição de garantidor decorrente de um comportamento anterior que gera risco de resultado, não está positivada no ordenamento brasileiro, tratando-se de uma construção dogmática.
(D) o crime praticado por omissão, segundo o Código Penal, é apenado de forma atenuada ao crime praticado por ação.
(E) segundo o Código Penal, a omissão imprópria somente terá relevância penal se, além do dever de impedir o resultado, o omitente tiver possibilidade de evitá-lo.

A: incorreta. É fato que um dos critérios adotados pela doutrina para diferenciar a chamada omissão própria da imprópria é o *tipológico*. Mas, ao contrário do que se afirma, somente a omissão própria está albergada em tipos penais específicos, já que o legislador, neste caso, cuidou de descrever no que consiste a omissão. É o caso do crime de omissão de socorro (art. 135, CP). Esta modalidade de crime se perfaz pela mera abstenção do agente, independente de qualquer resultado posterior. Já o *crime omissivo impróprio* (*comissivo por omissão* ou *impuro*), grosso modo, é aquele em que o sujeito ativo, por uma omissão inicial, gera um resultado posterior, que ele tinha o dever de evitar (art. 13, § 2º, do CP). Os chamados crimes comissivos, que pressupõem uma conduta positiva, encerram normas proibitivas dirigidas, na maioria das vezes, à população em geral. A existência do crime comissivo por omissão pressupõe a conjugação de duas normas: uma norma proibitiva, que encerra um tipo penal comissivo e a todos é dirigido, e uma norma mandamental, que é endereçada a determinadas pessoas sobre as quais recai o dever de agir. Assim, a título de exemplo, a violação à regra contida no art. 121 do CP (não matar) pressupõe, via de regra, uma conduta positiva (um agir, um fazer); agora, a depender da qualidade do sujeito ativo (art. 13, § 2º), essa mesma norma pode ser violada por meio de uma omissão, o que se dá quando o agente, por força do que dispõe o art. 13, § 2º, do CP, tem o dever de agir para evitar o resultado. Perceba, dessa forma, que a conduta omissiva imprópria, diferentemente da própria, não está descrita em tipos penais específicos. A tipicidade decorre da conjugação do art. 13, § 2º, do CP com um tipo penal comissivo. Exemplo sempre lembrado pela doutrina é o da mãe que propositadamente deixa de amamentar seu filho, que, em razão disso, vem a morrer. Será ela responsabilizada por homicídio doloso, na medida em que seu dever de agir está contemplado na regra inserta no art. 13, § 2º, do CP. No mais, esta modalidade de crime omissivo não deve ser confundida com o *crime omissivo próprio* ou *puro*. Neste, o tipo penal cuidou de descrever a omissão. É o caso do crime de omissão de socorro (art. 135, CP). Esta modalidade de crime se perfaz pela mera abstenção do agente, independente de qualquer resultado posterior; **B:** incorreta, na medida em que, nos termos do Código Penal (art. 13, § 2º, b), a posição de garantidor também é conferida àquele que, embora não tenha a sua obrigação estabelecida em lei, de outra forma assumiu a responsabilidade de impedir o resultado. É o caso do salva-vidas que zela pela segurança dos banhistas. A sua obrigação, perceba, não decorre de lei, tal como aos pais em relação aos filhos bem assim os tutores em relação aos tutelados, mas de uma situação fática. Outro exemplo é o do vigilante que é contratado por moradores de determinada região para prestar serviços de segurança. Ele não poderá, por força de contrato, omitir-se diante de uma situação de crime contra o patrimônio das pessoas que o contrataram; **C:** incorreta, uma vez que a ingerência está prevista no art. 13, § 2º, c, do CP; **D:** incorreta: previsão não contemplada no Código Penal; **E:** correta. De fato, tal como acima se afirma, não basta que sobre o omitente recaia o dever de impedir o resultado, sendo ainda necessário que, no caso concreto, ele tenha a possibilidade de evitá-lo.

Gabarito "E".

6. ERRO DE TIPO, DE PROIBIÇÃO E DEMAIS ERROS

(Juiz de Direito – TJ/RJ – VUNESP – 2016) Assinale a alternativa que contém a assertiva correta no que diz respeito aos dispositivos relativos ao erro previstos no Código Penal.

(A) Augustus, agride e provoca lesão corporal em Cassius, pois este segurava o pescoço de Maximus. Imaginava Augustus estar protegendo Maximus mas, por erro decorrente de sua imprudência, não percebeu que tudo se tratava de uma brincadeira. Neste caso, na responsabilização penal pelo crime de lesão corporal, Augustus deverá ter sua pena diminuída de um sexto a um terço.
(B) Magnus, policial, adultera, sem autorização legal, sinal identificador de um veículo automotor a fim de que seja utilizado em investigação criminal, pois imagina, por erro evitável, que nesta hipótese sua conduta seria lícita. Na responsabilização penal pelo crime de "adulteração de sinal identificador de veículo automotor", Magnus deverá ter sua pena diminuída de um sexto a um terço.
(C) Magnus, policial, adultera, sem autorização legal, sinal identificador de um veículo automotor a fim de que seja utilizado em investigação criminal, pois imagina, por erro evitável, que nesta hipótese sua conduta seria lícita. Na responsabilização penal pelo crime de "adulteração de sinal identificador de veículo automotor", Magnus deverá ser punido na modalidade culposa do delito.
(D) Ticius imputa um fato definido como crime a Manassés que imaginava ser verdadeiro quando, na verdade, era falso, tendo o erro de Ticius decorrido de sua negligência. Neste caso, Ticius deverá ser responsabilizado pelo crime de calúnia na modalidade culposa.
(E) Ticius imputa um fato definido como crime a Manassés que imaginava ser verdadeiro quando, na verdade, era falso, tendo o erro de Ticius decorrido de sua negligência. Neste caso, ao ser responsabilizado pelo crime de calúnia, Ticius deverá ter sua pena diminuida de um sexto a um terço.

A: incorreta. Augustus, tendo uma falsa percepção da realidade, imaginou que agia em legítima defesa de terceiro, no caso Maximus, que estaria, segundo pensou, sendo agredido por Cassius, quando, na verdade, se tratava de uma brincadeira (não havia, portanto, agressão a justificar a legítima defesa). É a hipótese descrita no art. 20, § 1º, do CP (descriminante putativa). Como Augustus agiu de forma imprudente, não se cercando da devida cautela, deverá responder pelo crime na sua modalidade culposa (art. 129, § 6º, do CP – lesão corporal culposa). Se tivesse agido com a necessária cautela, estaria isento de pena; **B:** correta. A alternativa descreve hipótese de erro sobre a ilicitude do fato (art. 21, *caput*, do CP), que a doutrina convencionou chamar *erro de* *proibição*, que, sendo escusável (inevitável ou invencível), exclui a culpabilidade. No caso em tela, o erro foi inescusável (evitável ou vencível), tal como afirmado na alternativa, razão pela qual Augustus fará jus a uma diminuição de pena de um sexto a um terço, tal como estabelece o dispositivo ao qual fizemos referência; **C:** incorreta. É a mesma situação descrita na assertiva "B" (é causa de diminuição de pena). Responderia por crime culposo se acaso houvesse previsão nesse sentido e desde que se tratasse de erro de tipo (art. 20, *caput*, do CP); **D:** incorreta, já que o erro de tipo somente leva à responsabilização do agente por crime culposo se houver previsão nesse sentido. Tendo em conta que o crime de calúnia (art. 138, CP) não comporta a modalidade culposa, sobre Ticius não recairá responsabilidade no âmbito criminal (art. 20, *caput*, CP); **E:** incorreta. *Vide* comentário à alternativa anterior. **ED**

Gabarito "B".

7. TENTATIVA, CONSUMAÇÃO, DESISTÊNCIA, ARREPENDIMENTO E CRIME IMPOSSÍVEL

(Investigador – PC/BA – 2018 – VUNESP) Adalberto decidiu matar seu cunhado em face das constantes desavenças, especialmente financeiras, pois eram sócios em uma empresa e estavam passando por dificuldades. Preparou seu revólver e se dirigiu até a sala que dividiam na empresa. Parou de frente ao inimigo e apontou a arma em sua direção, mas antes de acionar o gatilho foi impedido pela secretária que, ao ver a sombra pela porta, decidiu intervir e impedir o disparo. Em face do ocorrido, pode-se afirmar que Adalberto poderá responder por

(A) constrangimento ilegal.
(B) tentativa de homicídio.
(C) tentativa de lesão corporal.
(D) fato atípico.
(E) arrependimento eficaz.

A questão que se coloca é saber se a conduta de Adalberto, consistente em apontar a arma para o seu algoz, pode ser traduzida como início de execução do crime que ele pretendia praticar. Não há dúvidas de que a preparação, por Adalberto, de seu revólver não constitui ato de execução do delito (é ato de preparação!). Não há que se falar, de outro lado, em arrependimento eficaz, já que seria imprescindível, neste caso, que Adalberto, imbuído do propósito de matar seu cunhado, tivesse feito uso dos meios de que dispunha para atingir seu objetivo, ou seja, teria ele que efetuar os disparos que considerou necessários à produção do resultado morte e, ato contínuo, lograr, por sua iniciativa (voluntariedade), evitar a consumação do homicídio. Também é o caso de descartar a possibilidade de o crime em que incorreu Adalberto ser o de lesão corporal tentada, na medida em que seu propósito, desde o começo, era o de matar seu desafeto. Agiu, portanto, com *animus necandi*. Pois bem. É tema por demais complexo e, portanto, objeto de acalorados debates a definição do critério a ser empregado para delimitar em que momento tem fim a preparação e inicia a execução do crime. Prevalece, na doutrina e na jurisprudência, a tese segundo a qual tem fim a preparação e começa a execução com a prática do primeiro ato idôneo e inequívoco que tem o condão de levar à consumação do delito. Ou seja, para esta teoria (objetivo-formal ou lógico-formal), considera-se ato executório aquele em que o agente dá início à realização do verbo, neste caso, matar. É dizer, ao menos uma pequena parcela da conduta prevista no tipo deve estar concretizada. O examinador, aqui, considerou a conduta de Adalberto, consistente em apontar a arma de fogo, como apta a produzir o resultado almejado pelo agente: a morte de seu cunhado. A nosso ver, Adalberto, com a mera conduta de apontar a arma em direção à pessoa que queria ver morta, não ingressou na fase de execução do crime, não havendo que se falar, portanto, em tentativa. Ao que parece, a examinadora adotou a teoria objetivo-individual, segundo a qual os atos executórios pressupõem que haja início da conduta típica, mas também alcança aqueles atos que são imediatamente anteriores, desde que estejam em conformidade com o plano criminoso do autor, como é o caso da conduta de apontar a arma em direção à pessoa que se pretende matar. **ED**

Gabarito "B".

(Juiz de Direito – TJ/RJ – VUNESP – 2016) Bonaparte, com o objetivo de matar Wellington, aciona o gatilho com o objetivo de efetuar um disparo de arma de fogo na direção deste último. Todavia, a arma não dispara na primeira tentativa. Momentos antes de efetuar uma segunda tentativa, Bonaparte ouve "ao longe" um barulho semelhante a "sirenes" de viatura e, diante de tal fato, guarda a arma de fogo que carregava, deixando o local calmamente, não sem antes proferir a seguinte frase a Wellington: "na próxima, eu te pego". Momentos após, Bonaparte é abordado na rua por policiais e tem apreendida a arma de fogo por ele utilizada. A arma de fogo era de uso permitido, estava registrada em nome de Bonaparte, mas este não possuía autorização para portá-la. No momento da abordagem e apreensão, também foi constatado pelos policiais que a arma de fogo apreendida em poder de Bonaparte estava sem munições, pois ele havia esquecido de municiá-la.

Diante dos fatos narrados e da atual jurisprudência do Supremo Tribunal Federal, é correto afirmar que Bonaparte poderá ser responsabilizado

(A) pelos crimes de ameaça e porte ilegal de arma de fogo de uso permitido.
(B) pelos crimes de ameaça e posse ilegal de arma de fogo de uso permitido.
(C) pelo crime de ameaça, mas não poderá ser responsabilizado pelo crime de porte ilegal de arma de fogo em virtude da arma estar desmuniciada no momento da apreensão.
(D) pelo crime de homicídio tentado, mas não poderá ser responsabilizado pelo crime de posse ilegal de arma de fogo em virtude da arma estar desmuniciada no momento da apreensão.
(E) pelos crimes de homicídio tentado, ameaça e porte ilegal de arma de fogo de uso permitido.

De plano, devem ser excluídas as alternativas "D" e "E", em que se afirma que Bonaparte deve ser responsabilizado pela prática do crime de homicídio tentado. Isso porque, sendo certo que a arma que portava encontrava-se desmuniciada, o resultado que visava atingir (morte de Wellington) nunca seria implementado, já que o meio de que se valeu para tanto (arma desmuniciada) era absolutamente ineficaz, inidôneo ao fim por ele pretendido. Está-se diante de hipótese de *crime impossível* (art. 17, CP), cuja natureza jurídica é *causa de exclusão da tipicidade*, não havendo que se falar, portanto, em tentativa. Ao proferir a frase "na próxima, eu te pego", Bonaparte incorreu nas penas do crime de ameaça (art. 147, CP), na medida em que anunciou que causaria a Wellington mal injusto e grave (sua morte). No mais, pelo fato de Bonaparte não possuir documento que lhe permitisse portar a arma que carregava consigo, deverá responder pelo crime do art. 14 da Lei 10.826/2003 (Estatuto do Desarmamento), ainda que desmuniciada. No STF: *A conduta de posse de arma de fogo com numeração raspada não está abrangida pela vacatio legis prevista nos art. 30 a 32 da Lei 10.826/03. Precedentes. 2. Porte ilegal de arma de fogo de uso permitido é crime de mera conduta e de perigo abstrato. O objeto jurídico tutelado não é a incolumidade física, mas a segurança pública e a paz social, sendo irrelevante estar a arma de fogo desmuniciada. 3. Ordem denegada* (HC 117206, Relator(a): Min. Cármen Lúcia, Segunda Turma, julgado em 05.11.2013). No STJ: "Em relação ao porte de arma de fogo desmuniciada, esta Corte Superior uniformizou o entendimento – alinhado à jurisprudência do Supremo Tribunal Federal – de que o tipo penal em

apreço é de perigo abstrato. Precedentes. 2. Não há falar em atipicidade material da conduta atribuída à acusada Renata de Souza Garcia, porque o simples fato de possuir, sob sua guarda, arma (dois revólveres com numeração suprimida) à margem do controle estatal – artefato que mesmo desmuniciado possui potencial de intimidação e reduz o nível de segurança coletiva exigido pelo legislador – caracteriza o tipo penal previsto no art. 16, parágrafo único, I, do Estatuto do Desarmamento, principalmente porque o bem jurídico tutelado pela norma penal não é a incolumidade física de outrem, mas a segurança pública e a paz social, efetivamente violadas" (HC 447.071/MS, Rel. Ministro Rogerio Schietti Cruz, Sexta Turma, julgado em 14/08/2018, DJe 29/08/2018). Dentro do tema *crimes contra a liberdade pessoal*, capítulo no qual está inserido o crime de ameaça, importante que se diga que a recente Lei 14.132/2021 introduziu no CP o art. 147-A, que define o chamado crime de *perseguição*, mundialmente conhecido como *stalking*. O núcleo do tipo, representado pelo verbo *perseguir*, encerra a ideia de uma conduta que revela, por parte do agente, um comportamento obsessivo e insistente dirigido a pessoa determinada. O dispositivo exige que a perseguição se dê de forma reiterada, isto é, constante e habitual; do contrário, não há que se falar na configuração deste delito. Disso se infere que o agente que, numa única oportunidade, aborda a vítima de forma inconveniente não poderá ser responsabilizado, já que, como dito, o tipo penal pressupõe habitualidade na sua execução. É o caso do homem que, inconformado com a rejeição da mulher que conhecera em uma festa, passa a persegui-la de forma insistente e reiterada, quer enviando-lhe mensagens de texto por meio de aplicativos, quer abordando a vítima no trabalho, na sua residência ou em via pública. Trata-se, como se pode ver, de uma intromissão reiterada e indesejada na vida privada da vítima, que se sente acuada e abalada psicologicamente. Também é típico exemplo de *stalking* a conduta do ex-namorado/ex-marido que, diante da recusa da vítima em manter o relacionamento, passa a ameaçá-la de morte, restringir sua liberdade de locomoção, com abordagens indesejadas e inconvenientes, ou, de qualquer outra forma (este crime é de forma livre), perturbar sua esfera de liberdade. Nos dois exemplos acima, colocamos, como sujeito passivo do crime, a mulher. Embora isso seja bem mais comum, certo é que como tal pode figurar tanto esta quanto o homem. Quanto ao sujeito ativo não é diferente: pode ser tanto o homem quanto a mulher (é crime comum). O § 1º do dispositivo contempla causas de aumento de pena, a incidir nas hipóteses em que o crime é praticado: I – contra criança, adolescente ou idoso; II – contra mulher por razões da condição de sexo feminino, nos termos do § 2º-A do art. 121 deste Código; III – mediante concurso de 2 (duas) ou mais pessoas ou com o emprego de arma. Estabelece o § 2º deste art. 147-A que as penas serão aplicadas sem prejuízo das correspondentes à violência. Por fim, registre-se que a ação penal, tal como na ameaça, é pública condicionada à representação da vítima (art. 147-A, § 3º, CP).
Gabarito "A".

(Juiz de Direito – TJ/SP – VUNESP – 2015) No arrependimento posterior, o agente busca atenuar os efeitos da sua conduta, sendo, portanto, causa geral de diminuição de pena. Sobre esse instituto, assinale a alternativa correta.

(A) A grave ameaça não o tipifica.
(B) Pode ocorrer em crime cometido com violência, desde que o agente se retrate até a sentença.
(C) O dano não precisa ser reparado quando o crime foi sem violência.
(D) Deve operar-se até o recebimento da denúncia ou queixa.

O *arrependimento posterior*, causa de diminuição de pena prevista no art. 16 do CP, tem como pressuposto à sua incidência que o crime em que incorreu o agente não tenha sido praticado por meio de violência ou grave ameaça contra a pessoa. O emprego tanto da violência quanto da grave ameaça, portanto, impede o reconhecimento desta causa de diminuição de pena, pouco importando que o agente se retrate. Outro requisito contemplado no art. 16 do CP impõe que o dano causado seja reparado ou que a coisa seja restituída, sempre por ato voluntário do agente, o que deverá ocorrer necessariamente até o recebimento da denúncia.
Gabarito "D".

8. ANTIJURIDICIDADE E CAUSAS EXCLUDENTES

(Juiz de Direito – TJ/RJ – 2019 – VUNESP) "Espécie" de legítima defesa que a doutrina afirma ser inexistente, pois a situação fática não é reconhecida como legítima defesa e não exclui a ilicitude de ação:

(A) legítima defesa recíproca.
(B) legítima defesa própria.
(C) legítima defesa putativa.
(D) legítima defesa de terceiro.
(E) legítima defesa em proteção a quem consente com a agressão de terceiro a bem indisponível.

A: correta. De fato, não se reconhece como excludente de ilicitude a chamada *legítima defesa recíproca*, que nada mais é do que legítima defesa real contra legítima defesa real. Isso porque constitui pressuposto da legítima defesa, conforme art. 25 do CP, a existência de uma agressão injusta. Assim, se um dos envolvidos agredir de forma injusta o outro, este, em atitude típica de defesa, reagirá, estando acobertado pela legítima defesa real, o que não se aplica àquele que agrediu, cuja conduta será, por isso, considerada, além de típica, também ilícita (leia-se: não acobertada pela excludente de antijuridicidade); **B:** incorreta. Legítima defesa própria é aquela em que o bem jurídico pertence àquele que se defende; de outro lado, na legítima defesa de terceiro, o bem jurídico, como o nome sugere, pertence a outrem; **C:** incorreta. Por legítima defesa putativa (art. 20, § 1º, CP) deve-se entender a situação em que o sujeito, em face das circunstâncias, supõe a presença dos requisitos contidos no art. 25 do CP, quando, na verdade, eles não existem. Ou seja, o sujeito imagina que age em legítima defesa quando, na verdade, sequer há situação de agressão; **D:** vide comentário à assertiva "B"; **E:** incorreta. Se se tratar de bem indisponível, o exercício da legítima defesa em favor de terceiro não está condicionado ao consentimento deste. Segundo Cleber Masson, ao discorrer sobre a necessidade de consentimento do terceiro em favor de quem a legítima defesa é empregada, *em se tratando de bem jurídico indisponível, será prescindível o consentimento do ofendido*. Prosseguindo, apresenta o seguinte exemplo: *um homem agride cruelmente sua esposa, com o propósito de matá-la. Aquele que presenciar o ataque poderá, sem a anuência da mulher, protegê-la, ainda que para isso tenha que lesionar ou mesmo eliminar a vida do covarde marido*. Adiante, ensina que *diversa será a conclusão quando tratar-se de bem jurídico disponível. Nessa hipótese, impõe-se o consentimento do ofendido, se for possível a sua obtenção. Exemplo: um homem ofende com impropérios a honra de sua mulher. Por mais inconformado que um terceiro possa ficar com a situação, não poderá protegê-la sem o seu consentimento* (Direito Penal Esquematizado, 8ª ed., vol. 1, Ed. Método, p. 430
Gabarito "A".

(Investigador – PC/BA – 2018 – VUNESP) O Código Penal, no art. 23, elenca as causas gerais ou genéricas de exclusão da ilicitude. Sobre tais excludentes, assinale a alternativa correta.

(A) Morador não aceita que funcionário público, cumprindo ordem de juiz competente, adentre em sua residência para realizar busca e apreensão. Se o funcionário autorizar o arrombamento da porta e a entrada forçada, responderá pelo crime de violação de domicílio.

(B) O estrito cumprimento do dever legal é perfeitamente compatível com os crimes dolosos e culposos.
(C) Para a configuração do estado de necessidade, o bem jurídico deve ser exposto a perigo atual ou iminente, não provocado voluntariamente pelo agente.
(D) O reconhecimento da legítima defesa pressupõe que seja demonstrado que o agente agiu contra agressão injusta atual ou iminente nos limites necessários para fazer cessar tal agressão.
(E) Deve responder pelo crime de constrangimento ilegal aquele que não sendo autoridade policial prender agente em flagrante delito.

A: incorreta. O funcionário que, durante o dia e em cumprimento de ordem judicial, ingressa à força em domicílio alheio não comete o crime de violação de domicílio tampouco abuso de autoridade, na medida em que estará agindo em escrito cumprimento do dever legal, que constitui causa de exclusão da ilicitude prevista no art. 23, III, do CP. Não há que se falar, portanto, no cometimento de crime por parte do funcionário; **B:** incorreta, já que o estrito cumprimento de dever legal não guarda compatibilidade com os crimes culposos. Isso porque não se pode obrigar o funcionário a adotar uma conduta negligente, imperita ou imprudente; **C:** incorreta, já que o art. 24 do CP exige que o perigo, no estado de necessidade, seja *atual*, ou seja, ele (perigo) deve estar ocorrendo no momento em que o fato é praticado. Agora, é digno de registro que a doutrina e a jurisprudência, de forma majoritária, admitem que o perigo *iminente*, que é aquele que está prestes a ocorrer, também configura o estado de necessidade, a despeito de o dispositivo legal não contemplar tal possibilidade. Afinal, não parece razoável que o agente cruze os braços e aguarde que o perigo, então iminente, se transforme em atual; **D:** correta, já que contempla os requisitos da legítima defesa (art. 25, CP). A propósito da legítima defesa, importante o registro de que a Lei 13.964/2019 (Pacote Anticrime), dentre outras diversas modificações implementadas no campo penal e processual penal, promoveu a inclusão do parágrafo único no art. 25 do CP. Como bem sabemos, este dispositivo contém os requisitos da legítima defesa, causa de exclusão da ilicitude. Este novo dispositivo (parágrafo único) estabelece que também se considera em legítima defesa o agente de segurança pública que rechaça agressão ou risco de agressão à vítima mantida refém durante a prática de crimes. Em verdade, ao inserir este dispositivo no art. 25 do CP, nada mais fez o legislador do que explicitar e reforçar hipótese configuradora de legítima defesa já consolidada há muito em sede de jurisprudência. Tem efeito, portanto, a nosso ver, mais simbólico do que prático. Em outras palavras, o parágrafo único do art. 25 do CP, incluído pela Lei 13.964/2019, descreve situação que já era, de forma pacífica, considerada típica de legítima defesa. Afinal, como já dito acima, o policial que repele injusta agressão à vida de terceiro atua em legítima defesa. Exemplo típico é o do atirador de elite, que acaba por abater o sequestrador que ameaçava tirar a vida da vítima; **E:** incorreta. Por expressa disposição contida no art. 301 do CPP, é dado a qualquer pessoa do povo prender quem quer que se encontre em situação de flagrante, sem que isso implique o cometimento do crime de constrangimento ilegal. Este é o chamado flagrante facultativo, que constitui hipótese de exercício regular de direito (art. 23, III, do CP). ED
Gabarito "D".

(Juiz de Direito – TJ/MS – VUNESP – 2015) Considerando as causas excludentes da ilicitude, é correto afirmar que:

(A) o estado de necessidade putativo ocorre quando o agente, por erro plenamente justificado pelas circunstâncias, supõe encontrar-se em estado de necessidade ou quando, conhecendo a situação de fato, supõe por erro quanto à ilicitude, agir acobertado pela excludente.

(B) há estado de necessidade agressivo quando a conduta do sujeito atinge um interesse de quem causou ou contribuiu para a produção da situação de perigo.
(C) de acordo com o art. 25, do Código Penal, os requisitos da legítima defesa são: a agressão atual ou iminente e a utilização dos meios necessários para repelir esta agressão.
(D) o rol completo das hipóteses de excludentes de ilicitudes elencadas no art. 23 do Código Penal são: a legítima defesa, o estado de necessidade e o estrito cumprimento do dever legal.
(E) legítima defesa subjetiva é a repulsa contra o excesso.

A: correta (art. 20, § 1º, do CP); **B:** incorreta. *Agressivo* é o estado de necessidade em que é sacrificado direito de um inocente; agora, quando é sacrificado direito de quem causou ou contribuiu para a causação da situação de perigo, está-se, então, diante do estado de necessidade *defensivo*; **C:** incorreta, já que a assertiva não contempla todos os requisitos contidos no art. 25 do CP, que são: existência de uma agressão; que ela, agressão, seja injusta; que, além disso, seja atual ou iminente; que a vítima da agressão, ao repudiá-la, o faça valendo-se dos meios necessários; que o emprego desses meios se dê de forma moderada; **D:** incorreta. Além desses (mencionados na alternativa), há também o *exercício regular de direito* (art. 23, III, do CP); **E:** incorreta. *Legítima defesa subjetiva* é o excesso de legítima defesa decorrente de erro escusável. ED
Gabarito "A".

(Magistratura/SP – VUNESP – 2013) Quando a descrição legal do tipo penal contém o dissenso, expresso ou implícito, como elemento específico, o consentimento do ofendido funciona como causa de exclusão da

(A) antijuridicidade formal.
(B) tipicidade.
(C) antijuridicidade material.
(D) punibilidade do fato.

A, C e D: incorretas. Conforme se verá no comentário a seguir, se o consentimento do ofendido figurar como elemento específico na própria descrição legal do tipo penal, não se falará em exclusão da antijuridicidade (formal ou material), ou mesmo da punibilidade do fato, mas, sim, da tipicidade; **B:** correta. Quanto ao consentimento do ofendido, este funcionará como causa de exclusão da tipicidade nas hipóteses em que a própria descrição típica exigir o dissenso (de forma expressa ou implícita) como elemento constitutivo do tipo legal. É o que se verifica, por exemplo, com o crime do art. 213 do CP (estupro). Somente se cogita da ocorrência de referido crime contra a dignidade sexual quando, para a conjunção carnal ou para a prática de atos libidinosos diversos, a vítima com eles não consentir. Em outras palavras, havendo consentimento, o fato será atípico.
Gabarito "B".

9. CONCURSO DE PESSOAS

(Investigador – PC/BA – 2018 – VUNESP) Sobre o concurso de pessoas e as previsões expressas da legislação penal, assinale a alternativa correta.

(A) Quem, de qualquer modo, concorre para o crime incide nas penas a este cominadas, na medida de sua culpabilidade.
(B) Se a participação for de menor importância, será aplicada atenuante genérica.
(C) Ao concorrente que quis participar de crime menos grave, será aplicada a mesma pena do concorrente,

3. DIREITO PENAL

diminuída, no entanto, de 1/6 (um sexto) a 1/3 (um terço).

(D) As circunstâncias e as condições de caráter pessoal, mesmo quando elementares do crime, são incomunicáveis aos coautores.

(E) O ajuste, a determinação ou instigação e o auxílio são puníveis ainda que o crime não chegue a ser tentado.

A: correta, já que corresponde à redação do art. 29, *caput*, do CP; **B:** incorreta. Sendo a participação de menor importância, fará jus o agente a uma diminuição de pena da ordem de um sexto a um terço (art. 29, § 1º, CP). Não se trata, portanto, de uma atenuante genérica; **C:** incorreta. Embora adotada a teoria monista, segundo a qual todos os agentes respondem pelo mesmo crime, nada obsta que o sujeito que quis participar de crime menos grave por ele seja responsabilizado, e não pelo delito que, mais grave, foi de fato praticado. É a chamada *cooperação dolosamente distinta*, cuja previsão está no art. 29, § 2º, do CP; agora, se o resultado mais grave era previsível, a pena do crime em que quis incorrer o agente será aumentada de metade; **D:** incorreta. De acordo com o art. 30 do CP, não se comunicam as circunstâncias e as condições de caráter pessoal, *salvo quando elementares do crime*; **E:** incorreta, pois não reflete o disposto no art. 31 do CP. Gabarito "A".

(Juiz de Direito – TJM/SP – VUNESP – 2016) A respeito do concurso de agentes, afirma-se corretamente que

(A) além das modalidades instigação e induzimento, a participação também se dá pelo auxílio. Nesta modalidade, a fim de se diferenciar o coautor do partícipe, deve-se recorrer à regra da essencialidade da cooperação.

(B) o concurso de pessoas, pelo Código Penal, assume duas formas, coautoria e participação. Partícipe é aquele que instiga ou induz o autor na perpetração do crime, sendo os atos de instigação e induzimento puníveis, independentemente de o crime vir a ser tentado ou consumado.

(C) o Código Penal taxativamente estabelece que as penas dos autores e partícipes devem ser diferenciadas, punindo sempre de forma diminuída quem apenas instiga, induz ou auxilia na prática delitiva.

(D) segundo o Código Penal, o coautor ou partícipe, independentemente do crime para o qual quis concorrer, será punido segundo a pena do crime efetivamente praticado, pois assumiu o risco do resultado.

(E) segundo o Código Penal, as condições de caráter pessoal do autor estendem-se a todos os concorrentes da prática delitiva.

A: correta. A *participação* pode ser *moral* ou *material*. Moral é aquela em que o sujeito induz ou instiga terceira pessoa a cometer um crime. O partícipe, neste caso, age, portanto, na vontade do coautor. Já na participação material, temos que a colaboração do partícipe consiste em viabilizar materialmente a execução do crime, prestando auxílio ao autor sem realizar o verbo contido no tipo penal; **B:** incorreta, pois contraria a regra prevista no art. 31 do CP, segundo a qual *o ajuste, a determinação ou instigação e o auxílio, salvo disposição expressa em contrário, não são puníveis, se o crime não chega, pelos menos, a ser tentado*; **C:** incorreta. Não há, no Código Penal, norma que estabeleça que as penas aplicadas a autores e partícipes devam ser diferenciadas. O que temos é que, à luz do que estabelece o art. 29 do CP, as penas devem ser aplicadas em conformidade com a culpabilidade de cada agente (... *na medida de sua culpabilidade*). Em outras palavras, devem ser levadas em conta diversas circunstâncias individuais a permitir que o magistrado, no momento da aplicação da pena, o faça em razão da gravidade e importância da colaboração de cada agente. Isso não quer dizer que ao coautor deva ser aplicada, necessariamente, pena maior do que a do partícipe. Tudo vai depender do juízo de reprovabilidade a recair sobre cada componente da empreitada criminosa, a ser analisada caso a caso; **D:** incorreta. Embora adotada a teoria monista, segundo a qual todos os agentes respondem pelo mesmo crime, nada obsta que o sujeito que quis participar de crime menos grave por ele seja responsabilizado, e não pelo delito que, mais grave, foi de fato praticado. É a chamada *cooperação dolosamente distinta*, cuja previsão está no art. 29, § 2º, do CP; agora, se o resultado mais grave era previsível, a pena do crime em que quis incorrer o agente será aumentada de metade; **E:** incorreta. Segundo o disposto no art. 30 do CP, as condições de caráter pessoal somente se estendem a todos os concorrentes da empreitada criminosa quando elementares do crime. Gabarito "A".

(Procurador Municipal/SP – VUNESP – 2016) Assinale a alternativa correta sobre o concurso de pessoas.

(A) Admite-se a participação por omissão em crime comissivo, quando o omitente devia e podia agir para evitar o resultado, mas não se admite em crimes omissivos, por induzimento ou instigação.

(B) Para que se admita a concorrência de culpas no crime culposo, é necessário que cada agente atue com consciência de que está colaborando com a conduta culposa de outrem.

(C) A pena será agravada em relação ao agente que instiga ou determina a cometer o crime alguém sujeito à sua autoridade ou não punível em virtude de condição ou qualidade pessoal.

(D) Se a participação for de menor importância, a pena pode ser diminuída de um sexto a dois terços.

(E) As condições e circunstâncias pessoais do agente não se comunicam ao coautor ou partícipe ainda que circunstâncias elementares ao crime.

A: incorreta. É admissível a participação por omissão em crimes comissivos, na hipótese de a omissão ser imprópria (crime comissivo por omissão), e também em crimes omissivos; **B:** incorreta. Pelo contrário. A *concorrência de culpas*, que não constitui hipótese de concurso de pessoas, pressupõe a inexistência do chamado *liame subjetivo*, que nada mais é do que o conhecimento que cada agente tem da conduta do outro, necessário à existência do concurso de pessoas. É exemplo de concorrência de culpas aquele em que dois motoristas, cada qual dirigindo seu veículo de forma imprudente, provocam colisão, daí resultando a morte de terceiro. Não há, aqui, concurso entre eles, já que um desconhece a conduta do outro; há, sim, concorrência de culpas, como já dito; **C:** correta, pois em consonância com o disposto no art. 62, III, do CP; **D:** incorreta. Na hipótese de a participação ser de menor importância, a diminuição de pena a incidir, segundo estabelece o art. 29, § 1º, do CP, é da ordem de um sexto a *um* terço (e não *dois* terços); **E:** incorreta. As condições e circunstâncias pessoais do agente de fato não se comunicam, salvo quando elementares do crime. A doutrina quase sempre se vale do exemplo do particular que comete crime contra a Administração Pública em coautoria ou participação com o funcionário público. Uma vez que a condição de ser funcionário público é elementar do crime, por exemplo, de peculato (art. 312, CP), tal circunstância se comunica ao particular, que responderá pelo crime funcional juntamente com o *intraneus*. Gabarito "C".

(Delegado/SP – VUNESP – 2014) Segundo o conceito restritivo, é autor aquele que

(A) tem o domínio do fato.
(B) realiza a conduta típica descrita na lei.
(C) contribui com alguma causa para o resultado.
(D) age dolosamente na prática do crime.

(E) pratica o fato por interposta pessoa que atua sem culpabilidade.

A: incorreta. O conceito restritivo de autor não engloba aquele que tem o domínio do fato, apesar de não incidir no comportamento típico. Apenas para a teoria do domínio do fato é que também poderá ser considerado autor, embora sem executar a conduta prevista no tipo penal, aquele que tiver o domínio finalístico da ação/omissão perpetrada por terceiros; **B:** correta. De acordo com o conceito restritivo, extraído da teoria formal, autor será apenas aquele que realizar, total ou parcialmente, a conduta típica descrita na lei, em contraposição à teoria normativa (ou do domínio do fato), para a qual autor será, também, aquele que tem o controle da ação típica dos demais concorrentes, ainda que não execute o comportamento previsto no tipo penal; **C:** incorreta. Para os adeptos da teoria subjetiva ou subjetivo-causal, não haveria diferenças entre coautor e partícipe, bastando, para tanto, que tenham contribuído para a geração do resultado típico; **D:** incorreta, não havendo qualquer relação entre conceito restritivo de autor e atuação dolosa na prática de um crime. Poderá ser partícipe, por exemplo, aquele que agir com dolo para a prática de um homicídio, induzindo, instigando ou auxiliando o executor material a matar a vítima. Isso não o tornará autor; **E:** incorreta. Aquele que pratica o fato por interposta pessoa, que atua sem culpabilidade, é considerado autor mediato. Somente se adotarmos a teoria normativa é que conseguiremos incluir o autor mediato como "autor" de um crime, visto que este não executa materialmente o crime, mas se vale de terceiros, sem culpabilidade, para o cometimento do crime.

Gabarito "B".

10. CULPABILIDADE E CAUSAS EXCLUDENTES

(Juiz de Direito – TJ/RS – 2018 – VUNESP) De acordo com o Código Penal, aquele que pratica o fato em estrita obediência a ordem não manifestamente ilegal de superior hierárquico

(A) responde criminalmente como partícipe de menor importância.
(B) não comete crime, pois tem a ilicitude de sua conduta afastada.
(C) não é punido criminalmente.
(D) responde criminalmente como partícipe.
(E) responde criminalmente como coautor.

Estabelece o art. 22 do CP que, sendo a ordem *não* manifestamente ilegal, a responsabilidade recairá sobre o *superior hierárquico*; o *subordinado*, neste caso, ficará isento de pena (sua culpabilidade ficará excluída). Agora, se a ordem for *manifestamente ilegal*, a responsabilidade recairá sobre ambos, superior hierárquico e subordinado. Importante que se diga que o reconhecimento desta causa de exclusão da culpabilidade está condicionado à coexistência dos seguintes requisitos: presença de uma ordem não manifestamente ilegal, conforme acima mencionamos; a ordem deve ser emanada de autoridade que detém atribuição para tanto; existência, em princípio, de três envolvidos: superior hierárquico, subordinado e vítima; vínculo hierárquico de direito público entre o superior de quem emanou a ordem e o subordinado que a executou. Ou seja, não há que se falar nesta causa de exclusão da culpabilidade no contexto das relações de natureza privada, sendo exemplo a relação existente entre o patrão e sua empregada doméstica.

Gabarito "C".

(Defensor Público/RO – 2017 – VUNESP) Sendo positivos os elementos que configuram o delito e constatada a semi-imputabilidade do acusado, o juiz pode, atendendo aos demais critérios legais,

(A) aplicar-lhe pena reduzida de 1 a 2/3 ou absolvê-lo, pois não há outra previsão legal.

(B) aplicar-lhe pena reduzida de 1 a 2/3 ou determinar que se submeta a tratamento ambulatorial ou, ainda, determinar sua internação.
(C) aplicar-lhe pena reduzida de 1 a 2/3 ou determinar que se submeta a tratamento ambulatorial, pois não há outra previsão legal.
(D) absolver o acusado, por ausência de tipicidade, especialmente por falta de elemento subjetivo do tipo ou suspender o processo, pois não há outra previsão legal.
(E) declarar extinta a punibilidade do acusado ou absolvê-lo por ausência de tipicidade, especialmente por falta de elemento subjetivo do tipo.

Comprovado que o agente cometeu o crime e que ele é semi-imputável, poderá o juiz, ante o que estabelece o art. 26, parágrafo único, do CP, reduzir a pena de um a dois terços. Além disso, se ficar constatado que o condenado semi-imputável necessita de tratamento, a pena privativa de liberdade, no lugar de ser diminuída, poderá ser substituída por internação ou tratamento ambulatorial, modalidades de medida de segurança (art. 98 do CP). O que não se admite, dada a adoção do sistema vicariante, é a aplicação de pena e medida de segurança. Ou uma ou outra. O sistema do duplo binário, segundo o qual o condenado pode ser submetido a pena e a medida de segurança ao mesmo tempo, encontra-se, portanto, superado, tendo dado lugar ao sistema vicariante. Dessa forma, se o réu é considerado imputável à época dos fatos, a ele será aplicada tão somente *pena*; se inimputável, receberá *medida de segurança*; se, por fim, tratar-se de réu semi-imputável, será submetido a uma ou outra.

Gabarito "B".

(Procurador – IPSMI/SP – VUNESP – 2016) Tício, maior de 18 anos, é portador de doença mental, necessitando de medicação diária. A doença, por si só, não prejudica a capacidade de compreensão. Todavia, a medicação, ingerida em conjunto com bebida alcoólica em quantidade, provoca surtos psicóticos, com exclusão da capacidade de entendimento. Tício sabe dos efeitos do álcool, em excesso, em seu organismo, mas costuma beber, moderadamente, justamente para desfrutar dos efeitos que, segundo ele, "dá barato". Em uma festa, Tício, sem saber que se tratava de uma garrafa de absinto (bebida de alto teor alcoólico), pensando ser gim, preparou um coquetel de frutas e ingeriu. Ao recobrar a consciência, soube que esfaqueou dois de seus melhores amigos, causando a morte de um e lesão de natureza grave em outro. A respeito da situação, é correto afirmar que

(A) Tício, devido à doença mental, é inimputável, sendo isento de pena.
(B) Tício é inimputável, sendo isento de pena, pois praticou o crime em estado de completa embriaguez, decorrente de caso fortuito.
(C) Tício é imputável, pois a embriaguez completa decorreu de culpa. Entretanto, faz jus à redução da pena.
(D) Tício é imputável, sendo punido de forma agravada, em vista da embriaguez pré-ordenada.
(E) Tício, por ser maior de 18 anos, é imputável, sendo irrelevante a circunstância de ter praticado o crime em estado de completa embriaguez.

Se se considerar que a embriaguez, que levou Tício ao estado de total incapacidade de entender o caráter ilícito do fato ou de determinar-se em conformidade com tal entendimento, decorreu de caso fortuito, ele estará, nos termos do que dispõe o art. 28, § 1º, do CP, isento de pena

(há exclusão de sua imputabilidade). Agora, se a ingestão do absinto, que tem, como é de todos sabido, teor alcoólico elevadíssimo, se deu por falta de cautela de Tício, que não se certificou do conteúdo que havia na garrafa, aí estamos a falar de embriaguez culposa (e não acidental), que não tem o condão de excluir a sua imputabilidade. Perceba que o enunciado não deixa isso claro, ou seja, não é possível saber, com exatidão, se a ingestão do absinto se deu de forma acidental (caso fortuito) ou culposa.
Gabarito "B".

11. PENAS E SEUS EFEITOS

(Juiz de Direito – TJ/RJ – 2019 – VUNESP) No que concerne à aplicação das penas restritivas de direitos dos arts. 43 a 48 do CP, é correto afirmar que

(A) ao reincidente é vedada a substituição da privativa de liberdade.
(B) o benefício não pode ser aplicado mais de uma vez no interregno de 5 (cinco) anos ao mesmo réu.
(C) a pena restritiva de direitos se converte em privativa de liberdade sempre que ocorrer o descumprimento da restrição imposta.
(D) os crimes culposos admitem sua aplicação em substituição às privativas de liberdade, independentemente da pena aplicada.
(E) penas privativas de até 2 (dois) anos em regime aberto podem ser substituídas por uma multa ou por uma pena restritiva de direitos.

A: incorreta. Apesar de a regra ser a de que o réu reincidente em crime doloso não faz jus à substituição da pena privativa de liberdade por restritivas de direitos (art. 44, II, do CP), se a reincidência não for específica e se a medida for socialmente recomendável, admitir-se--á, sim, a substituição da pena de prisão pela alternativa (art. 44, § 3º, do CP); **B:** incorreta. Os dispositivos que tratam da substituição da pena privativa de liberdade por restritivas de direitos não contêm tal limitação temporal. Ao que parece, o examinador quis induzir o candidato a erro, já que tal vedação se faz presente no art. 76, § 2º, II, da Lei 9.099/1995, que disciplina a transação penal, cuja incidência está restrita às infrações penais de menor potencial ofensivo; **C:** incorreta, na medida em que somente haverá a conversão da pena restritiva de direitos em privativa de liberdade na hipótese de o seu descumprimento for injustificado. Incorreto, portanto, afirmar que a reconversão (termo mais adequado) *sempre* se imporá; **D:** correta. De fato, qualquer que seja a pena imposta, todos os delitos culposos admitem a substituição (art. 44, I, parte final, CP); **E:** incorreta. Se a condenação for superior a um ano, a pena privativa de liberdade aplicada será substituída por uma pena restritiva de direitos e multa ou por duas restritivas de direitos (art. 44, § 2º, parte final, CP); a substituição por uma multa ou por uma restritiva de direitos dar-se-á se a condenação for igual ou inferior a um ano.
Gabarito "D".

(Juiz de Direito – TJ/RS – 2018 – VUNESP) Estritamente nos termos do quanto prescreve o art. 39 do CP, o trabalho do preso

(A) não é obrigatoriamente remunerado, mas se lhe garantem, facultativamente, os benefícios da Previdência Social.
(B) será sempre remunerado, sendo-lhe garantidos os benefícios da Previdência Social.
(C) não é obrigatoriamente remunerado, mas se lhe garantem os benefícios da Previdência Social.
(D) não é remunerado e não se lhe garantem os benefícios da Previdência Social.
(E) será sempre remunerado, contudo, não se lhe garantem os benefícios da Previdência Social.

Por força do que dispõe o art. 39 do CP, *o trabalho do preso será sempre remunerado, sendo-lhe garantidos os benefícios da Previdência Social.*
Dica: esta questão denota a importância de o candidato conhecer o texto de lei, já que a alternativa apontada como correta corresponde à transcrição literal do dispositivo legal.
Gabarito "B".

(Juiz de Direito – TJ/RS – 2018 – VUNESP) A pena restritiva de direitos (CP, arts. 43 a 48)

(A) na modalidade perda de bens e valores pertencentes ao condenado, dar-se-á em favor da vítima.
(B) na modalidade prestação de serviços, pode ser substitutiva de qualquer pena privativa de liberdade igual ou inferior a quatro anos.
(C) admite exclusivamente as modalidades de prestação pecuniária, perda de bens e valores, limitação de fim de semana e prestação de serviço à comunidade ou entidade pública.
(D) converte-se em privativa de liberdade quando ocorrer o descumprimento injustificado da restrição imposta.
(E) só pode ser aplicada a condenados primários.

A: incorreta. Tal como estabelece o art. 45, § 3º, do CP, a *perda de bens e valores*, modalidade que é de *pena restritiva de direitos* (art. 43, II, do CP), se dará em favor do Fundo Penitenciário Nacional, e não em benefício da vítima. Trata-se de uma sanção penal, de cunho confiscatório, que implica a perda em favor do Estado de bens e valores que integram o patrimônio do agente e a ele (patrimônio) foram incorporados de forma lícita; **B:** incorreta. A prestação de serviços à comunidade ou a entidades públicas, modalidade de pena restritiva de direitos que consiste na atribuição de tarefas gratuitas ao condenado, somente terá lugar nas condenações superiores a 6 meses de pena privativa de liberdade (art. 46, *caput*, do CP); **C:** incorreta, já que a assertiva não contemplou a *interdição temporária de direitos*, que constitui modalidade de pena restritiva de direitos (art. 43, V, do CP); **D:** correta, pois corresponde ao que estabelece o art. 44, § 4º, do CP; **E:** incorreta, na medida em que o art. 44, § 3º, do CP estabelece que, ainda que se trate de réu *reincidente*, pode o magistrado proceder à substituição, desde que a medida revele-se socialmente recomendável e a reincidência não se tenha operado em virtude da prática do mesmo crime.
Gabarito "D".

(Delegado – PC/BA – 2018 – VUNESP) A respeito da Teoria das Penas, assinale a alternativa correta.

(A) A finalidade da pena, na teoria relativa, é prevenir o crime. Na vertente preventiva-geral, o criminoso é punido a fim de impedir que ele volte a praticar novos crimes.
(B) A finalidade da pena, na teoria relativa, é prevenir o crime. Na vertente preventiva especial, de acentuado caráter intimatório, o criminoso é punido para servir de exemplo aos demais cidadãos.
(C) A finalidade da pena, na teoria absoluta, é castigar o criminoso, pelo mal praticado. O mérito dessa teoria foi introduzir, no Direito Penal, o princípio da proporcionalidade de pena ao delito praticado.
(D) A finalidade da pena, para a teoria eclética, é ressocializar o criminoso. O mérito dessa teoria foi humanizar as penas impostas, impedindo as cruéis e humilhantes.

(E) O ordenamento jurídico brasileiro adota a teoria absoluta, tendo a pena apenas o fim de ressocializar o criminoso.

A: incorreta. É fato que a finalidade da pena, para as teorias relativas, tem caráter preventivo, servindo ao objetivo de evitar a prática de novas infrações penais. A pena, para esta teoria, deve ser vista como um instrumento destinado a prevenir o crime. Não se trata, pois, de uma retribuição, uma compensação, tal como preconizado pelas *teorias absolutas*. No contexto das teorias relativas, temos a prevenção geral e a especial. A geral está associada à ideia de intimidação de toda a coletividade, que sabe que o cometimento de uma infração penal ensejará, como consequência, a imposição de sanção penal. É dirigida, pois, ao controle da violência. A segunda parte da assertiva está incorreta na medida em que se refere à prevenção especial, que, diferentemente da geral, que se destina ao corpo social, é dirigida ao indivíduo condenado; **B:** incorreta. A prevenção especial, como já dito, é dirigida exclusivamente à pessoa do condenado; **C:** correta. As chamadas teorias absolutas, que se contrapõem às relativas, consideram que a pena se esgota na ideia de pura retribuição. Sua finalidade consiste numa reação punitiva, isto é, uma resposta ao mal causado pela prática criminosa; **D:** incorreta. Para as teorias ecléticas, unificadoras ou mistas, a pena deve unir justiça e utilidade. É dizer, a pena deve, a um só tempo, servir de castigo ao condenado que infringiu a lei penal e evitar a prática de novas infrações penais. Há, pois, a conjugação das teorias absolutas e relativas; **E:** incorreta. Adotamos, de acordo com o art. 59, *caput*, do CP, a teoria mista, que assim dispõe: "(...) conforme seja necessário e suficiente para reprovação e prevenção do crime". ED
Gabarito "C".

(Juiz de Direito – TJ/MS – VUNESP – 2015) Assinale a alternativa correta.

(A) Os efeitos genéricos e específicos da condenação criminal são automáticos, sendo, pois, despicienda suas declarações na sentença.
(B) O juiz não poderá declarar extinta a pena, enquanto não passar em julgado a sentença, em processo a que responde o liberado, por crime cometido na vigência do livramento.
(C) As espécies de pena são as privativas de liberdade e restritivas de direito.
(D) A suspensão condicional da pena será obrigatoriamente revogada se, no curso do prazo, o beneficiário pratica novo crime doloso.
(E) Para efeito de reincidência, não prevalece a condenação anterior, se entre a data do cumprimento ou extinção da pena e a infração posterior tiver decorrido período de tempo superior a 2 (dois) anos, computado o período de prova da suspensão ou do livramento condicional, se não ocorrer revogação.

A: incorreta. O que se afirma na alternativa somente se aplica aos chamados efeitos *genéricos* da condenação. Neste caso, de fato é desnecessário o pronunciamento do juiz, a esse respeito, na sentença. São as hipóteses contempladas no art. 91 do CP; já o art. 92 do CP trata dos efeitos da condenação *não automáticos* (específicos), que, por essa razão, somente podem incidir se o juiz, na sentença condenatória, declará-los de forma motivada; **B:** correta, pois corresponde à regra presente no art. 89 do CP; **C:** incorreta. As espécies de pena, segundo o rol contido no art. 32 do CP, são *privativas de liberdade, restritivas de direitos* e *multa*; **D:** incorreta. Não basta, para que o juiz decrete a revogação do *sursis*, que o beneficiado pratique novo crime doloso, sendo de rigor que seja por ele condenado em definitivo (sentença com trânsito em julgado), na forma estatuída no art. 81, I, do CP; **E:** incorreta. O erro da assertiva incide tão somente sobre o prazo de 2 anos, que, na verdade, por força do disposto no art. 64, I, do CP, é de 5 anos.
Gabarito "B".

12. APLICAÇÃO DA PENA

(Juiz de Direito – TJ/RJ – 2019 – VUNESP) No sistema brasileiro de aplicação de pena, o desconhecimento da lei

(A) é causa de diminuição da pena.
(B) não tem qualquer consequência para a pena.
(C) socorre como atenuante apenas aos menores de 21 (vinte e um) anos.
(D) isenta de pena por afastar a potencial consciência da ilicitude e, consequentemente, a culpabilidade.
(E) é circunstância atenuante da pena.

O art. 21, *caput*, do CP consagra o *princípio da inescusabilidade do desconhecimento da lei*, isto é, a ninguém é dado o direito de alegar que não conhece a lei. Assim que entra em vigor, a lei passa a vincular indistintamente a todos membros da sociedade, sendo defeso, a partir de então, invocar seu desconhecimento. Entretanto, o desconhecimento da lei, a depender das circunstâncias do caso concreto, pode figurar como circunstância atenuante, nos termos do art. 65, II, do CP. Dito de outro modo, o desconhecimento da lei não isenta o agente de pena, mas, conforme o caso, pode servir para que ela seja reduzida. ED
Gabarito "E".

(Investigador – PC/BA – 2018 – VUNESP) Quando o agente, mediante mais de 1 (uma) ação ou omissão, pratica 2 (dois) ou mais crimes, verifica-se o instituto do concurso de crimes, que pode ser formal ou material, a depender da unidade ou da pluralidade de condutas. Sobre o tema, o Código Penal estabelece que

(A) na hipótese de concurso material, quando ao agente tiver sido aplicada pena privativa de liberdade, não suspensa, por um dos crimes, para os demais crimes será cabível a substituição de pena privativa de liberdade por pena restritiva de direitos.
(B) na hipótese de concurso formal imperfeito ou impróprio, aplica-se o sistema de exasperação da pena, independentemente da quantidade de condenação.
(C) quando forem aplicadas penas restritivas de direitos, será possível ao condenado cumpri-las de forma simultânea, desde que compatíveis entre si.
(D) se entende por concurso formal próprio ou perfeito aquele em que o agente pratica mais de uma conduta, mas na presença de desígnios autônomos, ou seja, a vontade de atingir mais de um resultado.
(E) no caso de concurso material, sendo o agente condenado cumulativamente a pena de reclusão e detenção, executa-se primeiro a de detenção.

A: incorreta, já que contraria a regra presente no art. 69, § 1º, do CP, que veda, neste caso, a substituição de pena privativa de liberdade por pena restritiva de direitos; **B:** incorreta, já que o sistema da exasperação se aplica ao concurso formal *próprio* ou *perfeito*. Vejamos. Nos termos do art. 70 do CP, o concurso formal poderá ser *próprio* (perfeito) ou *impróprio* (imperfeito). No primeiro caso (primeira parte do *caput*), temos que o agente, por meio de uma única ação ou omissão (um só comportamento), pratica dois ou mais crimes, idênticos ou não, com *unidade de desígnio*; já no *concurso formal impróprio* ou *imperfeito* (segunda parte do *caput*), a situação é diferente. Aqui, a conduta única decorre de desígnios autônomos, vale dizer, o agente, no seu atuar, deseja os resultados produzidos. Como consequência, as penas serão somadas, aplicando-se o critério ou sistema de *cúmulo material*. No concurso formal perfeito, diferentemente, se as penas previstas forem idênticas, aplica-se somente uma; se diferentes, aplica-se a maior, acrescida, em qualquer caso, de um sexto até metade (sistema da exasperação); **C:** correta, uma vez que reflete o disposto no art. 69, § 2º, do CP; **D:** incorreta. O concurso formal próprio ou perfeito pressupõe, por parte do agente, o cometimento de dois ou mais crimes por meio de uma única ação ou omissão (um só comportamento), com *unidade de desígnio*; **E:** incorreta, já que será cumprida, em primeiro lugar, a pena de reclusão; após, a de detenção (art. 69, *caput*, parte final, CP).

Gabarito "C".

(Juiz de Direito – TJ/RJ – VUNESP – 2016) José adentra a um bar e pratica roubo contra dez pessoas que ali estavam presentes em dois grupos distintos de amigos, subtraindo para si objetos de valor a elas pertencentes. Nesta hipótese, segundo a jurisprudência dominante mais recente do Superior Tribunal de Justiça, José praticou

(A) dois crimes de roubo em concurso material.
(B) os crimes (dez crimes de roubo) em concurso formal.
(C) os crimes (dez crimes de roubo) em continuidade delitiva.
(D) um único crime de roubo.
(E) os crimes (dez crimes de roubo) em concurso material.

No crime de roubo, se as subtrações que vulneraram o patrimônio de duas ou mais pessoas se deram no mesmo contexto, fala-se em concurso formal de crimes (art. 70 do CP). Nesse sentido é a lição de Guilherme de Souza Nucci: "(...) Ilustrando, o autor ingressa num ônibus, anuncia o assalto e pede que todos passem os bens. Concretiza-se o concurso formal perfeito, pois o agente não possui desígnios autônomos, vale dizer, dolo direto em relação a cada uma das vítimas, que nem mesmo conhece (...)" (*Código Penal Comentado*. 13. ed., São Paulo: Ed. RT, 2013. p. 807). Na jurisprudência do STJ: "Penal e processo penal. Agravo regimental em agravo em recurso especial. 1. Julgamento monocrático. Ofensa ao princípio da colegialidade. Não ocorrência. Art. 557 do CPC e art. 34, XVIII, do RISTJ. 2. Divergência jurisprudencial quanto à aplicação do art. 70 do CP. Dissídio não demonstrado. Roubo com diversidade de vítimas e patrimônios. Crime único. Impossibilidade. Concurso formal. Precedentes desta corte. Súmula 83/STJ. 3. Agravo regimental improvido. 1. Nos termos do art. 557, *caput*, do Código de Processo Civil, c/c o art. 3º do Código de Processo Penal, e do art. 34, XVIII, do RISTJ, é possível, em matéria criminal, que o relator negue seguimento a recurso ou a pedido manifestamente inadmissível, improcedente, prejudicado ou em confronto com súmula ou jurisprudência dominante, sem que, em tese, se configure ofensa ao princípio da colegialidade, o qual sempre estará preservado, diante da possibilidade de interposição de agravo regimental. 2. É entendimento desta Corte Superior que o roubo perpetrado contra diversas vítimas, ainda que ocorra num único evento, configura o concurso formal e não o crime único, ante a pluralidade de bens jurídicos tutelados ofendidos. Dessa forma, estando o acórdão recorrido de acordo com a jurisprudência do Superior Tribunal de Justiça, incide no caso o enunciado n. 83 da Súmula desta Corte. 3. Agravo regimental a que se nega provimento" (AgRg no AREsp 389.861/MG, Rel. Ministro MARCO Aurélio Bellizze, Quinta Turma, julgado em 18.06.2014, DJe 27.06.2014). Também nesse sentido: "Caracteriza-se o concurso formal de crimes quando praticado o roubo, mediante uma só ação, contra vítimas distintas, pois atingidos patrimônios diversos. Precedentes" (STJ, HC 459.546/SP, Rel. Ministra LAURITA VAZ, SEXTA TURMA, julgado em 13/12/2018, DJe 04/02/2019).

Gabarito "B".

(Delegado/SP – VUNESP – 2014) "X" recebe recomendação médica para ficar de repouso, caso contrário, poderia sofrer um aborto. Ocorre que "X" precisa trabalhar e não consegue fazer o repouso desejado e, por essa razão, acaba expelindo o feto, que não sobrevive.

Em tese, "X"

(A) não praticou crime algum.
(B) praticou o crime de aborto doloso.
(C) praticou o crime de aborto culposo.
(D) praticou o crime de lesão corporal qualificada pela aceleração do parto.
(E) praticou o crime de desobediência.

A: correta. Entendendo-se que a conduta de "X", com recomendação médica de repouso, foi imprudente, teríamos um aborto culposo. Porém, por falta de previsão legal de referida modalidade, a gestante não praticou crime algum; **B:** incorreta. Não se enxerga na conduta de "X" tenha agido com vontade livre e consciente de causar o abortamento (dolo direto) ou assumido o risco de produzir o resultado (dolo eventual). Vê-se que o desatendimento à recomendação médica decorreu da necessidade de trabalhar, não conseguindo fazer o repouso desejado, daí advindo a morte do feto; **C:** incorreta, por inexiste a forma culposa de aborto; **D:** incorreta, pois não poderia a gestante responder por verdadeira autolesão (lesão corporal dolosa qualificada pela aceleração do parto), que, como sabido, é impunível. O fato de ter havido o abortamento, como visto, redundou, se tanto, de comportamento imprudente de "X". Porém, inexistindo a figura do aborto culposo, nada resta a ser feito; **E:** incorreta, não se subsumindo a conduta de "X" ao art. 330 do CP, que pressupõe a desobediência à ordem legal emanada de funcionário público. Ainda que o médico fosse funcionário público, sua recomendação (repouso) não se revestiria das características de uma "ordem". Logo, não se pode falar de prática de crime de desobediência.

Gabarito "A".

13. *SURSIS*, LIVRAMENTO CONDICIONAL, REABILITAÇÃO E MEDIDAS DE SEGURANÇA

(Delegado/SP – VUNESP – 2014) "X", primário e de bons antecedentes, cumpre, com bom comportamento, pena de vinte anos de reclusão em regime fechado, pela prática do crime de latrocínio. Até o momento, "X" cumpriu quatorze anos do total da pena. Nesse caso, a resposta correta para a pergunta – "X" tem direito à concessão de algum benefício? – é:

(A) "X" tem direito ao livramento condicional.
(B) "X" tem direito à concessão da liberdade provisória.
(C) "X" tem direito à concessão do *sursis*.
(D) "X" tem direito à concessão da suspensão condicional da pena.
(E) "X" não faz jus a nenhum benefício por ter praticado crime hediondo.

A: correta. Considerando que o latrocínio (art. 157, § 3º, II, CP) é crime hediondo, a obtenção do livramento condicional será possível após o cumprimento de mais de dois terços da pena (art. 83, V, CP). Considerando que "X" é primário (portanto, não é reincidente específico em crimes hediondos ou equiparados, o que obstaculizaria a concessão do benefício) e de bons antecedentes, e dado que já cumpriu mais de dois terços da pena total, fará jus, repita-se, ao livramento condicional; **B:** incorreta. A liberdade provisória é instituto de índole processual, cabível em sede de prisão cautelar. Dado que "X" está preso em regime fechado em virtude de condenação por latrocínio, não mais se cogita de liberdade provisória, já que, repita-se, estamos diante de uma prisão-pena; **C:** incorreta, sendo incabível o *sursis* (suspensão condicional da execução da pena) para condenação à pena de vinte anos, consoante se depreende do art. 77, CP; **D:** incorreta, pela mesma razão exposta no comentário anterior. Importa registrar que o *sursis* nada mais é do que a suspensão condicional da pena (são sinônimos); **E:** incorreta. Nada obstante o latrocínio seja crime hediondo, são admissíveis, sim, benefícios de índole penal, tais como o livramento condicional e a progressão de regime.

Gabarito "A".

14. AÇÃO PENAL

(Investigador – PC/BA – 2018 – VUNESP) Acácio, no dia 19 de fevereiro de 2018 (segunda-feira), foi vítima do crime de difamação. O ofensor foi seu vizinho Firmino. Trata-se de crime de ação privada, cujo prazo decadencial (penal) para o oferecimento da petição inicial é de 6 meses a contar do conhecimento da autoria do crime. Sobre a contagem do prazo, qual seria o último dia para o oferecimento da queixa-crime?

(A) 17 de agosto de 2018 (sexta-feira).
(B) 18 de agosto de 2018 (sábado).
(C) 19 de agosto de 2018 (domingo).
(D) 20 de agosto de 2018 (segunda-feira).
(E) 21 de agosto de 2018 (terça-feira).

O prazo decadencial – que tem natureza penal – tem como termo inicial a data em que o ofendido tem conhecimento de quem é o autor do delito, na forma estabelecida no art. 38 do CPP. Na hipótese narrada no enunciado, corresponde ao dia em que se deram os fatos. Tendo natureza penal, a contagem do prazo decadencial se faz segundo as regras do art. 10 do CP, incluindo-se o primeiro dia e excluindo-se o derradeiro. Dessa forma, a queixa deve ser ajuizada até o dia 17 de agosto de 2018, uma sexta-feira.
Gabarito "A".

(Defensor Público/RO – 2017 – VUNESP) Assinale o crime que se processa mediante ação penal pública incondicionada.

(A) Furto de coisa comum (CP, art. 156).
(B) Violação do segredo profissional (CP, art. 154).
(C) Perigo de contágio venéreo (CP, art. 130).
(D) Ameaça (CP, art. 147).
(E) Violação de domicílio (CP, art. 150).

A: incorreta. A ação penal, no crime de furto de coisa comum, capitulado no art. 156 do CP, é pública condicionada à representação do ofendido, conforme prevê o § 1º do dispositivo; **B:** incorreta. Conforme dispõe o art. 154, parágrafo único, do CP, a ação penal, no crime de violação de segredo profissional, é pública condicionada a representação, sendo de rigor o oferecimento de representação para que o MP possa promover a responsabilização criminal; **C:** incorreta. Em conformidade com o art. 130, § 2º, do CP, a ação penal, no crime de perigo de contágio venéreo, é pública condicionada à representação do ofendido; **D:** incorreta. O crime de ameaça somente se procede mediante representação (ação penal pública condicionada), conforme art. 147, parágrafo único, do CP; **E:** correta. O art. 150 do CP, que define o crime de violação de domicílio, nenhuma referência fez quanto à natureza da ação penal, razão pela qual deve-se considerá-la como pública incondicionada.
Gabarito "E".

15. EXTINÇÃO DA PUNIBILIDADE EM GERAL

(Procurador Municipal/SP – VUNESP – 2016) Sobre as causas extintivas de punibilidade, é correto afirmar que a

(A) lei posterior que deixa de considerar como infração um fato que era anteriormente punido (*abolitio criminis*) exclui os efeitos jurídicos penais e civis decorrentes da aplicação da lei anterior.
(B) prescrição, antes de transitar em julgado a sentença final, começa a correr, no caso de tentativa, do dia em que cessou a atividade criminosa e nos casos dos crimes permanentes, do dia em que cessou a permanência.
(C) peremção pode ser reconhecida na ação privada exclusiva e na ação privada subsidiária da pública e havendo dois ou mais querelantes, sua ocorrência alcança somente aquele que lhe deu causa, prosseguindo quanto aos demais.
(D) decadência, perda do direito de ação ou de representação do ofendido em face do decurso de tempo, tem prazo sujeito a interrupção ou a suspensão.

A: incorreta. A ocorrência da *abolitio criminis* faz desaparecer todos os efeitos penais, principais e secundários; subsistem, no entanto, os civis (extrapenais), por força do que dispõe o art. 2º, *caput*, parte final, do CP; **B:** correta, pois reflete o que estabelece o art. 111, II e III, do CP; **C:** incorreta, pois não há se falar em peremção na ação penal privada subsidiária da pública. Isso porque, nos termos do art. 29 do CPP, se o querelante revelar-se desidioso, pode o Ministério Público retomar a titularidade da ação. Somente terá lugar a peremção na ação penal privada exclusiva e também na personalíssima. Ademais, é correto afirmar que a peremção só se dá em relação ao querelante desidioso, não atingindo, pois, aquele que não lhe deu causa; **D:** incorreta. O prazo decadencial, cuja contagem se dá nos moldes do art. 10 do CP (prazo penal), já que leva à extinção da punibilidade, não se interrompe tampouco se suspende.
Gabarito "B".

(Juiz de Direito – TJ/MS – VUNESP – 2015) Quanto à extinção da punibilidade, é correto afirmar que

(A) a punibilidade só se extingue pela morte do agente; pela anistia, graça ou indulto; pela prescrição, decadência ou peremção; pela renúncia do direito de queixa ou pelo perdão aceito, nos crimes de ação privada e pela retratação do agente, nos casos em que a lei a admite.
(B) o curso da prescrição interrompe-se com o oferecimento da denúncia pelo Ministério Público.
(C) o perdão expresso ou tácito concedido pelo ofendido a um dos querelados não pode ser aproveitado pelos demais na hipótese de ofensa conjunta por mais de um agente.
(D) considerando que o delito previsto no art. 137, *caput*, do Código Penal prevê pena de detenção de quinze dias a dois meses ou multa, a prescrição da pena em abstrato ocorrerá em dois anos.
(E) a sentença que conceder perdão judicial não será considerada para efeitos de reincidência.

A: incorreta. Em primeiro lugar, porque a alternativa não contemplou todas as causas extintivas de punibilidade elencadas no rol do art. 107 do CP. Segundo porque é unânime na doutrina o entendimento segundo o qual o rol contido no art. 107 do CP é exemplificativo, podendo ser encontradas, além dessas (art. 107), outras causas extintivas da punibilidade tanto no Código Penal quanto na legislação penal especial. Alguns exemplos: reparação do dano no peculato culposo (art. 312, § 3º, do CP); decurso do prazo *sursis*, sem revogação (art. 82, CP); pagamento do tributo antes do oferecimento da denúncia (art. 34 da Lei 9.249/1995); falta de representação da vítima na Lei 9.099/1995, entre outras hipóteses; **B:** incorreta, na medida em que o curso da prescrição é interrompido, entre outras causas, pelo recebimento da denúncia ou queixa (e não pelo seu oferecimento), tal como estabelece o art. 117, I, do CP; **C:** incorreta. O perdão, quer seja expresso, quer seja tácito, a todos os agentes se estende (art. 106, I, do CP), mas somente produzirá efeitos em relação àqueles que o aceitarem; **D:** incorreta. Isso porque, sendo a pena máxima cominada ao crime do art. 137 do CP de dois meses ou multa, a prescrição dar-se-á no prazo de 3 anos (e não 2), tal como previsto no art. 109, VI, do CP; **E:** correta, pois reflete o disposto no art. 120 do CP e na Súmula 18, do STJ.
Gabarito "E".

(Promotor de Justiça/ES – VUNESP – 2013) No tocante à extinção da punibilidade, assinale a alternativa correta.

(A) A retratação é admitida nos crimes de calúnia, injúria e difamação.
(B) O perdão do ofendido é um ato pelo qual o querelado desiste do prosseguimento da ação penal privada.
(C) Na receptação culposa, sendo o criminoso primário, será cabível o perdão judicial.
(D) A renúncia é instituto exclusivo da ação penal privada.
(E) A prescrição não incidirá sobre os crimes de terrorismo e tortura.

A: incorreta, pois a retratação não é admitida no crime de injúria. Assim, o querelado que, antes da sentença, se retrata cabalmente da calúnia ou da difamação, fica isento de pena (art. 143, do CP), extinguindo-se a punibilidade (art. 107, VI, do CP). Todavia, se a retratação ocorrer em fase recursal, após a prolação da sentença condenatória, poderá ser aplicada uma circunstância atenuante (art. 65, III, "b", do CP); **B:** incorreta, pois o perdão do ofendido é o ato pelo qual o querelante desiste do prosseguimento da ação penal privada (art. 105, do CP). Cumpre salientar que o perdão judicial, por ser um ato bilateral, depende da aceitação do querelado, sendo que se concedido a um dos querelados, aproveitará a todos, sem que produza, todavia, efeito em relação ao que o recusar (art. 51, do CPP); **C:** correta, pois, de fato, nos termos do art. 180, § 5º, 1ª parte, do CP, sendo o réu primário, o juiz poderá, levando em consideração as circunstâncias, deixar de aplicar a pena. Oportuno frisar que o perdão judicial está previsto no art. 107, IX, do CP como uma das formas de extinção da punibilidade; **D:** incorreta. De fato, em regra, a renúncia – ato unilateral pelo qual se efetua a desistência do direito de ação pela vítima – ocorre na ação penal exclusivamente privada e na ação penal privada personalíssima, mas não na subsidiária da pública. Todavia, excepcionalmente, admite-se a renúncia tácita na ação penal pública condicionada à representação, de competência do Juizado Especial Criminal, quando houver composição civil entre o autor do fato e a vítima, extinguindo-se a punibilidade do agente (art. 74, parágrafo único, da Lei 9.099/1995); **E:** incorreta, pois os únicos crimes imprescritíveis são: 1) racismo (art. 5º, XLII, CF e Lei 7.716/1989); e 2) ação de grupos armados, civis e militares, contra a ordem constitucional e o Estado Democrático (art. 5º, XLIV). Ressalte-se que, muito embora prevaleça o entendimento doutrinário de que a legislação ordinária não pode criar outras hipóteses de imprescritibilidade, o STF já decidiu em sentido contrário (RE 460.971/RS, Rel. Ministro Sepúlveda Pertence, 1ª Turma, j. 13.02.2007).
Gabarito "C".

16. PRESCRIÇÃO

(Juiz de Direito – TJ/RS – 2018 – VUNESP) João foi condenado por furto simples (CP, art. 155, *caput*) em sentença já transitada em julgado para a acusação. Na primeira fase de dosimetria, a pena foi fixada no mínimo legal. Reconhecidas circunstâncias agravantes, a pena foi majorada em 1/2 (metade). Por fim, em razão da continuidade delitiva, a pena foi novamente aumentada em 1/2 (metade). A prescrição da pretensão executória dar-se-á em

(A) 4 (quatro) anos.
(B) 3 (três) anos.
(C) 8 (oito) anos.
(D) 12 (doze) anos.
(E) 2 (dois) anos.

A pena cominada ao crime de furto simples é de 1 a 4 anos de reclusão, tal como consta do preceito secundário do art. 155 do CP. Pois bem. Pelo que consta do enunciado, o magistrado, na primeira etapa de fixação da pena, após o cotejo das circunstâncias judiciais (art. 59, CP), estabeleceu a pena no seu mínimo legal, ou seja, 1 ano. Já na segunda fase, em que o magistrado analisa as agravantes e atenuantes, a pena foi majorada em metade, chegando-se, assim, à pena de 1 ano e 6 meses. Ao final, já na terceira etapa, na qual incidem as causas de aumento e diminuição, o magistrado fez incidir um aumento da ordem de metade, o que se deu em razão do reconhecimento da continuidade delitiva. Chega-se, então, à pena final de 2 anos e 3 meses de reclusão. Levando-se em conta o que dispõem os arts. 109, IV, e 110, § 1º, ambos do CP, a prescrição dar-se-á em oito anos. Sucede que, segundo entendimento sufragado na Súmula 497, do STF, quando se tratar de crime continuado, não se levará em consideração, para o fim de calcular a prescrição, o aumento daí decorrente. Sendo assim, a pena que será levada em conta é aquela à qual o juiz chegou na segunda etapa da dosimetria, ou seja, 1 ano e 6 meses, o que leva o prazo prescricional ao patamar de 4 anos (art. 109, V, do CP).
Dica: esta questão exige do candidato o conhecimento da pena cominada aos crimes bem como da tabela do art. 109 do CP (a famigerada *decoreba*). Assim, recomenda-se, quando do estudo dos tipos penais, a análise e assimilação das penas.
Gabarito "A".

(Delegado/SP – VUNESP – 2014) Em regra geral, a prescrição antes de transitar em julgado a sentença final

(A) é chamada, pela doutrina, de prescrição intercorrente.
(B) é chamada, pela doutrina, de prescrição retroativa.
(C) regula-se pelo mínimo da pena privativa de liberdade cominada ao crime.
(D) regula-se pela pena aplicada na sentença de primeiro grau.
(E) regula-se pelo máximo da pena privativa de liberdade cominada ao crime.

A: incorreta. A prescrição intercorrente (ou superveniente), embora seja espécie de prescrição da pretensão punitiva, anterior ao trânsito em julgado da sentença penal condenatória, não é "sinônimo" da prescrição em geral. Verifica-se a partir da publicação da sentença condenatória, estendendo-se até o trânsito em julgado para as partes; **B:** incorreta. Assim como a prescrição intercorrente, a prescrição retroativa é espécie de prescrição da pretensão punitiva, que se verifica da sentença condenatória recorrível "para trás", não podendo ter por termo inicial data anterior à denúncia ou queixa (art. 110, § 1º, CP); **C:** incorreta. Em regra, a prescrição da pretensão punitiva (anterior ao trânsito em julgado da sentença final) regula-se pelo máximo da pena privativa de liberdade cominada ao crime (art. 109, *caput*, do CP); **D:** incorreta, pois a prescrição da pretensão punitiva, em regra, como dito, regula-se pela pena abstratamente cominada, e não pela pena aplicada; **E:** correta, nos termos do precitado art. 109, *caput*, do CP.
Gabarito "E".

17. CRIMES CONTRA A PESSOA

(Juiz de Direito – TJ/RS – 2018 – VUNESP) O feminicídio (CP, art. 121, § 2º, VI)

(A) está ausente do rol dos crimes hediondos (Lei nº 8.072/90).
(B) demanda, para seu reconhecimento, obrigatória relação doméstica ou familiar entre agressor e vítima.
(C) é o homicídio qualificado por condições do sexo feminino.
(D) foi introduzido em nosso ordenamento pela Lei Maria da Penha (Lei nº 11.340/06).
(E) admite a modalidade preterdolosa.

A: incorreta, uma vez que o *feminicídio*, modalidade de homicídio qualificada introduzida, pela Lei 13.104/2015, no Código Penal – art. 121, § 2º, VI, faz parte, sim, do rol dos crimes hediondos, conforme art. 1º, I, da Lei 8.072/1990 (Crimes Hediondos), dispositivo alterado por força da Lei 13.142/2015; **B:** incorreta, pois não reflete o disposto no art. 121, § 2º-A, II, do CP, que estabelece haver razões de condição de sexo feminino, além da violência doméstica e familiar, também no caso de manifestação de menosprezo ou discriminação à mulher; **C:** correta (art. 121, § 2º, VI, do CP); **D:** incorreta, dado o que foi afirmado no comentário à assertiva A; **E:** incorreta. O *feminicídio*, espécie de homicídio qualificado, somente comporta a modalidade dolosa. A competência para o julgamento, portanto, é do Tribunal do Júri. Dentro do tema *homicídio qualificado*, é importante que se diga que, recentemente, o Congresso Nacional, ao apreciar os vetos impostos pelo Presidente da República ao PL 6341/2019 (que deu origem à Lei 13.964/2019), rejeitou (derrubou) vários deles (16 dos 24). Um dos vetos rejeitados é o que extraia do projeto de lei o inciso VIII do § 2º do art. 121 do CP, que criava nova figura qualificada do delito de homicídio, a saber: cometido com o emprego de arma de fogo de uso restrito ou proibido. Com a derrubada do veto, os homicídios praticados com arma de fogo de uso restrito ou proibido passam a ser qualificados. Segundo justificativa apresentada pelo Palácio do Planalto para a imposição do veto, *a propositura legislativa, ao prever como qualificadora do crime de homicídio o emprego de arma de fogo de uso restrito ou proibido, sem qualquer ressalva, viola o princípio da proporcionalidade entre o tipo penal descrito e a pena cominada, além de gerar insegurança jurídica, notadamente aos agentes de segurança pública, tendo em vista que esses servidores poderão ser severamente processados ou condenados criminalmente por utilizarem suas armas, que são de uso restrito, no exercício de suas funções para defesa pessoal ou de terceiros ou, ainda, em situações extremas para a garantia da ordem pública, a exemplo de conflito armado contra facções criminosas.* ED

Gabarito "C".

(Investigador – PC/BA – 2018 – VUNESP) Quanto aos crimes contra a vida, assinale a alternativa correta.

(A) Suponha que "A" seja instigado a suicidar-se e decida pular da janela do prédio em que reside. Ao dar cabo do plano suicida, "A" não morre e apenas sofre lesão corporal de natureza leve. Pode-se afirmar que o instigador deverá responder pelo crime de tentativa de instigação ao suicídio, previsto no art. 122 do Código Penal.
(B) Considera-se qualificado o homicídio praticado contra pessoa menor de 14 anos ou maior de 60 anos.
(C) O Código Penal permite o aborto praticado pela própria gestante quando existir risco de morte e não houver outro meio de se salvar.
(D) O feminicídio é espécie de homicídio qualificado e resta configurado quando a morte da mulher se dá em razão da condição do sexo feminino. Se o crime for presenciado por descendente da vítima, incidirá ainda causa de aumento de pena.
(E) O aborto provocado pela gestante, figura prevista no art. 124 do Código Penal, cuja pena é de detenção de 1 (um) a 3 (três) anos, admite coautoria.

A: incorreta. Isso porque o crime de induzimento, instigação ou auxílio ao suicídio, previsto no art. 122, *caput*, CP, era, ao tempo em que foi elaborada esta questão, daqueles que exigia resultado naturalístico específico para a sua consumação (morte ou lesão corporal de natureza grave), conforme constava da redação anterior do preceito secundário do tipo penal. Assim, se a vítima, ainda que instigada pelo agente a suicidar-se, sofresse tão somente lesão corporal de natureza leve, o fato seria atípico. A tentativa deste delito não era admitida. Pois bem. Isso mudou com o advento da Lei 13.968, de 26 de dezembro de 2019, que conferiu nova redação ao art. 122 do CP, ali incluindo, além do delito que já existia (mas em outras bases), também o crime de induzimento, instigação e auxílio à automutilação. Com isso, passamos a ter o seguinte *nomem juris*: induzimento, instigação ou auxílio a suicídio ou a automutilação. Antes de mais nada, não podemos deixar de registrar uma crítica ao legislador, que inseriu no catálogo *dos crimes contra a vida* delito que deveria ter sido incluído no capítulo *das lesões corporais*. Refiro-me ao induzimento, instigação ou auxílio à automutilação, que, à evidência, não constitui, nem de longe, crime contra a vida. Além da inserção deste novo crime (induzimento, instigação ou auxílio à automutilação), tratou o legislador de alterar o delito contra a vida já existente de *participação em suicídio*, conferindo nova redação ao tipo penal e inserindo qualificadoras e majorantes. Enfim, o art. 122, que até então contava com um parágrafo único, contém, agora, sete parágrafos. A primeira e mais significativa conclusão a que se chega por meio de uma breve leitura do *caput* deste artigo é que o crime do art. 122 do CP, que era, até então, *material*, passa a ser *formal*. Antes, conforme é sabido, o delito de participação em suicídio somente alcançava a consumação com a produção de resultado naturalístico, ora representado pela morte, ora pela lesão corporal de natureza grave. Ou seja, o crime comportava dois momentos consumativos possíveis. A tentativa não era admitida. Doravante, dada a nova redação conferida ao art. 122, *caput*, do CP, a consumação será alcançada com o mero ato de induzir, instigar ou auxiliar a vítima a suicidar-se ou a automutilar-se. A morte, se ocorrer, configurará a forma qualificada prevista no art. 122, § 2º; se sobrevier, da tentativa de suicídio ou da automutilação, lesão grave ou gravíssima, restará configurada a forma qualificada do art. 122, § 1º. Perceba que a morte e a lesão grave, na redação anterior, constituíam pressuposto à consumação da participação em suicídio; hoje, trata-se de circunstâncias que qualificam o crime de induzimento, instigação ou auxílio a suicídio ou a automutilação. O § 3º do dispositivo em análise estabelece causas de aumento de pena. Reza que a pena será duplicada: se o crime é praticado por motivo egoístico, torpe ou fútil; e se a vítima é menor ou tem diminuída, por qualquer causa, a capacidade de resistência. O § 4º, por sua vez, impõe um aumento de pena de até o dobro se a conduta é realizada por meio da internet ou rede social ou ainda transmitida em tempo real. Se o sujeito ativo for líder ou coordenador de grupo ou de rede virtual, sua pena será aumentada em metade (§ 5). O § 6º trata da hipótese em que o crime do § 1º deste artigo resulta em lesão corporal de natureza gravíssima e é cometido contra menor de 14 anos ou contra vítima que, por enfermidade ou deficiência mental, não tem o necessário discernimento para a prática do ato, ou que, por qualquer outra causa, está impedido de oferecer resistência, caso em que o agente responderá pelo delito do art. 129, § 2º, do CP; agora, se contra essas mesmas vítimas for cometido o crime do art. 122, § 2º, do CP (suicídio consumado ou morte decorrente da automutilação), o crime em que incorrerá o agente será o de homicídio (art. 121, CP). É o que estabelece o art. 122, § 7º, CP; **B:** não se trata de *qualificadora* e sim de *causa de aumento de pena*, aplicável, é importante que se diga, ao homicídio *doloso* (art. 121, § 4º, parte final, CP), sempre que a vítima for menor de 14 anos ou maior de 60. Dentro do tema *homicídio qualificado*, é importante que se diga que, recentemente, o Congresso Nacional, ao apreciar os vetos impostos pelo Presidente da República ao PL 6.341/2019 (que deu origem à Lei 13.964/2019), rejeitou (derrubou) vários deles (16 dos 24). Um dos vetos rejeitados é o que extraia do projeto de lei o inciso VIII do § 2º do art. 121 do CP, que criava nova figura qualificada do delito de homicídio, a saber: cometido com o emprego de arma de fogo de uso restrito ou proibido. Com a derrubada do veto, os homicídios praticados com arma de fogo de uso restrito ou proibido passam a ser qualificados. Segundo justificativa apresentada pelo Palácio do Planalto para a imposição do veto, *a propositura legislativa, ao prever como qualificadora do crime de homicídio o emprego de arma de fogo de uso restrito ou proibido, sem qualquer ressalva, viola o princípio da proporcionalidade entre o tipo penal descrito e a pena cominada, além de gerar insegurança jurídica, notadamente aos agentes de segurança pública, tendo em vista que esses servidores poderão ser severamente processados ou condenados criminalmente por utilizarem suas armas, que são de uso restrito, no exercício de suas funções para defesa pessoal ou de terceiros ou, ainda, em situações extremas para a garantia da ordem pública, a exemplo de*

conflito armado contra facções criminosas; **C:** incorreta. O chamado aborto *necessário* ou *terapêutico* (art. 128, I, CP), que é a modalidade de aborto legal em que a interrupção da gravidez se revela a única forma de salvar a vida da gestante, pressupõe a sua realização por médico. De outra forma não poderia ser. É que somente este profissional está credenciado a interpretar os exames e concluir pela necessidade da manobra abortiva; **D:** correta, pois corresponde ao que estabelece o art. 121, § 2º, VI, e 7º, III, do CP, cuja redação foi alterada pela Lei 13.771/2018; **E:** incorreta. O crime de aborto definido no art. 124, *caput*, primeira parte, do CP, chamado *autoaborto*, embora seja considerado de *mão própria*, já que impõe ao sujeito ativo, neste caso a gestante que realiza aborto em si própria, uma atuação personalíssima, admite concurso de agentes somente na modalidade *participação*, sendo inviável a *coautoria*. É a hipótese em que terceiro induz, instiga ou auxilia a gestante a provocar, nela própria, a interrupção da gravidez (hipótese de participação); agora, se o terceiro, com o consentimento da gestante, nela promover manobras abortivas, responderá na forma do art. 126 do CP (aborto com consentimento da gestante). Cuida-se, como se pode ver, de exceção à teoria monista.
Gabarito "D".

(Delegado – PC/BA – 2018 – VUNESP) Segundo o art. 140, do Código Penal Brasileiro (crime de injúria), é correto afirmar que

(A) o crime de injúria qualificado, previsto no parágrafo 3º do art. 140, do CP, que consiste na ofensa à honra com a utilização de elementos referentes à raça e à cor, é inafiançável e imprescritível.

(B) o crime de injúria qualificado, previsto no parágrafo 3º do art. 140, do CP, consiste na ofensa à honra com a utilização de elementos referentes exclusivamente à raça, cor, etnia e origem.

(C) o perdão judicial, previsto no parágrafo 1º do art. 140, do CP, aplicável quando o ofendido provoca diretamente a injúria, aplica-se ao crime de injúria qualificado, previsto no parágrafo 3º do art. 140, do CP.

(D) no crime de injúria, o objeto jurídico é a honra subjetiva do ofendido, podendo ser praticado mediante dolo ou culpa.

(E) na injúria real, prevista no parágrafo 2º do art. 140, do CP, a violência ou vias de fato são meios de execução do crime.

A: incorreta. De fato, se considerarmos o disposto no art. 140, § 3º, do CP, não se pode dizer que o crime de injúria racial é *inafiançável* e *imprescritível*. Esta foi a linha adotada pela organizadora. Agora, é importante que se diga que o STJ e alguns doutrinadores, entre eles Guilherme de Souza Nucci, entendem que a injúria racial nada mais é do que uma das manifestações de racismo, razão pela qual deve ser considerado como racista (gênero) tanto aquele que, com base em elementos preconceituosos e discriminatórios, pratica condutas segregacionistas, definidas na Lei 7.716/1989, quanto o que profere injúrias raciais (art. 140, § 3º, do CP). Adotando essa linha de pensamento, a injúria racial seria *imprescritível* e *inafiançável*, tal como estabelece o art. 5º, XLII, da CF. Assim decidiu o STJ: "Nos termos da orientação jurisprudencial desta Corte, com o advento da Lei 9.459/97, introduzindo a denominada injúria racial, criou-se mais um delito no cenário do racismo, portanto, imprescritível e inafiançável e sujeito à pena de reclusão (AgRg no AREsp 686.965/DF, Rel. Ministro Ericson Maranho (Desembargador convocado do TJ/SP), Sexta Turma, julgado em 18/08/2015, DJe 31/08/2015). 3. A ofensa a dispositivo constitucional não pode ser examinada em recurso especial, uma vez que compete exclusivamente ao Supremo Tribunal Federal o exame de matéria constitucional, o qual já se manifestou, em caso análogo, refutando a violação do princípio da proporcionalidade da pena cominada ao delito de injúria racial. 4. Agravo regimental parcialmente provido para conhecer do agravo em recurso especial mas negar-lhe provimento e indeferir o pedido de extinção da punibilidade" (AgRg no AREsp 734.236/DF, Rel. Ministro Nefi Cordeiro, Sexta Turma, julgado em 27/02/2018, DJe 08/03/2018); **B:** incorreta, já que o tipo penal do art. 140, § 3º, do CP contempla, além dos mencionados na assertiva, os elementos *religião* e *condição de pessoa idosa ou portadora de deficiência*; **C:** incorreta, já que não se aplica à injúria qualificada do art. 140, § 3º, do CP; **D:** incorreta. É verdade que, no crime de injúria, a honra atingida é a *subjetiva*, que corresponde àquilo que a pessoa pensa de si própria, sua autoestima. Agora, é incorreto afirmar-se que o elemento subjetivo no crime de injúria pode ser representado tanto pelo *dolo* quanto pela *culpa*. É que não há forma culposa; **E:** correta (art. 140, § 2º, CP). A propósito do tema *crimes contra a honra*, é importante que se diga que o Projeto de Lei 6.341/2019, que deu origem ao pacote anticrime, previa a inclusão de nova causa de aumento de pena aos crimes contra a honra (calúnia, difamação e injúria), na hipótese de eles serem cometidos ou divulgados em redes sociais ou na rede mundial de computadores, o que foi feito por meio da inserção do § 2º ao art. 141 do CP. O texto original estabelecia que a pena, nesta hipótese, seria triplicada. Ao apreciar o PL, o presidente da República vetou o dispositivo. Posteriormente, o Congresso Nacional derrubou esse veto, de forma que o dispositivo (art. 141, § 2º) que, no projeto original, previa que a pena fosse triplicada nos crimes contra a honra praticados ou divulgados em redes sociais ou na rede mundial de computadores, foi reincorporado ao pacote anticrime, nos seguintes termos: *se o crime é cometido ou divulgado em quaisquer modalidades das redes sociais da rede mundial de computadores, aplica-se em triplo a pena*. O presidente da República, ao vetar este dispositivo, ponderou que *a propositura legislativa, ao promover o incremento da pena no triplo quando o crime for cometido ou divulgado em quaisquer modalidades das redes da rede mundial de computadores, viola o princípio da proporcionalidade entre o tipo penal descrito e a pena cominada, notadamente se considerarmos a existência de legislação atual que já tutela suficientemente os interesses protegidos pelo Projeto, ao permitir o agravamento da pena em um terço na hipótese de qualquer dos crimes contra a honra ser cometido por meio que facilite a sua divulgação. Ademais, a substituição da lavratura de termo circunstanciado nesses crimes, em razão da pena máxima ser superior a dois anos, pela necessária abertura de inquérito policial, ensejaria, por consequente, superlotação das delegacias e, com isso, redução do tempo e da força de trabalho para se dedicar ao combate de crimes graves, tais como homicídio e latrocínio.*
Gabarito "E".

(Juiz de Direito – TJ/MS – VUNESP – 2015) Em relação aos crimes contra a vida, é correto afirmar que

(A) a genitora que mata o neonato, sob o estado puerperal e logo após o parto, responderá por homicídio duplamente qualificado pelo recurso que dificultou a defesa da vítima e por meio insidioso.

(B) para configuração do homicídio privilegiado, previsto no art. 121, § 1º, do Código Penal, basta que o agente cometa o crime sob o domínio de violenta emoção.

(C) nas lesões culposas verificadas entre os mesmos agentes, é possível aplicar a compensação de culpas.

(D) o feminicídio, previsto no art. 121, § 2º, inciso VI, do Código Penal, exige que o crime seja praticado contra a mulher por razões da condição de sexo feminino envolvendo violência doméstica ou familiar ou menosprezo ou discriminação à condição de mulher.

(E) o agente que pratica autolesão responderá pelo crime de lesões corporais com atenuação da pena de 1/3 a 2/3, a depender da natureza da lesão.

A: incorreta. Isso porque a proposição contempla os requisitos do crime de *infanticídio*, previsto no art. 123 do CP, que é especial em relação ao de *homicídio*. Com efeito, a mãe que, sob a influência do estado puerperal, provoca a morte do nascente ou do neonato, que ela mesma gerou, durante o parto ou logo em seguida a ele, será responsabilizada pelo crime de infanticídio, que não deixa de ser uma forma mais branda e privilegiada do delito de homicídio, isso em razão do peculiar estado do sujeito ativo (estado puerperal); **B:** incorreta. Além de o sujeito ativo estar sob o domínio de violenta emoção, faz-se ainda necessário que o fato se dê logo em seguida à injusta provocação da vítima, tal como estabelece o art. 121, § 1º, do CP. É o que a doutrina convencionou chamar de *homicídio emocional*. Para que nenhuma dúvida reste, o reconhecimento desta modalidade de homicídio privilegiado pressupõe: a) existência de uma violenta emoção; b) provocação injusta por parte da vítima; e c) imediatidade da reação; **C:** incorreta. Não há que se falar em compensação de culpas no direito penal, é dizer, a culpa de um não anula a do outro; **D:** correta, pois reflete o disposto no art. 121, § 2º, VI, e § 2º-A, I e II, do CP, introduzido pela Lei 13.104/2015; **E:** incorreta. É que a autolesão, salvo na hipótese em que praticada para o fim de fraudar companhia de seguro (art. 171, § 2º, V, do CP), constitui, à luz do princípio da alteridade, fato atípico (não há crime). Concebido por Claus Roxin, este postulado enuncia que não poderá ser considerada criminosa a conduta que não tem o condão de prejudicar direito de terceiro. É por essa razão também que se defende a atipicidade da conduta consistente em consumir droga.

Gabarito "D".

(Juiz de Direito – TJ/SP – VUNESP – 2015) A mídia tem noticiado casos em que trabalhadores, em sua grande maioria estrangeiros, são submetidos a trabalhos forçados e jornadas exaustivas, configurando assim o crime de redução à condição análoga à de escravo. Sobre esse delito, assinale a alternativa que não o tipifica.

(A) Recusar o fornecimento de alimentação ou água potável.
(B) Restringir sua locomoção em razão de dívida contraída com o preposto.
(C) Vigilância ostensiva no local de trabalho.
(D) Apoderar-se de documentos ou objetos pessoais do trabalhador com o fim de retê-lo no local de trabalho.

A: correta (deve ser assinalada), já que a conduta descrita na alternativa não se subsume ao tipo penal do art. 149 do CP, que define o crime de redução a condição análoga à de escravo; **B:** incorreta. Conduta prevista no art. 149, *caput*, do CP; **C:** incorreta. Conduta prevista no art. 149, § 1º, II, do CP; **D:** incorreta. Conduta prevista no art. 149, § 1º, II, do CP.

Gabarito "A".

(Juiz de Direito – TJ/SP – VUNESP – 2015) A respeito da retratação nos crimes contra a honra, pode-se afirmar que fica isento de pena o querelado que, antes da sentença, retrata-se cabalmente

(A) da calúnia ou difamação.
(B) da calúnia, injúria ou difamação.
(C) da injúria ou difamação.
(D) da calúnia ou injúria.

A *retratação*, no contexto dos crimes contra a honra, somente alcança, por força do art. 143, *caput*, do CP, os delitos de *calúnia* e *difamação*. E de outra forma não poderia ser. Como bem sabemos, tanto a calúnia quanto a difamação atingem a chamada honra *objetiva*, que nada mais é do que o conceito de que goza o indivíduo no meio social em que está inserido. É possível, portanto, que o querelado volte atrás na ofensa proferida, desmentindo o que dissera: no caso da calúnia, a falsa imputação de fato que constitui crime; no da difamação, a atribuição de conduta indecorosa por parte do ofendido. Agora, considerando que a injúria, que atinge a honra *subjetiva*, que é o conceito que fazemos de nós mesmos, consiste na atribuição de qualidade negativa (ofensa, xingamento), inviável que o ofensor volte atrás, desmentindo o xingamento que proferira. Chamo a atenção para a inserção do parágrafo único neste dispositivo (art. 143, CP), o que se fez por meio da Lei 13.188/2015, que diz respeito à hipótese em que o querelado, nos crimes de calúnia e difamação, se utiliza dos meios de comunicação. Neste caso, a retratação dar-se-á, se essa for a vontade do ofendido, pelos mesmos meios em que se praticou a ofensa.

Gabarito "A".

18. CRIMES CONTRA O PATRIMÔNIO

(Juiz de Direito – TJ/RJ – 2019 – VUNESP) João invade um museu público disposto a furtar um quadro. Durante a ação, quando já estava tirando o quadro da parede, depara-se com um vigilante. Diante da ordem imperativa para largar o quadro, e temendo ser alvejado, vulnera o vigilante com um projétil de arma de fogo. O vigilante vem a óbito; e João, impressionado pelos acontecimentos, deixa a cena do crime sem carregar o quadro. De acordo com o entendimento sumulado pelo Supremo Tribunal Federal, praticou-se

(A) furto qualificado tentado em concurso com homicídio qualificado consumado.
(B) roubo próprio tentado em concurso com homicídio consumado.
(C) roubo impróprio tentado em concurso com homicídio consumado.
(D) latrocínio tentado.
(E) latrocínio consumado.

Segundo o enunciado proposto, João, imbuído do propósito de subtrair um quadro, invade o museu no qual este se encontrava. Já no seu interior, quando tirava o quadro da parede, ele é surpreendido por um vigilante. Temendo ser alvejado, João atira no vigilante, que vem a óbito. Em seguida, ele deixa a cena do crime sem levar o bem. O enunciado não deixa dúvidas de que, desde o início, seu objetivo era furtar o quadro. Ocorre que, no curso da empreitada, quando estava prestes a concluir a subtração, João é abordado pelo vigilante do museu, contra o qual emprega violência. Neste momento, o crime de furto dá lugar ao delito de roubo na modalidade *imprópria* (art. 157, § 1º, do CP). O reconhecimento deste crime tem como pressuposto o fato de a violência contra a pessoa ou grave ameaça verificar-se após a subtração da *res*. É bem este o caso narrado no enunciado. Como da violência empregada por João resultou na morte do vigilante, o crime praticado é o roubo impróprio seguido de morte (latrocínio consumado), previsto no art. 157, § 3º, II, do CP. Com efeito, embora a subtração não tenha sido ultimada, a morte ocorreu. É este o entendimento sedimentado por meio da Súmula 610, do STF: *Há crime de latrocínio, quando o homicídio se consuma, ainda que não realize o agente a subtração de bens da vítima*. No STJ: "(...) 3. O latrocínio (CP, art. 157, § 3º, *in fine*) é crime complexo, formado pela união dos crimes de roubo e homicídio, realizados em conexão consequencial ou teleológica e com *animus necandi*. Estes crimes perdem a autonomia quando compõem o crime complexo de latrocínio, cuja consumação exige a execução da totalidade do tipo. Nesse diapasão, em tese, para haver a consumação do crime complexo, necessitar-se-ia da consumação da subtração e da morte, contudo os bens jurídicos patrimônio e vida não possuem igual valoração, havendo prevalência deste último, conquanto o latrocínio seja classificado como crime patrimonial. Por conseguinte, nos termos da Súmula 610 do STF, o fator determinante para a consumação do latrocínio é a ocorrência do resultado morte, sendo despicienda a efetiva inversão da posse do bem (...)" (HC 226.359/DF, Rel. Min. Ribeiro Dantas, Quinta Turma, j. 02.08.2016, *DJe* 12.08.2016). Quanto à diferença entre as modalidades própria e imprópria do roubo, valem alguns esclarecimentos. Roubo *impróprio*, conforme já ponderado acima, é aquele em que o agente, logo em seguida à subtração da coisa, é levado, para assegurar a sua impunidade ou a detenção da *res*, a empregar violência ou grave ameaça (art. 157, § 1º, do CP); o roubo *próprio*, que é a modalidade mais comum desse crime, se dá quando a violência ou grave ameaça é empregada com o fim de retirar os bens da vítima. Em outras palavras, a violência ou a grave ameaça, no roubo próprio, constitui meio para o agente chegar ao seu objetivo, que é o de efetuar a subtração. O roubo impróprio se consuma com o emprego da violência ou grave ameaça; já o roubo próprio alcança a sua consumação com a inversão da posse do bem mediante violência ou grave ameaça (Súmula 582, STJ).

Gabarito "E".

(Juiz de Direito – TJ/RS – 2018 – VUNESP) Utilizando-se de uma chave falsa, José invadiu um museu e amarrou o vigilante Marcos na cama em que este cochilava, a fim de efetivar a subtração de obras de arte que guarneciam o local. Durante a amarração, Marcos acorda, tenta impedir José, mas não consegue se desvencilhar das cordas e assiste, impotente, ao cometimento do crime. Praticada a subtração, José deixou o local, sem desamarrar Marcos. Horas depois, por conta de uma inesperada e forte chuva seguida de inundação, e em razão de estar amarrado, Marcos morreu por afogamento. Considere a inundação causa superveniente relativamente independente.

Diante desse quadro, José será responsabilizado por

(A) latrocínio (CP, art. 157, § 3º).
(B) roubo impróprio (CP, art. 157, § 1º).
(C) roubo (CP, art. 157) em concurso com homicídio culposo (CP, art. 121, § 3º).
(D) roubo próprio (CP, art. 157, caput).
(E) furto qualificado (CP, art. 155, § 4º, III) em concurso com homicídio culposo (CP, art. 121, § 3º).

Segundo consta do enunciado, José ingressou em um museu e, com o fim de viabilizar a subtração de obras de arte de seu acervo, imobilizou Marcos, funcionário responsável pela vigilância do local, que cochilava no momento da invasão. De se ver que não houve, por parte de José, emprego de violência tampouco grave ameaça. Ao amarrar Marcos, para que este não interferisse na sua ação, José nada mais fez do que reduzir a vítima à impossibilidade de resistência (denominada pela doutrina como violência *imprópria*). O crime em que incorreu José, assim, foi o de roubo. A questão que se coloca é saber se se trata de roubo *próprio* ou *impróprio*. Cuida-se de roubo próprio (art. 157, *caput*, do CP), na medida em que o meio de que se valeu José para reduzir Marcos à impossibilidade de resistência foi empregado antes da subtração das obras de arte. O reconhecimento do roubo impróprio (art. 157, § 1º, do CP) tem como pressuposto o fato de a violência contra a pessoa ou grave ameaça verificar-se após a subtração da *res*. É este o caso do agente que, após efetuar a subtração de determinado bem (furto), ao deixar o local se depara com o proprietário da *res*, contra o qual o agente desfere um soco, que vem a ocasionar-lhe um desmaio e acaba por assegurar ao agente a detenção da coisa subtraída. Pois bem. Ao deixar o local, de posse dos bens subtraídos, Marcos permaneceu amarrado. Algum tempo depois, em razão de uma inundação causada por uma forte chuva, Marcos vem a morrer por afogamento. Pelo enunciado, José deverá ser responsabilizado apenas pelo roubo próprio, na medida em que a morte de Marcos decorreu da inundação, que constitui um evento imprevisível, embora tenha origem na conduta de José. Assim, pode-se entender que a inundação é causa superveniente relativamente independente que, por si só, produziu o resultado, excluindo-se, assim, a imputação do evento fatal a José, nos termos do art. 13, § 1º, do CP. Aplicando-se a teoria da causalidade adequada, pode-se concluir que este apenas deverá responder pelo roubo próprio, não se compreendendo na linha de desdobramento normal da conduta a morte da vítima por afogamento em decorrência da inundação.

Gabarito "D".

(Investigador – PC/BA – 2018 – VUNESP) Sobre as disposições gerais aplicáveis aos crimes contra o patrimônio, previstas nos artigos 181 a 183 do Código Penal, assinale a alternativa correta.

(A) Maria, apesar de divorciada de José, com este mantém amizade, e constantemente se encontram para jantar. Em um desses encontros, Maria furtou o relógio e as abotoaduras de ouro pertencentes a José. Nesse caso, por ter sido casada com José, Maria estará isenta de pena, nos termos do art. 181, I, do Código Penal.
(B) Se o crime for cometido em prejuízo de irmão, legítimo ou ilegítimo, a ação penal será pública incondicionada.
(C) Manoel, para sustentar o vício em jogos, furtou R$ 70.000,00 de seu pai, referente a todo o dinheiro economizado durante a vida do genitor, um senhor de 65 anos de idade à época do fato. Por ter praticado crime sem violência contra seu genitor, Manoel ficará isento de pena.
(D) As causas de isenção de pena previstas nos artigos 181 e 182 também se estendem ao estranho que participa do crime.
(E) Se o crime for cometido em prejuízo de tio ou sobrinho com quem o agente coabita, a ação penal será pública condicionada à representação.

A: incorreta. Para a incidência da escusa absolutória prevista no art. 181, I, do CP, é imprescindível que os sujeitos ativo e passivo do delito estejam casados. Não é o caso de Maria e José, que, segundo consta, estão divorciados. Assim, Maria responderá normalmente pelo furto dos bens do patrimônio de seu ex-marido; **B:** incorreta, dado que, sendo o crime cometido contra irmão, a ação penal será pública condicionada a representação (art. 182, II, do CP); **C:** incorreta. Manoel, neste caso, não será alcançado pela escusa absolutória, na medida em que seu pai, à data dos fatos, já contava com mais de 60 anos (tinha 65), tal como estabelece o art. 183, III, do CP, que afasta a incidência dos arts. 181 e 182 do CP nas situações ali descritas; **D:** incorreta. Por expressa previsão contida no art. 183, II, do CP, as causas de isenção presentes nos arts. 181 e 182 do CP não se estendem ao estranho que participa do crime; **E:** correta, pois reflete o disposto no art. 182, III, do CP.

Gabarito "E".

(Defensor Público/RO – 2017 – VUNESP) João, de 30 anos, em concurso com a amiga Maria, de 25 anos, cometem apropriação indébita contra o pai de João, de 50 anos. Os três moram na mesma casa.

É correto afirmar que João

(A) e Maria são isentos de pena.
(B) é isento de pena e Maria somente será processada mediante representação.
(C) e Maria somente serão processados mediante representação.
(D) é isento de pena, mas a Maria não socorre semelhante benefício.
(E) somente será processado mediante representação e Maria é isenta de pena.

João, que cometeu o crime de apropriação indébita, que constitui delito patrimonial desprovido de violência ou grave ameaça, contra seu pai, que conta com 50 anos, será agraciado com a isenção de pena prevista no art. 181, II, do CP. Em relação a Maria, amiga de João e com a qual este praticou o crime de apropriação indébita, a situação é diferente. Isso porque, por expressa disposição do art. 183, II, do CP, tal escusa absolutória não se estende ao estranho, neste caso Maria, que participa do crime. Desse modo, Maria deverá ser responsabilizada pelo crime de apropriação indébita (art. 168, CP) que cometeu contra o pai de João; já este ficará, dado o vínculo familiar, isento de pena. **ED**

Gabarito "D".

(Procurador – IPSMI/SP – VUNESP – 2016) Mévio, endividado, sequestra o próprio pai, senhor de 70 anos, objetivando obter como resgate, de seus irmãos, a quantia de R$ 100.000,00 (cem mil reais). Para tanto, conta com a ajuda de Caio. Passadas 13 horas do sequestro, Caio se arrepende e decide comunicar o crime à Polícia que, pouco depois, invade o local do sequestro, libertando a vítima. A respeito da situação retratada, é correto afirmar que

(A) Mévio e Caio praticaram extorsão mediante sequestro, na forma qualificada, haja vista que o crime perdurou por período superior a 12 horas.
(B) por se tratar de crime contra o patrimônio, Mévio é isento de pena, pois cometeu o crime em prejuízo de ascendente.
(C) por se tratar de crime contra o patrimônio, relativamente a Mévio, que praticou o crime em prejuízo de ascendente, a ação penal é pública condicionada à representação.
(D) Caio, mesmo tendo denunciado o crime à autoridade policial, não faz jus à redução da pena, por se tratar de crime na forma qualificada.
(E) Mévio e Caio praticaram extorsão mediante sequestro, na forma qualificada, por se tratar de vítima idosa.

Mévio e Caio devem ser responsabilizados pelo crime de extorsão mediante sequestro na sua modalidade qualificada, já que, com o propósito de obter valor de resgate, sequestraram pessoa com 70 anos de idade, conduta essa prevista no art. 159, § 1º, do CP. O fato de a vítima ter sua liberdade restringida por tempo superior a 12 horas não configura a qualificadora do art. 159, § 1º, do CP, que estabelece que a privação de liberdade, para que incida a qualificadora, deve se dar por período superior a 24 horas. Exclui-se, portanto, a primeira proposição. Da mesma forma, está incorreto o que se afirma na alternativa "B" (e também na "C"). Isso porque a imunidade referida no art. 181, II, do CP não alcança os crimes de roubo e extorsão, na forma estatuída no art. 183, I, do CP. A causa de redução de pena contida no art. 159, § 4º, CP (delação premiada), a que faz jus Caio pelo fato de ter denunciado o crime à autoridade policial, tem aplicação, sim, na forma qualificada do crime de extorsão mediante sequestro. Incorreta, portanto, a assertiva "D". **ED**

Gabarito "E".

(Juiz de Direito – TJ/SP – VUNESP – 2015) Quanto ao crime de extorsão mediante sequestro, pode-se afirmar que

(A) se o crime é cometido em concurso, o concorrente que o denunciar à autoridade, facilitando a libertação do sequestrado, terá sua pena reduzida de 1 (um) a 2/3 (dois terços).
(B) a vantagem almejada com a extorsão é necessariamente o pagamento do preço do resgate.
(C) se resultar em morte da vítima, tipifica homicídio.
(D) a pena é aumentada quando o sequestro superar, no mínimo, 48 horas.

A: correta (art. 159, § 4º, do CP); **B:** incorreta. A doutrina formulou duas correntes quanto à natureza da *vantagem* no crime de extorsão mediante sequestro: a) como o tipo penal não cuidou de especificar o tipo de *vantagem* a ser auferida pelo agente (fala-se em *qualquer* vantagem), esta pode ter outra conotação além da econômica; b) tendo em conta que a extorsão mediante sequestro está inserida nos crimes contra o patrimônio, a vantagem a que se refere o tipo penal deve necessariamente ter conotação econômica. De uma forma ou de outra, a vantagem almejada pelo agente não se restringe ao pagamento do preço do resgate; **C:** incorreta. Se do fato resulta a morte da vítima, o agente terá cometido a forma qualificada do crime de extorsão mediante sequestro, definida no art. 159, § 3º, do CP, estando sujeito a uma pena de 24 a 30 anos de reclusão; **D:** incorreta. O aumento de pena em razão do tempo durante o qual o sequestrado permanece em poder do sequestrador se dá quando a privação de liberdade é superior a 24 horas (art. 159, § 1º, do CP).

Gabarito "A".

(Juiz de Direito – TJ/MS – VUNESP – 2015) A respeito dos crimes contra o patrimônio, assinale a alternativa correta.

(A) No crime de furto de uso, se a coisa infungível é subtraída para fim de uso momentâneo, e, a seguir, vem a ser imediatamente restituída ou reposta no lugar onde se achava, responderá o agente por pena de detenção de até seis meses e pagamento de trinta dias-multa.
(B) Se o agente consuma o homicídio, mas não obtém êxito na subtração de bens da vítima por circunstâncias alheias à sua vontade, responderá por crime de homicídio qualificado consumado.
(C) O delito de dano, previsto pelo art. 163 do Código Penal, prevê as modalidades dolosa e culposa.
(D) O crime de extorsão consuma-se independentemente da obtenção da vantagem indevida.
(E) De acordo com o art. 168, § 1º, do Código Penal, são causas exclusivas de aumento da pena ao delito de apropriação indébita quem receber a coisa em depósito necessário ou em razão de ofício, emprego ou profissão.

A: incorreta. O elemento subjetivo do crime de furto, representando pelo dolo, consiste na vontade livre e consciente de apossar-se clandestinamente de coisa alheia móvel de forma definitiva, não transitória (*animus furandi* ou *animus rem sibi habendi*). Inexiste, portanto, por parte do agente, intenção de devolvê-la ao proprietário ou possuidor. Assim, constitui fato atípico a conduta do sujeito que, depois de apossar-se de coisa alheia móvel infungível, a restitui à vítima (furto de uso). Sendo o fato atípico, nenhuma responsabilidade, portanto, recairá sobre o autor do chamado *furto de uso*; **B:** incorreta. Se, no contexto do roubo, há morte, mas o agente não consegue, por circunstâncias alheias à sua vontade, consumar a subtração, está-se diante de hipótese de latrocínio consumado, entendimento esse que vem consagrado na Súmula 610, do STF: "Há crime de latrocínio, quando o homicídio se consuma, ainda que não realize o agente a subtração de bens da vítima"; **C:** incorreta. O art. 163 do CP, que define o crime de dano, não contempla a modalidade culposa deste delito; **D:** correta, pois em conformidade com o entendimento sufragado na Súmula 96 do STJ: "O crime de extorsão consuma-se independentemente da obtenção da vantagem indevida". Cuida-se, pois, de delito *formal*; **E:** incorreta, uma vez que a proposição somente faz referência a duas das causas de aumento previstas no art. 168, § 1º, do CP, que prevê que incidirá o aumento também na hipótese de o agente receber a coisa *na qualidade de tutor, curador, síndico, liquidatário, inventariante, testamenteiro ou depositário judicial*. Dentro do tema *crimes contra o patrimônio*, oportuno que façamos algumas considerações a respeito de recentes mudanças promovidas pela Lei 14.155/2021, publicada em 28 de maio de 2021 e com vigência imediata, nos delitos de *invasão de dispositivo informático* (art. 154-A, CP), *furto* (art. 155, CP) e *estelionato* (art. 171, CP). No que toca ao delito do art. 154-A do CP, a primeira observação a fazer refere-se à alteração na redação do *caput* do dispositivo. Até então, tínhamos que o tipo penal era assim definido: *invadir dispositivo informático alheio, conectado ou não à rede de computadores, mediante violação indevida de mecanismo de segurança e com o fim de obter, adulterar ou destruir dados ou* *informações sem autorização expressa ou tácita do titular do dispositivo ou instalar vulnerabilidades para obter vantagem ilícita*. Com a mudança implementada pela Lei 14.155/2021, adotou-se a seguinte redação: *invadir dispositivo informático de uso alheio, conectado ou não à rede de computadores, com o fim de obter, adulterar ou destruir dados ou informações sem autorização expressa ou tácita do usuário do dispositivo ou de instalar vulnerabilidades para obter vantagem ilícita*. Como se pode ver, logo à primeira vista, eliminou-se o elemento normativo do tipo *mediante violação indevida de mecanismo de segurança*. Trata-se de alteração salutar, na medida em que este crime, de acordo com a redação original do *caput*, somente se aperfeiçoaria na hipótese de o agente, para alcançar seu intento (invadir dispositivo informático), se valer de violação indevida de mecanismo de segurança. Era necessário, portanto, que o sujeito ativo, antes de acessar o conteúdo do dispositivo, vencesse tal obstáculo (mecanismo de segurança). Significa que a invasão de dados contidos, por exemplo, em um computador que não contasse com mecanismo de proteção (senha, por exemplo) constituiria fato atípico. A partir de agora, dada a alteração promovida no tipo incriminador, tal exigência deixa de existir, ampliando, por certo, a incidência do tipo penal. Além disso, até a edição da Lei 14.155/2021, o dispositivo tinha de ser *alheio*. Com a mudança, basta que seja de *uso alheio*. Dessa forma, o crime se configura mesmo que o dispositivo invadido não seja alheio, mas esteja sob o uso de outra pessoa. Agora, a mudança mais significativa, a nosso ver, não se deu propriamente no preceito penal incriminador, mas na pena cominada, que era de detenção de 3 meses a 1 ano e multa e, com a mudança operada pela Lei 14.155/2021, passou para reclusão de 1 a 4 anos e multa. Com isso, este delito deixa de ser considerado de menor potencial ofensivo, o que afasta a incidência da transação penal. Doravante, o termo circunstanciado dará lugar ao inquérito policial. De outro lado, permanece a possibilidade de concessão do *sursis* processual, que, embora previsto e disciplinado na Lei 9.099/1995 (art. 89), sua incidência é mais ampla (infrações penais cuja pena mínima cominada não é superior a 1 ano). Também poderá o agente firmar acordo de não persecução penal, nos moldes do art. 28-A do CPP. Alterou-se o patamar da majorante aplicada na hipótese de a invasão resultar prejuízo econômico (§ 2º): antes era de 1/6 a 1/3 e, com a mudança implementada, passou para 1/3 a 2/3. Como não poderia deixar de ser, houve um incremento na pena cominada à modalidade qualificada, prevista no § 3º, que era de reclusão de 6 meses a 2 anos e multa e passou para 2 a 5 anos de reclusão e multa. Ademais, a qualificadora não faz mais referência expressa à subsidiariedade. Quanto aos crimes de furto e estelionato, a Lei 14.155/2021 contemplou novas qualificadoras e majorantes, de forma a tornar mais graves as condutas levadas a efeito de forma eletrônica ou pela internet.

Gabarito "D".

19. CRIMES CONTRA A DIGNIDADE SEXUAL

(Delegado – PC/BA – 2018 – VUNESP) A respeito dos crimes sexuais, previstos no Título VI, do Código Penal, assinale a alternativa correta.

(A) Não se tipifica crime de estupro se o agente é cônjuge da vítima, já que o casamento impõe aos cônjuges o dever de prestação sexual.
(B) A prática de conjunção carnal ou outro ato libidinoso com menor de 18 (dezoito) anos é estupro de vulnerável, previsto no artigo 217-A do Código Penal.
(C) A prática de conjunção carnal ou qualquer outro ato libidinoso com adolescente de idade entre 14 (catorze) e 18 (dezoito) anos, em situação de prostituição, é atípica.
(D) Os crimes sexuais, com exceção do estupro de vulnerável, são processáveis mediante ação penal pública condicionada à representação.
(E) Haverá aumento de pena se o agente transmite à vítima doença sexualmente transmissível de que sabe ou deveria saber ser portador.

A: incorreta. Há tempos atrás, considerava-se que o homem tinha o direito de constranger sua esposa, com emprego de violência ou grave ameaça, a com ele praticar conjunção carnal. Ou seja, ao marido era dado o direito de estuprar a própria esposa. Tal concepção se fundava no fato de que a conjunção carnal constituía um dever imposto aos cônjuges pela lei civil, como decorrência da sociedade conjugal. Somente era dado à esposa recusar a relação sexual se houvesse justificativa para tanto, como, por exemplo, no caso de o homem ser portador de doença venérea. Aí sim poderia, em princípio, configurar-se o crime de estupro. Sucede que este entendimento está superado. Atualmente, a mulher pode, sim, figurar como sujeito passivo do crime de estupro cometido pelo marido. Ainda que a lei imponha o dever de conjunção carnal aos cônjuges, não se revela razoável que o homem tenha o direito de fazer valer esse direito à força, dada a sua incompatibilidade com a dignidade da mulher, que poderá recusar o coito por motivos íntimos. Quanto a isso, conferir a lição de Guilherme de Souza Nucci: "O cônjuge como sujeito ativo: deve-se incluir o marido ou a esposa, uma vez que o cônjuge não é objeto sexual, cada qual possuindo iguais direitos no contexto da sociedade conjugal (...)". Prossegue afirmando que "antigamente, tinha o homem o direito de subjugar a mulher à conjunção carnal, com o emprego de violência ou grave ameaça, somente porque o direito civil assegura a ambos o débito conjugal. Alegava-se exercício regular de direito. Porém, tal situação não criava o direito de estuprar a esposa, mas sim o de exigir, se fosse o caso, o término da sociedade conjugal na esfera civil, por infração a um dos deveres do casamento" (*Código Penal Comentado*. 18. ed., São Paulo: Forense, 2017. p. 1199); **B:** incorreta. Isso porque o conceito de vulnerabilidade, decorrente da idade da vítima, para o fim de configurar o crime do art. 217-A do CP (estupro de vulnerável), somente alcança a pessoa menor de 14 anos. Se contar com 14 anos ou mais, somente restará configurado o crime do art. 217-A se se tratar de vítima que, por enfermidade ou deficiência mental, não dispõe do necessário discernimento para consentir na prática do ato sexual ou, por qualquer outra razão, não pode oferecer resistência (art. 217-A, § 1º, do CP); **C:** incorreta, pois constitui o crime definido no art. 218-B, § 2º, I, do CP; **D:** incorreta. A Lei 13.718/2018, bem posterior à elaboração desta questão, promoveu uma série de alterações no universo dos crimes sexuais, aqui incluída a natureza da ação penal. Senão vejamos. A ação penal, nos delitos sexuais, era, em regra, de iniciativa privada. Era o que estabelecia a norma contida no *caput* do art. 225 do Código Penal. As exceções ficavam por conta do § 1º do dispositivo. Com o advento da Lei 12.015/09, que introduziu uma série de modificações nos crimes sexuais, agora chamados *crimes contra a dignidade sexual*, nomenclatura, a nosso ver, mais adequada aos tempos atuais, a ação penal deixou de ser privativa do ofendido para ser pública condicionada à representação, exceção feita às hipóteses em que a vítima era menor de 18 anos ou pessoa vulnerável, caso em que a ação era pública incondicionada (art. 225, parágrafo único, do CP). Era esta a regra em vigor ao tempo em que esta questão foi elaborada. Pois bem. Mais recentemente, entrou em vigor a Lei 13.718/2018, que, dentre várias inovações implementadas nos crimes contra a dignidade sexual, mudou, uma vez mais, a natureza da ação penal nesses delitos. Com isso, a ação penal, nos crimes sexuais, passa a ser pública incondicionada. Vale lembrar que, antes do advento desta Lei, a ação era, em regra, pública condicionada, salvo nas situações em que a vítima era vulnerável ou menor de 18 anos. Fazendo um breve histórico, temos o seguinte quadro: a ação penal, nos crimes sexuais, era, em regra, privativa do ofendido, a este cabendo a propositura da ação penal; posteriormente, a partir do advento da Lei 12.015/2009, a ação penal, nesses crimes, deixou de ser privativa do ofendido para ser pública condicionada a representação, em regra; agora, com a entrada em vigor da Lei 13.718/2018, a ação penal, nos crimes contra a dignidade sexual, que antes era pública condicionada, passa a ser pública incondicionada. Com isso, o titular da ação penal, que é o MP, prescinde de manifestação de vontade da vítima para promover a ação penal. Dessa forma, fica sepultado o debate que antes havia acerca da aplicação da Súmula 608, do STF. É importante que se diga que, além da alteração a que fizemos referência, a Lei 13.718/2018 promoveu, no contexto dos crimes sexuais, outras relevantes mudanças. Uma das mais significativas, a nosso ver, é a introdução, no Código Penal, do crime de *importunação sexual*, disposto no art. 215-A, nos seguintes termos: *Praticar contra alguém e sem a sua anuência ato libidinoso com o objetivo de satisfazer a própria lascívia ou a de terceiro: Pena – reclusão, de 1 (um) a 5 (cinco) anos, se o ato não constitui crime mais grave*. A conduta de homens que, em ônibus e trens lotados, molestam mulheres e, em alguns casos, chegam a ejacular, se enquadra, doravante, neste novo tipo penal. Episódio amplamente divulgado pelos meios de comunicação é o de um homem que, dentro do transporte público, em São Paulo, ejaculou no pescoço de uma mulher. Antes, a responsabilização se dava pela contravenção penal de *importunação ofensiva ao pudor*, definida no art. 61 da LCP, cujo preceito secundário estabelecia exclusivamente pena de multa, dispositivo este que foi revogado, de forma expressa, pela Lei 13.718/2018, tendo a conduta ali descrita migrado para o novo art. 215-A do CP, em face da regra da continuidade típico-normativa. Evidente que a pena, agora mais grave, não poderá retroagir e atingir fatos anteriores à entrada em vigor da Lei 13.718/2018. Outra importante inovação refere-se à inclusão, no art. 218-C, do delito de *divulgação de cena de estupro ou de cena de estupro de vulnerável, de cena de sexo ou de pornografia*. O objetivo do legislador, com a tipificação desta conduta, foi o de coibir um fenômeno que, infelizmente, tem sido cada vez mais comum, que é a violação da intimidade com a exposição sexual não autorizada. Inclui-se, aqui, a chamada *pornografia da vingança*, em que fotografias e vídeos de conteúdo íntimo de alguém (normalmente mulher) são divulgados na internet pelo ex-esposo ou ex-namorado como forma de vingança. A partir daí, o conteúdo é disseminado, nas redes sociais e em grupos de whatsapp, de forma exponencial. O art. 218-C contempla uma causa de aumento de pena, a configurar-se quando o crime é praticado por agente que mantém ou tenha mantido relação íntima de afeto com a vítima ou com o fim de vingança ou humilhação. No que concerne ao estupro de vulnerável, previsto no art. 217-A do CP, a Lei 13.718/2018, ao inserir o § 5º nesse dispositivo legal, consagra o entendimento adotado pela Súmula 593, do STJ, no sentido de que o consentimento e a experiência sexual anterior são irrelevantes à configuração do crime de estupro de vulnerável. Por fim, a Lei 13.718/2018 fez inserir, no art. 226 do CP, o inciso IV, estabelecendo que a pena será aumentada nos casos de *estupro coletivo* e *estupro corretivo*; **E:** correta (art. 234-A, IV, do CP).

Gabarito "E".

(Juiz de Direito – TJM/SP – VUNESP – 2016) Com o ingresso da Lei nº 12.015/2009, os crimes sexuais sofreram significativa mudança. A respeito dessas alterações, assinale a alternativa correta.

(A) Os crimes contra a dignidade sexual, a partir do ano de 2009, em regra, são processáveis mediante ação penal pública incondicionada.

(B) Os processos que envolvem crimes contra a dignidade sexual, por expressa determinação legal, são sigilosos.

(C) A figura da presunção de violência foi substituída pela figura da presunção de vulnerabilidade, inexistindo tipo penal autônomo de crime contra a dignidade sexual para sujeito passivo em situação de vulnerabilidade.

(D) A prática de conjunção carnal com alguém menor de 18 anos e maior de 14 anos, em situação de prostituição, não é conduta típica.

(E) Com a revogação do antigo artigo 214 do CP, que previa o crime de atentado violento ao pudor, houve *abolitio criminis* das condutas que o caracterizavam.

A: incorreta, ao tempo em que esta questão foi elaborada. Hoje, estaria correta. Explico. A Lei 13.718/2018, bem posterior à elaboração desta questão, promoveu uma série de alterações no universo dos crimes sexuais, aqui incluída a natureza da ação penal. Senão vejamos. A ação penal, nos delitos sexuais, era, em regra, de iniciativa privada. Era o que estabelecia a norma contida no *caput* do art. 225 do Código Penal. As exceções ficavam por conta do § 1º do dispositivo. Com o advento da Lei 12.015/09, que introduziu uma série de modificações nos crimes sexuais, agora chamados *crimes contra a dignidade sexual*, nomenclatura, a nosso ver, mais adequada aos tempos atuais, a ação penal deixou de ser privativa do ofendido para ser pública condicionada à representação, exceção feita às hipóteses em que a vítima era menor de 18 anos ou pessoa vulnerável, caso em que a ação era pública incondicionada (art. 225, parágrafo único, do CP). Era esta a regra em vigor ao tempo em que esta questão foi elaborada. Pois bem. Bem recentemente, entrou em vigor a Lei 13.718/2018, que, dentre várias inovações implementadas nos crimes contra a dignidade sexual, mudou, uma vez mais, a natureza da ação penal nesses delitos. Com isso, a ação penal, nos crimes sexuais, passa a ser pública incondicionada. Vale lembrar que, antes do advento desta Lei, a ação era, em regra, pública condicionada, salvo nas situações em que a vítima era vulnerável ou menor de 18 anos. Fazendo um breve histórico, temos o seguinte quadro: a ação penal, nos crimes sexuais, era, em regra, privativa do ofendido, a este cabendo a propositura da ação penal; posteriormente, a partir do advento da Lei 12.015/2009, a ação penal, nesses crimes, deixou de ser privativa do ofendido para ser pública condicionada a representação, em regra; agora, com a entrada em vigor da Lei 13.718/2018, a ação penal, nos crimes contra a dignidade sexual, que antes era pública condicionada, passa a ser pública incondicionada. Com isso, o titular da ação penal, que é o MP, prescinde de manifestação de vontade da vítima para promover a ação penal. Dessa forma, fica sepultado o debate que antes havia acerca da aplicação da Súmula 608, do STF; **B:** correta, pois reflete a regra contida no art. 234-B do CP, introduzida pela Lei 12.015/2009; **C:** incorreta. *Vide* arts. 217-A e 218-B, ambos do CP, respectivamente *estupro de vulnerável* e *favorecimento da prostituição ou de outra forma de exploração sexual de criança ou adolescente ou de vulnerável*; **D:** incorreta, uma vez que a conduta a que se refere a proposição está tipificada no art. 218-B, § 2º, I, do CP; **E:** incorreta. Com o advento da Lei 12.015/2009, que promoveu uma série de mudanças na disciplina dos crimes sexuais, o estupro – art. 213 do CP –, que incriminava tão somente a conjunção carnal realizada com mulher, mediante violência ou grave ameaça, passou a incorporar, também, a conduta antes contida no art. 214 do CP – dispositivo hoje revogado (art. 7º da Lei 12.015/2009). Assim, constitui estupro, na sua nova forma, toda modalidade de violência sexual levada a efeito para qualquer fim libidinoso, incluída, por óbvio, a conjunção carnal. Dessa forma, o crime do art. 213 do CP, com a mudança implementada pela Lei 12.015/2009, passa a comportar, além da conduta consubstanciada na conjunção carnal violenta, contra homem ou mulher, também o comportamento consistente em obrigar alguém a praticar ou permitir que com o sujeito ativo se pratique outro ato libidinoso que não a conjunção carnal (conduta anteriormente prevista no art. 214 do CP). Nesse sentido, o seguinte julgado do STJ: "Com a superveniência da Lei 12.015/2009, a conduta do crime de atentado violento ao pudor, anteriormente prevista no art. 214 do Código Penal, foi inserida naquela do art. 213, constituindo, assim, quando praticadas contra a mesma vítima e num mesmo contexto fático, crime único de estupro" (AgRg no REsp 1127455-AC, 6ª T., rel. Min. Sebastião Reis Júnior, 28.08.2012).

Gabarito "B".

20. CRIMES CONTRA A FÉ PÚBLICA

(Escrevente – TJ/SP – 2018 – VUNESP) A respeito dos crimes previstos nos artigos 293 a 305 do Código Penal, assinale a alternativa correta.

(A) A falsificação de livros mercantis caracteriza o crime de falsificação de documento particular (art. 298 do CP).
(B) O crime de falsidade ideológica (art. 299 do CP), em documento público, é próprio de funcionário público.
(C) No crime de falsidade de atestado médico (art. 302 do CP), independentemente da finalidade de lucro do agente, além da pena privativa de liberdade, aplica-se multa.
(D) O crime de supressão de documento (art. 305 do CP), para se caracterizar, exige que o documento seja verdadeiro.
(E) O crime de falsificação de documento público (art. 297 do CP) é próprio de funcionário público.

A: incorreta. Cuida-se do crime de falsificação de documento público (art. 297 do CP), haja vista que os *livros mercantis* equiparam-se, para os fins penais, a documento público, equiparação essa que também inclui, por força do art. 297, § 2°, do CP, o documento emanado de entidade paraestatal, o título ao portador ou transmissível por endosso, as ações de sociedade comercial e o testamento particular (hológrafo). São documentos que, embora particulares, são considerados, dada a sua relevância, públicos para fins penais; **B:** incorreta. Isso porque o crime de falsidade ideológica, quer seja o documento público, quer seja particular, é *comum*. Significa que o sujeito ativo pode ser qualquer pessoa, inclusive o funcionário público. A propósito, se este delito for cometido pelo *intraneus*, valendo-se este do cargo que ocupa, a pena é aumentada de sexta parte (art. 299, parágrafo único, CP); **C:** incorreta, uma vez que a pena de multa somente será aplicada na hipótese de o crime do art. 302 do CP ser praticado com o fim de lucro (art. 302, parágrafo único, CP); não havendo tal finalidade, o médico que expediu o atestado falso estará sujeito tão somente à pena de detenção de um mês a um ano; **D:** correta. De fato, o objeto material do crime de supressão de documento (art. 305, CP) é o documento público ou particular, em qualquer caso *verdadeiro*; **E:** incorreta, uma vez que poderão figurar como sujeito ativo do crime de falsificação de documento público (art. 297, CP) tanto o particular quanto o funcionário público. Trata-se, portanto, de crime comum, em que não se exige do agente nenhuma qualidade especial. Agora, se se tratar de funcionário público que se vale, para o cometimento deste crime, de seu cargo, incidirá a causa de aumento prevista no § 1° do art. 297 do CP. Gabarito "D".

(Investigador – PC/BA – 2018 – VUNESP) Teodoro, 30 anos de idade, brasileiro, casado e sem antecedentes, falsificou 10 cédulas de R$ 10,00 (dez reais) com o intuito de introduzi-las em circulação, na conduta de pagar uma conta de TV a cabo atrasada. A caminho da casa lotérica, no entanto, foi abordado por policiais e, assustado, entregou as cédulas e confessou a falsificação. Considerando-se a situação hipotética, é correto afirmar que

(A) Teodoro praticou o crime de moeda falsa na modalidade tentada, pois não conseguiu consumar seu intento que era o de colocar as cédulas em circulação.
(B) tendo em vista o ínfimo valor das cédulas falsificadas, trata-se de fato atípico.
(C) Teodoro praticou o crime de moeda falsa na modalidade consumada e, se condenado, poderá receber uma pena de reclusão de 3 (três) a 12 (doze) anos, mais a imposição de multa.
(D) apesar de ter falsificado as cédulas, tendo em vista que as entregou à autoridade policial antes de introduzi-las na circulação, Teodoro poderá ter reconhecida em seu favor a figura privilegiada prevista no § 2° do art. 289 do Código Penal, que trata de figura privilegiada.
(E) por ter falsificado as cédulas visando pagar uma conta atrasada, Teodoro poderá alegar estado de necessidade e ter reconhecida a excludente de ilicitude.

A: incorreta. Aquele que falsifica moeda, fabricando-a, tal como fez Teodoro, será responsabilizado pelo crime definido no art. 289, *caput*, CP, na sua modalidade consumada, independente de sua circulação ou causação de prejuízo. Cuida-se, assim, de delito formal, haja vista que não exige, para a sua consumação, resultado naturalístico, consistente, neste caso, na efetiva circulação ou prejuízo. Dessa forma, o fato de o agente falsificador colocar a moeda em circulação é irrelevante à configuração do crime de moeda falsa; **B:** incorreta. Dada a relevância do bem jurídico tutelado, que é a fé pública, o princípio da insignificância (crime de bagatela), segundo entendimento hoje consolidado nos tribunais superiores, não tem incidência no crime de moeda falsa (art. 289, CP). Nesse sentido, conferir: "Moeda Falsa – Insignificância – Afastamento. Descabe cogitar da insignificância do ato praticado uma vez imputado o crime de circulação de moeda falsa" (STF, HC 126285, relator Min. Marco Aurélio, Primeira Turma, julgado em 13/09/2016, processo eletrônico Dje-206 divulg 26-09-2016 public 27-09-2016). No STJ: "A jurisprudência do Superior Tribunal de Justiça mostra-se consolidada e em harmonia com o entendimento do Supremo Tribunal Federal para afastar a incidência do princípio da insignificância ao delito de moeda falsa, independentemente do valor ou quantidade de cédulas apreendidas, uma vez que o bem jurídico tutelado por esta norma penal é a fé pública" (AgRg no AREsp 1012476/SP, Rel. Ministro Jorge Mussi, Quinta Turma, julgado em 18/04/2017, DJe 26/04/2017); **C:** correta. Vide comentário à assertiva "A"; **D:** incorreta, dado que a figura privilegiada prevista no art. 289, § 2°, do CP somente se aplica ao sujeito que recebe a moeda falsa de boa-fé e, depois de constatar a falsificação, a coloca em circulação. Não é este o caso de Teodoro, que, como dito no enunciado, falsificou as notas; **E:** incorreta, já que ausentes, neste caso, os requisitos do estado de necessidade. Gabarito "C".

(Escrevente – TJ/SP – 2018 – VUNESP) No tocante às infrações previstas nos artigos 307, 308 e 311-A, do Código Penal, assinale a alternativa correta.

(A) A conduta de atribuir a terceiro falsa identidade é penalmente atípica, sendo crime apenas atribuir a si próprio identidade falsa.
(B) O crime de fraude em certames de interesse público configura-se pela divulgação de conteúdo de certame, ainda que não sigiloso.
(C) O crime de fraude em certames de interesse público prevê a figura qualificada, se dele resulta dano à administração pública.
(D) A conduta de ceder o documento de identidade a terceiro, para que dele se utilize, é penalmente atípica, sendo crime apenas o uso, como próprio, de documento alheio.
(E) O crime de fraude em certames de interesse público é próprio de funcionário público.

A: incorreta, já que o tipo penal do art. 307 do CP (falsa identidade) contém dois verbos nucleares (tipo misto alternativo ou de conteúdo variado), a saber: *atribuir-se* (imputar a si próprio) ou *atribuir a terceiro* (imputar a outrem) falsa identidade. São duas, portanto, as condutas típicas previstas no tipo penal; **B:** incorreta, dado que o objeto da divulgação, para a configuração deste crime, deve ter caráter *sigiloso*, na forma prevista no art. 311-A, *caput*, do CP; logo, se não houver sigilo, a divulgação constitui fato atípico; **C:** correta. Qualificadora prevista no art. 311-A, § 2º, do CP; **D:** incorreta. Trata-se do crime previsto no art. 308 do CP; **E:** incorreta. O crime de fraude em certames de interesse público, capitulado no art. 311-A do CP, é comum, podendo, portanto, ser praticado por qualquer pessoa.

Gabarito "C".

(Procurador Municipal – Sertãozinho/SP – VUNESP – 2016) Acerca dos crimes contra a fé pública, assinale a alternativa correta.

(A) Aquele que falsifica, fabricando ou alterando, selo destinado a controle tributário responde pelo crime de falsificação de selo ou sinal público, previsto no art. 296 do Código Penal.
(B) A falsificação, no todo ou em parte, de atestado, para prova de fato ou circunstância que habilite alguém a obter cargo público configura o crime de falsificação de documento público, previsto no art. 297 do Código Penal.
(C) O princípio da insignificância, causa supralegal de exclusão da tipicidade, não se aplica ao crime de moeda falsa.
(D) O crime de uso de documento falso é material, ou seja, para a consumação exige-se a obtenção de proveito.
(E) O crime de falsidade de atestado médico envolve também como conduta típica a opinião emitida pelo profissional, ainda que equivocada.

A: incorreta, já que a conduta corresponde ao crime do art. 293, I, do CP, e não ao do art. 296 do CP; **B:** incorreta. Trata-se do crime definido no art. 301, § 1º, do CP (falsidade material de atestado ou certidão); **C:** correta. É tranquilo o entendimento, tanto no STF quanto no STJ, no sentido de que é inaplicável o princípio da insignificância aos crimes de moeda falsa, cujo objeto de tutela da norma é tanto a fé pública quanto a credibilidade do sistema financeiro, não sendo determinante para a tipicidade o valor posto em circulação. Nesse sentido, conferir: *O delito de moeda falsa não se compatibiliza com a aplicação do princípio da insignificância, segundo iterativa jurisprudência desta Corte, uma vez que o bem jurídico tutelado pelo artigo 289 do Código Penal é a fé pública, insuscetível de ser mensurada pelo valor e pela quantidade de cédulas falsas apreendidas* (AgRg no REsp 1227113/MG, Rel. Ministro Og Fernandes, Sexta Turma, julgado em 11.06.2013, *DJe* 21.06.2013); **D:** incorreta. Ao contrário do que se afirma, o crime de uso de documento falso, capitulado no art. 304 do CP, é *formal* (e não *material*), já que a sua consumação se dá independentemente da produção de resultado naturalístico consistente na obtenção de proveito pelo agente; **E:** incorreta, na medida em que a conduta deve recair sobre *fato*, e não sobre *opinião* (juízo de convicção), ainda que equivocada, exteriorizada pelo médico.

Gabarito "C".

(Procurador Municipal – Sertãozinho/SP – VUNESP – 2016) Sobre os crimes contra a fé pública, assinale a alternativa correta.

(A) Aquele que falsifica documento público e em seguida o utiliza responde pela falsificação e pelo uso, em concurso material.
(B) Considere que o agente, consultando os autos do processo-crime no qual figura como réu, ao se deparar com provas inequívocas de materialidade e autoria, as retire do processo e destrua. Responderá pelo crime de supressão de documento.
(C) Aquele que adultera sinal identificador de veículo automotor responde por crime previsto no art. 311 do Código Penal. O mesmo artigo determina que

se o agente cometer o crime no exercício da função pública, a pena será aumentada de metade.
(D) Aquele que figura como "testa de ferro", permitindo o uso de seu nome como possuidor de ação, título ou valor pertencentes a estrangeiro, em relação a quem a posse é proibida por lei, pratica crime punido com reclusão e multa.
(E) Se o crime de falsidade de atestado médico for praticado com o fim de lucro, a pena será aumentada de 1/3.

A: incorreta. Embora não haja consenso na doutrina e na jurisprudência, prevalece hoje o entendimento no sentido de que o agente que falsifica documento e, ato contínuo, dele faz uso somente responde pelo crime de *falsificação*, sendo o seu *uso* reputado *post factum* não punível. Nessa ótica: *(...) De acordo com a jurisprudência do Supremo Tribunal Federal e do Superior Tribunal de Justiça, o crime de uso, quando cometido pelo próprio agente que falsificou o documento, configura "post factum" não punível, vale dizer, é mero exaurimento do crime de falso. Impossibilidade de condenação pelo crime previsto no art. 304 do Código Penal* (AP 530, Relator(a): Min. Rosa Weber, Relator(a) p/ Acórdão: Min. Roberto Barroso, Primeira Turma, julgado em 09.09.2014, Acórdão Eletrônico *DJe*-225 divulg 14.11.2014 public 17.11.2014 republicação: *DJe*-250 divulg 18.12.2014 public 19.12.2014). No mesmo sentido: "A teor da jurisprudência desta Corte, o uso de documento falsificado (CP, art. 304) deve ser absorvido pela falsificação do documento público ou privado (CP, arts. 297 e 298), quando praticado pelo mesmo agente, caracterizando o delito de uso post factum não punível, ou seja, mero exaurimento do crime de falso, não respondendo o falsário pelos dois crimes, em concurso material" (STJ, AgRg no RHC 112.730/SP, Rel. Ministro RIBEIRO DANTAS, QUINTA TURMA, julgado em 03/03/2020, DJe 10/03/2020). É importante que se diga que parte da doutrina e também da jurisprudência entendem que o agente que usa o documento por ele falsificado deve responder pelo crime do art. 304 do CP (uso), ficando a falsificação por este absorvida. Há, ainda, uma corrente minoritária que sustenta que é caso de concurso de crimes; **B:** correta, já que a conduta se amolda, de fato, ao tipo penal do art. 305 do CP (supressão de documento); **C:** incorreta. A pena, na hipótese de o agente cometer o crime no exercício da função pública, será aumentada de um terço, e não de metade, tal como constou da assertiva. É o que estabelece o art. 311, § 1º, do CP; **D:** incorreta. A conduta descrita na assertiva corresponde ao crime do art. 310 do CP, cuja pena cominada é de detenção (e não reclusão!) de seis meses a três anos e multa; **E:** incorreta. Na hipótese de o crime do art. 302 do CP (falsidade de atestado médico) ser praticado com o fim de lucro, será aplicada a pena de multa, sem prejuízo da prisão.

Gabarito "B".

(Procurador – SP – VUNESP – 2015) João, responsável pela emissão de certidões em determinada repartição pública, a fim de ajudar seu amigo José, que concorre a um cargo público, emite certidão falsa, atestando que ele desenvolveu determinados projetos profissionais para a Administração Pública. Sobre a conduta de João, pode-se afirmar que cometeu o crime de

(A) falsidade ideológica, previsto no artigo 299 do Código Penal, ao inserir declaração falsa em documento público.
(B) falsificação de documento particular, previsto no artigo 298 do Código Penal, pois o documento se destinava para uso particular e para fins particulares.
(C) certidão materialmente falsa, previsto no parágrafo 1º, do artigo 301 do Código Penal.
(D) falsificação de documento público, previsto no artigo 297 do Código Penal: "falsificar, no todo ou em parte,

documento público, ou alterar documento público verdadeiro".
(E) certidão ideologicamente falsa, previsto no artigo 301 do Código Penal.

O fato narrado no enunciado corresponde à descrição típica do art. 301 do CP (certidão ou atestado ideologicamente falso). É crime próprio, tendo em conta que somente poderá ser praticado pelo funcionário público com atribuição para a expedição de certidão, o que está bem claro no enunciado (*responsável pela emissão de...*). Perceba que o falso, neste crime, tal como se dá no delito do art. 299 do CP (falsidade ideológica), incide sobre o conteúdo, a ideia presente no documento, que, formalmente, é perfeito.
Gabarito "E".

(Escrevente – TJ/SP – VUNESP – 2015) O peculato culposo

(A) é fato atípico, pois não está expressamente previsto no CP.
(B) tem a ilicitude excluída se o agente repara o dano a qualquer tempo.
(C) tem a punibilidade extinta se o agente repara o dano antes da sentença irrecorrível.
(D) é punido com detenção, de dois a doze anos, e multa.
(E) é punido com a mesma pena do peculato doloso.

A: incorreta, pois o peculato culposo está expressamente previsto no art. 312, § 2º, do CP; **B**: incorreta. A reparação do dano no peculato culposo, nos termos do art. 312, § 3º, do CP, ensejará a extinção da punibilidade (e não a exclusão da ilicitude, como consta na assertiva!) se for anterior à sentença irrecorrível; sendo posterior ao trânsito em julgado, a pena será reduzida de metade; **C**: correta, nos termos do art. 312, § 3º, primeira parte, do CP. Ressalte-se, uma vez mais, que, se a reparação do dano for posterior à sentença irrecorrível, apenas haverá a diminuição da pena do agente pela metade (art. 312, § 3º, segunda parte, do CP); **D**: incorreta. O peculato culposo é punido com detenção, de três meses a um ano. Já o peculato doloso (art. 312, *caput*, e § 1º, do CP) é punido com reclusão, de dois a doze anos, e multa; **E**: incorreta, pois, como visto no comentário à alternativa anterior, a pena do peculato culposo é de detenção, de três meses a um ano, ao passo que a do peculato doloso varia de dois a doze anos de reclusão, além da multa.
Gabarito "C".

(Escrevente – TJ/SP – VUNESP – 2015) O funcionário público que tem conhecimento de infração cometida no exercício do cargo por subordinado e que, por indulgência, não promove sua responsabilização e também não comunica o fato ao superior competente para tanto pratica

(A) corrupção ativa (CP, art. 333).
(B) corrupção passiva (CP, art. 317).
(C) fato atípico, pois não está descrito expressamente como crime no CP.
(D) condescendência criminosa (CP, art. 320).
(E) prevaricação (CP, art. 319).

O funcionário público que, por indulgência, deixar de promover a responsabilização de funcionário subordinado que tenha praticado infração no exercício do cargo, ou, caso incompetente, deixar de levar ao conhecimento da autoridade com competência punitiva, responderá pelo crime de condescendência criminosa (art. 320 do CP). Correta, portanto, a alternativa D. As demais alternativas estão incorretas em virtude da própria descrição típica de cada um dos crimes. Confira: **A**: incorreta – corrupção ativa (art. 333 do CP): Oferecer ou prometer vantagem indevida a funcionário público, para determiná-lo a praticar, omitir ou retardar ato de ofício; **B**: incorreta – corrupção passiva (art. 317 do CP): Solicitar ou receber, para si ou para outrem, direta ou indiretamente, ainda que fora da função ou antes de assumi-la, mas em razão dela, vantagem indevida, ou aceitar promessa de tal vantagem; **C**: incorreta, pois a conduta descrita no enunciado de amolda ao crime de condescendência criminosa, expressamente previsto no CP (art. 320); **E**: incorreta – prevaricação (art. 319 do CP): Retardar ou deixar de praticar, indevidamente, ato de ofício, ou praticá-lo contra disposição expressa de lei, para satisfazer interesse ou sentimento pessoal.
Gabarito "D".

(Escrevente – TJ/SP – VUNESP – 2015) Com intuito de proteger seu filho, João comparece perante a autoridade policial e, falsamente, diz ter praticado o crime que em verdade fora praticado por seu filho. João

(A) comete falsa comunicação de crime.
(B) comete falso testemunho, mas não será punido por expressa disposição legal.
(C) comete falso testemunho.
(D) não comete crime algum, pois não está descrito expressamente como crime no CP.
(E) comete autoacusação falsa.

A: incorreta, pois a falsa comunicação de crime (art. 340 do CP) se caracteriza quando o agente provocar a ação de autoridade, comunicando-lhe a ocorrência de crime ou de contravenção que sabe não se ter verificado; **B** e **C**: incorretas, pois o falso testemunho é praticado quando uma testemunha, perito, contador, tradutor ou intérprete, em processo judicial ou administrativo, inquérito policial ou em juízo arbitral, fizer afirmação falsa, negar ou calar a verdade; **D**: incorreta, pois a conduta de João, como será melhor analisada no comentário à alternativa seguinte, praticou crime expressamente previsto no CP; **E**: correta. Comete autoacusação falsa aquele que se acusar, perante a autoridade, de crime inexistente ou praticado por outrem (art. 341 do CP).
Gabarito "E".

(Escrevente – TJ/SP – VUNESP – 2015) Marcos, advogado, solicita certa quantia em dinheiro a Pedro, seu cliente, pois esclarece que mediante o pagamento dessa quantia em dinheiro pode "acelerar" o andamento de um processo. Informa que seria amigo do escrevente do cartório judicial – o qual também seria remunerado pela celeridade, segundo Marcos. Pedro, inicialmente, tem intenção de aceitar a oferta, mas verifica que Marcos mentiu, pois não é amigo do funcionário público. Pedro nega-se a entregar a Marcos qualquer quantia e não aceita a oferta. É correto afirmar que Marcos

(A) praticou corrupção passiva (CP, art. 317) e Pedro não cometeu crime algum.
(B) praticou exploração de prestígio (CP, art. 357) e Pedro não cometeu crime algum.
(C) praticou corrupção passiva (CP, art. 317) e Pedro corrupção ativa (CP, art. 333).
(D) e Pedro praticaram corrupção passiva (CP, art. 317).
(E) e Pedro não praticaram crime algum, pois os fatos não evoluíram.

Marcos, ao solicitar de seu cliente Pedro determinada quantia em dinheiro a pretexto de influir em funcionário da justiça (no caso, um escrevente do cartório judicial, de quem o advogado seria amigo), cometeu o crime de exploração de prestígio, tipificado no art. 357 do CP, que, inclusive, ensejaria o aumento da pena em um terço, nos termos do parágrafo único do referido dispositivo, visto que alegou que também seria destinatário da quantia solicitada referido funcionário público. Como Pedro se negou a entregar a quantia solicitada por seu advogado, não tendo aceitado a oferta, obviamente não cometeu crime algum. O fato de ter havido a recusa não afasta o crime cometido por Marcos, visto que basta a solicitação de qualquer utilidade, a pretexto de influir em juiz, jurado, órgão do Ministério Público, funcionário da justiça, perito,

tradutor, intérprete ou testemunha, para que se caracterize a exploração de prestígio (art. 357 do CP). Correta, portanto, a alternativa B.
Gabarito "B".

(Escrevente – TJ/SP – VUNESP – 2015) O *caput* do art. 293 do CP tipifica a falsificação de papéis públicos, especial e expressamente no que concerne às seguintes ações:

(A) produção e confecção.
(B) contrafação e conspurcação.
(C) fabricação e alteração.
(D) adulteração e corrupção.
(E) corrupção e produção.

O art. 293, *caput*, do CP tipifica a falsificação de papéis públicos por meio de dois comportamentos: fabricação e alteração. Assim, correta apenas a alternativa C.
Gabarito "C".

(Escrevente – TJ/SP – VUNESP – 2015) O crime de falsidade ideológica (CP, art. 299) tem pena aumentada de sexta parte se

(A) cometido por motivo egoístico.
(B) a vítima sofre vultoso prejuízo.
(C) o agente aufere lucro.
(D) o agente é funcionário público e comete o crime prevalecendo-se do cargo.
(E) cometido com o fim de produzir prova em processo penal.

Nos termos do art. 299, parágrafo único, do CP, o crime de falsidade ideológico terá sua pena aumentada de sexta parte se o agente é funcionário público e comete o crime prevalecendo-se de seu cargo, ou, ainda, se a falsificação ou alteração for de registro civil. Correta, pois, a alternativa D.
Gabarito "D".

21. CRIMES CONTRA A ADMINISTRAÇÃO PÚBLICA

(Escrevente – TJ/SP – 2018 – VUNESP) A respeito dos crimes praticados por funcionários públicos contra a administração pública, é correto afirmar que

(A) Caio, funcionário público, ao empregar verba própria da educação, destinada por lei, na saúde, em tese, incorre no crime de emprego irregular de verba pública (art. 315 do CP).
(B) Tícia, funcionária pública, ao exigir, em razão de sua função, que determinada empresa contrate o filho, em tese, incorre no crime de corrupção passiva (art. 317 do CP).
(C) Mévio, funcionário público, em razão de sua função, ao aceitar promessa de recebimento de passagens aéreas, para férias da família, não incorre no crime de corrupção passiva (art. 317 do CP), já que referido tipo penal exige o efetivo recebimento de vantagem indevida.
(D) Tício, funcionário público, ao se apropriar do dinheiro arrecadado pelos funcionários da repartição para comprar o bolo de comemoração dos aniversariantes do mês, em tese, pratica o crime de peculato (art. 312 do CP).
(E) Mévia, funcionária pública, não sendo advogada, não pode incorrer no crime de advocacia administrativa (art. 321 do CP), já que referido tipo penal exige a qualidade de advogado do sujeito ativo.

A: correta. Caio deverá ser responsabilizado pelo cometimento do crime de *emprego irregular de verbas ou rendas públicas* (art. 315, CP). Perceba que, neste crime, cuja objetividade jurídica é voltada à regularidade da Administração Pública, o agente não se apropria ou subtrai as verbas em proveito próprio ou de terceiro. O que se dá, aqui, é o emprego de verbas ou rendas públicas, pelo funcionário, em benefício da própria Administração, de forma diversa da prevista em lei. Assim, responderá por este crime aquele que desvia verba que, por lei, era da educação para a saúde. Não houve, como se pode notar, enriquecimento por parte do *intraneus* ou mesmo de terceiro; **B:** incorreta. Considerando que Tícia, valendo-se do cargo público que ocupa, *exigiu* a contratação de seu filho, deverá ser responsabilizada pelo crime de concussão (art. 316, *caput*, do CP). A conduta típica, na concussão, é representada, como dito, pelo verbo *exigir*, que tem o sentido de *demandar, ordenar*. Essa exigência traz ínsita uma ameaça à vítima, que, sentindo-se intimidada, acuada, acaba por ceder, entregando ao agente a vantagem indevida por ele perseguida. É aqui que este crime se distingue daquele previsto no art. 317 do CP – *corrupção passiva*. Neste, no lugar de *exigir*, o agente *solicita* (pede) vantagem indevida. Atenção: outra inovação promovida pela Lei 13.964/2019 (Pacote Anticrime) é a alteração da pena máxima cominada ao crime de concussão, previsto no art. 316 do CP. Com isso, a pena para este delito, que era de 2 a 8 anos de reclusão, e multa, passa para 2 a 12 anos de reclusão, e multa. Corrige-se, dessa forma, a distorção que até então havia entre a pena máxima cominada ao crime de concussão e aquelas previstas para os delitos de corrupção passiva (317, CP) e corrupção ativa (art. 333, CP). Doravante, a pena, para estes três crimes, vai de 2 a 12 anos de reclusão, sem prejuízo da multa. Mesmo porque o crime de concussão denota, no seu cometimento, maior gravidade do que o delito de corrupção passiva. No primeiro caso, o agente exige, que tem o sentido de impor, obrigar, sempre se valendo do cargo que ocupa para intimidar a vítima e, dessa forma, alcançar a colimada vantagem indevida; no caso da corrupção passiva, o *intraneus*, no lugar de exigir, solicita, recebe ou aceita promessa de receber tal vantagem; **C:** incorreta. O crime de corrupção passiva (art. 317 do CP), como bem sabemos, é formal. Isso quer dizer que é prescindível, para que seja alcançada a sua consumação, que o agente receba a vantagem indevida. Na verdade, a consumação se opera em instante anterior, ou seja, o delito se aperfeiçoa, no caso narrado na assertiva, com a mera aceitação da promessa. Se de fato esta for auferida pelo agente, será considerada *exaurimento*, assim entendido o desdobramento típico posterior à consumação; **D:** incorreta, já que Tício não se valeu das facilidades que lhe proporciona o cargo que ocupa. Além disso, inexiste, neste caso, prejuízo para a Administração. Trata-se de questão privada que envolve colegas de trabalho. Pode-se falar, em princípio, de crime de apropriação indébita (art. 168, CP); **E:** incorreta. O crime de advocacia administrativa, tipificado no art. 321 do CP, pressupõe que um funcionário público, valendo-se dessa qualidade, patrocine, direta ou indiretamente, interesse privado perante a Administração Pública. Apesar do nome, não se exige que o sujeito ativo seja *advogado*. Cuida-se, isto sim, como já dito, de delito praticado por funcionário público (é crime próprio) que, valendo-se do cargo que ocupa, defende interesse privado de terceiro perante a Administração.
Gabarito "A".

(Escrevente – TJ/SP – 2018 – VUNESP) A respeito dos crimes praticados por particulares contra a administração, em geral (arts. 328; 329; 330; 331; 332; 333; 335 e 336 e 337 do CP), assinale a alternativa correta.

(A) O crime de desacato não se configura se o funcionário público não estiver no exercício da função, ainda que o desacato seja em razão dela.
(B) Para se configurar, o crime de usurpação de função pública exige que o agente, enquanto na função, obtenha vantagem.
(C) Para se configurar, o crime de corrupção ativa exige o retardo ou a omissão do ato de ofício, pelo funcionário

público, em razão do recebimento ou promessa de vantagem indevida.
(D) Aquele que se abstém de licitar em hasta pública, em razão de vantagem indevida, não é punido pelo crime de impedimento, perturbação ou fraude de concorrência, já que se trata de conduta atípica.
(E) Não há previsão de modalidade culposa.

A: incorreta. Isso porque o ato injurioso ou ofensivo, no desacato (art. 331, CP), pode ser dirigido ao funcionário que esteja no exercício de sua função ou em razão dela (por causa dela). Neste último caso, embora o funcionário não esteja, no momento da ofensa, no seu horário de expediente, o ato ofensivo lhe é dirigido em razão da qualidade de funcionário público; **B:** incorreta. Sendo crime formal, a usurpação de função pública prescinde, à sua consumação, de resultado naturalístico, consistente no prejuízo para a Administração ou obtenção de vantagem por parte do agente. Se este obtiver vantagem, incorrerá na forma qualificada (art. 328, parágrafo único, do CP); **C:** incorreta. O crime de corrupção ativa, capitulado no art. 333 do CP, a exemplo de tantos outros delitos contra a Administração Pública, prescinde de resultado naturalístico (é formal). Dessa forma, a consumação é alcançada no exato instante em que o agente, neste caso particular, oferece ou promete vantagem indevida, pouco importando se houve o recebimento do suborno oferecido ou prometido ou mesmo se o ato, inerente às funções do *intraneus*, foi praticado, omitido ou retardado. Agora, se o funcionário omitir, retardar ou praticar o ato com infração a dever funcional, a pena impingida ao particular será aumentada em um terço (art. 333, parágrafo único, CP); **D:** incorreta. A conduta descrita no enunciado correspondia ao tipo penal do art. 335, parágrafo único, do CP, que foi revogado pela Lei 8.666/1993 (instituiu normas para licitações e contratos firmados pela Administração Pública), que, em seu art. 95, parágrafo único, estabelecea ser crime a conduta do agente que *se abstém ou desiste de licitar, em razão da vantagem oferecida*. Trata-se, portanto, como se pode ver, de fato *típico*. Atenção: posteriormente à elaboração desta questão, os arts. 89 a 108 da Lei 8.666/1993, que reuniam os crimes em espécie e o respectivo procedimento judicial, foram revogados pela Lei 14.133/2021 (nova Lei de Licitações e Contratos Administrativos). Por força desta mesma Lei, os delitos relativos a licitações e contratos administrativos foram inseridos no Código Penal, criando-se, para tanto, o Capítulo II-B, dentro do Título XI (dos crimes contra a administração pública). Assim, as condutas configuradoras de crimes relativos a licitações e contratos administrativos, que antes tinham previsão na Lei 8.666/1993, passam a tê-lo nos arts. 337-E a 337-P do CP; **E:** correta. De fato, o Capítulo II do Título XI do CP (dos crimes praticados por particulares contra a administração em geral) não contempla crime cujo elemento subjetivo seja representado pela *culpa*. Há tão somente tipos penais dolosos. Cuidado: o Capítulo I desse mesmo título (dos crimes praticados por funcionário público contra a administração em geral) contém o crime de peculato, que comporta a modalidade culposa (art. 312, § 2º, CP).

Gabarito "E".

(Escrevente – TJ/SP – 2018 – VUNESP) A respeito dos crimes contra a administração da justiça (arts. 339 a 347 do CP), assinale a alternativa correta.

(A) A autoacusação para acobertar ascendente ou descendente é atípica.
(B) Dar causa a inquérito civil contra alguém, imputando-lhe falsamente a prática de crime, em tese, caracteriza o crime de denunciação caluniosa.
(C) Provocar a ação de autoridade, comunicando a ocorrência de crime que sabe não ter se verificado, em tese, caracteriza o crime de denunciação caluniosa.
(D) O crime de falso testemunho exige, para configuração, que o agente receba vantagem econômica ou outra de qualquer natureza.
(E) O crime de exercício arbitrário das próprias razões procede-se mediante queixa, ainda que haja emprego de violência.

Antes de mais nada, é importante que se diga que a Lei 14.110/2020, posterior à elaboração desta questão, alterou o art. 339 do CP, dispositivo que contém a descrição típica do crime de denunciação caluniosa, que passa a contar, doravante, com a seguinte redação: *Dar causa à instauração de inquérito policial, de procedimento investigatório criminal, de processo judicial, de processo administrativo disciplinar, de inquérito civil ou de ação de improbidade administrativa contra alguém, imputando-lhe crime, infração ético-disciplinar ou ato ímprobo de que o sabe inocente*. Dito isso, passemos à análise de cada alternativa, considerando, para tanto, a redação em vigor do art. 339 do CP ao tempo em que aplicada esta prova. **A:** incorreta, uma vez que o art. 341 do CP, que define o crime de autoacusação falsa, não contempla esta escusa absolutória, diferentemente do que se dá, por exemplo, no crime de favorecimento pessoal (art. 348, CP), em que não se pune o agente do favorecimento quando este for ascendente, descendente, cônjuge ou irmão. Dessa forma, se o pai imputar a si mesmo crime que sabe que foi praticado pelo filho, será responsabilizado pelo crime do art. 341 do CP; **B:** correta. O sujeito que provoca a instauração de inquérito civil contra alguém, sabendo-o inocente do crime que levou ao conhecimento da autoridade, comete o delito de *denunciação caluniosa*, capitulado no art. 339 do CP. Este crime não deve ser confundido com o do art. 340 do CP, *comunicação falsa de crime ou de contravenção*, em que a comunicação que deflagra a ação da autoridade não recai sobre pessoa certa, determinada. Na *denunciação caluniosa*, como já dito, o agente atribui a autoria da infração penal por ele levada ao conhecimento da autoridade a pessoa determinada, fornecendo dados à sua identificação. Difere, também, do tipo prefigurado no art. 138 do CP – *calúnia*, na medida em que, neste delito, atribui-se falsamente a alguém fato definido como crime. Sua consumação se opera no momento em que o fato chega ao conhecimento de terceiro (a honra atingida é objetiva). Aqui, o agente não dá causa à instauração de investigação ou processo; **C:** incorreta. O sujeito que provoca a ação de autoridade, a esta comunicando a ocorrência de crime que sabe não ter se verificado, comete o delito de comunicação falsa de crime ou contravenção (art. 340, CP); **D:** incorreta, já que o crime de falso testemunho (art. 342, CP) se aperfeiçoa ao final do depoimento (é crime formal), pouco importando se a inverdade teve influência na instrução processual bem como se houve suborno. A propósito, se o crime for praticado mediante suborno, deverá incidir a causa de aumento de pena do art. 342, § 1º, do CP, mas tal não é necessário à configuração do crime; **E:** incorreta. A ação penal, no crime de exercício arbitrário das próprias razões, somente será privativa do ofendido (procede-se mediante queixa) se não houver emprego de violência; se houver, a ação penal será pública, cabendo a sua iniciativa ao MP (art. 345, parágrafo único, CP).

Gabarito "B".

(Escrevente – TJ/SP – 2018 – VUNESP) A respeito do crime de exploração de prestígio (art. 357 do CP), é correto afirmar que

(A) prevê causa de aumento se o agente alega ou insinua que o dinheiro é também destinado a funcionário público estrangeiro.
(B) prevê modalidade culposa.
(C) se caracteriza pela conduta de receber dinheiro a pretexto de influir em ato praticado por qualquer funcionário público.
(D) se trata de crime comum, não se exigindo qualquer qualidade especial do autor.
(E) para se configurar, exige o efetivo recebimento de dinheiro pelo agente.

A: incorreta. A exploração de prestígio (art. 357 do CP), que com o delito tráfico de influência (art. 332 do CP) é frequentemente confundida, caracteriza-se quando o agente *solicitar ou receber dinheiro ou qualquer outra utilidade*, a pretexto de influir em *juiz, jurado, órgão do Ministério Público, funcionário de justiça, perito, tradutor, intérprete ou testemunha*. A causa de aumento de pena, prevista no art. 357, parágrafo único, do CP, por sua vez, incidirá sempre que o agente alegar ou insinuar que o dinheiro ou utilidade solicitado ou recebido também se destina às pessoas referidas no *caput*, que, como se pode ver, não inclui o funcionário público estrangeiro; **B:** incorreta, dado que o crime de exploração de prestígio não prevê modalidade culposa; o elemento subjetivo é representado pelo dolo; **C:** incorreta. O agente obtém vantagem, alegando gozar de prestígio junto à Administração para influir no comportamento de servidor público, comete o crime de tráfico de influência (art. 332 do CP). Este crime muito se assemelha ao estelionato, ou melhor, constitui uma modalidade específica de estelionato, em que o sujeito ativo vende a falsa ideia de que fará uso de sua influência para obter, em favor da vítima, benefício junto à Administração. Levada a engano pelo ardil aplicado pelo sujeito, o ofendido, ludibriado, entrega-lhe a vantagem perseguida. É crime de ação múltipla ou de conteúdo variado, uma vez que o tipo penal contempla várias condutas (solicitar, exigir, cobrar e obter). Este crime não deve ser confundido com o delito do art. 357 do CP (exploração de prestígio). Neste, as pessoas em relação às quais o agente alega gozar de prestígio estão especificadas no tipo penal: juiz, jurado, órgão do MP, funcionário de justiça etc. É crime contra a administração da Justiça, ao passo que o tráfico de influência é delito contra a administração pública em geral; **D:** correta. Trata-se, de fato, de crime comum, na medida em que o tipo penal não contempla nenhuma qualidade especial que deve ter o sujeito ativo; **E:** incorreta. Cuida-se de crime formal, isto é, não se exige, à sua consumação, a produção de resultado naturalístico. Gabarito "D".

(Procurador – IPSMI/SP – VUNESP – 2016) A respeito dos crimes contra a Administração Pública, é correto afirmar que

(A) o crime de sonegação de contribuição previdenciária é de competência da Justiça Estadual.
(B) importar mercadoria, sem o pagamento do imposto devido pela entrada, caracteriza o crime de contrabando, de competência da Justiça Federal.
(C) o tipo penal de abandono da função pública (artigo 323 do Código Penal) é norma penal em branco e prescinde de resultado.
(D) o crime de desobediência (artigo 330 do Código Penal) somente se caracteriza se do não atendimento à ordem resultar prejuízo à Administração Pública.
(E) a subtração de valor, bem ou dinheiro, por funcionário público, valendo-se da facilidade que a qualidade de funcionário lhe proporciona, caracteriza o crime de furto qualificado.

A: incorreta. O crime de *sonegação de contribuição previdenciária*, que vem definido no art. 337-A do CP, é de competência da Justiça Federal; **B:** incorreta. A conduta se amolda à descrição típica do crime de *descaminho* (e não de *contrabando*), previsto no art. 334, caput, do CP; **C:** correta. É norma penal em branco porque o abandono deve se dar *fora dos casos permitidos em lei*. Diz-se, no mais, que o crime do art. 323 do CP é formal porquanto prescinde de resultado naturalístico consistente no prejuízo efetivo à Administração; **D:** incorreta. É crime formal, razão pela qual não se exige, para a sua consumação, a produção de resultado naturalístico consistente no prejuízo à Administração como decorrência do não atendimento à ordem legal; **E:** incorreta, uma vez que a conduta corresponde à descrição típica do crime de *peculato-furto* (art. 312, § 1º, 1ª parte, do CP). Gabarito "C".

(Procurador – IPSMI/SP – VUNESP – 2016) A respeito do crime previsto no artigo 359-C (assunção de obrigação no último ano do mandato ou legislatura), é correto afirmar que

(A) a condenação definitiva leva à perda do cargo, função pública ou mandato, tratando-se de efeito imediato da condenação.
(B) pode ser praticado por qualquer funcionário público.
(C) prevê a modalidade culposa.
(D) há previsão de elemento de tipo temporal, perfazendo-se a figura penal apenas se a conduta incriminada realizar-se nos dois últimos quadrimestres do mandato ou legislatura.
(E) tem por bem jurídico assegurar a veracidade nos pleitos dos poderes executivo, legislativo e judiciário.

A: incorreta. A perda de cargo, função pública ou mandato eletivo constitui efeito *específico* da condenação. Isso quer dizer que esta consequência da condenação, não sendo automática (imediata), deve ser declarada na sentença, a teor do que dispõe o art. 92, parágrafo único, do CP. Para facilitar a compreensão deste tema, cabe um esclarecimento. Os efeitos da condenação contemplados no art. 91 do CP são *automáticos* (genéricos). Significa isso que é desnecessário o pronunciamento do juiz, a esse respeito, na sentença. Já o art. 92 do CP, como já dissemos, trata dos efeitos da condenação *não automáticos* (específicos), que, por essa razão, somente podem incidir se o juiz, na sentença condenatória, declará-los de forma motivada; **B:** incorreta. Somente pode figurar como sujeito ativo deste crime o funcionário público que detém atribuição para ordenar ou autorizar a assunção de obrigação; não basta, pois, que seja funcionário público; **C:** incorreta. Não há a previsão de modalidade culposa deste delito; **D:** correta. De fato, o legislador introduziu um elemento temporal no tipo penal do art. 359-C do CP, segundo o qual a conduta ali descrita deve ser realizada a partir de 1º de maio do último ano do mandato ou da legislatura; **E:** incorreta. O bem jurídico aqui tutelado é a proteção à regularidade das finanças públicas. Gabarito "D".

(Procurador Municipal/SP – VUNESP – 2016) Assinale a alternativa correta sobre o crime de peculato, tipificado no artigo 312 e parágrafos do Código Penal.

(A) É crime próprio e não admite o concurso de pessoas.
(B) No peculato culposo a reparação do dano, se precede à sentença irrecorrível, reduz de metade a pena imposta.
(C) Admite o concurso de pessoas desde que a qualidade de funcionário público, elementar do tipo, seja de conhecimento do particular coautor ou partícipe.
(D) Para a caracterização do peculato-furto, afigura-se necessário que o funcionário público tenha a posse do dinheiro, valor ou bem que subtrai ou que concorre para que seja subtraído, em proveito próprio ou alheio.
(E) No peculato doloso a reparação do dano, se precede à sentença irrecorrível, extingue a punibilidade.

A: incorreta. Embora seja correto afirmar-se que o peculato é delito *próprio*, já que impõe ao sujeito ativo uma qualidade especial, neste caso a de ser funcionário público, é equivocado dizer-se que não é admitido, neste crime, o concurso de pessoas. Com efeito, é perfeitamente possível, no delito aqui tratado – e também nos crimes funcionais em geral –, que o particular, seja na condição de coautor, seja na partícipe, tome parte na empreitada criminosa, respondendo pelo delito funcional em concurso de pessoas com o *intraneus*. Isso porque a condição de funcionário público, por ser elementar do crime de peculato, se comunica aos demais agentes que hajam concorrido com o funcionário para o cometimento do delito, à luz do que dispõe o art. 30 do CP. No mais, vale dizer que a responsabilização pela prática do delito funcional somente recairá sobre o particular se este tiver conhecimento de tal circunstância; **B:** incorreta. Se a reparação do dano, no peculato culposo (não se aplica ao doloso!), for anterior ao trânsito em julgado da sentença penal condenatória, o agente fará jus à extinção da punibilidade (não é hipótese de redução de pena), na forma estatuída no art. 312, § 3º, primeira parte, do CP; agora, se o funcionário promover a reparação do dano em momento posterior ao trânsito em julgado da sentença, será ele agraciado com a redução de metade da pena que lhe foi imposta, tal como estabelece o art. 312, § 3º, segunda parte, do CP; **C:** correta. Reporto-me ao comentário à alternativa "A"; **D:** incorreta. Ao contrário do que se afirma, para a configuração do chamado peculato-furto, modalidade prevista no art. 312, § 1º, do CP, é necessário que o funcionário não tenha a posse do objeto material do crime, mas, sim, se valha da sua condição de *intraneus* para realizar a subtração do dinheiro, valor ou bem, ou ainda concorra para que seja subtraído por terceiro; **E:** incorreta. Os benefícios da extinção da punibilidade, na hipótese de a reparação ocorrer antes da sentença irrecorrível, e diminuição de metade da pena imposta, quando a reparação é posterior ao trânsito em julgado, somente têm lugar no peculato *culposo* (art. 312, § 3º, do CP). Se doloso for o peculato, quando muito poderá o agente beneficiar-se do *arrependimento posterior*, desde que, nos termos do art. 16 do CP, a reparação do dano ou a restituição da coisa se dê até o recebimento da denúncia. É hipótese de causa de redução de pena.

Gabarito "C".

(Procurador – SP – VUNESP – 2015) Antônio foi abordado por Policiais Militares na via pública e, quando informado que seria conduzido para a Delegacia de Polícia, pois era "procurado" pela Justiça, passou a desferir socos e pontapés contra um dos policiais. Sobre a conduta de Antônio, pode-se afirmar que

(A) praticou o crime de desacato, previsto no artigo 331 do Código Penal.
(B) praticou o crime de resistência, previsto no artigo 329 do Código Penal.
(C) praticou o crime de desobediência, previsto no artigo 330 do Código Penal.
(D) não praticou nenhum crime, pois todo cidadão tem direito à sua autodefesa.
(E) praticou o crime de corrupção ativa, previsto no artigo 333 do Código Penal, pois pretendeu, com sua reação, corromper o funcionário público a não cumprir ato de ofício.

Ao investir, com emprego de violência, contra os policiais militares que fariam a sua prisão (ato, em princípio, legal), Antônio cometeu o crime de resistência, capitulado no art. 329 do CP. Perceba que a oposição feita por Antônio à execução do ato consistente na sua prisão se fez por meio de violência, o que constitui, ao lado da ameaça, pressuposto ao reconhecimento deste crime. Além disso, o ato (neste caso a prisão) contra o qual o agente se insurge deve ser legal e realizado por funcionário público (neste caso policiais militares) com atribuição para tanto. Se o ato for ilegal, não há crime. De igual modo, se faltar atribuição ao agente para a execução do ato, também não há delito. Outra coisa importante: este crime restará configurado ainda que a violência ou ameaça seja empregada não contra o funcionário público, mas contra o particular que lhe esteja prestando auxílio na execução do ato. Se o ato, em razão da resistência oposta, não se executa, o agente incorrerá na forma qualificada deste crime (art. 329, § 1º, do CP). Por fim, por expressa disposição do § 2º deste mesmo artigo, a pena correspondente à violência (lesão corporal, por exemplo) será aplicada em concurso material com a da resistência.

Gabarito "B".

(Procurador – SP – VUNESP – 2015) Sobre o delito de corrupção ativa, pode-se afirmar que

(A) é crime próprio.
(B) tem como objeto jurídico a honestidade do funcionário público.
(C) é crime formal.
(D) é crime de concurso necessário.
(E) admite forma culposa.

A: incorreta. A corrupção *ativa* (art. 333, CP), porque pode ser praticada por qualquer pessoa, é crime *comum*, que não deve ser confundida com a corrupção *passiva* (art. 317, CP), esta sim delito *próprio*, uma vez que o tipo penal exige que seja praticado por funcionário público (qualidade especial do sujeito ativo); **B:** incorreta. A corrupção ativa tem como bem jurídico a ser tutelado a moralidade da Administração Pública; **C:** correta. É, de fato, crime *formal*, na medida em que a sua consumação não está condicionada à aceitação da oferta ou da promessa de oferta ao funcionário. Na verdade, o delito se perfaz em momento anterior: com a mera oferta ou promessa de oferta formulada pelo particular ao funcionário público; **D:** incorreta. Não se trata de crime de concurso necessário (ou plurissubjetivo), já que pode ser praticado por uma só pessoa. É, portanto, crime de concurso eventual (ou monossubjetivo). Os crimes de concurso necessário só podem ser praticados por um número mínimo de agentes. É o caso da associação criminosa (art. 288, CP), cujo tipo penal estabelece o número mínimo de três pessoas. Se houver duas, o fato é atípico; **E:** incorreta. Não há modalidade culposa do crime de corrupção ativa.

Gabarito "C".

(Procurador – SP – VUNESP – 2015) José solicita e recebe dinheiro de um empresário que participará de uma licitação pública a pretexto de ajudá-lo a vencer o certame, sob o argumento de que tem muitos amigos no comando da Administração Pública. Sobre a conduta de José, está correto afirmar que

(A) praticou o crime de usurpação da função pública (art. 328, Código Penal).
(B) praticou o crime de corrupção ativa (art. 333, Código Penal).
(C) praticou o crime de impedimento, perturbação ou fraude concorrência (art. 335, Código Penal).
(D) praticou o crime de tráfico de influência (art. 332, Código Penal).
(E) não praticou nenhum crime (fato atípico), pois quem decide o resultado de licitação é o agente público e não o particular.

O agente que solicita vantagem a alguém, alegando gozar de prestígio junto à Administração para influir no comportamento de servidor público, comete o crime de tráfico de influência (art. 332 do CP). Este crime muito se assemelha ao estelionato, ou melhor, constitui uma modalidade específica de estelionato, em que o sujeito ativo vende a falsa ideia de que fará uso de sua influência para obter, em favor da vítima, benefício junto à Administração. Levada a engano pelo ardil aplicado pelo sujeito, o ofendido, ludibriado, entrega-lhe a vantagem perseguida. É crime de ação múltipla ou de conteúdo variado, uma vez que o tipo penal contempla, além do verbo *solicitar* (usado no enunciado), várias outras condutas (exigir, cobrar e obter). Este crime não deve ser confundido com o delito do art. 357 do CP (exploração de prestígio). Neste, as pessoas em relação às quais o agente alega gozar de prestígio estão especificadas no tipo penal: juiz, jurado, órgão do MP, funcionário de justiça etc. É crime contra a administração da Justiça, ao passo que o tráfico de influência é delito contra a administração pública em geral.

Gabarito "D".

(Juiz de Direito – TJ/SP – VUNESP – 2015) No crime de falso testemunho ou falsa perícia,

(A) a conduta é tipificada quando realizada apenas em processo penal.
(B) incide-se no crime quando a afirmação falsa é feita em juízo arbitral.
(C) a pena aumenta da metade se o crime é praticado mediante suborno.
(D) a retratação do agente, antes da sentença em que ocorreu o falso testemunho, é causa de diminuição de pena.

A: incorreta, já que o falso testemunho ou falsa perícia, crime que vem definido no art. 342 do CP, pode ser prestado em processo judicial (de qualquer natureza) ou administrativo, inquérito policial ou ainda em juízo arbitral; **B:** correta, tendo em conta o quanto foi afirmado no comentário anterior; **C:** incorreta. Se cometido mediante suborno, a pena do crime de falso testemunho ou falsa perícia será aumentada de um sexto a um terço, e não de metade (art. 342, § 1º, do CP); **D:** incorreta. A retratação do agente, no contexto do crime de falso testemunho ou falsa perícia, quando efetivada até a sentença, é causa extintiva da punibilidade (o fato deixa de ser punível), tal como estabelece o art. 342, § 2º, do CP. É importante observar que a pena cominada a este crime foi alterada (aumentada) por força da Lei 12.850/2013 (Organização Criminosa).
Gabarito "B".

(Juiz de Direito – TJ/SP – VUNESP – 2015) Profissional nomeado pela assistência judiciária para atuar como defensor dativo ingressa com ação contra o INSS, em favor da parte para a qual foi constituído, e posteriormente faz o levantamento do valor devido. Contudo, não repassou o dinheiro à parte, cometendo o delito de

(A) peculato, tendo em vista apropriar-se de dinheiro ou valor de que tem a posse em razão do cargo.
(B) furto mediante fraude, pois abusou da confiança da vítima.
(C) prevaricação, considerando que retardou ou deixou de praticar, indevidamente, ato de ofício.
(D) apropriação indébita, uma vez que tinha a posse ou detenção do numerário.

Quanto à possibilidade de o defensor dativo ser considerado funcionário público para fins penais, conferir: *Embora não sejam servidores públicos propriamente ditos, pois não são membros da Defensoria Pública, os advogados dativos, nomeados para exercer a defesa de acusado necessitado nos locais onde o referido órgão não se encontra instituído, são considerados funcionários públicos para fins penais, nos termos do artigo 327 do Código Penal Doutrina. 3. Tendo o recorrente, na qualidade de advogado dativo, exigido para si vantagem indevida da vítima, impossível considerar a sua conduta atípica como pretendido no reclamo* (RHC 33.133/SC, Rel. Ministro Jorge Mussi, Quinta Turma, julgado em 21.05.2013, DJe 05.06.2013). No mesmo sentido: "Os advogados dativos, nomeados para exercer a defesa de acusado necessitado nos locais onde a Defensoria Pública não se encontra instituída, são considerados funcionários públicos para fins penais, nos termos do artigo 327 do Código Penal. Precedente" (AgRg no REsp 1828956/SC, Rel. Ministro RIBEIRO DANTAS, QUINTA TURMA, julgado em 11/02/2020, DJe 14/02/2020).
Gabarito "A".

22. OUTROS CRIMES DO CÓDIGO PENAL

(Procurador Municipal – Sertãozinho/SP – VUNESP – 2016) Acerca dos crimes contra a incolumidade pública, assinale a alternativa correta.

(A) A ação conhecida como "surf ferroviário", segundo a jurisprudência, configura o crime de perigo de desastre ferroviário.
(B) O crime de incêndio é de perigo concreto. Da conduta deve resultar a efetiva exposição da coletividade a uma concreta situação de perigo.
(C) Para a configuração do crime de explosão, é indispensável que o artefato exploda, causando a situação de perigo à incolumidade pública.
(D) O crime de desabamento ou desmoronamento não possui previsão da modalidade culposa.
(E) O crime de omissão de notificação de doença é material, ou seja, se consuma com o risco causado para a incolumidade pública em razão da omissão do médico.

A: incorreta, já que, conforme vem entendendo a jurisprudência, falta, ao chamado *surfista ferroviário*, que é aquele que se equilibra sobre a composição do trem em andamento, a intenção de gerar situação concreta de perigo de desastre ferroviário, elemento subjetivo do crime definido no art. 260 do CP; **B:** correta. De fato, tal como afirmado, o crime de incêndio, previsto no art. 250 do CP, por ser de perigo concreto, somente atinge a consumação com a efetiva exposição a perigo de vida, da integridade física ou do patrimônio de um número indeterminado de pessoas; **C:** incorreta. A explosão não é indispensável à consumação do crime do art. 251 do CP. A consumação se opera no exato instante em que se verifica uma situação de perigo, seja por meio de uma explosão, seja pelo arremesso de um artefato, seja por meio da colocação deste (armar o explosivo em determinado local); **D:** incorreta, já que o crime a que se refere a alternativa comporta, sim, a modalidade culposa, prevista, de forma expressa, no art. 256, parágrafo único, do CP; **E:** incorreta. A consumação do crime de omissão de notificação de doença (art. 269, CP) ocorre no momento em que o médico deixa de observar o prazo estabelecido em lei, decreto ou regulamento para a comunicação de doença cuja notificação é obrigatória, não sendo necessário demonstrar que a omissão gerou risco à incolumidade pública. Trata-se de crime de mera conduta.
Gabarito "B".

(Procurador – SP – VUNESP – 2015) Quanto aos crimes contra a Incolumidade Pública (Título VIII, CP), pode-se afirmar que

(A) são crimes comuns quanto aos sujeitos ativo e passivo.
(B) o crime de incêndio somente admite a forma dolosa e a preterdolosa.
(C) o crime de desabamento previsto no artigo 256, CP, consuma-se com a produção do resultado (morte ou lesão corporal a um número indeterminado de pessoas).
(D) o crime de explosão, pela sua natureza e formas de execução, não admite forma culposa.
(E) o crime de desabamento ou desmoronamento somente admite a forma culposa.

A: correta. De fato, os crimes que compõem o Título VIII do CP são comuns quanto aos sujeitos ativo e passivo; **B:** incorreta. O crime de incêndio admite as formas dolosa (art. 250, *caput*, do CP) e culposa (art. 250, § 2º, do CP); **C:** incorreta, na medida em que o crime de desabamento ou desmoronamento, previsto no art. 256 do CP, alcança a consumação no momento em que a vida, a integridade física ou o patrimônio de terceiro é exposto a situação de perigo concreto; **D:** incorreta, já que o delito de explosão (art. 251, CP) admite, sim, a modalidade culposa (§ 3º); **E:** incorreta. Admite tanto a forma dolosa quanto a culposa (art. 256, CP).
Gabarito "A".

23. CRIMES DA LEI DE DROGAS

(Defensor Público/RO – 2017 – VUNESP) Considere as duas descrições fáticas que seguem: "induzir, instigar ou auxiliar alguém ao uso indevido de droga" e "oferecer droga, eventualmente e sem objetivo de lucro, a pessoa de seu relacionamento, para juntos a consumirem".

É correto afirmar que

(A) apesar de serem ambas criminalmente tipificadas, as respectivas penas poderão ser reduzidas de um sexto a dois terços, desde que o agente seja primário e não integre organização criminosa.
(B) ambas são condutas criminalmente tipificadas, às quais não se cominam penas restritivas de liberdade.
(C) ambas são condutas criminalmente tipificadas e a primeira é mais gravemente apenada que a segunda.
(D) a primeira delas é conduta criminalmente tipificada, mas a segunda não.
(E) ambas são condutas equiparadas ao tráfico ilícito de entorpecentes, inclusive no que concerne às penas.

As descrições típicas correspondem, respectivamente, aos crimes definidos nos arts. 33, § 2º e § 3º, da Lei 11.343/2006 (Lei de Drogas). Nos dois casos, a pena cominada é significativamente inferior àquela prevista para as condutas descritas no *caput* e § 1º do art. 33. Para a conduta prevista no art. 33, § 2º, o legislador previu a pena cominada de detenção de 1 a 3 anos e multa. Pune-se a conduta do agente que induz, instiga ou auxilia alguém a fazer uso de droga. Em razão da pena cominada, cabe a aplicação da suspensão condicional do processo (art. 89, Lei 9.099/1995). A Lei 11.343/2006 introduziu, no contexto dos crimes de tráfico, forma mais branda deste delito, a se configurar na hipótese de o agente oferecer droga, a pessoa de seu relacionamento, ocasionalmente e sem o propósito de lucro, para juntos a consumirem. Veja que tal inovação legislativa, prevista no art. 33, § 3º, da atual Lei de Drogas, por razões de política criminal, procurou colocar em diferentes patamares o traficante habitual, que atua com o propósito de lucro, e o eventual, para o qual a pena prevista é de detenção de seis meses a um ano, sem prejuízo da multa e das penas previstas no art. 28 da mesma lei, bem inferior, como se pode ver, à pena cominada para o crime previsto no *caput* do art. 33. Portanto, esta última conduta, se levarmos em conta tão somente a pena de prisão prevista, é menos grave do que aquela contida no art. 33, § 2º. Note que a multa cominada ao delito do art. 33, § 3º, é superior àquela prevista para o crime do art. 33, § 2º, situação inversa da que ocorre com a pena de prisão. Gabarito "C".

(Juiz de Direito – TJ/MS – VUNESP – 2015) Assinale a alternativa correta.

(A) A indução ou a instigação de alguém ao uso indevido de droga não é considerado crime.
(B) Responde às mesmas penas do crime previsto no art. 33, *caput*, da Lei 11.343/2006 o agente que custeia ou financia o crime de tráfico.
(C) Responde por delito autônomo ao do tráfico o agente que oferecer droga, eventualmente e sem objetivo de lucro, a pessoa de seu relacionamento, para juntos a consumirem.
(D) A associação criminosa prevista no art. 35, *caput*, da Lei 11.343/2006 exige a constatação da reiteração permanente da associação de duas ou mais pessoas para prática constante do tráfico.
(E) A causa de redução da pena, prevista no § 4º do art. 33 da Lei 11.343/2006, só será aplicável se o agente for primário e de bons antecedentes.

A: incorreta, haja vista que tal conduta encontra-se tipificada no art. 33, § 2º, da Lei 11.343/2006; **B:** incorreta. A conduta descrita na assertiva, que vem definida no art. art. 36 da Lei 11.343/2006, tem pena cominada de 8 a 20 anos de reclusão, bem superior, portanto, à pena prevista para o delito do art. 33, *caput*, da Lei 11.343/2006, que é de reclusão de 5 a 15 anos; **C:** correta. A Lei 11.343/2006 introduziu, no contexto dos crimes de tráfico, forma mais branda deste delito, a se configurar na hipótese de o agente oferecer droga, a pessoa de seu relacionamento, ocasionalmente e sem o propósito de lucro, para juntos a consumirem. Veja que tal inovação legislativa, prevista no art. 33, § 3º, da atual Lei de Drogas, por razões de política criminal, procurou colocar em diferentes patamares o traficante habitual, que atua com o propósito de lucro, e o eventual, para o qual a pena prevista é de detenção de seis meses a um ano, sem prejuízo da multa e das penas previstas no art. 28 da mesma lei, bem inferior, como se pode ver, à pena cominada para o crime previsto no *caput* do art. 33; **D:** incorreta, uma vez que é desnecessário, para a configuração do crime do art. 35 da Lei 11.343/2006, que a associação tenha como propósito a prática *reiterada* dos crimes previstos nos arts. 33, *caput* e § 1º, e 34 da Lei de Drogas; **E:** incorreta. Além de ser primário e ostentar bons antecedentes, o agente, para fazer jus à diminuição de pena prevista no dispositivo em questão, não poderá integrar organização criminosa nem se dedicar a atividades criminosas. Gabarito "C".

24. ESTATUTO DO DESARMAMENTO

(Procurador do Município/Cubatão-SP – 2012 – VUNESP) Tendo por critério a quantidade de pena privativa de liberdade abstratamente cominada e considerando as figuras simples, assinale a alternativa que apresenta o crime menos grave.

(A) Suprimir ou alterar marca, numeração ou qualquer sinal de identificação de arma de fogo ou artefato.
(B) Deixar de observar as cautelas necessárias para impedir que menor de 18 (dezoito) anos ou pessoa portadora de deficiência mental se apodere de arma de fogo que esteja sob sua posse ou que seja de sua propriedade.
(C) Portar, deter, adquirir, fornecer, receber, ter em depósito, transportar, ceder, ainda que gratuitamente, emprestar, remeter, empregar, manter sob guarda ou ocultar arma de fogo, acessório ou munição, de uso permitido, sem autorização e em desacordo com determinação legal ou regulamentar.
(D) Possuir, deter, portar, adquirir, fornecer, receber, ter em depósito, transportar, ceder, ainda que gratuitamente, emprestar, remeter, empregar, manter sob sua guarda ou ocultar arma de fogo, acessório ou munição de uso proibido ou restrito, sem autorização e em desacordo com determinação legal ou regulamentar.
(E) Possuir ou manter sob sua guarda arma de fogo, acessório ou munição, de uso permitido, em desacordo com determinação legal ou regulamentar, no interior de sua residência ou dependência desta, ou, ainda, no seu local de trabalho, desde que seja o titular ou o responsável legal do estabelecimento ou empresa.

A: incorreta – crime previsto no art. 16, § 1º, I, da Lei 10.826/2003. Pena cominada: reclusão, de 3 a 6 anos, e multa; **B:** correta – crime previsto no art. 13, *caput*, da Lei 10.826/2003. Pena cominada: detenção, de 1 a 2 anos, e multa (alternativa correta); **C:** incorreta – crime previsto no art. 14, *caput*, da Lei 10.826/2003. Pena cominada: reclusão, de 2 a 4 anos, e multa; **D:** incorreta – crime previsto no art. 16, *caput*, da Lei 10.826/2003. Pena cominada: reclusão, de 3 a 6 anos, e multa. Atenção: a Lei 13.964/2019, posterior à elaboração desta questão, ao modificar o *caput* do art. 16 da Lei 10.826/2003, dali extraiu os objetos materiais *arma de fogo, munição e acessório de uso proibido*, que foram incluídos no § 2º do mesmo dispositivo, com pena cominada de 4 a 12 anos de reclusão (modalidade qualificada), bem superior à pena do *caput*, aplicável, a partir de agora, somente ao crime de posse ou porte de arma de fogo de uso *restrito*; **E:** incorreta – crime previsto no art. 12 da Lei 10.826/2003. Pena cominada: detenção, de 1 a 3 anos, e multa; Gabarito "B".

25. CRIMES CONTRA O MEIO AMBIENTE

(Delegado – PC/BA – 2018 – VUNESP) A empresa ZZZ, produtora de fertilizantes, tendo sido autuada administrativamente pela emissão irregular de partículas poluentes no ar, teve contra si instaurado inquérito policial, sob a imputação do crime de causar poluição, art. 54 da Lei nº 9.605/98. No curso da investigação, constatou-se que a poluição do ar decorreu da falta de manutenção nos filtros da fábrica, verificando-se que as manutenções periódicas nos equipamentos passaram de três para seis meses. Contudo, dada a complexa estrutura da empresa, não se logrou êxito em identificar o responsável pela redução das manutenções. Encerrada a investigação policial, o Ministério Público denunciou a empresa ZZZ, bem como Mévio, o presidente, afirmando que, na qualidade de representante máximo, competia a ele impedir a poluição do ar. A denúncia formulada pelo Ministério Público é recebida apenas com relação à empresa ZZZ. Quanto a Mévio, o Juiz rejeitou a exordial, por inépcia, destacando que a simples condição de presidente da empresa não basta para fundamentar imputação. Considerando o caso hipotético, a Lei nº 9.605/98 e o entendimento dos Tribunais Superiores, assinale a alternativa correta.

(A) A autuação administrativa da empresa XXX inviabiliza a instauração de procedimento penal para apurar a prática de crime de causar poluição, já que as responsabilidades administrativa e penal são excludentes.
(B) Rejeitada a denúncia quanto à pessoa física de Mévio, haja vista a exigência legal da dupla imputação, a empresa XXX não poderá ser criminalmente processada.
(C) Há previsão de causa de aumento, quanto ao crime de poluição (art. 54 da Lei nº 9.605/98), se, da poluição hídrica resulta interrupção do abastecimento público de água em comunidade.
(D) A pena de interdição temporária de direito, consistente na proibição de contratar com o Poder Público, não poderá ter prazo superior a 03 (três) anos, no caso de crimes dolosos.
(E) A pena de multa, calculada segundo os critérios do Código Penal, poderá ser aumentada em até três vezes, se revelar-se ineficaz.

A: incorreta, já que as responsabilidades administrativa e penal são independentes. Dessa forma, a instauração de procedimento administrativo com vistas à autuação da pessoa jurídica não impede a instauração de inquérito policial para o fim de apurar eventual prática criminosa pela pessoa jurídica e seus representantes; **B:** incorreta. Ainda que não se consiga apurar a responsabilidade da pessoa física, de forma a identificá-la, é perfeitamente possível, sim, a responsabilização tão somente da pessoa jurídica. No STF: "1. O art. 225, § 3º, da Constituição Federal não condiciona a responsabilização penal da pessoa jurídica por crimes ambientais à simultânea persecução penal da pessoa física em tese responsável no âmbito da empresa. A norma constitucional não impõe a necessária dupla imputação. 2. As organizações corporativas complexas da atualidade se caracterizam pela descentralização e distribuição de atribuições e responsabilidades, sendo inerentes a esta realidade, as dificuldades para imputar o fato ilícito a uma pessoa concreta. 3. Condicionar a aplicação do art. 225, § 3º, da Carta Política a uma concreta imputação também a pessoa física implica indevida restrição da norma constitucional, expressa a intenção do constituinte originário não apenas de ampliar o alcance das sanções penais, mas também de evitar a impunidade pelos crimes ambientais frente às imensas dificuldades de individualização dos responsáveis internamente às corporações, além de reforçar a tutela do bem jurídico ambiental. 4. A identificação dos setores e agentes internos da empresa determinantes da produção do fato ilícito tem relevância e deve ser buscada no caso concreto como forma de esclarecer se esses indivíduos ou órgãos atuaram ou deliberaram no exercício regular de suas atribuições internas à sociedade, e ainda para verificar se a atuação se deu no interesse ou em benefício da entidade coletiva. Tal esclarecimento, relevante para fins de imputar determinado delito à pessoa jurídica, não se confunde, todavia, com subordinar a responsabilização da pessoa jurídica à responsabilização conjunta e cumulativa das pessoas físicas envolvidas. Em não raras oportunidades, as responsabilidades internas pelo fato estarão diluídas ou parcializadas de tal modo que não permitirão a imputação de responsabilidade penal individual. 5. Recurso Extraordinário parcialmente conhecido e, na parte conhecida, provido" (RE 548181, Rel. Min. Rosa Weber, 1ª T, julgado em 06-08-2013). Na mesma esteira, o STJ: "1. Conforme orientação da 1ª Turma do STF, 'O art. 225, § 3º, da Constituição Federal não condiciona a responsabilização penal da pessoa jurídica por crimes ambientais à simultânea persecução penal da pessoa física em tese responsável no âmbito da empresa. A norma constitucional não impõe a necessária dupla imputação.' (RE 548181, Relatora Min. Rosa Weber, Primeira Turma, julgado em 6/8/2013, acórdão eletrônico DJe-213, divulg. 29.10.2014, public. 30.10.2014). 2. Tem-se, assim, que é possível a responsabilização penal da pessoa jurídica por delitos ambientais independentemente da responsabilização concomitante da pessoa física que agia em seu nome. Precedentes desta Corte. 3. A personalidade fictícia atribuída à pessoa jurídica não pode servir de artifício para a prática de condutas espúrias por parte das pessoas naturais responsáveis pela sua condução. 4. Recurso ordinário a que se nega provimento" (RMS 39.173/BA, Rel. Ministro Reynaldo Soares Da Fonseca, 5ª T, julgado em 06-08-2015, DJe 13.08.2015); **C:** incorreta. Tal circunstância constitui *qualificadora* (art. 54, § 2º, III, Lei 9.605/1998), e não *causa de aumento de pena*; **D:** incorreta. Por força do que dispõe o art. 10 da Lei 9.605/1998, a proibição de contratação com o Poder Público durará, sendo o crime doloso, 5 anos; se culposo, 3 anos; **E:** correta, pois reflete o disposto no art. 18 da Lei 9.605/1998. Gabarito "E".

(Delegado – PC/BA – 2018 – VUNESP) No que concerne à aplicação da Lei nº 9.099/95 quanto às infrações penais ambientais previstas na Lei nº 9.605/98, é correto afirmar que

(A) a legislação contempla crimes ambientais de ação penal pública condicionada e incondicionada, aplicando-se, a todos os tipos penais, a suspensão condicional do processo e a transação penal.
(B) nos crimes ambientais de menor potencial ofensivo e de ação penal pública condicionada, a transação penal poderá ser formulada independentemente de prévia composição do dano ambiental.
(C) a legislação contempla apenas crimes ambientais de ação penal pública incondicionada, aplicando-se integralmente as disposições da Lei nº 9.099/95 no tocante à suspensão condicional do processo e à transação penal.
(D) nos crimes ambientais de menor potencial ofensivo e de ação penal pública incondicionada, a suspensão condicional do processo poderá ser aplicada sem qualquer modificação.
(E) nos crimes ambientais de menor potencial ofensivo, a transação penal somente poderá ser formulada desde que tenha havido a prévia composição do dano ambiental, salvo em caso de comprovada impossibilidade.

A: incorreta, dado que a ação penal, nos crimes previstos na Lei 9.605/1998, é pública incondicionada (art. 26); **B:** incorreta, con-

forme comentário anterior; **C:** incorreta. A transação penal, instituto previsto no art. 76 da Lei 9.099/1995, somente será implementada, nos crimes contra o meio ambiente de menor potencial ofensivo, se houver prévia composição do dano ambiental, ressalvada a hipótese de impossibilidade, tal como estabelece o art. 27 da Lei 9.605/1998. Já a suspensão condicional do processo (*sursis* processual), instituto contemplado no art. 89 da Lei 9.099/1995, terá incidência nos crimes ambientais cuja pena mínima cominada não seja superior a um ano, impondo-se, como condição para declarar-se a extinção de punibilidade do agente, a comprovação, por meio de laudo de constatação, de que fora realizada a reparação do dano ambiental, na forma do art. 28 da Lei 9.605/1998; **D:** incorreta. Vide comentário anterior; **E:** correta, pois, conforme já ponderado, a transação penal somente será implementada, nos crimes contra o meio ambiente de menor potencial ofensivo, se houver prévia composição do dano ambiental, ressalvada a hipótese de impossibilidade, tal como estabelece o art. 27 da Lei 9.605/1998. ED
Gabarito "E".

(Defensor Público/RO – 2017 –VUNESP) Nos expressos termos da Lei de Crimes Ambientais, é circunstância que atenua a pena (Lei nº 9.605/98, art. 14):

(A) ter o agente menos de 21 (vinte e um) anos na data do fato ou mais de 70 (setenta) anos na data da sentença.
(B) ter sido o fato cometido em estado de necessidade.
(C) ter sido o fato praticado contra espécie de fauna não sujeita a risco de extinção.
(D) colaboração com os agentes encarregados da vigilância e do controle ambiental.
(E) baixa classe socioeconômica do agente.

A: incorreta, já que o art. 14 da Lei 9.605/1998 não contempla tal circunstância atenuante, que está prevista, isto sim, no art. 65, I, do CP; **B:** incorreta, uma vez que não integra o rol do art. 14 da Lei 9.605/1998; **C:** incorreta. Circunstância não prevista no art. 14 da Lei 9.605/1998; **D:** correta. Circunstância atenuante prevista no art. 14, IV, da Lei 9.605/1998; **E:** incorreta. Circunstância não prevista no art. 14 da Lei 9.605/1998. ED
Gabarito "D".

26. CRIMES DE TRÂNSITO

(Juiz de Direito – TJ/RJ – 2019 – VUNESP) Aquele que conduz veículo automotor sob a influência de álcool ou de qualquer outra substância psicoativa que determine dependência e, nessas condições, causa morte de terceiro por imprudência responde por

(A) homicídio culposo na direção de veículo automotor e embriaguez ao volante, em concurso formal.
(B) homicídio culposo na direção de veículo automotor, qualificado.
(C) homicídio culposo na direção de veículo automotor e embriaguez ao volante, em concurso material.
(D) homicídio doloso, na modalidade dolo eventual e embriaguez ao volante, em concurso formal.
(E) homicídio doloso, na modalidade dolo eventual e embriaguez ao volante, em concurso material.

O agente que, no homicídio culposo cometido na direção de veículo automotor, estiver sob a influência de álcool ou de qualquer outra substância psicoativa que determine dependência, incorrerá na forma qualificada prevista no art. 302, § 3º, do CTB (dispositivo incluído pela Lei 13.546/2017). Embora não tenha repercussão na resolução desta questão, é importante o registro de que, com o advento da Lei 14.071/2020, publicada em 14/10/2020, foi introduzido o art. 312-B na Lei 9.503/1997 (Código de Trânsito Brasileiro), segundo o qual aos crimes previstos no § 3º do art. 302 e no § 2º do art. 303 deste Código não se aplica o disposto no inciso I do caput do art. 44 do Decreto-Lei nº 2.848, de 7 de dezembro de 1940 (Código Penal). Assim, veda-se a substituição da pena privativa de liberdade por restritiva de direitos quando o crime praticado for: homicídio culposo de trânsito qualificado pela embriaguez (art. 302, § 3º, do CTB) e lesão corporal de trânsito qualificada pela embriaguez (art. 303, § 2º, do CTB).ED
Gabarito "B".

(Juiz de Direito – TJ/RS – 2018 – VUNESP) De acordo com o § 1º do art. 302 da Lei nº 9.503/97 (Código de Trânsito Brasileiro), no homicídio culposo cometido na direção de veículo automotor, a pena é aumentada de 1/3 (um terço) à metade, se o agente

(A) estiver sob efeito de álcool ou droga.
(B) não possuir Permissão para Dirigir ou Carteira de Habilitação.
(C) for contumaz infrator das leis de trânsito.
(D) praticá-lo conduzindo em velocidade excessiva.
(E) praticá-lo durante corrida, disputa ou competição automobilística não autorizada pela autoridade competente.

A: incorreta. O agente que, no homicídio culposo cometido na direção de veículo automotor, estiver sob a influência de álcool ou de qualquer outra substância psicoativa que determine dependência, incorrerá na forma qualificada prevista no art. 302, § 3º, do CTB (dispositivo incluído pela Lei 13.546/2017); **B:** correta (art. 302, § 1º, I, do CTB); **C:** incorreta, uma vez que inexiste tal previsão no CTB; **D:** incorreta, já que não constitui causa de aumento prevista no § 1º do art. 302 do CTB; **E:** incorreta, já que não constitui causa de aumento prevista no § 1º do art. 302 do CTB. Vide art. 308, § 2º, do CTB. ED
Gabarito "B".

(Delegado – PC/BA – 2018 – VUNESP) Considere o seguinte caso hipotético.

A velocidade máxima permitida na Rua A é de 50 Km/h. "Y", conduzindo seu veículo a 120 Km/h pela Rua A, atropela "Z", provocando-lhe lesões corporais. Diante do exposto e considerando que "Y" cometeu um crime culposo de trânsito nos termos da Lei nº 9.503/1997, é correto afirmar que a conduta de "Y" tipifica o crime de

(A) lesão corporal culposa na direção de veículo automotor, de ação penal pública condicionada e com possibilidade de aplicação da composição dos danos civis prevista na Lei nº 9.099/95.
(B) lesão corporal culposa na direção de veículo automotor, de ação penal pública condicionada e com possibilidade de aplicação da transação penal prevista na Lei nº 9.099/95.
(C) lesão corporal culposa na direção de veículo automotor, de ação penal pública incondicionada, não sendo possível a aplicação da transação penal prevista na Lei nº 9.099/95.
(D) lesão corporal culposa na direção de veículo automotor, de ação penal pública incondicionada e com possibilidade de aplicação da composição dos danos civis prevista na Lei nº 9.099/95.
(E) tentativa de homicídio na direção de veículo automotor, de ação penal pública incondicionada, não sendo possível a aplicação da transação penal prevista na Lei nº 9.099/95.

Ao crime de lesão corporal culposa na direção de veículo automotor (art. 303, Lei 9.503/1997) aplicam-se a *composição civil* (art. 74 da Lei 9.099/1995), a *transação penal*, instituto previsto no art. 76 da Lei

9.099/1995, e a *representação* (art. 88 da Lei 9.099/1995). É o que estabelece o art. 291, § 1º, da Lei 9.503/1997, dispositivo este que, no entanto, contempla exceções, como a hipótese em que o condutor que deu causa ao acidente que resultou em lesão corporal estiver transitando em velocidade superior à máxima permitida para a via em 50 por cento (art. 291, § 1º, III, do CTB), que corresponde ao caso narrado no enunciado.

Gabarito "C".

27. CRIME DE TORTURA

(Juiz de Direito – TJM/SP – VUNESP – 2016) Considere a seguinte situação hipotética: João, agente público, foi processado e, ao final, condenado à pena de reclusão, por dezenove anos, iniciada em regime fechado, pela prática do crime de tortura, com resultado morte, contra Raimundo. Nos termos da Lei 9.455, de 7 de abril de 1997, essa condenação acarretará a perda do cargo, função ou emprego público

(A) e a interdição para seu exercício pelo dobro do prazo da pena aplicada.
(B) e a interdição para seu exercício pelo triplo do prazo da pena aplicada.
(C) e a interdição para seu exercício pelo tempo da pena aplicada.
(D) desde que o juiz proceda à fundamentação específica.
(E) como efeito necessário, mas não automático.

À luz do que estabelece o art. 1º, § 5º, da Lei 9.455/1997 (Lei de Tortura), além de acarretar a perda do cargo, função ou emprego público, a condenação implicará ainda a interdição para seu exercício pelo dobro do prazo da pena aplicada. Outrossim, a perda, dado que fundada diretamente em lei, é *automática*, sendo desnecessário, pois, que o juiz expressamente a ela faça menção na sentença condenatória. Assim, uma vez operado o trânsito em julgado da decisão, deverá a Administração promover a exclusão do servidor condenado.

Gabarito "A".

28. OUTROS CRIMES DO CÓDIGO PENAL E DA LEGISLAÇÃO EXTRAVAGANTE

(Juiz de Direito – TJ/RJ – 2019 – VUNESP) As penas do crime de promover, constituir, financiar ou integrar organização criminosa, do art. 2º da Lei 12.850/13, são aumentadas de 1/6 a 2/3, nos termos do parágrafo 4º, se

(A) houver impedimento ou, de qualquer forma, embaraçar-se a investigação de infração penal cometida no seio da organização criminosa.
(B) na atuação da organização criminosa houver emprego de arma de fogo.
(C) houver concurso de funcionário público, valendo-se a organização criminosa dessa condição para a prática de infração penal.
(D) o acusado exercer o comando, individual ou coletivo, da organização criminosa, ainda que não pratique pessoalmente atos de execução.
(E) das ações diretas ou indiretas da organização criminosa resultar morte.

A: incorreta. Esta alternativa contém a forma equiparada (e não aumentada) do crime de organização criminosa (art. 2º, § 1º, da Lei 12.850/2013); **B:** incorreta. O emprego de arma de fogo, na atuação da organização criminosa, constitui causa de aumento de pena até a metade (art. 2º, § 2º, da Lei 12.850/2013); **C:** correta (art. 2º, § 4º, II, da Lei 12.850/2013); **D:** incorreta, já que se trata da agravante prevista no art. 2º, § 3º, da Lei 12.850/2013; **E:** incorreta (hipótese sem previsão legal).

Gabarito "C".

(Delegado – PC/BA – 2018 – VUNESP) A respeito dos crimes contra a organização do trabalho, é correto afirmar que

(A) são meios de execução do crime de frustração de direito assegurado por lei trabalhista a fraude, a violência e a grave ameaça.
(B) o crime de atentado contra a liberdade de associação configura-se pela conduta de constranger alguém, mediante violência ou grave ameaça, a participar de sindicato. Já a conduta de impedir a saída de sindicato é atípica.
(C) o crime de paralisação do trabalho de interesse coletivo configura-se independentemente do emprego de violência contra pessoas ou coisas.
(D) no crime de aliciamento para fins de emigração, haverá aumento de pena nos casos em que a vítima for menor de 18 anos, gestante, idosa, indígena ou portadora de deficiência física ou mental.
(E) o crime de sabotagem, para se configurar, exige a danificação do estabelecimento ou coisas nele existentes.

A: incorreta. Isso porque o art. 203 do CP, que define o crime de frustração de direito assegurado por lei trabalhista, somente contempla, como meios de execução deste delito, a *fraude* e a *violência*; **B:** incorreta, uma vez que o art. 199 do CP contém dois núcleos (tipo misto alternativo), a saber: constranger a participar de sindicato; e constranger a deixar de participar (impedir a saída). Os meios de execução, nos dois casos, são a violência e a grave ameaça. Assim, é incorreto afirmar-se que a conduta consistente em impedir a saída de sindicato é atípica; **C:** correta, na medida em que o crime do art. 201 do CP (paralisação de trabalho de interesse coletivo) prescinde, para a sua configuração, do emprego de violência; **D:** incorreta, uma vez que o crime de aliciamento para o fim de emigração, previsto no art. 206 do CP, não contém causa de aumento de pena; a causa de aumento de pena a que se refere a assertiva diz respeito ao crime do art. 207 do CP (aliciamento de trabalhadores de um local para outro do território nacional), conforme prevê o § 2º do dispositivo; **E:** incorreta. Tendo em conta que o crime do art. 202 do CP é considerado formal, sua consumação prescinde da produção de resultado naturalístico, que consiste, neste caso, no impedimento do curso normal do trabalho ou na danificação do estabelecimento ou das coisas nele existentes. A consumação se dá com a mera invasão ou ocupação do estabelecimento.

Gabarito "C".

(Investigador – PC/BA – 2018 – VUNESP) No tocante ao previsto na Lei nº 8.137/90, é correto afirmar que

(A) o crime contra ordem tributária previsto no art. 1º, IV, da Lei nº 8.137/90 ("elaborar, distribuir, fornecer, emitir ou utilizar documento que saiba ou deva saber falso ou inexato") não pode ser praticado por quem não é contribuinte.
(B) a omissão de informação às autoridades fazendárias só constitui crime contra ordem tributária se tiver a finalidade de suprimir ou reduzir tributo, ou contribuição social e qualquer acessório.
(C) constitui crime contra ordem econômica divulgar programa de processamento de dados que permita ao sujeito passivo da obrigação tributária possuir informação contábil diversa daquela que é, por lei, fornecida à Fazenda Pública.
(D) todos os crimes contra ordem tributária são de ação penal pública condicionada à representação.

(E) o crime contra ordem tributária previsto no art. 1º, IV, da Lei nº 8.137/90 ("elaborar, distribuir, fornecer, emitir ou utilizar documento que saiba ou deva saber falso ou inexato") pode ser punido a título de culpa.

A: incorreta. É fato que se trata de crime próprio, já que somente pode ser praticado pelo contribuinte; no entanto, nada impede que haja coautoria ou mesmo participação de terceiro que não detenha tal qualidade (contribuinte); **B:** correta, já que a configuração do crime definido no art. 1º, I, da Lei 8.137/1990 pressupõe que o agente aja imbuído do propósito de fraudar o fisco, suprimindo ou reduzindo tributo, ou contribuição social e qualquer acessório; **C:** incorreta, já que se trata de crime contra a ordem tributária, definido no art. 2º, V, da Lei 8.137/1990, e não contra a ordem econômica; **D:** incorreta, na medida em que os crimes previstos na Lei 8.137/1990 são de ação penal pública incondicionada (art. 15); **E:** incorreta, já que o elemento subjetivo deste crime é representado tanto pelo dolo direto ("saiba") quanto pelo eventual ("deva saber"). Não há, portanto, previsão de modalidade culposa.
Gabarito "B".

(Investigador – PC/BA – 2018 – VUNESP) A respeito das disposições penais do Código Eleitoral, assinale a alternativa correta.

(A) Constitui crime dar, oferecer, prometer, solicitar ou receber, para si ou para outrem, dinheiro, dádiva, ou qualquer outra vantagem, para obter ou dar voto e para conseguir ou prometer abstenção, desde que a oferta seja aceita.
(B) Constitui crime rubricar e fornecer a cédula oficial em outra oportunidade que não a de entrega desta ao eleitor.
(C) Constitui crime diminuir os preços de utilidades e serviços necessários à realização de eleições, tais como transporte e alimentação de eleitores, impressão, publicidade e divulgação de matéria eleitoral.
(D) Constitui crime observar a ordem em que os eleitores devem ser chamados a votar.
(E) Constitui contravenção penal perturbar ou impedir de qualquer forma o alistamento.

A: incorreta. É que a configuração do crime capitulado no art. 299 do Código Eleitoral prescinde da aceitação da oferta formulada (é crime formal); **B:** correta. Crime previsto no art. 308 do Código Eleitoral; **C:** incorreta, já que o núcleo do tipo penal do art. 303 do Código Eleitoral é representado pelo verbo *majorar*, que tem o sentido de aumentar, elevar; **D:** incorreta, uma vez que o crime definido no art. 306 do Código Penal consiste em *não* observar a ordem em que os eleitores (...); **E:** incorreta, na medida em que se trata de *crime* (art. 293 do Código Eleitoral), e não de mera *contravenção penal*.
Gabarito "B".

(Investigador – PC/BA – 2018 VUNESP) Considerando o previsto na Lei nº 5.553/68 acerca da carteira de identidade, assinale a alternativa correta.

(A) Quando o documento de identidade for indispensável para a entrada de pessoa em órgãos públicos ou particulares, serão os dados anotados, podendo o agente público reter o documento até a saída da pessoa do estabelecimento.
(B) Constitui crime, punível com pena de prisão simples de 1 (um) a 3 (três) meses ou multa, a retenção de qualquer documento a que se refere a Lei nº 5.553/68.
(C) Somente por ordem judicial ou do Ministério Público, poderá ficar retido qualquer documento de identificação pessoal.
(D) Quando o documento de identidade for indispensável para a entrada de pessoa em órgãos públicos ou particulares, serão seus dados anotados no ato e devolvido o documento imediatamente ao interessado.
(E) Constitui crime, punível com pena de detenção de 3 (três) meses a 1 (um) ano e multa, a retenção de qualquer documento a que se refere a Lei nº 5.553/68.

A: incorreta, uma vez que é vedada a retenção de documento de identificação pessoal, ainda que indispensável para o ingresso de pessoa em órgãos públicos ou particulares; neste caso, os dados contidos no documentos serão anotados e, de imediato, restituído ao seu portador, na forma estatuída no art. 2º, § 2º, da Lei 5.553/1968; **B:** incorreta, na medida em que tal conduta constitui a contravenção penal definida no art. 3º, *caput*, da Lei 5.553/1968; **C:** incorreta, já que a retenção somente poderá ser determinada pelo Poder Judiciário, não cabendo tal providência ao Ministério Público (art. 2º, § 1º, da Lei 5.553/1968); **D:** correta, pois reflete o disposto no art. 2º, § 2º, da Lei 5.553/1968. Vide comentário à assertiva "A"; **E:** incorreta. Vide comentário à alternativa "B".
Gabarito "D".

(Investigador – PC/BA – 2018 – VUNESP) Considerando a legislação acerca dos crimes contra o Sistema Financeiro Nacional (SFN), assinale a alternativa correta.

(A) Os crimes contra o Sistema Financeiro Nacional são de competência da Justiça Estadual.
(B) O interventor, o síndico e o liquidante não podem ser penalmente equiparados a administradores de instituição financeira, ou seja, não podem responder penalmente.
(C) Nos crimes contra o sistema financeiro, não é admitida a delação premiada como forma de redução de pena.
(D) Considera-se crime imprimir, reproduzir ou, de qualquer modo, fabricar ou pôr em circulação, ainda que com autorização escrita da sociedade emissora, certificado, cautela ou outro documento representativo de título ou valor mobiliário.
(E) Constitui crime manter ou movimentar recurso ou valor paralelamente à contabilidade exigida pela legislação.

A: incorreta. Isso porque os crimes contra o Sistema Financeiro Nacional, definidos na Lei 7.492/1986, são de competência da Justiça Federal, tal como estabelecem os arts. 26, *caput*, da lei de regência e 109, VI, da CF, regra em relação à qual a jurisprudência é pacífica. Nesse sentido, conferir o seguinte julgado proferido pelo STF: RE 93.733-RJ, 1ª T., rel. Carlos Brito, 17.06.2008; **B:** incorreta, uma vez que o interventor, o síndico e o liquidante são penalmente equiparados aos administradores de instituição financeira, podendo, pois, ser penalmente responsabilizados nos termos da Lei 7.492/1986; **C:** incorreta (art. 25, § 2º, da Lei 7.492/1986); **D:** incorreta. Constitui elemento normativo do tipo penal do art. 2º, *caput*, da Lei 7.492/1986 a expressão *sem autorização escrita da sociedade emissora*, de tal sorte que, na hipótese de haver a tal autorização, a conduta deve ser considerada atípica; **E:** correta. Conduta prevista no art. 11 da Lei 7.492/1986.
Gabarito "E".

(Investigador – PC/BA – 2018 – VUNESP) A Lei dos crimes hediondos (Lei nº 8.072/90), embora não forneça o conceito de crime hediondo, apresenta um rol dos crimes que se enquadram em seus dispositivos, entre os quais se pode destacar

(A) instigação ao suicídio.
(B) lesão corporal de natureza grave.
(C) incêndio qualificado pela morte.

(D) extorsão mediante sequestro.
(E) violação sexual mediante fraude.

Dos crimes acima referidos, somente a extorsão mediante sequestro, delito contra o patrimônio previsto no art. 159 do CP, é crime hediondo, uma vez que integra o rol do art. 1º da Lei 8.072/1990 (inciso IV). A propósito, é importante que se diga que o *sistema por nós adotado é o legal*, segundo o qual à lei cabe definir quais crimes devem ser rotulados como *hediondo*. Este rol – taxativo – encontra-se contemplado no art. 1º da Lei 8.072/1990. De outro lado, o Constituinte, no art. 5º, XLIII, da CF, tratou de indicar quais crimes merecem tratamento mais severo: tortura, tráfico de drogas e terrorismo. São os chamados *delitos equiparados a hediondo*. Embora nenhuma repercussão tenha na resolução desta questão, é importante que se diga que a Lei 13.964/2019 (pacote anticrime) alterou a Lei 8.072/1990 e ali inseriu novas modalidades de delito hediondo. Com isso, ganharam tal rótulo os seguintes crimes: roubo circunstanciado pela restrição de liberdade da vítima; roubo circunstanciado pelo emprego de arma de fogo (de uso permito, restrito ou proibido); roubo qualificado pelo resultado lesão corporal grave ou morte (o latrocínio já era hediondo); extorsão qualificada pela restrição da liberdade da vítima ou ocorrência de lesão corporal ou morte; furto qualificado pelo emprego de explosivo ou de artefato análogo que cause perigo comum; comércio ilegal de arma de fogo; tráfico internacional de arma de fogo, acessório ou munição; e o crime de organização criminosa, quando voltado à prática de crime hediondo ou equiparado. ED
Gabarito "D".

(Investigador – PC/BA – 2018 – VUNESP) Quanto à Lei Maria da Penha, Lei nº 11.340/2006, assinale a alternativa correta.

(A) Prevê como critério de interpretação da lei os fins sociais a que se destina, especialmente as condições peculiares das mulheres em situação de violência doméstica e familiar.
(B) Considera violência doméstica e familiar contra a mulher qualquer ação ou omissão que lhe cause morte, sofrimento físico, sexual e psicológico.
(C) Define como violência moral contra a mulher qualquer conduta que lhe cause dano emocional ou diminuição da autoestima.
(D) Não se aplica quando o agressor também é mulher.
(E) Prevê como medidas protetivas de urgência à ofendida o cancelamento de procurações por ela conferidas ao agressor e a proibição temporária para celebração de atos e contratos de compra e venda.

A: correta, pois em consonância com o que estabelece o art. 4º da Lei 11.340/2006 (Maria da Penha); **B:** incorreta, já que não corresponde ao teor do art. 5º, *caput*, da Lei 11.340/2006; **C:** incorreta, já que a violência moral deve ser entendida como a conduta que corresponde aos crimes de calúnia, injúria e difamação (art. 7º, V, da Lei 11.340/2006); a violência referida na assertiva é a psicológica, definida no art. 7º, II, da Lei 11.340/2006; **D:** incorreta, pois não reflete o teor do art. 5º, parágrafo único, da Lei Maria da Penha; **E:** incorreta, pois em desconformidade com o art. 24, II e III, da Lei Maria da Penha. Em primeiro lugar, a lei fala em *suspensão* (e não em *cancelamento*) das procurações conferidas pela ofendida ao agressor; em segundo lugar, a proibição temporária refere-se à celebração de atos e contratos de compra e venda que envolvem a propriedade em comum. ED
Gabarito "A".

(Delegado – PC/BA – 2018 – VUNESP) Nos termos da Lei nº 11.101/2005, é correto afirmar que o empresário que deixa de escriturar, antes da sentença que decretar a falência, os documentos de escrituração contábil obrigatórios

(A) não cometerá qualquer crime falimentar, pela ausência de previsão legal.
(B) cometerá um crime falimentar que exige para sua punição a ocorrência de uma condição objetiva da punibilidade.
(C) não cometerá um crime falimentar, pois o tipo penal contempla apenas a conduta de quem não elabora os documentos.
(D) não cometerá um crime falimentar, pois o tipo penal exige que a conduta do agente ocorra somente após a sentença.
(E) cometerá um crime falimentar que não exige para sua punição qualquer condição objetiva da punibilidade.

A conduta descrita no enunciado corresponde ao crime de *omissão dos documentos contábeis obrigatórios*, previsto no art. 178 da Lei 11.101/2005. A conduta, que é omissiva, pode verificar-se antes ou depois de proferida a sentença que decretar a falência, conceder a recuperação judicial ou homologar o plano de recuperação extrajudicial. Na hipótese narrada no enunciado, a conduta omissiva do empresário, que deixou de escriturar documentos de escrituração contábil obrigatórios, foi levada a efeito antes de o magistrado decretar a falência. Neste caso, por força do que dispõe o art. 180 da Lei 11.101/2005, a sentença constitui condição objetiva de punibilidade. Em outras palavras, a configuração do crime do art. 178 da Lei 11.101/2005 está a depender da implementação de uma condição objetiva de punibilidade, que é a prolação da sentença que, no caso do enunciado, decreta a falência. Se isso não ocorrer, não há crime. ED
Gabarito "B".

(Delegado – PC/BA – 2018 – VUNESP) Considere o seguinte caso hipotético.

A Força Nacional está atuando legalmente em Salvador. O civil "X", irmão de um Policial Militar do Estado de São Paulo que integra a Força Nacional, residente na referida cidade, se envolveu em acidente de trânsito sem vítimas, ao abalroar o veículo do condutor "Y". Após se identificar como irmão do Militar do Estado integrante da Força Nacional, foi violentamente agredido por "Y", que confessou ter assim agido apenas por saber dessa condição. As agressões provocaram lesões corporais gravíssimas no civil "X". Diante do exposto, é correto afirmar que o crime praticado por "Y"

(A) não é considerado hediondo, pois a legislação contempla apenas o crime de homicídio doloso perpetrado contra o Militar do Estado.
(B) é considerado hediondo, apenas por se tratar de uma lesão corporal dolosa de natureza gravíssima, independentemente da condição da eventual vítima.
(C) não é considerado hediondo, pois a legislação não contempla lesão corporal dolosa de natureza gravíssima como crime hediondo.
(D) é considerado hediondo, pois o civil "X" foi vítima de lesão corporal dolosa de natureza gravíssima apenas por ser irmão de Militar do Estado em razão de sua função.
(E) somente seria considerado hediondo se o crime de lesão corporal dolosa de natureza gravíssima fosse perpetrado contra o próprio Militar do Estado em razão de sua função.

O crime praticado por "Y" é considerado hediondo, conforme dispõe o art. 1º, I-A, da Lei 8.072/1990 (Crimes Hediondos), dispositivo inserido pela Lei 13.142/2015. ED
Gabarito "D".

(Delegado – PC/BA – 2018 – VUNESP) A respeito da Lei nº 8.078/90 (Código do Consumidor) e da Lei nº 8.137/90 (Crimes contra a ordem tributária e as relações de consumo), é correto afirmar que

(A) os crimes contra as relações de consumo, previstos no art. 7º da Lei nº 8.137/90, são praticados somente mediante dolo.
(B) os crimes contra o consumidor, previstos no Código de Defesa do Consumidor, são de menor potencial ofensivo.
(C) o Código do Consumidor, no que concerne aos crimes nele previstos, estabelece a responsabilidade penal da pessoa jurídica.
(D) a Lei nº 8.137/90, no que concerne aos crimes contra as relações de consumo, estabelece a responsabilidade penal da pessoa jurídica.
(E) a Lei nº 8.137/90, no que concerne aos crimes contra as relações de consumo, prevê como circunstância agravante da pena a prática em detrimento de menor de 18 ou maior de 60 anos.

A: incorreta. Por expressa disposição do art. 7º, parágrafo único, da Lei 8.137/1990, os crimes definidos nos incisos II, III e IV admitem a modalidade *culposa*; **B:** correta. De fato, os delitos previstos na Lei 8.078/1990 (Código de Defesa do Consumidor) são todos de menor potencial ofensivo, já que a pena máxima a eles cominada não supera 2 anos (art. 61, Lei 9.099/1995); **C:** incorreta. A pessoa jurídica, no contexto atual, somente pode figurar como sujeito ativo nos crimes praticados contra o meio ambiente, em virtude de expressa previsão infraconstitucional (Lei 9.605/1998), que regulamentou o art. 225, § 3º, da CF. A Constituição Federal, tal como fez com os crimes contra o meio ambiente, previu, no art. 173, § 5º, a possibilidade de a pessoa jurídica ser responsabilizada pela prática de crime contra a ordem econômica e financeira, mas, neste caso, não houve, até hoje, a edição de lei infraconstitucional regulamentadora; portanto, atualmente, a pessoa jurídica somente pode ser responsabilizada, na seara criminal, pela prática de crimes contra o meio ambiente, nos termos da Lei 9.605/1998; **D:** incorreta, tendo em conta as ponderações feitas no comentário anterior; **E:** incorreta. Não há tal previsão legal na Lei 8.137/90, no que concerne aos crimes contra as relações de consumo.
Gabarito "B".

(Delegado – PC/BA – 2018 – VUNESP) A respeito da Lei nº 7.716/89, com as alterações da Lei nº 9.459/97 (tipificação dos crimes resultantes de preconceito de raça ou de cor), assinale a alternativa correta.

(A) Os crimes nela previstos, sem exceção, são praticados mediante dolo.
(B) Não tipifica crimes resultantes de discriminação ou preconceito de religião, sendo específica a crimes de preconceito de raça, cor, etnia e procedência nacional.
(C) O crime de negar ou impedir a inscrição ou ingresso de aluno em estabelecimento de ensino, previsto no art. 6o, é específico a instituições públicas.
(D) Prevê como efeito automático da condenação a perda do cargo ou função pública, para o agente servidor público.
(E) Prevê como causa de aumento de pena, geral a todos os crimes, a prática em detrimento de menor de 18 (dezoito) anos.

A: correta. A Lei 7.716/1989 não contém delitos culposos; os tipos penais são todos dolosos; **B:** incorreta, já que serão punidos, em conformidade com a Lei 7.716/1989, os crimes decorrentes de preconceito ou discriminação de religião (art. 1º, Lei 7.716/1989). Cuidado: posteriormente à aplicação desta prova, o STF, reconhecendo a mora do Congresso Nacional, enquadrou a homofobia e a transfobia como crimes de racismo. O colegiado, por maioria, fixou a seguinte tese: "Até que sobrevenha lei emanada do Congresso Nacional destinada a implementar os mandados de criminalização definidos nos incisos XLI e XLII do art. 5º da Constituição da República, as condutas homofóbicas e transfóbicas, reais ou supostas, que envolvem aversão odiosa à orientação sexual ou à identidade de gênero de alguém, por traduzirem expressões de racismo, compreendido este em sua dimensão social, ajustam-se, por identidade de razão e mediante adequação típica, aos preceitos primários de incriminação definidos na Lei nº 7.716, de 08.01.1989, constituindo, também, na hipótese de homicídio doloso, circunstância que o qualifica, por configurar motivo torpe (Código Penal, art. 121, § 2º, I, "in fine")." (ADO 26/DF, rel. Min. Celso de Mello, julgamento em 13.6.2019); **C:** incorreta, pois este crime envolve tanto estabelecimentos de ensino privados quanto aqueles que integram a rede pública (art. 6º, *caput*, Lei 7.716/1989); **D:** incorreta. A perda do cargo ou função pública (art. 16, Lei 7.716/1989), para o agente servidor público, constitui efeito *não* automático da condenação, devendo o juiz a esse respeito manifestar-se na sentença (art. 18, Lei 7.716/1989); **E:** incorreta, na medida em que esta causa de aumento de pena somente incide no crime definido no art. 6º da Lei 7.716/1989, conforme disposto no seu parágrafo único.
Gabarito "A".

(Delegado – PC/BA – 2018 – VUNESP) Tendo em vista a Lei nº 11.340/2006 (Lei Maria da Penha), assinale a alternativa correta.

(A) Âmbito familiar, de acordo com essa Lei, é a comunidade formada apenas por indivíduos que são aparentados, unidos por laços naturais.
(B) A violência patrimonial contra a mulher, ainda que ocorrida no âmbito doméstico ou familiar, não está prevista nessa Lei, sendo contempladas apenas as violências física, psicológica, sexual e moral.
(C) O atendimento policial à mulher, vítima de violência doméstica e familiar, será feito exclusivamente por servidoras do sexo feminino, previamente capacitadas.
(D) As medidas protetivas à mulher poderão ser concedidas pela Autoridade Policial, em caso de urgência.
(E) É garantido à mulher, vítima de violência doméstica e familiar, quando necessário, o afastamento do local do trabalho, para preservação da integridade física e psicológica, a manutenção do vínculo trabalhista, por até seis meses.

A: incorreta, já que não reflete o disposto no art. 5º, II, da Lei 11.340/2006 (Maria da Penha); **B:** incorreta. Além das violências física, psicológica, sexual e moral, a Lei Maria da Penha, em seu art. 7º, IV, contempla também a *violência patrimonial*; **C:** incorreta. Segundo dispõe o art. 10-A, *caput*, da Lei Maria da Penha, inserido pela Lei 13.505/2017, o atendimento policial à mulher, vítima de violência doméstica e familiar, será feito por servidores previamente capacitados e, *preferencialmente* (e não exclusivamente), do sexo feminino; **D:** incorreta, uma vez que é defeso à autoridade policial conceder medidas protetivas de urgência; tal providência somente poderá ser determinada pelo magistrado, a requerimento do MP ou a pedido da ofendida (art. 19, *caput*, da Lei Maria da Penha). Atenção: ao tempo em que formulada esta questão, somente ao juiz era dado aplicar as medidas protetivas de urgência, nos termos do art. 22, *caput*, da Lei 11.340/2006 (Maria da Penha). Tal realidade mudou com o advento da Lei 13.827/2019, que inseriu na Lei 11.340/2006 (Maria da Penha) o art. 12-C, que estabelece que, constatada situação de risco à vida ou à integridade física da mulher, no contexto de violência doméstica e familiar, a autoridade policial promoverá o imediato afastamento do ofensor do lar ou do local em que convive com a ofendida, desde que o município não seja sede de comarca; à falta da autoridade policial, o afastamento poderá ser realizado pelo policial de plantão; **E**: correta, pois em consonância com o art. 9º, § 2º, II, da Lei Maria da Penha. ED

Gabarito "E".

(Escrevente Técnico – TJM/SP – VUNESP – 2017) Assinale a alternativa que apresenta a assertiva correta.

(A) Desrespeitar um superior hierárquico diante de um civil caracteriza o crime militar de desrespeito a superior.
(B) O despojamento, apenas por menosprezo, de uniforme militar por parte do militar não caracteriza crime militar.
(C) O militar que critica publicamente em rede social na internet uma resolução do Governo pratica o crime militar de publicação ou crítica indevida.
(D) O crime militar de desrespeito a símbolo nacional se caracteriza com base no ato ultrajante praticado pelo militar ao símbolo nacional independentemente do lugar ou diante de quem o ato for praticado.
(E) Pratica o crime militar de deserção o militar que se ausenta, sem licença, da unidade em que serve, ou do lugar em que deve permanecer, por mais de dois dias.

A: incorreta, uma vez que a conduta descrita no art. 160 do Código Penal Militar (desrespeito a superior) deve se dar diante de outro militar (e não de civil); **B**: incorreta. O crime de despojamento desprezível, previsto no art. 162 do CPM, pode, sim, ser praticado por meio de *menosprezo* (e também por meio de *vilipêndio*); **C**: correta. O militar que assim proceder incorrerá nas penas do crime do art. 166 do CPM (publicação ou crítica indevida); **D**: incorreta, na medida em que o crime do art. 161 do CPM (desrespeito a símbolo nacional) somente se configura quando praticado diante da tropa ou em local sujeito a administração militar; **E**: incorreta. Para a configuração do crime de deserção, capitulado no art. 187 do CPM, basta que o militar se ausente da unidade em que serve ou do lugar no qual deve permanecer por tempo superior a 8 dias (e não 2 dias), tal como afirmado na alternativa.

Gabarito "C".

(Escrevente Técnico – TJM/SP – VUNESP – 2017) É correto afirmar que

(A) o crime militar de dormir em serviço exige o dolo do autor para a sua caracterização.
(B) a ingestão de álcool pelo militar durante o serviço caracteriza o crime militar de embriaguez em serviço.
(C) o simples concerto para deserção não é crime militar.
(D) pratica o crime militar de exercício de comércio a praça que toma parte na administração ou gerência de sociedade comercial.
(E) o militar que usa indevidamente uniforme, distintivo ou insígnia de posto ou graduação superior somente cometerá crime militar se obtiver alguma vantagem desse uso.

A: correta. O art. 203 do CPM, que define o delito de *dormir em serviço*, não prevê modalidade culposa; o elemento subjetivo, segundo jurisprudência pacífica, é representando tão somente pelo *dolo*; **B**: incorreta. A mera ingestão de álcool não é suficiente para configurar o crime do art. 202 do CPM, sendo ainda necessário que ela, ingestão, leve o militar ao estado de embriaguez; **C**: incorreta (conduta prevista no art. 191, I, do CPM – *concerto para deserção*); **D**: incorreta, uma vez que o crime de *exercício de comércio*, do art. 204 do CPM, tem como sujeito ativo tão somente o oficial da ativa; **E**: incorreta. É que o crime do art. 171 do CPM (*uso indevido por militar de uniforme, distintivo ou insígnia*) dispensa, para a sua consumação, a obtenção de vantagem por parte do sujeito ativo.

Gabarito "A".

(Escrevente Técnico – TJM/SP – VUNESP – 2017) Com relação aos crimes contra a Administração Militar e contra a Administração da Justiça Militar, é correto afirmar que:

(A) desacatar superior, ofendendo-lhe a dignidade ou o decoro, ou procurando deprimir-lhe a autoridade só tipificará o crime militar de desacato a superior se for praticado diante de outro militar.
(B) o militar que pratica, indevidamente, ato de ofício, contra expressa disposição de lei, para satisfazer interesse ou sentimento pessoal, comete o crime militar de prevaricação.
(C) aquele que patrocina, direta ou indiretamente, interesse privado perante a administração militar, valendo-se da qualidade de funcionário ou de militar só cometerá crime militar se o interesse for ilegítimo.
(D) fraudar o cumprimento de decisão da Justiça Militar caracteriza o crime militar de fraude processual.
(E) provocar a ação da autoridade, comunicando-lhe a ocorrência de crime sujeito à jurisdição militar, que sabe não se ter verificado, caracteriza o crime militar de denunciação caluniosa.

A: incorreta. A descrição típica do crime de *desacato a superior* (art. 298, CPM) não exige que a conduta seja praticada diante de outro militar, tal como ocorre no delito de *desrespeito a superior* (art. 160, CPM); **B**: correta: conduta descrita no art. 319 do CPM; **C**: incorreta. Para a configuração do crime de *patrocínio indébito* (art. 334, CPM), é desnecessário que o interesse patrocinado seja *ilegítimo*; se for, o agente incorrerá na forma qualificada deste delito, prevista no parágrafo único do art. 334 do CPM; **D**: incorreta. A conduta descrita corresponde ao crime de *desobediência a decisão judicial*, previsto no art. 349 do CPM; **E**: incorreta, já que se trata do crime de *comunicação falsa de crime* (art. 344 do CPM).

Gabarito "B".

(Procurador – IPSMI/SP – VUNESP – 2016) A respeito da Lei 12.850/2013 (Lei de Organização Criminosa), assinale a alternativa correta.

(A) Quem impede ou embaraça a investigação de infração que envolve organização criminosa está sujeito a punição idêntica à de quem integra organização criminosa.
(B) Havendo indício de que o funcionário público integra organização criminosa, o Juiz poderá determinar o afastamento cautelar do cargo, com suspensão da remuneração.
(C) Quem exerce o comando da organização criminosa, ainda que não pratique pessoalmente nenhum ato de execução, está sujeito a punição idêntica à de quem apenas integra organização criminosa.
(D) A infiltração policial, a ação controlada e a captação ambiental são meios de prova permitidos apenas na fase investigativa.
(E) A colaboração premiada é admitida apenas até a sentença.

A: correta (art. 2º, § 1º, da Lei 12.850/2013); **B**: incorreta, pois, embora seja lícito o afastamento cautelar do funcionário, não é dado ao magistrado determinar a suspensão da remuneração do servidor sobre o qual recaem indícios de envolvimento em organização criminosa (art. 2º, § 5º, da Lei 12.850/2013); **C**: incorreta, uma vez que o art. 2º, § 3º, da

Lei 12.850/2013 estabelece que a pena daquele que exerce o comando da organização criminosa deve ser agravada; **D:** incorreta. Tais meios de prova podem ser utilizados tanto na fase investigativa quanto no curso da ação penal (qualquer fase da persecução penal), a teor do que dispõe o art. 3º, *caput*, da Lei 12.850/2013; **E:** incorreta. O acordo de colaboração premiada pode ser firmado após a sentença. É o que estabelece o art. 4º, § 5º, da Lei 12.850/2013.
Gabarito "A".

(Procurador – IPSMI/SP – VUNESP – 2016) A Lei 12.846/2013, também conhecida por Lei Anticorrupção,

(A) aplica-se tanto a pessoas físicas quanto pessoas jurídicas, por atos lesivos à Administração Pública, nacional ou estrangeira.
(B) prevê responsabilização administrativa, civil e penal, por atos lesivos à Administração Pública, nacional ou estrangeira.
(C) prevê que a responsabilização da pessoa jurídica exclui a responsabilidade individual de seus dirigentes ou administradores, por atos lesivos à Administração Pública, nacional ou estrangeira.
(D) prevê a possibilidade de celebração de acordo de leniência que, uma vez integralmente cumprido, exime da obrigação de reparar o dano causado.
(E) equipara organização pública internacional à administração pública estrangeira.

A: incorreta, já que o campo de incidência da Lei Anticorrupção é restrito às pessoas jurídicas (art. 1º da Lei 12.846/2013); **B:** incorreta. A responsabilização contemplada nesta lei é restrita aos âmbitos *administrativo* e *civil* (art. 2º da Lei 12.846/2013); **C:** incorreta. Bem ao contrário, a Lei Anticorrupção prevê, em seu art. 3º, *caput*, que a responsabilização da pessoa jurídica *não* exclui a responsabilidade individual de seus dirigentes ou administradores; **D:** incorreta. O cumprimento integral do acordo de leniência não exime a pessoa jurídica da obrigação de reparar integralmente o dano causado (art. 16, § 3º, da Lei 12.846/2013); **E:** correta (art. 5º, § 2º, da Lei 12.846/2013).
Gabarito "E".

(Juiz de Direito – TJM/SP – VUNESP – 2016) A definição de crime militar, no ordenamento jurídico brasileiro, é estabelecida de modo exclusivo em razão

(A) da lei (*ratione legis*).
(B) do lugar em que a conduta foi praticada (*ratione loci*).
(C) da pessoa que praticou a conduta (*ratione personae*).
(D) da pessoa contra a qual a conduta foi praticada (*ratione personae*).
(E) do tempo em que a conduta foi praticada (*ratione temporis*).

De fato, tal como se afirma na alternativa "A", o Brasil adotou, como critério geral para definição dos crimes militares, a *lei* (aspecto meramente formal). Isto é, o legislador enumera, de forma taxativa e por meio de lei, as condutas que devem ser consideradas como crime militar. Dessa forma, é crime militar a conduta assim tratada no Código Penal Militar. É aquele que a lei considera como tal.
Gabarito "A".

(Juiz de Direito – TJM/SP – VUNESP – 2016) O autor que, ao praticar o crime, supõe, por erro plenamente escusável, a inexistência de circunstância de fato que o constitui:

(A) poderá ter a pena atenuada ou substituída por outra menos grave, nos termos do Código Penal Militar, e terá sua conduta considerada como atípica, nos termos do Código Penal Comum.
(B) poderá ter a pena atenuada ou substituída por outra menos grave, nos termos do Código Penal Comum, e terá sua conduta considerada como atípica, nos termos do Código Penal Militar.
(C) será isento de pena, nos termos do Código Penal Militar, e terá excluído o dolo, nos termos do Código Penal Comum.
(D) será isento de pena, nos termos do Código Penal Comum, e terá excluído o dolo, nos termos do Código Penal Militar.
(E) poderá ter a pena atenuada ou substituída por outra menos grave, salvo em se tratando de crime que atente contra o dever militar, nos termos do Código Penal Militar, e será isento de pena, nos termos do Código Penal Comum.

A situação descrita no enunciado corresponde ao *erro de fato*, do art. 36 do CPM, e ao *erro de tipo*, do art. 20 do CP.
Gabarito "C".

(Juiz de Direito – TJM/SP – VUNESP – 2016) Quando o agente, mediante uma só ação ou omissão, pratica dois ou mais crimes, idênticos ou não, sendo as penas para eles previstas, da mesma espécie,

(A) nos termos do Código Penal Militar, aplica-se-lhe a pena de um só dos crimes.
(B) nos termos do Código Penal Comum, deverá ter as penas privativas de liberdade unificadas e a pena única será a soma de todas.
(C) nos termos do Código Penal Comum, deverá ter aplicada cumulativamente as penas privativas de liberdade em que haja incorrido.
(D) nos termos do Código Penal Militar, deverá ter as penas privativas de liberdade unificadas, sendo a pena única a mais grave, mas com aumento correspondente à metade do tempo das menos graves.
(E) nos termos do Código Penal Militar, deverá ter as penas privativas de liberdade unificadas e a pena única será a soma de todas.

A resposta deve ser extraída do art. 79 do CPM: *Quando o agente, mediante uma só ou mais de uma ação ou omissão, pratica dois ou mais crimes, idênticos ou não, as penas privativas de liberdade devem ser unificadas. Se as penas são da mesma espécie, a pena única é a soma de todas; se, de espécies diferentes, a pena única e a mais grave, mas com aumento correspondente à metade do tempo das menos graves, ressalvado o disposto no art. 58.*
Gabarito "E".

(Juiz de Direito – TJM/SP – VUNESP – 2016) Com relação aos crimes contra a Autoridade ou Disciplina Militar, é correto afirmar:

(A) o simples concerto de militares para a prática do crime de motim não é punível, nos termos da lei penal militar, se estes não iniciarem, ao menos, os atos executórios do crime de motim.
(B) militares que apenas se utilizam de viatura militar para ação militar, em detrimento da ordem ou disciplina militar, mas sem ocupar quartel, cometem o crime de motim.
(C) o militar que, estando presente no momento da prática do crime de motim, não usar de todos os meios ao seu alcance para impedi-lo, será responsabilizado como partícipe deste.

(D) o militar que, antes da execução do crime de motim e quando era ainda possível evitar-lhe as consequências, denuncia o ajuste de que participou terá a pena diminuída pela metade com relação ao referido crime militar.

(E) a reunião de dois ou mais militares com armamento ou material bélico, de propriedade militar, para a prática de violência contra coisa particular, só caracterizará o crime de organização de grupo para a prática de violência se a coisa se encontrar em lugar sujeito à administração militar.

A: incorreta, já que o simples concerto de militares para a prática do crime de motim (art. 149 do CPM) configura o delito de *conspiração*, definido no art. 152 do CPM; **B:** correta (art. 149, IV, do CPM); **C:** incorreta. O militar que assim proceder responderá pelo crime de *omissão de lealdade militar*, previsto no art. 151 do CPM; **D:** incorreta. É hipótese de isenção de pena (art. 152, parágrafo único, do CPM); **E:** incorreta, pois contraria o disposto no art. 150 do CPM, que estabelece que o crime ali definido (*organização de grupo para a prática de violência*) restará configurado quando praticado em lugar sujeito *ou não* a administração militar.

Gabarito "B".

(Juiz de Direito – TJM/SP – VUNESP – 2016) Consoante o previsto no Código Penal Militar e na jurisprudência majoritária do Tribunal de Justiça Militar do Estado de São Paulo, assinale a alternativa correta no que diz respeito aos crimes contra o serviço militar e o dever militar.

(A) Um Capitão da Polícia Militar, da ativa, que, por imprudência, deixa de desempenhar a função que lhe foi confiada não poderá ser punido pelo crime de descumprimento de missão por atipicidade da conduta.

(B) O Comandante que, por negligência, deixa de manter a força sob seu comando em estado de eficiência incorre no crime de omissão de eficiência de força.

(C) Um Soldado da Polícia Militar, da ativa, que, por negligência, dorme durante o serviço de dia em uma Companhia Policial Militar comete o crime militar de "dormir em serviço".

(D) Um Major da Polícia Militar, da ativa, que participa e exerce atividade de administração na empresa proprietária de uma rede de "autoescolas", que fornece cursos de formação de condutores em várias cidades do seu estado, comete o crime de "exercício de comércio por oficial".

(E) Um Cabo da Polícia Militar, da ativa, que se apresenta embriagado para prestar um serviço administrativo de protocolista não comete o crime militar de embriaguez em serviço.

A: incorreta, já que o crime em que incorreu o oficial (art. 196, CPM) comporta a modalidade *culposa* (§ 3º), tratando-se, assim, de conduta típica; **B:** incorreta, uma vez que o crime definido no art. 198 do CPM (omissão de eficiência da força) não comporta a modalidade culposa; **C:** incorreta. O art. 203 do CPM, que define o delito de *dormir em serviço*, não prevê modalidade culposa; o elemento subjetivo, segundo jurisprudência pacífica, é representado tão somente pelo *dolo*; **D:** correta. O oficial deverá ser responsabilizado pelo crime do art. 204 do CPM (exercício de comércio por oficial); **E:** incorreta. Se assim agir, terá cometido o crime de *embriaguez em serviço*, definido no art. 202 do CPM.

Gabarito "D".

(Juiz de Direito – TJM/SP – VUNESP – 2016) Com relação aos crimes militares contra a pessoa, nos termos do Código Penal Militar e da jurisprudência majoritária do Tribunal de Justiça Militar do Estado de São Paulo, assinale a alternativa correta.

(A) Um Tenente da Polícia Militar que, de serviço, e durante abordagem policial, por imprudência, dispara sua arma de fogo e atinge fatalmente um civil terá praticado o crime comum de homicídio culposo.

(B) Um Soldado da Polícia Militar que, em serviço de policiamento, dolosamente ofende a integridade corporal de um civil terá praticado o crime comum de lesão corporal.

(C) O Sargento reformado da Polícia Militar que, mediante processo técnico, viola o direito à intimidade pessoal de uma Soldado da Polícia Militar, da ativa, filmando-a nua no interior da residência desta comete o crime de "violação de recato".

(D) Um policial militar, da ativa, que, durante deslocamento de uma viatura ônibus, retira seu órgão genital para fora da farda, exibindo-o aos demais militares presentes no ônibus, pratica o crime militar de "ato obsceno" por encontrar-se em lugar sujeito à administração militar.

(E) Um Cabo da Polícia Militar, da ativa, que mata sua esposa, também Cabo da Polícia Militar, da ativa, não incorrerá no crime militar de homicídio em virtude da existência de vínculo conjugal entre eles.

A: incorreta. O oficial será responsabilizado pelo crime militar de homicídio culposo (art. 206, CPM); **B:** incorreta. O praça será responsabilizado pelo crime militar de lesão corporal (art. 209, CPM); **C:** incorreta. O crime de *violação de recato*, previsto no art. 229 do CPM, somente pode ser praticado por militar que se encontra na ativa; **D:** correta. O policial militar, de fato, cometeu o crime do art. 238 do CPM (ato obsceno); **E:** incorreta. Deverá o cabo ser responsabilizado pelo crime militar de homicídio doloso (art. 205, CPM).

Gabarito "D".

(Juiz de Direito – TJM/SP – VUNESP – 2016) Assinale a alternativa correta no que diz respeito aos crimes militares contra administração da Justiça Militar.

(A) Acusar-se, perante a autoridade, de crime sujeito à jurisdição militar, praticado por outrem, é fato atípico no âmbito penal militar.

(B) O militar que se acusar, perante a autoridade, de crime sujeito à jurisdição militar, inexistente, não incorre em crime em virtude da atipicidade da sua conduta.

(C) Provocar a ação da autoridade, comunicando-lhe a ocorrência de crime sujeito à jurisdição militar, só caracterizará o crime militar de "comunicação falsa de crime" se o autor da conduta sabe que o crime comunicado não se verificou.

(D) O crime militar de "falso testemunho ou falsa perícia" deixa de ser punível se, antes de iniciada a execução da pena, o agente se retrata ou declara a verdade.

(E) O Soldado da Polícia Militar, da ativa, que durante o serviço, inovar artificiosamente, na pendência de processo civil ou administrativo, o estado de lugar, de coisa ou de pessoa, com o fim de induzir a erro o juiz ou o perito, incorrerá no crime militar de fraude processual.

A: incorreta (crime previsto no art. 345 do CPM – autoacusação falsa); **B:** incorreta (crime previsto no art. 345 do CPM – autoacusação falsa);

C: correta (crime previsto no art. 344 do CPM – comunicação falsa de crime); **D:** incorreta, já que o fato somente deixará de ser punível se a retratação ou a declaração de verdade se der *antes da sentença* (art. 346, § 2º, do CPM); **E:** incorreta. Isso porque o Código Penal Militar, diferentemente do Código Penal comum, não contempla o crime de *fraude processual*.
Gabarito "C".

(Juiz de Direito – TJM/SP – VUNESP – 2016) Nos termos da Lei 12.850, de 2 de agosto de 2013, se houver indícios suficientes de que funcionário público integra organização criminosa, poderá o Juiz determinar

(A) a perda do cargo ou mandato eletivo e a interdição para o exercício do cargo público pelo prazo de 4 anos, contado a partir do cumprimento da pena.
(B) a perda do cargo ou mandato eletivo e a interdição para o exercício do cargo público pelo prazo de 8 anos, contado a partir do cumprimento da pena.
(C) a perda do cargo ou mandato eletivo e a interdição para o exercício do cargo público pelo prazo da sentença penal condenatória, subsequente ao cumprimento da pena.
(D) seu afastamento cautelar do cargo, sem prejuízo da remuneração, quando a medida se fizer necessária à instrução processual.
(E) seu afastamento cautelar do cargo, com prejuízo da remuneração, quando a medida se fizer necessária à instrução processual.

Segundo previsão contida no art. 2º, § 5º, da Lei 12.850/2013, havendo indícios de que o funcionário público faz parte de organização criminosa, *poderá o juiz determinar seu afastamento cautelar do cargo, emprego ou função, sem prejuízo da remuneração, quando a medida se fizer necessária à investigação ou instrução processual*.
Gabarito "D".

(Juiz de Direito – TJ/RJ – VUNESP – 2016) No que diz respeito aos crimes previstos na Lei que Define Organização Criminosa (Lei 12.850/2013), é correto afirmar que

(A) o concurso de funcionário público, valendo-se a organização criminosa dessa condição para a prática de infração penal, é circunstância qualificadora do crime de promover, constituir, financiar ou integrar organização criminosa.
(B) aquele que impede ou, de qualquer forma, embaraça a investigação de infração penal que envolva organização criminosa terá, além da pena relativa ao crime de promover organização criminosa, uma causa de aumento de pena.
(C) a condenação com trânsito em julgado de funcionário público por integrar organização criminosa acarretará sua perda do cargo, função, emprego ou mandato eletivo e a interdição para o exercício de função ou cargo público pelo prazo de 8 (oito) anos subsequentes ao trânsito em julgado da condenação.
(D) não poderá ser concedido perdão judicial ao colaborador cuja colaboração resultar na recuperação parcial do produto ou do proveito das infrações penais praticadas pela organização criminosa mas sem que ele tenha revelado a estrutura hierárquica e a divisão de tarefas da organização criminosa.
(E) os funcionários de empresas telefônicas e provedores de internet que descumprirem requisição do delegado de polícia, expedida durante o curso de investigação criminal e independentemente de autorização judicial, por meio da qual são solicitados dados cadastrais do investigado relativos exclusivamente à sua qualificação pessoal, filiação e endereço cometerão crime de recusa de dados, previsto na Lei 12.850/2013.

A: incorreta. Cuida-se de *causa de aumento de pena*, e não de *qualificadora* (art. 2º, § 4º, II, da Lei 12.850/2013); **B:** incorreta. Aquele que assim proceder incorrerá nas mesmas penas previstas para o agente que promover organização criminosa (não incide causa de aumento de pena), na forma estatuída no art. art. 2º, § 1º, da Lei 12.850/2013; **C:** incorreta, pois não reflete a regra presente no art. 2º, § 6º, da Lei 12.850/2013, que estabelece que, neste caso, a interdição para o exercício de função ou cargo público será pelo prazo de 8 (oito) anos subsequentes ao cumprimento da pena, e não ao trânsito em julgado da condenação; **D:** incorreta. Para a concessão de um dos benefícios da colaboração premiada, entre os quais o perdão judicial, basta que dela (colaboração) resulte um ou mais resultados elencados no art. 4º da Lei 12.850/2013; **E:** correta. Conduta prevista no art. 21 da Lei 12.850/2013.
Gabarito "E".

(Juiz de Direito – TJ/RJ – VUNESP – 2016) O Soldado Stive, da Polícia Militar do Estado do Rio de Janeiro, de serviço, juntamente com sua companheira de serviço, Soldado Julieta, durante abordagem a uma civil conhecida como Chapinha, por imprudência e sem intenção, efetuou um disparo de arma de fogo que veio a atingir fatalmente Chapinha. Diante da conduta praticada pelo Soldado Stive, é correto afirmar que o policial militar cometeu

(A) crime comum de lesão corporal seguida de morte.
(B) crime militar de feminicídio.
(C) crime militar de homicídio culposo.
(D) crime comum de feminicídio.
(E) crime comum de homicídio culposo.

Não há dúvidas de que a morte de Chapinha decorreu de conduta imprudente do soldado Stive, que agiu, portanto, com culpa. Assim, deverá ser responsabilizado pelo crime militar de homicídio culposo, previsto no art. 206 do CPM. Conferir: "Conflito de competência. Penal e processual penal. Morte de criança depois de atendimento em hospital militar por médicos militares do exército. Ações penais instauradas na justiça militar (homicídio culposo) e na justiça comum estadual (homicídio com dolo eventual). Fundada dúvida quanto ao elemento subjetivo da conduta. Aferição possível somente após a instrução probatória, observado o devido processo legal, o contraditório e a ampla defesa. Prevalência do princípio do *in dubio pro societate*. Conflito conhecido para declarar a competência da justiça comum estadual. 1. Hipótese em que dois médicos militares do Exército, depois de atenderem em hospital militar uma criança enferma que veio a óbito em seguida, foram denunciados, de um lado, pelo Ministério Público Militar, acusados do delito do art. 206, § 1.º, do CPM (homicídio culposo) perante o Juízo da 3.ª Auditoria da 3.ª CJM; e, de outro lado, pelo Ministério Público do Estado do Rio Grande do Sul, acusados do delito do art. 121, *caput*, do CP (homicídio com dolo eventual) perante o Juízo da 1.ª Vara Criminal da Comarca de Santa Maria – RS. 2. A teor do art. 9.º, inciso II, alínea b, c.c. o parágrafo único do mesmo artigo, do Código Penal Militar, o crime doloso contra a vida praticado por militar contra civil é da competência da Justiça Comum. 3. Para se eliminar a fundada dúvida quanto ao elemento subjetivo da conduta, de modo a afirmar se o agente agiu com dolo eventual ou culpa, é necessário exame acurado do conjunto probatório, a ser coletado durante a instrução criminal, observados o devido processo legal, o contraditório e a ampla defesa. 4. Deve o feito tramitar na Justiça Comum Estadual, pois, havendo dúvida quanto à existência do dolo na conduta, prevalece o princípio do *in dubio pro societate*, que leva o julgamento para o Tribunal do Júri, caso seja admitida a acusação em eventual sentença de pronúncia. Se, no entanto, o juiz se convencer de que não houve crime doloso contra a vida, remeterá os autos ao juízo competente, em conformidade com o disposto no art. 419 do Código de Processo Penal. 5. Conflito conhecido para declarar competente o Juízo de Direito da 1.ª Vara Criminal Santa Maria – RS" (CC 130.779/RS, Rel. Ministra Laurita Vaz, Terceira Seção, julgado em 11.06.2014, *DJe* 04.09.2014).

Gabarito "C".

(Juiz de Direito – TJ/RJ – VUNESP – 2016) No que tange às infrações penais relativas ao Direito Penal Econômico, nos termos previstos no Edital, assinale a alternativa correta.

(A) Ocultar ou dissimular a natureza, origem, localização, disposição, movimentação ou propriedade de bens, direitos ou valores provenientes, direta ou indiretamente, de contravenção penal não caracteriza o crime de lavagem de bens, direitos e valores.

(B) Com base na jurisprudência do Superior Tribunal de Justiça e do Supremo Tribunal Federal, para a caracterização dos crimes materiais contra a ordem tributária não basta a omissão ou a falsa informação prestada, sendo necessário que impliquem na supressão ou redução tributária.

(C) Caracteriza-se como crime contra a ordem econômica formar acordo, convênio, ajuste ou aliança entre ofertantes, visando a variação natural de preços ou quantidades vendidas ou produzidas.

(D) Aquele que participa de grupo, associação ou escritório tendo conhecimento de que sua atividade principal ou secundária é dirigida à prática de crimes previstos na Lei de lavagem ou ocultação de bens, direitos e valores, somente será responsabilizado pela prática destes crimes se, efetivamente, participar das condutas ilícitas desenvolvidas pela organização.

(E) Fazer declaração falsa ou omitir declaração sobre rendas, bens ou fatos, ou empregar outra fraude para eximir-se, total ou parcialmente, de pagamento de tributo só será considerado crime tributário se implicar na efetiva supressão ou redução tributária.

A: incorreta. Até o advento da Lei 12.683/2012, tínhamos que a configuração do crime de lavagem de dinheiro pressupunha a prática de um dos delitos antecedentes previstos no art. 1º da Lei 9.613/1998. Havia, portanto, um rol taxativo, que não incluía as contravenções penais, apenas alguns delitos. Pois bem. A partir da edição da referida Lei, que alterou diversos dispositivos da Lei 9.613/1998, passou a configurar crime de lavagem de dinheiro o fato de o agente ocultar ou dissimular a natureza, origem, localização, disposição, movimentação ou propriedade de bens, direitos ou valores provenientes, direta ou indiretamente, de *infração penal*, aqui incluídos crimes e *contravenções penais*. Deixou de existir, pois, um rol taxativo, de forma que a lavagem de dinheiro, atualmente, pode ter como fato antecedente qualquer infração penal, inclusive, repito, as contravenções; **B:** correta, pois, segundo doutrina e jurisprudências pacíficas, a supressão ou redução de tributo é condição indispensável para a caracterização dos crimes materiais tipificados no art. 1º da Lei 8.137/1990, o que não se exige para a configuração dos crimes definidos no art. 2º da mesma lei. Nesse sentido, conferir: "1. Esta Corte firmou entendimento de que o delito de supressão ou redução de tributo capitulado no art. 1º da Lei nº 8.137/90 é material, consumando-se apenas no momento da efetiva supressão ou redução de tributo. 2. Na espécie, a conduta praticada pelo recorrente descrita no acórdão recorrido não se amolda à figura descrita no parágrafo único do art. 1º da Lei nº 8.137/90. 3. O delito previsto no parágrafo único do referido artigo deve ser interpretado em conjunto com o seu caput, pois é de natureza material, consumando-se apenas com a supressão ou omissão de tributo. 4. Recurso especial provido, para restabelecer a sentença de primeiro grau" (REsp 1113460/SP, Rel. Ministro Celso Limongi (Desembargador Convocado do TJ/SP), Sexta Turma, julgado em 24.11.2009, *DJe* 14.12.2009); **C:** incorreta, no que toca ao trecho *visando à variação natural de preços*, quando o correto seria *visando à fixação artificial de preços*, tal como previsto no art. 4º, II, *a*, da Lei 8.137/1990; **D:** incorreta, já que a *efetiva participação*, que consiste na conduta de tomar parte, não é indispensável à configuração deste crime, que restará praticado pelo simples fato de o agente ter conhecimento de que exerce sua profissão em local que serve à lavagem de dinheiro (art. 1º, § 2º, II, da Lei 9.613/1998); **E:** incorreta. Diferentemente do que se dá nos crimes definidos no art. 1º da Lei 8.137/1990, que são materiais e pressupõem, bem por isso, a produção de resultado naturalístico consistente na efetiva supressão ou redução de tributo, os crimes previstos no art. 2º dessa mesma Lei são *formais*, ou seja, não é necessário, para a sua consumação, o efetivo prejuízo para o Estado, representado pela supressão ou redução do tributo.

Gabarito "B".

(Juiz de Direito – TJ/SP – VUNESP – 2015) O afilhado que cuida e tem a função de curador de sua madrinha, esta com 65 anos de idade, acometida de Alzheimer, vendeu imóvel da ofendida por R$ 80.000,00, recebendo, inicialmente, R$ 20.000,00. Quando foi lavrada a escritura pública, o curador recebeu o restante do pagamento, no importe de R$ 60.000,00, apropriando-se do numerário. Assim,

(A) o afilhado é isento de pena por ter praticado o delito em prejuízo de ascendente.
(B) o comportamento do afilhado caracteriza o crime de estelionato, na modalidade de abuso de incapazes.
(C) o comportamento do afilhado caracteriza o crime de apropriação indébita, agravado em face da qualidade de curador.
(D) o comportamento do afilhado caracteriza o crime de apropriação, previsto no Estatuto do Idoso.

Dado o que enuncia o princípio da especialidade, o afilhado, em face de que foi narrado no enunciado, deverá ser responsabilizado pelo crime do art. 102 da Lei 10.741/2003 (Estatuto do Idoso). O art. 95 desse mesmo diploma afasta a incidência dos benefícios contidos nos arts. 181 e 182 do CP. Ainda que não houvesse esse dispositivo, mesmo assim o agente não faria jus a tais benefícios, haja vista que não alcançam o afilhado.

Gabarito "D".

(Delegado/SP – VUNESP – 2014) Aos crimes previstos na Lei n.º 10.741, de 2003 – Estatuto do Idoso –, aplica-se o procedimento previsto na Lei n.º 9.099, de 26 de setembro de 1995, desde que a pena máxima privativa de liberdade não ultrapasse

(A) 6 (seis) anos.
(B) 8 (oito) anos.
(C) 4 (quatro) anos.
(D) 1 (um) ano.
(E) 2 (dois) anos.

Impõe o art. 94 da Lei 10.741/2003 (Estatuto do Idoso) que, aos crimes ali previstos, adotar-se-á o procedimento da Lei 9.099/1995 (sumaríssimo). Digno de registro é o fato de que o STF, no julgamento da ADIn 3.096-5, de 25.06.2010, fixou entendimento no sentido de que, aos crimes previstos no Estatuto, deve se aplicar tão somente o procedimento sumaríssimo previsto na Lei 9.099/1995, e não os benefícios ali contemplados.

Gabarito "C".

(Delegado/SP – VUNESP – 2014) Aos crimes previstos na Lei n.º 10.741, de 2003 – Estatuto do Idoso –, aplica-se o procedimento previsto na Lei n.º 9.099, de 26 de setembro de 1995, desde que a pena máxima privativa de liberdade não ultrapasse

(A) 6 (seis) anos.

(B) 8 (oito) anos.
(C) 4 (quatro) anos.
(D) 1 (um) ano.
(E) 2 (dois) anos.

Impõe o art. 94 da Lei 10.741/2003 (Estatuto do Idoso) que, aos crimes ali previstos, adotar-se-á o procedimento da Lei 9.099/1995 (sumaríssimo). Digno de registro é o fato de que o STF, no julgamento da ADIn 3.096-5, de 25.06.2010, fixou entendimento no sentido de que, aos crimes previstos no Estatuto, deve se aplicar tão somente o procedimento sumaríssimo previsto na Lei 9.099/1995, e não os benefícios ali contemplados.
Gabarito "C".

29. EXECUÇÃO PENAL

(Cartório/SP – VII – VUNESP) Transitando em julgado a sentença que impuser pena privativa de liberdade, se o réu já estiver preso, ou vier a ser preso, para o cumprimento da pena, o juiz ordenará a expedição de

(A) Ordem de prisão confirmatória.
(B) Carta de ordem.
(C) Mandado de prisão.
(D) Carta de guia.

Art. 105 da Lei 7.210/1984 – Lei de Execução Penal.
Gabarito "D".

30. TEMAS COMBINADOS DE DIREITO PENAL

(Juiz de Direito – TJ/RS – 2018 – VUNESP) Assinale a proposição que reflete entendimento sumulado pelo Supremo Tribunal Federal.

(A) Se a cártula foi pré-datada, ainda que tenha havido fraude, não se configura o crime de emissão de cheque sem fundos (súmula 246).
(B) É unicamente do Ministério Público, mediante representação, a legitimidade para a ação penal por crime contra a honra de servidor público em razão do exercício de suas funções (súmula 714).
(C) A medida de segurança pode ser aplicada em segunda instância, ainda que só o réu tenha recorrido (súmula 525).
(D) Não se tipifica crime contra a ordem tributária (Lei nº 8.137/90) antes do lançamento definitivo do tributo (súmula vinculante 24).
(E) Não há crime quando a preparação do flagrante pela polícia torna impossível a sua consumação (súmula 145).

A: incorreta, pois não corresponde ao teor da Súmula 246, do STF: *Comprovado não ter havido fraude, não se configura o crime de emissão de cheque sem fundos*; **B:** incorreta, pois não corresponde ao teor da Súmula 714, do STF: *É concorrente a legitimidade do ofendido, mediante queixa, e do Ministério Público, condicionada à representação do ofendido, para a ação penal por crime contra a honra de servidor público em razão do exercício de suas funções*; **C:** incorreta, pois contraria o entendimento firmado na Súmula 525, do STF: *A medida de segurança não será aplicada em segunda instância, quando só o réu tenha recorrido*; **D:** incorreta, pois não contraria o entendimento firmado na Súmula Vinculante 24: *Não se tipifica crime material contra a ordem tributária, previsto no art. 1º, incisos I a V, da Lei 8.137/1990, antes do lançamento definitivo do tributo*; **E:** correta, pois corresponde ao entendimento sedimentado por meio da Súmula 145, do STF: *Não há crime quando a preparação do flagrante pela polícia torna impossível a sua consumação*.
Gabarito "E".

(Juiz de Direito – TJ/SP – VUNESP – 2015) À luz da jurisprudência do Supremo Tribunal Federal, assinale a alternativa correta.

(A) Não há crime de latrocínio, quando o homicídio se consuma, mas o agente não realiza a subtração de bens da vítima.
(B) Admite-se a suspensão condicional do processo por crime continuado, se a soma da pena mínima da infração mais grave com o aumento mínimo de um sexto for superior a um ano.
(C) A opinião do julgador sobre a gravidade em abstrato do crime constitui motivação idônea para a imposição de regime mais severo do que o permitido segundo a pena aplicada.
(D) A lei penal mais grave aplica-se ao crime continuado ou ao crime permanente, se sua vigência é anterior à cessação da continuidade ou da permanência.

A: incorreta, pois contraria o entendimento consolidado por meio da Súmula 610, do STF: "Há crime de latrocínio, quando o homicídio se consuma, ainda que não realize o agente a subtração de bens da vítima". No roubo, temos que, se ocorrer morte e a subtração consumar-se, há latrocínio consumado; se ocorrer morte e subtração tentados, há latrocínio tentado. Até aqui, não há divergência na doutrina nem na jurisprudência. No entanto, na hipótese de haver morte, mas a subtração não se consumar, há diversas correntes doutrinárias. No STF, o entendimento é no sentido de que tal hipótese configura latrocínio consumado, conforme Súmula 610, que acima foi transcrita; **B:** incorreta, já que não retrata o entendimento sufragado nas Súmulas 723, do STF, e 243, do STJ; **C:** incorreta. Pelo contrário: "A opinião do julgador sobre a gravidade em abstrato do crime não constitui motivação idônea para a imposição de regime mais severo do que o permitido segundo a pena aplicada" (Súmula 718, STF); **D:** correta, pois retrata o entendimento contido na Súmula 711 do STF: "A lei penal mais grave aplica-se ao crime continuado ou ao crime permanente, se a sua vigência é anterior à cessação da continuidade ou permanência".
Gabarito "D".

(Juiz de Direito – TJ/SP – VUNESP – 2015) Segundo a jurisprudência consolidada do Superior Tribunal de Justiça, assinale a alternativa correta.

(A) O tempo de duração da medida de segurança pode ultrapassar o máximo da pena abstratamente cominada ao delito praticado.
(B) A conduta de atribuir-se falsa identidade perante autoridade policial é atípica, ainda que em situação de alegada autodefesa.
(C) É inadmissível a extinção da punibilidade pela prescrição da pretensão punitiva com fundamento em pena hipotética, independentemente da existência ou sorte do processo penal.
(D) É admissível aplicar, no furto qualificado, pelo concurso de agentes, a majorante de roubo.

A: incorreta, pois não reflete o entendimento contido na Súmula 527, do STJ, segundo a qual "o tempo de duração da medida de segurança não deve ultrapassar o limite máximo da pena abstratamente cominada ao delito praticado". Quanto a este tema, valem algumas ponderações. Se levássemos em conta tão somente a redação do art. 97, § 1º, do CP, chegaríamos à conclusão de que medida de segurança poderia ser eterna. Em vista da regra que veda as penas de caráter perpétuo, esta não é a melhor interpretação do dispositivo. Tanto que o STF firmou posicionamento no sentido de que o prazo máximo de duração da medida de segurança não pode ser superior a 30 anos (analogia ao art. 75 do CP). O STJ entende que a medida de segurança deve ter por limite o máximo da pena em abstrato cominada para o crime (STJ, HC 125.342-RS, 6ª T., rel. Min. Maria Thereza de Assis Moura, j. 19.11.09), entendimento esse consolidado por meio da súmula acima transcrita. Este comentário não levou em conta a alteração promovida no art. 75 do CP pela Lei 13.964/2019 (Pacote Anticrime), que elevou o tempo máximo de cumprimento de pena privativa de liberdade de 30 para 40 anos; **B:** incorreta. Atualmente, prevalece o entendimento de que a conduta do agente que, com o propósito de esconder condenações anteriores, atribui a si identidade falsa comete o crime do art. 307 do CP. Nesse sentido a Súmula 522 do STJ: "A conduta de atribuir-se falsa identidade perante autoridade policial é típica, ainda que em situação de alegada autodefesa"; **C:** correta. A alternativa descreve o fenômeno da prescrição *antecipada* ou *virtual*, que é aquela baseada na pena que seria, em tese, aplicada ao réu em caso de condenação. A jurisprudência rechaça tal modalidade de prescrição, na medida em que implica verdadeiro prejulgamento (o juiz estaria utilizando-se de uma pena ainda não aplicada). Tal entendimento está pacificado na Súmula 438, do STJ: "É inadmissível a extinção da punibilidade pela prescrição da pretensão punitiva com fundamento em pena hipotética, independentemente da existência ou sorte do processo penal"; **D:** incorreta, uma vez que não reflete o entendimento consolidado na Súmula 442, do STJ: "É inadmissível aplicar, no furto qualificado, pelo concurso de agentes, a majorante do roubo".

Gabarito "C".

(Delegado/SP – VUNESP – 2014) Dentre os crimes listados a seguir, aquele que foi revogado do Código Penal é:

(A) curandeirismo.
(B) charlatanismo.
(C) bigamia.
(D) sedução.
(E) simulação de casamento.

A: incorreta (art. 284, CP); **B:** incorreta (art. 283, CP); **C:** incorreta (art. 235, CP); **D:** correta (art. 217, CP, revogado pela Lei 11.106/2005), tendo havido *abolitio criminis*; **E:** incorreta (art. 239, CP).

Gabarito "D".

(Delegado/SP – VUNESP – 2014) Quantos foram os Códigos Penais vigentes no Brasil?

(A) Três.
(B) Seis.
(C) Dois.
(D) Cinco.
(E) Um.

O Brasil já teve 3 (três) Código Penais, a saber: i) Código Criminal do Império (Lei de 16 de dezembro de 1830); ii) Código Penal dos Estados Unidos do Brasil (Decreto 847, de 11 de outubro de 1890) e; iii) Código Penal de 1940 (Decreto-lei 2.848, de 7 de dezembro de 1940).

Gabarito "A".

4. PROCESSO PENAL

Eduardo Dompieri

1. FONTES, PRINCÍPIOS GERAIS E EFICÁCIA DA LEI PROCESSUAL NO TEMPO E NO ESPAÇO

(Investigador – PC/BA – 2018 – VUNESP) Em havendo conflito entre o Código de Processo Penal e uma lei especial que contenha normas processuais, a solução será a

(A) aplicação da norma que for mais recente, independentemente de eventual benefício ao réu.
(B) aplicação da lei especial e, quando omissa, subsidiariamente do Código de Processo Penal.
(C) aplicação do que for mais favorável ao acusado, independentemente da data de promulgação.
(D) conjugação de ambos os diplomas, aplicando-se as normas que forem mais benéficas ao acusado.
(E) prevalência da regra geral do Código de Processo Penal, em virtude da proibição constitucional dos juízos de exceção.

Deve-se recorrer, neste caso, ao princípio da especialidade, segundo o qual sempre que a lei especial regular determinado procedimento de forma diversa daquela prevista no CPP, deve-se aplicar a lei especial em detrimento do CPP, que somente terá incidência em caráter subsidiário.
Gabarito "B".

(Delegado – PC/BA – 2018 –VUNESP) Aplicar-se-á a lei processual penal, nos estritos termos dos arts. 1º, 2º e 3º do CPP,

(A) aos processos de competência da Justiça Militar.
(B) ultrativamente, mas apenas quando favorecer o acusado.
(C) retroativamente, mas apenas quando favorecer o acusado.
(D) desde logo, sem prejuízo da validade dos atos realizados sob a vigência da lei anterior.
(E) com o suplemento dos princípios gerais de direito sem admitir, contudo, interpretação extensiva e aplicação analógica.

A: incorreta, pois contraria o disposto no art. 1º, III, do CPP; **B, C e D:** a lei processual penal será aplicada desde logo (*princípio da aplicação imediata* ou *da imediatidade*), sem prejuízo dos atos realizados sob o império da lei anterior. É o que estabelece o art. 2º do CPP. A exceção a essa regra fica por conta da lei processual penal dotada de carga material (também chamada de norma mista ou híbrida), para a qual deverá ser aplicado o que estabelece o art. 2º, parágrafo único, do CP. Nesse caso, a exemplo do que se dá com as leis penais, a norma processual nova, se favorável ao réu, deverá retroagir; se prejudicial, aplica-se a lei já revogada (*lex mitior*). Com isso, está correto o que se afirma na alternativa "D"; **E:** incorreta, dado que, conforme art. 3º do CPP, *a lei processual penal admitirá interpretação extensiva e aplicação analógica, bem como o suplemento dos princípios gerais de direito*.
Gabarito "D".

(Juiz de Direito – TJM/SP – VUNESP – 2016) A respeito dos princípios processuais penais, é correto afirmar:

(A) a ausência de previsão de atividade instrutória do juiz em nosso ordenamento processual penal brasileiro decorre do princípio da imparcialidade do julgador.
(B) o direito ao silêncio, que está previsto na Constituição da República, em conformidade com a interpretação sedimentada, só se aplica ao acusado preso.
(C) o princípio da motivação das decisões e das sentenças penais se aplica a todas as decisões proferidas em sede de direito processual penal, inclusive no procedimento do Tribunal de Júri.
(D) o princípio do contraditório restará violado se entre a acusação e a sentença inexistir correlação.
(E) o princípio da verdade real constitui princípio supremo no processo penal, tendo valor absoluto, inclusive para conhecimento e para valoração das provas ilícitas.

A: incorreta. A atividade instrutória do juiz está expressamente contemplada no art. 156 do CPP. Com efeito, as modificações implementadas pela Lei 11.690/2008 no dispositivo acima mencionado ampliaram sobremaneira os poderes do juiz de determinar de ofício a produção da prova. Dessa forma, nada impede que o magistrado, com fulcro no art. 156, II, do CPP, com o propósito de esclarecer dúvida acerca de ponto relevante, determine, em caráter supletivo, diligências com o objetivo de se atingir a verdade real. Importante que se diga que, com o advento do chamado *pacote anticrime* (Lei 13.964/2019), posterior, portanto, à elaboração desta questão, foram promovidas diversas inovações nos campos penal, processual penal e legislação extravagante, com destaque para a Lei de Execução Penal. No código de processo penal, uma das alterações a nosso ver mais relevantes, ao lado do juiz de garantias, é a inserção do art. 3º-A, que consagra e explicita a opção pelo sistema acusatório. Segundo este dispositivo, cuja eficácia está suspensa por decisão liminar do STF, já que faz parte do regramento que compõe o chamado "juiz de garantias" (arts. 3º-A a 3º-F, do CPP), "o processo penal terá estrutura acusatória, vedadas a iniciativa do juiz na fase de investigação e a substituição da atuação probatória do órgão de acusação". Até então, o sistema acusatório, embora amplamente acolhido pela comunidade jurídica, já que em perfeita harmonia com a CF/88, não era contemplado em lei. Nessa esteira, com vistas a fortalecer o sistema acusatório, o *pacote anticrime* cria a figura do juiz de garantis (arts. 3º-A a 3º-F, do CPP, com eficácia atualmente suspensa), ao qual cabe promover o controle da legalidade da investigação criminal e salvaguardar os direitos individuais cuja franquia tenha sido reservada ao Poder Judiciário. Também dentro desse mesmo espírito, a Lei 13.964/2019 alterou os arts. 282, § 2º, e 311, ambos do CPP, que agora vedam a atuação de ofício do juiz na decretação de medidas cautelares de natureza pessoal, como a prisão processual, ainda que no curso da ação penal. Como não poderia deixar de ser, surgiu (ou ressurgiu) a discussão acerca da compatibilidade do art. 156 do CPP com a adoção, agora explícita, do sistema acusatório feita pela inserção do art. 3º-A no CPP. Como bem sabemos, não houve a revogação expressa do art. 156 do CPP pela Lei 13.964/2019, dispositivo que autoriza a atuação do juiz de ofício na produção da prova (inclusive na fase investigativa). A questão que se coloca é: houve revogação tácita do art. 156 do CPP pelo novo art. 3º-A? Somente o tempo dirá como os tribunais atuarão diante de tal impasse. Pensamos que a inserção do art. 3º-A no CPP, aliada à implementação do juiz de garantias, à vedação imposta à atuação de ofício do juiz (como a proibição de o magistrado decretar a custódia preventiva de ofício no curso da ação penal) e também à inovação promovida no procedimento de arquivamento do IP, que retira o protagonismo que até então tinha o juiz de decidir se era ou não caso de arquivamento, leva-nos a crer que o art. 156 do CPP, porque incompatível com o sistema acusatório, foi tacitamente revogado pelo art. 3º-A; **B:** incorreta. O direito ao silêncio, consagrado nos arts. 5º, LXIII, da CF e 186, *caput*, do CPP, alcança tanto o indiciado/acusado preso quanto aquele que solto estiver respondendo ao processo ou sendo investigado em inquérito; **C:** incorreta. O princípio da publicidade dos atos processuais, que constitui a regra e está contemplado no art. 93, IX, da CF, não alcança as decisões proferidas pelos jurados no julgamento perante o Tribunal Popular, que, por imposição de índole constitucional (art. 5º, XXXVIII, CF), são revestidas de sigilo; **D:** correta. Consiste o princípio da correlação na indispensável correspondência que deve existir entre o fato articulado na peça acusatória e o fato pelo qual o réu é condenado. A violação a este princípio, para além de violar o contraditório, acarreta a nulidade da sentença; **E:** incorreta. É bem verdade que o juiz, no processo penal, não deve conformar-se com a verdade trazida pelas partes; se restar ponto não esclarecido, é imperioso, em homenagem ao postulado da *busca* da verdade real, que ele atue nessa busca incessante; afinal, ao contrário do que se dá no âmbito do processo civil, está aqui em jogo a liberdade do acusado. No entanto, tal atividade do juiz não é irrestrita e ilimitada. Ela deve ser supletiva em relação à das partes e limitar-se à valoração das provas lícitas, entre outras restrições impostas pelo ordenamento jurídico. Não se trata, portanto, de um princípio absoluto.

Gabarito "D".

(Juiz de Direito – TJ/MS – VUNESP – 2015) Com relação ao Princípio Constitucional da Publicidade, com correspondência no Código de Processo Penal, é correto afirmar que

(A) a publicidade ampla e a publicidade restrita não constituem regras de maior ou menor valor no processo penal, cabendo ao poder discricionário do juiz a preservação da intimidade dos sujeitos processuais.
(B) a publicidade restrita tem regramento pela legislação infraconstitucional e não foi recepcionada pela Constituição Federal, que normatiza a publicidade ampla dos atos processuais como garantia absoluta do indivíduo.
(C) de acordo com o artigo 93, inciso IX, da Constituição Federal, com nova redação dada pela EC 45/2004, os atos processuais serão públicos, sob pena de nulidade, cabendo ao juiz limitar a presença, nas audiências, de partes e advogados.
(D) a publicidade restrita é regra geral dos atos processuais, ao passo que a publicidade ampla é exceção e ocorre nas situações expressas em lei, dependendo de decisão judicial no caso concreto.
(E) a publicidade ampla é regra geral dos atos processuais, ao passo que a publicidade restrita é exceção e ocorre nas situações expressas em lei, dependendo de decisão judicial no caso concreto.

No processo penal, vigora, como regra, a chamada publicidade *ampla* (absoluta ou irrestrita), tal como estabelecem os arts. 5º, LX, e 93, IX, ambos da CF, assim considerada aquela em que qualquer pessoa tem acesso irrestrito tanto aos atos processuais quanto aos processos. Tal publicidade, no entanto, que, repita-se, é, em regra, ampla, poderá ser submetida a restrições, hipótese em que o acesso será permitido tão somente a determinadas pessoas (partes e seus procuradores). Nesse caso, é de rigor que a restrição seja prevista em lei, tal como ocorre nos arts. 201, § 6º, e 792, § 1º, do CPP, porque constitui exceção.

Gabarito "E".

(Delegado/SP – VUNESP – 2014) A respeito do direito ao silêncio do acusado no inquérito policial, é correto afirmar que

(A) não importará em confissão, mas em presunção de culpabilidade.
(B) importará em confissão.
(C) importará em confissão, exceto se o acusado manifestar o direito constitucional de somente falar em juízo.
(D) não importará em confissão, entretanto, poderá constituir elemento para formação do convencimento do juiz em eventual processo penal.
(E) não importará em confissão.

Deve-se aplicar, neste caso, o art. 186, parágrafo único, do CPP, que incide tanto no âmbito do inquérito policial quanto no da instrução processual. O dispositivo estabelece que "o silencio, que não importará em confissão, não poderá ser interpretado em prejuízo da defesa".

Gabarito "E".

(Delegado/SP – VUNESP – 2014) A lei processual penal

(A) tem aplicação imediata, sem prejuízo dos atos realizados sob a vigência de lei anterior.
(B) somente pode ser aplicada a processos iniciados sob sua vigência.
(C) tem aplicação imediata, devendo ser declarados inválidos os atos praticados sob a vigência de lei anterior.
(D) tem aplicação imediata, devendo ser renovados os atos praticados sob a vigência da lei anterior.
(E) é retroativa aos atos praticados sob a vigência de lei anterior.

A lei processual penal será aplicada desde logo (*princípio da aplicação imediata* ou *da imediatidade*), sem prejuízo dos atos realizados sob o império da lei anterior. É o que estabelece o art. 2º do CPP. A exceção a essa regra fica por conta da lei processual penal dotada de carga material, para a qual deverá ser aplicado o que estabelece o art. 2º, parágrafo único, do CP. Nesse caso, a exemplo do que se dá com as leis penais, a norma processual nova, se favorável ao réu, deverá retroagir; se prejudicial, aplica-se a lei já revogada (*lex mitior*).

Gabarito "A".

(Delegado/SP – VUNESP – 2014) No Direito pátrio, o sistema que vige no processo penal é o

(A) inquisitivo formal.
(B) acusatório formal.
(C) inquisitivo.
(D) inquisitivo unificador.
(E) acusatório.

São características imanentes ao *sistema acusatório*: além de uma nítida separação nas funções de acusar, julgar e defender, o processo é público (ao menos na sua maior parte) e contraditório; ademais, há imparcialidade do órgão julgador, a ampla defesa é assegurada e o processo é predominantemente oral. No *sistema inquisitivo*, diferentemente, as funções de acusar, defender e julgar reúnem-se em uma única pessoa. Além disso, o processo é sigiloso e nele não vige o contraditório. Temos ainda o *sistema misto*, em que há uma fase inicial inquisitiva, ao final da qual tem início uma etapa em que são asseguradas todas as garantias inerentes ao acusatório. Para a maior parte da doutrina, adotamos o sistema acusatório; há, no entanto, doutrinadores que sustentam que o sistema por nós adotado é o misto. Seja como for, fato é que, atualmente, por força das modificações implementadas no Código de Processo Penal pela Lei 13.964/2019, a opção pelo sistema acusatório foi inserida no art. 3º-A (com eficácia ainda suspensa por decisão liminar do STF), segundo o qual "o processo penal terá estrutura acusatória, vedadas a iniciativa do juiz na fase de investigação e a substituição da atuação probatória do órgão de acusação". Até então, o sistema

acusatório, embora amplamente acolhido pela comunidade jurídica, já que em perfeita harmonia com a CF/88, não era contemplado em lei.
Gabarito "E".

(Delegado/SP – VUNESP – 2014) São princípios constitucionais explícitos do processo penal:
(A) ampla defesa e intervenção mínima.
(B) presunção de inocência e lesividade.
(C) intervenção mínima e duplo grau de jurisdição.
(D) presunção de inocência e ampla defesa.
(E) lesividade e intervenção mínima.

Os princípios da *ampla defesa* e *presunção de inocência* estão contemplados, respectivamente, no art. 5º, LV e LVII, da CF/88.
Gabarito "D".

(Delegado/SP – VUNESP – 2014) Em se tratando de processo penal, assinale a alternativa que apresenta, correta e respectivamente, uma fonte direta e uma fonte indireta.
(A) Costume e lei.
(B) Costume e jurisprudência.
(C) Doutrina e jurisprudência.
(D) Princípios gerais do direito e doutrina.
(E) Lei e costume.

Consideram-se fonte direta do direito processual penal as diversas espécies normativas, como a lei ordinária, a emenda à Constituição e a lei complementar. Já o costume, assim como os princípios gerais de direito, é classificado como fonte indireta (mediata).
Gabarito "E".

2. INQUÉRITO POLICIAL E OUTRAS FORMAS DE INVESTIGAÇÃO CRIMINAL

(Juiz de Direito – TJ/RJ – 2019 – VUNESP) Nos literais e expressos termos do art. 13 do CPP, incumbe à autoridade policial, entre outras funções:
(A) providenciar o comparecimento do acusado preso, em Juízo, mediante prévia requisição.
(B) manter a guarda de bens apreendidos e objetos do crime até o trânsito em julgado da ação penal.
(C) fornecer às autoridades judiciárias as informações necessárias à instrução e julgamento dos processos.
(D) cumprir as ordens de busca e apreensão e demais decisões cautelares que tenha requisitado.
(E) servir como testemunha em ações penais quando arrolada por qualquer das partes.

A: incorreta. Tal incumbência, na dicção do art. 399, § 1º, do CPP, cabe ao poder público, e não à autoridade policial. A depender do Estado da Federação, este mister é exercido pela Polícia Militar ou ainda pela Secretaria de Administração Penitenciária (SAP), órgão integrante do Poder Executivo estadual, como é o caso de São Paulo; B: incorreta, na medida em que tal incumbência não está prevista no rol do art. 13 do CPP; C: correta, pois reflete o disposto no art. 13, I, do CPP; D: incorreta, pois não consta tal incumbência no rol do art. 13 do CPP; E: incorreta. Incumbência não contemplada no art. 13 do CPP.
Gabarito "C".

(Investigador – PC/BA – 2018 – VUNESP) A obtenção de dados e informações cadastrais de vítimas ou de suspeitos junto a órgãos do poder público ou empresas da iniciativa privada, durante a investigação de crime de tráfico de pessoas, poderá ser requisitada
(A) pela Autoridade Judiciária, mediante representação do Ministério Público.
(B) pela Autoridade Judiciária, mediante representação do Delegado de Polícia.
(C) diretamente pelo Delegado de Polícia ou pelo Promotor de Justiça.
(D) apenas pela Autoridade Judiciária, de ofício.
(E) somente pelo Delegado de Polícia ou pelo Juiz de Direito.

A resposta a esta questão deve ser extraída do art. 13-A do CPP, introduzido pela Lei 13.344/2016, que assim dispõe: "Nos crimes previstos nos arts. 148, 149 e 149-A, no § 3º do art. 158 e no art. 159 do Decreto-lei nº 2.848, de 7 de dezembro de 1940 (Código Penal), e no art. 239 da Lei nº 8.069, de 13 de julho de 1990 (Estatuto da Criança e do Adolescente), o membro do Ministério Público ou o delegado de polícia poderá requisitar, de qualquer órgão do poder público ou de empresas da iniciativa privada, dados e informações cadastrais da vítima ou de suspeitos".
Gabarito "C".

(Defensor Público/RO – 2017 – VUNESP) A respeito da identificação criminal do civilmente identificado, assinale a alternativa correta.
(A) É obrigatório mencionar a identificação criminal do indiciado em atestados de antecedentes ou em informações não destinadas ao juízo criminal, antes do trânsito em julgado da sentença condenatória.
(B) Em sendo processado criminalmente, o civilmente identificado será sempre submetido à identificação criminal.
(C) A identificação do perfil genético será armazenada em banco de dados, sem reserva de sigilo.
(D) No caso de absolvição, é facultado ao réu, após o trânsito em julgado da sentença, requerer a retirada da identificação fotográfica do processo, desde que apresente provas de sua identificação civil.
(E) É facultada na identificação criminal a realização do processo datiloscópico.

A: incorreta, pois em desacordo com o que estabelece o art. 6º da Lei 12.037/2009; B: incorreta. Com vistas a regulamentar o art. 5º, LVIII, da CF, foi editada a Lei 12.037/2009 (que, após, teve alguns de seus dispositivos modificados pela Lei 12.654/2012). Tanto o dispositivo constitucional quanto o infraconstitucional (como não poderia deixar de ser) estabelecem que somente se procederá à identificação criminal da pessoa civilmente identificada nos casos expressamente previstos em lei. Ou seja, em obediência ao mandamento constitucional, a regra é de que o civilmente identificado não será submetido a identificação criminal. As hipóteses em que é possível a identificação criminal estão previstas na Lei 12.037/2009, cuja leitura se recomenda; C: incorreta, pois contraria o disposto no art. 7º-B da Lei 12.037/2009, cuja redação foi determinada pela Lei 12.654/2012: será sigiloso o banco de dados dentro do qual será armazenada a identificação do perfil genético; D: correta (art. 7º da Lei 12.037/2009); E: incorreta, dado que a identificação criminal abrangerá tanto a identificação datiloscópica quanto a fotográfica (art. 5º, Lei 12.037/2009). Importante: embora isso em nada repercuta na resolução desta questão, vale a observação de que a Lei 13.964/2019 incluiu na Lei 12.037/2009 os arts. 7º-A e 7º-C. O primeiro dispositivo, com a alteração promovida pela Lei 13.964/2019, passou a contar com dois incisos. Com isso, a exclusão dos perfis genéticos dos bancos de dados ocorrerá em duas situações, a saber: I – no caso de absolvição do acusado; II – no caso de condenação do acusado, mediante requerimento, após decorridos 20 anos do cumprimento da pena. Já o art. 7º-C da Lei 12.037/2009, inserido pela Lei 13.964/2019, cria, no âmbito do Ministério da Justiça e Segurança Pública, o chamado Banco Nacional Multibiométrico e de Impressões Digitais, cujo escopo consiste em armazenar dados de registros bio-

métricos, de impressões digitais e, quando possível, de íris, face e voz, para subsidiar investigações criminais federais, estaduais ou distritais (art. 7º-C, § 2º). Não há a menor dúvida de que a criação deste acervo de registros biométricos e impressões digitais é de suma importância para evitar erros judiciários e também para contribuir na produção de provas. Tanto é que o delegado de polícia e o MP poderão, no curso do inquérito ou da ação penal, requerer ao Poder Judiciário o acesso ao Banco Nacional Multibiométrico e de Impressões Digitais, tal como prevê o art. 7º-C, § 11.
Gabarito "D".

(Delegado – PC/BA – 2018 – VUNESP) Nos termos da Lei no 13.431/2017, é correto afirmar que, constatado que a criança ou o adolescente está em risco, a autoridade policial

(A) requisitará à autoridade judicial responsável, em qualquer momento dos procedimentos de investigação e responsabilização dos suspeitos, as medidas de proteção pertinentes, entre as quais, requerer a prisão temporária do investigado.

(B) solicitará ao Ministério Público a propositura de ação judicial visando ao afastamento cautelar do investigado da residência ou local de convivência, em se tratando de pessoa que tenha contato com a criança ou o adolescente.

(C) solicitará à autoridade judicial responsável, em qualquer momento dos procedimentos de investigação e responsabilização dos suspeitos, as medidas de proteção pertinentes, entre as quais, a internação em estabelecimento educacional.

(D) solicitará à autoridade judicial responsável, em qualquer momento dos procedimentos de investigação e responsabilização dos suspeitos, as medidas de proteção pertinentes, entre as quais, a internação em abrigo.

(E) requisitará à autoridade judicial responsável, em qualquer momento dos procedimentos de investigação e responsabilização dos suspeitos, as medidas de proteção pertinentes, entre as quais, solicitar aos órgãos socioassistenciais a inclusão da vítima e de sua família nos atendimentos a que têm direito.

A: incorreta, uma vez que, neste caso, a autoridade policial poderá representar ao magistrado pela decretação da prisão *preventiva*, tal como consta do art. 21, III, da Lei 13.431/2017; **B:** incorreta, na medida em que tal providência, consistente em afastar o investigado da residência ou local de convivência, quando este tiver contato com o menor, deve ser dirigida ao juiz de direito (art. 21, II, da Lei 13.431/2017); **C:** incorreta, já que a Lei 13.431/2017 (tampouco o ECA) não contempla a *internação em estabelecimento educacional* como medida de proteção; **D:** incorreta. De igual forma, não há previsão de medida de proteção consistente em *internação em abrigo*; **E:** correta (art. 21, IV, da Lei 13.431/2017).
Gabarito "E".

(Delegado – PC/BA – 2018 – VUNESP) Do despacho que indeferir o requerimento de abertura de inquérito (CPP, art. 5º, § 2º)

(A) caberá recurso para o chefe de Polícia.
(B) caberá recurso para o Promotor de Justiça Corregedor da Polícia Judiciária.
(C) caberá recurso para o Juiz Corregedor da Polícia Judiciária.
(D) caberá recurso para o Desembargador Corregedor Geral de Justiça.
(E) não caberá recurso.

Nos termos do art. 5º, § 2º, do CPP, do despacho da autoridade policial que indeferir o requerimento de abertura de inquérito formulado pela vítima, caberá recurso ao chefe de Polícia, que é o delegado-geral da Polícia Civil dos Estados, autoridade máxima dentro da hierarquia da polícia judiciária com atuação nos Estados. Para parte da doutrina, todavia, tal recurso deve ser dirigido ao secretário de Segurança Pública. De uma forma ou de outra, trata-se de recurso administrativo.
Gabarito "A".

(Procurador – IPSMI/SP – VUNESP – 2016) Uma vez relatado o inquérito policial,

(A) o delegado pode determinar o arquivamento dos autos.
(B) o Promotor de Justiça pode denunciar ou arquivar o feito.
(C) o Promotor de Justiça pode denunciar, requerer o arquivamento ou requisitar novas diligências.
(D) o Juiz pode, diante do pedido de arquivamento, indicar outro promotor para oferecer denúncia.

A: incorreta, uma vez que tal iniciativa (promoção de arquivamento de IP) incumbe com exclusividade ao representante do MP, titular que é da ação penal pública. Assim, é vedado ao delegado de polícia, ao concluir as investigações do inquérito policial, promover o seu arquivamento (art. 17, CPP); deverá, isto sim, fazê-lo chegar ao MP, a quem incumbirá, se o caso, requerer o arquivamento do feito (art. 28, CPP). Tampouco é dado ao juiz tomar a iniciativa de arquivar autos de inquérito; dependerá, para tanto, de requerimento do MP. Com o advento da Lei 13.964/2019, conhecida como Pacote Anticrime, posterior, portanto, à elaboração desta questão, alterou-se toda a sistemática que rege o arquivamento do inquérito policial. Até então, tínhamos que cabia ao membro do MP promover (requerer) o arquivamento e ao juiz, se concordasse, determiná-lo. Pois bem. Com a modificação operada na redação do art. 28 do CPP pela Lei 13.964/2019, o representante do *parquet* deixa de requerer o arquivamento e passa a, ele mesmo, determiná-lo, sem qualquer interferência do magistrado, cuja atuação, nesta etapa, em homenagem ao sistema acusatório, deixa de existir. No entanto, ao determinar o arquivamento do IP, o membro do MP deverá submeter sua decisão, segundo a nova redação conferida ao art. 28, *caput*, do CPP, à instância revisora dentro do próprio Ministério Público, para fins de homologação. Sem prejuízo disso, caberá ao promotor que determinou o arquivamento comunicar a sua decisão ao investigado, à autoridade policial e à vítima. Esta última, por sua vez, ou quem a represente, poderá, se assim entender, dentro do prazo de 30 dias, a contar da comunicação de arquivamento, submeter a matéria à revisão da instância superior do órgão ministerial (art. 28, § 1º, CPP). Por fim, o § 2º deste art. 28, com a redação que lhe deu a Lei 13.964/2019, estabelece que, nas ações relativas a crimes praticados em detrimento da União, Estados e Municípios, a revisão do arquivamento do IP poderá ser provocada pela chefia do órgão a quem couber a sua representação judicial. Este novo art. 28 do CPP, que, como dissemos, alterou todo o procedimento que rege o arquivamento do IP, no entanto, teve suspensa, por força de decisão cautelar proferida pelo STF, a sua eficácia. O ministro Luiz Fux, relator, ponderou, em sua decisão, tomada na ADI 6.305, de 22.01.2020, que, embora se trate de inovação louvável, a sua implementação, no prazo de 30 dias (*vacatio legis*), revela-se inviável, dada a dimensão dos impactos sistêmicos e financeiros que por certo ensejará a adoção do novo procedimento de arquivamento do inquérito policial; **B:** incorreta. O Promotor de Justiça, embora possa (leia-se: deva) denunciar quando presentes indícios de autoria e prova da existência do crime, é-lhe vedado, pelas razões acima expostas, proceder ao arquivamento dos autos de inquérito policial; deverá, se assim entender, formular requerimento nesse sentido ao juiz de direito, que, se o caso, determinará o arquivamento dos autos de inquérito. Atualmente, como acima ponderamos, a decisão de proceder ao arquivamento do IP cabe ao MP, conforme nova redação conferida ao art. 28 do CPP pela Lei 13.964/2019; **C:** correta. Ao receber os autos de inquérito concluídos, ao MP é dado trilhar três caminhos: se houver justa causa, denunciar; se entender que há diligências não realizadas pela autoridade policial, indispensáveis ao oferecimento da denúncia, requisitará tal providência ao delegado de polícia, com a devolução dos autos à unidade de Polícia Judiciária; se, por fim, entender que não há elementos suficientes ao ajuizamento da ação penal, promoverá o arquivamento dos autos de inquérito; **D**: incorreta. Se o juiz discordar do pedido de arquivamento de inquérito policial formulado pelo promotor, deverá, ante o que estabelece o art. 28 do CPP, fazer a remessa dos autos ao Procurador-Geral, que é quem tem atribuição para proceder a nova análise do pedido de arquivamento feito pelo membro do *parquet*. A partir daí, pode o Procurador-Geral, ante a provocação do magistrado, *insistir no pedido de arquivamento do inquérito*, ratificando posicionamento firmado pelo promotor, caso em que o juiz ficará obrigado, por imposição do art. 28 do CPP, a determiná-lo. Se, de outro lado, o Procurador-Geral entender que é o caso de *oferecimento de denúncia*, poderá ele mesmo fazê-lo ou designar outro promotor para que o faça. Tal incumbência, frise-se, não poderá recair sobre o mesmo promotor, o que implicaria violação à sua livre convicção. Como se pode ver, não é dado do juiz, ao discordar do pleito de arquivamento requerido pelo MP, encaminhar os autos a outro promotor para que promova a ação penal. Tal avaliação ficará a cargo do Procurador-Geral. Atualmente, o juiz não tem qualquer ingerência no procedimento de arquivamento do IP, conforme nova sistemática adotada pelo art. 28 do CPP, com a redação dada pela Lei 13.964/2019.

Gabarito "C".

(Delegado/SP – VUNESP – 2014) O minucioso relatório policial que encerra determinado inquérito conclui pela ocorrência do crime de estelionato praticado por "X". O promotor de justiça, entretanto, com base nas descrições contidas no referido documento, denuncia "X" pela prática do crime de furto mediante fraude.

Ao receber a peça acusatória, o magistrado

(A) deverá, em juízo preliminar, modificar a classificação jurídica do crime feita na denúncia, a fim de que fique em consonância com o relatório policial, sob pena de inépcia da denúncia.

(B) poderá, em juízo preliminar, modificar a classificação jurídica do crime feita no relatório policial, a fim de que fique em consonância com a denúncia, sob pena de nulidade da sentença.

(C) poderá devolver os autos ao delegado de polícia responsável, caso entenda que a classificação do crime deva ser retificada.

(D) se não a rejeitar preliminarmente, deverá recebê-la e ordenar a citação do réu "X" para responder à acusação por crime de furto mediante fraude.

(E) deverá devolver os autos ao delegado de polícia responsável pelo relatório, a fim de que seja feita a retificação da classificação do crime, sob pena de inépcia da denúncia.

A classificação jurídica operada pelo delegado no indiciamento do inquérito policial não tem o condão de vincular a *opinio delicti* do titular da ação penal tampouco a classificação jurídica, feita pelo juiz, na sentença (que pode ser diversa daquela feita pelo acusador quando do oferecimento da inicial – art. 383 do CPP). Tanto é assim que, se a autoridade policial, ao cabo das investigações do inquérito, concluir, no seu relatório, que o investigado não praticou crime algum, nada impede que o promotor, ao receber os autos de inquérito, ofereça denúncia. Cuidado: a *emendatio libelli* (art. 383, CPP) somente tem aplicação no âmbito da sentença, em que o juiz, discordando da classificação jurídica feita pelo titular da ação penal na inicial acusatória, altera a imputação e confere aos fatos classificação diversa, desde que esses fatos narrados na inicial não sofram, ao longo da instrução, alteração. Se houver mudança nesse sentido, cuidará o juiz para que os autos sejam encaminhados ao acusador para aditamento da inicial, na forma estatuída no art. 384 do CPP (*mutatio libelli*).

Gabarito "D".

(Delegado/SP – VUNESP – 2014) Nos termos do parágrafo terceiro do art. 5.º do CPP: "Qualquer pessoa do povo que tiver conhecimento da existência de infração penal em que caiba ação pública poderá, verbalmente ou por escrito, comunicá-la à autoridade policial, e esta, verificada a procedência das informações, mandará instaurar inquérito policial". Assim, é correto afirmar que

(A) sempre que tomar conhecimento da ocorrência de um crime, a autoridade policial deverá, por portaria, instaurar inquérito policial.

(B) por *delatio criminis* entende-se a autorização formal da vítima para que seja instaurado inquérito policial.

(C) o inquérito policial será instaurado pela autoridade policial apenas nas hipóteses de ação penal pública.

(D) a notícia de um crime, ainda que anônima, pode, por si só, suscitar a instauração de inquérito policial.

(E) é inadmissível o anonimato como causa suficiente para a instauração de inquérito policial na modalidade da *delatio criminis*, entretanto, a autoridade policial poderá investigar os fatos de ofício.

A: incorreta. Nem sempre. A autoridade policial somente procederá a inquérito, de ofício, nos crimes de ação penal pública incondicionada (art. 5º, I, do CPP); **B**: incorreta. *Delatio criminis* é a denúncia, formulada por qualquer pessoa do povo e dirigida à autoridade policial, que dá conta da prática de infração penal. Está prevista no art. 5º, § 3º, do CPP e comporta a forma verbal e a escrita; **C**: incorreta, uma vez que o inquérito policial também será instaurado para apurar a prática de crime de ação penal privada, mas, neste caso, tal providência está condicionada à formulação de requerimento daquele que tem legitimidade para o ajuizamento da ação penal respectiva (art. 5º, § 5º, do CPP); **D**: incorreta. A denúncia anônima, segundo tem entendido a jurisprudência, não é apta, por si só, a autorizar a instauração de inquérito policial. Antes disso, a autoridade policial deverá fazer uma averiguação prévia a fim de verificar a procedência da denúncia apócrifa, para, depois disso, determinar, se for o caso, a instauração de inquérito. Nesse sentido: Conferir: "(...) a autoridade policial, ao receber uma denúncia anônima, deve antes realizar diligências preliminares para averiguar se os fatos narrados nessa 'denúncia' são materialmente verdadeiros, para, só então, iniciar as investigações" (STF, HC 95.244, 1ª T., rel. Min. Dias Toffoli, DJE de 29.04.2010). No mesmo sentido: "*1. Elementos dos autos que evidenciam não ter havido investigação preliminar para corroborar o que exposto em denúncia anônima. O Supremo Tribunal Federal assentou ser possível a deflagração da persecução penal pela chamada denúncia anônima, desde que esta seja seguida de diligências realizadas para averiguar os fatos nela noticiados antes da instauração do inquérito policial. Precedente*" (HC 108147, Relator(a): Min. Cármen Lúcia, Segunda Turma, julgado em 11.12.2012, Processo Eletrônico *DJe*-022 Divulg 31.01.2013 Public 01.02.2013; **E**: correta. *Vide* comentário anterior.

Gabarito "E".

3. AÇÃO PENAL

(Juiz de Direito – TJ/RJ – 2019 – VUNESP) Oferecendo o ofendido ação penal privada subsidiária da pública, o Ministério Público, nos exatos termos do art. 29 do CPP,

(A) perde interesse processual e deixa de intervir nos autos.

(B) pode intervir em todos os termos do processo, contudo, sem capacidade recursal.
(C) perde a possibilidade de representar pelo arquivamento do inquérito e não pode repudiar a queixa.
(D) pode aditar a queixa.
(E) deixa de ser parte e passa a atuar como *custos legis* e não pode, por exemplo, fornecer elementos de prova.

Uma vez ajuizada a ação penal privada subsidiária da pública, caberá ao Ministério Público, nos moldes do que prescreve o art. 29 do CPP, "(...) *aditar a queixa*, repudiá-la e oferecer denúncia substitutiva, intervir em todos os termos do processo, fornecer elementos de prova, interpor recurso e, a todo tempo, no caso de negligência do querelante, retomar a ação como parte principal" (destacamos). Quanto a este tema, valem alguns esclarecimentos, tendo em conta que se trata de um dos temas mais recorrentes em provas de concursos públicos, em especial o pressuposto ao seu ajuizamento. Segundo posicionamento doutrinário e jurisprudencial pacífico, a propositura da ação penal privada subsidiária da pública, à luz do que estabelecem os arts. 5º, LIX, da CF, 100, § 3º, do CP e 29 do CPP, tem como pressuposto a ocorrência de desídia do membro do Ministério Público, que deixa de promover a ação penal dentro do prazo estabelecido em lei. Bem por isso, não há que se falar nesta modalidade de ação privada, por exemplo, na hipótese de o representante do MP promover o arquivamento dos autos de inquérito policial, e bem assim quando requerer o retorno dos autos de inquérito à Delegacia de Polícia para a realização de diligências complementares. Não há, nestes dois casos, inércia por parte do representante do *parquet*. Quanto a isso, conferir o magistério de Guilherme de Souza Nucci: "(...) é inaceitável que o ofendido, porque o inquérito foi arquivado, a requerimento do Ministério Público, ingresse com ação penal privada subsidiária da pública. A titularidade da ação penal não é, nesse caso, da vítima e a ação privada, nos termos do art. 29, somente é admissível quando o órgão acusatório estatal deixa de intentar a ação penal, no prazo legal, mas não quando age, pedindo o arquivamento. Há, pois, diferença substancial entre não agir e manifestar-se pelo arquivamento, por crer inexistir fundamento para a ação penal" (*Código de Processo Penal Comentado*, 17ª ed., p. 146). Na jurisprudência: "1. A comprovação inequívoca da inércia do Ministério Público é requisito essencial para justificar o ajuizamento da ação penal privada subsidiária da pública. 2. O pedido de arquivamento do feito, formulado pelo Ministério Público, titular da ação penal, não pode ser discutido, senão acolhido. Precedentes do STF e do STJ. 3. Agravo regimental não provido" (STJ – AgRg na APn: 557 DF 2008/0269543-6, Relator: Ministra NANCY ANDRIGHI, Data de Julgamento: 06.10.2010, CE – CORTE ESPECIAL, Data de Publicação 09.11.2010).
Gabarito "D".

(Investigador – PC/BA – 2018 – VUNESP) A regra de que a ação penal será sempre pública, independentemente da natureza do crime,

(A) vige quando o crime for praticado em detrimento de patrimônio ou interesse da União, Estado e Município.
(B) não se aplica quando se tratar de contravenção penal praticada contra os costumes.
(C) vigora para todas as infrações penais em obediência ao princípio constitucional da inafastabilidade da tutela jurisdicional.
(D) decorre do fundamento da República Federativa do Brasil consistente no respeito à dignidade da pessoa humana, por isso aplica-se a todos os tipos penais.

A: correta. Segundo dispõe o art. 24, § 2º, do CPP, *seja qual for o crime, quando praticado em detrimento do patrimônio ou interesse da União, Estado e Município, a ação penal será pública*; **B:** incorreta. Isso porque, tal como estabelece o art. 17 do Decreto-lei 3.688/1941 (Lei das Contravenções Penais), a ação penal, nas contravenções penais, será sempre

pública incondicionada, isto é, o MP está credenciado a ingressar com a ação penal independentemente da manifestação de vontade do ofendido;
C: incorreta. Como bem sabemos, a ação penal, em regra, será pública, salvo quando a lei dispuser ser privativa do ofendido (art. 100 do CP). Ou seja, se, no tipo penal, nada for dito acerca da natureza da ação penal, esta será considerada pública. De igual forma, a ação penal pública será, de regra, incondicionada; somente será condicionada (à representação do ofendido ou à requisição do ministro da Justiça) quando a lei assim estabelecer. Em conclusão, se, na lei penal incriminadora, nada for dito a respeito da ação penal, está será considerada pública incondicionada;
D: incorreta. Vide comentário anterior.
Gabarito "A".

(Delegado – PC/BA – 2018 – VUNESP) A retratação da representação, de acordo com o art. 25 do CPP e do art. 16 da Lei no 11.340/06 (Lei Maria da Penha), respectivamente,

(A) é admitida até o recebimento da denúncia; não é admitida.
(B) é admitida até o recebimento da denúncia; só será admitida perante o juiz, antes do recebimento da denúncia.
(C) é inadmitida; só será admitida perante o juiz, antes do recebimento da denúncia.
(D) é inadmitida depois de oferecida a denúncia; não é admitida.
(E) é inadmitida depois de oferecida a denúncia; só será admitida perante o juiz, antes do recebimento da denúncia.

Pelo que estabelece o art. 25 do CPP, a representação poderá ser retratada somente até o *oferecimento* da denúncia. A Lei 11.340/2006 estabeleceu, no seu art. 16, regra própria, segundo a qual a retratação, no contexto da Lei Maria da Penha, poderá ser manifestada, perante o juiz de direito e em audiência designada especialmente para esse fim, até o recebimento da denúncia.
Gabarito "E".

(Escrevente Técnico – TJM/SP – VUNESP – 2017) Sobre a ação penal, é correto afirmar:

(A) não será admitida ação privada nos crimes de ação pública, ainda que esta não seja intentada no prazo legal.
(B) ao ofendido, ou a quem tenha qualidade para representá-lo, caberá intentar a ação penal pública que dependa de representação do ofendido.
(C) a queixa contra qualquer dos autores do crime somente obrigará o processo de todos nos casos de crimes hediondos.
(D) o prazo para oferecimento da denúncia, estando o réu preso, será de 5 dias, contado da data em que o órgão do Ministério Público receber os autos do inquérito policial, e de 15 dias, se o réu estiver solto ou afiançado.
(E) o Ministério Público poderá desistir da ação penal apenas nos casos em que as provas sejam de difícil produção.

A: incorreta. À luz do que estabelecem os arts. 5º, LIX, da CF, 100, § 3º, do CP e 29 do CPP, não sendo a ação penal pública ajuizada no prazo indicado em lei, abre-se ao ofendido a oportunidade de promover a chamada ação penal privada subsidiária da pública. No que toca a essa modalidade de ação privada, deve ficar claro, conforme entendimento jurisprudencial pacificado, que o seu cabimento está condicionado à inércia, desídia do órgão do Ministério Público. Bem por isso, se o MP, no lugar de ofertar a denúncia, requerer o arquivamento do inquérito ou ainda a sua devolução à polícia para a realização de diligências imprescindíveis ao exercício da ação penal, não terá lugar a ação penal subsidiária, que pressupõe, como já dito, inércia do órgão ministerial; **B:** incorreta. A ação penal pública, quer seja incondicionada, quer seja condicionada à representação, é titularizada pelo Ministério Público, ao qual cabe, de forma exclusiva, o seu ajuizamento. Sendo a ação pública condicionada, o MP, que é, repito, seu titular, depende da manifestação de vontade da vítima no sentido de autorizar a promoção da ação penal em face do ofensor, manifestação de vontade essa exteriorizada por meio da representação, sem a qual não poderá o MP agir e tampouco a autoridade policial proceder a inquérito (art. 5º, § 4º, do CPP); **C:** incorreta. Pouco importa que o crime seja ou não hediondo, fato é que a queixa contra qualquer dos ofensores obriga o processo contra os demais, tal como estabelece o art. 48 do CPP (indivisibilidade da ação penal privada); **D:** correta, pois reflete o disposto no art. 46, *caput*, do CPP; **E:** incorreta. Ainda que as provas sejam de difícil produção, mesmo assim é vedado ao MP desistir da ação penal por ele ajuizada (art. 42 do CPP – *princípio da indisponibilidade*). Cuidado: este princípio não tem incidência no contexto da ação penal privada, em que o querelante pode, se entender conveniente, desistir da ação que ajuizara.

Gabarito "D".

(Juiz de Direito – TJ/RJ – VUNESP – 2016) Em 09 de abril de 2009, em uma festa de aniversário, A, maior, relatou ter sido estuprada por B, irmão da aniversariante. Foi oferecida queixa-crime aos 08 de outubro de 2009, a qual foi recebida em 03 de novembro do mesmo ano, tendo o Juiz determinado, de ofício, a realização de exame de sangue de B, para comparar com os vestígios de sêmen encontrados na vítima. O acusado recusou-se a fazer o exame, suscitando seu direito ao silêncio. Ao final, B acabou condenado, sob o fundamento de que, ao se recusar a fornecer material genético, houve inversão do ônus da prova, não tendo provado sua inocência.

A respeito do caso, assinale a alternativa correta.

(A) O processo é nulo, pois a ação penal é de iniciativa privada, e o recebimento da queixa deu-se após o prazo decadencial, de seis meses.
(B) Acertada a condenação proferida, haja vista que a recusa em oferecer material genético acarreta inversão do ônus da prova.
(C) O juiz, em sede penal, não pode ordenar a realização de provas, pois não há mais espaço para poderes instrutórios, reminiscência do sistema inquisitorial.
(D) O processo não é nulo, pois, ainda que ao tempo da propositura da inicial, a ação penal fosse condicionada à representação, ao tempo do crime, a ação era de iniciativa privada, não se aplicando a Lei 12.015/2009, de 07 de agosto de 2009, nesta parte.
(E) O processo é nulo, por ilegitimidade de parte, pois o crime de estupro, com as alterações advindas da Lei 12.015/2009, de 07 de agosto de 2009, passou a ser processável mediante ação penal pública, condicionada à representação da vítima.

A: incorreta. O início do prazo decadencial é representado pelo dia em que a vítima tem conhecimento da identidade do agente. Na hipótese narrada no enunciado, a ofendida soube da identidade do ofensor na data em que se deram os fatos (9 de abril de 2009); cuida-se de prazo penal, contado, portanto, nos moldes do art. 10 do CP, incluindo-se, no seu cômputo, o dia do início e excluindo-se o do vencimento. Dentro desse prazo decadencial, que é de 6 meses, a ofendida deve oferecer a queixa em face do ofensor. Pouco importa em que data a queixa foi recebida. O que interessa é a data em que se deu o oferecimento da inicial, que, no caso acima narrado, aconteceu dentro do prazo decadencial, razão pela qual a assertiva está incorreta; **B:** incorreta. Ainda que inexista outro meio de produção de prova, ao acusado é assegurado, mesmo assim, em vista do que enuncia o princípio do *nemo tenetur se detegere*, o direito de não colaborar com a produção de qualquer tipo de prova, sem que isso implique prejuízo para a sua defesa. Bem por isso, é dado ao investigado/acusado o direito de recusar-se a submeter-se a exame de sangue; **C:** incorreta, visto que as modificações implementadas pela Lei 11.690/2008 no art. 156 do CPP ampliaram sobremaneira os poderes do juiz de determinar de ofício a produção da prova. Dessa forma, nada impede que o magistrado, com fulcro no art. 156, II, do CPP, com o propósito de esclarecer dúvida acerca de ponto relevante, determine, em caráter supletivo, diligências com o objetivo de se atingir a verdade real. Importante que se diga que, com o advento do chamado *pacote anticrime* (Lei 13.964/2019), posterior, portanto, à elaboração desta questão, foram promovidas diversas inovações nos campos penal, processual penal e legislação extravagante, com destaque para a Lei de Execução Penal. No código de processo penal, uma das alterações a nosso ver mais relevantes, ao lado do juiz de garantias, é a inserção do art. 3º-A, que consagra e explicita a opção pelo sistema acusatório. Segundo este dispositivo, cuja eficácia está suspensa por decisão liminar do STF, já que faz parte do regramento que compõe o chamado "juiz de garantias" (arts. 3º-A a 3º-F, do CPP), "o processo penal terá estrutura acusatória, vedadas a iniciativa do juiz na fase de investigação e a substituição da atuação probatória do órgão de acusação". Até então, o sistema acusatório, embora amplamente acolhido pela comunidade jurídica, já que em perfeita harmonia com a CF/88, não era contemplado em lei. Nessa esteira, com vistas a fortalecer o sistema acusatório, o *pacote anticrime* cria a figura do juiz de garantias (arts. 3º-A a 3º-F, do CPP, com eficácia atualmente suspensa), ao qual cabe promover o controle da legalidade da investigação criminal e salvaguardar os direitos individuais cuja franquia tenha sido reservada ao Poder Judiciário. Também dentro desse mesmo espírito, a Lei 13.964/2019 alterou os arts. 282, § 2º, e 311, ambos do CPP, que agora vedam a atuação de ofício do juiz na decretação de medidas cautelares de natureza pessoal, como a prisão processual, ainda que no curso da ação penal. Como não poderia deixar de ser, surgiu (ou ressurgiu) a discussão acerca da compatibilidade do art. 156 do CPP com a adoção, agora explícita, do sistema acusatório feita pela inserção do art. 3º-A no CPP. Como bem sabemos, não houve a revogação expressa do art. 156 do CPP pela Lei 13.964/2019, dispositivo que autoriza a atuação do juiz de ofício na produção da prova (inclusive na fase investigativa). A questão que se coloca é: houve revogação tácita do art. 156 do CPP pelo novo art. 3º-A? Somente o tempo dirá como os tribunais atuarão diante de tal impasse. Pensamos que a inserção do art. 3º-A no CPP, aliada à implementação do juiz de garantias, à vedação imposta à atuação de ofício do juiz (como a proibição de o magistrado decretar a custódia preventiva de ofício no curso da ação penal) e também à inovação promovida no procedimento de arquivamento do IP, que retira o protagonismo que até então tinha o juiz de decidir se era ou não caso de arquivamento, leva-nos a crer que o art. 156 do CPP, porque incompatível com o sistema acusatório, foi tacitamente revogado pelo art. 3º-A. Seja como for, o tema é polêmico e suscitará, por certo, discussões em sede doutrinária e jurisprudencial; **D:** correta. A Lei 12.015/2009, que introduziu diversas alterações no campo dos crimes sexuais, estabeleceu que a ação penal, nesses crimes, que era, em regra, de iniciativa privativa do ofendido, passou a ser pública condicionada à representação. Ou seja, a titularidade, até então da vítima, passou a ser do MP. Não há dúvidas de que essa alteração representa prejuízo ao acusado, na medida em que ampliou a possibilidade de punição. É que a ação privada, em vigor antes do advento da Lei 12.015/2009, proporcionava ao réu um leque maior de causas de extinção de punibilidade do que a condicionada à representação: renúncia, perdão e perempção. Trata-se do que a doutrina convencionou chamar de norma de natureza mista ou híbrida (norma processual com carga de direito material). Bem por isso, se o fato foi cometido antes da Lei 12.015/2009, ainda que ao tempo do oferecimento/recebimento da inicial esta já estava em vigor, permanece a ação privativa do ofendido, devendo este se valer, se desejar processar o agente, de queixa, a ser ajuizada dentro do prazo

decadencial. Por tudo isso, o processo não pode ser considerado nulo. Sobre o tema *ação penal nos crimes sexuais*, é importante que se diga que a Lei 13.718/2018 (bem posterior à elaboração desta questão), dentre várias inovações implementadas no universo desses delitos, mudou, uma vez mais, a natureza da ação penal nos crimes contra a dignidade sexual. Com isso, a ação penal, nos crimes sexuais, passa a ser pública incondicionada. Vale lembrar que, antes do advento desta Lei, como já dito acima, a ação penal, em regra, pública condicionada, salvo nas situações em que a vítima era vulnerável ou menor de 18 anos (regra em vigor, repita-se, ao tempo em que foi elaborada esta questão). Fazendo um breve histórico, temos o seguinte quadro: a ação penal, nos crimes sexuais, era, em regra, privativa do ofendido, a este cabendo a propositura da ação penal; posteriormente, a partir do advento da Lei 12.015/2009, a ação penal, nesses crimes, deixou de ser privativa do ofendido para ser pública condicionada a representação, em regra; agora, com a entrada em vigor da Lei 13.718/2018, a ação penal, nos crimes contra a dignidade sexual, que antes era pública condicionada, passa a ser pública incondicionada. Com isso, o titular da ação penal, que é o MP, prescinde de manifestação de vontade da vítima para promover a ação penal. Dessa forma, fica sepultado o debate que antes havia acerca da aplicação da Súmula 608, do STF; **E:** incorreta. *Vide* comentário à assertiva anterior.
Gabarito "D".

(Juiz de Direito – TJM/SP – VUNESP – 2016) Assinale a alternativa correta a respeito dos pressupostos e das condições da ação penal.

(A) A inépcia da inicial apenas poderá ser avaliada no momento do recebimento da acusação, não podendo ser apreciada depois disso, restando superada a alegação.
(B) O arquivamento do inquérito policial, por atipicidade do fato, não faz coisa julgada, não podendo ser invocado como exceção de coisa julgada.
(C) A citação por hora certa não está prevista, expressamente, no Código de Processo Penal, sendo aplicável por analogia no processo penal em decorrência das disposições do Código de Processo Civil.
(D) Não se admite a rejeição da denúncia, com base na prescrição virtual do crime objeto da acusação.
(E) O vício quanto à regularidade da procuração na ação penal privada pode ser emendado (capacidade postulatória), mesmo após o transcurso do prazo decadencial.

A: incorreta, já que não há que se falar, neste caso, em preclusão, podendo tal avaliação ser realizada depois do recebimento da inicial acusatória; **B:** incorreta. Em regra, a decisão que manda arquivar autos de inquérito policial não gera coisa julgada material; gera, sim, coisa julgada formal. As investigações, assim, podem ser reiniciadas a qualquer tempo. Situação bem diversa é aquela em que o arquivamento do inquérito policial se dá por atipicidade da conduta. Neste caso, a decisão que determina o arquivamento é definitiva, gerando coisa julgada material; **C:** incorreta. A citação por hora certa, antes exclusiva do processo civil, agora também é admitida, de forma expressa, no âmbito do processo penal, dada a mudança introduzida na redação do art. 362 do CPP pela Lei 11.719/2008. A propósito disso, o STF, ao julgar o RE 635.145, reconheceu, em votação unânime, a constitucionalidade da citação por hora certa no processo penal, rechaçando a tese segundo a qual esta modalidade de citação ficta ofende os postulados da ampla defesa e do contraditório; **D:** correta. De fato, a jurisprudência rechaça a prescrição *antecipada* ou *virtual*, assim *considerada* aquela baseada na pena que seria, em tese, aplicada ao réu em caso de condenação. Consolidando tal entendimento, o STJ editou a Súmula 438, segundo a qual não se admite a prescrição baseada em pena hipotética; **E:** incorreta. Uma vez operada a decadência, que, na ação penal privada, leva à extinção da punibilidade, o vício quanto à regularidade da procuração não mais poderá ser emendado.
Gabarito "D".

(Juiz de Direito – TJ/MS – VUNESP – 2015) XISTO, querelante em ação penal privada, ao término da instrução e representado por advogado constituído, requereu a absolvição de CRISTÓVÃO, querelado. Deve o juiz

(A) determinar a extração de peças processuais e o encaminhamento à autoridade policial, para apuração da prática, pelo querelante, de denunciação caluniosa.
(B) designar audiência para tentativa de conciliação das partes, em homenagem ao princípio da intervenção mínima.
(C) considerar perempta a ação penal, porque o querelante deixou de formular pedido de condenação nas alegações finais.
(D) encaminhar os autos em vista ao Ministério Público, titular da ação penal, para manifestação de interesse na produção de outras provas.
(E) absolver CRISTÓVÃO, com fundamento no artigo 386, inciso VII, do Código de Processo Penal.

Se o querelante, depois de concluída a instrução processual, deixar de formular pedido de condenação, quer por desídia, quer porque acredita na inocência do querelado, configurada estará a hipótese de perempção prevista no art. 60, III, segunda parte, do CPP, que tem o condão de levar à extinção da punibilidade do querelado (art. 107, IV, do CP).
Gabarito "C".

(Juiz de Direito – TJ/SP – VUNESP – 2015) Conforme o artigo 41, do Código de Processo Penal, "A denúncia ou queixa conterá a exposição do fato criminoso, com todas as suas circunstâncias, a qualificação do acusado ou esclarecimentos pelos quais se possa identificá-lo, a classificação do crime e, quando necessário, o rol das testemunhas". Portanto, a peça acusatória

(A) precisa apresentar algumas das condutas alegadamente praticadas pelo agente.
(B) deve descrever os fatos ilícitos, ainda que não em sua totalidade.
(C) pode conter elementos que sejam prescindíveis, mas relevantes para a imputação.
(D) necessita trazer a descrição do comportamento delituoso de forma escorreita.

A: incorreta, já que a denúncia (e também a queixa) deve conter, de forma clara e precisa, todas as condutas que, em tese, foram praticadas pelo denunciado; **B:** incorreta. Os fatos ilícitos atribuídos ao agente devem ser descritos em sua totalidade, sua inteireza; **C:** incorreta. Se são relevantes, não podem ser considerados prescindíveis; **D:** correta. De fato, a inicial acusatória deve expor concretamente o fato imputado ao agente. Em outras palavras, não se admite que a denúncia ou queixa tenha conteúdo vago ou impreciso, de modo a inviabilizar o exercício do direito de defesa.
Gabarito "D".

4. SUSPENSÃO CONDICIONAL DO PROCESSO

(Magistratura/SP – VUNESP – 2011) Antônio foi denunciado por receptação simples (art. 180, *caput*, do Código Penal), e o juiz, verificando que seria caso, em tese, da apresentação de proposta de suspensão condicional do processo (art. 89, da Lei n.º 9.099/95), determina a abertura de vista dos autos ao Promotor de Justiça para tal finalidade. O Promotor, porém, recusa-se a oferecer a proposta de suspensão, alegando que o crime de receptação é incompatível com o benefício, pois incentiva a prática de furtos, roubos e até mesmo de latrocínios, e requer o prosseguimento do feito. Qual a medida que o juiz, caso discorde do posicionamento do Promotor, deve tomar, inclusive, se o caso, consoante jurisprudência sumulada dos Tribunais Superiores (STJ e STF).

(A) Remeter os autos à apreciação do Procurador Geral de Justiça, mediante aplicação analógica do art. 28, do Código de Processo Penal.
(B) Designar data para apresentação, de ofício, da proposta de suspensão, pois se trata de matéria de ordem pública e direito subjetivo do acusado, que atende a todos os requisitos legais.
(C) Determinar o prosseguimento do processo, pois, segundo o art. 89, *caput*, da Lei n.º 9.099/95, a apresentação de proposta de suspensão é faculdade do Promotor de Justiça e não direito subjetivo do acusado.
(D) Conceder *habeas corpus* de ofício, para trancar o processo, diante do evidente constrangimento ilegal imposto ao réu com o prosseguimento do feito sem a oferta da proposta de suspensão.
(E) Remeter os autos a outro Promotor de Justiça para que ele apresente a proposta de suspensão, com base no princípio da independência funcional dos membros do Ministério Público.

Deverá o juiz, neste caso, no lugar de ele próprio oferecer o *sursis* processual, remeter os autos para apreciação do procurador-geral de Justiça, valendo-se, por analogia, do que estabelece o art. 28 do CPP. É esse o entendimento firmado por meio da Súmula 696 do STF: "Reunidos os pressupostos legais permissivos da suspensão condicional do processo, mas se recusando o Promotor de Justiça a propô-la, o juiz, dissentindo, remeterá a questão ao Procurador-Geral, aplicando-se por analogia o art. 28 do Código de Processo Penal".
Gabarito "A".

5. AÇÃO CIVIL

(Magistratura/SP – VUNESP – 2013) Faz coisa julgada no cível a sentença que absolve o réu com fundamento

(A) de não existir prova de ter o réu concorrido para a infração penal.
(B) de haver o fato sido praticado em estado de necessidade defensivo.
(C) de não constituir o fato infração penal (ser atípico).
(D) de haver o fato sido praticado com amparo em causa excludente da culpabilidade (fato é típico e ilícito, mas não culpável).

É fato que o estado de necessidade defensivo afasta o dever de indenizar (art. 65, CP). Agora, se se tratar de estado de necessidade agressivo, a situação é diferente. Neste caso, a indenização será de rigor. É o que se infere dos arts. 188, II, 929 e 930 do CC.
Gabarito "B".

(Ministério Público/ES – VUNESP – 2013) X desferiu três tiros em Y na cidade de Foz do Iguaçu. Ocorre que Y, em razão dos ferimentos, faleceu em um hospital na cidade de Punta del Leste, no Paraguai. Nesse caso, a competência para julgamento do caso será determinada

(A) pelo domicílio ou residência do réu.
(B) pelo lugar em que foi praticado o último ato de execução no território nacional, ou seja, Foz do Iguaçu.
(C) pelo lugar da consumação do delito, ou seja, em Punta del Leste.
(D) pelo lugar em que foi praticado o último ato de execução, ou seja, Punta del Leste.
(E) pela jurisdição que primeiro tomar conhecimento do caso, podendo ser a brasileira ou a paraguaia.

O crime cuja conduta (ação ou omissão) é praticada em território nacional, mas o resultado é produzido no estrangeiro, é denominado "crime à distância" ou "de espaço máximo". Neste caso, será aplicável a teoria da ubiquidade (ou mista), segundo a qual se considera praticado o crime tanto no lugar em que foi praticada a ação ou omissão, quanto no local em que se verificou ou que poderia ter se verificado o resultado (art. 6º do CP). Nesta modalidade de crime (à distância), a competência para julgá-lo é a do local, no Brasil, em que foi praticado o último ato executório, ou seja, Foz do Iguaçu, conforme estabelece o art. 70, § 1º, do CPP.
Gabarito "B".

6. JURISDIÇÃO E COMPETÊNCIA. CONEXÃO E CONTINÊNCIA

(Juiz de Direito – TJ/RJ – 2019 – VUNESP) No que concerne à competência, o STF entende, por súmula, que

(A) o foro competente para o processo e o julgamento dos crimes de estelionato, sob a modalidade da emissão dolosa de cheque sem provisão de fundos, é o do local onde o título foi emitido (521).
(B) a competência do Tribunal de Justiça para julgar prefeitos se restringe aos crimes de competência da Justiça comum estadual; nos demais casos, a competência originária caberá ao respectivo tribunal de segundo grau (702).
(C) salvo ocorrência de tráfico para o exterior ou entre Estados da Federação, quando, então, a competência será da Justiça Federal, compete à Justiça dos Estados o processo e o julgamento dos crimes relativos a entorpecentes (522).
(D) o foro por prerrogativa de função estabelecido pela Constituição Estadual prevalece sobre a competência constitucional do Tribunal do Júri (721).
(E) é competente o Supremo Tribunal Federal para julgar conflito de jurisdição entre juiz de direito do Estado e a Justiça Militar local (555).

A: incorreta. Segundo entendimento sedimentado por meio das Súmulas 244, do STJ, e 521, do STF, compete ao foro do local da recusa processar o crime de estelionato mediante cheque sem provisão de fundos. Atenção: a Lei 14.155/2021, de 28/05/2021, posterior, portanto, à elaboração desta questão, inseriu no art. 70 do CPP o § 4º, segundo o qual *nos crimes previstos no* art. 171 do Decreto-Lei nº 2.848, de 7 de dezembro de 1940 *(Código Penal), quando praticados mediante depósito, mediante emissão de cheques sem suficiente provisão de fundos em poder do sacado ou com o pagamento frustrado ou mediante transferência de valores, a competência será definida pelo local do domicílio da vítima, e, em caso de pluralidade de vítimas, a competência firmar-se-á pela prevenção*; **B**: correta, pois corresponde ao teor da Súmula 702, STF: "A competência do Tribunal de Justiça para julgar prefeitos restringe-se aos crimes de competência da Justiça comum estadual; nos demais casos, a competência originária caberá ao respectivo tribunal de segundo grau"; **C**: incorreta, uma vez que contraria o teor da Súmula 522, do STF: "Salvo ocorrência de tráfico para o exterior, quando, então, a competência será da justiça federal, compete à justiça dos estados o processo e julgamento dos crimes relativos a entorpecentes"; **D:** incorreta, pois não corresponde ao entendimento firmado na Súmula nº 721 do STF, cujo teor foi reproduzido na Súmula Vinculante 45: "A competência constitucional do Tribunal do Júri prevalece sobre o foro por prerrogativa de função estabelecido exclusivamente pela Constituição estadual"; **E:** incorreta, na medida em que não reflete o entendimento contido na Súmula 555, do STF: "É competente o Tribunal de Justiça para julgar conflito de jurisdição entre juiz de Direito do Estado e a Justiça Militar local".

Gabarito "B".

(Defensor Público/RO – 2017 – VUNESP) Assinale a assertiva que espelha entendimento já sumulado pelo Superior Tribunal de Justiça.

(A) Compete ao foro do local da emissão do cheque processar e julgar o crime de estelionato mediante cheque sem provisão de fundos.
(B) A pronúncia é causa suspensiva da prescrição, ainda que o Tribunal do Júri venha a desclassificar o crime.
(C) Compete à Justiça Federal processar e julgar Prefeito Municipal por desvio de verba sujeita a prestação de contas perante órgão federal.
(D) A competência para processar e julgar o crime de uso de documento falso é firmada em razão da qualificação do órgão expedidor do documento em questão.
(E) A participação de membro do Ministério Público na fase investigatória criminal acarreta o seu impedimento ou suspeição para o oferecimento da denúncia.

A: incorreta, já que não corresponde ao teor das Súmulas 244, do STJ, e 521, do STF, que estabelecem que o foro competente, neste caso, é o do local da *recusa* do pagamento, e não o do local em que a cártula foi emitida. Atenção: a Lei 14.155/2021, de 28/05/2021, posterior, portanto, à elaboração desta questão, inseriu no art. 70 do CPP o § 4º, segundo o qual *nos crimes previstos no* art. 171 do Decreto-Lei nº 2.848, de 7 de dezembro de 1940 *(Código Penal)*, quando praticados mediante depósito, mediante emissão de cheques sem suficiente provisão de fundos em poder do sacado ou com o pagamento frustrado ou mediante transferência de valores, a competência será definida pelo local do domicílio da vítima, e, em caso de pluralidade de vítimas, a competência firmar-se-á pela prevenção; **B:** incorreta, pois em desconformidade com o entendimento fixado por meio da Súmula 191, do STJ, segundo a qual a pronúncia é causa *interruptiva* (e não *suspensiva*) da prescrição; **C:** correta. De acordo com a Súmula 702 do STF, "a competência do Tribunal de Justiça para julgar Prefeitos restringe-se aos crimes de competência da Justiça comum estadual; nos demais casos, a competência originária caberá ao respectivo tribunal de segundo grau". Desse modo, se o crime praticado pelo Prefeito for federal, o julgamento caberá ao TRF da respectiva região; de igual forma, se for eleitoral o delito cometido pelo Prefeito, a competência para julgá-lo será do Tribunal Regional Eleitoral do respectivo Estado. A confirmar tal entendimento, há ainda a Súmula 208, do STJ, que melhor se harmoniza com a hipótese contida na assertiva: "Compete à Justiça Federal processar e julgar prefeito municipal por desvio de verba sujeita à prestação de contas perante órgão federal". Necessário dizer que tais regras deverão ser aplicadas e interpretadas à luz da decisão do STF tomada na QO da AP 937, que, como bem sabemos, restringiu sobremaneira o foro por prerrogativa de função, que a partir de agora somente terá lugar nas hipóteses em que o crime de que é acusado o detentor de foro especial disser respeito ao exercício do cargo/mandato e for praticado no curso deste; **D:** incorreta, pois contraria o teor da Súmula 546, do STJ: "A competência para processar e julgar o crime de uso de documento falso é firmada em razão da entidade ou órgão ao qual foi apresentado o documento público, não importando a qualificação do órgão expedidor"; **E:** incorreta, pois não reflete o entendimento firmado na Súmula 234, STJ: "A participação de membro do Ministério

Público na fase investigatória criminal não acarreta seu impedimento ou suspeição para o oferecimento da denúncia".

Gabarito "C".

(Delegado – PC/BA – 2018 – VUNESP) Imagine que o indivíduo "1", que tem conta-corrente no banco "2", emitiu cheque sem fundo em desfavor do estabelecimento comercial "3", que efetuou o depósito do cheque no banco "4". De acordo com a jurisprudência dos Tribunais Superiores (Súmula 244 do STJ), o estelionato mediante a emissão de cheque sem provisão de fundos

(A) será processado no local da residência de "1".
(B) será processado no local em que se situa o banco "2", onde se deu a recusa.
(C) será processado no local em que se situa o estabelecimento comercial "3", que recebeu o cheque.
(D) será processado no local em que se situa o banco "4", no qual o cheque foi depositado.
(E) é fato atípico se recompensado o prejuízo até o recebimento da denúncia.

Segundo entendimento sedimentado por meio das Súmulas 244, do STJ, e 521, do STF, o foro competente, na hipótese narrada no enunciado, é o do local da *recusa* do pagamento, e não o do local em que a cártula foi emitida. Atenção: a Lei 14.155/2021, de 28/05/2021, posterior, portanto, à elaboração desta questão, inseriu no art. 70 do CPP o § 4º, segundo o qual *nos crimes previstos no* art. 171 do Decreto-Lei nº 2.848, de 7 de dezembro de 1940 *(Código Penal)*, quando praticados mediante depósito, mediante emissão de cheques sem suficiente provisão de fundos em poder do sacado ou com o pagamento frustrado ou mediante transferência de valores, a competência será definida pelo local do domicílio da vítima, e, em caso de pluralidade de vítimas, a competência firmar-se-á pela prevenção.

Gabarito "B".

(Juiz de Direito – TJM/SP – VUNESP – 2016) Considere o seguinte caso hipotético. Uma juíza do Trabalho de umas das Varas da Capital de São Paulo, em ofício endereçado à Justiça de Campinas, envia uma carta precatória para a execução provisória de um débito laboral. Tão logo autuada a precatória, o juiz de Campinas, por entender nula a ação trabalhista originária, encaminha ofício ao Tribunal Regional do Trabalho da 15ª Região (TRT/15), sediado em Campinas, informando que a ordem da magistrada de São Paulo seria ilegal e que, por isso, não poderia cumprir a determinação. Uma vez ciente do ofício, e indagada pelo TRT/15, a juíza de São Paulo responde que a ordem era legal. O TRT/15, por reputar que o magistrado de Campinas cometeu crime contra a honra da magistrada de São Paulo, determinou que fosse instaurada investigação formal. Uma vez instaurado o inquérito, foi intimada a suposta ofendida, que representou para que os fatos fossem processados, o que deu ensejo à propositura de ação penal pelo Ministério Público Estadual de São Paulo.

A respeito do caso narrado, assinale a alternativa correta.

(A) Considerando que os delitos contra a honra são processáveis apenas mediante ação penal de iniciativa privada, totalmente indevida a dedução de ação penal pública condicionada, isto é, por meio de representação.
(B) Não poderia o inquérito policial ser instaurado mediante a requisição do Tribunal, tendo em vista não se tratar de caso que seja apurado mediante ação penal pública incondicionada.

(C) Tratando-se de crime imputado a magistrada do Trabalho, que detém foro por prerrogativa de função, foi equivocada a dedução do processo em primeiro grau, sendo a competência originária do Eg. Tribunal de Justiça de São Paulo.
(D) Tratando-se de imputação de crimes de menor potencial ofensivo, cuja Justiça é prevista constitucionalmente, afasta-se a competência originária do Tribunal competente, sendo o feito apurado nos Juizados Especiais.
(E) Por se tratar de ofensas envolvendo membros do Poder Judiciário que respondem por seus atos a Tribunais Regionais do Trabalho de regiões distintas (2ª e 15ª Região), a competência para a ação penal será do Superior Tribunal de Justiça.

A: incorreta. A solução desta questão deve ser extraída da Súmula 714, do STF, segundo a qual, nos crimes praticados contra a honra de servidor público, a legitimidade para a ação penal é concorrente entre o ofendido (mediante queixa) e o Ministério Público (ação pública condicionada à representação do ofendido). Na hipótese retratada no enunciado, de duas uma: ou a juíza de São Paulo promove, ela própria, ação privada em face do ofensor, que é o juiz de Campinas; ou representa ao MP para que este ajuíze a ação penal, sendo este último o caminho optado pela magistrada ofendida. Dessa forma, está incorreto o que se afirma nesta assertiva; **B:** correta. Para a instauração de inquérito, se o crime for de ação penal privada, é indispensável que o ofendido formule requerimento nesse sentido; se se tratar de ação penal pública condicionada a representação, o inquérito não pode sem ela ser iniciado. Perceba que, de uma forma ou de outra, o inquérito não poderia ser instaurado sem a manifestação de vontade do ofendido, quer por meio de requerimento, quer por meio de representação; **C:** incorreta. Sendo o crime imputado a magistrado do Trabalho, detém competência para o seu julgamento o TRF da região respectiva (art. 108, I, *a*, da CF); **D:** incorreta. *Vide* comentário anterior; **E:** incorreta. *Vide* comentário à assertiva "C".
Gabarito "B".

(Juiz de Direito – TJ/MS – VUNESP – 2015) De acordo com o artigo 80, do Código de Processo Penal, nos processos conexos, será facultativa a separação quando

(A) as infrações tiverem sido praticadas em circunstâncias de tempo ou lugar diferentes, ou, quando pelo excessivo número de acusados e para não lhes prolongar a prisão provisória, ou por outro motivo relevante, o juiz reputar conveniente a separação.
(B) venha o juiz ou tribunal a proferir sentença absolutória ou que desclassifique a infração para outra que não se inclua na sua competência.
(C) houver corréu em local incerto ou não sabido ou foragido que não possa ser julgado à revelia, ainda que representado por defensor constituído e regularmente citado.
(D) concorrerem jurisdição comum e do juízo falimentar.
(E) em relação a algum corréu, por superveniência de doença mental, nos termos do artigo 152 do Código de Processo Penal, ainda que indispensável a suspensão do processo para instauração de incidente de insanidade mental.

A assertiva correta é a "A", já que corresponde à redação do art. 80 do CPP, que estabelece as hipóteses em que, a despeito da existência de conexão ou continência, a separação dos processos se mostra conveniente e útil.
Gabarito "A".

7. QUESTÕES E PROCESSOS INCIDENTES

(Magistratura/SP – VUNESP – 2013) A exceção de incompetência constitui meio processual assecuratório da observância do princípio do(a)

(A) oficialidade.
(B) juiz natural.
(C) publicidade.
(D) persuasão racional.

Constitui a defesa indireta a ser manejada pela parte cujo propósito é questionar, à luz do princípio do juiz natural, a competência do juiz para o julgamento do feito.
Gabarito "B".

(Ministério Público/ES – VUNESP – 2013) De acordo com o Código de Processo Penal, a arguição de suspeição do promotor de justiça suscitada em primeira instância será decidia pelo

(A) procurador-geral de justiça, com direito a recurso.
(B) Tribunal de Justiça, sem a possibilidade de recurso.
(C) juiz de direito, com direito a recurso.
(D) juiz de direito, sem direito a recurso.
(E) procurador-geral de justiça, sem direito a recurso.

Conferir a redação do art. 104 do CPP: "Se for arguida a suspeição do órgão do Ministério Público, o juiz, depois de ouvi-lo, decidirá, sem recurso, podendo antes admitir a produção de provas no prazo de 3 (três) dias".
Gabarito "D".

8. PROVAS

(Juiz de Direito – TJ/RJ – 2019 – VUNESP) Nos termos do art. 158, parágrafo único, do CPP, dar-se-á prioridade à realização do exame de corpo de delito quando se tratar de crime

(A) cometido por idoso.
(B) cometido por réu preso temporariamente.
(C) cometido por réu preso preventivamente.
(D) hediondo.
(E) que envolva violência doméstica e familiar contra mulher.

O art. 158, parágrafo único, do CPP, introduzido pela Lei 13.721/2018, assim dispõe: "Dar-se-á prioridade à realização do exame de corpo de delito quando se tratar de crime que envolva: I – violência doméstica e familiar contra mulher; II – violência contra criança, adolescente, idoso ou pessoa com deficiência".
Gabarito "E".

(Juiz de Direito – TJ/RJ – 2019 – VUNESP) A doutrina denomina "confissão qualificada" aquela em que o acusado

(A) admite a prática criminosa, mas alega, em sua defesa, alguma causa que o beneficia, como uma excludente de ilicitude.
(B) não só confessa os fatos cometidos por si, mas também aponta os demais coautores ou partícipes da empreitada criminosa.
(C) fica em silêncio; contudo, tal modalidade não fora recepcionada pela Constituição de 1988, que garante nenhum prejuízo ao acusado nesses casos.
(D) colabora ativamente com a apuração do crime, inclusive interrompendo ou impedindo que os fatos se consumem.

(E) se retrata da negativa dos fatos ocorrida perante a autoridade policial e admite-os espontaneamente perante o magistrado.

Confissão *qualificada*, assim denominada pela doutrina, é aquela em que o acusado, depois de se declarar culpado em relação ao fato principal, invoca, em sua defesa, a ocorrência de fato apto a excluir sua responsabilidade ou diminuir sua pena, tal como a excludente de ilicitude ou de culpabilidade; *simples*, de outro lado, é a confissão em que o réu admite a prática do fato criminoso sem invocar qualquer fato que possa excluir ou diminuir sua responsabilidade penal.
Gabarito "A".

(Juiz de Direito – TJ/RS – 2018 – VUNESP) A respeito das provas, assinale a alternativa correta.

(A) São inadmissíveis, devendo ser desentranhadas do processo, as provas ilegítimas, assim entendidas as obtidas em violação a normas constitucionais ou legais.
(B) A pessoa que nada souber que interesse à decisão da causa será computada como testemunha.
(C) O exame para o reconhecimento de escritos, tal como o reconhecimento fotográfico, não tem previsão legal.
(D) O juiz não tem iniciativa probatória.
(E) A falta de exame complementar, em caso de lesões corporais, poderá ser suprida pela prova testemunhal.

A: incorreta. Segundo dispõe o art. 157, *caput*, do CPP, são inadmissíveis as provas *ilícitas*, gênero do qual as espécies são as provas *ilegais* e as *ilegítimas*. Consideram-se *ilícitas* as provas que violam normas de direito material (substantivo) e *ilegítimas* as obtidas com desrespeito à norma de direito processual (adjetivo). Tanto uma quanto a outra é inadmissível, devendo, por força do disposto no art. 157, *caput*, do CPP, ser desentranhada dos autos; **B:** incorreta, pois contraria o disposto no art. 209, § 2º, CPP; **C:** incorreta, já que o exame para o reconhecimento de escritos acha-se previsto e disciplinado no art. 174 do CPP; **D:** incorreta. Embora não se trate de tema pacífico na doutrina, prevalece o entendimento segundo o qual é lícito ao juiz determinar, no curso da ação penal, a produção de prova com o fito de dirimir dúvida sobre pontos relevantes e obscuros (art. 156, II, CPP), não necessariamente circunscritos às provas apresentadas pela acusação e pela defesa. Há quem entenda que tal iniciativa é inconstitucional na medida em que ao juiz não é dado agir sem provocação das partes ("*ne procedat judex ex officio*"). Para a maioria da comunidade jurídica, no entanto, tal prerrogativa constitui decorrência natural do princípio da busca da verdade real. O propósito do magistrado, assim, não é beneficiar quem quer que seja, mas, sim, atingir a verdade que mais se aproxime da realidade. Dito de outro modo, não deve o juiz conformar-se com a verdade trazida pelas partes; se restar ponto não esclarecido, é imperioso, em homenagem ao postulado da busca da verdade real, que o juiz atue nessa busca incessante; afinal, ao contrário do que se dá no âmbito do processo civil, está aqui em jogo a liberdade do acusado. De toda sorte, tal atividade (iniciativa probatória) do juiz deve ser supletiva em relação às das partes. Importante que se diga que, com o advento do chamado *pacote anticrime* (Lei 13.964/2019), posterior, portanto, à elaboração desta questão, foram promovidas diversas inovações nos campos penal, processual penal e legislação extravagante, com destaque para a Lei de Execução Penal. No código de processo penal, uma das alterações a nosso ver mais relevantes, ao lado do juiz de garantias, é a inserção do art. 3º-A, que consagra e explicita a opção pelo sistema acusatório. Segundo este dispositivo, cuja eficácia está suspensa por decisão liminar do STF, já que faz parte do regramento que compõe o chamado "juiz de garantias" (arts. 3º-A a 3º-F, do CPP), "o processo penal terá estrutura acusatória, vedadas a iniciativa do juiz na fase de investigação e a substituição da atuação probatória do órgão de acusação". Até então, o sistema acusatório, embora amplamente acolhido pela comunidade jurídica, já que em perfeita harmonia com a CF/88, não era contemplado em lei. Nessa esteira, com vistas a fortalecer o sistema acusatório, o *pacote anticrime* cria a figura do juiz de garantias (arts. 3º-A a 3º-F, do CPP, com eficácia atualmente suspensa), ao qual cabe promover o controle da legalidade da investigação criminal e salvaguardar os direitos individuais cuja franquia tenha sido reservada ao Poder Judiciário. Também dentro desse mesmo espírito, a Lei 13.964/2019 alterou os arts. 282, § 2º, e 311, ambos do CPP, que agora vedam a atuação de ofício do juiz na decretação de medidas cautelares de natureza pessoal, como a prisão processual, ainda que no curso da ação penal. Como não poderia deixar de ser, surgiu (ou ressurgiu) a discussão acerca da compatibilidade do art. 156 do CPP com a adoção, agora explícita, do sistema acusatório feita pela inserção do art. 3º-A no CPP. Como bem sabemos, não houve a revogação expressa do art. 156 do CPP pela Lei 13.964/2019, dispositivo que autoriza a atuação do juiz de ofício na produção da prova (inclusive na fase investigativa). A questão que se coloca é: houve revogação tácita do art. 156 do CPP pelo novo art. 3º-A? Somente o tempo dirá como os tribunais atuarão diante de tal impasse. Pensamos que a inserção do art. 3º-A no CPP, aliada à implementação do juiz de garantias, à vedação imposta à atuação de ofício do juiz (como a proibição de o magistrado decretar a custódia preventiva de ofício no curso da ação penal) e também à inovação promovida no procedimento de arquivamento do IP, que retira o protagonismo que até então tinha o juiz de decidir se era ou não caso de arquivamento, leva-nos a crer que o art. 156 do CPP, porque incompatível com o sistema acusatório, foi tacitamente revogado pelo art. 3º-A. Seja como for, o tema é polêmico e suscitará, por certo, discussões em sede doutrinária e jurisprudencial; **E:** correta, pois em conformidade com o que estabelece o art. 168, § 3º, CPP.
Gabarito "E".

(Investigador – PC/BA – 2018 – VUNESP) Os crimes materiais exigem que a ação penal seja instruída com o respectivo exame de corpo de delito cujo laudo, para ter validade, deve ser assinado por

(A) 2 (dois) peritos oficiais, independentemente do grau de instrução, ou por 2 (duas) pessoas idôneas, preferencialmente portadoras de diploma de curso superior.
(B) 1 (um) perito oficial, preferencialmente portador de diploma de curso superior, ou por 2 (duas) pessoas idôneas, com atuação na área da perícia.
(C) 2 (dois) peritos oficiais, com formação superior na área específica da perícia, sendo vedada a assinatura por leigos.
(D) 1 (um) perito oficial, obrigatoriamente portador de diploma de curso superior, ou por 2 (duas) pessoas idôneas, que também possuam o mesmo grau de instrução.
(E) 1 (um) perito oficial, portador de diploma de curso superior preferencialmente na área específica, vedada a assinatura por leigos.

A redação anterior do art. 159 do CPP estabelecia que a perícia fosse realizada por *dois* profissionais. Atualmente, com a modificação implementada na redação do dispositivo pela Lei 11.690/2008, a perícia será levada a efeito por *um* perito oficial portador de diploma de curso superior. À falta deste, determina o § 1º do art. 159 que o exame seja feito por duas pessoas idôneas, detentoras de diploma de curso superior preferencialmente na área específica, dentre aquelas que tiverem habilitação técnica relacionada com a natureza do exame.
Gabarito "D".

(Investigador – PC/BA – 2018 – VUNESP) A respeito do interrogatório de réu preso por videoconferência, de acordo com a sistemática adotada pelo Código de Processo Penal, assinale a alternativa correta.

(A) Desde que haja estrutura e meios suficientes para assegurar os direitos do acusado, pode ser realizado em todos os processos.
(B) As partes deverão ser cientificadas da sua realização com antecedência mínima de 5 (cinco) dias.
(C) Apenas poderá ser realizado na hipótese de prevenir risco à segurança pública ou se houver suspeita de o preso integrar organização criminosa.
(D) Justifica-se sua realização apenas no interesse da defesa, quando o acusado sofrer de grave enfermidade ou outra circunstância especial.
(E) Trata-se de medida excepcional e só poderá ser realizado após prévia decisão judicial fundamentada.

A: incorreta. Ao contrário do afirmado, o interrogatório por sistema de videoconferência constitui exceção, somente podendo ser realizado nas hipóteses listadas no art. 185, § 2º, do CPP. A regra é que o interrogatório seja realizado no estabelecimento em que o réu estiver preso; não sendo isso possível, por falta de estrutura do presídio, o interrogatório realizar-se-á no fórum, com requisição, pelo juiz, do acusado (art. 185, § 7º, do CPP); **B:** incorreta, uma vez que, da decisão que determinar a realização do interrogatório por sistema de videoconferência, as partes deverão ser cientificadas com 10 dias de antecedência (art. 185, § 3º, do CPP); **C:** incorreta, pois não retrata o disposto no art. 185, § 2º, I, II, III e IV, do CPP, que estabelece em que hipóteses tem lugar o interrogatório por meio de videoconferência; **D:** incorreta. Vide comentário anterior; **E:** correta. Além de ser medida de natureza excepcional, o interrogatório por sistema de videoconferência somente poderá ser determinado pelo juiz, sempre de forma fundamentada (art. 185, § 2º, do CPP).
Gabarito "E".

(Investigador – PC/BA – 2018 – VUNESP) A afirmação de que "a confissão é a rainha das provas", em Direito Processual Penal, é

(A) inaceitável, porque ela contraria o princípio de que ninguém pode oferecer provas contra si.
(B) pertinente, pois, se o acusado admite a imputação, o Estado fica desincumbido de produzir a prova.
(C) válida apenas para os crimes contra o patrimônio, desde que haja a indenização do valor do prejuízo.
(D) inaplicável, salvo se a confissão for espontânea e prestada em presença de advogado constituído pelo réu.
(E) incabível, uma vez que ela deverá ser confrontada com os demais elementos do processo.

Atualmente, não mais se confere à confissão o *status* de rainha das provas, como outrora já foi considerada. Hoje, temos que a confissão, sendo meio de prova com valor equivalente às demais, deve ser valorada em conjunto com os outros elementos probatórios produzidos no processo (art. 197, CPP). Sobre isso, ensina Aury Lopes Junior que *a própria Exposição de Motivos do CPP, ao falar sobre as provas, diz categoricamente que a própria confissão do acusado não constitui, fatalmente, prova plena de sua culpabilidade. Todas as provas são relativas; nenhuma delas terá, ex vi legis, valor decisivo, ou necessariamente maior prestígio que outra. Em suma, a confissão não é mais, felizmente, a rainha das provas, como no processo inquisitório medieval. Não deve mais ser buscada a todo custo, pois seu valor é relativo e não goza de maior prestígio que as demais provas* (*Direito Processual Penal* – 18ª Edição – 2021: Parte Especial (p. 619). Saraiva jur. Edição do Kindle).
Gabarito "E".

(Investigador – PC/BA – 2018 – VUNESP) Iniciada uma diligência visando a apreender, com urgência, objeto cujo possuidor ou detentor evade-se para Estado limítrofe, é correto afirmar que

(A) os agentes da autoridade deverão interromper a diligência, elaborar relatório minucioso, para que ela seja concluída mediante carta precatória.
(B) apenas se a diligência for comandada pela autoridade policial, os agentes da autoridade poderão ingressar no território do outro Estado e realizar a apreensão.
(C) os agentes da autoridade poderão ingressar no território do outro Estado e, encontrando o objeto, apreendê-lo imediatamente.
(D) ainda que haja urgência na apreensão, os agentes da autoridade deverão apresentar-se à autoridade policial da respectiva área.
(E) os agentes da autoridade poderão ingressar em outro Estado se houver ordem judicial para a transposição.

A resposta a esta questão deve ser extraída do art. 250 do CPP, que estabelece que a autoridade ou seus agentes poderão ingressar em território alheio, mesmo que de outro estado da Federação, a fim de proceder à apreensão de pessoa ou coisa. Impõe-se, no entanto, como cautela, a obrigação de que esses agentes se apresentem à autoridade local, antes ou depois da apreensão, a fim de dar ciência do ocorrido. Havendo urgência na diligência, como é o caso narrado no enunciado, a apresentação à autoridade local pode se dar após a apreensão; não havendo urgência, a apresentação deverá anteceder a diligência de apreensão.
Gabarito "C".

(Defensor Público/RO – 2017 – VUNESP) É correto afirmar sobre o exame de corpo de delito e das perícias em geral:

(A) o exame de corpo de delito e outras perícias serão realizados por dois peritos oficiais, portadores de diploma de curso superior.
(B) não há previsão legal no Código de Processo Penal acerca da formulação de quesitos e indicação de assistente técnico.
(C) quando a infração deixar vestígios, é possível dispensar o exame de corpo de delito.
(D) em caso de lesões corporais, a falta de exame complementar não pode ser suprida pela prova testemunhal.
(E) se desaparecerem os vestígios, é possível que a prova testemunhal supra a ausência de exame de corpo de delito.

A: incorreta. Com efeito, a redação anterior do art. 159 do CPP estabelecia que a perícia fosse realizada por *dois* profissionais. Atualmente, com a nova redação do dispositivo dada pela Lei 11.690/2008, a perícia será levada a efeito por *um* perito oficial portador de diploma de curso superior. À falta deste, determina o § 1º do art. 159 do CPP que o exame seja feito por duas pessoas idôneas, detentoras de diploma de curso superior preferencialmente na área específica, dentre aquelas que tiverem habilitação técnica relacionada com a natureza do exame; **B:** incorreta, visto que o art. 159, § 3º, do CPP confere ao MP, ao assistente de acusação, ao ofendido, ao querelante e ao acusado a faculdade de formular quesitos e indicar assistente técnico; **C:** incorreta, uma vez que, se a infração deixar vestígios (rastros materiais), é de rigor o exame de corpo de delito, direto ou indireto (art. 158, CPP); **D:** incorreta, pois contraria o disposto no art. 168, § 3º, do CPP, que estabelece que, diante da impossibilidade de realizar-se o exame complementar, a constatação pode ser feita (suprida) por meio de prova testemunhal; **E:** correta. O exame de corpo de delito, nas infrações que deixam vestígios, é indispensável – art. 158 do CPP. Agora, se estes vestígios, por qualquer razão, se perderem, nosso ordenamento jurídico admite que a prova testemunhal supra essa ausência – art. 167 do CPP. É importante que se diga que a confissão, no entanto, por expressa disposição do art. 158 do CPP, não poderá ser utilizada para esse fim.
Gabarito "E".

(Defensor Público/RO – 2017 – VUNESP) Sobre os meios de prova, é correto afirmar que

(A) o juiz permitirá que a testemunha manifeste suas apreciações pessoais se estas forem inseparáveis da narrativa do fato.
(B) se da acareação resultar comprovado ter uma das testemunhas mentido durante seu depoimento, o resultado da acareação terá valor absoluto quando da valoração da prova em sentença.
(C) a testemunha poderá se eximir da obrigação de depor.
(D) o interrogatório do réu preso será realizado preferencialmente pelo sistema de videoconferência.
(E) não é permitida à parte a juntada de documentos em razões de apelação ou em suas contrarrazões.

A: correta. A testemunha, no seu depoimento, deve ser objetiva, evitando fazer apreciações de natureza subjetiva, ou seja, a testemunha deve se abster de emitir sua opinião sobre os fatos, manifestando suas apreciações pessoais. Deve limitar-se, isto sim, a expô-los com objetividade (art. 213, do CPP). Tal regra comporta uma exceção: poderá a testemunha emitir sua opinião desde que seja inseparável da narrativa do fato; **B:** incorreta, já que, conforme é sabido e consabido, inexiste prova, no processo penal, que tenha valor *absoluto* (não há hierarquia entre as provas). A prova, por mais robusta que seja, deve sempre ser sopesada e harmonizada com as demais que integram o acervo probatório. Nessa esteira, conferir a Exposição de Motivos do CPP, item VII: *Todas as provas são relativas; nenhuma delas terá, ex vi legis, valor decisivo ou necessariamente maior prestígio que outra. Se é certo que o juiz fica adstrito à prova constante dos autos, não é menos certo que não fica subordinado a nenhum critério apriorístico no apurar, através delas, a verdade material. O juiz criminal é, assim, restituído à sua própria consciência*; **C:** incorreta. De uma forma geral, sobre todos recai o dever de servir como testemunha, comparecendo em juízo quando convocado e prestando seu depoimento. Cuida-se, portanto, de um dever imposto por lei, que, se descumprido, pode levar à responsabilização da testemunha por crime de falso testemunho (art. 342, CP). A exceção a essa regra atinge as pessoas elencadas no art. 206 do CPP, que podem, por isso, recusar-se a depor. Entre eles está, por exemplo, a mãe do acusado, a qual é conferida a prerrogativa de negar-se a prestar depoimento; por se tratar de uma faculdade (e não de proibição), nada impede que a genitora do réu preste seu testemunho, mas, neste caso, sobre ela não recairá a obrigação de dizer a verdade; será ouvida, bem por isso, na qualidade de informante; assim, se mentir, não será processada por crime de falso testemunho. O art. 206 do CPP estabelece que, em uma única hipótese, as pessoas ali mencionadas não podem recusar-se a depor: quando não for possível, de qualquer outra forma, produzir a prova do fato ou de suas circunstâncias, hipótese em que, ainda assim, não se deferirá o dever de dizer a verdade; **D:** incorreta. Ao contrário do afirmado, o interrogatório por sistema de videoconferência constitui exceção, somente podendo ser realizado nas hipóteses listadas no art. 185, § 2º, do CPP. A regra é que o interrogatório seja realizado no estabelecimento em que o réu estiver preso; não sendo isso possível, por falta de estrutura do presídio, o interrogatório realizar-se-á no fórum, com requisição, pelo juiz, do acusado (art. 185, § 7º, do CPP); **E:** incorreta, pois contraria o disposto no art. 231 do CPP.

Gabarito "A".

(Delegado – PC/BA – 2018 – VUNESP) No que concerne aos sistemas de avaliação das provas, o julgamento realizado pelos Juízes leigos (jurados) no Tribunal do Júri é exemplo do que a doutrina classifica como sistema

(A) da prova livre.
(B) legal ou tarifado.
(C) da íntima convicção.
(D) da persuasão racional.
(E) da livre convicção motivada.

Quanto aos sistemas de avaliação da prova, adotamos, como regra, o chamado *sistema da persuasão racional* ou *livre convencimento motivado*, em que o magistrado decidirá com base no seu livre convencimento, fundamentando, sempre, a sua decisão (art. 155, *caput*, do CPP e art. 93, IX, da CF). Pelo *sistema da prova legal*, o juiz fica adstrito ao valor atribuído à prova pelo legislador. É o que se dá com a prova relativa ao estado das pessoas (estado civil, grau de parentesco, idade etc.), que se sujeita às restrições estabelecidas na lei civil (art. 155, parágrafo único, do CPP). Temos ainda o *sistema da íntima convicção*, que é o que vige no Tribunal do Júri, em que o jurado julga guiado por sua íntima convicção a respeito dos fatos, sem a necessidade de revelar e fundamentar sua decisão. Este último é o sistema referido no enunciado da questão.

Gabarito "C".

(Juiz de Direito – TJM/SP – VUNESP – 2016) Assinale a alternativa correta a respeito da instrução criminal e dos meios de investigação, bem como das provas.

(A) De acordo com a nossa legislação infraconstitucional, a retirada compulsória de material genético do imputado é admissível, desde que presentes os requisitos legais.
(B) O exame de corpo e delito, por expressa determinação legal, exige a assinatura de dois peritos.
(C) O catálogo de produção de provas no processo penal é taxativo, não se admitindo as provas atípicas.
(D) No procedimento comum, segundo o Código de Processo Penal, o juiz, no interrogatório, não inicia as perguntas ao réu, devendo inquiri-lo somente após a defesa e apenas em caráter supletivo.
(E) A interceptação telefônica, meio de prova, não pode ser decretada de ofício pelo Juiz, também não sendo cabível em investigações ou ações penais que apuram crime punido com detenção.

A: correta. Com a alteração promovida pela Lei 12.654/2012 na Lei de Execução Penal, que nela introduziu o art. 9º-A, criou-se uma hipótese de identificação criminal, por meio da qual os condenados pelo cometimento de crime doloso com violência ou grave ameaça contra a pessoa bem como por delito hediondo serão submetidos, compulsoriamente, à identificação do perfil genético, o que se fará por meio da extração de DNA. Posteriormente, o PL 6.341/2019 (que, mais tarde, daria origem à Lei 13.964/2019), entre várias alterações implementadas na legislação penal, processual penal e de execução penal, alterou a redação do *caput* do art. 9º-A da LEP, dali extraindo a referência a *crimes hediondos* e fazendo inserir os *crimes contra a vida*, *contra a liberdade sexual* e os *delitos sexuais contra vulnerável*. Esta alteração, no entanto, foi objeto de veto pelo presidente da República, ficando mantida, portanto, a sua redação original (conferida pela Lei 12.654/2012). Depois disso, já no período de vigência do pacote anticrime, o Congresso Nacional, ao apreciar os vetos impostos pelo presidente da República aos dispositivos inseridos pelo pacote anticrime, rejeitou o veto à alteração promovida no art. 9º-A da LEP pelo pacote anticrime. Com isso, prevalece a redação original conferida pelo PL 6.341/2019, a saber: *O condenado por crime doloso praticado com violência grave contra a pessoa, bem como por crime contra a vida, contra a liberdade sexual ou por crime sexual contra vulnerável, será submetido, obrigatoriamente, à identificação do perfil genético, mediante extração de DNA (ácido desoxirribonucleico), por técnica adequada e indolor, por ocasião do ingresso no estabelecimento prisional*. Perceba que a obrigatoriedade de se submeter à identificação do perfil genético permanece para os condenados por crime doloso praticado com violência grave contra a pessoa. Também foi objeto de veto pelo PR a inclusão, neste art. 9º-A, dos §§ 5º, 6º e 7º pela Lei 13.964/2019, vetos esses posteriormente derrubados pelo Congresso Nacional, de forma que, atualmente, esses dispositivos estão em vigor. Conferir os dispositivos restabelecidos por força da rejeição ao veto imposto pelo PR: § 5º: *A amostra biológica coletada só poderá ser utilizada para o único e exclusivo fim de permitir a identificação pelo perfil genético, não estando autorizadas as práticas de fenotipagem genética ou de busca familiar*; § 6º: *Uma vez identificado o perfil genético, a amostra biológica recolhida nos termos do caput deste artigo deverá ser correta e imediatamente descartada, de maneira a impedir a sua utilização para qualquer outro fim*; § 7º: *A coleta da amostra biológica e a elaboração do respectivo laudo serão realizadas por perito oficial*; **B**: incorreta. A redação anterior do art. 159 do CPP estabelecia que a perícia fosse realizada por *dois* profissionais. Atualmente, com a modificação implementada na redação do dispositivo pela Lei 11.690/2008, a perícia será levada a efeito por *um* perito oficial portador de diploma de curso superior. À falta deste, determina o § 1º do art. 159 que o exame seja feito por duas pessoas idôneas, detentoras de diploma de curso superior preferencialmente na área específica, dentre aquelas que tiverem habilitação técnica relacionada com a natureza do exame; **C**: incorreta. O rol de provas contemplado no CPP é meramente *exemplificativo*. Isso significa que, além das provas previstas e disciplinadas em lei, chamadas, por isso, *nominadas*, outros meios de prova que não fazem parte do rol legal (inominadas) são admitidos, ressalvadas as provas ilícitas; **D**: incorreta. A assertiva refere-se ao procedimento a ser seguido na oitiva de testemunhas, em que vige o sistema *cross examination*, segundo o qual as partes dirigem suas indagações às testemunhas sem a intermediação do magistrado, de forma direta, vedados os questionamentos que puderem induzir a resposta, não tiverem relação com a causa ou importarem na resposta de outra já respondida. Ao final da inquirição, se ainda remanescer algum ponto não esclarecido, poderá o juiz complementá-la, formulando à testemunha novas perguntas (art. 212, parágrafo único, do CPP). É por essa razão que se diz que a atividade do juiz é complementar, remanescente à das partes. Tal regra, no entanto, não tem incidência no interrogatório, que será realizado pelo juiz (é ato privativo); ao final, por força do que dispõe o art. 188 do CPP, o magistrado indagará as partes se restou algum fato a ser esclarecido; se sim, o próprio juiz formulará as perguntas sugeridas pelas partes; **E**: incorreta. Embora a interceptação telefônica não caiba na apuração de crimes apenados com detenção, pode o magistrado, lançando mão da prerrogativa que lhe confere o art. 3º, *caput*, da Lei 9.296/1996, determiná-la de ofício.

Gabarito "A".

(Juiz de Direito – TJ/SP – VUNESP – 2015) A confissão do acusado no processo penal

(A) só pode ser admitida se houver outras provas.
(B) para ter validade, deve ser apresentada na polícia e em juízo.
(C) pode ser considerada válida ainda que feita somente na fase extrajudicial.
(D) nunca será tida como valor probante se houver posterior retratação judicial.

A confissão, que consiste na admissão, pelo imputado, de sua responsabilidade, tem valor probatório *relativo*, tanto a produzida na fase investigativa quanto aquela feita na fase judicial. É bem verdade que a confissão judicial, porque produzida sob o crivo do contraditório e ampla defesa, tem valor probante, desde que em harmonia com os demais elementos de convicção, superior àquela feita na fase extrajudicial. No entanto, nada impede que a confissão ocorrida nesta fase da persecução (extrajudicial), desde que encontre ressonância nas demais provas produzidas em contraditório, sirva de base à condenação. Para tanto, não é necessário que ela, confissão, seja apresentada em juízo e também na polícia. Ainda que haja posterior retratação, nada obsta que seja considerada.

Gabarito "C".

(Juiz de Direito – TJ/SP – VUNESP – 2015) A formação da convicção do magistrado no processo penal tem por base inúmeros elementos. Assinale a alternativa que contenha elementos que vão ao encontro da sistemática do Código de Processo Penal como um todo.

(A) Vinculação das provas do processo à sua própria consciência e verdade formal.
(B) Livre convencimento e verdade material.
(C) Livre convencimento e motivação da decisão.
(D) Hierarquia prefixada de provas e livre apreciação dos elementos constatados nos autos.

No que concerne aos sistemas de valoração da prova, adotamos, como regra, o sistema da persuasão racional ou livre convencimento motivado, em que o magistrado decidirá com base no seu livre convencimento, devendo, todavia, fundamentar sua decisão (art. 93, IX, da CF/1988). No chamado sistema do livre convencimento (ou íntima convicção), o juiz, ao apreciar a prova de forma livre e de acordo com a sua convicção, não está obrigado a fundamentar a sua decisão. É o sistema que vige no Tribunal do Júri, em que o jurado não motiva o seu voto. Nem poderia. Há, por fim, o sistema da prova legal, no qual o juiz fica adstrito ao valor atribuído à prova pelo legislador.

Gabarito "C".

(Juiz de Direito – TJ/MS – VUNESP – 2015) Na produção de prova testemunhal, com relação ao método direto e cruzado, previsto no artigo 212, do Código de Processo Penal, com nova redação dada pela Lei 11.690/2008, afirma-se que

(A) é utilizado com reservas porque enfraquece o contraditório e o poder instrutório do juiz, além de afrontar os princípios da ampla defesa e do contraditório.
(B) a testemunha é inquirida, inicialmente, por quem a arrolou e, após, submetida ao exame cruzado pela parte contrária, cabendo ao juiz indeferir perguntas impertinentes e repetitivas e completar a inquirição.
(C) é sistema de inquirição idêntico ao desenvolvido em plenário do júri e explicitado pelo artigo 473 do Código de Processo Penal.
(D) é regra de exceção na inquirição de testemunha na segunda fase da persecução penal, condicionada ao requerimento prévio das partes e deferimento judicial.
(E) após a complementação do juiz, ao qual se dirige a prova produzida, encerra-se a oitiva, sem possibilidade de reperguntas pelas partes.

Com as mudanças implementadas no art. 212 do CPP pela Lei de Reforma 11.690/2008, o *sistema presidencialista*, pelo qual a testemunha, depois de inquirida pelo juiz, respondia, por intermédio deste, às perguntas formuladas pelas partes, deu lugar ao chamado sistema *cross examination*, atualmente em vigor, segundo o qual as partes passam a dirigir suas indagações às testemunhas sem a intermediação do magistrado, de forma direta, vedados os questionamentos que puderem induzir a resposta, não tiverem relação com a causa ou importarem na resposta de outra já respondida. Ao final da inquirição, se ainda remanescer algum ponto não esclarecido, poderá o juiz complementá-la, formulando à testemunha novas perguntas (art. 212, parágrafo único, do CPP). É por essa razão que se diz que a atividade do juiz é complementar, remanescente à das partes.

Gabarito "B".

9. SUJEITOS PROCESSUAIS

(Investigador – PC/BA – 2018 – VUNESP) Quanto aos assistentes de acusação, o Código de Processo Penal estabelece que

(A) o assistente é aquele que oferece a denúncia, na hipótese de inércia do Ministério Público nos crimes de ação penal pública.
(B) a morte do ofendido obsta que outrem atue ao lado do Ministério Público, no polo ativo.
(C) na hipótese de ação penal privada, poderá haver assistência de acusação tão somente se houver pluralidade de ofendidos.
(D) na hipótese de morte do ofendido, poderão habilitar-se como assistente seu cônjuge, ascendente, descendente ou irmão.
(E) a assistência inicia-se com a denúncia e conclui-se, em havendo interesse do ofendido, com o término da execução da pena.

A: incorreta. É que o assistente somente será admitido a partir do recebimento da denúncia, permanecendo nessa condição até o trânsito em julgado (art. 269, CPP). Sendo a ação penal pública, o ofendido, diante da inércia do MP em promover a ação penal dentro do prazo legal, poderá ajuizar ação penal privada subsidiária da pública, conforme arts. 29 do CPP e 100, § 3º, do CP; **B:** incorreta, na medida em que contraria o teor do art. 268 do CPP, que estabelece que, na falta do ofendido ou de seu representante legal, a intervenção, na qualidade de assistente, poderá realizar-se pelas pessoas mencionadas no art. 31 do CPP; **C:** incorreta. Isso porque, por expressa disposição do art. 268 do CPP, a assistência poderá se dar, exclusivamente, na ação penal *pública*, já que, se se tratar de ação privada, exclusiva ou subsidiária da pública, o ofendido funcionará como querelante, isto é, como parte necessária; **D:** correta, pois corresponde ao que estabelece o art. 31 do CPP; **E:** incorreta, já que a admissão do assistente terá lugar a partir do recebimento da denúncia e poderá ocorrer até o trânsito em julgado da sentença, ou seja, não há que se falar em assistência no inquérito policial e na execução penal. ED
Gabarito "D".

(Escrevente – TJ/SP – 2018 – VUNESP) A respeito das causas de impedimento e suspeição do juiz, de acordo com o Código de Processo Penal, assinale a alternativa correta.

(A) Nos juízos coletivos, não poderão servir no mesmo processo os juízes que forem entre si parentes, consanguíneos ou afins, em linha reta ou colateral, até o quarto grau.
(B) O juiz será suspeito, podendo ser recusado por qualquer das partes, se já tiver funcionado como juiz de outra instância, pronunciando-se de fato ou de direito sobre a questão.
(C) Ainda que dissolvido o casamento, sem descendentes, que ensejava impedimento ou suspeição, não funcionará como juiz o sogro, o padrasto, o cunhado, o genro ou enteado de quem for parte no processo.
(D) O juiz será impedido se for credor ou devedor de qualquer das partes.
(E) A suspeição poderá ser reconhecida ou declarada ainda que a parte injurie, de propósito, o juiz.

A: incorreta, pois o *impedimento* do art. 253 do CPP, que se refere a órgãos colegiados, vai até o *terceiro* grau (e não até o *quarto*, como consta da assertiva); **B:** incorreta. Cuida-se de hipótese de *impedimento* (art. 252, III, CPP), e não de *suspeição*, cujas causas estão elencadas no art. 254, CPP; **C:** correta, pois reflete o disposto no art. 255 do CPP; **D:** incorreta. Se o juiz for credor ou devedor de qualquer das partes, ele será considerado *suspeito* para o julgamento da causa (art. 254, VI, do CPP), e não *impedido*; **E:** incorreta. Nesta hipótese, a suspeição não será declarada tampouco reconhecida, tal como estabelece o art. 256 do CPP. ED
Gabarito "C".

(Escrevente – TJ/SP – 2018 – VUNESP) A respeito do acusado e do defensor, é correto afirmar que

(A) o acusado, ainda que tenha habilitação, não poderá a si mesmo defender, sendo-lhe nomeado defensor, pelo juiz, caso não o tenha.
(B) a constituição de defensor dependerá de instrumento de mandato, ainda que a nomeação se der por ocasião do interrogatório.
(C) o acusado ausente não poderá ser processado sem defensor. Já o foragido, existindo sentença condenatória, ainda que não transitada em julgado, sim.
(D) se o defensor constituído pelo acusado não puder comparecer à audiência, por motivo justificado, provado até a abertura da audiência, nomear-se-á defensor dativo, para a realização do ato, que não será adiado.
(E) o acusado, ainda que possua defensor nomeado pelo Juiz, poderá, a todo tempo, nomear outro, de sua confiança.

A: incorreta, uma vez que, embora não seja recomendável, é dado ao acusado, desde que tenha habilitação para tanto (deve ser advogado), promover a sua defesa técnica, faculdade essa contemplada no art. 263, *caput*, do CPP; **B:** incorreta. É do art. 266 do CPP que a constituição de defensor independerá de instrumento de mandato se a indicação, feita pelo réu, se der por ocasião do interrogatório; **C:** incorreta. A rigor, não há que se falar em revelia no âmbito do processo penal, ao menos tal como verificado no processo civil, em que, como sabemos, a não contestação da ação pelo réu citado implica o reconhecimento, como verdadeiros, dos fatos articulados na inicial. No processo penal, diferentemente, a inação do réu, que foi regularmente citado para contestar a ação, não pode acarretar o mesmo efeito produzido no processo civil. É dizer, o juiz, diante do não comparecimento do réu, providenciará para que lhe seja nomeado um defensor, a quem incumbirá, a partir de então, a defesa do acusado (art. 261, CPP); **D:** incorreta, uma vez que, por força do que estabelece o art. 265, §§ 1º e 2º, do CPP, a audiência poderá, neste caso, ser adiada; **E:** correta (art. 263, *caput*, do CPP). ED
Gabarito "E".

(Juiz de Direito – TJ/MS – VUNESP – 2015) O juiz dar-se-á por suspeito

(A) ainda que a parte, propositadamente, no curso processual, der motivo para criar a suspeição.
(B) independentemente da arguição da parte, por declaração escrita, nos autos, apontando os motivos legais de sua suspeição.
(C) se for amigo íntimo ou inimigo capital de advogado da parte e perito judicial.
(D) e praticará atos urgentes até nomeação de substituto legal, em homenagem ao princípio da celeridade processual.
(E) por motivo de foro íntimo, por declaração escrita, nos autos, apontando os motivos legais de sua suspeição.

A: incorreta. Ao contrário do que se afirma, se a parte injuriar o magistrado ou, de forma propositual e imbuída de má-fé, der motivo para arguir a sua suspeição, inviável que esta seja reconhecida, nos termos do que prescreve o art. 256 do CPP; **B:** correta, pois em conformidade com o que estabelece o art. 97 do CPP; **C:** incorreta, dado que o art. 254, I, do CPP não contemplou o *advogado* tampouco o *perito*, tão somente a *parte*; **D:** incorreta, pois não reflete o disposto no art. 97 do CPP, que estabelece que o juiz, assim que se declarar como suspeito, providenciará para o processo seja, de imediato, remetido ao seu substituto legal; **E:** incorreta, pois, nesta hipótese, o juiz não está obrigado a apontar os motivos que ensejaram sua suspeição.

Gabarito "B".

(Escrevente Técnico – TJ/SP – VUNESP – 2015) Ao Ministério Público compete, de acordo com o art. 257 do CPP, fiscalizar a execução da lei e promover, privativamente, a ação penal

(A) pública.
(B) pública incondicionada, e manifestar-se como *custos legis*, nas ações penais públicas condicionadas.
(C) privada, quando houver representação da vítima.
(D) pública condicionada, e manifestar-se como *custos legis*, nas ações penais públicas incondicionadas.
(E) pública e, quando houver representação da vítima, promover em seu nome a ação penal privada.

Ao Ministério Público compete a promoção privativa da ação penal pública incondicionada e também da condicionada (a representação ou requisição do MJ). Em outras palavras, a iniciativa, nesta modalidade de ação, é privativa do MP, que dependerá, se a ação for condicionada, da manifestação de vontade do ofendido, por meio de representação, ou da iniciativa do ministro da Justiça, mediante requisição. Ou seja, a norma presente no art. 257 do CPP (que está em consonância com o art. 129, I, da Constituição Federal) contempla tanto a ação penal pública incondicionada quanto a condicionada. Quando a ação não for promovida pelo MP (ação penal exclusivamente privada ou privada subsidiária da pública), caberá a este exercer as funções de fiscal da lei, acompanhando o desenvolvimento do processo (art. 257, II, do CPP).

Gabarito "A".

(Escrevente Técnico – TJ/SP – VUNESP – 2015) No que concerne à estruturação da defesa de acusados em juízo criminal, é correto afirmar (CPP, art. 263):

(A) o acusado que é Advogado pode apresentar defesa "em nome próprio", sem necessidade de constituição de outro profissional.
(B) o acusado que não constituir Advogado será obrigatoriamente defendido por Procurador Municipal ou Estadual.
(C) o Juiz não pode indicar Advogado de forma compulsória a um acusado, que sempre tem o direito inalienável de articular a própria defesa, ainda que não seja habilitado para tanto.
(D) se for indicado um Defensor Público ao acusado, este não pode desconstituí-lo para nomear um profissional de sua confiança.
(E) apenas nos crimes mais graves o acusado deve obrigatoriamente ser assistido por Advogado, podendo articular a própria defesa, mesmo sem habilitação, nos casos em que não está em risco sua liberdade.

A: correta. Embora não seja recomendável, dado o envolvimento emocional inevitável, é lícito ao réu, desde que disponha de habilitação para tanto (deve ser advogado), patrocinar a sua própria defesa (advogar em causa própria). Assim estabelece o art. 263, *caput*, parte final, do CPP; **B:** incorreta. Se o acusado não constituir advogado, deverá o juiz nomear-lhe integrante da Defensoria Pública para patrocinar a sua defesa ou, não sendo isso possível, dar-lhe advogado inscrito regularmente nos quadros da OAB (art. 263, *caput*, do CPP). Tal incumbência, como se pode ver, não pode recair sobre as Procuradorias do Município ou do Estado; **C:** incorreta. Somente terá direito a patrocinar a própria defesa o réu que dispuser de habilitação técnica (é dizer: deve ser advogado com inscrição regular na OAB); o acusado que não for advogado, se não concordar com a nomeação feita pelo juiz, pode, a qualquer tempo, contratar advogado de sua confiança, conforme lhe faculta o art. 263, *caput*, do CPP, que substituíra o que lhe fora nomeado pelo magistrado; **D:** incorreta. Como já dito, o acusado não é obrigado a se ver defendido pelo profissional nomeado pelo juiz; poderá, se julgar conveniente e a qualquer momento, contratar defensor de sua confiança; **E:** incorreta. A necessidade de o réu ser defendido por profissional habilitado, por ele constituído ou mesmo nomeado pelo juiz, independe da gravidade do crime pelo qual está sendo processado.

Gabarito "A".

10. CITAÇÃO, INTIMAÇÃO E PRAZOS

(Escrevente – TJ/SP – 2018 – VUNESP) Com relação à citação do acusado, assinale a alternativa correta.

(A) A citação inicial do acusado far-se-á pessoalmente, por intermédio de mandado judicial, carta precatória ou hora certa.
(B) Ao acusado, citado por edital, que não comparecer ou constituir advogado, será nomeado defensor, prosseguindo o processo.
(C) Estando o acusado no estrangeiro, suspende-se o processo e o prazo prescricional até que retorne ao País.
(D) Completada a citação por hora certa, não comparecendo o réu, ser-lhe-á nomeado defensor dativo.
(E) A citação do réu preso far-se-á na pessoa do Diretor do estabelecimento prisional.

A: incorreta. Segundo dispõe o art. 351 do CPP, a citação inicial far-se-á por mandado, que constitui modalidade de citação pessoal. O acusado será citado por carta precatória se estiver fora do território da jurisdição do juiz processante (art. 353, CPP). Já a citação por hora certa, que é modalidade de citação presumida (ficta) e foi incorporada ao processo penal com o advento da Lei 11.719/2008, que a inseriu no art. 362 do CPP, somente terá lugar diante da existência de indícios de ocultação do réu; **B:** incorreta. Se o réu, depois de citado por edital, não comparecer tampouco constituir defensor, o processo e o prazo prescricional ficarão, por imposição da regra estampada no art. 366 do CPP, *suspensos*. Poderá o juiz, neste caso, determinar a produção antecipada das provas que repute urgentes e, presentes os requisitos do art. 312 do CPP, decretar a prisão preventiva. *Vide*, a esse respeito, Súmulas n. 415 e 455 do STJ; **C:** incorreta. Se o acusado estiver no estrangeiro, em lugar sabido, sua citação far-se-á por meio de carta rogatória, com a suspensão do prazo prescricional até o seu cumprimento (art. 368, CPP); **D:** correta, pois reflete o disposto no art. 362, parágrafo único, CPP; **E:** incorreta, uma vez que a citação da pessoa que estiver presa será feita pessoalmente (por mandado), conforme art. 360, CPP.

Gabarito "D".

(Escrevente Técnico – TJ/SP – VUNESP – 2015) Em que momento a lei processual penal (CPP, art. 363) considera que o processo completa sua formação?

(A) Constituição de defensor após a citação.
(B) Citação do acusado.
(C) Recebimento da denúncia.
(D) Apresentação de resposta escrita.
(E) Juntada do mandado de citação aos autos.

Uma vez oferecida a peça acusatória, denúncia ou queixa, o juiz, se a aceitar, mandará citar o réu para oferecer resposta escrita. Até aqui, a relação jurídica processual não se aperfeiçoou, o que somente ocorrerá com a citação do acusado, ato de comunicação por meio do qual se dá ciência ao réu da imputação que contra ele foi formulada, concedendo-lhe prazo para que se defenda. É o que estabelece o art. 363, *caput*, do CPP.

Gabarito "B".

11. PRISÃO, MEDIDAS CAUTELARES E LIBERDADE PROVISÓRIA

(Juiz de Direito – TJ/RJ – 2019 – VUNESP) A prisão preventiva imposta à mulher gestante ou que for mãe ou responsável por crianças ou pessoas com deficiência será substituída por prisão domiciliar, desde que

(A) não se trate a gestante de reincidente ou portadora de maus antecedentes.
(B) não seja a gestante líder de organização criminosa ou participante de associação criminosa.
(C) não se trate de acusada por crime hediondo ou equiparado.
(D) não tenha cometido crime com violência ou grave ameaça à pessoa e não tenha cometido o crime contra seu filho ou dependente.
(E) tenha havido prévia reparação do dano e as circunstâncias do fato e a personalidade da gestante indicarem se tratar de medida suficiente à prevenção e reprovação do crime.

Quanto ao tema "cumprimento da prisão preventiva em domicílio", importante tecer algumas ponderações, tendo em vista o advento da Lei 13.769/2018, que, entre outras coisas, inseriu no CPP o art. 318-A, que estabelece a substituição da prisão preventiva por prisão domiciliar da mulher gestante, mãe ou responsável por crianças ou pessoas com deficiência. Além disso, disciplina o regime de cumprimento de pena privativa de liberdade de condenadas na mesma situação, com alteração da Lei de Crimes Hediondos e da Lei de Execução Penal. Como bem sabemos, a 2ª turma do STF, ao julgar o HC coletivo 143.641, assegurou a conversão da prisão preventiva em domiciliar a todas as presas provisórias do país que sejam gestantes, puérperas ou mães de crianças e deficientes sob sua guarda. Perceba, dessa forma, que o legislador, ao inserir o art. 318-A do CPP, nada mais fez do que contemplar, no texto legal, o entendimento consolidado no *habeas corpus* coletivo a que fizemos referência. Também em consonância com o que ficou decidido no julgamento do HC, o legislador impôs dois requisitos: que não tenha sido cometido crime com grave ameaça ou violência contra a pessoa; que não tenha sido cometido contra o filho ou dependente. O art. 318-B, também inserido por meio da Lei 13.769/2018, prevê a possibilidade de aplicação concomitante da prisão domiciliar e das medidas alternativas previstas no art. 319 do CPP, na esteira do decidido no HC 143.641. Para além da inserção desses dois dispositivos legais no CPP, a Lei 13.769/2018 promoveu alterações na LEP. Perceba, pois, que os arts. 318, 318-A e 318-B tratam da concessão da prisão domiciliar no contexto da prisão preventiva, que constitui modalidade de prisão provisória. Pressupõe-se, aqui, portanto, ausência de condenação definitiva. Após o trânsito em julgado da condenação, a prisão domiciliar passa a ser disciplinada, como não poderia deixar de ser, pela LEP. Neste caso, temos que a Lei 13.769/2018 inseriu no art. 112 da LEP o § 3º, que estabelece fração diferenciada de cumprimento de pena para que a mulher, nas condições a que fizemos referência, possa alcançar o regime mais brando (a fração necessária, que antes era um sexto, passou para um oitavo. Para tanto, a reeducanda deve reunir quatro requisitos cumulativos, além de ter cumprido um oitavo da pena que lhe foi imposta. Também incluído pela Lei 13.769/2018, o § 4º do art. 112 da LEP estabelece que a prática de novo crime doloso ou falta grave acarretará a revogação do benefício. Destarte, das alternativas acima, deve ser assinalada a "D", já que em conformidade com o art. 318-A do CPP.

Gabarito "D".

(Juiz de Direito – TJ/RS – 2018 – VUNESP) Sobre prisão e medidas cautelares, é correto afirmar:

(A) por se tratar de medida urgente, a prisão deverá ser efetuada em qualquer lugar e dia e a qualquer hora.
(B) a falta de exibição do mandado não obsta a prisão se a infração for inafiançável.
(C) deverão ser aplicadas, observando-se a necessidade, adequação, regulamentação, usos e costumes e os princípios gerais de direito.
(D) o juiz não pode dispensar a manifestação da parte contrária antes de decidir sobre o pedido de medida cautelar.
(E) dispensa-se a assinatura no mandado de prisão quando a autoridade judiciária responsável pela sua expedição se fizer presente em seu cumprimento.

A: incorreta. O art. 283, § 2º, do CPP, que estabelece que a prisão será efetuada em qualquer dia e a qualquer hora, impõe uma restrição: que seja respeitada a regra presente no art. 5º, XI, da CF, que trata da inviolabilidade de domicílio. É dizer, embora a lei não fixe dia e hora para que alguém, contra o qual haja expedição de ordem de prisão, seja preso, o ingresso em domicílio, com esse objetivo, somente pode ocorrer, caso haja recalcitrância do morador, durante o dia. Cuidado: se se tratar de situação de flagrante, o ingresso em domicílio alheio pode se dar durante a noite, ainda que haja recusa do morador em franquear a entrada dos policiais. Tal situação é excepcionada pelo art. 5º, XI, da CF; **B:** correta, pois em conformidade com o que estabelece o art. 287 do CPP, cuja redação foi alterada pela Lei 13.964/2019: "Se a infração for inafiançável, a falta de exibição do mandado não obstará à prisão, e o preso, em tal caso, será imediatamente apresentado ao juiz que tiver expedido o mandado, para realização da audiência de custódia". A alteração legislativa impôs a obrigação de realização de audiência de custódia; **C:** incorreta, já que inexiste tal previsão legal; **D:** incorreta, na medida em que poderá o juiz, ante a hipótese de urgência ou de perigo de ineficácia da medida, dispensar a manifestação da parte contrária (art. 282, § 3º, CPP). Cuidado: com a modificação a que foi submetida a redação desse dispositivo (art. 282, § 3º) pela Lei 13.964/2019, a parte contrária, ao ser intimada, contará com o prazo de cinco dias para manifestar-se (antes não havia prazo); **E:** incorreta, pois contraria o disposto no art. 285, parágrafo único, *a*, do CPP.

Gabarito "B".

(Investigador – PC/BA – 2018 – VUNESP) A respeito do cumprimento de mandado de prisão, de acordo com o Código de Processo Penal, é correto afirmar que

(A) durante a diligência respectiva, são admitidas tão somente as restrições relativas à inviolabilidade do domicílio.
(B) o emprego da força física será admitido apenas na hipótese de tentativa de fuga do preso.
(C) devem ser observadas as restrições referentes à inviolabilidade de domicílio, à liberdade de culto e ao respeito aos mortos.
(D) somente poderá ser realizado durante o dia, independentemente do local.
(E) o emprego de força será admitido exclusivamente contra obstáculo físico, visando a prender o procurado.

A: correta, pois reflete o disposto no art. 283, § 2º, do CPP; **B:** incorreta, já que será admitido o emprego da força na hipótese de tentativa de fuga e também no caso de resistência (art. 284, CPP); **C:** incorreta, pois contraria o disposto no art. 283, § 2º, do CPP; **D:** incorreta. O mandado de prisão poderá ser cumprido a qualquer dia e a qualquer hora (durante o dia e também durante a noite), respeitando-se, todavia, as restrições relativas à inviolabilidade do domicílio (art. 283, § 2º, CPP).

Significa que, durante o dia, a prisão poderá realizar-se em domicílio alheio, ainda que haja resistência do morador; se à noite, o ingresso em domicílio alheio somente poderá se dar diante do consentimento do morador; diante de sua recusa, o executor da ordem de prisão fará guardar todas as saídas do imóvel até o amanhecer, quando então poderá ingressar no imóvel onde se encontra a pessoa a ser presa, independente da anuência do morador. É o que estabelece o art. 293 do CPP. Em conclusão, se a pessoa contra a qual houver ordem de prisão não estiver abrigada em domicílio (próprio ou alheio), o mandado poderá ser cumprido tanto de dia quanto à noite; **E:** incorreta, pois não reflete o disposto no art. 284 do CPP. ED
Gabarito "A".

(Investigador – PC/BA – 2018 – VUNESP) De acordo com o Código de Processo Penal, é vedada a decretação da prisão preventiva se a autoridade judiciária constatar que o agente

(A) não se encontrava em nenhuma das hipóteses legais que justificam a lavratura do auto de flagrante delito.
(B) praticou a ação ou omissão que lhe é atribuída acobertado por alguma das excludentes de ilicitude.
(C) era menor de 21 (vinte e um) anos de idade por ocasião do crime ou maior de 70 (setenta) anos de idade por ocasião da decisão.
(D) tiver condenação anterior por crime doloso, independentemente da data do cumprimento da pena ou da extinção da punibilidade.
(E) não fornecer, no momento da prisão, dados de sua identidade, mesmo que esta tenha sido apurada em momento posterior.

A: incorreta. É que as hipóteses legais que autorizam a prisão em flagrante (art. 302, CPP) são diversas daquelas que permitem a decretação da custódia preventiva (art. 312, CPP). Tanto é assim que o relaxamento da prisão em flagrante porque ausente alguma das hipóteses do art. 302 do CPP não impede a decretação da prisão preventiva, desde que presentes os requisitos contemplados nos arts. 312 e 313 do CPP; **B:** correta, visto que a prisão preventiva em hipótese nenhuma será decretada no caso de o agente ter agido sob o pálio de alguma excludente de ilicitude (art. 314, CPP); **C:** incorreta, pois tal circunstância não constitui óbice à decretação da custódia preventiva. Ao que parece, o examinador quis induzir o candidato a erro, fazendo referência à hipótese contida no art. 115 do CP, que trata dos casos em que tem lugar a redução dos prazos de prescrição; **D:** incorreta, uma vez que contraria o disposto no art. 313, II, do CPP; **E:** incorreta (art. 313, § 1º, CPP). ED
Gabarito "B".

(Delegado – PC/BA – 2018 – VUNESP) No que concerne à prisão em flagrante, à prisão temporária e à prisão preventiva, assinale a alternativa correta, nos estritos termos legais e constitucionais.

(A) Nenhuma delas tem prazo máximo estabelecido em lei.
(B) A primeira pode ser realizada pela autoridade policial, violando domicílio e sem ordem judicial, a qualquer horário do dia ou da noite.
(C) A segunda somente é cabível em crimes hediondos ou assemelhados, podendo durar 30 (trinta) ou 60 (sessenta) dias.
(D) A segunda demanda ordem judicial e prévio parecer favorável do Ministério Público.
(E) A terceira pode ser decretada de ofício pelo Juiz durante o inquérito policial.

A: incorreta. Isso porque o legislador estabeleceu o prazo máximo durante o qual deve durar a custódia temporária. Vejamos. Com efeito, a *prisão temporária*, a ser decretada tão somente pelo juiz de direito, terá o prazo de 5 (cinco) dias, prorrogável por igual período em caso de extrema e comprovada necessidade, nos termos do art. 2º da Lei 7.960/1989. Em se tratando, no entanto, de crime hediondo ou delito a ele equiparado (tortura, tráfico de drogas e terrorismo), a *custódia temporária* será decretada por até 30 (trinta) dias, prorrogável por igual período em caso de extrema e comprovada necessidade, em consonância com o disposto no art. 2º, § 4º, da Lei 8.072/1990 (Lei de Crimes Hediondos); **B:** correta. A prisão em flagrante pode ser realizada tanto pela autoridade policial e seus agentes (flagrante obrigatório – art. 301, 2ª parte, do CPP) quanto por qualquer pessoa do povo (flagrante facultativo – art. 301, 1ª parte, do CPP). De uma forma ou de outra, é lícito que, para viabilizar a prisão em flagrante, o agente ingresse em domicílio alheio, independentemente do consentimento do morador e de ordem judicial, a qualquer hora do dia ou da noite (art. 5º, XI, da CF); **C:** incorreta. A prisão temporária será decretada para viabilizar a apuração de diversos crimes, entre os quais os delitos hediondos e equiparados, tal como consta do rol do art. 1º, III, da Lei 7.960/1989; **D:** incorreta. De fato, a decretação da prisão temporária (sempre pelo juiz de direito) não está condicionada a parecer favorável do MP; é dizer, diante da representação formulada pela autoridade policial para a decretação da custódia temporária, deverá o juiz, antes de decidir, ouvir o MP, cujo parecer não tem caráter vinculativo, podendo o magistrado, portanto, decidir de forma contrária à opinião externada pelo MP (art. 2º, § 1º, Lei 7.960/1989); **E:** incorreta. Com a alteração promovida pela Lei de Reforma 12.403/2011 na redação do art. 311 do CPP, o juiz, que antes podia, de ofício, determinar a prisão preventiva no curso do inquérito, passou a fazê-lo (de ofício) somente no curso da ação penal. Ao tempo em que esta questão foi elaborada, a decretação da custódia preventiva de ofício somente era possível no curso da ação penal, razão pela qual incorreto o que ali se afirma (que a prisão preventiva pode ser decretada de ofício no curso do IP). Mais recentemente, a Lei 13.964/2019 (Pacote Anticrime) afastou a possibilidade, que antes havia, de o magistrado atuar de ofício na decretação da custódia preventiva (antes, como já dito, cabia no curso da instrução). Doravante, portanto, a prisão preventiva, quer no curso das investigações, quer no decorrer da ação penal, somente será decretada diante de provocação do delegado de polícia (no curso do IP) ou do MP (se no curso das investigações ou da ação penal). ED
Gabarito "B".

(Juiz de Direito – TJ/RJ – VUNESP – 2016) X e Y, maiores de idade, empreendem assalto a banco, armados (art. 157, § 2º, I e II). Logo ao saírem do local, em poucos minutos, a polícia chega ao recinto e passa à perseguição dos criminosos, que são presos em flagrante, na posse de armas de fogo e de grande quantidade de dinheiro em espécie. O delegado arbitra fiança a X, mas não para Y, por este ser reincidente. Em juízo, é convertida em preventiva a prisão de Y, sendo imediatamente impetrado *habeas corpus* no Tribunal de Justiça. A ordem é concedida, revogando-se a prisão preventiva, pois cabíveis medidas alternativas, sendo, desde logo, imposta a obrigatoriedade de comparecimento periódico, em Juízo. Uma vez solto, Y descumpre a medida, sendo decretada, de ofício, nova prisão preventiva.

A respeito do caso, assinale a alternativa correta.

(A) A nova prisão preventiva de Y é ilegal, pois, inexistindo urgência, em homenagem ao princípio do contraditório, o imputado haveria de ser ouvido, antes da adoção da medida extrema.
(B) O Tribunal errou ao conceder a ordem, pois, em se tratando de crime com violência, a prisão preventiva é a regra.
(C) O delegado de polícia oficiante acertou em arbitrar fiança a X, pois o crime praticado não é inafiançável.

(D) Embora acertado o arbitramento de fiança para X pelo delegado de polícia oficiante, este não poderia se recusar a arbitrar fiança para Y, em virtude da reincidência.

(E) A prisão em flagrante delito dos agentes foi ilegal, eis que a situação não configurava, sob qualquer ótica, estado de flagrância.

A: correta, pois em conformidade com o que estabelece o art. 282, § 3º, do CPP, cuja redação foi alterada pela Lei 13.964/2019, impondo que a manifestação da parte contrária se dê no prazo de 5 dias; **B:** incorreta. A decretação ou manutenção da prisão preventiva, que constitui modalidade de custódia cautelar que antecede a condenação definitiva, não pode ser considerada regra, ainda que se trate de crime com emprego de violência, devendo a sua aplicação sempre estar condicionada à demonstração concreta de sua imperiosa necessidade. É por essa razão que deve o magistrado apontar as razões, no seu entender, que a tornam indispensável (art. 312 do CPP). Enfim, a prisão preventiva deve ser vista como exceção, já que somente terá lugar quando necessária ao processo. Deve ser vista, portanto, como um *instrumento* do processo a ser utilizado em situações *excepcionais*; **C:** correta. O crime de roubo (art. 157 do CP), ainda que majorado, não é considerado inafiançável; somente é inafiançável, porque hediondo, o crime de roubo seguido de morte (art. 157, § 3º, II, do CP), tal como estabelece o art. 1º, II, *c*, da Lei 8.072/1990 (Crimes Hediondos). A despeito disso, não poderia o delegado ter arbitrado fiança a X, na medida em que, à luz do que dispõe o art. 322, *caput*, do CPP, a autoridade policial somente está credenciada a conceder fiança nos casos de infração penal cuja pena máxima cominada não seja superior a 4 anos. A pena máxima cominada ao roubo simples é de 10 anos. Atenção: a Lei 13.964/2019 (Pacote Anticrime) alterou a Lei 8.072/1990 e ali inseriu novos crimes hediondos. Só para ficar em alguns exemplos, passaram a ser catalogados como delitos hediondos: furto qualificado pelo emprego de explosivo ou de artefato análogo que cause perigo comum (art. 155, § 4º-A, CP); roubo circunstanciado pelo emprego de arma de fogo (art. 157, § 2º-A, I, CP); roubo qualificado pela ocorrência de lesão corporal grave (art. 157, § 3º, I, CP), entre outros; **D:** incorreta. A reincidência não é fator impeditivo à concessão de fiança; **E:** incorreta. Segundo consta, X e Y, em concurso de pessoas, logo após o cometimento do crime de roubo a agência bancária, passaram a ser perseguidos pela polícia, que os prendeu em flagrante na posse de armas e dinheiro. Trata-se do que a doutrina convencionou chamar de flagrante impróprio, imperfeito ou quase flagrante, modalidade legal de prisão em flagrante, portanto. Além dessa espécie de flagrante, há o flagrante próprio, real ou perfeito, que é aquele em que o agente é surpreendido no momento em que comete o crime ou quando acaba de cometê-lo – art. 302, I e II, do CPP. Há, por fim, o flagrante ficto ou presumido, que é a modalidade de flagrante (art. 302, IV) em que o agente é encontrado, depois do crime, na posse de instrumentos, armas, objetos ou papéis em circunstâncias que revelem ser ele o autor da infração penal. De se ver que, nesta modalidade de flagrante, inexiste perseguição, como ocorre no flagrante impróprio.

Gabarito "A".

(Juiz de Direito – TJM/SP – VUNESP – 2016) Afirma-se corretamente em matéria de prisão cautelar, que

(A) em caso de excepcional gravidade, ainda que analisada abstratamente, o princípio da presunção de inocência poderá ser desprezado, a fim de se autorizar o largo emprego de prisões cautelares.

(B) em caso de descumprimento de alguma medida cautelar, a regra será a decretação imediata e automática da prisão processual.

(C) na análise do cabimento da prisão preventiva, deve o juiz ponderar, na decisão, se não são aplicáveis medidas diversas menos gravosas.

(D) o prazo da prisão temporária, ainda que prorrogada, jamais excederá a 10 (dez) dias.

(E) em sendo vedada a fiança, não é possível a **concessão** de liberdade provisória, com ou sem condições.

A: incorreta. É tema superado, tanto na doutrina quanto na jurisprudência, que a gravidade abstrata do crime imputado não pode servir de fundamento à decretação de prisões cautelares. A gravidade do crime, para justificar a custódia provisória, deve limitar-se ao aspecto *concreto*. A título de exemplo, é incontestável que o crime de latrocínio, que é hediondo, é dotado de excepcional gravidade, mas isso não justifica, por si só, a decretação de prisão processual. Se assim fosse, a todo agente ao qual se atribui a prática desse crime deveria ser aplicada a prisão preventiva. Não é e não pode ser assim. A prisão provisória só pode ser determinada em situações absolutamente excepcionais, em que fica demonstrada a sua imperiosa necessidade, o que deve ser extraído do art. 312 do CPP, e não da gravidade abstrata do delito; **B:** incorreta. Na hipótese de descumprimento de alguma medida cautelar imposta, deve-se, em primeiro lugar, proceder à substituição da medida por outra mais adequada ou a sua cumulação com a medida anterior impingida. Se, ainda assim, a nova medida (em substituição ou por cumulação) mostrar-se insuficiente, aí, sim, poderá o juiz recorrer à derradeira alternativa, decretando a prisão preventiva. É o que se extrai do art. 282, § 4º, do CPP. Como se vê, a tônica introduzida pela Lei de Reforma 12.403/2011 é evitar a todo custo a segregação cautelar, à qual somente poderá se recorrer em último caso; **C:** correta. Ante as mudanças implementadas pela Lei 12.403/2011, que instituiu as *medidas cautelares alternativas à prisão provisória*, esta (prisão) somente terá lugar diante da impossibilidade de se recorrer às medidas cautelares. Dessa forma, a prisão, como medida excepcional que é, deve também ser vista como instrumento subsidiário, supletivo, cabendo ao juiz, ao decretar à prisão preventiva, justificar por que razão não recorreu às medidas cautelares alternativas (art. 282, § 6º, do CPP). Segundo dispõe o art. 282, § 6º, do CPP, com a redação que lhe conferiu a Lei 13.964/2019, *a prisão preventiva somente será determinada quando não for cabível a sua substituição por outra medida cautelar (art. 319). O não cabimento da substituição por outra medida cautelar deverá ser justificado de forma fundamentada nos elementos presentes no caso concreto, de forma individualizada*; **D:** incorreta. A *prisão temporária*, a ser decretada tão somente pelo juiz de direito, terá o prazo de 5 (*cinco*) *dias*, prorrogável por igual período em caso de extrema e comprovada necessidade, nos termos do art. 2º da Lei 7.960/1989. Em se tratando, no entanto, de crime hediondo ou delito a ele equiparado (tortura, tráfico de drogas e terrorismo), a *custódia temporária* será decretada por *até* 30 (trinta) dias, prorrogável por igual período em caso de extrema e comprovada necessidade, em consonância com o disposto no art. 2º, § 4º, da Lei 8.072/1990 (Lei de Crimes Hediondos); **E:** incorreta. O fato de ser vedada a concessão de fiança (como ocorre nos crimes hediondos) não impede que se conceda liberdade provisória sem fiança.

Gabarito "C".

(Procurador Municipal/SP – VUNESP – 2016) Sobre a prisão, assinale a alternativa correta.

(A) Qualquer agente policial poderá efetuar a prisão determinada no mandado de prisão registrado no Conselho Nacional de Justiça, desde que observada a competência territorial do juiz que a expediu.

(B) Mesmo quando as autoridades locais tenham fundadas razões para duvidar da legitimidade da pessoa do executor, da legalidade do mandado que apresentar, ou sobre a identidade do preso poderão colocá-lo em custódia, até que fique esclarecida a dúvida.

(C) Se o executor do mandado verificar, com segurança, que o réu entrou ou se encontra em alguma casa, o morador será intimado a entregá-lo, à vista da ordem de prisão e acaso não seja obedecido imediatamente, convocará duas testemunhas e, sendo dia ou noite, entrará à força na casa, arrombando as portas, se preciso.

(D) O juiz competente providenciará, no prazo de três dias, o registro do mandado de prisão em banco de dados mantido pelo Conselho Nacional de Justiça para essa finalidade.

(E) Quando o acusado estiver no território nacional, fora da jurisdição do juiz processante, será deprecada a sua prisão e o juiz processante deverá providenciar a remoção do preso no prazo máximo de 60 (sessenta) dias, contados da efetivação da medida.

A: incorreta, uma vez que não reflete o disposto no art. 289-A, § 1°, do CPP: a prisão poderá efetuar-se ainda que fora do território sujeito à jurisdição do juiz que expediu a respectiva ordem; B: correta, pois em conformidade com o que dispõe o art. 289-A, § 5°, do CPP, que remete ao art. 290, § 2°, do CPP; C: incorreta, já que o ingresso à força, na hipótese de recalcitrância do morador, somente se efetivará durante o dia; se à noite, diante da recusa do ocupante, o executor da ordem de prisão fará guardar todas as saídas do imóvel até o amanhecer, quando então poderá ingressar no imóvel onde se encontra a pessoa a ser presa, independente da anuência do morador. É o que estabelece o art. 293 do CPP; D: incorreta, já que tal providência será adotada pelo juiz *de imediato*, tal como impõe o art. 289-A, *caput*, do CPP; E: incorreta. A remoção do preso, a cargo do juiz processante, deverá realizar-se no prazo de 30 dias (e não de 60), a contar da efetivação da prisão (art. 289, § 3°, do CPP).

Gabarito "B".

(Juiz de Direito – TJ/SP – VUNESP – 2015) A liberdade provisória, assegurada pela Constituição Federal e pelo Código de Processo Penal, não pode depender de um ato meramente discricionário do magistrado. Assim, a decisão deve conter a

(A) desnecessidade da manutenção da prisão apenas no momento processual.
(B) fundamentação sucinta e sem análise que prejudique o interesse do mérito.
(C) invocação, ainda que formal, dos dispositivos ensejadores de sua concessão.
(D) demonstração concreta que impõe a privação da liberdade antes da decisão de mérito.

A decretação ou manutenção da prisão cautelar (provisória ou processual), assim entendida aquela que antecede a condenação definitiva, deve sempre estar condicionada à demonstração concreta de sua imperiosa necessidade. Bem por isso, deve o magistrado apontar as razões, no seu entender, que a tornam indispensável (art. 312 do CPP). Colocado de outra forma, a prisão provisória ou cautelar somente se justifica dentro do ordenamento jurídico quando necessária ao processo. Deve ser vista, portanto, como um *instrumento* do processo a ser utilizado em situações *excepcionais*. Em consonância com esse entendimento, consagrado na jurisprudência, a Lei 13.964/2019 inseriu o § 2° ao art. 312 do CPP, que assim dispõe: *a decisão que decretar a prisão preventiva deve ser motivada e fundamentada em receio de perigo e existência concreta de fatos novos ou contemporâneos que justifiquem a aplicação da medida adotada*. Dentro desse mesmo espírito, esta mesma Lei incluiu o § 1° ao art. 315 do CPP, com a seguinte redação: *na motivação da decretação da prisão preventiva ou de qualquer outra cautelar, o juiz deverá indicar concretamente a existência de fatos novos ou contemporâneos que justifiquem a aplicação da medida adotada*. O § 2° deste dispositivo elenca as situações em que se deve considerar a decisão como não fundamentada.

Gabarito "D".

(Juiz de Direito – TJ/MS – VUNESP – 2015) A prisão domiciliar, nos termos do artigo 317, do Código de Processo Penal, consiste no recolhimento do indiciado ou acusado em sua residência, só podendo dela ausentar-se com autorização judicial. Poderá o juiz, de acordo com o dispositivo legal seguinte, substituir a prisão preventiva pela domiciliar quando o agente for, comprovadamente:

(A) I. inimputável; II. semi-imputável; ou III. menor de 21 (vinte e um anos), sem comprovação de reincidência por crime doloso praticado com violência ou grave ameaça contra a pessoa.
(B) I. maior de 70 (setenta) anos; II. gravemente doente; III. cuidador de pessoa menor de idade e portadora de necessidades especiais; e IV. gestante de alto risco.
(C) I. portador de bons antecedentes criminais ou II. menor de 21 (vinte e um anos), se não preenchidos os requisitos no artigo 312, *caput*, do Código de Processo Penal.
(D) I. maior de 80 (oitenta) anos; II. extremamente debilitado por motivo de doença grave; III. imprescindível aos cuidados especiais de pessoa menor de 6 (seis) anos de idade ou com deficiência; ou IV. gestante a partir do 7° mês de gravidez ou sendo esta de alto risco.
(E) I. portador de bons antecedentes; e II. apto ao monitoramento eletrônico.

A elaboração desta questão é anterior à Lei 13.257/2016, que promoveu várias alterações no art. 318 do CPP. Temos atualmente que o juiz poderá, em vista do que estabelece a nova redação do art. 318 do CPP, substituir a prisão preventiva pela domiciliar nas seguintes hipóteses: agente que contar com mais de 80 (oitenta) anos (inciso I); agente extremamente debilitado por motivo de doença grave (inciso II); quando o agente for imprescindível aos cuidados de pessoa com menos de 6 (seis) anos ou com deficiência (inciso III); quando se tratar de gestante (inciso IV – cuja redação foi alterada pela Lei 13.257/2016); quando se tratar de mulher com filho de até 12 anos de idade incompletos (inciso V – cuja redação foi determinada pela Lei 13.257/2016); homem, caso seja o único responsável pelos cuidados do filho de até 12 anos de idade incompletos (inciso VI – cuja redação foi determinada pela Lei 13.257/2016). Se levarmos em conta a anterior redação do art. 318 do CPP, a alternativa a ser assinalada como correta é de fato a "D". Quanto a este tema, importante tecer algumas ponderações, tendo em vista o advento da Lei 13.769/2018, que, entre outras coisas, inseriu no CPP o art. 318-A, que estabeleceu a substituição da prisão preventiva por prisão domiciliar da mulher gestante, mãe ou responsável por crianças ou pessoas com deficiência. Além disso, disciplina o regime de cumprimento de pena privativa de liberdade de condenadas na mesma situação, com alteração da Lei de Crimes Hediondos e da Lei de Execução Penal. Como bem sabemos, a 2ª turma do STF, ao julgar o HC coletivo 143.641, assegurou a conversão da prisão preventiva em domiciliar a todas as presas provisórias do país que sejam gestantes, puérperas ou mães de crianças e deficientes sob sua guarda. Perceba, dessa forma, que o legislador, ao inserir o art. 318-A do CPP, nada mais fez do que contemplar, no texto legal, o entendimento consolidado no *habeas corpus* coletivo a que fizemos referência. Também em consonância com o que ficou decidido no julgamento do HC, o legislador impôs dois requisitos: que não tenha sido cometido crime com grave ameaça ou violência contra a pessoa; que não tenha sido cometido contra o filho ou dependente. O art. 318-B, também inserido por meio da Lei 13.769/2018, prevê a possibilidade de aplicação concomitante da prisão domiciliar e das medidas alternativas previstas no art. 319 do CPP, na esteira do decidido no HC 143.641. Para além da inserção desses dois dispositivos legais no CPP, a Lei 13.769/2018 promoveu alterações na LEP. Perceba, pois, que os arts. 318, 318-A e 318-B tratam da concessão

da prisão domiciliar no contexto da prisão preventiva, que constitui modalidade de prisão provisória. Pressupõe-se, aqui, portanto, ausência de condenação definitiva. Após o trânsito em julgado da condenação, a prisão domiciliar passa a ser disciplinada, como não poderia deixar de ser, pela LEP. Neste caso, temos que a Lei 13.769/2018 inseriu no art. 112 da LEP o § 3º, que estabelece fração diferenciada de cumprimento de pena para que a mulher, nas condições a que fizemos referência, possa alcançar o regime mais brando (a fração necessária, que antes era um sexto, passou para um oitavo). Para tanto, a reeducanda deve reunir quatro requisitos cumulativos, além de ter cumprido um oitavo da pena que lhe foi imposta. Também incluído pela Lei 13.769/2018, o § 4º do art. 112 da LEP estabelece que a prática de novo crime doloso ou falta grave acarretará a revogação do benefício.
Gabarito "D".

(Delegado/SP – VUNESP – 2014) Em relação ao tema prisão, é correto afirmar que

(A) o emprego de força para a realização da prisão será permitido sempre que a autoridade policial julgar necessário, não existindo restrição legal.
(B) a prisão poderá ser efetuada em qualquer dia e a qualquer hora, respeitadas as restrições relativas à inviolabilidade de domicílio.
(C) a prisão cautelar somente ocorre durante o inquérito policial.
(D) em todas as suas hipóteses, é imprescindível a existência de mandado judicial prévio.
(E) a prisão preventiva somente ocorre durante o processo judicial.

A: incorreta, uma vez que o art. 284 do CPP estabelece que somente se empregará força, na realização da prisão, quando indispensável em razão de resistência ou de tentativa de fuga; **B:** correta, pois reflete a regra disposta no art. 283, § 2º, do CPP; **C:** incorreta. Prisão cautelar (provisória ou processual) é gênero da qual são espécies a custódia preventiva, a temporária e a prisão em flagrante. Como bem sabemos, a prisão temporária somente poderá ocorrer no curso das investigações do inquérito policial (art. 1º, I, da Lei 7.960/1989); a prisão em flagrante, por sua vez, é efetuada em momento anterior à instauração do inquérito e, por óbvio, antes da instauração da ação penal; agora, a prisão preventiva, por força do que dispõe o art. 311 do CPP, poderá ser decretada em qualquer fase da persecução criminal (inquérito e processo); **D:** incorreta. O mandado somente se fará necessário ao cumprimento da prisão temporária e preventiva. A prisão em flagrante, por razões óbvias, não exige, para o seu cumprimento, a expedição de mandado. De outra forma não poderia ser; **E:** incorreta. A prisão preventiva, como já afirmamos, terá lugar tanto na fase inquisitiva quanto na instrução processual.
Gabarito "B".

(Delegado/SP – VUNESP – 2014) A fiança

(A) poderá ser prestada em todas as hipóteses de prisão, salvo no caso de prisão em decorrência de pronúncia.
(B) poderá ser prestada em qualquer termo do processo, inclusive após o trânsito em julgado da sentença.
(C) poderá ser prestada em qualquer termo do processo, enquanto não transitar em julgado a sentença condenatória.
(D) somente poderá ser prestada durante o inquérito policial.
(E) poderá ser prestada nas hipóteses de prisão temporária.

A: incorreta, uma vez que as hipóteses de inafiançabilidade estão elencadas no art. 323 do CPP, cuja redação foi determinada pela Lei 12.403/11, a saber: racismo, tortura, tráfico, terrorismo, crimes hediondos e os delitos praticados por grupos armados, civis ou militares, contra a ordem constitucional e o Estado Democrático e também aqueles contidos em leis especiais, tal como o art. 31 da Lei 7.492/1986 (Sistema Financeiro). Assim sendo, a prisão decorrente de pronúncia, que deve obediência aos requisitos do art. 312 do CPP, não constitui critério de inafiançabilidade; **B** e **C**: a fiança será prestada, a teor do art. 334 do CPP, enquanto não passar em julgado a sentença condenatória; **D:** incorreta. Será prestada tanto na fase de inquérito quanto na instrução processual (enquanto não transitar em julgado); **E:** incorreta. A fiança é incompatível com a prisão temporária.
Gabarito "C".

12. PROCESSO E PROCEDIMENTOS

(Juiz de Direito – TJ/RS – 2018 – VUNESP) Assinale a alternativa correta.

(A) O procedimento comum será ordinário, sumário ou especial.
(B) Os processos que apuram a prática de crime hediondo terão prioridade de tramitação em todas as instâncias apenas se houver réu preso.
(C) O juiz terá o prazo de 5 dias para proferir a sentença caso conceda às partes prazo para a apresentação de memoriais.
(D) No mandado de segurança impetrado pelo Ministério Público contra decisão proferida em processo penal, é facultativa a citação do réu como litisconsorte passivo.
(E) Não cabe *habeas corpus* contra decisão condenatória a pena de multa, ainda que seja patente o constrangimento ilegal causado.

A: incorreta. Segundo a atual redação do art. 394 do CPP, o procedimento se divide em *comum* e *especial*. O comum é subdividido em *ordinário*, *sumário* e *sumaríssimo*. O procedimento comum sumário será adotado quando se tratar de crime cuja sanção máxima seja inferior a quatro anos e superior a dois (art. 394, § 1º, II, CPP); o rito ordinário, por sua vez, terá lugar sempre que se tratar de crime cuja sanção máxima cominada for igual ou superior a quatro anos de pena privativa de liberdade (art. 394, § 1º, I, CPP); já o sumaríssimo é aplicado ao processamento e julgamento das infrações penais de menor potencial ofensivo (aquelas em que a pena máxima cominada não exceda dois anos – art. 61 da Lei 9.099/1995). Como se pode ver, o procedimento especial não constitui modalidade de procedimento comum, tal como consta da assertiva; **B:** incorreta. Com a inserção do art. 394-A, no CPP, pela Lei 13.285/2016, os processos que apuram a prática de crime hediondo terão prioridade de tramitação em todas as instâncias, não importando se se trata de réu preso ou solto; **C:** incorreta, já que o art. 403, § 3º, do CPP estabelece o prazo de 10 dias para o juiz proferir sentença; **D:** incorreta, porque em desconformidade com o entendimento firmado na Súmula 701 do STF: *No mandado de segurança impetrado pelo Ministério Público contra decisão proferida em processo penal, é obrigatória a citação do réu como litisconsorte passivo*; **E:** correta, uma vez que reflete o entendimento sufragado na Súmula 693, do STF: *Não cabe habeas corpus contra decisão condenatória a pena de multa, ou relativo a processo em curso por infração penal a que a pena pecuniária seja a única cominada.* ED
Gabarito "E".

(Juiz de Direito – TJ/RS – 2018 – VUNESP) A respeito dos prazos previstos no CPP e em leis especiais, assinale a alternativa correta.

(A) No procedimento relativo aos processos da competência do Tribunal do Júri, se houver indícios de autoria ou de participação de outras pessoas não incluídas na acusação, o juiz, ao pronunciar ou impronunciar o acusado, determinará o retorno dos autos ao Minis-

4. PROCESSO PENAL — 153

tério Público, por 15 dias, aplicável, no que couber, o art. 80, do CPP.

(B) A audiência de instrução e julgamento no procedimento ordinário será realizada no prazo máximo de 45 dias.

(C) O procedimento relativo aos processos da competência do Tribunal do Júri será concluído no prazo máximo de 120 dias.

(D) Os juízes singulares darão seus despachos e decisões dentro do prazo de 5 dias, se a decisão for definitiva ou interlocutória mista.

(E) Em crime de tráfico de entorpecentes, recebida cópia do auto de prisão em flagrante, o juiz, no prazo de 5 dias, certificará a regularidade formal do laudo de constatação e determinará a destruição das drogas apreendidas, guardando-se amostra necessária à realização do laudo definitivo.

A: correta, já que reproduz o teor do art. 417 do CPP; **B:** incorreta. No procedimento comum ordinário, a audiência será realizada no prazo de 60 dias, tal como consta do art. 400, *caput*, do CPP, e não de 45; já se se tratar do procedimento comum sumário, o art. 531 do CPP estabelece o prazo de 30 dias; **C:** incorreta. Isso porque, no procedimento especial do Júri, o prazo estabelecido pelo art. 412 do CPP corresponde a 90 dias, e não 120, tal como consta da assertiva; **D:** incorreta. Sendo a decisão definitiva ou interlocutória mista, o prazo de que dispõe o juiz singular para proferi-la é de 10 dias (art. 800, I, CPP); sendo interlocutória simples, a decisão será proferida dentro do prazo de 5 dias (art. 800, II, CPP); sendo despacho de mero expediente, o prazo estabelecido pelo art. 800, III, do CPP corresponde a 1 dia (art. 800, III, CPP); **E:** incorreta, na medida em que o prazo de que dispõe o juiz para a adoção da providência acima é de 10 dias (art. 50, § 3º, da Lei 11.343/2006 – Lei de Drogas). Gabarito "A".

(Escrevente – TJ/SP – 2018 – VUNESP) Segundo o Código de Processo Penal, a respeito do processo comum, é correto dizer que

(A) aceita a denúncia ou a queixa, o Juiz não poderá absolver sumariamente o réu, após a apresentação da resposta à acusação.

(B) a parte, no procedimento ordinário, não poderá desistir de testemunha, anteriormente arrolada.

(C) o procedimento será ordinário, sumário ou sumaríssimo; o procedimento sumaríssimo será o aplicado quando se tem por objeto crime sancionado com pena privativa de liberdade de até 04 (quatro) anos.

(D) são causas de rejeição da denúncia ou queixa a inépcia, a falta de pressuposto processual ou condição para o exercício da ação penal e a falta de justa causa.

(E) no procedimento ordinário, poderão ser ouvidas até 08 (oito) testemunhas, de acusação e defesa, compreendidas, nesse número, as que não prestam compromisso.

A: incorreta. Citado o réu e por ele oferecida a resposta à acusação, poderá o juiz, verificando a ocorrência de alguma das hipóteses do art. 397 do CPP, proceder à absolvição sumária do acusado; **B:** incorreta, dado que poderá a parte desistir da inquirição de qualquer das testemunhas que haja arrolado (art. 401, § 2º, CPP); **C:** incorreta. Como bem sabemos, o critério utilizado para se identificar o rito processual a ser adotado é a *pena máxima* cominada ao crime, conforme estabelece o art. 394 do CPP. O *rito ordinário* terá lugar sempre que se tratar de crime cuja sanção máxima cominada for igual ou superior a quatro anos de pena privativa de liberdade (art. 394, § 1º, I, CPP). O *rito sumário*, por sua vez, será adotado quando se tratar de crime cuja sanção máxima seja inferior a quatro anos e superior a dois (art. 394, § 1º, II, CPP). Já o *rito sumaríssimo* terá incidência nas infrações penais de menor potencial ofensivo (crimes cuja pena máxima não seja superior a dois anos bem como as contravenções penais), na forma estatuída no art. 394, § 1º, III, CPP; **D:** correta, pois corresponde ao teor do art. 395 do CPP; **E:** incorreta, já que não serão computadas no número máximo de testemunhas aquelas que não prestaram compromisso (art. 401, § 1º, CPP). Gabarito "D".

(Escrevente Técnico – TJM/SP – VUNESP – 2017) Assinale a alternativa correta no que diz respeito ao procedimento comum dos processos em espécie, consoante disposições do Código de Processo Penal.

(A) Ordinário, quando tiver por objeto crime cuja sanção máxima cominada for igual ou superior a 2 (dois) anos de pena privativa de liberdade.

(B) Sumário, quando tiver por objeto crime cuja sanção máxima cominada seja inferior a 4 (quatro) anos de pena privativa de liberdade.

(C) Sumário, quando tiver por objeto crime cuja sanção máxima cominada seja inferior a 5 (cinco) anos de pena privativa de liberdade.

(D) Sumaríssimo, quando tiver por objeto crime cuja sanção máxima cominada seja inferior a 3 (três) anos de pena privativa de liberdade.

(E) Ordinário, quando tiver por objeto crime cuja sanção máxima cominada for igual ou superior a 3 (três) anos de pena privativa de liberdade.

O critério empregado para identificar o rito processual a ser adotado é a pena máxima cominada ao crime, conforme estabelece o art. 394 do CPP. O rito ordinário será eleito sempre que se tratar de crime cuja sanção máxima cominada for igual ou superior a quatro anos de pena privativa de liberdade (art. 394, § 1º, I, CPP). Assim, devemos excluir as alternativas "A" e "E". O rito sumário, por sua vez, é voltado aos crimes cuja pena máxima cominada seja inferior a quatro anos e superior a dois (art. 394, § 1º, II, CPP). Incorreta, por essa razão, a assertiva "C". Já o rito sumaríssimo terá incidência nas infrações penais de menor potencial ofensivo (crimes cuja pena máxima não seja superior a dois anos bem como as contravenções penais), na forma estatuída no art. 394, § 1º, III, CPP, o que exclui a proposição "D". Resta, dessa forma, a alternativa "B", que deve ser assinalada como correta. Gabarito "B".

(Escrevente Técnico – TJ/SP – VUNESP – 2015) Nos procedimentos _____, oferecida a denúncia ou queixa, o juiz, se não a rejeitar liminarmente, recebê-la-á e _____ (CPP, art. 396).

Assinale a alternativa que preenche, adequada e respectivamente, as lacunas.

(A) comuns ... designará audiência de instrução e interrogatório

(B) ordinário e sumário ... designará audiência de instrução e interrogatório

(C) ordinário e sumário ... ordenará a citação do acusado para responder à acusação, por escrito, no prazo de 10 (dez) dias

(D) comuns ... ordenará a citação do acusado para responder à acusação, por escrito, no prazo de 15 (quinze) dias

(E) sumário e sumaríssimo ... designará audiência de instrução e interrogatório

Nos procedimentos ordinário e sumário, o juiz, depois de oferecida a denúncia ou queixa, receberá a peça acusatória e, ato contínuo, mandará citar o réu, que, assim que tomar conhecimento da ação contra ele ajuizada, disporá do prazo de dez dias para apresentar resposta escrita (art. 396, *caput*, CPP).

Gabarito "C".

(Escrevente Técnico – TJ/SP – VUNESP – 2015) Nas infrações penais de menor potencial ofensivo, quando o juizado especial criminal encaminhar ao juízo comum as peças existentes para a adoção de outro procedimento, de acordo com o art. 538 do CPP, o rito adotado será

(A) o ordinário.
(B) o sumário.
(C) livremente estabelecido pelo juiz.
(D) o sumaríssimo.
(E) o especial.

Se, por qualquer razão, o processo que tramita no Juizado Especial Criminal não puder ali ser julgado, estabelece o art. 538 do CPP que a competência será deslocada ao juízo comum, que processará o feito de acordo com as regras do procedimento *sumário*. É isso que ocorre, a título de exemplo, quando o réu, no juizado especial, não é localizado para citação pessoal. Deverá o juiz, neste caso, em obediência à norma presente no art. 66, parágrafo único, da Lei 9.099/1995, remeter os autos ao juízo comum, onde – repita-se – será adotado o rito *sumário*.

Gabarito "B".

13. PROCESSO DE COMPETÊNCIA DO JÚRI

(Juiz de Direito – TJ/RJ – 2019 – VUNESP) De acordo com as previsões legalmente estabelecidas (CPP, art. 427 e 428), é correto afirmar que o desaforamento

(A) pode ser determinado, se houver dúvida quanto à imparcialidade do Júri.
(B) deve ser indeferido de pronto, se motivado unicamente por excesso de serviço do órgão judicial.
(C) pode ocorrer, a fim de preservar a segurança pessoal da vítima e de seus familiares.
(D) pode ser determinado de ofício pelo Juiz Presidente do Tribunal do Júri.
(E) quando deferido, deve levar o julgamento para Comarca de outra região do Estado.

A: correta. De fato, a dúvida sobre a imparcialidade do júri é um dos motivos a ensejar o desaforamento (art. 427, *caput*, do CPP); **B:** incorreta. Na dicção do art. 428 do CPP, em se tratando de demora na realização do julgamento ocasionada por excesso de serviço, ultrapassado o prazo de seis meses, contado do trânsito da decisão de pronúncia, poderá ser pleiteado o desaforamento; **C:** incorreta, já que o desaforamento ocorrerá, dentre outras razões, para o fim de preservar a segurança pessoal do acusado, e não da *vítima e seus familiares* (art. 427, *caput*, do CPP); **D:** incorreta. Não cabe ao juiz determinar de ofício o desaforamento. Tal incumbência é do Tribunal de Justiça/TRF, por meio de uma de suas Câmaras ou Turmas criminais. Se o juiz do feito reputar presente motivo que possa ensejar o desaforamento, deverá representar nesse sentido (art. 427, *caput*, CPP); **E:** incorreta. Isso porque, segundo estabelece o art. 427, *caput*, do CPP, o júri deverá ocorrer na comarca mais próxima daquela onde o julgamento deveria ter-se realizado.

Gabarito "A".

(Juiz de Direito – TJ/RS – 2018 – VUNESP) Assinale a alternativa correta sobre o Tribunal do Júri.

(A) O exercício efetivo da função de jurado constitui serviço público relevante, mas não estabelece presunção de idoneidade moral.
(B) O Tribunal do Júri é composto por 1 (um) juiz togado, seu presidente e por 7 (sete) jurados que serão sorteados dentre os alistados.
(C) O juiz presidente será ouvido nos pedidos de desaforamento quando não for ele o solicitante.
(D) O serviço do júri é facultativo às gestantes e aos cidadãos maiores de 70 anos.
(E) Se forem dois ou mais os acusados, as recusas deverão ser feitas por um só defensor.

A: incorreta. Segundo estabelece o art. 439 do CPP, o exercício efetivo da função de jurado constitui serviço público relevante e estabelece presunção de idoneidade moral; **B:** incorreta, já que o Tribunal do Júri é composto pelo juiz togado, que o preside, e por 25 jurados sorteados para a sessão, dos quais 7 formarão o Conselho de Sentença (art. 447, CPP); **C:** correta, pois reflete a regra presente no art. 427, § 3º, do CPP, segundo a qual, nas hipóteses de desaforamento em que o pedido não é formulado pelo juiz, ele será sempre ouvido; **D:** incorreta. O serviço do júri, dada a sua relevância, tal como estabelece o art. 436 do CPP, é *obrigatório*. Há situações, no entanto, que podem ensejar a isenção do serviço do júri, entre as quais ser maior de 70 anos, desde que formule requerimento de dispensa, e a demonstração, também por meio de requerimento, de justo impedimento (art. 437, IX e X, do CPP); **E:** incorreta, pois não corresponde ao que estabelece o art. 469, *caput*, do CPP: sendo 2 ou mais acusados, as recusas *poderão* (e não *deverão*) ser feitas por um só defensor.

Gabarito "C".

(Escrevente – TJ/SP – 2018 – VUNESP) Com relação ao procedimento relativo aos processos de competência do tribunal do júri, assinale a alternativa correta.

(A) Pronunciado o acusado, remetidos os autos ao tribunal do júri, será a defesa intimada para apresentar o rol de testemunhas que irão depor, em plenário, até o máximo de 08 (oito).
(B) Constituirão o Conselho de Sentença, em cada sessão de julgamento, 07 (sete) jurados, sorteados dentre os alistados, aplicando-se a eles o disposto sobre os impedimentos, a suspeição e as incompatibilidades dos juízes togados.
(C) Encerrada a instrução preliminar, o juiz, fundamentadamente, pronunciará ou impronunciará o acusado, não cabendo, nessa fase, a absolvição sumária.
(D) Contra a sentença de impronúncia do acusado caberá recurso em sentido estrito.
(E) O risco à segurança pessoal do acusado não enseja desaforamento do julgamento para outra comarca, sendo motivo justificante a dúvida razoável sobre a imparcialidade do júri.

A: incorreta (art. 422, CPP); **B:** correta (arts. 447 e 448, § 2º, CPP); **C:** incorreta, dado que cabe, nesta fase, desde que presente alguma das hipóteses do art. 415, CPP, *absolvição sumária*; **D:** incorreta. Com o advento da Lei 11.689/2008, que modificou os arts. 416 e 581, IV, do CPP, a decisão de impronúncia, que antes comportava *recurso em sentido estrito*, passou a ser combatida por meio de *recurso de apelação*; **E:** incorreta (art. 427, CPP).

Gabarito "B".

(Juiz de Direito – TJ/SP – VUNESP – 2015) O princípio do *in dubio pro sociedade* não altera a presunção de inocência, mas permite que a pronúncia seja decretada

(A) por ocasião da fase da pronúncia, quando vigora o princípio do *in dubio pro reo*.

(B) por mero juízo de admissibilidade, não sendo necessária prova incontroversa do crime.
(C) pelo conselho de sentença, que irá analisar o juízo de admissibilidade da acusação.
(D) porque o juízo de certeza é do presidente do tribunal do júri.

A pronúncia, classificada como decisão interlocutória mista não terminativa, traduz mero juízo de admissibilidade da acusação, isto é, não é necessária, nesta fase, a certeza exigida para uma condenação, razão pela qual deve o juiz, na hipótese de dúvida, pronunciar o réu. Nesta etapa, portanto, vigora o princípio denominado *in dubio pro societate*, segundo o qual deve prevalecer, havendo dúvida, o interesse da sociedade em detrimento do acusado. Conferir o seguinte julgado do STF: "É firme a jurisprudência deste Supremo Tribunal no sentido de que a decisão de pronúncia é mero juízo de admissibilidade da acusação, motivo por que nela não se exige a prova plena, tal como exigido nas sentenças condenatórias em ações penais que não são da competência do júri, não sendo, portanto, necessária a prova incontroversa da existência do crime para que o acusado seja pronunciado. Basta, para tanto, que o juiz se convença daquela existência" (HC 98791, Relator(a): Min. Cármen Lúcia, Primeira Turma, julgado em 28.09.2010, DJe-020 divulg 31-01-2011 public 01-02-2011 ement VOL-02454-02 PP-00378). Gabarito "B".

(Juiz de Direito – TJ/SP – VUNESP – 2015) No julgamento pelo Tribunal do Júri, havendo condenação pelo crime de homicídio doloso por motivo fútil, a defesa recorre e requer a absolvição alegando a ocorrência de decisão contrária à prova dos autos. A apelação será desprovida com base no seguinte:
(A) o Conselho de Sentença decidiu de forma unânime e não cabe alteração.
(B) as decisões do Tribunal do Júri são soberanas e somente em casos de nulidade podem ser revistas.
(C) os jurados adotaram uma das vertentes possíveis e optaram por uma das versões apresentadas.
(D) o veredicto será alterado apenas quando a decisão for tomada por maioria e não por unanimidade.

Quanto ao tema abordado nesta questão, vale conferir o magistério de Guilherme de Souza Nucci: "(...) Não cabe anulação, quando os jurados optam por uma das correntes de interpretação da prova possíveis de surgir. Exemplo disso seria a anulação do julgamento porque o Conselho de Sentença considerou fútil o ciúme, motivo do crime. Ora, se existe prova de que o delito foi, realmente, praticado por tal motivo, escolheram os jurados essa qualificadora, por entenderem adequada ao caso concreto. Não é decisão manifestamente contrária à prova, mas situa-se no campo da interpretação da prova, o que é bem diferente (...)"(*Código de Processo Penal Comentado*, 12ª ed., p. 1048). Nesse sentido a jurisprudência do STJ: "Não cabe aos tribunais analisar se os jurados decidiram bem ou mal, mas apenas verificar se a decisão do Tribunal Popular está completamente divorciada da prova dos autos. Isso porque reserva-se ao Júri a faculdade de apreciar os fatos e de, na hipótese de versões e teses porventura discrepantes, optar pela que lhe pareça mais razoável. Assim, ainda que existam duas versões amparadas pelo material probatório produzido nos autos, deve ser preservado o juízo feito pelos jurados no exercício de sua função constitucional" (HC 201.812/SP, Rel. Ministro Marco Aurélio Bellizze, Quinta Turma, julgado em 07.08.2012, DJe 16.08.2012). Gabarito "C".

14. JUIZADOS ESPECIAIS

(Juiz de Direito – TJ/RJ – 2019 – VUNESP) A aplicação imediata da pena restritiva de direitos ou multa, conhecida como "transação penal", tal qual prevista no art. 76, parágrafo 2º da Lei 9.099/95, não será admitida se ficar comprovado

(A) que o crime foi praticado com violência ou grave ameaça à pessoa.
(B) ter sido o agente beneficiado anteriormente pela aplicação de pena restritiva ou multa na mesma modalidade de "transação penal".
(C) ter sido o autor da infração condenado, pela prática de crime ou contravenção, à pena privativa de liberdade transitada em julgado.
(D) ter sido o autor da infração condenado, pela prática de crime ou contravenção, a pena privativa de liberdade, por sentença definitiva.
(E) não indicarem os antecedentes, a conduta social e a personalidade do agente, bem como os motivos e as circunstâncias, ser necessária e suficiente a adoção da medida.

A: incorreta, já que tal circunstância não constitui óbice à incidência da transação penal (art. 76 da Lei 9.099/1995); **B:** incorreta, pois contraria o disposto no art. 76, § 2º, II, da Lei 9.099/1995, que estabelece o prazo de cinco anos; **C:** incorreta, já que o art. 76, § 2º, I, da Lei 9.099/1995 não contemplou a contravenção penal; **D:** vide comentário anterior; **E:** correta, pois reflete o disposto no art. 76, § 2º, III, da Lei 9.099/1995. Gabarito "E".

(Defensor Público/RO – 2017 – VUNESP) Nos Juizados Especiais Criminais,
(A) da decisão de rejeição da denúncia ou queixa e da sentença caberá apelação, que poderá ser julgada por turma composta de três Juízes em exercício no primeiro grau de jurisdição, reunidos na sede do Juizado.
(B) a competência do Juizado será determinada pelo lugar em que foi consumada a infração penal.
(C) a apelação será interposta no prazo de cinco dias, contados da ciência da sentença pelo Ministério Público, pelo réu e seu defensor, por petição escrita, da qual constarão as razões e o pedido do recorrente.
(D) o processo perante o Juizado Especial orientar-se-á pelos critérios da oralidade, informalidade, economia processual e celeridade, objetivando, sempre que possível, a reparação dos danos sofridos pela vítima e a aplicação de pena privativa de liberdade.
(E) consideram-se infrações penais de menor potencial ofensivo apenas e tão somente os crimes a que a lei comine pena máxima não superior a 2 (dois) anos, cumulada ou não com multa.

A: correta. O art. 82, *caput* e § 1º, da Lei 9.099/1995 estabelece que da decisão que rejeitar a denúncia ou a queixa caberá recurso de *apelação*, a ser interposto, por petição escrita, no prazo de dez dias, da qual deverão constar as razões e o pedido. O julgamento deste recurso caberá a uma turma composta de três juízes em exercício no primeiro grau de jurisdição, reunidos na sede do Juizado; **B:** incorreta. Isso porque a competência, no âmbito do Juizado Especial Criminal, será determinada, a teor do art. 63 da Lei 9.099/1995, em razão do lugar em que foi *praticada* a infração penal. De ver-se que, quanto a isso, dada a imprecisão do termo de que se valeu o legislador ("praticada"), surgiram três teorias a respeito do juiz competente para o julgamento da causa: *teoria da atividade*: é competente o juiz do local onde se verificou a ação ou omissão; *teoria do resultado*: a ação deve ser julgada no local onde se produziu o resultado; e *teoria da ubiquidade*: é considerado competente tanto o juiz do local em que se deu a ação ou omissão quanto aquele do lugar em que se produziu o resultado. Na doutrina e na jurisprudência predominam as teorias da atividade e da ubiquidade; **C:** incorreta, uma vez que a apelação será interposta no prazo de *dez* dias, e não *cinco*, tal como constou da assertiva (art. 82, § 1º, da Lei 9.099/1995); **D:** incorreta, uma vez que não corresponde ao que estabelece o art. 62 da Lei 9.099/1995: *O processo perante o Juizado Especial orientar-se-á pelos critérios da oralidade, simplicidade, informalidade, economia processual e celeridade, objetivando, sempre que possível, a reparação dos danos sofridos pela vítima e a aplicação de pena não privativa de liberdade.* O erro da assertiva está em afirmar que o processo sumaríssimo objetiva a aplicação de pena privativa de liberdade. No mais, como se pode observar, a redação do dispositivo foi modificada por meio da Lei 13.603/2018, que incluiu o critério da *simplicidade*, que, a exemplo dos demais, deverá orientar o Juizado Especial Criminal; **E:** incorreta. Segundo dispõe o art. 61 da Lei 9.099/1995, consideram-se infrações penais de menor potencial ofensivo tanto as contravenções penais quanto os crimes a que a lei comine pena máxima não superior a 2 (dois) anos, cumulada ou não com multa.

Gabarito "A".

(Delegado – PC/BA – 2018 – VUNESP) Nos termos do art. 69, parágrafo único, da Lei no 9.099/95, ao autor do fato típico definido como crime de menor potencial ofensivo, após a lavratura do termo circunstanciado, caso se comprometa a comparecer junto ao Juizado Especial Criminal, não se imporá prisão em flagrante,

(A) desde que primário.
(B) desde que imediatamente restitua o prejuízo da vítima.
(C) a menos que se trate de reincidente específico.
(D) mas a liberdade pode ser condicionada, pela autoridade policial, ao estabelecimento e à aceitação de imediata pena restritiva de direito.
(E) nem se exigirá fiança.

Reza o art. 69, parágrafo único, da Lei 9.099/1995 que, após a lavratura do termo circunstanciado (art. 69, *caput*, da Lei 9.099/1995), autor e vítima serão encaminhados ao Juizado; não sendo isso possível, tal como ocorre na grande maioria das vezes, o autor dos fatos deverá firmar compromisso de, assim que intimado para tanto, comparecer à sede do Juizado, no dia e na hora estabelecidos na convocação, hipótese em que não se imporá ao autor prisão em flagrante, tampouco dele se exigirá o pagamento de fiança. Agora, se houver, por parte do autor, recusa em assumir tal compromisso, a prisão em flagrante será de rigor, com a fixação, se for o caso, de fiança.

Gabarito "E".

(Escrevente – TJ/SP – 2018 – VUNESP) A respeito da Lei no 9.099/95 (arts. 60 a 83; 88 e 89), assinale a alternativa correta.

(A) Reunidos os processos, por força de conexão ou continência, perante o juízo comum ou tribunal do júri, observar-se-ão os institutos da transação penal e da composição dos danos civis.
(B) São consideradas infrações de menor potencial ofensivo as contravenções e os crimes a que a lei comine pena máxima não superior a 03 (três) anos, cumulada ou não com multa.
(C) Não sendo encontrado o acusado, o feito permanecerá no Juizado Especial Criminal, mas ficará suspenso, até que seja localizado.
(D) O acordo de composição civil entre o acusado e a vítima, nos casos de ação penal pública, condicionada e incondicionada, implica extinção da punibilidade ao autor do fato.
(E) Nos crimes em que a pena mínima cominada for inferior a 02 (dois) anos, o Ministério Público, ao oferecer denúncia, poderá propor a suspensão condicional do processo ao acusado que não esteja sendo processado ou não tenha sido condenado por outro crime.

A: correta (art. 60, parágrafo único, da Lei 9.099/1995); **B:** incorreta. São consideradas infrações penais de menor potencial ofensivo, estando, portanto, sob a égide do Juizado Especial Criminal, as contravenções penais e os crimes cuja pena máxima cominada não seja superior a *dois* anos, cumulada ou não com multa, conforme dispõe o art. 61 da Lei 9.099/1995; **C:** incorreta. No procedimento sumaríssimo, voltado ao processamento e julgamento das infrações penais de menor potencial ofensivo, na hipótese de o autor não ser encontrado para citação pessoal, o juiz encaminhará as peças ao juízo comum para adoção do procedimento previsto em lei – art. 66, parágrafo único, da Lei 9.099/1995; **D:** incorreta (art. 74, Lei 9.099/1995); **E:** incorreta, uma vez que a suspensão condicional do processo (*sursis* processual), prevista no art. 89 da Lei 9.099/1995, tem incidência nos crimes cuja pena mínima cominada é igual ou inferior a *um* ano (e não *dois*).

Gabarito "A".

(Investigador – PC/BA – 2018 – VUNESP) A Lei no 9.099/95, relativa aos Juizados Especiais Cíveis e Criminais, prevê que,

(A) no caso de lesão corporal dolosa leve ou culposa, a ação penal será pública e condicionada à representação.
(B) no caso de lesão corporal dolosa leve ou culposa, a ação penal será privada.
(C) apenas no caso de lesão corporal culposa, a ação penal será pública e condicionada à representação.
(D) no caso de lesão corporal dolosa leve, grave, gravíssima ou culposa, a ação penal será pública e condicionada à representação.
(E) no caso de lesão corporal dolosa leve, a ação penal será pública e incondicionada.

Com o advento da Lei 9.099/1995, que instituiu os Juizados Especiais Cíveis e Criminais, a ação penal, nos crimes de lesão corporal leve e culposa, que antes era pública incondicionada, passou a ser, por força do art. 88 dessa Lei, pública condicionada à representação do ofendido. Cuidado: o STF, no julgamento da ADIn n. 4.424, de 09.02.2012, estabeleceu a natureza *incondicionada* da ação penal nos crimes de lesão corporal, independente de sua extensão, praticados contra a mulher no ambiente doméstico. Tal entendimento encontra-se consagrado na Súmula 542, do STJ.

Gabarito "A".

(Magistratura/RJ – VUNESP – 2013) Assinale a alternativa correta relativamente ao procedimento penal sumaríssimo.

(A) Embora vigorem os princípios da economia processual e da informalidade, é inadmissível a prolação de uma sentença que não contenha relatório.
(B) Não se pronunciará qualquer nulidade sem que tenha havido prejuízo.
(C) Não encontrado o acusado para ser citado, o juiz encaminhará as peças existentes ao juízo comum para adoção do procedimento ordinário.
(D) A competência territorial do Juizado será determinada pelo lugar em que se consumar a infração, ou, no caso da tentativa, pelo lugar em que for praticado o último ato de execução.

A: incorreta. A primeira parte da assertiva, em que se afirma que os princípios da economia processual e da informalidade são informadores do procedimento sumaríssimo (Juizado Especial Criminal), está correta, conforme estabelece o art. 62 da Lei 9.099/1995; agora, no que se refere à possibilidade de a sentença, no âmbito do procedimento sumaríssimo, ser prolatada sem relatório, o que se afirma, na segunda parte da proposição, está equivocado, na medida em que o art. 81, § 3º, da Lei 9.099/1995 confere ao juiz a prerrogativa de dispensar, na sua sentença, o relatório; **B:** correta, pois corresponde ao que estabelece o art. 65, § 1º, da Lei 9.099/1995; **C:** incorreta. Na hipótese de o autor dos fatos não ser encontrado para citação pessoal, o juiz encaminhará as peças ao juízo comum para adoção do procedimento previsto em lei – art. 66, parágrafo único, da Lei 9.099/1995. O art. 538 do CPP estabelece que, neste caso, o procedimento a ser adotado é o sumário; **D:** incorreta. O art. 63 da Lei 9.099/1995 estabelece que a competência do Juizado Especial Criminal será determinada em razão do lugar em que foi praticada a infração penal. Surgiram, assim, três teorias a respeito do juiz competente para o julgamento da causa: (i) teoria da atividade: é competente o juiz do local onde se verificou a ação ou omissão; (ii) teoria do resultado: a ação deve ser julgada no local onde se produziu o resultado; (iii) e teoria da ubiquidade: é considerado competente tanto o juiz do local em que se deu a ação ou omissão quanto aquele do lugar em que se produziu o resultado. Na doutrina e na jurisprudência, predominam as teorias da atividade e da ubiquidade.

Gabarito "B".

(Juiz de Direito – TJ/SP – VUNESP – 2015) A sentença de transação penal, nos termos do artigo 76, parágrafo 5º, da Lei 9.099/1995, tem as seguintes características:

(A) tem natureza homologatória e não faz coisa julgada material.
(B) tem natureza condenatória e gera eficácia de coisa julgada apenas material.
(C) possui natureza condenatória e gera eficácia de coisa julgada formal e material.
(D) possui natureza absolutória e não faz coisa julgada formal e material.

A sentença de transação penal, tal como se afirma na assertiva "A", tem natureza jurídica *homologatória*. Não poderia ter natureza condenatória na medida em que sequer houve o devido processo legal; de igual forma, não há que se falar em natureza absolutória, uma vez que não se discute, na transação penal, culpa. No mais, conforme entendimento consolidado, pelo STF, por meio da Súmula Vinculante 35, "A homologação da transação penal prevista no artigo 76 da Lei 9.099/1995 não faz coisa julgada material e, descumpridas suas cláusulas, retoma-se o *status quo ante*, possibilitando-se ao Ministério Público a continuidade da persecução penal mediante oferecimento de denúncia ou requisição de inquérito policial".

Gabarito "A".

(Juiz de Direito –TJ/MS –VUNESP – 2015) Na audiência preliminar, presente o representante do Ministério Público, o autor do fato e a vítima e, se possível, o responsável civil, acompanhados por seus advogados, o Juiz esclarecerá sobre a possibilidade da composição dos danos e da aceitação da proposta de aplicação imediata de pena não privativa de liberdade. Dessa feita, é correto afirmar que

(A) se tratando de ação penal pública condicionada à representação, o acordo homologado acarreta a renúncia ao direito de representação.
(B) o não oferecimento da representação na audiência preliminar implica decadência do direito.
(C) a composição dos danos civis será reduzida a escrito e, homologada pelo Juiz mediante sentença recorrível, terá eficácia de título a ser executado no juízo criminal competente.
(D) se tratando de ação penal de iniciativa privada, o acordo homologado não acarreta a renúncia ao direito de queixa.
(E) obtida a composição dos danos civis, será dada imediatamente ao ofendido a oportunidade de exercer o direito de representação verbal, que será reduzida a termo.

A: correta, pois reflete a regra presente no art. 74, parágrafo único, da Lei 9.099/1995; **B:** incorreta, já que contraria o disposto no art. 75, parágrafo único, da Lei 9.099/1995; **C:** incorreta, pois não reflete o disposto no art. 74, *caput*, da Lei 9.099/1995; **D:** incorreta, pois não corresponde ao que estabelece o art. 74, parágrafo único, da Lei 9.099/1995; **E:** incorreta, pois não reflete a regra presente no art. 75, *caput*, da Lei 9.099/1995.

Gabarito "A".

(Juiz de Direito –TJ/MS –VUNESP – 2015) No que se refere aos Juizados Especiais Criminais, nos termos da Lei 9.099/1995, é correto afirmar que da decisão

(A) de rejeição da denúncia ou queixa caberá recurso em sentido estrito, que poderá ser julgado por turma composta de três Juízes em exercício no primeiro grau de jurisdição, reunidos na sede do Juizado e da sentença caberá apelação, que será julgada necessariamente pela Câmara Especial do Tribunal de Justiça do Mato Grosso do Sul, composta de três Desembargadores.
(B) de rejeição da denúncia ou queixa caberá recurso em sentido estrito e da sentença caberá apelação, que será julgada necessariamente pela Câmara Especial do Tribunal de Justiça do Mato Grosso do Sul, composta de três Desembargadores.
(C) de rejeição da denúncia ou queixa caberá recurso em sentido estrito e da sentença caberá apelação, que poderá ser julgada por turma composta de três Juízes em exercício no primeiro grau de jurisdição, reunidos na sede do Juizado.
(D) de rejeição da denúncia ou queixa e da sentença caberá apelação, que será julgada necessariamente pela Câmara Especial do Tribunal de Justiça do Mato Grosso do Sul, composta de três Desembargadores.
(E) de rejeição da denúncia ou queixa e da sentença caberá apelação, que poderá ser julgada por Turma composta de três Juízes em exercício no primeiro grau de jurisdição, reunidos na sede do Juizado.

O art. 82, *caput* e § 1º, da Lei 9.099/1995 estabelece que da decisão que rejeitar a denúncia ou a queixa caberá recurso de apelação, a ser interposto, por petição escrita, no prazo de dez dias, da qual deverão constar as razões e o pedido. O julgamento deste recurso caberá a uma turma composta de três juízes em exercício no primeiro grau de jurisdição, reunidos na sede do Juizado.

Gabarito "E".

(Juiz de Direito – TJ/MS – VUNESP – 2015) O Juizado Especial Criminal, provido por juízes togados ou togados e leigos, tem competência para a conciliação, o julgamento e a execução das infrações penais de menor potencial ofensivo, respeitadas as regras de conexão e continência. Consideram-se infrações de menor potencial ofensivo, para efeitos da Lei 9.099/1995:

(A) as contravenções penais e os crimes a que a lei comine pena máxima não superior a um ano, desde que não cumulada com multa.
(B) as contravenções penais e os crimes a que a lei comine pena máxima não superior a 2 (dois) anos, cumulada ou não com multa.
(C) as contravenções penais e os crimes a que a lei comine pena máxima não superior a 2 (dois) anos, desde que não cumulada com multa.

(D) as contravenções penais e os crimes a que a lei comine pena máxima não superior a 3 (três) anos, cumulada ou não com multa.

(E) as contravenções penais e os crimes a que a lei comine pena máxima não superior a 3 (três) anos, desde que não cumulada com multa.

Com o advento da Lei 10.259/2001, que instituiu o Juizado Especial Federal, alterou-se o conceito de infração de menor potencial ofensivo (todas as contravenções penais, os crimes a que a lei comine pena máxima igual ou inferior a dois anos, bem como os crimes a que a lei comine exclusivamente pena de multa, qualquer que seja o procedimento previsto para eles), aplicável tanto para a Justiça Federal quanto para a Estadual. Ainda, com a edição da Lei 11.313/2006, afastou-se qualquer dúvida a respeito da unificação do conceito de infração de menor potencial ofensivo, alterando-se a redação do art. 61 da Lei 9.099/1995.
Gabarito "B".

(Escrevente Técnico – TJ/SP – VUNESP – 2015) O processo perante o Juizado Especial Criminal objetivará, sempre que possível, a reparação dos danos sofridos pela vítima e a aplicação de pena não privativa de liberdade. Nesse contexto, de acordo com o expresso texto do art. 62 da Lei 9.099/95, orientar-se-á pelos critérios de

(A) oralidade, informalidade e economia processual, apenas.
(B) oralidade e economia processual, apenas.
(C) economia processual e celeridade, apenas.
(D) oralidade, informalidade, economia processual e celeridade, apenas.
(E) oralidade, informalidade, economia processual, celeridade e verdade formal.

Assim estabelece o art. 62 da Lei 9.099/1995, que contempla os critérios ou princípios que devem orientar os juizados especiais criminais: "O processo perante o Juizado Especial orientar-se-á pelos critérios da oralidade, simplicidade, informalidade, economia processual e celeridade (...)". Note que o art. 2º da mesma Lei elenca, de forma semelhante, os critérios gerais que norteiam o Juizado Especial, a incidir no Juizado Especial Cível, inclusive. O critério da simplicidade foi introduzido no art. 62 da Lei 9.099/1995 pela Lei 13.603/2018, que é posterior, portanto, à elaboração desta questão.
Gabarito "D".

15. SENTENÇA, PRECLUSÃO E COISA JULGADA

(Juiz de Direito – TJ/RS – 2018 – VUNESP) O juiz, ao proferir sentença condenatória,

(A) poderá deixar de indicar os motivos de fato e de direito em que se funda a decisão, caso não haja divergência entre as partes.
(B) se aditada a denúncia e, em sendo recebido referido aditamento, está adstrito na sua sentença aos termos do aditamento, não podendo considerar a definição jurídica anterior contida na denúncia.
(C) estabelecerá valor máximo para reparação dos danos causados pela infração, considerando os prejuízos sofridos pelo ofendido.
(D) mencionará as circunstâncias agravantes, desde que tenham sido estas requeridas na denúncia ou mesmo em alegações finais.
(E) decidirá de forma resumida sobre a manutenção da prisão preventiva.

A: incorreta, uma vez que ao juiz não é dado, quando da prolação de sentença condenatória, deixar de indicar os motivos de fato e de direito que serviram de fundamento para sua decisão, pouco importando o fato de inexistir divergência entre as partes, conforme estabelecem os arts. 381, III, do CPP e 93, IX, da CF; **B:** correta, porquanto em conformidade com o disposto no art. 384, § 4º, do CPP; **C:** incorreta. A teor do art. 387, IV, do CPP, o juiz, ao proferir sentença condenatória, estabelecerá valor *mínimo* (e não *máximo*) para reparação dos danos causados pela infração, considerando os prejuízos sofridos pelo ofendido; **D:** incorreta, pois, neste caso, o juiz, independentemente de requerimento, mencionará as circunstâncias agravantes (ou atenuantes), na forma estatuída no art. 387, I, CPP; **E:** incorreta. O magistrado, ao prolatar a sentença condenatória, deverá manifestar-se, sempre de *forma fundamentada*, se preso estiver o réu, acerca da necessidade de sua manutenção no cárcere, sempre levando em conta os requisitos do art. 312 do CPP. Ausentes estes, deverá o juiz, ante a desnecessidade da prisão, revogá-la, permitindo ao acusado que aguarde o trânsito em julgado da sentença em liberdade. É o teor do art. 387, § 1º, do CPP, introduzido pela Lei 12.736/2012.
Gabarito "B".

(Juiz de Direito – TJ/SP – VUNESP – 2015) Um réu foi condenado à pena de dois anos e quatro meses de reclusão pelo crime de furto mediante fraude, embora ainda no curso da instrução já existissem elementos indicativos de que outra seria a conduta e a definição jurídica do fato delituoso. Em sede de apelação, o Tribunal de Justiça deverá

(A) anular o processo para que haja a modificação da descrição do fato em primeira instância.
(B) absolver o acusado em face do descompasso entre a imputação e a condenação.
(C) determinar vista para que o Ministério Público adite a denúncia, no prazo de 05 dias.
(D) atribuir definição jurídica diversa daquela realizada anteriormente.

O enunciado descreve hipótese de *mutatio libelli*, cuja incidência, conforme entendimento firmado na Súmula 453 do STF, é vedada em segundo grau de jurisdição. Há, aqui, duas possibilidades: ou o tribunal absolve o condenado ou anula o processo. Quanto a isso, é importante que se diga que há divergência na doutrina. No mais, a vedação imposta à incidência da *mutatio libelli* em segundo grau de jurisdição não se aplica à *emendatio libelli*. E por falar nisso, é importante que apontemos a diferença entre esses dois institutos. No campo da *emendatio libelli*, o fato descrito pela acusação na peça inicial permanece inalterado, sem prejuízo, por isso mesmo, para a defesa. A mudança, aqui, incide na classificação da conduta, levada a efeito pela acusação, no ato da propositura da ação, e retificada pelo juiz, de ofício, no momento da sentença, sendo desnecessário, em vista disso, ouvir a esse respeito o defensor. Na *mutatio libelli*, diferentemente, temos que a prova colhida na instrução aponta para uma nova definição jurídica do fato, diversa daquela contida na inicial. Por força do que estabelece o art. 383 do CPP, com a redação que lhe conferiu a Lei de Reforma n. 11.719/2008, impõe-se o aditamento da exordial pelo órgão acusatório, ainda que a nova capitulação jurídica implique aplicação de pena igual ou menos grave.
Gabarito "B".

16. NULIDADES

(Juiz de Direito – TJ/RJ – VUNESP – 2016) Acerca das nulidades processuais e dos vícios procedimentais, assinale a alternativa correta.

(A) As nulidades são divididas conforme a gravidade dos vícios, em relativas e absolutas, sendo a nulidade de ordem absoluta reconhecida ainda que não haja prejuízo.

(B) As nulidades processuais penais sofrem influência da instrumentalidade do processo, não se declarando qualquer tipo de nulidade se não verificado o prejuízo.
(C) A coisa julgada sana todas as hipóteses de nulidades processuais penais.
(D) Segundo a jurisprudência do Superior Tribunal de Justiça, a inversão da ordem das perguntas (art. 212, CPP) não gera nulidade, não implicando afronta ao princípio do contraditório.
(E) A inépcia da acusação só pode ser apreciada na fase do artigo 396, do Código de Processo Penal, não podendo tal análise ser refeita na fase do artigo 397, do Código de Processo Penal, após a resposta à acusação.

A: incorreta. Embora o art. 563 do CPP, que enuncia o princípio do prejuízo, tenha mais incidência no campo das nulidades relativas, em que o prejuízo não é presumido, o STF tem se posicionado no sentido de que tal dispositivo também se aplica às nulidades absolutas, de sorte que, seja a nulidade relativa, seja absoluta, é imperiosa a demonstração de prejuízo. Nesse sentido: "O acórdão recorrido está alinhado à jurisprudência do Supremo Tribunal Federal no sentido de que a demonstração de prejuízo, "a teor do art. 563 do CPP, é essencial à alegação de nulidade, seja ela relativa ou absoluta, eis que (...) o âmbito normativo do dogma fundamental da disciplina das nulidades – *pas de nullité sans grief* – compreende as nulidades absolutas" (HC 85.155/SP, Rel.ª Min. Ellen Gracie). 2. Para chegar a conclusão diversa do acórdão recorrido, seriam necessárias a análise da legislação infraconstitucional pertinente e a reapreciação dos fatos e do material probatório constante dos autos (Súmula 279/STF), procedimentos inviáveis em recurso extraordinário. 3. Agravo interno a que se nega provimento" (ARE 984373 AgR, Relator(a): Min. Roberto Barroso, Primeira Turma, julgado em 14.10.2016, processo eletrônico *DJe*-234 divulg 03.11.2016 public 04.11.2016); **B:** correta. *Vide* comentário à alternativa anterior; **C:** incorreta, uma vez que a nulidade absoluta pode ser alegada e reconhecida a qualquer tempo, mesmo depois do trânsito em julgado; **D:** incorreta. Com as mudanças implementadas no art. 212 do CPP pela Lei de Reforma 11.690/2008, o *sistema presidencialista*, pelo qual a testemunha, depois de inquirida pelo juiz, respondia, por intermédio deste, às perguntas formuladas pelas partes, deu lugar ao chamado sistema *cross examination*, atualmente em vigor, segundo o qual as partes passam a dirigir suas indagações às testemunhas sem a intermediação do magistrado, de forma direta, vedados os questionamentos que puderem induzir a resposta, não tiverem relação com a causa ou importarem na resposta de outra já respondida. Ao final da inquirição, se ainda remanescer algum ponto não esclarecido, poderá o juiz complementá-la, formulando à testemunha novas perguntas (art. 212, parágrafo único, do CPP). É por essa razão que se diz que a atividade do juiz é complementar, remanescente à das partes. Pois bem. Surgiu então a questão atinente à consequência que poderia advir da inversão desta ordem. Prevalece hoje o entendimento no sentido de que é relativa a nulidade decorrente do fato de o juiz, no lugar de formular seus questionamentos ao término da oitiva da testemunha, fazê-lo no começo do depoimento, antes, portanto, das perguntas elaboradas pelas partes. E sendo relativa esta nulidade, o seu reconhecimento somente se dará com a arguição oportuna pelo interessado (não pode o juiz decretá-la de ofício), que, se assim não fizer, sujeitar-se-á à preclusão. No STJ: *Conforme a orientação deste Superior Tribunal de Justiça, a inquirição das testemunhas pelo juiz antes que seja oportunizada a formulação das perguntas às partes, com a inversão da ordem prevista no art. 212 do Código de Processo Penal, constitui nulidade relativa* (HC 237.782, Rel. Min. Laurita Vaz, *DJe* de 21.08.2014). No mesmo sentido: "1. O descumprimento à fórmula legal somente poderá ensejar a declaração de nulidade se demonstrado, em momento oportuno, o comprometimento da finalidade do ato, com prejuízo às partes. 2. A inversão da ordem de oitiva das testemunhas foi autorizada pela própria defesa e não houve nenhum protesto em audiência, bem como foi dada oportunidade às partes para formulação de questões, motivos pelos quais não foi demonstrado prejuízo. 3. Agravo regimental não provido" (STJ, AgRg no AREsp 1557852/SP, Rel. Ministro ROGERIO SCHIETTI CRUZ, SEXTA TURMA, julgado em 09/02/2021, DJe 18/02/2021); **E:** incorreta. O fato de a peça acusatória ter sido recebida não impede que o juiz, em seguida à apresentação da resposta à acusação, reconsidere sua decisão anterior e rejeite a peça inicialmente recebida, desde que presente uma das hipóteses do art. 395 do CPP.

Gabarito "B".

(Procurador Municipal/SP – VUNESP – 2016) É correto afirmar que
(A) a nulidade ocorrerá por incompetência, suspeição, impedimento ou suborno do juiz.
(B) caberá apelação da decisão que anula o processo da instrução criminal, no todo ou em parte.
(C) a nulidade do julgamento em plenário, em audiência ou em sessão do tribunal, poderá ser arguida logo depois que ocorrer ou por ocasião da interposição do recurso.
(D) a incompetência do juízo anula os atos ordinatórios e decisórios, devendo o processo, quando for declarada a nulidade, ser remetido ao juiz competente.
(E) a nulidade por ilegitimidade do representante da parte poderá ser a todo tempo sanada, mediante ratificação dos atos processuais.

A: incorreta, dado que o ato praticado por juiz impedido é considerado *inexistente*, e não *nulo*; já a incompetência, a suspeição e o suborno levam à nulidade do ato praticado (art. 564, I, CPP); **B:** incorreta. Isso porque tal decisão desafia recurso em sentido estrito, tal como estabelece o art. 581, XIII, do CPP; **C:** incorreta, pois contraria o disposto no art. 571, VIII, do CPP; **D:** incorreta. A incompetência do juízo somente tem o condão de anular os atos *decisórios*; os *ordinatórios* serão mantidos. É o que estabelece o art. 567 do CPP; **E:** correta, pois corresponde ao que estabelece o art. 568 do CPP.

Gabarito "E".

17. RECURSOS

(Juiz de Direito – TJ/RS – 2018 – VUNESP) Assinale a alternativa correta em relação às assertivas a seguir.

(A) Caberá recurso em sentido estrito da decisão que julgar o incidente de falsidade.
(B) A revisão criminal não poderá ser requerida após a extinção da pena.
(C) Nos crimes de competência do Tribunal do Júri, ou do juiz singular, se da sentença não for interposta apelação pelo Ministério Público no prazo legal, o ofendido ou qualquer das pessoas enumeradas no art. 31, do CPP, ainda que não se tenha habilitado como assistente, poderá interpor apelação com efeito suspensivo.
(D) Não há mais previsão legal do recurso então chamado "Carta Testemunhável".
(E) No julgamento das apelações, não poderá o tribunal, câmara ou turma proceder a novo interrogatório do acusado.

A: correta, uma vez que retrata hipótese em que tem lugar a interposição de recurso em sentido estrito (art. 581, XVIII, do CPP); **B:** incorreta, na medida em que a revisão poderá ser requerida a qualquer tempo, antes ou mesmo depois de extinta a pena (art. 622, *caput*, do CPP); **C:** incorreta, já que a apelação, neste caso, não terá efeito suspensivo (art. 598, *caput*, do CPP); **D:** incorreta. A chamada *carta testemunhá-*

vel, que se presta a provocar o conhecimento ou o processamento de outro recurso para tribunal de instância superior, permanece em vigor nos arts. 639 e seguintes do CPP. Possivelmente o examinador quis confundir com o *protesto por novo júri*, recurso que deixou de existir a partir da revogação dos arts. 607 e 608 do CPP pela Lei 11.689/2008; **E:** incorreta, dado que, nos julgamentos das apelações, poderá, sim, o tribunal, câmara ou turma, se assim entender necessário, proceder a novo interrogatório, reinquirir testemunhas ou ainda determinar outras diligências (art. 616, CPP). ED

Gabarito "A".

(Defensor Público/RO – 2017 – VUNESP) Assinale a alternativa correta.

(A) Os recursos não terão efeito suspensivo nos casos de perda da fiança.
(B) O Ministério Público não poderá desistir de recurso que haja interposto.
(C) Caberá recurso em sentido estrito da decisão que receber a denúncia.
(D) Por conta da última reforma do Código de Processo Penal, não há mais previsão legal do recurso de carta testemunhável.
(E) Sempre será admissível a reiteração do pedido de revisão criminal.

A: incorreta, tendo em conta que, por expressa previsão do art. 584, *caput*, do CPP, os recursos terão, sim, efeito suspensivo nos casos de perda da fiança; **B:** correta. De fato, não se admite que o órgão acusador, depois de interpor o recurso, desista de dar-lhe seguimento. Cuidado: nada obsta, no entanto, que o MP renuncie ao direito de recorrer; agora, como dito, se decidir recorrer, não pode abrir mão do recurso que interpôs. É o que estabelece o art. 576 do CPP, que enuncia o princípio da indisponibilidade. De igual forma e com base nesse mesmo princípio, não é dado ao MP desistir da ação que haja proposto (art. 42, CPP); **C:** incorreta, visto que o recurso em sentido estrito, conforme estabelece o art. 581, I, do CPP, somente poderá ser interposto da decisão que *não* receber (rejeitar) a denúncia ou a queixa; a decisão que recebe a denúncia ou a queixa é irrecorrível. É possível, no entanto, em face da decisão que receber indevidamente a denúncia ou queixa, a impetração de *habeas corpus*; **D:** incorreta. A chamada *carta testemunhável*, se presta a provocar o conhecimento ou o processamento de outro recurso para tribunal de instância superior, permanece em vigor nos arts. 639 e seguintes do CPP; **E:** incorreta. A reiteração do pedido de revisão criminal está condicionada ao surgimento de provas novas (art. 622, parágrafo único, CPP). ED

Gabarito "B".

(Delegado/SP – VUNESP – 2014) Cabe recurso de ofício da sentença

(A) que conceder *habeas corpus*.
(B) que absolver o réu por inexistência do crime.
(C) de pronúncia.
(D) de absolvição sumária.
(E) que denegar *habeas corpus*.

Pela disciplina estabelecida no art. 574, I, do CPP, o assim chamado, de forma inapropriada, *recurso de ofício*, que nada mais é do que a obrigação imposta ao magistrado de submeter sua decisão a novo exame por instância superior, deverá ser interposto da sentença que conceder *habeas corpus*.

Gabarito "A".

(Delegado/SP – VUNESP – 2014) Dentre os recursos a seguir, aquele em que não é possível a desistência é:

(A) apelação.
(B) em qualquer recurso interposto pelo Defensor Público.
(C) protesto por novo júri.
(D) em qualquer recurso interposto pelo Ministério Público.
(E) recurso em sentido estrito.

À luz do *princípio da indisponibilidade*, é defeso ao Ministério Público desistir da ação penal proposta (CPP, art. 42) e do recurso interposto (CPP, art. 576). Cuidado: não se quer com isso dizer que o membro do MP é obrigado a recorrer, mas, uma vez interposto o recurso, é-lhe vedado dele desistir.

Gabarito "D".

18. *HABEAS CORPUS*, MANDADO DE SEGURANÇA E REVISÃO CRIMINAL

(Investigador – PC/BA – 2018 – VUNESP) O cumprimento de um alvará de soltura clausulado expedido pela autoridade judiciária em sede de *habeas corpus* significa que

(A) o paciente deverá ser imediatamente solto, independentemente de qualquer outra cláusula ou condição.
(B) a soltura do paciente apenas poderá ocorrer depois de autorizada pelo juízo que havia determinado a prisão objeto da impetração.
(C) somente poderá ocorrer a soltura do paciente se ele aceitar submeter-se a medida cautelar diversa da prisão.
(D) o paciente deverá ser solto imediatamente, desde que não haja outro motivo legal para mantê-lo preso.
(E) o paciente será solto tão logo haja demonstração da justeza dos motivos alegados na impetração.

A resposta a esta questão deve ser extraída do art. 660, § 1º, do CPP. Diz-se que o alvará de soltura é *clausulado* porque a libertação do paciente, no caso de concessão de ordem de *habeas corpus*, está condicionada à inexistência de outras causas que possam impedir a liberdade do paciente, como, por exemplo, a decretação de prisão preventiva/temporária em processo diverso. A propósito, tal ressalva (cláusula) deverá estar inserida em qualquer ordem de soltura. ED

Gabarito "D".

(Investigador – PC/BA – 2018 – VUNESP) O Código de Processo Penal exige que a petição que visa a impetrar ordem de *habeas corpus* indique os seguintes requisitos:

(A) quem sofre a violência ou se encontra na iminência de sofrê-la e a descrição do constrangimento que se alega, sendo facultativa a qualificação de quem propõe a medida.
(B) a descrição da violência ou da ameaça de violência que se acredita existir, a identificação nominal da autoridade que pratica ou irá praticar essa violência e os nomes de testemunhas que a comprovem.
(C) a pessoa que está sofrendo o constrangimento, a autoridade coatora, a especificação da modalidade de violência ou ameaça que justifique a medida e a assinatura e a identificação do impetrante.
(D) o ato ou fato que cause o constrangimento que justifique a impetração, o nome e o cargo da autoridade que pratique a ilegalidade e o nome e a qualificação do impetrante, sendo vedada a impetração por analfabeto.
(E) a qualificação completa de quem sofre a violência ou a ameaça de coação e da autoridade que a pratique, a descrição da ação arbitrária e os nomes de testemunhas que a comprovem.

Os requisitos que devem estar presentes na petição de *habeas corpus* estão contemplados no art. 654, § 1º, do CPP. ED

Gabarito "C".

4. PROCESSO PENAL

(Escrevente – TJ/SP – 2018 – VUNESP) Com relação aos recursos e revisão, de acordo com o Código de Processo Penal, é correto dizer que

(A) no caso de concurso de agentes, a decisão do recurso interposto por um dos réus, ainda que fundado em motivos pessoais, aproveitará aos outros.
(B) a revisão criminal só poderá ser requerida no prazo de até 02 (dois) anos da sentença condenatória, transitada em julgado.
(C) interposta a Apelação somente pelo acusado, não pode o Tribunal reinquirir testemunhas ou determinar diligências.
(D) nos processos de contravenção, interposta a apelação, o prazo para arrazoar será de 03 (três) dias.
(E) na apelação e no recurso em sentido estrito, há previsão de juízo de retratação.

A: incorreta, já que somente aproveitará aos outros se se fundar em motivos que não sejam de ordem pessoal (art. 580, CPP); **B:** incorreta, na medida em que a revisão criminal poderá ser requerida a qualquer tempo, antes ou mesmo depois de extinta a pena (art. 622, *caput*, do CPP), isto é, o ajuizamento da revisão criminal não está sujeito a prazo; **C:** incorreta, pois contraria o disposto no art. 616 do CPP; **D:** correta (art. 600, *caput*, CPP); **E:** incorreta. Somente o recurso em sentido estrito tem previsão de juízo de retratação (art. 589, CPP). Gabarito "D".

(Juiz de Direito – TJM/SP – VUNESP – 2016) Quanto ao cabimento do *habeas corpus* em nosso sistema jurídico, assinale a alternativa correta.

(A) O *habeas corpus*, do ponto de vista do rigor técnico, é um autêntico recurso, ainda que não catalogado no próprio Código de Processo Penal como tal.
(B) O *habeas corpus*, nos crimes ambientais, pode ser impetrado em favor de pessoa jurídica, pois há previsão de responsabilidade penal do ente coletivo.
(C) A impetração do *habeas corpus* depende de procuração, a fim de comprovar a capacidade postulatória.
(D) O recurso cabível contra a decisão denegatória do *habeas corpus* nos Tribunais inferiores é o Recurso Ordinário Constitucional.
(E) O *habeas corpus* é meio idôneo para discussão da pena de multa.

A: incorreta. Isso porque, a despeito de o *habeas corpus* encontrar-se disciplinado pelo CPP como *recurso*, é prevalente o entendimento, tanto da doutrina quanto da jurisprudência, no sentido de que se trata, na verdade, de autêntica ação de índole constitucional voltada à proteção do direito de locomoção (art. 5º, LXVIII, da CF); **B:** incorreta. Considerando que o *habeas corpus* tem como propósito a proteção ao direito de ir e vir, é incorreto afirmar-se que este remédio pode ser impetrado em favor da pessoa jurídica à qual se atribui a prática de crime ambiental. Não há, neste caso, direito de locomoção a ser tutelado; **C:** incorreta, na medida em que o *habeas corpus*, no que se refere à sua impetração, não exige habilitação técnica, podendo tal atribuição ser conferida a qualquer pessoa – art. 654, *caput*, do CPP; **D:** correta (art. 105, II, *a*, da CF); **E:** incorreta, pois não reflete o entendimento sedimentado por meio da Súmula 693 do STF: "Não cabe *habeas corpus* contra decisão condenatória à pena de multa, ou relativo a processo em curso por infração penal a que a pena pecuniária seja a única cominada". Gabarito "D".

(Juiz de Direito – TJ/MS – VUNESP – 2015) Com relação ao *Habeas Corpus*, é correto afirmar que

(A) *habeas corpus* liberatório confere tutela cautelar, destinada a evitar lesão à liberdade de locomoção, o que o difere do *habeas corpus* preventivo, voltado a impedir a convalidação da ordem ilegal.
(B) não se admite o *habeas corpus*, por ausência de ameaça à liberdade de locomoção, na hipótese em que somente imposta pena restritiva de direitos.
(C) se vislumbra possibilidade jurídica no pedido de concessão de ordem em *habeas corpus* para atacar o mérito de prisões disciplinares militares, por força do artigo 142, parágrafo 2º, da Constituição Federal.
(D) não se admite o *habeas corpus* para atacar ilegalidade decorrente da imposição de medidas cautelares alternativas à prisão preventiva.
(E) não se admite *habeas corpus*, por ausência de ameaça à liberdade de locomoção, na hipótese em que somente imposta pena de multa.

A: incorreta. O *habeas corpus* preventivo presta-se a evitar que a coação à liberdade de locomoção se concretize; já o *habeas corpus* liberatório, repressivo ou corretivo tem como propósito fazer cessar violência ou coação ilegal na liberdade de ir e vir de alguém, restituindo-lhe seu direito de locomoção; **B:** incorreta. Conferir: *É cabível habeas corpus para sanar constrangimento decorrente de execução provisória de penas restritivas de direitos, cuja potencialidade lesiva ao direito de locomoção está representada pela sua conversibilidade em pena privativa de liberdade* (HC 76.496/BA, Rel. Ministra Jane Silva (Desembargadora Convocada do TJ/MG), Sexta Turma, julgado em 21.10.2008, DJe 10.11.2008); **C:** incorreta, uma vez que contraria o disposto no art. 142, § 2º, da CF, que veda a impetração do remédio heroico para análise do mérito de punições disciplinares militares. No entanto, o STJ firmou entendimento no sentido de que é cabível a impetração de HC, nesses casos, voltado à análise, não do mérito, mas da regularidade formal do procedimento. Conferir a Tese n. 8 daquela Corte Superior: *Não obstante o disposto no art. 142, § 2º, da CF, admite-se* habeas corpus *contra punições disciplinares militares para análise da regularidade formal do procedimento administrativo ou de manifesta teratologia*; **D:** incorreta, uma vez que o descumprimento de medidas cautelares alternativas poderá levar à sua conversão em prisão preventiva, tal como estabelece o art. 282, § 4º, do CPP, cuja redação foi alterada pela Lei 13.964/2019; **E:** correta, uma vez que reflete o entendimento sufragado na Súmula 693, do STF: "Não cabe *habeas corpus* contra decisão condenatória a pena de multa, ou relativo a processo em curso por infração penal a que a pena pecuniária seja a única cominada". Gabarito "E".

19. EXECUÇÃO PENAL

(Juiz de Direito – TJ/RS – 2018 – VUNESP) Em relação aos enunciados a seguir, assinale o que representa entendimento já sumulado pelo STJ.

(A) O excesso de prazo na instrução, independentemente de quem o produz, gera constrangimento ilegal a ensejar o relaxamento da prisão.
(B) É admissível a fixação de pena substitutiva (art. 44 do CP) como condição especial ao regime aberto.
(C) Para obtenção dos benefícios de saída temporária e trabalho externo, considera-se o tempo de cumprimento da pena no regime fechado, salvo se houver falta grave.
(D) A falta grave não interrompe o prazo para obtenção de livramento condicional.

(E) É desnecessária a resposta preliminar de que trata o art. 514 do Código de Processo Penal.

A: incorreta, pois não corresponde ao entendimento firmado por meio da Súmula 64, do STJ; **B:** incorreta, pois não retrata o posicionamento firmado na Súmula 493, do STJ: "É inadmissível a fixação de pena substitutiva (art. 44 do CP) como condição especial ao regime aberto"; **C:** incorreta, pois contraria o entendimento firmado na Súmula 40, do STJ; **D:** correta, pois reflete o entendimento constante da Súmula 441, STJ. Atenção: a Lei 13.964/2019, com vigência a partir de 23 de janeiro de 2020 e posterior, portanto, à aplicação desta prova, introduziu novo requisito para a concessão do livramento condicional. Até então, tínhamos que o inciso III do art. 83 do CP continha os seguintes requisitos: comportamento satisfatório no curso da execução da pena; bom desempenho no trabalho atribuído ao reeducando; e aptidão para prover à própria subsistência por meio de trabalho honesto. O que fez a Lei 13.964/2019 foi inserir, neste inciso III, um quarto requisito. Doravante, além de preencher os requisitos contemplados no art. 83 do CP (nos seus cinco incisos), é de rigor que o reeducando, para fazer jus à concessão do livramento, não tenha cometido falta grave nos últimos 12 meses. O inciso III, que passou a abrigar esta modificação, foi fracionado em quatro alíneas ("a", "b", "c" e "d"), cada qual correspondente a um requisito (os três aos quais me referi acima e este novo requisito introduzido pela *novel* lei); **E:** incorreta. A peculiaridade do procedimento referente aos crimes de responsabilidade dos funcionários públicos reside na impugnação ofertada pelo funcionário antes do recebimento da denúncia. É a chamada *resposta* ou *defesa preliminar*, prevista no art. 514 do CPP, que somente terá incidência nos crimes funcionais afiançáveis, não se estendendo ao particular que, na qualidade de coautor ou partícipe, tomar parte no crime. Com a edição da Súmula 330 do STJ, esta defesa que antecede o recebimento da denúncia deixou de ser necessária na ação penal alicerçada em inquérito policial. Dessa forma, a formalidade imposta pelo art. 514 do CPP somente se fará necessária, segundo o STJ, quando a denúncia se basear em outras peças de informação que não o inquérito policial. Em outras palavras, a resposta preliminar é necessária, sim, na hipótese de a ação penal não ser calcada em inquérito policial.

Gabarito "D".

(Investigador – PC/BA – 2018 – VUNESP) A Lei de Execução Penal adotou o instituto da remição, que é o desconto de 1 (um) dia da pena por 3 (três) dias trabalhados pelo condenado. Diante das normas legais a respeito do assunto, constata-se que

(A) uma vez realizado o trabalho, não pode fato posterior suprimir o direito à remição.
(B) o cometimento de falta grave pode acarretar a revogação de até 1/6 (um sexto) dos dias remidos.
(C) o cometimento de falta média ou grave pode acarretar a revogação total dos dias remidos.
(D) o cometimento de falta grave pode acarretar a revogação de até 1/2 (metade) dos dias remidos.
(E) o cometimento de falta grave pode acarretar a revogação de até 1/3 (um terço) dos dias remidos.

Em vista das alterações implementadas na LEP pela Lei 12.433/2011, estabeleceu-se, no caso de cometimento de falta grave, uma proporção máxima em relação à qual poderá se dar a perda dos dias remidos. Assim, diante da prática de falta grave, poderá o juiz, em vista da nova redação do art. 127 da LEP, revogar no máximo 1/3 do tempo remido, devendo a contagem recomeçar a partir da data da infração disciplinar. Antes disso, o condenado perdia os dias remidos na sua totalidade.

Gabarito "E".

(Investigador – PC/BA – 2018 – VUNESP) De acordo com a Lei de Execução Penal, é correto afirmar que

(A) o regime disciplinar diferenciado pode ser imposto tanto ao condenado quanto ao preso provisório, tendo como fundamento a prática de qualquer crime doloso.
(B) a permissão de saída é cabível apenas para pessoas presas em regime semiaberto.
(C) a saída temporária é permitida para visita à família e é concedida por prazo não superior a 7 (sete) dias, podendo ser renovada por mais 5 (cinco) vezes durante o ano.
(D) a regressão de regime pode ser imposta ao apenado que, no curso da execução, seja condenado, por sentença transitada em julgado, pela prática de crime doloso ou, nos termos do regulamento da penitenciária, incorra na prática de falta média.
(E) a inclusão do apenado no regime aberto depende da comprovação de que ele já está trabalhando, porque deve comprovar a capacidade prévia de sustentar-se por meios lícitos.

A: correta, pois reflete o disposto no art. 52, *caput*, da LEP (Lei 7.210/1984). Posteriormente à elaboração desta questão, a Lei 13.964/2019 alterou o art. 52 da LEP e modificou substancialmente as regras que disciplinam o regime disciplinar diferenciado, a começar pelo prazo de duração, que era de até 360 dias e passou para até dois anos, sem prejuízo de repetição da sanção diante do cometimento de nova falta grave da mesma espécie (art. 52, I, LEP). Além disso, a redação original do art. 52, III, da LEP permitia o recebimento de visitas semanais de duas pessoas, sem contar as crianças, com duração de duas horas. Doravante, dada a alteração legislativa promovida neste dispositivo pela Lei 13.964/2019, as visitas, que antes eram semanais, passam a ser quinzenais. Se o interessado for alguém sem vínculo familiar, a visita dependerá de autorização judicial. Segundo o § 6º deste art. 52, a visita será gravada e fiscalizada por agente penitenciário, mediante autorização judicial. Nos termos do art. 52, IV, da LEP, também alterado pela Lei 13.964/2019, a saída para o banho de sol será feita em grupos de até quatro presos, desde que não haja contato com presos do mesmo grupo criminoso. No mais, o RDD continua a valer tanto para os presos condenados quanto para os provisórios (art. 52, "caput", da LEP), estando esta assertiva, mesmo à luz da legislação em vigor, correta; **B:** incorreta. Antes de mais nada, é importante que se proceda à distinção entre *permissão de saída* e *saída temporária*, que são espécies do gênero *autorização de saída*. A *permissão de saída* (referida nesta assertiva), a ser concedida, pelo diretor do estabelecimento prisional, aos condenados que cumprem pena nos regimes fechado e semiaberto, e também aos presos provisórios (art. 120, *caput*, LEP), pressupõe que o preso esteja sob escolta permanente (art. 120, LEP); já a *saída temporária*, que será concedida ao condenado que se encontra em cumprimento de pena no regime *semiaberto* (art. 122, *caput*, da LEP) e somente mediante autorização do juízo da execução, ouvidos o MP e a administração penitenciária (art. 123, *caput*, da LEP), prescinde de escolta, podendo o juiz, neste caso, determinar a utilização de equipamento de monitoração eletrônica. Registre-se que a Lei 13.964/2019 inseriu no art. 122 o § 2º, segundo o qual é vedada a saída temporária ao condenado que cumpre pena pela prática de crime hediondo com resultado morte (como é o caso do latrocínio); **C:** incorreta, pois não corresponde ao teor do art. 124, *caput*, da LEP, que estabelece que a saída temporária será renovada por mais *quatro* vezes durante o ano (e não *cinco*); **D:** incorreta, uma vez que não reflete o disposto no art. 118 da LEP; **E:** incorreta, pois em desconformidade com o que estabelece o art. 114, I, da LEP.

Gabarito "A".

4. PROCESSO PENAL

(Defensor Público/RO – 2017 – VUNESP) Assinale a alternativa correta sobre execução penal.

(A) Compete ao juiz da execução diligenciar a obtenção de recursos materiais e humanos para melhor assistência ao preso ou internado, em harmonia com a direção do estabelecimento penal.
(B) Não compete ao juiz da execução aplicar aos casos lei posterior que de qualquer modo favoreça o condenado por se tratar de situação ligada ao processo de conhecimento.
(C) Compete ao juiz da execução compor e instalar o Conselho da Comunidade.
(D) Compete ao Juízo das Execuções Penais do Estado a execução das penas impostas a sentenciados pela Justiça Federal, Militar ou Eleitoral, quando recolhidos a estabelecimentos sujeitos à administração federal.
(E) Não se aplica a lei de execução penal ao condenado pela Justiça Eleitoral quando recolhido a estabelecimento sujeito à jurisdição ordinária.

A: incorreta, já que tal atribuição cabe ao Conselho da Comunidade, nos termos do art. 81, IV, da Lei 7.210/1984; **B:** incorreta. É da competência do juiz da execução aplicar aos casos lei posterior que de qualquer modo favoreça o condenado (art. 66, I, da Lei 7.210/1984); **C:** correta (art. 66, IX, da Lei 7.210/1984); **D:** incorreta, pois contraria o entendimento firmado por meio da Súmula 192 do STJ; **E:** incorreta, uma vez que em desconformidade com o disposto no art. 2º, parágrafo único, da LEP.
Gabarito "C".

(Defensor Público/RO – 2017 –VUNESP) Sobre o trabalho interno do preso, é correto afirmar que

(A) os doentes ou deficientes físicos não podem exercer atividade laboral por expressa disposição legal.
(B) a jornada normal de trabalho não será inferior a 6 (seis) nem superior a 8 (oito) horas, com descanso nos domingos e feriados.
(C) não há na Lei de Execução Penal previsão sobre trabalho do preso provisório.
(D) na atribuição do trabalho não deverão ser levadas em conta as oportunidades oferecidas pelo mercado.
(E) o trabalho não deverá ter como objetivo a formação profissional do condenado, mas tão somente a sua recuperação.

A: incorreta, pois não corresponde à regra presente no art. 32, § 3º, da LEP: a atividade laborativa a ser desempenhada pelo doente ou deficiente físico deve ser compatível com o seu estado; **B:** correta, uma vez que retrata do disposto no art. 33, *caput*, da LEP; **C:** incorreta. Nos termos do art. 31, parágrafo único, da LEP, o trabalho do preso provisório, que deve ser executado no interior do estabelecimento, não é obrigatório; **D:** incorreta, dado que contraria o disposto no art. 32, *caput*, da LEP; **E:** incorreta (art. 34, *caput*, da LEP).
Gabarito "B".

(Defensor Público/RO – 2017 –VUNESP) Entre os direitos e deveres do condenado, afirma-se corretamente que

(A) não é direito do condenado ter audiência com o diretor do estabelecimento em que cumpre a pena.
(B) não constitui dever do condenado conduta oposta aos movimentos individuais ou coletivos de fuga ou de subversão à ordem ou à disciplina.
(C) não constitui dever do condenado manter asseio na cela.
(D) não constitui direito do condenado a proteção contra qualquer forma de sensacionalismo.
(E) não é direito do condenado manter contato com o mundo exterior por meio de correspondência escrita de forma irrestrita.

A: incorreta (art. 41, XIII, da LEP); **B:** incorreta (art. 39, IV, da LEP); **C:** incorreta (art. 39, IX, da LEP); **D:** incorreta (art. 41, VIII, da LEP); **E:** correta (art. 41, XV e parágrafo único, da LEP).
Gabarito "E".

(Defensor Público/RO – 2017 –VUNESP) Em relação à disciplina do preso, assinale a alternativa correta.

(A) O poder disciplinar, na execução da pena privativa de liberdade, será exercido pelo juiz da execução.
(B) A prática de fato previsto como crime doloso não constitui falta grave, pena de, em assim sendo, haver caracterização de *bis in idem*.
(C) A falta grave interrompe o prazo para obtenção de livramento condicional.
(D) O preso sujeito ao regime disciplinar diferenciado pode ficar sujeito ao cumprimento de parte de sua pena em cela escura, desde que se observe o limite de 10% do quantum da pena a se cumprir em referida cela.
(E) Pune-se a tentativa com a sanção correspondente à falta disciplinar consumada.

A: incorreta, uma vez que *o poder disciplinar, na execução da pena privativa de liberdade, será exercido pela autoridade administrativa conforme as disposições regulamentares* (art. 47, LEP), e não pelo magistrado; **B:** incorreta, vez que, ante o que dispõe o art. 52, *caput*, da LEP (com redação determinada pela Lei 13.964/2019), o cometimento de fato previsto como crime doloso constitui falta grave, sem que isso configure *bis in idem*; **C:** incorreta, pois contraria o entendimento firmado na Súmula 441, do STJ: *A falta grave não interrompe o prazo para obtenção de livramento condicional*. Atenção: a Lei 13.964/2019, com vigência a partir de 23 de janeiro de 2020 e posterior, portanto, à aplicação desta prova, introduziu novo requisito para a concessão do livramento condicional. Até então, tínhamos que o inciso III do art. 83 do CP continha os seguintes requisitos: comportamento satisfatório no curso da execução da pena; bom desempenho no trabalho atribuído ao reeducando; e aptidão para prover à própria subsistência por meio de trabalho honesto. O que fez a Lei 13.964/2019 foi inserir, neste inciso III, um quarto requisito. Doravante, além de preencher os requisitos contemplados no art. 83 do CP (nos seus cinco incisos), é de rigor que o reeducando, para fazer jus à concessão do livramento, não tenha cometido falta grave nos últimos 12 meses. O inciso III, que passou a abrigar esta modificação, foi fracionado em quatro alíneas ("a", "b", "c" e "d"), cada qual correspondente a um requisito (os três aos quais me referi acima e este novo requisito introduzido pela *novel* lei); **D:** incorreta, já que não condiz com o que estabelece o art. 45, § 2º, da LEP; **E:** correta, pois reflete o disposto no art. 49, parágrafo único, LEP.
Gabarito "E".

(Defensor Público/RO – 2017 –VUNESP) Qual dos enunciados a seguir reflete entendimento já sumulado pelo STJ?

(A) Para obtenção dos benefícios de saída temporária e trabalho externo, não se considera o tempo de cumprimento da pena no regime fechado por se tratar de benefícios próprios do regime semiaberto.
(B) O tempo de duração da medida de segurança pode ultrapassar o limite máximo da pena abstratamente cominada ao delito praticado se as causas relacionadas à inimputabilidade penal persistirem.
(C) Para o reconhecimento da prática de falta disciplinar no âmbito da execução penal, é prescindível a ins-

tauração de procedimento administrativo pelo diretor do estabelecimento prisional.

(D) O reconhecimento de falta grave decorrente do cometimento de fato definido como crime doloso no cumprimento da pena prescinde do trânsito em julgado de sentença penal condenatória no processo penal instaurado para apuração do fato.

(E) O benefício de saída temporária no âmbito da execução penal é ato jurisdicional suscetível de delegação à autoridade administrativa do estabelecimento prisional.

A: incorreta, já que contraria o entendimento firmado por meio da Súmula 40, do STJ: *Para obtenção dos benefícios de saída temporária e trabalho externo, considera-se o tempo de cumprimento da pena no regime fechado*; B: incorreta, uma vez que não reflete o entendimento sedimentado por meio da Súmula 527, do STJ: *O tempo de duração da medida de segurança não deve ultrapassar o limite máximo da pena abstratamente cominada ao delito praticado*. Perceba que a súmula não estabeleceu exceção, isto é, ainda que a causa que levou ao reconhecimento da inimputabilidade persista, o tempo de duração da medida de segurança não poderá ultrapassar a pena máxima cominada; C: incorreta, pois em desacordo com o entendimento firmado na Súmula 533, do STJ: *Para o reconhecimento da prática de falta disciplinar no âmbito da execução penal, é imprescindível a instauração de procedimento administrativo pelo diretor do estabelecimento prisional* (...); D: correta, pois corresponde ao teor da Súmula 526, do STJ; E: incorreta, pois não corresponde ao entendimento sufragado na Súmula 520, do STJ: *O benefício de saída temporária no âmbito da execução penal é ato jurisdicional insuscetível de delegação à autoridade administrativa do estabelecimento prisional.*

Gabarito "D".

(Defensor Público/RO – 2017 – VUNESP) Em relação a alguns dos benefícios previstos na Lei de Execução Penal, assinale a alternativa correta.

(A) Os condenados que cumprem pena em regime fechado poderão obter permissão para saída temporária.

(B) O condenado que cumpre a pena em regime semiaberto poderá remir, por estudo, parte do tempo de execução da pena.

(C) O preso impossibilitado de prosseguir no trabalho, por acidente, não poderá continuar a beneficiar-se com a remição.

(D) O tempo remido não poderá ser computado para a concessão de livramento condicional e indulto.

(E) A autorização para saída temporária será concedida por ato motivado do Juiz da execução e dependerá, dentre outros requisitos, do cumprimento mínimo de 1/3 (um terço) da pena, se o condenado for primário, e 1/2 (metade), se reincidente.

A: incorreta. A saída temporária, disciplinada nos arts. 122 a 125 da Lei 7.210/1984 (Lei de Execução Penal), destina-se tão somente ao condenado que cumpre a pena em regime *semiaberto*; B: correta. De fato, a remição pelo estudo pode se dar nos regimes fechado, semiaberto e aberto, tal como autorizado pelo art. 126, *caput* e § 6º, da LEP; já a remição pelo trabalho, é importante que se diga, somente pode beneficiar o condenado que cumpre a pena nos regimes fechado ou semiaberto (art. 126, *caput*, LEP); C: incorreta, uma vez que, conforme estabelece o art. 126, § 4º, da LEP, poderá o preso impossibilitado de trabalhar ou de continuar a estudar ser beneficiado com a remição; D: incorreta, pois contraria o disposto no art. 128 da LEP; E: incorreta, uma vez que contraria o disposto no art. 123, II, da LEP.

Gabarito "B".

(Juiz de Direito – TJM/SP – VUNESP – 2016) A respeito da execução das penas em espécie e incidentes de execução, assinale a alternativa correta.

(A) Compete ao Juízo da Execução Penal do Estado a execução da pena imposta a sentenciado pela Justiça Federal, quando recolhido a estabelecimento sujeito à administração estadual.

(B) O livramento condicional poderá ser requerido pelo Ministério Público, em favor do sentenciado, sendo certo que as condições de admissibilidade, conveniência e oportunidade serão verificadas pelo Conselho Penitenciário, a cujo relatório ficará adstrito o Juiz.

(C) A pena de multa, não paga pelo sentenciado, será convertida em título executivo de dívida, ficando a cargo do Ministério Público propor a execução no Juízo da Execução Criminal do local em que tramitou o processo.

(D) A suspensão condicional da pena compreende, além da privativa de liberdade, as penas acessórias.

(E) A concessão do livramento condicional da pena competirá ao Juiz que proferiu a sentença condenatória.

A: correta, pois retrata o entendimento sedimentado na Súmula 192, do STJ: "Compete ao Juízo das Execuções Penais do Estado a execução das penas impostas a sentenciados pela Justiça Federal, Militar ou Eleitoral, quando recolhidos a estabelecimentos sujeitos à administração estadual"; B: incorreta. Embora seja de rigor, à concessão do livramento condicional, o parecer do Conselho Penitenciário (art. 131 da LEP), é incorreto afirmar-se que o magistrado ficará a ele vinculado, podendo decidir de acordo com o seu livre convencimento motivado. Agora, quanto à legitimidade para requerer a concessão do livramento condicional, figura entre eles o Ministério Público, que poderá, além de requerer a suspensão do livramento, também pugnar pela sua concessão. Conferir a lição de Guilherme de Souza Nucci ao lançar comentário sobre as incumbências do *parquet* em sede de execução penal (art. 68, LEP): "(...) como se mencionou na nota anterior, se cabe ao Ministério Público fiscalizar a execução penal, oficiando no processo e nos incidentes, é mais do que óbvio poder requerer todas as providências enumeradas neste artigo. Desnecessário, pois, elencá-las. Diga-se mais: além das possibilidades previstas no art. 68, que é rol exemplificativo, muito mais pode competir ao membro da Instituição, como, por exemplo, requerer, em favor do condenado, a concessão de livramento condicional, quando julgar cabível" (*Leis penais e processuais penais comentadas*, volume I, Ed. Forense, p. 247, 2014); C: incorreta, pois em desconformidade com a Súmula 521, do STJ. Até o advento da Lei 9.268/1996, era possível a conversão da pena de multa não adimplida em pena privativa de liberdade. Ou seja, o não pagamento da pena de multa imposta ao condenado poderia ensejar a sua prisão. Com a entrada em vigor desta Lei, modificou-se o procedimento de cobrança da pena de multa, que passou a ser considerada dívida de valor, com incidência das normas relativas à dívida da Fazenda Pública. Com isso, deixou de ser possível – e esse era o objetivo a ser alcançado – a conversão da pena de multa em prisão. A partir de então, surgiu a discussão acerca da atribuição para cobrança da pena de multa: deveria ela se dar na Vara da Fazenda Pública ou na Vara de Execução Penal? A jurisprudência, durante muito tempo, consagrou o entendimento no sentido de que a pena pecuniária, sendo dívida de valor, possui caráter extrapenal e, portanto, a sua execução deve se dar pela Procuradoria da Fazenda Pública. Tal entendimento, até então pacífico, sofreu um revés em 2018, quando o STF, ao julgar a ADI 3150, conferiu nova interpretação ao art. 51 do CP e passou a considerar que a cobrança da multa, que constitui, é importante que se diga, espécie de sanção penal, cabe ao Ministério Público, que o fará perante o juízo da execução penal. Ficou ainda decidido que, caso o MP não promova a cobrança dentro do prazo de noventa dias, aí sim poderá a Procuradoria da Fazenda Pública fazê-lo. A atuação da Fazenda

Pública passou a ser, portanto, subsidiária em relação ao MP. Pois bem. A Lei 13.964/2019 (Pacote Anticrime), ao conferir nova redação ao art. 51 do CP, consolidou o entendimento adotado pelo STF, no sentido de que a execução da pena de multa ocorrerá perante o juiz da execução penal. A cobrança, portanto, cabe ao MP. De se ver que a atribuição subsidiária conferida à Fazenda Pública (pelo STF) não constou da nova redação do art. 51 do CP; **D:** incorreta (art. 700, CPP); **E:** incorreta, já que a concessão do livramento condicional compete ao juiz da execução (art. 66, III, *e*, da LEP).

Gabarito "A".

(Juiz de Direito – TJM/SP – VUNESP – 2016) Nos termos da Lei 7.210, de 11 de julho de 1984, os condenados por crime praticado, dolosamente, com violência de natureza grave contra a pessoa, ou por qualquer dos crimes previstos no art. 1º da Lei 8.072, de 25 de julho de 1990,

(A) serão submetidos, obrigatoriamente, à identificação do perfil genético mediante extração de DNA.
(B) somente poderão ter a identificação de perfil genético verificada pelo Juiz do processo, vedado o acesso às autoridades policiais mesmo mediante requerimento.
(C) não terão a identificação de perfil genético incluído em banco de dados sigiloso, mas de livre acesso às autoridades policiais, independentemente de requerimento.
(D) não terão extraído o DNA, se submetidos à Justiça Militar, em razão da excepcionalidade da lei de execução.
(E) não poderão ser submetidos à identificação do perfil genético, mediante extração de DNA, por falta de permissivo legal.

Com a alteração promovida pela Lei 12.654/2012 na Lei de Execução Penal, que nela introduziu o art. 9º-A, criou-se mais uma hipótese de identificação criminal, por meio da qual os condenados pelo cometimento de crime doloso com violência ou grave ameaça contra a pessoa bem como por delito hediondo serão submetidos, compulsoriamente, à identificação do perfil genético, o que se fará por meio da extração de DNA. Posteriormente, o PL 6.341/2019 (que, mais tarde, daria origem à Lei 13.964/2019), entre várias alterações implementadas na legislação penal, processual penal e de execução penal, alterou a redação do *caput* do art. 9º-A da LEP, dali extraindo a referência a *crimes hediondos* e fazendo inserir os *crimes contra a vida, contra a liberdade sexual* e os *delitos sexuais contra vulnerável*. Esta alteração, no entanto, foi objeto de veto pelo presidente da República, ficando mantida, portanto, a sua redação original (conferida pela Lei 12.654/2012). Depois disso, já no período de vigência do pacote anticrime, o Congresso Nacional, ao apreciar os vetos impostos pelo presidente da República aos dispositivos inseridos pelo pacote anticrime, rejeitou o veto à alteração promovida no art. 9º-A da LEP pelo pacote anticrime. Com isso, prevalece a redação original conferida pelo PL 6.341/2019, a saber: *O condenado por crime doloso praticado com violência grave contra a pessoa, bem como por crime contra a vida, contra a liberdade sexual ou por crime sexual contra vulnerável, será submetido, obrigatoriamente, à identificação do perfil genético, mediante extração de DNA (ácido desoxirribonucleico), por técnica adequada e indolor, por ocasião do ingresso no estabelecimento prisional*. Perceba que a obrigatoriedade de se submeter à identificação do perfil genético permanece para os condenados por crime doloso praticado com violência grave contra a pessoa. Também foi objeto de veto pelo PR a inclusão, neste art. 9º-A, dos §§ 5º, 6º e 7º pela Lei 13.964/2019, vetos esses posteriormente derrubados pelo Congresso Nacional, de forma que, atualmente, esses dispositivos estão em vigor. Conferir os dispositivos restabelecidos por força da rejeição ao veto imposto pelo PR: § 5º: *A amostra biológica coletada só poderá ser utilizada para o único e exclusivo fim de permitir a identificação pelo perfil genético, não estando autorizadas as práticas de fenotipagem genética ou de busca familiar*; § 6º: *Uma vez identificado o perfil genético, a amostra biológica recolhida nos termos do caput deste artigo deverá ser correta e imediatamente descartada, de maneira a impedir a sua utilização para qualquer outro fim*; § 7º: *A coleta da amostra biológica e a elaboração do respectivo laudo serão realizadas por perito oficial*.

Gabarito "A".

(Juiz de Direito – TJ/SP – VUNESP – 2015) Um sentenciado cumpria pena em regime fechado, quando sobreveio nova condenação, com substituição da pena privativa de liberdade por restritiva de direitos. Portanto, deve o magistrado

(A) somar a nova condenação ao restante da pena que está sendo cumprida, desconsiderando a restritiva de direitos.
(B) reconverter a restritiva de direitos em privativa de liberdade, mantendo o cumprimento isolado de cada pena imposta.
(C) reconverter a restritiva de direitos em privativa de liberdade, unificando as reprimendas.
(D) manter a restritiva de direitos suspensa, para que seja cumprida a privativa de liberdade em primeiro lugar.

Quando, no curso da execução, sobrevier condenação a pena privativa de liberdade que, no juízo sentenciante, foi convertida em restritiva de direitos, caberá ao juízo da execução competente proceder à somatória do remanescente da pena que está sendo cumprida com a pena privativa de liberdade fruto da reconversão da restritiva de direitos correspondente à última condenação, nos termos do art. 111, parágrafo único, da LEP.

Gabarito "C".

20. LEGISLAÇÃO EXTRAVAGANTE

(Juiz de Direito – TJ/RS – 2018 – VUNESP) Assinale a alternativa correta.

(A) A interceptação das comunicações telefônicas não poderá ser determinada *ex officio* pelo juiz.
(B) Não pode o juiz, havendo indícios suficientes, decretar *ex officio*, no curso do inquérito ou da ação penal, a apreensão e outras medidas assecuratórias relacionadas aos bens móveis e imóveis ou valores consistentes em produtos dos crimes previstos na Lei no 11.343/06.
(C) As medidas protetivas de urgência, previstas na Lei 11.340/06, não poderão ser concedidas *ex officio* pelo juiz, dependendo sempre de requerimento da parte interessada ou mesmo da autoridade policial ou do Ministério Público.
(D) Em relação à proteção aos réus colaboradores, prevista na Lei no 9.807/99, não pode o juiz conceder o perdão judicial *ex officio*.
(E) No caso de morte do acusado, o juiz somente à vista da certidão de óbito, e depois de ouvido o Ministério Público, declarará a extinção da punibilidade.

A: incorreta. Isso porque, segundo estabelece o art. 3º da Lei 9.296/1996, a interceptação das comunicações telefônicas poderá ser determinada pelo juiz (sempre): de ofício; ou mediante representação da autoridade policial, no curso das investigações do inquérito policial, ou a pedido do MP, tanto no curso do IP quanto no da ação penal; **B:** incorreta, uma vez que tal providência poderá, sim, ser determinada de ofício pelo juiz, conforme consta do art. 60, *caput*, da Lei 11.343/2006; **C:** errada. A incorreção da assertiva está em afirmar que a decretação das medidas protetivas de urgência contidas na Lei

Maria da Penha poderá se dar a requerimento da autoridade policial. Na verdade, tais medidas serão requeridas pelo MP ou pela própria ofendida (art. 19, *caput*, Lei 11.340/2006). Quanto à possibilidade de o juiz decretar essas medidas de ofício, mesmo a lei não a tendo contemplado, conferir a lição de Guilherme de Souza Nucci: "(...) a nova lei, que busca avanço e celeridade na solução dos problemas da mulher agredida, olvidou que o magistrado possa decretar medidas de urgência de ofício, conforme o caso e de acordo com a finalidade da proteção. Cremos que tal situação pode ser sanada pelo poder geral de cautela do juiz, contornando-se a omissão legislativa. Em outras palavras, conforme a situação concreta, parece-nos viável a decretação de medidas de urgência pertinentes de ofício. Afinal, *quem pode o mais, pode o menos*" (*Leis Penais e Processuais Penais Comentadas*, Volume 1. 8. ed. São Paulo: Forense, 2014. p. 707); **D:** incorreta, pois não reflete o disposto no art. 13, *caput*, da Lei 9.807/1999, que estabelece que o juiz, neste caso, pode atuar de ofício; **E:** correta, pois constitui reprodução do teor do art. 62 do CPP.

Gabarito "E".

(Investigador – PC/BA – 2018 – VUNESP) Diante do previsto na Lei no 9.296/96 – Lei de Interceptação Telefônica, assinale a alternativa correta.

(A) A interceptação telefônica será admitida mesmo que a prova possa ser feita por outros meios disponíveis.
(B) A interceptação telefônica poderá ser determinada pelo representante do Ministério Público, de ofício, mediante idônea fundamentação durante a instrução criminal.
(C) O juiz deverá decidir, no prazo máximo de 24 (vinte e quatro) horas, sobre o pedido de interceptação.
(D) Somente será admitido o pedido de interceptação telefônica feito por escrito.
(E) Não é necessária a presença de indícios razoáveis da autoria ou participação em infração penal para que seja determinada a interceptação telefônica.

A: incorreta. Por se tratar de meio de prova sobremaneira invasivo, a interceptação telefônica somente poderá se dar diante da impossibilidade de se produzir a prova por outros meios disponíveis (art. 2º, II, da Lei 9.296/1996). Ou seja, a interceptação telefônica deve ser utilizada de forma subsidiária, recorrendo-se, por primeiro, a outros meios disponíveis; **B:** incorreta, dado que a interceptação telefônica somente poderá ser determinada pelo juiz de direito, que o fará de ofício ou a requerimento da autoridade policial, no curso das investigações, ou do MP, no decorrer tanto das investigações quanto da ação penal (arts. 1º, *caput*, e 3º, da Lei 9.296/1996); **C:** correta (art. 4º, § 2º, da Lei 9.296/1996); **D:** incorreta, na medida em que o pedido poderá, de forma excepcional, ser formulado *verbalmente* (art. 4º, § 1º, da Lei 9.296/1996); **E:** incorreta, dado que a interceptação somente será admitida diante da presença de indícios razoáveis da autoria ou participação em infração penal, tal como dispõe o art. 2º, I, da Lei 9.296/1996.

Gabarito "C".

(Investigador – PC/BA – 2018 –VUNESP) Em procedimento legal de interceptação de conversas telefônicas visando a apurar tráfico de drogas, durante o inquérito policial, foram transcritas conversas que tratavam de assuntos diversos daqueles sob a investigação. A respeito destes últimos, de acordo com a Lei Federal no 9.296/1996, que trata da matéria, a providência a ser adotada será

(A) a exclusão de ofício, pela Autoridade Policial que presidir às investigações e sob pena de responsabilidade, dos trechos irrelevantes.
(B) a representação, pela Autoridade Policial, para inutilização dos trechos irrelevantes, o que poderá ser autorizado apenas pela Autoridade Judiciária competente.
(C) a manutenção dos trechos considerados irrelevantes em autos apartados, uma vez que estes têm caráter sigiloso.
(D) o aguardamento até o trânsito da sentença para excluir os trechos havidos por irrelevantes, uma vez que estes poderão ser avaliados novamente no curso do processo.
(E) o refazimento da interceptação, já que a transcrição de trechos irrelevantes à apuração contamina toda a prova, conforme estabelece a "teoria dos frutos envenenados".

Tal como dispõe o art. 9º da Lei 9.296/1996, se, no decorrer da interceptação, forem colhidas informações que não têm pertinência com a apuração em curso, é de rigor que tais dados, que são irrelevantes, sejam inutilizados, cabendo à autoridade policial, neste caso, representar ao magistrado competente para que este determine tal providência. Tal iniciativa também cabe ao representante do MP e à parte interessada, e poderá ser determinada, sempre pelo juiz competente, tanto no curso das investigações do inquérito policial quanto no da ação penal ou até depois desta.

Gabarito "B".

(Defensor Público/RO – 2017 – VUNESP) No que se refere à violência doméstica e familiar contra a mulher (Lei no 11.340/06), assinale a alternativa correta.

(A) A ação penal relativa ao crime de lesão corporal resultante de violência doméstica contra a mulher é pública condicionada.
(B) Há previsão legal de ajuizamento de ação penal privada na Lei no 11.340/06 (Lei Maria da Penha), dependendo do interesse jurídico discutido.
(C) A ação penal relativa ao crime de lesão corporal resultante de violência doméstica contra a mulher é pública incondicionada.
(D) Ao processo, ao julgamento e à execução das causas cíveis e criminais decorrentes da prática de violência doméstica e familiar contra a mulher não se aplicam as normas do Código de Processo Penal.
(E) O Ministério Público poderá em todos os atos processuais, cíveis e criminais acompanhar a mulher em situação de violência doméstica e familiar atuando como seu curador.

A: incorreta, uma vez que o STF, ao julgar a ADI 4.424, de 09.02.2012, entendeu ser incondicionada a ação penal em caso de crime de lesão corporal praticado contra a mulher no ambiente doméstico. A atuação do Ministério Público, nesses casos (lesão corporal praticada contra a mulher no ambiente doméstico), portanto, prescinde da anuência da vítima. Tal entendimento encontra-se consagrado na Súmula 542, do STJ: *A ação penal relativa ao crime de lesão corporal resultante de violência doméstica contra a mulher é pública incondicionada*; **B:** incorreta, já que inexiste tal previsão na Lei Maria da Penha; **C:** correta, na medida em que, conforme ponderado no comentário à assertiva "A", a ação penal, neste caso, é pública incondicionada; **D:** incorreta, pois contraria o disposto no art. 13 da Lei Maria da Penha; **E:** incorreta, uma vez que tal atribuição não está prevista na Lei Maria da Penha. A atuação do MP, no contexto da Lei Maria da Penha, está disciplinada nos arts. 25 e 26 da Lei 11.340/2006.

Gabarito "C".

(Defensor Público/RO – 2017 – VUNESP) Sobre a interceptação telefônica, assinale a alternativa correta.

(A) A interceptação de comunicação telefônica, de qualquer natureza, preservado seu sigilo, ocorrerá nos autos de inquérito policial.
(B) A interceptação das comunicações telefônicas poderá ser determinada pelo juiz de ofício.
(C) Não há previsão legal de pedido de interceptação telefônica formulado verbalmente.
(D) Admitir-se-á a interceptação de comunicações telefônicas quando o fato investigado constituir infração penal, independentemente do tipo de pena prevista.
(E) O pedido de interceptação telefônica poderá ser renovado por uma única vez e por igual tempo, uma vez comprovada a indispensabilidade do meio de prova.

A: incorreta, já que a interceptação de comunicação telefônica poderá ocorrer tanto na fase das investigações do inquérito policial quanto no curso da instrução processual, sempre por determinação judicial (art. 8º, Lei 9.296/1996); **B:** correta. Segundo estabelece o art. 3º da Lei 9.296/1996, a interceptação das comunicações telefônicas poderá ser determinada pelo juiz (sempre): de ofício; ou mediante representação da autoridade policial, no curso das investigações do inquérito policial, ou a pedido do MP, tanto no curso do IP quanto no da ação penal; **C:** incorreta, na medida em que o pedido poderá, de forma excepcional, ser formulado *verbalmente* (art. 4º, § 1º, da Lei 9.296/1996); **D:** incorreta, pois somente será admitida se o fato sob investigação constituir infração penal punida com *reclusão* (art. 2º, III, da Lei 9.296/1996); **E:** incorreta. À luz do que reza o art. 5º da Lei 9.296/1996, a interceptação não poderá exceder o prazo de 15 dias, interregno esse que comporta prorrogação por igual período, desde que isso se mostre indispensável às investigações. Cabem aqui alguns esclarecimentos quanto à prorrogação do prazo estabelecido neste dispositivo. Segundo entendimento consolidado pelos tribunais superiores, as interceptações telefônicas podem, sim, ser prorrogadas sucessivas vezes, desde que tal providência seja devidamente fundamentada pela autoridade judiciária (art. 5º da Lei 9.296/1996). Conferir: "De acordo com a jurisprudência há muito consolidada deste Tribunal Superior, as autorizações subsequentes de interceptações telefônicas, uma vez evidenciada a necessidade das medidas e a devida motivação, podem ultrapassar o prazo previsto em lei, considerado o pressuposto necessário e razoável para o fim da persecução penal" (AgRg no REsp 1620209/RS, Rel. Ministra Maria Thereza De Assis Moura, Sexta Turma, julgado em 09.03.2017, *DJe* 16.03.2017). No STF: "(...) Nesse contexto, considerando o entendimento jurisprudencial e doutrinário acerca da possibilidade de se prorrogar o prazo de autorização para a interceptação telefônica por períodos sucessivos quando a intensidade e a complexidade das condutas delitivas investigadas assim o demandarem, não há que se falar, na espécie, em nulidade da referida escuta e de suas prorrogações, uma vez que autorizada pelo Juízo de piso com a observância das exigências previstas na lei de regência (Lei 9.296/1996, art. 5º) (...)" (STF, 1ª T., RHC 120.111, rel. Min. Dias Toffoli, j. 11.03.2014). Gabarito "B".

(Delegado – PC/BA – 2018 – VUNESP) Considere o seguinte caso hipotético.

O criminoso "X", integrante de uma determinada organização criminosa, após a sentença que o condenou pela prática do crime, decide voluntariamente e na presença de seu defensor, colaborar com as investigações. Nas suas declarações, "X" revela toda a estrutura hierárquica e a divisão de tarefas da organização. Alguns dias após, arrepende-se e decide retratar-se das declarações prestadas. Diante do exposto e nos termos da Lei nº 12.850/2013, é correto afirmar que

(A) na hipótese de retratação, as provas produzidas pelo colaborador não poderão ser utilizadas em seu desfavor, mas apenas em detrimento dos interesses dos coautores e partícipes.
(B) a colaboração premiada é retratável a qualquer tempo, sendo necessário colher a retratação por escrito e desconsiderar integralmente as provas produzidas.
(C) após a prolação da sentença, é vedada a retratação, portanto, no presente caso, não há possibilidade de se reconhecer o pedido do criminoso.
(D) a colaboração premiada implica em renúncia ao direito ao silêncio, ficando o criminoso sujeito ao compromisso de dizer a verdade; assim sendo, a retratação implicará o cometimento de outro crime.
(E) a colaboração premiada, antes ou após a sentença, é irretratável, portanto as provas autoincriminatórias produzidas pelo colaborador poderão ser utilizadas em seu desfavor.

A: correta. De fato, podem as partes, depois de firmar acordo de colaboração premiada, retratar-se (tanto o MP quanto o investigado/réu colaborador). As razões que podem dar ensejo a isso são variadas. Pode o MP, por exemplo, voltar atrás no pacto firmado porque o colaborador não logrou provar o alegado em sua delação. Este, por sua vez, pode, por exemplo, manifestar o desejo de retratar-se por temer represálias dos investigados/acusados delatados. As provas que foram produzidas pela delação, tal como prescreve o art. 4º, § 10, da Lei 12.850/2013, não poderão ser utilizadas em prejuízo do colaborador que se retratou, mas poderão ser usadas contra os demais investigados ou acusados; **B:** incorreta. Como dito acima, as provas produzidas por ocasião da colaboração somente serão desconsideradas em relação ao delator que se retratou; serão, todavia, levadas em consideração contra os demais investigados/acusados; **C:** considerada incorreta. Há divergência na doutrina quanto à possibilidade de a retratação operar-se após a prolação da sentença. Para Guilherme de Souza Nucci, a retratação deve ocorrer depois da homologação do juiz e antes da sentença condenatória (*Leis Penais e Processuais Penais Comentadas*, Volume 2. 8. ed. São Paulo: Forense, 2014. p. 699); **D:** incorreta, já que a retratação não implica o cometimento de crime por parte do colaborador que voltou atrás na sua delação; a primeira parte da assertiva, segundo a qual a colaboração premiada implica renúncia ao direito ao silêncio, ficando o criminoso sujeito ao compromisso de dizer a verdade, está correta (art. 4º, § 14, Lei 12.850/2013); **E:** incorreta. Vide comentário à alternativa "A". Gabarito "A".

(Escrevente Técnico – TJM/SP – VUNESP – 2017) De acordo com o Código de Processo Penal Militar, e com relação ao Inquérito Policial Militar, assinale a alternativa correta.

(A) O Inquérito Policial Militar deverá terminar dentro de vinte dias, quando o indiciado estiver solto, contados a partir da data em que se instaurar o inquérito.
(B) A autoridade militar só poderá mandar arquivar autos de inquérito, se conclusivo pela inexistência de crime ou de inimputabilidade do indiciado.
(C) Nos crimes contra a honra, ainda que decorrerem de escrito ou publicação, cujo autor esteja identificado, o Inquérito Policial Militar não poderá ser dispensado.
(D) O arquivamento de inquérito não obsta a instauração de outro, se novas provas aparecerem em relação ao fato, ao indiciado ou a terceira pessoa, ressalvados o caso julgado e os casos de extinção da punibilidade.
(E) Quando concluído os autos do Inquérito Policial Militar deverão ser remetidos ao auditor da Circunscrição Judiciária Militar onde ocorreu a infração penal,

contudo, os instrumentos desta, assim como todos os objetos apreendidos deverão permanecer em poder do Encarregado que será responsável pela custódia até o término do processo.

A: incorreta, já que contraria o disposto no art. 20 do CPPM, que estabelece que o inquérito, se preso estiver o indiciado, deve ser ultimado em 20 dias; se solto, em 40 dias; **B:** incorreta. A autoridade militar não poderá, sob qualquer pretexto, mandar arquivar autos de inquérito, ainda que conclusivo pela inexistência de crime ou de inimputabilidade do indiciado (art. 24, CPPM); **C:** incorreta. A assertiva contempla hipótese de dispensa de inquérito (art. 28, CPPM); **D:** correta (art. 25, CPPM); **E:** incorreta, pois contraria o disposto no art. 23 do CPPM.
Gabarito "D".

(Escrevente Técnico – TJM/SP – VUNESP – 2017) Conforme o Código de Processo Penal Militar, assinale a alternativa correta no que diz respeito à comunicação dos atos processuais.

(A) A citação far-se-á por oficial de justiça mediante mandado, quando o acusado estiver servindo ou residindo fora dessa sede, mas no país.

(B) A citação far-se-á por oficial de justiça mediante edital quando o acusado estiver servindo ou residindo fora da sede do juízo, mas no país.

(C) A intimação ou notificação de militar em situação de atividade será feita pessoalmente, devendo o militar intimado ou notificado informar a autoridade a que estiver subordinado.

(D) O processo será suspenso quando o acusado que, citado, intimado ou notificado para qualquer ato do processo, deixar de comparecer sem motivo justificado.

(E) A citação feita no início do processo é pessoal, bastando, para os demais termos, a intimação ou notificação do seu defensor, salvo se o acusado estiver preso, caso em que será, da mesma forma, intimado ou notificado.

A: incorreta. É hipótese de citação por meio de carta precatória, tal como estabelece o art. 277, II, do CPPM; **B:** incorreta. Neste caso, a citação far-se-á por meio de carta precatória (art. 277, II, CPPM); **C:** incorreta (art. 288, § 3º, do CPPM); **D:** incorreta. É caso de revelia (art. 292, CPPM); **E:** correta (art. 293, CPPM).
Gabarito "E".

(Escrevente Técnico – TJM/SP – VUNESP – 2017) Conforme o Código de Processo Penal Militar, e no que diz respeito aos recursos no processo penal militar, é correto afirmar que

(A) a apelação será interposta por petição escrita, dentro do prazo de cinco dias, contados da data da intimação da sentença ou da sua leitura em pública audiência, na presença das partes ou seus procuradores.

(B) caberá recurso em sentido estrito da sentença definitiva de condenação ou de absolvição.

(C) cabe apelação da decisão judicial que decretar, ou não, a prisão preventiva, ou revogá-la.

(D) não caberá revisão dos processos findos em que tenha havido erro quanto aos fatos, sua apreciação, avaliação e enquadramento.

(E) os recursos em sentido estrito serão interpostos no prazo de cinco dias, contados da data da intimação da decisão, ou da sua publicação ou leitura em pública audiência, na presença das partes ou seus procuradores.

A: correta (art. 529, CPPM); **B:** incorreta. É hipótese de apelação (art. 526, *a*, CPPM); **C:** incorreta. É hipótese de recurso em sentido estrito (art. 516, *h*, CPPM); **D:** incorreta (art. 550, CPPM); **E:** incorreta. O art. 518 do CPPM estabelece o prazo de 3 dias (e não de 5 dias).
Gabarito "A".

(Juiz de Direito – TJ/RJ – VUNESP – 2016) A respeito da infiltração de agentes de polícia em tarefas de investigação, é correto afirmar que

(A) não possui prazo determinado de duração, podendo ser sustada, a qualquer tempo, havendo indícios seguros de risco iminente ao agente infiltrado.

(B) pode ser determinada diretamente pela autoridade policial, em decisão fundamentada, contendo todas as circunstâncias e limites da atuação.

(C) pode ser determinada de ofício pela autoridade judicial, cabendo à autoridade policial designar os agentes que atuarão na tarefa.

(D) os agentes de polícia que participam da infiltração têm direito à alteração da identidade, bem como a usufruir das medidas de proteção à testemunha.

(E) é admitida para todas as infrações penais, inclusive as de menor potencial ofensivo.

A: incorreta. Embora seja correto afirmar-se que a infiltração de agentes pode, a qualquer tempo, ser sustada na hipótese de haver indícios seguros de risco iminente ao agente infiltrado (art. 12, § 3º, da Lei 12.850/2013), não é verdadeira a afirmação de que este meio de obtenção de prova não possui prazo determinado. Com efeito, por força do que dispõe o art. 10, § 3º, da Lei 12.850/2013, a infiltração será autorizada pelo prazo de seis meses, podendo este interregno ser prorrogado, desde que demonstrada a sua necessidade (art. 10, § 3º, da Lei 12.850/2013); **B:** incorreta, uma vez que a infiltração de agentes somente pode ser determinada, de forma fundamentada, circunstanciada e sigilosa, pelo juiz de direito, que o fará mediante representação da autoridade policial ou a requerimento do MP (art. 10, *caput*, da Lei 12.850/2013); **C:** incorreta, uma vez que não é dado ao juiz determinar, de ofício, a infiltração de agentes; somente o fará mediante representação do delegado de polícia ou a requerimento do MP; **D:** correta, pois reflete o disposto no art. 14, II, da Lei 12.850/2013; **E:** incorreta, pois não corresponde ao que estabelece o art. 10, § 2º, da Lei 12.850/2013.
Gabarito "D".

(Juiz de Direito – TJ/RJ – VUNESP – 2016) A, casada com B, durante uma discussão de casal, levou um soco, sendo ameaçada de morte. Diante dos gritos e ameaças, os vizinhos acionaram a Polícia que, ao chegar ao local, conduziu todos à Delegacia. A, inicialmente, prestou depoimento na Delegacia e manifestou o desejo de que o marido fosse processado criminalmente pelos crimes de lesão corporal leve e ameaça. Entretanto, encerradas as investigações policiais e remetidos os autos ao Fórum, em sede de audiência preliminar, A informou ao Juízo que havia se reconciliado com B, não desejando que o marido fosse processado por ambos os crimes. Diante da nova manifestação de vontade de A, é correto afirmar que o procedimento

(A) será arquivado quanto ao crime de ameaça, já que a ação é condicionada à representação da vítima. Quanto ao crime de lesão corporal, ocorrida em âmbito doméstico, o procedimento terá seguimento, por tratar-se de ação penal pública incondicionada. Todavia, é possível ao órgão de acusação, desde logo, ofertar a transação penal.

(B) terá seguimento, tanto para o crime de ameaça quanto para o crime de lesão corporal. Todavia, é possível ao órgão de acusação, desde logo, ofertar a transação penal.
(C) terá seguimento quanto ao crime de lesão corporal, visto que a ação penal é pública incondicionada, por ter se dado em âmbito doméstico. Já quanto ao crime de ameaça, a retratação de A obsta o prosseguimento, visto que a ação penal continua condicionada à representação, ainda que praticada em âmbito doméstico.
(D) deverá ser arquivado, vez que a ação penal, seja para o crime de ameaça, seja para o de lesão corporal de natureza leve, é condicionada à representação da vítima, e a retratação de A obsta o prosseguimento do feito.
(E) terá seguimento, tanto para o crime de ameaça quanto para o crime de lesão corporal, pois em se tratando de crimes ocorridos no âmbito doméstico, a ação penal é pública incondicionada, pouco importando a retratação de A.

O entendimento do STF que estabeleceu a natureza incondicionada da ação penal, tomado em controle concentrado de constitucionalidade (ADIn 4.424), somente se aplica aos crimes de lesão corporal, independente da sua extensão, praticados contra a mulher no ambiente doméstico. Tal entendimento encontra-se consagrado na Súmula 542, do STJ: "A ação penal relativa ao crime de lesão corporal resultante de violência doméstica contra a mulher é pública incondicionada". Bem por isso, o processo, no caso retratado no enunciado, terá continuidade em relação ao crime de lesão corporal, já que, nesta hipótese, o MP, titular da ação penal, não depende de autorização da ofendida para processar o ofensor. Tal não se aplica, todavia, ao crime de ameaça, na medida em que o MP, para ajuizar a ação penal, depende da manifestação de vontade da ofendida, materializada por meio da representação. Neste caso, poderá a ofendida, desde que em audiência especialmente designada para esse fim e até o recebimento da denúncia, renunciar à representação formulada (art. 16 da Lei 11.340/2006). No mais, o art. 41 da Lei Maria da Penha, cuja constitucionalidade foi reconhecida pelo STF (ADC 19, de 09.02.2012), veda a aplicação, no contexto dos crimes praticados com violência doméstica e familiar contra a mulher, das medidas despenalizadoras contempladas na Lei 9.099/1995, entre as quais a *suspensão condicional do processo* e a *transação penal*. Consolidando tal entendimento, editou-se a Súmula 536, do STJ: "A suspensão condicional do processo e a transação penal não se aplicam na hipótese de delitos sujeitos ao rito da Lei Maria da Penha".
Gabarito "C".

(Juiz de Direito – TJ/RJ – VUNESP – 2016) Analise o caso a seguir e assinale a alternativa correta.

X, empresário do ramo alimentício, teve decretada a falência de sua empresa, em 20 de outubro de 2009. Tendo o administrador judicial, em relatório circunstanciado, apontado indícios de desvio e venda das mercadorias da massa falida, o Ministério Público requisitou a instauração de inquérito, a fim de apurar a prática de crime falimentar por X, sócio-gerente da empresa. Encerradas as investigações, o Ministério Público ofereceu denúncia, junto ao Juízo Criminal da Jurisdição em que foi decretada a falência, sendo a exordial recebida, iniciando-se o processo. Citado, X apresenta resposta à acusação, postulando por sua absolvição sumária, alegando faltar justa causa para a ação penal, uma vez que, por força de agravo interposto junto ao Tribunal, a falência da empresa foi revertida. O Juízo não absolve sumariamente X, dando prosseguimento ao processo. X então impetra habeas corpus, junto ao Tribunal de Justiça.

(A) O Tribunal de Justiça haveria de conceder a ordem, para trancar a ação penal, por ausência de condição de punibilidade do crime falimentar.
(B) O Ministério Público não poderia ter oferecido denúncia em face de X, por crime falimentar, por faltar condição de procedibilidade, já que a ação é pública condicionada à representação dos credores.
(C) O Tribunal de Justiça haveria de denegar a ordem, haja vista a independência das esferas.
(D) A ação penal é nula, por incompetência do Juízo, pois, nos termos da Lei 11.101/2005, é competente para julgar crime falimentar o Juízo que decretou a falência.
(E) Tendo a Lei 11.101/2005 previsto o procedimento sumário para o processo e julgamento de crime falimentar, não é possível ao acusado apresentar resposta à acusação, prevista no artigo 396-A, do CPP.

A: correta, pois reflete o disposto no art. 180 da Lei 11.101/2005; **B:** incorreta, já que a ação penal, nos crimes previstos na Lei 11.101/2005, é pública *incondicionada* (art. 184 da Lei 11.101/2005); **C:** incorreta, já que não há que se falar em independência de esferas neste caso; **D:** incorreta, pois não corresponde ao disposto no art. 183 da Lei 11.101/2005; **E:** incorreta. Embora seja verdade que o procedimento a ser adotado no julgamento dos crimes falimentares é o comum sumário (art. 185 da Lei 11.101/2005), é incorreto afirmar-se que a *resposta à acusação* (art. 396-A, CPP) não tem incidência no procedimento sumário (art. 394, § 4º, do CPP).
Gabarito "A".

(Juiz de Direito – TJ/RJ – VUNESP – 2016) X, flagrado portando maconha para uso próprio, pode

(A) ser preso, em flagrante delito.
(B) ser conduzido ao CAPS – Centro de Atenção Psicossocial –, para ser submetido a tratamento compulsório, dado que a lei prevê medidas alternativas à prisão.
(C) ignorar a determinação policial no sentido de que se conduza ao Distrito Policial, uma vez que esta conduta não prevê pena privativa de liberdade.
(D) ser liberado, mediante pagamento de fiança.
(E) ser conduzido ao Distrito Policial, livrando-se solto, haja vista tratar-se de infração de menor potencial ofensivo.

A conduta descrita no enunciado se amolda ao tipo penal do art. 28 da Lei 11.343/2006, consistente no verbo *trazer consigo* (transportar junto ao corpo). Quando surpreendido na posse de substância entorpecente destinada a uso próprio, o agente deverá ser encaminhado incontinenti ao juízo competente (JECRIM) ou, não sendo isso possível, será conduzido à presença da autoridade policial, que providenciará, depois de constatada a prática do delito do art. 28 da Lei de Drogas, a lavratura de termo circunstanciado (é vedada, tal como consta do art. 48, § 2º, da Lei 11.343/2006, a lavratura de auto de prisão em flagrante) e o encaminhamento do autor dos fatos ao juízo competente (Juizado Especial Criminal); não sendo isso possível (e é o que de fato ocorre na grande maioria das vezes), o conduzido firmará compromisso, perante a autoridade policial, de comparecer ao juízo tão logo seja convocado para tanto. Não poderá, em hipótese nenhuma, permanecer preso, devendo ser de imediato liberado assim que formalizada a ocorrência por meio do termo circunstanciado (art. 48, § 3º, da Lei 11.343/2006).
Gabarito "E".

(Juiz de Direito – TJM/SP – VUNESP – 2016) Analisando em conjunto as Leis 4.898, de 9 de dezembro de 1965 e 7.960, de 21 de dezembro de 1989, é correto afirmar que constitui abuso de autoridade

(A) decretar a prisão temporária em despacho prolatado dentro do prazo de 24 (vinte e quatro) horas, contadas a partir do recebimento da representação.
(B) prolongar a execução de prisão temporária, de pena ou de medida de segurança, deixando de expedir em tempo oportuno ordem de liberdade.
(C) executar a prisão temporária somente depois da expedição de mandado judicial.
(D) decretar a prisão temporária pelo prazo de 5 (cinco) dias, e prorrogá-la por igual período em caso de comprovada necessidade.
(E) determinar a apresentação do preso temporário, solicitar informações e esclarecimentos da autoridade policial e submetê-lo a exame pericial.

A: incorreta. É que, por força do que dispõe o art. 2º, § 2º, da lei que disciplina a prisão temporária (Lei 7.960/1989), é lícito ao juiz decretar a custódia temporária em despacho prolatado dentro do prazo de 24 (vinte e quatro) horas, contadas a partir do recebimento da representação, não havendo que se falar, portanto, no cometimento de abuso de autoridade; **B:** correta. Cuida-se de hipótese de abuso de autoridade prevista no art. 4º, *i*, da Lei 4.898/1965 (Abuso de Autoridade). Atualmente, os crimes de abuso de autoridade estão previstos na Lei 13.869/2019, que revogou a Lei 4.898/1965. A conduta descrita na alternativa encontra previsão no art. 12, parágrafo único, IV, da Lei 13.869/2019; **C:** incorreta, já que constitui imposição legal contida no art. 2º, § 5º, da Lei 7.960/1989; **D:** incorreta. A assertiva contempla a hipótese descrita no art. 2º, *caput*, da Lei 7.960/1989. Não há que se falar, portanto, em abuso de autoridade; **E:** incorreta. Prerrogativa conferida ao magistrado prevista no art. 2º, § 3º, da Lei 7.960/1989.
Gabarito "B".

(Juiz de Direito – TJM/SP – VUNESP – 2016) O Código de Trânsito Brasileiro preceitua que o Juiz, como medida cautelar, poderá decretar, em decisão motivada, a proibição da obtenção da habilitação para dirigir veículo automotor

(A) e dessa decisão caberá recurso em sentido estrito, com efeito suspensivo.
(B) quando o réu será intimado a entregar à autoridade judiciária, em cinco dias, a carteira de habilitação.
(C) com prejuízo das demais sanções penais cabíveis.
(D) durante a ação penal, se a penalidade administrativa de suspensão do direito de dirigir tiver duração superior a um ano.
(E) em qualquer fase da investigação ou da ação penal, havendo necessidade para a garantia da ordem pública.

A solução da questão deve ser extraída do art. 294, *caput*, do CTB – Lei 9.503/1997, que assim dispõe: *em qualquer fase da investigação ou da ação penal, havendo necessidade para a garantia da ordem pública, poderá o juiz, como medida cautelar, de ofício, ou a requerimento do Ministério Público ou ainda mediante representação da autoridade policial, decretar, em decisão motivada, a suspensão da permissão ou da habilitação para dirigir veículo automotor, ou a proibição de sua obtenção*, decisão essa contra a qual cabe recurso em sentido estrito sem efeito suspensivo (art. 294, parágrafo único, do CTB).
Gabarito "E".

(Juiz de Direito – TJ/MS – VUNESP – 2015) Com relação ao pedido de interceptação telefônica, disciplinado pela Lei 9.296/1996, assinale a alternativa correta.

(A) Poderá ser formulado verbalmente, desde que presentes os pressupostos autorizadores e demonstrada a excepcionalidade da situação, caso em que a concessão será reduzida a termo.
(B) Na investigação criminal, será formulado ao representante do Ministério Público, e na instrução processual penal, ao juiz, com prazo de 24 horas para decisão.
(C) Deferido o pedido, o juiz conduzirá os procedimentos de interceptação, dando ciência ao Ministério Público, que poderá acompanhar a sua realização.
(D) Conterá prova de materialidade e indícios de autoria ou participação em crime apenado com detenção ou reclusão, além de demonstração da indispensabilidade do meio de prova.
(E) Na decisão de deferimento, será consignado, para a execução da diligência, o prazo de 30 (trinta) dias, prorrogável por uma vez, comprovada a indispensabilidade do meio de prova.

A: correta, pois reflete o disposto no art. 4º, § 1º, da Lei 9.296/1996; **B:** incorreta. Tanto no curso da investigação quanto no da ação penal, somente o juiz poderá decretar a interceptação telefônica, e o fará de ofício, a requerimento da autoridade policial, quando no curso do inquérito, ou a requerimento do MP, quando no curso da instrução processual. É o que estabelece o art. 3º da Lei 9.296/1996; **C:** incorreta, uma vez que o art. 6º, *caput*, da Lei 9.296/1996 estabelece que, deferido o pedido, caberá à autoridade policial conduzir os procedimentos de interceptação, o que dará ciência ao MP, sendo a este lícito acompanhar a realização da diligência; **D:** incorreta, na medida em que a interceptação telefônica somente terá lugar quando o crime sob investigação for apenado com *reclusão* (art. 2º, III, da Lei 9.296/1996); **E:** incorreta. À luz do que reza o art. 5º da Lei 9.296/1996, a interceptação não poderá exceder o prazo de 15 dias (e não de 30), interregno esse que comporta prorrogação por igual período, desde que isso se mostre indispensável às investigações. Cabem aqui alguns esclarecimentos quanto à prorrogação do prazo estabelecido neste dispositivo. Segundo entendimento consolidado pelos tribunais superiores, as interceptações telefônicas podem, sim, ser prorrogadas sucessivas vezes, desde que tal providência seja devidamente fundamentada pela autoridade judiciária (art. 5º da Lei 9.296/1996). Conferir: "De acordo com a jurisprudência há muito consolidada deste Tribunal Superior, as autorizações subsequentes de interceptações telefônicas, uma vez evidenciada a necessidade das medidas e a devida motivação, podem ultrapassar o prazo previsto em lei, considerado o tempo necessário e razoável para o fim da persecução penal" (AgRg no REsp 1620209/RS, Rel. Ministra Maria Thereza De Assis Moura, Sexta Turma, julgado em 09.03.2017, *DJe* 16.03.2017). No STF: "(...) Nesse contexto, considerando o entendimento jurisprudencial e doutrinário acerca da possibilidade de se prorrogar o prazo de autorização para a interceptação telefônica por períodos sucessivos quando a intensidade e a complexidade das condutas delitivas investigadas assim o demandarem, não há que se falar, na espécie, em nulidade da referida escuta e de suas prorrogações, uma vez que autorizada pelo Juízo de piso com a observância das exigências previstas na lei de regência (Lei 9.296/1996, art. 5º) (...)" (STF, 1ª T., RHC 120.111, rel. Min. Dias Toffoli, j. 11.03.2014).
Gabarito "A".

5. DIREITO CONSTITUCIONAL

André Nascimento, André Barbieri, Bruna Vieira, Eduardo Dompieri e Teresa Melo*

1. PODER CONSTITUINTE

(Delegado – PC/BA – 2018 – VUNESP) O poder que enseja a elaboração da Constituição de um Estado-membro da federação, organizando o arcabouço constitucional daquela unidade federada, é denominado

(A) poder constituinte derivado decorrente reformador normal.
(B) poder constituinte derivado decorrente institucionalizador.
(C) poder constituinte derivado decorrente revisional anômalo.
(D) poder constituinte derivado decorrente reformador anômalo.
(E) poder constituinte derivado decorrente revisional normal.

Poder constituinte derivado decorrente é o poder de criar ou modificar a Constituição dos Estado-membros, permitindo a auto-organização desses entes federados dotados de autonomia. É um poder derivado, subordinado e condicionado, estando sujeito aos parâmetros e princípios estabelecidos pelo poder constituinte originário. Alguns autores – como Kildare Gonçalves Carvalho e Anna Cândida da Cunha Ferraz – subdividem esse poder em: **poder constituinte decorrente inicial (instituidor, institucionalizador)**, que é responsável por elaborar/criar a Constituição do Estado-Membro, estabelecendo a organização fundamental dos Estados Federados; e **poder constituinte decorrente de revisão estadual (poder decorrente de segundo grau)**, que tem a finalidade de rever/modificar a Constituição do Estado-Membro, respeitando os limites previstos na própria constituição estadual.
Logo, o poder que enseja a elaboração da Constituição de um Estado-membro da federação, organizando o arcabouço constitucional daquela unidade federada, é denominado poder constituinte derivado decorrente institucionalizador. AN
Gabarito "B".

(Investigador – PC/BA – 2018 – VUNESP) Imagine que 1/3 (um terço) dos membros da Câmara dos Deputados apresentou proposta de Emenda Constitucional com o objetivo de alterar o voto popular de secreto para aberto. Nesse caso, é correto afirmar que a proposta é

(A) inconstitucional sob o prisma formal, pois a legitimidade para apresentaçao de proposta de emenda constitucional só pode ser apresentada por 1/3 (um terço) dos membros do Congresso Nacional, e não apenas de uma das casas.
(B) inconstitucional sob o prisma formal, pois a legitimidade para apresentação de proposta de Emenda Constitucional é reservada ao Senado, na qualidade de representante dos Estados Membros.
(C) inconstitucional sob o prisma material, pois a Constituição não poderá ser emendada para abolição do voto secreto.
(D) constitucional, tanto sob o prisma formal como o material, já que a Constituição assegura apenas o voto direto, universal e periódico.
(E) constitucional, tanto sob o prisma formal como o material, já que a Constituição não assegura o voto e a forma de seu exercício como cláusula imutável.

A proposta de emenda à Constituição (PEC) poderá ser apresentada pelo Presidente da República; por 1/3 (um terço), no mínimo, dos membros da Câmara dos Deputados ou do Senado Federal; ou por mais da metade das Assembleias Legislativas, manifestando-se, cada uma delas, pela maioria relativa de seus membros. Não será objeto de deliberação a proposta de emenda tendente a abolir as cláusulas pétreas da Constituição: forma federativa de Estado; voto direto, secreto, universal e periódico; separação dos Poderes; e direitos e garantias individuais.
Na hipótese da questão, a proposta de emenda constitucional é constitucional sob o prisma formal, tendo em vista ter respeitado a legitimidade para a sua propositura (art. 60, I, da CF). No entanto, é inconstitucional sob o prisma material, na medida em que desrespeitou uma limitação material ao abolir o voto secreto (art. 60, § 4º, II, da CF). AN
Gabarito "C".

(Juiz de Direito – TJ/RS – 2018 – VUNESP) A iniciativa popular no processo de reforma da Constituição Federal de 1988

(A) não é contemplada pelo texto constitucional vigente, posto que este prevê que todo poder emana do povo, que o exercerá exclusivamente por meio de representantes eleitos.
(B) é vedada pelo texto constitucional vigente, que prevê que a participação popular se dará exclusivamente por meio do voto, do plebiscito e do referendo.
(C) é prevista expressamente pelo texto constitucional, podendo ser exercida pela apresentação de proposta subscrita por, no mínimo, cinco por cento do eleitorado nacional.
(D) não é prevista expressamente pelo texto constitucional, muito embora seja admitida por alguns autores, com fundamento em uma interpretação sistemática da Constituição Federal.
(E) é prevista expressamente pelo texto constitucional, podendo ser exercida pela apresentação de proposta subscrita por, no mínimo, um por cento do eleitorado nacional.

A: incorreta, visto que a Constituição prevê que todo o poder emana do povo, que o exercerá por meio de representantes eleitos ou diretamente (art. 1º, parágrafo único, da CF); **B**: incorreta, pois a iniciativa popular no processo de reforma da Constituição não é vedada pelo texto constitucional, que prevê que a participação popular será exercida por meio do voto, do plebiscito, do referendo e da iniciativa popular em projetos de lei (art. 14 da CF); **C**: incorreta, pois a iniciativa popular no processo de reforma da Constituição não é prevista expressamente pelo texto constitucional, sendo prevista apenas a iniciativa popular para apresentar projeto de lei (art. 61, § 2º, da CF); **D**: correta. José Afonso

---

* **Bruna Vieira** comentou as questões do concursos Delegado/SP/14; **Eduardo Dompieri** comentou as questões de concurso MP/ES/13 e **Teresa Melo** comentou as demais provas. AB – André Barbieri AN – André Nascimento

da Silva defende a possibilidade de iniciativa popular para a propositura de emendas com fundamento em uma interpretação sistemática da Constituição, aplicando-se, por analogia, o procedimento previsto para a iniciativa popular de leis; **E:** incorreta, pois a iniciativa popular no processo de reforma da Constituição não é prevista expressamente pelo texto constitucional, sendo admitida por alguns autores, como José Afonso da Silva, aplicando-se, por analogia, o procedimento previsto para a iniciativa popular de leis.

Gabarito "D".

(Delegado/SP – 2014 – VUNESP) A Constituição poderá ser emendada mediante proposta

(A) de governador da Unidade da Federação.
(B) de mais da metade das Câmaras Municipais, manifestando-se, cada uma delas, pela maioria relativa de seus membros.
(C) do Presidente da República, mediante representação popular, manifestada por apoio de partido político sem representação no Congresso Nacional.
(D) de dois terços, no mínimo, dos membros da Câmara dos Deputados ou do Senado Federal.
(E) de mais da metade das Assembleias Legislativas das unidades da Federação, manifestando-se, cada uma delas, pela maioria relativa de seus membros.

A: incorreta. Os legitimados à propositura de projeto de emenda constitucional vêm previstos no art. 60, I, II e II, da CF o qual determina que a Constituição possa ser emendada mediante proposta: I – de um terço, no mínimo, dos membros da Câmara dos Deputados ou do Senado Federal; II – do Presidente da República e III – de mais da metade das Assembleias Legislativas das unidades da Federação, manifestando-se, cada uma delas, pela maioria relativa de seus membros; **B:** incorreta. As Câmaras Municipais não constam do rol do art. 60, I a III, da CF, de modo que não podem propor projeto de emenda constitucional; **C:** incorreta. O Presidente da República não precisa de representação popular para dar início a um projeto de emenda constitucional; **D:** incorreta. A Constituição menciona um terço e não dois, como mencionado na alternativa; **E:** correta. É o que determina o art. 60, III, da CF.

Gabarito "E".

(Magistratura/SP – 2013 – VUNESP) O exercício do Poder Constituinte Derivado, nos termos expressos da Constituição Federal de 1988,

(A) pode revelar-se por meio de projeto de iniciativa popular, nos termos expressamente previstos na Constituição Federal, exercido pela apresentação de projeto à Câmara dos Deputados, subscrito por, no mínimo, um por cento do eleitorado nacional, distribuído pelo menos por cinco Estados, com não menos de três décimos por cento dos eleitores de cada um deles.
(B) permite a reforma da Constituição, desde que a Proposta de Emenda à Constituição seja votada e aprovada, em dois turnos, se obtiver, em cada casa do Congresso, dois terços dos votos dos respectivos membros.
(C) pode revelar-se nas Emendas à Constituição, iniciadas por proposta de mais da metade das Assembleias Legislativas das unidades da Federação, manifestando-se, cada uma delas, pela maioria relativa de seus membros.
(D) permite a reforma da Constituição, desde que a Proposta de Emenda à Constituição seja votada e aprovada em sessão unicameral, em dois turnos, por dois terços de Deputados e Senadores.

A: incorreta. Prevalece o entendimento de que **não há possibilidade de iniciativa popular em projeto de emenda constitucional**. Apenas os listados no art. 60, I, II e II, da CF têm legitimidade para iniciar uma PEC. São eles: I – um terço, no mínimo, dos membros da Câmara dos Deputados ou do Senado Federal, II – o Presidente da República e III – mais da metade das Assembleias Legislativas das unidades da Federação, manifestando-se, cada uma delas, pela maioria relativa de seus membros; **B:** incorreta. O quórum para a aprovação de uma emenda constitucional é de três quintos e não dois terços. Conforme o art. 60, § 2.º, da CF, a proposta será discutida e votada em cada Casa do Congresso Nacional, em dois turnos, considerando-se aprovada se obtiver, em ambos, **três quintos dos votos** dos respectivos membros; **C:** correta. É o que determina o art. 60, III, da CF; **D:** incorreta. Conforme já mencionado, a proposta deve ser discutida em cada Casa do Congresso Nacional, em dois turnos, considerando-se aprovada se obtiver, em ambos, **três quintos dos votos** dos respectivos membros.

Gabarito "C".

2. TEORIA DA CONSTITUIÇÃO E PRINCÍPIOS FUNDAMENTAIS

(Investigador – PC/BA – 2018 – VUNESP) Tendo em vista a Constituição Federal, artigos 1º, 3º, 4º e 5º, assinale a alternativa correta.

(A) A República Federativa do Brasil tem por fundamento a dignidade da pessoa humana, constituindo objetivo fundamental promover o bem de todos, sem preconceito, de qualquer natureza, regendo-se, nas suas relações internacionais, pelo princípio de repúdio ao racismo.
(B) A República Federativa do Brasil tem por fundamento reduzir as desigualdades regionais e sociais, constituindo objetivo fundamental erradicar o racismo, regendo-se, nas suas relações internacionais, pelo princípio da garantia do desenvolvimento nacional.
(C) Todos são iguais perante a lei, garantindo-se aos brasileiros e aos estrangeiros naturalizados a inviolabilidade do direito à vida, à liberdade, à igualdade e à propriedade.
(D) Os tratados e convenções internacionais sobre direitos humanos aprovados no Congresso Nacional serão equivalentes a Lei Complementar.
(E) As normas definidoras de direitos e garantias fundamentais têm aplicação 45 (quarenta e cinco) dias depois de oficialmente publicadas.

A: correta, de acordo com os arts. 1º, III; 3º, IV; 4º, VIII, todos da CF; **B:** incorreta, pois constituem objetivos fundamentais da República Federativa do Brasil, entre outros, garantir o desenvolvimento nacional; erradicar a pobreza e a marginalização e reduzir as desigualdades sociais e regionais (art. 3º da CF); **C:** incorreta, pois todos são iguais perante a lei, sem distinção de qualquer natureza, garantindo-se aos brasileiros e aos estrangeiros residentes no País a inviolabilidade do direito à vida, à liberdade, à igualdade, à segurança e à propriedade (art. 5º, caput, da CF); **D:** incorreta, já que os tratados e convenções internacionais sobre direitos humanos que forem aprovados, em cada Casa do Congresso Nacional, em dois turnos, por três quintos dos votos dos respectivos membros, serão equivalentes às emendas constitucionais (art. 5º, § 3º, da CF); **E:** incorreta, haja vista que as normas definidoras dos direitos e garantias fundamentais têm aplicação imediata (art. 5º, § 1º, da CF).

Gabarito "A".

5. DIREITO CONSTITUCIONAL

(Procurador do Estado/SP – 2018 – VUNESP) Assinale a alternativa correta que justifica a classificação da atual Constituição Federal brasileira como rígida.

(A) A matéria constante de proposta de emenda rejeitada ou havida por prejudicada não pode ser objeto de nova proposta na mesma legislatura.
(B) A Constituição Federal poderá ser emendada mediante proposta exclusiva do Presidente da República; de um terço, no mínimo, dos membros do Congresso Nacional, ou das Assembleias Legislativas das unidades de Federação, manifestando-se, cada uma delas, pela maioria absoluta de seus membros.
(C) A proposta de emenda à Constituição deverá ser discutida e votada em cada Casa do Congresso Nacional, em dois turnos, considerando-se aprovada se obtiver, em ambos, três quintos dos votos dos respectivos membros. Será então promulgada pelas Mesas da Câmara dos Deputados e do Senado Federal, com o respectivo número, não estando sujeita à sanção ou ao veto do Presidente da República.
(D) Os tratados e convenções internacionais que forem aprovados, via decreto legislativo especial, com o respectivo número, em cada Casa do Congresso Nacional, em dois turnos, por três quintos dos votos dos respectivos membros, serão equivalentes às emendas constitucionais, após a devida sanção ou veto do Presidente da República.
(E) A garantia de que somente as normas materialmente constitucionais possam ser submetidas ao processo de reforma via emenda constitucional.

A: incorreta, pois a matéria constante de proposta de emenda rejeitada ou havida por prejudicada não pode ser objeto de nova proposta na mesma **sessão legislativa** (art. 60, § 5º, da CF). A sessão legislativa ordinária é o período de atividade normal do Congresso a cada ano (de 2 de fevereiro a 17 de julho e de 1º de agosto a 22 de dezembro). Já a *legislatura* é o período de cada quatro sessões legislativas, a contar do ano seguinte ao das eleições parlamentares; **B:** incorreta, pois a Constituição poderá ser emendada mediante proposta: do Presidente da República; de um terço, no mínimo, dos membros da **Câmara dos Deputados ou do Senado Federal**; de mais da metade das Assembleias Legislativas das unidades da Federação, manifestando-se, cada uma delas, pela **maioria relativa** de seus membros (art. 60 da CF); **C:** correta, pois Constituição rígida é aquela que somente pode ser modificada mediante processo legislativo especial e qualificado, mais dificultoso do que o da lei, tal como aquele previsto para as emendas constitucionais (art. 60, §§ 2º e 3º, da CF); **D:** incorreta, porque **(i)** apenas os tratados e convenções internacionais sobre **direitos humanos** serão equivalentes às emendas constitucionais, caso aprovados pela maioria qualificada do § 3º do art. 5º da CF; e **(ii)** compete exclusivamente ao Congresso Nacional resolver definitivamente sobre tratados, acordos ou atos internacionais (art. 49, I, da CF), o que o faz por meio de decreto legislativo promulgado pelo presidente do Senado Federal (sem sanção ou veto do presidente da República); **E:** incorreta, pois a Constituição somente pode ser alterada por emenda constitucional (art. 60 da CF), independentemente de serem normas materialmente constitucionais ou formalmente constitucionais. Gabarito "C".

(Defensor Público/RO – 2017 – VUNESP) O Estado Federal é caracterizado, na sua versão clássica, que ainda hoje corresponde à regra geral em muitos países, pela superposição de ordens jurídicas, designadamente, a federal, representada pela União, e a federada, representada pelos Estados-membros, cujas respectivas esferas de atuação são determinadas

(A) pelos critérios de repartição de competências estabelecidos constitucionalmente, que atuam também como limitação do poder.
(B) pela proibição de secessão, que torna o vínculo federativo indissolúvel e é assegurado por meio de cláusula pétrea.
(C) pelo poder de auto-organização, assegurado por uma constituição rígida, sem hierarquia entre os componentes da federação.
(D) pela capacidade de autogoverno, consistente na existência de órgãos próprios que não dependem dos órgãos federais.
(E) pela participação dos Estados-membros na formação da vontade federal, por meio da produção legislativa.

O federalismo é uma forma de organização do Estado caracterizada pela descentralização política e administrativa, erigida sobre uma repartição de competências, gerando autonomia administrativa, política e financeira aos entes federados, que participam das deliberações da União sem dispor do direito de secessão. A repartição de competências é fundamental em um Estado federado para que seja protegida a autonomia de cada um dos seus membros e, por conseguinte, a convivência harmônica entre todas as esferas.
As **esferas de atuação** dos entes federados são determinadas pelos critérios de repartição de competências estabelecidos constitucionalmente, que atuam também como limitação do poder. Considerando o que foi pedido pelo enunciado da questão, a alternativa correta é a letra A, muito embora as demais alternativas não sejam, por si sós, falsas. Gabarito "A".

(Juiz – TJ/RJ – VUNESP – 2016) No que se refere à Teoria das Normas Constitucionais Inconstitucionais, é correto afirmar, segundo entendimento do Supremo Tribunal Federal, que:

(A) a tese de que há hierarquia entre normas constitucionais originárias dando azo à declaração de inconstitucionalidade de umas em face das outras é compatível com o sistema de Constituição Rígida.
(B) se admite apenas no controle concentrado a verificação da constitucionalidade de normas produzidas pelo Poder Constituinte Originário sob o fundamento da sociedade aberta dos intérpretes da Constituição, com a última palavra pelo Tribunal Constitucional.
(C) não há hierarquia entre normas constitucionais do Poder Constituinte Originário, tendo em vista o princípio da unidade hierárquico-normativa e caráter rígido da Constituição.
(D) é possível a verificação de norma constitucional inconstitucional sob o fundamento de que em todo e qualquer documento constitucional, como em toda e qualquer lei, podem distinguir-se preceitos fundamentais e menos importantes.
(E) há hierarquia e contradição entre normas constitucionais advindas do Poder Constituinte Originário, o que legitima o controle de constitucionalidade de normas constitucionais, produto do trabalho do Poder Constituinte Originário.

A: incorreta, pois não há norma inconstitucional originária do poder constituinte originário; **B:** incorreta, pois não se admite nem no controle concentrado e nem no difuso; **C:** correta, pois é o entendimento solidificado no STF: "*Não se admite controle concentrado ou difuso de constitucionalidade de normas produzidas pelo poder constituinte* *originário (ADI 4097).*"; **D:** incorreta, pois o STF não admite a teoria das normas constitucionais inconstitucionais; **E:** incorreta, porque normas constitucionais originárias do poder constituinte originário não possuem hierarquias e, tão logo, não estão sujeitas ao controle de constitucionalidade.

Gabarito "C".

(Juiz – TJ/SP – VUNESP – 2015) O "constitucionalismo moderno", com o modelo de Constituições normativas, tem sua base histórica:

(A) a partir das revoluções Americana e Francesa.
(B) a partir da Magna Carta inglesa e no Bill of Rights da Inglaterra.
(C) com o advento do "Estado Constitucional de Direito", com uma Constituição rígida, estabelecendo limites e deveres aos legisladores e administradores.
(D) a partir das Constituições do México e de Weimar, ao estabelecer o denominado "constitucionalismo social".

A: correta, pois mencionamos a Constituição dos EUA e a Constituição Francesa, ambas do final do século XVIII; **B:** incorreta, pois a Magna Carta é de 1.215, logo, Idade Média; **C:** incorreta, pois não tem correlação com o "constitucionalismo moderno" em referência com sua base histórica; **D:** incorreta, pois o "constitucionalismo social" data do começo do século XX.

Gabarito "A".

(Juiz – TJ/SP – VUNESP – 2015) A expressão "constitucionalização do Direito" tem, de modo geral, sua origem identificada pela doutrina:

(A) na Constituição Federal brasileira de 1988, com seu conteúdo analítico e casuístico.
(B) nos julgamentos dos MI 712/PA, 670/ES e 708/DF, pelo Supremo Tribunal Federal, alterando entendimento anterior para reconhecer sua competência para editar texto normativo diante da omissão legislativa, a fim de concretizar previsão constitucional.
(C) nos EUA, com o precedente firmado no julgamento do caso Marbury v. Madison, em 1803.
(D) na Alemanha, especialmente sob a égide da Lei Fundamental de 1949.

A: incorreta, pois a CF/88 apenas incorporou o movimento que já existia na Europa (Alemanha) desde o final da década de 40; **B:** incorreta, pela mesma razão que comentamos anteriormente; **C:** incorreta. No caso Marbury x Madison temos uma decisão voltada ao controle de constitucionalidade; **D:** correta, pois, ainda que não seja unânime, há uma maioria que defende o nascimento da "constitucionalização do Direito" na Alemanha, em 1949 (Pós II Guerra Mundial).

Gabarito "D".

(Juiz – TJ/MS – VUNESP – 2015) Considerando os diferentes conceitos de Constituição, abordados sob a ótica peculiar de diversos doutrinadores, analise as seguintes manifestações sobre o tema:

I. Constituição é a soma dos fatores reais de poder que regem uma determinada nação.
II. Constituição é a decisão política fundamental sem a qual não se organiza ou funda um Estado.

Assim, é correto afirmar que os conceitos I e II podem ser atribuídos, respectivamente, a:

(A) Ferdinand Lassale e Hans Kelsen.
(B) Hans Kelsen e Konrad Hesse.
(C) Konrad Hesse e Carl Schimitt.
(D) Ferdinand Lassale e Carl Schimitt.
(E) J.J. Canotilho e Hans Kelsen.

A: incorreta. A primeira parte está correta, a segunda não. **Ferdinand Lassalle**, ao tratar da Constituição, tomando por base a concepção sociológica, sustentava que "os problemas constitucionais não são problemas de Direito, mas do poder. A verdadeira Constituição de um país somente tem por base os fatores reais e efetivos do poder que naquele país vigem e as constituições escritas não têm valor nem são duráveis a não ser que exprimam fielmente os fatores do poder que imperam na realidade social" (A essência da Constituição, p. 40). Portanto, somente terá valia a Constituição se efetivamente expressar a realidade social e o poder que a comanda. O autor também mencionava que "de nada serve o que se escreve numa folha de papel se não se ajusta à realidade, aos fatores reais de poder". Por outro lado, a concepção jurídica ou formal, sustentada por **Hans Kelsen e Konrad Hesse**, mencionava que o fundamento de validade da Constituição era encontrado na dimensão jurídica e não sociológica ou política. Kelsen representava o ordenamento jurídico por meio de uma pirâmide, na qual a Constituição se encontrava no ápice e abaixo estavam todos os demais atos normativos. As leis ordinárias, complementares, delegadas e também as medidas provisórias, por terem como fundamento imediato de validade a Constituição, ficavam no segundo degrau da pirâmide. Já os regulamentos, portarias, decretos, entre outros, por se fundamentarem primeiro na lei e depois na Constituição, localizavam-se no terceiro degrau da pirâmide. Portanto, juridicamente, a Constituição localiza-se no mais elevado degrau da pirâmide e é exatamente em decorrência disso que é fundamentada sua normatividade. As normas infraconstitucionais (que são todas aquelas que se encontram nos degraus abaixo da Constituição) são submissas às regras determinadas pela Lei Maior e devem ser com ela compatíveis. A isso se deu o nome de relação de compatibilidade vertical; **B:** incorreta. A concepção jurídica, sustentada por **Hans Kelsen e Konrad Hesse**, foi explicada na alternativa anterior; **C:** incorreta. **Carl Schmitt**, em oposição a Lassalle, defendeu o conceito de que a Constituição é a decisão política fundamental de um povo, visando sempre a dois focos estruturais básicos – organização do Estado e efetiva proteção dos direitos fundamentais. Para esse autor, há divisão clara entre Constituição e lei constitucional. Na primeira, encontraríamos as matérias constitucionais, ou seja, organização do Estado e garantia dos direitos fundamentais, sempre com o objetivo de limitar a atuação do poder. Já as leis constitucionais seriam aqueles assuntos tratados na Constituição, mas que materialmente não teriam natureza de norma constitucional. Na verdade, esses assuntos nem deveriam constar da Constituição. Na nossa atual Carta Magna visualizamos um exemplo no art. 242, § 2º, que determina que o Colégio Pedro II, localizado na cidade do Rio de Janeiro, será mantido na órbita federal. Esse dispositivo é uma norma apenas formalmente constitucional, pois está dentro da Constituição, mas não trata de matéria tipicamente constitucional. As leis constitucionais, para Schmitt, como a mencionada no exemplo dado acima, formam o que se denomina Constituição formal, ou seja, apenas são consideradas normas constitucionais pelo fato de estarem alocadas na Constituição, por terem forma de Constituição); **D:** correta. De fato, conforme explicado nas alternativas anteriores, Ferdinand Lassale mencionava que a Constituição era a soma dos fatores reais de poder que regem uma determinada nação (concepção sociológica de Constituição) e Carl Schimitt que Constituição era a decisão política fundamental sem a qual não se organiza ou funda um Estado (concepção política de Constituição); **E:** incorreta. J.J. Canotilho menciona a ideia de Constituição aberta. "Para Canotilho, dentro da perspectiva de uma Constituição aberta, relativiza-se a função material da tarefa da Constituição e justifica-se a desconstitucionalização de elementos substantivadores da ordem constitucional (Constituição econômica, Constituição do trabalho, Constituição social, Constituição cultural)". LENZA, Pedro. *Direito Constitucional Esquematizado*, 19ª ed. São Paulo: Saraiva, 2015, p. 93.

Gabarito "D".

3. HERMENÊUTICA CONSTITUCIONAL E EFICÁCIA DAS NORMAS CONSTITUCIONAIS

(Delegado – PC/BA – 2018 – VUNESP) Em suas decisões, o Supremo Tribunal Federal afirma que as normas constitucionais originárias não possuem hierarquia entre si, assentando a premissa fundamental de que o sistema positivo constitucional constitui um complexo de normas que deve manter entre si um vínculo de coerência; em síntese, em caso de confronto entre as normas constitucionais, devem ser apaziguados os dispositivos constitucionais aparentemente conflitantes. Tal interpretação decorre de um princípio específico de interpretação constitucional, denominado princípio da

(A) conformidade ou justeza constitucional.
(B) eficácia integradora.
(C) força normativa.
(D) máxima efetividade.
(E) unidade da constituição.

A: incorreta, pois o **princípio da justeza ou da conformidade funcional** afirma que o intérprete não pode deturpar o esquema organizatório-funcional estabelecido na Constituição, de forma a violar o sistema de repartição de funções e competências; **B:** incorreta, pois o **princípio da eficácia integradora** sustenta que o intérprete deve dar primazia aos critérios que favoreçam a integração política e social e o reforço da unidade política; **C:** incorreta, pois o **princípio da força normativa** aduz que o intérprete deve dar preferência aos pontos de vista que tornem a norma constitucional mais adequada ao momento histórico, conferindo-lhe máxima eficácia e força normativa; **D:** incorreta, pois o **princípio da máxima efetividade** declara que o intérprete deve atribuir à norma constitucional o sentido que lhe dê maior eficácia, para que produza o máximo de efeitos possível; **E:** correta, pois o **princípio da unidade da Constituição** sustenta que a Constituição é um todo unitário, cabendo ao intérprete harmonizar as tensões existentes entre as várias normas constitucionais, evitando, assim, contradições entre elas. Com base nesse princípio, o STF entendeu que não há hierarquia entre normas constitucionais originárias (ADI 815, Rel. Min. Moreira Alves, j. 28-3-1996). Gabarito "E".

(Investigador – PC/BA – 2018 – VUNESP) Sob a ótica da classificação doutrinária e com base na Constituição Federal brasileira, assinale a alternativa que representa uma norma constitucional de natureza programática.

(A) É garantido o direto de propriedade.
(B) É plena a liberdade de associação para fins lícitos, vedada a de caráter militar.
(C) É garantido o direito de herança.
(D) A lei penal não retroagirá, salvo para beneficiar o réu.
(E) A ordem social tem como base o primado do trabalho, e como objetivo o bem-estar e a justiça sociais.

A: incorreta, pois o direito de propriedade previsto no inciso XXII do art. 5º da CF é norma de **eficácia contida** – possui aplicabilidade direta e imediata, mas não integral, pois tem sua eficácia restringida por outra norma constitucional, como o inciso XXIV do art. 5º da CF; **B:** incorreta, pois a liberdade de associação prevista no inciso XVII do art. 5º da CF é norma de **eficácia contida** – possui aplicabilidade direta e imediata, mas não integral, pois tem sua eficácia restringida por conceito jurídico indeterminado, como a expressão "fins lícitos"; **C** e **D:** incorreta, pois o direito de herança e a irretroatividade da lei penal previstos, respectivamente, nos incisos XXX e XL do art. 5º da CF são normas de **eficácia plena** – possuem aplicabilidade direta, imediata e integral, produzindo todos os efeitos de imediato, independentemente de lei posterior que complete seus alcances e sentidos; **E:** correta, pois o art. 193 da CF é norma de **eficácia limitada de princípio programático** – estabelece diretrizes, princípios e fins a serem atingidos pelo Estado; possui aplicabilidade mediata e indireta, dependendo de regulamentação ulterior para adquirir aplicabilidade. Gabarito "E".

(Procurador do Estado/SP – 2018 – VUNESP) O jurista alemão Konrad Hesse, ao analisar a interpretação constitucional como concretização, afirmou que "bens jurídicos protegidos jurídico-constitucionalmente devem, na resolução do problema, ser coordenados um ao outro de tal modo que cada um deles ganhe realidade.", ou seja, pode-se dizer que em determinados momentos o intérprete terá de buscar uma função útil a cada um dos bens constitucionalmente protegidos, sem que a aplicação de um imprima a supressão do outro. A definição exposta refere-se ao Princípio

(A) da Comparação Constitucional.
(B) Hermenêutico-Concretizador.
(C) da Forma Justeza ou da conformidade funcional.
(D) da Concordância Prática ou da Harmonização.
(E) da Proporcionalidade.

A: incorreta, pois o **método da comparação constitucional** é aquele em que o intérprete recorre ao Direito Comparado para buscar a melhor direção interpretativa das normas constitucionais do seu país; **B:** incorreta, pois o **método hermenêutico-concretizador** é aquele em que o intérprete, partindo da norma constitucional para a resolução de um problema, utiliza a sua pré-compreensão do significado da norma e leva em conta as circunstâncias históricas para obter o sentido da norma no caso concreto; **C:** incorreta, pois o **princípio da justeza ou da conformidade funcional** afirma que o intérprete não pode deturpar o esquema organizatório-funcional estabelecido na Constituição, de forma a violar o sistema de repartição de funções e competências; **D:** correta, pois o **princípio da concordância prática ou da harmonização** estabelece que o intérprete deve sopesar normas constitucionais conflitantes de modo a harmonizá-las, evitando o sacrifício total (supressão) de uma em relação a outra; em outras palavras, no conflito de normas constitucionais, o alcance delas deve ser reduzido até que se encontre o ponto de equilíbrio de acordo com o caso concreto; **E:** incorreta, pois o **princípio da proporcionalidade ou da razoabilidade** consubstancia a ideia de justiça, equidade, bom senso, moderação e proibição de excesso que deve pautar a interpretação e aplicação das normas, aferindo se os meios utilizados são adequados e necessários à consecução dos fins visados. Gabarito "D".

(Juiz de Direito – TJ/RS – 2018 – VUNESP) No ano de 2017, o Ministro Relator Luís Roberto Barroso suscitou, no âmbito do Supremo Tribunal Federal, uma questão de ordem na Ação Penal (AP) 937, defendendo a tese de que o foro de prerrogativa de função deve ser aplicado somente aos delitos cometidos por um deputado federal no exercício do cargo público ou em razão dele. O julgamento se encontra suspenso por um pedido de vistas, mas, se prevalecer o entendimento do Ministro Relator, haverá uma mudança de posicionamento do Supremo Tribunal Federal em relação ao instituto do foro de prerrogativa de função, que ocorrerá independentemente da edição de uma Emenda Constitucional. A hermenêutica constitucional denomina esse fenômeno de

(A) força normativa da Constituição.
(B) princípio da concordância prática.

(C) mutação informal da Constituição.
(D) maximização das normas constitucionais.
(E) interpretação sistêmica.

A: incorreta, pois o **princípio da força normativa** aduz que o intérprete deve dar preferência aos pontos de vista que tornem a norma constitucional mais adequada ao momento histórico, conferindo-lhe máxima eficácia e força normativa; **B**: incorreta, pois o **princípio da concordância prática ou da harmonização** estabelece que o intérprete deve sopesar normas constitucionais conflitantes de modo a harmonizá-las, evitando o sacrifício total (supressão) de uma em relação a outra; em outras palavras, no conflito de normas constitucionais, o alcance delas deve ser reduzido até que se encontre o ponto de equilíbrio de acordo com o caso concreto; **C**: correta, pois **mutação constitucional ou mutação informal da Constituição** é a alteração do significado da norma constitucional por via informal (interpretação, usos e costumes constitucionais), sem que haja a alteração por via formal (processo legislativo) do seu texto. De acordo com Uadi Lammêgo Bulos, mutação constitucional é o processo informal de mudança da Constituição, por meio do qual são atribuídos novos sentidos ou conteúdos à letra da Constituição, por intermédio da interpretação, da construção (*construction*) ou usos e dos costumes constitucionais; **D**: incorreta, pois o **princípio da máxima efetividade ou da interpretação efetiva** afirma que deve ser atribuído às normas constitucionais o sentido que maior eficácia lhe dê, maximizando a norma para extrair todas as suas potencialidades; **E**: incorreta, pois a **interpretação sistemática** ensina que uma norma não deve ser interpretada de forma isolada, mas em conjunto com as demais normas que compõem o ordenamento jurídico, o qual é um sistema dotado de unidade, harmonia e hierarquia. **AN**
Gabarito "C".

(Defensor Público/RO – 2017 – VUNESP) O artigo 110 do Código Tributário Nacional prevê que a lei tributária não pode alterar a definição, o conteúdo e o alcance de institutos, conceitos e formas de direito privado, utilizados, expressa ou implicitamente, pela Constituição Federal. Analisando o teor do dispositivo, poder-se-ia afirmar que ele nem se faria necessário, pois em um conflito entre a Constituição Federal e uma norma infraconstitucional, a primeira é que deve sempre prevalecer, por conta da aplicação do princípio interpretativo constitucional

(A) da ponderação ou balanceamento.
(B) da proporcionalidade ou razoabilidade.
(C) do efeito integrador.
(D) da supremacia constitucional.
(E) da concordância prática ou harmonização.

A: incorreta, pois o **princípio da ponderação ou do balanceamento** é a técnica que visa a solucionar conflitos entre bens ou valores constitucionais por meio do sopesamento de normas constitucionais em colisão a fim de verificar qual delas deve prevalecer no caso concreto; **B**: incorreta, pois o **princípio da proporcionalidade ou da razoabilidade** consubstancia a ideia de justiça, equidade, bom senso, moderação e proibição de excesso que deve pautar a interpretação e aplicação das normas, aferindo se os meios utilizados são adequados e necessários à consecução dos fins visados; **C**: incorreta, pois o **princípio do efeito integrador** afirma que o intérprete deve dar primazia aos critérios que favoreçam a integração política e social e o reforço da unidade política; **D**: correta, pois o **princípio da supremacia da Constituição** sustenta que a Constituição está em posição hierárquica superior às demais normas por ser fruto do poder constituinte originário, de forma que o conflito de leis com a Constituição é solucionado pela prevalência desta em relação às demais normas inferiores com ela incompatíveis; **E**: incorreta, pois o **princípio da concordância prática ou da harmonização** estabelece que o intérprete deve sopesar normas constitucionais conflitantes de modo a harmonizá-las, evitando o sacrifício total de uma em relação à outra; em outras palavras, no conflito de normas constitucionais, o alcance delas deve ser reduzido até que se encontre o ponto de equilíbrio de acordo com o caso concreto. **AN**
Gabarito "D".

(Juiz – TJ/RJ – VUNESP – 2016) No estudo da Hermenêutica Constitucional se destaca a importância do constitucionalismo contemporâneo de uma Constituição concreta e historicamente situada com a função de conjunto de valores fundamentais da sociedade e fronteira entre antagonismos jurídicos-políticos. A Constituição não está desvinculada da realidade histórica concreta do seu tempo. Todavia, ela não está condicionada, simplesmente, por essa realidade. Em caso de eventual conflito, a Constituição não deve ser considerada, necessariamente, a parte mais fraca.

O texto ressalta corretamente o seguinte princípio:

(A) nova retórica constitucional.
(B) força normativa da Constituição.
(C) tópico-problemático constitucional.
(D) senso comum que norteia a eficácia constitucional.
(E) hermenêutica clássica.

Diante do trecho apresentado pela questão e a sua correlação para com um princípio, somente podemos admitir como correta a letra B, pois é um dever do operador do Direito concretizar a "vontade constitucional", sempre buscando a máxima aplicabilidade das normas constitucionais. Sendo assim, todas as demais alternativas não possuem a mínima correlação – todas dissociadas – com o texto apresentado. **AB**
Gabarito "B".

(Juiz de Direito – TJM/SP – VUNESP – 2016) Acerca da hermenêutica constitucional, é possível afirmar que para determinado método de interpretação, a realidade normada e os dispositivos constitucionais situam-se tão próximos que o caso concreto é regulamentado quando se dá a implementação fática do comando, ocasião, por exemplo, em que o juiz aplica a lei ao caso. A normatividade, a que se refere o método, não se esgota no texto, como se afirma tradicionalmente, mas vai se exaurir nas situações concretas e até no direito consuetudinário, considerando também os textos doutrinários, já que o texto legal seria apenas uma das fontes iniciais de trabalho. Para este método não há diferença entre interpretação e aplicação. A interpretação não se esgota na delimitação do significado e do alcance da norma, mas inclui, também, sua aplicação. Esse método é denominado:

(A) hermenêutico-concretizador.
(B) científico-espiritual.
(C) hermenêutico-clássico.
(D) tópico-problemático.
(E) normativo-estruturante.

A: incorreta, pois o método hermenêutico-concretizador parte da ideia de um movimento de "ir e vir", partindo da norma constitucional para o problema (círculo hermenêutico); **B**: incorreta, pois prega uma interpretação da Constituição a partir de uma ótica dinâmica e que se renova constantemente; **C**: incorreta, pois o método hermenêutico--clássico prega a interpretação da Constituição a partir de todos os métodos tradicionais de hermenêutica: gramatical, lógico, histórico etc.; **D**: incorreta, pois para este método parte-se do problema para a norma; **E**: correta, uma vez que existe uma relação necessária entre o texto e a realidade. Assim, a norma é um pedaço da realidade. **AB**
Gabarito "E".

(Procurador – SP – VUNESP – 2015) Este princípio, ao reduzir a expressão semiológica do ato impugnado a um único sentido interpretativo, garante, a partir de sua concreta incidência, a integridade do ato do Poder Público no sistema do direito positivo. Essa função conservadora da norma permite que se realize, sem redução do texto, o controle de sua constitucionalidade. (STF)

O conceito apresentado diz respeito a um princípio de interpretação constitucional denominado de Princípio da:

(A) Unidade.
(B) Interpretação Conforme a Constituição.
(C) Supremacia da Constituição.
(D) Concordância Prática.
(E) Harmonização.

A: incorreta. Pelo princípio da unidade, a Constituição deve ser analisada de forma integrada. Normas constitucionais formam um conjunto de regras que não devem ser vistas isoladamente. Sempre que possível, os comandos constitucionais não devem ser separados do todo. É necessário que todos aqueles que interpretam a Constituição o façam de modo a impedir, ou pelo menos evitar, a existência de contradições com outras normas dispostas na própria Constituição. Decorre também da ideia de unidade da Constituição o fato de não haver hierarquia formal entre as normas constitucionais; **B:** correta. A interpretação conforme a Constituição, como o próprio nome expressa, indica que as normas devem ser interpretadas de acordo com o que dispõe a Constituição Federal. É, a um só tempo, mecanismo utilizado no controle de constitucionalidade e técnica de interpretação da Constituição. Tratando da "interpretação conforme" como técnica de interpretação, devemos lembrar que ela é utilizada quando estamos diante de normas que possuem mais de um significado. São as conhecidas normas polissêmicas ou plurissignificativas (que possuem mais de uma interpretação). Desse modo, se determinado dispositivo possui dois significados, o sentido que terá de ser atribuído à norma é o que encontra respaldo constitucional, devendo ser descartado aquele que não vai de encontro ao Texto Maior, ou seja, aquele que vai contra a Constituição. Cabe a observação de que o mecanismo da interpretação conforme a Constituição não dá ao intérprete a possibilidade de atuar como legislador, criando normas gerais e abstratas; **C:** incorreta. Pelo princípio da supremacia, a Constituição Federal é a lei máxima do ordenamento jurídico brasileiro. É fundamento de validade de todos os demais atos normativos. Está no ápice da pirâmide normativa e determina as regras que devem ser observadas. Todas as normas infraconstitucionais devem guardar relação de compatibilidade com a Constituição, sob pena de serem declaradas inconstitucionais; **D e E:** incorretas. A harmonização ou concordância prática indica que as normas constitucionais devem ser conciliadas para que possam coexistir sem que uma tenha de ser privilegiada em detrimento de outra. Tal princípio também tem relação com o da unidade da constituição e com o princípio da igualdade, pois o todo é que deve ser analisado e de forma harmônica, evitando-se, ao máximo, a anulação de um direito por conta de outro. A concordância prática reforça a ideia de inexistência de hierarquia entre os princípios constitucionais.

Gabarito "B."

4. DO CONTROLE DE CONSTITUCIONALIDADE

4.1. CONTROLE DE CONSTITUCIONALIDADE EM GERAL

(Advogado – Pref. São Roque/SP – 2020 – VUNESP) A respeito do controle concentrado de constitucionalidade, assinale a alternativa correta.

(A) O Chefe do Poder Executivo não possui legitimidade para figurar no polo passivo de ação direta de inconstitucionalidade por omissão.
(B) Por serem legitimados para ajuizar ações de controle concentrado de constitucionalidade, os partidos políticos e as entidades de classe possuem capacidade postulatória especial para propositura da ação.
(C) Os Tribunais de Contas podem exercer o controle de constitucionalidade abstrato relativamente às normas que lhe sejam submetidas à apreciação.
(D) A declaração de inconstitucionalidade por arrastamento, em respeito ao princípio da adstrição, somente pode albergar os dispositivos legais expressamente indicados na petição inicial.
(E) O princípio da fungibilidade pode ser aplicado ao processo constitucional objetivo nos casos em que, apesar da impropriedade da via escolhida, estiverem presentes os requisitos para outra ação.

A: errada, pois pode sim estar no polo passivo, bastando para tal que possua competência para editar a norma regulamentadora para dar efetividade à norma constitucional. **B:** errada, pois não há capacidade postulatória especial. **C:** errada, porque somente é cabível no controle concentrado (Súmula 347, do STF). **D:** errada, pois não há necessidade de menção expressa dos dispositivos legais, cabendo ao STF decidir quais dispositivos foram atingidos por arrastamento. **E:** correta, pois o STF permite que o princípio da fungibilidade seja aplicado ao processo constitucional.

Gabarito "E."

(Delegado – PC/BA – 2018 – VUNESP) Considere a seguinte situação hipotética.

Cidadão Argentino comete crime em seu país e empreende fuga para o Brasil. A República Federativa da Argentina solicita sua extradição perante o Supremo Tribunal Federal. Em sua defesa, o Cidadão Argentino afirma que a lei penal que lhe incrimina é inconstitucional perante a Constituição Federal Brasileira. Neste caso, o Supremo Tribunal Federal

(A) pode apreciar a inconstitucionalidade arguida porque as normas constitucionais logram uma amplitude internacional, impedindo a eficácia dos atos legislativos, executivos e jurisprudenciais que as contrariarem.
(B) não pode apreciar a inconstitucionalidade arguida porque as normas constitucionais são originadas da ideia de Estado-Nação, vigentes, portanto, somente nos estreitos limites territoriais daquele país.
(C) pode apreciar a inconstitucionalidade arguida, desde que haja reciprocidade, ou seja, que a autoridade argentina competente possa declarar a inconstitucionalidade de lei brasileira em face da Constituição Argentina.
(D) não pode apreciar a inconstitucionalidade arguida, pois a Constituição Federal do Brasil, como as demais constituições, não possui a característica de supranacionalidade, típica dos tratados e convenções internacionais.
(E) pode apreciar a inconstitucionalidade arguida, pois ao analisar a lei internacional perante a Constituição Brasileira, os efeitos da decisão serão sentidos somente no Brasil, o que não afeta a esfera de competência da Corte estrangeira.

De acordo com o art. 17 da Lei de Introdução às Normas do Direito Brasileiro, as leis estrangeiras não terão eficácia no Brasil quando ofenderem a soberania nacional, a ordem pública e os bons costumes. Assim, o juiz, ao aplicar a norma estrangeira, deve verificar se ela está de acordo com a ordem pública, bem como se é compatível com os preceitos constitucionais nacionais. Para alguns doutrinadores – como Uadi Lammêgo Bulos –, o juiz deve negar, no caso concreto, a aplicação de lei estrangeira nos casos em que ela for incompatível com a Constituição brasileira, declarando, assim, a inconstitucionalidade *in concreto* da lei estrangeira. 🆕

Gabarito "A".

(Juiz de Direito – TJ/RS – 2018 – VUNESP) Conforme já decidido pelo Supremo Tribunal Federal, em matéria de controle de constitucionalidade,

(A) se os órgãos fracionários dos tribunais não submeterem ao plenário, ou ao órgão especial, a arguição de inconstitucionalidade, quando já houver pronunciamentos destes ou do plenário do Supremo Tribunal Federal sobre a questão, haverá violação da cláusula de reserva de plenário.
(B) aqueles que integram o processo em primeira instância na qualidade de terceiros – como assistentes, denunciados à lide ou chamados ao processo – não podem suscitar, pela via difusa, questão prejudicial de constitucionalidade.
(C) a ação civil pública ajuizada para resguardar direitos difusos ou coletivos pode substituir a ação direta, própria do controle concentrado das normas, não cabendo, no entanto, tal substituição se a ação civil pública versar sobre direitos individuais homogêneos.
(D) tanto as normas constitucionais originárias quanto as normas constitucionais derivadas podem ser objeto de controle difuso, pela via de defesa, e de controle concentrado, a ser exercido pelo próprio Supremo Tribunal Federal.
(E) inexiste usurpação de competência do STF quando os Tribunais de Justiça analisam, em controle concentrado, a constitucionalidade de leis municipais ante normas constitucionais estaduais que reproduzam regras da Constituição Federal que sejam de observância obrigatória.

A: incorreta, pois os órgãos fracionários dos tribunais não submeterão ao plenário ou ao órgão especial a arguição de inconstitucionalidade quando já houver pronunciamento destes ou do plenário do Supremo Tribunal Federal sobre a questão (art. 949, parágrafo único, do CPC). Assim, não se exige a cláusula de reserva prevista no art. 97 da CF quando o plenário, ou órgão equivalente de tribunal, já tiver decidido sobre a questão (STF, RE 876.067 AgR, voto da Rel. Min. Cármen Lúcia, 2ª T, j. 12-5-2015). Nessa linha, o STJ também entende que os órgãos fracionários estão dispensados de suscitar o referido incidente quando a respeito da questão constitucional nele debatida já houver pronunciamento do órgão competente do Tribunal ou do Supremo Tribunal Federal (REsp 1019774/MG, Rel. Ministro Teori Albino Zavascki, 1ª T, j. em 17/04/2008); **B:** incorreta, já que os terceiros intervenientes têm legitimidade para arguir, em controle difuso ou incidental, questão prejudicial de inconstitucionalidade de lei ou de ato normativo; **C:** incorreta, pois a jurisprudência do Supremo Tribunal Federal firmou o entendimento de que se pode pleitear a inconstitucionalidade de determinado ato normativo na ação civil pública, desde que *incidenter tantum*, vedando-se, no entanto, o uso da ação civil pública para alcançar a declaração de inconstitucionalidade com efeitos *erga omnes* (RE 424993, Rel. Min. Joaquim Barbosa, Tribunal Pleno, j. em 12-09-2007). No mesmo sentido, o STJ entende ser possível a declaração incidental de inconstitucionalidade, na ação civil pública, de quaisquer leis ou atos normativos do Poder Público, desde que a controvérsia constitucional não figure como pedido, mas sim como causa de pedir, fundamento ou simples questão prejudicial, indispensável à resolução do litígio principal, em torno da tutela do interesse público (REsp 557.646/DF, Rel. Min. Eliana Calmon, 2ª T, j. em 13-04-2004); **D:** incorreta, pois o STF entende que não há hierarquia entre normas constitucionais originárias dando azo à declaração de inconstitucionalidade de umas em face de outras. Desse modo, as cláusulas pétreas não podem ser invocadas para sustentação da tese da inconstitucionalidade de normas constitucionais inferiores em face de normas constitucionais superiores, porquanto a Constituição as prevê apenas como limites ao Poder Constituinte derivado ao rever ou ao emendar a Constituição elaborada pelo Poder Constituinte originário (STF, ADI 815, Rel. Min. Moreira Alves, Tribunal Pleno, j. em 28-03-1996). Logo, apenas as normas constitucionais derivadas podem ser objeto de controle de constitucionalidade; **E:** correta, pois os Tribunais de Justiça podem exercer controle abstrato de constitucionalidade de leis municipais utilizando como parâmetro normas da Constituição Federal, desde que se trate de normas de reprodução obrigatória pelos Estados (STF, RE 650898, Rel. Min. Marco Aurélio, Rel. p/ acórdão: Min. Roberto Barroso, Tribunal Pleno, j. em 01-02-2017, repercussão geral). 🆕

Gabarito "E".

(Juiz de Direito – TJ/RS – 2018 – VUNESP) No atual sistema normativo brasileiro, à luz do posicionamento assumido pelo Supremo Tribunal Federal, os tratados que possuem status normativo supralegal

(A) estão submetidos ao controle de convencionalidade concentrado, independentemente da forma como foram incorporados ao ordenamento interno, cabendo admitir o uso de todos os instrumentos desse controle perante o Supremo Tribunal Federal.
(B) são sujeitos a um controle concentrado, realizado pelo Supremo Tribunal Federal, por meio da Arguição de Descumprimento de Preceito Fundamental, quando for relevante o fundamento da controvérsia entre o tratado internacional e o direito interno.
(C) são sujeitos a um controle de convencionalidade difuso, sendo dever do juiz nacional examinar a compatibilidade das normas internas com as convencionais, mediante provocação da parte ou de ofício.
(D) foram incorporados pelo processo legislativo de emendas constitucionais e podem ser objeto de controle de constitucionalidade e convencionalidade, tanto pela via concentrada quanto pela via difusa.
(E) foram incorporados pelo processo legislativo comum e não podem ser objeto de controle de constitucionalidade ou de convencionalidade, este reservado aos tratados que possuem status normativo supraconstitucional.

A: incorreta, visto que somente os tratados de direitos humanos com *equivalência de emenda constitucional* – isto é, aprovados pela maioria qualificada do § 3º do art. 5º da CF – servem de *paradigma* para o controle de convencionalidade concentrado, admitindo-se o uso de todos os instrumentos desse controle perante o STF; **B:** incorreta, pois os tratados de direitos humanos com status normativo supralegal – isto é, não aprovados pela maioria qualificada do § 3º do art. 5º da CF – não servem de *paradigma* para a propositura da Arguição de Descumprimento de Preceito Fundamental perante o STF, por faltar-lhes um requisito indispensável à sua propositura, qual seja, a equivalência de emenda constitucional; **C:** correta, porque os tratados de direitos humanos com *status normativo supralegal* servem de *paradigma* apenas para o controle difuso de convencionalidade (ou de supralegalidade), cabendo ao juiz examinar essa preliminar, mediante provocação da parte ou de ofício; **D:** incorreta, pois os tratados de direitos humanos com *status normativo supralegal* **não** foram incorporados pelo processo legislativo de emendas constitucionais (quórum qualificado do art. 5º, § 3º, da CF) e, por isso, não podem servir de *paradigma* para o controle de constitucionalidade e de convencionalidade pela via concentrada, mas, tão somente, para o controle difuso de convencionalidade (ou de supralegalidade); **E:** incorreta, pois os tratados de direitos humanos com *status normativo supralegal* podem servir de *paradigma* para o controle difuso de convencionalidade, e o STF não reconhece o status supraconstitucional dos tratados de direitos humanos. Gabarito "C".

(Defensor Público/RO – 2017 –VUNESP) Leia o seguinte dispositivo da Constituição do Estado de Rondônia.

Art. 88. (...) § 3º Reconhecida a inconstitucionalidade por omissão de medida para tornar efetiva norma desta Constituição, a decisão será comunicada ao poder competente para adoção das providências necessárias à prática do ato ou início do processo legislativo e, em se tratando de órgão administrativo, para emiti-lo em trinta dias, sob pena de responsabilidade.

O parágrafo transcrito, à luz dos limites do controle de constitucionalidade em âmbito estadual estabelecidos pela Constituição Federal, deve ser considerado

(A) constitucional, porque o modelo federativo adotado pela Constituição Federal confere alto grau de autonomia aos Estados, que somente são obrigados a manter um sistema de controle de constitucionalidade, mas podem optar entre os modelos difuso, concentrado ou misto.

(B) constitucional, porque as normas da Constituição Federal que disciplinam o controle de constitucionalidade são de observância obrigatória pelas Constituições Estaduais e Leis Orgânicas Municipais, que devem reproduzir todos os instrumentos processuais previstos no texto federal, o que abrange a ação de inconstitucionalidade por omissão e a arguição de descumprimento de preceito fundamental.

(C) inconstitucional, porque a Constituição Federal prevê que cabe aos Estados a instituição de representação de inconstitucionalidade de leis ou atos normativos estaduais ou municipais, sendo o termo "representação" mais restritivo que "ação de inconstitucionalidade", o que exclui a possibilidade de se contestar, na via estadual, a inconstitucionalidade por omissão.

(D) inconstitucional, porque qualquer omissão da Constituição Estadual será sempre decorrente da observância ou desatendimento de algum dispositivo da Constituição Federal, fazendo com que o controle somente possa ser efetuado pelo Supremo Tribunal Federal, para defesa da Constituição Federal.

(E) constitucional, porque a Constituição Federal prevê que cabe aos Estados a instituição de representação de inconstitucionalidade de leis ou atos normativos estaduais ou municipais em face da Constituição Estadual, sendo que a inconstitucionalidade é gênero do qual derivam duas espécies, a inconstitucionalidade por ação e a inconstitucionalidade por omissão.

O art. 125, § 2º, da Constituição Federal prevê que cabe aos Estados a instituição de representação de inconstitucionalidade de leis ou atos normativos estaduais ou municipais em face da Constituição Estadual, vedada a atribuição da legitimação para agir a um único órgão. A inconstitucionalidade como gênero abrange duas espécies: a inconstitucionalidade por ação – que decorre da elaboração de leis ou atos normativos contrários aos preceitos constitucionais – e a inconstitucionalidade por omissão – que decorre da inércia legislativa em regulamentar normas constitucionais. Gabarito "E".

(Defensor Público/RO – 2017 – VUNESP) Considere o seguinte caso hipotético.

Uma das Câmaras Criminais do Tribunal de Justiça de Rondônia segue o entendimento do Supremo Tribunal Federal acerca da inconstitucionalidade de um dispositivo de lei federal em matéria criminal e concede um habeas corpus. O Ministério Público do Estado de Rondônia ajuíza reclamação perante o Supremo Tribunal Federal, alegando violação da Súmula Vinculante nº 10.

Neste caso, é correto dizer que a Reclamação apresentada pelo Parquet

(A) deve ser acolhida, já que a Súmula Vinculante nº 10 prevê que a decisão que afasta a incidência, no todo ou em parte, de norma federal, não pode ser prolatada por órgão fracionário de Tribunal Estadual.

(B) não deve ser acolhida, pois embora tenha sido violada a cláusula de reserva de plenário, prevista na Súmula Vinculante nº 10, não cabe Reclamação contra decisão judicial que contrariar súmula aplicável ou que indevidamente a aplicar.

(C) não deve ser acolhida, pois a cláusula de reserva de plenário, prevista na Súmula Vinculante nº 10, não é violada quando o órgão fracionário se limita a seguir orientação jurisprudencial do Plenário do próprio Supremo Tribunal Federal.

(D) deve ser acolhida, pois a Súmula Vinculante nº 10 estabelece que somente a Reclamação é meio recursal idôneo para se impugnar decisão de órgão fracionário que indevidamente decida pela constitucionalidade ou pela inconstitucionalidade de lei ou ato normativo.

(E) deve ser acolhida, pois a cláusula de reserva de plenário, constante da Súmula Vinculante nº 10, prevê que somente por 3/5 (três quintos) de seus membros ou dos membros do respectivo órgão especial poderão os tribunais declarar a inconstitucionalidade de lei ou ato normativo do Poder Público.

A Súmula Vinculante 10 do STF estabelece que viola a cláusula de reserva de plenário (CF, art. 97) a decisão de órgão fracionário de tribunal que, embora não declare expressamente a inconstitucionalidade de lei ou ato normativo do Poder Público, afasta sua incidência, no todo ou em parte. No entanto, a jurisprudência do Supremo admite exceção à cláusula de reserva de plenário, quando o órgão fracionário decide a inconstitucionalidade de uma norma com base na própria jurisprudência do Supremo Tribunal Federal (Rcl 11.055 ED, Rel. Min. Roberto Barroso, 1ª T, j. 4-11-2014). Nesse sentido, o seguinte julgado do STF: "*a jurisprudência pacífica desta Corte, agora reafirmada em sede de repercussão geral, entende que é desnecessária a submissão de demanda judicial à regra da reserva de plenário na hipótese em que a decisão judicial estiver fundada em jurisprudência do Plenário do Supremo Tribunal Federal ou em Súmula deste Tribunal, nos termos dos arts. 97 da Constituição Federal e 481, parágrafo único, do CPC/1973.*" (ARE 914.045 RG, Rel. Min. Edson Fachin, P, j. 15-10-2015, Tema 856.). Gabarito "C".

(Procurador Municipal/SP – VUNESP – 2016) Acerca do controle de constitucionalidade das leis na atual ordem jurídica pátria, é correto afirmar que:

(A) o sistema concentrado de controle significa a possibilidade de qualquer juiz ou tribunal, observadas as

regras de competência, realizar o controle de constitucionalidade, pela via incidental.
(B) a decisão de órgão fracionário de tribunal que, embora não declare expressamente a inconstitucionalidade de lei ou ato normativo do poder público, afasta sua incidência, no todo ou em parte, não se submete à cláusula de reserva de plenário.
(C) aplica-se o princípio da subsidiariedade à Arguição de Descumprimento de Preceito Fundamental, o que significa que esta é cabível na inexistência de outro meio eficaz de sanar a lesão, ou seja, não havendo outro meio apto a solver a controvérsia constitucional relevante de forma ampla, geral e imediata.
(D) é admitido o ajuizamento de Ação Direta de Inconstitucionalidade para atacar lei ou ato normativo revogado muito tempo antes do início do processo, na medida em que o paradigma produziu efeitos e não pode ser considerado como revestido de valor meramente histórico.
(E) em nosso ordenamento jurídico, é admitida a figura da constitucionalidade superveniente, pois, se o vício de inconstitucionalidade se referir a dispositivos da Constituição Federal que não se encontram mais em vigor, não há mais relevância para o exercício do controle, estando a matéria superada.

A: incorreta, pois o sistema concentrado remete ao STF. O que se refere ao Poder Judiciário seria o difuso; B: incorreta, pois é flagrante violação ao que determina a súmula vinculante 10, STF; C: correta, sendo a ADPF a "última salvação" no controle de constitucionalidade – ver artigo 4º, §1º, da Lei 9.882/1999; D: incorreta, pois para norma revogada cabível seria a ADPF; E: incorreta, pois a constitucionalidade superveniente não é admitida. Ao contrário, o STF aplica a teoria da receptividade das normas anteriores ao texto constitucional. Gabarito "C".

(Juiz – TJ/SP – VUNESP – 2015) Conforme decidido pelo Supremo Tribunal Federal no julgamento da Rcl 4345/AC, na declaração de inconstitucionalidade de lei em sede de controle difuso, os efeitos da decisão:
(A) não podem ter caráter geral em relação aos Tribunais Estaduais, e a Súmula Vinculante 10 (cláusula de reserva de plenário) impede a declaração de inconstitucionalidade de lei por órgão fracionário do Tribunal ou pelas Turmas Recursais dos Juizados Especiais.
(B) se tiverem reconhecida a sua eficácia geral, a vinculação ao decidido limita-se à parte dispositiva daquela decisão.
(C) podem gerar efeitos gerais, ultra partes, assemelhados a um caráter vinculante.
(D) podem ter efeito geral em relação aos Juízes e Tribunais Estaduais se e quando convertidos em Súmulas Vinculantes.

A: incorreta, pois a cláusula de reserva de plenário não se aplica às Turmas Recursais (ARE 792562, STF); B: incorreta, pois o STF não aplica a Teoria da Transcendência dos Motivos Determinantes. Além disso, pode produzir efeitos gerais, porque produz efeitos expansivos; C: correta. É o resumo da decisão mencionada no enunciado da questão; D: incorreta, pois exclui a hipótese do art. 52, X, da CF, além do que, desnecessária seria a conversão em súmulas vinculantes. Gabarito "C".

(Delegado/SP – 2014 – VUNESP) Pode(m) propor a ação direta de inconstitucionalidade e a ação declaratória de constitucionalidade perante o Supremo Tribunal Federal:
(A) partido político sem representação no Congresso Nacional.
(B) os Conselhos Federais de órgãos de classe profissional.
(C) confederação sindical ou entidade de classe de âmbito regional.
(D) a Mesa da Câmara dos Deputados.
(E) o Procurador-Geral de Justiça.

A: incorreta. Para que o partido político proponha as ações do controle concentrado (ADI – Ação Direta de Inconstitucionalidade, ADC – Ação Declaratória de Constitucionalidade e a ADPF – Arguição de Descumprimento de Preceito Fundamental) ele deve **ter representação no Congresso Nacional**. É o que determina o art. 103, VIII, da CF; **B**: incorreta. Apenas o **Conselho Federal da OAB** é que é legitimado. O fundamento está no art. 103, VII, da CF; **C**: incorreta. **A entidade de classe precisa ter âmbito nacional**, conforme determina o art. 103, IX, da CF; **D**: correta. É o que dispõe o art. 103, III, da CF; **E**: incorreta. O art. 103, VI, da CF dá legitimidade ao **Procurador-Geral da República**. Gabarito "D".

4.2. AÇÃO DIRETA DE INCONSTITUCIONALIDADE

(Juiz de Direito – TJ/RJ – 2019 – VUNESP) Assinale a alternativa correta no que se refere aos efeitos da decisão judicial no controle abstrato de constitucionalidade.
(A) A impugnação judicial a respeito da inconstitucionalidade da norma ou do ato impugnado, por se constituir na causa de pedir da ação judicial, é apenas o fundamento de validade para o dispositivo da decisão.
(B) A decisão liminar em controle de constitucionalidade abstrato, em regra, produz efeitos *ex tunc*, salvo se o Supremo Tribunal Federal reconhecer expressamente efeitos *ex nunc* à decisão por maioria absoluta dos seus membros.
(C) No direito brasileiro, no tocante ao controle abstrato, o entendimento adotado é de que a lei inconstitucional é existente, porém nula, e a decisão que a reconhece tem natureza declaratória, com efeitos, em regra, retroativos.
(D) O direito brasileiro adota a teoria da lei inconstitucional como ato inexistente, e a decisão no controle de constitucionalidade não declara nem constitucionalidade, mas reconhece a sua inexistência.
(E) Tendo em vista a norma ou ato impugnado judicialmente ser considerado apenas anulável, em face da presunção de constitucionalidade, a decisão que reconhece a sua inconstitucionalidade tem caráter constitutivo.

A: errada, pois é o pedido e não a causa de pedir. B: errada, pois a regra é a produção de efeitos *ex nunc*. C: correta, pois esta é a regra no nosso ordenamento jurídico. D: errada, porque adotamos a teoria da nulidade. E: errada, pois a teoria adotada é da nulidade, não da anulabilidade. Gabarito "C".

(Procurador – IPSMI/SP – VUNESP – 2016) Na realização do controle de constitucionalidade pelo Poder Judiciário, em algumas situações, é possível verificar a ocorrência do efeito repristinatório. Trata-se de efeito:

5. DIREITO CONSTITUCIONAL

(A) decorrente da declaração de inconstitucionalidade, por controle concentrado, de ato normativo que tenha revogado outro ato normativo, provocando o restabelecimento de ato normativo anterior.
(B) que torna vinculante para todas as instâncias judiciais determinada decisão proferida pelo Supremo Tribunal Federal.
(C) que, independentemente de disposição expressa, restaura, de forma automática, lei anterior após a lei revogadora perder vigência.
(D) por meio do qual se altera a data em que iniciará a produção de efeitos da declaração de inconstitucionalidade de determinada norma.
(E) resultante da não recepção de lei pela Constituição Federal de 1988.

A: correta, em que pese a repristinação ser um instituto, em regra, não aplicável no ordenamento jurídico brasileiro. Na repristinação temos uma norma revogada, que volta a vigorar, a partir da declaração de inconstitucionalidade da norma revogadora; **B:** incorreta, pois não ocorre o efeito vinculante; **C:** incorreta, pois não ocorre repristinação automática; **D:** incorreta, pois refere-se à modulação dos efeitos; **E:** incorreta, pois a receptividade (ou não) da norma anterior ao texto constitucional atual não se confunde com a repristinação. Gabarito "A".

(Procurador Municipal – Sertãozinho/SP – VUNESP – 2016) Não pode ser objeto de ADI perante o Supremo Tribunal Federal:

(A) Resoluções do Conselho Nacional de Justiça ou do Conselho Nacional do Ministério Público em qualquer hipótese.
(B) Lei Distrital no exercício de competência municipal do Distrito Federal.
(C) Emendas Constitucionais.
(D) Decreto Legislativo.
(E) Decreto autônomo.

A: incorreta. As Resoluções do Conselho Nacional de Justiça ou do Conselho Nacional do Ministério Público que forem dotadas dos atributos da generalidade, impessoalidade e abstração, e forem consideradas como atos primários, poderão ser objeto de ADI perante o STF. Segundo o STF: "A Resolução n° 07/05 do CNJ reveste-se dos atributos da generalidade (os dispositivos dela constantes veiculam normas proibitivas de ações administrativas de logo padronizadas), impessoalidade (ausência de indicação nominal ou patronímica de quem quer que seja) e abstratividade (trata-se de um modelo normativo com âmbito temporal de vigência em aberto, pois claramente vocacionado para renovar de forma contínua o liame que prende suas hipóteses de incidência aos respectivos mandamentos). A Resolução n° 07/05 se dota, ainda, de caráter normativo primário, dado que arranca diretamente do § 4º do art. 103-B da Carta-cidadã e tem como finalidade debulhar os próprios conteúdos lógicos dos princípios constitucionais de centrada regência de toda a atividade administrativa do Estado, especialmente o da impessoalidade, o da eficiência, o da igualdade e o da moralidade" (ADC 12-MC, Rel. Min. Ayres Britto, j. 16.02.2006, Plenário, DJ 01.09.2006); **B:** correta. De fato, as leis distritais que forem criadas com base no exercício da competência municipal, por conta da ADI não admitir a discussão de lei municipal que viole a Constituição, não poderão ser objeto de ADI perante o STF; **C:** incorreta. As emendas constitucionais, por serem fruto do poder derivado reformador, que é limitado e condicionado, podem ser objeto de controle de constitucionalidade por meio de ADI no STF; **D:** incorreta. Em regra, os decretos legislativos, por serem atos primários e dotados de abstração e generalidade, podem ser objeto de ADI no STF; **E:** incorreta. O decreto autônomo também pode ser objeto de ADI no STF. Gabarito "B".

(Juiz de Direito – TJM/SP – VUNESP – 2016) Considere o seguinte caso hipotético. Deputado Federal logra obter a assinatura de 1/3 (um terço) dos membros da Câmara dos Deputados em proposta de emenda constitucional que estabelece a pena de morte para casos de roubo, sequestro e estupro, seguidos de morte. Tal matéria deve ser objeto de plebiscito dentro de 18 (dezoito) meses da aprovação da referida proposta, que está tramitando regularmente. Partido Político X propõe Ação Direta de Inconstitucionalidade em face da proposta de emenda constitucional. Considerando os pronunciamentos anteriores sobre a matéria, o Supremo Tribunal Federal decidirá pela:

(A) admissão da Ação Direta de Inconstitucionalidade, pois não poderá ser objeto sequer de deliberação a proposta de emenda constitucional tendente a abolir os direitos e garantias fundamentais.
(B) não admissão da Ação Direta de Inconstitucionalidade, pois a proposta ainda não alcançou o plano da existência e a Constituição somente admite a Ação Direta de Inconstitucionalidade contra lei ou ato normativo federal ou estadual.
(C) procedência da Ação Direta de Inconstitucionalidade, pois a Constituição Federal admite a fiscalização preventiva e abstrata, em se tratando da defesa da higidez de cláusulas pétreas.
(D) improcedência da Ação Direta de Inconstitucionalidade, pois muito embora a Constituição Federal admita o controle preventivo de propostas de emenda à Constituição, o plebiscito torna possível a modificação de cláusulas pétreas.
(E) impossibilidade jurídica do pedido, pois embora o Novo Código de Processo Civil tenha eliminado essa hipótese de carência de ação como regra geral, ela foi mantida no âmbito da lei especial que rege a Ação Direta de Inconstitucionalidade.

A: incorreta, pois não será caso de ADI, mas de Mandado de Segurança – via difusa – por exemplo; **B:** correta, pois o controle mediante ADI requer lei ou ato normativo, requisito este que uma PEC não preenche; **C:** incorreta, pois seria caso de Mandado de Segurança impetrado por um parlamentar, mas não de ADI. Assim é a jurisprudência do STF (MS 32.033/DF); **D:** incorreta, pois o plebiscito seria uma ordem de emenda constitucional. Assim, não há que se falar em convalidação do vício; **E:** incorreta, pois não há menção no Código de Processo Civil. Gabarito "B".

(Juiz – TJ/SP – VUNESP – 2015) Determinada Câmara Municipal tem a iniciativa de, por meio de emenda à Lei Orgânica Municipal, estabelecer mudança na base de cálculo de benefício a servidor municipal e o respectivo pagamento é implementado. No ano seguinte, o novo Prefeito ingressa com a ação direta de inconstitucionalidade daquela alteração legislativa, sendo correto decidir (conforme precedente do órgão Especial do Tribunal de Justiça do Estado de São Paulo na ADI 2222132-48.2014) que:

(A) existe inconstitucionalidade por vício de iniciativa e a decisão judicial tem eficácia ex nunc, aplicando a modulação dos seus efeitos e declarando que os valores recebidos pelos servidores são irrepetíveis.
(B) existe inconstitucionalidade por vício de iniciativa e, diante do efeito repristinatório inerente à desconstituição da norma inconstitucional, devem ser devolvidos

pelos servidores os valores recebidos, mediante compensação nos vencimentos futuros.

(C) existe inconstitucionalidade e seus efeitos são ex tunc, sendo que a modulação dos efeitos somente é permitida ao Supremo Tribunal Federal, preservando-se apenas pagamentos feitos até a data da decisão judicial.

(D) não existe inconstitucionalidade da modificação legislativa, tendo em vista sua aceitação pelo Prefeito anterior e como medida de proteção à segurança jurídica e boa-fé dos servidores.

A: correta, pois a legitimidade seria do Prefeito, não do Presidente da Câmara Municipal (ou dos Vereadores); **B:** incorreta, pois o STF não exige a devolução dos valores recebidos de boa-fé, ainda mais por existir o status de verba alimentar; **C:** incorreta, pois a modulação dos efeitos também é possível aos Tribunais de Justiça quando, por exemplo, se tratar de ADI em que o parâmetro seja a Constituição Estadual. Além disso, a modulação dos efeitos é a exceção, nunca a regra; **D:** incorreta, pelas razões já explicadas na letra A.
Gabarito "A".

(Juiz – TJ/MS – VUNESP – 2015) No tocante ao controle concentrado de constitucionalidade, é correto afirmar sobre a ação direta de inconstitucionalidade (ADI):

(A) regimento interno de tribunal estadual não pode ser objeto de ação direta de inconstitucionalidade.

(B) lei estadual editada para regulamentar matéria de competência privativa da União deve ser objeto de impugnação por meio de ação direta de inconstitucionalidade em âmbito estadual.

(C) ato normativo, de caráter autônomo, geral e abstrato expedido por pessoa jurídica de direito público estadual e decreto editado com força de lei podem ser objeto de ADI perante o Supremo Tribunal Federal.

(D) o decreto do Chefe do Executivo que promulga os tratados e convenções não se submete ao controle da ação direta de inconstitucionalidade.

(E) os regimentos das Assembleias Legislativas devem ser objeto de ação direta de inconstitucionalidade estadual perante o Tribunal de Justiça do Estado.

A: incorreta, pois o regimento interno do tribunal estadual encaixaria-se como ato normativo estadual, assim, cabível seria a ADI; **B:** incorreta, pois a ofensa sendo contra o texto da CF/88 atrai a competência ao STF; **C:** correta, pois encaixa no art. 102, I, *a*, da CF; **D:** incorreta, pois tal decreto teria natureza de ato jurídico federal, sendo apto ao controle por ADI; **E:** incorreta, pois cabe também controle perante o STF (ADI 4587/GO).
Gabarito "C".

(Magistratura/SP – 2013 – VUNESP) Na ação direta de inconstitucionalidade de ato ou lei estadual,

(A) o legitimado ativo, depois de proposta a ação, poderá desistir da ação, desde que não tenha sido apresentada defesa das normas impugnadas pelo Procurador-Geral do Estado.

(B) a petição inicial, acompanhada de instrumento de procuração, quando subscrita por advogado, será apresentada em duas vias, e conterá elementos suficientes a demonstrar a qualidade do autor como titular de direito subjetivo apto a exercer o direito de ação.

(C) a petição inicial, acompanhada de instrumento de procuração, quando subscrita por advogado, será apresentada em duas vias, descrevendo a lide e seus fundamentos.

(D) a petição inicial, acompanhada de instrumento de procuração, quando subscrita por advogado, será apresentada em duas vias, e poderá impugnar tanto lei estadual quanto leis municipais, conjuntamente, na mesma ação, desde que haja identidade da matéria e de alguns comandos normativos veiculados, fundada na violação da Constituição Estadual.

A: incorreta. Conforme o art. 5.º da Lei 9.868/1999, proposta a ação direta, **não** se admitirá **desistência**; **B:** incorreta. De acordo com o art. 3.º, parágrafo único, da mesma lei, a petição inicial, acompanhada de instrumento de procuração, quando subscrita por advogado, será apresentada em duas vias, devendo **conter cópias da lei ou do ato normativo impugnado e dos documentos necessários para comprovar a impugnação**. Não há que se falar em demonstração de direito subjetivo, pois o controle é feito de forma abstrata. A constitucionalidade da norma "em tese" é que é discutida em sede de ação direta de inconstitucionalidade; **C:** incorreta. O art. 3.º, I e II, da Lei 9.868/1999 determina que a inicial contenha o dispositivo da lei ou do ato normativo impugnado e os fundamentos jurídicos do pedido em relação a cada uma das impugnações, além do pedido, com suas especificações; **D:** correta. De fato o art. 3.º, parágrafo único, da Lei 9.868/1999 determina que a inicial, acompanhada de instrumento de procuração, quando subscrita por advogado, seja apresentada em duas vias. Além disso, de acordo com o art. 125, § 2.º, da CF, cabe aos Estados a instituição de representação de inconstitucionalidade de leis ou atos normativos estaduais ou municipais em face **da Constituição Estadual**, vedada a atribuição da legitimação para agir a um único órgão. Desse modo, havendo identidade da matéria e dos comandos impugnados, a verificação da constitucionalidade de leis municipais e estaduais que violem a Constituição Estadual pode ser feita na mesma ação.
Gabarito "D".

4.3. AÇÃO DECLARATÓRIA DE CONSTITUCIONALIDADE

(Procurador do Estado/SP – 2018 – VUNESP) Na Ação Declaratória de Constitucionalidade com pedido cautelar nº 19, ajuizada pelo Presidente da República, o Plenário do Supremo Tribunal Federal (STF), por votação unânime, declarou a constitucionalidade dos artigos 1º, 33 e 41 da Lei Federal nº 11.340/2006, conhecida como 'Lei Maria da Penha', que cria mecanismos para coibir a violência doméstica e familiar contra a mulher, em consonância ao artigo 226, § 8º da Constituição Federal. A decisão analisou em conjunto a Ação Declaratória de Constitucionalidade (ADC) nº 19 e a Ação Direta de Inconstitucionalidade (ADI) nº 4.424. Considerando este cenário, é correto afirmar sobre o controle de constitucionalidade:

(A) as decisões definitivas de mérito, proferidas pelo STF nas ADCs, produzirão eficácia erga omnes e efeito vinculante, relativamente aos demais órgãos do Poder Judiciário e à Administração Pública direta e indireta, nas esferas federal, estadual, porém, não admitem, em nenhuma hipótese, reclamação constitucional, intervenção de terceiros ou *amicus curiae* e realização de qualquer tipo de prova.

(B) quanto ao procedimento da ADC, prevalece o entendimento no Supremo Tribunal Federal de que se aplica o princípio da causa petendi aberta, ou seja, a Corte poderá basear-se em outros fundamentos que não aqueles trazidos pela petição inicial para fundamentar

a sua decisão, motivo pelo qual é garantido ao autor optar pela desistência da ação a qualquer momento.
(C) o Supremo Tribunal Federal, por decisão da maioria absoluta de seus membros, poderá deferir pedido de medida cautelar na ação declaratória de constitucionalidade, consistente na determinação de que os juízes e os Tribunais suspendam o julgamento dos processos que envolvam a aplicação da lei ou do ato normativo objeto da ação até seu julgamento definitivo, devendo, nesse caso, publicar em seção especial do Diário Oficial da União, no prazo de dez dias, a parte dispositiva da decisão e proceder ao julgamento da ação no prazo de cento e oitenta dias, sob pena de perda de sua eficácia.
(D) a legitimidade ativa para propor a ADC inclui, além do Presidente da República, o Congresso Nacional, os Deputados Estaduais ou Distritais, o Governador de Estado ou do Distrito Federal; o Procurador-Geral da República; o Conselho Federal da Ordem dos Advogados do Brasil; partido político com representação no Congresso Nacional e sindicatos.
(E) para a admissibilidade da ação declaratória de constitucionalidade é dispensável a comprovação de controvérsia ou dúvida relevante quanto à legitimidade da norma, uma vez que, proclamada a constitucionalidade, julgar-se-á improcedente a ação direta ou procedente eventual ação declaratória; e, proclamada a inconstitucionalidade, julgar-se-á procedente a ação direta ou improcedente eventual ação declaratória.

A: incorreta, pois a declaração de constitucionalidade tem eficácia contra todos e efeito vinculante em relação aos órgãos do Poder Judiciário e à Administração Pública federal, estadual e municipal (art. 28, parágrafo único, da Lei 9.868/1999), não se admitindo intervenção de terceiros (art. 18 da Lei 9.868/1999), mas sendo admitido *amicus curiae* (aplicação, por analogia, do art. 7º, § 2º, da Lei 9.868/1999), produção de provas (art. 20, § 1º, da Lei 9.868/1999) e reclamação constitucional para a garantia da autoridade da decisão (art. 102, I, *l*, da CF); **B:** incorreta, visto que, proposta a ação declaratória, **não** se admitirá desistência (art. 16 da Lei 9.868/1999); **C:** correta, nos termos do art. 21 da Lei 9.868/1999; **D:** incorreta, já que a legitimidade ativa para propor a ADC inclui o Presidente da República; a Mesa do Senado Federal; a Mesa da Câmara dos Deputados; a Mesa de Assembleia Legislativa ou da Câmara Legislativa do Distrito Federal; o Governador de Estado ou do Distrito Federal; o Procurador-Geral da República; o Conselho Federal da Ordem dos Advogados do Brasil; partido político com representação no Congresso Nacional; e confederação sindical ou entidade de classe de âmbito nacional (art. 103 da CF); **E:** incorreta, tendo em vista que a petição inicial deverá indicar a existência de controvérsia judicial relevante sobre a aplicação da disposição objeto da ação declaratória (art. 14, III, da CF).
Gabarito "C".

(Procurador Municipal/SP – VUNESP – 2016) A Ação Declaratória de Constitucionalidade julgada procedente, nos termos da Constituição Federal, produzirá eficácia:

(A) somente entre as partes que figuraram no processo e ex tunc, retroagindo ao momento em que a lei ou ato normativo julgado constitucional entrou no ordenamento.
(B) erga omnes e efeito vinculante, relativamente aos demais órgãos do Poder Legislativo, do Poder Executivo e do Poder Judiciário.
(C) erga omnes e efeito vinculante, relativamente aos demais órgãos do Poder Judiciário e à Administração Pública direta e indireta, nas esferas federal, estadual e municipal.
(D) somente entre as partes que figuraram no processo e ex nunc, produzindo efeitos somente a partir do momento em que a lei ou ato normativo foi julgado constitucional.
(E) erga omnes e ex nunc, produzindo efeitos somente a partir do momento em que a lei ou ato normativo foi julgado constitucional, sem retroatividade.

A: incorreta. Os efeitos são, em regra, *erga omnes* (para todos) e, de fato, retroativos (*ex tunc*); **B:** incorreta. O efeito vinculante não obriga o Poder Legislativo, que poderá legislar em sentido diverso; **C:** correta. O § 2º do art. 102 da CF determina que as decisões definitivas de mérito, proferidas pelo Supremo Tribunal Federal, nas ações diretas de inconstitucionalidade e nas ações declaratórias de constitucionalidade, produzirão eficácia contra todos e efeito vinculante, relativamente aos demais órgãos do Poder Judiciário e à Administração Pública direta e indireta, nas esferas federal, estadual e municipal; **D:** incorreta. Como mencionado, os efeitos, em regra, são *erga omnes* e *ex tunc*; **E:** incorreta. *Erga omnes* está correto, mas tais efeitos são retroativos.
Gabarito "C".

4.4. ARGUIÇÃO DE DESCUMPRIMENTO DE PRECEITO FUNDAMENTAL

(Juiz – TJ/MS – VUNESP – 2015) Uma lei federal em vigor antes da atual Constituição Federal:

(A) pode ser objeto de controle de constitucionalidade incidental, mas não se submete ao controle concentrado.
(B) pode ser objeto de controle de constitucionalidade por meio da Arguição de Descumprimento de Preceito Fundamental.
(C) pode ser objeto de controle de constitucionalidade pela Ação Declaratória de Constitucionalidade.
(D) não pode ser objeto de controle de constitucionalidade, nem concentrado nem incidental.
(E) pode ser objeto de qualquer instrumento de controle concentrado de constitucionalidade.

A: incorreta. É possível fazer controle concentrado nessa hipótese, desde que por meio da ADPF – Arguição de Descumprimento de Preceito Fundamental; **B:** correta. É o que determina o art. 1º, parágrafo único, I, da Lei 9.882/1999; **C:** incorreta. Apenas leis ou atos normativos federais, editados na vigência da CF/88, podem ser objeto de ADC – Ação Declaratória de Constitucionalidade. É o que determina o art. 13, *caput*, da Lei 9.868/1999; **D:** incorreta. É possível que o controle seja feito nas duas modalidades (concentrada, por ADPF e incidental, no caso concreto); **E:** incorreta. Não é qualquer ação do controle concentrado. Como mencionado, norma criada antes da CF/88, ou seja, direito pré-constitucional, só poderá ser impugnada em sede de controle concentrado, por meio de ADPF.
Gabarito "B".

(Juiz de Direito – TJM/SP – VUNESP – 2016) Assinale a alternativa que corretamente discorre sobre aspectos da Arguição de Descumprimento de Preceito Fundamental, tendo em vista as previsões constitucionais e os posicionamentos do Supremo Tribunal Federal.

(A) A Arguição de Descumprimento de Preceito Fundamental, fórmula processual subsidiária do controle concentrado de constitucionalidade, é via adequada à impugnação de norma pré-constitucional.

(B) A existência da autoridade da coisa julgada não representa obstáculo que impede o conhecimento e o ulterior prosseguimento da Arguição de Descumprimento de Preceito Fundamental, que pode ser utilizada como sucedâneo da ação rescisória.
(C) A simultaneidade de tramitações de Ação Direta de Inconstitucionalidade e Arguição de Descumprimento de Preceito Fundamental, portadoras de mesmo objeto, é compatível com a cláusula de subsidiariedade que norteia o instituto da Arguição de Descumprimento de Preceito Fundamental.
(D) Não tem sido atribuído caráter vinculante, pelo Supremo Tribunal Federal, ao provimento cautelar outorgado em sede de Arguição de Descumprimento de Preceito Fundamental, como instrumento de controle abstrato de constitucionalidade.
(E) O enunciado de Súmula do Supremo Tribunal Federal, indicado como ato lesivo aos preceitos fundamentais, consubstancia ato do Poder Público, sendo, portanto, suscetível de Arguição de Descumprimento de Preceito Fundamental.

A: correta, pois temos na ADPF uma ação subsidiária no controle de constitucionalidade, inclusive sendo apta para impugnar normas pré-constitucionais; **B:** incorreta, pois não há identidade entre uma ADPF e uma ação rescisória; **C:** incorreta, pois ADI e ADPF não são ações com simultaneidade, inclusive por ser a ADPF uma ação subsidiária; **D:** incorreta, pois as medidas cautelares, conforme jurisprudência do STF, possuem eficácia vinculante (em sede de controle concentrado); **E:** incorreta, pois não cabe controle concentrado contra súmula, vez que há procedimento próprio para que estas sejam canceladas (súmulas vinculantes ou comuns).

Gabarito "A".

5. DOS DIREITOS E GARANTIAS FUNDAMENTAIS

5.1. DIREITOS E DEVERES EM ESPÉCIE

(Juiz de Direito – TJ/RJ – 2019 – VUNESP) No tocante à extradição de brasileiros, a Carta Magna estabelece que

(A) é vedada para os natos e permitida para os naturalizados, independentemente do crime, desde que praticado antes da naturalização.
(B) é vedada para os natos e naturalizados, independentemente do crime praticado.
(C) é permitida para os natos, por comprovado envolvimento em tráfico ilícito de entorpecentes e drogas afins, na forma da lei, e para os naturalizados, por crimes comuns praticados antes da naturalização.
(D) é vedada para os natos e permitida para os naturalizados por crimes comuns, praticados antes da naturalização ou por comprovado envolvimento em tráfico ilícito de entorpecentes e drogas afins, na forma da lei.
(E) é vedada para os natos e permitida para os naturalizados por crimes comuns e por comprovado envolvimento em tráfico ilícito de entorpecentes e drogas afins, na forma da lei, desde que praticados antes da naturalização.

A: errada, pois no crime comum o brasileiro naturalizado poderá sim ser extraditado, desde que praticado o crime antes da naturalização. **B** e **E:** erradas, conforme artigo 5º, LI, da CF. **C:** incorreta, pois o brasileiro nato jamais será extraditado. **D:** correta, uma vez que o brasileiro nato jamais será extraditado e, quanto ao naturalizado, nos termos do artigo 5º, LI, da CF.

Gabarito "D".

(Advogado – Pref. São Roque/SP – 2020 – VUNESP) A respeito dos direitos fundamentais, com base na Constituição Federal e na jurisprudência do Supremo Tribunal Federal, assinale a alternativa correta.

(A) A adoção de ações afirmativas não é incompatível com o princípio da igualdade.
(B) A interceptação telefônica pode ser determinada pelo Ministério Público, sempre que a defesa da probidade administrativa recomende a adoção da medida.
(C) As associações poderão ter as suas atividades suspensas por decisão administrativa ou judicial.
(D) O direito à habitação garante ao indivíduo que ocupe imóvel público e nele exerça atividade econômica produtiva o direito à usucapião.
(E) A autoridade competente, em caso de iminente perigo público, poderá utilizar a propriedade particular, assegurada ao proprietário a indenização prévia, justa e em dinheiro.

A: correta, uma vez que o princípio da igualdade determina tratamento igual aos iguais e, por sua vez, desigual para aqueles que estejam em situações distintas, na medida da desigualdade. **B:** errada, pois é determinada pelo juiz (artigo 3º, da Lei 9.296/96). **C:** errada, porque apenas poderá ocorrer por decisão judicial (artigo 5º, inciso XIX, da CF). Por fim, a letra **D:** errada, uma vez que os imóveis públicos não serão adquiridos via usucapião e, na letra **E** o erro está na indenização ser posterior, nunca prévia.

Gabarito "A".

(Escrevente – TJ/SP – 2018 – VUNESP) De acordo com texto expresso na Constituição da República Federativa do Brasil (CRFB/88), é correto afirmar que a lei

(A) assegurará aos autores de inventos industriais privilégio permanente para sua utilização.
(B) penal sempre retroagirá, seja para beneficiar ou não o réu.
(C) regulará a individualização da pena e adotará, entre outras, a perda de bens.
(D) poderá excluir da apreciação do Poder Judiciário lesão ou ameaça a direito.
(E) deverá punir ato atentatório a liberdades com penas restritivas de direito.

A: incorreta, pois a lei assegurará aos autores de inventos industriais privilégio **temporário** para sua utilização (art. 5º, XXIX, da CF); **B:** incorreta, visto que a lei penal não retroagirá, salvo para beneficiar o réu (art. 5º, XL, da CF); **C:** correta, de acordo com o art. 5º, XLVI, *b*, da CF; **D:** incorreta, já que a lei não excluirá da apreciação do Poder Judiciário lesão ou ameaça a direito (art. 5º, XXXV, da CF); **E:** incorreta, uma vez que a lei punirá qualquer discriminação atentatória dos direitos e liberdades fundamentais (art. 5º, XLI, da CF).

Gabarito "C".

(Escrevente – TJ/SP – 2018 – VUNESP) Salvo em caso de guerra declarada, nos termos expressos da Constituição da República Federativa do Brasil (CRFB/88), não haverá penas

(A) de morte.
(B) de banimento.
(C) de caráter perpétuo.
(D) de trabalhos forçados.

5. DIREITO CONSTITUCIONAL

(E) de expulsão.

Segundo o art. 5º, XLVII, *a*, da CF, não haverá pena de morte, salvo em caso de guerra declarada.
Gabarito "A".

(Delegado – PC/BA – 2018 – VUNESP) A Constituição Federal de 1988 garantiu a inviolabilidade do direito ao sigilo, sendo possível, contudo, a quebra do sigilo bancário

(A) mediante requisição de informações bancárias, efetuada no âmbito de procedimento administrativo-fiscal.
(B) desde que haja a oitiva do investigado em contraditório, ou seja, não sendo cabível na fase inquisitorial do processo.
(C) mediante ordem judicial, amparada em elementos probatórios que permitam individualizar o investigado e o objeto da investigação.
(D) excepcionalmente, nas hipóteses previstas no Código Civil e no Código Tributário Nacional.
(E) no âmbito da justiça federal, tão somente, excluída a competência da justiça comum estadual, face à natureza dos estabelecimentos bancários.

A quebra de sigilo poderá ser decretada, mediante ordem judicial, quando necessária para apuração de ocorrência de qualquer ilícito, em qualquer fase do inquérito ou do processo judicial (art. 1º, § 4º, art. 3º, da Lei Complementar 105/2001). A jurisprudência estabeleceu que a quebra do sigilo deve atender ao interesse público, respeitar o princípio da proporcionalidade e observar alguns requisitos, como a motivação da decisão, pertinência temática com o que se investiga, necessidade absoluta da medida, individualização do investigado e existência de limitação temporal do objeto da medida. De acordo com entendimento do STF, "*para que a medida excepcional da quebra de sigilo bancário não se descaracterize em sua finalidade legítima, torna-se imprescindível que o ato estatal que a decrete, além de adequadamente fundamentado, também indique, de modo preciso, dentre outros dados essenciais, os elementos de identificação do correntista (notadamente o número de sua inscrição no CPF) e o lapso temporal abrangido pela ordem de ruptura dos registros sigilosos mantidos por instituição financeira*" (HC 84.758, Rel. Min. Celso de Mello, P, j. 25-5-2006).
No que tange à solicitação de informações bancárias no âmbito de procedimento administrativo-fiscal (art. 5º da LC 105/2001; art. 198, § 1º, II, e § 2º, do CTN), o STF entendeu que não se trata de quebra de sigilo, mas, sim, de transferência de informações sigilosas no âmbito da Administração Pública, pois os dados sigilosos são transferidos de um determinado portador, que tem o dever de sigilo, para outro, que mantém a obrigação de sigilo, permanecendo resguardadas a intimidade e a vida privada do correntista (ADI 2859, Rel. Min. Dias Toffoli, Tribunal Pleno, julgado em 24-02-2016).
Gabarito "C".

(Soldado – PM/SP – 2018 – VUNESP) A Constituição Federal de 1988 prevê, entre seus direitos e garantias fundamentais, que

(A) são admissíveis, no processo criminal, as provas obtidas por meios ilícitos, se comprovada a boa-fé da autoridade policial.
(B) a prática do racismo constitui crime inafiançável e imprescritível, sujeito à pena de reclusão, nos termos da lei.
(C) constituem crimes inafiançáveis e imprescritíveis a prática de tortura, o tráfico ilícito de entorpecentes e drogas afins e o terrorismo.
(D) a lei considerará crimes inafiançáveis e insuscetíveis de graça ou anistia os crimes contra a Administração Pública.
(E) é reconhecida a instituição do júri, com a organização que lhe der a lei, sendo-lhe assegurada a competência para o julgamento dos crimes hediondos.

A: incorreta, pois são inadmissíveis, no processo, as provas obtidas por meios ilícitos, independentemente da boa-fé da autoridade policial (art. 5º, LVI, da CF); **B:** correta, nos termos do art. 5º, XLII, da CF; **C:** incorreta, pois constitui crime inafiançável e imprescritível a ação de grupos armados, civis ou militares, contra a ordem constitucional e o Estado Democrático (art. 5º, XLIV, da CF); **D:** incorreta, porque a lei considerará crimes inafiançáveis e insuscetíveis de graça ou anistia a prática da tortura, o tráfico ilícito de entorpecentes e drogas afins, o terrorismo e os definidos como crimes hediondos (art. 5º, XLIII, da CF); **E:** incorreta, pois a Constituição assegura ao Tribunal do Júri a competência para o julgamento dos crimes dolosos contra a vida (art. 5º, XXXVIII, *d*, da CF).
Gabarito "B".

(Juiz de Direito – TJM/SP – VUNESP – 2016) Os procedimentos previstos na Lei nº 12.527, de 18 de novembro de 2011, destinam-se a assegurar o direito fundamental de acesso à informação e devem ser executados em conformidade com os princípios básicos da Administração Pública e com a seguinte diretriz:

(A) informação pessoal é aquela relacionada à pessoa natural não identificada, mas identificável.
(B) observância do sigilo como preceito geral e da publicidade como exceção.
(C) divulgação de informações de interesse público, quando solicitadas.
(D) qualidade da informação modificada, inclusive quanto à origem, trânsito e destino.
(E) desenvolvimento do controle social da Administração Pública.

A: incorreta. De acordo com o art. 4º, IV, da Lei 12.527/2011, informação pessoal é aquela relacionada à pessoa natural **identificada** ou identificável; **B:** incorreta. Ao contrário do mencionado, uma das diretrizes é a observância da **publicidade como preceito geral** e do sigilo como exceção, conforme determina o art. 3º, I, da Lei 12.527/2011; **C:** incorreta. A divulgação de informações de interesse público independe de solicitações. É o que determina o art. 3º, II, da Lei 12.527/2011; **D:** incorreta. De acordo com o art. 4º, VIII, da Lei 12.527/2011, a integridade é qualidade da informação **não modificada**, inclusive quanto à origem, trânsito e destino; **E:** correta. Determina o art. 3º da Lei 12.527/2011 que as diretrizes sobre os procedimentos que asseguram o direito fundamental de acesso à informação são as seguintes: I – observância da publicidade como preceito geral e do sigilo como exceção; II – divulgação de informações de interesse público, independentemente de solicitações; III – utilização de meios de comunicação viabilizados pela tecnologia da informação; IV – fomento ao desenvolvimento da cultura de transparência na administração pública; **V – desenvolvimento do controle social da administração pública.**
Gabarito "E".

(Procurador Municipal – Sertãozinho/SP – VUNESP – 2016) Com base na Lei da Transparência (Lei Federal nº 12.527/2011), assinale a alternativa correta.

(A) As informações que puderem colocar em risco a segurança do Presidente e Vice-Presidente da República e respectivos cônjuges e filhos(as) serão classificadas como ultrassecretas e ficarão sob sigilo pelo prazo de 25 (vinte e cinco) anos.
(B) O acesso à informação classificada como sigilosa cria a obrigação para aquele que a obteve de resguardar o sigilo.

(C) O recurso apresentado em face de decisão que indefere pedido de acesso a informações será direcionado à própria autoridade que a proferiu, a qual se manifestará no prazo de cinco dias a respeito do preenchimento dos pressupostos legais de admissibilidade.

(D) A Lei Federal nº 12.527/2011 somente se aplica aos órgãos públicos integrantes da Administração direta dos Poderes Executivo, Legislativo, incluindo as Cortes de Contas, e Judiciário e do Ministério Público, as autarquias, as fundações públicas, as empresas públicas, as sociedades de economia mista e demais entidades controladas direta ou indiretamente pela União, Estados, Distrito Federal e Municípios.

(E) O serviço de busca e fornecimento da informação deverá ser remunerado mediante cobrança de taxa.

A: incorreta. As informações mencionadas, de acordo com o art. 24, § 1º, III, e 2º, da Lei 12.527/2011, são classificadas como **reservadas e o prazo máximo de restrição de acesso é de 5 (cinco) anos**. Vale lembrar que tais informações ficarão sob sigilo até o término do mandato em exercício ou do último mandato, em caso de reeleição; **B:** correta. Determina o art. 25, § 2º, da Lei 12.527/2011, que o acesso à informação classificada como sigilosa **cria a obrigação para aquele que a obteve de resguardar o sigilo**; **C:** incorreta. De acordo com o art. 15 da mencionada lei, no caso de indeferimento de acesso a informações ou às razões da negativa do acesso, poderá o interessado interpor recurso contra a decisão no prazo de 10 (dez) dias a contar da sua ciência. O parágrafo único determina que o recurso será dirigido à autoridade hierarquicamente superior à que exarou a decisão impugnada, que deverá se manifestar no prazo de 5 (cinco) dias; **D:** incorreta. O erro da alternativa está na palavra "somente", pois o art. 2º da lei determina que **aplicam-se** as disposições desta Lei, no que couber, **às entidades privadas sem fins lucrativos** que recebam, para realização de ações de interesse público, recursos públicos diretamente do orçamento ou mediante subvenções sociais, contrato de gestão, termo de parceria, convênios, acordo, ajustes ou outros instrumentos congêneres; **E:** incorreta. Ao contrário do mencionado, o art. 12 da lei determina que o serviço de busca e fornecimento da informação é **gratuito**, salvo nas hipóteses de reprodução de documentos pelo órgão ou entidade pública consultada, situação em que poderá ser cobrado exclusivamente o valor necessário ao ressarcimento do custo dos serviços e dos materiais utilizados. Gabarito "B".

(Procurador Municipal – Sertãozinho/SP – VUNESP – 2016) A respeito dos direitos e garantias fundamentais, é correto afirmar que:

(A) é livre a manifestação do pensamento, garantido o anonimato.

(B) as associações só poderão ser compulsoriamente dissolvidas ou ter suas atividades suspensas por decisão judicial, exigindo-se, em ambos os casos, o trânsito em julgado.

(C) é ilícita a prisão civil de depositário infiel, qualquer que seja a modalidade do depósito.

(D) a partir do início da vigência da Emenda Constitucional nº 45/04, todos os tratados internacionais relativos a direitos humanos são incorporados no direito brasileiro com hierarquia de emenda constitucional.

(E) a lei considerará crimes inafiançáveis e imprescritíveis a prática da tortura, o tráfico ilícito de entorpecentes e drogas afins, o terrorismo e os definidos como crimes hediondos, por eles respondendo os mandantes, os executores e os que, podendo evitá-los, se omitirem.

A: incorreta. De acordo com o inciso IV do art. 5º da CF, embora a manifestação do pensamento seja livre, **o anonimato é proibido**; **B:** incorreta. Apenas a dissolução da associação por decisão judicial é que exige o trânsito em julgado. Determina o art. 5º, XIX, da CF que as associações só poderão ser compulsoriamente dissolvidas ou ter suas atividades suspensas por decisão judicial, exigindo-se, no primeiro caso, o trânsito em julgado; **C:** correta. É o que determina a Súmula Vinculante 25 (STF); **D:** incorreta. Não são todos os tratados. Determina o § 3º do art. 5º da CF que os tratados e convenções internacionais sobre direitos humanos **que forem aprovados, em cada Casa do Congresso Nacional, em dois turnos, por três quintos dos votos dos respectivos membros, serão equivalentes às emendas constitucionais**; **E:** incorreta. De acordo com o inciso XLIV do art. 5º da CF, constitui crime inafiançável e imprescritível **a ação de grupos armados, civis ou militares, contra a ordem constitucional e o Estado Democrático**. Gabarito "C".

(Procurador Municipal/SP – VUNESP – 2016) Dentre os direitos e garantias fundamentais previstos na Constituição Federal, consta a seguinte previsão:

(A) todos podem reunir-se pacificamente, sem armas, em locais abertos ao público, independentemente de autorização, desde que não frustrem outra reunião anteriormente convocada para o mesmo local, sendo apenas exigido prévio aviso à autoridade competente.

(B) a criação de associações e de cooperativas independe de autorização, sendo vedada a interferência estatal em seu funcionamento, não podendo tais entes ser compulsoriamente dissolvidos ou ter suas atividades suspensas, ainda que por decisão judicial.

(C) conceder-se-á mandado de injunção para proteger direito líquido e certo, quando o responsável pela ilegalidade ou abuso de poder for autoridade pública ou agente de pessoa jurídica no exercício de atribuições do Poder Público.

(D) qualquer cidadão é parte legítima para propor ação civil pública que vise a anular ato lesivo ao patrimônio público ou de entidade de que o Estado participe, à moralidade administrativa, ao meio ambiente e ao patrimônio histórico e cultural.

(E) os tratados e convenções internacionais sobre direitos humanos que forem aprovados, em cada Casa do Congresso Nacional, em dois turnos, por três quintos dos votos dos respectivos membros, serão equivalentes às leis complementares.

A: correta. É o que determina o inciso XVI do art. 5º da CF; **B:** incorreta. É possível a suspensão das atividades e a dissolução, desde que por ordem judicial. De acordo com o inciso XIX da CF, as associações só poderão ser compulsoriamente dissolvidas ou ter suas atividades suspensas por decisão judicial, exigindo-se, no primeiro caso, o trânsito em julgado; **C:** incorreta. O remédio correto nesse caso é o mandado de segurança. Determina o inciso LXIX do art. 5º da CF que conceder-se-á mandado de segurança para proteger direito líquido e certo, não amparado por habeas corpus ou habeas data, quando o responsável pela ilegalidade ou abuso de poder for autoridade pública ou agente de pessoa jurídica no exercício de atribuições do Poder Público; **D:** incorreta. A ação correta nessa hipótese é a ação popular. De acordo com o inciso LXXIII do art. 5º da CF, qualquer cidadão é parte legítima para propor ação popular que vise a anular ato lesivo ao patrimônio público ou de entidade de que o Estado participe, à moralidade administrativa, ao meio ambiente e ao patrimônio histórico e cultural, ficando o autor, salvo comprovada má-fé, isento de custas judiciais e do ônus da sucumbência; **E:** incorreta. Tais tratados serão equivalentes às emendas constitucionais. De acordo com o § 3º do art. 5º da CF, os

tratados e convenções internacionais sobre direitos humanos que forem aprovados, em cada Casa do Congresso Nacional, em dois turnos, por três quintos dos votos dos respectivos membros, serão equivalentes às emendas constitucionais.
Gabarito "A".

(Procurador Municipal/SP – VUNESP – 2016) Com fundamento na Lei de Transparência (Lei Federal nº 12.527/11), cidadão solicita cópia integral, a ser-lhe remetida pelo correio, de um processo administrativo da Prefeitura Municipal de Rosana, no qual consta a documentação referente à licitação e ao contrato de aquisição de produtos médico-hospitalares e de fisioterapia, com entrega parcelada. A Prefeitura Municipal defere o pedido comunicando a data e local em que o processo administrativo ficará disponível para consulta do cidadão, bem como o valor que será cobrado pela reprodução de cada uma das folhas. O cidadão apresenta recurso à autoridade hierarquicamente superior, afirmando que a Prefeitura deve lhe remeter a cópia integral do processo administrativo, via correio, sem qualquer custo, pois sua situação econômica não permite arcar com as despesas de deslocamento e de reprodução do documento. Nesse caso, a autoridade competente para a análise do recurso deverá:

(A) dar provimento total ao recurso, encaminhando as cópias via correio, que é meio legítimo para a prestação das informações, a critério do cidadão solicitante, devendo, também, dispensá-lo dos custos de reprodução, pois está isento de ressarci-los todo aquele que declarar, sob as penas da lei, que sua situação econômica não lhe permite fazê-lo sem prejuízo do sustento próprio ou da família.

(B) dar provimento parcial ao recurso, em relação ao pagamento devido, pois mediante declaração de que não possui recursos financeiros suficientes para arcar com os custos da reprodução de documentos, sem prejuízo do sustento próprio ou da família, o cidadão pode ser dispensado do ressarcimento de tais custos, devendo ser negado, todavia, o envio da documentação pelo correio, pois o acesso à informação deve ser pessoal ou por meio da internet.

(C) negar provimento ao recurso, em relação aos dois pleitos, pois o acesso à informação deve ser pessoal ou por meio da internet, nos termos da Lei Federal nº 12.527/11, e, em relação aos custos de reprodução, prevê a referida lei que o serviço de busca e fornecimento da informação é gratuito, mas é cobrado o valor necessário ao ressarcimento do custo dos serviços e dos materiais utilizados.

(D) dar provimento parcial ao recurso, em relação ao envio pelo correio dos documentos solicitados, pois a Lei Federal nº 12.527/11 prevê que requerente pode declarar não dispor de meios para realizar por si mesmo tais procedimentos, mas, no tocante aos custos de reprodução, é obrigatório o ressarcimento, para que não haja prejuízo ao erário em razão dos custos dos serviços de reprografia e dos materiais utilizados.

(E) dar provimento total ao recurso, dispensando o cidadão dos custos de reprodução, pois está isento de ressarci-los todo aquele que declarar, sob as penas da lei, que sua situação econômica não lhe permite fazê-lo sem prejuízo do sustento próprio ou da família,

enviando a documentação pelo correio, que é meio legítimo, cobrando-lhe, no entanto, as despesas de postagem.

A: incorreta, pois a informação solicitada, de acordo com o art. 10, § 2º, da Lei 12.527/2011, deve ser dada pessoalmente ou por meio dos sítios oficiais do órgão **na internet**. A segunda parte está correta, pois a declaração de que não possui recursos financeiros suficientes para arcar com os custos da reprodução de documentos, sem prejuízo do sustento próprio ou de sua família, de fato, dispensa o cidadão do ressarcimento de tais custos, conforme determina o art. 12, parágrafo único, da mencionada lei; **B:** correta, nos termos dos arts. 10, § 2º e 12, parágrafo único, ambos da Lei 12.527/2011; **C:** incorreta, pois o pleito do pagamento devido é legítimo; **D:** incorreta, pois deve ser pessoalmente ou por meio dos sítios oficiais do órgão na internet; **E:** incorreta, pois é caso de provimento parcial, conforme comentado na letra B.
Gabarito "B".

(Procurador – IPSMI/SP – VUNESP – 2016) De acordo com a Constituição Federal de 1988,

(A) o direito à saúde é direito social, de segunda geração, garantido apenas aos brasileiros natos ou naturalizados.

(B) a lei não poderá restringir a publicidade de atos processuais.

(C) a lei considerará crimes inafiançáveis e insuscetíveis de graça ou anistia, exclusivamente, os crimes de tortura, terrorismo, racismo e homofobia.

(D) é garantido o direito à herança, desde que respeitada a função social da propriedade.

(E) é possível a extradição de qualquer brasileiro naturalizado em caso de crime comum, praticado antes da naturalização, ou de comprovado envolvimento em tráfico ilícito de entorpecentes e drogas afins, praticados antes ou depois da naturalização.

A: incorreta. De fato, o direito à saúde, além de outros como os relacionados ao trabalho e à educação, faz parte da segunda geração dos direitos fundamentais. Valores ligados à igualdade foram prestigiados nessa dimensão. Ocorre que tal direito não é garantido apenas aos brasileiros (natos e naturalizados), **estrangeiros também são destinatários** dos direitos sociais. É o que determina o "caput" do art. 5º da CF; **B:** incorreta. Ao contrário do mencionado, a lei **poderá** restringir a publicidade dos atos processuais **quando a defesa da intimidade ou o interesse social o exigirem**. É o que determina o inciso LX do art. 5º da CF; **C:** incorreta. Determina o inciso XLIII do art. 5º da CF que a lei considerará crimes **inafiançáveis e insuscetíveis de graça ou anistia** a prática da **tortura**, o **tráfico** ilícito de entorpecentes e drogas afins, o **terrorismo** e os definidos como **crimes hediondos**, por eles respondendo os mandantes, os executores e os que, podendo evitá-los, se omitirem; **D:** incorreta. A **segunda parte não consta** do texto constitucional. Dispõe o inciso XXX do art. 5º, que é garantido o direito de herança. A exigência do cumprimento da função social tem a relação com o direito à propriedade, não com o direito à herança. O inciso XXIII do art. 5º da CF informa que a propriedade atenderá a sua função social; **E:** correta. De fato, a extradição do brasileiro naturalizado pode ocorrer nas duas hipóteses mencionadas. É o que determina o inciso LI do art. 5º da CF.
Gabarito "E".

(Procurador – IPSMI/SP – VUNESP – 2016) No tocante à Lei nº 12.527/11, é correto afirmar:

(A) com a edição do ato decisório fica dispensável o acesso aos documentos ou às informações neles contidas utilizados como fundamento da tomada de decisão e do ato administrativo.

(B) qualquer interessado poderá apresentar pedido de acesso a informações aos órgãos e entidades públicas, devendo o pedido conter os motivos determinantes da solicitação de informações de interesse público.

(C) os Municípios com população de até 10.000 (dez mil) habitantes ficam dispensados da divulgação obrigatória na internet de dados gerais para o acompanhamento de programas, ações, projetos e obras de órgãos e entidades, assim como de informações concernentes a procedimentos licitatórios, inclusive os respectivos editais e resultados, bem como a todos os contratos celebrados.

(D) a competência prevista para a classificação dos documentos como ultrassecreta e secreta não poderá ser delegada pela autoridade responsável.

(E) negado o acesso a informação pelos órgãos ou entidades do Poder Executivo Federal, o requerente poderá recorrer ao Senado Federal que deliberará no prazo de 5 (cinco) dias.

A: incorreta. Ao contrário do mencionado, de acordo com o art. 7º, § 3º, da Lei 12.527/2011, **o direito de acesso** aos documentos ou às informações neles contidas utilizados como fundamento da tomada de decisão e do ato administrativo **será assegurado com a edição do ato decisório** respectivo; **B:** incorreta. O § 3º do art. 10 da CF, de forma diversa do art. 10 da mencionada lei, determina que são **vedadas quaisquer exigências relativas aos motivos determinantes** da solicitação de informações de interesse público; **C:** correta. De acordo com o art. 8º, § 4º, da citada lei, os Municípios com população de até 10.000 (dez mil) habitantes ficam **dispensados da divulgação obrigatória na internet** a que se refere o § 2º, mantida a obrigatoriedade de divulgação, em tempo real, de informações relativas à execução orçamentária e financeira, nos critérios e prazos previstos no art. 73-B da Lei Complementar 101, de 4 de maio de 2000 (Lei de Responsabilidade Fiscal); **D:** incorreta. Determina o art. 27, § 1º, da lei, que a competência prevista nos incisos I e II, no que se refere à classificação como ultrassecreta e secreta, **poderá ser delegada** pela autoridade responsável a agente público, inclusive em missão no exterior, vedada a subdelegação; **E:** incorreta. O recurso **não é dirigido ao Senado Federal, mas à Controladoria-Geral da União**. Dispõe o art. 16 da lei que negado o acesso a informação pelos órgãos ou entidades do Poder Executivo Federal, o requerente poderá recorrer à Controladoria-Geral da União, que deliberará no prazo de 5 (cinco) dias se: I – o acesso à informação não classificada como sigilosa for negado; II – a decisão de negativa de acesso à informação total ou parcialmente classificada como sigilosa não indicar a autoridade classificadora ou a hierarquicamente superior a quem possa ser dirigido pedido de acesso ou desclassificação; III – os procedimentos de classificação de informação sigilosa estabelecidos nesta Lei não tiverem sido observados; e IV – estiverem sendo descumpridos prazos ou outros procedimentos previstos nesta Lei. Gabarito "C".

(Juiz – TJ/SP – VUNESP – 2015) Ao analisar decisões do Supremo Tribunal Federal na aplicação do princípio da igualdade, por exemplo na ADPF 186/DF (sistema de cotas para ingresso nas universidades públicas), é correto afirmar que:

(A) o princípio da igualdade é absoluto no que se refere à igualdade de gênero.

(B) a diferença salarial entre servidores com igual função em diferentes entes públicos não se sustenta diante do princípio da isonomia, a justificar revisão por parte do Judiciário.

(C) as discriminações positivas correspondem a maior efetividade ao princípio da igualdade.

(D) a Constituição Federal não estabelece distinção entre igualdade formal e material.

A: incorreta, pois não há aplicação da igualdade a partir de um prisma absoluto (não há, em regra, direito absoluto); **B:** incorreta, por ofensa ao disposto na súmula 339, do STF; **C:** correta. É o aplicar da compreensão em igualar os iguais e desigualar os desiguais, na exata medida da desigualdade (ver ADPF 186, STF); **D:** incorreta, pois o texto constitucional não se contenta apenas com a igualdade formal. Ao contrário, ampara a promove a igualdade material. Gabarito "C".

(Juiz – TJ/SP – VUNESP – 2015) Diante de informação relativa a iminente publicação de matéria considerada ofensiva à intimidade e à honra de autoridade pública em jornal local, nos termos definidos pelo Supremo Tribunal Federal no julgamento da ADPF 130/DF, é possível conceder ordem judicial que:

(A) proíba a circulação da publicação jornalística considerada ofensiva, com base no art. 5º, V e X, da Constituição Federal.

(B) assegure, após configurado o dano causado à honra e à intimidade, a sua reparação.

(C) imponha alteração do conteúdo da matéria a ser divulgada, a fim de riscar ou suprimir expressões ofensivas à honra e à intimidade da vítima.

(D) proíba a inserção da matéria considerada ofensiva naquela publicação jornalística, embora autorizada sua circulação.

A: incorreta, pois o controle ocorrerá posteriormente e, de fato, não se confunde com censura; **B:** correta, conforme já explicamos no comentário anterior; **C:** incorreta, pois o controle será posterior; **D:** incorreta, pois não há proibição, vez que o controle será posterior. Gabarito "B".

(Juiz – TJ/SP – VUNESP – 2015) A divulgação, nos sites dos respectivos órgãos administrativos, de nomes e vencimentos de servidores públicos, observado o decidido pelo Supremo Tribunal Federal no julgamento do ARE 652.777, é medida que:

(A) deve ser reconhecida como legítima diante dos princípios constitucionais que regulam a atividade pública e da Lei federal nº 12.527/11.

(B) deve ser vedada, como regra geral, atendendo apenas a eventual requisição ou consulta justificada, porque a Lei Federal nº 12.527/11 (acesso à informação) não impõe ou disciplina aquela divulgação.

(C) deve ser autorizada em relação aos denominados agentes políticos, ocupante de cargos eletivos, para conhecimento da população.

(D) deve ser limitada à indicação da remuneração genérica dos cargos, sem identificação pessoal dos servidores, em respeito à inviolabilidade da intimidade e da vida privada dos servidores.

A: correta, inclusive esta é a jurisprudência do STF (ver ARE 652.777/SP); **B:** incorreta, pois prepondera a publicidade; **C:** incorreta, pois a divulgação é ampla e não traz restrição a uma categoria de agentes públicos; **D:** incorreta. A divulgação conterá o nome, o cargo ocupado e os vencimentos recebidos, pois prepondera a publicidade e a moralidade pública em detrimento da intimidade. Gabarito "A".

5. DIREITO CONSTITUCIONAL

(Juiz – TJ/MS – VUNESP – 2015) Considerando as normas da Constituição Federal que tratam da extradição, assinale a alternativa correta.

(A) O estrangeiro pode ser extraditado, havendo vedação apenas em relação aos crimes político e de opinião, ressalvas estas que não são incompatíveis com a situação de asilado político do estrangeiro no país.
(B) O brasileiro naturalizado pode ser extraditado pela prática de crime comum antes da naturalização, sendo necessário, porém, para esse fim, que haja anulação da naturalização.
(C) O cidadão português não pode ser extraditado por crime de terrorismo, independentemente de quando foi cometido, uma vez que o Supremo Tribunal Federal já assentou que este se equipara ao crime político.
(D) O brasileiro nato não pode ser extraditado, exceto se tiver nacionalidade primária do país no qual o crime foi cometido e se houver reciprocidade estabelecida em tratado internacional.
(E) Os crimes que podem ensejar a extradição de estrangeiro não se sujeitam à prescrição.

A: correta, nos exatos termos do art. 5º, LI e LII, da CF; **B:** incorreta, pois não se exige a anulação da naturalização; **C:** incorreta, pois a jurisprudência do STF não equipara o crime de terrorismo ao crime político (EXT 855/CL, STF); **D:** incorreta, pois o brasileiro nato não será extraditado (art. 5º, LI, da CF); **E:** incorreta, pois tais crimes também estão sujeitos à prescrição. Gabarito "A".

(Delegado/SP – 2014 – VUNESP) Quanto às garantias constitucionais e à privação da liberdade, assinale a alternativa correta.

(A) Conceder-se-á *habeas corpus* sempre que a lei admitir a liberdade provisória.
(B) O preso será informado de seus direitos, dentre os quais o de permanecer calado, sendo-lhe assegurada a remoção para estabelecimento perto de sua família.
(C) O preso tem direito à identificação dos responsáveis por sua prisão ou por seu interrogatório policial, exceto nos crimes inafiançáveis.
(D) A prisão de qualquer pessoa e o local onde se encontre serão comunicados no primeiro dia útil ao juiz competente e à família do preso ou à pessoa por ele indicada.
(E) Ninguém será levado à prisão ou nela mantido quando a lei admitir a liberdade provisória, com ou sem fiança.

A: incorreta. De acordo com o art. 5º, LXVIII, da CF, o *habeas corpus* deve ser concedido sempre que alguém sofrer ou se achar ameaçado de sofrer violência ou coação em sua liberdade de locomoção, por ilegalidade ou abuso de poder; **B:** incorreta. Conforme determina o art. 5º, LXIII, da CF, o preso será informado de seus direitos, entre os quais o de permanecer calado, sendo-lhe assegurada a assistência da família e de advogado; **C:** incorreta. O art. 5º, LXIV, da CF determina que o preso tem direito à identificação dos responsáveis por sua prisão ou por seu interrogatório policial. Tal regra não condiciona a identificação dos responsáveis ao fato do crime ser considerado inafiançável; **E:** correta. É o que determina o art. 5º, LXVI, da CF. Gabarito "E".

(Ministério Público/ES – 2013 –VUNESP) Considerando a doutrina prevalente no direito brasileiro e a jurisprudência do Supremo Tribunal Federal, assinale a alternativa correta a respeito da inviolabilidade do domicílio.

(A) Não configura violação de domicílio a simples entrada, sem autorização do morador, de funcionários de concessionárias de serviços públicos para leitura de registros de água ou de luz localizados dentro da casa.
(B) A ordem judicial para penetração no domicílio pode ser de cunho geral, para abranger num único mandado ordem para revistar várias casas de um logradouro ou vila.
(C) Será considerada ilícita e contaminada a prova obtida por particular em desafio à inviolabilidade do domicílio, ainda que a invasão não tenha sido praticada por agentes do poder público.
(D) Consideram-se abrangidas pela inviolabilidade domiciliar as partes abertas às pessoas em geral em bares e restaurantes.
(E) A proteção constitucional do domicílio abrange toda habitação privada de uso individual ou familiar, excluindo-se, porém, as habitações de uso coletivo sem caráter definitivo ou habitual.

A: incorreta, na medida em que o ingresso em casa alheira, sem o consentimento do morador, somente poderá dar-se nas hipóteses contempladas no art. 5º, XI, da CF, a saber: flagrante delito; desastre; necessidade de prestar socorro; e, durante o dia, por ordem judicial; **B:** incorreta. Vale conferir, quanto a este tema, o magistério de Guilherme de Souza Nucci: "Mandado judicial certo e determinado: tratando-se de decorrência natural dos princípios constitucionais que protegem tanto o domicílio, quanto a vida privada e a intimidade do indivíduo, torna-se indispensável que o magistrado expeça mandado de busca e apreensão com objetivo certo e contra pessoa determinada. Não é possível admitir-se ordem judicial genérica, conferindo ao agente da autoridade liberdade de escolha e de opções a respeito dos locais a serem invadidos e vasculhados. Trata-se de abuso de autoridade de quem assim concede a ordem e de quem a executa, indiscriminadamente. Note-se que a lei exige *fundadas* razões para que o domicílio de alguém seja violado e para que a revista pessoal seja feita, não se podendo acolher o mandado genérico (...)" (*Código de Processo Penal Comentado*, 12. ed., p. 562); **C:** correta. Com efeito, o art. 5º, LVI, da CF veda, de forma expressa, a utilização, no processo, das provas obtidas por meios ilícitos. No âmbito do processo penal, a Lei 11.690/2008 previu, também de forma expressa, o fato de ser ilícita a prova obtida em violação a normas constitucionais ou legais (art. 157, *caput*, CPP), reputando inadmissíveis (art. 157, § 1º) aquelas derivadas das ilícitas, salvo quando não evidenciado o nexo de causalidade entre umas e outras, ou quando as derivadas puderem ser obtidas por uma fonte independente das primeiras. Em assim sendo, a prova obtida por particular em violação a direitos fundamentais (inviolabilidade domiciliar e devido processo legal) deve ser considerada ilícita. Não pode, portanto, ser utilizada no processo, conforme estabelecem os dispositivos *supra*; **D:** incorreta, embora seja amplo o conceito que tanto doutrina quanto jurisprudência conferem a *domicílio*, é certo que não se insere neste conceito as partes abertas de estabelecimentos comerciais, tais quais bares e restaurantes; **E:** incorreta, dado que, segundo doutrina e jurisprudência pacífica, o conceito de *domicílio* abrange, sim, aposento de habitação coletiva. Conferir: "(...) Para os fins da proteção jurídica a que se refere o art. 5º, XI, da Constituição da República, o conceito normativo de *casa* revela-se abrangente e, por estender-se a qualquer aposento de habitação coletiva, desde que ocupado (CP, art. 150, § 4º, II), compreende, observada essa específica limitação espacial, os quartos de hotel (...)" (STF, RHC 90.376-RJ, 2ª T., rel. Min. Celso de Mello, *DJe* 18.05.2007). Gabarito "C".

(Ministério Público/ES – 2013 –VUNESP) Com relação à liberdade de associação, assinale a alternativa que está expressamente de acordo com o texto constitucional.

(A) As associações só poderão ser compulsoriamente dissolvidas ou ter suas atividades suspensas por decisão

judicial, exigindo-se, no primeiro caso, o trânsito em julgado.
(B) É plena a liberdade de associação, para fins lícitos, incluindo a de caráter paramilitar.
(C) A criação de associações e a de cooperativas dependem de autorização, sendo vedada a interferência estatal em seu funcionamento.
(D) Ninguém poderá ser compelido a associar-se ou a permanecer associado, a não ser por meio de convenção coletiva.
(E) As entidades associativas, ainda que não expressamente autorizadas, têm legitimidade para exigir contribuição de trabalhadores não filiados, mas que sejam da categoria por elas representada.

A: correta, uma vez que corresponde à redação do art. 5º, XIX, da CF; **B:** incorreta, na medida em que o art. 5º, XVII, da Constituição da República excepciona, no que toca à liberdade de associação para fins lícitos, a entidade de caráter paramilitar; **C:** incorreta. Independe de autorização a criação de associação e de cooperativa (art. 5º, XVIII, CF); **D:** incorreta. Ainda que por meio de convenção coletiva, ninguém será compelido a associar-se nem a permanecer como tal (art. 5º, XX, da CF); **E:** incorreta, visto que a legitimidade para representação deve ser conferida de forma expressa pelos filiados, na forma estabelecida no art. 5º, XXI, da CF.

Gabarito "A".

(Ministério Público/ES – 2013 – VUNESP) Assinale a alternativa correta a respeito do devido processo legal.
(A) Se houve o competente parecer do Tribunal de Contas, por se tratar de ato político, pode ser dispensado o direito de defesa de Prefeito no julgamento de suas contas pela Câmara de Vereadores.
(B) Com base no princípio da autotutela, a anulação de ato administrativo que haja repercutido no campo de interesses individuais pode dispensar a observância do contraditório e da ampla defesa.
(C) A denúncia genérica, que não descreve de maneira adequada os fatos imputados ao denunciado, viola o princípio do contraditório e da ampla defesa.
(D) Não é violadora do devido processo legal a sentença que condena o réu, fundamentada exclusivamente em elementos obtidos no inquérito policial.
(E) A sustentação oral pelo advogado no julgamento do processo, após o voto do relator, não afronta o devido processo legal.

A: incorreta. Conferir: "Medida cautelar. Referendo. Recurso extraordinário. Apreciação das contas do prefeito. Observância do contraditório e da ampla defesa pela Câmara Municipal. Precedentes da Corte. 1. A tese manifestada no recurso extraordinário, relativa à necessidade de observância dos princípios constitucionais do contraditório e da ampla defesa pela Câmara Municipal quando da apreciação das contas do prefeito, após parecer prévio do Tribunal de Contas, encontra harmonia na jurisprudência desta Suprema Corte. Presentes o *fumus boni iuris* e o *periculum in mora*. 2. Decisão concessiva da cautelar referendada pela Turma" (STF, 1ª T., AC 2085 MC/MG, rel. Min. Menezes Direito, j. em 21.10.2008); **B:** incorreta. Nesse sentido, conferir: "Agravo regimental no agravo de instrumento. Administrativo. Complementação de aposentadoria. Impossibilidade da análise da legislação estadual (Súmula 280). Ofensa constitucional indireta. Possibilidade de a administração anular ou revogar seus atos. Agravo regimental ao qual se nega provimento. A jurisprudência predominante do Supremo Tribunal Federal firmou-se no sentido de que a Administração Pública pode anular os seus próprios atos quando ilegais, conforme o disposto na Súmula 473 do Supremo Tribunal, desde que observado o devido processo legal, para desconstituir as situações jurídicas consolidadas que repercutem no âmbito dos interesses individuais dos administrados" (AI-AgR 730928, Cármen Lúcia, STF); **C:** correta, embora se trate de questão polêmica e objeto de acalorados debates na doutrina e também na jurisprudência dos tribunais superiores, é admitida a possibilidade de o titular da ação penal, nos crimes de autoria coletiva (como o delito societário), desde que não se consiga identificar com exatidão a conduta de cada coautor ou partícipe que tomou parte na empreitada criminosa, oferecer denúncia genérica. Fora do âmbito dos chamados crimes societários e multitudinários, há uma tendência da jurisprudência em não admitir a formulação da chamada denúncia genérica. Conferir: "*Habeas corpus*. Estelionato. Art. 171, *caput*, do Código Penal. 1 – O inquérito policial não é procedimento indispensável à propositura da ação penal (RHC 58.743/ES, Min. Moreira Alves, *DJ* 08.05.1981 e RHC 62.300/RJ, Min. Aldir Passarinho). 2 – Denúncia que não é inepta, pois descreve de forma clara a conduta atribuída aos pacientes, que, induzindo a vítima em erro, venderam a ela um falso seguro, omitindo a existência de cláusulas que lhe eram prejudiciais visando à obtenção de vantagem ilícita, fato que incide na hipótese do art. 171, *caput*, do Código Penal. Alegações que dependem de análise fático-probatória, que não se coaduna com o rito angusto do habeas corpus. 3 – Esta Corte já firmou o entendimento de que, em se tratando de crimes societários ou de autoria coletiva, é suficiente, na denúncia, a descrição genérica dos fatos, reservando-se à instrução processual a individualização da conduta de cada acusado (HC 80.204/GO, Min. Maurício Corrêa, DJ 06.10.2000 e HC 73.419/RJ, Min. Ilmar Galvão, *DJ* 26.04.1996. 4 – "*Habeas corpus*" indeferido" (STF, HC 82246, rel. Min. Ellen Gracie, 15.10.2002); **D:** incorreta. Isso porque as provas reunidas no inquérito policial não podem, de forma exclusiva, servir de suporte para fundamentar uma sentença penal condenatória. Em outras palavras, é vedado ao magistrado fundamentar sua decisão exclusivamente nos elementos informativos produzidos na investigação (art. 155, *caput*, do CPP). Na jurisprudência do STF: "*Habeas corpus*. Penal. Paciente condenado pela prática de atentado violento ao pudor. Alegação de nulidade da condenação por estar baseada exclusivamente em provas colhidas no inquérito policial. Ocorrência. Decisão fundada essencialmente em depoimentos prestados na fase pré-judicial. Nulidade. Precedentes. Ordem concedida. I – Os depoimentos retratados perante a autoridade judiciária foram decisivos para a condenação, não se indicando nenhuma prova conclusiva que pudesse levar à responsabilidade penal do paciente. II – A tese de que há outras provas que passaram pelo crivo do contraditório, o que afastaria a presente nulidade, não prospera, pois estas nada provam e são apenas indícios. III – O acervo probatório que efetivamente serviu para condenação do paciente foi aquele obtido no inquérito policial. Segundo entendimento pacífico desta Corte não podem subsistir condenações penais fundadas unicamente em prova produzida na fase do inquérito policial, sob pena de grave afronta às garantias constitucionais do contraditório e da plenitude de defesa. Precedentes. IV – Ordem concedida para cassar o acórdão condenatório proferido pelo Tribunal de Justiça do Estado de São Paulo e restabelecer a sentença absolutória de primeiro grau" (HC 103660, Ricardo Lewandowski); **E:** incorreta. Conferir: "Ação direta de inconstitucionalidade. Lei 8.906, de 4 de julho de 1994. Estatuto da Advocacia e a Ordem dos Advogados do Brasil. Dispositivos impugnados pela AMB. Prejudicado o pedido quanto à expressão "juizados especiais", em razão da superveniência da Lei 9.099/1995. Ação direta conhecida em parte e, nessa parte, julgada parcialmente procedente. I – O advogado é indispensável à administração da Justiça. Sua presença, contudo, pode ser dispensada em certos atos jurisdicionais. II – A imunidade profissional é indispensável para que o advogado possa exercer condigna e amplamente seu múnus público. III – A inviolabilidade do escritório ou do local de trabalho é consectário da inviolabilidade assegurada ao advogado no exercício profissional. IV – A presença de representante da OAB em caso de prisão em flagrante de advogado constitui garantia da inviolabilidade da atuação profissional. A cominação de nulidade da prisão, caso não se faça a comunicação, configura sanção para tornar efetiva a norma. V – A prisão do advogado em sala de Estado Maior é garantia suficiente para que fique provisoriamente detido em condições compatíveis com o seu múnus público. VI – A administração de estabelecimentos prisionais e congêneres constitui uma prerrogativa indelegável do Estado. VII – A sustentação oral pelo advogado, após o voto do Relator, afronta o devido processo legal, além de poder causar tumulto processual, uma vez que o contraditório se estabelece entre as partes. VIII – A imunidade profissional do advogado não compreende o desacato, pois conflita com a autoridade do magistrado na condução da atividade jurisdicional. IX – O múnus constitucional exercido pelo advogado justifica a garantia de somente ser preso em flagrante e na hipótese de crime inafiançável. X – O controle das salas especiais para advogados é prerrogativa da Administração forense. XI – A incompatibilidade com o exercício da advocacia não alcança os juízes eleitorais e seus suplentes, em face da composição da Justiça eleitoral estabelecida na Constituição. XII – A requisição de cópias de peças e documentos a qualquer tribunal, magistrado, cartório ou órgão da Administração Pública direta, indireta ou fundacional pelos Presidentes do Conselho da OAB e das Subseções deve ser motivada, compatível com as finalidades da lei e precedida, ainda, do recolhimento dos respectivos custos, não sendo possível a requisição de documentos cobertos pelo sigilo. XIII – Ação direta de inconstitucionalidade julgada parcialmente procedente" (ADI 1127, Marco Aurélio, STF).

Gabarito "C".

5.2. REMÉDIOS CONSTITUCIONAIS

(Juiz de Direito – TJ/RJ – 2019 – VUNESP) Com relação ao instituto do mandado de segurança, é correto afirmar que

(A) Do indeferimento da inicial pelo juiz de primeiro grau caberá agravo e, quando a competência para o julgamento do mandado de segurança couber originariamente a um dos tribunais, do ato do relator caberá agravo para o órgão competente do tribunal que integre.
(B) A decisão denegatória do *writ* em primeira instância, ainda que tenha apreciado o mérito da demanda, não impede que um novo pedido de mandado de segurança seja renovado, desde que dentro do prazo decadencial.
(C) O pagamento de vencimentos e vantagens pecuniárias assegurados em sentença concessiva de mandado de segurança a servidor público da administração direta ou autárquica federal, estadual e municipal somente será efetuado relativamente às prestações que se vencerem a contar da data da sentença.
(D) Das decisões em mandado de segurança proferidas em única instância pelos tribunais cabe recurso especial e extraordinário, nos casos legalmente previstos, e recurso ordinário, quando a ordem for concedida.
(E) Não será concedida medida liminar que tenha por objeto a compensação de créditos tributários, a entrega de mercadorias e bens provenientes do exterior, a reclassificação ou equiparação de servidores públicos e a concessão de aumento ou a extensão de vantagens ou pagamento de qualquer natureza.

A: incorreta, pois é caso de apelação. **B:** incorreta, porque impede sim, caso tenha sido apreciado o mérito (artigo 6º, § 6º, da Lei do Mandado de Segurança). **C:** errada, pois serão das prestações a partir do ajuizamento da inicial (Artigo 14, § 4º, da Lei do MS). **D:** errada, porque será hipótese de quando a ordem for denegada. **E:** correta, artigo 7º, § 2º, da Lei 12.016/09.

Gabarito "E".

(Escrevente – TJ/SP – 2018 – VUNESP) Conforme dispõe expressamente o texto constitucional, são gratuitas as ações de

(A) mandado de segurança e mandado de segurança coletivo.
(B) mandado de segurança e habeas corpus.
(C) mandado de segurança e habeas data.
(D) habeas corpus e mandado de injunção.
(E) habeas corpus e habeas data.

De acordo com o art. 5º, LXXVII, da CF, são gratuitas as ações de *habeas corpus* e *habeas data*.

Gabarito "E".

(Escrevente – TJ/SP – 2018 – VUNESP) Em relação à Ação Popular, é correto afirmar que

(A) haverá pagamento de custas pelo autor no caso de nova ação.
(B) serão devidas as custas, desde que comprovada a má-fé do autor.
(C) a improcedência por carência de provas evidencia a má-fé do autor da ação popular.
(D) a improcedência torna devidos os honorários de sucumbência.
(E) serão devidas as custas judiciais e ônus de sucumbência.

De acordo com o art. 5º, LXXIII, da CF, qualquer cidadão é parte legítima para propor ação popular que vise a anular ato lesivo ao patrimônio público ou de entidade de que o Estado participe, à moralidade administrativa, ao meio ambiente e ao patrimônio histórico e cultural, ficando o autor, **salvo comprovada má-fé**, isento de custas judiciais e do ônus da sucumbência.

Gabarito "B".

(Escrevente Técnico – TJM/SP – VUNESP – 2017) Quanto ao habeas corpus, assinale a alternativa correta.

(A) É gratuito.
(B) É cabível em relação a qualquer punição disciplinar militar.
(C) Concede-se para proteger direito líquido e certo.
(D) Assegura o conhecimento de informações pessoais.
(E) Exige sigilo processual.

A: correta. Determina o art. 5º, LXXVII, da CF, são **gratuitas** as ações de *habeas corpus* e *habeas data*, e, na forma da lei, os atos necessários ao exercício da cidadania; **B:** incorreta. De acordo com o art. 142, § 2º, da CF **não** caberá *habeas corpus* em relação a **punições disciplinares militares**; **C:** incorreta. O *habeas corpus* será concedido sempre que alguém sofrer ou se achar ameaçado de sofrer violência ou coação em sua **liberdade de locomoção**, por ilegalidade ou abuso de poder, conforme determina o inciso LXVIII do art. 5º da CF. O **direito líquido e certo** é protegido pelo **mandado de segurança** (art. 5º, LXIX, da CF); **D:** incorreta. O *habeas data* é o remédio correto nessa hipótese. Determina o art. 5º, LXXII, da CF que o *habeas data* é concedido: a) para assegurar o conhecimento de **informações relativas à pessoa do impetrante**, constantes de registros ou bancos de dados de entidades governamentais ou de caráter público, b) para a retificação de dados, quando não se prefira fazê-lo por processo sigiloso, judicial ou administrativo; **E:** incorreta. **Não há essa exigência** no *habeas corpus*.

Gabarito "A".

(Escrevente Técnico – TJM/SP – VUNESP – 2017) Conceder-se-á mandado de injunção sempre que:

(A) a falta total ou parcial de norma regulamentadora torne inviável o exercício dos direitos e liberdades constitucionais.

(B) alguém sofrer ou se achar ameaçado de sofrer violência ou coação em sua liberdade de locomoção, por ilegalidade ou abuso de poder.
(C) qualquer cidadão pleitear a anulação ou a declaração de nulidade de atos lesivos ao patrimônio público, por falta de norma regulamentadora.
(D) a falta de legislação, total ou parcial, atingir direito líquido e certo reconhecido pela Constituição Federal.
(E) haja efetiva ameaça a direitos individuais ou coletivos por ato ou omissão de autoridade pública no exercício de atribuições do poder público.

A: correta. Determina o art. 5ª, LXXII, da CF que mandado de injunção será concedido sempre que a falta de norma regulamentadora torne inviável o exercício dos direitos e liberdades constitucionais e das prerrogativas inerentes à nacionalidade, à soberania e à cidadania; B: incorreta. O remédio correto nessa hipótese é o *habeas corpus*, conforme determina o art. 5º, LXVIII, da CF; C: incorreta. Conforme dispõe o art. 5º, LXXIII, da CF, um dos objetivos da ação popular (não do mandado de injunção) é a anulação de atos lesivos ao patrimônio público; D: incorreta. De acordo com o art. 5º, LXIX, da CF, o direito líquido e certo é protegido pelo mandado de segurança; E: incorreta. Apenas a ausência de norma regulamentadora, ou seja, a omissão inconstitucional (parcial ou total), é que faz com que o mandado de injunção seja cabível. Gabarito "A".

(Procurador Municipal – Sertãozinho/SP – VUNESP – 2016) A respeito dos remédios constitucionais, assinale a alternativa correta.

(A) Para efeito de análise de cabimento de mandado de segurança, considera-se líquido e certo o direito comprovado de plano, admitindo o rito da ação, contudo, ampla instrução probatória.
(B) Conceder-se-á habeas corpus sempre que alguém sofrer ou se achar ameaçado de sofrer violência ou coação em sua liberdade de locomoção e de associação, por ilegalidade ou abuso de poder.
(C) Em respeito ao princípio da segurança jurídica, a desistência do mandado de segurança não pode ocorrer após a prolação de sentença.
(D) A impetração de mandado de segurança coletivo por entidade de classe em favor dos associados independe da autorização destes.
(E) Conceder-se-á mandado de injunção sempre que a falta de norma regulamentadora torne inviável o exercício dos direitos e liberdades constitucionais e das prerrogativas inerentes à nacionalidade, à soberania e à cidadania, sendo o uso do instrumento processual adequado nos casos em que os referidos direitos estejam contemplados em normas constitucionais de eficácia plena.

A: incorreta. **Não há dilação probatória** em mandado de segurança; B: incorreta. Conforme determina o art. 5º, LXVIII, da CF, **apenas a ameaça e violação à liberdade de locomoção** é que são protegidas pelo *habeas corpus*; C: incorreta. Ao contrário do mencionado, a jurisprudência do STF e STJ, em regra, admite a desistência do mandado de segurança após a prolação da sentença (STF. RE 669367/RJ, Min. Rosa Weber, j. 02.05.2013; STJ. 2ª Turma. REsp 1.405.532-SP, Rel. Min. Eliana Calmon, j. 10.12.2013. Info 533); D: correta. É o que determina a Súmula 629 do STF; E: incorreta. A parte final da afirmação está errada, pois o mandado de injunção é o instrumento adequado nos casos em que os direitos mencionados estejam contemplados em normas constitucionais de eficácia **limitada** (não plena, como afirmado na alternativa). Gabarito "D".

(Procurador – IPSMI/SP – VUNESP – 2016) A ação popular, assim como o voto, a iniciativa popular, o plebiscito e o referendo, configura-se como relevante instrumento de democracia direta e de participação política. A respeito da ação popular, assinale a alternativa correta.

(A) Pode ser proposta por qualquer brasileiro nato ou naturalizado.
(B) Esse remédio constitucional tem por escopo anular ato lesivo ao patrimônio público, à moralidade administrativa, ao meio ambiente e ao patrimônio histórico e cultural.
(C) O autor da ação popular é isento de custas judiciais, salvo se a ação for julgada improcedente. Nesse caso, dispensa-se o recolhimento retroativo dos valores, sendo obrigatório, porém, o pagamento das custas judiciais a partir de então.
(D) A propositura de ação popular, como forma de dar maior efetividade ao direito de petição e ao acesso à Justiça, tal qual o caso excepcional das ações propostas perante os juizados especiais cíveis, pode ocorrer sem a presença de advogado.
(E) Trata-se de remédio constitucional que pode ser utilizado pelo Ministério Público em razão de pedido subscrito por, no mínimo, um por cento do eleitorado nacional, distribuído pelo menos por cinco Estados, com não menos de três décimos por cento dos eleitores de cada um deles.

A: incorreta. A ação popular pode ser proposta pelo cidadão, que é aquele sujeito que **possui título de eleitor** e está no gozo dos seus direitos políticos. Os fundamentos são encontrados no art. 5º, LXXIII, da CF e no art. 1º, § 3º, da Lei 4.717/1965; B: correta. De acordo com o art. 5º, LXXIII, da CF, qualquer cidadão é parte legítima para propor ação popular que vise a anular ato lesivo ao **patrimônio público ou de entidade de que o Estado participe, à moralidade administrativa, ao meio ambiente e ao patrimônio histórico e cultural**, ficando o autor, salvo comprovada má-fé, isento de custas judiciais e do ônus da sucumbência; C: incorreta. Apenas se for comprovada a má-fé do autor popular é que a ação não será isenta de custas; D: incorreta. É necessária a presença do advogado; E: incorreta. O Ministério Público não poderá propor a ação, mas poderá assumir o polo ativo caso o cidadão que entrou com a ação não dê andamento. Determina o art. 9º da Lei 4.717/1965 (Ação Popular) que se o autor desistir da ação ou der motivo à absolvição da instância, serão publicados editais nos prazos e condições previstos no art. 7º, inciso II, ficando assegurado a qualquer cidadão, bem como ao representante do Ministério Público, dentro do prazo de 90 (noventa) dias da última publicação feita, promover o prosseguimento da ação. Gabarito "B".

(Ministério Público/ES – 2013 – VUNESP) Segundo o regime constitucional do *habeas corpus* e o entendimento do Supremo Tribunal Federal sobre o tema, é correto afirmar que é cabível o *habeas corpus*

(A) com o escopo de obter correção da dosimetria da pena imposta pelo magistrado.
(B) em favor de preso com o objetivo de afastar decisão que o impede de receber visitas de familiares.
(C) para discutir confisco criminal de bens do réu.
(D) com a finalidade de atacar afastamento ou a perda do cargo de juiz federal.
(E) contra decisão condenatória a pena de multa, ou relativo a processo em curso por infração penal a que a pena pecuniária seja a única cominada.

A: incorreta. Nesse sentido: "Penal e processual penal – *Habeas corpus*. Dosimetria da pena. Delito de estelionato. Art. 171, *caput*, do Código Penal. Presença da agravante da reincidência, no caso, específica. Majoração da pena-base acima de 1/6. Admissibilidade. Impossibilidade, ademais, de ingressar-se, nesta sede, nos critérios empregados para a dosimetria da pena, salvo flagrante ilegalidade. Precedentes. Ordem denegada. I – O *habeas corpus*, ressalvadas hipóteses excepcionais, não pode servir para a correção da dosimetria da pena imposta pelo magistrado, mormente se observadas as determinações legais pertinentes ao sistema trifásico de cálculo. II – Ausência de limitação legal quanto ao aumento da pena acima da fração mínima. III – A reincidência específica é agravante que sempre determina a exacerbação da pena, inclusive em maior grau do que a recidiva genérica, por evidenciar que o réu persiste na senda do crime. IV – Individualização da pena que, no caso, não desbordou dos lindes da razoabilidade e proporcionalidade. V – Ordem denegada" (HC 101918, Ricardo Lewandowski, STF); **B:** correta. Nesse sentido: "*Habeas corpus*. 2. Direito do paciente, preso há quase 10 anos, de receber a visita de seus dois filhos e três enteados. 3. Cognoscibilidade. Possibilidade. Liberdade de locomoção entendida de forma ampla, afetando toda e qualquer medida de autoridade que possa em tese acarretar constrangimento da liberdade de ir e vir. Ordem concedida. 1. Cognoscibilidade do *writ*. A jurisprudência prevalente neste Supremo Tribunal Federal é no sentido de que não terá seguimento *habeas corpus* que não afete diretamente a liberdade de locomoção do paciente. Alargamento do campo de abrangência do remédio heroico. Não raro, esta Corte depara-se com a impetração de *habeas corpus* contra instauração de inquérito criminal para tomada de depoimento; indiciamento de determinada pessoa em inquérito policial; recebimento da denúncia; sentença de pronúncia no âmbito do processo do júri; sentença condenatória etc. Liberdade de locomoção entendida de forma ampla, afetando toda e qualquer medida de autoridade que possa, em tese, acarretar constrangimento para a liberdade de ir e vir. Direito de visitas como desdobramento do direito de liberdade. Só há se falar em direito de visitas porque a liberdade do apenado encontra-se tolhida. Decisão do juízo das execuções que, ao indeferir o pedido de visitas formulado, repercute na esfera de liberdade, porquanto agrava, ainda mais, o grau de restrição da liberdade do paciente. Eventuais erros por parte do Estado ao promover a execução da pena podem e devem ser sanados via *habeas corpus*, sob pena de, ao fim do cumprimento da pena, não restar alcançado o objetivo de reinserção eficaz do apenado em seu seio familiar e social. *Habeas corpus* conhecido. 2. Ressocialização do apenado. A Constituição Federal de 1988 tem como um de seus princípios norteadores o da humanidade, sendo vedadas as penas de morte, salvo em caso de guerra declarada (nos termos do art. 84, XIX), de caráter perpétuo, de trabalhos forçados, de banimento e cruéis (CF, art. 5º, XLVII). Prevê, ainda, ser assegurado aos presos o respeito à integridade física e moral (CF, art. 5º, XLIX). É fato que a pena assume o caráter de prevenção e retribuição ao mal causado. Por outro lado, não se pode olvidar seu necessário caráter ressocializador, devendo o Estado preocupar-se, portanto, em recuperar o apenado. Assim, é que dispõe o art. 10 da Lei de Execução Penal ser dever do Estado a assistência ao preso e ao internado, objetivando prevenir o crime e orientar o retorno à convivência em sociedade. Aliás, o direito do preso receber visitas do cônjuge, da companheira, de parentes e de amigos está assegurado expressamente pela própria Lei (art. 41, X), sobretudo com o escopo de buscar a almejada ressocialização e reeducação do apenado que, cedo ou tarde, retornará ao convívio familiar e social. Nem se diga que o paciente não faz jus à visita dos filhos por se tratar de local impróprio, podendo trazer prejuízos à formação psíquica dos menores. De fato, é público e notório o total desajuste do sistema carcerário brasileiro à programação prevista pela Lei de Execução Penal. Todavia, levando-se em conta a almejada ressocialização e partindo-se da premissa de que o convívio familiar é salutar para a perseguição desse fim, cabe ao Poder Público propiciar meios para que o apenado possa receber visitas, inclusive dos filhos e enteados, em ambiente minimamente aceitável, preparado para tanto e que não coloque em risco a integridade física e psíquica dos visitantes. 3. Ordem concedida" (HC 107701, Gilmar Mendes, STF); **C:** incorreta. Conferir: "*Habeas corpus*. Tráfico de drogas. Confisco de bem. Interceptação telefônica. Competência. Fundamentação. Prorrogações. 1. O *habeas corpus*, garantia de liberdade de locomoção, não se presta para discutir confisco criminal de bem. 2. Durante a fase de investigação, quando os crimes em apuração não estão perfeitamente delineados, cumpre ao juiz do processo apreciar os requerimentos sujeitos à reserva judicial levando em consideração as expectativas probatórias da investigação. Se, posteriormente, for constatado que os crimes descobertos e provados são da competência de outro Juízo, não se confirmando a inicial expectativa probatória, o processo deve ser declinado, cabendo ao novo juiz ratificar os atos já praticados. Validade das provas ratificadas. Precedentes (HC 81.260/ES – Rel. Min. Sepúlveda Pertence – Pleno – por maioria – j. em 14.11.2001 – *DJU* de 19.04.2002). 3. A interceptação telefônica é meio de investigação invasivo que deve ser utilizado com cautela. Entretanto, pode ser necessária e justificada, circunstancialmente, a utilização prolongada de métodos de investigação invasivos, especialmente se a atividade criminal for igualmente duradoura, casos de crimes habituais, permanentes ou continuados. A interceptação telefônica pode, portanto, ser prorrogada para além de trinta dias para a investigação de crimes cuja prática se prolonga no tempo e no espaço, muitas vezes desenvolvidos de forma empresarial ou profissional. Precedentes (Decisão de recebimento da denúncia no Inquérito 2.424/RJ – Rel. Min. Cezar Peluso – j. em 26.11.2008, *DJE* de 26.03.2010). 4. *Habeas corpus* conhecido em parte e, na parte conhecida, denegado" (HC 99619, Marco Aurélio, STF); **D:** incorreta. Conferir: "(...) O afastamento ou a perda do cargo de juiz federal não são ofensas atacáveis por *habeas corpus*. Precedentes. 4 Exegese do art. 5º, LXVIII, da CF. Não cabe ação de *habeas corpus* contra acórdão que afasta magistrado das funções no curso da ação penal" (HC 99829, Gilmar Mendes, STF); **E:** incorreta, na medida em que não reflete o posicionamento constante da Súmula n. 693, do STF: "Não cabe *habeas corpus* contra decisão condenatória a pena de multa, ou relativo a processo em curso por infração penal a que a pena pecuniária seja a única cominada".

Gabarito "B".

(Ministério Público/ES – 2013 – VUNESP) Assinale a alternativa correta a respeito do mandado de segurança.

(A) É cabível mandado de segurança contra ato judicial ainda que passível de recurso ou correição.
(B) Cabe mandado de segurança contra ato do presidente de Tribunal ainda que dotado de caráter normativo, quando visa disciplinar situações gerais e abstratas.
(C) Por carecer de personalidade jurídica, o Ministério Público não tem legitimidade para propor mandado de segurança, ainda que na defesa de direitos coletivos.
(D) A jurisprudência do STF pacificou entendimento no sentido de que a desistência, no mandado de segurança, não depende de aquiescência do impetrado.
(E) Não cabe mandado de segurança contra lei em tese nem contra ato de particular no exercício de atividade delegada.

A: incorreta, uma vez que contraria o entendimento sufragado na Súmula n. 267, STF: "Não cabe mandado de segurança contra ato judicial passível de recurso ou correição"; **B:** incorreta. Conferir: "Agravo Regimental. Mandado de segurança. Ato Normativo do presidente do Supremo Tribunal Federal. Portaria n. 177. Não cabimento do *writ*. Agravo improvido. 1. Não cabe mandado de segurança contra ato do Presidente do Supremo Tribunal Federal dotado de caráter normativo, ato que disciplina situações gerais e abstratas. 2. A portaria impugnada neste *writ* produz efeitos análogos ao de uma "lei em tese", contra a qual não cabe mandado de segurança [Súmula n. 266 desta Corte]. Agravo regimental a que se nega provimento" (MS-AgR 28250, Eros Grau, STF); **C:** incorreta, já que o Ministério Público detém, sim, legitimidade para a impetração de mandado de segurança. Vide Súmula n. 701 do STF; **D:**

correta. Nesse sentido, conferir: "Agravo regimental no recurso extraordinário. Mandado de segurança. Desistência parcial. 1. A jurisprudência do Supremo pacificou entendimento no sentido de que a desistência, no mandado de segurança, não depende de aquiescência do impetrado. 2. Essa regra aplica-se também aos casos em que a desistência é parcial. Precedentes. Agravo regimental a que se nega provimento" (RE-AgR 318281, Eros Grau, STF); **E:** incorreta. Quanto ao descabimento do mandado de segurança contra lei em tese, a assertiva está correta, nos termos da Súmula n. 266, STF; de resto, a proposição está incorreta. Conferir: "Conflito de competência – Mandado de segurança contra ato praticado por agente de instituição particular de ensino superior – Competência da Justiça Federal. 1. Conforme o art. 109, VIII, da Constituição, compete à Justiça Federal processar e julgar os mandados de segurança contra ato de autoridade federal, considerando-se como tal também o agente de entidade particular quanto a atos praticados no exercício de função federal delegada. Nesse sentido também a súmula 15/TFR. 2. No que se refere a entidade particular de ensino superior, seus atos, ou são de mera gestão interna ou são próprios da atividade delegada. Qualquer deles pode ser controlado pela via jurisdicional, mas apenas os da segunda espécie é que podem ser atacados por mandado de segurança. 3. Sendo assim, é logicamente inconcebível hipótese de competência estadual, nestes casos. Com efeito, de duas uma: ou o ato é de autoridade (caso em que se tratará de autoridade federal delegada, sujeita à competência federal), ou o ato é de particular, e não ato de autoridade (caso em que o mandado de segurança será incabível). 4. Ao eleger a via da ação mandamental para tutelar seu direito, o impetrante, ainda que de modo implícito, está afirmando que o ato atacado é ato de autoridade delegada, e não ato de particular. Bem ou mal, portanto, há indicação de que, no polo passivo, figura autoridade federal, o que, por si só, atrai a competência federal. É o princípio que informa as súmulas 60/TFR e 150/STJ. 5. Conflito conhecido para declarar competente o Juízo Federal da 2ª Vara da Seção Judiciária do Estado de Mato Grosso do Sul" (CC 200300074246, Teori Albino Zavascki – Primeira Seção, *DJ* 04.08.2003).
Gabarito "D".

(Juiz de Direito – TJM/SP – VUNESP – 2016) Assinale a alternativa que corretamente examina características dos instrumentos à disposição do direito processual constitucional.

(A) A legitimidade ativa compete ao titular do direito líquido e certo violado, mas o mandado de segurança não é ação personalíssima, visto que o Supremo Tribunal Federal já assentou a possibilidade da habilitação de herdeiros por morte do impetrante.

(B) O inquérito civil constitui procedimento investigatório e será instaurado pelo Ministério Público ou pelos entes federativos, União, Estados, Distrito Federal e Municípios para apurar fato que, em tese, autoriza o exercício da tutela de interesses coletivos ou difusos.

(C) Não existindo lacuna que torne inviável o exercício dos direitos e liberdades constitucionais, não há necessidade de mandado de injunção; portanto, o mandado de injunção não pode ser concedido verificando- se a existência de norma anterior à Constituição devidamente recepcionada.

(D) O Supremo Tribunal Federal entende que para o cabimento de ação popular, não basta a ilegalidade do ato administrativo a invalidar, sendo necessária também, cumulativamente, a demonstração de prejuízo material aos cofres públicos.

(E) O Supremo Tribunal Federal já decidiu que a prova do anterior indeferimento do pedido de informação de dados pessoais, previsto na Lei Federal nº 9.507/97, constitui requisito dispensável para que se concretize o interesse de agir no habeas data.

A: incorreta, pois não cabe habilitação dos herdeiros no mandado de segurança, mas deve-se buscar pelas vias ordinárias (RMS 26806/DF, STF); **B:** incorreta, pois ofende o art. 129, III, da CF; **C:** correta, pois seria inútil utilizar o mandado de injunção sem a correspondente lesão/ausência que o fundamentaria (MI 144/SP, STF); **D:** incorreta, pois não há a necessidade de demonstrar o prejuízo material aos cofres públicos (ARE 824781/MT, STF); **E:** incorreta, pois é requisito indispensável (RHD 22/DF, STF).
Gabarito "C".

5.3. TEORIA GERAL DOS DIRETOS FUNDAMENTAIS

(Juiz de Direito – TJ/RS – 2018 – VUNESP) Assinale a alternativa que corretamente contempla um exemplo de aplicação do conceito de dimensão objetiva dos direitos fundamentais.

(A) Decisão do Supremo Tribunal Federal em que foi firmado o entendimento de que a revista íntima em mulheres em fábrica de lingerie, ou seja, empresa privada, constitui constrangimento ilegal.

(B) Habeas Corpus que se fundamenta no argumento de que a liberdade de um indivíduo suspeito da prática de infração penal somente pode sofrer restrições se houver decisão judicial devidamente fundamentada.

(C) A previsão da Constituição Federal que afirma que "é livre a expressão da atividade intelectual, artística, científica e de comunicação, independentemente de censura ou licença".

(D) Propositura de ação, com pedido de tutela de urgência, por indivíduo que pleiteia que o Poder Público forneça medicamentos dos quais necessita e não possui condições de adquirir.

(E) Mandado de injunção em que é questionada omissão normativa que inviabiliza o exercício de prerrogativas inerentes à nacionalidade, pleiteando-se decisão judicial que afaste as consequências da inércia do legislador.

A: correta. A decisão contempla a aplicação da **dimensão objetiva** dos direitos fundamentais, na medida em que reconhece o direito à intimidade como um valor essencial de natureza objetiva da Constituição, com eficácia em todo o ordenamento jurídico e que estabelece diretrizes para a atuação do Estado e para as relações entre particulares; **B:** incorreta. A hipótese contempla a aplicação da **dimensão subjetiva** dos direitos fundamentais, tendo em vista a possibilidade do titular garantir judicialmente a sua liberdade de locomoção em face da atuação do Estado; **C:** incorreta, pois traz a previsão abstrata de um direito fundamental, não havendo a sua aplicação (subjetiva ou objetiva) em um caso concreto; **D:** incorreta. A hipótese contempla a aplicação da **dimensão subjetiva** dos direitos fundamentais, tendo em vista a possibilidade do titular exigir judicialmente uma ação positiva do Estado para garantir o seu direito à saúde; **E:** incorreta. A hipótese contempla a aplicação da **dimensão subjetiva** dos direitos fundamentais, tendo em vista a possibilidade do titular exigir judicialmente uma ação do Estado para tornar viável o exercício de prerrogativas inerentes à nacionalidade.
Gabarito "A".

(Juiz – TJ/RJ – VUNESP – 2016) O Decreto nº 678/92 promulgou a Convenção Americana sobre Direitos Humanos (Pacto de São José da Costa Rica), de 22 de novembro de 1969, sendo certo que, segundo o atual entendimento do Supremo Tribunal Federal, a norma ingressou no sistema jurídico pátrio no *status* de:

(A) Norma Constitucional Originária, com fundamento no art. 5, § 3º, da Constituição Federal.

(B) Emenda à Constituição.
(C) Lei Ordinária.
(D) Norma supralegal.
(E) Lei Complementar.

De acordo com a súmula Vinculante 25 (STF), a prisão civil de depositário infiel é ilícita, qualquer que seja a modalidade de depósito. O precedente que gerou a edição dessa súmula explica o status do tratado menciona: "Se não existem maiores controvérsias sobre a legitimidade constitucional da prisão civil do devedor de alimentos, assim não ocorre em relação à prisão do depositário infiel. As legislações mais avançadas em matérias de direitos humanos proíbem expressamente qualquer tipo de prisão civil decorrente do descumprimento de obrigações contratuais, excepcionando apenas o caso do alimentante inadimplente. O art. 7º (n.º 7) da Convenção Americana sobre Direitos Humanos – Pacto de San José da Costa Rica, de 1969, dispõe desta forma: 'Ninguém deve ser detido por dívidas. Este princípio não limita os mandados de autoridade judiciária competente expedidos em virtude de inadimplemento de obrigação alimentar.' Com a adesão do Brasil a essa convenção, assim como ao Pacto Internacional dos Direitos Civis e Políticos, sem qualquer reserva, ambos no ano de 1992, iniciou-se um amplo debate sobre a possibilidade de revogação, por tais diplomas internacionais, da parte final do inciso LXVII do art. 5º da Constituição brasileira de 1988, especificamente, da expressão 'depositário infiel', e, por consequência, de toda a legislação infraconstitucional que nele possui fundamento direto ou indireto. (...) Portanto, diante do inequívoco caráter especial dos tratados internacionais que cuidam da proteção dos direitos humanos, não é difícil entender que a sua internalização no ordenamento jurídico, por meio do procedimento de ratificação previsto na Constituição, tem o condão de paralisar a eficácia jurídica de toda e qualquer disciplina normativa infraconstitucional com ela conflitante. Nesse sentido, é possível concluir que, diante da supremacia da Constituição sobre os atos normativos internacionais, a previsão constitucional da prisão civil do depositário infiel (...) deixou de ter aplicabilidade diante do efeito paralisante desses tratados em relação à legislação infraconstitucional que disciplina a matéria (...). Tendo em vista o **caráter supralegal desses diplomas normativos internacionais**, a legislação infraconstitucional posterior que com eles seja conflitante também tem sua eficácia paralisada. (...) Enfim, desde a adesão do Brasil, no ano de 1992, ao Pacto Internacional dos Direitos Civis e Políticos (art. 11) e à Convenção Americana sobre Direitos Humanos – Pacto de San José da Costa Rica (art. 7º, 7), não há base legal par aplicação da parte final do art. 5º, inciso LXVII, da Constituição, ou seja, para a prisão civil do depositário infiel." (RE 466343, Voto do Ministro Gilmar Mendes, Tribunal Pleno, julgamento em 3.12.2008, DJe de 5.6.2009). Gabarito "C".

(Juiz – TJ/SP – VUNESP – 2015) Reconhecida a força normativa do texto constitucional e aceita a sistematização proposta por Robert Alexy, é correto afirmar que os direitos fundamentais previstos:

(A) têm natureza prestacional quando correspondem aos denominados direitos positivos.
(B) têm natureza prestacional, desde que correspondentes aos denominados direitos fundamentais da segunda "dimensão".
(C) têm todos natureza prestacional, em suas diferentes "dimensões".
(D) têm natureza prestacional, desde que vinculados à proteção da liberdade e da saúde.

A: correta. Não se pode confundir o *status* com as dimensões dos direitos fundamentais. Assim, Alexy defende que os direitos fundamentais possuem natureza prestacional (direitos sociais) quando exteriorizam os direitos fundamentais como prestações positivas do Estado (dever do Estado); **B:** incorreta, pois confunde o *status* com as dimensões, não se tratando de dimensões dos direitos fundamentais; **C:** incorreta, pois há os direitos que atribuem liberdades, por exemplo; **D:** incorreta, pois não se exige vinculação à proteção da liberdade e da saúde. Gabarito "A".

6. DIREITOS SOCIAIS

(Escrevente – TJ/SP – 2018 – VUNESP) São assegurados, nos termos da Constituição da República Federativa do Brasil, (CRFB/88) à categoria dos trabalhadores domésticos os seguintes direitos:

(A) proteção em face da automação, na forma da lei.
(B) reconhecimento das convenções e acordos coletivos de trabalho.
(C) jornada de seis horas para trabalho realizado em turnos ininterruptos de revezamento.
(D) participação nos lucros, ou resultados, desvinculada da remuneração, conforme definido em lei.
(E) piso salarial proporcional à extensão e à complexidade do trabalho.

A: incorreta, pois a proteção em face da automação não é um direito assegurado aos trabalhadores domésticos (art. 7º, parágrafo único c/c inciso XXVII, da CF); **B:** correta, conforme art. 7º, parágrafo único combinado com o inciso XXVI, da CF; **C:** incorreta, pois a jornada de seis horas para o trabalho realizado em turnos ininterruptos de revezamento não é um direito assegurado aos trabalhadores domésticos (art. 7º, parágrafo único c/c inciso XIV, da CF); **D:** incorreta, pois a participação nos lucros, ou resultados, desvinculada da remuneração não é um direito assegurado aos trabalhadores domésticos (art. 7º, parágrafo único c/c inciso XI, da CF); **E:** incorreta, pois o piso salarial proporcional à extensão e à complexidade do trabalho não é um direito assegurado aos trabalhadores domésticos (art. 7º, parágrafo único c/c inciso V, da CF). Gabarito "B".

7. NACIONALIDADE

(Investigador – PC/BA – 2018 – VUNESP) Imagine que Marieta, brasileira nata, e Roger, americano nato, estejam residindo atualmente nos Estados Unidos, período em que ocorre o nascimento de Lucas, filho deles. Nessa situação, nos termos da disposição da Constituição acerca da nacionalidade, é correto afirmar que

(A) caso Marieta esteja nos Estados Unidos a serviço da República Federativa do Brasil, o seu filho será considerado como brasileiro nato.
(B) ainda que Lucas seja registrado perante o Consulado Brasileiro, não será considerado como brasileiro nato ou naturalizado, já que o Brasil adota como único critério o jus soli.
(C) para ser considerado brasileiro naturalizado, Lucas deverá passar a residir no Brasil por pelo menos 1 (um) ano ininterrupto e possuir idoneidade moral.
(D) Lucas poderá ser considerado brasileiro nato desde que venha a residir no Brasil e, depois de 10 (dez) anos ininterruptos de residência, opte pela nacionalidade brasileira.
(E) para ser considerado brasileiro nato, basta que Lucas, a qualquer tempo, depois de atingir a idade mínima de 16 (dezesseis) anos, venha a residir no Brasil e opte pela nacionalidade brasileira.

A: correta, porque são brasileiros **natos** os nascidos no estrangeiro, de pai brasileiro ou mãe brasileira, desde que qualquer deles esteja a serviço da República Federativa do Brasil (art. 12, I, *b*, da CF); **B:** incorreta, pois são brasileiros **natos** os nascidos no estrangeiro de pai brasileiro ou de mãe brasileira, desde que sejam registrados em repartição brasileira competente (art. 12, I, *c*, da CF); **C:** incorreta, porque a exigência de residência por um ano ininterrupto e idoneidade moral é condição para a naturalização dos estrangeiros originários de países de língua portuguesa (art. 12, II, *a*, da CF), sendo que Lucas poderá ser considerado **brasileiro nato** caso venha a residir no Brasil e opte, em qualquer tempo, depois de atingida a maioridade, pela nacionalidade brasileira (art. 12, I, *c*, da CF); **D** e **E:** incorretas, pois são brasileiros **natos** os nascidos no estrangeiro de pai brasileiro ou de mãe brasileira, desde que venham a residir na República Federativa do Brasil e optem, em qualquer tempo, depois de atingida a maioridade, pela nacionalidade brasileira (art. 12, I, *c*, da CF).

Gabarito "A".

(Delegado/SP – 2014 – VUNESP) É privativo de brasileiro nato o cargo de

(A) Ministro do Supremo Tribunal Federal.
(B) Senador.
(C) Juiz de Direito.
(D) Delegado de Polícia.
(E) Deputado Federal.

A: correta. De acordo com o art. 12, § 3º, da CF, são privativos de brasileiro nato os cargos: I – de Presidente e Vice-Presidente da República; II – de Presidente da Câmara dos Deputados; III – de Presidente do Senado Federal; IV – de **Ministro do Supremo Tribunal Federal**; V – da carreira diplomática; VI – de oficial das Forças Armadas e VII – de Ministro de Estado da Defesa; **B:** incorreta. Apenas o Presidente do Senado é que precisa ser brasileiro nato; **C:** incorreta. Os juízes de direito não precisam ser brasileiros natos; **D:** incorreta. Os delegados de polícia também não precisam ser brasileiros natos; **E:** incorreta. Por fim, a CF também não exige que cargos de deputados federais sejam ocupados por brasileiros natos.

Gabarito "A".

(Magistratura/SP – 2013 – VUNESP) É (São) cargo(s) eletivo(s) privativo(s) de brasileiros:

(A) natos ou naturalizados o cargo de Presidente do Senado Federal.
(B) natos ou naturalizados o cargo de Presidente da Câmara dos Deputados.
(C) natos o cargo de Presidente das Casas Legislativas (Câmara dos Deputados e Senado Federal).
(D) natos os cargos de Deputado Federal e de Senador da República.

Os cargos privativos de nato estão previstos no art. 12, § 3.º, da CF e são os seguintes: I – de Presidente e Vice-Presidente da República; II – de Presidente da Câmara dos Deputados; III – de Presidente do Senado Federal; IV – de Ministro do Supremo Tribunal Federal; V – da carreira diplomática; VI – de oficial das Forças Armadas e VII – de Ministro de Estado da Defesa. Desse modo, a alternativa que está com o dispositivo correto é a "C". Vale lembrar que o art. 89, VII, da CF também traz cargos privativos de natos, pois, ao tratar do Conselho da República, determina que seis cadeiras sejam destinadas a cidadãos brasileiros natos, com mais de trinta e cinco anos de idade, sendo dois nomeados pelo Presidente da República, dois eleitos pelo Senado Federal e dois eleitos pela Câmara dos Deputados, todos com mandato de três anos, vedada a recondução.

Gabarito "C".

(Técnico Judiciário – TJSP – 2013 – VUNESP) Nos termos da Constituição Federal, são brasileiros natos:

(A) os que, na forma da lei, adquiram a nacionalidade brasileira, exigidas aos originários de países de língua portuguesa apenas residência, por um ano ininterrupto, e idoneidade moral.
(B) os nascidos no estrangeiro, de pai brasileiro ou de mãe brasileira, desde que venham a residir na República Federativa do Brasil até a maioridade.
(C) os nascidos na República Federativa do Brasil, ainda que de pais estrangeiros, desde que estes não estejam a serviço de seu país.
(D) os nascidos no estrangeiro, desde que de pai brasileiro e de mãe brasileira.
(E) os portugueses com residência permanente no País, se houver reciprocidade em favor de brasileiros.

A: incorreta. De acordo com o art. 12, II, a, da CF/1988 são considerados brasileiros naturalizados aqueles que, na forma da lei, adquiram a nacionalidade brasileira, exigidas aos originários de países de língua portuguesa apenas residência por um ano ininterrupto e idoneidade moral; **B:** incorreta. Os nascidos no estrangeiro, de pai brasileiro ou de mãe brasileira, são considerados brasileiros natos, desde que venham a residir no Brasil, e optem, em qualquer tempo, depois de atingida a maioridade, pela nacionalidade brasileira. É o que determina a segunda parte do art. 12, II, c, da CF/1988; **C:** correta. É o que se extrai da leitura do art. 12, I, a, da CF/1988; **D:** incorreta. Não basta nascer no estrangeiro e ser filho de pai ou mãe brasileira para ser considerado nato. O art. 12, I, a e b, CF/1988 traz outros requisitos que devem ser cumpridos para que o sujeito seja considerado brasileiro nato; **E:** incorreta. A regra prevista no § 1º do art. 12 da CF/1988 não atribui nacionalidade brasileira aos portugueses residentes no Brasil, apenas determina que sejam atribuídos os direitos inerentes ao brasileiro naturalizado. Assim, se o português demonstrar residência permanente no País e houver reciprocidade em favor de brasileiros, ele será tratado como brasileiro naturalizado e não como estrangeiro.

Gabarito "C".

8. DIREITOS POLÍTICOS

(Advogado – Pref. São Roque/SP – 2020 – VUNESP) Com base na jurisprudência do Supremo Tribunal Federal, é correto afirmar que não podem perder o mandato por infidelidade partidária em razão da transferência voluntária de agremiação os ocupantes dos cargos de

(A) Vereador e Deputado Federal.
(B) Prefeito e Senador.
(C) Deputado Estadual e Governador.
(D) Presidente da República e Deputado Federal.
(E) Senador e Deputado Estadual.

A letra B é a única correta, conforme jurisprudência do STF (ADI 5081), uma vez que os cargos do sistema majoritário de eleição (Prefeito, Governador, Senador e Presidente da República) não estão suscetíveis a perder o mandato por infidelidade partidária. Por óbvio, as demais alternativas estão incorretas.

Gabarito "B".

(Juiz de Direito – TJ/RJ – 2019 – VUNESP) Narciso, 19 anos de idade, que está em pleno gozo dos seus direitos políticos, pretende candidatar-se ao mandato de Vereador em seu Município nas próximas eleições, que ocorrerão em outubro de 2020. Poliana, que é sua cunhada, ocupava o cargo de Presidente da Câmara de Vereadores, no mesmo Município, mas, atualmente, veio a assumir o cargo de Prefeito em razão da perda de mandato dos seus ocupantes anteriores. Segundo o disposto na Constituição Federal, nessa situação hipotética, é correto afirmar que Narciso

(A) poderia se candidatar, não havendo incompatibilidade eleitoral para o exercício do mandato, mas não poderá fazê-lo por não ter a idade mínima para se candidatar.
(B) não poderá se candidatar, tendo em vista a sua condição de inelegibilidade por ser cunhado de Poliana, salvo se já titular de mandato eletivo e candidato à reeleição.
(C) poderá se candidatar, pois a relação com Poliana não é condição que o impeça de concorrer, salvo se já titular de mandato eletivo e candidato à reeleição.
(D) poderá se candidatar, desde que tenha se tornado cunhado de Poliana somente após esta ter assumido o mandato eletivo.
(E) não está impedido de se candidatar ao mandato de Vereador, desde que não seja para reeleição, uma vez que Poliana assumiu o cargo de Prefeito em substituição aos titulares.

A letra B está correta, conforme artigo 14, § 7º, da CF. Como todas as demais alternativas estão diretamente ligadas à inelegibilidade reflexa, logo, equivocadas, nos mesmos termos do artigo 14, § 7º, da CF.
Gabarito "B".

(Investigador – PC/BA – 2018 – VUNESP) Imagine a seguinte situação hipotética: o Prefeito do Município X foi eleito no ano de 2016. Nessa situação, é correto afirmar que

(A) caso queira se candidatar ao cargo de Governador de Estado nas próximas eleições, deverá possuir a idade mínima de 35 (trinta e cinco) anos e renunciar ao respectivo mandato de Prefeito até 3 (três) meses antes do pleito.
(B) caso decida se candidatar ao cargo de Senador, deverá possuir a idade mínima de 30 (trinta) anos e renunciar ao respectivo mandato de Prefeito até 5 (cinco) meses antes do pleito.
(C) caso decida se candidatar ao cargo de Presidente ou Vice-Presidente da República, deverá possuir a idade mínima de 35 (trinta e cinco) anos e renunciar ao respectivo mandato de Prefeito até 6 (seis) meses antes do pleito.
(D) caso o cônjuge do Prefeito, por exemplo, queira se candidatar ao cargo de Vereadora do Município X pela primeira vez, ela será considerada elegível, ainda que o Prefeito não renuncie ao pleito.
(E) caso a sogra do Prefeito, por exemplo, queira se candidatar ao cargo de Prefeita do Município pela primeira vez, ela será considerada elegível, uma vez que somente há inelegibilidade ao cônjuge ou filhos do mandatário.

A: incorreta, pois a idade mínima é de **30 anos** para o cargo de Governador de Estado (art. 14, § 3º, VI, *b*, da CF), e ele deverá renunciar ao mandato de Prefeito até **6 meses** antes do pleito (art. 14, § 6º, da CF); **B:** incorreta, pois a idade mínima é de **35 anos** para o cargo de Senador (art. 14, § 3º, VI, *a*, da CF), e ele deverá renunciar ao mandato de Prefeito até **6 meses** antes do pleito (art. 14, § 6º, da CF); **C:** correta, pois a idade mínima é de **35 anos** para o cargo de Presidente e Vice-Presidente da República (art. 14, § 3º, VI, *a*, da CF), e ele deverá renunciar ao mandato de Prefeito até **6 meses** antes do pleito (art. 14, § 6º, da CF); **D:** incorreta, pois o cônjuge do Prefeito é inelegível no território de jurisdição do titular, salvo se já titular de mandato eletivo e candidato à reeleição (art. 14, § 7º, da CF) ou se o Prefeito se afastar definitivamente até seis meses antes da eleição (Resolução TSE 22.599/2007); **E:** incorreta, pois os parentes consanguíneos ou afins (como a sogra), até o segundo grau ou por adoção, do Prefeito são inelegíveis no território de jurisdição do titular (art. 14, § 7º, da CF).
Gabarito "C".

(Investigador – PC/BA – 2018 – VUNESP) Suponha que, nas Eleições de 2018, candidataram-se ao cargo de Presidente da República X, Y e Z, respectivamente com 40 (quarenta), 45 (quarenta e cinco) e 50 (cinquenta) anos. Nesse caso, é correto afirmar que

(A) será considerado eleito Presidente o candidato que, registrado por partido político, obtiver a maioria dos votos válidos, computando-se os votos em branco, mas não os nulos.
(B) se na primeira votação nenhum candidato alcançar maioria absoluta, será realizada nova eleição em até 30 (trinta) dias após a proclamação do resultado, concorrendo os 2 (dois) candidatos mais votados.
(C) havendo nova votação no caso de não se ter alcançado maioria absoluta de votos, e, antes da realização do segundo turno, ocorrer a morte, desistência ou impedimento legal de candidato, será convocado, dentre os remanescentes, o mais idoso.
(D) se, por exemplo, o candidato X tiver obtido a maior votação, mas desistido do cargo antes do segundo turno, e os candidatos Y e Z obtiveram a mesma votação, será qualificado como Presidente o candidato Z.
(E) se decorridos 5 (cinco) dias para a posse, o Presidente ou o Vice-Presidente, salvo por motivo de força maior, não tiver assumido o cargo, este será declarado como vago.

A: incorreta, porque será considerado eleito Presidente o candidato que, registrado por partido político, obtiver a maioria absoluta de votos, não computados os votos em branco e os nulos (art. 77, § 2º, da CF); **B:** incorreta, já que se nenhum candidato alcançar maioria absoluta na primeira votação, far-se-á nova eleição em até **vinte dias** após a proclamação do resultado, concorrendo os dois candidatos mais votados e considerando-se eleito aquele que obtiver a maioria dos votos válidos (art. 77, § 3º, da CF); **C:** incorreta, pois, se antes de realizado o segundo turno ocorrer morte, desistência ou impedimento legal de candidato, convocar-se-á, dentre os remanescentes, o de maior votação (art. 77, § 4º, da CF); **D:** correta, conforme inteligência do art. 77, §§ 4º e 5º, da CF. Na hipótese da questão, o candidato X, mais votado, desistiu do cargo antes do segundo turno, remanescendo apenas os candidatos Y e Z com a mesma votação, sendo, portanto, qualificado o mais idoso (Z) como vencedor da eleição; **E:** incorreta, porque se, decorridos **dez** dias da data fixada para a posse, o Presidente ou o Vice-Presidente, salvo motivo de força maior, não tiver assumido o cargo, este será declarado vago (art. 78, parágrafo único, da CF).
Gabarito "D".

(Investigador – PC/BA – 2018 – VUNESP) De acordo com a Constituição, assinale a alternativa correta sobre os partidos políticos.

(A) É livre a criação, a fusão e a incorporação de partidos políticos, mas a extinção, em função de sua importância na democracia, exige a aprovação do Poder Público.
(B) Poderão possuir caráter regional nos Estados cuja população seja superior a 1 (um) milhão de habitantes.
(C) É defeso aos partidos políticos o recebimento de recursos financeiros de entidade ou governo estrangeiros ou de subordinação a estes.
(D) Os partidos políticos, após adquirirem personalidade jurídica, na forma da lei civil, registrarão seus estatutos

perante o Tribunal Regional Eleitoral da respectiva entidade da federação de sua sede.

(E) O acesso aos recursos do fundo partidário e ao rádio e à televisão será destinado a todos os partidos políticos, indiscriminadamente, para garantia da isonomia na representação política.

A: incorreta, pois é livre a criação, a fusão, a incorporação e a extinção de partidos políticos (art. 17, *caput*, da CF); **B:** incorreta, na medida em que os partidos políticos deverão ter **caráter nacional** (art. 17, I, da CF); **C:** correta, de acordo com o art. 17, II, da CF; **D:** incorreta, porque os partidos políticos, após adquirirem personalidade jurídica, na forma da lei civil, registrarão seus estatutos no **Tribunal Superior Eleitoral** (art. 17, § 2º, da CF); **E:** incorreta, pois a Emenda Constitucional 97/2017 instituiu cláusula de barreira ou cláusula de desempenho eleitoral para os partidos políticos poderem ter acesso ao fundo partidário e ao tempo gratuito de rádio e televisão. Nesse contexto, somente terão direito a recursos do fundo partidário e acesso gratuito ao rádio e à televisão os partidos políticos que, alternativamente, **(i)** obtiverem, nas eleições para a Câmara dos Deputados, no mínimo, 3% dos votos válidos, distribuídos em pelo menos 1/3 das unidades da Federação, com um mínimo de 2% dos votos válidos em cada uma delas; ou **(ii)** tiverem elegido pelo menos quinze Deputados Federais distribuídos em pelo menos 1/3 das unidades da Federação (art. 17, § 3º, da CF). Gabarito "C".

(Procurador do Estado/SP – 2018 – VUNESP) Acerca dos partidos políticos, assinale a alternativa correta.

(A) A filiação partidária é condição de elegibilidade, cabendo aos partidos políticos, após adquirirem personalidade jurídica de direito público interno no cartório de registro civil do respectivo ente federativo ao qual é vinculado, promover o registro de seus estatutos no Tribunal Regional Eleitoral, ato conhecido como "notícia de criação de partido político".

(B) É assegurada aos partidos políticos autonomia para definir o regime de suas coligações nas eleições proporcionais, uma vez que há o vínculo de obrigatoriedade entre as candidaturas em âmbito nacional, estadual, distrital ou municipal.

(C) O direito a recursos do fundo partidário e acesso gratuito ao rádio e à televisão, na forma da lei, é garantido aos partidos políticos que tiverem elegido pelo menos quinze Deputados Federais distribuídos em pelo menos um terço das unidades da Federação.

(D) Ao eleito por partido que não preencher os requisitos constitucionais que asseguram o direito ao fundo partidário é vetado filiar-se a outro partido que os tenha atingido, uma vez que a lei procura assegurar a igualdade na distribuição dos recursos e de acesso gratuito ao tempo de rádio e de televisão.

(E) Os partidos políticos não podem estabelecer normas de disciplina e fidelidade partidária, assim como são proibidos de receber recursos financeiros de entidade ou governo estrangeiros ou de subordinação a estes.

A: incorreta, pois os partidos políticos, após adquirirem personalidade jurídica, na forma da lei civil, registrarão seus estatutos no **Tribunal Superior Eleitoral** (art. 17, § 2º, da CF), sendo que os partidos políticos são **pessoas jurídicas de direito privado**, de acordo com o art. 44, V, do Código Civil; **B:** incorreta, visto que é assegurada aos partidos políticos autonomia para definir o regime de suas coligações nas eleições majoritárias, vedada a sua celebração nas eleições proporcionais, sem obrigatoriedade de vinculação entre as candidaturas em âmbito nacional, estadual, distrital ou municipal (art. 17, § 1º, da CF); **C:** correta, conforme art. 17, § 3º, II, da CF; **D:** incorreta, já que ao eleito por partido que não preencher os requisitos constitucionais que asseguram o direito ao fundo partidário é assegurado o mandato e facultada a filiação, sem perda do mandato, a outro partido que os tenha atingido, não sendo essa filiação considerada para fins de distribuição dos recursos do fundo partidário e de acesso gratuito ao tempo de rádio e de televisão (art. 17, § 5º, da CF); **E:** incorreta, pois os partidos políticos devem estabelecer normas de disciplina e fidelidade partidária (art. 17, § 1º, *in fine*, da CF), sendo proibidos de receber recursos financeiros de entidade ou governo estrangeiros ou de subordinação a estes (art. 17, II, da CF). Gabarito "C".

(Procurador do Estado/SP – 2018 – VUNESP) No julgamento da ADI no 5.081/DF, o Supremo Tribunal Federal fixou a seguinte tese: [...] por unanimidade de votos, em conhecer da ação e julgar procedente o pedido formulado para declarar a inconstitucionalidade, quanto à Resolução nº 22.610/2007, do Tribunal Superior Eleitoral, do termo "ou o vice", constante do art. 10; da expressão "e, após 16 (dezesseis) de outubro corrente, quanto a eleitos pelo sistema majoritário", constante do art. 13, e para "conferir interpretação conforme a Constituição ao termo "suplente", constante do art. 10, com a finalidade de excluir do seu alcance os cargos do sistema majoritário. Fixada a tese com o seguinte teor: "A perda do mandato em razão da mudança de partido não se aplica aos candidatos eleitos pelo sistema majoritário, sob pena de violação da soberania popular e das escolhas feitas pelo eleitor", nos termos do voto do Relator.

Considerando as regras constitucionais do sistema eleitoral brasileiro e os fundamentos utilizados para construir a jurisprudência aqui reproduzida, assinale a alternativa correta.

(A) Dentre as causas expressas de perda do mandato de Deputados Federais ou Estaduais estão as hipóteses de ser investido no cargo de Ministro de Estado, Governador de Território, Secretário de Estado, do Distrito Federal, de Território, de Prefeitura de Capital ou chefe de missão diplomática temporária.

(B) A interpretação conforme é uma regra hermenêutica que visa consagrar a força normativa da constituição ao retirar do ordenamento jurídico normas infraconstitucionais que sejam incompatíveis com a ordem jurídica, de modo a dar prevalência a soluções que favoreçam a integração social e a unidade política.

(C) O sistema eleitoral brasileiro adota o sistema majoritário para eleição do Prefeito e do Vice-Prefeito. No caso dos Municípios com mais de 200 mil eleitores, se nenhum candidato alcançar maioria absoluta na primeira votação, far-se-á nova eleição em até vinte dias após a proclamação do resultado, concorrendo os dois candidatos mais votados e considerando-se eleito aquele que obtiver a maioria dos votos válidos.

(D) O sistema proporcional adotado para a eleição dos senadores caracteriza-se pela ênfase nos votos obtidos pelos partidos, motivo pelo qual a Corte fixou entendimento de que a fidelidade partidária é essencial nesse caso.

(E) A soberania popular é exercida por meio da participação direta na organização político-administrativa quando se permite que os Estados possam se incorporar entre si, subdividir-se ou desmembrar-se para se anexarem a outros, ou formarem novos Estados ou

Territórios Federais, mediante aprovação da população diretamente interessada, por plebiscito ou referendo.

A: incorreta, pois não é causa de perda do mandato de Deputado e Senador a hipótese de ser investido no cargo de Ministro de Estado, Governador de Território, Secretário de Estado, do Distrito Federal, de Território, de Prefeitura de Capital ou chefe de missão diplomática temporária (art. 56, I, da CF); **B:** incorreta, visto que a interpretação conforme a Constituição é um método de interpretação hermenêutico – ou uma técnica de controle de constitucionalidade – pelo qual o intérprete ou aplicador do direito, ao se deparar com normas polissêmicas ou plurissignificativas (isto é, que possuam mais de uma interpretação), deverá adotar aquela interpretação que mais se compatibilize com o texto constitucional, excluindo determinadas hipóteses de interpretação da norma inconstitucionais; **C:** correta, conforme art. 29, II, combinado com art. 77, § 3º, da CF; **D:** incorreta, visto que o STF entende que "*o sistema majoritário, adotado para a eleição de presidente, governador, prefeito e senador, tem lógica e dinâmica diversas da do sistema proporcional. As características do sistema majoritário, com sua ênfase na figura do candidato, fazem com que a perda do mandato, no caso de mudança de partido, frustre a vontade do eleitor e vulnere a soberania popular*" (ADI 5081, Rel. Min. Roberto Barroso, Tribunal Pleno, j. em 27-05-2015); **E:** incorreta, na medida em que os estados podem incorporar-se entre si, subdividir-se ou desmembrar-se para se anexarem a outros, ou formarem novos estados ou territórios federais, mediante aprovação da população diretamente interessada, por meio de **plebiscito**, e do Congresso Nacional, por lei complementar (art. 18, § 3º, da CF). Gabarito "C".

(Procurador Municipal – Sertãozinho/SP – VUNESP – 2016) Com base nas disposições constitucionais a respeito dos direitos políticos, assinale a alternativa correta.

(A) O alistamento eleitoral e o voto são obrigatórios para os analfabetos, os maiores de setenta anos e para os maiores de dezesseis e menores de dezoito anos.
(B) São inelegíveis os inalistáveis e os analfabetos.
(C) A lei que alterar o processo eleitoral entrará em vigor na data de sua publicação, não se aplicando à eleição que ocorra até dois anos da data de sua vigência.
(D) O mandato eletivo poderá ser impugnado ante a Justiça Eleitoral no prazo de trinta dias contados da diplomação, instruída a ação com provas de abuso do poder econômico, corrupção ou fraude.
(E) Para concorrerem a outros cargos, o Presidente da República, os Governadores de Estado e do Distrito Federal e os Prefeitos devem renunciar aos respectivos mandatos até um ano antes do pleito.

A: incorreta. Ao contrário do mencionado, o alistamento eleitoral e o voto são **facultativos** para essas pessoas. É o que determina o art. 14, § 1º, II, *a, b e c*, da CF; **B:** correta. De fato, os inalistáveis (estrangeiros e conscritos, durante o período do serviço militar obrigatório) e os analfabetos são inelegíveis, conforme determina o art. 14, § 4º, da CF; **C:** incorreta. De acordo com o art. 16 da CF, a lei que alterar o processo eleitoral entrará em vigor na data de sua publicação, não se aplicando à eleição que ocorra até **um ano** da data de sua vigência; **D:** incorreta. Determina o § 10 do art. 14 da CF que o mandato eletivo poderá ser impugnado ante a Justiça Eleitoral no prazo de **quinze dias** contados da diplomação, instruída a ação com provas de abuso do poder econômico, corrupção ou fraude; **E:** incorreta. O § 6º do art. 14 da CF determina que para concorrerem a outros cargos, o Presidente da República, os Governadores de Estado e do Distrito Federal e os Prefeitos devem renunciar aos respectivos mandatos até **seis meses** antes do pleito. Gabarito "B".

(Juiz de Direito – TJM/SP – VUNESP – 2016) Assinale a alternativa que corretamente discorre sobre o exercício de direitos políticos, conforme previsto na Constituição Federal e regulamentado em lei complementar.

(A) A inelegibilidade dos que forem condenados por crimes contra a administração pública e o patrimônio público, em decisão transitada em julgado ou proferida por órgão judicial colegiado, prevista pela Lei da Ficha Limpa, não se aplica aos crimes culposos.
(B) O militar alistável é elegível, sendo que, se contar com menos de dez anos de serviço, será agregado pela autoridade superior e, se eleito, passará automaticamente, no ato da diplomação, para a inatividade.
(C) O Governador de Estado que perdeu seu cargo eletivo por infringência a dispositivo da Constituição Estadual se torna inelegível para as eleições que se realizarem durante o período remanescente e nos 4 (quatro) anos subsequentes ao término do mandato para o qual tenha sido eleito.
(D) São inelegíveis os que forem demitidos do serviço público em decorrência de processo administrativo ou judicial, pelo prazo de 8 (oito) anos, contado da decisão, salvo se o ato houver sido suspenso ou anulado pelo Tribunal de Contas.
(E) A Constituição Federal de 1988 não contempla a perda ou a suspensão dos direitos políticos, todavia, prevê a cassação dos direitos políticos em virtude de condenação por improbidade administrativa.

A: correta, nos termos do que determina a Lei Complementar 64/1990, em seu art. 1º, I, *e*; **B:** incorreta, pois seria com mais de dez anos de serviço, nos termos do art. 14, § 8º, I e II, da CF; **C:** incorreta, pois não será por 4 anos, mas por 8 anos subsequentes, conforme Lei Complementar 64/1990; **D:** incorreta, pois não há, na lei, referência ao Tribunal de Contas, mas salvo se o ato houver sido suspenso ou anulado pelo Poder Judiciário (art. 1º, I, *o*, LC 64/1990); **E:** incorreta, pois o texto constitucional não admite a cassação de direitos políticos (art. 15, da CF). Gabarito "A".

(Procurador – SP – VUNESP – 2015) Assinale a alternativa correta a respeito dos direitos políticos previstos na Carta Magna brasileira.

(A) Não podem se alistar como eleitores os estrangeiros, os analfabetos e, durante o período do serviço militar obrigatório, os conscritos.
(B) A idade de trinta e cinco anos é uma das condições de elegibilidade para Governador e Vice-Governador de Estado e do Distrito Federal.
(C) Para concorrerem a outros cargos, o Presidente da República, os Governadores de Estado e do Distrito Federal e os Prefeitos devem renunciar aos respectivos mandatos até seis meses antes do pleito.
(D) São inelegíveis os inalistáveis, os analfabetos e os militares.
(E) O mandato eletivo poderá ser impugnado ante a Justiça Eleitoral no prazo de quinze dias contados da posse, instruída a ação com provas de abuso do poder econômico, corrupção ou fraude.

A: incorreta. Os **analfabetos podem se alistar como eleitores**, conforme determina o art. 14, § 1º, II, *a*, da CF; **B:** incorreta. Conforme determina o art. 14, § 3º, VI, *b*, da CF, a idade mínima para os cargos mencionados é de **30 (trinta)** anos; **C:** correta. É o que determina o art. 14, § 6º, da CF; **D:** incorreta. Os **militares alistáveis são elegíveis**, desde que preencham as condições previstas nos incisos I e II do § 8º do art. 14 da CF, que são as seguintes: I – se contar menos de dez anos de serviço, deverá afastar-se da atividade, II – se contar mais de dez anos de serviço, será agregado pela autoridade superior e, se eleito, passará automaticamente, no ato da diplomação, para a inatividade; **E:** incorreta. Determina o § 10 do art. 14 da CF que o mandato eletivo poderá ser impugnado ante a Justiça Eleitoral no prazo de quinze dias **contados da diplomação**, instruída a ação com provas de abuso do poder econômico, corrupção ou fraude. BV

Gabarito "C".

9. ORGANIZAÇÃO DO ESTADO

9.1. DA UNIÃO, ESTADOS, MUNICÍPIOS E TERRITÓRIOS

(Advogado – Pref. São Roque/SP – 2020 – VUNESP) Suponha que um Estado, tendo em vista a necessidade de se tornar mais eficaz na gestão dos serviços de competência privativa do Município, instituiu, por meio de Lei Complementar, uma região metropolitana e uma microrregião para áreas distintas.

Tendo por base a situação hipotética, a Constituição Federal e a jurisprudência do Supremo Tribunal Federal, assinale a alternativa correta.

(A) A instituição de microrregião por Estado-Membro com a constituição da obrigação de gestão compartilhada do serviço não importa em ofensa ao princípio da autonomia federativa.
(B) Com a constituição da região metropolitana ocorre a transferência da titularidade da competência dos Municípios para o Estado-Membro, sempre que comprovado o ganho de eficiência na gestão do serviço.
(C) A instituição de região metropolitana por lei complementar é inconstitucional, pois é necessário que haja autorização da respectiva constituição estadual para a sua criação.
(D) A região metropolitana, após a aprovação da norma responsável pela sua criação, será elevada à condição de entidade federativa, cuja administração será realizada por órgão paritário composto por membros dos municípios nela inseridos.
(E) Os serviços de gás canalizado poderão ser delegados dos Municípios para serem geridos pela microrregião e a sua regulação poderá ocorrer por meio de medida provisória.

A: correta (artigo 25, § 3º, da CF). **B:** errada, pois não há a transferência da titularidade. **C:** errada, porque não existe tal obrigatoriedade, bem como não tem inconstitucionalidade. **D:** errada, uma vez que não existe a criação de nova entidade federativa. **E:** incorreta, pois a competência é do Estado, sem delegação. AB

Gabarito "A".

(Investigador – PC/BA – 2018 – VUNESP) Imagine que a Câmara Municipal da Cidade X aprovou projeto de lei dispondo sobre interesses das comunidades indígenas localizadas em seu território. Nesse caso, partindo das regras constitucionais sobre a repartição de competências, é correto afirmar que a lei é

(A) inconstitucional sob o prisma formal, já que se trata de competência legislativa concorrente entre União, Estados e Distrito Federal a regulamentação de qualquer matéria relativa às populações indígenas.
(B) inconstitucional sob o prisma formal, já que se trata de competência legislativa privativa da União tratar sobre as populações indígenas.
(C) inconstitucional sob o prisma formal, já que a matéria é de competência exclusiva dos Estados membros e Distrito Federal.
(D) constitucional, uma vez que, por se tratar de nítido interesse local, a competência é privativa dos Municípios.
(E) constitucional, já que se trata de interesse local e regional, de modo que compete aos Estados membros, Distrito Federal e Municípios, de forma comum, legislar sobre a questão.

De acordo com o art. 22, XIV, da CF, compete **privativamente** à União legislar sobre populações indígenas. Logo, lei municipal que versa sobre comunidades indígenas padece de inconstitucionalidade formal, por invadir esfera de competência legislativa privativa da União. AN

Gabarito "B".

(Procurador do Estado/SP – 2018 – VUNESP) Ao julgar a ADI nº 2.699/PE, que tinha por objeto a análise da competência para legislar sobre direito processual, o Supremo Tribunal Federal destacou ser importante compreender que a Constituição Federal proclama, na complexa estrutura política que dá configuração ao modelo federal de Estado, a coexistência de comunidades jurídicas responsáveis pela pluralização de ordens normativas próprias, que se distribuem segundo critérios de discriminação material de competências fixadas pelo texto constitucional. Nesse contexto, a respeito do tema competência constitucional para legislar sobre a matéria de direito processual, assinale a alternativa correta.

(A) A União poderá delegar aos Estados a competência para legislar integralmente sobre o tema, considerando as reiteradas críticas à excessiva centralização normativa no âmbito federativo.
(B) Os Estados-membros e o Distrito Federal não dispõem de competência para legislar sobre direito processual. Com fundamento no sistema de poderes enumerados e de repartição constitucional de competências legislativas, somente a União possui atribuição para legitimamente estabelecer, em caráter privativo, a regulação normativa, inclusive a disciplina dos recursos em geral, conforme posição consolidada do Supremo Tribunal Federal.
(C) Estabelecida a lide com fundamento em conflito de competência legislativa entre a União e os Estados-Membros ou o Distrito Federal, a ação judicial deverá ser julgada de forma originária pelo Superior Tribunal de Justiça, uma vez configurada a instabilidade no equilíbrio federativo.
(D) A competência é comum da União, dos Estados, do Distrito Federal e dos Municípios, podendo lei complementar autorizar cada ente federal a legislar sobre questões específicas das matérias relacionadas na Constituição Federal.
(E) A competência para legislar sobre direito processual é concorrente, de modo que cabe à União fixar normas gerais e aos Estados-Membros e ao Distrito Federal

normas suplementares, em concordância com a jurisprudência pacífica sobre o tema.

A: incorreta, visto que a União, por meio de lei complementar, poderá autorizar os Estados a legislar sobre **questões específicas** das matérias relacionadas à sua competência privativa, tal como direito processual (art. 22, I e parágrafo único, da CF); **B:** correta, pois, conforme jurisprudência do STF, "*os Estados-membros e o Distrito Federal não dispõem de competência para legislar sobre direito processual, eis que, nesse tema, que compreende a disciplina dos recursos em geral, somente a União Federal – considerado o sistema de poderes enumerados e de repartição constitucional de competências legislativas – possui atribuição para legitimamente estabelecer, em caráter de absoluta privatividade (CF, art. 22, n. I), a regulação normativa a propósito de referida matéria*" (ADI 2699, Rel. Min. Celso de Mello, Tribunal Pleno, j. em 20-05-2015); **C:** incorreta, pois o Supremo Tribunal Federal tem competência originária para processar e julgar as causas e os conflitos entre a União e os estados, a União e o Distrito Federal, ou entre uns e outros, inclusive as respectivas entidades da administração indireta (art. 102, I, *f*, da CF), desde que tais litígios tenham potencialidade para desestabilizar o pacto federativo. A jurisprudência do STF distingue **conflito entre entes federados** e **conflito federativo**, sustentando que, no primeiro caso, observa-se apenas a litigância judicial promovida pelos membros da Federação, ao passo que, no segundo, além da participação desses na lide, a conflituosidade da causa importa em potencial desestabilização do próprio pacto federativo, sendo que o legislador constitucional restringiu a atuação da STF à última hipótese (ACO 1.295 AgR-segundo, Rel. Min. Dias Toffoli, j. 14-10-2010); **D** e **E:** incorretas, pois a competência para legislar sobre direito processual é **privativa** da União (art. 22, I, da CF) – vale destacar que competência comum diz respeito à competência material.

Gabarito "B".

(Juiz de Direito – TJ/RS – 2018 – VUNESP) Considere a seguinte situação hipotética:

Na ausência de lei federal sobre um determinado tema, de competência legislativa concorrente, em 1995, o Estado do Rio Grande do Sul exerceu sua competência legislativa em matéria de proteção e defesa da saúde, nos termos da Constituição Federal, editando lei estadual que proibiu o uso de determinada substância no território estadual. Em 2007, a União editou lei federal que regulou o uso dessa mesma substância, permitindo-o, ainda que de forma restrita. No entanto, a lei federal foi objeto de Ação Direta de Inconstitucionalidade perante o Supremo Tribunal Federal. Não foi suspensa a aplicação da norma federal, no entanto, ela foi declarada inconstitucional, em 2017. Com isso, a lei estadual deve ser considerada

(A) inválida, pois no âmbito da competência legislativa concorrente, caberia ao Município – e não ao Estado – legislar sobre proteção e defesa da saúde, sobretudo se o uso da substância for relacionado ao interesse local.

(B) válida, pois a superveniência de lei federal apenas suspende a eficácia da lei estadual no âmbito da competência concorrente, de modo que, com a declaração de inconstitucionalidade da lei federal, a norma estadual teve sua eficácia restabelecida.

(C) inválida, pois a declaração de inconstitucionalidade da lei federal não restabelece a eficácia da lei estadual, tendo como efeito apenas a devolução da competência ao Estado para legislar sobre normas gerais enquanto não for editada nova lei federal.

(D) válida, pois a lei federal não revoga nem suspende a eficácia da lei estadual; em casos em que as normas federal e estadual forem incompatíveis, caberá ao Supremo Tribunal Federal decidir qual delas é aplicável.

(E) inválida, pois a competência legislativa concorrente permite que o Estado exerça sua competência suplementar somente após a União exercer plenamente sua competência de legislar sobre normas gerais.

A: incorreta, pois os Municípios não possuem competência legislativa concorrente (art. 24, *caput*, da CF), sendo competência concorrente da União, dos Estados e do Distrito Federal legislar sobre proteção e defesa da saúde (art. 24, XII, da CF); **B:** correta, pois a superveniência de lei federal sobre normas gerais **suspende a eficácia** da lei estadual, de modo que, com a declaração de inconstitucionalidade da lei federal – que não pode gerar quaisquer efeitos no plano do Direito por sua nulidade –, a norma estadual terá sua eficácia restabelecida em razão da inexistência de lei federal sobre normas gerais (art. 24, §§ 3º e 4º, da CF); **C:** incorreta, porque a declaração de inconstitucionalidade da lei federal **restabelece a eficácia** da lei estadual, cuja eficácia estava suspensa em razão da superveniência de lei federal sobre normas gerais (art. 24, §§ 3º e 4º, da CF); **D:** incorreta, haja vista que a superveniência de lei federal sobre normas gerais **suspende a eficácia** da lei estadual no que lhe for contrário (art. 24, § 4º, da CF); **E:** incorreta, pois, no âmbito da competência legislativa concorrente, a competência da União para legislar sobre normas gerais não exclui a competência suplementar dos Estados e, inexistindo lei federal sobre normas gerais, os Estados exercerão a competência legislativa plena (art. 24, §§ 2º e 3º, da CF).

Gabarito "B".

(Juiz de Direito – TJM/SP – VUNESP – 2016) A definição das condutas típicas configuradoras do crime de responsabilidade e o estabelecimento de regras que disciplinem o processo e o julgamento de agentes públicos federais, estaduais ou municipais envolvidos, conforme jurisprudência do Supremo Tribunal Federal, são de:

(A) competência legislativa privativa da União.

(B) competência comum de União, Estados, Municípios e Distrito Federal, cabendo à lei complementar fixar normas sobre cooperação na matéria.

(C) competência legislativa comum a todos os entes federativos e competência material da União.

(D) competência concorrente entre União, Estados e Distrito Federal, limitando-se a União a estabelecer normas gerais.

(E) competência reservada aos Estados, por não constar a matéria do rol de competências exclusivas ou privativas da União.

A: correta. De acordo com a Súmula Vinculante 46 (STF), a definição dos crimes de responsabilidade e o estabelecimento das respectivas normas de processo e julgamento **são de competência legislativa privativa da União**; **B** e **C:** incorretas. A competência comum vem prevista no art. 23 da CF e é modalidade de competência administrativa (material), não de competência legislativa; **D:** incorreta. Como mencionado, a competência é privativa da União, não concorrente, como afirmado pela alternativa. Os assuntos que são tratados de forma concorrente vêm previstos no art. 24 da CF; **E:** incorreta. A competência é privativa da União, não reservada aos Estados.

Gabarito "A".

(Procurador Municipal – Sertãozinho/SP – VUNESP – 2016) Sobre a competência dos Entes Municipais, segundo a jurisprudência do STF e a Constituição Federal, assinale a alternativa correta.

(A) Ofende o princípio da livre concorrência lei municipal que impede a instalação de estabelecimentos comerciais do mesmo ramo em determinada área.
(B) Em respeito ao princípio da simetria, os Municípios não poderão ter símbolos próprios.
(C) Compete aos Municípios legislar sobre trânsito e transporte.
(D) O Município dispõe de competência para legislar concorrentemente com a União e os Estados sobre juntas comerciais.
(E) Não é competente o Município para fixar horário de funcionamento de estabelecimento comercial.

A: correta. Determina a Súmula Vinculante 49 (STF) que, de fato, ofende o princípio da livre concorrência lei municipal que impede a instalação de estabelecimentos comerciais do mesmo ramo em determinada área; **B:** incorreta. De acordo com o art. 13, § 2º, da CF, os Estados, o Distrito Federal e os Municípios **poderão** ter símbolos próprios; **C:** incorreto. A competência para legislar sobre trânsito e transporte é **privativa da União**, conforme determina o art. 22, XI, da CF; **D:** incorreta. Segundo o art. 24, "caput" e inciso II, da CF a competência **concorrente é dada à União, aos Estados e ao Distrito Federal**; **E:** incorreta. Ao contrário do mencionado, a Súmula Vinculante 38 (STF) determina que o **Município é competente** para fixar o horário de funcionamento de estabelecimento comercial. BV
Gabarito "A".

(Procurador Municipal – Sertãozinho/SP – VUNESP – 2016) Com base na disciplina normativa dispensada pela Constituição Federal aos Municípios, assinale a alternativa correta.

(A) Compete aos Municípios a instituição de regiões metropolitanas.
(B) É permitida a criação de Tribunais, Conselhos ou órgãos de Contas Municipais caso esses Entes possuam população superior a quinhentos mil habitantes.
(C) O controle externo no âmbito municipal será exercido pela Câmara Municipal com o auxílio dos Tribunais de Contas dos Estados ou do Município ou dos Conselhos ou Tribunais de Contas dos Municípios, onde houver.
(D) O Município reger-se-á por lei orgânica, votada em dois turnos, com o interstício mínimo de dez dias, e aprovada por três quintos dos membros da Câmara Municipal.
(E) A iniciativa popular de projetos de lei de interesse específico do Município, da cidade ou de bairros, poderá ocorrer por meio de manifestação de, pelo menos, três por cento do eleitorado.

A: incorreta. De acordo com o art. 25, § 3º, da CF, os **Estados poderão**, mediante lei complementar, **instituir regiões metropolitanas**, aglomerações urbanas e microrregiões, constituídas por agrupamentos de municípios limítrofes, para integrar a organização, o planejamento e a execução de funções públicas de interesse comum; **B:** incorreta. Ao contrário do mencionado, **é proibida** a criação de Tribunais, Conselhos ou órgãos de Contas Municipais, conforme determina o § 4º do art. 31 da CF; **C:** correta. O art. 31, "caput", da CF, determina que a fiscalização do Município seja exercida pelo Poder Legislativo Municipal, mediante controle externo, e pelos sistemas de controle interno do Poder Executivo Municipal, na forma da lei. O § 1º do dispositivo mencionado completa mencionando que o controle externo da Câmara Municipal será exercido com o auxílio dos Tribunais de Contas dos Estados ou do Município ou dos Conselhos ou Tribunais de Contas dos Municípios, onde houver; **D:** incorreta. De acordo com o "caput" do art. 29 da CF, o Município reger-se-á por lei orgânica, votada em dois turnos, com o interstício mínimo de dez dias, e aprovada por **dois terços** dos membros da Câmara Municipal, que a promulgará, atendidos os princípios estabelecidos nesta Constituição, na Constituição do respectivo Estado e pelos preceitos citados nos incisos do artigo mencionado; **E:** incorreta. Determina o art. 29, XIII, da CF que a iniciativa popular de projetos de lei de interesse específico do Município, da cidade ou de bairros, ocorrerá através de manifestação de, pelo menos, **cinco por cento** do eleitorado. BV
Gabarito "C".

(Procurador – IPSMI/SP – VUNESP – 2016) Em relação aos Municípios, a Constituição Federal prevê que:

(A) a criação, fusão, incorporação ou desmembramento de Município condiciona-se exclusivamente à consulta mediante plebiscito às populações dos Municípios envolvidos.
(B) é competência do Município manter, com cooperação técnica e financeira da União e do Estado, programas de educação infantil, de ensino fundamental e de ensino médio.
(C) as regiões metropolitanas, constituídas por agrupamentos de Municípios limítrofes, para integrar a organização, o planejamento e a execução de funções públicas de interesse comum podem, mediante lei complementar, ser instituídas pelos Estados.
(D) o número de vereadores da Câmara Municipal deve ser proporcional ao número de eleitores do Município.
(E) o total de despesas com a remuneração dos vereadores não poderá ultrapassar o montante de dez por cento da receita do Município.

A: incorreta. A consulta mediante plebiscito é apenas um dos requisitos para tais atos. De acordo com o art. 18, § 4º, da CF, a criação, a incorporação, a fusão ou o desmembramento de Municípios, far-se-ão por **lei estadual**, dentro do período determinado por Lei Complementar Federal, e dependerão de **consulta prévia, mediante plebiscito**, às populações dos Municípios envolvidos, **após divulgação dos Estudos de Viabilidade Municipal**, apresentados e publicados na forma da lei; **B:** incorreta. **O ensino médio não faz parte da competência municipal**. Determina o art. 30, VI, da CF que é da competência dos Municípios a manutenção, com a cooperação técnica e financeira da União e do Estado, de programas de educação infantil e de ensino fundamental; **C:** correta. É o que determina o art. 25, § 3º, da CF. Segundo o dispositivo mencionado, os Estados poderão, mediante lei complementar, instituir regiões metropolitanas, aglomerações urbanas e microrregiões, constituídas por agrupamentos de municípios limítrofes, para integrar a organização, o planejamento e a execução de funções públicas de interesse comum; **D:** incorreta. O número de vereadores é fixado de acordo com os **habitantes**, conforme determina o art. 29, IV, *a* a *x*, da CF; **E:** incorreta. Determina o art. 29, VII, da CF que o total da despesa com a remuneração dos Vereadores não poderá ultrapassar o montante de **cinco** por cento da receita do Município. BV
Gabarito "C".

(Procurador Municipal/SP – VUNESP – 2016) A respeito da intervenção nos Municípios, é correto afirmar que a Constituição Federal prevê que:

(A) uma das hipóteses que autorizam a intervenção consiste na não aplicação do mínimo exigido, da receita municipal, na manutenção e desenvolvimento da educação, nas ações e serviços públicos de saúde e nas ações de preservação ambiental.
(B) a competência para decretação e execução da intervenção, em qualquer Município da federação, é do Governador de Estado ou do Presidente da República.
(C) é hipótese de intervenção o provimento pelo Tribunal de Justiça de representação que vise a assegurar a

observância de princípios indicados na Constituição Estadual, ou para prover a execução de lei, de ordem, de decisão judicial ou de decisão do Tribunal de Contas.

(D) são requisitos do decreto interventivo as especificações de amplitude, de prazo e de condições de execução, sendo que o Governador de Estado deverá obrigatoriamente nomear interventor, afastando as autoridades envolvidas.

(E) se a suspensão da execução do ato impugnado não for suficiente para o restabelecimento da normalidade, o Governador de Estado decretará a intervenção no Município, submetendo esse ato à Assembleia Legislativa, que, estando em recesso, será convocada extraordinariamente.

A: incorreta, pois o texto constitucional não traz a previsão quanto às ações de preservação ambiental (art. 35, III, da CF); **B:** incorreta, pois não cabe intervenção federal em Município localizado em Estado-membro (ver IF 590/CE, STF); **C:** incorreta, pois não há menção ao Tribunal de Contas; **D:** incorreta, pois não requer nomeação obrigatória do interventor, vez que tal nomeação é facultativa (se couber); **E:** correta, nos termos do art. 36, §§ 2º e 3º, da CF.
Gabarito "E".

(Delegado/SP – 2014 – VUNESP) Compete privativamente à União legislar sobre

(A) produção e consumo.
(B) assistência jurídica e defensoria pública.
(C) trânsito e transporte.
(D) direito tributário, financeiro, penitenciário, econômico e urbanístico.
(E) educação, cultura, ensino e desporto.

A: incorreta. De acordo com o art. 24, V, da CF, compete à União, aos Estados e ao Distrito Federal legislar **concorrentemente** sobre produção e consumo; **B:** incorreta. Conforme determina o art. 24, XIII, da CF, a legislação sobre assistência jurídica e defensoria é da competência concorrente entre a União, os Estados e ao Distrito Federal; **C:** correta. De fato, a competência para legislar sobre trânsito e transporte é privativa da União, conforme dispõe o art. 22, XI, da CF; **D:** incorreta. Tais assuntos, de acordo com o art. 24, I, da CF são da competência concorrente entre a União, aos Estados e ao Distrito Federal; **E:** incorreta. Por fim, a legislação sobre educação, cultura, ensino e desporto, conforme determina o art. 24, IX, da CF, também é da competência dos entes federados, de forma concorrente.
Gabarito "C".

(Magistratura/SP – 2013 – VUNESP) Com relação ao Distrito Federal, a Constituição Federal:

(A) veda a divisão do Distrito Federal em Municípios.
(B) atribui ao Distrito Federal poder de organizar e manter o Poder Judiciário, o Ministério Público e a Defensoria Pública do Distrito Federal.
(C) autoriza a divisão do Distrito Federal em Municípios, desde que consultada a população mediante plebiscito.
(D) atribui ao Distrito Federal as mesmas competências legislativas reservadas à União.

A: correta. De fato, o *caput* do art. 32 da CF veda a divisão do Distrito Federal em Municípios; **B:** incorreta. A EC 69/12, ao alterar a redação dos arts. 21, 22 e 48 da CF, transferiu da União para o **Distrito Federal as atribuições de organizar e manter a Defensoria Pública do Distrito Federal**; **C:** incorreta. Conforme mencionado (art. 32, *caput*, da CF), é proibida a divisão do Distrito Federal em Municípios, ainda que haja consulta da população interessa mediante plebiscito; **D:** incorreta. O Distrito Federal não possui as mesmas competências legislativas reservadas à União. De acordo com o art. 32, § 1.º, da CF, ao Distrito Federal são atribuídas as competências legislativas reservadas aos Estados e Municípios.
Gabarito "A".

(Magistratura/SP – 2013 – VUNESP) Os Territórios Federais integram a União, e sua criação será regulada por meio de:

(A) Lei Complementar, precedida de consulta popular.
(B) Emenda Constitucional.
(C) Plebiscito.
(D) Emenda Constitucional, precedida de consulta popular.

De acordo com o art. 18, § 2.º, da CF, de fato, os Territórios Federais integram a União, e sua criação, transformação em Estado ou reintegração ao Estado de origem são reguladas **em lei complementar**. Além disso, o § 3.º do mesmo dispositivo constitucional determina a possibilidade dos Estados incorporar-se entre si, subdividir-se ou desmembrar-se para se anexarem a outros, **ou formarem novos Estados ou Territórios Federais, mediante aprovação da população diretamente interessada, através de plebiscito**, e do Congresso Nacional, por lei complementar.
Gabarito "A".

(Ministério Público/ES – 2013 – VUNESP) Considerando as regras de repartição de competências constitucionais, pode-se dizer que legislar sobre: (i) trânsito e transporte; e (ii) responsabilidade por dano ao meio ambiente, ao consumidor, a bens e direitos de valor artístico, estético, histórico, turístico e paisagístico; cabe, respectivamente,

(A) à União, aos Estados e ao Distrito Federal, de forma concorrente; e aos Estados, de forma suplementar.
(B) aos Estados, de forma suplementar; e à União, aos Estados e ao Distrito Federal, de forma concorrente.
(C) à União de forma privativa; e à União, aos Estados, ao Distrito Federal e aos Municípios, por competência comum.
(D) aos Municípios, de forma suplementar; e à União de forma privativa.
(E) à União de forma privativa; e à União, aos Estados e ao Distrito Federal, de forma concorrente.

Segundo estabelece o art. 22, XI, da CF, cabe à União, privativamente, legislar acerca de *trânsito e transporte* (item "i"); quanto ao item "ii", a competência para legislar sobre os temas ali contidos é atribuída, concorrentemente, à União, aos Estados e ao Distrito Federal (art. 24, CF).
Gabarito "E".

9.2. DA ADMINISTRAÇÃO PÚBLICA

(Escrevente – TJ/SP – 2018 – VUNESP) Nos termos da Constituição da República Federativa do Brasil (CRFB/88), é correto afirmar que

(A) é vedada a acumulação remunerada de dois cargos públicos de professor, independentemente de haver compatibilidade de horário.
(B) os vencimentos dos cargos do Poder Legislativo e do Poder Executivo não poderão ser superiores aos pagos pelo Poder Judiciário.
(C) o servidor público da administração direta, autárquica e fundacional, investido no mandato de Prefeito, será afastado do cargo, emprego ou função, sendo-lhe vedado optar pela sua remuneração.

(D) os proventos de aposentadoria e as pensões, por ocasião de sua concessão, não poderão exceder a remuneração do respectivo servidor, no cargo efetivo em que se deu a aposentadoria ou que serviu de referência para a concessão da pensão.
(E) o servidor público estável perderá o cargo em virtude de sentença judicial ou administrativa, que prescindem de processo prévio em contraditório.

A: incorreta, pois é **permitida** a acumulação remunerada de dois cargos de professor quando houver compatibilidade de horários (art. 37, XVI, *a*, da CF); **B:** incorreta, pois os vencimentos dos cargos do Poder Legislativo e do Poder Judiciário não poderão ser superiores aos pagos pelo **Poder Executivo** (art. 37, XII, da CF); **C:** incorreta, já que o servidor público da administração direta, autárquica e fundacional investido no mandato de Prefeito será afastado do cargo, emprego ou função, sendo-lhe **facultado** optar pela sua remuneração (art. 38, II, da CF); **D:** correta, nos termos do art. 40, § 2°, da CF; **E:** incorreta, pois o servidor público estável só perderá o cargo em virtude de sentença judicial transitada em julgado; processo administrativo em que lhe seja assegurada ampla defesa; e procedimento de avaliação periódica de desempenho, assegurada ampla defesa (art. 41, § 1°, I a III, da CF).
Gabarito "D".

(Investigador – PC/BA – 2018 – VUNESP) Com base na Constituição Federal, assinale a alternativa correta sobre as disposições gerais da Administração Pública.
(A) O prazo de validade dos concursos públicos será de até 2 (dois) anos, prorrogável, por no máximo 2 (duas) vezes, por igual período.
(B) A lei reservará percentual dos cargos e empregos públicos para as pessoas portadoras de deficiência e definirá os critérios de sua admissão.
(C) Por decreto da Administração Pública, serão estabelecidos os casos de contratação por tempo determinado para atender a necessidade temporária de excepcional interesse público.
(D) Os vencimentos dos cargos do Poder Executivo e Judiciário não poderão ser superiores aos pagos pelo Poder Legislativo.
(E) Os acréscimos pecuniários percebidos por servidor público serão computados e acumulados para fins de concessão de acréscimos ulteriores.

A: incorreta, visto que o prazo de validade do concurso público será de até dois anos, prorrogável **uma vez**, por igual período (art. 37, III, da CF); **B:** correta, de acordo com o art. 37, inciso VIII, da CF; **C:** incorreta, pois a **lei** estabelecerá os casos de contratação por tempo determinado para atender à necessidade temporária de excepcional interesse público (art. 37, IX, da CF); **D:** incorreta, porque os vencimentos dos cargos do Poder Legislativo e do Poder Judiciário não poderão ser superiores aos pagos pelo Poder Executivo (art. 37, XII, da CF); **E:** incorreta, pois os acréscimos pecuniários percebidos por servidor público **não** serão computados nem acumulados para fins de concessão de acréscimos ulteriores (art. 37, XIV, da CF).
Gabarito "B".

(Delegado/SP – 2014 – VUNESP) Os atos de improbidade administrativa importarão, nos termos da Constituição Federal, dentre outros,
(A) a prisão provisória, sem direito à fiança.
(B) a indisponibilidade dos bens.
(C) a impossibilidade de deixar o país.
(D) a suspensão dos direitos civis.
(E) o pagamento de multa ao Fundo de Proteção Social.

De acordo com o art. 37, § 4°, da CF, os atos de improbidade administrativa importarão a suspensão dos direitos políticos, a perda da função pública, a **indisponibilidade dos bens** e o ressarcimento ao erário, na forma e gradação previstas em lei, sem prejuízo da ação penal cabível.
Gabarito "B".

(Técnico Judiciário – TJSP – 2013 – VUNESP) São princípios constitucionais expressos voltados à administração pública direta e indireta:
(A) celeridade e transparência.
(B) isonomia e pessoalidade.
(C) legalidade e imparcialidade.
(D) moralidade e proporcionalidade.
(E) legalidade e eficiência.

Os princípios constitucionais expressos, voltados à administração pública, vêm previstos no caput do art. 37 da CF/1988 e são os seguintes: legalidade, impessoalidade, moralidade, publicidade e eficiência.
Gabarito "E".

(Técnico Judiciário – TJSP – 2013 – VUNESP) Os servidores titulares de cargos efetivos da União, dos Estados, do Distrito Federal e dos Municípios serão aposentados voluntariamente, desde que cumprido tempo mínimo de dez anos de efetivo exercício no serviço público e de cinco anos no cargo efetivo em que se dará a aposentadoria, observadas as seguintes condições, conforme estabelecido na Constituição Federal:
(A) setenta anos de idade, com proventos proporcionais ao tempo de contribuição.
(B) sessenta anos de idade e trinta e cinco de contribuição, se homem.
(C) sessenta e cinco anos de idade, se homem, com proventos proporcionais ao tempo de serviço.
(D) sessenta anos de idade e trinta e cinco de contribuição, se mulher.
(E) sessenta anos de idade, se mulher, com proventos proporcionais ao tempo de serviço.

De acordo com o art. 40, § 1°, III, da CF/1988, a aposentadoria voluntária, desde que cumprido tempo mínimo de dez anos de efetivo exercício no serviço público e cinco anos no cargo efetivo em que se dará a aposentadoria, é adquirida desde que observadas as seguintes condições: a) sessenta anos de idade e trinta e cinco de contribuição, se homem, e cinquenta e cinco anos de idade e trinta de contribuição, se mulher; ou b) sessenta e cinco anos de idade, se homem, e sessenta anos de idade, se mulher, com proventos proporcionais ao tempo de contribuição.
Gabarito "B".

10. ORGANIZAÇÃO DO PODER EXECUTIVO

(Escrevente Técnico – TJM/SP – VUNESP – 2017) O servidor público estável só perderá o cargo:
(A) se preso em flagrante por crime inafiançável.
(B) mediante processo administrativo em que lhe seja assegurada ampla defesa.
(C) no caso de extinção do cargo.
(D) quando posto em disponibilidade há mais de cinco anos.
(E) mediante procedimento de avaliação mensal de desempenho.

De acordo com o art. 41, § 1°, da CF, o servidor público estável só perderá o cargo: I – em virtude de sentença judicial transitada em julgado; II – **mediante processo administrativo em que lhe seja**

assegurada ampla defesa; III – mediante procedimento de avaliação periódica de desempenho, na forma de lei complementar, assegurada ampla defesa.

Gabarito "B".

(Juiz de Direito – TJM/SP – VUNESP – 2016) Considere o seguinte caso hipotético. Assembleia Legislativa de determinado Estado da Federação aprova projeto de lei, de iniciativa parlamentar, que estabelece o regime jurídico dos servidores públicos daquela unidade federativa. O Governador do Estado sanciona o projeto, que entra em vigor. Tendo em vista as previsões da Constituição Federal que disciplinam o processo legislativo e a jurisprudência do Supremo Tribunal Federal, é correto afirmar que a lei resultante é:

(A) constitucional, pois por aplicação do princípio da simetria, a iniciativa do processo legislativo estadual é sempre concorrente, sendo concedida a qualquer membro ou comissão da Assembleia Legislativa, ao Governador Estadual e aos cidadãos.
(B) inconstitucional, por vício formal, já que a matéria é de iniciativa privativa do Governador do Estado, não sendo a sanção do Chefe do Poder Executivo suficiente para afastar tal vício.
(C) constitucional, pois o regime jurídico de servidores públicos estaduais é matéria de iniciativa concorrente do Chefe do Poder Legislativo e do Chefe do Poder Executivo Estaduais.
(D) constitucional, pois embora haja vício formal de iniciativa, já que o projeto de lei seria do Chefe do Poder Executivo Estadual, a sanção é suficiente para sanar esse defeito jurídico.
(E) inconstitucional, pois o regime jurídico dos servidores públicos é uma regulamentação do direito civil e do trabalho, matérias essas de competência privativa da União.

Por todas as alternativas estarem diretamente ligadas ao caso apresentado, vale lembrar que o art. 61, § 1º, II, c, da CF, determina que tal iniciativa é do Chefe do Poder Executivo e, por assim ser, o ato de sancionar o Projeto de Lei não convalida o vício formal. Logo, a única questão possível de ser assinalada como correta é a letra B.

Gabarito "B".

(Procurador Municipal/SP – VUNESP – 2016) Os Municípios são regidos por Leis Orgânicas, que deverão observar determinados preceitos previstos na Constituição Federal. Nesse sentido, em relação ao Poder Executivo Municipal, deverá a Lei Orgânica Municipal prever:

(A) a posse do Prefeito e do Vice-Prefeito até o dia 10 de janeiro do ano subsequente ao da eleição e o julgamento do prefeito pelo Tribunal de Justiça Estadual.
(B) aplicação das regras atinentes à realização de dois turnos de votação, previstas para a Presidência da República, no caso de Municípios com mais de cem mil eleitores.
(C) subsídios do Prefeito, do Vice-Prefeito e dos Secretários Municipais fixados por lei de iniciativa da Câmara Municipal, que não poderão exceder o subsídio mensal, em espécie, dos Ministros do Superior Tribunal de Justiça.
(D) a perda do mandato para o Prefeito que assumir outro cargo ou função na administração pública direta ou indireta, ressalvada a posse em virtude de concurso público e observado o afastamento previsto na Constituição Federal.
(E) como crime de responsabilidade do Prefeito se a Câmara Municipal gastar mais de setenta por cento de sua receita com folha de pagamento, incluído o gasto com o subsídio de seus Vereadores.

A: incorreta, pois a data é de 1º de janeiro (art. 29, III, da CF); **B:** incorreta, pois precisamos de mais de 200 mil eleitores (art. 29, II, da CF); **C:** incorreta, por infração ao art. 29, V, da CF; **D:** correta, pois é o que determina o art. 29, XIV, da CF; **E:** incorreta, pois o crime de responsabilidade será do Presidente da Câmara (ver arts. 29, §§ 1º, 2º e 3º, da CF).

Gabarito "D".

(Procurador – IPSMI/SP – VUNESP – 2016) Em caso de vacância do cargo e diante do impedimento (temporário) do Vice, será chamado para governar:

(A) o Presidente do Senado Federal, se o cargo for de Presidente da República.
(B) o Presidente da Câmara dos Deputados, se o cargo for de Presidente da República.
(C) o Presidente do Tribunal de Contas, se o cargo for de Governador do Distrito Federal.
(D) o Presidente do Tribunal de Justiça local, se o cargo for de Prefeito.
(E) o Presidente do Tribunal de Justiça local, se o cargo for de Governador de Estado.

A: incorreta. A ordem de sucessão presidencial, no âmbito federal, vem prevista no art. 80 da CF, de modo que em caso de impedimento do Presidente e do Vice-Presidente, ou vacância dos respectivos cargos, serão sucessivamente chamados ao exercício da Presidência o **Presidente da Câmara dos Deputados, o do Senado Federal e o do Supremo Tribunal Federal**; **B:** correta. É o que determina o mencionado art. 80 da CF; **C:** incorreta. O Presidente da Câmara Legislativa é que seria chamado nessa hipótese; **D:** incorreta. O Presidente da Câmara Municipal é quem deve ocupar o cargo; **E:** incorreta. O Presidente da Assembleia Legislativa é quem deve ocupar o cargo.

Gabarito "B".

(Procurador – IPSMI/SP – VUNESP – 2016) O teto do funcionalismo tem como base parâmetros distintos a depender do ente federativo e da esfera de Poder. Assim, conforme previsão constitucional,

(A) no âmbito do Poder Judiciário Estadual, o teto equivale ao subsídio mensal dos Desembargadores do TJ, limitado a 85,75% do subsídio mensal, em espécie, dos Ministros do Supremo Tribunal Federal.
(B) no âmbito do Município, tanto na esfera legislativa como na executiva, o teto equivale ao subsídio do Prefeito.
(C) no âmbito do Poder Legislativo estadual, o teto equivale ao subsídio mensal do Governador de Estado.
(D) os tetos da Magistratura federal e estadual são idênticos, equivalendo a 85,75% do subsídio mensal dos Ministros do Supremo Tribunal Federal.
(E) no âmbito do Poder Legislativo Municipal, o teto equivale ao subsídio mensal dos Vereadores.

A: incorreta, pois a limitação equivale a 90,25% do subsídio mensal, em espécie, dos Ministros do Supremo Tribunal Federal (art. 37, XI, da CF); **B:** correta, pois, no âmbito municipal, o teto é o subsídio do Prefeito; **C:** incorreta, pois o teto equivale ao subsídio mensal dos Deputados

Estaduais; **D:** incorreta, pois com a decisão do STF a remuneração dos juízes e desembargadores estaduais poderá alcançar o teto remuneratório praticado na Justiça Federal (ADI 3.854/DF), tendo em vista o caráter nacional do Poder Judiciário; **E:** incorreta, pois equivale ao subsídio do Prefeito.

Gabarito "B".

(Procurador Municipal/SP – VUNESP – 2016) Nos termos da Constituição Federal de 1988, os servidores nomeados para cargo de provimento efetivo em virtude de concurso público:

(A) adquirem estabilidade após dois anos de efetivo exercício, mas podem perder o cargo em virtude de processo administrativo em que lhe seja assegurada a ampla defesa.
(B) são estáveis após três anos de efetivo exercício, mas podem perder o cargo em virtude de decisão do Tribunal de Contas.
(C) adquirem estabilidade após cinco anos de efetivo exercício, mas podem perder o cargo em virtude de procedimento de avaliação periódica de desempenho, no qual deve ser assegurada a ampla defesa.
(D) são estáveis após um ano de efetivo exercício, mas podem perder o cargo em virtude de decisão da Justiça Eleitoral transitada em julgado.
(E) são estáveis após três anos de efetivo exercício, todavia podem perder o cargo em virtude de sentença judicial transitada em julgado.

A: incorreta. De acordo com o "caput" do art. 41 da CF, são estáveis após **três** anos de efetivo exercício os servidores nomeados para cargo de provimento efetivo em virtude de concurso público. A segunda parte da alternativa está correta, pois tais servidores podem perder o cargo em virtude de processo administrativo em que lhe seja assegurada a ampla defesa, conforme determina o inciso II do § 1º do art. 41 da CF; **B:** incorreta. Decisão do Tribunal de Contas **não gera perda** do cargo do servidor estável; **C:** incorreta. O **prazo correto é de três anos**, como já mencionado. Por outro lado, o procedimento de avaliação periódica de desempenho, na forma de lei complementar, e desde que assegurada ampla defesa, pode gerar a perda do cargo do servidor estável, como informa o inciso III do § 1º do art. 41 da CF; **D:** incorreta. O prazo está errado e a informação de que a perda do cargo pode advir de decisão da Justiça Eleitoral também; **E:** correta. É o que determinam o "caput" e o inciso I do § 1º do art. 41 da CF.

Gabarito "E".

(Magistratura/SP – 2013 – VUNESP) Ato Normativo do Presidente da República que exorbita dos limites de delegação legislativa:

(A) autoriza o Congresso Nacional a revogar todo o Ato Normativo do Poder Executivo, por meio de uma Resolução.
(B) legitima o Presidente do Senado Federal a propor ação direta de inconstitucionalidade.
(C) autoriza o Congresso Nacional a sustar a parte do Ato Normativo do Poder Executivo que exorbitou dos limites de delegação legislativa, por meio de Decreto Legislativo.
(D) legitima a Mesa do Congresso Nacional a propor ação direta de inconstitucionalidade.

De acordo com o art. 49, V, da CF, compete exclusivamente ao Congresso Nacional **sustar os atos** normativos do Poder Executivo **que exorbitem** do poder regulamentar ou **dos limites de delegação** legislativa.

Gabarito "C".

11. ORGANIZAÇÃO DO PODER LEGISLATIVO. PROCESSO LEGISLATIVO

11.1. ORGANIZAÇÃO E COMPETÊNCIAS DO SENADO, DA CÂMARA DOS DEPUTADOS E DO CONGRESSO NACIONAL

(Procurador do Estado/SP – 2018 – VUNESP) Ao escrever sobre a relação entre liberdade política, democracia e poder, no Livro XI da obra clássica "O Espírito das Leis", Montesquieu já afirmava: 'Para que não se possa abusar do poder, é preciso que, pela disposição das coisas, o poder limite o poder.". A ideia foi incorporada pela Constituição brasileira de 1988, sendo correto afirmar sobre a independência e harmonia dos Poderes:

(A) a Comissão Parlamentar de Inquérito, enquanto projeção orgânica do Poder Legislativo da União, nada mais é senão a longa manus do próprio Congresso Nacional ou das Casas que o compõem. Assim, as suas decisões que respeitarem aos princípios da colegialidade e da motivação não estarão sujeitas ao controle jurisdicional ou revisão por parte do Poder Judiciário.
(B) compete privativamente à Câmara dos Deputados processar e julgar o Presidente e o Vice-Presidente da República nos crimes de responsabilidade, bem como os Ministros de Estado e os Comandantes da Marinha, do Exército e da Aeronáutica nos crimes da mesma natureza conexos com aqueles.
(C) a decretação da intervenção federal dependerá sempre de prévia solicitação do Poder Legislativo ou do Poder Executivo coacto ou impedido, ou de requisição do Supremo Tribunal Federal, se a coação for exercida contra o Poder Judiciário.
(D) a discussão e votação dos projetos de lei de iniciativa do Presidente da República, do Supremo Tribunal Federal e dos Tribunais Superiores terão início no Senado Federal e cada parte interessada poderá solicitar urgência para apreciação de projetos de sua iniciativa.
(E) cabe ao Congresso Nacional, mediante controle externo, fiscalizar a aplicação de quaisquer recursos repassados pela União mediante convênio, acordo, ajuste a outros instrumentos congêneres, a Estado, ao Distrito Federal ou a Município.

A: incorreta, pois a Comissão Parlamentar de Inquérito, enquanto projeção orgânica do Poder Legislativo da União, nada mais é senão a *longa manus* do próprio Congresso Nacional ou das Casas que o compõem, sujeitando-se, em consequência, em tema de mandado de segurança ou de *habeas corpus*, ao controle jurisdicional originário do Supremo Tribunal Federal. O controle jurisdicional de abusos praticados por comissão parlamentar de inquérito não ofende o princípio da separação de poderes. (MS 23452, Rel. Min. Celso de Mello, Tribunal Pleno, j. em 16-09-1999); **B:** incorreta, visto que compete privativamente ao **Senado Federal** processar e julgar o Presidente e o Vice-Presidente da República nos crimes de responsabilidade e os Ministros de Estado nos crimes da mesma natureza conexos com aqueles (art. 52, I, da CF); **C:** incorreta, porque a decretação da intervenção federal somente dependerá de solicitação do Poder Legislativo ou do Poder Executivo coacto ou impedido, ou de requisição do Supremo Tribunal Federal, para garantir o livre exercício de qualquer dos Poderes nas unidades da Federação (art. 36, I, c/c art. 34, IV, da CF); **D:** incorreta, tendo em vista que a discussão e votação dos projetos de lei de iniciativa do

Presidente da República, do Supremo Tribunal Federal e dos Tribunais Superiores terão início na **Câmara dos Deputados** e apenas o Presidente da República poderá solicitar urgência para apreciação de projetos de sua iniciativa (art. 64, *caput* e § 1º, da CF); **E:** correta, pois o controle externo é exercido pelo Congresso Nacional com o auxílio do Tribunal de Contas da União, cabendo-lhe fiscalizar a aplicação de quaisquer recursos repassados pela União mediante convênio, acordo, ajuste ou outros instrumentos congêneres, a Estado, ao Distrito Federal ou a Município (art. 71, *caput* e inciso VI, da CF).
Gabarito "E".

(Procurador – IPSMI/SP – VUNESP – 2016) No que tange à separação de poderes, as funções atípicas permitem que:

(A) o Poder Legislativo fiscalize o Poder Executivo.
(B) os Tribunais Superiores aprovem súmula com efeito vinculante para todos os órgãos da Administração.
(C) o Congresso Nacional julgue o Presidente da República nos crimes de responsabilidade.
(D) o Poder Legislativo apure fato determinado e por prazo certo com poderes de investigação próprios de autoridades judiciais.
(E) o Poder Judiciário declare a inconstitucionalidade das leis por meio do controle difuso.

A: incorreta, pois o ato de fiscalizar não se insere num contexto de atividade/função atípica; **B:** incorreta, uma vez que o ato de aprovar uma súmula com efeito vinculante é atividade típica do Poder Judiciário; **C:** incorreta, pois o Senado Federal tem a função típica de julgar o Presidente da República nos crimes de responsabilidade (art. 52, I, da CF); **D:** correta, ainda que o fato do Poder Legislativo atuar mediante uma CPI não seja, por si só, uma função atípica, contudo, quando se utiliza de poderes de investigação que são próprios do Poder Judiciário temos, de fato, o exercício de uma função atípica; **E:** incorreta, pois é nítida função típica do Poder Judiciário.
Gabarito "D".

11.2. PRERROGATIVAS E IMUNIDADES PARLAMENTARES

(Delegado/SP – 2014 – VUNESP) A respeito de ações penais contra Deputados e Senadores, assinale a alternativa correta.

(A) No caso de sustação da ação criminal, não há suspensão da prescrição, que permanecerá em curso.
(B) Somente após a posse serão submetidos a julgamento perante o Supremo Tribunal Federal.
(C) Recebendo, o Supremo Tribunal Federal dará ciência à Casa respectiva, que poderá sustar o andamento da ação.
(D) As imunidades de Deputados ou Senadores não subsistirão durante o estado de sítio ou de guerra.
(E) Desde a expedição do Diploma, não poderão ser presos, exceto pela prática de crime inafiançável.

A: incorreta. De acordo com o art. 53, § 5º, da CF, a **sustação do processo suspende a prescrição**, enquanto durar o mandato; **B:** incorreta. Conforme determina o art. 53, § 1º, da CF, os Deputados e Senadores, **desde a expedição do diploma**, serão submetidos a julgamento perante o Supremo Tribunal Federal; **C:** correta. É o que determina o art. 53, § 3º, da CF; **D:** incorreta. Conforme determina o art. 53, § 8º, da CF, as imunidades de Deputados ou Senadores **subsistirão durante o estado de sítio**, só podendo ser suspensas mediante o voto de dois terços dos membros da Casa respectiva, nos casos de atos praticados fora do recinto do Congresso Nacional, que sejam incompatíveis com a execução da medida; **E:** incorreta. De acordo com o art. 53, § 2º, da CF, desde a expedição do diploma, os membros do Congresso Nacional não poderão ser presos, **salvo em flagrante de crime inafiançável**.

Nesse caso, os autos serão remetidos dentro de vinte e quatro horas à Casa respectiva, para que, pelo voto da maioria de seus membros, resolva sobre a prisão.
Gabarito "C".

11.3. COMISSÕES PARLAMENTARES DE INQUÉRITO – CPI

(Investigador – PC/BA – 2018 – VUNESP) Suponha que o Senado Federal decida criar uma Comissão Parlamentar de Inquérito (CPI) para investigação da corrupção no Futebol. Nessa hipótese, é correto afirmar que

(A) se exige, para a criação da CPI, que pelo menos 1/6 (um sexto) dos membros do Senado tenham subscrito o requerimento de instauração.
(B) no âmbito da investigação, se verificada a possibilidade de que o investigado fuja do país, a CPI poderá impor a proibição de ausentar-se do país.
(C) havendo suspeita de que o(s) investigado(s) mantém contato contínuo com organizações criminosas, a CPI poderá determinar interceptação telefônica.
(D) em regra, referida CPI poderá ser criada por prazo indeterminado, em função da necessidade de investigação apropriada da corrupção.
(E) a CPI será inconstitucional, pois o comando constitucional exige a instauração para apuração de fato determinado e não genérico.

A: incorreta, pois o requerimento de instalação da CPI deve conter a assinatura de **1/3 (um terço)** dos membros da Câmara dos Deputados ou Senado Federal (art. 58, § 3º, da CF); **B:** incorreta, pois a CPI não pode impedir que o cidadão deixe o território nacional e nem determinar apreensão de passaporte; **C:** incorreta, visto que a CPI não pode determinar interceptação telefônica; **D:** incorreta, pois a CPI deve ser criada por **prazo certo** (art. 58, § 3º, da CF); **E:** correta, pois a CPI deve ser criada para apurar **fato determinado**, e não fato genérico (art. 58, § 3º, da CF).
Gabarito "E".

11.4. PROCESSO LEGISLATIVO

(Delegado – PC/BA – 2018 – VUNESP) A Casa na qual tenha sido concluída a votação de projeto de lei deverá enviá-lo ao Presidente da República que, ao considerar o projeto

(A) no todo ou em parte, inconstitucional ou contrário ao interesse público, vetá-lo-á total ou parcialmente, no prazo de quinze dias úteis, contados da data do recebimento.
(B) inconstitucional, em parte, poderá apor veto parcial, no prazo de quinze dias úteis, abrangendo artigo, parágrafo, inciso, alínea ou expressão verbal.
(C) no todo ou em parte, inconstitucional ou contrário ao interesse público, vetá-lo á total ou parcialmente, no prazo de trinta dias contados da data do recebimento.
(D) contrário ao interesse público, vetá-lo-á totalmente, não podendo fazê-lo, neste caso, de forma parcial, já que não há como cindir o interesse público.
(E) no todo ou em parte, inconstitucional, vetá-lo-á total ou parcialmente, no prazo de vinte dias contados da data do recebimento.

Segundo o art. 66, § 1º, da CF, se o Presidente da República considerar o projeto, no todo ou em parte, inconstitucional ou contrário ao interesse público, vetá-lo-á total ou parcialmente, no prazo de **quinze dias úteis**, contados da data do recebimento, e comunicará, dentro de **quarenta e oito horas**, ao Presidente do Senado Federal os motivos do veto. Vale

ressaltar que o veto parcial somente abrangerá texto integral de artigo, de parágrafo, de inciso ou de alínea (art. 66, § 2º, da CF).
Gabarito "A".

(Defensor Público/RO – 2017 – VUNESP) Projeto de lei cuja iniciativa foi atribuída exclusivamente ao Chefe do Poder Executivo

(A) não admite a apresentação de emendas por parte dos membros do Poder Legislativo, que devem aprovar ou rejeitar o projeto em sua integralidade.
(B) admite, validamente, a apresentação de emendas, observadas algumas restrições impostas pela Constituição Federal, já que a atividade legislativa permanece com os parlamentares.
(C) admite a apresentação de emendas parlamentares, ainda que estas provoquem aumento na despesa inicialmente prevista.
(D) não admite emendas parlamentares apenas quando se tratarem de projetos de orçamento anual, diretrizes orçamentárias e plano plurianual.
(E) admite a apresentação de emendas parlamentares apenas em relação ao orçamento anual, mas sem obrigação de indicação das fontes financeiras necessárias.

De acordo com a jurisprudência do STF, "*as normas constitucionais de processo legislativo não impossibilitam, em regra, a modificação, por meio de emendas parlamentares, dos projetos de lei enviados pelo chefe do Poder Executivo no exercício de sua iniciativa privativa. Essa atribuição do Poder Legislativo brasileiro esbarra, porém, em duas limitações: a) a impossibilidade de o Parlamento veicular matérias diferentes das versadas no projeto de lei, de modo a desfigurá-lo; e b) a impossibilidade de as emendas parlamentares aos projetos de lei de iniciativa do presidente da República, ressalvado o disposto no § 3º e no § 4º do art. 166, implicarem aumento de despesa pública (inciso I do art. 63 da CF)*" (ADI 3.114, Rel. Min. Ayres Britto, P, j. 24-8-2005). Na mesma linha, este julgado do mesmo Tribunal, bastante esclarecedor: "*O poder de emendar projetos de lei [...] qualifica-se como prerrogativa de ordem político-jurídica inerente ao exercício da atividade legislativa. Essa prerrogativa institucional, precisamente por não traduzir corolário do poder de iniciar o processo de formação das leis [...], pode ser legitimamente exercida pelos membros do Legislativo, ainda que se cuide de proposições constitucionalmente sujeitas à cláusula de reserva de iniciativa [...], desde que – respeitadas as limitações estabelecidas na Constituição da República – as emendas parlamentares (a) não importem em aumento da despesa prevista no projeto de lei, (b) guardem afinidade lógica (relação de pertinência) com a proposição original e (c) tratando-se de projetos orçamentários (CF, art. 165, I, II e III), observem as restrições fixadas no art. 166, §§ 3º e 4º da Carta Política*" (ADI 1.050-MC, Rel. Min. Celso de Mello, Plenário, DJ 23-4-2004).
Gabarito "B".

(Procurador – IPSMI/SP – VUNESP – 2016) No processo legislativo,

(A) a iniciativa popular pode ser exercida pela apresentação à Câmara dos Deputados de projeto de lei subscrito por, no mínimo, um por cento do eleitorado nacional, distribuído pelo menos por cinco Estados, com não menos de três décimos por cento dos eleitores de cada um deles.
(B) a Constituição poderá ser emendada mediante proposta de um quarto, no mínimo, dos membros da Câmara dos Deputados ou do Senado Federal.
(C) prorrogar-se-á uma única vez por igual período a vigência de medida provisória que, no prazo de cento e vinte dias, contado de sua publicação, não tiver a sua votação encerrada nas duas Casas do Congresso Nacional.
(D) decorrido o prazo de quinze dias, o silêncio do Presidente da República importará veto.
(E) as leis complementares serão aprovadas por dois terços dos membros do Congresso Nacional.

A: correta. É o que determina o § 2º do art. 61 da CF; **B:** incorreta. De acordo com o art. 60 da CF, a Constituição poderá ser emendada mediante proposta: I – **de um terço**, no mínimo, dos membros da Câmara dos Deputados ou do Senado Federal, II – do Presidente da República e III – de mais da metade das Assembleias Legislativas das unidades da Federação, manifestando-se, cada uma delas, pela maioria relativa de seus membros; **C:** incorreta. Dispõe o § 7º do art. 62 da CF que prorrogar-se-á uma única vez por igual período a vigência de medida provisória que, no prazo de **sessenta dias**, contado de sua publicação, não tiver a sua votação encerrada nas duas Casas do Congresso Nacional; **D:** incorreta. Ao contrário, o silêncio importará **sanção tácita** e o prazo para a manifestação presencial é de 15 dias úteis. Determina o art. 66, § 3º, da CF que decorrido o prazo de quinze dias, o silêncio do Presidente da República importará sanção; **E:** incorreta. O "caput" do art. 69 da CF determina que as leis complementares devem ser aprovadas por **maioria absoluta**.
Gabarito "A".

(Procurador Municipal – Sertãozinho/SP – VUNESP – 2016) A respeito do processo legislativo brasileiro, assinale a alternativa correta.

(A) É constitucional projeto de lei municipal proposto por vereador que disponha sobre o aumento de remuneração de servidor público estatutário vinculado ao Poder Executivo.
(B) O veto do chefe do Poder Executivo deve ser expresso. A exposição da sua motivação, contudo, é dispensada, uma vez que se trata de ato de natureza política.
(C) É possível a edição de medida provisória por parte de Estado-Membro, desde que prevista tal possibilidade expressamente na Constituição Estadual.
(D) É vedada a edição de medidas provisórias sobre matéria relativa a direito penal, processual penal, direito civil e processual civil.
(E) O sistema jurídico brasileiro não contempla hipótese de projeto de lei cuja iniciativa é vinculada.

A: incorreta, nos termos do art. 61, § 1º, II, *a*, da CF, uma vez que é matéria de competência do Chefe do Poder Executivo; **B:** incorreta, pois o veto deve ser sempre motivado, ao contrário da sanção que pode ser tácita (art. 66, § 1º, da CF); **C:** correta, desde que a Constituição Estadual assim permita e, por evidente, sejam respeitados os limites estabelecidos na Constituição Federal (por respeito à simetria – nesse sentido ver ADI 2391/SC); **D:** incorreta, pois o veto não abrange o direito civil (art. 62, § 1º, I, *b*, da CF); **E:** incorreta, tendo em vista, por exemplo, a vinculação nas leis orçamentárias.
Gabarito "C".

11.5. TRIBUNAIS DE CONTAS

(Advogado – Pref. São Roque/SP – 2020 – VUNESP) A respeito dos Tribunais de Contas, de acordo com a Constituição Federal e com a jurisprudência dos Tribunais Superiores, assinale a alternativa correta.

(A) O Tribunal de Contas da União não possui competência para fiscalizar a aplicação de recursos repassados pela União mediante convênio a Município.

(B) O Tribunal de Contas possui competência para direta e imediatamente suspender a execução de contrato administrativo, sempre que verificada ilegalidade capaz de gerar prejuízo ao interesse público.
(C) O Tribunal de Contas possui competência para realizar, por iniciativa própria, inspeções e auditorias de natureza contábil, financeira, orçamentária, operacional e patrimonial, nas unidades administrativas do Poder Executivo.
(D) Deverão ser obedecidos os princípios do contraditório e da ampla defesa pelo Tribunal de Contas na apreciação da legalidade do ato de concessão de aposentadoria.
(E) O Ministério Público de Contas possui competência privativa para executar multa resultante de sanção aplicada pelo Tribunal de Contas.

A: errada (artigo 71, VI, da CF), pois o TCU tem tal competência. **B:** errada, pois a suspensão ocorrerá diretamente pelo Congresso Nacional (artigo 71, § 1º, da CF). **C:** correta (artigo 71, inciso IV, da CF). **D:** errada, conforme a Súmula Vinculante 3, do STF. **E:** errada, porque o Ministério Público não tem legitimidade para tal execução (jurisprudência do STJ e do STF).
Gabarito "C".

(Juiz de Direito – TJ/RJ – 2019 – VUNESP) Considerando a disciplina constitucional acerca do tema da fiscalização contábil, financeira e orçamentária, bem como a distinção entre prestação de contas de gestão e de contas de governo, é correto afirmar que

(A) ambas são apreciadas e julgadas pelo Tribunal de Contas, mas este somente pode impor sanção ao administrador no tocante às ilegalidades das contas de gestão, não podendo impor sanção quanto às contas de governo.
(B) o Tribunal de Contas aprecia e julga as contas de gestão, podendo aplicar sanção diretamente ao administrador, mas não julga as contas de governo, as quais são apreciadas e julgadas pelo Poder Legislativo.
(C) ambas são apreciadas e julgadas pelo Poder Legislativo, com base em parecer do Tribunal de Contas, e este não pode impor sanção diretamente ao administrador, mas faz apenas recomendações por meio de parecer.
(D) o Poder Legislativo aprecia e julga as contas de governo, com base em parecer do Tribunal de Contas, enquanto este aprecia as contas de gestão para posterior julgamento do Poder Legislativo, não podendo impor sanções ao administrador.
(E) o Poder Legislativo aprecia e julga as contas de gestão, impondo as sanções cabíveis, enquanto o Tribunal de Contas aprecia e julga as contas de governo, emitindo o competente parecer e impondo ao administrador as sanções previstas na Constituição Federal.

A, C e E: erradas, pois o Tribunal de Contas julga as contas de gestão e o Poder Legislativo julga as contas de Governo. A exceção fica para as contas do Prefeito, pois, segundo o STF, as contas serão julgadas pela Câmara Municipal. **B:** correta, conforme jurisprudência do STF (RE 848.826). **D:** errada, pois cabe sim aplicação de sanção.
Gabarito "B".

(Juiz de Direito – TJM/SP – VUNESP – 2016) Assinale a alternativa que corretamente discorre sobre as previsões constitucionais acerca do Ministério Público junto ao Tribunal de Contas.

(A) A solução adotada pelo legislador constituinte brasileiro em relação ao Ministério Público junto ao Tribunal de Contas foi cumular esses encargos na figura do membro do Ministério Público Comum, que já conta com garantias de ordem subjetiva.
(B) A Lei Orgânica do Ministério Público junto ao Tribunal de Contas é uma lei complementar de iniciativa do Procurador Geral da República e não da respectiva Corte de Contas em que se dará a atuação, sendo, assim, resguardada a autonomia do órgão.
(C) O poder de autogoverno conferido pela Constituição Federal aos Tribunais de Contas, que fazem instaurar o processo legislativo concernente à sua organização e à sua estruturação interna, não abrange o Ministério Público que neles atua.
(D) As disposições constitucionais pertinentes a direitos, vedações e forma de investidura dos membros do Ministério Público, como instituição, são aplicáveis aos membros do Ministério Público junto aos Tribunais de Contas.
(E) O Ministério Público tem como princípios a unidade e a indivisibilidade, assim, o Ministério Público de Contas integra o Ministério Público da União, juntamente com o Ministério Público Federal; o Ministério Público do Trabalho; o Ministério Público Militar; e o Ministério Público do Distrito Federal e Territórios.

A: incorreta, pois o Ministério Público que atua junto ao Tribunal de Contas não se confunde com o Ministério Público comum (dos Estados ou da União), conforme jurisprudência do STF – ver MS 27.339/DF; **B:** incorreta, pois é caso de lei ordinária – ver ADI 2.378/GO, STF; **C:** incorreta, pois abrange também o Ministério Público junto ao Tribunal de Contas; **D:** correta, nos exatos termos do art. 130, da CF; **E:** incorreta, por ofensa ao art. 128, I, da CF.
Gabarito "D".

12. DA ORGANIZAÇÃO DO PODER JUDICIÁRIO

(Investigador – PC/BA – 2018 – VUNESP) Partindo das previsões constantes na Constituição Federal brasileira, assinale a alternativa correta acerca da organização, das competências e dos órgãos do Poder Judiciário.

(A) Compete ao Supremo Tribunal Federal homologar sentenças estrangeiras e conceder exequatur às cartas rogatórias.
(B) Na promoção de entrância para entrância, será obrigatória a promoção do juiz que figure por 3 (três) vezes consecutivas ou 5 (cinco) alternadas em lista de merecimento.
(C) As decisões administrativas dos tribunais serão motivadas e em sessão pública, sendo as disciplinares tomadas pelo voto de 2/3 (dois terços) de seus membros.
(D) É vedado aos magistrados exercer a advocacia no juízo ou tribunal do qual se afastou, antes de decorridos 4 (quatro) anos do afastamento do cargo por aposentadoria ou exoneração.
(E) O Poder Executivo poderá reduzir unilateralmente o orçamento proposto pelo Poder Judiciário, ainda que esse tenha sido elaborado e enviado com observância aos limites, forma e prazo da Lei de Diretrizes Orçamentárias, quando constatada insuficiência de recursos.

A: incorreta, pois compete ao Superior Tribunal de Justiça processar e julgar, originariamente, a homologação de sentenças estrangeiras e

a concessão de exequatur às cartas rogatórias (art. 105, I, *i*, da CF); **B:** correta, nos termos do art. 93, II, *a*, da CF; **C:** incorreta, visto que as decisões administrativas dos tribunais serão motivadas e em sessão pública, sendo as disciplinares tomadas pelo voto da **maioria absoluta** de seus membros (art. 93, X, da CF); **D:** incorreta, porque é vedado aos juízes exercer a advocacia no juízo ou tribunal do qual se afastou, antes de decorridos **três anos** do afastamento do cargo por aposentadoria ou exoneração (art. 95, parágrafo único, V, da CF); **E:** incorreta, pois o Poder Executivo somente poderá proceder aos ajustes necessários nas propostas orçamentárias do Poder Judiciário se forem encaminhadas em desacordo com os limites estipulados na lei de diretrizes orçamentárias (art. 99, §§ 1º e 4º, da CF).
Gabarito "B".

(Investigador – PC/BA – 2018 – VUNESP) Segundo o disposto pela Constituição Federal, é correto afirmar, sobre o Conselho Nacional de Justiça, que

(A) é composto de 15 (quinze) membros com mandato de 2 (dois) anos, sendo admitida uma única recondução.
(B) deve elaborar, anualmente, relatório estatístico sobre processos e sentenças prolatadas, por unidade da Federação, nos diferentes órgãos do Poder Judiciário.
(C) o Conselho será presidido pelo Vice-Presidente do Supremo Tribunal Federal, e, nas suas ausências e impedimentos, pelo Ministro mais antigo da Corte.
(D) o Ministro mais antigo do Supremo Tribunal Federal exercerá a função de Ministro Corregedor do Conselho Nacional de Justiça e ficará excluído da distribuição de processos no Tribunal.
(E) deve rever, de ofício ou mediante provocação, os processos disciplinares de juízes e membros de tribunais julgados há menos de 5 (cinco) anos.

A: correta, nos termos do art. 103-B, *caput*, da CF; **B:** incorreta, pois o CNJ deve elaborar **semestralmente** relatório estatístico sobre processos e sentenças prolatadas, por unidade da Federação, nos diferentes órgãos do Poder Judiciário (art. 103-B, § 4º, VI, da CF); **C:** incorreta, pois o Conselho será presidido pelo Presidente do Supremo Tribunal Federal e, nas suas ausências e impedimentos, pelo Vice-Presidente do Supremo Tribunal Federal (art. 103-B, § 1º, da CF); **D:** incorreta, porque o Ministro do Superior Tribunal de Justiça exercerá a função de Ministro-Corregedor e ficará excluído da distribuição de processos no Tribunal (art. 103-B, § 5º, da CF); **E:** incorreta, visto que cabe ao CNJ rever, de ofício ou mediante provocação, os processos disciplinares de juízes e membros de tribunais julgados há menos de **um ano** (art. 103-B, § 4º, V, da CF).
Gabarito "A".

(Juiz de Direito – TJ/RS – 2018 – VUNESP) Assinale a alternativa que corretamente discorre sobre o Conselho Nacional de Justiça.

(A) O Conselho Nacional de Justiça poderá exercer o controle abstrato de constitucionalidade, declarando, em tese e como questão principal de eventual procedimento de controle administrativo, a inconstitucionalidade de lei ou ato normativo.
(B) Sem prejuízo da competência disciplinar e correicional dos Tribunais, o Conselho Nacional de Justiça pode avocar processos disciplinares e determinar, dentre outras sanções cabíveis, a perda do cargo de membro do Poder Judiciário.
(C) O fato de o Conselho Nacional de Justiça ser composto por algumas pessoas estranhas ao Poder Judiciário fere a independência desse poder, tanto que o Supremo Tribunal Federal já declarou inconstitucionais os dispositivos que versam sobre a composição do Conselho.
(D) A Constituição Federal determina que a União crie ouvidorias de justiça, que serão competentes para receber reclamações e denúncias contra membros do Poder Judiciário e encaminhá-las aos respectivos Tribunais, mas não diretamente ao Conselho Nacional de Justiça.
(E) O Conselho Nacional de Justiça não tem nenhuma competência sobre o Supremo Tribunal Federal e seus ministros, sendo esse o órgão máximo do Poder Judiciário nacional, a que aquele está sujeito.

A: incorreta, já que o Conselho Nacional de Justiça não possui competência para declarar a inconstitucionalidade de atos estatais (atribuição sujeita à reserva de jurisdição), podendo, todavia, recusar-se a conferir aplicabilidade a normas inconstitucionais, eis que "*há que [se] distinguir entre declaração de inconstitucionalidade e não aplicação de leis inconstitucionais, pois esta é obrigação de qualquer tribunal ou órgão de qualquer dos Poderes do Estado*" (RMS 8.372/CE, Rel. Min. Pedro Chaves, Tribunal Pleno). Insere-se entre as competências constitucionalmente atribuídas ao Conselho Nacional de Justiça a possibilidade de afastar, por inconstitucionalidade, a aplicação de lei aproveitada como base de ato administrativo objeto de controle, determinando aos órgãos submetidos a seu espaço de influência a observância desse entendimento, por ato expresso e formal tomado pela maioria absoluta dos seus membros (Pet 4656/PB, Rel. Min. Cármen Lúcia, Tribunal Pleno, j. em 19.12.2016); **B:** incorreta, já que o CNJ pode avocar processos disciplinares em curso e determinar a remoção, a disponibilidade ou a aposentadoria com subsídios ou proventos proporcionais ao tempo de serviço e aplicar outras sanções administrativas, exceto a perda do cargo de membro do Poder Judiciário (art. 103-B, § 4º, III, da CF); **C:** incorreta, pois o STF já declarou constitucionais os dispositivos que versam sobre a composição do Conselho, asseverando que "*se o instituto que atende pelo nome de quinto constitucional, enquanto integração de membros não pertencentes à carreira da magistratura em órgãos jurisdicionais, encarregados do exercício da função típica do Judiciário, não ofende o princípio da separação e independência dos Poderes, então não pode ofendê-la a fortiori a mera incorporação de terceiros em órgão judiciário carente de competência jurisdicional*" (ADI 3.367, Rel. Min. Cezar Peluso, j. 13-4-2005); **D:** incorreta, uma vez que a Constituição determina que a União crie ouvidorias de justiça com competência para receber reclamações e denúncias de qualquer interessado contra membros ou órgãos do Poder Judiciário, ou contra seus serviços auxiliares, representando diretamente ao Conselho Nacional de Justiça (art. 103-B, § 7º, da CF); **E:** correta, conforme os termos do entendimento firmado pelo STF na ADI 3.367, Rel. Min. Cezar Peluso, j. 13-4-2005.
Gabarito "E".

(Defensor Público/RO – 2017 – VUNESP) Assinale a alternativa que corretamente discorre sobre o conteúdo de Súmula Vinculante do Supremo Tribunal Federal.

(A) É direito do defensor, no interesse do representado, ter acesso amplo aos elementos de prova, documentados ou não, em procedimento investigatório, se disserem respeito ao exercício do direito de defesa.
(B) Basta previsão no edital para que se possa sujeitar a exame psicotécnico a habilitação de candidato a cargo público.
(C) É constitucional a exigência de depósito ou arrolamento prévios de dinheiro ou bens para admissibilidade de recurso administrativo.
(D) É ilícita a prisão civil de depositário infiel, qualquer que seja a modalidade do depósito.

(E) A cobrança de taxa de matrícula nas universidades públicas não viola o disposto no art. 206, IV, da Constituição Federal.

A: incorreta, pois é direito do defensor, no interesse do representado, ter acesso amplo aos elementos de prova que, já documentados em procedimento investigatório realizado por órgão com competência de polícia judiciária, digam respeito ao exercício do direito de defesa (Súmula Vinculante 14 do STF); **B:** incorreta, pois só por lei se pode sujeitar a exame psicotécnico a habilitação de candidato a cargo público (Súmula Vinculante 44 do STF); **C:** incorreta, pois é inconstitucional a exigência de depósito ou arrolamento prévios de dinheiro ou bens para admissibilidade de recurso administrativo (Súmula Vinculante 21 do STF); **D:** correta, conforme a Súmula Vinculante 25 do STF; **E:** incorreta, pois a cobrança de taxa de matrícula nas universidades públicas viola o disposto no art. 206, IV, da Constituição Federal (Súmula Vinculante 12 do STF).
Gabarito "D".

(Juiz – TJ/RJ – VUNESP – 2016) No que se refere à Súmula Vinculante, é correto afirmar que:

(A) o efeito vinculante se estende aos Poderes Legislativo, Executivo e ao Poder Judiciário.
(B) partido político com representação no Congresso Nacional pode interpor reclamação constitucional contra texto ou entendimento de Súmula Vinculante.
(C) o cancelamento de Súmula poderá ser provocado pelo Governador do Estado.
(D) do ato administrativo ou judicial que contrariar súmula vinculante caberá, respectivamente, reclamação e recurso extraordinário.
(E) o Supremo Tribunal Federal poderá propor Súmula Vinculante que tenha por objeto a interpretação constitucional e o Superior Tribunal de Justiça matéria referente a controvérsia atual entre órgãos jurisdicionais.

A: incorreta. O Poder Legislativo, quando exerce a sua função típica de criar normas abstratas e genéricas, não está submetido ao efeito da súmula vinculante. A súmula vinculante, portanto, não atinge a função legislativa, ainda que exercida de forma atípica por outro poder; **B:** incorreta. A reclamação constitucional, dentre outras hipóteses, visa a proteger o disposto em súmula vinculante. De acordo com o § 3º do art. 103-A da CF, do ato administrativo ou decisão judicial que contrariar a súmula aplicável ou que indevidamente a aplicar, caberá reclamação ao Supremo Tribunal Federal que, julgando-a procedente, anulará o ato administrativo ou cassará a decisão judicial reclamada, e determinará que outra seja proferida com ou sem a aplicação da súmula, conforme o caso. Por outro lado, para combater a súmula o correto é um pedido de cancelamento ou de revisão que, de fato, pode ser proposto pelo partido político com representação no Congresso Nacional (art. 3º, VII, da Lei 11.417/2006); **C:** correta. De fato, o cancelamento da súmula vinculante pode ser provocado pelo Governador do Estado. Determina o art. 3º da Lei 11.417/2006 (Súmula Vinculante) que são legitimados a propor a edição, a revisão ou o cancelamento de enunciado de súmula vinculante: I – o Presidente da República, II – a Mesa do Senado Federal, III – a Mesa da Câmara dos Deputados, IV – o Procurador-Geral da República, V – o Conselho Federal da Ordem dos Advogados do Brasil, VI – o Defensor Público-Geral da União, VII – partido político com representação no Congresso Nacional, VIII – confederação sindical ou entidade de classe de âmbito nacional, IX – a Mesa de Assembleia Legislativa ou da Câmara Legislativa do Distrito Federal, X – o Governador de Estado ou do Distrito Federal, XI – os Tribunais Superiores, os Tribunais de Justiça de Estados ou do Distrito Federal e Territórios, os Tribunais Regionais Federais, os Tribunais Regionais do Trabalho, os Tribunais Regionais Eleitorais e os Tribunais Militares; **D:** incorreta. Como mencionado, do ato administrativo ou judicial que contrariar súmula vinculante caberá reclamação ao STF; **E:** incorreta. O STJ não pode editar súmula vinculante. Tal competência é dada apenas ao STF. De acordo com o "caput" do art. 103-A, o Supremo Tribunal Federal poderá, de ofício ou por provocação, mediante decisão de dois terços dos seus membros, após reiteradas decisões sobre matéria constitucional, aprovar súmula que, a partir de sua publicação na imprensa oficial, terá efeito vinculante em relação aos demais órgãos do Poder Judiciário e à Administração Pública direta e indireta, nas esferas federal, estadual e municipal, bem como proceder à sua revisão ou cancelamento, na forma estabelecida em lei.
Gabarito "C".

(Juiz – TJ/RJ – VUNESP – 2016) Os membros do Conselho Nacional de Justiça serão julgados, no caso de crime de responsabilidade, pelo:

(A) Pleno do Conselho Nacional de Justiça.
(B) Congresso Nacional.
(C) Supremo Tribunal Federal.
(D) Senado Federal.
(E) Superior Tribunal de Justiça.

De acordo com o art. 52, II, da CF, compete ao Senado Federal, de forma privativa, processar e julgar os Ministros do Supremo Tribunal Federal, os membros do Conselho Nacional de Justiça e do Conselho Nacional do Ministério Público, o Procurador-Geral da República e o Advogado-Geral da União nos crimes de responsabilidade.
Gabarito "B".

(Juiz – TJ/MS – VUNESP – 2015) Nos termos da jurisprudência do Supremo Tribunal Federal, o processo e julgamento do habeas corpus impetrado contra ato ilegal da Turma recursal compete ao

(A) pleno da Turma Recursal composta de 5 juízes em exercício no primeiro grau de jurisdição, reunidos na sede do Tribunal de Justiça.
(B) pleno da Turma Recursal composta de 15 juízes em exercício no primeiro grau de jurisdição, reunidos na sede do Juizado Especial.
(C) Supremo Tribunal Federal.
(D) Tribunal de Justiça dos Estados.
(E) Superior Tribunal de Justiça.

Embora a Súmula 690 do STF mencione a competência como originária do STF, ela está superada. O posicionamento atual é no sentido de que a competência poderá ser do Tribunal de Justiça dos Estados ou do Tribunal Regional Federal. Vejamos: "Quanto ao pedido de análise do aduzido cerceamento de defesa em sede de habeas corpus, ressalto que a Súmula 690/STF não mais prevalece a partir do julgamento pelo Pleno do HC 86834/SP, relatado pelo Rel. Ministro Marco Aurélio (DJ em 9.3.2007), no qual foi consolidado o entendimento de que compete ao Tribunal de Justiça ou ao Tribunal Regional Federal, conforme o caso, julgar habeas corpus impetrado contra ato praticado por integrantes de Turmas Recursais de Juizado Especial." (ARE 676275 AgR, Relator Ministro Gilmar Mendes, Segunda Turma, j. 12.6.2012, DJe 01.8.2012).
Gabarito "D".

(Juiz – TJ/MS – VUNESP – 2015) De acordo com o texto constitucional, é correto afirmar que, dentre outras, é competência do Superior Tribunal de Justiça e do Supremo Tribunal Federal, respectivamente, processar e julgar, originariamente:

(A) nos crimes de responsabilidade, os Ministros de Estado; nos crimes comuns, os Governadores dos Estados e do Distrito Federal.
(B) a homologação de sentenças estrangeiras; o litígio entre organismo internacional e o Estado.

(C) habeas data contra atos das Mesas da Câmara dos Deputados; os conflitos de atribuições entre autoridades administrativas e judiciárias da União.

(D) as causas e os conflitos entre a União e os Estados, a União e o Distrito Federal, ou entre uns e outros; nos crimes de responsabilidade, os membros dos Tribunais Regionais Federais.

(E) nas infrações penais comuns, os Deputados Federais; os mandados de segurança contra ato de Ministro de Estado, dos Comandantes da Marinha, do Exército e da Aeronáutica.

A: incorreta. Os Ministros de Estado, nos crimes de responsabilidade, são julgados pelo STF (art. 102, I, c, da CF) e os Governadores dos Estados e do Distrito Federal, nos crimes comuns, pelo STJ (art. 105, a, da CF); B: correta. Tais assuntos estão disciplinados nos seguintes dispositivos: art. 105, I, i, da CF (homologação de sentenças estrangeiras – STJ) e art. 102, I, e, da CF (litígio entre organismo internacional e o Estado); C: incorreta. O habeas data contra atos das Mesas da Câmara dos Deputados é da competência do STF (102, I, d, da CF). Por outro lado, os conflitos de atribuições entre autoridades administrativas e judiciárias da União são processados e julgados pelo STJ (105, I, g, da CF); D: incorreta. As causas e os conflitos entre a União e os Estados, a União e o Distrito Federal, ou entre uns e outros, inclusive as respectivas entidades da administração indireta, são processadas e julgadas pelo STF (art. 102, I, f, da CF). Já os membros dos Tribunais Regionais Federais, nos crimes de responsabilidade, pelo STJ (art. 105, I, a, da CF); E: incorreta. Determina o § 1º do art. 53 da CF que os Deputados e Senadores, desde a expedição do diploma, serão submetidos a julgamento perante o Supremo Tribunal Federal. De outro modo, os mandados de segurança contra ato de Ministro de Estado, dos Comandantes da Marinha, do Exército e da Aeronáutica são processados e julgados pelo STJ (art. 105, I, b, da CF). Gabarito "B".

(Magistratura/SP – 2013 – VUNESP) A promoção na carreira da magistratura, de entrância para entrância, alternadamente, por antiguidade e merecimento, nos termos do inciso II, e alíneas, do art. 93 da Constituição Federal:

(A) está escorada em dispositivos autoaplicáveis, pois a exigência de edição de lei complementar para estabelecer o Estatuto da Magistratura não impede a imediata utilização dos preceitos constitucionais básicos que regem o Poder Judiciário e a magistratura.

(B) está escorada em dispositivos que reclamam a obediência à Lei Orgânica da Magistratura, LOMAN, para que tenham eficácia imediata.

(C) esses dispositivos referem-se aos critérios de promoção e de remoção dos Juízes Estaduais.

(D) esses dispositivos referem-se aos critérios de promoção e de remoção dos Juízes Federais.

A exigência de lei complementar para estabelecer o Estatuto da Magistratura **não impede utilização** dos preceitos constitucionais básicos que regem o Poder Judiciário e a magistratura. O *caput* de art. 93 da CF, de fato, determina que uma lei complementar, de iniciativa do Supremo Tribunal Federal, disponha sobre o Estatuto da Magistratura, desde que observados determinados princípios. A norma ainda não foi editada, mas o STF já definiu que "até o advento da lei complementar prevista no art. 93, *caput*, da CF, o Estatuto da Magistratura está disciplinado pelo texto da Lei Complementar 35/79, que foi recebida pela Constituição" (ADI 1.985, Rel. Min. Eros Grau, 13.05.2005). Além disso, a Corte Suprema já definiu em outro julgamento que a "**aplicabilidade das normas e princípios inscritos no art. 93 da CF independe da promulgação do Estatuto da Magistratura, em face do caráter de plena e integral eficácia de que se revestem aqueles preceitos** (ADI 189, Rel. Min. Celso de Mello, 22.05.1992). Gabarito "A".

(Magistratura/SP – 2013 – VUNESP) Nos Tribunais com número superior a vinte e cinco julgadores, poderá ser constituído Órgão Especial:

(A) com identidade de atribuições administrativas e jurisdicionais idênticas às do Plenário do Tribunal.

(B) com provimento de um terço das vagas por antiguidade entre os juízes de carreira, um terço das vagas por antiguidade entre os juízes provenientes do quinto da Advocacia e do Ministério Público, alternadamente, e um terço por eleição do Tribunal Pleno.

(C) o Plenário do Tribunal, nos termos da Constituição, tem absoluta discricionariedade em decidir ou não pela criação de seu Órgão Especial, em seu regimento interno.

(D) aplicando-se a ele o quórum a que o Regimento Interno dispuser, no exercício das competências jurisdicionais e administrativas, inclusive disciplinares.

A: incorreta. De acordo com o art. 93, XI, da CF, nos tribunais com número superior a vinte e cinco julgadores, poderá ser constituído órgão especial, com o mínimo de onze e o máximo de vinte e cinco membros, para o exercício das **atribuições administrativas e jurisdicionais delegadas da competência do tribunal pleno**, provendo-se metade das vagas por antiguidade e a outra metade por eleição pelo Tribunal Pleno. Desse modo, o órgão especial exercerá apenas as atribuições que lhe forem delegadas pelo Plenário do Tribunal; **B:** incorreta. Como mencionado, metade das vagas, e não um terço, é provida por antiguidade e a outra por eleição do Tribunal Pleno. Vale lembrar que o art. 1.º da Resolução do CNJ 16 determina que, para tanto, deve ser respeitada a representação de advogados e membros do Ministério Público prevista nos artigos 94, 104, parágrafo único, II, e 111-A, I, todos da Constituição Federal; **C:** correta. De fato, como o texto constitucional utiliza a expressão "poderá" ser criado o órgão especial (e não deverá), os regimentos internos dos tribunais que definirão sobre a sua instituição; **D:** incorreta. A criação ou não do órgão especial é definida pelo regimento interno dos tribunais, mas, se criados devem observar as regras constitucionais e as normas que a regulamentam como a Resolução do CNJ 16. Gabarito "C".

(Magistratura/SP – 2013 – VUNESP) O procedimento de responsabilização política dos Ministros do Supremo Tribunal Federal que pratiquem infrações político-administrativas atentatórias à Constituição Federal de 1988:

(A) respeitará o disposto no art. 28 da Lei Orgânica da Magistratura, porquanto, ao tomar posse o ministro do Supremo Tribunal Federal, torna-se vitalício.

(B) será processado perante o Senado Federal.

(C) será processado perante um Tribunal especial composto de três Ministros do Supremo Tribunal Federal, três do Senado Federal e três da Câmara dos Deputados.

(D) será processado perante o STF, e findo o prazo da defesa prévia, apresentada ou não, o Presidente convocará o Tribunal Pleno para que, em sessão secreta, nos termos do parágrafo segundo do art. 27 da LOMAN, decida sobre a responsabilidade do denunciado.

De acordo com o art. 52, II, da CF, o processo e o julgamento de responsabilização política dos Ministros do Supremo Tribunal Federal que pratiquem infrações político-administrativas (crimes de responsabilidade) atentatórias à Constituição Federal de 1988 são da competência privativa do Senado Federal.

Gabarito "B".

(Magistratura/SP – 2013 – VUNESP) Súmula do STF aprovada por 2/3 de seus membros, com efeito vinculante, nos termos do art. 103-A, da Constituição Federal,

(A) pode ser objeto de ação direta de inconstitucionalidade, proposta pelo Presidente da República.
(B) pode ser objeto de ação direta de inconstitucionalidade, proposta pelo Governador de Estado ou do Distrito Federal.
(C) não pode ser objeto de ação direta de inconstitucionalidade.
(D) pode ser objeto de ação direta de inconstitucionalidade, proposta pelo Procurador-Geral da República.

A súmula vinculante, prevista no art. 103-A da CF, **não pode ser objeto de ação direta de inconstitucionalidade**, pois seus preceitos não são dotados de abstração e generalidade. Além disso, há um **procedimento próprio** de revisão e **cancelamento** previsto na Lei 11.417/2006 que regulamenta o art. 103-A da CF. Desse modo, se seus comandos não estiverem de acordo com o texto constitucional, a medida a ser tomada por quem tem legitimidade para tanto (art. 3.º da Lei 11.417/2006) é o pedido de cancelamento.

Gabarito "C".

13. DAS FUNÇÕES ESSENCIAIS À JUSTIÇA

(Delegado – PC/BA – 2018 – VUNESP) A Constituição Federal de 1988 proclama que o advogado é indispensável à administração da Justiça, sendo inviolável por seus atos e manifestações no exercício da profissão, nos limites da lei. Em decorrência de tal previsão constitucional, é correto afirmar que

(A) a garantia da inviolabilidade não abrange manifestações injuriosas, ainda que proferidas no estrito âmbito de discussão da causa.
(B) a garantia da inviolabilidade alcança a relação advogado-cliente, não havendo dano moral em carta de cobrança de honorários que possua expressões ofensivas.
(C) a garantia da inviolabilidade impede processar criminalmente um advogado pela suposta prática de crime de desacato.
(D) o princípio da indispensabilidade determina que somente advogados possam fazer sustentação oral em julgamento no Supremo Tribunal Federal.
(E) o princípio da indispensabilidade possui exceções, como a impetração de habeas corpus e mandado de segurança.

A: incorreta, pois o advogado tem imunidade profissional, não constituindo injúria ou difamação puníveis qualquer manifestação de sua parte, no exercício de sua atividade, em juízo ou fora dele, sem prejuízo das sanções disciplinares perante a OAB, pelos excessos que cometer (art. 7º, § 2º, da Lei 8.906/1994; ADIN 1.127-8); **B:** incorreta, já que a imunidade do advogado não alcança as relações do profissional com o seu próprio cliente. Nessa linha, o seguinte julgado do STF: "*Advogado: imunidade judiciária (CF, art. 133): não compreensão de atos relacionados a questões pessoais. A imunidade do advogado — além de condicionada aos 'limites da lei', o que, obviamente, não dispensa o respeito ao núcleo essencial da garantia da libertas convicciendi — não alcança as relações do profissional com o seu próprio cliente.*" (RE 387.945, rel. min. Sepúlveda Pertence, Primeira Turma, j. em 14-2-2006); **C:** incorreta, visto que o STF declarou a inconstitucionalidade da expressão "ou desacato" contida no § 2º do art. 7º da Lei 8.906/1994, acabando com a imunidade material do advogado em relação a esse crime. "*A imunidade profissional do advogado não compreende o desacato, pois conflita com a autoridade do magistrado na condução da atividade jurisdicional*" (ADI 1127, Rel. Min. Marco Aurélio, Rel. p/ Acórdão: Min. Ricardo Lewandowski, Tribunal Pleno, julgado em 17-05-2006); **D:** correta, de acordo com o art. 124, parágrafo único, do Regimento Interno do Supremo Tribunal Federal e com a jurisprudência daquela Corte que afirma que não cabe a sustentação oral, perante o Supremo Tribunal Federal, por quem não é advogado (HC 63388 QO, Rel.: Min. Octavio Gallotti, Primeira Turma, j. em 25-04-1986); **E:** incorreta, pois a impetração de mandado de segurança não admite exceção ao princípio da indispensabilidade do advogado.

Gabarito "D".

(Defensor Público/RO – 2017 – VUNESP) Suponha-se que a Lei Orgânica da Defensoria Pública do Estado de Rondônia seja alterada para contemplar, no rol de suas funções institucionais, a defesa judicial de servidores públicos estaduais processados civil ou criminalmente em razão do regular exercício do cargo. Essa modificação deve ser considerada

(A) inconstitucional, porque extrapola o modelo delineado pela Constituição Federal, que prevê que a Defensoria Pública prestará assistência jurídica integral e gratuita aos que comprovarem insuficiência de recursos.
(B) constitucional, porque a defesa judicial de servidores públicos estaduais se amolda ao perfil constitucional da Defensoria Pública que prevê atribuições de assistência jurídica ao Estado e seus agentes públicos.
(C) inconstitucional, porque a assistência jurídica deve ser integral, assim, a previsão legal deveria abranger não só a defesa judicial dos servidores públicos estaduais como também a defesa destes em processos administrativos.
(D) constitucional, porque a defesa judicial de servidores públicos estaduais é compatível com a missão constitucional da Defensoria Pública de representar o Estado judicial e extrajudicialmente e prestar-lhe atividades de consultoria e assessoramento jurídico.
(E) inconstitucional, porque extrapola o modelo definido pela Constituição Federal, pois os servidores públicos estaduais não se enquadram na categoria de pessoas cujos recursos são insuficientes para promover sua defesa.

A modificação da Lei Orgânica da Defensoria Pública do Estado de Rondônia é inconstitucional, porque extrapola o modelo delineado pela Constituição Federal, que prevê que a Defensoria Pública prestará assistência jurídica, de forma integral e gratuita, aos necessitados (art. 134 da CF). No mesmo sentido, o STF entende que "*norma estadual que atribui à Defensoria Pública do estado a defesa judicial de servidores públicos estaduais processados civil ou criminalmente em razão do regular exercício do cargo extrapola o modelo da Constituição Federal (art. 134), o qual restringe as atribuições da Defensoria Pública à assistência jurídica a que se refere o art. 5º, LXXIV*" (ADI 3.022, Rel. Min. Joaquim Barbosa, P, j. 2-8-2004).

Gabarito "A".

(Juiz – TJ/SP – VUNESP – 2015) Proposta Ação Civil Pública pelo representante do Ministério Público, com pedido de alteração da política de transporte urbano do Município, a fim de que recursos sejam direcionados para ampliação das linhas de metrô, forma considerada mais eficiente, sob os aspectos urbanísticos e ambientais, em relação à construção de corredores para ônibus e reparos de vias públicas para veículos, tal pretensão:

(A) deve ser deferida judicialmente porque é amparada constitucionalmente e atende ao denominado interesse público primário.
(B) não deve ser deferida sem prévia avaliação técnica e orçamentária, no âmbito do Judiciário (prova pericial), quanto aos impactos da medida.
(C) deve ser parcialmente deferida apenas para os exercícios seguintes, tendo em vista a necessidade de previsão na lei orçamentária anual.
(D) não deve ser deferida judicialmente porque preserva-se a escolha técnica de políticas públicas aos órgãos da Administração.

A: incorreta, pois não deve ser deferida, vez que está no âmbito da discricionariedade da escolha de políticas públicas pela Administração; **B:** incorreta, pois em que pese a medida judicial deva ser indeferida não guarda correlação com a prova pericial; **C:** incorreta, pois não há que se vincular com os exercícios seguintes e a lei orçamentária (ADI 789/DF, STF); **D:** correta, pois está no âmbito da escolha legítima de políticas públicas aos órgãos da Administração. AB
Gabarito "D".

14. DEFESA DO ESTADO

(Delegado – PC/BA – 2018 – VUNESP) Assinale a alternativa que corretamente trata do sistema constitucional de crises.

(A) Na hipótese extrema do estado de defesa, quando medidas enérgicas devem ser tomadas para preservar a ordem pública, o preso pode ficar, excepcionalmente, incomunicável.
(B) O Estado de Sítio pode ser defensivo, tendo como pressuposto material a ocorrência de uma comoção grave, cuja repercussão é nacional e que não pode ser debelada com os instrumentos normais de segurança.
(C) Logo que cesse o Estado de Defesa ou o Estado de Sítio, as medidas aplicadas em sua vigência pelo Presidente da República serão relatadas em mensagem ao Supremo Tribunal Federal, pois cumpre ao Judiciário o controle de legalidade dos atos praticados.
(D) Cessado o Estado de Sítio, cessam imediatamente seus efeitos, de modo que os atos coercitivos autorizados em decreto, executados pelos delegados do Presidente da República, são imunes ao controle judicial.
(E) Os pareceres emitidos pelos Conselhos da República e de Defesa Nacional não são vinculantes, cabendo a decretação do estado de defesa ao Presidente da República, que expedirá decreto estabelecendo a duração da medida.

A: incorreta, pois, na vigência do estado de defesa, é vedada a incomunicabilidade do preso (art. 136, § 3º, IV, da CF); **B:** incorreta, porque o estado de sítio defensivo tem como pressuposto material a declaração de estado de guerra ou resposta a agressão armada estrangeira (art. 137, II, da CF); **C:** incorreta, pois, logo que cesse o estado de defesa ou o estado de sítio, as medidas aplicadas em sua vigência serão relatadas pelo Presidente da República, em mensagem ao **Congresso Nacional**, com especificação e justificação das providências adotadas, com relação nominal dos atingidos e indicação das restrições aplicadas (art. 141, parágrafo único, da CF); **D:** incorreta, já que, cessado o estado de defesa ou o estado de sítio, cessarão também seus efeitos, sem prejuízo da responsabilidade pelos ilícitos cometidos por seus executores ou agentes (art. 141, *caput*, da CF); **E:** correta, pois o Presidente da República pode, **ouvidos** – não é vinculante – o Conselho da República e o Conselho de Defesa Nacional, **decretar** estado de defesa para preservar ou prontamente restabelecer, em locais restritos e determinados, a ordem pública ou a paz social ameaçadas por grave e iminente instabilidade institucional ou atingidas por calamidades de grandes proporções na natureza. O decreto que instituir o estado de defesa determinará o tempo de sua duração, especificará as áreas a serem abrangidas e indicará as medidas coercitivas a vigorarem (art. 136, *caput* e § 1º, da CF). AN
Gabarito "E".

(Investigador – PC/BA – 2018 – VUNESP) Com base nas previsões da Constituição Federal de 1988, é correto afirmar sobre a segurança pública que

(A) às polícias civis, dirigidas por delegados de polícia de carreira, incumbem, ressalvada a competência da União, as funções de polícia judiciária e a apuração de infrações penais, inclusive as militares.
(B) é competência concorrente das polícias federal e civil as funções de polícia judiciária da União.
(C) os servidores policiais serão remunerados exclusivamente por subsídio fixado em parcela única, vedado o acréscimo de qualquer gratificação, adicional, abono, prêmio, verba de representação ou outra espécie remuneratória.
(D) é permitido aos Municípios que detenham a partir de 30 (trinta) mil habitantes a constituição de guardas municipais destinadas à proteção de seus bens, serviços e instalações.
(E) compete à polícia civil exercer, com exclusividade, as funções de polícia judiciária da União.

A: incorreta, visto que às polícias civis, dirigidas por delegados de polícia de carreira, incumbem, ressalvada a competência da União, as funções de polícia judiciária e a apuração de infrações penais, **exceto as militares** (art. 144, § 4º, da CF); **B** e **E:** incorretas, pois compete à polícia federal exercer, **com exclusividade**, as funções de polícia judiciária da União (art. 144, § 1º, IV, da CF); **C:** correta, de acordo com o art. 144, § 9º, combinado com o art. 39, § 4º, ambos da CF; **D:** incorreta, porque os municípios poderão constituir guardas municipais destinadas à proteção de seus bens, serviços e instalações, independentemente do número de habitantes (art. 144, § 8º, da CF). AN
Gabarito "C".

(Escrevente Técnico – TJM/SP – VUNESP – 2017) Nos termos da Constituição Federal, os policiais militares estaduais têm, entre suas funções,

(A) a segurança nacional, se o caso.
(B) a garantia dos poderes constitucionais.
(C) a preservação da ordem pública.
(D) a de polícia judiciária.
(E) a apuração de infrações penais.

Determina o art. 144, § 5º, da CF que às polícias militares cabem a polícia ostensiva e a preservação da ordem pública. BV
Gabarito "C".

(Delegado/SP – 2014 – VUNESP) Nos termos da Constituição Federal, os Municípios poderão constituir guardas municipais destinadas

(A) à execução de atividades de defesa civil.
(B) ao patrulhamento ostensivo das vias públicas municipais.
(C) às funções de polícia judiciária e à apuração de infrações penais.

(D) à proteção de seus bens, serviços e instalações.
(E) ao policiamento ostensivo e à preservação da ordem pública.

A: incorreta. De acordo com o art. 144, § 5º, da CF, às polícias militares cabem a polícia ostensiva e a preservação da ordem pública; aos **corpos de bombeiros militares**, além das atribuições definidas em lei, **incumbe a execução de atividades de defesa civil**; B: incorreta. As guardas municipais não têm a finalidade de promover o patrulhamento ostensivo das vias municipais. C: incorreta. O art. 144, § 4º, da CF determina que às **polícias civis**, dirigidas por delegados de polícia de carreira, incumbem, ressalvada a competência da União, **as funções de polícia judiciária e a apuração de infrações penais**, exceto as militares; D: correta. Conforme determina o art. 144, § 8º, da CF, os Municípios poderão constituir **guardas municipais** destinadas à **proteção de seus bens, serviços e instalações**, conforme dispuser a lei; E: incorreta. De acordo com o art. 144, § 5º, da CF, às **polícias militares** cabem a **polícia ostensiva e a preservação da ordem pública**.
Gabarito "D".

(Procurador – IPSMI/SP – VUNESP – 2016) De acordo com a Constituição Federal, a respeito do procedimento de intervenção federal e estadual, é correto afirmar que:

(A) os Estados são os únicos legitimados a intervir nos Municípios, mesmo que em Territórios Federais, assim como a União nos Estados da federação, por questão de hierarquia constitucional.
(B) uma das hipóteses de intervenção federal reside no fato de o Estado suspender o pagamento da dívida fundada por mais de três anos consecutivos, salvo motivo de força maior.
(C) o decreto de intervenção, que especificará a amplitude, o prazo e as condições de execução e que, se couber, nomeará o interventor, será submetido à apreciação da Câmara dos Deputados ou da Assembleia Legislativa do Estado, no prazo de quarenta e oito horas.
(D) cessados os motivos da intervenção, as autoridades afastadas de seus cargos não mais poderão retomá-los, sendo que seus sucessores hierárquicos deverão tomar posse em vinte e quatro horas.
(E) a decretação da intervenção dependerá, no caso de desobediência a ordem ou decisão judiciária, de requisição do Supremo Tribunal Federal, do Superior Tribunal de Justiça ou do Tribunal Superior Eleitoral.

A: incorreta, pois a União poderá intervir em Município localizado em Território Federal, nos termos do art. 35, da CF; B: incorreta, pois o prazo é de mais de 2 anos (art. 34, V, a, da CF); C: incorreta, pois o prazo é de 24 horas, além da apreciação ser do Congresso Nacional ou da Assembleia Legislativa (art. 36, § 1º, da CF); D: incorreta, pois o art. 36, § 4º, da CF, determina que as autoridades afastadas de seus cargos a estes voltarão, salvo impedimento legal; E: correta, nos termos do art. 36, II, da CF.
Gabarito "E".

(Magistratura/SP – 2013 – VUNESP) O Estado intervirá em seus Municípios para:

(A) assegurar a observância da Constituição Estadual, nos termos da ação dirigida e acolhida pelo Tribunal de Justiça, passível de revisão por meio de Recurso Extraordinário endereçado ao Supremo Tribunal Federal.
(B) assegurar a observância de princípios indicados na Constituição Estadual, mediante representação provida pelo Tribunal de Justiça com essa finalidade.
(C) pôr termo a grave comprometimento da ordem pública.
(D) reorganizar as finanças municipais.

A: incorreta. O STF já definiu, ao editar a Súmula 637, que **não cabe recurso extraordinário** contra acórdão de Tribunal de Justiça que defere pedido de intervenção estadual em Município; B: correta. É o que determina o art. 35, IV, da CF; C e D: incorretas. A regra é a não intervenção, ou seja, apenas de forma excepcional o Estado pode intervir em seus Municípios ou a União nos Municípios localizados em Territórios Federais, quando criados. Sendo assim, o art. 35 da CF traz, de forma taxativa, as situações que autorizam tal intervenção, quais sejam: I – quando deixar de ser paga, sem motivo de força maior, por dois anos consecutivos, a dívida fundada; II – quando não forem prestadas contas devidas, na forma da lei; III – quando não tiver sido aplicado o mínimo exigido da receita municipal na manutenção e desenvolvimento do ensino e nas ações e serviços públicos de saúde; IV – quando no Tribunal de Justiça der provimento a representação para assegurar a observância de princípios indicados na Constituição Estadual, ou para prover a execução de lei, de ordem ou de decisão judicial. Desse modo, como as hipóteses descritas nas alternativas não constam do art. 35 da CF, rol taxativo, não há possibilidade de intervenção estadual nesses casos.
Gabarito "B".

15. TRIBUTAÇÃO E ORÇAMENTO

(Defensor Público/RO – 2017 – VUNESP) A Constituição Federal prevê que uma lei deve estabelecer, de forma regionalizada, as diretrizes, objetivos e metas da Administração Pública para as despesas de capital e outras delas decorrentes e para as relativas aos programas de duração continuada, denominando-a de

(A) Lei Orçamentária Anual.
(B) Lei de Diretrizes Orçamentárias.
(C) Plano Plurianual.
(D) Lei de Responsabilidade Fiscal.
(E) Normas Gerais de Direito Financeiro.

O art. 165, § 1º, da CF prevê que a lei que instituir o **plano plurianual** estabelecerá, de forma regionalizada, as diretrizes, objetivos e metas da administração pública federal para as despesas de capital e outras delas decorrentes e para as relativas aos programas de duração continuada.
Gabarito "C".

(Procurador – SP – VUNESP – 2015) Assinale a alternativa que contempla o dispositivo constitucional que diz respeito ao princípio orçamentário da programação.

(A) A lei de diretrizes orçamentárias compreenderá as metas e prioridades da administração pública federal, incluindo as despesas de capital para o exercício financeiro subsequente, orientará a elaboração da lei orçamentária anual, disporá sobre as alterações na legislação tributária e estabelecerá a política de aplicação das agências financeiras oficiais de fomento.
(B) A lei que instituir o plano plurianual estabelecerá, de forma regionalizada, as diretrizes, objetivos e metas da administração pública federal para as despesas de capital e outras delas decorrentes e para as relativas aos programas de duração continuada.
(C) O projeto de lei orçamentária será acompanhado de demonstrativo regionalizado do efeito, sobre as receitas e despesas, decorrente de isenções, anistias, remissões, subsídios e benefícios de natureza financeira, tributária e creditícia.

(D) A lei orçamentária anual não conterá dispositivo estranho à previsão da receita e à fixação da despesa, não se incluindo na proibição a autorização para abertura de créditos suplementares e contratação de operações de crédito, ainda que por antecipação de receita, nos termos da lei.
(E) Os planos e programas nacionais, regionais e setoriais previstos nesta Constituição serão elaborados em consonância com o plano plurianual e apreciados pelo Congresso Nacional.

A: incorreta, pois não há referência ao princípio da programação (artigo 165, § 2º, da CF); **B:** incorreta, pois define o plano plurianual (art. 165, § 12, da CF); **C:** incorreta, pois é o caso do princípio da transparência orçamentária (art. 165, § 6º, da CF); **D:** incorreta, pois seria caso do princípio da exclusividade, art. 165, § 8º, da CF; **E:** correta, nos termos do art. 165, §§ 4º e 7º, da CF. Assim o orçamento deve ir além da mera previsão de receitas e despesas para o próximo exercício financeiro, mas, também, trazer a previsão de metas para as necessidades públicas. Gabarito "E".

16. ORDEM ECONÔMICA E FINANCEIRA

(Advogado – Pref. São Roque/SP – 2020 – VUNESP) A respeito da Política Urbana, com base na Constituição Federal, assinale a alternativa correta.

(A) O plano diretor é o instrumento básico da política de desenvolvimento e expansão urbana, sendo obrigatório para cidades com mais de dez mil habitantes.
(B) A propriedade urbana cumpre sua função social quando atende às exigências fundamentais de ordenação da cidade expressas no plano diretor.
(C) As desapropriações de imóveis urbanos que não atendam às especificações do plano diretor devem ser precedidas de indenização em títulos da dívida pública, resgatáveis em 20 (vinte) anos.
(D) Os imóveis públicos que não atendam a sua função social podem ser objeto de usucapião.
(E) Aquele que possuir como sua área urbana de até trezentos e cinquenta metros quadrados, por três anos, utilizando-a para o exercício de atividade comercial, adquirir-lhe-á o domínio.

A: errada, porque a obrigatoriedade é para cidades com mais de vinte mil habitantes (artigo 182, § 1º, da CF). **B:** correta (artigo 182, § 2º, da CF). **C:** errada, pois o prazo é de até 10 anos (artigo 182, § 4º, III, da CF). **D:** errada, porque os imóveis públicos não são adquiridos por usucapião (artigo 183, § 3º, da CF). Por último, a letra **E** está errada, porque o limite é de até duzentos e cinquenta metros quadrados, por cinco anos (artigo 183, da CF). Gabarito "B".

(Juiz de Direito – TJ/RS – 2018 – VUNESP) A Súmula Vinculante nº 49 afirma que a lei municipal que impede a instalação de estabelecimentos comerciais do mesmo ramo em determinada área é

(A) inconstitucional, porque compete privativamente à União legislar sobre atividades financeiras, econômicas e comerciais.
(B) inconstitucional, porque viola o princípio da livre concorrência, previsto como princípio expresso da ordem econômica na Constituição Federal de 1988.
(C) inconstitucional, porque um dos princípios da ordem econômica na Constituição Federal de 1988 é a redução das desigualdades regionais e sociais.
(D) constitucional, porque os Municípios são competentes para legislar sobre assuntos de interesse local conforme prevê o texto da Carta da República.
(E) constitucional, porque no âmbito da ordem econômica da Constituição Federal de 1988, a intervenção do Estado deve coibir o abuso do poder econômico.

A Súmula Vinculante 49 do STF estabelece que ofende o princípio da livre concorrência lei municipal que impede a instalação de estabelecimentos comerciais do mesmo ramo em determinada área. Neste sentido, o precedente representativo dessa súmula vinculante: *1. A CF/1988 assegura o livre exercício de qualquer atividade econômica, independentemente de autorização do poder público, salvo nos casos previstos em lei. 2. Observância de distância mínima da farmácia ou drogaria existente para a instalação de novo estabelecimento no perímetro. [...] Limitação geográfica que induz à concentração capitalista, em detrimento do consumidor, e implica cerceamento do exercício do princípio constitucional da livre concorrência, que é uma manifestação da liberdade de iniciativa econômica privada. (RE 193.749, Rel. Min. Carlos Velloso, Rel. p/ o ac. Min. Maurício Corrêa, P, j. 4-6-1998).* Gabarito "B".

(Procurador Municipal – Sertãozinho/SP – VUNESP – 2016) A Constituição Federal, ao regular a Política Urbana, estabelece que:

(A) os imóveis públicos urbanos podem ser objeto de usucapião, desde que respeitados os requisitos legais.
(B) aquele que possuir como sua área urbana de até duzentos e cinquenta metros quadrados, por cinco anos, ininterruptamente e sem oposição, utilizando-a para sua moradia ou de sua família, adquirir-lhe-á o domínio, desde que não seja proprietário de outro imóvel urbano ou rural. Nessa hipótese, esse direito não poderá ser adquirido pelo mesmo possuidor mais de uma vez.
(C) o plano diretor, aprovado pela Câmara Municipal, obrigatório para cidades com mais de dez mil habitantes, é o instrumento básico da política de desenvolvimento e de expansão urbana.
(D) as desapropriações de imóveis urbanos serão feitas preferencialmente com justa indenização em títulos da dívida pública urbana.
(E) não há disposição constitucional expressa relacionando o atendimento da função social da propriedade urbana à ordenação da cidade expressa no plano diretor, eis que o uso de tal instrumento normativo é facultativo.

A: incorreta. Ao contrário do mencionado, o § 3º do art. 183 da CF determina que os imóveis públicos **não serão adquiridos por usucapião**; **B:** correta. É o que informa o "caput" do art. 183 da CF; **C:** incorreta. O § 1º do art. 182 da CF dispõe que o plano diretor, aprovado pela Câmara Municipal, obrigatório para cidades com mais de **vinte mil habitantes**, é o instrumento básico da política de desenvolvimento e de expansão urbana; **D:** incorreta. De acordo com o § 3º do art. 182 da CF, as desapropriações de imóveis urbanos serão feitas com **prévia e justa indenização em dinheiro**; **E:** incorreta. Diversamente, o § 2º do art. 182 da CF determina que a **propriedade urbana cumpre sua função social** quando atende às exigências fundamentais de ordenação da cidade expressas no plano diretor. Gabarito "B".

(Procurador – SP – VUNESP – 2015) Ressalvados os casos previstos na própria Constituição, a exploração direta de atividade econômica pelo Estado:

(A) não será permitida.

(B) será permitida exclusivamente às empresas públicas da União.
(C) só será permitida às empresas públicas e às sociedades de economia mista em assuntos estratégicos para o desenvolvimento do país.
(D) só será permitida quando necessária aos imperativos da segurança nacional ou a relevante interesse coletivo, conforme definidos em lei.
(E) será permitida desde que as empresas públicas autorizadas a fazê-lo não recebam investimentos estrangeiros.

De acordo com o caput do art. 173 da CF, ressalvados os casos previstos nesta Constituição, a exploração direta de atividade econômica pelo Estado **só será permitida quando necessária aos imperativos da segurança nacional ou a relevante interesse coletivo, conforme definidos em lei.**
Gabarito "D".

17. ORDEM SOCIAL

(Delegado – PC/BA – 2018 – VUNESP) Acerca da Previdência Social na Constituição Federal de 1988, é correto afirmar que

(A) os gastos havidos com bens, serviços, prestações e administração da previdência não estão submetidos a uma lógica de equilíbrio atuarial, posto que a previdência se presta a auxiliar pessoas necessitadas, como trabalhadores doentes, de idade avançada, entre outras hipóteses.
(B) a previdência privada é admitida, em caráter autônomo, facultativo, contratual e complementar, sendo vedado à União, aos Estados, aos Municípios e ao Distrito Federal assumir a qualidade de patrocinador de tais entidades, com uma contribuição igual àquela feita pelo segurado.
(C) é constitucional a cobrança de contribuição previdenciária sobre os proventos de aposentadoria e as pensões dos servidores públicos da União, dos Estados, dos Municípios e do Distrito Federal (regime próprio) que superem o limite máximo estabelecido para os benefícios do regime geral de previdência social.
(D) é constitucional que um ente federativo estabeleça, por norma própria (estadual, distrital ou municipal), um tempo mínimo de anos de contribuição na atividade privada, para fins de compensação e obtenção de aposentadoria por um servidor no regime próprio da Administração Pública.
(E) professores que venham a exercer funções de direção de unidade escolar, coordenação e assessoramento pedagógico não farão jus à aposentadoria especial, pois o benefício somente será devido àqueles que comprovem o tempo de efetivo exercício das funções de magistério exclusivamente em sala de aula.

A: incorreta, visto que tanto o regime próprio de previdência social quanto o regime geral de previdência social devem observar critérios que preservem o equilíbrio financeiro e atuarial (arts. 40, *caput*, e 201, *caput*, da CF); **B:** incorreta, pois é **permitido** à União, aos Estados, aos Municípios e ao Distrito Federal assumir a qualidade de <u>patrocinador</u> de entidade de previdência privada, com uma contribuição **igual** àquela feita pelo segurado (inteligência do art. 202, § 3º, da CF); **C:** correta, de acordo com o § 18 do art. 40 da CF e a jurisprudência do Supremo Tribunal Federal: *"não é inconstitucional o art. 4º, caput, da EC 41, de 19-12-2003, que instituiu contribuição previdenciária sobre os proventos de aposentadoria e as pensões dos servidores públicos da União, dos Estados, do Distrito Federal e dos Municípios, incluídas suas autarquias e fundações"* (ADI 3.105 e ADI 3.128, Rel. p/ o ac. Min. Cezar Peluso, P, j. 18-8-2004); **D:** incorreta, porque é inconstitucional qualquer restrição, por lei local, à contagem recíproca do tempo de contribuição na Administração Pública e na atividade privada para fins de aposentadoria, tal como a exigência de um mínimo de contribuições ao sistema previdenciário. Nesse sentido, o seguinte julgado do STF: *"A imposição de restrições, por legislação local, à contagem recíproca do tempo de contribuição na administração pública e na atividade privada para fins de concessão de aposentadoria viola o art. 202, § 2º, da CF, com redação anterior à EC 20/1998 [atual 201, § 9º, da CF, com redação da EC 20/1998]"* (RE 650.851 QO, Rel. Min. Gilmar Mendes, P, j. 1º-10-2014, Tema 522); **E:** incorreta, pois, de acordo com a jurisprudência do STF, *"para a concessão da aposentadoria especial de que trata o art. 40, § 5º, da Constituição, conta-se o tempo de efetivo exercício, pelo professor, da docência e das atividades de direção de unidade escolar e de coordenação e assessoramento pedagógico, desde que em estabelecimentos de educação infantil ou de ensino fundamental e médio"* (RE 1.039.644 RG, Rel. Min. Alexandre de Moraes, P, j. 13-10-2017, Tema 965).
Gabarito "C".

(Investigador – PC/BA – 2018 – VUNESP) Ao assegurar a proteção constitucional ao meio ambiente, a Constituição Federal de 1988

(A) estabelece que a exploração de recursos minerais independe da recuperação do meio ambiente degradado, já que se trata de atividade necessária.
(B) prevê que as terras devolutas ou arrecadadas pelos Estados, por ações discriminatórias, necessárias à proteção dos ecossistemas naturais podem ser disponíveis por ato discricionário da Administração Pública.
(C) exige, na forma de Decreto do Poder Executivo, para a instalação de obra ou atividade potencialmente causadora de significativa degradação do meio ambiente, estudo prévio de impacto ambiental, a que se dará publicidade.
(D) estabelece que as condutas e atividades consideradas lesivas ao meio ambiente sujeitarão os infratores, pessoas físicas ou jurídicas, a sanções penais e administrativas, independentemente da obrigação de reparar os danos causados.
(E) impõe que as usinas que operem com reator nuclear deverão ter sua localização definida em lei estadual, sem o que não poderão ser instaladas.

A: incorreta, pois aquele que explorar recursos minerais fica obrigado a recuperar o meio ambiente degradado (art. 225, § 2º, da CF); **B:** incorreta, pois são **indisponíveis** as terras devolutas ou arrecadadas pelos Estados, por ações discriminatórias, necessárias à proteção dos ecossistemas naturais (art. 225, § 5º, da CF); **C:** incorreta, porque exige, <u>na forma da lei</u>, para instalação de obra ou atividade potencialmente causadora de significativa degradação do meio ambiente, estudo prévio de impacto ambiental, a que se dará publicidade (art. 225, § 1º, IV, da CF); **D:** correta, nos termos do art. 225, § 3º, da CF; **E:** incorreta, pois as usinas que operem com reator nuclear deverão ter sua localização definida em **lei federal**, sem o que não poderão ser instaladas (art. 225, § 6º, da CF).
Gabarito "D".

(Investigador – PC/BA – 2018 – VUNESP) Segundo a Constituição Federal, assinale a alternativa correta sobre a Ordem Social.

(A) É permitido destinar recursos públicos para auxílios ou subvenções às instituições privadas de saúde com fins lucrativos, com vistas ao interesse público.

(B) É permitida a filiação ao regime geral de previdência social, na qualidade de segurado facultativo, de pessoa participante de regime próprio de previdência.

(C) No âmbito da educação, os Municípios atuarão prioritariamente no ensino fundamental e na educação infantil, e os Estados e Distrito Federal atuarão prioritariamente nos ensinos fundamental e médio.

(D) A União aplicará, anualmente, nunca menos do que 15% (quinze por cento), no mínimo, da receita resultante de impostos, na manutenção e no desenvolvimento do ensino.

(E) A justiça desportiva terá o prazo máximo de 120 (cento e vinte) dias, contados da instauração do processo, para proferir decisão final.

A: incorreta, já que é vedada a destinação de recursos públicos para auxílios ou subvenções às instituições privadas com fins lucrativos (art. 199, § 2º, da CF); **B:** incorreta, visto que é vedada a filiação ao regime geral de previdência social, na qualidade de segurado facultativo, de pessoa participante de regime próprio de previdência (art. 201, § 5º, da CF); **C:** correta, de acordo com o art. 211, §§ 2º e 3º, da CF; **D:** incorreta, pois a União aplicará, anualmente, nunca menos de **18% (dezoito por cento)**, no mínimo, da receita resultante de impostos na manutenção e desenvolvimento do ensino (art. 212, *caput*, da CF); **E:** incorreta, porque a justiça desportiva terá o prazo máximo de **60 dias**, contados da instauração do processo, para proferir decisão final (art. 217, § 2º, da CF).
Gabarito "C".

(Procurador do Estado/SP – 2018 – VUNESP) Assinale a alternativa correta a respeito do direito à comunicação social.

(A) Na análise do caso de publicação de biografias não autorizadas, o Supremo Tribunal Federal fixou o entendimento da necessidade de autorização prévia do interessado ou de seu representante legal, uma vez que o caso envolve tensão entre direitos fundamentais da liberdade de expressão, do direito à informação e dos direitos da personalidade (privacidade, imagem e honra).

(B) Os meios de comunicação social eletrônica, independentemente da tecnologia utilizada para a prestação do serviço, deverão observar os princípios constitucionais que regem a produção e a programação das emissoras de rádio e televisão, como dar preferência a finalidades educativas, artísticas, culturais e informativas.

(C) Nenhuma lei poderá conter dispositivo que possa constituir embaraço à plena liberdade de informação jornalística em qualquer veículo de comunicação social, sendo resguardado o sigilo da fonte, em todas as circunstâncias.

(D) Compete ao Congresso Nacional outorgar e renovar concessão, permissão e autorização para o serviço de radiodifusão sonora e de sons e imagens, observado o princípio da complementaridade dos sistemas privado, público e estatal.

(E) É competência comum da União, dos Estados, do Distrito Federal e dos Municípios legislar sobre os meios legais que garantam à pessoa e à família a possibilidade de se defenderem de programas ou programações de rádio e televisão que vinculem propaganda de produtos, práticas e serviços que possam ser nocivos à saúde e ao meio ambiente.

A: incorreta, pois o STF declarou ser **inexigível** autorização de pessoa biografada relativamente a obras biográficas literárias ou audiovisuais, sendo também **desnecessária** autorização de pessoas retratadas como coadjuvantes (ou de seus familiares, em caso de pessoas falecidas ou ausentes) (ADI 4815, Rel. Min. Cármen Lúcia, Tribunal Pleno, j. em 10-06-2015); **B:** correta, de acordo com o art. 222, § 3º, combinado com o art. 221, I, ambos da CF; **C:** incorreta, visto que nenhuma lei conterá dispositivo que possa constituir embaraço à plena liberdade de informação jornalística em qualquer veículo de comunicação social, sendo resguardado o sigilo da fonte, quando necessário ao exercício profissional (art. 220, § 1º, c/c art. 5º, XIV, da CF); **D:** incorreta, haja vista que compete ao **Poder Executivo** outorgar e renovar concessão, permissão e autorização para o serviço de radiodifusão sonora e de sons e imagens, observado o princípio da complementaridade dos sistemas privado, público e estatal (art. 223 da CF); **E:** incorreta, pois compete **privativamente** à União legislar sobre propaganda comercial (art. 22, XXIX, da CF), cabendo à lei federal estabelecer os meios legais que garantam à pessoa e à família a possibilidade de se defenderem de programas ou programações de rádio e televisão que vinculem propaganda de produtos, práticas e serviços que possam ser nocivos à saúde e ao meio ambiente (art. 220, § 3º, II, da CF).
Gabarito "B".

(Juiz de Direito – TJ/RS – 2018 – VUNESP) A Constituição Federal de 1988 propicia amparo a alguns grupos sociais vulneráveis, sendo um exemplo disso

(A) a garantia de acesso e locomoção adequados às pessoas portadoras de deficiência, sendo a construção ou adaptação dos logradouros públicos e privados de responsabilidade do Estado.

(B) a proteção especial de crianças e adolescentes órfãos ou abandonados, por meio de acolhimento institucional, que será mantido com os recursos oriundos do salário-família.

(C) a posse permanente, pelos índios, das terras por eles tradicionalmente ocupadas, cabendo-lhes o usufruto exclusivo das riquezas do solo, dos rios e dos lagos nelas existentes.

(D) a garantia de gratuidade nos transportes coletivos às pessoas com idade igual ou superior a 60 (sessenta) anos.

(E) o conceito de família, estabelecido na Carta de 1988, de caráter limitado à comunidade entre ambos os pais com os respectivos filhos, como base da sociedade e destinatária de proteção especial do Estado.

A: incorreta, visto que é responsabilidade do Estado zelar pela construção e adaptação dos logradouros, dos edifícios de uso público e dos veículos de transporte coletivo (art. 244 c/c art. 227, § 2º, ambos da CF); **B:** incorreta, já que o estímulo do Poder Público será efetivado por meio de assistência jurídica, incentivos fiscais e subsídios (art. 227, § 3º, VI, da CF); **C:** correta, pois as terras tradicionalmente ocupadas pelos índios destinam-se a sua *posse permanente*, cabendo-lhes o usufruto exclusivo das riquezas do solo, dos rios e dos lagos nelas existentes (art. 231, § 2º, da CF); **D:** incorreta, porque é garantida a gratuidade dos transportes coletivos urbanos aos maiores de **65 anos** (art. 230, § 2º, da CF); **E:** incorreta, uma vez que o conceito de família, estabelecido na Constituição, abrange também a comunidade formada por qualquer dos pais e seus descendentes (art. 226, § 4º, CF).
Gabarito "C".

18. QUESTÕES COMBINADAS E OUTROS TEMAS

(Procurador do Estado/SP – 2018 –VUNESP) Segundo a Constituição do Estado de São Paulo, os Poderes Legislativo, Executivo e Judiciário manterão, de forma integrada, sistema de controle interno, sobre o qual é correto afirmar:

(A) ao tomarem conhecimento de qualquer irregularidade, ilegalidade, ou ofensa aos princípios de legalidade, impessoalidade, moralidade, publicidade e eficiência, previstos no artigo 37 da Constituição Federal, dela darão ciência ao Tribunal de Contas do Estado, sob pena de responsabilidade solidária.
(B) são legitimados para propor ação de inconstitucionalidade de lei ou ato normativo estaduais ou municipais, contestados em face da Constituição do Estado de São Paulo ou por omissão de medida necessária para tornar efetiva norma ou princípio desta Constituição, no âmbito de seu interesse.
(C) não há de se falar em forma integrada de sistema de controle interno, conceito inconstitucional, por ferir o princípio da separação dos Poderes e a competência do Tribunal de Contas do Estado.
(D) podem convocar a qualquer momento o Procurador-Geral de Justiça, o Procurador-Geral do Estado e o Defensor Público-Geral para prestar informações a respeito de assuntos previamente fixados, relacionados com a respectiva área.
(E) deverão avaliar as metas previstas no plano plurianual, nas diretrizes orçamentárias e no orçamento anual por meio de inspeções e auditorias de natureza contábil, financeira, orçamentária, operacional e patrimonial, nas unidades administrativas.

A: correta, nos termos do art. 35, § 1º, da Constituição do Estado de São Paulo; **B:** incorreta, pois são legitimados para propor ação direta de inconstitucionalidade de lei ou ato normativo estadual ou municipal, contestado em face da Constituição do Estado de São Paulo, ou por omissão de medida necessária para tornar efetiva norma ou princípio desta Constituição: (i) o Governador do Estado e a Mesa da Assembleia Legislativa; (ii) o Prefeito e a Mesa da Câmara Municipal; (iii) o Procurador-Geral de Justiça; (iv) o Conselho da Seção Estadual da Ordem dos Advogados do Brasil; (v) as entidades sindicais ou de classe, de atuação estadual ou municipal, demonstrando seu interesse jurídico no caso; (vi) os partidos políticos com representação na Assembleia Legislativa, ou, em se tratando de lei ou ato normativo municipais, na respectiva Câmara (art. 90 da Constituição do Estado de SP); **C:** incorreta, pois o art. 74 da Constituição Federal determina que os Poderes Legislativo, Executivo e Judiciário manterão, de forma integrada, sistema de controle interno, o que é reproduzido pelo art. 35 da Constituição do Estado de São Paulo; **D:** incorreta, porque cabe às Comissões da Assembleia Legislativa convocar o Procurador-Geral de Justiça, o Procurador-Geral do Estado e o Defensor Público Geral para prestar informações a respeito de assuntos previamente fixados, relacionados com a respectiva área (art. 13, § 1º, 4, da Constituição do Estado de SP); **E:** incorreta, pois cabe ao **controle externo** – a cargo da Assembleia Legislativa e exercido com auxílio do Tribunal de Contas do Estado – avaliar a execução das metas previstas no plano plurianual, nas diretrizes orçamentárias e no orçamento anual (art. 33, IV, da Constituição do Estado de SP). Ressalte-se que cabe ao **sistema de controle interno** – a cargo dos Poderes Legislativo, Executivo e Judiciário – avaliar o cumprimento das metas previstas no plano plurianual, a execução dos programas de governo e dos orçamentos do Estado (art. 35, I, da Constituição do Estado de SP).

Gabarito "A".

(Procurador do Estado/SP – 2018 –VUNESP) Segundo a Constituição do Estado de São Paulo, os Poderes Legislativo, Executivo e Judiciário manterão, de forma integrada, sistema de controle interno, sobre o qual é correto afirmar:

(A) ao tomarem conhecimento de qualquer irregularidade, ilegalidade, ou ofensa aos princípios de legalidade, impessoalidade, moralidade, publicidade e eficiência, previstos no artigo 37 da Constituição Federal, dela darão ciência ao Tribunal de Contas do Estado, sob pena de responsabilidade solidária.
(B) são legitimados para propor ação de inconstitucionalidade de lei ou ato normativo estaduais ou municipais, contestados em face da Constituição do Estado de São Paulo ou por omissão de medida necessária para tornar efetiva norma ou princípio desta Constituição, no âmbito de seu interesse.
(C) não há de se falar em forma integrada de sistema de controle interno, conceito inconstitucional, por ferir o princípio da separação dos Poderes e a competência do Tribunal de Contas do Estado.
(D) podem convocar a qualquer momento o Procurador-Geral de Justiça, o Procurador-Geral do Estado e o Defensor Público-Geral para prestar informações a respeito de assuntos previamente fixados, relacionados com a respectiva área.
(E) deverão avaliar as metas previstas no plano plurianual, nas diretrizes orçamentárias e no orçamento anual por meio de inspeções e auditorias de natureza contábil, financeira, orçamentária, operacional e patrimonial, nas unidades administrativas.

A: correta, nos termos do art. 35, § 1º, da Constituição do Estado de São Paulo; **B**: incorreta, pois são legitimados para propor ação direta de inconstitucionalidade de lei ou ato normativo estadual ou municipal, contestado em face da Constituição do Estado de São Paulo, ou por omissão de medida necessária para tornar efetiva norma ou princípio desta Constituição: (i) o Governador do Estado e a Mesa da Assembleia Legislativa; (ii) o Prefeito e a Mesa da Câmara Municipal; (iii) o Procurador-Geral de Justiça; (iv) o Conselho da Seção Estadual da Ordem dos Advogados do Brasil; (v) as entidades sindicais ou de classe, de atuação estadual ou municipal, demonstrando seu interesse jurídico no caso; (vi) os partidos políticos com representação na Assembleia Legislativa, ou, em se tratando de lei ou ato normativo municipais, na respectiva Câmara (art. 90 da Constituição do Estado de SP); **C**: incorreta, pois o art. 74 da Constituição Federal determina que os Poderes Legislativo, Executivo e Judiciário manterão, de forma integrada, sistema de controle interno, o que é reproduzido pelo art. 35 da Constituição do Estado de São Paulo; **D**: incorreta, porque cabe às Comissões da Assembleia Legislativa convocar o Procurador-Geral de Justiça, o Procurador-Geral do Estado e o Defensor Público Geral para prestar informações a respeito de assuntos previamente fixados, relacionados com a respectiva área (art. 13, § 1º, 4, da Constituição do Estado de SP); **E**: incorreta, pois cabe ao **controle externo** – a cargo da Assembleia Legislativa e exercido com auxílio do Tribunal de Contas do Estado – avaliar a <u>execução das metas</u> previstas no plano plurianual, nas diretrizes orçamentárias e no orçamento anual (art. 33, IV, da Constituição do Estado de SP). Ressalte-se que cabe ao **sistema de controle interno** – a cargo dos Poderes Legislativo, Executivo e Judiciário – avaliar o <u>cumprimento das metas</u> previstas no plano plurianual, a execução dos programas de governo e dos orçamentos do Estado (art. 35, I, da Constituição do Estado de SP).

Gabarito "A".

(Procurador do Estado/SP – 2018 – VUNESP) Ao Estado de São Paulo cumpre assegurar o bem-estar social, garantindo o pleno acesso aos bens e serviços essenciais ao desenvolvimento individual e coletivo, motivo pelo qual é correto afirmar:

(A) constituem patrimônio cultural estadual os bens de natureza material e imaterial, portadores de referências à identidade, à ação e à memória dos diferentes grupos formadores da sociedade, nos quais não se incluem as criações científicas, artísticas e tecnológicas e os espaços destinados às manifestações artístico-culturais.
(B) o patrimônio físico, cultural e científico dos museus, institutos e centros de pesquisa da Administração direta, indireta e fundacional são inalienáveis e intransferíveis, em qualquer hipótese.
(C) políticas públicas de promoção social, com as ações governamentais e os programas de assistência social, pela sua natureza emergencial e compensatória, em todos os casos, prevalecem sobre a formulação e aplicação de políticas sociais básicas nas áreas de saúde, educação, abastecimento, transporte e alimentação.
(D) a participação do setor privado no Sistema Único de Saúde efetivar-se-á mediante contrato, caso em que não se aplicam as diretrizes e as normas administrativas incidentes sobre a rede pública, com prevalência das regras do direito privado.
(E) o Poder Público organizará o Sistema Estadual de Ensino, abrangendo todos os níveis e modalidades, incluindo a especial, estabelecendo normas gerais de funcionamento para as escolas públicas estaduais e municipais, bem como para as particulares.

A: incorreta, pois constituem patrimônio cultural estadual os bens de natureza material e imaterial, tomados individualmente ou em conjunto, portadores de referências à identidade, à ação e à memória dos diferentes grupos formadores da sociedade nos quais se incluem: as formas de expressão; <u>as criações científicas, artísticas e tecnológicas</u>; as obras, objetos, documentos, edificações e <u>demais espaços destinados às manifestações artístico-culturais</u>; os conjuntos urbanos e sítios de valor histórico, paisagístico, artístico, arqueológico, paleontológico, ecológico e científico. (art. 260 da Constituição do Estado de SP); **B**: incorreta, porque o patrimônio físico, cultural e científico dos museus, institutos e centros de pesquisa da administração direta, indireta e fundacional são inalienáveis e intransferíveis, <u>sem audiência da comunidade científica e aprovação prévia do Poder Legislativo</u> (art. 272 da Constituição do Estado de SP); **C**: incorreta, já que as ações governamentais e os programas de assistência social, pela sua natureza emergencial e compensatória, **não deverão prevalecer** sobre a formulação e aplicação de políticas sociais básicas nas áreas de saúde, educação, abastecimento, transporte e alimentação (art. 233 da Constituição do Estado de SP); **D**: incorreta, pois a participação do setor privado no sistema único de saúde efetivar-se-á **mediante convênio ou contrato de direito público**, aplicando-se as diretrizes do sistema único de saúde e as normas administrativas incidentes sobre o objeto de convênio ou de contrato (art. 220, §§ 4º e 5º, da Constituição do Estado de SP); **E**: correta, de acordo com o art. 239 da Constituição do Estado de São Paulo.

Gabarito "E".

6. DIREITO ADMINISTRATIVO

Rodrigo Bordalo, Ariane Wady, Flavia Barros e Wander Garcia*

1. REGIME JURÍDICO ADMINISTRATIVO E PRINCÍPIOS DO DIREITO ADMINISTRATIVO

1.1. REGIME JURÍDICO ADMINISTRATIVO

(Investigador – PC/BA – 2018 – VUNESP) Um Estado que tributasse desmesuradamente os administrados enriqueceria o Erário, com maior volume de recursos, o que, por outro lado, tornaria a sociedade mais pobre. Tal conduta de exação excessiva viola o princípio pelo qual deve prevalecer

(A) o interesse público secundário.
(B) o interesse público primário.
(C) a supremacia do interesse público.
(D) o interesse público como direito subjetivo.
(E) o direito subjetivo individual.

A: incorreta. O interesse público secundário é aquele que atine ao ente da Administração Pública diretamente; B: correta. O interesse público primário diz respeito ao interesse da sociedade como um todo. Essa é a assertiva correta, na medida em que embora se possa supor que a Administração Pública tenha interesse público secundário em tributar seus administrativos desmesuradamente, de modo a arrecadar mais, o interesse público primário, o da sociedade, estaria sendo violado. Em um conflito de interesses entre o interesse público primário e o secundário, o primeiro deve prevalecer; C: incorreta. O princípio da supremacia do interesse público sobre o interesse privado tem de ser corretamente entendido, sob pena de levar a interpretações equivocadas, que levantam a hipótese de antagonismo entres ambos. Todos vivemos em sociedade e, para que as necessidades da coletividade possam ser devidamente atendidas, há que se estabelecer na lei certas limitações aos interesses do particular em prol do bem comum. Na verdade, na medida em que todos desejamos viver harmonicamente, a existência do princípio da supremacia do interesse público sobre o privado determina que esse último deva ser sacrificado quando isso atender melhor ao interesse coletivo. Se todos tivessem a liberdade para o exercício irrestrito e não acomodado de seus direitos, por certo teríamos conflitos e caos, razão pela qual esse princípio prega que há um interesse particular em ceder parte de sua esfera de direitos e liberdade, nos termos da lei, para que o interesse público seja atendido; D: incorreta. O interesse público corresponde ao conjunto dos interesses que os indivíduos pessoalmente têm, enquanto membros da coletividade. Partindo desse conceito, pode-se dizer que cada indivíduo tem o direito subjetivo à defesa das normas que tratam do interesse público; E: incorreta. O direito subjetivo individual consiste na situação jurídica consagrada na norma e que faz de seus sujeitos titulares de poder, obrigações e faculdades. FB

Gabarito "B".

---

* **Ariane Wady** comentou as questões dos seguintes concursos Juiz TJM/SP/16, Escrevente TJM/SP/17, Juiz TJ/RJ/16, Procurador Sertãozinho/SP/16, Procurador Municipal/SP/16, Procurador IPSMI/SP/16, Juiz TJ/SP/15, Juiz TJ/MS/15, Procurador/SP/15; **Wander Garcia** comentou as questões de concursos jurídicos; **Flavia Barros** comentou as questões de cartório e dos concursos de 2017 e 2018. Rodrigo Bordalo (RB)

1.2. PRINCÍPIOS BASILARES DO DIREITO ADMINISTRATIVO (SUPREMACIA E INDISPONIBILIDADE)

(Escrevente Técnico – TJM/SP – VUNESP – 2017) Os atos dos servidores públicos deverão estar em conformidade com o interesse público, e não próprio ou de acordo com a vontade de um grupo. Tal afirmação está de acordo com o princípio

(A) do bem público.
(B) da legalidade.
(C) da impessoalidade.
(D) do poder vinculado.
(E) da hierarquia.

A: Incorreta. Não temos um princípio com esse nome de "bem público", B: Incorreta. O princípio da legalidade determina que os atos do Poder Público estão adstritos à lei, não se relacionando diretamente com a ausência de subjetividade, que é o que busca o enunciado. C: Correta. O princípio da impessoalidade é o que determina que a atividade administrativa deve ser praticada com ausência de subjetividade, ou seja, sem interesse próprio ou de um grupo específico, visando sempre o bem comum e o interesse público, sendo essa a resposta adequada para o que descreve o enunciado, portanto. D: Incorreta. O enunciado pede um Princípio, e não um Poder, como determinado. E: Incorreta. Não há um princípio denominado de "hierarquia", e sim, um Poder, que se configura num instrumento para a escalonar, organizar os atos e atividades administrativas no seu âmbito interno.

Gabarito "C".

1.3. PRINCÍPIOS ADMINISTRATIVOS EXPRESSOS NA CONSTITUIÇÃO

(Juiz – TJ/RJ – VUNESP – 2016) Assinale a alternativa que corretamente discorre sobre os princípios do Direito Administrativo.

(A) As Súmulas 346 e 473 do Supremo Tribunal Federal, que tratam da declaração de nulidade dos atos administrativos pela própria Administração e da revogação destes por motivos de conveniência e oportunidade, demonstram que o Direito Administrativo brasileiro não adotou a autotutela como princípio.

(B) A fim de tutelar o princípio da moralidade administrativa, a Constituição Federal prevê alguns instrumentos processuais, como a Ação Civil Pública, na defesa dos direitos difusos e do patrimônio social, a Ação Popular, que permite anular atos do Poder Público contaminados de imoralidade administrativa, desde que reconhecido o pressuposto da lesividade, da mesma forma como acontece com a Ação de Improbidade Administrativa, que tem como requisito o dano patrimonial ao erário.

(C) O Supremo Tribunal Federal entende que, muito embora pela aplicação do princípio da impessoalidade, a Administração não possa ter em mira este ou aquele indivíduo de forma especial, o sistema de cotas, em que se prevê reserva de vagas pelo critério étnico-social para ingresso em instituições de nível superior, é constitucional e compatível com o princípio da impessoalidade, já que ambos têm por matriz comum o princípio constitucional da igualdade.

(D) O princípio da publicidade possui repercussão infraconstitucional, com regulamentação pela Lei de Acesso à Informação (Lei Federal 12.527/2011) na qual foram contempladas duas formas de publicidade – a transparência ativa e a transparência passiva –, aplicáveis a toda a Administração Direta e Indireta, mas não incidentes às entidades privadas sem fins lucrativos que recebam recursos públicos do orçamento, como ocorre por contrato de gestão.

(E) Pelo princípio da continuidade do serviço público, não podem os serviços públicos ser interrompidos, visto que atendem a necessidades prementes e inadiáveis da coletividade, e, portanto, não é permitida paralisação temporária de atividades, mesmo em se tratando de serviços prestados por concessionários e permissionários, mediante pagamento de tarifa, como fornecimento de energia, ainda que o usuário esteja inadimplente.

A: Incorreta. Essas duas súmulas retratam exatamente o princípio da autotutela, ou seja, da possibilidade que o Poder Público tem de anular e revogar os seus próprios atos administrativos sem a interferência do Poder Judiciário. **B:** Incorreta. O erro está na Ação de Improbidade, que tem como requisito o ato ímprobo, que pode ou não causar danos ao erário, podendo somente violar princípios, assim como proporcionar o enriquecimento ilícito do agente ímprobo. **C:** Correta. A política de quotas é materialização do princípio da igualdade, mais ainda, da igualdade material. **D:** Incorreta. O princípio da publicidade é aplicado à toda Administração Pública, assim como às pessoas jurídicas de direito privado que recebem dinheiro público e/ou celebrem contrato de gestão com o Poder Público, já que se sujeitam ao Regime Jurídico Administrativo regido pelo art. 37, "caput", CF. **E:** Incorreta. O art. 6º, § 3º, da Lei 8.987/1985 dispõe que é possível a interrupção dos serviços públicos, desde que em hipótese de emergência ou após aviso prévio para assegurar a segurança das instalações; e por inadimplemento do usuário, considerado o interesse da coletividade.
Gabarito "C".

(Delegado/SP – 2014 – VUNESP) Desde antigas eras do Direito, já vingava o brocardo segundo o qual "nem tudo o que é legal é honesto" (non omne quod licet honestum est). Aludido pensamento vem a tomar relevo no âmbito do Direito Administrativo principalmente quando se começa a discutir o problema do exame jurisdicional do desvio de poder. Essa temática serve, portanto, de lastro para o desenvolvimento do princípio constitucional administrativo

(A) explícito da moralidade administrativa.
(B) explícito da legalidade.
(C) implícito da supremacia do interesse público sobre o privado.
(D) implícito da finalidade administrativa.
(E) implícito da motivação administrativa.

De fato, "nem tudo que é legal é honesto" ou "nem tudo que é legal é moral". Dessa forma, o princípio da legalidade não é suficiente para prevenir condutas que possam violar o interesse público. Por isso, a CF/1988 estabelece como princípio da Administração Pública o da moralidade administrativa. Um exemplo de aplicação desse princípio foi a edição da Súmula Vinculante STF n. 13, que, mesmo que não haja lei proibindo a contratação de parente para cargos em comissão, proíbe o nepotismo na Administração Pública, com fundamento no princípio da moralidade administrativa.
Gabarito "A".

1.4. PRINCÍPIOS ADMINISTRATIVOS EXPRESSOS EM OUTRAS LEIS OU IMPLÍCITOS E PRINCÍPIOS COMBINADOS

(Investigador – PC/BA – 2018 – VUNESP) Se um determinado agente público se vale de uma competência que lhe é legalmente atribuída para praticar um ato válido, mas que possui o único e exclusivo objetivo de prejudicar um desafeto, é correto afirmar que tal conduta feriu o princípio da

(A) finalidade, que impõe aos agentes da Administração o dever de manejar suas competências obedecendo rigorosamente à finalidade de cada qual.
(B) supremacia do interesse público sobre o interesse privado, que é princípio geral de direito inerente a qualquer sociedade.
(C) razoabilidade, pelo qual o Administrador, na atuação discricionária, terá de obedecer a critérios aceitáveis do ponto de vista racional, com o senso normal.
(D) proporcionalidade, já que a Administração não deve tomar medidas supérfluas, excessivas e que passem do estritamente necessário à satisfação do interesse público.
(E) motivação, porque a Administração deve, no mínimo, esclarecer aos cidadãos as razões pelas quais foram tomadas as decisões.

A: correta. O ato administrativo de que trata a assertiva padece do vício de desvio de finalidade, na medida em que foi praticado para alcançar finalidade diversa da que lhe é propriamente dada pela lei; **B:** incorreta. O princípio da supremacia do interesse público sobre o interesse privado tem de ser corretamente entendido, sob pena de levar a interpretações equivocadas, que levantam à hipótese de antagonismo entres ambos. Todos vivemos em sociedade e, para que as necessidades da coletividade possam ser devidamente atendidas, há que se estabelecer na lei certas limitações aos interesses do particular em prol do bem comum. Na verdade, na medida em que todos desejamos viver harmonicamente, a existência do princípio da supremacia do interesse público sobre o privado determina que esse último deva ser sacrificado quando isso atender melhor ao interesse coletivo. Se todos tivessem a liberdade para o exercício irrestrito e não acomodado de seus direitos, por certo teríamos conflitos e caos, razão pela qual esse princípio prega que há um interesse particular em ceder parte de sua esfera de direitos e liberdade, nos termos da lei, para que o interesse público seja atendido; **C:** incorreta. O princípio da razoabilidade consiste em uma proposição básica e fundamental relacionada à diretriz do senso comum, do bom senso, da prudência e da moderação aplicado ao ramo do Direito; **D:** incorreta. O princípio da proporcionalidade estabelece que deve haver uma relação de proporcionalidade entre os meios empregados e a finalidade a ser alcançada, levando-se em conta as circunstâncias que ensejaram a prática do ato; **E:** incorreta. A motivação integra a formalização do ato, é requisito formalístico dele, transparecendo a causa que deu ensejo à pratica do ato administrativo. FB
Gabarito "A".

(Delegado/SP – 2014 – VUNESP) O conceito de Direito Administrativo é peculiar e sintetiza-se no conjunto harmônico de princípios jurídicos que regem os órgãos, os agentes e as atividades públicas tendentes a realizar concreta, direta e imediatamente os fins desejados pelo Estado. A par disso, é fonte primária do Direito Administrativo

(A) a jurisprudência.
(B) os costumes.
(C) os princípios gerais de direito.
(D) a lei, em sentido amplo.
(E) a doutrina.

Dentre as fontes citadas, apenas a lei é fonte primária do Direito. As demais decorrem todas da lei, como é fácil perceber em relação à doutrina e a jurisprudência, lembrando que os costumes e os princípios gerais de direito só podem ser utilizados em caso de lacuna da lei, ou seja, não têm aplicação primária.
Gabarito "D".

(Magistratura/SP – VUNESP – 2013) O princípio da autotutela administrativa, consagrado no Enunciado n. 473 das Súmulas do STF ("473 – A Administração pode anular seus próprios atos quando eivados de vícios que os tornem ilegais, porque deles não se originam direitos; ou revogá-los, por motivo de conveniência ou oportunidade, respeitados os direitos adquiridos, e ressalvada, em todos os casos, a apreciação judicial."), fundamento invocado pela Administração para desfazer ato administrativo que afete interesse do administrado, desfavorecendo sua posição jurídica,

(A) confunde-se com a chamada tutela administrativa.
(B) prescinde da instauração de prévio procedimento administrativo, pois tem como objetivo a restauração da ordem jurídica, em respeito ao princípio da legalidade que rege a Administração Pública.
(C) exige prévia instauração de processo administrativo, para assegurar o devido processo legal.
(D) pode ser invocado apenas em relação aos atos administrativos ilegais.

A: incorreta, pois a tutela administrativa (ou controle administrativo) é a possibilidade de a pessoa jurídica criadora de outra pessoa jurídica rever os atos desta que extrapolem os objetivos finalísticos da entidade criada; trata-se de um poder fiscalizatório bem mais restrito que a hierarquia (esta se dá de órgão superior para órgão subordinado), que permite ao órgão superior rever os atos do ato subordinado não só quando há desvio finalístico, como também quando há ilegalidade ou inconveniência; assim, a hierarquia tem relação com o princípio da autotutela, ao passo que a tutela administrativa não; **B**: incorreta, pois, havendo possibilidade de afetar a liberdade e a propriedade de terceiros, há de se respeitar o devido processo legal, o contraditório e a ampla defesa (art. 5º, LIV e LV, da CF), o que se dá, normalmente, no âmbito de um processo administrativo; **C**: correta, nos termos do comentário à alternativa "b"; **D**: incorreta, pois a autotutela se dá tanto quanto a atos ilegais (caso em que se dará a anulação) como em relação aos atos inconvenientes (caso em que se dará a revogação), nos termos do próprio texto da Súmula citada, bem como do art. 53 da Lei 9.784/1999.
Gabarito "C".

1.5. LEI DE INTRODUÇÃO ÀS NORMAS DO DIREITO BRASILEIRO (LIINDB)

(Juiz de Direito – TJ/RJ – 2019 – VUNESP) Em conformidade com a Lei de Introdução às Normas do Direito Brasileiro (LINDB), na redação dada pela Lei 13.655/2018,

(A) em qualquer órgão ou Poder, a edição de atos normativos por autoridade administrativa, inclusive os de organização interna, deverá ser precedida de consulta pública para manifestação de interessados, preferencialmente por meio eletrônico, a qual será considerada na decisão.

(B) a decisão do processo, nas esferas administrativa, controladora ou judicial, poderá impor compensação por benefícios indevidos ou prejuízos anormais ou injustos resultantes do processo ou da conduta dos envolvidos.
(C) admite-se a celebração de compromisso entre a autoridade administrativa e os interessados, com vistas à eliminação de irregularidade, incerteza jurídica ou situação contenciosa na aplicação do direito público, inclusive envolvendo transação quanto a sanções e créditos ou estabelecendo regimes de transição.
(D) para o fim de excluir a responsabilidade pessoal do agente público, é possível requerer autorização judicial para celebração de compromisso entre a autoridade administrativa e os interessados para eliminação de irregularidade, incerteza jurídica ou situação contenciosa na aplicação do direito público.
(E) quando necessário por razões de segurança jurídica ou de interesse geral, o ente interessado proporá ação declaratória de validade de ato, contrato, ajuste, processo ou norma administrativa, cuja sentença fará coisa julgada com eficácia *erga omnes*.

A: incorreta (cf. art. 29 da LINDB, em qualquer órgão ou Poder, a edição de atos normativos por autoridade administrativa, *salvo os de mera organização interna*, *poderá* ser precedida de consulta pública para manifestação de interessados, preferencialmente por meio eletrônico, a qual será considerada na decisão); **B**: correta (cf. art. 27 da LINDB); **C**: incorreta (o art. 26, inc. II, da LINDB foi objeto de *veto presidencial* e apresentava a seguinte redação: "II – poderá envolver transação quanto a sanções e créditos relativos ao passado e, ainda, o estabelecimento de regime de transição."); **D**: incorreta (o art. 26, §2º, da LINDB foi objeto de *veto presidencial* e apresentava a seguinte redação: "§ 2º Poderá ser requerida autorização judicial para celebração do compromisso, em procedimento de jurisdição voluntária, para o fim de excluir a responsabilidade pessoal do agente público por vício do compromisso, salvo por enriquecimento ilícito ou crime."); **E**: incorreta (a situação apresentada nesta alternativa integrava o art. 25 do projeto de lei que deu origem à Lei 13.655/2018, o que foi vetado pela Presidência da República).
Gabarito "B".

2. PODERES DA ADMINISTRAÇÃO PÚBLICA

2.1. PODER DISCIPLINAR

(Investigador – PC/BA – 2018 – VUNESP) Os agentes superiores fiscalizam as atividades dos agentes de nível inferior e, em consequência, possuem o poder de exigir que a conduta destes seja adequada aos mandamentos legais, sob pena de, se tal não ocorrer, serem os infratores sujeitos às respectivas sanções.

Essa passagem trata do poder

(A) vinculado.
(B) de polícia.
(C) regulamentar.
(D) hierárquico.
(E) disciplinar.

A: incorreta. **Poder vinculado** é aquele conferido pela lei à Administração Pública para a prática de ato de sua competência, determinando os elementos e requisitos necessários à sua formalização; **B**: incorreta. **Poder de polícia** consiste na limitação à liberdade e à propriedade do particular, prevista em lei, em prol do bem comum; **C**: incorreta. **Poder regulamentar** é a faculdade de que dispõem os Chefes de Executivo

(Presidente da República, Governadores e Prefeitos) de explicar a lei para sua correta execução, ou de expedir decretos autônomos sobre matéria de sua competência ainda não disciplinada por lei; **D:** incorreta. **Poder regulamentar** consiste no dever-poder de que dispõem os Chefes de Executivo (Presidente da República, Governadores e Prefeitos) de explicar a lei para sua correta execução, ou de expedir decretos autônomos sobre matéria de sua competência ainda não disciplinada por lei; **E:** correta. **Poder disciplinar** é a faculdade de punir internamente as infrações funcionais dos servidores e demais pessoas sujeitas à disciplina dos órgãos e serviços da Administração. FB
.,, Gabarito "E".

(Juiz – TJ/RJ – VUNESP – 2016) Considere a seguinte situação hipotética. Policial Civil do Estado de Rio de Janeiro recebe a pena de demissão por haver emprestado imóvel de sua propriedade para o depósito de dois veículos a pessoa em relação à qual posteriormente se descobriu integrante de quadrilha direcionada a roubos e furtos de carros, que já havia sido condenado a cumprir pena alternativa de prestação de serviços à comunidade pelo crime de falsificação de papéis públicos. Verifica-se que vários inquéritos que tinham tal pessoa como investigada tramitaram na delegacia em que o Policial Civil estava lotado, bem como prisão em flagrante. Sobre a possibilidade de o Policial Civil obter a revisão da pena imposta, buscando sua mitigação, recorrendo às vias judiciais, é correto afirmar que

(A) quando se trata de fatos apurados em processo administrativo, a competência do Poder Judiciário circunscreve-se ao exame da legalidade do ato, dos possíveis vícios de caráter formal ou dos que atentem contra os postulados constitucionais da ampla defesa e do contraditório, assim, deve o Magistrado aguardar o deslinde da questão na seara criminal, para, em seguida, ajuizar demanda para revisão da sanção disciplinar.

(B) a observância dos princípios da proporcionalidade e da razoabilidade, que poderiam ser invocados na aplicação da sanção disciplinar, não se encontra relacionada com a própria legalidade do ato administrativo, de modo que o Supremo Tribunal Federal descarta, in abstracto, a possibilidade dessa análise da sanção disciplinar pelo Poder Judiciário.

(C) o Superior Tribunal de Justiça já assentou a possibilidade de a Administração Pública, por razões discricionárias (juízo de conveniência e de oportunidade), deixar de aplicar a pena de demissão, quando induvidosa a ocorrência de motivo previsto na norma que comina tal espécie de sanção, razão pela qual o caso em tela não pode ser objeto de análise pelo Poder Judiciário.

(D) não cabe pleitear a revisão da pena imposta perante o Poder Judiciário, pois o controle jurisdicional deve alcançar todos os aspectos de legalidade dos atos administrativos, não podendo, todavia, estender-se à valoração da conduta que a lei conferiu ao administrador, no caso em tela expressada pela escolha da sanção a ser imposta.

(E) a jurisprudência do Superior Tribunal de Justiça orienta no sentido de que não há que se falar na presença de discricionariedade no exercício do poder disciplinar pela autoridade pública, sobretudo no que tange à imposição de sanção disciplinar, por esse motivo,

possível o controle judicial de tais atos administrativos de forma ampla, razão pela qual o Poder Judiciário pode rever a pena aplicada no caso em tela.

A: Incorreta. A jurisprudência do STJ entende que o controle jurisdicional dos atos administrativo sempre é possível também quanto aos inquéritos e processos judiciais, podendo ser realizado o controle formal e de conteúdo do ato, conforme se verifica no seguinte julgado:" Em face dos princípios da proporcionalidade, dignidade da pessoa humana e culpabilidade, aplicáveis ao regime jurídico disciplinar, não há juízo de discricionariedade no ato administrativo que impõe sanção disciplinar a Servidor Público, razão pela qual o controle jurisdicional é amplo, de modo a conferir garantia aos servidores públicos contra eventual excesso administrativo, não se limitando, portanto, somente aos aspectos formais do procedimento sancionatório. Precedentes. (RMS 47.677/ES, Rel. Ministro Napoleão Nunes Maia Filho, Primeira Turma, julgado em 15/12/2015, DJe 02/02/2016)". **B:** Incorreta. A razoabilidade e proporcionalidade são sinônimos de legalidade. Os princípios da proporcionalidade e razoabilidade são princípios constitucionais implícitos, sendo decorrentes do princípio da legalidade. **C:** Incorreta. O Poder Disciplinar é vinculado quanto à aplicabilidade da sanção, ou seja, o administrador não pode se esquivar de aplicar a sanção, desde que regulamente apurado o ato, respeitada a ampla defesa. **D:** Incorreta. O Poder Judiciário sempre poderá rever a legalidade e proporcionalidade da sanção aplicada. **E:** Correta. O Poder Disciplinar possui o aspecto vinculado, quanto à obrigatoriedade da sanção e o aspecto discricionário, no que diz respeito à quantificação da mesma, e quanto ao aspecto discricionário, para quem o defende (doutrina dominante) também é possível o controle judicial quanto à sua legalidade. Em face dos princípios da proporcionalidade, dignidade da pessoa humana e culpabilidade, aplicáveis ao regime jurídico disciplinar, não há juízo de discricionariedade no ato administrativo que impõe sanção disciplinar a Servidor Público, razão pela qual o controle jurisdicional é amplo, de modo a conferir garantia aos servidores públicos contra eventual excesso administrativo, não se limitando, portanto, somente aos aspectos formais do procedimento sancionatório. Precedentes" - (RMS 47.677/ES, Rel. Napoleão Nunes Maia Filho).
.,, Gabarito "E".

2.2 PODER DE POLÍCIA

(Procurador – IPSMI/SP – VUNESP – 2016) Sobre os poderes administrativos, é correto afirmar que

(A) ocorre excesso de poder quando a atuação do agente busca alcançar finalidade diversa do interesse público.

(B) é constitucional lei que firma ser de competência de entidades privadas o exercício do serviço de fiscalização das profissões regulamentadas.

(C) o poder de polícia permite que a Administração aplique sanções em agentes públicos a ela vinculados quando os servidores incorrem em infrações funcionais.

(D) a concessão de poder a um agente público confere sempre a ele a faculdade de exercê-lo de acordo com o juízo de conveniência e oportunidade.

(E) não é válida a conduta de condicionar a renovação de licença do veículo ao pagamento de multa quando o agente infrator não foi notificado.

A: Incorreta. O excesso de poder é a atuação diversa às regras de competência estabelecidas na lei. O desvio de poder ou de finalidade é que é a busca contrária ao interesse público. **B:** Incorreta. O exercício de fiscalização das profissões regulamentadas é feito por meio de autarquias, pessoas jurídicas de direito público, eis que temos um serviço público (art. 21, XVI, CF) que envolve o exercício do Poder de Polícia, que não admite delegação quanto aos atos executórios, que não podem ser afastados dessas entidades (não tem como fiscalizar o exercício profissional sem deixar de executar as penalidades em casos de sanções). **C:** Incorreta. O Poder de Polícia é externo, aplicando-se aos particulares, e não aos próprios agentes públicos, que devem sofrer sanções disciplinares por meio do Poder Disciplinar. **D:** Incorreta. A delegação de um Poder é sempre vinculada, de forma que o administrador só pode atuar nos limites do que lhe foi delegado e em conformidade com a lei; **E:** Correta. Trata-se da súmula 127, STJ, que assim dispõe: "É ilegal condicionar a renovação da licença de veículo ao pagamento de multa, da qual o infrator não foi notificado".

Gabarito "E".

(Delegado/SP – 2014 – VUNESP) Ao exercício do poder de polícia são inerentes certas atividades que podem ser sumariamente divididas em quatro grupos: I – legislação; II – consentimento; III – fiscalização; e IV – sanção. Nessa ordem de ideias, é correto afirmar que o particular

(A) pode exercer apenas as atividades de consentimento e de sanção, por não serem típicas de Estado.
(B) somente pode exercer, por delegação, a atividade de fiscalização, por não ser típica de Estado.
(C) pode exercer, por delegação, as atividades de consentimento e fiscalização, por não serem típicas de Estado.
(D) pode exercer, por delegação, quaisquer das atividades inerentes ao poder de polícia, pois não se traduzem em funções típicas de Estado.
(E) pode exercer, por delegação, o direito de impor, por exemplo, uma multa por infração de trânsito e cobrá-la, inclusive, judicialmente.

A: incorreta, pois a atividade de sanção é típica de Estado; **B:** incorreta, pois o particular também pode exercer a atividade de consentimento, que consiste em verificar se o particular que desempenha determinada atividade ou direito satisfaz os requisitos em lei para tanto; por exemplo, tem-se o caso das autoescolas, que são particulares credenciados para exames que verificam alguns dos requisitos para receber habilitação para dirigir; **C:** correta, pois as atividades de consentimento e de fiscalização (sem sanção) podem ser realizadas pelo particular; **D:** incorreta, pois a edição de leis e a aplicação de sanções são atividades típicas de Estado; **E:** incorreta, pois a aplicação de sanções é atividade típica de Estado.

Gabarito "C".

(Magistratura/SP – VUNESP – 2013) No exercício do poder de polícia administrativa, o Município, segundo orientação Sumulada do STF,

(A) ao proibir a instalação de estabelecimentos comerciais do mesmo ramo em determinada área, edita lei válida.
(B) ao proibir a instalação de estabelecimentos comerciais do mesmo ramo em determinada área, edita lei inválida.
(C) ao estabelecer o horário de funcionamento dos estabelecimentos comerciais situados em seu território, edita lei inválida.
(D) pode criar limitações administrativas à propriedade, passíveis de indenização.

A: incorreta, pois, segundo a Súmula STF n. 646, "ofende o princípio da livre concorrência lei municipal que impede a instalação de estabelecimentos comerciais do mesmo ramo em determinada área", ou seja, a lei que assim agir é inválida, ante a sua inconstitucionalidade; **B:** correta, nos termos da Súmula STF n. 646; **C:** incorreta, pois, segundo a Súmula STF n. 645, "é competente o Município para fixar o horário de funcionamento de estabelecimento comercial"; **D:** incorreta, pois as limitações administrativas, por serem gerais e atingir pessoas indeterminadas, não ensejam indenização aos que se sintam prejudicados por ela.

Gabarito "B".

3. ATOS ADMINISTRATIVOS

3.1. CONCEITO, PERFEIÇÃO, VALIDADE E EFICÁCIA

(Procurador – IPSMI/SP – VUNESP – 2016) Com base na teoria do ato administrativo, assinale a alternativa correta.

(A) Atos perfeitos são atos que estão em conformidade com o direito e que já exauriram os seus efeitos, tornando-se irretratáveis.
(B) Atos complexos são formados pela manifestação de dois órgãos, sendo o conteúdo do ato definido por um, cabendo ao segundo a verificação de sua legitimidade.
(C) A cassação consiste na extinção do ato administrativo em razão do descumprimento das razões impostas pela Administração ou ilegalidade superveniente imputável ao beneficiário do ato.
(D) A caducidade é a extinção do ato administrativo em virtude da sua incompatibilidade com o seu fundamento de validade no momento da edição.
(E) A revogação é a extinção do ato administrativo quando a situação nele contemplada não mais é tolerada pela nova legislação.

A: Incorreta. Os atos perfeitos são os já "acabados", formados, que percorreram todo o processo para a sua formação, mas não significa que produziram efeitos, eis que podem ser ineficazes. **B:** Incorreta. Os atos complexos são os que dependem da manifestação de vontade de um só órgão, sendo o outro apenas legitimador ou verificador da sua legitimidade. **C:** Correta. A cassação do ato é sua retirada por descumprimento, do seu destinatário, das condições para a sua manutenção, sendo que essas condições são impostas por lei, por isso podem advir da ilegalidade superveniente imputável ao beneficiário. **D:** Incorreta. A caducidade é a retirada do ato administrativo em razão da superveniência de norma jurídica incompatível com a manutenção do ato. **E:** Incorreta. Esse seria o conceito de caducidade. A revogação é a retirada do ato administrativo por motivos de conveniência e oportunidade.

Gabarito "C".

3.2. REQUISITOS DO ATO ADMINISTRATIVO (ELEMENTOS, PRESSUPOSTOS)

(Investigador – PC/BA – 2018 – VUNESP) Um dos requisitos do ato administrativo é

(A) a competência, pela qual é vedado que um agente público transfira a outro funções que originariamente lhe são atribuídas.
(B) o objeto, elemento pelo qual todo ato administrativo deve estar dirigido ao atendimento de um interesse público.
(C) a finalidade, que se expressa no conteúdo, na alteração no mundo jurídico que o ato administrativo se propõe a processar.
(D) a forma, vigorando no âmbito administrativo o princípio da liberdade das formas, diversamente do que ocorre no campo do direito privado.
(E) o motivo, que consiste na situação de fato ou de direito que gera a vontade do agente público, quando este pratica o ato administrativo.

São requisitos para que um ato administrativo seja considerado válido: competência, objeto, forma, motivo e finalidade. A **competência** *é a atribuição legal de cargos, órgãos e entidades*. São vícios de competência os seguintes: a1) usurpação de função: alguém se faz passar por agente público sem o ser, ocasião em que o ato será inexistente; a2) excesso de poder: alguém que é agente público acaba por exceder os limites de sua competência (ex.: fiscal do sossego que multa um bar que visita por falta de higiene); o excesso de poder torna nulo ato, salvo em caso de incompetência relativa, em que o ato é considerado anulável; a3) função de fato: exercida por agente que está irregularmente investido em cargo público, apesar de a situação ter aparência de legalidade; nesse caso, os praticados serão considerados válidos, se houver boa-fé. O **objeto** é o conteúdo do ato, aquilo que o ato dispõe, decide, enuncia, opina ou modifica na ordem jurídica. O objeto deve ser lícito, possível e determinável, sob pena de nulidade. Ex.: o objeto de um alvará para construir é a licença. A **forma** são as formalidades necessárias para a seriedade do ato. A seriedade do ato impõe a) respeito à forma propriamente dita; b) motivação. O **motivo** é *fundamento de fato e de direito que autoriza a expedição do ato*. Ex.: o motivo da interdição de estabelecimento consiste no fato de este não ter licença (motivo de fato) e de a lei proibir o funcionamento sem licença (motivo de direito). Pela *Teoria dos Motivos Determinantes, o motivo invocado para a prática do ato condiciona sua validade*. Provando-se que o motivo é inexistente, falso ou mal qualificado, o ato será considerado nulo. A f**inalidade** *é o bem jurídico objetivado pelo ato*. Ex.: proteger a paz pública, a salubridade, a ordem pública. Cada ato administrativo tem uma finalidade.

Gabarito "E".

3.3. ATRIBUTOS DO ATO ADMINISTRATIVO

(Procurador do Município/Sorocaba-SP – VUNESP – 2012) Considerando a presunção de veracidade dos atos administrativos, indique a alternativa correta.

(A) Em nome da segurança jurídica, o Judiciário deve apreciar ex officio a validade do ato.
(B) Enquanto não decretada sua invalidade, ele produzirá efeitos como um ato válido.
(C) O ato deixa de produzir efeitos, mesmo sem a decretação de sua invalidade, deixando de ser obrigatório.
(D) Somente a Administração Pública tem o poder/dever de invalidar os atos administrativos.
(E) Somente o Poder Judiciário pode decretar a invalidade do ato administrativo, quando instado para esta finalidade.

A: incorreta, pois o Judiciário atua mediante provocação, face o princípio da inércia jurisdicional; no entanto, há casos em que se admite que o Judiciário atue de ofício, ocasião em que o princípio justificador dessa atuação é o da legalidade e não o da segurança jurídica; **B:** correta, pois a presunção de legitimidade tem justamente o efeito de possibilitar que o ato seja executado, enquanto não decretada a sua invalidade; **C:** incorreta, pois a presunção mencionada tem justamente o sentido inverso, ou seja, o sentido de permitir que o ato produza seus efeitos enquanto não decretada a invalidade; **D:** incorreta, pois o Judiciário também pode promover a invalidação dos atos administrativos, o que é feito normalmente mediante provocação; já a revogação, essa sim só pode ser feita pela Administração; **E:** incorreta, pois a Administração, pelo princípio da autotutela, também pode decretar a invalidade do ato administrativo (art. 53 da Lei 9.784/1999).

Gabarito "B".

(Cartório/SP – VUNESP – 2012) Sobre o ato administrativo, pode-se afirmar que

(A) ato de competência exclusiva, avocado e praticado por autoridade superior, caracteriza situação de excesso de poder.

(B) a presunção de exigibilidade do ato administrativo autoriza fechar-se estabelecimento inadimplente com o fisco.
(C) a concessão de licença para construir pode ser condicionada à emissão de certidão negativa de débito relativa ao imóvel.
(D) a revogação de ato administrativo complexo pode ser realizada, bastando que um dos órgãos envolvidos manifeste sua aquiescência.

A: correta, se um ato está previsto em lei como de competência absoluta, não caberá em relação a ele as figuras de delegação ou da avocação. Destarte, quando um superior arroga-se poderes que não lhe foram atribuídos legalmente, age com excesso de poder, com violação de regra de competência passível de anulação; **B:** incorreta, o uso do poder extroverso da Administração Pública como instrumento de coação para o recebimento de multas, taxas e outros é ilegal, daí porque não se pode usar o poder de polícia e fechar um estabelecimento com vistas a forçar o pagamento de dívidas do inadimplente para com a Fazenda Pública; **C:** incorreta, a concessão de licença é ato plenamente vinculado e que não pode ser condicionado ao pagamento de débitos relativos ao imóvel; **D:** incorreta, um ato administrativo, em regra, deve ser revogado do mesmo modo como foi constituído. Logo, tratando-se de um ato complexo, formado pela vontade autônoma de mais de um órgão, não basta que um dos órgãos envolvidos na formação do ato o revogue, sendo necessário que todos os órgãos envolvidos para a formação desse único ato o façam.

Gabarito "A".

3.4. VINCULAÇÃO E DISCRICIONARIEDADE

(Investigador – PC/BA – 2018 – VUNESP) Os atos discricionários

(A) são equiparados aos atos políticos, não sendo, portanto, possível a sua apreciação pelo Poder Judiciário, mesmo que causem lesão a direitos individuais ou coletivos.
(B) sujeitam-se à apreciação judicial, que será plena, em todos os aspectos, inclusive aqueles submetidos à avaliação de conveniência e oportunidade pelo gestor.
(C) não se prestam ao controle judicial, que não pode apreciar os motivos, ou seja, os fatos que precedem a elaboração do ato, sua ausência ou até mesmo falsidade.
(D) sujeitam-se à apreciação judicial, desde que não se invadam os aspectos reservados à apreciação subjetiva da Administração Pública.
(E) serão submetidos a controle judicial, em regra geral, se pertencerem à categoria de atos interna corporis, ou seja, aqueles derivados de Regimentos do Poder Legislativo.

Atos administrativos discricionários não se confundem com atos arbitrários, isto é, com atos cometidos à margem ou fora da lei. Os atos discricionários são atos administrativos em que há previsão na lei de certa liberdade para que o administrador público, diante do caso concreto, escolha a solução que atinge otimamente o interesse público. Sempre caberá a apreciação judicial sobre a razoabilidade e proporcionalidade do ato, mas não cabe ao Poder Judiciário substituir o administrador e por ele escolher.

Gabarito "D".

3.5. EXTINÇÃO DOS ATOS ADMINISTRATIVOS

(Investigador – PC/BA – 2018 – VUNESP) Se um ato administrativo é praticado com fundamento falso, vale dizer, incompatível com a verdade real, impõe-se a extinção do ato administrativo, por meio da

(A) revogação, que poderá ser praticada pela própria Administração, no exercício da autotutela, ou pelo Poder Judiciário, se devidamente provocado.
(B) anulação, que poderá ser praticada somente pela própria Administração.
(C) revogação, que poderá ser praticada somente pela própria Administração.
(D) anulação, que poderá ser praticada pela própria Administração, no exercício da autotutela, ou pelo Poder Judiciário, se devidamente provocado.
(E) revogação, que poderá ser praticada somente pelo Poder Judiciário.

A: incorreta. A revogação consiste na extinção de um ato administrativo legal ou de seus efeitos por outro ato administrativo. É efetuada somente pela Administração, dada a existência de fato novo que o torne inconveniente ou inoportuno, respeitando-se os efeitos precedentes (efeito "ex nunc"). Veja que a extinção por revogação não ocorre em razão da invalidade do ato, ou seja, de sua ilegalidade; **B:** incorreta. No caso de nulidade de um ato, esse modo de extinção dos atos administrativos pode ser feito tanto pela Administração Pública em exercício de autotutela como pelo Poder Judiciário; **C:** incorreta. Efetivamente, a revogação, por se tratar da extinção de um ato administrativo legal ou de seus efeitos por outro ato administrativo, dada a existência de fato novo que o torne inconveniente ou inoportuno, respeitando-se os efeitos precedentes (efeito "ex nunc"), somente pode ser realizada pela Administração. A "pegadinha" aqui refere-se ao fato de que a questão não trata de ato passível de revogação, mas de ato ilegal que deve ser anulado; **D:** correta. A anulação ou invalidação consiste na extinção do ato administrativo ou de seus efeitos por outro ato administrativo ou por decisão judicial por motivo de ilegalidade, com efeito retroativo ("ex tunc"); **E:** incorreta. A revogação consiste na extinção de um ato administrativo legal ou de seus efeitos por outro ato administrativo, **efetuada somente pela Administração**, dada a existência de fato novo que o torne inconveniente ou inoportuno, respeitando-se os efeitos precedentes (efeito "ex nunc").
Gabarito "D".

(Procurador Municipal/SP – VUNESP – 2016) Assinale a alternativa que corretamente discorre sobre aspectos concernentes ao ato administrativo.

(A) A Administração pode revogar seus próprios atos, quando eivados de vícios que os tornem ilegais, porque deles não se originam direitos, ou anulá-los, por motivo de conveniência ou de oportunidade, respeitados os direitos adquiridos e ressalvada, em todos os casos, a apreciação judicial.
(B) O vício de finalidade, ou desvio de poder, consiste na omissão ou na observância incompleta ou irregular de formalidades indispensáveis à existência ou à seriedade do ato, que tem apenas a aparência de manifestação regular da Administração, mas nao chega a se aperfeiçoar como ato administrativo.
(C) Afirma-se que um ato é discricionário nos casos em que a Administração tem o poder de adotar uma ou outra solução, segundo critérios de oportunidade, de conveniência, de justiça e de equidade, próprios da autoridade, porque não definidos pelo legislador, que deixa certa margem de liberdade de decisão diante do caso concreto.
(D) A atuação da Administração Pública, no exercício da função administrativa, é discricionária quando a lei estabelece a única solução possível diante de determinada situação de fato; ela fixa todos os requisitos, cuja existência a Administração deve limitar-se a constatar, sem qualquer margem de apreciação subjetiva.
(E) O desvio de poder ocorre quando o agente público excede os limites de sua competência; por exemplo, quando a autoridade, competente para aplicar a pena de suspensão, impõe penalidade mais grave, que não é de sua atribuição; ou quando a autoridade policial se excede no uso da força para praticar ato de sua competência.

A: Incorreta. A revogação tem como fundamento critérios de conveniência e oportunidade, e não vício de legalidade. **B:** Incorreta. Temos a descrição de vício de forma, e não de finalidade do ato administrativo (busca do interesse coletivo, da finalidade pública). **C:** Correta. A assertiva descreve bem a possibilidade de adoção de decisões diversas, de análise e julgamento do ato por parte do administrador, sendo esse o conceito de discricionariedade (liberdade de decidir conforme critérios de razoabilidade, proporcionalidade, justiça, equidade, legalidade). **D:** Incorreta. No caso de a lei estabelecer a única solução possível a ser tomada pelo administrador temos hipótese de ato vinculado, onde só é possível a escolha da solução determinada em lei. **E:** Incorreta. A alternativa descreve o abuso de poder, que é gênero e abrange o excesso de poder (atuação além dos limites de competência) e o desvio de poder ou de finalidade (atuação contrária ao interesse público, como no caso de ação desarrazoada, arbitrária), sendo esse o erro, portanto.
Gabarito "C".

(Procurador Municipal – Sertãozinho/SP – VUNESP – 2016) Assinale a alternativa que corretamente discorre sobre o ato administrativo.

(A) Em certos atos, denominados vinculados, a lei permite ao agente proceder a uma avaliação de conduta, ponderando os aspectos relativos à conveniência e à oportunidade da prática do ato.
(B) A Administração pode revogar seus próprios atos, quando eivados de vícios que os tornem ilegais, porque deles não se originam direitos, ressalvada, em todos os casos, a apreciação judicial.
(C) É defeso ao Poder Judiciário apreciar o mérito do ato administrativo, cabendo-lhe unicamente examiná-lo sob o aspecto de sua legalidade, isto é, se foi praticado conforme ou contrariamente à lei.
(D) A revogação também pode ser feita pelo Poder Judiciário, mediante provocação dos interessados, que poderão utilizar, para esse fim, as ações ordinárias e especiais previstas na legislação processual.
(E) Anulação é o ato administrativo discricionário pelo qual a Administração extingue um ato válido, por razões de oportunidade e conveniência, respeitando os efeitos já produzidos pelo ato, precisamente pelo fato de ser este válido perante o direito.

A: Incorreta. Nos atos vinculados não há qualquer avaliação de conduta. O administrador só faz o que a lei determina, sem ter liberdade para ponderar nada. **B:** Incorreta. A revogação tem como fundamento a análise de conveniência e oportunidade, e não a legalidade, como afirmada na assertiva. **C:** Correta. O Poder Judiciário poderá apreciar o mérito dos atos administrativos discricionários, mas somente quanto à sua legalidade, ou seja, não pode adentrar no juízo discricionário, na escolha em si da causa e motivo do ato. **D:** Incorreta. O Poder Judiciário nunca pode revogar um ato administrativo discricionário, sendo exclusividade do administrador forma de retirada do ato administrativo. **E:** Incorreta. A anulação é forma de retirada do ato administrativo por ele ser inválido, sem nenhuma análise de sua legalidade, portanto.
Gabarito "C".

(Juiz – TJ/MS – VUNESP – 2015) Determinado servidor público da Administração Pública Estadual requer sua aposentadoria. O pedido tramita regularmente e a aposentadoria é concedida em junho de 2014. Em abril de 2015, durante verificação de rotina, a Administração Pública Estadual constata que a concessão inicial foi indevida, pois o servidor não preenchia os requisitos legais para a aposentação. Nesse caso, deve a Administração Pública

(A) manter o ato administrativo da forma como se encontra, pois em decorrência do atributo da presunção de veracidade juris et de jure dos atos administrativos, presumem-se verdadeiros os fatos reconhecidos pela Administração.
(B) emitir ato revogatório de efeitos imediatos, pois o ato administrativo pode ser posto em execução pela própria Administração Pública, sem necessidade de intervenção do Poder Judiciário.
(C) anular o ato independentemente de manifestação do servidor interessado, pois possui a prerrogativa de, por meio de atos unilaterais, impor obrigações a terceiros.
(D) anular o ato administrativo, pois em decorrência do princípio da legalidade, queda afastada a possibilidade de a Administração praticar atos inominados, como o ato viciado em tela.
(E) com base no seu poder de autotutela sobre os próprios atos, anular o ato de concessão inicial da aposentadoria, mediante processo em que sejam assegurados o contraditório e a ampla defesa ao servidor público interessado.

A: Incorreta. A presunção de legitimidade dos atos administrativos é sempre relativa, cabendo prova em contrário, sendo necessária a declaração de ilegalidade de todos os atos que se apresentem contrários ao ordenamento jurídico (princípio da legalidade estrita). **B:** Incorreta. O ato é ilegal, por isso não se trata de uma revogação, e sim, de anulação do ato de concessão de aposentadoria. **C:** Incorreta. A anulação sempre pressupõe o processo administrativo, onde é assegurada a ampla defesa e contraditório. **D:** Incorreta. O Poder Público pode praticar "atos administrativos inominados", não sendo esse o caso em questão, e sim, de anulação da concessão da aposentadoria. **E:** Correta. O fundamento é a súmula 473, STF, que assim dispõe: "A administração pode anular seus próprios atos, quando eivados de vícios que os tornam ilegais, porque deles não se originam direitos; ou revogá-los, por motivo de conveniência ou oportunidade, respeitados os direitos adquiridos, e ressalvada, em todos os casos, a apreciação judicial".
Gabarito "E".

(Delegado/SP – 2014 – VUNESP) O ato administrativo

(A) pode ser revogado com fundamento em razões de conveniência e oportunidade, desde que observados os efeitos ex tunc dessa extinção do ato.
(B) tem na presunção de legitimidade a autorização para imediata execução e permanece em vigor até prova em contrário.
(C) é revogável pelo Poder Judiciário que é apto a fazer o controle de legalidade, sem ingressar em seu mérito administrativo.
(D) de Secretário de Segurança Pública que determina remoção ex officio do Delegado de Polícia, sem motivação, não se sujeita ao controle de juridicidade por conter alta carga de discricionariedade em seu teor.
(E) tem como requisitos a presunção de legitimidade, a autoexecutoriedade, a imperatividade e a exigibilidade.

A: incorreta, pois a revogação tem efeito "ex nunc", ou seja, não retroage; **B:** correta, pois a presunção de legitimidade de fato autoriza a imediata execução do ato e se trata de uma presunção relativa, ou seja, que admite prova em contrário; **C:** incorreta, pois o ato administrativo de uma administração não pode ser revogado pelo Judiciário, que pode apenas anular atos dessa outra administração; **D:** incorreta, pois a motivação é obrigatória no caso e sua não realização enseja a anulação do ato; **E:** incorreta, pois esses são os atributos do ato administrativo; os requisitos deste são a competência, o objeto, a forma, o motivo e a finalidade.
Gabarito "B".

3.6. CONVALIDAÇÃO

(Juiz de Direito – TJ/RS – 2018 – VUNESP) Considerando a disciplina legal e jurisprudencial da invalidação dos atos administrativos e, em especial, o previsto na Lei federal no 9.784/99, a anulação de ato administrativo ampliativo de direitos

(A) decorre do exercício do poder de polícia administrativa a fim de garantir segurança jurídica e estabilidade das relações entre Administração e administrado.
(B) só pode se dar por força de decisão judicial, observados os prazos de prescrição previstos no Código Civil.
(C) decorre do exercício do poder de autotutela administrativa e independe de procedimento em que seja assegurado contraditório e ampla defesa do beneficiário dos efeitos do ato anulável sempre que houver má-fé.
(D) só pode se dar pela Administração Pública, no exercício do poder hierárquico, e não pode alcançar terceiro interessado de boa-fé.
(E) só pode se dar no prazo de até cinco anos, pela própria Administração Pública.

Atos administrativos ampliativos de direitos são aqueles que aumentam a esfera de ação jurídica do administrado. Segundo o artigo 54 da Lei 9.784/1999, "o direito da Administração de anular os atos administrativos **de que decorram efeitos favoráveis para os destinatários** decai em cinco anos, contados da data em que foram praticados, salvo comprovada má-fé" (grifo nosso). FB
Gabarito "E".

3.7. CLASSIFICAÇÃO DOS ATOS ADMINISTRATIVOS E ATOS EM ESPÉCIE

(Juiz de Direito – TJM/SP – VUNESP – 2016) O ato administrativo tem peculiaridades sobre as quais é possível fazer a seguinte afirmação:

(A) se a Administração não se pronuncia quando provocada por um administrado que postula interesse próprio, está-se perante o silêncio administrativo que, apesar de não ser um ato, deverá ser sempre interpretado como deferimento.
(B) os atos vinculados obedecem a uma prévia e objetiva tipificação legal do único comportamento possível da Administração em face de situação igualmente prevista, autorizando sua revogação em caso de ilegalidade.
(C) a autoexecutoriedade do ato administrativo independe de previsão legal, mas obedece estritamente ao princípio da proporcionalidade.
(D) os atos administrativos podem ser classificados como simples ou complexos, a depender do número de destinatários beneficiados com a sua prática.

(E) os motivos e a finalidade indicados na lei, bem como a causa do ato, fornecem as limitações ao exercício de discrição administrativa e, portanto, estão sujeitos ao controle judicial.

A: Incorreta. O silêncio administrativo é um fato jurídico e não pode ser interpretado nem como uma permissão, nem como uma proibição ou vedação, não sendo possível ao próprio administrador inferir uma manifestação de vontade a seu critério. O entendimento da doutrina dominante é de que no caso de silêncio deve-se buscar o Poder Judiciário para que esse obrigue ao administrador a proferir sua manifestação de vontade. **B:** Incorreta. Os atos administrativos vinculados não podem ser revogados, eis que não emitidos sob nenhuma discricionariedade (sem nenhum juízo de conveniência e oportunidade, portanto). **C:** Incorreta. A autoexecutoriedade é a regra de todos os atos administrativos e obedece a todos os princípios que regem a Administração Pública, não só ao princípio da proporcionalidade, portanto. **D:** Incorreta. A classificação em atos simples ou complexos tem como fundamento o número de agentes que praticam o ato (o número de manifestação de vontades necessárias para formar o ato), e não o número de destinatários. **E:** Correta. Na verdade, todos os elementos do ato administrativos estão sujeitos ao controle judicial, mas o motivo e causa são elementos discricionários, o que está correto e, juntamente com a finalidade, admitem o controle judicial de legalidade.
Gabarito "E".

4. ORGANIZAÇÃO ADMINISTRATIVA

4.1. TEMAS GERAIS (ADMINISTRAÇÃO PÚBLICA, ÓRGÃOS E ENTIDADES, DESCENTRALIZAÇÃO E DESCONCENTRAÇÃO, CONTROLE E HIERARQUIA, TEORIA DO ÓRGÃO)

(Investigador – PC/BA – 2018 – VUNESP) O conjunto de órgãos que integram as pessoas federativas, aos quais foi atribuída a competência para o exercício, de forma centralizada, das atividades administrativas do Estado denomina-se

(A) Administração Indireta.
(B) Administração Direta.
(C) Fundação Pública.
(D) Sociedade de Economia Mista.
(E) Empresa Pública.

A: incorreta. A Administração Indireta consiste no conjunto de pessoas administrativas que, em relação de tutela com os entes da Administração Pública Direta, têm o objetivo de desempenhar as atividades de forma descentralizada; **B:** correta. A Administração Direta corresponde às pessoas jurídicas de direito público que exercem a atividade administrativa de modo centralizado; **C:** incorreta. Fundação pública é a entidade descentralizada, composta por um patrimônio personalizado que presta atividade não lucrativa de interesse coletivo; **D:** incorreta. É a entidade dotada de personalidade jurídica de direito privado, criada por lei para a exploração de atividade econômica, sob a forma de sociedade anônima, cujas ações com direito a voto pertençam em sua maioria à União, Estado, Distrito Federal ou Município, ou a entidade da Administração Indireta; **E:** incorreta. É a entidade dotada de personalidade jurídica de direito privado, com patrimônio próprio e capital exclusivo da entidade federativa a ele vinculado.
Gabarito "B".

(Procurador do Estado/SP – 2018 – VUNESP) Modelo de gestão orientado para práticas gerenciais com foco em resultados e atendimento aos usuários, qualidade de serviços e eficiência de processos com autonomia gerencial, orçamentária e financeira, sem abandonar parâmetros do modelo burocrático pode, em tese, e de acordo com o ordenamento jurídico em vigor, ser adotado por autarquia

(A) observada a autonomia, desde que qualificada como agência executiva, por meio de deliberação da autoridade máxima da autarquia, ratificada pelo Titular da Pasta tutelar, a quem competirá executar controle de finalidade e monitorar o atingimento das metas especificadas no âmbito do programa de ação do ente descentralizado.
(B) mediante celebração de contrato entre o Poder Público, por meio da Pasta tutelar, e o ente descentralizado, que abranja plano de trabalho voltado ao alcance dos objetivos e metas estipulados de comum acordo entre as partes.
(C) de forma autônoma, por meio de seu regimento interno, que deverá estabelecer objetivos estratégicos, metas e indicadores específicos observados os critérios de especialização técnica que justificaram a autorização legal para criação do ente descentralizado.
(D) mediante lei específica que autorize a contratualização de resultados entre o setor regulado e a autarquia que pretenda adotar o modelo gerencial, observada a finalidade de interesse público que justificou a desconcentração técnica no específico setor de atuação do órgão.
(E) mediante celebração de acordo de cooperação técnica, precedido de protocolo de intenções, a serem firmados entre a autarquia em regime especial e a pessoa de direito público interno que autorizou a sua criação, com derrogação em parte do regime jurídico administrativo, nos limites de lei específica.

O artigo 37 § 8º da CF/1988 estabelece a possibilidade de celebração do chamado contrato de gestão, nos seguintes termos: "§ 8º A autonomia gerencial, orçamentária e financeira dos órgãos e entidades da administração direta e indireta poderá ser ampliada mediante contrato, a ser firmado entre seus administradores e o poder público, que tenha por objeto a fixação de metas de desempenho para o órgão ou entidade, cabendo à lei dispor sobre: I – o prazo de duração do contrato; II – os controles e critérios de avaliação de desempenho, direitos, obrigações e responsabilidade dos dirigentes; III – a remuneração do pessoal."
Gabarito "B".

(Procurador – IPSMI/SP – VUNESP – 2016) A respeito da estruturação da Administração Pública brasileira, assinale a alternativa correta.

(A) As agências executivas possuem natureza de pessoa jurídica de direito privado, diferenciando-se, assim, das autarquias e fundações.
(B) As agências reguladoras são autarquias com regime jurídico especial, dotadas de autonomia reforçada em relação ao ente estatal.
(C) As empresas públicas estão necessariamente revestidas da forma jurídica de sociedade anônima.
(D) Os empregados das empresas estatais estão necessariamente submetidos ao teto remuneratório.
(E) As fundações públicas de direito privado, assim como as autarquias, são criadas por lei.

A: Incorreta. Como não houve especificação sobre as fundações públicas, se pessoas jurídicas de direito público ou privado, está incorreta a questão. **B:** Correta. As Agências Reguladoras realmente são autarquias de regime especial, dotadas de independência e autonomia em relação à Administração Direta, como todas as demais autarquias, mas por terem esse "regime especial", ainda possuem uma atuação fortemente autônoma em relação à pessoa jurídica da Administração Indireta que a criou (por meio de lei). **C:** Incorreta. As empresas públicas são pessoas jurídicas de direito privado e podem adotar quaisquer das formas empresariais previstas em lei. **D:** Incorreto. O art. 37, § 9º, CF determina que somente se submetem ao teto geral as empresas estatais que recebem recursos do Estado para pagamento de despesas com pessoal ou custeio em geral. **E:** Incorreta. As fundações públicas de direito privado são autorizadas à criação por lei (art. 37, XIX, CF).

Gabarito "B".

(Juiz – TJ/SP – VUNESP – 2015) Sobre os consórcios públicos regulados pela Lei 11.107/2005, é incorreto afirmar que

(A) se um consórcio público é inicialmente constituído pela União, dois Estados e cinco Municípios situados no território de um desses Estados e, durante o processo de ratificação do Protocolo de Intenções pelos legislativos, a Assembleia Legislativa de um desses Estados nega a ratificação, esse Consórcio não poderá ser constituído com a participação da União.

(B) o contrato de consórcio deverá prever contribuições financeiras ou econômicas de ente da Federação ao consórcio público, vedada a doação, destinação ou cessão do uso de bens móveis ou imóveis e as transferências ou cessões de direitos.

(C) o Consórcio Público formado por um Estado e vários Municípios, que assume personalidade jurídica de direito público, passa a integrar a administração autárquica concomitantemente de todos os entes federados integrantes de sua composição.

(D) constitui ato de improbidade do agente público delegar a prestação de serviço público a órgão ou pessoa jurídica pertencente a outro ente da Federação por instituto diverso do contrato de programa.

A: Correta. Como não há Consórcio Público entre União de Municípios, exceto se dele fizer parte o Estado em que se situa esse Município, o consórcio não poderá existir, eis que o Estado não participará e o Município não poderá se consorciar com a União e vice-versa, ou seja, a União também não poderá participar do consórcio com esse Município (sem o Estado a que pertence). **B:** Correta. Trata-se do disposto no art. 1º, § 1º, da Lei 11.107/2005, da Lei dos Consórcios Públicos. **C:** Incorreta. Esse consórcio público passará a integrar a Administração Indireta, e não uma autarquia, como consta da alternativa (art. 6º, § 1º, da Lei 11.107/2005). **D:** Incorreta. Não há previsão na Lei de Improbidade dessa conduta, não sendo também, o contrato de programa, o contrato celebrado para a delegação do serviço público, e sim, o contrato de consórcio.

Gabarito "A e B".

(Delegado/SP – 2014 – VUNESP) A Administração Pública, em sentido

(A) objetivo, material ou funcional, designa os entes que exercem a atividade administrativa.
(B) amplo, objetivamente considerada, compreende a função política e a função administrativa.
(C) estrito, subjetivamente considerada, compreende tanto os órgãos governamentais, supremos, constitucionais, como também os órgãos administrativos, subordinados e dependentes, aos quais incumbe executar os planos governamentais.
(D) estrito, objetivamente considerada, compreende a função política e a função administrativa.
(E) subjetivo, formal ou orgânico, compreende a própria função administrativa que incumbe, predominantemente, ao Poder Executivo.

A: incorreta, pois os entes que exercem a atividade administrativa dizem respeito à Administração em sentido subjetivo (e não objetivo); **B:** correta, pois traz o exato sentido da Administração Pública em sentido amplo; **C:** incorreta, pois a Administração em sentido estrito compreende apenas a função administrativa, excluindo assim decisões políticas, próprias de órgãos supremos e constitucionais; **D:** incorreta, pois a Administração Pública em sentido estrito compreende apenas a função administrativa; **E:** incorreta, pois a Administração Pública em sentido subjetivo diz respeito aos entes e órgãos administrativos e não à função administrativa.

Gabarito "B".

(Delegado/SP – 2014 – VUNESP) Quando o Poder Público, conservando para si a titularidade do serviço público, transfere sua execução à pessoa jurídica de direito privado, previamente existente, ocorre o que se denomina descentralização

(A) autárquica.
(B) por colaboração.
(C) hierárquica.
(D) por subordinação.
(E) heterotópica.

A descentralização é a distribuição externa de atividades administrativas, que passam a ser exercidas por pessoa ou pessoas distintas do Estado. Dá-se de pessoa jurídica para pessoa jurídica como técnica de especialização. Ex.: criação de autarquia para titularizar e executar um dado serviço público, antes de titularidade do ente político que a criou. A descentralização pode ser de duas espécies: a) na descentralização por serviço, a lei atribui ou autoriza que outra pessoa detenha a titularidade e a execução do serviço; repare que é necessária lei; aqui, fala-se em outorga do serviço; b) na descentralização por colaboração, o contrato ou ato unilateral atribui à outra pessoa a execução do serviço; repare que a delegação aqui se dá por contrato, não sendo necessária lei; o particular colabora, recebendo a execução do serviço e não a titularidade deste, que permanece com o Poder Público; aqui, fala-se também em delegação do serviço e o caráter é transitório. O enunciado narra um caso em que a transferência da execução do serviço mantém a titularidade do serviço com o Poder Público, o que caracteriza a descentralização por colaboração.

Gabarito "B".

4.2. AGÊNCIAS REGULADORAS

(Juiz de Direito – TJ/RS – 2018 – VUNESP) Decisão proferida pelo Conselho Superior de Agência Reguladora estadual, órgão máximo de direção da autarquia, que mantém aplicação de sanção ao concessionário de serviço público por ela regulado em razão do descumprimento de cláusula contratual,

(A) pode ser objeto de recurso administrativo interno, dirigido ao Dirigente Superior da Agência Reguladora.
(B) é ilegal, por desbordar os limites da competência das agências reguladoras, autarquias submetidas ao princípio constitucional da estrita legalidade.
(C) salvo disposição específica em contrário, é irrecorrível no âmbito administrativo, especialmente por se tratar de atividade finalística da agência reguladora.
(D) pode ser objeto de recurso hierárquico, dirigido ao Chefe do Poder Executivo estadual.
(E) é inconstitucional, porque sanções aplicadas ao particular só podem decorrer de lei em sentido estrito e

não de contrato de concessão de serviço público, do qual o órgão regulador não é parte.

Essa questão apresenta certo nível de polêmica, pois ela mesma traz a afirmação de que o Conselho Superior de Agência Reguladora é o órgão máximo de direção da autarquia, de modo que suas decisões são irrecorríveis dentro daquela autarquia especial. Caberia, no máximo, um pedido de reconsideração dirigido ao próprio Conselho Superior, que, se o caso, poderá exercer a autotutela; ou ainda, mas já externamente à agência Reguladora, a propositura de um Recurso Hierárquico Impróprio dirigido ao chefe do órgão da Administração Pública Estadual ao qual a agência encontra-se vinculada e submetida ao poder de tutela. No caso em tela, veja que, a princípio, tratando-se de questão de ordem técnica, efetivamente não há mais como recorrer de uma decisão proferida em instância final, de modo que essa decisão é afetada pelo chamado "trânsito em julgado administrativo". Apenas mediante a propositura de ação judicial que questione a razoabilidade ou proporcionalidade da sanção aplicada, ou ainda por meio da tormentosa questão do cabimento ou não de recurso hierárquico impróprio, essa decisão poderia receber uma determinação dirigida ao Conselho Superior da Agência de nova apreciação do caso. FB

Gabarito "C".

4.3. EMPRESAS ESTATAIS

(Procurador do Município/Sorocaba-SP – VUNESP – 2012) No que diz respeito às empresas públicas, aponte a alternativa correta.

(A) Devem licitar apenas na modalidade pregão.
(B) Por serem regidas pelo direito privado, não estão obrigadas a licitar.
(C) Não estão sujeitas à observação dos princípios da Administração Pública.
(D) Devem observar os princípios da licitação e da Administração Pública.
(E) Obrigam-se a licitar se estiverem sob o regime do direito público.

A: incorreta, pois o dever de licitar é geral (cf. art. 28 da Lei 13.303/2016), não guardando relação com modalidade licitatória; **B:** incorreta, pois o dever de licitar está, como se viu, previsto na Lei; **C:** incorreta, pois o art. 37, caput, da CF, que traz os princípios da Administração, dispõe que os entes da Administração Indireta estão sujeitos aos princípios administrativos, sem fazer distinção entre os de direito privado e os de direito público; **D:** correta, nos termos dos dispositivos citados nos comentários às alternativas "a" e "b"; **E:** incorreta (cf. art. 28 da Lei 13.303/2016). RB

Gabarito "D".

4.4. ENTES DE COOPERAÇÃO

(Juiz de Direito – TJM/SP – VUNESP – 2016) Há um novo marco regulatório que disciplina a celebração de convênios e acordos de cooperação pela Administração Pública. Extrai-se da Lei 13.019, de 31 de julho de 2014, que

(A) descabe a aplicação de sanções aos parceiros, pois os interesses envolvidos nos planos de trabalho são comuns, não contrapostos.
(B) o termo de colaboração deve ser adotado pela Administração Pública para consecução de planos de trabalho de sua iniciativa, para celebração de parcerias com organizações da sociedade civil que envolvam a transferência de recursos financeiros.
(C) essa lei se aplica também aos convênios celebrados com entidades filantrópicas e sem fins lucrativos, que podem participar de forma complementar do sistema único de saúde, segundo diretrizes deste.
(D) a celebração de termo de colaboração ou de fomento deverá ser sempre precedida de chamamento público voltado a selecionar organizações da sociedade civil que tornem mais eficaz a execução do objeto.
(E) a partir da sua vigência, somente serão celebrados convênios entre entes federados ou pessoas jurídicas a eles vinculadas, não se aplicando a essas parcerias o disposto na Lei 8.666/1993.

A: Incorreta. O art. 73 da Lei 13.019/2014 determina sanções à Entidade parceira ou Organização da Sociedade Civil que descumprir o acordo, sanções que variam desde a advertência até a declaração de inidoneidade para praticar outros atos e contratos com o Poder Público. **B:** Correta. A Lei 13.019/2014 instituiu o Termo de Colaboração, disposto no art. 2º, VII, que assim dispõe: "termo de colaboração: instrumento por meio do qual são formalizadas as parcerias estabelecidas pela administração pública com organizações da sociedade civil para a consecução de finalidades de interesse público e recíproco propostas pela administração pública que envolvam a transferência de recursos financeiro"; **C:** Incorreta. Há vedação expressa em relação à impossibilidade de participação das entidades filantrópicas, conforme disposto no art. 3º, IV, da Lei 13.019/2014. **D:** Incorreta. O Chamamento Público realmente é sempre realizado para a celebração dos termos de colaboração e fomento, mas visa a garantia ao atendimento de todos os princípios administrativos, assim como os previstos na Lei de Licitações e correlatos (art. 2º, XII, da Lei 13.019/2014). **E:** Incorreta. A Lei 8.666/1993 tem aplicação subsidiária, a exemplo de princípios adotados, típicos da Lei de Licitações (art. 2º, XII, Lei 13.019/2014).

Gabarito "B".

(Juiz – TJ/MS – VUNESP – 2015) Considerando a recente decisão do Supremo Tribunal Federal em relação à Lei Federal 9.637/1998, que dispõe sobre a qualificação de entidades como organizações sociais e suas atividades, assinale a alternativa correta.

(A) A atribuição de título jurídico de legitimação da entidade como Organização Social, por meio da qualificação, configura hipótese de credenciamento, na qual deve incidir a licitação pela própria natureza jurídica do ato.
(B) Os contratos a serem celebrados pela Organização Social com terceiros, com recursos públicos, devem ser conduzidos de forma pública, objetiva e impessoal, com observância dos princípios do caput do art. 37 da CF, e nos termos de regulamento próprio a ser editado por cada ente federativo contratante.
(C) O afastamento do certame licitatório não exime o administrador público da observância dos princípios constitucionais, de modo que a contratação direta das Organizações Sociais deve observar critérios objetivos e impessoais, com publicidade de forma a permitir o acesso a todos os interessados.
(D) As organizações sociais, por não integrarem o Terceiro Setor, fazem parte do conceito constitucional de Administração Pública, razão pela qual devem se submeter, em suas contratações com terceiros, ao dever de licitar.
(E) Os empregados das Organizações Sociais são equiparados a servidores públicos, por isso que sua remuneração deve ter base em lei, aplicando-se também

às Organizações Sociais a exigência de concurso público.

A. Incorreta. Não temos o credenciamento, que é ato em que se autoriza que um particular (pessoa física ou jurídica) exerça uma atividade pública, mas uma qualificação pela Lei de uma pessoa jurídica (somente pessoa jurídica) para prestar serviços de interesse público. **B:** Incorreta. Os contratos celebrados com as Organizações Sociais são contratos regidos pelo direito privado, mas como são prestadoras de serviços de interesse público, seguem as regras dispostas no art. 37, CF, em relação aos princípios administrativos, mas não há um regulamento próprio para cada Ente Federativo, sendo a Lei 9.637/1998 e esses dispositivos constitucionais, as normas a elas aplicáveis. **C:** Correta. As Organizações Sociais recebem recursos do Poder Público, por isso estão submetidas a regras próprias do direito público, como aos princípios constitucionais dispostos no art. 37, "caput", CF. **D:** Incorreta. As Organizações Sociais integram o terceiro setor, porque prestam serviços públicos, mas não integram a Administração Pública, estando "ao lado " do Estado, ou seja, são paraestatais. **E:** Incorreta. Os empregados das Organizações Sociais são próprios, privados, não equiparados a empregados públicos, nem mesmo quanto à regra da obrigatoriedade dos concursos públicos. Pode haver empregado público cedido pela Administração Pública, mas nesse caso, não serão seus "próprios empregados", e sim, empregados "emprestados".

Gabarito "C".

4.5. TEMAS COMBINADOS DE ORGANIZAÇÃO ADMINISTRATIVA

(Advogado – Pref. São Roque/SP – 2020 – VUNESP) A respeito da Administração Indireta, assinale a alternativa correta.

(A) A venda de subsidiárias de empresas públicas deve ser precedida de autorização legislativa.
(B) Será considerada como sociedade de economia mista toda sociedade empresária que conte com a participação da Administração e de entidades privadas na composição do capital social.
(C) As fundações públicas possuem natureza jurídica de direito privado e sua criação prescinde autorização legislativa.
(D) O estatuto da empresa pública deverá observar regras de governança corporativa, de transparência e de estruturas, práticas de gestão de riscos e de controle interno.
(E) A agência reguladora não precisa indicar os pressupostos de fato e de direito que motivam a expedição de seus atos normativos.

A: incorreta (conforme decidido pelo STF no âmbito da ADI 5624 MC-Ref, a alienação de subsidiárias das empresas estatais não exige a anuência do Poder Legislativo); **B**: incorreta (para a caracterização da sociedade de economia mista, não basta a participação da Administração e de entidades privadas; além disso, necessário se faz que o seu controle acionário esteja com a Administração, cf. art. 4º, "caput", da Lei 13.303/2016); **C**: incorreta (embora seja um tema polêmico, vem prevalecendo a posição de que as fundações públicas possam assumir personalidade jurídica de direito público ou privado; ademais, sua criação depende de autorização legislativa, cf. art. 37, XIX, CF); **D**: correta (art. 6º da Lei 13.303/2016); **E**: incorreta (a agência reguladora constitui uma autarquia de regime especial, motivo pelo qual se submete ao regime jurídico-administrativo; assim, deve obediência ao princípio da motivação, inclusive na expedição de seus atos normativos). RB

Gabarito "D".

5. SERVIDORES PÚBLICOS

5.1. CONCEITO E CLASSIFICAÇÃO

(Procurador Municipal – Sertãozinho/SP – VUNESP – 2016) Assinale a alternativa que corretamente discorre sobre tema previsto na Lei Complementar Municipal 050/1996, que dispõe sobre o regime jurídico dos servidores públicos civis do Município de Sertãozinho.

(A) Os períodos de licença-prêmio já adquiridos e não gozados pelo servidor efetivo ou comissionado que se aposentar, exonerar-se do cargo, a pedido ou de ofício, não serão convertidos em pecúnia; todavia, se o servidor vier a falecer, serão convertidos em pecúnia, em favor dos beneficiários da pensão.
(B) O servidor poderá participar de congressos, simpósios ou promoções similares, somente no Estado de São Paulo, desde que versem sobre temas ou assuntos referentes aos interesses de sua atuação profissional.
(C) Investido no mandato de Prefeito, o servidor efetivo será afastado do cargo, emprego ou função, sendo-lhe facultado optar pela sua remuneração, não sendo, todavia, o tempo de exercício computado para efeito de benefício previdenciário.
(D) Readaptação é o retorno à atividade de servidor aposentado por invalidez, quando, por junta médica oficial, forem declarados insubsistentes os motivos da aposentadoria.
(E) O concurso público terá validade de até 2 (dois) anos, podendo ser prorrogada uma única vez, por igual período, não sendo aberto novo concurso enquanto houver candidato aprovado em concurso anterior com prazo de validade não expirado.

A: Incorreta. Trata-se de uma questão bem específica, relativa a uma lei municipal que o candidato deverá estudar somente para esse concurso. Porém, como sabemos que a Lei 8.112/1990 é considerada a Lei Geral da Previdência Social, logicamente deverá ser seguida em âmbito municipal, por isso é que uma dica para esse tipo de prova é não escolher nenhuma alternativa que pareça estranha ao que determina a lei geral (essa deve ser conhecida por todos). O art. 142, da Lei Complementar 50/2006 determina que a licença prêmio poderá ser convertida em dinheiro, não estando a aposentadoria, nem o falecimento previstos como causa de exclusão dessa conversão, como afirmado na assertiva. **B**: Incorreta. Essa Lei não dispõe a respeito da permissão de participação em Congressos ou Simpósios, havendo apenas referência a esses nos casos de acidente de trabalho, que se configurarão durante a presença do servidor nesses eventos (art. 134, § 2º, III, LC 50/2006). **C**: Incorreta. Essa hipótese consta do art. 38, II e IV, CF, sendo expresso no inciso IV, art. 38, CF a previsão de contagem de prazo de tempo de serviço para todos os fins, exceto para a promoção por merecimento. **D**: Incorreta. Esse é o conceito de reintegração. A readaptação determina: "Art. 24. Readaptação é a investidura do servidor em cargo de atribuições e responsabilidades compatíveis com a limitação que tenha sofrido em sua capacidade física ou mental verificada em inspeção médica; **E**: Correta. Mesmo sem saber nada sobre a referida Lei Complementar Municipal seria possível responder à questão conhecendo o art. 37, III e IV, CF, sendo repetido de forma simétrica (princípio da simetria) nos arts. 25, e seguintes, da LC 50/2006.

Gabarito "E".

(Juiz – TJ/SP – VUNESP – 2015) O regime jurídico dos servidores públicos tem um amplo tratamento na Constituição federal, além de ser disciplinado em lei estatutária de cada ente da federação. Com relação ao regime geral dos servidores públicos, é correto afirmar que

(A) no direito brasileiro é possível que um não servidor público exerça função pública sem que o agente seja ocupante de cargo público em que tenha sido regularmente investido.
(B) um servidor aposentado pelo regime de previdência do setor público somente poderá acumular os proventos com a remuneração de cargo público se o cargo em que se aposentou e aquele posteriormente ocupado forem acumuláveis nos termos da Constituição.
(C) o servidor público estável só pode ser demitido a bem do serviço público após processo administrativo disciplinar em que lhe seja assegurado o amplo direito de defesa exercida por meio de advogado por ele constituído ou dativo.
(D) o servidor aprovado em concurso público, após adquirir estabilidade, só pode deixar de ocupar o cargo no qual foi investido por promoção, exoneração a pedido ou após regular processo administrativo disciplinar ou ainda quando requerer a aposentadoria, preenchidos os requisitos legais.

A: Correta. A alternativa descreve a situação de um agente honorífico, por exemplo, como um jurado, um mesário, sendo colaboradores do Estado e equiparados a agentes públicos, sem assim serem. **B:** Incorreta. A palavra "somente" é que determina o erro da assertiva, pois além dessa hipótese prevista, ainda há outras duas hipóteses de cumulação da aposentadoria com os cargos em comissão e cargos eletivos, conforme disposto no art. 40, § 11, CF. **C:** Incorreta. O art. 41, § 1º, CF dispõe que o servidor estável poderá perder o cargo após processo administrativo, assegurada a ampla defesa, assim como o judicial, após sentença transitada em julgado e em processo de avaliação periódica de desempenho, na forma da lei complementar. Portanto, não há nenhuma exigência de defesa de advogado dativo ou constituído, além de haver outras hipóteses, como anteriormente enumeradas. **D:** Incorreta. Há outras hipóteses de perda do cargo público pelo servidor estável, como explicado na alternativa anterior, sendo elas a sentença judicial transitada em julgado e o processo administrativo de avaliação periódica de desempenho, que não constam dessa letra "d".
Gabarito "A".

5.2. VÍNCULOS (CARGO, EMPREGO E FUNÇÃO)

(Procurador Municipal – Sertãozinho/SP – VUNESP – 2016) Nos termos da Lei Municipal 3.460/2000, organizar e definir a estrutura administrativa, financeira e técnica do Fundo de Previdência dos Servidores Públicos Estatutários do Município de Sertãozinho – SERTPREV é atribuição do

(A) gestor do SERTPREV, designado pelo Prefeito Municipal.
(B) Conselho Municipal de Previdência.
(C) Prefeito Municipal.
(D) Colegiado dos Servidores Públicos Estatutários Municipais, composto por dois representantes dos servidores ativos e um representante dos inativos e pensionistas.
(E) Secretário Municipal de Administração.

A: Incorreta. Nessa questão temos apenas o uso da "lei seca", devendo o candidato ter memorizado as competências relacionadas na Lei 3.460/2000, do Município de Sertãozinho, que assim dispõe: "Art. 20 Compete ao Conselho Municipal de Previdência: III – organizar e definir a estrutura administrativa, financeira e técnica do SERTPREV. **B:** Correta, conforme disposto no art. 20, da Lei 3.460/2000. **C:** Incorreta. Os motivos são os mesmos constantes das duas primeiras explicações. **D:** Incorreta. Não consta dessa norma a nenhuma previsão de Colégio de Servidores Públicos. **E:** Incorreta. Também não há previsão específica de competência para as Secretarias, que devem gerir a administração em geral do Município, mas a ela não cabe nenhum poder de administração dos Fundos de Previdência.
Gabarito "B".

(Juiz de Direito – TJM/SP – VUNESP – 2016) O cargo público é utilizado como instrumento de organização da estrutura administrativa e sujeita-se a regime jurídico de direito público peculiar, a respeito do qual é correto afirmar:

(A) a discricionariedade quanto à investidura do sujeito atribui à autoridade superior uma competência incondicionada para prover e exonerar os cargos em comissão.
(B) a Constituição permite a criação de cargos em comissão com atribuições que apresentem um cunho de confiança diferenciado, os quais poderão ser adotados apenas para funções de direção, chefia e assessoramento.
(C) o provimento de cargo público efetivo é condicionado ao preenchimento de requisitos objetivos, usualmente avaliados mediante concurso público, cujo prazo de validade será de dois anos, descabida a prorrogação.
(D) o nepotismo e o compadrio são práticas violadoras dos mais comezinhos fundamentos do Estado Democrático de Direito e, por isso mesmo, vedadas não só ao Executivo e ao Legislativo, mas também ao Judiciário em relação aos cargos em comissão ou em caráter efetivo.
(E) compete ao Tribunal de Contas apreciar, para fins de registro, a legalidade dos atos de admissão de pessoal, a qualquer título, inclusive a nomeação para cargo em comissão.

A: Incorreta. Não há discricionariedade na investidura de todos os cargos públicos. Ela existe nos cargos em comissão, além de que a competência é sempre delimitada pela lei, não sendo incondicionada, mesmo no caso de nomeação de servidores para ocuparem cargos em comissão. **B:** Correta. Os cargos em comissão destinados a atribuições de direção, chefia e assessoramento podem ser criados e serem ocupados por servidores de carreira, na forma e percentuais determinados por lei (art. 37, V, CF). **C:** Incorretos. Há dois erros nessa assertiva: um no que diz respeito a ser usual o concurso público para preenchimento de cargos efetivos, eis que é obrigatório (art. 37, II, CF) e, outro, no que diz respeito à impossibilidade de prorrogação dos concursos públicos, sendo exatamente o contrário do previsto no art. 37, III, CF. **D:** Incorreta. O nepotismo retrata a violação de diversos princípios administrativos, como da moralidade, impessoalidade, legalidade, não sendo esses "comezinhos", e sim, fundamentos do Regime Jurídico Administrativo e do Estado Democrático de Direito. **E:** Incorreta. O art. 71, III, CF determina que os cargos em comissão estão excluídos da apreciação pelos Tribunais de Contas.
Gabarito "B".

(Magistratura/SP – VUNESP – 2013) A Súmula Vinculante n. 13 do STF, que proíbe o nepotismo na esfera dos três poderes da República,

(A) não alcança os serviços extrajudiciais de notas e de registro, pois estes têm caráter privado e seus titulares não exercem cargo público efetivo nem ocupam cargo

público (ADI 2.602-0 do STF) e nada os impede de contratar parentes pelo regime da CLT.
(B) impede a contratação de cônjuge e parentes de primeiro grau de magistrados nos serviços extrajudiciais de notas e registros situados na mesma Comarca onde o magistrado exerce a jurisdição.
(C) alcança as serventias extrajudiciais porque, como estão submetidas à fiscalização pelo Poder Judiciário, devem ser havidas como órgãos públicos, submetendo-se, portanto, à Súmula n. 13.
(D) alcança o cônjuge e parentes até o terceiro grau dos titulares dos serviços extrajudiciais de notas e de registros.

A: correta, nos termos do próprio fundamento apresentado, ou seja, pelo fato de que tais delegações, uma vez concedidas, são administradas em caráter privado, inclusive mediante contratação de funcionários pelo regime regular da CLT; os únicos elementos de direito público em tais delegações são os atos praticados pelos notários e registradores (que são considerados atos administrativos) e a fiscalização exercida sobre estes pela corregedoria respectiva; no mais, os funcionários do cartório praticam apenas atos materiais de colaboração com os atos praticados pelos delegatários de tais serviços de notas e de registro; B a **D:** incorretas, por conta do regime privado existente na relação entre os agentes delegatários desses serviços e seus funcionários.
Gabarito "A".

5.3. PROVIMENTO

(Juiz de Direito – TJ/RJ – 2019 – VUNESP) A respeito das formas de provimento de cargo público, é correto afirmar que

(A) transferência é ato de provimento de servidor em outro cargo de denominação e atribuições diversas, com retribuição equivalente, determinada de ofício pela autoridade administrativa a quem originariamente subordinado o servidor, por razões de interesse público.
(B) aproveitamento é o retorno ao serviço público estadual do servidor colocado em disponibilidade, em cargo de natureza e vencimento compatíveis com os daquele anteriormente ocupado, precedido de inspeção médica quanto à sanidade física e mental do servidor.
(C) a readaptação por provimento em outro cargo poderá acarretar elevação de vencimento, se ocorrida em unidade administrativa diferente, consideradas a hierarquia e as funções do cargo, preservados os demais direitos e vantagens pessoais do servidor.
(D) reintegração é o reingresso do funcionário exonerado ou demitido, determinado exclusivamente por decisão judicial transitada em julgado, com ressarcimento do vencimento e das vantagens inerentes ao período em que o servidor esteve afastado do exercício de suas atribuições.
(E) a readaptação de servidor em estágio probatório dependerá de prévia inspeção realizada por junta médica do órgão oficial competente, podendo ser definitiva ou provisória, mediante decisão devidamente fundamentada do superior hierárquico.

A: incorreta (a transferência será feita a pedido do funcionário, atendidos o interesse e a conveniência da Administração, cf. art. 49 do Decreto 2.479/1979, que constitui o Regulamento do Estatuto dos Funcionários Públicos Civis do Poder Executivo do Estado do Rio de Janeiro, baixado pelo Decreto-Lei 220/1975; vale frisar que a transferência representa provimento inconstitucional, conforme já decidiu o STF no MS 22.148/DF); **B:** correta (cf. arts. 53 e 54 do mesmo diploma); **C:** incorreta (a readaptação não pode acarretar a diminuição ou a elevação de vencimento, cf. art. 58, § 2º, da norma); **D:** incorreta (a reintegração pode decorrer de decisão judicial ou administrativa, cf. art. 40, "caput", do mesmo Estatuto); **E:** incorreta (somente o funcionário estável pode ser readaptado, cf. art. 57 do diploma estadual).
Gabarito "B".

(Delegado – PC/BA – 2018 – VUNESP) Servidores da Secretaria da Fazenda pretendem a ascensão do cargo de Técnico, posteriormente reestruturado para Analista Tributário, para o cargo de Agente Fiscal, sob o argumento de que ambos os cargos pertencem à mesma carreira. Tal pretensão é

(A) constitucional, porque constitui mera transposição de servidor concursado de um cargo para outro dentro da mesma pessoa jurídica de direito público.
(B) inconstitucional, porque tal alteração é de competência privativa do chefe do poder executivo e somente pode ocorrer por remoção ou permuta.
(C) constitucional, porque os dois cargos possuem natureza e complexidade semelhantes, e os servidores já foram previamente aprovados em concurso público.
(D) inconstitucional, por constituir modalidade de provimento derivado, que propicia ao servidor a investidura, sem prévia aprovação em concurso público destinado ao seu provimento, em cargo que não integra a carreira na qual foi anteriormente investido.
(E) constitucional, porque a Constituição Federal somente prevê a necessidade de concurso público para ingresso na administração pública e não para transposição, transformação ou ascensão funcional.

O provimento é forma de ocupação do cargo público pelo servidor, ou seja, é um ato administrativo por meio do qual se dá o preenchimento do cargo público. Ele pode ocorrer de modo originário, por meio da nomeação; ou ainda por meio derivado, via promoção, readaptação, reversão, reintegração, recondução ou aproveitamento. Não é mais aceito pela lei a chamada transferência, na qual o servidor público poderia assumir novo cargo em carreira diversa daquela que havia ingressado mediante concurso porque isso viola o princípio do concurso público instituído constitucionalmente.
Gabarito "D".

(Investigador – PC/BA – 2018 – VUNESP) Considere o seguinte caso hipotético:

X é aprovado em concurso público da Secretaria Municipal de Educação, para o cargo de agente educador. Devidamente empossado e em efetivo exercício, X termina o curso superior de medicina que estava cursando. Logo em seguida, a Prefeitura Municipal decide aproveitar os servidores que porventura possuam ensino superior e estejam em funções de ensino médio, para tarefas mais complexas e condizentes com o potencial de cada um. Assim promove um processo seletivo interno, destinado a ser preenchido por servidores da Municipalidade que se enquadram nas condições supra. X participa da seleção e é aprovado para o cargo de médico, o qual assume e passa a exercer.

A conduta da hipotética Prefeitura Municipal está

(A) incorreta, pois, embora a seleção interna seja instrumento válido, sua amplitude deve abranger somente os servidores vinculados a um determinado órgão ou

ente da Administração, não podendo, portanto, alcançar indistintamente todos os servidores municipais.
(B) correta, pois a Constituição Federal exige a realização de concursos de provas, ou provas e títulos, mas não determina que o concurso deva ser, em todas as hipóteses, de ampla concorrência. Então, a seleção realizada pela Municipalidade, ainda que restrita aos já integrantes da Administração Municipal, equivale a um concurso público.
(C) incorreta, pois é inconstitucional toda modalidade de provimento que propicie ao servidor investir-se, sem prévia aprovação em concurso público destinado ao seu provimento, em cargo que não integra a carreira na qual tenha sido anteriormente investido.
(D) correta, pois a Constituição Federal prevê, como forma de investidura em cargo público, a realização de concurso público juntamente com as seleções internas, buscando que o aperfeiçoamento dos servidores públicos seja incentivado.
(E) incorreta, pois basta o ingresso na seleção interna efetuada pela Prefeitura Municipal para que X incorra em acumulação indevida de cargos, já que a Constituição Federal estabelece, como regra geral, que é vedada a acumulação remunerada de cargos públicos.

É considerada ilícita a chamada transposição de cargos, na medida em que, nos quadros de servidores da Administração **Pública**, direta ou indireta, a passagem de uma carreira para outra só pode ocorrer mediante **concurso público**, conforme comando constitucional expresso no inciso II, do art. 37, da Carta Magna.
Gabarito "C".

5.4. VACÂNCIA

(Magistratura/SP – VUNESP – 2013) Configura ilegalidade a demissão, pelo superior, de funcionário que exerce cargo de confiança, demissível ad nutum, quando a demissão
(A) fundamentar-se na prática de ato de improbidade administrativa tipificado, devidamente comprovado em processo administrativo regular.
(B) estiver fundamentada na prática de ato de improbidade administrativa não tipificado.
(C) for desprovida de motivação.
(D) apoiar-se em ilícito administrativo, comprovado em processo administrativo regular.

A: incorreta, pois a demissão, no caso, certamente será sanção disciplinar prevista no estatuto local de funcionário público; **B:** correta, pois se o ato não é tipificado enquanto ato de improbidade administrativa, não haverá porque se aplicar a sanção disciplinar de demissão, de modo que, de fato, haverá ilegalidade numa demissão com essas características; **C:** incorreta, pois, em se tratando de cargo em comissão, o desligamento do agente público independe de motivação, de modo que não é ilegal o desligamento desprovido de motivação; vale destacar que a questão não usou as melhores expressões jurídicas na sua elaboração; isso porque a expressão "demissão" em sentido estrito, significa desligamento motivado por infração disciplinar grave de servidor, ao passo que o desligamento de agente ocupante de cargo em comissão leva o nome de exoneração; de qualquer forma, como o próprio enunciado usou a expressão demissão em sentido amplo (abrangendo desligamentos em geral), ao usar o termo "demissível ad nutum", temos que considerar não ilegal o tipo de desligamento mencionado na alternativa; **D:** incorreta, pois, comprovado o ilícito administrativo, é possível sim aplicar a sanção disciplinar de "demissão", nos termos do que dispuser o estatuto local de funcionário público.
Gabarito "B".

5.5. ACESSIBILIDADE E CONCURSO PÚBLICO

(Cartório/SP – VUNESP – 2012) Sobre os agentes públicos, é lícito afirmar que
(A) o exame psicotécnico em concurso para cargo público pode ser instituído pelo edital.
(B) a nomeação de primo para cargo em comissão não ofende diretamente o texto da Súmula Vinculante 13 do STF, que veda o nepotismo.
(C) o salário-base do servidor público não pode ser inferior ao salário mínimo.
(D) a falta de defesa técnica, por advogado, em processo administrativo disciplinar, torna inválido todo o procedimento.

A: incorreta, diz a Súmula 686 do STF que "só por lei se pode sujeitar a exame psicotécnico a habilitação de candidato a cargo público"; **B:** correta, a Súmula Vinculante 13 estabelece que: "A nomeação de cônjuge, companheiro ou parente em linha reta, colateral ou por afinidade, até o terceiro grau, inclusive, da autoridade nomeante ou de servidor da mesma pessoa jurídica, investido em cargo de direção, chefia ou assessoramento, para o exercício de cargo em comissão ou de confiança, ou, ainda, de função gratificada na Administração Pública direta e indireta, em qualquer dos Poderes da União, dos Estados, do Distrito Federal e dos municípios, compreendido o ajuste mediante designações recíprocas, viola a Constituição Federal." Ocorre que primo é parente colateral de 4º grau, de modo que sua nomeação para cargo em comissão é lícita, visto que não vedada pela Súmula Vinculante em questão; **C:** incorreta, é vedada a vinculação ou equiparação de quaisquer espécies remuneratórias para o efeito de remuneração de pessoal do serviço público – art. 37, XIII, da CF/1988; **D:** incorreta, eis o que diz a Súmula Vinculante 5: "a falta de defesa técnica por advogado no processo administrativo disciplinar não ofende a Constituição".
Gabarito "B".

5.6. EFETIVIDADE, ESTABILIDADE E VITALICIEDADE

(Advogado – Pref. São Roque/SP – 2020 – VUNESP) A respeito dos servidores públicos estatutários, assinale a alternativa correta.
(A) O regime jurídico dos servidores estatutários não pode ser alterado de forma prejudicial aos agentes públicos que estejam no exercício da função pública.
(B) Os ocupantes de empregos públicos não dispõem de estabilidade no serviço público.
(C) A estabilidade garante ao agente público a permanência no serviço público, de modo que o vínculo somente poderá ser desconstituído por decisão judicial com trânsito em julgado.
(D) É constitucional lei que propicie ao servidor investir-se em cargo que não integra a carreira na qual anteriormente investido, sem prévia aprovação em concurso público.
(E) O candidato aprovado em concurso público dentro do número de vagas previstos no edital possui expectativa de direito à nomeação.

A: incorreta (o regime jurídico dos servidores estatutários é caracterizado pela mutabilidade, podendo ser alterado de modo prejudicial aos agentes públicos); **B**: correta (a estabilidade representa garantia constitucional aplicável aos titulares de cargos público, e não de empregos públicos, cf. art. 41, "caput", da CF); **C**: incorreta (o servidor público estável perderá o cardo em virtude de sentença judicial transitada em

julgado, de processo administrativo em que lhe assegurada ampla defesa, de procedimento de avaliação periódica de desempenho e de processo de exoneração para redução de despesas com pessoal, cf. art. 41, § 1º, c/c. art. 169, §4º, da CF); **D**: incorreta (nos termos da Súmula Vinculante 43, é inconstitucional toda modalidade de provimento que propicie ao servidor investir-se, sem prévia aprovação em concurso público destinado ao seu provimento, em cargo que não integra a carreira na qual anteriormente investido); **E**: incorreta (a jurisprudência do STF e STJ firmaram a posição segundo a qual o candidato aprovado em concurso público dentro do número de vagas previsto no edital possui direito subjetivo à nomeação, e não mera expectativa de direito). RB
Gabarito "B".

5.7. ACUMULAÇÃO REMUNERADA

(Juiz de Direito – TJ/RS – 2018 – VUNESP) De acordo com a Constituição Federal, a respeito dos agentes públicos, é correto afirmar que

(A) é vedada a percepção acumulada de proventos de aposentadoria do regime próprio de previdência social ou militar com a remuneração de cargo, emprego ou função pública, inclusive cargo em comissão declarado em lei de livre nomeação e exoneração.
(B) somente os empregados públicos previamente aprovados em concurso público podem adquirir estabilidade após o período de três anos de efetivo exercício.
(C) os cargos, empregos e funções públicas não são acessíveis a estrangeiros, exceto cargo de professor ou pesquisador junto a instituição de ensino.
(D) é vedada a acumulação remunerada de cargos, empregos e funções, exceto quando houver compatibilidade de horários, a de dois empregos em empresa pública, sociedade de economia mista, suas subsidiárias e sociedades controladas, direta ou indiretamente, pelo poder público, observado, em qualquer caso, o limite máximo de remuneração no setor público.
(E) as funções de confiança, exercidas exclusivamente por servidores ocupantes de cargo efetivo, destinam-se apenas às atribuições de direção, chefia e assessoramento.

A: incorreta. A regra na Constituição Federal é a vedação da acumulação remunerada de cargos públicos exceto, quando houver compatibilidade de horários, nos termos do art. 37, XVI: a) a de dois cargos de professor, b) a de um cargo de professor com outro técnico ou científico e c) a de dois cargos ou empregos de privativos de profissionais de saúde, com profissões regulamentadas. Essa proibição, tal como dispõe o art. 37, XVII, "estende-se a empregos e funções e abrange autarquias, fundações, empresas públicas, sociedades de economia mista, suas subsidiárias, e sociedades controladas, direta ou indiretamente, pelo poder público". O art. 40 § 6º da CF/1988, de sua banda, determina que, ressalvadas as aposentadorias decorrentes dos cargos acumuláveis na forma desta Constituição, é vedada a percepção de mais de uma aposentadoria à conta do regime de previdência especial dos servidores. O erro da questão está precisamente em não admitir em qualquer hipótese a percepção acumulada de proventos. A Constituição estabelece as hipóteses em que pode haver o acúmulo de cargos; **B**: incorreta. Após três anos de efetivo exercício são estáveis os servidores nomeados para cargo de provimento efetivo em virtude de concurso público – art. 41 da CF/1988; **C**: incorreta. "Os cargos, empregos e funções públicas são acessíveis aos brasileiros que preencham os requisitos estabelecidos em lei, assim como aos estrangeiros, na forma da lei" – art. 37, I CF/1988; **D**: incorreta. Art. 37, XVII da CF/1988; **E**: correta. Art. 37, V da CF/1988. FB
Gabarito "E".

5.8. INFRAÇÕES E PROCESSOS DISCIPLINARES. COMUNICABILIDADE DE INSTÂNCIAS

(Escrevente – TJ/SP – 2018 – VUNESP) De acordo com a Lei nº 10.261/1968, no que concerne aos recursos no processo administrativo, é correta a seguinte afirmação:

(A) Não cabe pedido de reconsideração de decisão tomada pelo Governador do Estado em única instância.
(B) O recurso será apresentado ao superior hierárquico da autoridade que aplicou a pena, que, em 15 (quinze) dias, de forma motivada, deve manter a decisão ou reformá-la.
(C) Os recursos não têm efeito suspensivo; e os que forem providos darão lugar às retificações necessárias, retroagindo seus efeitos à data do ato punitivo.
(D) O prazo para recorrer é de 15 (quinze) dias, contados da publicação da decisão impugnada no Diário Oficial do Estado ou da intimação do procurador do servidor, se for o caso.
(E) O recurso não poderá ser apreciado pela autoridade competente se incorretamente denominado ou endereçado.

A Lei estadual 10.261/1968 constitui o Estatuto dos Funcionários Públicos Civis do Estado de São Paulo. **A**: incorreta. Art. 313 da Lei 10.261/1968; **B**: incorreta. O recurso será sempre dirigido à autoridade que aplicou a pena – art. 312 § 3º da Lei 10.261/1968; **C**: correta. Art. 314 da Lei 10.261/1968; **D**: incorreta. O prazo é de 30 dias, contados da publicação da decisão impugnada no Diário Oficial do Estado ou da intimação do procurador do servidor, se for o caso; **E**: incorreta. O recurso será apreciado pela autoridade competente ainda que incorretamente denominado ou endereçado – art. 312, § 5º da Lei 10.261/1968. FB
Gabarito "C".

(Escrevente – TJ/SP – 2018 – VUNESP) Arceus Cipriano foi processado criminalmente sob a acusação de cometimento de crime contra a administração pública e pelos mesmos fatos também foi demitido do cargo público que ocupava. Contudo, na seara criminal, logrou êxito em comprovar que não foi o autor dos fatos, tendo sido absolvido por esse fundamento, na instância criminal. Diante disso, assinale a alternativa correta, nos termos do Estatuto dos Funcionários Públicos Civis do Estado de São Paulo.

(A) A demissão é nula porque a Administração Pública não deveria ter processado administrativamente Arceus e proferido decisão demissória antes do trânsito em julgado da sentença no processo criminal.
(B) Arceus poderá pedir o desarquivamento e a revisão da decisão administrativa que o demitiu, utilizando como documento novo a sentença absolutória proferida no processo criminal.
(C) Arceus terá direito à reintegração ao serviço público, no cargo que ocupava e com todos os direitos e vantagens devidas, mediante simples comprovação do trânsito em julgado da decisão absolutória no juízo criminal.
(D) Se a absolvição criminal ocorreu depois do prazo de interposição do recurso da decisão demissória proferida no processo administrativo, não será possível Arceus valer-se da sentença criminal para buscar a anulação da demissão.

(E) Como a responsabilidade administrativa é independente da civil e da criminal, a absolvição de Arceus Cipriano na justiça criminal em nada altera decisão proferida na esfera administrativa.

"Será reintegrado ao serviço público, no cargo que ocupava e com todos os direitos e vantagens devidas, o servidor absolvido pela Justiça, mediante simples comprovação do trânsito em julgado de decisão que negue a existência de sua autoria ou do fato que deu origem à sua demissão" – art. 250 § 2º da Lei 10.261/1968.
Gabarito "C".

(Escrevente – TJ/SP – 2018 – VUNESP) Consoante o Estatuto dos Funcionários Públicos Civis do Estado de São Paulo, será aplicada a pena de demissão nos casos de

(A) aplicação indevida de dinheiros públicos.
(B) prática de insubordinação grave.
(C) exercício de advocacia administrativa.
(D) pedir, por empréstimo, dinheiro ou quaisquer valores a pessoas que tratem de interesses ou o tenham na repartição, ou estejam sujeitos à sua fiscalização.
(E) prática, em serviço, de ofensas físicas contra funcionários ou particulares.

A: correta. Art. 256, IV da Lei 10.261/1968; **B:** incorreta. Trata-se, nesse caso, de pena de demissão a bem do serviço público, tal como previsto no art. 257, IV da Lei 10.261/1968; **C:** incorreta. Trata-se, nesse caso, de pena de demissão a bem do serviço público, tal como previsto no art. 257, IX da Lei 10.261/1968; **D:** incorreta. Trata-se, nesse caso, de pena de demissão a bem do serviço público, tal como previsto no art. 257, VIII da Lei 10.261/1968; **E:** incorreta. Trata-se, nesse caso, de pena de demissão a bem do serviço público, tal como previsto no art. 257, V da Lei 10.261/1968.
Gabarito "A".

(Procurador Municipal/SP – VUNESP – 2016) O servidor público se sujeita à responsabilidade civil, penal e administrativa decorrente do exercício do cargo, emprego ou função. A respeito da responsabilidade do servidor público, é correto afirmar que

(A) não há, com relação ao ilícito administrativo, a mesma tipicidade que caracteriza o ilícito penal, sendo que a maior parte das infrações não é definida com precisão, limitando-se a lei, em regra, a usar termos mais amplos, como falta de cumprimento dos deveres ou procedimento irregular.
(B) quando o servidor causa dano à terceiro, o Estado responde subjetivamente perante o terceiro, ou seja, é necessária a comprovação de dolo ou culpa, podendo, posteriormente, a Administração, em direito de regresso, efetuar descontos nos vencimentos do servidor.
(C) mesmo que o servidor seja condenado na esfera criminal, o juízo cível e a autoridade administrativa podem decidir de forma contrária, não obstante a sentença absolutória no juízo criminal tenha categoricamente reconhecido a inexistência material do fato.
(D) o servidor público civil demitido por ato administrativo, se absolvido pela Justiça em ação penal, por falta de provas, em relação ao ato que deu causa à demissão, será reintegrado ao serviço público, com todos os direitos adquiridos.
(E) em caso de crime de que resulte prejuízo para a Fazenda Pública ou enriquecimento ilícito do servidor, ele ficará sujeito a sequestro e perdimento de bens, sem necessidade de intervenção do Poder Judiciário, na forma da Lei Federal 8.429/2012.

A: Correta. A responsabilidade administrativa dos servidores públicos se encontra disposto nos arts. 127, e seguintes, da Lei 8.112/1990, havendo apenas previsão de condutas punidas com demissão (art. 132, da Lei 8.112/1990) e, mesmo assim, de forma genérica, bem diferente do que ocorre no Código Penal em relação aos crimes. **B:** Incorreta. O Estado responde objetivamente por danos que o Estado, por meio de seus agentes, causar a terceiros (art. 37, § 6º, CF). **C:** Incorreta. Se houver condenação na esfera penal, que é mais ampla de todas, vincula-se às demais esferas, de forma que a absolvição penal só exclui a punição administrativa se for fundamentada na ausência dos fatos e sua autoria (art. 127, da Lei 8.112/1990). **D:** Incorreta. A absolvição penal por ausência de provas não isenta o servidor de pena administrativa (art. 127, da Lei 8.112/1990). **E:** Incorreta. A ação de improbidade é ação civil, judicial, sendo esse o erro da alternativa.
Gabarito "A".

6. IMPROBIDADE ADMINISTRATIVA

6.1. CONCEITO, MODALIDADES, TIPIFICAÇÃO E SUJEITOS ATIVO E PASSIVO

(Escrevente – TJ/SP – 2018 – VUNESP) Constitui ato de improbidade administrativa que atenta contra os princípios da administração pública qualquer ação ou omissão que viole os deveres de honestidade, imparcialidade, legalidade, e lealdade às instituições, e notadamente,

(A) perceber vantagem econômica para intermediar a liberação ou aplicação de verba pública de qualquer natureza.
(B) liberar verba pública sem a estrita observância às normas pertinentes ou influir, de qualquer forma, para a sua aplicação irregular.
(C) permitir, facilitar ou concorrer para que terceiro se enriqueça ilicitamente.
(D) revelar fato ou circunstância de que tem ciência em razão das atribuições e que deva permanecer em segredo.
(E) agir negligentemente na arrecadação de tributo ou renda, bem como no que diz respeito à conservação do patrimônio público.

A: incorreta. Art. 9º, IX da Lei 8.429/1992; **B:** incorreta. Art. 10, XI da Lei 8.429/1992; **C:** incorreta. Art. 10, XII da Lei 8.429/1992; **D:** correta. Art. 11, III da Lei 8.429/1992; **E:** incorreta. Art. 10, X da Lei 8.429/1992.
Gabarito "D".

(Escrevente – TJ/SP – 2018 – VUNESP) Em consonância com a Lei de Improbidade, assinale a alternativa correta.

(A) O cidadão, no gozo de seus direitos políticos, tem exclusividade para representar à autoridade administrativa competente a fim de que seja instaurada investigação destinada a apurar a prática de ato de improbidade.
(B) Estando a petição inicial em devida forma, o juiz mandará autuá-la e ordenará a notificação do requerido, para oferecer manifestação por escrito, que poderá ser instruída com documentos e justificações, dentro do prazo de quinze dias.
(C) O Ministério Público ou qualquer cidadão no gozo de seus direitos políticos pode ingressar com ação de improbidade administrativa.

(D) Havendo fundados indícios de responsabilidade, a comissão processante poderá requerer em juízo a decretação do sequestro dos bens do agente ou terceiro que tenha enriquecido ilicitamente ou causado dano ao patrimônio público.

(E) A perda da função pública e a suspensão dos direitos políticos do condenado por ato de improbidade efetivam-se com a publicação da condenação por ato de improbidade em segunda instância.

A: incorreta. A "pegadinha" da questão está na expressão exclusividade, na medida em que o art. 14 da Lei 8.429/1992 estabelece que "qualquer pessoa poderá representar à autoridade administrativa competente para que seja instaurada investigação destinada a apurar a prática do ato de improbidade"; **B:** correta. Art. 17, § 7º da Lei 8.429/1992; **C:** incorreta. O art. 17 da Lei 8.429/1992 dá a legitimidade ativa *ad causam* da ação de improbidade administrativa apenas ao Ministério Público ou à pessoa jurídica interessada; **D:** incorreta. O art. 16 da Lei 8.429/1992 fala que "havendo fundados indícios de responsabilidade, a comissão representará **ao Ministério Público ou à procuradoria do órgão** para que requeira ao juízo competente a decretação do sequestro dos bens do agente ou terceiro que tenha enriquecido ilicitamente ou causado dano ao patrimônio público"; **E:** incorreta. "A perda da função pública e a suspensão dos direitos políticos só se efetivam com o trânsito em julgado da sentença condenatória – artigo 20 da Lei 8.429/1992". Gabarito "B".

(Escrevente – TJ/SP – 2018 – VUNESP) Constitui ato de improbidade administrativa importando enriquecimento ilícito auferir qualquer tipo de vantagem patrimonial indevida em razão do exercício de cargo, mandato, função, emprego ou atividade nas entidades mencionadas no artigo 1º da Lei de Improbidade a seguinte hipótese:

(A) permitir ou concorrer para que pessoa física ou jurídica privada utilize bens, rendas, verbas ou valores integrantes do acervo patrimonial das entidades públicas protegidas por esta Lei, sem observância das formalidades legais ou regulamentares aplicáveis à espécie.

(B) realizar operação financeira sem observância das normas legais e regulamentares ou aceitar garantia insuficiente ou inidônea.

(C) ordenar ou permitir a realização de despesas não autorizadas em lei ou regulamento.

(D) aceitar emprego, comissão ou exercer atividade de consultoria ou assessoramento para pessoa física ou jurídica que tenha interesse suscetível de ser atingido ou amparado por ação ou omissão decorrente das atribuições do agente público, durante a atividade.

(E) permitir ou facilitar a aquisição, permuta ou locação de bem ou serviço por preço superior ao de mercado.

A: incorreta – art. 10, XVII da Lei 8.429/1992; **B:** incorreta. Art. 10, VI da Lei 8.429/1992; **C:** incorreta. Art. 10, IX da Lei 8.429/1992; **D:** correta. Art. 9º, VIII da Lei 8.429/1992; **E:** incorreta. Art. 10, IV da Lei 8.429/1992. Gabarito "D".

(Investigador – PC/BA – 2018 – VUNESP) Considere a seguinte situação hipotética:

João e Maria trabalham no Departamento Estadual de Trânsito – DETRAN de algum Estado-membro da Federação Brasileira. Maria trabalha no balcão, no atendimento ao público, enquanto José trabalha com processos e tem acesso ao sistema de dados, fazendo inclusões e alterações de informações, como a pontuação da Carteira Nacional de Habilitação. João e Maria conversam e decidem atuar ilicitamente. Se algum cidadão se apresentasse querendo dar baixa em sua pontuação indevidamente, sem preencher os requisitos legais, Maria afirmaria que conseguiria fazer isso, mediante o pagamento de R$ 500,00. Se o cidadão concordasse com essa prática, Maria passaria o pedido a João, que faria a alteração no sistema, dando a baixa na pontuação, dividindo, os dois, o resultado da prática ilícita. Certo dia, José, na qualidade de cidadão, solicita a Maria que diminua seus pontos, que já haviam atingido a quantia de 62. Maria impõe a condição do pagamento ilegal e José aceita. José retorna com o dinheiro e, quando vai entregá-lo a Maria, é flagrado pela Corregedoria do DETRAN. No que tange à responsabilização pela Lei de Improbidade Administrativa, é correto afirmar que poderá(ão) responder no polo passivo da demanda:

(A) João e Maria, na qualidade de agentes públicos, e José, porque, mesmo não sendo agente público, concorreu para a prática do ato de improbidade.

(B) João e Maria, pois a Lei de Improbidade Administrativa atinge somente agentes públicos, ainda que em sentido amplo.

(C) Maria, pois José não responde por não pertencer aos quadros da Administração, e João não havia recebido sua parte, portanto não se poderia caracterizar enriquecimento ilícito.

(D) Maria e José, porque, mesmo não sendo José funcionário público, ele participou ativamente da ilicitude, inclusive tomando a iniciativa da prática ímproba e instigando Maria a se beneficiar da proposta; João não recebeu nenhuma vantagem, então não responde.

(E) João e Maria, na qualidade de agentes públicos; José poderá ser demandado, todavia, subsidiariamente, por ação própria, apenas para ressarcir o Erário pelo dano causado, caso João e Maria sejam condenados a ressarcir os cofres públicos.

Tanto João e Maria como também José cometeram ato de improbidade administrativa, nos termos do art. 1º c/c 3º da Lei 8.429/1992. Com efeito, a lei diz que responde por ato de improbidade administrativa tanto o agente público, servidor ou não, como também, no que couber, aquele que, mesmo não sendo agente público, induza ou concorra para a prática do ato de improbidade ou dele se beneficie sob qualquer forma direta ou indireta. Gabarito "A".

(Investigador – PC/BA – 2018 – VUNESP) A Lei no 8.429/92 estabelece que constitui ato de improbidade administrativa, importando enriquecimento ilícito, auferir qualquer tipo de vantagem patrimonial indevida em razão do exercício de cargo. Sabendo-se que Josué (empresário) concorreu com Gilson (funcionário público federal) para a prática de ato de improbidade administrativa, enriquecendo-se ambos ilicitamente, é correto afirmar que as disposições da Lei no 8.429/92

(A) não são aplicáveis a Josué, pois este não é agente público.

(B) são aplicáveis a Josué, inclusive com previsão de causa de aumento de pena por ser agente estranho à Administração Pública.

(C) são aplicáveis a Josué, no que couber, mesmo não sendo agente público, pois concorreu com Gilson para prática de ato de improbidade, todavia não atingem, de maneira alguma, seus sucessores.

(D) são aplicáveis a Josué, no que couber, mesmo não sendo agente público, pois concorreu com Gilson para prática de ato de improbidade, observando-se que, em razão do enriquecimento ilícito, podem ser atingidos seus sucessores até o limite do valor da herança.

(E) são aplicáveis a Josué, no que couber, mesmo não sendo agente público, pois concorreu com Gilson para prática de ato de improbidade, observando-se que, em razão do enriquecimento ilícito, podem ser atingidos seus sucessores independentemente do limite do valor da herança.

A: incorreta. A Lei 8.429/1992 aplica-se também àquele que, mesmo não sendo agente público, induza ou concorra para a prática do ato de improbidade ou dele se beneficie sob qualquer forma direta ou indireta – art. 3º da Lei 8.429/1992; **B:** incorreta. Não há previsão legal nesse sentido; **C:** incorreta. Aplica-se ao terceiro que não é agente público e a seus sucessores, até o limite do valor da herança; **D:** correta. Art. 3º c/c 8º da Lei 8.429/1992; **E:** incorreta. Aplica-se ao terceiro que não é agente público e a seus sucessores, até o limite do valor da herança – art. 8º da Lei 8.429/1992.
Gabarito "D".

(Escrevente Técnico – TJM/SP – VUNESP – 2017) É ato de improbidade administrativa que causa prejuízo ao erário:

(A) perceber vantagem econômica para intermediar a liberação ou aplicação de verba pública de qualquer natureza.

(B) receber vantagem econômica de qualquer natureza, direta ou indiretamente, para omitir ato de ofício, providência ou declaração a que esteja obrigado.

(C) revelar fato ou circunstância de que tem ciência em razão das atribuições e que deva permanecer em segredo.

(D) revelar ou permitir que chegue ao conhecimento de terceiro, antes da respectiva divulgação oficial, teor de medida política ou econômica capaz de afetar o preço de mercadoria, bem ou serviço.

(E) conceder benefício administrativo ou fiscal sem a observância das formalidades legais ou regulamentares aplicáveis à espécie.

A: Incorreta. Trata-se de ato de improbidade de causa enriquecimento ilícito (art. 9º, IX, da Lei 8.429/1992). **B:** Incorreta. Trata-se de ato de improbidade que causa enriquecimento ilícito (art. 9º, X, da Lei 8.429/1992). **C:** Incorreta. Trata-se de ato de improbidade que viola os princípios administrativos (art. 11, III, da Lei 8.429/1992). **D:** Incorreta. Trata-se de ato de improbidade que viola os princípios administrativos (art. 11, VII, da Lei 8.429/1992). **E:** Correta. Temos uma conduta descrita no art. 10, VII, da Lei 8.429/1992, sendo ato de improbidade que causa enriquecimento ilícito.
Gabarito "E".

(Procurador – IPSMI/SP – VUNESP – 2016) Com base na Lei 8.429/1992, assinale a alternativa correta.

(A) O sucessor daquele que causar lesão ao patrimônio público ou se enriquecer ilicitamente está sujeito às cominações da lei de improbidade administrativa até o limite do valor da herança.

(B) Qualquer eleitor poderá representar à autoridade administrativa competente para que seja instaurada investigação destinada a apurar a prática de ato de improbidade.

(C) A legitimidade ativa para ajuizamento de ação de improbidade administrativa é exclusiva do Ministério Público.

(D) Constitui ato de improbidade administrativa que causa lesão ao erário frustrar a licitude de concurso público.

(E) Será punido com a pena de suspensão, sem prejuízo de outras sanções cabíveis, o agente público que se recusar a prestar declaração dos bens, dentro do prazo determinado, ou que a prestar falsa.

A: Correta. O sucessor responde até o limite da herança pelos danos que o ato ímprobo causar ao Estado, conforme disposto no art. 8º, da Lei 8.429/1992. **B:** Incorreta. Qualquer pessoa poderá representar à autoridade administrativa competente contra ato de improbidade (art. 14, da Lei de Improbidade Administrativa). **C:** Incorreta. Tanto o Ministério Público quanto a pessoa jurídica interessada podem propor Ação de Improbidade Administrativa (art. 17, da Lei 8.429/1992). **D:** Incorreta. Trata-se de ato de improbidade que viola os princípios administrativos (art. 11, V, da Lei 8.429/1992). **E:** Incorreta. Não há especificação de que se refere essa "suspensão", eis que a Lei de Improbidade prevê a suspensão dos direitos políticos (art. 12 da Lei 8.429/1992).
Gabarito "A".

(Juiz de Direito – TJM/SP – VUNESP – 2016) A Lei 8.429, de 2 de junho de 1992, prescreve como ato de improbidade administrativa, que atenta contra os princípios da Administração Pública, qualquer ação ou omissão que viole os deveres de honestidade, imparcialidade, legalidade, lealdade às instituições e, notadamente:

(A) produzir bens ou explorar matéria-prima pertencentes à União sem autorização legal.

(B) adquirir, distribuir e revender derivados de petróleo, em desacordo com as normas estabelecidas na forma da lei.

(C) deixar de cumprir a exigência de requisitos de acessibilidade previstos na legislação.

(D) omitir informação ou prestar declaração falsa às autoridades fazendárias.

(E) divulgar informação falsa ou prejudicialmente incompleta sobre instituição financeira.

A: Incorreta. O enunciado se refere ao tipo de improbidade previsto no art. 11, da Lei 8.429/1992, sendo o ato de improbidade que viola os princípios administrativos. Essa conduta não consta como um ato ímprobo. **B:** Incorreta. Também não temos ato de improbidade que viola princípios administrativos, nem outro tipo previsto em lei. **C:** Correta. Trata-se de ato de improbidade previsto no art. 11, IX, da Lei 8.429/1992, introduzido pela Lei 13.146/2015 (Estatuto da Pessoa Com Deficiência). **D:** Incorreta. Teríamos ato de improbidade de enriquecimento ilícito (art. 10, X, da Lei 8.429/1992). **E:** Incorreta. Temos um crime contra a Ordem Tributária (Lei 8.137/1990).
Gabarito "C".

(Procurador Municipal/SP – VUNESP – 2016) Assinale a alternativa que corretamente discorre sobre previsões relativas à improbidade administrativa, previstas na Lei Federal 8.429/1992.

(A) Revelar fato ou circunstância de que tem ciência em razão das atribuições e que deva permanecer em segredo constitui ato de improbidade que importa enriquecimento ilícito ou causa dano ao erário.

(B) Não estão sujeitos às penalidades da Lei Federal 8.429/1992, os atos de improbidade praticados contra o patrimônio de entidade que receba subvenção, benefício ou incentivo, fiscal ou creditício, de órgão público.

(C) As disposições da Lei Federal 8.429/1992 são aplicáveis, no que couber, àquele que, mesmo não sendo agente público, induza ou concorra para a prática do ato de improbidade ou dele se beneficie sob qualquer forma direta ou indireta.

(D) Exercer atividade de consultoria ou assessoramento para pessoa jurídica que tenha interesse suscetível de ser atingido ou amparado por ação ou omissão decorrente das atribuições do agente público, durante a atividade, é ato de improbidade administrativa que causa dano ao erário.

(E) Independentemente das sanções penais, civis e administrativas previstas na legislação específica, o responsável pelo ato de improbidade fica sujeito às cominações da Lei Federal 8.429/1992, que deverão ser aplicadas sempre de forma cumulativa, mas graduadas de acordo com a gravidade do fato.

A: Incorreta. Trata-se de ato de improbidade contrário aos princípios administrativos (art. 11, VII, da Lei 8.429/1992), sendo outro tipo de improbidade. **B:** Incorreta. As entidades que recebem subvenção, benefício ou incentivo fiscal ou creditício de órgão público são sujeitos passivos de ato de improbidade, conforme dispõe o artigo 1º, parágrafo único, da Lei 8.429/1992. **C:** Correta. Perfeita alternativa. Trata-se do disposto no art. 3º, da Lei de Improbidade Administrativa, que pune o "coautor" do ato ímprobo, mesmo que não seja um servidor público. **D:** Incorreta. Essa conduta não encontra um tipo de improbidade específico, mas como viola o princípio da impessoalidade, poderia ser enquadrada no art. 11, da Lei 8.429/1992, eis que o rol nele constante não é taxativo, e sim, exaustivo (admite a inclusão de outras condutas. **E:** Incorreta. O art. 12, "caput", da Lei 8.429/1992 é expresso quanto à possibilidade de as penalidades serem impostas isolada ou cumulativamente.
Gabarito "C".

(Juiz – TJ/RJ – VUNESP – 2016) Assinale a alternativa que corretamente discorre sobre aspectos da improbidade administrativa.

(A) O entendimento do Superior Tribunal de Justiça é que a indisponibilidade de bens em ação de improbidade administrativa é possível antes do recebimento da petição inicial, mas depende da comprovação de início de dilapidação patrimonial, tendo em vista que o periculum in mora está no desaparecimento de bens que poderiam ser utilizados para pagamento de futura indenização.

(B) Não se pode confundir improbidade com simples ilegalidade, por isso, a jurisprudência do Superior Tribunal de Justiça considera indispensável, para a caracterização de improbidade, que a conduta do agente seja dolosa, para a tipificação das condutas descritas como enriquecimento ilícito ou como atentatórias a princípios da Administração Pública, ou pelo menos eivada de culpa grave, nas hipóteses descritas como causadoras de dano ao erário.

(C) Considerando que as pessoas jurídicas não podem ser beneficiadas por atos ímprobos, não sendo condenadas por sua prática, é de se concluir que, de forma correlata, que não podem figurar no polo passivo de uma demanda de improbidade, que deverá voltar-se contra seus sócios.

(D) Há que se reconhecer a ocorrência de bis in idem e, por consequência, de ilegitimidade passiva do ex-vereador para responder pela prática de atos de improbidade administrativa, de forma a estear a extinção do processo sem julgamento do mérito, pois o julgamento de vereadores é exclusivamente político.

(E) Na Lei de Improbidade consta previsão expressa de formação de litisconsórcio entre o suposto autor do ato de improbidade e eventuais beneficiários, assim, havendo relação jurídica entre as partes do polo passivo, é obrigado o magistrado a decidir de modo uniforme a demanda.

A: Incorreta. É possível a decretação da indisponibilidade de bens em ação de improbidade administrativa independentemente da demonstração do risco de dilapidação do patrimônio do demandado. Isso porque, na indisponibilidade prevista no artigo 7º da Lei 8.429/1992, não se vislumbra uma típica tutela de urgência, mas uma tutela de evidência, já que o "periculum in mora" não é oriundo da intenção do agente dilapidar seu patrimônio visando frustrar a reparação do dano, e, sim, da gravidade dos fatos e do montante do prejuízo causado ao erário, o que atinge toda a coletividade. Por ser uma tutela sumária fundada em evidência, a medida constritiva não possui caráter sancionador nem antecipa a culpabilidade do agente, sendo reversível o provimento judicial que a deferir. Ressalte-se que a decretação da indisponibilidade de bens, mesmo sendo desnecessária a demonstração do "periculum in mora", não é medida automática, devendo ser adequadamente fundamentada pelo magistrado, sob pena de nulidade" (voto do Min. Mauro Campbell Marques). STJ, REsp 1.366.721/BA, rel. Min. Og Fernandes, j. 26.02.14, em recurso repetitivo. **B:** Correta. Configuração dos atos de improbidade administrativa previstos no art. 10 da Lei de Improbidade Administrativa (atos de improbidade administrativa que causam prejuízo ao erário), à luz da atual jurisprudência do STJ, exige a presença do efetivo dano ao erário (critério objetivo) e, ao menos, culpa, o mesmo não ocorrendo nos tipos previstos nos arts. 9º e 11 da mesma Lei (enriquecimento ilícito e atos de improbidade administrativa que atentam contra os princípios da administração pública), os quais se prendem ao elemento volitivo do agente (critério subjetivo), exigindo-se o dolo. (...) AgRg no AREsp 374.913/BA, Segunda Turma, Rel. Min. Og Fernandes, publicado em 11.04.2014. **C:** Incorreta. O erro está em afirmar que pessoas jurídicas não podem ser beneficiadas por ato de improbidade, pois, mesmo sendo um ato praticado por um agente público ou particular em concurso com aquele, poderá favorecer uma pessoa jurídica a celebrar contratos, obter vantagens fiscais etc. **D:** Incorreta. Os vereadores não estão excluídos da aplicação da Lei de Improbidade Administrativa, sendo esse um entendimento relacionado a agentes políticos que respondem por crime de responsabilidade previsto na Constituição Federal, como é o Presidente da República. **E:** Incorreta. Não há essa previsão legal na Lei de Improbidade Administrativa.
Gabarito "B".

(Procurador – SP – VUNESP – 2015) Duas vezes por semana, o Procurador-Geral da Câmara Municipal de Caieiras realiza curso de pós-graduação em direito, que ocorre em instituição de ensino superior localizada no Município de São Paulo. Para seu deslocamento, que atinge mais de 500 quilômetros por mês, utiliza-se de motorista que é servidor efetivo da Câmara Municipal, bem como de veículo pertencente ao Legislativo Municipal, devidamente abastecido com recursos públicos. A conduta do Procurador-Geral é

(A) ilícita, pois é ato de improbidade perceber vantagem econômica direta ou indireta em decorrência do regular exercício de suas atribuições, pelo uso do veículo somente, pois o Procurador-Geral pode exigir do motorista a prestação de serviço.

(B) lícita, pois somente são atos de improbidade as condutas que causem prejuízo ao erário e, no caso em tela, independentemente do uso pelo Procurador-Geral, o veículo já é bem público e o servidor integrante dos quadros da Câmara Municipal.
(C) ilícita, já que a conduta do Procurador-Geral reúne os três requisitos cumulativos para a caracterização do ato de improbidade: enriquecimento ilícito, dano ao erário e violação de princípios da Administração Pública.
(D) lícita, pois os atos de improbidade administrativa não alcançam o benefício indireto decorrente de utilização de bens e/ou do trabalho de servidores públicos, não havendo, nesse caso, enriquecimento ilícito.
(E) ilícita, pois é ato de improbidade administrativa usar, em proveito próprio, bens, rendas, verbas ou valores integrantes do acervo patrimonial do Município, bem como utilizar, em serviço particular, o trabalho de servidor público.

A: Incorreta. O ato é ilícito, mas não o de receber vantagem econômica, e sim, de uso de veículo, sendo ato de improbidade que causa enriquecimento ilícito previsto no art. 9°, IV, da Lei 8.429/1992. **B:** Incorreta. O ato é ilícito. Não há nada no enunciado que comprove que o servidor obteve esse benefício regularmente, além de não haver interesse público para utilização de um carro oficial (há, pelo contrário, interesse próprio). **C:** Incorreta. O ato de improbidade pode ser um dos previstos no art. 9°, 10 e 11, da Lei 8.429/1992. No caso, temos ato de improbidade que importa em enriquecimento ilícito. **D:** Incorreta. Como dito acima, o ato é ilícito. Há interesse particular sendo patrocinado por bem público. **E:** Correta. Há ato de improbidade previsto no art. 9°, IV, da Lei 8.429/1992.
„Ǝ„ oʇıɹɐqɐƆ

(Juiz – TJ/MS – VUNESP – 2015) Quanto à ação de improbidade administrativa, assinale a alternativa correta.

(A) A defesa prévia ocorre após o recebimento da petição inicial, com a citação do réu, mas antes da contestação.
(B) É possível o ajuizamento da ação em face exclusivamente de particular, sem a presença de agente público no polo passivo.
(C) A sentença que concluir pela carência ou pela improcedência de ação de improbidade administrativa está sujeita ao reexame necessário.
(D) Da decisão que rejeitar a petição inicial caberá agravo de instrumento.
(E) A ação poderá ser rejeitada se houver prova hábil, de plano, da improcedência da ação.

A: Incorreta. A defesa prévia ocorre antes da citação, conforme disposto no art. 17, § 7°, da Lei 8.429/1992. **B:** Incorreta. A Ação de Improbidade deve ser proposta em face do agente, sendo que no caso do particular que praticar ato de improbidade, como ele sempre é coautor com o agente (art. 3°, da Lei 8.429/1992), com ele deve estar, conforme decidiu o STJ: "particular que induza ou concorra para a prática do ato de improbidade ou dele se beneficie, direta ou indiretamente, não pode figurar, sozinho, no polo passivo de ação de improbidade administrativa. Particulares não podem ser responsabilizados com base na LIA sem que figure no polo passivo um agente público responsável pelo ato questionado (Recurso Especial 896.044 – PA). Esse o entendimento do STJ"; **C:** Incorreta. As hipóteses de reexame necessário são sempre taxativas (art. 496, CPC) e como nesse caso não há previsão legal, devemos entender que ele não é necessário. **D:** Incorreta. O art. 17, § 10, da Lei 8.429/1992 determina ser caso de Agravo de Instrumento a decisão que receber a petição inicial, não a que rejeitá-la. **E:** Correta. O art. 17, § 8°, da Lei 8.429/1992 assim determina quanto à improcedência da demanada e sua rejeição.
„Ǝ„ oʇıɹɐqɐƆ

(Juiz – TJ/MS – VUNESP – 2015) Na ação de improbidade administrativa proposta pelo Ministério Público,

(A) da decisão que receber a petição inicial, não caberá agravo de instrumento.
(B) é permitida a transação, acordo ou conciliação no transcorrer da demanda.
(C) caso tenha havido sequestro de bens, a ação deve ser proposta dentro de 60 (sessenta) dias da efetivação da medida cautelar.
(D) a Fazenda Pública, quando for o caso, promoverá as ações necessárias à complementação do ressarcimento do patrimônio público.
(E) a pessoa jurídica de direito público interessada, se não intervir no processo como parte, atuará obrigatoriamente, como fiscal da lei, sob pena de nulidade.

A: Incorreta. O art. 17, § 10, da Lei 8.429/1992 determina caber o Agravo de Instrumento. **B:** Pelo gabarito original, a alternativa estava incorreta. Anteriormente, a lei de improbidade vedava expressamente a realização de transação, acordo ou conciliação. Mas cuidado! Com a modificação introduzida pela Lei 13.964/19, passou-se a admitir acordo em improbidade administrativa (cf. art. 17, §1°, da Lei 8.429/92). **C:** Incorreta. O prazo para o ajuizamento da ação principal (de Improbidade) é de 30 dias (art. 17, "caput", da Lei 8.429/1992). **D:** Correta. Trata-se do disposto no art. 17, § 2° da Lei 8.429/1992 que prevê essa possibilidade da Fazenda promover ações necessárias à complementação do erário. **E:** Incorreta. Quem atua como fiscal da lei é o Ministério Público (art. 17, § 4°, da Lei 8.429/1992).
„ꓷ„ oʇıɹɐqɐƆ

(Delegado/SP – 2014 – VUNESP) De acordo com a Lei 8.429/1992, a ação de improbidade, em caso de enriquecimento ilícito,

(A) seguirá o rito ordinário e será proposta pelo Ministério Público ou pela pessoa jurídica interessada.
(B) deve ser proposta no prazo de 45 dias da efetivação da medida cautelar de sequestro.
(C) deve ser proposta no prazo de 60 dias da efetivação da medida cautelar de sequestro.
(D) seguirá o rito sumário e será proposta exclusivamente pelo Ministério Público.
(E) seguirá o rito ordinário e será proposta exclusivamente pelo Ministério Público.

A: correta, pois a ação deve ser proposta pelo MP ou pela pessoa jurídica de direito público interessada (art. 17 da Lei 8.429/1992) e, de acordo com o citado dispositivo legal, seguirá, de fato, o rito ordinário; **B:** incorreta, pois o prazo, no caso, é de 30 dias (art. 17 da Lei 8.429/1992); **C:** incorreta, conforme item anterior; **D:** incorreta, pois o rito é o ordinário e a competência não é exclusiva do MP; **E:** incorreta, pois a competência para a propositura da ação não é exclusiva do MP.
„Ɐ„ oʇıɹɐqɐƆ

(Ministério Público/ES – VUNESP – 2013) Assinale a alternativa que corretamente trata de improbidade administrativa.

(A) A Lei de Improbidade Administrativa (Lei Federal n.º 8.429/92) cuida de reparar atos de improbidade praticados contra a administração pública por uma via específica que não se confunde com a ação penal comum, nem com a ação que apura os crimes de

responsabilidade das autoridades mencionadas na Constituição Federal.
(B) Em relação ao Presidente da República, está ele sujeito à perda da função pública e dos direitos políticos em decorrência de improbidade administrativa, pela via da ação civil pública da Lei Federal n.º 8.429/92, pois a improbidade administrativa, em toda sua extensão típica, é crime de responsabilidade do Chefe maior da Nação.
(C) Senadores, Deputados Federais e Estaduais estão sujeitos a normas constitucionais que disciplinam expressamente a forma de perda das funções, assim, não podem ter cassados seus direitos políticos pela via da Lei Federal n.º 8.429/92. Da mesma forma, Juízes e Promotores de Justiça estão imunes às sanções da referida Lei.
(D) A Lei Federal n.º 8.429/92 veda, em caráter absoluto, a presença de algumas autoridades públicas no polo passivo de ação civil de improbidade ou prevê foro de prerrogativa de função, não restringindo, no entanto, as sanções cabíveis.
(E) A Lei Federal n.º 8.429/92 pode ensejar prerrogativa de foro, pois ostenta caráter criminal. A perda da função pública para Prefeitos Municipais submete-se ao tipo penal que tem como objetividade jurídica a tutela da Administração Pública e do patrimônio público, no especial aspecto da garantia da probidade administrativa.

A: correta, pois, como já decidiu o STJ, "é possível a responsabilização do agente público, no âmbito do art. 11 da Lei 8.429/1992, ainda que este responda pelos mesmos fatos nas demais searas, em consideração à autonomia da responsabilidade jurídica por atos de improbidade administrativa em relação as demais esferas" (REsp 1219915/MG). O STJ também proclamou que "a Corte Especial deste Tribunal Superior expressamente reconheceu que a "ação de improbidade administrativa deve ser processada e julgada nas instâncias ordinárias, ainda que proposta contra agente político que tenha foro privilegiado no âmbito penal e nos crimes de responsabilidade." (Excerto da ementa do AgRg na Rcl 12.514/MT, Rel. Min. Ari Pargendler, *DJe* 26.09.2013). No mesmo sentido, os seguintes precedentes: AgRg no AREsp 422.394/DF, 2ª Turma, Rel. Min. Og Fernandes, *DJe* 14.03.2014; AIA 45/AM, Corte Especial, Rel. Min. Laurita Vaz, *DJe* 19.03.2014; REsp 1.135.158/SP, 2ª Turma, Rel. Min. Eliana Calmon, *DJe* 01.07.2013; AgRg no AREsp 322.262/SP, 2ª Turma, Rel. Min. Humberto Martins, *DJe* 18.06.2013." (MC 22831 / RO); **B:** incorreta, pois o Presidente da República se submete a regime especial. Assim decidiu o STJ: "consoante a jurisprudência do STJ, ressalvada a hipótese dos atos de improbidade cometidos pelo Presidente da República, aos quais se aplica o regime especial previsto no art. 86 da Carta Magna, os agentes políticos sujeitos a crime de responsabilidade não são imunes às sanções por ato de improbidade previstas no art. 37, § 4º, da CF." (REsp 1190244/RJ); **C:** incorreta, pois juízes e promotores não estão imunes à Lei 8.429/92; **D:** incorreta, pois não há vedação absoluta à presença de autoridades públicas no polo passivo, como se depreende dos comentários anteriores, bem como a LIA não prevê foro de prerrogativa de função; **E:** incorreta, pois, como já decidiu o STJ, ""A ação de improbidade administrativa deve ser processada e julgada nas instâncias ordinárias, ainda que proposta contra agente político que tenha foro privilegiado no âmbito penal e nos crimes de responsabilidade" (AgRg na Rcl 12.514/MT, Rel. Ministro Ari Pargendler, Corte Especial, j. 16.09.2013, *DJe* 26.09.2013).
Gabarito "A".

(**Técnico Judiciário – TJSP – VUNESP – 2013**) É ato de Improbidade Administrativa (Lei 8.429/1992), que causa prejuízo ao erário:

(A) permitir ou facilitar a alienação, permuta ou locação de bem integrante do patrimônio da administração direta, indireta ou fundacional de qualquer dos Poderes dos Estados, por preço inferior ao de mercado.
(B) utilizar, em obra ou serviço particular, trabalho de servidores públicos, empregados ou terceiros contratados pela administração direta, indireta ou fundacional de qualquer dos Poderes dos Estados.
(C) receber vantagem econômica de qualquer natureza, direta ou indiretamente, para omitir ato de ofício, providência ou declaração a que esteja obrigado.
(D) utilizar, em obra ou serviço particular, veículos e máquinas da administração direta, indireta ou fundacional de qualquer dos Poderes dos Estados.
(E) perceber vantagem econômica para intermediar a liberação ou aplicação de verba pública de qualquer natureza.

A: correta (art. 10, IV, da Lei 8.429/1992); **B:** incorreta, pois esse ato é de enriquecimento ilícito (art. 9º, IV, da Lei 8.429/1992); **C:** incorreta, pois esse caso é de enriquecimento ilícito (art. 9º, X, da Lei 8.429/1992); **D:** incorreta, pois esse ato é de enriquecimento ilícito (art. 9º, IV, da Lei 8.429/1992); **E:** incorreta, pois esse ato é de enriquecimento ilícito (art. 9º, IX, da Lei 8.429/1992).
Gabarito "A".

6.2. SANÇÕES E PROVIDÊNCIAS CAUTELARES

(**Defensor Público/RO – 2017 – VUNESP**) Os atos de improbidade administrativa importarão a suspensão dos direitos políticos, a perda da função pública, a indisponibilidade dos bens e o ressarcimento ao erário, na forma e na gradação previstas na Lei no 8.429/1992, a qual

(A) não admite a transação, bem como destina o produto da condenação, conforme o caso, à pessoa jurídica prejudicada pelo ilícito.
(B) prevê que as ações destinadas a levar a efeito as sanções nela previstas não estão sujeitas à prescrição.
(C) atribui legitimidade ao Ministério Público, à pessoa jurídica interessada e à Defensoria Pública para a propositura de ação com vistas à imposição das sanções.
(D) impõe à pessoa jurídica a assunção do polo ativo da relação processual, ao lado do Ministério Público, quando a ação for proposta por este.
(E) prevê a aplicação da pena de ressarcimento, independentemente da efetiva ocorrência de dano ao patrimônio público, que é presumido.

A: Pelo gabarito original, a alternativa estava correta. Anteriormente, a lei de improbidade vedava expressamente a realização de transação, acordo ou conciliação. Mas cuidado! Com a modificação introduzida pela Lei 13.964/19, passou-se a admitir acordo em improbidade administrativa (cf. art. 17, §1º, da Lei 8.429/92); **B:** incorreta. Diz o artigo 23 da Lei 8.429/1992 que "as ações destinadas a levar a efeitos as sanções previstas nesta lei podem ser propostas: I – até cinco anos após o término do exercício de mandato, de cargo em comissão ou de função de confiança; II – dentro do prazo prescricional previsto em lei específica para faltas disciplinares puníveis com demissão a bem do serviço público, nos casos de exercício de cargo efetivo ou emprego; III – até cinco anos da data da apresentação à administração pública da prestação de contas final pelas entidades referidas no parágrafo único do art. 1º desta Lei." Vale salientar, todavia, que a Constituição Federal estabelece em seu art. 37 § 5º serem imprescritíveis as ações de ressarcimento no caso de ilícitos praticados por agentes públicos e que causem prejuízo ao erário; **C:** incorreta. Os legitimados ativos da ação de improbidade são apenas o Ministério Público e a pessoa jurídica da Administração Pública interessada – art. 17 de Lei 8.429/1992; **D:** incorreta. A pessoa jurídica interessada poderá integrar o polo passivo ou passar a integrar o polo ativo da ação – art. 17 § 3º da Lei 8.429/1992; **E:** incorreta. A pena de ressarcimento integral do dano só caberá nas hipóteses previstas nos arts. 10 e 11, como pode ser verificado no art. 12 da Lei 8.429/1992. **FB/RB**

Gabarito "A" (gabarito original): atualmente, não há alternativa correta

6.3. TEMAS COMBINADOS E OUTRAS QUESTÕES DE IMPROBIDADE ADMINISTRATIVA

(Escrevente – TJ/SP – 2018 – VUNESP) Nos termos da Lei no 8.429/1992, é correta a seguinte afirmação:

(A) Esta Lei se aplica apenas aos funcionários públicos que pratiquem ato lesivo ao erário da administração direta, indireta ou fundacional de qualquer dos Poderes da União, dos Estados ou do Distrito Federal.

(B) Se a lesão ao patrimônio decorrer de ação ou omissão culposa do agente ou do terceiro, não se fará necessário o integral ressarcimento do dano.

(C) Para os fins desta Lei, não se reputa agente público aquele que, por designação, exerça função de confiança junto a órgão da administração direta ou indireta, sem recebimento de remuneração.

(D) O sucessor daquele que causar lesão ao patrimônio público ou enriquecer ilicitamente em razão do serviço público não se sujeita às cominações desta Lei, ainda que o falecido tenha deixado herança.

(E) As disposições desta Lei poderão ser aplicadas àquele que, mesmo não sendo agente público, induza ou concorra para a prática do ato de improbidade ou dele se beneficie sob qualquer forma direta ou indireta.

A: incorreta. A lei se aplica a qualquer agente público, bem como àquele que, mesmo não sendo agente público, induz, concorre para o ato de improbidade ou dele se beneficia sob qualquer forma direta ou indireta – art. 3º da Lei 8.429/1992; **B:** incorreta. "Ocorrendo lesão ao patrimônio público por ação ou omissão, dolosa ou culposa, do agente ou de terceiro, dar-se-á o integral ressarcimento do dano" – art. 5º da Lei 8.429/1992; **C:** incorreta. "Reputa-se agente público, para os efeitos desta lei, todo aquele que exerce, ainda que transitoriamente ou sem remuneração, por eleição, nomeação, designação, contratação ou qualquer outra forma de investidura ou vínculo, mandato, cargo, emprego ou função nas entidades mencionadas no artigo anterior" – art. 2º da Lei 8.429/1992; **D:** incorreta. A responsabilidade do sucessor vai até os limites do valor da herança – art. 8º da Lei 8.429/1992; **E:** correta. Art. 3º da Lei 8.429/1992. **FB**

Gabarito "E"

(Procurador Municipal – Sertãozinho/SP – VUNESP – 2016) Dentre os crimes de responsabilidade dos Prefeitos Municipais previstos no Decreto-lei 201/1967, sujeitos ao julgamento do Poder Judiciário, independentemente do pronunciamento da Câmara dos Vereadores, está prevista a conduta de

(A) impedir o exame de livros, folhas de pagamento e demais documentos que devam constar dos arquivos da Prefeitura, bem como a verificação de obras e serviços municipais.

(B) desatender, sem motivo justo, as convocações ou os pedidos de informações da Câmara, quando feitos a tempo e em forma regular.

(C) descumprir o orçamento aprovado para o exercício financeiro, praticando, contra expressa disposição de lei, ato de sua competência ou omitindo-se na sua prática.

(D) negar execução a lei federal, estadual ou municipal, ou deixar de cumprir ordem judicial, sem dar o motivo da recusa ou da impossibilidade, por escrito, à autoridade competente.

(E) retardar a publicação ou deixar de publicar as leis e atos sujeitos a essa formalidade, deixando de apresentar à Câmara, no devido tempo, e em forma regular, a proposta orçamentária.

A: Incorreta. Trata-se de uma infração político-administrativa prevista no art. 4º, II, do Decreto-lei 201/1967, sendo de competência da Câmara dos Vereadores o seu julgamento. **B:** Incorreta. Também temos hipótese de infração político-administrativa de competência da Câmara dos Vereadores (art. 4º, III, do Decreto-lei 201/1967). **C:** Incorreta. O mesmo se diz dessa assertiva, que consta do art. 4º, VI, do Decreto-lei 201/1967. **D:** Correta. Nesse caso, temos expressa a competência do Poder Judiciário, que assim dispõe: "Art. 1º São crimes de responsabilidade dos Prefeitos Municipal, sujeitos ao julgamento do Poder Judiciário, independentemente do pronunciamento da Câmara dos Vereadores: XIV – Negar execução a lei federal, estadual ou municipal, ou deixar de cumprir ordem judicial, sem dar o motivo da recusa ou da impossibilidade, por escrito, à autoridade competente; **E:** Incorreta. Trata-se de infração administrativa de competência do Poder Judiciário (art. 4º, IV, do Decreto-lei 201/1967).

Gabarito "D"

(Ministério Público/ES – VUNESP – 2013) A ação de improbidade administrativa

(A) tem como objetivo tão somente proteger a moralidade administrativa.

(B) prevê a possibilidade da concessão de tutela cautelar (de evidência) de indisponibilidade de bens.

(C) possui como legitimados ativos todos aqueles indicados como legítimos para a ação civil pública.

(D) possui natureza preventiva.

(E) tem natureza penal, haja vista que a Lei n.º 8.429/92 traz condutas típicas em seu artigo 12.

A: incorreta, pois a improbidade administrativa é uma imoralidade qualificada, ou seja, objeto de previsão legal, especialmente na Lei n. 8.429/92; **B:** correta, pois a medida de indisponibilidade de bens tem fundamento expresso na Lei n. 8.429/92 (art. 7º) e na Constituição Federal (art. 37, § 4º); **C:** incorreta, pois a ação deve ser proposta pelo MP ou pela pessoa jurídica de direito público interessada (art. 17 da Lei n. 8.429/92); **D:** incorreta, pois a ação é voltada ao passado, isto é, ao sancionamento da conduta pratica por agente público em sentido amplo; **E:** incorreta, pois a ação de improbidade tem por objetivo a responsabilização civil (*lato sensu*). As sanções por improbidade são aplicáveis independentemente das sanções penais (CF, art. 37, § 4º).

Gabarito "B"

(Técnico Judiciário – TJSP – VUNESP – 2013) No tocante à Declaração de Bens, prevista na Lei de Improbidade Administrativa (Lei 8.429/1992), é correto afirmar que

(A) não supre a exigência contida na Lei de Improbidade Administrativa a entrega, em substituição à Declaração de Bens, da cópia da declaração anual de bens apresentada à Delegacia da Receita Federal.

(B) a posse e o exercício de agente público ficam condicionados à apresentação de declaração dos bens e valores que compõem o seu patrimônio privado, a fim de ser arquivada no serviço de pessoal competente.

(C) a declaração de bens será quinquenalmente atualizada e na data em que o agente público deixar o exercício do mandato.

(D) somente será punido com a pena de demissão a bem do serviço público, sem prejuízo de outras sanções cabíveis, o agente público que prestar falsa declaração de bens.

(E) será punido com a pena de repreensão escrita o agente público que se recusar a prestar declaração dos bens.

A: incorreta, pois a entrega de cópia da declaração anual de bens supre a exigência contida na Lei de Improbidade (art. 13, § 4º, da Lei 8.429/1992); **B:** correta (art. 13, caput, da Lei 8.429/1992); **C:** incorreta, pois a declaração deve ser atualizada anualmente e na data em que o agente público deixar o vínculo (art. 13, § 2º, da Lei 8.429/1992); **D:** incorreta, pois também sofrerá a demissão a bem do serviço público o agente que se recusar a apresentar a declaração dos bens (art. 13, § 3º, da Lei 8.429/1992); **E:** incorreta, pois a pena é de demissão a bem do serviço público (art. 13, § 3º, da Lei 8.429/1992).
Gabarito "B".

(Técnico Judiciário – TJSP – VUNESP – 2013) No tocante à Lei de Improbidade Administrativa (Lei 8.429/1992), é correto afirmar que

(A) as ações destinadas a levar a efeito as sanções previstas nessa Lei podem ser propostas até 20 (vinte) anos após o término do exercício de mandato, de cargo em comissão ou de função de confiança.

(B) a aplicação das sanções previstas nessa Lei depende da aprovação ou rejeição das contas pelo Tribunal ou Conselho de Contas.

(C) as disposições dessa Lei são aplicáveis, no que couber, àquele que, mesmo não sendo agente público, induza ou concorra para a prática do ato de improbidade.

(D) a autoridade judicial competente somente poderá determinar o afastamento do agente público do exercício do cargo após o trânsito em julgado da sentença condenatória.

(E) a aplicação das sanções previstas nessa Lei depende da aprovação ou rejeição das contas pelo órgão de controle interno.

A: incorreta, pois o prazo é de 5 anos (art. 23, I, da Lei 8.429/1992); **B:** incorreta, pois não há essa dependência (art. 21, II, da Lei 8.429/1992); **C:** correta (art. 3º da Lei 8.429/1992); **D:** incorreta, pois o afastamento (que é provisório) pode ser feito a qualquer tempo, quando a medida se fizer necessária à instrução processual (art. 20, parágrafo único, da Lei 8.429/1992); o que não é possível é a perda do cargo (que é definitiva), antes do trânsito em julgado da sentença condenatória (art. 20, caput, da Lei 8.429/1992); **E:** incorreta, pois não há essa dependência (art. 21, II, da Lei 8.429/1992).
Gabarito "C".

7. BENS PÚBLICOS

7.1. CONCEITO E CLASSIFICAÇÃO

(Procurador – IPSMI/SP – VUNESP – 2016) A respeito dos bens públicos, assinale a alternativa correta.

(A) Os bens dominicais, por não estarem afetados a finalidade pública, estão sujeitos à prescrição aquisitiva.

(B) Os bens públicos podem ser onerados com garantia real, eis que tais garantias possuem o condão de reduzir os riscos das relações travadas entre Administração e agentes privados.

(C) Os bens de todas as empresas estatais são considerados bens públicos, uma vez que tais pessoas jurídicas compõem a Administração indireta.

(D) O domínio eminente é a prerrogativa decorrente da soberania que autoriza o Estado a intervir em todos os bens localizados em seu território.

(E) A alienação de bens públicos imóveis pressupõe a sua desafetação, existência de justificada motivação, autorização legislativa, avaliação prévia e realização de licitação na modalidade tomada de preços.

A: Incorreta. Nenhum bem público está sujeito à prescrição aquisitiva ou à aquisição por meio de usucapião, conforme disposto no art. 183, § 3º, CF. **B:** Incorreta. Como os bens públicos sofrem restrições quanto à alienabilidade, não podem ser onerados, assim como a execução contra a Fazenda Pública é feita por meio de um procedimento próprio, específico (art. 100, CF), por meio de precatórios, por isso a impossibilidade de oneração desses bens. **C:** Incorreta. Somente os bens públicos das pessoas jurídicas de direito público e as de direito privado que tenham uma destinação pública é que são considerados públicos. **D:** Correta. Esse é o conceito de domínio eminente, ou seja, o domínio que o Estado possui sobre todos os bens que estão sobre o seu território, cujas destinações também são de sua competência. **E:** Incorreta. O erro está na modalidade licitatória, que sempre é a concorrência (art. 17, I, da Lei 8.666/1993).
Gabarito "D".

(Procurador Municipal – Sertãozinho/SP – VUNESP – 2016) Em relação às classificações existentes dos bens públicos, cemitérios públicos, aeroportos e mercados podem ser classificados como

(A) bens de domínio público de uso comum.

(B) bens de domínio público de uso especial.

(C) bens de domínio privado do Estado.

(D) bens dominicais da Administração.

(E) bens de uso comum do povo e de uso especial.

A: Incorreta. Todos esses bens possuem destinação específica, não sendo de "uso comum do povo", como são as praças, ruas, por exemplo. **B:** Correta. Temos bens com destinações específicas, de uso especial, portanto. **C:** Incorreta. No caso, todos são bens públicos e o domínio é público também, ou seja, a propriedade. **D:** Incorreta. Os bens dominais são os que não possuem destinação específica, por isso são alienáveis. No caso, temos bens de uso especial do povo, com finalidades específicas, por isso excluída essa alternativa. **E:** Incorreta. Como afirmado acima, temos apenas bens de uso especial.
Gabarito "B".

7.2. REGIME JURÍDICO (CARACTERÍSTICAS)

(Advogado – Pref. São Roque/SP – 2020 – VUNESP) A respeito dos bens públicos, de acordo com a jurisprudência dos Tribunais Superiores, assinale a alternativa correta.

(A) Os registros de propriedade particular de imóveis situados em terrenos de marinha são oponíveis à União.

(B) A ocupação indevida de bem público configura mera detenção, reservado ao particular o direito à indenização pelas benfeitorias úteis e necessárias.

(C) Os bens integrantes do acervo patrimonial de sociedades de economia mista sujeitos a uma destinação pública equiparam-se a bens públicos, sendo, portanto, insuscetíveis de serem adquiridos por meio de usucapião.

(D) São considerados bens públicos os pertencentes às associações públicas, às sociedades de economia mista e às empresas públicas.

(E) Os bens públicos dominicais podem ser adquiridos por usucapião, desde que comprovado o não atendimento da função social da propriedade e presentes os requisitos da usucapião extraordinária.

A: incorreta (conforme a Súmula 496 do STJ: "Os registros de propriedade particular de imóveis situados em terrenos de marinha não são oponíveis à União."); **B**: incorreta (nos termos da Súmula 619 do STJ: "A ocupação indevida de bem público configura mera detenção, de natureza precária, insuscetível de retenção ou indenização por acessões e benfeitorias."); **C**: correta (trate-se de jurisprudência assentada do STJ, a exemplo do julgado extraído do AgInt no REsp 1.719.589/SP); **D**: incorreta (conforme a jurisprudência apontada na alternativa anterior, são considerados bens públicos o acervo patrimonial pertencente a pessoa jurídica de direito privado vinculado à prestação de serviço público); **E**: incorreta (conforme a Súmula 340 do STF, os bens dominicais, como os demais bens públicos, não podem ser adquiridos por usucapião). Gabarito "C".

(Juiz – TJ/SP – VUNESP – 2015) Sobre os bens públicos, é correta a seguinte assertiva:

(A) só se sujeitam ao regime de bens públicos aqueles bens que pertençam a pessoa jurídica de direito público.

(B) é vedado o uso privativo de bem público de uso comum por particular, salvo se a lei expressamente autorizar.

(C) a afetação de bens ao uso comum pode decorrer de ato de vontade de um particular.

(D) bens públicos de uso comum são aqueles abertos à fruição de todo cidadão, de modo incondicionado e gratuito.

A: incorreta. Os bens públicos também são os pertencentes às pessoas jurídicas de direito privado prestadoras de serviços públicos, eis que afetados pela atividade estatal. **B**: Incorreta. O bem de uso comum do povo pode ter uma utilização privativa se houver um ato administrativo de "autorização de uso" para tanto, como no caso das calçadas autorizada para uso privativo de bares e bancas de jornais. **C**: Correta. O raciocínio do examinador foi o seguinte: A afetação de bens de uso comum pode decorrer de um ato de particular, como a doação de um terreno que passará a ser uma praça pública. No entanto, esse entendimento é controvertido, eis que o particular pode doar o bem ao Poder Público, mas somente esse é que poderá afetá-lo a uma destinação pública determinada, mesmo sabendo que a afetação e desafetação é um fato jurídico. Essa seria a alternativa menos errada, por isso a que deveria ter sido escolhida pelo examinador. **D**: Incorreta. Os bens de uso comum podem ter seu uso remunerado, como as estradas, em que se pagam os pedágios ao concessionário. Gabarito "C".

8. INTERVENÇÃO DO ESTADO NA PROPRIEDADE

8.1. DESAPROPRIAÇÃO

(Advogado – Pref. São Roque/SP – 2020 – VUNESP) O instituto que garante ao expropriado o direito de exigir a devolução do bem objeto da desapropriação que não foi utilizado pela Administração para atendimento do interesse público denomina-se

(A) desapropriação por zona.
(B) direito de extensão.
(C) direito de preferência.
(D) direito de retrocessão.
(E) tredestinação.

A: incorreta (a desapropriação por zona é aquela que abrange tanto as áreas contíguas necessárias ao desenvolvimento da obra, quanto as zonas que se valorizarem extraordinariamente em virtude da realização do serviço); **B**: incorreta (direito de extensão constitui o direito de o expropriado exigir que se inclua na desapropriação a parcela do bem que se tornou inaproveitável isoladamente ao particular); **C**: incorreta (o direito de preferência assume caráter pessoal, de modo que não acarreta a devolução do bem); **E**: incorreta (tredestinação representa a não utilização do bem expropriado em uma finalidade não pública). Gabarito "D".

(Delegado – PC/BA – 2018 – VUNESP) O direito do proprietário de exigir que na desapropriação se inclua a parte restante do bem expropriado, que se tornou inútil ou de difícil utilização, é denominado de

(A) Retrocessão.
(B) Desapropriação indireta.
(C) Direito de extensão.
(D) Indenização de benfeitorias.
(E) Direito de acrescer.

A: incorreta. A retrocessão consiste no direito real que possui o proprietário de, diante do desvio de finalidade na destinação dada ao bem desapropriado (tredestinação) reavê-lo – art. 519 do Código Civil; **B**: incorreta. Desapropriação indireta, também conhecida como apossamento administrativo, ocorre nas situações em que o Estado ilicitamente invade o bem privado sem respeitar os procedimentos administrativos ou judiciais previstos na legislação atinente à desapropriação; **C**: correta. Direito de extensão consiste na possibilidade de o proprietário de imóvel parcialmente desapropriado que comprovar que o restante do bem ficou esvaziado de conteúdo econômico ou inaproveitado de exigir judicialmente que essa parte remanescente também seja expropriada; **D**: incorreta. A indenização de benfeitorias refere-se ao pagamento, para a configuração da chamada "justa indenização" pelas benfeitorias feitas no bem expropriado. Caso as benfeitorias tenham sido construídas antes da publicação do decreto que declara o imóvel de utilidade pública, a indenização deverá compreender todas as benfeitorias. Entretanto, caso as benfeitorias tenham sido edificadas após a publicação do decreto desapropriatório, o panorama pode sofrer algumas alterações, de acordo com o artigo 26, § 1°, do Decreto-Lei 3.365/1941. No que se refere às benfeitorias necessárias, que são aquelas obras necessárias para conservar a coisa ou evitar que ela se deteriore, nada muda e serão sempre indenizadas. As benfeitorias úteis, edificadas para aumentar ou facilitar o uso da coisa, só serão indenizadas se o Poder Público expropriante autorizar a construção; enquanto que as benfeitorias voluptuárias, utilizadas para mera recreação, sem aumentar o uso habitual do imóvel e independente do valor, não serão indenizadas. Destarte, tratando-se de benfeitorias edificadas antes da publicação do decreto desapropriatório, será nomeado perito judicial no curso do processo judicial (art. 14, Decreto-Lei 3.365/1941) para avaliar o bem, incluindo as benfeitorias, cujo valor da indenização será fixado em laudo pericial. Mas trata-se de tema polêmico, cujo entendimento judicial pode variar caso a caso; **E**: incorreta. Direito de acrescer é matéria de direito sucessório, e ocorre no momento em que vários herdeiros, pela mesma cláusula testamentária, em partes não determinadas, ficam a parte que caberia a outro coerdeiro (herdeiro que juntamente com outros é chamado a concorrer a sucessão) pelo fato deste não puder ou não quiser aceitá-la. Gabarito "C".

(Defensor Público/RO – 2017 – VUNESP) Parte significativa dos conflitos agrários tem origem na ocupação irregular de terras. A desapropriação por interesse social, para fins de reforma agrária, é mecanismo de pacificação que pode ser utilizado

(A) pela União, que poderá, com essa finalidade, desapropriar a pequena e média propriedade rural, ainda que seu proprietário não possua outra, desde que a indenização seja prévia e em dinheiro.
(B) pelo Município, o qual poderá desapropriar o imóvel rural que não esteja cumprindo sua função social, mediante prévia e justa indenização em dinheiro.
(C) pelo Estado de Rondônia, o qual poderá desapropriar o imóvel rural que não esteja cumprindo sua função social, mediante prévia e justa indenização em títulos da dívida pública.
(D) pela União, que poderá desapropriar o imóvel rural onde se verifique o cultivo de plantas psicotrópicas, mediante indenização prévia em títulos da dívida pública.
(E) pela União, a qual poderá desapropriar o imóvel rural que não esteja cumprindo sua função social, mediante prévia e justa indenização em títulos da dívida agrária, com cláusula de preservação do valor real.

A chamada desapropriação por interesse social para fins de reforma agrária é prevista no artigo 184 da CF/1988, sendo cabível sempre que o imóvel não esteja cumprindo a função social, sendo sua indenização feita mediante o pagamento de indenização em títulos da dívida agrária, resgatáveis em até 20 anos. A Lei Complementar 76/1993, alterada pela Lei Complementar 88/1996 define que a ação expropriatória nesse caso é de competência exclusiva da União, tramitando na Justiça Federal e devendo ser precedida de decreto declarando o imóvel de interesse social para fins de Reforma Agrária. Note-se que essa desapropriação não se confunde com a sanção de confisco de bens prevista no caso de cultivo de plantas psicotrópicas. **FB**
Gabarito "E".

(Procurador – IPSMI/SP – VUNESP – 2016) Sobre o instituto da desapropriação, assinale a alternativa correta.

(A) O direito de extensão é o direito de o expropriado exigir a devolução do bem desapropriado que não foi utilizado pelo Poder Público para atender o interesse público.
(B) A desapropriação por zona abrange a área contígua necessária ao desenvolvimento de obras públicas e as zonas que valorizarem extraordinariamente em decorrência da realização do serviço.
(C) Pode o expropriado discutir em sua defesa apresentada em sede de ação de desapropriação qualquer matéria, em respeito ao princípio do devido processo legal.
(D) A indenização em todas as modalidades de desapropriação deve sempre ser prévia, justa e em dinheiro.
(E) Os bens expropriados, uma vez incorporados à Fazenda Pública, podem ser objeto de reivindicação quando comprovada a nulidade do processo de desapropriação.

A: Incorreta. O direito de extensão é o direito que o expropriado tem de exigir que seja expropriada uma parte do bem que, caso não o seja, não mais terá utilidade econômica para ele, sendo previsto no art. 12, do Decreto 4.956/2003. **B:** Correta. Perfeita a definição, sendo o previsto no art. 4º, do Decreto-lei 3.365/1941, que assim dispõe: "Art. 4º A desapropriação poderá abranger a área contígua necessária ao desenvolvimento da obra a que se destina, e as zonas que se valorizarem extraordinariamente, em consequência da realização do serviço. Em qualquer caso, a declaração de utilidade pública deverá compreendê-las, mencionando-se quais as indispensáveis à continuação da obra e as que se destinam à revenda". **C:** Incorreta. No processo de desapropriação somente é possível a discussão do preço e de requisitos formais do processo, sendo defesa qualquer outra matéria (art. 20, do Decreto-lei 3.365/1941) **D:** Incorreta. Há casos, como na desapropriação por interesse social para fins de reforma agrária em que o pagamento se dá em títulos da dívida pública ou da dívida agrária (art. 182 e 184, CF). **E:** Incorreta. Uma vez incorporados ao patrimônio público, os bens expropriados não podem mais ser reivindicados, devendo o expropriado ingressar com ação de retrocessão, que é indenizatória.
Gabarito "B".

(Procurador Municipal – Sertãozinho/SP – VUNESP – 2016) Assinale a alternativa que corretamente discorre sobre o instituto da desapropriação.

(A) O procedimento da desapropriação compreende duas fases: a declaratória e a executória, abrangendo, esta última, uma fase administrativa e uma judicial.
(B) Na fase executória da desapropriação, o poder público declara a utilidade pública ou o interesse social do bem para fins de desapropriação.
(C) A declaração expropriatória pode ser feita pelo Poder Executivo, por meio de decreto, não podendo fazê-lo, todavia, o Legislativo, por meio de lei.
(D) A declaração de utilidade pública ou interesse social é suficiente para transferir o bem para o patrimônio público, incidindo compulsoriamente sobre o proprietário.
(E) A desapropriação deverá efetivar-se mediante acordo ou intentar-se judicialmente dentro de dez anos, findos os quais esta caducará.

A: Correta. Essa assertiva nada mais é do que a explicação de como acontece a desapropriação. Inicia-se com o decreto expropriatório, que a declara, para depois de emitida a sentença, ser executada. No caso de acordo, ela poderá ser resolvida apenas administrativamente, por isso a fase executorial pode ser administrativa ou judicial. **B:** Incorreta. Na fase executória o Poder Público executa o que foi declarado no decreto expropriatório (primeiro vem a declaração e depois a execução). **C:** Incorreta. A desapropriação pode se dar por decreto ou por lei (arts. 1º e 8º, do Decreto-Lei 3.365/1941). **D:** Incorreta. O bem só será transmitido ao Poder Público após a sentença ou acordo extrajudicial (art. 10, do Decreto-Lei 3365/1941). **E:** Incorreta. O prazo para a efetivação da desapropriação é de 5 anos a partir da expedição do Decreto, conforme disposto no art. 10, do Decreto-Lei 3.365/1941.
Gabarito "A".

(Juiz – TJ/SP – VUNESP – 2015) O instituto da desapropriação, no direito brasileiro, é regido por norma editada por decreto-lei na década de 40 e recepcionada pela Constituição Federal de 1988, com algumas alterações pontuais procedidas por legislação posterior. Sobre o instituto da desapropriação, é correto afirmar que

(A) só é possível a expropriação de bens imóveis com prévia indenização em dinheiro ou, em algumas hipóteses, em títulos públicos com vencimento em prazo de, no máximo, cinco anos.
(B) a desapropriação exige que os bens expropriados sejam destinados a uma finalidade ou utilidade pública, incorporando-se ao patrimônio público, vedada a sua posterior alienação em favor de particulares.
(C) na desapropriação de bem imóvel, a declaração de utilidade pública deve especificar o bem dela objeto e se circunscrever àquela área necessária àquela finalidade,

vedada sob pena de nulidade do ato expropriatório a inclusão de área lindeira para futura alienação e captura da valorização imobiliária pelo poder público.
(D) a prática dos atos necessários à desapropriação pode ser exercida por particulares mediante delegação pelo poder público à iniciativa privada.

A: Incorreta. O prazo de resgate é de 10 ou 15 anos, conforme disposto nos arts. 182 e 184, CF. **B:** Incorreta. Uma vez incorporado ao patrimônio público, os bens são públicos e podem ser alienados, desde que seguidas as regras do art. 17 e seguintes, da Lei 8.666/1993. **C:** Incorreta. É possível o exercício do "direito de extensão" (art. 4º, do Decreto-lei 3.365/1941) para abranger área maior do que a constante no decreto expropriatório, se isso for interessante ao Poder Público. **D:** Correta. O poder de desapropriar pode ser delegado a particulares, como concessionários e permissionários, desde que previsto no ato de delegação (art. 18, XII, da Lei 8.987/1995).
Gabarito "D".

(Procurador – SP – VUNESP – 2015) A respeito da política urbana prevista na Constituição da República, é correto afirmar que
(A) aquele que possuir, como sua, área urbana de até duzentos e cinquenta metros quadrados, por cinco anos, ininterruptamente e sem oposição, utilizando-a para sua moradia ou de sua família, adquirir-lhe-á o domínio, desde que não seja proprietário de outro imóvel urbano ou rural.
(B) as desapropriações de imóveis urbanos serão feitas com pagamento mediante títulos da dívida pública de emissão previamente aprovada pelo Senado Federal, com prazo de resgate de até dez anos, em parcelas anuais, iguais e sucessivas, assegurados o valor real da indenização e os juros legais.
(C) o plano diretor, aprovado pela Câmara Municipal, obrigatório para cidades com mais de vinte mil eleitores, é o instrumento básico da política de desenvolvimento e de expansão urbana.
(D) a propriedade urbana cumpre sua função social quando atende às exigências fundamentais de ordenação da cidade expressas na Lei Orgânica do Município.
(E) é facultado ao Poder Público municipal, mediante lei específica para área incluída no plano diretor, exigir, nos termos da lei federal, do proprietário do solo urbano ou rural não edificado, subutilizado ou não utilizado, que promova seu adequado aproveitamento.

A: Correta. Temos a usucapião urbana, prevista no art. 183, CF. **B:** Incorreta. A indenização será feita em dinheiro, conforme disposto no art. 182, § 3º, CF. **C:** Incorreta. O plano diretor é obrigatório para as Cidades com mais de 20 mil habitantes (art. 182, § 1º, CF). **D:** Incorreta. A propriedade urbana cumpre sua função social quando atende às exigências expressas no plano diretor (art. 182, § 2º, CF). **E:** Incorreta. O proprietário será apenas do solo urbano, e não rural, conforme disposto no art. 182, § 4º, CF.
Gabarito "A".

(Magistratura/SP – VUNESP – 2013) A declaração de utilidade pública de um imóvel para fins de desapropriação
(A) quando efetivada a desapropriação, exige que o valor da obra seja incluído na indenização.
(B) não impede a expedição do alvará de licenciamento para construção no imóvel, desde que preenchidos os requisitos legais para sua expedição.
(C) impede a Administração de expedir alvará de licença para edificação no imóvel.
(D) impede que o proprietário use, goze e disponha do imóvel.

A: incorreta, pois somente, com a declaração de utilidade pública, fixa-se o estado do bem para fins de indenização, de modo que qualquer obra que o expropriado faça após tal declaração (ressalvada as benfeitorias úteis autorizadas pela Administração e as benfeitorias necessárias), não são computadas para fins de pagamento de indenização (art. 26, § 2º, do Dec.-lei 3.365/1941); **B:** correta, nos termos da Súmula STF n. 23, pela qual "verificados os pressupostos legais para o licenciamento da obra, não o impede a declaração de utilidade pública para desapropriação do imóvel, mas o valor da obra não se incluirá na indenização, quando a desapropriação for efetivada"; **C:** incorreta, pois a Súmula STF n. 23 autoriza tal expedição; **D:** incorreta, pois o particular continua podendo usar normalmente o imóvel, com a ressalva de que nem todas as obras que fizer no bem após serão objetos de indenização em seu favor e também com a ressalva de não mais poderá usar a coisa quando for concedida a imissão do expropriante na posse do imóvel.
Gabarito "B".

(Magistratura/SP – VUNESP – 2013) Serviços de docas explorados por companhia privada, confiados por concessão da União, têm seus bens desapropriados pelo Estado. Com relação à hipótese, assinale a alternativa correta.
(A) É ilegal a desapropriação porque a União pode desapropriar bens dos Estados, do Distrito Federal, dos Municípios, e dos Territórios, e os Estados, dos Municípios, prevalecendo o ato da pessoa jurídica de mais alta categoria, segundo o interesse de que cuida: o nacional prevalece sobre o regional, e este sobre o local. O reverso não é possível.
(B) A desapropriação produzirá como uma de suas consequências a extinção da pessoa jurídica.
(C) A desapropriação é legal porque a União e os Estados têm competência concorrente para explorar, diretamente ou mediante autorização, concessão ou permissão os portos marítimos, fluviais e lacustres.
(D) É legal a desapropriação pelo Estado, desde que haja prévia autorização do Presidente da República

Considerando a extensão da desapropriação efetuada, o caso de enquadra no disposto no art. 2º, § 3º, do Dec.-lei 3.365/1941, que permite desapropriação dessa natureza se houver prévia autorização do Presidente da República.
Gabarito "D".

8.2. TEMAS COMBINADOS DE INTERVENÇÃO NA PROPRIEDADE

(Procurador do Município/São José dos Campos-SP – VUNESP – 2012) A exigência, imposta por lei municipal que determina o recuo de certo número de metros na construção a ser levantada em terreno urbano, constitui
(A) servidão predial.
(B) desapropriação parcial do terreno.
(C) limitação administrativa.
(D) servidão administrativa.
(E) ocupação temporária.

A exigência de recuo é uma imposição geral, que afeta todos que quiserem construir em terreno urbano, de modo que se trata de uma limitação administrativa. Os demais institutos previstos nas outras alternativas são imposições especiais, ou seja, que atingem pessoas determinadas, que não é, como se viu, o caso da imposição prevista em lei que determina o recuo em construções.
Gabarito "C".

8.3. TOMBAMENTO

(Juiz de Direito – TJ/RS – 2018 – VUNESP) A respeito do tombamento, é correto afirmar que

(A) o Supremo Tribunal Federal já afirmou que a hierarquia verticalizada dos entes federados prevista expressamente na Lei de Desapropriação (Decreto-lei no 3.365/41) não se estende ao tombamento, não havendo vedação a que Estado possa tombar bem da União, tampouco que Município possa tombar bem estadual ou federal.
(B) se constitui mediante decreto expedido pelo Poder Legislativo Federal, Estadual, Distrital ou Municipal, reconhecendo o valor histórico, artístico, paisagístico, turístico, cultural ou científico de um bem ou bens, individual ou coletivamente considerados, culminando com ato administrativo de registro em livro próprio.
(C) se recair sobre bem particular, sua instituição pelo Poder Público, em regra, admite pagamento de indenização por limitação de uso da propriedade.
(D) se recair sobre bem público, poderá ser provisório ou definitivo, conforme a fase do procedimento administrativo, que se conclui com a inscrição do bem no competente Livro do Tombo.
(E) se recair sobre bem público, poderá se dar de ofício pela autoridade competente e a prévia notificação do ente proprietário constitui condição de validade do ato administrativo de tombamento.

A: correta. No Agravo Regimental na Ação Civil Originária 1.208 MS, de relatoria do Ministro Gilmar Mendes, restou claro o entendimento da Corte no sentido de que o princípio da hierarquia verticalizada previsto no Decreto-Lei 3.365/1941 não se aplica ao tombamento, tanto porque não existe qualquer previsão expressa estabelecendo a hierarquização do tombamento, como pelo fato de que o tombamento não implica em transferência da propriedade, de modo que inexistente a limitação constante no art. 1º § 2º do DL 3.365/1941; **B:** incorreta. O tombamento é efetivado mediante procedimento administrativo e é no livro do tombo que são registrados todos os bens de interesse histórico, artístico ou cultural. Pode ser objeto de decreto, mas emanado do Poder Executivo, seguindo-se o procedimento administrativo em que é garantido o contraditório e a ampla defesa; **C:** incorreta. Como regra, o tombamento é intervenção do Estado na propriedade do tipo limitação administrativa, que não gera direito à indenização, pois não configura efetivo prejuízo ao proprietário. A indenização só será cabível quando ensejar esvaziamento do valor econômico do bem, configurando uma verdadeira desapropriação indireta; **D:** incorreta. Como o tombamento não retira a propriedade, na verdade é irrelevante se proprietário do bem é o poder público ou não, mas o Decreto-Lei 25/1937 estabelece que o tombamento de bens de entes federativos se faz de ofício e mediante notificação do ente público envolvido. Ao final do procedimento, deve ser realizada a transcrição no registro do imóvel; **E:** incorreta. Como o tombamento não retira a propriedade, na verdade é irrelevante se proprietário do bem é o poder público ou não, mas o Decreto-Lei 25/1937 estabelece que o tombamento de bens de entes federativos se faz de ofício e mediante notificação do ente público envolvido. **Gabarito "A".**

(Procurador do Estado/SP – 2018 – VUNESP) Município expediu notificação ao Estado a fim de comunicar a inscrição, pelo Prefeito, no livro do tombo próprio, de bem imóvel de valor histórico, de propriedade estadual e situado no território municipal. O ato municipal de tombamento, de acordo com a jurisprudência do Supremo Tribunal Federal, é

(A) ilegal, porque o ato de tombamento é de competência do Chefe do Poder Executivo de cada ente da Federação, após aprovação do ato por meio de lei específica.
(B) lícito e produz efeitos a partir do recebimento da notificação pelo Estado proprietário do bem.
(C) lícito, porém provisório, condicionada a produção de efeitos à autorização do Poder Legislativo por lei específica de efeitos concretos.
(D) ilegal, porque o tombamento de bem público é de competência exclusiva do Serviço do Patrimônio Histórico e Artístico Nacional.
(E) ilegal, nos termos do artigo 2º, § 2º, do Decreto-Lei 3.365/41 (Desapropriação), aplicável ao caso descrito por analogia, que dispõe que bens de domínio dos Estados poderão ser desapropriados apenas pela União.

Como o tombamento não retira a propriedade, na verdade é irrelevante se proprietário do bem é o poder público ou não, mas o Decreto-Lei 25/1937 estabelece que o tombamento de bens de entes federativos se faz de ofício e mediante notificação do ente público envolvido. O tombamento pode ser realizado por quaisquer dos entes e não existe a hierarquia verticalizada prevista para as desapropriações. Deveras, no Agravo Regimental na Ação Civil Originária 1.208 MS, de relatoria do Ministro Gilmar Mendes, restou claro o entendimento da Corte no sentido de que o princípio da hierarquia verticalizada prevista no Decreto-Lei 3.365/1941 não se aplica ao tombamento, tanto porque não existe qualquer previsão expressa estabelecendo a hierarquização do tombamento, como pelo fato de que o tombamento não implica em transferência da propriedade, de modo que inexistente a limitação constante no art. 1º, § 2º do DL 3.365/1941. **Gabarito "B".**

9. RESPONSABILIDADE DO ESTADO

9.1. MODALIDADES DE RESPONSABILIDADE (OBJETIVA E SUBJETIVA). REQUISITOS DA RESPONSABILIDADE OBJETIVA

(Defensor Público/RO – 2017 – VUNESP) Um cidadão, juridicamente necessitado, procura a Defensoria Pública solicitando que fosse deduzida pretensão em face do Estado de Rondônia, pleiteando indenização pela morte do filho, ocasionada por policial militar durante uma reintegração de posse. Ao atendê-lo, seria correto responder-lhe que

(A) a ação pode ser ajuizada e a chance de êxito é plena, pois nosso ordenamento jurídico adotou a teoria do risco integral, devendo o Estado de Rondônia ser responsabilizado, bastando a comprovação do dano e sua extensão.
(B) o sucesso da demanda dependerá da demonstração do dano, da existência de nexo deste com a ação policial e da inexistência da prática de ato, pela vítima, que legitimasse referida ação.
(C) como defensor público, não pode ajuizar ação contra pessoa jurídica de direito público.
(D) precisaria da identificação do policial militar, pois a ação deve ser ajuizada em face dele e da Fazenda Pública do Estado de Rondônia, sob pena de extinção.
(E) a ação deve ser ajuizada em face do policial militar, independentemente da demonstração de culpa, desde

que seja possível identificá-lo e provar que foi o autor dos danos.

Pela teoria da responsabilidade objetiva adotada no Brasil, conhecida como teoria do Risco Administrativo, o Estado responderá desde que configurada: 1- a ação ou omissão e o nexo causal com o dano sofrido; 2- a inexistência de qualquer causa excludente da responsabilidade estatal, quais sejam: a culpa exclusiva da vítima ou de terceiro e o caso fortuito ou de força maior. No caso em tela, a assertiva "a" está errada na medida em que não adotamos a teoria do risco integral. A ação deve ser interposta em face da pessoa jurídica com fundamento na responsabilidade objetiva, ou em face do policial, mas aí com fundamento em uma responsabilidade do tipo subjetiva, dependendo da comprovação de seu dolo ou culpa. A "b" está correta justamente porque assume a teoria do risco administrativo com as excludentes cabíveis e já explicitadas. A "c" não faz nenhum sentido, visto que não existe qualquer vedação legal à atuação do defensor público nesse sentido. A "d" e a "e" estão incorretas, pois a ação não é subjetiva em face da pessoa do policial militar, mas ação de responsabilidade objetiva civil do Estado baseada na teoria do risco administrativo. É fato que, caso queira, a ação pode ser intentada em face unicamente do policial militar, mas aí há necessariamente a necessidade de demonstração de sua culpabilidade. FB

Gabarito "B".

(Procurador do Estado/SP – 2018 – VUNESP) Empresa de ônibus permissionária de serviço público de transporte coletivo intermunicipal de passageiros envolveu-se em acidente de trânsito em rodovia estadual explorada por concessionária, tendo um de seus veículos, durante a prestação do serviço de transporte, colidido com automóvel particular, provocando danos materiais e o falecimento de um dos ocupantes do carro. De acordo com a jurisprudência do Supremo Tribunal Federal,

(A) a concessionária de rodovia estadual será objetivamente responsabilizada pelos danos provocados em razão do acidente, em decorrência da aplicação da teoria da faute du service.
(B) o Estado titular dos serviços públicos de transporte coletivo de passageiros e da rodovia em que ocorrido o acidente será objetivamente responsável pelos danos causados, ainda que se comprove culpa concorrente da vítima que conduzia o automóvel particular.
(C) a permissionária do serviço público de transporte coletivo de passageiros poderá ser responsabilizada pelos danos provocados em razão do acidente, desde que comprovada ocorrência de dolo ou culpa do motorista do veículo coletivo, porque as vítimas não são usuárias do serviço público por ela prestado.
(D) a concessionária de rodovia estadual será objetivamente responsabilizada pelos danos provocados pelo acidente, em decorrência da aplicação da teoria do risco administrativo.
(E) a permissionária do serviço público de transporte coletivo de passageiros poderá ser objetivamente responsabilizada pelos danos provocados em razão do acidente, ainda que as vítimas não sejam usuárias do serviço por ela prestado.

Em repercussão geral foi reconhecida a responsabilidade objetiva das concessionárias pelos danos causados a terceiros não usuários. Eis o julgado que consolidou esse entendimento: EMENTA: CONSTITUCIONAL. RESPONSABILIDADE DO ESTADO. ART. 37, § 6º, DA CONSTITUIÇÃO. PESSOAS JURÍDICAS DE DIREITO PRIVADO PRESTADORAS DE SERVIÇO PÚBLICO. CONCESSIONÁRIO OU PERMISSIONÁRIO DO SERVIÇO DE TRANSPORTE COLETIVO. RESPONSABILIDADE OBJETIVA EM RELAÇÃO A TERCEIROS NÃO-USUÁRIOS DO SERVIÇO. RECURSO DESPROVIDO. I – A responsabilidade civil das pessoas jurídicas de direito privado prestadoras de serviço público é objetiva relativamente a terceiros usuários *e não usuários do serviço*, segundo decorre do art. 37, § 6º, da Constituição Federal. II – A inequívoca presença do nexo de causalidade entre o ato administrativo e o dano causado ao terceiro não-usuário do serviço público, é condição suficiente para estabelecer a responsabilidade objetiva da pessoa jurídica de direito privado. III – Recurso extraordinário desprovido **(RE 591874 / MS, Relator: Min. Ricardo Lewandowski, j. 26-08-2009, Tribunal Pleno).** FB

Gabarito "E".

(Procurador – IPSMI/SP – VUNESP – 2016) A respeito da responsabilidade civil do Estado, é correto afirmar que

(A) a responsabilidade civil das concessionárias por danos causados a terceiros na execução de serviços públicos é subjetiva, ante a inexistência de relação contratual entre as partes.
(B) a prescrição da pretensão de responsabilidade civil por danos extracontratuais em face do Estado prescreve no prazo de 3 (três) anos, conforme entendimento consolidado pelo Superior Tribunal de Justiça.
(C) são pressupostos para a responsabilização extracontratual do Estado a existência de conduta culposa ou dolosa de agente público, dano e nexo causal.
(D) a responsabilidade civil objetiva para o Estado, prevista na Constituição Federal, aplica-se indistintamente às suas relações contratuais e extracontratuais.
(E) são causas excludentes do nexo de causalidade o fato exclusivo da vítima, o fato de terceiro e o caso fortuito e força maior.

A: Incorreta. As concessionárias possuem relação contratual com o Poder Público (contrato de concessão) e a responsabilidade que assume em relação aos serviços que prestam é objetiva (art. 37, § 6º, CF e art. 25, da Lei 8.987/1995). **B:** Incorreta. O prazo de prescrição dessas ações é de 5 anos, conforme Decreto-lei 20.910/1932. **C.** Incorreta. Como a regra é a responsabilidade objetiva do Estado (art. 37, § 6º, CF), os requisitos para a sua incidência são: conduta, resultado e nexo causal, independentemente do elemento subjetivo (dolo ou culpa). **D:** Incorreta. A responsabilidade objetiva só se aplica às relações jurídicas extracontratuais, sendo que há casos em que há responsabilidade subjetiva prevista em contrato. **E:** Correta. Realmente, as causas excludentes de responsabilidade objetiva do Estado são: caso fortuito, força maior, culpa exclusiva da vítima ou de terceiro.

Gabarito "E".

(Procurador Municipal – Sertãozinho/SP – VUNESP – 2016) Indivíduo adquire veículo caminhão de particular e efetua normalmente o devido registro junto ao Departamento Estadual de Trânsito de São Paulo – DETRAN-SP. Quinze dias após a aquisição, ao trafegar em rodovia, ao ser parado para fiscalização, verifica-se que o veículo caminhão havia sido furtado um mês antes da aquisição e, por consequência, o bem é apreendido. O indivíduo ajuíza ação de indenização contra o Estado de São Paulo.

Considerando a forma como a responsabilidade civil do Estado é prevista no ordenamento pátrio, é correto afirmar que a ação do indivíduo deve ser julgada

(A) improcedente, pois embora tenha havido falha no registro estatal que não continha a informação sobre o furto, não há nexo de causalidade entre o ato perpetrado pelo órgão estadual e os danos experimentados pelo autor.

(B) procedente, pois a responsabilidade civil do Estado é objetiva, sendo assim, o Estado é civilmente responsável pelos danos que seus agentes, nessa qualidade, venham a causar a terceiros.
(C) parcialmente procedente, pois a culpa é concorrente, do Estado, que não manteve os devidos registros, e do indivíduo que adquiriu o veículo sem tomar as devidas cautelas quanto à verificação da origem do veículo.
(D) improcedente, pois a responsabilidade civil do Estado na Constituição Federal de 1988 é subjetiva, tendo como pressupostos que a conduta praticada seja contrária ao direito e haja inobservância de dever legal.
(E) procedente, pois resta demonstrada a culpa, na modalidade omissiva, do Estado, ao deixar de manter os cadastros devidamente atualizados, com a informação de que o veículo havia sido furtado.

A: Correta. Na verdade, essa questão não contém os dados suficientes para a resposta, porque não se sabe se o comprador do veículo tomou as cautelas necessárias no ato da compra, como a vistoria prévia, verificação de documentos etc., além de não ser possível inferir as condições do veículo. Há jurisprudência do STJ (abaixo relacionada) no sentido de ser improcedente a demanda por ausência de comprovação do nexo causal entre o dano e a ação ou omissão estatal, mas nada impede de ser, ao menos, reconhecida a responsabilidade parcial, como determina a alternativa B. "Administrativo. Recurso especial. Provimento. Vistoria de veículo. Regularidade. Posterior verificação de irregularidade. Responsabilidade objetiva do estado. Ausência de nexo de causalidade. 1. O Estado não pode ser responsabilizado por ato criminoso de terceiros ou pela culpa do adquirente de veículo de procedência duvidosa, se a Administração não concorreu com ação ou omissão para a prática do ato ilícito, não respondendo pelos danos deste decorrentes. 2. A regularidade da situação de veículo, atestada em vistoria do órgão de trânsito, não é suficiente para firmar a responsabilidade objetiva do Estado, quando se tratar de veículo furtado, posteriormente apreendido. É irrelevante se a tradição ocorreu antes ou depois da vistoria. 3. Agravo regimental não provido. AgRg no REsp 1299803 / RS Agravo Regimental no Recurso Especial 2012/0003157-0. Processual civil. Administrativo. Agravo regimental no agravo em recurso especial. Argumentos insuficientes para desconstituir a decisão atacada. Venda de veículo com chassi adulterado. Responsabilidade civil do departamento de trânsito que não verificou a adulteração quando da aprovação do decalque. Acórdão recorrido contrário à jurisprudência firmada nesta corte. Recurso improvido. I – É pacífico o entendimento no Superior Tribunal de Justiça segundo o qual, nos casos em que o Departamento de Trânsito – Detran efetuou o registro do veículo e posteriormente constatou-se a ocorrência de adulteração do chassi, deve-se afastar a responsabilidade civil objetiva decorrente da apreensão e perda do bem, ante a inexistência de nexo de causalidade entre a conduta estatal e o ato ilícito praticado por terceiro. II – No caso, o Tribunal de origem entendeu pela configuração da responsabilidade do Detran. III – O recurso especial merece prosperar quando o acórdão recorrido encontra-se em confronto com a jurisprudência dessa Corte. IV – A Agravante não apresenta, no regimental, argumentos suficientes para desconstituir a decisão agravada. V – Agravo Regimental improvido. AgRg no AREsp 424218 / MS Agravo Regimental No Agravo Em Recurso Especial 2013/0367723-6. **B:** Incorreta. Como explicado acima, há ausência de comprovação de nexo causal entre a Ação e o resultado, por isso estaria incorreta essa questão. Os requisitos para a incidência da responsabilidade objetiva do Estado são: Ação ou omissão estatal, o dano e o nexo causal entre a Ação e o dano. Ausente um desses, a responsabilidade não incide, portanto. **C:** Incorreta. Como o enunciado não oferece elementos para sabermos se houve negligência da vítima, não é possível concluir pela sua culpa concorrente. **D:** Incorreta. A Constituição Federal, art. 37, § 6°, adotou a teoria da Responsabilidade Objetiva do Estado,

e não subjetiva, que é adotada em nosso ordenamento jurídico em leis infraconstitucionais, como o próprio Código Civil (art. 926). **E:** Incorreta. O examinador entendeu que não há elementos suficientes para saber se houve alguma adulteração do veículo que pudesse levar o Estado a conceder o registro, por isso a responsabilidade continua sendo objetiva, sem necessidade de comprovação de culpa do Estado e sem a incidência de excludentes de responsabilidade civil, portanto.
Gabarito "A".

(Juiz – TJ/RJ – VUNESP – 2016) Considere a seguinte situação hipotética. Integrantes de movimento popular invadiram imóvel rural pertencente à empresa X, localizada no Município São Fidélis, Estado do Rio de Janeiro. Os integrantes do movimento permaneceram no local, embora a empresa X tenha tomado todas as providências judiciais cabíveis a fim de obter a reintegração de posse, até mesmo com pedido de intervenção federal deferido pelo Tribunal de Justiça do Estado do Rio de Janeiro, em virtude do descumprimento, por parte da Polícia Militar Estadual, de requisição de força policial, judicialmente determinada. Decide a Empresa X ajuizar ação de indenização em face do Estado do Rio de Janeiro.

A respeito deste caso, é correto afirmar que

(A) cabe o julgamento pela procedência da demanda da Empresa X, em razão da adoção da teoria do risco integral no ordenamento jurídico brasileiro, sendo dispensável o estabelecimento de liame entre a conduta do Poder Público e o resultado danoso causado.
(B) é possível julgar a ação procedente, com a condenação do Estado do Rio de Janeiro, pela atual adoção da teoria do risco social, segundo a qual o foco da responsabilidade civil é a vítima, e não o autor do dano, de modo que a reparação estaria a cargo de toda a coletividade, dando ensejo ao que se denomina de socialização dos riscos.
(C) é necessário que seja decretada a improcedência da demanda, pois o Estado-Membro, no caso, o Rio de Janeiro, não pode ser responsabilizado pela ausência de força policial para reintegração, já que o ato antecedente, de realizar a reforma agrária, era de competência da União.
(D) a ação indenizatória poderá ser julgada procedente para imputar ao Estado a responsabilidade pelos danos causados pela ação coletiva de terceiros, desde que comprovada a omissão culposa do Poder Público, como ocorreu no caso em tela.
(E) não poderá ser julgada procedente a ação proposta pela Empresa X, tendo em vista que desde a Constituição de 1946, o Brasil adota a teoria do risco administrativo, cabendo indenização por danos aos quais os agentes públicos tiverem dado causa por ação dolosa.

A: Incorreta, nosso ordenamento jurídico adotou a Teoria do Risco Administrativo, e não a do Risco Integral no que diz respeito à responsabilidade civil do Estado. **B:** Incorreta. O risco social não é considerado um risco específico para gerar o dever do Estado Indenizar. **C:** Incorreta. O Estado foi omisso em pacificar a demanda, não havendo que se discutir a competência para desapropriação, portanto. **D:** Correta. Na verdade, hoje temos entendimento do STF de que tanto a Ação quanto a Omissão do Poder Público deve ser hipótese de responsabilidade objetiva (Não cabe ao intérprete estabelecer distinções onde o texto constitucional não o fez. Se a CF/1988 previu a responsabilidade objetiva do Estado, não pode o intérprete dizer que essa regra não vale para os casos de

omissão. Dessa forma, a responsabilidade objetiva do Estado engloba tanto os atos comissivos como os omissivos, desde que demonstrado o nexo causal entre o dano e a omissão específica do Poder Público. (...) A jurisprudência da Corte firmou-se no sentido de que as pessoas jurídicas de direito público respondem objetivamente pelos danos que causarem a terceiros, com fundamento no art. 37, § 6º, da Constituição Federal, tanto por atos comissivos quanto por atos omissivos, desde que demonstrado o nexo causal entre o dano e a omissão do Poder Público. (...) STF. 2ª Turma. ARE 897890 AgR, Rel. Min. Dias Toffoli, julgado em 22/09/2015. No mesmo sentido: STF. 2ª Turma. RE 677283 AgR, Rel. Min. Gilmar Mendes, julgado em 17/04/2012). No entanto, a doutrina dominante ainda diferencia a omissão, como sendo hipótese de responsabilidade subjetiva, com culpa e a Ação, como sendo hipótese de responsabilidade objetiva, razão pela qual a assertiva está correta.
E: Incorreta. Realmente, nosso ordenamento jurídico adota a Teoria do Risco Administrativo, sendo admitidas as excludentes de responsabilidade civil, mas independentemente da comprovação de dolo ou culpa.
Gabarito "D".

(Juiz de Direito – TJM/SP – VUNESP – 2016) A respeito da responsabilidade civil da Administração, é possível afirmar que

(A) os órgãos e entidades públicas respondem diretamente pelos danos causados em decorrência da divulgação não autorizada ou utilização indevida de informações sigilosas ou informações pessoais, cabendo a apuração de responsabilidade funcional nos casos de dolo ou culpa.
(B) em caso de morte de torcedor em briga de torcidas, dentro do estádio de futebol, haverá o dever de indenizar, ainda que demonstrada a culpa exclusiva da vítima.
(C) por ser objetiva a responsabilidade do Estado, deve este responder pelos danos causados por policial militar que, em dia de folga, atropela pedestre com seu veículo, pois o agente público não se despe dessa qualidade em função do regime de trabalho policial.
(D) o Estado tem o dever de indenizar a família de trabalhador assassinado na rua por um assaltante, em virtude de falha na prestação do serviço de segurança pública, que é individualmente assegurado aos cidadãos.
(E) em caso de cumprimento de mandado de reintegração de posse, quando foram utilizados os meios necessários à execução da ordem, haverá responsabilidade em relação aos danos causados pelos esbulhadores à propriedade privada, pois é objetiva a responsabilidade da Administração.

A: Correta. O art. 34, da Lei de Acesso à Informação (Lei 12.257/2011) dispõe exatamente da forma como consta da assertiva A, havendo responsabilidade civil dos órgãos e entidades públicas que causarem danos em decorrência da divulgação não autorizada de informações sigilosas ou pessoais. **B:** Incorreta. Os arts. 3º e 14 da Lei 10.671/2003 (Estatuto do Torcedor) determinam ser hipótese de responsabilidade decorrente da relação de consumo, do Estádio, e não, de responsabilidade Estatal fundamentada no art. 37, § 6º, CF. **C:** Incorreta. Em dia de folga o miliar não responde como agente público. Isso só acontece se estiver exercendo sua função ou se estiver agindo em atividade relacionada ao exercício funcional. **D:** Incorreta. O erro dessa assertiva está na afirmação de que o serviço de segurança pública é individualmente assegurado ao cidadão, eis que se trata de serviço geral, "uti universi". **E:** Incorreta. Temos caso de responsabilidade subjetiva, que deverá ser apurada na relação individual, entre o esbulhado e o Poder Público.
Gabarito "A".

(Magistratura/SP – VUNESP – 2013) A atuação do Estado, no exercício do poder de polícia, provocando danos na coisa, com objetivo de remover perigo iminente, sem que o dono da coisa seja culpado do perigo,

(A) constitui ato lícito. Portanto, não enseja a responsabilidade civil do Estado.
(B) constitui ato lícito. Portanto, o dono da coisa deverá suportar o prejuízo.
(C) constitui ato lícito. Entretanto, o ato enseja a responsabilidade civil do Estado para reparar o dano causado.
(D) constitui estado de necessidade, não susceptível de indenização pelo Estado.

Apesar de ser um ato lícito o praticado pelo Estado no caso, já que este está acobertado pelo estado de necessidade, o dono da coisa não tem culpa alguma pelo perigo, não podendo, assim, ficar indene, seja pelo disposto no art. 37, § 6º, da CF (responsabilidade objetiva do Estado), seja pelo disposto no art. 188, II, c/c o art. 929, ambos do CC. Assim, a alternativa "c", única que assevera que o Estado deverá indenizar, é a alternativa correta.
Gabarito "C".

(Ministério Público/ES – VUNESP – 2013) Considerando a responsabilidade objetiva do Estado prevista no art. 37, § 6º da Constituição Federal, assinale a alternativa correta.

(A) É aplicável aos casos de danos causados pela ação ou omissão do Estado, em responsabilidade extracontratual.
(B) Atinge os atos praticados pelo agente público dentro e fora do exercício de suas funções.
(C) É atenuada pela ocorrência de caso fortuito, força maior, ou se caracterizada culpa exclusiva da vítima.
(D) As pessoas jurídicas de direito público responderão pelos danos que seus agentes, nessa qualidade, causarem a terceiros, assegurado o direito de regresso contra o responsável nos casos de dolo ou culpa.
(E) Não se aplica às pessoas jurídicas de direito privado prestadoras de serviços públicos, como fundações governamentais de direito privado.

A: incorreta, pois esse dispositivo constitucional diz respeito à responsabilidade do Estado por condutas comissivas (ação), responsabilidade essa que é objetiva; a responsabilidade por condutas omissivas decorre de outras normas do sistema jurídico; **B:** incorreta, pois só atinge os atos praticados pelos agentes públicos, nessa qualidade (de agente público), nos termos do próprio texto do art. 37, § 6º, da CF; **C:** incorreta, pois esses casos "excluem" a responsabilidade estatal, e não "atenuam" tal responsabilidade; **D:** correta, pois traz o próprio texto do art. 37, §. 6º, da CF; **E:** incorreta, pois se aplica às pessoas jurídicas de direito privado prestadoras de serviço público (art. 37, § 6º, da CF), seja elas concessionárias de serviço público estatais (como empresas públicas e sociedades de economia mista) ou não estatais (como as concessionárias privadas de telefonia, energia, transporte coletivo etc.).
Gabarito "D".

10. LICITAÇÃO

ATENÇÃO! a NOVA LEI DE LICITAÇÕES E CONTRATOS ADMINISTRATIVOS

Em 1º de abril de 2021 foi editada a Lei 14.133, que representa a nova lei de licitações e contratos administrativos.

Importante esclarecer que a Lei 8.666/93 não foi imediatamente revogada pelo novo regime. Nos termos do art. 193, inc. II, da Lei 14.133, a antiga norma vigorará por 2 anos, com revogação prevista para abril de 2023. Os únicos dispositivos da Lei 8.666/93 que foram imediatamente revogados foram os arts. 89 a 108, que disciplinavam os crimes relacionados às licitações e aos contratos públicos.

Nesse sentido, atualmente convivem os regimes tanto da Lei 14.133/21 quanto da Lei 8.666/93. Até a revogação desta última, a Administração poderá optar por licitar ou contratar diretamente de acordo uma delas. A opção escolhida deverá ser indicada expressamente, vedada a aplicação combinada dos diplomas normativos (art. 191 da Lei 14.133/21).

O mesmo raciocínio se aplica para as Leis 10.520/02 (Pregão) e 12.462/11 (Regime Diferenciado de Contratações Públicas).

Desse modo, permanecem atuais os comentários abaixo envolvendo a Lei 8.666/93, a Lei 10.520/02 e a Lei 12.462/11.

10.1. CONCEITO, OBJETIVOS E PRINCÍPIOS

(Escrevente Técnico – TJM/SP – VUNESP – 2017) Considerando a Lei 8.666/1993, que regula as licitações, as compras, sempre que possível,

(A) poderão ser feitas sem licitação.
(B) deverão ser processadas através de sistema de registro de preços.
(C) deverão ser adquiridas por meio de leilão.
(D) poderão ser adquiridas por meio de doação.
(E) deverão ser precedidas de autorização legislativa.

A: Incorreta. As compras devem ser licitadas, exceto nas hipóteses de dispensa ou inexigibilidade de licitação, sendo apenas possível a realização do Registro de Preços, antecedido de licitação, para agilizar o processo de compra, ainda mais quando periódica. **B:** Correta. Trata-se do disposto no art. 15, II, da Lei 8.666/1993, que expressa o explicado na assertiva anterior, ou seja, sabendo-se que a licitação só pode ser afastada nos casos previstos em lei, como de dispensa e inexigibilidade, uma maneira de aumentar a eficiência e agilidade no processo de compra de bens pelo Poder Público foi o de realizar um Registro de Preços, após concorrência pública (licitação na modalidade concorrência), conforme disposto no art. 15, § 3º, I, da Lei 8.666/1993, deixando registrados os melhores preços por um 1 ano, sem que isso inviabilize a realização do processo licitatório, se necessário. **C:** Incorreta. O Leilão é modalidade prevista como prioridade para a venda de bens imóveis adquiridos por DAÇÃO em pagamento e sentença judicial (art. 19, III, da Lei 8.666/1993). **D:** Incorreta. A doação de bens ao Poder Público não é uma finalidade na sua compra, sendo bem-vinda, logicamente, mas o enunciado busca o que a Lei de Licitações dispõe sobre as compras, sempre que possível, sendo a resposta constante do art. 15 da Lei 8.666/1993. **E:** O art. 15, § 3º, da Lei 8666/1993 dispõe que as compras, devem ser feitas, preferencialmente, pelo sistema de Registro de Preços, que por sua vez, é regulado por meio de um Decreto. Portanto, não há necessidade de prévia autorização legislativa, como no caso de alienação (art. 19, da Lei 8.666/1993).
Gabarito "B".

(Procurador – IPSMI/SP – VUNESP – 2016) Sobre as licitações públicas, é correto afirmar que

(A) as compras, sempre que possível, deverão ser subdivididas em tantas parcelas quantas necessárias para aproveitar as peculiaridades do mercado. Dessa forma, a divisibilidade do objeto deverá ser considerada para definir o objeto do futuro contrato, podendo acarretar a dispensa ou inexigibilidade da licitação.

(B) a licitação dispensada possui como características ter as suas hipóteses de realização previstas em rol não exaustivo, em semelhança ao que ocorre com as hipóteses de inexigibilidade de licitação.
(C) podem participar da tomada de preços os interessados devidamente cadastrados ou que atenderem a todas as condições exigidas para o cadastramento até o quinto dia anterior à data do recebimento das propostas, observada a necessária qualificação.
(D) segundo a Lei 8.666/1993, não poderá participar, direta ou indiretamente, da licitação ou da execução de obra ou serviço e do fornecimento de bens a eles necessários o autor do projeto, básico ou executivo, pessoa física ou jurídica.
(E) a legislação contempla a possibilidade de realização de contratação direta no caso de licitação deserta, que se caracteriza quando existem licitantes presentes no certame, mas todos são inabilitados ou desclassificados.

A: Incorreta. O art. 8º, da Lei 8.666/1993 dispõe que: "A execução das obras e dos serviços deve programar-se, sempre, em sua totalidade, previstos seus custos atual e final e considerados os prazos de sua execução". **B:** Incorreta. O rol das hipóteses de licitação dispensada é taxativo, sendo esse o erro da assertiva. **C:** Incorreta. Não podem participar da licitação o autor do projeto básico ou executivo, pessoa física ou jurídica (art. 9º, I, da Lei 8.666/1993); **D:** Correta. Trata-se do oposto da alternativa C, sendo correta, portanto (art. 9º, I, da Lei 8.666/1993). **E:** Incorreta. A licitação deserta é caso de dispensa de licitação disposta no art. 24, V, da Lei 8.666/1993, mas ocorre quando não há interessados e o procedimento não pode ser novamente realizado sem prejuízo do interesse público, não sendo hipótese de inabilitação ou desclassificação dos licitantes, portanto.
Gabarito "D".

(Procurador – SP – VUNESP – 2015) A Administração não pode descumprir as normas e condições previstas no edital de uma licitação, estando estritamente vinculada a ele. Essa afirmação corresponde a um dos princípios que regem as licitações, a saber, o princípio

(A) da vinculação ao instrumento convocatório.
(B) do julgamento objetivo.
(C) da adjudicação compulsória.
(D) da impessoalidade.
(E) da legalidade.

A: Correta. Trata-se do princípio da vinculação ao instrumento convocatório, disposto no art. 3º, da Lei 8.666/1993, que determina que o edital é "a lei" do certame, nele estão todas as regras a serem seguidas pelos licitantes e Poder Público, sendo indispensável o seu cumprimento, portanto. **B:** Incorreta. O julgamento objetivo determina que o Poder Público deve ter como princípio um julgamento impessoal, baseado nos critérios adotados para a contração efetiva do objeto licitável (do bem ou obra ou serviço contratados). **C:** Incorreta. O princípio da adjudicação compulsória determina a adjudicação do objeto da licitação ao vencedor do certame, não se relacionando, portanto, ao enunciado. **D:** Incorreta. O princípio da impessoalidade está relacionado ao enunciado, mas de forma indireta, eis que o edital deve ser cumprido para que se assegure a impessoalidade. Não deve ser escolhido, porque há um princípio mais específico ao caso, que é o da vinculação ao instrumento convocatório.
Gabarito "A".

(Juiz – TJ/SP – VUNESP – 2015) Sobre o dever constitucional da Administração Pública realizar licitação para contratar obras, serviços, compras e alienações, bem como para delegar a prestação de serviços públicos por meio de concessão ou permissão, é correto afirmar que

(A) respeitadas as modalidades de licitação previstas na lei geral editada pelo Congresso Nacional, Estados e Municípios podem estabelecer modalidades licitatórias adicionais para a Administração Pública no seu âmbito federativo.
(B) a licitação se presta a assegurar à Administração a obtenção da proposta economicamente mais barata e a garantir condições e oportunidades idênticas a todos os particulares interessados.
(C) a Constituição prevê a existência de uma única lei contendo normas gerais para todos os entes e órgãos públicos de qualquer ente da Federação.
(D) é possível que a licitação seja utilizada para a consecução de pautas de políticas públicas que conflitem com os princípios da economicidade e da isonomia.

A: Incorreta. Não é possível aos Estados e Municípios preverem outras modalidades de licitação, eis que se trata de competência privativa da União (art. 22, XXVII, CF). **B:** Incorreta. A licitação visa garantir a proposta mais vantajosa, e não necessariamente, a mais barata ao Poder Público (art. 3º, da Lei 8.666/1993) **C:** Incorreta. A Constituição Federal não prevê uma única Lei para veicular a matéria (art. 37, XXI, CF). **D:** Correta. Infelizmente, a licitação pode ser mal utilizada, pois antes de realizada, passa por uma decisão política na escolha do seu objeto (o serviço, a obra, a política pública a ser realizada). Gabarito "D".

10.2. CONTRATAÇÃO DIRETA (LICITAÇÃO DISPENSADA, DISPENSA DE LICITAÇÃO E INEXIGIBILIDADE DE LICITAÇÃO)

(Juiz de Direito – TJ/RJ – 2019 – VUNESP) Os contratos com terceiros destinados à prestação de serviços às autarquias, agências executivas, empresas públicas e sociedades de economia mista, inclusive de engenharia e de publicidade, à aquisição e à locação de bens serão, em regra, precedidos de licitação. Excepcionalmente, a contratação poderá se dar de forma direta

(A) para serviços e compras em geral, de valor até R$ 50.000,00 (cinquenta mil reais) e para alienações, desde que não se refiram a parcelas de um mesmo serviço, compra ou alienação de maior vulto que possa ser realizado de uma só vez.
(B) nos casos em que a escolha do parceiro esteja associada a suas características peculiares, vinculada a oportunidades de negócio definidas e específicas, justificada a inviabilidade de procedimento competitivo.
(C) para serviços técnicos especializados, com profissionais ou empresas de notória especialização, inclusive para serviços de publicidade e divulgação ou aqueles prestados por intermédio de agência de propaganda.
(D) para a compra ou locação de imóvel destinado ao atendimento de suas finalidades precípuas, quando as necessidades de instalação e localização condicionarem a escolha do imóvel, desde que o preço seja compatível com o valor de mercado, segundo avaliação prévia.
(E) nos casos de obras e serviços de engenharia de valor até R$ 100.000,00 (cem mil reais), desde que não se refiram a parcelas de uma mesma obra ou serviço ou ainda a obras e serviços de mesma natureza e no mesmo local que possam ser realizadas conjunta e concomitantemente.

A questão explora as hipóteses de contratação direta previstas na Lei 8.666/93. **A**: incorreta (a hipótese prevista no art. 24, inc. II, da Lei 8.666/1993 estabelece, para fins de dispensa de licitação por pequeno valor, o montante de até R$ 8.000,00, atualizada em 2018 para R$ 17.600,00; consigne-se que a alternativa trata de hipótese prevista no art. 29, inc. II, do Estatuto das Empresas Estatais-Lei 13.303/2016); **B**: incorreta (esta hipótese não está prevista na Lei 8.666/93 e sim no Estatuto das Empresas Estatais, cf. 28, § 3º, inc. II); **C**: incorreta (é vedada a inexigibilidade para serviços de publicidade, cf. art. 25, inc. II, da Lei 8.666/93); **D**: correta (cf. art. 24, inc. X, da Lei 8.666/93); **E**: incorreta (a hipótese prevista no art. 24, inc. I, da Lei 8.666/1993 estabelece, para fins de dispensa de licitação por pequeno valor, o montante de até R$ 15.000,00, atualizada em 2018 para R$ 33.000,00; consigne-se que a alternativa trata de hipótese prevista no art. 29, inc. I, do Estatuto das Empresas Estatais). Gabarito "D".

(Juiz de Direito – TJ/RS – 2018 – VUNESP) Um determinado ente da federação, na execução de sua política para o agronegócio, pretende contratar pessoa jurídica que exerce atividade de pesquisa, de reconhecida capacidade tecnológica no setor, com vistas ao desenvolvimento de produto hábil a controlar de forma imediata, eficiente e sustentável (não poluente), pragas que estão atacando as plantações de uma determinada espécie frutífera típica daquela localidade. O valor estimado da contratação é de R$ 55.000.000,00 (cinquenta e cinco milhões de reais). Considerando que os padrões de desempenho e qualidade da contratação envolvem especificações não usuais no mercado, bem como que a pesquisa de preços realizada não localizou a existência de solução similar, essa contratação

(A) poderá se dar de forma direta somente se a pessoa jurídica contratada for fundação que, regimental ou estatutariamente, tenha por finalidade apoiar órgão da Administração Pública direta e indireta, nos termos da lei
(B) poderá se dar de forma direta, mediante dispensa de licitação, desde que o objeto da contratação, segundo critérios técnicos constantes do processo administrativo correlato, caracterize produto para pesquisa e desenvolvimento, nos termos da lei.
(C) deverá ser precedida de audiência pública e subsequente licitação, na modalidade concorrência, nos termos da lei.
(D) deverá ser precedida de licitação, na modalidade pregão.
(E) deverá ser precedida de concurso para seleção do melhor projeto.

A alternativa B trata de hipótese de dispensa de licitação prevista no art. 24, XXI da Lei 8.666/1993, relativa à contratação para a aquisição ou contratação de produto para pesquisa e desenvolvimento. Note que a assertiva expressamente fala que o objeto a ser contratado não é usual no mercado (o que torna impraticável o pregão) e a realização de concurso ou da concorrência é dispensada pela existência da previsão legal acima mencionada. Gabarito "B".

(Procurador Municipal/SP – VUNESP – 2016) A Prefeitura Municipal de Rosana pretende contratar artistas para a realização de um espetáculo no aniversário da cidade. Para realizar tal contratação, os agentes públicos responsáveis pela organização do show

(A) devem realizar a licitação, pelo princípio da obrigatoriedade da licitação, que impõe que todos façam realizar o procedimento antes de contratarem obras e serviços, não estando a contratação de artistas dentre as hipóteses que não se compatibilizam com o rito do processo licitatório.
(B) podem realizar a contratação direta, por caracterizar-se pela circunstância de que, em tese, poderia o procedimento ser realizado, mas que, pela particularidade do caso, decidiu o legislador não torná-lo obrigatório em relação aos artistas.
(C) devem realizar a licitação, pela modalidade de pregão, já que os serviços artísticos são comuns, com exceção daqueles serviços prestados por artistas que possuam notória fama nacional, para os quais a licitação é dispensada.
(D) podem realizar a contratação direta, por dispensa de licitação, por previsão expressa da Lei Federal 8.666/1993, que considera que a arte é personalíssima, não se podendo sujeitar a fatores objetivos de avaliação, requisito dos procedimentos licitatórios.
(E) podem realizar a contratação direta, por inexigibilidade de licitação, por previsão expressa da Lei Federal 8.666/1993, que impõe apenas como requisito que o artista contratado seja consagrado pela crítica ou pelo público.

A: Incorreta. No caso, temos a incidência do art. 25, III, da Lei 8.666/1993, que é hipótese de licitação inexigível. **B:** Incorreta. Quando há previsão para a inexigibilidade de licitação o administrador não tem a opção em não realizar o certame, como seria no caso de licitação dispensável, em que há essa discricionariedade. Embora as hipóteses de inexigibilidades não sejam taxativas, quando configuradas, devem ser aplicadas. **C:** Incorreta. Trata-se de licitação inexigível. **D:** Incorreta. Não é caso de dispensa, e sim, de inexigibilidade prevista no art. 25, III, da Lei 8.666/1993. **E:** Correta. Temos casos de contratação direta por aplicação do art. 25, III, da Lei 8.666/1993 (inexigibilidade de procedimento licitatório).
Gabarito "E".

(Procurador Municipal – Sertãozinho/SP – VUNESP – 2016) Considere a seguinte situação hipotética. A Prefeitura Municipal de Sertãozinho contrata diretamente, mediante dispensa de licitação, o Banco do Brasil para a prestação de serviços bancários, para explorar com exclusividade a folha de pagamento dos servidores públicos municipais. Tal conduta da municipalidade deve ser considerada, à luz dos preceitos do controle externo e interno da Administração,

(A) incorreta, pois o Banco do Brasil é empresa pública controlada pela União, sendo permitido pela Lei Federal 8.666/1993 que a dispensa seja apenas para contratação das pessoas jurídicas de direito privado vinculadas ao ente federativo contratante.
(B) correta, tendo em vista que a contratação de serviços bancários para a Municipalidade envolve alta complexidade tecnológica e dados bancários sigilosos, o que permite a dispensa de licitação.
(C) incorreta, porque a hipótese seria de inexigibilidade de licitação para a contratação de serviços técnicos enumerados na lei, de natureza singular, com profissionais ou empresas de notória especialização.
(D) correta, pois a dispensa da licitação pode ocorrer para a aquisição de serviços prestados por órgão ou entidade que integre a Administração Pública e que tenha sido criado para esse fim específico.
(E) incorreta, pois o objeto é passível de certame licitatório tendo em vista a possibilidade de competição, sendo consequência da contratação direta tirar da Administração a possibilidade da contratação na forma mais vantajosa.

A: Incorreta. Há outras hipóteses de dispensa de licitação, conforme disposto no art. 24, da Lei 8.666/1993, não sendo somente a contratação de pessoas jurídicas de direito privado vinculadas ao ente contratante. **B:** Incorreta. Esse é um serviço licitável, que não se encontra nas hipóteses taxativas dispostas no art. 24, da Lei 8.666/1993, ou seja, não pode ser dispensado. **C:** Incorreta. Também não temos hipótese de inexigibilidade, eis que não se trata de um serviço que exige notória especialização nem que seja fornecido por empresa ou empresário exclusivo. **D:** Incorreta. O Banco do Brasil não é empresa criada para esse fim específico de exploração de folha de pagamento de funcionários, por isso não se enquadra em hipótese de licitação dispensável. **E:** Correta. Não sendo hipótese de dispensa e inexigibilidade de licitação, a licitação é exigível e preserva os princípios da Administração Pública e da Lei 8.666/1993.
Gabarito "E".

(Delegado/SP – 2014 – VUNESP) Uma determinada empresa estatal veio a alienar imóvel público desafetado a entidade de serviço social autônomo e, para tanto, se valeu de hipótese legal de licitação dispensada prevista no art. 17, I, "e", da Lei 8.666/93 (venda a outro órgão ou entidade da administração pública, de qualquer esfera de governo). Partindo-se de tais pressupostos, é correto afirmar que essa venda é

(A) ilegal, pois a negociação não fora precedida por licitação na modalidade de leilão.
(B) ilegal, pois a negociação não fora precedida por licitação na modalidade tomada de preços.
(C) legal, porque os serviços sociais autônomos integram a Administração Pública indireta, fazendo jus à dispensa de licitação.
(D) ilegal, porque a hipótese de dispensa de licitação não se faz presente no caso.
(E) legal, porque havendo desafetação do patrimônio público, era permitido à estatal vendê-lo diretamente à entidade integrante do sistema "S" que presta serviço de interesse público.

A e B: incorretas, pois a regra é a utilização de concorrência (e não leilão) para a alienação de imóveis (art. 23, § 3º, da Lei 8.666/1993); **C e E:** incorretas, pois os serviços sociais autônomos não fazem parte da Administração Pública Indireta, tratando-se de pessoas jurídicas de direito privado não estatais, não incidindo a hipótese de dispensa de licitação mencionada; **D:** correta, pois como os serviços sociais autônomos não fazem parte da Administração Pública Indireta, tratando-se de pessoas jurídicas de direito privado não estatais, não incide a dispensa em questão.
Gabarito "D".

10.3. MODALIDADES DE LICITAÇÃO E REGISTRO DE PREÇOS

(Advogado – Pref. São Roque/SP – 2020 – VUNESP) A respeito do pregão, assinale a alternativa correta.

(A) A fase de recebimento de propostas antecederá a fase de habilitação.
(B) O julgamento do pregão será realizado por comissão de licitação, que será presidida por servidor público estável.

(C) A garantia de proposta, quando exigida, deverá ser fixada em 5% (cinco por cento) do valor estimado do contrato.
(D) O pregoeiro não poderá negociar diretamente com o licitante classificado em primeiro lugar para obter melhor preço.
(E) O pregão deverá ser utilizado para a realização de licitação que tenha como objeto a contratação de obras e serviços de engenharia.

A: correta (cf. estabelece o procedimento previsto no art. 4º da Lei 10.520/02); **B**: incorreta (o julgamento do pregão será realizado pelo pregoeiro, auxiliado por uma equipe de apoio, cf. art. 3º, inc. IV, da lei do pregão); **C**: incorreta (no pregão é vedada a exigência de garantia de proposta, cf. art. 5º, inc. I, da Lei 10.520/02); **D**: incorreta (o pregoeiro poderá negociar diretamente com o licitante classificado em primeiro lugar para obter melhor preço, cf. art. 4º, inc. XVII, da mesma lei); **E**: incorreta (o pregão é utilizado para a aquisição de bens e serviços comuns, e não de obras e serviços de engenharia). Gabarito "A".

(Juiz de Direito – TJM/SP – VUNESP – 2016) Em matéria de licitação, é correto afirmar:

(A) o Regime Diferenciado de Contratações Públicas (RDC) é aplicável à realização de qualquer obra, serviço ou ação de vulto elevado, bastando que a opção pelo RDC conste expressamente do instrumento convocatório, com a finalidade de afastar a aplicabilidade das regras da Lei 8.666/1993.
(B) a alienação de bens imóveis da Administração Pública dependerá sempre de autorização legislativa, avaliação e licitação na modalidade concorrência.
(C) para a realização de obras, prestação de serviços ou aquisição de bens com recursos provenientes de financiamento ou doação oriundos de agência oficial de cooperação estrangeira, poderão ser admitidas normas e procedimentos daquelas entidades que não conflitem com o princípio do julgamento objetivo.
(D) para aquisição de bens e serviços comuns, assim considerados aqueles cujos padrões de desempenho e qualidade possam ser objetivamente definidos pelo edital, por meio de especificações usuais no mercado, poderá ser adotada a licitação na modalidade de pregão, desde que o valor estimado não exceda o limite para a tomada de preços.
(E) o registro de preços é um sistema utilizado pelo Poder Público para aquisição de bens e serviços, em que os interessados concordam em manter os preços registrados pelo órgão gerenciador. A existência de preços registrados obriga a Administração a firmar as contratações que deles poderão advir, pelo prazo de um ano.

A: Incorreta. Há hipóteses restritivas em relação à possibilidade de adoção do Regime Diferenciado de Contratações Públicas (RDC), conforme previsto na Lei 12.462/2011, art. 1º. **B**: Incorreta. O art. 17, I, da Lei 8.666/1993 determina a necessidade de autorização legislativa somente para bens imóveis da Administração Direta, autarquias e fundações. **C**: Correta. Trata-se do disposto no art. 42, § 5º, da Lei 8.666/1993, quanto à concorrência de âmbito internacional, que prevê a possibilidade de utilização da Lei de Licitações juntamente com acordos e convenções aprovados pelo Congresso Nacional e normas de organismos financeiros. **D**: Incorreta. O Pregão independe de limite de preços, sendo importante o tipo do objeto, que é o comum, conforme disposto na Lei 10.520/2002. **E**: Incorreta. O Sistema de Registro de Preços não depende da concordância da vontade dos interessados e não obriga a Administração ao contratar com os preços registrados, conforme disposto no § 4º, art. 15, da Lei 8.666/1993. Gabarito "C".

(Procurador Municipal/SP – VUNESP – 2016) O Regime Diferenciado de Contratações Públicas (RDC), instituído pela Lei Federal 12.462/2011, poderia ser utilizado pela Prefeitura Municipal de Rosana para licitar

(A) obras e serviços de engenharia necessários à construção de uma Unidade Básica de Saúde e de uma Unidade de Pronto Atendimento, no Município de Rosana e que integrarão o Sistema Único de Saúde – SUS.
(B) obras de infraestrutura e de contratação de serviços para o Aeroporto Usina Porto Primavera, pois o Município de Rosana está localizado a menos de 350 quilômetros da cidade de São Paulo, que será sede de jogos de futebol nas Olimpíadas 2016.
(C) obras de infraestrutura de pavimentação de vias e microdrenagem, de iluminação pública ou de melhoria da mobilidade urbana, integrantes ou não do Programa de Aceleração do Crescimento – PAC.
(D) obras e serviços de engenharia para construção, ampliação e reforma de unidades de atendimento socioeducativo e de unidades de acolhimento institucional de crianças e adolescentes em situação de risco.
(E) aquisição de uniformes e armamentos para a Guarda Municipal de Rosana, como ações de segurança pública, desde que, no entanto, os recursos utilizados sejam federais, repassados pela Secretaria Nacional de Segurança Pública – SENASP.

A: Correta, Trata-se de hipótese expressamente prevista no art. 1º, da Lei 12.462/2011. Vale lembrar, que o RDC só pode ser adotado nas hipóteses previstas em lei. **B**: Incorreta. Os aeroportos devem estar "... das capitais dos Estados da Federação distantes até 350 km (trezentos e cinquenta quilômetros) das cidades sedes dos mundiais...". Não é o caso de Municípios, portanto (art. 1º, III, da Lei 12.462/2011). **C**: Incorreta. A iluminação pública não está prevista de forma específica para a adoção do RDC, exceto se estivesse prevista no Programa de Aceleração do Crescimento –PAC (art. 1º, da Lei 12.462/2011). **D**: Incorreta. Não há menção ao atendimento de crianças em situação de risco (art. 1º, IV, da Lei 12.462/2011). E. Incorreta. Importante saber que o RDC só pode ser adotado nas hipóteses legalmente previstas no art. 1º, da Lei 12.462/2011, por isso, nesse caso, não havendo previsão legal, não se pode adotar esse regime de contratação diferenciado. Gabarito "A".

(Procurador Municipal/SP – VUNESP – 2016) A fase externa do pregão será iniciada com a convocação dos interessados e observará as regras estabelecidas pela Lei 10.520/2002. Acerca do assunto, é correto afirmar que

(A) o prazo fixado para a apresentação das propostas, contado a partir da publicação do aviso, não será inferior a 5 dias úteis.
(B) no curso da sessão, o autor da oferta de valor mais baixo e os das ofertas com preços até 10% superiores àquela serão imediatamente desclassificados em razão das ofertas serem consideradas inexequíveis.
(C) se a oferta não for aceitável ou se o licitante desatender às exigências habilitatórias, o pregoeiro examinará as ofertas subsequentes e a qualificação dos licitantes, na ordem de classificação, e assim, sucessivamente,

até a apuração de uma que atenda ao edital, sendo o respectivo licitante declarado vencedor, caso em que o pregoeiro poderá negociar diretamente com o proponente para que seja obtido preço melhor.
(D) examinada a proposta classificada em primeiro lugar, quanto ao objeto e valor, caberá ao pregoeiro declará-la como vencedora independentemente de motivação a respeito de sua aceitabilidade, posto que atingida a finalidade do pregão.
(E) declarado o vencedor, qualquer licitante poderá manifestar imediata e motivadamente a intenção de recorrer, quando lhe será concedido o prazo de 8 dias para apresentação das razões do recurso, ficando os demais licitantes intimados para, em igual número de dias, apresentar contrarrazões.

A: Incorreta. O prazo é de 8 dias úteis, conforme disposto no art. 4º, V, da Lei 10.520/2002. **B:** Incorreta. O art. 4º, VIII, da Lei 10.520/2002 dispõe que: "o curso da sessão, o autor da oferta de valor mais baixo e os das ofertas com preços até 10% (dez por cento) superiores àquela poderão fazer novos lances verbais e sucessivos, até a proclamação do vencedor; **C:** Correta. Trata-se do disposto no art. 4º, XVI, da Lei 10.520/2002, que determina que: "se a oferta não for aceitável ou se o licitante desatender às exigências habilitatórias, o pregoeiro examinará as ofertas subsequentes e a qualificação dos licitantes, na ordem de classificação, e assim sucessivamente, até a apuração de uma que atenda ao edital, sendo o respectivo licitante declarado vencedor"; **D:** Incorreta. Após o pregoeiro declarar o vencedor, passará à análise de sua aceitabilidade (art. 4º, XI, da Lei 10.520/2002), ou seja, analisará os requisitos da sua habilitação. **E:** Incorreta. O prazo para recurso é de 3 dias, conforme disposto no art. 4º, XVIII, da Lei 10.520/2002.
Gabarito "C".

10.4. FASES DA LICITAÇÃO

(Procurador Municipal – Sertãozinho/SP – VUNESP – 2016) No pregão, encerrada a etapa competitiva e ordenadas as ofertas, o pregoeiro procederá à abertura do invólucro contendo os documentos de habilitação do licitante que apresentou a melhor proposta, para verificação do atendimento das condições fixadas no edital. Considerando-se o procedimento dessa modalidade licitatória, nos termos da Lei 10.520/2002, essa regra é de ser observada na fase

(A) preparatória.
(B) interna.
(C) externa.
(D) conclusiva.
(E) contratual.

A: Incorreta. Trata-se de fase externa, conforme disposto no art. 4º, XII, da Lei 10.520/2002. **B:** Incorreta. Temos a fase externa, e não interna ou preparatória, nesse caso. **C:** Correta. Após a preparação do procedimento, passa-se a chamada dos interessados e julgamento das propostas até a habilitação dos aprovados, sendo essa a fase externa (art. 4º, da Lei 10.520/2002). **D:** Incorreta. Não há que se falar em fase conclusiva no Pregão **E:** Incorreta. Não há fase contratual no pregão, que se limita em fase interna e externa.
Gabarito "C".

(Ministério Público/ES – VUNESP – 2013) A fim de incrementar a competitividade, o art. 33 da Lei Federal 8.666/1993 permite que o edital admita a oferta de propostas por meio de consórcios. Assim, torna-se possível que empresas diversas, detentoras de atributos específicos, formulem uma proposta unitária para a Administração. Assinale a alternativa correta sobre a participação de consórcios em certames licitatórios.

(A) No consórcio de empresas brasileiras e estrangeiras, a liderança caberá, obrigatoriamente, à empresa estrangeira.
(B) O ato convocatório tem que autorizar expressamente a constituição de consórcios específicos para o objeto licitado, pois a autorização para a participação de consórcio reveste-se de natureza discricionária, cabendo à Administração, em vista das peculiaridades do certame, decidir acerca da matéria.
(C) A apresentação da proposta por meio de um consórcio de empresas não implica a responsabilidade de todas e por todos os atos praticados na licitação e na futura execução do contrato, não sendo solidárias e sim individual e isoladamente responsabilizadas.
(D) Nos casos de consórcios formados, em sua totalidade, por micro e pequenas empresas, em relação à qualificação econômico-financeira, a Lei 8.666/1993 autoriza que a Administração exija, para o consórcio, um acréscimo de até 30% (trinta por cento) dos valores exigidos para licitante individual.
(E) É necessário que haja subordinação entre as empresas que constituem o consórcio, havendo uma hierarquia entre as empresas componentes do consórcio em relação à empresa líder.

A: incorreta, pois nesse caso a liderança cabe à empresa brasileira (art. 33, § 1º, da Lei 8.666/1993); **B:** correta, pois art. 33, *caput*, da Lei 8.666/1993 dispõe que empresas em consórcios só poderão participar de uma licitação "quando permitida" essa hipótese pela Administração; **C:** incorreta, pois é solidária a responsabilidade dos integrantes do consórcio pelos atos praticados neste âmbito (art. 33, V, da Lei 8.666/1993); **D:** incorreta, pois esse acréscimo não poderá ser exigido para consórcios formados, em sua totalidade, por micro e pequenas empresas (art. 33, III, da Lei 8.666/1993); **E:** incorreta, pois a lei não faz essa exigência (art. 33 da Lei 8.666/1993), tratando-se de questão interna do consórcio, sem prejuízo de que uma empresa líder assuma os compromissos e condições de liderança a serem previstos no edital que admitir a participação de empresas em consórcio no certame (art. 33, II, da Lei 8.666/1993).
Gabarito "B".

10.5. REVOGAÇÃO E ANULAÇÃO DA LICITAÇÃO

(Procurador Municipal/SP – VUNESP – 2016) Em pregão realizado pela Prefeitura Municipal de Rosana, que tem por objeto a contratação de serviços de limpeza do prédio no qual se localizam os órgãos e as unidades municipais, a proposta de menor valor passa a ser examinada em relação a sua aceitabilidade. Nesse momento, verifica o pregoeiro que o valor da melhor proposta ainda é muito superior ao preço estimado pela Administração Pública na elaboração do edital. A despeito das tentativas de negociação direta, efetuadas pelo pregoeiro, a empresa que apresentou a melhor proposta não diminui o valor apresentado. Nessa hipótese, deverá o pregoeiro

(A) revogar a licitação por razões de interesse público decorrente de fato superveniente devidamente comprovado, pertinente e suficiente para justificar tal conduta, consistente na existência de propostas aceitáveis.
(B) examinar as ofertas subsequentes e a qualificação dos licitantes, na ordem de classificação, e assim sucessi-

vamente, até a apuração de uma que atenda ao edital, sendo o respectivo licitante declarado vencedor.
(C) desclassificar todas as propostas, porque superiores ao referencial, e fixar aos licitantes o prazo de dez dias úteis para a apresentação de outras propostas com valores inferiores e que possam passar pelo crivo da aceitabilidade.
(D) declarar todos os licitantes impedidos de licitar e contratar com a União, os Estados, o Distrito Federal ou os Municípios, sem prejuízo das multas previstas em edital, pois todos agiram de má-fé a apresentar propostas 70% superiores ao referencial.
(E) inabilitar o licitante e lhe conceder o prazo de 3 (três) dias para apresentação de razões do recurso, ficando os demais licitantes desde logo intimados para apresentar contrarrazões em igual número de dias.

A: Incorreta. Não há fato superveniente, e sim, preços incompatíveis com o Mercado ou com o interesse público, por isso não se trata de hipótese de revogação da licitação. B: Correta. O art. 4º, XVI, da Lei 10.520/2002 dispõe que: "se a oferta não for aceitável ou se o licitante desatender às exigências habilitatórias, o pregoeiro examinará as ofertas subsequentes e a qualificação dos licitantes, na ordem de classificação, e assim sucessivamente, até a apuração de uma que atenda ao edital, sendo o respectivo licitante declarado vencedor;" C: Incorreta. Na Lei do Pregão temos a forma de solucionar esse problema, ou seja, apenas há tentativa de negociação ou de escolha entre os demais licitantes para que possa haver uma contratação eficaz e que cumpra o interesse público. D: Incorreta. Não existe essa previsão de declaração de impedimento nesse caso de valores altos ou inabilitação, e sim, nos casos de fraude e crimes, que não temos descritos no enunciado. E: Incorreta. Como consta da alternativa B, há previsão expressa na Lei do Pregão da forma de solucionar essa situação em que os preços estão altos pela empresa escolhida em primeiro plano.
Gabarito "B".

(Magistratura/SP – VUNESP – 2013) A anulação ex officio da licitação, fundada na ilegalidade do procedimento licitatório, gera efeitos ex tunc;
(A) ainda assim sujeita a Administração a pagar indenização às partes.
(B) são idênticos os efeitos produzidos na anulação da licitação e na anulação do contrato.
(C) como a Administração tem o dever de velar pela legalidade de seus atos, o decreto de anulação da licitação, fundada na ilegalidade do procedimento, prescinde, na esfera administrativa, do exercício do direito de defesa.
(D) o terceiro de boa-fé atingido pela invalidação da licitação será indenizado pelos prejuízos decorrentes da anulação.

A. Incorreta, pois a anulação da licitação por motivo de ilegalidade não gera, como regra, o dever de indenizar (art. 49, § 1º, da Lei 8.666/1993), ressalvado o disposto no art. 59, parágrafo único, da Lei 8.666/1993; B: incorreta, pois a anulação da licitação, regulamentada no art. 49 da Lei 8.666/1993, como regra não impõe o dever de indenizar, ao passo que a anulação do contrato, regulamentada no art. 59 da Lei 8.666/1993, impõe indenização ao contrato pelo que este houver executado até a data em que ela for declarada e por outros motivos regularmente comprovados, salvo comprovada má-fé do contratado (art. 59, parágrafo único, da Lei 8.666/1993); C: incorreta, pois a anulação do certame deve ser precedida de contraditório e ampla defesa (art. 49, § 3º, da Lei 8.666/1993); D: correta, pois, considerando a responsabilidade objetiva da Administração por atos que prejudicam terceiros (art. 37, § 6º, da CF), estes devem ser indenizados.
Gabarito "D".

10.6. TEMAS COMBINADOS E OUTROS TEMAS

(Procurador do Estado/SP – 2018 – VUNESP) Após regular licitação, empresa foi contratada pelo Poder Público para execução de obra de engenharia sob o regime da contratação integrada. Iniciada a execução do ajuste, a empresa apresentou requerimento de aditamento contratual para repactuação dos termos ajustados ao argumento de que teria direito ao reequilíbrio econômico-

-financeiro e prorrogação do prazo de vigência do contrato em razão da necessidade de modificação do projeto básico para adequação técnica decorrente de fatos preexistentes, porém por ela constatados após a elaboração da proposta apresentada no certame. Nesse caso, o Poder Público deverá

(A) deferir o requerimento, ainda que se verifique que o erro do anteprojeto decorreu de falha da empresa contratada, sob pena de enriquecimento sem causa, firmando-se o termo aditivo.
(B) deferir o requerimento, desde que comprovado, pela área técnica que os fatos são supervenientes e, embora previsíveis, de consequências incalculáveis, firmando-se o termo aditivo.
(C) deferir o requerimento se a área técnica competente do ente contratante atestar que a álea indicada pela contratada é extraordinária e extracontratual, quantificando adequadamente o valor a ser reequilibrado, realizando-se apostilamento.
(D) indeferir o requerimento, eis que não se trata, na hipótese, de caso fortuito ou força maior.
(E) indeferir o requerimento, porque o regime de contratação integrada não admite, em nenhuma hipótese, prorrogação do prazo de vigência do contrato, devendo o pleito resolver-se, se o caso, em procedimento de apuração e reparação de danos, efetuando-se apostilamento.

O chamado regime de contratação integrada nas licitações de obras e serviços de engenharia encontra previsão na Lei 12.462/2011, que disciplina o Regime Diferenciado de Contratações Públicas. A contratação integrada compreende a elaboração e o desenvolvimento dos projetos básico e executivo, a execução de obras e serviços de engenharia, a montagem, a realização de testes, a pré-operação e todas as demais operações necessárias e suficientes para a entrega final do objeto. Justamente pelo fato de que o contrato é responsável também pelo projeto básico, temos no art. 9º § 4º da Lei 12.462/2011 que: § 4º Nas hipóteses em que for adotada a contratação integrada, é vedada a celebração de termos aditivos aos contratos firmados, exceto nos seguintes casos: I – para recomposição do equilíbrio econômico-financeiro decorrente de caso fortuito ou força maior; e II – por necessidade de alteração do projeto ou das especificações para melhor adequação técnica aos objetivos da contratação, a pedido da administração pública, desde que não decorrentes de erros ou omissões por parte do contratado, observados os limites previstos no § 1º do art. 65 da Lei 8.666, de 21 de junho de 1993. No caso em tela, não se tratando de pedido da Administração Pública, nem de caso fortuito ou força maior, não cabe o termo aditivo.
Gabarito "D".

(Procurador Municipal/SP – VUNESP – 2016) Nas contratações de obras, serviços e compras, segundo a disciplina da Lei 8.666/1993, a autoridade competente, em cada caso e desde que previsto no instrumento convocatório, poderá exigir que seja prestada garantia não excedente a 5%

do valor do contrato. Contudo, tratando-se de obras, serviços e fornecimentos de grande vulto envolvendo alta complexidade técnica e riscos financeiros consideráveis, demonstrados por meio de parecer tecnicamente aprovado pela referida autoridade, esse limite poderá ser elevado para

(A) 50%.
(B) 30%.
(C) 20%.
(D) 15%.
(E) 10%.

A correta é a alternativa E, com fundamento no art. 56, §§ 2º e 3º, da Lei 8.666/1993, que determina o aumento da garantia para 10% no caso de obras, serviços e fornecimentos de grande vulto.
Gabarito "E".

(Juiz – TJ/SP – VUNESP – 2015) Sobre os Contratos Administrativos, é correto afirmar:

(A) na licitação na modalidade de pregão, regulada pela Lei 10.520/2002, apenas após o encerramento da etapa competitiva o pregoeiro verificará a documentação do licitante vencedor, quando então deverá verificar sua habilitação jurídica, fiscal, técnica, econômica e a validade de sua garantia de proposta.
(B) a contratação integrada compreende a elaboração e o desenvolvimento dos projetos básico e executivo, a execução de obras e serviços de engenharia, a montagem, a realização de testes, a pré-operação e todas as demais operações necessárias e suficientes para a entrega final do objeto.
(C) ressalvada a hipótese de contratação integrada nos demais regimes de execução é proibida a participação do autor do projeto básico como consultor ou técnico, nas funções de fiscalização, supervisão ou gerenciamento, na licitação de obra ou serviço ou na sua execução.
(D) a Ata de Registro de preços constitui modalidade de licitação para contratações cujo orçamento estimado não alcance o valor que obriga a adoção da modalidade concorrência.

A: Incorreta. Realmente, somente depois da fase de julgamento das propostas é que o licitante vencedor irá verificar a habilitação jurídica, fiscal, mas não a técnica, por exemplo, que já deve ser antecipada na análise do julgamento das propostas (art. 4º, X, da Lei 10.520/2002). O critério de julgamento do pregão é o de menor preço, mas junto a ele também há avaliação da técnica, por isso está incorreta a assertiva. B: Correta. Trata-se de um regime de execução indireta a ser preferencialmente adotado nas licitações e contratações de obras e serviços de engenharia jungidas ao Regime Diferenciado de Contratações Públicas (RDC), instituído pela Lei 12.462/2011 (art. 8º, V e § 1º) como forma de ampliar a eficiência administrativa, inclusive na perspectiva de maior economicidade, estimulando a competição entre os licitantes. De modo pontual, o regime de execução em testilha confia ao contratado a elaboração e o desenvolvimento dos projetos básico e executivo, a execução de obras e serviços de engenharia, a montagem, a realização de testes, a pré-operação e todas as demais operações necessárias e suficientes para a entrega final do objeto (§ 1º do art. 9º da precitada Lei 12.462/2011). C: Incorreta. Também no Regime Diferenciado de Contratação é vedada a participação do autor do projeto básico como consultor ou técnico, conforme disposto no art. 36, I, da Lei 12.462/2011. D: Incorreta. A Ata de Registro de Preços não é modalidade de licitação, sendo apenas um documento em que o Poder Público se compromete para futuras contratações em relação aos preços, fornecedores, órgãos participantes e condições a serem praticadas, conforme consta do Registro de Preços (art. 15 da Lei 8.666/1993).
Gabarito "B".

11. CONTRATOS ADMINISTRATIVOS

11.1. CONCEITO, CARACTERÍSTICAS PRINCIPAIS, FORMALIZAÇÃO E CLÁUSULAS CONTRATUAIS NECESSÁRIAS

(Procurador Municipal – Sertãozinho/SP – VUNESP – 2016) São exemplos de cláusulas exorbitantes previstas na Lei Federal 8.666/1993, dentre outras previstas explícita ou implicitamente:

(A) possibilidade de aplicação da regra da exceção do contrato não cumprido (exceptio no adimpleti contractus).
(B) execução da garantia contratual para ressarcimento das multas e indenizações devidas ao particular contratado.
(C) a aplicação de sanção, pela empresa contratada, ao Poder Público, pelo atraso na realização dos pagamentos.
(D) a alteração ou a rescisão unilateral do contrato pela Administração.
(E) a faculdade de exigir garantia nos contratos de obras, serviços e compras e a escolha, pela Administração, da modalidade a ser aplicada no caso, dentro das hipóteses legais.

A: Incorreta. A cláusula "exceptio no adimpleti contractus" não é uma cláusula exorbitante, estando presente em outros tipos de contratos, mesmo os de direito privado. B: Incorreta. O mesmo se diz em relação às garantias contratuais, que podem ser aplicadas a todos os contratos. As cláusulas exorbitantes constam do art. 58, da Lei 8.666/1993. C: Incorreta. Quem aplica sanção é o contratante, ou seja, o Poder Público. D: Correta. A rescisão unilateral pelo Poder Público consta do art. 58, II, da Lei 8.666/1993. E: Incorreta. Primeiramente, a exigência de garantia é obrigatória (art. 55, VI, da Lei 8.666/1993), não sendo uma faculdade como consta da assertiva e, mais ainda, não se trata de cláusula exorbitante.
Gabarito "D".

(Juiz – TJ/RJ – VUNESP – 2016) Assinale a alternativa que corretamente discorre sobre aspectos do contrato administrativo.

(A) São cláusulas necessárias em todo contrato as que estabeleçam a obrigação do contratado de manter, durante toda a execução do contrato, em compatibilidade com as obrigações por ele assumidas, todas as condições de habilitação e qualificação exigidas na licitação.
(B) A declaração de nulidade do contrato administrativo opera retroativamente impedindo os efeitos jurídicos que ele, ordinariamente, deveria produzir, além de desconstituir os já produzidos, exonerando a Administração do dever de indenizar o contratado pelo que este houver executado até a data em que a nulidade for declarada.
(C) Caberá ao Poder Público contratante optar por uma das seguintes modalidades de garantia: caução em dinheiro; caução em títulos da dívida pública, emitidos conforme definido pelo Banco Central do Brasil; seguro-garantia; fiança bancária.

(D) A duração dos contratos fica adstrita à vigência dos respectivos créditos orçamentários, podendo, no caso de aluguel de equipamentos e utilização de programas de informática, a duração estender-se pelo prazo de até 60 (sessenta) meses após o início da vigência do contrato.

(E) Os contratos administrativos são regidos pela Lei Federal 8.666/1993, regulando-se pelas suas cláusulas e pelos preceitos de direito público, não podendo haver aplicação supletiva dos princípios da teoria geral dos contratos, nem das disposições de direito privado.

A: Correta. Trata-se do art. 55, XIII, da Lei 8.666/1993. **B:** Incorreta. A nulidade do contrato gera o dever de indenizar referente a tudo o que foi realizado até a declaração de nulidade do contrato, conforme disposto no art. 59, parágrafo único, da Lei 8.666/1993. **C:** Incorreta. O art. 56, § 1º, da Lei 8.666/1993 determina que caberá ao contratado optar por uma dessas garantias. **D:** Incorreta. O prazo é de 48 meses, conforme disposto no art. 57, da Lei 8.666/1993. **E:** Incorreta. Há aplicação supletiva do princípio da teoria geral dos contratos, conforme disposto no art. 54, da Lei 8.666/1993.

Gabarito "A".

(Magistratura/SP – VUNESP – 2013) Ante a recusa do adjudicatário para assinar o contrato, a Administração poderá

(A) convocar qualquer dos licitantes, observados os critérios da conveniência e oportunidade, para assinar o contrato.

(B) convocar qualquer dos licitantes, desde que prestada garantia adicional consistente em caução em dinheiro ou em títulos da dívida pública, para assinar o contrato.

(C) convocar os licitantes remanescentes, na ordem de classificação, para fazê-lo nas mesmas condições do primeiro classificado, inclusive quanto aos preços atualizados de conformidade com o ato convocatório, ou revogar a licitação.

(D) convocar os licitantes remanescentes, na ordem de classificação, para fazê-lo nos termos de suas propostas, inclusive quanto aos preços.

Segundo o art. 64, § 2º, da Lei 8.666/1993, a Administração, nesse caso, poderá "convocar os licitantes remanescentes, na ordem de classificação, para fazê-lo em igual prazo e nas mesmas condições propostas pelo primeiro classificado, inclusive quanto aos preços atualizados de conformidade com o ato convocatório, ou revogar a licitação", de modo que a alternativa "c" é a correta.

Gabarito "C".

(Delegado/SP – 2014 – VUNESP) Poder Público firma com entidades públicas ou privadas uma associação visando ao atingimento de interesses comuns, caracterizado o ajuste de vontades por (i) interesses não conflitantes; (ii) mútua colaboração entre os partícipes do acordo; (iii) pagamentos voltados integralmente para a consecução do objetivo expresso no instrumento e não como remuneração. Trata-se de

(A) concessão.
(B) consórcio.
(C) consórcio público.
(D) convênio.
(E) parceria público-privada.

Trata-se do conceito de convênio com entidade assistencial, que agora tem regulamentação nova (Lei 13.019/2014), que aboliu o termo convênio para essa relação, que passa a ter o nome de termo de colaboração ou termo de fomento, sendo que a expressão convênio só poderá ser usada agora para acertos entre entes políticos.

Gabarito "D".

11.2. ALTERAÇÃO DOS CONTRATOS

(Delegado – PC/BA – 2018 – VUNESP) Após publicar edital de licitação a fim de contratar empresa para a construção de uma delegacia policial, a autoridade administrativa verifica a existência de um erro na descrição do projeto básico, que afeta, de maneira significativa e inquestionável, a estimativa de custos dos licitantes e a formulação das propostas a serem apresentadas. Nesse caso, a autoridade deverá

(A) anular a licitação, pois não é possível modificar um edital já publicado, devendo iniciar um novo procedimento licitatório.

(B) alterar o edital, divulgando a modificação pela mesma forma que se deu o texto original, reabrindo o prazo inicialmente estabelecido para a apresentação das propostas.

(C) alterar o edital, divulgando a modificação por meio eletrônico em razão do princípio da eficiência, mantendo o prazo inicialmente estabelecido para a apresentação das propostas.

(D) revogar a licitação, modificar o edital e, após, retomar o procedimento licitatório, com a publicação das modificações efetuadas e a reabertura do prazo para apresentação das propostas.

(E) alterar o edital, publicando a modificação no Diário Oficial, mantendo o prazo inicialmente estabelecido para a apresentação das propostas.

A Lei 8.666/1993 possibilita alterações qualitativas nos contratos administrativos quando houver necessidade de adequação do projeto ou de especificações; e quantitativas, quando se fizer necessário o acréscimo da quantidade do objeto contratado (art. 65, I, "a" e "b"). As modificações contratuais demandam: a) justificativa da existência de um fato posterior à licitação ou conhecido posteriormente a ela, que tenha mudado as condições contratuais; b) respeito aos direitos do contratado, sintetizados na manutenção da equação econômico-financeira; c) formalização por termo aditivo; d) não desnaturação do objeto por meio da mera inserção no contexto da contratação de objetos novos, omitidos por conta de falhas ou defeitos de planejamento; e e) respeito aos limites estabelecidos no art. 65, § 1º. Há a necessidade, ademais, de a Administração avaliar a capacidade do particular em executar o objeto mediante as novas especificações. Por essa razão, ainda que a alteração possa ocorrer de forma unilateral, a depender das modificações pretendidas, torna-se indispensável consultar o particular para confirmar a sua qualificação técnica para executar a parcela decorrente da modificação.

Gabarito "B".

(Juiz de Direito – TJ/RS – 2018 – VUNESP) Um determinado Estado celebrou contrato, precedido de licitação, com a empresa RS Ltda., tendo por objeto a execução de reforma de edifício público. Durante a execução do contrato, sobreveio determinação legal para adaptação do imóvel, de forma a torná-lo acessível às pessoas com deficiência, havendo necessidade de modificar o projeto licitado. Ao adequar o projeto, o Estado constatou aumento do valor orçado em R$ 5.000.000,00 (cinco milhões de reais), montante equivalente a 50% do valor original do contrato. Nesse caso, é correto afirmar que o contrato deverá ser

(A) rescindido amigavelmente, por motivo de força maior caracterizada pela verificação técnica de inaplicabilidade dos termos contratuais originários, sendo devidas ao contratado as parcelas da obra já executadas até a data da rescisão, além de pagamento do custo de desmobilização.
(B) modificado para reajustar os preços previstos de acordo com o novo projeto adaptado, já que, nos termos da lei, o contratado é obrigado a aceitar o acréscimo na obra de reforma até o limite de 50% do valor original ajustado.
(C) modificado para adequação técnica do projeto e correspondente restabelecimento do equilíbrio econômico financeiro inicial ajustado.
(D) revogado por razão de interesse público decorrente de fato superveniente devidamente comprovado, sendo devida indenização ao contratado, além do pagamento pelas parcelas já executadas.
(E) rescindido unilateralmente pelo Estado, em razão da superveniência de fato novo, a justificar relicitação do projeto adequado, sendo devidas ao contratado as parcelas da obra já executadas.

No caso narrado na alternativa C não há que se falar em rescisão contratual, pois não se tem a situação de fim do contrato em razão da vontade unilateral do Estado (rescisão unilateral), por vontade das partes (amigável), mediante decisão judicial ou por situação alheia à vontade das partes (caso fortuito ou força maior). Tão somente se tem a necessidade de adequar um projeto às novas exigências de garantia de acessibilidade. Trata-se de hipótese prevista no art. 65, I, "a", que prevê a possibilidade de alteração unilateral do contrato "quando houver modificação do projeto ou das especificações, para melhor adequação técnica aos seus objetivos", dentro do acréscimo de 50% autorizados no §1º do art. 65 da Lei 8.666/1993. Logicamente, haverá a necessidade de reequilíbrio econômico financeiro do contrato para fazer frente a esse acréscimo autorizado pela lei.
Gabarito "C".

(Procurador – IPSMI/SP – VUNESP – 2016) Sobre os contratos administrativos, assinale a alternativa correta.

(A) Em regra, a vigência dos contratos ficará restrita à vigência dos respectivos créditos orçamentários.
(B) Por se tratar de garantia do contratado, a invocação do equilíbrio econômico-financeiro não pode ser realizada pela Administração para revisar o contrato administrativo.
(C) O fato do príncipe é o fato praticado pela Administração que repercute direta e exclusivamente sobre o contrato administrativo.
(D) É permitido a qualquer licitante o conhecimento dos termos do contrato e do respectivo processo licitatório e, a qualquer interessado, a obtenção de cópia autenticada de forma gratuita.
(E) O Supremo Tribunal Federal considerou inconstitucional o dispositivo da Lei 8.666/1993 que veda a responsabilização da Administração em caso de inadimplemento pelo contratado de encargos trabalhistas.

A: Correta. Trata-se do disposto no art. 57, "caput", da Lei 8.666/1993. **B:** Incorreta. O Poder Público sempre poderá rever os preços e alterar os contratos administrativos, inclusive de forma unilateral (art. 57, § 1º e 58, II, da Lei 8.666/1993). **C:** Incorreta. O Fato do Príncipe é uma ação estatal sem relação direta com o contrato que nele repercute, mas de forma indireta, como o clássico exemplo da alíquota de imposto majorada, que altera o equilíbrio econômico financeiro incialmente estabelecido pelos contratantes. **D:** Incorreta. Não existe previsão para obtenção de cópia autenticada gratuita na Lei de Licitações, que é a Lei que regulamenta os contratos administrativos, sendo incorreta a questão. **E:** Incorreta. Na verdade, houve o reconhecimento da constitucionalidade do dispositivo da Lei 8.666/1993, art. 71, § 1º, sobre a vedação da responsabilidade da Administração no caso de inadimplemento do contratado por dívidas trabalhistas, conforme se verifica a seguir: ADC 16/DF (24/11/2010). Ementa: Responsabilidade Contratual. Subsidiária. Contrato com a administração pública. Inadimplência negocial do outro contraente. Transferência consequente e automática dos seus encargos trabalhistas, fiscais e comerciais, resultantes da execução do contrato, à administração. Impossibilidade jurídica. Consequência proibida pelo art., 71, § 1º, da Lei federal 8.666/1993. Constitucionalidade reconhecida dessa norma. Ação direta de constitucionalidade julgada, nesse sentido, procedente. Voto vencido. É constitucional a norma inscrita no art. 71, § 1º, da Lei federal 8.666, de 26 de junho de 1993, com a redação dada pela Lei 9.032, de 1995.
Gabarito "A".

(Procurador – SP – VUNESP – 2015) Considerando que, no âmbito dos contratos firmados com a Administração, deve prevalecer a supremacia do interesse público, admite(m)-se, como cláusula exorbitante,

(A) a faculdade de exigir garantia nos contratos de obras, serviços e compras, cuja modalidade será escolhida pela Administração Pública contratante, dentre aquelas previstas em lei.
(B) a modificação dos contratos pela Administração Pública, unilateralmente, para melhor adequação às finalidades de interesse público, respeitados os direitos do contratado.
(C) a rescisão unilateral por inadimplemento, por culpa comprovada do contratado ou da Administração Pública, que derem causa ao cumprimento irregular das cláusulas contratuais.
(D) o acompanhamento e a fiscalização por um representante da Administração, servidor público especialmente designado, que não poderá ser terceiro contratado.
(E) a aplicação da exceção de contrato não cumprido, pelo contratado que poderá interromper a execução dos serviços se a Administração Pública contratante restar inadimplente.

A: Incorreta. Uma cláusula exorbitante é a que " exorbita ao direito privado", ou seja, que estabelece regras alheias aos demais contratos. No caso, temos todas as previstas no art. 58, da Lei 8.666/1993, onde não há nenhuma faculdade, e sim, imposições de rescisões unilaterais, de alterações unilaterais etc. **B:** Correta. Perfeito. Trata-se do disposto no art. 58, I, da Lei 8.666/1993. **C:** Incorreta. A rescisão é unilateral, mas as hipóteses são de descumprimento de cláusulas e condições pelo contratado, e não pelo Poder Público. **D:** Incorreta. Não há especificação de quem acompanhará a fiscalização, podendo ser uma autoridade designada (art. 78, VII, da Lei 8.666/1993). **E:** Incorreta. Sendo uma cláusula exorbitante, não há que se falar em prerrogativas do contratado, e sim, do Poder Público.
Gabarito "B".

11.3. EXECUÇÃO DO CONTRATO

(Delegado – PC/BA – 2018 – VUNESP) Executado o contrato, o recebimento provisório do objeto poderá ser dispensado quando se tratar de

(A) serviços profissionais.
(B) gêneros não perecíveis e alimentação processada.

(C) aquisição de equipamentos de grande vulto.
(D) obras e serviços compostos de aparelhos, equipamentos e instalações.
(E) locação de equipamentos.

A: correta. É o que expressamente prevê o art. 74, II da Lei 8.666/1993; **B:** incorreta .A "pegadinha" da questão está no fato de que a lei dispensa o recebimento provisório no caso de "gêneros perecíveis e alimentação **preparada**" – artigo 74, I da Lei 8.666/1993; **C:** incorreta. Não há qualquer previsão legal nesse sentido; **D:** incorreta. Art. 74, III da Lei 8.666/1993; **E:** incorreta. Não há qualquer previsão legal nesse sentido.
Gabarito "A".

(Delegado – PC/BA – 2018 – VUNESP) O direito do proprietário de exigir que na desapropriação se inclua a parte restante do bem expropriado, que se tornou inútil ou de difícil utilização, é denominado de

(A) Retrocessão.
(B) Desapropriação indireta.
(C) Direito de extensão.
(D) Indenização de benfeitorias.
(E) Direito de acrescer.

A: incorreta. A retrocessão consiste no direito real que possui o proprietário de, diante do desvio de finalidade na destinação dada ao bem desapropriado (tredestinação) reavê-lo – art. 519 do Código Civil; **B:** incorreta. Desapropriação indireta, também conhecida como apossamento administrativo, ocorre nas situações em que o Estado ilicitamente invade o bem privado sem respeitar os procedimentos administrativos ou judiciais previstos na legislação atinente à desapropriação; **C:** correta. Direito de extensão consiste na possibilidade de o proprietário de imóvel parcialmente desapropriado que comprovar que o restante do bem ficou esvaziado de conteúdo econômico ou inaproveitado de exigir judicialmente que essa parte remanescente também seja expropriada; **D:** incorreta. A indenização de benfeitorias refere-se ao pagamento, para a configuração da chamada "justa indenização" pelas benfeitorias feitas no bem expropriado. Caso as benfeitorias tenham sido construídas antes da publicação do decreto que declara o imóvel de utilidade pública, a indenização deverá compreender todas as benfeitorias. Entretanto, caso as benfeitorias tenham sido edificadas após a publicação do decreto desapropriatório, o panorama pode sofrer algumas alterações, de acordo com o artigo 26, § 1º, do Decreto-Lei 3.365/1941. No que se refere às benfeitorias necessárias, que são aquelas obras necessárias para conservar a coisa ou evitar que ela se deteriore, nada muda e serão sempre indenizadas. As benfeitorias úteis, edificadas para aumentar ou facilitar o uso da coisa, só serão indenizadas se o Poder Público expropriante autorizar a construção; enquanto que as benfeitorias voluptuárias, utilizadas para mera recreação, sem aumentar o uso habitual do imóvel e independente do valor, não serão indenizadas. Destarte, tratando-se de benfeitorias edificadas antes da publicação do decreto desapropriatório, será nomeado perito judicial no curso do processo judicial (art. 14, Decreto-Lei 3.365/1941) para avaliar o bem, incluindo as benfeitorias, cujo valor da indenização será fixado em laudo pericial. Mas trata-se de tema polêmico, cujo entendimento judicial pode variar caso a caso; **E:** incorreta. Direito de acrescer é matéria de direito sucessório, e ocorre no momento em que vários herdeiros, pela mesma cláusula testamentária, em partes não determinadas, ficam com a parte que caberia a outro coerdeiro (herdeiro que juntamente com outros é chamado a concorrer a sucessão) pelo fato deste não puder ou não quiser aceitá-la.
Gabarito "C".

(Delegado/SP – 2014 –VUNESP) A respeito do contrato administrativo, é correto afirmar que

(A) uma vez executado, seu objeto será recebido pela Administração em duas etapas, sendo uma provisória e outra definitiva.

(B) cabe à Administração fiscalizar eventual inadimplência do contratado com referência a eventuais encargos trabalhistas, fiscais e comerciais, sob pena de ter transferido a si o aludido passivo com consequências na regularização e uso das obras e edificações, inclusive perante o Registro de Imóveis.
(C) a Administração pública responde subsidiariamente com o contratado pelos encargos previdenciários resultantes da execução do contrato.
(D) a Administração não poderá rejeitar parcialmente determinada obra, serviço ou fornecimento executados em desacordo com o contrato.
(E) a lei veda à Administração que mantenha o contrato com empresa cuja concordata for decretada.

A: correta (art. 73, I, "a" e "b", e II, "a" e "b", da Lei 8.666/1993); **B:** incorreta, pois, segundo o art. 70 da Lei 8.666/1993, "o contratado é responsável pelos danos causados diretamente à Administração ou a terceiros, decorrentes de sua culpa ou dolo na execução do contrato, não excluindo ou reduzindo essa responsabilidade a fiscalização ou o acompanhamento pelo órgão interessado" (g.n.); ademais, segundo o art. 71, § 1º, também da Lei 8.666/1993, "a inadimplência do contratado, com referência aos encargos trabalhistas, fiscais e comerciais não transfere à Administração Pública a responsabilidade por seu pagamento, nem poderá onerar o objeto do contrato ou restringir a regularização e o uso das obras e edificações, inclusive perante o Registro de Imóveis"; **C:** incorreta, pois, no caso de encargos previdenciários resultantes da execução do contrato, a administração pública responde solidariamente com o contratado (art. 71, § 1º, da Lei 8.666/1993); **D:** incorreta, pois o art. 76 da Lei 8.666/1993 admite que a Administração rejeite no todo ou em parte obra, serviço ou fornecimento executado em desacordo com o contrato; **E:** incorreta, pois o art. 80, § 2º, da Lei 8.666/1993 admite que a Administração, no caso de concordata do contratado, mantenha o contrato ou assuma o controle de determinadas atividades de serviços essenciais.
Gabarito "A".

12. SERVIÇOS PÚBLICOS

12.1. CONCEITO, CARACTERÍSTICAS PRINCIPAIS, CLASSIFICAÇÃO E PRINCÍPIOS

(Juiz de Direito – TJ/RJ – 2019 – VUNESP) A respeito da Lei 13.460/2017, que dispõe sobre participação, proteção e defesa dos direitos dos usuários dos serviços públicos da administração pública, é correto afirmar que

(A) não se aplica à Advocacia Pública, Ministério Público e Tribunais de Contas, órgãos que desempenham atividade administrativa de meio.
(B) não se aplica aos serviços públicos prestados pelas Forças Armadas e por militares dos Estados e do Distrito Federal.
(C) se aplica também à atividade administrativa prestada pelos Poderes Judiciário e Legislativo, conforme disposto no artigo 37 da Constituição Federal.
(D) afasta a aplicabilidade de normas estaduais que dispõem de forma diferente sobre a mesma matéria, bem como do Código de Defesa do Consumidor.
(E) não se aplica aos serviços públicos prestados indiretamente, mediante parceria público-privada, sujeitos a regulamentação específica do edital de licitação e contrato de concessão ou permissão.

A: incorreta (a Advocacia Pública está submetida aos ditames da Lei 13.460/2017, cf. dispõe o seu art. 2º, inc. III); **B:** incorreta (encontram-

-se ao alcance da lei a função exercida pelos agentes públicos civis e militares, cf. art. 2º, inc. IV); **D:** incorreta (a aplicação da Lei 13.460/2017 não afasta a necessidade de cumprimento do disposto no Código de Defesa do Consumidor, cf. art. 1º, § 2º, inc. II, da lei); **E:** incorreta (a Lei 13.460/2007 aplica-se aos serviços públicas prestados indiretamente, cf. art. 2º, inc. II, do diploma).
Gabarito "C".

(Investigador – PC/BA – 2018 – VUNESP) Os serviços públicos que, por sua natureza ou pelo fato de assim dispor o ordenamento jurídico, comportam ser executados pelo Estado ou por particulares colaboradores, são classificados como

(A) coletivos.
(B) singulares.
(C) delegáveis.
(D) indelegáveis.
(E) sociais.

A: incorreta. Serviços públicos coletivos, também conhecidos como serviços públicos "uti universi" ou gerais, são aqueles em que a Administração Pública presta sem ter usuários determinados, para atender à coletividade me geral. É o caso do calçamento, da polícia, etc. Satisfazem indiscriminadamente a população; **B:** incorreta. Serviços públicos singulares, "uti singuli" ou individuais são os que têm usuários determinados e utilização particular e mensurável para cada destinatário, como os serviços de água, energia elétrica, etc.; **C:** correta. São os serviços públicos passíveis de delegação ou outorga por parte do Estado, ou seja, para os quais a lei não determina a execução do serviço público pelo Estado; **D:** incorreta. Serviços públicos indelegáveis são aqueles que, a par de serem de titularidade do Estado, por previsão legal não podem ter sua execução outorgada a outro ente público ou delegada a particular; **E:** incorreta. São serviços que visam a atender necessidades essenciais da coletividade em que há atuação da iniciativa privada ao lado da atuação do Estado.
Gabarito "C".

(Juiz – TJ/SP – VUNESP – 2015) Sobre os serviços públicos, assinale a alternativa correta.

(A) As tarifas de remuneração da prestação de serviços públicos concedidos deverão ser fixadas pelo preço da proposta vencedora da licitação nos termos de sua proposta e sua cobrança poderá ser condicionada à existência de serviço alternativo e gratuito para o usuário.
(B) A prestação de serviço público diretamente pelo poder público é imune à aplicação do regime de proteção contido no Código de Defesa do Consumidor por caracterizar relação de prestação ao usuário e não relação de consumo.
(C) Os serviços públicos previstos na Constituição que sejam passíveis de concessão aos particulares só poderão ser remunerados por meio de tarifas.
(D) A prestação do serviço público não pode ser interrompida por inadimplemento do usuário no pagamento das tarifas, pois sendo um serviço essencial, o corte fere o princípio da dignidade da pessoa humana.

A: Correta. Perfeita a assertiva, eis que em conformidade com o disposto nos arts. 9º, e seguintes, da Lei 8.987/1995. **B:** Incorreta. Os serviços públicos estão abrangidos pelo regime consumerista (art. 3º da Lei 8.078/1990), sendo o Poder Público também considerado um fornecedor para fins do Código do Consumidor. **C:** Incorreta. Os serviços públicos delegáveis previstos na Constituição Federal podem ser remunerados por tarifas ou preços públicos, por taxas, e ainda, como temos a previsão de Parcerias Público-Privadas, por contraprestação do próprio Poder Público.
Gabarito "A".

(Magistratura/SP – VUNESP – 2013) A celebração de um contrato administrativo, tendo por objeto a construção de uma usina eólica, para ter validade jurídica,

(A) prescinde de qualquer autorização de outro Poder, por falta de previsão constitucional.
(B) está condicionada à aprovação popular.
(C) reclama prévia autorização do Poder Judiciário.
(D) está condicionada à prévia autorização do Poder Legislativo.

Os potenciais de energia eólica, diferentemente dos de energia hidráulica (art. 21, XII, "b", da CF), por exemplo, não estão elencados na Constituição como potenciais que exigem autorização, permissão ou concessão estatais. Assim, não há necessidade de aprovação de qualquer outro Poder ou de aprovação popular, ficando afastadas as alternativas "b", "c" e "d", estando correta a alternativa "a".
Gabarito "A".

12.2. AUTORIZAÇÃO E PERMISSÃO DE SERVIÇO PÚBLICO

(Procurador Municipal/SP – VUNESP – 2016) O ato administrativo unilateral, discricionário e precário, gratuito ou oneroso, pelo qual a Administração Pública faculta a utilização privativa de bem público, para fins de interesse público, é a definição de

(A) autorização.
(B) concessão.
(C) retrocessão.
(D) permissão.
(E) tredestinação.

A: Incorreta. Na autorização temos um ato administrativo unilateral, discricionário e precário, mas em que o Poder Público faculta o exercício de uma atividade do bem ou uso, no interesse do particular, e não no interesse público, como consta do enunciado. **B:** Incorreta. A concessão é um contrato administrativo, e não um ato administrativo, como descrito no enunciado. **C:** Incorreta. A retrocessão é o retorno do bem ao ex-proprietário por motivos de ilegalidade no cumprimento do decreto expropriatório. **D:** Correta. Na permissão temos exatamente a definição do enunciado: um ato administrativo unilateral, discricionário e precário em que há transferência de serviço ou uso de bem ou realização de obra, no interesse do Poder Público. **E:** Incorreta. A tredestinação é a alteração da finalidade do bem expropriado constante do ato expropriatório, não sendo ato administrativo, e sim, um fato administrativo.
Gabarito "D".

12.3. CONCESSÃO DE SERVIÇO PÚBLICO

(Advogado – Pref. São Roque/SP – 2020 – VUNESP) Suponha que a Administração celebrou um contrato de concessão de rodovias com empresa privada, que tem como objeto conferir ao concessionário o encargo de implantar melhorias e conservar o espaço, em contrapartida do recebimento de pedágio cobrado dos usuários. A Administração conferiu ao particular, ainda, a posse de três terrenos localizados nas margens das rodovias, espaço em que poderá ser exercida atividade comercial.

Considerando a situação hipotética e o disposto na Lei 8.987/95, assinale a alternativa correta.

(A) O contrato de concessão não pode albergar a cessão de bem público para a exploração comercial, por se tratar de atividade estranha ao serviço público.
(B) Na hipótese de o concessionário executar uma obra prevista no contrato de concessão, cujo resultado

seja enquadrado no contrato como bem reversível, a Administração deverá desapropriar o bem caso tenha interesse em assumir a propriedade após o fim do contrato.
(C) A prorrogação do contrato não poderá ser utilizada como instrumento de reequilíbrio econômico-financeiro, pois é indispensável que eventual desequilíbrio em prejuízo ao contratado seja ajustado por meio de modificação da tarifa.
(D) A Administração pode, com autorização em decreto, retomar o serviço por meio de encampação, que deverá ser realizada após prévio pagamento de indenização.
(E) A Administração poderá rescindir o contrato unilateralmente por culpa do parceiro privado, hipótese em que deverá indenizar o parceiro pela parcela dos investimentos vinculados a bens reversíveis ainda não amortizados, descontados multas e danos causados pela concessionária.

A: incorreta (cf. art. 11 da Lei 8.987/1995, o contrato de concessão pode prever em favor da concessionária outras fontes de receitas alternativas, além da tarifa paga pelo usuário); **B**: incorreta (extinta a concessão, passam ao domínio da Administração os bens reversíveis, nos termos do art. 35, § 1º, da Lei 8.987/1995; assim, não se faz necessária a instauração pelo poder concedente de procedimento de desapropriação); **C**: incorreta (o reequilíbrio econômico-financeiro pode ser efetivado por diversos modos, como a modificação da tarifa e a própria prorrogação do contrato); **D**: incorreta (a encampação depende de autorização por lei, cf. art. 37 da Lei 8.987/1995); **E**: correta (trata-se de hipótese de caducidade do contrato de concessão, cujo pagamento de indenização está previsto no art. 38, § 5º, da Lei 8.987/1995).
Gabarito "E".

(Juiz de Direito – TJ/RJ – 2019 – VUNESP) A respeito da concessão ou permissão de serviços públicos, assinale a alternativa correta.
(A) Admite-se a rescisão amigável de contratos de concessão comum ou patrocinada, por razões de interesse público, de alta relevância e amplo conhecimento, justificadas pela máxima autoridade do ente contratante, mediante homologação judicial.
(B) Incumbe ao Poder Concedente declarar de utilidade pública os bens necessários à execução do serviço ou obra pública e promover diretamente as desapropriações, cabendo à concessionária responsabilizar-se pelas indenizações decorrentes.
(C) A sustentabilidade financeira e vantagens socioeconômicas dos projetos constituem diretriz de contratação de parcerias público-privadas.
(D) A transferência de concessão ou do controle societário da concessionária sem prévia anuência do Poder Concedente implicará a encampação da concessão.
(E) Antes da celebração do contrato, deverá ser constituída sociedade de propósito específico, vedada a aquisição da maioria do seu capital votante pelo ente contratante ou por instituição financeira controlada pelo Poder Público, em qualquer caso.

A: incorreta (a extinção do contrato de concessão por razões de interesse público caracteriza encampação, que independe de homologação judicial); **B**: incorreta (nos termos do art. 29, inc. VIII, da Lei 8.987/1995, incumbe ao poder concedente declarar de utilidade pública os bens necessários à execução do serviço ou obra pública, promovendo as desapropriações, diretamente ou mediante outorga de poderes à concessionária, caso em que será desta a responsabilidade pelas indenizações cabíveis); **C**: certa (cf. art. 4º, inc. VII, da Lei 11.079/2004); **D**: incorreta (a transferência de concessão ou do controle societário da concessionária sem prévia anuência do poder concedente implicará a *caducidade* da concessão, cf. art. 27 da Lei 8.987/1995); **E**: incorreta (a constituição de sociedade de propósito específico é obrigatória para a celebração de contrato de concessão na modalidade de parceria público-privada, cf. art. 9º, "caput", da Lei 11.079/2004; ademais, embora seja vedado à Administração Pública ser titular da maioria do capital votante de tais sociedades, cabível a aquisição da maioria de seu capital votante por instituição financeira controlada pelo Poder Público em caso de inadimplemento de contratos de financiamento).
Gabarito "C".

(Juiz – TJ/RJ – VUNESP – 2016) O acordo firmado entre a Administração Pública e pessoa do setor privado com o objetivo de implantação ou gestão de serviços públicos, com eventual execução de obras ou fornecimento de bens, mediante financiamento do contratado, contraprestação pecuniária do Poder Público e compartilhamento dos riscos e dos ganhos entre os pactuantes, é denominado
(A) termo de fomento.
(B) termo de colaboração.
(C) contrato de parceria público-privada.
(D) contrato de concessão comum.
(E) contrato de gestão.

A: Incorreta. O termo de fomento representa o instrumento por meio do qual são formalizadas as parcerias estabelecidas pela administração pública com as Organizações da Sociedade Civil para a consecução de finalidades de interesse público e recíproco propostas pelas Organizações da Sociedade Civil, que envolvam a transferência de recursos financeiros. A assertiva não especifica com quem será celebrada a parceria, por isso o termo de fomento deve ser excluído. **B**: Incorreta. Mais uma vez, o Termo de Colaboração só se aplica às OSC (Organizações da Sociedade Civil), regidas pela Lei 13.019/2014, não sendo dada essa informação pela assertiva. **C**: Correta. Temos um contrato de concessão patrocinada, ou seja, uma Parceria Público-Privada visando a realização de obra ou prestação de serviços públicos com contraprestação do Poder Público adicionalmente a tarifas dos usuários. **D**: Incorreta. Na concessão comum não temos a contraprestação do Poder Público. **E**: Incorreta. O contrato de gestão é o previsto no art. 37, § 8º, CF, com a finalidade de fixar metas e desempenho para as Organizações Sociais.
Gabarito "C".

12.4. PARCERIAS PÚBLICO-PRIVADAS (PPP)

(Juiz – TJ/SP – VUNESP – 2015) Quanto às parcerias público-privadas em sentido estrito, é correto afirmar que
(A) é vedado que numa PPP o particular receba recursos públicos a qualquer título que não seja de financiamento por instituição financeira, antes de iniciar a prestação dos serviços objeto da PPP.
(B) a contratação de parcerias público-privadas será precedida de licitação devendo o contrato ser adjudicado à empresa ou ao consórcio de empresas que se sagrou vencedor do certame, vedado que o objeto da parceria seja cometido a pessoa jurídica distinta dos adjudicatários.
(C) se inclui entre as cláusulas necessárias dos contratos de PPP a que contenha as penalidades aplicáveis à Administração Pública.
(D) elas só podem ter por objeto a prestação de serviços públicos divisíveis de que a Administração seja usuária direta ou indireta, ainda que envolva a execução de obra.

A: Incorreta. O art. 10, IV, da Lei 11.079/2004 determina como requisito a estimativa do recebimento de recursos públicos para a execução do contrato de parceria. **B:** Incorreta. O vencedor pode ser inabilitado, eis que a fase de habilitação é posterior a de julgamento (inversão das fases) e por isso, mesmo ele sendo vencedor, é possível ao Poder Público ter que adjudicar o objeto ao segundo ou terceiro colados, até chegar-se a um que tenha condições de boa proposta e habilitação, conforme disposto no art. 13 da Lei 11.079/2004. **C:** Correta. Trata-se de exigência constante do art. 5º, II, da Lei 11.079/1950. **D:** Incorreta. O objeto do contrato de parceria pode ser serviço ou obra, não havendo especificação quanto a esses.
Gabarito "C".

12.5 CONSÓRCIO PÚBLICO

(Advogado – Pref. São Roque/SP – 2020 – VUNESP) Suponha que municípios limítrofes, com o objetivo de conferir viabilidade econômica a projeto de Parceria Público-Privada (PPP) destinado a aprimorar o sistema de iluminação pública das cidades, celebrem contrato de consórcio público a fim de permitir a gestão associada do serviço. A celebração do contrato resultou na criação de uma associação pública.

Considerando a situação hipotética e o disposto na Lei 11.107/05, assinale a alternativa correta.

(A) Não poderá ser conferida à associação pública a competência para a celebração do contrato de PPP, por se tratar de entidade dotada de personalidade jurídica de direito privado.
(B) O contrato de consórcio pode prever a cessão de móveis dos municípios à associação pública, por força da gestão associada do serviço.
(C) A associação pública apenas integrará a Administração Indireta do município que for responsável pela gestão do consórcio.
(D) O consórcio público somente poderia ser constituído quando o protocolo de intenções esteja ratificado por lei por todos os Municípios subscritores do contrato.
(E) Extinto o consórcio, perderá eficácia o contrato de programa que contenha autorização para a realização de despesas relacionadas à gestão associada do serviço.

A: incorreta (a associação pública constitui um consórcio público com personalidade jurídica de direito público, cf. art. 6º, inc. I, da Lei 11.107/2005; além disso, para o cumprimento de seus objetivos, o consórcio pode firmar contratos, inclusive de PPP); **B:** correta (cf. art. 4º, § 3º, da lei dos consórcios públicos); **C:** incorreta (a associação pública integra a administração indireta de todos os entes da Federação consorciados, cf. art. 6º, § 1º, da Lei 11.107/2005); **D:** incorreta (o consórcio público pode ser constituído por apenas uma parcela dos entes da Federação que subscrevem o protocolo de intenções, cf. art. 5º, § 1º, da lei); **E:** incorreta (o contrato de programa continua vigente mesmo quando extinto o consórcio público que autorizou a gestão associada de serviços públicos, cf. 13, § 4º, da Lei 11.107/2005). RB
Gabarito "B".

(Juiz de Direito – TJ/RS – 2018 – VUNESP) Pelas obrigações assumidas por consórcio público:

(A) nos termos da lei, respondem solidariamente os entes públicos consorciados, observadas as disposições do seu estatuto.
(B) responde subsidiariamente o ente público líder do consórcio.
(C) respondem pessoal e subsidiariamente os agentes públicos incumbidos da gestão do consórcio, observadas as disposições do seu estatuto.
(D) respondem subsidiariamente os entes públicos consorciados.
(E) nos termos da lei, respondem pessoal e solidariamente os agentes públicos incumbidos da gestão do consórcio, observadas as disposições do seu estatuto.

A Lei 11.107, de 6 de abril de 2005 estabelece no § 1º do artigo 1º que o consórcio público constituirá uma associação pública ou uma pessoa jurídica de direito privado. Prevê, portanto, a criação de uma nova pessoa jurídica, a qual responderá pelas obrigações assumidas pelo consórcio. A responsabilidade dos demais entes públicos consorciados pelas obrigações assumidas existirá, mas será de natureza subsidiária e, tal como previsto de forma expressa no parágrafo único do art. 10, "os agentes públicos incumbidos da gestão de consórcio não responderão pessoalmente pelas obrigações contraídas pelo consórcio público, mas responderão pelos atos praticados em desconformidade com a lei ou com as disposições dos respectivos estatutos". FB
Gabarito "D".

(Procurador do Estado/SP – 2018 – VUNESP) Consórcio público, formado por alguns dos Municípios integrantes de Região Metropolitana e por outros Municípios limítrofes, elaborou plano de outorga onerosa do serviço público de transporte coletivo de passageiros sobre pneus, abrangendo o território do Consórcio. Pretende, agora, abrir licitação para conceder o serviço. Essa pretensão é juridicamente

(A) questionável, porque, de acordo com a jurisprudência do Supremo Tribunal Federal, o planejamento, a gestão e a execução das funções de interesse comum em Regiões Metropolitanas são de competência do Estado e dos Municípios que a integram, conjuntamente.
(B) questionável, porque o consórcio descrito sequer poderia ter sido constituído sem a participação do Estado em cujo território se encontram os Municípios agrupados.
(C) viável, vez que consórcios públicos podem outorgar concessão, permissão ou autorização de serviços públicos, ainda que a delegação desse serviço específico não esteja expressamente prevista no contrato de consórcio público.
(D) viável, porque o consórcio regularmente constituído possui personalidade jurídica própria e é titular, com exclusividade, dos serviços públicos que abrangem a área territorial comum.
(E) viável, porque o desenvolvimento urbano integrado constitui instrumento de governança interfederativa e determina que o planejamento, a gestão e a execução das funções públicas de interesse comum sejam conjuntos.

Quando se trata de Região Metropolitana tem-se uma conurbação, o que torna os interesses interpenetrados, em que não se percebe mais onde termina um Município e começa outra, de modo que o chamado interesse predominantemente local perde espaço para o interesse regional. Segundo o STF na ADI 1.842, faz-se necessário ter uma integração entre os Municípios, Município-Polo e Estado-membro, com o fim de viabilizar a organização, execução e planejamento das funções públicas de interesse comum. O STF esclareceu que deve ser criado um órgão colegiado em cada região metropolitana, de acordo com as peculiaridades de cada regionalidade, com a participação dos interessados (Estado e Municípios), sendo que não pode haver concentração de poder decisório nas mãos de apenas um (poder de homologação),

vedado o predomínio absoluto de um ente sobre os demais. Restou clara, portanto, a posição do STF para que não ocorra o prevalecimento ou sobreposição do interesse de um determinado ente federativo sobre a decisão ou interesse dos demais entes da Federação. Ora, não é, portanto, o caso de constituição de um consórcio do qual nem ao menos fazem parte todos os integrantes da região metropolitana, pois nesse caso o interesse de alguns entes estaria se sobrepondo ao de outros. **FB**
Gabarito "A".

13. PROCESSO ADMINISTRATIVO

(Juiz de Direito – TJ/RJ – 2019 – VUNESP) De acordo com a Lei do Processo Administrativo do Estado do Rio de Janeiro (Lei 5.427/2009), uma decisão proferida em processo administrativo poderá ter efeito normativo e vinculante para os órgãos e entidades da Administração Pública estadual se assim determinar o Governador do Estado em despacho motivado, publicado no Diário Oficial, após oitiva da Procuradoria Geral do Estado.

Referida disposição legal é

(A) concretização do princípio da supremacia do interesse público sobre o privado.
(B) exemplo de exercício de competência vinculada da autoridade administrativa.
(C) manifestação do poder regulamentar do legislador constitucional.
(D) expressão do poder disciplinar do Chefe do Poder Executivo.
(E) decorrência do poder hierárquico do Chefe do Poder Executivo.

O poder hierárquico é aquele pelo qual a Administração Pública comanda a atuação de seus agentes, haja vista a relação de subordinação. Assim, ao determinar que determinada decisão tenha efeito vinculante para os órgãos e entidades da Administração, o Governador exerce a sua prerrogativa de hierarca. **RB**
Gabarito "E".

(Procurador do Estado/SP – 2018 – VUNESP) Oito anos após a publicação da decisão em processo administrativo de caráter ampliativo de direitos, o Poder Público estadual identificou, de ofício, vício procedimental do qual não decorreu prejuízo às partes envolvidas, nem a terceiros de boa-fé. Deverá a autoridade competente, observadas as disposições da Lei Estadual no 10.177/98 (Lei de Processo Administrativo do Estado de São Paulo),

(A) revogar, motivadamente, o ato viciado, com efeito ex nunc, regulando-se as relações jurídicas produzidas durante a vigência do ato.
(B) ajuizar ação declaratória de nulidade do ato administrativo, eis que ultrapassado o prazo decadencial quinquenal aplicável ao caso para exercício do poder de autotutela.
(C) convalidar, motivadamente, o ato viciado que não causou prejuízo à Administração ou a terceiros, tampouco foi objeto de impugnação.
(D) assegurando ampla defesa e contraditório aos particulares interessados, proceder à anulação do ato viciado, em respeito ao princípio da legalidade, sendo certo que o ato de anulação deverá produzir efeitos ex nunc.
(E) assegurando ampla defesa e contraditório dos particulares interessados, declarar nulo o ato viciado, em respeito aos princípios da juridicidade, impessoalidade e moralidade, sendo certo que o ato declaratório produzirá efeitos ex tunc.

Uma vez que o prazo de oito anos ainda não inviabilizou a convalidação (que deve ocorrer em até 10 anos), estabelece o art. 11 da Lei 10.177/1998 que: "a Administração poderá convalidar seus atos inválidos, quando a invalidade decorrer de vício de competência ou de ordem formal, desde que: I – na hipótese de vício de competência, a convalidação seja feita pela autoridade titulada para a prática do ato, e não se trate de competência indelegável; II – na hipótese de vício formal, este possa ser suprido de modo eficaz. § 1º – Não será admitida a convalidação quando dela resultar prejuízo à Administração ou a terceiros ou quando se tratar de ato impugnado. § 2º – A convalidação será sempre formalizada por ato motivado". **FB**
Gabarito "C".

(Juiz – TJ/SP – VUNESP – 2015) Em matéria de processo administrativo, no Estado de São Paulo, convivem normas processuais constantes em lei federal (Lei 9.784/1999) e estadual (Lei 10.177/1998). No regime jurídico do processo administrativo aplicado à Administração Pública estadual, é correto afirmar que

(A) a Administração não pode anular seus atos se passados mais de dez anos contados de sua produção, mesmo que causadores de prejuízo, independentemente do direito ao ressarcimento.
(B) no processo administrativo, os atos preparatórios ou de mero expediente não podem ser objeto de recurso hierárquico, podendo ser impugnados por meio de agravo retido ou pedido de reconsideração endereçado à autoridade que tiver praticado o ato.
(C) a Administração poderá convalidar seus atos inválidos, quando a invalidade decorrer de vício de competência ou de ordem formal, ainda que o mesmo tenha sido objeto de impugnação por interessado.
(D) as competências não são renunciáveis nem delegáveis, podendo ser avocadas em caráter excepcional e transitório.

A: Correta. O prazo prescricional para anulação dos atos administrativos pela própria Administração é de 10 anos, conforme disposto no art. 10, I, da Lei 10.177/1998. **B**: Incorreta. O recurso hierárquico pode ter como objeto qualquer ato administrativo, não havendo restrição aos atos de mero expediente, caso irregulares. **C**: Incorreta. Se o ato foi objeto de impugnação, a convalidação perde o sentido, já que o ato poderá ser reformado, anulado ou convalidado mediante o recurso interposto, ainda mais se essa for judicial. **D**: Incorreta. As competências são delegáveis, conforme disposto no art. 11, da Lei 9.784/1999, sendo apenas irrenunciável, portanto.
Gabarito "A".

(Delegado/SP – 2014 – VUNESP) De acordo com a Lei Estadual do Processo Administrativo (Lei 10.177/1998), uma vez requerida a expedição de certidão de autos de procedimento em poder da Administração, a autoridade competente deverá apreciar o requerimento em 05 dias

(A) corridos e determinará a expedição em prazo não inferior a 05 dias úteis.
(B) corridos e determinará a expedição em prazo não superior a 05 dias corridos.
(C) úteis e determinará a expedição em prazo não inferior a 05 dias úteis.
(D) corridos e determinará a expedição em prazo não inferior a 05 dias corridos.

(E) úteis e determinará a expedição em prazo não superior a 05 dias úteis.

Segundo o art. 74 da Lei 10.177/1998, o requerimento será apreciado pela autoridade competente em 5 dias úteis, que determinará a expedição da certidão em prazo não superior a 5 dias úteis.
Gabarito "E".

(Delegado/SP – 2014 – VUNESP) Sócrates, antigo servidor de uma autarquia, sofreu um processo administrativo disciplinar cujo resultado, ao final, lhe custou a perda do próprio cargo público. Durante o processo, foi possível ao servidor informar o julgador dos fatos, manifestar-se sobre as evidências trazidas contra si e, inclusive, ter consideradas suas manifestações nos autos. A despeito disso, alegou o servidor que, no trâmite do processo, não foi assistido por advogado regularmente constituído para a defesa. Em tais condições, a falta de defesa técnica por advogado no processo administrativo disciplinar, por si só,

(A) importa nulidade do processo administrativo disciplinar por constituir flagrante cerceamento de defesa.
(B) não importa nulidade de processo administrativo disciplinar, desde que seus atos sejam reaproveitados em novo procedimento, desta vez assistido o acusado por defensor dativo.
(C) importa nulidade da decisão por violar o princípio da ampla defesa assegurado a todos litigantes em processo judicial ou administrativo pelo art. 5º, inciso LV, da Constituição Federal.
(D) importa nulidade do processo administrativo disciplinar, pois a Lei Estadual do Processo Administrativo (Lei 10.177/1998) prevê a essencialidade do defensor habilitado para o cumprimento do devido processo legal.
(E) não ofende a constituição, ainda mais no presente caso em que a parte reconhecidamente se defendeu nos autos.

Segundo a Súmula Vinculante STF n. 5, a falta de defesa técnica por advogado no processo disciplinar, por si só, ofende o contraditório e a ampla defesa; ou seja, a falta de advogado gera a presunção de desrespeito a esse princípio, se forem preservados os três elementos dessa garantia, que são os seguintes: "a) o direito de manifestação (que obriga o órgão julgador a informar à parte contrária dos atos praticados no processo e sobre os elementos dele constantes); b) o direito de informação sobre o objeto do processo (que assegura ao defendente a possibilidade de se manifestar oralmente ou por escrito sobre os elementos fáticos e jurídicos contidos no processo); e c) o direito de ver os seus argumentos contemplados pelo órgão incumbido de julgar (que exige do julgador capacidade de apreensão e isenção de ânimo para contemplar as razões apresentadas)" (STF, RE 434.059/DF). Assim, a alternativa "E" está correta.
Gabarito "E".

(Delegado/SP – 2014 – VUNESP) De acordo com o Estatuto dos Funcionários Públicos Civis do Estado de São Paulo (Lei 10.261/1968), será aplicada a pena de demissão, a bem do serviço público, ao funcionário que

(A) for ineficiente no serviço.
(B) receber presentes de qualquer espécie, por intermédio de outrem, em razão de suas funções.
(C) abandonar o cargo por mais de 30 dias consecutivos.
(D) se ausentar do serviço, sem causa justificável, por mais de 45 dias, interpoladamente, em 01 ano.
(E) aplicar indevidamente dinheiros ou recursos públicos.

A: incorreta, pois esse caso é de demissão simples (art. 256, III); **B:** correta (art. 257, VII); **C:** incorreta, pois esse caso é de demissão simples (art. 256, I e p. 1º); **D:** incorreta, pois esse caso é de demissão simples (art. 256, V); **E:** incorreta, pois esse caso é de demissão simples (art. 256, IV).
Gabarito "B".

14. CONTROLE DA ADMINISTRAÇÃO PÚBLICA

14.1. CONTROLE DO LEGISLATIVO, DO TRIBUNAL DE CONTAS E DO PODER JUDICIÁRIO

(Investigador – PC/BA – 2018 – VUNESP) Segundo a Constituição Federal, a fiscalização contábil, financeira, orçamentária, operacional e patrimonial da Administração Direta e Indireta, quanto à legalidade, legitimidade, economicidade, aplicação das subvenções e renúncia de receitas, será efetuada, no âmbito federal, pelo

(A) controle externo, realizado pelo Congresso Nacional, com o auxílio do Supremo Tribunal Federal.
(B) controle interno, que deverá remeter suas conclusões para análise e ratificação do Tribunal de Contas da União.
(C) controle externo, realizado pelo Tribunal de Contas da União, com o auxílio do Congresso Nacional.
(D) controle interno de cada Poder, o que dispensa a necessidade de existência de um controle externo.
(E) controle externo, realizado pelo Congresso Nacional, com o auxílio do Tribunal de Contas da União.

Correta a alternativa E, nos termos do ar. 71 da CF/1988.
Gabarito "E".

(Juiz de Direito – TJ/RS – 2018 – VUNESP) Um Município, ao promover a reintegração de posse de área pública, observando os requisitos previstos em lei municipal, cadastrou as famílias que ocupavam irregularmente a área, a fim de conceder-lhes auxílio aluguel provisório. Nos termos do artigo 3º da Lei municipal, o valor do benefício é de R$ 300,00 (trezentos reais) por família, a ser transferido pelo período estimado de

24 (vinte e quatro) meses, prorrogáveis a critério do Chefe do Poder Executivo municipal. Associação das famílias instaladas na localidade, contudo, impetrou Mandado de Segurança e, liminarmente, pleiteou que o Município fosse compelido a efetuar pagamento de, pelo menos, R$ 500,00 (quinhentos reais) por família, valor que supostamente equivaleria ao valor médio de aluguel residencial em área próxima àquela objeto da reintegração. Nesse caso, à associação dos ocupantes da área pública

(A) não assiste razão porque, no caso, não é possível afirmar a existência de ilegalidade na atuação em concreto do Município.
(B) assiste razão, porque ao preestabelecer valor fixo a título de aluguel social, a lei municipal é inconstitucional por ferir os princípios da razoabilidade e proporcionalidade.
(C) assiste razão, devendo ser judicialmente garantida efetividade ao direito constitucional à moradia, independentemente da comprovação da veracidade e razoabilidade do valor do benefício pleiteado na ação mandamental.
(D) não assiste razão porque, de acordo com o princípio da separação dos poderes, não compete ao Poder Judi-

ciário examinar a constitucionalidade de lei municipal produto do exercício de competência discricionária típica dos Poderes Executivo e Legislativo.
(E) não assiste razão porque a decisão quanto ao pagamento de benefício assistencial e respectivo valor deve decorrer de decisão do Poder Executivo municipal, fundada em critérios orçamentários, limitados pela reserva do possível, os quais não cabe ao Poder Judiciário perscrutar.

A questão tem como enfoque principal o tema dos limites de apreciação dos atos administrativos e legislativos pelo Poder Judiciário. Deveras, embora o Poder Judiciário possa analisar se uma determinada lei ou ainda um ato administrativo fere ou não o ordenamento jurídico como um todo, em especial em cotejo quanto ao que dispõe a Constituição e os princípios de direito, não pode ele substituir o legislador e determinar o *quantum* a ser pago a título de auxílio aluguel, pois isso seria invadir competência que não lhe cabe.
Gabarito "A".

(Procurador Municipal – Sertãozinho/SP – VUNESP – 2016) Julgar as contas dos administradores e demais responsáveis por dinheiros, bens e valores públicos da Administração direta e indireta, incluídas as fundações e sociedades instituídas e mantidas pelo Poder Público, e as contas daqueles que derem causa a perda, extravio ou outra irregularidade de que resulte prejuízo ao erário público é competência constitucionalmente atribuída ao

(A) Poder Judiciário de âmbito Estadual, aos juízes vinculados ao Tribunal de Justiça do respectivo Estado.
(B) Poder Judiciário de âmbito Federal, aos juízes vinculados ao Tribunal Regional Federal daquela Região.
(C) Tribunal de Contas que atue no âmbito daquele ente federativo.
(D) sistema de controle interno de cada Poder.
(E) controle externo a cargo do Poder Legislativo, que será exercido com o auxílio do Ministério Público.

A: Incorreta. O julgamento de contas do Poder Público cabe ao Tribunal de Contas, sendo essa competência expressa no art. 71, II, CF, e que é repetido por simetria nas Constituições Estaduais e Leis Orgânicas Municipais, em relação aos Tribunais e Conselhos de Contas Municipais. Trata-se, portanto, de competência dos Tribunais de Contas e não do Poder Judiciário. B: Incorreta. Vale aqui o mesmo argumento da alternativa A. C: Correta, conforme disposto no art. 71, II, CF, aplicado de forma simétrica aos Municípios. D: Incorreta. Nesse caso, temos um controle externo, feito pelo Congresso e auxiliado pelos Tribunais de Contas (art. 71, CF). E: Incorreta. O sistema é de controle externo e com auxílio dos Tribunais de Contas (art. 71, "caput", CF).
Gabarito "C".

(Procurador – SP – VUNESP – 2015) Unidade da Prefeitura Municipal de Caieiras realiza licitação e contrata empresa privada para a prestação de determinado serviço. Auditoria do Tribunal de Contas do Estado de São Paulo verifica que o pagamento realizado à empresa contratada foi 40% (quarenta por cento) maior do que o devido, considerando a despesa ilegal. Como consequência de tal constatação em controle externo, poderá o Tribunal de Contas

(A) determinar ao Prefeito Municipal que afaste, de imediato, os responsáveis de suas funções, enquanto o Tribunal de Contas realiza o processo disciplinar.
(B) aplicar aos responsáveis as sanções previstas em lei, que estabelecerá, entre outras cominações, multa proporcional ao dano causado ao erário.
(C) informar a Câmara Municipal, para que delibere a respeito, juntamente com as informações anuais prestadas sobre a fiscalização orçamentária, contábil e financeira.
(D) encaminhar as informações, em forma de denúncia, para que a Câmara Municipal apure a responsabilidade dos servidores municipais que deram causa à irregularidade.
(E) rejeitar as contas do Prefeito Municipal, encaminhando as informações ao Ministério Público Estadual, para propositura de ação de improbidade contra o Prefeito Municipal.

A: Incorreta. O Tribunal de contas não é competente para instauração de processo disciplinar. Ele é Tribunal administrativo, que julga contas do Poder Público (arts. 71, e seguintes, CF). B: Correta. Haverá aplicação de sanção administrativa (art. 71, VIII, CF), sem que isso seja um processo disciplinar, que é de competência do órgão ou pessoa jurídica a qual pertence o servidor. C: Incorreta. O Tribunal de Contas pode representar ao Poder competente sobre irregularidades ou abusos apurados, conforme disposto no art. 71, XI, CF, sendo a representação à Prefeitura de Caieiras, portanto. D: Incorreta. Como explicado acima, o art. 71, XI, CF dispõe sobre a representação ao Poder competente, no caso, à Prefeitura Municipal de Caieiras. E: Incorreta. Não há dados na questão sobre quem realizou o ato, por isso não há como responsabilizar o Prefeito.
Gabarito "B".

(Ministério Público/ES – VUNESP – 2013) Assinale a alternativa que corretamente descreve um instrumento de controle da administração previsto na Constituição Federal e que deve ser manejado pelo Poder Legislativo.

(A) Analisar as contas prestadas trimestralmente pelo Presidente da República.
(B) Sustar os atos normativos do Poder Executivo que exorbitem do poder regulamentar ou dos limites de delegação legislativa.
(C) Analisar e dar provimento a recurso hierárquico próprio de atos praticados por servidores públicos do Poder Executivo.
(D) Exercer a supervisão das entidades descentralizadas e o controle hierárquico dos órgãos da Administração Indireta.
(E) Sustar a execução de contrato administrativo, exercendo controle financeiro, sem necessidade de impugnação do contrato no âmbito do Tribunal de Contas.

A: incorreta, pois essa competência é do Tribunal de Contas (art. 71, I, da CF); vale salientar que essa análise é anual e não trimestral; B: correta (art. 49, V, da CF); C e D: incorretas, pois essa competência não está prevista na Constituição e fere o princípio da independência dos Poderes; E: incorreta, pois essa competência se inicia por atuação do Tribunal de Contas (art. 71, X e § 1º, da CF).
Gabarito "B".

(Procurador Municipal – Sertãozinho/SP – VUNESP – 2016) Julgar as contas dos administradores e demais responsáveis por dinheiros, bens e valores públicos da Administração direta e indireta, incluídas as fundações e sociedades instituídas e mantidas pelo Poder Público, e as contas daqueles que derem causa a perda, extravio ou outra irregularidade de que resulte prejuízo ao erário público é competência constitucionalmente atribuída ao

(A) Poder Judiciário de âmbito Estadual, aos juízes vinculados ao Tribunal de Justiça do respectivo Estado.
(B) Poder Judiciário de âmbito Federal, aos juízes vinculados ao Tribunal Regional Federal daquela Região.
(C) Tribunal de Contas que atue no âmbito daquele ente federativo.
(D) sistema de controle interno de cada Poder.
(E) controle externo a cargo do Poder Legislativo, que será exercido com o auxílio do Ministério Público.

A: Incorreta. O julgamento de contas do Poder Público cabe ao Tribunal de Contas, sendo essa competência expressa no art. 71, II, CF, e que é repetido por simetria nas Constituições Estaduais e Leis Orgânicas Municipais, em relação aos Tribunais e Conselhos de Contas Municipais. Trata-se, portanto, de competência dos Tribunais de Contas e não do Poder Judiciário. **B:** Incorreta. Vale aqui o mesmo argumento da alternativa A. **C:** Correta, conforme disposto no art. 71, II, CF, aplicado de forma simétrica aos Municípios. **D:** Incorreta. Nesse caso, temos um controle externo, feito pelo Congresso e auxiliado pelos Tribunais de Contas (art. 71, CF). **E:** Incorreta. O sistema é de controle externo e com auxílio dos Tribunais de Contas (art. 71, "caput", CF).
Gabarito "C".

15. LEI ANTICORRUPÇÃO

(Defensor Público/RO – 2017 – VUNESP) A autoridade máxima de cada órgão ou entidade pública poderá celebrar acordo de leniência com as pessoas jurídicas responsáveis pela prática dos atos previstos na Lei Anticorrupção que colaborem efetivamente com as investigações e o processo administrativo, o qual

(A) isentará a pessoa jurídica da sanção relativa à publicação extraordinária de decisão condenatória e reduzirá em até 50% (cinquenta por cento) o valor da multa aplicável.
(B) isentará a pessoa jurídica da proibição de receber incentivos, subsídios, subvenções, doações ou empréstimos de órgãos ou entidades públicas pelo prazo mínimo de 1 (um) e máximo de 5 (cinco) anos.
(C) não beneficiará as pessoas jurídicas que integram o mesmo grupo econômico.
(D) não interfere no curso do prazo prescricional dos atos ilícitos previstos na referida lei.
(E) deverá ser cumprido sob pena de impedimento da celebração de novo acordo pela pessoa jurídica, pelo prazo de 03 (três) anos contados da pactuação do primeiro.

Para fazer jus aos benefícios do acordo de leniência, a lei exige que as pessoas jurídicas responsáveis pela prática dos atos previstos na Lei Anticorrupção: a) cessem a prática da irregularidade investigada; b) admitam a participação na infração; c) cooperem com as investigações e d) forneçam informações que comprovem a infração. Uma vez cumpridos esses requisitos com sucesso, os possíveis benefícios são a isenção da obrigatoriedade de publicar a punição; isenção da proibição de receber do Governo Federal incentivos, subsídios e empréstimos; redução da multa em até 2/3 e isenção ou atenuação da proibição de contratar com a Administração Pública – art. 16 § 2º da Lei 12.846/2013.
Gabarito "B".

(Juiz de Direito – TJM/SP – VUNESP – 2016) Com base na Lei Anticorrupção, é correto afirmar que

(A) na esfera administrativa, serão aplicadas às pessoas jurídicas consideradas responsáveis pelos atos lesivos, multa de até 20% (vinte por cento) do faturamento bruto do último exercício anterior ao da instauração do processo administrativo, em substituição à obrigação de reparar os danos.
(B) a Advocacia Geral da União – AGU é o órgão competente para celebrar os acordos de leniência no âmbito do Poder Executivo federal, bem como no caso de atos lesivos praticados contra a Administração Pública estrangeira.
(C) constitui ato lesivo à Administração Pública, nacional ou estrangeira, aquele praticado por sociedade empresária que, comprovadamente, utilizar-se de interposta pessoa física ou jurídica para ocultar ou dissimular seus reais interesses ou a identidade dos beneficiários dos atos praticados.
(D) a responsabilização da pessoa jurídica exclui a responsabilidade individual de seus dirigentes ou administradores, exceto em relação aos ilícitos penais, pelos quais responderão na medida da sua culpabilidade.
(E) as pessoas jurídicas serão responsabilizadas objetivamente, nos âmbitos administrativo, civil e criminal, pelos atos lesivos previstos nessa Lei, praticados em seu interesse ou benefício, exclusivo ou não.

A: Incorreta. O art. 6º, I, § 3º, da Lei 12.846/2013 determina multa de 0,1% a 20% do faturamento bruto, e não somente de 20%, como determina a assertiva. **B:** Incorreta. O art. 16, § 10, da Lei Anticorrupção determina ser competência da Controladoria Geral da União a celebração de acordos de leniência. **C:** Correta. O art. 5º, III, da Lei 12.846/2013 determina que: "Constituem atos lesivos à administração pública, nacional ou estrangeira, para os fins desta Lei (...) III – comprovadamente, utilizar-se de interposta pessoa física ou jurídica para ocultar ou dissimular seus reais interesses ou a identidade dos beneficiários dos atos praticados. **D:** Incorreta. A responsabilização de pessoa jurídica não exclui a responsabilidade de seus dirigentes (art. 3º, da Lei Anticorrupção). **E:** Incorreta. A responsabilidade é objetiva somente no âmbito administrativo e civil (art. 2º, da Lei 12.846/2013).
Gabarito "C".

(Juiz – TJ/RJ – VUNESP – 2016) Considere a seguinte situação hipotética. Empresa privada V acaba de vencer pregão para fornecimento de câmeras de videomonitoramento para colocação em todas as viaturas das policias civil e militar do Estado do Rio de Janeiro. Um dos sócios da Empresa V procura o Secretário Estadual de Segurança Pública e lhe propõe que faça um aditivo de 25% ao valor do contrato. Em troca, a empresa V repassaria 5% de tudo que fosse pago a título do aditivo ao Secretário Estadual. Diante da oferta, o Secretário dá voz de prisão ao sócio da Empresa V e aciona a autoridade policial, para lavratura do flagrante. Tomadas as medidas criminais cabíveis, em relação à aplicação da Lei Federal 12.846/2013 – Lei Anticorrupção, é correto afirmar que

(A) a responsabilidade administrativa é cumulada com a judicial, assim, o Estado do Rio de Janeiro, por meio da respectiva Advocacia Pública, o Ministério Público, ou ainda, a Controladoria Geral da União, poderá ajuizar a ação de responsabilização judicial, que observará o rito da Ação Civil Pública, culminando com a sanção dentre outras, da dissolução da pessoa jurídica "Empresa V".
(B) considerando a necessidade de identificação dos envolvidos na infração, e a obtenção de informações e documentos que comprovem o ilícito no Processo

Administrativo de Responsabilização, o Secretário Estadual poderá celebrar acordo de leniência com a "Empresa V" para que esta colabore efetivamente com as investigações, e se isto ocorrer, a Administração poderá eximir a pessoa jurídica (Empresa V) da obrigação de reparar integralmente o dano causado.

(C) a oferta de vantagem indevida a agente público é suficiente para caracterizar ato lesivo à Administração Pública, passível de responsabilização objetiva administrativa da pessoa jurídica "Empresa V", sendo aplicável, como sanção no âmbito do Processo Administrativo de Responsabilização, a proibição de receber incentivos, subsídios, subvenções, doações ou empréstimos de órgãos ou entidades públicas e de instituições financeiras públicas ou controladas pelo poder público, pelo prazo mínimo de 1 (um) e máximo de 5 (cinco) anos.

(D) a mera oferta de vantagem indevida a agente público não é suficiente para caracterizar ato lesivo à Administração Pública, passível de responsabilização objetiva administrativa da pessoa jurídica "Empresa V", sendo necessário que, no caso concreto, ao menos houvesse assinatura do aditivo contratual, a fim de que pudesse ser imposta à "Empresa V", como sanção administrativa, a suspensão ou interdição parcial de suas atividades.

(E) a oferta de vantagem indevida a agente público é suficiente para caracterizar ato lesivo à Administração Pública, passível de responsabilização objetiva administrativa da pessoa jurídica "Empresa V", sendo aplicáveis, como sanções no âmbito do Processo Administrativo de Responsabilização, multa de 0,1% a 20% do faturamento bruto do último exercício anterior ao da instauração do processo administrativo, excluídos os tributos, a qual nunca será inferior à vantagem auferida, quando for possível sua estimação, e publicação extraordinária da decisão condenatória.

A: Incorreta. A Controladoria Geral da União não é legitimada para propor ação judicial, conforme disposto no art. 19, da Lei Anticorrupção, sendo o Ministério Público e Advocacia Pública. **B:** Incorreta. O acordo de leniência não exime a pessoa jurídica de reparar o dano, conforme disposto no art. 16, § 3º, da Lei 12.846/2013. **C:** Incorreta. O art. art. 19, IV, da Lei Anticorrupção determina que a sanção de proibição de receber incentivos, subsídios e subvenções do Poder Público é uma penalidade judicial, e não administrativa, como consta da assertiva. **D:** Incorreta. A interdição das atividades da empresa é uma sanção judicial, e não administrativa, como afirmado na assertiva e a mera oferta de vantagem indevida é suficiente para caracterizar o delito. **E:** Correta. Trata-se do disposto no art. 6º, quanto à sanção administrativa, e no art. 19, quanto à sanção judicial, ambos da Lei 12.846/2013.
Gabarito "E".

(Juiz – TJ/MS – VUNESP – 2015) Suponha a seguinte situação hipotética: grupo de empresários, interessados em obra de grande vulto, cuja licitação será realizada pelo Estado do Mato Grosso do Sul, decidem realizar ajuste prévio dos valores a serem ofertados no certame, combinando que a empresa A deverá ser a vencedora, com proposta de menor valor, e que as demais empresas (B, C e D) deverão apresentar propostas de maior valor. Os empresários combinam, ainda, que a empresa A subcontrate as empresas B, C e D. Os empresários ajustados resolvem, ainda, cooptar servidor público estadual, a fim de que ele facilite a realização da fraude. O servidor aceita cooperar com o grupo de empresas, fornecendo informações sigilosas que beneficiam esse grupo de empresários, em detrimento dos demais licitantes, mediante oferecimento de vantagem pecuniária. A empresa A se sagra vencedora do certame. No entanto, antes da homologação do resultado da licitação, por meio do controle interno da Secretaria que estava realizando o certame, a fraude é descoberta. Nesse caso, é correto afirmar, considerando as sanções possíveis em nosso ordenamento jurídico-administrativo, que

(A) as empresas e os empresários não podem ser punidos por tentativa no âmbito da Lei Anticorrupção (Lei Federal 12.846/2013); as empresas, os empresários e o agente público não podem ser punidos por ato de improbidade tentado; o agente público pode ser, no entanto, punido por falta disciplinar da Lei Federal 12.527/2011, a Lei de Acesso à Informação, por divulgação indevida de informações sigilosas, pelas quais deveria zelar.

(B) as empresas podem ser punidas pelo mero oferecimento de vantagem a servidor público estadual para frustrar licitação, pois tal conduta está prevista como ato ilícito na Lei Anticorrupção; os empresários não podem ser punidos no âmbito da Lei Federal 8.429/1992, porque particular não pode ser sujeito de ato de improbidade; o agente público pode ser punido no âmbito da Lei Federal 8.429/1992, por sua simples aquiescência com o ilícito.

(C) as empresas podem ser punidas por ato lesivo à Administração Pública Estadual, pelo oferecimento de vantagem a servidor público estadual, nos termos da Lei 12.846/2013; os empresários e o agente público podem responder por ato de improbidade administrativa, pois a jurisprudência do Superior Tribunal de Justiça admite como punível a tentativa de improbidade administrativa, que não se realiza por motivo alheio à conduta do agente, porque caracteriza ofensa a princípios da Administração Pública.

(D) as empresas, os empresários e o agente público não responderão por atos ilícitos que caracterizem improbidade administrativa, previstos na Lei Federal 8.429/1992, nem ato lesivo à Administração Pública, nos termos da Lei Federal 12.846/2013, pois não é prevista, nesses casos, sanção ou pena para a tentativa de frustrar o caráter competitivo de certame licitatório.

(E) os empresários e o agente público podem ser punidos por tentativa de ato de improbidade, pois a jurisprudência do Superior Tribunal de Justiça admite como punível a tentativa de improbidade administrativa, que não se realiza por motivo alheio à conduta do agente, porque caracteriza ofensa a princípios da Administração Pública, mas as empresas não podem ser punidas no âmbito da Lei Anticorrupção, pois o mero oferecimento de vantagem ilícita a servidor não é ato ilícito previsto pela Lei Federal 12.846/2013.

A: Incorreta. O ato de improbidade administrativa admite tentativa, conforme se verifica pelo seguinte entendimento do STJ: "STJ, 2ª Turma, REsp 1014161 (17/09/2010): É punível a tentativa de improbidade administrativa nos casos em que as condutas não se realizam por motivos alheios ao agente, haja vista a ocorrência de ofensa aos princípios da Administração Pública"; **B:** Incorreta. Os empresários

podem ser punidos por improbidade administrativa, conforme disposto no art. 3º da Lei 8.429/1992. **C:** Correta. Perfeita assertiva, eis que a Lei Anticorrupção permite a punição de pessoas físicas ou jurídicas que praticarem atos de corrupção com lesão ao erário, assim como tanto os empresários quanto agentes públicos podem ser punidos pela Lei de Improbidade (uma não exclui a outra), conforme disposto nos arts. 3º, da Lei 8.429/1992 e arts. 1º a 3º, da Lei 12.846/2013. **D:** Incorreta. Conforme já explicado acima, tanto empresários quanto agentes respondem por improbidade administrativa (arts. 1º a 3º, da Lei 8.429/1992). **E:** Incorreta. O erro está na segunda parte da assertiva, porque as empresas são sujeitos ativos para a Lei Anticorrupção (arts. 1º a 3º, da Lei 8.429/1992).
Gabarito "C".

(Juiz – TJ/SP – VUNESP – 2015) À luz da Lei 12.846/2013, denominada Lei Anticorrupção (LAC), é correta a afirmação constante em qual das alternativas a seguir?

(A) Com base na LAC, podem ser aplicadas na esfera administrativa as sanções de multa, publicação extraordinária da decisão condenatória e declaração de inidoneidade da pessoa jurídica envolvida nos ilícitos.

(B) As punições previstas na LAC somente poderão ser aplicadas após regular processo administrativo, no âmbito do qual seja possível o exercício da ampla defesa com todos os meios e recursos a ela inerentes, e conduzido por comissão integrada por, no mínimo, dois servidores estáveis.

(C) A competência para instauração e julgamento do processo administrativo de responsabilização por atos de corrupção pelos envolvidos caberá à autoridade máxima de cada órgão ou ente público do respectivo poder, vedada a delegação desta competência.

(D) A autoridade máxima do órgão ou entidade pública, com a anuência do Ministério Público, poderá celebrar acordo de leniência com as pessoas físicas ou jurídicas responsáveis por atos de corrupção desde que esta identifique os demais envolvidos na infração, forneça com celeridade provas e documentos, seja a primeira a se manifestar e cesse completamente seu envolvimento.

A: Incorreta. A declaração de inidoneidade não é uma penalidade prevista pela Lei 12.846/2013. **B:** Correta. Trata-se de princípio constitucional da ampla defesa e contraditório, disposto no art. 5º, LV, CF, que se materializa pela Lei Anticorrupção. **C:** Incorreta. O art. 8º, § 1º, da Lei 12.846/2013 prevê a possibilidade de delegação dessa atividade. **D:** Incorreta. Não há previsão de anuência do Ministério Público para a celebração do acordo de Leniência.
Gabarito "B".

16. LEI DE ACESSO À INFORMAÇÃO

(Procurador – SP – VUNESP – 2015) Assinale a alternativa que corretamente discorra sobre aspectos da Lei Federal 12.527/2011 (Lei de Acesso à Informação).

(A) A Câmara Municipal de Caieiras não se submete à Lei de Acesso à Informação, pois a Lei Federal 12.527/2011 somente é aplicável aos órgãos do Poder Executivo de todos os níveis da Federação.

(B) Não são passíveis de classificação as informações cuja divulgação ou acesso irrestrito possam oferecer elevado risco à estabilidade financeira, econômica ou monetária do País.

(C) A Lei de Acesso à Informação tem como diretrizes, entre outras, a observância da publicidade como preceito geral e do sigilo como exceção, bem como a divulgação de informações de interesse público, independentemente de solicitações.

(D) O acesso a informações públicas será assegurado mediante gestão transparente da informação, não sendo, no entanto, necessária a criação de serviço específico de informações ao cidadão.

(E) O órgão ou entidade pública deverá autorizar ou conceder o acesso imediato à informação disponível; não sendo possível conceder o acesso imediato, o órgão ou entidade que receber o pedido deverá atendê-lo no prazo de 30 (trinta) dias.

A: Incorreta. O art. 1º, parágrafo único, I, da Lei 12.527/2011 dispõe que a lei se aplica a órgãos de todos os Poderes, o que inclui a Câmara Municipal, que é órgão do Poder Legislativo. **B:** Incorreta. O art. 23, IV, da Lei 12.527/2011 determina que essa é um tipo de informação a ser classificada. **C:** Correta. Perfeita a assertiva, eis que é "letra da lei", conforme disposto no art. 3º, da Lei 12.527/2011. **D:** Incorreta. O art. 9º, I, da Lei 12.527/2011 determina a criação de serviço específico ao cidadão. **E:** Incorreta. O prazo é não superior a 20 dias para o órgão agir, caso não seja possível o acesso imediato da informação.
Gabarito "C".

(Delegado/SP – 2014 – VUNESP) A respeito da Lei de Acesso à Informação (Lei 12.527/2011), é correto afirmar que

(A) nos municípios em que não se exige a veiculação pela internet, as informações referentes à execução orçamentária e financeira devem ser disponibilizadas à população e renovadas, ao menos semestralmente.

(B) nas cidades com mais de 10 mil habitantes, os órgãos e entidades públicas devem promover pela internet o acesso a informações de interesse coletivo por eles produzidas ou custodiadas.

(C) qualquer interessado pode requerer informações aos órgãos e entidades públicas, assegurado, independentemente de justificação, o anonimato do requerente.

(D) o prazo máximo de restrição de acesso à informação considerada "ultrassecreta" não pode ultrapassar a 01 (um) ano.

(E) somente o Presidente da República pode classificar uma informação como sendo "ultrassecreta".

A: incorreta, pois, nesses casos, é obrigatória a divulgação das respectivas informações em tempo real (art. 8º, § 4º); **B:** correta (art. 8º, § 4º); **C:** incorreta, pois a lei exige identificação do requerente (art. 10, caput), mas não é possível exigir motivação do interessado quando este buscar informações de interesse público (art. 10, § 3º); **D:** incorreta, pois o prazo nesse caso é de 25 anos (art. 24, § 1º, I); **E:** incorreta, pois outras autoridades, como Vice-Presidente da República, Ministros de Estado também podem classificar uma informação como sendo "ultrassecreta" (art. 27, I).
Gabarito "B".

17. ORGANIZAÇÃO DA SOCIEDADE CIVIL

(Procurador do Estado/SP – 2018 – VUNESP) Ajuste a ser celebrado entre o Poder Público e associação privada sem fins lucrativos, com sede no exterior e escritório de representação em Brasília, tendo por objeto a conjugação de esforços entre os partícipes com vistas à realização de encontro para, por meio de palestras e workshops, difundir conhecimento e promover a troca de experiências em políticas públicas voltadas às áreas sociais, sem previsão de transferência de recursos públicos, porém com previsão de cessão de espaço em imóvel público para realização do evento denomina-se

(A) termo de parceria, submetido ao regime jurídico previsto na Lei Federal no 9.790/99 e Lei Estadual 11.598/2003 (Lei das Organizações da Sociedade Civil de Interesse Público – OSCIPs), desde que o escritório no Brasil da entidade seja qualificada como Organização da Sociedade Civil de Interesse Público.
(B) acordo de cooperação, submetido ao regime jurídico previsto na Lei Federal 13.019/2014 (Lei das Parcerias Voluntárias com Organizações da Sociedade Civil – OSCs).
(C) convênio, submetido ao regime jurídico previsto na Lei Federal 8.666/93 (Lei de Licitações e Contratos).
(D) contrato, submetido ao regime jurídico previsto na Lei Federal 8.666/93 (Lei de Licitações e Contratos).
(E) termo de fomento, submetido ao regime jurídico previsto na Lei Federal 13.019/2014 (Lei das Parcerias Voluntárias com Organizações da Sociedade Civil – OSCs).

A Lei 13.019, de 31 de julho de 2014, estabelece o regime jurídico das parcerias entre a Administração Pública e as organizações da sociedade civil, em regime de mútua cooperação, para a consecução de finalidades de interesse público e recíproco, mediante a execução de atividades ou de projetos previamente estabelecidos em planos de trabalho inseridos em termos de colaboração, em termos de fomento ou em **acordos de cooperação**. Segundo o art. 2º, VIII-A da Lei 13.019/2014, acordo de cooperação é instrumento por meio do qual são formalizadas as parcerias estabelecidas pela Administração Pública com organizações da sociedade civil para a consecução de finalidades de interesse público e recíproco que não envolvam a transferência de recursos financeiros.

Gabarito "B".

18. OUTROS TEMAS

(Juiz de Direito – TJ/RJ – 2019 – VUNESP) Súmula do Tribunal de Justiça do Estado do Rio de Janeiro dispõe que

(A) a obrigação dos entes públicos de fornecer medicamentos não padronizados, desde que reconhecidos pela ANVISA e por recomendação médica, compreende-se no dever de prestação unificada de saúde e não afronta o princípio da reserva do possível.
(B) a solidariedade dos entes públicos, no dever de assegurar o direito à saúde, implica na admissão do chamamento do processo.
(C) a obrigação estatal de saúde compreende o fornecimento de serviços indicados por médico da rede pública ou privada, desde que emergenciais, tais como exames, cirurgias e tratamento pós-operatório.
(D) para o cumprimento da tutela específica de prestação unificada de saúde, entre as medidas de apoio, insere-se a apreensão de quantia suficiente à aquisição de medicamentos junto à conta bancária por onde transitem receitas públicas de ente devedor, com a imediata entrega ao necessitado, independentemente de prestação de contas.
(E) o princípio da dignidade da pessoa humana e o direito à saúde asseguram a concessão de passe-livre ao necessitado, desde que demonstrada a doença, independentemente de comprovação de realização de tratamento.

A: correta (cf. súmula TJ nº 180); **B:** incorreta (a solidariedade dos entes públicos, no dever de assegurar o direito à saúde, não implica na admissão do chamamento do processo, cf. Súmula TJ nº 115); **C:** incorreta (a obrigação estatal de saúde compreende o fornecimento de serviços, tais como a realização de exames e cirurgias, assim indicados por médico, cf. Súmula TJ nº 184); **D:** incorreta (cf. Súmula TJ nº 178, para o cumprimento da tutela específica de prestação unificada de saúde, insere-se entre as medida de apoio, desde que ineficaz outro meio coercitivo, a apreensão de quantia suficiente à aquisição de medicamentos junto à conta bancária por onde transitem receitas públicas de ente devedor, com a imediata entrega ao necessitado e posterior prestação de contas); **E:** incorreta (cf. Súmula TJ nº 183, o princípio da dignidade da pessoa humana e o direito à saúde asseguram a concessão de passe-livre ao necessitado, com custeio por ente público, desde que demonstradas a doença e o tratamento através de laudo médico).

Gabarito "A".

7. Direito Tributário

Robinson Barreirinhas

1. COMPETÊNCIA TRIBUTÁRIA

(Advogado – Pref. São Roque/SP – 2020 – VUNESP) A respeito das contribuições em matéria tributária, é correto afirmar que

(A) os municípios não têm competência para a cobrança de tributos na forma de contribuições de qualquer natureza, que competem exclusivamente à União.
(B) as contribuições sociais incidirão também sobre a importação de produtos estrangeiros ou serviços.
(C) as contribuições de intervenção no domínio econômico não poderão ter alíquota específica, isto é, tendo por base a unidade de medida adotada para cobrança.
(D) as contribuições para custeio do regime próprio de previdência social não se submetem à chamada anterioridade nonagesimal.
(E) a instituição de contribuições se dá exclusivamente por meio de lei complementar do ente instituidor.

A: incorreta, pois os Municípios têm competência para instituir e cobrar as contribuições de melhoria, as contribuições para custeio do regime previdenciário próprio de seus servidores e a contribuição para custeio do serviço de iluminação pública – arts. 145, III, 149, § 1º, e 149-A da CF; **B:** correta – art. 149, § 2º, II, da CF; **C:** incorreta, pois isso é expressamente admitido pelo art. 149, § 2º, III, *b*, da CF; **D:** incorreta, pois sujeitam-se à anterioridade nonagesimal – art. 149 da CF. **E:** incorreta, já que não há exigência de lei complementar para instituição das contribuições previstas no art. 149 da CF, com exceção de outras contribuições sociais previstas no art. 195, § 4º, da CF.

Gabarito "B".

(Procurador do Estado/SP – 2018 – VUNESP) Estado AB cria imposto sobre o valor das operações internas de circulação de mercadorias que ultrapassar o preço nacional médio do mesmo produto, conforme divulgado pela Administração Tributária local. Considerada a situação hipotética apresentada, e com base na Constituição Federal, assinale a alternativa correta.

(A) O imposto é inconstitucional porque o Estado AB não tem competência residual para instituir tributos.
(B) O imposto é constitucional por ser de competência tributária especial dos Estados para criar tributos com a finalidade de corrigir distorções concorrenciais, tendo como fato gerador e base de cálculo o desequilíbrio e o respectivo valor.
(C) O imposto é constitucional, pois decorre da competência tributária residual do Estado para prevenir distorções concorrenciais, tendo por base de cálculo o valor do desequilíbrio concorrencial.
(D) O imposto é inconstitucional porque, embora o Estado AB possa instituir tributo para corrigir distorções concorrenciais, a base de cálculo do novo tributo é própria do ICMS.
(E) O imposto é inconstitucional porque, embora o Estado AB possa instituir tributo para corrigir distorções concorrenciais, está baseado em pauta fiscal, vedada pela Constituição Federal.

A: correta, sendo esta a melhor alternativa, por trazer interpretação razoável da situação e por exclusão das demais. De fato, somente a União pode instituir imposto não previsto expressamente na Constituição Federal, o que se denomina competência residual – art. 154, I, da CF. Entretanto, considerando-se que o tributo é definido por seu fato gerador e por sua base de cálculo (art. 4º do CTN), é razoável também a interpretação no sentido de que a questão descreve simplesmente o ICMS (cujo fato gerador é a circulação de mercadorias – art. 155, II, da CF), ou uma espécie de adicional ao ICMS incidente sobre as operações internas, majorando o valor originariamente cobrado (aparentemente, trata-se de uma alíquota adicional sobre o valor da mercadoria que ultrapassar determinado montante). Considerando que o Estado tem competência para fixar as alíquotas de ICMS, desde que respeite eventual teto fixado pelo Senado (art. 155, § 2º, *b*, da CF), talvez seja defensável a exação discutida, a depender de maiores detalhes não trazidos na questão, muito embora seja discutível a existência de progressividade do ICMS em relação ao valor da mercadoria; **B:** incorreta, pois é reservada à lei complementar federal o estabelecimento de critérios especiais de tributação, com o objetivo de prevenir desequilíbrios da concorrência, sem prejuízo da competência da União, por lei, estabelecer normas de igual objetivo – art. 146-A da CF; **C:** incorreta, pois somente a União detém a chamada competência residual – art. 154, I, da CF; **D** e **E:** incorretas, conforme comentários anteriores.

Gabarito "A".

(Procurador Municipal – Sertãozinho/SP – VUNESP – 2016) Os municípios podem, exercendo a opção que lhes permite a Constituição Federal, cobrar e fiscalizar um imposto pertencente à competência impositiva de outro ente tributante, caso em que terão direito a totalidade do produto da arrecadação. Trata-se do imposto sobre

(A) a transmissão *inter vivos*, a qualquer título, por ato oneroso, de bens imóveis, por natureza ou acessão física.
(B) transmissão e doação, de quaisquer bens ou direitos.
(C) propriedade territorial rural.
(D) produtos industrializados.
(E) propriedade de veículos automotores.

O único caso de alteração de sujeição passiva de imposto é a do ITR federal, que pode ser fiscalizado e cobrado pelos Municípios que assim optarem, na forma da lei, desde que não implique redução do imposto ou qualquer outra forma de renúncia fiscal – art. 153, § 4º, III, da CF. Todos os outros impostos são fiscalizados e cobrados pelo próprio ente competente, ou seja, pelo ente a quem foi conferida a competência tributária pela Constituição Federal. Por essa razão, a alternativa "C" é a correta.

Gabarito "C".

(Juiz de Direito – TJ/SP – VUNESP – 2015) Considerando o disposto no art. 24 da Constituição Federal, ao tratar da competência concorrente da União, Estados e Municípios, em matéria tributária, é correto afirmar que

(A) a norma jurídica editada por um ente federativo no âmbito de sua competência tributária exige que os demais entes federativos respeitem sua incidência, dentro dos respectivos limites geográficos estaduais.
(B) a lei geral federal prevalece em relação às leis estaduais e estas prevalecem em relação às leis municipais, nos termos das Constituições Estaduais.
(C) a competência residual tributária quanto aos impostos é da União, observado o disposto no art. 154, I, da Constituição Federal.
(D) na ausência de normas gerais federais, os Estados têm competência para legislar em matéria tributária, e, na ausência de leis federais e estaduais, os Municípios têm a referida competência, o que se denomina competência concorrente cumulativa.

A: incorreta, pois, em princípio, as normas tributárias de cada ente aplicam-se apenas nos seus respectivos territórios. Para que haja extraterritorialidade, ou seja, para que a norma de um ente político seja aplicada no território de outro, exige-se convênio ou norma nacional – art. 102 do CTN; **B:** incorreta, pois não há essa hierarquia. Em relação a Estados e Municípios, apenas as normas gerais, de caráter nacional, produzidas pelo Congresso Nacional são aplicáveis, nos termos do art. 24, § 1º, da CF; **C:** correta, conforme o art. 154, I, da CF. Os demais entes podem apenas instituir os tributos expressamente e taxativamente indicados na Constituição Federal; **D:** incorreta, pois a competência dos Estados e Municípios, em caso de ausência de normas nacionais, é denominada competência suplementar (alguns se referem a suplementar supletiva, nesse caso) – arts. 24, § 3º, e 30, II, da CF.
Gabarito "C".

(Juiz de Direito – TJ/SP – VUNESP – 2015) Na hipótese da União, mediante tratado internacional, abrir mão de tributos de competência de Estados e Municípios, nos termos do decidido pelo Supremo Tribunal Federal (RE 229096), é correto afirmar que

(A) se caracteriza a denominada isenção heterônoma, vedada nos termos do art. 151, III, da Constituição Federal.
(B) se caracteriza violação ao princípio federativo, objeto de cláusula pétrea, nos termos do art. 60, § 4º, I, da Constituição Federal.
(C) o tratado é válido desde que acompanhado de medidas de "compensação tributária" em favor dos Estados e Municípios prejudicados.
(D) se insere a medida na competência privativa do Presidente da República, sujeita a referendo do Congresso Nacional, com prevalência dos tratados em relação à legislação tributária interna.

No julgamento paradigmático do RE 229.096/RS, o STF fixou o entendimento de que os tratados, como atos do Estado Federal Brasileiro, pessoa jurídica de direito público internacional, não se confundem com os da União (ente federado, como os Estados, Distrito Federal e Municípios), sendo possível a concessão de benefícios fiscais relativos a tributos estaduais e municipais. Não se trata, nessa hipótese, de isenção heterônoma, vedada pelo art. 151, III, da CF. Por essa razão, a alternativa "D" é a correta.
Gabarito "D".

(Procurador – SP – VUNESP – 2015) É imposto que não incide sobre a transmissão de bens ou direitos incorporados ao patrimônio de pessoa jurídica em realização de capital, nem sobre a transmissão de bens ou direitos decorrentes de fusão, incorporação, cisão ou extinção de pessoa jurídica, salvo se, nesses casos, a atividade preponderante do adquirente for a compra e venda desses bens ou direitos, a locação de bens imóveis ou arrendamento mercantil. Trata-se do imposto cuja competência impositiva pertence

(A) à União, exclusivamente.
(B) à União, privativamente.
(C) aos Estados.
(D) aos Municípios.
(E) aos Estados e ao Distrito Federal.

A assertiva descreve as imunidades relativas ao ITBI municipal, nos termos do art. 156, § 2º, I, da CF. Por essa razão, a alternativa "D" é a correta, lembrando que não apenas os Municípios, mas também o Distrito Federal possui competência para instituir e cobrar o ITBI – art. 147, in fine, da CF.
Gabarito "D".

(Magistratura/SP – VUNESP – 2013) Os municípios são competentes para instituir:

(A) ICMS, IPTU, ISS, ITBI.
(B) contribuições de melhoria, taxas pelo exercício de poder de polícia, empréstimos compulsórios.
(C) IPTU, ISS, taxas de fiscalização sanitária de imóveis.
(D) IPVA, ISS, IPTU.

A: incorreta, pois o ICMS é tributo da competência dos Estados e do Distrito Federal. Em relação aos impostos, a competência dos Municípios restringe-se a IPTU, ITBI e ISS (importante lembrar que o Distrito Federal também detém a competência em relação a esses impostos) – arts. 155, II, e 156 da CF; **B:** incorreta, pois os empréstimos compulsórios são da competência exclusiva da União – art. 148 da CF. Interessante lembrar que todos os entes políticos detêm competência para instituir taxas e contribuições de melhoria, em relação aos seus serviços e fiscalizações (caso das taxas) e às suas obras de que decorram valorização imobiliária (caso das contribuições de melhoria) – art. 145, II e III, da CF (é a chamada competência comum); **C:** correta, considerando que os Municípios detêm a competência material para fiscalização sanitária de imóveis (matéria de interesse local – art. 30, I, da CF), de modo que detém ainda a competência para instituir e cobrar taxa pelo exercício desse poder de polícia – art. 145, II, da CF; **D:** incorreta, pois o IPVA é da competência dos Estados e do Distrito Federal – art. 155, III, da CF.
Gabarito "C".

(Magistratura/MG – VUNESP – 2012) Com relação ao sistema tributário nacional, assinale a alternativa correta.

(A) O sistema tributário nacional é integralmente regido por leis complementares, em resoluções do Senado Federal e, nos limites das respectivas competências, em leis federais e estaduais.
(B) Diante da relação jurídica de natural inferioridade do contribuinte para com o Estado, o poder de tributar revela-se absoluto.
(C) O poder de tributar é ato unilateral e vinculado, como decorrência constitucional da soberania estatal, e impõe ao destinatário do tributo que aceite a invasão em parcela de seu patrimônio.

(D) As "limitações ao poder de tributar" são princípios constitucionalizados que restringem a atividade tributária estatal diante de direitos fundamentais, mas que não impedem que o Estado exija dos contribuintes, no exercício de atividade discricionária, uma parcela de seu patrimônio.

A: incorreto, pois o sistema tributário nacional reconhece competências exclusivas para todos os entes, reservando campo para as lei Federais, Estaduais e Municipais; **B:** incorreto, pois o poder de tributar, nos termos da própria CF, deve respeitar as limitações constitucionais ao poder de tributar, representadas, basicamente, pelos princípios e imunidades, concentrados na CF, art. 150; **C:** correta, pois toda a tributação é, obviamente, uma violação de nosso patrimônio, de forma unilateral e conforme definição legal. Contudo, essa violação a nosso patrimônio é autorizada, regulada e limitadas pela própria CF, o que afasta, de maneira peremptória, seu caráter absoluto; **D:** incorreta, pois a atividade de exigência do tributo é, por definição, uma atividade plenamente vinculada, e não discricionária (CTN, art. 3º).
Gabarito "C".

(Procurador do Município/Cubatão-SP – VUNESP – 2012) Uma das características da competência tributária é a

(A) indelegabilidade.
(B) prescritibilidade.
(C) delegabilidade.
(D) renunciabilidade.
(E) caducidade.

A competência tributária é privativa, inalterável (art. 110 do CTN), indelegável (art. 7º do CTN), incaducável, irrenunciável e facultativa. Por essa razão, a alternativa A é a única correta.
Gabarito "A".

(Procurador do Município/Sorocaba-SP – VUNESP – 2012) O princípio da anterioridade impõe aos titulares do poder de tributar a vedação da cobrança de tributos no mesmo exercício financeiro em que haja sido publicada a lei que os instituiu ou aumentou. Nesse mesmo sentido, a denominada "noventena" exige que a cobrança dos referidos tributos não possa ser promovida antes de decorridos noventa dias da data em que a referida lei haja sido publicada, observado o princípio da anterioridade. Embora sujeitas ao princípio da anterioridade, as leis que disponham sobre a exigência de determinados tributos não se submetem à noventena. Dentre elas, podem ser citadas as leis que

(A) instituam contribuições de melhoria.
(B) instituam o imposto sobre serviço de qualquer natureza (ISS).
(C) majorem o imposto sobre renda e proventos de qualquer natureza (IR).
(D) majorem o imposto sobre a transmissão *causa mortis* ou doação de bens e direitos a eles relativos (ITCMD).
(E) majorem o imposto sobre a transmissão *inter vivos* de bens imóveis (ITBI).

Consulte e estude a tabela apresentada a seguir, com as exceções aos princípios da anterioridade anual e nonagesimal, conforme o art. 150, § 1º, da CF, pois as bancas examinadoras exigem reiteradamente esse conhecimento. Perceba que, dentre os tributos indicados, somente o IR é exceção à anterioridade nonagesimal.

Exceções à anterioridade anual (art. 150, III, b, da CF)	Exceções à anterioridade nonagesimal (art. 150, III, c, da CF)
- empréstimo compulsório para atender a despesas extraordinárias decorrentes de calamidade pública ou de guerra externa ou sua iminência (art. 148, II, in fine, da CF, em sentido contrário); - imposto de importação (art. 150, § 1º, da CF); - imposto de exportação (art. 150, § 1º, da CF); - IPI (art. 150, § 1º, da CF); - IOF (art. 150, § 1º, da CF); - impostos extraordinários na iminência ou no caso de guerra externa (art. 150, § 1º, da CF); - restabelecimento das alíquotas do ICMS sobre combustíveis e lubrificantes (art. 155, § 4º, IV, c, da CF); - restabelecimento da alíquota da CIDE sobre combustíveis (art. 177, § 4º, I, b, da CF); - contribuições sociais (art. 195, § 6º, da CF).	- empréstimo compulsório para atender a despesas extraordinárias decorrentes de calamidade pública ou de guerra externa ou sua iminência (art. 148, II, in fine, da CF, em sentido contrário – entendimento doutrinário); - imposto de importação (art. 150, § 1º, da CF); - imposto de exportação (art. 150, § 1º, da CF); - IR (art. 150, § 1º, da CF); - IOF (art. 150, § 1º, da CF); - impostos extraordinários na iminência ou no caso de guerra externa (art. 150, § 1º, da CF); - fixação da base de cálculo do IPVA (art. 150, § 1º, da CF); - fixação da base de cálculo do IPTU (art. 150, § 1º, da CF).

Gabarito "C".

(Procurador do Município/São José dos Campos-SP – VUNESP – 2012) Em razão de permissivo constitucional, é facultado ao Poder Executivo, atendidas as condições e os limites estabelecidos em lei, alterar as alíquotas de determinados impostos. Dentre eles, pode ser citado o imposto sobre

(A) a propriedade territorial rural.
(B) operações de crédito, câmbio e seguro, ou relativas a títulos ou valores mobiliários.
(C) renda e proventos de qualquer natureza.
(D) propriedade de veículos automotores.
(E) propriedade predial e territorial urbana.

Os tributos que podem ter suas alíquotas alteradas por norma infralegal são: II, IE, IPI, IOF e da CIDE sobre combustíveis – art. 153, § 1º, e art. 177, § 4º, I, *b*, da CF. Por essa razão, a alternativa "B" é a correta.
Gabarito "B".

(Cartório/SP – VUNESP – 2012) Sem prejuízo de outras garantias asseguradas ao contribuinte, é vedado à União, aos Estados, ao Distrito Federal e aos Municípios

(A) Exigir ou aumentar tributo desde que haja previsão em lei que o estabeleça.
(B) Instituir tratamento igual entre contribuintes que se encontrem em situação equivalente.
(C) Cobrar tributos em relação a fatos geradores ocorridos após o início da vigência da lei que os houver instituído ou aumentado, no exercício financeiro subsequente àquele em que haja sido publicada a lei que os instituiu ou aumentou ou após decorridos

noventa dias da data em que haja sido publicada a lei que os instituiu ou aumentou.

(D) Cobrar tributos sobre o patrimônio, renda ou serviços das autarquias e das fundações instituídas e mantidas pelo Poder Público, no que se refere ao patrimônio, à renda e aos serviços, vinculados às suas finalidades essenciais ou às delas decorrentes.

A: incorreta, pois o princípio da legalidade veda que os entes políticos exijam ou aumentem tributo *sem* lei que o estabeleça – art. 150, I, da CF; **B:** incorreta, pois o princípio da isonomia veda tratar desigualmente quem se encontre em situação equivalente – art. 150, II, da CF; **C:** incorreta, pois os princípios da irretroatividade e da anterioridade permitem a cobrança nessas condições (ou seja, não é vedado aos entes políticos fazer isso) – art. 150, III, da CF; **D:** correta, pois isso é vedado pela imunidade recíproca, estendida às entidades de direito público da administração indireta (note que o STF estende a imunidade também a algumas entidades de direito privado da administração indireta, como a ECT e a Infraero, em relação a atividades públicas em sentido estrito, executadas sem intuito lucrativo, que não indiquem capacidade contributiva – ver Teses de Repercussão Geral 402 e 644 do STF) – art. 150, § 2°, da CF.

Gabarito "D".

2. PRINCÍPIOS

(Procurador Municipal – Sertãozinho/SP – VUNESP – 2016) Determina a Constituição Federal a vedação à cobrança de tributos no mesmo exercício financeiro e antes de decorridos noventa dias da data em que haja sido publicada a lei que os instituiu ou aumentou. O prazo de noventa dias, contudo, não se aplica quando se tratar de lei que fixe a base de cálculo do imposto sobre

(A) produtos industrializados.
(B) propriedade predial e territorial urbana.
(C) operações relativas à circulação de mercadorias e prestação de serviços de transporte intermunicipal e interestadual e de comunicação.
(D) transmissão *causa mortis* e doação de quaisquer bens ou direitos.
(E) transmissão *inter vivos*, por ato oneroso, de bens imóveis.

Há exceção ao princípio da anterioridade nonagesimal em relação a (i) empréstimo compulsório para atender a despesas extraordinárias decorrentes de calamidade pública ou de guerra externa ou sua iminência (art. 148, I, *in fine*, da CF), (ii) imposto de importação (art. 150, § 1°, da CF), (iii) imposto de exportação (art. 150, § 1°, da CF), (iv) IR (art. 150, § 1°, da CF), (v) IOF (art. 150, § 1°, da CF), (vi) impostos extraordinários na iminência ou no caso de guerra externa (art. 150, § 1°, da CF), (vi) fixação da base de cálculo do IPVA (art. 150, § 1°, da CF) e (vii) fixação da base de cálculo do IPTU (art. 150, § 1°, da CF). Por essa razão, a alternativa "B" é a correta.

Gabarito "B".

Veja a seguinte tabela, para memorização:

Exceções à anterioridade anual (art. 150, III, b, da CF)	Exceções à anterioridade nonagesimal (art. 150, III, c, da CF)
– empréstimo compulsório para atender a despesas extraordinárias decorrentes de calamidade pública ou de guerra externa ou sua iminência (art. 148, I, *in fine*, da CF, em sentido contrário); – imposto de importação (art. 150, § 1°, da CF); – imposto de exportação (art. 150, § 1°, da CF); – IPI (art. 150, § 1°, da CF); – IOF (art. 150, § 1°, da CF); – impostos extraordinários na iminência ou no caso de guerra externa (art. 150, § 1°, da CF); – restabelecimento das alíquotas do ICMS sobre combustíveis e lubrificantes (art. 155, § 4°, IV, c, da CF); – restabelecimento da alíquota da CIDE sobre combustíveis (art. 177, § 4°, I, b, da CF); – contribuições sociais (art. 195, § 6°, da CF).	–empréstimo compulsório para atender a despesas extraordinárias decorrentes de calamidade pública ou de guerra externa ou sua iminência (art. 148, I, *in fine*, da CF, em sentido contrário – entendimento doutrinário); – imposto de importação (art. 150, § 1°, da CF); – imposto de exportação (art. 150, § 1°, da CF); – IR (art. 150, § 1°, da CF); – IOF (art. 150, § 1°, da CF); – impostos extraordinários na iminência ou no caso de guerra externa (art. 150, § 1°, da CF); – fixação da base de cálculo do IPVA (art. 150, § 1°, da CF); – fixação da base de cálculo do IPTU (art. 150, § 1°, da CF);

3. IMUNIDADES

(Juiz de Direito – TJ/RS – 2018 – VUNESP) O governo estadual quer fomentar as áreas de lazer e turismo do Estado com a construção de um complexo multiuso com arena coberta que comporte a realização de shows e outros eventos de lazer, além de um aquário. Para tanto, pretende conceder à iniciativa privada a realização das obras de construção do complexo, que deverá ser levantado em área pública predefinida, e sua posterior exploração pelo prazo de 30 (trinta anos). O concessionário será remunerado exclusivamente pelas receitas advindas da exploração econômica do novo equipamento, inclusive acessórias. Para que o projeto tenha viabilidade econômica, está prevista a possibilidade de construção de restaurantes, de um centro comercial, de pelo menos um hotel dentro da área do novo complexo, além da cobrança de ingresso para visitação do aquário e dos eventos e shows que vierem a ser realizados na nova arena. Há previsão de pagamento de outorga para o Estado em razão da concessão.

Em relação à cobrança do IPTU pelo município onde se situa a área do complexo, é correto afirmar que

(A) por se tratar de área pública estadual, o Município não poderá cobrar IPTU em nenhuma hipótese, em razão da imunidade recíproca, prevista no artigo 150, inciso VI, 'a' da Constituição Federal de 1988.
(B) a cobrança do IPTU é indevida porque o concessionário não exerce nenhum direito de propriedade sobre o imóvel, sendo mero detentor de posse precária e

desdobrada, decorrente de direito pessoal, fundada em contrato de cessão de uso, não podendo ser considerado contribuinte do imposto.

(C) apesar de o imóvel ser de propriedade do Estado, o Município poderá cobrar IPTU se não restar comprovado que a outorga paga pelo concessionário ao Estado pela concessão foi integralmente revertida para a realização de atividades de caráter eminentemente público.

(D) apesar do imóvel ser de propriedade do Estado, o Município poderá cobrar IPTU porque a área foi cedida a pessoa jurídica de direito privado para a realização de atividades com fins lucrativos, sendo o concessionário o contribuinte do imposto.

(E) a cobrança do IPTU é indevida porque o imóvel é público, sendo irrelevante para a caracterização do fato gerador a finalidade que o Estado dá ao imóvel.

A: incorreta, pois o STF reconhece a incidência do IPTU quando há cessão da área para exploração de empreendimento privado – ver temas de repercussão geral 385 ("A imunidade recíproca, prevista no art. 150, VI, a, da Constituição não se estende a empresa privada arrendatária de imóvel público, quando seja ela exploradora de atividade econômica com fins lucrativos. Nessa hipótese é constitucional a cobrança do IPTU pelo Município") e 437 ("Incide o IPTU, considerado imóvel de pessoa jurídica de direito público cedido a pessoa jurídica de direito privado, devedora do tributo"); B: incorreta, conforme comentário anterior; C: incorreta, pois a cobrança depende apenas da exploração econômica com finalidade lucrativa, conforme comentário anterior; D: correta, conforme comentários anteriores; E: incorreta, conforme comentários anteriores.
Gabarito "D".

(Defensor Público/RO – 2017 – VUNESP) Estado da Federação aprovou lei autorizando a cobrança de contribuição para custeio do serviço de iluminação pública, com publicação em 31 de dezembro de 2016. Com base nessa lei, instituição de assistência social sem fins lucrativos recebeu notificação de lançamento realizado em 1º de janeiro de 2017, referente ao exercício anterior.

(A) A cobrança é inconstitucional, pois deveria ocorrer por meio de taxa e não por meio de contribuição, dado se tratar de custeio de serviço público indivisível.

(B) As instituições de assistência social não são imunes à cobrança de contribuição para custeio do serviço de iluminação pública.

(C) A cobrança é inconstitucional, pois instituições de assistência social são imunes à cobrança de tributos sobre seus patrimônios, rendas ou serviços.

(D) A cobrança da contribuição em 1º de janeiro de 2017 atende aos princípios constitucionais tributários da anterioridade e da irretroatividade, pois o envio da notificação de lançamento ocorreu no exercício seguinte ao de aprovação da lei.

(E) Apenas os Municípios detêm competência constitucional para instituir contribuições para custeio da iluminação pública.

A: incorreta, pois a inconstitucionalidade da exação decorre da incompetência do Estado para instituir a contribuição, e não por ser supostamente viável taxa (não cabe taxa, já que não se trata de serviço prestado *uti singuli*, não há divisibilidade) – art. 149-A da CF e art. 145, II, da CF; B: correta, pois a imunidade das instituições sem fins lucrativos e beneficentes de assistência social refere-se apenas a impostos e contribuições sociais – arts. 150, VI, c, e 195, § 7º, da CF;

C: incorreta, pois essa imunidade refere-se apenas a impostos – art. 150, VI, c, da CF; E: incorreta, pois a competência é dos Municípios e do Distrito Federal.
Gabarito "B".

(Juiz de Direito – TJ/SP – VUNESP – 2015) Na disciplina das isenções, imunidades e hipóteses de não incidência, é correto afirmar que

(A) quem pode isentar também pode conceder imunidade.

(B) quem pode tributar pode isentar.

(C) alíquota zero e isenção são expressões juridicamente equivalentes.

(D) não incidência é situação juridicamente distinta de imunidade e de não competência.

A: incorreta, pois imunidade é concedida exclusivamente pela Constituição Federal. Já a isenção é concedida por meio de lei de cada ente tributante; B: correta, pois a isenção é dada por quem tem competência tributária em relação ao respectivo tributo, sempre por meio de lei; C: incorreta, pois alíquota zero simplesmente anula o valor do crédito tributário, o que, em relação a determinados tributos federais, pode inclusive ser feito por norma infralegal (lembre-se que há algumas poucas exceções ao princípio da legalidade em relação a determinadas alíquotas de tributos federais – II, IE, IPI, IOF e da CIDE sobre combustíveis). Já isenção exclui o crédito tributário (afasta a incidência, para os autores mais modernos) e somente pode ser concedida por lei do ente tributante; D: discutível. Por ser conceito fixado pela negativa, não incidência é algo absolutamente amplo, podendo ser compreendido como tudo que não é incidência, o que inclui imunidade e inexistência de competência tributária, daí porque a alternativa também foi considerada correta. Importante destacar, entretanto, que muitos utilizam o termo "não incidência" para se referir a algo distinto da imunidade (que é norma constitucional que afasta a competência tributária), atinente a situações absolutamente fora do âmbito de competência concedida pela Constituição a determinado ente competente. Por exemplo, o Estado tem competência para tributar a propriedade de veículos automotores (IPVA), sendo que não pode tributar veículo de propriedade de um Município por expressa vedação constitucional (imunidade recíproca), muito menos a propriedade de um cavalo, que não é sequer veículo automotor (este último é o caso da não incidência).
Gabarito "B e D".

(Juiz de Direito – TJ/MS – VUNESP – 2015) O Sistema Tributário Nacional veda a cobrança de impostos sobre fonogramas e videofonogramas musicais produzidos no Brasil contendo obras musicais ou literomusicais de autores brasileiros e/ou obras em geral interpretadas por artistas brasileiros bem como os suportes materiais ou arquivos digitais que os contenham, salvo na etapa de replicação industrial de mídias ópticas de leitura a laser. Referida vedação implica em modalidade de

(A) exclusão do crédito tributário.
(B) anistia especial.
(C) isenção específica.
(D) limitação ao poder de tributar.
(E) compensação tributária.

Sempre que a Constituição Federal afasta a competência tributária, ou seja, fixa regra afastando a possibilidade de tributação relativa a determinada pessoa ou objeto, independentemente da terminologia utilizada, estaremos diante de uma imunidade, espécie de limitação constitucional ao poder de tributar. A: incorreta, pois isso é isenção ou anistia, dada sempre por lei do ente tributante – art. 175 do CTN; B e C: incorretas, pois isenção e anistia são modalidades de exclusão do crédito tributária, sempre concedidas por lei de cada ente tributante

– art. 175 do CTN; **D:** correta, pois trata-se de imunidade, que é uma limitação constitucional ao poder de tributar, delimitação negativa da competência tributária, conforme a seção da Constituição Federal em que se insere seu art. 150; **E:** incorreta, pois compensação é modalidade de extinção do crédito tributário, regulada por lei de cada ente tributante – art. 156, II, do CTN.

Gabarito "D".

4. DEFINIÇÃO DE TRIBUTO E ESPÉCIES TRIBUTÁRIAS

(Juiz de Direito – TJ/RS – 2018 – VUNESP) O prefeito do Município X pretende instituir uma taxa para custear o serviço de coleta, remoção e destinação do lixo doméstico produzido no Município. A taxa será calculada em função da frequência da realização da coleta, remoção e destinação dos dejetos e da área construída do imóvel ou da testada do terreno.

Acerca dessa taxa, é correto afirmar que ela é

(A) ilegal, porque a coleta, remoção e destinação do lixo doméstico não podem ser considerados como serviço público específico e divisível.

(B) ilegal, porque sua base de cálculo utiliza elemento idêntico ao do IPTU, qual seja, a metragem da área construída ou a testada do imóvel.

(C) legal se houver equivalência razoável entre o valor cobrado do contribuinte e o custo individual do serviço que lhe é prestado.

(D) ilegal, porque não possui correspondência precisa com o valor despendido na prestação do serviço.

(E) legal, porque foi instituída em razão do exercício regular de poder de polícia, concernente à atividade da Administração Pública que regula ato de interesse público referente à higiene.

A: incorreta, pois o serviços é específico e divisível (= prestado *uti singuli*), o que permite a cobrança de taxa – ver Súmula Vinculante 19/STF; **B:** incorreta, pois a base de cálculo do IPTU é o valor do imóvel, não sua área, aplicando-se o entendimento consolidado na Súmula 29/STF "É constitucional a adoção, no cálculo do valor de taxa, de um ou mais elementos da base de cálculo própria de determinado imposto, desde que não haja integral identidade entre uma base e outra"; **C:** correta, conforme comentários anteriores e o princípio pelo qual a taxa cobrada deve ter relação com o custo do serviço prestado; **D:** incorreta, pois essa correlação precisa não é exigida, até porque impossível, na prática; **E:** incorreta, pois a taxa descrita refere-se à prestação de serviço público específico e divisível, não ao exercício do poder de polícia.

Gabarito "C".

(Procurador do Município/Sorocaba-SP – VUNESP – 2012) De acordo com previsão expressa do Código Tributário Nacional, a especificidade e a divisibilidade são requisitos exigíveis para legitimar a cobrança de

(A) impostos em razão de sua vinculação *uti universi*.

(B) taxas referentes à utilização efetiva ou potencial de serviço público pelo contribuinte.

(C) taxas decorrentes do exercício regular do poder de polícia.

(D) tarifas em razão de sua natureza de receita patrimonial.

(E) tarifas em razão do caráter contraprestacional que possuem.

Nos termos do art. 145, II, da CF e do art. 77 do CTN, as taxas é que têm como fato gerador a prestação de serviço público específico e divisível

(= prestado *uti singuli*), além do exercício do poder de polícia. Por essa razão, a alternativa "B" é a única correta.

Gabarito "B".

(Procurador do Município/Cubatão-SP – VUNESP – 2012) Existindo simultaneamente débitos vencidos, todos relativos ao mesmo exercício, por obrigação própria do mesmo sujeito passivo para com a mesma pessoa jurídica de direito público, referentes a imposto predial e territorial urbano (IPTU), contribuição de melhoria, em razão de pavimentação asfáltica, e taxas de manutenção de vias e logradouros e de limpeza pública, a autoridade administrativa competente para receber o pagamento determinará a respectiva imputação, pela ordem estabelecida em lei, caso em que deverá ser pago primeiramente

(A) o IPTU.

(B) a contribuição de melhoria.

(C) as taxas.

(D) a taxa de manutenção de vias e logradouros.

(E) a taxa de limpeza pública.

O art. 163 do CTN determina que, existindo simultaneamente dois ou mais débitos vencidos do mesmo sujeito passivo para com a mesma pessoa jurídica de direito público, relativos ao mesmo ou a diferentes tributos ou provenientes de penalidade pecuniária ou juros de mora, a autoridade administrativa competente para receber o pagamento determinará a respectiva imputação, obedecidas as seguintes regras, na ordem em que enumeradas: (i) em primeiro lugar, aos débitos por obrigação própria, e em segundo lugar aos decorrentes de responsabilidade tributária; (ii) primeiramente, às contribuições de melhoria, depois às taxas e por fim aos impostos; (iii) na ordem crescente dos prazos de prescrição; e (iv) na ordem decrescente dos montantes. Por essa razão, dentre os tributos listados, o primeiro a ser pago será a contribuição de melhoria (cuja quitação prefere à das taxas e dos impostos, nessa ordem). Assim, a alternativa "B" é a correta.

Gabarito "B".

(Cartório/SP – VUNESP – 2012) Sobre a definição de tributo, é correto afirmar que:

(A) Ato praticado por incapaz, sem assistência ou representação, não gera obrigação de pagar tributo.

(B) É admissível o pagamento de tributo mediante a prestação de trabalho ao ente tributante.

(C) É inadmissível que ilícito administrativo, cometido pelo contribuinte, acarrete aumento no valor de tributo devido.

(D) O confisco, previsto em norma aduaneira em caso de descaminho, é uma modalidade de tributo.

A: incorreta, pois a vontade do agente é irrelevante para a ocorrência do fato gerador e o surgimento da obrigação tributária, daí porque sua incapacidade civil não afasta o tributo – arts. 3º e 126, I e II, do CTN; **B:** incorreta, pois o tributo é sempre prestação pecuniária (em moeda corrente nacional) – art. 3º do CTN; **C:** correta, pois o tributo jamais decorre de fato ilícito – art. 3º do CTN. Importante notar que esse ilícito pode dar ensejo à multa (= penalidade pecuniária) e implicar aumento do crédito tributário correspondente – art. 113, § 1º, do CTN; **D:** incorreta, pois o tributo não pode ter natureza confiscatória – art. 150, IV, da CF.

Gabarito "C".

5. LEGISLAÇÃO TRIBUTÁRIA – FONTES

(Juiz de Direito – TJ/RJ – 2019 – VUNESP) O Presidente da República Federativa do Brasil assina tratado internacional de comércio no qual se compromete a isentar os impostos federais, estaduais e municipais incidentes sobre os bens e serviços importados de país estrangeiro. Posteriormente, o referido tratado é ratificado pelo Poder Legislativo federal. Considerando o previsto na Constituição Federal e a jurisprudência do Supremo Tribunal Federal, é correto afirmar que

(A) não há restrição constitucional à previsão de isenção pela União de tributos da competência de estados e municípios, seja em âmbito de negociação internacional, seja em âmbito apenas nacional.
(B) embora se trate de caso de isenção heterônoma, a ratificação pelo Congresso Nacional do tratado tem por fim convalidar a inconstitucionalidade praticada pelo Presidente da República.
(C) não se aplica a vedação à concessão de isenções heterônomas pela União quando esta atua como representante da República Federativa do Brasil.
(D) para que a isenção relativa aos impostos estaduais tenha eficácia, a Constituição exige prévia aprovação pela maioria dos membros do Conselho de Política Fazendária – CONFAZ.
(E) as isenções relativas aos impostos estaduais e municipais na situação são consideradas isenções heterônomas e são vedadas pela Constituição.

O STF pacificou a discussão quanto à concessão de benefício fiscal relativo a tributo estadual ou municipal por meio de tratado internacional firmado pela União.
No julgamento do RE 229.096/RS, o STF fixou o entendimento de que os tratados, como atos do Estado Federal Brasileiro, pessoa jurídica de direito público internacional, não se confundem com os da União (ente federado, como os Estados, Distrito Federal e Municípios), sendo possível a concessão de benefícios fiscais relativos a tributos estaduais e municipais. Não se trata, nessa hipótese, de isenção heterônoma vedada pelo art. 151, III, da CF.
A: incorreta, pois a isenção heterônoma é vedada pelo art. 151, III, da CF; **B**: incorreta, pois não se trata de isenção heterônoma, conforme entendimento do STF citado nos comentários iniciais; **C**: correta, conforme comentários iniciais; **D e E**: incorretas, conforme comentários iniciais.
Gabarito "C".

(Juiz de Direito – TJ/RS – 2018 – VUNESP) Assinale a alternativa correta em relação à legislação tributária.

(A) A atualização do valor monetário da base de cálculo do tributo somente pode ser estabelecida por lei, uma vez que implica na sua majoração.
(B) As práticas reiteradamente observadas pelas autoridades administrativas não são consideradas como normas complementares em matéria tributária, pois não possuem conteúdo normativo.
(C) A redução de tributo somente pode ser estabelecida por lei, já sua extinção poderá ser veiculada por decreto ou ato normativo expedido pela autoridade administrativa competente.
(D) Os tratados e as convenções internacionais são normas complementares das leis nacionais, não podendo revogar ou modificar a legislação tributária interna.
(E) As decisões dos órgãos singulares ou coletivos de jurisdição administrativa podem ter eficácia normativa, desde que lei lhes atribua tal efeito.

A: incorreta, pois a simples correção monetária não implica majoração real do tributo, de modo que dispensa lei – art. 97, § 2º, do CTN e Súmula 160/STJ; **B**: incorreta, pois essas práticas reiteradas são consideradas normas complementares, nos termos do art. 100, III, do CTN; **C**: incorreta, pois a redução ou extinção do tributo segue o princípio da legalidade, exigindo veiculação por lei – art. 97, I e II, do CTN; **D**: incorreta, pois as convenções internacionais podem revogar e modificar a legislação tributária interna – art. 98 do CTN; **E**: correta, conforme art. 100, II, do CTN.
Gabarito "E".

(Procurador – SP – VUNESP – 2015) Tratando-se de legislação tributária, é correto afirmar que os atos normativos expedidos pelas autoridades administrativas

(A) são normas complementares.
(B) são fontes principais do Direito Tributário.
(C) têm força de lei.
(D) equiparam-se às leis para fins de instituição de tributos.
(E) podem estabelecer hipóteses de dispensa ou redução de penalidades.

A: correta, conforme o art. 100, I, do CTN; **B**: incorreta, pois as normas complementares, como diz o nome, complementam as leis, os tratados, as convenções internacionais e os decretos – art. 100, *caput*, do CTN; **C**: incorreta, conforme comentários anteriores; **D**: incorreta, pois as normas complementares não substituem a lei como veículo apto a veicular normas instituidoras de tributo – art. 97, I, do CTN; **E**: incorreta, pois essas são matérias reservadas à lei, que não pode ser substituída por norma complementar – art. 97, VI, do CTN.
Gabarito "A".

(Procurador do Município/Sorocaba-SP – VUNESP – 2012) O estabelecimento de critérios especiais de tributação, com o objetivo de prevenir desequilíbrios da concorrência, sem prejuízo da competência da União de estabelecer, por lei, normas de igual objetivo, é matéria a ser regulada por

(A) lei complementar.
(B) lei ordinária.
(C) resolução do Senado Federal.
(D) norma complementar.
(E) convênio.

A questão descreve o art. 146-A da CF, referindo-se à lei complementar federal. Por essa razão, a alternativa "A" é a correta.
Gabarito "A".

6. VIGÊNCIA, APLICAÇÃO, INTERPRETAÇÃO E INTEGRAÇÃO

(Procurador do Estado/SP – 2018 – VUNESP) Após a ocorrência do fato gerador, inovação legislativa amplia os poderes de investigação da Administração Tributária. Nessa circunstância, de acordo com o Código Tributário Nacional, é correto afirmar:

(A) a autoridade poderá aplicar amplamente a lei nova, inclusive para alterar o lançamento, até a extinção do crédito tributário.
(B) a autoridade poderá aplicar os novos critérios de apuração exclusivamente em casos de lançamento por homologação.
(C) a lei nova apenas poderá ser aplicada pela autoridade se, e somente se, seus critérios resultarem em benefício para o contribuinte.
(D) a autoridade competente não poderá aplicar a lei nova ao fato gerador pretérito, ocorrido anteriormente à sua vigência.

(E) a lei nova será aplicada pela autoridade competente na apuração do crédito tributário respectivo até a finalização do lançamento.

A: incorreta, pois, embora a norma posterior que amplie os poderes de investigação aplique-se a fatos geradores pretéritos para fins de lançamento, não se admite a alteração do lançamento já efetuado – art. 144, § 1º, e 145 do CTN; **B:** incorreta, pois não há restrição em relação à modalidade de lançamento – art. 144, § 1º, do CTN; **C:** incorreta, pois não há essa limitação – art. 144, § 1º, do CTN; **D:** incorreta, conforme comentários anteriores; **E:** correta, conforme o art. 144, § 1º, do CTN.

Gabarito "E".

(Procurador do Município/Cubatão-SP – VUNESP – 2012) Assinale a alternativa correta, acerca da interpretação e integração da legislação tributária.

(A) A lei tributária que define infrações, ou lhe comina penalidades, interpreta-se, em qualquer caso, de maneira mais favorável ao acusado.
(B) Na ausência de disposição expressa, a autoridade competente para aplicar a legislação tributária utilizará, sucessivamente, a analogia; os princípios gerais de direito público; os princípios gerais de direito tributário; a equidade.
(C) Interpreta-se extensivamente a legislação tributária que disponha sobre dispensa do cumprimento das obrigações acessórias.
(D) Os princípios gerais de direito privado utilizam-se para pesquisa da definição, do conteúdo e do alcance de seus institutos, conceitos e formas, mas não para definição dos respectivos efeitos tributários.
(E) A lei tributária pode alterar o alcance de institutos de direito privado quando utilizados de modo implícito pela Constituição Federal.

A: incorreta, pois a interpretação mais benéfica ao acusado, em relação às sanções tributárias, não ocorre em qualquer caso, mas apenas nas hipóteses de dúvida quanto aos temas elencados no art. 112 do CTN; **B:** incorreta, pois os princípios gerais de direto tributário devem ser aplicados antes dos princípios gerais de direito público – art. 108 do CTN (atenção, pois as bancas exigem reiteradamente esse conhecimento); **C:** incorreta, pois a interpretação deve ser literal (ou estrita) nesse caso – art. 111, III, do CTN; **D:** correta, pois reflete exatamente o disposto no art. 109 do CTN; **E:** incorreta, pois se esses institutos foram utilizado pela Constituição para fixação da competência tributária, não podem ser modificados pela legislação tributária – art. 110 do CTN.

Veja a seguinte tabela, com as ferramentas de integração, na ordem em que devem ser aplicadas, para estudo e memorização:

Ferramentas de integração – casos de ausência de disposição expressa
1º – analogia (não pode implicar exigência de tributo ao arrepio da lei)
2º – princípios gerais de direito tributário
3º – princípios gerais de direito público
4º – equidade (não pode implicar dispensa de pagamento do tributo devido)

Gabarito "D".

(Cartório/SP – VUNESP – 2012) Considerado o art. 111 do Código Tributário Nacional (CTN), assinale a alternativa correta.

(A) Deve ser interpretada literalmente a legislação tributária que disponha sobre compensação e extinção de tributos.
(B) Deve ser interpretada literalmente a legislação tributária que disponha sobre suspensão ou exclusão de crédito tributário e outorga de isenção.
(C) Deve ser interpretada literalmente a legislação tributária que disponha sobre consignação em pagamento e conversão em renda.
(D) Deve ser interpretada literalmente a legislação tributária que disponha sobre prescrição e sobre decadência.

Segundo o art. 111 do CTN, interpreta-se literalmente a legislação tributária que disponha sobre (i) suspensão ou exclusão do crédito tributário, (ii) outorga de isenção e (iii) dispensa do cumprimento de obrigações tributárias acessórias. Por essa razão, a alternativa "B" é a correta.

Gabarito "B".

7. FATO GERADOR E OBRIGAÇÃO TRIBUTÁRIA

(Juiz de Direito – TJ/RS – 2018 – VUNESP) Sobre a disciplina do fato gerador trazida pelo Código Tributário Nacional, é correto afirmar que

(A) a autoridade administrativa não poderá desconsiderar atos ou negócios jurídicos praticados com a finalidade de dissimular a ocorrência do fato gerador do tributo ou a natureza dos elementos constitutivos da obrigação tributária, salvo nos casos expressos em lei.
(B) se tratando de situação de fato, salvo disposição de lei em contrário, considera-se ocorrido o fato gerador e existentes os seus efeitos desde o momento em que se verifiquem as circunstâncias materiais necessárias a que produza os efeitos que normalmente lhe são próprios.
(C) fato gerador da obrigação acessória é qualquer situação definida em lei como necessária e suficiente à sua ocorrência.
(D) a definição legal do fato gerador é interpretada considerando-se a validade jurídica dos atos efetivamente praticados pelos contribuintes, responsáveis ou terceiros, bem como da natureza do seu objeto ou dos seus efeitos.
(E) se tratando de atos ou negócios jurídicos sujeitos a condição suspensiva, considera-se ocorrido o fato gerador e existentes os seus efeitos desde o momento da prática do ato ou da celebração do negócio.

A: incorreta, pois a autoridade administrativa pode desconsiderar tais atos ou negócios jurídicos, conforme a norma antielisão do art. 116, parágrafo único, do CTN; **B:** correta, conforme art. 116, I, do CTN; **C:** incorreta, pois o art. 115 do CTN não se refere à lei, mas apenas à legislação tributária (abrange não apenas leis, mas também normas infralegais); **D:** incorreta, pois a validade jurídica dos atos, sua natureza, objeto ou seus efeitos são irrelevantes, nos termos do art. 118 do CTN; **E:** incorreta, pois, nesse caso, considera-se ocorrido o fato gerador desde o momento da ocorrência da condição suspensiva – art. 117, I, do CTN.

Gabarito "B".

(Cartório/SP – VUNESP – 2012) Sobre obrigação tributária, é correto afirmar que:

(A) O sujeito ativo é a pessoa que pode exigir o tributo; não necessariamente coincide com aquela que deve instituí-lo.

(B) A posterior concessão de anistia altera a natureza da obrigação tributária.
(C) Fato gerador da obrigação tributária ocorre, em situação de fato, desde quando esteja definitivamente constituída, nos termos do direito aplicável.
(D) O sujeito passivo da obrigação tributária principal é sempre o contribuinte, não podendo ser opostos à Fazenda Pública acordos entre particulares para modificá-lo.

A: correta, pois o sujeito ativo (quem detém a capacidade ativa tributária) não é, necessariamente, o ente político que detém a competência tributária (quem tem competência para legislar acerca do tributo), já que a capacidade ativa pode ser delegada por lei – art. 7º do CTN; **B:** incorreta, pois a anistia atinge apenas o crédito tributário (na verdade, exclui o crédito, na dicção do CTN), de modo que não altera a correspondente obrigação tributária – art. 175, II, do CTN; **C:** incorreta, pois a assertiva refere-se ao fato gerador que é situação jurídica – art. 116, II, do CTN; **D:** incorreta, pois o sujeito passivo pode ser também o responsável tributário – art. 121, parágrafo único, II, do CTN (ver também o art. 123 do CTN, acerca de o acordo entre particulares ser inoponível ao fisco).
Gabarito "A".

8. LANÇAMENTO E CRÉDITO TRIBUTÁRIO

(Juiz de Direito – TJ/RS – 2018 – VUNESP) Acerca do lançamento tributário, é correto afirmar que

(A) a retificação da declaração por iniciativa do próprio declarante, quando vise a reduzir ou a excluir tributo, só é admissível mediante comprovação do erro em que se funde e antes de notificado o lançamento.
(B) salvo disposição de lei em contrário, quando o valor tributário esteja expresso em moeda estrangeira, no lançamento far-se-á sua conversão em moeda nacional ao câmbio do dia em que este ato for realizado.
(C) é vedado à autoridade administrativa responsável pela revisão da declaração retificar de ofício os erros nela contidos e apuráveis pelo seu exame.
(D) a modificação introduzida, de ofício ou em consequência de decisão administrativa ou judicial, nos critérios jurídicos adotados pela autoridade administrativa no exercício do lançamento, alcança os fatos geradores ocorridos anteriormente à sua introdução, desde que relacionados ao mesmo sujeito passivo.
(E) não se aplica ao lançamento a legislação que, posteriormente à ocorrência do fato gerador da obrigação, tenha ampliado os poderes de investigação das autoridades administrativas, ou outorgado ao crédito maiores garantias ou privilégios, exceto, neste último caso, para o efeito de atribuir responsabilidade tributária a terceiros.

A: correta, conforme o art. 147, § 1º, do CTN; **B:** incorreta, pois adota-se o câmbio da data de ocorrência do fato gerador – art. 143 do CTN; **C:** incorreta, pois é possível a correção de ofício, nesse caso – art. 147, § 2º, do CTN; **D:** incorreta, pois é inviável a retroatividade nesse caso – art. 146 do CTN; **E:** incorreta, pois essa legislação aplica-se a fatos pretéritos, com as limitações previstas no art. 144, § 1º, do CTN.
Gabarito "A".

(Delegado – PC/BA – 2018 – VUNESP) O artigo 144 do Código Tributário Nacional dispõe que o lançamento se reporta à data da ocorrência do fato gerador da obrigação, regendo-se pela lei então vigente, ainda que posteriormente modificada ou revogada. O Código Tributário Nacional excepciona essa regra, admitindo a aplicação da legislação tributária que, posteriormente à ocorrência do fato gerador da obrigação,

(A) interprete expressamente ato ou fato pretérito quanto à aplicação de penalidade à infração dos dispositivos interpretados.
(B) institua novos critérios de apuração ou processos de fiscalização, ampliando os poderes de investigação das autoridades administrativas.
(C) outorgue ao crédito maiores garantias ou privilégios para o efeito de atribuir responsabilidade tributária a terceiros.
(D) altere os critérios jurídicos adotados pela autoridade administrativa no exercício do lançamento.
(E) deixe de definir ato definitivamente julgado como infração.

A: incorreta, pois, embora a lei expressamente interpretativa aplique-se a ato ou fato pretérito, isso não ocorre para aplicação de penalidade por infração dos dispositivos interpretados – art. 106, I, do CTN; **B:** correta – art. 144, § 1º, do CTN; **C:** incorreta, pois a retroatividade é vedada nesse caso – art. 144, § 1º, do CTN; **D:** incorreta, pois a alteração dos critérios jurídicos somente se aplica a fatos posteriores – art. 146 do CTN Ver também o art. 23 da Lei de Introdução às Normas do Direito Brasileiro – LINDB; **E:** incorreta, pois o ato definitivamente julgado não pode ser modificado – art. 106, II, do CTN.
Gabarito "B".

(Procurador – SP – VUNESP – 2015) Nos termos do Código Tributário Nacional, o lançamento por homologação, que ocorre quanto aos tributos cuja legislação atribua ao sujeito passivo o dever de antecipar o pagamento sem prévio exame da autoridade administrativa, opera-se pelo ato em que a referida autoridade, tomando conhecimento da atividade assim exercida pelo obrigado, expressamente a homologa. Se a lei não fixar prazo à homologação, será ele de cinco anos. Expirado esse prazo sem que a Fazenda Pública se tenha pronunciado, considera-se homologado o lançamento e definitivamente extinto o crédito, salvo se comprovada a ocorrência de dolo, fraude ou simulação. Referido prazo conta-se

(A) da constituição do crédito tributário.
(B) do primeiro dia do exercício seguinte àquele em que o lançamento poderia ter sido efetivado.
(C) da ocorrência do fato gerador.
(D) da notificação para pagamento.
(E) do mesmo dia do ano seguinte àquele em que o lançamento poderia ter sido efetivado.

Nos termos do art. 150, § 4º, do CTN, o prazo quinquenal em que se dá a homologação tácita é contado da ocorrência do fato gerador, de modo que a alternativa "C" é a correta.
Gabarito "C".

(Procurador do Município/São José dos Campos-SP – VUNESP – 2012) No lançamento por homologação, a lei fixa o prazo de 5 anos para que a Fazenda Pública se pronuncie acerca da atividade exercida pelo obrigado no sentido de antecipar o pagamento do tributo sem prévio exame da autoridade administrativa. Expirado tal prazo sem que a Fazenda Pública se tenha pronunciado, considera-se homologado o lançamento e definitivamente extinto o crédito, observadas as ressalvas legais. O termo inicial para contagem do prazo em questão é o da ocorrência do(a)

(A) pagamento.
(B) constituição do crédito.
(C) fato gerador.
(D) publicação da lei que estabelecer a hipótese de incidência.
(E) primeiro dia do exercício seguinte ao que ocorrer o pagamento.

O termo inicial para contagem do prazo quinquenal da homologação tácita é a data do fato gerador, nos termos do art. 150, § 4º, do CTN, razão pela qual a alternativa "C" é a correta.
Gabarito "C".

(Procurador do Município/Sorocaba-SP – VUNESP – 2012) Assinale a assertiva correta no que respeita ao lançamento tributário.

(A) No lançamento por declaração, a retificação da declaração, por iniciativa do próprio declarante, quando vise a reduzir ou excluir tributo, só é admissível mediante comprovação do erro em que se funde, e após a revisão daquela.
(B) O lançamento regularmente notificado ao sujeito passivo só pode ser alterado em virtude de impugnação do sujeito passivo; de recurso de ofício ou de iniciativa de ofício da autoridade administrativa, nos casos previstos em lei.
(C) O lançamento reporta-se à data do fato gerador da obrigação e rege-se pela lei então vigente, mesmo que posteriormente modificada ou revogada, regra que se aplica também aos impostos lançados por períodos certos de tempo, ainda que a respectiva lei fixe expressamente a data em que o fato gerador se considera ocorrido.
(D) O lançamento por homologação é efetuado com base na declaração do sujeito passivo ou de terceiro, quando um ou outro, na forma da legislação tributária, presta à autoridade administrativa informações sobre a matéria de fato, indispensáveis à sua efetivação.
(E) O lançamento por homologação não admite homologação tácita por decurso de prazo.

A: incorreta, pois o art. 147, § 1º, do CTN refere-se à retificação da declaração antes de notificado o lançamento, sem referência à necessidade de ser posterior à "revisão daquela"; **B**: assertiva correta, pois reflete o disposto no art. 145 do CTN; **C**: incorreta, pois o art. 144, § 2º, do CTN prevê expressamente que não se aplica aos impostos lançados por períodos certos de tempo, desde que a respectiva lei fixe expressamente a data em que o fato gerador se considera ocorrido; **D**: incorreta, pois a assertiva descreve o lançamento por declaração – art. 147 do CTN; **E**: incorreta, pois há previsão expressa de homologação tácita pelo decurso de 5 anos contados do fato gerador, na forma do art. 150, § 4º, do CTN.
Gabarito "B".

9. SUJEIÇÃO PASSIVA, CAPACIDADE E DOMICÍLIO

(Advogado – Pref. São Roque/SP – 2020 – VUNESP) Fulano não possui residência conhecida. Contudo, sabe-se que atua profissionalmente, com habitualidade, prestando serviços no Município X. No curso de fiscalização, a Administração Tributária descobre que Fulano presta os referidos serviços no Município X, valendo-se formalmente do nome de sociedade limitada de sua propriedade, com sede no Município Y, que se encontra a cerca de 800 km de distância do Município X.

Com base na situação descrita e nas regras vigentes no país sobre o domicílio tributário, é correto afirmar que

(A) a ausência de residência conhecida do contribuinte permite fixar o seu domicílio em qualquer local da conveniência da Administração Tributária.
(B) como os serviços são prestados por meio de pessoa jurídica, o domicílio tributário será a sede da sociedade, ainda que a eleição da sede possa causar dificuldades à fiscalização.
(C) ainda que se comprove posteriormente a existência de domicílio tributário de eleição do contribuinte, a lei determina que o domicílio para fins tributários será o centro habitual de sua atividade, ou seja, o Município X.
(D) quando não houver domicílio de eleição e nem for possível a aplicação das regras gerais previstas no Código Tributário Nacional para definição do domicílio tributário, considerar-se-á este como o lugar da ocorrência dos atos ou fatos que deram origem à obrigação.
(E) independentemente da sede da sociedade, o domicílio tributário no caso de imposto incidente sobre serviços será sempre o do local do estabelecimento prestador dos serviços.

Em regra, o sujeito passivo escolhe seu domicílio tributário na forma da legislação. O CTN traz regras subsidiárias para a definição do domicílio somente para os casos em que não há essa opção expressa pelo sujeito passivo ou quando ela é recusada pelo Fisco, nos termos do art. 127. **A**: incorreta, pois o art. 127 do CTN dispõe sobre domicílio tributário nessas hipóteses, devendo ser observado pelo fisco; **B**: incorreta, conforme comentários iniciais; **C**: incorreta, pois as regras do art. 127 do CTN são subsidiárias, conforme comentários iniciais; **D**: correta, conforme o art. 127, § 1º, do CTN; **E**: incorreta, a regra é a eleição do domicílio pelo contribuinte, com as observações antes feitas e o disposto no art. 127 do CTN. A propósito do ISS, é interessante lembrar que seu fato gerador se dá e o imposto é devido, em regra, no município em que se encontra o estabelecimento prestador do serviço ou, na falta do estabelecimento, no local do domicílio do prestador, mas há diversas exceções nos incisos do art. 3º da LC 116/2003.
Gabarito "D".

(Juiz de Direito – TJ/RS – 2018 – VUNESP) De acordo com as disposições constantes do Código Tributário Nacional acerca da responsabilidade por infrações à legislação tributária, é correto afirmar que

(A) a denúncia espontânea pode ser apresentada após o início de qualquer procedimento administrativo ou medida de fiscalização, relacionados com a infração, desde que seja acompanhada pelo pagamento do tributo devido e dos juros de mora.
(B) a responsabilidade por infração à legislação tributária não é excluída pela denúncia espontânea da infração se esta for conceituada por lei como crime ou contravenção.
(C) os pais podem ser responsabilizados por infrações tributárias cometidas por seus filhos menores quando essas infrações forem conceituadas por lei como crimes ou contravenções.
(D) salvo disposição de lei em contrário, a responsabilidade por infrações da legislação tributária depende da intenção do agente ou do responsável e da efetividade, natureza e extensão dos efeitos do ato.

(E) a responsabilidade é pessoal dos diretores, gerentes ou representantes de pessoas jurídicas de direito privado quanto às infrações à legislação tributária praticadas pela empresa, quando decorram direta e exclusivamente de dolo específico contra a empresa.

A: incorreta, pois a denúncia espontânea deve ser anterior ao início de qualquer procedimento ou medida de fiscalização relacionada com a infração – art. 138, parágrafo único, do CTN; **B:** incorreta, pois não há essa limitação – art. 138 do CTN; **C:** incorreta, pois a responsabilidade dos pais, nesse caso, restringe-se, no que se refere às penalidades, àquelas de caráter moratório – art. 134, parágrafo único, do CTN; **D:** incorreta, pois a responsabilidade por infração tributária não depende disso – art. 136 do CTN; **E:** correta – art. 137, III, *c*, do CTN.
Gabarito "E".

(Procurador do Estado/SP – 2018 – VUNESP) Assinale a alternativa correta sobre a sucessão tributária, conforme o Código Tributário Nacional.

(A) É excluída em casos de impostos que tenham por fato gerador a propriedade.
(B) É tipo de sanção por ato ilícito do sucessor.
(C) Não se aplica à pessoa jurídica resultante de fusão, pois esta é nova em relação às sociedades fundidas.
(D) É reponsabilidade que se aplica a fatos geradores ocorridos até a data do ato ou fato de que decorre a sucessão.
(E) É responsabilidade que se aplica exclusivamente aos créditos tributários definitivamente constituídos à data do ato ou fato de que decorre a sucessão.

A: incorreta, pois não há essa limitação. Pelo contrário, há norma específica para sucessão em relação a tributos imobiliários – art. 130 do CTN; **B:** incorreta, pois a responsabilidade é modalidade de sujeição passiva, não espécie de sanção. Embora em alguns casos (nem sempre) a responsabilidade surja por conta do descumprimento da lei pelo responsável (v.g. art. 135 do CTN), isso não é característica da responsabilidade por sucessão; **C:** incorreta, pois a empresa resultante da fusão é responsável por sucessão, em relação aos tributos das sociedades originais – art. 132 do CTN; **D:** correta – art. 129 do CTN; **E:** incorreta, pois a responsabilidade por sucessão se refere aos fatos geradores anteriores à sucessão – art. 129 do CTN.
Gabarito "D".

(Delegado – PC/BA – 2018 – VUNESP) Havendo a incorporação de uma pessoa jurídica de direito privado por outra, os tributos e as multas devidos pela pessoa jurídica incorporada até o ato de incorporação são de responsabilidade
(A) da pessoa jurídica que resultar da incorporação, por sucessão.
(B) do alienante, por direito próprio.
(C) dos sócios da sociedade incorporada, por transferência.
(D) da pessoa jurídica incorporada, por direito próprio.
(E) dos sócios da pessoa jurídica que resultar da incorporação, por transferência.

Nos termos do art. 132 do CTN, a pessoa jurídica de direito privado que resultar de fusão, transformação ou incorporação de outra ou em outra é responsável pelos tributos devidos até a data do ato pelas pessoas jurídicas de direito privado fusionadas, transformadas ou incorporadas. Por essa razão, a alternativa "A" é a correta.
Gabarito "A".

(Procurador – IPSMI/SP – VUNESP – 2016) Segundo o Código Tributário Nacional (CTN), a pessoa natural ou jurídica de direito privado que adquirir de outra, por qualquer título, fundo de comércio ou estabelecimento empresarial, e continuar a respectiva exploração, sob a mesma ou outra razão social ou sob firma ou nome individual, responde pelos tributos relativos ao fundo ou estabelecimento adquirido, devidos até à data do ato:

(A) integralmente, se o alienante cessar a exploração do comércio, indústria ou atividade.
(B) solidariamente com o alienante, se este prosseguir na exploração ou iniciar dentro de seis meses a contar da data da alienação, nova atividade no mesmo ou em outro ramo de comércio, indústria ou profissão.
(C) integralmente, se o alienante prosseguir na exploração ou iniciar dentro de seis meses a contar da data da alienação, nova atividade no mesmo ou em outro ramo de comércio, indústria ou profissão.
(D) subsidiariamente com o alienante, se este prosseguir na exploração ou iniciar dentro de três meses a contar da data da alienação, nova atividade no mesmo ou em outro ramo de comércio, indústria ou profissão.
(E) solidariamente, se o alienante cessar a exploração do comércio, indústria ou atividade, mesmo na hipótese de alienação judicial em processo de falência.

A: correta, nos termos do art. 133, I, do CTN; **B:** incorreta, pois o adquirente responderá apenas subsidiariamente, nesse caso – art. 133, II, do CTN; **C:** incorreta, conforme comentário à alternativa anterior; **D:** incorreta, pois o prazo é de seis meses para o alienante iniciar nova atividade – art. 133, II, do CTN; **E:** incorreta, pois o adquirente responde integralmente, conforme a terminologia do art. 133, I, do CTN e, mais importante, não há essa responsabilidade em caso de alienação em processo de falência, conforme o § 1° desse artigo, com a exceção do § 2°.
Gabarito "A".

(Juiz de Direito – TJ/SP – VUNESP – 2015) Comerciante utiliza notas fiscais de compras de mercadorias para aproveitamento dos respectivos créditos de ICMS e, posteriormente, a empresa fornecedora daqueles bens tem suas atividades encerradas, e reconhecidas pelo Fisco como inidôneas as notas fiscais por ela emitidas. Diante de tal situação,

(A) nos termos do art. 136 do CTN, a responsabilidade por infrações tributárias independe da intenção do agente, logo, no caso, irrelevante a boa ou má-fé dos envolvidos nas operações.
(B) a boa-fé do comerciante não impede que seja apurada a veracidade daquelas transações comerciais que originaram as notas fiscais declaradas inidôneas.
(C) a boa-fé do comerciante que utilizou aquelas notas fiscais declaradas inidôneas impede que seja autuado pelo Fisco.
(D) a má-fé do emitente das notas fiscais contamina as operações subsequentes, invalidando-as e autorizando a autuação.

A: incorreta, pois, nos termos da Súmula 509/STJ, é lícito ao comerciante de boa-fé aproveitar os créditos de ICMS decorrentes de nota fiscal posteriormente declarada inidônea, quando demonstrada a veracidade da compra e venda; **B:** correta, conforme o disposto na Súmula 509/STJ; **C:** incorreta, conforme comentário à alternativa anterior; **D:** incorreta, conforme disposto na Súmula 509/STJ.
Gabarito "B".

(Juiz de Direito – TJ/SP – VUNESP – 2015) Quando a legislação tributária estabelece que é responsável pelo recolhimento do tributo terceira pessoa, vinculada ao mesmo fato gerador ocorrido, estamos diante da situação denominada

(A) reponsabilidade *stricto sensu*, "por transferência".
(B) solidariedade passiva tributária por imposição legal.
(C) substituição tributária "para frente".
(D) substituição tributária "para trás".

Discordamos do gabarito, pois a questão é bastante genérica, sendo discutíveis todas as alternativas, não sendo razoável apontar uma melhor que as outras. **A:** discutível. Considera-se responsabilidade por transferência aquela que ocorre depois da ocorrência do fato gerador, por conta de situação posterior que faz outra pessoa ocupar o polo passivo da obrigação tributária. Ainda assim, todo responsável tributário tem, em regra, vinculação com o fato gerador, nos termos do art. 128 do CTN, ainda que seja vinculação indireta (se fosse direta, seria contribuinte); **B:** discutível. A solidariedade natural é a que decorre diretamente do fato gerador, quando mais de uma pessoa tem interesse na situação que o constitua, conforme o art. 124, I, do CTN. A solidariedade legal, do art. 124, II, do CTN, entretanto, pode se referir a terceiro com vínculo, ainda que indireto, com o fato gerador. Finalmente, há casos de reponsabilidade, com terceiros vinculados ao fato gerador, portanto (art. 128 do CTN), em que não há solidariedade; **C** e **D:** toda substituição tributária é espécie de responsabilidade tributária, e a responsabilidade refere-se, em regra, a terceira pessoa vinculada ao fato gerador, nos termos do art. 128 do CTN.
Gabarito "D".

(Juiz de Direito – TJ/MS – VUNESP – 2015) De acordo com as disposições do Código Tributário Nacional, é correto afirmar que

(A) o sujeito passivo da obrigação principal diz-se responsável quando tenha relação pessoal e direita com o fato gerador.
(B) a responsabilidade por infrações da legislação tributária, salvo disposição de lei em contrário, independe da intenção do agente ou do responsável e da efetividade, natureza e extensão dos efeitos do ato.
(C) a solidariedade passiva tributária comporta benefício de ordem.
(D) a obrigação acessória é sempre dependente da prévia existência da obrigação principal.
(E) a capacidade tributária passiva depende de estar a pessoa jurídica regularmente constituída.

A: incorreta, pois essa é a definição de contribuinte, não de responsável – art. 121, parágrafo único, II, do CTN; **B:** correta, conforme o art. 136 do CTN; **C:** incorreta, pois não comporta benefício de ordem – art. 124, parágrafo único, do CTN; **D:** incorreta, pois a obrigação acessória, em direito tributário, não acompanha necessariamente alguma obrigação principal – art. 113 do CTN; **E:** incorreta, pois a capacidade tributária independe da regular constituição da pessoa jurídica – art. 126, III, do CTN.
Gabarito "B".

(Magistratura/MG – VUNESP – 2012) Assinale a alternativa que apresenta informação **incorreta**.

(A) São solidariamente responsáveis tributários as pessoas que tenham interesse comum na situação que constitua o fato gerador da obrigação tributária.
(B) A isenção ou a remissão de crédito tributário, na hipótese de solidariedade, exonera, sem ressalvas, todos os obrigados.
(C) A responsabilidade é solidária quando tanto o contribuinte quanto o responsável respondem sem o benefício de ordem.
(D) A lei pode atribuir de modo expresso a responsabilidade tributária à terceira pessoa, quando esta estiver vinculada ao fato gerador da exação, excluindo a responsabilidade do contribuinte ou atribuindo-a a este em caráter supletivo do cumprimento total ou parcial da mesma obrigação.

A: correto, pois há previsão legal expressa (CTN, art. 124); **B:** incorreto, devendo ser assinalado, pois no caso de isenção ou remissão pessoal, somente haverá a desoneração daqueles que preencherem as condições pessoais (CTN, art. 125); **C:** correto, pois o efeito imediato da solidariedade é o afastamento do benefício de ordem entre os obrigados; **D:** correto, pois este é o vínculo exigido para a instituição de casos de responsabilidade tributária (CTN, art. 128).
Gabarito "B".

10. SUSPENSÃO, EXTINÇÃO E EXCLUSÃO DO CRÉDITO

(Juiz de Direito – TJ/RJ – 2019 – VUNESP) Em 20 de janeiro de 2010, a empresa ABC Ltda. pratica o fato gerador do imposto municipal sobre serviços de qualquer natureza e emite a respectiva nota fiscal no valor de R$ 100.000,00, resultando em imposto a pagar de R$ 5.000,00. Em 10 de fevereiro de 2010, data de vencimento do referido imposto, por passar por problemas de caixa, a empresa recolhe apenas R$ 100,00, deixando R$ 4.900,00 sem pagamento. Em 31 de dezembro de 2014, a empresa recebe notificação de início de fiscalização por parte da administração tributária, que culmina com a apresentação, em 10 de fevereiro de 2015, de auto de infração relativo ao valor que deixou de ser pago, acrescido de juros e multa respectivos.

A respeito da situação hipotética, é correto afirmar, com base na legislação e jurisprudência, que

(A) o fato de ter emitido a nota fiscal e o de ter pagado parcialmente o débito são irrelevantes para a fixação do termo inicial da decadência do direito da administração tributária de lançar o imposto mediante auto de infração.
(B) caso decida voluntariamente fazer o pagamento do imposto devido após a notificação de início da fiscalização, mas antes da lavratura do auto de infração, a empresa poderá evitar o pagamento de juros e de multa.
(C) a notificação de início da ação fiscal interrompe o prazo decadencial, dando à administração novo quinquênio para finalização da fiscalização e correspondente lavratura do auto de infração.
(D) no caso em questão, operou-se a decadência tributária, pois se trata de lançamento por homologação e o auto de infração foi lavrado mais de cinco anos após a ocorrência do fato gerador.
(E) não chegou a se operar a decadência tributária no caso, pois o termo inicial do prazo decadencial coincide com o prazo final de vencimento do pagamento do imposto e não da ocorrência do fato gerador.

A: incorreta, pois quando há pagamento parcial do tributo lançado por homologação, sem dolo, fraude ou simulação (caso descrito), o prazo decadencial para que o fisco reveja o lançamento e constitua o crédito relativo a eventual diferença é contado a partir do fato gerador, nos termos do art. 150, § 4º, do CTN; **B:** incorreta, pois a denúncia espontânea não existe (e os benefícios dela portanto não são aplicáveis) após o início de qualquer procedimento administrativo ou medida de fiscalização, relacionados com a infração – art. 138, parágrafo único do CTN; **C:** incorreta, pois o prazo decadencial não é interrompido – art.

150 do CTN; **D:** correta, conforme comentários anteriores; **E:** incorreta, conforme comentários anteriores.

Gabarito "D".

(Juiz de Direito – TJ/RJ – 2019 – VUNESP) Com base na jurisprudência do Superior Tribunal de Justiça, é correto afirmar que

(A) a notificação do auto de infração faz cessar a contagem da decadência para a constituição do crédito tributário.
(B) o mandado de segurança não constitui ação adequada para a declaração do direito à compensação tributária.
(C) o benefício da denúncia espontânea se aplica aos tributos sujeitos a lançamento por homologação regularmente declarados, mas pagos a destempo.
(D) a decretação da indisponibilidade de bens e direitos, na forma do Código Tributário Nacional, dispensa o exaurimento das diligências na busca por bens penhoráveis.
(E) a compensação de créditos tributários pode ser deferida em ação cautelar ou por medida liminar cautelar ou antecipatória.

A: correta. A notificação do auto de infração faz cessar a contagem da decadência para a constituição do crédito tributário; exaurida a instância administrativa com o decurso do prazo para a impugnação ou com a notificação de seu julgamento definitivo e esgotado o prazo concedido pela Administração para o pagamento voluntário, inicia-se o prazo prescricional para a cobrança judicial – Súmula 622/STJ; **B:** incorreta, pois o STJ admite o MS para isso – Súmula 213/STJ; **C:** incorreta, pois é pacífico o entendimento em contrário – Súmula 360/STJ; **D:** incorreta, pois, nos termos da Súmula 560/STJ, a decretação da indisponibilidade de bens e direitos, na forma do art. 185-A do CTN, pressupõe o exaurimento das diligências na busca por bens penhoráveis, o qual fica caracterizado quando infrutíferos o pedido de constrição sobre ativos financeiros e a expedição de ofícios aos registros públicos do domicílio do executado, ao Denatran ou Detran; **E:** incorreta, pois isso é vedado, na forma da Súmula 212/STJ.

Gabarito "A".

(Juiz de Direito – TJ/RS – 2018 – VUNESP) A Empresa X possui vultoso montante de débitos tributários de ICMS e necessita saneá-los para dar prosseguimento ao seu pedido de recuperação judicial. Não dispondo do montante integral para a quitação dos valores à vista, a empresa X pretende parcelar o montante devido à Fazenda Estadual.

Considerando as disposições do Código Tributário Nacional sobre o parcelamento, é correto afirmar que

(A) em razão da indisponibilidade do interesse público, não há possibilidade de se prever condições especiais de parcelamento para débitos tributários de empresas que estejam em processo de recuperação judicial.
(B) por se tratar de devedor em recuperação judicial, ele poderá se valer de condições especiais de parcelamento dos seus créditos tributários, na forma e condição estabelecida em lei complementar.
(C) o parcelamento para empresas que se encontram em processo de recuperação judicial abrange apenas os débitos inscritos em dívida ativa e deve observar a forma e condição estabelecidas em lei complementar.
(D) salvo disposição de lei em contrário, o parcelamento do crédito tributário do devedor em processo de recuperação judicial exclui a incidência de multas e juros.
(E) a inexistência da lei específica para empresas em recuperação judicial importa na aplicação das leis gerais de parcelamento do ente da Federação ao devedor que se encontre nessa situação, não podendo, nesse caso, ser o prazo de parcelamento inferior ao concedido pela lei federal específica.

A: incorreta, pois o art. 155-A, § 3º, do CTN, prevê expressamente que lei específica disporá sobre as condições de parcelamento dos créditos tributários do devedor em recuperação judicial; **B:** incorreta, pois não se exige lei complementar – art. 155-A, § 3º, do CTN; **C:** incorreta, pois não há limitação para dívidas inscritas e não se exige lei complementar – art. 155-A, § 3º, do CTN; **D:** incorreta, pois não há essa exclusão, salvo disposição de lei em contrário – art. 155-A, § 1º, do CTN; **E:** correta – art. 155-A, § 4º, do CTN.

Gabarito "E".

(Juiz de Direito – TJ/RS – 2018 – VUNESP) Considerando as disposições do Código Tributário Nacional acerca do pagamento, é correto afirmar que

(A) quando a legislação tributária não dispuser a respeito, o pagamento é efetuado no local indicado pelo sujeito ativo.
(B) a existência de consulta formulada pelo devedor, dentro do prazo legal para pagamento, não afasta a incidência de juros de mora e penalidades cabíveis nem a aplicação de quaisquer medidas de garantia previstas na legislação tributária caso o tributo não seja integralmente pago no seu vencimento.
(C) a importância de crédito tributário pode ser consignada judicialmente pelo sujeito passivo na hipótese de recusa de recebimento, ou subordinação deste ao pagamento de outro tributo ou de penalidade, ou ao cumprimento de obrigação acessória.
(D) o pagamento do tributo deve ser realizado em moeda corrente, podendo, nos casos expressamente previstos em lei, ser realizado por meio de cheque ou vale postal.
(E) quando a legislação tributária não fixar o tempo do pagamento, o vencimento do crédito ocorre quinze dias depois da data em que se considera o sujeito passivo notificado do lançamento.

A: incorreta, pois, nos termos do art. 159 do CTN, quando a legislação tributária não dispuser a respeito, o pagamento é efetuado na repartição competente do domicílio do sujeito passivo; **B:** incorreta, pois a consulta formulada dentro do prazo de pagamento afasta o cômputo de juros moratórios e penalidades – art. 161, § 2º, do CTN; **C:** correta – art. 164, I e II, do CTN; **D:** incorreta, pois o pagamento pode ser sempre realizado por moeda corrente, cheque ou vale postal, embora a extinção do crédito dependa do resgate do cheque pelo banco – art. 162, I e § 2º, do CTN; **E:** incorreta, pois, se a lei não previr prazo para pagamento, ele será de 30 dias após a notificação de lançamento – art. 160 do CTN.

Gabarito "C".

(Procurador do Estado/SP – 2018 – VUNESP) No que diz respeito à isenção, conforme o Código Tributário Nacional, é correto afirmar:

(A) é causa excludente do crédito tributário, mas não dispensa o cumprimento das obrigações acessórias dependentes da obrigação principal cujo crédito tenha sido excluído.
(B) é causa extintiva do crédito tributário, sendo extensiva às taxas e contribuições que tenham por fato gerador

o mesmo fato jurídico relevante do crédito tributário extinto.
(C) é causa excludente do crédito tributário e pode ser livremente suprimida, mesmo quando concedida sob condição onerosa.
(D) é causa extintiva do crédito tributário e depende, em qualquer hipótese, de despacho, genérico ou particular, de autoridade administrativa competente para a verificação.
(E) é causa excludente do crédito tributário e só pode ser concedida em caráter geral, nos termos da lei, pela isonomia tributária, mas deve sofrer, em qualquer caso, restrições temporais por meio de regulamento.

A: correta – art. 175, I e parágrafo único, do CTN; B e D: incorretas, pois a isenção é modalidade de exclusão do crédito tributário, não de extinção – art. 175, I, do CTN; C: incorreta, pois a isenção concedida por prazo certo e em função de determinadas condições não pode ser suprimida em prejuízo do contribuinte que preencheu os requisitos para sua fruição – art. 178 do CTN; E: incorreta, pois a isenção pode ser concedida em caráter específico – art. 179 do CTN.
Gabarito "A".

(Procurador do Estado/SP – 2018 – VUNESP) Lei estadual confere benefício fiscal previamente aprovado pelos Estados e pelo Distrito Federal, nos termos do art. 155, parágrafo 2º, XII, letra g, da Constituição Federal. O benefício é de redução de base de cálculo do ICMS para operações internas com produtos de limpeza, de forma que a carga final do imposto fica reduzida a 50% da incidência normal. A empresa Delta usufrui do benefício em todas as suas operações internas, pois comercializa exclusivamente produtos de limpeza. Não há, na legislação tributária, qualquer outra previsão de benefício que Delta possa usufruir. Todas as operações interestaduais de Delta sofrem tributação normal do imposto. Todos os seus fornecedores estão estabelecidos na mesma unidade da federação que Delta e nenhum deles goza de benefício fiscal.
Considerada essa situação hipotética, a empresa Delta

(A) não deve anular os créditos do imposto, relativamente às aquisições de produtos objeto de posteriores operações internas e interestaduais, pois goza de benefício fiscal.
(B) deve anular integralmente o crédito do imposto pago na aquisição de produtos destinados a operações internas, desde que, no mesmo período de apuração, tenha operações interestaduais, pois estas são integralmente tributadas.
(C) deve anular parcialmente os créditos do imposto incidente em todas as aquisições de produtos, desconsiderando a incidência de benefícios nas operações posteriores, por força do regime periódico de apuração a que se sujeita o ICMS.
(D) deve anular integralmente os créditos do imposto incidente em todas as aquisições de bens revendidos, independentemente de redução de base de cálculo, com fundamento na não cumulatividade do imposto.
(E) deve anular parcialmente o crédito do imposto, relativamente aos bens adquiridos para posteriores operações beneficiadas, na mesma proporção da redução da base de cálculo, pois tal benefício corresponde à isenção parcial.

Nos termos do tema 299 de repercussão geral do STF, a redução da base de cálculo de ICMS equivale à isenção parcial, o que acarreta a anulação proporcional de crédito relativo às operações anteriores, salvo disposição em lei estadual em sentido contrário. Por essa razão, a alternativa "E" é a correta.
Gabarito "E".

(Defensor Público/RO – 2017 – VUNESP) Em 19 de abril de 2007 ocorreu fato gerador de tributo estadual sujeito a lançamento por homologação. Em 10 de maio do mesmo ano, data de vencimento do tributo, o contribuinte devedor recolheu apenas um terço do valor apurado e declarado ao Fisco. Em 30 de dezembro de 2012, a Receita Estadual realizou auditoria sobre o pagamento efetivado, apurando e lançando a diferença devida, encaminhando a cobrança administrativa para o contribuinte. Mantendo-se o contribuinte inerte em relação à cobrança encaminhada, em 31 de julho de 2013 foi proposta ação de execução fiscal contra o contribuinte.

(A) O lançamento tributário é ilegal, pois entre o pagamento parcial realizado pelo contribuinte e o lançamento de ofício ocorreu a prescrição do crédito tributário.
(B) O lançamento tributário é legal, pois a decadência tem seu termo inicial no primeiro dia do exercício seguinte ao da ocorrência do fato gerador.
(C) A proposição de execução fiscal é correta, pois tem por consequência a suspensão do prazo prescricional contra a Fazenda Pública.
(D) O lançamento é ilegal, pois extinguiu-se por decadência, em 11 de maio de 2012, o direito de a Fazenda Pública constituir o crédito tributário.
(E) O lançamento tributário é ilegal, pois extinguiu-se por decadência, em 20 de abril de 2012, o direito de a Fazenda Pública constituir o crédito tributário.

A: incorreta, pois o prazo para o fisco lançar o tributo é decadencial (não prescricional), e não é contado a partir do pagamento parcial – art. 173 do CTN; B: incorreta, pois, ainda que se conte o prazo decadencial quinquenal a partir do fato gerador, nos termos do art. 150, § 4º, do CTN (desde que tenha havido pagamento, sem dolo, fraude ou simulação), esse prazo esgotou-se em 19/04/2012. Haveria contagem do prazo quinquenal nos termos do art. 173, I, do CTN (a partir do primeiro dia do exercício seguinte ao que o lançamento poderia ter sido realizado) apenas no caso de não ter havido declaração do débito, conforme entendimento consolidado pela Súmula 555/STJ; C: incorreta, pois há que se avaliar se houve ou não decadência do direito de lançar e prescrição do direito de cobrar, inexistindo suspensão do prazo no caso descrito; D: incorreta, pois a contagem do prazo decadencial pode se dar, em tese, a partir do fato gerador (art. 150, § 4º, do CTN) ou na forma do art. 173, I, do CTN, não a partir da data de pagamento; E: correta. Esta é a melhor alternativa, por exclusão das demais e por aplicação do art. 150, § 4º, do CTN. Mas não é precisa. Se houve adequada declaração de todo o débito (pelo que consta da questão, o contribuinte declarou o valor correto, mas recolheu a menor), então o tributo está lançado, conforme a Súmula 436/STJ "A entrega de declaração pelo contribuinte reconhecendo débito fiscal constitui o crédito tributário, dispensada qualquer outra providência por parte do fisco". Assim, não há falar em prazo decadencial para lançar. O prazo prescricional para a cobrança da dívida pelo fisco começa a correr a partir do vencimento do tributo (desde que posterior à declaração), pelo princípio da *actio nata*. Por essa razão, o fisco teria que ter ajuizado a execução fiscal até 10 de maio de 2012. A melhor resposta, que não consta de qualquer alternativa, é de que a cobrança é indevida, pois houve prescrição do direito de o fisco cobrar a dívida.
Gabarito "E".

(Procurador Municipal/SP – VUNESP – 2016) Assinale a alternativa correta acerca do pagamento como modalidade de extinção do crédito tributário.

(A) Quando parcial, importa em presunção de pagamento das prestações em que se decomponha.
(B) Quando a legislação tributária não dispuser a respeito, deve ser efetuado na repartição competente do domicílio do sujeito ativo.
(C) Se existirem, simultaneamente, dois ou mais débitos vencidos do mesmo sujeito passivo para com a mesma pessoa jurídica de direito público, relativos ao mesmo ou a diferentes tributos ou provenientes de penalidade pecuniária ou juros de mora, a autoridade administrativa competente para receber o pagamento determinará a respectiva imputação, em primeiro lugar, aos débitos decorrentes de responsabilidade tributária e, em segundo lugar, por obrigação própria.
(D) Se o pagamento for efetuado em estampilha, nos casos previstos em lei, a perda ou destruição da estampilha, ou o erro no pagamento por esta modalidade, não dão direito a restituição, salvo nos casos expressamente previstos na legislação tributária, ou naquelas em que o erro seja imputável à autoridade administrativa.
(E) A importância do crédito tributário pode ser consignada judicialmente pelo sujeito passivo, em caso de exigência, por mais de uma pessoa jurídica por tributo idêntico sobre o mesmo fato gerador, caso em que poderá versar, inclusive, sobre a anulação do crédito exigido.

A: incorreta, pois não há essa presunção – art. 158, I, do CTN; **B:** incorreta, pois o pagamento é efetuado, em regra, na repartição competente do domicílio do sujeito passivo – art. 159 do CTN; **C:** incorreta, pois a ordem de imputação é dos débitos por obrigação própria em primeiro lugar, nos termos do art. 163, I, do CTN; **D:** correta, conforme dispõe o art. 162, § 4º, do CTN; **E:** incorreta, pois a discussão na ação consignatória não se refere à anulação do lançamento (objeto de ação anulatória), podendo versar apenas sobre o crédito que o consignante se propõe a pagar – art. 164, III, do CTN e art. 547 do CPC.
Gabarito "D".

(Juiz de Direito – TJ/SP – VUNESP – 2015) Diante do disposto nos artigos 173 e 174 do Código Tributário Nacional, fixando, respectivamente, prazo de cinco anos para constituição do crédito tributário e igual prazo para cobrança do crédito tributário, é correto afirmar que

(A) a prescrição intercorrente pode ser reconhecida nos períodos decorridos até a constituição do crédito tributário ou após iniciada a cobrança, contados os prazos separadamente.
(B) nos casos de tributos sujeitos a lançamentos por homologação, diante do pagamento do valor declarado e ausente fraude ou simulação, a prescrição do crédito tributário é de cinco anos, contados do fato jurídico tributado.
(C) a Fazenda tem dez anos (regra cinco mais cinco) para obter seu crédito tributário.
(D) a Fazenda tem cinco anos para obter seu crédito tributário.

Discordamos do gabarito. Parece-nos que a "D" é a melhor alternativa.
A: incorreta, pois a prescrição intercorrente refere-se a período no curso da execução fiscal – art. 40 da Lei 6.830/1980. Antes da constituição do crédito não há falar em prescrição, mas sim apenas em prazo decadencial; **B:** correta pelo gabarito oficial, mas acreditamos estar incorreta. Se o contribuinte declarou e pagou, não há falar em prazo prescricional, já que não há o que ser cobrado. Se houve declaração de valor menor que o devido, com pagamento do total declarado, a homologação tácita (art. 150, § 4º, do CTN) extingue o direito de o fisco lançar o montante não declarado, o que significa decadência do direito de lançar, não prescrição do direito de cobrar. Ademais, em relação a eventual montante do crédito declarado, mas não pago, o prazo prescricional é contado do vencimento do tributo ou da declaração, se posterior – ver REsp 1.120.295/SP-repetitivo; **C:** incorreta, pois o prazo é de apenas cinco anos, não prevalecendo a tese do 5 mais 5 (o fisco defendia que o prazo decadencial quinquenal para lançar era contado a partir da homologação tácita (que ocorre cinco anos após o fato gerador, mas o STF afastou tal entendimento); **D:** incorreta, mas acreditamos ser essa a melhor alternativa. Se por "obter" o crédito refere-se a cobrar o montante correspondente, o prazo prescricional é mesmo, em regra, de cinco anos – art. 174 do CTN.
Gabarito "B".

(Procurador – SP – VUNESP – 2015) É causa que suspende a exigibilidade do crédito tributário a

(A) concessão de liminar em mandado de segurança.
(B) conversão do depósito em renda.
(C) consignação em pagamento.
(D) decisão administrativa irreformável.
(E) decisão judicial passada em julgado.

A: correta – art. 151, IV, do CTN; **B, C, D e E:** incorretas, pois são modalidades de extinção do crédito tributário, nos termos do art. 156 do CTN.
Gabarito "A".

(Procurador – SP – VUNESP – 2015) O instituto de Direito Tributário que abrange exclusivamente as infrações cometidas anteriormente à vigência da lei que o concede denomina-se

(A) Remissão e extingue o crédito correspondente.
(B) Remissão e suspende o crédito correspondente.
(C) Remissão e exclui o crédito correspondente.
(D) Anistia e exclui o crédito correspondente.
(E) Anistia e suspende o crédito correspondente.

A: incorreta, pois remissão refere-se a todo o crédito tributário (tributo e ou penalidade pecuniária) – art. 172 do CTN; **B:** incorreta, conforme o comentário anterior, lembrando que remissão é modalidade de extinção do crédito, não de suspensão; **C:** incorreta, conforme comentários anteriores; **D:** correta, pois a anistia refere-se apenas a infrações e é modalidade de exclusão do crédito tributário – art. 180 do CTN; **E:** incorreta, pois anistia é modalidade de exclusão do crédito, não de suspensão – art. 180 do CTN.
Gabarito "D".

(Cartório/SP – VUNESP – 2012) Sobre a moratória, pode-se concluir que.

(A) Pode ser concedida por ato do Instituto Nacional do Seguro Social (INSS) quanto às contribuições para a seguridade social.
(B) A concessão de moratória em caráter individual pela Prefeitura Municipal de Ribeirão Preto gera direito adquirido.
(C) A norma paulistana concessiva de moratória deve ser impessoal; não pode discriminar sua aplicabilidade a determinada classe ou categoria de sujeitos passivos.
(D) Lei paulista pode fazer com que a moratória abranja créditos cujos lançamentos ainda não tenham sido iniciados.

A: incorreta, pois qualquer benefício fiscal somente pode ser concedido por lei do ente competente, no caso, por lei federal, pois a União é quem detém a competência tributária em relação às contribuições sociais – arts. 149 e 150, § 6º, da CF e art. 97, VI, do CTN; **B:** incorreta, pois a concessão da moratória em caráter individual (a exemplo da remissão e da isenção) não gera direito adquirido – art. 155 do CTN; **C:** incorreta, pois a moratória pode ser concedida em caráter individual, conforme o art. 152, II, do CTN; **D:** correta, pois a lei pode trazer essa regra excepcional, nos termos do art. 154 do CTN.

Gabarito "D".

(Procurador do Município/São José dos Campos-SP – VUNESP – 2012) Assinale a alternativa em que estão presentes apenas causas de extinção do crédito tributário.

(A) Prescrição, remissão e compensação.
(B) Transação, moratória e concessão de liminar em mandado de segurança.
(C) Decisão judicial passada em julgado, decisão administrativa irreformável e moratória.
(D) Isenção, imunidade e dação em pagamento em bens imóveis, na forma e condições estabelecidas em lei.
(E) Transação, decadência e anistia.

Veja a tabela que apresentamos anteriormente, com as modalidades de suspensão, extinção e exclusão do crédito tributário (respectivamente arts. 151, 156 e 175 do CTN). A alternativa correta é a "A".

Gabarito "A".

(Procurador do Município/Sorocaba-SP – VUNESP – 2012) Acerca do pagamento como causa extintiva do crédito tributário, assinale a alternativa correta.

(A) A imposição de penalidade ilide o pagamento integral do crédito tributário.
(B) O pagamento de um crédito importa em presunção de pagamento, quando parcial, das prestações em que se decomponha.
(C) Quando a legislação tributária não fixar o prazo do pagamento, o vencimento do crédito ocorre 30 dias depois da data em que se considera o sujeito passivo notificado do lançamento.
(D) A restituição total ou parcial de tributo pago indevidamente vence juros capitalizáveis a partir do trânsito em julgado da decisão definitiva que a determinar.
(E) O direito de pleitear a restituição do tributo pago indevidamente extingue-se com o decurso do prazo de 2 anos contados do pagamento indevido.

A: incorreta, pois a imposição de penalidade não afasta o dever de pagar integralmente o crédito – art. 157 do CTN; **B:** incorreta, pois não há essa presunção – art. 158 do CTN; **C:** assertiva correta, nos termos do art. 160 do CTN; **D:** incorreta, pois os juros não são capitalizáveis na restituição de indébito tributário – art. 167, parágrafo único, do CTN; **E:** incorreta, pois o prazo para repetir o indébito é, em regra, de cinco anos, nos termos do art. 168 do CTN, reduzido para dois anos apenas na hipótese de prévio pedido administrativo indeferido, conforme o art. 169 do CTN.

Gabarito "C".

(Procurador do Município/Sorocaba-SP – VUNESP – 2012) Assinale a alternativa correta no que respeita ao instituto da isenção.

(A) Juridicamente, corresponde ao conceito de imunidade.
(B) Salvo disposição de lei em contrário, é extensiva aos tributos instituídos posteriormente à sua concessão.
(C) Sua concessão não é admitida em caráter pessoal.
(D) Constitui-se em uma das causas de exclusão do crédito tributário.
(E) Uma vez concedida, dispensa o cumprimento das obrigações acessórias, dependentes da obrigação principal cujo crédito seja dela consequente.

A: incorreta – imunidade é norma constitucional que limita a competência tributária (delimita-a negativamente), não se confundindo com a isenção, que é norma legal, produzida pelo ente político competente (pressupõe a competência tributária); **B:** incorreta, pois é o oposto. Salvo disposição legal em contrário, a isenção não é extensiva aos tributos instituídos posteriormente à sua concessão – art. 177, II, do CTN; **C:** incorreta, pois a isenção pode ser concedida em caráter geral ou efetivada caso a caso por autoridade administrativa – art. 179 do CTN; **D:** correta, pois a isenção e a anistia são as duas modalidades de exclusão do crédito tributário previstas no CTN, em seu art. 175; **E:** incorreta, pois a exclusão do crédito tributário não dispensa o cumprimento das obrigações acessórias dependentes da obrigação principal cujo crédito seja excluído, ou dela consequente.

Gabarito "D".

11. IMPOSTOS E CONTRIBUIÇÕES EM ESPÉCIE

11.1. ITR

(Procurador Municipal/SP – VUNESP – 2016) Caso determinado município opte, na forma da lei, por fiscalizar e cobrar o Imposto Territorial Rural, desde que não implique redução do imposto ou qualquer outra forma de renúncia fiscal, é correto afirmar que

(A) não poderá fazê-lo, por invadir competência federal constitucionalmente prevista.
(B) poderá fazê-lo, somente se a União delegar sua competência legislativa a fim de que o município publique lei instituindo o imposto em seu âmbito territorial.
(C) não poderá fazê-lo, salvo se a União renunciar expressamente à competência que possui.
(D) poderá fazê-lo, se a União autorizar, e desde que o município lhe repasse 50% da receita que arrecadar.
(E) poderá fazê-lo, caso em que terá direito à totalidade dos valores que a título do imposto arrecadar.

A: incorreta, pois o ITR federal pode ser fiscalizado e cobrado pelos Municípios que assim optarem, na forma da lei, desde que não implique redução do imposto ou qualquer outra forma de renúncia fiscal – art. 153, § 4º, III, da CF; **B:** incorreta, pois a previsão do art. 153, § 4º, III, da CF não implica transmissão da competência para legislar sobre o ITR, lembrando que toda competência tributária é indelegável; **C:** incorreta, conforme comentários anteriores; **D:** incorreta, pois, nessa hipótese do art. 153, § 4º, III, da CF, o Município ficará com 100% do valor arrecadado – art. 158, II, in fine, da CF; **E:** correta, nos termos dos arts. 153, § 4º, III, e 158, II, in fine, da CF, citados nos comentários anteriores.

Gabarito "E".

(Cartório/SP – VUNESP – 2012) Com relação ao Imposto sobre a Propriedade Territorial Rural (ITR), é correto concluir que:

(A) O conceito de bem imóvel rural obedece ao critério da destinação.
(B) É possível o Município fiscalizar o tributo, podendo conceder isenção ou outro tipo de redução do imposto.
(C) O lançamento do imposto, via de regra, dá-se de ofício.
(D) É possível a adoção de alíquotas de acordo com a utilização do imóvel.

A: incorreta. Em regra, a definição de bem imóvel é feita por exclusão, sendo aquele que não é urbano. O imóvel urbano, por sua vez, é definido, em regra, por sua localização, pois é aquele que se encontra na área urbana definida pela legislação municipal, nos termos e atendidos os requisitos do art. 32 do CTN. Entretanto, embora essa seja a regra (definição pelo critério da localização), é importante lembrar que há outra norma, pela qual o imóvel será rural, qualquer que seja sua localização (mesmo que na área urbana do município, portanto), desde que utilizado em exploração de atividade extrativa vegetal, agrícola pecuária ou agroindustrial (art. 15 do DL 57/1966); **B:** incorreta, pois, embora o Município possa fiscalizar e cobrar o ITR, na hipótese do art. 153, § 4º, III, da CF, não é possível que conceda isenção ou redução do imposto (a competência para legislar é indelegável); **C:** incorreta, pois o ITR é lançado por homologação, em regra (há autores que se referem ao lançamento por declaração) – art. 49 do Regulamento do ITR (Decreto 4.382/2002); **D:** correta, pois o ITR será progressivo e terá suas alíquotas fixadas de forma a desestimular a manutenção de propriedades improdutivas. Ademais, não incidirá sobre pequenas glebas rurais, definidas em lei, quando as explore o proprietário que não possua outro imóvel – art. 153, § 4º, I e II, da CF.
Gabarito "D".

11.2. ICMS

(Procurador do Estado/SP – 2018 – VUNESP) Tendo em mente as disposições constitucionais sobre a fixação de alíquotas do ICMS, assinale a alternativa correta.

(A) A alíquota do ICMS aplicável às operações ou prestações interestaduais, que destinem a bens ou serviços a consumidor final, é aquela do Estado de origem.
(B) A alíquota do ICMS aplicável às operações ou prestações interestaduais é a do Estado de destino, somente no caso em que o adquirente for contribuinte do imposto.
(C) As alíquotas internas máximas do ICMS não podem ser fixadas pelo Senado Federal em hipótese alguma.
(D) O ICMS pode ter alíquotas mínimas para operações internas fixadas pelo Senado Federal.
(E) A alíquota do ICMS incidente em operações de exportação não pode ser fixada pelo Senado Federal.

A: incorreta, pois, após a EC 87/2015, mesmo as operações interestaduais destinadas ao consumidor final sujeitam-se à alíquota interestadual, cabendo ao Estado de destino a diferença entre a alíquota interestadual (menor) e a interna (maior), nos termos do art. 155, § 2º, VII, da CF; **B:** incorreta, pois a alíquota será sempre a interestadual – art. 155, § 2º, VII, da CF; **C:** incorreta, pois é facultado ao Senado fixar alíquotas internas máximas, para resolver conflito específico que envolva interesse de Estados, mediante resolução de iniciativa da maioria absoluta e aprovada por dois terços de seus membros – art. 155, § 2º, V, b, da CF; **D:** correta, nos termos do art. 155, § 2º, V, a, da CF; **E:** correta, embora seja prevista essa competência do Senado no art. 155, § 2º, IV, in fine, da CF. Isso porque atualmente há imunidade em relação a todas as exportações, ou seja, não existe alíquota de ICMS para exportação – art. 155, § 2º, X, a, da CF.
OBS.: discordamos do gabarito oficial, pois a alternativa "E" também é correta.
Gabarito "D".

(Magistratura/SP – VUNESP – 2013) A respeito das isenções de ICMS, é correto afirmar que:

(A) têm validade em todo o território nacional.
(B) podem ser outorgadas por meio de Lei Complementar produzida pela União.
(C) somente podem ser instituídas após aprovação de convênio autorizativo no Conselho Nacional de Política Fazendária.
(D) podem ser objeto de Decreto.

A: incorreta, pois a isenção de ICMS, embora dependa de deliberação dos Estados e do Distrito Federal, é instituída por cada ente, por legislação própria (ou seja, não se aplica, automaticamente, a todo território nacional, mas apenas ao território do ente que efetivamente instituir o benefício fiscal) – art. 155, § 2.º, XII, g, da CF; **B:** incorreta, pois a competência tributária é exclusiva e indelegável, de modo que somente o Estado ou o Distrito Federal pode conceder a isenção em relação ao seu território – art. 151, III, da CF; **C:** correta, conforme o art. 155, § 2.º, XII, g, da CF; **D:** incorreta, pois qualquer benefício fiscal exige lei específica para ser concedido – art. 150, § 6.º, da CF.
Gabarito "C".

(Magistratura/SP – VUNESP – 2013) Nos casos de ICMS incidente sobre operação de importação, a partir de quando é devido o tributo?

(A) No momento em que é contratada a operação de importação.
(B) Ao tempo em que a importação adentra mar territorial ou o espaço aéreo do estado.
(C) No instante em que a operação de importação é registrada no SISCOMEX.
(D) No momento do desembaraço aduaneiro.

Nos termos do art. 12, IX, da LC 87/1996, considera-se ocorrido o fato gerador do ICMS no momento do desembaraço aduaneiro de mercadorias ou bens importados do exterior, razão pela qual a alternativa "D" é a correta.
Gabarito "D".

11.3. ITCMD

(Procurador do Estado/SP – 2018 – VUNESP) Consideradas as disposições da Constituição Federal e da Lei Paulista no 10.705, de 2000, sobre o Imposto sobre a Transmissão Causa Mortis e Doações – ITCMD – assinale a alternativa correta.

(A) É contribuinte do ITCMD, em caso de doação, o donatário residente no Estado de São Paulo.
(B) Compete ao Estado de domicílio do de cujus o ITCMD incidente na transmissão causa mortis de bens imóveis.
(C) Em caso de imóveis, o ITCMD incide somente por transmissão causa mortis e, em caso de outros bens e direitos, o imposto incide sobre a transmissão a qualquer título.
(D) A instituição do ITCMD pelos Estados depende de lei complementar federal que regule os aspectos específicos da incidência em qualquer hipótese de transmissão ou de qualquer bem, independentemente da situação do contribuinte ou responsável.
(E) A doação com encargos não se sujeita à incidência do ITCMD.

A: correta – art. 155, § 1º, II, da CF e art. 7º, III, da Lei SP 10.705/2000; **B:** incorreta, pois, no caso da incidência *causa mortis*, o ITCMD é devido no local onde se processar o inventário ou o arrolamento, no caso de bens móveis, ou no local do bem imóvel – art. 155, § 1º, I e II, da CF; **C:** incorreta, pois incide o ITCMD também na doação de bens imóveis – art. 155, I, da CF; **D:** incorreta, pois o art. 155, § 1º, III, da CF prevê regulação da competência para instituição apenas nos casos em que (i) o doador tiver domicílio ou residência no exterior e em que

(ii) o *de cujus* possuía bens, era residente ou domiciliado ou teve o seu inventário processado no exterior; **E:** incorreta, pois toda doação se sujeita ao ITCMD – art. 155, I, da CF.

Gabarito "A".

(Defensor Público/RO – 2017 – VUNESP) João da Silva, residente e domiciliado no Município do Rio de JaneiroRJ, faleceu em 1º de janeiro de 2017, deixando como únicos herdeiros Maria da Silva e Renato da Silva, seus filhos, e como único bem de herança um imóvel estabelecido em zona rural, no Município de Porto Velho – RO. A ação judicial de inventário e partilha foi pro posta por Maria da Silva, três meses após o falecimento de seu pai, na Justiça Estadual do Rio de JaneiroRJ.

(A) O imposto devido é de competência estadual e será devido ao Estado no qual ocorrer a proposição da ação de inventário e partilha, ou seja, ao Estado do Rio de Janeiro.

(B) O fato gerador do imposto em questão ocorreu no momento da proposição da ação de inventário, por se tratar do momento em que as circunstâncias materiais necessárias à produção dos efeitos de transmissão causa mortis se verificaram.

(C) O inventariante não será responsável, nos atos em que intervier, pelos tributos devidos pelo espólio, nos casos de impossibilidade de exigência do cumpri mento da obrigação principal por este.

(D) A Fazenda Pública não está adstrita aos valores dos bens declarados pelo inventariante e poderá desconsiderar atos e negócios jurídicos com finalidade de dissimular a ocorrência do fato gerador do tributo, observa dos os procedimentos estabelecidos em lei ordinária.

(E) Por se tratar de propriedade rural, o tributo incidente na situação descrita é o imposto territorial rural e a competência para a instituição desse imposto é do Estado em que se localiza o imóvel.

A: incorreta, pois, no caso de bem imóvel, o ITCMD será devido ao Estado de Rondônia, onde está localizado esse bem – art. 155, § 1º, I, da CF; **B:** incorreta, pois o fato gerador do ITCMD se dá na abertura da sucessão (falecimento) – ver Súmula 112/STF; **C:** incorreta, pois o inventariante é responsável, nos termos do art. 134, IV, do CTN; **D:** correta, nos termos da norma antielisão – art. 116, parágrafo único, do CTN; **E:** incorreta, pois incide o ITCMD em relação à transmissão do imóvel decorrente do falecimento, devido ao Estado onde localizado o bem (art. 155, § 1º, I, da CF), sem prejuízo do ITR, mas que não é devido em relação à transmissão descrita na questão, e sim decorrente da propriedade do imóvel rural.

Gabarito "D".

(Magistratura/SP – VUNESP – 2013) Considerando uma operação de doação de ações de sociedade anônima cujos papéis não circulem por bolsa de valores, nem tenham sido objeto de negociação nos últimos 180 dias, assinale o valor que deve ser utilizado para o cálculo do tributo estadual incidente sobre esse negócio jurídico.

(A) Valor de mercado.
(B) Valor nominal da ação.
(C) Valor contábil.
(D) Valor patrimonial.

Nos termos do art. 146, III, a, da CF, a base de cálculo dos impostos deve ser definida por lei complementar federal. Ocorre que, até o momento, não há lei complementar (norma nacional) que fixe a base de cálculo do imposto estadual incidente sobre doações de bens móveis e direitos. Em relação às transmissões de bens imóveis, aplica-se o disposto nos arts. 35 a 42 do CTN. Assim, cada Estado e o Distrito Federal exercem a competência legislativa plena prevista no art. 24, § 3.º, da CF, ou seja, cada ente define a base de cálculo do ITCMD atinente a bens móveis e direitos. No Estado de São Paulo, o art. 14, § 3.º, da Lei Estadual 10.705/2000 dispõe que, nos casos em que a ação, quota, participação ou qualquer título representativo do capital social não for objeto de negociação ou não tiver sido negociado nos últimos 180 dias, o valor patrimonial corresponderá à base de cálculo. Por essa razão, a alternativa "D" é a correta.

Gabarito "D".

(Magistratura/SP – VUNESP – 2013) A respeito do Imposto de Transmissão "Causa Mortis" e Doações, quando, ao tempo do óbito, o de "cujus" era residente no Rio de Janeiro, seus herdeiros em Pernambuco, e foi a eles transferida a titularidade de ações de Companhia sediada em São Paulo, a quem compete o lançamento do tributo?

(A) Não incide o ITCMD em transferências de valores mobiliários.
(B) São Paulo.
(C) Pernambuco.
(D) Rio de Janeiro.

O tema é controvertido. Parece-nos claro que, nos termos do art. 155, § 1.º, II, da CF, o imposto sobre transmissão de bens móveis, títulos e créditos é devido ao Estado ou ao Distrito Federal onde se processar o inventário ou arrolamento. Considerando que o inventário deve ser aberto, em regra, no local do domicílio do falecido (art. 96 do CPC), poderíamos presumir que isso se daria no Rio de Janeiro (embora o enunciado faça menção à residência, não ao domicílio). Entretanto, há antiga jurisprudência consolidada pela Súmula 435/STF: "O Imposto de Transmissão *causa mortis* pela transferência de ações é devido ao Estado em que tem sede a companhia", o que foi adotado pela banca, de modo que a alternativa "B" foi considerada correta.

Gabarito "B".

(Cartório/SP – VUNESP – 2012) Sobre o Imposto de Transmissão *Causa Mortis* e Doação de Quaisquer Bens ou Direitos – ITCMD, é possível concluir que:

(A) Sua alíquota máxima é fixada em decreto legislativo.
(B) Não incide em inventário por morte presumida devido à possibilidade de o ausente reaparecer.
(C) Segundo a lei paulista, não incide sobre a vintena do testamenteiro, desde que estipulada até o limite legal.
(D) É devido ao Estado da sede da companhia, no caso de transferência de ações.

A: incorreta, pois a alíquota máxima do ITCMD é fixada pelo Senado Federal (não por decreto legislativo, que é ato do Congresso Nacional) – art. 155, § 1º, IV, da CF; **B:** incorreta, pois o ITCMD incide nessa hipótese, conforme a Súmula 331 do STF; **C:** correta, conforme o art. 5º, III, da Lei SP 10.705/2000, lembrando que a lei de cada Estado e do Distrito Federal dispõe sobre a incidência do imposto e os benefícios fiscais correspondentes – ver também o art. 1.987 do CC; **D:** incorreta, pois o ITCMD é devido, em relação a bens móveis (inclusive créditos e ações), ao Estado ou ao Distrito Federal onde se processar o inventário ou onde tiver domicílio o doador – art. 155, § 1º, II, da CF (não nos parece aplicável, nesse caso, a Súmula 435 do STF, por conta do disposto na Constituição atual).

Gabarito "C".

11.4. IPVA

(Procurador do Estado/SP – 2018 – VUNESP) Consideradas as disposições da Constituição Federal e da Lei Paulista no 13.296, de 2008, sobre o Imposto sobre a Propriedade de Veículos Automotores – IPVA, é correto afirmar:

(A) o adquirente de veículo usado, com IPVA inadimplido, é responsável, exclusivamente, pelo débito relativo ao exercício em que ocorrer a compra e venda.
(B) considera-se ocorrido o fato gerador do IPVA no dia 1º de janeiro de cada ano para veículos usados e na data da primeira aquisição pelo consumidor para veículos novos.
(C) a incorporação de veículo novo ao ativo permanente do fabricante do bem não é fato gerador do IPVA, por não implicar transferência de propriedade.
(D) o recolhimento do IPVA incidente na aquisição de veículo novo fica diferido para o dia 1º de janeiro subsequente à aquisição.
(E) a base de cálculo do IPVA é o valor de mercado do veículo, usado ou novo, conforme fixado por autoridade no lançamento.

A: incorreta, pois o adquirente do veículo é responsável por sucessão em relação aos débitos deixados pelo alienante – art. 131, I, do CTN; **B:** correta. Embora o candidato precise conhecer a lei estadual para ter certeza sobre o momento de incidência do IPVA (já que se trata de tributo com fato gerador continuado, que se renova a cada ano), o usual é a incidência na data da primeira aquisição por consumidor final e em 1º de janeiro dos exercícios subsequentes – art. 3º, I e II, da Lei SP 13.296/2008; **C:** incorreta, até porque a legislação estadual não prevê incidência em desfavor do fabricante antes da aquisição pelo consumidor final. Quando o veículo é incorporado ao ativo permanente do fabricante significa que não será vendido novo para consumidor final, de modo que incide o IPVA, na forma da legislação estadual (é como se o fabricante fosse o consumidor final, na qualidade de usuário do veículo) – art. 3º, IV, da Lei SP 13.296/2008; **D:** incorreta, pois o IPVA incide na data da primeira aquisição do veículo novo por consumidor final – art. 3º, II, da Lei SP 13.296/2008; **E:** incorreta, pois, no caso do veículo novo vendido a consumidor final, por exemplo, a base de cálculo é o valor constante no documento fiscal – art. 7º, II, da Lei SP 13.296/2008.
Gabarito "B".

11.5. ISS

(Procurador do Estado/SP – 2018 – VUNESP) Empresa Alfa, com estabelecimento único no Município de Diadema, contrata a empresa Beta, com estabelecimento único no Município de São Bernardo do Campo, para a demolição de edifício localizado no Município de São Caetano do Sul. Consideradas as regras sobre o aspecto espacial do Imposto Sobre Serviços de Qualquer Natureza – ISSQN, conforme a Lei Complementar Federal no 116, de 2003, é correto afirmar que o ISSQN será devido

(A) para o Município de São Caetano do Sul, local da prestação do serviço, se, e somente se, o prestador do serviço lá estiver inscrito.
(B) para o Município de Diadema, local do estabelecimento tomador do serviço, se, e somente se, houver previsão na lei municipal de responsabilização do tomador do serviço.
(C) para o Município de São Caetano do Sul, local da prestação do serviço.
(D) para o Município de Diadema, local do estabelecimento tomador do serviço.
(E) para o Município de São Bernardo do Campo, local do estabelecimento prestador do serviço.

No caso de demolição, o ISS é devido no local onde está a construção a ser demolida (= local da prestação do serviço), ou seja, no Município de São Caetano do Sul – art. 3º, IV, da LC 116/2003. Por essa razão, a alternativa "C" é a correta.
Gabarito "C".

(Juiz de Direito – TJ/SP – VUNESP – 2015) Na cobrança do ISSQN sobre serviços bancários, é correto afirmar, com base nos atuais julgamentos do STJ, que

(A) a lista de serviços previstos na legislação é taxativa e não admite outras inclusões.
(B) a lista de serviços previstos na legislação é taxativa, porém, admite leitura extensiva para serviços idênticos embora com denominações distintas.
(C) a lista de serviços previstos na legislação é exemplificativa, logo, admite outras inclusões.
(D) a lista de serviços previstos na legislação para a atividade bancária tem tratamento específico porque os serviços bancários têm natureza genérica, sujeitos, portanto, como regra, ao pagamento daquele tributo.

A: imprecisa, pois, apesar de a lista ser taxativa, admite interpretação extensiva para serviços congêneres – ver REsp 1.111.234/PR-repetitivo; **B:** correta, conforme comentário anterior; **C:** incorreta, pois a lista é taxativa, conforme comentários anteriores; **D:** incorreta, pois somente os serviços bancários listados taxativamente podem ser tributados pelos municípios, observada a possibilidade de interpretação extensiva dos serviços congêneres, como já dito.
Gabarito "B".

(Procurador do Município/São José dos Campos-SP – VUNESP – 2012) De acordo com a lei que disciplina a matéria, a alíquota máxima do Imposto Sobre Serviços de Qualquer Natureza é de

(A) 0,5%.
(B) 1,5%.
(C) 3%.
(D) 5%.
(E) 10%.

Atualmente, a alíquota máxima do ISS é de 5%, conforme o art. 8º, II, da LC 116/2003, fixada nos termos do art. 156, § 3º, I, da CF. Como a lei complementar não fixou a alíquota mínima, continua vigendo a de 2%, nos termos e com a exceção da construção civil previstos no art. 88, I, do ADCT. Por essa razão, a alternativa "D" é a correta
Gabarito "D".

11.6. IPTU

(Juiz de Direito – TJ/SP – VUNESP – 2015) O Supremo Tribunal Federal, no julgamento do ARE 639632 AgR/MS, ao analisar a questão relativa à cobrança progressiva do IPTU estabeleceu alguns parâmetros e, de acordo com tal julgamento, é correto afirmar que

(A) a parafiscalidade é o fenômeno por meio do qual se busca a concretização da função social da propriedade.
(B) é inconstitucional o regime de alíquotas progressivas do IPTU com base no valor venal do imóvel.
(C) a progressividade extrafiscal também tem previsão normativa no Estatuto da Cidade.
(D) os pressupostos e condições para aplicação da progressividade extrafiscal e da progressividade fiscal devem ser os mesmos.

A: incorreta, pois a assertiva se refere à progressividade extrafiscal do IPTU, conforme citado precedente do STF. Parafiscalidade ocorre quando o tributo é cobrado por sujeito ativo delegado (outro, que não o ente competente), na forma da lei, que fica com o produto da arrecadação para realização de suas atividades; **B:** incorreta, pois é constitucional a progressividade fiscal, conforme o art. 156, § 1º, I, da CF (a Súmula 668/STF refere-se ao período anterior à EC 29/2000); **C:** correta – art. 182, § 4º, II, da CF e art. 7º do Estatuto da Cidade; **D:** incorreta, pois a progressividade extrafiscal é baseada na função social da propriedade, enquanto a progressividade fiscal refere-se à capacidade contributiva – ver o ARE 639.632 AgR/MS.

Gabarito "C".

(Magistratura/SP – VUNESP – 2013) Assinale o veículo introdutor habilitado para delimitar a zona urbana, com a finalidade de incidência do IPTU.

(A) Lei Municipal.
(B) Decreto Municipal.
(C) Resolução do IBGE.
(D) Decreto Estadual.

A zona urbana é definida pela lei de cada Município e Distrito Federal, observadas as regras do art. 32, § 1.º, do CTN. Por essa razão, a alternativa "A" é a correta.

Gabarito "A".

(Cartório/SP – VUNESP – 2012) Estão sujeitos à incidência do Imposto sobre a Propriedade Predial e Territorial Urbana (IPTU) os imóveis:

(A) Situados no perímetro urbano e na zona rural do Município.
(B) Situados no perímetro urbano e na zona rural do Município, desde que dentro da circunscrição máxima de 10 Quilômetros de raio.
(C) Que, situados na zona rural do Município, sejam objeto de atenção do Município, quanto a serviços de coleta de Lixo prestados pela Prefeitura Municipal.
(D) Situados na zona urbana do Município, definida em lei municipal e que possuam pelo menos dois melhoramentos, dentre os quais, sistema de esgotos sanitários, abastecimento de água, meio-fio ou calçamento, com canalização de águas pluviais e rede de iluminação pública, com ou sem postes para distribuição, construídos e mantidos pelo Poder Público.

A, B e C: incorretas, pois o IPTU incide sobre os imóveis localizados na zona urbana do Município, nos termos do art. 32 do CTN; **D:** correta, conforme o art. 32, *caput* e § 1º, do CTN.

Gabarito "D".

11.7. ITBI

(Juiz de Direito – TJ/SP – VUNESP – 2015) Na Arguição de Inconstitucionalidade 0056693-19.2014, o Órgão Especial do Tribunal de Justiça do Estado de São Paulo, ao analisar legislação do Município de São Paulo, fixando a base de cálculo do Imposto sobre Transmissão de Bens Imóveis (ITBI), concluiu que

(A) a base de cálculo do ITBI a ser considerada pelo contribuinte é aquela periodicamente apurada pelo órgão municipal competente.
(B) compete ao contribuinte impugnar, caso discorde da cobrança, o valor indicado como base de cálculo do ITBI pela Municipalidade, presumido como correto.
(C) é válido instituir como base de cálculo do ITBI o valor pelo qual o bem ou direito é negociado à vista.
(D) o contribuinte deve recolher o ITBI e o IPTU adotando como base de cálculo o valor venal de referência.

A: incorreta, pois a base de cálculo do ITBI é o valor venal, ou seja, o valor de mercado; **B:** incorreta, pois o TJ-SP determinou que o valor apurado periodicamente pela Prefeitura serve apenas como parâmetro para verificação do preço declarado pelo contribuinte; **C:** correta, pois foi esse o entendimento do TJ-SP, afastando o argumento do contribuinte, de que dever-se-ia adotar a mesma base de cálculo do IPTU (em regra, bem inferior ao valor de mercado); **D:** incorreta, pois o valor venal de referência é aquele adotado como parâmetro pela Prefeitura para fiscalização do ITBI. A base de cálculo do IPTU, que não se confunde com o ITBI, conforme entendimento não apenas do TJ-SP, mas também do STJ, é o valor venal apurado pela planta genérica de valores (fixada em lei).

Gabarito "C".

(Cartório/SP – VUNESP – 2012) Sobre o Imposto de Transmissão de Bens Imóveis – ITBI, pode-se afirmar que:

(A) Não incide sobre a transmissão onerosa de contrato preliminar.
(B) Não incide sobre a constituição do direito do promissário comprador.
(C) O seu lançamento é de ofício, com base no valor da operação.
(D) Lei municipal pode prever alíquotas progressivas com base no valor do imóvel.

A: incorreta, pois o ITBI incide sobre a transmissão de qualquer direito real, exceto os de garantia – art. 156, II, da CF; **B:** correta, pois não há, nesse caso, transmissão de direito real; **C:** incorreta, pois, em regra, o lançamento do ITBI é feito por homologação, mas é preciso lembrar que a lei de cada Município regula a matéria (há casos de lançamento por declaração, por exemplo); **D:** incorreta, pois essa possibilidade foi afastada pela jurisprudência – Súmula 656 do STF. ATENÇÃO: o STF vinha entendendo que outros impostos reais (além do IPTU pós EC 29/2000) não poderiam ter alíquotas progressivas em relação ao valor da base de cálculo, considerando inexistir expressa previsão constitucional (conforme a citada Súmula 656/STF). Ocorre que posteriormente a Suprema Corte reviu a questão, especificamente em relação ao ITCMD, reconhecendo que o imposto pode ser progressivo, atendendo assim ao princípio da capacidade contributiva (RE 562.045/RS – Repercussão Geral). Esse entendimento pode ser posteriormente aplicado ao ITBI municipal, de modo que o estudante deve se atentar para a evolução jurisprudencial.

Gabarito "B".

11.8. TEMAS COMBINADOS DE IMPOSTOS E CONTRIBUIÇÕES

(Procurador Municipal – Sertãozinho/SP – VUNESP – 2016) No que respeita aos impostos de competência municipal, é correto afirmar que

(A) o imposto sobre a propriedade predial e territorial urbana poderá ser progressivo em razão do valor do imóvel.
(B) o imposto sobre a propriedade predial e territorial urbana não poderá ter alíquotas diferentes de acordo com o uso do imóvel.
(C) caberá ao Poder Legislativo Municipal, por meio de decreto legislativo, fixar as alíquotas máximas e mínimas do imposto sobre serviços de qualquer natureza, não compreendidos na competência impositiva dos Estados.
(D) se tratando de transmissão de bens ou direitos quando incorporados ao patrimônio de pessoa jurídica em

realização de capital, incidirá, em qualquer caso, o imposto sobre a transmissão *inter vivos*.

(E) a forma e as condições como isenções, incentivos e benefícios fiscais, relativas ao imposto sobre serviços de qualquer natureza, será regulada por Resolução do Senado Federal.

A: correta, conforme o art. 156, § 1º, I, da CF (a Súmula 668/STF refere-se ao período anterior à EC 29/2000); **B:** incorreta, pois é possível essa diferenciação – art. 156, § 1º, II, da CF; **C:** incorreta, pois somente lei complementar federal pode fixar as alíquota mínima e máxima do ISS – art. 156, § 3º, I, da CF, lembrando que havia regra transitória no art. 88, I, do ADCT, hoje substituída pelo art. 8º-A da LC 116/2003; **D:** incorreta, pois há imunidade, nos termos do art. 156, § 2º, I, da CF; **E:** incorreta, pois a matéria é veiculada por lei complementar federal – art. 156, § 3º, III, da CF.

Gabarito "A".

(Procurador Municipal/SP – VUNESP – 2016) José, sócio da Sociedade Alvorada Editora Ltda., para fins de integralização do capital social referente às suas cotas, transferiu para a sociedade um imóvel no valor de R$ 200.000,00. No que respeita à referida transmissão, é correto afirmar que

(A) incidirá o imposto sobre a transmissão de bens e direitos a eles relativos, cuja competência é estadual.

(B) incidirá o imposto sobre a transmissão de bens imóveis, em razão da onerosidade da operação, cuja competência é municipal.

(C) não incidirá o imposto sobre a transmissão de bens imóveis, de competência municipal, caso haja lei isentante específica que assim autorize.

(D) não incidirá o imposto sobre a transmissão de bens imóveis, de competência municipal, pois a atividade da sociedade não se enquadra nas exceções constitucionais para as quais a exação é permitida.

(E) incidirá o imposto sobre a transmissão do bem imóvel, de competência municipal, a ser calculado sobre o valor venal do bem, e o imposto sobre a transmissão de bens, de competência estadual, cuja base de cálculo será o valor dos direitos que decorram do bem.

A: incorreta, pois, em princípio, essa transmissão é objeto de imunidade – art. 156, § 2º, I, da CF; **B:** incorreta, conforme comentário anterior; **C:** incorreta, pois há imunidade, em regra, sendo incabível lei isentiva nesse caso (somente pode isentar quem tem competência para tributar, o que não ocorre em caso de imunidade); **D:** correta, lembrando que há exceções a essa imunidade, previstas no próprio art. 156, § 2º, I, da CF; **E:** incorreta, salientando que não existe, no direito brasileiro, bitributação, com incidência de impostos estaduais e municipais em relação a um mesmo fato gerador.

Gabarito "D".

12. GARANTIAS E PRIVILÉGIOS DO CRÉDITO

(Juiz de Direito – TJ/RJ – 2019 – VUNESP) Sobre garantias, privilégios e preferências do crédito tributário, assinale a alternativa correta.

(A) Presume-se fraudulenta a alienação ou oneração de bens ou rendas, ou seu começo, por sujeito passivo em débito para com a Fazenda Pública, por crédito tributário regularmente inscrito como dívida ativa.

(B) Na hipótese de o devedor tributário, devidamente citado, não pagar no prazo legal, o juiz determinará a indisponibilidade de seus bens e direitos, ainda que haja indicação de bens penhoráveis de propriedade do devedor.

(C) Responde pelo pagamento do crédito tributário a totalidade dos bens e das rendas, de qualquer origem ou natureza, do sujeito passivo, seu espólio ou sua massa falida, exceto os gravados por ônus real ou cláusula de inalienabilidade ou impenhorabilidade.

(D) Exceto na falência, a lei poderá impor limites à preferência dos créditos de natureza trabalhista sobre os créditos tributários e aos créditos decorrentes de indenização por acidente de trabalho.

(E) São pagos preferencialmente a quaisquer créditos habilitados em inventário, os créditos tributários vencidos a cargo do *de cujus*, não se aplicando a mesma regra aos créditos vincendos do espólio.

A: correta, conforme o art. 185 do CTN; **B:** incorreta, pois a decretação de indisponibilidade de bens, prevista no art. 185-A do CTN, não é possível caso sejam apresentados bens à penhora no prazo legal; **C:** incorreta, pois todos os bens e rendas do sujeito passivo respondem pelo pagamento do crédito tributário, inclusive os gravados por ônus real ou cláusula de inalienabilidade ou impenhorabilidade, excetuados unicamente os bens e rendas que a lei declare absolutamente impenhoráveis, nos termos do art. 184 do CTN; **D:** incorreta, pois os créditos trabalhistas e decorrentes de acidente de trabalho preferem aos tributários, inclusive na falência, conforme o art. 186, parágrafo único, do CTN, e nos limites da lei especial (art. 83 da Lei de Falência e Recuperação); **E:** incorreta, pois a preferência abrange os créditos vincendos – art. 189 do CTN.

Gabarito "A".

(Juiz de Direito – TJ/RJ – VUNESP – 2016) No tocante às garantias e privilégios do crédito tributário, é correto afirmar que

(A) a extinção das obrigações do falido requer prova de quitação de todos os tributos.

(B) a natureza das garantias atribuídas ao crédito tributário altera a natureza deste e a da obrigação tributária a que corresponda.

(C) responde pelo crédito tributário a totalidade dos bens e das rendas, de qualquer origem ou natureza, do sujeito passivo, excetuados os gravados com cláusula de impenhorabilidade.

(D) a multa tributária, no processo falimentar, prefere apenas aos créditos quirografários.

(E) na falência, o crédito tributário prefere aos créditos extraconcursais e aos créditos com garantia real.

A: correta, conforme o art. 191 do CTN; **B:** incorreta, pois a natureza das garantias atribuídas ao crédito tributário não altera a natureza deste nem a da obrigação tributária a que corresponda – art. 183, parágrafo único, do CTN; **C:** incorreta, pois mesmo os bens e renda gravados com cláusula de impenhorabilidade respondem pelo pagamento do crédito tributário, excluídos unicamente os bens e rendas que a lei declare absolutamente impenhoráveis – art. 184 do CTN; **D:** incorreta, pois, na falência, a multa tributária prefere apenas aos créditos subordinados – art. 186, parágrafo único, III, do CTN; **E:** incorreta, pois é o oposto, já que o crédito tributário não prefere aos créditos extraconcursais ou às importâncias passíveis de restituição, nos termos da lei falimentar, nem aos créditos com garantia real, no limite do valor do bem gravado – art. 186, parágrafo único, I, do CTN.

Gabarito "A".

(Procurador – IPSMI/SP – VUNESP – 2016) De acordo com o Código Tributário Nacional (CTN), presume-se fraudulenta a alienação ou oneração de bens ou rendas, ou seu começo, por sujeito passivo em débito para com a Fazenda Pública, por crédito tributário

(A) regularmente inscrito como dívida ativa.
(B) devidamente constituído, mesmo que não inscrito na dívida ativa.
(C) em fase de constituição, mesmo que não inscrito na dívida ativa.
(D) regularmente inscrito como dívida ativa em fase de execução.
(E) não pago na data do seu vencimento.

Nos termos do art. 185 do CTN, presume-se fraudulenta a alienação ou oneração de bens ou rendas, ou seu começo, por sujeito passivo em débito para com a Fazenda Pública, por crédito tributário regularmente inscrito como dívida ativa. Por essa razão, a alternativa "A" é a correta.

Gabarito "A".

(Procurador do Município/Sorocaba-SP – VUNESP – 2012) Assinale a alternativa que está de acordo com as disposições do Código Tributário Nacional no que se refere às preferências do crédito tributário.

(A) Os créditos tributários decorrentes de fatos geradores ocorridos no curso do processo de falência são extraconcursais.
(B) Na falência, o crédito tributário prefere aos créditos com garantia real, no limite dos bens gravados.
(C) Na falência, a multa tributária prefere a todos os demais créditos.
(D) A cobrança judicial do crédito tributário é sujeita à habilitação apenas em falência ou recuperação judicial.
(E) O crédito tributário prefere a qualquer outro, seja qual for sua natureza ou tempo de sua constituição, ressalvados, apenas, os créditos decorrentes da legislação do trabalho.

A: correta, conforme o art. 188 do CTN e o art. 84, V, da Lei de Recuperações e Falências – LF (Lei 11.101/2005); **B:** incorreta, pois, na falência, os créditos com garantia real preferem aos tributários, no limite do valor dos bens gravados – art. 186, parágrafo único, I, do CTN; **C:** incorreta, pois, na falência, a multa tributária está bem abaixo na ordem de preferência, após os créditos quirografários – art. 83, VII, da LF; **D:** incorreta, pois a cobrança judicial do crédito tributário não é sujeita a concurso de credores ou habilitação em falência, recuperação judicial, concordata, inventário ou arrolamento – art. 187 do CTN; **E:** incorreta, pois, além dos créditos decorrentes da legislação do trabalho, os créditos decorrentes de acidente de trabalho também preferem aos tributários – art. 186 do CTN.

Gabarito "A".

Veja a seguinte tabela com a ordem de classificação dos créditos na falência (art. 83 da LF):

Ordem de classificação dos créditos na falência (art. 83 da LF)
1º – os créditos derivados da legislação do trabalho, limitados a 150 (cento e cinquenta) salários-mínimos por credor, os decorrentes de acidentes de trabalho. Também os créditos equiparados a trabalhistas, como os relativos ao FGTS (art. 2º, § 3º, da Lei 8.844/1994) e os devidos ao representante comercial (art. 44 da Lei 4.886/1965)
2º – créditos com garantia real até o limite do valor do bem gravado (será considerado como valor do bem objeto de garantia real a importância efetivamente arrecadada com sua venda, ou, no caso de alienação em bloco, o valor de avaliação do bem individualmente considerado)
3º – créditos tributários, independentemente da sua natureza e tempo de constituição, excetuadas as multas tributárias
4º – com privilégio especial (= os previstos no art. 964 da Lei 10.406/2002; os assim definidos em outras leis civis e comerciais, salvo disposição contrária da LF; aqueles a cujos titulares a lei confira o direito de retenção sobre a coisa dada em garantia e aqueles em favor dos microempreendedores individuais e das microempresas e empresas de pequeno porte de que trata a LC 123/2006)
5º – créditos com privilégio geral (= os previstos no art. 965 da Lei n 10.406/2002; os previstos no parágrafo único do art. 67 da LF; e os assim definidos em outras leis civis e comerciais, salvo disposição contrária da LF)
6º – créditos quirografários (= aqueles não previstos nos demais incisos do art. 83 da LF; os saldos dos créditos não cobertos pelo produto da alienação dos bens vinculados ao seu pagamento; e os saldos dos créditos derivados da legislação do trabalho que excederem o limite estabelecido no inciso I do caput do art. 83 da LF). Ademais, os créditos trabalhistas cedidos a terceiros serão considerados quirografários
7º – as multas contratuais e as penas pecuniárias por infração das leis penais ou administrativas, inclusive as multas tributárias
8º – créditos subordinados (= os assim previstos em lei ou em contrato; e os créditos dos sócios e dos administradores sem vínculo empregatício)

Lembre-se que os créditos extraconcursais (= basicamente os surgidos no curso do processo falimentar, que não entram no concurso de credores) são pagos com precedência sobre todos esses anteriormente mencionados, na ordem prevista no art. 84 da LF: **(i)** remunerações devidas ao administrador judicial e seus auxiliares, e créditos derivados da legislação do trabalho ou decorrentes de acidentes de trabalho relativos a serviços prestados após a decretação da falência; **(ii)** quantias fornecidas à massa pelos credores; **(iii)** despesas com arrecadação, administração, realização do ativo e distribuição do seu produto, bem como custas do processo de falência; **(iv)** custas judiciais relativas às ações e execuções em que a massa falida tenha sido vencida; e **(v)** obrigações resultantes de atos jurídicos válidos praticados durante a recuperação judicial, nos termos do art. 67 da LF, ou após a decretação da falência, e tributos relativos a fatos geradores ocorridos após a decretação da falência, respeitada a ordem estabelecida no art. 83 da LF.

(Procurador do Município/Cubatão-SP – VUNESP – 2012) Considerando-se determinado processo de falência no qual existam créditos tributários a serem exigidos, é correto afirmar que

(A) sua cobrança sujeita-se à habilitação no processo.
(B) prefere aos créditos extraconcursais, nos termos da lei falimentar.
(C) prefere às importâncias passíveis de restituição, nos termos da lei falimentar.
(D) considera-se extraconcursal, quando decorrente de fato gerador ocorrido no curso do processo de falência.

(E) não se admite o concurso de preferência caso os créditos pertençam a diferentes pessoas jurídicas de direito público.

A: incorreta, pois a cobrança judicial do crédito tributário não é sujeita a concurso de credores ou habilitação em falência, recuperação judicial, concordata, inventário ou arrolamento – art. 187 do CTN; **B:** incorreta, pois os créditos extraconcursais não entram no concurso de credores, ou seja, preferem aos créditos anteriores à quebra – art. 186, parágrafo único, I, do CTN; **C:** incorreta, pois as importâncias passíveis de restituição não pertencem à massa falida, de modo que sua devolução não entra no concurso de credores – art. 88 da Lei de Recuperações e Falências – LF (Lei 11.101/2005); **D:** assertiva correta, conforme o art. 188 do CTN e o art. 84, V, da LF; **E:** incorreta, pois há concurso de preferência exclusivamente entre pessoas de direito público, nos termos do art. 187, parágrafo único, do CTN.

Gabarito "D".

13. ADMINISTRAÇÃO TRIBUTÁRIA, FISCALIZAÇÃO

(Juiz de Direito – TJ/RS – 2018 – VUNESP) Um cidadão protocola pedido administrativo junto à Secretaria da Fazenda do Município X, pleiteando acesso à lista dos 50 maiores devedores do Município, considerando apenas os débitos inscritos em dívida ativa.

A autoridade competente da Secretaria da Fazenda, com base na legislação tributária vigente, deve

(A) deferir o pedido, porque não há vedação legal à divulgação de informações relativas às inscrições na Dívida Ativa da Fazenda Pública.
(B) indeferir o pedido, porque a divulgação desses dados somente é permitida quando houver solicitação de autoridade administrativa no interesse da Administração Pública, desde que comprovada a instauração regular de processo administrativo com o objetivo de investigar o sujeito passivo a que se refere a informação, por prática de infração administrativa.
(C) indeferir o pedido, porque essas informações foram obtidas pela Fazenda Pública em razão do ofício sobre a situação econômica ou financeira do sujeito passivo e sobre a natureza e o estado de seus negócios ou atividades.
(D) deferir o pedido, desde que a entrega das informações seja realizada pessoalmente ao solicitante, mediante recibo, que formalize a transferência dos dados solicitados e assegure a preservação do seu sigilo.
(E) indeferir o pedido, porque a divulgação de informações sobre inscrição de débito em dívida ativa da Fazenda Pública somente pode ser realizada ante a requisição de autoridade judiciária no interesse da justiça.

A: correta – art. 198, § 3º, II, do CTN; **B, C e E:** incorreta, pois não é vedada a divulgação de informações relativas a inscrições na dívida ativa – art. 198, § 3º, II, do CTN; **D:** incorreta, pois não há essa restrição ou exigência, inexistindo óbice à divulgação, conforme comentário anterior.

Gabarito "A".

(Cartório/SP – VUNESP – 2012) Com relação à Declaração Sobre Operações Imobiliárias – DOI, é lícito afirmar que:

(A) A multa por atraso no seu envio foi criada em instrução normativa da Receita Federal do Brasil.
(B) Se trata de obrigação acessória, mas que pode se tornar tributo, pelo simples fato de sua inobservância.
(C) Seu sujeito passivo é o adquirente do bem imóvel objeto da transação imobiliária.
(D) Não deve ser enviada em escritura de renúncia de usufruto.

A: incorreta, pois a multa é prevista no art. 8º, § 1º, da Lei 10.426/2002; **B:** incorreta, pois a inobservância de obrigação acessória é ilícito, o que pode implicar multa (penalidade), jamais tributo – art. 3º do CTN; **C:** incorreta, pois a DOI deve ser apresentada pelos serventuários da Justiça (esses são os sujeitos passivos dessa obrigação) – art. 8º da Lei 10.426/2002; **D:** correta, pois renúncia de usufruto não implica transferência do bem, de modo que não cabe DOI.

Gabarito "D".

14. DÍVIDA ATIVA, INSCRIÇÃO, CERTIDÕES

(Advogado – Pref. São Roque/SP – 2020 – VUNESP) O Município "X" exige, por meio de lei, a prova de quitação dos tributos municipais por parte das empresas interessadas em assinar contratos de fornecimento de bens ao Município, por meio da apresentação de certidão negativa. Em determinada contratação, a empresa "Y" apresentou certidão na qual constavam três débitos: um ainda não vencido; um em curso de cobrança executiva em foi efetivada a penhora; e outro incluído em parcelamento vigente.

A respeito da situação hipotética, é correto afirmar, com base no Código Tributário Nacional (CTN), que

(A) é inconstitucional a exigência de prova de quitação dos tributos municipais como condição para a contratação com o Poder Público, ainda que a exigência esteja prevista em lei.
(B) a certidão apresentada pela empresa não tem capacidade de suprir a prova de quitação dos tributos, uma vez que é exigível o crédito pendente de execução, mesmo diante da garantia da dívida.
(C) a apresentação da certidão com os débitos mencionados na situação deverá surtir os mesmos efeitos da certidão negativa de tributos municipais, uma vez que as situações dos créditos podem ser descritas como casos de exclusão do crédito tributário.
(D) a certidão apresentada pela empresa não tem capacidade de suprir a prova de quitação dos tributos, uma vez que a certidão aponta a existência de crédito vincendo ainda não pago, impugnado ou parcelado.
(E) a apresentação da certidão com os débitos mencionados na situação deverá surtir os mesmos efeitos da certidão negativa de tributos municipais, por expressa determinação do CTN.

A: incorreta, pois isso é admitido pelo art. 205 do CTN; **B:** incorreta, pois tem os mesmos efeitos da certidão negativa a certidão de que conste a existência de créditos não vencidos, em curso de cobrança executiva em que tenha sido efetivada a penhora, ou cuja exigibilidade esteja suspensa – art. 206 do CTN; **C:** incorreta, pois trata-se de suspensão dos créditos, não de exclusão – art. 206 do CTN; **D:** incorreta, conforme comentários anteriores; **E:** correta – art. 206 do CTN.

Gabarito "E".

(Procurador – SP – VUNESP – 2015) Assinale a alternativa correta no que respeita à Dívida Ativa Tributária.

(A) Constitui Dívida Ativa tributária a proveniente de crédito público de qualquer natureza, depois de esgotado o prazo fixado por decisão proferida em processo regular.

(B) A fluência de juros de mora, relativamente à Dívida Ativa, exclui a liquidez do crédito.
(C) A omissão de quaisquer dos requisitos exigidos para o termo de inscrição da Dívida Ativa, ou o erro a eles relativo são causas de nulidade da inscrição e do processo dela decorrente, mas a nulidade poderá ser sanada, mediante correção da certidão nula, até decisão de segunda instância.
(D) A dívida regularmente inscrita goza de presunção absoluta de certeza e liquidez e tem o efeito de prova pré-constituída.
(E) A presunção de certeza e liquidez da dívida regularmente inscrita é relativa e pode ser ilidida por prova inequívoca, a cargo do sujeito passivo ou do terceiro a que aproveite.

A: incorreta, pois a dívida ativa tributária, como diz o nome, é constituída por créditos de natureza tributária apenas – art. 201 do CTN; **B**: incorreta, pois é o oposto, sendo que a fluência de juros de mora não exclui, para os efeitos do art. 201 do CTN, a liquidez do crédito (conforme seu parágrafo único); **C**: incorreta, pois a correção pode ser feita apenas até a decisão de primeira instância – art. 203 do CTN; **D**: incorreta, pois a presunção é relativa e pode ser ilidida por prova inequívoca, a cargo do sujeito passivo ou do terceiro a que aproveite – art. 204, parágrafo único, do CTN. **E**: correta, conforme comentários à alternativa anterior.
Gabarito "E".

(Ministério Público/ES – 2013 – VUNESP) De acordo com a Lei de Execução Fiscal, à Dívida Ativa da Fazenda Pública, de qualquer natureza, aplicam-se as normas relativas à responsabilidade prevista na legislação tributária,

(A) administrativa e financeira.
(B) civil e penal.   **(C)** administrativa e penal.
(D) civil e comercial.
(E) financeira e orçamentária.

Nos termos do art. 4º, § 2º, da Lei 6.830/1980, à dívida ativa aplicam-se as normas relativas à responsabilidade prevista na legislação tributária, civil e comercial. Por essa razão, a alternativa "D" é a correta.
Gabarito "D".

(Cartório/SP – VII – VUNESP) Segundo o Código Tributário Nacional, a certidão será positiva com efeitos de negativa quando indicar a existência de créditos

(A) com exigibilidade excluída.
(B) ainda não constituídos.
(C) em curso de cobrança executiva em que tenha sido efetuada a penhora.
(D) vencidos, mas ainda não inscritos em dívida ativa.

Nos termos do art. 206 do CTN, tem os mesmos efeitos da certidão negativa a certidão de que conste a existência de créditos não vencidos, em curso de cobrança executiva em que tenha sido efetivada a penhora, ou cuja exigibilidade esteja suspensa (= certidão positiva com efeitos de negativa). **A**: incorreta, pois a suspensão da exigibilidade é que permite emissão da certidão positiva com efeitos de negativa (se houver exclusão do crédito – isenção ou anistia – a certidão será negativa em relação aos valores respectivos); **B**: incorreta – não há crédito antes do lançamento, nem, portanto, exigibilidade contra o sujeito passivo, de modo que, nesse caso, a certidão será negativa (exceto se houver outros débitos, evidentemente); **C**: essa é a correta, conforme comentários iniciais; **D**: incorreta, pois, nesse caso, a certidão será positiva, exceto se houver alguma causa de suspensão da exigibilidade.
Gabarito "C".

15. REPARTIÇÃO DE RECEITAS

(Advogado – Pref. São Roque/SP – 2020 – VUNESP) As parcelas de receita pertencentes aos Municípios relativas à participação no imposto estadual sobre circulação de mercadorias e serviços serão creditadas conforme os seguintes critérios:

(A) três quartos, no mínimo, na proporção do valor adicionado nas operações relativas à circulação de mercadorias e nas prestações de serviços, realizadas em seus territórios, e até um quarto, de acordo com o que dispuser lei estadual, ou, no caso dos Territórios, lei federal.
(B) três quartos, no mínimo, na proporção do valor adicionado nas operações relativas à circulação de mercadorias e nas prestações de serviços, realizadas em seus territórios, e até um quarto, de acordo com a população residente em seus territórios.
(C) dois terços, na proporção do valor adicionado nas operações relativas à circulação de mercadorias e nas prestações de serviços, realizadas em seus territórios, e um terço, de acordo com o que dispuser lei estadual, ou, no caso dos Territórios, lei federal.
(D) um quarto, no mínimo, na proporção do valor adicionado nas operações relativas à circulação de mercadorias e nas prestações de serviços, realizadas em seus territórios, e três quartos, de acordo com a população residente em seus territórios.
(E) dois quartos, na proporção do valor adicionado nas operações relativas à circulação de mercadorias e nas prestações de serviços, realizadas em seus territórios, um quarto, de acordo com a população residente em seus territórios, e um quarto de acordo com o que dispuser lei estadual, ou, no caso dos Territórios, lei federal.

Atenção, o art. 158, parágrafo único, da CF foi alterado pela EC 108/2020. Atualmente, a parcela da receita de ICMS distribuída aos Municípios segue os seguintes critérios: (a) 65% (sessenta e cinco por cento), no mínimo, na proporção do valor adicionado nas operações relativas à circulação de mercadorias e nas prestações de serviços, realizadas em seus territórios e (b) até 35% (trinta e cinco por cento), de acordo com o que dispuser lei estadual, observada, obrigatoriamente, a distribuição de, no mínimo, 10 (dez) pontos percentuais com base em indicadores de melhoria nos resultados de aprendizagem e de aumento da equidade, considerado o nível socioeconômico dos educandos.
Na época deste concurso, entretanto, a regra era a descrita na alternativa "A", correta, portanto, nos termos do citado art. 158, parágrafo único, da CF.
Gabarito "A".

(Procurador do Município/São José dos Campos-SP – VUNESP – 2012) Do produto da arrecadação do imposto sobre produtos industrializados, a União entregará dez por cento aos Estados e ao Distrito Federal, proporcionalmente ao valor das respectivas exportações de produtos industrializados. Dos recursos que, nesses termos, receberem, os Estados entregarão aos respectivos Municípios

(A) 21,5%.
(B) 22%.
(C) 23,5%.
(D) 25%.
(E) 50%.

Os Estados entregarão 25% da receita do IPI que receberem da União nos termos do art. 159, II, da CF (distribuição de 10% da receita do IPI, proporcionalmente ao valor das respectivas exportações de produtos industrializados) – art. 159, § 3º, da CF. Por essa razão, a alternativa "D" é a correta.
Gabarito "D".

(Procurador do Município/Sorocaba-SP – VUNESP – 2012) Do produto da arrecadação dos impostos sobre renda e proventos de qualquer natureza e sobre produtos industrializados, a União entregará 48% a quem de direito nos percentuais estabelecidos pela Constituição Federal. Na divisão, 1% será entregue ao Fundo de Participação dos Municípios, a cada ano, no primeiro decêndio do mês de

(A) janeiro.
(B) fevereiro.
(C) junho.
(D) julho.
(E) dezembro.

Esse ponto percentual será entregue no primeiro decêndio do mês de dezembro de cada ano ao Fundo de Participação dos Municípios, nos termos do art. 159, I, d, da CF. Por essa razão, a alternativa "E" é a correta. Atenção: a partir da EC 84/2014, o percentual do IPI e do IR a ser repassado pela União na forma do art. 159, I, da CF, foi majorado de 48% para 49%.
Gabarito "E".

16. AÇÕES TRIBUTÁRIAS

(Advogado – Pref. São Roque/SP – 2020 – VUNESP) A importância de crédito tributário pode ser consignada judicialmente pelo sujeito passivo, no caso de

(A) qualquer situação em que o sujeito passivo julgue mais conveniente o pagamento em juízo, em detrimento do pagamento na forma indicada pela Administração.
(B) conversão em renda de valores previamente depositados para garantia de execução fiscal movida pela Fazenda Pública.
(C) subordinação de recebimento do pagamento pela Administração ao cumprimento de obrigação acessória.
(D) exigência, por mais de uma pessoa jurídica de direito público, de tributos distintos sobre um mesmo fato gerador.
(E) subordinação, mediante lei, ao recebimento do pagamento em rede arrecadadora bancária ao invés do recebimento direto em dinheiro em repartição pública.

O sujeito passivo pode consignar judicialmente o valor do crédito tributário nos casos de (a) recusa de recebimento, ou subordinação ao pagamento de outro tributo ou de penalidade, ou ao cumprimento de obrigação acessória; (b) subordinação do recebimento ao cumprimento de exigências administrativas sem fundamento legal; (c) exigência, por mais de uma pessoa, de tributo idêntico sobre o mesmo fato gerador – art. 164 do CTN.
Por essa razão, a alternativa "C" é a única correta.
Gabarito "C".

(Procurador do Estado/SP – 2018 – VUNESP) Em execução fiscal, Antônio, sócio-gerente de empresa contribuinte encerrada de forma irregular, é responsabilizado, nos termos do art. 135, III, do Código Tributário Nacional, por crédito tributário, cujo fato gerador ocorrera quatro anos antes da citação pessoal de Antônio. Como defesa, Antônio aduz, em exceção de pré-executividade, que o inadimplemento do crédito tributário exequendo não decorreu de fato que lhe pudesse ser imputado.
Com base na jurisprudência do Superior Tribunal de Justiça, é correto afirmar que a exceção de pré-executividade

(A) é cabível para excluir o sócio, pois a execução fiscal fora ajuizada contra a empresa contribuinte, sendo inviável a responsabilização posterior ao ajuizamento.
(B) não é cabível, pois, em se tratando de matéria de defesa do sócio responsabilizado, pode ser aduzida somente por meio de recurso contra o despacho que o incluiu no polo passivo da execução.
(C) é cabível, pois, em se tratando de responsabilidade do sócio, todos os fundamentos do responsabilizado podem ser apreciados de ofício pelo juiz.
(D) é cabível, desde que o crédito exequendo tenha sido constituído de ofício, circunstância em que a ausência de culpa do responsável pode ser alegada por qualquer meio processual.
(E) não é cabível, pois tem por causa matéria de fato, insuscetível de conhecimento de ofício pelo juiz, demandando prova que não pode ser produzida pelo meio processual utilizado.

A: incorreta, pois a responsabilidade do gestor é possível, no caso de dissolução irregular da sociedade, que implica violação da lei – art. 135, III, do CTN, conforme Súmula 435/STJ; **B**: incorreta, pois é viável a apresentação de embargos à execução pelo sócio executado; **C**: incorreta, pois a exceção de pré-executividade é admissível na execução fiscal somente em relação às matérias conhecíveis de ofício que não demandem dilação probatória – Súmula 393/STJ; **D**: incorreta, conforme comentário anterior; **E**: correta, conforme Súmula 393/STJ.
Gabarito "E".

(Defensor Público/RO – 2017 – VUNESP) A empresa ABC Ltda. discorda da legalidade da cobrança de tributo específico que vem sendo recolhido por ela há três anos e gostaria de deixar de realizar novos recolhimentos a esse título e de obter autorização para a compensação dos valores recolhidos no passado com outros tributos vincendos devidos pela própria empresa.

(A) Proposto mandado de segurança, se denegada a segurança devido ser necessária prova pericial para julgamento do caso, haverá coisa julgada material contra o impetrante, impedindo o uso da ação própria.
(B) A ordem de segurança concedida produz efeitos patrimoniais em relação ao passado, não sendo adequada para a declaração do direito à compensação tributária.
(C) O mandado de segurança constitui ação adequada para a declaração do direito à compensação tributária, porém, a compensação não poderá ser deferida liminarmente pelo juiz.
(D) Caso haja ação de caráter coletivo promovida por entidade associativa contra a cobrança do tributo em questão, a empresa poderá se beneficiar de eventual decisão favorável na ação, ainda que não tenha constado da relação nominal de associados que instruiu a petição inicial no momento da propositura da ação.
(E) Após constituído o crédito tributário, em caso de não pagamento da dívida pela empresa, a Fazenda Pública poderá propor medida cautelar fiscal, a qual, se decretada pelo juiz, produzirá a indisponibilidade dos bens do ativo circulante da empresa.

A: incorreta, pois não haveria coisa julgada material, já que não haveria julgamento de mérito (apenas extinção por inadequação da via eleita); **B:** incorreta, pois o STJ admite o MS para declaração do direito à compensação tributária – Súmula 213/STJ; **C:** correta, conforme Súmulas 212/STJ e 213/STJ e art. 170-A do CTN; **D:** incorreta, pois é necessário que a inicial tenha sido instruída com relação nominal dos associados – art. 2º-A, parágrafo único, da Lei 9.494/1997; **E:** incorreta, pois a indisponibilidade atinge, em princípio, apenas os bens do ativo permanente da contribuinte – art. 4º, § 1º, da Lei 8.397/1992.

Gabarito "C".

(Procurador Municipal – Sertãozinho/SP – VUNESP – 2016) Assinale a alternativa que estiver em consonância com as disposições da lei que rege o procedimento da execução fiscal.

(A) Em sede de execução fiscal, a penhora deve obedecer estritamente à ordem estabelecida em lei, não podendo recair sobre plantações.
(B) A garantia da execução, por meio de depósito em dinheiro, fiança bancária ou seguro garantia, produz os mesmos efeitos da penhora.
(C) Em garantia da execução não se admite a indicação à penhora de bens oferecidos por terceiros.
(D) O executado ausente do país será citado por Carta Rogatória endereçada ao Juízo do lugar onde se encontre.
(E) Sendo embargada a execução e não sendo rejeitados os embargos, a Fazenda Pública poderá adjudicar os bens penhorados, antes do leilão, pelo preço da avaliação.

A: incorreta, pois é possível que a penhora recaia, excepcionalmente, sobre plantações – art. 11, § 1º, da Lei de Execuções Fiscais – LEF (Lei 6.830/1980); **B:** correta – art. 9º da LEF; **C:** incorreta, pois isso é possível, conforme o art. 9º, IV, da LEF, sendo que essa indicação deve ser aceita pela fazenda pública; **D:** incorreta, pois o ausente do país será citado por edital – art. 8º, § 1º, da LEF; **E:** incorreta, pois somente cabe adjudicação antes do leilão se a execução não for embargada ou se os embargos forem rejeitados – art. 24, I, da LEF.

Gabarito "B".

(Procurador Municipal – Sertãozinho/SP – VUNESP – 2016) Acerca da ação cautelar fiscal, é correto afirmar que

(A) para concessão da medida cautelar é dispensável, em qualquer caso, a prova literal da constituição do crédito fiscal, haja vista que a ação pode ser promovida ainda que referido crédito não esteja constituído.
(B) a decretação da medida cautelar produzirá, de imediato, a indisponibilidade dos bens do requerido, caso em que, tratando-se de pessoa jurídica, referida indisponibilidade recairá somente sobre os bens do acionista controlador, não se estendendo aos bens do ativo permanente.
(C) a medida cautelar, em razão da urgência, será requerida a qualquer juízo, inclusive ao da falência, que se tornará competente para processar a execução fiscal.
(D) estando a execução judicial da Dívida Ativa da Fazenda Pública em tribunal, a medida cautelar será requerida ao relator do recurso.
(E) da decisão que concede liminarmente a medida cautelar cabe apelação no prazo de 15 dias, contados da intimação do requerido.

A: incorreta, pois, em regra, exige-se prova literal da constituição do crédito – art. 3º da Lei 8.397/1992 (os casos excepcionais de cautelar antes do lançamento são os previstos no art. 1º, parágrafo único, da mesma lei); **B:** incorreta, pois é o oposto. Na hipótese de pessoa jurídica, a indisponibilidade recairá, em regra, somente sobre os bens do ativo permanente, com as exceções do art. 4º, §§ 1º e 2º, da Lei 8.397/1992; **C:** incorreta, pois a competência jurisdicional para a cautelar fiscal é a mesma da execução fiscal – art. 5º da Lei 8.397/1992; **D:** correta, conforme o art. 5º, parágrafo único, da Lei 8.397/1992; **E:** incorreta, pois da decisão que concede liminarmente a cautelar cabe agravo de instrumento – art. 7º, parágrafo único, da Lei 8.397/1992.

Gabarito "D".

(Procurador Municipal/SP – VUNESP – 2016) O requerimento da medida cautelar fiscal independe da prévia constituição do crédito tributário quando o devedor

(A) sem domicílio certo, intenta ausentar-se ou alienar bens que possui ou deixa de pagar a obrigação no prazo fixado.
(B) tendo domicílio certo, ausenta-se ou tenta se ausentar, visando elidir o adimplemento da obrigação.
(C) notificado pela Fazenda Pública para que proceda ao recolhimento do crédito fiscal põe ou tenta por seus bens em nome de terceiros.
(D) caindo em insolvência, aliena ou tenta alienar bens.
(E) contrai ou tenta contrair dívidas que comprometam a liquidez do seu patrimônio.

Os casos excepcionais de cabimento de cautelar fiscal antes da constituição do crédito tributário são quando o devedor, (i) notificado pela Fazenda Pública para que proceda ao recolhimento do crédito fiscal põe ou tenta por seus bens em nome de terceiros e (ii) aliena bens ou direitos sem proceder à devida comunicação ao órgão da Fazenda Pública competente, quando exigível em virtude de lei – art. 2º, V, *b*, e VII, c/c art. 1º, parágrafo único, da Lei 8.397/1992. Por essa razão, a alternativa "C" é a correta.

Gabarito "C".

(Procurador – IPSMI/SP – VUNESP – 2016) Acerca da Ação Cautelar Fiscal, assinale a alternativa correta.

(A) Para a concessão da medida cautelar fiscal não é essencial a prova literal da constituição do crédito tributário.
(B) A decretação da medida cautelar fiscal não produzirá, de imediato, a indisponibilidade dos bens do requerido, até o limite da satisfação da obrigação.
(C) O juiz concederá liminarmente a medida cautelar fiscal, desde que a Fazenda Pública apresente justificação prévia ou preste caução.
(D) O requerido será citado para, no prazo de cinco dias, contestar o pedido, indicando as provas que pretenda produzir.
(E) A medida cautelar fiscal conserva a sua eficácia no prazo de sessenta dias, contados da data em que a exigência se tornar irrecorrível na esfera administrativa e na pendência do processo de execução judicial da Dívida Ativa, mas pode, a qualquer tempo, ser revogada ou modificada.

A: incorreta, pois, em regra, exige-se prova literal da constituição do crédito – art. 3º da Lei 8.397/1992 (os casos excepcionais de cautelar antes do lançamento são os previstos no art. 1º, parágrafo único, da mesma lei); **B:** incorreta, pois é exatamente o oposto, sendo esse o principal efeito da cautelar concedida – art. 4º da Lei 8.397/1992; **C:** incorreta, pois é o oposto. O Juiz concederá liminarmente a medida cautelar fiscal, dispensada a Fazenda Pública de justificação prévia e de prestação de caução – art. 7º da Lei 8.397/1992; **D:** incorreta, pois o prazo para contestação é de 15 dias – art. 8º da Lei 8.397/1992; **E:** correta, conforme os arts. 11 e 12 da Lei 8.397/1992.

Gabarito "E".

7. DIREITO TRIBUTÁRIO

(Procurador – IPSMI/SP – VUNESP – 2016) No processo de execução fiscal,

(A) será admitida a reconvenção, a compensação e as exceções, inclusive as de suspeição, incompetência e impedimentos, que serão arguidas como matéria preliminar e serão processadas e julgadas com os embargos.
(B) recebidos os embargos, o Juiz mandará intimar a Fazenda para impugná-los no prazo de 60 (sessenta) dias, designando, em seguida, audiência de instrução e julgamento.
(C) não sendo embargada ou sendo rejeitados os embargos, no caso de garantia prestada por terceiro, será este intimado, sob pena de contra ele prosseguir a execução nos próprios autos, para, no prazo de 15 (quinze) dias, remir o bem, se a garantia for real.
(D) a Fazenda Pública não poderá adjudicar os bens penhorados antes do leilão, pelo preço da avaliação, se a execução não for embargada ou se rejeitados os embargos.
(E) se da decisão que ordenar o arquivamento tiver decorrido o prazo prescricional, o juiz, independentemente da manifestação da Fazenda Pública, deverá, de ofício, reconhecer a prescrição intercorrente e decretá-la de imediato.

A: incorreta, pois não será admitida reconvenção, nem compensação, e as exceções, salvo as de suspeição, incompetência e impedimentos, serão arguidas como matéria preliminar e serão processadas e julgadas com os embargos – art. 16, § 3º, da LEF; **B:** incorreta, pois o prazo para impugnação dos embargos é de 30 dias – art. 17 da LEF; **C:** correta, conforme o art. 19, I, da LEF; **D:** incorreta, pois é o oposto, cabendo adjudicação antes do leilão se a execução não for embargada ou se os embargos forem rejeitados – art. 24, I, da LEF; **E:** incorreta, pois o juiz deverá ouvir a Fazenda Pública antes de reconhecer de ofício a prescrição, exceto no caso de cobranças judiciais cujo valor seja inferior ao mínimo fixado por ato do Ministro de Estado da Fazenda – art. 40, §§ 4º e 5º, da LEF.
Gabarito "C".

(Juiz de Direito – TJ/SP – VUNESP – 2015) O art. 655-A do Código de Processo Civil ainda em vigor e o art. 11 da Lei 6.830/1980 indicam o dinheiro, em espécie ou depósito, como preferencial para penhora; de outra parte, o art. 620 do Código de Processo Civil ainda vigente e o art. 185-A do Código Tributário Nacional recomendam, respectivamente, que a execução se faça "pelo modo menos gravoso ao credor" e que, se o devedor não pagar ou indicar bens, deverá ser decretada a indisponibilidade de seus bens e direitos. Diante de tais disposições, o Superior Tribunal de Justiça tem concluído que

(A) o Juiz deve verificar, inicialmente, se foram esgotadas as diligências para localização de bens do devedor antes de determinar a penhora on-line.
(B) a penhora de dinheiro em espécie ou depósitos judiciais só é possível após expressa e fundamentada justificativa da Fazenda.
(C) indicados bens não poderá ser efetivada a denominada penhora on-line.
(D) não pago o valor devido nem indicados bens à penhora, o bloqueio de ativos financeiros do devedor é medida que prescinde de outras diligências prévias por parte do credor.

Nos termos do julgado pelo STJ no REsp 1.141.990/PR-repetitivo, "a partir da vigência da Lei 11.382/2006, os depósitos e as aplicações em instituições financeiras passaram a ser considerados bens preferenciais na ordem da penhora, equiparando-se a dinheiro em espécie (artigo 655, I, do CPC), tornando-se prescindível o exaurimento de diligências extrajudiciais a fim de se autorizar a penhora on-line (artigo 655-A, do CPC)." Por essa razão, a alternativa "D" é a correta.
Gabarito "D".

(Juiz de Direito – TJ/MS – VUNESP – 2015) Quanto à ação civil pública, afirma-se que

(A) em caso de desistência infundada ou abandono da ação por associação legitimada, o Ministério Público assumirá a titularidade ativa, de forma exclusiva.
(B) os órgãos públicos legitimados poderão tomar dos interessados compromisso de ajustamento de sua conduta às exigências legais, mediante comunicações, que terá eficácia de título executivo judicial.
(C) admitir-se-á o litisconsórcio necessário entre os Ministérios Públicos da União e dos Estados na defesa dos interesses difusos e individuais.
(D) o Ministério Público, se não intervier no processo como parte, atuará de forma facultativa como fiscal da lei.
(E) o requisito da pré-constituição poderá ser dispensado pelo juiz, quando haja manifesto interesse social evidenciado pela dimensão ou característica do dano, ou pela relevância do bem jurídico a ser protegido.

A: incorreta, pois não há exclusividade da titularidade do MP, nessa hipótese – art. 5º, § 3º, da Lei das Ações Civis Públicas – LACP (Lei 7.347/1985); **B:** incorreta, pois os TAC têm eficácia de título executivo extrajudicial – art. 5º, § 6º, da LACP; **C:** incorreta, pois esse litisconsórcio é facultativo – art. 5º, § 5º, da LACP; **D:** incorreta, pois a atuação do MP como fiscal da lei é obrigatória, não facultativa, nessa hipótese – art. 5º, § 1º, da LACP; **E:** correta, conforme o art. 5º, § 4º, da LACP.
Gabarito "E".

(Ministério Público/ES – 2013 – VUNESP) A medida cautelar fiscal poderá ser requerida contra sujeito passivo de crédito tributário ou não tributário, quando o devedor adota certas condutas previstas na lei que regula a matéria. Assinale a alternativa em que está presente uma dessas situações.

(A) O devedor possui débitos, inscritos ou não da Dívida Ativa, que somados ultrapassem 10% (dez por cento) do seu patrimônio líquido.
(B) O devedor aliena bens ou direitos, ainda que proceda à devida comunicação ao órgão da Fazenda Pública competente, quando exigível em virtude de lei.
(C) O devedor, notificado pela Fazenda Pública para que proceda ao recolhimento do crédito fiscal, deixa de pagá-lo no prazo legal, ainda que suspensa sua exigibilidade.
(D) O devedor possui débitos, inscritos ou não da Dívida Ativa, que somados ultrapassem 20% (vinte por cento) do seu patrimônio conhecido.
(E) O devedor tem sua inscrição no cadastro de contribuintes declarada inapta pelo órgão fazendário.

A: incorreta, pois o limite mínimo é de 30% – art. 2º, VI, da Lei 8.397/1992; **B:** incorreta, pois a comunicação devida à fazenda pública afasta a possibilidade de cautelar – art. 2º, VII, da Lei 8.397/1992; **C:** incorreta, pois a suspensão da exigibilidade do crédito afasta a possibilidade de cautelar – art. 2º, V, a, da Lei 8.397/1992; **D:** incorreta, conforme comentário à alternativa "A"; **E:** correta, conforme o art. 2°, VIII, da Lei 8.397/1992.

Gabarito "E".

(Procurador do Município/Cubatão-SP – VUNESP – 2012) Dentre outras situações, a execução fiscal poderá ser promovida contra o responsável, nos termos da lei, por dívidas, tributárias ou não, de pessoas físicas ou jurídicas de direito privado. Conforme determina a lei que rege o processo executivo fiscal, à Dívida Ativa da Fazenda Pública, de qualquer natureza, aplicam-se as normas relativas à responsabilidade prevista na legislação tributária, civil e

(A) comercial.
(B) penal.
(C) financeira.
(D) orçamentária.
(E) administrativa.

Nos termos do art. 4°, § 2°, da LEF, à dívida ativa de qualquer natureza aplicam-se as normas relativas à responsabilidade prevista na legislação tributária, civil e comercial. Por essa razão, a alternativa "A" é a correta.

Gabarito "A".

(Procurador do Município/Cubatão-SP – VUNESP – 2012) Em sede de medida cautelar fiscal, o requerido será citado para contestar o pedido, indicando as provas que pretende produzir, no prazo de

(A) 5 dias.
(B) 10 dias.
(C) 15 dias.
(D) 30 dias.
(E) 60 dias.

O prazo para contestação é de 15 dias, nos termos do art. 8° da Lei 8.397/1992. Por essa razão, a alternativa "C" é a correta.

Gabarito "C".

(Procurador do Município/Sorocaba-SP – VUNESP – 2012) Sobre a medida cautelar fiscal, é correto afirmar que

(A) para sua concessão, é dispensável a prova literal da constituição do crédito fiscal.
(B) sua decretação produzirá, de imediato, a indisponibilidade de todos os bens do requerido, independentemente do limite da satisfação da obrigação.
(C) preenchidos os pressupostos e requisitos legais exigíveis, o juiz a concederá liminarmente, dispensada a Fazenda Pública de justificação prévia e prestação de caução.
(D) do despacho que a conceder liminarmente caberá apelação.
(E) da sentença que decretar a medida cautelar fiscal caberá apelação, com efeito suspensivo, salvo se o requerido oferecer garantia na forma estabelecida na lei que rege a matéria.

A: incorreta, pois, em regra, é indispensável a prova literal da constituição do crédito, para concessão da medida cautelar fiscal – art. 3°, I, da Lei 8.397/1992. Note, entretanto, que há duas hipóteses em que se admite a medida, independentemente da prévia constituição do crédito – art. 1°, parágrafo único, da Lei 8.397/1992; **B:** incorreta, pois a indisponibilidade é limitada à satisfação da obrigação – art. 4° da Lei 8.397/1992; **C:** essa é a alternativa correta, conforme o art. 7° da Lei 8.397/1992; **D:** incorreta, pois, contra esse despacho cabe agravo de instrumento – art. 7°, parágrafo único, da Lei 8.397/1992; **E:** incorreta, pois a apelação não terá efeito suspensivo, salvo oferecimento de garantia – art. 17 da Lei 8.397/1992.

Gabarito "C".

(Procurador do Município/São José dos Campos-SP – VUNESP – 2012) Assinale a alternativa que apresenta afirmação em consonância com a lei que rege a execução fiscal.

(A) A Dívida Ativa da Fazenda, compreendendo apenas a tributária, abrange atualização monetária, juros e multa de mora e demais encargos previstos em lei ou contrato.
(B) A petição inicial indicará apenas o juiz a quem é dirigida; o pedido e o requerimento de citação.
(C) O executado será citado para, no prazo de 15 dias, pagar a dívida com os juros e multa de mora e encargos indicados na Certidão de Dívida Ativa, ou garantir a execução, observadas as normas estabelecidas em lei.
(D) A garantia da execução, independentemente de ser promovida por meio de depósito em dinheiro, produz os mesmos efeitos da penhora e faz cessar a responsabilidade pela atualização monetária.
(E) O juízo, a requerimento da parte, comunicará à repartição competente da Fazenda Pública, para fins de averbação no Registro da Dívida Ativa, a decisão final, transitada em julgado, que der por improcedente a execução, total ou parcialmente.

A: incorreta, pois a dívida ativa abrange não apenas a tributária, mas também a não tributária – art. 2° da LEF; a rigor, a petição inicial pode corresponder à própria CDA, nos termos do art. 6°, § 2°, da LEF; **C:** incorreta, pois o prazo para pagamento ou garantia do juízo é de apenas 5 dias, nos termos do art. 8° da LEF; **D:** incorreta, pois somente o depósito em dinheiro faz cessar a responsabilidade pela atualização monetária e juros de mora – art. 9°, § 4°, da LEF; **E:** incorreta, pois essa comunicação é feita de ofício, ou seja, independe de requerimento da parte – art. 33 da LEF.

Gabarito "B".

(Procurador do Município/São José dos Campos-SP – VUNESP – 2012) No que respeita ao mandado de segurança e seu respectivo procedimento, é correto afirmar que:

(A) será concedido quando se tratar de ato do qual caiba recurso administrativo com efeito suspensivo, independentemente de caução.
(B) ao despachar a inicial, o juiz ordenará, dentre outras providências, que se notifique o coator do conteúdo da petição inicial, enviando-lhe a segunda via apresentada com as cópias dos documentos, a fim de que, no prazo de 5 dias, preste as informações.
(C) da decisão do juiz de primeiro grau que conceder ou denegar a liminar, caberá recurso de apelação.
(D) nos casos de competência originária dos tribunais, caberá ao relator a instrução do processo, sendo assegurada a defesa oral na sessão de julgamento.
(E) os processos de mandado de segurança e os respectivos recursos terão prioridade sobre todos os atos judiciais, caso em que o prazo para conclusão dos autos não poderá exceder a 48 horas.

A: incorreta, pois é inviável a concessão de segurança, nesse caso, conforme o art. 5°, I, da Lei do Mandado de Segurança – LMS (Lei 12.016/2009). Importante salientar, entretanto, que o judiciário veda a simultaneidade do mandado de segurança e do processo administrativo, apenas. Se o sujeito passivo desiste do recurso ou deixa de apresentá-lo no prazo legal, há interesse processual para o *writ* – ver REsp 781.914/PA; **B:** incorreta, pois é de 10 dias o prazo para autoridade impetrada prestar as informações – art. 7°, I, da LMS; **C:** incorreta, pois contra essa decisão interlocutória cabe o agravo de instrumento, não a apelação – art. 7°, § 1, da LMS; **D:** correta, conforme o art. 16 da LMS; **E:** incorreta, pois o mandado de segurança não tem prioridade sobre o *habeas corpus.* Ademais, o prazo para conclusão dos autos é de até 5 dias – art. 20, *caput* e § 2º da LMS.

Gabarito "D".

17. CRIMES CONTRA A ORDEM TRIBUTÁRIA

(Delegado – PC/BA – 2018 – VUNESP) Os representantes legais de uma determinada empresa tiveram instaurado contra si inquérito policial para apurar a suposta prática dos crimes previstos nos artigos 1º, I e II, da Lei no 8.137/90, porque teriam omitido da folha de pagamento da empresa e de documento de informações previstos pela legislação previdenciária, segurados empregados e contribuintes individuais, não recolhendo as respectivas contribuições previdenciárias no período de 10/2014 a 1/2017. Houve a realização de lançamento de ofício pelos agentes fiscais. Inconformados, os representantes legais ajuizaram ação anulatória do lançamento tributário, realizando o depósito integral do montante exigido pelo Fisco. O depósito do montante integral do crédito tributário

(A) é causa de suspensão da exigibilidade do crédito tributário, que equivale ao pagamento do débito, extinguindo a punibilidade dos crimes.

(B) é causa de extinção do crédito tributário e, por conseguinte, de extinção da punibilidade dos crimes.

(C) é causa de exclusão do crédito tributário, que corresponde ao pagamento, extinguindo a punibilidade dos crimes tributários.

(D) é causa de suspensão da exigibilidade do crédito tributário, não sendo suficiente para extinguir a punibilidade dos crimes tributários, porque não equivale ao pagamento do débito.

(E) é causa de exclusão da exigibilidade do crédito tributário, não sendo suficiente para extinguir a punibilidade dos crimes tributários, por não produzir os mesmos efeitos da moratória.

A: incorreta, pois a suspensão da exigibilidade do crédito não se confunde com sua extinção (pagamento é modalidade de extinção do crédito) – arts. 151 e 156 do CTN; **B**, **C** e **E**: incorretas, pois o depósito integral em dinheiro é modalidade de suspensão do crédito tributário – art. 151, II, do CTN; **D**: correta, conforme comentários anteriores, já que somente o pagamento integral do débito extingue a punibilidade – art. 83, § 4º, da Lei 9.430/1996.

Gabarito "D".

(Defensor Público/RO – 2017 – VUNESP) A empresa DEF Ltda. recebeu auto de infração no valor de R$ 250 mil no qual, além de ser cobrado o principal do imposto devido e os juros, também foi aplicada multa agravada, em razão de ter a fiscalização apurado a ocorrência de omissão proposital de informação, além de prestação falsa de declaração às autoridades fazendárias, com a finalidade de reduzir o valor do tributo devido. Da lavratura do auto de infração foi dada imediata ciência ao Ministério Público, via representação, para eventual proposição de denúncia na esfera criminal.

(A) Caso a empresa venha a recorrer administrativa mente do auto de infração, não estará tipificado o crime contra a ordem tributária, previsto no artigo 1º, I, da Lei no 8.137/1990, antes do lançamento definitivo do tributo.

(B) A conduta descrita na situação configura crime de mera conduta, não sendo necessária a demonstração de prejuízo à arrecadação tributária para a sua configuração.

(C) Agiu corretamente a administração fazendária ao representar imediatamente o fato ao Ministério Público, dada a natureza criminosa da conduta, e a possibilidade de prescrição da pretensão punitiva do Estado.

(D) Ficará suspensa a pretensão punitiva do Estado caso a empresa venha a aderir a parcelamento tributário, ainda que a adesão ocorra após o recebimento da denúncia criminal.

(E) Constitui crime de corrupção a conduta de solicitar ou receber, em razão da condição de funcionário público fazendário, vantagem indevida para deixar de lançar ou cobrar tributo, ou para cobrá-lo parcialmente.

A: correta, nos termos da Súmula Vinculante 24/STF "Não se tipifica crime material contra a ordem tributária, previsto no art. 1º, incisos I a IV, da Lei 8.137/90, antes do lançamento definitivo do tributo"; **B:** incorreta, pois o tipo penal relativo à declaração falsa e omissão de informação refere-se à supressão ou redução de tributo (não é mera conduta), conforme art. 1º, I, da Lei 8.137/1990; **C:** incorreta, conforme comentário à primeira alternativa; **D:** incorreta, pois a suspensão da pretensão punitiva ocorre apenas se o parcelamento for anterior à denúncia criminal – art. 83, § 2º, da Lei 9.430/1996; **E:** incorreta, pois trata-se de crime funcional contra a ordem tributária, nos termos do art. 3º, II, da Lei 8.137/1990.

Gabarito "A".

18. TEMAS COMBINADOS E OUTRAS MATÉRIAS

(Juiz de Direito – TJ/RJ – 2019 – VUNESP) Poderá recolher os impostos e contribuições na forma do Simples Nacional a microempresa ou empresa de pequeno porte

(A) de cujo capital participe entidade da administração pública indireta.

(B) que realize cessão ou locação de mão de obra.

(C) que exerça atividade de importação ou fabricação de automóveis e motocicletas.

(D) que possua sócio domiciliado no exterior.

(E) que se dedique ao serviço de vigilância, limpeza ou conservação.

A: incorreta, pois isso é vedado – art. 17, III, da LC 123/2006; **B:** incorreta, pois isso é vedado – art. 17, XII, da LC 123/2006; **C:** incorreta, pois isso é vedado – art. 17, VIII, da LC 123/2006; **D:** incorreta, pois isso é vedado – art. 17, II, da LC 123/2006; **E:** correta – art. 18, § 5º-C, VI, da LC 123/2006.

Gabarito "E".

(Juiz de Direito – TJ/RJ – VUNESP – 2016) Com base em súmula do Supremo Tribunal Federal, é correto afirmar que

(A) norma legal que altera o prazo de recolhimento de obrigação tributária não se sujeita ao princípio da anterioridade.

(B) falsificar ou alterar nota fiscal, fatura, duplicata, nota de venda, ou qualquer outro documento relativo à operação tributável tipifica crime material contra a ordem tributária, mesmo antes do lançamento definitivo do tributo.

(C) é constitucional a incidência do Imposto sobre Serviços de Qualquer Natureza – ISS sobre operações de locação de bens móveis, haja vista expressa previsão em lei específica.

(D) é inconstitucional a adoção, no cálculo do valor de taxa, de um ou mais elementos da base de cálculo própria de determinado imposto, ainda que não haja integral identidade entre uma base e outra.

(E) se mostra constitucional a exigência de depósito ou arrolamento prévio de dinheiro ou bens para admissibilidade de recurso administrativo.

A: correta, conforme a Súmula Vinculante 50/STF; **B:** incorreta, pois a tipificação do crime material não se dá antes do lançamento definitivo do tributo – Súmula Vinculante 24/STF; **C:** incorreta, pois essa incidência foi declarada inconstitucional – Súmula Vinculante 31/STF; **D:** incorreta, pois o STF entendeu constitucional a adoção, no cálculo do valor de taxa, de um ou mais elementos da base de cálculo própria de determinado imposto, desde que não haja integral identidade entre uma base e outra – Súmula Vinculante 29/STF; **E:** incorreta, pois é inconstitucional tal exigência – Súmula Vinculante 21/STF.

Gabarito "A".

(Juiz de Direito – TJ/RJ – VUNESP – 2016) Promover a gestão do Sistema Nacional integrado de Informações Econômico-Fiscais – SINIEF para a coleta, elaboração e distribuição de dados básicos essenciais à formulação de políticas econômico-fiscais e ao aperfeiçoamento permanente das administrações tributárias é matéria que, dentre outras, compete

(A) à Secretaria de Administração Fazendária.
(B) à Casa Civil.
(C) à Receita Federal.
(D) ao Ministério da Economia.
(E) ao Conselho Nacional de Política Fazendária.

Trata-se de competência do Conselho Nacional de Política Fazendária (Confaz), conforme distribuições de competência feitas periodicamente por ato do Executivo Federal – art. 55, IV, do Decreto 9.003/2017 (esse tipo de decreto autônomo é comumente revogado e substituído por outro, mas essa competência do Confaz mantém-se há tempos). Por essa razão, a alternativa "E" é a correta.

Gabarito "C".

(Juiz de Direito – TJ/RJ – VUNESP – 2016) É correto afirmar que a

(A) lei pode autorizar que a autoridade administrativa conceda, por despacho fundamentado, remissão total ou parcial do crédito tributário objetivando a terminação de litígio e consequente exclusão do crédito correspondente.
(B) responsabilidade dos pais pelos tributos devidos por seus filhos menores é de caráter pessoal.
(C) competência tributária está inserida no âmbito da competência legislativa plena.
(D) isenção, que é sempre decorrente de lei, não pode ser restrita a determinada região do território da entidade tributante, em função de condições a ela peculiares, por ofensa ao princípio da isonomia.
(E) o objeto da obrigação principal é o pagamento do tributo, enquanto que o da acessória é o pagamento da penalidade pecuniária.

A: incorreta, pois a remissão é perdão do crédito – art. 172 do CTN. A modalidade de extinção que se presta a terminação de litígios é a transação – art. 171 do CTN; **B:** incorreta, pois a responsabilidade é, nesse caso, subsidiária, nos termos do art. 134, I, do CTN. Ela passa a ser pessoal (terminologia do CTN) apenas em caso de ilegalidade praticada pelo pai, nos termos do art. 135, I, do CTN; **C:** correta, embora, a rigor, seja a competência legislativa plena que está compreendida na competência tributária, conforme a terminologia do art. 6º do CTN; **D:** incorreta, pois a isenção pode ser restrita a determinada região do território da entidade tributante, em função de condições a ela peculiares, por expressa previsão do art. 176, parágrafo único, do CTN; **E:** incorreta, pois toda prestação pecuniária, seja tributo ou penalidade, é objeto da obrigação tributária principal – art. 113, § 1º, do CTN.

Gabarito "C".

(Magistratura/MG – VUNESP – 2012) Analise as afirmativas a seguir.

I. Trata-se de uma imposição constitucional a não cumulatividade do ICMS.
II. À exceção do ICMS e impostos de importação e exportação, nenhum outro tributo poderá incidir sobre operações relativas à energia elétrica.
III. Cabe à legislação municipal estabelecer o sujeito passivo do IPTU.
IV. O simples pedido de parcelamento do débito fiscal importa em interrupção da prescrição.
V. A execução fiscal não se sujeita a concurso de credores ou habilitação.
VI. É prevista legalmente a possibilidade de reconhecimento de ofício de prescrição intercorrente na execução fiscal.

Estão corretas as afirmativas

(A) I, II e VI, apenas.
(B) II, III, IV e V, apenas.
(C) I, III, IV, V e VI, apenas.
(D) I, II, III, IV, V e VI.

I: correto, pois expressa previsão constitucional (CF, art. 155, § 2º, II); **II:** incorreto, pois a CF veda a incidência de qualquer outro imposto, não tributo (CF, art. 155, § 3º); **III:** correto, pois o IPTU é um imposto municipal, cabendo, pois, a lei municipal a definição dos sujeitos ativo e passivo; **IV:** correto, pois com a mera realização do pedido, suspende-se a exigibilidade, que assim permanecerá até o cumprimento total ou rompimento dos pagamentos; **V:** correto, pois há previsão expressa na legislação da não sujeição do credor tributário a concurso de credores (CTN, art. 187); **VI:** correto, pois a Lei de Execuções Fiscais expressamente reconhece tal possibilidade (Lei 6.830/80, art. 40).

Gabarito "C".

(Cartório/SP – VUNESP – 2012) Sobre emolumentos cobrados pelos oficiais e notários pelos atos praticados, de acordo com a Lei Paulista n. 11.331/2002, é correto afirmar que:

(A) O Banco Central do Brasil não paga a parcela de emolumentos devida ao Fundo Especial de Despesa do Tribunal de Justiça.
(B) A Companhia de Saneamento Básico do Estado de São Paulo – SABESP é isenta do pagamento da parcela de emolumentos devida ao Estado.
(C) A Universidade de São Paulo – USP apenas paga a parcela dos emolumentos devida ao notário/tabelião.
(D) A Prefeitura Municipal de Campinas não paga qualquer quantia a título de emolumentos nos atos notariais.

A: correta, pois o Bacen é autarquia federal, abrangida pela isenção prevista no art. 8º da Lei SP 11.331/2002; **B:** incorreta, pois a isenção não abrange empresas públicas e sociedades de economia mista; **C:** incorreta, pois o Estado de SP e suas autarquias (caso da USP) são isentas de emolumentos – art. 8º, parágrafo único, da Lei SP 11.331/2002; **D:** incorreta, pois a isenção do art. 8º da Lei SP 11.331/2002 abrange apenas as parcelas dos emolumentos destinadas ao Estado, à Carteira de Previdência das Serventias não Oficializadas da Justiça do Estado, ao custeio dos atos gratuitos de registro civil e ao Fundo Especial de Despesa do Tribunal de Justiça (a parcela que corresponde à receita dos notários e registradores é devida).

Gabarito "A".

8. DIREITO EMPRESARIAL

Henrique Subi e Robinson Barreirinhas

1. TEORIA GERAL

1.1. Empresa, empresário, caracterização e capacidade

(Juiz de Direito – TJ/RS – 2018 – VUNESP) O artigo 966 do Código Civil define como empresário aquele que exerce

(A) atividade profissional organizada com a finalidade de produção ou circulação de bens ou de serviços.
(B) atividade profissional econômica organizada com a finalidade de produção ou circulação de bens ou de serviços.
(C) atividade eventual econômica, organizada com a finalidade de circulação de bens ou serviços.
(D) atividade eventual econômica não organizada com a finalidade de produção e circulação de bens ou de serviços.
(E) atividade profissional econômica organizada com a finalidade de produção e circulação de bens ou de serviços.

Segundo o art. 966 do CC, considera-se empresário aquele que exerce profissionalmente atividade econômica organizada para produção ou circulação de bens ou serviços.
Gabarito "B".

(Juiz de Direito – TJ/RS – 2018 – VUNESP) Para os efeitos da Lei Complementar no 123/2006, consideram-se microempresas ou empresas de pequeno porte, a sociedade empresária, a sociedade simples, a empresa individual de responsabilidade limitada e o empresário a que se refere o artigo 966 do Código Civil em vigor, devidamente registrados no Registro de Empresas Mercantis ou no Registro Civil de Pessoas Jurídicas, conforme o caso, desde que:

(A) no caso da microempresa, aufira em cada ano-calendário, receita bruta igual ou inferior a R$ 400.000,00 (quatrocentos mil reais); no caso de empresa de pequeno porte, aufira receita bruta superior a R$ 400.000,00 (quatrocentos mil reais) e igual ou inferior a R$ 4.800.000,00 (quatro milhões e oitocentos mil reais).
(B) no caso da microempresa, aufira em cada ano-calendário, receita bruta igual ou inferior a R$ 360.000,00 (trezentos e sessenta mil reais); no caso de empresa de pequeno porte aufira receita bruta superior a R$ 360.000,00 (trezentos e sessenta mil reais) e igual ou inferior a R$ 4.800.000,00 (quatro milhões e oitocentos mil reais).
(C) no caso da microempresa, aufira em cada ano-calendário, receita bruta igual ou inferior a R$ 380.000,00 (trezentos e oitenta mil reais); no caso de empresa de pequeno porte, aufira receita bruta superior a R$ 380.000,00 (trezentos e oitenta mil reais) e igual ou inferior a R$ 4.800.000,00 (quatro milhões e oitocentos mil reais).
(D) no caso da microempresa, aufira em cada ano-calendário, receita bruta igual ou inferior a R$ 360.000,00 (trezentos e sessenta mil reais); no caso de empresa de pequeno porte, aufira receita bruta superior a R$ 360.000,00 (trezentos e sessenta mil reais) e igual ou inferior a R$ 5.000.000,00 (cinco milhões de reais).
(E) no caso da microempresa, aufira em cada ano-calendário, receita bruta igual ou inferior a R$ 400.000,00 (quatrocentos mil reais); no caso de empresa de pequeno porte aufira receita bruta superior a R$ 400.000,00 (quatrocentos mil reais) e igual ou inferior a R$ 5.000.000,00 (cinco milhões de reais).

Considera-se microempresa a atividade que fatura até R$360.000,00 no ano e empresa de pequeno porte aquela cujo faturamento não ultrapassa R$4.800.000,00 no ano (art. 3º, I e II, da Lei Complementar nº 123/2006).
Gabarito "B".

(Magistratura/SP – VUNESP – 2013) O Juiz que autorizar o incapaz, por meio de seu representante, continuar a empresa antes exercida por seus pais poderá:

(A) limitar a responsabilidade do incapaz pelas dívidas da empresa autorizada.
(B) eximir o representante do incapaz pelos atos do gerente nomeado.
(C) especificar, segundo seu livre convencimento, quais os bens que ficarão sujeitos ao resultado da empresa.
(D) ordenar e aprovar a nomeação de gerente em todos os casos em que entender conveniente.

A: incorreta, pois a limitação cabível é aquela legalmente prevista, no art. 974, § 2.º, do CC (não ficam sujeitos ao resultado da empresa os bens que o incapaz já possuía, ao tempo da sucessão ou da interdição, desde que estranhos ao acervo daquela, devendo tais fatos constar do alvará que conceder a autorização), além daquelas decorrentes do tipo societário e da atividade dos gestores; **B:** incorreta, pois, a aprovação do juiz não exime o representante ou assistente do menor ou do interdito da responsabilidade pelos atos dos gerentes nomeados – art. 975, § 2.º, do CC; **C:** incorreta, conforme comentário à alternativa "A"; **D:** correta, nos termos do art. 975, § 1.º, do CC.
Gabarito "D".

1.2. Desconsideração da personalidade jurídica

(Juiz de Direito – TJ/RS – 2018 – VUNESP) A respeito do tema teoria da desconsideração da personalidade jurídica, o Superior Tribunal de Justiça em muitos de seus julgados faz menção à teoria maior e a teoria menor da desconsideração. Com base nessa informação, assinale a alternativa correta.

(A) Para aplicação da teoria maior da desconsideração, regra aplicada excepcionalmente em nosso sistema jurídico, basta a comprovação da prova da insolvência da pessoa jurídica, enquanto para incidência da teoria menor da desconsideração é preciso apenas a demonstração de confusão patrimonial.

(B) Considera-se correta a aplicação da teoria maior da desconsideração, regra excepcional em nosso sistema jurídico brasileiro, com a comprovação da prova da insolvência da pessoa jurídica juntamente com o desvio de finalidade ou confusão patrimonial. A teoria menor, por consequência, regra geral em nosso sistema jurídico, considera-se correta sua aplicação apenas diante da comprovação da insolvência da pessoa jurídica.

(C) Para incidência da teoria maior da desconsideração, regra geral do sistema jurídico brasileiro, exige-se para além da prova da insolvência, ou a demonstração de desvio de finalidade ou a demonstração de confusão patrimonial. Para caracterização da teoria menor, por sua vez, regra excepcional, basta a prova de insolvência da pessoa jurídica.

(D) Caracteriza-se a teoria maior da desconsideração, regra geral do sistema jurídico brasileiro, com a identificação apenas do desvio de finalidade da pessoa jurídica, ao passo que a teoria menor da desconsideração concretiza-se com a comprovação somente da insolvência da pessoa jurídica.

(E) Para devida incidência da aplicação da teoria maior da desconsideração, regra geral do sistema jurídico brasileiro, torna-se necessária a comprovação da insolvência da pessoa jurídica, a demonstração do desvio de finalidade e da demonstração de confusão patrimonial. Para a correta aplicação da teoria menor, por sua vez, regra excepcional em nosso sistema jurídico, basta a comprovação da insolvência da pessoa jurídica.

A dica para memorizar as teorias da desconsideração da personalidade jurídica é a seguinte: teoria **maior** é aquela que exige **mais** requisitos. Logo, a teoria maior é a regra no direito brasileiro, prevista no art. 50 do CC: é necessária prova da insolvência da pessoa jurídica e **também** de seu uso abusivo, consistente no desvio de finalidade ou confusão patrimonial. A teoria menor tem aplicação excepcional (art. 28 do CDC, por exemplo), bastando para sua caracterização a insolvência da pessoa jurídica. HS

Gabarito "C".

1.3. Nome empresarial

Veja a seguinte tabela para estudo dos nomes empresariais:

	Uso	Exemplo
Firma individual	a) empresário individual – responsabilidade ilimitada	a) João da Silva Marcenaria
Firma coletiva, razão social	b) sociedade em nome coletivo – responsabilidade ilimitada	b) João da Silva e companhia; João da Silva e Pedro de Souza; João da Silva e irmãos
	c) sociedade em comandita simples	c) João da Silva e companhia
	d) sociedade limitada – não há responsabilidade ilimitada, desde que conste a palavra "limitada" ou "Ltda."	d) João da Silva Marcenaria Ltda.
	e) comandita por ações – diretor responde subsidiária e ilimitadamente	e) João da Silva Marcenaria Comandita por Ações

	Uso	Exemplo
Denominação social	f) sociedade limitada – não há responsabilidade ilimitada, desde que conste a palavra "limitada" ou "Ltda."	f) Marcenaria Modelo Ltda.
	g) sociedade anônima – responsabilidade limitada ao preço das ações	g) Marcenaria Modelo Sociedade Anônima; Companhia Marcenaria Modelo; João da Silva Marcenaria S.A.
	h) comandita por ações – diretor responde subsidiária e ilimitadamente	h) Marcenaria Modelo Comandita por Ações
	i) sociedade cooperativa – pode ser de responsabilidade limitada ou ilimitada	i) Cooperativa Modelo de Marceneiros

(Magistratura/RJ – VUNESP – 2011) Quanto ao nome empresarial, assinale a alternativa correta.

(A) Nas sociedades limitadas, os administradores que omitirem a palavra "limitada" no uso da firma ou denominação social serão responsáveis solidariamente, desde que ajam com dolo comprovado e assumam obrigações com valor superior a 10 salários mínimos vigentes no país.

(B) A inscrição do empresário, ou dos atos constitutivos das pessoas jurídicas, ou as respectivas averbações, no registro próprio, asseguram o uso exclusivo do nome nos limites do território nacional, independentemente de registro na forma da lei especial.

(C) É de 4 (quatro) anos o prazo para o prejudicado intentar ação para anular a inscrição do nome empresarial feita com violação da lei ou do contrato.

(D) Equipara-se ao nome empresarial, para efeitos de proteção legal, a denominação das sociedades simples, associações e fundações.

A: incorreta, pois a responsabilidade descrita no enunciado independe de dolo ou valor (CC, art. 1.158, § 3º); **B:** incorreta, pois o registro na Junta Comercial garante apenas a utilização com exclusividade no território do Estado de registro, sendo preciso registro adicional nos Estados ou regulamentação por lei específica federal (CC, art. 1.166); **C:** incorreta, pois o prazo para pleitear anulação do registro de nome empresarial poderá ser feita a qualquer tempo (CC, art. 1.167); **D:** correta, por expressa previsão legal (CC, art. 1.155). RB

Gabarito "D".

1.4. Inscrição, Registros, Escrituração e Livros

(Juiz de Direito – TJ/SP – VUNESP – 2015) A respeito da escrituração mercantil, é incorreto afirmar que

(A) os livros obrigatórios do empresário e da sociedade empresária devem ser autenticados na Junta Comercial.

(B) quando preencherem os requisitos legais, os livros contábeis fazem prova a favor de seu titular, nos litígios entre empresários.

(C) as sociedades anônimas deverão manter registros permanentes, observando a legislação e os princípios de contabilidade geralmente aceitos e registrar suas mutações patrimoniais segundo o regime de caixa.

(D) o exame de livros comerciais, em ação judicial envolvendo contratos mercantis, fica limitado aos lançamentos correspondentes às transações entre os litigantes.

A: correta, nos termos do art. 1.181 do CC; B: correta, nos termos do art. 418 do CPC; C: incorreta, devendo ser assinalada. Deve ser observado o regime de competência, nos termos do art. 177 da LSA; D: correta, nos termos do art. 421 do CPC. HS
Gabarito "C".

(Magistratura/SP – VUNESP – 2013) O Juiz só poderá autorizar a exibição integral dos livros e papéis de escrituração empresarial quando necessária para:

(A) verificar se o empresário ou a sociedade empresária observa, ou não, em seus livros e fichas, as formalidades prescritas em lei.
(B) resolver questões relativas a sucessão, comunhão ou sociedade, administração ou gestão à conta de outrem, ou em caso de falência.
(C) apurar se a atividade empresarial gerou lucros ou prejuízos no exercício financeiro.
(D) apurar se a empresa paga pontualmente os tributos incidentes sobre a atividade empresarial.

Nos termos do art. 1.191 do CC, o juiz só poderá autorizar a exibição integral dos livros e papéis de escrituração quando necessária para resolver questões relativas a sucessão, comunhão ou sociedade, administração ou gestão à conta de outrem, ou em caso de falência. Por essa razão, a alternativa "B" é a correta. RB
Gabarito "B".

(Magistratura/SP – VUNESP – 2013) Das decisões do Plenário da Junta Comercial, cabe recurso ao:

(A) Governador do Estado da unidade federativa da junta respectiva.
(B) Secretário Estadual da Indústria e Comércio.
(C) Ministro de Estado da Indústria, do Comércio e do Turismo.
(D) Presidente da Junta Comercial.

Nos termos do art. 47 da Lei 8.934/1994, das decisões do plenário cabe recurso ao Ministro de Estado da Indústria, do Comércio e do Turismo, como última instância administrativa. Por essa razão, a alternativa "C" é a correta. RB
Gabarito "C".

1.5. Locação

(Magistratura/SP – VUNESP – 2013) De acordo com a jurisprudência do Superior Tribunal de Justiça na interpretação da Lei de Locações (Lei 8.245/91), a expressão "accessio temporis" utilizada para viabilizar o perfazimento do prazo mínimo legal exigido para a renovação das locações empresariais significa a possibilidade da soma dos prazos:

(A) dos contratos escritos de locação do cedente e do cessionário da locação.
(B) de exploração de ramos diferentes de comércio do locatário.
(C) dos contratos escritos de locação do antecessor e do sucessor da locação.
(D) dos contratos celebrados por escrito, entremeados por pequeno lapso temporal de contrato não escrito.

Nos termos do art. 51, II, da Lei 8.245/1991, é requisito para o direito à renovação do contrato locatício empresarial que seu prazo mínimo ou a soma dos prazos ininterruptos dos contratos escritos seja de 5 anos. *Accessio temporis* é expressão que significa exatamente esse acréscimo de prazos de quaisquer contratos escritos de locação relativos ao estabelecimento empresarial (a que se refere o ponto empresarial), desde que contínuos, admitidos apenas pequenos lapsos entre um e outro contrato sem o instrumento escrito – v.g. AgRg no REsp 61.436/SP. Por essas razões, a alternativa "D" é a correta. RB
Gabarito "D".

1.6. Estabelecimento

(Delegado – PC/BA – 2018 – VUNESP) Com relação ao estabelecimento empresarial, assinale a alternativa correta.

(A) O contrato que tenha por objeto a alienação, o usufruto ou arrendamento do estabelecimento, só produzirá efeitos quanto às partes e a terceiros depois de averbado à margem da inscrição do empresário, ou da sociedade empresária, no Registro Público de Pessoas Jurídicas, e de publicado na imprensa local.
(B) O adquirente do estabelecimento responde pelo pagamento dos débitos anteriores à transferência, mesmo não contabilizados, continuando o devedor primitivo subsidiariamente obrigado, pelo prazo de três anos, a partir, quanto aos créditos vencidos, da publicação, e, quanto aos outros, da data do vencimento.
(C) A transferência do estabelecimento importa a sub-rogação do adquirente nos contratos estipulados para exploração do estabelecimento, se não tiverem caráter pessoal, podendo os terceiros rescindir o contrato em noventa dias a contar da publicação da transferência, se ocorrer justa causa, ressalvada, neste caso, a responsabilidade do alienante.
(D) Não havendo autorização expressa, o alienante do estabelecimento não pode fazer concorrência ao adquirente, nos dez anos subsequentes à transferência; no caso de arrendamento ou usufruto do estabelecimento, a proibição persistirá durante o prazo contratual, não podendo ser superior a cinco anos.
(E) A cessão dos créditos referentes ao estabelecimento transferido produzirá efeito em relação aos respectivos devedores, desde o momento da assinatura do contrato, e, a partir da publicação da transferência, o devedor que pagar ao cedente, mesmo de boa-fé, terá que pagar novamente ao adquirente.

A: incorreta. Os requisitos listados são indispensáveis somente para que os efeitos do contrato sejam oponíveis perante terceiros. Para as partes, o contrato é válido e eficaz desde sua assinatura (art. 1.144 do CC); B: incorreta. O adquirente do estabelecimento responde apenas pelos débitos regularmente contabilizados (art. 1.146 do CC); C: correta, nos termos do art. 1.148 do CC; D: incorreta. No silêncio do contrato, a cláusula de não restabelecimento vale por 5 (cinco) anos (art. 1.147 do CC); E: incorreta. O marco inicial dos efeitos da cessão de crédito é a publicação da transferência (art. 1.149 do CC). HS
Gabarito "C".

(Juiz de Direito – TJ/RJ – VUNESP – 2016) Assinale a alternativa correta no que respeita ao estabelecimento empresarial.

(A) O alienante, em razão de expressa previsão legal, não poderá fazer concorrência ao adquirente, nos 5 anos subsequentes à assinatura do contrato de trepasse,

não sendo admitida autorização expressa em sentido contrário.
(B) O contrato que tenha por objeto o trespasse do estabelecimento produzirá efeitos quanto a terceiros a partir da data de sua assinatura.
(C) A eficácia da alienação do estabelecimento, se ao alienante não restarem bens suficientes para solver o passivo, dependerá do pagamento na todos os credores, ou do consentimento destes, que se admite de modo expresso ou tácito, no prazo de 30 dias contados de sua notificação.
(D) Por consistir no complexo de bens organizado para o exercício da empresa, o estabelecimento não pode ser objeto unitário de negócios jurídicos constitutivos, ainda que compatíveis com a sua natureza.
(E) O adquirente do estabelecimento responde pessoalmente pelo pagamento dos débitos anteriores à transferência, independentemente de estarem contabilizados, exonerando-se o devedor primitivo quanto aos créditos vencidos.

A: incorreta. A cláusula de não restabelecimento é implícita no contrato de trespasse, mas pode ser afastada por vontade das partes (art. 1.147 do CC); **B:** incorreta. Os efeitos perante terceiros somente ocorrem após sua averbação na Junta Comercial e publicação na Imprensa Oficial (art. 1.144 do CC); **C:** correta, nos termos do art. 1.145 do CC; **D:** incorreta. O art. 1.143 do CC autoriza a celebração de negócios jurídicos específicos sobre o estabelecimento; **E:** incorreta. O adquirente responde somente pelos débitos contabilizados (art. 1.146 do CC). HS
Gabarito "C".

(Juiz de Direito – TJ/SP – VUNESP – 2015) Sobre alienação dos estabelecimentos empresariais, é correto afirmar:
(A) exige que o alienante ceda, separada e individualmente, ao adquirente cada um dos contratos estipulados para a exploração do estabelecimento.
(B) permite que o alienante se restabeleça de imediato se assim desejar, continuando a exploração da mesma atividade, caso não haja expressa vedação contratual no contrato de trespasse.
(C) o contrato de alienação de estabelecimento produzirá efeitos imediatos entre as partes e perante terceiros, salvo se alienante e adquirente exercerem o mesmo ramo de atividades, quando a operação ficará na dependência da aprovação da autoridade de defesa da concorrência.
(D) a alienação implica a responsabilidade do adquirente pelos débitos anteriores à transferência, desde que regularmente contabilizados, sem prejuízo da obrigação solidária do devedor primitivo na forma da lei.

A: incorreta. Não há qualquer obrigação nesse sentido; **B:** incorreta. No silêncio do contrato, a cláusula de não restabelecimento do alienante é implícita pelo prazo de 5 anos (art. 1.147 do CC); **C:** incorreta. Só haverá efeitos perante terceiros após averbação do contrato na Junta Comercial e na Imprensa Oficial (art. 1.144 do CC); **D:** correta, nos termos do art. 1.146 do CC. HS
Gabarito "D".

(Juiz de Direito – TJ/MS – VUNESP – 2015) Assinale a alternativa correta acerca do estabelecimento, conforme disciplinado pelo Código Civil.
(A) O adquirente do estabelecimento responde pelo pagamento dos débitos anteriores à transferência, desde que regularmente contabilizados, continuando o devedor primitivo solidariamente responsável, quanto aos créditos vencidos, pelo prazo de dois anos a partir da publicação do trespasse.
(B) Não restando ao alienante bens suficientes para solver seu passivo, a eficácia da alienação do estabelecimento dependerá do pagamento de todos os credores, ou do consentimento expresso destes, no prazo de sessenta dias a partir da notificação.
(C) O contrato que tenha por objeto a alienação, usufruto ou arrendamento do estabelecimento, produzirá efeitos quanto a terceiros a partir da data em que se realize o trespasse.
(D) No caso de arrendamento do estabelecimento, não havendo autorização expressa, o arrendante não poderá fazer concorrência ao arrendatário, nos cinco anos subsequentes ao arrendamento, independentemente do prazo do contrato.
(E) A cessão dos créditos referentes ao estabelecimento transferido produzirá efeito em relação aos respectivos devedores, desde o momento da publicação da transferência, mas o devedor ficará exonerado se de boa-fé pagar ao cedente.

A: incorreta. A responsabilidade do alienante permanece pelo prazo de um ano (art. 1.146 do CC); **B:** incorreta. O prazo para manifestação dos credores é de 30 dias (art. 1.145 do CC); **C:** incorreta. A eficácia perante terceiros depende da averbação do contrato na Junta Comercial e de sua publicação na Imprensa Oficial (art. 1.144 do CC); **D:** incorreta. No caso de arrendamento, a cláusula de não restabelecimento é implícita para todo o período do contrato (art. 1.147, parágrafo único, do CC); **E:** correta, nos termos do art. 1.149 do CC. HS
Gabarito "E".

2. DIREITO SOCIETÁRIO

2.1. Sociedade limitada

(Juiz de Direito – TJ/RJ – 2019 – VUNESP) No que tange ao quórum necessário para deliberações em sociedades limitadas, assinale a alternativa correta.
(A) A incorporação, a fusão e a dissolução da sociedade, ou a cessação do estado de liquidação serão decididas pelos votos correspondentes, no mínimo, a três quartos do capital social.
(B) A destituição dos administradores e a modificação do contrato social dependerá de votos correspondentes à maioria simples do capital social.
(C) A aprovação das contas da administração e a destituição dos administradores dependerão de votos correspondentes à maioria simples do capital social.
(D) A nomeação e a destituição dos liquidantes e o julgamento das suas contas dependerão de aprovação de, no mínimo, três quartos do capital social.
(E) A designação de administradores não sócios dependerá de aprovação de, no mínimo 3/4 (três quartos) do capital social, enquanto o capital não estiver integralizado, e de, no mínimo, 2/3 (dois terços), após a integralização.

O art. 1.076 do CC estabelece os quóruns de deliberação na sociedade limitada. A única alternativa que está de acordo com a disposição legal é a letra "A" (art. 1.076, inciso I), que deve ser assinalada. (HS)
Gabarito "A".

(Juiz de Direito – TJ/RJ – VUNESP – 2016) A sociedade limitada rege-se pelas disposições do Código Civil, e nas omissões deste, não havendo previsão no contrato social acerca da regência supletiva, pelas normas aplicáveis à sociedade
(A) em comandita por ações.
(B) simples.
(C) em comandita simples.
(D) anônima.
(E) em conta de participação.

Na omissão do contrato, a sociedade limitada será regida supletivamente pelas normas da sociedade simples (art. 1.053 do CC).
Gabarito "B".

(Procurador – IPSMI/SP – VUNESP – 2016) Na sociedade limitada, a designação de administradores não sócios dependerá de aprovação da unanimidade dos sócios, enquanto o capital não estiver integralizado, e de
(A) 1/3 (um terço), no mínimo, após a integralização.
(B) 2/3 (dois terços), no mínimo, após a integralização.
(C) 1/4 (um quarto), no mínimo, após a integralização.
(D) 3/4 (três quartos), no mínimo, após a integralização.
(E) 3/5 (três quintos), no mínimo, após a integralização.

O quórum qualificado para nomeação de administrador não sócio com o capital totalmente integralizado é de 2/3 (art. 1.061 do CC).
Gabarito "B".

(Juiz de Direito – TJ/SP – VUNESP – 2015) Assinale a alternativa incorreta.
(A) Exceto se houver expressa autorização no contrato social, na sociedade limitada, um sócio não pode ceder quotas a outro quotista sem o consentimento dos demais.
(B) Na sociedade limitada, a responsabilidade dos sócios é restrita ao valor das suas quotas, salvo quanto à obrigação de integralização do capital, que é solidária.
(C) Na sociedade simples, a contribuição do sócio pode consistir apenas em serviços.
(D) Na sociedade limitada, em que o capital social ainda não estiver integralizado, a designação de administrador não sócio depende da aprovação pela unanimidade dos sócios.

A: incorreta, devendo ser assinalada. Para que tal conduta seja proibida é que deve estar expresso. No silêncio do contrato, nenhum sócio pode se opor à transferência de quotas entre outros sócios (art. 1.057 do CC); **B:** correta, nos termos do art. 1.052 do CC; **C:** correta, nos termos do art. 997, V, do CC; **D:** correta, nos termos do art. 1.061 do CC.
Gabarito "A".

(Magistratura/SP – VUNESP – 2013) Na sociedade limitada que for administrada por sócio nomeado administrador no contrato, sua destituição somente se opera pela aprovação de titulares de quotas correspondentes:
(A) à totalidade do capital social.
(B) no mínimo, a dois terços do capital social.
(C) a mais da metade do capital social.
(D) no mínimo, a três quartos do capital social.

Nos termos do art. 1.063 do CC, no caso de sociedade limitada, tratando-se de sócio nomeado administrador no contrato, sua destituição somente se opera pela aprovação de titulares de quotas correspondentes, no mínimo, a dois terços do capital social, salvo disposição contratual diversa. Por essa razão, a alternativa "B" é a correta.
Gabarito "B".

2.2. Sociedade Anônima

2.2.1. Constituição, Capital Social, Ações, Debêntures e Outros Valores Mobiliários

(Juiz de Direito – TJ/RJ – 2019 – VUNESP) Assinale a alternativa que está de acordo com as normas aplicáveis ao capital social da sociedade anônima.
(A) O estatuto, ou a assembleia geral, fixará prazo de decadência não inferior a 20 (vinte) dias para o exercício do direito de preferência.
(B) Na companhia com ações sem valor nominal, a capitalização de lucros ou de reservas não poderá ser efetivada sem modificação do número de ações.
(C) Depois de realizados 2/3 (dois terços), no mínimo, do capital social, a companhia pode aumentá-lo mediante subscrição pública ou particular de ações.
(D) Os acionistas terão direito de preferência para subscrição das emissões de debêntures conversíveis em ações, bônus de subscrição, partes beneficiárias conversíveis em ações emitidas para alienação onerosa e no exercício de opção de compra de ações.
(E) O aumento mediante capitalização de lucros ou de reservas, na companhia com ações com valor nominal, importará alteração do valor nominal das ações ou distribuições das ações novas, correspondentes ao aumento, entre acionistas, na proporção do número de ações que possuírem.

A: incorreta. O prazo mínimo é de 30 dias (art. 171, § 4º, da LSA); **B:** incorreta. O art. 169, § 1º, autoriza a medida; **C:** incorreta. Devem estar realizados ¾ do capital (art. 170 da LSA); **D:** incorreta. O direito de preferência não existe na conversão de partes beneficiárias e no exercício de opção de compra de ações (art. 171, § 3º, da LSA); **E:** correta, nos termos do art. 169 da LSA. (HS)
Gabarito "E".

2.2.2. Assembleia Geral, Conselho de Administração, Diretoria, Administradores e Conselho Fiscal

(Juiz de Direito – TJ/SP – VUNESP – 2015) Em relação às sociedades anônimas, é correto afirmar que
(A) a critério de seus fundadores, a sociedade anônima que tenha por objeto social atividade rural poderá ser inscrita no registro civil de pessoas jurídicas.
(B) desde que não haja oposição de qualquer dos acionistas presentes, a assembleia geral da S/A fechada pode deliberar a distribuição de dividendos inferiores aos fixos ou mínimos estipulados para os acionistas preferencialistas.
(C) o acordo de acionistas registrado na Companhia pode vincular o voto dos membros do conselho de administração eleitos pelos sócios que o tenham firmado.
(D) a assembleia geral não pode suspender o exercício dos direitos de acionista em mora com obrigações impostas pelo estatuto, salvo se tal obrigação decorrer de expressa disposição legal.

A: incorreta. A sociedade anônima é sempre empresária por força de lei, independentemente de seu objeto (art. 982, parágrafo único, do CC). Portanto, está sempre obrigada a registro, não se lhe aplicando a opção prevista para o empresário rural; **B:** incorreta. Os acionistas preferencialistas não podem ser atingidos por tal deliberação da assembleia-geral (art. 202, § 3º, e 203 da Lei 6.404/1976); **C:** correta, nos termos do art. 118, § 9º, da LSA; **D:** incorreta. O poder da assembleia-geral alcança o acionista em mora com obrigações previstas em lei ou no estatuto (art. 120 da LSA).

Gabarito "C".

(Magistratura/SP – VUNESP – 2013) Poderão ser eleitas para membros dos órgãos de administração da sociedade anônima:

(A) pessoas naturais, devendo os diretores ser residentes no País.
(B) pessoas naturais, residentes no País, devendo os membros do conselho de administração ser acionistas, e os diretores, acionistas ou não.
(C) pessoas naturais, devendo os membros do conselho de administração ser acionistas, e os diretores residentes no País, acionistas ou não.
(D) pessoas naturais, residentes no País, diplomadas em curso de nível universitário, ou que tenham exercido, por prazo mínimo de três anos, cargo de administrador de empresa ou de conselheiro fiscal.

Nos termos do art. 146 da Lei das Sociedades por Ações – LSA (Lei 6.404/1976), poderão ser eleitas para membros dos órgãos de administração pessoas naturais, devendo os diretores ser residentes no País. Por essa razão, a alternativa "A" é a correta.

Gabarito "A".

Veja a tabela a seguir, para estudo e memorização das competências do Conselho de Administração:

Compete ao Conselho de Administração – art. 142 da LSA
Fixar a orientação geral dos negócios da companhia;
Eleger e destituir os diretores da companhia e fixar-lhes as atribuições, observado o que a respeito dispuser o estatuto;
Fiscalizar a gestão dos diretores, examinar, a qualquer tempo, os livros e papéis da companhia, solicitar informações sobre contratos celebrados ou em via de celebração, e quaisquer outros atos;
Convocar a assembleia geral quando julgar conveniente, ou no caso do art. 132 da LSA;
Manifestar-se sobre o relatório da administração e as contas da diretoria;
Manifestar-se previamente sobre atos ou contratos, quando o estatuto assim o exigir;
Deliberar, quando autorizado pelo estatuto, sobre a emissão de ações ou de bônus de subscrição;
Autorizar, se o estatuto não dispuser em contrário, a alienação de bens do ativo não circulante, a constituição de ônus reais e a prestação de garantias a obrigações de terceiros;
Escolher e destituir os auditores independentes, se houver.

2.2.3. Transformação, Incorporação, Fusão e Cisão

(Ministério Público/ES – VUNESP – 2013) A operação pela qual a sociedade passa, independentemente de dissolução e liquidação, de um tipo para outro, é a

(A) cisão total.
(B) incorporação.
(C) cisão parcial.
(D) fusão.
(E) transformação.

A operação societária descrita no *caput* é a transformação. Cisão é a divisão da empresa criando uma ou mais empresas novas, deixando a empresa original de existir (cisão total) ou não (cisão parcial). Incorporação é a operação societária na qual uma sociedade absorve integralmente o patrimônio (bens, direitos e dívidas) de outra, que deixa de existir. Fusão, por fim, é a operação societária resultante da união de duas ou mais empresas, após a qual todas deixam de existir e criam uma nova.

Gabarito "E".

2.2.4. Ligações Societárias. Controle, Coligação, Grupos, Consórcios, Subsidiárias

(Magistratura/SP – VUNESP – 2013) Em relação ao consórcio de sociedades, assinale a alternativa correta.

(A) Adquire personalidade jurídica mediante o arquivamento do contrato no Registro do Comércio do lugar da sua sede.
(B) Nas obrigações assumidas pelas consorciadas, presume-se responsabilidade solidária.
(C) O consórcio será constituído mediante contrato aprovado pelo órgão da sociedade competente para autorizar a alienação de bens do ativo não circulante.
(D) O consórcio não tem capacidade processual.

A: incorreta, pois o consórcio não tem personalidade jurídica – art. 278, § 1.º, da LSA; **B:** incorreta, pois não há presunção de solidariedade, sendo que as consorciadas se obrigam nas condições previstas no respectivo contrato, respondendo cada uma por suas obrigações – art. 278, § 1.º, da LSA; **C:** correta, conforme o art. 279 da LSA; **D:** incorreta, pois, embora o consórcio não tenha personalidade jurídica, tem a chamada personalidade judiciária, ou seja, capacidade processual – ver REsp 147.997/RJ, aplicando o art. 12, VII, do CPC aos consórcios.

Gabarito "C".

2.5. Sociedade cooperativa

(Ministério Público/ES – VUNESP – 2013) Assinale a alternativa correta acerca da sociedade cooperativa.

(A) Dentre suas características, figura a variabilidade ou a dispensa do capital social.
(B) O quorum para a assembleia geral funcionar e deliberar é fundado no capital social representado.
(C) Independentemente de seu objeto, é considerada empresária por força de lei.
(D) A transferibilidade das quotas do capital a terceiros estranhos à sociedade ocorrerá, exclusivamente, por herança.
(E) A responsabilidade dos sócios somente é admitida na forma limitada.

A: correta, nos termos do art. 1.094, I, do Código Civil; **B:** incorreta. Como o capital social pode até mesmo ser dispensado, as deliberações da assembleia geral são tomadas por maioria de votos contados por cabeça (art. 1.094, V, do Código Civil); **C:** incorreta. A sociedade cooperativa é considerada simples por força de lei, independentemente de seu objeto (art. 982, parágrafo único, do Código Civil); **D:** incorreta. Nem mesmo a herança autoriza a transferência das quotas do capital a terceiros estranhos à sociedade (art. 1.094, IV, do Código Civil); **E:** incorreta. Caberá ao estatuto definir a responsabilidade dos cooperados, que poderá ser limitada ou ilimitada (art. 1.095 do Código Civil).

Gabarito "A".

2.6. Questões combinadas sobre sociedades e outros temas

(Juiz de Direito – TJ/MS – VUNESP – 2015) Nos termos do Código Civil, a sociedade de cujo capital outra sociedade possua menos de dez por cento do capital social com direito a voto, denomina-se sociedade

(A) de simples participação.
(B) comum.
(C) filiada.
(D) controlada.
(E) em nome coletivo.

A: correta, nos termos do art. 1.100 do CC; **B:** incorreta. Sociedade em comum é a sociedade irregular, que não foi levada a registro seus atos constitutivos (art. 986 do CC); **C:** incorreta. Sociedade filiada ou coligada é aquela de cujo capital outra sociedade participe com 10% ou mais, sem exercer o controle (art. 1.099 do CC); **D:** incorreta. Sociedade controlada é aquela na qual outra sociedade tem a maioria dos votos nas deliberações e o poder de eleger a maioria dos administradores (art. 1.098 do CC); **E:** incorreta. Sociedade em nome coletivo é tipo societário no qual todos os sócios respondem ilimitadamente pelas dívidas sociais (art. 1.039 do CC). HS
Gabarito "A".

(Juiz de Direito – TJ/MS – VUNESP – 2015) Considerando-se o Balanço Patrimonial e a classificação das contas do ativo nas Sociedades por Ações, é correto afirmar que as disponibilidades, os direitos realizáveis no curso do exercício social subsequente e as aplicações de recursos em despesas do exercício seguinte, serão classificadas

(A) em investimentos.
(B) no intangível.
(C) no ativo circulante.
(D) no ativo imobilizado.
(E) no ativo realizável.

Tais contas pertencem ao ativo circulante, nos termos do art. 179. I, da LSA. HS
Gabarito "C".

3. DIREITO CAMBIÁRIO

3.1. Teoria geral

(Juiz de Direito – TJ/RS – 2018 – VUNESP) Assinale a alternativa que corresponde ao conceito de título de crédito disposto no artigo 887 do Código Civil.

(A) O título de crédito é o documento necessário ao exercício do direito autônomo nele contido, que somente produz efeito se preenchidos os requisitos legais.
(B) O título de crédito, documento dispensável ao exercício do direito literal e autônomo nele contido, somente produz efeito quando preencha os requisitos da lei.
(C) O título de crédito, documento necessário ao exercício do direito nele contido, produz efeito independentemente de preenchidos os requisitos legais.
(D) O título de crédito, documento necessário ao exercício do direito literal e autônomo nele contido, somente produz efeito quando preencha os requisitos da lei.
(E) O título de crédito é o documento necessário ao exercício do direito literal e autônomo nele contido, que produz seus efeitos independentemente de preenchidos os requisitos legais.

Segundo o art. 887 do CC, título de crédito é todo documento necessário ao exercício do direito literal e autônomo nele contido, que só produz seus efeitos quando preencher todos os requisitos legais. HS
Gabarito "D".

(Juiz de Direito – TJ/RJ – VUNESP – 2016) A cláusula "não à ordem"

(A) não é admitida na Letra de Câmbio.
(B) inviabiliza o aval parcial.
(C) inviabiliza o aceite.
(D) impede a circulação mediante endosso.
(E) implica em aceite do cumprimento da obrigação assumida em Nota Promissória.

Chama-se "cláusula não à ordem" a proibição de que o título circule por meio de endosso. Ela pode ser aposta originariamente, pelo próprio sacador, ou ulteriormente, por qualquer endossante. Caso exista, a transferência da propriedade do crédito se fará unicamente por cessão civil. HS
Gabarito "D".

(Juiz de Direito – TJ/SP – VUNESP – 2015) Sobre títulos de crédito, é correto afirmar que

(A) não é possível o preenchimento do título de crédito incompleto pelo credor após a sua emissão.
(B) na cédula de crédito bancário pode ser constituída garantia real em documento separado, desde que se faça mera referência a isso no corpo da cédula.
(C) o devedor deve conferir a autenticidade das assinaturas de toda a cadeia de endossos lançados no título, antes de realizar o pagamento ao último endossatário e portador.
(D) o endossatário de endosso em branco pode mudá-lo para endosso em preto, desde que o complete com o seu nome ou de terceiro, bem como pode endossar novamente o título, mas não pode transferi-lo sem novo endosso.

A: incorreta. O preenchimento posterior é aceito pelo art. 891 do CC, desde que respeite os termos pactuados; **B:** correta, nos termos do art. 32 da Lei nº 10.931/2004; **C:** incorreta. Não há obrigação de conferir a autenticidade das assinaturas, mas somente a regularidade da série de endossos (art. 911, parágrafo único, do CC); **D:** incorreta. É totalmente possível a transferência sem novo endosso pelo endossatário de endosso em branco, porque este transforma o título em cártula ao portador (art. 913, parte final, do CC). HS
Gabarito "B".

3.2. Títulos em Espécie

3.2.1. Duplicata

(Juiz de Direito – TJ/RJ – VUNESP – 2016) Dispõe a lei que rege o título de crédito, denominado duplicata, que em todo contrato de compra e venda mercantil, celebrado entre partes domiciliadas no território brasileiro, com prazo não inferior a 30 dias, contados da data da entrega ou despacho das mercadorias, o vendedor extrairá a respectiva fatura para apresentação ao comprador. A esse respeito, é correto afirmar que

(A) em toda venda realizada em tais condições, o vendedor é obrigado a extrair da fatura a respectiva duplicata.
(B) no ato da emissão da fatura, o vendedor extrairá a duplicata para circulação com efeito comercial, sendo admitida, nesse caso, qualquer outra espécie de título

de crédito, a exemplo da letra de câmbio ou da nota promissória, para documentar o saque do vendedor pela importância faturada ao comprador.

(C) uma só duplicata poderá corresponder a mais de uma fatura, nos casos de venda para pagamento em parcelas, situação em que se discriminarão todas as prestações e vencimentos, distinguindo-se a numeração pelo acréscimo, em sequência, de letra do alfabeto.

(D) no valor total da duplicata serão incluídos os abatimentos de preços das mercadorias feitos pelo vendedor até o ato do faturamento, desde que constem da fatura.

(E) quando a remessa da duplicata for feita por intermédio de representantes, instituições financeiras, procuradores ou correspondentes, estes deverão apresentar o título ao comprador, dentro de 10 dias contados da data de seu recebimento na praça de pagamento.

A: incorreta. A extração da duplicata é opcional. Cabe ao comerciante decidir se colocará o título de crédito em circulação (art. 2º da Lei 5.474/1968); **B:** incorreta. Não é admitido nenhum outro título de crédito para representar o negócio jurídico em questão (art. 2º da Lei 5.474/1968); **C:** incorreta. Uma só duplicata não pode corresponder a mais de uma fatura (art. 2º, § 2º, da Lei 5.474/1968); **D:** incorreta. Tais valores, se constarem da fatura, não serão incluídos na duplicata (art. 3º, § 1º, da Lei 5.474/1968); **E:** correta, nos termos do art. 6º, § 2º, da Lei 5.474/1968. Gabarito "E".

(Ministério Público/ES – VUNESP – 2013) A duplicata, quando não for à vista, deverá ser devolvida pelo comprador ao apresentante dentro do prazo previsto em lei, contado da data de sua apresentação, devidamente assinada ou acompanhada de declaração, por escrito, contendo as razões da falta de aceite. Referido prazo é de

(A) 2 dias.
(B) 30 dias.
(C) 10 dias.
(D) 15 dias.
(E) 5 dias.

O prazo para aceite do sacado na duplicata não emitida à vista é de 10 dias, nos termos do art. 7º da Lei 5.474/1968. Gabarito "C".

4. DIREITO CONCURSAL – FALÊNCIA E RECUPERAÇÃO

4.1. Falência

(Juiz de Direito – TJ/RJ – VUNESP – 2016) Assinale a assertiva correta acerca da ineficácia e da revogação dos atos praticados antes da falência.

(A) Os atos praticados com a intenção de prejudicar credores, desde que provado o conluio fraudulento entre o devedor e o terceiro que com ele contratar, são revogáveis de per si, sem necessidade da produção de qualquer outra prova.

(B) A sentença que julgar procedente a ação revocatória determinará o retorno dos bens à massa falida em espécie, com todos os acessórios, ou o valor de mercado, mas não dará direito a acréscimo a título de perdas e danos.

(C) Os registros de direitos reais e de transferência de propriedade entre vivos, por título oneroso ou gratuito, ou averbação relativa a imóveis realizados após a decretação da falência, não geram efeitos em relação à massa falida, independentemente de prenotação anterior.

(D) Tratando-se de ato revogável, a ação revocatória deverá ser proposta no prazo de 3 anos contado da decretação da falência pelo administrador judicial, pelo Ministério Público ou por qualquer credor.

(E) Da sentença que julgar procedente a ação revocatória cabe agravo na modalidade de instrumento, da que julgá-la improcedente cabe apelação.

A: incorreta. Esses são os requisitos da ação revocatória, prevista no art. 130 da Lei de Falências, que demanda declaração judicial para invalidação do negócio jurídico; **B:** incorreta. O valor deve ser acrescido das perdas e danos (art. 135 da LF); **C:** incorreta. A prenotação anterior afasta a ineficácia do ato (art. 129, VII, da LF); **D:** correta, nos termos do art. 132 da LF; **E:** incorreta. Da sentença da ação revocatória cabe apelação em qualquer caso (art. 135, parágrafo único, da LF). Gabarito "D".

(Magistratura/SP – VUNESP – 2013) Na sentença que decreta a falência, o Juiz:

(A) fixará o termo legal da falência, sem poder retrotraí-lo por mais de 60 dias, contados do primeiro protesto por falta de pagamento.

(B) poderá ordenar a prisão preventiva do falido ou de seus administradores, quando requerida com fundamento em prova da prática de crime definido na Lei 11.101/2005.

(C) nomeará administrador judicial que será escolhido entre os maiores credores do falido, residente ou domiciliado no foro da falência, de reconhecida idoneidade moral e financeira.

(D) explicitará o prazo de 60 dias para as habilitações de crédito.

A: incorreta, pois o prazo máximo da retroação é de 90 dias – art. 99, II, da LF; **B:** correta, nos termos do art. 99, VII, da LF; **C:** incorreta, pois o juiz poderá nomear como administrador qualquer profissional idôneo, preferencialmente advogado, economista, administrador de empresas ou contador, ou pessoa jurídica especializada – art. 21 da LF; **D:** incorreta, pois o prazo para habilitação dos créditos é de 15 dias, contados na forma do art. 7º, § 1.º, da LF. Após, as habilitações serão recebidas como retardatárias – art. 10 da LF. Gabarito "B".

(Magistratura/SP – VUNESP – 2013) A Lei 11.101/2005, no que diz respeito aos crimes nela previstos, considera a sentença que decreta a falência e a que concede a recuperação judicial:

(A) pressupostos dos crimes pós-falimentares.
(B) condições de procedibilidade.
(C) elementos integrantes do tipo.
(D) condições objetiva de punibilidade.

Nos termos do art. 180 da LF, a sentença que decreta a falência, concede a recuperação judicial ou concede a recuperação extrajudicial é condição objetiva de punibilidade das infrações penais previstas na mesma lei. Por essa razão, a alternativa "D" é a correta. Gabarito "D".

(Ministério Público/ES – VUNESP – 2013) Julgadas as contas do administrador judicial, ele apresentará o relatório final da falência, indicando o valor do ativo e o produto de sua realização, o valor do passivo e o dos pagamentos feitos aos credores e especificará justificadamente as responsabilidades com que continuará o falido. O prazo fixado em lei para que o administrador judicial apresente o referido relatório é de

(A) 45 dias.
(B) 15 dias.
(C) 10 dias.
(D) 5 dias.
(E) 60 dias.

O prazo para o administrador judicial entregar seu relatório final é de 10 dias (art. 155 da Lei 11.101/2005). HS
Gabarito "C".

(Ministério Público/GO – 2013) Caso o falido não apresente, no prazo máximo de 05 dias, relação nominal dos credores, Indicando endereço, importância, natureza e classificação dos respectivos créditos:

(A) terá sua prisão administrativa decretada.
(B) terá sua prisão civil decretada.
(C) estará sujeito à desobediência.
(D) não estará sujeito a qualquer tipo de penalidade.

No caso proposto, incidirá o falido no crime de desobediência (art. 99, III, da Lei 11.101/2005). RB
Gabarito "C".

4.2. Recuperação Judicial e Extrajudicial

(Juiz de Direito – TJ/RJ – 2019 – VUNESP) No que se refere à recuperação judicial, assinale a alternativa correta.

(A) A substituição de bem objeto de garantia real por outro de valor semelhante prescinde de aprovação expressa do credor titular da respectiva garantia.
(B) Nos créditos em moeda estrangeira, a variação cambial será substituída por parâmetros de indexação nacionais, em vigor na data do pedido.
(C) Estão sujeitos à recuperação judicial os créditos existentes na data do pedido, desde que vencidos.
(D) O crédito de promitente vendedor de imóvel cujo contrato contenha cláusula de irretratabilidade não se submeterá aos efeitos da recuperação judicial.
(E) Não estão sujeitas à recuperação judicial as importâncias entregues ao devedor, em moeda corrente nacional, decorrentes de adiantamento a contrato de câmbio para importação.

A: incorreta. É necessária a aprovação do credor com garantia real caso o plano de recuperação pretenda suprimi-la ou substituí-la (art. 50, § 1º, da Lei de Falências); B: incorreta. A variação cambial será conservada como parâmetro de indexação do crédito (art. 50, § 2º, da Lei de Falências); C: incorreta. Mesmo os créditos não vencidos estão sujeitos à recuperação judicial (art. 49 da Lei de Falências); D: correta, nos termos do art. 49, § 3º, da Lei de Falências; E: incorreta. As verbas excluídas da recuperação judicial são aquelas entregues por adiantamento de contrato de câmbio para **exportação** (art. 49, § 4º, c. c. art. 86, II, da Lei de Falências). HS
Gabarito "D".

(Delegado – PC/BA – 2018 – VUNESP) Poderá requerer a recuperação judicial o devedor

(A) que, no momento do pedido, exerça regularmente suas atividades empresariais pelo período mínimo de seis meses.

(B) que obteve recuperação judicial anterior, desde que decorridos ao menos 2 anos da publicação da sentença concessiva desta.
(C) condenado por crimes falimentares, desde que decorridos ao menos 3 anos, bem como pelo cumprimento da penalidade imposta.
(D) falido, desde que estejam declaradas extintas, por sentença transitada em julgado, as responsabilidades decorrentes da falência.
(E) empresa pública ou sociedade de economia mista exercente de atividade econômica não sujeita ao regime de monopólio.

A: incorreta. O prazo mínimo de atividade é de 2 (dois) anos (art. 48, *caput*, da Lei 11.101/2005); B: incorreta. O lapso entre o pedido anterior de recuperação e o atual deve ser de no mínimo 5 anos (art. 48, II, da Lei 11.101/2005); C: incorreta. O condenado por crime falimentar, ainda que reabilitado, não faz jus à recuperação judicial (art. 48, IV, da Lei 11.101/2005); D: correta, nos termos do art. 48, I, da Lei 11.101/2005; E: incorreta. Empresas públicas e sociedades de economia mista são excluídas do regime jurídico falimentar (art. 2º, I, da Lei nº 11.101/2005). HS
Gabarito "D".

(Juiz de Direito – TJ/SP – VUNESP – 2015) No período de seis meses, a contar do deferimento da recuperação judicial,

(A) não são suspensas as execuções fiscais em face da recuperanda.
(B) é permitido retirar do estabelecimento do devedor bens móveis sobre os quais o credor tenha propriedade fiduciária, mesmo que sejam eles essenciais à atividade empresarial do recuperando.
(C) não tramitam as ações propostas contra a recuperanda que demandem quantias ilíquidas.
(D) o juízo da recuperação judicial é competente para decidir sobre a constrição de todos os bens da recuperanda, mesmo que não abrangidos pelo plano de recuperação da empresa.

A: correta, nos termos do art. 6º, § 7º, da Lei de Falências; B: incorreta. Caso os bens sejam essenciais à atividade, é vedada sua retirada (art. 49, § 3º, parte final, da Lei de Falências); C: incorreta. Tais ações também configuram exceção à regra da suspensão (art. 6º, § 1º, da Lei de Falências); D: incorreta. A Súmula 480 do STJ afasta a competência do juízo da recuperação para julgar questões relativas a bens e créditos não abrangidos pelo plano de recuperação. HS
Gabarito "A".

(Magistratura/SP – VUNESP – 2013) Submete(m)-se aos efeitos da recuperação o(s) seguinte(s) crédito(s):

(A) garantidos por propriedade fiduciária de bens móveis ou imóveis e de arrendamento mercantil.
(B) fiscais e parafiscais.
(C) debêntures com garantia real.
(D) importância entregue ao devedor, em moeda corrente nacional, decorrente de adiantamento a contrato de câmbio para exportação (ACC).

A: incorreta, pois esses créditos não se submetem à recuperação judicial, nos termos do art. 49, § 3.º, da LF; B: incorreta, pois os tributos não são abrangidos pela recuperação judicial, devendo o devedor apresentar certidões negativas de débitos nos termos do art. 57 da LF; C: correta, pois não há exclusão desses títulos – art. 49 da LF; D: incorreta, pois essa importância deve ser restituída, nos termos do art. 86, II, da LF. RB
Gabarito "C".

(Magistratura/MG – VUNESP – 2012) É correto afirmar que pode requerer recuperação judicial o devedor que

(A) não tenha, há menos de cinco anos, obtido concessão de recuperação judicial.
(B) exerça regularmente suas atividades há mais de cinco anos.
(C) não tenha, há menos de cinco anos, obtido parcelamento de débitos inscritos na dívida ativa da União, Estados ou Municípios.
(D) não tenha, há menos de cinco anos, seu nome inscrito em cadastros de devedores inadimplentes.

Os requisitos formais para o requerimento de recuperação judicial estão elencados na lei, sendo os seguintes: I – exercício de atividades regulares há pelo menos 2 (dois) anos; II – não ser falido e, se o foi, estejam declaradas extintas, por sentença transitada em julgado, as responsabilidades daí decorrentes; III – não ter, há menos de 5 (cinco) anos, obtido concessão de recuperação judicial; IV – não ter, há menos de 5 (cinco) anos, obtido concessão de recuperação judicial com base no plano especial das microempresas e empresas de pequeno porte; V – não ter sido condenado ou não ter, como administrador ou sócio controlador, pessoa condenada por qualquer dos crimes previstos nesta Lei. **A:** correta, por expressa previsão legal; **B**, **C** e **D:** incorretas, por contrariarem os requisitos dispostos na lei.
„Gabarito "A".

(Cartório/SP – VUNESP – 2012) A concessão da recuperação judicial

(A) Depende da apresentação de certidões negativas dos cartórios de protesto.
(B) Impede o protesto de títulos ou documentos de dívida de responsabilidade do devedor.
(C) É anotada no Registro Público de Empresas.
(D) Implica novação dos créditos anteriores ao pedido e afastamento do devedor ou seus administradores da condução das atividades empresariais.

A: incorreta, pois não há essa exigência no art. 51 da Lei de Recuperação e Falência – LF (Lei 11.101/2005); **B:** incorreta, pois não há esse impedimento – art. 59 da LF; **C:** correta, conforme o art. 69, parágrafo único, da LF; **D:** incorreta, pois, em regra, durante o procedimento de recuperação judicial, o devedor ou seus administradores serão mantidos na condução da atividade empresarial, sob fiscalização do Comitê, se houver, e do administrador judicial – art. 64 da LF.
„Gabarito "C".

5. CONTRATOS EMPRESARIAIS

5.1. Alienação Fiduciária

(Cartório/SP –VUNESP – 2012) Considere as afirmações a seguir.

I. O contrato de alienação fiduciária em garantia pode ter por objeto bem que já integrava o patrimônio do devedor.
II. A comprovação da mora é imprescindível à busca e apreensão do bem alienado fiduciariamente.
III. A notificação destinada a comprovar a mora nas dívidas garantidas por alienação fiduciária dispensa a indicação do valor do débito.

De acordo com as Súmulas do Superior Tribunal de Justiça, estão corretas:

(A) I e II, apenas.
(B) I e III, apenas.
(C) II e III, apenas.
(D) I, II e III.

I: correta, refletindo o disposto na Súmula 28 do STJ; **II:** correta, nos termos da Súmula 72 do STJ; **III:** correta, conforme a Súmula 245 do STJ.
„Gabarito "D".

5.2. Arrendamento Mercantil / *Leasing*

(Magistratura/MG –VUNESP – 2012) Assinale a alternativa correta com relação ao contrato de arrendamento mercantil (*leasing*).

(A) Deve o comprador suportar os prejuízos do furto do veículo, se não providenciou a contratação de seguro para garantir o bem arrendado.
(B) No contrato de arrendamento mercantil (*leasing*), é dispensável a notificação prévia do arrendatário, para constituí-lo em mora, quando houver cláusula resolutiva expressa.
(C) A cobrança antecipada do valor residual garantido (VRG) não descaracteriza o contrato de arrendamento mercantil, ressalvada a hipótese em que o arrendatário se compromete, por expresso, a pagar o seguro DPVAT quando obteve financiamento para aquisição de veículo.
(D) Por força da Lei n. 8.880/1994, não é permitida a utilização da variação da cotação de moeda estrangeira (como o dólar) a título de correção monetária de contrato.

A: correta, pois, como regra, todas as instituições exigem a contratação de seguro pelo arrendatário e, caso isso não ocorra, todos os riscos serão a ele imputados; **B:** incorreta, pois há entendimento jurisprudencial consolidado em sentido contrário, exigindo a notificação (STJ, Súmula 369); **C:** incorreta, pois o entendimento atual do STJ é no sentido da não descaracterização do contrato pela cobrança antecipada (STJ, Súmula 293); **D:** incorreta, pois há previsão expressa autorizando tal prática (Lei 8.880/1994, art. 6º).
„Gabarito "A".

(Magistratura/SP –VUNESP – 2013) A jurisprudência do Superior Tribunal de Justiça, em relação ao contrato de arrendamento mercantil, tem, atualmente, como entendimento sumulado:

(A) no contrato de arrendamento mercantil com cláusula resolutiva expressa, é desnecessária a notificação prévia do arrendatário para constituí-lo em mora.
(B) a cobrança antecipada do valor residual garantido (VRG) não descaracteriza o contrato de arrendamento mercantil.
(C) a cobrança antecipada do valor residual (VRG) descaracteriza o contrato de arrendamento mercantil, transformando-o em compra e venda à prestação.
(D) a simples propositura de ação revisional do contrato de arrendamento mercantil inibe a caracterização da mora do autor.

A: incorreta, pois, ainda que haja cláusula resolutiva expressa no contrato de arrendamento mercantil, é necessária a notificação prévia do arrendatário para constituí-lo em mora – Súmula 369/STJ; **B:** correta, considerando que a Súmula 263/STJ foi cancelada; **C:** incorreta, pois não há súmula nesse sentido, apesar do cancelamento da Súmula 263/STJ; **D:** incorreta, pois não há inibição da caracterização da mora do autor nesse caso – Súmula 380/STJ.
„Gabarito "B".

5.3. Compra e venda

(Magistratura/SP – VUNESP – 2011) Relativamente à compra e venda, aponte a alternativa correta.

(A) Anulável será o contrato quando se deixar ao arbítrio exclusivo de uma das partes a fixação do preço.
(B) É lícito aos contratantes estipular o preço em função de índices ou parâmetros, desde que suscetíveis de objetiva determinação, ou sujeitá-lo à taxa de mercado ou de bolsa, em certo e determinado dia e lugar, ou ainda ao arbítrio de terceiro que prometerem designar.
(C) A venda feita a contento do comprador entende-se realizada sob condição resolutiva, ainda que a coisa lhe tenha sido entregue, e não se reputará perfeita, enquanto o adquirente não manifestar seu agrado.
(D) É ilícita a compra e a venda entre cônjuges.
(E) Nas coisas vendidas conjuntamente, o defeito oculto de uma autoriza a rejeição de todas.

A: incorreta, pois é *nulo* (não simplesmente *anulável*) o contrato de compra e venda, quando se deixa ao arbítrio exclusivo de uma das partes a fixação do preço – há vedação da cláusula puramente potestativa pelo art. 489 do CC; **B:** assertiva correta, pois isso é admitido, conforme os arts. 485, 486 e 487 do CC; **C:** incorreta, pois se trata de condição suspensiva, não resolutiva – art. 509 do CC; **D:** incorreta, pois é lícita a compra e venda entre cônjuges, com relação a bens excluídos da comunhão – art. 499 do CC; **E:** incorreta, pois, nas coisas vendidas conjuntamente, o defeito oculto de uma *não autoriza* a rejeição de todas – art. 503 do CC. Gabarito "B".

5.4. Contratos bancários e cartão de crédito

Veja a seguinte tabela, com as principais súmulas relativas ao direito bancário, para estudo:

Súmulas de Direito Bancário	
Súmula 596/ STF	As disposições do Decreto 22.626/1933 [Lei de Usura, que limita a taxa de juros] não se aplicam às taxas de juros e aos outros encargos cobrados nas operações realizadas por instituições públicas ou privadas, que integram o sistema financeiro nacional.
Súmula 382/ STJ	A estipulação de juros remuneratórios superiores a 12% ao ano, por si só, não indica abusividade.
Súmula 381/ STJ	Nos contratos bancários, é vedado ao julgador conhecer, de ofício, da abusividade das cláusulas.
Súmula 379/ STJ	Nos contratos bancários não regidos por legislação específica, os juros moratórios poderão ser convencionados até o limite de 1% ao mês.
Súmula 328/ STJ	Na execução contra instituição financeira, é penhorável o numerário disponível, excluídas as reservas bancárias mantidas no Banco Central.
Súmula 322/ STJ	Para a repetição de indébito, nos contratos de abertura de crédito em conta-corrente, não se exige a prova do erro.

Súmulas de Direito Bancário	
Súmula 300/ STJ	O instrumento de confissão de dívida, ainda que originário de contrato de abertura de crédito, constitui título executivo extrajudicial.
Súmula 299/ STJ	É admissível a ação monitória fundada em cheque prescrito.
Súmula 297/ STJ	O Código de Defesa do Consumidor é aplicável às instituições financeiras.
Súmula 296/ STJ	Os juros remuneratórios, não cumuláveis com a comissão de permanência, são devidos no período de inadimplência, à taxa média de mercado estipulada pelo Banco Central do Brasil, limitada ao percentual contratado.
Súmula 294/ STJ	Não é potestativa a cláusula contratual que prevê a comissão de permanência, calculada pela taxa média de mercado apurada pelo Banco Central do Brasil, limitada à taxa do contrato.
Súmula 286/ STJ	A renegociação de contrato bancário ou a confissão da dívida não impede a possibilidade de discussão sobre eventuais ilegalidades dos contratos anteriores.
Súmula 285/ STJ	Nos contratos bancários posteriores ao Código de Defesa do Consumidor incide a multa moratória nele prevista.
Súmula 283/ STJ	As empresas administradoras de cartão de crédito são instituições financeiras e, por isso, os juros remuneratórios por elas cobrados não sofrem as limitações da Lei de Usura.
Súmula 258/ STJ	A nota promissória vinculada a contrato de abertura de crédito não goza de autonomia em razão da iliquidez do título que a originou.
Súmula 247/ STJ	O contrato de abertura de crédito em conta-corrente, acompanhado do demonstrativo de débito, constitui documento hábil para o ajuizamento da ação monitória.
Súmula 233/ STJ	O contrato de abertura de crédito, ainda que acompanhado de extrato da conta-corrente, não é título executivo.
Súmula 30/STJ	A comissão de permanência e a correção monetária são inacumuláveis.

(Juiz de Direito – TJ/RJ – 2019 – VUNESP) Adão solicitou a emissão de um cartão de débito em seu nome, mas, para sua surpresa, recebeu um cartão de débito e crédito. Em contato com a administradora de cartões, foi informado que a função de cartão de crédito estava inativa, que a anuidade somente seria cobrada se este fosse utilizado, e que a taxa de juro para o pagamento de parcelas mínimas seria de 250% (duzentos e cinquenta por cento) ao ano.

Considerando a posição atual dos tribunais superiores, é correto afirmar que

(A) a administradora de crédito está violando a Lei da Usura ao praticar juros de 250% (duzentos e cinquenta por cento) ao ano, pois não se trata de instituição financeira.
(B) constitui prática comercial abusiva o envio de cartão de crédito sem prévia e expressa solicitação do consumidor, mesmo que a função esteja inativa.
(C) a administradora de crédito poderá ser responsabilizada por dano patrimonial por cobrança indevida, não sendo cabível dano moral.
(D) o envio do cartão de crédito, ainda que não tenha sido solicitado, não é uma prática abusiva, pois não implica em cobrança automática de anuidade.
(E) o envio do cartão de crédito bloqueado equipara-se à amostra grátis, não configurando prática abusiva.

A: incorreta. A Súmula 283 do STJ afasta a aplicação da Lei de Usura para as administradoras de cartão de crédito; **B:** correta, nos termos da Súmula 532 do STJ; **C, D** e **E:** incorretas, nos termos da mesma Súmula 532. HS
Gabarito "B".

(Juiz de Direito – TJ/SP – VUNESP – 2015) Nos contratos bancários,

(A) o julgador pode conhecer de ofício a abusividade de cláusulas.
(B) os juros moratórios sujeitam-se ao limite de 1% ao mês, caso não se trate de contratos bancários regidos por legislação específica.
(C) os juros remuneratórios superiores a 12% ao ano presumem-se abusivos, cabendo à instituição financeira demonstrar sua adequação e razoabilidade.
(D) a comissão de permanência pode ser cumulada com os juros remuneratórios contratados.

A: incorreta. Não se permite o conhecimento de ofício da matéria (Súmula 381 do STJ); **B:** correta, nos termos da Súmula 379 do STJ; **C:** incorreta. Não há qualquer determinação legal neste sentido. Ao contrário, a jurisprudência do STF se consolidou no sentido de que os contratos bancários são regidos, em sua maioria, por legislação específica e a dinâmica do mercado financeiro não permite a regulação dos juros nos mesmos moldes dos contratos em geral; **D:** incorreta. A cobrança de comissão de permanência não pode ser cumulada com nenhum outro acréscimo (Súmula 472 do STJ). HS
Gabarito "B".

5.5. Contratos de Colaboração

(Juiz de Direito – TJ/RJ – VUNESP – 2016) Sobre o contrato de agência, é correto afirmar que

(A) se dispensado por justa causa, o agente não terá direito a ser remunerado, ainda que por serviços úteis que eventualmente tenha prestado ao proponente.
(B) salvo ajuste, o proponente pode constituir, ao mesmo tempo, mais de um agente, na mesma zona, com idêntica incumbência.
(C) salvo ajuste, o agente terá direito à remuneração correspondente aos negócios concluídos dentro de sua zona, ainda que sem a sua interferência.
(D) salvo estipulação diversa, todas as despesas com a agência correm a cargo do proponente.
(E) se aplicam ao contrato de agência, no que couberem, as regras concernentes à empreitada e à corretagem.

A: incorreta. Mesmo incorrendo em justa causa, o agente tem direito a ser remunerado pelos serviços úteis prestados (art. 717 do CC);

B: incorreta. A cláusula de exclusividade do agente é implícita. Para que seja designado mais de um agente para a mesma zona deve haver disposição expressa (art. 711 do CC); **C:** correta, nos termos do art. 714 do CC; **D:** incorreta. No silêncio do contrato, todas as despesas correm a cargo do agente (art. 713 do CC); **E:** incorreta. As normas supletivas são as dos contratos de mandato e comissão (art. 721 do CC). HS
Gabarito "C".

5.6. Outros contratos e Questões Combinadas

(Juiz de Direito – TJ/SP – VUNESP – 2015) Assinale a alternativa correta sobre os contratos empresariais.

(A) Existindo cláusula resolutiva expressa no contrato de arrendamento mercantil, a constituição em mora do arrendatário não exige notificação prévia.
(B) É permitida na representação comercial a estipulação de cláusulas del credere.
(C) A circular oferta de franquia pode ser entregue pelo franqueador ao franqueado após a assinatura do contrato e do pagamento das taxas pertinentes.
(D) No contrato de locação comercial de imóvel urbano que tenha sido construído pelo locador para atender a especificações fixadas pelo locatário, as partes podem estipular a renúncia à revisão do locativo durante a vigência do contrato.

A: incorreta. A constituição do devedor em mora é imprescindível no contrato de *leasing* mesmo se houver cláusula resolutiva expressa, nos termos da Súmula 369 do STJ; **B:** incorreta. Na representação comercial é proibida a cláusula *del credere* (art. 43 da Lei 4.886/1965). Ela está autorizada somente para os contratos de comissão empresarial; **C:** incorreta. A circular de oferta de franquia deve ser entregue no máximo até 10 dias antes da assinatura de qualquer contrato, nos termos do art. 4º da Lei 8.955/1994; **D:** correta, nos termos do art. 54-A, § 1º, da Lei 8.245/1991. HS
Gabarito "D".

(Magistratura/SP – VUNESP – 2013) Em relação ao contrato de seguro, é correto afirmar que:

(A) subsistirá a responsabilidade do segurado perante o terceiro, se o segurador for insolvente.
(B) a apólice à ordem se transfere por endosso em branco assinado pelo endossante.
(C) jurisprudência sumulada do STJ afirma que prescreve em três (3) anos a pretensão do segurado em grupo contra a seguradora.
(D) o estipulante representa o segurador perante o grupo segurado.

A: correta, nos termos do art. 787, § 4.º, do CC; **B:** incorreta, pois a apólice à ordem se transfere por endosso em preto – art. 785, § 2.º, do CC; **C:** incorreta, pois o prazo prescricional é anual, no caso – Súmula 101/STJ; **D:** incorreta, pois o estipulante não representa o segurador perante o grupo segurado – art. 801, § 1.º, do CC. RB
Gabarito "A".

(Magistratura/MG – VUNESP – 2012) É correto afirmar, à luz da jurisprudência dominante no Superior Tribunal de Justiça, que constitui título executivo extrajudicial

(A) o contrato de abertura de crédito, desde que acompanhado de extrato da conta-corrente.
(B) nota promissória vinculada a contrato de abertura de crédito.
(C) o contrato de cheque especial.

(D) o instrumento de confissão de dívida, ainda que originário de contrato de abertura de crédito.

A: incorreta, por contrariar posição jurisprudencial (STJ, Súmula 233); **B:** incorreta, por contrariar posição jurisprudencial, que reconhece a perda de tal característica do título de crédito vinculado (STJ, Súmula 258); **C:** incorreta, pois tal contrato, desacompanhado, não demonstra o valor do débito (STJ, Súmula 233 e 247); **D:** correta, nos termos da posição jurisprudencial (STJ, Súmula 300).

Gabarito "D".

6. PROPRIEDADE INDUSTRIAL

Veja a seguinte tabela, com os requisitos de patenteabilidade e de registrabilidade, para estudo e memorização:

Requisitos de patenteabilidade de invenção e modelo de utilidade	
Novidade	não pode estar compreendida no estado da técnica, ou seja, não pode ter sido tornada acessível ao público antes do depósito do pedido de patente – art. 11 da LPI
Atividade inventiva	não pode simplesmente decorrer, para um técnico no assunto, de maneira evidente ou óbvia, do estado da técnica – art. 13 da LPI
Aplicação industrial	deve ser suscetível de aplicação industrial – art. 15 da LPI
Desimpedimento	não é patenteável aquilo que está listado no art. 18 da LPI

Requisitos para registro de desenho industrial	
Novidade	não pode estar compreendido no estado da técnica, ou seja, não pode ter sido tornado acessível ao público antes do depósito do pedido de registro – art. 96 da LPI
Originalidade	dele deve resultar uma configuração visual distintiva, em relação a outros objetos anteriores – art. 97 da LPI
Desimpedimento	não é registrável aquilo que está listado nos arts. 98 e 100 da LPI

Requisitos para registro de marca	
Novidade relativa	não pode ter sido previamente registrada (princípio da novidade) para a classe do produto ou do serviço (princípio da especificidade)
Não violação de marca notoriamente conhecida	não pode violar marca de alto renome ou notoriamente conhecida – arts. 125 e 126 da LPI
Desimpedimento	Não é registrável aquilo que está listado no art. 124 da LPI

(Juiz de Direito – TJ/RS – 2018 – VUNESP) De acordo com o artigo 11 da Lei no 9.279/96 (Lei de Propriedade Industrial), a invenção e o modelo de utilidade são considerados novos quando não compreendidos no estado da técnica.

Assinale a alternativa que corresponde ao conceito legal de estado da técnica.

(A) O estado da técnica é constituído por tudo aquilo tornado acessível ao público antes da data de depósito do pedido de patente, por descrição escrita ou oral, por uso ou qualquer outro meio, no Brasil ou no exterior, ressalvado o disposto nos arts. 12, 16 e 17.

(B) O estado da técnica é constituído por tudo aquilo tornado acessível ao público antes da data de depósito do pedido de patente, por descrição escrita ou oral, por uso ou qualquer outro meio, no Brasil, ressalvado o disposto nos arts. 12, 16 e 17.

(C) O estado da técnica é constituído por tudo aquilo tornado acessível ao público antes da data de depósito do pedido de patente, por descrição escrita ou oral, por uso ou qualquer outro meio, no exterior, ressalvado o disposto nos arts. 12, 16 e 17.

(D) O estado da técnica é constituído por tudo aquilo tornado acessível ao público após a data de depósito do pedido de patente, por descrição escrita ou oral, por uso ou qualquer outro meio, no Brasil ou no exterior, ressalvado o disposto nos arts. 12, 16 e 17.

(E) O estado da técnica é constituído por tudo aquilo tornado acessível ao público antes da data de depósito do pedido de patente, por descrição escrita ou oral, no Brasil ou no exterior, ressalvado o disposto nos arts. 12, 16 e 17.

O conceito legal do estado da técnica está previsto no art. 11, § 1º, da Lei 9.279/1996: é constituído por tudo aquilo tornado acessível ao público antes da data de depósito do pedido de patente, por descrição escrita ou oral, por uso ou qualquer outro meio, no Brasil ou no exterior, ressalvado o disposto nos arts. 12, 16 e 17.

Gabarito "A".

(Juiz de Direito – TJ/RJ – VUNESP – 2016) No tocante às marcas, conforme disciplina em lei específica, é correto afirmar que

(A) ao seu titular ou depositante é assegurado, dentre outros, o direito de impedir que comerciantes ou distribuidores utilizem sinais distintivos que lhe são próprios, juntamente com a marca do produto, na sua promoção e comercialização.

(B) se considera marca de produto ou serviço aquela usada para atestar a conformidade de um produto ou serviço com determinadas normas ou especificações técnicas, notadamente quanto à qualidade, natureza, material utilizado e metodologia empregada.

(C) o registro da marca vigorará pelo prazo de 15 anos, contados da data da concessão, prorrogável por dois períodos iguais e sucessivos.

(D) caducará o registro da marca, salvo justificado o desuso por seu titular, a requerimento de qualquer pessoa com legítimo interesse se, decorridos 10 anos de sua concessão, o uso da marca tiver sido interrompido por mais de 5 anos consecutivos.

(E) ao seu titular ou depositante é assegurado, dentre outros, o direito de ceder seu registro ou pedido de registro.

A: incorreta. O titular da marca não pode proibir a veiculação dos sinais próprios do comerciante junto com seu produto nas ações de venda (art. 132, I, da Lei 9.279/1996); **B:** incorreta. O conceito trazido na alternativa é de marca de certificação. Marca de produto ou serviço é aquela usada para distinguir produto ou serviço de outro idêntico, semelhante ou afim, de origem diversa (art. 123, I, da Lei 9.279/1996); **C:** incorreta. O registro da marca vale por 10 anos, prazo que pode ser prorrogado indefinidas vezes (art. 133 da Lei 9.279/1996); **D:** incorreta. A caducidade pode ser pleiteada após 5 anos de sua concessão (art. 143 da Lei 9.279/1996); **E:** correta, nos termos do art. 130, I, da Lei 9.279/1996.

Gabarito "E".

7. TEMAS COMBINADOS E OUTROS TEMAS

(Juiz de Direito – TJ/SP – VUNESP – 2015) Nos termos da Lei 12.529/2011, não constitui por si só infração da ordem econômica os atos dos competidores que tenham por objeto ou possam produzir o seguinte efeito:

(A) dominar mercado relevante de bens ou serviços.
(B) falsear ou de qualquer forma prejudicar a livre concorrência.
(C) limitar a livre-iniciativa.
(D) exercício de forma abusiva de posição dominante.

Todas as condutas descritas são consideradas infrações à ordem econômica pelo art. 36 da Lei Antitruste (incisos I e IV), com exceção da letra "A", que deve ser assinalada. Note que, não obstante a redação esteja prevista como infração no inciso II do citado artigo, o enunciado pergunta qual das condutas não ofende, **por si só,** a ordem econômica. Como destaca o § 1º do dispositivo aqui analisado, se o domínio de mercado for consequência da maior eficiência do agente econômico em relação a seus competidores, não haverá ato ilícito. Logo, nesse caso, é possível ilidir a presunção de infração à ordem econômica.

Gabarito "A".

(Cartório/SP – VUNESP – 2012) Assinale a alternativa correta.

(A) As quotas dos Fundos de Investimento Imobiliário constituem valores mobiliários, admitida a emissão sob a forma escritural.
(B) Os Fundos de Investimento Imobiliário têm personalidade jurídica.
(C) Os bens integrantes do patrimônio do Fundo de Investimento integram o patrimônio da instituição administradora.
(D) É exigida a apresentação de Certidão Negativa de Débito, expedida pelo Instituto Nacional da Seguridade Social, para a alienação de bem imóvel integrante do patrimônio do Fundo de Investimento Imobiliário.

A: correta, nos termos do art. 3º da Lei 8.668/1993; **B:** incorreta, pois os fundos de investimento imobiliário não têm personalidade jurídica – art. 1º da Lei 8.668/1993; **C:** incorreta, pois não é possível essa confusão – art. 7º, I, da Lei 8.668/1993; **D:** incorreta, pois a instituição financeira fica dispensada da apresentação dessa certidão negativa para a alienação de imóveis integrantes do patrimônio do fundo de investimento imobiliário – art. 7º, § 3º, da Lei 8.668/1993.

Gabarito "A".

9. DIREITO DO TRABALHO

Hermes Cramacon, Luis Mauricio Chierighini e Romeu Gonçalves Bicalho*

1. INTRODUÇÃO, FONTES E PRINCÍPIOS

(Procurador do Estado/SP – 2018 – VUNESP) Em relação aos princípios aplicáveis ao Direito do Trabalho, assinale a alternativa correta.

(A) Havendo a coexistência de dois regulamentos de empresa, a opção do empregado por um deles, com prejuízo às regras do sistema do outro, não afronta o princípio da irrenunciabilidade.
(B) Não fere o princípio da isonomia condicionar o recebimento de participação nos lucros e resultados ao fato de estar o contrato de trabalho em vigor na data prevista para a distribuição dos lucros. Por conseguinte, é lícito negar o pagamento proporcional aos meses trabalhados em caso de rescisão contratual ocorrida durante o período de apuração do benefício.
(C) A contribuição confederativa de que trata o art. 8º, inciso IV, da Constituição da República, é exigível de todos os integrantes da categoria profissional. Por essa razão, seu desconto pode ser feito, independentemente de filiação sindical, não havendo que se falar, nesse caso, em violação ao princípio da intangibilidade salarial.
(D) O princípio da inalterabilidade contratual *in pejus* (art. 468 da Consolidação das Leis do Trabalho) assegura ao empregado ocupante de função de confiança o direito à manutenção da gratificação correspondente após a reversão ao emprego efetivo, independentemente da existência de justo motivo a fundamentar tal reversão.
(E) Por força do princípio da primazia da realidade, a contratação irregular de trabalhador, mediante empresa interposta, gera vínculo de emprego com os órgãos da Administração Pública direta, das autarquias, fundações públicas ou empresas estatais.

A: opção correta, pois nos termos da súmula 51, II, do TST, "havendo a coexistência de dois regulamentos da empresa, a opção do empregado por um deles tem efeito jurídico de renúncia às regras do sistema do outro"; **B:** opção incorreta, pois nos termos da súmula 451 do TST, "fere o princípio da isonomia instituir vantagem mediante acordo coletivo ou norma regulamentar que condicione a percepção da parcela participação nos lucros e resultados ao fato de estar o contrato de trabalho em vigor na data prevista para a distribuição dos lucros"; **C:** opção incorreta, pois o art. 578 da CLT ensina que "as contribuições devidas aos sindicatos pelos participantes das categorias econômicas ou profissionais ou das profissões liberais representadas pelas referidas entidades serão, sob a denominação de contribuição sindical, pagas, recolhidas e aplicadas na forma estabelecida neste Capítulo, desde que prévia e expressamente autorizadas". Ademais, nos termos da OJ 17 da SDC do TST "as cláusulas coletivas que estabeleçam contribuição em favor de entidade sindical, a qualquer título, obrigando trabalhadores não sindicalizados, são ofensivas ao direito de livre associação e sindicalização, constitucionalmente assegurado, e, portanto, nulas, sendo passíveis de devolução, por via própria, os respectivos valores eventualmente descontados". Veja, também o PN 119 do TST. **D:** opção incorreta, pois nos termos do art. 468, § 2º, da CLT a alteração, com ou sem justo motivo, não assegura ao empregado o direito à manutenção do pagamento da gratificação correspondente, que não será incorporada, independentemente do tempo de exercício da respectiva função. **E:** opção incorreta, pois nos termos da súmula 331, II, do TST, "a contratação irregular de trabalhador, mediante empresa interposta, não gera vínculo de emprego com os órgãos da Administração Pública direta, indireta ou fundacional, em razão da ausência de concurso público. (art. 37, II, da CF/1988)".

Gabarito "A".

(OAB – VUNESP) O exame de gravidez da empregada:

(A) deve ser realizado anualmente.
(B) pode ser exigido a qualquer tempo pelo empregador, para avaliar a possibilidade de realizar dispensa imotivada.
(C) não pode ser exigido pelo empregador.
(D) não pode ser exigido pelo empregador, salvo no momento da admissão.

É expressamente vedado ao empregador exigir, em qualquer hipótese, atestado ou exame de gravidez da empregada. Encontramos tal vedação no art. 373-A, IV, da CLT, sendo que a Lei 9.029/1995, em seu art. 2.º, I, tipifica como crime a exigência de teste, exame, perícia, laudo, atestado, declaração ou qualquer outro procedimento relativo à esterilização ou a estado de gravidez, prevendo pena de detenção de um a dois anos e multa. A mesma lei prevê que o rompimento da relação de trabalho por ato discriminatório faculta à empregada optar entre a readmissão com ressarcimento integral de todo o período de afastamento, mediante pagamento das remunerações devidas, ou a percepção, em dobro, da remuneração do período de afastamento, corrigida monetariamente e acrescida dos juros legais. Já a Lei 9.263/1996, além de proibir a realização do exame, tipifica como crime, com pena de reclusão de um a dois anos e multa, a exigência de atestado de esterilização para qualquer fim (art. 18). *Fundamento* – art. 373-A da CLT; Lei 9.263/1996; e art. 2.º, I, da Lei 9.029/1995. Ver mais sobre a proteção a maternidade nos arts. 391 a 400 da CLT.

Gabarito "C".

(OAB – VUNESP) A legislação brasileira, no tocante à revista de empregados,

(A) é omissa.
(B) proíbe qualquer forma de revista, salvo mediante prévia autorização judicial.
(C) permite qualquer forma de revista, desde que realizada por pessoa do mesmo sexo.
(D) proíbe a revista íntima de empregadas.

A questão da revista dos empregados é polêmica e não encontra regulamento legal no Brasil, salvo para o caso da revista íntima das empregadas para quem a CLT, em seu art. 373-A, VI, veda "proceder empregador ou preposto a revistas íntimas nas empregadas ou funcionárias". Em relação aos empregados do sexo masculino, o direito de revista do empregador, admitido por parte da doutrina e da

---

* **Hermes Cramacon** comentou as questões de concursos jurídicos; **Luis Mauricio Chierighini** e **Romeu Gonçalves Bicalho** comentaram as questões da OAB.

jurisprudência, está limitado pelos princípios da dignidade humana (art. 1.º, III, da CF), do respeito à intimidade (art. 5.º, X, da CF), e da não discriminação (arts. 3.º, IV, e 5.º, XLI, da CF). *Fundamento* – CLT, arts. 373-A e CF, arts. 1.º, 3.º e 5.º. Vale dizer que de acordo com o art. 1º da Lei 13.271/2016 as empresas privadas, os órgãos e entidades da administração pública, direta e indireta, ficam proibidos de adotar qualquer prática de revista íntima de suas funcionárias e de clientes do sexo feminino. O não cumprimento a essa determinação sujeitará o infrator ao pagamento de multa de R$ 20.000,00 (vinte mil reais). Em caso de reincidência, independentemente da indenização por danos morais e materiais e sanções de ordem penal, sujeitará o infrator a multa em dobro do valor estipulado anteriormente. O valor pago pela multa será revertido aos órgãos de proteção dos direitos da mulher.
Gabarito "D".

(OAB – VUNESP) Tendo em vista o princípio da primazia da realidade, é correto afirmar que:

(A) simples documento firmado por pessoa alfabetizada, por ocasião da admissão no emprego, renunciando aos direitos trabalhistas, tem plena validade.

(B) para o Direito do Trabalho, a verdade real deve prevalecer sobre a forma.

(C) simples documento firmado por pessoa alfabetizada, por ocasião da admissão no emprego, renunciando aos direitos trabalhistas, tem plena validade, desde que em presença de duas testemunhas.

(D) toda prestação de serviços configura relação de emprego.

O princípio da *primazia da realidade* é um dos mais importantes norteadores do Direito do Trabalho. Segundo esse princípio, o juiz deve buscar a "verdade real" em detrimento da chamada "verdade formal", sendo que o art. 9.º da CLT considera nulo "de pleno direito os atos praticados com o objetivo de desvirtuar, impedir ou fraudar a aplicação dos preceitos contidos na presente Consolidação". Outro princípio que impera no Direito do Trabalho é o da *irrenunciabilidade* dos direitos trabalhistas, segundo o qual não é permitido ao empregado, via de regra, renunciar a eles, sendo nula qualquer manifestação de vontade nesse sentido, ressalvada a possibilidade de transação sobre determinados direitos quando houver expressa previsão legal para tanto. Para finalizar, em relação à questão acima, cabe salientar que nem toda prestação de serviços configura relação de emprego, a qual somente estará caracterizada se presentes os requisitos do art. 2.º e 3.º da CLT. *Fundamento* – CLT, arts. 2.º e 3.º.
Gabarito "B".

2. CONTRATO INDIVIDUAL DE TRABALHO E ESPÉCIES DE EMPREGADOS E TRABALHADORES

(Advogado – Pref. São Roque/SP – 2020 – VUNESP) Determinada empresa, objetivando suprir a necessidade transitória de mão de obra motivada pelo acidente de trabalho de uma de suas empregadas, poderá adotar a seguinte providência:

(A) contratação de outro empregado por prazo determinado, desde que também seja do sexo feminino.

(B) contratação de trabalhador avulso, por meio de empresa prestadora de serviços, considerando que referida possibilidade está amplamente positivada.

(C) contratação de trabalhador temporário, por meio de empresa de trabalho temporário, por tempo nunca superior a 180 (cento e oitenta) dias, prorrogáveis por 90 (noventa) dias quando comprovada a manutenção das condições que a ensejaram.

(D) contratação de trabalhador temporário, por meio de empresa de trabalho temporário, por tempo nunca superior a 3 (três) meses, prorrogáveis por igual período.

(E) contratação de aprendiz, que já esteja no final do curso, mediante contrato de experiência.

A empresa deverá contratar um empregado temporário, regulado pela Lei 6.019/74. Nos termos do art. 2º da Lei 6.019/74 com a redação dada pela Lei 13.429/2017 permite-se a contratação de trabalho temporário para atender à necessidade de substituição transitória de pessoal permanente. O art. 10, § 1º da mesma lei ensina que o contrato de trabalho temporário, com relação ao mesmo empregador, não poderá exceder ao prazo de cento e oitenta dias, consecutivos ou não. Com relação à prorrogação do contrato determina o § 2º do mesmo art. 10 que o contrato poderá ser prorrogado por até noventa dias, consecutivos ou não, quando comprovada a manutenção das condições que o ensejaram.
Gabarito "C".

(Procurador do Estado/SP – 2018 – VUNESP) É correto afirmar o seguinte a respeito do teletrabalho:

(A) o teletrabalhador deverá se informar quanto às precauções a tomar a fim de evitar doenças e acidentes de trabalho, ficando o empregador eximido de prestar instrução a respeito de tais cuidados.

(B) poderá ser realizada a alteração do regime de teletrabalho para o presencial por determinação do empregador, garantido prazo de transição mínimo de quinze dias, com correspondente registro em aditivo contratual.

(C) a responsabilidade pela aquisição, manutenção ou pelo fornecimento dos equipamentos tecnológicos e da infraestrutura necessária e adequada à prestação do trabalho remoto será sempre do empregador, estando vedado o regramento dessa matéria por meio de contrato.

(D) a prestação de serviços na modalidade de teletrabalho poderá decorrer de ajuste tácito ou meramente verbal entre o empregador e o empregado.

(E) considera-se teletrabalho a prestação de serviços exclusivamente fora das dependências do empregador, com a utilização de tecnologias de informação e de comunicação que, por sua natureza, constituam-se como trabalho externo.

A: opção incorreta, pois nos termos do art. 75-E da CLT o empregador deverá instruir os empregados, de maneira expressa e ostensiva, quanto às precauções a tomar a fim de evitar doenças e acidentes de trabalho. **B:** opção correta, pois nos termos do art. 75-C, § 2º, da CLT, poderá ser realizada a alteração do regime de teletrabalho para o presencial por determinação do empregador, garantido prazo de transição mínimo de quinze dias, com correspondente registro em aditivo contratual. **C:** opção incorreta, pois nos termos do art. 75-D da CLT, as disposições relativas à responsabilidade pela aquisição, manutenção ou fornecimento dos equipamentos tecnológicos e da infraestrutura necessária e adequada à prestação do trabalho remoto, bem como ao reembolso de despesas arcadas pelo empregado, serão previstas em contrato escrito. **D:** opção incorreta, pois nos termos do art. 75-C da CLT, a prestação de serviços na modalidade de teletrabalho deverá constar expressamente do contrato individual de trabalho, que especificará as atividades que serão realizadas pelo empregado. **E:** opção incorreta, pois nos termos do art. 75-B da CLT, considera-se teletrabalho a prestação de serviços preponderantemente fora das dependências do empregador, com a utilização de tecnologias de informação e de comunicação que, por sua natureza, não se constituam como trabalho externo.
Gabarito "B".

(Procurador do Estado/SP – 2018 – VUNESP) Em relação à nova disciplina legal da prestação de serviços a terceiros, é correto afirmar:

(A) considera-se prestação de serviços a terceiros a transferência feita pela contratante da execução de suas atividades a pessoa jurídica de direito privado, prestadora de serviços, que possua capacidade econômica compatível com a sua execução, sendo vedada, contudo, a transferência da execução da atividade principal da empresa contratante.
(B) a Lei n. 6.019, de 3 de janeiro de 1974, é omissa no estabelecimento de período de proibição ("quarentena") aplicável ao empregado demitido pela empresa contratante; por conseguinte, é permitido que esse trabalhador, imediatamente, volte a prestar serviços à mesma empresa, na qualidade de empregado de empresa prestadora de serviços.
(C) a empresa contratante é solidariamente responsável pelas obrigações trabalhistas referentes ao período em que ocorrer a prestação de serviços.
(D) aos empregados da empresa prestadora de serviços, são asseguradas as mesmas condições relativas à alimentação oferecida em refeitórios aos empregados da empresa contratante, quando e enquanto os serviços forem executados nas dependências da tomadora.
(E) a empresa prestadora de serviços contrata e remunera o trabalho realizado por seus trabalhadores; a direção do trabalho de tais empregados, entretanto, é realizada pela empresa contratante dos serviços.

A: opção incorreta, pois nos termos do art. 4º-A da Lei 6.019/1974, "considera-se prestação de serviços a terceiros a transferência feita pela contratante da execução de quaisquer de suas atividades, inclusive sua atividade principal, à pessoa jurídica de direito privado prestadora de serviços que possua capacidade econômica compatível com a sua execução". **B:** opção incorreta, pois nos termos do art. 5º D da Lei 6.019/1974, "o empregado que for demitido não poderá prestar serviços para esta mesma empresa na qualidade de empregado de empresa prestadora de serviços antes do decurso de prazo de dezoito meses, contados a partir da demissão do empregado". **C:** opção incorreta, pois nos termos do art. 5º-A, § 5º, da Lei 6.019/1974, "a empresa contratante é subsidiariamente responsável pelas obrigações trabalhistas referentes ao período em que ocorrer a prestação de serviços". **D:** opção correta, pois reflete a disposição contida no art. 4º-C, I, *a*, da Lei 6.019/1974. **E:** opção incorreta, pois nos termos do art. 4º-A, § 1º, da Lei 6.019/1974, a empresa prestadora de serviços contrata, remunera e dirige o trabalho realizado por seus trabalhadores, ou subcontrata outras empresas para realização desses serviços". Gabarito "D".

(Procurador do Município/Sorocaba-SP – VUNESP – 2012) Das definições a seguir, a que se amolda ao conceito de relação de emprego que foi adotado pela legislação brasileira é:

(A) relação jurídica de natureza contratual, tendo como sujeitos o empregado e o empregador e como objeto o trabalho subordinado, continuado e assalariado.
(B) contrato pelo qual há uma relação fática objetiva, com serviços subordinados prestados por empregado a empregador, independentemente da vontade e de remuneração.
(C) contrato segundo o qual uma pessoa física presta serviços de modo impessoal, não eventual, mediante pagamento ou onerosidade e subordinação.
(D) um vínculo que resulta da conversão da escravidão em uma espécie de contrato, mantendo-se a subordinação e a submissão do trabalhador aos desígnios do empregador, mas agora mediante pagamento de salário e de suposta liberdade de ir e vir.
(E) uma espécie contratual cujas raízes históricas remontam ao Direito Romano (*locatio operarum* e *locatio operis*), com natureza jurídica de locação (o trabalhador aluga a sua força de trabalho ao empregador).

A: opção correta, pois representa o que é relação de emprego, nos termos dos arts. 2º e 3º, da CLT; **B:** opção incorreta, pois se trata de um negócio jurídico. Ademais, pressupõe manifestação de vontade. É um contrato do tipo oneroso, pois pelos trabalhos prestados o empregado terá como contraprestação sua remuneração; **C:** opção incorreta, pois a relação de emprego pressupõe o trabalho prestado com pessoalidade, ou seja, prestado pelo próprio trabalhador, sem que possa ser substituído; **D:** opção incorreta, pois há vício e vontade no trabalho escravo. Sobre consequências do reconhecimento do trabalho escravo veja Instrução Normativa 91/2011 da Secretaria de Inspeção do Trabalho, em especial seu art. 14 e, ainda, art. 21 da Instrução Normativa 76/2009 do Ministério do Trabalho e Emprego; **E:** opção incorreta, pois para alguns doutrinadores, como por exemplo José Affonso Dallegrave Neto, o contrato de emprego é do tipo adesão. Gabarito "A".

(OAB – VUNESP) Muito embora a prestação de serviços a título oneroso seja realizada fora do estabelecimento, ficará caracterizada a relação de emprego se o trabalho for:

(A) externo, mas não eventual, e ostentando as características da subordinação e da pessoalidade.
(B) externo e não exclusivo, mas o prestador comunicar-se por meio eletrônico, mensalmente, com o tomador dos serviços.
(C) externo e não exclusivo, mas o prestador comunicar-se por meio eletrônico, a cada 15 (quinze) dias, com o tomador dos serviços.
(D) executado no domicílio do trabalhador, embora de forma eventual, mas podendo ser substituído por outras pessoas da família.

A relação de emprego é aquela que se forma entre o empregado e o empregador. Encontramos a definição desses dois agentes do contrato de trabalho nos arts. 2.º e 3.º da CLT, sendo o empregado caracterizado pela pessoalidade, habitualidade (ou não eventualidade), onerosidade e subordinação na prestação dos serviços. Como se pode observar da leitura dos referidos artigos, não constitui requisito da relação de emprego a exclusividade na prestação de serviços, não obstante a mesma possa ser contratada entre as partes. Também não é requisito que a prestação de serviços se dê dentro ou fora do estabelecimento, sendo que o art. 6.º da CLT dispõe que "não se distingue entre o trabalho realizado no estabelecimento do empregador, o executado no domicílio do empregado e o realizado a distância, desde que estejam caracterizados os pressupostos da relação de emprego". É importante observar que a nova redação do mencionado dispositivo legal, introduzida pela Lei 12.551/2011, foi atenta às recentes discussões quanto ao impacto nas relações de emprego no tocante às novas ferramentas tecnológicas de trabalho. Assim, o parágrafo único do art. 6º da CLT define que "os meios telemáticos e informatizados de comando, controle e supervisão se equiparam, para fins de subordinação jurídica, aos meios pessoais e diretos de comando, controle e supervisão do trabalho alheio.". Um dos reflexos da nova redação do art. 6º é a mudança da tendência jurisprudencial no sentido de se reconhecer ou sobreaviso se configurada uma das hipóteses fáticas previstas no inciso II da Súmula 428 do TST. Fundamento, arts. 2.º, 3.º e 6.º da CLT e Súmula 428 do TST. Gabarito "A".

(OAB – VUNESP) A prestação de serviço durante a mesma jornada de trabalho, a diferentes empresas do mesmo grupo econômico:

(A) caracteriza a coexistência de mais de um contrato de trabalho, salvo ajuste em contrário.
(B) não caracteriza a coexistência de mais de um contrato de trabalho, salvo ajuste em contrário.
(C) não é possível, por conta da necessidade de exclusividade para configuração de contrato de trabalho.
(D) depende de prévia autorização da autoridade competente.

O TST, por meio da Súmula 129, entende que a prestação de serviços a mais de uma empresa do mesmo grupo econômico, durante a mesma jornada de trabalho, não caracteriza a coexistência de mais de um contrato de trabalho, salvo ajuste em contrário. Entretanto, a responsabilidade de todas as empresas será solidária. *Fundamento* – art. 2.º, § 2.º, da CLT; Súmulas 129 e 331 do TST.
Gabarito "B".

(OAB – VUNESP) Ante os princípios que regem o Poder Diretivo do empregador, pode o Regulamento da Empresa dispor sobre:

(A) exigência do uso de uniformes não convencionais, em caráter punitivo, para empregados que tiverem faltas não justificadas.
(B) exigência de presença semanal do empregado a culto religioso.
(C) horário do início da jornada, quer para o setor administrativo, quer para o setor da produção.
(D) origem social, raça e sexo do candidato a emprego.

O Regulamento da Empresa, como o próprio nome indica, é um conjunto de normas elaborado de forma unilateral pela empresa, no qual esta pode estabelecer regras gerais que regularão a relação com seus empregados. Entre essas regras, podemos citar o horário de trabalho a ser cumprido, normas de disciplina etc. Essas regras, porém, não poderão contrariar dispositivo de lei nem tão pouco os princípios gerais de direito e os princípios próprios do Direito do Trabalho. Assim, não é permitido, por exemplo, discriminar trabalhador em razão de origem, raça, sexo, cor, idade, crença (CF, arts. 3.º, IV e 7.º, XXX e XXXI), ou submetê-lo a constrangimento, humilhação, ferindo a sua dignidade (CF, art. 1.º, III).
Gabarito "C".

(OAB – VUNESP) Assinale a alternativa correta quanto aos contratos de subempreitada.

(A) O subempreiteiro responde diretamente pelos débitos trabalhistas de seus empregados, podendo o empreiteiro principal e o dono da obra responder de forma subsidiária.
(B) O subempreiteiro e o empreiteiro principal respondem pelos débitos trabalhistas de forma solidária, e o dono da obra, de forma subsidiária.
(C) O subempreiteiro, o empreiteiro principal e o dono da obra respondem solidariamente, na forma do art. 455 da CLT, pelos débitos trabalhistas do primeiro.
(D) Somente o subempreiteiro e o empreiteiro principal respondem pelos débitos trabalhistas do primeiro, enquanto que o dono da obra não tem nenhuma responsabilidade sobre ditos débitos, salvo se empresa construtora ou incorporadora.

Nos contratos de subempreitada responderá o subempreiteiro pelas obrigações derivadas do contrato de trabalho que celebrar. Todavia, cabe aos empregados o direito de reclamação contra o empreiteiro principal pelo inadimplemento das obrigações por parte do primeiro. É importante frisar que, neste caso, ao empreiteiro principal fica ressalvada, nos termos da lei civil, ação regressiva contra o subempreiteiro e a retenção de importâncias a este devidas, para a garantia das obrigações por ele arcadas. Já em relação ao dono da obra, a jurisprudência é no sentido de que o mesmo não possui responsabilidade em relação às verbas trabalhistas contraídas pelo empreiteiro, salvo se for empresa construtora ou incorporadora. *Fundamento* – art. 455 da CLT; OJSBDI-1 191.
Gabarito "D".

(OAB – VUNESP) Quanto ao trabalho temporário, assinale a variante exata.

(A) É o prestado por pessoa física a empresa, para atender necessidade transitória de substituição de pessoal regular e permanente ou a acréscimo extraordinário de serviços.
(B) É o prestado por pessoa física somente a empresas de vigilância e limpeza, por período não superior a 90 dias.
(C) É o prestado por pessoa física a empresa por período não superior a 2 anos.
(D) É o prestado por pessoa física a uma ou mais empresas, com personalidade jurídica própria, sujeitas contudo a direção, controle ou administração de outra, constituindo grupo industrial, comercial ou de qualquer outra atividade econômica.

Sendo hipótese de terceirização lícita e de contrato a prazo, o trabalho temporário é regido pela Lei 6.019/1974 com as alterações trazidas pela Lei 13.429/2017 pode ser conceituado, nos termos do art. 2º, como aquele prestado por pessoa física contratada por uma empresa de trabalho temporário que a coloca à disposição de uma empresa tomadora de serviços, para atender à necessidade de substituição transitória de pessoal permanente ou à demanda complementar de serviços. Nos termos do art. 10, §§ 1º e 2º, da Lei 6.019/74 o contrato de trabalho temporário, com relação ao mesmo empregador, não poderá exceder ao prazo de 180 dias, consecutivos ou não, podendo ser prorrogado por até 90 dias, consecutivos ou não, quando comprovada a manutenção das condições que o ensejaram. Difere do contrato a prazo previsto no art. 443, § 2.º, da CLT, em que o próprio empregador contrata o trabalhador, podendo valer-se da predeterminação do termo do contrato nas hipóteses ali previstas. *Fundamento* – art. 443, § 2.º, da CLT; Lei 6.019/1974.
Gabarito "A".

(OAB – VUNESP) O contrato de aprendizagem deve ser celebrado com indivíduo:

(A) maior de 14 anos e menor de 24 anos, exceto com relação aos portadores de deficiência, caso em que a idade máxima não se aplica.
(B) maior de 12 anos e menor de 16 anos.
(C) maior de 12 anos e menor de 18 anos.
(D) maior de 15 anos de idade, sem limite máximo de idade, desde que comprovado que o trabalhador esteja recebendo treinamento em ofício ou profissão.

Nos termos do art. 428 da CLT, o contrato de aprendiz deve ser por **escrito**, pelo **prazo máximo de dois anos**, celebrado com indivíduo **maior de 14 e menor de 24 anos** (antes era até 18 anos), inscrito em programa de aprendizagem, formação técnico-profissional metódica, compatível com o seu desenvolvimento físico, moral e psicológico. Em contrapartida, o aprendiz deverá executar, com zelo e diligência, as tarefas necessárias a essa formação. A duração do trabalho do aprendiz não excederá a seis horas diárias, sendo vedadas a prorrogação e a compensação de jornada. Tais contratos se extinguem no seu termo ou quando o aprendiz completar 24 anos e, antecipadamente, quando seu desempenho for insuficiente no trabalho, por falta disciplinar grave, ausência injustificada à escola que implique perda do ano letivo ou a seu pedido. Em qualquer hipótese, o aprendiz não fará jus à indenização em decorrência da extinção do contrato. *Fundamento* – arts. 428 a 433 da CLT.

Gabarito "A".

(OAB – VUNESP) A existência de relação de emprego supõe que:

(A) se observe a solenidade prevista em lei para admissão do empregado.
(B) haja impessoalidade na prestação de serviço.
(C) haja pessoalidade na prestação de serviço.
(D) os serviços sejam prestados com exclusividade.

O contrato de trabalho da relação de emprego pode ser tácito ou expresso, verbal ou escrito, prevalecendo o princípio da primazia da realidade na análise do caso concreto. A relação de emprego é aquela existente entre o empregador e o empregado, assim definidos, respectivamente, nos arts. 2.º e 3.º da CLT. Em relação ao empregado diz-se que o contrato é *intuitu personae*, ou seja, é vedado ao mesmo fazer-se substituir, devendo prestar o serviço pessoalmente. *Fundamento* – arts. 2.º, 3.º e 442 da CLT.

Gabarito "C".

(OAB – VUNESP) O contrato de trabalho por prazo determinado, em nenhuma hipótese, poderá ser estipulado por prazo superior a:

(A) 120 dias.
(B) 180 dias.
(C) 2 anos.
(D) 3 anos.

A regra do contrato de trabalho é ser por prazo indeterminado (*Princípio da continuidade*), sendo o contrato a prazo uma exceção. E por ser exceção, somente será possível celebrar um contrato com prazo nos casos expressamente previstos em lei. Na CLT encontramos algumas hipóteses de contrato a prazo no art. 443, § 2.º, sendo limitado a dois anos, ressalvado o contrato de experiência, que não poderá exceder de 90 dias. Tais contratos poderão ser prorrogados apenas uma vez, respeitando-se os respectivos limites, sob pena de serem considerados de prazo indeterminado. A doutrina diverge sobre o limite máximo do contrato a prazo. *Valentin Carrion* sustenta que, com a prorrogação, o contrato poderia alcançar quatro anos. *Arnaldo Sussekind* e *Amauri Mascaro Nascimento* entendem que, mesmo com a prorrogação, deve-se respeitar o limite máximo de dois anos. Esta última é a posição majoritária da doutrina e da jurisprudência trabalhista que, porém, contraria a Súmula 195 do STF, cujo entendimento é de que o limite máximo seria de quatro anos. No entanto, referida súmula parece ter sido influenciada pelo disposto no então art. 1.220 do Código Civil de 1916 (atual art. 598), que previa o limite de até quatro anos para o contrato de locação de serviços, atualmente prestação de serviços, não se referindo, portanto, a uma relação de emprego. *Fundamento* – arts. 443 a 451 da CLT; Súmula 195 do STF.

Gabarito "C".

3. CONTRATO DE TRABALHO COM PRAZO DETERMINADO

(Procurador – IPSMI/SP – VUNESP – 2016) Nos contratos de trabalho por prazo determinado,

(A) aplica-se o aviso-prévio em favor do empregado, na hipótese de despedida antes do termo final, se houver cláusula assecuratória do direito recíproco de rescisão antecipada.

(B) o aviso-prévio não poderá ser aplicado, pois não é compatível com referida modalidade contratual, não se admitindo cláusula em contrário.
(C) não se admite o gozo de férias, as quais serão indenizadas por ocasião do termo final.
(D) o seguro-desemprego será devido ao empregado, desde que o período contratual não seja inferior a seis meses.
(E) a prorrogação pode ocorrer em, no máximo, duas oportunidades, desde que não ultrapasse o período de dois anos.

A: opção correta, pois nos termos do art. 481 da CLT qualquer que seja o tipo de contrato com prazo determinado previsto na CLT havendo a cláusula assecuratório ao direito recíproco de rescisão serão aplicados os princípios que regem a rescisão dos contratos por prazo indeterminado, inclusive com a percepção de aviso-prévio. Veja Súmula 163 do TST. **B:** opção incorreta. Veja comentário anterior. **C:** opção incorreta, pois aos empregados submetidos ao contrato com prazo determinado, são assegurados os mesmos direitos que o empregado com contrato por prazo indeterminado. **D:** opção incorreta, pois não é devido Seguro Desemprego, tendo em vista que as partes já estão cientes da data do término do contrato de trabalho. **E:** opção incorreta, pois a prorrogação pode ocorrer apenas uma única vez e não poderá exceder 2 anos, sob pena de ser considerado contrato com prazo indeterminado, art. 451 da CLT.

Gabarito "A".

4. TRABALHO DA MULHER, DO MENOR E DOMÉSTICO

(Procurador do Município/Cubatão-SP – VUNESP – 2012) No que tange à proteção do trabalho da mulher e do menor, é correto afirmar que

(A) a legislação trabalhista não prevê possibilidade de restrição ao gozo dos períodos de repouso do menor nos locais de trabalho.
(B) o responsável legal pelo menor é obrigado a notificar o Ministério do Trabalho e Emprego para que este pleiteie a extinção do contrato de trabalho, desde que o serviço possa acarretar para ele prejuízos de ordem moral.
(C) os estabelecimentos em que trabalharem pelo menos 30 (trinta) mulheres com mais de 18 (dezoito) anos de idade terão local apropriado, onde seja permitido às empregadas guardarem sob vigilância e assistência os seus filhos no período da amamentação, sendo vedada a adoção de convênios para atender à finalidade do dispositivo legal.
(D) ao empregador é vedado empregar a mulher em serviço que demande o emprego de força muscular superior a 20 (vinte) quilos para o trabalho contínuo, ou 25 (vinte e cinco) quilos para o trabalho ocasional.
(E) nos termos da negociação coletiva, a empresa pode ser obrigada a instalar bebedouros, lavatórios, aparelhos sanitários; dispor de cadeiras ou bancos, em número suficiente, que permitam às mulheres trabalharem sem grande esgotamento físico.

A: opção incorreta, pois nos termos do art. 409 da CLT para maior segurança do trabalho e garantia da saúde dos menores, a autoridade fiscalizadora poderá proibir-lhes o gozo dos períodos de repouso nos locais de trabalho; **B:** opção incorreta, pois nos termos do art. 408 da CLT ao responsável legal do menor é facultado pleitear a extinção do contrato de trabalho, desde que o serviço possa acarretar para ele prejuízos de ordem física ou moral, independente de notificação ao Ministério do Trabalho e Emprego; **C:** opção incorreta, pois a lei trata dos estabelecimentos que trabalharem pelo menos 30 mulheres com mais de *16* anos, art. 389, § 1º, da CLT e, ainda, são permitidos convênios com entidades públicas e privadas, nos termos do art. 389, § 2º, da CLT; **D:** opção correta, pois reflete a disposição contida no art. 390 da CLT; **E:** opção incorreta, pois nos termos do art. 389, II, da CLT constitui uma obrigação de toda empresa.

Gabarito "D".

(OAB – VUNESP) É empregado doméstico:

(A) copeira de escritório de arquitetura.
(B) cozinheiro de pensão de terceira classe.
(C) vigia contratado por diretor de empresa multinacional para tomar conta de sua residência.
(D) caseiro de sítio que se dedica à criação de galinhas, destinadas à venda em mercado.

Empregado doméstico é aquele que presta serviços de forma contínua, subordinada, onerosa e pessoal e de finalidade não lucrativa à pessoa ou à família, no âmbito residencial destas, por mais de 2 (dois) dias por semana. Art. 1º da LC 150/2015.

Gabarito "C".

(OAB – VUNESP) Com respeito ao trabalho do menor, é correta a seguinte afirmação:

(A) a homologação da rescisão contratual com o pagamento das verbas rescisórias devidas exige a presença dos responsáveis e acompanhamento de um membro do Ministério Público do Trabalho, sob pena de nulidade.
(B) não pode firmar quaisquer recibos de pagamentos, sequer dos próprios salários, sem a assistência dos responsáveis legais.
(C) é lícito ao menor firmar individualmente recibo de pagamento de seu salário.
(D) a homologação da rescisão contratual, com o pagamento das verbas rescisórias devidas, exige a presença dos responsáveis e, ainda assim, somente terá validade se efetuada perante a Justiça do Trabalho.

Nos termos do art. 439 da CLT "é lícito ao menor firmar recibo pelo pagamento dos salários". Tratando-se, porém, de rescisão do contrato de trabalho, é vedado ao menor de 18 anos dar, sem assistência dos seus responsáveis legais, quitação ao empregador pelo recebimento da indenização que lhe for devida. Verifica-se, desta forma, que o menor pode assinar sozinho os recibos dos pagamentos que receber, porém, em caso de rescisão de seu contrato, a quitação dos valores percebidos a título de verbas rescisórias somente terá validade se firmada com a assistência de seu responsável legal. Cabe salientar ainda que menor, para fins trabalhistas, é aquele entre 14 e 18 anos, sendo que a CF veda o trabalho de menor de 16 anos, salvo na condição de aprendiz (CF, art. 7.º, XXXIII).

Gabarito "C".

(OAB – VUNESP) Assinale a opção correta quanto à dispensa arbitrária ou sem justa causa de empregada doméstica gestante.

(A) É vedada a dispensa arbitrária ou sem justa causa da empregada doméstica gestante desde a confirmação da gravidez até 5 meses após o parto.
(B) É vedada a dispensa arbitrária ou sem justa causa da empregada doméstica gestante desde a confirmação da gravidez até 90 dias após o parto.
(C) É vedada a dispensa arbitrária ou sem justa causa da empregada doméstica gestante desde a confirmação da gravidez até 120 dias após o parto.

(D) Inexiste, no ordenamento jurídico brasileiro, qualquer vedação para a dispensa arbitrária ou sem justa causa da empregada doméstica gestante.

A vedação constitucional da dispensa injustificada da empregada gestante, desde a confirmação da gravidez até cinco meses após o parto é um direito que decorre do inciso I do art. 7.º da Constituição Federal e do art. 10, II, *b*, do ADCT, direito que foi garantido à empregada doméstica, como se pode observar da leitura do parágrafo único do art. 7.º da Constituição (com redação dada pela Emenda Constitucional 72/2013). Ademais, a LC 150/2015 estabelece em seu art. 25, parágrafo único que a confirmação do estado de gravidez durante o curso do contrato de trabalho, ainda que durante o prazo do aviso-prévio trabalhado ou indenizado, garante à empregada gestante a estabilidade provisória prevista na alínea "b" do inciso II do art. 10 do Ato das Disposições Constitucionais Transitórias.

Gabarito "A".

5. ALTERAÇÃO, INTERRUPÇÃO E SUSPENSÃO DO CONTRATO DE TRABALHO

(Advogado – Pref. São Roque/SP – 2020 – VUNESP) A aposentadoria por invalidez acarreta a

(A) extinção do contrato de trabalho e possibilita a liberação dos depósitos do fundo de garantia do tempo de serviço.
(B) suspensão do contrato de trabalho e não possibilita a liberação dos depósitos do fundo de garantia do tempo de serviço.
(C) suspensão do contrato de trabalho e possibilita a liberação dos depósitos do fundo de garantia do tempo de serviço.
(D) interrupção do contrato de trabalho nos primeiros 15 (quinze) dias e possibilita a liberação dos depósitos do fundo de garantia do tempo de serviço.
(E) interrupção do contrato de trabalho e não possibilita a liberação dos depósitos do fundo de garantia do tempo de serviço.

Nos termos do art. 475 da CLT o empregado que for aposentado por invalidez terá suspenso o seu contrato de trabalho durante o prazo fixado pelas leis de previdência social para a efetivação do benefício. Outrossim, nos termos do art. 20, III, da Lei 8.036/90 a conta vinculada do trabalhador no FGTS poderá ser movimentada em caso de aposentadoria concedida pela Previdência Social. **HC**

Gabarito "C".

(Procurador – IPSMI/SP – VUNESP – 2016) Nos termos da Consolidação das Leis do Trabalho, a mudança na propriedade ou estrutura jurídica da empresa

(A) poderá afetar os direitos adquiridos pelos empregados, se houver previsão em lei municipal.
(B) poderá acarretar a extinção automática dos contratos de trabalho mantidos com o sucedido.
(C) não afetará os contratos de trabalho dos respectivos empregados.
(D) importará a celebração de novos contratos de trabalho com os empregados do sucedido.
(E) assegurará o direito de rescisão indireta dos contratos de trabalho aos empregados do sucedido.

A: opção incorreta, pois nos termos do art. 10 da CLT qualquer alteração na estrutura jurídica da empresa não afetará os direitos adquiridos por seus empregados. **B:** opção incorreta, pois nos termos do art. 448 da CLT a mudança não afetará os contratos de trabalho. **C:** opção correta,

pois reflete a disposição do art. 448 da CLT. **D:** opção incorreta, art. 448 CLT. **E:** opção incorreta, Veja comentários anteriores.
Gabarito "C".

(Procurador Municipal/SP – VUNESP – 2016) Determinado empregado começa a trabalhar no dia 01.02.2010, com remuneração no valor de R$ 1.000,00 (um mil reais). Em 01.05.2012, é dispensado imotivadamente sem ter gozado nenhum período de férias. Durante o contrato de trabalho, seu salário sofreu os seguintes reajustes: em 01.07.2010, passou para R$ 1.100,00; em 01.02.2011, passou para R$ 1.200,00; em 01.07.2011, passou para R$ 1.500,00 e, em 01.02.2012, passou para R$ 1.700,00. Diante disso, e dos termos da Súmula 7 do TST, é correto afirmar que a indenização do primeiro período de férias vencidas e não gozadas deve ser calculada com base em

(A) R$ 1.000,00.
(B) R$ 1.100,00.
(C) R$ 1.200,00.
(D) R$ 1.500,00.
(E) R$ 1.700,00.

"E" é a opção correta. Isso porque os termos da súmula 7 do TST a indenização pelo não deferimento das férias no tempo oportuno será calculada com base na remuneração devida ao empregado na época da reclamação ou, se for o caso, na da extinção do contrato.
Gabarito "E".

(Procurador do Município/Sorocaba-SP – VUNESP – 2012) No curso do contrato de trabalho, há períodos de paralisação das atividades e aqueles que são destinados aos repousos e descanso. Quanto a esse tema, assinale a alternativa correta.

(A) Há várias espécies de repouso e descanso, divididos em dois gêneros: suspensão e interrupção do contrato de trabalho. A suspensão dá-se quando devidos os salários e a interrupção, quando não há pagamento.
(B) São exemplos de interrupção do contrato de trabalho: as férias, o repouso semanal remunerado e os primeiros 15 dias de afastamento por doença; e de suspensão do contrato de trabalho, o intervalo intrajornada para refeição e descanso, o intervalo interjornadas e o período de greve.
(C) Durante o período do serviço militar do empregado, apesar de indevidos os salários, porque o empregador é obrigado a pagar o Fundo de Garantia do Tempo de Serviço, está-se diante de hipótese de descanso compulsório.
(D) As faltas podem ser justificadas ou não. No entanto, sempre que houver ausência, o empregador está autorizado a proceder aos descontos dos salários relativos aos dias em que não houve a prestação de serviços.
(E) As férias serão proporcionais ao número de faltas que o empregado teve durante o ano. No entanto, em hipótese nenhuma poderá haver a perda do direito às férias ou a supressão do direito às férias do empregado.

A: opção incorreta, pois as causas de interrupção e suspensão não são espécies de repouso e descanso; **B:** opção correta, pois são hipóteses de interrupção do contrato de trabalho, pois na interrupção ocorre a não produção dos efeitos de forma unilateral, ou seja, o empregado suspende a prestação de serviços, mas continua recebendo a remuneração pelo empregador; **C:** opção incorreta, pois não se trata de uma hipótese de descanso, mas sim uma forma de suspensão do contrato de trabalho; **D:** opção incorreta, pois o art. 473 elenca hipóteses que o empregado se ausenta sem perder o direito ao recebimento do salário relativo aos dias; **E:** opção incorreta, pois o art. 133 da CLT elenca hipóteses em que há a perda do direito às férias.
Gabarito "B".

(OAB – VUNESP) Como regra geral, o contrato de trabalho pode ser alterado:

(A) bilateralmente, salvo se houver prejuízo para o empregado.
(B) bilateralmente, salvo se houver prejuízo para qualquer das partes.
(C) unilateralmente, salvo se houver prejuízo para o empregado.
(D) unilateralmente, salvo se houver prejuízo para qualquer das partes.

Um dos princípios que regem do Direito do Trabalho é o da inalterabilidade contratual. Somente poderá ocorrer alteração contratual por mútuo consentimento das partes e, ainda assim, desde que não resulte, direta ou indiretamente, em prejuízos ao empregado, sob pena de nulidade da cláusula infringente desta garantia. Há, porém, hipóteses legais de alteração unilateral que estão dentro do *ius variandi* do empregador. É o caso, por exemplo, previsto no § 1º, do art. 468 da CLT, que não considera alteração unilateral a determinação do empregador para que o respectivo empregado reverta ao cargo efetivo, anteriormente ocupado, deixando o exercício de função de confiança. *Vale dizer, ainda, que tal alteração* com ou sem justo motivo, não assegura ao empregado o direito à manutenção do pagamento da gratificação correspondente, que não será incorporada, independentemente do tempo de exercício da respectiva função. *Fundamento* – art. 468 da CLT.
Gabarito "A".

(OAB – VUNESP) O empregador, para a expansão da empresa, montou uma filial, em outro Município em Estado vizinho, determinando que trinta de seus empregados fossem transferidos para a nova filial, sem a anuência destes. Qual o procedimento a ser adotado por tais empregados?

(A) Aceitar a transferência, eis que definitiva a alteração do local de trabalho.
(B) Não aceitar a transferência e permanecer no antigo local, tendo em vista a inexistência do mútuo consentimento.
(C) Exigir do empregador, para a transferência, o pagamento das despesas dela resultantes, tais como: mudança, locação de imóvel, escola para os filhos nas mesmas condições e emprego para a sua mulher.
(D) Postular em Juízo a nulidade da transferência, inclusive com pedido de liminar para a impedir.

A inalterabilidade contratual é um dos mais importantes princípios do direito do trabalho. Dispõe o art. 468 da CLT que toda e qualquer alteração contratual somente será lícita se por mútuo consentimento e, ainda assim, desde que não resulte em prejuízos ao empregado, sob pena de nulidade da cláusula infringente. A transferência do empregado é exceção à regra e é permitida nos casos em que haja real necessidade, nos termos do art. 469 da CLT, porém sempre necessita do consentimento do empregado (salvo nos casos em que a transferência é inerente à própria função e, mesmo assim, desde que haja real necessidade). *Fundamento* – arts. 468 e 659, IX, da CLT.
Gabarito "D".

(OAB – VUNESP) O *factum principis* ocorre quando há:

(A) extinção da empresa.
(B) extinção da empresa por motivo de falência.
(C) extinção por motivo de força maior.

(D) intervenção do Estado, que ocasiona a paralisação temporária ou definitiva do trabalho.

Segundo Hely Lopes Meirelles, *factum principis* é "toda determinação estatal, positiva ou negativa, geral, imprevista e imprevisível, que onera substancialmente o contrato". Nos termos do art. 486 da CLT, ocorrendo a paralisação temporária ou definitiva do trabalho por causa de ato de autoridade municipal, estadual ou federal, ou pela promulgação de lei ou resolução que impossibilite a continuação da atividade, o pagamento da indenização devida aos trabalhadores ficará a cargo do governo responsável. *Fundamento* – art. 486 da CLT.
Gabarito "D".

(OAB – VUNESP) O adicional de transferência, segundo o entendimento dominante na jurisprudência trabalhista, é devido:

(A) na transferência provisória, salvo no exercício de cargo de confiança ou na existência de previsão contratual.
(B) na transferência definitiva, salvo no exercício de cargo de confiança ou na existência de previsão contratual.
(C) na transferência provisória, mas não na definitiva, mesmo em caso de exercício de cargo de confiança ou havendo previsão contratual.
(D) na transferência provisória ou definitiva, mesmo em caso de exercício de cargo de confiança ou havendo previsão contratual.

O adicional de transferência, no importe de 25% sobre o salário do empregado, será sempre devido quando a transferência for provisória e implicar alteração de domicílio do trabalhador, sendo indevido quando a transferência for definitiva. É devido também ao empregado ocupante de cargo de confiança, mesmo que possua previsão contratual. É o entendimento dominante na jurisprudência. *Fundamento* – CLT, art. 469, § 3.º, da CLT; OJSBDI-1 113.
Gabarito "C".

(OAB – VUNESP) Sobre as férias coletivas, é correto dizer que abrangem:

(A) pelo menos, dez empregados.
(B) pelo menos, cem empregados.
(C) uma empresa, determinados estabelecimentos da empresa ou, pelo menos, setores da empresa.
(D) a totalidade dos empregados de um estabelecimento da empresa.

Segundo dispõe o art. 139 da CLT "poderão ser concedidas férias coletivas a todos os empregados de uma empresa ou de determinados estabelecimentos ou setores da mesma empresa". Vale observar que o empregador deverá comunicar ao órgão local do Ministério do Trabalho, com a antecedência mínima de 15 (quinze) dias, as datas de início e fim das férias, precisando quais os estabelecimentos ou setores abrangidos pela medida e enviando cópia desta comunicação ao Sindicato dos trabalhadores. *Fundamento* – CLT, art. 139.
Gabarito "C".

(OAB – VUNESP) Para os trabalhadores maiores de 18 anos, considerando-se contrato de trabalho que perdurar por mais de 3 anos, a prescrição do direito de reclamar a concessão das férias ou o pagamento da respectiva remuneração é:

(A) contada do término do prazo do período concessivo, ou, se for o caso, da cessação do contrato de trabalho.
(B) contada do término do prazo do período aquisitivo.
(C) contada a partir da data em que o trabalhador completar 19 anos.

(D) inexistente, visto que tal direito é imprescritível.

Nos termos do art. 189 do Código Civil "violado o direito, nasce para o titular a pretensão, a qual se extingue, pela prescrição...". Para os créditos trabalhistas, o prazo prescricional é de cinco anos enquanto o empregado estiver laborando para o empregador devedor e de dois anos após a extinção do contrato de trabalho (CF, art. 7.º, XXIX e art. 11 da CLT). Para os menores de 18 anos não corre nenhum prazo prescricional (CLT, art. 440). O direito ao gozo das férias somente nasce após o período aquisitivo que é de 12 meses de trabalho, após o que se inicia o período concessivo, com igual duração de 12 meses, no qual o empregador deverá conceder as férias. Somente após expirado o período concessivo sem que as férias sejam concedidas (portanto o direito foi violado) é que nasce para o empregado a pretensão de cobrar o referido direito, tendo início o prazo prescricional para o ajuizamento da ação competente. É o que dispõe o art. 149 da CLT. *Fundamento* – CLT, arts. 149 e 440. Veja também súmula 450 TST
Gabarito "A".

6. REMUNERAÇÃO E SALÁRIO

(Advogado – Pref. São Roque/SP – 2020 – VUNESP) Quanto às gorjetas e comissões, é correto afirmar que:

(A) ambas integram a remuneração do empregado e podem compor o salário-mínimo legalmente previsto.
(B) apenas as comissões podem compor o salário-mínimo legalmente previsto.
(C) ambas possuem natureza indenizatória e não se sujeitam aos descontos previdenciários.
(D) apenas as comissões e gorjetas compulsórias integram a remuneração.
(E) possuem a mesma natureza jurídica dos prêmios previstos na Consolidação das Leis do Trabalho.

Inicialmente cumpre lembrar que as expressões remuneração e salário não são sinônimos. Isso porque, salário é a contraprestação paga diretamente pelo empregador ao empregado pelos serviços prestados, seja em dinheiro, seja em utilidades, art. 458 da CLT. Já remuneração de acordo com o art. 457 da CLT, consiste na somatória da contraprestação paga diretamente pelo empregador, seja em pecúnia, seja em utilidades, com a quantia recebida pelo obreiro de terceiros a título de gorjeta. **A:** incorreta, pois as gorjetas compõem a remuneração do empregado e não seu salário. Nos termos do art. 457 da CLT compreendem-se na remuneração do empregado, para todos os efeitos legais, além do salário devido e pago diretamente pelo empregador, como contraprestação do serviço, as gorjetas que receber. Já o § 1º do mesmo art. 457 da CLT ensina que integram o salário a importância fixa estipulada, as gratificações legais e as comissões pagas pelo empregador. **B:** correta, pois coaduna com a disposição do art. 457, § 1º, CLT. **C:** incorreta, pois não possuem natureza indenizatória, sendo que ambas sofrerão descontos previdenciários. **D:** incorreta, pois quer seja a cobrada pela empresa quer a dada espontaneamente por clientes, a gorjeta integrará a remuneração do empregado. **E:** incorreta, pois nos termos do art. 457, § 4º, da CLT consideram-se prêmios as liberalidades concedidas pelo empregador em forma de bens, serviços ou valor em dinheiro a empregado ou a grupo de empregados, em razão de desempenho superior ao ordinariamente esperado no exercício de suas atividades e não integram a remuneração do empregado, art. 457, § 2º, CLT. (HC)
Gabarito "B".

(Procurador do Município/São José dos Campos-SP – VUNESP – 2012) Em se tratando de remuneração e salário, é correto afirmar que

(A) os termos são sinônimos e podem ser usados indistintamente, sem nenhuma consequência prática, já que a própria legislação consolidada não os dissocia, tomando-os como palavras de conteúdo jurídico equivalente.

(B) tanto remuneração quanto salário são correspondentes a um conjunto de parcelas contraprestativas pagas apenas pelo empregador em função do contrato de trabalho, mas o salário é de menor abrangência.

(C) várias teorias tratam distintamente da matéria. Há as que identificam os termos, há as que afirmam que remuneração é gênero do qual salário é espécie, e há aquelas que negam qualquer relação entre os termos.

(D) prevaleceu na jurisprudência a distinção entre remuneração, que abrange parcelas contraprestativas do trabalho pagas inclusive por terceiros, como gorjetas, e salário, conjunto de parcelas contraprestativas pagas pelo empregador.

(E) salário é a base da remuneração, título a partir do qual são calculados e pagos os demais títulos que, se tiverem caráter habitual, são considerados integrantes da remuneração para todos os efeitos legais.

A: opção incorreta, pois remuneração e salários são termos diferentes; **B:** opção incorreta, pois as gorjetas também são pagas por terceiros ao empregado, art. 457, § 3º, CLT. **C:** opção incorreta, pois embora remuneração seja um gênero de que são espécies salário e gorjeta, não há teorias que neguem a relação entre os termos. **D:** opção correta, pois remuneração abrange prestações pagas por terceiros, nos termos do art. 457, *caput* e § 3º, CLT e o salário contraprestação paga diretamente pelo empregador ao empregado, art. 457, *caput*, CLT. **E:** opção incorreta, pois remuneração compreende o salário acrescido das gorjetas, art. 457 da CLT.
Gabarito "D".

(OAB-VUNESP) Segundo a nova lei de recuperação judicial, o crédito derivado da legislação do trabalho é:

(A) o mais privilegiado de todos, em sua totalidade.

(B) o mais privilegiado de todos, até o limite de 150 (cento e cinquenta) salários mínimos.

(C) privilegiado em sua totalidade, sendo satisfeito imediatamente após os créditos tributários.

(D) privilegiado até o limite de 150 (cento e cinquenta) salários mínimos, sendo satisfeito imediatamente após os créditos tributários.

Conhecida como a Nova Lei de Falências, a Lei 11.101/2005, embora mantenha o crédito trabalhista como o mais privilegiado, limitou tal preferência a 150 salários mínimos. O enunciado da questão nos parece equivocado: primeiro, porque nunca houve outra lei de recuperação judicial antes da Lei 11.101/2005, portanto não se pode falar em "nova" lei de recuperação; segundo porque a referida lei não trata só da recuperação judicial, mas também da recuperação extrajudicial e da falência do empresário e da sociedade empresarial. E ainda porque o tema abordado encontra-se justamente no capítulo da falência e não da recuperação judicial. *Fundamento* – art. 83, I, da Lei 11.101/2005.
Gabarito "B".

(OAB - VUNESP) Relativamente ao chamado 13.º salário (gratificação natalina prevista em lei), assinale a alternativa incorreta.

(A) O empregador deve adiantar o pagamento de 50% de seu valor quando do gozo das férias do empregado que assim o requereu no mês de janeiro do correspondente ano.

(B) Sem qualquer solicitação do empregado, o empregador, por conveniência própria, poderá adiantar 50% de seu valor no mês de junho do correspondente ano.

(C) Por via de solicitação do empregado, e com a concordância do empregador, o 13.º salário poderá ser pago em 12 parcelas mensais, corrigidas monetariamente.

(D) Em caso de extinção do contrato de trabalho resultante de aposentadoria por tempo de serviço, requerida pelo empregado e concedida pela Previdência Social oficial e concedida antes do mês de dezembro do correspondente ano, é devido o 13.º salário proporcional.

O 13.º salário, ou gratificação natalina, é gratificação obrigatória imposta pela Constituição Federal (art. 7.º, VIII), tendo natureza salarial. Deverá ser pago em duas parcelas: a primeira, correspondente à metade do salário percebido pelo empregado no mês anterior, será paga entre os meses de fevereiro e novembro de cada ano; a segunda parcela, correspondente à outra metade, será paga até o dia 20 de dezembro de cada ano. *Fundamento* – art. 7.º, VIII, da CF; Lei 4.090/1962; Lei 4.749/1965; Dec. 57.155/1965.
Gabarito "C".

(OAB – VUNESP) A contratação de emprego mediante pagamento apenas de comissão, sem garantia de valor mensal fixo,

(A) é ilegal.

(B) só é permitida se o valor das comissões for superior ao salário mínimo mensal.

(C) é permitida, mas, caso o valor das comissões não alcance o montante do salário mínimo, fica o empregador obrigado a completar o pagamento até esse montante, vedada a compensação nos meses subsequentes.

(D) é permitida, mas, caso o valor das comissões não alcance o montante do salário mínimo, fica o empregador obrigado a completar o pagamento até esse montante, admitida a compensação apenas no mês imediatamente subsequente, não nos seguintes.

O salário mínimo é garantia constitucional, prevista no art. 7.º, IV e VII. Assim, é garantido a qualquer trabalhador perceber salário, nunca inferior ao mínimo, mesmo para aqueles que percebem remuneração variável (por comissão, empreitada, peça ou tarefa), sendo vedado ao empregador fazer qualquer tipo de desconto em mês subsequente a título de compensação de eventuais complementações feitas em meses anteriores (art. 78, parágrafo único, da CLT e Lei 8.716/1993).
Gabarito "C".

(OAB – VUNESP) Salário e remuneração são expressões:

(A) sinônimas, que designam o mesmo objeto, correspondente ao que o empregado recebe do empregador pelos serviços prestados.

(B) sinônimas, que designam o mesmo objeto, correspondente ao que o empregado recebe do empregador ou de terceiros pelos serviços prestados.

(C) que designam objetos diferentes, sendo que salário designa as vantagens recebidas pelo empregado diretamente do empregador, enquanto remuneração compreende também as vantagens provenientes de terceiros.

(D) que designam objetos diferentes, sendo a expressão salário mais abrangente do que a expressão remuneração.

Considera-se remuneração toda expressão econômica que o empregado receba em razão da relação de emprego, compreendendo tanto o salário (assim entendido como sendo toda retribuição econômica paga pelo empregador em contraprestação aos serviços prestados, ressalvadas as importâncias, ainda que habituais, pagas a título de ajuda de custo, auxílio-alimentação, vedado seu pagamento em dinheiro, diárias para viagem, prêmios e abonos que não integram a remuneração do empregado, não se incorporam ao contrato de trabalho e não constituem base de incidência de qualquer encargo trabalhista e previdenciário – CLT, art. 457, § 2.º, e 458, § 2.º), como outros valores recebidos de terceiros, como as gorjetas (art. 457 da CLT). A conceituação é importante, pois determinadas verbas trabalhistas têm como base ora a remuneração (ex.: o FGTS e as férias), ora o salário (ex.: adicional noturno, horas extras e o DSR). A Súmula 354 do TST, sintetizando a matéria, dispõe que as gorjetas, cobradas pelo empregador na nota de serviço ou oferecidas espontaneamente pelos clientes, integram a remuneração do empregado, não servindo de base de cálculo para o aviso-prévio, adicional noturno, horas extras e repouso semanal remunerado. *Fundamento* – Lei 8.036/1990, art. 15; CLT, arts. 59, 457 e 458 da CLT; Lei 605/1949; Súmulas 264 e 354 do TST.

Gabarito "C".

(OAB – VUNESP) O valor corretamente pago ao empregado como participação nos lucros:

(A) constitui base de incidência de FGTS e de contribuição ao INSS.
(B) não constitui base de incidência de FGTS nem de contribuição ao INSS.
(C) constitui base de incidência de FGTS, mas não de contribuição ao INSS.
(D) não constitui base de incidência de FGTS, mas sim de contribuição ao INSS.

O art. 3.º da Lei 10.101/2000 prescreve que a PLR é isenta de encargos trabalhistas. O art. 15 da Lei 8.036/1990, que define a base de cálculo do FGTS, não inclui a PLR. Já a Lei 8.212/1991, em seu art. 28, § 9.º, expressamente exclui a PLR da incidência previdenciária. *Fundamento* – art. 7.º, XI, da CF; art. 3.º da Lei 10.101/2000; art. 15 da Lei 8.036/1990; art. 28, § 9.º, *j*, da Lei 8.212/1991.

Gabarito "B".

7. JORNADA DE TRABALHO

(OAB – VUNESP) O empregado que passou a exercer cargo de confiança tem direito a:

(A) horas extras.
(B) descanso semanal remunerado.
(C) intransferibilidade do local da prestação dos serviços.
(D) irreversibilidade ao cargo anteriormente ocupado.

A Constituição Federal, em seu art. 7.º, XV, garante a todo trabalhador urbano ou rural o direito ao repouso semanal remunerado. Já em relação aos empregados que exerçam cargo de confiança, assim considerados os cargos de gestão, o art. 62 da CLT dispõe que não são devidas horas extras, desde que o salário do empregado seja 40% superior ao salário efetivo. Essa disposição que, aparentemente, afronta a Constituição Federal é a mais aceita tendo em vista que os ocupantes de cargos de confiança não possuem controle de horário, agindo como se fossem os próprios proprietários. Além disso, é permitida a sua transferência na forma do art. 469 da CLT, bem como a reversão ao cargo anterior por permissão expressa do art. 468, parágrafo único, da CLT. *Fundamento* – art. 7.º, XV, da CF; arts. 62, 468 e 469 da CLT; Súmula 372 do TST.

Gabarito "B".

(OAB – VUNESP) Considere as afirmativas e, ao final, marque a opção adequada.

I. A Carta Magna estabelece jornada de 6 horas para o trabalho realizado em turnos ininterruptos de revezamento, salvo negociação coletiva.
II. A ausência do intervalo intrajornada sem que a jornada diária seja ultrapassada, constitui irregularidade meramente administrativa, não gerando direito ao pagamento de indenização ou de horas extras.
III. Entre duas jornadas haverá um intervalo mínimo de 11 horas consecutivas para descanso, na forma prescrita na CLT.
IV. Nos serviços permanentes de mecanografia, a cada 90 minutos de trabalho consecutivo corresponderá um intervalo de 10 minutos não deduzidos da duração normal do trabalho.

(A) Há apenas uma assertiva correta.
(B) Há apenas três assertivas corretas.
(C) Há apenas duas assertivas corretas.
(D) Todas as assertivas estão corretas.

Em relação aos turnos ininterruptos de revezamento, assim entendidos aqueles em que o trabalhador tem alternado seu horário de trabalho a cada período determinado, (p. ex. das 6 às 14hs, das 14 às 22hs e das 22 às 6hs, alternados semanalmente), o art. 7.º, XIV, da CF garante que a jornada não ultrapassará seis horas diárias, salvo negociação coletiva. A não concessão ou a concessão parcial do intervalo intrajornada mínimo, para repouso e alimentação, a empregados urbanos e rurais, implica o pagamento, de natureza indenizatória, apenas do período suprimido, com acréscimo de 50% (cinquenta por cento) sobre o valor da remuneração da hora normal de trabalho (art. 71, § 4.º, da CLT). A lei também dispõe que entre duas jornadas de trabalho é obrigatória a observância de intervalo de descanso mínimo de 11 horas (art. 66 da CLT). E em relação aos serviços permanentes de mecanografia (datilografia e digitação, escrituração ou cálculo), a cada período de 90 minutos de trabalho consecutivo corresponderá um repouso de 10 minutos não deduzidos da duração normal de trabalho (art. 72 da CLT). Observe-se que os dois primeiros intervalos são casos de suspensão do trabalho (não são remunerados). Já o intervalo da mecanografia constitui interrupção do trabalho, portanto são remunerados pelo empregador. *Fundamento* – art. 7.º, XIV, da CF; arts. 66, 71, § 4.º, e 72 da CLT.

Gabarito "B".

(OAB – VUNESP) A duração normal do trabalho pode ser prorrogada:

(A) em caso de força maior, sem limite predeterminado.
(B) em, no máximo, mais 4 horas por dia, mediante acordo escrito entre empregado e empregador.
(C) em, no máximo, mais 4 horas por dia, mediante prévia autorização da Delegacia Regional do Trabalho.
(D) em, no máximo, mais 2 horas por dia, mediante comunicação à Delegacia Regional do Trabalho, no prazo de 60 dias.

Ocorrendo necessidade imperiosa, poderá a duração do trabalho exceder o limite legal ou convencionado, seja por motivo de força maior, seja para atender à realização ou conclusão de serviços inadiáveis ou cuja inexecução possa acarretar prejuízo manifesto. Em qualquer caso, as horas excedentes deverão ser remuneradas com um adicional de no mínimo 50%, nos termos do art. 7.º, XVI, da Constituição Federal, estando revogados todos os dispositivos da CLT que estipulem adicional menor. *Fundamento* – art. 61, § 2.º, da CLT; art. 7.º, XVI, da CF.

Gabarito "A".

(OAB – VUNESP) Sobre a regulamentação legal do trabalho noturno, é CORRETO dizer que:

(A) em se tratando de empregado urbano, são devidos adicional e hora fictamente reduzida.
(B) embora compreenda o mesmo horário para trabalhadores urbanos e rurais, confere apenas aos primeiros o direito à hora fictamente reduzida, atribuindo aos

últimos tão somente o direito a adicional remuneratório.
(C) confere os mesmos direitos a trabalhadores urbanos e rurais.
(D) não abrange o trabalho realizado em regime de revezamento que ultrapassa o período de uma semana.

O art. 7.º da Constituição Federal, em seu inciso IX, prescreve que é direito de todos os trabalhadores urbanos e rurais "remuneração do trabalho noturno superior à do diurno". Para o empregado urbano o art. 73 da CLT prescreve que sua remuneração terá um acréscimo de 20% (vinte por cento), pelo menos, sobre a hora diurna, considerando como noturno o trabalho executado entre as 22 horas de um dia e as 5 horas do dia seguinte. Além do adicional noturno, o § 1.º do mesmo artigo dispõe que "A hora do trabalho noturno será computada como de 52 minutos e 30 segundos". Essa redução da hora noturna é uma ficção jurídica que não é aplicada ao trabalhador rural em virtude do art. 7.º da Lei 5.889/1973, que assegura ao trabalhador rural o direito a adicional noturno de 25%, considerando como tal o trabalho executado entre as 21 horas de um dia e as 5 horas do dia seguinte, na lavoura, e entre as 20 horas de um dia e as 4 horas do dia seguinte, na atividade pecuária, porém, nada fala sobre a redução de hora noturna. *Fundamento* – CF, art. 7.º; CLT, art. 73; Lei 5.889/73, art. 7.º; Súmulas 213, 214, 313 do STF; Súmulas 60, 140 e 265 do TST.

Gabarito "A".

8. AVISO-PRÉVIO, EXTINÇÃO DO CONTRATO DE TRABALHO E HAVERES RESCISÓRIOS

(Procurador do Estado/SP – 2018 –VUNESP) Nos termos dos enunciados sumulares do Tribunal Superior do Trabalho, é correto afirmar a respeito do aviso prévio:

(A) o direito ao aviso prévio proporcional ao tempo de serviço somente é assegurado nas rescisões de contrato de trabalho ocorridas a partir da publicação da Lei n. 12.506, em 13 de outubro de 2011.
(B) não cabe aviso prévio nas rescisões antecipadas dos contratos de experiência.
(C) reconhecida a culpa recíproca na rescisão do contrato de trabalho (art. 484 da Consolidação das Leis do Trabalho), o empregado não tem direito a receber valores a título de aviso prévio.
(D) o pagamento relativo ao período de aviso prévio trabalhado não está sujeito à contribuição para o FGTS.
(E) no caso de concessão de auxílio-doença no curso do aviso prévio, concretizam-se os efeitos da dispensa depois de expirado o prazo do aviso prévio, independentemente da vigência do benefício previdenciário.

A: opção correta, pois reflete a disposição contida na súmula 441 do TST. **B:** opção incorreta, pois nos termos da súmula 163 do TST, "cabe aviso prévio nas rescisões antecipadas dos contratos de experiência, na forma do art. 481 da CLT" (cláusula assecuratória do direito recíproco de rescisão). **C:** opção incorreta, pois nos termos da súmula 14 do TST, "reconhecida a culpa recíproca na rescisão do contrato de trabalho (art. 484 da CLT), o empregado tem direito a 50% do valor do aviso prévio, do décimo terceiro salário e das férias proporcionais". **D:** opção incorreta, pois nos termos da súmula 305 do TST, "o pagamento relativo ao período de aviso prévio, trabalhado ou não, está sujeito a contribuição para o FGTS". **E:** opção incorreta, pois nos termos da súmula 371 do TST, "no caso de concessão de auxílio-doença no curso do aviso prévio, todavia, só se concretizam os efeitos da dispensa depois de expirado o benefício previdenciário".

Gabarito "A".

(Procurador – IPSMI/SP – VUNESP – 2016) A despedida por justa causa

(A) pressupõe prática, pelo empregado, de ato faltoso grave que torna inviável a manutenção do vínculo de emprego.
(B) depende da ocorrência de punições anteriores para o mesmo ato faltoso, tais como advertências e suspensões.
(C) depende do ajuizamento de inquérito judicial para apuração de falta grave.
(D) acarreta a perda do direito aos valores do fundo de garantia do tempo de serviço depositados pelo empregador.
(E) não se aplica ao empregado que goza de estabilidade provisória no emprego.

A: opção correta, pois as hipóteses de justa causa do empregado tipificadas no art. 482 da CLT representam hipóteses de faltas consideradas graves, capazes de encerrar o pacto laboral. **B:** opção incorreta, pois não há necessidade de aplicação de outras penalidades mais leves antes de ser aplicada a justa causa. Ocorrendo uma das hipóteses previstas em lei (art. 482 CLT) o empregador poderá demitir imediatamente o empregado que cometê-la. **C:** opção incorreta, pois o inquérito judicial para apuração de falta grave (art. 853 CLT) deve ser instaurado apenas para apurar falta grave cometida por empregado que possua garantia de emprego/ estabilidade provisória, como por exemplo: o dirigente sindical. **D:** opção incorreta, pois o empregado não perderá os valores de FGTS. Esse empregado ficará impossibilitado de movimentar sua conta de FGTS. Veja art. 20 da Lei 8.036/1990 que trata das hipóteses de movimentação da conta de FGTS. **E:** opção incorreta, pois qualquer empregado que possua garantia de emprego poderá ser demitido se cometer falta grave. Veja art. 543, § 3º, CLT, art. 8º, VIII, CF.

Gabarito "A".

(Procurador Municipal/SP – VUNESP – 2016) Assinale a alternativa correta.

(A) O aviso-prévio poderá ser trabalhado ou indenizado. O período referente ao aviso-prévio, exceto quando indenizado, integra o tempo de serviço para todos os efeitos legais.
(B) O empregado dispensado, sem justa causa, no período de 30 (trinta) dias que antecede a data de sua correção salarial, terá direito à indenização adicional equivalente a um salário mensal. O tempo do aviso-prévio, mesmo indenizado, conta-se para efeito de tal indenização adicional.
(C) A ocorrência de justa causa, salvo a de abandono de emprego, no decurso do prazo do aviso-prévio dado pelo empregador, não retira do empregado qualquer direito às verbas rescisórias de natureza indenizatória.
(D) Durante o período de aviso-prévio, o empregado que trabalhar 2 horas diárias a menos receberá o valor do salário proporcional ao tempo efetivamente trabalhado, se a rescisão tiver sido promovida pelo empregador.
(E) O pagamento das parcelas constantes do instrumento de rescisão ou recibo de quitação deverá ser efetuado até o quinto dia, contado da data da notificação da demissão, quando da ausência do aviso-prévio, indenização do mesmo ou dispensa de seu cumprimento.

A: Opção incorreta, pois ainda que indenizado, o aviso-prévio integra o tempo de serviço, art. 487, § 1º, CLT. **B:** opção correta, pois reflete o disposto no art. 9º da Lei 6.708/1979. Veja também a Súmula 314 TST. **C:** opção incorreta, pois nos termos da Súmula 73 do TST a ocorrência de justa causa, salvo a de abandono de emprego, no decurso do prazo do aviso-prévio dado pelo empregador, retira do empregado qualquer direito às verbas rescisórias de natureza indenizatória. **D:** opção incorreta, pois nos termos do art. 488 da CLT o pagamento do salário deverá ser integral. **E:** opção incorreta, pois nos termos do art. 477, § 6º, da CLT a entrega ao empregado de documentos que comprovem a comunicação da extinção contratual aos órgãos competentes bem como o pagamento dos valores constantes do instrumento de rescisão ou recibo de quitação deverão ser efetuados até dez dias contados a partir do término do contrato.

Gabarito "B".

(Procurador do Município/São José dos Campos-SP – VUNESP – 2012)
Com relação ao aviso-prévio, assinale a alternativa correta.

(A) O aviso-prévio é um direito histórico dos trabalhadores e oriundo dos primórdios do Direito do Trabalho. Cabe apenas na dispensa do trabalhador por iniciativa do empregador e pode ser trabalhado ou indenizado.
(B) O aviso-prévio é direito dos trabalhadores e recentemente foi alterado para ampliar o prazo, que varia de 8 dias, se o pagamento for por semana ou tempo inferior, conforme o contido no artigo 487, I, da CLT, a até um total de 90 dias, como diz a Lei n.º 12.506, de 11 de outubro de 2011.
(C) O aviso-prévio é um direito recíproco, tanto dos empregados quanto dos empregadores, e seu período se projeta no tempo do contrato de trabalho para todos os efeitos legais, devendo ser necessariamente indenizado.
(D) Há várias modalidades de aviso-prévio, sempre cindidas em duas: aviso-prévio do empregado e aviso-prévio do empregador; aviso-prévio indenizado e aviso-prévio trabalhado; aviso-prévio mínimo e aviso-prévio proporcional ao tempo de serviço; e aviso-prévio com projeção do tempo no contrato e sem projeção do tempo.
(E) O aviso-prévio dado pelo empregador não extingue o contrato, mas designa um termo para a extinção contratual, termo esse que é variável proporcionalmente ao tempo de serviço do trabalhador naquele contrato e pode ser revertido, se a parte concedente reconsiderar a sua decisão anterior.

A: opção incorreta, pois pode ser dado tanto pelo empregador como pelo empregado, nos termos do art. 487 da CLT; **B:** opção incorreta, pois embora o aviso-prévio proporcional tenha sido disciplinado pela Lei 12.506/2011, podendo chegar ser de até 90 (noventa) dias, nos termos do art. 7º, XXI, da CF o aviso-prévio é de, no mínimo, 30 (trinta) dias; **C:** opção incorreta, pois o aviso-prévio poderá ser trabalhado, quando a parte comunicante informar que haverá prestação de serviços durante o período; **D:** opção incorreta, pois sempre será garantida a integração do período de aviso-prévio no tempo de serviço, art. 487, § 1º, CLT; **E:** opção correta, pois o aviso-prévio não extingue o pacto laboral, na medida em que consiste em uma comunicação que uma parte faz à outra, de que pretende extinguir o pacto laboral. Será proporcional ao tempo de serviço, nos termos do art. 7º, XXI, CF, disciplinado pela Lei 12.506/2011 e poderá ser revertido na hipótese do art. 489 da CLT.

Gabarito "E".

(Procurador do Município/São José dos Campos-SP – VUNESP – 2012)
Assinale a alternativa correta quanto à responsabilidade da Fazenda Pública nas reclamações trabalhistas ajuizadas em face de empresas por ela contratadas.

(A) A administração pública não poderá ser responsabilizada, ainda que se considere ilícita a terceirização, porque há obstáculo constitucional (no artigo 37, II, da Constituição Federal) ao reconhecimento de vínculos e direitos trabalhistas em decorrência de trabalhos realizados sem prévia aprovação em concurso público, bem como é impossível considerar a administração pública devedora solidária de inadimplemento de responsabilidade de terceiro.
(B) Depois do julgamento em que o Supremo Tribunal Federal decidiu pela constitucionalidade do artigo 71, § 1.º, da Lei n.º 8.666/1993 (Lei de licitações), o Tribunal Superior do Trabalho alterou a sua Súmula 331 para afirmar que a administração pública responde subsidiariamente pelos créditos trabalhistas dos empregados de seus contratados, desde que haja conduta culposa (omissiva ou comissiva) na fiscalização do cumprimento das obrigações contratuais da prestadora de serviço como empregadora.
(C) A responsabilidade do tomador de serviços é solidária, havendo culpa ou dolo em relação ao inadimplemento dos créditos trabalhistas dos empregados de sua prestadora de serviços; e é subsidiária se inexistentes culpa ou dolo, dada a responsabilidade objetiva do tomador de serviços em relação às obrigações trabalhistas da prestadora de serviços para com seus empregados.
(D) A responsabilidade da Fazenda Pública em relação aos créditos trabalhistas dos empregados de suas prestadoras de serviço não é decorrente do mero inadimplemento das obrigações trabalhistas assumidas pela empresa regularmente contratada, mas supõe modalidade de culpa, participação do ente público no processo de conhecimento, inclusão do ente administrativo no título executivo e limitação das verbas decorrentes da condenação àquelas adquiridas pelo trabalhador apenas ao período em que o contrato entre prestadora de serviços e administração pública esteve vigente.
(E) A responsabilidade da Fazenda Pública nos casos de terceirização, lícita ou ilícita, regular ou irregular, não abrange toda e qualquer verba decorrente da condenação, mas deve ser regularmente aferida, segundo a existência ou não de culpa, pois só responderá por créditos cujo inadimplemento ocorreu com o concurso de culpa da administração pública, assim declarada em sentença, bem como com a limitação de tempo à vigência do contrato realizado entre administração pública e prestador de serviços.

A: opção incorreta, pois nos termos da Súmula 331, item V, do TST poderá haver responsabilidade subsidiária da administração pública; **B:** opção correta, pois reflete o entendimento disposto na Súmula 331, item V, do TST. O STF no julgamento da Ação Declaratória de Constitucionalidade 16-9/DF tenha declarado a constitucionalidade do art. 71 e § 1º da Lei 8.666/1993, reconhece que poderá haver a responsabilidade da administração pública. Assim, o TST não poderá generalizar os casos, aplicando à administração a responsabilidade subsidiária, pois como aduz o item V da Súmula 331 do TST, a responsabilidade não decorre de mero inadimplemento das obrigações trabalhistas assumidas pela empresa contratada. Deverá ficar demonstrada a sua conduta culposa no cumprimento das obrigações da Lei n.º 8.666/1993, especialmente na fiscalização do cumprimento das obrigações contratuais e legais da prestadora de serviço como empregadora; **C:** opção incorreta, pois

a administração não responderá de forma solidária; Veja comentários da alternativa B; **D:** opção incorreta, pois não há limitação às verbas; **E:** opção incorreta. Veja comentários das alternativas B e D.
Gabarito "B".

(Procurador do Município/Sorocaba-SP – VUNESP – 2012) O contrato de trabalho extingue-se

(A) somente por iniciativa de qualquer uma das partes, que precisa necessariamente pré-avisar a outra parte com tempo proporcional ao de serviço.
(B) por iniciativa de qualquer das partes e também pelo Estado (*factum principis*), que pode impor o fechamento de alguma atividade econômica.
(C) por iniciativa do empregado, por iniciativa do empregador ou por iniciativa de ambos, como no caso de culpa recíproca.
(D) por morte do empregado ou empregador, falência da empresa, dispensa do empregado, rescisão direta ou indireta.
(E) por iniciativa do empregado e/ou do empregador, por efeito de ato de terceiro ou fato extintivo da relação de emprego.

A: opção incorreta, pois poderá haver a extinção por ato de terceiro, como ocorre no art. 486 da CLT; **B:** opção incorreta, pois poderá haver a extinção do contrato, também, por fato extintivo da relação de emprego, como é o caso da morte do empregado ou empregador; **C:** opção incorreta. Faltam hipóteses, pois a assertiva traz somente hipóteses de extinção por iniciativa das partes. Veja comentário das demais alternativas; Não obstante, com o advento da Lei nº 13.467/2017, foi introduzido na CLT o artigo 484-A, que admite a rescisão por acordo, nos seguintes termos: ""Art. 484-A. O contrato de trabalho poderá ser extinto por acordo entre empregado e empregador, caso em que serão devidas as seguintes verbas trabalhistas:
I – por metade:
a) o aviso prévio, se indenizado; e
b) a indenização sobre o saldo do Fundo de Garantia do Tempo de Serviço, previsto no § 1º do art. 18 da Lei nº 8.036, de 11 de maio de 1990;
II – na integralidade, as demais verbas trabalhistas.
§ 1º A extinção do contrato prevista no caput deste artigo permite a movimentação da conta vinculada do trabalhador no Fundo de Garantia do Tempo de Serviço na forma do inciso I-A do art. 20 da Lei nº 8.036, de 11 de maio de 1990, limitada até 80% (oitenta por cento) do valor dos depósitos.
§ 2º A extinção do contrato por acordo prevista no caput deste artigo não autoriza o ingresso no Programa de Seguro-Desemprego." **D:** opção incorreta. Faltam hipóteses. Veja comentários das demais alternativas; **E:** opção correta, pois por iniciativa do empregado, referindo ao pedido de demissão; iniciativa do empregador, referindo à dispensa sem justa causa; por efeito de ato de terceiro, como ocorre no *factum principis*, art. 486 da CLT ou fato extintivo da relação de emprego, como ocorre em caso de morte do empregador, art. 485 da CLT.
Gabarito "E".

(OAB – VUNESP) Ocorrendo a extinção de filial de empresa onde o empregado, portador de garantia provisória de emprego, prestava serviços, o contrato de trabalho pode ser rescindido pelo empregador e sem justa causa:

(A) quando se tratar de garantia de emprego resultante de eleição para exercício de mandato sindical.
(B) quando o trabalhador for diretor de cooperativa de crédito dos empregados daquela mesma empresa.
(C) quando o trabalhador for membro da comissão interna de prevenção de acidentes.
(D) em todas as hipóteses.

Possuindo garantia de emprego, o empregado não pode ser dispensado, salvo se cometer falta grave ou quando a lei definir hipóteses de dispensa não arbitrária, como no caso do cipeiro (ver art. 165 da CLT). No caso de extinção de filial de empresa, o contrato de trabalho se extingue pela própria impossibilidade de continuidade devido à cessação das atividades da empresa, quando então, mesmo no caso de empregados detentores de garantia de emprego, os contratos serão rescindidos. Nesses casos, porém, dependendo da origem da garantia de emprego (se pessoal – ex.: gestante – ou para garantir o exercício de encargo – ex.: cipeiro), bem como dos motivos que levaram à extinção da empresa (se por força maior ou não – art. 501 da CLT), haverá diferença na indenização a ser paga ao trabalhador. A jurisprudência não é pacífica. *Fundamento* – art. 8.º, VIII, da CF; art. 10, II, do ADCT; arts. 165 e 543, § 3.º, da CLT; art. 55 da Lei 5.764/1971; Súmula 339 do TST.
Gabarito "D".

(OAB – VUNESP) Na justa causa para o rompimento do contrato de trabalho, por culpa do empregador, é correto afirmar que:

(A) o empregado sempre deverá permanecer trabalhando, até decisão final do processo.
(B) o empregado somente deixará de prestar seus serviços se o mesmo correr perigo manifesto de mal considerável.
(C) não cumprindo o empregador as obrigações do contrato, poderá o empregado optar pela permanência ou não no serviço até final decisão do processo.
(D) no caso de morte do empregador constituído em empresa individual, o empregado é obrigado a rescindir o contrato de trabalho.

A chamada "dispensa indireta" ocorre quando o empregador incorre em uma das condutas tipificadas no art. 483 da CLT. Nos termos do § 3.º do referido artigo, nas hipóteses de não cumprir o empregador as obrigações do contrato (alínea *d*) e de o empregador reduzir o seu trabalho, sendo este por peça ou tarefa, de forma a afetar sensivelmente a importância dos salários (alínea *g*), poderá o empregado pleitear a rescisão de seu contrato de trabalho e o pagamento das respectivas indenizações, permanecendo ou não no serviço até final decisão do processo. O empregado também poderá suspender a prestação dos serviços ou rescindir o contrato quando tiver de desempenhar obrigações legais, incompatíveis com a continuação do serviço. Nos demais casos, segundo parte da doutrina e da jurisprudência, deverá o empregado deixar o emprego e pleitear a rescisão indireta, sob pena de configurar perdão tácito. *Fundamento* – art. 483, §§ 1.º a 3.º, da CLT.
Gabarito "C".

(OAB – VUNESP) Empregado dirigente sindical, acusado de haver praticado furto,

(A) deve ser dispensado logo que, após a instauração de inquérito policial, houver seu indiciamento formal.
(B) deve ser suspenso, para ajuizamento de inquérito judicial para apuração de falta grave e posterior rescisão de seu contrato de trabalho.
(C) deve ser dispensado de pronto, a fim de que não se configure perdão tácito.
(D) deve ser primeiramente suspenso e, verificada nova falta, dispensado sumariamente.

O Dirigente Sindical, com garantia de emprego prevista na Constituição Federal (art. 8.º, VIII), só pode ser dispensado se cometer falta grave e, segundo a doutrina e jurisprudência dominantes, somente após o reconhecimento de tal falta em processo judicial denominado Inquérito Judicial, que deve ser ajuizado pela empresa no prazo decadencial de 30 dias contados da suspensão, quebrada após o ajuizamento. *Funda-*

mento – arts. 493 a 496, 543, § 3.º, e 853 da CLT; Súmulas 62 e 379 do TST; Súmula 403 do STF.
Gabarito "B".

(OAB – VUNESP) Sobre a justa causa para dispensa de empregado, é correto dizer:

(A) todas as hipóteses estão tipificadas, de modo taxativo, no art. 482, da CLT.
(B) as hipóteses estão mencionadas no art. 482, da CLT, sendo o rol, todavia, exemplificativo.
(C) além das hipóteses referidas no art. 482, da CLT, existem outras hipóteses, em diferentes dispositivos da mesma CLT.
(D) trata-se de conceito jurídico indeterminado, sem previsão de hipóteses na CLT, cabendo ao juiz determinar as situações que caracterizam tal conceito.

A justa causa para dispensa do empregado somente decorre de expressa disposição legal, adotando o Brasil o sistema taxativo. Quando pensamos em dispensa por justa causa, via de regra, imaginamos o cometimento de uma falta grave. Ocorre que a justa causa para rescisão contratual pode ocorrer por motivos disciplinares, técnicos, econômicos ou financeiros, desde que previstos em lei. Quanto à justa causa para rescisão por motivos técnico, econômico ou financeiro, são raros os casos previstos em nossa legislação e, mesmo nos casos expressamente previstos, como o do art. 165 da CLT, é garantido ao trabalhador todos os direitos trabalhistas como se tivesse sido dispensado sem justa causa. Já em relação à justa causa por motivos disciplinares, mais conhecidos como faltas graves, encontra previsão, na maioria de suas hipóteses, no art. 482 da CLT. Nesses casos, o empregado dispensado perderá o direito de receber a multa de 40% sobre o FGTS, férias e 13.º proporcionais, não poderá sacar o FGTS depositado e não terá direito ao seguro desemprego. Porém, encontramos outros casos de justa causa por motivo disciplinar que não os elencados no art. 482, como, por exemplo, a do art. 240, parágrafo único, muito embora essa hipótese também possa ser enquadrada naquelas previstas no art. 482. Na dispensa por justa causa não há necessidade de aviso-prévio, uma vez que o art. 487 da CLT dispõe que "Não havendo prazo estipulado, a parte que, **sem justo motivo**, quiser rescindir o contrato, deverá avisar a outra da sua resolução...". *Fundamento* – CLT, arts. 165, 240, 482 e 487.
Gabarito "C".

9. ESTABILIDADE

(Procurador – IPSMI/SP – VUNESP – 2016) A estabilidade provisória destinada ao dirigente sindical

(A) aplica-se a todos os eleitos, titulares e suplentes.
(B) fica limitada a sete eleitos titulares e igual número de suplentes.
(C) aplica-se a todos os eleitos, apenas limitando a sete o número de suplentes.
(D) não beneficia os suplentes.
(E) subsiste na hipótese de extinção da atividade empresarial na base territorial do sindicato correspondente.

"B" é a opção correta. Isso porque o item II da súmula 369 do TST entende que fica limitada, assim, a estabilidade a que alude o art. 543, § 3.º, da CLT a sete dirigentes sindicais e igual número de suplentes.
Gabarito "B".

(OAB – VUNESP) A estabilidade dos membros da CIPA atinge:

(A) a todos os membros, tanto os representantes dos empregados quanto os dos empregadores.
(B) apenas membros titulares e suplentes que tenham sido eleitos pelos empregados, sendo que não poderão sofrer despedida arbitrária, entendendo-se como tal a que não se fundar em motivo disciplinar, técnico, econômico ou financeiro.
(C) apenas o Presidente e o Vice-Presidente da CIPA.
(D) apenas membros titulares, pouco importando sejam representantes do empregador ou eleitos pelos empregados.

A CIPA (Comissão Interna de Prevenção de Acidentes) está prevista nos arts. 163 a 165 da CLT e é regulamentada pela NR-5. O art. 10, II, *a*, do ADCT da Constituição Federal dispõe que é vedada a dispensa arbitrária ou sem justa causa do empregado **eleito** para cargo de direção de comissões internas de prevenção de acidentes, desde o registro de sua candidatura até um ano após o final de seu mandato. O art. 164 da CLT dispõe que a CIPA é composta por representantes do empregador, a quem compete a **nomeação** do Presidente, e de representantes dos empregados que **elegerão**, entre outros, o vice-presidente. Desta forma, somente os representantes dos empregados é que são **eleitos** e, portanto, somente estes é que são protegidos pela estabilidade prevista no art. 10 do ADCT da CF. A Súmula 339 do TST sedimentou o entendimento, segundo o qual, após a Constituição Federal de 1988, a referida estabilidade se aplica tanto aos titulares quanto aos suplentes da CIPA, ficando superada, portanto, a restrição contida no art. 165 da CLT que protegia apenas os titulares. *Fundamento* – CLT arts. 163 a 165; ADCT da CF, art. 10; Súmula 339 do TST.
Gabarito "B".

(OAB – VUNESP) A estabilidade da empregada gestante está assegurada:

(A) desde a confirmação da gravidez até 05 (cinco) meses após o parto.
(B) desde a confirmação da gravidez e enquanto perdurar a licença maternidade, com duração de 120 (cento e vinte) dias.
(C) desde a confirmação da gravidez até 12 (doze) meses após o parto.
(D) desde a confirmação da gravidez até 06 (seis) meses após o parto.

Nos termos do art. 10, II, *b*, do ADCT, é vedada a dispensa arbitrária ou sem justa causa da empregada gestante, desde a confirmação da gravidez até cinco meses após o parto. Já o art. 7.º, XVIII, da CF garante licença à gestante, sem prejuízo do emprego e do salário, com a duração de 120 dias. Esse mesmo direito agora se encontra inserido na CLT, em seu art. 392, e o pagamento do respectivo período de 120 dias constitui-se no benefício previdenciário previsto no art. 72 da Lei 8.213/1991, conhecido como salário-maternidade. O art. 25, parágrafo único, da LC 150/2015 determina que a confirmação do estado de gravidez durante o curso do contrato de trabalho, ainda que durante o prazo do aviso-prévio trabalhado ou indenizado, garante à empregada gestante a estabilidade provisória prevista na alínea "b" do inciso II do art. 10 do Ato das Disposições Constitucionais Transitórias. É importante observar que a estabilidade da empregada gestante também se estende àquelas que tenham sido contratadas mediante contrato de trabalho por tempo determinado, de acordo com o inciso III da Súmula 244 do TST. *Fundamento* – CF, art. 7.º, I e parágrafo único; ADCT, art. 10, II; LC 150/2015. Súmula 244 do TST.
Gabarito "A".

10. FGTS

(OAB – VUNESP) O Fundo de Garantia por Tempo de Serviço não incide:

(A) sobre aviso-prévio indenizado.
(B) sobre férias indenizadas.
(C) sobre gorjetas pagas diretamente pelo cliente do empregador.

(D) sobre os adicionais de insalubridade e de periculosidade.

O FGTS incidirá sobre a remuneração paga ao trabalhador. As férias indenizadas, por não terem caráter remuneratório, e sim indenizatório, não serão computadas na base de cálculo para a incidência do FGTS. *Fundamento* – art. 15 da Lei 8.036/1990; OJSBDI-1 195.
Gabarito "B".

(OAB – VUNESP) Havendo, durante a vigência do contrato de trabalho, saque dos depósitos existentes na conta vinculada do empregado no FGTS, para aquisição de casa própria, a multa decorrente de dispensa imotivada:

(A) incide sobre a totalidade dos valores sacados.
(B) incide sobre 40% do valor sacado.
(C) não incide sobre os valores sacados.
(D) não incide sobre os valores sacados, salvo comprovada má-fé do empregador.

O FGTS (Fundo de Garantia do Tempo de Serviço) é uma conta bancária vinculada ao contrato de trabalho, na qual o empregador, mensalmente, é obrigado a depositar o valor correspondente a 8,0% da remuneração paga ou devida, no mês antecedente, ao trabalhador. A Lei 8.036/1990 prevê, em seu art. 20, várias hipóteses para o saque do FGTS. A principal delas é a dispensa imotivada, quando o empregador deverá, além disso, depositar na referida conta, para saque do empregado, uma multa de 40% calculada sobre todos os depósitos fundiários realizados durante a vigência do contrato de trabalho, inclusive sobre os eventuais saques ocorridos antes da dispensa. A Lei Complementar 110/2001 criou uma nova contribuição social de 0,5%, que é devida mensalmente, e outra de 10%, que é devida por ocasião da dispensa imotivada do empregado e que têm como base os mesmos critérios do FGTS. Referidos valores, porém, não pertencem ao trabalhador. *Fundamento* – arts. 15, 18 e 20 da Lei 8.036/1990.
Gabarito "A".

11. SEGURANÇA E MEDICINA DO TRABALHO

(Procurador do Município/Cubatão-SP – VUNESP – 2012) Serão consideradas atividades ou operações insalubres aquelas que, por sua natureza, condições ou métodos de trabalho, exponham os empregados a agentes nocivos à saúde, acima dos limites de tolerância fixados em razão da natureza e da intensidade do agente e do tempo de exposição aos seus efeitos. Com base nessa informação, é correto afirmar que

(A) o exercício de trabalho em condições insalubres assegura a percepção de adicional de 30% (trinta por cento) calculado sobre o salário contratual.
(B) o direito do empregado ao adicional de insalubridade ou de periculosidade cessará com a eliminação do risco à sua saúde ou por meio de acordo coletivo de trabalho.
(C) o pagamento do adicional de insalubridade pode ser reduzido até o percentual de 10% (dez por cento) por meio de convenção coletiva de trabalho.
(D) o exercício de trabalho em condições insalubres e perigosas assegura a percepção de adicional de 30% (trinta por cento) e de 40% (quarenta por cento), respectivamente.
(E) atualmente, por força de norma ministerial, a exposição do empregado à radiação ionizante enseja a percepção do adicional de periculosidade.

A: opção incorreta, pois nos termos do art. 192 da CLT o trabalho executado em condições insalubres assegura a percepção de adicional respectivamente de 40% (quarenta por cento), 20% (vinte por cento) e 10% (dez por cento) do salário mínimo, segundo se classifiquem nos graus máximo, médio e mínimo; **B:** opção incorreta, pois somente com a eliminação do risco à saúde ou integridade física do empregado é que cessará o direito ao adicional, nos termos do art. 194 da CLT; **C:** opção incorreta, pois as normas coletivas de trabalho não podem ser utilizadas para estabelecer condições menos favoráveis aos empregados do que aquelas previstas em texto de lei. Atenção: o item II da Súmula 364 do TST que dispunha no sentido da possibilidade de fixação inferior ao limite legal foi cancelado pela Resolução 174/2011; **D:** opção incorreta, pois o exercício de trabalho em condições insalubres assegura a percepção de adicional de 40% (quarenta por cento), 20% (vinte por cento) e 10% (dez por cento) do salário mínimo, segundo se classifiquem nos graus máximo, médio e mínimo, art. 192 da CLT. Já o exercício de trabalho em condições perigosas assegura a percepção de adicional de 30% sobre o salário do obreiro, sem os acréscimos legais, art. 193, § 1º, da CLT; **E:** opção correta, pois reflete o entendimento disposto na OJ 345 da SDI 1 do TST.
Gabarito "E".

(Defensor Público/MS – VUNESP – 2008) Assinale a alternativa correta.

(A) A saúde e segurança do trabalho podem ser objeto de regulamentação por portarias ministeriais do Ministro do Trabalho e tais normas adquirem imediata obrigatoriedade para todos os empregadores.
(B) É obrigatória a constituição de Comissão Interna de Prevenção de Acidentes (CIPA) em todas as empresas com mais de dez trabalhadores empregados, segundo instruções do Ministério do Trabalho e Emprego.
(C) Os titulares e suplentes de representação da CIPA são sempre titulares de estabilidade no emprego, não podendo ser dispensados senão pela prática de ato que configure justa causa para despedimento.
(D) Por sua natureza, as normas de segurança, saúde e higiene do trabalho não admitem flexibilização, negociação coletiva, disponibilidade, obrigando o cumprimento a todas as empresas, independentemente do porte ou da atividade.

A: opção correta, pois nos termos do art. 155, II, CLT; art. 27, XXI, da Lei 10.683/2003; art. 14, II, do Decreto 5.063/2004. **B:** opção incorreta, pois nos termos do art. 163 da CLT a constituição da CIPA será obrigatória, porém dependerá da gradação do risco da atividade principal e ao número total de empregados do estabelecimento. Empresas com no mínimo 50 empregados deverão constituir CIPA, em conformidade com a Norma Regulamentadora 4 do MTE. **C:** opção incorreta, pois extinto o estabelecimento não há direito à estabilidade, em conformidade com a Súmula 339, II, TST. **D:** opção incorreta, pois tais normas podem ser flexibilizadas, como se verifica, por exemplo, no art. 7º, XIII, CF.
Gabarito "A".

(OAB – VUNESP) Sobre o quadro de atividades insalubres, é correto dizer que:

(A) está indicado na CLT.
(B) é definido por meio de ato do Ministério do Trabalho.
(C) é definido por meio de ato do Ministério da Saúde.
(D) é definido por meio de perícia judicial.

Atividades ou operações insalubres são aquelas que "por sua natureza, condições ou métodos de trabalho, exponham os empregados a agentes nocivos à saúde, acima dos limites de tolerância fixados em razão da natureza e da intensidade do agente e do tempo de exposição aos seus efeitos" (art. 189 da CLT). Segundo dispõe o art. 190 da CLT, "o Ministério do Trabalho aprovará o quadro das atividades e operações insalubres e adotará normas sobre os critérios de caracterização da insalubridade, os limites de tolerância aos agentes agressivos, meios de proteção e o tempo máximo de exposição do empregado a esses agentes". O Ministério do Trabalho editou a Portaria 3.214/1978 que estabelece as NRs – Normas Regulamentadoras relativas à Segurança e Medicina do Trabalho –, sendo que a de número 15 trata sobre as atividades ou operações consideradas insalubres.

Gabarito "B".

(OAB – VUNESP) Adicional de insalubridade ou periculosidade. Reclamada revel e confessa quanto a matéria de fato. Em face desta situação, o juiz deve:

(A) julgar procedente a ação de imediato, condenando a reclamada no pagamento de ambos os adicionais postulados, independentemente de perícia.
(B) julgar procedente a ação de imediato, condenando a reclamada no pagamento adicional de periculosidade que é mais benéfico ao reclamante.
(C) indagar o reclamante a respeito do adicional que prefere, proferindo sentença de imediato.
(D) determinar a realização de perícia independentemente da pena de confissão aplicada à reclamada, e somente depois de concluída a prova proferir a sentença.

Tendo em vista ser imperativo o mandamento contido no art. 195, § 2º, da CLT, constitui dever do juízo designar perito para a caracterização e a classificação da insalubridade e/ou periculosidade, não podendo a perícia ser substituída pela confissão ficta. É o entendimento majoritário da jurisprudência, atenta ao fato de que o reconhecimento da atividade como insalubre/periculosa tem efeitos outros que não só o pagamento do respectivo adicional, influenciando também na concessão de aposentadoria. *Fundamento* – art. 195, § 2º, da CLT; OJSBDI-1 278.

Gabarito "D".

12. DIREITO COLETIVO DO TRABALHO

12.1. Sindicatos

(Advogado – Pref. São Roque/SP – 2020 – VUNESP) Considerando a organização sindical brasileira, é possível afirmar que

(A) as centrais sindicais ostentam personalidade sindical de grau superior, com função negocial em caráter supletivo.
(B) a contribuição sindical é compulsória quando o empregado não se opõe expressamente ao desconto em folha de pagamento.
(C) vigora no ordenamento jurídico pátrio o princípio da pluralidade sindical, tendo em vista as diversas categorias econômicas e profissionais devidamente organizadas.
(D) vigora o princípio da unicidade sindical, em face de comando expresso na Constituição da República.
(E) a assistência jurídica prestada pelos sindicatos é direito exclusivo dos associados.

A: incorreta, pois embora a Lei 11.648/2008 tenha reconhecido formalmente as centrais sindicais, elas não fazem parte do sistema sindical brasileiro previsto na Constituição Federal em seu art. 8º, tampouco nos arts. 511 a 610 da CLT. **B:** incorreta, pois nos termos do art. 578 da CLT a contribuição sindical requer prévia e expressa autorização do empregado, ou seja, não é compulsória. **C:** incorreta, não vigora o pluralismo sindical, modelo sindical em que há mais de uma entidade sindical representando a mesma categoria, na mesma base territorial. **D:** correta, pois vigora no ordenamento jurídico pátrio a unicidade sindical, modelo baseado em reconhecer um único sindicato como representante de cada grupo profissional, art. 8º, II, CF. **E:** incorreta, pois nos termos do art. 8º, III, da CF ao sindicato cabe a defesa dos direitos e interesses coletivos ou individuais da categoria, inclusive em questões judiciais ou administrativas.

Gabarito "D".

(Procurador Municipal/SP – VUNESP – 2016) De acordo com a jurisprudência do Tribunal Superior do Trabalho, assinale a alternativa correta.

(A) Beneficiam-se do regime legal relativo aos bancários os empregados de estabelecimento de crédito pertencentes a categorias profissionais diferenciadas.
(B) Empregado integrante de categoria profissional diferenciada tem o direito de haver de seu empregador vantagens previstas em instrumento coletivo no qual a empresa não foi representada por órgão de classe de sua categoria.
(C) O dissídio coletivo é meio próprio para o Sindicato vir a obter o reconhecimento de que a categoria que representa é diferenciada, pois essa matéria – enquadramento sindical – envolve a interpretação de norma genérica, notadamente do art. 577 da CLT.
(D) É por lei, e não por decisão judicial, que as categorias diferenciadas são reconhecidas como tais. De outra parte, no que tange aos profissionais da informática, o trabalho que desempenham sofre alterações, de acordo com a atividade econômica exercida pelo empregador.
(E) A legitimidade da entidade sindical para a instauração da instância contra determinada empresa não está condicionada à prévia autorização dos trabalhadores da suscitada diretamente envolvidos no conflito.

A: opção incorreta, pois nos termos da Súmula 117 do TST não se beneficiam do regime legal relativo aos bancários os empregados de estabelecimento de crédito pertencentes a categorias profissionais diferenciadas. **B:** opção incorreta, pois nos termos da Súmula 374 do TST o empregado integrante de categoria profissional diferenciada não tem o direito de haver de seu empregador vantagens previstas em instrumento coletivo no qual a empresa não foi representada por órgão de classe de sua categoria. **C:** opção incorreta, pois nos termos da OJ 9 da SDC do TST o dissídio coletivo não é meio próprio para o Sindicato vir a obter o reconhecimento de que a categoria que representa é diferenciada, pois esta matéria – enquadramento sindical – envolve a interpretação de norma genérica, notadamente do art. 577 da CLT. **D:** opção correta, pois reflete o disposto na OJ 36 da SDC do TST. **E:** opção incorreta, pois nos termos da OJ 19 da SDC do TST a legitimidade da entidade sindical para a instauração da instância contra determinada empresa está condicionada à prévia autorização dos trabalhadores da suscitada diretamente envolvidos no conflito. Veja arts. 856 a 859 da CLT.

Gabarito "D".

(OAB – VUNESP) No tocante à titularidade do direito de greve, é correto afirmar-se que pertence:

(A) aos trabalhadores.
(B) à entidade sindical da categoria profissional.
(C) à assembleia geral dos trabalhadores interessados.
(D) ao Ministério Público do Trabalho.

Segundo dispõe o *caput* do art. 9.º da CF o direito de greve é assegurado aos trabalhadores, que poderão decidir sobre a oportunidade e conveniência de exercê-lo. Assim, os titulares de tal direito são os trabalhadores. Às entidades sindicais compete observar as formalidades ao exercício do direito de greve, como, por exemplo, a convocação de assembleia para decidir sobre a paralisação, comunicar ao empregador sobre a decisão com antecedência mínima que a lei determina etc. *Fundamento* – art. 9.º da CF; Lei 7.783/1989 (Lei de Greve).

Gabarito "A".

(OAB – VUNESP) São categorias referidas em lei, no âmbito da organização sindical brasileira:

(A) as categorias econômicas, homogêneas e heterogêneas, e as categorias profissionais, homogêneas e heterogêneas.
(B) as categorias econômicas, as categorias profissionais e as categorias profissionais diferenciadas.
(C) as categorias econômicas, as categorias profissionais e as categorias socioprofissionais.
(D) as categorias econômicas, as categorias sociais e as categorias socioeconômicas.

A Constituição Federal garante, em seu art. 8º, o direito de "associação profissional ou sindical", vedando qualquer intervenção do Poder Público na organização sindical, adotando, contudo, o princípio da unicidade sindical, o que proíbe a criação de mais de um sindicato na mesma base territorial. A CLT, em seu art. 511, fala em categoria econômica para identificar os tomadores de serviços que possuem interesses econômicos idênticos, similares ou conexos, e categoria profissional para identificar os trabalhadores que prestam serviços para uma determinada categoria econômica ou de forma autônoma com similitude de condições de vida oriunda da profissão ou trabalho em comum. Como regra, a organização sindical brasileira é baseada na atividade econômica do tomador. Ou seja, o que define a categoria profissional (do trabalhador) é a atividade econômica do tomador. Podem existir, entretanto, categorias diferenciadas, assim distinguidas pela lei em razão das "profissões ou funções diferenciadas por força de estatuto profissional especial ou em consequência de condições de vida singulares" (CLT, art. 511, § 3.º).
Gabarito "B".

(OAB – VUNESP) Indique a assertiva correta:

(A) O dirigente sindical no exercício de seu mandato é afastado do trabalho, sem prejuízo do salário e demais vantagens do cargo.
(B) O dirigente sindical é obrigado a acumular as atividades afetas ao seu mandato com as funções do cargo na empresa.
(C) O dirigente sindical será considerado de licença não remunerada durante o tempo em que se ausentar do trabalho no desempenho do mandato sindical.
(D) O dirigente sindical somente exercerá sua atividade sindical desde que autorizado, expressamente, pela empresa.

A CLT, em seu art. 543, garante ao dirigente sindical, o direito de não ser impedido do exercício de suas funções, bem como de não ser transferido para lugar ou função que lhe dificulte ou torne impossível o desempenho das suas atribuições sindicais. Caso necessite ausentar-se do trabalho para exercer suas funções de dirigente, será considerado em licença não remunerada, salvo assentimento da empresa em cláusula contratual. *Fundamento* – art. 543, § 2.º, da CLT.
Gabarito "C".

(OAB – VUNESP) A deflagração de greve, no caso de atividades essenciais:

(A) depende de prévia aprovação da autoridade competente.
(B) depende de manutenção dos serviços indispensáveis.
(C) é abusiva.
(D) constitui crime.

O direito de greve é assegurado pela Constituição Federal, em seu art. 9.º, sendo regulamentado pela Lei 7.783/1989 a qual estabelece que, durante a greve, o sindicato ou a comissão de negociação, mediante acordo com a entidade patronal ou diretamente com o empregador, manterá em atividade equipes de empregados com o propósito de assegurar os serviços cuja paralisação resulte em prejuízo irreparável, pela deterioração irreversível de bens, máquinas e equipamentos, bem como para a manutenção daqueles essenciais à retomada das atividades da empresa quando da cessação do movimento. *Fundamento* – art. 9.º da CF; Lei 7.783/1989.
Gabarito "B".

(OAB – VUNESP) A fundação de sindicato depende:

(A) de autorização concedida pelo órgão competente do Ministério do Trabalho.
(B) de autorização concedida pela Federação sindical correspondente.
(C) de autorização concedida pelo Ministério Público do Trabalho e registro no Ministério do Trabalho.
(D) de registro no órgão competente.

A Constituição Federal garante, em seu art. 8º, I, a liberdade sindical dispondo expressamente que "a lei não poderá exigir autorização do Estado para a fundação de sindicato, ressalvado o registro no órgão competente, vedadas ao Poder Público a interferência e a intervenção na organização sindical". Por força do novo ordenamento constitucional, todas as disposições em contrário, contidas na CLT, encontram-se tacitamente revogadas. *Fundamento:* art. 8º da CF.
Gabarito "D".

(OAB – VUNESP) Dispõe o art. 525, da CLT:

"Art. 525 – É vedada a pessoas físicas ou jurídicas, estranhas ao Sindicato, qualquer interferência na sua administração ou nos seus serviços.

Parágrafo único – Estão excluídos dessa proibição:

os delegados do Ministério do Trabalho, Indústria e Comércio, especialmente designados pelo Ministro ou por quem o represente;"

(...)

Pode-se afirmar que:

(A) não mais está em vigor a regra do art. 525, parágrafo único, alínea "a", da CLT, ainda que não tenha sido ela expressamente revogada.
(B) não mais existe a possibilidade de delegação, pelo Ministério do Trabalho, da atribuição que lhe cabe, de interferir na administração do sindicato, por se tratar de competência exclusiva do próprio Ministro.
(C) atualmente compete apenas ao Presidente da República o exercício da competência prevista no art. 525, parágrafo único, alínea "a", da CLT.
(D) permanece em vigor a prerrogativa prevista no art. 525, parágrafo único, alínea "a", da CLT, observada, todavia, a necessidade de prévia aprovação da interferência pelo Ministério Público do Trabalho, a quem cabe designar o interventor.

Com a nova ordem Constitucional de 1988, que prescreveu a liberdade sindical em seu art. 8.º, vedando qualquer interferência do Poder Público na organização sindical, o disposto no parágrafo único do art. 525 da CLT acima citado, é um exemplo dos dispositivos que foram revogados tacitamente.
Gabarito "A".

(OAB – VUNESP) No que se refere ao sistema de organização sindical brasileiro, é correto afirmar que:

(A) o sistema é o da unicidade sindical, sendo vedada a criação de mais de uma organização sindical na mesma base territorial, que não poderá ser inferior à área de um Estado.

(B) o sistema vigente é o da pluralidade sindical.
(C) o sistema é o da unicidade sindical, sendo vedada a criação de mais de uma organização sindical na mesma base territorial, que não poderá ser inferior à área de um Município.
(D) o sistema vigente é misto, sendo facultada a unicidade ou a pluralidade.

A Constituição Federal, em seu art. 8.º, II, vedada expressamente a criação de mais de uma organização sindical, em qualquer grau, representativa de categoria profissional ou econômica, na mesma base territorial, que será definida pelos trabalhadores ou empregadores interessados, não podendo ser inferior à área de um Município, consagrando aí o princípio da unicidade sindical. Assim, os sindicatos podem ser municipais, intermunicipais, estaduais, interestaduais e nacionais, estando revogado o art. 517 da CLT, que dispõe que os sindicatos também podem ser distritais e condiciona os sindicatos nacionais à autorização do Ministério do Trabalho. Isso porque a CF dispõe que a lei não poderá exigir autorização do Estado para a fundação de sindicato, ressalvado o registro no órgão competente. Vale lembrar que a OIT, em sua Convenção 87 não ratificada pelo Brasil, prega a pluralidade sindical. *Fundamento* – CF, art. 8.º; CLT, art. 517.
Gabarito "C".

(OAB – VUNESP) Os empregados integrantes de categoria profissional diferenciada:

(A) não se beneficiam das vantagens previstas no instrumento normativo da respectiva categoria, quando o empregador não tiver sido representado pelo órgão de classe respectivo.
(B) beneficiam-se das vantagens previstas no instrumento normativo da própria categoria, salvo se menos favoráveis do que as vantagens previstas no instrumento normativo da categoria preponderante.
(C) beneficiam-se das vantagens previstas no instrumento normativo da categoria preponderante da empresa, salvo se menos favoráveis do que as vantagens previstas no instrumento normativo da própria categoria.
(D) beneficiam-se das vantagens previstas no instrumento normativo da respectiva categoria, independentemente da representação do empregador pelo órgão de classe respectivo.

A regra geral contida no art. 511 da CLT é que a categoria dos empregados é definida pela atividade econômica predominante do empregador. A chamada categoria profissional diferenciada é uma exceção a essa regra e ocorre para os empregados que exercem profissões ou funções diferenciadas por força de estatuto profissional especial ou em consequência de condições de vida singulares. Esses empregados podem constituir sindicatos próprios. Segundo a jurisprudência sedimentada no TST por meio da Súmula 374, os direitos conquistados para a respectiva categoria diferenciada só poderão ser exigidos do seu empregador, se esse participou das negociações que geraram a respectiva norma coletiva. *Fundamento* – art. 511, § 3.º, da CLT; Súmulas 374 e 369 do TST.
Gabarito "A".

(OAB – VUNESP) A diretoria dos sindicatos é composta de:

(A) diretores eleitos pela assembleia geral, em número fixado pela assembleia geral, tendo estabilidade no emprego apenas os titulares.
(B) diretores eleitos pela assembleia geral, no máximo sete e no mínimo três, todos com estabilidade no emprego, inclusive os suplentes.
(C) diretores eleitos pela assembleia geral e nomeados pelo conselho fiscal, até o limite de cinco em cada caso, tendo estabilidade no emprego apenas os primeiros, inclusive seus suplentes.
(D) diretores eleitos pela assembleia geral e nomeados pelo conselho fiscal, até o limite de cinco em cada caso, tendo estabilidade no emprego apenas os primeiros, desde que titulares.

A administração do sindicato será exercida por uma diretoria constituída, no máximo, de sete e, no mínimo, de três membros e de um conselho fiscal composto de três membros, eleitos esses órgãos pela assembleia geral (art. 522 da CLT), sendo vedada a dispensa do empregado sindicalizado a partir do registro da candidatura a cargo de direção ou representação sindical e, se eleito, ainda que suplente, até um ano após o final do mandato, salvo se cometer falta grave nos termos da lei (art. 8.º, VIII, da CF e art. 543, § 3.º, da CLT). A Súmula 369 do TST considerou que o art. 522 da CLT, que limita a sete o número de dirigentes sindicais, foi recepcionado pela Constituição Federal de 1988, o que vem causando grandes controvérsias na doutrina e na jurisprudência na medida em que a maioria das diretorias sindicais possuem número de diretores superior ao previsto no referido artigo. *Fundamento:* CLT, art. 522; Súmula 369 do TST.
Gabarito "B".

12.2. Convenção e Acordo Coletivo

(Procurador do Estado/SP – 2018 – VUNESP) Em relação ao Direito Coletivo do Trabalho decorrente da "reforma trabalhista", assinale a alternativa correta.

(A) É permitido estipular duração de convenção coletiva ou acordo coletivo de trabalho superior a dois anos, estando autorizada, também, a ultratividade.
(B) A convenção coletiva e o acordo coletivo de trabalho poderão dispor sobre a redução do valor dos depósitos mensais e da indenização rescisória do Fundo de Garantia do Tempo de Serviço (FGTS).
(C) O hipossuficiente (empregado portador de diploma de nível superior e que perceba salário mensal igual ou superior a duas vezes o limite máximo dos benefícios do Regime Geral de Previdência Social) poderá estipular livremente com o empregador a relação contratual. A estipulação resultante, contudo, não preponderará sobre os instrumentos coletivos.
(D) As condições estabelecidas em acordo coletivo de trabalho sempre prevalecerão sobre as estipuladas em convenção coletiva de trabalho.
(E) Constitui objeto ilícito de convenção coletiva ou de acordo coletivo de trabalho a previsão de regras a respeito do regime de sobreaviso.

A: opção incorreta, pois nos termos do art. 614, § 3º, da CLT, "não será permitido estipular duração de convenção coletiva ou acordo coletivo de trabalho superior a dois anos, sendo vedada a ultratividade". **B:** opção incorreta, pois nos termos do art. 611-B, III, da CLT é vedado. **C:** opção incorreta, pois nos termos do art. 444, parágrafo único, da CLT, a estipulação convencionada entre o empregador e o empregado hipossuficiente irá prevalecer sobre os instrumentos coletivos. **D:** opção correta, pois reflete a disposição do art. 620 da CLT. **E:** opção incorreta, pois nos termos do art. 611-A, VIII, da CLT constitui objeto lícito de acordo ou convenção coletiva. HC
Gabarito "D".

(Procurador do Município/Cubatão-SP – VUNESP – 2012) A Convenção Coletiva de Trabalho é o acordo de caráter normativo, pelo qual dois ou mais Sindicatos representativos de categorias econômicas e profissionais estipulam condições de trabalho aplicáveis, no âmbito das respectivas representações, às relações individuais de trabalho. Considerando essa informação, é correto afirmar que os Sindicatos

(A) só poderão celebrar Convenções Coletivas de Trabalho, por deliberação de Assembleia Geral, especialmente convocada para esse fim, nos termos do Estatuto, dependendo a sua validade do comparecimento e votação, em primeira convocação, de 2/3 (dois terços) dos associados da entidade, e, em segunda, de 1/3 (um terço) deles.
(B) só poderão celebrar Convenções Coletivas de Trabalho, por deliberação de Assembleia Geral, especialmente convocada para esse fim, nos termos do Estatuto, dependendo a sua validade do comparecimento e votação, em primeira convocação, de 2/3 (dois terços) dos interessados da entidade, e, em segunda, de qualquer número.
(C) só poderão celebrar Convenções Coletivas de Trabalho, por deliberação de Assembleia Geral, dependendo a sua validade do comparecimento e votação, em primeira convocação, de pelo menos a metade dos interessados.
(D) poderão celebrar Convenções Coletivas de Trabalho por deliberação dos empregados da empresa envolvida e em reunião marcada para essa finalidade.
(E) só poderão celebrar Convenções Coletivas de Trabalho por deliberação de Assembleia Geral convocada por Portaria Ministerial.

A: opção correta, pois representa o disposto no art. 612 da CLT.
Gabarito "A".

(OAB – VUNESP) A decisão sobre a celebração de convenção coletiva de trabalho é tomada:

(A) por todos os integrantes da categoria.
(B) pelos associados do sindicato.
(C) pela diretoria do sindicato.
(D) pelo presidente do sindicato.

Por força de lei, todos os trabalhadores empregados pertencem a uma determinada categoria que, salvo no caso das categorias diferenciadas, é definida pela atividade econômica preponderante do empregador. Contudo, nem todos os empregados são associados do respectivo sindicato. Essa associação é ato voluntário do empregado que deve comparecer na entidade para formalizar sua adesão. Segundo dispõe o art. 612 da CLT, para a celebração de Convenção Coletiva de trabalho, somente os associados participam da assembleia especialmente convocada para esse fim, dependendo sua validade do comparecimento e votação de 2/3 dos associados da entidade, em primeira chamada e de 1/3 em segunda chamada. Contudo, tratando-se de acordo coletivo, todos os trabalhadores interessados têm direito a voto. Fundamento – art. 612 da CLT.
Gabarito "B".

(OAB – VUNESP) O acordo coletivo de trabalho vigora por:

(A) dois anos, no máximo, podendo ser renovado.
(B) um ano, no máximo, podendo ser renovado.
(C) quatro anos, no máximo, vedada renovação.
(D) prazo indeterminado, podendo ser denunciado a qualquer tempo, mediante aviso com trinta dias de antecedência.

Não é permitido estipular duração de Convenção ou Acordo superior a 2 (dois) anos. Estes podem, no entanto, ser renovados. Fundamento – arts. 614, § 3.º, e 615 da CLT. Convém alertar que o §3º do artigo 614 da CLT, modificado pela Lei nº 13.467/2017 é expresso ao não permitir seja estipulada duração de convenção coletiva ou acordo coletivo de trabalho superior a dois anos, sendo vedada a ultratividade
Gabarito "A".

12.3. Greve

(Procurador do Estado/SP – 2018 – VUNESP) É correto afirmar a respeito do direito de greve:

(A) predomina, na Seção Especializada em Dissídios Coletivos – SDC, do Tribunal Superior do Trabalho, a posição de que a greve realizada por explícita motivação política (isto é, para fins de protesto) não é abusiva.
(B) a Justiça Comum é competente para processar e julgar ação possessória ajuizada em decorrência do exercício do direito de greve pelos trabalhadores da iniciativa privada.
(C) em caso de greve em atividade essencial, com possibilidade de lesão do interesse público, o Ministério Público do Trabalho poderá ajuizar dissídio coletivo, competindo à Justiça do Trabalho decidir o conflito.
(D) observadas as condições previstas na Lei n. 7.783, de 28 de junho de 1989, a participação em greve não suspende o contrato de trabalho.
(E) é compatível com a declaração de abusividade de movimento grevista o estabelecimento de vantagens ou garantias a seus participantes.

A: opção incorreta, pois o entendimento majoritário do TST considera abusivas as greves com caráter político porque o empregador, embora diretamente afetado, não tem como negociar para pacificar o conflito. Veja RO-196-78.2017.5.17.0000. **B:** opção incorreta, pois nos termos da súmula vinculante 23 do STF, a Justiça do Trabalho é competente para processar e julgar ação possessória ajuizada em decorrência do exercício do direito de greve pelos trabalhadores da iniciativa privada. **C:** opção correta, pois reflete o disposto no art. 114, § 3º, da CF. **D:** opção incorreta, pois nos termos do art. 7º da Lei 7.783/1989 há suspensão do contrato de trabalho. **E:** opção incorreta, pois nos termos da OJ 10 da SDC do TST, "é incompatível com a declaração de abusividade de movimento grevista o estabelecimento de quaisquer vantagens ou garantias a seus partícipes, que assumiram os riscos inerentes à utilização do instrumento de pressão máximo".
Gabarito "C".

(Procurador do Município/São José dos Campos-SP – VUNESP – 2012) Considere as seguintes proposições.

I. A greve evoluiu de delito para direito. Corresponde a uma suspensão coletiva, temporária e pacífica, total ou parcial, da prestação pessoal de serviços a empregador, com objetivo de exercer-lhe pressão com vistas à defesa ou à conquista de interesses coletivos ou difusos.
II. A greve pode ser deflagrada por deliberação coletiva dos trabalhadores, segundo seus interesses, inclusive quanto à sua conveniência e oportunidade. Demanda apenas uma formalização de seus requisitos, como a negociação coletiva prévia, a autorização de assembleia de trabalhadores, o aviso-prévio à parte adversa e o atendimento às necessidades inadiáveis da comunidade.
III. A Constituição Federal assegurou o direito de associação sindical e de greve aos servidores públicos civis. Enquanto não houver lei específica para a regulamentação desse direito, o Supremo Tribunal

Federal tem entendido que as disposições da Lei n.º 7.783/1989 são aplicáveis, no que compatíveis, aos servidores públicos, considerados sempre os serviços públicos como atividades essenciais.

Está correto o que se afirma em

(A) II, apenas.
(B) I e II, apenas.
(C) I e III, apenas.
(D) II e III, apenas.
(E) I, II e III.

I: opção correta, pois reflete o disposto no art. 2º da Lei 7.783/1989, tendo como objetivo, melhores condições de trabalho para a classe; **II:** opção correta, pois reflete o disposto nos arts. 1º, 3º e seu parágrafo único, 4º e 11 da Lei 7.783/1989. **III:** opção correta, pois o STF se pronunciou decidindo que dispositivos da Lei de Greve (Lei 7.783/1989), que rege o exercício de greve dos trabalhadores da iniciativa privada, também valem para as greves do serviço público. Veja Mandados de Injunção 670 e 712 apreciados pelo Supremo Tribunal Federal.
Gabarito "E".

(OAB – VUNESP) O *lockout*, segundo a legislação brasileira, é:

(A) permitido.
(B) permitido, salvo nos casos expressamente previstos em lei.
(C) vedado, salvo em situação de urgência ou de necessidade imperiosa.
(D) vedado.

Vedado em nosso direito, o *lockout* é a paralisação das atividades por iniciativa do empregador, com o objetivo de frustrar negociação ou dificultar o atendimento de reivindicações dos respectivos empregados. Fundamento – art. 722 da CLT; art. 17 da Lei 7.783/1989.
Gabarito "D".

13. TEMAS COMBINADOS

(Procurador do Estado/SP – 2018 – VUNESP) Assinale a alternativa correta a respeito das relações de emprego mantidas pela Administração Pública.

(A) Segundo a posição consolidada no Tribunal Superior do Trabalho, cabe dissídio coletivo de natureza econômica contra pessoa jurídica de direito público que mantenha empregados.
(B) O limite constitucional remuneratório (também conhecido como teto remuneratório), previsto no inciso XI do art. 37 da Constituição da República, não se aplica às empresas públicas, às sociedades de economia mista e suas subsidiárias, independentemente de receberem ou não recursos da União, dos Estados, do Distrito Federal ou dos Municípios para pagamento de despesas de pessoal ou de custeio em geral.
(C) A declaração de nulidade de contrato de trabalho, com base no art. 37, inciso II e § 2º, da Constituição da República (indispensabilidade de prévia aprovação em concurso público para a admissão em emprego público), não prejudica os direitos à percepção dos salários referentes ao período trabalhado e aos depósitos na conta vinculada do trabalhador no Fundo de Garantia do Tempo de Serviço (FGTS).
(D) De acordo com o Supremo Tribunal Federal, compete, à Justiça do Trabalho, julgar a abusividade de greve de empregados da Administração Pública direta, autarquias e fundações públicas.
(E) É juridicamente possível a aplicação, pelo Poder Judiciário, do art. 461 da Consolidação das Leis do Trabalho para conceder equiparação salarial entre empregados públicos de autarquias.

A: opção incorreta, pois nos termos da OJ 5 da SDC do TST, "em face de pessoa jurídica de direito público que mantenha empregados, cabe dissídio coletivo exclusivamente para apreciação de cláusulas de natureza social. Inteligência da Convenção n. 151 da Organização Internacional do Trabalho, ratificada pelo Decreto Legislativo n. 206/2010. **B:** opção incorreta, pois nos termos do art. 37, XI, da CF, em regra, o teto remuneratório não alcança as sociedades de economia mista e as empresas públicas. Porém, nos termos do § 9º do art. 37 da CF, o teto remuneratório se aplica às empresas públicas e às sociedades de economia mista, e suas subsidiárias, que receberem recursos da União, dos Estados, do Distrito Federal ou dos Municípios para pagamento de despesas de pessoal ou de custeio em geral. **C:** opção correta, pois nos termos da súmula 363 do TST, "a contratação de servidor público, após a CF/1988, sem prévia aprovação em concurso público, encontra óbice no respectivo art. 37, II e § 2º, somente lhe conferindo direito ao pagamento da contraprestação pactuada, em relação ao número de horas trabalhadas, respeitado o valor da hora do salário mínimo, e dos valores referentes aos depósitos do FGTS". **D:** opção incorreta, pois no julgamento do RE 846854/SP com repercussão geral, o STF fixou entendimento que a justiça comum, federal ou estadual, é competente para julgar a abusividade de greve de servidores públicos celetistas da Administração pública direta, autarquias e fundações públicas. Veja informativo 871 STF. **E:** opção incorreta, pois nos termos da OJ 297 da SDI 1 do TST, "o art. 37, inciso XIII, da CF/1988, veda a equiparação de qualquer natureza para o efeito de remuneração do pessoal do serviço público, sendo juridicamente impossível a aplicação da norma infraconstitucional prevista no art. 461 da CLT quando se pleiteia equiparação salarial entre servidores públicos, independentemente de terem sido contratados pela CLT". **HC**
Gabarito "C".

(Procurador do Município/Cubatão-SP – VUNESP – 2012) A fiscalização do Ministério do Trabalho e Emprego deverá observar o critério de dupla visita no seguinte caso:

(A) quando se tratar de sociedade de economia mista ou empresa pública.
(B) quando ocorrer promulgação ou expedição de novas leis, regulamentos ou instruções ministeriais.
(C) nas três primeiras inspeções dos estabelecimentos ou dos locais de trabalho, recentemente inaugurados ou empreendidos.
(D) para microempresas.
(E) para empregadores rurais.

A alternativa B está correta, pois reflete a disposição contida no art. 627, *a*, da CLT.
Gabarito "B".

(Procurador do Município/Sorocaba-SP – VUNESP – 2012) Considere as três proposições apresentadas e assinale a alternativa correta em relação a elas.

(1) Muito embora vigore o princípio da inalterabilidade das condições do trabalho, existe o *jus variandi* do empregador, que pode ser enunciado como o direito de impor unilateralmente certas condições de trabalho ao empregado, cujo exercício não causa prejuízo direto ou indireto ao trabalhador.
(2) O contrato de trabalho admite alterações subjetivas e alterações objetivas. As alterações subjetivas ocorrem nas alterações entre os sujeitos da relação, notadamente nas hipóteses de sucessão de empresas

e mudança na estrutura jurídica do empregador. As objetivas aludem às condições de trabalho e se dão pelo poder de comando patronal, nas transferências dos empregados e na suspensão do contrato de trabalho e seus efeitos, bem como quando resultam de negociação coletiva válida e expressa em acordo ou convenção coletivos de trabalho.

(3) As regras de transferência de empregados para outra localidade são protecionistas e destinam-se a evitar o ato patronal obstativo do prosseguimento da relação de emprego. O princípio geral é proibitivo, vedada a transferência para localidade diversa da de prestação de serviços.

(A) Estão corretas as proposições (1) e (2), mas incorreta a proposição (3).
(B) Estão corretas as proposições (1) e (3), mas incorreta a proposição (2).
(C) Estão corretas as proposições (2) e (3), mas incorreta a proposição (1).
(D) Estão corretas as três proposições.
(E) Está correta apenas a afirmação (2).

1: opção correta, pois o *jus variandi* do empregador consiste no direito do empregador de variar a prestação de serviços, ou seja, o poder de realizar modificações no contrato de trabalho. Esse poder encontra limite na própria lei, ou seja, poderá ser feito desde que não haja proibição legal. Veja art. 468 da CLT; **2:** opção correta, pois as mudanças subjetivas dizem respeito as alterações dos sujeitos da relação, sucessão de empregadores, arts. 10 e 448 da CLT. As modificações objetivas do contrato de trabalho referem-se às condições de trabalho. (Três situações podem provocar alteração objetiva no contrato de trabalho: o *jus variandi*, a transferência e a interrupção ou suspensão; **3:** opção correta, pois está de acordo com a regra esculpida no art. 469 da CLT.

Gabarito "D".

10. PROCESSO DO TRABALHO

Hermes Cramacon, Luis Mauricio Chierighini e Romeu Gonçalves Bicalho*

1. JUSTIÇA DO TRABALHO E MINISTÉRIO PÚBLICO DO TRABALHO

(OAB – VUNESP) Considere as afirmações sobre o Ministério Público do Trabalho.

I. O Ministério Público do Trabalho não pode atuar como árbitro em questões de competência da Justiça do Trabalho, mesmo que por vontade das partes interessadas.
II. O Termo de Ajuste de Conduta firmado perante o Ministério Público do Trabalho, em Inquérito Civil Público, pode ser executado na Justiça do Trabalho.
III. Cabe-lhe a defesa da União em causas trabalhistas, já que é órgão do Poder Executivo.
IV. Detém legitimidade para propor ação anulatória de cláusulas de Acordo ou Convenção Coletiva.

Indique a alternativa válida.

(A) Todas as informações estão erradas.
(B) Somente uma informação está correta.
(C) Somente duas afirmações estão corretas.
(D) Somente três afirmações estão corretas.

O Ministério Público, nos termos do art. 127 da CF, é instituição permanente, essencial à função jurisdicional do Estado, incumbindo-lhe a defesa da ordem jurídica, do regime democrático e dos interesses sociais e individuais indisponíveis, abrangendo, segundo o art. 128 da CF, o (i) Ministério Público da União e (ii) o Ministério Público dos Estados. O primeiro compreende o Ministério Público Federal, o Ministério Público do Trabalho, o Ministério Público Militar e o Ministério Público do Distrito Federal e Territórios. A Lei Complementar 75/1993, cuida das questões relativas ao Ministério Público da União. Já a Lei 8.625/1993, conhecida como Lei Orgânica Nacional do Ministério Público – LONMP –, cuida das normas gerais para organização do Ministério Público dos Estados. A assertiva I está incorreta, uma vez que o inciso XI do art. 83, XI, da LC 75/93 autoriza que o Ministério Público do Trabalho atue como árbitro em questões de competência da Justiça do Trabalho, se as partes envolvidas assim o quiserem. Também a alternativa III está incorreta, pois o Ministério Público é independente e não integra o Poder Executivo. Já as afirmações II e IV estão corretas por força do disposto no art. 876 da Consolidação das Leis do Trabalho e do art. 83 da Lei Complementar 75/1993. Assim, somente duas afirmações estão corretas. *Fundamento* – art. 83 da Lei 75/1993; art. 876 da CLT. *Gabarito "C".*

(OAB – VUNESP) São órgãos do Ministério Público do Trabalho:

(A) Promotores do Trabalho, Procuradores do Trabalho e Procurador Geral da Justiça do Trabalho.
(B) Procuradores do Trabalho, Procuradores Regionais do Trabalho e Procurador Geral do Trabalho.
(C) Procuradores do Trabalho, Procuradores Nacionais do Trabalho e Procurador Geral da Justiça do Trabalho.
(D) Promotores da Justiça do Trabalho, Procuradores da Justiça do Trabalho e Procurador Geral da Justiça do Trabalho.

Segundo dispõe o art. 85 da LC 75/93, são órgãos do Ministério Público do Trabalho o Procurador-Geral do Trabalho, o Colégio de Procuradores do Trabalho, o Conselho Superior do Ministério Público do Trabalho, a Câmara de Coordenação e Revisão do Ministério Público do Trabalho, a Corregedoria do Ministério Público do Trabalho, os Subprocuradores-Gerais do Trabalho, os Procuradores Regionais do Trabalho, os Procuradores do Trabalho. Também a CLT, em seus arts. 736 a 762, dispõe sobre a questão. Vale observar que o art. 128 da Constituição Federal dispõe que o Ministério Público do Trabalho faz parte do Ministério Público da União. *Gabarito "B".*

2. COMPETÊNCIA

(Defensor Público/MS – VUNESP – 2008) Considerando a competência da Justiça do Trabalho, assinale a alternativa correta.

(A) A Justiça do Trabalho adquiriu, com a Ementa Constitucional 45, competência para apreciação, também, das lides decorrentes das relações de consumo, acidentárias, tributárias, administrativas e criminais, sempre que houver alguma vinculação da pretensão com o trabalho humano.
(B) Já existia, anteriormente à modificação da competência da Justiça do Trabalho pela Emenda Constitucional 45, a previsão da competência para julgar lides decorrentes de uma relação específica de consumo, entre o empreiteiro operário ou artífice, bem como de trabalhadores de todas as modalidades de vinculação jurídica.
(C) A Justiça do Trabalho teve sua competência material gradativamente ampliada, e hoje, além de tê-la fixada segundo as antigas disposições da Consolidação das Leis do Trabalho, acresceu todas as ações que envolvam a matéria alusiva a greve, inclusive de servidores públicos, conforme entendimento da Suprema Corte.
(D) À Justiça do Trabalho compete o julgamento de todas as controvérsias decorrentes de relação de trabalho, tanto individuais como coletivas, excluídas as ações penais, as que envolvam servidores públicos estatutários e as de caráter jurídico administrativo.

A: opção incorreta, pois com o advento da EC 45/04 somente as lides decorrentes da relação de trabalho serão submetidas à jurisdição trabalhista. As ações de consumo, bem como as ações acidentárias, serão de competência da justiça comum; **B:** opção incorreta, pois anteriormente à modificação da competência da Justiça do Trabalho pela EC 45/04, somente as lides decorrentes da relação de emprego eram de competência da Justiça do Trabalho; **C:** opção incorreta, pois no julgamento da ADI 3395-6 o STF entendeu que a Justiça do Trabalho não é competente para processar e julgar as ações envolvendo servidores da administração pública, a ela vinculados por típica

---

* **Hermes Cramacon** comentou as questões de concursos jurídicos; **Luis Mauricio Chierighini** e **Romeu Gonçalves Bicalho** comentaram as questões da OAB.

relação de ordem estatutária ou de caráter jurídico administrativo. Somente os empregados públicos, que são regidos pela CLT, são de competência da Justiça do Trabalho. Veja, também, as Súmulas 137 e 218 do STJ; **D:** opção correta, pois reflete o disposto no art. 7º, I e IX, da CF, juntamente com o julgamento da ADIn 3395-6.
Gabarito "D".

(OAB – VUNESP) Compete à Justiça do Trabalho julgar as ações

(A) relativas às penalidades administrativas impostas aos empregadores, aos tomadores de serviço de trabalhadores autônomos e as que são aplicadas pelos órgãos de fiscalização profissional aos que exercem atividades profissionais liberais.
(B) oriundas da relação de emprego ou da relação estatutária de trabalho, salvo no tocante aos ocupantes de cargo em comissão, de livre provimento e exoneração.
(C) relativas às penalidades administrativas impostas aos empregadores pelos órgãos de fiscalização das relações de trabalho.
(D) oriundas da relação de emprego ou da relação estatutária de trabalho, inclusive no tocante aos ocupantes de cargo em comissão, de livre provimento e exoneração.

Com as alterações do art. 114 da CF trazidas pela EC 45/2004, a Justiça do Trabalho teve sua competência ampliada consideravelmente, passando a ter competência para processar e julgar "as ações oriundas da **relação de trabalho**" e não somente as ações entre "trabalhadores e empregadores" como dizia antes. Também passou a ser de sua competência, entre outras, as ações relativas às penalidades administrativas impostas aos empregadores pelos órgãos de fiscalização das relações de trabalho. Não obstante as alterações trazidas pela EC 45, não compete à Justiça do Trabalho dirimir questões de penalidades aplicadas pelos órgãos de fiscalização profissional como, por exemplo, a OAB, nem, tampouco, as lides que envolvem funcionários públicos estatutários. Em relação às primeiras, por não se incluírem na previsão constitucional que, como vimos, se refere "às ações oriundas da **relação de trabalho**" (entre o órgão de classe e o trabalhador não há relação de trabalho). Já em relação aos funcionários públicos estatutários, a competência da Justiça do Trabalho foi afastada por liminar concedida pelo STF na ADIN 3.684.0. *Fundamento* – CF, art. 114.
Gabarito "C".

(OAB – VUNESP) Em se tratando de empresa que promova realização das atividades fora do lugar da celebração do contrato de trabalho, a competência para julgamento da causa é do lugar da

(A) prestação de serviço ou da celebração do contrato, a critério do empregado.
(B) prestação de serviço ou do estabelecimento principal, a critério do empregado.
(C) prestação de serviço.
(D) celebração do contrato de trabalho.

De acordo com o art. 651, § 3.º, da CLT, em se tratando de empregador que promova suas atividades fora do lugar do contrato de trabalho, é assegurado ao empregado apresentar reclamação no foro da celebração do contrato ou no da prestação dos respectivos serviços, a seu critério. Tratando-se de competência relativa, a exceção de incompetência deve ser alegada em preliminar de contestação, nos termos do art. 337, II, CPC/2015, sob pena de preclusão. *Fundamento* – art. 651, § 3.º, da CLT.
Gabarito "A".

3. NULIDADES

(OAB – VUNESP) As nulidades processuais em matéria trabalhista devem ser arguidas

(A) na primeira vez em que o interessado tiver de falar em audiência ou nos autos, e ainda assim, desde que os atos inquinados acarretem manifesto prejuízo à parte que os argui.
(B) a qualquer tempo, solicitando-se reabertura da instrução para ampla prova da nulidade suscitada.
(C) apenas por ocasião da execução definitiva, mesmo que tenha ocorrido durante a instrução processual.
(D) na primeira vez em que o interessado tiver de falar em audiência ou nos autos, pouco importando que os atos inquinados acarretem ou não prejuízo ao requerente, tendo em vista a primazia do rigorismo formal que deve nortear o processo trabalhista.

Dispõe o art. 794 da CLT que "Nos processos sujeitos à apreciação da Justiça do Trabalho só haverá nulidade **quando resultar dos atos inquinados manifesto prejuízo às partes litigantes**", sendo que o art. 795 prescreve que "As nulidades não serão declaradas senão mediante provocação das partes, as quais deverão arguir **à primeira vez em que tiverem de falar em audiência ou nos autos**" (grifamos). No mesmo sentido é o CPC ao dispor em seu art. 278 que "A nulidade dos atos deve ser alegada na primeira oportunidade em que couber à parte falar nos autos, sob pena de preclusão". *Fundamento*: CLT, arts. 794 e 795; CPC/2015, art. 278.
Gabarito "A".

4. PROVAS

(OAB – VUNESP) Na forma da legislação processual trabalhista, os laudos periciais dos assistentes técnicos indicados pelas partes devem ser juntados aos autos

(A) no prazo comum de 10 dias, após as partes serem intimadas da apresentação do laudo do perito do juízo.
(B) no prazo comum de 30 dias, após as partes serem intimadas da apresentação do laudo do perito do juízo.
(C) no prazo comum de 20 dias, após as partes serem intimadas da apresentação do laudo do perito do juízo.
(D) no mesmo prazo assinalado para o perito do juízo, sob pena de serem desentranhados dos autos.

A perícia judicial no processo do trabalho encontra seu primeiro regulamento no art. 3.º da Lei 5.584/1970, que, em seu parágrafo único, dispõe: "Permitir-se-á a cada parte a indicação de um assistente, cujo laudo terá que ser apresentado no mesmo prazo assinado para o perito, sob pena de ser desentranhado dos autos". Desta forma, inaplicável o disposto no art. 477 do CPC/2015.
Gabarito "D".

5. RESPOSTAS/INSTRUÇÃO PROCESSUAL/ PROCEDIMENTOS

(OAB – VUNESP) A assistência judiciária que será prestada obrigatoriamente pelo Sindicato Profissional dirige-se, por força de lei,

(A) a qualquer do povo, independentemente de sua condição financeira.
(B) a ninguém, pois não há obrigatoriedade de atender qualquer pessoa, seja da categoria ou não.

(C) a todo aquele que perceber salário igual ou inferior ao dobro do mínimo legal, assegurado igual benefício ao trabalhador de maior salário, mas que comprove situação econômica que não lhe permita demandar, sem prejuízo do sustento próprio ou da família.

(D) a ninguém, pois não há obrigatoriedade de atender qualquer pessoa, salvo se tiver sido Diretor do Sindicato.

A Lei 5.584/1970, em seu art. 14 dispõe que "Na Justiça do Trabalho, a assistência judiciária a que se refere a Lei 1.060, de 5 de fevereiro de 1950, será prestada pelo Sindicato da categoria profissional a que pertencer o trabalhador" dispondo o mesmo artigo, em seu § 1.º, que "A assistência é devida, a todo aquele que perceber salário igual ou inferior ao dobro do mínimo legal, ficando assegurado igual benefício ao trabalhador de maior salário, uma vez provado que sua situação econômica não lhe permite demandar, sem prejuízo do sustento próprio ou da família". Assim, compete ao Sindicato dos trabalhadores proporcionar-lhes a respectiva assistência na propositura das ações trabalhistas, colocando à disposição dos mesmos advogados e advogadas gratuitamente. Ver também Súmulas 219 e 329 do TST.
Gabarito "C".

(OAB - VUNESP) No processo do trabalho são recebidas, com suspensão do feito, as exceções de

(A) incompetência, impedimento, litispendência, coisa julgada e suspeição.
(B) incompetência, coisa julgada e suspeição.
(C) incompetência e suspeição.
(D) suspeição.

Somente as exceções de suspeição e de incompetência relativa são recebidas com suspensão do feito. Na CLT, encontramos tal previsão no art. 799 sendo que a incompetência citada no referido artigo é, evidentemente, a relativa. A exceção de incompetência territorial deverá ser apresentada no prazo de cinco dias a contar da notificação, antes da audiência e em peça que sinalize a existência desta exceção, nos termos do art. 800 da CLT. Já a incompetência absoluta pode ser arguida como preliminar de contestação, art. 337, II, CPC/2015 ou a qualquer tempo no processo. Pode inclusive, ser objeto de ação rescisória, art. 966, II, CPC/2015. Já a incompetência relativa, se não alegada no prazo supra apontado, se prorrogará. Embora não citada expressamente pelo art. 799 da CLT, a exceção de impedimento do juiz também está entre as causas que comportam suspensão do feito. A litispendência e a coisa julgada também são matérias que devem ser alegadas na contestação, em preliminar, e não por meio de exceção (art. 337 do CPC/2015). *Fundamento* – art. 799 da CLT; Súmula 214 do TST.
Gabarito "D".

(OAB - VUNESP) O prazo para preparação da defesa escrita, no procedimento trabalhista ordinário, em regra,

(A) não fica sujeito a lapso fixo de tempo, assegurado, todavia, o mínimo de 5 dias.
(B) é de 15 dias, a contar da juntada, aos autos, do comprovante de recebimento da notificação inicial.
(C) é de 15 dias, a contar do recebimento da notificação inicial.
(D) é de 5 dias, a contar da juntada, aos autos, do comprovante de recebimento da notificação inicial.

A defesa no processo do trabalho, tanto no procedimento ordinário quanto no sumaríssimo, deve ser entregue na primeira audiência, podendo ser feita, inclusive, de forma oral no prazo de 20 minutos (art. 847 da CLT). Ocorre, por evidente, que a garantia constitucional da ampla defesa determina que seja concedido um prazo razoável para que a parte contrária prepare sua defesa. Esse prazo é de, no mínimo, 5 dias, interpretação essa que decorre do art. 841 da CLT. Este prescreve que, recebida a reclamação, a Reclamada será notificada para comparecer à audiência de julgamento, que será a primeira desimpedida, depois de 5 (cinco) dias. Como é nessa audiência que a parte apresentará sua defesa, é este o prazo mínimo que deve ser garantido à parte contrária para contestar, sob pena de nulidade.
Gabarito "A".

(OAB - VUNESP) Ajuizada reclamatória, sem valor determinado e não ocorrendo acordo, o juiz fixou, como valor da causa, o importe de R$ 7.000,00. A reclamada fez protesto de imediato, sem sucesso, mantendo, o magistrado, o valor fixado, não compatível com o pedido. Como advogado, qual o procedimento a ser adotado?

(A) Impetrar mandado de segurança.
(B) Aguardar a sentença e, se procedente a reclamatória, interpor recurso com preliminar de nulidade.
(C) Ratificar protesto para garantir a discussão do valor em recurso ordinário, se procedente a reclamatória.
(D) Oferecer recurso revisional.

A Lei 5.584/1970, em seu art. 2.º, prevê que o juiz, antes do início da instrução, deve fixar o valor da causa se este for indeterminado no pedido, cabendo à parte que se sentir prejudicada fazer a respectiva impugnação no prazo para razões finais e, se mantido o valor, pedir revisão (chamado de recurso revisional) ao Presidente do TRT no prazo de 48 horas. Na prática, e especialmente após a introdução do rito sumaríssimo no Direito do Trabalho, temos que os juízes trabalhistas exigem, sob pena de indeferimento, que a inicial venha com o seu valor da causa já expresso, sendo que o procedimento previsto na Lei 5.584/1970 praticamente não é utilizado. *Fundamento* – art. 2.º da Lei 5.584/1970.
Gabarito "D".

(OAB - VUNESP) Aplica-se a pena de confissão

(A) ao empregador revel, apenas.
(B) tão somente ao empregado revel nos inquéritos judiciais.
(C) aos empregados e empregadores que não comparecerem à audiência para depor.
(D) à parte que, expressamente intimada com aquela cominação, não comparecer à audiência em prosseguimento, na qual deveria depor.

A regra no processo do trabalho é que haja apenas uma audiência, onde os atos de conciliação, instrução e julgamento da lide serão concentrados. Nessa audiência, as partes deverão comparecer e produzir todas as provas necessárias ao convencimento do juiz. Nesse caso, o artigo 844 da CLT prescreve que "o não comparecimento do reclamante à audiência importa o arquivamento da reclamação, e o não comparecimento do reclamado importa revelia, além de confissão quanto à matéria de fato". Nesse caso, a confissão é aplicada somente ao reclamado, seja como consequência da revelia (quando não comparece à audiência e, portanto, não se defende), seja por falta de defesa (quando comparece à audiência, mas não apresenta defesa contestando os fatos). Ao Reclamante não se aplica a confissão nessa fase, pois se o mesmo não comparecer a audiência inaugural, a ação será arquivada. Contudo, pode ocorrer de o juiz designar nova audiência, em continuação à primeira. Isso é comum, por exemplo, em lides envolvendo pedido de adicional de insalubridade e periculosidade, onde o juiz suspende a audiência "sine die" e, após a conclusão da perícia, designa nova audiência determinando às partes que compareçam à audiência, sob pena de confissão. Nesse caso, tanto o reclamante quanto o reclamado podem sofrer os efeitos da confissão. *Fundamento* – art. 844 da CLT; Súmulas 9, 74 e 122 do TST.
Gabarito "D".

(OAB - VUNESP) Testemunha do reclamante, que move reclamação contra a mesma reclamada

(A) é suspeita.

(B) não é suspeita.
(C) somente pode depor como informante.
(D) há suspeição desde que requerida a contradita.

As causas de suspeição e impedimento de testemunha estão previstas no art. 829 da CLT, bem como no art. 447 do CPC/2015. A jurisprudência trabalhista sedimentou entendimento por meio da Súmula 357 do TST de que o simples fato de estar litigando ou de ter litigado contra o mesmo empregador não torna a testemunha suspeita. *Fundamento* – art. 829 da CLT; art. 447 do CPC; Súmula 357 do TST.
Gabarito "B".

(OAB – VUNESP) Nas reclamações sujeitas ao procedimento sumaríssimo:

(A) o valor não pode exceder a quarenta vezes o salário do reclamante.
(B) a citação é feita por edital caso o reclamado esteja em local incerto e não sabido.
(C) a sua apreciação deve ocorrer no prazo máximo de quinze dias do seu ajuizamento.
(D) o comparecimento das testemunhas, até o máximo de duas para cada parte, faz-se mediante simples referência em rol depositado na Secretaria da Vara até a véspera da audiência.

O procedimento sumaríssimo, instituído no processo trabalhista pela Lei 9.957/2000 com o acréscimo dos arts. 852-A a 852-H da CLT, é aplicado aos feitos cujo valor da causa não exceda de 40 salários mínimos. Nesse procedimento é proibida a citação por edital, sendo limitado o número de testemunhas a duas (que deverão comparecer à audiência independentemente de intimação ou arrolamento prévio), devendo a apreciação das reclamações ocorrer no prazo máximo de 15 dias do seu ajuizamento, podendo constar da pauta especial, se necessário, de acordo com o movimento judiciário. *Fundamento* – arts. 852-A a 852-H da CLT.
Gabarito "C".

(OAB – VUNESP) Na reclamação ajuizada pelo trabalhador, para a cobrança de direito irrenunciável, correspondente a salário mínimo não pago, ausentes ambas as partes à única audiência designada,

(A) deve designar-se nova audiência, com condução coercitiva das partes.
(B) o reclamado é considerado revel.
(C) o processo é arquivado.
(D) encerra-se a instrução, julgando o feito no estado em que se encontra.

A regra no processo do trabalho é que haja apenas uma audiência, onde os atos de conciliação, instrução e julgamento da lide serão concentrados. Nessa audiência, as partes deverão comparecer e produzir todas as provas necessárias ao convencimento do juiz. Nesse caso, o artigo 844 da CLT prescreve que "O não comparecimento do reclamante à audiência importa o arquivamento da reclamação, e o não comparecimento do reclamado importa revelia, além de confissão quanto à matéria de fato". Nesse caso, a confissão é aplicada somente o reclamado, seja como consequência da revelia (quando não comparece à audiência e, portanto, não se defende), seja por falta de defesa (quando comparece à audiência, mas não apresenta defesa contestando os fatos). Ao Reclamante não se aplica a confissão nessa fase, pois se o mesmo não comparecer à audiência inaugural, a ação será arquivada. *Fundamento* – art. 844 da CLT; Súmulas 9, 74 e 122 do TST.
Gabarito "C".

(OAB – VUNESP) No processo do trabalho, a apresentação de rol de testemunhas

(A) não é exigível, salvo em procedimento sumaríssimo.
(B) é sempre exigível, no prazo de dez dias antes da audiência.
(C) é sempre exigível, até a véspera da audiência.
(D) não é exigível.

No processo do trabalho não há necessidade de arrolar previamente as testemunhas, cabendo às partes conduzirem as mesmas à audiência. Se o processo tramitar pelo rito ordinário (ações com valor da causa acima de 40 salários mínimos), a parte interessada poderá requerer a intimação da testemunha que não compareceu (art. 825, parágrafo único). Porém, se o processo for de rito sumaríssimo (até 40 salários mínimos), para que a parte possa requerer a intimação da testemunha que não compareceu espontaneamente, deverá provar que a convidou (art. 852-H, § 3.º). *Fundamento* – arts. 825 e 852-H, §§ 2.º e 3.º, da CLT.
Gabarito "D".

6. EXECUÇÃO

(Procurador do Estado/SP – 2018 – VUNESP) Assinale a alternativa correta a respeito da execução perante a Justiça do Trabalho.

(A) A inscrição do nome do executado no Banco Nacional de Devedores Trabalhistas (BNDT) poderá ocorrer imediatamente após o trânsito em julgado da decisão condenatória de pagamento de quantia certa.
(B) A execução será promovida pelas partes, permitida a execução de ofício pelo juiz ou pelo Presidente do Tribunal apenas nos casos em que as partes não estiverem representadas por advogado.
(C) De acordo com a Consolidação das Leis do Trabalho, cabe recurso ordinário da decisão proferida em embargos à execução.
(D) Compete à Justiça Federal executar, de ofício, as contribuições sociais previstas na alínea "a" do inciso I e no inciso II do *caput* do art. 195 da Constituição da República, e seus acréscimos legais, relativas ao objeto da condenação constante das sentenças proferidas pela Justiça do Trabalho e dos acordos por esta homologados.
(E) O Tribunal Superior do Trabalho entende que constitui indevido fracionamento do valor da execução (art. 100, § 8º, da Constituição da República) o pagamento individualizado do crédito devido pela Fazenda Pública, no caso de ação coletiva em que sindicato atua como substituto processual na defesa de direitos individuais homogêneos dos trabalhadores substituídos.

A: opção incorreta, pois nos termos do art. 883-A da CLT somente depois de transcorrido o prazo de 45 dias a contar da citação do executado, se não houver garantia do juízo, poderá haver a inscrição do nome do executado no Banco Nacional de Devedores Trabalhistas. **B:** opção correta, pois reflete a disposição contida no art. 878 da CLT. **C:** opção incorreta, pois nos termos do art. 897, *a*, da CLT, o recurso cabível na fase de execução é o agravo de petição. **D:** opção incorreta, pois a competência é da Justiça do Trabalho, art. 114, VIII, da CF. **E:** opção incorreta, pois o TST entende que, para se determinar a execução por precatório ou requisição de pequeno valor, deve-se aferir o crédito de cada reclamante, nos casos de reclamação plúrima. E, por isso, propôs que o mesmo entendimento deveria ser aplicado para o caso de substituição processual. Veja decisão: PROCESSO TST-E-ED-ED-RR-9091200-66.1991.5.04.0016. (HC)
Gabarito "B".

(Procurador – IPSMI/SP – VUNESP – 2016) Tratando-se de execução em reclamações plúrimas, em face da Fazenda Pública,

(A) não é possível a dispensa de formação do precatório.
(B) para efeito de dispensa de formação do precatório e aplicação da requisição de pequeno valor (art. 100, § 3º, CF) deve ser considerado o valor total da execução.
(C) para efeito de dispensa de formação do precatório e aplicação da requisição de pequeno valor (art.100, § 3º, CF) deve ser considerado o valor do crédito de cada reclamante.
(D) caberá ao magistrado decidir se expede o precatório, de acordo com sua livre convicção.
(E) caberá aos reclamantes o fornecimento das peças para formação do precatório, independentemente do valor do crédito exequendo.

"C" é a resposta correta. Isso porque a OJ 9 do Tribunal Pleno/Órgão Especial do TST entende que tratando-se de reclamações trabalhistas plúrimas, a aferição do que vem a ser obrigação de pequeno valor, para efeito de dispensa de formação do precatório e aplicação do disposto no § 3º do art. 100 da CF/88, deve ser realizada considerando-se os créditos de cada reclamante.
Gabarito "C".

(OAB – VUNESP) Reclamação Trabalhista – Procedimento Sumaríssimo – Fase de Execução. Expedido mandado de citação, o oficial de justiça certificou que não encontrou o devedor para citá-lo para pagar o débito. Neste caso, o credor deverá requerer:

(A) o desentranhamento do mandado para que o oficial de justiça diligencie até encontrar o devedor, tantas quantas forem as vezes necessárias, já que na fase de execução somente a citação pessoal é válida.
(B) a citação do devedor por edital, caso o oficial de justiça não consiga citá-lo pessoalmente após duas tentativas.
(C) citação do devedor com hora certa, já que no processo sumaríssimo não é possível a citação por edital.
(D) a citação por hora certa e, somente se esta não for possível, será cabível a citação por edital.

Na execução trabalhista, se o executado, após ser procurado por duas vezes no espaço de 48 horas, não for encontrado, far-se-á citação por edital, publicado no jornal oficial ou, na falta deste, afixado na sede do Juízo, durante cinco dias (§ 3.º do art. 880 da Consolidação das Leis do Trabalho). Diferente seria se a citação fosse na fase de conhecimento, quando a CLT proíbe a citação por edital nos processos de rito sumaríssimo (art. 852-B, II). Fundamento – art. 880, § 3.º, da CLT.
Gabarito "B".

(OAB – VUNESP) Fraude a ação de execução o devedor que

(A) renite em não pagar a dívida exequenda, oferecendo embargos à penhora.
(B) oferece resistência à ação de execução, utilizando-se de todos os remédios legais.
(C) aliena ou onera bens, no curso da demanda capaz de reduzi-lo à insolvência.
(D) aliena ou onera bens que poderiam servir para satisfação do crédito exequendo.

Sempre que o devedor, no curso de uma ação judicial, aliena ou onera bens, de modo a reduzir-se à condição de insolvente, presente estará a fraude à execução (art. 792, IV, CPC/2015), sendo ineficaz o respectivo ato de alienação ou de oneração. A fraude à execução, assim como todo ato que tenha como objetivo protelar a execução, é considerada como ato atentatório à dignidade da Justiça (art. 774, I, do CPC/2015), ficando o executado sujeito a sanções (art. 774, parágrafo único, CPC/2015). Fundamento – arts. 790, V; 792, 774 e parágrafo único, CPC/2015.
Gabarito "C".

(OAB – VUNESP) No processo do trabalho, o agravo de petição cabe para impugnar

(A) decisão proferida em processo cautelar ou de execução.
(B) decisão proferida em processo de execução.
(C) decisão proferida em processo de conhecimento, cautelar ou de execução, desde que terminativa.
(D) decisão proferida em processo de conhecimento, cautelar ou de execução, desde que definitiva.

Agravo de petição é o recurso cabível das decisões na execução trabalhista, cujo prazo de interposição é de 8 oito dias, sendo dispensado ao mesmo o depósito recursal, salvo se, na decisão recorrida, houve aumento do valor da condenação, quando então o recorrente deverá complementar a garantia do juízo até o limite da condenação. Fundamento – art. 897, a, da CLT.
Gabarito "B".

(OAB –VUNESP) No processo do trabalho, a penhora online

(A) tem expressa previsão na CLT e pode ser usada apenas em favor do empregado.
(B) não tem expressa previsão legal na CLT e pode ser usada em favor do empregado ou do empregador.
(C) não tem expressa previsão legal na CLT mas só pode ser usada em favor do empregado.
(D) tem expressa previsão na CLT e pode ser usada em favor do empregado ou do empregador.

Não existe previsão legal expressa na CLT sobre a chamada penhora online. Na Justiça do Trabalho a sua prática já ocorria desde meados de 2003 e encontra regulamento nas Normas da Corregedoria-Geral a Justiça do Trabalho. Trata-se de um convênio entre o Poder Judiciário e o Banco Central, conhecido como "BACEN JUD", em que o juiz, por meio de uma senha pessoal, recebe acesso direto ao sistema e determina via internet o que antes era feito por meio de ofício em papel, observando, ao que nos parece, a ordem de preferência na penhora estipulada no art. 835 do CPC/2015. O art. 854 CPC/2015, aplicável subsidiariamente ao Processo do Trabalho, e que vem regulamentar por lei esse tipo de penhora.
Gabarito "B".

7. COISA JULGADA E AÇÃO RESCISÓRIA

(OAB –VUNESP) O prazo de dois anos para ajuizamento de ação rescisória de sentença de primeiro grau é contado a partir:

(A) da publicação da sentença rescindenda.
(B) da publicação do acórdão proferido pelo Tribunal Regional.
(C) do trânsito em julgado da última decisão proferida na causa, seja de mérito ou não.
(D) da extinção do contrato de trabalho.

De acordo com a Súmula 100 do TST, o prazo decadencial de dois anos para o ajuizamento da ação rescisória conta-se do dia imediatamente subsequente ao trânsito em julgado da última decisão proferida na causa, seja de mérito ou não. Porém, a mesma Súmula destaca que, havendo recurso parcial no processo principal, o trânsito em julgado dá-se em momentos e em tribunais diferentes, contando-se o prazo decadencial para a ação rescisória do trânsito em julgado de cada decisão, salvo se o recurso tratar de preliminar ou prejudicial que possa tornar insubsistente a decisão recorrida. *Fundamento* – art. 836 da CLT; art. 975 do CPC/2015; Súmula 100 do TST.

Gabarito "C".

(Procurador do Estado/SP – VUNESP – 2005) Na ação rescisória trabalhista em que é réu sindicato que promoveu a ação originária, na condição de substituto processual,

(A) a citação dos substituídos para integrar a lide implica a ilegitimidade de parte do sindicato e sua exclusão do processo.
(B) é obrigatória, sob pena de nulidade do processo, a citação dos substituídos para integrar a lide, na hipótese de pedido de rescisão de julgado em ação de cumprimento.
(C) não se admite o litisconsórcio passivo facultativo, cabendo ao sindicato a representação dos interesses individuais da categoria, independentemente de procuração dos substituídos.
(D) inexiste litisconsórcio passivo necessário, sendo desnecessária a citação dos substituídos.
(E) o sindicato é parte ilegítima para figurar no polo passivo da ação, devendo ser decretada a extinção do processo sem julgamento do mérito.

A: opção incorreta, pois a citação dos substituídos não é necessária. Veja Súmula 406 TST; **B:** opção incorreta, pois nos termos da Súmula 406, item II, do TST a citação não é obrigatória; **C:** opção incorreta, pois se admite litisconsórcio passivo facultativo; **D:** opção correta, pois de acordo com o entendimento cristalizado na Súmula 406, item II, do TST o sindicato, substituto processual e autor da reclamação trabalhista, em cujos autos fora proferida a decisão rescindenda, possui legitimidade para figurar como réu na ação rescisória, sendo descabida a exigência de citação de todos os empregados substituídos, porquanto inexistente litisconsórcio passivo necessário; **E:** opção incorreta, pois de acordo com o entendimento do TST é permitido ao sindicato figurar no polo passivo da lide.

Gabarito "D".

8. DISSÍDIO COLETIVO / AÇÃO DE CUMPRIMENTO

(OAB – VUNESP) Para propositura da ação de cumprimento é

(A) dispensável a comprovação do trânsito em julgado da sentença normativa.
(B) indispensável a comprovação, com certidão do trânsito em julgado da sentença normativa.
(C) necessário, em todas as hipóteses, que o substituído outorgue poderes ao Sindicato substituto processual.
(D) necessário em apenas algumas hipóteses, que o substituído outorgue poderes ao Sindicato substituto processual.

As ações de cumprimento têm como objeto o cumprimento de cláusulas estabelecidas em instrumentos normativos (Acordos ou Convenções Coletivas e Sentenças Normativas). Em se tratando de cumprimento de cláusula prevista em sentença normativa, é dispensável a certidão do trânsito em julgado da mesma, conforme entendimento jurisprudencial sedimentado na Súmula 246 do TST. *Fundamento* – art. 872 da CLT; Súmulas 246 do TST.

Gabarito "A".

9. RECURSOS

(Procurador do Estado/SP – 2018 – VUNESP) É correto afirmar a respeito do recurso de revista:

(A) nas execuções fiscais, não cabe recurso de revista por violação a lei federal.
(B) de acordo com a jurisprudência do Tribunal Superior do Trabalho, é cabível recurso de revista de ente público que não interpôs recurso ordinário voluntário da decisão de primeira instância, independentemente do agravamento, na segunda instância, da condenação imposta.
(C) é cabível recurso de revista interposto de acórdão regional prolatado em agravo de instrumento.
(D) o juízo de admissibilidade do recurso de revista exercido pela Presidência dos Tribunais Regionais do Trabalho abrange a análise do critério da transcendência das questões nele veiculadas.
(E) a admissibilidade do recurso de revista interposto de acórdão proferido em agravo de petição, na liquidação de sentença ou em processo incidente na execução, inclusive os embargos de terceiro, depende de demonstração inequívoca de violência direta à Constituição Federal.

A: opção incorreta, pois nos termos do art. 896, § 10, da CLT admite-se a interposição de recurso. **B:** opção incorreta, pois nos termos da OJ 334 da SDI 1 do TST, é "incabível recurso de revista de ente público que não interpôs recurso ordinário voluntário da decisão de primeira instância, ressalvada a hipótese de ter sido agravada, na segunda instância, a condenação imposta". **C:** opção incorreta, pois nos termos da súmula 218 do TST, "é incabível recurso de revista interposto de acórdão regional prolatado em agravo de instrumento". **D:** opção incorreta, pois nos termos do art. 896-A, § 6º, da CLT, "o juízo de admissibilidade do recurso de revista exercido pela Presidência dos Tribunais Regionais do Trabalho limita-se à análise dos pressupostos intrínsecos e extrínsecos do apelo, não abrangendo o critério da transcendência das questões nele veiculadas". **E:** opção correta, pois nos termos da súmula 266 do TST, a "admissibilidade do recurso de revista interposto de acórdão proferido em agravo de petição, na liquidação de sentença ou em processo incidente na execução, inclusive os embargos de terceiro, depende de demonstração inequívoca de violência direta à Constituição Federal". (HC)

Gabarito "E".

(Procurador Municipal/SP – VUNESP – 2016) Assinale a alternativa correta.

(A) Não compete à Justiça do Trabalho a execução, de ofício, da contribuição referente ao Seguro de Acidente de Trabalho (SAT), que tem natureza de contribuição para a seguridade social (arts. 114, VIII, e 195, I, "a", da CF), pois se destina ao financiamento de benefícios relativos à incapacidade do empregado decorrente de infortúnio no trabalho (arts. 11 e 22 da Lei nº 8.212/1991).
(B) Nas causas sujeitas ao procedimento sumaríssimo, a admissibilidade de recurso de revista está limitada à demonstração de violação direta a dispositivo da Constituição Federal ou contrariedade a Súmula ou Orientação Jurisprudencial do Tribunal Superior do Trabalho.
(C) A União, os Estados, os Municípios, o Distrito Federal e as suas autarquias e fundações públicas, quando representadas em juízo, ativa e passivamente, por

seus procuradores, não estão dispensadas da juntada de instrumento de mandato e de comprovação do ato de nomeação.
(D) A admissibilidade do recurso de embargos contra acórdão de Turma em Recurso de Revista em fase de execução, publicado na vigência da Lei nº 11.496, de 26.06.2007, condiciona-se à demonstração de divergência jurisprudencial entre Turmas ou destas e a Seção Especializada em Dissídios Individuais do Tribunal Superior do Trabalho em relação à interpretação de dispositivo constitucional.
(E) O *jus postulandi* das partes, estabelecido no art. 791 da CLT, limita-se às Varas do Trabalho, não alcançando a ação rescisória, a ação cautelar, o mandado de segurança e os recursos de competência dos Tribunais Regionais do Trabalho e do Tribunal Superior do Trabalho.

A: Opção incorreta, pois nos termos da súmula 454 do TST compete à Justiça do Trabalho a execução, de ofício, da contribuição referente ao Seguro de Acidente de Trabalho (SAT), que tem natureza de contribuição para a seguridade social (arts. 114, VIII, e 195, I, "a", da CF), pois se destina ao financiamento de benefícios relativos à incapacidade do empregado decorrente de infortúnio no trabalho (arts. 11 e 22 da Lei nº 8.212/1991). **B:** opção incorreta, pois nos termos da súmula 442 do TST nas causas sujeitas ao procedimento sumaríssimo, a admissibilidade de recurso de revista está limitada à demonstração de violação direta a dispositivo da Constituição Federal ou contrariedade a Súmula do Tribunal Superior do Trabalho, não se admitindo o recurso por contrariedade a Orientação Jurisprudencial deste Tribunal (Livro II, Título II, Capítulo III, do RITST), ante a ausência de previsão no art. 896, § 9º, da CLT. **C:** opção incorreta, pois nos termos da súmula 436, I, do TST a União, Estados, Municípios e Distrito Federal, suas autarquias e fundações públicas, quando representadas em juízo, ativa e passivamente, por seus procuradores, estão dispensadas da juntada de instrumento de mandato e de comprovação do ato de nomeação. **D:** opção correta, pois reflete a disposição contida na súmula 433 do TST. **E:** opção incorreta, pois nos termos da súmula 425 do TST O *jus postulandi* das partes, estabelecido no art. 791 da CLT, limita-se às Varas do Trabalho e aos Tribunais Regionais do Trabalho, não alcançando a ação rescisória, a ação cautelar, o mandado de segurança e os recursos de competência do Tribunal Superior do Trabalho.
Gabarito "D".

(Defensor Público/MS – VUNESP – 2008) No que tange aos recursos no processo trabalhista, é correto afirmar:

(A) Considerando o princípio do duplo grau de jurisdição, sempre será possível interpor recurso ordinário no processo trabalhista.
(B) Os recursos trabalhistas não têm efeitos suspensivo, translativo, substitutivo, extensivo ou regressivo, porque são dotados apenas de efeito devolutivo.
(C) Todos os recursos têm, sempre, o prazo único de oito dias, fixado pela Lei n.º 5.584/1970, independentemente de sua espécie ou natureza.
(D) O recurso de revista tem hipóteses limitadas de cabimento e não se destinam a corrigir *error in judicando* na apreciação dos fatos e provas.

A: opção incorreta, pois as hipóteses de cabimento de recurso ordinário estão dispostas no art. 895 da CLT; **B:** opção incorreta, pois o recurso ordinário interposto em dissídio coletivo, poderá ter efeito suspensivo. Assim como pode ser pedido efeito suspensivo para recursos por meio de requerimento dirigido ao TRT, em conformidade com a Súmula 414, I, parte final, do TST; **C:** opção incorreta, pois embora, em regra, o prazo recursal trabalhista seja de 8 (oito) dias, o prazo para oposição de embargos de declaração é 5 (cinco) dias (art. 897-A CLT); o prazo para interposição de recurso extraordinário é de 15 dias (art. 1003, § 5º, CPC/2015.) e o recurso denominado pedido de revisão, também chamado de recurso revisional, tem o prazo de 48 horas (art. 2º, § 1º, da Lei 5.584/70); **D:** opção correta, pois as hipóteses de cabimento de recurso de revista estão dispostas no art. 896 e parágrafos da CLT. Ademais, de acordo com a Súmula 126 do TST, não se presta para o reexame de fatos e provas.
Gabarito "D".

(OAB – VUNESP) No processo trabalhista, agravo retido tem cabimento:

(A) contra despacho de indeferimento de realização de prova pericial.
(B) contra despacho de adiantamento de audiência sem notificação a uma das partes.
(C) contra despacho de indeferimento de processamento de agravo de instrumento.
(D) em nenhuma das hipóteses acima.

No processo trabalhista vigora o princípio da irrecorribilidade imediata das decisões interlocutórias (art. 893, § 1.º), salvo as hipóteses previstas na Súmula 214 do TST, qual seja, a) de Tribunal Regional do Trabalho contrária à Súmula ou Orientação Jurisprudencial do Tribunal Superior do Trabalho; b) suscetível de impugnação mediante recurso para o mesmo Tribunal; c) que acolhe exceção de incompetência territorial, com a remessa dos autos para Tribunal Regional distinto daquele a que se vincula o juízo excepcionado, consoante o disposto no art. 799, § 2º, da CLT. O art. 855-A, § 1º, II, da CLT ensina ainda que a decisão interlocutória que acolher ou rejeitar o incidente de desconsideração da personalidade jurídica, na fase de execução de sentença, é recorrível via agravo de petição. Todavia, a mesma decisão não é recorrível se proferida na fase de conhecimento, art. 855-A, § 1º, I, da CLT. Já o art. 893 da Consolidação das Leis do Trabalho elenca todos os recursos admitidos na seara trabalhista, sendo que em tal rol taxativo não encontramos o agravo retido. São cabíveis no campo trabalhista os seguintes recursos: a) embargos; b) recurso ordinário; c) recurso de revista; d) agravo. Não se conformando com uma decisão interlocutória, a parte deverá fazer constar seu descontentamento na primeira oportunidade que tiver de falar nos autos, para, posteriormente, invocá-lo no recurso cabível (art. 893) da decisão definitiva ou terminativa, caso tenha interesse em recorrer. Se houver violação a direito líquido e certo e desde que haja *periculum in mora* e *fumus boni iuris*, a parte poderá valer-se do mandado de segurança. Fundamento – art. 893, § 1.º, da CLT; Súmulas 214 e 414 a 419 do TST.
Gabarito "D".

(OAB – VUNESP) Assinale a opção correta no que diz respeito a recurso de revista na justiça do trabalho.

(A) Das decisões proferidas pelos tribunais regionais ou por suas turmas, na fase executória, em nenhuma hipótese cabe recurso de revista.
(B) Das decisões proferidas pelos tribunais regionais ou por suas turmas, na fase executória, não cabe recurso de revista, salvo na hipótese de ofensa direta e literal de norma da Constituição Federal.
(C) Das decisões proferidas pelo juízo de primeiro grau na fase executória, não cabe recurso de revista, salvo na hipótese de dúvida de interpretação de lei federal.
(D) Das decisões proferidas pelo juízo de primeiro grau na fase executória, não cabe recurso de revista, salvo na hipótese de violação de súmula do próprio tribunal regional a cuja jurisdição esteja ele subordinado.

O Recurso de Revista é o recurso cabível das decisões do TRT contra acórdão que julga Recurso Ordinário ou Agravo de Petição. No primeiro caso, se o rito processual empreendido foi o ordinário (causas com valor superior a 40 salários mínimos), o recorrente poderá interpor recurso de revista com base em: 1) divergência jurisprudencial fundada em julgado de outro TRT, em julgado da SDI do TST ou em Súmula do TST ou Súmula Vinculante do STF; 2) em violação literal de dispositivo de lei Federal; ou 3) em afronta direta e literal à Constituição Federal. Porém, se o rito processual for o sumaríssimo, somente caberá Recurso de Revista com base em: 1) divergência jurisprudencial fundada em Súmula do TST ou Súmula Vinculante do STF ou 2) se demonstrada afronta direta e literal à Constituição Federal. Já em se tratando de acórdão do TRT em julgamento de Agravo de Petição, somente caberá Recurso de Revista se demonstrada afronta direta e literal à Constituição Federal. *Fundamento* – CLT, art. 896, *a*, *b* e *c* e §§ 2º, 9º e 10, da CLT.

Gabarito "B".

(OAB – VUNESP) Em reclamação ajuizada por empregado em face de seu empregador, na audiência, o Juiz acolhe contradita e indefere a oitiva de testemunha trazida por uma das partes. Contra tal decisão cabe, de imediato,

(A) agravo de instrumento.
(B) agravo retido.
(C) carta testemunhável.
(D) nenhum recurso.

O processo do trabalho é orientado pelo princípio da celeridade processual, dispondo o § 1.º do art. 893 que as decisões interlocutórias não comportam recurso imediato, ressalvadas as hipóteses previstas na Súmula 214 do TST. Não se conformando com uma decisão interlocutória, a parte deverá fazer constar seu descontentamento na primeira oportunidade que tiver de falar nos autos, para, posteriormente, invocá-lo no recurso cabível (art. 893) da decisão definitiva ou terminativa, caso tenha interesse em recorrer. Se houver violação a direito líquido e certo e desde que haja *periculum in mora* e *fumus boni iuris*, a parte poderá valer-se do mandado de segurança. *Fundamento* – art. 893, § 1.º, da CLT; Súmulas 214 e 414 a 419 do TST.

Gabarito "D".

(OAB – VUNESP) Das decisões definitivas dos Tribunais Regionais, em processo de sua competência originária, quer nos dissídios individuais, quer nos dissídios coletivos, cabe

(A) recurso ordinário, no prazo de 8 dias.
(B) recurso ordinário, no prazo de 8 dias, salvo em decisão em mandado de segurança, quando o prazo é de 15 dias.
(C) agravo de petição, no prazo de 8 dias, quando se tratar de processo em fase de execução.
(D) recurso de revista, no prazo de 8 dias.

O Recurso Ordinário é o recurso cabível das sentenças proferidas pelos juízes das Varas do Trabalho nos processos de conhecimento, tenham elas caráter definitivo (CPC/2015, art. 487) ou terminativo (CPC, art. 485). As decisões interlocutórias são irrecorríveis no processo do trabalho, salvo as hipóteses previstas na Súmula 214 do TST. Também é cabível Recurso Ordinário contra as decisões definitivas (acórdãos) dos TRTs proferidas em processos de sua competência originária, sejam em dissídios individuais ou coletivos (art. 895 da CLT). O recurso de Agravo de Petição somente será cabível das decisões proferidas na fase da execução trabalhista (art. 897, "a", da CLT), enquanto o Recurso de Revista só é cabível contra as decisões proferidas pelos TRTs no julgamento de recurso ordinário ou de agravo de petição (art. 896 da CLT). Todos os recursos trabalhistas devem ser interpostos no prazo de 8 dias. (art. 893 da CLT). *Fundamento* – arts. 893 a 897 da CLT; Súmula 214 do TST.

Gabarito "A".

(OAB – VUNESP) Quanto ao agravo de instrumento no processo do trabalho, pode-se afirmar que

(A) é o recurso adequado para impugnar despachos terminativos.
(B) somente é usado para pleitear seguimento de recurso.
(C) pode ser interposto para pedir seguimento a recurso e para postular justiça gratuita.
(D) somente pode ser indeferido seu processamento, quando não houver o depósito recursal.

O agravo de instrumento, no processo do trabalho, só possui uma finalidade: atacar decisão que denega subida de recurso. (art. 897, *b*, da CLT). É interposto perante o próprio juízo *a quo*, que deve, obrigatoriamente, remetê-lo ao Tribunal *ad quem*, podendo, entretanto, reconsiderar a decisão agravada e determinar a subida do recurso principal. *Fundamento* – art. 897, *b*, da CLT; Instrução Normativa 16 do TST; Súmulas 218 e 353 do TST.

Gabarito "B".

(OAB – VUNESP) No recurso adesivo temos que

(A) se houver desistência do recurso principal, fica prejudicada a análise do recurso adesivo.
(B) o recurso adesivo, uma vez interposto, sempre será analisado.
(C) só cabe em sede de recurso de revista.
(D) o prazo para sua interposição é de 8 dias após as contrarrazões.

O recurso adesivo, na realidade, não é uma espécie de recurso, mas uma forma de se recorrer. Segue as mesmas regras de admissibilidade, preparo e julgamento do recurso principal, devendo ser interposto no mesmo prazo para o oferecimento das contrarrazões, e não será conhecido se houver desistência do recurso principal ou se for ele declarado inadmissível ou deserto. Tem sua previsão legal no art. 997, §§ 1º e 2º, do CPC/2015 e é admitido no processo do trabalho. *Fundamento* – art. 997, §§ 1º e 2º do CPC/2015; Súmula 283 do TST.

Gabarito "A".

(OAB – VUNESP) Analise as afirmações a seguir sobre Recurso Ordinário (processo do trabalho):

I. cabe recurso ordinário de decisões interlocutórias de caráter terminativo do processo;
II. do indeferimento da petição inicial, cabe recurso ordinário;
III. das decisões definitivas dos tribunais do trabalho, cabe recurso ordinário;
IV. nos dissídios coletivos, cabe recurso ordinário das decisões definitivas.

Pode-se dizer que

(A) I, II e III estão incorretas.
(B) somente II e III estão corretas.
(C) somente a IV está incorreta.
(D) todas estão corretas.

Nos termos do art. 895, I, CLT Recurso Ordinário é o recurso cabível das sentenças proferidas pelos juízes das Varas do Trabalho nos processos de conhecimento, tenham elas caráter definitivo (CPC/2015, art. 487) ou terminativo (CPC/2015, art. 485). As decisões interlocutórias são irrecorríveis no processo do trabalho, salvo as hipóteses previstas na Súmula 214 do TST. Também é cabível Recurso Ordinário contra as decisões definitivas (acórdãos) dos TRTs proferidas em processos de sua competência originária, sejam em dissídios individuais ou coletivos (art. 895, II da CLT). Do enunciado da questão em comento, cabe observar, porém, que a mesma não identifica: a) se a decisão interlocutória é de primeiro ou segundo grau; b) se a decisão definitiva dos tribunais foi proferida em ação originária ou em sede de recurso ordinário; c) se os dissídios eram ou não de competência originária dos TRTs. Dependendo da resposta a tais quesitos, a resposta à questão pode ser alterada. *Fundamento* – arts. 799, § 2.º, 893 § 1.º e 895 da CLT. Ver também Súmula 214 do TST.

„Gabarito "D".

(OAB – VUNESP) A decisão que indefere liminarmente o processamento de embargos à execução, por intempestividade, comporta impugnação por meio de:

(A) agravo de instrumento.
(B) agravo de petição.
(C) agravo regimental.
(D) recurso ordinário.

Agravo de petição é o recurso cabível das decisões na execução trabalhista, cujo prazo de interposição é de 8 (oito) dias, sendo dispensado ao mesmo o depósito recursal, salvo se, na decisão recorrida, houve aumento do valor da condenação, quando então o recorrente deverá complementar a garantia do juízo até o limite da condenação conforme Instrução Normativa 03/93 do TST. *Fundamento* – art. 897, *a*, da CLT; Súmula 128, II, TST, Instrução Normativa 03 do TST.

„Gabarito "B".

(OAB – VUNESP) O meio para impugnar decisão que, em ação civil pública, defere liminar de antecipação de tutela, sem oitiva da parte contrária, é

(A) agravo de instrumento.
(B) pedido de efeito suspensivo.
(C) ação cautelar.
(D) mandado de segurança.

O processo do trabalho é orientado pelo *princípio da celeridade processual*, dispondo o § 1.º do art. 893 da CLT que as decisões interlocutórias não comportam recurso imediato, ressalvado as hipóteses previstas na Súmula 214 do TST. Para resguardar o eu direito, a parte deve fazer consignar seu inconformismo na primeira oportunidade para, posteriormente, alegá-lo no recurso cabível da decisão definitiva, caso tenha interesse em recorrer. O agravo de instrumento, no Processo do Trabalho, só tem a finalidade de atacar decisão do juízo *a quo* que denega seguimento ao recurso interposto (art. 897, *b*, da CLT). Se houver violação a direito líquido e certo e desde que haja *periculum in mora* e *fumus boni iuris*, a parte que se sentir lesada poderá valer-se do mandado de segurança. *Fundamento* – art. 893, § 1.º, da CLT; Súmulas 214 e 414, II, do TST.

„Gabarito "D".

(OAB – VUNESP) A decisão de Turma do Tribunal Regional do Trabalho que, em julgamento de recurso ordinário, anula sentença, por cerceamento de defesa, determinando a realização, em primeiro grau, da diligência indeferida,

(A) comporta recurso de revista, para o Tribunal Superior do Trabalho.
(B) comporta recurso de embargos, para o Pleno ou Seção Especializada, do próprio Tribunal Regional do Trabalho.
(C) comporta recurso de agravo, sob a forma retida.
(D) não comporta, de imediato, recurso.

O processo do trabalho é orientado pelo princípio da celeridade processual, dispondo o § 1.º do art. 893 que as decisões interlocutórias não comportam recurso imediato, ressalvadas as hipóteses previstas na Súmula 214 do TST. A decisão do Tribunal Regional que reconhece a nulidade da sentença por cerceamento de defesa é considerada uma decisão interlocutória e, assim, não comporta recurso imediato nos termos do art. 893, § 1.º, da CLT. *Fundamento* – art. 893, § 1.º, da CLT; Súmula 214 do TST.

„Gabarito "D".

(OAB – VUNESP) Sobre o depósito recursal, exigível no processo do trabalho, é correto dizer:

(A) deve ser feito no montante correspondente ao valor da causa, observado o limite previsto em lei, reajustado periodicamente, por ato do Tribunal Superior do Trabalho.
(B) deve ser feito no montante correspondente ao valor da causa, sem limite predeterminado, ressalvada a concessão de benefício da justiça gratuita ao empregado, que torna dispensável a exigência.
(C) deve ser feito no montante correspondente ao arbitrado para a condenação, sem limite predeterminado, ressalvada a concessão de benefício da justiça gratuita ao empregado que torna dispensável a exigência.
(D) deve ser feito no montante correspondente ao arbitrado para a condenação, observado o limite previsto em lei, reajustado periodicamente, por ato do Tribunal Superior do Trabalho, não sendo exigível do empregado sucumbente.

Desejando recorrer no processo do trabalho, a parte deverá pagar as custas processuais nas quais foi condenada na sentença (CLT, art. 789). Se o recorrente for o reclamado na ação e for o empregador da relação, será exigido ainda o *depósito recursal* (art. 899 da CLT) cujo valor é tabelado pelo TST para cada tipo de recurso e que é reajustado periodicamente. Esse depósito recursal possui caráter de garantia de execução e será utilizado para pagar o crédito do Reclamante ou então será devolvido ao Reclamado, caso seu recurso seja provido e a ação julgada improcedente. O depósito recursal será feito em conta vinculada ao juízo e corrigido com os mesmos índices da poupança, em conformidade com o art. 899, § 4º, da CLT, e comprovado seu recolhimento no prazo alusivo ao recurso, nos termos da Súmula 245 do TST, podendo ser substituído por fiança bancária ou seguro garantia judicial, art. 899, § 11, da CLT. O TST editou a Instrução Normativa 03/93 que trata da questão. A lei não exige o depósito recursal para o empregado, mesmo que esse seja o réu na ação. *Fundamento* – art. 899 da CLT; Lei 5.584/1970; Lei 8.177/1991; Instrução Normativa 03/93 do TST; Súmulas 128 do TST.

„Gabarito "D".

10. TEMAS COMBINADOS

(Procurador do Estado/SP – 2018 – VUNESP) A respeito do pagamento de despesas processuais e de honorários, no processo judicial trabalhista, é correto afirmar:

(A) não existe previsão legal para o pagamento de honorários ao advogado que atuar em causa própria.
(B) é vedado ao juiz deferir o parcelamento de honorários periciais.
(C) a responsabilidade pelo pagamento dos honorários periciais será sempre do empregador, independentemente de sucumbência na pretensão objeto da perícia.
(D) na hipótese de procedência parcial, o juízo arbitrará honorários de sucumbência recíproca, vedada a compensação entre os honorários.
(E) o benefício da justiça gratuita não pode ser concedido de ofício pela autoridade judicial.

A: opção incorreta, pois há previsão para pagamento de honorários advocatícios no art. 791-A da CLT. **B:** opção incorreta, pois nos termos do art. 790-B, § 2º, da CLT, o juízo poderá deferir parcelamento dos honorários periciais. **C:** opção incorreta, pois nos termos do art. 790-B da CLT, a responsabilidade pelo pagamento dos honorários periciais é da parte sucumbente na pretensão objeto da perícia. **D:** opção correta, pois reflete a disposição do art. 791-A, § 3º, da CLT. **E:** opção incorreta, pois nos termos do art. 790, § 3º, da CLT é facultado aos juízes, órgãos julgadores e presidentes dos tribunais do trabalho de qualquer instância conceder, a requerimento ou de ofício, o benefício da justiça gratuita, inclusive quanto a traslados e instrumentos, àqueles que perceberem salário igual ou inferior a 40% (quarenta por cento) do limite máximo dos benefícios do Regime Geral de Previdência Social. (HC)

Gabarito "D".

(ADVOGADO – BNDES – VUNESP – 2001) Com relação aos dissídios individuais do trabalho, é correto afirmar que

(A) a testemunha que for parente até o 3º grau, amigo ou inimigo das partes, prestará compromisso.
(B) é facultado ao INSS interpor recurso relativo às contribuições que lhe forem devidas.
(C) das decisões homologatórias de acordo trabalhista, caberá Recurso Especial.
(D) o não comparecimento da reclamada em audiência, importa no arquivamento da reclamação.
(E) ficam submetidos ao procedimento sumaríssimo aqueles cujo valor não exceda 50 vezes o salário mínimo vigente na data do ajuizamento.

A: opção incorreta, pois nos termos do art. 829 da CLT não prestará compromisso, pois será ouvida como mero informante; **B:** opção correta, pois reflete o disposto no art. 831, parágrafo único, da CLT; **C:** opção incorreta, pois o termo de acordo tem valor de decisão irrecorrível para as partes (art. 831 CLT), salvo para o INSS que poderá interpor recurso, art. 831, parágrafo único, da CLT; **D:** opção incorreta, pois importará na revelia, art. 844 da CLT; **E:** opção incorreta, pois são submetidas ao procedimento sumaríssimo as causas cujo valor não ultrapasse 40 salários mínimos, art. 852-A da CLT.

Gabarito "B".

11. DIREITO DO CONSUMIDOR

Gabriela R. Pinheiro, Roberta Densa e Wander Garcia*

1. PRINCÍPIOS E DIREITOS BÁSICOS

(Defensor Público/RO – 2017 – VUNESP) Assinale a alternativa que contempla um dos direitos básicos do consumidor, nos exatos termos do art. 6º do Código de Defesa do Consumidor.

(A) Manutenção de assistência jurídica, integral e gratuita para o consumidor carente.
(B) A informação adequada e clara sobre os diferentes produtos e serviços, com especificação correta de quantidade, características, composição, qualidade, tributos incidentes e preço, bem como sobre os riscos que apresentem.
(C) Incentivo à criação, pelos fornecedores, de meios eficientes de controle de qualidade e segurança de produtos e serviços, assim como de mecanismos alternativos de solução de conflitos de consumo.
(D) Concessão de estímulos à criação e desenvolvimento das Associações de Defesa do Consumidor.
(E) Estudo constante das modificações do mercado de consumo.

A: incorreta. Trata-se de mecanismo para execução da Política Nacional das Relações de Consumo (art. 5º, I, do CDC); **B:** correta, nos termos do art. 6º, III, do CDC; **C:** incorreta. Trata-se de princípio da Política Nacional das Relações de Consumo (art. 4º, V, do CDC); **D:** incorreta. Trata-se de mecanismo para execução da Política Nacional das Relações de Consumo (art. 5º, inciso V, do CDC); **E:** incorreta. Trata-se de princípio da Política Nacional das Relações de Consumo (art. 4º, VIII, do CDC).
Gabarito "B".

(Procurador Municipal – Sertãozinho/SP – VUNESP – 2016) Em relação à proteção à saúde e segurança do consumidor, é correto afirmar que

(A) os serviços colocados no mercado de consumo não acarretarão riscos à saúde ou segurança dos consumidores, ainda que considerados previsíveis em decorrência de sua natureza e fruição.
(B) o fornecedor poderá colocar no mercado de consumo produto de alto grau de nocividade ou periculosidade, desde que insira aviso de alerta, nesse sentido, na embalagem.
(C) o fornecedor de produtos que, posteriormente à sua introdução no mercado de consumo, tiver conhecimento da periculosidade que apresentem, deverá retirá-los do mercado, comunicando os consumidores, ficando assim dispensado de notificar as autoridades competentes.
(D) em se tratando de venda de produto *in natura* de alto grau de nocividade, cabe ao comerciante prestar as informações alertando o consumidor da natureza do produto em questão.
(E) sempre que os entes políticos tiverem conhecimento de prestação de serviços de alto grau de periculosidade à saúde ou segurança dos consumidores deverão informá-los a respeito.

A: incorreta. O CDC, em seu artigo 8º, admite que sejam inseridos no mercado de consumo produtos que contenham periculosidade latente ou inerente, desde que o consumidor seja devidamente alertado quanto ao uso e riscos: "os produtos e serviços colocados no mercado de consumo não acarretarão riscos à saúde ou segurança dos consumidores, exceto os considerados normais e previsíveis em decorrência de sua natureza e fruição, obrigando-se os fornecedores, em qualquer hipótese, a dar as informações necessárias e adequadas a seu respeito". **B:** incorreta. Os produtos ou serviços com periculosidade exagerada não podem ser inseridos no mercado de consumo: "O fornecedor não poderá colocar no mercado de consumo produto ou serviço que sabe ou deveria saber apresentar alto grau de nocividade ou periculosidade à saúde ou segurança". (art. 10 do CDC). **C:** incorreta. Nos termos do § 1º do art. 10, o "fornecedor de produtos e serviços que, posteriormente à sua introdução no mercado de consumo, tiver conhecimento da periculosidade que apresentem, deverá comunicar o fato imediatamente às autoridades competentes e aos consumidores, mediante anúncios publicitários". **D:** incorreta. O art. 10 do CDC refere-se ao fornecedor, de modo que a responsabilidade pelo aviso aos consumidores é de todos os fornecedores inseridos na cadeia produtiva, não só do comerciante. **E:** correta. O art. 10, § 3º, do CDC, obriga os entes federativos a prestar informações aos consumidores sobre a periculosidade de produtos e serviços: "Sempre que tiverem conhecimento de periculosidade de produtos ou serviços à saúde ou segurança dos consumidores, a União, os Estados, o Distrito Federal e os Municípios deverão informá-los a respeito".
Gabarito "E".

(Procurador Municipal – Sertãozinho/SP – VUNESP – 2016) São direitos básicos do consumidor:

(A) a educação e divulgação sobre o consumo adequado dos produtos e serviços, asseguradas a liberdade de escolha e a distinção nas contratações.
(B) facilitação da defesa dos direitos dos consumidores, inclusive com a inversão do ônus da prova a seu favor, no processo civil, quando, a critério do juiz, for verossímil a alegação e for ele hipossuficiente, segundo as regras ordinárias de experiências.
(C) informação adequada e clara sobre os diferentes produtos e serviços, com especificação correta de quantidade, características, composição, qualidade, tributos incidentes e preço, bem como sobre os riscos que apresentem.
(D) a modificação das cláusulas contratuais que estabeleçam prestações desproporcionais ou sua revisão em razão de fatos presentes ou pretéritos que as tornem excessivamente onerosas.

---

* **Roberta Densa** comentou as questões dos concursos de Defensor público de 2017, **Juiz de Direito – TJ/RS – 2018, Investigador – PC/BA – 2018,** Juiz TJ/RJ 2016, Procurador Sertãozinho 2016, Procurador Municipal/SP 2016, Juiz TJ/SP 2015, Juiz TJ/MS 2015. **Gabriela R. Pinheiro** comentou a questão de concurso MP/ES/13, **Wander Garcia** comentou as demais questões.

(E) a proteção do consumidor contra métodos comerciais coercitivos ou desleais, contrapropaganda, bem como contra práticas e cláusulas abusivas ou impostas no fornecimento de produtos e serviços.

A: incorreta. É assegurada a liberdade de escola e a igualdade nas contratações (art. 6º, II). **B:** incorreta. Para inversão do ônus da prova o juiz deve analisar a verossimilhança das alegações OU a hipossuficiência do consumidor (art. 6º, VIII). **C:** correta. Conforme art. 6º, III, do CDC. **D:** incorreta, os fatos devem ser *supervenientes* (art. 6º, V, do CDC). **E:** incorreta. O art. 6º, inciso IV, refere-se à proteção contra a publicidade enganosa e abusiva, não à contrapropaganda. Gabarito "C".

(Procurador Municipal/SP – VUNESP – 2016) Antônio possui um caminhão ano 1950 e, precisando capitalizar-se, coloca à venda o bem. José, interessado na compra, leva um mecânico para avaliar o veículo e, depois de um parecer favorável do técnico, a venda é realizada. Após 60 dias de uso, o caminhão tem um problema no eixo dianteiro e precisa ficar parado por 30 dias, causando um enorme prejuízo para José, que já possuía fretes contratados. Diante dessa situação hipotética, é correto afirmar que, a esse caso, se aplicam as regras do direito

(A) do consumidor, sendo certo que, por se tratar de bem durável e diante do claro vício oculto, José terá 90 dias para reclamar a partir do conhecimento do vício.
(B) civil, por não se tratar de relação jurídica de consumo, tendo José 90 dias para exigir a reparação de seus prejuízos.
(C) do consumidor, sendo certo que, por se tratar de bem durável e diante do claro vício oculto, José terá 30 dias para reclamar a partir do conhecimento do vício.
(D) do consumidor, sendo certo que, por se tratar de bem durável e diante do claro vício oculto, José terá 05 anos para reclamar a partir do conhecimento do vício.
(E) civil, pois a relação jurídica travada entre as partes não contempla as figuras do consumidor e do fornecedor.

A: incorreta. Não se trata de relação jurídica de consumo, incidindo apenas o Código Civil no caso trazido pelo enunciado. Para que haja relação jurídica de consumo se faz necessária a presença dos sujeitos da relação (consumidor e fornecedor). Antônio não pode ser considerado um fornecedor porque não coloca produto ou serviço no mercado de consumo de forma onerosa e habitual. **B:** incorreta. O prazo prescricional do art. 206, § 3º, V, previsto no Código Civil para a reparação civil é de 3 anos. **C:** incorreta. Vide comentário da alternativa "A". **D:** incorreta. Vide comentário da alternativa "A". **E:** correta. Vide comentário da alternativa "A". Gabarito "E".

(Procurador – SP – VUNESP – 2015) Assinale a alternativa correta sobre os princípios fundamentais, consagrados no âmbito do microssistema do direito do consumidor.

(A) De acordo com a Política Nacional das Relações de Consumo, deve-se garantir a independência do mercado de consumo, evitando-se a presença do Estado.
(B) As associações de defesa do consumidor fazem parte da Política Nacional de Relações de Consumo.
(C) A melhoria dos serviços públicos não integra a Política Nacional de Relações de Consumo.
(D) O desenvolvimento econômico e tecnológico deve ser obstado sempre que representar alguma forma de prejuízo aos consumidores, difusamente considerados.
(E) Os conceitos de vulnerabilidade e hipossuficiência se confundem, constituindo um só princípio norteador.

A: incorreta. A presença do Estado no mercado de consumo está expressamente prevista no art. 170 da Constituição Federal e no art. 4º, II, "c", do Código de Defesa do Consumidor. **B:** correta. Conforme art. 4º, II, *c*, do Código de Defesa do Consumidor. Além disso, nos termos do art. 5º, V, do CDC, a criação das associações de Defesa do Consumidor deve ser estimulada, de forma a participar da execução da Política Nacional das Relações de Consumo. **C:** incorreta. A racionalização e melhoria dos serviços públicos está prevista no art. 4º, VII, do CDC. **D:** incorreta. A Política Nacional das Relações de Consumo tem como norte a harmonização das relações de consumo: "harmonização dos interesses dos participantes das relações de consumo e compatibilização da proteção do consumidor com a necessidade de desenvolvimento econômico e tecnológico, de modo a viabilizar os princípios nos quais se funda a ordem econômica (art. 170, da Constituição Federal), sempre com base na boa-fé e equilíbrio nas relações entre consumidores e fornecedores." (art. 4º, III, do CDC). **E:** incorreta. Vulnerabilidade e hipossuficiência são dois conceitos distintos. A vulnerabilidade é a qualidade de todo consumidor, reconhecida pelo art. 4º, I, do CDC. Ser vulnerável é ser a parte mais frágil da relação. A hipossuficiência é a dificuldade de fazer a prova em juízo, o que pode gerar a inversão do ônus da prova. Gabarito "B".

2. RESPONSABILIDADE PELO FATO DO PRODUTO OU DO SERVIÇO E PRESCRIÇÃO

(Juiz de Direito – TJ/RS – 2018 – VUNESP) João comprou um pacote de biscoitos, e ao levar à boca um deles, percebeu algo estranho. Sem comer o biscoito, notou que havia pelos de ratos, o que ficou devidamente confirmado em laudo pericial particular. Isso fez com que João procurasse seus eventuais direitos em ação judicial. Em razão desse fato, assinale a alternativa correta.

(A) Há direito de abatimento proporcional do produto, pois apenas um biscoito estava contaminado, tendo direito à indenização moral, pela sensação de nojo provocada ao consumidor.
(B) Há direito de indenização material, pelo valor do pacote de biscoito, e moral, mesmo não tendo sido consumido o produto, pela exposição ao risco, o que torna *ipso facto* defeituoso o produto.
(C) Há direito de indenização material, pelo valor do pacote de biscoito, mas não de natureza moral, por não ter havido ingestão, podendo o consumidor optar pela substituição do produto por outro da mesma espécie.
(D) Não há direito a qualquer espécie de indenização, uma vez que o fato não foi comprovado por perícia submetida ao crivo do contraditório, o que exime o fabricante de qualquer responsabilidade.
(E) Tratando-se de vício aparente e de fácil constatação, bastava ao consumidor reclamar ao fabricante ou ao vendedor para que o produto fosse devidamente trocado, posto que não houve qualquer ingestão ou exposição a perigo.

A: incorreta. Sendo um defeito de produto (art. 12 do CDC), não um vício (art. 18 do CDC), não há que se falar em abatimento proporcional do preço. A indenização deve ser imediata e integral; **B:** correta. Neste caso, deve o fornecedor indenizar o consumidor pelos danos materiais e morais. O Superior Tribunal de Justiça já externou entendimento de que o simples fato de colocar o consumidor em risco em relação à

saúde e segurança já configura defeito de produto, nos termos do art. 12 do CDC: "A aquisição de produto de gênero alimentício contendo em seu interior corpo estranho, expondo o consumidor à risco concreto de lesão à sua saúde e segurança, ainda que não ocorra a ingestão de seu conteúdo, dá direito à compensação por dano moral, dada a ofensa ao direito fundamental à alimentação adequada, corolário do princípio da dignidade da pessoa humana". (STJ, REsp 1424304/SP, 3 Turma, Rel. Min. Nancy Andrighi, DJe 19/05/2014); **C:** incorreta. O consumidor tem direito à indenização por danos materiais e morais; **D:** incorreta. Trata-se de responsabilidade civil objetiva, devendo o fornecedor, eventualmente, fazer prova das excludentes de responsabilidade nos termos do art. 12, § 3º, do CDC; **E:** incorreta. Trata-se de defeito de produto (vide resposta da alternativa B).
Gabarito "B".

(Juiz de Direito – TJ/RS – 2018 – VUNESP) Paciente com insuficiência renal grave faleceu em decorrência de ingerir, por orientação médica, um anti-inflamatório, cuja bula continha informações de possíveis reações adversas e a ocorrência de doenças graves renais. O laboratório, fornecedor do produto,

(A) não responde, pois o produto tem periculosidade inerente (medicamento), cujos riscos são normais à sua natureza e previsíveis.
(B) reponde objetivamente pela teoria do risco do empreendimento ou da atividade.
(C) responde objetivamente, por ser causador de um acidente de consumo.
(D) responde objetivamente pelos riscos do produto, pelo simples fato de tê-lo colocado no mercado.
(E) responde subjetivamente, pois se trata de produto defeituoso.

A: correta. O produto em si não pode ser considerado defeituoso em razão de a bula esclarecer aos pacientes e ao médico que poderia desenvolver doenças renais graves. Sendo assim, nos termos do art. 9º do CDC, não há que se falar em produto defeituoso e, por consequência, o laboratório não responde pelos danos; **B:** incorreta. A lei consumerista adota a teoria do risco proveito para toda a responsabilidade civil do fornecedor, admitindo as excludentes de responsabilidade na forma do art. 12, § 3º e art. 14, § 4º; **C:** incorreta. Não há nexo de causalidade entre o acidente de consumo e a ação do laboratório, já que as informações constavam da bula do medicamento; **D:** incorreta. Vide comentários da alternativa B; **E:** incorreta. A responsabilidade civil do fornecedor no mercado de consumo é objetiva, independe, portanto, da culpa do fornecedor (art. 12, *caput*, e art. 14, *caput*, do CDC).
Gabarito "A".

(Magistratura/MG – VUNESP – 2012) Assinale a alternativa correta.

(A) Os riscos à saúde ou segurança não precisam ser necessariamente informados ao consumidor, quando considerados normais e previsíveis em decorrência de sua natureza e fruição.
(B) Em virtude da teoria da responsabilidade objetiva nas relações de consumo, o fabricante será responsabilizado por danos causados aos consumidores pelos seus produtos, mesmo se provar culpa exclusiva de terceiro.
(C) Um produto jamais será considerado defeituoso se outro de melhor qualidade for colocado no mercado.
(D) A responsabilização pessoal dos profissionais liberais, na prestação de serviços aos consumidores, será sempre objetiva.

A: incorreta, o fornecedor sempre deve informar os riscos à saúde ou à segurança do consumidor, ainda que considerados normais e previsíveis em decorrência de sua natureza e fruição (art. 8º do CDC); **B:** incorreta, a culpa exclusiva de terceiro é excludente da responsabilidade objetiva do fornecedor (art. 12, § 3º, III, do CDC); **C:** correta, o produto não é considerado defeituoso pelo fato de outro de melhor qualidade ter sido colocado no mercado (art. 12, § 2º, do CDC); **D:** incorreta, a responsabilidade dos profissionais liberais é, em regra, subjetiva (art. 14, § 4º, CDC).
Gabarito "C".

3. RESPONSABILIDADE POR VÍCIO DO PRODUTO OU DO SERVIÇO E DECADÊNCIA

(Procurador Municipal/SP – VUNESP – 2016) Um consumidor adquiriu um pacote de macarrão da marca "Adriana", no supermercado "Rumba". Quando chegou em casa, abriu o pacote do alimento e percebeu que estava repleto de carunchos, sendo impossível consumir tal produto. Diante dessa situação hipotética, é correto afirmar que o caso revela um

(A) defeito no produto, pelo qual o consumidor terá prazo de cinco anos para reclamar perante o supermercado e o fabricante do produto, respondendo o supermercado subsidiariamente pelos fatos.
(B) vício de qualidade e, portanto, o consumidor poderá reclamar em até 90 dias apenas contra o fabricante do produto.
(C) vício de quantidade e, assim, o consumidor poderá reclamar tanto para o supermercado como para o fabricante num prazo de 30 dias, tendo ambos responsabilidade solidária.
(D) defeito no produto, a respeito do qual o consumidor terá prazo de 30 dias para reclamar perante o supermercado e o fabricante, que responderão solidariamente pelos fatos.
(E) vício de qualidade, sobre o qual o supermercado e o fabricante respondem solidariamente, tendo o consumidor até 30 dias para fazer a reclamação.

A: incorreta. Trata-se de um vício de produto, na forma do art. 18, § 6º, II, do CDC, *in verbis*, "São impróprios ao uso e consumo: II – os produtos deteriorados, alterados, adulterados, avariados, falsificados, corrompidos, fraudados, nocivos à vida ou à saúde, perigosos ou, ainda, aqueles em desacordo com as normas regulamentares de fabricação, distribuição ou apresentação." Sendo um produto não durável e vício aparente ou de fácil constatação, o prazo para reclamar é de 30 dias, contados a partir da entrega efetiva do produto (art. 26 do CDC). **B:** incorreta. Trata-se de vício de qualidade, mas o prazo para reclamar é de 30 (trinta) dias. **C:** incorreta. O vício é de qualidade. **D:** incorreta. O caso narrado não afetou a segurança do consumidor, logo, não pode ser considerado um defeito de produto. **E:** correta. O vício de produto ou serviço traz responsabilidade solidária entre o fabricante e o comerciante. Trata-se de um vício de produto e o prazo para reclamar é de 30 dias (vide justificativa da alternativa "A").
Gabarito "E".

(Juiz de Direito – TJ/RJ – VUNESP – 2016) Carlito da Silva ficou sem energia elétrica em sua residência por várias horas e acabou tendo prejuízo com perda de produtos de consumo doméstico que encontravam-se no freezer e geladeira da sua residência. Tendo acionando a concessionária, esta informou que não constava a existência de interrupção no fornecimento do serviço. Foi enviado um técnico e este constatou que a energia elétrica estava sendo regularmente fornecida. Inconformado, Carlito da

Silva, sustentando que a concessionária estava omitindo a verdade, ingressou com ação judicial, calcado na legislação consumerista, pleiteando indenização por danos materiais e morais pelo período que ficou sem energia elétrica.

Diante desses fatos, assinale a alternativa correta.

(A) Se restar comprovada a interrupção no fornecimento, mas a concessionária alegar que houve força maior decorrente de descarga elétrica de raio que atingiu transformadores instalados no poste da rua, perto da casa de Carlito da Silva, ocorrido por falha nos equipamentos para-raios, ficará isenta de responsabilização.
(B) Existindo relação de consumo entre Carlito da Silva e a concessionária de energia elétrica, diante da hipossuficiência técnica do consumidor, será possível a inversão do ônus da prova, que pode ser estabelecida e aplicada no momento da prolação da sentença.
(C) Se o técnico da concessionária atestar que não houve irregularidade no fornecimento e o mesmo for também subscrito pelo usuário, tal documento ostentará o atributo de presunção de legitimidade, por tratar-se de prestação de serviço público.
(D) Ainda que se aplique a inversão do ônus da prova, tal fato não exonera Carlito da Silva do ônus de apresentar alguma evidência do fato de que efetivamente houve a interrupção da prestação do serviço pela concessionária.
(E) É possível a aplicação dos princípios facilitadores da defesa do consumidor em juízo, notadamente o da inversão do ônus da prova, incumbindo-a ao fornecedor, o que não impede que Carlito da Silva também produza provas dos fatos que alega, hipótese em que caberá à concessionária arcar com os custos dessa prova.

A: incorreta. A alternativa afirma que o acidente ocorreu **por falha do equipamento de para-raios**, configurando, dessa forma, o chamado "fortuito interno". A doutrina e a jurisprudência afirmam que o ato culposo de terceiro, conexo com a atividade do fornecedor e relacionado com os riscos próprios do negócio, caracteriza o fortuito interno, o que não exclui a responsabilidade do fornecedor (Veja: EREsp 1318095/MG – DJe 14/03/2017). Na mesma linha de pensamento temos a Súmula 479 do STJ: "As instituições financeiras respondem objetivamente pelos danos gerados por fortuito interno relativo a fraudes e delitos praticados por terceiros no âmbito de operações bancárias". **B:** incorreta. A inversão do ônus da prova é entendida pelo STJ como regra de instrução (não de julgamento), podendo ocorrer antes da prolatação da sentença ou acórdão (REsp 802.832/MG). Vale notar que o NCPC, em seu art. 373, § 1º do CPC: "Nos casos previstos em lei ou diante de peculiaridades da causa relacionadas à impossibilidade ou à excessiva dificuldade de cumprir o encargo nos termos do *caput* ou à maior facilidade de obtenção da prova do fato contrário, poderá o juiz atribuir o ônus da prova de modo diverso, desde que o faça por decisão fundamentada, caso em que deverá dar à parte a oportunidade de se desincumbir do ônus que lhe foi atribuído". **C:** incorreta. Somente os atos praticados pelos servidores públicos têm presunção de legitimidade. **D:** correta. O artigo 6º, VIII, do CDC prevê a possibilidade de inversão do ônus da prova, a favor do consumidor, no processo civil, quando, a critério do juiz, houver verossimilhança das alegações ou hipossuficiência do consumidor. Sendo assim, o juiz pode exigir a prova do fato (interrupção da energia elétrica) e inverter o ônus de prova quanto ao nexo de causalidade. **E:** incorreta. A doutrina e a jurisprudência caminham no sentido de entender que "os efeitos da inversão do ônus da prova não possuem a força de obrigar a parte contrária a arcar com as custas da prova requerida pelo consumidor" (AgRg no AREsp 246375 / PR, j. 04.12.2012, Rel. Min. Luis Felipe Salomão).

Gabarito "D".

(**Juiz de Direito – TJ/RJ – VUNESP – 2016**) Marisa de Lima adquiriu um aparelho de telefone celular em uma loja de departamentos para dar como presente a um sobrinho em seu aniversário. O bem foi adquirido em 10 de maio de 2015 e entregue ao sobrinho na primeira semana de julho, quando Paulinho imediatamente passou a utilizar o aparelho. No dia das crianças do mesmo ano, quando novamente encontrou o sobrinho, este informou que o aparelho está apresentando problema de aquecimento e desligamento espontâneo quando está brincando em um jogo e que notou a existência do vício em meados de setembro.

A partir desses fatos, é correta a seguinte afirmação.

(A) Ainda não decorreu o prazo decadencial para apresentar reclamação perante o fornecedor, pois como se trata de vício oculto, o prazo iniciou-se no momento em que o aparelho começou a apresentar o problema.
(B) A reclamação que venha a ser formulada pelo consumidor perante o fornecedor e a instauração do inquérito civil interrompem o fluxo do prazo para o exercício do direito de reclamar, que é de natureza prescricional, pois se fosse decadencial não suspenderia nem interromperia.
(C) Tratando-se de vício oculto, o consumidor poderá formular reclamação perante o fornecedor por escrito, a qualquer tempo, mediante instrumento enviado pelo cartório de títulos e documentos, carta registrada ou simples, encaminhada pelo serviço postal ou entregue pelo consumidor, inclusive de forma verbal.
(D) Já decorreu o prazo prescricional para apresentar reclamação perante o fornecedor, pois o direito de reclamar pelos vícios apresentados iniciou-se a partir da retirada do aparelho de telefone celular da loja.
(E) O prazo para apresentar reclamação perante o fornecedor é de natureza decadencial, mas não poderá ser exercido, pois decorrido mais de 90 dias desde a data do início da efetiva utilização do aparelho celular.

A: correta. Na forma do art. 26, § 3º, o prazo decadencial para os casos de vício oculto começa a correr a partir do momento em que este ficar evidenciado. Sendo assim, conta-se 90 (noventa) dias a partir de meados de setembro, conforme o problema apresentado. **B:** incorreta. A reclamação que venha a ser formulada pelo consumidor e a instauração do inquérito civil interrompem o prazo o fluxo do prazo, que, na forma da lei, é **decadencial** (art. 26, § 2º). Diferentemente do Código Civil, o prazo decadencial do Código de Defesa do Consumidor admite a interrupção do prazo nas hipóteses mencionadas. Vale notar também que a doutrina e a jurisprudência não são unânimes quanto a correta interpretação do dispositivo. Para parte da doutrina trata-se de interrupção e, para outra parte, trata-se de suspensão de prazo decadencial. **C:** incorreta. O prazo para reclamar é de 90 (noventa) dias e pode ser exercido por qualquer meio, desde que comprovado pelo consumidor. **D:** incorreta. Vide justificativa da alternativa "A". **E:** incorreta. Vide justificativa da alternativa "A".

Gabarito "A".

(**Procurador Municipal/SP – VUNESP – 2016**) O fornecedor não poderá colocar no mercado de consumo produto ou serviço que sabe ou deveria saber apresentar alto grau de nocividade ou periculosidade à saúde ou à segurança. Se eventualmente o fornecedor colocar no mercado um lote de produtos com vícios capazes de causar risco aos consumidores, ele deverá

(A) comunicar o fato imediatamente às autoridades competentes e aos consumidores, mediante anúncios publicitários.
(B) reparar eventuais prejuízos causados para os consumidores que reclamarem dos vícios, não sendo necessário que se faça qualquer comunicação ao público consumidor.
(C) noticiar o fato pessoalmente a cada um dos consumidores que adquiriram tal produto, sendo dispensável anúncios publicitários em veículos de comunicação para alertar o público.
(D) aguardar que algum consumidor realmente tenha prejuízos para, somente após tal fato, analisar a periculosidade e a segurança de seu produto ou serviço.
(E) manter-se inerte, tendo em vista que responde apenas subjetivamente pelos produtos e serviços que introduz no mercado e, com isso, é o consumidor que deve fazer prova da culpa do fornecedor em eventual evento lesivo.

A: correta. É obrigação do fornecedor fazer o *recall* de produtos e serviços que, posteriormente à sua introdução no mercado de consumo, tiver conhecimento da periculosidade que apresentem, deverá comunicar o fato imediatamente às autoridades competentes e aos consumidores, mediante anúncios publicitários (art. 10, § 1º, do CDC). **B:** incorreta. O aviso às autoridades competentes e aos consumidores é obrigatório, além da reparação dos danos causados aos consumidores. **C:** incorreta. O aviso deve ser feito mediante aviso publicitário, que deverão ser veiculados na imprensa, rádio e televisão, às expensas do fornecedor do produto ou serviço (art. 10, § 2º). **D:** incorreta. A prevenção de danos é direito básico do consumidor (art. 6º, VI, do CDC), razão pela qual o fornecedor deve informar sobre eventual periculosidade adquirida tão logo tenha conhecimento (art. 10 do CDC). **E:** incorreta. O *recall* é obrigatório (art. 10) e a responsabilidade civil do fornecedor é objetiva (art. 12 a 14 do CDC). Gabarito "A".

4. PRÁTICAS COMERCIAIS

(Defensor Público/RO – 2017 – VUNESP) A respeito dos serviços prestados por uma oficina mecânica, sob à ótica do Código de Defesa do Consumidor, assinale a alternativa correta.

(A) Salvo estipulação em contrário no orçamento escrito feito pela oficina, o valor orçado para a realização dos serviços terá validade de dez dias, contado de seu recebimento pelo consumidor.
(B) Uma vez aprovado pelo consumidor, o orçamento feito pela oficina obriga os contraentes e não pode ser alterado nem por negociação posterior das partes.
(C) Para realizar o reparo nos automóveis, a oficina está obrigada a empregar componentes de reposição originais, adequados e novos, não podendo usar peças genéricas que mantenham as especificações técnicas do fabricante.
(D) Caso o serviço realizado pela oficina não resolva o problema apontado pelo consumidor, sem que nada além da impossibilidade de utilização do carro se verifique, estarseá diante de responsabilidade pelo fato do serviço, tendo o consumidor prazo prescricional de cinco anos para exigir seus direitos em juízo.
(E) Caso a oficina não apresente um serviço adequado, a responsabilidade a ser apurada é a subjetiva, devendo o consumidor provar a imperícia na solução do problema de seu carro.

A: correta. Nos exatos termos no art. 40, § 1º, do CDC; **B:** incorreta. Uma vez aprovado pelo consumidor, o orçamento obriga os contraentes e somente pode ser alterado mediante livre negociação das partes (art. 40, § 2º, do CDC); **C:** incorreta. A obrigação da oficina é empregar peças ou componentes originais e novos. No entanto, caso haja autorização do consumidor, poderão ser utilizados componentes genéricos e até mesmo usados na preparação do produto. Caso o fornecedor empregue componentes usados sem autorização expressa do consumidor, poderá incorrer nas penas previstas no art. 70 do CDC; **D:** incorreta. Caso o serviço não seja realizado a contento, sem que nada além da impossibilidade de utilização do carro se verifique, estamos diante de um vício de serviço e o prazo para reclamar é decadencial de 90 (noventa) dias; **E:** incorreta. A responsabilidade do fornecedor será objetiva nos termos do art. 18 do CDC, respondendo pelos danos causados aos consumidores, independente da existência de culpa. Gabarito "A".

(Defensor Público/RO – 2017 – VUNESP) Gepeto teve seu nome negativado, no serviço de proteção ao crédito, pela empresa Majestosa S/A. Ocorre que ele nunca foi cliente dessa empresa e jamais fez negócio com ela, sendo que não recebeu nenhum comunicado sobre essa suposta dívida, descobrindo tal mácula em seu nome quando foi comprar a prazo numa loja de departamentos.

Diante do quadro apresentado, sob a égide da legislação vigente, é certo afirmar:

(A) por não ter qualquer relação com a empresa Majestosa S/A, Gepeto terá seu caso submetido às regras do Código Civil.
(B) caberia à Majestosa S/A, exclusivamente, informar sobre a existência de tal débito antes de enviar o nome de Gepeto ao cadastro de inadimplentes.
(C) a empresa administradora do serviço de proteção ao crédito deveria ter enviado correspondência com aviso de recebimento, obrigatoriamente, antes de inserir o nome de Gepeto em seu cadastro.
(D) o nome de Gepeto, inserido no cadastro de inadimplentes pela empresa Majestosa S/A, pode ser assim mantido pelo prazo máximo de 5 anos, salvo se ocorrer a prescrição da execução de tais débitos antes desse interregno.
(E) se Gepeto já tivesse seu nome inscrito no cadastro de inadimplentes legitimamente e anteriormente ao apontamento feito por Majestosa S/A, não teria direito a indenização por danos morais.

A: incorreta. Gepeto é consumidor por equiparação, nos termos do art. 2º, parágrafo único, e art. 29 do Código de Defesa do Consumidor; **B:** incorreta. A obrigação de notificação do devedor sobre a inclusão no cadastro negativo é do administrador do banco de dados (Súmula 359 do STJ; **C:** incorreta. É dispensável o aviso de recebimento (AR) na carta enviada pelo administrador do banco de dados; **D:** incorreta. A inscrição, sendo indevida, deve ser retirada imediatamente; **E:** correta. Nos termos da súmula 385 do STJ: "Da anotação irregular em cadastro de proteção ao crédito, não cabe indenização por dano moral, quando preexistente legítima inscrição, ressalvado o direito ao cancelamento". Gabarito "E".

(Procurador Municipal – Sertãozinho/SP – VUNESP – 2016) Acerca da cobrança de dívidas do consumidor e cadastros no mercado de consumo, é correto afirmar que

(A) o consumidor inadimplente poderá ser submetido a constrangimento, desde que o fornecedor o faça de forma moderada.
(B) o consumidor cobrado em quantia indevida tem direito à repetição do indébito, por valor igual ao que pagou em excesso, acrescido de correção monetária e juros legais, salvo hipótese de engano justificável.
(C) nos documentos de cobrança de débitos apresentados ao consumidor, quando por ele solicitados, deverão constar o nome, o endereço e o número de inscrição no Cadastro de Pessoas Físicas – CPF ou no Cadastro Nacional de Pessoa Jurídica – CNPJ do fornecedor do produto ou serviço correspondente.
(D) consumada a prescrição relativa à cobrança de débitos do consumidor, não serão fornecidas, pelos respectivos Sistemas de Proteção ao Crédito, quaisquer informações que possam impedir ou dificultar novo acesso ao crédito junto aos fornecedores, desde que o débito não exceda 60 (sessenta) salários-mínimos.
(E) os órgãos públicos de defesa do consumidor manterão cadastros atualizados de reclamações fundamentadas contra fornecedores de produtos e serviços, devendo divulgá-los pública e anualmente, indicando se a reclamação foi atendida ou não pelo fornecedor.

A: incorreta. O art. 42 do CDC veda qualquer tipo de cobrança vexatória. Sendo assim, o consumidor não pode ser exposto ao ridículo, nem submetido a qualquer tipo de constrangimento ou ameaça. **B:** incorreta. O consumidor tem direito à devolução por valor igual ao dobro do que pagou em excesso, acrescido de correção monetária e juros legais, salvo hipótese de engano justificável (art. 42, parágrafo único, do CDC). **C:** incorreta. As informações ao nome, o endereço e o número de inscrição no Cadastro de Pessoas Físicas – CPF ou no Cadastro Nacional de Pessoa Jurídica – CNPJ do fornecedor do produto ou serviço correspondente, devem constar de todos os documentos, independentemente do pedido do autor (Art. 42-A do CDC). **D:** incorreta. O art. 43, § 5°, do CDC, prevê a obrigatoriedade da retirada do nome do consumidor da lista dos maus pagadores caso a dívida esteja prescrita, independentemente do valor da inscrição. **E:** correta. O cadastro dos fornecedores está previsto no art. 44 do CDC, sendo direito do consumidor o acesso a lista dos fornecedores para orientação e consulta.
Gabarito "E".

(Juiz de Direito – TJ/SP – VUNESP – 2015) É correto afirmar que:

(A) quem já é registrado como mau pagador não pode se sentir moralmente ofendido pela inscrição de seu nome nos cadastros de proteção ao crédito, mesmo sem a prévia notificação do interessado acerca das notificações anteriores.
(B) na comunicação ao consumidor sobre a negativação de seu nome em bancos de dados e cadastros de inadimplentes é dispensável o aviso de recepção.
(C) a inscrição do nome do devedor pode ser mantida nos cadastros de inadimplentes pelo prazo máximo de cinco anos, independentemente da prescrição da execução ou da ação de conhecimento para cobrança da dívida.
(D) compete ao credor ou à instituição financeira a notificação do devedor antes de se proceder à inscrição no cadastro de proteção ao crédito.

A: incorreta. Conforme entendimento sumulado pelo Superior Tribunal de Justiça, "da anotação irregular em cadastro de proteção ao crédito, não cabe indenização por dano moral, quando preexistente legítima inscrição, ressalvado o direito ao cancelamento" (Súmula 385). No entanto, em qualquer situação, o consumidor tem direito ao aviso prévio (art. 43, § 2°). **B:** correta. "É dispensável o aviso de recebimento (AR) na carta de comunicação ao consumidor sobre a negativação de seu nome em bancos de dados e cadastros". (Súmula 404 do STJ). **C:** incorreta. "A inscrição do nome do devedor pode ser mantida nos serviços de proteção ao crédito até o prazo máximo de cinco anos, independentemente da prescrição da execução". (Súmula 323 do STJ). **D:** incorreta. "Cabe ao órgão mantenedor do Cadastro de Proteção ao Crédito a notificação do devedor antes de proceder à inscrição". (Súmula 359 do STJ).
Gabarito "B".

(Juiz de Direito – TJ/MS – VUNESP – 2015) Nos termos do art. 35 do CDC, se o fornecedor de produtos ou serviços recusar cumprimento à oferta, apresentação ou publicidade, o consumidor poderá, alternativamente e à sua livre escolha,

(A) aceitar outro produto ou prestação de serviço equivalente.
(B) ofertar o valor de mercado do produto ou serviço e exigir o cumprimento forçado da obrigação.
(C) exigir o cumprimento negociado da obrigação, nos termos da oferta, apresentação ou publicidade.
(D) exigir a divulgação, pelo mesmo meio veiculado, da correção da oferta, apresentação ou publicidade.
(E) modificar o contrato, com direito à restituição de quantia eventualmente antecipada, monetariamente atualizada, e a perdas e danos.

A: correta. Dentre as opções que o artigo 35 confere ao consumidor, o inciso II prevê a possibilidade de aceitar outro produto ou prestação de serviço equivalente. **B:** incorreta. O consumidor poderá exigir o cumprimento forçado da obrigação, nos termos da oferta (art. 35, I). A oferta é sempre feita pelo fornecedor (art. 30 do CDC). **C:** incorreta. Conforme art. 35, I, o consumidor poderá exigir o cumprimento forçado da obrigação, nos termos da oferta, apresentação ou publicidade. **D:** incorreta. A imposição de contrapropaganda é sanção administrativa prevista no art. 60 do CDC, e pode ser aplicada pelos entes federativos estabelecidos no art. 55 do CDC. **E:** incorreta. A modificação do contrato é direito básico do consumidor, previsto no art. 6°, V, e pode ser requerida quando a prestação for desproporcional.
Gabarito "A".

5. PROTEÇÃO CONTRATUAL

(Juiz de Direito – TJ/RS – 2018 – VUNESP) No contrato de promessa de compra e venda de imóvel em construção, além do período previsto para o término do empreendimento, há, comumente, cláusula de prorrogação excepcional do prazo de entrega da unidade ou de conclusão da obra, que varia entre 90 (noventa) e 180 (cento e oitenta) dias: a conhecida cláusula de tolerância. Considerando isso, assinale a alternativa correta.

(A) Trata-se de cláusula abusiva, por exigir do consumidor vantagem manifestamente excessiva a favor da construtora.
(B) Não se trata de cláusula abusiva, diante dos costumes do mercado imobiliário, que pode paralisar a obra se houver alguma necessidade financeira.
(C) Não se trata de cláusula abusiva, pois ameniza o risco da atividade advindo da dificuldade de se fixar data

certa para o término de obra de grande magnitude sujeita a diversos obstáculos e situações imprevisíveis.
(D) Trata-se de cláusula abusiva, pois condiciona a entrega do produto sem justa causa ou limites quantitativos.
(E) Trata-se de cláusula abusiva, pois representa uma oferta enganosa do prazo de entrega do imóvel, que já estabelece condições para o construtor apurar eventual necessidade de atraso.

A jurisprudência do Superior Tribunal de Justiça segue no sentido de que não há abusividade na denominada "cláusula de tolerância" nos contratos de promessa de compra e venda de imóvel em construção. A cláusula de prorrogação excepcional do prazo de entrega da unidade ou de conclusão da obra varia entre 90 (noventa) e 180 (cento e oitenta) dias, "porque existem no mercado diversos fatores de imprevisibilidade que podem afetar negativamente a construção de edificações e onerar excessivamente seus atores, tais como intempéries, chuvas, escassez de insumos, greves, falta de mão de obra, crise no setor, entre outros contratempos. Assim, a complexidade do negócio justifica a adoção no instrumento contratual, desde que razoáveis, de condições e formas de eventual prorrogação do prazo de entrega da obra, o qual foi, na realidade, apenas estimado, tanto que a própria lei de regência disciplinou tal questão, conforme previsão do art. 48, § 2º, da Lei n. 4.591/1964. Logo, observa-se que a cláusula de tolerância para atraso de obra possui amparo legal, não constituindo abuso de direito (art. 187 do CC)". (STJ, REsp 1.582.318/RJ, Rel. Min. Ricardo Villas Bôas Cueva, por unanimidade, julgado em 12/9/2017, DJe 21/9/2017). Sendo assim, a única alternativa que pode ser considerada correta é a alternativa "C".
Gabarito "C".

(Juiz de Direito – TJ/RJ – VUNESP – 2016) Carlos dos Santos mora em um apartamento alugado e pretendendo tornar-se proprietário de sua própria moradia, assinou um contrato de promessa de compra e venda com uma empresa construtora para aquisição de um apartamento. O contrato foi celebrado com cláusula contratual que determina a restituição dos valores devidos somente ao término da obra, ou de forma parcelada na hipótese de resolução de contrato de promessa de compra e venda do imóvel, por culpa de quaisquer contratantes.
A partir desses fatos, assinale a alternativa correta.

(A) Se houver resolução do contrato de promessa de compra e venda do imóvel por vontade de ambas as partes, em conformidade com o avençado no contrato, a restituição dos valores devidos deve ocorrer de forma parcelada ou ao término da obra.
(B) Se a resolução contratual for unilateral do promissário comprador, este terá direito à devolução das parcelas pagas, mas a devolução não precisa ser imediata, pois inexiste disposição expressa nesse sentido no Código de Defesa do Consumidor.
(C) Esse contrato não se submete ao Código de Defesa do Consumidor, regendo-se integralmente pelas normas do Código Civil, devendo ser observado o princípio *pacta sunt servanda*.
(D) Se houver resolução do contrato de promessa de compra e venda do imóvel por vontade unilateral e exclusiva do promissário comprador, em observação à legislação consumerista, Carlos dos Santos terá direito à restituição integral das parcelas pagas.
(E) Se houver a resolução do contrato de promessa de compra e venda do imóvel em decorrência de vontade exclusiva do promitente vendedor, caberá a este a imediata restituição integral das parcelas pagas pelo promitente comprador em aplicação da legislação consumerista.

Nos termos da súmula 543 do STJ: "Na hipótese de resolução de contrato de promessa de compra e venda de imóvel submetido ao Código de Defesa do Consumidor, deve ocorrer a imediata restituição das parcelas pagas pelo promitente comprador integralmente -, em caso de culpa exclusiva do promitente vendedor/construtor, ou parcialmente, caso tenha sido o comprador quem deu causa ao desfazimento". A única alternativa que contempla o entendimento externado pelo STJ é a alternativa "D". Vale notar que a relação jurídica de consumo está presente tendo em vista ser a construtora uma "fornecedora" nos termos art. 3º do CDC e que "Carlos dos Santos" ser um destinatário final de um bem imóvel (art. 2º do CDC).
Gabarito "D".

(Procurador Municipal – Sertãozinho/SP – VUNESP – 2016) No que concerne aos contratos de consumo, é correto afirmar que

(A) firmados entre fornecedor e consumidor pessoa jurídica, é válida a cláusula contratual que estabelece que a indenização poderá ser limitada, em situações justificáveis.
(B) será reputado de adesão aquele cujas cláusulas tenham sido estabelecidas unilateralmente pelo fornecedor de serviços, sendo que a inserção de cláusula no formulário pelo consumidor o desfigura como tal.
(C) as multas de mora decorrentes do inadimplemento de obrigações no seu termo não poderão ser superiores a 10 (dez) por cento do valor da prestação.
(D) quando de adesão, suas cláusulas deverão ser redigidas em termos claros e com caracteres ostensivos e legíveis, cujo tamanho da fonte não será inferior ao corpo onze, de modo a facilitar sua compreensão pelo consumidor.
(E) as cláusulas contratuais serão interpretadas de maneira mais favorável ao consumidor, desde que caracterizada a má-fé do fornecedor.

A: correta. A limitação de indenização pode estar prevista em contrato nas hipóteses em que haja um consumidor pessoa jurídica e que a limitação seja justificável (art. 51, I, do CDC). **B:** incorreta. O contrato de adesão é aquele cujas cláusulas tenham sido aprovadas pela autoridade competente ou estabelecidas unilateralmente pelo fornecedor de produtos ou serviços, sem que o consumidor possa discutir ou modificar substancialmente seu conteúdo (art. 54 do CDC). Prevê ainda o art. 54, § 1º, que a inserção de cláusula no formulado não desfigura a natureza de adesão do contrato. **C:** incorreta. A multa demora não pode ser superior a 2% do valor da prestação (art. 52, § 1º, do CDC) **D:** incorreta. Os contratos de adesão escritos serão redigidos em termos claros e com caracteres ostensivos e legíveis, cujo tamanho da fonte não será inferior ao corpo doze, de modo a facilitar sua compreensão pelo consumidor (art. 54, § 3º, do CDC). **E:** incorreta. As cláusulas contratuais serão interpretadas de maneira mais favorável ao consumidor (art. 47 do CDC), independentemente da análise da boa-fé do fornecedor.
Gabarito "A".

(Procurador – IPSMI/SP – VUNESP – 2016) Nos contratos de consumo, as cláusulas abusivas

(A) transferem responsabilidade a terceiros.
(B) impõem a conclusão do negócio.
(C) são nulas de pleno direito.
(D) invalidam o contrato por inteiro.
(E) estabelecem a inversão do ônus da prova.

A: incorreta. Transferir a responsabilidade a terceiros é um exemplo de cláusula contratual abusiva (art. 51, III, do CDC). **B:** incorreta. É clausula contratual abusiva a cláusula que imponha representante para concluir ou realizar outro negócio jurídico pelo consumidor (art. 51, VIII, do CDC). **C:** correta. As cláusulas contratuais abusivas são nulas de pleno direito (art. 51, *caput*, do CDC). **D:** incorreta. A nulidade de uma cláusula contratual abusiva não invalida o contrato, exceto quando de sua ausência, apesar dos esforços de integração, decorrer ônus excessivo a qualquer das partes (art. 51, § 2°, do CDC). **E:** incorreta. Cláusula de estabeleça a inversão do ônus da prova em prejuízo do consumidor é exemplo de cláusula contratual abusiva (art. 51, VI, do CDC).

Gabarito "C".

(Juiz de Direito – TJ/SP – VUNESP – 2015) Assinale a alternativa correta.

(A) O diploma consumerista é aplicável às instituições financeiras, mas não tem aplicação na relação entre entidade de previdência privada e seus participantes.
(B) As instituições financeiras, assim entendidas como prestadoras de serviços, respondem, independentemente da existência de culpa exclusiva de terceiros, pela reparação dos danos causados aos consumidores por defeitos relativos à prestação de serviço.
(C) Não vulnera o Código de Defesa do Consumidor a cobrança de tarifa básica de assinatura mensal pelo uso dos serviços de telefonia fixa.
(D) Nos contratos bancários posteriores ao Código de Defesa do Consumidor incide multa moratória de até 10% do valor da prestação.

A; incorreta. "O Código de Defesa do Consumidor é aplicável às entidades abertas de previdência complementar, não incidindo nos contratos previdenciários celebrados com entidades fechadas". (Súmula 563 do STJ). Também já havia entendimento sumulado pelo STJ, sobre a aplicação do CDC às instituições financeiras (Súmula 297). **B:** incorreta. "As instituições financeiras respondem objetivamente pelos danos gerados por fortuito interno relativo a fraudes e delitos praticados por terceiros no âmbito de operações bancárias". (Súmula 479 do STJ). **C:** correta. "É legítima a cobrança da tarifa básica pelo uso dos serviços de telefonia fixa". (Súmula 356 do STJ). **D:** incorreta. "Nos contratos bancários posteriores ao código de defesa do consumidor incide a multa moratória nele prevista". (Súmula 285 do STJ). A multa moratória prevista no art. 52, § 1°, é de 2% (dois por cento).

Gabarito "C".

(Juiz de Direito – TJ/SP – VUNESP – 2015) Em tema de abusividade contratual, é correto afirmar que

(A) a nulidade de uma cláusula contratual abusiva não invalida o contrato, desde que não caracterizada a onerosidade excessiva.
(B) é válida a obrigação cambial assumida por procurador do mutuário vinculado ao mutuante, no exclusivo interesse deste.
(C) a estipulação de juros moratórios superiores a 12% ao ano, por si só, não indica abusividade.
(D) se admite limitação temporal de internação hospitalar do segurado em contrato de plano de saúde.

A: correta. Nos termos do art. 51, § 2°, do CDC: "a nulidade de uma cláusula contratual abusiva não invalida o contrato, exceto quando de sua ausência, apesar dos esforços de integração, decorrer ônus excessivo a qualquer das partes". **B:** incorreta. Trata-se de cláusula-mandato proibida pelo art. 51, VIII, do CDC. **C:** incorreta. Os **juros moratórios** não podem ser superiores a 12% ao ano: "nos contratos bancários não regidos por legislação específica, os juros moratórios poderão ser convencionados até o limite de 1% ao mês". (Súmula 379 do STJ). Os **juros compensatórios**, por sua vez, podem ser estipulados em valor superior a 12% ao ano: "a estipulação de juros remuneratórios superiores a 12% ao ano, por si só, não indica abusividade." (Súmula 382 do STJ). **D:** incorreta. A cláusula que estipula limitação temporal de internação é considerada abusiva nos termos do art. 51, § 1°, II, do CDC. Veja ainda a Súmula 302 do STJ: "É abusiva a cláusula contratual de plano de saúde que limita no tempo a internação hospitalar do segurado".

Gabarito "A".

(Juiz de Direito – TJ/MS – VUNESP – 2015) No que tange às relações de consumo, é correto afirmar que

(A) é permitido aos juízes de primeiro e segundo graus de jurisdição julgar, com fundamento no art. 51 do CDC, sem pedido expresso, a abusividade de cláusulas nos contratos bancários.
(B) é devida a restituição de valores vertidos por consorciado desistente ao grupo de consórcio, de forma imediata, não havendo necessidade de aguardar o encerramento do plano.
(C) é abusiva a taxa de administração em contrato de consórcio superior a 10% (dez por cento).
(D) não é abusiva a cláusula contratual que determina a restituição dos valores devidos de forma parcelada, na hipótese de resolução de contrato de promessa de compra e venda de imóvel, por culpa de quaisquer contratantes.
(E) é válida, no sistema de planta comunitária de telefonia – PCT, a previsão contratual ou regulamentar que desobrigue a companhia de subscrever ações em nome do consumidor ou de lhe restituir o valor investido.

A: incorreta. "Nos contratos bancários, é vedado ao julgador conhecer, de ofício, da abusividade das cláusulas" (Súmula 381 do STJ). Vale lembrar que o art. 10, do NCPC, o juiz não deve decidir com base em fundamento do qual não se tenha dado às partes oportunidade de se manifestar, ainda que se trate de matéria sobre a qual deva decidir de ofício. **B:** incorreta. "É devida a restituição de valores vertidos por consorciado desistente ao grupo de consórcio, mas não de imediato, e sim em até trinta dias a contar do prazo previsto contratualmente para o encerramento do plano". (REsp 1119300/RS, DJ 14/04/2010). Tese firmada em recurso Repetitivo Tema 312. **C:** incorreta. "As administradoras de consórcio têm liberdade para estabelecer a respectiva taxa de administração, ainda que fixada em percentual superior a dez por cento". (Súmula 538). **D:** incorreta. "Na hipótese de resolução de contrato de promessa de compra e venda de imóvel submetido ao código de defesa do consumidor, deve ocorrer a imediata restituição das parcelas pagas pelo promitente comprador – integralmente, em caso de culpa exclusiva do promitente vendedor/construtor, ou parcialmente, caso tenha sido o comprador quem deu causa ao desfazimento". (Súmula 543 do STJ). **E:** correta. "É válida, no sistema de planta comunitária de telefonia – PCT, a previsão contratual ou regulamentar que desobrigue a companhia de subscrever ações em nome do consumidor ou de lhe restituir o valor investido" (REsp 1391089/RS, Rel. Ministro Paulo de Tarso Sanseverino, Segunda Seção, julgado em 26/02/2014, pelo rito do art. 543-C do CPC, DJe 10/03/2014). Veja informativo 536 do STJ.

Gabarito "E".

6. RESPONSABILIDADE ADMINISTRATIVA

(Procurador Municipal – Sertãozinho/SP – VUNESP – 2016) Sobre as sanções administrativas no âmbito das relações de consumo, assinale a assertiva correta.

(A) A competência para baixar normas relativas à produção, industrialização, distribuição e consumo de produtos e serviços é exclusiva da União.

(B) Os órgãos oficiais com atribuições para fiscalizar e controlar o mercado de consumo manterão comissões permanentes para elaboração, revisão e atualização das normas respectivas, sendo facultativa a participação dos consumidores e fornecedores.
(C) Os órgãos oficiais poderão expedir notificações aos fornecedores para que, sob pena de desobediência, prestem informações sobre questões de interesse do consumidor, mesmo se tratando de segredo industrial.
(D) As sanções administrativas estabelecidas no sistema consumerista podem ser aplicadas cumulativamente, inclusive por medida cautelar, antecedente ou incidente de procedimento administrativo.
(E) A devolução das quantias pagas pelo consumidor, multa e imposição de contrapropaganda são espécies de sanções administrativas que podem ser aplicadas contra as infrações das normas de defesa do consumidor praticadas por fornecedores.

A: incorreta. A competência é concorrente, cabendo a União e aos Estados (e Distrito Federal) para baixar normas relativas à produção, industrialização, distribuição e consumo de produtos e serviços (art. 55 do CDC e art. 24, V e VIII, da CF). **B:** incorreta. É obrigatória a participação dos consumidores e fornecedores nas comissões permanentes (art. 55, § 3º) **C:** incorreta. Os órgãos oficiais poderão expedir notificações aos fornecedores para que, sob pena de desobediência, prestem informações sobre questões de interesse do consumidor, resguardado o segredo industrial (art. 55, § 4º). **D:** correta. Nos exatos termos do parágrafo único do art. 56 do CDC: "as sanções previstas neste artigo serão aplicadas pela autoridade administrativa, no âmbito de sua atribuição, podendo ser aplicadas cumulativamente, inclusive por medida cautelar, antecedente ou incidente de procedimento administrativo". **E:** incorreta. A devolução das quantias pagas pelo consumidor não é sanção administrativa prevista no art. 56 do CDC. Gabarito "D".

(Magistratura/RJ – 2011 – VUNESP) Em matéria de sanções administrativas, assinale a alternativa incorreta.

(A) A pena de apreensão de produto será aplicada pela administração, quando forem constatados vícios de quantidade do produto.
(B) A pena de suspensão do fornecimento do serviço será aplicada em caso de vício de qualidade por inadequação.
(C) A pena de interdição será aplicada pela administração, sempre que forem constatados vícios de qualidade por inadequação de serviço.
(D) A pena de inutilização do produto será aplicada mediante processo administrativo, assegurada a ampla defesa, se constatado vício de quantidade do produto.

A: assertiva correta, de acordo com o art. 58 do CDC; **B:** assertiva correta, também está de acordo com o art. 58 do CDC; **C:** assertiva incorreta, devendo ser assinalada, na hipótese devem ser aplicadas as penas previstas no art. 59 do CDC. A pena de interdição só será aplicada quando o fornecedor reincidir na prática das infrações de maior gravidade previstas neste código e na legislação de consumo (art. 59, *caput*, do CDC); **D:** assertiva correta, está de acordo com o art. 58 do CDC. Gabarito "C".

7. DEFESA DO CONSUMIDOR EM JUÍZO

(Juiz de Direito – TJ/RJ – 2019 – VUNESP) Em conformidade com o que disciplina o Código de Defesa do Consumidor sobre os interesses ou direitos individuais homogêneos, assinale a alternativa correta.

(A) O Ministério Público não é parte legítima para atuar em defesa dos interesses individuais homogêneos dos consumidores.
(B) A respectiva coisa julgada terá efeitos *ultra partes*, com a reparabilidade indireta do bem cuja titularidade é composta pelo grupo ou classe.
(C) A marca de seu objeto é a indivisibilidade e a indisponibilidade, ou seja, não comportam fracionamento e não podem ser disponibilizados por qualquer dos cotitulares.
(D) São interesses na sua essência coletivos, não podendo ser exercidos em juízo individualmente.
(E) A origem comum exigida para a configuração dos interesses individuais homogêneos pode ser tanto de fato como de direito.

A: Incorreta. De acordo com o art. 82, I do CDC e com o art. 5º da Lei de Ação Civil Pública, o Ministério Público é parte legítima para atuar em defesa dos interesses individuais homogêneos dos consumidores. **B:** Incorreta. Conforme previsão do art. 103, III e 81, parágrafo único, III, a coisa julgada terá efeito *erga omnes*, tratando-se de direitos ou interesses individuais. Nesse sentido, ressaltamos que caso a ação verse sobre interesses ou direitos coletivos, a coisa julgada surtirá efeito *ultra partes*, conforme disposição dos arts. 103, II e 81, parágrafo único, II, do CDC. **C:** Incorreta. Os direitos individuais homogêneos são, em sua natureza, divisíveis, podendo seus titulares serem individualizados. Nesse sentido, tais direitos são reconhecidos pela divisibilidade do objeto, determinabilidade dos titulares e sua origem comum. **D:** Incorreta. Os direitos difusos, coletivos ou individuais homogêneos podem ser levados à juízo através da tutela coletiva de direitos, mas não retira a opção de o titular de direitos participar de propor ação individual. Nesse sentido, assim determina o art. 104 do CDC: "As ações coletivas, previstas nos incisos I e II e do parágrafo único do art. 81, não induzem litispendência para as ações individuais, mas os efeitos da coisa julgada *erga omnes* ou *ultra partes* a que aludem os incisos II e III do artigo anterior não beneficiarão os autores das ações individuais, se não for requerida sua suspensão no prazo de trinta dias, a contar da ciência nos autos do ajuizamento da ação coletiva". **E:** Correta. O art. 81, parágrafo único, III, do CDC, define "*interesses ou direitos* **individuais homogêneos**, *assim entendidos os decorrentes de origem comum*". Assim, a origem comum pode ser tanto origem de fato como de direito. Gabarito "E".

(Defensor Público/RO – 2017 – VUNESP) Sobre as Ações Coletivas para a defesa de interesses individuais homogêneos, previstas no Código de Defesa do Consumidor, assinale a alternativa correta.

(A) A liquidação e a execução de sentença poderão ser exclusivamente promovidas pelas vítimas e seus sucessores.
(B) O Ministério Público, se não ajuizar a ação, terá a faculdade de atuar como fiscal da lei, nas ações que versam sobre essa natureza de direitos coletivos.
(C) Em caso de procedência do pedido, a condenação nunca será genérica, fixando-se desde logo a responsabilidade do réu pelos danos causados.

(D) Decorrido o prazo de um ano sem habilitação de interessados em número compatível com a gravidade do dano, poderá o Ministério Público, concorrendo com os demais legitimados apontados pelo CDC, promover a liquidação e execução da indenização devida.

(E) Todas as demandas que versam sobre esses direitos devem ser propostas perante a Justiça Federal.

A: incorreta. A liquidação e execução da sentença coletiva em direitos individuais homogêneos podem ser promovidas pelas vítimas e seus sucessores (art. 97 do CDC), assim como pelos legitimados para a ação coletiva relacionados no art. 82 do CDC; **B:** incorreta. O Ministério Público, se não ajuizar a ação, atuará sempre como fiscal da lei (art. 92 do CDC); **C:** incorreta. Em caso de procedência do pedido, a condenação será genérica, fixando a responsabilidade do réu pelos danos causados (art. 95 do CDC); **D:** correta. Nos exatos termos do art. 100 do CDC; **E:** incorreta. Na forma do art. 93 do CDC, ressalvada a competência da Justiça Federal, é competente para a causa a justiça local i) no foro do lugar onde ocorreu ou deva ocorrer o dano, quando de âmbito local, ou ii) no foro da Capital do Estado ou no do Distrito Federal, para os danos de âmbito nacional ou regional, aplicando-se as regras do Código de Processo Civil aos casos de competência concorrente. Gabarito "D".

(Procurador Municipal – Sertãozinho/SP – VUNESP – 2016) No que concerne à defesa metaindividual do consumidor em juízo, assinale a alternativa correta.

(A) Interesses ou direitos difusos são os transindividuais, de natureza divisível, de que sejam titulares pessoas indeterminadas e ligadas por circunstâncias de fato.

(B) São legitimados concorrentemente para a sua tutela, as entidades e órgãos da Administração Pública, direta ou indireta, ainda que sem personalidade jurídica, especificamente destinados à defesa dos interesses e direitos do consumidor.

(C) Na ação que tenha por objeto o cumprimento da obrigação de fazer ou não fazer, o juiz poderá impor multa diária ao réu, desde que haja pedido do autor, se for suficiente ou compatível com a obrigação, fixando prazo razoável para o cumprimento do preceito.

(D) Em caso de litigância de má-fé, a associação autora e os diretores responsáveis pela propositura da ação serão subsidiariamente condenados em honorários advocatícios e ao décuplo das custas, sem prejuízo da responsabilidade por perdas e danos.

(E) Aplicam-se às ações para a sua tutela, além do Código de Defesa do Consumidor, as normas do Código de Processo Civil e da Lei da ação popular, naquilo que não contrariar as disposições do diploma consumerista.

A: incorreta. Os interesses difusos têm natureza indivisível (art. 81, parágrafo único, I, do CDC); **B:** correta. Nos exatos termos do art. 82, III, do CDC. **C:** incorreta. A multa pode ser imposta independentemente do pedido do autor: "O juiz poderá, na hipótese do § 3º ou na sentença, impor multa diária ao réu, independentemente de pedido do autor, se for suficiente ou compatível com a obrigação, fixando prazo razoável para o cumprimento do preceito" (art. 84, § 4º, do CDC). **D:** incorreta. Nos termos do art. 87, parágrafo único, a responsabilidade é solidária entre a associação autora e os diretores responsáveis pela propositura da ação. **E:** incorreta. Aplicam-se às ações para a tutela do consumidor as normas do Código de Processo Civil e da Lei 7.347/1985, inclusive no que respeita ao inquérito civil, naquilo que não contrariar suas disposições (art. 90 do CDC). Gabarito "B".

(Procurador Municipal – Sertãozinho/SP – VUNESP – 2016) Relativamente às ações coletivas para a defesa de interesses individuais homogêneos tratados pelo Código de Defesa do Consumidor, é possível asseverar que

(A) são considerados interesses ou direitos individuais homogêneos aqueles transindividuais de natureza divisível ou não, decorrentes de origem comum.

(B) o Município poderá propor, em nome próprio e no interesse das vítimas ou seus sucessores, ação civil coletiva de responsabilidade pelos danos individualmente sofridos.

(C) o Ministério Público, se não ajuizar a ação, atuará como fiscal da lei quando o Juiz da causa entender pertinente.

(D) em caso de procedência do pedido, a condenação deve ser certa e determinada, fixando-se a responsabilidade do réu pelos danos causados.

(E) na hipótese de decorrido o prazo de 06 (seis) meses sem habilitação de interessados em número compatível com a gravidade do dano para execução da coisa julgada coletiva, poderá o autor da ação, promover a liquidação e execução da indenização devida.

A; incorreta. Os Direitos Individuais Homogêneos têm natureza divisível e são decorrentes de origem comum (art. 81, parágrafo único, III, do CDC). **B:** correta. A legitimidade do Município decorre do art. 82 do CDC e do art. 5º da LACP (ver também art. 91 e 92 do CDC). **C:** incorreta. O Ministério Público sempre atuará como fiscal da lei (art. 5º, § 1º, da LACP e art. 92 do CDC). **D:** incorreta. Para as ações coletivas que envolvem Direitos Individuais Homogêneos, em caso de procedência do pedido, a condenação será genérica, fixando a responsabilidade do réu pelos danos causados (art. 95 do CDC). **E:** incorreta. Nos termos do art. 100 do CDC, decorrido o prazo de um ano sem habilitação de interessados em número compatível com a gravidade do dano, poderão os legitimados promover a liquidação da sentença (*fluid recovery*). Gabarito "B".

8. SNDC E CONVENÇÃO COLETIVA

(Defensor Público/RO – 2017 – VUNESP) Sobre a Convenção Coletiva de Consumo, é correto afirmar que

(A) formalizada a convenção, essa se torna obrigatória assim que todos os participantes tomem ciência de seu conteúdo de forma inequívoca, independentemente de registro em cartório.

(B) se exime de cumprir a convenção o fornecedor que se desligar da entidade em data posterior ao registro do instrumento.

(C) as entidades civis de consumidores e as associações de fornecedores ou sindicatos de categoria econômica são os órgãos legitimados pela lei para regular preço, qualidade, quantidade, garantia e características de produtos e serviços, bem como reclamação e composição do conflito de consumo.

(D) pode ser feita verbalmente, pelo Ministério Público e Defensoria Pública, e têm como objeto condições relativas ao preço, à qualidade, à quantidade, à garantia e características de produtos e serviços.

(E) uma vez formalizada, e adotados todos os procedimentos corretos para sua validade, ela se torna eficaz erga omnes.

A: incorreta. A convenção tornar-se-á obrigatória a partir do registro do instrumento no cartório de títulos e documentos (art. 107, § 1º, do CDC);

B: incorreta. Não se exime de cumprir a convenção o fornecedor que se desligar da entidade em data posterior ao registro do instrumento (art. 107, § 3º); **C:** correta, nos exatos termos do *caput* do art. 107 do CDC; **D:** incorreta. O Ministério Público e a Defensoria não poderão estabelecer termos para convenção coletiva de consumo. A legitimidade é somente das entidades civis de consumidores e associações de fornecedores e sindicatos de categoria econômica; **E:** incorreta. A convenção somente obrigará os filiados às entidades signatárias (art. 107, § 2º). RD

Gabarito "C".

(Juiz de Direito – TJ/MS – VUNESP – 2015) De acordo com o Sistema Nacional de Defesa do Consumidor,

(A) cabe ao Departamento de Proteção e Defesa do Consumidor – DPDC a coordenação de sua política.
(B) pode a Secretaria Nacional do Consumidor – SENACON, do Ministério da Justiça, celebrar convênios e termos de ajustamento de conduta.
(C) é atribuição do PROCON municipal funcionar, no processo administrativo, como órgão consultivo, emitindo parecer, no âmbito de sua competência.
(D) caberá aos PROCONs estaduais, em conjunto com os PROCONs municipais, propor a política nacional de proteção e defesa do consumidor.
(E) as Promotorias e Delegacias do Consumidor, os PROCONs e as associações civis integram o sistema.

A: incorreta. O Departamento Nacional de Defesa do Consumidor é organismo de coordenação da política do Sistema Nacional de Defesa do Consumidor (art. 106, *caput*, do CDC). Compete à Secretaria Nacional do Consumidor do Ministério da Justiça, a coordenação da política do Sistema Nacional de Defesa do Consumidor (art. 3º, do Decreto 2.181/1997). **B:** correta. Nos termos do art. 3º do Decreto 2.181/1997. **C:** incorreta. Compete à SENACON: II – receber, analisar, avaliar e apurar consultas e denúncias apresentadas por entidades representativas ou pessoas jurídicas de direito público ou privado ou por consumidores individuais. **D:** incorreta. Cabe à SENACON planejar, elaborar, propor, coordenar e executar a política nacional de proteção e defesa do consumidor (art. 3º, I, do Decreto 2.181/1997). **E:** incorreta. Integram o Sistema Nacional de Defesa do Consumidor (SNDC), os órgãos federais, estaduais, do Distrito Federal e municipais e as entidades privadas de defesa do consumidor (art. 105, do CDC). RD

Gabarito "B".

9. OUTRAS TEMAS E QUESTÕES COMBINADAS

(Juiz de Direito – TJ/RJ – 2019 – VUNESP) Tendo em vista o entendimento sumular do Superior Tribunal de Justiça, é correto afirmar que

(A) o Código de Defesa do Consumidor não é aplicável aos empreendimentos habitacionais promovidos pelas sociedades cooperativas.
(B) é abusiva a cláusula contratual de plano de saúde que prevê a limitação do tempo de internação hospitalar do segurado.
(C) constitui prática abusiva a estipulação de juros remuneratórios superiores a 12% ao ano.
(D) incumbe ao credor a exclusão do registro da dívida em nome do devedor no cadastro de inadimplentes no prazo de cinco dias úteis, a partir do pagamento do débito ainda que parcial.
(E) constitui prática comercial abusiva o envio de cartão de crédito sem prévia e expressa solicitação do consumidor, não se sujeitando, no entanto, à aplicação de multa administrativa.

A: Incorreta. Conforme Súmula 602 do STJ "O Código de Defesa do Consumidor é aplicável aos empreendimentos habitacionais promovidos pelas sociedades cooperativas". **B:** Correta. Conforme literalidade da Súmula 302 do STJ: "É abusiva a cláusula contratual de plano de saúde que limita no tempo a internação hospitalar do segurado". **C:** Incorreta. De acordo com a Súmula 382 do STJ "A estipulação de juros remuneratórios superiores a 12% ao ano, por si só, não indica abusividade". **D:** Incorreta. Conforme entendimento da Súmula 548 do STJ "Incumbe ao credor a exclusão do registro da dívida em nome do devedor no cadastro de inadimplentes no prazo de cinco dias úteis, a partir do integral e efetivo pagamento do débito". **E:** Incorreta. De acordo com o enunciado da Súmula 532 do STJ "constitui prática comercial abusiva o envio de cartão de crédito sem prévia e expressa solicitação do consumidor, configurando-se ato ilícito indenizável e sujeito à aplicação de multa administrativa". RD

Gabarito "B".

(Juiz de Direito – TJ/RJ – 2019 – VUNESP) De acordo com o tratamento atribuído pelo regime consumerista aos institutos da decadência e da prescrição, assinale a alternativa correta.

(A) Em se tratando de vício oculto, o prazo de decadência tem início no momento em que se formalizar a reclamação do consumidor perante o fornecedor de produtos.
(B) Obsta o transcurso do prazo decadencial a reclamação formulada pelo consumidor perante o fornecedor de produtos até a resposta negativa correspondente ou o transcurso de prazo razoável sem a respectiva resposta.
(C) Prescreve em sessenta dias o direito de reclamar pelos vícios de fácil constatação, iniciando a contagem a partir da entrega efetiva do produto ou do término da execução dos serviços.
(D) A instauração de inquérito civil obsta a decadência, reiniciando a contagem do prazo decadencial no dia seguinte à referida instauração.
(E) Tem início o prazo de prescrição nos casos de responsabilidade pelo fato dos produtos ou serviços a partir da ciência do dano, bem como de sua autoria.

A: Incorreta. Conforme determina o art. 26, § 3º, do Código de Defesa do Consumidor, tratando-se de vício oculto, o prazo decadencial inicia-se no momento em que ficar evidenciado o vício. **B:** Incorreta. O mesmo art. 26, no seu § 2º, informa que "obsta a decadência a reclamação comprovadamente formulada pelo consumidor perante o fornecedor de produtos e serviços até a resposta negativa correspondente, que deve ser transmitida de forma inequívoca". **C:** Incorreta. O prazo previsto pelo Código de Defesa do Consumidor é decadencial, caducando o direito de o consumidor reclamar em trinta dias, tratando-se de fornecimento de serviço e de produtos não duráveis e noventa dias, tratando-se de fornecimento de serviço e de produtos duráveis (art. 26, I e II, do CDC) **D:** Incorreta. De acordo com o art. 26, § 2º, III, a instauração de inquérito civil obsta a decadência até seu encerramento; **E:** Correta. Conforme art. 27 do CDC: "Prescreve em cinco anos a pretensão à reparação pelos danos causados por fato do produto ou do serviço prevista na Seção II deste Capítulo, iniciando-se a contagem do prazo a partir do conhecimento do dano e de sua autoria". RD

Gabarito "E".

(Defensor Público/RO – 2017 – VUNESP) Uma grande loja de departamentos fez uma liquidação de seus produtos, para queimar estoque, sendo produtos novos e sem qualquer vício. Porém, colocou uma enorme placa avisando que tudo o que fosse adquirido pelo preço promocional não teria qualquer tipo de troca.

Diante dessa situação, é correto afirmar que:

(A) tal loja agiu corretamente, pois é direito básico do consumidor ser informado claramente de seus direitos e, fazendo isso, não precisará realizar qualquer tipo de troca dos produtos adquiridos em promoção.
(B) a loja está desobrigada a realizar a troca, mesmo que por vício no produto comprado em promoção, tendo em vista que compete a ela escolher como pretende reparar eventual problema apresentado nos produtos por si comercializados.
(C) caso o produto em promoção apresente algum vício, a loja deverá proceder à troca se assim escolher o consumidor, independentemente de ter colocado a placa informando que assim não agiria, respeitando-se o prazo de sanação, se for o caso, tendo em vista que a vontade do fornecedor não se sobrepõe ao texto da lei.
(D) caso haja algum vício nos produtos vendidos em promoção, somente o fabricante deverá ser responsabilizado, uma vez que a loja já se eximiu de sua responsabilidade ao informar ao consumidor da impossibilidade da troca dos produtos.
(E) no caso em tela, a prática realizada pela loja é abusiva, uma vez que ela tem o dever de realizar trocas dos produtos, sempre que desejar o consumidor, seja em razão de vícios, seja por arrependimento do consumidor.

A: incorreta. O consumidor tem o direito da efetiva reparação por danos materiais e morais causados pelos fornecedores no mercado de consumo, nos termos do art. 6º, VI, do CDC. Ademais, configura-se abusiva qualquer cláusula contratual que subtraia do consumidor o direito de ser indenizado (art. 51, I, do CDC); **B:** incorreta. Tratando-se de vício de produto, passado o prazo de conserto, pode o consumidor optar pela troca do produto, pelo abatimento proporcional do preço ou pela devolução dos valores pagos (art. 18 do CDC); **C:** correta. O consumidor tem o direito da efetiva reparação por danos materiais e morais causados pelos fornecedores no mercado de consumo, nos termos do art. 6º, VI, do CDC. E configura-se abusiva qualquer cláusula contratual que subtraia do consumidor o direito de ser indenizado (art. 51, I, do CDC). Tratando-se de vício de produto, passado o prazo de conserto, pode o consumidor optar pela troca do produto, pelo abatimento proporcional do preço ou pela devolução dos valores pagos (art. 18 do CDC); **D:** incorreta. A responsabilidade civil do comerciante e do fabricante é solidária nas hipóteses de vício do produto (art. 18); **E:** incorreta. O fornecedor está obrigado a efetuar a troca do produto apenas nas hipóteses de vício de produto (art. 18) e nas hipóteses em que a oferta do produto está vinculada à troca nas condições pré-estabelecidas. Gabarito "C".

(Investigador – PC/BA – 2018 – VUNESP) No Título II do Código de Defesa do Consumidor (Lei nº 8.078/90), estão previstas algumas condutas que, se praticadas pelo fornecedor, serão consideradas crime, entre elas:

(A) fazer ou promover publicidade que sabe ou deveria saber ser enganosa ou abusiva.
(B) executar serviço de alto grau de periculosidade, mesmo em consonância com determinação de autoridade competente.
(C) empregar, na reparação de produtos, peça ou componentes de reposição ainda que novos, sem autorização do consumidor.
(D) comunicar à autoridade competente e aos consumidores a nocividade ou periculosidade de produtos ainda que o conhecimento seja posterior à sua colocação no mercado.
(E) empregar na reparação de produtos, peças ou componentes usados, mesmo que com a autorização do consumidor.

A: correta, nos exatos termos do art. 67 do CDC; **B:** incorreta. Executar serviço de alto grau de periculosidade, contrariando determinação de autoridade, é conduta típica estabelecida no art. 65 do CDC; **C:** incorreta. Nos termos do art. 70 do CDC, constitui crime "empregar na reparação de produtos, peça ou componentes de reposição usados, sem autorização do consumidor"; **D:** incorreta. Constitui crime do art. 64 **deixar** de comunicar à autoridade competente e aos consumidores sobre a nocividade ou periculosidade de produtos cujo conhecimento seja posterior à sua colocação no mercado; **E:** incorreta. Vide comentário da alternativa E. Gabarito "A".

(Procurador Municipal/SP – VUNESP – 2016) Sobre a desconsideração da personalidade jurídica prevista no Código de Defesa do Consumidor, é correto afirmar que

(A) as sociedades integrantes dos grupos societários são subsidiariamente responsáveis, enquanto as sociedades controladas são solidariamente responsáveis pelas obrigações decorrentes do Código de Defesa do Consumidor.
(B) o juiz deverá desconsiderar a personalidade jurídica somente quando houver má administração e falência do fornecedor.
(C) as empresas coligadas respondem solidária e objetivamente pelos prejuízos causados aos consumidores.
(D) as sociedades consorciadas são solidariamente responsáveis pelas obrigações decorrentes do Código de Defesa do Consumidor.
(E) as sociedades integrantes dos grupos societários e as sociedades controladas são ambas solidariamente responsáveis pelas obrigações decorrentes do Código de Defesa do Consumidor.

A: incorreta. As sociedades integrantes dos grupos societários e as sociedades controladas, são subsidiariamente responsáveis pelas obrigações decorrentes deste Código (art. 28, § 2º, do CDC). **B:** incorreta. Na forma do art. 28, *caput*, do CDC o "juiz poderá desconsiderar a personalidade jurídica da sociedade quando, em detrimento do consumidor, houver abuso de direito, excesso de poder, infração da lei, fato ou ato ilícito ou violação dos estatutos ou contrato social. A desconsideração também será efetivada quando houver falência, estado de insolvência, encerramento ou inatividade da pessoa jurídica provocados por má administração". **C:** incorreta. As sociedades coligadas só responderão por culpa (art. 28, § 4º). **D:** correta. Nos exatos termos do art. 28, § 3º, do CDC. **E:** incorreta. A responsabilidade é subsidiária (vide alternativa "A"). Gabarito "D".

(Procurador Municipal/SP – VUNESP – 2016) Há previsão expressa no Código de Defesa do Consumidor acerca da Convenção Coletiva de Consumo. Sobre esse tema, é correto afirmar que

(A) são legitimados para regular em convenção escrita relativa à preço, à quantidade e à garantia, entre outros, os Municípios e os sindicatos da categoria econômica envolvida, dada a competência concorrente de todos os entes da federação em legislar acerca dos direitos do consumidor.
(B) feita a convenção, ela se tornará obrigatória apenas a partir do momento em que for registrada no cartório de títulos e documentos.

(C) uma vez registrada, a convenção terá efeito *erga omnes*, valendo para todos os fornecedores e consumidores daquele nicho de produtos ou serviços.
(D) se exime de cumprir a convenção o fornecedor que se desligar da entidade em data posterior ao registro do instrumento.
(E) são legitimados para regular em convenção escrita relativa à preço, à quantidade e à garantia entre outros, os Procons Estaduais e os sindicatos da categoria econômica envolvida, dada a competência concorrente de todos os entes da federação em legislar acerca dos direitos do consumidor.

A: incorreta. A legitimidade para a convenção coletiva é das entidades civis de consumidores e associações de fornecedores ou sindicatos de categoria econômica. Por outro lado, a convenção coletiva de consumo pode ter por objeto estabelecer condições relativas ao preço, à qualidade, à quantidade, à garantia e características de produtos e serviços, bem como à reclamação e composição do conflito de consumo (art. 107, *caput*, do CDC). A competência para legislar em Direito do Consumidor é concorrente entre a União e os Estados (e DF), art. 24, V e VIII, da Constituição Federal, podendo o município legislar se houver interesse local (art. 30 da CF). **B:** correta. A convenção tornar-se-á obrigatória a partir do registro do instrumento no cartório de títulos e documentos (art. 107, § 1º, do CDC). **C:** incorreta. A convenção somente obrigará os filiados às entidades signatárias (art. 107, § 2º, do CDC). **D:** incorreta. Não se exime de cumprir a convenção o fornecedor que se desligar da entidade em data posterior ao registro do instrumento (art. 107, § 3º, do CDC). **E:** incorreta. Os PROCONS não têm legitimidade para firmar convenção coletiva de consumo (vide justificativa da alternativa "A").
Gabarito "B".

(Juiz de Direito – TJ/SP – VUNESP – 2015) Assinale a alternativa correta, no que concerne ao tema da oferta.

(A) Descabe a responsabilidade solidária do fornecedor por ato de seu representante autônomo.
(B) O fornecedor, em caso de descumprimento da oferta, poderá exigir que o consumidor rescinda o contrato, restituindo-lhe o valor pago, monetariamente atualizado, além das perdas e danos.
(C) Em caso de oferta ou venda por reembolso postal, constarão o nome do fabricante e endereço na publicidade utilizada na transação comercial.
(D) Cessada a produção, a oferta de componentes, via de regra, deverá ser mantida por noventa dias.

A: incorreta. A responsabilidade civil do fornecedor por ato de seu representante autônomo é solidária, nos termos do art. 26, § 1º, e art. 34, ambos do Código de Defesa do Consumidor. **B:** incorreta. Nas hipóteses de não cumprimento da oferta, o consumidor pode, alternativamente e a sua escolha: "I – exigir o cumprimento forçado da obrigação, nos termos da oferta, apresentação ou publicidade; II – aceitar outro produto ou prestação de serviço equivalente; III – rescindir o contrato, com direito à restituição de quantia eventualmente antecipada, monetariamente atualizada, e a perdas e danos". **C:** correta. Nos exatos termos do art. 33 do CDC. **D:** incorreta. Cessadas a produção ou importação, a oferta deverá ser mantida por período razoável de tempo, na forma da lei (art. 32, parágrafo único, do CDC).
Gabarito "C".

(Juiz de Direito – TJ/MS – VUNESP – 2015) Segundo o art. 84 do CDC, na ação que tenha por objeto o cumprimento da obrigação de fazer ou não fazer, o juiz concederá a tutela específica da obrigação ou determinará providências que assegurem o resultado prático equivalente ao do adimplemento, observando que

(A) desde que seja requerido pelo autor, o juiz poderá, na sentença, impor multa diária ao réu, se for suficiente ou compatível com a obrigação, fixando prazo razoável para o cumprimento do preceito.
(B) para a tutela específica ou para a obtenção do resultado prático equivalente, poderá o juiz fazer uso exclusivo da multa.
(C) sendo relevante o fundamento da demanda e havendo justificado receio de ineficácia do provimento final, é lícito ao juiz conceder a tutela liminarmente ou após justificação prévia, citado o réu.
(D) a conversão da obrigação em perdas e danos somente será admissível se impossível a obtenção do resultado prático correspondente.
(E) a indenização por perdas e danos se fará com prejuízo da multa.

A: incorreta. "O juiz poderá, na hipótese do § 3º ou na sentença, impor multa diária ao réu, independentemente de pedido do autor, se for suficiente ou compatível com a obrigação, fixando prazo razoável para o cumprimento do preceito" (art. 84, § 4º, do CDC). **B:** incorreta. "Para a tutela específica ou para a obtenção do resultado prático equivalente, poderá o juiz determinar as medidas necessárias, tais como busca e apreensão, remoção de coisas e pessoas, desfazimento de obra, impedimento de atividade nociva, além de requisição de força policial" (art. 84, § 5º, do CDC). **C:** correta. Nos exatos termos no art. 84, § 3º, do CDC. **D:** incorreta. "A conversão da obrigação em perdas e danos somente será admissível se por elas optar o autor ou se impossível a tutela específica ou a obtenção do resultado prático correspondente" (art. 84, § 1º, do CDC). **E:** incorreta. "A indenização por perdas e danos se fará sem prejuízo da multa" (art. 84, § 2º, do CDC).
Gabarito "C".

(Juiz de Direito – TJ/MS – VUNESP – 2015) São circunstâncias agravantes dos crimes contra as relações de consumo, previstos no Código de Defesa do Consumidor:

(A) explicitar-se a natureza ilícita do procedimento.
(B) ocasionarem dano individual ou coletivo.
(C) quando cometidos por pessoa cuja condição econômico-social seja igual ou manifestamente superior à da vítima.
(D) quando cometidos em detrimento de operário ou rurícola.
(E) serem cometidos em época de crise econômica.

Nos termos do art. 76 do Código de Defesa do Consumidor, são circunstâncias agravantes dos crimes: I – serem cometidos em época de grave crise econômica ou por ocasião de calamidade; II – ocasionarem grave dano individual ou coletivo; III – dissimular-se a natureza ilícita do procedimento; IV – quando cometidos: a) por servidor público, ou por pessoa cuja condição econômico-social seja manifestamente superior à da vítima; b) em detrimento de operário ou rurícola; de menor de dezoito ou maior de sessenta anos ou de pessoas portadoras de deficiência mental interditadas ou não; V – serem praticados em operações que envolvam alimentos, medicamentos ou quaisquer outros produtos ou serviços essenciais. **A:** incorreta. Dissimular-se, não explicitar-se, a natureza ilícita do procedimento é circunstância agravante. **B:** incorreta. Ocasionar *grave* dano individual ou coletivo é circunstância agravante. **C:** incorreta. A condição econômico-social não pode ser igual, mas manifestamente superior à da vítima. **D:** correta. Art. 76, IV, *b*, do CDC. **E:** incorreta. Será circunstância agravante se cometido mediante *grave* crise econômica.
Gabarito "D".

(Juiz de Direito – TJ/MS – VUNESP – 2015) Em relação aos contratos de consumo e eventuais lides deles decorrentes, assinale a alternativa correta.

(A) A decadência do art. 26 do CDC é aplicável à prestação de contas para obter esclarecimentos sobre cobrança de taxas, tarifas e encargos bancários.
(B) O mutuário do SFH pode ser compelido a contratar o seguro habitacional obrigatório com a instituição financeira mutuante ou com a seguradora por ela indicada.
(C) A cobrança de comissão de permanência, cujo valor não pode ultrapassar a soma dos encargos remuneratórios e moratórios previstos no contrato, exclui a exigibilidade dos juros remuneratórios, moratórios e da multa contratual.
(D) As instituições financeiras no âmbito de operações bancárias, respondem objetivamente pelos danos gerados por fortuito interno relativo a fraudes, e subjetivamente por delitos praticados por terceiros.
(E) A Anatel é parte legítima nas demandas entre a concessionária e o usuário de telefonia, decorrentes de relação contratual.

A: incorreta. "A decadência do art. 26 do CDC não é aplicável à prestação de contas para obter esclarecimentos sobre cobrança de taxas, tarifas e encargos bancários." (Súmula 477 do STJ). **B:** incorreta. *"O mutuário do SFH não pode ser compelido a contratar o seguro habitacional obrigatório com a instituição financeira mutuante ou com a seguradora por ela indicada".* (Súmula 473 do STJ). **C:** correta. "A cobrança de comissão de permanência – cujo valor não pode ultrapassar a soma dos encargos remuneratórios e moratórios previstos no contrato – exclui a exigibilidade dos juros remuneratórios, moratórios e da multa contratual". (Súmula 472 do STJ). **D:** incorreta. "As instituições financeiras respondem objetivamente pelos danos gerados por fortuito interno relativo a fraudes e delitos praticados por terceiros no âmbito de operações bancárias". (Súmula 479 do STJ). **E:** incorreta. "A Anatel não é parte legítima nas demandas entre a concessionária e o usuário de telefonia decorrentes de relação contratual". (Súmula 506 do STJ).

Gabarito "C".

12. DIREITO AMBIENTAL

Rodrigo Bordalo, Alice Satin, Fabiano Melo, Fernanda Camargo Penteado e Wander Garcia*

1. CONCEITOS BÁSICOS

(Magistratura/SP – VUNESP – 2013) O direito ao meio ambiente, como direito de terceira geração ou terceira dimensão, apresenta uma estrutura bifronte, cujo significado consiste em contemplar

(A) direito de defesa e direito prestacional.
(B) direito de defesa e recuperação da qualidade ambiental degradada.
(C) direito material e direito procedimental.
(D) direito à obtenção e à manutenção de um *status* previamente definido no texto constitucional.

O direito ao meio ambiente é bifronte pois implica tanto num "não fazer" (ou seja, há uma série de proibições às pessoas físicas e jurídicas, que, assim, não podem fazer uma séria de coisas; ex.: não se pode fazer o uso direto de recursos naturais em unidades de proteção integral), como num conjunto de "fazeres" (ou seja, condutas comissivas que temos que tomar em relação ao meio ambiente; ex.: dever estatal de criar unidades de conservação). Vale lembrar que tais direitos e deveres alcançam não só o Estado, como também à coletividade em geral (art. 225, *caput*, da CF). Nesse sentido, trata-se de um direito de defesa (ou seja, que busca defender o meio ambiente por meio de proibições às pessoas) e prestacional (ou seja, que exige prestações comissivas ou positivas do Estado e da coletividade).
Gabarito "A".

(Procurador do Estado/SP – 2018 – VUNESP) Sobre a evolução da legislação ambiental no Brasil e os seus marcos históricos, assinale a alternativa correta.

(A) A Constituição Federal de 1988 consolidou a proteção ao meio ambiente, porém o regime jurídico de proteção ambiental foi primeiramente abordado e disciplinado de forma sistemática na Constituição de 1967, mantido pela Emenda Constitucional no 1/1969, o que deu espaço para edição da Lei nº 6.938/1981.
(B) Embora a Lei nº 7.347/1985 (Lei da Ação Civil Pública) seja um importante instrumento na proteção de direitos difusos e coletivos, não foi originalmente editada para tutelar o meio ambiente, tendo sido alterada somente na década de 1990 para passar a prever, em diversas disposições, a responsabilização por danos causados ao meio ambiente.
(C) Embora a Lei nº 6.938/1981, que instituiu a Política Nacional do Meio Ambiente, tenha inaugurado a proteção ambiental de forma sistemática e organizada no Brasil, somente com a Constituição Federal de 1988 os Estados e Municípios foram inseridos no sistema de proteção ambiental.
(D) Dois marcos da Lei nº 6.938/1981, que instituiu a Política Nacional do Meio Ambiente, são a descentralização administrativa, a partir da noção de um sistema de proteção ambiental, e a mudança no paradigma de proteção ambiental no Brasil.
(E) Até a edição da Constituição Federal de 1988 as normas de proteção ao meio ambiente eram fragmentadas e esparsas, sendo preocupação central a proteção de recursos naturais sob o viés econômico.

A: incorreta. a Constituição Federal de 1988 foi a primeira a tratar de forma sistematizada a respeito da proteção ao meio ambiente, trazendo um capítulo específico destinado a tal fim; anteriormente o tema era tratado de forma indireta pelas constituições brasileiras; **B:** incorreta. O texto original da Lei 7.347/1985 já tutelava o meio ambiente; **C:** incorreta. Conforme se observa da estrutura do SISNAMA definida pela Lei 6.938/1981, art. 6º, V e VI, os órgãos seccionais e os órgãos locais, são compostos respectivamente por órgãos ou entidades estaduais e órgãos ou entidades municipais. Desta forma, antes da vigência da CF/88, a Lei 6.938/1981 já havia inserido os Estados e Municípios no sistema de proteção ambiental; **D:** correta. Vide art. 6º, da Lei 6.938/1981; **E:** incorreta. Antes da vigência da CF/88, as Leis 6.938/1981, 7.347/1985 e até mesmo o revogado Código Florestal (Lei 4.771/1965) já traziam normas de proteção ambiental específicas. FM/FC
Gabarito "D".

2. PATRIMÔNIO CULTURAL BRASILEIRO

(Procurador do Município – São Paulo/SP – VUNESP – 2014) O Conselho Municipal de Preservação do Patrimônio Histórico, Cultural e Ambiental da Cidade de São Paulo (CONPRESP), criado pela Lei Municipal n.º 10.032/85, alterada pela Lei Municipal n.º 10.236/86, compõe-se dos seguintes membros, dentre outros:

(A) um representante por bancada na Câmara de São Paulo.
(B) dois representantes da Ordem dos Advogados do Brasil, Seção de São Paulo.
(C) um representante do Conselho Estadual do Meio Ambiente (CONSEMA).
(D) um representante da Secretaria Municipal de Cultura.
(E) dois representantes da Universidade de São Paulo, escolhidos entre membros da Faculdade de Arquitetura e Urbanismo.

A: incorreta, pois a nova redação do artigo 3º dada à Lei Municipal 10.032/1985 que trata dos membros do Conselho, não fala sobre um representante por bancada na Câmara, mas assim dispõe o inciso III: "um Vereador eleito pelos pares no Plenário da Câmara Municipal de São Paulo" (cf. redação dada pela Lei 14.516/2007); **B:** incorreta, pois o inciso VIII do referido art. 3º fala em apenas um representante da OAB de São Paulo; **C:** incorreta, pois a nova redação dada ao art. 3º da Lei Municipal 10.032/1985 não contempla um representante do Conselho Estadual do Meio Ambiente. **D:** correta, conforme determinado pelo art. 3º, I da Lei Municipal 10.032/85; **E:** incorreta, pois o art. 3º da referida lei municipal não menciona representantes da Universidade de São Paulo.
Gabarito "D".

---

* **Alice Satin** comentou as questões de concursos: Procurador do Município /SP14, MAG/RJ/14, MG/PA/14, MP/ES/13; **Wander Garcia** comentou as demais questões até 2014. As questões dos anos de 2015, 2016, 2017 e 2018 foram comentadas por **Fabiano Melo e Fernanda Camargo Penteado**.

3. DIREITO AMBIENTAL CONSTITUCIONAL

(Juiz – TJ/SP – VUNESP – 2015) A Constituição federal previu que todos têm direito ao meio ambiente ecologicamente equilibrado, estabelecendo incumbências ao poder público para assegurar a efetividade desse direito. Dentre essas incumbências arroladas no art. 225, não está a seguinte:

(A) fiscalizar as entidades dedicadas à pesquisa e à manipulação de material genético.
(B) definir, em todas as unidades da Federação, espaços territoriais e seus componentes a serem especialmente protegidos.
(C) preservar e restaurar os processos ecológicos essenciais.
(D) exigir para instalação de obra ou atividade potencialmente causadora de significativa degradação do meio ambiente a recuperação do meio ambiente degradado.

A: Correta. Nos termos do art. 225, § 1º, II, da Constituição Federal. **B:** Correta. Vide art. 225, § 1º, III, da Constituição Federal. **C:** Correta. Segundo disposição do art. 225, § 1º, I, da Constituição Federal. **D:** Incorreta. "Exigir, na forma da lei, para a instalação de obra ou atividade potencialmente causadora de significativa degradação do meio ambiente, estudo prévio de impacto ambiental, [e não a recuperação do meio ambiente degradado], a que se dará publicidade" (art. 225, § 1º, IV, da Constituição Federal). Gabarito "D".

(Ministério Público/ES – VUNESP – 2013) Determinado Estado-membro da Federação brasileira editou lei ordinária que introduz a exigência de autorização prévia da Assembleia Legislativa para o licenciamento de atividades utilizadoras de recursos ambientais consideradas efetivas e potencialmente poluidoras, bem como capazes, sob qualquer forma, de causar degradação ambiental. Considerando as normas constitucionais relativas ao tema, é correto afirmar que essa Lei Estadual é

(A) inconstitucional, porque a referida lei implica indevida interferência do Poder Legislativo na atuação do Poder Executivo e usurpação de competência da União.
(B) inconstitucional, porque a espécie normativa adequada a veicular a referida matéria é a lei complementar e não a lei ordinária.
(C) constitucional, tendo em vista as disposições constitucionais protetivas do meio ambiente, bem como aquelas que estabelecem as regras de repartição de competências entre os entes da Federação.
(D) inconstitucional, pois essa exigência não poderia ser feita por meio de lei, mas somente por meio de Decreto do Governador do Estado.
(E) constitucional, uma vez que está em sintonia com as normas da Constituição que visam proteger o meio ambiente como bem essencial à sadia qualidade de vida, que impõe ao Poder Público o dever de defendê-lo e preservá-lo para as presentes e futuras gerações.

A: correta. Neste mesmo sentido o STF julgou em 2004 Ação Direta de Inconstitucionalidade 1505 do Estado do Espírito Santo, tendo como relator o Ministro Eros Grau: "Ação Direta de Inconstitucionalidade. Art. 187 da Constituição do Estado do Espírito Santo. Relatório de Impacto Ambiental. Aprovação pela assembleia legislativa. Vício Material. Afronta aos artigos 58, § 2º e 225, § 1º, da Constituição do Brasil. 1. É inconstitucional preceito da Constituição do Estado do Espírito Santo que submete o Relatório de Impacto Ambiental – Rima – ao crivo de comissão permanente e específica da Assembleia Legislativa. 2. A concessão de autorização para desenvolvimento de atividade potencialmente danosa ao meio ambiente consubstancia ato do Poder de Polícia – Ato da Administração Pública – entenda-se ato do poder Executivo. 3. Ação julgada procedente para declarar inconstitucional o trecho final do § 3º do artigo 187 da Constituição do Estado do Espírito Santo."; **B:** incorreta, pois a inconstitucionalidade não está na espécie da lei mas na interferência do poder legislativo em atividade do poder legislativo; **C:** incorreta, pois a repartição de competência entre os entes federados não alcança a referida matéria e ainda que assim o fosse, não poderia divergir dos termos constitucionais; **D:** incorreta, pois não é a lei ordinária que invalida o ato, mas o desrespeito aos artigos 58, § 2º e 225, § 1º da Constituição Federal; **E:** incorreta já que a referida lei padece de inconstitucionalidade por usurpar matéria de competência da União. Gabarito "A".

4. PRINCÍPIOS DO DIREITO AMBIENTAL

(Juiz de Direito – TJ/RJ – 2019 – VUNESP) A Política Nacional do Meio Ambiente possui instrumentos, dentre os quais os econômicos, que visam promover a equidade na distribuição de recursos e estimular o cumprimento das normas ambientais de comando-controle. Sobre os instrumentos econômicos, é correto afirmar que

(A) a externalidade negativa na seara ambiental é tradicionalmente computada no custo da produção e no preço do bem ou do serviço produzido.
(B) a valoração dos recursos naturais estimula os agentes econômicos à preservação dos bens ambientais e também conscientiza a sociedade a respeito daquilo que consome.
(C) o princípio do protetor-recebedor é típico do comando-controle.
(D) a lógica da compensação pela proteção ambiental está relacionada ao princípio do poluidor-pagador.
(E) internalizar as externalidades permite ressarcir ao usuário dos recursos naturais o financiamento dos custos que o uso gerou, para alcance da justiça social.

A: incorreta (a externalidade negativa deve ser suportada pelo empreendedor, de acordo com o princípio do poluidor-pagador); **B**: correta (a valoração dos recurso naturais está associada aos princípios do poluidor-pagador e do usuário-pagador); **C**: incorreta (o princípio do protetor-recebedor detém relação com o direito premial, não sendo típico da ideia de comando-controle, baseada na repressão); **D**: incorreta (de acordo com o STF, no âmbito da ADI 3.378, a compensação ambiental densifica o princípio do usuário-pagador); **E**: incorreta (a internalização dos custos ambientais externos apresenta relação com o princípio do poluidor-pagador, segundo o qual o degradador deve ressarcir, e não ser ressarcido, pelos danos ambientais que causou). Gabarito "B".

(Magistratura/PA – VUNESP – 2014) É correto afirmar que

(A) o conceito de função socioambiental da propriedade é aplicável especificamente à propriedade privada, em zona urbana ou rural, sendo inseparável do requisito obrigatório do uso racional da propriedade e dos recursos naturais que lhe são integrantes.
(B) o direito de propriedade deve ser exercido em consonância com as suas finalidades econômicas e sociais e de modo que sejam preservados, de conformidade com o estabelecido em lei especial, entre outros bens ambientais, a flora, a fauna e as belezas naturais, em

atendimento ao princípio da função socioambiental da propriedade.
(C) o proprietário tem a faculdade de usar, gozar e dispor da coisa e o direito de reavê-la do poder de quem quer que injustamente a possua ou detenha desde que esse possuidor/detentor não esteja respeitando o princípio da função socioambiental do bem.
(D) a jurisprudência do Superior Tribunal de Justiça vem reconhecendo que a função socioambiental da propriedade é princípio constitucional e, no caso da propriedade rural, engloba exclusivamente a utilização adequada dos recursos naturais e a exploração favorável ao bem-estar dos proprietários e trabalhadores.
(E) o descumprimento da função socioambiental da propriedade, por não ser contrário ao fixado no art. 225 da Constituição Federal de 1988, autoriza o esvaziamento do conteúdo mínimo do direito de propriedade sem a exigência de pagamento de indenização.

A: incorreta, pois a função socioambiental da propriedade deve ser observada tanto nos bens públicos como privados, conforme Maria Sylvia Zanella Di Pietro: "Com relação aos bens de uso comum do povo e bens de uso especial, afetados, respectivamente, ao uso coletivo e ao uso da própria Administração, a função social exige que ao uso principal a que se destina o bem sejam acrescentados outros usos, sejam públicos ou privados, desde que não prejudiquem a finalidade a que o bem está afetado. Com relação aos bens dominicais, a função social impõe ao poder público o dever de garantir a sua utilização por forma que atenda às exigências fundamentais de ordenação da cidade expressas no plano diretor, dentro dos objetivos que a Constituição estabelece para a política de desenvolvimento urbano". (Função social da propriedade pública. Direito Público: estudos em homenagem ao Professor Adilson Abreu Dallari. Belo Horizonte: Del Rey, 2004. p. 572.); **B:** correta, conforme determina o texto expresso do art. 1.228, § 1º, do Código Civil; **C:** incorreta, pois a função socioambiental do bem não é um requisito da posse injusta descrita pelo art. 1.228 do Código Civil. **D:** incorreta, pois conforme art. 186 da CF, a função socioambiental da propriedade rural engloba também o aproveitamento racional e adequado e observância das disposições que regulam as relações de trabalho (inciso I e III); **E:** incorreta, pois o art. 184 da CF determina indenização prévia e justa para as desapropriações por descumprimento da função socioambiental da propriedade.
Gabarito "B".

(Magistratura/MG – VUNESP – 2012) Em se considerando que o princípio da precaução e o princípio da prevenção já se encontram instrumentalizados no artigo 225, *caput*, da Constituição da República, é correto afirmar que

(A) se adota o princípio da prevenção quando há dúvida científica sobre o potencial danoso de uma ação que interfira no ambiente.
(B) se adota o princípio da precaução quando conhecidos os males que a ação causa ao ambiente.
(C) o princípio da precaução pressupõe a inversão do ônus probatório.
(D) o princípio da prevenção derroga o princípio da precaução se estiverem em rota de colisão quando da solução de um caso concreto.

A: incorreta, pois, em caso de dúvida científica, aplica-se o princípio da *precaução* e não da *prevenção*; **B:** incorreta, pois, não havendo dúvida científica (ou seja, conhecidos os males que a ação causa ao meio ambiente), aplica-se o princípio da *prevenção* e não da *precaução*; **C:** correta; o princípio da precaução leva à adoção do *in dubio*, *pro societate*, que implica na inversão do ônus da prova, para que o empreendedor tenha o ônus de demonstrar que não haverá dano ao meio ambiente; **D:** incorreta, pois cada princípio tem um âmbito de incidência (um em caso de certeza de dano e outro, em caso de dúvida); ademais, os dois princípios levam a tomada de medida comum, no caso, medidas com vistas a impedir o dano ambiental.
Gabarito "C".

(Procurador do Município/São José dos Campos-SP – VUNESP – 2012) Quanto aos princípios ambientais informadores do direito ambiental, o relacionado ao acesso equitativo aos recursos naturais refere-se

(A) ao uso autorizado de um recurso ambiental, observadas as normas vigentes e padrões legalmente fixados.
(B) aos custos sociais externos que acompanham a atividade econômica que devem ser internalizados.
(C) à adoção de medidas, pelo Poder Público, por meio da sociedade civil organizada, tendentes a solucionar as questões relativas ao meio ambiente.
(D) à racionalidade da exploração e à eficiência ecológica.
(E) ao acesso da população às informações relativas às atividades administrativas.

A: incorreta, pois o estabelecimento de padrões máximos de poluição por normas editadas pelo Poder Público, a fim de ser mantido o equilíbrio ambiental diante do uso de recursos naturais, diz respeito ao princípio do controle ou limite; **B:** incorreta, pois a internalização das externalidades negativas, vale dizer, a inserção dos custos sociais da degradação da qualidade ambiental nos custos dos processos produtivos, diz respeito ao princípio do poluidor-pagador; **C:** incorreta, a atuação conjunta do Poder Público e da sociedade, com vistas à melhor proteção das questões ambientais, constitui o Princípio 10 da Declaração do Rio (ECO 92), consagrando o princípio da participação comunitária (ou princípio democrático); **D:** correta, pois o acesso equitativo aos recursos naturais, mediante a racionalização da exploração do meio ambiente, está relacionado, segundo cremos, ao princípio do desenvolvimento sustentável; **E:** incorreta, pois o acesso da população às informações relativas às atividades administrativas no tocante às questões ambientais diz respeito ao princípio da informação.
Gabarito "D".

5. COMPETÊNCIA EM MATÉRIA AMBIENTAL

(Procurador do Estado/SP – 2018 – VUNESP) A Polícia Militar Ambiental do Estado de São Paulo lavrou auto de infração ambiental em face de infrator, por suprimir vegetação sem autorização do órgão competente, em um imóvel rural particular não inserido em área qualificada como Unidade de Conservação. Ato contínuo, enquanto o infrator se preparava para sair do local, fiscais do Instituto Brasileiro do Meio Ambiente e dos Recursos Naturais Renováveis – IBAMA lavraram auto de infração em razão dos mesmos fatos. A sanção cominada, por ambos os entes, foi exclusivamente a de multa. Diante dessa situação, assinale a alternativa correta.

(A) Os dois autos de infração ambiental são inválidos, pois a competência para lavratura é municipal, tratando-se de vício sanável.
(B) Deve prevalecer o auto de infração ambiental lavrado pelo Estado.
(C) Os dois autos de infração devem ser mantidos, inclusive com as sanções daí decorrentes, que serão concorrentes e admitirão a futura cobrança das multas respectivas.

(D) Deve prevalecer o auto de infração ambiental lavrado pelo IBAMA.

(E) Os dois autos de infração ambiental são inválidos, pois a competência para lavratura é municipal, tratando-se de vício insanável.

A: incorreta, nos termos do art. 17, *caput* e § 3º, da Lei Complementar 140/2011, compete ao órgão responsável pelo licenciamento ou autorização, de um empreendimento ou atividade, lavrar auto de infração ambiental e instaurar processo administrativo para a apuração de infrações à legislação ambiental cometidas pelo empreendimento ou atividade licenciada ou autorizada, contudo, isso não impede o exercício pelos entes federativos da atribuição comum de fiscalização, prevalecendo o auto de infração ambiental lavrado por órgão que detenha a competência para a análise do licenciamento ou autorização; **B:** correta. Vide art. 17, § 3º cumulado com o art. 8º, XIV, ambos da Lei Complementar 140/2011; **C:** incorreta. A teor do art. 17, § 3º da Lei Complementar 140/2011, o auto de infração lavrado pelo IBAMA deverá ser arquivado, prevalecendo o autuado pela Polícia Militar do Estado de São Paulo; **D:** incorreta. Deverá prevalecer o auto de infração lavrado pela Polícia Militar do Estado de São Paulo (art. 17, §3º, da Lei Complementar 140/2011); **E:** incorreta, nos termos do art. 17, § 3º cumulado com o art. 8º, XIV, ambos da Lei Complementar 140/2011. FM/FC

Gabarito "B".

(Procurador do Estado/SP – 2018 – VUNESP) A respeito das competências para autorização de supressão e manejo de vegetação, assinale a alternativa correta.

(A) Compete aos Municípios, dentre outras atribuições, aprovar a supressão e o manejo de vegetação, de florestas e formações sucessoras em florestas públicas municipais e unidades de conservação instituídas pelo Município, exceto em Áreas de Proteção Ambiental.

(B) A aprovação da supressão de vegetação em unidade de conservação será sempre do ente instituidor da unidade, exceto para Áreas de Proteção Ambiental, Reservas Particulares do Patrimônio Natural e Reserva de Desenvolvimento Sustentável, cuja competência será da União.

(C) A Lei Complementar no 140/2011, buscando solucionar conflitos de competência, previu que as autorizações para supressão de vegetação serão sempre concedidas pelo ente federativo licenciador, vedando, em qualquer hipótese, o estabelecimento de regras próprias e diferenciadas para atribuições relativas à autorização de manejo e supressão de vegetação.

(D) A Lei nº 11.428/2006, que dispõe sobre a utilização e proteção da vegetação nativa do bioma mata atlântica, confere competência para concessão de autorização para supressão de vegetação no bioma mata atlântica indistintamente aos Estados, cabendo oitiva prévia do órgão municipal quando a vegetação estiver localizada em área urbana.

(E) A Lei Complementar no 140/2011, buscando solucionar conflitos de competência, previu que as autorizações para supressão de vegetação serão sempre concedidas pelo ente federativo licenciador, entretanto, previu exceção para supressão de vegetação em situações específicas, conforme ato do Conselho Nacional do Meio Ambiente, após oitiva da Comissão Tripartite Nacional.

A: correta, consoante o art. 9º, XV, "a", da Lei Complementar 140/2011; **B:** incorreta. Para fins de licenciamento ambiental de atividades ou empreendimentos utilizadores de recursos ambientais, efetiva ou potencialmente poluidores ou capazes, sob qualquer forma, de causar degradação ambiental, e para autorização de supressão e manejo de vegetação, o critério do ente federativo instituidor da unidade de conservação não será aplicado somente às Áreas de Proteção Ambiental (art. 12, da Lei Complementar 140/2011); **C:** incorreta, segundo o que dispõe o art. 11, da Lei Complementar 140/2011: "A lei poderá estabelecer regras próprias para atribuições relativas à autorização de manejo e supressão de vegetação [...]"; **D:** incorreta. A definição da competência para a supressão de vegetação no Bioma Mata Atlântica deve observar as prescrições do art. 14 da Lei do Bioma Mata Atlântica, com definições que incluem os órgãos estaduais e, quando o caso, em área urbana, para supressão de vegetação no estágio médio de regeneração, a autorização do órgão ambiental municipal competente, desde que o município possua conselho de meio ambiente, com caráter deliberativo e plano diretor, mediante anuência prévia do órgão ambiental estadual competente fundamentada em parecer técnico; **E:** incorreta, a teor do art. 13, § 2º, da Lei Complementar 140/2011. FM/FC

Gabarito "A".

(Magistratura/PA – VUNESP – 2014) Em relação às competências dos entes federados em matéria ambiental, é correto afirmar que

(A) os Municípios, como importantes entes da Federação, têm competência privativa para legislar sobre proteção ao patrimônio cultural, artístico, turístico e paisagístico, desde que observadas as normas e a ação fiscalizadora federal e estadual.

(B) os Estados Federados, que se organizam e regem-se pelas Constituições e leis que adotarem, desde que observados os princípios da Constituição Federal de 1988, têm reservadas para si as competências que não lhe forem vedadas, cabendo destaque para legislar sobre o planejamento e a promoção da defesa permanente contra as calamidades públicas, em especial secas e inundações, de forma a atender à necessidade de resiliência às mudanças climáticas.

(C) no âmbito da legislação concorrente, a competência da União para legislar sobre normas gerais não exclui a competência suplementar dos Estados-membros que, na falta de lei federal sobre normas gerais, terão competência legislativa plena, sendo certo que a eficácia das normas gerais da lei estadual se condiciona à compatibilidade do seu conteúdo com as normas gerais da lei federal superveniente.

(D) a União tem competência privativa para legislar sobre águas, energia, jazidas e minas, bem como atividades nucleares de qualquer natureza, entre outros temas, o que não afasta a competência delegada dos Estados-membros, mas exclui a competência suplementar do Distrito Federal e dos Municípios.

(E) a Constituição Federal de 1988, importante marco da proteção ao meio ambiente ecologicamente equilibrado, é expressa ao prever a competência concorrente da União, dos Estados, do Distrito Federal e dos Municípios para legislar sobre florestas, caça, pesca, fauna, conservação da natureza, jazidas, defesa do solo e dos recursos naturais, proteção do meio ambiente e controle da poluição, proteção ao patrimônio histórico, entre outros temas.

A: incorreta, pois o município não tem competência privativa para legislar sobre proteção do patrimônio cultural, artístico, turístico e paisagístico, já que o artigo 24, VII, da CF restringiu este tema à competência concorrente da União, Estados e Distrito Federal; **B:** incorreta, pois conforme art. 21, XVIII da CF, compete à União e não aos Estados: "XVIII – planejar e promover a defesa permanente contra as calamidades públicas, especialmente as secas e as inundações"; **C:** correta, conforme os parágrafos do art. 24 da CF: "§ 1º – No âmbito da legislação concorrente, a competência da União limitar-se-á a estabelecer normas gerais. § 2º – A competência da União para legislar sobre normas gerais não exclui a competência suplementar dos Estados. § 3º – Inexistindo lei federal sobre normas gerais, os Estados exercerão a competência legislativa plena, para atender a suas peculiaridades. § 4º – A superveniência de lei federal sobre normas gerais suspende a eficácia da lei estadual, no que lhe for contrário."; **D:** incorreta, pois embora o parágrafo único do art. 22 da CF não tenha incluído expressamente o Distrito Federal, é possível estender a este ente a competência delegada conforme interpretação do art. 23, parágrafo único, também da CF; **E:** incorreta, pois os Municípios não estão no rol dos entes com competência concorrente para legislar sobre proteção ambiental.

Gabarito "C".

(Ministério Público/SP – VUNESP – 2012) Numa ação civil pública que tenha por objeto a condenação de loteador no cumprimento de obrigações de fazer e não fazer, e indenização por danos ambientais, quando a gleba se situa em diferentes Estados vizinhos, a competência é

(A) da Justiça Federal e o juízo competente será determinado junto à seção judiciária ou comarca em que tramitou o inquérito civil.
(B) de foro e será determinada pela prevenção, isto é, pelo juízo em que se der a citação válida.
(C) territorial e será determinada pela prevenção, isto é, pelo juízo que despachar a inicial em primeiro lugar.
(D) relativa e será determinada pelo foro do domicílio do réu.
(E) relativa e será determinada pelo lugar em que se situar a maior parte do loteamento irregular.

A questão foi anulada pela Banca Examinadora, sob o seguinte argumento: "Reconhece-se a existência de erro de revisão na elaboração dessa questão, pois não há uma alternativa correta. Com efeito, as alternativas (B) e (C) (que traziam o cerne da solução: a prevenção como critério de modificação da competência) não contemplam a hipótese do parágrafo único do artigo 2º da LACP que estabeleceu – diferentemente do que [ocorre] nas ações individuais – a propositura da ação como fato jurídico determinante da prevenção". De acordo com o enunciado da questão, pode-se dizer que, no caso, a competência é concorrente (existe mais de um foro competente) e será determinada pela prevenção, que decorre da propositura da ação, por força do art. 93, II, do CDC. O fato de o dano atingir mais de um Estado, por si só, não determina que a ação seja proposta na Capital do Estado. De observar que o dano é localizado, pois incide em uma determinada gleba. A ação, por ser reparatória, deve ser proposta no foro do local do dano (art. 2º da LACP e 93 do CDC), sendo que há consenso no sentido de que a competência é absoluta. Há divergência se a competência é territorial absoluta ou funcional

Gabarito: ANULADA.

(Procurador do Município/São José dos Campos-SP – VUNESP – 2012) Quanto à competência legislativa concorrente, analise as assertivas a seguir.

I. A competência da União para legislar sobre normas gerais não exclui a competência suplementar dos Estados.
II. Não havendo norma geral sobre determinada matéria, cabe aos Estados exercer a competência legislativa plena, para atender as suas peculiaridades.
III. Sobrevindo lei federal sobre normas gerais, fica revogada a lei estadual e derrogada no seu aspecto contraditório.
IV. A Constituição Federal de 1988 não situou os Municípios na área de competência concorrente (artigo 24), mas a eles outorgou competência para suplementar a legislação federal e a estadual no que couber.

Está correto apenas o que se afirma em

(A) I e II.
(B) II e IV.
(C) III e IV.
(D) I, II e III.
(E) I, II e IV.

I: correta (art. 24, § 2º, CF); **II:** correta (art. 24, § 3º, CF); **III:** incorreta, pois a superveniência de lei federal dispondo sobre normas gerais, no âmbito da competência legiferante concorrente, simplesmente suspenderá a eficácia da lei estadual, naquilo que lhe for contrário (art. 24, § 4º, CF); **IV:** correta (art. 30, II, CF).

Gabarito "E".

6. POLÍTICA NACIONAL DO MEIO AMBIENTE

(Procurador Municipal – Sertãozinho/SP – VUNESP – 2016) Sobre os instrumentos da Política Nacional do Meio Ambiente, é correto afirmar que

(A) a servidão ambiental se aplica também às Áreas de Preservação Permanente e à Reserva Legal mínima exigida.
(B) durante o prazo de vigência da servidão ambiental é permitido que se faça a alteração da destinação da área, nos casos de transmissão do imóvel a qualquer título, de desmembramento ou de retificação dos limites do imóvel.
(C) o prazo mínimo da servidão ambiental temporária é de 10 (dez) anos.
(D) o detentor da servidão ambiental poderá aliená-la, cedê-la ou transferi-la, total ou parcialmente, por prazo determinado ou em caráter definitivo, em favor de outro proprietário ou de entidade pública ou privada que tenha a conservação ambiental como fim social.
(E) a construção, instalação, ampliação e funcionamento de estabelecimentos e atividades utilizadores de recursos ambientais, efetiva ou potencialmente poluidores ou capazes, sob qualquer forma, de causar degradação ambiental não dependerão de prévio licenciamento ambiental.

A: Incorreta. Nos termos do art. 9º-A, § 2º, da Lei 6.938/1981: "A servidão ambiental não se aplica às Áreas de Preservação Permanente e à Reserva Legal mínima exigida"; **B:** Incorreta. "É vedada, durante o prazo de vigência da servidão ambiental, a alteração da destinação da área, nos casos de transmissão do imóvel a qualquer título, de desmembramento ou de retificação dos limites do imóvel" (art. 9º-A, § 6º, da Lei 6.938/1981); **C:** Incorreta. O prazo mínimo de servidão temporária será de 15 (quinze) anos e não 10 (dez) conforme previsto na alternativa (art. 9º-B, § 1º, da Lei 6.938/1981); **D:** Correta. Vide art. 9º-B, § 3º, da Lei 6.938/1981; **E:** Incorreta. "A construção, instalação, ampliação e funcionamento de estabelecimento e atividades utilizadores de recursos ambientais, efetiva ou potencialmente poluidores ou capazes, sob qualquer forma, de causar degradação ambiental dependerão de prévio licenciamento ambiental" (art. 10, da Lei 6.938/1981).

Gabarito "D".

(Juiz – TJ/SP – VUNESP – 2015) Sobre a servidão ambiental instituída pela Lei 6.938/81 e alterada pelas Leis 7.804/89, 11.284/06 e 12.651/12, é correto afirmar que

(A) a servidão ambiental não pode ser instituída como modo de compensação de Reserva Legal.
(B) a servidão ambiental pode ser alienada, cedida ou transferida totalmente durante sua vigência.
(C) a servidão deverá ser sempre gratuita e pode ser instituída por instrumento público ou particular.
(D) a servidão florestal não se confunde com a servidão ambiental, devendo esta prevalecer sobre aquela quando houver sobreposição.

A: Incorreta. A servidão ambiental pode ser instituída para fins de compensação da Reserva Legal, nos termos do art. 9º-A, § 5º, da Lei 6.938/1981. **B:** Correta. "O detentor da servidão ambiental poderá aliená-la, cedê-la ou transferi-la, total ou parcialmente, por prazo determinado ou em caráter definitivo, em favor de outro proprietário ou de entidade pública ou privada que tenha a conservação ambiental como fim social" (art. 9º-B, § 3º, da Lei 6.938/1981). **C:** Incorreta. A servidão ambiental poderá ser gratuita ou onerosa (art. 9º-B, da Lei 6.938/1981. Pode ser instituída por instrumento público ou particular ou termo administrativo firmado perante órgão do Sisnama (art. 9º-A, da Lei 6.938/1981). **D:** Incorreta. Nos termos do art. 9º-A, § 7º, da Lei 6.938/1981: "As áreas que tenham sido instituídas na forma de servidão florestal, nos termos do art. 44-A da Lei 4.771, de 15 de setembro de 1965, passam a ser consideradas, para efeito desta Lei, como de servidão ambiental". FM-FCP
Gabarito "B".

(Juiz – TJ/MS – VUNESP – 2015) Os instrumentos da Política Nacional do Meio Ambiente são, dentre outros:
(A) o Cadastro Técnico Estadual de atividades afetas ao licenciamento ambiental.
(B) o licenciamento e a revisão de atividades efetiva ou potencialmente poluidoras.
(C) a garantia da prestação de informações relativas ao Meio Ambiente, facultando-se ao Poder Público produzi-las, quando inexistentes.
(D) o relatório de qualidade do Meio Ambiente a ser divulgado trimestralmente pelo Ibama – Instituto Brasileiro do Meio Ambiente e Recursos Naturais Renováveis.
(E) o sistema regional de informações sobre o meio ambiente.

A: Incorreta. São instrumentos da Política Nacional do Meio Ambiente o Cadastro Técnico Federal de Atividades e Instrumentos de Defesa Ambiental e o Cadastro Técnico Federal de atividades potencialmente poluidores e/ou utilizadoras dos recursos ambientais (art. 9º, VIII e XII, da Lei 6.938/1981). **B:** Correta. Vide art. 9º, IV, da Lei 6.938/1981. **C:** Incorreta. A produção de informações pelo Poder Público, quando inexistentes, não se trata de uma faculdade, mas sim de uma imposição (art. 9º, XI, da Lei 6.938/1981). **D:** Incorreta. O relatório deverá ser divulgado anualmente e não trimestral conforme previsto na alternativa (art. 9º, X, da Lei 6.938/1981). **E:** Incorreta. O sistema nacional de informações sobre o meio ambiente, que é instrumento da Política Nacional do Meio Ambiente, e não o sistema regional, conforme disposto na assertiva (art. 9º, VII, da Lei 6.938/1981). FM-FCP
Gabarito "B".

(Procurador do Município – São Paulo/SP – VUNESP – 2014) Sobre a servidão ambiental, instrumento econômico da Política Nacional do Meio Ambiente, regrada pela Lei Federal 6.938/1981, assinale a alternativa correta.
(A) O detentor da servidão ambiental poderá aliená-la, cede-la ou transferi-la, total ou parcialmente, como área de preservação permanente, em favor de entidade pública ou privada que tenha a conservação ambiental como fim social.
(B) Em caso de servidão ambiental temporária, seu prazo mínimo será de vinte anos.
(C) A restrição ao uso ou à exploração da vegetação da área sob servidão ambiental deve ser, no mínimo, a mesma estabelecida para a Reserva Legal.
(D) Durante o prazo de vigência da servidão ambiental, as alterações da destinação da área, nos casos de transmissão do imóvel a qualquer título, de desmembramento ou de retificação dos limites do imóvel, deverão ser averbadas na matrícula do imóvel mediante autorização judicial.
(E) É dever do detentor da servidão ambiental defender judicialmente a servidão ambiental em casos de defesa da posse da área serviente, por todos os meios em direito admitidos.

A: incorreta, por embora o art. 9º-B, § 3º, da Política Nacional do meio ambiente autorize a transferência, cessão ou alienação da servidão ambiental, esta área não pode ser estendida às áreas de Preservação Permanente e Reserva Legal mínima exigida (art. 9º-A, § 2º, da PNMA); **B:** incorreta, já que o 9º-B, § 1º, determina o prazo mínio de 15 anos. **C:** correta, conforme texto do art. 9º-A, § 3º, da Lei 6.938/1981; **D:** incorreta já que o art. 9º-A, § 6º, da PNMA veda qualquer alteração da destinação da área, nos casos de transmissão do imóvel a qualquer título, de desmembramento ou de retificação dos limites do imóvel; **E:** incorreta já que o art. 9º-C não estende a defesa da servidão a todos os meios em direito admitidos.
Gabarito "C".

(Procurador do Município/São José dos Campos-SP – VUNESP – 2012) É (são) instrumento(s) da Política Nacional do Meio Ambiente, dentre outros:
(A) a garantia da prestação de informações relativas ao Meio Ambiente, facultando-se ao Poder Judiciário produzi-las, quando inexistentes.
(B) o Cadastro Técnico Municipal de atividades potencialmente poluidoras e/ou utilizadoras dos recursos ambientais.
(C) instrumentos econômicos, como concessão florestal e servidão ambiental.
(D) o Cadastro Técnico Estadual de Atividades e informações sobre a biota exótica.
(E) os instrumentos necessários ao fomento da ciência, voltados para a pessoa humana e a biota.

A: incorreta (art. 9º, XI, Lei 6.938/1981), pois é instrumento da PNMA a garantia de prestação de informações relativas ao meio ambiente, que, quando inexistentes, caberão ao Poder Público (e não ao Poder Judiciário!); **B:** incorreta (art. 9º, XII, Lei 6.938/1981), pois é instrumento da PNMA o Cadastro Técnico Federal (e não Municipal!) de atividades potencialmente poluidoras; **C:** correta (art. 9º, XIII, Lei 6.938/1981); **D:** incorreta, pois o Cadastro Técnico será federal (art. 9º, VIII, Lei 6.938/1981); **E:** incorreta, por falta de previsão no rol do art. 9º da Lei 6.938/1981.
Gabarito "C".

7. INSTRUMENTOS DE PROTEÇÃO DO MEIO AMBIENTE

7.1. LICENCIAMENTO AMBIENTAL E EIA/RIMA

Para resolver as questões sobre Licenciamento Ambiental e EIA/RIMA, segue um resumo da matéria:

O **licenciamento ambiental** pode ser **conceituado** como *o procedimento administrativo destinado a licenciar atividades ou empreendimentos utilizadores de recur-*

sos ambientais, efetiva ou potencialmente poluidores ou capazes, sob qualquer forma, de causar degradação ambiental (art. 2º, I, da Lei Complementar 140/2011). Assim, toda vez que uma determinada atividade puder causar degradação ambiental, além das licenças administrativas pertinentes, o responsável pela atividade deve buscar a necessária licença ambiental também.

A **regulamentação** do licenciamento ambiental compete ao CONAMA, que expede normas e critérios para o licenciamento. A Resolução nº 237 do órgão traz as normas gerais de licenciamento ambiental. Há também sobre o tema o Decreto 99.274/1990. Há, também, agora, a Lei Complementar 140/2011, que trata da cooperação dos entes políticos para o exercício da competência comum em matéria ambiental, e consagrou a maior parte das disposições da Resolução CONAMA 237, colocando pá de cal sobre qualquer dúvida que existisse sobre a competência do Município para o exercício do licenciamento ambiental em casos de impacto ambiental local.

Já a **competência** para executar o licenciamento ambiental é assim dividida:

a) **impacto nacional e regional:** é do IBAMA, com a colaboração de Estados e Municípios. O IBAMA poderá delegar sua competência aos Estados, se o dano for regional, por convênio ou lei. Assim, a competência para o licenciamento ambiental de uma obra do porte da transposição do Rio São Francisco é do IBAMA.

b) **impacto em dois ou mais municípios (impacto microrregional):** é dos estados-membros. Por exemplo, uma estrada que liga 6 municípios de um mesmo estado-membro.

c) **impacto local:** é do Município. Por exemplo, o licenciamento para a construção de um prédio de apartamentos. A Lei Complementar 140/2011, em seu art. 9º, XIV, estabelece que o Município promoverá o licenciamento ambiental das atividades ou empreendimentos localizados em suas unidades de conservação e também das demais atividades e empreendimentos que causem ou possam causar impacto ambiental local, conforme tipologia definida pelos respectivos Conselhos Estaduais do Meio Ambiente, considerados os critérios de porte, potencial poluidor e natureza da atividade. A Resolução n. 237 permite que, por convênio ou lei, os Municípios recebam delegação dos estados para determinados licenciamentos, desde que tenha estrutura para tanto.

Há três **espécies** de licenciamento ambiental (art. 19, Decreto 99.274/1990):

a) **Licença Prévia (LP):** *é o ato que aprova a localização, a concepção do empreendimento e estabelece os requisitos básicos a serem atendidos nas próximas fases*; trata-se de licença ligada à fase preliminar de planejamento da atividade, já que traça diretrizes relacionadas à localização e instalação do empreendimento. Por exemplo, em se tratando do projeto de construir um empreendimento imobiliário na beira de uma praia, esta licença disporá se é possível o empreendimento no local e, em sendo, quais os limites e quais as medidas que deverão ser tomadas, como construção de estradas, instalação de tratamento de esgoto próprio etc. Essa licença tem validade de até 5 anos.

b) **Licença de Instalação (LI):** *é o ato que autoriza a implantação do empreendimento, de acordo com o projeto executivo aprovado*. Depende da demonstração de possibilidade de efetivação do empreendimento, analisando o projeto executivo e eventual estudo de impacto ambiental. Essa licença autoriza as intervenções no local. Permite que as obras se desenvolvam. Sua validade é de até 6 anos.

c) **Licença de Operação (LO):** *é o ato que autoriza o início da atividade e o funcionamento de seus equipamentos de controle de poluição, nos termos das licenças anteriores*. Aqui, o empreendimento já está pronto e pode funcionar. A licença de operação só é concedida se for constado o respeito às licenças anteriores, bem como se não houver perigo de dano ambiental, independentemente das licenças anteriores. Sua validade é de 4 a 10 anos.

É importante ressaltar que a **licença ambiental**, diferentemente da licença administrativa (por ex., licença para construir uma casa), apesar de normalmente envolver competência vinculada, tem prazo de validade definida e não gera direito adquirido para seu beneficiário. Assim, de tempos em tempos, a licença ambiental deve ser renovada. Além disso, mesmo que o empreendedor tenha cumprido os requisitos da licença, caso, ainda assim, tenha sido causado dano ao meio ambiente, a existência de licença em seu favor não o exime de reparar o dano e de tomar as medidas adequadas à recuperação do meio ambiente.

O **licenciamento ambiental**, como se viu, é obrigatório para todas as atividades que utilizam recursos ambientais, em que há possibilidade de se causar dano ao meio ambiente. Em processos de licenciamento ambiental é comum se proceder a Avaliações de Impacto Ambiental (AIA). Há, contudo, atividades que, potencialmente, podem causar danos *significativos* ao meio ambiente, ocasião em que, além do licenciamento, deve-se proceder a uma AIA mais rigorosa e detalhada, denominada Estudo de Impacto Ambiental (EIA), que será consubstanciado no Relatório de Impacto Ambiental (RIMA).

O **EIA** pode ser **conceituado** como *o estudo prévio das prováveis consequências ambientais de obra ou atividade, que deve ser exigido pelo Poder Público, quando estas forem potencialmente causadoras de significativa degradação do meio ambiente* (art. 225, § 1º, IV, CF).

Destina-se a averiguar as alterações nas propriedades do local e de que forma tais alterações podem afetar as pessoas e o meio ambiente, o que permitirá ter uma ideia acerca da viabilidade da obra ou atividade que se deseja realizar.

O Decreto 99.274/1990 conferiu ao CONAMA atribuição para traçar as regras de tal estudo. A Resolução 1/1986, desse órgão, traça tais diretrizes, estabelecendo, por exemplo, um rol exemplificativo de atividades que devem passar por um EIA, apontando-se, dentre outras, a implantação de estradas com duas ou mais faixas de rolamento, de ferrovias, de portos, de aterros sanitários, de usina de geração de eletricidade, de distritos industriais etc.

O EIA trará conclusões quanto à fauna, à flora, às comunidades locais, dentre outros aspectos, devendo ser realizado por equipe multidisciplinar, que, ao final, deverá redigir um relatório de impacto ambiental (RIMA), o qual trará os levantamentos e conclusões feitos, devendo o órgão público licenciador receber o relatório para análise das condições do empreendimento.

O empreendedor é quem **escolhe** os componentes da equipe e é quem **arca** com os custos respectivos. Os profissionais que farão o trabalho terão todo interesse em agir com correção, pois fazem seus relatórios sob as penas da lei. Como regra, o estudo de impacto ambiental e seu relatório são **públicos**, podendo o interessado solicitar sigilo industrial, fundamentando o pedido.

O EIA normalmente é exigido **antes** da licença prévia, mas é cabível sua exigência mesmo para empreendimentos já licenciados.

(Juiz de Direito – TJ/RJ – 2019 – VUNESP) A audiência pública tem por fim expor aos interessados o conteúdo do projeto ou empreendimento em exame e do seu respectivo RIMA. Sobre essa temática, é correto afirmar que

(A) é realizada quando o órgão de meio ambiente licenciador julgar necessário ou quando solicitado por 40 ou mais cidadãos.
(B) o fator político não influi no processo de tomada de decisão.
(C) havendo sua solicitação e, na hipótese do órgão estadual não realizá-la, a licença concedida não terá validade.
(D) a participação popular é vinculante e condicionante da decisão administrativa.
(E) a ata da audiência pública vincula o parecer final do licenciador quanto à admissibilidade do exame do projeto.

A: incorreta, pois a audiência pública é realizada, entre outras situações, quando solicitado por 50 ou mais cidadãos (cf. art. 2º da Resolução CONAMA 9/1987); **B:** incorreta, porquanto o conteúdo do RIMA (Relatório de Impacto Ambiental) abrange os objetivos e justificativas do projeto, sua relação e compatibilidade com as políticas setoriais, planos e programas governamentais (art. 9º, inc. I, da Resolução CONAMA 1/1986); **C:** correta (art. 2º, § 2º, da Resolução CONAMA 9/1987); **D:** incorreta, pois as contribuições decorrentes da participação popular não vinculam a decisão administrativa, conforme sugere o art. 5º da Resolução CONAMA 9/1987, que assim dispõe: "a ata da(s) audiência(s) pública(s) e seus anexos, servirão de base, juntamente com o RIMA, para a análise e parecer final do licenciador quanto à aprovação ou não do projeto."; **E:** incorreta (cf. já apontado nos comentários da alternativa D). Gabarito "C".

(Juiz de Direito – TJ/RS – 2018 – VUNESP) Quanto ao licenciamento ambiental, assinale a alternativa correta.

(A) O prazo de validade da Licença Prévia (LP) não pode ser superior a 3 (três) anos.
(B) A renovação da Licença de Operação (LO) de uma atividade ou empreendimento deverá ser requerida com antecedência mínima de 120 (cento e vinte) dias da expiração de seu prazo de validade, fixado na respectiva licença.
(C) Considera-se Impacto Ambiental Regional todo e qualquer impacto ambiental que afete diretamente (a área de influência direta do projeto), no todo ou em parte, o território de dois ou mais Municípios.
(D) O arquivamento do processo de licenciamento não impedirá a apresentação de novo requerimento de licença, ficando isento de novo pagamento de custo de análise.
(E) O prazo de validade da Licença de Instalação (LI) deverá ser o estabelecido pelo cronograma de instalação do empreendimento ou atividade, não podendo ser superior a 5 (cinco) anos.

A: incorreta. Nos termos do art. 18, I, da Resolução Conama 237/1997: "O prazo de validade da Licença Prévia (LP) deverá ser, no mínimo, o estabelecido pelo cronograma de elaboração dos planos, programas e projetos relativos ao empreendimento ou atividade, não podendo ser superior a 5 (cinco) anos" e não a 3 (três) anos como assevera a alternativa; **B:** correta, segundo o que dispõe o art. 18, § 4º, da Resolução Conama 237/1997; **C:** incorreta. Esclarece o art. 1º, IV, da Resolução Conama 237/1997, que impacto ambiental regional "é todo e qualquer impacto ambiental que afete diretamente (área de influência direta do projeto), no todo ou em parte, o território de dois ou mais Estados"; **D:** incorreta, a teor do art. 17, da Resolução Conama 237/1997: "O arquivamento do processo de licenciamento não impedirá a apresentação de novo requerimento de licença, que deverá obedecer aos procedimentos estabelecidos no artigo 10, mediante novo pagamento de custo de análise"; **E:** incorreta. "O prazo de validade da Licença de Instalação (LI) deverá ser, no mínimo, o estabelecido pelo cronograma de instalação do empreendimento ou atividade, não podendo ser superior a 6 (seis) anos" (art. 18, II, da Resolução Conama 237/97). Gabarito "B".

(Juiz – TJ/RJ – VUNESP – 2016) No que diz respeito ao direito ambiental e à aplicação das normas constitucionais ambientais, assinale a opção correta.

(A) O Conama é um dos mais atuantes e expressivos órgãos do Sistema Nacional do Meio Ambiente, na qualidade de órgão colegiado, composto por representantes federais e estaduais.
(B) O reconhecimento material do direito fundamental ao ambiente justifica-se na medida em que tal direito é extensão do direito à vida, sob os aspectos da saúde e da existência digna com qualidade de vida, ostentando o *status* de cláusula pétrea, consoante entendimento do STF.
(C) A licença de operação (LO) autoriza a operação da atividade ou empreendimento, após a verificação do efetivo cumprimento do que consta das licenças Prévia e de Instalação. A decisão será motivada sem prazo mínimo e máximo de vigência.
(D) A Lei de Política Nacional instituiu o Sistema Nacional do Meio Ambiente – Sisnama, formado por um conjunto de órgãos, dentre eles, o Órgão Central Superior, que seria a Secretaria Especial do Meio Ambiente.
(E) Cabe ao Ibama coordenar a implementação do Plano Nacional de Gerenciamento Costeiro, observando a compatibilização dos Planos Estaduais e Municipais como PNGC e as demais normas federais, sem prejuízo da competência dos outros órgãos.

A: Incorreta. O Conama é um órgão colegiado do Sisnama, representativo de cinco setores, a saber: órgãos federais, estaduais e municipais, setor empresarial e sociedade civil; **B:** Correta. O direito ao meio ambiente ecologicamente equilibrado, conforme disposto no *caput* do artigo 225 da Constituição Federal, faz parte dos direitos e deveres individuais e coletivos dispostos na Constituição de 1988, e que por

estar ligado ao direito à vida, ostenta o *status* de verdadeira cláusula pétrea; **C:** A LO autoriza a operação da atividade ou empreendimento, após a verificação do efetivo cumprimento do que consta das licenças anteriores (prévia e instalação). Contudo, ao contrário do previsto na alternativa, a decisão será motivada e com mínimo de 4 (quatro) anos e máximo de 10 (dez) anos de vigência, conforme a Resolução Conama 237/1997; **D:** Incorreta. Não existe Órgão Central Superior do Sisnama. O Órgão Superior do Sisnama é o Conselho de Governo, já o órgão Central é a Secretaria do Meio Ambiente da Presidência da República [atualmente Ministério do Meio Ambiente] (art. 6º, I e II, da Lei 6.938/1981); **E:** Incorreta. Nos termos da Lei 7.661/1988, art. 4º: "O PNGC será elaborado e, quando necessário, atualizado por um Grupo de Coordenação, dirigido pela Secretaria da Comissão Interministerial para os Recursos do Mar – Secirm, cuja composição e forma de atuação serão definidas em decreto do Poder Executivo. [...] §2º. O Plano será aplicado com a participação da União, dos Estados, dos Territórios e dos Municípios, através de órgãos e entidades integradas ao Sistema Nacional do Meio Ambiente – Sisnama". FM-FCP
Gabarito "B".

(Juiz – TJ/SP – VUNESP – 2015) Nos termos da Resolução CONAMA 001, de 1986, o relatório de impacto ambiental – RIMA deve refletir as conclusões do estudo de impacto ambiental e terá um conteúdo mínimo. A alternativa que não reflete a exigência de conteúdo mínimo obrigatório de um RIMA é:

(A) a descrição do efeito esperado das medidas mitigadoras previstas em relação aos impactos negativos, mencionando aqueles que não puderem ser evitados e a estimativa de custos para implementação das medidas mitigadoras exigidas.
(B) os objetivos e as justificativas do projeto, sua relação e compatibilidade com as políticas setoriais, planos e programas governamentais.
(C) a síntese dos resultados dos estudos de diagnósticos ambiental da área de influência do projeto e a descrição dos prováveis impactos ambientais da implantação e operação da atividade.
(D) a recomendação quanto à alternativa mais favorável para o empreendimento.

A: Incorreta. A estimativa de custos para a implementação das medidas mitigadoras exigidas, não faz parte do conteúdo mínimo que deverá conter no Estudo de Impacto Ambiental (art. 9º, VI, da Resolução Conama 001/1986). **B:** Correta. Vide art. 9º, I, da Resolução Conama 001/1986. **C:** Correta. Nos termos do art. 9º, III e IV, da Resolução Conama 001/1986. **D:** Correta. Segundo dispõe o art. 9º, VIII, da Resolução CONAMA 001/1986. FM-FCP
Gabarito "A".

(Juiz – TJ/MS – VUNESP – 2015) Segundo estabelecido na Política Nacional do Meio Ambiente, entende-se por poluição a degradação da qualidade ambiental resultante de atividades que, direta ou indiretamente,

(A) lancem matérias em dissonância com a qualidade tecnológica fixada pelas normas da ABNT.
(B) afetem 70% das interações de ordem física do meio ambiente.
(C) prejudiquem a saúde, a segurança e o bem-estar da população.
(D) afetem as condições sociais ou fitossanitárias da biota.
(E) criem condições favoráveis às ações políticas e econômicas.

A: Incorreta. Nos termos do art. 3º, III, "e", da Lei 6.938/1981, poluição trata-se da degradação da qualidade ambiental resultante de atividades que direta ou indiretamente lancem matérias ou energia em desacordo com os padrões de qualidade ambientais estabelecidos". **B:** Incorreta. Não há percentual fixado para alteração adversa das características do meio ambiente. **C:** Correta. Vide art. 3º, III, "a", da Lei 6.938/1981. **D:** Incorreta. Poluição trata-se da degradação da qualidade ambiental resultante de atividades que direta ou indiretamente criem condições adversas às atividades sociais e econômicas (art. 3º, III, "b", da Lei 6.938/1981). **E:** Incorreta. Contraria o que dispõe o art. 3º, III, *b*, da Lei 6.938/1981. FM-FCP
Gabarito "C".

(Ministério Público/ES – VUNESP – 2013) No que se refere ao estudo prévio de impacto ambiental, é correto afirmar:

(A) é constitucional norma legal que dispense a elaboração do EIA/RIMA no caso de áreas de florestamento ou reflorestamento para fins empresariais.
(B) é constitucional lei estadual que submeta o relatório de impacto ambiental – RIMA – ao crivo de comissão permanente e específica da Assembleia Legislativa.
(C) será nula a licença ambiental concedida sem a sua realização, pois é obrigatório quando a atividade ou a obra for potencialmente causadora de significativa degradação ambiental.
(D) deve ser realizado por profissionais legitimamente capacitados, às expensas do órgão ambiental expedidor da licença ambiental, estando sujeito às sanções administrativas, civis e penais pelas informações prestadas no RIMA.
(E) a audiência pública, quando nesse estudo realizada, vinculará o órgão consultivo que irá decidir, ao final, o procedimento administrativo.

A: incorreta, conforme já manifestado pelo STF em 2001 nos autos da Ação Direta de Inconstitucionalidade (ADI 1086/SC) que teve como relator Ministro Ilmar Galvão: "Ação direta de inconstitucionalidade. Artigo 182, § 3º, da Constituição do Estado de Santa Catarina. Estudo de impacto ambiental. Contrariedade ao artigo 225, § 1º, IV, da carta da república. A norma impugnada, ao dispensar a elaboração de estudo prévio de impacto ambiental no caso de áreas de florestamento ou reflorestamento para fins empresariais, cria exceção incompatível com o disposto no mencionado inciso IV do § 1º do artigo 225 da Constituição Federal. Ação julgada procedente, para declarar a inconstitucionalidade do dispositivo constitucional catarinense sob enfoque"; **B:** incorreta, conforme Ação Direta de Inconstitucionalidade 1505 do estado do Espírito Santo Julgado pelo STF em 2004, tendo como relator o Ministro Eros Grau: "Ação Direta de Inconstitucionalidade. Art. 187 da Constituição do Estado do Espírito Santo. Relatório de Impacto Ambiental. Aprovação pela assembleia legislativa. Vício Material. Afronta aos artigos 58, § 2º e 225, § 1º da Constituição do Brasil. 1. É inconstitucional preceito da Constituição do Estado do Espírito Santo que submete o Relatório de Impacto Ambiental – RIMA – ao crivo de comissão permanente e específica da Assembleia Legislativa. 2. A concessão de autorização para desenvolvimento de atividade potencialmente danos ao meio ambiente consubstancia ato do Poder de Polícia – Ato da Administração Pública – entenda-se ato do poder Executivo. 3. Ação julgada procedente para declarar inconstitucional o trecho final do § 3º do artigo 187 da Constituição do Estado do Espírito Santo."; **C:** correta pois o art. 225, inciso IV, da Constituição Federal obriga à realização de estudo prévio de impacto ambiental quando a atividade ou a obra for potencialmente causadora de significativa degradação ambiental; **D:** incorreta pois as custas do EIA devem ser arcadas pelo empreendedor e não pelo órgão ambiental expedidor da licença (art. 8º da Res. CONAMA 1/1986 e art. 11 da Res. CONAMA 237/1997) ; **E:** incorreta pois a audiência pública tem por objetivo oferecer subsídio à tomada de decisão do órgão executivo, não tem, contudo, caráter vinculativo (neste sentido: AI 777.970-0, TJ-PR, 05.06.2012).
Gabarito "C".

7.2. UNIDADES DE CONSERVAÇÃO

(Juiz de Direito – TJ/RS – 2018 – VUNESP) No que tange às unidades de conservação, assinale a alternativa correta.

(A) A Reserva Biológica tem como objetivo a preservação da natureza e a realização de pesquisas científicas.
(B) O Refúgio de Vida Silvestre tem como objetivo a preservação de ecossistemas naturais de grande relevância ecológica e beleza cênica.
(C) Na Estação Ecológica não podem ser permitidas alterações dos ecossistemas.
(D) O objetivo básico das Unidades de Uso Sustentável é preservar a natureza, sendo admitido apenas o uso indireto dos seus recursos naturais.
(E) A Floresta Nacional é uma área com cobertura florestal de espécies predominantemente nativas e tem como objetivo básico o uso múltiplo sustentável dos recursos florestais e a pesquisa científica.

A: incorreta. A Reserva Biológica tem como objetivo a preservação integral da biota e demais atributos naturais existentes em seus limites (art. 10, *caput*, da Lei 9.985/2000); **B:** incorreta, a saber: "o Refúgio de Vida Silvestre tem como objetivo proteger ambientes naturais onde se asseguram condições para a existência ou reprodução de espécies ou comunidades da flora local e da fauna residente ou migratória" (art. 13, *caput*, da Lei 9.985/1990); **C:** incorreta, o art. 9º, § 4º, I a IV, da Lei 9.985/1990, trazem possibilidades de alterações nos ecossistemas da Estação Ecológica; **D:** incorreta. "O objetivo básico das Unidades de Uso Sustentável é compatibilizar a conservação da natureza com o uso sustentável de parcela dos seus recursos naturais" (art. 7º, § 2º, da Lei 9.985/1990). **E:** correta. A assertiva trata-se de transcrição do art. 17, *caput*, da Lei 9.985/1990. **Gabarito "E". FM/FC**

(Magistratura/PA – VUNESP – 2014) Quanto à pesquisa científica e visitação pública em unidades de conservação, assinale a assertiva correta.

(A) A pesquisa científica em reservas biológicas depende de atendimento às exigências do seu regulamento, sendo proibida a visitação pública, salvo de escolas públicas e desde que seus objetivos sejam educacionais e culturais.
(B) A pesquisa científica em refúgios da vida silvestre fica sujeita a restrições previstas em regulamento para o período de defeso da fauna local e a visitação pública fica sujeita especificamente às regras preestabelecidas no Plano de Manejo.
(C) A pesquisa científica em Monumentos Naturais independe de aprovação prévia do órgão responsável por sua administração, desde que demonstrado que não coloca em risco a sobrevivência de espécies integrantes do ecossistema protegido e a visitação pública depende apenas do atendimento às restrições do Plano de Manejo.
(D) A pesquisa científica em estações ecológicas depende de autorização prévia do seu gestor, bem como às exigências do regulamento e a visitação será livre desde que o Plano de Manejo traga disposição nesse sentido.
(E) A pesquisa científica em Parques Nacionais depende de autorização prévia do órgão responsável pela sua administração, sujeita às condições e restrições por ele estabelecidas e às previstas em regulamento, o que também ocorre no caso de visitação pública sujeita ainda às normas e restrições do Plano de Manejo.

A: incorreta, já que o art. 10 da Lei 9.985/2000 autoriza a visitação em reservas biológicas desde que com objetivo educacional, sem que exista restrições às escolhas particulares: "§ 2º É proibida a visitação pública, exceto aquela com objetivo educacional, de acordo com regulamento específico."; **B:** incorreta, conforme art. 13, § 4º, da Lei 9.985/2000, a pesquisa científica em refúgios da vida silvestre está sujeita às restrições previstas em regulamento, já a visitação pública (está sim) dependerá das normas estabelecidas no Plano de Manejo: "§ 3º A visitação pública está sujeita às normas e restrições estabelecidas no Plano de Manejo da unidade, às normas estabelecidas pelo órgão responsável por sua administração, e àquelas previstas em regulamento. § 4º A pesquisa científica depende de autorização prévia do órgão responsável pela administração da unidade e está sujeita às condições e restrições por este estabelecidas, bem como àquelas previstas em regulamento."; **C:** incorreta pois a visitação pública além do Plano de Manejo, também está sujeita às normas estabelecidas pelo órgão responsável por sua administração e àquelas previstas em regulamento (art. 12, § 3º, da Lei 9.985/2000); **D:** incorreta já que o art. 9º § 2º proíbe as visitações em estações ecológicas, exceto com objetivo educacional, de acordo com o que dispuser o Plano de Manejo da unidade ou regulamento específico; **E:** correta por força do art. 11, §§ 2º e 3º, da Lei 9985/2000: "Art. 11. O Parque Nacional tem como objetivo básico a preservação de ecossistemas naturais de grande relevância ecológica e beleza cênica, possibilitando a realização de pesquisas científicas e o desenvolvimento de atividades de educação e interpretação ambiental, de recreação em contato com a natureza e de turismo ecológico. (...) § 2º A visitação pública está sujeita às normas e restrições estabelecidas no Plano de Manejo da unidade, às normas estabelecidas pelo órgão responsável por sua administração, e àquelas previstas em regulamento. § 3º A pesquisa científica depende de autorização prévia do órgão responsável pela administração da unidade e está sujeita às condições e restrições por este estabelecidas, bem como àquelas previstas em regulamento. **Gabarito "E".**

(Ministério Público/ES – VUNESP – 2013) É objetivo do Sistema Nacional de Unidades de Conservação, conforme Lei 9.985/2000,

(a) proteger paisagens naturais e pouco alteradas de notável beleza cênica.
(B) buscar proteger grandes áreas por meio de um conjunto integrado de unidades de conservação de diferentes categorias, próximas ou contíguas, e suas respectivas zonas de amortecimento e corredores ecológicos, integrando as diferentes atividades de preservação da natureza, uso sustentável dos recursos naturais e restauração e recuperação dos ecossistemas.
(C) buscar conferir às unidades de conservação, nos casos possíveis e respeitadas as conveniências da administração, autonomia administrativa e financeira.
(D) oferecer apoio e a cooperação de organizações não governamentais, de organizações privadas e pessoas físicas para o desenvolvimento de estudos, pesquisas científicas, práticas de educação ambiental, atividades de lazer e de turismo ecológico, monitoramento, manutenção e outras atividades de gestão das unidades de conservação.
(E) assegurar a participação efetiva das populações locais na criação, implantação e gestão das unidades de conservação.

A: correta. Das cinco alternativas apresentadas na questão, apenas a letra "A" inclui um dos objetivos descritos pelo art. 4º da Lei que institui o Sistema Nacional de Unidades de Conservação: "VI – proteger paisagens naturais e pouco alteradas de notável beleza cênica;". As demais alternativas são em verdade diretrizes descritas nos incisos do art. 5º da mesma Lei 9.985/2000; **B:** incorreta, art. 5º, XIII; **C:** incorreta, art. 5º, XII; **D:** incorreta, art. 5º, IV; **E:** incorreta, art. 5º, III.

Gabarito "A".

(Ministério Público/SP – VUNESP – 2012) Considerando o disposto na Lei do Sistema Nacional de Unidades de Conservação da Natureza – SNUC – (Lei n. 9.985/2000), NÃO se encaixa no grupo das Unidades de Proteção Integral:

(A) Estação Ecológica.
(B) Parque Nacional.
(C) Floresta Nacional.
(D) Monumento Natural.
(E) Refúgio de Vida Silvestre.

A: incorreta (art. 8º, I, da Lei 9.985/2000); **B:** incorreta (art. 8º, III, da Lei 9.985/2000); **C:** correta, pois a Floresta Nacional pertence ao grupo das unidades de uso sustentável (art. 14, III, da Lei 9.985/2000); **D:** incorreta (art. 8º, IV, da Lei 9.985/2000); **E:** incorreta (art. 8º, V, da Lei 9.985/2000).

Gabarito "C".

(Ministério Público/SP – VUNESP – 2012) Considerando o disposto na Lei do Sistema Nacional de Unidades de Conservação da Natureza – SNUC – (Lei n. 9.985/2000), entende-se por

(A) Conservação da natureza: conservação de ecossistemas e habitats naturais e a manutenção e recuperação de populações viáveis de espécies em seus meios naturais e, no caso de espécies domesticadas ou cultivadas, nos meios onde tenham desenvolvido suas propriedades características.
(B) Preservação: manutenção dos ecossistemas livres de alterações causadas por interferência humana, admitido apenas o uso indireto dos seus atributos naturais.
(C) Proteção integral: conjunto de métodos, procedimentos e políticas que visem a proteção a longo prazo das espécies, habitats e ecossistemas, além da manutenção dos processos ecológicos, prevenindo a simplificação dos sistemas naturais.
(D) Zona de amortecimento: o entorno de uma unidade de conservação, onde as atividades humanas estão sujeitas a normas e restrições específicas, com o propósito de minimizar os impactos negativos sobre a unidade.
(E) Conservação *in situ*: o manejo do uso humano da natureza, compreendendo a preservação, a manutenção, a utilização sustentável, a restauração e a recuperação do ambiente natural, para que possa produzir o maior benefício, em bases sustentáveis, às atuais gerações, mantendo seu potencial de satisfazer as necessidades e aspirações das gerações futuras, e garantindo a sobrevivência dos seres vivos em geral

A: incorreta (art. 2º, II, da Lei 9.985/2000); **B:** incorreta (art. 2º, V, da Lei 9.985/2000); **C:** incorreta (art. 2º, VI, da Lei 9.985/2000); **D:** correta (art. 2º, XVIII, da Lei 9.985/2000); **E:** incorreta (art. 2º, VII, da Lei 9.985/2000).

Gabarito "D".

7.3. ZONEAMENTO AMBIENTAL

(Procurador do Município/São José dos Campos-SP – VUNESP – 2012) Zoneamento é uma medida não jurisdicional, oriunda do poder de polícia, com dois fundamentos: a repartição do solo urbano municipal e a designação do seu uso, segundo definição de Celso Antonio Pacheco Fiorillo, em **Curso de Direito Ambiental Brasileiro**, 3.ª edição ampliada. São Paulo: Saraiva, 2002, p. 82.

Tendo em vista os princípios relativos ao meio ambiente, o zoneamento ambiental encontra-se relacionado ao princípio do(a)

(A) participação.
(B) desenvolvimento sustentável.
(C) precaução.
(D) poluidor-pagador.
(E) ubiquidade.

De fato, o zoneamento ambiental, cuja definição vem prevista no art. 2º, do Decreto 4.297/2002, é inegável instrumento que materializa o princípio do desenvolvimento sustentável, conforme dispõe referido dispositivo normativo, na medida em que *estabelece medidas e padrões de proteção ambiental destinados a assegurar a qualidade ambiental, dos recursos hídricos e do solo e a conservação da biodiversidade, garantindo o **desenvolvimento sustentável** e a melhoria das condições de vida da população*. No entanto, é certo que o zoneamento ambiental, também chamado por alguns de Zoneamento Ecológico-Econômico (ZEE), deverá observar os princípios da função socioambiental da propriedade, da prevenção, da precaução, do poluidor-pagador, do usuário-pagador (nesse sentido: FREDERICO AMADO, **Direito Ambiental Esquematizado**, p. 111 – 3ª edição, Ed. Método). Cremos que a banca examinadora quis cobrar do candidato o conhecimento da definição normativa de zoneamento ambiental, que, como visto, está literalmente ligado com o desenvolvimento sustentável.

Gabarito "B".

8. PROTEÇÃO DA FAUNA

(Procurador do Estado/SP – 2018 – VUNESP) Espécies exóticas, entendidas como aquelas não originárias de uma determinada área geográfica, podem muitas vezes proliferar sem controle, provocando danos ambientais e econômicos, além de ameaçarem a diversidade biológica. O Estado de São Paulo sofre problemas sensíveis nessa seara, por exemplo, por conta da presença do javali (Sus scrofa), cuja abundância já é identificada e com impactos ambientais e socioeconômicos bem descritos pela literatura.

Tendo em vista essas premissas, sobre espécies exóticas, é correto afirmar:

(A) a Lei nº 5.197/1967 (lei que dispõe sobre a proteção à fauna) admite a inserção de espécies exóticas em território nacional com parecer técnico oficial favorável e licença expedida na forma da lei, salvo para espécies ambientalmente relevantes, inseridas em cadastro do Ministério do Meio Ambiente, cuja inserção imporá apenas a comunicação posterior aos órgãos de controle.
(B) é proibida a introdução nas unidades de conservação de espécies não autóctones, exceto no tocante às Áreas de Proteção Ambiental, Florestas Nacionais, Reservas Extrativistas e Reservas de Desenvolvimento Sustentável, sendo admitidos, ainda, a inserção de animais e plantas necessários à administração e às atividades das demais categorias de unidades de conservação, de acordo com o que se dispuser em regulamento e no Plano de Manejo da unidade.
(C) no Estado de São Paulo, embora se permita e estimule o controle populacional de espécies exóticas invasoras, o abate e o manejo dos animais assim qualificados

é vedado, por força de disposição expressa na Constituição Estadual.

(D) atividades de manejo de fauna exótica ou que envolvam introdução de espécies exóticas estão dispensadas do licenciamento ambiental, salvo se flagrante o risco de degradação ambiental.

(E) a introdução de espécime animal exótica no Brasil, sem parecer técnico oficial favorável e licença expedida por autoridade competente pode configurar infração administrativa ambiental, entretanto não se amolda aos tipos penais previstos na Lei no 9.605/1998 (Lei de Crimes Ambientais).

A: incorreta, a teor do art. 4º, da Lei 5.197/1967: "Nenhuma espécie poderá ser introduzida no País, sem parecer técnico oficial favorável e licença expedida na forma da Lei"; **B:** correta. Vide art. 31, § 1º, da Lei 9.985/2000; **C:** incorreta (art. 193, X, Constituição Estadual); **D:** incorreta, nos termos do Anexo I, da Resolução Conama 237/1997, além do controle da União nos termos do art. 7º, XVII, da LC 140/2011; **E:** incorreta. A teor do art. 31, da Lei 9.605/1998, considera-se crime introduzir espécime animal no País, sem parecer técnico oficial favorável e licença expedida por autoridade competente. FM/FC

Gabarito "B".

9. PROTEÇÃO DA FLORA. CÓDIGO FLORESTAL

(Procurador do Estado/SP – 2018 –VUNESP) Sobre a recomposição nas Áreas de Preservação Permanente (APPs), é correto afirmar:

(A) para os imóveis rurais com área de até 4 (quatro) módulos fiscais que possuam áreas consolidadas em Áreas de Preservação Permanente ao longo de cursos d'água naturais, é facultada a manutenção das atividades, independentemente de qualquer recomposição, desde que o proprietário invista na recuperação de outras áreas de relevante interesse ambiental, observados critérios e valores fixados pelo órgão ambiental competente, após o registro no Cadastro Ambiental Rural (CAR).

(B) o proprietário de áreas rurais consolidadas até 22 de julho de 2008, cuja área da propriedade seja inferior a 1 (um) módulo fiscal, foi anistiado pela Lei nº 12.651/2012 (Código Florestal), não sendo necessária a recomposição em nenhuma hipótese.

(C) no caso de pequena propriedade ou posse rural familiar, poderá ser realizado o plantio intercalado de espécies exóticas com nativas, em até um terço da área total a ser recomposta, admitida a utilização de árvores frutíferas, vedado o plantio de espécies lenhosas.

(D) para os imóveis rurais com área de até 1 (um) módulo fiscal que possuam áreas consolidadas em Áreas de Preservação Permanente ao longo de cursos d'água naturais, será obrigatória a recomposição das respectivas faixas marginais em 5 (cinco) metros, contados da borda da calha do leito regular, independentemente da largura do curso d´água.

(E) como método de recomposição é vedada a realização de plantio intercalado de espécies exóticas com nativas, devendo ser executado o plantio exclusivo de espécies nativas ou condução de regeneração natural de espécies nativas, independentemente do tamanho ou qualificação do imóvel rural.

A: incorreta, nos termos do art. 61-A, §3º, da Lei 12.651/2012: "Para os imóveis rurais com área superior a 2 (dois) módulos fiscais e de até 4 (quatro) módulos fiscais que possuam áreas consolidadas em Áreas de Preservação Permanente ao longo de cursos d'água naturais, será obrigatória a recomposição das respectivas faixas marginais em 15 (quinze) metros, contados da borda da calha do leito regular, independentemente da largura do curso d'água"; **B:** incorreta, a saber: "Para os imóveis rurais com área de até 1 (um) módulo fiscal que possuam áreas consolidadas em Áreas de Preservação Permanente ao longo de cursos d'água naturais, será obrigatória a recomposição das respectivas faixas marginais em 5 (cinco) metros, contados da borda da calha do leito regular, independentemente da largura do curso d´água" (art. 61-A, §1º, da Lei 12.651/2012); **C:** incorreta, a teor do art. 4º, § 5º, da Lei 12.651/2012: "é admitido, para a pequena propriedade ou posse rural familiar, o plantio de culturas temporárias e sazonais de vazante de ciclo curto na faixa de terra que fica exposta no período de vazante dos rios ou lagos, desde que não implique supressão de novas áreas de vegetação nativa, seja conservada a qualidade da água e do solo e seja protegida a fauna silvestre"; **D:** correta. Vide art. 61, §1º, da Lei 12.651/2012; **E:** incorreta, conforme o art. 66, § 3º, da Lei 12.651/2012. FM/FC

Gabarito "D".

(Juiz de Direito –TJ/RS – 2018 –VUNESP) Considerando o disposto no Código Florestal – Lei nº 12.651/2012, é correta a seguinte afirmação:

(A) poderá ser autorizada a supressão de vegetação nativa protetora de nascentes, dunas e restingas nas hipóteses de utilidade pública ou de interesse social.

(B) a responsabilidade por infração pelo uso irregular de fogo em terras públicas ou particulares independe de estabelecimento de nexo causal.

(C) é proibido o uso de fogo na vegetação em quaisquer circunstâncias.

(D) não haverá, em qualquer hipótese, direito à regularização de futuras intervenções ou supressões de vegetação nativa, além das previstas na Lei no 12.651/2012.

(E) ao tomar conhecimento do desmatamento em desacordo com a Lei, o órgão ambiental deverá embargar a obra ou atividade que deu causa ao uso alternativo do solo, como medida punitiva que alcança as demais atividades realizadas no imóvel, mesmo que não relacionadas com a infração.

A: incorreta, a saber: "a supressão de vegetação nativa protetora de nascentes, dunas e restingas somente poderá ser autorizada em caso de utilidade pública" (art. 8º, § 1º, da Lei 12.651/2012); **B:** incorreta, a teor do art. 38, § 2º, da Lei 12.651/2012: "na apuração da responsabilidade pelo uso irregular do fogo em terras públicas ou particulares, a autoridade competente para fiscalização e autuação deverá comprovar o nexo de causalidade entre a ação do proprietário ou qualquer preposto e o dano efetivamente causado"; **C:** incorreta, já que o art. 38, da Lei 12.651/2012, traz possibilidades em que é possível o uso de fogo na vegetação; **D:** correta. Vide art. 8º, § 4º, da Lei 12.651/2012; **E:** incorreta, segundo dispõe o art. 51, da Lei 12.651/2012: "o órgão ambiental competente, ao tomar conhecimento do desmatamento em desacordo com o disposto nesta Lei, deverá embargar a obra ou atividade que deu causa ao uso alternativo do solo, como medida administrativa voltada a impedir a continuidade do dano ambiental, propiciar a regeneração do meio ambiente e dar viabilidade à recuperação da área degradada". FM/FC

Gabarito "D".

12. DIREITO AMBIENTAL

(Delegado – PC/BA – 2018 – VUNESP) Nos termos do disposto na Lei nº 12.651/2012, assinale a alternativa correta.

(A) Não é permitido, em qualquer hipótese, o acesso de pessoas e animais às Áreas de Preservação Permanente.
(B) Não haverá, em qualquer hipótese, direito à regularização de futuras intervenções ou supressões de vegetação nativa, além das previstas nesta Lei, nas Áreas de Preservação Permanente.
(C) Não poderá ser autorizada, em qualquer hipótese, a supressão de vegetação nativa protetora de nascentes, dunas e restingas, nas Áreas de Preservação Permanente.
(D) Os empreendimentos de abastecimento público de água e tratamento de esgoto estão sujeitos à constituição de Reserva Legal.
(E) Será exigida Reserva Legal relativa às áreas adquiridas ou desapropriadas com o objetivo de implantação e ampliação de capacidade de rodovias e ferrovias.

A: incorreta. Dispõe o art. 9º, da Lei 12.651/2012: "É permitido o acesso de pessoas e animais às Áreas de Preservação Permanente para obtenção de água e para realização de atividades de baixo impacto ambiental"; **B:** correta, a teor do art. 8º, § 4º, da Lei 12.651/2012; **C:** incorreta. "A supressão de vegetação nativa protetora de nascentes, dunas e restingas somente poderá ser autorizada em caso de utilidade pública" (art. 8º, § 1º, da Lei 12.651/2012); **D:** incorreta. "Os empreendimentos de abastecimento público de água e tratamento de esgoto não estão sujeitos à constituição de Reserva Legal" (art. 12, § 6º, da Lei 12.651/2012); **E:** incorreta. "Não será exigido Reserva Legal relativa às áreas adquiridas ou desapropriadas com o objetivo de implantação e ampliação de capacidade de rodovias e ferrovias" (art. 12, § 8º, da Lei 12.651/2012). Gabarito "B".

(Procurador – IPSMI/SP – VUNESP – 2016) Assinale o conceito correto utilizado pela Lei Federal 12.651/2012:

(A) pousio: prática de interrupção temporária de atividades ou usos agrícolas, pecuários ou silviculturais, por no máximo 6 (seis) anos, para possibilitar a recuperação da capacidade de uso ou da estrutura física do solo.
(B) áreas úmidas: pantanais e superfícies terrestres cobertas de forma permanente por águas, cobertas originalmente por florestas ou outras formas de vegetação adaptadas à inundação.
(C) crédito de carbono: título de direito sobre bem intangível e incorpóreo transacionável.
(D) faixa de passagem de inundação: área de várzea ou planície de inundação adjacente a cursos d'água que permite o escoamento artificial.
(E) relevo ondulado: expressão geomorfológica usada para designar área caracterizada por movimentações de águas que geram depressões.

A: Incorreta. Nos termos do art. 3º, XXIV, da Lei 12.651/2012: "pousio: prática de interrupção temporária de atividades ou usos agrícolas, pecuários ou silviculturais, por no máximo 5 (cinco) anos, para possibilitar a recuperação da capacidade de uso ou da estrutura física do solo"; e não 6 (seis) anos, conforme disposto na alternativa. **B:** Incorreta. "Áreas úmidas: pantanais e superfícies terrestres cobertas de forma periódica por águas, cobertas originalmente por florestas ou outras formas de vegetação adaptadas à inundação" (art. 3º, XXV, da Lei 12.651/2012). **C:** Correta. Vide art. 3º, XXVII, da Lei 12.651/2012. **D:** Incorreta. A faixa de passagem de inundação: área de várzea ou planície de inundação adjacente a cursos d'água que permite o escoamento da enchente e não artificial (art. 3º, XXII, da Lei 12.651/2012). **E:** Incorreta. O relevo ondulado, segundo o art. 3º, XXIII, da Lei 12.651/2012, trata-se de "expressão geomorfológica usada para designar área caracterizada por movimentações do terreno que geram depressões, cuja intensidade permite sua classificação como relevo suave ondulado, ondulado, fortemente ondulado e montanhoso". Gabarito "C".

(Juiz – TJ/SP – VUNESP – 2015) Em relação às Áreas de Preservação Permanente, é incorreta a seguinte afirmação:

(A) é permitido ao poder público se utilizar do direito de preempção para aquisição de remanescentes florestais relevantes.
(B) todo imóvel rural situado no território nacional deve manter área com cobertura de vegetação nativa, a título de Reserva Legal, no correspondente a 20% da área total do imóvel.
(C) é lícita a supressão de vegetação nativa em Área de Preservação Permanente para implantação de instalações necessárias à captação e condução de água e efluentes tratados, desde que comprovada a outorga do direito de uso da água.
(D) é dispensada a autorização do órgão ambiental competente para a execução em Área de Preservação Permanente nas hipóteses de realização, em caráter de urgência, de atividades de segurança nacional e obras de interesse da defesa civil destinadas à prevenção e mitigação de acidentes em áreas urbanas.

A: Correta. Nos termos do art. 25, I, da Lei 12.651/2012. **B:** Incorreta. Se o imóvel estiver localizado na Amazônia Legal, os percentuais serão: 80% (oitenta por cento), se o imóvel estiver localizado em área de florestas; 35% (trinta e cinco por cento), se estiver localizado em área de cerrado; e, 20% (vinte por cento), se o imóvel estiver localizado em área de campos gerais (art. 12, I, da Lei 12.651/2012). **C:** Correta. Nos termos do art. 8º, da Lei 12.651/2012: "A intervenção ou a supressão de vegetação nativa em Área de Preservação Permanente somente ocorrerá nas hipóteses de utilidade pública, de interesse social ou de baixo impacto ambiental previstas nesta Lei". O art. 3º, IX, "e", da Lei 12.651/2012, prevê que a implantação de instalações necessárias à captação e condução de água e de efluentes tratados para projetos cujos recursos hídricos são partes integrantes e essenciais da atividade, trata-se de atividade de interesse social, e que, portanto, autoriza a supressão da vegetação nativa em Área de Preservação Permanente. **D:** Correta. Vide art. 7º, § 3º, da Lei 12.651/2012. Gabarito "B".

(Procurador – SP – VUNESP – 2015) De acordo com as disposições existentes no Código Florestal, no que se refere ao Regime de Proteção das Áreas de Preservação Permanente, assinale a alternativa correta.

(A) A vegetação situada em Área de Preservação Permanente não tem a obrigatoriedade de ser mantida se o proprietário, possuidor ou ocupante for pessoa jurídica de direito público.
(B) A supressão de vegetação nativa protetora de nascentes, dunas e restingas não pode ser autorizada em nenhuma hipótese.
(C) É necessária a autorização do órgão ambiental, ainda que se trate de execução, em caráter de urgência, de atividades de segurança nacional e obras de interesse da defesa civil destinadas à prevenção e mitigação de acidentes em áreas urbanas.

(D) É permitido o acesso de pessoas e animais às Áreas de Preservação Permanente para obtenção de água e para realização de atividades de baixo impacto ambiental.
(E) Tendo ocorrido a supressão de vegetação situada em Área de Preservação Permanente, o proprietário da área, possuidor ou ocupante é obrigado a promover a recomposição da vegetação, ainda que a supressão tenha sido autorizada pela lei.

A: Incorreta. A vegetação situada em Área de Preservação Permanente tem a obrigatoriedade de ser mantida pelo proprietário, possuidor ou ocupante, pessoa física ou jurídica, de direito público ou privado (art. 7º, da Lei 12.651/2012). **B:** Incorreta. "A supressão de vegetação nativa protetora de nascentes, dunas e restingas somente poderá ser autorizada em caso de utilidade pública" (art. 8º, § 1º, da Lei 12.651/2012). **C:** Incorreta. Nos termos do art. 8º, § 3º, da Lei 12.651/2012: "É dispensada a autorização do órgão ambiental competente para a execução, em caráter de urgência, de atividades de segurança nacional e obras de interesse da defesa civil destinadas à prevenção e mitigação de acidentes em áreas urbanas". **D:** Correta. Vide art. 9º, da Lei 12.651/2012. **E:** Incorreta. Segundo disposição do art. 7º, § 1º, da Lei 12.651/2012: "Tendo ocorrido supressão de vegetação situada em Área de Preservação Permanente, o proprietário da área, possuidor ou ocupante a qualquer título é obrigado a promover a recomposição da vegetação, ressalvados os usos autorizados previstos nesta Lei". FM-FCP
Gabarito "D".

(Magistratura/PA – VUNESP – 2014) Em relação aos princípios aplicáveis à Lei 12.651/2012, que estabelece normas gerais sobre a proteção da vegetação, áreas de preservação permanente e áreas de reserva legal, bem como a exploração florestal, o suprimento de matéria-prima florestal, o controle da origem dos produtos florestais e o controle e prevenção de incêndios florestais, e prevê instrumentos econômicos e financeiros para o alcance de seus objetivos, é correto afirmar que a lei atenderá, entre outros, ao princípio

(A) do fomento à pesquisa científica e inovação tecnológica na busca de novas soluções para o uso sustentável do solo, da água e do ar, bem como a preservação das florestas e demais formas de vegetação, além de incentivos econômicos para a recuperação da vegetação de forma integrada.
(B) da ação governamental de proteção e uso sustentável das florestas e demais formas de vegetação, de forma que o País assuma o compromisso de harmonização entre o uso produtivo da terra e a preservação da água, do solo e da vegetação de forma ampla, buscando atingir o ideal de sustentabilidade.
(C) da afirmação do compromisso soberano do Brasil com a preservação das suas florestas e demais formas de vegetação nativa, bem como da biodiversidade, do solo, dos recursos hídricos e da integridade do sistema climático, para o bem-estar das gerações presentes e futuras.
(D) das responsabilidades comuns mais diferenciadas da União, Estados, Distrito Federal e Municípios, em colaboração com a sociedade civil, na criação de políticas somente voltadas para a preservação da vegetação nativa e de suas funções ecológicas e sociais nas áreas rurais, urbanas e urbanizáveis.
(E) da afirmação da função socioambiental da atividade agropecuária e do papel das florestas e demais formas de vegetação nativa na sustentabilidade, no crescimento econômico, na melhoria da qualidade de vida da população brasileira e na presença do Brasil especificamente no mercado internacional de alimentos.

A: incorreta, pois além do fomento à pesquisa científica, o princípio também alcança a pesquisa tecnológica além disso, a busca não é por novas soluções mas sim, inovação para o uso sustentável (art. 1º-A, V, da Lei 12.651/2012); **B:** incorreta, pois o princípio trata da ação governamental de proteção e uso sustentáveis apenas das florestas, não alcançando demais formas de vegetação (art. 1º-A, III, da Lei 12.651/2012); **C:** correta. Conforme texto do art. 1º-A, I, da Lei 12.651/2012: "I – afirmação do compromisso soberano do Brasil com a preservação das suas florestas e demais formas de vegetação nativa, bem como da biodiversidade, do solo, dos recursos hídricos e da integridade do sistema climático, para o bem estar das gerações presentes e futuras"; **D:** incorreta, já que o princípio não trata das responsabilidades diferenciadas, apenas das comuns da União, Estados, DF e Municípios (art. 1º-A, IV, da Lei 12.651/2012); **E:** incorreta pois o princípio fala em reafirmação da função socioambiental da atividade agropecuária, e não afirmação, conforme consta na alternativa (art. 1º-A, II, da Lei 12.651/2012).
Gabarito "C".

(Magistratura/SP – VUNESP – 2013) A supressão de vegetação nativa para uso alternativo do solo depende de

(A) autorização do órgão municipal e cadastramento do imóvel no CAR.
(B) autorização do órgão federal e cadastramento do imóvel no CAR.
(C) autorização do órgão estadual e cadastramento do imóvel no CAR.
(D) domínio exclusivamente privado, autorização do órgão federal e cadastramento do imóvel no CAR.

A, B e D: incorretas, pois a autorização prévia é do órgão estadual (e não municipal ou federal) e tal possibilidade se dá tanto em solo de domínio privado, como de domínio público (art. 26, *caput*, da Lei 12.651/2012); **C:** correta (art. 26, *caput*, da Lei 12.651/2012).
Gabarito "C".

(Ministério Público/ES – VUNESP – 2013) É correto dizer que o novo Código Florestal enuncia que

(A) a assinatura de termo de compromisso para regularização de imóvel ou posse rural perante o órgão ambiental competente, mencionado no art. 59, suspenderá a punibilidade dos crimes previstos nos arts. 38, 39 e 48 da Lei 9.605, de 12 de fevereiro de 1998, enquanto o termo estiver sendo cumprido.
(B) é indispensável a autorização do órgão ambiental competente para a execução, mesmo em caráter de urgência, de atividades de segurança nacional e obras de interesse da defesa civil destinadas à prevenção e mitigação de acidentes em áreas urbanas.
(C) a exploração de florestas nativas e formações sucessoras, de domínio público ou privado, ressalvados os casos previstos nos arts. 21, 23 e 24, dependerá de licenciamento pelo órgão competente do SISNAMA, mediante aprovação prévia de Plano de Suprimento Sustentável – PSS – que contemple técnicas de condução, exploração, reposição florestal e manejo compatíveis com os variados ecossistemas que a cobertura arbórea forme.
(D) nos casos em que a Reserva Legal já tenha sido averbada na matrícula do imóvel e em que essa averbação

identifique o perímetro e a localização da reserva, o proprietário será obrigado a fornecer ao órgão ambiental as informações relativas à Reserva Legal previstas no inciso III do § 1º do art. 29.

(E) o manejo sustentável para exploração florestal eventual sem propósito comercial, para consumo no próprio imóvel, depende de autorização dos órgãos competentes, devendo ser declarados a motivação da exploração e o volume explorado, de modo a não ser alcançada a limitação de exploração anual de 20 (vinte) metros cúbicos.

A: correta, por força do art. 59, § 5º, do Código Florestal; **B:** incorreta (art. 8º, § 3º, da Lei 12.651/2012); **C:** incorreta já que o art. 31 da do Código Florestal fala em aprovação prévia do Plano de Manejo Florestal Sustentável – PMFS e não no Plano de Suprimento Sustentável; **D:** incorreta (art. 30 da Lei 12.651/2012); **E:** incorreta, já que o manejo sustentável da Reserva Legal para exploração florestal eventual, sem propósito comercial direto ou indireto, para consumo no próprio imóvel, independe de autorização dos órgãos ambientais competentes, ademais, a limitação de exploração anual corresponde a 2 metros cúbicos por hectare, conforme art. 56, § 1º, do Código Florestal.

Gabarito "A".

10. RESPONSABILIDADE CIVIL AMBIENTAL E PROTEÇÃO JUDICIAL DO MEIO AMBIENTE

Segue um resumo sobre a **Responsabilidade Civil Ambiental**:

1. Responsabilidade objetiva.

A responsabilidade objetiva pode ser **conceituada** como o dever de responder por danos ocasionados ao meio ambiente, independentemente de culpa ou dolo do agente responsável pelo evento danoso. Essa responsabilidade está prevista no § 3º do art. 225 da CF, bem como no § 1º do art. 14 da Lei 6.938/1981 e ainda no art. 3º da Lei 9.605/1998.

Quanto a seus **requisitos,** diferentemente do que ocorre com a responsabilidade objetiva no Direito Civil, onde são apontados três elementos para a configuração da responsabilidade (conduta, dano e nexo de causalidade), no Direito Ambiental são necessários apenas dois.

A doutrina aponta a necessidade de existir um **dano** (evento danoso), mais o **nexo de causalidade, que o liga ao poluidor.**

Aqui não se destaca muito a conduta como requisito para a responsabilidade ambiental, apesar de diversos autores entenderem haver três requisitos para sua configuração (conduta, dano e nexo de causalidade). Isso porque é comum o dano ambiental ocorrer sem que se consiga identificar uma conduta específica e determinada causadora do evento.

Quanto ao **sujeito responsável pela reparação do dano**, é o poluidor, que pode ser tanto pessoa física como jurídica, pública ou privada.

Quando o Poder Público não é o responsável pelo empreendimento, ou seja, não é o poluidor, sua responsabilidade é **subjetiva**, ou seja, depende de comprovação de culpa ou dolo do serviço de fiscalização, para se configurar. Assim, o Poder Público pode responder pelo dano ambiental por omissão no dever de fiscalizar. Nesse caso, haverá responsabilidade solidária do poluidor e do Poder Público. Mas lembre-se: se o Poder Público é quem promove o empreendimento, sua responsabilidade é **objetiva**.

Em se tratando de pessoa jurídica, a Lei 9.605/1998 estabelece que esta será responsável *nos casos em que a infração for cometida por decisão de seu representante legal ou contratual, ou de seu órgão colegiado, no interesse ou benefício da sua entidade.* Essa responsabilidade da pessoa jurídica não exclui a *das pessoas físicas, autoras, coautoras ou partícipes do mesmo fato.*

A Lei 9.605/1998 também estabelece uma cláusula geral que permite a **desconsideração da personalidade jurídica** da pessoa jurídica, em qualquer caso, desde que destinada ao ressarcimento dos prejuízos causados à qualidade do meio ambiente. Segundo o seu art. 4º, poderá ser desconsiderada a pessoa jurídica sempre que sua personalidade for obstáculo ao ressarcimento dos prejuízos causados à qualidade do meio ambiente. Adotou-se, como isso, a chamada **teoria menor da desconsideração**, para a qual basta a insolvência da pessoa jurídica, para que se possa atingir o patrimônio de seus membros. No direito civil, ao contrário, adotou-se a teoria maior da desconsideração, teoria que exige maiores requisitos, no caso, a existência de um desvio de finalidade ou de uma confusão patrimonial para que haja desconsideração.

2. Reparação integral dos danos.

A obrigação de reparar o dano não se limita a pagar uma indenização; ela vai além: a reparação deve ser específica, isto é, ela deve buscar a restauração ou recuperação do bem ambiental lesado, ou seja, o seu retorno à situação anterior. Assim, a responsabilidade pode envolver as seguintes obrigações:

a) *de reparação natural ou* in specie: é a reconstituição ou recuperação do meio ambiente agredido, cessando a atividade lesiva e revertendo-se a degradação ambiental. É a primeira providência que deve ser tentada, ainda que mais onerosa que outras formas de reparação;

b) *de indenização em dinheiro:* consiste no ressarcimento pelos danos causados e não passíveis de retorno à situação anterior. Essa solução só será adotada quando não for viável fática ou tecnicamente a reconstituição. Trata-se de forma indireta de sanar a lesão.

c) *compensação ambiental:* consiste em forma alternativa à reparação específica do dano ambiental, e importa na adoção de uma medida de equivalente importância ecológica, mediante a observância de critérios técnicos especificados por órgãos públicos e aprovação prévia do órgão ambiental competente, admissível desde que seja impossível a reparação específica. Por exemplo, caso alguém tenha derrubado uma árvore, pode-se determinar que essa pessoa, como forma de compensação ambiental, replante duas árvores da mesma espécie.

3. Dano ambiental.

Não é qualquer alteração adversa no meio ambiente causada pelo homem que pode ser considerada dano ambiental. Por exemplo, o simples fato de alguém inspirar oxigênio e expirar gás carbônico não é dano ambiental. O art. 3º, III, da Lei 6.938/1981 nos ajuda a desvendar quando se tem dano ambiental, ao dispor que a poluição é a degradação ambiental resultante de atividades que direta ou indiretamente:

a) prejudiquem a saúde, a segurança e o bem-estar da população; b) criem condições adversas às atividades sociais e econômicas; c) afetem desfavoravelmente a biota; d) afetem as condições estéticas ou sanitárias do meio ambiente; e) lancem matérias ou energia em desacordo com os padrões ambientais estabelecidos.

Quanto aos lesados pelo dano ambiental, este pode atingir pessoas indetermináveis e ligadas por circunstâncias de fato (ocasião em que será difuso), grupos de pessoas ligadas por relação jurídica base (ocasião em que será coletivo), vítimas de dano oriundo de conduta comum (ocasião em que será individual homogêneo) e vítima do dano (ocasião em que será individual puro).

De acordo com o pedido formulado na ação reparatória é que se saberá que tipo de interesse (difuso, coletivo, individual homogêneo ou individual) está sendo protegido naquela demanda.

Quanto à extensão do dano ambiental, a doutrina reconhece que este pode ser material (patrimonial) ou moral (extrapatrimonial). Será da segunda ordem quando afetar o bem-estar de pessoas, causando sofrimento e dor. Há de se considerar que existe decisão do STJ no sentido que não se pode falar em dano moral difuso, já que o dano deve estar relacionado a pessoas vítimas de sofrimento, e não a uma coletividade de pessoas. De acordo com essa decisão, pode haver dano moral ambiental a pessoa determinada, mas não pode haver dano moral ambiental a pessoas indetermináveis.

4. A proteção do meio ambiente em juízo.

A reparação do dano ambiental pode ser buscada extrajudicialmente, quando, por exemplo, é celebrado termo de **compromisso de ajustamento de conduta** com o Ministério Público, ou judicialmente, pela propositura da ação competente.

Há duas ações vocacionadas à defesa do meio ambiente. São elas: a **ação civil pública** (art. 129, III, da CF e Lei 7.347/1985) e a **ação popular** (art. 5°, LXXIII, CF e Lei 4.717/1965). A primeira pode ser promovida pelo Ministério Público, pela Defensoria Pública, por entes da Administração Pública ou por associações constituídas há pelo menos um ano, que tenham por objetivo a defesa do meio ambiente. Já a segunda é promovida pelo cidadão.

Também são cabíveis em matéria ambiental o **mandado de segurança** (art. 5°, LXIX e LXX, da CF e Lei 12.016/2009), individual ou coletivo, preenchidos os requisitos para tanto, tais como prova pré-constituída, e ato de autoridade ou de agente delegado de serviço público; o **mandado de injunção** (art. 5°, LXXI, da CF), quando a falta de norma regulamentadora torne inviável o exercício dos direitos e liberdades constitucionais e das prerrogativas inerentes à nacionalidade, à soberania e à cidadania; as **ações de inconstitucionalidade** (arts. 102 e 103 da CF e Leis 9.868/1999 e 9.882/1999); e a **ação civil de responsabilidade por ato de improbidade administrativa** em matéria ambiental (art. 37, § 4°, da CF, Lei 8.429/1992 e art. 52 da Lei 10.257/2001).

(Juiz de Direito – TJ/RS – 2018 – VUNESP) Supondo-se que um grande navio com cargas explodiu em um porto brasileiro, despejando milhões de litros de óleo e metanol que causou a degradação do meio ambiente marinho, inviabilizando a pesca pelos moradores próximos ao local, pois o Poder Público estabeleceu uma proibição temporária da pesca em razão da poluição ambiental. Em razão disso, os pescadores prejudicados ingressaram com ação judicial, calcado em responsabilidade civil.

De acordo com a jurisprudência dominante do STJ, assinale a alternativa correta.

(A) Os proprietários do navio e as empresas adquirentes das cargas transportadas pelo navio que explodiu respondem solidariamente pelos danos morais e materiais suportados pelos pescadores prejudicados.

(B) Para demonstração da legitimidade para vindicar indenização por dano ambiental que resultou na redução da pesca na área atingida, basta que o autor tenha o registro de pescador profissional.

(C) A responsabilidade por dano ambiental é objetiva, informada pela teoria do risco integral, sendo o nexo de causalidade o fator aglutinante que permite que o risco se integre na unidade do ato, sendo descabida a invocação, pela empresa responsável pelo dano ambiental, de excludentes de responsabilidade civil para afastar sua obrigação de indenizar.

(D) Não será devida indenização aos pescadores se restar comprovada pela empresa responsável pela carga que o acidente foi decorrente de caso fortuito ou força maior.

(E) É devida a indenização por lucros cessantes ainda que o período de proibição da pesca em razão do acidente ambiental coincida com o período de "defeso", em que por lei seja vedada a atividade pesqueira.

A responsabilidade civil do poluidor é objetiva, nos termos do art. 14, § 1°, da Lei 6.938/1981: "[...] é o poluidor obrigado, independentemente da existência de culpa, a indenizar ou reparar os danos causados ao meio ambiente e a terceiros, afetados por sua atividade". Destarte, ao se prescindir da culpabilidade para o dever de indenizar será necessária somente a comprovação do nexo de causalidade entre a conduta e o dano, pelo que as empresas adquirentes das cargas transportadas pelo navio que explodiu não serão responsabilizadas [ausência do nexo de causalidade direta e imediata com os danos]. A doutrina e a jurisprudência majoritariamente aduzem ser a responsabilidade objetiva do poluidor fundamentada na teoria do risco integral. Desta forma, as clássicas excludentes de responsabilidade, dentre elas o caso fortuito e a força maior, não podem ser invocadas para elidir a obrigação de reparar os danos causados. Além disso, a licitude de uma atividade ou empreendimento não afasta ou atenua a reponsabilidade do poluidor. **FM/FC**

Gabarito "C".

(Juiz – TJ/RJ – VUNESP – 2016) Um Município, no interior de Minas Gerais, pretende, em sede recursal, a inclusão do referido Estado no polo passivo da Ação Civil Pública, que visa a reparação e prevenção de danos ambientais causados por deslizamentos de terras em encostas habitadas. Segundo regra geral quanto ao dano ambiental e urbanístico, e segundo posição do STJ, o litisconsórcio, nesses casos é

(A) facultativo, quando envolve ato do particular e necessário quando envolve ato da Administração Pública.

(B) facultativo, pois os responsáveis pela degradação ambiental não são coobrigados solidários.
(C) necessário, quando o ato envolve particular e poder público.
(D) obrigatório, no caso de causas concorrentes.
(E) facultativo, mesmo havendo múltiplos agentes poluidores.

A: Incorreta. O litisconsórcio será facultativo quando envolver ato de múltiplos agentes, pouco importando serem particulares ou públicos; **B:** Incorreta. Em sede de reparação civil, o dano ambiental é marcado pela responsabilidade civil objetiva e solidária, que dá ensejo, ao litisconsórcio facultativo entre os vários poluidores, diretos ou indiretos; **C:** Incorreta. É firme a jurisprudência do STJ no sentido de que, na ação civil pública por danos ambientais, mesmo quando presente a responsabilidade solidária, não se faz necessária a formação de litisconsórcio; **D:** Incorreta. A responsabilidade por danos ambientais é objetiva e solidária entre o poluidor direto e o indireto, permitindo que a ação seja ajuizada contra qualquer um deles, sendo, portanto, facultativo o litisconsórcio e não obrigatório conforme disposto na alternativa; **E:** Correta. Em ações judiciais que visam o ressarcimento de danos ambientais, a regra é a fixação do litisconsórcio passivo facultativo, abrindo-se ao autor a possibilidade de demandar contra qualquer um dos agentes responsáveis, isoladamente ou em conjunto. FM-FCP
Gabarito "E".

(Juiz – TJ/RJ – VUNESP – 2016) A responsabilidade civil do Estado, por dano ambiental, em caso de omissão de cumprimento adequado do seu dever de fiscalizar, será

(A) solidária, se a omissão for determinante para concretização ou agravamento do dano, porém de execução subsidiária.
(B) solidária, independentemente da omissão ser determinante para concretização ou agravamento do dano, pois a responsabilidade é subjetiva.
(C) subsidiária, se a omissão for determinante para concretização ou agravamento do dano, pois a responsabilidade é subjetiva.
(D) solidária, ainda que a omissão não seja determinante para concretização ou agravamento do dano.
(E) subsidiária, independentemente da omissão ser determinante para concretização ou agravamento do dano.

A: Correta. A responsabilidade civil do Estado por eventuais danos ambientais configura-se igualmente quando a fiscalização, quando inadequada, ineficiente ou insuficiente, e, por consequência, contribuir de modo substancial para a ocorrência do dano ao meio ambiente. Trata-se de responsabilidade solidária com execução subsidiária (ou com ordem de preferência), ou seja, somente se impossível exigir do poluidor direto o cumprimento da obrigação, haverá a transferência da obrigação ao Estado; **B:** Incorreta. A responsabilidade civil do Estado por danos ambientais, ainda que por omissão ao dever de fiscalização é objetiva, e não subjetiva, conforme prevê o enunciado. Todavia, esse é um ponto divergente entre os tribunais e demanda atenção do candidato. Conforme Fabiano Melo, em sua obra *Direito Ambiental* (Método, 2017), "na responsabilidade do Poder Público pela omissão no exercício do poder de polícia, na fiscalização das atividades econômicas, há uma clara divisão da doutrina e dos tribunais entre a adoção da responsabilidade objetiva ou da responsabilidade subjetiva". Portanto, o candidato deve acompanhar as discussões jurisprudenciais no STJ; **C:** Incorreta. Vide comentário anterior; **D:** Incorreta. A omissão ao dever de fiscalização do Estado deve ser determinante para a concretização ou agravamento do dano ambiental, para que haja a sua responsabilização. Não se imputa ao Estado, nem se mostra razoável fazê-lo segurador universal pela integralidade das lesões sofridas por pessoas ou bens protegidos; **E:** Incorreta. No caso de omissão de dever de controle e fiscalização, a responsabilidade ambiental da Administração é objetiva e solidária de execução subsidiária (impedimento à sua convocação *per saltum*). FM-FCP
Gabarito "A".

(Juiz – TJ/RJ – VUNESP – 2016) As queimadas frequentemente são utilizadas, sem autorização, para desmatamento de mata nativa, e representam a negação da modernidade da agricultura e pecuária brasileiras, confrontando-se com os fundamentos mais elementares do Direito Ambiental. Quem queima, ao fazê-lo, afeta, degrada ou destrói o meio ambiente, o que lhe impõe alguns deveres. Quanto à possibilidade de cumulação no pedido de obrigação de fazer, de não fazer (reparar a área afetada) e de pagar quantia certa (indenização), a jurisprudência do STJ tem se firmado no sentido de permitir

(A) a cumulação de obrigações de fazer, de não fazer e de indenizar, na busca da proteção mitigada.
(B) a cumulação de obrigações de fazer, de não fazer e de indenizar, que têm natureza conglobante, na busca da proteção integral do meio ambiente.
(C) a cumulação de obrigações de fazer, de não fazer e de indenizar, que têm natureza de obrigação de eficácia real.
(D) a cumulação de obrigações de fazer, de não fazer e de indenizar, que têm natureza conglobante.
(E) a cumulação de obrigações de fazer, de não fazer e de indenizar, que têm natureza *propter rem*, na busca da proteção integral do meio ambiente.

A: Incorreta. A proteção e recuperação do meio ambiente degradado é integral e não mitigada, conforme prevê a alternativa; **B:** Incorreta. A natureza conglobante pressupõe a necessidade de que uma conduta seja contrária ao ordenamento jurídico como um todo, globalmente considerado. Verifica-se, assim, que a alternativa é incorreta; **C:** Incorreta. A reparação integral dos danos ambientais possibilita a cumulação de obrigações de fazer, de não fazer e de indenizar, que têm natureza *propter rem* e não de obrigações com eficácia real; **D:** Incorreta. Conforme ressaltado nos comentários à alternativa "B", a natureza da obrigação de reparação integral aos danos ambientais tem natureza *propter rem* e não conglobante; **E:** Correta. A necessidade de reparação integral da lesão causada ao meio ambiente permite a cumulação de obrigações de fazer, de não fazer e de indenizar (Súmula 629 do STJ), que têm natureza *propter rem* (Súmula 623 do STF). Obrigação *propter rem* é aquela que recai sobre o imóvel e que obriga, em qualquer circunstância, ao proprietário e a todos que o sucedem em tal condição. FM-FCP
Gabarito "E".

(Procurador Municipal/SP – VUNESP – 2016) Determinada pessoa, em conduta não dolosa, ingressa em terreno e sofre graves queimaduras por contato com resíduos tóxicos que se encontram em terreno de particular que os expõe a céu aberto, em local onde, apesar da existência de cerca e de placas de sinalização informando a presença de material orgânico e poluente, permite o acesso de outros particulares por ser fácil, consentido e costumeiro. Quanto à responsabilidade do proprietário do imóvel, é correto afirmar que

(A) a responsabilidade é objetiva, podendo ser invocada excludente de força maior ou caso fortuito.
(B) considerando a natureza jurídica do infortúnio ambiental, caracteriza-se um dano material, mas não dano moral.
(C) a responsabilidade se restringe a eventual lesão ao meio ambiente propriamente dito.

(D) calcada na teoria do risco, responde pela ofensa individual, sendo irrelevante a culpa exclusiva ou concorrente da vítima.

(E) a colocação de placas no local, indicando a presença de material tóxico, é suficiente para excluir a responsabilidade civil, subjetiva no caso.

A: Incorreta. A responsabilidade por danos ambientais é objetiva e baseada na teoria do risco integral. Desta forma, o proprietário do terreno responderá objetivamente pelos danos ocasionados a pessoa indicada no enunciado da questão, não podendo invocar em seu favor as excludentes de responsabilidade (art. 14, § 1º, da Lei 6.938/1981). **B:** Incorreta. O dano moral trata-se da violação aos direitos da personalidade, e no caso da questão em comento, é evidente que a pessoa ao sofrer lesões graves em seu corpo, provocadas por queimaduras, teve o direito a integridade física violado, fazendo, portanto, jus a indenização por danos morais. **C:** Incorreta. O direito ao meio ambiente ecologicamente equilibrado, por ser tratar de direito difuso, e, portanto, transindividual, quando violado pode gerar danos difusos, coletivos e individuais homogêneos, possibilitando inclusive a tutela coletiva ou individual destes direitos. **D:** Correta. A responsabilidade por danos ambientais é objetiva e fundamentada na teoria do risco integral, de forma a não admitir qualquer excludente de responsabilidade. **E:** Incorreta. Primeiramente por ser a responsabilidade do agente causador de danos ambientais objetiva, e não subjetiva, conforme disposto na alternativa. Outrossim, a colocação de placas no local, não exime o agente de sua responsabilidade, por não se discutir culpa, em sede de responsabilidade por danos ambientais (art. 14, § 1º, da Lei 6.938/1981). FM-FCP
„Gabarito "D".

(Procurador – SP – VUNESP – 2015) Se uma empresa que possua licenciamento ambiental, no exercício de sua atividade, vier a causar danos ambientais, pode-se afirmar que

(A) a existência de licenciamento ambiental a exime do dever de reparar os danos causados na esfera civil.

(B) a indenização civil e o dever de reparar o dano somente existem se houver dolo do empreendedor.

(C) a existência de licença ambiental retira o caráter de ilicitude administrativa do ato.

(D) independentemente da existência de licenciamento ambiental, se causar dano ambiental, existe responsabilidade civil, administrativa e penal da empresa.

(E) a empresa somente não responderá na esfera penal porque, por tratar-se de pessoa jurídica, não pode figurar no polo passivo de ação penal, ainda que cause danos ambientais.

Essa questão possui uma formulação sensível, que demanda questionamentos. Não concordamos com o gabarito.
A: Incorreta. A responsabilidade civil por danos ambientais é objetiva e fundamentada na teoria do risco integral. Desta forma, ainda que a atividade causadora do dano esteja licenciada, não eximirá o poluidor das peias da responsabilidade. Registre-se que a responsabilidade civil ambiental pode ser fruto de atividade lícita ou ilícita. **B:** Incorreta. A responsabilidade civil ambiental é objetiva, portanto, não se apura a culpabilidade do poluidor (art. 14, § 1º, da Lei 6.938/1981). **C:** Segundo o gabarito, essa é a assertiva correta. Segundo a lógica aplicada, a licença, se integralmente regular, retira o caráter de ilicitude administrativa do ato, impedindo a Administração Pública de sancionar nessa seara. **D:** Segundo o gabarito, incorreta. Essa assertiva impõe questionamento, uma vez que, mesmo com o licenciamento ambiental, se houver danos ao meio ambiente, haverá sim – ao contrário da assertiva – a responsabilidade civil, administrativa e penal da empresa. **E:** Incorreta. Nos termos do art. 3º, da Lei 9.605/1998: "As pessoas jurídicas serão responsabilizadas administrativa, civil e penalmente conforme o disposto nesta Lei, nos casos em que a infração seja cometida por decisão de seu representante legal ou contratual, ou de seu órgão colegiado, no interesse ou benefício da sua entidade". FM-FCP
„Gabarito "C".

(Magistratura/MG – VUNESP – 2012) Analise as afirmativas a seguir.

A manutenção da área destinada à reserva legal é obrigação propter rem

PORQUE

o adquirente possui legitimidade passiva ad causam em ação civil pública proposta em razão de dano ambiental, ainda que este não seja o autor do dano.

Assinale a alternativa correta.

(A) A primeira afirmativa é falsa e a segunda é verdadeira.

(B) A segunda afirmativa é falsa e a primeira é verdadeira.

(C) As duas afirmativas são verdadeiras e a segunda justifica a primeira.

(D) As duas afirmativas são verdadeiras, mas a segunda não justifica a primeira.

É verdadeira a primeira afirmativa. De fato, a jurisprudência já vinha reconhecendo a natureza *propter rem* dessa obrigação, o que foi confirmado com o disposto nos arts. 7º, §§ 1º e 2º, 18, §§ 2º e 3º, da Lei 12.651/2012. A segunda afirmativa também é verdadeira, em decorrência da primeira afirmativa. Portanto, a segunda afirmativa não é justificativa para primeira, e sim sua consequência.
„Gabarito "D".

11. RESPONSABILIDADE ADMINISTRATIVA AMBIENTAL

(Procurador – SP – VUNESP – 2015) No tocante às infrações administrativas ambientais, nos termos da Lei 9.605/1998, assinale a assertiva correta.

(A) A autoridade ambiental que tiver conhecimento de infração ambiental é obrigada a promover a sua apuração imediata, mediante processo administrativo próprio, sob pena de corresponsabilidade.

(B) O processo administrativo para apuração de infração ambiental deve observar o prazo máximo de trinta dias para o infrator oferecer defesa ou impugnação contra o auto de infração, contados da data da ciência da autuação.

(C) O processo administrativo para apuração de infração ambiental deve observar o prazo máximo de vinte dias para a autoridade competente julgar o auto de infração, contados da data da sua lavratura, apresentada ou não a defesa ou impugnação.

(D) No processo administrativo para apuração de infração ambiental, o infrator tem o prazo máximo de quinze dias para recorrer da decisão condenatória à instância superior do Sistema Nacional do Meio ambiente – Sisnama, ou à Diretoria de Portos e Costas, do Ministério da Marinha, de acordo com o tipo de autuação.

(E) Qualquer pessoa, constatando infração ambiental, poderá dirigir representação junto ao Ministério Público do Meio ambiente, que é a autoridade competente para lavrar auto de infração ambiental no exercício de seu poder de polícia.

A: Correta. Vide art. 70, § 3º, da Lei 9.605/1998.**B:** Incorreta. O prazo para o infrator oferecer defesa ou impugnação ao auto de infração é de 20 (vinte) dias, e não de 30 (trinta) dias, conforme previsto na alternativa. O prazo será contado da ciência da autuação (art. 71, I, da Lei 9.605/1998.). **C:** Incorreta. Nos termos do art. 71, II, da Lei 9.605/1998., o prazo para a autoridade competente julgar o auto de infração, contados da data da sua lavratura, apresentada ou não a defesa ou impugnação, é de 30 (trinta) dias, e não de 20 (vinte) dias. **D:** Incorreta, o prazo máximo para I infrator recorrer da decisão condenatória é de 20 (vinte) dias (art. 71, III, da Lei 9.605/1998); **E:** Incorreta. "São autoridades competentes para lavrar auto de infração ambiental e instaurar processo administrativo os funcionários de órgãos ambientais integrantes do Sistema Nacional de Meio Ambiente – SISNAMA, designados para as atividades de fiscalização, bem como os agentes das Capitanias dos Portos, do Ministério da Marinha" (art. 70, § 1º, da Lei 9.605/1998.). FM-FCP

Gabarito "A".

(Magistratura/RJ – VUNESP – 2014) Considera-se infração administrativa ambiental toda ação ou omissão que viole as regras jurídicas de uso, gozo, promoção, proteção e recuperação do meio ambiente e será punida, entre outras, com a(s) seguinte(s) sanção(ões):

(A) advertência e multa simples, que serão aplicadas somente nos casos de inobservância das normas da Lei 9.605/1998.
(B) demolição e embargo da obra, sendo defeso o embargo de atividade, que deverá ser coibida por meio de tutela inibitória.
(C) apreensão dos animais, produtos ou subprodutos da fauna e flora, instrumentos e petrechos, o que não inclui os equipamentos ou veículos de qualquer natureza utilizados na infração.
(D) destruição e inutilização do produto e multa diária, sendo esta última aplicada sempre que o cometimento da infração se prolongar no tempo.

A: incorreta, por força do art. 72, §§ 2º e 3º, da Lei 9.605/1998: "§ 2º A advertência será aplicada pela inobservância das disposições desta Lei e da legislação em vigor, ou de preceitos regulamentares, sem prejuízo das demais sanções previstas neste artigo. § 3º A multa simples será aplicada sempre que o agente, por negligência ou dolo: I – advertido por irregularidades que tenham sido praticadas, deixar de saná-las, no prazo assinalado por órgão competente do SISNAMA ou pela Capitania dos Portos, do Ministério da Marinha, II – opuser embaraço à fiscalização dos órgãos do SISNAMA ou da Capitania dos Portos, do Ministério da Marinha"; **B:** incorreta, a suspensão de atividade figura como pena restritiva de direito (art. 8º, III, da Lei 9.605/1998); **C:** incorreta, pois o art. 72, IV, da Lei 9.605/1998 também inclui os equipamentos ou veículos de qualquer natureza utilizados na infração; **D:** correta, conforme art. 72, III, V, e § 5º Lei 9.605/1998.

Gabarito "D".

12. RESPONSABILIDADE PENAL AMBIENTAL

(Juiz de Direito – TJ/RS – 2018 – VUNESP) Nos termos da Lei 9.605/1998, assinale a alternativa correta.

(A) O abate de animal realizado para proteger lavouras, pomares e rebanhos da ação predatória ou destruidora de animais, ainda que sem autorização da autoridade competente, não é considerado crime.
(B) Não é possível a suspensão condicional da pena nos casos de condenação a pena privativa de liberdade superior a três anos, nos crimes previstos nesta Lei.
(C) Nos termos do artigo 89 da Lei nº 9.099/1995, esgotado o prazo máximo de prorrogação da suspensão do processo por não ter sido completa a reparação do dano ambiental, será automaticamente declarada a extinção da punibilidade.
(D) A pena de proibição de contratar com o Poder Público e dele obter subsídios subvenções ou doações aplicada a uma pessoa jurídica não poderá exceder o prazo de cinco anos.
(E) A pena de prestação de serviços à comunidade consiste na atribuição ao condenado de tarefas gratuitas ou com remuneração módica, se o condenado for hipossuficiente, prestado junto a parques, jardins públicos ou unidades de conservação.

A: incorreta. Não é crime o abate de animal realizado para proteger lavouras, pomares e rebanhos da ação predatória ou destruidora de animais, desde que legal e expressamente autorizado pela autoridade competente (art. 37, II, da Lei 9.605/1998); **B:** correta, nos termos do art. 16, da Lei. 9.605/1998: "Nos crimes previstos nesta Lei, a suspensão condicional da pena pode ser aplicada nos casos de condenação a pena privativa de liberdade não superior a três anos"; **C:** incorreta. Nos termos do art. 28, V, da Lei 9.605/1998, a declaração de extinção de punibilidade dependerá de laudo de constatação que comprove ter o acusado tomado as providências necessárias à reparação integral do dano; **D:** incorreta, a teor do art. 10, da Lei 9.605/1998: "As penas de interdição temporária de direito são a proibição de o condenado contratar com o Poder Público, de receber incentivos fiscais ou quaisquer outros benefícios, bem como de participar de licitações, pelo prazo de cinco anos, no caso de crimes dolosos, e de três anos, no de crimes culposo"; **E:** incorreta, nos termos do art. 9º, da Lei 9.605/1998: "A prestação de serviços à comunidade consiste na atribuição ao condenado de tarefas gratuitas junto a parques e jardins públicos e unidades de conservação, e, no caso de dano da coisa particular, pública ou tombada, na restauração desta, se possível". FM/FC

Gabarito "B".

(Procurador do Estado/SP – 2018 – VUNESP) A Constituição Federal de 1988, ao incorporar a questão ambiental de forma ampla e expressa, trouxe para o seio do Supremo Tribunal Federal uma "pauta verde". Assim, o destino de grandes temas ambientais também teve de ser enfrentado na Corte, como decorrência lógica da necessidade de concretização de seus comandos.

Nesse contexto, sobre a jurisprudência do Supremo Tribunal Federal em matéria ambiental, assinale a alternativa correta.

(A) O Supremo Tribunal Federal julgou procedente ação direta de inconstitucionalidade ajuizada contra a Lei Estadual no 12.684/2007 (Lei que proíbe o uso de produtos que contenham amianto), declarando inconstitucional dispositivo que proíbe o uso no Estado de São Paulo de produtos, materiais ou artefatos que contenham quaisquer tipos de amianto ou asbesto ou outros minerais que, acidentalmente, tenham fibras de amianto na sua composição.
(B) Segundo o Supremo Tribunal Federal, o artigo 225, § 3º, da Constituição Federal, não condiciona a responsabilização penal da pessoa jurídica por crimes ambientais à simultânea persecução penal da pessoa física em tese responsável no âmbito da empresa.
(C) A vedação da queima da palha da cana-de-açúcar por lei municipal, em Municípios paulistas, tem sido considerada constitucional, afastando-se a incidência da legislação estadual que prevê a eliminação progressiva da palha.
(D) O Supremo Tribunal Federal considerou constitucional a prefixação de um piso para a compensação ambiental

devida pela implantação de empreendimento de significativo impacto ambiental, devendo os valores serem fixados proporcionalmente ao impacto ambiental, a partir do mínimo previsto na Lei nº 9.985/2000 (Lei do Sistema Nacional de Unidades de Conservação).
(E) Tendo em vista a natureza dos crimes ambientais e mesmo não sendo a proteção do meio ambiente um direito fundamental, o princípio da insignificância é inaplicável aos crimes previstos na Lei nº 9.605/1998 (Lei de Crimes Ambientais).

A: incorreta. Em verdade, o Plenário do Supremo Tribunal Federal julgou improcedente a Ação Direta de Inconstitucionalidade 3937, ajuizada pela Confederação Nacional dos Trabalhadores na Indústria (CNTI) contra a Lei 12.687/2007, do Estado de São Paulo, que proíbe o uso de produtos, materiais ou artefatos que contenham quaisquer tipos de amianto no território estadual; **B:** correta. A teoria da dupla imputação encontra-se superada, vigorando atualmente o entendimento de que o art. 225, § 3º, da Constituição Federal não condiciona a responsabilização penal da pessoa jurídica por crimes ambientais à simultânea persecução penal da pessoa física em tese responsável no âmbito da empresa (STF. RE 548181, Rel. Min. Rosa Weber, 1ª T, julgado em 06-08-2013. Publicado em: 30-10-2014); **C:** incorreta. Em pesquisa obtida junto ao Tribunal de Justiça do Estado de São Paulo, os resultados demonstraram que o posicionamento que tem se firmado é no sentido da impossibilidade de proibição da queimada da palha da cana de açúcar por lei municipal, por considerar que o município não possui competência para proibir aquilo que o Estado-membro permite; **D:** incorreta. Foi declarada a inconstitucionalidade da expressão "não pode ser inferior a meio por cento dos custos totais previstos para a implantação do empreendimento", prevista no § 1º do art. 36 da Lei 9.985/2000 (vide ADIN 33786, de 2008); **E:** incorreta. A proteção ao meio ambiente é um direito fundamental de 3ª dimensão/geração, e em decorrência do meio ambiente se tratar de um bem altamente significativo para a humanidade, não se aplica o princípio da insignificância aos crimes ambientais. FM/FC
Gabarito "B".

(Delegado – PC/BA – 2018 – VUNESP) Beltrano Benedito estava andando por uma estrada rural e encontrou um filhote de Jaguatirica ferido. Levou-o para casa e, após cuidar dos ferimentos, passou a criá-lo como se fosse seu animal doméstico. Em conformidade com o disposto na Lei nº 9.605/1998, é correta a seguinte afirmação:

(A) Como o animal iria morrer se não fosse socorrido, Beltrano pode ficar com ele sem necessidade de licença ou autorização da autoridade ambiental.
(B) Se Beltrano mantiver o animal sem licença ou autorização da autoridade ambiental, estará praticando crime contra o meio ambiente, considerado inafiançável.
(C) Por se tratar de filhote de espécime da fauna silvestre, se Beltrano ficar com o animal sem licença ou autorização, terá a pena por crime ambiental aumentada de um sexto a um terço.
(D) Beltrano deverá entregar o animal a uma autoridade ambiental, pois não é possível obter permissão, licença ou autorização para ficar com o animal.
(E) A ação de Beltrano se tipifica como crime contra a fauna, que o sujeita à pena de detenção e multa, mas o juiz, considerando as circunstâncias, poderá deixar de aplicar a pena.

Dispõe o art. 29, da Lei 9.605/1998: "Matar, perseguir, caçar, apanhar, utilizar espécimes da fauna silvestre, nativos ou em rota migratória, sem a devida permissão, licença ou autorização da autoridade competente,

ou em desacordo com a obtida: Pena – detenção de seis meses a um ano, e multa". O § 2º, do artigo supramencionado, prescreve que: "No caso de guarda doméstica de espécie silvestre não considerada ameaçada de extinção, pode o juiz, considerando as circunstâncias, deixar de aplicar a pena". Desta forma, considerando que a Portaria 444/2014 do Ministério do Meio Ambiente, responsável por elencar quais são as espécies da fauna ameaçadas de extinção, não prevê em seu rol a jaguatirica, considera-se correta a afirmação contida na assertiva "E": "A ação de Beltrano se tipifica como crime contra a fauna, que o sujeita à pena de detenção e multa, mas o juiz, considerando as circunstâncias, poderá deixar de aplicar a pena". FM/FC
Gabarito "E".

(Procurador Municipal/SP – VUNESP – 2016) A Lei 9.605/98 dispõe sobre as sanções penais e administrativas derivadas de condutas e atividades lesivas ao meio ambiente. Assinale a alternativa que traz uma atenuante à aplicação das penas de crimes ambientais descritos nessa lei.

(A) A comunicação prévia pelo agente do perigo iminente de degradação ambiental.
(B) Ser o agente reincidente nos crimes de natureza ambiental.
(C) Cometer a infração concorrendo para danos na propriedade alheia.
(D) Cometer a ação sem a participação de agentes ambientais.
(E) O alto grau de escolaridade do agente.

A: Correta. Nos termos do art. 14, III, da Lei 9.605/1998). **B:** Incorreta. Ser reincidente nos crimes de natureza ambiental é circunstância que agrava a pena, quando não constitui ou qualifica o crime (art. 15, I, da Lei 9.605/1998). **C:** Incorreta. Cometer a infração concorrendo para danos na propriedade alheia, trata-se de circunstância que agrava a pena, quando não constitui ou qualifica o crime (art. 15, II, "d", da Lei 9.605/1998). **D:** Incorreta. Cometer a ação sem a participação de agentes ambientais, não é conduta que atenua a pena. **E:** Incorreta. O baixo grau de escolaridade que é circunstância que atenua a pena (art. 14, I, da Lei 9.605/1998). FM-FCP
Gabarito "A".

(Procurador – IPSMI/SP – VUNESP – 2016) Sobre as sanções derivadas de condutas e atividades lesivas ao meio ambiente, nos termos da Lei Federal 9.605/98, é correto afirmar que

(A) o diretor de pessoa jurídica que, sabendo da conduta criminosa de outrem, deixar de impedir a sua prática, quando podia agir para evitá-la, responderá civil, mas não criminalmente.
(B) as pessoas jurídicas serão responsabilizadas administrativa, civil e penalmente, nos casos em que a infração seja cometida por decisão de seu representante legal, no interesse ou benefício de terceiro.
(C) a responsabilidade das pessoas jurídicas exclui a das pessoas físicas, autoras, coautoras ou partícipes do mesmo fato.
(D) poderá ser desconsiderada a pessoa jurídica, sempre que sua personalidade for obstáculo ao ressarcimento de prejuízos causados à qualidade do meio ambiente.
(E) a perícia de constatação do dano ambiental, sempre que possível, fixará o montante do prejuízo causado para efeitos de prestação de fiança, mas não se presta para fixação do cálculo de multa.

A: Incorreta. O diretor de pessoa jurídica que, sabendo da conduta criminosa de outrem, deixar de impedir a sua prática, quando podia agir para evitá-la, responderá civil, criminal e administrativamente, nos termos do art. 225, § 3º, da Constituição Federal. **B:** Incorreta. As pessoas jurídicas serão responsabilizadas penalmente, nos casos em que a infração seja cometida por decisão de seu representante legal, no interesse ou benefício de terceiro (art. 3º, da Lei 9.605/1998). Para que haja a responsabilidade civil há a necessidade da existência de danos ambientais (patrimoniais ou extrapatrimoniais). Já para que exista a responsabilidade administrativa, haverá a necessidade de que a conduta seja tipificada como infração administrativa ambiental. **C:** Incorreta. "A responsabilidade das pessoas jurídicas não exclui a das pessoas físicas, autoras, coautoras ou partícipes do mesmo fato" (art. 3º, parágrafo único, da Lei 9.605/1998). **D:** Correta. Trata-se de transcrição do art. 4º, da Lei 9.605/1998. **E:** incorreta. Nos termos do art. 19, da Lei 9.605/1998 "A perícia de constatação do dano ambiental, sempre que possível, fixará o montante do prejuízo causado para efeitos de prestação de fiança e cálculo de multa". FM-FCP

Gabarito "D".

(Magistratura/MG – VUNESP – 2012) Assinale a alternativa que apresenta informação **incorreta**.

(A) Os antecedentes ambientais do infrator, o baixo grau de instrução ou de escolaridade do agente e a sua situação econômica constituem circunstâncias que atenuam a pena, segundo o artigo 14 da Lei de Crimes Ambientais.
(B) É possível a responsabilização penal de pessoa jurídica em crimes ambientais desde que haja a imputação simultânea do ente moral e da pessoa física que atua em nome ou em seu benefício.
(C) É da Justiça Federal a competência para processar e julgar ação penal contra acusado de pesca predatória em águas territoriais de Estados-membros da Federação.
(D) Os ecossistemas considerados constitucionalmente patrimônio natural não atraem competência da Justiça Federal.

A: incorreta, devendo ser assinalada; a situação econômica e os antecedentes do infrator não constituem circunstâncias que atenuam a pena (art. 14 da Lei 9.605/1998); **B:** correta; de fato, para que haja responsabilidade penal da pessoa jurídica é necessário que a infração seja cometida por decisão de seu representante legal ou contratual, ou de seu órgão colegiado (art. 3º da Lei 9.605/1998); **C:** correta, já que as águas territoriais são bens da União, atraindo a competência da Justiça Federal (art. 109, I, da CF); **D:** correta, pois o simples fato de um ecossistema ser considerado patrimônio natural não faz incidir a norma do art. 109, I, da CF.

Gabarito "A".

13. BIOSSEGURANÇA

(Magistratura/MT – 2006 – VUNESP) Com relação à Comissão Técnica Nacional de Biossegurança, pode-se afirmar que

I. é integrante do Ministério do Meio Ambiente;
II. é instância colegiada multidisciplinar, tanto de caráter deliberativo como consultivo;
III. seu objetivo é aumentar sua capacitação somente para o meio ambiente.

De acordo com as assertivas dadas, assinale a alternativa correta.

(A) Somente II está correta.
(B) Somente III está correta.
(C) Somente I está correta.
(D) Somente I e II estão corretas.

I: incorreta, pois a CTNBio é integrante do Ministério da Ciência e da Tecnologia (art. 10, *caput*, da Lei 11.105/2005); **II:** correta (art. 10, *caput*, da Lei 11.105/2005); **III:** incorreta, pois "a CTNBio deverá acompanhar o desenvolvimento e o progresso técnico e científico nas áreas de biossegurança, biotecnologia, bioética e afins, com o objetivo de aumentar sua capacitação para a proteção da saúde humana, dos animais e das plantas e do meio ambiente" (art. 10, parágrafo único, da Lei 11.105/2005).

Gabarito "A".

14. RESÍDUOS SÓLIDOS

(Juiz de Direito – TJ/RJ – 2019 – VUNESP) Para evitar a poluição por Resíduos Sólidos, é correto afirmar:

(A) cabe ao titular dos serviços públicos de limpeza urbana e de manejo de resíduos sólidos, observado, se houver, o plano municipal de gestão integrada de resíduos sólidos, estabelecer sistema de coleta seletiva.
(B) sem prejuízo das obrigações estabelecidas no plano de gerenciamento de resíduos sólidos, os fabricantes, importadores, distribuidores e comerciantes não têm responsabilidade na divulgação de informações relativas às formas de evitar, reciclar e eliminar os resíduos sólidos associados a seus respectivos produtos.
(C) os comerciantes e distribuidores deverão dar destinação final ambientalmente adequada a produtos e embalagens reunidos ou devolvidos pelos consumidores do sistema de logística reversa.
(D) todos os participantes dos sistemas de logística reversa, sem exceção, manterão atualizadas e disponíveis, ao órgão municipal competente e a outras autoridades, informações completas sobre a realização das ações sob sua responsabilidade.
(E) os fabricantes, importadores, distribuidores e comerciantes de pilhas e baterias são obrigados a estruturar e implementar sistemas de logística reversa, mediante retorno dos produtos após o uso pelo consumidor, no caso de não haver o serviço público de limpeza urbana e de manejo dos resíduos sólidos.

A: correta (art. 36, inc. II, da Lei 12.305/2010-Lei da Política Nacional de Resíduos Sólidos); **B:** incorreta (em razão da responsabilidade compartilhada, os fabricantes, importadores, distribuidores e comerciantes têm responsabilidade na divulgação de informações relativas às formas de evitar, reciclar e eliminar os resíduos sólidos associados a seus respectivos produtos, cf. art. 31, inc. II, da Lei da PNRS); **C:** incorreta (nos termos do art. 33, § 5º, da Lei da PNRS, os comerciantes e distribuidores deverão efetuar a devolução aos fabricantes ou aos importadores dos produtos e embalagens reunidos ou devolvidos pelos consumidores; por sua vez, são os fabricantes e os importadores que devem dar destinação ambientalmente adequada a tais produtos e embalagens, *ex vi* do art. 33, § 6º, da mesma lei); **D:** incorreta (o art. 33, § 8º, da Lei da PNRS estabelece uma exceção: os consumidores); **E:** incorreta (cf. art. 33, "*caput*", da Lei PNRS, *independente* do serviço público de limpeza urbana e de manejo dos resíduos sólidos, os fabricantes, importadores, distribuidores e comerciantes de pilhas e baterias são obrigados a estruturar e implementar sistemas de logística reversa). RB

Gabarito "A".

(Procurador do Estado/SP – 2018 – VUNESP) Uma empresa privada, localizada no Estado de São Paulo, contratou outra empresa privada especializada para o transporte e a destinação adequada de resíduos sólidos tóxicos, decorrentes de processos produtivos da atividade industrial da primeira, que apresentavam significativo risco ao meio ambiente e assim foram qualificados em norma técnica. O transporte ocorreria dentro do Estado de São Paulo.

Tendo em vista essa situação, considere as seguintes afirmações, assinalando a correta.

(A) Em eventual acidente que acarrete dano ao meio ambiente, ocorrido durante o transporte, cuja culpa seja do transportador, estando ele regular perante os órgãos ambientais, o gerador sempre será isento de responsabilidade.
(B) Compete ao Município de origem da carga exercer o controle ambiental do transporte deste material, estando dispensada tal atividade de licenciamento ambiental.
(C) Mesmo não integrando diretamente a relação, em caso de dano, cabe ao Poder Público atuar para minimizá--lo ou cessá-lo, solidariamente aos causadores, logo que tome conhecimento do evento.
(D) A inscrição do transportador do resíduo no Cadastro Nacional de Operadores de Resíduos Perigosos é obrigatória, dispensada a inscrição do gerador.
(E) Considerando a natureza do resíduo sólido, o órgão licenciador pode exigir a contratação de seguro de responsabilidade civil por danos causados ao meio ambiente ou à saúde pública para as empresas que operem com estes resíduos, observadas as regras sobre cobertura e os limites máximos de contratação fixados em regulamento.

A: incorreta. A responsabilidade civil por danos ambientais é objetiva e fundamentada na teoria do risco integral (art. 14, § 1º, da Lei 6.938/1981), desta forma prescinde do elemento culpa para restar caracterizada, bastando que a conduta (lícita ou ilícita) do agente cause danos à vítima; B: incorreta, nos termos do art. 8º, XXI, da Lei Complementar 140/2011: "São ações administrativas dos Estados: XXI – exercer o controle ambiental do transporte fluvial e terrestre de produtos perigosos [...]"; C: incorreta, a teor do art. 29, da Lei 12.305/2010: "Cabe ao poder público atuar, subsidiariamente, com vistas a minimizar ou cessar o dano, logo que tome conhecimento de evento lesivo ao meio ambiente ou à saúde pública relacionado ao gerenciamento de resíduos sólidos"; D: incorreta. A inscrição no Cadastro Nacional de Operadores de Resíduos Perigosos é obrigatória, para qualquer pessoa jurídica que opere com resíduos perigosos, em qualquer fase do seu gerenciamento (art. 38, da Lei 12.305/2010); E: correta. Nesse sentido dispõe o art. 40, da Lei 12.305/2010: "No licenciamento ambiental de empreendimentos ou atividades que operem com resíduos perigosos, o órgão licenciador do Sisnama pode exigir a contratação de seguro de responsabilidade civil por danos causados ao meio ambiente ou à saúde pública, observadas as regras sobre cobertura e os limites máximos de contratação fixados em regulamento". FM/FC
Gabarito "E".

(Procurador – IPSMI/SP – VUNESP – 2016) O plano municipal de gestão integrada de resíduos sólidos deve conter como conteúdo mínimo:

(A) diagnóstico da situação dos resíduos sólidos gerados no respectivo território, contendo a origem, o volume, a caracterização dos resíduos e as formas de destinação e disposição transitórias e finais adotadas.
(B) identificação de áreas favoráveis e desfavoráveis para disposição final ambientalmente adequada de rejeitos.
(C) procedimentos operacionais e especificações mínimas e máximas, a serem adotados nos serviços públicos de limpeza urbana e de manejo de resíduos sólidos.
(D) identificação das possibilidades de implantação de soluções consorciadas ou compartilhadas com outros Municípios e Estados, considerando, nos critérios de economia de escala, a proximidade dos locais estabelecidos e as formas de prevenção dos riscos ambientais.
(E) programas e ações para a participação dos grupos interessados, em especial das cooperativas ou outras formas de associação de catadores de materiais reutilizáveis e recicláveis formadas por pessoas físicas de baixa renda, se houver.

A: Incorreta. O plano municipal de gestão de resíduos sólidos deverá ter como conteúdo mínimo, nos termos do art. 19, I, da Lei 12.305/2010: "diagnóstico da situação dos resíduos sólidos gerados no respectivo território, contendo a origem, o volume, a caracterização dos resíduos e as formas de destinação e disposição final adotadas" e não transitória, conforme disposto na alternativa. B: Incorreta. É conteúdo mínimo do plano municipal de gestão de resíduos sólidos, a identificação de áreas favoráveis para disposição final ambientalmente adequada de rejeitos, e não a identificação de áreas favoráveis e desfavoráveis (art. 19, II, da Lei 12.305/2010). C: Incorreta. As especificações máximas a serem adotadas nos serviços públicos de limpeza urbana e de manejo de resíduos sólidos, não se trata de conteúdo mínimo do plano municipal de gestão de resíduos sólidos, a teor do art. art. 19, V, da Lei 12.305/2010. D: Incorreta. Os Estados não fazem parte da possibilidade de implantação de soluções consorciadas ou compartilhadas. Confira o que dispõe o art. 19, III, da Lei 12.305/2010: "identificação das possibilidades de implantação de soluções consorciadas ou compartilhadas com outros Municípios, considerando, nos critérios de economia de escala, a proximidade dos locais estabelecidos e as formas de prevenção dos riscos ambientais". E: Correta. Trata-se de transcrição do art. 19, XI, da Lei 12.305/2010. FM-FCP
Gabarito "E".

(Juiz – TJ/SP – VUNESP – 2015) Com relação à gestão de resíduos sólidos instituída pela Lei 12.305/10, é correto afirmar que

(A) o titular do serviço público de limpeza urbana e de manejo de resíduos sólidos pode, mediante termo de compromisso firmado com o setor empresarial, encarregar-se de atividades de responsabilidade destes nos sistemas de logística reversa, vedada a cobrança por essas atividades.
(B) a lei instituiu a obrigação de estruturar e implementar sistemas de logística reversa dividindo a responsabilidade entre os fabricantes e os comerciantes de produtos como pilhas e baterias, agrotóxicos, pneus, equipamentos e componentes eletrônicos e lâmpadas, entre outros.
(C) a Lei de Resíduos Sólidos permite a incineração de resíduos sólidos desde que realizada com emprego de equipamentos devidamente licenciados pela autoridade ambiental competente.
(D) não estão sujeitos à elaboração de plano de gerenciamento de resíduos sólidos os estabelecimentos comerciais cujos resíduos gerados em suas atividades sejam caracterizados, por sua natureza, composição ou volume, como não perigosos.

A: Incorreta. Se o titular do serviço público de limpeza urbana encarregar-se dos sistemas de logística reversa, através de termo de compromisso firmado com o setor empresarial, os serviços serão devidamente remunerados, e, portanto, não é vedada a cobrança por estas atividades (art. 33, § 7º, da Lei 12.305/2010). B: Incorreta. Nos termos do art. 33, da Lei 12.305/2010, são obrigados a estruturar e implementar sistemas de logística reversa, mediante o retorno dos produtos após o uso pelo consumidor, os fabricantes, importadores, distribuidores e comerciantes, e não somente os fabricantes e comerciantes, conforme disposto na alternativa. C: Correta. Nos termos do art. 47, III e § 1º, da

Lei 12.305/2010. **D:** Incorreta. Segundo dispõe o art. 20, II, "b", da Lei 12.305/2010, estão sujeitos à elaboração de plano de gerenciamento de resíduos sólidos os estabelecimentos comerciais cujos resíduos gerados em suas atividades sejam caracterizados como não perigosos, por sua natureza, composição ou volume, e não sejam equiparados a resíduos domiciliares pelo poder público municipal. FM-FCP
Gabarito "C".

(Procurador – SP – VUNESP – 2015) Nos termos da Lei 12.305/2010, que institui a Política Nacional de Resíduos Sólidos, entende-se por

(A) área órfã contaminada: local onde há contaminação causada pela disposição, regular ou irregular, de quaisquer substâncias ou resíduos.
(B) destinação final ambientalmente adequada: distribuição ordenada de rejeitos em aterros, observando normas operacionais específicas de modo a evitar danos ou riscos à saúde pública e à segurança e a minimizar os impactos ambientais diversos.
(C) gerenciamento de resíduos sólidos: pessoas físicas ou jurídicas, de direito público ou privado, que geram resíduos sólidos por meio de suas atividades, nelas incluído o consumo.
(D) logística reversa: instrumento de desenvolvimento econômico e social, caracterizado por um conjunto de ações, procedimentos e meios destinados a viabilizar a coleta e a restituição dos resíduos sólidos ao setor empresarial para reaproveitamento, em seu ciclo ou em outros ciclos produtivos, ou outra destinação final ambientalmente adequada.
(E) rejeitos: processo de transformação dos resíduos sólidos que envolve a alteração de suas propriedades físicas, físico-químicas ou biológicas, com vistas à transformação em insumos ou novos produtos, observadas as condições e os padrões estabelecidos pelos órgãos competentes do Sisnama, Do SNVS e do Suasa.

A: Incorreta. Nos termos do art. 3º, III, da Lei 12.305/2010: "área órfã contaminada: área contaminada cujos responsáveis pela disposição não sejam identificáveis ou individualizáveis". A definição trazida na assertiva é a de "área contaminada" (art. 3º, II, da Lei 12.305/2010). **B:** Incorreta. "Destinação final ambientalmente adequada: destinação de resíduos que inclui a reutilização, a reciclagem, a compostagem, a recuperação e o aproveitamento energético ou outras destinações admitidas pelos órgãos competentes do Sisnama, do SNVS e do Suasa, entre elas a disposição final, observando normas operacionais específicas de modo a evitar danos ou riscos à saúde pública e à segurança e a minimizar os impactos ambientais adversos" (art. 3º, VII, da Lei 12.305/2010). O conceito da alternativa é de "disposição final ambientalmente adequada" (art. 3º, VIII, da Lei 12.305/2010). **C:** Incorreta. A definição da alternativa é de "geradores de resíduos sólidos", conforme previsão do art. 3º, IX, da Lei 12.305/2010. Segundo disposição do art. 3º, X, da Lei 12.305/2010: "gerenciamento de resíduos sólidos: conjunto de ações exercidas, direta ou indiretamente, nas etapas de coleta, transporte, transbordo, tratamento e destinação final ambientalmente adequada dos resíduos sólidos e disposição final ambientalmente adequada de rejeitos, de acordo com plano municipal de gestão integrada de resíduos sólidos ou com plano de gerenciamento de resíduos sólidos, exigidos na forma desta lei". **D:** Correta. Vide art. 3º, XII, da Lei 12.305/2010. **E:** Incorreta. Esta é a definição de reciclagem (art. 3º, XIV, da Lei 12.305/2010). A teor do art. 3º, XV, da Lei 12.305/2010: "rejeitos: resíduos sólidos que, depois de esgotadas todas as possibilidades de tratamento e recuperação por processos tecnológicos disponíveis e economicamente viáveis, não apresentem outra possibilidade que não a disposição final ambientalmente adequada". FM-FCP
Gabarito "D".

(Magistratura/PA – VUNESP – 2014) Nos termos da Lei 12.305/2010, a logística reversa como instrumento de desenvolvimento econômico e social, caracterizado por um conjunto de ações, procedimentos e meios destinados a viabilizar a coleta e a restituição dos resíduos sólidos ao setor empresarial, para reaproveitamento, em seu ciclo ou em outros ciclos produtivos, ou outra destinação ambientalmente adequada, aplica-se aos fabricantes, importadores, distribuidores e comerciantes, entre outros, de

(A) produtos eletroeletrônicos e seus componentes, pneus, pilhas e baterias.
(B) agrotóxicos, veículos, pilhas e baterias.
(C) veículos, óleos lubrificantes e agrotóxicos, seus resíduos e embalagens.
(D) agrotóxicos, produtos eletroeletrônicos e lâmpadas em geral.
(E) produtos eletroeletrônicos e seus componentes, lâmpadas em geral, pilhas e baterias.

O art. 33 da Lei 12.305/2010 – Política Nacional de Resíduos Sólidos – traz seis itens com produtos obrigatoriamente objeto da logística reversa. Dentre as alternativas apresentadas pela questão, apenas a letra "A" contém todos os produtos elencados no texto da lei "Art.33. São obrigados a estruturar e implementar sistemas de logística reversa, mediante retorno dos produtos após o uso pelo consumidor, de forma independente do serviço público de limpeza urbana e de manejo dos resíduos sólidos, os fabricantes, importadores, distribuidores e comerciantes de: I – agrotóxicos, seus resíduos e embalagens, assim como outros produtos cuja embalagem, após o uso, constitua resíduo perigoso, observadas as regras de gerenciamento de resíduos perigosos previstas em lei ou regulamento, em normas estabelecidas pelos órgãos do Sisnama, do SNVS e do Suasa, ou em normas técnicas; II – pilhas e baterias; III – pneus; IV – óleos lubrificantes, seus resíduos e embalagens; V – lâmpadas fluorescentes, de vapor de sódio e mercúrio e de luz mista; VI – produtos eletroeletrônicos e seus componentes.
Gabarito "A".

(Magistratura/RJ – VUNESP – 2014) Quanto à responsabilidade decorrente dos resíduos sólidos pós-consumo, é correto afirmar que

(A) o compromisso dos fabricantes e importadores, comerciantes e distribuidores é de, quando firmados acordos ou termos de compromisso com o Município, participar das ações previstas no plano municipal de gestão integrada de resíduos sólidos no caso de produtos incluídos no sistema de logística reversa.
(B) as embalagens devem ser fabricadas com materiais que propiciem a reutilização ou a reciclagem, sendo responsável todo aquele que manufatura embalagens ou fornece materiais para a fabricação de embalagens, coloca em circulação embalagens, materiais para a fabricação de embalagens ou produtos embalados, em qualquer fase da cadeia de comércio.
(C) para fortalecer a responsabilidade compartilhada e seus objetivos, a responsabilidade dos fabricantes, importadores, distribuidores e comerciantes abrange o compromisso de recolhimento somente dos resíduos e das embalagens remanescentes após o uso, bem como a sua destinação ambientalmente adequada, no caso dos produtos sujeitos à logística reversa.
(D) a responsabilidade compartilhada pelo ciclo de vida dos produtos, a ser implementada de forma individualizada e encadeada, abrange distribuidores

e comerciantes, consumidores e titulares de serviços públicos de limpeza urbana, bem como fabricantes e importadores, cabendo a todos o desenvolvimento de produtos que gerem, gradativamente, nos termos da lei, menos resíduos.

A: incorreta, pois o compromisso dos fabricantes e importadores, comerciantes e distribuidores é de firmar compromissos de gestão integrada dos produtos ainda não incluídos no sistema de logística reversa (art. 31, IV, da Lei 12.305/2010); **B:** correta, conforme texto do art. 32, § 3º, da Lei de Resíduos Sólidos: "Art. 32. As embalagens devem ser fabricadas com materiais que propiciem a reutilização ou a reciclagem. § 3º É responsável pelo atendimento do disposto neste artigo todo aquele que: I – manufatura embalagens ou fornece materiais para a fabricação de embalagens; II – coloca em circulação embalagens, materiais para a fabricação de embalagens ou produtos embalados, em qualquer fase da cadeia de comércio."; **C:** incorreta, conforme art. 31, III, da Lei 12.305/2010: "III – recolhimento dos produtos e dos resíduos remanescentes após o uso, assim como sua subsequente destinação final ambientalmente adequada, no caso de produtos objeto de sistema de logística reversa na forma do art. 33"; **D:** incorreta, pois o art. 30 da lei que trata da responsabilidade compartilhada não impõe o desenvolvimento de produtos que gerem, gradativamente, nos termos da lei, menos resíduos.
Gabarito "B".

(Ministério Público/ES – VUNESP – 2013) A Lei da Política Nacional de Resíduos Sólidos, Lei 12.305/2010, ao prever a responsabilidade compartilhada pelo ciclo de vida do produto,

(A) criou como instrumento de sua implementação o Cadastro Nacional de Operadores de Resíduos Perigosos, no qual devem ser, obrigatoriamente, incluídas as pessoas jurídicas que operam com resíduos perigosos, em qualquer fase do seu gerenciamento.

(B) identificou como um de seus objetivos compatibilizar interesses entre os agentes econômicos e sociais e os processos de gestão empresarial e mercadológica com os de gestão ambiental, desenvolvendo estratégias sustentáveis.

(C) pretendeu que o mercado desenvolva produtos com menores impactos à saúde humana e à qualidade ambiental em seu ciclo de vida, inclusive utilizando produtos, cuja matéria-prima seja nacional.

(D) teve como um dos objetivos proibir a importação de resíduos sólidos perigosos e rejeitos, bem como de resíduos sólidos cujas características causem dano ao meio ambiente, à saúde pública e animal e à sanidade vegetal, ainda que para tratamento, reforma, reuso, reutilização ou recuperação.

(E) impôs ao poder público estadual a instituição de incentivos econômicos aos consumidores que participem do sistema de coleta seletiva, na forma da lei.

A: incorreta, pois embora o art. 38 da Lei 12.305/2010 tenha criado como instrumento o Cadastro Nacional de Operadores de Resíduos Perigosos, ele não está relacionado com o instrumento de responsabilidade compartilhada a que se refere o enunciado da questão; **B:** correta, conforme determinado pelo art. 30, parágrafo único, I da PNRS; **C:** incorreta (art. 42, II, da Lei 12.305/2010); **D:** incorreta, muito embora o art. 49 da lei imponha a referida proibição, não se trata, contudo de um objetivo da Política Nacional de Resíduos Sólidos; **E:** incorreta, já que a lei não impôs ao poder público estadual a instituição de incentivos econômicos, de modo diverso, art. 35 em seu parágrafo único faculta ao poder público municipal tal iniciativa: "Art. 35. Sempre que estabelecido sistema de coleta seletiva pelo plano municipal de gestão integrada de resíduos sólidos e na aplicação do art. 33, os consumidores são obrigados a: (...) Parágrafo único. O poder público municipal pode instituir incentivos econômicos aos consumidores que participam do sistema de coleta seletiva referido no *caput*, na forma de lei municipal."
Gabarito "B".

15. DIREITO AMBIENTAL INTERNACIONAL

(Juiz de Direito – TJ/RJ – 2019 – VUNESP) No âmbito do Direito Internacional do Meio Ambiente, a preocupação universal sobre o uso saudável e sustentável do planeta e de seus recursos motivou a ONU a convocar, em 1972, a Conferência das Nações Unidas sobre o Ambiente Humano.

A respeito da referida Conferência, assinale a alternativa correta.

(A) Adotou a "Agenda 21", um diagrama para a proteção do nosso planeta e seu desenvolvimento sustentável.
(B) Adotou a "Declaração das Nações Unidas sobre o Meio Ambiente", que apresenta 26 princípios referentes à proteção do meio ambiente.
(C) Adotou os Objetivos para Desenvolvimento do Milênio (ODM).
(D) Gerou a Convenção da ONU sobre a Diversidade Biológica.
(E) Gerou o relatório "Nosso Futuro Comum", que traz o conceito de desenvolvimento sustentável para o discurso público.

A: incorreta (a "Agenda 21" foi produzida na Conferência ECO-92, também denominada RIO-92); **C:** incorreta (os "Objetivos para o Desenvolvimento do Milênio" – ODM foram expedidos na Cúpula do Milênio da ONU, realizada no ano de 2000); **D:** incorreta (a "Convenção da ONU sobre a Diversidade Biológica" foi produzida na Conferência ECO-92, também denominada RIO-92); **E:** incorreta (o relatório "Nosso Futuro Comum" também é conhecido como "Relatório Brundtland" e foi apresentado em 1987 pela Comissão Mundial sobre Meio Ambiente e Desenvolvimento).
Gabarito "B".

(Juiz – TJ/RJ – VUNESP – 2016) Na evolução da normativa do Direito Ambiental Internacional, pode-se identificar documentos elaborados por Comissões, como ocorreu com a Comissão da ONU sobre Meio Ambiente e Desenvolvimento. Esses documentos são posteriormente discutidos para, eventualmente, serem incorporados em Declarações de Princípios das Conferências sobre Meio Ambiente. Esse processo pode ser identificado, quando da consagração do princípio do desenvolvimento sustentável, respectivamente, pelo

(A) Plano de vigia Earthwatch e Cúpula de Johannesburgo.
(B) Plano de vigia Earthwatch e Declaração de Estocolmo.
(C) Programa da Agenda 21 e Declaração do Rio/92.
(D) Relatório Brundtland e Declaração do Rio/92.
(E) Relatório Brundtland e Declaração de Estocolmo.

A questão articula as discussões acerca do princípio do desenvolvimento sustentável e sua inserção nas conferências sobre meio ambiente das Nações Unidas (ONU). O enunciado dá um claro indicativo para a resposta, uma vez que a Comissão da ONU sobre Meio Ambiente e Desenvolvimento teve como resultado de seus trabalhos a edição do Relatório Nosso Futuro Comum, conhecido como Relatório Brundtlan

A: Incorreta. O Plano de vigia Earthwatch integra e é um dos eixos do "Plano de Ações para o Meio Ambiente", que constitui um conjunto de 109 recomendações para a proteção ao meio ambiente, documento decorrente dos trabalhos da Conferência das Nações Unidas sobre

Meio Ambiente Humano, realizada em Estocolmo, Suécia, em 1972. Já a Cúpula de Johannesburgo foi a Conferência Rio + 10, de 2002; **B**: Incorreta. O "Plano de vigia Earthwatch" e a Declaração de Estocolmo são ambos oriundos da mesma conferência das Nações Unidas, no caso, Estocolmo/1972, não havendo a relação nos moldes suscitados pela proposição da questão; **C**: Incorreta. O Programa da Agenda 21 e a Declaração do Rio são, ambos, oriundos da Conferência sobre Meio Ambiente e Desenvolvimento (Rio-92), não havendo a relação nos moldes suscitados pela proposição da questão; **D**: Correta. Segundo Fabiano Melo, em seu livro Direito Ambiental (Método, 2017), "a ONU criou em 1983 a Comissão Mundial sobre Meio Ambiente e Desenvolvimento (1983), que após um longo processo de audiências e discussões com líderes políticos e organizações em todo o planeta apresentou, em 1987, como conclusão de suas atividades, o Relatório Nosso Futuro Comum, também conhecido como "Relatório Brundtland" – em homenagem à senhora Gro Harlen Brundtland, ex-primeira ministra da Noruega, que presidiu os trabalhos dessa Comissão Mundial. O Relatório Brundtland definiu os contornos do conceito clássico de desenvolvimento sustentável (...) A partir das conclusões do Relatório Nosso Futuro Comum, a ONU decidiu em 1990 a necessidade da realização de uma nova conferência sobre meio ambiente, que ocorreria no Brasil em 1992". Trata-se da Conferência sobre Meio Ambiente e Desenvolvimento (Rio-92) e um de seus documentos é justamente a Declaração do Rio, sobre princípios do direito ambiental, com destaque para o desenvolvimento sustentável; **E**: Incorreta. Relatório Brundtland é de 1997 e a Declaração de Estocolmo de 1972. Portanto, não corresponde a relação nos moldes suscitados pela proposição da questão. **FM-FCP**

Gabarito "D".

(Juiz – TJ/MS – VUNESP – 2015) Um dos princípios produzidos em Conferências Internacionais sobre o Meio Ambiente e que serve para construção normativa ambiental afirma que: "Quando houver perigo de dano grave ou irreversível, a falta de certeza científica absoluta não deverá ser utilizada como razão para que seja adiada a adoção de medidas eficazes em função dos custos para impedir a degradação ambiental". Esta afirmação representa o princípio da

(A) Precaução.
(B) Responsabilidade comum, porém, diferenciada.
(C) Prevenção.
(D) Informação.
(E) Responsabilidade integral.

A: Correta. Trata-se de transcrição do princípio 15 da Declaração do Rio/92 sobre Meio Ambiente e Desenvolvimento Sustentável, que prevê o princípio de Direito Ambiental, da precaução. **B**: Incorreta. O princípio da responsabilidade comum, porém, diferenciada considera a diferenciação poluidora entre países desenvolvidos e em desenvolvimento, e a disparidade tecnológica de mitigação e superação de tais efeitos nocivos à natureza, dispondo que todos os países devem diligenciar em prol do meio ambiente, contudo, as ações específicas devem recair mais sobre as economias mais desenvolvidas. **C**: Incorreta. O princípio da prevenção reza que deve-se diligenciar todos os esforços no sentido de evitar danos ambientais, pois na maioria das vezes são irreversíveis e irreparáveis em sua integralidade. A Constituição Federal de 1988 expressamente reconhece tal princípio, ao preceituar, no *caput* do art. 225, o dever do Poder Público e da coletividade em proteger e preservar o meio ambiente, para as presentes e futuras gerações. **D**: Incorreta. O princípio da informação pode ser definido como o direito que todo cidadão tem de ter acesso às informações que julgar necessárias sobre o ambiente. **E**: Incorreta. O princípio da responsabilidade integral encontra-se consubstanciado no art. 225, § 3°, da Constituição Federal: "As condutas e atividades consideradas lesivas ao meio ambiente sujeitarão os infratores, pessoas físicas ou jurídicas, a sanções penais e administrativas, independentemente da obrigação de recuperar o dano causado". **FM-FCP**

Gabarito "A".

(Juiz – TJ/MS – VUNESP – 2015) Assinale a alternativa com um dos documentos votados na Conferência das Nações Unidas sobre Meio Ambiente Humano, em Estocolmo, em junho de 1972.

(A) Declaração de Princípios Sobre Florestas.
(B) Protocolo de Quioto.
(C) Convenção sobre a Diversidade Biológica (CDB).
(D) Criação do PNUMA.
(E) Agenda 21.

A: Incorreta. A Declaração de Princípios Sobre Florestas ou simplesmente Princípios sobre Florestas, é produto da Rio-92. **B**: Incorreta. O Protocolo de Quioto trata-se de um acordo internacional criado no âmbito da Convenção: Quadro das Nações Unidas sobre Mudanças Climáticas, aprovado na cidade de Quioto, no Japão, em 1997, cujo principal objetivo é estabilizar a emissão de gases de efeito estufa na atmosfera, com intuito de frear o aquecimento global e seus possíveis impactos. Esse protocolo foi substituído e atualmente encontra-se em vigor o Acordo de Paris. **C**: Incorreta. A Convenção sobre Diversidade Biológica foi assinada durante a Conferência das Nações Unidas sobre Meio Ambiente e Desenvolvimento, realizada na cidade do Rio de Janeiro, no período de 5 a 14 de junho de 1992, conhecida como Eco-92 ou Rio-92. Foi assinada e ratificada pelo Brasil e tem como objetivos a conservação da diversidade biológica, a utilização sustentável de seus componentes e a repartição dos benefícios derivados da utilização dos recursos genéticos. **D**: Correta. O Programa das Nações Unidas para o Meio Ambiente (PNUMA) foi criado em 1972, durante a Conferência de Estocolmo, na Suécia, como uma agência da Organização das Nações Unidas (ONU) voltada especificamente para os temas relacionados ao meio ambiente, com objetivo de atuar como educador, facilitador, defensor e catalisador para promover um uso consciente de recursos e proteger o ambiente para futuras gerações. **E**: Incorreta. A Agenda 21, foi assinada durante a Conferência das Nações Unidas sobre o Meio Ambiente e o Desenvolvimento (CNUMAD), no Rio de Janeiro, em 1992. Trata-se de um conjunto de intenções para se atingir um novo modelo de desenvolvimento para o século XX, denominado "desenvolvimento sustentável". **FM-FCP**

Gabarito "D".

(Magistratura/PA – VUNESP – 2014) Em relação às Conferências das Nações Unidas que trataram do tema meio ambiente, assinale a alternativa correta.

(A) A Agenda 21, como produto da Rio+10, estabeleceu como prioridade para o século 21 a aplicabilidade do princípio do desenvolvimento sustentável, por meio da integração do meio ambiente e do desenvolvimento aos processos decisórios.
(B) Na Conferência de Estocolmo, de 1972, importante marco do desenvolvimento sustentável, foi criado um órgão de alto nível nas Nações Unidas denominado Comissão para o Desenvolvimento Sustentável, encarregada de submeter relatórios para a Assembleia Geral da ONU.
(C) O Protocolo de Quioto, que tomou por base o Compromisso de Joanesburgo sobre Desenvolvimento Sustentável, estabeleceu compromissos de redução de emissão dos gases de efeito estufa para os países desenvolvidos, tomando por base o princípio das responsabilidades comuns mas diferenciadas.
(D) Como resultado da Rio+20, foi produzido o documento "O futuro que queremos", que reconheceu a economia verde no contexto do desenvolvimento sustentável e da erradicação da pobreza como importante instrumento na formulação de políticas que permitam um aumento na inclusão social.

(E) Um dos importantes resultados da Conferência das Nações Unidas sobre meio ambiente e desenvolvimento (Rio+10) foi a produção da Convenção sobre a Diversidade Biológica, estabelecendo importantes regras sobre a proteção da flora silvestre.

A: incorreta, pois a Agenda 21 resultou do debate feito com sociedade civil e das ONGs ambientais – reunião esta conhecida como Cúpula dos Povos – que se organizou paralelamente à Conferência da ONU durante a RIO 92. Já a Conferência de Johanesburgo, conhecida como Rio+10 aconteceu dez anos após a Rio 92, com objetivo de repassar os avanços nas proposições da Agenda 21; **B:** incorreta, conforme informações obtidas no site da ONU: "para assegurar o total apoio aos objetivos da Agenda 21, a Assembleia Geral estabeleceu, em 1992, a Comissão para o Desenvolvimento Sustentável como uma comissão funcional do Conselho Econômico e Social.", (http://www.onu.org.br/a-onu-em-acao/a-onu-e-o-meio-ambiente); **C:** incorreta, pois o Protocolo de Quioto é datado de 1997 e já o Compromisso de Johanesburgo, foi elaborado na Rio+10, em 2002; **D:** correta, conforme o relatório final da Rio+20 publicado pena ONU (http://www.onu.org.br/rio20/img/2012/01/OFuturoqueQueremos_rascunho_zero.pdf); **E:** incorreta, pois a Convenção da ONU sobre a Diversidade Biológica foi elaborada durante a Rio 92, ou seja, dez anos antes da Conferência de Johanesburgo, conhecida como Rio+10.
Gabarito "D".

16. LEI 7.802/1989 – LEI DOS AGROTÓXICOS

(Magistratura/RJ – VUNESP – 2014) A Constituição Federal de 1988 previu a obrigatoriedade para o Poder Público de controle das substâncias que comportem risco para a vida, a qualidade de vida e o meio ambiente, de forma que, quanto aos agrotóxicos, é correto afirmar que

(A) tal obrigatoriedade abarca o controle dos agrotóxicos e seus componentes, incluindo os princípios ativos, os produtos técnicos, suas matérias-primas, os ingredientes inertes e aditivos usados na fabricação de agrotóxicos e afins.

(B) o registro dos agrotóxicos é condição para sua produção e comercialização no território nacional e deve ser realizado no órgão ambiental municipal ou, na sua falta, no órgão estadual competente.

(C) uma vez protocolado, o pedido de registro será publicado no Diário Oficial da União, devendo constar da publicação os resultados dos testes efetuados, bem como a indicação da destinação final do produto.

(D) a tramitação do procedimento de registro de agrotóxicos divide-se em duas fases: a avaliação técnico-científica e o deferimento ou indeferimento do pedido, sendo certo que a inobservância dos prazos confere ao solicitante o direito de obtenção do registro provisório.

A: correta, conforme determinado pelo art. 2º, II, da Lei 7.802/1989; **B:** incorreta, pois além de produzidos e comercializados, também poderão ser exportados, importados e utilizados, somente mediante registro prévio em órgão federal (art. 3º da Lei 7.802/1989); **C:** incorreta, pois a publicação constará um resumo do registro, conforme art. 5º, § 3º, da Lei 7.802/1989; **D:** incorreta, pois o registro provisório não é obtido com mero decorrer dos prazos. Por força do art. 3º, § 1º, da Lei 7.802/1989 o registro temporário para agrotóxicos, seus componentes e afins, destina-se somente à pesquisa e à experimentação.
Gabarito "A".

17. TEMAS COMBINADOS E LEGISLAÇÕES ESPECÍFICAS

(Juiz de Direito – TJ/RJ – 2019 – VUNESP) Acerca da responsabilidade em matéria ambiental, é correto afirmar que

(A) é inexistente a responsabilidade solidária entre o atual proprietário do imóvel e o antigo proprietário pelos danos ambientais causados na propriedade, independentemente de ter sido ele ou o dono anterior o causador dos danos.

(B) o dano não pode decorrer de atividade lícita, pois o empreendedor, ainda que em situação regular quanto ao licenciamento, por exemplo, não tem responsabilidade em caso de dano provocado por sua atividade.

(C) as sanções penais aplicáveis às pessoas jurídicas serão multa e prestação de serviços à comunidade.

(D) o STF reconhece a possibilidade de se processar penalmente a pessoa jurídica, mesmo não havendo ação penal em curso contra pessoa física com relação ao crime ambiental praticado.

(E) a ação penal para o caso de crimes contra o meio ambiente é pública incondicionada, não cabendo a aplicação das disposições do juizado especial criminal para os crimes ambientais caracterizados como de menor potencial ofensivo.

A: incorreta (nos termos da Súmula 623 do STJ: "As obrigações ambientais possuem natureza *propter rem*, sendo admissível cobrá-las do proprietário ou possuidor atual e/ou dos anteriores, à escolha do credor"; trata-se, logo, de responsabilidade solidária); **B:** incorreta, pois a "possibilidade da responsabilidade civil ambiental decorrer de um comportamento revestido de **licitude** resulta da aplicação da teoria objetiva. Por conta disso, a legalidade da atividade que acarreta a lesão ambiental não pode servir de fundamento para afastar a obrigação de ressarcimento" (BORDALO, Rodrigo. Manual completo de direito ambiental, editora Foco, 2019, p. 194). **C:** incorreta (as sanções penais aplicáveis às pessoas jurídicas estão previstas no art. 21 da Lei 9.605/1998 e incluem, além da multa e da prestação de serviços à comunidade, as penas restritivas de direito, como a interdição temporária da atividade exercida); **D:** correta (o entendimento do STF é no sentido da inaplicabilidade da teoria da dupla imputação, nos termos do julgado extraído do RE 548.181; assim, a ação penal pode transcorrer em face apenas da pessoa jurídica); **E:** incorreta (conforme art. 27 da Lei 9.605/98, a ação penal envolvendo os crimes ambientais de menor potencial ofensivo submetem-se à aplicação das disposições do juizado especial criminal).
Gabarito "D".

(Delegado – PC/BA – 2018 – VUNESP) Quanto às normas de segurança e mecanismos de fiscalização de atividades que envolvem organismos geneticamente modificados – OGM, é correta a seguinte assertiva:

(A) É permitida engenharia genética em célula germinal humana, zigoto humano e embrião humano.

(B) São permitidos a utilização, a comercialização, o registro, o patenteamento e o licenciamento de tecnologias genéticas de restrição do uso.

(C) É proibida a implementação de projeto relativo a OGM sem a manutenção de registro de seu acompanhamento individual.

(D) Derivado de OGM é todo produto obtido de OGM e que possua capacidade autônoma de replicação.

(E) É permitida, para fins de pesquisa e terapia, a utilização de células-tronco embrionárias obtidas de embriões humanos viáveis, produzidos por fertilização in vitro.

A: incorreta, nos moldes do art. 6º, III, da Lei 11.105/2005, "Fica proibido: engenharia genética em célula germinal humana, zigoto humano e embrião humano"; **B**: incorreta, nos termos do art. 6º, VII, da Lei 11.105/2005: "Fica proibido: a utilização, a comercialização, o registro, o patenteamento e o licenciamento de tecnologias genéticas de restrição do uso". **C**: correta, a teor do art. 6º, I, da Lei 11.105/2005; **D**: incorreta, segundo preceitua o art. 3º, VI, da Lei 11.105/2005: derivado de OGM, considera-se o produto obtido de OGM e que não possua capacidade autônoma de replicação ou que não contenha forma viável de OG; **E**: incorreta. É permitida, para fins de pesquisa e terapia, a utilização de células-tronco embrionárias obtidas de embriões humanos produzidos por fertilização *in vitro* e não utilizados no respectivo procedimento, desde que: sejam embriões inviáveis; ou, sejam embriões congelados há 3 (três) anos ou mais, na data da publicação da Lei 11.105/2005, ou que, já congelados na data da publicação da Lei 11.102/2005, depois de completarem 3 (três) anos, contados a partir da data de congelamento (art. 5º, da Lei 11.105/2005).

Gabarito "C".

(Procurador do Estado/SP – 2018 – VUNESP) O Estado de São Paulo criou um Parque Estadual por meio de um Decreto-lei, antes da promulgação da Constituição Federal de 1988. Referido Parque possuía todos os atributos desta categoria de Unidade de Conservação previstos na Lei nº 9.985/2000 (lei que instituiu o Sistema Nacional de Unidades de Conservação). O Decreto-lei veio a ser revogado por lei estadual, em 2006, que se limitava a revogar diversos e antigos Decretos-leis paulistas, sendo que tal medida não constou do Plano de Manejo do Parque, não houve consulta pública e tampouco oitiva do Conselho do Parque e do Conselho Estadual do Meio Ambiente (CONSEMA). Diante disso, é correto afirmar que o Parque Estadual

(A) não pode ser considerado desafetado, pois a lei revogadora não é específica, além de não ter tal medida constado do Plano de Manejo, não ter havido consulta pública e tampouco oitiva do Conselho do Parque e do Conselho Estadual do Meio Ambiente (CONSEMA).
(B) não pode ser considerado desafetado, apenas porque a lei revogadora não é específica e porque inexistiu manifestação prévia do CONSEMA, independentemente do cumprimento de outros requisitos.
(C) não pode ser considerado desafetado, apenas porque a lei revogadora não é específica, independentemente do cumprimento de outros requisitos.
(D) pode ser considerado desafetado, pois criado antes da Lei nº 9.985/2000, não incidindo o respectivo regime jurídico protetivo.
(E) pode ser considerado desafetado, pois o ato foi concretizado por lei, independentemente do cumprimento de outros requisitos.

Nos termos do Decreto 60.302/2014, do Estado de São Paulo, art. 13, I e II, "A desafetação de unidade de conservação somente poderá ser feita mediante lei específica, observado, ainda, que: I – a respectiva unidade tenha Plano de Manejo aprovado que recomende tal medida; e, II – haja consulta pública e oitiva do respectivo conselho e do CONSEMA". Desta forma, o parque não pode ser considerado desafetado, pois a lei revogadora não é específica, além de não ter tal medida constado do Plano de Manejo, não ter havido consulta pública e tampouco oitiva do Conselho do Parque e do Conselho Estadual do Meio Ambiente (CONSEMA)".

Gabarito "A".

(Procurador do Estado/SP – 2018 – VUNESP) A Constituição estadual previu, de forma expressa, a criação por lei de um sistema de administração da qualidade ambiental, o que foi atendido pela Lei Estadual nº 9.509/1997. Sobre os órgãos e entidades integrantes do Sistema Estadual de Administração da Qualidade Ambiental, Proteção, Controle e Desenvolvimento do Meio Ambiente e Uso Adequado dos Recursos Naturais – SEAQUA, é possível afirmar corretamente:

(A) a Fundação para a Conservação e a Produção Florestal do Estado de São Paulo (Fundação Florestal) não é órgão integrante do SEAQUA, sendo apenas órgão central do Sistema Estadual de Florestas – SIEFLOR.
(B) o Conselho Estadual do Meio Ambiente – CONSEMA, criado contemporaneamente ao SEAQUA, é órgão consultivo, normativo e recursal do sistema ambiental paulista, tendo composição paritária entre órgãos e entidades governamentais e não governamentais do Estado, sendo seu presidente indicado pelo Governador dentre os representantes das entidades governamentais.
(C) a CETESB – Companhia Ambiental do Estado de São Paulo, sociedade por ações, tem como atribuição proceder ao licenciamento ambiental, sendo qualificada como órgão executor do SEAQUA.
(D) embora a Polícia Militar, mediante suas unidades especializadas, esteja incumbida da prevenção e repressão das infrações contra o meio ambiente, não integra o sistema de proteção e desenvolvimento do meio ambiente, vinculando-se apenas à estrutura da segurança pública.
(E) o Conselho Estadual do Meio Ambiente – CONSEMA é órgão colegiado, consultivo e central do SEAQUA, não possuindo atribuições normativas, enquanto a Secretaria de Estado do Meio Ambiente é órgão superior e normativo do mesmo sistema.

A: incorreta, nos termos do art. 3º, § 1º, item 1, "a", do Decreto do Estado de São Paulo 57.933/2012; **B**: incorreta, nos termos do art. 4º, *caput*, da Lei do Estado de São Paulo n. 13.507/09: "O CONSEMA será presidido pelo Secretário do Meio Ambiente ou por seu substituto legal"; **C**: correta, nos termos do art. 129, II, do Decreto do Estado de São Paulo 57.933/2012; **D**: incorreta, já que a Polícia Militar de São Paulo é órgão executor do SEAQUA (art. 2º, "c", Decreto 57.933/2012); **E**: incorreta, conforme preceitua o art. 106, do Decreto do Estado de São Paulo 57.933/2012.

Gabarito "C".

(Analista – TJ/MT – VUNESP – 2008) Assinale a alternativa incorreta.

(A) Meio ambiente é o conjunto de condições, serviços, influências e interações de ordem física, química e biológica, que permite, abriga e rege a vida em todas as suas formas.
(B) Na responsabilidade por atos terroristas, é adotada a teoria do risco integral.
(C) As usinas que operem com reator nuclear deverão ter sua localização definida em lei federal, sem o que não poderão ser instaladas.
(D) Para assegurar a efetividade do direito ao meio ambiente ecologicamente equilibrado, incumbe ao Poder Público preservar e restaurar os processos

ecológicos e prover o manejo ecológico das espécies e ecossistemas.

(E) O meio ambiente é bem de uso comum do povo e essencial à sadia qualidade de vida.

A: art. 3º, I, da Lei 6.938/1981; **B:** de fato, a teoria adotada, nesses casos, é do risco integral, eis que não há possibilidade de exclusão da responsabilidade com base na alegação de força maior ou de caso fortuito; **C:** art. 225, § 6º, da CF; **D:** art. 225, § 1º, I, da CF; **E:** art. 225, *caput*, da CF.
Gabarito "A".

18. RECURSOS HÍDRICOS

(Juiz de Direito – TJ/RS – 2018 – VUNESP) No tocante às águas, nos termos da Constituição Federal e da Lei das Águas, assinale a alternativa correta.

(A) Toda outorga de direitos de uso de recursos hídricos far-se-á por prazo não inferior a vinte e cinco anos, renovável.
(B) Os planos de Recursos Hídricos são elaborados por bacia hidrográfica, por Município e por Estado.
(C) São bens da União todas as águas superficiais ou subterrâneas, fluentes, emergentes e em depósito.
(D) Os valores arrecadados com a cobrança pelo uso de recursos hídricos serão aplicados exclusivamente na bacia hidrográfica em que foram gerados.
(E) A União tem competência privativa para legislar sobre águas.

A: incorreta, a teor do art. 16, da Lei 9.433/1997: "Toda outorga de direitos de uso de recursos hídricos far-se-á por prazo não excedente a trinta e cinco anos, renovável"; **B:** incorreta, a saber: "Os Planos de Recursos Hídricos serão elaborados por bacia hidrográfica, por Estado e para o País" (art. 8º, da Lei 9.433/1997); **C:** incorreta. A teor do art. 26, I, da CF/88, são bens dos Estados todas as águas superficiais ou subterrâneas, fluentes, emergentes e em depósito, e não bens da União; **D:** incorreta, pois os valores arrecadados com a cobrança pelo uso de recursos hídricos serão aplicados prioritariamente na bacia hidrográfica em que foram gerados, e não exclusivamente conforme determina a assertiva (art. 22, *caput*, da Lei 9.433/1997); **E:** correta. Vide art. 22, IV, da CF/88. FM/FC
Gabarito "E".

(Procurador Municipal – Sertãozinho/SP – VUNESP – 2016) A água é recurso essencial para a humanidade. No Brasil, a Lei 9.433/97 instituiu a Política Nacional dos Recursos Hídricos. Sobre as infrações e penalidades previstas a quem desrespeita as regras previstas nessa legislação, é correto afirmar que

(A) há previsão de aplicação de pena privativa de liberdade, dentre outras punições, para quem se enquadrar em qualquer dos tipos penais descritos na norma.
(B) quando a infração constituir-se em perfurar poços para extração de água sem autorização, a única penalidade prevista na norma é a de embargos definitivos da obra.
(C) fraudar as medições dos volumes de água utilizados ou declarar valores diferentes dos medidos é considerado infração às normas de utilização de recursos hídricos, sendo que competirá à autoridade competente aplicar uma das penalidades previstas na lei.
(D) sempre que da infração cometida resultar prejuízo ao serviço público de abastecimento de água, riscos à saúde ou à vida, perecimento de bens ou animais, ou prejuízos de qualquer natureza a terceiros, a multa a ser aplicada nunca será superior à metade do valor máximo cominado em abstrato.
(E) contra a aplicação das sanções previstas na lei não caberá recurso à autoridade administrativa competente, sendo que para tais casos o Poder Judiciário poderá ser acionado. Frisa-se, ainda, que em caso de reincidência, aplicando-se a multa como primeira punição, esta será aplicada em triplo.

A: Incorreta. Ao contrário do que prevê a alternativa, não há previsão de pena privativa de liberdade. As penas previstas no art. 50, da Lei 9.433/1997, são: advertência por escrito, multa simples ou diária, embargo provisório e embargo definitivo; **B:** Incorreta. Perfurar poços para a extração de água subterrânea constitui infração as normas de utilização de recursos hídricos (art. 49, V, da Lei 9.433/1997), ficando sujeito o infrator a quaisquer das penalidades descritas nos incisos do art. 50, da Lei 9.433/1997, independentemente de sua ordem de enumeração, quais sejam: advertência por escrito, multa simples ou diária, embargo provisório e embargo definitivo; **C:** Correta. Nos termos do art. 49, VI, cumulado com o art. 50, da Lei 9.433/1997; **D:** Incorreta. Dispõe o art. 50, § 1º, da Lei 9.433/1997: "Sempre que a infração cometida resultar prejuízo a serviço público de abastecimento de água, riscos à saúde ou à vida, perecimento de bens ou animais, ou prejuízos de qualquer natureza a terceiros, a multa a ser aplicada nunca será inferior à metade do valor máximo cominado em abstrato"; **E:** Incorreta. Da aplicação das sanções previstas às infrações das normas de utilização de recursos hídricos, caberá recurso à autoridade administrativa competente (art. 50, § 3º, da Lei 9.433/1997) e em caso de reincidência, a multa será aplicada em dobro e não em triplo conforme previsto na alternativa (art. 50, § 4º, da Lei 9.433/1997). FM-FCP
Gabarito "C".

(Procurador – IPSMI/SP – VUNESP – 2016) Constitui diretriz geral de ação para implementação da Política Nacional de Recursos Hídricos:

(A) a gestão sistemática dos recursos hídricos, com dissociação dos aspectos de quantidade e qualidade.
(B) a adequação da gestão de recursos hídricos às diversidades físicas, bióticas, demográficas, econômicas, sociais e culturais das diversas regiões do País.
(C) a integração da gestão de recursos hídricos com a gestão ambiental, social, econômica e do patrimônio histórico.
(D) a articulação da gestão de recursos hídricos com a de recursos minerais, vegetais e animais.
(E) a integração da gestão das bacias hidrográficas com a dos sistemas estuarinos, zonas costeiras e de encostas de morro.

A: Incorreta. A gestão sistemática dos recursos hídricos, sem dissociação dos aspectos de quantidade e qualidade, que constitui diretriz geral para a implementação da Política Nacional de Recursos Hídricos, e não com dissociação, conforme disposto (art. 3º, I, da Lei 9.433/1997). **B:** Correta. Vide art. 3º, II, da Lei 9.433/1997. **C:** Incorreta. Nos termos do art. 3º, III, da Lei 9.433/1997, constitui diretriz geral da ação para a implementação da Política Nacional de Recursos Hídricos a integração da gestão de recursos hídricos com a gestão ambiental. **D:** Incorreta. Constitui diretriz geral da ação à implementação da Política Nacional de Recursos Hídricos a articulação da gestão de recursos hídricos com a do uso do solo (art. 3º, V, da Lei 9.433/1997). **E:** Incorreta. As encostas de morro não fazem parte da integração, conforme dispõe o art. 3º, VI, da Lei 9.433/1997. FM-FCP
Gabarito "B".

13. Estatuto da Criança e do Adolescente

Eduardo Dompieri, Roberta Densa, Vanessa Tonolli Trigueiros e Wander Garcia

1. DIREITOS FUNDAMENTAIS

(Juiz de Direito – TJ/RJ – 2019 – VUNESP) Quanto ao direito à saúde e à vida da criança e do adolescente, à luz dos artigos 7º e seguintes do Estatuto da Criança e do Adolescente, é correto afirmar que

(A) a assistência odontológica, com o fito de garantir a saúde bucal de crianças e adolescentes, representa medida de respeito à integridade física da pessoa em desenvolvimento, e, por isso, não se aplica à gestante, que será inserida em programa específico voltado à saúde da mulher.
(B) o descumprimento das obrigações impostas pelo artigo 10 do Estatuto da Criança e do Adolescente configura ilícito de natureza administrativa, nos termos do artigo 228 do mesmo diploma legal.
(C) as gestantes ou mães que manifestem interesse em entregar seus filhos à adoção serão obrigatoriamente encaminhadas à Justiça da Infância e da Juventude.
(D) a obrigação de manter registro das atividades desenvolvidas, através de prontuários individuais, terá seu prazo de dezoito anos reduzido ou dispensado, se as entidades hospitalares fornecerem declaração de nascimento vivo, em que constem necessariamente as intercorrências do parto e do desenvolvimento do neonato.
(E) o fornecimento gratuito de medicamentos, próteses e outros recursos necessários ao tratamento, habilitação ou reabilitação de crianças e adolescentes constitui obrigação do Poder Público e a reserva do possível afasta interferência judicial no desempenho de políticas públicas na área da saúde, em caso de descumprimento.

A: incorreta. A saúde integral da gestante está expressa no art. 8º do ECA nos seguintes termos: "É assegurado a todas as mulheres o acesso aos programas e às políticas de saúde da mulher e de planejamento reprodutivo e, às gestantes, nutrição adequada, atenção humanizada à gravidez, ao parto e ao puerpério e atendimento pré-natal, perinatal e pós-natal integral no âmbito do Sistema Único de Saúde". **B:** incorreta. Na hipótese de descumprimento das obrigações dispostas no art. 10 do ECA, é cabível a aplicação das sanções penais previstas nos artigos 228 e 229 do mesmo diploma legal. **C:** Correta. Na forma do art. 19-A do ECA, não há obrigatoriedade do encaminhamento: "A gestante ou mãe que manifeste interesse em entregar seu filho para adoção, antes ou logo após o nascimento, será encaminhada à Justiça da Infância e da Juventude". **D:** Incorreta. A obrigação estabelecida no art. 10, I, é de manter registro das atividades desenvolvidas, através de prontuários individuais, pelo prazo de dezoito anos. Por outro lado, já é obrigação da casa de saúde o fornecimento da declaração de nascido vivo, com todas as intercorrências do parto (art. 10, IV, do ECA). **E:** Incorreta. O direito ao cuidado integral à saúde da criança e do adolescente não pode ser afastado com o argumento da reserva do possível. Entende o STF: "a questão da *reserva do possível*: reconhecimento de sua inaplicabilidade, sempre que a invocação dessa cláusula puder comprometer o núcleo básico que qualifica o mínimo existencial (rtj 200/191-197)". Vide ARE 745745 AgR. Rel. Min. Celso de Mello. RD

Gabarito "C".

(Juiz de Direito – TJM/SP – VUNESP – 2016) Nos termos preconizados pela Lei 8.069, de 13 de julho de 1990, a criança e o adolescente têm direito à liberdade, ao respeito e à dignidade como pessoas humanas em processo de desenvolvimento e como sujeitos de direitos civis, humanos e sociais garantidos na Constituição e nas leis. E, ainda, estabelece que o direito ao respeito consiste

(A) em buscar refúgio, auxílio e orientação, bem como crença e culto religioso.
(B) na inviolabilidade da integridade física, psíquica e moral da criança e do adolescente.
(C) na participação da vida política, na forma da lei, como também da vida familiar e comunitária, sem discriminação.
(D) em ir, vir e estar nos logradouros públicos e espaços comunitários, ressalvadas as restrições legais.
(E) em ser criado e educado no seio de sua família e, excepcionalmente, em família substituta.

A: incorreta. O direito à liberdade compreende a busca de refúgio, auxílio e orientação (art. 16, VII do ECA). **B:** correta. O direito ao respeito consiste na inviolabilidade da integridade física, psíquica e moral da criança e do adolescente, abrangendo a preservação da imagem, da identidade, da autonomia, dos valores, ideias e crenças, dos espaços e objetos pessoais (art. 17 do ECA). **C:** incorreta. O direito à liberdade compreende a participação na vida política, na forma da lei, familiar e comunitária, sem discriminação (art. 16, V e VI, do ECA). **D:** incorreta. O direito à liberdade compreende ir, vir e estar nos logradouros públicos e espaços comunitários, ressalvadas as restrições legais (art. 16, I do ECA). **E:** incorreta. O direito a ser criado e educado no seio de sua família e, excepcionalmente em família substituta compreende o direito fundamental de convivência familiar e comunitária (art. 19 do ECA). RD

Gabarito "B".

1.1. DIREITO À CONVIVÊNCIA FAMILIAR E COMUNITÁRIA

(Defensor Público/RO – 2017 – VUNESP) No tocante aos direitos fundamentais, nos termos do Estatuto da Criança e do Adolescente, é correto afirmar que

(A) se entende por família extensa ou ampliada aquela formada pelos pais ou qualquer deles e seus descendentes.
(B) a atenção primária à saúde deverá prestar apoio à gestante, exceção feita àquelas que abandonarem as consultas de pré-natal.
(C) será garantida a convivência da criança e do adolescente com a mãe ou o pai privado de liberdade, por meio de visitas periódicas, promovidas pelo responsável ou, nas hipóteses de acolhimento institucional, pela entidade responsável, que dependerá de autorização judicial.

(D) o Conselho Tutelar poderá aplicar a medida de encaminhamento a tratamento psicológico ou psiquiátrico aos agentes públicos executores de medidas socioeducativas que utilizarem tratamento degradante como formas de educação.
(E) a gestante tem direito a acompanhamento saudável durante toda a gestação e a parto natural cuidadoso, estabelecendo-se a aplicação de cesariana quando desejar.

A: incorreta. A família extensa é aquela formada pelos parentes próximos da criança e do adolescente com os quais ele conviva e mantenha vínculo de afinidade e afetividade (art. 25, parágrafo único, do ECA); **B:** incorreta. Na hipótese de a gestante abandonar o acompanhamento pré-natal, deverá haver busca ativa para que se faça o correto atendimento para desenvolvimento gestacional (art. 8º, § 9º, do ECA); **C:** incorreta. As visitas não dependem de autorização judicial (art. 19, § 4º). **D:** correta. Nos termos do art. 18-B do ECA; **E:** incorreta. A gestante tem direito a acompanhamento saudável durante toda a gestação e a parto natural cuidadoso, estabelecendo-se a aplicação de cesariana e outras intervenções cirúrgicas por motivos médicos (art. 8º, § 8º, do ECA). RD
Gabarito "D".

(Defensor Público/RO – 2017 – VUNESP) Assinale a alternativa correta em relação à guarda, tutela e adoção de criança ou adolescente.
(A) O deferimento da tutela deve anteceder a decretação da perda ou suspensão do poder familiar e implica necessariamente o dever de guarda.
(B) É vedada a adoção por procuração de criança ou adolescente.
(C) O adotante de criança ou adolescente há de ser, pelo menos, dez anos mais velho do que o adotando.
(D) A adoção internacional de criança ou adolescente brasileiro ou domiciliado no Brasil somente terá lugar quando restar comprovado se tratar de pedido de adoção unilateral.
(E) A guarda obriga a prestação de assistência material, moral e educacional à criança ou adolescente, conferindo a seu detentor o direito de opor-se a terceiros, inclusive aos pais, não podendo ser revogada, sob pena de prejuízo à criança ou ao adolescente.

A: incorreta. O deferimento da tutela pressupõe a prévia decretação da perda ou suspensão do poder familiar e implica necessariamente o dever de guarda (art. 36, parágrafo único, do ECA); **B:** correta. Nos exatos termos do art. 39, § 2º do ECA; **C:** incorreta. A diferença de idade entre adotante e adotado deve ser de 16 anos (art. 42, § 3º, do ECA); **D:** incorreta. A adoção internacional de criança ou adolescente brasileiro ou domiciliado no Brasil somente terá lugar quando restar comprovado: i) que a colocação em família adotiva é a solução adequada ao caso concreto; ii) que foram esgotadas todas as possibilidades de colocação da criança ou adolescente em família adotiva brasileira, com a comprovação, certificada nos autos, da inexistência de adotantes habilitados residentes no Brasil com perfil compatível com a criança ou adolescente, após consulta aos cadastros mencionados nesta Lei; iii) que, em se tratando de adoção de adolescente, este foi consultado, por meios adequados ao seu estágio de desenvolvimento, e que se encontra preparado para a medida, mediante parecer elaborado por equipe interprofissional (art. 51, § 1º, do ECA); **E:** incorreta. A guarda pode ser revogada a qualquer tempo (art. 35 do ECA). RD
Gabarito "B".

(Juiz – TJ/MS – VUNESP – 2015) O menor J, de 7 (sete) anos de idade, filho de MISAEL e JUSTINA, o primeiro condenado, definitivamente, em ação penal por tráfico de entorpecentes, no qual a segunda, foragida, se marcou revel, foi encontrado abandonado e em péssimas condições de higiene e saúde. Constatada situação de risco, após internação hospitalar, o Ministério Público deu início a procedimento para perda do poder familiar, instruído com documentos fornecidos pela avó materna do menor, pessoa idônea. Formulado pedido liminar de suspensão do poder familiar, a Juíza de Direito da Vara de Infância e Juventude, nos termos do Estatuto da Criança e do Adolescente,

(A) decretou, liminarmente, a suspensão do poder familiar, até julgamento definitivo da causa, ficando J confiado à avó materna, pessoa idônea, mediante termo de responsabilidade, reconhecido o motivo grave.
(B) indeferiu a liminar de suspensão do poder familiar, anotando a imprescindibilidade de prévia oitiva dos requeridos, MISAEL e JUSTINA, bem como a citação pessoal de ambos.
(C) indeferiu, liminarmente, a petição inicial, após pronunciamento da ilegitimidade ativa *ad causam* do Ministério Público, anotada a impossibilidade de emenda.
(D) determinou a emenda da petição inicial, para ingresso da avó materna no polo ativo, no prazo de dez dias, sob pena de indeferimento, anotada a atuação do Ministério Público como custos legis.
(E) indeferiu o pedido liminar de suspensão do poder familiar e determinou a expedição de ofício ao hospital para previsão de alta, considerando a obrigatoriedade da oitiva do menor, a ser realizada com respeito ao seu estágio de desenvolvimento e grau de compreensão sobre as implicações da medida.

A: correta. Havendo motivo grave, poderá a autoridade judiciária, ouvido o Ministério Público, decretar a suspensão do poder familiar, liminar ou incidentalmente, até o julgamento definitivo da causa, ficando a criança ou adolescente confiado a pessoa idônea, mediante termo de responsabilidade (art. 157 do ECA). **B:** incorreta. Vide justificativa da alternativa "A". **C:** incorreta. Vide justificativa da alternativa "A". **D:** incorreta. O procedimento para a perda ou a suspensão do poder familiar terá início por provocação do Ministério Público ou de quem tenha legítimo interesse (art. 155 do ECA). **E:** incorreta. A colocação em família substituta pressupõe a oitiva da criança e do adolescente (e o consentimento do adolescente). No entanto, tendo em vista a urgência da medida, a liminar pode ser deferida para posterior oitiva da criança (art. 157 do ECA). RD
Gabarito "A".

(Juiz – TJ/SP – VUNESP – 2015) Tendo como base o Estatuto da Criança e do Adolescente, assinale a alternativa correta sobre as medidas da Adoção e do Estágio de Convivência.

(A) O adolescente pode ser ouvido judicialmente apenas para a apuração de seu interesse em cumprir o estágio de convivência.
(B) A simples guarda de fato não autoriza, por si só, a dispensa da realização do estágio de convivência.
(C) O estágio de convivência nunca poderá ser dispensado ainda que o adotando já esteja sob a tutela ou guarda legal do adotante.

(D) Nos casos envolvendo adoção por pessoa ou casal domiciliado fora do País, o estágio de convivência deverá ser cumprido por no mínimo 90 dias.

A: incorreta. Para a colocação da em família substituta, criança e o adolescente serão ouvidos por equipe interdisciplinar, respeitado seu estágio de desenvolvimento e grau de compreensão sobre as implicações da medida, e terá sua opinião devidamente considerada (art. 28, § 1º). Por outro lado, o adolescente deverá consentir com a medida (art. 28, § 2º e art. 45, § 2º, do ECA). **B:** correta. A simples guarda de fato não autoriza, por si só, a dispensa da realização do estágio de convivência (art. 46, § 2º, do ECA). **C:** incorreta. O estágio de convivência poderá ser dispensado se o adotando já estiver sob a tutela ou guarda legal do adotante durante tempo suficiente para que seja possível avaliar a conveniência da constituição do vínculo (art. 46, § 1º, do ECA). **D:** incorreta. § 3º Em caso de adoção por pessoa ou casal residente ou domiciliado fora do País, o estágio de convivência será de, no mínimo, 30 (trinta) dias e, no máximo, 45 (quarenta e cinco) dias, prorrogável por até igual período, uma única vez, mediante decisão fundamentada da autoridade judiciária. (art. 46, § 3º, do ECA).

Gabarito "B".

(Juiz – TJ/MS – VUNESP – 2015) A colocação em família substituta, nos termos dos artigos 28 e seguintes do Estatuto da Criança e do Adolescente, far-se-á

(A) a partir da impossibilidade permanente – e não momentânea –, de a criança ou o adolescente permanecer junto à sua família natural e mediante três formas: guarda, tutela e adoção.
(B) mediante comprovação de nacionalidade brasileira do requerente.
(C) mediante apreciação, em grau crescente de importância, de condições sociais e financeiras da família substituta e do grau de parentesco e da relação de afinidade e afetividade de seus integrantes.
(D) após realização de perícia por equipe multidisciplinar, que emitirá laudo com atenção ao estágio de desenvolvimento da criança e do adolescente e mediante seu consentimento sobre a medida, que condicionará a decisão do juiz.
(E) mediante o consentimento de maior de 12 (doze) anos de idade, colhido em audiência.

A: incorreta. Três são as formas de colocação em família substituta: guarda, tutela e adoção. A guarda tem por principal característica a provisoriedade (momentânea, portanto), sendo que a tutela será exercida pelo tutor pelo prazo de 2 (dois) anos. Em ambos os casos (tutela ou guarda) é possível, e recomendado pelo ECA (art. 19, § 3º), que a criança e o adolescente retornem para a sua família natural sempre que possível. **B:** incorreta. A inserção em família substituta estrangeira é expressamente admitida pelo ECA na modalidade de adoção. Ademais, a adoção internacional não é a adoção de estrangeiro, mas sim "aquela na qual a pessoa ou casal postulante é residente ou domiciliado fora do Brasil, conforme previsto no Artigo 2 da Convenção de Haia, de 29 de maio de 1993, relativa à Proteção das Crianças e à Cooperação em Matéria de Adoção Internacional, aprovada pelo Decreto Legislativo n. 1, de 14 de janeiro de 1999" (art. 51 do ECA). **C:** incorreta. Na apreciação do pedido levar-se-á em conta o grau de parentesco e a relação de afinidade ou de afetividade, a fim de evitar ou minorar as consequências decorrentes da medida (art. 28, § 3º). **D:** incorreta. "A colocação da criança ou adolescente em família substituta será precedida de sua preparação gradativa e acompanhamento posterior, realizados pela equipe interprofissional a serviço da Justiça da Infância e da Juventude, preferencialmente com o apoio dos técnicos responsáveis pela execução da política municipal de garantia do direito à convivência familiar" (art. 28, § 5º). **E:** correta.

"Tratando-se de maior de 12 (doze) anos de idade, será necessário seu consentimento, colhido em audiência" (art. 28, § 2º).

Gabarito "E".

(Juiz – TJ/RJ – VUNESP – 2016) Após o falecimento de seus pais, M., menina de 7 (sete) anos de idade, permaneceu sob guarda legal do casal José e Clemence, vizinhos de longa data, mostrando-se plenamente ajustada ao lar familiar, estável. Ajuizada a ação de adoção, por José e Clemence, manifestou-se o Ministério Público, e a Juíza de Direito da Vara da Infância e da Juventude, nos termos dos artigos 39 e seguintes do Estatuto da Criança e do Adolescente, acertadamente:

(A) determinou a expedição de editais de intimação de parentes próximos com os quais a menina M. convivia, visando o preferencial encontro de forma legal de arranjo familiar, consubstanciada na família extensa ou ampliada, para recomposição dos laços da família natural.
(B) determinou o encaminhamento dos requerentes e da menina M. à equipe interdisciplinar para avaliar a fixação de laços de afinidade e afetividade, pelo lapso de tempo de convivência e ausência de má-fé na formação da família substituta.
(C) extinguiu o feito, sem resolução de mérito, após indeferimento da petição inicial, pela ausência de documento indispensável à propositura da ação, consubstanciado na comprovação prévia de inscrição dos requerentes em cadastros estaduais e nacional de pessoas ou casais habilitados à adoção.
(D) determinou a busca e a apreensão da menina M. para abrigamento e a sua inscrição, no prazo de 48 horas, em cadastros estaduais e nacional de crianças e adolescentes em condições de serem adotados.
(E) extinguiu o feito, com resolução de mérito, pronunciando a procedência da ação de adoção, porque desnecessários: a) o estágio de convivência pela afirmação de ajustamento da menor a família substituta, porque incontroverso, e b) o consentimento tácito dos pais, falecidos.

A: incorreta. A família extensa tem preferência na colocação em família substituta nos termos do § 3º do art. 28 e do art. 25, parágrafo único, do ECA. No entanto, no caso em tela, a família extensa não terá prioridade justamente por não demonstrar a afetividade e afinidade com a criança. De todo o modo, a petição inicial de adoção deve constar o nome dos parentes da criança para eventual análise da afetividade (art. 165 do ECA). **B:** correta. Tendo em vista que os vizinhos têm a guarda legal da criança, eles não precisariam estar previamente inscritos no cadastro nacional de adoção. A permissão é dada pelo art. 50, § 13, do ECA: "Somente poderá ser deferida adoção em favor de candidato domiciliado no Brasil não cadastrado previamente nos termos desta Lei quando: I – se tratar de pedido de adoção unilateral; II – for formulada por parente com o qual a criança ou adolescente mantenha vínculos de afinidade e afetividade; III – oriundo o pedido de quem detém a tutela ou guarda legal de criança maior de 3 (três) anos ou adolescente, desde que o lapso de tempo de convivência comprove a fixação de laços de afinidade e afetividade, e não seja constatada a ocorrência de má-fé ou qualquer das situações previstas nos arts. 237 ou 238 desta Lei". Mesmo não havendo prévia inscrição, os candidatos deverão comprovar, no curso do procedimento, que preenchem os requisitos necessário à adoção (art. 50, § 14). **C:** incorreta. Vide comentário da alternativa "B". **D:** incorreta. Vide comentário da alternativa "B". Estando a criança sob guarda legal e havendo afinidade e afetividade com os pretendentes, tudo em nome do princípio do melhor interesse do menor. **E:** incorreta.

A adoção será precedida de estágio de convivência com a criança ou adolescente podendo ser dispensado se a o adotando já estiver sob a tutela ou guarda legal do adotante por tempo suficiente para que seja possível avaliar a convivência da constituição do vínculo (art. 46, § 1°, do ECA). Por outro lado, o consentimento dos pais se faz necessário apenas quando os pais estiverem vivos: "se os pais forem falecidos, tiverem sido destituídos ou suspensos do poder familiar, ou houverem aderido expressamente ao pedido de colocação em família substituta, este poderá ser formulado diretamente em cartório, em petição assinada pelos próprios requerentes, dispensada a assistência de advogado" (art. 166, do ECA). **RD**

Gabarito "B".

(Magistratura/RJ – VUNESP – 2013) Conforme o Estatuto da Criança e do Adolescente, em se tratando de adoção, é correto afirmar que

(A) a formulação dos pedidos de adoção é feita perante a Autoridade Central Estadual, conforme indicação efetuada pelo Juízo da Infância e da Juventude.
(B) o vínculo da adoção constitui-se por sentença judicial, a qual será averbada no registro original do adotado, sendo vedada a lavratura de novo registro do adotado.
(C) o adotante deverá ser maior de dezoito anos, salvo se for casado ou convivente em união estável.
(D) não se permitirá a saída do adotando do território nacional para cumprimento de estágio de convivência.

A: incorreta, pois compete à Autoridade Central Estadual zelar pela manutenção e correta alimentação dos cadastros, com posterior comunicação à Autoridade Central Federal Brasileira (art. 50, § 9°, do ECA). Por sua vez, a formulação dos pedidos de adoção deverá ser feita perante a Vara da Infância e Juventude, já que a adoção somente se constitui por sentença judicial (art. 148, III, do ECA); **B:** incorreta, pois, conquanto o vínculo da adoção de fato se constitua por sentença, o mandado judicial cancelará o registro original do adotado, sendo lavrado novo registro (art. 47, §§ 1° e 2°, do ECA); **C:** incorreta, pois somente poderá adotar os maiores de 18 (dezoito) anos, independentemente do estado civil (art. 42, *caput*, do ECA); **D:** correta, pois em caso de adoção internacional – por pessoa ou casal residente ou domiciliado fora do País – o estágio de convivência será de, no mínimo, 30 (trinta) dias e, no máximo, 45 (quarenta e cinco) dias, prorrogável por até igual período, uma única vez, mediante decisão fundamentada da autoridade judiciária, nos termos do art. 46, § 3°, do ECA. **WG/ED**

Gabarito "D".

1.2. DIREITO À EDUCAÇÃO

(Juiz – TJ/MS – VUNESP – 2015) Constitui dever do Estado assegurar à criança e ao adolescente a educação básica obrigatória e gratuita, conforme se depreende do artigo 208, inciso I, da Constituição Federal, com redação determinada pela EC 59/2009. Quanto ao Direito à Educação, previsto no Capítulo IV, do Título II, do Estatuto da Criança e do Adolescente e na Lei de Diretrizes e Bases da Educação Nacional, analisado à luz da norma constitucional mencionada, assinale a alternativa correta.

(A) Os pais e responsáveis, apesar de não participarem da definição de propostas educacionais, terão ciência, ao início do ano letivo, do processo pedagógico.
(B) O ensino fundamental será oferecido, diretamente, pelos Estados e Municípios, às crianças com 6 (seis) anos de idade, com duração de 9 (nove) anos, assegurada a sua oferta gratuita, inclusive àqueles que não tiveram acesso a ele na idade adequada.
(C) De acordo com a Lei de Diretrizes e Bases da Educação Nacional, os entes federados (União, Estados, Distrito Federal e Municípios) não têm áreas prioritárias de atuação.
(D) A finalidade precípua do direito à educação é garantir à criança e ao adolescente ingresso no mercado de trabalho.
(E) A educação básica, em compasso com a Lei de Diretrizes e Bases da Educação Nacional, subdivide- se em infantil, fundamental, média, superior e complementar.

A: incorreta. Conforme art. 14 da Lei de Diretrizes e Bases da Educação, os sistemas de ensino definirão as normas da gestão democrática do ensino público na educação básica, adotando o princípio da participação das comunidades escolar e local em conselhos escolares ou equivalentes. **B:** correta. Nos exatos termos do art. 32 da Lei de Diretrizes e Bases da Educação. **C:** incorreta. Incumbe ao estado assegurar o **ensino fundamental** e oferecer, com prioridade, o **ensino médio** (art. 10, VI, da LDB). Incumbe aos municípios oferecer a **educação infantil** em creches e pré-escolas, e, com prioridade, o **ensino fundamental**, sendo "permitida a atuação em outros níveis de ensino somente quando estiverem atendidas plenamente as necessidades de sua área de competência e com recursos acima dos percentuais mínimos vinculados pela Constituição Federal à manutenção e desenvolvimento do ensino" (art. 11, V, da LDB). **D:** incorreta. "A educação, dever da família e do Estado, inspirada nos princípios de liberdade e nos ideais de solidariedade humana, tem por finalidade o pleno desenvolvimento do educando, seu preparo para o exercício da cidadania e sua qualificação para o trabalho" (art. 2° da LDB; **E:** incorreta, a educação básica subdivide-se em pré-escola, ensino fundamental e ensino médio (art. 4°, I, LDB). **RD**

Gabarito "B".

(Ministério Público/SP – VUNESP – 2012) A criança e o adolescente têm direito à educação, visando ao pleno desenvolvimento de sua pessoa, preparo para o exercício da cidadania e qualificação para o trabalho. A educação abrange os processos formativos que se desenvolvem na vida familiar, na convivência humana, no trabalho, nas instituições de ensino e pesquisa, nos movimentos sociais e organizações da sociedade civil e nas manifestações culturais. Em relação à educação especial, considere:

I. É modalidade de educação escolar, oferecida preferencialmente na rede regular de ensino, para educandos portadores de necessidades especiais.
II. Os sistemas de ensino assegurarão aos educandos com necessidades especiais terminalidade específica para aqueles que não puderem atingir o nível exigido para a conclusão do ensino fundamental, em virtude de suas deficiências, e aceleração para concluir em menor tempo o programa escolar para os superdotados.
III. A oferta de educação especial, dever constitucional do Estado, tem início na faixa etária de zero a seis anos, durante a educação infantil.
IV. As famílias poderão optar pelo atendimento da criança e do adolescente com necessidades especiais em classes, escolas ou serviços especializados, diversos das classes comuns de ensino regular.

Está correto o que se afirma em

(A) I, II, III e IV.
(B) I, II e III, apenas.
(C) II, III e IV, apenas.
(D) I e IV, apenas.
(E) II e IV, apenas.

I: correta (art. 4º, III, da Lei 9.394/1996); II: correta (art. 59, II, da Lei 9.394/1996); III: correta (art. 58, § 3º, da Lei 9.394/1996); IV: incorreta, pois o atendimento educacional será feito em classes, escolas ou serviços especializados, sempre que, em função das condições específicas dos alunos, não for possível a sua integração nas classes comuns de ensino regular (art. 58, § 2º, da Lei 9.394/1996). **WG/ED**
Gabarito "B".

2. ENTIDADES DE ATENDIMENTO

(Ministério Público/SP – VUNESP – 2012) As entidades de atendimento da criança e do adolescente, governamentais e não governamentais, serão fiscalizadas pelo Judiciário, pelo Ministério Público e pelos Conselhos Tutelares. Nos termos do Estatuto da Criança e do Adolescente (Lei 8.069/1990), são medidas aplicáveis às entidades de atendimento que descumprirem obrigações nele contidas:

I. Às entidades governamentais: advertência, afastamento provisório de seus dirigentes, afastamento definitivo de seus dirigentes e fechamento de unidade ou interdição de programa.
II. Às entidades não governamentais: advertência, suspensão total ou parcial do repasse de verbas públicas, interdição de unidades ou suspensão de programa e cassação do registro.
III. Às entidades governamentais: afastamento provisório de seus dirigentes, afastamento definitivo de seus dirigentes, intervenção administrativa e fechamento de unidade ou interdição de programa.
IV. Às entidades não governamentais: advertência, suspensão total ou parcial do repasse de verbas públicas, interdição de unidades ou suspensão de programa e intervenção administrativa.

Está correto o que se afirma APENAS em

(A) III e IV.
(B) I e IV.
(C) IV.
(D) II e III.
(E) I e II.

I: correta (art. 97, I, do ECA); II: correta (art. 97, II, do ECA); III: incorreta, pois está em desacordo com o art. 97, I, do ECA; IV: incorreta, pois está em desacordo com o art. 97, II, do ECA. **WG/ED**
Gabarito "E".

3. MEDIDAS DE PROTEÇÃO

(Juiz de Direito – TJ/RJ – 2019 – VUNESP) A Súmula 235 do TJRJ dispõe sobre a nomeação de Curador Especial a crianças e adolescentes em processos judiciais, emitindo seguinte diretriz jurisprudencial.

(A) o acolhimento familiar prescinde de nomeação de Curador Especial a crianças e adolescentes, obrigatória no institucional.
(B) em caso de nomeação de Curador Especial a crianças e adolescentes, o acesso aos autos respectivos estará condicionada à prévia ciência do Ministério Público, se registrado o segredo de justiça.
(C) a nomeação de Curador Especial a crianças e adolescentes garante ao Defensor Público acesso aos autos respectivos, não se constituindo mitigação ao princípio do contraditório e da ampla defesa, a concessão de tutela de urgência sem prévia oitiva, à vista do artigo 9º, inciso I, do CPC.
(D) nomeado Advogado, desde que cadastrado na unidade judicial, por período não inferior a cinco anos, como Curador Especial a crianças e adolescentes, ser-lhe-á garantido acesso aos autos respectivos, quando formulados pedidos baseados em discordância paterna ou materna, em relação ao exercício do poder familiar.
(E) caberá ao Juiz da Vara da Infância e Juventude a nomeação de Curador Especial a crianças e adolescentes, a ser exercida por Advogado, desde que cadastrado na unidade judicial, por período não inferior a cinco anos, ou Defensor Público.

Antes da análise das alternativas, vamos aos termos da súmula nº 235 do TJRJ: "Caberá ao juiz da Vara da Infância e Juventude a nomeação de curador especial a ser exercida pelo defensor público a crianças e adolescentes, inclusive, nos casos de acolhimento institucional ou familiar, nos moldes do disposto nos artigos 142, parágrafo único e 148, parágrafo único "f" do estatuto da criança e do adolescente c/c art. 9º, inciso I do CPC, garantindo acesso aos autos respectivos".
A: Incorreta. A nomeação de curador especial será deferida, nos termos do art. 142 do ECA: "Os menores de dezesseis anos serão representados e os maiores de dezesseis e menores de vinte e um anos assistidos por seus pais, tutores ou curadores, na forma da legislação civil ou processual. Parágrafo único. A autoridade judiciária dará curador especial à criança ou adolescente, sempre que os interesses destes colidirem com os de seus pais ou responsável, ou quando carecer de representação ou assistência legal ainda que eventual". Assim, será aplicável tendo para os casos de acolhimento institucional como para os casos de acolhimento familiar. **B**: Incorreta. O acesso aos autos será sempre garantido ao curador, ainda que o processo tramite em segredo de justiça. **C**: Correta, nos exatos termos da súmula 235 do TJRJ. **D**: Incorreta. O acesso aos autos é garantido ao curador, em qualquer circunstância. **E**: Incorreta. Vide súmula 235 do TJRJ. **RD**
Gabarito "C".

(Juiz de Direito – TJ/RJ – 2019 – VUNESP) Quanto às diretrizes sobre a guarda, forma de colocação em família substituta, de acordo com os artigos 28 e seguintes do Estatuto da Criança e do Adolescente (Lei 8.069, de 13 de julho de 1990), é correto afirmar que

(A) a inclusão de crianças e adolescentes em programas de acolhimento, como forma de guarda, tem caráter temporário e excepcional, mas não prefere o acolhimento institucional.
(B) a guarda poderá ser revogada a qualquer tempo, mediante ato judicial fundamentado, ouvido o Ministério Público, porque destinada à regularização da posse de fato.
(C) a guarda obriga a prestação de assistência material, moral e educacional à criança ou adolescente, conferindo aos seus pais o direito de opor-se aos seus detentores e terceiros.
(D) a guarda confere à criança ou adolescente a condição de segurado, dos quais seus detentores poderão ser dependentes, se houver requerimento de benefício previdenciário, com expresso consentimento de seus pais.
(E) o maior de doze anos deverá comparecer, obrigatoriamente, em audiência judicial, mas por não se tratar de adoção, seu consentimento à guarda será avaliado de acordo com o laudo técnico apresentado pela equipe técnica judicial e as provas reunidas em instrução.

A: Incorreta. Nos termos do parágrafo único do art. 34 do ECA, "A inclusão da criança ou adolescente em programas de acolhimento

familiar terá preferência a seu acolhimento institucional, observado, em qualquer caso, o caráter temporário e excepcional da medida". **B**: Correta. A guarda destina-se à regularização da posse de fato da criança ou adolescente (art. 33, § 1º, do ECA) e pode ser alterada a qualquer tempo, sendo ouvido o Ministério Público previamente (art. 35 do ECA). **C**: Incorreta. A guarda obriga a prestação de assistência material, moral e educacional à criança ou adolescente, conferindo a seu detentor o direito de opor-se a terceiros, inclusive aos pais (art. 33, *caput*, do ECA). **D**: Incorreta. A guarda confere à criança ou adolescente a condição de dependente, para todos os fins e efeitos de direito, inclusive previdenciários (art. 33, § 3º, do ECA). **E**: Incorreta. Na colocação de família substituta, a criança e o adolescente serão ouvidos por equipe interprofissional e terão a sua opinião devidamente considerada. No entanto, em relação ao adolescente, será necessário o seu consentimento colhido em audiência (art. 28, §§ 1º e 2º do ECA). RD
Gabarito "B".

(Juiz – TJ/SP – VUNESP – 2015) O Estatuto da Criança e do Adolescente, acrescido pela Lei 12.010, de 2009, menciona que toda criança que estiver inserida em programa de acolhimento familiar ou institucional terá sua situação reavaliada por equipe interprofissional ou multiprofissional, no máximo, a cada

(A) 4 (quatro) meses, e a permanência não se prolongará por mais de 1 (um) ano, salvo comprovado abandono afetivo.
(B) 12 (doze) meses, e a permanência não se prolongará por mais de 6 (seis) meses, salvo comprovada incapacidade física ou mental da criança.
(C) 2 (dois) meses, e a permanência não se prolongará por mais de 3 (três) anos, salvo determinação do Ministério Público.
(D) 6 (seis) meses, e a permanência não se prolongará por mais de 2 (dois) anos, salvo comprovada necessidade que atenda ao seu superior interesse.

Conforme o art. 19, § 1º, do Estatuto da Criança e do Adolescente, a situação da criança e do adolescente em acolhimento familiar ou institucional será reavaliada, no máximo, a cada 6 (seis) meses. A decisão quanto à manutenção ou não da medida deverá ser fundamentada pela autoridade judiciária. Da mesma forma, o § 2º, do mesmo artigo, determina que a permanência da criança e do adolescente em programa de acolhimento institucional não se prolongará por mais de 2 (dois) anos, salvo comprovada necessidade que atenda ao seu superior interesse, devidamente fundamentada pela autoridade judiciária.
Atenção para nova redação do art. 19, § 1º: "toda criança ou adolescente que estiver inserido em programa de acolhimento familiar ou institucional terá sua situação reavaliada, no máximo, a cada 3 (três) meses, devendo a autoridade judiciária competente, com base em relatório elaborado por equipe interprofissional ou multidisciplinar, decidir de forma fundamentada pela possibilidade de reintegração familiar ou pela colocação em família substituta, em quaisquer das modalidades previstas no art. 28 desta Lei". RD
Gabarito "D".

(Magistratura/RJ – VUNESP – 2013) Assinale a alternativa correta quanto às medidas de proteção previstas no ECA.

(A) As medidas de proteção voltam-se exclusivamente à criança, enquanto que as medidas socioeducativas voltam-se exclusivamente ao adolescente.
(B) O acolhimento institucional requer a privação da liberdade da criança para a sua própria proteção, o que não ocorre na disciplina da medida de acolhimento familiar.
(C) Em caso de afastamento de agressor de menor do convívio familiar, o juiz determinará, como medida cautelar, a fixação provisória de alimentos para os que deles necessitarem.
(D) Compete ao Conselho Municipal dos Direitos da Criança e do Adolescente a manutenção de cadastro de crianças e adolescentes em regime de acolhimento familiar e institucional.

A: incorreta. As medidas socioeducativas são aplicadas aos adolescentes que praticarem ato infracional (art. 112 do ECA). Por sua vez, quando houver lesão ou ameaça de lesão a direitos da criança e do adolescente, serão aplicáveis as medidas protetivas (art. 98 do ECA). Assim, pode-se concluir que ao adolescente que praticar ato infracional, ser-lhe-á aplicada medida protetiva e/ou socioeducativa, sendo que à criança que praticar ato infracional, ser-lhe-á aplicada tão somente medida protetiva (arts. 105 e 112, ambos do ECA); **B**: incorreta, pois tanto o acolhimento institucional como o acolhimento familiar são medidas provisórias e excepcionais, utilizáveis como forma de transição para a reintegração familiar ou, não sendo esta possível, para a colocação em família substituta, *não implicando privação de liberdade* (art. 101, § 1º, do ECA); **C**: correta, pois a alternativa está de acordo com o disposto no art. 130, *caput*, **do ECA**; **D**: incorreta, pois compete à Autoridade Central Estadual zelar pela manutenção e correta alimentação dos cadastros, não sendo, portanto, atribuição do Conselho Municipal dos Direitos da Criança e do Adolescente (art. 50, § 9º, do ECA). WG/ED
Gabarito "C".

4. MEDIDAS SOCIOEDUCATIVAS E ATO INFRACIONAL – DIREITO MATERIAL

(Juiz de Direito – TJ/RJ – 2019 – VUNESP) Com relação à responsabilidade civil de crianças e adolescentes por danos causados a terceiros, assinale a alternativa correta.

(A) Ao adolescente que cometer ato infracional com reflexos patrimoniais, poderá ser determinada obrigação de reparar o dano, possibilitada a cumulação com outra medida socioeducativa.
(B) Violada a esfera patrimonial e extrapatrimonial de terceiro, por ato voluntário de crianças ou adolescentes, a autoridade competente poderá determinar às crianças e aos adolescentes a medida socioeducativa de reparar o dano.
(C) Em se tratando de ato infracional com reflexos patrimoniais, se impossível a restituição da coisa e o ressarcimento do dano, a medida socioeducativa será substituída pela realização de tarefas remuneradas de interesse geral, pelo adolescente, desde que maior de catorze anos e respeitadas as suas aptidões, e o valor apurado será usado no ressarcimento da vítima.
(D) Como ocorre com a advertência, a obrigação de reparar o dano exige prova de materialidade e indícios de autoria da infração, diante da possibilidade de ressarcimento de valores ao atingimento da maioridade civil, não só pela criança como pelo adolescente.
(E) Com a reparação do dano, extingue-se a obrigação, cabendo ao Poder Judiciário a fiscalização indireta da medida socioeducativa e restando a execução direta sob responsabilidade da entidade de atendimento.

A: Correta. Trata-se da medida socioeducativa de reparação dos danos, prevista no art. 116 do ECA: "Em se tratando de ato infracional com reflexos patrimoniais, a autoridade poderá determinar, se for o caso, que o adolescente restitua a coisa, promova o ressarcimento do dano, ou, por outra forma, compense o prejuízo da vítima". A cumulação de medidas socioeducativas está prevista no art. 113 do ECA: "Aplica-se a este Capítulo o disposto nos arts. 99 e 100". E, por sua vez, o art. 99 assim dispõe: "As medidas previstas neste Capítulo **poderão ser aplicadas** isolada ou **cumulativamente**, bem como substituídas a qualquer tempo". **B:** Incorreta. A aplicação de medidas socioeducativas é prevista apenas ao adolescente infrator. Em relação às crianças, são aplicáveis apenas medidas protetivas, nos termos do art. 105 do ECA: "Ao ato infracional praticado por criança corresponderão as medidas previstas no art. 101". **C:** Incorreta. Nos termos do parágrafo único do art. 116, "Havendo manifesta impossibilidade, a medida poderá ser substituída por outra adequada". **D:** Incorreta. Nos termos do art. 114 do ECA, a imposição de medida socioeducativa advertência não exige a existência de provas suficientes de autoria e materialidade. Vale ainda notar que a reparação dos dados tem como função a educação e ressocialização do adolescente. O ressarcimento dos danos à vítima ou terceiros é mera consequência da medida socioeducativa, não a finalidade dela. **E:** Incorreta. Em primeiro lugar, não é razoável que a medida socioeducativa per si declare extinta eventual indenização na esfera cível. Ademais, cabe ao Poder Judiciário (autoridade judicial) **diretamente**, a fiscalização do cumprimento da medida socioeducativa, que deve ser aplicada pela entidade de atendimento (vide art. 36 da Lei do Lei 12.594/2012 e art. 146 do ECA).

Gabarito "A".

(Defensor Público/RO – 2017 – VUNESP) Quanto às medidas de proteção e socioeducativas, assinale a alternativa correta.

(A) A medida socioeducativa de internação aplicada por descumprimento reiterado e injustificável da medida anteriormente imposta não poderá ter prazo superior a 6 (seis) meses, devendo ser decretada judicialmente após o devido processo legal.
(B) Em qualquer hipótese a desinternação será precedida de autorização judicial, ouvido o Ministério Público.
(C) Crianças e adolescentes somente poderão ser encaminhados às instituições que executam programas de acolhimento institucional, governamentais ou não, por determinação da autoridade policial ou por meio de uma Guia de Acolhimento, expedida pela autoridade judiciária.
(D) A fim de preservar a dignidade das crianças e adolescentes, o cadastro contendo informações atualizadas sobre as crianças e adolescentes em regime de acolhimento familiar e institucional de cada comarca terá o acesso restrito à autoridade judiciária, ao Ministério Público e à Defensoria Pública.
(E) Ao ato infracional praticado por criança corresponderão as medidas específicas de proteção, salvo nos casos de extrema gravidade, em que poderá ser aplicada a internação em estabelecimento educacional.

A: incorreta. O prazo máximo para aplicação da medida socioeducativa de internação-sanção é de 3 (três) meses (art. 122, II e § 1º, do ECA); **B:** correta. Nos exatos termos do art. 121, § 6º, do ECA; **C:** incorreta. A guia de acolhimento deve ser expedida pela autoridade judicial (art. 101, § 3º, do ECA); **D:** incorreta. Terão acesso ao cadastro contendo informações atualizadas sobre crianças e adolescentes em regime de acolhimento o Ministério Público, o Conselho Tutelar, o órgão gestor da Assistência Social e os Conselhos Municipais dos Direitos da Criança e do Adolescente e da Assistência Social (art. 101, § 12, do ECA); **E:** incorreta. Nenhuma medida socioeducativa pelo ser aplicada a criança que tenha praticado ato infracional. Ademais, as medidas de proteção em hipótese alguma importarão em privação de liberdade (art. 101, § 1º, do ECA).

Gabarito "B".

(Defensor Público/RO – 2017 – VUNESP) Segundo entendimento sumulado do Superior Tribunal de Justiça, é correto afirmar que

(A) o crime consistente na corrupção de menor de 18 (dezoito) anos, com ele praticando infração penal ou induzindo-o a praticá-la, previsto no Estatuto da Criança e do Adolescente, depende da prova da efetiva corrupção do menor, por se tratar de delito material.
(B) no procedimento para aplicação de medida socioeducativa, a confissão do adolescente torna dispensável a realização de exames periciais relativos aos instrumentos do crime.
(C) nos casos de novo flagrante por ato infracional, é facultada a oitiva do menor infrator para a decretação da regressão da medida socioeducativa.
(D) a prescrição penal é aplicável nas medidas socioeducativas.
(E) a aplicação de medidas socioeducativas ao adolescente, pela prática de ato infracional, exceção feita a de prestação de serviços à comunidade, é da competência exclusiva do juiz.

A: incorreta. Conforme súmula 500 do Superior Tribunal de Justiça, "a configuração do crime previsto no artigo 244-B do Estatuto da Criança e do Adolescente independe da prova da efetiva corrupção do menor, por se tratar de delito formal"; **B:** incorreta. Conforme súmula 342 do Superior Tribunal de Justiça, "no procedimento para aplicação de medida socioeducativa, é nula a desistência de outras provas em face da confissão do adolescente"; **C:** incorreta. Conforme súmula 265 do Superior Tribunal de Justiça, "é necessária a oitiva do menor infrator antes de decretar-se a regressão da medida socioeducativa"; **D:** correta. Conforme súmula 338 do Superior Tribunal de Justiça, "a prescrição penal é aplicável nas medidas socioeducativas"; **E:** incorreta. Conforme súmula 108 do Superior Tribunal de Justiça, "a aplicação de medidas socioeducativas ao adolescente, pela prática de ato infracional, é da competência exclusiva do juiz".

Gabarito "D".

(Juiz de Direito – TJ/RS – 2018 – VUNESP) Assinale a alternativa correta no que se refere aos dispositivos previstos no Estatuto da Criança e Adolescente em relação ao Título destinado à prática de atos infracionais.

(A) A medida socioeducativa de advertência poderá ser aplicada ao adolescente desde que haja indícios suficientes da autoria.
(B) A remissão não implica necessariamente o reconhecimento ou comprovação da responsabilidade, nem prevalece para efeito de antecedentes, podendo incluir eventualmente a aplicação de qualquer das medidas previstas em lei, exceto a colocação em regime de semiliberdade e a internação.
(C) A medida socioeducativa, denominada liberdade assistida, será fixada pelo prazo mínimo de 01 (um) mês, podendo a qualquer tempo ser prorrogada, revogada ou substituída por outra medida, ouvido o orientador, o Ministério Público e o defensor.
(D) A medida de internação poderá ser aplicada na hipótese de reiteração no cometimento de outras infrações por parte do adolescente infrator.
(E) Verificada a prática de ato infracional, a autoridade competente poderá aplicar ao adolescente as medidas socioeducativas, sendo vedada a simples determinação de encaminhamento aos pais ou responsável, mediante termo de responsabilidade.

A: incorreta. Para a aplicação de medida socioeducativa de advertência basta que haja prova da materialidade e indícios suficientes de autoria (art. 114, parágrafo único); **B:** correta, nos exatos termos do art. 127 do ECA; **C:** incorreta. O prazo mínimo para cumprimento de medida socioeducativa de liberdade assistida é de 6 (seis) meses (art. 118, § 2º); **D:** incorreta. A medida de internação pode ser aplicada na hipótese de reiteração no cometimento de outras infrações **graves** (art. 122, II, do ECA); **E:** incorreta. Verificada a prática de ato infracional, a autoridade judiciária poderá aplicar medida socioeducativa (art. 112 do ECA) e medida de proteção (art. 101 do ECA). Nesse caso, a medida de encaminhamento aos pais ou responsável é medida de proteção prevista no art. 101, I, do ECA.
Gabarito "B".

(Investigador – PC/BA – 2018 – VUNESP) Ao ato infracional cometido por criança, poderá ser aplicada

(A) liberdade assistida.
(B) advertência.
(C) inserção em regime de semiliberdade.
(D) requisição de tratamento médico, psicológico ou psiquiátrico, em regime hospitalar ou ambulatorial.
(E) prestação de serviços à comunidade.

São medidas socioeducativas: advertência, reparação de danos, prestação de serviços à comunidade, liberdade assistida, semiliberdade e internação (art. 112 do ECA). As medidas socioeducativas só podem ser aplicadas pelo juiz ao adolescente (pessoa entre 12 anos completos e 18 anos) que pratica ato infracional. Na hipótese de prática de ato infracional pela criança, somente pode ser aplicada medida protetiva. Sendo assim, estão incorretas as alternativas A, B, C e E, pois todas representam medidas socioeducativas. A única alternativa que representa medida protetiva, na forma do art. 101 do ECA, é a alternativa D.
Gabarito "D".

(Investigador – PC/BA – 2018 – VUNESP) No que diz respeito à internação do adolescente infrator prevista no Estatuto da Criança e do Adolescente, é correto afirmar que, antes da sentença,

(A) a internação do adolescente infrator poderá ser determinada pelo juiz por prazo indeterminado.
(B) a internação do adolescente infrator poderá ser determinada pelo prazo máximo de 45 (quarenta e cinco) dias, desde que demonstrada a necessidade imperiosa da medida, sendo imprescindível a fundamentação da decisão com base em indícios suficientes de autoria e materialidade.
(C) a internação do adolescente infrator poderá ser determinada pelo prazo máximo de 45 (quarenta e cinco) dias, sendo prorrogável por mais 45 (quarenta e cinco) dias, desde que devidamente justificada a necessidade.
(D) não poderá ser determinada a internação do adolescente infrator pelo juiz.
(E) a internação do adolescente infrator poderá ser determinada pelo prazo máximo de 60 (sessenta) dias.

A: incorreta. A internação provisória do adolescente somente será permitida, nos termos do art. 183, do ECA pelo prazo máximo de 45 (quarenta e cinco) dias; **B:** correta. O prazo máximo e improrrogável para a conclusão do procedimento, estando o adolescente internado provisoriamente, será de quarenta e cinco dias (art. 183). Ademais, nos termos do art. 189 do ECA, a autoridade judiciária não poderá aplicar qualquer medida, desde que reconheça na sentença: i) estar provada a inexistência do fato; ii) não haver prova da existência do fato; iii) não constituir o fato ato infracional; iv) não existir prova de ter o adolescente concorrido para o ato infracional; **C:** incorreta. A medida não pode ser prorrogada por mais 45 dias (art. 183 do ECA); **D:** incorreta. A internação antes da sentença é permitida nos termos do art. 183 do ECA; **E:** incorreta. O prazo máximo para aplicação da internação provisória é de 45 dias.
Gabarito "B".

(Juiz – TJ/MS – VUNESP – 2015) Caracteriza a internação com prazo determinado ou internação sanção:

(A) prática de ato infracional mediante grave ameaça ou violência contra a pessoa ou em reiteração de infrações graves.
(B) aplicação residual se não existir outra medida adequada à ressocialização.
(C) decretação pelo juízo da execução.
(D) expedição da guia de execução de medida e início do processo de execução.
(E) prazo limitado a 3 (três) anos.

A: incorreta. O art. 122, I, prevê a possibilidade de internação nos casos de prática de ato infracional ocorrido mediante violência ou grave ameaça, mas o prazo de internação não pode ser determinado em sentença, devendo ser avaliada a continuidade da medida a cada 6 (seis) meses, sendo que o prazo máximo da internação é de 3 (três) anos. **B:** incorreta. A internação somente pode ser aplicada nas expressas hipóteses do art. 122 do ECA. **C:** correta. A internação-sanção pode ser aplicada, nos termos do art. 122, III, por descumprimento reiterado e injustificável de medidas socioeducativas anteriormente impostas. Sendo assim, somente o juízo da execução é quem pode adotar a medida. **D:** incorreta. O prazo máximo da internação-sanção é de 3 (três) meses.
Gabarito "C".

(Magistratura/RJ – VUNESP – 2013) A respeito de medidas socioeducativas, em conformidade com o ECA, pode-se afirmar, corretamente, que

(A) a medida de semiliberdade poderá ser cumprida mesmo após a maioridade penal.
(B) a prestação de serviços à comunidade não comporta prazo determinado.
(C) para que se aplique a medida de internação, basta a comprovação da materialidade e da autoria de uma única infração grave sem violência ou grave ameaça à pessoa.
(D) extingue-se a pretensão socioeducativa quando a restituição da coisa ou a obrigação de reparar o dano pelo adolescente, pai ou responsável se tornar manifestamente impossível.

A: correta, pois tanto a medida socioeducativa de semiliberdade como a de internação poderá ser cumprida pelo jovem que praticou o ato infracional quando era adolescente e que já completou a maioridade civil, até os 21 (vinte e um) anos de idade, sendo que em nenhuma hipótese o período máximo excederá a 3 (três) anos (arts. 2º, parágrafo único; 120, § 2º; e 121, §§ 3º e 5º, todos do ECA); **B:** incorreta, pois a prestação de serviços comunitários consiste na realização de tarefas gratuitas de interesse geral, por período *não excedente a 6 (seis) meses* (art. 117, caput, do ECA); **C:** incorreta, pois, segundo o art. 122 do ECA, a medida de internação só poderá ser aplicada quando: "I – tratar-se de ato infracional cometido mediante grave ameaça ou violência a pessoa; II – por *reiteração* no cometimento de outras infrações graves; III – por descumprimento reiterado e injustificável de medida anteriormente imposta". Para o STJ, reiteração é, no mínimo, três infrações graves (HC 39.458/SP, 5ª T., j. 12.04.2005, rel. Min. Laurita Vaz, *DJ* 09.05.2005). Diferente, portanto, de reincidência. Aliás, esta é uma das teses nacionais aprovadas no I Congresso Nacional de Defensores Públicos da Infância e Juventude; **D:** incorreta, pois havendo

manifesta impossibilidade de reparação do dano, não haverá a extinção do processo, já que a medida poderá ser substituída por outra que seja mais adequada ao caso (art. 116, parágrafo único, do ECA). **WG/ED**
Gabarito "A".

(Ministério Público/SP – VUNESP – 2012) A medida socioeducativa de internação só poderá ser aplicada quando se tratar de ato infracional cometido por

(A) adolescente, mediante grave ameaça ou violência à pessoa ou equiparável a crime hediondo.
(B) criança ou adolescente, mediante grave ameaça ou violência à pessoa, por reiteração no cometimento de outras infrações graves e por descumprimento reiterado e injustificável da medida anteriormente imposta.
(C) criança ou adolescente, mediante grave ameaça ou violência à pessoa ou equiparável a crime hediondo.
(D) adolescente, mediante grave ameaça ou violência à pessoa, por reiteração no cometimento de outras infrações graves e por descumprimento reiterado e injustificável da medida anteriormente imposta.
(E) adolescente, por reiteração no cometimento de outras infrações graves e por descumprimento reiterado e injustificável da medida anteriormente imposta.

A alternativa "D" está correta, ficando excluídas as demais. De fato, a medida de internação só poderá ser aplicada ao adolescente quando: I – tratar-se de ato infracional cometido mediante grave ameaça ou violência a pessoa; II – por reiteração no cometimento de outras infrações graves; III – por descumprimento reiterado e injustificável da medida anteriormente imposta (art. 122 do ECA). Cumpre ressaltar que à criança que praticar ato infracional serão aplicadas as medidas de proteção e não as medidas socioeducativas (art. 105 do ECA). **WG/ED**
Gabarito "D".

(Ministério Público/SP – VUNESP – 2012) Na apuração de Ato Infracional, o Estatuto da Criança e do Adolescente (Lei 8.069/1990) estabelece formas de remissão. Dentre elas, a concedida

(A) pelo Juiz, como forma de suspensão ou extinção do processo e a concedida pelo Ministério Público, como forma de exclusão do processo.
(B) somente pelo Ministério Público, como forma de extinção do processo, e homologada pelo Juiz.
(C) somente pelo Juiz, como forma de exclusão, suspensão ou extinção do processo, ouvindo-se previamente o Ministério Público.
(D) pelo Juiz, como forma de suspensão do processo, e a concedida pelo Ministério Público, como forma de extinção do processo.
(E) somente pelo Ministério Público, como forma de exclusão do processo, independentemente de homologação do Juiz.

A alternativa "A" está correta, ficando excluídas as demais. De fato, antes de iniciado o procedimento judicial para apuração de ato infracional, o representante do Ministério Público poderá conceder a remissão, como forma de exclusão do processo, atendendo às circunstâncias e consequências do fato, ao contexto social, bem como à personalidade do adolescente e sua maior ou menor participação no ato infracional (art. 126, caput, do ECA). Por sua vez, iniciado o procedimento, a concessão da remissão pela autoridade judiciária importará na suspensão ou extinção do processo (art. 126, parágrafo único, do ECA). **WG/ED**
Gabarito "A".

(Ministério Público/SP – VUNESP – 2011) De acordo com a legislação vigente, a medida socioeducativa de internação

(A) em nenhuma hipótese pode exceder o período máximo de 3 (três) anos, devendo sua manutenção ser reavaliada, em decisão fundamentada, no máximo a cada 6 (seis) meses.
(B) poderá ser superior a 3 (três) anos se houver descumprimento reiterado e injustificável da medida anteriormente imposta.
(C) poderá ser aplicada em face da prática de qualquer ato infracional, ainda que o adolescente não registre antecedentes.
(D) não comporta prazo determinado e, durante o seu cumprimento, não será permitida a realização de atividades externas, salvo expressa determinação judicial em contrário.
(E) poderá ser aplicada pela autoridade judiciária competente, em havendo requerimento do Ministério Público a respeito, ainda que haja outra medida que se revele adequada.

A e B: 121, § 3º, do ECA; **C:** a internação somente poderá ser aplicada nas hipóteses listadas no art. 122 do ECA; **D:** embora não comporte prazo determinado, a realização de atividades externas será permitida, salvo expressa determinação judicial em sentido contrário (art. 121, § 1º, ECA); **E:** por se tratar de medida privativa de liberdade, deve ser reservada para aquelas hipóteses em que não caiba outra medida mais adequada (excepcionalidade – art. 121 do ECA). **WG/ED**
Gabarito "A".

5. ATO INFRACIONAL – DIREITO PROCESSUAL

(Juiz – TJ/SP – VUNESP – 2015) Quando o adolescente for apreendido em flagrante de ato infracional, será encaminhado

(A) à sua residência, uma vez que não é permitido prender o adolescente sem que o policial esteja acompanhado de um membro do conselho tutelar.
(B) aos familiares desde que esteja matriculado em escola da rede pública.
(C) à autoridade policial competente.
(D) à autoridade judiciária.

O adolescente apreendido em flagrante de ato infracional será, desde logo, encaminhado à autoridade policial competente (art. 172 do ECA). **RD**
Gabarito "C".

(Ministério Público/ES – VUNESP – 2013) Assinale a alternativa correta.

(A) Em vista da garantia constitucional do devido processo legal para a perda da liberdade, nenhuma criança ou adolescente pode ser admitido em entidade de acolhimento sem prévia determinação da autoridade competente, ainda que em caráter de urgência.
(B) Por ser compulsória a liberação da pessoa submetida à medida de internação aos vinte e um anos de idade, conclui-se que o prazo máximo de internação fixado pelo juiz pode ser superior a três anos.
(C) Por prevalecer para efeito de antecedentes, a remissão está obrigatoriamente sujeita ao contraditório e à ampla defesa e não pode incluir aplicação cumulativa de qualquer outra medida socioeducativa.

(D) Não se reconhece como ato infracional o ato equiparado a crime ou contravenção penal praticado por criança, por esta não estar sujeita a medidas socioeducativas.
(E) A internação, antes da sentença, pode ser determinada pelo prazo máximo de quarenta e cinco dias, mesmo que o adolescente tenha praticado ato infracional com violência ou grave ameaça.

A: incorreta, pois as entidades que mantenham programa de acolhimento institucional poderão, em caráter excepcional e de urgência, acolher crianças e adolescentes sem prévia determinação da autoridade competente, fazendo comunicação do fato em até 24 (vinte e quatro) horas ao Juiz da Infância e da Juventude, em virtude do princípio da intervenção precoce (art. 93 do ECA). Nas demais hipóteses, o afastamento da criança ou adolescente do convívio familiar e consequente aplicação das medidas de acolhimento familiar, institucional ou colocação em família substituta é de competência exclusiva da autoridade judiciária (art. 101, VII a IX e § 2º, do ECA). Oportuno registrar que, ao Conselho Tutelar, é cabível a aplicação das demais medidas protetivas (art. 136, I e parágrafo único, do ECA). "Na redação anterior do Estatuto, o Conselho Tutelar poderia aplicar a medida de abrigamento e encaminhar a criança e o adolescente diretamente à entidade respectiva, comunicando o fato posteriormente à entidade judiciária. Contudo, de acordo com o atual regramento, a inserção de criança e adolescente em medida protetiva de acolhimento institucional e acolhimento familiar está condicionada à autorização judicial, de modo que não consta mais das atribuições do Conselho Tutelar. (...) o Conselho Tutelar deixa de atuar de forma ativa na inserção da criança e do adolescente em abrigamento, para apenas acompanhar a situação e fornecer subsídios ao magistrado, a quem competirá a palavra sobre a necessidade efetiva de manutenção da medida". (ROSSATO, LÉPORE E SANCHES. *Estatuto da Criança e do Adolescente Comentado*, 3ª edição, São Paulo, Ed. RT, 2012, p. 302); **B:** incorreta, pois em nenhuma hipótese o período máximo de internação excederá a três anos (art. 121, § 3º, do ECA); **C:** incorreta, pois a remissão não implica necessariamente o reconhecimento ou comprovação da responsabilidade, nem prevalece para efeito de antecedentes. Ademais, a concessão da remissão pode ser cumulada com a aplicação de qualquer das medidas protetivas e/ou socioeducativas, exceto a colocação em regime de semiliberdade e a internação (art. 127 do ECA); **D:** incorreta, pois a criança pode ser autora de ato infracional equiparado a crime ou contravenção penal, mas a ela somente poderá ser aplicada medida protetiva e não socioeducativa (art. 105 do ECA); **E:** correta, pois a internação provisória, que é aquela decretada pelo juiz, no curso do processo de conhecimento, antes da sentença, terá prazo limitado de 45 dias e será cabível quando, pela gravidade do ato infracional e sua repercussão social, deva o adolescente permanecer sob internação para garantia de sua segurança pessoal ou manutenção da ordem pública (artigos 108, *caput*, 174 e 183, todos do ECA).
Gabarito "E".

(Ministério Público/SP – VUNESP – 2011) No que diz respeito à remissão, prevista no Estatuto da Criança e do Adolescente, não é correto afirmar que:
(A) poderá ser concedida pela autoridade judiciária, depois de iniciado o procedimento, sendo que sua concessão importará na suspensão ou extinção do processo.
(B) poderá ser concedida pelo representante do Ministério Público, antes do início do procedimento judicial para a apuração de ato infracional, como forma de exclusão do processo.
(C) implica necessariamente o reconhecimento ou comprovação da responsabilidade do autor de ato infracional e prevalece para efeito de antecedentes.
(D) poderá ser concedida pelo representante do Ministério Público, tendo em conta as circunstâncias e consequências do fato, o contexto social, a personalidade do adolescente e sua maior ou menor participação no ato infracional.

A: correta, pois reflete o que estabelece o art. 126, parágrafo único, do ECA; **B:** correta, pois em consonância com o que dispõe o art. 126, *caput*, do ECA (remissão ministerial ou pré-processual); **C:** incorreta, visto que não reflete a norma contida no art. 127 do ECA; **D:** correta, pois em consonância com o que dispõe o art. 126, *caput*, do ECA (remissão ministerial ou pré-processual).
Gabarito "C".

6. CONSELHO TUTELAR

(Juiz – TJ/MS – VUNESP – 2015) Com relação à eleição dos Conselheiros Tutelares, é correto afirmar que
(A) todos aqueles que tiverem completado 18 (dezoito) anos poderão ser eleitos por voto direto, secreto e facultativo.
(B) os candidatos devem possuir idoneidade moral e reputação ilibada, vedada a reeleição.
(C) o processo para escolha será estabelecido por lei municipal e realizado sob a responsabilidade do Conselho Municipal dos Direitos das Crianças, sob fiscalização do Ministério Público.
(D) em caso de não possuírem residência fixa no Município, os candidatos devem apresentar autorização do Juiz da Vara da Infância e da Juventude como condição de elegibilidade.
(E) ocorre a cada 2 (dois) anos, em data unificada em todo o território nacional.

A: incorreta. Para ser conselheiro tutelar, o ECA exige, em seu art. 133, a idade mínima de 21 (vinte e um) anos. **B:** incorreta. Para ser conselheiro tutelar, além da idade de 21 anos, também é exigida a idoneidade moral e a residência no município. O mandato é de 4 anos sendo admitida uma recondução (art. 132 do ECA). **C:** correta. Nos exatos termos do art. 139 do ECA. **D:** incorreta. O conselheiro tutelar deve residir no município (art. 133, III, do ECA). **E:** incorreta. O mandato é de 4 (quatro) anos (art. 132 do ECA).
Gabarito "C".

(Juiz – TJ/SP – VUNESP – 2015) Segundo o Estatuto da Criança e do Adolescente, os casos de suspeita ou confirmação de castigo físico, de tratamento cruel ou degradante e de maus-tratos contra criança ou adolescente serão obrigatoriamente comunicados, sem prejuízo de outras providências legais,
(A) ao Conselho Tutelar da respectiva localidade.
(B) ao Hospital Regional Infantil responsável pelo domicílio da criança.
(C) às Varas de Violência Doméstica para o cadastramento do domicílio.
(D) ao Juiz Corregedor da Comarca para a viabilização da adoção.

A: correta. Os casos de suspeita ou confirmação de castigo físico, de tratamento cruel ou degradante e de maus-tratos contra criança ou adolescente serão obrigatoriamente comunicados ao Conselho Tutelar da respectiva localidade, sem prejuízo de outras providências legais (art. 13 do ECA). **B:** incorreta. Os médicos e dirigentes de estabelecimentos de saúde têm a obrigação de avisar ao Conselho Tutelar casos de maus-tratos, sob pena de responder por infração administrativa prevista no art. 245 do ECA: "Deixar o médico, professor ou responsável por estabelecimento de atenção à saúde e de ensino fundamental, pré-escola ou creche, de comunicar à autoridade competente os casos de que tenha conhecimento, envolvendo suspeita ou confirmação de maus-tratos contra criança ou adolescente: Pena – multa de três a vinte salários de referência, aplicando-se o dobro em caso de reincidência". **C:** incorreta. Compete à Vara de Infância e Juventude as ações que envolvam crianças e adolescentes em situação de risco (art. 148 do ECA). **D:** incorreta. A adoção correrá em Vara de Infância e Juventude (art. 148 do ECA) e a criança deverá ser cadastrada no cadastro nacional de adoção após tentativas de se manter na sua família natural. Gabarito "A".

7. CONSELHO MUNICIPAL DA CRIANÇA E DO ADOLESCENTE

(Magistratura/MG – VUNESP – 2012) Analise as assertivas seguintes.

O Ministério Público pode participar, como membro efetivo, dos Conselhos de Defesa da Criança e do Adolescente PORQUE é seu dever velar pela defesa dos direitos da criança e do adolescente.

Sobre as assertivas, é correto afirmar que

(A) as duas são verdadeiras, mas a segunda não justifica a primeira.
(B) as duas são verdadeiras, e a segunda justifica a primeira.
(C) a primeira é verdadeira e a segunda é falsa.
(D) a primeira é falsa e a segunda é verdadeira.

A primeira assertiva está incorreta, pois o Ministério Público não participará dos Conselhos de Defesa da Criança e do Adolescente, cabendo a ele fiscalizá-los, levando-se em consideração que exercem função considerada de interesse público (art. 89 do ECA). A segunda assertiva está correta (art. 200 e seguintes do ECA). Gabarito "D".

8. ACESSO À JUSTIÇA

(Juiz de Direito – TJ/RS – 2018 – VUNESP) Em relação ao poder familiar, é correto afirmar:

(A) o consentimento dos pais, detentores do poder familiar, nos pedidos para colocação em família substituta, é retratável até a data da realização da audiência judicial, sendo vedado aos pais exercerem o arrependimento após a prolação da sentença de extinção do poder familiar.
(B) a condenação criminal do pai ou da mãe, por crime doloso praticado contra a vida, implicará na destituição do poder familiar.
(C) é atribuição do Conselho Tutelar representar ao Ministério Público para efeito das ações de perda ou suspensão do poder familiar, após esgotadas as possibilidades de manutenção da criança ou do adolescente junto à família natural.
(D) no procedimento para suspensão ou perda do poder familiar é obrigatória a oitiva dos pais sempre que eles forem identificados e estiverem em local conhecido, ressalvados os casos de não comparecimento perante a Justiça quando devidamente citados ou estiverem privados de liberdade.
(E) a falta ou a carência de recursos materiais como motivo suficiente para a perda ou a suspensão do poder familiar deve ser comprovada mediante o devido processo legal perante a autoridade judiciária competente.

A: incorreta. Nos termos do art. 166, § 1º, o consentimento para a entrega da criança para adoção é feito por meio de pedido formulado diretamente me cartório, sendo **retratável** até a audiência que será designada para a verificação da concordância com a adoção. O mesmo artigo, em seu § 5º, garante aos pais o direito de exercer o **arrependimento** em até 10 (dez) dias contados da data de prolação da sentença de extinção do poder familiar; **B:** incorreta. A condenação criminal do pai ou da mãe não implicará a destituição do poder familiar, exceto na hipótese de condenação por crime doloso, sujeito à pena de reclusão, contra o próprio filho ou filha (art. 23, § 2º); **C:** correta. Nos exatos termos do art. 136, inciso XI, do ECA; **D:** incorreta. É obrigatória a oitiva dos pais sempre que forem identificados e estiverem em local conhecido, ressalvados os casos de não comparecimento perante a Justiça quando devidamente citados (art. 161, § 4º) no entanto, se o pai ou a mãe estiverem privados de liberdade, a autoridade judicial requisitará sua apresentação para a oitiva (art. 161, § 5º); **E:** incorreta. A falta ou a carência de recursos materiais não constitui motivo suficiente para a perda ou a suspensão do poder familiar (art. 23 do ECA) Gabarito "C".

9. INFRAÇÕES ADMINISTRATIVAS

(Ministério Público/ES – VUNESP – 2013) Assinale a alternativa correta acerca da multa decorrente de infração administrativa no Estatuto da Criança e do Adolescente.

(A) A pretensão para a cobrança da multa prescreve em dois anos, nos termos do art. 114, I, do Código Penal.
(B) É aplicada ao transportador de criança ou de adolescente entre comarcas contíguas, acompanhado de ascendente ou colateral maior sem autorização expressa do pai, mãe ou responsável.
(C) O produto da arrecadação das multas é destinado ao funcionamento do Conselho Tutelar do respectivo município onde foram aplicadas, para fins de remuneração e formação continuada dos conselheiros tutelares.
(D) Por se tratar de penalidade administrativa, pode ser fixada de ofício pelo Ministério Público ao lavrar o auto de infração em que se constatou a irregularidade.
(E) Pode ser cobrada pelo Ministério Público, quando não for paga em até trinta dias do trânsito em julgado da decisão que a fixou.

A: incorreta, pois em se "tratando de sanção administrativa, a multa prevista nas infrações administrativas tipificadas no Estatuto segue as regras de Direito Administrativo, sendo, por assim, quinquenal o prazo prescricional" (ROSSATO; LÉPORE e SANCHES. *Estatuto da Criança e do Adolescente Comentado*. 3ª edição, 2012, São Paulo, Ed. RT). Neste sentido é o entendimento jurisprudencial: "Em se tratando de sanção administrativa, a multa imposta por força do art. 247 do ECA segue as regras de direito administrativo e não penal, sendo quinquenal o prazo prescricional. Precedentes da seção de Direito Público" (REsp 894.528/RN, 2ª T., j. 14.04.2009, rel. Min. Eliana Calmon, *DJ* 08.05.2009); **B:** incorreta, pois a hipótese descrita na alternativa não configura a infração administrativa prevista no art. 251 do ECA, segundo a qual é vedado transportar criança ou adolescente, por qualquer meio, com inobservância do disposto nos arts. 83, 84 e 85. Em princípio, nenhuma criança poderá viajar para fora da comarca onde reside, desacompanhada dos pais ou responsável, sem expressa autorização judicial. Todavia, a autorização não será exigida quando: *a) tratar-se de comarca contígua à da residência da criança, se na mesma unidade da Federação, ou incluída na mesma região metropolitana; b) a criança estiver acompanhada: 1) de ascendente ou colateral maior, até o terceiro*

grau, comprovado documentalmente o parentesco; 2) de pessoa maior, expressamente autorizada pelo pai, mãe ou responsável (art. 83 do ECA). Por sua vez, o adolescente poderá viajar sozinho, em todo o território nacional, sendo desnecessária a autorização judicial, a qual somente é exigida pelo ECA, caso se trate de viagem internacional. Nos termos do art. 84 do ECA, em caso de viagem internacional, "a autorização é dispensável, se a criança ou adolescente: I – estiver acompanhado de ambos os pais ou responsável; II – viajar na companhia de um dos pais, autorizado expressamente pelo outro através de documento com firma reconhecida"; **C:** incorreta, pois os valores das multas reverterão ao fundo gerido pelo Conselho dos Direitos da Criança e do Adolescente do respectivo município (art. 214 do ECA). Cumpre consignar que deverá constar da lei orçamentária municipal e da do Distrito Federal previsão dos recursos necessários ao funcionamento do Conselho Tutelar e à remuneração e formação continuada dos Conselheiros Tutelares (art. 134, parágrafo único, do ECA); **D:** incorreta, pois o Ministério Público poderá representar ao juízo visando à aplicação de penalidade por infrações cometidas contra as normas de proteção à infância e à juventude, sem prejuízo da promoção da responsabilidade civil e penal do infrator, quando cabível (art. 201, X, do ECA). Inclusive, o juiz poderá impor multa diária ao réu, independentemente de pedido do autor, se for suficiente ou compatível com a obrigação de fazer ou não fazer, fixando prazo razoável para o cumprimento do preceito (art. 213, § 2º, do ECA); **E:** correta, pois as multas não recolhidas até trinta dias após o trânsito em julgado da decisão serão exigidas através de execução promovida pelo Ministério Público, nos mesmos autos, facultada igual iniciativa aos demais legitimados (art. 214, § 1º, do ECA).
Gabarito "E".

10. TEMAS COMBINADOS

(Defensor Público/RO – 2017 – VUNESP) Assinale a alternativa que contém informação correta em relação à Lei no 10.097/2000 (introduziu alterações na Consolidação das Leis do Trabalho) ou à Lei no 12.594/12 (SINASE).

(A) A gravidade do ato infracional, os antecedentes e o tempo de duração da medida não são fatores que, por si, justifiquem a não substituição da medida por outra menos grave.
(B) O contrato de aprendizagem não poderá ser estipulado por mais de um ano.
(C) É assegurado a todos os adolescentes em cumprimento de medida de internação o direito a visita íntima.
(D) Compete aos Municípios criar, desenvolver e manter programas para a execução das medidas socioeducativas de semiliberdade e internação.
(E) A duração do trabalho do aprendiz não poderá exceder, em nenhuma hipótese, o período de seis horas diárias, sendo vedadas a prorrogação e a compensação de jornada.

A: correta, nos exatos termos do art. 42, § 2º, da Lei 12.594/2012; **B:** incorreta. O contrato de aprendizagem não poderá ser estipulado por mais de dois anos (art. 428, § 3º, da CLT); **C:** incorreta. É assegurado ao adolescente casado ou que viva, comprovadamente, em união estável o direito à visita íntima (art. 68 da Lei 12.594/2012); **D:** incorreta. Nos termos do art. 4º, II, da Lei 12.594/2012, compete aos Estados criar, desenvolver e manter programas para a execução das medidas socioeducativas de semiliberdade e internação; **E:** incorreta. A duração do trabalho do aprendiz não poderá exceder 6 (seis) horas diárias, sendo vedadas prorrogações e compensação de jornada, salvo nas hipóteses em que o aprendiz já tiver completado o ensino fundamental. Nessa hipótese, o limite poderá ser de até 8 (oito) horas diárias, se nelas forem computadas as horas destinadas à aprendizagem teórica (art. 432 da CLT).
Gabarito "A".

(Defensor Público/RO – 2017 – VUNESP) É correto afirmar, com relação à Justiça da Infância e da Juventude e aos seus procedimentos, que

(A) os menores de vinte e um anos serão assistidos por seus pais, tutores ou curadores, na forma da legislação civil ou processual.
(B) a competência da Infância e da Juventude será determinada, em regra, pelo lugar onde se encontre a criança ou adolescente.
(C) a infiltração de agentes de polícia na internet, com o fim de investigar o crime de estupro de vulnerável, não poderá exceder o prazo de 90 (noventa) dias, sem prejuízo de eventuais renovações, desde que o total não exceda a 720 (setecentos e vinte) dias e seja demonstrada sua efetiva necessidade, a critério da autoridade judicial.
(D) no procedimento para a perda ou a suspensão do poder familiar, é obrigatória a oitiva dos pais sempre que esses forem identificados e estiverem em local conhecido, salvo se o pai ou a mãe estiverem privados de liberdade.
(E) a intimação da sentença que aplicar medida de internação ou regime de semiliberdade far-se-á, unicamente, na pessoa do defensor.

A: incorreta. Somente os menores de 18 (dezoito) anos serão assistidos por seus pais, tutores ou curadores; **B:** incorreta. A competência da Infância e Juventude é determinada i) pelo domicílio dos pais ou responsável e ii) pelo lugar onde se encontre a criança ou adolescente, à falta dos pais ou responsável (art. 147 do ECA). Vale lembrar que a súmula 383 do Superior Tribunal de Justiça, estabelece que a "competência para processar e julgar as ações conexas de interesse de menor é, em princípio, do foro do domicílio do detentor de sua guarda"; **C:** correta, nos exatos termos do art. 190-A, inciso III, do ECA; **D:** incorreta. É obrigatória a oitiva dos pais sempre que forem identificados e estiverem em local conhecido, ressalvados os casos de não comparecimento perante a Justiça quando devidamente citados (art. 161, § 4º) no entanto, se o pai ou a mãe estiverem privados de liberdade, a autoridade judicial requisitará sua apresentação para a oitiva (art. 161, § 5º); **E:** incorreta. A intimação da sentença que aplicar medida de internação ou regime de semiliberdade será feita i) ao adolescente e ao seu defensor e ii) quando não for encontrado o adolescente, a seus pais ou responsável, sem prejuízo do defensor (art. 190 do ECA).
Gabarito "C".

(Juiz de Direito – TJ/RS – 2018 – VUNESP) Assinale a alternativa correta de acordo com o entendimento sumulado do Superior Tribunal de Justiça.

(A) A competência para processar e julgar as ações conexas de interesse de menor é, em princípio, do foro da sede da entidade ou do órgão responsável pela adoção das medidas de proteção ao menor.
(B) A confissão do adolescente no procedimento para aplicação de medida socioeducativa permite a desistência de outras provas e aplicação de medida mais adequada ao princípio da reeducação e da proteção integral.
(C) É dispensável a oitiva do menor infrator antes de decretar-se a regressão da medida socioeducativa.
(D) A configuração do crime do art. 244-B do ECA depende da prova da efetiva corrupção do menor, por se tratar de delito formal.
(E) O Ministério Público tem legitimidade ativa para ajuizar ação de alimentos em proveito de criança ou ado-

lescente independentemente do exercício do poder familiar dos pais, ou do fato de o menor se encontrar nas situações de risco descritas no art. 98 do Estatuto da Criança e do Adolescente, ou de quaisquer outros questionamentos acerca da existência ou eficiência da Defensoria Pública na comarca.

A: incorreta. A competência da Infância e Juventude é determinada i) pelo domicílio dos pais ou responsável e ii) pelo lugar onde se encontre a criança ou adolescente, à falta dos pais ou responsável (art. 147 do ECA). Vale lembrar que a súmula 383 do Superior Tribunal de Justiça, estabelece que a "competência para processar e julgar as ações conexas de interesse de menor é, em princípio, do foro do domicílio do detentor de sua guarda"; **B:** incorreta. Conforme súmula 342 do Superior Tribunal de Justiça, "no procedimento para aplicação de medida socioeducativa, é nula a desistência de outras provas em face da confissão do adolescente"; **C:** incorreta. Conforme súmula 265 do Superior Tribunal de Justiça "é necessária a oitiva do menor infrator antes de decretar-se a regressão da medida socioeducativa"; **D:** incorreta. Conforme súmula 500 do Superior Tribunal de Justiça, "*a configuração do crime previsto no artigo 244-B do* Estatuto da Criança e do Adolescente *independe da prova da efetiva corrupção do menor, por se tratar de delito formal*". **E:** correta. Conforme súmula 594 do Superior Tribunal de Justiça: "*O Ministério Público tem legitimidade ativa para ajuizar ação de alimentos em proveito de crianças e adolescentes independentemente do exercício do poder familiar dos pais ou do fato de o menor se encontrar nas situações de risco descritas no artigo 98 do ECA ou de quaisquer outros questionamentos acerca da existência ou eficiência da Defensoria Pública na comarca*". Gabarito "E".

(Juiz de Direito – TJ/RS – 2018 – VUNESP) Em relação à jurisprudência, aos crimes e infrações administrativas previstas no Estatuto da Criança e dos Adolescentes, e à Organização Judiciária e demais peculiaridades e competências do Poder Judiciário do Rio Grande do Sul, é correto afirmar:

(A) o Conselho da Magistratura do Rio Grande do Sul pode, excepcionalmente, atribuir às varas da Infância e Juventude competência para processar e julgar o crime de estupro de vulnerável cuja vítima seja criança ou adolescente.
(B) a conduta consistente em auxiliar a efetivação de ato destinado ao envio de criança ou adolescente para o exterior com inobservância das formalidades legais sem o fito de obter lucro é penalmente atípica mas configura infração administrativa.
(C) aquele que adquire vídeo ou qualquer outra forma de representação visual que apenas simula a participação de criança ou adolescente em cena de sexo explícito ou pornográfica não pode ser responsabilizado penalmente nos termos do Estatuto da Criança e do Adolescente.
(D) hospedar criança ou adolescente desacompanhado dos pais ou responsável, ou sem autorização escrita desses ou da autoridade judiciária, em pensão é conduta caracterizada como crime nos termos do Estatuto da Criança e do Adolescente.
(E) a conduta do médico, enfermeiro ou dirigente de estabelecimento de atenção à saúde de gestante que deixa de efetuar imediato encaminhamento à autoridade judiciária de caso de que tenha conhecimento de mãe ou gestante interessada em entregar seu filho para adoção é caracterizada como crime nos termos do Estatuto da Criança e do Adolescente.

A: correta. Embora o art. 149 do ECA não insira entre as atribuições da Vara de Infância e Juventude a competência para julgar crimes contra a criança e o adolescente, a jurisprudência vem aceitando que a Lei de Organização Judiciária atribua essa competência; **B:** incorreta. Constitui crime do art. 239 do ECA: "Promover ou auxiliar a efetivação de ato destinado ao envio de criança ou adolescente para o exterior com inobservância das formalidades legais ou com o fito de obter lucro"; **C:** incorreta. Constitui crime do art. 241- C do ECA: "Simular a participação de criança ou adolescente em cena de sexo explícito ou pornográfica por meio de adulteração, montagem ou modificação de fotografia, vídeo ou qualquer outra forma de representação visual". Incorre nas mesmas penas quem vende, expõe à venda, disponibiliza, distribui, publica ou divulga por qualquer meio, adquire, possui ou armazena o material produzido na forma do *caput* deste artigo (art. 241-C, parágrafo único, do ECA); **D:** incorreta. Trata-se de infração administrativa prevista no art. 250 do ECA; **E:** incorreta. Constitui infração administrativa prevista no art. 258-B do ECA. Gabarito "A".

(Juiz – TJ/RJ – VUNESP – 2016) Com relação à Convenção sobre os Direitos da Criança da ONU, tratado internacional de proteção de direitos humanos, com início de vigência em 1990, é correto afirmar que

(A) se afastando da técnica de diferenciação utilizada pela legislação específica brasileira, define criança como todo ser humano que não atingir a maioridade civil e penal ou for declarado totalmente incapaz, desde que menor de 18 anos, nos termos da legislação aplicável.
(B) em respeito aos princípios da anterioridade e da legalidade, bem como ao garantismo processual, foram criados os Protocolos Facultativos adesivos, versando sobre a) Venda de Crianças, Prostituição Infantil e Pornografia Infantil e b) Envolvimento de Crianças em Conflitos Armados, para tipificação de delitos contra a dignidade sexual e de guerra envolvendo crianças.
(C) ao estabelecer a obrigação dos Estados de respeitar responsabilidades, direitos e obrigações dos pais, apropriados para o exercício, pela criança, dos direitos que contempla, adotou o princípio do *best interest of the child*, encampada pelo artigo 227, *caput*, da Constituição da República Federativa do Brasil.
(D) estabelece, em seu rol de direitos contemplados, a proteção de crianças estrangeiras, inclusive contra a migração interna forçada e utilização em experiências médicas e científicas, prevendo a entrega como instituto de cooperação internacional.
(E) visando a observação dos direitos das crianças, estabeleceu forma de monitoramento peculiar (*special force machinery*), via relatórios apresentados pelo Comitê sobre os Direitos da Criança aos Estados-Partes, para análise e acompanhamento.

A: incorreta. "Para efeitos da presente Convenção considera-se como criança todo ser humano com menos de dezoito anos de idade, a não ser que, em conformidade com a lei aplicável à criança, a maioridade seja alcançada antes" (art. 1º da Convenção sobre os Direitos da Criança). **B:** incorreta. Os protocolos facultativos não trazem previsão sobre o envolvimento de crianças em conflitos armados nem mesmo tipifica delitos contra a dignidade sexual e de guerra envolvendo crianças. **C:** correta. O art. 227 da Constituição Federal, inspirado na Convenção sobre os Direitos da Criança, adotou o princípio da proteção integral e do melhor interesse da criança, trazendo responsabilidade para a família, a sociedade e para o Estado no dever de proteger a criança e o adolescente. **D:** incorreta. Nos termos do art. 11 da Convenção sobre os Direitos da Criança, "os Estados-Partes adotarão medidas a fim de lutar contra a transferência ilegal de crianças para o exterior e a retenção ilícita das mesmas fora do país". **E:** incorreta. Na forma do art. 44 da Convenção, "os Estados-Partes se comprometem a apresentar ao comitê, por intermédio do Secretário-Geral das Nações Unidas, relatórios sobre as medidas que tenham adotado com vistas a tornar efetivos os direitos reconhecidos na convenção e sobre os progressos alcançados no desempenho desses direitos: a) num prazo de dois anos a partir da data em que entrou em vigor para cada Estado-Parte a presente convenção; b) a partir de então, a cada cinco anos". RD

Gabarito "C".

(Juiz – TJ/RJ – VUNESP – 2016) A anencefalia, de acordo com entendimento jurisprudencial do Supremo Tribunal Federal, no julgamento da ADPF (arguição de descumprimento de preceito fundamental), ajuizada pela Confederação dos Trabalhadores na Saúde – CNTS, sob relatoria do Ministro Marco Aurélio de Mello:

(A) não dispensa autorização judicial prévia ou qualquer forma de autorização do Estado para a antecipação terapêutica do parto, implicando ajustamento dos envolvidos nas condutas típicas descritas pelos artigos 124, 126 e 128, I e II, do Código Penal, com vistas à proteção do direito à vida.

(B) estendeu a desnecessidade de autorização judicial prévia ou qualquer forma de autorização do Estado para a antecipação terapêutica do parto, no aborto sentimental ou humanitário, decorrente da gravidez em caso de estupro, em respeito aos princípios da moral razoável e da dignidade da pessoa humana.

(C) porque há vida a ser protegida, implica a subsunção da conduta dos envolvidos no procedimento de antecipação terapêutica do parto aos tipos de aborto previstos no Estatuto Repressivo, dependendo da qualidade do agente que o praticou ou permitiu a sua prática.

(D) permite a antecipação terapêutica do parto, com proteção à vida da mãe, a exemplo do aborto sentimental, que tem por finalidade preservar a higidez física e psíquica da mulher, conclusão que configura interpretação do Código Penal de acordo com a Constituição Federal, orientada pelos preceitos que garantem o Estado laico, a dignidade da pessoa humana, o direito à vida e a proteção à autonomia, da liberdade, da privacidade e da saúde.

(E) não qualifica direito da gestante de submeter-se à antecipação terapêutica de parto sob pena de o contrário implicar pronunciamento da inconstitucionalidade abstrata dos artigos 124, 126 e 128, I e II, do Código Penal, e, via de consequência, a descriminalização do aborto.

Conforme decisão na ADPF 54 que decidiu sobre a anencefalia: "Feto anencéfalo – Interrupção da gravidez – Mulher – Liberdade sexual e reprodutiva – Saúde – Dignidade – Autodeterminação – Direitos fundamentais – Crime – Inexistência. Mostra-se inconstitucional interpretação de a interrupção da gravidez de feto anencéfalo ser conduta tipificada nos artigos 124, 126 e 128, incisos I e II, do Código Penal". Mais ainda, conforme a decisão, para interromper a gravidez de feto anencéfalo não é necessária autorização judicial ou qualquer outra forma de permissão, basta a comprovação do diagnóstico da anencefalia do feto. Um dos principais fundamentos da ADPF é que não há conflito entre direitos fundamentais (conflito apenas aparente), já que o feto anencéfalo, mesmo que biologicamente vivo, porque feito de células e tecidos vivos, seria juridicamente morto, de maneira que não deteria proteção jurídica, principalmente a jurídico-penal. Sendo assim, por 8 votos a 2, os Ministros decidiram que não é crime interromper a gravidez de fetos anencéfalos. A conduta é considerada atípica. RD

Gabarito "D".

(Juiz – TJ/MS – VUNESP – 2015) Com relação à retrospectiva e evolução histórica do tratamento jurídico destinado à criança e ao adolescente no ordenamento pátrio, é correto afirmar que

(A) na fase da absoluta indiferença, não havia leis voltadas aos direitos e deveres de crianças e adolescentes.

(B) na fase da proteção integral, regida pelo Estatuto da Criança e do Adolescente, as leis se limitam ao reconhecimento de direitos e garantias de crianças e adolescentes, sem intersecção com o direito amplo à infância, porque direito social, amparado pelo artigo 6º da Constituição Federal.

(C) a fase da mera imputação criminal não se insere na evolução histórica do tratamento jurídico concedido à criança e ao adolescente no ordenamento jurídico pátrio porque extraída do direito comparado.

(D) na fase da mera imputação criminal, regida pelas Ordenações Afonsinas e Filipinas, pelo Código Criminal do Império, de 1830, e pelo Código Penal, de 1890, as leis se limitavam à responsabilização criminal de maiores de 16 (dezesseis) anos por prática de ato equiparado a crime.

(E) na fase tutelar, regida pelo Código Mello Mattos, de 1927, e Código de Menores, de 1979, as leis se limitavam à colocação de crianças e adolescentes, em situação de risco, em família substituta, pelo instituto da tutela.

Conforme Paulo Afonso Garrido de Paula,1 a evolução do tratamento da criança e do adolescente no ordenamento jurídico brasileiro pode ser resumida em quatro fases. A *fase da absoluta indiferença*; *fase da mera imputação criminal*; *fase tutelar* e *fase da proteção integral*. Na fase *absoluta indiferença*, não existiam normas relacionadas à criança e ao adolescente. A fase da *mera imputação criminal*, compreende as Ordenações Afonsinas e Filipinas (sancionada por Filipe I em 1.595), o Código Criminal do Império de 1830 e o Código Penal de 1890. Referidas leis tinham apenas o propósito de regular prática de ato infracional pelos menores. A *fase tutelar*, compreende o Código Mello Mattos de 1927 (o primeiro Código sistemático de menores, destacando-se pela preocupação com a assistência aos menores) e o Código de Menores de 1979 (regido pelo princípio do menor em situação irregular e que foi revogado pelo Estatuto da Criança e do Adolescente). Nessa fase, há preocupação com a integração social e familiar da criança, além da regulamentação da prática de atos infracionais. Na fase de *proteção integral*, que inspirou todo o Estatuto da Criança e do Adolescente, ficam reconhecidos os direitos e garantias às crianças e aos adolescentes, considerando-os como pessoa em desenvolvimento. **A:** correta. Conforme explicado acima. **B:** incorreta. Na fase da proteção integral, as leis não se limitam ao reconhecimento dos direitos da criança e do adolescente, devendo ser garantida a proteção integral para o pleno desenvolvimento da pessoa. Ademais, pressupõe a intercessão com o direito amplo à infância, que também é reconhecido como um direito social, na forma do art. 6º do Estatuto da Criança e do Adolescente. **C:** incorreta. A fase de mera imputação está inserida na nossa evolução histórica, que além de conter normas do Direito brasileiro (Código Criminal do Império de 1830 e o Código Penal de 1890). **D:** incorreta. Código Penal Brasileiro de 1830 fixou a idade de responsabilidade penal objetiva aos 14 anos e facultou ao juiz a possibilidade de, em caso de comprovado discernimento, mandá-la para a cadeia a partir dos 7

---

1. *Direito da criança e do adolescente e tutela jurisdicional diferenciada.* Editora Revista dos Tribunais, 2002, 26.

anos. Portanto, o Brasil adota critério biopsicológico entre 7 e 14 anos para afirmar que a partir dos 14 se é tratado como adulto. O Código Penal de 1890, o primeiro da República, estabeleceu a inimputabilidade absoluta apenas para os menores de nove anos. **E:** incorreta. A guarda, tutela e adoção estavam previstas no Código Civil de 1916. No entanto, foi o Código Mello Mattos, que, pela primeira vez, enunciou regras relacionadas com a assistência e proteção aos menores. O Código de Menores (1979) trazia regras sobre a adoção simples e adoção plena, que posteriormente é alterada pelo ECA para fazer constar tão somente a adoção plena. **RD**
Gabarito "A".

(Juiz – TJ/MS – VUNESP – 2015) Quanto ao Direito à Profissionalização e à Proteção no Trabalho, previsto no Capítulo V, do Título II do Estatuto da Criança e do Adolescente, nos artigos 60 e seguintes, a aprendizagem está definida como

(A) programa social que tenha por base o trabalho educativo, sob responsabilidade de entidade governamental ou não governamental, sem fins lucrativos.
(B) formação técnico-profissional ministrada segundo as diretrizes e bases da legislação de educação em vigor.
(C) contrato de trabalho especial, ajustado por escrito e por prazo determinado, pelo qual o empregador se compromete a assegurar ao maior de 14 (catorze) anos ingresso em programa de formação técnico-profissional.
(D) contrato de trabalho especial, sem forma específica e por prazo determinado, pelo qual o empregador se compromete a assegurar ao maior de 14 (catorze) anos, com anuência de seus pais ou responsáveis, ingresso em programa de formação técnico-profissional.
(E) contrato de trabalho especial, sem forma específica e por prazo determinado, pelo qual o empregador se compromete a assegurar ao maior de 14 (catorze) e menor de 24 (vinte e quatro) anos, com anuência de seus pais ou responsável, ingresso em programa social.

A: incorreta. O trabalho educativo, realizado através de programa social, sob responsabilidade de entidade governamental ou não governamental sem fins lucrativos, tem por base assegurar ao adolescente condições para a realização de atividade regular remunerada aliada a uma formação educacional e moral. Já a aprendizagem visa a formação técnico-profissional. **B:** correta. Considera-se aprendizagem a formação técnico-profissional ministrada segundo as diretrizes e bases da legislação de educação em vigor (art. 62 do ECA). **C:** incorreta. Conforme art. 428 da CLT, o contrato de aprendizagem é o contrato de trabalho especial, ajustado por escrito e por prazo determinado, em que o empregador se compromete a assegurar ao maior de 14 (quatorze) e menor de 24 (vinte e quatro) anos inscrito em programa de aprendizagem formação técnico-profissional metódica, compatível com o seu desenvolvimento físico, moral e psicológico, e o aprendiz, a executar com zelo e diligência as tarefas necessárias a essa formação. **D:** incorreta. Vide justificativa da alternativa "C". **E:** incorreta. Vide justificativa da alternativa "C". **RD**
Gabarito "B".

(Magistratura/MG – VUNESP – 2012) À luz da Lei n.º 8.069/1990, assinale a alternativa que apresenta informação **incorreta**.

(A) Para adoção conjunta, por casal homoafetivo, é necessário que eles sejam casados civilmente ou que mantenham união estável, comprovada a estabilidade da família.
(B) Iniciado o procedimento em decorrência de ato infracional cometido pelo menor, a concessão da remissão pela autoridade judiciária importará na suspensão ou extinção do processo.
(C) Em se tratando de viagem ao exterior, a autorização judiciária é dispensável, se a criança ou adolescente viajar na companhia de um dos pais e autorizada expressamente pelo outro, com firma reconhecida.
(D) O adolescente apreendido por força de ordem judicial será, desde logo, encaminhado à autoridade policial competente.

A: correta. De acordo com o art. 42, § 2º, do ECA, para a adoção conjunta, é indispensável que os adotantes sejam casados civilmente ou mantenham união estável, comprovada a estabilidade da família. Assim, não há exigência de que as pessoas sejam de sexos distintos, mas também não há previsão legal de adoção por casal homoafetivo. "*Não obstante, já vem sendo reconhecida a possibilidade de adoção por casais formados por integrantes do mesmo sexo, desde que tal união possa ser reconhecida como entidade familiar, com suas características próprias (estabilidade, ostensibilidade e traços afetivos sólidos). (...) A possibilidade de adoção por casais homoafetivos agora está firmada, pois em 2011, tanto o STF quanto o STJ finalmente reconheceram a legalidade da união estável entre pessoas do mesmo sexo* (Rossato, Lépore e Sanches, **Estatuto da Criança e do Adolescente**, editora RT); **B:** correta. Antes de iniciado o procedimento judicial para apuração de ato infracional, o representante do Ministério Público poderá conceder a remissão, como forma de exclusão do processo. Por sua vez, iniciado o procedimento, a concessão da remissão pela autoridade judiciária importará na suspensão ou extinção do processo (art. 126, *caput* e parágrafo único, do ECA); **C:** correta (art. 84 do ECA); **D:** incorreta, devendo ser assinalada, pois o adolescente apreendido será encaminhado à autoridade judiciária competente (art. 171 do ECA). **WG/ED**
Gabarito "D".

14. DIREITO FINANCEIRO

Robinson Barreirinhas

1. PRINCÍPIOS E NORMAS GERAIS

(Advogado – Pref. São Roque/SP – 2020 – VUNESP) Recentemente, o governo federal iniciou debate público a respeito do excesso de vinculações de receitas no ordenamento nacional, propondo a alteração das regras constitucionais que tratam desse tema. Com relação às regras atualmente vigentes a respeito do assunto, é correto afirmar que

(A) a Constituição exige lei complementar para a vinculação de receitas a órgão específico.
(B) é necessária a previsão em lei específica para a vinculação da receita de impostos a fundos públicos.
(C) é necessária prévia autorização legal para a criação de fundos públicos aos quais sejam vinculadas receitas decorrentes da arrecadação de taxas.
(D) as receitas decorrentes da arrecadação de contribuições sociais têm a sua aplicação necessariamente vinculada ao objeto de sua criação.
(E) as receitas vinculadas por meio de decreto do chefe do Poder Executivo não podem ser desvinculadas por meio de lei, em respeito à separação de poderes.

A: incorreta, pois não há essa exigência na constituição, sendo que vinculação, quando admitida constitucional, pode ser feita por lei ordinária; **B:** incorreta, pois essa vinculação de impostos é vedada, nos termos e com as exceções do art. 167, IV, da CF; **C:** correta, pois os fundos orçamentários somente podem ser criados após autorização legislativa – art. art. 167, IX, da CF; **D:** discutível. Foi considerada incorreta, pois, apesar do disposto nos arts. 149 e 195 da CF, o STF entendeu que "eventual inconstitucionalidade de desvinculação de receita de contribuições sociais não acarreta a devolução ao contribuinte do montante correspondente ao percentual desvinculado, pois a tributação não seria inconstitucional ou ilegal, única hipótese autorizadora da repetição do indébito tributário" – Tese de Repercussão Geral 277; **E:** incorreta, pois a vinculação de receitas, quando permitida constitucionalmente, somente pode ser feita por lei (decorrência do princípio da legalidade – vide, a propósito, o art. 167, IV, da CF e o art. 71 da Lei 4.320/1964). Observação: há anos que o constituinte derivado criou a figura da desvinculação "temporária" de receitas da União, a chamada DRU, que vem sendo sucessivamente reeditada por emendas constitucionais, atualmente na redação do art. 76 do ADCT (hoje desvinculação 30% da receita da União, nos termos e com as exceções lá previstas. Por pressão de Estados de Municípios, que sempre pleitearam sua própria "DRU", atualmente vige figura semelhante para eles, nos termos do art. 76-A do ADCT, também desvinculando 30% de suas receitas, com as exceções lá listadas.
Gabarito "C".

(Advogado – Pref. São Roque/SP – 2020 – VUNESP) É correto afirmar, quanto ao exercício financeiro, com base na Lei 4.320/1964, que

(A) pertencem ao exercício financeiro as receitas nele lançadas e as despesas nele legalmente pagas.
(B) o exercício financeiro será fixado em lei local, podendo coincidir com o ano civil.
(C) os créditos da Fazenda Pública, de natureza tributária ou não tributária, serão escriturados como receita do exercício em que forem recolhidos, ainda que tenham sido arrecadados em exercício distinto.
(D) se consideram Restos a Pagar as despesas empenhadas, mas não pagas, até o dia 31 de dezembro, distinguindo-se as processadas das ultraprocessadas.
(E) os Restos a Pagar com prescrição interrompida poderão ser pagos à conta de dotação específica consignada no orçamento, discriminada por elementos, obedecida, sempre que possível, a ordem cronológica.

A: incorreta, pois o regime de caixa se aplica às receitas, e o regime de competência se aplica às despesas – é o contrário do que consta na assertiva – art. 35 da Lei 4.320/1964; **B:** incorreta, pois o exercício financeiro é fixado pela norma nacional (art. 165, § 9º, da CF – a Lei 4.320/1964 tem força de lei complementar federal – norma nacional). Assim, o exercício financeiro corresponde ao ano civil, por força do art. 34 da Lei 4.320/1964; **C:** dúbia. O recolhimento do tributo pelo sujeito passivo corresponde à arrecadação pelo sujeito ativo, de modo que a assertiva é bastante confusa. A receita é sempre contabilizada no exercício em que é arrecadada (regime de caixa) – art. 35, I, da – Lei 4.320/1964; **D:** incorreta, pois não existe despesa ultraprocessada. A despesa é (a) processada ou (b) não processada (= liquidada ou não liquidada) – art. 36 da Lei 4.320/1964; **E:** correta, sendo esta a melhor alternativa, pois corresponder exatamente ao disposto no art. 37 da Lei 4.320/1964. É interessante, ainda assim, anotar que, apesar da literalidade desse dispositivo, o pagamento dos restos a pagar é extraorçamentário, ou seja, não onera o orçamento do exercício em que esse pagamento é realizado.
Gabarito "E".

(Procurador do Estado/SP – 2018 – VUNESP) Entre os princípios que informam o orçamento público, insere-se o da discriminação ou especificação que, em essência, veda a fixação de dotações genéricas ou inespecíficas, o que não impede, contudo, que a Lei Orçamentária anual contenha

(A) dotações destinadas a despesas de pessoal e custeio em geral, fixadas de forma global para órgãos ou entidades, passíveis de aditamento nos limites estabelecidos no decreto de execução orçamentária editado pelo Chefe do Executivo.
(B) dotações de caráter meramente indicativo, dependendo, para sua quantificação, do atingimento dos percentuais de arrecadação estabelecidos no anexo de metas fiscais que integra a Lei de Diretrizes Orçamentárias.
(C) reserva de contingência para fazer frente a passivos contingentes e outros riscos fiscais imprevistos, em montante fixado pela Lei de Diretrizes Orçamentárias, estabelecido em percentual da receita corrente líquida.
(D) dotações atreladas a programas ou ações previstos no Plano Plurianual passíveis de remanejamento, no âmbito do mesmo programa, para outras despesas de capital ou custeio, mediante ato do Chefe do Executivo.

(E) dotações sem valor nominal, quando suportadas por receita de operações de crédito, contraídas junto a instituição financeira internacional ou organismo multilateral, referenciadas à cotação de moeda estrangeira.

A: incorreta, pois, nos termos do art. 5º da Lei 4.320/1964, a LOA não consignará dotações globais destinadas a atender indiferentemente a despesas de pessoal, material, serviços de terceiros, transferências ou quaisquer outras; **B, D e E:** incorretas, pois, conforme o princípio da especificação, especialização ou discriminação, deve haver previsão pormenorizada de receitas e despesas, não cabendo dotações globais ou ilimitadas – art. 167, VII, da CF e art. 5º da Lei 4.320/1964; **C:** correta, pois a reserva de contingência não implica dotação genérica ou inespecífica, sendo regulamentada pelo art. 5º, III, da LRF.
Gabarito "C".

Veja a seguinte tabela com os mais importantes princípios orçamentários, para estudo e memorização:

Princípios orçamentários	
Anualidade	A lei orçamentária é anual (LOA), de modo que suas dotações orçamentárias referem-se a um único exercício financeiro – art. 165, § 5º, da CF
Universalidade	A LOA inclui todas as despesas e receitas do exercício – arts. 3º e 4º da Lei 4.320/1964
Unidade	A LOA refere-se a um único ato normativo, compreendendo os orçamentos fiscal, de investimento e da seguridade social – art. 165, § 5º, da CF e art. 1º da Lei 4.320/1964. Ademais, cada esfera de governo (União, Estados, DF e Municípios) terá uma única LOA para cada exercício, o que também é indicado como princípio da unidade
Exclusividade	A LOA não conterá dispositivo estranho à previsão da receita e à fixação da despesa, admitindo-se a autorização para abertura de créditos suplementares e para contratação de operações de crédito – art. 165, § 8º, da CF
Equilíbrio	Deve haver equilíbrio entre a previsão de receitas e a autorização de despesas, o que deve também ser observado na execução orçamentária. Isso não impede a realização de superávits – ver art. 48, b, da Lei 4.320/1964 e art. 31, § 1º, II, da LRF (LC 101/2000)
Especificação, especialização ou discriminação	Deve haver previsão pormenorizada de receitas e despesas, não cabendo dotações globais ou ilimitadas – art. 167, VII, da CF e art. 5º da Lei 4.320/1964
Unidade de tesouraria	As receitas devem ser recolhidas em caixa único, sendo vedada qualquer fragmentação para criação de caixas especiais – art. 56 da Lei 4.320/1964
Não afetação ou não vinculação da receita dos impostos	É vedada a vinculação de receita de impostos a órgão, fundo ou despesa, com as exceções previstas no art. 167, IV, da CF

2. LEI DE DIRETRIZES ORÇAMENTÁRIAS – LDO, LEI ORÇAMENTÁRIA ANUAL – LOA E PLANO PLURIANUAL – PPA

(Advogado – Pref. São Roque/SP – 2020 – VUNESP) Com relação às leis que veiculam o planejamento orçamentário, é correto afirmar que

(A) os planos e programas nacionais, regionais e setoriais previstos na Constituição serão elaborados em consonância com o plano plurianual e apreciados pelo Congresso Nacional.

(B) a lei de diretrizes orçamentárias e a lei orçamentária anual são de iniciativa do Poder Legislativo, ao passo que o plano plurianual é de iniciativa do Poder Legislativo.

(C) o projeto de lei de diretrizes orçamentárias será acompanhado de demonstrativo global do efeito sobre as receitas e despesas decorrente de isenções, anistias, remissões, subsídios e benefícios de natureza financeira, tributária e creditícia.

(D) a lei orçamentária anual não conterá dispositivo estranho à previsão da receita e à fixação da despesa, incluindo-se na proibição a autorização para contratação de operações de crédito, ainda que por antecipação de receita, nos termos da lei.

(E) o plano plurianual compreenderá as metas e prioridades da administração pública, incluindo as despesas de capital para o exercício financeiro subsequente e disporá sobre as alterações na legislação tributária.

A: correta – art. 165, § 4º, da CF; **B:** incorreta, pois os projetos da LDO, da LOA e do PPA são de iniciativa privativa do chefe do Executivo – art. 165 da CF; **C:** incorreta, pois esse demonstrativo deve acompanhar o projeto de LOA – art. 165, § 6º, da CF; **D:** incorreta, pois o princípio da exclusividade, previsto no art. 165, § 8º, da CF, admite excepcionalmente a previsão, na LOA, de autorização para abertura de créditos suplementares e contratação de operações de crédito, ainda que por antecipação de receita; **E:** incorreta, pois essas disposições são da LDO, não do PPA – art. 165, § 2º, da CF.
Gabarito "A".

(Juiz de Direito – TJ/RJ – VUNESP – 2016) O orçamento fiscal referente aos Poderes da União, seus fundos, órgãos e entidades da Administração direta e indireta, inclusive fundações instituídas e mantidas pelo Poder Público está compreendido na lei

(A) do plano diretor.
(B) do orçamento anual.
(C) de diretrizes orçamentárias.
(D) de responsabilidade fiscal.
(E) orgânica.

A: incorreta, considerando que o plano diretor se refere a normas urbanísticas – art. 182, § 1º, da CF; **B:** correta, conforme o art. 165, § 5º, I, da CF; **C:** incorreta, pois a LDO compreende as metas e prioridades da administração pública federal, incluindo as despesas de capital para o exercício financeiro subsequente, orienta a elaboração da lei orçamentária anual, dispõe sobre as alterações na legislação tributária e estabelece a política de aplicação das agências financeiras oficiais de fomento – art. 165, § 2º, da CF; **D:** incorreta, pois a LRF é norma nacional, não compreende especificamente os orçamentos anuais, que estão em leis de cada ente político brasileiro; **E:** incorreta, pois a lei orgânica é a norma maior dos Municípios e Distrito Federal, não dispondo especificamente dos orçamentos anuais de cada ente – arts. 29 e 32 da CF.
Gabarito "B".

(Procurador do Estado/SP – VUNESP – 2005) Dentre as finalidades do orçamento no setor público, excetua-se:

(A) prever o balanço do exercício.
(B) estabelecer limites para a receita e a despesa do exercício seguinte.
(C) instrumentalizar financeiramente o planejamento.
(D) vedar a possibilidade de controle político sobre os Executivos, em respeito ao princípio da separação de poderes.
(E) expressar o programa de operações do governo e os meios necessários à sua implementação.

A: correta, pois função essencial do orçamento é prever as receitas e as despesas públicas, o que pode, de certa forma, ser indicado como balanço orçamentário do exercício; **B:** em termos pois, embora se trata de previsão dos valores de receita e despesa, a LOA não fixa limites em relação à receita, ou seja, nada impede que os valores realizados efetivamente sejam superiores aos constantes da lei orçamentária; C e **E:** assertivas corretas, pois a LOA é ferramenta por meio da qual a administração pública deve planejar e realizar seus programas, projetos e atividades de modo racional, transparente e eficiente (= orçamento-programa); **D:** incorreta, pois há controle externo do Executivo, realizado pelo Legislativo, na forma do art. 70 da CF.
Gabarito "D".

3. LEI DE RESPONSABILIDADE FISCAL – LRF

(Procurador Municipal – Sertãozinho/SP – VUNESP – 2016) Assinale a assertiva correta no que se refere à gestão patrimonial, segundo a regência da Lei de Responsabilidade Fiscal.

(A) As disponibilidades de caixa dos regimes de previdência social, geral e próprio dos servidores públicos, ainda que vinculados a fundos específicos a que se refere a Constituição Federal, ficarão depositados em conta conjunta das demais disponibilidades e aplicadas nas condições de mercado, com observância dos limites e condições de proteção e prudência financeira.
(B) As disponibilidades de caixa dos regimes de previdência social, geral e próprio dos servidores públicos, ainda que vinculados a fundos específicos a que se refere a Constituição Federal, poderão ser aplicadas em títulos da dívida pública estadual e municipal, bem como em ações e outros papéis relativos às empresas controladas pelo respectivo ente da Federação.
(C) É permitida a aplicação da receita de capital derivada da alienação de bens e direitos que integram o patrimônio público para o financiamento de despesa corrente, salvo se destinada por lei aos regimes de previdência social, geral e próprio dos servidores públicos
(D) É anulável o ato de desapropriação de imóvel urbano expedido sem o atendimento do que dispõe a respeito a Constituição Federal, ou prévio depósito judicial do valor da indenização.
(E) A empresa controlada que firmar contrato de gestão em que se estabeleçam objetivos e metas de desempenho, na forma da lei, disporá de autonomia gerencial, orçamentária e financeira, sem prejuízo do disposto na Constituição Federal no que respeita ao orçamento de investimento compreendido na lei orçamentária anual.

A: incorreta, pois as disponibilidades de caixa dos regimes de previdência social, geral e próprio dos servidores públicos, ainda que vinculados a fundos específicos, ficarão depositados em conta separada das demais disponibilidades de cada ente e aplicadas nas condições de mercado, com observância dos limites e condições de proteção e prudência financeira – art. 43, § 1º, da LRF; **B:** incorreta, pois é vedada a aplicação dessas disponibilidades em títulos da dívida pública estadual e municipal, bem como em ações e outros papéis relativos às empresas controladas pelo respectivo ente da Federação – art. 43, § 2º, I, da LRF; **C:** incorreta, pois é o oposto. É vedada a aplicação da receita de capital derivada da alienação de bens e direitos que integram o patrimônio público para o financiamento de despesa corrente, salvo se destinada por lei aos regimes de previdência social, geral e próprio dos servidores públicos – art. 44 da LRF; **D:** incorreta, pois o ato de desapropriação é, nesse caso, nulo de pleno direito, não simplesmente anulável – art. 46 da LRF; **E:** correta, conforme o art. 47 da LRF.
Gabarito "E".

(Procurador – SP – VUNESP – 2015) A entrega de recursos correntes ou de capital a outro ente da federação, a título de cooperação, auxílio ou assistência financeira, que não decorra de determinação constitucional, legal ou os destinados ao Sistema Único de Saúde, entende-se, de acordo com a Lei Complementar 101/2000, por transferência

(A) onerosa.
(B) graciosa.
(C) voluntária.
(D) liberatória.
(E) subsidiária.

A assertiva reflete exatamente o disposto no art. 25 da LRF, que define transferências voluntárias, de modo que a alternativa "C" é a correta.
Gabarito "C".

(Procurador – SP – VUNESP – 2015) Determina a Lei Complementar 101/2000 que o Poder Executivo da União promoverá, até o dia trinta de junho, a consolidação, nacional e por esfera de governo, das contas dos entes da Federação relativas ao exercício anterior, e a sua divulgação, inclusive por meio eletrônico de acesso ao público. Nesse sentido, é correto afirmar que os municípios encaminharão suas contas ao Poder Executivo da União até trinta de

(A) dezembro.
(B) janeiro.
(C) março.
(D) abril.
(E) maio.

Os prazos fixados pelo art. 51, § 1º, da LRF para encaminhamento das contas pelos Estados e Municípios ao Executivo Federal, para consolidação nacional das contas, é até 31 de maio (para Estados) e 30 de abril (para Municípios, com cópia para o Executivo do respectivo Estado). Por essa razão, a alternativa "D" é a correta.
Gabarito "D".

(Procurador do Estado/SP – VUNESP – 2005) Sobre a Lei de Responsabilidade Fiscal (LRF), não é correto afirmar:

(A) O art. 14 da LRF disciplina a renúncia de receita, procedimento que pode ensejar a chamada "guerra fiscal", pela concessão desenfreada de isenções e benefícios fiscais pelos Estados para incentivar a instalação de indústrias em seus territórios.
(B) As normas constitucionais que versam sobre repartição das receitas tributárias dizem respeito ao Direito Financeiro e podem ser objeto das previsões contidas na LRF.
(C) Em caso de calamidade pública, estado de defesa ou de sítio regularmente reconhecidos, fica suspensa a eficácia dos dispositivos constantes da LRF, e os

prazos referidos em seu art. 65 começam a correr somente após a superação desses fatores excepcionais, desprezando-se o período anterior.

(D) A compensação e a limitação de empenho são os dois mecanismos básicos estabelecidos na LRF, e as medidas para implantação da compensação são semelhantes àquelas previstas para renúncia de receitas.

(E) Gastos tributários ou renúncias de receitas, dos quais são exemplos isenção, redução da base de cálculo ou de alíquotas, são equiparáveis a despesas públicas para os fins da LRF, demandando a utilização do mecanismo de compensação para sua efetivação.

A: assertiva correta, conforme o dispositivo citado; B: assertiva correta, pois cabe à lei complementar regular as matérias listadas no art. 161 da CF, atinentes à repartição constitucional de receitas tributárias. Ver também o art. 163, I, da CF; C: assertiva incorreta, devendo ser assinalada, pois o art. 65 da LRF refere-se apenas a calamidade pública reconhecida pelo Congresso Nacional, no caso da União, ou pelas Assembleias Legislativas, na hipótese dos Estados e Municípios; D: assertiva correta, conforme os arts. 9º e 14, II, da LRF; E: assertiva correta, conforme o art. 14 da LRF.
Gabarito "C".

(Procurador do Estado/SP – VUNESP – 2005) O art. 42 da LRF determina que é vedado ao titular do Poder ou órgão, nos últimos 8 meses do mandato, contrair obrigação de despesa que não possa ser cumprida integralmente no próprio exercício ou parcialmente no exercício seguinte, sem que haja suficiente disponibilidade de caixa, considerando-se os encargos e despesas compromissadas a pagar até o final do exercício, nos termos do parágrafo único.

Assinale a alternativa incorreta.

(A) O dispositivo se harmoniza com o art. 167, II da CF/1988, que estabelece distinção entre realização de despesa e assunção de obrigação.

(B) A obrigação de pagamento surge apenas após a liquidação da despesa, pois só então a Administração reconhece a dívida como líquida e certa, desde que as cláusulas contratadas tenham sido cumpridas.

(C) Contrato firmado no último mês de gestão pode vigorar no exercício seguinte, havendo disponibilidade de caixa, pois a expressão "obrigação de despesa" não se confunde com "obrigação de pagamento".

(D) Os restos a pagar, advindos de exercícios anteriores, enquadram-se no conceito de despesas compromissadas, referidas no parágrafo único.

(E) As despesas compromissadas a pagar, previstas no parágrafo único, são aquelas já empenhadas e liquidadas.

A: assertiva correta, conforme os dispositivos citados. Assunção da obrigação é a contratação da despesa ou o próprio empenho (art. 58 da Lei 4.320/1964). Realização da despesa é o cumprimento do objeto contratual com sua liquidação – arts. 60 e 61 da Lei 4.320/1964; B: correta, nos termos do art. 62 da Lei 4.320/1964; C: assertiva correta, pois é o que determina o art. 42 da LRF; D: assertiva correta, conforme comentários à próxima alternativa; E: assertiva incorreta, devendo ser assinalada, pois o art. 42, parágrafo único, da LRF exige o cômputo de todos os montantes a serem desembolsados pelo erário até o final do exercício (ainda que não liquidados ou, em determinados casos, nem mesmo empenhados), para cálculo da disponibilidade caixa.
Gabarito "E".

4. RECEITAS

(Procurador do Estado/SP – 2018 – VUNESP) Considere que o Estado necessite auferir receitas extraordinárias a fim de compensar a frustração da receita orçamentária estimada com a arrecadação de impostos. Nesse sentido, adotou, como alternativa, a alienação de imóveis e de ações representativas do controle acionário detido em sociedade de economia mista.

De acordo com as disposições constitucionais e legais aplicáveis,

(A) o produto de tais alienações é de livre destinação orçamentária, porém constitui receita equiparável àquela obtida com operação de crédito, sendo tal produto considerado no cômputo do limite de endividamento do Estado.

(B) a receita obtida com a alienação das ações, considerada proveniente de ativos mobiliários, configura excesso de arrecadação e pode ser destinada à abertura de créditos adicionais, especiais ou suplementares, para suportar despesas de capital ou custeio em geral.

(C) o produto obtido com tais alienações somente poderá ser aplicado em despesas de capital, admitindo-se a aplicação em despesas correntes apenas se houver destinação por lei aos regimes de previdência social, geral ou próprio, dos servidores públicos.

(D) o Estado deverá aplicar a receita obtida com tais alienações no custeio de pessoal, incluindo inativos, despesas estas que, pelo seu caráter alimentar, possuem precedência em relação às despesas de capital.

(E) apenas a receita obtida com a alienação de imóveis sujeita-se à denominada "regra de ouro", que determina sua aplicação exclusivamente em despesas de capital, sendo as demais, inclusive as decorrentes de operações de crédito, de livre destinação orçamentária.

A: incorreta, sendo inviável, em princípio, alienar patrimônio público para suprir deficiência de receitas correntes. Isso porque há regra de preservação de patrimônio que veda a aplicação de receita de capital derivada da alienação de bens e direitos que integram o patrimônio público para o financiamento de despesa corrente, salvo se destinada por lei aos regimes de previdência social, geral e próprio dos servidores públicos – art. 44 da LRF; B: incorreta, pois se trata de receita de capital, decorrente de alienação de patrimônio (conversão em espécie de bens e direitos), o que limita a destinação de seus recursos a despesas de capital, conforme o art. 44 da LRF; C: correta, conforme o art. 44 da LRF; D: incorreta, pois é inviável despender tais recursos com despesas correntes, exceto no caso previsto no art. 44 da LRF (exceto se destinados por lei aos regimes próprios de previdência dos servidores); E: incorreta, pois essa "regra de ouro" refere-se a toda receita de capital derivada da alienação de bens e direitos que integram o patrimônio público, não apenas imóveis – art. 44 da LRF. Interessante notar que a expressão "regra de ouro" é muito utilizada em sentido distinto, em relação à limitação do art. 167, III, da CF (vedação de operações de crédito em montante que exceda as despesas de capital).
Gabarito "C".

Veja a seguinte tabela, com a classificação das receitas por diversos critérios:

Classificações da Receita Pública			
Critério	Espécies	Definição	Exemplos
Previsão orçamentária	Orçamentária	Prevista (ou deveria) no orçamento	Tributos, transferências
	Extraorçamentária	À margem do orçamento	Depósitos, cauções, consignações, fianças, superávit, restos a pagar, operações de ARO
Origem	Originária	Decorre da exploração do patrimônio estatal e da prestação de serviço em regime privado	Recebimento de aluguel, preço pela venda de imóvel ou veículo da administração, juros em aplicações financeiras
	Derivada	Decorre da imposição legal	Tributos, multas
	Transferida	Auferida por outra entidade política e transferida para quem vai utilizá-la	Advinda dos Fundos de Participação dos Estados e dos Municípios
Regularidade	Ordinária	Usual, comum	Tributos
	Extraordinária	Esporádica, eventual	Doações, preço pela venda de bem, imposto extraordinário
Categoria econômica	Corrente	Listagem no art. 11, § 1º, da Lei 4.320/1964 – muito próximo das receitas ordinárias	Tributos, transferências correntes
	De Capital	Listagem no art. 11, § 2º, da Lei 4.320/1964 – muito próximo das receitas extraordinárias	Decorrente de operação de crédito (empréstimo), preço pela alienação de bens, transferências de capital

Veja a seguinte tabela, para estudo e memorização da classificação das receitas por categorias econômicas – art. 11, § 4º, da Lei 4.320/1964:

RECEITAS	Correntes	Receita tributária (Impostos, Taxas, Contribuições de melhoria) Receita de contribuições Receita patrimonial Receita agropecuária Receita industrial Receita de serviços Transferências correntes Outras receitas correntes
	de Capital	Operações de crédito Alienação de bens Amortização de empréstimos Transferências de capital Outras receitas de capital

(Procurador – SP – VUNESP – 2015) Nos termos da Lei Geral do Orçamento, a amortização de empréstimos concedidos encontra-se esquematizada como receita

(A) de capital.
(B) derivada.
(C) patrimonial.
(D) empresarial.
(E) diversa.

A amortização de empréstimos concedidos é receita de capital, nos termos do art. 11, § 4º, da Lei 4.320/1964, de modo que a alternativa "A" é a correta.
Gabarito "A".

(Procurador – SP – VUNESP – 2015) O produto de receitas especificadas que, por lei, vinculam-se à realização de determinados objetivos ou serviços, facultada a adoção de normas peculiares de aplicação, constitui, segundo a Lei 4.320/1964,

(A) reserva especial.
(B) reserva extraordinária.
(C) reserva adicional.
(D) fundo especial.
(E) fundo de reserva.

A assertiva reflete exatamente o disposto no art. 71 da Lei 4.320/1964, que define o fundo especial, de modo que a alternativa "D" é a correta.
Gabarito "D".

5. RENÚNCIA DE RECEITA

(Procurador do Município/São José dos Campos-SP – 2012 – VUNESP) Acerca dos investimentos, determina a Lei Geral do Orçamento que os programas especiais de trabalho que, por sua natureza, não possam cumprir-se subordinadamente às normas gerais de execução da despesa poderão ser custeados por dotações globais, classificadas entre as

(A) despesas de custeio.
(B) transferências correntes.
(C) despesas de capital.
(D) subvenções sociais.
(E) subvenções econômicas.

Nos termos do art. 20, parágrafo único, da Lei 4.320/1964, os programas especiais de trabalho que, por sua natureza, não possam cumprir-se subordinadamente às normas gerais de execução da despesa poderão ser custeadas por dotações globais, classificadas entre as despesas de capital. Por essa razão, a alternativa "C" é a correta.
Gabarito "C".

6. DESPESAS

(Advogado – Pref. São Roque/SP – 2020 – VUNESP) São classificadas como Subvenções Econômicas, nos termos da Lei 4.320/1964, as despesas com

(A) a prestação de serviços essenciais de assistência social, médica e educacional, sempre que a suplementação de recursos de origem privada aplicados a esses objetivos revelar-se mais econômica.
(B) os programas especiais de trabalho que, por sua natureza, não possam cumprir-se subordinadamente às normas gerais de execução da despesa.
(C) a aquisição de títulos representativos do capital de empresas ou entidades de qualquer espécie, já constituídas, quando a operação não importe aumento do capital.
(D) a cobertura dos déficits de manutenção das empresas públicas.
(E) investimentos que outras pessoas de direito público ou privado devam realizar, independentemente de contraprestação direta em bens ou serviços.

A: incorreta, pois trata-se de subvenção social – art. 16 da Lei. 4.320/1964; **B:** incorreta, pois trata-se de investimento – art. 12, § 4º, da Lei. 4.320/1964; **C:** incorreta, pois trata-se de inversão financeira – art. 12, § 5º, II, da Lei. 4.320/1964; **D:** correta – arts. 12, § 3º, II, e 18 da Lei. 4.320/1964; **E:** incorreta, pois trata-se de transferência de capital – art. 12, § 6º, da Lei. 4.320/1964
Gabarito "D".

(Procurador do Estado/SP – 2018 – VUNESP) Considere que tenha sido instituído, por lei específica, um fundo especial de despesa com a finalidade de dar suporte ao exercício do poder de polícia a cargo de determinado órgão público, vinculando ao referido fundo a receita proveniente da cobrança de taxas pela fiscalização e licenciamento das atividades correspondentes. Ao final do exercício, verificou-se que a receita vinculada efetivamente arrecadada superou as despesas incorridas pelo fundo para a consecução das suas finalidades no mesmo período.

Considerando a legislação de regência, notadamente as disposições da Lei Federal no 4.320/64,

(A) as receitas que sobejarem às despesas incorridas pelo fundo no curso do exercício orçamentário poderão ser destinadas a outros fundos de despesa ou investimento, mediante decreto do Chefe do Executivo.
(B) o saldo positivo do fundo, apurado em balanço, será transferido para o exercício seguinte, a crédito do mesmo fundo, salvo se a lei que o instituiu contiver disposição em contrário.
(C) as receitas que não tenham sido utilizadas em empenhos de despesas do fundo pertencem ao Tesouro por força do princípio da não afetação, que veda a vinculação de impostos e taxas a despesas específicas.
(D) é vedada a transferência de saldo financeiro do fundo para o exercício subsequente àquele em que as receitas correspondentes tenham sido arrecadadas por força do princípio da anualidade.
(E) o saldo financeiro verificado ao final do exercício poderá ser utilizado, pelo próprio fundo ou pelo Tesouro, como fonte para abertura de créditos adicionais especiais, independentemente de autorização legislativa.

A: incorreta, pois o fundo implica vinculação de determinadas receitas a determinadas despesas, nos termos da lei que o instituiu, ainda que em exercícios distintos, de modo que o saldo positivo apurado em um balanço será, salvo disposição legal em contrário, transferido ao exercício seguinte, a crédito do mesmo fundo, nos termos do art. 73 da Lei 4.320/1964; **B:** correta, correspondendo ao disposto no art. 73 da Lei 4.320/1964; **C** e **D:** incorretas, conforme comentários anteriores; **E:** incorreta, pois, salvo disposição de lei em contrário, o saldo positivo em um exercício é levado a crédito do mesmo fundo no exercício seguinte, mantida assim a destinação definida pela lei desse fundo – art. 73 da Lei 4.320/1964.
Gabarito "B".

(Procurador do Estado/SP – 2018 – VUNESP) A Lei de Responsabilidade Fiscal (Lei Complementar no 101, de 2000) detalha os requisitos e as condições para geração de despesa pública, introduzindo tratamento específico para as denominadas "despesas obrigatórias de caráter continuado",

(A) que ensejam a obrigação legal de execução para o ente por um período superior a dois exercícios e cujos atos de criação condicionam-se à comprovação de não comprometimento das metas de resultados fiscais, salvo para aquelas destinadas ao serviço da dívida ou revisão geral anual dos servidores.
(B) classificadas como necessariamente despesas de capital, ainda que destinadas ao custeio dos serviços decorrentes da infraestrutura a que estejam atreladas, devendo ser suportadas com aumento permanente de receitas ou redução de despesas em montante correspondente.
(C) consistentes na somatória das despesas com a folha de pagamentos do pessoal ativo e inativo do ente federado, incluindo as empresas dependentes, sujeitando-se à observância de limites máximos de comprometimento em relação à receita corrente líquida.
(D) que decorrem de vinculações constitucionais, sendo, pelo seu caráter não discricionário, excluídas do cômputo de superávit ou déficit orçamentário dos exercícios correspondentes.
(E) assim entendidas apenas as decorrentes de programas ou ações inseridas no Plano Plurianual e que se projetam por mais de 5 (cinco) anos, dispensando previsão específica na Lei Orçamentária Anual.

A: correta, conforme a definição do art. 17, caput, da LRF, e regras dos seus §§ 2º e 6º; **B:** incorreta, até porque as despesas obrigatórias de caráter continuado são, em princípio, despesas correntes (como salários e benefícios, por exemplo) – art. 17, caput, da LRF; **C:** incorreta, pois as despesas obrigatórias de caráter continuado são todas aquelas despesas correntes derivadas de lei, medida provisória ou ato administrativo normativo que fixem para o ente a obrigação legal de sua execução por um período superior a dois exercícios, não se limitando a despesas com pessoal – art. 17 da LRF; **D:** incorreta, pois são também aquelas derivadas de lei, medida provisória ou ato administrativo normativo – art. 17 da LRF; **E:** incorreta, conforme comentários anteriores.
Gabarito "A".

Veja a seguinte tabela com as fases da realização da despesa (lembrando que é comum referir-se resumidamente a três estágios da execução da despesa pública, quais sejam (i) empenho, (ii) liquidação e (iii) pagamento):

14. DIREITO FINANCEIRO

Fases da realização das despesas
1º – Empenho: art. 60 da Lei 4.320/1964
2º – Contratação na forma da Lei 8.666/1993
3º – O serviço é realizado ou o bem é entregue
4º – Liquidação da despesa: art. 63 da Lei 4.320/1964
5º – Ordem de pagamento: art. 64 da Lei 4.320/1964
6º – Entrega do dinheiro ao contratado: art. 65 da lei 4.320/1964

Veja as seguintes tabelas, para estudo e memorização da discriminação da despesa por elementos, conforme as categorias econômicas – art. 13 da Lei 4.320/1964:

DESPESAS CORRENTES	Despesas de Custeio	Pessoa Civil Pessoal Militar Material de Consumo Serviços de Terceiros Encargos Diversos
	Transferências Correntes	Subvenções Sociais Subvenções Econômicas Inativos Pensionistas Salário-Família e Abono Familiar Juros da Dívida Pública Contribuições de Previdência Social Diversas Transferências Correntes
DESPESAS DE CAPITAL	Investimentos	– Obras Públicas – Serviços em Regime de Programação Especial – Equipamentos e Instalações – Material Permanente – Participação em Constituição ou Aumento de Capital de Empresas ou Entidades Industriais ou Agrícolas
	Inversões Financeiras	– Aquisição de Imóveis – Participação em Constituição ou Aumento de Capital de Empresas ou Entidades Comerciais ou Financeiras – Aquisição de Títulos Representativos de Capital de Empresa em Funcionamento – Constituição de Fundos Rotativos – Concessão de Empréstimos – Diversas Inversões Financeiras
	Transferências de Capital	– Amortização da Dívida Pública – Auxílios para Obras Públicas – Auxílios para Equipamentos e Instalações – Auxílios para Inversões Financeiras – Outras Contribuições

Veja a discriminação da despesa por elementos, conforme as categorias econômicas, no art. 13 da Lei 4.320/1964:

DESPESAS CORRENTES	
Despesas de Custeio	Transferências Correntes
Pessoa Civil Pessoal Militar Material de Consumo Serviços de Terceiros Encargos Diversos	Subvenções Sociais Subvenções Econômicas Inativos Pensionistas Salário Família e Abono Familiar Juros da Dívida Pública Contribuições de Previdência Social Diversas Transferências Correntes

As demais despesas são classificadas como de capital, segundo o esquema previsto no mesmo dispositivo legal:

DESPESAS DE CAPITAL		
Investimentos	Inversões Financeiras	Transferências de Capital
– Obras Públicas – Serviços em Regime de Programação Especial – Equipamentos e Instalações – Material Permanente – Participação em Constituição ou Aumento de Capital de Empresas ou Entidades Industriais ou Agrícolas	– Aquisição de Imóveis – Participação em Constituição ou Aumento de Capital de Empresas ou Entidades Comerciais ou Financeiras – Aquisição de Títulos Representativos de Capital de Empresa em Funcionamento – Constituição de Fundos Rotativos – Concessão de Empréstimos – Diversas Inversões Financeiras	– Amortização da Dívida Pública – Auxílios para Obras Públicas – Auxílios para Equipamentos e Instalações – Auxílios para Inversões Financeiras – Outras Contribuições

(Procurador Municipal – Sertãozinho/SP – VUNESP – 2016) São despesas correntes, segundo a Lei Geral do Orçamento,

(A) as de custeio.
(B) os investimentos.
(C) as inversões financeiras.
(D) as transferências de capital.
(E) as operações de crédito.

A: correta – art. 12, § 1º, da Lei 4.320/1964; **B, C, D** e **E**: incorretas, pois são despesas de capital, nos termos do art. 12, §§ 4º, 5º e 6º, da Lei 4.320/1964.

Gabarito "A".

(Procurador Municipal – Sertãozinho/SP – VUNESP – 2016) Segundo determinação da Lei 4.320/1964, é aplicável aos casos de despesas expressamente definidos em lei e consiste na entrega de numerário a servidor, sempre precedida de empenho na dotação própria para o fim de realizar despesas, que não possam subordinar-se ao processo normal de aplicação, o regime de

(A) dispêndio de numerário.
(B) vinculação de numerário.
(C) adiantamento.
(D) credenciamento.
(E) inclusão.

A assertiva reflete exatamente o disposto no art. 68 da Lei 4.320/1964, que descreve o regime de adiantamento, de modo que a alternativa "C" é a correta.
Gabarito "C".

(Procurador Municipal – Sertãozinho/SP – VUNESP – 2016) A Lei 9.394/1996 institui as Diretrizes e Bases da Educação Nacional. Sobre a distribuição dos recursos financeiros para manutenção da educação nacional, dentro do disposto nessa legislação, é correto afirmar que

(A) a União aplicará, anualmente, nunca menos de dezoito, e os Estados, o Distrito Federal e os Municípios, vinte e cinco por cento, ou o que consta nas respectivas Constituições ou Leis Orgânicas, da receita resultante de impostos, compreendidas as transferências constitucionais, na manutenção e desenvolvimento do ensino público.
(B) considerar-se-ão como de manutenção e desenvolvimento do ensino as despesas realizadas com vistas à consecução dos objetivos básicos das instituições educacionais de todos os níveis, compreendendo, dentre outras, as que se destinam à subvenção a instituições públicas ou privadas de caráter assistencial, desportivo ou cultural.
(C) cabe exclusivamente à União estabelecer padrão mínimo de oportunidades educacionais para o ensino fundamental, baseado no cálculo do custo mínimo por aluno, capaz de assegurar ensino de qualidade.
(D) os recursos públicos serão destinados às escolas públicas, não podendo ser dirigidos a escolas comunitárias, confessionais ou filantrópicas, independentemente de sua finalidade.
(E) concessão de bolsas de estudo a alunos de escolas públicas e privadas não se constitui como despesa de manutenção e desenvolvimento do ensino.

A: correta, nos termos do art. 69 da Lei 9.394/1996. É importantíssimo lembrar que a EC 95/2016 (decorrente da "PEC do Teto dos gastos públicos") instituiu o Novo Regime Fiscal no âmbito dos Orçamentos Fiscal e da Seguridade Social da União, que vigorará por 20 anos. Em relação às ações e serviços públicos de saúde e desenvolvimento do ensino, haverá fixação de patamares mínimos de despesa a partir de 2018 correspondentes aos valores calculados para as aplicações mínimas do exercício imediatamente anterior, corrigidos na forma estabelecida pelo inciso II do § 1º do art. 107 do ADCT [IPCA]; **B**: incorreta, pois o art. 71, II, da Lei 9.394/1996 exclui expressamente da contabilização como despesas de manutenção e desenvolvimento do ensino as realizadas com subvenção a instituições públicas ou privadas de caráter assistencial, desportivo ou cultural; **C**: incorreta, pois compete à União em colaboração com Estados, DF e Municípios, nos termos do art. 74 da Lei 9.394/1996; **D**: incorreta, pois é possível a destinação de recursos públicos a escolas comunitárias, confessionais ou filantrópicas, desde que atendidos os requisitos do art. 77 da Lei 9.394/1996; **E**: incorreta, nos termos do art. 70, VI, da Lei 9.394/1996. ATENÇÃO: A EC 95/2016 (decorrente da "PEC do Teto dos gastos públicos") instituiu o Novo Regime Fiscal no âmbito dos Orçamentos Fiscal e da Seguridade Social da União, que vigorará por 20 anos, basicamente limitando a despesa de cada ano ao limite do exercício anterior, corrigido pelo IPCA (há regra específica para o exercício de 2017) – art. 107, § 1º, II, do ADCT.
Em relação às ações e serviços públicos de saúde e desenvolvimento do ensino, foram fixados patamares mínimos de despesa a partir de 2018 correspondentes aos valores calculados para as aplicações mínimas do exercício imediatamente anterior, corrigidos na forma estabelecida pelo inciso II do § 1º do art. 107 do ADCT [IPCA].
Gabarito "A".

(Procurador Municipal/SP – VUNESP – 2016) De acordo com a Lei Complementar 101/2000, considera-se obrigatória de caráter continuado a despesa corrente derivada de lei, medida provisória ou ato administrativo normativo que fixem para o ente a obrigação legal de sua execução por um período superior a dois exercícios. Para fins da referida lei, a prorrogação de despesa criada por prazo determinado considera-se

(A) não autorizada.
(B) aumento de despesa.
(C) prorrogação atípica.
(D) prorrogação sistêmica.
(E) investimento.

Nos termos do art. 17, § 7º, da LRF, a prorrogação da despesa criada por prazo determinado é considerada aumento de despesa, de modo que a alternativa "B" é a correta.
Gabarito "B".

(Procurador Municipal/SP – VUNESP – 2016) Os restos a pagar, excluídos os serviços da dívida; os serviços das dívidas a pagar; os depósitos e os débitos da tesouraria, de acordo com a Lei Geral do Orçamento, estão compreendidos

(A) no refinanciamento da dívida.
(B) na dívida flutuante.
(C) nos investimentos.
(D) na contraprestação de garantia.
(E) no risco futuro.

Nos termos do art. 92, I, da Lei 4.320/1964, a dívida flutuante compreende (i) os restos a pagar, excluídos os serviços da dívida, (ii) os serviços da dívida a pagar, (iii) os depósitos e (iv) os débitos de tesouraria, de modo que a alternativa "B" é a correta.
Gabarito "B".

7. DESPESAS COM PESSOAL

(Advogado – Pref. São Roque/SP – 2020 – VUNESP) Na verificação do atendimento dos limites de despesa de pessoal fixados na Lei Complementar 101, não serão computadas as despesas

(A) relativas a inativos e pensionistas.
(B) de indenização por demissão de servidores ou empregados.
(C) decorrentes de decisão judicial e da competência do mesmo período ao da apuração.
(D) com o pagamento de encargos sociais e contribuições recolhidas pelo ente às entidades de previdência.
(E) com vencimentos e vantagens de natureza variável e personalíssimas.

Nos termos do art. 19, § 1º, da LRF, na verificação do atendimento aos limites com despesa com pessoal, não são computadas as despesas (i) de indenização por demissão de servidores ou empregados, (ii) relativas a incentivos à demissão voluntária, (iii) derivadas da aplicação do disposto no inciso II do § 6º do art. 57 da Constituição, (iv) decorrentes de decisão judicial e da competência de período anterior ao da apuração a que se refere o § 2º do art. 18, (v) com pessoal, do Distrito Federal e dos Estados do Amapá e Roraima, custeadas com recursos transferidos pela União na forma dos incisos XIII e XIV do art. 21 da Constituição e do art. 31 da Emenda Constitucional no 19, (vi) com inativos e pensionistas, ainda que pagas por intermédio de unidade gestora única ou fundo previsto no art. 249 da Constituição Federal, quanto à parcela custeada recursos indicados nas alíneas do inciso VI. Por essas razões, a alternativa "B" é a única correta.

Gabarito "B".

(Procurador do Município/São José dos Campos-SP – 2012 – VUNESP) Para os fins de atender às determinações da Constituição Federal, a despesa total com pessoal, em cada período de apuração e em cada ente da Federação, não poderá exceder aos percentuais estabelecidos pela lei que disciplina a responsabilidade na gestão fiscal. No que respeita aos Municípios, o referido percentual máximo é de

(A) 30%.
(B) 40%.
(C) 50%.
(D) 60%.
(E) 70%.

O limite aplicável aos Municípios é de 60% da receita corrente líquida – art. 19, III, da LRF. Por essa razão, a alternativa "D" é a correta.

Gabarito "D".

Para estudo e memorização, veja a seguinte tabela com os limites para despesas com pessoal em relação à receita corrente líquida de cada ente político, com a repartição entre Executivo, Legislativo e Judiciário (arts. 19 e 20 da LRF):

Limites para despesas com pessoal % sobre a receita corrente líquida		
União	50%	2,5% para o Legislativo, incluindo o Tribunal de Contas da União
		6% para o Judiciário
		40,9% para o Executivo
		0,6% para o Ministério Público da União
Estados e Distrito Federal	60%	3% para o Legislativo, incluindo o Tribunal de Contas Estadual
		6% para o Judiciário
		49% para o Executivo
		2% para o Ministério Público Estadual
Municípios	60%	6% para o Legislativo, incluindo o Tribunal de Contas Municipal, quando houver
		54% para o Executivo.

8. EXECUÇÃO ORÇAMENTÁRIA, CRÉDITOS ADICIONAIS

(Procurador do Estado/SP – 2018 – VUNESP) A Emenda Constitucional nº 86, de 2015, introduziu o conceito de execução equitativa das emendas individuais ao projeto de Lei Orçamentária Anual. Para tanto, estabeleceu o limite percentual de 1,2% da receita corrente líquida,

(A) no qual se inserem também as programações oriundas de despesas discricionárias incluídas pelo Chefe do Poder Executivo, igualmente não afetadas por contingenciamento na hipótese do não atingimento da meta de resultado fiscal prevista na Lei de Diretrizes Orçamentárias.

(B) cuja liberação financeira não pode ser obstada pelo Poder Executivo, salvo quando a execução da programação orçamentária correspondente for destinada a outros entes federados que estejam inadimplentes, ainda que temporariamente.

(C) destinado integralmente a ações e serviços públicos de saúde, vedada a aplicação em despesas de pessoal ou encargos sociais, admitindo-se o cômputo das programações correspondentes no cálculo do percentual mínimo de aplicação em saúde fixado na Constituição Federal.

(D) havendo precedência da liberação financeira para as programações decorrentes das emendas inseridas em tal limite em relação àquelas destinadas a despesas discricionárias, sendo apenas estas últimas atingidas por limitações de empenho decorrentes de frustração da previsão de receita de impostos.

(E) com obrigatoriedade da execução orçamentária e financeira das programações decorrentes, salvo impedimentos de ordem técnica, comportando redução, até a mesma proporção incidente sobre o conjunto das despesas discricionárias, na hipótese de não cumprimento da meta de resultado fiscal estabelecida na Lei de Diretrizes Orçamentárias.

A: incorreta, pois as despesas discricionárias incluídas na LOA por iniciativa do Executivo não se confundem com emendas individuais reguladas pelo art. 166, § 9º, da CF, e estão sujeitas ao contingenciamento previsto no art. 9º da LRF. Importante lembrar que mesmo as emendas do art. 166, § 9º, da CF sujeitam-se a contingenciamento parcial e proporcional, nos termos do § 17 desse mesmo artigo; **B:** incorreta, pois quando a transferência obrigatória da União para execução das emendas individuais (até o limite de 1,2% da RCL do exercício anterior) for destinada a outros entes federados, essas transferências não estará condicionada à adimplência desse ente beneficiado – art. 166, § 13º, da CF; **C:** incorreta, pois as emendas individuais reguladas pelo art. 166, § 9º, da CF não se restringem a ações e serviços públicos de saúde, necessariamente; **D:** incorreta, pois mesmo as emendas do art. 166, § 9º, da CF sujeitam-se a contingenciamento parcial e proporcional, nos termos do § 17 desse mesmo artigo; **E:** correta, conforme o art. 166, §§ 9º, 11 e 17 da CF.

Atenção: É importante destacar que a EC 86/2015 tornou o orçamento impositivo em relação às emendas individuais ao projeto de lei orçamentária, até o limite de 1,2% da receita corrente líquida realizada no exercício anterior, nos termos do art. 166, §§ 9º a 11 da CF. Posteriormente, a EC 100/2019 previu também a impositividade para as programações incluídas por todas as emendas de iniciativa de bancada de parlamentares de Estado ou do Distrito Federal, no montante de até 1% da receita corrente líquida realizada no exercício anterior (nova redação para o § 12). Há longa regra de transição: em 2020 o percentual é de 0,8% e nos seguintes, até 2036, será o valor do exercício anterior corrigido na forma estabelecida pelo inciso II do § 1º do art. 107 do ADCT [IPCA] – arts. 2º e 3º da EC 100/2019.

Gabarito "E".

Veja a seguinte tabela, para estudo e memorização dos créditos adicionais – art. 41 da Lei 4.320/1964 e art. 167, § 3º, da CF:

Créditos Adicionais		
Suplementares	Destinados a reforço de dotação orçamentária já existente	– autorizados por lei e abertos por decreto executivo – dependem da existência de recursos disponíveis para ocorrer a despesa
Especiais	Destinados a despesas para as quais não haja dotação orçamentária específica	
Extraordinários	Para atender a despesas imprevisíveis e urgentes, como as decorrentes de guerra, comoção interna ou calamidade pública	– abertos por decreto do Executivo, que deles dará imediato conhecimento ao Legislativo (o art. 167, § 3º, da CF faz referência à medida provisória – art. 62 da CF)

Veja a seguinte tabela, para estudo e memorização dos créditos adicionais – art. 41 da Lei 4.320/1964 e art. 167, § 3º, da CF:

Créditos Adicionais		
Suplementares	Destinados a reforço de dotação orçamentária já existente	– autorizados por lei e abertos por decreto executivo – depende da existência de recursos disponíveis para ocorrer a despesa
Especiais	Destinados a despesas para as quais não haja dotação orçamentária específica	
Extraordinários	Para atender a despesas imprevisíveis e urgentes, como as decorrentes de guerra, comoção interna ou calamidade pública	– abertos por decreto do Executivo, que deles dará imediato conhecimento ao Legislativo

9. OPERAÇÕES DE CRÉDITO, DÍVIDA PÚBLICA

(Procurador Municipal – Sertãozinho/SP – VUNESP – 2016) Acerca da contratação das operações de crédito, conforme disciplina a Lei Complementar 101/2000, o ente da Federação interessado, deverá formalizar seu pleito fundamentando-o em parecer de seus órgãos técnicos e jurídicos, demonstrando a relação custo-benefício, o interesse econômico e social da operação e o atendimento das condições previstas na Lei de Responsabilidade Fiscal, dentre as quais, quando se tratar de operação de crédito externo, autorização específica do

(A) Presidente da República.
(B) Ministro da Fazenda.
(C) Senado Federal.
(D) Ministério das Relações Exteriores.
(E) Banco Central do Brasil.

Nos termos do art. 52, V, da CF, compete privativamente ao Senado Federal autorizar operações externas de natureza financeira, de interesse da União, dos Estados, do Distrito Federal, dos Territórios e dos Municípios. Nesse sentido, dispõe o art. 32, § 1º, IV, da LRF. Por essas razões, a alternativa "C" é a correta.

Gabarito "C".

(Procurador do Município/São José dos Campos-SP – 2012 – VUNESP) A dívida fundada compreende compromissos, contraídos para atender a desequilíbrio orçamentário ou financeiro de obras ou serviços públicos, de exigibilidade

(A) inferior a 3 meses.
(B) inferior a 6 meses.
(C) inferior a 12 meses.
(D) superior a 12 meses.
(E) superior a 24 meses.

A dívida consolidada ou fundada corresponde ao montante total, apurado sem duplicidade, das obrigações financeiras do ente da Federação, assumidas em virtude de leis, contratos, convênios ou tratados e da realização de operações de crédito, para amortização em prazo superior a doze meses – art. 29, I, da LRF. Por essa razão, a alternativa "D" é a correta.

Gabarito "D".

(Procurador do Município/São José dos Campos-SP – 2012 – VUNESP) A "Emissão de títulos para pagamento do principal acrescido da atualização monetária" corresponde, nos termos da Lei Complementar 101/00, à definição de

(A) dívida pública fundada.
(B) dívida pública consolidada.
(C) refinanciamento da dívida mobiliária.
(D) operação de crédito.
(E) concessão de garantia.

Trata-se de refinanciamento da dívida mobiliária, conforme descrito no art. 29, V, da LRF. Por essa razão, a alternativa "C" é a correta.

Gabarito "C".

10. OUTROS TEMAS E COMBINADOS

(Procurador do Estado/SP – 2018 – VUNESP) A disciplina legal relativa às instituições que integram o Sistema Financeiro Nacional contempla vedação à realização de operações de crédito por instituições financeiras com a parte relacionada,

(A) aplicável apenas quando a contraparte também seja caracterizada como instituição financeira, pública ou privada, incluindo agências de fomento, cooperativas de crédito e bancos de desenvolvimento, salvo para prestação de garantia, na modalidade aval ou fiança.
(B) incidente apenas quando a instituição esteja submetida à intervenção do Banco Central ou sob Regime de Administração Especial Temporária – RAET, podendo

ser excepcionada se comprovado o seu caráter equitativo e a efetiva necessidade para o cumprimento das obrigações perante credores.
(C) admitindo exceção apenas para instituições financeiras públicas e desde que adotados critérios específicos para classificação de riscos para fins de constituição de provisão para perdas prováveis e baixa como prejuízo, observadas as normas de contabilidade pública.
(D) abrangendo, inclusive, pessoas jurídicas nas quais a instituição exerça controle operacional efetivo, independentemente de participação societária, bem como as que possuírem diretor ou membro de conselho de administração em comum.
(E) exceto se celebradas com observância de condições compatíveis com as de mercado, ainda que com benefícios adicionais ou diferenciados comparativamente às operações deferidas aos demais clientes de mesmo perfil das respectivas instituições.

A: incorreta, pois o conceito de parte relacionada à instituição financeira, para fins de vedação de operações de crédito, é bastante amplo, abrangendo controladores pessoas físicas ou jurídicas, diretores, membros de órgãos estatutários, pessoas físicas com participação societária qualificada etc. – art. 34, § 3º, da Lei 4.595/1964; **B:** incorreta, pois não há essa limitação – art. 34 da Lei 4.595/1964; **C:** incorreta, pois há diversas exceções, listadas no § 4º do art. 34 da Lei 4.595/1964; **D:** correta – art. 34, § 3º, V, c, e d, da Lei 4.595/1964; **E:** incorreta, pois, se houver benefícios adicionais ou diferenciados comparativamente às operações deferidas aos demais clientes de mesmo perfil das respectivas instituições, a operação com parte relacionada é vedada – art. 34, § 4º, I, *in fine*, da Lei 4.595/1964.
Gabarito "D".

(Procurador do Estado/SP – 2018 – VUNESP) A exploração direta de atividade econômica pelo Estado, nos limites delineados pela Constituição da República,
(A) sujeita-se às disposições da legislação antitruste relativas à prevenção e à repressão às infrações contra a ordem econômica, mesmo quando exercida em regime de monopólio legal.
(B) atende a imperativos da segurança nacional ou relevante interesse público, ensejando, assim, regime tributário essencialmente diverso do que se aplica aos agentes privados que atuem no mesmo mercado competitivo.
(C) sujeita-se apenas ao controle setorial, próprio das agências reguladoras, de forma simétrica ao aplicável aos agentes privados, somente incidindo a legislação antitruste quando atue em regime de monopólio legal ou natural.
(D) não autoriza a atuação em regime de competição concorrencial com agentes privados, mas apenas em caráter subsidiário, quando verificadas falhas de mercado, de molde a corrigi-las ou mitigá-las.
(E) não se submete ao controle instituído pela legislação antitruste, eis que tal controle é voltado exclusivamente a agentes privados que explorem atividade econômica sujeita à livre iniciativa.

A: correta, nos termos do art. 173, § 1º, II, da CF; **B:** incorreta, pois a exploração direta de atividade econômica pelo Estado, por meio de empresas públicas, sociedades de economia mista e suas subsidiárias, sujeita-se ao regime jurídico próprio das empresas privadas, inclusive quanto aos direitos e obrigações civis, comerciais, trabalhistas e tributários, sendo que não poderão gozar de privilégios fiscais não extensivos às do setor privado – art. 173, § 1º, II, e § 2º, da CF; **C:** incorreta, conforme comentários anteriores; **D:** incorreta, pois, em regra, a atuação direta do Estado se dará em igualdade de condições com os concorrentes privados – art. 173 da CF; **E:** incorreta, conforme comentários anteriores.
Gabarito "A".

(Procurador – SP – VUNESP – 2015) Nas demonstrações do Balanço Patrimonial, segundo as determinações da Lei Geral do Orçamento, os bens, créditos e valores, cuja mobilização ou alienação dependa de autorização legislativa, estão compreendidos no
(A) Ativo Financeiro.
(B) Ativo Permanente.
(C) Saldo Patrimonial.
(D) Saldo de Compensação.
(E) Passivo Permanente.

Nos termos do art. 105, § 2º, da Lei 4.320/1964, o ativo permanente compreenderá os bens, créditos e valores, cuja mobilização ou alienação dependa de autorização legislativa, de modo que a alternativa "B" é a correta.
Gabarito "B".

(Procurador do Estado/SP – VUNESP – 2005) Assinale a alternativa incorreta.
(A) Reserva de contingência é dotação global especificamente destinada a determinado órgão, unidade orçamentária, programa ou categoria econômica que está contida no orçamento anual. Esses recursos poderão ser utilizados para abertura de créditos adicionais.
(B) A estrutura orçamentária está disposta numa hierarquia de procedimentos, sendo o plano plurianual o primeiro procedimento formal a ser elaborado, seguido das diretrizes orçamentárias e do orçamento anual.
(C) O princípio da universalidade determina a previsão de inclusão de todas as receitas e despesas, não comportando exceções, a não ser as chamadas receitas de compensação, referidas no art. 3º, parágrafo único, da Lei n. 4.320/1964.
(D) O princípio da unidade orçamentária consiste em reunir num único documento todas as receitas e todas as despesas do Estado, de forma a demonstrar existência de equilíbrio, *superávit ou déficit*.
(E) As diretrizes orçamentárias servem de orientação para a elaboração da lei orçamentária anual, que necessariamente disporá sobre alterações na legislação tributária e a política de aplicação das agências financeiras de fomento.

A: assertiva incorreta, devendo ser assinalada, pois a reserva de contingência é dotação global não ocpecificamente destinada a determinado programa ou unidade orçamentária, cujos recursos poderão ser utilizados para abertura de créditos suplementares – ver art. 5º, III, da LRF; **B:** assertiva correta, nos termos do art. 165, §§ 1º, 2º, 4º e 5º da CF e art. 5º, *caput*, da LRF; **C:** assertiva correta, pois o art. 3º, parágrafo único, da Lei 4.320/1964 admite que não sejam incluídas na LOA das receitas relativas a operações de credito por antecipação da receita, emissões de papel-moeda e outras entradas compensatórias, no ativo e passivo financeiros; **D:** assertiva correta, pois descreve adequadamente o princípio da unidade orçamentária. Ademais, cada esfera de governo (União, Estados, DF e Municípios) terá uma única LOA para cada exercício, o que também é indicado como princípio da unidade; **E:** assertiva correta, nos termos do art. 165, § 2º, da CF.
Gabarito "A".

Para estudo e memorização, veja a seguinte tabela com os limites para despesas com pessoal em relação à receita corrente líquida de cada ente político, com a repartição entre Executivo, Legislativo e Judiciário (arts. 19 e 20 da LRF):

	Limites para despesas com pessoal		
	% sobre a receita corrente líquida		
União	50%	2,5% para o Legislativo, incluindo o Tribunal de Contas da União	
		6% para o Judiciário	
		40,9% para o Executivo	
		0,6% para o Ministério Público da União	
Estados e Distrito Federal	60%	3% para o Legislativo, incluindo o Tribunal de Contas Estadual	
		6% para o Judiciário	
		49% para o Executivo	
		2% para o Ministério Público Estadual	
Municípios	60%	6% para o Legislativo, incluindo o Tribunal de Contas Municipal, quando houver	
		54% para o Executivo.	

15. DIREITO PREVIDENCIÁRIO

Hermes Arrais Alencar, Henrique Subi, Robinson Barreirinhas e Ricardo Quartim

1. SEGURADOS DA PREVIDÊNCIA E DEPENDENTES

(Defensor Público/MS – 2008 – VUNESP) Não é segurado obrigatório da Previdência Social:

(A) o ministro de confissão religiosa e o membro de instituto de vida consagrada, de congregação ou de ordem religiosa.
(B) o exercente de mandato eletivo federal, estadual ou municipal, desde que vinculado a regime próprio de previdência social.
(C) a pessoa física que exerce, por conta própria, atividade econômica de natureza urbana, com fins lucrativos ou não.
(D) o brasileiro ou estrangeiro domiciliado e contratado no Brasil para trabalhar como empregado em sucursal ou agência de empresa nacional no exterior.

A: incorreta, pois o ministro de confissão religiosa e o membro de instituto de vida consagrada, de congregação ou de ordem religiosa são segurados obrigatórios na condição de contribuinte individual – art. 11, V, *c*, do PBPS; **B:** essa é a assertiva correta, pois se o exercente de mandato eletivo for vinculado a regime próprio de previdência, não poderá ingressar ou manter-se no RGPS – art. 201, § 5º, da CF e arts. 11, I, *h*, e 12 do PBPS. Importante notar que o art. 14 da EC nº 103/2019 vedou a adesão de novos segurados aos regimes de previdência aplicáveis a titulares de mandato eletivo; **C:** incorreta, pois se trata de segurado obrigatório na condição de contribuinte individual – art. 11, V, *h*, do PBPS; **D:** incorreta, pois a assertiva indica segurado obrigatório, na condição de empregado – art. 11, I, *c*, do PBPS.
Gabarito "B".

(Defensor Público/MS – 2008 – VUNESP) Assinale a alternativa correta.

(A) Não é segurado obrigatório quem presta serviço de natureza urbana ou rural, em caráter eventual, a uma ou mais empresas, sem relação de emprego.
(B) A perda da qualidade do segurado retido ou recluso após o livramento se dá depois de 13 meses e 15 dias.
(C) O segurado em gozo de benefício não mantém a qualidade de segurado.
(D) O aposentado pelo Regime Geral de Previdência Social que volta a exercer atividade remunerada não é segurado obrigatório, em face da aposentadoria.

A: incorreta, pois se trata de segurado obrigatório na condição de contribuinte individual – art. 11, V, *g*, do PBPS; **B:** correta. O cidadão retido ou recluso mantém a qualidade de segurado, independentemente de contribuições, por até 12 meses após o livramento – art. 15, IV, do PBPS. A perda da qualidade de segurado ocorre na data calculada conforme o art. 15, § 4º, do PBPS: "A perda da qualidade de segurado ocorrerá no dia seguinte ao do término do prazo fixado no Plano de Custeio da Seguridade Social para recolhimento da contribuição referente ao mês imediatamente posterior ao do final dos prazos fixados neste artigo e seus parágrafos". Como o prazo de manutenção da qualidade de segurado é de 12 meses após o livramento, considera-se o mês subsequente (13º mês) e toma-se o dia seguinte ao término do prazo para recolhimento da contribuição previdenciária relativa a esse 13º mês. Esta será a data em que ocorre a perda da qualidade de segurado. No caso de contribuinte individual ou facultativo, o recolhimento deve ocorrer até o dia 15 do mês seguinte ao da competência – art. 30, II, do Plano de Custeio da Seguridade Social – PCSS – Lei 8.212/1991. Isso significa que o cidadão deveria recolher a contribuição relativa ao 13º mês após o livramento até o dia 15 do mês seguinte (ou seja, até o dia 15 do 14º mês após o livramento). Assim, a perda da qualidade do segurado ocorrerá no dia subsequente (ou seja, no dia 16 do 14º mês após o livramento). Perceba que a perda da qualidade de segurado ocorre, necessariamente, após 13 meses e 15 dias contados da libertação do preso (por essa razão, a assertiva é correta – repare que o examinador usa a expressão "*depois de* 13 meses e 15 dias"); **C:** incorreta, pois o cidadão em gozo de benefício mantém a qualidade de segurado por tempo indeterminado, independentemente de contribuições. Note que após a promulgação da Lei nº 13.846/2019 o gozo de auxílio-acidente deixou de assegurar a manutenção da qualidade de segurado de seu beneficiário (art. 15, I, do PBPS); **D:** incorreta, pois o aposentado pelo RGPS que permanecer em atividade sujeita ao regime ou a ele retornar é segurado obrigatório – art. 11, § 3º, do PBPS, a despeito de não fazer jus a prestação alguma da Previdência Social em decorrência do exercício dessa atividade, exceção feita ao salário-família e à reabilitação profissional, quando empregado (art. 18, §2º, do PBPS).
Gabarito "B".

(Defensor Público/MS – 2008 – VUNESP) A idade máxima do dependente para gerar o salário-família é:

(A) 12 anos.
(B) 14 anos.
(C) 16 anos.
(D) 18 anos.

A idade máxima do filho ou do equiparado, para cálculo da cota do salário-família, é de 14 anos, exceto no caso de inválido (nesse caso, não há limite de idade) – art. 66 do PBPS (Lei 8.213/1991). Por essa razão, a alternativa "B" é a correta.
Gabarito "B".

2. BENEFÍCIOS PREVIDENCIÁRIOS

(Defensor Público/MS – 2008 – VUNESP) Assinale a alternativa que contém os benefícios aos quais se aplica o fator previdenciário.

(A) Aposentadoria por tempo de contribuição e aposentadoria por idade.
(B) Aposentadoria especial e aposentadoria por invalidez.
(C) Aposentadoria por tempo de contribuição e auxílio-doença comum.
(D) Aposentadoria do professor e auxílio-acidente.

O fator previdenciário é aplicado para o cálculo do salário de benefício relativo à aposentadoria por idade e à aposentadoria por tempo de contribuição, conforme dispõe o art. 29, I, c/c o art. 18, I, *b* e *c*, do PBPS,

---

* **HA:** Hermes Arrais Alencar, **Henrique Subi** comentou a questão do concurso Procurador do Município/SP/14; **Robinson Sakiyama Barreirinhas** comentou as demais questões.

razão pela qual a alternativa "A" é a correta. Com a alteração na forma de cálculo dos benefícios previdenciários introduzida pelo art. 26 da EC nº 103/2019, o fator previdenciário doravante será aplicado apenas em três hipóteses: (i) ter o segurado direito adquirido ao benefício antes da EC nº 103/2019; (ii) se tratar de hipótese de aplicação da regra de transição prevista no art. 17 da mesma emenda ou; (iii) o benefício em questão for a aposentadoria da pessoa portadora de deficiência (art. 22 da EC nº 103/2019 c.c. art. 9º da Lei Complementar nº 142/2013).

Gabarito "A".

(Defensor Público/MS – 2008 – VUNESP) Assinale a alternativa correta.

(A) Em face do princípio da equivalência urbano-rural, a idade da aposentadoria por idade é igual à do urbano.
(B) Para fazer jus à aposentadoria especial é preciso provar a incapacidade para o trabalho em perícia médica do INSS.
(C) A pensão por morte não pode ser cumulada com a aposentadoria.
(D) Pode o empregador requerer a aposentadoria compulsória de seu empregado.

A: incorreta, pois a idade mínima para o trabalhador rural se aposentar é reduzida em cinco anos, desde que exerça suas atividades em regime de economia familiar, incluídos o produtor rural, o garimpeiro e o pescador artesanal, conforme expressa previsão constitucional vigente anteriormente à EC nº 103/2019 – art. 201, § 7º, II, *in fine*, da CF. Após a aludida EC nº 103/2019, o rurícola se aposentará com 60 anos de idade, se homem, e com 55 anos de idade, se mulher. Já o trabalhador urbano se aposentará com 65 anos de idade, se homem, e com 62 anos de idade, se mulher, excetuadas as regras de transição; **B:** incorreta, pois não é necessário comprovar incapacidade para o trabalho, para fazer jus à aposentadoria especial. O segurado deve comprovar, basicamente, o tempo de trabalho sujeito a condições especiais que prejudiquem a saúde ou a integridade física, durante 15, 20 ou 25 anos (conforme regulamentação legal), e a exposição a agentes nocivos químicos, físicos, biológicos ou associação de agentes prejudiciais à saúde ou à integridade física, pelo período equivalente ao exigido para a concessão do benefício – art. 57, *caput* e §§ 3º e 4º, do PBPS; **C:** incorreta, pois não há essa vedação – art. 124 do PBSP. Conquanto a EC nº 103/2019 não tenha criado uma vedação de percepção simultânea de aposentadoria e pensão por morte, a partir de sua promulgação não é mais possível a percepção do valor integral de pensão por morte e aposentadoria pelo mesmo beneficiário, resguardados os direitos adquiridos – art. 24, §§2º e 4º, da EC nº 103/2019; **D:** assertiva correta, conforme o art. 51 do PBPS.

Gabarito "D".

3. PREVIDÊNCIA DOS SERVIDORES PÚBLICOS

(Procurador do Estado/SP – 2018 – VUNESP) Ao longo da vida, Maria Tereza teve alguns vínculos funcionais com o Estado de São Paulo. Agora, pretendendo obter aposentadoria no âmbito do Regime Geral de Previdência Social – RGPS, a ex-servidora solicitou ao Regime Próprio de Previdência Social (RPPS) paulista **a emissão de Certidão de Tempo de Contribuição (CTC)** para fins de averbação no Instituto Nacional do Seguro Social – INSS. A CTC a ser homologada pela SPPREV deverá contemplar o período

(A) de 01.01.2010 a 31.12.2010, em que Maria Tereza exerceu atividade docente na rede de ensino público estadual, em virtude de contratação por tempo determinado realizada com fundamento na Lei Complementar Estadual no 1.093/2009.

(B) de 01.01.1994 a 31.12.1996, em que Maria Tereza exerceu função-atividade em virtude de contratação para execução de determinada obra, nos termos do art. 1o, III, da Lei Estadual no 500/1974.
(C) de 01.01.1999 a 31.12.2002, em que Maria Tereza exerceu a função de escrevente de cartório extrajudicial, inclusive o interstício em que esteve afastada de suas atividades para promover campanha eleitoral.
(D) de 01.01.1980 a 31.12.1987, em que Maria Tereza exerceu cargo efetivo, inclusive o interstício de licença para tratar de interesses particulares, no qual recolheu as contribuições previdenciárias devidas ao Instituto de Previdência do Estado de São Paulo – IPESP.
(E) de 01.01.2011 a 31.12.2017, em que Maria Tereza **exerceu cargo efetivo**, inclusive o interstício de licença para tratar de interesses particulares, **no qual recolheu contribuições previdenciárias para a São Paulo Previdência** – SPPREV.

Trata-se de questão que envolve o direito constitucional previsto no art. 201, § 9º, que assim preceitua: "Para efeito de aposentadoria, é assegurada a contagem recíproca do tempo de contribuição na administração pública e na atividade privada, rural e urbana, hipótese em que os diversos regimes de previdência social se compensarão financeiramente, segundo critérios estabelecidos em lei."
A: incorreta. Do art. 20 da Lei Complementar Estadual 1.093/2009 consta: "O contratado na forma do disposto nesta lei complementar ficará vinculado ao Regime Geral de Previdência Social, nos termos da legislação federal". Desta feita, o tempo contributivo já integra o Regime Geral; **B:** incorreta. Do art. 1º, inciso III, da Lei 500, de 1974, consta: "III – para a execução de determinada obra, serviços de campo ou trabalhos rurais, todos de natureza transitória, ou ainda, a critério da Administração, para execução de serviços decorrentes de convênios." Do art. 3º observa-se que "Os servidores de que tratam os incisos I e II do artigo 1º reger-se-ão pelas normas desta lei, aplicando-se aos de que trata o inciso III as normas da legislação trabalhista." Assim, com relação ao inciso III o labor já se encontra inserido no âmbito do Regime Geral. Nesse exato diapasão preconiza a Lei Complementar Estadual 1.010/2007, que no art. 2º assevera: "São segurados do RPPS e do RPPM do Estado de São Paulo, administrados pela SPPREV: (...) § 2º – Por terem sido admitidos para o exercício de função permanente, inclusive de natureza técnica, e nos termos do disposto no inciso I deste artigo, são titulares de cargos efetivos os servidores ativos e inativos que, até a data da publicação desta lei, tenham sido admitidos com fundamento nos incisos I e II do artigo 1º da Lei nº 500, de 13 de novembro de 1974.". Excluídos, mais uma vez os contratados na forma do inciso III do art. 1º da Lei 500, de 1974. Desta feita, o tempo contributivo já integra o Regime Geral; **C:** incorreta. Em conformidade com o art. 40 da Lei 8.935, de 1994, (CAPÍTULO IX, Da Seguridade Social) "os notários, oficiais de registro, escreventes e auxiliares são vinculados à previdência social, de âmbito federal, e têm assegurada a contagem recíproca de tempo de serviço em sistemas diversos." São integrantes do Regime Geral de Previdência Social. Desta feita, o tempo contributivo já integra o RGPS; **D:** incorreta. Trata-se de período anterior à CF/88, época na qual parte dos servidores públicos integrava o regime de previdência geral. A alternativa não traz maiores especificações e no cotejo entre as alternativas observa-se que o item "E" está absolutamente correto; **E:** correta. A Lei 10.261/1968 (Estatuto dos Servidores de SP) determina, em seu art. 202: "Depois de 5 (cinco) anos de exercício, o funcionário poderá obter licença, sem vencimento ou remuneração, para tratar de interesses particulares, pelo prazo máximo de 2 (dois) anos." Já a Lei Complementar Estadual 1.012/2007 determina, em seu art. 12, § 1º: "Será assegurada ao servidor licenciado ou afastado sem remuneração a manutenção da vinculação ao regime próprio de previdência social do Estado, mediante o recolhimento mensal

da respectiva contribuição, assim como da contribuição patronal prevista na legislação aplicável, observando-se os mesmos percentuais e incidente sobre a remuneração total do cargo a que faz jus no exercício de suas atribuições, computando-se, para esse efeito, inclusive, as vantagens pessoais." Desse modo, ainda que afastada, Maria, ao contribuir para o RPPS, direcionando as contribuições à SPPREV (órgão gestor único do regime próprio de previdência em SP), manteve o vínculo com o Regime Próprio. Ademais, exerceu cargo efetivo, contribuindo para o Regime Próprio de Previdência (art. 2º da Lei 1.010/2007). Portanto, de 01.01.2011 a 31.12.2017, somente contribuiu para o RPPS, podendo requerer a emissão da Certidão de Tempo de Contribuição (CTC) para fins de averbação no Instituto Nacional do Seguro Social – INSS, ou seja, averbar o tempo de contribuição do Regime Próprio no RGPS. **HA**

Gabarito "E".

(Procurador do Estado/SP – 2018 – VUNESP) De acordo com o ordenamento jurídico em vigor, em especial a legislação paulista, o servidor público

(A) ocupante de cargo efetivo não fica jungido a quaisquer deveres previstos no Estatuto dos Funcionários Públicos quando não estiver no exercício de suas funções.
(B) ocupante de cargo em comissão legará pensão por morte calculada nos termos do artigo 40 da Constituição Federal, desde que vinculado ao Regime Próprio de Previdência Social.
(C) ocupante de cargo efetivo poderá obter licença por motivo de doença do cônjuge e de parentes de até segundo grau, sem remuneração e limitada ao prazo máximo de seis meses.
(D) estável faz jus a adicional por tempo de serviço após cada período de cinco anos de exercício, desde que ininterrupto.
(E) ocupante de cargo efetivo, após noventa dias decorridos da apresentação do pedido de aposentadoria voluntária, poderá cessar o exercício da função pública se obtiver autorização fundamentada de sua chefia.

A: incorreta. A Lei 10.261, de 28 de outubro de 1968, dispõe sobre o Estatuto dos Funcionários Públicos Civis do Estado, e traz, no art. 241, a seguinte regra: "São deveres do funcionário: Art. XIV – proceder na vida pública e privada na forma que dignifique a função pública)"; **B:** correta. Observe-se que é excluído do Regime Próprio de Previdência Social o servidor ocupante "exclusivamente" de cargo em comissão (CF, art. 40, § 13). Tratando-se de servidor público titular de cargo efetivo, ainda que ocupe cargo em comissão (direção, chefia e assessoramento), aplica-se o regramento previsto no art. 40 da CF; **C:** incorreta. A Lei 10.261, de 28 de outubro de 1968, dispõe sobre o Estatuto dos Funcionários Públicos Civis do Estado, e no art. 199 prevê: "A licença de que trata este artigo será concedida com vencimento ou remuneração até 1 (um) mês e com os seguintes descontos: I – de 1/3 (um terço), quando exceder a 1 (um) mês até 3 (três); II – de 2/3 (dois terços), quando exceder a 3 (três) até 6 (seis); III – sem vencimento ou remuneração do sétimo ao vigésimo mês.); **D:** Incorreta. A Lei 10.261, de 28 de outubro de 1968, dispõe sobre o Estatuto dos Funcionários Públicos Civis do Estado, e prevê, no art. 127: "O funcionário terá direito, após cada período de 5 (cinco) anos, contínuos, ou não, à percepção de adicional por tempo de serviço, calculado à razão de 5% (cinco por cento) sobre o vencimento ou remuneração, a que se incorpora para todos os efeitos.)"; **E:** incorreta. A Lei 10.261, de 28 de outubro de 1968, dispõe sobre o Estatuto dos Funcionários Públicos Civis do Estado, **e no art. 228 prevê que a a**posentadoria voluntária somente produzirá efeito a partir da publicação do ato no Diário Oficial. **HA**

Gabarito "B".

(Procurador do Estado/SP – 2018 – VUNESP) Ana Maria, titular de cargo efetivo, foi eleita vereadora do Município de São José do Rio Preto. Assim que soube do fato, o órgão de recursos humanos a que se vincula solicitou à Consultoria Jurídica orientações sobre a situação funcional da servidora caso viesse a assumir o mandato eletivo. O Procurador do Estado instado a responder à consulta poderá apresentar, sem risco de incorrer em equívoco, os seguintes esclarecimentos acerca da situação:

(A) caso haja compatibilidade de horários, a servidora fará jus à percepção das vantagens do seu cargo, sem prejuízo da remuneração do mandato eletivo e, caso não haja compatibilidade de horários, fará jus ao afastamento do cargo efetivo, com a faculdade de optar pela melhor remuneração. O tempo de afastamento do cargo efetivo para exercício de mandato eletivo será computado para todos os efeitos legais, exceto para promoção por merecimento.
(B) a servidora deverá afastar-se do cargo efetivo para exercer o mandato eletivo, com a faculdade de optar pela melhor remuneração. O tempo de afastamento do cargo efetivo para exercício de mandato eletivo será computado para todos os efeitos legais, exceto para adicionais temporais e promoção por merecimento.
(C) a servidora deverá afastar-se do cargo efetivo para exercer o mandato eletivo, fazendo jus apenas à remuneração deste. O tempo de afastamento do cargo efetivo para exercício de mandato eletivo será computado para todos os efeitos legais, exceto para promoção por merecimento.
(D) caso haja compatibilidade de horários, a servidora fará jus à percepção das vantagens do seu cargo, sem prejuízo da remuneração do mandato eletivo e, caso não haja compatibilidade de horários, fará jus ao afastamento do cargo efetivo, com a faculdade de optar pela melhor remuneração. O tempo de afastamento do cargo efetivo para exercício de mandato eletivo será computado para todos os efeitos legais, exceto para adicionais temporais e promoção por merecimento.
(E) a servidora deverá afastar-se do cargo efetivo para exercer o mandato eletivo, com a faculdade de optar pela melhor remuneração. O tempo de afastamento do cargo efetivo para exercício de mandato eletivo não será computado para fins de obtenção de quaisquer vantagens funcionais.

Art. 38 da CF/88: Ao servidor público da administração direta, autárquica e fundacional, no exercício de mandato eletivo, aplicam-se as seguintes disposições: I – tratando-se de mandato eletivo federal, estadual ou distrital, ficará afastado de seu cargo, emprego ou função; II – investido no mandato de Prefeito, será afastado do cargo, emprego ou função, sendo-lhe facultado optar pela sua remuneração; III – investido no mandato de Vereador, havendo compatibilidade de horários, perceberá as vantagens de seu cargo, emprego ou função, sem prejuízo da remuneração do cargo eletivo, e, não havendo compatibilidade, será aplicada a norma do inciso anterior; IV – em qualquer caso que exija o afastamento para o exercício de mandato eletivo, seu tempo de serviço será contado para todos os efeitos legais, exceto para promoção por merecimento; V – na hipótese de ser segurado de regime próprio de previdência social, permanecerá filiado a esse regime, no ente federativo de origem. (Redação dada pela Emenda Constitucional nº 103, de 2019)

Gabarito "A".

(Procurador do Estado/SP – 2018 – VUNESP) Assinale a alternativa correta.

(A) Os servidores ocupantes de cargos em comissão são regidos pela Consolidação das Leis do Trabalho (CLT) e vinculados ao Regime Geral de Previdência Social.
(B) A instituição de regime jurídico único implica a existência de ente gestor único do Regime Próprio de Previdência Social.
(C) Embora o Estado de São Paulo tenha instituído regime jurídico único, seus servidores podem estar vinculados ao Regime Próprio de Previdência Social ou ao Regime Geral de Previdência Social.
(D) Os servidores ocupantes exclusivamente de cargo em comissão mantêm vínculo com o Regime Geral de Previdência Social.
(E) A instituição de regime jurídico único implica a existência de regime previdenciário único.

A: incorreta. Os servidores ocupantes de cargos em comissão e titulares de cargo efetivo são integrantes de Regime Próprio de Previdência Social, ao passo que os servidores ocupantes exclusivamente de cargo em comissão são filiados obrigatoriamente ao RGPS; **B**: incorreta. "Gestor" único. A CF, art. 40, § 20, estabelece que fica vedada a existência de mais de um regime próprio de previdência social para os servidores titulares de cargos efetivos, e de mais de uma "unidade gestora" do respectivo regime em cada ente estatal.); **C**: Incorreta. Há no Estado de São Paulo Regime Próprio de Previdência Social, de tal sorte que os servidores públicos titulares de cargos efetivos ficam necessariamente vinculados ao RPPS, conforme determina o art. 40 da CF; **D**: Correta. CF, art. 40, § 13: "Ao servidor ocupante, exclusivamente, de cargo em comissão declarado em lei de livre nomeação e exoneração bem como de outro cargo temporário ou de emprego público, aplica-se o regime geral de previdência social."; **E**: Incorreta. Do art. 40, § 13, da CF, observa-se que no ente público estadual há prestadores de serviço filiados ao RGPS. Sobre o tema, veja a Adin nº 492-1/DF, Rel. Min. Carlos Velloso.
Gabarito "D".

(Procurador do Estado/SP – 2018 – VUNESP) Maria de Oliveira efetuou inscrição definitiva na Ordem dos Advogados do Brasil logo após sua colação de grau, no início de 1987. Vocacionada ao exercício da advocacia pública, optou por dedicar-se exclusivamente aos estudos para o concurso da Procuradoria Geral do Estado de São Paulo, tendo sido aprovada no concurso de 1993, ano em que tomou posse e iniciou o exercício do cargo. Ultrapassados 25 anos de efetivo exercício do cargo de Procuradora do Estado de São Paulo, Maria de Oliveira, que hoje conta 56 anos, solicitou aposentadoria com lastro no artigo 3º da Emenda Constitucional nº 47/2005. No mesmo instante, ciente de que lei estadual vigente quando de sua posse assegurava aos Procuradores do Estado o cômputo do tempo de inscrição na OAB como tempo de serviço público para todos os efeitos, apresentou certidão emitida por tal entidade ao setor de recursos humanos, requerendo a contagem do período como tempo de contribuição. Examinando o pleito, é possível concluir que a Procuradora do Estado de São Paulo

(A) não faz jus à aposentadoria requerida, pois apenas solicitou averbação do tempo de inscrição na Ordem dos Advogados do Brasil em seus assentamentos funcionais após a vigência da Emenda Constitucional nº 20/1998, que veda a contagem de tempo de contribuição ficto.
(B) não faz jus à aposentadoria requerida, pois a EC no 20/1998, ao eleger o sistema de capitalização para financiamento do Regime Próprio de Previdência Social, vedou a contagem de tempo ficto.
(C) não faz jus à aposentadoria requerida, pois apenas passou a recolher contribuições previdenciárias para fins de aposentadoria quando de sua posse.
(D) faz jus à aposentadoria requerida, pois o cômputo do período de inscrição na Ordem dos Advogados do Brasil como tempo de contribuição não caracteriza contagem de tempo ficto.
(E) faz jus à aposentadoria requerida, pois o artigo 4o da Emenda Constitucional no 20/1998 consagrou o direito adquirido à qualificação jurídica do tempo.

No âmbito do regime constitucional previdenciário instituído pelas Emendas Constitucionais nº 20/98 e 47/2005, o servidor público da União, dos Estados, do Distrito Federal e dos Municípios, incluídas suas autarquias e fundações, que tivesse ingressado no serviço público até a data da publicação da EC 20, em 16 de dezembro de 1998, poderia aposentar-se com proventos integrais (totalidade da remuneração que aufere), e com direito à paridade dos proventos com a remuneração dos servidores da ativa, desde que preenchesse, cumulativamente, as seguintes condições:
"I) trinta e cinco (35) anos de tempo de contribuição, se homem, e trinta (30) anos de tempo de contribuição, se mulher;
II) vinte e cinco (25) anos de efetivo exercício no serviço público, quinze (15) anos de carreira e cinco (5) anos no cargo em que se der a aposentadoria;
III) idade mínima resultante da redução, relativamente aos limites do art. 40, § 1º, inciso III, alínea 'a', da Constituição Federal, de um ano de idade para cada ano de contribuição que exceder a condição prevista no inciso I acima referido".
Por essa regra de transição, **alcançável apenas pelos servidores públicos que ingressaram no funcionalismo até 16 de dezembro de 1998** (data da publicação da EC 20), é franqueada a aposentadoria com **idade inferior à prevista no corpo permanente** da CF (art. 40, § 1º, III).
O art. 40, § 1º, III, da CF, após a EC 20/1998, passou a exigir a idade mínima de 60 anos de idade para os homens e 55 anos de idade para as mulheres, e tempo de contribuição de 35 anos, se homem, e 30 anos, se mulher. Para cada ano trabalhado além dos 35 anos exigíveis, se homem, ou dos 30 anos, se mulher, a regra da EC 47 autoriza a redução, em igual número de anos, da idade.
Assim, considerado o período de 1987 a 1993, que, nos termos da lei estadual vigente quando de sua posse, assegurava aos Procuradores do Estado o cômputo do tempo de inscrição na OAB como tempo de serviço público para todos os efeitos, combinado com o art. 4º da EC 20/98 (observado o disposto no art. 40, § 10, da Constituição Federal, o tempo de serviço considerado pela legislação vigente para efeito de aposentadoria, cumprido até que a lei discipline a matéria, será contado como tempo de contribuição), tem-se o total de 31 anos até 2018, nestes inclusos 25 anos de efetivo exercício no serviço público. De observar que com relação ao requisito etário, já possui 56 anos de idade. Assim, satisfeitos os requisitos para aposentadoria. Diante desse contexto, a única alternativa a ser assinalada é a letra "E". Note que a EC nº 103/2019 alterou substancialmente os requisitos para a concessão de aposentadoria aos servidores públicos, resguardados os direitos adquiridos.
Gabarito "E".

(Procurador do Estado/SP – 2018 – VUNESP) Patrícia Medeiros, titular de cargo efetivo, ciente de que determinada gratificação não integrará, em sua totalidade, a base de cálculo dos proventos de aposentadoria a que fará jus com fundamento no artigo 6o da EC nº41/2003, apresenta requerimento à Administração solicitando que referida vantagem deixe de compor a base de cálculo da contribuição previdenciária. Instada a examinar o pleito, a Procuradoria Geral do Estado corretamente apresentará parecer jurídico recomendando

(A) o indeferimento do pedido, eis que, conforme jurisprudência do Supremo Tribunal Federal, não se exige correlação perfeita entre base de contribuição e benefício previdenciário.
(B) a inadmissibilidade do pedido, por falta de interesse de agir, pois na aposentadoria com lastro no artigo 6o da EC no 41/2003 o valor dos proventos espelha exatamente a última folha de pagamento do servidor no cargo efetivo, de maneira que todas as vantagens por ele percebidas no momento da aposentação serão integralmente carreadas à inatividade.
(C) o indeferimento do pedido, pois desde o advento da Lei Federal no 10.887/2004 o cálculo das aposentadorias é realizado considerando-se a média aritmética simples das maiores remunerações.
(D) o deferimento do pedido com fundamento no princípio contributivo, que segundo tese de repercussão geral fixada pelo Supremo Tribunal Federal obsta a incidência de contribuições sobre valores que não serão considerados no cálculo dos proventos.
(E) o deferimento do pedido, pois a incidência de contribuição previdenciária sobre parcela que não integrará a base de cálculo dos proventos, segundo tese de repercussão geral fixada pelo Supremo Tribunal Federal, gera enriquecimento sem causa do Estado.

A: Correta. A jurisprudência do STF se assentou pela pela necessidade de correlação entre base de contribuição e benefício previdenciário. Nossa Corte Suprema fixou, em sede de repercussão geral, que: "*Não incide contribuição previdenciária sobre verba não incorporável aos proventos de aposentadoria do servidor público, tais como 'terço de férias', 'serviços extraordinários', 'adicional noturno' e 'adicional de insalubridade*" (RE nº 593.068, Rel. Min. Roberto Barroso) Entretanto, não exige o STF a "perfeita" correlação entre base de cálculo das contribuições e proventos de aposentadoria, tanto assim que sobre o décimo terceiro salário do servidor público há incidência de contribuição previdenciária (Súmula 688 STF: É legítima a incidência da contribuição previdenciária sobre o 13º salário).Do contrário, estaríamos diante de hipótese de *bis in idem*, uma vez que após aposentado o servidor público perceberá 13 parcelas durante o ano a título de proventos; **B**: Incorreta, uma vez que, como esclarecido na alternativa "A", sobre o décimo terceiro salário há incidência de contribuição previdenciária, mas este não é considerado no cálculo de apuração dos proventos de aposentadoria (art. 40, § 12, CF/88 e Lei 8.212/ 1991, art. 28, § 7º: "O décimo-terceiro salário (gratificação natalina) integra o salário-de--contribuição, exceto para o cálculo de benefício, na forma estabelecida em regulamento)."; **C**: incorreta. A aposentadoria com fundamento no art. 6º da EC 41/2003 assegura proventos integrais que corresponderão à totalidade da remuneração do servidor público no cargo efetivo em que se der a aposentadoria; **D**: incorreta. Como esclarecido na alternativa "A", sobre o décimo terceiro salário há incidência de contribuição previdenciária, mas este não é considerado no cálculo de apuração dos proventos de aposentadoria (art. 40, §12, CF/88 e Lei 8.212/ 1991, art. 28, § 7º: "O décimo-terceiro salário (gratificação natalina) integra o salário-de-contribuição, exceto para o cálculo de benefício, na forma estabelecida em regulamento)."; **E**: Incorreta. Sobre o décimo terceiro salário há incidência de contribuição previdenciária, mas este não é considerado no cálculo de apuração dos proventos de aposentadoria (art. 40, §12, CF/88 e Lei 8.212/ 1991, art. 28, § 7º: "O décimo-terceiro salário (gratificação natalina) integra o salário-de-contribuição, exceto para o cálculo de benefício, na forma estabelecida em regulamento)".

Ademais, a tese de repercussão geral pertinente (RE nº 593.068, Rel. Min. Roberto Barroso) não se fundamenta na tese de enriquecimento sem causa do Estado. Gabarito "A".

(Procurador do Estado/SP – 2018 – VUNESP) Policial Militar do Estado de São Paulo que completou 24 (vinte e quatro) meses de agregação por invalidez foi reformado. Nessas circunstâncias, é correta a seguinte afirmação:

(A) caso constatado que o militar inativo passou a exercer atividade privada, na condição de empregado, a SPPREV deverá, imediatamente, cassar o ato de reforma e determinar sua reversão para o serviço ativo.
(B) nesse caso, o militar foi reformado ex officio, mas a reforma também pode ser processada a pedido.
(C) o ato de transferência do militar para a inatividade é de competência do Comandante Geral da Polícia Militar do Estado de São Paulo.
(D) nesse caso, a reforma será aperfeiçoada com vencimentos e vantagens integrais aos do posto ou graduação.
(E) com a reforma, extinguiu-se o vínculo entre a Polícia Militar e o inativo, que a partir de então passou a estar vinculado somente à São Paulo Previdência.

A Lei complementar estadual.305/2017, que alterou o Decreto-lei 260/1970 de SP, estabelece que: Art. 2º – Ficam acrescentados ao Decreto-lei nº 260, de 29 de maio de 1970, os seguintes dispositivos: III – artigo 26-A: "Artigo 26-A – O militar transferido para a reserva a pedido poderá ser designado para exercer funções administrativas, técnicas ou especializadas, enquanto não atingir a idade-limite de permanência na reserva. § 1º – É vedada a designação de que trata este artigo, de militar promovido ao posto superior quando de sua passagem para a reserva se não houver, em seu Quadro de origem, o respectivo posto. § 2º – O militar da reserva designado terá as mesmas prerrogativas e deveres do militar do serviço ativo em igual situação hierárquica, fazendo jus, enquanto perdurar sua designação, a: 1. férias; e 2. abono, equivalente ao valor da sua contribuição previdenciária e do padrão do respectivo posto ou graduação. § 3º – Além da avaliação médica e de aptidão física prevista no § 2º do artigo 26, o Comandante Geral definirá critérios disciplinares e técnicos para a designação de militar da reserva nos termos deste artigo."
Diante da normatização legal, a alternativa "C" é a correta: o ato de transferência do militar para a inatividade é de competência do Comandante Geral da Polícia Militar do Estado de São Paulo. Gabarito "C".

(Procurador do Município/Sorocaba-SP – 2012 – VUNESP) Conforme estabelece a Constituição da República sobre os servidores públicos civis, a lei disporá sobre a concessão do benefício de pensão por morte, que será igual ao valor da totalidade

(A) dos proventos do servidor falecido, até o limite máximo estabelecido para os benefícios do regime geral de previdência social, acrescido de setenta por cento da parcela excedente a este limite, caso aposentado à data do óbito.
(B) dos proventos do servidor falecido, até o limite máximo estabelecido para os benefícios do regime geral de previdência social, acrescido de sessenta por cento da parcela excedente a este limite, caso aposentado à data do óbito.
(C) da remuneração do servidor no cargo efetivo em que se deu o falecimento, até o limite máximo estabelecido para os benefícios do regime geral de

previdência social, acrescido de trinta por cento da parcela excedente a este limite, caso em atividade na data do óbito.

(D) da remuneração do servidor no cargo efetivo em que se deu o falecimento, até o limite máximo estabelecido para os benefícios do regime geral de previdência social, acrescido de cinquenta por cento da parcela excedente a este limite, caso em atividade na data do óbito.

(E) da remuneração do servidor no cargo efetivo em que se deu o falecimento, até o limite máximo estabelecido para os benefícios do regime geral de previdência social, acrescido de sessenta por cento da parcela excedente a este limite, caso em atividade na data do óbito.

Antes de ter sua redação substancialmente alterada pela EC nº 103/2019, o art. 40, § 7º, da CF fixava o valor da pensão por morte nos regimes próprios de previdência de acordo com a situação do servidor na data do óbito. Em resumo, a renda mensal seria igual àquilo que o servidor recebia (seja em atividade ou aposentado) se não ultrapassar o teto do RGPS. Se ultrapassar, limita-se o valor ao teto do RGPS e acrescenta-se 70% do que exceder esse limite. Atualmente, o art. 23 da EC nº 103/2019 afirma o seguinte: "Art. 23. A pensão por morte concedida a dependente de segurado do Regime Geral de Previdência Social ou de servidor público federal será equivalente a uma cota familiar de 50% (cinquenta por cento) do valor da aposentadoria recebida pelo segurado ou servidor ou daquela a que teria direito se fosse aposentado por incapacidade permanente na data do óbito, acrescida de cotas de 10 (dez) pontos percentuais por dependente, até o máximo de 100% (cem por cento). § 1º As cotas por dependente cessarão com a perda dessa qualidade e não serão reversíveis aos demais dependentes, preservado o valor de 100% (cem por cento) da pensão por morte quando o número de dependentes remanescente for igual ou superior a 5 (cinco). § 2º Na hipótese de existir dependente inválido ou com deficiência intelectual, mental ou grave, o valor da pensão por morte de que trata o caput será equivalente a: I – 100% (cem por cento) da aposentadoria recebida pelo segurado ou servidor ou daquela a que teria direito se fosse aposentado por incapacidade permanente na data do óbito, até o limite máximo de benefícios do Regime Geral de Previdência Social; e II - uma cota familiar de 50% (cinquenta por cento) acrescida de cotas de 10 (dez) pontos percentuais por dependente, até o máximo de 100% (cem por cento), para o valor que supere o limite máximo de benefícios do Regime Geral de Previdência Social. § 3º Quando não houver mais dependente inválido ou com deficiência intelectual, mental ou grave, o valor da pensão será recalculado na forma do disposto no caput e no § 1º. § 4º O tempo de duração da pensão por morte e das cotas individuais por dependente até a perda dessa qualidade, o rol de dependentes e sua qualificação e as condições necessárias para enquadramento serão aqueles estabelecidos na Lei nº 8.213, de 24 de julho de 1991. § 5º Para o dependente inválido ou com deficiência intelectual, mental ou grave, sua condição pode ser reconhecida previamente ao óbito do segurado, por meio de avaliação biopsicossocial realizada por equipe multiprofissional e interdisciplinar, observada revisão periódica na forma da legislação. § 6º Equiparam-se a filho, para fins de recebimento da pensão por morte, exclusivamente o enteado e o menor tutelado, desde que comprovada a dependência econômica. § 7º As regras sobre pensão previstas neste artigo e na legislação vigente na data de entrada em vigor desta Emenda Constitucional poderão ser alteradas na forma da lei para o Regime Geral de Previdência Social e para o regime próprio de previdência social da União. § 8º Aplicam-se às pensões concedidas aos dependentes de servidores dos Estados, do Distrito Federal e dos Municípios as normas constitucionais e infraconstitucionais anteriores à data de entrada em vigor desta Emenda Constitucional, enquanto não promovidas alterações na legislação interna relacionada ao respectivo regime próprio de previdência social." Caso a pensão seja única fonte de renda formal auferida pelo dependente, o benefício será concedido nos termos de lei do respectivo ente federativo, a qual tratará de forma diferenciada a hipótese de morte dos servidores de que trata o § 4º-B, do art. 40, da CF, decorrente de agressão sofrida no exercício ou em razão da função – art. 40, §7º, da CF.
Gabarito "A".

4. ACIDENTES, DOENÇAS DO TRABALHO

(Defensor Público/MS – 2008 – VUNESP) Segundo a Lei nº 8.213/1991, não é equiparado(a) ao acidente do trabalho:

(A) a doença endêmica adquirida por segurado habitante de região em que ela se desenvolva, salvo comprovação de que é resultante de exposição ou contato direto determinado pela natureza do trabalho.

(B) a doença proveniente de contaminação acidental do empregado no exercício de sua atividade.

(C) o acidente sofrido pelo segurado no local e no horário do trabalho, em consequência de ato de imprudência, de negligência ou de imperícia de terceiro ou de companheiro de trabalho.

(D) o acidente sofrido pelo segurado, ainda que fora do local e horário de trabalho, na prestação espontânea de qualquer serviço à empresa para lhe evitar prejuízo ou proporcionar proveito.

A: correta, pois a doença endêmica assim qualificada não é considerada doença do trabalho, nem, portanto, equiparada a acidente do trabalho – art. 20, § 1º, *d*, do PBPS; **B**, **C** e **D:** incorretas, pois essa doença e esses acidentes são equiparados expressamente a acidentes do trabalho, nos termos do art. 21, II, *c*, III e IV, *b*, do PBPS.
Gabarito "A".

(Defensor Público/MS – 2008 – VUNESP) Quem tem o poder de declarar o Nexo Técnico Epidemiológico é

(A) o serviço médico do empregador.
(B) o sindicato da categoria.
(C) a perícia médica do INSS.
(D) o médico do segurado.

Compete à perícia médica do INSS constatar o nexo técnico epidemiológico entre o trabalho e o agravo, decorrente da relação entre a atividade da empresa e a entidade mórbida motivadora da incapacidade, para caracterizar sua natureza acidentária (da incapacidade), nos termos do art. 21-A do PBPS (veja também o art. 30, §3º, da Lei nº 11.907/2009, com a redação dada pela Lei nº 13.846/2019). Por essa razão, a alternativa "C" é a correta.
Gabarito "C".

5. ASSISTÊNCIA SOCIAL E SAÚDE

(Defensor Público/MS – 2008 – VUNESP) O benefício assistencial do idoso previsto na Lei Orgânica da Assistência Social

(A) dá direito ao abono anual.
(B) gera pensão por morte.
(C) exige idade mínima de 65 anos.
(D) exige contribuição.

A: incorreta, pois não há abono em relação ao benefício de prestação continuada – art. 20 da Lei Orgânica da Assistência Social – LOAS (Lei 8.742/1993); **B:** incorreta, pois o benefício em questão é personalíssimo e cessa com a morte do beneficiado, não gerando direito à pensão por morte – art. 21, § 1º, da LOAS; **C:** essa é a assertiva correta, conforme o art. 203, V, da CF e o art. 20, *caput*, da LOAS; **D:** incorreta, pois os benefícios da assistência social, caso da prestação continuada ao idoso (salário mínimo de benefício mensal), independem de contribuição – art. 203, *caput*, e V, da CF.
Gabarito "C".

6. OUTROS TEMAS

(Procurador do Município – São Paulo/SP – 2014 – VUNESP) Considerando-se os princípios e diretrizes que regem a Seguridade Social, é correto afirmar que

(A) os princípios e diretrizes da Saúde se estendem à esfera da Previdência Social.
(B) o direito à saúde é garantido a todos, independentemente da qualidade de contribuintes da previdência social.
(C) a base de financiamento da seguridade social é composta por contribuição dos segurados e, no caso de empregados, dos empregadores.
(D) a seguridade social compreende um conjunto de ações destinado a assegurar o direito da sociedade à saúde e à previdência social.
(E) a universalidade da cobertura e do atendimento garante o direito de toda a população aos benefícios da previdência social.

A: incorreta. A questão é um tanto maldosa, porque induz o candidato a pensar nos **objetivos** da seguridade social previstos no parágrafo único do art. 194 da CF, os quais são aplicáveis às três esferas da seguridade (saúde, previdência social e assistência social). As **diretrizes** da Saúde estão previstas no art. 198 da CF e lhe são próprias, não se estendendo às demais esferas: descentralização, com direção única em cada esfera de governo; atendimento integral, com prioridade para as atividades preventivas, sem prejuízo dos serviços assistenciais; e participação da comunidade; **B:** correta, nos termos do art. 196 da CF, que dispõe que a saúde é direito de **todos**, sem fazer qualquer ressalva; **C:** incorreta. A contribuição social da empresa e entidades a ela equiparadas, incidente sobre a folha de salários, abrange a remuneração paga a qualquer pessoa física que lhe preste serviço, seja ela empregada ou contribuinte individual; **D:** incorreta. Faltou mencionar a assistência social (art. 194 da CF); **E:** incorreta. A universalidade da cobertura e do atendimento, objetivo da seguridade social previsto no art. 194, parágrafo único, I, da CF, deve ser interpretada à luz das regras incidentes sobre cada esfera da seguridade. No caso da previdência social, ela (a universalidade) será garantida a todos aqueles que **contribuírem** para o RGPS, nos termos do art. 201 da CF.

Gabarito "B".

16. DIREITOS HUMANOS

Renan Flumian

1. TEORIA GERAL E DOCUMENTOS HISTÓRICOS

(Procurador do Município/Cubatão-SP – VUNESP – 2012) Leia as afirmativas a seguir.

I. O fato de que um Estado se encontra em uma situação de conflito armado, distúrbios e tensões internos ou em estado declarado de emergência, livra-o da obrigação de assegurar os direitos e liberdades fundamentais.
II. Além dos poderes de captura, de detenção e do emprego de força, os encarregados da aplicação da lei são investidos de vários outros poderes para o cumprimento eficaz de seus deveres e funções, como, por exemplo, para busca e apreensão, nos termos da lei.
III. A aplicação da lei nos Estados Democráticos implica que o poder ou a autoridade utilizados em uma determinada situação devam ter fundamento na legislação, sejam exercidos na medida estritamente necessária, proporcional à seriedade do delito e ao objetivo legítimo de aplicação da lei a ser alcançado.
IV. O fator humano na aplicação da lei se sobrepõe à necessidade de legalidade e à ausência de arbitrariedade.

São corretas somente as afirmativas
(A) I e II.
(B) I e IV.
(C) II e III.
(D) II e IV.
(E) III e IV.

I: incorreta, pois a obrigação do Estado de respeitar os direitos e liberdades fundamentais permanece mesmo em momentos atípicos, como, por exemplo, no decorrer de um estado de emergência. Sobre o tema é interessante a análise do art. 4º do Pacto Internacional de Direitos Civis e Políticos: 1. Quando situações excepcionais ameacem a existência da nação e sejam proclamadas oficialmente, os Estados partes do presente Pacto podem adotar, na estrita medida exigida pela situação, medidas que suspendam as obrigações decorrentes do presente Pacto, desde que tais medidas não sejam incompatíveis com as demais obrigações que lhes sejam impostas pelo Direito Internacional e não acarretem discriminação alguma apenas por motivo de raça, cor, sexo, língua, religião ou origem social; 2. A disposição precedente não autoriza qualquer suspensão dos artigos 6º (direito à vida), 7º (não tortura), 8º, §§1º e 2º (não escravidão e servidão), 11 (não prisão por descumprimento de obrigação contratual), 15 (anterioridade penal), 16 (reconhecimento da personalidade jurídica) e 18 (liberdade de pensamento, de consciência e de religião); 3. Os Estados Partes do presente pacto que fizerem uso do direito de suspensão devem comunicar imediatamente aos outros Estados Partes do Presente Pacto, por intermédio do Secretário-Geral das Nações Unidas, as disposições que tenham suspenso, bem como os motivos de tal suspensão. Os Estados Partes deverão fazer uma nova comunicação, igualmente por intermédio do Secretário-Geral da Organização das Nações Unidas, na data em que terminar tal suspensão. Percebe-se que a suspensão das obrigações é de difícil configuração e com muitas limitações, isto é, a maioria dos direitos fundamentais continuam sendo assegurados. A título de curiosidade, importante destacar que a Carta Africana dos Direitos Humanos e dos Povos de 1981 não prevê a cláusula geral de derrogação (comum nos tratados de direitos humanos), que permite ao estado se desobrigar dos compromissos, assumidos por meio de tratado, em tempos de "emergência"; II: correta, pois, de fato, os encarregados da aplicação da lei possuem os poderes indicados; III: correta, pois descreve como a lei deve ser aplicada nos Estados Democráticos; IV: incorreta, pois o princípio da legalidade deve sempre ser respeitado (art. 9º da Convenção Americana de Direitos Humanos).

Gabarito "C".

(Procurador do Município/Cubatão-SP – VUNESP – 2012) Assinale a alternativa correta.

(A) A internacionalização dos direitos humanos constitui um movimento extremamente recente na história, que surgiu a partir do pós-guerra, como resposta às atrocidades e aos horrores cometidos durante o nazismo.
(B) O movimento do Direito Internacional dos Direitos Humanos é baseado na concepção de que toda nação tem a obrigação de respeitar os direitos humanos de seus cidadãos, mas a comunidade internacional não tem o direito e a responsabilidade de protestar, se um Estado não cumprir suas obrigações.
(C) A Declaração Universal dos Direitos Humanos (1948) foi o documento fundante da Organização das Nações Unidas – ONU, e se constitui no primeiro instrumento normativo do Direito Internacional dos Direitos Humanos.
(D) A Carta das Nações Unidas (1945) compreende um conjunto de direitos e faculdades sem as quais o ser humano não pode desenvolver sua personalidade física, moral e intelectual. Além disso, tem caráter universal: é aplicável a todas as pessoas de todos os países, raças, religiões e sexos, seja qual for o regime político dos territórios nos quais incide.
(E) Desde os horrores da Primeira Guerra Mundial, a comunidade internacional traçou a meta de preservar as gerações vindouras do flagelo da guerra, que deveria ser alcançada por meio de um sistema de segurança coletiva, para o qual todos os Estados-membros deveriam cooperar estreitamente.

A: correta, pois o marco recente ou a concepção contemporânea dos direitos humanos foi inaugurado, sem dúvida, pela Declaração Universal dos Direitos Humanos de 1948 e reforçado pela Declaração de Direitos Humanos de Viena de 1993. Com importância neste processo pode-se também citar a Declaração de Direitos Francesa, impulsionada pela Revolução Francesa de 1789, e a Declaração de Direitos Americana, conhecida como Declaração de Direitos do Bom Povo da Virgínia, ambas do século XVIII. A ONU e a Declaração Universal dos Direitos Humanos criam um verdadeiro sistema de proteção global da dignidade humana. É importante ter em mente que este processo recente de internacionalização dos direitos humanos é fruto do Pós-Guerra e da ressaca moral da humanidade ocasionada pelo excesso de violações de direitos humanos perpetradas pelo nazifascismo. Cada estado estabelece suas próprias regras de direitos humanos ("direitos fundamentais") e executa sua própria política de proteção e efetivação dos direitos humanos. Todavia, o que se percebe é a mitigação da soberania dos estados em função da característica de universalidade dos direitos humanos. Isto é, a comunidade internacional fiscaliza e opina sobre a situação dos direitos humanos em cada país, podendo até sancionar em determinadas situações; **B**: incorreta (reler o comentário sobre a assertiva anterior); **C**: incorreta. Abalados pelas barbáries deflagradas nas duas Grandes Guerras e ensejosos de construir um mundo sob novos alicerces ideológicos, os dirigentes das nações que emergiram como potências no período Pós-Guerra, liderados por URSS e Estados Unidos, estabeleceram na Conferência de Yalta, na Ucrânia, em 1945, as bases de uma futura "paz". Para isso, definiram as áreas de influência das potências e acertaram a criação de uma organização multilateral que promovesse negociações sobre conflitos internacionais, com o objetivo de evitar guerras, construir a paz e a democracia, além de fortalecer os direitos humanos. Teve aí sua origem a Organização das Nações Unidas. *A ONU é uma organização internacional que tem por objetivo facilitar a cooperação em matéria de direito internacional, segurança internacional, desenvolvimento econômico, progresso social, direitos humanos e a realização da paz mundial. Por isso, diz-se que é uma organização internacional de vocação universal.* Sua lei básica é a Carta das Nações Unidas, elaborada em São Francisco de 25 de abril a 26 de junho de 1945. Esta Carta tem como anexo o Estatuto da Corte Internacional de Justiça. E a Declaração Universal dos Direitos Humanos também não foi o primeiro instrumento normativo de proteção internacional dos direitos humanos, pois a Declaração Americana dos Direitos e Deveres do Homem foi o primeiro acordo internacional sobre direitos humanos, antecipando a Declaração Universal dos Direitos Humanos, escrita seis meses depois; **D**: incorreta, pois a questão faz menção erroneamente a Carta das Nações Unidas. A assertiva cuida das características da Declaração Universal dos Direitos Humanos de 1948; **E**: incorreta. Com o fim da Primeira Guerra Mundial, os aliados (vencedores) se reuniram em Paris e firmaram um tratado de paz, conhecido como Tratado de Versalhes. Um dos objetivos do Tratado de Versalhes era a criação de um organismo internacional (Liga das Nações) que tivesse como missão assegurar a paz num mundo traumatizado pela guerra que se encerrara. O problema foi que o Tratado impôs a necessidade dos países do Eixo (perdedores) pagarem pesadas indenizações financeiras aos ganhadores e ainda traçou outras limitações. Esse fato causou um sentimento de forte humilhação nos países perdedores, e foi, como aponta inúmeros historiadores, o motivador psicossocial para o florescimento do nazismo na Alemanha, país que foi o grande derrotado da Primeira Guerra Mundial. A corrida armamentista que se iniciou na década de 30 e a própria Segunda Guerra Mundial demonstram o fracasso da Liga das Nações. Por todo o dito, percebe-se que o Tratado de Versalhes estabeleceu obrigações distintas aos Estados, portanto, a afirmação de que os estados deveriam cooperar estreitamente não é correta.

Gabarito "A".

2. GERAÇÕES OU DIMENSÕES DOS DIREITOS HUMANOS

(Juiz de Direito – TJM/SP – VUNESP – 2016) Sobre os direitos do homem, assinale a alternativa correta.

(A) Os direitos de terceira dimensão são direitos transindividuais que extrapolam os interesses do indivíduo, focados na proteção do gênero humano. Evidencia-se nesse contexto a ideia de humanismo e universalidade.

(B) Os direitos humanos de primeira dimensão buscam o respeito às liberdades individuais e têm como base histórica a Magna Carta de 1215 e o Tratado de Versalhes.

(C) A doutrina é unânime em reconhecer que a expressão direitos humanos é sinônima da expressão direitos fundamentais, inexistindo distinção entre os termos.

(D) Os direitos humanos de segunda dimensão colocam em perspectiva os direitos sociais, culturais e econômicos, bem como os direitos coletivos, sendo a Constituição de Weimar a primeira carta política a reconhecê-los.

(E) Alguns doutrinadores já reconhecem a existência da quarta e quinta dimensões de direitos do homem. No primeiro caso, o foco seria o direito ao desenvolvimento e à paz. No segundo caso, os direitos estariam relacionados à engenharia genética e ao meio ambiente.

A: correta. A terceira geração ou gestação trata dos direitos à paz, ao desenvolvimento, à propriedade do patrimônio cultural e depois também ganhou contorno de proteção ao meio ambiente (também conhecidos como direitos "verdes"). A titularidade desses direitos é atribuída, geralmente, à humanidade e são classificados doutrinariamente como difusos, todavia pode-se destacar a sua faceta de direito individual também, como expressamente prevista na Declaração da ONU sobre o Direito ao Desenvolvimento; **B**: incorreta, pois a principal base histórica dos direitos humanos de primeira dimensão é a Declaração dos Direitos do Homem e Cidadão de 1789; **C**: incorreta. A doutrina atual, principalmente a alemã, considera como direitos fundamentais os valores éticos sobre os quais se constrói determinado sistema jurídico nacional (leia-se direitos previstos explicitamente no ordenamento jurídico de certo país), ao passo que os direitos humanos existem mesmo sem o reconhecimento da ordem jurídica interna de um país, pois possuem vigência universal. Entretanto, na maioria das vezes, os direitos humanos, previstos em diplomas internacionais ou parte do *jus cogens*, são reconhecidos internamente pelos sistemas jurídicos nacionais (grande equivalência), situação que os torna também direitos fundamentais. Ou seja, os direitos humanos previstos na Constituição de um país são denominados direitos fundamentais; **D**: incorreta, pois a primeira carta política que reconheceu esses direitos foi a Constituição mexicana de 1917. À título comparativo, a Constituição de Weimar é de 1919; **E**: incorreta, pois o direito ao desenvolvimento e à paz estão ligados à terceira dimensão dos direitos humanos.

Gabarito "A".

3. TRIBUNAL PENAL INTERNACIONAL

(Juiz de Direito – TJM/SP – VUNESP – 2016) Nos que diz respeito ao Estatuto Penal de Roma, assinale a alternativa que indica uma condição no julgamento realizado no Brasil que impediria a realização de um novo julgamento pelo Tribunal Penal Internacional pelos mesmos fatos.

(A) O julgamento realizado no Brasil foi conduzido de uma maneira que, no caso concreto, se revela incompatível com a intenção de submeter a pessoa à ação da justiça.

(B) O julgamento realizado no Brasil não foi conduzido de forma imparcial, em conformidade com as garantias de um processo equitativo reconhecidas pelo direito internacional.

(C) O julgamento realizado no Brasil teve por objetivo subtrair o acusado à sua responsabilidade criminal por crimes da competência do Tribunal.

(D) O julgamento realizado no Brasil não foi conduzido de forma independente, em conformidade com as garantias de um processo equitativo reconhecidas pelo direito internacional.

(E) O julgamento realizado no Brasil teve por conclusão sentença absolutória fundada na atipicidade da conduta.

A assertiva "E" é a única que traz uma condição que impediria a realização de um novo julgamento pelo TPI sobre os mesmos fatos.
Gabarito "E".

(Delegado/SP – VUNESP – 2014) Segundo o Estatuto de Roma, a competência do Tribunal Penal Internacional restringir-se-á aos crimes mais graves, que afetam a comunidade internacional no seu conjunto.

Nos termos do referido Estatuto, portanto, o Tribunal terá competência para julgar, entre outros, os seguintes crimes:

(A) hediondos e crimes de terrorismo.
(B) de guerra e crimes de tráfico ilícito de entorpecentes e drogas afins.
(C) infanticídio e crimes contra a humanidade.
(D) de agressão e crimes contra a ordem constitucional e o Estado Democrático.
(E) genocídio e crimes de guerra.

Com a criação do TPI, tem-se um tribunal permanente para julgar **indivíduos** acusados da prática de crimes de genocídio, de crimes de guerra, de crimes de agressão e de crimes contra a humanidade.
Gabarito "E".

(Defensor Público/MS – VUNESP – 2008) Com relação ao Tribunal Penal Internacional, é correto afirmar que

(A) a competência do Tribunal restringir-se-á ao julgamento dos crimes de genocídio e crimes contra a humanidade.
(B) o Tribunal não terá jurisdição sobre pessoas que, à data da alegada prática do crime, não tenham ainda completado 21 anos de idade.
(C) os crimes da competência do Tribunal não prescrevem.
(D) o Tribunal só terá competência relativamente aos crimes cometidos após 17.07.1998, data da sua criação.

A: incorreta. O Tribunal Penal Internacional (TPI) foi constituído na Conferência de Roma, em 17 de julho de 1998, onde se aprovou o Estatuto de Roma (tratado que não admite a apresentação de reservas). A partir de então tem-se um tribunal permanente para julgar indivíduos (quaisquer indivíduos, independentemente de exercerem funções governamentais ou cargos públicos) acusados da prática de **crimes de genocídio, de crimes de guerra, de crimes de agressão e de crimes contra a humanidade**; **B:** incorreta, pois o art. 26 do Estatuto de Roma determina que o Tribunal não terá jurisdição sobre pessoas que, à data da alegada prática do crime, não tenham ainda completado **18 anos de idade**; **C:** correta, pois essa é a redação do art. 29 do Estatuto de Roma; **D:** incorreta. O art. 11, ponto 1, do Estatuto de Roma dispõe que o TPI só terá competência relativamente aos crimes cometidos após a **entrada em vigor** do Estatuto e não após a criação do TPI. O Estatuto de Roma entrou em vigor internacional em 1º de julho de 2002, e passou a vigorar, para o Brasil, em 1º de setembro de 2002.
Gabarito "C".

4. SISTEMA GLOBAL DE PROTEÇÃO DOS DIREITOS HUMANOS

4.1. DECLARAÇÃO UNIVERSAL DOS DIREITOS HUMANOS

(Delegado – PC/BA – 2018 – VUNESP) Nos termos da Declaração Universal dos Direitos Humanos, é correto afirmar que

(A) toda pessoa tem o direito de livremente circular e escolher a sua residência no interior de um Estado.
(B) são asseguradas às presidiárias condições para que possam permanecer com seus filhos durante o período de amamentação.
(C) toda pessoa tem direito à liberdade de reunião e de associação pacíficas ou militares.
(D) é livre a manifestação do pensamento, sendo vedado o anonimato.
(E) ninguém pode ser arbitrariamente privado da sua propriedade, exceto no caso de iminente perigo público.

A: correta (art. 13, ponto 1, da DUDH); **B:** incorreta, pois não existe previsão nesse sentido; **C:** incorreta, pois o art. 2º, ponto 1, da DUDH não prevê o direito à associação militar; **D:** incorreta, pois o art. 18 não veda o anonimato; **E:** incorreta, pois o art. 17 da DUDH assim define: 1. Todo ser humano tem direito à propriedade, só ou em sociedade com outros; e 2. Ninguém será arbitrariamente privado de sua propriedade.
Gabarito "A".

(Investigador – PC/BA – 2018 – VUNESP) A respeito da Declaração Universal dos Direitos Humanos (DUDH), assinale a alternativa correta.

(A) Ninguém pode ser preso, detido ou exilado.
(B) Ninguém será condenado por ação ou omissão, ainda que, no momento de sua prática, constituísse ato delituoso frente ao direito interno e internacional.
(C) Nenhuma pessoa sujeita a perseguição tem o direito de procurar e de se beneficiar de asilo em outros países.
(D) O direito de asilo não pode ser invocado no caso de processo realmente existente por crime de direito comum ou por atividades contrárias aos fins e aos princípios das Nações Unidas.
(E) Nenhuma pessoa pode abandonar o país em que se encontra.

A: incorreta, pois a redação correta do art. 9º é a seguinte: "Ninguém será arbitrariamente preso, detido ou exilado"; **B:** incorreta, porque o ponto 2 do art. 11 estatui o seguinte: "Ninguém poderá ser culpado por qualquer ação ou omissão que, no momento, **não** constituíam delito perante o direito nacional ou internacional"; **C:** incorreta, porque o ponto 1 do art. 14 estatui o seguinte: "Todo ser humano, vítima de perseguição, tem o direito de procurar e de gozar asilo em outros países"; **D:** correta (art. 14, ponto, da Declaração Universal dos Direitos Humanos); **E:** incorreta, porque o ponto 2 do art. 13 estatui o seguinte: "Todo ser humano tem o direito de deixar qualquer país, inclusive o próprio e a esse regressar".
Gabarito "D".

(Defensor Público/RO – 2017 – VUNESP) Sobre a Carta das Nações Unidas, é correto afirmar:

(A) assinada em São Francisco, em 26 de junho de 1945, criou o Conselho de Direitos Humanos, endossando a visão de que os direitos fundamentais são essenciais para a paz e o desenvolvimento das nações.
(B) o Conselho de Segurança é composto de quinze membros das Nações Unidas. São membros permanentes: China, Alemanha, Rússia, Reino Unido e Estados Unidos. Os demais são eleitos pela Assembleia Geral.
(C) a admissão de qualquer Estado como Membro das Nações Unidas será efetuada por decisão da Assembleia Geral, sem qualquer interferência do Conselho de Segurança.
(D) a Corte Internacional de Justiça foi criada como o principal órgão judicial das Nações Unidas, sendo composto por nove juízes.
(E) seus propósitos centrais são: (i) manter a paz e a segurança internacional; (ii) fomentar a cooperação internacional nos campos social e econômico; (iii) promover os direitos humanos no âmbito universal.

A: incorreta. A criação do CDH é uma tentativa simbólica de conferir paridade ao tema dos direitos humanos em relação aos temas da segurança internacional e da cooperação social e econômica, os quais têm conselhos específicos, respectivamente: o Conselho de Segurança e o Conselho Econômico e Social; **B:** incorreta. Depois de modificado em 1963, o Conselho de Segurança passou a ser composto dos mesmos cinco membros permanentes (China, EUA, **França**, Reino Unido e Rússia) e dez membros não permanentes, totalizando 15 membros, os quais continuam sendo eleitos pela Assembleia Geral para exercer mandato de dois anos, vedada a reeleição para o período seguinte. Cada membro do Conselho tem apenas um voto; **C:** incorreta, pois são admitidos pela Assembleia Geral mediante recomendação do Conselho de Segurança. E só podem ser admitidos os Estados "amantes da paz" que aceitarem as obrigações impostas pela Carta e forem aceitos como capazes de cumprir tais obrigações; **D:** incorreta. A Corte é o principal órgão judicial da ONU, substituindo a Corte Permanente de Justiça Internacional (CPJI) de 1922, que foi a primeira Corte Internacional com jurisdição universal. A Corte funciona com base em seu estatuto e pelas chamadas *Regras da Corte* – espécie de código de processo. A Corte é composta de 15 juízes eleitos de três em três anos para um período de nove anos e com a possibilidade de reeleição. Mas não é possível que seja eleito mais de um juiz da mesma nacionalidade; **E:** correta, como também ser um centro destinado a harmonizar a ação dos povos para a consecução desses objetivos comuns.
Gabarito "E".

(Juiz de Direito – TJM/SP – VUNESP – 2016) A Declaração Universal dos Direitos do Homem foi adotada em 10 de dezembro de 1948. A seu respeito, assinale a alternativa correta.

(A) Dada sua correlação com os direitos naturais, houve grande consenso em torno do documento que contou com a aprovação unânime dos Estados, sem reprovações ou abstenções.
(B) Estabelece três categorias de direitos: os direitos civis e políticos, os direitos econômicos, sociais e culturais e os direitos coletivos, combinando, de forma inédita, os discursos liberal, social e plural.
(C) Não tratou do direito à propriedade, tendo em vista que esse ponto poderia ser objeto de impasse com os Estados do bloco socialista.
(D) Embora sem grande repercussão, garante o direito à felicidade que, nos últimos anos, tem sido tema de grande debate nacional e internacional.
(E) Não apresenta força de lei, por não ser um tratado. Foi adotada pela Assembleia das Nações Unidas sob a forma de resolução. Contudo, como consagra valores básicos universais, reconhece-se sua força vinculante.

A: incorreta, pois a Declaração Universal dos Direitos Humanos foi aprovada pela Resolução 217 A (III) da Assembleia Geral da ONU, em 10 de dezembro de 1948, por 48 votos a zero e oito abstenções; **B:** incorreta, Em seu bojo, encontram-se direitos civis e políticos (artigos 3º a 21) e também direitos econômicos, sociais e culturais (artigos 22 a 28); **C:** incorreta (art. 17 da DUDH); **D:** incorreta, pois não existe previsão do citado direito; **E:** correta, pois muitos defendem que a Declaração seria inderrogável por fazer parte do *jus cogens*. E ainda pode-se até advogar, conforme posição defendida por René Cassin[1], que a Declaração, por ter definido o conteúdo dos direitos humanos insculpidos na Carta das Nações Unidas, tem força legal vinculante sim, visto que os Estados-membros da ONU se comprometeram a promover e proteger os direitos humanos. Por esses dois últimos sentidos, chega-se à conclusão de que a Declaração Universal dos Direitos Humanos gera obrigações aos Estados, isto é, tem força obrigatória (por ser legal ou por fazer parte do *jus cogens*). A assertiva "E" aponta que a força vinculante da DUDH provém do fato dela consagrar valores básicos universais (*jus cogens*).
Gabarito "E".

(Juiz de Direito – TJM/SP – VUNESP – 2016) Ainda sobre a Declaração Universal dos Direitos do Homem, é correto afirmar que

(A) prevê expressamente o direito à participação política, mas não o de acesso a serviços públicos.
(B) garante a todos, sem qualquer tipo de distinção, educação, direito ao trabalho e saúde pública gratuita.
(C) prevê a criação de um tribunal internacional para julgamento de violações aos direitos humanos.
(D) não estabelece nenhuma forma de governo para garantir a aplicação dos direitos humanos, pois entende que isso deve ser livremente decidido pelas nações individualmente de acordo com sua realidade.
(E) prevê o direito ao trabalho e ao repouso e lazer, inclusive a limitação razoável das horas de trabalho e as férias remuneradas periódicas.

A: incorreta, pois o direito de acesso a serviços públicos está previsto no art. 21, ponto 2, da DUDH; **B, C** e **D:** incorretas, pois não existem previsões do tipo no seio da DUDH; **E:** correta (arts. 23 e 24 da DUDH).
Gabarito "E".

(Delegado/SP – VUNESP – 2014) Segundo o que dispõe a Declaração Universal dos Direitos Humanos da ONU, toda pessoa, vítima de perseguição, tem o direito de procurar e de gozar asilo em outros países. No entanto, esse direito não pode ser invocado, entre outros, em caso de perseguição

(A) de militante político que tenha se evadido clandestinamente de seu país de origem.
(B) de pessoa que claramente tenha se rebelado contra o regime de governo de seu país.
(C) por razões de ordem política.
(D) por motivos religiosos.
(E) legitimamente motivada por crimes de direito comum.

Conforme o disposto pela redação do artigo XIV, pontos 1 e 2, da Declaração Universal, a única assertiva correta é a "E".
Gabarito "E".

4.2. PACTO INTERNACIONAL DOS DIREITOS CIVIS E POLÍTICOS

(Juiz de Direito – TJM/SP – VUNESP – 2016) O Pacto Internacional dos Direitos Civis e Políticos, de 1966,

(A) garante o direito do homem e da mulher de contrair casamento e constituir família, porém, a fim de evitar confrontos de caráter cultural com alguns dos Estados-membros não tratou da dissolução dessa união.
(B) prevê que a pena de morte não deverá ser imposta sob nenhuma hipótese, salvo em situação de guerra.
(C) garante o direito de autodeterminação dos povos, exprimindo, assim, uma tomada de consciência universal sobre a urgência de se superar o colonialismo e o imperialismo.
(D) reconhece, sem restrições, o direito de reunião pacífica.
(E) já apresenta uma preocupação com os imigrantes clandestinos, estabelecendo que estes também têm o direito de circular livremente no território de um Estado.

---

1. O jurista francês René Samuel Cassin foi o principal autor da Declaração Universal dos Direitos Humanos.

A: incorreta, pois o art. 23 tratou da dissolução do casamento; **B:** incorreta. "Nos países em que a pena de morte não tenha sido abolida, esta poderá ser imposta apenas nos casos de crimes mais graves, em conformidade com legislação vigente na época em que o crime foi cometido e que não esteja em conflito com as disposições do presente Pacto, nem com a Convenção sobra a Prevenção e a Punição do Crime de Genocídio. Poder-se-á aplicar essa pena apenas em decorrência de uma sentença transitada em julgado e proferida por tribunal competente" (art. 6º, ponto 2, do Pacto); **C:** correta (art. 1º do Pacto); **D:** incorreta, pois o art. 21 do Pacto prevê restrições; **E:** incorreta, pois não existe previsão nesse sentido no Pacto.

Gabarito "C".

5. SISTEMA REGIONAL DE PROTEÇÃO DOS DIREITOS HUMANOS

5.1. SISTEMA INTERAMERICANO

5.1.1. CONVENÇÃO AMERICANA DE DIREITOS HUMANOS OU PACTO DE SÃO JOSÉ DA COSTA RICA

(Juiz de Direito – TJM/SP – VUNESP – 2016) A Convenção Americana de Direitos Humanos (Pacto de San Jose da Costa Rica) reproduz a maior parte das declarações de direitos constantes do Pacto Internacional de Direitos Civis e Políticos de 1966. Contudo, existem novidades importantes, entre as quais se destaca o direito

(A) à propriedade privada cujo uso e gozo podem estar subordinados ao interesse social.
(B) de toda criança adquirir uma nacionalidade.
(C) das minorias étnicas, religiosas ou linguísticas a ter sua própria vida cultural, de professar e praticar sua religião e usar sua língua.
(D) à realização de greve, de acordo com condições preestabelecidas.
(E) das mulheres à licença-maternidade.

Em comparação com o Pacto Internacional de Direitos Civis e Políticos, uma grande novidade trazida pela Convenção Americana foi a possibilidade de subordinar o direito à propriedade privada ao interesse social (art. 21, ponto 1, da Convenção Americana de Direitos Humanos).

Gabarito "A".

(Delegado/SP – VUNESP – 2014) Considerando o disposto expressamente no Pacto Internacional de *San José da Costa Rica* (Convenção Americana de Direitos Humanos de 1969), a respeito do direito à vida e do direito à integridade pessoal, é correto afirmar que

(A) os processados devem ficar separados dos condenados, salvo em circunstâncias excepcionais, e devem ser submetidos a tratamento adequado à sua condição de pessoas não condenadas.
(B) toda pessoa tem o direito de que se respeite sua vida, e o direito de ser protegido pela lei, em geral, desde o momento do seu nascimento.
(C) todos os países estão proibidos de adotar a pena de morte e aqueles que já a adotem devem aboli-la de imediato.
(D) é vedada pelos Estados a adoção da pena de prisão perpétua, exceto para casos de crimes hediondos.
(E) a pena de trabalhos forçados será vedada unicamente a menores de vinte e um anos e a maiores de setenta anos.

Seguem os artigos 4º e 5º da Convenção Americana:
Artigo 4º – Direito à vida
1. Toda pessoa tem o direito de que se respeite sua vida. Esse direito deve ser protegido pela lei e, em geral, desde o momento da concepção. Ninguém pode ser privado da vida arbitrariamente.
2. Nos países que não houverem abolido a pena de morte, esta só poderá ser imposta pelos delitos mais graves, em cumprimento de sentença final de tribunal competente e em conformidade com a lei que estabeleça tal pena, promulgada antes de haver o delito sido cometido. Tampouco se estenderá sua aplicação a delitos aos quais não se aplique atualmente.
3. Não se pode restabelecer a pena de morte nos Estados que a hajam abolido.
4. Em nenhum caso pode a pena de morte ser aplicada a delitos políticos, nem a delitos comuns conexos com delitos políticos.
5. Não se deve impor a pena de morte a pessoa que, no momento da perpetração do delito, for menor de dezoito anos, ou maior de setenta, nem aplicá-la à mulher em estado de gravidez.
6. Toda pessoa condenada à morte tem direito a solicitar anistia, indulto ou comutação da pena, os quais podem ser concedidos em todos os casos. Não se pode executar a pena de morte enquanto o pedido estiver pendente de decisão ante a autoridade competente.
Artigo 5º – Direito à integridade pessoal
1. Toda pessoa tem direito a que se respeite sua integridade física, psíquica e moral.
2. Ninguém deve ser submetido a torturas, nem a penas ou tratos cruéis, desumanos ou degradantes. Toda pessoa privada de liberdade deve ser tratada com o respeito devido à dignidade inerente ao ser humano.
3. A pena não pode passar da pessoa do delinquente.
4. Os processados devem ficar separados dos condenados, salvo em circunstâncias excepcionais, e devem ser submetidos a tratamento adequado à sua condição de pessoas não condenadas.
5. Os menores, quando puderem ser processados, devem ser separados dos adultos e conduzidos a tribunal especializado, com a maior rapidez possível, para seu tratamento.
6. As penas privativas de liberdade devem ter por finalidade essencial a reforma e a readaptação social dos condenados.

A: correta (artigo 5º, ponto 4, da Convenção Americana); **B:** incorreta. O direito descrito na assertiva tem início com a concepção e não o nascimento (artigo 4º, ponto 1, da Convenção Americana); **C:** incorreta. A Convenção não impõe a obrigação de abolição imediata da pena de morte aos países-partes que a adotem. Apenas estabelece condições para sua aplicação, como para os delitos mais graves (artigo 4º, pontos 2 e 3, da Convenção Americana); **D:** incorreta, pois não existe a citada vedação na Convenção; **E:** incorreta, pois não existe determinação semelhante na Convenção (artigo 6º, ponto 2, da Convenção Americana).

Gabarito "A".

(Defensor Público/MS – VUNESP – 2008) O Pacto de San José da Costa Rica garante direitos políticos e oportunidades de participação política ao cidadão. Segundo esse instrumento jurídico, o exercício de tais direitos e oportunidades poderá ser regulado pela lei, exceto por motivo de

(A) instrução.
(B) residência.
(C) idioma.
(D) capacidade intelectual.

A redação do art. 23, ponto 2, do Pacto de San José da Costa Rica é a seguinte: "A lei pode regular o exercício dos direitos e oportunidades, a que se refere o inciso anterior, exclusivamente por motivo de idade, nacionalidade, **residência**, **idioma**, **instrução**, capacidade civil ou mental, ou condenação, por juiz competente, em processo penal". Pela redação do ponto 2 do art. 23 do Pacto percebe-se que capacidade intelectual não é um motivo autorizador da regulação do exercício dos direitos políticos.

Gabarito "D".

5.1.2. COMISSÃO INTERAMERICANA DE DIREITOS HUMANOS

(Ministério Público/SP – VUNESP – 2012) A Convenção Americana sobre Direitos Humanos – Pacto de São José da Costa Rica estabelece que a Comissão Interamericana de Direitos Humanos tem a função principal de promover a observância e defesa dos direitos humanos, com as seguintes funções e competências:

(A) Reprimir as graves violações praticadas contra os direitos humanos e apresentar relatório à Assembleia Geral da Organização das Nações Unidas sobre as providências tomadas.
(B) Determinar aos governos dos Estados-Membros que adotem medidas em prol dos direitos humanos e denunciar aos Tribunais Internacionais a ocorrência de crimes contra a humanidade.
(C) Receber petições de qualquer pessoa, grupo de pessoas, de entidade não governamental ou de Estado-Membro que contenham denúncias ou queixas de violação da Convenção por um Estado-Membro.
(D) Preparar estudos e relatórios sobre a situação dos direitos humanos na América e capacitar pessoas para atuar na área de defesa dos direitos humanos.
(E) Julgar os casos de violação dos direitos humanos na América e manter atualizadas as normas da Convenção Americana sobre Direitos Humanos.

A: incorreta. A Assembleia Geral da Organização das Nações Unidas faz parte do sistema global de proteção dos direitos humanos; **B:** incorreta. A Comissão pode apresentar certo caso de vilipêndio aos direitos humanos à Corte Interamericana de Direitos Humanos e não aos Tribunais Internacionais. Ademais, crimes contra a humanidade são de competência do Tribunal Penal Internacional. Cabe lembrar que o crime citado está disciplinado no artigo 7º do Estatuto de Roma, que assim o define: *crime contra humanidade é a conduta criminosa cometida no quadro de um ataque, sistemático ou generalizado, contra qualquer população civil, desde que haja conhecimento desse ataque*. O próprio artigo 7º indica os tipos de crime considerados contra a humanidade: **a)** homicídio; **b)** extermínio; **c)** escravidão; **d)** deportação ou transferência forçada de uma população; **e)** prisão ou outra forma de privação da liberdade física grave, em violação das normas fundamentais de direito internacional; **f)** tortura; **g)** agressão sexual, escravatura sexual, prostituição forçada, gravidez forçada, esterilização forçada ou qualquer outra forma de violência no campo sexual de gravidade comparável; **h)** perseguição de um grupo ou coletividade que possa ser identificado, por motivos políticos, raciais, nacionais, étnicos, culturais, religiosos ou de gênero, ou ainda em função de outros critérios universalmente reconhecidos como inaceitáveis no direito internacional, relacionados com qualquer ato referido nessas alíneas ou com qualquer crime da competência do Tribunal; **i)** desaparecimento forçado de pessoas; **j)** crime de *apartheid*; e **k)** outros atos desumanos de caráter semelhante, que causem intencionalmente grande sofrimento ou afetem gravemente a integridade física ou a saúde física ou mental; **C:** correta. Reler o texto inicial; **D:** incorreta. A Comissão não tem competência para capacitar pessoas para atuar na área de defesa dos direitos humanos; **E:** incorreta. Quem deve julgar os casos de violação dos direitos humanos é a Corte Interamericana de Direitos Humanos.

Gabarito "C".

(Procurador do Município/Cubatão-SP – VUNESP – 2012) Sobre a Comissão Interamericana de Direitos Humanos, prevista no Sistema Interamericano de Direitos Humanos, é correto afirmar que

(A) a Comissão não possui a função consultiva, ou seja, de emissão de opiniões consultivas em relação à interpretação da Convenção ou de outros Tratados de Proteção aos Direitos Humanos.
(B) os membros que a compõem são eleitos pela Assembleia Geral da Organização dos Estados Americanos para um período de 2 (dois) anos, podendo ser reeleitos apenas uma vez.
(C) a Comissão tem o poder de coagir os Estados-Membros à adoção de medidas cabíveis e necessárias a sanar violações de direitos humanos que lhe foram relatadas e comprovadas.
(D) qualquer pessoa, em representação pessoal ou de terceiros, bem como as organizações não governamentais possuem legitimidade para peticionar perante a Comissão.
(E) a apresentação do caso à Comissão deve ser feita dentro de 12 (doze) meses, a partir da data em que o presumido prejudicado em seus direitos tenha sido notificado da decisão definitiva.

A: incorreta, pois a Comissão possui, sim, função consultiva; **B:** incorreta. A Comissão Interamericana de Direitos Humanos é o órgão administrativo do sistema regional de proteção americano. Sua composição é de sete membros, que deverão ser pessoas de alta autoridade moral e de reconhecido saber em matéria de direitos humanos (art. 34 da Convenção Americana de Direitos Humanos). Os membros da Comissão serão eleitos, a título pessoal, pela Assembleia Geral da Organização dos Estados Americanos, a partir de uma lista de candidatos propostos pelos governos dos estados-membros e terão mandato de quatro anos, com a possibilidade de uma reeleição. Vale lembrar que não pode fazer parte da Comissão mais de um nacional de um mesmo país (arts. 36 e 37 da referida Convenção); **C:** incorreta. A principal função da Comissão Interamericana de Direitos Humanos é promover o respeito aos direitos humanos no continente americano. Destarte, tem competência para enviar recomendações aos estados partes da Convenção Americana de Direitos Humanos, ou até mesmo para os estados-membros da OEA. Em sua competência insere-se também a possibilidade de realizar estudos, solicitar informações aos estados no que tange à implementação dos direitos humanos insculpidos na Convenção, como também confeccionar um relatório anual para ser submetido à Assembleia Geral da Organização dos Estados Americanos. Cabe lembrar que as recomendações e os relatórios (tanto o anual e o alicerçado em alguma acusação[2]) da Comissão não têm poder vinculante, isto é, não vinculam os estados destinatários; **D:** correta. Um aspecto importante da competência da Comissão Interamericana de Direitos Humanos é a possibilidade de receber petições do indivíduo "lesionado", de terceiras pessoas ou de organizações não governamentais legalmente reconhecidas em um ou mais estados-membros da OEA que representem o indivíduo lesionado[3]. Entrementes, esta competência só poderá ser exercida se o estado violador aderiu à Convenção Americana de Direitos Humanos. Percebe-se que não é necessária a expressa aceitação da competência da Comissão para receber petições, bastando que o estado tenha aderido à Convenção; **E:** incorreta. Só serão aceitas as petições ou as comunicações interestatais que comprovarem a inexistência de litispendência internacional e o esgotamento de todos os recursos internos disponíveis. Ademais, **o art. 46 da Convenção Americana de Direitos Humanos também exige que a petição ou a comunicação seja apresentada dentro do prazo de seis meses, a partir da data em que o presumido prejudicado em seus direitos tenha sido notificado da decisão definitiva exarada no sistema protetivo nacional**. E o sistema americano impõe a mesma

---

2. A acusação será feita mediante petição individual ou comunicação interestatal.

3. Como exemplo pode-se citar o conhecido caso Maria da Penha.

ideia de ressalva existente no sistema global de proteção dos direitos humanos. As regras de esgotamento de todos os recursos internos disponíveis e a do prazo de seis meses para a apresentação da petição ou comunicação não serão aplicadas quando o indivíduo for privado de seu direito de ação pela jurisdição doméstica, ou lhe forem ceifadas as garantias do devido processo legal ou, ainda, se os processos internos forem excessivamente demorados.

Gabarito "D".

5.1.3. CORTE INTERAMERICANA DE DIREITOS HUMANOS

(Defensor Público/RO – 2017 – VUNESP) A respeito da Corte Interamericana de Direitos Humanos, assinale a alternativa correta.

(A) Possui duas atribuições essenciais: uma de natureza consultiva relativa à interpretação da Convenção Interamericana de Direitos Humanos assim como de tratados relativos à proteção dos direitos humanos nos Estados Americanos; outra de caráter jurisdicional para solucionar controvérsias dos Estadosmembros sobre a interpretação ou aplicação da própria convenção.
(B) Com a revisão das Regras de Procedimento, em 2001, pela Corte, o indivíduo passou a possuir legitimação para submeter um caso à Corte Interamericana.
(C) O reconhecimento de sua jurisdição, com prolação de decisões com força vinculante, decorre da adesão à Convenção Interamericana de Direitos Humanos.
(D) É composta por nove juízes nacionais de Estados-membros da OEA, eleitos a título pessoal pelos Estados partes da Convenção.
(E) Reconhecida a ocorrência de violação de direito protegido pela Convenção Interamericana de Direitos Humanos, será determinada a adoção de medidas para restauração do direito violado. A compensação monetária, porém, não poderá ser fixada nesse âmbito.

A: correta. No que se refere à sua competência, identifica-se uma atuação *consultiva* e *contenciosa*. A competência consultiva da Corte é marcada por sua grande finalidade de uniformizar a interpretação da Convenção Americana de Direitos Humanos e dos tratados de direitos humanos confeccionados no âmbito da OEA. Já a competência contenciosa só será exercida em relação aos Estados-partes da Convenção que expressem e inequivocamente tenham aceitado essa competência da Corte (art. 62 da Convenção Americana de Direitos Humanos). A declaração de aceite da competência da Corte pode ser feita incondicionalmente ou sob condição de reciprocidade, por prazo determinado ou ainda somente para casos específicos. O Brasil reconheceu a competência obrigatória da Corte em 08.11.2002 (Decreto 4.463). O reconhecimento foi feito por prazo indeterminado, mas abrange fatos ocorridos após 10.12.1998; **B:** incorreta. Só os Estados-partes ou a Comissão podem acioná-la (art. 61 da Convenção); **C:** incorreta (reler o comentário sobre a assertiva A); **D:** incorreta. Sua composição é de sete juízes, os quais são nacionais dos países-membros da OEA e escolhidos pelos Estados-partes da Convenção. Vale sublinhar que essa escolha é realizada a título pessoal entre juristas da mais alta autoridade moral, de reconhecida competência em matéria de direitos humanos e que reúnam as condições requeridas para o exercício das mais elevadas funções judiciais, de acordo com a lei do Estado do qual sejam nacionais ou do Estado que os propuser como candidatos. Não deve haver dois juízes da mesma nacionalidade; **E:** incorreta. Se no exercício de sua competência contenciosa ficar comprovada a violação de direitos humanos da(s) vítima(s), a Corte determinará a adoção, pelo Estado agressor, de medidas que façam cessar a violação e restaurar o direito vilipendiado (*restitutio in integrum*), além de poder condenar o Estado agressor ao pagamento de indenização (tendo por base o plano material e o imaterial) à(s) vítima(s). A indenização engloba o possível dano moral. Ou seja, a Corte estabeleceu o conceito de reparação adequada ou justa ou, ainda, integral.4

Gabarito "A".

(Defensor Público/MS – VUNESP – 2008) A Corte Interamericana de Direitos Humanos

(A) é composta por doze juízes.
(B) terá casos submetidos à sua decisão somente pelos Estados-parte ou pela comissão Interamericana de Direitos Humanos.
(C) terá suas decisões ratificadas ou reformadas pela Assembleia Geral da Organização dos Estados Americanos como órgão recursal.
(D) poderá ter até dois juízes da mesma nacionalidade, não podendo, porém, tais juízes atuarem, simultaneamente, em casos que envolvam partes originárias de seu país.

A: incorreta. A Corte é o órgão jurisdicional do sistema regional de proteção americano. Sua composição é de setes juízes, os quais são nacionais dos países-membros da OEA. E a escolha destes juízes é feita pelos estados-partes da Convenção; vale sublinhar que esta escolha é realizada a título pessoal dentre juristas da mais alta autoridade moral, de reconhecida competência em matéria de direitos humanos, e que reúnam as condições requeridas para o exercício das mais elevadas funções judiciais, de acordo com a lei do estado do qual sejam nacionais, ou do estado que os propuser como candidatos. E também não deve haver dois juízes da mesma nacionalidade; **B:** correta. A Corte Interamericana de Direitos Humanos só pode ser acionada pelos estados-partes ou pela Comissão; o indivíduo, conforme art. 61 da Convenção Americana de Direitos Humanos, fica proibido de apresentar petição à Corte; **C:** incorreta. A sentença da Corte Interamericana será sempre fundamentada, **definitiva** e **inapelável** (arts. 66 e 67 da Convenção Americana de Direitos Humanos), todavia, em caso de divergência sobre o sentido ou alcance da sentença, a Corte interpretá-la-á, a pedido de qualquer das partes, desde que o pedido seja apresentado dentro de noventa dias a partir da data da notificação da sentença; **D:** incorreta. Consoante ao dito na alternativa "A", a Corte não poderá ser composta por dois juízes da mesma nacionalidade.

Gabarito "B".

5.1.4. COMBINADAS DO SISTEMA INTERAMERICANO DE PROTEÇÃO DOS DIREITOS HUMANOS

(Juiz de Direito – TJM/SP – VUNESP – 2016) Em relação à Comissão e à Corte Interamericana de Direitos Humanos, é correto afirmar que

(A) apenas em 2001 o Brasil reconheceu a competência jurisdicional da Corte.
(B) apenas a Comissão e os Estados-membros podem submeter um caso à Corte Interamericana. Contudo, em situações excepcionais, o indivíduo tem legitimidade direta para submeter um caso à essa Corte.
(C) no plano contencioso, se reconhecida a efetiva ocorrência de violação a algum direito do homem, a Corte recomendará a adoção de medidas que se façam necessárias à restauração do direito violado. Contudo, essa decisão não possui força vinculante e obrigatória para os envolvidos, não podendo ser executada nos países respectivos.

---

4. Corte IDH. *Caso Velásquez Rodríguez vs. Honduras*. Item 25 da decisão.

(D) a Corte possui duas atribuições essenciais: uma de natureza consultiva, outra de natureza contenciosa. A primeira pode ser solicitada por qualquer membro da OEA, já quanto à segunda, a competência é limitada aos Estados-membros e à Comissão.

(E) em caso de urgência, a Comissão poderá, por iniciativa própria ou mediante solicitação da parte, implementar medidas cautelares para evitar danos irreparáveis.

A: incorreta. O Brasil reconheceu a competência obrigatória da Corte em 8 de novembro 2002 (Decreto 4.463). O reconhecimento foi feito por prazo indeterminado, mas abrange fatos ocorridos após 10 de dezembro de 1998; **B:** incorreta, pois o indivíduo não tem legitimidade para tanto; **C:** incorreta. O cumprimento da sentença da Corte se dá geralmente de maneira voluntária pelos Estados. Caso isso não ocorra, por exemplo, no Brasil, o cumprimento se dará mediante execução da sentença, como título executivo judicial, perante a justiça federal, consoante disposto no artigo 109, I, da CF. Mas deve-se saber que os Estados-partes da Convenção se comprometem a cumprir a decisão da Corte em todo caso em que forem parte (artigo 68 da Convenção Americana de Direitos Humanos); **E:** incorreta. A Comissão, por iniciativa própria (*ex officio*) ou depois de receber uma denúncia, poderá entrar em contato com o Estado denunciado para que este adote, com urgência, medidas cautelares de natureza individual ou coletiva antes da análise do mérito da denúncia, desde que verificado risco de dano irreparável à vítima ou às vítimas. Dentro dessa ótica, poderá também solicitar que a Corte ordene que o Estado denunciado adote medidas provisórias mesmo antes da análise do mérito do caso, desde que o caráter de urgência e de gravidade as justifiquem para poder impedir a ocorrência de danos irreparáveis às pessoas. As **medidas cautelares** (solicitadas pela Comissão e aplicadas por Estados) e as **provisórias** (ordenadas pela Corte, mediante solicitação da Comissão, e aplicadas por Estados) possuem o mesmo efeito prático.

Gabarito "D".

(**Ministério Público/ES – VUNESP – 2013**) Em relação ao Sistema Interamericano de Direitos Humanos, previsto na Convenção Americana sobre Direitos Humanos (*Pacto de San José da Costa Rica*), assinale a alternativa correta.

(A) Constitui atribuição da Comissão Interamericana de Direitos Humanos conhecer dos casos relativos à interpretação ou aplicação da Convenção Americana sobre Direitos Humanos e proferir sentença que será definitiva e inapelável.

(B) A Corte Interamericana de Direitos Humanos possui competência privativa para conhecer dos assuntos relacionados com o cumprimento dos compromissos assumidos pelos Estados Partes na Convenção Americana sobre Direitos Humanos.

(C) A Comissão Interamericana de Direitos Humanos compor-se-á de onze membros, que deverão ser pessoas de alta autoridade moral e de reconhecido saber em matéria de direitos humanos.

(D) A Corte Interamericana de Direitos Humanos, a pedido de um Estado-membro da Organização, poderá emitir pareceres sobre a compatibilidade entre qualquer de suas leis internas e os tratados concernentes à proteção dos direitos humanos nos Estados americanos.

(E) No Estado brasileiro, compete privativamente ao Ministério Público Federal ou Estadual apresentar à Comissão petições que contenham denúncias ou queixas de violação da Convenção sobre Direitos Humanos por um Estado Parte.

A: incorreta, pois a assertiva lista atribuições da Corte Interamericana; **B:** incorreta, pois a Comissão Interamericana também faz parte do sistema de monitoramento criado pela Convenção Interamericana; **C:** incorreta. A Comissão Interamericana de Direitos Humanos é o órgão administrativo do sistema regional de proteção americano. É composta de sete membros, que devem ser pessoas de alta autoridade moral e de reconhecido saber em matéria de direitos humanos (art. 2°, ponto 1, do Estatuto da Comissão); **D:** correta. A competência consultiva da Corte é marcada por sua grande finalidade de uniformizar a interpretação da Convenção Americana de Direitos Humanos e dos tratados de direitos humanos confeccionados no âmbito da OEA. Dentro dessa competência, qualquer Estado-membro ou órgão5 da OEA pode pedir que a Corte emita parecer que indique a correta interpretação da Convenção e dos tratados concernentes à proteção dos direitos humanos nos Estados Americanos (art. 64, ponto 1, da Convenção Americana de Direitos Humanos). Ademais, a Corte pode fazer análise de compatibilidade entre a legislação doméstica de um país-membro da OEA e o sistema protetivo americano, com o intuito de harmonizá-los; **E:** incorreta. A Comissão pode receber petições do indivíduo "lesionado", de terceiras pessoas ou de organizações não governamentais legalmente reconhecidas em um ou mais Estados-membros da OEA que representem o indivíduo lesionado. Percebe-se que não existe a citada competência privativa do MP federal e estadual para tanto.

Gabarito "D".

(**Ministério Público/SP – VUNESP – 2011**) São características do Sistema Interamericano de Direitos Humanos:

(A) ser composto pela Comissão e pela Corte Interamericana de Direitos Humanos; ser voltado apenas para funções jurisdicionais; exercer a Corte tais funções jurisdicionais por exclusiva iniciativa da vítima da violação do direito; exigir o esgotamento dos recursos previstos no direito interno; poder impor ao Estado, que reconheça sua jurisdição, medidas reparatórias e destinadas a garantir o exercício dos direitos violados.

(B) ser composto pela Comissão e pela Corte Interamericana de Direitos Humanos; a Corte possuir funções consultivas e jurisdicionais; exercer a Corte suas funções jurisdicionais por exclusiva iniciativa da Comissão; exigir o esgotamento dos recursos previstos no direito interno; poder de propor à Assembleia Geral da Organização dos Estados Americanos a imposição de medidas sancionatórias ao Estado violador.

(C) ser composto pela Corte Interamericana de Direitos Humanos; possuir funções consultivas e jurisdicionais; exercer a Corte suas funções por exclusiva iniciativa de um dos Estados membros da Organização dos Estados Americanos; exigir o esgotamento dos recursos previstos no direito interno; poder impor ao Estado, que reconheça sua jurisdição, medidas reparatórias e destinadas a garantir o exercício dos direitos violados.

(D) ser composto pela Comissão e pela Corte Interamericana de Direitos Humanos; a Corte possuir funções consultivas e jurisdicionais; exercer a Corte suas funções jurisdicionais por exclusiva iniciativa da Comissão; exigir o esgotamento dos recursos previstos no direito interno; poder impor ao Estado, que reconheça sua jurisdição, medidas reparatórias e destinadas a garantir o exercício dos direitos violados.

(E) ser composto pela Corte Interamericana de Direitos Humanos; possuir funções consultivas e jurisdicionais; exercer a Corte suas funções jurisdicionais por pro-

---

5. Os órgãos estão elencados no capítulo X da Carta da Organização dos Estados Americanos.

vocação da vítima da violação do direito, mediante denúncia a ser oferecida pelo órgão de acusação; exigir o esgotamento dos recursos previstos no direito interno; poder impor ao Estado membro da Organização dos Estados Americanos medidas reparatórias e destinadas a garantir o exercício dos direitos violados.

A: incorreta, pois a Comissão e a Corte têm função consultiva, nos termos dos art. 41 e 64, § 1º, do Pacto de São José da Costa Rica; **B, C e D:** incorretas, pois tanto os Estados-parte como a Comissão têm direito de submeter o caso à decisão da Corte (art. 61, § 1º, do Pacto); **E:** incorreta, pois o Sistema Interamericano é composto também pela Comissão Interamericana de Direitos Humanos. Pelo teor dos comentários percebe-se que não há alternativa correta, razão pela qual a questão foi anulada.
Gabarito ANULADA

6. SISTEMA GLOBAL DE PROTEÇÃO ESPECÍFICA DOS DIREITOS HUMANOS

6.1. REGRAS MÍNIMAS DAS NAÇÕES UNIDAS PARA O TRATAMENTO DE PRESOS

(Juiz de Direito – TJM/SP – VUNESP – 2016) De acordo com as Regras Mínimas das Nações Unidas para o Tratamento de Presos:

(A) é vedado o uso de correntes e ferros nos reclusos com o intuito de punir, salvo regras minuciosas sobre seu fundamento e necessidade.
(B) as celas ou locais destinados ao descanso não devem ser ocupados por mais de um recluso. Se, por razões especiais, for necessário que a administração penitenciária adote exceções a essa regra, deve-se evitar que dois reclusos sejam alojados numa mesma cela ou local.
(C) sob nenhuma condição pode haver pena de redução de alimentação.
(D) é vedada aos reclusos apenas a posse de dinheiro, permitindo-se, porém, que objetos de valor, peças de vestuário e outros objetos que lhes pertençam, desde que não ofereçam risco à integridade física dos demais prisioneiros, permaneçam com eles.
(E) em circunstâncias ordinárias, os agentes que assegurem serviços que os ponham em contato direto com os reclusos devem estar armados, desde que devidamente treinados para o uso de arma.

A: incorreta, porque correntes e ferros não devem ser utilizados sob qualquer hipótese (art. 33 das Regras Mínimas); **B:** correta (art. 9, ponto 1, das Regras Mínimas); **C:** incorreta. "As penas de isolamento e de redução de alimentação não devem nunca ser aplicadas, a menos que o médico tenha examinado o recluso e certificado, por escrito, que ele está apto para as suportar" (art. 32, ponto 1, das Regras Mínimas); **D:** incorreta (art. 43, ponto 1, das Regras Mínimas); **E:** incorreta, pois os agentes **apenas** podem estar armados em circunstâncias especiais e não ordinárias (art. 54, ponto 3, das Regras Mínimas).
Gabarito "B".

(Delegado/SP – VUNESP – 2014) Assinale a alternativa que está expressamente de acordo com as Regras Mínimas das Nações Unidas para o Tratamento dos Presos.

(A) Os presos doentes que necessitem de tratamento especializado deverão ter toda a assistência médica, psicológica, psiquiátrica ou odontológica adequada dentro do próprio estabelecimento prisional, que deverá adequar suas instalações para esse fim.
(B) Cada estabelecimento prisional terá uma biblioteca para o uso de todas as categorias de presos, devidamente provida com livros de recreio e de instrução, e os presos serão estimulados a utilizá-la.
(C) Serão absolutamente proibidos, como punições por faltas disciplinares, os castigos corporais, a detenção em cela escura, e todas as penas cruéis, desumanas ou degradantes, a menos que um médico possa declarar que o preso tenha condições de suportá-la.
(D) O preso que não trabalhar ao ar livre deverá ter, pelo menos, quatro horas por dia para fazer exercícios físicos apropriados ao ar livre, sem prejuízo do horário de banhos de sol.
(E) Será exigido que todos os presos mantenham-se limpos; para este fim, todos os presos deverão adquirir e trazer consigo seus próprios artigos de higiene necessários à sua saúde e limpeza.

A: incorreta. O artigo 22, ponto 2, das Regras Mínimas das Nações Unidas para o Tratamento dos Presos assim dispõe: "Os reclusos doentes que necessitem de cuidados especializados deverão ser transferidos para estabelecimentos especializados ou para hospitais civis. Caso o estabelecimento penitenciário disponha de instalações hospitalares, estas deverão ter o equipamento, o material e os produtos farmacêuticos adequados para o cuidado e tratamento médico dos reclusos doentes; o pessoal deverá ter uma formação profissional apropriada"; **B:** correta (artigo 40 das Regras Mínimas das Nações Unidas para o Tratamento dos Presos); **C:** incorreta, porque não existe a possibilidade de um médico ratificar a aplicação de tais medidas (artigo 31 das Regras Mínimas das Nações Unidas para o Tratamento dos Presos); **D:** incorreta. "Todos os reclusos que não efetuem trabalho no exterior deverão ter pelo menos uma hora diária de exercício adequado ao ar livre quando as condições climáticas o permitam" (artigo 21, ponto 1, das Regras Mínimas das Nações Unidas para o Tratamento dos Presos); **E:** incorreta. "Deverá ser exigido a todos os reclusos que se mantenham limpos e, para este fim, ser-lhes-ão fornecidos água e os artigos de higiene necessários à saúde e limpeza" (artigo 15 das Regras Mínimas das Nações Unidas para o Tratamento dos Presos).
Gabarito "B".

7. SISTEMA AMERICANO DE PROTEÇÃO ESPECÍFICA DOS DIREITOS HUMANOS

(Defensor Público/MS – VUNESP – 2008) A Convenção que faz parte do Sistema Interamericano de Direitos Humanos e que foi assinada em Belém do Pará é a Convenção Interamericana

(A) para Prevenir, Punir e Erradicar a Violência contra a Mulher.
(B) para Prevenir e Punir a Tortura.
(C) contra a Corrupção.
(D) sobre a Eliminação de todas as formas de Discriminação Racial.

A: correta. A Convenção Interamericana para Prevenir, Punir e Erradicar a Violência contra a Mulher, adotada em nove de junho de 1994, em Belém do Pará, no Brasil, e ratificada pelo Brasil em 16 de novembro de 1995, tem por fundamento a consciência de que a eliminação da violência contra a mulher é condição indispensável para seu desenvolvimento individual e social e sua plena e igualitária participação em todas as esferas de vida. Os estados-partes têm a obrigação de punir todas as formas de violência contra a mulher e de adotar políticas destinadas a prevenir e erradicar tal violência. E violência contra a mulher entende-se por qualquer ato ou conduta baseado no gênero, que cause morte, dano ou sofrimento físico, sexual ou psicológico à mulher, tanto na esfera pública como na esfera privada (art. 1º da Convenção). E para monitorar o cumprimento, pelos estados-partes, das obrigações constantes na Convenção, a Comissão Interamericana de Mulheres receberá relatórios confeccionados pelos estados-partes (art. 10 da Convenção) e a Comissão Interamericana de Direitos Humanos receberá petições individuais; **B:** incorreta. A Convenção Interamericana para Prevenir e Punir a Tortura, adotada em nove de dezembro de 1985, em Cartagena, na Colômbia, e ratificada pelo Brasil em nove de junho de 1989, tem por fundamento a consciência de que todo ato de tortura ou outros tratamentos ou penas cruéis, desumanos ou degradantes constituem uma ofensa à dignidade humana. Os estados-partes têm obrigação de proibir a tortura, esta não podendo ser utilizada nem mesmo em circunstâncias excepcionais. E para monitorar o cumprimento, pelos estados-partes, das obrigações constantes na Convenção, a Comissão Interamericana de Direitos Humanos receberá relatórios confeccionados pelos estados-partes, os quais auxiliarão na confecção do relatório anual da Comissão; **C:** incorreta. A Convenção Interamericana contra a Corrupção, adotada em 29 de março de 1996, na cidade da Caracas, na Venezuela, e ratificada pelo Brasil em 25 de junho de 2002, tem por fundamento a consciência de que a corrupção solapa a legitimidade das instituições públicas e atenta contra a sociedade, a ordem moral e a justiça, bem como contra o desenvolvimento integral dos povos e de que a democracia representativa, condição indispensável para a estabilidade, a paz e o desenvolvimento da região, exige, por sua própria natureza, o combate a toda forma de corrupção no exercício das funções públicas e aos atos de corrupção especificamente vinculados a seu exercício; **D:** incorreta. A Convenção Interamericana para a Eliminação de Todas as Formas de Discriminação contra as Pessoas Portadoras de Deficiência, adotada em sete de junho de 1999, na cidade da Guatemala, na Guatemala, e ratificada pelo Brasil em 17 de julho de 2001, tem por fundamento a consciência de que as pessoas portadoras de deficiência têm os mesmos direitos humanos e liberdades fundamentais que outras pessoas e que estes direitos, inclusive o direito de não ser submetidas a discriminação com base na deficiência, emanam da dignidade e da igualdade que são inerentes a todo ser humano. Os estados-partes têm obrigação de eliminar todas as formas de discriminação contra as pessoas portadoras de deficiência e de propiciar a sua plena integração à sociedade. E para monitorar o cumprimento, pelos estados-partes, das obrigações constantes na Convenção, foi criada a Comissão para a Eliminação de Todas as Formas de Discriminação contra as Pessoas Portadoras de Deficiência, que receberá relatórios confeccionados pelos estados-partes, os quais auxiliarão na confecção dos relatórios da Comissão.

Gabarito "A".

8. DIREITOS HUMANOS NO BRASIL

8.1. CONSTITUIÇÃO CIDADÃ DE 1988

(Defensor Público/RO – 2017 –VUNESP) Assinale a alternativa que contém o critério que deve ser adotado no conflito entre a Constituição Federal e determinado tratado internacional de proteção de direitos humanos.

(A) Não há critério pré-estipulado, ficando a cargo do julgador a análise sobre qual das normas melhor se adequa ao caso concreto.
(B) Dada a supremacia da Constituição Federal no ordenamento jurídico interno, a regra nela prevista prevalece sobre a norma prescrita no tratado internacional de proteção de direitos humanos.
(C) Prevalece a norma mais benéfica ao indivíduo, titular do direito (princípio *pro homine*).
(D) Lei posterior revoga lei anterior com ela incompatível.
(E) Por possuir hierarquia supraconstitucional, prevalece a norma do tratado internacional de proteção de direitos humanos.

O princípio *pro homine* defende que a interpretação das regras protetivas dos direitos humanos deve ser sempre favorável ao seu destinatário, ou seja, o indivíduo, e nunca em prol dos Estados, que se beneficiariam de interpretações restritivistas. Esse princípio dá fundamento às regras dispostas nas alíneas do art. 29 da Convenção Americana de Direitos Humanos:
"Nenhuma disposição da presente Convenção pode ser interpretada no sentido de:
a) permitir a qualquer dos Estados-partes, grupo ou indivíduo, suprimir o gozo e o exercício dos direitos e liberdades reconhecidos na Convenção ou limitá-los em maior medida do que a nela prevista;
b) limitar o gozo e exercício de qualquer direito ou liberdade que possam ser reconhecidos em virtude de leis de qualquer dos Estados-partes ou em virtude de Convenções em que seja parte um dos referidos Estados;
c) excluir outros direitos e garantias que são inerentes ao ser humano ou que decorrem da forma democrática representativa de governo;
d) excluir ou limitar o efeito que possam produzir a Declaração Americana dos Direitos e Deveres do Homem e outros atos internacionais da mesma natureza."
Gabarito "C".

(Ministério Público/SP – VUNESP – 2011) O princípio da dignidade da pessoa humana

(A) está previsto constitucionalmente como um dos fundamentos da República e constitui um núcleo essencial de irradiação dos direitos humanos, devendo ser levadas em conta em todas as áreas na atuação do Ministério Público.
(B) não está previsto constitucionalmente, mas consta do chamado Pacto de São José da Costa Rica, possuindo grande centralidade no reconhecimento dos direitos humanos e tendo reflexo na atuação criminal do Ministério Público.
(C) está previsto constitucionalmente como um dos objetivos da República e possui grande centralidade no reconhecimento dos direitos humanos, mas não tem reflexo direto na atuação criminal do Ministério Público.
(D) está previsto como um dos direitos fundamentais previstos na Constituição Federal, serve de base aos direitos de personalidade e deve ser considerado na atuação do Ministério Público, em especial perante o juízo de família.
(E) não está previsto constitucionalmente, mas consta da Declaração Universal dos Direitos do Homem, constitui um núcleo essencial de irradiação dos direitos humanos, devendo ser levado em conta em todas as áreas na atuação do Ministério Público.

A: correta. Fruto da redemocratização, a Constituição Federal de 1988 torna a dignidade da pessoa humana um dos fundamentos da República Federativa do Brasil (artigo 1º, III, da CF). Outros fundamentos que reforçam o *status* dos direitos humanos no Brasil são a cidadania, os valores sociais do trabalho e o pluralismo político (respectivamente artigo 1º, II, IV e V, da CF). Um dos objetivos fundamentais do Brasil, segundo a CF, é a promoção do bem de todos, sem preconceitos de origem, raça, sexo, cor, idade e quaisquer outras formas de discriminação (artigo 3º, IV). Outro objetivo que posiciona nuclearmente a dignidade da pessoa humana no Brasil é o que determina a erradicação da pobreza e da marginalização e a redução das desigualdades sociais e regionais (artigo 3º, III). E, ainda, o Brasil tem por objetivo a construção de uma sociedade livre, justa, solidária (artigo 3º, I) e desenvolvida economicamente (artigo 3º, II). O outro fator que sacramenta a nuclearidade dos direitos humanos no Brasil é o que dispõe o artigo 4º, II, da CF. Ou seja, as relações internacionais do Brasil serão regidas, entre outros, pelo *princípio* *da prevalência dos direitos humanos*. Outros incisos do artigo 4° da CF que corroboram a dita nuclearidade dos direitos humanos são: **a)** repúdio ao terrorismo e ao racismo (inciso VIII); **b)** cooperação entre os povos para o progresso da humanidade (inciso IX); e **c)** concessão de asilo político (inciso X). Ora, além de os direitos humanos fundamentarem a existência da República brasileira, são vetores para o estabelecimento da política nacional e externa. Ademais, podem-se considerar os direitos humanos até como limitadores do poder constituinte originário: "É fora de dúvida que o poder constituinte é um fato político, uma força material e social, que não está subordinado ao Direito positivo preexistente. Não se trata, porém, de um poder ilimitado ou incondicionado. Pelo contrário, seu exercício e sua obra são pautados tanto pela realidade fática como pelo Direito, âmbito no qual a dogmática pós-positivista situa os valores civilizatórios, os direitos humanos e a justiça.6" Outro ponto de destaque é a inclusão dos direitos da pessoa humana na lista dos princípios sensíveis da Constituição (artigo 34, VII, *b*, da CF), os quais autorizam, diante de suas violações, a medida extrema da intervenção7. Isso significa que se um estado federado incidir em grave violação dos direitos humanos e nada fizer para mudar essa situação lamentável, a União intervirá8 nessa unidade federada para restabelecer o respeito integral dos direitos da pessoa humana. O STF já se pronunciou sobre um pedido de intervenção federal que teve por base a grave violação dos direitos da pessoa humana (artigo 34, VII, *b*, da CF). Foi a IF 114-5/MT, ocasião em que o STF sublinhou que a gravidade do fato por si só (violação dos direitos da pessoa humana) não é motivo suficiente para intervenção federal. É necessária a cabal demonstração de que o estado não pode dar uma resposta efetiva ao fato grave ocorrido, ou seja, somente será possível a intervenção federal nesses casos se o estado não possuir uma estrutura mínima que lhe permita responder ao fato danoso – na maioria dos casos, estrutura para movimentar efetivamente a persecução penal.9 Cabe também mencionar a obrigação, preponderantemente atribuída ao Legislativo brasileiro, que o inciso XLI do artigo 5° da CF criou: "a lei punirá qualquer discriminação atentatória dos direitos e liberdades fundamentais". Para corroborar a importância de tudo o que foi dito, é mister assevarar que é regra básica da hermenêutica jurídica aquela que determina que a aplicação da lei deverá levar em conta os valores constitucionais que irradiam sobre todo o ordenamento jurídico. Vimos que os direitos humanos ocupam lugar central na CF (logo, direitos fundamentais), destarte, toda interpretação e aplicação de alguma norma do ordenamento jurídico brasileiro devem ser balizadas pela dignidade da pessoa humana. Assim, a interpretação que violar a dignidade da pessoa humana não é válida, ou melhor, é inconstitucional. Depois de todo o dito, ainda cabe indicar a leitura do art. 127 da CF; **B**: incorreta. Reler o comentário sobre a assertiva anterior; **C**: incorreta, pois a atuação do Ministério Público, assim como a de qualquer órgão público, deve observar o princípio da dignidade da pessoa humana, que é fundamento da República (art. 1°, III, da CF); **D**: imprecisa. O princípio da dignidade da pessoa humana é fundamento da República (art. 1°, III, da CF), enunciado entre os princípios fundamentais (Título I da CF). A rigor, entretanto, não é indicado como direito ou garantia fundamental (Título II da CF). Mas é preciso destacar, ainda assim, que os direitos e garantias fundamentais decorrem ou relacionam-se diretamente ao princípio da dignidade humana. Oportuno compartilhar o conceito analítico de dignidade de pessoa humana de autoria de Ingo Wolfgang Sarlet: "Temos por dignidade da pessoa humana a qualidade intrínseca e distintiva de cada ser humano que o faz merecedor do mesmo respeito e consideração por parte do Estado e da comunidade, implicando, neste sentido, um complexo de direitos e deveres fundamentais que assegurem a pessoa tanto contra todo e qualquer ato de cunho degradante e desumano, como venham a lhe garantir as condições existenciais mínimas para uma vida saudável, além de propiciar e promover sua participação ativa corresponsável nos destinos da própria existência e da vida em comunhão dos demais seres humanos10"; **E**: incorreta, reler o comentário sobre a assertiva "A". Ademais, é previsto expressamente no preâmbulo e no art. 1° da Declaração Universal dos Direitos do Homem – DUDH, entre outros.

Gabarito "A".

(Defensor Público/MS – VUNESP – 2008) Insculpem-se dentre os princípios que o Brasil se rege, no que respeita às suas relações internacionais, os seguintes:

(A) autodeterminação dos povos, solução pacífica dos conflitos e garantia do desenvolvimento internacional.

---

6. BARROSO, Luís Roberto. *Curso de Direito Constitucional Contemporâneo*. São Paulo: Saraiva, 2009, p. 110.

7. "A intervenção federal pelo inciso VII do artigo 34 busca resguardar a observância dos chamados princípios constitucionais sensíveis. Esses princípios visam assegurar uma unidade de princípios organizativos tidos como indispensáveis para a identidade jurídica da federação, não obstante a autonomia dos Estados-membros para se auto-organizarem" (MENDES, op. cit., p. 835).

8. O STF entende que a intervenção é medida extrema e, para ser decretada, precisa observar a proporcionalidade (IF 2.915/SP, rel. Min. Marco Aurélio).

9. Cabe aqui transcrever a ementa da IF 114-5/MT, rel. Min. Néri da Silveira:

"Intervenção Federal. 2. Representação do Procurador-Geral da República pleiteando intervenção federal no Estado de Mato Grosso, para assegurar a observância dos 'direitos da pessoa humana', em face de fato criminoso praticado com extrema crueldade a indicar a inexistência de 'condição mínima', no Estado, 'para assegurar o respeito ao primordial direito da pessoa humana, que é o direito à vida'. Fato ocorrido em Matupá, localidade distante cerca de 700 km de Cuiabá. 3. Constituição, arts. 34, VII, letra *b*, e 36, III. 4. Representação que merece conhecida, por seu fundamento: alegação de inobservância pelo Estado-membro do princípio constitucional sensível previsto no art. 34, VII, alínea *b*, da Constituição de 1988, quanto aos 'direitos da pessoa humana'. Legitimidade ativa do Procurador-Geral da República (Constituição, artigo 36, III). 5. Hipótese em que estão em causa 'direitos da pessoa humana', em sua compreensão mais ampla, revelando-se impotentes as autoridades policiais locais para manter a segurança de três presos que acabaram subtraídos de sua proteção, por populares revoltados pelo crime que lhes era imputado, sendo mortos com requintes de crueldade. 6. Intervenção Federal e restrição à autonomia do Estado-membro. Princípio federativo. Excepcionalidade da medida interventiva. 7. No caso concreto, o Estado de Mato Grosso, segundo as informações, está procedendo à apuração do crime. Instaurou-se, de imediato, inquérito policial, cujos autos foram encaminhados à autoridade judiciária estadual competente que os devolveu, a pedido do Delegado de Polícia, para o prosseguimento das diligências e averiguações. 8. Embora a extrema gravidade dos fatos e o repúdio que sempre merecem atos de violência e crueldade, não se trata, porém, de situação concreta que, por si só, possa configurar causa bastante a decretar-se intervenção federal no Estado, tendo em conta, também, as providências já adotadas pelas autoridades locais para a apuração do ilícito. 9. Hipótese em que não é, por igual, de determinar-se intervenha a Polícia Federal, na apuração dos fatos, em substituição à Polícia Civil de Mato Grosso. Autonomia do Estado-membro na organização dos serviços de justiça e segurança, de sua competência (Constituição, arts. 25, § 1°; 125 e 144, § 4°). 10. Representação conhecida mas julgada improcedente".

10. *Dignidade da pessoa humana e Direitos Fundamentais*. Porto Alegre: Livraria do Advogado, 2001. p. 60.

(B) autodeterminação dos povos, defesa da paz e concessão de asilo político.
(C) defesa da paz, não intervenção e repúdio ao partidarismo.
(D) autodeterminação dos povos, igualdade entre os Estados e repúdio ao imperialismo.

"Art. 4º A República Federativa do Brasil rege-se nas suas relações internacionais pelos seguintes princípios: I – independência nacional; II – prevalência dos direitos humanos; III – autodeterminação dos povos; IV – não intervenção; V – igualdade entre os Estados; VI – defesa da paz; VII – solução pacífica dos conflitos; VIII – repúdio ao terrorismo e ao racismo; IX – cooperação entre os povos para o progresso da humanidade; e X – concessão de asilo político". **A**: incorreta, pois garantia do desenvolvimento internacional não é um princípio que rege o Brasil nas relações internacionais; **B**: correta, pois trata-se de princípios que regem o Brasil nas relações internacionais (respectivamente art. 4º, III, VI e X, da CF); **C**: incorreta, pois repúdio ao partidarismo não é um princípio que rege o Brasil nas relações internacionais; **D**: incorreta, pois repúdio ao imperialismo não é um princípio que rege o Brasil nas relações internacionais.
Gabarito "B".

8.2. INCORPORAÇÃO NO DIREITO BRASILEIRO

(Juiz de Direito – TJM/SP – VUNESP – 2016) Assinale a alternativa correta.

(A) Os tratados de direito internacional que versem sobre direitos humanos têm incorporação automática, independentemente de ratificação.
(B) Independentemente da ocorrência de ratificação no ordenamento jurídico brasileiro, os tratados que versam sobre direitos humanos obrigam imediata e diretamente aos Estados, já o direito subjetivo para os particulares surge somente após a devida intermediação legislativa.
(C) Sendo o Brasil signatário de determinado tratado que verse sobre direitos humanos, ocorre a incorporação automática das suas regras, sendo desnecessário ato jurídico complementar para sua exigibilidade e implementação. Assim, a partir da entrada em vigor do tratado internacional, toda norma preexistente que seja com ele incompatível perde automaticamente a vigência.
(D) Após sua ratificação no ordenamento jurídico brasileiro, os tratados que versam sobre direitos humanos obrigam imediata e diretamente aos Estados, já o direito subjetivo para os particulares surge somente após a devida intermediação legislativa.
(E) Os enunciados dos tratados internacionais que versem sobre direitos humanos não são incorporados de plano pelo Direito nacional, pois dependem, necessariamente, de legislação que os implemente.

A: incorreta, pois todos os tratados devem passar pelo procedimento de incorporação para começarem a ter vigência no território nacional; **B**: incorreta (reler o comentário sobre a assertiva anterior); **C**: correta. Depois de internalizado, o tratado é equiparado hierarquicamente à lei ordinária infraconstitucional. Assim, as normas infraconstitucionais preexistentes ao tratado serão derrogadas quando com ele colidirem (critério cronológico) ou quando forem gerais e os tratados forem especiais (critério da especialidade). Percebe-se que por se tratar de normas de mesma hierarquia (o tratado e a lei interna), em caso de conflito deve-se utilizar os critérios de solução de antinomias aparentes. Por outro lado, é muito defendida a tese que confere prevalência ao tratado sobre a lei interna (especialmente com supedâneo no art. 27 da Convenção de Viena sobre Direitos dos Tratados), apesar de o tema não ser pacífico, em matéria tributária adotou-se expressamente a prevalência do tratado sobre o direito interno (art. 98 do Código Tributário Nacional – CTN), determinando que a legislação tributária posterior ao tratado lhe deve obediência; **D**: incorreta, pois não é necessário qualquer intermediação legislativa depois que o tratado é ratificado, ou seja, passa a valer para todos; **E**: incorreta, pois não é necessária a citada implementação.
Gabarito "C".

8.3. LEGISLAÇÃO NACIONAL PROTETIVA

8.3.1. ESTATUTO DA IGUALDADE RACIAL

(Ministério Público/SP – VUNESP – 2012) O Estatuto da Igualdade Racial (Lei n. 12.288/2010), destinado a garantir à população negra a efetivação da igualdade de oportunidades, a defesa dos direitos étnicos individuais, coletivos e difusos e o combate à discriminação e às demais formas de intolerância étnica, considera

(A) Desigualdade racial: toda situação justificada de diferenciação de acesso e fruição de bens, serviços e oportunidades, nas esferas pública e privada, em virtude de raça, cor, descendência ou origem nacional ou étnica.
(B) Discriminação racial ou étnico-racial: toda distinção, exclusão, restrição ou preferência baseada em raça, cor, descendência ou origem nacional ou étnica que tenha por objeto anular ou restringir o reconhecimento, gozo ou exercício, em igualdade de condições, de direitos humanos e liberdades fundamentais nos campos político, econômico, social, cultural ou em qualquer outro campo da vida pública ou privada.
(C) População negra: o conjunto de pessoas que se autodeclaram não brancas, conforme o quesito cor ou raça usado pelos órgãos oficiais de estatística.
(D) Ações afirmativas: os programas incentivados pelo Estado e pela iniciativa privada para a conscientização das desigualdades raciais e para a promoção dos direitos humanos.
(E) Desigualdade de gênero e raça: simetria existente no âmbito da sociedade que acentua a distância social entre mulheres negras e os demais segmentos sociais.

A: incorreta, pois a redação do art. 1º, parágrafo único, II, do Estatuto é a seguinte: "desigualdade racial: toda situação **injustificada** de diferenciação de acesso e fruição de bens, serviços e oportunidades, nas esferas pública e privada, em virtude de raça, cor, descendência ou origem nacional ou étnica"; **B**: correta, pois reproduz corretamente a redação do art. 1º, parágrafo único, I, do Estatuto da Igualdade Racial; **C**: incorreta, pois a redação do art. 1º, parágrafo único, IV, do Estatuto é a seguinte: "população negra: o conjunto de pessoas que se autodeclaram **pretas e pardas**, conforme o quesito cor ou raça usado pela Fundação Instituto Brasileiro de Geografia e Estatística (IBGE), ou que adotam autodefinição análoga"; **D**: incorreta, pois a redação do art. 1º, parágrafo único, VI, do Estatuto é a seguinte: "ações afirmativas: os programas e medidas especiais adotados pelo Estado e pela iniciativa privada para a **correção** das desigualdades raciais e para a **promoção da igualdade de oportunidades**"; **E**: incorreta, pois a redação do art. 1º, parágrafo único, III, do Estatuto é a seguinte: "desigualdade de gênero e raça: **assimetria** existente no âmbito da sociedade que acentua a distância social entre mulheres negras e os demais segmentos sociais".
Gabarito "B".

8.3.2. SEGURIDADE SOCIAL

(Ministério Público/SP – VUNESP – 2012) As ações e serviços públicos de saúde e os serviços privados contratados ou conveniados que integram o Sistema Único de Saúde (SUS), são desenvolvidos de acordo com as diretrizes previstas na Constituição Federal, obedecendo ainda aos seguintes princípios:

(A) Universalidade de acesso aos serviços de saúde em todos os níveis de assistência, igualdade da assistência à saúde, sem preconceitos ou privilégios de qualquer espécie e participação da comunidade.
(B) Participação da comunidade e descentralização político-administrativa, com direção única em cada esfera de governo e a execução de ações de vigilância sanitária, de vigilância epidemiológica e de saúde do trabalhador.
(C) Integralidade de assistência, entendida como conjunto articulado e contínuo das ações e serviços preventivos e curativos, individuais e coletivos, exigidos para cada caso em todos os níveis de complexidade do sistema e assistência terapêutica integral, inclusive farmacêutica.
(D) Divulgação de informações quanto ao potencial dos serviços de saúde e a sua utilização pelo usuário, universalidade de acesso aos serviços de saúde em todos os níveis de assistência e o controle e a fiscalização de serviços, produtos e substâncias de interesse para a saúde.
(E) Organização dos serviços públicos de modo a evitar duplicidade de meios para fins idênticos, integração em nível executivo das ações de saúde, meio ambiente e saneamento básico e participação na normatização, fiscalização e controle dos serviços de saúde do trabalhador nas instituições e empresas públicas e privadas.

O art. 7º da Lei nº 8.080/1990 assim dispõe: "As ações e serviços públicos de saúde e os serviços privados contratados ou conveniados que integram o Sistema Único de Saúde (SUS), são desenvolvidos de acordo com as diretrizes previstas no art. 198 da Constituição Federal, obedecendo ainda aos seguintes princípios:
I – universalidade de acesso aos serviços de saúde em todos os níveis de assistência;
II – integralidade de assistência, entendida como conjunto articulado e contínuo das ações e serviços preventivos e curativos, individuais e coletivos, exigidos para cada caso em todos os níveis de complexidade do sistema;
III – preservação da autonomia das pessoas na defesa de sua integridade física e moral;
IV – igualdade da assistência à saúde, sem preconceitos ou privilégios de qualquer espécie;
V – direito à informação, às pessoas assistidas, sobre sua saúde;
VI – divulgação de informações quanto ao potencial dos serviços de saúde e a sua utilização pelo usuário;
VII – utilização da epidemiologia para o estabelecimento de prioridades, a alocação de recursos e a orientação programática;
VIII – participação da comunidade;
IX – descentralização político-administrativa, com direção única em cada esfera de governo:
a) ênfase na descentralização dos serviços para os municípios;
b) regionalização e hierarquização da rede de serviços de saúde;
X – integração em nível executivo das ações de saúde, meio ambiente e saneamento básico;
XI – conjugação dos recursos financeiros, tecnológicos, materiais e humanos da União, dos Estados, do Distrito Federal e dos Municípios na prestação de serviços de assistência à saúde da população;
XII – capacidade de resolução dos serviços em todos os níveis de assistência; e
XIII – organização dos serviços públicos de modo a evitar duplicidade de meios para fins idênticos.

A: correta, pois reproduz corretamente os incisos I, IV e VIII do art. 7º da Lei nº 8.080/1990 acima exposto; **B:** incorreta. A execução de ações de vigilância sanitária, de vigilância epidemiológica e de saúde do trabalhador não são princípios que regem as ações e serviços integrantes do Sistema Único de Saúde; **C:** incorreta. A assistência terapêutica integral, inclusive farmacêutica, não é princípio norteador das ações e serviços integrantes do Sistema Único de Saúde; **D:** incorreta. O controle e a fiscalização de serviços, produtos e substâncias de interesse para a saúde, não é princípio norteador das ações e serviços integrantes do Sistema Único de Saúde; **E:** incorreta. A participação na normatização, fiscalização e controle dos serviços de saúde do trabalhador nas instituições e empresas públicas e privadas não é princípio que rege as ações e serviços integrantes do Sistema Único de Saúde.

Gabarito "A".

(Ministério Público/SP – VUNESP – 2012) A assistência social, direito do cidadão e dever do Estado, é Política de Seguridade Social não contributiva, que provê os mínimos sociais, realizada através de um conjunto integrado de ações de iniciativa pública e da sociedade, para garantir o atendimento às necessidades básicas. Um dos objetivos da assistência social é a garantia de benefício mensal às pessoas que comprovem não possuir meios de prover a própria manutenção ou de tê-la provida por sua família. Em relação ao benefício de prestação continuada, é correto afirmar:

I. Destina-se à pessoa com deficiência e ao idoso com 65 (sessenta e cinco) anos ou mais.
II. Destina-se à pessoa com deficiência e ao idoso.
III. Considera-se pessoa com deficiência aquela que tem impedimentos de longo prazo de natureza física, mental, intelectual ou sensorial, os quais, em interação com diversas barreiras, podem obstruir sua participação plena e afetiva na sociedade em igualdade de condições com as demais pessoas.
IV. Considera-se incapaz de prover a manutenção da pessoa com deficiência ou idosa a família cuja renda mensal per capita seja inferior a 1/2 (meio) salário mínimo.

Está correto o que se afirma APENAS em

(A) II e III.
(B) II e IV.
(C) IV.
(D) I.
(E) I e III.

I: correta, pois o art. 20 da Lei nº 8.742/1993 assim dispõe: "O benefício de prestação continuada é a garantia de um salário mínimo mensal à pessoa com deficiência e ao idoso com 65 (sessenta e cinco) anos ou mais que comprovem não possuir meios de prover a própria manutenção nem de tê-la provida por sua família"; **II:** incorreta, porque o Estatuto do Idoso determina que o idoso é pessoa com 60 anos ou mais e, como vimos no comentário sobre a assertiva I, o benefício de prestação continuada é conferido a pessoa com 65 anos ou mais; **III:** incorreta, pois a redação correta do art. 20, § 2º, da Lei nº 8.742/1993 é a seguinte: "Para efeito de concessão deste benefício, considera-se pessoa com deficiência aquela que tem impedimentos de longo prazo de natureza física, mental, intelectual ou sensorial, os quais, em interação

com diversas barreiras, podem obstruir sua participação plena e **efetiva** na sociedade em igualdade de condições com as demais pessoas; **IV:** incorreta, pois a redação correta do art. 20, § 3°, da Lei n° 8.742/1993 é a seguinte: "Considera-se incapaz de prover a manutenção da pessoa com deficiência ou idosa a família cuja renda mensal per capita seja inferior a **1/4 (um quarto)** do salário mínimo.
Gabarito "D".

8.3.3. PESSOAS PORTADORAS DE TRANSTORNOS MENTAIS – MODELO ASSISTENCIAL EM SAÚDE MENTAL

(Ministério Público/ES – VUNESP – 2013) Assinale a alternativa correta no que diz respeito à proteção e aos direitos das pessoas portadoras de transtornos mentais, nos moldes da Lei 10.216/2001.

(A) A internação voluntária ou involuntária somente será autorizada por médico devidamente registrado no Conselho Regional de Medicina – CRM do Estado onde se localize o estabelecimento.
(B) A internação denominada compulsória é aquela que se dá sem o consentimento do usuário e a pedido de terceiro.
(C) A internação psiquiátrica denominada involuntária é determinada, de acordo com a legislação vigente, pelo juiz competente, que levará em conta as condições de segurança do estabelecimento, quanto à salvaguarda do paciente, dos demais internados e funcionários.
(D) O término da internação compulsória dar-se-á por solicitação escrita do familiar, ou responsável legal, ou quando estabelecido pelo especialista responsável pelo tratamento.
(E) A internação psiquiátrica voluntária deverá, no prazo de setenta e duas horas, ser comunicada ao Ministério Público Estadual pelo responsável técnico do estabelecimento no qual tenha ocorrido, devendo esse mesmo procedimento ser adotado quando da respectiva alta.

A: correta (artigo 8° da Lei 10.216/2001); **B:** incorreta. Internação compulsória é aquela determinada pela justiça (artigo 6°, III, da Lei 10.216/2001); **C:** incorreta. A internação involuntária se dá sem o consentimento do usuário e a pedido de terceiro. Já a necessidade de o juiz levar em conta as condições de segurança do estabelecimento toma corpo quando o juiz for implementar a internação compulsória e não a involuntária (artigo 9° da Lei 10.216/2001); **D:** incorreta. A assertiva diz respeito ao término da internação involuntária (artigo 8°, § 2°, da Lei 10.216/2001); **E:** incorreta. A questão diz respeito à internação psiquiátrica involuntária (artigo 8°, § 1°, da Lei 10.216/2001).
Gabarito "A".

8.3.4. VIOLÊNCIA DOMÉSTICA E FAMILIAR CONTRA A MULHER

(Ministério Público/ES – VUNESP – 2013) No tocante às disposições da Lei 11.340/2006, é correto afirmar que

(A) no atendimento à mulher em situação de violência doméstica e familiar, a autoridade policial deverá, entre outras providências, garantir proteção policial, quando necessário, comunicando de imediato à Procuradoria Geral do Estado e à Defensoria.
(B) nos casos de violência doméstica e familiar contra a mulher, caberá ao Ministério Público, sem prejuízo de outras atribuições, quando necessário, cadastrar tais casos.
(C) nos casos de violência doméstica e familiar contra a mulher, o juiz poderá aplicar penas alternativas, entre elas, penas de pagamento de cesta básica ou outras de prestação pecuniária, bem como a substituição de pena pelo pagamento exclusivamente de multa.
(D) em qualquer fase do inquérito policial ou da instrução criminal, caberá a prisão preventiva do agressor, decretada pelo juiz a requerimento do Ministério Público ou mediante representação da autoridade policial, não podendo, entretanto, ser a prisão decretada de ofício.
(E) a medida protetiva de urgência, aplicada ao agressor, consistente no seu afastamento do lar, domicílio ou local de convivência com a ofendida, poderá ser decretada, independentemente da oitiva do agressor, sendo facultado à ofendida entregar a intimação ou notificação ao agressor.

A: incorreta. O artigo 11, I, da Lei 11.340/2006 dispõe que a autoridade policial deverá comunicar de imediato ao Ministério Público e ao Poder Judiciário; **B:** correta (artigo 26, III, da Lei 11.340/2006); **C:** incorreta, porque o artigo 17 da Lei 11.340/2006 veda a aplicação, nos casos de violência doméstica e familiar contra a mulher, de penas de cesta básica ou outras de prestação pecuniária; **D:** incorreta. A redação correta do artigo 20 da Lei 11.340/2006 é a seguinte: "Em qualquer fase do inquérito policial ou da instrução criminal, caberá a prisão preventiva do agressor, decretada pelo juiz, de ofício, a requerimento do Ministério Público ou mediante representação da autoridade policial"; **E:** incorreta. O final da assertiva é totalmente absurdo, pois no âmbito da violência doméstica, imagine a situação da mulher entregar para o próprio marido, que antes a agrediu, uma intimação do juiz. Portanto, não existe a citada faculdade.
Gabarito "B".

9. DIREITO DOS REFUGIADOS

(Defensor Público/RO – 2017 – VUNESP) Dois dos documentos principais de proteção internacional dos refugiados são a Convenção e o Protocolo sobre o Estatuto dos Refugiados, em vigor no Brasil por força dos Decretos no 50.215/1961 e no 70.946/1972, respectivamente. Esses instrumentos

(A) preveem a igualdade de tratamento com aquele conferido aos estrangeiros com residência permanente no país que concede o refúgio.
(B) preveem tratamento mais favorável que aquele conferido a estrangeiros em geral pelo país que concede o refúgio, nas mesmas circunstâncias.
(C) também tratam sobre a questão do asilo político, considerado como espécie de refúgio.
(D) conferem discricionariedade aos Estados signatários para conceder ou não o refúgio. A não concessão, porém, deverá ser fundamentada.
(E) dispõem que a cessação da condição de refugiado decorrerá de ato discricionário dos Estados.

A única assertiva correta sobre a proteção internacional dos refugiados é a B. O art. 6° da Convenção assim pondera: Para os fins desta Convenção, os termos "nas mesmas circunstâncias" implicam que todas as condições (e notadamente as que se referem à duração e às condições de permanência ou de residência) que o interessado teria de preencher, para poder exercer o direito em causa, se ele não fosse refugiado, devem ser preenchidas por ele, com exceção das condições que, em razão da sua natureza, não podem ser preenchidas por um refugiado. É um tratamento mais favorável, porém necessário pela impossibilidade do aspirante ao status de refugiado poder cumprir certos requisitos.
Gabarito "B".

(Procurador do Município/Cubatão-SP – VUNESP – 2012) O Direito Internacional dos Direitos Humanos volta-se, entre vários enfoques, à aplicação da lei de forma a serem assegurados os direitos humanos de grupos vulneráveis, como mulheres e crianças. Nesse sentido, a pessoa que, devido a fundados temores de perseguição por motivo de raça, religião, nacionalidade, grupo social ou opinião política, encontre-se fora do país de sua nacionalidade e não possa ou não queira acolher-se à proteção desse país é identificada como pertencente ao grupo vulnerável de

(A) deslocados internos.
(B) migrantes.
(C) imigrantes.
(D) emigrantes.
(E) refugiados.

O Direito dos Refugiados é composto por princípios e regras, estas sendo positivadas ou costumeiras, que tem como função proteger e auxiliar o indivíduo considerado refugiado. E refugiado é o indivíduo perseguido devido a sua raça, religião, nacionalidade, opinião política ou por sua ligação com certo grupo social, que se encontre fora de seu país de nacionalidade e não possa ou não queira, por temor, regressar ao seu país, ou o que, não tendo nacionalidade e estando fora do país onde antes teve sua residência habitual, não possa ou não queira regressar a ele, em função das circunstâncias já descritas. Ainda, é possível considerar refugiado todo aquele que for vítima de grave e generalizada violação de direitos humanos. Lembrando que apátrida é a condição de indivíduo que não possui qualquer nacionalidade. Os efeitos da condição do *status* de refugiado serão extensivos ao cônjuge, aos ascendentes e descendentes, assim como aos demais membros do grupo familiar que do refugiado dependerem economicamente, desde que se encontrem em território nacional. Em 1951, foi convocada uma Conferência de Plenipotenciários das Nações Unidas para Genebra com o objetivo de redigir uma Convenção regulatória do *status* legal dos refugiados. Como resultado, a Convenção das Nações Unidas relativa ao Estatuto dos Refugiados foi adotada em 28 de julho de 1951, entrando em vigor em 22 de abril de 1954. No Brasil, foi promulgada por meio do Decreto nº 50.215, de 28 de janeiro de 1961. A Convenção deve ser aplicada sem discriminação por raça, religião, sexo e país de origem. Além disso, estabelece cláusulas consideradas essenciais às quais nenhuma reserva pode ser apresentada. Entre essas cláusulas, incluem-se a definição do termo "refugiado" e o **princípio de non-refoulement** ("não devolução"), disciplinado no art. 33 da Convenção de 1951, o qual define que nenhum país deve expulsar ou "devolver" (refouler) um refugiado, contra a vontade do mesmo, em quaisquer ocasiões, para um território onde ele ou ela sofra perseguição. Ainda, estabelece providências para a disponibilização de documentos, como os documentos de viagem específicos para refugiados na forma de um "passaporte". A definição do termo "refugiado" no art. 1º engloba um grande número de pessoas. No entanto, a Convenção só é aplicada a fatos ocorridos antes de 1º de janeiro de 1951. Com o tempo e a emergência de novas situações geradoras de conflitos e perseguições, tornou-se crescente a necessidade de providências que colocassem os novos fluxos de refugiados sob a proteção das provisões da Convenção. Assim, um Protocolo relativo ao Estatuto dos Refugiados foi preparado e submetido à Assembleia Geral das Nações Unidas em 1966. O Protocolo foi assinado pelo Presidente da Assembleia Geral e o Secretário-Geral no dia 31 de janeiro de 1967 e transmitido aos governos. Entrou em vigor internacional em 4 de outubro de 1967 e foi promulgado no Brasil em sete de agosto de 1972 pelo Decreto nº 70.946. Com a ratificação do Protocolo, os países foram levados a aplicar as provisões da Convenção de 1951 para todos os refugiados enquadrados na definição da carta, **mas sem limite de datas e de espaço geográfico**. Embora relacionado com a Convenção, o Protocolo é um instrumento independente cuja ratificação não é restrita aos Estados signatários da Convenção de 1951 (os EUA só assinaram o Protocolo de 1967). A Convenção e o Protocolo são os principais instrumentos internacionais estabelecidos para a proteção dos refugiados. Ao ratificar a Convenção e/ou o Protocolo, os Estados signatários aceitam cooperar com o Alto Comissariado das Nações Unidas para os Refugiados (ACNUR) no desenvolvimento de suas funções e, em particular, a facilitar a função específica de supervisionar a aplicação das provisões desses instrumentos. A Convenção de 1951 e o Protocolo de 1967, por fim, são os meios através dos quais é assegurado que qualquer pessoa, em caso de necessidade, possa exercer o direito de procurar e de gozar de refúgio em outro país. E lembrando que refúgio é o acolhimento, pelo estado, em seu território, de indivíduo perseguido por motivos de raça, religião, nacionalidade, grupo social ou opiniões políticas.

Gabarito "E".

10. DIREITO HUMANITÁRIO

(Procurador do Município/Cubatão-SP – VUNESP – 2012) O Direito Internacional Humanitário

(A) prevê que os feridos e doentes devem ser recolhidos e tratados pela parte no conflito que causou tal resultado, sendo que a proteção cobre igualmente o pessoal sanitário, os estabelecimentos, os meios de transporte e o material sanitário.
(B) é um ramo do Direito Internacional Público constituído por todas as normas convencionais, ou de origem consuetudinária, especificamente destinadas a regulamentar os problemas que surgem em períodos de conflito armado.
(C) estabelece que as partes num conflito e os membros das suas forças armadas possuem um direito ilimitado na escolha dos métodos e meios de guerra, mesmo que suscetíveis de causar perdas ou sofrimentos excessivos.
(D) dispõe que os combatentes capturados e os civis que se encontrem sob a autoridade da parte adversa têm direito ao respeito da sua vida, da sua dignidade, dos seus direitos pessoais e das suas convicções, mas não têm direito a trocar notícias com as suas famílias e a receber socorros.
(E) tem como objeto a proteção do ser humano em situação de conflito armado, não possuindo qualquer disposição voltada à proteção de bens culturais, ou seja, bens móveis ou imóveis, que apresentem uma grande importância para o patrimônio cultural dos povos.

O Direito Humanitário é composto por princípios e regras, estas sendo positivadas ou costumeiras, que tem como função, por questões humanitárias, limitar os efeitos do conflito armado. Mais especificamente, o Direito Humanitário protege as pessoas que não participam ou não mais participam das hostilidades e restringe os meios e os métodos de guerra. Tal conceito permite-nos encará-lo como Direito Internacional dos Conflitos Armados ou Direito da Guerra. É considerado, por muitos, a primeira limitação internacional que os estados sofreram na sua soberania[11], pois, na hipótese de conflito armado, os estados teriam que respeitar certas regras que visam proteger as vítimas civis e os militares fora de combate. Assim, tem-se início o processo de internacionalização dos direitos humanos. O Direito Internacional Humanitário é principalmente fruto das quatro Convenções de Genebra de 1949 (em 1949 foram revistas as três Convenções anteriores – 1864,

---

11. A Liga das Nações e a Organização Internacional do Trabalho são indicados como os outros exemplos dessa primeira limitação, oriunda da comunidade internacional, que os estados sofrerem em sua inabalável soberania.

1906 e 1929 – e criada uma quarta, relativa à proteção dos civis em período de Guerra) e seus Protocolos Adicionais, os quais formam o conjunto de leis para reger os conflitos armados e busca limitar seus efeitos (Direito de Genebra). A proteção recai sobre as pessoas que não participam dos conflitos (civis, profissionais de saúde e de socorro) e os que não mais participam das hostilidades (soldados feridos, doentes, náufragos e prisioneiros de guerra). As Convenções e seus Protocolos apelam para que sejam tomadas medidas para evitar ou para acabar com todas as violações. Eles contêm regras rigorosas para lidar com as chamadas "violações graves". Os responsáveis pelas violações graves devem ser julgados ou extraditados, independentemente de suas nacionalidades. A primeira Convenção de Genebra protege feridos e enfermos das forças armadas em campanha. E contém 64 artigos que protegem não só os feridos e os enfermos, mas também o pessoal médico e religioso, as unidades e os transportes médicos. A Convenção também reconhece os emblemas distintivos. A segunda Convenção de Genebra protege feridos, enfermos e náufragos das forças armadas no mar. Esta Convenção substitui a Convenção de Haia de 1907 sobre a Adaptação dos Princípios da Convenção de Genebra de 1864 a Guerras Marítimas. Segue as disposições da Primeira Convenção de Genebra em termos de estrutura e conteúdo. Contém 63 artigos que se aplicam especificamente a guerras marítimas. Por exemplo, protege os navios-hospitais. A terceira Convenção de Genebra se aplica aos prisioneiros de Guerra. Esta Convenção substitui a Convenção sobre Prisioneiros de Guerra de 1929. Contém 143 artigos, enquanto a de 1929 continha apenas 97. As categorias de pessoas com direito ao *status* de prisioneiro de guerra foram ampliadas. As condições e os locais de cativeiro também foram definidos com mais precisão, em particular com relação ao trabalho de prisioneiros de guerra, seus recursos pecuniários, o socorro que recebem e os processos judiciais contra eles. A Convenção estabelece o princípio de que os prisioneiros de guerra devem ser liberados e repatriados sem demora após o término das hostilidades ativas. A quarta Convenção de Genebra protege os civis, inclusive em territórios ocupados. As Convenções de Genebra, adotadas antes de 1949, preocupavam-se apenas com os combatentes, mas não com os civis. Os eventos da II Guerra Mundial mostraram as consequências desastrosas da ausência de uma convenção para proteger os civis em tempos de guerra. A Convenção adotada em 1949 leva em consideração as experiências da II Guerra Mundial. É composta por 159 artigos e contém uma pequena seção referente à proteção geral das populações contra certas consequências da guerra, sem tratar da conduta das operações militares, que foi examinada depois nos Protocolos Adicionais de 1977. Ademais, a quarta Convenção esclarece as obrigações da Potência Ocupante com relação à população civil e contém disposições detalhadas sobre o socorro humanitário em território ocupado. Merece destaque o art. 3°, que é comum às quatro Convenções de Genebra e marcou um avanço ao disciplinar, pela primeira vez, os conflitos armados não internacionais. Esses tipos de conflito variam muito. Eles incluem guerras civis tradicionais, conflitos armados internos que se expandem para outros estados ou conflitos internos nos quais um terceiro estado ou uma força multinacional intervém junto com o governo. O art. 3° Comum estabelece regras fundamentais que não podem ser derrogadas e funciona como uma miniconvenção dentro das Convenções, pois contém as regras essenciais das Convenções de Genebra em um formato condensado e as torna aplicáveis aos conflitos de caráter não internacional. Por fim, nas duas décadas após a adoção das Convenções de Genebra, o mundo testemunhou um aumento no número de conflitos armados não internacionais e de guerras por independência. Em resposta a isso, foram adotados em 1977 dois Protocolos Adicionais às Convenções de Genebra de 1949. Eles fortalecem a proteção das vítimas de conflitos armados internacionais (Protocolo I) e não internacionais (Protocolo II) e determinam limites aos métodos de guerra. O Protocolo II foi o primeiro tratado internacional exclusivamente dedicado às situações de conflitos armados não internacionais. Em 2007, um terceiro Protocolo Adicional foi adotado criando um emblema adicional, o Cristal Vermelho, que tem o mesmo *status* internacional dos emblemas da Cruz Vermelha e do Crescente Vermelho. A outra parte das regras do Direito Internacional Humanitário provém do Direito de Haia (Convenções de Haia de 1899 e de 1907), as quais regulam especificamente o meio e os métodos utilizados na guerra, ou, em outras palavras, a condução das hostilidades pelos beligerantes e as Regras de Nova Iorque18, que cuidam da proteção dos direitos humanos em período de conflito armado. Pode-se apontar ainda o Tribunal Penal Internacional como um dos destaques na tutela do Direito Internacional Humanitário. Existem três princípios norteadores do Direito de Haia quais são: a) princípio da humanidade: combatentes devem usar armamento que permita o menor sofrimento possível; b) princípio da necessidade: toda ataque armado deve destinar-se à execução de um objetivo militar; e c) princípio da proporcionalidade: ataque armado não pode causar danos desproporcionais à vantagem obtida. Por fim, o objetivo do Direito Humanitário é a tutela da pessoa humana, entretanto, numa situação mais específica, qual seja, pessoa humana como vítima de conflito armado nacional ou internacional. Cabe também destacar o papel do Direito Humanitário na proteção dos bens culturais. Os bens culturais, que nada mais são que bens civis, são protegidos de uma forma geral pela tutela do Direito Humanitário quando no contexto de Guerra. Mas também possuem uma proteção específica: Convenção da Haia para a Proteção de Bens Culturais durante os Conflitos Armados de 1954. Essa Convenção tem por base o reconhecimento da herança cultural de todos os povos. Posteriormente, a tutela dos bens culturais foi complementada pelos Protocolos Adicionais às Convenções de Genebra de 197719 e pelo Protocolo Adicional à Convenção da Haia para a Proteção de Bens Culturais durante os Conflitos Armados de 1999. Interessante também notar que o grande motivador dessa Convenção foi a destruição de inúmeros bens culturais durante a Segunda Guerra Mundial, situação que levou a comunidade internacional a se conscientizar e prever proteção jurídica específica. De acordo com a Convenção da Haia, de 1954, cada Estado deverá agir para salvaguardar seus próprios bens culturais contra-ataques armados. Isso pode ser feito, por exemplo, ao remover os bens para longe da ação militar potencial ou real e, no caso de sítios históricos, ao evitar colocar objetivos militares nas suas proximidades. As partes de um conflito armado não têm permissão para dirigir hostilidades contra os bens culturais, devendo evitar causar-lhes danos acidentais. A Convenção da Haia, contudo, reconhece as situações em que um ataque contra bens culturais pode ser lícito, especialmente se o bem tiver sido convertido em objetivo militar e um ataque seria necessário devido a uma *imperiosa necessidade militar*. As potências ocupantes deverão proteger os bens culturais sob seu controle contra roubos, pilhagem ou apropriação indevida. Se um bem cultural for removido do território ocupado para sua própria proteção, deverá ser devolvido ao final das hostilidades. E outra consequência da Segunda Guerra Mundial foi o impedimento de se utilizar da destruição dos bens culturais como uma forma de intimidar as pessoas sob ocupação ou como represália. As Partes da Convenção da Haia são responsáveis por implementar as disposições e incorporar a proteção dos bens culturais na sua legislação interna. Também devem reforçar as disposições em caso de violação das normas. No âmbito internacional, a UNESCO possui a responsabilidade particular de monitorar o respeito e de ajudar a proteger e preservar os bens culturais.

"Gabarito "B".

17. DIREITO DO IDOSO

Anna Carolina Bontempo, Ana Paula Garcia e Vanessa Tonolli Trigueiros

1. DIREITOS FUNDAMENTAIS

(Procurador do Município – São Paulo/SP – VUNESP – 2014) No que tange ao direito à liberdade, ao respeito e à dignidade assegurados ao idoso, a Lei Federal 10.741/2003 (Estatuto do Idoso) estabelece:

(A) o direito à liberdade, compreende, entre outros, os aspectos da crença e transportes e urbanos e semiurbanos seletivos.
(B) o direito ao respeito consiste na inviolabilidade da integridade física e moral, com exclusão da preservação dos objetos pessoais.
(C) é dever da família zelar pela dignidade do idoso, protegendo- o contra tratamento violento e imoral.
(D) o direito à liberdade exterioriza-se na participação na vida política, cujo exercício por meio do voto tem caráter obrigatório.
(E) a faculdade de buscar refúgio, auxílio e orientação são alguns dos aspectos da compreensão do direito à liberdade.

A: incorreta, pois o direito à liberdade não compreende transportes urbanos e semiurbanos seletivos (art. 10, § 1º, do Estatuto do Idoso); **B:** incorreta, pois o direito ao respeito abrange também os objetos pessoais (art. 10, § 2º, do Estatuto do Idoso); **C:** incorreta, pois é dever de *todos* e não somente da família do idoso zelar pela dignidade do idoso, colocando-o a salvo de qualquer tratamento desumano, violento, aterrorizante, vexatório ou constrangedor (art. 10, § 3º, do Estatuto do Idoso); **D:** incorreta, pois o direito à liberdade não se exterioriza apenas na participação da vida política (10, § 1º, do Estatuto do Idoso). Vale lembrar que o voto não é obrigatório aos maiores de 70 anos (art. 14, § 1º, II, *b*, da Constituição Federal); **E:** correta (art. 10, § 1º, VII, do Estatuto do Idoso). **Gabarito "E".**

(Ministério Público/ES – VUNESP – 2013) É direito do idoso, conforme a Lei 10.741/2003,

(A) obter desconto de até 50% nos ingressos para eventos artísticos, culturais, esportivos e de lazer, bem como o acesso preferencial aos respectivos locais.
(B) a gratuidade em qualquer transporte coletivo público urbano, semiurbano e interestadual.
(C) ter um acompanhante quando estiver internado ou em observação, independentemente de justificação médica.
(D) obter do Poder Público, gratuitamente, medicamentos, especialmente os de uso continuado, assim como próteses, órteses e outros recursos relativos ao tratamento, habilitação ou reabilitação.
(E) perceber alimentos do familiar que tiver melhores condições para tanto, diante do equilíbrio entre necessidade e condições econômicas/financeiras, podendo ser celebrada a transação perante o órgão do Ministério Público que a levará à homologação judicial.

A: incorreta, pois o desconto deve ser de *pelo* menos 50% (art. 23 do Estatuto do Idoso); **B:** incorreta, o direito à gratuidade no transporte somente é concedido aos idosos a partir de 65 anos de idade (art. 39 do Estatuto do Idoso); **C:** incorreta, pois a lei exige o parecer do médico para direito a acompanhante (art. 16 do Estatuto do Idoso); **D:** correta (art. 15, § 2º, do Estatuto do Idoso); **E:** incorreta, pois a responsabilidade alimentar é *solidária* entre os membros da família, isto é, independe da condição financeira dos familiares. Contudo, pode o idoso optar entre os prestadores (art. 12 do Estatuto do Idoso). Ademais, as transações relativas a alimentos poderão ser celebradas perante o Promotor de Justiça ou Defensor Público, que as referendará, e passarão a ter efeito de título executivo extrajudicial nos termos da lei processual civil (art. 13 do Estatuto do Idoso). **Gabarito "D".**

(Ministério Público/SP – VUNESP – 2011) A proteção legal e constitucional ao idoso permite:

(A) para fins de intervenção do Ministério Público no processo civil, em suas atribuições de *custos legis* equiparar o idoso ao incapaz.
(B) ao Ministério Público adotar as medidas judiciais cabíveis para garantir aos idosos a gratuidade dos transportes coletivos urbanos, independentemente de lei regulamentar.
(C) o reconhecimento, no processo criminal, da redução de metade dos prazos prescricionais para os maiores de 60 (sessenta) anos de idade.
(D) ao Ministério Público adotar as medidas judiciais cabíveis para garantir o pagamento de um salário mínimo de benefício mensal ao idoso carente, independentemente de lei regulamentar.
(E) ao Ministério Público adotar as medidas judiciais cabíveis para proteção de qualquer interesse do idoso.

A alternativa **B** está correta, pois reflete o disposto no art. 74, VII, do Estatuto do Idoso. As demais alternativas não estão descritas no rol de atribuições previsto na legislação. **Gabarito "B".**

(Ministério Público/SP – VUNESP – 2006) Assinale qual dos direitos mencionados não se encontra previsto no estatuto do idoso:

(A) é assegurado o ingresso gratuito e o acesso preferencial aos idosos, de ao menos 5% dos lugares nos teatros, ginásios e estádios públicos ou mantidos pelo poder público, em eventos artísticos, culturais, esportivos e de lazer.
(B) o poder público deve fornecer aos idosos, gratuitamente, medicamentos, especialmente os de uso continuado, assim como próteses, órteses e outros recursos relativos ao tratamento, habilitação ou reabilitação.
(C) o primeiro critério de desempate em concurso público será a idade, dando-se preferência ao de idade mais elevada.
(D) aos maiores de 65 (sessenta e cinco) anos fica assegurada a gratuidade dos transportes coletivos públicos urbanos e semiurbanos, exceto nos serviços seletivos

e especiais, quando prestados paralelamente aos serviços regulares.

(E) é assegurada a reserva, para os idosos, nos termos da lei local, de 5% das vagas nos estacionamentos públicos e privados, as quais deverão ser posicionadas de forma a garantir a melhor comodidade ao idoso.

A: incorreta (devendo ser assinalada), pois é assegurado desconto de pelo menos 50% nos ingressos, conforme disposto no art. 23 do Estatuto do Idoso; **B:** correta, pois reflete o disposto no art. 15, § 2º, do Estatuto do Idoso; **C:** correta, pois reflete o disposto no art. 27, parágrafo único, do Estatuto do Idoso; **D:** correta, pois reflete o disposto no art. 39, *caput*, do Estatuto do Idoso; **E:** correta, pois reflete o disposto no art. 41 do Estatuto do Idoso.

Gabarito "A".

2. MEDIDAS DE PROTEÇÃO

(Ministério Público/SP – VUNESP – 2012) As medidas específicas de proteção são aplicáveis sempre que os direitos reconhecidos no Estatuto do Idoso (Lei n. 10.741/2003) forem ameaçados ou violados:

I. Por ação ou omissão da sociedade ou do Estado.
II. Em razão da aplicação das medidas socioeducativas.
III. Por falta, omissão ou abuso da família, curador ou entidade de atendimento.
IV. Em razão de sentença penal condenatória.
V. Em razão da condição pessoal do idoso.

Está correto o que se afirma APENAS em

(A) II, III e IV.
(B) I, II e IV.
(C) III, IV e V.
(D) I, II e V.
(E) I, III e V.

I: correta (art. 43, I, do Estatuto do Idoso); **II:** incorreta, pois não há essa hipótese na legislação; **III:** correta (art. 43, II, do Estatuto do Idoso); **IV:** incorreta, pois não há esta hipótese na legislação; **V:** correta (art. 43, III, do Estatuto do Idoso).

Gabarito "E".

3. ACESSO À JUSTIÇA

(Procurador – IPSMI/SP – VUNESP – 2016) Em relação ao acesso do idoso à Justiça, assim como sobre a prioridade na tramitação de processos e procedimentos envolvendo idosos, nos termos da Lei Federal 10.741/2003, assinale a assertiva verdadeira.

(A) O Poder Judiciário, havendo número de demandas razoável por comarca, deverá criar varas especializadas e exclusivas do idoso.
(B) A obtenção da prioridade de tramitação processual deverá ser feita pelo interessado mediante requerimento, fazendo prova de sua idade, à autoridade judiciária competente para decidir o feito, que determinará as providências a serem cumpridas, anotando-se essa circunstância em local visível nos autos do processo.
(C) É assegurada prioridade na tramitação dos processos em que figure parte com idade igual ou superior a 65 (sessenta e cinco) anos.
(D) A prioridade de tramitação processual cessa com a morte do beneficiado.
(E) Prioridade se estende aos processos e procedimentos na Administração Pública, mas não para empresas prestadoras de serviços públicos.

A: incorreta, pois é facultado ao Poder Público criar varas especializadas e exclusivas do idoso (art. 70 do Estatuto do Idoso); **B:** correta (art. 71, *caput*, do Estatuto do Idoso); **C:** incorreta, pois é assegurada prioridade na tramitação dos processos e procedimentos e na execução dos atos e diligências judiciais em que figure como parte ou interveniente pessoa com idade igual ou superior a **60 (sessenta) anos**, em qualquer instância, nos termos do art. 71, § 1º, do Estatuto do Idoso; **D:** incorreta, pois a prioridade **não cessará** com a morte do beneficiado, estendendo-se em favor do cônjuge supérstite, companheiro ou companheira, com união estável, maior de 60 (sessenta) anos, consoante art. 71, § 2º, do Estatuto do Idoso; **E:** incorreta, pois a prioridade se estende aos processos e procedimentos na Administração Pública, empresas prestadoras de serviços públicos e instituições financeiras, ao atendimento preferencial junto à Defensoria Publica da União, dos Estados e do Distrito Federal em relação aos Serviços de Assistência Judiciária, de acordo com o art. 71, § 3º, do Estatuto do Idoso.

Gabarito "B".

4. TEMAS VARIADOS

(Juiz – TJ/MS – VUNESP – 2015) De acordo com a Lei 10.741/2003 (Estatuto do Idoso), é correto afirmar que

(A) ao idoso é assegurada a gratuidade nos transportes coletivos, inclusive nos serviços seletivos e especiais, quando prestados paralelamente aos serviços regulares.
(B) é garantido ao idoso acesso preferencial aos eventos artísticos, culturais, esportivos e de lazer, facultando-se aos promotores do evento a concessão de desconto no ingresso.
(C) é vedado estabelecer a idade, em concurso público, como critério de desempate.
(D) em regra, é solidária a obrigação alimentar ao idoso, podendo este optar entre os prestadores.
(E) em regra, considera-se idoso, para os efeitos da aplicação da lei, pessoas com idade igual ou superior a 65 (sessenta e cinco) anos.

A: incorreta, pois aos **maiores de 65 (sessenta e cinco) anos** fica assegurada a gratuidade dos transportes coletivos públicos urbanos e semiurbanos, exceto nos serviços seletivos e especiais, quando prestados paralelamente aos serviços regulares, nos termos do art. 39 do Estatuto do Idoso; **B:** incorreta, pois a participação dos idosos em atividades culturais e de lazer será proporcionada mediante **descontos de pelo menos 50% (cinquenta por cento)** nos ingressos para eventos artísticos, culturais, esportivos e de lazer, bem como o acesso preferencial aos respectivos locais, de acordo com o art. 23 do Estatuto do Idoso; **C:** incorreta, pois o primeiro critério de desempate em concurso público será a idade, dando-se preferência ao de idade mais elevada, consoante parágrafo único do artigo 27 do Estatuto do Idoso; **D:** correta (art. 12 do Estatuto do Idoso); **E:** incorreta, pois o Estatuto do Idoso é destinado a regular os direitos assegurados às pessoas com **idade igual ou superior a 60 (sessenta) anos**, conforme art. 1º do Estatuto do Idoso.

Gabarito "D".

(Magistratura/RJ – VUNESP – 2014) O procedimento de apuração de irregularidade em entidade governamental e não governamental de atendimento ao idoso

(A) poderá convolar em aplicação de multa e de advertência, impostas ao responsável pelo programa de

atendimento e à autoridade administrativa responsável pela fiscalização da entidade não governamental.
(B) a autoridade judiciária não poderá fixar prazo para a remoção das irregularidades verificadas, a fim de extinguir o processo sem resolução de mérito por satisfação das exigências formuladas.
(C) se desenvolverá de forma sumária, não cabendo afastamento provisório de dirigente da entidade, apenas o afastamento definitivo, se assim for determinado na sentença.
(D) terá início mediante petição fundamentada de pessoa interessada ou iniciativa do Ministério Público.

A: incorreta, pois a multa e a advertência serão impostas ao dirigente da entidade ou ao responsável pelo programa de atendimento (art. 68, § 4º, do Estatuto do Idoso); **B:** incorreta, pois a autoridade judiciária poderá fixar prazo para a remoção das irregularidades verificadas e satisfeitas as exigências, o processo será extinto, sem julgamento do mérito (art. 68, § 3º, do Estatuto do Idoso); **C:** incorreta, pois é possível tanto o afastamento provisório quanto o definitivo de dirigente de entidade governamental (art. 68, § 2º, do Estatuto do Idoso); **D:** correta (art. 65 do Estatuto do Idoso). Gabarito "D".

(Ministério Público/SP – VUNESP – 2010) Assinale a afirmativa correta:

(A) a fiscalização de entidades governamentais e não governamentais de atendimento ao idoso compete exclusivamente ao Ministério Público.
(B) a internação psiquiátrica da pessoa portadora de transtorno mental pode ser voluntária ou involuntária, sendo vedada a internação compulsória.
(C) segundo o Estatuto do Idoso, as transações relativas a alimentos poderão ser celebradas perante o Promotor de Justiça ou Defensor Público, que as referendará, e passarão a ter efeito de título extrajudicial, nos termos da lei processual civil.
(D) a prioridade na tramitação dos processos e procedimentos e na execução dos atos e diligências judiciais, estabelecida no Estatuto do Idoso, é assegurada apenas quando o idoso figurar como autor.
(E) a internação psiquiátrica involuntária da pessoa portadora de transtorno mental somente poderá ser autorizada em procedimento judicial, instruído com laudo médico circunstanciado que caracterize os seus motivos, devendo o Ministério Público intervir no feito como "custos legis".

A: incorreta, pois as entidades serão fiscalizadas pelos Conselhos do Idoso, Ministério Público, Vigilância Sanitária e outros previstos em lei, conforme art. 52 do Estatuto do Idoso; **B:** incorreta, pois a internação compulsória é prevista como um tipo de internação psiquiátrica, disciplinada no art. 6º, parágrafo único, III, da Lei 10.216/2001; **C:** correta, pois a assertiva reflete o disposto no art. 13 do Estatuto do Idoso; **D:** incorreta, pois a prioridade na tramitação é assegurada quando o idoso for *parte ou interveniente*, conforme dispõe o art. 71, *caput*, do Estatuto do Idoso; **E:** incorreta, pois a internação involuntária é aquela que se dá sem o consentimento do usuário e a pedido de terceiro e será autorizada mediante laudo médico, mas sem necessidade de procedimento judicial, conforme disposto nos arts. 6º e 8º da Lei 10.216/2001. Gabarito "C".

(Investigador – PC/BA – 2018 – VUNESP) A respeito dos crimes previstos no Estatuto do Idoso (Lei no 10.741/03), assinale a alternativa correta.

(A) Constitui crime negar acolhimento ou a permanência do idoso, como abrigado, por recusa deste em outorgar procuração à entidade de atendimento.
(B) Constitui crime deixar de prestar assistência ao idoso em situação de iminente perigo, independentemente do risco pessoal.
(C) Constitui crime negar a alguém emprego ou trabalho por motivo de idade, salvo se houver justa causa.
(D) Constitui crime deixar de cumprir, retardar ou frustrar, mesmo com justo motivo, a execução de ordem judicial expedida na ação civil prevista na Lei no 10.741/03.
(E) Constitui crime lavrar ato notarial que envolva pessoa idosa com discernimento de seus atos.

A: correta, de acordo com o art. 103 do Estatuto do Idoso; **B:** incorreta, pois o crime só existe se não houver risco pessoal (art. 97 do Estatuto do Idoso); **C:** incorreta, pois o crime só existe se não houver justa causa; **D:** incorreta, pois não se configura crime se houver justo motivo; **E:** incorreta, constitui crime lavrar ato notarial que envolva pessoa idosa SEM discernimento (art. 108 do Estatuto do Idoso). Gabarito "A".

> **DICA:** Leia as alterações ao Estatuto do Idoso (Lei 13.466/2017), em especial à propriedade da prioridade aos idosos maiores de 80 anos.

18. DIREITO URBANÍSTICO

José Antonio Apparecido Junior, Vanessa Tonolli Trigueiros e Wander Garcia*

1. NORMAS CONSTITUCIONAIS

(Procurador do Município/São José dos Campos-SP – VUNESP – 2012) Com base nos instrumentos de política urbana, assinale a alternativa correta.

(A) A Política de Desenvolvimento Urbano é executada pelo Poder Público Municipal, conforme diretrizes fixadas em lei, e tem por objetivo ordenar o pleno desenvolvimento das funções sociais da cidade e garantir o bem-estar de seus habitantes.
(B) O Plano Diretor, aprovado pela Câmara Municipal, para as cidades com mais de quinze mil habitantes, é instrumento básico da política de desenvolvimento e de expansão urbana.
(C) A propriedade urbana cumpre sua função social quando atende às exigências fundamentais de ordenação da cidade estabelecida na Lei de Diretrizes e Bases.
(D) Os imóveis públicos são passíveis de usucapião.
(E) A desapropriação de imóveis urbanos é feita com indenização em título da dívida pública.

A: correta, nos termos do art. 182, *caput*, da CF; **B:** incorreta. Pela Constituição Federal, o plano diretor, aprovado pela Câmara Municipal, é obrigatório para cidades com mais de vinte mil habitantes (art. 182, § 1º, da CF). O Estatuto da Cidade (Lei n. 10.257/2001), amplia este rol: pelo seu art. 41, além das cidades com mais de vinte mil habitantes, o plano diretor é obrigatório para cidades integrantes de regiões metropolitanas e aglomerações urbanas; onde o Poder Público municipal pretenda utilizar os instrumentos previstos no § 4o do art. 182 da Constituição Federal; integrantes de áreas de especial interesse turístico; inseridas na área de influência de empreendimentos ou atividades com significativo impacto ambiental de âmbito regional ou nacional e incluídas no cadastro nacional de Municípios com áreas suscetíveis à ocorrência de deslizamentos de grande impacto, inundações bruscas ou processos geológicos ou hidrológicos correlatos; **C:** incorreta. A propriedade urbana cumpre sua função social quando atende às exigências fundamentais de ordenação da cidade expressas no plano diretor (art. 182, § 2º, da CF); **D:** incorreta. De acordo com a dicção expressa do art. 183, § 3º, da CF, os imóveis públicos não serão adquiridos por usucapião; **E:** incorreta. Em regra, as desapropriações de imóveis urbanos serão feitas com prévia e justa indenização em dinheiro (art. 182, § 3º, da CF). É importante destacar, de qualquer forma, que a própria CF prevê uma espécie de desapropriação-sanção para os imóveis não cumpridores da função social da propriedade, no art. 182, § 4º, inc. III: a desapropriação com pagamento mediante títulos da dívida pública de emissão previamente aprovada pelo Senado Federal, com prazo de resgate de até dez anos, em parcelas anuais, iguais e sucessivas, assegurados o valor real da indenização e os juros legais. Tendo em vista o disposto na alternativa "a", de toda fora, a banca não cogitou, nesta questão, desta hipótese. **WG**
Gabarito "A".

2. PARCELAMENTO DO SOLO URBANO

(Procurador Municipal/SP – VUNESP – 2016) Os lotes urbanos, para fins de loteamento e parcelamento do solo, conforme estabelecido na Lei 6.766/1979, quando o loteamento se destinar a edificação de conjuntos habitacionais de interesse social, previamente aprovados pelos órgãos públicos competentes, poderão ter área mínima

(A) de 150 m².
(B) menor que 125 m².
(C) entre 130 e 150 m².
(D) entre 150 e 250 m².
(E) de 250 m².

O art. 4º da Lei n. 6.766/1979 trata dos requisitos urbanísticos para os loteamentos, e, em seu inc. II, determina que "os lotes terão área mínima de 125m² (cento e vinte e cinco metros quadrados) e frente mínima de 5 (cinco) metros, salvo quando o loteamento se destinar a urbanização específica ou edificação de conjuntos habitacionais de interesse social, previamente aprovados pelos órgãos públicos competentes. **JAA**
Gabarito "B".

(Procurador Municipal – Sertãozinho/SP – VUNESP – 2016) A Lei 6.766/1979 trata sobre o Parcelamento do Solo. Destina um dos seus capítulos a tutelar os contratos que tenham por objeto a venda de bens imóveis. Sob esse aspecto, é correto afirmar que

(A) aquele que adquirir a propriedade loteada mediante ato *inter vivos*, ou por sucessão *causa mortis*, sucederá o transmitente em todos os seus direitos e obrigações, ficando obrigado a respeitar os compromissos de compra e venda ou as promessas de cessão, em todas as suas cláusulas, sendo anulável qualquer disposição em contrário, ressalvado ao direito do herdeiro ou legatário de renunciar à herança ou ao legado.
(B) o contrato particular pode ser transferido por simples trespasse, lançado no verso das vias em poder das partes, ou por instrumento em separado, declarando-se o número do registro do loteamento, o valor da cessão e a qualificação do cessionário para o devido registro.
(C) em qualquer caso de rescisão por inadimplemento do adquirente, as benfeitorias necessárias ou úteis por ele levadas a efeito no imóvel não deverão ser indenizadas, sendo de nenhum efeito qualquer disposição contratual em contrário.
(D) qualquer alteração ou cancelamento parcial do loteamento registrado dependerá de acordo entre o loteador e os adquirentes de lotes atingidos pela alteração, independentemente da aprovação pela Prefeitura Municipal, ou do Distrito Federal quando for o caso, devendo ser depositada no Registro de Imóveis.
(E) são retratáveis os compromissos de compra e venda, cessões e promessas de cessão, os que atribuam direito

---

* **José Antonio Apparecido Junior** comentou as questões de Procurador Sertãozinho 2016, Procurador Municipal/SP 2016, Juiz TJ/MS 2015, Procurador/SP 2015. **Vanessa Tonolli Trigueiros** comentou a questão do concurso de MP/2012 e **Wander Garcia** comentou as demais questões.

à adjudicação compulsória e, estando registrados, confiram direito real oponível a terceiros.

A. incorreta. O art. 29 da Lei 6.766/1979 considera nulas as disposições em contrário, e não meramente anuláveis, ressalvado o direito do herdeiro ou legatário de renunciar à herança ou ao legado; **B**. correta, nos termos do art. 31, "caput", da Lei 6.766/1979; **C**. incorreta. Nos termos do art. 34 da Lei 6.766/1979, em qualquer caso de rescisão por inadimplemento do adquirente, as benfeitorias necessárias ou úteis por ele levadas a efeito no imóvel deverão ser indenizadas, sendo de nenhum efeito qualquer disposição contratual em contrário. Como exceção, não serão indenizáveis as benfeitorias feitas em desconformidade com o contrato ou com a lei; **D**. incorreta. Nos termos do art. 28 da Lei 6.766/1979, deve haver aprovação pela Prefeitura Municipal, ou do Distrito Federal quando for o caso, devendo ser depositado no Registro de Imóveis, em complemento ao projeto original com a devida averbação; **E**. incorreta. Nos termos do art. 25 da Lei 6.766/1979, tais avenças são irretratáveis. JAA

Gabarito "B".

(Procurador – SP – VUNESP – 2015) Quanto ao parcelamento do Solo Urbano, é correta a seguinte afirmação:

(A) Considera-se desmembramento a subdivisão de gleba em lotes destinados à edificação, com abertura de novas vias de circulação, de logradouros públicos ou prolongamento, modificação ou ampliação das vias existentes.
(B) Considera-se loteamento a subdivisão de gleba em lotes destinados à edificação, com aproveitamento do sistema viário existente, desde que não implique na abertura de novas vias, logradouros públicos, nem no prolongamento, modificação ou ampliação dos já existentes.
(C) Não será permitido o parcelamento do solo para fins urbanos em terrenos alagadiços e sujeitos a inundações, ainda que tomadas as providências para assegurar o escoamento das águas.
(D) Não será permitido o parcelamento de solo para fins urbanos em terrenos que tenham sido aterrados com material nocivo à saúde pública, ainda que previamente saneados.
(E) Somente será admitido o parcelamento do solo para fins urbanos em zonas urbanas, de expansão urbana ou de urbanização específica, assim definidas pelo plano diretor ou aprovadas por lei municipal.

A. incorreta. Considera-se loteamento a subdivisão de gleba em lotes destinados a edificação, com abertura de novas vias de circulação, de logradouros públicos ou prolongamento, modificação ou ampliação das vias existentes, e considera-se desmembramento a subdivisão de gleba em lotes destinados a edificação, com aproveitamento do sistema viário existente, desde que não implique na abertura de novas vias e logradouros públicos, nem no prolongamento, modificação ou ampliação dos já existentes (art. 2º, §§ 1º e 2º da Lei 6.766/1979); **B**. incorreta. Considera-se loteamento a subdivisão de gleba em lotes destinados a edificação, com abertura de novas vias de circulação, de logradouros públicos ou prolongamento, modificação ou ampliação das vias existentes, e considera-se desmembramento a subdivisão de gleba em lotes destinados a edificação, com aproveitamento do sistema viário existente, desde que não implique na abertura de novas vias e logradouros públicos, nem no prolongamento, modificação ou ampliação dos já existentes (art. 2º, §§ 1º e 2º da Lei 6.766/1979); **C**. incorreta. De acordo com o art. 3º, parágrafo único, I, da Lei 6.766/1979, não será permitido o parcelamento do solo em terrenos alagadiços e sujeitos a inundações, antes de tomadas as providências para assegurar o escoamento das águas; **D**. incorreta. De acordo com o art. 3º, parágrafo único, II, da Lei 6.766/1979, não será permitido o parcelamento do solo em terrenos que tenham sido aterrados com material nocivo à saúde pública, sem que sejam previamente saneados; **E**. correta, nos termos do art. 3º, "caput", da Lei 6.766/1979. JAA

Gabarito "E".

(Procurador do Município/São José dos Campos-SP – VUNESP – 2012) De acordo com termos da Lei Federal nº 6.766, de 19.12.1979, é correto afirmar que

(A) lote é o terreno desprovido de infraestrutura básica cujas dimensões atendem, no mínimo, os índices urbanísticos definidos pelo Plano Diretor ou lei municipal para a zona em que se situe.
(B) desmembramento é a subdivisão de gleba em lotes destinados a edificação, com aproveitamento do sistema viário existente que implique na abertura de novas vias e logradouros públicos e prolongamento, modificação ou ampliação dos já existentes.
(C) loteamento é a subdivisão de gleba em lotes destinados à edificação, com abertura de novas vias de circulação, de logradouros públicos ou prolongamento, modificação ou ampliação das vias existentes.
(D) é requisito urbanístico para o loteamento que os lotes tenham área mínima de 105 m² (cento e cinco metros quadrados) e frente mínima de 5 (cinco) metros, salvo quando o loteamento se destinar a urbanização específica ou edificação de conjuntos habitacionais de interesse social, previamente aprovados pelos órgãos públicos competentes.
(E) não se permite o parcelamento do solo em terreno com declividade igual ou superior a 20% (vinte por cento), salvo se atendidas exigências específicas das autoridades competentes.

A: incorreta. O lote é o terreno servido de infraestrutura básica cujas dimensões atendam aos índices urbanísticos definidos pelo plano diretor ou lei municipal para a zona em que se situe (art. 2º, § 4º, da Lei 6.766/1979); **B**: incorreta. O desmembramento é a subdivisão de gleba em lotes destinados a edificação, com aproveitamento do sistema viário existente, desde que não implique na abertura de novas vias e logradouros públicos, nem no prolongamento, modificação ou ampliação dos já existentes (art. 2º, § 2º, da Lei 6.766/1979); **C**: correta, , nos termos do disposto no art. 2º, § 1º, da Lei 6.766/1979; **D**: incorreta. Como regra, a área mínima para o lote é de 125m², podendo, excepcionalmente, ser inferior, nos termos trazidos no enunciado (art. 4º, II, da Lei 6.766/1979); **E**: incorreta. Não é permitido o parcelamento do solo em terreno com declividade igual ou superior a 30%, salvo se atendidas as exigências específicas das autoridades competentes (art. 3º, par. único, III, da Lei 6.766/1979). WG

Gabarito "C".

3. ESTATUTO DAS CIDADES E INSTRUMENTOS DA POLÍTICA URBANA

(Procurador Municipal/SP – VUNESP – 2016) O direito de preempção confere ao Poder Público Municipal preferência para aquisição de imóvel urbano objeto de alienação onerosa entre particulares, de acordo com a Lei 10.257/2001, que regulamenta os arts. 182 e 183 da CF/1988, traçando as diretrizes da Política Urbana Nacional. Assim, é correto afirmar que

(A) tal direito será exercido pelo Poder Público para fins de constituição de reserva de capital.
(B) a lei estadual, baseada no plano diretor de cada município, delimitará as áreas em que incidirá o direito de

preempção e fixará prazo de vigência, não superior a cinco anos, renovável a partir de um ano após o decurso do prazo inicial de vigência.
(C) o direito de preempção fica assegurado durante o prazo de vigência fixado em legislação municipal, independentemente do número de alienações referentes ao mesmo imóvel.
(D) a alienação processada em condições diversas da proposta apresentada será considerada anulável.
(E) o proprietário deverá notificar ao Município sua intenção de alienar o imóvel, para que qualquer ente público, no prazo máximo de trinta dias, manifeste por escrito seu interesse em comprá-lo.

A: incorreta. O art. 26 da Lei 10.257/2001 estabelece que o direito de preempção será utilizado nas hipóteses em que o Poder Público necessitar de áreas para regularização fundiária, execução de programas e projetos habitacionais de interesse social, constituição de reserva fundiária, ordenamento e direcionamento da expansão urbana, implantação de equipamentos urbanos e comunitários, criação de espaços públicos de lazer e áreas verdes, criação de unidades de conservação ou proteção de outras áreas de interesse ambiental e proteção de áreas de interesse histórico, cultural ou paisagístico; B. incorreta. A competência para a edição de tal lei é municipal, nos termos expressos do art. 25, § 1º, da Lei 10.257/2001; C. correta, conforme previsão expressa do § 2º do art. 25 da Lei 10.257/2001; D. incorreta. De acordo com o art. 27, § 5º da Lei 10.257/2001, a alienação processada em condições diversas da proposta apresentada é nula de pleno direito; E. incorreta. Nos termos do "caput" do art. 27 da Lei 10.257/2001, quem tem a prerrogativa de manifestar-se no prazo assinalado é o Município.
Gabarito "C".

(Procurador – SP – VUNESP – 2015) O Estatuto da Cidade traz alguns instrumentos da política urbana, dentre eles o planejamento municipal, no qual se inclui, em especial:
(A) Plano de desenvolvimento econômico e assistencial.
(B) Limitação sócio-administrativa.
(C) Tombamento de móveis ou de mobiliário urbano.
(D) Instituição de zonas especiais de unidades de conservação.
(E) Gestão orçamentária participativa.

Nos termos do art. 4º, III da Lei 10.257/2001, o planejamento municipal é instrumento de política urbana, e, em especial, além da gestão orçamentária e participativa (alínea "f" do apontado inciso III), são seus instrumentos específicos o plano diretor; a disciplina do parcelamento, do uso e da ocupação do solo; o zoneamento ambiental; o plano plurianual; as diretrizes orçamentárias e orçamento anual; os planos, programas e projetos setoriais; e os planos de desenvolvimento econômico e social.
Gabarito "E".

(Ministério Público/ES – VUNESP – 2013) O Estatuto da Cidade, Lei 10.257/2001, enuncia que
(A) se considera subutilizado o imóvel cujo aproveitamento não esteja em consonância com o estipulado no zoneamento ambiental, estabelecido na lei orgânica de cada município e registrado no cartório de registro de imóveis.
(B) a desapropriação será a primeira medida a ser tomada pelo Poder Público municipal quando identificar territórios que não cumprem sua função social.
(C) o plano diretor deve estabelecer as condições a serem observadas para a outorga onerosa do direito de construir e de alteração de uso, sendo que os recursos auferidos serão aplicados na construção de habitações populares.
(D) o direito de superfície é aquele que pode ser concedido pelo proprietário urbano a outrem, por tempo determinado ou indeterminado, mediante escritura pública registrada no cartório de registro de imóveis.
(E) o plano diretor é um instrumento de planejamento regional, necessário ao planejamento de regiões metropolitanas, aglomerações urbanas e microrregiões.

A: incorreta. Segundo o art. 5º, § 1º, I, do Estatuto da Cidade, considera-se subutilizado o imóvel cujo aproveitamento seja inferior ao mínimo definido no plano diretor ou em legislação dele decorrente; B: incorreta. Identificado o descumprimento da função social da propriedade, deve o Poder Público, inicialmente, se valer de outros instrumentos previstos no Estatuto da Cidade, na seguinte ordem: parcelamento, edificação ou utilização compulsórios; IPTU progressivo no tempo e, só então, se tais medidas não forem suficientes, procederá à desapropriação (art. 182, § 4º, da CF e art. 8º do Estatuto da Cidade); C: incorreta. Nos termos do art. 31 do Estatuto da Cidade, os recursos auferidos com a outorga onerosa do direito de construir serão utilizados para regularização fundiária, execução de programas e projetos habitacionais de interesse social, constituição de reserva fundiária, ordenamento e direcionamento da expansão urbana, implantação de equipamentos urbanos e comunitários, criação de espaços públicos de lazer e áreas verdes, criação de unidades de conservação ou proteção de outras áreas de interesse ambiental e proteção de áreas de interesse histórico, cultural e paisagístico; D: correta, nos termos do art. 21 do Estatuto da Cidade; E: incorreta. O plano diretor é um instrumento de planejamento municipal (art. 4º, III, "a", do Estatuto da Cidade), que não se confunde com o planejamento regional previsto para a ordenação das regiões metropolitanas, aglomerações urbanas e microrregiões (art. 4º, II, do Estatuto da Cidade).O instrumento precípuo de planejamento metropolitano é o Plano de Desenvolvimento Urbano Integrado, previsto nos arts. 9º e seguintes da Lei n. 13.089/2015 (Estatuto da Metrópole).
Gabarito "D".

(Ministério Público/SP – VUNESP – 2012) Dentre os instrumentos da política urbana, previstos no Estatuto das Cidades (Lei n. 10.257/2001), figuram a desapropriação e a usucapião especial de imóvel urbano. A propósito desses instrumentos, é correto afirmar:
(A) É obrigatória a intervenção do Ministério Público nas ações de desapropriação e de usucapião especial de imóvel urbano.
(B) Na ação judicial de usucapião especial de imóvel urbano, o rito processual a ser observado é o ordinário.
(C) Associação de moradores da comunidade, com regular personalidade jurídica, é, por si própria, parte legítima para a ação de usucapião urbana.
(D) A aquisição individual de domínio pela usucapião especial de imóvel urbano só poderá ocorrer em imóveis não edificados de até 250 m².
(E) Áreas urbanas com mais de 250 m², ocupadas por população de baixa renda para sua moradia, por mais de 5 anos ininterruptamente e sem oposição, são susceptíveis de serem usucapidas coletivamente.

A: incorreta. A intervenção do MP é obrigatória apenas na usucapião especial urbana (art. 12, § 1º, do Estatuto da Cidade); B: incorreta. Deverá ser observado o rito sumário por expressa determinação do art. 14 do Estatuto da Cidade; C: incorreta. A associação de moradores regularmente constituída será admitida como parte na ação de usucapião especial urbana apenas na qualidade de substituto processual e desde que expressamente autorizada pelos representantes (art. 12, III, do Estatuto da Cidade); **D:** incorreta. Imóveis edificados também estão sujeitos à usucapião especial urbana (art. 9º do Estatuto da Cidade); **E:** correta. Trata-se da usucapião coletiva prevista no art. 10 do Estatuto da Cidade, que teve sua redação alterada pela Lei 13.465/2017.

Gabarito "E".

(Procurador do Município/São José dos Campos-SP – VUNESP – 2012) Nos termos do Estatuto da Cidade, adquirirá o domínio da propriedade, por meio da usucapião especial urbana, aquele que não seja proprietário de outro imóvel e que utilizar, para sua moradia ou de sua família, área ou edificação de até

(A) 200 m², por cinco anos, ininterruptamente e sem oposição.
(B) 250 m², por cinco anos, ininterruptamente e sem oposição.
(C) 250 m², por dez anos, ininterruptamente e sem oposição.
(D) 350 m², por cinco anos, ininterruptamente e sem oposição.
(E) 350 m², por dez anos, ininterruptamente e sem oposição.

Art. 9º do Estatuto da Cidade (Lei 10.257/2001).

Gabarito "B".

(Procurador do Município/São José dos Campos-SP – VUNESP – 2012) A propriedade urbana cumpre sua função social quando atende às exigências fundamentais de ordenação da cidade expressas no Plano Diretor, assegurando o atendimento das necessidades dos cidadãos quanto à qualidade de vida, à justiça social e ao desenvolvimento das atividades econômicas, respeitadas as diretrizes previstas na Lei Federal nº 10.257, de 10.07.2001. Nesse contexto, é correto afirmar que

(A) o Plano Diretor, aprovado por lei municipal, é o instrumento básico da política de desenvolvimento e expansão urbana.
(B) o Plano Diretor é desagregado do processo de planejamento municipal, devendo, entretanto, o plano plurianual, as diretrizes orçamentárias e o orçamento anual incorporar as diretrizes e as prioridades nele contidas.
(C) o Plano Diretor poderá englobar o território do Município como um todo.
(D) a lei que instituir o Plano Diretor deverá ser revista, pelo menos, a cada quinze anos.
(E) no processo de elaboração do Plano Diretor e na fiscalização de sua implementação, os Poderes Legislativo e Executivo municipais facultarão a promoção de audiências públicas, porém, se realizadas, serão garantidos a publicidade e o acesso de qualquer interessado aos documentos e informações produzidos.

A: correta (art. 40, *caput*, do Estatuto da Cidade – Lei 10.25720/01, bem como do § 1º do art. 182 da CF); **B:** incorreta, pois o plano diretor é parte integrante do processo de planejamento municipal, devendo o plano plurianual, as diretrizes orçamentárias e o orçamento anual incorporar as diretrizes e as prioridades nele contidas (art. 40, § 1º, do Estatuto da Cidade – Lei n. 10.257/2001); **C:** incorreta. O art. 40, § 2º do Estatuto da Cidade (Lei n. 10.257/2001) determina, e não somente autoriza, que o plano diretor englobe o território do Município como um todo; **D:** incorreta. A lei que instituir o plano diretor deverá ser revista, pelo menos, a cada dez anos (art. 40, § 3º, do Estatuto da Cidade – Lei n. 10.257/2001). Nada impede que as revisões sejam realizadas em períodos de tempo menores; **E:** incorreta. Na aplicação do Princípio da Gestão Democrática das Cidades, no processo de elaboração do plano diretor e na fiscalização de sua implementação, os Poderes Legislativo e Executivo municipais garantirão a promoção de audiências públicas e debates com a participação da população e de associações representativas dos vários segmentos da comunidade (art. 40, § 4º, I, do Estatuto da Cidade – Lei n. 10.257/2001).

Gabarito "A".

(Procurador do Município/Sorocaba-SP – VUNESP – 2012) O plano diretor, aprovado pela Câmara Municipal, é o instrumento básico da política de desenvolvimento e de expansão urbana, sendo obrigatório para cidades com mais de

(A) dez mil habitantes.
(B) vinte mil habitantes.
(C) vinte mil eleitores.
(D) trinta mil habitantes.
(E) trinta mil eleitores.

Art. 41, I, do Estatuto da Cidade (Lei 10.257/2001) e 182, § 1º, da CF. É importante destacar que o Estatuto da Cidade, além da hipótese trazida no enunciado, também determina ser obrigatório o plano diretor para cidades integrantes de regiões metropolitanas e aglomerações urbanas; onde o Poder Público municipal pretenda utilizar os instrumentos previstos no § 4o do art. 182 da Constituição Federal (parcelamento, edificação e utilização compulsórios, IPTU progressivo no tempo e desapropriação com pagamento com títulos da dívida pública em razão do descumprimento da função social da propriedade); integrantes de áreas de especial interesse turístico; inseridas na área de influência de empreendimentos ou atividades com significativo impacto ambiental de âmbito regional ou nacional; e incluídas no cadastro nacional de Municípios com áreas suscetíveis à ocorrência de deslizamentos de grande impacto, inundações bruscas ou processos geológicos ou hidrológicos correlatos.

Gabarito "B".

(Procurador do Município/Sorocaba-SP – VUNESP – 2012) É possível a indenização da desapropriação por títulos da dívida pública

(A) pelo Município, de bens urbanos inadequadamente utilizados.
(B) pelo Município, de bens rurais, para fins de reforma agrária.
(C) pelo Estado, no caso de declaração de necessidade pública.
(D) pela União, quando houver interesse social.
(E) pela União, de bens dominicais.

Art. 182, § 4º, III, da CF e art. 8º do Estatuto da Cidade (Lei 10.257/2001). É importante relembrar que a desapropriação por títulos da dívida pública somente pode ser utilizada após a incidência dos instrumentos da parcelamento, edificação e utilização compulsórios e IPTU progressivo no tempo (art. 182, § 4º da CF e arts. 5º a 8º do Estatuto da Cidade – Lei n. 10.257/2001.

Gabarito "A".

4. TEMAS COMBINADOS

(Juiz de Direito – TJ/MS – VUNESP – 2015) Em janeiro de 2015, foi publicada a Lei 13.097, que, dentre outras disposições, tratou sobre os registros na matrícula dos imóveis. Assinale a alternativa correta, de acordo com as alterações e inovações trazidas pela mencionada lei.

(A) A averbação da existência de ação cujo resultado possa reduzir o demandado à insolvência recairá preferencialmente sobre os imóveis indicados pelo proprietário.

(B) A alienação de unidades autônomas integrantes de incorporação imobiliária, devidamente registrada, poderá ser objeto de decretação de ineficácia, em benefício dos credores que assim requererem.
(C) A averbação da existência de ação cujos resultados ou responsabilidade patrimonial possam reduzir o proprietário de imóvel à insolvência dar-se-á por mera declaração do interessado, perante o competente Oficial de Registro de Imóveis, sob a responsabilidade civil e criminal do declarante.
(D) Em regra, a prescrição aquisitiva não poderá ser oposta ao terceiro de boa-fé que adquiriu a propriedade de bem imóvel a título oneroso.
(E) O Oficial do Registro Imobiliário deverá comunicar ao juízo, por ofício, e ao proprietário, por carta com aviso de recebimento, que procedeu à averbação da existência de ação na matrícula do imóvel.

A. correta, nos termos do art. 56, § 4º, da Lei 13.097/2015; **B. in**correta. Nos termos do art. 55 da Lei 13.097/2015, a alienação ou oneração de unidades autônomas integrantes de incorporação imobiliária, parcelamento do solo ou condomínio edilício, devidamente registrada, não poderá ser objeto de evicção ou de decretação de ineficácia, mas eventuais credores do alienante ficam sub-rogados no preço ou no eventual crédito imobiliário, sem prejuízo das perdas e danos imputáveis ao incorporador ou empreendedor, decorrentes de seu dolo ou culpa, bem como da aplicação das disposições constantes da Lei 8.078/1990 (Código de Defesa do Consumidor); **C.** incorreta. Nos termos do art. 54, IV, da Lei 13.097/2015, a averbação da existência de ação cujos resultados ou responsabilidade patrimonial possam reduzir seu proprietário à insolvência depende de decisão judicial. A Lei 13.097/2015 remete o fundamento de tal dispositivo ao inc. II do art. 593 da Lei 5.869/1973, o antigo Código de Processo Civil. No novo CPC (Lei 13.105/2015), o dispositivo correspondente é o do art. 792, IV; **D.** incorreta. Nos termos do parágrafo único do art. 54 da Lei 13.097/2015, a regra da não oposição de situações jurídicas não constantes da matrícula do Registro de Imóveis não se aplica nas hipóteses dos arts. 129 e 130 da Lei 11.101/2005, que regula a regula a recuperação judicial, a extrajudicial e a falência do empresário e da sociedade empresária (fraude contra credores), e nas hipóteses de aquisição e extinção da propriedade que independam de registro de título de imóvel, como a usucapião (arts. 1.238 a 1.244 do Código Civil – Lei n. 10.406/2002); **E.** incorreta. Nos termos do art. 56, § 3º da Lei 13.097/2015, o Oficial do Registro Imobiliário deverá comunicar ao juízo a averbação efetivada na forma do *caput*, no prazo de até dez dias contado da sua concretização.

Gabarito "A".

19. DIREITO INTERNACIONAL

Renan Flumian

1. DIREITO INTERNACIONAL PÚBLICO

1.1. TRATADO

(ADVOGADO – BNDES – VUNESP – 2002) Quanto ao DUALISMO e ao MONISMO, é correto afirmar que

(A) o dualismo aceita a existência de ordens jurídicas coexistentes, independentes e autônomas.
(B) o monismo defende a primazia do direito interno do país, haja vista a aplicação do direito ao caso em concreto.
(C) a "teoria da incorporação" advém da corrente monista, que defende a primazia do direito internacional.
(D) o dualismo incorpora a ideia de que, na ordem interna se obedece a um sistema de coordenação entre as normas e, no âmbito internacional, a uma relação de subordinação.
(E) o dualismo tem como preceito a ideia de que todos os Direitos emanam de uma única fonte.

Segundo a tese monista, o direito internacional e o nacional fazem parte do mesmo sistema jurídico, ou seja, incidem sobre o mesmo espaço. Pelo contrário, a tese dualista advoga que cada um pertence a um sistema distinto e, por assim dizer, incidem sobre espaços diversos. A tese monista ainda subdivide-se: a) *monismo radical*: prega a preferência pelo direito internacional em detrimento do direito nacional; e b) *monismo moderado*: prega a equivalência entre o direito internacional e o direito nacional. É importante apontar que a jurisprudência internacional aplica o monismo radical, tal escolha é respaldada pelo artigo 27 da Convenção de Viena sobre Direito dos Tratados: "Uma parte não pode invocar as disposições de seu direito interno para justificar o inadimplemento de um tratado". O dualismo também se subdivide: a) *dualismo radical*: impõe a edição de uma lei distinta para incorporação do tratado; e b) *dualismo moderado*: não exige lei para incorporação do tratado, apenas se exige um procedimento complexo, com aprovação do Congresso e promulgação do Executivo. A Constituição Federal silenciou neste aspecto, e em virtude da omissão constitucional a doutrina defende que o Brasil adotou a corrente dualista, ou, melhor dizendo, a corrente dualista moderada. Isto porque o tratado só passará a ter validade interna após ter sido aprovado pelo Congresso Nacional e ratificado e promulgado pelo Presidente da República. Lembremos ainda que a promulgação é efetuada mediante decreto presidencial.
Gabarito "A".

(ADVOGADO – BNDES – VUNESP – 2002) Com relação aos tratados, no procedimento legislativo brasileiro,

(A) com a edição do decreto legislativo, o Congresso Nacional edita uma ordem para execução do tratado em nosso país.
(B) a celebração e assinatura de um tratado, pelo Presidente da República, obriga internamente o nosso país.
(C) somente após o decreto presidencial e respectiva publicação, o tratado pode ser aplicado de forma obrigatória, tal qual uma norma infraconstitucional.
(D) é competência exclusiva do Presidente da República resolver definitivamente sobre tratados, acordos ou atos internacionais que acarretem encargos ao patrimônio nacional.
(E) o tratado, no ordenamento brasileiro, encontra-se em um mesmo nível hierárquico que as normas constitucionais.

O tratado só passará a ter validade interna após ter sido aprovado pelo Congresso Nacional e ratificado e promulgado pelo Presidente da República. Lembremos ainda que a promulgação é efetuada mediante decreto presidencial.
Gabarito "C".

(ADVOGADO – BNDES – VUNESP – 2001) Os tratados, convenções e atos internacionais firmados pelo Presidente da República, de acordo com o art. 84 da Constituição Federal,

(A) necessitam de referendo do Congresso Nacional.
(B) necessitam de referendo do Senado Federal.
(C) necessitam de referendo da Câmara dos Deputados.
(D) não necessitam de referendo posterior.
(E) necessitam de referendo do STF.

O art. 84, VIII, da CF assim dispõe: "celebrar tratados, convenções e atos internacionais, sujeitos a referendo do Congresso Nacional".
Gabarito "A".

1.2. ORGANIZAÇÕES INTERNACIONAIS

(ADVOGADO – BNDES – VUNESP – 2002) No que tange às Organizações Internacionais, é correto afirmar que

(A) a OMC é fruto da transformação do GATT em organismo internacional.
(B) o BIRD tem por finalidade evitar a depreciação das moedas dos países através da concessão de empréstimos.
(C) na União Europeia, o Conselho de Ministros é formado por representantes de cada Estado-membro, com o fim único de definir os objetivos comerciais da Comunidade.
(D) o Mercosul, formado originariamente por Brasil, Argentina e Paraguai, pelo Tratado de Assunção, teve sua vigência comercial postergada por 2 (dois) anos, visando à adaptação dos países.
(E) o Nafta está aberto para todos os países do continente americano, exceto os integrantes do Mercosul, que já possuem um regime jurídico próprio.

A: correta. A OMC é uma organização internacional, com sede em Genebra, na Suíça, que tem por objetivo zelar pelas normas que regem o comércio entre os países, em nível mundial ou quase mundial. Por isso, diz-se que é uma organização internacional especializada de vocação universal. Mas pode-se dizer de uma maneira mais ampla que a OMC é uma organização para liberalização do comércio, é também um fórum para que os governos negociem acordos comerciais, e ainda é um lugar para que os governos resolvam suas diferenças comerciais. Ademais, é encarregada de aplicar um sistema de normas comerciais – é o chamado *sistema de resolução de controvérsias da OMC*. A título histórico, o antigo Acordo Geral de Tarifas e Comércio

(GATT, 1947) não era uma organização internacional, mas sim um acordo temporário que teve vigência de 1948 a 1994, ano em que foi absorvido pelo conjunto institucional mais amplo e mais estruturado que é a OMC. Tal acontecimento se deu na *Rodada Uruguai* de negociações do GATT e tomou corpo mediante a Reunião Ministerial de Marrakech, entrando em vigor em 1º de janeiro de 1995 com a sua ratificação. Sua estrutura comportava um acordo-base (instituidor da OMC), três anexos disciplinando acordos obrigatórios (entre eles a submissão do estado-membro ao sistema de solução de controvérsias) e um anexo cuidando de um facultativo; **B:** incorreta. Os acordos de Bretton Woods transformavam o dólar em "moeda do mundo", ao estabelecerem um sistema de paridade fixa e convertibilidade entre o dólar e o ouro. Cria-se uma nova arquitetura financeira global, cujos instrumentos eram o Banco Internacional para a Reconstrução e Desenvolvimento (BIRD, ou Banco Mundial) e o Fundo Monetário Internacional (FMI). O Banco Internacional para a Reconstrução e o Desenvolvimento (BIRD) foi criado para promover o desenvolvimento econômico em longo prazo, trabalhando também com o financiamento de projetos de infra-estrutura. A outra instituição criada pelos Acordos de Bretton Woods foi o Fundo Monetário Internacional, que tem como objetivo prevenir crises econômicas mundiais e remediar problemas no balanço de pagamentos dos países membros. Ambas as instituições são agências especializadas das Nações Unidas e exercem funções complementares; **C:** incorreta. O Conselho Europeu é composto por um representante de cada estado-membro, cuja presidência é exercida rotativamente por seus integrantes no período de seis meses. Cabe ao Conselho definir as principais políticas para a manutenção e aperfeiçoamento da União Europeia; **D:** incorreta. *O Mercosul é uma união aduaneira composta por Argentina, Uruguai, Brasil e Paraguai (em 2012, houve o ingresso definitivo da Venezuela). E funciona pela cooperação intergovernamental.* E os Estados Associados do Mercosul são Bolívia, Chile, Colômbia, Equador, Peru, Guiana e Suriname; **E:** incorreta. O NAFTA (Acordo de Livre Comércio da América do Norte) é uma zona de livre comércio formado por Estados Unidos, Canadá e México. Cabe apontar que nessa etapa de integração os países do bloco reduzem drasticamente ou eliminam as tarifas alfandegárias ou não alfandegárias entre eles. O NAFTA não está aberto para todos os países do continente americano, mas apenas para os países da América do Norte.

Gabarito "A".

1.3. ORGANIZAÇÃO MUNDIAL DO COMÉRCIO

(ADVOGADO – BNDES – VUNESP – 2001) Compete à Organização Mundial do Comércio (OMC), deliberar, sobre

(A) repressão a cartéis.
(B) abuso de poder econômico.
(C) *dumping*.
(D) regulamentação de mercados de capitais.
(E) empréstimos de estrangeiros.

A OMC é uma organização internacional, com sede em Genebra, na Suíça, que tem por objetivo zelar pelas normas que regem o comércio entre os países, em nível mundial ou quase mundial. Por isso, diz-se que é uma organização internacional especializada de vocação universal. Mas pode-se dizer de uma maneira mais ampla que a OMC é uma organização para liberalização do comércio, é também um fórum para que os governos negociem acordos comerciais, e ainda é um lugar para que os governos resolvam suas diferenças comerciais. Ademais, é encarregada de aplicar um sistema de normas comerciais – é o chamado *sistema de resolução de controvérsias da OMC*. Já o *antidumping* é uma medida de defesa comercial aplicada pelos estados para proteger sua produção nacional (outras medidas de defesa são as compensatórias e as salvaguardas). O *antidumping* funciona com a imposição de sobretaxa para a importação de certos produtos (medida seletiva1). Mas, ao contrário do subsídio,

o *dumping*2 é uma medida estritamente privada, isto é, praticada pelos atores privados. Dito isso, cabe diferenciar a concorrência comercial leal da desleal, pois muitas vezes um produto com preço baixo oriundo do exterior está ancorado em competências bem realizadas, isto é, não viola o princípio da concorrência leal. Mas outras vezes, o preço baixo é fruto de uma decisão que ambiciona prejudicar os fabricantes locais de produtos similares para, passado certo tempo e depois de eliminado tais concorrentes, dominar o mercado local de certo produto e, assim, impor tranquilamente o seu preço diante da inexistência de concorrência. Pelo descrito acima, fica claro que no primeiro caso o valor, apesar de ser baixo, é real, pois fruto do bom desempenho de competências. Entretanto, no segundo caso, o valor é baixo e irreal, pois fruto de um plano desleal de eliminar a concorrência em determinado setor. Dito isso, fica claro que situações que se encaixem no segundo caso violam o princípio da concorrência leal e somente essas autorizam a utilização da medida *antidumping*. Ainda mais restritivo é o considerando do Acordo Relativo à Implementação do Artigo VI do Acordo Geral Sobre Tarifas Aduaneiras e Comércio ou Acordo *Antidumping*: "as práticas *antidumping* não devem constituir um entrave injustificável ao comércio internacional e que os direitos *antidumping* somente podem ser utilizados contra o *dumping* se este causa ou ameaça causar um dano considerável a uma indústria instalada ou se retarda sensivelmente a implantação de uma indústria."3 De suma importância é o art. 9º, ponto 1, do Acordo *Antidumping*: "Os direitos *antidumping* vigorarão somente durante o tempo e na medida necessária para neutralizar o *dumping* que estiver causando um dano". Todavia, o ponto 2 do artigo determina: "Quando se justificar, as autoridades encarregadas da investigação reexaminarão a necessidade de continuar a aplicar o direito *antidumping*, por iniciativa própria, ou por solicitação de qualquer parte interessada que justifique através de dados concretos a necessidade de tal reexame". E sempre os Estados devem relatar ao Comitê de Práticas *Antidumping* suas ações preliminares e finais (art. 14, ponto 4, do Acordo *Antidumping*). Por todo o dito, percebe-se que a única assertiva que trata de um tema sobre o qual a OMC tem competência para deliberar é a "C".

Gabarito "C".

2. DIREITO INTERNACIONAL PRIVADO

2.1. REGRAS DE CONEXÃO

(ADVOGADO – BNDES – VUNESP – 2001) O elemento de conexão aplicável para os bens imóveis, de acordo com a legislação brasileira, é

(A) o domicílio do proprietário.
(B) a nacionalidade do proprietário.
(C) o local da situação dos bens.
(D) o local de residência do proprietário.
(E) o local da execução da contrato.

Trata-se da regra de conexão *lex rei sitae* (art. 8º da LINDB) no que tange à qualificação dos bens, imóveis e móveis em situação permanente, e à regulação das relações a eles concernentes. Ou seja, é a lei do local da situação dos bens que vai regulá-los (aplicação do princípio da territorialidade). "Será preciso, ainda, não olvidar que a *lex rei sitae* regulará tão somente os bens móveis e imóveis considerados individualmente

---

1. Art. 8º, ponto 2, do Acordo *Antidumping*.

2. Art. 2º, ponto 1, do Acordo Relativo à Implementação do Artigo VI do Acordo Geral Sobre Tarifas Aduaneiras e Comércio: "Para os fins deste Código, um produto é objeto de *dumping*, isto é, introduzido no mercado de outro país a preço inferior ao seu valor normal, se o preço de exportação do produto, quando exportado de um país para outro, for inferior ao preço comparável, praticado no curso de operações comerciais normais, de um produto similar destinado ao consumo no país exterior".

3. Promulgado no Brasil pelo Decreto n. 93.941 de 1987.

(*uti singuli*), pertencentes a nacionais ou estrangeiros, domiciliados ou não no país. Quando forem elementos de uma universalidade, afastada estará tal critério, pois a lei normalmente competente para regê-los sob esse aspecto é aquela a que se subordina o instituto correspondente. Assim, os bens considerados *uti universitas*, como o espólio, o patrimônio conjugal, escapam à aplicação da *lex rei sitae*, passando a se reger pela reguladora da sucessão (*lex domicilii* do autor da herança) (LINDB, art. 10); da sociedade conjugal (LINDB, art. 7º)".4-5 Ainda e a título conclusivo, "É mister salientar que a capacidade para exercer direitos reais ou efetivar contratos a eles relativos rege-se pela *lex domicilii*, e a forma extrínseca dos atos negociais destinados à aquisição, transmissão e extinção de direitos reais obedece à *locus regit actum*, mas as condições da constituição da aquisição, da transferência do direito real, p. ex., a exigência de tradição ou do assento no registro imobiliário, submetem-se à *lex rei sitae*".6 É importante esclarecer que os direitos reais dizem respeito às relações jurídicas proprietárias, possessórias ou de garantias sobre bens.

Gabarito "C".

(ADVOGADO – BNDES –VUNESP – 2001) A classificação oriunda das escolas estatutárias para a formação do elemento de conexão, até hoje mantida pela doutrina francesa, divide-se nas seguintes categorias:

(A) estatuto pessoal regido pela lei nacional, estatuto real regido pela lei da situação de bens, fatos e atos jurídicos submetidos à lei do local de sua ocorrência ou à lei escolhida pelas partes.

(B) estatuto real regido pela lei nacional, estatuto pessoal regido pela lei da situação dos bens, fatos e atos jurídicos submetidos à lei local de sua ocorrência ou à lei escolhida pelas partes.

(C) estatuto do domicílio e da nacionalidade.

(D) estatuto da residência e da nacionalidade.

(E) estatuto do local da execução do contrato e nacionalidade.

A assertiva que traz a classificação em conformidade com as lições das escolas estatutárias, com grande acolhida na doutrina francesa, é a "A".

Gabarito "A".

(ADVOGADO – BNDES – VUNESP – 2001) Os principais critérios do Direito Internacional Privado, na determinação da nacionalidade da Pessoa Jurídica são:

(A) critério do controle e critério da livre opção.

(B) critério da incorporação, critério da sede social e critério do controle.

(C) critério da residência e critério do domicílio.

(D) critério da autodefinição e critério do domicílio.

(E) critério da escolha e critério da residência.

O art. 11 da LINDB traz como regra de conexão a lei do país de constituição das organizações de interesse coletivo (sociedade, fundação particular, associação, cooperativa) no que tange à regulação da criação, funcionamento e extinção da pessoa jurídica (critério da incorporação7). Tal regra de conexão deu origem ao *princípio do reconhecimento da pessoa jurídica de direito estrangeiro*. Isto é, o reconhecimento dos entes coletivos de direito estrangeiro prescinde de ato de autoridade governamental de outras jurisdições; trata-se de um reconhecimento automático pela comunidade internacional. Todavia, tanto a criação de filiais em outras jurisdições como o regime de sua responsabilidade devem guardar respeito à lei do país em que forem se instalar. Cabe apontar a existência da regra de conexão *lei do país sede de atividades* no DIPr convencional (critério da sede social8). Esta regra aparece na Convenção Relativa ao Reconhecimento Jurídico das Companhias, Associações e Instituições Internacionais, no âmbito das Conferências da Haia. Mas na Convenção Interamericana sobre Conflitos de Leis em Matéria de Sociedades Mercantis, no âmbito da OEA, é a regra de conexão *lei do país de constituição das organizações* a adotada. Por fim, o critério do controle excepciona a regra de atribuição da nacionalidade às pessoas jurídicas. Assim, a nacionalidade da pessoa jurídica é determinada pelos interesses nacionais que levaram a sua constituição. Os interesses nacionais são geralmente determinados pela nacionalidade dos possuidores do capital da sociedade.

Gabarito "B".

2.2. HOMOLOGAÇÃO DE SENTENÇA ESTRANGEIRA

(ADVOGADO – BNDES – VUNESP – 2002) Na homologação de sentenças estrangeiras,

(A) o Brasil adota o sistema da reciprocidade diplomática, isto é, a execução da sentença é condicionada à existência de tratado.

(B) o STF não entra no mérito da sentença, verificando apenas a forma e se foram observados os requisitos legais para sua homologação.

(C) o STF verifica o mérito da sentença proferida no país estrangeiro, a fim de evitar injustiças na má aplicação da lei.

(D) quando da aplicação indireta, não se impõe o exame da ordem pública.

(E) o sistema da delibação, consagrado na Itália, examina pormenorizadamente as questões de fato e de direito contidas na sentença a ser homologada.

No Brasil, a competência para homologar sentenças estrangeiras é do STJ (art. 105, I, *i*, da CF/1988). O procedimento de homologação no Brasil não examina o mérito da sentença estrangeira.9 Ao STJ cabe apenas a análise dos requisitos formais e, de um viés mais subjetivo, a análise sobre a violação ou não da ordem pública brasileira (art. 17 da LINDB).

Gabarito "B".

2.3. CONTRATOS INTERNACIONAIS

(ADVOGADO – BNDES – VUNESP – 2002) Quanto aos contratos internacionais, pode-se dizer que

(A) a autonomia da vontade está limitada à aceitação ou não das condições propostas, podendo ou não a parte contratar.

(B) circunstâncias políticas e econômicas, face à força obrigatória dos contratos, não extinguem a relação contratual anteriormente estabelecida.

(C) ao se falar em contrato de compra e venda internacional, o aplicador do direito analisará e interpretará todos os elementos do contrato de adesão, haja vista a inexistência de características paritárias.

---

4. Diniz, Maria Helena. *Lei de Introdução ao Código Civil Interpretada*, 16ª edição, Ed. Saraiva. pág. 317.

5. No mesmo sentido ler: Basso, Maristela. *Curso de Direito Internacional Privado*, 2ª edição, Ed. Atlas. pág. 191.

6. Diniz, Maria Helena. *Lei de Introdução ao Código Civil Interpretada*, 16ª edição, Ed. Saraiva. pág. 319.

7. Ampla aplicação no direito inglês e estadunidense.

8. De grande aplicação nos países da Europa Continental.

9. Vide STJ, SEC 651/FR, Corte Especial, j. 16.09.2009, rel. Min. Fernando Gonçalves, *DJe* 05.10.2009, e SEC 1.043/AR, Corte Especial, j. 28.05.2009, rel. Min. Arnaldo Esteves Lima, *DJe* 25.06.2009.

(D) o princípio da boa-fé não é aplicado nos contratos internacionais.
(E) para um contrato ser considerado internacional deve, necessariamente, um de seus elementos formadores estar vinculado a mais de um sistema jurídico estrangeiro.

"Um contrato tem caráter internacional quando, pelos atos concernentes à sua celebração ou sua execução, ou a situação das partes quanto à sua nacionalidade ou seu domicílio, ou a localização de seu objeto, ele tem liame com mais de um sistema jurídico".10
Gabarito "E".

(ADVOGADO – BNDES – VUNESP – 2002) Quanto aos seguros nos contratos internacionais, é correto dizer que
(A) o ordenamento jurídico brasileiro não admite a contratação de seguros, fora do Brasil, para transportes internacionais.
(B) é imprescindível que o dano ensejador do pagamento do risco coberto aconteça na vigência do contrato de seguro.
(C) através do resseguro, a obrigação assumida por um segurador é compartilhada com outras empresas do ramo securitário.
(D) o Instituto de Resseguros do Brasil detém o monopólio para instituição de resseguros em nosso país.
(E) atualmente, as companhias seguradoras não estão obrigadas a ressegurar, no Instituto de Resseguros do Brasil, as responsabilidades civis que ultrapassarem o seu limite técnico.

A: incorreta, pois não existe tal vedação; B: incorreta, pois não é imprescindível que o dano ocorra na vigência do contrato de seguro; C: correta. O resseguro é a operação de transferência de riscos de uma cedente para um ressegurador (art. 2º, § 1º, III, da Lei Complementar 126/2007); D: incorreta, pois o Instituto de Resseguros do Brasil (IRB) não mais possui o citado monopólio. A LC 126/2007 retira o poder regulatório do IRB e abre o mercado brasileiro de resseguros para competição; E: incorreta, pois existe a citada obrigação.
Gabarito "C".

2.4. INCOTERMS

(ADVOGADO – BNDES – VUNESP – 2001) No glossário de Incoterms FOB/Free on Board significa que
(A) o produto e a fatura devem estar à disposição do comprador no estabelecimento do vendedor.
(B) o produto e a fatura devem estar à disposição do comprador no estabelecimento do vendedor.
(C) as obrigações do vendedor encerram-se ao colocar a mercadoria, já desembaraçada para exportação, no cais, livre, junto ao costado do navio.
(D) o vendedor deve entregar a mercadoria, desembaraçada, a bordo do navio indicado pelo comprador, no porto de embarque.
(E) o vendedor deve entregar a mercadoria no porto de destino escolhido pelo comprador.

A assertiva "D" traz a correta definição de FOB/Free on Board (vide Resolução 21/2011 da Camex).
Gabarito "D".

2.5. ARBITRAGEM

(ADVOGADO – BNDES – VUNESP – 2002) Na arbitragem internacional,
(A) as partes estão obrigadas a serem representadas por advogados habilitados durante o procedimento arbitral.
(B) o tribunal arbitral está autorizado a aplicar medidas coercitivas contra as partes e terceiros.
(C) o princípio do livre convencimento não foi acolhido pela Lei n. 9.307.
(D) as normas brasileiras concernentes à arbitragem apenas serão aplicadas se a sede do tribunal arbitral estiver localizada em nosso país.
(E) o procedimento arbitral, face à sua celeridade, é composto por uma única fase para a enunciação do laudo.

A: incorreta, pois em desacordo com a redação do art. 21, § 3º, da Lei 9.307/1996; B: incorreta, pois a arbitragem cuida de um conflito específico e com partes determinadas, logo, não cabe endereçar medidas coercitivas a terceiros (art. 3º da Lei 9.307/1996); C: incorreta, pois o princípio do livre convencimento foi acolhido (art. 21, § 2º, da Lei 9.307/1996); D: correta, pois é necessária a citada condição para aplicabilidade das leis brasileiras que regulamentam o procedimento arbitral; E: incorreta. A arbitragem é uma via jurisdicional, porém, não judiciária, de solução pacífica de controvérsias internacionais. Como dito, os árbitros serão escolhidos pelas partes, que também descreverão a matéria conflituosa e determinarão o direito aplicável para o deslinde da disputa. Neste último caso, poderão permitir que os árbitros decidam *ex aequo et bono* (senso de justiça). Na prática, a base jurídica da arbitragem pode ser tanto a cláusula arbitral ou compromissória que figura no corpo de um tratado qualquer, como o compromisso arbitral prévio ou posterior ao conflito. Deve-se apontar que a estipulação da cláusula arbitral não dispensa a celebração do compromisso arbitral quando for necessário dispor sobre todos os aspectos necessários para a instalação e o bom funcionamento do tribunal arbitral. O compromisso arbitral é um tratado específico que vai regular todos os aspectos da arbitragem. Por exemplo, no compromisso ficam qualificadas as partes, estipulado o nome dos árbitros e seus respectivos substitutos, determinado o objeto do litígio e o âmbito dos fatos controversos, como também as regras que regerão a instalação e o funcionamento do tribunal arbitral. Mais precisamente, os estados escolhem um ou dois árbitros, os quais escolherão o presidente. Esses árbitros confeccionam a sentença arbitral, que funciona como uma decisão jurídica, sendo obrigatória e definitiva. O fundamento dessa obrigatoriedade é o compromisso assumido pelas partes, onde se comprometeram em executar a sentença. Assim, em última análise, esse fundamento tem por base o princípio *pacta sunt servanda*. Mas o problema identificado é que a decisão arbitral tem que ser executada de boa-fé pelas partes, pois não existe a possibilidade de execução forçada, tal qual acontece no direito interno. Todavia, é importante esclarecer que o descumprimento da sentença arbitral configura ato ilícito internacional. Por fim, a sentença arbitral não é passível de recurso, ao menos que esteja previsto no compromisso arbitral e subordinado a descoberta de fatos novos, que não eram conhecidos na época em que a sentença arbitral foi proferida, que possam alterar a substância da decisão. Não obstante, é sempre possível que uma das partes entre com pedido de interpretação ou acuse de nulidade a sentença arbitral, desde que o árbitro incorra em falta grave, como, por exemplo, dolo, corrupção ou abuso ou desvio de poder.
Gabarito "D".

---

10. Verbete Contratos e Convenções, in *Repertoire Dalloz de Droit International Privé*, n. 9º.

3. OUTROS TEMAS

(Procurador do Município/São José dos Campos-SP – VUNESP – 2012)
Segundo as regras constitucionais de competência do Poder Judiciário, uma causa em que forem partes Estado estrangeiro ou organismo internacional, de um lado, e, do outro, Município, a competência para julgamento será do

(A) Supremo Tribunal Federal, originariamente.
(B) Supremo Tribunal Federal, em recurso extraordinário.
(C) Superior Tribunal de Justiça, em recurso ordinário.
(D) Superior Tribunal de Justiça, em recurso especial.
(E) Tribunal Regional Federal, em recurso ordinário.

A competência será do STJ via recurso ordinário (art. 105, II, *c*, da CF).
Gabarito "C".

20. MATEMÁTICA E RACIOCÍNIO LÓGICO

André Braga Nader Justo e Enildo Garcia

1. RACIOCÍNIO LÓGICO

(Investigador – PC/BA – 2018 – VUNESP) De um argumento válido com duas premissas, conclui-se corretamente que Alexandre não é casado com Carla. Uma das premissas desse argumento afirma como verdadeiro que Alexandre é casado com Carla se, e somente se, Maria é irmã de Carla. Sendo assim, uma segunda premissa verdadeira para esse argumento é

(A) Carla não é irmã de Maria.
(B) Alexandre é casado com Carla.
(C) Maria é irmã de Carla.
(D) Alexandre é irmão de Maria.
(E) Maria não é irmã de Alexandre.

Resolução
Sejam
p: Alexandre é casado com Carla
q: Maria é irmã de Carla
Premissa1: $p \Leftrightarrow q$.
Para $p \Leftrightarrow q$ tem-se que $p \rightarrow q$ e $q \rightarrow p$.
Tem-se, ainda, ~p.
A contrapositiva de $q \rightarrow p$ é
$\sim p \rightarrow \sim q$.
Logo, obtém-se a
Premissa2: ~q: Maria não é irmã de Carla

Gabarito "A".

(Investigador – PC/BA – 2018 – VUNESP) Considere a seguinte afirmação: Todo homem é bípede e mamífero.
A alternativa que apresenta uma negação lógica para essa afirmação é:

(A) Nenhum homem é bípede e mamífero.
(B) Nenhum homem é bípede ou mamífero.
(C) Existe homem que não é bípede ou não é mamífero.
(D) Existe homem que não é bípede e não é mamífero.
(E) Alguns homens são bípedes e mamíferos.

Resolução
A negação do quantificador universal Todo é o quantificador existencial existe pelo menos um.
E a negação da conjunção **e** é a disjunção ou (regras de Morgan).
Portanto, a afirmação referida tem a negação
Existe pelo menos um homem que não é bípede OU não é mamífero.

Gabarito "C".

(Delegado – PC/BA – 2018 – VUNESP) Em cada um de 3 envelopes, nas cores azul, amarelo e vermelho, há somente um dos relatórios, A, B ou C, não necessariamente nessa mesma ordem.

Sabe-se que das informações a seguir, exatamente duas são falsas:

I. No envelope vermelho não está o relatório A.
II. O relatório C está no envelope amarelo.
III. No envelope azul não está o relatório C.

Com base no que foi apresentado, a ordem correta das cores para a abertura dos envelopes que contêm, respectivamente, os relatórios A, B e C é

(A) vermelho, amarelo e azul.
(B) vermelho, azul e amarelo.
(C) azul, vermelho e amarelo.
(D) amarelo, azul e vermelho.
(E) amarelo, vermelho e azul.

Resolução
Suponha I falso. Logo, A está no envelope vermelho.
Suponha II falso: C está, então, no azul. O que contradiz afirmação III (suposta verdadeira).
Assim, II é a afirmação Verdadeira.
E III deveria ser falsa, mas, no entanto, diz a verdade: C não está no azul. Contradição.
Assim, I é Verdadeira e o envelope vermelho contém B ou C.
1) Suponha B no vermelho.
Sendo II Falso, então C está no azul.
Com isso, A está no envelope amarelo.
2) Suponha C no vermelho e a afirmação III seria Verdadeira, o que não pode ocorrer.

Gabarito "E".

(Delegado – PC/BA – 2018 – VUNESP) Uma equivalente lógica para a proposição – Se Marta é casada, então Dionísio é divorciado – está contida na alternativa:

(A) Marta não é casada ou Dionísio é divorciado.
(B) Marta não é casada e Dionísio é divorciado.
(C) Marta é casada ou Dionísio é divorciado.
(D) Marta é casada e Dionísio é divorciado.
(E) Marta é casada ou Dionísio não é divorciado.

Solução
Sejam as premissas
p: Marta é casada
q: Dionísio é divorciado
e a condicional $p \rightarrow q$.
Tem-se a tabela-verdade

p	q	p $\rightarrow$ q
V	V	V
V	F	F
F	V	V
F	F	V

Para haver uma afirmação equivalente as tabelas-verdade devem ser idênticas.
Então completamos a tabela para as opções da questão

p	~p	q	~q	A ~p $\vee$ q	B ~p $\wedge$ q	C p $\vee$ q	D p $\wedge$ q	E p $\vee$ ~q
V	F	V	F	**V**	F	V	F	V
V	F	F	V	**F**	F	V	V	V
F	V	V	F	**V**	V	V	F	F
F	V	F	V	**V**	F	F	V	V

Observe que a letra A é resposta correta.

Gabarito "A".

(Delegado – PC/BA – 2018 – VUNESP) Considere falsa a afirmação – Renato é inocente e Raquel é culpada – e verdadeira a afirmação – se Renato é inocente, então Raquel é culpada.

Nessas condições, é correto afirmar que, necessariamente,

(A) Raquel é culpada.
(B) Renato e Raquel são inocentes.
(C) Renato é culpado.
(D) Renato e Raquel são culpados.
(E) Renato é inocente.

Resolução
p: Renato é inocente
q: Raquel é culpada
1ª solução

Sendo Falsa (p $\wedge$ q) e Verdadeira (p $\rightarrow$ q), tem-se

i) A contrapositiva de p $\rightarrow$ q é ~q $\rightarrow$ **~p** e

ii) como ~ (p $\wedge$ q) é equivalente a (**~p** $\vee$ ~q)(regra de de Morgan), tem-se

necessariamente ~p, isto é, Renato é culpado.

2ª solução
Fazendo-se a tabela-verdade, obtém-se

p	q	p $\rightarrow$ q	p $\wedge$ q
V	V	V	V
V	F	F	F
F	V	**V**	F
F	F	V	F

Nota-se que nos casos em que se tem (p $\wedge$ q) Falsa e (p $\rightarrow$ q) Verdadeira, necessariamente, p é falso, isto é, Renato é culpado.

Gabarito "C".

(Escrevente – TJ/SP – 2018 – VUNESP) Considere os primeiros 8 elementos da sequência de figuras:

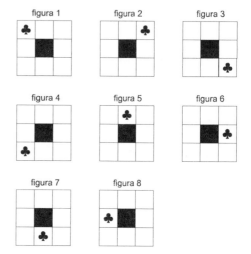

Nesta sequência, as figuras 9, 10, 11, 12, 13, 14, 15 e 16 correspondem, respectivamente, às figuras 1, 2, 3, 4, 5, 6, 7, 8, assim como as figuras 17, 18, 19, 20, 21, 22, 23 e 24, e assim segue, mantendo-se esta correspondência. Sobrepondo-se as figuras 109, 131 e 152, obtém-se a figura

(A)

(B)

(C)

(D)

(E)

Resolução
Os números 109, 131 e 152, quando divididos por 8 dão restos 5, 3 e 0, respectivamente. Ou seja, na sequência das figuras corresponderão às figuras 5, 3 e 8, respectivamente. Assim na sobreposição delas obtém-se a figura da letra B.

Gabarito "B".

(Escrevente – TJ/SP – 2018 – VUNESP) Na sequência numérica 1, 2, 3, 6, 7, 8, 21, 22, 23, 66, 67, 68, ..., os termos se sucedem segundo um padrão. Mantido o padrão, o décimo quarto termo é o número

(A) 202.
(B) 282.
(C) 229.
(D) 308.
(E) 255.

Resolução
Separando-se a sequência de 3 em 3 termos – que estão em ordem numérica –, e cuja soma fornece o próximo, exibe-se um padrão:
1+ 2 + 3 = 6 que é o próximo termo, seguido, então, de 7 e 8
6 + 7 + 8 = 21   "   "
21 + 22 + 23= 66   "   "
66 + 67 + 68 = 201
Portanto, 13º termo vale 201
Temos, agora,
201 **202** 203 ...
14º termo vale 202.

Gabarito "A".

(Escrevente – TJ/SP – 2018 – VUNESP) Em um grupo de 100 esportistas que praticam apenas os esportes A, B ou C, sabe-se que apenas 12 deles praticam os três esportes. Em se tratando dos esportistas que praticam somente dois desses esportes, sabe-se que o número dos que praticam os esportes A e B é 2 unidades menor que o número dos que praticam os esportes A e C, e o número dos esportistas que praticam B e C excede em 2 unidades o número de esportistas que praticam os esportes A e C. Sabe-se, ainda, que exatamente 26, 14 e 12 esportistas praticam, respectivamente, apenas os esportes A, B e C. Dessa forma, o número total de esportistas que praticam o esporte A é

(A) 54.
(B) 60.
(C) 58.
(D) 56.
(E) 62.

Resolução
Colocam-se os dados em uma figura

Sendo
x: esportistas que praticam A e B
y: esportistas que praticam A e C
z: esportistas que praticam B e C, tem-se
x = y – 2 => y= x + 2
z = x – 2
Colocam-se os dados do enunciado na figura

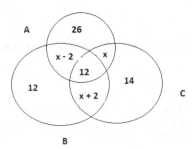

Daí,
100 = 26 + (x – 2) + 12 + (x – 2) + 12 + x
100 = 64 +3x
3x = 36
x = 12
Logo,
O número total de esportistas que praticam o esporte A é
26 + (x – 2) + 12 + x
26 + 10 + 12 + 12 = 60

Gabarito "B".

(Escrevente – TJ/SP – 2018 – VUNESP) "Carlos tem apenas 3 irmãs, e essas 3 irmãs cursam o ensino superior."

Supondo verdadeira a afirmação apresentada, é correto afirmar que

(A) Carlos cursa o ensino superior.
(B) Carlos não cursa o ensino superior.
(C) se Ana cursa o ensino superior, então ela é irmã de Carlos.
(D) se Rute não cursa o ensino superior, então ela não é irmã de Carlos.
(E) se Bia não é irmã de Carlos, então ela não cursa o ensino superior.

Resolução
Ao verificar as opções de respostas, nota-se:
A: incorreto pois o enunciado não afirma isso; **B:** errado pois o enunciado não afirma isso; **C:** incorreto porque há muitas pessoas que cursam o ensino superior e não são irmãs de Carlos; **E:** errado pois há inúmeras pessoas que não são irmãs de Carlos e que não cursam o ensino superior.

Gabarito "D".

(Escrevente – TJ/SP – 2018 – VUNESP) Se Maria é bonita, então Carlos é rico. Se Ana é feliz, então José é um herói. Sabe-se que Maria é bonita e Ana não é feliz. Logo, pode-se afirmar corretamente que

(A) Carlos é rico ou José é um herói.
(B) Carlos não é rico.
(C) José não é um herói.
(D) José não é um herói e Carlos é rico.
(E) José é um herói.

Resolução
Sejam as proposições
p: Maria é bonita
q: Carlos é rico
r: Ana é feliz
s: José é herói
E as condicionais
p ⟶ q

r ⟶ s

Sabe-se que p é Verdadeira e r falsa, isto é, tem-se p e ~r: (p ∧ ~r).

1) p ∧ ~r). só é Verdadeira se p é Verdade E r é Falsa.

Tem-se, então, p, ou seja, Carlos é rico.

2) r ⟶ s só é Verdadeira se r e s forem Verdade.
A contrária de r ⟶ s, ~r ⟶ ~s NÃO são equivalentes, portanto não se pode dizer que José não é herói.

Ao verificar as opções de respostas, nota-se:
B: errado pois Carlos é rico; **C:** errado porque não se pode afirmar isso; **D:** Errado pois não se tem a conjunção (~s ∧ p); **E:** Errado pois não se pode afirmar isso.

Gabarito "A".

(Escrevente – TJ/SP – 2018 – VUNESP) Quatro amigos, Paulo, João, Fábio e Caio, nasceram em anos distintos, a saber 1970, 1977, 1981 ou 1990, não necessariamente nessa ordem. Cada um exerce, também não necessariamente nessa ordem, uma das profissões entre arquiteto, fotógrafo, engenheiro e advogado. Sabe-se que Paulo não nasceu em 1970, que o arquiteto nasceu antes de Caio e antes do fotógrafo João, que Fábio nasceu antes do advogado, que o advogado não nasceu em 1977 e que o engenheiro, que não é Caio, nasceu em 1981. Sendo assim, é correto afirmar que

(A) Fábio é advogado.
(B) Paulo nasceu antes de Caio.
(C) Caio é arquiteto.
(D) João nasceu antes de Fábio.
(E) o engenheiro nasceu antes do fotógrafo.

Resolução
Cria-se uma tabela com os dados iniciais

	adv	arq	eng	fot	70	77	81	90
Caio			n	n				
Fábio				n				
João	n	n	n	S				
Paulo			n	n				
70			n					
77	n		n					
81	n	n	S	n				
90			n					

Atualiza-se a tabela:
Caio não é arq. nem eng, logo Caio é adv; e pode-se completar a coluna adv. Restam as datas de 70 e 90 para Fábio e para o adv.
Uma vez que Fábio nasceu antes, ele é de 70 e o adv é de 90.
O fot é de 77.
Tem-se, então,

	adv	arq	eng	fot	70	77	81	90
Caio	S	n	n	n	n	n	n	
Fábio	n			n	S	n	n	n
João	n	n	n	S	n	S		

	adv	arq	fot	eng	70	77	81	90
Caio	S	n	n	n	n	n	n	S
Fábio	n		n		S	n	n	n
João	n	n	S	n	n	S	n	n
Paulo	n		n					
70								
77	n							
81	n	n	n	S				
90	S	n	n	n				

data nasc. arq < data nasc. Caio e de João => arq nasceu em 70 ou 77.
1) Na tabela nota-se que Caio é adv. e completa-se a coluna adv.
2) Fábio nasceu em 70 e o adv em 90.
Em relação às opções de resposta à questão, tem-se
A: Errado: o advogado é o Caio; **C:** Errado. Caio é advogado; **D:** errado pois Fábio nasceu antes de João; **E:** Errado porque o fotógrafo nasceu em 77 e o eng em 81.

Gabarito "B".

(Escrevente – TJ/SP – 2018 – VUNESP) Considere falsa a afirmação "Se hoje estudo, então amanhã não trabalho."

Nesse caso, é necessariamente verdade que

(A) Hoje não estudo e amanhã trabalho.
(B) Amanhã não trabalho.
(C) Se amanhã trabalho, então hoje não estudo.
(D) Hoje não estudo ou amanhã não trabalho.
(E) Hoje estudo e amanhã trabalho.

Resolução
p: hoje estudo
q: amanhã trabalho

Tem-se que p ⟶ q é Falso.

Uma implicação é Falsa quando o antecedente é V E o consequente é F, ou seja,
p é V e ~q é F, isto é, q é Verdadeiro.
Assim, é necessariamente verdade que
Hoje estudo e amanhã trabalho.

Gabarito "E".

(Escrevente – TJ/SP – 2018 – VUNESP) Uma negação lógica para a afirmação "Se Patrícia não é engenheira, então Maurício é empresário" está contida na alternativa:

(A) Patrícia é engenheira e Maurício não é empresário.
(B) Patrícia é engenheira ou Maurício não é empresário.
(C) Patrícia não é engenheira e Maurício não é empresário.
(D) Se Maurício não é empresário, então Patrícia é engenheira.
(E) Se Patrícia é engenheira, então Maurício não é empresário.

Resolução
Sejam as premissas
p: Patrícia é engenheira
q: Maurício é empresário
Pede-se ~(-p $\rightarrow$ q).
Sabe-se a negação da condicional tem a seguinte equivalência:
~(-p $\rightarrow$ q) $\Leftrightarrow$ (~p $\wedge$ ~q)
Ou seja
Patrícia não é engenheira **e** Maurício não é empresário.

Gabarito "C".

(Escrevente – TJ/SP – 2018 – VUNESP) Considere falsa a afirmação "Hélio é bombeiro e Cláudia é comissária de bordo" e verdadeira a afirmação "Se Hélio é bombeiro, então Cláudia é comissária de bordo".

Nessas condições, é necessariamente verdade que

(A) Hélio é bombeiro.
(B) Cláudia não é comissária de bordo.
(C) Hélio não é bombeiro.
(D) Cláudia é comissária de bordo.
(E) Hélio é bombeiro ou Cláudia não é comissária de bordo.

Resolução
Sejam as premissas
p: Hélio é bombeiro
q: Cláudia é comissária de bordo
É falsa
p $\wedge$ q
E verdadeira
p $\rightarrow$ q
1ª solução
Sendo Falsa (p $\wedge$ q) e Verdadeira (p $\rightarrow$ q), tem-se
i) A contrapositiva de p $\rightarrow$ q é ~q $\rightarrow$ ~p e
ii) como ~ (p $\wedge$ q) é equivalente a (**~p** $\vee$ ~q)(regra de de Morgan), tem-se necessariamente ~p, isto é, Hélio não é bombeiro.
2ª solução
Fazendo-se a tabela-verdade, obtém-se

p	q	p $\rightarrow$ q	p $\wedge$ q
V	V	V	V
V	F	F	F
F	V	V	F
F	F	V	F

Nota-se que nos casos em que se tem (p $\wedge$ q) Falsa e (p $\rightarrow$ q) Verdadeira, necessariamente, p é falso, isto é, Hélio é bombeiro

Gabarito "C".

(Escrevente – TJ/SP – 2018 – VUNESP) Considere a afirmação "Marta não atende ao público interno ou Jéssica cuida de processos administrativos".

Uma afirmação equivalente à afirmação apresentada é:

(A) se Jéssica não cuida de processos administrativos, então Marta atende ao público interno.
(B) se Marta não atende ao público interno, então Jéssica cuida de processos administrativos.
(C) se Marta atende ao público interno, então Jéssica não cuida de processos administrativos.
(D) se Marta atende ao público interno, então Jéssica cuida de processos administrativos.
(E) se Marta não atende ao público interno, então Jéssica não cuida de processos administrativos.

Resolução
Sejam as premissas
p: Marta atende ao público interno
q: Jéssica cuida de processos administrativos
E a disjunção
~p $\vee$ q.
Sabe-se, ainda, que é verdadeira a equivalência
(p $\vee$ q) $\Leftrightarrow$ (~p $\rightarrow$ q).
Pede-se a afirmação equivalente a "Marta não atende ao público interno ou Jéssica cuida de processos administrativos".
Assim, tem-se que a equivalência é
se Marta não atende ao público interno, então Jéssica cuida de processos administrativos

Gabarito "B".

(Escrevente Técnico – TJM/SP – VUNESP – 2017) Marcel e Vera estão brincando com um jogo que tem N cartas, que inicialmente foram divididas igualmente entre eles. No seu melhor momento do jogo, Marcel tinha do número total de cartas, enquanto que Vera tinha o restante. Vera venceu o jogo, terminando com do número total de cartas, e Marcel com o restante. Sabendo-se que Marcel terminou o jogo com 24 cartas a menos do que tinha no seu melhor momento, é correto afirmar que N é igual a

(A) 150.
(B) 120.
(C) 90.
(D) 60.
(E) 30.

Tem-se
	Marcel	Vera	etapa
i)	N/2	N/2	início do jogo
ii)	3N/5	2N/5	melhor momento de Marcel
iii)	N/3	2N/3	Vera venceu o jogo

Como Marcel terminou o jogo com 24 cartas a menos do que tinha no seu melhor momento, tem-se
3N/5 – 24 = N/3
9N/5 – 72 = N
9N;5 – N = 72
4N/5 = 72
N/5 = 18
N = 90

Gabarito "C".

(Escrevente Técnico – TJM/SP – VUNESP – 2017) Alberto, Bruno e Carla foram almoçar em um restaurante e, no final do almoço, cada um pagou o que consumiu. Sabendo-se que, sem a taxa de serviço de 10% sobre o consumo total, Alberto e Bruno consumiram, juntos, R$ 150,00, Bruno e Carla consumiram, juntos, R$ 114,00, e Alberto e Carla consumiram, juntos, R$ 144,00, é correto afirmar que a taxa de serviço de 10% sobre o consumo dessas três pessoas foi

(A) R$ 40,80.
(B) R$ 35,70.
(C) R$ 30,60.
(D) R$ 26,00.
(E) R$ 20,40.

Sejam A, B e C os consumos de Alberto, Bruno e Carla, respectivamente. Tem-se
A + B = 150
B +C = 114
A + C = 144 que, somados, dá o total
2A +2B + 2C = 408,
Ou ,seja, o consumo dos três foi de
A + B +C = R$ 204,00.
E a taxa de serviço de 10% sobre o consumo dessas três pessoas foi de R$ 20,40.
Gabarito "E."

A tabela apresenta o número de acertos dos 600 candidatos que realizaram a prova da segunda fase de um concurso, que continha 5 questões de múltipla escolha.

Número de acertos	Número de candidatos
5	204
4	132
3	96
2	78
1	66
0	24

(Escrevente Técnico – TJM/SP – VUNESP – 2017) Analisando-se as informações apresentadas na tabela, é correto afirmar que

(A) mais da metade dos candidatos acertou menos de 50% da prova.
(B) menos da metade dos candidatos acertou mais de 50% da prova.
(C) exatamente 168 candidatos acertaram, no mínimo, 2 questões.
(D) 264 candidatos acertaram, no máximo, 3 questões.
(E) 132 candidatos acertaram a questão de número 4.

A) menos de 50% da prova: 78+66+24 = 168 Não é mais da metade dos candidatos; Errado
B) mais de 50% da prova: 96+132+204 = 432 não é menos da metade dos candidatos; Errado
C) acertaram no mínimo 2 questões: 78+96+132+204 = 510; Errado
D) 96+78+66+24 = 264 acertaram, no máximo, 3 questões. Correto!
E) Errado porque nada há no enunciado que justifique tal afirmação.
Gabarito "D".

(Técnico Judiciário – TJSP – 2013 – VUNESP) Uma empresa comprou um determinado número de folhas de papel sulfite, embaladas em pacotes de mesma quantidade para facilitar a sua distribuição entre os diversos setores.

Todo o material deverá ser entregue pelo fornecedor acondicionado em caixas, sem que haja sobras. Se o fornecedor colocar 25 pacotes por caixa, usará 16 caixas a mais do que se colocar 30 pacotes por caixa. O número total de pacotes comprados, nessa encomenda, foi

(A) 2 200.
(B) 2 000.
(C) 1 800.
(D) 2 400.
(E) 2 500.

Seja **N** o número de pacotes.
Na primeira situação colocará (N/25) pacotes em cada caixa e usará 16 caixas a mais que N/30, na segunda situação.
Temos, então, que
N/25 = N/30 + 16
(6N – 5N)/150 = 16 => N = 16x150 = 2.400 pacotes.
Gabarito "D".

(Técnico Judiciário – TJ/MT – 2008 – VUNESP) Uma pessoa quer trocar duas notas de dez reais por moedas de 5, 10, 25 e 50 centavos de real. Se ela deseja receber moedas de todos esses valores, então o número mínimo de moedas a receber em troca será de

(A) 40.
(B) 41.
(C) 42.
(D) 43.
(E) 44.

Para que a pessoa receba o número mínimo de moedas em troca pelos seus R$20, ela terá que receber o maior número possível de moedas de R$0,50. Como ela terá que receber pelo menos uma moeda de R$0,05, R$0,10 e R$0,25, o número de moedas de R$0,50 será:
R$0,05 + R$0,10 + R$0,25 + y.(R$0,50) = R$20
y.(R$0,50)= R$20 – R$0,40
y = R$ 19,60/R$ 0,50 = 39 (+ resto R$ 0,10)
Portanto, o número mínimo de moedas será:
R$0,50 = 39 moedas
R$0,25 = 1 moeda
R$0,10 = 2 moedas
R$0,05 = 1 moeda
TOTAL = 43 moedas
Gabarito "D".

(Escrevente Técnico Judiciário –TJ/SP – 2004 –VUNESP) Em um trajeto exclusivamente de subidas e descidas, um caminhante percorre 2 metros a cada segundo nas subidas e 3 metros a cada segundo nas descidas. Se o caminhante percorreu, no trajeto todo, 1380 metros em 9 minutos e 40 segundos, sem paradas, pode-se afirmar que, no total, ele

(A) subiu 50 metros a mais do que desceu.
(B) subiu 60 metros a mais do que desceu.
(C) desceu 40 metros a mais do que subiu.
(D) desceu 50 metros a mais do que subiu.
(E) desceu 60 metros a mais do que subiu.

Como a caminhada durou 9 minutos e 40 segundos, isso equivale a dizer 540 segundos. Seja "x" o número de segundos na subida, e "y" o numero de segundos na descida. Portanto, as informações do enunciado podem ser escritas matematicamente da seguinte forma:
subida+descida= 2x+3y = 1380 (I)
x+y= 580 → x = 580 – y (II)
Substituindo (II) em (I):
2.(580-y)+3y= 1380
1160 – 2y+3y= 1380
y = 1380 – 1160
y = 220 segundos
Como na descida cada segundo corresponde a 3 metros, a distancia percorrida na descida foi 3y= 3.(220)= 660 metros.
Portanto, como a distância total foi 1.380 metros, a distancia percorrida na subida foi:
1380-660 = 720 metros.
Portanto, o caminhante subiu 60 metros a mais do que desceu.
Gabarito "B".

(Escrevente Técnico Judiciário – TJ/SP – 2004 – VUNESP) A cobertura de um piso retangular de 12 x 18 metros será feita com placas quadradas de lado igual a L metros. Se L é um número natural, para que haja uma cobertura perfeita do piso, sem cortes ou sobreposições de placas, é necessário e suficiente que

(A) L seja um número par.
(B) L divida 12.
(C) L divida 18.

(D) L divida o MDC (12,18).
(E) L divida o MMC (12,18).

Como as placas serão quadradas, a medida do lado deverá ter como múltiplo tanto o número 12 quanto o 18. Ou seja, a medida do lado "L" terá de ser um divisor comum de 12 e 18. O máximo divisor comum (MDC) é 6, mas qualquer um dos outros dois divisores comuns (2 e 3) podem ser a medida do piso. Como todos os três divisores comuns dividem o MDC, a alternativa "D" está correta.

Gabarito "D".

2. MATEMÁTICA BÁSICA

(Escrevente – TJ/SP – 2018 – VUNESP) Uma concessionária que vai recapear uma faixa de rolamento de uma pista em certa rodovia, em um trecho de x quilômetros, possui uma determinada quantidade y de balizadores reflexivos disponíveis para a sinalização desse trecho e, com base nessa quantidade, constatou que, se colocar um número n de balizadores a cada quilômetro, precisará adquirir mais 40 unidades. Porém, se colocar (n – 4) balizadores a cada quilômetro, sobrarão 20 unidades. Se a razão X/Y é de 3 para 52, nessa ordem, então a quantidade de balizadores disponíveis para sinalizar o trecho a ser recapeado é igual a

(A) 350.
(B) 280.
(C) 330.
(D) 230.
(E) 260.

Resolução
Para o recapeamento, a razão X/Y passa a ser
.para n sinalizadores: (Y + 40)/X = n sinalizadores por quilômetro
. para (n – 4) sinalizadores: (Y – 20)/X = n – 4 sinalizadores por quilômetro
Ou
(260+ 40)/X = n
(260 – 20)/X = n – 4
Tem-se, então,
300/X = n
240/X = n – 4 que subtraídas, resulta em
60/X = 4
X = 15 km
Substituindo em X/Y = 3/52 obtém-se
15/Y = 3/52
Y = 260 sinalizadores

Gabarito "E".

(Soldado – PM/SP – 2018 – VUNESP) Uma loja colocou à venda 80 peças do tipo A e 40 peças do tipo B, e após uma semana havia vendido 1/4 das peças do tipo A e 2/5 das peças do tipo B. Em relação ao número total de peças colocadas à venda, o número de peças que não foram vendidas nessa semana representam:

(A) 3/5
(B) 7/10
(C) 3/10
(D) 9/10
(E) 2/5

Resolução
Uma semana depois foram vendidas (1/4) x80 = 20 peças do tipo A restando, portanto, 60 peças A,
E venderam-se (2/5) x40 = 16 peças do tipo B e restando (40-16) = 24 não vendidas de B, num total de 60+24 = 84 peças não vendidas. Assim, em relação ao número total (80 + 40) = 120 peças colocadas à venda, o número de peças que não foram vendidas nessa semana representa:

$$\frac{84}{120} = \frac{7}{10}$$

Gabarito "B".

(Soldado – PM/SP – 2018 – VUNESP) A tabela fornece algumas informações sobre o número de vagas abertas e fechadas nos últimos três anos, pelas indústrias de uma determinada cidade.

Ano	Nº de vagas abertas (VA)	Nº de vagas fechadas (VF)	Saldo (VA – VF)
2015	58	X	–395
2016		X – 66	
2017			+72
Total	446		–675

O número de vagas fechadas em 2017 foi
(A) 281.
(B) 272.
(C) 268.
(D) 285.
(E) 276.

Resolução
Completa-se a tabela:

Ano	Nº de vagas abertas (VA)	Nº de vagas fechadas (VF)	Saldo (VA – VF)
2015	58	X	–395
2016	A	X – 66	B
2017	C	D	+72
Total	446	E	–675

Pede-se o valor de D.
Na linha 1 tem-se
VA – VF = –395
58 – X = –395
–X = –395 – 58
–X = –453
X = 453
Na 4ª coluna tem-se
–395 + B + 72 = –675
B = –675 + 395 – 72
B = –352
Assim, na linha 2 tem-se
VA – VF = B
A – (X – 66) = B
A – (453 – 66) = -352
A = –352 + (453 – 66)
A = –352 + 387
A = 35
Até agora a tabela contém

Ano	Nº de vagas abertas (VA)	Nº de vagas fechadas (VF)	Saldo (VA – VF)
2015	58	453	–395
2016	35	387	-352
2017	C	D	+72
Total	446	E	–675

Na 2ª coluna obtém-se
58 + 35 + C = 446
C = 446 − 93
C = 353
Na 4ª linha:
C − D = +72
353 − D = 72
D = 353 − 72
D = 281
A tabela completa:

Ano	Nº de vagas abertas (VA)	Nº de vagas fechadas (VF)	Saldo (VA − VF)
2015	58	453	−395
2016	35	387	−352
2017	353	281	+72
Total	446	1.121	−675

Gabarito "A".

(Soldado − PM/SP − 2018 − VUNESP) Uma pessoa tirou 150 fotos com seu celular e excluiu 14 delas. Considerando-se as fotos restantes, a razão entre as fotos de boa qualidade e as fotos de baixa qualidade é 3/5. Sabendo-se que havia somente fotos de boa ou de baixa qualidade no celular, o número de fotos de boa qualidade era

(A) 62.
(B) 68.
(C) 57.
(D) 51.
(E) 73.

Resolução
Seja A/B a razão entre as fotos boas e as ruins.
Tem-se A/B = 3/5
e A+B = 150 − 14 = 136.
De A/B = 3/5 obtém-se
B = 5A/3
Então
A + 5A/3 = 136
8A/3 = 136
A/3 = 17
A = 51 fotos boas

Gabarito "D".

(Escrevente Técnico − TJ/SP − 2010 − VUNESP) As 360 páginas de um processo estão acondicionadas nas pastas A e B, na razão de 2 para 3, nessa ordem. O número de páginas que devem ser retiradas da pasta B e colocadas na pasta A, para que ambas fiquem com o mesmo número de páginas, representa, do total de páginas desse processo,

(A) 1/4.
(B) 1/5.
(C) 1/6.
(D) 1/8.
(E) 1/10.

Temos
pA/pB = 2/3 e pA + pB = 360. Daí, pA = 2pB/3 ⇒ 2pB/3 + pB = 360. 5pB/3 = 360 ⇒ pB = 72.3 = 216 e pA= 2.216/3 = 144. Agora, ao retirar n paginas de B, ficaremos com pB−n = pA+ n 2n= pB− pA 2n= 216 − 144 = 72. n = 36 ⇒ n corresponde a 1/10 de 360

Gabarito "E".

(Soldado − PM/SP − 2018 − VUNESP) Um determinado produto, se for comprado a prazo, terá 10% de acréscimo sobre o valor da etiqueta, e passará a custar R$ 93,50. Se esse produto for comprado à vista, terá 20% de desconto sobre o valor da etiqueta. O preço desse produto à vista é

(A) R$ 79,00.
(B) R$ 81,40.
(C) R$ 68,00.
(D) R$ 72,50.
(E) R$ 75,80.

Resolução
Sendo p o preço do produto, tem-se
P + 10%p = 93,50
1,1p 93,50
p = 85,00
Com 20% de desconto à vista, o produto custará
85x 0,8 = 68,00

Gabarito "C".

(Técnico Judiciário − TJ/MT − 2008 − VUNESP) Uma concessionária de automóveis de certa marca queria vender um carro zero quilômetro que acabara de ficar fora de linha pelo qual ninguém estava muito interessado. Primeiro, tentou vendê-lo com um desconto de 5%, mas ninguém o comprou. Em seguida, experimentou vendê-lo com um desconto de 10% sobre o preço do primeiro saldo. Como continuou encalhado, finalmente fez um desconto de 20% sobre o segundo preço de saldo. Agora, apareceu uma pessoa que o comprou por vinte mil e quinhentos e vinte reais. Então, o preço inicial do carro era de

(A) R$ 25 500,00.
(B) R$ 27 000,00.
(C) R$ 28 500,00.
(D) R$ 29 000,00.
(E) R$ 30 000,00.

Seja X o preço inicial do carro:
Preço após o 1º desconto = (1 − 0,05) X = (0,95)X
Preço após o 2º desconto = (1 − 0,10).(0,95)X = (0,9).(0,95)X
Preço após o 3º desconto = (1 − 0,20).(0,9).(0,95)X = (0,80).(0,9).(0,95)X
Como o preço desse último saldo foi o preço de venda, temos que:
(0,80).(0,9).(0,95)X = 20520
(0,684).X = 20520
X = 20520/0,684
X = 30.000

Gabarito "E".

(Técnico Judiciário − TJ/MT − 2008 − VUNESP) Uma pequena doceira bem sucedida comprou 1 800 embalagens para seus docinhos. Do total de embalagens, inicialmente 1/6 foi utilizado para embalar brigadeiros e 2/5 para os beijinhos. Sabendo que para os cajuzinhos seriam necessárias ½ do total das embalagens compradas, a doceira observou que iriam faltar _____ embalagens.

Assinale a alternativa que completa corretamente a lacuna do texto.

(A) 120
(B) 110
(C) 100
(D) 90
(E) 80

Total de embalagens necessárias:
1800/6 + 2(18000)/5 + 1800/2 = 300 + 720 + 900 = 1920
Portanto, o número de embalagens que iriam faltar é: 1920 – 1800 = 120.
Gabarito "A".

(Escrevente Técnico Judiciário – TJ/SP – 2006.2 – VUNESP) Ricardo participou de uma prova de atletismo e, no final, observou que, do número total de atletas participantes, 1/4 havia terminado a prova na sua frente, e 2/3 haviam chegado depois dele. Considerando-se que todos os participantes completaram a prova, e que nenhum atleta cruzou a linha de chegada no mesmo tempo que outro, pode-se concluir que, pela ordem de chegada nessa prova, Ricardo foi o

(A) 3.º colocado.
(B) 4.º colocado.
(C) 5.º colocado.
(D) 6.º colocado.
(E) 8.º colocado.

Como a totalidade dos atletas ("x") é composta por Ricardo, mais aqueles que chegaram antes e os que chegaram depois dele, temos que:
x = 1 + x/4 +2x/3
x – x/4 – 2x/3 = 1
12x–3x–8x/12 = 1
12x – 11x = 12
X= 12 atletas.
Como ¼ dos 12 atletas chegaram antes de Ricardo, o número dos que chegaram antes é 12/4 = 3 atletas. Portanto, Ricardo chegou em 4º lugar.
Gabarito "B".

(Escrevente Técnico Judiciário – TJ/SP – 2006.2 – VUNESP) Com a proximidade do Natal, uma empresa doou uma determinada quantia para uma creche que abriga um total de 80 crianças. A quantia doada foi dividida para a compra de brinquedos e roupas na razão de 3 para 5, respectivamente. Assim, foram comprados 80 brinquedos, sendo bolas para os meninos, por R$ 15,00 cada, e bonecas para as meninas, por R$ 20,00 cada. Sabe-se que cada criança recebeu um brinquedo e que o número de bolas compradas superou o número de bonecas compradas em 20 unidades. Da quantia total recebida como doação dessa empresa, a creche reservou para a compra de roupas

(A) R$ 2.250,00.
(B) R$ 2.000,00.
(C) R$ 1.980,00.
(D) R$ 1.850,00.
(E) R$ 1.350,00.

Para cada R$8 doado para a creche, R$3 foi destinado para a compra de brinquedos e R$5 para a compra de roupas. Dos 3/8 para a compra de brinquedos, foram adquiridas "x" bolas a R$15 cada, e "y" bonecas a R$20. Como todas as crianças ganharam um brinquedo, temos que:
I) x+y=80
Além disso, como o número de bolas supera o de bonecas em 20 unidades, temos que:
II) x=y+20
Substituindo (II) em (I):
x+y=80
(y+20)+y=80
2y= 80 – 20
2y=60
y=30 (III)
Substituindo (III) em (II):
x=y+20
x=30+20
x=50

Portanto, o valor gasto com brinquedos foi:
50.(R$15)+30.(R$20) = R$750+R$600 = R$1.350
Como esse valor gasto com brinquedos é apenas 3/8 do valor doado ("d"), temos que:
3.d/8= R$1.350
d = (R$1.350 .8)/3
d = R$3.600 (valor total doado)
Portanto, substituindo os valores encontrados acima:
d = brinquedos + roupas
R$3.600 = R$1.350 + roupas
roupas = R$3.600 – R$1.350
roupas = R$2.250
Gabarito "A".

(Escrevente Técnico Judiciário – TJ/SP – 2004 – VUNESP) Em uma loja, o metro de corda é vendido por R$ 3,00, e o rolo com 60 metros de corda, por R$ 150,00. Três amigos compraram juntos um rolo de corda, ficando o primeiro com 1/4 do rolo, o segundo com 1/12 e o terceiro com o restante. Se a divisão dos gastos foi proporcional à quantidade de corda que cada um recebeu, aquele que comprou a maior quantidade de corda economizou, em relação à compra da mesma quantidade de corda por metro, o total de

(A) R$ 18,00.
(B) R$ 19,00.
(C) R$ 20,00.
(D) R$ 21,00.
(E) R$ 22,00.

Como os 60 m de corda foram vendidos por R$150, o preço por metro foi R$150:60 = R$2,50. Logo, o preço com desconto foi R$0,50 a menos que o preço de tabela. Já que a corda de 60m foi dividida em três partes, a parte "x" do 3º amigo, foi:
X + 60.(1/4) + 60. (1/12) = 60 metros
X + 15 + 5 = 60
X = 60 – 20
X = 40 metros
Como essa corda foi comprada com desconto de R$0,50 por metro, o desconto total foi (R$0,50)x40 = R$20.
Gabarito "C".

(Escrevente Técnico Judiciário – TJ/SP – 2004 – VUNESP) Uma bomba de vácuo retira metade do ar de um recipiente fechado a cada bombada. Sabendo que após 5 bombadas foram retirados 62 cm³ de ar, a quantidade de ar que permanece no recipiente após essas bombadas, em cm³, é igual a

(A) 2.
(B) 4.
(C) 5.
(D) 6.
(E) 8.

Seja "x" a quantidade de ar do recipiente. Como a cada bombada, a quantidade de ar que fica no recipiente é a metade do que tinha anteriormente. Portanto, após cada bombada a quantidade de ar retirada é:
1ª bombada: 1/2. x = x/2
2ª bombada: 1/2. (1/2. x) = x/4
3ª bombada: 1/2. (1/2 . 1/2 . x)= x/8
4ª bombada: 1/2(1/2 . 1/2 . 1/2 . x)= x/16
5ª bombada: 1/2. (1/2 . 1/2 . 1/2 . 1/2 . x) = x /32
Como a quantidade de ar retirada após 5 bombadas foi 62cm³, temos que a quantidade "x" de ar dentro do recipiente inicialmente era:
x/2 + x/4 + x/8 + x/16 + x/32 = 62
(16x + 8x + 4x + 2x +x)/32 = 62
31x/32= 62
x = (62.32)/31 = 64 cm³

Portanto, a quantidade de ar que ficou no recipiente após a 5ª bombada foi: + x/32 = + 64/32 = 2m³

Gabarito "A".

2.1. MATEMÁTICA BÁSICA MDC/MMC

(Soldado – PM/SP – 2018 – VUNESP) Em um depósito há um determinado número de caixas que deverão ser empilhadas, de modo que cada pilha tenha o mesmo número de caixas. Na realização da tarefa foi constatado que, se cada pilha tiver 5 caixas, ou 6 caixas ou 8 caixas, sempre restarão 2 caixas fora das pilhas. O menor número de caixas que deverão ser empilhadas nesse depósito é

(A) 124.
(B) 126.
(C) 120.
(D) 122.
(E) 118.

Resolução
Ao calcular o mínimo múltiplo comum (MMC) de 5,6,8 obtém-se 120. Como sempre sobram 2 caixas fora das pilhas, tem-se que o menor número de caixas é igual a
120 + 2 = 122.
Comprovação:
122 = 5x 24 + 2
122 = 6x20 + 2
122 = 8x15 + 2

Gabarito "D".

(Escrevente Técnico – TJM/SP – VUNESP – 2017) Em um pequeno mercado, o dono resolveu fazer uma promoção. Para tanto, cada uma das 3 caixas registradoras foi programada para acender uma luz, em intervalos de tempo regulares: na caixa 1, a luz acendia a cada 15 minutos; na caixa 2, a cada 30 minutos; e na caixa 3, a luz acendia a cada 45 minutos. Toda vez que a luz de uma caixa acendia, o cliente que estava nela era premiado com um desconto de 3% sobre o valor da compra e, quando as 3 luzes acendiam, ao mesmo tempo, esse desconto era de 5%. Se, exatamente às 9 horas de um determinado dia, as luzes das 3 caixas acenderam ao mesmo tempo, então é verdade que o número máximo de premiações de 5% de desconto que esse mercado poderia ter dado aos seus clientes, das 9 horas às 21 horas e 30 minutos daquele dia, seria igual a

(A) 8.
(B) 10.
(C) 21.
(D) 27.
(E) 33.

Calculemos o mínimo múltiplo comum (mmc) dos intervalos de tempos que nos dirá de quando em quando as luzes acenderão conjuntamente
mmc(15, 30, 45) =
15,30,45   3
 5,10,15   5
 1, 2. 3   2
 1, 1, 3   3
 1, 1, 1   1   3   mmc= 3x5x2x3 = 90 min = 1h30min

Ou seja, as luzes acenderão às 9; 10:30;12;13:30;15;16:30;18;19:30; 21 =: 9 vezes naquele dia., para cada caixa.
Como são 3 caixas, tem-se 9x3 = 27 o número máximo de premiações de 5% de desconto que esse mercado poderia ter dado aos seus clientes, das 9 horas às 21 horas e 30 minutos daquele dia.

Gabarito "D".

(Escrevente Técnico – TJ/SP – 2010 – VUNESP) Uma barra de madeira maciça, com a forma de um paralelepípedo reto retângulo, tem as seguintes dimensões: 48 cm, 18 cm e 12 cm. Para produzir calços para uma estrutura, essa barra deve ser cortada pelo carpinteiro em cubos idênticos, na menor quantidade possível, sem que reste qualquer pedaço da barra. Desse modo, o número de cubos cortados será igual a

(A) 54.
(B) 52.
(C) 50.
(D) 48.
(E) 46.

Temos MDC (12,18,48) = 6, ou seja, o menor cubo tem 6cm de lado.
Assim, o menor cubo possível mede v=6x6x6 cm.
Daí, teremos
Número de cubos = volume total/v = 12x18x48/6x6x6 = 2x3x8 = 48 cubos.

Gabarito "D".

(Escrevente Técnico Judiciário – TJ/SP – 2008 – VUNESP) Um estagiário de um escritório de advocacia aproveitou o mês de férias na faculdade para fazer várias horas extras. Do valor total líquido recebido nesse mês, 3/4 correspondem ao seu salário fixo. Do valor restante, 3/5 correspondem às horas extras trabalhadas, e o saldo, de R$ 140,00, corresponde a uma bonificação recebida. Pelas horas extras trabalhadas, nesse mês, o estagiário recebeu

(A) R$ 210,00.
(B) R$ 217,00.
(C) R$ 250,00.
(D) R$ 336,00.
(E) R$ 364,00.

Seja X o salário total líquido recebido pelo estagiário. Com as informações fornecidas pelo enunciado, temos que:
X = (salário fixo)+(horas extras)+(bonificação)
Sendo,
I) (salário fixo) = (3/4).X
II) (horas extras) = (3/5). (1/4). X
III) Bonificação = R$ 140,00
Substituindo estes valores na equação de X, temos:
X = (3/4).X + (3/5).(1/4).X + R$ 140
(1 – 3/4 – 3/2).X = R$ 140
Calculando o Mínimo Múltiplo Comum (m.m.c) do lado esquerdo da equação:
(20-15-3/20).X = R$ 140
2/20. X = R$ 140
X = R$ 1400 (salário líquido total).
Finalmente, pela equação (II) temos que: (horas extras) = 3/20 x = 30/20. (R$ 1400) = R$ 210.

Gabarito "A".

2.2. GEOMETRIA

(Soldado – PM/SP – 2018 – VUNESP) Uma praça retangular, cujas medidas em metros estão indicadas na figura, tem 160m de perímetro.

Figura fora de escala

Sabendo que 70% da área dessa praça estão recobertos de grama, a área não recoberta com grama tem:

(A) 550m²
(B) 400m²
(C) 350m²
(D) 450m²
(E) 500m²

Resolução
Perímetro = 160:
2x +2(x + 20) = 160
4x + 40 = 160
4x = 120
x = 30
Área:
x(x + 20) = 30(50) = 1500
Área não recoberta:
30% de 1500 = 450m².

Gabarito "D".

(Soldado – PM/SP – 2018 – VUNESP) Um bloco maciço de argila tem a forma de um prisma reto de base retangular e altura igual a 24cm, conforme mostra a figura.

Figura fora de escala

Sabendo que o volume desse bloco é 900cm³, o perímetro da base indicada na figura mede:

(A) 18cm
(B) 20cm
(C) 25cm
(D) 15cm
(E) 22cm

Resolução
Volume = área da base vezes altura:
900 = (5x)24
900 = 120x
x = 7,5
Perímetro da base:
2x + 2(5)
2(7,5) + 10
15 + 10 = 25

Gabarito "C".

(Escrevente –TJ/SP – 2018 – VUNESP) Um estabelecimento comercial possui quatro reservatórios de água, sendo três deles de formato cúbico, cujas respectivas arestas têm medidas distintas, em metros, e um com a forma de um paralelepípedo reto retângulo, conforme ilustrado a seguir.

Sabe-se que, quando totalmente cheios, a média aritmética dos volumes de água dos quatro reservatórios é igual a 1,53 m³, e que a média aritmética dos volumes de água dos reservatórios cúbicos, somente, é igual a 1,08 m³. Desse modo, é correto afirmar que a medida da altura do reservatório com a forma de bloco retangular, indicada por h na figura, é igual a

(A) 1,40 m.
(B) 1,50 m.
(C) 1,35 m.
(D) 1,45 m.
(E) 1,55 m.

Resolução
Média dos 3 reservatórios cúbicos = 1,08 e dos 4 é de 1,53.
O outro tem o volume de área da base x altura = 1,6x1,2h = 1,92h.
Portanto,
Uma vez que os 3 cúbicos têm o volume de 3x1,08, tem-se a média
1,53 = (1,92h + 1,08x3) /4
6,12 = 1,92h + 3,24
2.88 = 1,92h
h = 1,5 m

Gabarito "B".

(**Escrevente – TJ/SP – 2018 – VUNESP**) Inaugurado em agosto de 2015, o Observatório da Torre Alta da Amazônia (Atto, em inglês) é um projeto binacional Brasil-Alemanha que busca entender o papel da Amazônia no clima do planeta e os efeitos das mudanças climáticas no funcionamento da floresta. Construída numa região de mata preservada, dentro da Reserva de Desenvolvimento Sustentável do Uamatã, a torre Atto tem 325 m de altura e é a maior estrutura de pesquisa desse tipo em florestas tropicais no mundo.

(*O Estado de S.Paulo*, 16.10.2017. Adaptado)

Considere a torre posicionada perpendicularmente ao solo e admita que o cabo tensionado fixado no solo a uma distância de 75 m da base da torre esteja preso à torre em um determinado ponto, cuja altura, em relação ao solo, seja igual a 100 m. Nesse caso, é correto afirmar que o comprimento desse cabo é igual a

(A) 135 m.
(B) 150 m.
(C) 130 m.
(D) 110 m.
(E) 125 m.

Resolução
Pelo Teorema de Pitágoras, tem-se

100m $\diagdown$ C
   75m

$C^2 = 100^2 + 75^2$
$C^2 = 10.000 + 5.625$
$C^2 = 15.625 = 5^2 \times 25^2$
$C = 5 \times 25$
$C = 125$ m

Gabarito "E".

(**Escrevente Técnico – TJM/SP – VUNESP – 2017**) Em um terreno retangular, a medida do lado maior tem 1 metro a mais que a medida do lado menor. Se a área desse terreno é de 182 metros quadrados, então é correto afirmar que o seu perímetro, em metros, é igual a

(A) 54.
(B) 55.
(C) 56.
(D) 57.
(E) 58.

Sejam x e (x+1) os lados do terreno.
Então, a sua área vale x.(x+1) = 182 m².
Daí,
x² + x -182 = 0

$$x_{1,2} = \frac{-1 \pm \sqrt{1+728}}{2} = \frac{-1 \pm \sqrt{729}}{2} = \frac{-1 \pm 27}{2}$$

Logo, x = 13 (raiz positiva da equação) e, daí, (x+1) = 14.
Então, o perímetro do terreno tem o valor de 2x13 + 2x14 = 26 + 28 = 54 m.
Gabarito "A".

(**Técnico Judiciário – TJSP – 2013 – VUNESP**) A figura mostra um terreno retangular cujas dimensões indicadas estão em metros.

O proprietário cedeu a um vizinho a região quadrada indicada por Q na figura, com área de 225 m². O perímetro (soma das medidas dos lados), em metros, do terreno remanescente, após a cessão, é igual a

(A) 240.
(B) 210.
(C) 200.
(D) 230.
(E) 260.

O quadrado Q tem área x² = 225 => x = 15 m.
Logo, o terreno tem medidas 5x = 75 m e 40 m, com perímetro 2x75 + 2x40 = 150 + 80 = 230 m.
Gabarito "D".

(**Escrevente Técnico Judiciário – TJ/SP – 2007 – VUNESP**) O terreno retangular mostrado na figura, cujas medidas dos lados estão na razão de 1 para 3, tem 1200 m² de área. Logo, o perímetro desse terreno é igual a

(A) 240 m.
(B) 200 m.
(C) 160 m.
(D) 120 m.
(E) 100 m.

Um retângulo tem dois lados com comprimento X, e outros dois com comprimento Y. Portanto, perímetro = 2X + 2Y.
Pelo enunciado, sabemos que:
I) X = 3Y
II) X.Y= 1200 m²
Substituindo (I) em (II), temos:
3Y² = 1200/3 = 400
Y = √400 = 20 m (III)
Substituindo (III) em (I), temos:
X = 3.Y = 3.(20m)

X = 60 m
Portanto: perímetro = 2X+2Y = 2.(60) + 2.(20)
Perímetro = 120 + 40 = 160 metros.

Gabarito "C".

2.3. CONTAGENS, COMBINAÇÕES, ARRANJOS E PERMUTAÇÃO

(Investigador – PC/BA – 2018 – VUNESP) Necessita-se identificar uma senha composta de cinco elementos distintos, sendo, cada elemento, um número de 1 a 9 ou uma das 26 letras do nosso alfabeto. Uma investigação revelou que o primeiro elemento é um número múltiplo de 3, o segundo elemento é uma vogal, o terceiro é um número par e os últimos dois elementos são um número e uma letra, ou vice-versa. Com apenas essas informações, a probabilidade de se identificar essa senha, aleatoriamente, na primeira tentativa, é de 1 para

(A) 18 080.
(B) 18 560.
(C) 19 040.
(D) 19 520.
(E) 20 000.

Resolução
Uma vez que o número 6 é par e é múltiplo de 3, calcula-se o total de possibilidades em duas etapas.
I) 6 sendo nº par
Tem-se
1º elemento: 2 múltiplos de três: 3 e 9;
2º   "   : 5 vogais
3º   "   : 4 números pares: 2,4,6,8
4º   "   : um número de 1 a 9 que não sejam aqueles usados para o 1º e o 3º elementos, ou seja, há 7 possíveis
5º   "   : uma letra que não seja a utilizada no 2º elemento: 25 possíveis
Note que o 4º e 5º elementos podem estar em vice-versa: 2 possibilidades
Assim, temos o
Total1 = 2x5x4x7x25x2 = 14.000 casos.
Ii) 6 sendo múltiplo de 3
Tem-se
1º elemento: 1 múltiplo de três: 6
2º   "   : 5 vogais
3º   "   : 3 números pares: 2,4,8
4º   "   : um número de 1 a 9 que não sejam aqueles usados para o 1º e o 3º elementos, ou seja, há 7 possíveis
5º   "   : uma letra que não seja a utilizada no 2º elemento: 25 possíveis
Note que o 4º e 5º elementos podem estar em vice-versa: 2 possibilidades
Assim, temos o
Total2 = 1x5x3x7x25x2 = 5.250 casos.
Total geral = Total1 + Total2 = 19.250.
E a probabilidade de identificar a senha é de 1 para 19.250.
A banca anulou a questão porque não há resposta correta no gabarito.

Gabarito Anulada

(Técnico Judiciário – TJ/MT – 2008 – VUNESP) Manoel tem um peixe a menos que Isabel. Ela tem um peixe a menos que a sua irmã Amália, que tem o dobro de Manoel. Os três juntos têm um total de peixes igual a

(A) 10.
(B) 9.
(C) 8.
(D) 7.
(E) 6.

Sejam M, I e A o número de peixes de Manoel, Isabel e Amália, respectivamente. Do enunciado, sabemos que:
M = I -1 (I) ; I = A -1 (II) ; A = 2M   (III)
Substituindo (III) em (II):
I = 2M – 1   (IV)
Substituindo (IV) em (I):
M = I – 1 = (2M – 1) – 1
M = 2M – 2
M = 2   (V)
Substituindo (V) em (IV):
I = 2M – 1 = 2.(2) – 1
I = 3   (VI)
Substituindo (V) em (III):
A = 2M = 2.(2)
A = 4
Portanto, o número total de peixes é M + I + A = 2 + 3 + 4 = 9 peixes.

Gabarito "B".

(Escrevente Técnico Judiciário – TJ/SP – 2006.1 – VUNESP) Numa fazenda há ovelhas e avestruzes, totalizando 90 cabeças e 260 patas. Comparando-se o número de avestruzes com o das ovelhas, pode-se afirmar que há

(A) igual número de ovelhas e de avestruzes.
(B) dez cabeças a mais de ovelhas.
(C) dez cabeças a mais de avestruzes.
(D) oito cabeças a mais de ovelhas.
(E) oito cabeças a mais de avestruzes.

Seja "x" o número de ovelhas, e "y" o número de avestruzes. Como a ovelha tem 4 patas, e o avestruz tem 2 patas, temos:
x+y = 90 → x = 90 – y (I)
4x + 2y = 260 (II)
Substituindo (I) em (II):
4x+2y = 260
4.(90-y) + 2y = 260
360 – 4y + 2y = 260
-2y = -100
y = 50 (III)
Substituindo (III) em (I):
x= 90 – y
x = 90 – 50
x = 40
Como temos 50 avestruzes e 40 ovelhas, temos 10 cabeças a mais de avestruzes.

Gabarito "C".

2.4. OPERAÇÕES, PROPRIEDADES, PROBLEMAS ENVOLVENDO AS QUATRO OPERAÇÕES NAS FORMAS FRACIONÁRIA E DECIMAL PROPORCIONAL; REGRA DE TRÊS SIMPLES E COMPOSTA; PORCENTAGEM

(Soldado – PM/SP – 2018 – VUNESP) Uma máquina trabalhando ininterruptamente 5 horas por dia produz um lote de peças em 3 dias. Para que esse mesmo lote fique pronto em 2 dias, o tempo que essa máquina terá que trabalhar diariamente, de forma ininterrupta, é de

(A) 7 horas e 05 minutos.
(B) 7 horas e 30 minutos.
(C) 7 horas e 50 minutos.
(D) 6 horas e 45 minutos.
(E) 6 horas e 35 minutos.

Resolução
Tem-se
h/d   dias
5   ↓ 3
t   2

Como a relação é inversamente proporcional deve-se inverter os termos:
5   ↑ 2
t   3

Assim,
t = 3×5/2
t = 7,5 horas
t = 7 horas e 30 min.

Gabarito "B".

(Escrevente Técnico – TJM/SP – VUNESP – 2017) Em determinada região, para cada 90 pessoas que contraíram uma doença e sobreviveram, 8 contraíram a mesma doença e morreram em decorrência dela. Se considerarmos 4 mil mortes decorridas por aquela doença, então é verdade que o número total de pessoas que a contraíram seria de

(A) 45 000.
(B) 46 000.
(C) 47 000.
(D) 48 000.
(E) 49 000.

Seja a regra de três
doentes   mortes
   90   --   8
    x   -- 4.000   => x = 90(4.000)/8 = 45.000 doentes que morreram
Então, o número total dos que contraíram a doença foi de 4.000 + 45.000 = 49.000 pessoas.

Gabarito "E".

(Escrevente Técnico – TJM/SP – VUNESP – 2017) Em um município, sabe-se que 1 em cada 16 habitantes vive em área de risco. Desse modo, é correto afirmar que, do número total de habitantes, o correspondente àqueles que não vivem em área de risco é:

(A) 93,25%
(B) 93,50%
(C) 93,75%
(D) 94,00%
(E) 94,25%

Temos a regra de três
1 — 16
x — 100   => x=100/16 = 6,25% dos habitantes vivem em área de risco.
Portanto, 100% – 6,25% = 93,75% não vivem em área de risco.

Gabarito "C".

(Escrevente Técnico – TJM/SP – VUNESP – 2017) Para executar serviços de pintura, com 2 demãos, ou seja, duas camadas de tinta, o fabricante de uma tinta recomenda a utilização de um galão de tinta, contendo 3,6 L, para cada 60 m² a serem pintados. Para pintar uma determinada área, Pedro comprou 3 galões da referida tinta, mas ao invés de fazer 2 demãos, ele fez 3. Se, ao final da pintura, sobraram 1 200 mL da tinta, então, das alternativas a seguir, a que mais se aproxima da área pintada por Pedro, em m2, com a quantidade de tinta comprada é

(A) 107.
(B) 141.
(C) 175.
(D) 209.
(E) 243.

Trata-se de regra de três composta:
demãos   tinta   área
  2   3,6   60
  3   10,8-1,2=9,6   a

a = 2 x9,6 x60 / 3 x3,6 =
10 6,67 m² ~ 107 m² => letra A

Gabarito "A".

A tabela apresenta o número de acertos dos 600 candidatos que realizaram a prova da segunda fase de um concurso, que continha 5 questões de múltipla escolha.

Número de acertos	Número de candidatos
5	204
4	132
3	96
2	78
1	66
0	24

(Escrevente Técnico – TJM/SP – VUNESP – 2017) A média de acertos por prova foi de

(A) 3,57.
(B) 3,43.
(C) 3,32.
(D) 3,25.
(E) 3,19.

Se os números X1, X2,...,Xá ocorrem com as frequências f1,f2,...fk, a média aritmética é dada por $\bar{X} = \dfrac{\sum f_k X_k}{\sum f_k}$

5×204 = 1.020
4×132 = 528
3×96 = 288
2×78 = 156
1×66 = 66
0×24 = 0
Soma: 2.058
Então média de acertos por prova foi de

Gabarito "B".

(Técnico Judiciário – TJSP – 2013 – VUNESP) Em um dia de muita chuva e trânsito caótico, 2/5 dos alunos de certa escola chegaram atrasados, sendo que 1/4 dos atrasados tiveram mais de 30 minutos de atraso. Sabendo que todos os demais alunos chegaram no horário, pode-se afirmar que nesse dia, nessa escola, a razão entre o número de alunos que chegaram com mais de 30 minutos de atraso e o número de alunos que chegaram no horário, nessa ordem, foi de

(A) 2:3.

(B) 1:3.
(C) 1:6.
(D) 3:4.
(E) 2:5.

1ª solução
Suponha que existam 20 alunos na escola. Então,
2/5 chegaram atrasados: 8 alunos não atrasados: 12;
Desses, 1/ 4 com mais de 30 min de atraso: 2 alunos.
Razão entre alunos atrasados com mais de 30 min/ não atrasados:
2/12 =1/6
2ª solução
Dos **N** alunos da escolas, 2N/5 chegaram atrasados e (N – 2N/5) = 3N/5 chegaram no horário.
1/ 4 dos que chegaram atrasados, ou seja, (1/ 4) de (2N/5) = 2N/20 = N/10 tiveram mais de 30 min de atraso.
Então,
Razão entre alunos atrasados com mais de 30 min/ não atrasados:
(N/10)/(3N/5) = (N/10).(5/3N) =5/30 = 1/6
Gabarito "C".

(Escrevente Técnico Judiciário – TJ/SP – 2011 – VUNESP) Uma pessoa pagou 30% do valor total de uma dívida e o restante dela irá pagar em 30 dias, sem acréscimo. Se R$ 3.500,00 correspondem a 20% do valor restante a ser pago, então é correto afirmar que, ao pagar 30% do valor da dívida, a pessoa desembolsou

(A) R$ 5.200,00.
(B) R$ 6.800,00.
(C) R$ 7.500,00.
(D) R$ 7.850,00.
(E) R$ 8.200,00.

Seja r o valor restante a ser pago.
Então,
3500= 20% de r = 0,20r ⇒ 0,2r=3500 ⇒ r = 3500/0,2 ⇒ r=17.500.
Sendo d a dívida, temos
O restante r da dívida corresponde a 70% dela, isto é, 70% de d = 0,7d = 17.500. Então a dívida foi d = 17.500/0,7 = 25.000.
E, ao pagar 30% do valor da dívida, a pessoa desembolsou 30% de d = 30% de 25.000 = R$ 7.500,00.
Gabarito "C".

(Escrevente Técnico – TJ/SP – 2010 – VUNESP) Em um concurso para escrevente, 40% dos candidatos inscritos foram eliminados na prova de Língua Portuguesa, e a prova de Conhecimentos em Direito eliminou 40% dos candidatos restantes. Essas duas provas eliminaram, do total de candidatos inscritos,

(A) 84%.
(B) 80%.
(C) 64%.
(D) 46%.
(E) 36%.

Sejam as provas LP (Língua Portuguesa) e CD (Conhecimentos em Direito) e t o total de candidatos.
LP: eliminou 40% dos candidatos=40%t = 0,40t e CD, 40% dos restantes, isto é, 40% de (t-0,4t) = 0,4(t-0,4t).
As duas provas eliminaram 0,40 t + 0,4(t-0,4t) = 0,4t +0,4t – 0,16t = 0,80t – 0,16t = 0,64t = 64% do total.
Gabarito "C".

(Técnico Judiciário – TJ/MT – 2008 – VUNESP) Uma mãe quer distribuir de um modo justo 200 bombons idênticos para seus cinco filhos. Aproveitando para ensinar-lhes o valor do trabalho e a sua relação com a recompensa, resolveu distribuir os bombons de acordo com o tempo que cada um gasta, semanalmente, a ajudá-la nos trabalhos domésticos. A tabela mostra o tempo despendido de cada filho ao longo de uma semana nos trabalhos domésticos.

NOME DOS FILHOS	TRABALHO EM MINUTOS
Aldo	120
Bela	80
Cida	170
Duda	200
Elton	230
TOTAL	800

Se Cida, Duda e Elton resolveram juntar todos os bombons que receberam da divisão proporcional feita pela mãe e reordenar a divisão entre eles pela média aritmética, então cada um desses três irmãos ficou com uma quantidade de bombons igual a

(A) 30.
(B) 35.
(C) 40.
(D) 45.
(E) 50.

Para encontrarmos qual a porcentagem de bombons que foi dada a Cida, Duda e Elton, temos que calcular a proporção de trabalho semanal realizado por cada um deles em relação ao trabalho total:
Cida = 170/800 = 0,2125 = 21,25%
Duda = 200/800 = 1/4 = 0,25 = 25%
Elton = 230/800 = 0,2875 = 28,75%
A porcentagem de bombons destinada aos três irmãos foi:
21,25% + 25% + 28,75% → 75%
Como ao todo foram distribuídos 200 bombons, os três irmãos ficaram com:
200 x (75%) = 200 x (0,75) = 150 bombons.
(150 bombons): (3 irmãos) = 50 bombons para cada irmão.
Gabarito "E".

(Técnico Judiciário – TJ/MT – 2008 – VUNESP) Em uma fábrica de cerveja, uma máquina encheu 2 000 garrafas em 8 dias, funcionando 8 horas por dia. Se o dono da fábrica necessitasse que ela triplicasse sua produção dobrando ainda as suas horas diárias de funcionamento, então o tempo, em dias, que ela levaria para essa nova produção seria

(A) 16.
(B) 12.
(C) 10.
(D) 8.
(E) 4.

Temos aqui um problema de regra de três composta. Como o dono da fábrica quer triplicar a sua produção (encher 6000 garrafas) dobrando as horas de trabalho (16h/dia), podemos escrever o problema matematicamente da seguinte forma:
2.000 garrafas ---- 8 dias ---- 8 horas/dia
6000 garrafas --- x ---- 16 horas/dia
2.000/6000 = 8/x . 8/16
1/3 . 8/2x
x = (8.3)/2
x = 12 dias de trabalho
Gabarito "B".

(Técnico Judiciário – TJ/MT – 2008 – VUNESP) Se uma indústria farmacêutica produziu um volume de 2 800 litros de certo medicamento, que devem ser acondicionados em ampolas de 40 cm3 cada uma, então será produzido um número de ampolas desse medicamento na ordem de

(A) 70.
(B) 700.
(C) 7 000.
(D) 70 000.
(E) 700 000.

O volume de 1 litro equivale a 1000 cm³.
Portanto: 2800 litros = (2800).(1000)cm³ = 2.800.000 cm³
Como em cada ampola serão acondicionados 40cm³, serão necessárias 2.800.000/40 = 70.000 ampolas.
Gabarito "D".

(Escrevente Técnico Judiciário – TJ/SP – 2008 – VUNESP) Do preço de venda de um determinado produto, 25% correspondem a impostos e comissões pagos pelo lojista. Do restante, 60% correspondem ao preço de custo desse produto. Se o preço de custo desse produto é de R$ 405,00, então, o seu preço de venda é igual a

(A) R$ 540,00.
(B) R$ 675,00.
(C) R$ 800,00.
(D) R$ 900,00.
(E) R$ 1.620,00.

Seja X o preço de venda do produto, e R$405 o preço de custo. Como 25% são impostos, sobram 75% para o lojista (0,75). Como, desse restante, 60% corresponde ao preço de custo, temos que o preço de custo é:
(0,60).(0,75).X = preço de custo
0,45 . X = R$405
X = R$ 405/0,45
X = R$900 (preço de venda)
Gabarito "D".

(Técnico Judiciário – TJ/MT – 2008 – VUNESP) Numa classe com 16 meninos e 24 meninas, um professor de matemática, após corrigir todas as provas, informou à classe que a média de notas dos meninos foi 5,5 e a das meninas, 7,5. Então a média de toda a classe é de

(A) 6,5.
(B) 6,6.
(C) 6,7.
(D) 6,8.
(E) 6,9.

Este é um típico problema de média ponderada. O número de alunos da classe é 16 + 24 = 40. A porcentagem de meninas é: 24/40 = 0,6 = 60% e a porcentagem de meninos é 16/40 = 0,4 = 40%. Portanto, para encontrar a média ponderada da classe, basta somar a nota dos meninos e das meninas, ajustadas pelo seu respectivo peso:
Média da classe = (nota dos meninos).(0,4) + (nota das meninas).(0,6)
Média da classe = 5,5.(0,4) + 7,5.(0,6) = 2,2 + 4,5 = 6,7
Gabarito "C".

(Auditor Fiscal/S.J. Rio Preto-SP – 2008 – VUNESP) Marcelo recebia, há dois anos atrás, a importância de R$ 1.512,00 de aposentadoria, e hoje sua aposentadoria subiu para R$ 1.660,00. O salário mínimo, por sua vez, era de R$ 360,00 e no mesmo período subiu para R$ 415,00. Como o salário mínimo aumentou mais em porcentagem do que a aposentadoria de Marcelo, pode-se dizer que houve uma perda, em porcentagem, do valor da aposentadoria, em quantidades de salários mínimos. Essa perda, em porcentagem, foi de, aproximadamente,

(A) 13,2%.
(B) 9,8%.
(C) 15,3%.
(D) 4,8%.
(E) 5%

há dois anos: 1 512 = 4,2 SM (salários mínimos)
Hoje, 1 660 = 4 SM
Assim, a perda (4,2 – 4 = 0,2) foi, em porcentagem, de
4,2 → 0,2
100 → x => x = 4,761 Aproximada/ 4,8%
Gabarito "D".

(Escrevente Técnico Judiciário – TJ/SP – 2007 – VUNESP) Numa editora, 8 digitadores, trabalhando 6 horas por dia, digitaram 3/5 de um determinado livro em 15 dias. Então, 2 desses digitadores foram deslocados para um outro serviço, e os restantes passaram a trabalhar apenas 5 oras por dia na digitação desse livro. Mantendo-se a mesma produtividade, para completar a digitação do referido livro, após o deslocamento dos 2 digitadores, a equipe remanescente terá de trabalhar ainda

(A) 18 dias.
(B) 16 dias.
(C) 15 dias.
(D) 14 dias.
(E) 12 dias.

Se, dos 8 digitadores, 2 foram transferidos, sobraram 6 trabalhando 5h por dia. Como a produtividade foi mantida, para descobrir quanto tempo será necessário para digitar os 2/5 restantes, devemos fazer uma regra de três composta:
8 digitadores ------ 6h por dia ------ 3/5 do livro ------ 15 dias
6 digitadores ------ 5h por dia ------ 2/5 do livro ------ x
Para montar a equação, devemos primeiro verificar quais fatores são inversamente proporcionais a "x" (número de dias). Como há uma necessária elevação no número de dias ao ser reduzido o número de digitadores e as horas de trabalho diário, temos que esses dois fatores são inversamente proporcionais a "x". Portanto, esses fatores devem ser colocados de forma invertida na equação, como mostrado abaixo:
6/8 . 5/6 . 3/2 = 15/X
90/96 = 15/3
x = (96 . 15)/90
x = 16 dias
Gabarito "B".

(Escrevente Técnico Judiciário – TJ/SP – 2006.1 – VUNESP) Numa grande obra de aterramento, no dia de ontem, foram gastas 8 horas para descarregar 160 m3 de terra de 20 caminhões. Hoje, ainda restam 125 m3 de terra para serem descarregados no local. Considerando que o trabalho deverá ser feito em apenas 5 horas de trabalho, e mantida a mesma produtividade de ontem, hoje será necessário um número de caminhões igual a

(A) 25.
(B) 23.
(C) 20.
(D) 18.
(E) 15.

Este é um problema de regra de três composta, e deve ser estruturado da seguinte forma:
8h ------ 160 m³ ------- 20 caminhões
5h ------ 125m³ ------- x

Quanto maior for o número de caminhões, menor será o tempo necessário (portanto, esses dois fatores são *inversamente proporcionais*). E quanto maior for o número de caminhões, maior será a quantidade de terra descarregada (portanto, são diretamente proporcionais). Na regra de três composta, o fator inversamente proporcional a "x" deve ser colocado na equação invertido, como mostrado abaixo:
5/8.160/125 = 20/x
800/1000 = 20/x
x= 20.000/800
x= 25 caminhões
Gabarito "A".

2.5. PROGRESSÕES ARITMÉTICA E GEOMÉTRICA E SEQUÊNCIAS NUMÉRICAS

(Auditor Fiscal/S.J. Rio Preto-SP – 2008 – VUNESP) Um tanque de água possui uma tubulação que o enche em 4 horas, e possui um cano onde sai água, que o esvazia em 6 horas. Inicialmente, o tanque está vazio. Então, se ambas as tubulações estão funcionando simultaneamente, após uma hora, a proporção do tanque que encheu é de

(A) 1/12.
(B) 1/18.
(C) 1/24.
(D) 1/8.
(E) 1/6.

Em 1 hora a primeira tubulação enche ¼ do tanque e a segunda esvazia 1/6 dele. Então
1 hora → (¼ – 1/6) do tanque, ie, 1/12 que enche em 1 hora.
Gabarito "A".

2.6. QUESTÕES DE CONTEÚDO VARIADO DE MATEMÁTICA BÁSICA

(Soldado – PM/SP – 2018 – VUNESP) Uma pessoa possui um móvel com algumas gavetas, e quer colocar em cada uma delas o mesmo número de blusas. Ao realizar a tarefa percebeu que, colocando 7 blusas em cada gaveta, 3 blusas ficariam de fora, porém, não seria possível colocar 8 blusas em cada gaveta, pois ficariam faltando 2 blusas na última gaveta. O número total de blusas é

(A) 30.
(B) 32.
(C) 36.
(D) 34.
(E) 38.

Resolução
Seja g o número de gavetas e b o número de blusas.
Tem-se
b = 7g + 3 e
b = 8g – 2
Assim,
7g + 3 = 8g – 2
g = 5 gavetas, e
b = 7x5 + 3
b = 38 blusas.
Gabarito "E".

(Escrevente – TJ/SP – 2018 – VUNESP) Ontem, os ciclistas Afonso e Bernardo iniciaram os respectivos treinamentos, feitos em uma mesma pista, exatamente no mesmo horário, às 8h 12min. Ambos percorreram a pista no mesmo sentido, sendo que Afonso partiu de um ponto P dessa pista e Bernardo partiu de um ponto Q, situado 1,26 km à frente de P. Por determinação do técnico, no treinamento desse dia, ambos mantiveram ritmos uniformes e constantes: Afonso percorreu 420 metros a cada 1 minuto e 20 segundos, e Bernardo percorreu, a cada 1 minuto e 20 segundos, 80% da distância percorrida por Afonso. Nessas condições, Afonso alcançou Bernardo às

(A) 8h 30min.
(B) 8h 45min.
(C) 8h 38min.
(D) 8h 32min.
(E) 8h 28min.

Solução
Cada 1min 20s correspondem a 80s.
A velocidade de Afonso é de vA = 420m/80s = 5,25 m/s e a de Bernardo, vB = 336/80 = 4,20 m/s.
Assim,
Após o mesmo tempo t tem-se que a
Posição de Afonso: $e_A = v_A \cdot t$ e a
de Bernardo, $e_B = 1.260 + v_B \cdot t$
Para ser o ponto de encontro dos dois, deve-se ter
$e_A = e_B$
5,25 t = 1.260 + 4,2t
1,05 t = 1.260
t = 1.200s = 20 min
Logo, Afonso alcançou Bernardo às 8h 12min + 20 min = 8h 32min.
Gabarito "D".

(Soldado – PM/SP – 2018 – VUNESP) O gráfico apresenta o número de pontos obtidos pelos grupos A, B, C e D, que participaram de uma atividade recreativa.

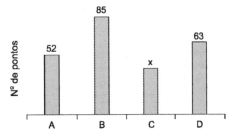

Sabendo que o número de pontos obtidos pelo grupo A foi 30% maior que o número de pontos obtidos pelo grupo C, então, na média, o número de pontos obtidos por um grupo foi

(A) 55.
(B) 60.
(C) 70.
(D) 65.
(E) 50.

Resolução
Como 52 = 1,3x, tem-se
x = 52/1,3
x = 40
A média
Será
(52 + 85 + 40 + 63)/4 = 240/4 = 60
Gabarito "B".

(Escrevente Técnico Judiciário – TJ/SP – 2011 – VUNESP) Na transmissão de um evento esportivo, comerciais dos produtos A, B e C, todos de uma mesma empresa, foram veiculados durante um tempo total de 140 s, 80 s e 100 s, respectivamente, com diferentes números de inserções para cada produto. Sabe-se que a duração de cada inserção, para todos os produtos, foi sempre a mesma, e a maior possível. Assim, o número total de comerciais dessa empresa veiculados durante a transmissão foi igual a

(A) 32.
(B) 30.
(C) 24.
(D) 18.
(E) 16.

produto	tempo	inserções
A	140	a
B	80	b
C	100	c

Como a duração de cada inserção foi sempre a mesma, e a maior possível, isto é, MDC(140,80,100) =20s, temos
a = b =c = 20s.
Daí,
140/a =20 $\Rightarrow$ a=7
80/b = 20 $\Rightarrow$ b=4
100/c = 20 $\Rightarrow$ b=5.
E a + b + c = 7 + 4 + 5 = 16.
Gabarito "E".

(Escrevente Técnico Judiciário – TJ/SP – 2011 – VUNESP) Uma empresa comprou 30 panetones iguais da marca K e 40 panetones iguais da marca Y, pagando um total de R$ 1.800,00. Sabendo-se que a razão entre os preços unitários dos panetones K e Y é de 2 para 3, nessa ordem, pode-se afirmar que se essa empresa tivesse comprado todos os 70 panetones somente da marca Y, ela teria gasto, a mais,

(A) R$ 600,00.
(B) R$ 500,00.
(C) R$ 400,00.
(D) R$ 300,00.
(E) R$ 200,00.

Temos
K/Y = 2/3 e 30K + 40Y = 1.800.
Então K = 2Y/3.
Daí,
30(2Y/3) + 40Y = 1.800
20Y+40Y=1.800 $\Rightarrow$ 60Y=1.800 $\Rightarrow$ Y=30 e K=2Y/3=20.
Para 70 panetones da marca Y, gastaria 70x30 = 2.100.
Logo, ela teria gasto, a mais, 2.100 – 1.800 = R$300,00
Gabarito "D".

(Escrevente – TJ/SP – 2018 – VUNESP) No posto Alfa, o custo, para o consumidor, de um litro de gasolina é R$ 3,90, e o de um litro de etanol é R$ 2,70. Se o custo de um litro de uma mistura de quantidades determinadas desses dois combustíveis é igual a R$ 3,06, então o número de litros de gasolina necessários para compor 40 litros dessa mistura é igual a

(A) 12.
(B) 24.
(C) 28.
(D) 20.
(E) 16.

Resolução
Seja **x** a quantidade de gasolina a R$ 3,90 o litro e **y** a de etanol a R$ 2,70, na mistura.
Para x + y = 40 litros da mistura ter-se-á o custo de
40(3,06) = 3,9x + 2,7y
122,4 = 3,9x + 2,7y
1224 = 39x + 27y
Simplificando por3:
408 = 13x + 9y
Substituindo y = 40 –x, obtém-se
408 = 13x + 9(40 –x)
408 = 13x + 360 – 9x
48 = 4x
x = 12 litros de gasolina
Gabarito "A".

(Escrevente Técnico – TJ/SP – 2010 – VUNESP) Considere dois níveis salariais apontados em uma pesquisa de mercado para um mesmo cargo, o mínimo (piso) e o máximo (teto). Sabe-se que o dobro do menor somado a 1/5 do maior é igual a R$ 3.700,00. Se a diferença entre o nível máximo e o nível mínimo é igual a R$ 3.100,00, então o teto salarial para esse cargo é de

(A) R$ 4.800,00.
(B) R$ 4.500,00.
(C) R$ 3.800,00.
(D) R$ 3.600,00.
(E) R$ 3.400,00.

Sabe-se que 2m + M/5 = 3.700 e M – m = 3.100. M= 3.100 + m $\Rightarrow$ 2m + (3.100 + m)/5 =3.700
10m + 3.100 + m = 18.500
11m = 18.500 – 3.100 = 15.400
m = 1.400 e M = 3.100 + m = 3,100 + 1.400 = R$ 4.500,00.
Gabarito "B".

(Escrevente Técnico Judiciário – TJ/SP – 2006.1 – VUNESP) Na maquete de uma praça pública construída na escala 1:75, o edifício da prefeitura, de 13,5 m de altura, está representado com uma altura de

(A) 16 cm.
(B) 18 cm.
(C) 20 cm.
(D) 22 cm.
(E) 24 cm.

Pela proporção, sabemos que para cada 75 cm real, temos uma representação de 1 cm na maquete. Então, o edifício de 13,5 m (=1350 cm), teremos:
75 cm ------- 1 cm
1350 cm ------- x
x= 1350/75
x = 18 cm
Gabarito "B".

2.7. QUESTÕES DE CONTEÚDO VARIADO DE MATEMÁTICA BÁSICA/ GEOMETRIA BÁSICA

(Soldado – PM/SP – 2018 – VUNESP) Dois amigos foram a uma lanchonete e pediram cinco pães de queijo e dois sucos, e pagaram, no total, R$ 19,50. Sabendo que o preço de um pão de queijo mais um suco é R$ 6,00, então, o valor a ser pago na compra de três pães de queijo será

(A) R$ 9,00.

(B) R$ 9,50.
(C) R$ 7,50.
(D) R$ 8,00.
(E) R$ 8,50.

Resolução
Sendo p o preço do pão de queijo e s o do suco, tem-se
5p + 2 s = 19,50 (I)
p + s = 6,00   (II)
Multiplicando-se (II) por 2 obtém-se
2p + 2s = 12   que, subtraída de (I), encontra-se
3p = 7,50
Gabarito "C".

(Soldado – PM/SP – 2018 – VUNESP) Uma avenida retilínea terá um trecho de 3,6 km recapeado, e isso será feito em 3 etapas, conforme mostra a figura.

Figura fora de escala

O comprimento do trecho a ser recapeado na 2ª etapa é de

(A) 600 m.
(B) 400 m.
(C) 1 000 m.
(D) 800 m.
(E) 1 200 m.

Resolução
Tem-se
1,2 + x/3 + x = 3,6
(3,6 + x +3x)/3 = 3,6
3,6 + 4x = 10,8
4x = 7,2
x = 1,8
Na 2ª etapa o comprimento será
x/3 = 0,6 km = 600m
Gabarito "A".

(Escrevente Técnico Judiciário – TJ/SP – 2011 – VUNESP) A figura compara as alturas, medidas em metros, de dois painéis decorativos triangulares, fixados em uma parede, que simulam árvores de Natal.

Sabendo-se que a soma das medidas das alturas dos dois painéis é igual a 4 m, e que em cada painel foram instaladas 200 lampadazinhas coloridas por metro quadrado, pode-se concluir que o número de lâmpadas instaladas no painel de maior altura foi igual a

(A) 200.
(B) 250.
(C) 275.
(D) 300.
(E) 325.

Sejam s a área da árvore menor e S a da maior e, pela figura, h=3x e H=5x as respectivas alturas.
Dado que h + H = 4m, ie, 3x + 5x = 4m => 8x=4m => x=0,50m => h = 1,50m e H = 2,50
Então,
s=(base . altura)/2 = (0,6m . 1,50)/2 = 0,45 m2
S=(1m . 2,50)/2 = 1,25m2
Como em cada painel foram instaladas 200 lampadazinhas coloridas por metro quadrado temos que o número de lâmpadas instaladas no painel de maior altura foi igual a 1,25 . 200 = 250.
Gabarito "B".

3. MATEMÁTICA FINANCEIRA

3.1. JUROS SIMPLES. MONTANTE E JUROS. TAXA REAL E TAXA EFETIVA. TAXAS EQUIVALENTES. CAPITAIS EQUIVALENTES

(Escrevente – TJ/SP – 2018 – VUNESP) Um investidor adquiriu um terreno por R$ 74.000,00. Algum tempo depois, o terreno foi vendido, e o lucro obtido pelo investidor foi igual a 20% do valor da venda. Se esse investidor conceitua lucro como sendo a diferença entre os valores de venda e de compra, então o lucro obtido por ele nessa negociação foi de

(A) R$ 16.600,00.
(B) R$ 17.760,00.
(C) R$ 18.500,00.
(D) R$ 15.870,00.
(E) R$ 14.400,00.

Resolução
Lucro = Venda – Compra
Lucro = 0,20Venda
Então
0,20Venda = Venda – Compra
Ou
Compra = 0,8Venda
Venda = Compra/0,8
Venda = 74.000/0,8
Venda = 92.500 e
Lucro = 92.500 – 74.000
Lucro = 18.500
Gabarito "C".

(Escrevente Técnico – TJM/SP – VUNESP – 2017) Certo capital, aplicado por um período de 9 meses, a uma taxa de juro simples de 18% ao ano, rendeu juros no valor de R$ 1.620,00. Para que os juros do mesmo capital, aplicado no mesmo período, sejam de R$ 2.160,00, a taxa de juro simples anual deverá corresponder, da taxa de 18% ao ano, a:

(A) 7/6
(B) 4/3
(C) 3/2
(D) 5/3
(E) 11/6

Como a taxa i de 18% aa = 18/12 = 1,5 % am , isto é, 18% ao ano equivale a 1,5% ao mês, temos

J = Cit => 1.620 = C 1,5 x 9
C = 1620/1,5x9/100
C = 12.000
Então, para o juro de 2.160, teremos a taxa de
2160 = 12000i1x9
i1 = 2160/1200x9
i1 = 0,02
Então,
i **1**/ i = 0,02/0,015
i **1**/ i = 2 0/15
i **1**/ i = 4/3
Gabarito "B".

(Técnico Judiciário – TJ/MT – 2008 – VUNESP) Um capital de R$ 40.000,00 foi aplicado por meio ano com juros de 8% semestrais, capitalizados trimestralmente. Se esse mesmo capital fosse aplicado a juro simples com a mesma taxa e pelo mesmo período, teria rendido

(A) R$ 128,00 a mais.
(B) R$ 96,00 a menos.
(C) R$ 64,00 a menos.
(D) R$ 45,00 a menos.
(E) R$ 32,00 a mais.

Uma taxa de juros simples de 8% semestrais (6 meses) é o mesmo que uma taxa de juros de 4% trimestrais (3 meses). Entretanto, ao afirmar que esse os juros são "capitalizados" a cada 3 meses, isso quer dizer que o juros de 3 meses (4%) é incorporado (somado) ao capital principal e que o próximo cálculo de juros deve considerar esse novo valor. Isso quer dizer que é um problema de juros compostos. Portanto, o montante (M) acumulado ao final dos 6 meses foi:
$M = C \cdot (1 + i)^t$
$M = (40.000) \cdot (1 + 0,04)^2$
$M = (40.000) \cdot (1 + 1,04)^2 = (40.000) \cdot (1,0816)$
M = R$43.264
Mas se tivéssemos aplicado esse capital a juros simples, teríamos chegado ao valor:
M = (R$40.000).(1,08) = R$43.200
Portanto, pelo sistema de juros simples, o capital teria rendido R$64 a menos.
Gabarito "C".

(Escrevente Técnico Judiciário – TJ/SP – 2008 – VUNESP) Um investidor aplicou uma certa quantia durante 8 meses, a uma determinada taxa de juro simples, e recebeu um montante de R$ 11.400, 00. Aplicou de imediato o montante recebido por mais 4 meses, com a mesma taxa de juro simples da aplicação anterior, e ao final recebeu mais R$ 798,00 de juros. A quantia inicialmente aplicada, por esse investidor, foi

(A) R$ 8.500,00.
(B) R$ 9.000,00.
(C) R$ 9.600,00.
(D) R$ 9.800,00.
(E) R$ 10.000,00.

O juro simples de um determinado investimento é calculado pela fórmula: J = c.i.t./100
Sendo: c = capital, i= taxa de juros, t = tempo
Pelo enunciado, temos que: c=R$11.400, j=R$798, t= 4 meses.
Portanto,
R$798 = (R$11.400).j.(4)/100
i = R$79.800/(R$11.400).(4)
i = 1,75% ao mês.

Com essa taxa de juros (j), podemos calcular o valor do capital inicial (c), que ficou aplicado por 8 meses:
j + c = R$11.400
c.i.t./100 + c = R$11.400
c.(1,75).8 + c = R$11.400
0,14c + c = R$11.400
c = R$11.400/1,
c = R$10.000
Gabarito "E".

(Escrevente Técnico Judiciário – TJ/SP – 2007 – VUNESP) Um investidor aplicou a quantia total recebida pela venda de um terreno, em dois fundos de investimentos (A e B), por um período de um ano. Nesse período, as rentabilidades dos fundos A e B foram, respectivamente, de 15% e de 20%, em regime de capitalização anual, sendo que o rendimento total recebido pelo investidor foi igual a R$ 4.050,00. Sabendo-se que o rendimento recebido no fundo A foi igual ao dobro do rendimento recebido no fundo B, pode-se concluir que o valor aplicado inicialmente no fundo A foi de

(A) R$ 18.000,00.
(B) R$ 17.750,00.
(C) R$ 17.000,00.
(D) R$ 16.740,00.
(E) R$ 15.125,00.

O dinheiro foi investido por um período de 1 ano. Como o rendimento total foi R$4.050 e o rendimento do fundo A foi o dobro do fundo B (ou seja, A=2B), temos:
A+B = R$4.050
2B+B = R$4.050
3B = R$4.050
B = R$4.050/3 = R$ 1.350
O rendimento do fundo A foi, portanto:
A = (R$4.050 – B) = (R$4.050 – R$1.350) = R$2.700
J = c.i.t./100, (sendo: i = 15%, t = 1)
R$2.700 = c.(15).(1)/100
C = (R$2.700 . 100)/15 = R$18.000
Gabarito "A".

(Escrevente Técnico Judiciário – TJ/SP – 2007 – VUNESP) Um comerciante estabeleceu que o seu lucro bruto (diferença entre os preços de venda e compra) na venda de um determinado produto deverá ser igual a 40% do seu preço de venda. Assim, se o preço unitário de compra desse produto for R$ 750,00, ele deverá vender cada unidade por

(A) R$ 1.050,00.
(B) R$ 1.100,00.
(C) R$ 1.150,00.
(D) R$ 1.200,00.
(E) R$ 1.250,00.

Pelo enunciado, como o lucro é 40% do preço de venda, temos:
Lucro = (Preço de venda) – (Preço de compra)
Lucro = PV – PC
(0,4).PV = PV – PC
PV – (0,4) = PC
(0,6).PV = PC
PV= PC/0,6
Se o preço de compra do produto é R$750, temos que o preço de venda é:
PV=PC/0,6 = R$750/0,6 = R$1.250
Gabarito "E".

(Escrevente Técnico Judiciário – TJ/SP – 2006.2 – VUNESP) Da quantia total recebida pela venda de um terreno, João emprestou 20% para um amigo por um prazo de 8 meses, a uma taxa de juro simples de 18% ao ano, e aplicou o restante, também por 8 meses, a uma taxa de juro simples de 27% ao ano. No final, o total recebido de juros, considerando-se empréstimo e aplicação, foi igual a R$ 3.360, 00. Pela venda do terreno, João recebeu um total de

(A) R$ 32.000,00.
(B) R$ 30.000,00.
(C) R$ 28.000,00.
(D) R$ 25.000,00.
(E) R$ 20.000,00.

Uma taxa de juros simples de 18% ao ano equivale a uma taxa de 18*(8/12) = 12% pelo período de 8 meses.
De forma semelhante, a taxa simples de 27% ao ano equivale a 27*(8/12) = 18% nos mesmos 8 meses.
Seja portanto T o valor de venda do terreno.
Temos que 3.360,00 = (0,2T)*0,12 + (0,8T)*0,18, ou seja, T = 3.360,00/(0,2*0,12 + 0,8*0,18) = R$ 20.000,00.
Gabarito "E".

(Escrevente Técnico Judiciário – TJ/SP – 2006.1 – VUNESP) Certo plano de saúde emite boletos para pagamento bancário com as seguintes condições:

Pagamento até o vencimento: **x**

Pagamento após a data de vencimento:

x + juros + multa

Um conveniado desse plano de saúde pagaria R$ 1.198,00 se tivesse feito o pagamento até o vencimento. Porém, houve alguns dias de atraso, o que acarretou uma multa de 10% e juros de R$ 0,60 por dia de atraso. Como ele pagou um acréscimo de R$ 124,00, o total de dias em atraso foi igual a

(A) 3.
(B) 4.
(C) 5.
(D) 6.
(E) 7.

A multa pelo atraso foi: (R$1.198).0,10 = R$119,80.
acréscimo total = multa + juros
R$124 = R$119,80 + juros
Juros = (R$124) – (R$119,80)
Juros = R$4,20
Como o valor do juros é R$0,60 por dia em atraso, temos que:
Juros = (R$0,60).(dias em atraso)
dias em atraso= R$4,20/R$0,6
dias em atraso = 7
Gabarito "E".

21. Língua Portuguesa

Henrique Subi e Magally Dato*

1. INTERPRETAÇÃO DE TEXTOS

O ataque da desinformação

Sempre houve boatos e mentiras gerando desinformação na sociedade. O fenômeno é antigo, mas os tempos atuais trouxeram desafios em proporções e numa velocidade até há pouco impensáveis.

A questão não é apenas a incrível capacidade de compartilhamento instantâneo, dada pelas redes sociais e os aplicativos de mensagem, o que é positivo, mas traz evidentes riscos. Muitas vezes, uma informação é compartilhada milhares de vezes antes mesmo de haver tempo hábil para a checagem de sua veracidade. O desafio é também oriundo do avanço tecnológico das ferramentas de edição de vídeo, áudio e imagem. Cada vez mais sofisticadas e, ao mesmo tempo, mais baratas e acessíveis, elas são capazes de falsificar a realidade de forma muito convincente.

Para debater esse atual cenário, a Associação Nacional de Jornais (ANJ) promoveu o seminário "Desinformação: Antídotos e Tendências". Na abertura do evento, Marcelo Rech, presidente da ANJ, lembrou que o vírus da desinformação não é difundido apenas por grupos ou indivíduos extremistas. Também alguns governos têm se utilizado dessa arma para desautorizar coberturas inconvenientes. Tenta-se fazer com que apenas a informação oficial circule.

O diretor da organização Witness, Sam Gregory, falou sobre as deepfakes e outras tecnologias que se valem da inteligência artificial (IA) para criar vídeos, imagens e áudios falsos. Houve um grande avanço tecnológico na área, o que afeta diretamente a confiabilidade das informações na esfera pública. O vídeo de um político fazendo determinada declaração pode ser inteiramente falso. Parece não haver limites para as manipulações.

Diante desse cenário, que alguém poderia qualificar como o "fim da verdade", Sam Gregory desestimulou qualquer reação de pânico ou desespero, que seria precisamente o que os difusores da desinformação almejam. Para Gregory, o caminho é melhorar a preparação das pessoas e das instituições, ampliando a "alfabetização midiática" – prover formação para que cada pessoa fique menos vulnerável às manipulações –, aperfeiçoando as ferramentas de detecção de falsidades e aumentando a responsabilidade das plataformas que disponibilizam esses conteúdos.

Há um consenso de que o atual cenário, mesmo com todos os desafios, tem aspectos muito positivos, pois todos os princípios norteadores do jornalismo, como o de independência, da liberdade de expressão e o de rigor na apuração, têm sua importância reafirmada.

O caminho para combater a desinformação continua sendo o mesmo: a informação de qualidade.

(*O Estado de São Paulo*. 19.10.2019. Adaptado)

(**Advogado – Pref. São Roque/SP – 2020 – VUNESP**) Assinale a alternativa correta a respeito do conteúdo do texto.

(A) Hoje, a sociedade está se deparando com um fato inusitado que é a desinformação promovida pela circulação de notícias falsas.
(B) Os recursos disponíveis para a edição de conteúdo são sofisticados e onerosos, mas possibilitam adulterar instantaneamente os fatos.
(C) Segundo Marcelo Rech, a difusão do vírus da desinformação é monopólio de grupos civis radicais que querem causar instabilidade social.
(D) Uma das estratégias para a sociedade neutralizar as tentativas de manipulação da verdade é prestigiar a informação de qualidade.
(E) Com o debate realizado pela ANJ, concluiu-se que os princípios básicos do jornalismo devem ser reformulados e adaptados ao contexto atual.

A: incorreta. O texto informa que sempre existiu desinformação, não sendo, portanto, algo inusitado; **B:** incorreta. O texto destaca que as ferramentas estão cada vez mais baratas e acessíveis; **C:** incorreta. O especialista citado coloca também alguns governos como difusores de informações falsas; **D:** correta, como se pode ler no último parágrafo do texto; **E:** incorreta. Ao contrário, tais princípios foram reafirmados. Gabarito "D".

---

* **Henrique Subi** comentou as questões dos concursos de 2015 a 2018. **Magally Dato** comentou as demais questões

(Advogado – Pref. São Roque/SP – 2020 – VUNESP) Considere a tirinha para responder às questões a seguir.

(M. Schulz. *O Estado de S. Paulo*, 10.08.2019.)

No terceiro quadrinho, depois de refletir sobre as observações de Charlie Brown, Linus _____ a partir das ideias expostas, o que leva Charlie, no último quadrinho, a fazer um comentário _____ sobre o amigo.

Para que o texto esteja de acordo com o conteúdo da tirinha, as lacunas devem ser preenchidas, respectivamente, por

(A) apresenta um enigma ... ambíguo
(B) reitera um equívoco ... abalizado
(C) faz uma dedução ... irônico
(D) retifica uma crítica ... divertido
(E) levanta uma hipótese ... lisonjeiro

O raciocínio de Linus no terceiro quadrinho é uma dedução que parte da premissa estabelecida no quadrinho anterior. O comentário de Charlie Brown, por sua vez, é irônico, sarcástico.
Gabarito "C".

Estudos divulgados pela OMS (Organização Mundial da Saúde) mostram que, só no ano de 2010, 50 milhões de pessoas no mundo sobreviveram a acidentes de trânsito com algum traumatismo ou ferida. Se nada for feito, a estimativa é de que teremos 1,9 milhão de mortes no trânsito em 2020 e 2,4 milhões em 2030.

(www.sbotrj.com.br. Adaptado)

(Soldado – PM/SP – 2018 – VUNESP) O texto estabelece uma relação entre

(A) traumatismo ou ferida e seus tratamentos.
(B) acidentes de trânsito e suas causas.
(C) mortes no trânsito e suas repercussões.
(D) mortes no trânsito e suas formas de prevenção.
(E) acidentes de trânsito e suas consequências.

O texto pretende estabelecer uma correlação entre o número de acidentes de trânsito e suas consequências (traumatismos, feridas ou morte).
Gabarito "E".

(Soldado – PM/SP – 2018 – VUNESP) O cartaz chama atenção para o fato de que

(A) enviar mensagens pelo celular enquanto se dirige pode provocar acidentes.
(B) é importante que os pais estejam informados sobre o paradeiro dos filhos.
(C) os traumatismos mais graves são resultado de acidentes de trânsito.
(D) dirigir após usar o celular é um comportamento perigoso, que deve ser evitado.
(E) os jovens são as principais vítimas de acidentes de trânsito no Brasil.

A mensagem passada pelo cartaz destaca o risco criado pelo uso do celular para digitar mensagens enquanto guiando um veículo.
Gabarito "A".

Por que o criador do botão 'curtir' do Facebook apagou as redes sociais do celular

A tecnologia só deve prender nossa atenção nos momentos em que nós queremos, conscientemente, prestar atenção nela. "Em todos os outros casos, deve ficar fora do nosso caminho."

Quem afirma não é um dos críticos tradicionais das redes sociais, mas justamente o executivo responsável pela criação do botão 'curtir' nos primórdios do Facebook, há mais de dez anos.

Depois de perceber que as notificações de aplicativos como o próprio Facebook ocupavam boa parte do seu dia, eram distrativas e o afastavam das relações na vida real, o matemático Justin Rosenstein decidiu apagar todas as redes sociais, aplicativos de e-mails e notícias de seu celular, em busca de mais "presença" no mundo off-line.

Interrogado se ele se arrepende por ter criado a fonte da distração que hoje tanto critica, responde: "Nenhum arrependimento. Sempre que se tenta progredir, haverá consequências inesperadas. Você tem que ter humildade e ter muita atenção no que acontece depois, para fazer mudanças conforme for apropriado".

(Ricardo Senra. www.bbc.com. Adaptado)

(Bill Watterson. O melhor de Calvin. 31.03.2018. http://cultura.estadao.com.br)

(Soldado – PM/SP – 2018 – VUNESP) Justin Rosenstein apagou as redes sociais do celular porque elas

(A) geravam discussões pouco edificantes que incitavam a intolerância.
(B) demandavam que ele passasse tempo excessivo envolvido no trabalho.
(C) faziam com que ele se distanciasse das interações na vida não virtual.
(D) exigiam que ele dedicasse muita atenção à resolução de equações.
(E) impulsionaram os negócios e exigiram computadores mais sofisticados.

Segundo o texto, o executivo optou por deixar as redes sociais fora de seu celular porque elas atrapalhavam sua produtividade no trabalho e afastavam-no da vida em sociedade no mundo real.
Gabarito "C".

(Soldado – PM/SP – 2018 – VUNESP) Uma frase condizente com as informações do último parágrafo é:

(A) Consciente dos malefícios de sua criação, Rosenstein lamenta não ter feito mudanças logo no começo.
(B) Apesar de perceber as limitações de sua criação, Rosenstein não vê necessidade de modificá-la.
(C) Por não ver problemas em sua invenção, Rosenstein não considera ter motivos para se sentir arrependido.
(D) Embora Rosenstein reconheça as consequências imprevistas de sua criação, não se mostra arrependido.
(E) Rosenstein arrepende-se de sua invenção, porém admite que já é tarde para corrigir os seus erros.

A única afirmação que corresponde à mensagem transmitida pelo último parágrafo é a letra "D", que deve ser assinalada. Todas as demais distorcem o que foi dito, alterando o significado do texto.
Gabarito "D".

(Soldado – PM/SP – 2018 – VUNESP) Na fala do último quadrinho, o garoto

(A) revela-se entediado diante da falta de opções de diversão.
(B) contraria a afirmação de que sábado é o melhor dia da semana.
(C) mostra-se confuso diante da grande variedade de atividades.
(D) reforça a ideia de que se lançará a diversas distrações.
(E) reduz as oportunidades de diversão a uma única.

O humor da tira reside na surpresa em relação à opção de Calvin em como passar o sábado. Inicialmente, engrandece as oportunidades ilimitadas que o dia lhe apresenta, para depois reduzi-las a uma única de seu interesse – ver desenhos.
Gabarito "E".

Geovani Martins: como a favela me fez escritor

Nasci em Bangu, Zona Oeste do Rio de Janeiro, em 1991. Em 2004, aos 13 anos de idade, mudei com minha mãe e meus irmãos para o Vidigal, na Zona Sul da cidade. Destaco esses lugares e essas datas para dizer que "O sol na cabeça", meu primeiro livro, publicado em março de 2018, teve início com o choque provocado por essa mudança.

Era tudo diferente: o jeito de falar, de brincar na rua, as regras no futebol, a música, o ritmo das pessoas, até o sol parecia queimar de outra forma. Eu ficava no meio, tentando me adaptar. Depois dessa primeira mudança encarei mais umas tantas; até o ano de 2015 já havia me mudado 17 vezes. A partir desse trânsito constante entre tantas casas, becos, ruas e praças, parti para o livro com a ideia de que a periferia precisa ser tratada sempre como algo em movimento.

A favela hoje é centro, produz cultura e movimenta a economia. O favelado cria e consome como qualquer outra pessoa do planeta. E quando digo consome, não me refiro apenas a Nike, Adidas, Samsung, Microsoft. Falo também da cultura pop que faz a cabeça dos jovens do mundo todo, como os filmes e as séries de sucesso mundial. A cultura erudita, como Shakespeare e Machado de Assis, também encontra seus públicos por becos e vielas.

(Geovani Martins. https://epoca.globo.com. 06.03.2018. Adaptado)

(Soldado – PM/SP – 2018 – VUNESP) Geovani Martins conta que seu livro é resultado de

(A) sua vivência pessoal em diferentes favelas.
(B) uma imaginação sem paralelo com a realidade.
(C) histórias que leu quando ainda era criança.
(D) uma reescrita de livros de autores eruditos.
(E) leituras de estudos realizados por intelectuais.

No primeiro parágrafo, o autor deixa claro que sua ideia para escrever o livro veio das diferentes favelas em que viveu, mudando sucessivamente de residência. Esse texto é importante exemplo da necessidade de ampliarmos nossa cultura para as questões de interpretação: é fundamental saber previamente que Bangu e Vidigal são bairros populares do Rio de Janeiro.
Gabarito "A".

(Soldado – PM/SP – 2018 – VUNESP) Para o autor, consumir

(A) é um benefício pouco acessível a moradores de favelas.
(B) significa produzir itens que classifica como supérfluos.
(C) restringe-se a adquirir produtos produzidos por multinacionais.
(D) envolve comprar produtos industrializados e apreciar arte.
(E) equivale a rejeitar a influência da cultura estrangeira.

Quanto aos hábitos de consumo das pessoas que moram na favela, o autor deixa claro que são os mesmos de quaisquer outros ambientes e envolve produtos industrializados (as marcas Nike, Adidas, Samsung citadas) como também arte e cultura pop.
Gabarito "D".

(Soldado – PM/SP – 2018 – VUNESP) Uma das características das favelas para a qual o autor chama a atenção é a

(A) precariedade do saneamento.
(B) desigualdade econômica.
(C) ausência de segurança.
(D) diversidade cultural.
(E) falta de opções de lazer.

Ainda que todas as alternativas exponham características das favelas divulgadas pela mídia, a única expressamente comentada pelo autor do texto é a diversidade cultural.
Gabarito "D".

Nas escolas da Catalunha, a separação da Espanha tem apoio maciço. É uma situação que contrasta com outros lugares de Barcelona, uma cidade que vive hoje em duas dimensões. De um lado, há a Barcelona dos turistas, que se cotovelam nos pontos turísticos da cidade, fazem fila para entrar nos museus e buscam mesa nos restaurantes. Para a maioria deles, a capital da Catalunha segue seu ritmo normal. Nos bairros afastados do centro turístico, onde se concentram os moradores de Barcelona, todas as conversas tratam da tensa situação política – e há muita divisão em relação à independência. Segundo a última pesquisa feita pelo jornal El Mundo, 33% dos catalães são a favor da criação de um estado independente, enquanto 58% são contra. A divisão pode ser verificada pelas bandeiras penduradas nas sacadas e janelas. Chama a atenção ver as esteladas, como são conhecidas as bandeiras independentistas, disputando o espaço com as bandeiras da Espanha.

Nesse quadro de cisão, o separatismo tem nas escolas suas grandes aliadas para propagar as ideias nacionalistas. Isso ocorre desde a redemocratização espanhola, no fim dos anos 1970. Antes disso, durante a ditadura comandada pelo general Francisco Franco, que governou a Espanha entre 1938 e 1973, os colégios públicos eram proibidos de ensinar em catalão. Somente os privados ofereciam aulas nessa língua. Em sua maioria, essas escolas tinham perfil inovador e vanguardista, se comparadas às tradicionais escolas católicas da época. Com a queda do general Franco, as escolas catalãs privadas foram incorporadas à rede pública e tornaram-se o modelo principal do sistema educacional, que hoje abriga 1,5 milhão de alunos e 71 mil professores. Como a educação pública na Espanha está a cargo dos governos regionais, os diretores dos centros escolares são escolhidos a dedo pelo governo catalão – que toma o cuidado de selecionar somente diretores separatistas. "A manipulação dos jovens é central para o independentismo catalão. É assim com qualquer movimento supremacista na Europa", diz a historiadora espanhola Maria Elvira Roca. "É mais fácil convencer estudantes a apaixonarem-se por uma causa do que trabalhadores que estão encerrados num escritório".

(Época, 13.11.2017. Adaptado)

(Juiz de Direito – TJ/RS – 2018 – VUNESP) Ao tratar do movimento separatista catalão, o texto

(A) resgata dados da história da dominação franquista na Espanha, com a finalidade de propiciar conclusões favoráveis ao retorno do sistema educacional aos moldes tradicionais.
(B) mostra-se tendencioso, apontando fatos e dados que levam o leitor a concluir que o objetivo da maioria dos catalães se justifica, em nome da liberdade ideológica.
(C) privilegia a objetividade na apresentação das diferenças de opinião da comunidade catalã e aponta ações oficiais para afirmar a ideia de independência da Catalunha.
(D) apresenta argumentos contraditórios, ao partir de premissas que contrapõem dados sem vínculo lógico, tais como o modo como os catalães e turistas se envolvem na causa.
(E) relata com subjetividade os princípios dos grupos ideologicamente divididos sobre a causa, enfatizando o argumento da importância dos jovens nas tomadas de decisão.

(interpretação) **A**: incorreta. A menção ao governo Franco se deu unicamente para esclarecer as razões das escolas terem se tornado um centro de propagação das ideias separatistas, mas o texto não faz juízo de valor sobre isso; **B**: incorreta. O texto trabalha com dados objetivos a questão do movimento separatista, apresentando números obtidos em pesquisas independentes; **C**: correta, conforme os comentários anteriores; **D**: incorreta. Não há qualquer contraditoriedade. O autor apenas chama a atenção para a existência de duas realidades distintas que coexistem na Catalunha; **E**: incorreta. Mais uma vez, destaque-se a objetividade do texto ao tratar dos diferentes pontos de vista.
Gabarito "C".

Texto I

Como reparar a escravidão?

Como falar de um assunto grave e controverso no Brasil iracundo dos dias de hoje? Como falar da herança do escravismo brasileiro no nosso cotidiano?

Para fundamentar a pertinência da discussão, cabe lembrar que a maioria da população brasileira, ou seja, 54% dos habitantes em 2014, se autoidentificam como afrodescendente. A origem desse panorama cultural tem suas raízes no povoamento do Brasil. Em cada 100 indivíduos desembarcados entre 1550 e 1850 no Brasil, 86 eram africanos escravizados e só catorze eram cidadãos portugueses. As estatísticas podem variar com novas pesquisas, mas é improvável que a proporção se altere. No século XX, imigrantes de outras paragens aumentaram a categoria dos brancos e, mais geralmente, dos habitantes não negros. Houve, contudo, desde 1960, uma queda geral da taxa de fecundidade. Mais acentuado entre as mulheres brancas do que entre as mulheres mulatas e negras, esse fenômeno acabou gerando a proeminência populacional afrodescendente. Algumas constatações podem ser tiradas dessa evolução.

Foi essencialmente o trabalho africano e afro-brasileiro que sustentou os chamados ciclos econômicos – açúcar, ouro e café – e costurou as capitanias e depois as províncias num corpo nacional. Por esse motivo, faz todo o sentido incluir o estudo da história africana e afro-brasileira no ensino médio. Em seguida, é preciso rever o discurso sobre a nacionalidade. Não se pode dizer apenas que "O Brasil é uma obra de imigrantes, homens e mulheres de todos os continentes", como afirmou o presidente no seu discurso na Organização das Nações Unidas. O que deve ser dito, na ONU e alhures, é o seguinte: "O Brasil é obra de milhões de deportados africanos, índios e outros milhões de imigrantes pobres, que criaram uma nação, um Estado independente e multicultural".

(Luiz Felipe de Alencastro. Como reparar a escravidão.
Veja, 22.11.2017. Adaptado)

Texto II

Os pretos e pardos representam metade da população brasileira, mas apenas 9,8% dos deputados e senadores, segundo levantamento da Transparência Brasil. Considerado apenas o Senado, pretos e pardos compõem somente 3,7% da Casa – 3 de um total de 81 senadores. Na Câmara, a parcela é de 10,7% – 55 dos 513 deputados.

(https://fernandorodrigues.blogosfera.uol.com.br)

(Juiz de Direito – TJ/RS – 2018 – VUNESP) Confrontando-se as informações dos dois textos, conclui-se corretamente que

(A) o papel dos afrodescendentes na política nacional revela uma forma justa de legislação a favor de suas causas históricas.
(B) os afrodescendentes, como são maioria demográfica no Brasil, decidem as questões de maior relevância para o país.
(C) o fato de os afrodescendentes serem minoria na política faz com que suas causas sejam tratadas com mais rigor legal.
(D) os afrodescendentes são uma maioria demográfica, social e cultural, mas são uma minoria na política.
(E) a política tem sido receptiva com os afrodescendentes, o que é coerente com o papel destes no cenário demográfico nacional.

A única alternativa que apresenta uma conclusão coerente com a análise conjunta dos dois textos é a letra "D", que deve ser assinalada. Com efeito, enquanto o Texto I destaca a formação histórica da etnia brasileira e demonstra as razões da maioria numérica dos negros e pardos, o segundo demonstra que, dentre os membros do Poder Legislativo, a representatividade está praticamente "invertida".

Gabarito "D".

(Juiz de Direito – TJ/RS – 2018 – VUNESP) A leitura dos dois textos permite identificar, além da voz do narradores, uma outra, cujo discurso sugere que se faça justiça à participação de povos escravizados na formação do país. Essa voz está expressa em:

(A) O Brasil é uma obra de imigrantes, homens e mulheres de todos os continentes...
(B) No século XX, imigrantes de outras paragens aumentaram a categoria dos brancos e, mais geralmente, dos habitantes não negros.
(C) O Brasil é obra de milhões de deportados africanos, índios e outros milhões de imigrantes pobres, que criaram uma nação, um Estado independente e multicultural.
(D) Em cada 100 indivíduos desembarcados entre 1550 e 1850 no Brasil, 86 eram africanos escravizados e só catorze eram cidadãos portugueses.
(E) Os pretos e pardos representam metade da população brasileira, mas apenas 9,8% dos deputados e senadores, segundo levantamento da Transparência Brasil.

A e B: incorretas. As passagens não destacam a importância dos povos escravizados, mas a diminuem, comparando-os com os imigrantes que para cá vieram voluntariamente; **C:** correta. A passagem retirada do final do primeiro texto é a que resume perfeitamente a ideia proposta no enunciado; **D e E:** incorretas. Trata-se de dados objetivos, técnicos, que por si não expõem a opinião proposta no enunciado.

Gabarito "C".

Algoritmos e desigualdade

Virginia Eubanks, professora de ciências políticas de Nova York, é autora de Automating Inequality (Automatizando a Desigualdade), um livro que explora a maneira como os computadores estão mudando a prestação de serviços sociais nos Estados Unidos. Seu foco é o setor de serviços públicos, e não o sistema de saúde privado, mas a mensagem é a mesma: com as instituições dependendo cada vez mais de algoritmos preditivos para tomar decisões, resultados peculiares – e frequentemente injustos – estão sendo produzidos.

Virginia Eubanks afirma que já acreditou na inovação digital. De fato, seu livro tem exemplos de onde ela está funcionando: em Los Angeles, moradores de rua que se beneficiaram dos algoritmos para obter acesso rápido a abrigos. Em alguns lugares, como Allegheny, houve casos em que "dados preditivos" detectaram crianças vulneráveis e as afastaram do perigo.

Mas, para cada exemplo positivo, há exemplos aflitivos de fracassos. Pessoas de uma mesma família de Allegheny foram perseguidas por engano porque um algoritmo as classificou como propensas a praticar abuso infantil. E em Indiana há histórias lastimáveis de famílias que tiveram assistência de saúde negada por causa de computadores com defeito. Alguns desses casos resultaram em mortes.

Alguns especialistas em tecnologia podem alegar que esses são casos extremos, mas um padrão similar é descrito pela matemática Cathy O'Neill em seu livro Weapons of Math Destruction. "Modelos matemáticos mal concebidos agora controlam os mínimos detalhes da economia, da propaganda às prisões", escreve ela.

Existe alguma solução? Cathy O'Neill e Virginia Eubanks sugerem que uma opção seria exigir que os tecnólogos façam algo parecido com o julgamento de Hipócrates: "em primeiro lugar, fazer o bem". Uma segunda ideia – mais custosa – seria forçar as instituições a usar algoritmos para contratar muitos assistentes sociais humanos para complementar as tomadas de decisões digitais. Uma terceira ideia seria assegurar que as pessoas que estão criando e rodando programas de computador sejam forçadas a pensar na cultura, em seu sentido mais amplo.

Isso pode parecer óbvio, mas até agora os nerds digitais das universidades pouco contato tiveram com os nerds das ciências sociais – e vice-versa. A computação há muito é percebida como uma zona livre de cultura e isso precisa mudar.

(Gillian Tett. www.valor.com.br. 23.02.2018. Adaptado)

(Investigador – PC/BA – 2018 – VUNESP) Ao aproximar os pontos de vista de Virginia Eubanks e de Cathy O'Neill, o autor defende a tese de que os algoritmos preditivos

(A) necessitam manter-se restritos à economia e a áreas afins.
(B) devem ser abandonados pois ainda não beneficiaram os cidadãos.
(C) podem levar à tomada de decisões equivocadas e injustas.
(D) são bem-sucedidos no setor privado, mas não no setor público.
(E) precisam ser confiáveis ao ponto de substituir as escolhas humanas.

A e B: incorretas. O tema central do texto é propor ideias que possibilitem o uso mais justo e realista dos algoritmos; **C**: correta. Esta é a crítica central do autor aos algoritmos e mola propulsora das opiniões expostas no texto; **D**: incorreta. Não há qualquer passagem do texto que autorize essa conclusão; **E**: incorreta. Ao contrário, uma das soluções para as injustiças criadas seria justamente complementar a atuação dos computadores com analistas humanos.

Gabarito "C".

(Investigador – PC/BA – 2018 – VUNESP) O pronome Isso, iniciando o último parágrafo, remete

(A) à compreensão de que a tecnologia não deve ser vista como um facilitador das relações interpessoais.
(B) à ideia de exigir que graduados em ciências sociais desenvolvam os programas de computador.
(C) ao fato de que os programas de computador têm sido projetados por profissionais com pouco conhecimento da tecnologia.
(D) à concepção de tecnologia como uma abstração, com pouca aplicação prática na cultura contemporânea.
(E) à sugestão de forçar programadores de computador a refletir sobre a cultura de forma ampla.

O pronome demonstrativo foi usado com função anafórica, ou seja, para resgatar algo que foi dito logo antes: que uma solução possível para o problema é forçar os programadores a pensar em cultura num sentido mais amplo.

Gabarito "E".

Quem assiste a "Tempo de Amar" já reparou no português extremamente culto e correto que é falado pelos personagens da novela. Com frases que parecem retiradas de um romance antigo, mesmo nos momentos mais banais, os personagens se expressam de maneira correta e erudita.

Ao UOL, o autor da novela, Alcides Nogueira, diz que o linguajar de seus personagens é um ponto que leva a novela a se destacar. "Não tenho nada contra a linguagem coloquial, ao contrário. Acho que a língua deve ser viva e usada em sintonia com o nosso tempo. Mas colocar um português bastante culto torna a narrativa mais coerente com a época da trama. Fora isso, é uma oportunidade de o público conhecer um pouco mais dessa sintaxe poucas vezes usada atualmente".

O escritor, que assina o texto da novela das 18h ao lado de Bia Corrêa do Lago, conta que a decisão de imprimir um português erudito à trama foi tomada por ele e apoiada pelo diretor artístico, Jayme Monjardim. Ele revela que toma diversos cuidados na hora de escrever o texto, utilizando, inclusive, o dicionário. "Muitas vezes é preciso recorrer às gramáticas. No início, o uso do coloquial era tentador. Aos poucos, a escrita foi ficando mais fácil", afirma Nogueira, que também diz se inspirar em grandes escritores da literatura brasileira e portuguesa, como Machado de Assis e Eça de Queiroz.

Para o autor, escutar os personagens falando dessa forma ajuda o público a mergulhar na época da trama de modo profundo e agradável. Compartilhou-lhe o sentimento Jayme Monjardim, que também explica que a estética delicada da novela foi pensada para casar com o texto. "É uma novela que se passa no fim dos anos 1920, então tudo foi pensado para que o público entrasse junto com a gente nesse túnel do tempo. Acho que isso é importante para que o telespectador consiga se sentir em outra época", diz.

(Guilherme Machado. UOL. https://tvefamosos.uol.com.br.
15.11.2017. Adaptado)

(Escrevente – TJ/SP – 2018 – VUNESP) De acordo com o texto, entende-se que as formas linguísticas empregadas na novela

(A) correspondem a um linguajar que, apesar de ser antigo, continua em amplo uso na linguagem atual.
(B) divergem dos usos linguísticos atuais, caracterizados pela adoção de formas mais coloquiais.
(C) estão associadas ao coloquial, o que dá mais vivacidade à linguagem e desperta o interesse do público.
(D) harmonizam-se com a linguagem dos dias atuais porque deixam de lado os usos corretos e formais.
(E) constituem usos comuns na linguagem moderna, porém a maior parte das pessoas não os entende.

A ideia central do texto é destacar que o linguajar culto empregado na novela chama a atenção dos telespectadores, justamente porque é muito diferente do uso que fazemos do idioma em nossos dias, muito mais marcado pela coloquialidade.

Gabarito "B".

(Escrevente – TJ/SP – 2018 – VUNESP) As informações textuais permitem afirmar corretamente que

(A) a proximidade entre a literatura e as novelas exige que haja um senso estético aguçado em relação à linguagem, por isso essas artes primam pelo erudito.
(B) a linguagem coloquial atrai sobremaneira os autores de novelas, como é o caso de Alcides Nogueira, que desconhecia o emprego de formas eruditas.
(C) a linguagem erudita deixa de ser empregada na novela quando há necessidade de retratar os momentos mais banais vividos pelas personagens.
(D) a opção por escrever uma novela de época implica a transposição de elementos visuais e linguísticos para o tempo presente, modernizando-os.
(E) a harmonização entre a linguagem e a estética da novela contribui para que a caracterização de uma época seja mais bem entendida pelo público.

A única alternativa que retrata uma ideia presente no texto é a letra "E", que deve ser assinalada. Com efeito, as manifestações de Alcides Nogueira e Jayme Monjardim complementam-se para esclarecer a aderência do tempo em que se passa a novela com a estética apresentada e o linguajar dos personagens, criando assim um ambiente muito mais fidedigno na trama.

Gabarito "E".

(Escrevente – TJ/SP – 2018 – VUNESP) No texto, há exemplo de uso coloquial da linguagem na passagem:

(A) ... então tudo foi pensado para que o público entrasse junto com a gente nesse túnel do tempo.
(B) Com frases que parecem retiradas de um romance antigo, [...] os personagens se expressam de maneira correta e erudita.
(C) Quem assiste a "Tempo de Amar" já reparou no português extremamente culto e correto...
(D) ... o autor da novela [...] diz que o linguajar de seus personagens é um ponto que leva a novela a se destacar.
(E) Ele revela que toma diversos cuidados na hora de escrever o texto, utilizando, inclusive, o dicionário.

A única alternativa com traços de coloquialidade é a letra "A", que deve ser assinalada. A expressão "a gente" é coloquial, a norma padrão prefere "entrasse conosco".

Gabarito "A".

(Escrevente – TJ/SP – 2018 – VUNESP) Sem prejuízo de sentido ao texto, as passagens "Quem assiste a 'Tempo de Amar' já reparou no português extremamente culto..." (1º parágrafo) e "Aos poucos, a escrita foi ficando mais fácil"... (3º parágrafo) estão corretamente reescritas em:

(A) Quem assiste a "Tempo de Amar" já corrigiu o português excepcionalmente culto... / Seguramente, a escrita foi ficando mais fácil.
(B) Quem assiste a "Tempo de Amar" já se deu conta do português agudamente culto... / Rapidamente, a escrita foi ficando mais fácil.
(C) Quem assiste a "Tempo de Amar" já percebeu o português muitíssimo culto... / Paulatinamente, a escrita foi ficando mais fácil.
(D) Quem assiste a "Tempo de Amar" já reconheceu o português ocasionalmente culto... / Curiosamente, a escrita foi ficando mais fácil.
(E) Quem assiste a "Tempo de Amar" já se aborreceu com o português sagazmente culto... / Lentamente, a escrita foi ficando mais fácil.

A única paráfrase que não alterou o sentido original foi a proposta na letra "C", que deve ser assinalada. "Reparar", no caso, é sinônimo de "perceber", "notar"; "extremamente" é advérbio de intensidade, portanto pode ser substituído por "muitíssimo", outro advérbio de intensidade; "aos poucos", por sua vez, é locução adverbial de tempo, por isso equivale a "paulatinamente", "progressivamente".

Gabarito "C".

Se determinado efeito, lógico ou artístico, mais fortemente se obtém do emprego de um substantivo masculino apenso a substantivo feminino, não deve o autor hesitar em fazê-lo. Quis eu uma vez dar, em uma só frase, a ideia – pouco importa se vera ou falsa – de que Deus é simultaneamente o Criador e a Alma do mundo. Não encontrei melhor maneira de o fazer do que tornando transitivo o verbo "ser"; e assim dei à voz de Deus a frase:

– Ó universo, eu sou-te, em que o transitivo de criação se consubstancia com o intransitivo de identificação.

Outra vez, porém em conversa, querendo dar incisiva, e portanto concentradamente, a noção verbal de que certa senhora tinha um tipo de rapaz, empreguei a frase "aquela rapaz", violando deliberadamente e justissimamente a lei fundamental da concordância.

A prosódia, já alguém o disse, não é mais que função do estilo.

A linguagem fez-se para que nos sirvamos dela, não para que a sirvamos a ela.

(Fernando Pessoa. A língua portuguesa, 1999. Adaptado)

(Escrevente – TJ/SP – 2018 – VUNESP) No texto, o autor defende que

(A) a transformação das formas de comunicação está restrita à linguagem oral, normalmente menos formal que a escrita.
(B) a linguagem deve atender às necessidades comunicativas das pessoas, nem que para isso suas regras tenham de ser violadas.
(C) o estilo dos escritores rompe com a tradição da linguagem, o que implica que eles, cada vez mais, estão submissos a ela.
(D) os discursos lógicos e artísticos, para serem mais coerentes, têm evitado as violações linguísticas a que poderiam recorrer.
(E) a forma como muitas pessoas se comunicam cotidianamente tem deturpado a essência da língua, comprometendo-lhe a clareza.

A resposta se encontra no último parágrafo do texto: Fernando Pessoa acreditava que a linguagem deve refletir a vida real, os sentimentos das pessoas, sem se preocupar com as regras da gramática. Aqueles devem sempre preponderar sobre esta.

Gabarito "B".

Ai, Gramática. Ai, vida.
O que a gente deve aos professores!
Este pouco de gramática que eu sei, por exemplo, foram Dona Maria de Lourdes e Dona Nair Freitas que me ensinaram. E vocês querem coisa mais importante do que gramática? La grammaire qui sait régenter jusqu'aux rois – dizia Molière: a gramática que sabe reger até os reis, e Montaigne: La plus part des ocasions des troubles du monde sont grammairiens – a maior parte de confusão no mundo vem da gramática.

Há quem discorde. Oscar Wilde, por exemplo, dizia de George Moore: escreveu excelente inglês, até que descobriu a gramática. (A propósito, de onde é que eu tirei tantas citações? Simples: tenho em minha biblioteca três livros contendo exclusivamente citações. Para enfeitar uma crônica, não tem coisa melhor. Pena que os livros são em inglês. Aliás, inglês eu não aprendi na escola. Foi lendo as revistas MAD e outras que vocês podem imaginar).

Discordâncias à parte, gramática é um negócio importante e gramática se ensina na escola – mas quem, professoras, nos ensina a viver? Porque, como dizia o Irmão Lourenço, no schola sed vita – é preciso aprender não para a escola, mas para a vida.

Ora, dirão os professores, vida é gramática. De acordo. Vou até mais longe: vida é pontuação. A vida de uma pessoa é balizada por sinais ortográficos. Podemos acompanhar a vida de uma criatura, do nascimento ao túmulo, marcando as diferentes etapas por sinais de pontuação.

Infância: a permanente exclamação:

Nasceu! É um menino! Que grande! E como chora! Claro, quem não chora não mama!

Me dá! É meu!

Ovo! Uva! Ivo viu o ovo! Ivo viu a uva! O ovo viu a uva! Olha como o vovô está quietinho, mamãe!

Ele não se mexe, mamãe! Ele nem fala, mamãe!

Ama com fé e orgulho a terra em que nasceste! Criança – não verás nenhum país como este!

Dá agora! Dá agora, se tu és homem! Dá agora, quero ver!

(Moacyr Scliar. Minha mãe não dorme enquanto eu não chegar, 1996. Adaptado)

(Escrevente – TJ/SP – 2018 – VUNESP) No texto, o autor recorre a várias citações, com a finalidade de

(A) discutir a falta de necessidade do ensino de gramática, uma vez que seu domínio não implica necessariamente saber usar a língua de forma adequada.
(B) enfatizar as discrepâncias quanto à necessidade da gramática para a vida, concluindo que ela é inútil e só tem servido como atividade escolar.
(C) propor a obrigatoriedade do ensino da gramática dentro e fora da escola, possibilitando que as pessoas usem melhor a língua materna.
(D) questionar a fascinação que grandes personalidades têm em relação à gramática, a qual, na maioria das vezes, ultrapassa os limites do contexto escolar.
(E) mostrar diferentes perspectivas em relação à gramática, concluindo que ela é relevante e que algumas de suas partes assemelham-se a fases da vida.

(interpretação) A proposta do autor é usar as citações para demonstrar a importância da gramática de forma leve e bem-humorada, criando ao final sua teoria de que a norma padrão, especialmente as de pontuação, pode ser comparada à vida humana.
Gabarito "E".

(Escrevente – TJ/SP – 2018 – VUNESP) Observe as passagens do texto:

• O que a gente deve aos professores! (1º parágrafo)
• ... mas quem, professoras, nos ensina a viver? (4º parágrafo)

Observando-se o contexto em que ocorrem e a pontuação nelas presentes, conclui-se que as frases apontam, correta e respectivamente, para os seguintes sentidos:

(A) o narrador sente que está em dívida com os professores, por tudo o que aprendeu; o narrador acredita que o papel da gramática no cotidiano é incompreendido.
(B) o narrador demonstra reconhecimento pelo que lhe foi ensinado pelos professores; o narrador questiona qual é o papel da gramática na vida cotidiana das pessoas.
(C) o narrador ironiza a educação e os ensinamentos de seus professores; o narrador sugere que a gramática não tem importância nenhuma na vida das pessoas.
(D) o narrador expressa certo descontentamento com o que os professores lhe ensinaram; o narrador tem plena certeza de que a gramática transforma a vida das pessoas.
(E) o narrador questiona os ensinamentos gramaticais que recebeu dos professores; o narrador discorda da ideia de que a gramática seja a disciplina mais importante.

A primeira passagem está escrita de uma forma que a assemelha a uma interjeição, uma louvação aos professores e à importância de tudo que ensinam. A segunda passagem, por sua vez, é uma pergunta retórica, para provocar reflexão no leitor, sobre o conflito entre a educação formal e aquilo que realmente precisamos saber para viver bem.
Gabarito "B".

(Escrevente – TJ/SP – 2018 – VUNESP) Quando o autor diz que a vida é pontuação e associa a infância à exclamação, seu objetivo é mostrar que

(A) o pleno encantamento marca esse período da vida, e as emoções tendem a mostrar-se com mais intensidade e espontaneidade.
(B) a percepção exagerada das crianças não tem como se justificar na relação que elas estabelecem com os adultos e o mundo.
(C) os adultos tendem a ficar incomodados com a forma como as crianças vão descobrindo os segredos do mundo.
(D) os adultos têm dificuldade para atender o encantamento das crianças pelas suas descobertas com o mundo que as circunda.
(E) as crianças normalmente descobrem o mundo sem reagir aos acontecimentos que marcam essa etapa de seu desenvolvimento.

O ponto de exclamação serve para demonstrar surpresa, encantamento, emoções efusivas. O autor aproxima esse conceito da intensidade da vida na infância, onde tudo é emotivo, forte, agitado.
Gabarito "A".

(Escrevente – TJ/SP – 2018 – VUNESP) O que Oscar Wilde afirma acerca de George Moore – escreveu excelente inglês, até que descobriu a gramática – significa que

(A) George Moore passou a escrever em inglês popular somente depois que descobriu a riqueza da gramática.
(B) a descoberta da gramática por George Moore surpreendeu a todos, pelo padrão de excelência de sua obra.
(C) o fato de escrever com excelência em inglês não impediu George Moore de buscar linguagem mais contemporânea.
(D) a gramática agiu, na obra de George Moore, para acentuar sua tendência a uma escrita de alta qualidade técnica.
(E) o contato com a gramática ocasionou, na obra de George Moore, o comprometimento da qualidade de sua escrita.

A frase de Oscar Wilde quer dizer que o George Moore escrevia melhor quando não estava preocupado com as normas gramaticais.
Gabarito "E".

(Escrevente – TJ/SP – 2018 – VUNESP) Assinale a alternativa em que as frases da passagem **Infância: a permanente exclamação** expressam as vivências infantis relacionadas à possessividade e à escolarização, respectivamente.

(A) Dá agora! Dá agora, se tu és homem! / Ele não se mexe, mamãe!
(B) Que grande! E como chora! / Ele nem fala, mamãe!
(C) Ama com fé e orgulho a terra em que nasceste! / Dá agora, quero ver!
(D) Me dá! É meu! / Ovo! Uva! Ivo viu o ovo! Ivo viu a uva! O ovo viu a uva!
(E) Claro, quem não chora não mama! / Olha como o vovô está quietinho, mamãe!

A possessividade das crianças está ilustrada na passagem: "Me dá! É meu!", ou seja, as palavras de ordem invocadas pelas crianças quando são tolhidas das coisas que acreditam lhes pertencer. Já a escolarização vem na passagem: "Ovo! Uva! Ivo viu o ovo! Ivo viu a uva! O ovo viu a uva!". É uma ilustração das antigas cartilhas de alfabetização.
Gabarito "D".

(Escrevente – TJ/SP – 2018 – VUNESP) Assinale a alternativa em que há expressão(ões) empregada(s) em sentido figurado.

(A) Oscar Wilde, por exemplo, dizia de George Moore: escreveu excelente inglês, até que descobriu a gramática.
(B) Aliás, inglês eu não aprendi na escola. Foi lendo as revistas MAD e outras que vocês podem imaginar.
(C) Este pouco de gramática que eu sei, por exemplo, foram Dona Maria de Lourdes e Dona Nair Freitas que me ensinaram.
(D) Ora, dirão os professores, vida é gramática. De acordo. Vou até mais longe: vida é pontuação.
(E) Simples: tenho em minha biblioteca três livros contendo exclusivamente citações.

"Sentido figurado" é outra forma de designar a metáfora, o uso de palavras como uma comparação subentendida. A única passagem em que ela ocorre é: "vida é pontuação" – a qual poderia ser reescrita como: "a vida é como a pontuação" (comparação explícita).
Gabarito "D".

Muito antes de haver história, já havia seres humanos. Animais bastante similares aos humanos modernos surgiram por volta de 2,5 milhões de anos atrás. Mas, por incontáveis gerações, eles não se destacaram da miríade de outros organismos com os quais partilhavam seu habitat.

Em um passeio pela África Oriental de 2 milhões de anos atrás, você poderia muito bem observar certas características humanas familiares: mães ansiosas acariciando seus bebês e bandos de crianças despreocupadas brincando na lama; jovens temperamentais rebelando-se contra as regras da sociedade e idosos cansados que só queriam ficar em paz; machos orgulhosos tentando impressionar as beldades locais e velhas matriarcas sábias que já tinham visto de tudo. Esses humanos arcaicos amavam, brincavam, formavam laços fortes de amizade e competiam por status e poder – mas os chimpanzés, os babuínos e os elefantes também. Não havia nada de especial nos humanos. Ninguém, muito menos eles próprios, tinha qualquer suspeita de que seus descendentes um dia viajariam à Lua, dividiriam o átomo, mapeariam o código genético e escreveriam livros de história. A coisa mais importante a saber acerca dos humanos pré-históricos é que eles eram animais insignificantes, cujo impacto sobre o ambiente não era maior que o de gorilas, vaga-lumes ou águas-vivas.

(Yuval Noah Harari. Sapiens: uma breve história da humanidade. Trad. Janaína Marcoantonio, Porto Alegre, L&PM, 2015, p. 08-09)

(Escrevente Técnico – TJM/SP – VUNESP – 2017) A ideia central do texto é:

(A) os humanos vêm evoluindo tão lentamente quanto os demais animais com que conviveram no passado.
(B) os humanos pré-históricos conviviam pacificamente entre si, e isso lhes permitia dominar os outros animais.
(C) os seres humanos distinguiam-se dos demais animais na pré-história no modo como interagiam entre si.
(D) os humanos arcaicos não possuíam habilidades que permitissem prever as conquistas futuras de nossa espécie.
(E) os humanos modernos diferenciaram-se de seus ancestrais assim que começaram a lutar por poder.

O trecho selecionado destaca que, no início de sua história, o ser humano não se diferenciava dos outros mamíferos que com ele conviviam, de sorte que não se poderia prever o quanto ainda evoluiria com o passar do tempo.
Gabarito "D".

(Escrevente Técnico – TJM/SP – VUNESP – 2017) Leia a tirinha.

(Bill Watterson. O melhor de Calvin, 09.11.2016. http://m.cultura.estadao.com.br)

No primeiro quadrinho, os comentários "Já que sua mãe está doente" e "hoje eu farei o jantar" estabelecem entre si relação de

(A) causa e consequência.
(B) condição e conformidade.
(C) finalidade e modo.
(D) conclusão e concessão.
(E) proporção e explicação.

A relação é de causa e consequência – a doença da mãe é a causa do pai de Calvin ter de fazer o jantar. Se ela não estivesse doente, ele não o faria.

Gabarito "A".

Entreouvida na rua: "O que isso tem a ver com o meu café com leite?" Não sei se é uma frase feita comum que só eu não conhecia ou se estava sendo inventada na hora, mas gostei. Tudo, no fim, se resume no que tem e não tem a ver com o nosso café com leite, no que afeta ou não afeta diretamente nossas vidas e nossos hábitos. É uma questão que envolve mais do que a vizinhança próxima. Outro dia ficamos sabendo que o Stephen Hawking voltou atrás na sua teoria sobre os buracos negros, aqueles furos no Universo em que a matéria desaparece. Nem eu nem você entendíamos a teoria, e agora somos obrigados a rever nossa ignorância: os buracos negros não eram nada daquilo que a gente não sabia que eram, são outra coisa que a gente nunca vai entender. Nosso consolo é que nada disto tem a ver com nosso café com leite. Os buracos negros e o nosso café com leite são, mesmo, extremos opostos, a extrema angústia do desconhecido e o extremo conforto do familiar. Não cabem na mesma mesa ou no mesmo cérebro.

(Luis Fernando Verissimo. O mundo é bárbaro e o que nós temos a ver com isso. Rio de Janeiro, Objetiva, 2008, p. 09)

(Escrevente Técnico – TJM/SP – VUNESP – 2017) O sentido atribuído pelo autor à frase – "O que isso tem a ver com o meu café com leite?" – está expresso, em outras palavras, na alternativa:

(A) Será que somos capazes de compreender isso?
(B) Até que ponto isso desperta o interesse dos cientistas?
(C) De que modo nós poderíamos contribuir para isso?
(D) Por que eu deveria crer na veracidade disso?
(E) Como isso pode impactar o meu cotidiano?

O texto deixa claro que a pergunta ouvida pela personagem refere-se a como as coisas que acontecem podem ou não influenciar, impactar nossa vida.

Gabarito "E".

Ter trinta e poucos anos significa, entre outras coisas, que é praticamente impossível reunir cinco casais num jantar sem que haja pelo menos uma grávida. E estar na presença de uma grávida significa, entre outras coisas, que é praticamente impossível falar de qualquer outro assunto que não daquele rotundo e miraculoso acontecimento, a desenrolar-se do lado de lá do umbigo em expansão.

Enquanto a conversa gira em torno dos nomes cogitados, da emoção do ultrassom, dos diferentes modelos de carrinho, o clima costuma ser agradável e os convivas se aprazem diante da vida que se aproxima. Mas eis então que alguém pergunta: "e aí, vai ser parto normal ou cesárea?", e toda possível harmonia vai pra cucuia.

Num extremo, estão as mulheres que querem parir de cócoras, ao pé de um abacateiro, sob os cuidados de uma parteira de cem anos, tendo como anestesia apenas um chá de flor de macaúba e cantigas de roda de 1924. Na outra ponta, estão as que têm tremedeiras só de pensar em parto normal, pretendem ir direto pra cesárea, tomar uma injeção e acordar algumas horas depois, tendo no colo um bebê devidamente parido, lavado, escovado, penteado e com aquela pulseirinha vip no braço, já com nome, número de série e código de barras.

Os dois lados acusam o outro de violência: as naturebas dizem que a cesárea é um choque; as artificialebas alegam que dar as costas à medicina é uma irresponsabilidade. Eu, que durante meses ouvi calado as discussões, pesei bastante os argumentos e cheguei, enfim, a uma conclusão: abaixo o nascimento! Viva a gravidez!

Imaginem só a situação: os primeiros grãos de consciência germinam em seu cérebro. Você boia num líquido morninho – nem a gravidade, essa pequena e constante chateação, te aborrece. Você recebe alimento pelo umbigo. Você dorme, acorda, dorme, acorda e jamais tem que cortar as unhas dos pés. Então, de repente, o líquido se vai, as paredes te espremem, a fonte seca, a luz te cega e, daí pra frente, meu amigo, é só decadência: cólicas, fome, sede, pernilongos, decepções, contas a pagar. Eis um resumo de nossa existência: nove meses no paraíso, noventa anos no purgatório.

Freud diz que todo amor que buscamos é um pálido substituto de nosso primeiro, único e grande amor: a mãe. Discordo. A mãe já é um pálido substituto de nosso primeiro, único e grande amor: a placenta. Tudo, daí pra frente – as religiões, os relacionamentos amorosos, a música pop, a semiótica* e a novela das oito – é apenas uma busca inútil e desesperada por um novo cordão umbilical, aquele cabo USB por onde fazíamos, em banda larga, o download da felicidade. Do parto em diante, meu caro leitor, meu caro companheiro de infortúnio, a vida é conexão discada, wi-fi mequetrefe, e em vão nos arrastamos por aí, atrás daquela impossível protoconexão.

No próximo jantar, se estiver do lado de uma grávida, jogarei um talher no chão e, ao abaixar para pegá-lo, cochicharei bem rente à barriga: "te segura, garoto! Quando começar a tremedeira, agarra bem nas paredes, se enrola no cordão, carca os pés na borda e não sai, mesmo que te cutuquem com um fórceps, te estendam uma mão falsamente amiga, te sussurrem belas cantigas de roda, de 1924. Te segura, que o negócio aqui é roubada!".

(Revista Ser Médico. Edição 57 – Outubro/Novembro/Dezembro de 2011. www.cremesp.org.br. Adaptado)

*semiótica: ciência dos modos de produção, de funcionamento e de recepção dos diferentes sistemas de sinais de comunicação entre indivíduos ou coletividades.

(Procurador Municipal – Sertãozinho/SP – VUNESP – 2016) Pela leitura do texto, é correto afirmar que, para o cronista,

(A) os homens do grupo demonstram falta de sensibilidade, quando perguntam às mulheres se o parto será normal ou cesárea, tema que gera desavenças entre os casais.
(B) os infortúnios fazem parte da vida, condição que ele procura, por meio de linguagem informal, esclarecer a um bebê que está para nascer.
(C) as naturebas consideram a cesárea uma agressão ao bebê e optam por métodos caseiros e primitivos, principalmente pelo baixo custo financeiro.
(D) a gravidez é preferível ao nascimento, pois, como pai, ele tem consciência das muitas responsabilidades de educar um filho.

(E) a placenta é o amor insubstituível que ao longo da existência todos nós procuramos sem sucesso, ponto de vista que confirma a teoria freudiana.

A: incorreta. Tal ideia não se infere do texto, que deixa claro se tratar de uma pergunta inevitável e não necessariamente feita por um homem; **B:** correta. Esta é a ideia central do texto; **C:** incorreta. O custo financeiro não é abordado pelo autor; **D:** incorreta. O texto não trata das responsabilidades do pai, mas das próprias dificuldades da vida que o bebê vai enfrentar; **E:** incorreta. A "teoria da placenta" é colocada justamente para discordar de Freud.

Gabarito "B".

Desde que viu pela primeira vez um filme policial, o rapaz quis ser um homem da lei. Sonhava viver aventuras, do lado do bem. Botar algemas nos pulsos de um criminoso e dizer, como nos livros: "Vai mofar na cadeia, espertinho".

Estudou Direito com o objetivo de ser delegado de polícia. No início do curso, até pensou em tornar-se um grande advogado criminal, daqueles que desmontam um por um os argumentos do nobre colega, mas a partir do segundo ano percebeu que seu negócio eram mesmo as algemas. Assim que se formou, inscreveu-se no primeiro concurso público para delegado. Fez aulas de defesa pessoal e tiro. Estudou tanto que passou em primeiro lugar e logo saiu a nomeação para uma delegacia em bairro de classe média, Vila Mariana.

No dia de assumir o cargo, acordou cedo, fez a barba, tomou uma longa ducha, reforçou o desodorante para o caso de algum embate prolongado, vestiu o melhor terno, caprichou na gravata e olhou-se no espelho satisfeito. Encenou um sorriso cínico imitando Sean Connery e falou:

– Meu nome é Bond. James Bond.

Na delegacia, percorreu as dependências, conheceu a equipe, conferiu as armas, as viaturas, e sentou-se à mesa, à espera do primeiro caso. Não demorou: levaram até ele uma senhora idosa e enfezada.

– Doutor, estão atirando pedras no meu varal!

Adeus 007. O delegado-calouro caiu na besteira de dizer à queixosa que aquilo não era crime.

– Não é crime? Quer dizer que podem jogar pedras no meu varal?

– Eu não posso prender ninguém por isso.

– Ah, é? Então a polícia vai permitir que continuem a jogar pedras no meu varal? A sujar minha roupa?

James Bond não tinha respostas. Procurou saber quem jogava as pedras. A velha senhora não sabia, mas suspeitava de alguém da casa ao lado. O delegado mandou "convidarem" o vizinho para uma conversa e pediu que trancassem a senhora numa sala.

– Ai, meu Deus, só falta ser um velhinho, para completar! – murmurou o desanimado Bond.

Era um velhinho que confessou tudo dando risadinhas travessas. Repreendeu-o com tom paterno:

– O senhor não pode fazer uma coisa dessas. Por que isso, aborrecer as pessoas?

– É para passar o tempo. Vivo sozinho, e com isso eu me divirto um pouco, né?

O moço delegado cruzou as mãos atrás da cabeça, fechou os olhos e meditou sobre os próximos trinta anos. Pensou também na vida, na solidão e em arranjar uma namorada. Abriu os olhos e lá estava o velhinho.

– Pois eu vou contar uma coisa. A sua vizinha, essa do varal, está interessadíssima no senhor, gamadona.

O velho subiu nas nuvens, encantado. Recusou-se a dar mais detalhes, mandou-o para casa, e chamou a senhora:

– Ele esteve aqui. É um senhor de idade. Bonitão, viu? Confessou que fez tudo por amor, para chamar a sua atenção. Percebeu que uma chama romântica brilhou nos olhos dela.

Caso encerrado.

(Humberto Werneck, Org. Coleção melhores crônicas – Ivan Angelo. Global, 2007. Adaptado)

(Procurador Municipal/SP – VUNESP – 2016) Pelas informações presentes no texto, é correto afirmar que o rapaz

(A) decidiu ser delegado intrigado pelos crimes não solucionados pela polícia e se imaginava repetindo frases de seus personagens favoritos, quando prendesse criminosos.

(B) cursou Direito com o intuito de tornar-se um respeitado advogado criminal, mas seu desempenho mediano nos estudos o levou a optar por ser delegado de polícia.

(C) preparou-se com esmero para o primeiro dia de trabalho, incorporando os gestos e a aparência de James Bond, embora estivesse contrariado por ter sido designado para um bairro de classe média.

(D) surpreendeu os demais funcionários da delegacia por conduzir, com firmeza e rigor jurídico, o caso dos vizinhos idosos que há tempos brigavam por motivos insignificantes.

(E) decepcionou-se por seu primeiro caso não apresentar a relevância que ele esperava, entretanto conseguiu encerrá-lo de forma bem-sucedida, servindo-se de trâmites não ortodoxos.

A: incorreta. A personagem decidiu ser policial por ver filmes desse gênero ainda na infância; **B:** incorreta. Segundo o texto, a personagem chegou a pensar em se dedicar à advocacia, mas seu objetivo sempre foi a polícia; **C:** incorreta. Não há nenhuma informação no texto que permita concluir que a personagem não gostou do local de sua designação; **D:** incorreta. Ao contrário, atuou desanimado pela decepção de ter de tratar de um caso tão simplório; **E:** correta. A alternativa descreve com precisão as ideias centrais do texto.

Gabarito "E".

(Procurador Municipal/SP – VUNESP – 2016) Analisando as atitudes do delegado, da senhora queixosa e do vizinho, pode-se caracterizá-los, correta e respectivamente, como:

(A) sonhador; fofoqueira e apaixonado.
(B) conciliador; vaidosa e taciturno.
(C) intransigente; autoritária e esperto.
(D) inexperiente; decidida e solitário.
(E) ingênuo; dissimulada e divertido.

Ainda que se possa classificar o delegado como "sonhador", pela expectativa que tinha da profissão, ou "conciliador", pela solução que deu ao problema dos vizinhos as características que seguem não descrevem bem as respectivas personagens. De fato, o delegado era "inexperiente", porque estava em seu primeiro dia de trabalho; a senhora era "decidida", porque insistiu com o policial que alguma solução deveria ser dada ao seu caso; e o vizinho era "solitário", porque confessou que fazia a brincadeira por morar sozinho e precisar de algo para se divertir.

Gabarito "D".

CONTRATEMPOS

Ele nunca entendeu o tédio, essa impressão de que existem mais horas do que coisas para se fazer com elas. Sempre faltou tempo para tanta coisa: faltou minuto para tanta música, faltou dia para tanto sol, faltou domingo para tanta praia, faltou noite para tanto filme, faltou ano para tanta vida.

Existem dois tipos de pessoa. As pessoas com mais coisa que tempo e as pessoas com mais tempo que coisas para fazer com o tempo.

As pessoas com menos tempo que coisa são as que buzinam assim que o sinal fica verde, e ficam em pé no avião esperando a porta se abrir, e empurram e atropelam as outras para entrar primeiro no vagão do trem, e leem livros que enumeram os "livros que você tem que ler antes de morrer" ao invés de ler diretamente os livros que você tem de ler antes de morrer.

Esse é o caso dele, que chega ao trabalho perguntando onde é a festa, e chega à festa querendo saber onde é a próxima, e chega à próxima festa pedindo táxi para a outra, e chega à outra percebendo que era melhor ter ficado na primeira, e quando chega a casa já está na hora de ir para o trabalho.

Ela sempre pertenceu ao segundo tipo de pessoa. Sempre teve tempo de sobra, por isso sempre leu romances longos, e passou tardes longas vendo pela milésima vez a segunda temporada de "Grey's Anatomy" mas, por ter tempo demais, acabava sobrando tempo demais para se preocupar com uma hérnia imaginária, ou para tentar fazer as pazes com pessoas que nem sabiam que estavam brigadas com ela, ou escrever cartas longas dentro da cabeça para o ex-namorado, os pais, o país, ou culpar o sol ou a chuva, ou comentar "e esse calor dos infernos?", achando que a culpa é do mau tempo quando na verdade a culpa é da sobra de tempo, porque se ela não tivesse tanto tempo não teria nem tempo para falar do tempo.

Quando se conheceram, ele percebeu que não adiantava correr atrás do tempo porque o tempo sempre vai correr mais rápido, e ela percebeu que às vezes é bom correr para pensar menos, e pensar menos é uma maneira de ser feliz, e ambos perceberam que a felicidade é uma questão de tempo. Questão de ter tempo o suficiente para ser feliz, mas não o bastante para perceber que essa felicidade não faz o menor sentido.

(Gregório Duvivier. Folha de S. Paulo, 30.11.2015. Adaptado)

(Procurador – IPSMI/SP – VUNESP – 2016) O último parágrafo, ao tratar do encontro das duas personagens, relata

(A) uma mudança de ponto de vista das personagens, ao mesmo tempo que expressa uma visão negativa da felicidade.
(B) a opção por se entregar à felicidade, vivendo-a no tempo sempre com a expectativa de que ela o vença.
(C) o desejo de que o encontro da felicidade represente uma renovação na maneira de viver o cotidiano.
(D) o anseio por desfrutar momentos felizes sem a interferência das racionalizações, que surgem quando se tem tempo.
(E) novas maneiras de encarar a felicidade, anulando pensamentos que possam atrapalhar o tempo do convívio.

O último parágrafo relata que as personagens aprenderam uma com a outra como melhorar sua relação com o tempo, tornando-a mais equilibrada. Por outro lado, destaca que uma postura negativa do autor frente à felicidade, ou ao menos esse modelo de felicidade.

Gabarito "A".

(QUINO, Toda Mafalda. São Paulo: Martins Fontes, 2008, p. 256.)

(Procurador – IPSMI/SP – VUNESP – 2016) O efeito de sentido da tira é produzido pela constatação, pela menina Mafalda, de que

(A) a primavera é uma estação que chega independentemente do esforço humano.
(B) a obra divina renova a natureza com as estações, a cada ano.
(C) as personagens apenas observam umas às outras, sem estabelecer diálogos.
(D) as personagens atribuem diferentes significados à chegada da primavera.
(E) o advento da nova estação renova as esperanças dela na humanidade.

Enquanto Mafalda, ainda menina, alegra-se com a chegada da primavera, um senhor de idade avançada comemora ter sobrevivido até este momento. É a partir daí que Mafalda constata que o mesmo fato (a chegada da primavera) pode ser algo simples, trivial, ou de extrema importância, a depender do que está pensando ou sentindo.

Gabarito "D".

O fator sorte

As pessoas mais inclinadas a buscar significados nos acontecimentos tendem de fato a encontrá-los, ainda que, para isso, tenham de subestimar as leis da probabilidade, no intuito de encontrar um maior número de "coincidências", que atribuem à sorte.

Há alguns anos, o físico Richard A. J. Matthews estudou as chamadas leis de Murphy, a irônica suma do pessimismo resumida na máxima "se alguma coisa pode dar errado, dará". Matthews investigou, em particular, por que uma fatia de pão com manteiga cai geralmente com o lado da manteiga para baixo. A prevalência da "falta de sorte" foi confirmada por um estudo experimental, patrocinado por um fabricante de manteiga: o aparente azar deve-se simplesmente à relação física entre as dimensões da fatia e a altura em que estava colocada.

São também explicáveis outros tipos de infortúnio, como o fato de que, quando duas meias soltas são retiradas da gaveta, geralmente elas não são do mesmo par. Além disso, tendemos a dar mais atenção a fatos rotineiros que nos frustram (como perder o ônibus por chegarmos ao ponto com segundos de atraso), em vez de contabilizar o grande número de ocasiões em que não tivemos contratempos. Essa atitude contribui para reforçar nossos preconceitos e nos fazer ignorar as leis da probabilidade.

O psicólogo Richard Wiseman, professor da Universidade de Hertfordshire, na Inglaterra, também conduziu um estudo interessante sobre os mecanismos relacionados à sorte. O projeto, financiado por várias instituições, entre as quais a Associação Britânica para o Avanço da Ciência, gerou um manual chamado "O fator sorte", traduzido em mais de 20 idiomas.

Ele publicou um anúncio no jornal solicitando que pessoas particularmente sortudas ou azaradas entrassem em contato com ele para que seus comportamentos fossem analisados. Descobriu que cerca de 9% desses indivíduos podiam ser considerados azarados e 12% favorecidos pela sorte. Todos os outros entravam na média.

Wiseman deu aos participantes um jornal, solicitando que contassem as fotos impressas e prometendo um prêmio aos que o fizessem corretamente. Ora, o número solicitado estava gravado de forma evidente sobre uma das páginas, algo que muitos "azarados" não perceberam, pois estavam concentrados demais na tarefa.

A análise experimental dos traços de personalidade que distinguiam sortudos e azarados permitiu concluir que esses últimos são mais tensos e concentrados, ao passo que os sortudos tendem a considerar as coisas de forma mais relaxada, mas sem perder de vista o contexto geral. Assim, se considerarmos os dados coletados, ter sorte pode significar, pelo menos em parte, saber fazer boas escolhas e perceber as ocasiões mais vantajosas para si mesmo.

(Gláucia Leal. Disponível em: http://blogs.estadao.com.br/pensar-psi/o-fator-sorte. Adaptado)

(Procurador – SP – VUNESP – 2015) Na opinião da autora,

(A) as situações de azar são mais frequentes para quem atua com displicência.
(B) os casos de boa ou má sorte devem ser interpretados como predestinação.
(C) a sorte relaciona-se à maneira de atribuir sentido e de reagir aos eventos.
(D) as pessoas consideradas sortudas são mais supersticiosas que as azaradas.
(E) o sortudo é aquele que realiza suas atividades com mais zelo e disposição.

Das alternativas apresentadas, a única que se pode inferir corretamente do texto é a letra "C", que deve ser assinalada. Com efeito, a autora expõe testes de resultados científicos para demonstrar que a sorte ou o azar, na verdade, decorrem da forma como as pessoas enxergam o mundo e suas circunstâncias a partir de suas próprias características. Essa, inclusive, é a ideia central do primeiro e do último parágrafo do texto.
Gabarito "C".

(Procurador – SP – VUNESP – 2015) De acordo com o texto, as leis da probabilidade podem ser usadas para

(A) mostrar que inexistem explicações para os infortúnios.
(B) ratificar que a sorte é capaz de alterar as leis da física.
(C) confirmar a ideia de que os acontecimentos são regidos pela imprevisibilidade.
(D) justificar a interpretação de que os fatos são fruto da sorte.
(E) questionar aquilo que muitos consideram ação da sorte.

Já no primeiro parágrafo do texto, que lhe serve de introdução, a autora esclarece que as pessoas preferem atribuir como "sorte" ou "azar" acontecimentos que possuem explicações científicas objetivas, dentre elas a lei da probabilidade. Num raciocínio inverso, basta se valer desses dados concretos, como demonstram as pesquisas citadas, para contrapor o "fator sorte".
Gabarito "E".

(Procurador – SP – VUNESP – 2015) Assinale a alternativa em que os trechos entre colchetes estabelecem, entre si, uma relação de consequência e causa, respectivamente.

(A) [por que uma fatia de pão com manteiga] [cai geralmente com o lado da manteiga para baixo]
(B) [quando duas meias soltas são retiradas da gaveta] [geralmente elas não são do mesmo par]
(C) [perder o ônibus] [por chegarmos ao ponto com segundos de atraso]
(D) [tendemos a dar mais atenção] [a fatos rotineiros que nos frustram]
(E) [análise experimental dos traços de personalidade] [que distinguiam sortudos e azarados]

A e B: incorretas. As expressões se complementam para formar a constatação de um fato, sem qualquer relação de causa e consequência; C: correta. O atraso é a causa de perdermos o ônibus (consequência); D: incorreta. A segunda parte complementa o substantivo "atenção", sem qualquer relação de causa e consequência; E: incorreta. A segunda parte tem função restritiva, delimita quais são os traços de personalidade que estão sendo estudados.
Gabarito "C".

Atenção: as questões seguintes referem-se ao texto abaixo.

Ser gentil é um ato de rebeldia. Você sai às ruas e insiste, briga, luta para se manter gentil. O motorista quase te mata de susto buzinando e te xingando porque você usou a faixa de pedestres quando o sinal estava fechado para ele. Você posta um pensamento gentil nas redes sociais apesar de ler dezenas de comentários xenofóbicos, homofóbicos, irônicos e maldosos sobre tudo e todos. Inclusive você. Afinal, você é obviamente um idiota gentil.

Há teorias evolucionistas que defendem que as sociedades com maior número de pessoas altruístas sobreviveram por mais tempo por serem mais capazes de manter a coesão. Pesquisadores da atualidade dizem, baseados em estudos, que gestos de gentileza liberam substâncias que proporcionam prazer e felicidade. Mas gentileza virou fraqueza. É preciso ser macho pacas para ser gentil nos dias de hoje. Só consigo asso ciar a aversão à gentileza à profunda necessidade de ser – ou parecer ser – invencível e bem sucedido. Nossas fragilidades seriam uma vergonha social. Um empecilho à carreira, ao acúmulo de dinheiro. Não ter tempo para gentilezas é bonito. É justificável diante da eterna ambivalência humana: queremos ser bons, mas temos medo. Não dizer bom dia significa que você é muito importante. Ou muito ocupado. Humilhar os que não concordam com suas ideias é coisa de gente forte. E que está do lado certo. Como se houvesse um lado errado. Porque, se nenhum de nós abrir a boca, ninguém vai reparar que no nosso modelo de felicidade tem alguém chorando ali no canto. Porque ser gentil abala sua autonomia. Enfim, ser gentil está fora de moda. Estou sempre fora de moda. Querendo falar de gentileza, imaginem vocês! Pura rebeldia. Sair por aí exibindo minhas vulnerabilidades e, em ato de pura desobediência civil, esperar alguma cumplicidade. Deve ser a idade.

(Ana Paula Padrão, Gentileza virou fraqueza. Disponível em: <http://www.istoe.com.br>. Acesso em: 27 jan 2015. Adaptado)

(Escrevente – TJ/SP – VUNESP – 2015) É correto inferir que, do ponto de vista da autora, a gentileza

(A) é prerrogativa dos que querem ter sua importância reconhecida socialmente.
(B) é uma via de mão dupla, por isso não deve ser praticada se não houver reciprocidade.
(C) representa um hábito primitivo, que pouco afeta as relações interpessoais.
(D) restringe-se ao gênero masculino, pois este representa os mais fortes.
(E) é uma qualidade desvalorizada em nossa sociedade nos dias atuais.

O texto expõe o ponto de vista da autora de que agir com gentileza virou algo ruim em nossa sociedade, uma característica que não deve ser demonstrada. Em outras palavras, é uma virtude que anda desvalorizada em nosso tempo.
Gabarito "E".

(Escrevente – TJ/SP – VUNESP – 2015) No final do último parágrafo, a autora caracteriza a gentileza como "ato de pura desobediência civil"; isso permite deduzir que

(A) assumir a prática da gentileza é rebelar-se contra códigos de comportamento vigentes, mesmo que não declarados.
(B) é inviável, em qualquer época, opor-se às práticas e aos protocolos sociais de relacionamento humano.
(C) é possível ao sujeito aderir às ideias dos mais fortes, sem medo de ver atingida sua individualidade, no contexto geral.
(D) há, nas sociedades modernas, a constatação de que a vulnerabilidade de alguns está em ver a felicidade como ato de rebeldia.
(E) obedecer às normas sociais gera prazer, ainda que isso signifique seguir rituais de incivilidade e praticar a intolerância.

O último parágrafo é escrito em tom irônico para chamar a atenção do leitor ao absurdo que vivemos ao dar uma conotação ruim aos atos de gentileza. Quando a autora afirma que a gentileza é um ato de desobediência civil, quer dizer que essa prática representa uma rebeldia contra esse hábito vigente e espraiado, ainda que não escrito, mas seguido por todos.
Gabarito "A".

(Escrevente – TJ/SP – VUNESP – 2015) Para responder à questão, considere a seguinte passagem, no contexto geral da crônica:

Não ter tempo para gentilezas é bonito. [...] Não dizer bom-dia significa que você é muito importante.

Ou muito ocupado. Humilhar os que não concordam com suas ideias é coisa de gente forte. E que está do lado certo.

Com essas afirmações, a autora

(A) informa literalmente efeitos positivos que vê na falta de gentileza.
(B) revela que também tolera atitudes não gentis e grosseiras.
(C) aponta, ironicamente, o ponto de vista de pessoas não adeptas da gentileza.
(D) expõe o que realmente pensa de quem é gentil com os semelhantes.
(E) adere às ideias dos não corteses, com os quais acaba se identificando.

Temos mais uma vez a ironia como marco determinante do estilo da autora nessa passagem. Ela narra como a sociedade vê as pessoas que não são gentis como pessoas fortes, ocupadas e bem-sucedidas.
Gabarito "C".

(Escrevente – TJ/SP – VUNESP – 2015) Observa-se que, no 1º parágrafo, a autora emprega os pronomes *te* e *você* para se referir a um virtual leitor e, no 3º parágrafo, emprega a expressão *pacas* (*É preciso ser macho pacas*).

Essas duas escolhas permitem inferir que ela

(A) rejeita um linguajar jovem, embora formal, contando com a adesão dos leitores mais habituados a ler.
(B) escreve para um público leitor de textos nas redes sociais, razão pela qual é obrigada a deixar de lado a norma culta do português.
(C) evita atrair a atenção do público mais escolarizado e menos exigente em relação à informalidade da língua.
(D) pode conseguir maior identificação com seu público leitor, optando por soluções de linguagem de feição mais informal.
(E) despreza convenções da língua-padrão, por crer na inaptidão do leitor para compreender estruturas complexas.

As passagens assinaladas, tanto os pronomes de uso cotidiano quanto a gíria, denotam a intenção da autora de aproximar-se do leitor, conquistando um público maior a partir da identificação deste com a linguagem informal utilizada.
Gabarito "D".

Atenção: as questões seguintes referem-se ao texto abaixo.

O fim do direito é a paz, o meio de que se serve para consegui-lo é a luta. Enquanto o direito estiver sujeito às ameaças da injustiça – e isso perdurará enquanto o mundo for mundo –, ele não poderá prescindir da luta. A vida do direito é a luta: luta dos povos, dos governos, das classes sociais, dos indivíduos.

Todos os direitos da humanidade foram conquistados pela luta; seus princípios mais importantes tiveram de enfrentar os ataques daqueles que a ele se opunham; todo e qualquer direito, seja o direito de um povo, seja o direito do indivíduo, só se afirma por uma disposição ininterrupta para a luta. O direito não é uma simples ideia, é uma força viva. Por isso a justiça sustenta numa das mãos a balança com que pesa o direito, enquanto na outra segura a espada por meio da qual o defende.

A espada sem a balança é a força bruta, a balança sem a espada, a impotência do direito. Uma completa a outra, e o verdadeiro estado de direito só pode existir quando a justiça sabe brandir a espada com a mesma habilidade com que manipula a balança.

O direito é um trabalho sem tréguas, não só do Poder Público, mas de toda a população. A vida do direito nos oferece, num simples relance de olhos, o espetáculo de um esforço e de uma luta incessante, como o despendido na produção econômica e espiritual. Qualquer pessoa que se veja na contingência de ter de sustentar seu direito participa dessa tarefa de âmbito nacional e contribui para a realização da ideia do direito.

É verdade que nem todos enfrentam o mesmo desafio.

A vida de milhares de indivíduos desenvolve-se tranquilamente e sem obstáculos dentro dos limites fixados pelo direito. Se lhes disséssemos que o direito é a luta, não nos compreenderiam, pois só veem nele um estado de paz e de ordem.

(Rudolf von Ihering, *A luta pelo direito*)

(Escrevente – TJ/SP – VUNESP – 2015) É correto concluir que, do ponto de vista do autor,

(A) toda luta é uma forma de injustiça.
(B) a luta é indispensável para o direito.
(C) o direito termina quando há paz.
(D) as injustiças perdurarão enquanto os povos lutarem.
(E) nada justifica a luta, nem mesmo a paz.

O trecho do famoso livro de Rudolf von Ihering destaca que a luta é um instrumento de realização do direito, de forma que este não existe sem aquela, sob pena de tornar-se impotente frente aos obstáculos sociais. Gabarito "B".

(Escrevente – TJ/SP – VUNESP – 2015) Deve-se concluir, com base nas ideias do autor, que a balança e a espada sustentadas pela justiça simbolizam, respectivamente,

(A) mediação e brutalidade.
(B) pacificação e insubordinação.
(C) ponderação e proteção.
(D) solenidade e coerção.
(E) persuasão e perenidade.

O autor usa a imagem de Têmis, deusa da Justiça, para ilustrar a simbiose entre a justiça, a ponderação, o direito (a balança) e a proteção, a força bruta, a luta (a espada). Gabarito "C".

2. SEMÂNTICA

O ataque da desinformação

Sempre houve boatos e mentiras gerando desinformação na sociedade. O fenômeno é antigo, mas os tempos atuais trouxeram desafios em proporções e numa velocidade até há pouco impensáveis.

A questão não é apenas a incrível capacidade de compartilhamento instantâneo, dada pelas redes sociais e os aplicativos de mensagem, o que é positivo, mas traz evidentes riscos. Muitas vezes, uma informação é compartilhada milhares de vezes antes mesmo de haver tempo hábil para a checagem de sua veracidade. O desafio é também oriundo do avanço tecnológico das ferramentas de edição de vídeo, áudio e imagem. Cada vez mais sofisticadas, ao mesmo tempo, mais baratas e acessíveis, elas são capazes de falsificar a realidade de forma muito convincente.

Para debater esse atual cenário, a Associação Nacional de Jornais (ANJ) promoveu o seminário "Desinformação: Antídotos e Tendências". Na abertura do evento, Marcelo Rech, presidente da ANJ, lembrou que o vírus da desinformação não é difundido apenas por grupos ou indivíduos extremistas. Também alguns governos têm se utilizado dessa arma para desautorizar coberturas inconvenientes. Tenta-se fazer com que apenas a informação oficial circule.

O diretor da organização Witness, Sam Gregory, falou sobre as deepfakes e outras tecnologias que se valem da inteligência artificial (IA) para criar vídeos, imagens e áudios falsos. Houve um grande avanço tecnológico na área, o que afeta diretamente a confiabilidade das informações na esfera pública. O vídeo de um político fazendo determinada declaração pode ser inteiramente falso. Parece não haver limites para as manipulações.

Diante desse cenário, que alguém poderia qualificar como o "fim da verdade", Sam Gregory desestimulou qualquer reação de pânico ou desespero, que seria precisamente o que os difusores da desinformação almejam. Para Gregory, o caminho é melhorar a preparação das pessoas e das instituições, ampliando a "alfabetização midiática" – prover formação para que cada pessoa fique menos vulnerável às manipulações –, aperfeiçoando as ferramentas de detecção de falsidades e aumentando a responsabilidade das plataformas que disponibilizam esses conteúdos.

Há um consenso de que o atual cenário, mesmo com todos os desafios, tem aspectos muito positivos, pois todos os princípios norteadores do jornalismo, como o de independência, da liberdade de expressão e o de rigor na apuração, têm sua importância reafirmada.

O caminho para combater a desinformação continua sendo o mesmo: a informação de qualidade.

(*O Estado de São Paulo*. 19.10.2019. Adaptado)

(Advogado – Pref. São Roque/SP – 2020 – VUNESP) De acordo com o texto, é correto afirmar que a expressão "alfabetização midiática" tem sentido equivalente a

(A) vulnerabilidade midiática.
(B) consciência midiática.
(C) fobia midiática.
(D) comoção midiática.
(E) expansão midiática.

O texto utiliza o termo "alfabetização" como sinônimo de "consciência", o reconhecimento de que as condutas praticadas nas mídias sociais geram impacto em toda a sociedade. Gabarito "B".

(Advogado – Pref. São Roque/SP – 2020 – VUNESP) Leia o poema "Cometa poesia", de Nicolas Behr, para responder à questão.

era noite de julho de 1967

mamãe nos acordou de madrugada para vermos o cometa ikeia-seki

(ela sabia que nós

nunca o esqueceríamos)

o cometa seguiu seu curso

nós voltamos pra cama

caixeiro-viajante do céu,

o cometa aparece e desaparece

o cometa volta a infância não

(Vários autores. Boa companhia-Poesia. Cia. das Letras, 2003)

Assinale a alternativa em que a expressão destacada foi empregada em sentido figurado e está acompanhada de interpretação adequada.

(A) era **noite** de julho de 1967: a expressão refere-se ao momento em que ocorreu o fato descrito pelo poeta.
(B) mamãe nos **acordou** de madrugada: a expressão refere-se à atitude inabitual da mãe do poeta.
(C) (ela sabia que nós / nunca o **esqueceríamos**): a expressão refere-se ao comportamento disperso das crianças.
(D) **caixeiro-viajante** do céu: a expressão refere-se à passagem do cometa por vários lugares.
(E) o cometa volta / a **infância** não: a expressão refere-se ao período em que somos crianças sonhadoras.

A: incorreta. "Noite" não está no sentido figurado, mas em sentido denotativo; **B:** incorreta. "Acordou" está em sentido direto, denotativo, reflete o próprio ato de acordar do sono; **C:** incorreta. Também em sentido direto, refere-se ao esquecimento de um fato; **D:** correta. "Caixeiro-viajante" é um profissional, mas no texto está em sentido figurado, referindo-se ao fato do cometa viajar pelo universo passando por diversos lugares; **E:** incorreta. A infância, no caso, é a infância mesmo, sejam as crianças sonhadoras ou não.

Gabarito "D".

Por que o criador do botão 'curtir' do Facebook apagou as redes sociais do celular

A tecnologia só deve prender nossa atenção nos momentos em que nós queremos, conscientemente, prestar atenção nela. "Em todos os outros casos, deve ficar fora do nosso caminho."

Quem afirma não é um dos críticos tradicionais das redes sociais, mas justamente o executivo responsável pela criação do botão 'curtir' nos primórdios do Facebook, há mais de dez anos.

Depois de perceber que as notificações de aplicativos como o próprio Facebook ocupavam boa parte do seu dia, eram distrativas e o afastavam das relações na vida real, o matemático Justin Rosenstein decidiu apagar todas as redes sociais, aplicativos de e-mails e notícias de seu celular, em busca de mais "presença" no mundo off-line.

Interrogado se ele se arrepende por ter criado a fonte da distração que hoje tanto critica, responde: "Nenhum arrependimento. Sempre que se tenta progredir, haverá consequências inesperadas. Você tem que ter humildade e ter muita atenção no que acontece depois, para fazer mudanças conforme for apropriado".

(Ricardo Senra. www.bbc.com. Adaptado)

(Soldado – PM/SP – 2018 – VUNESP) Duas expressões do texto que têm sentidos opostos são:
(A) distração; atenção.
(B) criador; matemático.
(C) conscientemente; justamente.
(D) notificações; aplicativos.
(E) arrepende-se; crítica.

Correta a letra "A". "Distração" e "atenção" são antônimos. Os demais pares são formados por palavras de sentidos diferentes, não opostos.
Gabarito "A".

Algoritmos e desigualdade

Virginia Eubanks, professora de ciências políticas de Nova York, é autora de Automating Inequality (Automatizando a Desigualdade), um livro que explora a maneira como os computadores estão mudando a prestação de serviços sociais nos Estados Unidos. Seu foco é o setor de serviços públicos, e não o sistema de saúde privado, mas a mensagem é a mesma: com as instituições dependendo cada vez mais de algoritmos preditivos para tomar decisões, resultados peculiares – e frequentemente injustos – estão sendo produzidos.

Virginia Eubanks afirma que já acreditou na inovação digital. De fato, seu livro tem exemplos de onde ela está funcionando: em Los Angeles, moradores de rua que se beneficiaram dos algoritmos para obter acesso rápido a abrigos. Em alguns lugares, como Allegheny, houve casos em que "dados preditivos" detectaram crianças vulneráveis e as afastaram do perigo.

Mas, para cada exemplo positivo, há exemplos aflitivos de fracassos. Pessoas de uma mesma família de Allegheny foram perseguidas por engano porque um algoritmo as classificou como propensas a praticar abuso infantil. E em Indiana há histórias lastimáveis de famílias que tiveram assistência de saúde negada por causa de computadores com defeito. Alguns desses casos resultaram em mortes.

Alguns especialistas em tecnologia podem alegar que esses são casos extremos, mas um padrão similar é descrito pela matemática Cathy O'Neill em seu livro Weapons of Math Destruction. "Modelos matemáticos mal concebidos agora controlam os mínimos detalhes da economia, da propaganda às prisões", escreve ela.

Existe alguma solução? Cathy O'Neill e Virginia Eubanks sugerem que uma opção seria exigir que os tecnólogos façam algo parecido com o julgamento de Hipócrates: "em primeiro lugar, fazer o bem". Uma segunda ideia – mais custosa – seria forçar as instituições a usar algoritmos para contratar muitos assistentes sociais humanos para complementar as tomadas de decisões digitais. Uma terceira ideia seria assegurar que as pessoas que estão criando e rodando programas de computador sejam forçadas a pensar na cultura, em seu sentido mais amplo.

Isso pode parecer óbvio, mas até agora os nerds digitais das universidades pouco contato tiveram com os nerds das ciências sociais – e vice-versa. A computação há muito é percebida como uma zona livre de cultura e isso precisa mudar.

(Gillian Tett. www.valor.com.br. 23.02.2018. Adaptado)

(Investigador – PC/BA – 2018 –VUNESP) Na passagem do segundo parágrafo "Virginia Eubanks afirma que já acreditou na inovação digital.", a forma verbal acreditou estará corretamente substituída, sem que se alterem o sentido e o restante da estrutura da frase, por:

(A) atribuiu crédito
(B) depositou confiança
(C) demonstrou-se entusiasta
(D) permaneceu convencida
(E) manteve-se irresoluta

Acreditar é sinônimo de "depositar confiança", "crer", "entender por certo". A expressão "atribuiu crédito" também poderia ser usada, mas perceba que o enunciado pede expressamente que se indique a alteração que **não altere o restante da estrutura da frase**. Se usássemos "atribuiu crédito", precisaríamos substituir a preposição "em" por "a", para respeitar as regras de regência nominal.
Gabarito "B".

Muito antes de haver história, já havia seres humanos. Animais bastante similares aos humanos modernos surgiram por volta de 2,5 milhões de anos atrás. Mas, por incontáveis gerações, eles não se destacaram da miríade de outros organismos com os quais partilhavam seu habitat.

Em um passeio pela África Oriental de 2 milhões de anos atrás, você poderia muito bem observar certas características humanas familiares: mães ansiosas acariciando seus bebês e bandos de crianças despreocupadas brincando na lama; jovens temperamentais rebelando-se contra as regras da sociedade e idosos cansados que só queriam ficar em paz; machos orgulhosos tentando impressionar as beldades locais e velhas matriarcas sábias que já tinham visto de tudo. Esses humanos arcaicos amavam, brincavam, formavam laços fortes de amizade e competiam por status e poder – mas os chimpanzés, os babuínos e os elefantes também. Não havia nada de especial nos humanos. Ninguém, muito menos eles próprios, tinha qualquer suspeita de que seus descendentes um dia viajariam à Lua, dividiriam o átomo, mapeariam o código genético e escreveriam livros de história. A coisa mais importante a saber acerca dos humanos pré-históricos é que eles eram animais insignificantes, cujo impacto sobre o ambiente não era maior que o de gorilas, vaga-lumes ou águas-vivas.

(Yuval Noah Harari. Sapiens: uma breve história da humanidade. Trad. Janaína Marcoantonio, Porto Alegre, L&PM, 2015, p. 08-09)

(Escrevente Técnico – TJM/SP – VUNESP – 2017) O termo **miríade**, em destaque no primeiro parágrafo do texto, está empregado com o sentido de

(A) acentuada uniformidade.
(B) frequência irregular.
(C) grande quantidade.
(D) tamanho diminuto.
(E) característica excepcional.

"Miríade" é sinônimo de multidão, profusão, algo que vem em grande quantidade.
Gabarito "C".

(Escrevente Técnico – TJM/SP – VUNESP – 2017) Um termo que expressa sentido de "posse" está destacado em:

(A) Mas, por incontáveis gerações, eles não se destacaram... (1º parágrafo)
(B) ... da miríade de outros organismos com os quais partilhavam... (1º parágrafo)
(C) ... você poderia muito bem observar certas características... (2º parágrafo)
(D) ... idosos cansados que só queriam ficar em paz... (2º parágrafo)
(E) ... eles eram animais insignificantes, cujo impacto sobre o ambiente... (2º parágrafo)

A única alternativa que apresenta um termo que transmite a ideia de posse é a letra "E" – trata-se do pronome "cujo". Note que o termo pode ser substituído por "o impacto deles sobre o ambiente", ficando mais clara a noção de posse.
Gabarito "E".

Entreouvida na rua: "O que isso tem a ver com o meu café com leite?" Não sei se é uma frase feita comum que só eu não conhecia ou se estava sendo inventada na hora, mas gostei. Tudo, no fim, se resume no que tem e não tem a ver com o nosso café com leite, no que afeta ou não afeta diretamente nossas vidas e nossos hábitos. É uma questão que envolve mais do que a vizinhança próxima. Outro dia ficamos sabendo que o Stephen Hawking voltou atrás na sua teoria sobre os buracos negros, aqueles furos no Universo em que a matéria desaparece. Nem eu nem você entendíamos a teoria, e agora somos obrigados a rever nossa ignorância: os buracos negros não eram nada daquilo que a gente não sabia que eram, são outra coisa que a gente nunca vai entender. Nosso consolo é que nada disto tem a ver com nosso café com leite. Os buracos negros e o nosso café com leite são, mesmo, extremos opostos, a extrema angústia do desconhecido e o extremo conforto do familiar. Não cabem na mesma mesa ou no mesmo cérebro.

(Luis Fernando Verissimo. O mundo é bárbaro e o que nós temos a ver com isso. Rio de Janeiro, Objetiva, 2008, p. 09)

(Escrevente Técnico – TJM/SP – VUNESP – 2017) Com a afirmação – ... os buracos negros não eram nada daquilo que a gente não sabia que eram, são outra coisa que a gente nunca vai entender. –, o autor sustenta que, para os leigos, os buracos negros são

(A) insondáveis.
(B) instáveis.
(C) periculosos.
(D) excitantes.
(E) inteligíveis.

Apenas "insondáveis" completa bem a oração – é sinônimo de "incompreensível", "ininteligível", algo que não se pode entender.
Gabarito "A".

Ter trinta e poucos anos significa, entre outras coisas, que é praticamente impossível reunir cinco casais num jantar sem que haja pelo menos uma grávida. E estar na presença de uma grávida significa, entre outras coisas, que é praticamente impossível falar de qualquer outro assunto que não daquele rotundo e miraculoso acontecimento, a desenrolar-se do lado de lá do umbigo em expansão.

Enquanto a conversa gira em torno dos nomes cogitados, da emoção do ultrassom, dos diferentes modelos de carrinho, o clima costuma ser agradável e os convivas se aprazem diante da vida que se aproxima. Mas eis então que alguém pergunta: "e aí, vai ser parto normal ou cesárea?", e toda possível harmonia vai pra cucuia.

Num extremo, estão as mulheres que querem parir de cócoras, ao pé de um abacateiro, sob os cuidados de uma parteira de cem anos, tendo como anestesia apenas um chá de flor de macaúba e cantigas de roda de 1924. Na outra ponta, estão as que têm tremedeiras só de pensar em parto normal, pretendem ir direto pra cesárea, tomar uma injeção e acordar algumas horas depois, tendo no colo um bebê devidamente parido, lavado, escovado, penteado e com aquela pulseirinha vip no braço, já com nome, número de série e código de barras.

Os dois lados acusam o outro de violência: as naturebas dizem que a cesárea é um choque; as artificialebas alegam que dar as costas à medicina é uma irresponsabilidade. Eu, que durante meses ouvi calado as discussões, pesei bastante os argumentos e cheguei, enfim, a uma conclusão: abaixo o nascimento! Viva a gravidez!

Imaginem só a situação: os primeiros grãos de consciência germinam em seu cérebro. Você boia num líquido morninho – nem a gravidade, essa pequena e constante chateação, te aborrece. Você recebe alimento pelo umbigo. Você dorme, acorda, dorme, acorda e jamais tem que cortar as unhas dos pés. Então, de repente, o líquido se vai, as paredes te espremem, a fonte seca, a luz te cega e, daí pra frente, meu amigo, é só decadência: cólicas, fome, sede, pernilongos, decepções, contas a pagar. Eis um resumo de nossa existência: nove meses no paraíso, noventa anos no purgatório.

Freud diz que todo amor que buscamos é um pálido substituto de nosso primeiro, único e grande amor: a mãe. Discordo. A mãe já é um pálido substituto de nosso primeiro, único e grande amor: a placenta. Tudo, daí pra frente – as religiões, os relacionamentos amorosos, a música pop, a semiótica* e a novela das oito – é apenas uma busca inútil e desesperada por um novo cordão umbilical, aquele cabo USB por onde fazíamos, em banda larga, o download da felicidade. Do parto em diante, meu caro leitor, meu caro companheiro de infortúnio, a vida é conexão discada, wi-fi mequetrefe, e em vão nos arrastamos por aí, atrás daquela impossível protoconexão.

No próximo jantar, se estiver do lado de uma grávida, jogarei um talher no chão e, ao abaixar para pegá-lo, cochicharei bem rente à barriga: "te segura, garoto! Quando começar a tremedeira, agarra bem nas paredes, se enrola no cordão, carca os pés na borda e não sai, mesmo que te cutuquem com um fórceps, te estendam uma mão falsamente amiga, te sussurrem belas cantigas de roda, de 1924. Te segura, que o negócio aqui é roubada!".

(Revista Ser Médico. Edição 57 – Outubro/Novembro/Dezembro de 2011. www.cremesp.org.br. Adaptado)

*semiótica: ciência dos modos de produção, de funcionamento e de recepção dos diferentes sistemas de sinais de comunicação entre indivíduos ou coletividades.

(Procurador Municipal – Sertãozinho/SP – VUNESP – 2016) Assinale a afirmação correta a respeito dos trechos selecionados do texto.

(A) Em "... outro assunto que não daquele rotundo e miraculoso acontecimento, a desenrolar-se do lado de lá do umbigo em expansão." (primeiro parágrafo), nota-se a comparação entre ideias e o emprego da expressão rotundo e miraculoso em sentido figurado.

(B) Em "... tendo no colo um bebê devidamente parido, lavado, escovado, penteado e com aquela pulseirinha vip no braço..." (terceiro parágrafo), nota-se a sequência gradativa de ideias e o emprego da expressão devidamente parido em sentido figurado.

(C) Em "Eis um resumo de nossa existência: nove meses no paraíso, noventa anos no purgatório." (quinto parágrafo), nota-se a comparação entre ideias e o emprego das expressões paraíso e purgatório em sentido próprio.

(D) Em "... uma busca inútil e desesperada por um novo cordão umbilical, aquele cabo USB por onde fazíamos, em banda larga, o download da felicidade..." (sexto parágrafo), nota-se a sequência gradativa de ideias e o emprego da expressão download da felicidade em sentido próprio.

(E) Em "... meu caro companheiro de infortúnio, a vida é conexão discada, wi-fi mequetrefe, e em vão nos arrastamos por aí..." (sexto parágrafo), nota-se a comparação entre ideias e o emprego da expressão conexão discada em sentido figurado.

A: incorreta. "Rotundo" é sinônimo de redondo e "miraculoso" é sinônimo de "milagroso". Ambas as palavras, portanto, foram usadas em sentido denotativo; **B:** incorreta. "Parido" é aquele que nasceu. A palavra foi usada sem sentido denotativo; **C:** incorreta. "Paraíso" e "purgatório" não integram a vida terrena, são instâncias transcendentais atribuídas por algumas religiões para após a morte. Logo, foram usadas em sentido figurado (conotativo); **D:** incorreta. Trata-se obviamente de expressão em sentido figurado, uma metáfora para a alimentação pelo cordão umbilical; **E:** correta. O termo "conexão discada" foi usado em sentido figurado para representar as dificuldades da vida.

Gabarito "E".

(Procurador Municipal – Sertãozinho/SP – VUNESP – 2016) Analise os trechos do texto e assinale a alternativa correta.

(A) Em "... e os convivas se aprazem diante da vida que se aproxima." (segundo parágrafo), a forma verbal aprazem pode ser substituída corretamente por ficam vulneráveis.

(B) Em "... tendo como anestesia apenas um chá de flor de macaúba e cantigas de roda de 1924." (terceiro parágrafo), o termo apenas expressa ideia de reiteração.

(C) Em "Eu, que durante meses ouvi calado as discussões..." (quarto parágrafo), o termo durante pode ser substituído corretamente por fazem.

(D) Em "Você boia num líquido morninho..." (quinto parágrafo), o diminutivo foi empregado para enfatizar a ideia de sensação prazerosa.
(E) Em "... e em vão nos arrastamos por aí, atrás daquela impossível protoconexão." (sexto parágrafo), a palavra protoconexão significa conexão final, derradeira.

A: incorreta. O verbo "aprazer" é sinônimo de "agradar", "contentar". "Vulnerável", por sua vez, é sinônimo de "desprotegido"; **B:** incorreta. A palavra "apenas" exprime limitação, redução; **C:** incorreta. "Durante" indica algo que se prologou no tempo; **D:** correta, esse é um uso bastante comum do diminutivo; **E:** incorreta. O prefixo "proto-" indica "original", "primeira".
Gabarito "D".

CONTRATEMPOS

Ele nunca entendeu o tédio, essa impressão de que existem mais horas do que coisas para se fazer com elas. Sempre faltou tempo para tanta coisa: faltou minuto para tanta música, faltou dia para tanto sol, faltou domingo para tanta praia, faltou noite para tanto filme, faltou ano para tanta vida.

Existem dois tipos de pessoa. As pessoas com mais coisa que tempo e as pessoas com mais tempo que coisas para fazer com o tempo.

As pessoas com menos tempo que coisa são as que buzinam assim que o sinal fica verde, e ficam em pé no avião esperando a porta se abrir, e empurram e atropelam as outras para entrar primeiro no vagão do trem, e leem livros que enumeram os "livros que você tem que ler antes de morrer" ao invés de ler diretamente os livros que você tem de ler antes de morrer.

Esse é o caso dele, que chega ao trabalho perguntando onde é a festa, e chega à festa querendo saber onde é a próxima, e chega à próxima festa pedindo táxi para a outra, e chega à outra percebendo que era melhor ter ficado na primeira, e quando chega a casa já está na hora de ir para o trabalho.

Ela sempre pertenceu ao segundo tipo de pessoa. Sempre teve tempo de sobra, por isso sempre leu romances longos, e passou tardes longas vendo pela milésima vez a segunda temporada de "Grey's Anatomy" mas, por ter tempo demais, acabava sobrando tempo demais para se preocupar com uma hérnia imaginária, ou para tentar fazer as pazes com pessoas que nem sabiam que estavam brigadas com ela, ou escrever cartas longas dentro da cabeça para o ex-namorado, os pais, o país, ou culpar o sol ou a chuva, ou comentar "e esse calor dos infernos?", achando que a culpa é do mau tempo quando na verdade a culpa é da sobra de tempo, porque se ela não tivesse tanto tempo não teria nem tempo para falar do tempo.

Quando se conheceram, ele percebeu que não adiantava correr atrás do tempo porque o tempo sempre vai correr mais rápido, e ela percebeu que às vezes é bom correr para pensar menos, e pensar menos é uma maneira de ser feliz, e ambos perceberam que a felicidade é uma questão de tempo. Questão de ter tempo o suficiente para ser feliz, mas não o bastante para perceber que essa felicidade não faz o menor sentido.

(Gregório Duvivier. Folha de S. Paulo, 30.11.2015. Adaptado)

(Procurador – IPSMI/SP – VUNESP – 2016) É correto afirmar que o título do texto tem sentido

(A) próprio, indicando os obstáculos que cada personagem encontra quando depara com o tempo.
(B) próprio, fazendo referência às reações das pessoas às atitudes das personagens.
(C) figurado, indicando que o tempo é intangível, pouco importando as consequências de subestimá-lo.
(D) figurado, indicando o contraste na maneira como as personagens se relacionam com o tempo.
(E) figurado, se associado a "ele", mas próprio, se associado a "ela", pois se trata do tempo real.

O título do texto está em sentido figurado (conotativo). "Contratempo", em sentido próprio, é um aborrecimento, uma infelicidade, um transtorno. Ao ler o texto, porém, percebemos que trata, na verdade, das formas opostas, contrárias, com as quais as pessoas usam o tempo.
Gabarito "D".

(QUINO, Toda Mafalda. São Paulo: Martins Fontes, 2008, p. 256.)

(Procurador – IPSMI/SP – VUNESP – 2016) Diante do contexto, é correto concluir que a palavra "trivialidades" significa

(A) excentricidades.
(B) variedades.
(C) especialidades.
(D) atrocidades.
(E) banalidades.

"Trivialidades" são "banalidades", "futilidades", "frivolidades".
Gabarito "E".

(Procurador – SP – VUNESP – 2015) Assinale a alternativa que apresenta um sinônimo para o termo em destaque na frase a seguir.

Essa atitude contribui para reforçar nossos preconceitos e nos fazer ignorar as leis da probabilidade.

(A) objetar
(B) corroborar
(C) concernir
(D) refutar
(E) inquirir

"Reforçar" é sinônimo de "corroborar", "confirmar", "repisar".
Gabarito "B".

3. PONTUAÇÃO

Geovani Martins: como a favela me fez escritor

Nasci em Bangu, Zona Oeste do Rio de Janeiro, em 1991. Em 2004, aos 13 anos de idade, mudei com minha mãe e meus irmãos para o Vidigal, na Zona Sul da cidade. Destaco esses lugares e essas datas para dizer que "O sol na cabeça", meu primeiro livro, publicado em março de 2018, teve início com o choque provocado por essa mudança.

Era tudo diferente: o jeito de falar, de brincar na rua, as regras no futebol, a música, o ritmo das pessoas, até o sol parecia queimar de outra forma. Eu ficava no meio, tentando me adaptar. Depois dessa primeira mudança encarei mais umas tantas; até o ano de 2015 já havia me mudado 17 vezes. A partir desse trânsito constante entre tantas casas, becos, ruas e praças, parti para o livro com a ideia de que a periferia precisa ser tratada sempre como algo em movimento.

A favela hoje é centro, produz cultura e movimenta a economia. O favelado cria e consome como qualquer outra pessoa do planeta. E quando digo consome, não me refiro apenas a Nike, Adidas, Samsung, Microsoft. Falo também da cultura pop que faz a cabeça dos jovens do mundo todo, como os filmes e as séries de sucesso mundial. A cultura erudita, como Shakespeare e Machado de Assis, também encontra seus públicos por becos e vielas.

(Geovani Martins. https://epoca.globo.com. 06.03.2018. Adaptado)

(Soldado – PM/SP – 2018 – VUNESP) Uma passagem do texto que permanece correta após o acréscimo das vírgulas é:

(A) Falo também, da cultura pop que faz a cabeça, dos jovens do mundo todo... (3º- parágrafo)
(B) Depois, dessa primeira mudança encarei, mais umas tantas... (2º- parágrafo)
(C) ... teve início, com o choque provocado, por essa mudança. (1º- parágrafo)
(D) ... até o sol, parecia queimar, de outra forma. (2º- parágrafo)
(E) ... a periferia precisa ser tratada, sempre, como algo em movimento. (2º- parágrafo)

Todas as alternativas desrespeitam o padrão culto da língua com o acréscimo das vírgulas, com exceção da letra "E", que deve ser assinalada. Realmente, separar por vírgulas o adjunto adverbial curto ("sempre") que está deslocado da ordem direta da oração é facultativo, estando a redação correta com ou sem elas.

Gabarito: "E".

Vamos partir de uma situação que grande parte de nós já vivenciou. Estamos saindo do cinema, depois de termos visto uma adaptação de um livro do qual gostamos muito. Na verdade, até que gostamos do filme também: o sentido foi mantido, a escolha do elenco foi adequada, e a trilha sonora reforçou a camada afetiva da narrativa. Por que então sentimos que algo está fora do lugar? Que está faltando alguma coisa?

O que sempre falta em um filme sou eu. Parto dessa ideia simples e poderosa, sugerida pelo teórico Wolfgang Iser em um de seus livros, para afirmar que nunca precisamos tanto ler ficção e poesia quanto hoje, porque nunca precisamos tanto de faíscas que ponham em movimento o mecanismo livre da nossa imaginação. Nenhuma forma de arte ou objeto cultural guarda a potência escondida por aquele monte de palavras impressas na página.

Essa potência vem, entre outros aspectos, do tanto que a literatura exige de nós, leitores. Não falo do esforço de compreender um texto, nem da atenção que as histórias e os poemas exigem de nós – embora sejam incontornáveis também. Penso no tanto que precisamos investir de nós, como sujeitos afetivos e como corpos sensíveis, para que as palavras se tornem um mundo no qual penetramos.

Somos bombardeados todo dia, o dia inteiro, por informações. Estamos saturados de dados e de interpretações. A literatura – para além do prazer intelectual, inegável – oferece algo diferente. Trata-se de uma energia que o teórico Hans Ulrich Gumbrecht chama de "presença" e que remete a um contato com o mundo que afeta o corpo do indivíduo para além e para aquém do pensamento racional.

Muitos eventos produzem presença, é claro: jogos e exercícios esportivos, shows de música, encontros com amigos, cerimônias religiosas e relações amorosas e sexuais são exemplos óbvios. Por que, então, defender uma prática eminentemente intelectual, como a experiência literária, com o objetivo de "produzir presença", isto é, de despertar sensações corpóreas e afetos? A resposta está, como já evoquei mais acima, na potência guardada pela ficção e pela poesia para disparar a imaginação. Mas o que é, afinal, a imaginação, essa noção tão corriqueira e sobre a qual refletimos tão pouco?

Proponho pensar a imaginação como um espaço de liberdade ilimitada, no qual, a partir de estímulos do mundo exterior, somos confrontados (mas também despertados) a responder com memórias, sentimentos, crenças e conhecimentos para forjar, em última instância, aquilo que faz de cada um de nós diferente dos demais. A leitura de textos literários é uma forma privilegiada de disparar esse mecanismo imenso, porque demanda de nós todas essas reações de modo ininterrupto, exige que nosso corpo esteja ele próprio presente no espaço ficcional com que nos deparamos, sob pena de não existir espaço ficcional algum.

(Ligia G. Diniz. https://brasil.elpais.com. 22.02.2018. Adaptado)

(Delegado – PC/BA – 2018 – VUNESP) Considerando as regras de pontuação de acordo com a norma-padrão, assinale a alternativa em que um trecho do texto está corretamente reescrito.

(A) Essa potência vem – entre outros aspectos – do tanto que a literatura exige, de nós leitores.
(B) Não falo do esforço de compreender um texto nem da atenção, que as histórias e os poemas, exigem de nós. Embora sejam incontornáveis, também.
(C) A literatura para além do prazer intelectual (inegável); oferece algo diferente.
(D) A resposta está (como já evoquei mais acima) na potência guardada pela ficção, e pela poesia, para disparar a imaginação.

(E) Mas afinal o que é, a imaginação? Essa noção tão corriqueira, e sobre a qual refletimos, tão pouco?

A: incorreta. Não há vírgula depois de "exige", porque ela está separando o verbo de seu complemento; **B:** incorreta. Todas as vírgulas estão erradas e, onde deveria haver, não há: "Não falo do esforço de compreender um texto nem da atenção que as histórias e os poemas exigem de nós, embora sejam incontornáveis também"; **C:** incorreta. Os parênteses servem para inserir uma explicação ou outro elemento dispensável para a compreensão do texto – em outras palavras, algo que não precisaria estar ali. Não é o caso da alternativa, no qual a palavra "inegável" é essencial para a mensagem. Além disso, deveria haver vírgula depois de "literatura" e também depois de "inegável", no lugar do ponto e vírgula; **D:** correta. A pontuação foi usada respeitando as normas do padrão culto da língua; **E:** incorreta. Não deveria haver qualquer vírgula nessa passagem, porque escrita na ordem direta: "Mas afinal o que é a imaginação? Essa noção tão corriqueira e sobre a qual refletimos tão pouco?"

Gabarito "D".

Muito antes de haver história, já havia seres humanos. Animais bastante similares aos humanos modernos surgiram por volta de 2,5 milhões de anos atrás. Mas, por incontáveis gerações, eles não se destacaram da miríade de outros organismos com os quais partilhavam seu habitat.

Em um passeio pela África Oriental de 2 milhões de anos atrás, você poderia muito bem observar certas características humanas familiares: mães ansiosas acariciando seus bebês e bandos de crianças despreocupadas brincando na lama; jovens temperamentais rebelando-se contra as regras da sociedade e idosos cansados que só queriam ficar em paz; machos orgulhosos tentando impressionar as beldades locais e velhas matriarcas sábias que já tinham visto de tudo. Esses humanos arcaicos amavam, brincavam, formavam laços fortes de amizade e competiam por status e poder – mas os chimpanzés, os babuínos e os elefantes também. Não havia nada de especial nos humanos. Ninguém, muito menos eles próprios, tinha qualquer suspeita de que seus descendentes um dia viajariam à Lua, dividiriam o átomo, mapeariam o código genético e escreveriam livros de história. A coisa mais importante a saber acerca dos humanos pré-históricos é que eles eram animais insignificantes, cujo impacto sobre o ambiente não era maior que o de gorilas, vaga-lumes ou águas-vivas.

(Yuval Noah Harari. Sapiens: uma breve história da humanidade. Trad. Janaína Marcoantonio, Porto Alegre, L&PM, 2015, p. 08-09)

(Escrevente Técnico – TJM/SP – VUNESP – 2017) Acerca da pontuação, de acordo com a norma-padrão da língua, está correto o que se afirma em:

(A) o trecho – Animais bastante similares aos humanos modernos surgiram por volta de 2,5 milhões de anos atrás. – permanecerá correto se uma vírgula for acrescida após a palavra "humanos".

(B) o trecho – Em um passeio pela África Oriental de 2 milhões de anos atrás, você poderia muito bem observar certas características humanas familiares... – permanecerá correto após a substituição da vírgula por ponto final.

(C) a mensagem do trecho – ... mães ansiosas acariciando seus bebês e bandos de crianças despreocupadas brincando na lama... – permanecerá inalterada caso seja acrescida uma vírgula após "ansiosas" e outra após "despreocupadas".

(D) o trecho – Ninguém, muito menos eles próprios, tinha qualquer suspeita de que seus descendentes um dia viajariam à Lua... – permanecerá correto caso as vírgulas sejam substituídas por travessões.

(E) a mensagem do trecho – A coisa mais importante a saber acerca dos humanos pré-históricos é que eles eram animais insignificantes... – permanecerá inalterada se a expressão "a saber" ficar entre parênteses.

A: incorreta. A vírgula separaria o substantivo do adjetivo, o que não se admite; **B:** incorreta. O trecho inicial não constitui uma oração, de forma que não pode ser encerrado por ponto final sem que perca o sentido; **C:** incorreta. Elas separariam o sujeito do verbo, o que também não se admite; **D:** correta. As vírgulas que separam o aposto do restante da oração podem ser substituídas por travessões sem qualquer prejuízo à norma culta; **E:** incorreta. Não se trata de uma anotação dispensável ao texto, mas de verbo essencial à compreensão da mensagem. Logo, não pode estar entre parênteses.

Gabarito "D".

(Procurador Municipal/SP – VUNESP – 2016) Assinale a alternativa em que a pontuação foi empregada de acordo com a norma-padrão da língua portuguesa.

(A) O moço delegado cruzando, as mãos atrás da cabeça, fechou os olhos e pôs-se a pensar, na vida, na solidão, em ter uma namorada. Abriu os olhos e lá estava o velhinho a observá-lo com curiosidade!

(B) O moço delegado, cruzando as mãos atrás da cabeça, fechou os olhos e pôs-se a pensar: na vida, na solidão, em ter uma namorada... Abriu os olhos e lá estava o velhinho a observá-lo com curiosidade.

(C) O moço delegado, cruzando as mãos atrás da cabeça, fechou os olhos e pôs-se a pensar: na vida, na solidão, em ter uma namorada. Abriu os olhos e lá estava, o velhinho a observá-lo com curiosidade!

(D) O moço delegado cruzando as mãos atrás da cabeça, fechou os olhos e pôs-se a pensar: na vida, na solidão, em ter uma namorada... Abriu os olhos e, lá estava, o velhinho a observá-lo com curiosidade.

(E) O moço delegado cruzando as mãos atrás da cabeça, fechou os olhos, e pôs-se a pensar: na vida, na solidão, em ter uma namorada... Abriu os olhos e lá estava, o velhinho a observá-lo, com curiosidade.

A oração adverbial reduzida de gerúndio "cruzando as mãos atrás da cabeça" deve estar entre vírgulas porque está deslocada da ordem direta do período. Há vírgula depois de "vida" e "solidão", por se tratar de uma enumeração. Após "solidão", podemos usar ponto final ou reticências, sendo estas mais recomendáveis para demonstrar que a enumeração anterior poderia ter mais itens (a personagem estava pensando em mais coisas do que aquelas que foram ditas).

Gabarito "B".

CONTRATEMPOS

Ele nunca entendeu o tédio, essa impressão de que existem mais horas do que coisas para se fazer com elas. Sempre faltou tempo para tanta coisa: faltou minuto para tanta música, faltou dia para tanto sol, faltou domingo para tanta praia, faltou noite para tanto filme, faltou ano para tanta vida.

Existem dois tipos de pessoa. As pessoas com mais coisa que tempo e as pessoas com mais tempo que coisas para fazer com o tempo.

As pessoas com menos tempo que coisa são as que buzinam assim que o sinal fica verde, e ficam em pé no avião esperando a porta se abrir, e empurram e atropelam as outras para entrar primeiro no vagão do trem, e leem livros que enumeram os "livros que você tem que ler antes de morrer" ao invés de ler diretamente os livros que você tem de ler antes de morrer.

Esse é o caso dele, que chega ao trabalho perguntando onde é a festa, e chega à festa querendo saber onde é a próxima, e chega à próxima festa pedindo táxi para a outra, e chega à outra percebendo que era melhor ter ficado na primeira, e quando chega a casa já está na hora de ir para o trabalho.

Ela sempre pertenceu ao segundo tipo de pessoa. Sempre teve tempo de sobra, por isso sempre leu romances longos, e passou tardes longas vendo pela milésima vez a segunda temporada de "Grey's Anatomy" mas, por ter tempo demais, acabava sobrando tempo demais para se preocupar com uma hérnia imaginária, ou para tentar fazer as pazes com pessoas que nem sabiam que estavam brigadas com ela, ou escrever cartas longas dentro da cabeça para o ex-namorado, os pais, o país, ou culpar o sol ou a chuva, ou comentar "e esse calor dos infernos?", achando que a culpa é do mau tempo quando na verdade a culpa é da sobra de tempo, porque se ela não tivesse tanto tempo não teria nem tempo para falar do tempo.

Quando se conheceram, ele percebeu que não adiantava correr atrás do tempo porque o tempo sempre vai correr mais rápido, e ela percebeu que às vezes é bom correr para pensar menos, e pensar menos é uma maneira de ser feliz, e ambos perceberam que a felicidade é uma questão de tempo. Questão de ter tempo o suficiente para ser feliz, mas não o bastante para perceber que essa felicidade não faz o menor sentido.

(Gregório Duvivier. Folha de S. Paulo, 30.11.2015. Adaptado)

(Procurador – IPSMI/SP – VUNESP – 2016) Assinale a alternativa em que a passagem – Quando se conheceram, ele percebeu que não adiantava correr atrás do tempo porque o tempo sempre vai correr mais rápido – está reescrita sem prejuízo de sentido e com a pontuação de acordo com a norma-padrão.

(A) Ele percebeu, ao se conhecerem, que não adiantava correr atrás do tempo, pois o tempo sempre vai correr mais rápido.

(B) Tão logo se conheceram, ele percebeu que: não adiantava correr atrás do tempo, portanto, o tempo sempre vai correr mais rápido.

(C) Ele percebeu que tendo-se conhecido, não adiantava correr atrás do tempo, visto que, o tempo, sempre, vai correr mais rápido.

(D) Assim que se conheceram ele percebeu: que não adiantava correr atrás do tempo; entretanto, o tempo sempre vai correr mais rápido.

(E) Conhecendo-se ele percebeu que, não adiantava correr atrás do tempo, contanto que o tempo sempre vai correr mais rápido.

A: correta. A nova redação não alterou o sentido do trecho e respeitou todas as regras de pontuação; **B:** incorreta. Não há razão para o uso dos dois-pontos depois de "que" e não há vírgula após "portanto". Além disso, houve enorme prejuízo à clareza da redação; **C:** incorreta. Deveria haver vírgula antes de "tendo" e retirar a que está antes de "o tempo". Aqui também houve grave prejuízo à clareza; **D:** incorreta. Deveria haver vírgula após "conheceram" e retirar os dois-pontos. De qualquer maneira, o uso da conjunção "entretanto", adversativa, altera o sentido do texto original, que se vale nesse ponto de uma conjunção explicativa; **E:** incorreta. Deveria haver vírgula após "conhecendo-se" e retirar a que está antes de "não adiantava". Novamente, a substituição da conjunção alterou o sentido original do trecho.

Gabarito "A".

O fator sorte

As pessoas mais inclinadas a buscar significados nos acontecimentos tendem de fato a encontrá-los, ainda que, para isso, tenham de subestimar as leis da probabilidade, no intuito de encontrar um maior número de "coincidências", que atribuem à sorte.

Há alguns anos, o físico Richard A. J. Matthews estudou as chamadas leis de Murphy, a irônica suma do pessimismo resumida na máxima "se alguma coisa pode dar errado, dará". Matthews investigou, em particular, por que uma fatia de pão com manteiga cai geralmente com o lado da manteiga para baixo. A prevalência da "falta de sorte" foi confirmada por um estudo experimental, patrocinado por um fabricante de manteiga: o aparente azar deve-se simplesmente à relação física entre as dimensões da fatia e a altura em que estava colocada.

São também explicáveis outros tipos de infortúnio, como o fato de que, quando duas meias soltas são retiradas da gaveta, geralmente elas não são do mesmo par. Além disso, tendemos a dar mais atenção a fatos rotineiros que nos frustram (como perder o ônibus por chegarmos ao ponto com segundos de atraso), em vez de contabilizar o grande número de ocasiões em que não tivemos contratempos. Essa atitude contribui para reforçar nossos preconceitos e nos fazer ignorar as leis da probabilidade.

O psicólogo Richard Wiseman, professor da Universidade de Hertfordshire, na Inglaterra, também conduziu um estudo interessante sobre os mecanismos relacionados à sorte. O projeto, financiado por várias instituições, entre as quais a Associação Britânica para o Avanço da Ciência, gerou um manual chamado "O fator sorte", traduzido em mais de 20 idiomas.

Ele publicou um anúncio no jornal solicitando que pessoas particularmente sortudas ou azaradas entrassem em contato com ele para que seus comportamentos fossem analisados. Descobriu que cerca de 9% desses indivíduos podiam ser considerados azarados e 12% favorecidos pela sorte. Todos os outros entravam na média.

Wiseman deu aos participantes um jornal, solicitando que contassem as fotos impressas e prometendo um prêmio aos que o fizessem corretamente. Ora, o número solicitado estava gravado de forma evidente sobre uma das páginas, algo que muitos "azarados" não perceberam, pois estavam concentrados demais na tarefa.

A análise experimental dos traços de personalidade que distinguiam sortudos e azarados permitiu concluir que esses últimos são mais tensos e concentrados, ao passo que os sortudos tendem a considerar as coisas de forma mais relaxada, mas sem perder de vista o contexto geral. Assim, se considerarmos os dados coletados, ter sorte pode significar, pelo menos em parte, saber fazer boas escolhas e perceber as ocasiões mais vantajosas para si mesmo.

(Gláucia Leal. Disponível em: http://blogs.estadao.com.br/pensar-psi/o-fator-sorte. Adaptado)

(Procurador – SP – VUNESP – 2015) O trecho do texto que se mantém correto e com a mensagem inalterada após o acréscimo da pontuação está em:

(A) As pessoas mais inclinadas a buscar significados nos acontecimentos tendem de fato a encontrá-los... (1º parágrafo) As pessoas, mais inclinadas a buscar significados nos acontecimentos, tendem de fato, a encontrá-los...

(B) ... tendemos a dar mais atenção a fatos rotineiros que nos frustram... (3º parágrafo) ... tendemos a dar mais atenção, a fatos rotineiros, que nos frustram...

(C) ... ter sorte pode significar, pelo menos em parte, saber fazer boas escolhas e perceber as ocasiões mais vantajosas para si mesmo. (7º parágrafo) ... ter sorte pode significar, pelo menos em parte, saber fazer boas escolhas e perceber, as ocasiões, mais vantajosas para si mesmo.

(D) ... por que uma fatia de pão com manteiga cai geralmente com o lado da manteiga para baixo. (2º parágrafo) ... por que uma fatia de pão com manteiga cai, geralmente, com o lado da manteiga para baixo.

(E) ... o número solicitado estava gravado de forma evidente sobre uma das páginas, algo que muitos "azarados" não perceberam... (6º parágrafo) ... o número solicitado, estava gravado de forma evidente sobre uma das páginas, algo que muitos, "azarados", não perceberam...

A: incorreta. A inserção das vírgulas alterou o sentido da oração subordinada adjetiva, de restritiva para explicativa; **B**: incorreta. Não se separa com vírgula o complemento do substantivo; **C**: incorreta. Não se separa com vírgula o verbo de seu objeto; **D**: correta. O advérbio "geralmente" está deslocado da ordem direta do período. Como é um adjunto adverbial curto, sua separação por vírgulas é facultativa; **E**: incorreta. Não se separa com vírgula o sujeito do verbo.

Gabarito "D".

4. CONCORDÂNCIA VERBAL E NOMINAL

(Soldado – PM/SP – 2018 – VUNESP) Assinale a alternativa em que a concordância das palavras está de acordo com a norma-padrão.

(A) As mortes causadas por acidentes são muito preocupante.
(B) Acidentes de trânsito deixam um grande número de feridos.
(C) São essenciais que os motoristas dirijam com mais cautela.
(D) Foi estabelecido uma estimativa quanto ao número de acidentados.
(E) Poderão haver muitos mais vítimas de trânsito se nada for feito.

(concordância) **A**: incorreta. "Preocupantes" deve ir para o plural para concordar com "mortes"; **B**: correta. A concordância entre as palavras segue o padrão culto da língua; **C**: incorreta. "É essencial" permanece no singular, pois tem função de predicativo do sujeito; **D**: incorreta. "Estabelecida", no feminino, para concordar com "estimativa"; **E**: incorreta. O verbo "haver", como sinônimo de "existir", é impessoal, ou seja, não sofre flexão de número: "Poderá haver muito mais vítimas".

Gabarito "B".

Algoritmos e desigualdade

Virginia Eubanks, professora de ciências políticas de Nova York, é autora de Automating Inequality (Automatizando a Desigualdade), um livro que explora a maneira como os computadores estão mudando a prestação de serviços sociais nos Estados Unidos. Seu foco é o setor de serviços públicos, e não o sistema de saúde privado, mas a mensagem é a mesma: com as instituições dependendo cada vez mais de algoritmos preditivos para tomar decisões, resultados peculiares – e frequentemente injustos – estão sendo produzidos.

Virginia Eubanks afirma que já acreditou na inovação digital. De fato, seu livro tem exemplos de onde ela está funcionando: em Los Angeles, moradores de rua que se beneficiaram dos algoritmos para obter acesso rápido a abrigos. Em alguns lugares, como Allegheny, houve casos em que "dados preditivos" detectaram crianças vulneráveis e as afastaram do perigo.

Mas, para cada exemplo positivo, há exemplos aflitivos de fracassos. Pessoas de uma mesma família de Allegheny foram perseguidas por engano porque um algoritmo as classificou como propensas a praticar abuso infantil. E em Indiana há histórias lastimáveis de famílias que tiveram assistência de saúde negada por causa de computadores com defeito. Alguns desses casos resultaram em mortes.

Alguns especialistas em tecnologia podem alegar que esses são casos extremos, mas um padrão similar é descrito pela matemática Cathy O'Neill em seu livro Weapons of Math Destruction. "Modelos matemáticos mal concebidos agora controlam os mínimos detalhes da economia, da propaganda às prisões", escreve ela.

Existe alguma solução? Cathy O'Neill e Virginia Eubanks sugerem que uma opção seria exigir que os tecnólogos façam algo parecido com o julgamento de Hipócrates: "em primeiro lugar, fazer o bem". Uma segunda ideia – mais custosa – seria forçar as instituições a usar algoritmos para contratar muitos assistentes sociais humanos para complementar as tomadas de decisões digitais. Uma terceira ideia seria assegurar que as pessoas que estão criando e rodando programas de computador sejam forçadas a pensar na cultura, em seu sentido mais amplo.

Isso pode parecer óbvio, mas até agora os nerds digitais das universidades pouco contato tiveram com os nerds das ciências sociais – e vice-versa. A computação há muito é percebida como uma zona livre de cultura e isso precisa mudar.

(Gillian Tett. www.valor.com.br. 23.02.2018. Adaptado)

(Investigador – PC/BA – 2018 – VUNESP) Em "[...] **há exemplos** aflitivos de fracassos." (3º parágrafo), a forma verbal destacada pode ser substituída, respeitando-se a concordância da norma-padrão, por:

(A) registram-se
(B) tomam-se nota de

(C) soma-se
(D) é observado
(E) surge

No trecho original, o verbo "haver" está na terceira pessoa do singular porque, quando usado como sinônimo de "existir", ele é impessoal (não admite flexão de número). Contudo ao substituí-lo por outro verbo, normalmente essa condição desaparece. Logo, devemos escrever no plural: "registram-se", "somam-se", "são observados" ou "surgem". Correta, portanto, a alternativa "A". A letra "B" merece atenção, porque a estrutura proposta não é exemplo de voz passiva, como se vê nos casos "A", "C" e "D", que determinam a concordância do verbo com o sujeito ("exemplos"). A construção "toma-se nota de" é de sujeito indeterminado – "exemplos" não é sujeito de "tratar-se", mas sim seu complemento preposicionado.

Gabarito "A".

(Delegado – PC/BA – 2018 – VUNESP) A concordância está em conformidade com a norma-padrão na seguinte frase:

(A) São comuns que a adaptação de livros para o cinema suscitem reações negativas nos fãs do texto escrito.
(B) Cabem aos leitores completar, com a imaginação, as lacunas que fazem parte da estrutura significativa do texto literário.
(C) Aos esforços envolvidos na leitura soma-se a imaginação, a que a linguagem literária apela constantemente.
(D) Algumas pessoas mantém o hábito de só assistirem à adaptação de uma obra depois de as terem lido, para não ser influenciadas.
(E) Há livros que dispõe de uma infinidade de adaptações para o cinema, as quais tende a compor seu repertório de leituras.

A: incorreta. "É comum que" e "suscite", para concordar com "adaptação"; **B:** incorreta. "Cabe aos leitores", porque "leitores" não é sujeito, mas complemento do verbo; **C:** correta. As normas de concordância foram integralmente respeitadas; **D:** incorreta. "Mantêm", com acento circunflexo, é a conjugação da terceira pessoa do plural do presente do indicativo do verbo "manter". Com acento agudo, representa a terceira pessoa do singular. Também o verbo "ser" na última parte deveria estar no plural, para concordar com "pessoas" ("serem"); **E:** incorreta. "Dispõem", para concordar com "livros". "Tendem", para concordar com "adaptações".

Gabarito "C".

Se determinado efeito, lógico ou artístico, mais fortemente se obtém do emprego de um substantivo masculino apenso a substantivo feminino, não deve o autor hesitar em fazê-lo. Quis eu uma vez dar, em uma só frase, a ideia – pouco importa se vera ou falsa – de que Deus é simultaneamente o Criador e a Alma do mundo. Não encontrei melhor maneira de o fazer do que tornando transitivo o verbo "ser"; e assim dei à voz de Deus a frase:

– Ó universo, eu sou-te, em que o transitivo de criação se consubstancia com o intransitivo de identificação.

Outra vez, porém em conversa, querendo dar incisiva, e portanto concentradamente, a noção verbal de que certa senhora tinha um tipo de rapaz, empreguei a frase "aquela rapaz", violando deliberadamente e justissimamente a lei fundamental da concordância.

A prosódia, já alguém o disse, não é mais que função do estilo.

A linguagem fez-se para que nos sirvamos dela, não para que a sirvamos a ela.

(Fernando Pessoa. A língua portuguesa, 1999. Adaptado)

(Escrevente – TJ/SP – 2018 – VUNESP) Assinale a alternativa em que, ao contrário da construção "aquela rapaz", segue-se a lei fundamental da concordância, de acordo com a norma-padrão.

(A) Quando o despacho chegou, a primeira coisa que o advogado fez foi conferir os documentos anexos.
(B) Era um dia ensolarado, e não se sabe como foi atropelado aquela mulher em uma avenida tranquila.
(C) Parece-me que este ano está chovendo muito, mas ainda assim há menas chuvas do que em anos anteriores.
(D) As crianças brincavam no jardim, colhendo flores colorida e presenteando-se num gesto emocionante.
(E) Quando entraram na casa abandonada, uma cobra estava escondido ali. Assustaram-se, pois era um bicho perigoso.

A: correta. As regras de concordância do padrão culto da língua foram respeitadas; **B:** incorreta. Deveria constar "atropelada" para concordar com "mulher"; **C:** incorreta. O advérbio "menos" não admite flexão de gênero; **D:** incorreta. Deveria constar "coloridas" para concordar com "flores"; **E:** incorreta. Deveria constar "escondida" para concordar com "cobra".

Gabarito "A".

(Escrevente Técnico – TJM/SP – VUNESP – 2017) A concordância está de acordo com a norma-padrão da língua na frase:

(A) Muito antes de haver história, já existia seres humanos.
(B) Animais bastante similares aos humanos modernos podiam ser encontrado por volta de 2,5 milhões de anos atrás.
(C) Na África Oriental de 2 milhões de anos atrás, certas características humanas familiares poderiam ser muito bem observadas.
(D) Esses humanos arcaicos competiam por status e poder, assim como ocorriam com os chimpanzés, os babuínos e os elefantes.
(E) Eles próprios não havia de suspeitar que seus descendentes um dia viajariam à Lua.

A: incorreta. Deveria constar "existiam seres humanos". O verbo "haver" com sentido de "existir" é impessoal, mas este último sempre concorda com seu determinante; **B:** incorreta. Deveria constar "podiam ser encontrados", para manter a concordância em número na locução verbal; **C:** correta. As normas de concordância verbal e nominal foram integralmente respeitadas; **D:** incorreta. "Ocorrer", nesse caso, é impessoal – "ocorria com os chimpanzés"; **E:** incorreta. O verbo "haver" só é impessoal se for sinônimo de "existir". No caso da alternativa, ele forma locução verbal como verbo auxiliar e, por isso, deve concordar com o sujeito "não haviam de suspeitar".

Gabarito "C".

(Procurador Municipal – Sertãozinho/SP – VUNESP – 2016) Assinale a alternativa em que a concordância verbal e nominal segue a norma-padrão da língua portuguesa.

(A) As artificialebas querem receber o bebê com itens, como nome, número de série e código de barras já determinada.
(B) Protegido no conforto da barriga materna, os bebês vivem um período prazeroso e sem preocupações.
(C) Cólicas, fome, sede, pernilongos, decepções, contas a pagar, tratam-se de aborrecimentos com os quais temos de lidar.
(D) As religiões, os relacionamentos amorosos, a música pop são paliativos que constitui a busca constante pela felicidade incondicional.

(E) A anestesia com chá de flor de macaúba e o som de cantigas de roda têm papel importante no parto idealizado pelas naturebas.

A: incorreta. "Determinados" deve concordar por o gênero das determinantes (todas masculinas) e no plural porque há mais de uma palavra determinante ("nome, número de série e código de barras"); **B:** incorreta. Note que quem está protegido são "os bebês", portanto deveria constar "protegidos"; **C:** incorreta. A expressão "trata-se de" indica sujeito indeterminado e não voz passiva sintética. Portanto, ela nunca vai para o plural; **D:** incorreta. O verbo "constituir" deveria estar no plural para concordar com "religiões, relacionamentos amorosos, música pop" – portanto, "constituem"; **E:** correta. Foram respeitadas todas as regras de concordância.
Gabarito "E".

(Procurador Municipal/SP – VUNESP – 2016) De acordo com a norma-padrão da língua portuguesa, a concordância verbal e nominal está correta em:

(A) Nesta locadora existe à disposição dos clientes filmes policiais renomados, tanto nacionais como estrangeiros.
(B) À porta do hotel, havia repórteres aguardando a entrevista com o ator escolhido para ser James Bond nos próximos filmes da série.
(C) Depois de ouvida atentamente as reprimendas do delegado, o velhinho justificou-se dizendo que importunava a vizinha apenas para divertir-se um pouco.
(D) A senhora indignou-se com as pedras que sujavam seu varal e, embora idosa, resolveu ela mesmo ir à delegacia.
(E) Graças à intervenção do delegado, o caso foi encerrado de forma que todos estivessem quite com a justiça.

A: incorreta. Deveria constar "existem", para concordar com "filmes"; **B:** correta. Todas as regras de concordância foram respeitadas; **C:** incorreta. Deveria constar "ouvidas", para concordar com "reprimendas"; **D:** incorreta. Como se trata de uma senhora, o advérbio "mesma" deve com ela concordar em gênero; **E:** incorreta. O predicativo "quites" deve aparecer no plural para concordar com "todos".
Gabarito "B".

(Procurador – SP – VUNESP – 2015) Considerando a norma-padrão da língua portuguesa, assinale a alternativa que completa, correta e respectivamente, as lacunas do texto.

As contratações públicas sustentáveis são aquelas em que _____ as aquisições de bens com especificações ou critérios mais sustentáveis ou eficientes, como o caso dos condicionadores de ar classe A. Para os casos de sistemas de ar condicionado mais eficientes, já _____ critérios que podem ser adotados para torná-los mais _____.

(Disponível em: www.comprasgovernamentais.gov.br, Adaptado)

(A) se prioriza ... existe ... sustentáveis
(B) se priorizam ... existem ... sustentável
(C) é priorizado ... existem ... sustentável
(D) são priorizadas ... existe ... sustentáveis
(E) são priorizadas ... existem ... sustentáveis

Na primeira lacuna, devemos colocar o verbo na voz passiva e na terceira pessoa do plural, para concordar com "as aquisições" – logo, "se priorizam" (voz passiva sintética) ou "são priorizadas" (voz passiva analítica). Na segunda lacuna, o verbo deve estar no plural para concordar com "critérios" – logo, "existem". Na terceira lacuna, o adjetivo deve estar no plural para concordar também com "critérios" – logo, "sustentáveis".
Gabarito "E".

(Escrevente – TJ/SP – VUNESP – 2015) No trecho – **Há** teorias evolucionistas... –, a substituição do verbo destacado está de acordo com a norma-padrão de concordância em:

(A) Deve existir.
(B) Vão haver.
(C) Podem haver.
(D) Existem.
(E) Podem existirem.

O verbo "haver", no sentido de existir, é impessoal, ou seja, não se flexiona em número, sendo grafado sempre no singular. No trecho original, o verbo "haver" está conjugado no presente do indicativo e é seguido de expressão no plural ("teorias evolucionistas"), portanto deve ser substituído pelo verbo "existir" na terceira pessoa do plural do presente do indicativo: "existem".
Gabarito "D".

(Escrevente – TJ/SP – VUNESP – 2015) Assinale a alternativa que preenche, respectivamente, as lacunas do enunciado a seguir, observando a concordância nominal e verbal de acordo com a norma-padrão.

Mais de um conhecido meu não _____ gentilezas, infelizmente. Para alguns, certos gestos _____ coisa de idiota, de gente _____ fora de moda. Com esses, é _____ paciência.

(A) praticam ... constituem ... meia ... necessária
(B) pratica ... constitui ... meia ... necessário
(C) pratica ... constitui ... meio ... necessária
(D) praticam ... constitui ... meio ... necessário
(E) pratica ... constituem ... meio ... necessário

"Pratica", no singular, para concordar com "conhecido"; "constituem", no plural, para concordar com "gestos"; "meio", advérbio invariável (escreve-se sempre no "masculino"), que significa "um pouco"; "necessário", no masculino, porque assim se escreve na construção do adjetivo que acompanha o verbo "ser" se não vier seguido de artigo: "é necessário paciência" ou "é necessária a paciência".
Gabarito "E".

Leia o texto, para responder às questões seguintes.

Ser gentil é um ato de rebeldia. Você sai às ruas e insiste, briga, luta para se manter gentil. O motorista quase te mata de susto buzinando e te xingando porque você usou a faixa de pedestres quando o sinal estava fechado para ele. Você posta um pensamento gentil nas redes sociais apesar de ler dezenas de comentários xenofóbicos, homofóbicos, irônicos e maldosos sobre tudo e todos. Inclusive você. Afinal, você é obviamente um idiota gentil.

Há teorias evolucionistas que defendem que as sociedades com maior número de pessoas altruístas sobreviveram por mais tempo por serem mais capazes de manter a coesão. Pesquisadores da atualidade dizem, baseados em estudos, que gestos de gentileza liberam substâncias que proporcionam prazer e felicidade.

Mas gentileza virou fraqueza. É preciso ser macho pacas para ser gentil nos dias de hoje. Só consigo associar a aversão à gentileza à profunda necessidade de ser – ou parecer ser – invencível e bem-sucedido. Nossas fragilidades seriam uma vergonha social. Um empecilho à carreira, ao acúmulo de dinheiro.

Não ter tempo para gentilezas é bonito. É justificável diante da eterna ambivalência humana: queremos ser bons, mas temos medo. Não dizer bom-dia significa que você é muito importante. Ou muito ocupado. Humilhar os que não concordam com suas ideias é coisa de gente forte. E que está do lado certo. Como se houvesse um lado errado. Porque, se nenhum de nós abrir a boca, ninguém vai reparar que no nosso modelo de felicidade tem alguém chorando ali no canto. Porque ser gentil abala sua autonomia. Enfim, ser gentil está fora de moda. Estou sempre fora de moda. Querendo falar de gentileza, imaginem vocês! Pura rebeldia. Sair por aí exibindo minhas vulnerabilidades e, em ato de pura desobediência civil, esperar alguma cumplicidade. Deve ser a idade.

(Ana Paula Padrão, Gentileza virou fraqueza. Disponível em: <http://www.istoe.com.br>. Acesso em: 27 jan 2015. Adaptado)

Para responder às questões abaixo, considere a seguinte passagem:

Há teorias evolucionistas que defendem que as sociedades com maior número de pessoas altruístas sobreviveram por mais tempo por serem mais capazes de manter a coesão.

(Escrevente – TJ/SP – VUNESP – 2015) É correto afirmar que a frase destacada na passagem expressa, em relação à que a antecede, o sentido de

(A) tempo.
(B) adição.
(C) causa.
(D) condição.
(E) finalidade.

A oração destacada é subordinada adverbial causal, ou seja, traduz a causa, o motivo, da passagem anterior.

Gabarito "C".

Palavras, percebemos, são pessoas. Algumas são sozinhas: Abracadabra. Eureca. Bingo. Outras são promíscuas (embora prefiram a palavra "gregária"): estão sempre cercadas de muitas outras: Que. De. Por.

Algumas palavras são casadas. A palavra caudaloso, por exemplo, tem união estável com a palavra rio – você dificilmente verá caudaloso andando por aí acompanhada de outra pessoa. O mesmo vale para frondosa, que está sempre com a árvore. Perdidamente, coitado, é um advérbio que só adverbia o adjetivo apaixonado. Nada é ledo a não ser o engano, assim como nada é crasso a não ser o erro. Ensejo é uma palavra que só serve para ser aproveitada. Algumas palavras estão numa situação pior, como calculista, que vive em constante ménage(*), sempre acompanhada de assassino, frio e e.

Algumas palavras dependem de outras, embora não sejam grudadas por um hífen – quando têm hífen elas não são casadas, são siamesas. Casamento acontece quando se está junto por algum mistério. Alguns dirão que é amor, outros dirão que é afinidade, carência, preguiça e outros sentimentos menos nobres (a palavra engano, por exemplo, só está com ledo por pena – sabe que ledo, essa palavra moribunda, não iria encontrar mais nada a essa altura do campeonato).

Esse é o problema do casamento entre as palavras, que por acaso é o mesmo do casamento entre pessoas.

Tem sempre uma palavra que ama mais. A palavra árvore anda com várias palavras além de frondosa. O casamento é aberto, mas para um lado só. A palavra rio sai com várias outras palavras na calada da noite: grande, comprido, branco, vermelho – e caudaloso fica lá, sozinho, em casa, esperando o rio chegar, a comida esfriando no prato.

Um dia, caudaloso cansou de ser maltratado e resolveu sair com outras palavras. Esbarrou com o abraço que, por sua vez, estava farto de sair com grande, essa palavra tão gasta. O abraço caudaloso deu tão certo que ficaram perdidamente inseparáveis. Foi em Manuel de Barros.

Talvez pra isso sirva a poesia, pra desfazer ledos enganos em prol de encontros mais frondosos.

(Gregório Duvivier, Abraço caudaloso. Disponível em: <http://www1.folha.uol.com.br/>. Acesso em: 02 fev 2015. Adaptado)

(*) ménage: coabitação, vida em comum de um casal, unido legitimamente ou não.

(Escrevente – TJ/SP – VUNESP – 2015) Na passagem – O abraço caudaloso deu tão certo **que ficaram perdidamente inseparáveis**. –, o trecho destacado expressa, em relação ao anterior, ideia de

(A) consequência.
(B) tempo.
(C) causa.
(D) condição.
(E) modo.

A oração destacada é subordinada adverbial consecutiva, exprime a consequência, os efeitos, da passagem anterior.

Gabarito "A".

5. REGÊNCIA

Ai, Gramática. Ai, vida.

O que a gente deve aos professores!

Este pouco de gramática que eu sei, por exemplo, foram Dona Maria de Lourdes e Dona Nair Freitas que me ensinaram. E vocês querem coisa mais importante do que gramática? La grammaire qui sait régenter jusqu'aux rois – dizia Molière: a gramática que sabe reger até os reis, e Montaigne: La plus part des ocasions des troubles du monde sont grammairiens – a maior parte de confusão no mundo vem da gramática.

Há quem discorde. Oscar Wilde, por exemplo, dizia de George Moore: escreveu excelente inglês, até que descobriu a gramática. (A propósito, de onde é que eu tirei tantas citações? Simples: tenho em minha biblioteca três livros contendo exclusivamente citações. Para enfeitar uma crônica, não tem coisa melhor. Pena que os livros são em inglês. Aliás, inglês eu não aprendi na escola. Foi lendo as revistas MAD e outras que vocês podem imaginar).

Discordâncias à parte, gramática é um negócio importante e gramática se ensina na escola – mas quem, professoras, nos ensina a viver? Porque, como dizia o Irmão Lourenço, no schola sed vita – é preciso aprender não para a escola, mas para a vida.

Ora, dirão os professores, vida é gramática. De acordo. Vou até mais longe: vida é pontuação. A vida de uma pessoa é balizada por sinais ortográficos. Podemos acompanhar a vida de uma criatura, do nascimento ao túmulo, marcando as diferentes etapas por sinais de pontuação.

Infância: a permanente exclamação:

Nasceu! É um menino! Que grande! E como chora! Claro, quem não chora não mama!

Me dá! É meu!

Ovo! Uva! Ivo viu o ovo! Ivo viu a uva! O ovo viu a uva! Olha como o vovô está quietinho, mamãe!

Ele não se mexe, mamãe! Ele nem fala, mamãe!

Ama com fé e orgulho a terra em que nasceste! Criança – não verás nenhum país como este!

Dá agora! Dá agora, se tu és homem! Dá agora, quero ver!

(Moacyr Scliar. Minha mãe não dorme enquanto eu não chegar, 1996. Adaptado)

(Escrevente – TJ/SP – 2018 – VUNESP) Considere os trechos do texto:

- Há quem discorde. (3º parágrafo)
- Para enfeitar uma crônica, não tem coisa melhor. (3º parágrafo)
- Vou até mais longe: vida é pontuação. (5º parágrafo)

De acordo com o sentido do texto e com a norma-padrão, os enunciados podem ser ampliados, respectivamente, com as reescritas:

(A) Há quem discorde dessas opiniões. / Para enfeitar uma crônica, não tem coisa melhor do que uma citação. / Vou até mais longe, afirmando que vida é pontuação.

(B) Há quem discorde com essas opiniões. / Para enfeitar uma crônica, não tem coisa melhor como uma citação. / Vou até mais longe, afirmando de que vida é pontuação.

(C) Há quem discorde ante essas opiniões. / Para enfeitar uma crônica, não tem coisa melhor do que uma citação. / Vou até mais longe, afirmando em que vida é pontuação.

(D) Há quem discorde contra essas opiniões. / Para enfeitar uma crônica, não tem coisa melhor de que uma citação. / Vou até mais longe, afirmando que vida é pontuação.

(E) Há quem discorde nessas opiniões. / Para enfeitar uma crônica, não tem coisa melhor que uma citação. / Vou até mais longe, afirmando de que vida é pontuação.

O verbo "discordar" rege a preposição "de". A expressão "não tem coisa melhor" rege a preposição "de". O verbo "afirmar" não rege preposição. Gabarito "A".

Leia a tirinha.

(Bill Watterson. O melhor de Calvin, 09.11.2016. http://m.cultura.estadao.com.br)

(Escrevente Técnico – TJM/SP – VUNESP – 2017) Uma frase escrita em conformidade com a norma-padrão da língua é:

(A) O pai alegou em que tinha sobrevivido dois anos com sua própria comida.

(B) O pai tentou persuadir o filho de que era capaz de cozinhar.

(C) O pai não conseguiu convencer o filho que estava apto com cozinhar.

(D) O pai acabou revelando de que não estava preparado de cozinhar.

(E) O pai aludiu da época que tinha sobrevivido com sua própria comida.

A: incorreta. O verbo "alegar" é transitivo direto, não rege preposição: "alegou que tinha sobrevivido..."; **B:** correta. Todas as normas gramaticais foram respeitadas no período; **C:** incorreta. O verbo "convencer" rege a preposição "de" ("convencer o filho de que estava...") e o termo "apto" rege a preposição "para": "estava apto para cozinhar"; **D:** incorreta. O verbo "revelar" é transitivo direto, não rege preposição: "acabou revelando que...". Além disso, o particípio "preparado" rege a preposição "para": "preparado para cozinhar"; **E:** incorreta. O verbo "aludir" rege a preposição "a": "o pai aludiu à época...". Gabarito "B".

(Procurador Municipal – Sertãozinho/SP – VUNESP – 2016) Assinale a alternativa que está redigida de acordo com a norma-padrão da língua portuguesa.

(A) Em meio às diferentes opiniões, existem as artificialebas, que consideram que se contrapor à medicina é uma irresponsabilidade à qual as mulheres não devem se submeter.

(B) Em meio às diferentes opiniões, existem as artificialebas, que consideram que se contrapor à medicina é uma irresponsabilidade a qual as mulheres não devem se submeter.

(C) Em meio às diferentes opiniões, existe as artificialebas, que consideram que se contrapor a medicina é uma irresponsabilidade a qual as mulheres não devem se submeter.
(D) Em meio as diferentes opiniões, existe as artificialebas, que consideram que se contrapor a medicina é uma irresponsabilidade à qual as mulheres não devem se submeter.
(E) Em meio as diferentes opiniões, existem as artificialebas, que consideram que se contrapor à medicina é uma irresponsabilidade a qual as mulheres não devem se submeter.

A expressão "em meio" rege a preposição "a", portanto ocorre crase em "às diferentes opiniões". O verbo "contrapor" também rege a preposição "a", portanto ocorre crase em "contrapor à medicina". Por fim, o verbo "submeter" também rege a preposição "a", logo a crase será indicada na locução pronominal: "à qual as mulheres...".
Gabarito "A".

(Bob Thaves, O Estado de S. Paulo, 06.06.2010)

(Procurador Municipal/SP – VUNESP – 2016) Considere as frases elaboradas a partir da tirinha.

A falta de discernimento _____ que o rei se conduz diante da multidão evidencia que ele é um governante inapto.

A aprovação de sua conduta política, _____ que depende sua permanência no trono, limita-se a poucos aliados.

As falcatruas políticas, _____ que o povo tem sentido cada vez mais repulsa, marca vergonhosamente a trajetória de alguns governantes.

De acordo com a norma-padrão da língua portuguesa, as preposições que preenchem, correta e respectivamente, as lacunas das frases são:

(A) em ... a ... de
(B) em ... de ... por
(C) a ... com ... em
(D) com ... a ... de
(E) com ... de ... por

No primeiro período, o substantivo "discernimento" rege a preposição "com". No segundo, o verbo "depende" rege a preposição "de". No terceiro, o substantivo "repulsa" rege a preposição "por".
Gabarito "E".

CONTRATEMPOS

Ele nunca entendeu o tédio, essa impressão de que existem mais horas do que coisas para se fazer com elas. Sempre faltou tempo para tanta coisa: faltou minuto para tanta música, faltou dia para tanto sol, faltou domingo para tanta praia, faltou noite para tanto filme, faltou ano para tanta vida.

Existem dois tipos de pessoa. As pessoas com mais coisa que tempo e as pessoas com mais tempo que coisas para fazer com o tempo.

As pessoas com menos tempo que coisa são as que buzinam assim que o sinal fica verde, e ficam em pé no avião esperando a porta se abrir, e empurram e atropelam as outras para entrar primeiro no vagão do trem, e leem livros que enumeram os "livros que você tem que ler antes de morrer" ao invés de ler diretamente os livros que você tem de ler antes de morrer.

Esse é o caso dele, que chega ao trabalho perguntando onde é a festa, e chega à festa querendo saber onde é a próxima, e chega à próxima festa pedindo táxi para a outra, e chega à outra percebendo que era melhor ter ficado na primeira, e quando chega a casa já está na hora de ir para o trabalho.

Ela sempre pertenceu ao segundo tipo de pessoa. Sempre teve tempo de sobra, por isso sempre leu romances longos, e passou tardes longas vendo pela milésima vez a segunda temporada de "Grey's Anatomy" mas, por ter tempo demais, acabava sobrando tempo demais para se preocupar com uma hérnia imaginária, ou para tentar fazer as pazes com pessoas que nem sabiam que estavam brigadas com ela, ou escrever cartas longas dentro da cabeça para o ex-namorado, os pais, o país, ou culpar o sol ou a chuva, ou comentar "e esse calor dos infernos?", achando que a culpa é do mau tempo quando na verdade a culpa é da sobra de tempo, porque se ela não tivesse tanto tempo não teria nem tempo para falar do tempo.

Quando se conheceram, ele percebeu que não adiantava correr atrás do tempo porque o tempo sempre vai correr mais rápido, e ela percebeu que às vezes é bom correr para pensar menos, e pensar menos é uma maneira de ser feliz, e ambos perceberam que a felicidade é uma questão de tempo. Questão de ter tempo o suficiente para ser feliz, mas não o bastante para perceber que essa felicidade não faz o menor sentido.

(Gregório Duvivier. Folha de S. Paulo, 30.11.2015. Adaptado)

(Procurador – IPSMI/SP – VUNESP – 2016) A alternativa que apresenta, nos parênteses, regência verbal de acordo com a norma-padrão, em substituição à expressão destacada no trecho do texto, é:

(A) ... empurram e **atropelam as outras** para entrar primeiro no vagão do trem (pisoteiam nas outras).
(B) ...quando chega a casa já está na hora de **ir para o trabalho**. (dirigir-se no trabalho).
(C) passou tardes longas **vendo pela milésima vez a segunda temporada** de "Grey's Anatomy" (assistindo pela milésima vez à segunda temporada).
(D) ...e ambos **perceberam que a felicidade** é uma questão de tempo (conscientizaram-se que a felicidade).
(E) ...se ela não **tivesse tanto tempo** não teria nem tempo para falar do tempo (dispusesse a tanto tempo).

A: incorreta. "Pisotear" é verbo transitivo direto, não rege preposição – "pisoteiam as outras"; B: incorreta. O verbo pronominal "dirigir-se" rege a preposição "s" – "dirigir-se ao trabalho"; C: correta. A regência do verbo "assistir", como sinônimo de "ver", "acompanhar", é mesmo a preposição "a", portanto ocorre crase na passagem proposta. Sem ela (a preposição), o verbo "assistir" significa "ajudar"; D: incorreta. O verbo pronominal "conscientizar-se" rege a preposição "de" – "conscientizaram-se de que a felicidade"; E: incorreta. O verbo "dispor" rege a preposição "de" – "dispusesse de tanto tempo".
Gabarito "C".

(Escrevente – TJ/SP – VUNESP – 2015) Na passagem – Outras são promíscuas (embora prefiram a palavra "gregária"): estão sempre cercadas de muitas outras: Que. **De**. **Por**. –, as palavras destacadas são preposições. Assinale a alternativa em que elas estão empregadas de acordo com a norma-padrão de regência verbal e nominal.

(A) Persiste **de** falar conosco, que somos os responsáveis **por** tudo.
(B) Ele insiste **de** negar tudo, mas é suspeito **por** ter recebido propina.
(C) Há um que hesita **de** fazer o negócio; os demais são favoráveis **por** comprar o terreno.
(D) Recusa-se **de** ajudar, ficando indiferente **por** nosso problema.
(E) Eles se admiram **de** que tenhamos preferência **por** funcionários mais experientes.

A: incorreta. "Persistir", nesse caso, rege a preposição "em"; **B:** incorreta. "Insistir", nesse caso, rege também a preposição "em" e o adjetivo "suspeito" rege a preposição "de"; **C:** incorreta. "Hesitar" rege a preposição "em" e "favoráveis" rege a preposição "a"; **D:** incorreta. "Recusar-se" rege a preposição "a", assim como "indiferente"; **E:** correta. "Admirar-se" rege a preposição "de" e "preferência" rege a preposição "por".
Gabarito "E".

(Escrevente – TJ/SP – VUNESP – 2015) O sinal indicativo de crase está empregado de acordo com a norma-padrão em:

(A) Todos os documentos serão encaminhados às partes à partir da próxima semana.
(B) Todos tiveram de comparecer perante à autoridade, prestando contas à ela.
(C) Recusa-se à entregar às certidões antes do final do expediente.
(D) Encaminhamos à V.Exª os documentos à que se refere o Edital.
(E) O caso exige tratamento igual às partes, sem fazer exceção à ré.

A: incorreta. Não ocorre crase na expressão "a partir", porque formada por verbo; **B:** incorreta. "Perante" já é preposição, de forma que o "a" que a sucede é somente artigo definido. Logo, não ocorre crase; **C:** incorreta. Não ocorre crase antes de verbo e "certidões" é objeto direto, portanto não vem precedido de preposição; **D** incorreta. Não ocorre crase antes de pronomes pessoais de tratamento e o "a" que sucede "documentos" é unicamente uma preposição; **E:** correta. O advérbio "igual" e o substantivo "exceção" regem a preposição "a", que se aglutina com o artigo definido a seguir para formar a crase.
Gabarito "E".

6. CONJUNÇÃO

Estudos divulgados pela OMS (Organização Mundial da Saúde) mostram que, só no ano de 2010, 50 milhões de pessoas no mundo sobreviveram a acidentes de trânsito com algum traumatismo ou ferida. Se nada for feito, a estimativa é de que teremos 1,9 milhão de mortes no trânsito em 2020 e 2,4 milhões em 2030.

(www.sbotrj.com.br. Adaptado)

(Soldado – PM/SP – 2018 – VUNESP) A expressão "Se nada for feito" pode ser substituída, sem alteração de sentido e conforme a norma-padrão da língua, por

(A) Apesar de nada ser feito.
(B) Pois que nada foi feito.
(C) Portanto nada fosse feito.
(D) Caso nada seja feito.
(E) Segundo nada seria feito.

"Se" é conjunção condicional, de forma que pode ser substituída sem qualquer alteração de sentido por "caso" – note, porém, que esta última leva o verbo para o presente do subjuntivo.
Gabarito "D".

Vamos partir de uma situação que grande parte de nós já vivenciou. Estamos saindo do cinema, depois de termos visto uma adaptação de um livro do qual gostamos muito. Na verdade, até que gostamos do filme também: o sentido foi mantido, a escolha do elenco foi adequada, e a trilha sonora reforçou a camada afetiva da narrativa. Por que então sentimos que algo está fora do lugar? Que está faltando alguma coisa?

O que sempre falta em um filme sou eu. Parto dessa ideia simples e poderosa, sugerida pelo teórico Wolfgang Iser em um de seus livros, para afirmar que nunca precisamos tanto ler ficção e poesia quanto hoje, porque nunca precisamos tanto de faíscas que ponham em movimento o mecanismo livre da nossa imaginação. Nenhuma forma de arte ou objeto cultural guarda a potência escondida por aquele monte de palavras impressas na página.

Essa potência vem, entre outros aspectos, do tanto que a literatura exige de nós, leitores. Não falo do esforço de compreender um texto, nem da atenção que as histórias e os poemas exigem de nós – embora sejam incontornáveis também. Penso no tanto que precisamos investir de nós, como sujeitos afetivos e como corpos sensíveis, para que as palavras se tornem um mundo no qual penetramos.

Somos bombardeados todo dia, o dia inteiro, por informações. Estamos saturados de dados e de interpretações. A literatura – para além do prazer intelectual, inegável – oferece algo diferente. Trata-se de uma energia que o teórico Hans Ulrich Gumbrecht chama de "presença" e que remete a um contato com o mundo que afeta o corpo do indivíduo para além e para aquém do pensamento racional.

Muitos eventos produzem presença, é claro: jogos e exercícios esportivos, shows de música, encontros com amigos, cerimônias religiosas e relações amorosas e sexuais são exemplos óbvios. Por que, então, defender uma prática eminentemente intelectual, como a experiência literária, com o objetivo de "produzir presença", isto é, de despertar sensações corpóreas e afetos? A resposta está, como já evoquei mais acima, na potência guardada pela ficção e pela poesia para disparar a imaginação. Mas o que é, afinal, a imaginação, essa noção tão corriqueira e sobre a qual refletimos tão pouco?

Proponho pensar a imaginação como um espaço de liberdade ilimitada, no qual, a partir de estímulos do mundo exterior, somos confrontados (mas também despertados) a responder com memórias, sentimentos, crenças e conhecimentos para forjar, em última instância, aquilo que faz de cada um de nós diferente dos demais. A leitura de textos literários é uma forma privilegiada de disparar esse mecanismo imenso, porque demanda de nós todas essas reações de modo ininterrupto, exige que nosso corpo esteja ele próprio presente no espaço ficcional com que nos deparamos, sob pena de não existir espaço ficcional algum.

(Ligia G. Diniz. https://brasil.elpais.com. 22.02.2018. Adaptado)

(Delegado – PC/BA – 2018 – VUNESP) O primeiro parágrafo permanecerá redigido conforme a norma-padrão e com o sentido preservado, caso o sinal de dois-pontos seja substituído pela vírgula seguida da seguinte expressão:

(A) porquanto
(B) ainda que
(C) em contrapartida
(D) por conseguinte
(E) a fim de que

Os dois-pontos anunciam o aposto, elemento sintático que explicará melhor o que foi dito antes. Assim, pode ele também ser introduzido por conjunção explicativa – a única opção dada é "porquanto".

Gabarito "A".

Ter trinta e poucos anos significa, entre outras coisas, que é praticamente impossível reunir cinco casais num jantar sem que haja pelo menos uma grávida. E estar na presença de uma grávida significa, entre outras coisas, que é praticamente impossível falar de qualquer outro assunto que não daquele rotundo e miraculoso acontecimento, a desenrolar-se do lado de lá do umbigo em expansão.

Enquanto a conversa gira em torno dos nomes cogitados, da emoção do ultrassom, dos diferentes modelos de carrinho, o clima costuma ser agradável e os convivas se aprazem diante da vida que se aproxima. Mas eis então que alguém pergunta: "e aí, vai ser parto normal ou cesárea?", e toda possível harmonia vai pra cucuia.

Num extremo, estão as mulheres que querem parir de cócoras, ao pé de um abacateiro, sob os cuidados de uma parteira de cem anos, tendo como anestesia apenas um chá de flor de macaúba e cantigas de roda de 1924. Na outra ponta, estão as que têm tremedeiras só de pensar em parto normal, pretendem ir direto pra cesárea, tomar uma injeção e acordar algumas horas depois, tendo no colo um bebê devidamente parido, lavado, escovado, penteado e com aquela pulseirinha vip no braço, já com nome, número de série e código de barras.

Os dois lados acusam o outro de violência: as naturebas dizem que a cesárea é um choque; as artificialebas alegam que dar as costas à medicina é uma irresponsabilidade. Eu, que durante meses ouvi calado as discussões, pesei bastante os argumentos e cheguei, enfim, a uma conclusão: abaixo o nascimento! Viva a gravidez!

Imaginem só a situação: os primeiros grãos de consciência germinam em seu cérebro. Você boia num líquido morninho – nem a gravidade, essa pequena e constante chateação, te aborrece. Você recebe alimento pelo umbigo. Você dorme, acorda, dorme, acorda e jamais tem que cortar as unhas dos pés. Então, de repente, o líquido se vai, as paredes te espremem, a fonte seca, a luz te cega e, daí pra frente, meu amigo, é só decadência: cólicas, fome, sede, perniblongos, decepções, contas a pagar. Eis um resumo de nossa existência: nove meses no paraíso, noventa anos no purgatório.

Freud diz que todo amor que buscamos é um pálido substituto de nosso primeiro, único e grande amor: a mãe. Discordo. A mãe já é um pálido substituto de nosso primeiro, único e grande amor: a placenta. Tudo, daí pra frente – as religiões, os relacionamentos amorosos, a música pop, a semiótica* e a novela das oito – é apenas uma busca inútil e desesperada por um novo cordão umbilical, aquele cabo USB por onde fazíamos, em banda larga, o download da felicidade. Do parto em diante, meu caro leitor, meu caro companheiro de infortúnio, a vida é conexão discada, wi-fi mequetrefe, e em vão nos arrastamos por aí, atrás daquela impossível protoconexão.

No próximo jantar, se estiver do lado de uma grávida, jogarei um talher no chão e, ao abaixar para pegá-lo, cochicharei bem rente à barriga: "te segura, garoto! Quando começar a tremedeira, agarra bem nas paredes, se enrola no cordão, carca os pés na borda e não sai, mesmo que te cutuquem com um fórceps, te estendam uma mão falsamente amiga, te sussurrem belas cantigas de roda, de 1924. Te segura, que o negócio aqui é roubada!".

(Revista Ser Médico. Edição 57 – Outubro/Novembro/Dezembro de 2011. www.cremesp.org.br. Adaptado)

*semiótica: ciência dos modos de produção, de funcionamento e de recepção dos diferentes sistemas de sinais de comunicação entre indivíduos ou coletividades.

(Procurador Municipal – Sertãozinho/SP – VUNESP – 2016) Considere o trecho do último parágrafo em que as expressões destacadas exprimem, respectivamente, as ideias de tempo e de concessão. **Quando** começar a tremedeira, agarra bem nas paredes, se enrola no cordão, carca os pés na borda e não sai, **mesmo que** te cutuquem com um fórceps... A alternativa em que as expressões destacadas exprimem, respectivamente, as mesmas ideias presentes no trecho do texto encontra-se em:

(A) **Depois** que ele conversou com o médico, ficou mais tranquilo **já que** os exames não indicaram problemas graves.
(B) **Sempre** que ela viaja a trabalho, pede à vizinha que regue as plantas **para que** elas não morram por falta de água.
(C) **Assim que** o cliente chegar à loja, entregue-lhe a encomenda imediatamente, **ainda que** ele não faça o pagamento à vista.
(D) **Como** alguns funcionários concluíram o curso, receberam um bônus salarial **embora** o valor tenha sido irrisório.
(E) **Visto que** o espetáculo está fazendo sucesso, o diretor quer estender a temporada, **por isso** está negociando com o proprietário do teatro.

A: incorreta. "Já que" não exprime concessão, mas causa; **B:** incorreta. "Para que" transmite a ideia de explicação; **C:** correta. "Assim que" exprime ideia de tempo e "ainda que", de concessão; **D:** incorreta. "Como" carrega consigo a ideia de causa; **E:** incorreta. "Visto que" transmite a ideia de explicação e "por isso", de consequência.

Gabarito "C".

Desde que viu pela primeira vez um filme policial, o rapaz quis ser um homem da lei. Sonhava viver aventuras, do lado do bem. Botar algemas nos pulsos de um criminoso e dizer, como nos livros: "Vai mofar na cadeia, espertinho".

Estudou Direito com o objetivo de ser delegado de polícia. No início do curso, até pensou em tornar-se um grande advogado criminal, daqueles que desmontam um por um os argumentos do nobre colega, mas a partir do segundo ano percebeu que seu negócio eram mesmo as algemas. Assim que se formou, inscreveu-se no primeiro concurso público para delegado. Fez aulas de defesa pessoal e tiro. Estudou tanto que passou em primeiro lugar e logo saiu a nomeação para uma delegacia em bairro de classe média, Vila Mariana.

No dia de assumir o cargo, acordou cedo, fez a barba, tomou uma longa ducha, reforçou o desodorante para o caso de algum embate prolongado, vestiu o melhor terno, caprichou na gravata e olhou-se no espelho satisfeito. Encenou um sorriso cínico imitando Sean Connery e falou:

– Meu nome é Bond. James Bond.

Na delegacia, percorreu as dependências, conheceu a equipe, conferiu as armas, as viaturas, e sentou-se à mesa, à espera do primeiro caso. Não demorou: levaram até ele uma senhora idosa e enfezada.

– Doutor, estão atirando pedras no meu varal!

Adeus 007. O delegado-calouro caiu na besteira de dizer à queixosa que aquilo não era crime.

– Não é crime? Quer dizer que podem jogar pedras no meu varal?

– Eu não posso prender ninguém por isso.

– Ah, é? Então a polícia vai permitir que continuem a jogar pedras no meu varal? A sujar minha roupa?

James Bond não tinha respostas. Procurou saber quem jogava as pedras. A velha senhora não sabia, mas suspeitava de alguém da casa ao lado. O delegado mandou "convidarem" o vizinho para uma conversa e pediu que trancassem a senhora numa sala.

– Ai, meu Deus, só falta ser um velhinho, para completar! – murmurou o desanimado Bond.

Era um velhinho que confessou tudo dando risadinhas travessas. Repreendeu-o com tom paterno:

– O senhor não pode fazer uma coisa dessas. Por que isso, aborrecer as pessoas?

– É para passar o tempo. Vivo sozinho, e com isso eu me divirto um pouco, né?

O moço delegado cruzou as mãos atrás da cabeça, fechou os olhos e meditou sobre os próximos trinta anos. Pensou também na vida, na solidão e em arranjar uma namorada. Abriu os olhos e lá estava o velhinho.

– Pois eu vou contar uma coisa. A sua vizinha, essa do varal, está interessadíssima no senhor, gamadona.

O velho subiu nas nuvens, encantado. Recusou-se a dar mais detalhes, mandou-o para casa, e chamou a senhora:

– Ele esteve aqui. É um senhor de idade. Bonitão, viu? Confessou que fez tudo por amor, para chamar a sua atenção. Percebeu que uma chama romântica brilhou nos olhos dela.

Caso encerrado.

(Humberto Werneck, Org. Coleção melhores crônicas – Ivan Angelo. Global, 2007. Adaptado)

(Procurador Municipal/SP – VUNESP – 2016) Leia a frase.

O velhinho ficou encantado ao pensar que a vizinha se interessava por ele, _____ o delegado-calouro recusou-se a dar mais detalhes _____ mandou-o para casa, chamando posteriormente a senhora queixosa _____ ambos finalizassem a conversa.

Para que a frase mantenha o sentido do texto, as lacunas devem ser preenchidas, correta e respectivamente, por:

(A) todavia ... quando ... caso
(B) porém ... depois que ... de sorte que
(C) portanto ... mas ... conforme
(D) entretanto ... e ... para que
(E) pois ... visto que ... a fim de que

Na primeira lacuna, precisamos de uma conjunção adversativa, para indicar que, apesar da alegria do velhinho, o delegado não deu mais nenhuma informação para ele. Poderíamos usar "mas", "porém", "entretanto", "todavia", "contudo", dentre outras. Na segunda lacuna, a conjunção é aditiva, porque os dois fatos (não dar detalhes e mandar para casa) devem ser "somados". A conjunção aditiva por excelência é "e". Na terceira lacuna, precisamos de uma locução conjuntiva que exprima finalidade: "para que", "a fim de que", "com vistas a" etc. A única alternativa que apresenta tais opções na ordem correta é a letra "D".

Gabarito "D".

CONTRATEMPOS

Ele nunca entendeu o tédio, essa impressão de que existem mais horas do que coisas para se fazer com elas. Sempre faltou tempo para tanta coisa: faltou minuto para tanta música, faltou dia para tanto sol, faltou domingo para tanta praia, faltou noite para tanto filme, faltou ano para tanta vida.

Existem dois tipos de pessoa. As pessoas com mais coisa que tempo e as pessoas com mais tempo que coisas para fazer com o tempo.

As pessoas com menos tempo que coisa são as que buzinam assim que o sinal fica verde, e ficam em pé no avião esperando a porta se abrir, e empurram e atropelam as outras para entrar primeiro no vagão do trem, e leem livros que enumeram os "livros que você tem que ler antes de morrer" ao invés de ler diretamente os livros que você tem de ler antes de morrer.

Esse é o caso dele, que chega ao trabalho perguntando onde é a festa, e chega à festa querendo saber onde é a próxima, e chega à próxima festa pedindo táxi para a outra, e chega à outra percebendo que era melhor ter ficado na primeira, e quando chega a casa já está na hora de ir para o trabalho.

Ela sempre pertenceu ao segundo tipo de pessoa. Sempre teve tempo de sobra, por isso sempre leu romances longos, e passou tardes longas vendo pela milésima vez a segunda temporada de "Grey's Anatomy" mas, por ter tempo demais, acabava sobrando tempo demais para se preocupar com uma hérnia imaginária, ou para tentar fazer as pazes com pessoas que nem sabiam que estavam brigadas com ela, ou escrever cartas longas dentro da cabeça para o ex-namorado, os pais, o país, ou culpar o sol ou a chuva, ou comentar "e esse calor dos infernos?", achando que a culpa é do mau tempo quando na verdade a culpa é da sobra de tempo, porque se ela não tivesse tanto tempo não teria nem tempo para falar do tempo.

Quando se conheceram, ele percebeu que não adiantava correr atrás do tempo porque o tempo sempre vai correr mais rápido, e ela percebeu que às vezes é bom correr para pensar menos, e pensar menos é uma maneira de ser feliz, e ambos perceberam que a felicidade é uma questão de tempo. Questão de ter tempo o suficiente para ser feliz, mas não o bastante para perceber que essa felicidade não faz o menor sentido.

(Gregório Duvivier. Folha de S. Paulo, 30.11.2015. Adaptado)

(Procurador – IPSMI/SP – VUNESP – 2016) Na passagem – As pessoas [...] que buzinam **assim que o sinal fica verde** – o trecho destacado expressa, em relação ao verbo que o antecede,

(A) lugar da ação.
(B) modo da ação.
(C) finalidade da ação.
(D) comparação das ações.
(E) tempo concomitante das ações.

A locução conjuntiva "assim que" transmite ideia de tempo, mais especificamente um tempo concomitante; transmite a ideia de que os dois fatos ocorreram, se não ao mesmo tempo, um imediatamente em seguida do outro.
Gabarito "E".

(Procurador – SP – VUNESP – 2015) Ele publicou um anúncio no jornal solicitando que pessoas particularmente sortudas ou azaradas entrassem em contato com ele **para que** seus comportamentos fossem analisados.

O termo destacado nessa passagem expressa ideia de

(A) proporção.
(B) finalidade.
(C) concessão.
(D) conformidade.
(E) conclusão.

A locução conjuntiva "para que" tem valor final, ou seja, expressa a finalidade, o objetivo de se realizar determinada ação.
Gabarito "B".

7. PRONOMES E COLOCAÇÃO PRONOMINAL

Quem assiste a "Tempo de Amar" já reparou no português extremamente culto e correto que é falado pelos personagens da novela. Com frases que parecem retiradas de um romance antigo, mesmo nos momentos mais banais, os personagens se expressam de maneira correta e erudita.

Ao UOL, o autor da novela, Alcides Nogueira, diz que o linguajar de seus personagens é um ponto que leva a novela a se destacar. "Não tenho nada contra a linguagem coloquial, ao contrário. Acho que a língua deve ser viva e usada em sintonia com o nosso tempo. Mas colocar um português bastante culto torna a narrativa mais coerente com a época da trama. Fora isso, é uma oportunidade de o público conhecer um pouco mais dessa sintaxe poucas vezes usada atualmente".

O escritor, que assina o texto da novela das 18h ao lado de Bia Corrêa do Lago, conta que a decisão de imprimir um português erudito à trama foi tomada por ele e apoiada pelo diretor artístico, Jayme Monjardim. Ele revela que toma diversos cuidados na hora de escrever o texto, utilizando, inclusive, o dicionário. "Muitas vezes é preciso recorrer às gramáticas. No início, o uso do coloquial era tentador. Aos poucos, a escrita foi ficando mais fácil", afirma Nogueira, que também diz se inspirar em grandes escritores da literatura brasileira e portuguesa, como Machado de Assis e Eça de Queiroz.

Para o autor, escutar os personagens falando dessa forma ajuda o público a mergulhar na época da trama de modo profundo e agradável. Compartilhou-lhe o sentimento Jayme Monjardim, que também explica que a estética delicada da novela foi pensada para casar com o texto. "É uma novela que se passa no fim dos anos 1920, então tudo foi pensado para que o público entrasse junto com a gente nesse túnel do tempo. Acho que isso é importante para que o telespectador consiga se sentir em outra época", diz.

(Guilherme Machado. UOL. https://tvefamosos.uol.com.br. 15.11.2017. Adaptado)

(Escrevente – TJ/SP – 2018 – VUNESP) Considere as passagens:

• ... os personagens **se** expressam de maneira correta e erudita. (1º parágrafo)

• Compartilhou-**lhe** o sentimento Jayme Monjardim... (4º parágrafo)

• "... para que o telespectador consiga **se** sentir em outra época"... (4º parágrafo)

Os pronomes, em destaque, assumem nos enunciados, correta e respectivamente, os sentidos:

(A) recíproco, possessivo e reflexivo.
(B) recíproco, reflexivo e reflexivo.
(C) reflexivo, possessivo e reflexivo.
(D) reflexivo, demonstrativo e enfático.
(E) reflexivo, enfático e possessivo.

Na primeira passagem, "se" é pronome reflexivo, porque se refere ao mesmo tempo aos personagens e ao verbo "expressar"; na segunda passagem, "lhe" é pronome possessivo, pois se refere ao sentimento de Alcides Nogueira; na terceira passagem, novamente o "se" como pronome reflexivo, vez que se refere tanto ao telespectador quanto ao verbo "sentir".
Gabarito "C".

Se determinado efeito, lógico ou artístico, mais fortemente se obtém do emprego de um substantivo masculino apenso a substantivo feminino, não deve o autor hesitar em fazê-lo. Quis eu uma vez dar, em uma só frase, a ideia – pouco importa se vera ou falsa – de que Deus é simultaneamente o Criador e a Alma do mundo. Não encontrei melhor maneira de o fazer do que tornando transitivo o verbo "ser"; e assim dei à voz de Deus a frase:

– Ó universo, eu sou-te, em que o transitivo de criação se consubstancia com o intransitivo de identificação.

Outra vez, porém em conversa, querendo dar incisiva, e portanto concentradamente, a noção verbal de que certa senhora tinha um tipo de rapaz, empreguei a frase "aquela rapaz", violando deliberadamente e justissimamente a lei fundamental da concordância.

A prosódia, já alguém o disse, não é mais que função do estilo.

A linguagem fez-se para que nos sirvamos dela, não para que a sirvamos a ela.

(Fernando Pessoa. A língua portuguesa, 1999. Adaptado)

(Escrevente – TJ/SP – 2018 – VUNESP) Assinale a alternativa que atende à norma-padrão de colocação pronominal.

(A) A prosódia, já disse-o alguém, não é mais que função do estilo.
(B) Se consubstancia o transitivo de criação com o intransitivo de identificação na frase: – Ó universo, eu sou-te.
(C) Tendo referido-me a Deus simultaneamente como o Criador e a Alma do mundo, recorri à frase: – Ó universo, eu sou-te.
(D) Sirvamo-nos da linguagem para quaisquer efeitos, sejam eles lógicos ou artísticos.
(E) Para expressar minha ideia, juntariam-se o transitivo de criação com o intransitivo de identificação na frase.

(colocação pronominal) **A:** incorreta. O advérbio determina a próclise: "já o disse alguém"; **B:** incorreta. Não se inicia frase com pronome oblíquo, é caso de ênclise obrigatória: "Consubstancia-se o transitivo..."; **C:** incorreta. A locução verbal determina o pronome proclítico ao verbo principal: "tendo me referido"; **D:** correta. Como anotado na letra "B", aqui se respeitou a ênclise no início do período; **E:** incorreta. Ainda que em desuso, a norma padrão determina o uso da mesóclise com o futuro do pretérito do indicativo: "juntar-se-iam".
Gabarito "D".

(Procurador Municipal – Sertãozinho/SP – VUNESP – 2016) Leia as frases.

• No início do jantar, os casais geralmente discutem temas como o nome para os bebês.
• As mulheres consideradas naturebas preferem uma parteira experiente para realizar o parto.
• O cronista imagina como é confortável estar na barriga da mãe e não ter a obrigação de cortar as unhas.

Assinale a alternativa em que, de acordo com a norma-padrão da língua portuguesa, os pronomes substituem corretamente as expressões destacadas e estão colocados adequadamente nas frases.

(A) os discutem – realizar-lhe – tê-la
(B) os discutem – realizá-lo – a ter
(C) lhes discutem – realizá-lo – a ter
(D) discutem-nos – realizar-lhe – tê-la
(E) discutem-nos – realizá-lo – a ter

O advérbio "geralmente" recomenda a próclise no primeiro caso: "os discutem". No segundo período, como não há qualquer indicação de próclise ou mesóclise, usamos a ênclise como padrão: "realizá-lo". Por fim, no terceiro caso, o advérbio "não" determina a próclise: "a ter".
Gabarito "B".

Desde que viu pela primeira vez um filme policial, o rapaz quis ser um homem da lei. Sonhava viver aventuras, do lado do bem. Botar algemas nos pulsos de um criminoso e dizer, como nos livros: "Vai mofar na cadeia, espertinho".

Estudou Direito com o objetivo de ser delegado de polícia. No início do curso, até pensou em tornar-se um grande advogado criminal, daqueles que desmontam um por um os argumentos do nobre colega, mas a partir do segundo ano percebeu que seu negócio eram mesmo as algemas. Assim que se formou, inscreveu-se no primeiro concurso público para delegado. Fez aulas de defesa pessoal e tiro. Estudou tanto que passou em primeiro lugar e logo saiu a nomeação para uma delegacia em bairro de classe média, Vila Mariana.

No dia de assumir o cargo, acordou cedo, fez a barba, tomou uma longa ducha, reforçou o desodorante para o caso de algum embate prolongado, vestiu o melhor terno, caprichou na gravata e olhou-se no espelho satisfeito. Encenou um sorriso cínico imitando Sean Connery e falou:

– Meu nome é Bond. James Bond.

Na delegacia, percorreu as dependências, conheceu a equipe, conferiu as armas, as viaturas, e sentou-se à mesa, à espera do primeiro caso. Não demorou: levaram até ele uma senhora idosa e enfezada.

– Doutor, estão atirando pedras no meu varal!

Adeus 007. O delegado-calouro caiu na besteira de dizer à queixosa que aquilo não era crime.

– Não é crime? Quer dizer que podem jogar pedras no meu varal?

– Eu não posso prender ninguém por isso.

– Ah, é? Então a polícia vai permitir que continuem a jogar pedras no meu varal? A sujar minha roupa?

James Bond não tinha respostas. Procurou saber quem jogava as pedras. A velha senhora não sabia, mas suspeitava de alguém da casa ao lado. O delegado mandou "convidarem" o vizinho para uma conversa e pediu que trancassem a senhora numa sala.

– Ai, meu Deus, só falta ser um velhinho, para completar! – murmurou o desanimado Bond.

Era um velhinho que confessou tudo dando risadinhas travessas. Repreendeu-o com tom paterno:

– O senhor não pode fazer uma coisa dessas. Por que isso, aborrecer as pessoas?

– É para passar o tempo. Vivo sozinho, e com isso eu me divirto um pouco, né?

O moço delegado cruzou as mãos atrás da cabeça, fechou os olhos e meditou sobre os próximos trinta anos. Pensou também na vida, na solidão e em arranjar uma namorada. Abriu os olhos e lá estava o velhinho.

– Pois eu vou contar uma coisa. A sua vizinha, essa do varal, está interessadíssima no senhor, gamadona.

O velho subiu nas nuvens, encantado. Recusou-se a dar mais detalhes, mandou-o para casa, e chamou a senhora:

– Ele esteve aqui. É um senhor de idade. Bonitão, viu? Confessou que fez tudo por amor, para chamar a sua atenção. Percebeu que uma chama romântica brilhou nos olhos dela.

Caso encerrado.

(Humberto Werneck, Org. Coleção melhores crônicas – Ivan Angelo. Global, 2007. Adaptado)

(Procurador Municipal/SP – VUNESP – 2016) Considere os trechos destacados na frase a seguir.

Na delegacia, vagarosamente percorreu as dependências, cumprimentou todos da equipe, decidiu conferir as armas e as viaturas e sentou-se à mesa, onde aguardou o seu primeiro caso.

Assinale a alternativa em que os pronomes estão adequadamente colocados na frase e substituem, correta, respectivamente e de acordo com a norma-padrão da língua portuguesa, as expressões destacadas.

(A) Na delegacia, vagarosamente as percorreu, cumprimentou-os, decidiu conferi-las e sentou-se à mesa, onde o aguardou.

(B) Na delegacia, vagarosamente as percorreu, cumprimentou-os, decidiu conferir-lhes e sentou-se à mesa, onde aguardou-o.

(C) Na delegacia, vagarosamente as percorreu, cumprimentou-lhes, decidiu conferi-las e sentou-se à mesa, onde aguardou-o.

(D) Na delegacia, vagarosamente percorreu-as, cumprimentou-lhes, decidiu conferi-las e sentou-se à mesa, onde o aguardou.

(E) Na delegacia, vagarosamente percorreu-as, cumprimentou-os, decidiu conferir-lhes e sentou-se à mesa, onde aguardou-o.

Nenhum dos verbos que antecede as expressões destacadas rege preposição, portanto ao substituí-las por pronomes devemos utilizar "o(s)" e "a(s)". O pronome "lhe(s)" é reservado para os termos acompanhados de preposição. Assim, teremos: "as percorreu" (a próclise é obrigatória frente ao advérbio "vagarosamente"), "cumprimentou-os", "conferi-las" e "o aguardou" (aqui também há próclise por conta do advérbio "onde").
Gabarito "A".

(Bob Thaves, O Estado de S. Paulo, 06.06.2010)

(Procurador Municipal/SP – VUNESP – 2016) Supondo que o serviçal do rei empregasse outra frase para comentar com seu colega a reação do monarca diante dos protestos, de acordo com a norma-padrão da língua portuguesa, ele se expressaria corretamente ao dizer:

(A) Sua Majestade não se deu conta de que está desprestigiado pelo povo.

(B) Sua Majestade não se deu conta de que estais desprestigiada pelo povo.

(C) Vossa Majestade não se deu conta de que estais desprestigiado pelo povo.

(D) Vossa Majestade não se deu conta de que está desprestigiado pelo povo.

(E) Vossa Majestade não se deu conta de que está desprestigiada pelo povo.

Quando estamos falando com terceiros sobre a autoridade referida pelo pronome de tratamento, usamos a forma na terceira pessoa: "Sua Majestade". Isso não altera a concordância verbal pela terceira pessoa do singular, portanto, no caso, teremos "está" e não "estais". Por fim, não é porque "Majestade" é um termo feminino que com tal gênero devem concordar as palavras que se seguem. Se a autoridade for homem, deve ser usado o gênero masculino. O enunciado afirma que é um rei, não uma rainha. Logo, o correto é "desprestigiado".
Gabarito "A".

(Procurador – SP – VUNESP – 2015) Assinale a alternativa que completa corretamente a frase seguinte, no que se refere ao emprego dos pronomes. Prezados colaboradores, caso tenham sugestões para aprimorarmos nossos serviços, favor

(A) encaminhá-las à diretoria, que se encarregará de analisá-las.

(B) encaminhá-las à diretoria, que encarregar-se-á de analisar-lhes.

(C) encaminhar-lhes à diretoria, que se encarregará de analisá-las.

(D) encaminhar-lhes à diretoria, que se encarregará de analisar-lhes.

(E) encaminhar-lhes à diretoria, que encarregar-se-á de analisá-las.

O verbo "encaminhar" é transitivo direto, logo o objeto direto deve ser feito com o pronome oblíquo "as" – "encaminhá-las". O pronome relativo "que" implica próclise obrigatória, logo "se encarregará". "Analisar" também é verbo transitivo direto e também seu objeto será feito com o pronome oblíquo "as" – "analisá-las".
Gabarito "A".

(Escrevente – TJ/SP – VUNESP – 2015) De acordo com a norma-padrão, o pronome destacado pode ser colocado também depois do verbo no trecho:

(A) Se **lhes** disséssemos que o direito é a luta ...

(B) ... só **se** afirma por uma disposição ininterrupta para a luta...

(C) ... o meio de que **se** serve para consegui-lo ...

(D) A vida do direito **nos** oferece ...

(E) ... segura a espada por meio da qual **o** defende.

A: incorreta. A próclise é obrigatória pela conjunção condicional "se"; **B:** incorreta. A próclise é obrigatória pela presença do advérbio "só"; **C:** incorreta. A próclise é obrigatória pela presença do pronome relativo "que"; **D:** correta. Aqui, a próclise é facultativa, por não haver nenhuma ocorrência que a exija; **E:** incorreta. A próclise é obrigatória por força da locução pronominal relativa "da qual".
Gabarito "D".

(Escrevente – TJ/SP – VUNESP – 2015) Assinale a alternativa em que o pronome destacado está empregado de acordo com a norma-padrão.

(A) O mundo conhece a paz graças aos povos, governos, classes sociais e indivíduos, **cuja** luta a garante.

(B) Há milhares de indivíduos **onde** a sua vida se desenvolve tranquilamente e sem obstáculos.

(C) A luta garante a conquista dos direitos da humanidade, **o qual** os princípios mais importantes dela foram atacados.

(D) A Justiça tem numa das mãos uma balança, **cuja** representa a garantia de que o direito será pesado, ponderado.

(E) O direito é uma força viva, **onde** os homens batalham incessantemente para manter.

A: correta. O pronome relativo "cuja" está empregado nos exatos termos prescritos pela norma padrão da língua; **B:** incorreta. "Onde" traz a ideia de lugar, portanto não pode estar associado a indivíduos. Melhor seria "cuja vida"; **C:** incorreta. Aqui também deveria constar "cujos"; **D:** incorreta. "Cuja" não foi utilizado corretamente; deveria constar "a qual"; **E:** incorreta, pela mesma razão do comentário à alternativa "B". Melhor seria "pela qual".

Gabarito "A".

8. VERBO

O ataque da desinformação

Sempre houve boatos e mentiras gerando desinformação na sociedade. O fenômeno é antigo, mas os tempos atuais trouxeram desafios em proporções e numa velocidade até há pouco impensáveis.

A questão não é apenas a incrível capacidade de compartilhamento instantâneo, dada pelas redes sociais e os aplicativos de mensagem, o que é positivo, mas traz evidentes riscos. Muitas vezes, uma informação é compartilhada milhares de vezes antes mesmo de haver tempo hábil para a checagem de sua veracidade. O desafio é também oriundo do avanço tecnológico das ferramentas de edição de vídeo, áudio e imagem. Cada vez mais sofisticadas, ao mesmo tempo, mais baratas e acessíveis, elas são capazes de falsificar a realidade de forma muito convincente.

Para debater esse atual cenário, a Associação Nacional de Jornais (ANJ) promoveu o seminário "Desinformação: Antídotos e Tendências". Na abertura do evento, Marcelo Rech, presidente da ANJ, lembrou que o vírus da desinformação não é difundido apenas por grupos ou indivíduos extremistas. Também alguns governos têm se utilizado dessa arma para desautorizar coberturas inconvenientes. Tenta-se fazer com que apenas a informação oficial circule.

O diretor da organização Witness, Sam Gregory, falou sobre as deepfakes e outras tecnologias que se valem da inteligência artificial (IA) para criar vídeos, imagens e áudios falsos. Houve um grande avanço tecnológico na área, o que afeta diretamente a confiabilidade das informações na esfera pública. O vídeo de um político fazendo determinada declaração pode ser inteiramente falso. Parece não haver limites para as manipulações.

Diante desse cenário, que alguém poderia qualificar como o "fim da verdade", Sam Gregory desestimulou qualquer reação de pânico ou desespero, que seria precisamente o que os difusores da desinformação almejam. Para Gregory, o caminho é melhorar a preparação das pessoas e das instituições, ampliando a "alfabetização midiática" – prover formação para que cada pessoa fique menos vulnerável às manipulações –, aperfeiçoando as ferramentas de detecção de falsidades e aumentando a responsabilidade das plataformas que disponibilizam esses conteúdos.

Há um consenso de que o atual cenário, mesmo com todos os desafios, tem aspectos muito positivos, pois todos os princípios norteadores do jornalismo, como o de independência, da liberdade de expressão e o de rigor na apuração, têm sua importância reafirmada.

O caminho para combater a desinformação continua sendo o mesmo: a informação de qualidade.

(*O Estado de São Paulo*. 19.10.2019. Adaptado)

(Advogado – Pref. São Roque/SP – 2020 – VUNESP) Considere os trechos reescritos com base no texto.

- Historicamente, sempre **existiram** boatos e mentiras gerando desinformação na sociedade. (1º parágrafo)

- ... os tempos atuais trouxeram desafios em proporções e numa velocidade que **há** poucos anos era algo impensável. (1º parágrafo)

- **São** tentativas de fazer com que apenas a informação oficial circule. (3º parágrafo)

As expressões destacadas podem ser substituídas, respectivamente e em conformidade com a norma-padrão de concordância, por

(A) houve; fazem; Tratam-se de.
(B) houve; faz; Trata-se de.
(C) houve; fazem; Trata-se de.
(D) houveram; fazem; Tratam-se de.
(E) houveram; faz; Trata-se de.

Com sentido de "existir", o verbo "haver" é impessoal, portanto permanecerá no singular. O mesmo ocorre com o verbo "fazer" quando indicar tempo. A construção "trata-se de" tem sujeito indeterminado, sendo "tentativas" seu objeto indireto – portanto, fica no singular também.

Gabarito "B".

(Advogado – Pref. São Roque/SP – 2020 – VUNESP) Considere a tirinha para responder às questões a seguir.

(M. Schulz. *O Estado de S. Paulo*, 10.08.2019.)

(Advogado – Pref. São Roque/SP – 2020 – VUNESP) No primeiro quadrinho, em – se eu **tiver** sorte –, Charlie Brown emprega forma verbal no futuro do subjuntivo. A forma verbal correta também aparece destacada na alternativa:

(A) Se os habitantes da cidade se **precavirem** contra o tornado, os danos serão menores.
(B) Se a esposa **depor** contra o marido, alegando ameaças físicas, poderá obter proteção.
(C) Se esses países se **indispuserem** contra os imigrantes, haverá conflito.
(D) Se o produtor **ver** que as chuvas serão muito fortes, antecipará a colheita.
(E) Se os filtros **reterem** as substâncias poluentes, a água poderá ser reutilizada.

A: incorreta. A conjugação correta é "precaverem"; **B:** incorreta. A conjugação correta é "depuser"; **C:** correta, conforme o padrão culto da língua; **D:** incorreta. A conjugação correta é "vir"; **E:** incorreta. A conjugação correta é "retiverem".
Gabarito "C".

(www.sbotrj.com.br)

(Soldado – PM/SP – 2018 – VUNESP) O modo verbal em "não digite" expressa um conselho, assim como ocorre com a expressão destacada em:

(A) Como não haverá expediente bancário na sexta-feira, o boleto poderá ser pago na segunda-feira.
(B) O morador não autorizou a entrada do técnico para a medição do consumo de gás no imóvel.
(C) Atenção: não se esqueçam de usar o cinto de segurança também no banco de trás do automóvel.
(D) Pesquisadores canadenses descobriram que o macarrão não induz o ganho de peso.
(E) Os candidatos que não apresentarem um documento com foto não poderão realizar a prova.

A mensagem do cartaz adota o modo imperativo do verbo, próprio dos conselhos ou comandos. Ele só é encontrado na letra "C", que deve ser assinalada. Nas alternativas "A", "B" e "D", temos o modo indicativo, enquanto na letra "E" vemos o modo subjuntivo.
Gabarito "C".

(Juiz de Direito – TJ/RS – 2018 – VUNESP) Leia as frases.

• Observe-se que, na ditadura do general Franco, o governo não _____ para que as escolas particulares deixassem de oferecer o catalão em seus currículos.

• Ainda que _____ bandeiras independencistas espalhadas por Barcelona, é fato que muitos catalães se_____ à ideia de separação.

• Se a Catalunha _____ a se tornar independente, como ficará sua relação com a Espanha?

Em conformidade com a norma-padrão, as lacunas dos enunciados devem ser preenchidas, correta e respectivamente, com:

(A) interveio ... haja ... opõem ... vier
(B) interviu ... hajam ... oporam ... vim
(C) intervinha ... haja ... opuseram ... vir
(D) interviu ... haja ... opõem ... vier
(E) interveio ... hajam ... opuseram ... vir

A conjugação correta do verbo "intervir" na terceira pessoa do singular do pretérito perfeito do indicativo é "**interveio**". A conjugação correta do verbo "haver", nesse caso, se faz na terceira pessoa do singular do presente do subjuntivo, porque o verbo é impessoal (não admite flexão de número) – "**haja**". A conjugação correta do verbo "opor" na terceira pessoa do plural do presente do indicativo é "**opõem**". A conjugação correta do verbo "vir" na terceira pessoa do singular do futuro do subjuntivo é "**vier**".
Gabarito "A".

(Delegado – PC/BA – 2018 – VUNESP) Há emprego correto das formas verbais e correlação adequada entre tempos e modos, conforme a norma-padrão, em:

(A) Talvez seja válido considerar que o que nos desagradasse na adaptação de determinado livro seja a ausência de nossa própria leitura, pois sempre esperarmos ver nossas expectativas correspondidas na tela.
(B) Por mais que uma adaptação se proponha a ser fiel à obra em que se baseou, sempre haveria aspectos de divergência, uma vez que o filme tivera uma linguagem própria e traduzira uma leitura particular.
(C) Considerando que os leitores tenham modos peculiares de pensar e sentir, a apreensão de um texto literário não será a mesma para todos, ainda que determinadas interpretações possam ser partilhadas.
(D) Se as pessoas manterem o hábito de ler textos literários, teriam muito a ganhar, pois a literatura não apenas é fundamental para que desenvolvêssemos nosso intelecto mas também é importante para expandirmos a imaginação.
(E) Quando as pessoas passassem a dedicar mais tempo à leitura e à introspecção, será possível ampliar suas potencialidades intelectuais e emocionais, de modo que isso alterará a maneira como elas executariam todas as suas atividades cotidianas.

A: incorreta. "O que nos desagrada..." e "sempre esperamos"; **B:** incorreta. A terceira pessoa do singular do pretérito imperfeito do subjuntivo é "propusesse". Se estamos usando o subjuntivo, o modo verbal que expressa incerteza, os verbos "ter" e "traduzir" precisariam estar conjugados no futuro do pretérito do indicativo, que indica uma condição, algo que também não temos certeza ("teria" e "traduziria"); **C:** correta. Os verbos estão conjugados corretamente e há perfeita correlação entre os tempos e modos utilizados; **D:** incorreta. A conjugação do verbo "manter" na terceira pessoa do plural do pretérito imperfeito do subjuntivo é "mantivessem". O verbo "desenvolver" deveria estar no futuro do subjuntivo ("desenvolvermos"); **E:** incorreta. O pronome "quando" determina, nesse caso, o uso do futuro do subjuntivo ("passarem"). O verbo "executar" deve manter a correlação com seus antecedentes: se todos estão no futuro do presente do indicativo, ele também deve estar ("executarão").

Gabarito "C".

Ter trinta e poucos anos significa, entre outras coisas, que é praticamente impossível reunir cinco casais num jantar sem que haja pelo menos uma grávida. E estar na presença de uma grávida significa, entre outras coisas, que é praticamente impossível falar de qualquer outro assunto que não daquele rotundo e miraculoso acontecimento, a desenrolar- -se do lado de lá do umbigo em expansão.

Enquanto a conversa gira em torno dos nomes cogitados, da emoção do ultrassom, dos diferentes modelos de carrinho, o clima costuma ser agradável e os convivas se aprazem diante da vida que se aproxima. Mas eis então que alguém pergunta: "e aí, vai ser parto normal ou cesárea?", e toda possível harmonia vai pra cucuia.

Num extremo, estão as mulheres que querem parir de cócoras, ao pé de um abacateiro, sob os cuidados de uma parteira de cem anos, tendo como anestesia apenas um chá de flor de macaúba e cantigas de roda de 1924. Na outra ponta, estão as que têm tremedeiras só de pensar em parto normal, pretendem ir direto pra cesárea, tomar uma injeção e acordar algumas horas depois, tendo no colo um bebê devidamente parido, lavado, escovado, penteado e com aquela pulseirinha vip no braço, já com nome, número de série e código de barras.

Os dois lados acusam o outro de violência: as naturebas dizem que a cesárea é um choque; as artificialebas alegam que dar as costas à medicina é uma irresponsabilidade. Eu, que durante meses ouvi calado as discussões, pesei bastante os argumentos e cheguei, enfim, a uma conclusão: abaixo o nascimento! Viva a gravidez!

Imaginem só a situação: os primeiros grãos de consciência germinam em seu cérebro. Você boia num líquido morninho – nem a gravidade, essa pequena e constante chateação, te aborrece. Você recebe alimento pelo umbigo. Você dorme, acorda, dorme, acorda e jamais tem que cortar as unhas dos pés. Então, de repente, o líquido se vai, as paredes te espremem, a fonte seca, a luz te cega e, daí pra frente, meu amigo, é só decadência: cólicas, fome, sede, pernilongos, decepções, contas a pagar. Eis um resumo de nossa existência: nove meses no paraíso, noventa anos no purgatório.

Freud diz que todo amor que buscamos é um pálido substituto de nosso primeiro, único e grande amor: a mãe. Discordo. A mãe já é um pálido substituto de nosso primeiro, único e grande amor: a placenta. Tudo, daí pra frente – as religiões, os relacionamentos amorosos, a música pop, a semiótica* e a novela das oito – é apenas uma busca inútil e desesperada por um novo cordão umbilical, aquele cabo USB por onde fazíamos, em banda larga, o download da felicidade. Do parto em diante, meu caro leitor, meu caro companheiro de infortúnio, a vida é conexão discada, wi-fi mequetrefe, e em vão nos arrastamos por aí, atrás daquela impossível protoconexão.

No próximo jantar, se estiver do lado de uma grávida, jogarei um talher no chão e, ao abaixar para pegá-lo, cochicharei bem rente à barriga: "te segura, garoto! Quando começar a tremedeira, agarra bem nas paredes, se enrola no cordão, carca os pés na borda e não sai, mesmo que te cutuquem com um fórceps, te estendam uma mão falsamente amiga, te sussurrem belas cantigas de roda, de 1924. Te segura, que o negócio aqui é roubada!".

(Revista Ser Médico. Edição 57 – Outubro/Novembro/Dezembro de 2011. www.cremesp.org.br. Adaptado)

*semiótica: ciência dos modos de produção, de funcionamento e de recepção dos diferentes sistemas de sinais de comunicação entre indivíduos ou coletividades.

(Procurador Municipal – Sertãozinho/SP – VUNESP – 2016) Observe no trecho do último parágrafo que a forma verbal em destaque foi empregada no futuro do subjuntivo.

No próximo jantar, se **estiver** do lado de uma grávida, jogarei um talher no chão e, ao abaixar para **pegá-lo**...

As duas frases que apresentam as formas verbais em destaque também empregadas, corretamente, no futuro do subjuntivo estão na alternativa:

(A) Se o documento **caber** neste envelope, envie-o hoje mesmo. Se este vestido lhe **convier**, a loja fará um desconto.

(B) Se o convidado **fizer** um discurso breve, a cerimônia será menos cansativa. Se ele não **pôr** mais combustível no veículo, não chegará ao destino pretendido.

(C) Se o piloto **mantiver** a calma, terminará a prova em primeiro lugar. Se ela **reouver** o passaporte extraviado, terá menos transtornos para deixar o país.

(D) Se o delegado **supor** que o rapaz mente, dará início a novas investigações. Se o dique **contiver** o avanço das águas do mar, a cidade estará protegida.

(E) Se o jornalista se **ater** apenas a boatos, não escreverá uma matéria consistente. Se a polícia o **deter** no aeroporto, o empresário será encaminhado ao presídio da cidade.

A: incorreta. A terceira pessoa do singular do futuro do subjuntivo do verbo "caber" conjuga-se "couber"; **B:** incorreta. O futuro do subjuntivo aqui deveria se conjugar "puser"; **C:** correta. Ambas as orações apresentam a conjugação correta dos verbos no futuro do subjuntivo; **D:** incorreta. Deveria constar "supuser"; **E:** incorreta. O verbo "ater" na terceira pessoa do singular do futuro do subjuntivo se conjuga "ativer".

Gabarito "C".

(Procurador Municipal – Sertãozinho/SP – VUNESP – 2016) Analise a charge.

(http://www.humorpolitico.com.br/wp-content/uploads/2015/04/charge-regi-0604.gif)

Considerando que as personagens se tratem por "você", as lacunas da frase dita por Papai Noel devem ser preenchidas, de acordo com a norma-padrão da língua portuguesa, por:

(A) olha ... há
(B) olha ... a
(C) olha ... à
(D) olhe ... há
(E) olhe ... a

Na primeira lacuna, o verbo "olhar" deve ser conjugado na terceira pessoa do singular do imperativo afirmativo: "olhe". Cuidado! Na linguagem coloquial diríamos "olha", mas essa conjugação é da segunda pessoa do singular, a qual não usamos no dia a dia e por isso a concordância fica errada. Na segunda lacuna, temos uma expressão que se refere ao tempo passado, hipótese em que usamos o verbo "haver" – "há".
Gabarito "D".

CONTRATEMPOS

Ele nunca entendeu o tédio, essa impressão de que existem mais horas do que coisas para se fazer com elas. Sempre faltou tempo para tanta coisa: faltou minuto para tanta música, faltou dia para tanto sol, faltou domingo para tanta praia, faltou noite para tanto filme, faltou ano para tanta vida.

Existem dois tipos de pessoa. As pessoas com mais coisa que tempo e as pessoas com mais tempo que coisas para fazer com o tempo.

As pessoas com menos tempo que coisa são as que buzinam assim que o sinal fica verde, e ficam em pé no avião esperando a porta se abrir, e empurram e atropelam as outras para entrar primeiro no vagão do trem, e leem livros que enumeram os "livros que você tem que ler antes de morrer" ao invés de ler diretamente os livros que você tem de ler antes de morrer.

Esse é o caso dele, que chega ao trabalho perguntando onde é a festa, e chega à festa querendo saber onde é a próxima, e chega à próxima festa pedindo táxi para a outra, e chega à outra percebendo que era melhor ter ficado na primeira, e quando chega a casa já está na hora de ir para o trabalho.

Ela sempre pertenceu ao segundo tipo de pessoa. Sempre teve tempo de sobra, por isso sempre leu romances longos, e passou tardes longas vendo pela milésima vez a segunda temporada de "Grey's Anatomy" mas, por ter tempo demais, acabava sobrando tempo demais para se preocupar com uma hérnia imaginária, ou para tentar fazer as pazes com pessoas que nem sabiam que estavam brigadas com ela, ou escrever cartas longas dentro da cabeça para o ex-namorado, os pais, o país, ou culpar o sol ou a chuva, ou comentar "e esse calor dos infernos?", achando que a culpa é do mau tempo quando na verdade a culpa é da sobra de tempo, porque se ela não tivesse tanto tempo não teria nem tempo para falar do tempo.

Quando se conheceram, ele percebeu que não adiantava correr atrás do tempo porque o tempo sempre vai correr mais rápido, e ela percebeu que às vezes é bom correr para pensar menos, e pensar menos é uma maneira de ser feliz, e ambos perceberam que a felicidade é uma questão de tempo. Questão de ter tempo o suficiente para ser feliz, mas não o bastante para perceber que essa felicidade não faz o menor sentido.

(Gregório Duvivier. Folha de S. Paulo, 30.11.2015. Adaptado)

(Procurador – IPSMI/SP – VUNESP – 2016) Assinale a alternativa em que o trecho destacado na passagem – Ele nunca entendeu o tédio, essa impressão de que **existem mais horas do que coisas para se fazer com elas**. –, reescrito, apresenta concordância e correlação de tempos verbais de acordo com a norma-padrão.

(A) ... têm mais horas do que coisas que se faça com elas.
(B) ... há mais horas do que coisas que se façam com elas.
(C) ... haviam mais horas do que coisas que se faziam com elas.
(D) ... podia existir mais horas do que coisas que se faziam com elas.
(E) ...houveram mais horas do que coisas que se fez com elas.

Como o trecho original está no presente do indicativo, a nova redação deve seguir esse parâmetro para que haja a correlação dos tempos verbais solicitada no enunciado. Portanto, estão incorretas as alternativas "C", "D" e "E", que trazem os verbos no pretérito. A letra "A" está errada porque o verbo "fazer" está na voz passiva sintética, de forma que deve concordar em número com "coisas", seu sujeito paciente. Assim, deve-se escrever "façam". Além disso, o uso do verbo "ter" como sinônimo de "existir", apesar de comum na linguagem coloquial, não é recomendado pela norma padrão.
Gabarito "B".

(Procurador – SP – VUNESP – 2015) A frase cujas formas verbais estão em conformidade com a norma-padrão da língua portuguesa é:

(A) Os candidatos que se comprometiveram com a pesquisa, de um modo geral, não eram nem sortudos nem azarados.
(B) A quantidade das fotos que comporam o experimento não se mostrou tão relevante para o resultado do estudo.
(C) Alguns candidatos não se ateram ao número das fotos que estava grafado em uma das páginas do jornal.
(D) Muitos voluntários se dispuseram a participar da pesquisa, empenhando-se em cumprir suas tarefas.
(E) Vários participantes se manteram concentrados nas fotos do jornal, ignorando um dado importante.

A: incorreta. A terceira pessoa do plural do pretérito perfeito do indicativo do verbo "comprometer" conjuga-se "comprometeram"; **B:**

incorreta. A terceira pessoa do plural do pretérito perfeito do indicativo do verbo "compor" conjuga-se "compuseram"; **C:** incorreta. A terceira pessoa do plural do pretérito perfeito do indicativo do verbo "ater-se" conjuga-se "ativeram-se". **D:** correta. A conjugação verbal atende à norma culta da língua; **E:** incorreta. A terceira pessoa do plural do pretérito perfeito do indicativo do verbo "manter-se" conjuga-se "mantiveram-se"

Gabarito "D".

(Escrevente – TJ/SP – VUNESP – 2015) Observe os verbos destacados nas passagens – ... enfrentar os ataques daqueles que a ele se **opunham**... / ... só **veem** nele um estado de paz e de ordem... – e assinale a alternativa em que estão corretamente conjugados os verbos **opor, ver** e os demais assinalados, que seguem o mesmo padrão de conjugação destes.

(A) **Opormos** resistência à liderança dele foi um erro; agora querem que **revemos** nossa posição.

(B) Se os interessados não se **opuserem** nem **previrem** razão para protelar o ato, amanhã mesmo será escolhido o síndico do condomínio.

(C) Se não se **indisporem** com as amigas do filho, os pais permitirão que elas o **revejam** quando ele retornar.

(D) Haverá problema se ele **ver** que houve manipulação de dados; certamente se **predisporá** a cancelar tudo.

(E) Cada vez que **prever** resistência dos funcionários às decisões do chefe, ele intervirá, antes que todos se **indisponham**.

A: incorreta. "Rever", na primeira pessoa do plural do presente do subjuntivo, conjuga-se "revejamos"; **B:** correta. Os verbos estão conjugados conforme a norma culta da língua; **C:** incorreta. "Indispor", na terceira pessoa do plural do pretérito imperfeito do subjuntivo, conjuga-se "indispuserem"; **D:** incorreta. O verbo "ver", na terceira pessoa do singular do pretérito imperfeito do subjuntivo, conjuga-se "vir"; **E:** incorreta. O futuro do subjuntivo da terceira pessoa do singular do verbo "prever" é "previr".

Gabarito "B".

9. CRASE

(Advogado – Pref. São Roque/SP – 2020 – VUNESP) Com base no emprego do sinal indicativo de crase, assinale a alternativa que completa corretamente a frase a seguir:

O político fez declarações...

(A) à pessoas que atuam em seu partido.
(B) à uma emissora de televisão europeia.
(C) à conferir atentamente se são confiáveis.
(D) às quais geraram alguns protestos.
(E) às diversas entidades que o apoiam.

A: incorreta. Não ocorre crase antes de palavra no plural se o "a" que o antecede não está seguido de "s"; **B:** incorreta. Não ocorre crase antes de palavra indefinida (cada, toda, qualquer, uma etc.); **C:** incorreta. Não ocorre crase antes de verbo; **D:** incorreta. O pronome relativo "as quais" refere-se a "declarações", não havendo preposição na construção; **E:** correta. O sinal grave indicativo da crase foi empregado corretamente na oração, uma vez que o substantivo "declarações" rege a preposição "a" e ela vem seguida do artigo definido plural "as".

Gabarito "E".

(Soldado – PM/SP – 2018 – VUNESP) Assinale a alternativa em que o sinal indicativo de crase está empregado corretamente.

(A) O garoto gosta de assistir à desenhos animados.
(B) O garoto prefere desenhos animados à filmes ou jogos.
(C) O garoto passou o sábado assistindo à televisão.
(D) O garoto perguntou à seu amigo se ele queria ver TV.
(E) O garoto prefere ver desenhos à brincar na rua.

A, B e D: incorretas. Não ocorre crase antes de palavra masculina; **C:** correta. O verbo "assistir", no sentido de "ver", "acompanhar", rege a preposição "a", que se aglutina com o artigo definido feminino "a" que antecede "televisão"; **E:** incorreta. Não ocorre crase antes de verbo.

Gabarito "C".

(Procurador Municipal/SP – VUNESP – 2016) Nas frases reescritas a partir das ideias do texto, o sinal indicativo de crase está corretamente empregado em:

(A) O rapaz estudou Direito visando à se tornar um respeitado delegado de polícia.
(B) Caso exercesse a profissão de advogado, imaginava-se suficientemente astuto para opor-se à qualquer argumentação de outros colegas.
(C) Inscreveu-se no concurso e dedicou-se à aulas de defesa pessoal e tiro.
(D) Passou em primeiro lugar e em pouco tempo se deu à nomeação para a delegacia do bairro de Vila Mariana, em São Paulo.
(E) Para dar continuidade à investigação, o jovem delegado convocou o velhinho a quem a senhora havia se referido como suspeito.

A: incorreta. Não ocorre crase antes de verbo; **B:** incorreta. Não ocorre crase antes de palavra indefinida (qualquer, nenhum, algum); **C:** incorreta. Como o complemento do verbo está no plural (aulas), somente ocorreria crase se houvesse um artigo definido feminino plural antes ("às aulas"). A falta do "s" denota que se trata de preposição isolada, sem artigo, então não ocorre crase; **D:** incorreta. O verbo pronominal "dar-se" não rege a preposição "a", portanto o "a" que vemos ali é artigo definido isolado; **E:** correta. O substantivo "continuidade" rege a preposição "a", que, acompanhada do artigo definido feminino singular "a", leva o acento grave indicativo da crase.

Gabarito "E".

(Procurador – IPSMI/SP – VUNESP – 2016) O emprego dos termos destacados e do sinal indicativo de crase está de acordo com a norma-padrão em:

(A) Sei que para **mim** chegar **onde** cheguei a luta foi dura, frente à frente com muitas dificuldades.
(B) Sempre soube que em **mim** existe uma tendência à vencer, que me leva **aonde** eu desejo.
(C) O homem sabe que vai **aonde** quiser, graças à ação de um poder maior que **lhe** conduz os passos.
(D) Agimos à partir da hora em que deixaram **nós** sozinhos, naquele escritório **aonde** não havia nada.
(E) Foi à luta, pensando que **onde** fosse estaria sem amigos que **lhe** apoiassem.

A: incorreta. Pronome oblíquo não exerce função de sujeito, portanto é "para eu chegar". Além disso, não ocorre crase em "frente a frente"; **B:** incorreta. Não ocorre crase antes de verbo; **C:** correta. Os pronomes e a ocorrência da crase estão conforme a norma padrão da Língua Portuguesa; **D:** incorreta. Não ocorre crase antes de verbo ("a partir"); após o verbo "deixaram" deve estar o seu objeto direto, que se compõe com o pronome oblíquo "nos" (sem acento); e, por fim, "aonde" significa "para onde", denota movimento – então ao final do texto deveria constar "onde não havia nada"; **E:** incorreta. Pelas razões já explicadas, o correto é "aonde fosse". Ademais, o verbo "apoiar" é transitivo direto, portanto seu complemento, o objeto direto, se faz com o pronome oblíquo "o" ("que o apoiassem").

Gabarito "C".

(Procurador – SP – VUNESP – 2015) O acento indicativo de crase está empregado corretamente na frase:

(A) A autora faz referência à contribuição de alguns estudiosos para o entendimento do que seja a sorte.
(B) A autora atribui a sorte de algumas pessoas à uma tendência para buscar significados nos acontecimentos.
(C) A autora faz uma crítica à algumas pessoas que consideram os fatos corriqueiros como fruto de sorte ou azar.
(D) A autora recorre à pesquisas práticas para construir sua argumentação acerca da relação do homem com a sorte.
(E) A autora recusa-se à crer que todos os fatos rotineiros que nos frustram sejam simples reflexos da sorte.

A: correta. A expressão "fazer referência" rege a preposição "a", de forma que o artigo definido feminino singular de "a contribuição" com ela se aglutina para formar a crase; **B:** incorreta. O verbo "atribuir" rege também a preposição "a", de forma que ocorre crase em "à sorte"; **C:** incorreta. Não ocorre crase antes de pronome indefinido (nenhum, algum, qualquer); **D:** incorreta. Como o termo "pesquisas" está no plural e o "a" que aparece antes está "no singular", fica claro que se trata de preposição isolada – logo, não ocorre crase; **E:** incorreta. Não ocorre crase antes de verbo.

Gabarito "A".

10. QUESTÕES COMBINADAS E OUTROS TEMAS

(Advogado – Pref. São Roque/SP – 2020 – VUNESP) Assinale a alternativa que está redigida de acordo com a norma-padrão.

(A) A imprensa séria, a qual os tempos atuais têm proposto muitos desafios, deve ter sua importância reiterada.
(B) As instituições que divulgam informações, de cuja confiabilidade é vital para a esfera pública, têm sentido a interferência negativa dos avanços tecnológicos.
(C) É necessário aperfeiçoar as ferramentas de detecção de falsidade, cujo o objetivo tem de ser exigir idoneidade das plataformas de conteúdo.
(D) Em outubro de 2019, foi onde a Associação Nacional de Jornais organizou o seminário "Desinformação: Antídotos e Tendências".
(E) Independência, liberdade de expressão e rigor na apuração são os pilares onde se escora o jornalismo de primeira linha.

A: incorreta. O verbo "ter" deveria estar no singular, para concordar com "imprensa"; **B:** incorreta. A preposição "de" está errada, bastava dizer "cuja confiabilidade"; **C:** incorreta. Não há artigo depois de "cujo"; **D:** incorreta. Há vício de redação em "foi onde", que deve ser suprimido; **E:** correta. A redação atende a todas as normas gramaticais.

Gabarito "E".

Por que o criador do botão 'curtir' do Facebook apagou as redes sociais do celular

A tecnologia só deve prender nossa atenção nos momentos em que nós queremos, conscientemente, prestar atenção nela. "Em todos os outros casos, deve ficar fora do nosso caminho."

Quem afirma não é um dos críticos tradicionais das redes sociais, mas justamente o executivo responsável pela criação do botão 'curtir' nos primórdios do Facebook, há mais de dez anos.

Depois de perceber que as notificações de aplicativos como o próprio Facebook ocupavam boa parte do seu dia, eram distrativas e o afastavam das relações na vida real, o matemático Justin Rosenstein decidiu apagar todas as redes sociais, aplicativos de e-mails e notícias de seu celular, em busca de mais "presença" no mundo off-line.

Interrogado se ele se arrepende por ter criado a fonte da distração que hoje tanto critica, responde: "Nenhum arrependimento. Sempre que se tenta progredir, haverá consequências inesperadas. Você tem que ter humildade e ter muita atenção no que acontece depois, para fazer mudanças conforme for apropriado".

(Ricardo Senra. www.bbc.com. Adaptado)

(Soldado – PM/SP – 2018 – VUNESP) A palavra "Interrogado", destacada ao início do último parágrafo, pode ser substituída, no que se refere à norma-padrão, por

(A) Ao questionarem-o.
(B) Ao perguntarem-lhes.
(C) Ao os perguntarem.
(D) Ao questionarem-nos.
(E) Ao lhe perguntarem.

O verbo "perguntar", em relação ao interlocutor, é transitivo indireto, rege a preposição "a" (perguntar a alguém). Logo, o pronome oblíquo apropriado é o "lhe", no singular, porque há um único entrevistado. O verbo, porém, é flexionado na terceira pessoa do plural ("perguntarem") para indicar o sujeito indeterminado.

Gabarito "E".

(Bill Watterson. O melhor de Calvin. 31.03.2018. http://cultura.estadao.com.br)

(Soldado – PM/SP – 2018 – VUNESP) Na fala do primeiro quadrinho, o vocábulo melhor estabelece relação de
(A) causa.
(B) comparação.
(C) adição.
(D) negação.
(E) consequência.

O adjetivo "melhor" foi usado para criar uma comparação entre o sábado e os demais dias da semana.
Gabarito "B".

(Juiz de Direito – TJ/RS – 2018 – VUNESP) Assinale a alternativa correta quanto à concordância, à regência e à colocação pronominal, em conformidade com a norma-padrão.
(A) Dado as dimensões da crise na Catalunha, as pessoas pedem que o governo as protejam de atos violentos.
(B) Ensina-se espanhol na Catalunha para que no futuro não exista diferenças entre os cidadãos da nação.
(C) É vedado, nas escolas catalãs, aulas ministradas nessa língua, embora já tenha admitido-se exceções.
(D) Para que a situação seja o mais rapidamente possível controlada, determinaram-se medidas drásticas.
(E) Certamente mais de um simpatizante do separatismo apoiam que recrute-se docentes partidários da causa.

A: incorreta. Há problemas de concordância: "da**das** as dimensões...", "... que o Governo as proteja"; **B:** incorreta. Há problema de concordância: "... não exist**am** problemas..."; **C:** incorreta. Há problema de concordância: "**São** veda**das**...", e também de colocação pronominal: "..., embora já **se** tenha admitido exceções"; **D:** correta. O trecho respeita o padrão culto de regência, concordância e colocação pronominal; **E:** incorreta. Há problema de concordância: "... do separatismo apoia**...**", e também de colocação pronominal: "... que **se** recrute docentes...".
Gabarito "D".

Algoritmos e desigualdade

Virginia Eubanks, professora de ciências políticas de Nova York, é autora de Automating Inequality (Automatizando a Desigualdade), um livro que explora a maneira como os computadores estão mudando a prestação de serviços sociais nos Estados Unidos. Seu foco é o setor de serviços públicos, e não o sistema de saúde privado, mas a mensagem é a mesma: com as instituições dependendo cada vez mais de algoritmos preditivos para tomar decisões, resultados peculiares – e frequentemente injustos – estão sendo produzidos.

Virginia Eubanks afirma que já acreditou na inovação digital. De fato, seu livro tem exemplos de onde ela está funcionando: em Los Angeles, moradores de rua que se beneficiaram dos algoritmos para obter acesso rápido a abrigos. Em alguns lugares, como Allegheny, houve casos em que "dados preditivos" detectaram crianças vulneráveis e as afastaram do perigo.

Mas, para cada exemplo positivo, há exemplos aflitivos de fracassos. Pessoas de uma mesma família de Allegheny foram perseguidas por engano porque um algoritmo as classificou como propensas a praticar abuso infantil. E em Indiana há histórias lastimáveis de famílias que tiveram assistência de saúde negada por causa de computadores com defeito. Alguns desses casos resultaram em mortes.

Alguns especialistas em tecnologia podem alegar que esses são casos extremos, mas um padrão similar é descrito pela matemática Cathy O'Neill em seu livro Weapons of Math Destruction. "Modelos matemáticos mal concebidos agora controlam os mínimos detalhes da economia, da propaganda às prisões", escreve ela.

Existe alguma solução? Cathy O'Neill e Virginia Eubanks sugerem que uma opção seria exigir que os tecnólogos façam algo parecido com o julgamento de Hipócrates: "em primeiro lugar, fazer o bem". Uma segunda ideia – mais custosa – seria forçar as instituições a usar algoritmos para contratar muitos assistentes sociais humanos para complementar as tomadas de decisões digitais. Uma terceira ideia seria assegurar que as pessoas que estão criando e rodando programas de computador sejam forçadas a pensar na cultura, em seu sentido mais amplo.

Isso pode parecer óbvio, mas até agora os nerds digitais das universidades pouco contato tiveram com os nerds das ciências sociais – e vice-versa. A computação há muito é percebida como uma zona livre de cultura e isso precisa mudar.

(Gillian Tett. www.valor.com.br. 23.02.2018. Adaptado)

(Investigador – PC/BA – 2018 – VUNESP) "Uma segunda ideia – mais custosa – seria forçar as instituições a usar algoritmos para contratar muitos assistentes sociais humanos para complementar as tomadas de decisões digitais."

Essa passagem do quinto parágrafo está corretamente reescrita, segundo a norma-padrão, em:

(A) Mais custosa, uma segunda ideia, seria fazer com que as instituições usariam algoritmos para contratar muitos assistentes sociais humanos, à medida em que complementasse as tomadas de decisões digitais.
(B) Mais custosa, uma segunda ideia seria fazer com que as instituições usem algoritmos para contratarem muitos assistentes sociais humanos, em detrimento de complementar as tomadas de decisões digitais.
(C) Mais custosa, uma segunda ideia, seria fazer com que as instituições usassem algoritmos para contratarem muitos assistentes sociais humanos, visando à complementar as tomadas de decisões digitais.
(D) Mais custosa, uma segunda ideia seria fazer com que as instituições usassem algoritmos para contratar muitos assistentes sociais humanos, com o intuito de complementar as tomadas de decisões digitais.
(E) Mais custosa, uma segunda ideia seria fazer com que as instituições usam algoritmos para contratarem muitos assistentes sociais humanos, devido à complementar as tomadas de decisões digitais.

A: incorreta. Não pode haver vírgula após "ideia", pois isso separaria o sujeito do verbo. O verbo "usar" deve ser conjugado no presente do subjuntivo ("usassem"). "À medida em que" traz noção de proporção, ideia que não está presente no trecho original; **B:** incorreta. O verbo "usar" deve ser conjugado no presente do subjuntivo ("usassem"). O verbo "contratar" deve permanecer no infinitivo. "Em detrimento de" é sinônimo de "em prejuízo de", comparação que não está presente no sentido original do texto; **C:** incorreta. Não pode haver vírgula após "ideia", pois isso separaria o sujeito do verbo. O verbo "contratar" deve permanecer no infinitivo. Não ocorre crase antes de verbo; **D:** correta. A redação proposta respeita todas as regras da gramática padrão; **E:** incorreta. O verbo "usar" deve ser conjugado no presente do subjuntivo ("usassem"). O verbo "contratar" deve permanecer no infinitivo. Não ocorre crase antes de verbo.
Gabarito "D".

(Investigador – PC/BA – 2018 – VUNESP) Uma frase escrita em conformidade com a norma-padrão e com as regras de apresentação de um texto oficial é:

(A) Em função de um mal funcionamento de nosso sistema de dados, pedimos para a Vossa Senhoria o favor de refazerdes o cadastramento na plataforma digital da Secretaria em um prazo de 30 dias, contado do momento em que receberes esta circular.

(B) Em decorrência de um mau funcionamento de nosso sistema de dados, pedimos a Vossa Senhoria que refaça o cadastramento na plataforma digital da Secretaria em um prazo de 30 dias, a contar do recebimento desta circular.

(C) Em razão de um mau funcionamento de nosso sistema de dados, Sua Senhoria terá que refazer o cadastramento na plataforma digital da Secretaria em um prazo de 30 dias, do qual passará a contar à partir do recebimento desta circular.

(D) Por causa de um mal funcionamento de nosso sistema de dados, pedimos para Sua Senhoria a gentileza de refazer o cadastramento na plataforma digital da Secretaria em um prazo de 30 dias, contados da data em que vos foi entregue esta circular.

(E) Tendo em vista um mal funcionamento de nosso sistema de dados, pedimos à Vossa Senhoria o obséquio de refazer o cadastramento na plataforma digital da Secretaria em um prazo de 30 dias, contando de quando esta circular chegou à vossas mãos.

A: incorreta. É caso de usar "mau", antônimo de "bom". "Mal" é o contrário de "bem". Não se usa artigo antes de pronome de tratamento (Vossa Senhoria). Os verbos "refazer" e "receber" devem permanecer no infinitivo; **B:** correta. A redação está conforme os ditames da norma padrão e de apresentação de um texto oficial; **C:** incorreta. "Sua Senhoria" é usado para se referir a pessoa ausente. Ao tratar diretamente com o interlocutor, devemos usar "Vossa Senhoria". A língua culta privilegia a construção "ter **de**". Não ocorre crase antes de verbo; **D:** incorreta. Há excessiva informalidade na redação ("por causa de", "pedimos gentileza"). Além disso, o pronome de tratamento determina o uso da terceira pessoa do singular do verbo ("em que **lhe** foi entregue"); **E:** incorreta. É caso de usar "mau", antônimo de "bom". "Mal" é o contrário de "bem". Não ocorre crase antes de pronome de tratamento. "Obséquio" é acentuada por ser paroxítona terminada em ditongo crescente. Além disso, o pronome de tratamento determina o uso da terceira pessoa do singular do verbo ("chegou à **suas** mãos").

Gabarito "B".

(Delegado – PC/BA – 2018 – VUNESP) Assinale a alternativa cuja redação está em conformidade com a linguagem empregada em um memorando enviado ao Chefe do Departamento de Administração de um determinado órgão público.

(A) Conforme orientações do Plano Geral de informatização, requero a Sua Senhoria ver a possibilidade de agilizar à reforma da sala de informática deste Departamento, haja vista que a troca dos computadores está prevista para ocorrer acerca de um mês antes do prazo.

(B) Nos termos do Plano Geral de informatização, solicito a Vossa Senhoria verificar a possibilidade de antecipar a reforma da sala de informática deste Departamento, tendo em vista que a troca dos computadores será realizada com um mês de antecedência.

(C) À partir do estabelecido no Plano Geral de informatização, venho por meio deste instrumento, com respeito à Sua Excelência, demandar da antecipação da reforma da sala de informática deste Departamento, em decorrência que a troca dos computadores está para acontecer um mês antes do previsto.

(D) Pelo que dispõe o Plano Geral de informatização, peço licença à Vossa Excelência para pedir que a reforma da sala de informática deste Departamento seja adiantada, por que antecipou-se em um mês a troca dos computadores.

(E) Por determinação do Plano Geral de informatização, estou averiguando da possibilidade da Vossa Senhoria priorisar a reforma da sala de informática deste Departamento, à qual precisará ser antecipada, já que a troca dos computadores antecipará-se em um mês.

A: incorreta. A conjugação da primeira pessoa do singular do presente do indicativo do verbo "requerer" é "requeiro". Quando nos dirigimos diretamente ao interlocutor, o pronome de tratamento é "Vossa Senhoria". "Ver a possibilidade" é linguagem coloquial que não se aceita na redação oficial. "Agilizar" é verbo transitivo direto, não rege preposição – portanto, não ocorre crase depois dele. "Acerca de" é sinônimo de "sobre o que", "em relação a" – deveria constar "cerca de"; **B:** correta. A redação respeita integralmente a norma culta e o padrão da redação oficial; **C:** incorreta. Não ocorre crase antes de verbo. Há prolixidade em "venho por meio deste instrumento". O pronome pessoal de tratamento para chefes de órgãos públicos é "Vossa Senhoria". "Em decorrência" rege a preposição "de". "Está para acontecer" deve ser substituído por "acontecerá"; **D:** incorreta. Há informalidade em "peço licença (...) para pedir". Não ocorre crase antes de pronome pessoal de tratamento. A conjunção correta é "porque", com valor explicativo, e ela determina a próclise ("se antecipou"); **E:** incorreta. "Estou averiguando" é gerundismo, vício grave de redação, e o verbo "averiguar" não rege preposição. Não há artigo antes de pronome pessoal de tratamento ("de Vossa Senhoria"). "Priorizar" é a grafia correta. Não há crase em "a qual", porque não há nenhum artigo antecedendo a conjunção. Ainda que em desuso, a mesóclise é a colocação pronominal correta para a construção "antecipar-se-á".

Gabarito "B".

Ai, Gramática. Ai, vida.

O que a gente deve aos professores!

Este pouco de gramática que eu sei, por exemplo, foram Dona Maria de Lourdes e Dona Nair Freitas que me ensinaram. E vocês querem coisa mais importante do que gramática? La grammaire qui sait régenter jusqu'aux rois – dizia Molière: a gramática que sabe reger até os reis, e Montaigne: La plus part des ocasions des troubles du monde sont grammairiens – a maior parte de confusão no mundo vem da gramática.

Há quem discorde. Oscar Wilde, por exemplo, dizia de George Moore: escreveu excelente inglês, até que descobriu a gramática. (A propósito, de onde é que eu tirei tantas citações? Simples: tenho em minha biblioteca três livros contendo exclusivamente citações. Para enfeitar uma crônica, não tem coisa melhor. Pena que os livros são em inglês. Aliás, inglês eu não aprendi na escola. Foi lendo as revistas MAD e outras que vocês podem imaginar).

Discordâncias à parte, gramática é um negócio importante e gramática se ensina na escola – mas quem, professoras, nos ensina a viver? Porque, como dizia o Irmão Lourenço, no schola sed vita – é preciso aprender não para a escola, mas para a vida.

Ora, dirão os professores, vida é gramática. De acordo. Vou até mais longe: vida é pontuação. A vida de uma pessoa é balizada por sinais ortográficos. Podemos acompanhar a vida de uma criatura, do nascimento ao túmulo, marcando as diferentes etapas por sinais de pontuação.

Infância: a permanente exclamação:

Nasceu! É um menino! Que grande! E como chora! Claro, quem não chora não mama!

Me dá! É meu!

Ovo! Uva! Ivo viu o ovo! Ivo viu a uva! O ovo viu a uva! Olha como o vovô está quietinho, mamãe!

Ele não se mexe, mamãe! Ele nem fala, mamãe!

Ama com fé e orgulho a terra em que nasceste! Criança – não verás nenhum país como este!

Dá agora! Dá agora, se tu és homem! Dá agora, quero ver!

(Moacyr Scliar. Minha mãe não dorme enquanto eu não chegar, 1996. Adaptado)

(Escrevente – TJ/SP – 2018 – VUNESP) De acordo com a norma-padrão, o trecho do 4º parágrafo " ... gramática é um negócio importante e gramática se ensina na escola..." está corretamente reescrito em:

(A) Se ensina gramática na escola devido à sua importância.
(B) Gramática é um negócio importante cujo ensina-se na escola.
(C) Se ensina gramática na escola, devido a sua importância.
(D) Como a gramática é um negócio importante, a escola lhe ensina.
(E) Gramática é um negócio importante que se ensina na escola.

A: incorreta. Não se inicia frase com pronome oblíquo; B: incorreta. O pronome "cujo" remete à ideia de posse, propriedade, o que não faz sentido nessa passagem do texto; C: incorreta. Não se inicia frase com pronome oblíquo; D: incorreta. O pronome "lhe" equivale a "a ele", ou seja, refere-se a uma pessoa. Não há menção a qualquer pessoa na passagem a justificar o uso do pronome; E: correta. As regras da gramática normativa foram todas respeitadas.
Gabarito "E".

(Escrevente Técnico – TJM/SP – VUNESP – 2017) Assinale a alternativa que preenche, respectivamente, as lacunas da frase, conforme a norma-padrão da língua.

_____ anos, estudiosos _____ acerca da contribuição que o conhecimento dos buracos negros pode trazer _____ nossas vidas.

(A) Há ... têm questionado-se ... a
(B) Há ... têm se questionado ... a
(C) Há ... têm se questionado ... à
(D) A ... têm questionado-se ... a
(E) A ... têm se questionado ... à

A expressão de tempo passado se forma com o verbo "haver": "Há anos...". Conforme a norma padrão, a locução verbal recomenda o uso do pronome proclítico ao verbo principal: "têm se questionado". Por fim, não ocorre crase na última lacuna, porque o pronome e o substantivo estão no plural e as alternativas se apresentam no singular, denotando que se trata de preposição isolada, desacompanhada de artigo.
Gabarito "B".

(Procurador Municipal – Sertãozinho/SP – VUNESP – 2016) Leia as frases.

Cinco casais jovens reuniram-se para um jantar _____ assunto principal tornou-se, inevitavelmente, a opção por parto normal ou cesárea.

Para o cronista, a busca por um novo cordão umbilical, _____ procedemos desde o nascimento, infelizmente é inútil.

De acordo com a norma-padrão da língua portuguesa, as lacunas das frases devem ser preenchidas, respectivamente, com:

(A) com que o ... em que
(B) para o qual ... com que
(C) cujo ... a que
(D) do qual o ... para a qual
(E) aonde o ... de que

Na primeira oração, devemos usar expressão pronominal que indica "posse", porque é "o assunto do jantar". Podemos usar "cujo" (melhor) ou "do qual o" (menos recomendável para fins de clareza). No segundo caso, o verbo "proceder" rege a preposição "a", logo deve constar "a que procedemos".
Gabarito "C".

Desde que viu pela primeira vez um filme policial, o rapaz quis ser um homem da lei. Sonhava viver aventuras, do lado do bem. Botar algemas nos pulsos de um criminoso e dizer, como nos livros: "Vai mofar na cadeia, espertinho".

Estudou Direito com o objetivo de ser delegado de polícia. No início do curso, até pensou em tornar-se um grande advogado criminal, daqueles que desmontam um por um os argumentos do nobre colega, mas a partir do segundo ano percebeu que seu negócio eram mesmo as algemas. Assim que se formou, inscreveu-se no primeiro concurso público para delegado. Fez aulas de defesa pessoal e tiro. Estudou tanto que passou em primeiro lugar e logo saiu a nomeação para uma delegacia em bairro de classe média, Vila Mariana.

No dia de assumir o cargo, acordou cedo, fez a barba, tomou uma longa ducha, reforçou o desodorante para o caso de algum embate prolongado, vestiu o melhor terno, caprichou na gravata e olhou-se no espelho satisfeito. Encenou um sorriso cínico imitando Sean Connery e falou:

– Meu nome é Bond. James Bond.

Na delegacia, percorreu as dependências, conheceu a equipe, conferiu as armas, as viaturas, e sentou-se à mesa, à espera do primeiro caso. Não demorou: levaram até ele uma senhora idosa e enfezada.

– Doutor, estão atirando pedras no meu varal!

Adeus 007. O delegado-calouro caiu na besteira de dizer à queixosa que aquilo não era crime.

– Não é crime? Quer dizer que podem jogar pedras no meu varal?

– Eu não posso prender ninguém por isso.

– Ah, é? Então a polícia vai permitir que continuem a jogar pedras no meu varal? A sujar minha roupa?

James Bond não tinha respostas. Procurou saber quem jogava as pedras. A velha senhora não sabia, mas suspeitava de alguém da casa ao lado. O delegado mandou "convidarem" o vizinho para uma conversa e pediu que trancassem a senhora numa sala.

– Ai, meu Deus, só falta ser um velhinho, para completar! – murmurou o desanimado Bond.

Era um velhinho que confessou tudo dando risadinhas travessas. Repreendeu-o com tom paterno:

– O senhor não pode fazer uma coisa dessas. Por que isso, aborrecer as pessoas?

– É para passar o tempo. Vivo sozinho, e com isso eu me divirto um pouco, né?

O moço delegado cruzou as mãos atrás da cabeça, fechou os olhos e meditou sobre os próximos trinta anos. Pensou também na vida, na solidão e em arranjar uma namorada. Abriu os olhos e lá estava o velhinho.

– Pois eu vou contar uma coisa. A sua vizinha, essa do varal, está interessadíssima no senhor, gamadona.

O velho subiu nas nuvens, encantado. Recusou-se a dar mais detalhes, mandou-o para casa, e chamou a senhora:

– Ele esteve aqui. É um senhor de idade. Bonitão, viu? Confessou que fez tudo por amor, para chamar a sua atenção. Percebeu que uma chama romântica brilhou nos olhos dela.

Caso encerrado.

(Humberto Werneck, Org. Coleção melhores crônicas – Ivan Angelo. Global, 2007. Adaptado)

(Procurador Municipal/SP – VUNESP – 2016) Assinale a alternativa que traz a afirmação correta sobre o texto.

(A) A expressão **assim que**, no 2º parágrafo, exprime ideia de tempo e pode ser substituída corretamente por *enquanto*.
(B) O pronome **aquilo**, no 7º parágrafo, refere-se à maneira desrespeitosa com que a senhora idosa tratou o novo delegado.
(C) A expressão **com tom paterno**, no 13º parágrafo, associa ao verbo repreender a circunstância adverbial de modo.
(D) A expressão **subir nas nuvens**, no 18º parágrafo, está empregada em sentido próprio e significa *ficou entusiasmado*.
(E) Os diminutivos **velhinho** e **risadinhas**, no 13º parágrafo, e os aumentativos **gamadona** e **bonitão**, no 17º e no 19º parágrafos, atribuem valor afetivo a esses substantivos.

A: incorreta. "Assim que" realmente exprime ideia de tempo, mas não é sinônimo de "enquanto"; **B:** incorreta. O pronome "aquilo" remete ao ato de jogar pedras no varal; **C:** correta. O trecho destacado exerce a função sintática de adjunto adverbial; **D:** incorreta. A expressão é empregada em sentido figurado (conotativo). A personagem não subiu nas nuvens de verdade – a expressão é uma metáfora para alegria, entusiasmo; **E:** incorreta. Os diminutivos foram empregados em tom irônico; os aumentativos, de exagero.
Gabarito "C".

(Procurador – IPSMI/SP – VUNESP – 2016) Assinale a alternativa em que a colocação pronominal e a conjugação dos verbos estão de acordo com a norma-padrão.

(A) Eles se disporão a colaborar comigo, se verem que não prejudicarei-os nos negócios.
(B) Propusemo-nos ajudá-lo, desde que se mantivesse calado.
(C) Tendo avisado-as do perigo que corriam, esperava que elas se contessem ao dirigir na estrada.
(D) Todos ali se predispuseram a ajudar-nos, para que nos sentíssemos à vontade.
(E) Os que nunca enganaram-se são poucos, mas gostam de que se alardeiem seus méritos.

A: incorreta. A terceira pessoa do plural do futuro do subjuntivo do verbo "ver" é "virem" e o advérbio "não" determina a próclise em "os prejudicarei"; **B:** correta. Tanto a colocação pronominal quanto os verbos estão de acordo com o padrão culto; **C:** incorreta. A oração reduzida de gerúndio recomenda a colocação do pronome entre o verbo auxiliar e o principal ("tendo as avisado"). Ademais, a terceira pessoa do plural do presente do subjuntivo do verbo "conter" é "contivessem"; **D:** incorreta. A terceira pessoa do plural do pretérito perfeito do indicativo do verbo "predispor" é "predispuseram"; **E:** incorreta. O advérbio "nunca" determina a próclise em "se enganaram".
Gabarito "B".

(Escrevente – TJ/SP – VUNESP – 2015) Leia o texto da tira.

(Pryscila. Disponível em:<http://www1.folha.uol.com.br/>. Acesso em: 02 fev 2015. Adaptado)

Assinale a alternativa que preenche, correta e respectivamente, as lacunas **da tira**.

(A) veio em ... houvesse ... o
(B) foi em ... houvessem ... o
(C) foi a ... houvesse ... o
(D) veio a ... houvessem ... lhe
(E) foi à ... houvessem ... lhe

"Foi a", porque o contexto deixa claro que as personagens não estão em Curitiba, nome de cidade que não é antecedido por artigo, portanto não ocorre crase; "houvesse", porque o verbo "haver", no sentido de "existir", é impessoal, está sempre no singular; "o", pronome oblíquo utilizado para substituir o objeto direto ("ver" é verbo transitivo direto).
Gabarito "C".

Palavras, percebemos, são pessoas. Algumas são sozinhas: Abracadabra. Eureca. Bingo. Outras são promíscuas (embora prefiram a palavra "gregária"): estão sempre cercadas de muitas outras: Que. De. Por.

Algumas palavras são casadas. A palavra caudaloso, por exemplo, tem união estável com a palavra rio – você dificilmente verá caudaloso andando por aí acompanhada de outra pessoa. O mesmo vale para frondosa, que está sempre com a árvore. Perdidamente, coitado, é um advérbio que só adverbia o adjetivo apaixonado. Nada é ledo a não ser o engano, assim como nada é crasso a não ser o erro. Ensejo é uma palavra que só serve para ser aproveitada. Algumas palavras estão numa situação pior, como calculista, que vive em constante ménage(*), sempre acompanhada de assassino, frio e e.

Algumas palavras dependem de outras, embora não sejam grudadas por um hífen – quando têm hífen elas não são casadas, são siamesas. Casamento acontece quando se está junto por algum mistério. Alguns dirão que é amor, outros dirão que é afinidade, carência, preguiça e outros sentimentos menos nobres (a palavra engano, por exemplo, só está com ledo por pena – sabe que ledo, essa palavra moribunda, não iria encontrar mais nada a essa altura do campeonato).

Esse é o problema do casamento entre as palavras, que por acaso é o mesmo do casamento entre pessoas.

Tem sempre uma palavra que ama mais. A palavra árvore anda com várias palavras além de frondosa. O casamento é aberto, mas para um lado só. A palavra rio sai com várias outras palavras na calada da noite: grande, comprido, branco, vermelho – e caudaloso fica lá, sozinho, em casa, esperando o rio chegar, a comida esfriando no prato.

Um dia, caudaloso cansou de ser maltratado e resolveu sair com outras palavras. Esbarrou com o abraço que, por sua vez, estava farto de sair com grande, essa palavra tão gasta. O abraço caudaloso deu tão certo que ficaram perdidamente inseparáveis. Foi em Manuel de Barros.

Talvez pra isso sirva a poesia, pra desfazer ledos enganos em prol de encontros mais frondosos.

(Gregório Duvivier, Abraço caudaloso. Disponível em: <http://www1.folha.uol.com.br/>. Acesso em: 02 fev 2015. Adaptado)

(*) ménage: coabitação, vida em comum de um casal, unido legitimamente ou não.

(Escrevente – TJ/SP – VUNESP – 2015) A partir da ideia de que palavras "são pessoas", o autor atribui às palavras caracterização própria de humanos. É correto afirmar que, nesse procedimento, ele emprega

(A) palavras de gíria de jovens.
(B) palavras em sentido figurado.
(C) palavras ainda não dicionarizadas.
(D) termos de uso regional.
(E) expressões de vocabulário técnico.

O autor se vale da metáfora, das palavras em sentido conotativo, em sentido figurado.
Gabarito "B".

Leia o texto, para responder às questões de abaixo.

O fim do direito é a paz, o meio de que se serve para consegui-lo é a luta. Enquanto o direito estiver sujeito às ameaças da injustiça – e isso perdurará enquanto o mundo for mundo –, ele não poderá prescindir da luta. A vida do direito é a luta: luta dos povos, dos governos, das classes sociais, dos indivíduos.

Todos os direitos da humanidade foram conquistados pela luta; seus princípios mais importantes tiveram de enfrentar os ataques daqueles que a ele se opunham; todo e qualquer direito, seja o direito de um povo, seja o direito do indivíduo, só se afirma por uma disposição ininterrupta para a luta. O direito não é uma simples ideia, é uma força viva. Por isso a justiça sustenta numa das mãos a balança com que pesa o direito, enquanto na outra segura a espada por meio da qual o defende.

A espada sem a balança é a força bruta, a balança sem a espada, a impotência do direito. Uma completa a outra, e o verdadeiro estado de direito só pode existir quando a justiça sabe brandir a espada com a mesma habilidade com que manipula a balança.

O direito é um trabalho sem tréguas, não só do Poder Público, mas de toda a população. A vida do direito nos oferece, num simples relance de olhos, o espetáculo de um esforço e de uma luta incessante, como o despendido na produção econômica e espiritual. Qualquer pessoa que se veja na contingência de ter de sustentar seu direito participa dessa tarefa de âmbito nacional e contribui para a realização da ideia do direito.

É verdade que nem todos enfrentam o mesmo desafio.

A vida de milhares de indivíduos desenvolve-se tranquilamente e sem obstáculos dentro dos limites fixados pelo direito. Se lhes disséssemos que o direito é a luta, não nos compreenderiam, pois só veem nele um estado de paz e de ordem.

(Rudolf von Ihering, A luta pelo direito)

(Escrevente – TJ/SP – VUNESP – 2015) Assinale a alternativa em que uma das vírgulas foi empregada para sinalizar a omissão de um verbo, tal como ocorre na passagem – A espada sem a balança é a força bruta, a balança sem a espada, a impotência do direito.

(A) O direito, no sentido objetivo, compreende os princípios jurídicos manipulados pelo Estado.
(B) Todavia, não pretendo entrar em minúcias, pois nunca chegaria ao fim.
(C) Do autor exige-se que prove, até o último centavo, o interesse pecuniário.
(D) É que, conforme já ressaltei várias vezes, a essência do direito está na ação.
(E) A cabeça de Jano tem face dupla: a uns volta uma das faces, aos demais, a outra.

A única alternativa na qual a vírgula foi utilizada para indicar a elipse (supressão) do verbo é a letra "E", que deve ser assinalada. Na parte final, a vírgula após "demais" substitui o verbo "voltar", para evitar repetições desnecessárias.
Gabarito "E".

Anotações